KB183273

채 권 법

– 이론 · 사례 · 판례 –

[제16판]

김 준 호

法 文 社

제16판 머 리 말

Ⅰ. 제15판을 내고서 1년 가까이 책을 다듬어 16번째 전면 개정판을 낸다.

이번 제16판에서 새로워진 것은 다음과 같다. 1) 채권법 교과서에 맞게 정비하였다. 논문 성격의 기술을 정리하고, 사례가 지나치게 많거나 중복된 것들을 조정하였으며, 나열식으로 소개한 판례들을 본문 속에 풀어 설명함으로써, 채권법을 쉽게 이해할 수 있도록 하였다. 2) 2024년도 대법원 민사판례를 반영하고, 그 밖의 내용을 보충하였다.

Ⅱ. 이번 제16판에서 보정된 내용은 다음과 같다.

채권과 청구권, 이자제한법 전반, 채권의 상대효, 채권의 준점유자, 지정변제충당(요건), 채권의 일부양도의 경우 채무자의 상계의 방법, 채무자의 과실이 추정되지 않는 경우(대판 2023. 11. 2, 2023다244895), 채무불이행의 유형에 관한 민법의 규정체계, 대상청구권, 통상손해, 과실상계(대판 1996. 2. 23, 95다49141), 위약금 약정이 손해배상액의 예정과 위약벌의 성격을 함께 가지는 경우(대판 2018. 10. 12, 2016다257978; 대판 2020. 11. 12, 2017다275270), 채권자대위권의 행사방법(대판 2024. 3. 12, 2023다301682), 사해행위의 대상으로서 상속재산 분할협의(대판 2007. 7. 26, 2007다29119; 대판 2024. 5. 30, 2024다208315), 채권자취소권에서 수익자의 선의 여부의 기준(대판 2015. 6. 11, 2014다237192; 대판 2023. 9. 21, 2023다234553), 채권자취소권에서 취소의 범위(대판 2010. 5. 27, 2007다40802), 근저당권설정계약 중 일부만이 사해행위에 해당하는 경우(대판 2006. 12. 7, 2006다43620), 채권자취소권에서 가액반환(배상)을 하여야 하는 경우, 사해행위취소에서 원상회복으로 (제395조의) 전보배상을 청구할 수 있는 경우(대판 2024. 2. 15, 2019다238640), 제3자의 채권침해에 대한 구제로서 방해제거청구권(대판 1981. 6. 23, 80다1362), 계약인수, 계약가입, 금액이 서로 다른 부진정연대채무에서 소액 채무자가 일부 변제를 한 경우(대판 2024. 3. 12, 2019다29013), 보증채무의 범위, 약관의 계약편입, 원인채무의 담보로 어음을 교부한 경우의 법리, 불안의 항변권, 동시이행의 항변권과 지체책임의 면책(대판 2024. 2. 29, 2023다289720), 제3자를 위한 계약에서 채권자가 계약을 해제한 경우의 효과, 비용배상, 매매계약이 해제된 경우의 매수인의 사용이익 반환(대판 2021. 7. 8, 2020다290804; 대판 2024. 2. 29, 2023다289720), 수인을 공동매수인으로 하는 1개의 매매예약을 체결한 경우에 매매예약완결의 의사표시를 하는 방법, 해약금에 의한 해제에서 매수인이 이행기 전에 이행에 착수할 수 없는 특별한 사정이 있는 경우(대판 2024. 1. 4, 2022다256624), 대항력을 갖춘 임차권의 효력, 민법 제643조에서 정한 지상물매수청구권을 행사한 경우의 효과(대판 2024. 4. 12, 2023다309020, 309037), 임차인의 원상회복의무(대판 2023. 11. 2, 2023다249661), 주택임대차보호법의 적용범위(대판 2023. 12. 14, 2023다226866), 주택임차인의 계약갱신요구(대판 2023. 12. 7, 2022다279795; 대판 2024. 1. 11, 2023다258672), 상가건물의 임대차가 종료된 경우에 차임 산정의 기준(대판 2023. 11. 9, 2023다257600), 상가건물 임차인의 권리금의 회수, 탈퇴한 조합원의 지분 비율의 기준(대판 2023. 10. 12, 2022다285523, 285530), 급부부당이득, 침해부당이득, 운용이익, 부당이득에서 악의의 전득자의 책임, 불법행위에서 인과관계(판례), 노무도급과 사용자책임(대판 1983. 2. 8, 81다428; 대판 2005. 11. 10, 2004다37676), 점유보조자가 공작물 점유자의 책임을 지는가(대판 2024. 2. 15, 2019다208724), 불법행위의 효과로서 손해배상청구권, 불법행위에서 3년의 단기소멸시효

(판례), 불법행위에서 통상손해.

Ⅲ. 이번 제16판을 출간해 주신 법문사 배효선 사장님, 편집을 맡아 많은 수고를 해 주신 편집부 김제원 이사님, 그리고 실무적으로 도움을 주신 영업부 권혁기 차장님께 감사의 말씀을 드립니다.

2024년 12월
개포동 서재에서

김준호 씀

머 리 말

2007년에 교과서로 「채권총칙」과 「채권각칙」을 각각 출간한 바 있다. 무엇보다 3년이라는 시간이 지나면서 보완할 부분이 많이 생겼고, 또 채권법에 대한 유기적 이해와 수월성을 위해서는 체계적으로 한 권으로 엮는 것이 좋겠다는 생각에서, 채권법이라는 이름으로 새로 집필하여 본서를 출간하기로 하였다.

본서에서 주력한 점을 들면 다음과 같다. 1) 판례의 비중이 높아지는 것을 감안하여 누락된 중요판례를 추가하였고, 2009년 12월까지의 판례를 모두 반영하였다. 2) 채권법 전반에 걸쳐 내용을 다듬고 보완하였으며, 2009년도 사법시험 2차 사례문제까지 이를 반영하고 해설을 달았다. 3) 책을 보다 쉽게 읽고 이해할 수 있도록 편집을 일신하여 가독성을 한층 높였다. 보다 쉬운 표현을 구사하여 한글로 서술하였고 필요한 부분에는 한자를 병기하였으며, 본문의 제목과 판례의 요지가 보다 잘 드러나게끔 제목을 구체적으로 달고, 판례의 중요한 부분에는 밑줄을 쳐 그 핵심을 쉽게 파악할 수 있도록 하였다.

본서에서는 특히 다음과 같이 그 편제를 일부 바꾸어 새롭게 하였다. 1) 민법 제3편 채권은 채권총칙과 채권각칙으로 편성되어 있고, 종래의 채권법 교과서도 채권총론과 채권각론으로 따로 출간되어 있다. 채권법의 규율대상이 방대한 것도 그 이유일 수 있다. 그런데 이러한 편찬방식으로는 채권법 전체를 유기적으로 파악할 수 없는 단점이 있다. 그래서 본서에서는 채권을 중심으로 체계적으로 편성하여 채권법 전체의 흐름을 한 번에 파악할 수 있도록 단권화하였다. 그 편성의 순서는, 제1장 총설, 제2장 채권의 목적, 제3장 채권의 효력, 제4장 채권양도와 채무인수, 제5장 채권의 소멸, 제6장 수인의 채권자 및 채무자, 제7장 개별적 채권관계로 하였다. 이러한 편성이 종래의 것과 다른 점은 세 가지이다. 우선 총칙과 각칙으로 나누지 않고, 채권법을 7개장으로 나누면서 채권각칙 부분을 그 한 개의 장으로 둔 것이다. '제7장 개별적 채권관계'가 그것이다. 둘째 이 부분을 일본의 채권법 교과서 중에는 '채권의 발생'이라는 제목으로 '채권의 효력' 다음에 편성한 것도 있지만(末川 博, 債權法, 評論社), 채권각칙에 해당하는 규정이 상당히 많고 또 채권 일반에 관한 내용을 이해한 후에 개별적 채권관계의 특유한 내용을 다루는 것이 의미가 있으며, 조문의 순서에도 부합하는 점에서 맨 뒤에 두었다. 셋째 채권총칙에 관한 규정 중 '수인의 채권자 및 채무자'를 제6장에 두었다. 채권법은 주로 두 당사자를 예정하여 이를 규율하고 있는데, 채권총칙에서 '채권의 효력' 다음에 이를 두는 것은 편성의 체재에서 문제가 없지 않고 또 이해하는 데 어려움이 있는 점에서 그 편성순서를 바꾸었다. 2) 채무불이행의 개별유형으로서 이행지체, 이행불능, 불완전이행에 이어 이행거절을 두고, 이에 관해 설명하였다. 3) 부당이득의 절 마지막에 '제5관 다수 당사자 사이의 부당이득'을 새로 편성하여, '타인의 물건에 대한 임대차', '제3자 소유의 동산에 대한 경매', '전용물소권', '소위 삼각관계에서의 부당이득', '급부의 연쇄와 부당이득', '횡령한 금전에 의한 채무변제와 부당이득'에 관해 학설 및 판례의 내용을 설명하였다.

이러한 작업을 통해 본서가 채권법 교과서로서 의미가 있게 되기를 희망한다. 앞으로도 꾸준히 보완하여 완성도를 높여나갈 생각이다. 본서 개정의 기회를 주신 법문사 배효선 사장님께 감사드리고, 실무적으로 많은 지원을 해주신 영업부 전충영 상무님과 위호준 차장에게도 감사를 드린다. 이번 신판에서는 편집을 일신하였는데, 편집부의 최복현 전무님께서 이를 전담하시어 본서를 좋은 책으로 만들어주셨다. 깊이 감사드린다.

2010년 2월 1일

金 俊 鎬

차 례

제 4 장 채권의 효력 35~243

제 7 장 개별적 채권관계 344~805

참고문헌 가나다순

• 韓國書 ……

郭潤直, 債權總論(제6판)(박영사, 2003)

_____, 債權各論(제6판)(박영사, 2003)

金基善, 韓國債權法總論(제3전정판)(법문사, 1987)

_____, 韓國債權法各論(제2전정판)(법문사, 1982)

金大貞, 債權總論(피데스, 2006)

金相容, 債權總論(개정판증보)(법문사, 2003)

_____, 債權各論(개정판)(법문사, 2003)

金錫宇, 債權法總論(박영사, 1976)

_____, 債權法各論(박영사, 1978)

金容漢, 債權法總論(박영사, 1983)

金疇洙, 債權總論(제3판 보정판)(삼영사, 2003)

_____, 債權各論(삼영사, 1992)

金曾漢 · 金學東, 債權總論(제6판)(박영사, 1998)

_____, 債權各論(제7판)(박영사, 2006)

金顯泰, 新債權法總論(일조각, 1964)

_____, 新稿 債權法各論(일조각, 1969)

金亨培, 債權總論(제2판)(박영사, 1998)

_____, 債權各論(신정판)(박영사, 2001)

_____, 事務管理 · 不當利得(박영사, 2003)

李時潤, 新民事執行法(제3판)(박영사, 2006)

李銀榮, 債權總論(개정판)(박영사, 1999)

_____, 債權各論(제3판)(박영사, 1999)

李太載, 改訂 債權各論(진명문화사, 1985)

林正平, 債權總論(법지사, 1989)

張庚鶴, 債權總論(교육과학사, 1992)

編輯代表 郭潤直, 民法注解(Ⅷ), (Ⅸ), (Ⅹ), (Ⅺ)(박영사, 1995)

_____, 民法注解(Ⅻ), (XIII), (XIV), (XV)(박영사, 1997)

玄勝鍾, 債權總論(일신사, 1975)

黃迪仁, 現代民法論 Ⅲ「債權總論」(박영사, 1981)

_____, 現代民法論 Ⅳ「債權各論」(박영사, 1980)

• 日本書 ……

高木多喜男(外), 民法講義 6(有斐閣, 1977)

森泉章(外), 民法講義 4 債權總論(有斐閣, 1977)

於保不二雄, 新版 債權總論(有斐閣, 1972)

• 獨逸書 ……

Dieter Medicus, Schuldrecht Ⅰ, Allgemeiner Teil, 5. Aufl., 1990.

______, Schuldrecht Ⅱ, Besonderer Teil, 4. Aufl., 1990.

Hans Brox, Allgemeines Schuldrecht, 18. Aufl., 1990.

______, Besonderes Schuldrecht, 16. Aufl., 1990.

Karl Larenz, Lehrbuch des Schuldrechts Ⅰ, 12. Aufl., 1979.

______, Lehrbuch des Schuldrechts Ⅱ, 11. Aufl., 1977.

Kötz, Deliktsrecht, 4. Aufl., 1988.

Volker Emmerich, BGB Schuldrecht Besonderer Teil, 5. Aufl., 1989.

Wolfgang Fikentscher, Schuldrecht, 7. Aufl., 1985.

[민법 종합문헌]

권순한, 민법요해 Ⅰ(제7판)(fides, 2012)

______, 민법요해 Ⅱ(제7판)(fides, 2012)

박동진, 계약법강의(법문사, 2016)

송덕수, 신민법강의(제10판)(박영사, 2017)

양창수 · 김재형, 계약법(제2판)(박영사, 2015)

양창수 · 권영준, 권리의 변동과 구제(제2판)(박영사, 2015)

양창수 · 김형석, 권리의 보전과 담보(제2판)(박영사, 2015)

지원림, 민법강의(제15판)(홍문사, 2017)

제 1 장 서 설

본장의 개요 민법 제3편 채권(채권법)은 모두 5개 장, 즉 「① 총칙, ② 계약, ③ 사무관리, ④ 부당이득, ⑤ 불법행위」로 구성되어 있다. 이 중 ②에서 ⑤는 채권이 발생하는 원인별로 나눈 것인데, 계약은 당사자의 의사에 따라 채권과 채무가 생기는 것이고, 사무관리 · 부당이득 · 불법행위는 당사자의 의사와는 무관하게 법률(민법)이 일정한 이유에서 채권과 채무의 발생을 인정하는 것들이다. 이처럼 채권이 발생하는 원인에서는 다르지만 어느 것이든 채권을 공통으로 하는 것이므로, 채권을 중심으로 그 일반규정을 두고 있는 것이 ① 총칙 부분이다. 여기서는 「채권의 목적, 채권의 효력, 수인의 채권자와 채무자, 채권의 양도, 채무의 인수, 채권의 소멸」 등을 규정한다.

가령 A가 그 소유 건물에 대해 B와 매매계약을 체결하였다고 하자. 계약 부분에서는 매도인이 지는 의무와 매수인이 지는 의무, 그리고 담보책임, 채무불이행책임으로서 해제 등을 규정한다. 이에 대해 A가 위 건물을 C에게 매도함에 따라 B에게 부담하는 채무불이행책임으로서 손해배상, B에게 갖는 대금채권의 양도 등은 채권총칙 부분에서 규율한다. 요컨대 총칙과 각칙은 분리 · 독립되어 있는 것이 아니라, 총칙은 각칙의 일부를 이루고 있다는 점이다.

이러한 채권과 채무는 채권자와 채무자 두 사람 사이의 권리와 의무의 관계이다. 채권은 채권자가 채무자에게 급부의 이행을 청구하는 것을 그 본체로 하고, 채무의 이행은 장래에 채무자에 의해 이루어진다는 점에서 불확실성이 내포되어 있다. 물건에 대해 어느 권리자가 배타적으로 지배를 하는 물권과는 이런 점에서 다르다. 그러나 채권과 채무도 당사자 간에는 구속력을 가지므로, 채무자가 채무를 이행하지 않으면 채권자는 그 이행을 구할 수 있고 강제집행을 구할 수 있는 강제력이 채권에 부여되어 있다.

제 1 절 채권법 일반

Ⅰ. 채권법의 의의

1. 당사자 간의 채권 · 채무관계를 규율하는 법규를 총칭하여 「채권법」이라고 한다. 물권법과 더불어 민법 중 재산법에 속하는 것인데, 물권이 '물건에 대한 권리'인 데 비해, 채권과 채무는 '사람에 대한 권리와 의무'로 되어 있다.

특정의 두 당사자 간에 권리와 의무, 즉 채권과 채무가 발생하는 원인으로는 크게 두 가지가 있다. 하나는 당사자의 합의, 즉 계약에 의해 발생하는 것이고(예컨대 매매계약이 성립하면 매도인은 권리이전의무를, 매수인은 대금 지급의무를 진다), 다른 하나는 법률(민법)에서 일정한 경우에 채권과 채무가 발생하는 것으로 정하는 것들이다(사무관리 · 부당이득 · 불법행위). 이러한 경우 채무자가 채권자에게 그의 채무를 제대로 이행하면 채권은 만족을 얻어 소멸하게 되고 별 문제가 없지만, 채무자가 그의 채무를 이행하지 않을 때에는 채권자가 채무자에게 그 이행을 '청구'할 수 있도록 하고, 이 청구에 법적 효력을 부여하는 법규가 바로 채권법이다. 물권은 특정인이 특정의 물건에 대해 직접 지배를 하여 만족을 얻는 지배권인 데 비해, 채권은 특정인(채권자)이 다른 특정인(채무자)에게 그의 채무를 이행할 것을 청구하는 모습으로 권리행사가 이루어지는 점에서 차이가 있다.

2. 근대 자본주의사회는 재화에 대한 사적 소유와 그의 자유로운 교환을 토대로 하여 형성되었는데, 이를 위한 법적 제도가 「소유권」과 「계약」이며, 전자를 규율하는 것이 물권법이고, 후자를 규율하는 것이 채권법이다. 물권법은 물권의 내용뿐만 아니라 그 변동을 규율하는데, 그 변동은 주로 계약을 통해 이루어진다(예: 주택의 매매계약에 의한 주택소유권의 이전). 이 점에서 채권관계는 물권관계에 도달하기 위한 수단이 된다고 할 수 있다. 반면 채권의 담보를 위해 담보물권이 설정되는 경우처럼, 물권이 채권에 이바지하는 경우도 있다. 이렇듯 물권과 채권은 밀접한 상호 연관성을 가진다.

Ⅱ. 채권법의 구성

1. 형식적 의미에서 채권법은 「민법 제3편 채권」(373조~766조)을 말하는데, 이것은 「총칙 · 계약 · 사무관리 · 부당이득 · 불법행위」의 5개 장, 394개 조로 구성되어 있다. (ㄱ) 채권은 여러 원인에 의해 발생하는데, 민법은 그 발생원인으로 '계약 · 사무관리 · 부당이득 · 불법행위' 네 가지를 규정한다. 계약은 당사자의 합의에 의해 채권이 발생하는 경우이고, 나머지 세 가지는 당사자의 의사와는 무관하게 민법이 일정한 이유에서 채권이 발생하는 것으로 정한 것이다. 예컨대, 매매계약에 따라 매도인은 매수인에게 그 권리를 이전하고 매수인은 그 대금을 지급하여야 하는 채무의 발생(계약), 타인의 사무를 의무 없이 관리함에 따라 생기는 법정채권관계의 발생(사무관리), 법률상 원인 없이 이익을 얻은 경우의 부당이득 반환채무의 발생(부당이득), 타인이 갖는 권리나 법익을 침해한 경우의 손해배상채무의 발생(불법행위) 등이 그러하다. 이러한 네 가지 채권의 발생원인을 개별적으로 규율하는 분야를 「채권각칙」이라 한다. (ㄴ) 채권의 발생원인에는 네 가지가 있고 이들은 각각 특유한 내용을 갖지만, 「채권」이라는 점에서는 공통점이 있다. 그래서 민법은 제3편 채권에서 '총칙'을 앞에 두어 채권을 중심으로 일반적인 내용을 정하고 있다. 즉, 「채권의 목적, 채권의 효력, 수인의 채권자와 채무자, 채권의 양도, 채무의 인수, 채권의 소멸, 지시채권, 무기명채권」에 대해 규정하는데(373조~526조), 이 부분이 「채권총칙」이다. 물권법에서 총칙의 규정이 7개 조문에 그치는 것에 비하면(185조~191조) 채권총칙의 규정은 상당히 많은 편이다.

2. 물권법이 물권총칙과 물권각칙으로 나누어지듯이, 채권법도 채권총칙과 채권각칙으로 나뉘어 있다. 총칙은 각칙의 공통분모를 추려서 그 앞에 규정하고 각칙에서는 그 밖의 내용을

정하고 있는 점에서, 채권법 전체의 내용을 알기 위해서는 총칙과 각칙의 내용을 종합적으로 이해하여야만 한다. 예컨대 매매의 경우, 채권각칙에서는 매도인의 권리이전의무와 매수인의 대금 지급의무 및 담보책임을 정하지만, 매도인이 그 목적물을 인도할 때까지의 주의의무와 매수인의 금전채무의 이행방법에 관해서는 채권총칙에서 특정물인도 채무자의 선관의무(374조)와 금전채권(376조)의 이름으로 따로 규율하는 것이 그러하다. 이처럼 채권법의 규정을 총칙과 각칙으로 나누어 정하는 것은 규정의 중복을 피할 수 있는 점에서 장점이 있지만, 법률문제가 하나의 주제에 집중되어 있지 않고 여러 곳에 분해되어 산재해 있는 점에서 이를 하나로 모아 그 전체를 파악하기가 쉽지 않다는 단점이 있다.

Ⅲ. 채권법의 법원과 적용범위

1. 채권법의 법원法源

채권관계를 규율하는 법원으로 대표적인 것은 「민법 제3편 채권」이다. 그 밖에도 법원이 되는 특별법은 많이 있는데, 주요한 것은 다음과 같다. ㈀ 민법에 대한 특별법으로 상법(1962년 법 1000호), 어음법(1962년 법 1001호), 수표법(1962년 법 1002호)이 있다. ㈁ 민법의 부속특별법으로서 주택임대차보호법(1981년 법 3379호), 상가건물 임대차보호법(2001년 법 6542호), 약관의 규제에 관한 법률(1986년 법 3922호), 신탁법(2011년 법 10924호), 신원보증법(2002년 법 6592호), 공탁법(2007년 법 8319호), 자동차손해배상 보장법(2008년 법 9065호), 국가배상법(1967년 법 1899호), 환경정책기본법(2011년 법 10893호), 제조물책임법(2000년 법 6109호), 이자제한법(2007년 법 8322호) 등이 있다. ㈂ 민법상 고용계약은 제한된 범위를 대상으로 하고, 근로계약에 대해서는 근로기준법(2007년 법 8372호)이 우선적으로 적용된다.

2. 채권법의 적용범위

「민법 제3편 채권」에 관한 규정은 민법 총칙편·물권편·친족편 및 상속편의 규정에 의해 발생하는 채권관계에 대해서도 일반적으로 적용된다. 학설이 드는 것으로, 무권대리인의 상대방에 대한 손해배상책임(135조 1항)에 관해서는 제750조와 제393조가 적용되고, 공유자의 공유물의 관리비용 기타 의무(266조)에 대해서는 제390조 이하가 적용되며, 친족법상의 부양의무자의 부양의무 불이행에 대해서는 강제이행(389조)에 관한 규정이 적용될 수 있다고 한다(김형배, 6면). 그리고 민법 외의 특별법에 의해 발생하는 채권관계에 대하여도 그 법률에 다른 정함이 없으면 채권편의 규정이 적용된다(예: 자동차손해배상 보장법 4조, 제조물책임법 8조 참조).

Ⅳ. 채권법의 특질

물권법과 더불어 재산관계를 규율하는 채권법은 물권법과 비교하여 다음과 같은 특질이 있다.

1. 임의법규

채권관계는 두 당사자 사이의 관계이고 따라서 당사자의 의사에 맡기더라도 제3자의 이익을 해칠 위험이 적기 때문에, 채권법의 규정은 원칙적으로 「임의법규」로서의 성질을 가지며 (그것이 가장 현저하게 나타나는 것은 계약에 관한 규정이다), 그 규정의 대부분이 강행법규인 물권법과 대조를 이룬다. 그러나 채권법에서도 강행법규가 있음은 물론이다. 즉 법정채권인 사무관리 · 부당이득 · 불법행위에서는 당사자의 의사에 의하지 않고 법률상 당연히 그 효과가 부여되는 점에서 그 규정은 강행법규로서의 성질을 가진다. 또 직접 제3자에게 영향을 미치는 규정도 대부분 강행법규이다(예: 채권의 양도, 채무의 인수, 증권적 채권에 관한 규정). 그 밖에 임대차에서도 강행규정으로 정하고 있는 것이 있다(652조).[1)]

2. 보편성

물권법이나 가족법이 지방적 색채나 민족적 특색을 갖는 데 비해, 채권법은 거래법으로서 국제적 · 보편적인 성질을 가진다. '국제물품매매계약에 관한 국제연합협약'(The United Nations Convention on Contracts for the International Sale of Goods: CISG로 약칭)을 UN에서 제정하여 2014년 9월 현재 미국 · 중국 · 독일 · 프랑스 · 캐나다 · 일본 등 83개국이 이 협약에 가입하고 있는 사실이 단적으로 그러하다. 한편 순수 민간단체인 국제사법통일연구소(International Institute of the Unification of Private Law: UNIDROIT로 약칭)가 1994년에 전문과 119개 조문으로 된 '국제상사계약의 원칙'(Principles of International Commercial Contracts: PICC로 약칭)을 발표하여, 대륙법과 영미법에 통하는 보편성을 가진 계약법의 모델을 정한 것을 보더라도 그러하다(이것은 당사자들의 선택에 의해 당해 계약의 규범으로 삼을 수 있다).[2)]

3. 신의칙의 규율

채권은 채권자가 채무자에게 특정의 행위를 청구하는 것을 내용으로 하고, 그 특정의 행위는 장래의 행위인 경우가 많다. 그러므로 채권은 당사자 사이의 신뢰관계를 전제로 하는 권리라고 말할 수 있다. 따라서 물권의 배타적 지위를 보장하는 물권법에 비해 채권법에서는 신의성실信義誠實의 원칙에 의하여 규율되는 바가 많다.

---

1) 채권관계를 규율하는 특별법도 대체로 강행규정의 성격을 띠고 있다(예: 약관의 규제에 관한 법률, 주택임대차보호법 등). 그런데 강행규정이라도 물권법의 경우는 그것이 물권법정주의(185조)에서 비롯되는 것이어서 그에 위반되는 내용은 누구에게나 무효가 된다. 이에 대해 채권관계에서의 강행규정은 두 당사자 간의 이익의 공정성에 목적을 두기 때문에, 어느 당사자에게 불리한 때에만 무효로 하는 '편면적 강행규정'의 형식을 취하는 것이 보통이다. 따라서 당사자가 그 유효를 주장하는 것은 무방하다(예: 약관의 규제에 관한 법률 16조, 주택임대차보호법 10조).

2) 이를 소개한 논문으로, 김동훈, 계약법의 주요문제, 3면 이하.

제 2 절 채권과 채무

Ⅰ. 채권 일반

1. 채권의 정의

채권은 「특정인이 다른 특정인에게 특정의 행위를 청구할 수 있는 권리」이다. (ㄱ) 채권은 「채무자의 행위」를 목적으로 한다. 예컨대 주택 임대차에서, 채권(임차권)의 목적은 임차인이 주택을 사용할 수 있도록 임대인(채무자)이 주택을 임차인에게 인도하고 사용 · 수익에 필요한 상태를 유지해 주는 행위이다(618조 · 623조 참조). 이때의 주택은 그 인도행위의 대상 내지 '목적물'에 지나지 않는다. (ㄴ) 채권은 채무자인 「특정인」에 대한 권리이다. 채권은 모든 사람에게 그 권리를 주장할 수 있는 절대권인 물권과는 달리 상대권으로서의 성질을 가지며, 다음과 같은 특질이 있다. ① 채권은 채권자가 채무자에 대해서만 주장할 수 있는 것, 다시 말해 두 사람 사이에서만 효력이 있는 것이므로, 예컨대 甲 소유 주택을 A가 매수하기로 甲과 계약을 체결하였다고 하더라도 A가 가지는 채권(소유권이전채권)은 甲에게만 주장할 수 있고 다른 모든 사람에 대해서까지 주장할 수 있는 것이 아니다. 따라서 위 주택에 대해 B는 甲과 매매계약을 체결할 수 있고, 이 매매계약 또한 유효한 것이 된다. 즉, 채권에는 배타성이 없고, 같은 내용을 가진 채권이 둘 이상 병존할 수 있으며, 이들 사이에는 우열이 없다(채권자평등의 원칙).[1] ② 채권은 재산권으로서 원칙적으로 양도성이 있다. 그런데 채권은 상대권으로서 특정의 채무자에 대한 관계를 전제로 하는데, 특히 당사자의 상호 신뢰가 강하게 요청되는 채권의 경우에는 그 양도가 제한되는 수가 있다(예: 449조 2항 · 610조 2항 · 629조 1항 · 657조 1항 참조). (ㄷ) 채권은 채무자의 행위를 「청구할 수 있는 권리」이다. 특정의 물건을 직접 지배하여 만족을 얻는 물권과는 달리, 채권은 채권자가 채무자에게 그 채무를 이행할 것을 청구하는 모습으로 행사된다. "청구할 수 있다"는 것은, 청구를 하여도 좋다는 것과, 채무자가 급부를 한 경우에 이를 정당하게 보유하고 수령할 수 있다는 것, 청구를 하였음에도 채무자가 그 이행을 하지 않는 때에는 그 청구의 내용을 (판결 등을 통한 국가기관의 힘을 빌려) 강제적으로 실현할 수 있다는 것을 의미한다.

2. 채권과 채권관계 및 청구권

(1) 채권과 채권관계

채권자와 채무자 사이에 전개되는 법률관계 모두를 총칭하여 「채권관계」라고 한다. 예컨대 건물에 대해 매매계약이 체결되면, 매도인은 매수인에게 매매의 목적이 된 권리를 이전할 채

1) 위 예에서 B가 먼저 등기를 하여 물권(소유권)을 취득한 경우에는, 물권은 채권에 우선하게 되므로 B가 A에 우선하게 된다. 그러나 A는 甲에 대해 채권을 가지는데 甲은 이를 이행할 수 없게 되었으므로 甲에게 채무불이행책임을 물을 수 있다.

무를 지고, 매수인은 대금을 지급할 채무를 지며, 이 쌍방의 의무는 동시에 이행하여야 한다(568조 2항). 또 매도한 건물에 하자가 있는 때에는 매도인은 매수인에게 하자담보책임을 진다(570조 이하). 이러한 것들이 매매에서 당사자 간에 채권관계의 내용을 이룬다. 이에 대해 「채권」(또는 채무)은 그러한 채권관계 중 채권을 중심으로 파악한 개념이다(예: 매도인의 대금채권이나 매수인의 권리이전채권, 하자담보책임으로서 매수인이 가지는 여러 채권들).

(2) 채권과 청구권

(ㄱ) 채권이 채권관계의 요소이듯이, 청구권도 채권의 요소를 이룬다. 특히 청구권은 채권의 본체를 이루는 것이므로, 청구권의 행사에 따라 급부가 행하여지면 채권도 동시에 소멸된다. 또 채권과 분리하여 청구권만을 양도할 수는 없다. 다만 채권적 청구권에서는 청구권이 채권의 본체를 이루기 때문에, 청구권의 양도는 채권의 양도를 수반하는 것으로 해석된다(민법주해(Ⅷ), 54면~55면(호문혁)). (ㄴ) 채권과 청구권은 다음의 점에서 차이가 있다. ① 청구권이 채권 그 자체는 아니다. 채권에는 청구권 외에 급부보유력 · 소구력 · 집행력 · 채권자대위권 · 채권자취소권 · 항변권 · 해제권 등의 권능이 포함된다. ② 이행기가 도래하지 않은 채권에서는 채권은 있어도 청구권은 발생하지 않는다. (ㄷ) 청구권은 채권 외에도 물권 · 친족권 · 상속권 등의 다른 권리에 기초하여 발생하기도 한다(예: 물권적 청구권 · 동거청구권 · 부양청구권 · 상속회복청구권 · 상속재산분할청구권 등). 이러한 청구권은 그 기초가 되는 권리로부터 발생하는 것으로서, 청구의 형태를 띠고는 있지만, 기본적으로 그 내용과 효력은 그 기초가 된 권리의 성질에 의존하고 그 관계 규정에 의해 따로 규율된다.

3. 채권의 강제력

채권은 채권자가 채무자에게 급부를 청구하는 권리이다. 채권자의 청구에 대해 채무자가 채무를 이행하지 않는 때에는, 국가의 강제력을 빌려 그 이행의 실현을 강제할 수 있는 권리가 채권에 있다. 즉 채무자가 급부를 하지 않는 경우, 채권자는 국가(법원)에 급부판결 내지 이행판결을 구하는 소를 제기할 수 있다(소권). 이 판결에 대해서도 채무자가 이행을 하지 않는 때에는, 국가에 채무자의 재산을 강제 매각하여 그 매각대금에서 채권의 변제에 충당시켜 줄 것을 청구할 수 있다(집행청구권). 채권에는 이처럼 국가에 대한 소권과 집행청구권이 인정되는데, 이러한 강제력이 없는 채권도 있다(불완전채무로서 '자연채무'와 '책임 없는 채무'가 그것인데, 이에 대해서는 p.38 'Ⅱ. 강제력이 없는 채권'에서 설명한다).

4. 채권의 사회적 작용

(1) 근대사회의 초기에는 채권은 물권에 도달하는 수단으로서 기능하여 왔다. 건물을 갖고 있지 않은 사람이 건물 소유자와 매매계약을 체결하여 그 건물의 소유권을 취득하는 것이 그러하다. 물권이 정적인 것이라면 채권은 재화의 이동을 매개하는 동적인 것으로서, 이 점은 오늘날에도 크게 달라진 것은 없다.

(2) 현대사회에서는 채권의 사회적 작용으로서 다음 네 가지가 거론된다(김형배, 16면~19면). (ㄱ) 물권 특히 소유권은 소유자가 그 물건을 직접 사용하지 않고 타인에게 이를 이용케 함으로써 그 대가를 받는 형태로 자리잡아 가고 있으며, 그 법률적 수단으로 채권관계(예: 임대차)를 이용한다는 점이다. 이를 「물권의 채권화」라고 한다. (ㄴ) 채권은 채권자가 채무자에게만 주장할 수 있는 상대권이지만, 예컨대 임대차의 경우에는 등기 또는 주택의 인도와 주민등록을 통해 제3자에게도 대항력을 가질 수 있게 되었고, 이를 「채권의 물권화」라고 한다. (ㄷ) 채권의 유통을 보장하기 위해 증권적 채권의 제도가 마련되어 사실상 동산과 같이 취급되며, 이를 「채권의 동산화」라고 한다. (ㄹ) 은행 등은 기업에 대한 대출채권과 그 채권의 담보제도를 통해 기업을 사실상 지배하는 현상이 나타나는데, 이를 「채권의 우월화」라고 한다.

Ⅱ. 채 무

채무란 채무자가 채권자에게 일정한 행위(급부)를 하여야 할 의무를 말한다. 통설은 독일 민법학의 영향을 받아, 채무에는 주된 의무인 「급부의무」와, 이를 제대로 이행하기 위해 필요한 「부수적 주의의무」가 있다고 한다. 그 밖에 문제가 되는 것으로 「보호의무」가 있다.

1. 급부의무給付義務

(1) 채무자의 급부의무의 내용은 계약이나 법률의 규정에 의해 정해진다. 즉 계약에 의해 채권 · 채무가 발생한 때에는 그 계약에 의해서, 그 내용이 명확하지 않은 때에는 보충적으로 관습 · 임의규정 등에 의해 정해진다(106조). 한편 그러한 급부의무의 내용은 계약의 유형을 결정하기도 한다(예컨대 어느 당사자는 권리이전의무를 지고 상대방은 대금 지급의무를 부담하는 것은 '매매'가 된다(563조)). 이에 대해 사무관리 · 부당이득 · 불법행위와 같은 법정채권에서의 급부의무는 민법에서 규정한 바에 따라 정해진다(734조 이하 · 741조 이하 · 750조 이하).

(2) 급부의무에는 「주된 급부의무」와 「종된 급부의무」가 있다. 예컨대 복잡한 구조를 가지고 있는 기계의 매매계약에서, 채무자가 그 기계의 소유권과 점유를 이전하는 것은 주된 급부의무에 속하고, 기계의 설명서 · 보증서 등을 교부하는 것은 종된 급부의무에 해당한다. 주된 급부의무는 쌍무계약에서 서로 대가관계에 서게 되며(536조 · 537조), 그 불이행시에는 손해배상청구권뿐만 아니라 해제권이 발생할 수 있는 데 비해, 종된 급부의무의 불이행의 경우에는 이행청구와 손해배상청구는 인정되지만 원칙적으로 해제권은 발생하지 않는다.

2. 부수적 주의의무

급부의무를 제대로 실현하기 위해 신의칙상 요구되는 부수적인 의무로서, 어떠한 것이 이에 해당하는지는 급부의무에 따라 개별적으로 판단할 수밖에 없다. 예컨대 여관의 숙박계약에서 손님의 안전을 배려할 의무, 자동차정비 중 다른 곳에 오일이 새는 것을 발견한 때 이를 알려 줄 의무, 매도인이 매매 목적물의 사용법을 알려 줄 의무 등이 이에 해당할 수 있다.

부수적 주의의무를 위반한 결과로서 손해가 발생한 때에는 (채무불이행으로 인한) 손해배상 청구는 인정되지만 해제권은 인정되지 않는다(부수의무의 위반을 이유로 계약을 해제할 수 없다고 본 판례의 내용에 대해서는 p.430를 볼 것). 한편 이 의무는 급부의무에 부수하여 그 실현을 돕는 데 지나지 않는 점에서, (급부의무의 경우와는 달리) 이 의무의 이행만을 청구할 수 없는 것이 원칙이다. 다만 부수의무 자체가 어느 정도 고유한 목적을 가지는 때에는 그것만의 이행청구도 가능할 수 있다. 예컨대 위임에서 수임인의 보고의무(683조)가 그러하다(김형배, 35면; 장경학, 8면).

3. 보호의무

(1) (ㄱ) 통설적 견해는 채무의 범주에 위 의무 외에 보호의무(Schutzpflicht)도 포함시키고 있다. 그 논거로는, 급부의무를 중심으로 결합된 채권자와 채무자는 서로 일정한 결합관계를 갖게 되고, 이로 인하여 상대방의 신체와 재산에 대해 영향을 줄 수 있는 가능성을 갖기 때문에, 채권자와 채무자는 서로 상대방의 생명 · 신체 · 소유권 기타 재산적 이익을 침해하지 않도록 배려하여야 할 보호의무를 진다고 한다. (ㄴ) 보호의무를 채무의 범주에 포함시키게 되면 그 위반 시 채무불이행책임을 물을 수 있게 된다. 한편 통설은 보호의무 위반의 경우에는 불법행위책임도 물을 수 있다고 한다. 통설대로 채무불이행책임을 물을 수 있게 하면, 피용자의 과실에 대해 이를 이행보조자의 과실(391조)로 취급하여 사용자에 해당하는 채무자가 그 책임을 전적으로 부담한다는 데에 그 실익이 있을 수 있다(불법행위책임을 묻는 경우에는 사용자의 면책가능성이 있다(756조)). 현재 채권법상 보호의무를 중심으로 논의되는 분야는 두 가지이다. 하나는 보호의무의 위반을 이유로 불완전이행, 즉 채무불이행책임을 묻는 것이고, 다른 하나는 민법에서 정한 계약체결상 과실책임의 범위(535조)를 확대하여, 즉 계약체결과정에서 상대방의 신체 · 재산에 손해를 준 경우에 계약 유사의 책임을 인정하면서 보호의무 위반을 이유로 채무불이행책임을 묻는 것이다.

(2) 사견은 다음과 같은 이유에서 보호의무를 채무의 범주에 포함시키는 것은 부당하고, 이것은 불법행위책임으로 해결하는 것이 타당하다고 본다. 우선 보호의무의 개념은 독일 민법학에서 형성된 것인데, 독일 민법은 우리와는 달리 불법행위가 성립하는 경우를 개별적으로 정하고 있어(독민 823조 · 826조와 우리 민법 750조 비교 참조), 불법행위책임을 묻기가 곤란한 법규상의 흠결을 보충하기 위해 의도적으로 채무불이행책임을 확대하여 왔고, 이를 위해 채무의 외연을 넓혀 보호의무를 이에 포함시킨 것인데, 이것은 그 발생의 배경에서 우리와는 다르고, 둘째 보호의무의 내용은 채무자의 급부의무와는 너무도 거리가 먼, 오히려 불법행위로부터 보호될 법익에 속하는 것이어서, 이를 채무의 범주에 포함시키게 되면 채무자가 부담하는 의무의 정도가 지나치게 확대되고 나아가 불법행위책임과의 경계가 모호해진다는 문제가 있기 때문이다.

〈책 무責務 / 결과채무와 수단채무〉 (α) 채무와 구별되는 개념으로 「책무」(간접의무)가 있다. 책무가 채무와 다른 것은, 권리자에게 이행청구권 · 소구력 · 강제력 · 그 위반에 따른 손해배상청구권이 인정되지 않는 점에 있다. 다만 일정한 사항을 준수하지 않는 경우에 법률상 일정한 불이익을 입는 점에서 이를 책무 또는 간접의무라고 부른다. 그 예로서 민법 제528조 2항을 들 수 있다. 즉 승낙기간을 정한 계약의 청약에 대해 승낙의 통지를 하였고 그것이 보통 그 기간 내에 도달할 수 있는 발송이었음에도 어떤 사정으로 승낙기간 후에 도달한 경우에는, 승낙의 통지를 발송한 자는 계약이 성립된 것으로 믿고 계약의 이행을 위한 준비를 할 것이기 때문에, 민법은 그러한 신뢰를 보호하기 위해 청약자가 지체 없이 상대방에게 연착 통지를 하게 하고, 이를 위반한 때에는 승낙의 통지가 연착되지 않은 것으로 보아 계약이 성립한 것으로 보는 것이 그러하다(528조 3항). 즉 청약자가 연착통지를 하지 않은 때에는 계약이 성립한 것으로 되는 불이익을 입지만, 상대방이 청약자에게 연착 통지를 해 줄 것을 청구하거나 그 위반시 손해배상을 청구할 수는 없는 점에서 채무와는 다르다. 그 밖에 민법 제559조 1항 소정의 증여자의 하자고지의무, 민법 제612조 소정의 사용대차에서 대주의 하자고지의무 등도 책무(간접의무)에 해당한다.

(β) (ㄱ) 판례는 채무를 「결과채무」와 「수단채무」로 구분한다(대판 1988. 12. 13, 85다카1491). 결과채무는 일정한 결과의 발생에 목적을 두는 채무로서, 예컨대 매매에서 매도인의 재산권이전과 매수인의 대금지급, 임대차에서 임차인의 목적물의 반환, 도급에서 일의 완성 등이 이에 속한다. 이에 대해 수단채무는 결과 발생에 목적을 두는 것이 아니라 그에 이르기 위해 필요한 주의를 다하는 데 목적을 두는 채무로서, 예컨대 의사가 환자에게 부담하는 진료채무가 이에 속한다. 즉 이 경우는 질병의 치유와 같은 결과를 반드시 달성해야 할 결과채무가 아니라, 환자의 치유를 위하여 선량한 관리자의 주의의무를 가지고 현재의 의료수준에 비추어 필요하고 적절한 진료조치를 다하면 족한 것이 된다. (ㄴ) 결과채무와 수단채무는 다음의 점에서 차이가 있다. 첫째, 결과채무에서는 일정한 결과가 생겨야 채무가 소멸되지만(매매의 경우, 매도인은 매매의 목적이 된 권리를 이전할 의무를 지므로, 매수인에게 권리가 이전된 때에 비로소 매도인의 의무는 소멸된다. 따라서 매도인이 등기서류를 매수인에게 교부하였더라도 매수인 명의로 소유권이전등기가 되지 않으면 매도인의 의무는 소멸되지 않는다), 수단채무에서는 예컨대 환자의 질병이 치유되지 않았더라도 의사가 의료상의 주의의무를 다했다면 채무는 소멸된다(나아가 치료비 등도 청구할 수 있고, 채무불이행책임도 부담하지 않는다). 둘째, 채무불이행에 대한 채권자의 입증책임에서, 결과채무에서는 결과의 불발생을 입증하는 것으로 족하지만, 수단채무에서는 예컨대 의사가 의료상의 주의의무를 위반하였다는 사실을 (환자 측에서) 입증하여야 한다.

제 2 장 채권의 발생

본장의 개요 1. 채권과 채무는 두 가지에 의해 발생한다. 하나는 채권을 갖고 채무를 부담하기를 원하는 당사자의 의사이다. 다른 하나는 (당사자의 의사와는 상관없이) 법률에서 일정한 경우에 채권과 채무가 발생하는 것으로 정하는 경우이다.

2. 당사자의 의사에 의해 채권과 채무가 발생하는 것의 전형은 '계약'이다. 일방적인 단독행위로써 채권의 취득을 강요하거나 채무를 지울 수는 없다. 당사자의 의사의 합치인 계약을 통해 당사자에게 채권과 채무가 발생하고 그 구속력이 생기는 것은, 그것을 당사자 스스로가 원한 점에서 정당한 것으로 된다. 유언의 자유, 단체설립의 자유도 사적자치의 범주에 들어가지만, 그 전형은 계약의 자유이다. 가령 A가 그 소유 토지를 1억원에 B에게 팔기로 매매계약을 맺은 경우, A는 토지를 B에게 인도하고 그 소유권을 이전해 줄 채무를 부담하고, B는 A에게 금전 1억원을 지급하여야 할 채무를 지게 되는데, 이러한 채무는 누가 강요한 것이 아니라 A나 B가 스스로 원한 것이어서 정당한 것이 된다.

3. 민법 채권 편에서는 (당사자의 의사와는 관계없이 법률로써) 채권과 채무가 발생하는 것으로 '사무관리 · 부당이득 · 불법행위' 세 가지를 정하고 있다. (ㄱ) 의무 없이 타인을 위하여 사무를 관리하는 경우(사무관리), 관리자와 본인 사이에 일정한 권리와 의무가 있는 것으로 정한다(734조~740조). 가령 사무관리를 통해 얻은 것이 있으면 관리자는 이를 본인에게 인도하여야 하고, 비용을 지출한 것이 있으면 그 상환을 구할 수 있다. (ㄴ) 이익을 얻는 데 있어 그것이 법률상 원인 없이 이루어진 때에는 그 손실을 입은 자에게 그 이익을 반환하여야 하는데(즉 부당이득 반환채권(채무)이 발생한다), 이것이 부당이득 제도이다(741조~749조). 가령 위 예에서 A가 B와의 계약을 (제한능력 · 착오 · 사기 등을 이유로) 취소한 경우, 계약의 유효를 전제로 하여 받은 것은 부당이득이 되어, A는 B에게 1억원을 반환하여야 하고, B는 A에게 토지를 인도하고 소유권을 넘겨야 한다. (ㄷ) 고의 또는 과실로 타인의 권리나 법익을 침해하여 손해를 입힌 경우에는 이를 금전으로 배상하여 가해행위가 있기 전의 상태로 회복시켜 주어야 하는데(즉 손해배상채권(채무)이 발생한다), 이것이 불법행위 제도이다(750조~766조).

Ⅰ. 서 설

민법 제3편 채권(채권법)은 모두 5개 장, 즉 ① 총칙, ② 계약, ③ 사무관리, ④ 부당이득, ⑤ 불법행위로 구성되어 있다. 이 중 ②에서 ⑤까지는 채권이 발생하는 원인들을 정한 것이다. 이러한 채권의 발생원인 네 가지는 크게는 법률행위와 법률의 규정으로 나뉜다.

Ⅱ. 법률행위에 의한 채권의 발생

법률행위에 의해 채권과 채무가 생기는 것으로서 「계약」이 있다.[1] 가령 매매에서는 물건을 팔려는 매도인과 물건을 사려는 매수인의 의사의 합치에 의해 매매계약이 성립하고, 그에 따라 매도인은 권리이전채무를, 매수인은 대금 지급채무를 부담하게 되는데(568조 1항), 이처럼 채권과 채무라는 계약의 구속력이 생기는 것은 당사자 자신이 자유로운 의사결정을 통해 그것을 스스로 원한 것이라는 데 있다. 계약에서 채권과 채무가 생기는 정당성의 기초는 여기에 있다.

민법은 계약에 대해, 증여 · 매매 · 교환 · 소비대차 · 사용대차 · 임대차 · 고용 · 도급 · 여행계약 · 현상광고 · 위임 · 임치 · 조합 · 종신정기금 · 화해의 15가지 전형계약을 정하고, 그 앞에 계약 일반에 관한 총칙 규정을 두고 있다. 그런데 계약에 관한 이들 규정은 임의규정으로서, 당사자 간에 특별한 약정이 없는 경우에 대비하여 표준적인 내용을 정한 것에 지나지 않는다. 당사자는 그 외의 계약도 약정할 수 있고, 전형계약에 대해서도 민법에서 정한 내용과는 다른 내용으로 약정할 수 있으며, 그에 따른 구속을 받는다.

Ⅲ. 법률의 규정에 의한 채권의 발생

당사자의 의사와는 관계없이 법률(민법)이 일정한 이유에서 채권과 채무의 발생을 정하는 것이 있는데, 사무관리 · 부당이득 · 불법행위가 그것이다.[2] (ㄱ) 「사무관리」는 '의무 없이 타인을 위하여 그의 사무를 관리하는 것'을 말한다(734조 1항). 타인의 유실물을 습득하여 소유자에게 반환하거나, 집을 잃은 아이를 돌보아 주는 것, 타인의 채무를 대신 변제하는 것 등이 그러하다. 타인의 사무에 간섭하는 것은 원칙적으로 위법한 것이며, 그것이 정당한 것으로 되기 위해서는 본인의 승낙이 있어야 한다. 그것이 다름 아닌 위임계약이고, 이 경우에는 타인의 사무를 처리하여야 할 의무가 있기도 하다. 그런데 민법은 이러한 위임계약이 없어도, 의무 없이 타인을 위하여 그의 사무를 관리하는 것을 사회생활에서의 상호부조의 실현이라는 관점에서 이를 적법행위로 평가하여 관리자와 본인 사이에 일정한 채권과 채무가 발생하는 것으로 정한

---

1) 법률행위에는 계약 외에 '단독행위'와 '합동행위'가 있는데, 이것에 의해서도 채권(채무)이 발생하는지 문제될 수 있다. (ㄱ) 단독행위에 의해 채권이 발생하는 것으로는 상속편에서 정하는 '유언'이 있다. 포괄적 유증(1078조)을 제외한 특정유증의 경우에는 수증자가 유언자의 상속인에 대해 유증의 이행을 청구할 수 있는 채권을 갖는 점에서 그러하다(1079조). 그 밖에는 (채권편에서) 단독행위에 의해 채권이 발생하는 경우는 없다는 것이 통설이다. 단독행위에 의해 다른 사람에게 채무를 지울 수 없음은 물론, 그의 의사를 무시하면서까지 채권의 취득을 강요할 수는 없다는 이유에서이다. (ㄴ) 사단법인의 설립행위에 대해서는 합동행위로 보는 것이 통설적 견해인데, 이것은 우리 사회에 없는 단체(사단법인)를 설립하기 위해 상대방 없는 의사표시가 모여진 것이므로, 이것을 갖고 설립자 간에 채권과 채무가 생기는 것으로 보기는 어렵다.

2) 민법 제3편 채권법 외의 다른 규정이나 법률에 의해 (법정)채권이 발생하는 것들이 적지 않다. (ㄱ) 특정인이 일정한 요건하에 타인의 재산을 관리하는 경우, 법률은 그 재산의 소유자와 관리인 사이에 법정채권관계를 정한다. 예컨대 법원이 선임한 부재자 재산관리인은 일정한 채권을 취득하고 채무를 부담한다(22조 이하). 이러한 유형에 속하는 것으로 후견인(941조 이하), 공동상속재산관리인(1040조), 상속인 없는 재산의 관리인(1053조 이하), 유언집행자(1093조 이하) 등이 있다. (ㄴ) 유실물법(4조)에서는 유실물의 습득자와 소유자 사이에 보상금에 관한 채권과 채무를 정한다. (ㄷ) 부양의무가 있는 경우 민법은 그 당사자 사이에 부양에 관한 채권과 채무를 정한다(974조 이하).

다. 즉 관리자의 의무로서, 관리자는 본인의 의사에 적합하게 또는 본인에게 이익이 되는 방법으로 관리해야 하고, 이를 위반한 때에는 무과실책임을 지며(734조), 통지의무와 관리계속의무를 부담하고(736조·737조), 위임에 관한 규정이 준용되어 관리행위를 통해 받은 것 전부를 본인에게 인도할 의무를 진다(738조·684조 1항). 한편 관리자의 권리로서, 관리자에게 보수청구권은 인정되지 않고 비용상환청구권만 인정되며, 이것도 본인의 의사에 따라 상환범위가 정해진다(739조). (ㄴ) '법률상 원인 없이 타인의 재산이나 노무로 이익을 얻고 그로 인하여 타인에게 손해를 입히면' 「부당이득」이 성립한다(741조). 이 경우 수익자는 부당이득 반환채무를 진다. 가령 매매계약이 무효·취소·해제된 경우에는 매매계약을 전제로 이전된 급부(매도인의 권리 이전에 따라 매수인이 받은 것, 매수인의 대금 지급에 따라 매도인이 받은 것)를 계약 이전의 상태로 회복시켜야 하고(급부부당이득), 권원 없이 타인의 재화를 침해하여 이익을 얻은 때(침해부당이득)에는 본래 그 이익을 취득할 자에게 이를 돌려주어야 하는 것이다. 부당이득이 성립하면 수익자는 손실자에게 그가 얻은 이익을 반환하여야 한다. 즉 법률의 규정에 의해 부당이득 반환채무가 발생한다. 그 반환은, 수익자가 받은 목적물 자체를 반환하는 원물반환이 원칙이고, 원물반환을 할 수 없는 경우에는 그 가액을 반환하는 방식으로 한다(747조 1항). 한편, 민법은 급부부당이득의 경우에도 일정한 경우에는 부당이득 반환청구를 부정하는 제한규정을 두고 있다(비채변제·불법원인급여 등(742조~746조)). (ㄷ) '고의나 과실로 인한 위법행위로 타인에게 손해를 입히는 것'이 「불법행위」이다(750조). 어느 누구도 타인이 갖고 있는 권리나 법익을 침해하여 그에게 손해를 입히는 것이 정당화될 수는 없는 것이므로, 민법은 이 경우 가해자는 피해자에게 그 손해를 배상하여야 하는 것으로 정한다. 즉 불법행위가 성립하면 손해배상채권(채무)이 발생한다. 손해배상은 피해자가 입은 손해를 금전으로 평가하여 배상하는, 금전배상이 원칙이다(763조·394조). 민법상 불법행위에는 일반 불법행위(750조)와 특수 불법행위(755조~760조)가 있다.

제 3 장 채권의 목적

본장의 개요 1. 채권은 채권자가 채무자에게 일정한 급부를 청구하는 것을 내용으로 한다. 바꾸어 말해 채무는 채무자가 채권자에게 일정한 급부를 이행하는 것을 내용으로 한다. 그러므로 채권의 목적은 채무자가 일정한 급부를 하는 것, 즉 '채무자의 행위'로 귀결된다. 물권에서는 권리자가 어느 물건에 대해 직접 지배를 하지만, 채권에서는 채권자는 채무자의 급부행위를 통해 만족을 얻게 되는 점에서 다르다. 이러한 채무자의 급부행위가 채무이고, 채권의 목적이기도 하다. 가령 A가 그의 토지에 대해 B와 매매계약을 맺었다고 하자. A는 B에게 토지의 소유권을 이전하기 위해 소유권이전등기절차에 협력하여야 하고, 토지를 인도하여야 한다. 반면 B는 A에게 대금을 지급하여야 한다. 이처럼 소유권이전등기절차에 협력하는 행위, 토지를 인도하는 행위, 돈을 주는 행위 등이 채권의 목적이 된다.

2. 채권은 계약이나 법률의 규정(사무관리 · 부당이득 · 불법행위)에 의해 생긴다. 그런데 특히 계약에서는 계약자유의 원칙이 적용되므로 다양한 내용의 계약을 맺을 수 있고, 그에 따라 채권의 목적도 다양해질 수밖에 없다.

채권의 목적으로 정해진 것을 채무자가 이행하지 않게 되면 '채무불이행'이 된다. 채권자는 이 경우 채무자를 상대로 소를 제기하여 확정판결 등을 통해 강제이행(집행)을 구하게 되는데, 채권의 목적이 다름에 따라 강제이행의 방법도 다르게 된다(389조 참조). 그리고 채무불이행에 따라 채무자는 일정한 책임도 지게 되는데, 손해배상(390조)과 계약의 경우 해제나 해지를 당하는 것(543조 이하)이 그러하다.

3. 채권의 목적은 다음과 같이 나눌 수 있다. (ㄱ) 크게는 '작위作爲'를 내용으로 하는 것과 '부작위不作爲'를 내용으로 하는 것으로 나눌 수 있다. 가령 A와 B가 계약을 맺으면서 B가 경업을 하지 않기로 약정하는 것은 부작위급부의 예이다. (ㄴ) 작위급부는 '주는 급부'와 '하는 급부'로 나뉜다. 전자는 물건의 인도나 금전의 지급을 내용으로 하는 것이고, 후자는 가령 도급에서 물건의 완성이나 위임에서 사무의 처리와 같이 그 밖의 작위급부를 내용으로 하는 것이다. (ㄷ) 주는 급부에는 그 목적이 특정 내지 확정되었는지에 따라 '특정물급부'와 '불특정물급부'가 있다. 전자는 무엇보다 목적물이 멸실된 경우에 채무자가 그 물건 자체의 인도의무를 면하는 점에서 의미를 갖는다. 계약의 목적은 그 하나의 물건으로 특정된 것인데 그것이 멸실되었기 때문이다. 이에 대해 후자는 채무자가 무엇을 이행하여야 하는지 정해지지 않았기 때문에 채권의 목적을 특정(확정)하는 것이 필요하다. 채권의 목적을 종류로 정하거나, 여러 개 중에서 선택하기로 하는 것, 일정액의 돈을 주거나, 이자를 주기로 하였는데 이율을 약정하지 않은 경우 등이 이에 속한다. 그래서 민법은 그 특정에 관해 규정한다(375조~386조).

제1절 총 설

Ⅰ. 채권의 목적의 의의

1. 민법은 급부와 반대급부의 내용에 따라 15개의 전형계약을 나누고 있다(554조·563조·596조·598조·609조·618조·655조·664조·674조의2·675조·680조·693조·703조·725조·731조). 가령 매매에서 매도인은 매수인에게 매매의 목적이 된 권리를 이전해야 하고 매수인은 매도인에게 그 대금을 지급해야 한다(563조·568조). 임대차에서 임대인은 목적물을 임차인에게 인도하고 그 사용·수익에 필요한 상태를 유지해 주어야 하며 임차인은 임대인에게 차임을 지급해야 한다(618조·623조). 고용에서 노무자는 사용자에게 노무를 제공하여야 하고 사용자는 노무자에게 보수를 지급하여야 하는 것(655조) 등이 그러하다. 이처럼 각 계약에서 채권과 채무의 내용을 이루는 것을 「채권의 목적」이라고 한다.[1] 이것은 채무자의 '(이행)행위'를 통해 실현되는데, 이를 강학상 '급부'給付라 하고,[2] 급부의무가 다름 아닌 '채무'이다.

2. 이 장에서 채권의 목적을 다루는 취지는, 채권의 목적을 '확정'하고자 하는 데 있다. 이를 통해 채권과 채무의 내용이 분명해지고, 이를 토대로 채무의 이행과 불이행, 그리고 채무불이행에 대한 구제로서 강제이행, 손해배상, 계약해제 등도 다루어질 수 있게 된다.

3. 민법은 채권편 총칙 "채권의 목적"에서 특정물채권(374조)·종류채권(375조)·금전채권(376조~378조)·이자채권(379조)·선택채권(380조~386조) 다섯 가지를 규정하는데, 이것들은 주는 급부인 '물건의 인도'나 '금전의 지급'을 채권의 목적으로 하는 경우에 있어서 그 확정을 위해 보충규정으로 마련된 것들이다. 그러므로 채권의 목적이 물건의 인도가 아닌 것, 가령 고용에서처럼 노무자의 급부의무인 '하는 급부'에 대해서는 통용되지 않는다.

Ⅱ. 채권의 목적의 요건

1. 채권은 「법률행위」(계약)와 「법률의 규정」(사무관리·부당이득·불법행위)에 의해 발생한다. 그런데 후자 즉 법정채권은 법률의 규정에 의해 직접 발생하는 것이므로, 그 규정에서 정한 요건을 충족하면 되는 것이고 따로 유효요건이 문제되지 않는다. 이에 대해 계약에 의한 약정채권에서는 그 유효요건이 문제될 수 있다. 법률행위의 일반적 유효요건은 그 법률행위(계약)에 의해 생기는 채권의 목적에 관하여도 통용되기 때문이다. 급부가 금전적 가치가 있는지 여

---

1) 채권의 목적은 채권의 '목적물'과는 다르다. 이것은 채무자의 이행행위의 객체를 말하는 것으로서, 가령 매매에서 매매의 목적물이 그러하다. 다만 민법은 양자를 엄격하게 구별해서 사용하고 있지는 않다. 예컨대 제375조 1항에서의 채권의 목적은 채권의 목적물을 뜻한다.

2) 민법은 급부라는 용어를 사용하지 않고 개별적으로 「행위」(380조·385조 1항)·「지급」(376조·377조)·「이행」(375조·385조·539조)·「급여」(466조·746조)·「변제」(742조·743조) 등으로 표현한다. 이에 대해 특별법(약관의 규제에 관한 법률)에서는 「급부」라는 말을 사용하고 있다(동법 10조 1호·2호).

부(373조)도 약정채권에 관해서만 적용된다.

2. 법률행위(주로 계약)에서 채권과 채무가 생기는 것이므로, 채권의 목적은 그 채권을 발생시킨 법률행위가 유효한 것을 전제로 한다. 법률행위의 내용을 확정할 수 없거나, 그 급부가 애초부터 그 실현이 불가능하거나(원시적 불능), 법률행위의 내용이 강행법규나 사회질서에 반하는 경우에는, 그 법률행위는 무효가 되므로 채권과 채무도 생기지 않는다.

3. (ㄱ) 민법 제373조는 「금전으로 가액을 산정할 수 없는 것이라도 채권의 목적으로 할 수 있다」고 규정한다. 본조는 금전적 가치가 없는 급부에 대해서도 채무로서의 법적 구속이 발생할 수 있다는 것을 소극적으로 정한 데 지나지 않는다. 예컨대 누구를 위해 기도를 해 주기로 약속한 경우에는, 그 기도행위가 채무로서 법적 구속을 받을 수도 있다는 것을 정한 것이다. 그러나 금전으로 가액을 산정할 수 없는 것 모두가 채무가 되어 법적 구속을 받는다는 의미는 아니다. 채권관계가 아닌 단순한 호의관계나 도의관계인 경우가 있기 때문이다. 어느 쪽인지는 당사자의 의사와 거래의 관행 등을 고려하여 구체적 · 개별적으로 결정하여야 할 것이다. (ㄴ) 금전으로 가액을 산정할 수 없는 급부를 목적으로 하는 채권(예: 피아노를 한밤중에는 치지 않기로 약속한 부작위채권)도 그 효력에서는 보통의 채권과 다름이 없다. 즉 채권자는 급부의 실현을 소구訴求할 수 있을 뿐만 아니라 강제이행을 청구할 수 있고, 그 불이행으로 인한 손해배상을 청구할 수도 있다.

Ⅲ. 채권의 목적(급부)의 분류

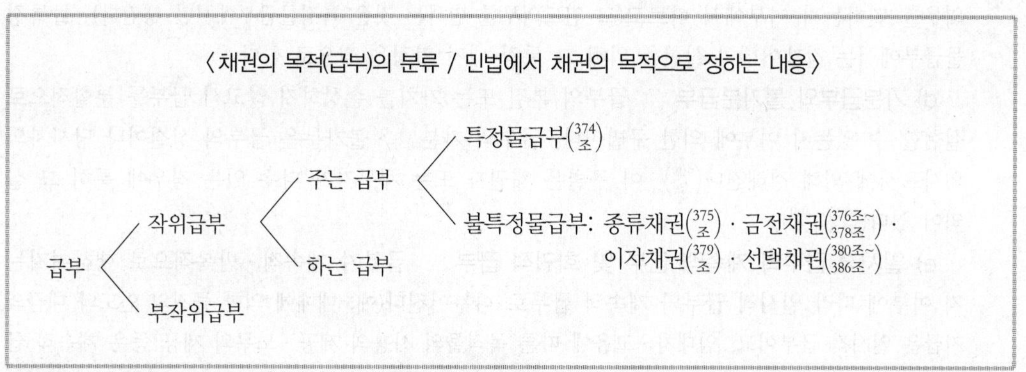

1. 강학상 분류

a) 작위급부와 부작위급부 급부給付의 내용이 작위作爲냐 부작위不作爲냐에 의한 구별이다. 보통은 작위이지만, 부작위도 채권의 목적이 될 수 있다(389조 3항 참조). 부작위에는 「단순 부작위」(예: 피아노를 치지 않는 것)와, 채권자가 일정한 행위를 하는 것을 방해하지 않는 「인용忍容」(예: 624조)이 있다. 작위급부와 부작위급부는 채무불이행이 있는 때에 그 강제이행의 방법을 달리한다(389조 참조).

특히 부작위급부는 성질상 일신에 전속하는 경우가 많고(제3자가 이행할 수 없는 것이 원칙이다), 소멸시효는 위반행위가 있은 때부터 진행된다(166조 2항).

b) 주는 급부와 하는 급부 이것은 작위급부를 그 내용에 따라 나눈 것으로서, 작위가 물건의 인도나 금전의 지급인 때에는 「주는 급부」라 하고, 그 밖의 작위를 내용으로 하는 것을 「하는 급부」라고 한다. (ㄱ) 급부가 '물건의 인도'인 경우에는 물건의 인도라는 결과에 중점을 두고(이 점에서 결과채무에 속한다), 채무자 자신의 인도행위는 그 결과를 달성하기 위한 수단에 지나지 않는다. (ㄴ) 이에 반해 '하는 급부'에서는 채무자 자신이 급부를 하는 데 중점을 둔다. 다만 그 정도에 관해서는 두 가지로 나뉜다. ① 도급은 일의 완성이라는 결과에 목적을 두는 점에서(664조), 일을 완성하는 한 그 방법이나 과정은 문제삼지 않는다. 즉 제3자를 통해 일을 완성하여도 무방하므로 하도급이 허용되고, 또 강제이행의 방법으로 대체집행이 인정된다. 이러한 것을 '대체적 작위급부'라고 한다. ② 고용이나 위임에서는 채권자는 특정인의 자질을 보고 그와 계약을 맺는 것이므로, 고용에서 노무자의 노무 급부의무 또는 위임에서 수임인의 위임사무 처리의무 등은 채무자 자신이 이행하여야 하고, 제3자로 하여금 대신 이행케 할 수 없다(657조·682조). 이러한 것을 '부대체적 작위급부'라고 한다. (ㄷ) 하는 급부는 주는 급부와는 강제이행의 방법을 달리하며(389조), 또 그 급부가 계속적인 것인 때에는(예: 고용·위임·임대차 등) 당사자 간의 대인적 신뢰관계가 긴밀하여 채권의 양도와 채무의 인수가 제한되고, 신의칙이나 사정변경의 원칙이 적용될 소지가 많은 점에서도 주는 급부와는 차이가 있다.

c) 특정물급부와 불특정물급부 주는 급부에서 인도의 목적물이 특정되었는지 여부에 의한 구별이다. 불특정물급부에는 인도할 물건이 '종류'에 의해 정해지는 것(종류채권)과 '금전'인 경우(금전채권)가 있는데, 후자는 오히려 일정액의 가치라는 관념이 더 강하다. 양자는 특정의 필요성과 방법(374조·375조), 이행의 방법(462조), 이행의 장소(467조), 쌍무계약에서 위험부담의 적용 여부(537조) 등에서 구별의 실익이 있다. 그리고 무엇보다 물건이 멸실된 경우에 그 물건 자체의 인도의무를 면하는지 여부에서 다르고(그 인도의무를 면하는 것은 특정물급부에서만 생긴다), 불특정물급부에서는 강제이행의 실현을 위해 그 특정 내지 확정을 필요로 한다.

d) 가분급부와 불가분급부 급부의 본질 또는 가치를 손상하지 않고서 급부를 분할적으로 실현할 수 있는지 여부에 의한 구별이다. 급부의 가분可分·불가분은 급부의 성질이나 당사자의 의사표시에 의해 정해진다(409조). 이 구별은 채권자 또는 채무자가 다수 있는 경우에 특히 그 실익이 있다(408조·409조 참조).

e) 일시적 급부와 계속적 급부 및 회귀적 급부 급부가 계속적·반복적으로 행하여지는지 여부에 따라 일시적 급부와 계속적 급부로 나누어진다(예: 매매에 의한 물건의 인도와 대금의 지급은 일시적 급부이고, 임대차·고용에 따른 목적물의 사용의 제공·노무의 제공 등은 계속적 급부에 속한다. 그러나 할부판매에서 대금을 수회에 나누어 급부하는 경우에도 이것은 대금의 지급시기를 정한 것에 불과하고 기간에 따라 급부의 양이 많아지는 것이 아니므로 일시적 급부에 속한다). 한편 회귀적 급부는 이 양자를 합한 것으로서, 일정한 시간적 간격을 두고 일정한 급부를 반복하여야 하는 급부이다(예: 신문 구독계약에 따라 매일 신문을 배달하는 것). 채무불이행이 있어 계약을 파기하고자 할 때, 일시적 급부의 경우에는 소급효가 있는 해제가 적용되는 데 비해(548조), 계속적 급부·회귀적 급부에서는 장래에 대해 그 효력을 잃는 해지가 적용되는 점(550조)에서 구별의 실익이 있고, 또 계속적 급부나 회귀적 급부의 경우에는 신의칙이나 사정변경의 원

칙이 적용될 소지가 많은 점에서 일시적 급부와는 차이가 있다.

2. 민법상 분류

민법은 '채권의 목적'이라 하여, 급부의 종류로서 특정물채권(374조) · 종류채권(375조) · 금전채권(376조~378조) · 이자채권(379조) · 선택채권(380조~386조) 다섯 가지에 관하여 규정한다. 이들 급부는 각종 계약으로부터 발생할 뿐만 아니라, 법정채권인 사무관리 · 부당이득 · 불법행위에 의해서도 발생하는 것이므로, 그 공통된 규정을 둔 것이다. 즉 특정물채권에서는 채권의 목적이 특정물의 인도인 경우에 그 물건을 인도할 때까지 채무자의 주의의무의 기준을 정하고, 종류채권에서는 채권의 목적이 종류로만 지정된 경우에 그 특정(확정)의 방법을, 금전채권에서는 금전이 가지는 성질에 비추어 그 이행에 관한 방법을, 이자채권에서는 이자의 확정방법을, 선택채권에서는 채권의 목적이 수개의 급부 중에서 어느 하나를 선택하여 확정하여야 할 경우에 그 방법을 각각 정하고 있다. 이것들은 주로 채권의 목적(급부)의 '특정 내지 확정'에 관해 정한 것이며, 전술한 채권의 목적의 요건으로서 「확정성」을 위해 임의규정으로 마련된 것이다. 그리고 이것은 주로 '주는 급부'를 염두에 둔 것이다(민법주해(Ⅷ), 58면(송덕수) 참조). 민법이 규정하는 위 다섯 가지 급부에 관해서는 다음 제2절에서 따로 설명하기로 한다.

제 2 절 「주는 급부」에 대한 민법의 규정

Ⅰ. 특정물채권特定物債權

사례 A는 그 소유 건물에 대해 B와 매매계약을 맺었는데, 인도 전에 A의 과실로 건물의 일부가 멸실되었다. 이 경우 A와 B 사이의 법률관계는? 그 건물 전부가 멸실된 경우는?

해설 p. 20

1. 의 의

(1) '물건의 인도'를 목적으로 하는 채권은 그 물건의 특정 여부에 따라 「특정물채권」과 「불특정물채권」으로 나뉜다. (ㄱ) 물건은 '특정물 · 불특정물'과 '대체물 · 부대체물'로 구분된다. 이 중 후자는 일반 거래관념을 기준으로 하는 분류이다. 즉 대체물은 물건의 개성이 중시되지 않아 동종 · 동질 · 동량의 물건으로 바꾸어도 급부의 동일성이 바뀌지 않는 물건이고, 부대체물은 그 물건의 개성이 중시되어 대체성이 없는 물건이다.[1] 이에 대해 전자는 당사자의 의사를 기준으로 하는 분류이다. 즉 특정물은 구체적인 거래에서 당사자가 특정의 물건을 지정하고

1) 「이자」는 금전 기타 대체물의 사용대가로서 원본 및 사용기간을 토대로 일정한 이율에 의해 산정되는 금전 기타 대체물인 점에서, 대체물의 개념은 이자의 정의에 쓰이기도 한다. 또 소비대차의 목적물은 금전 기타 대체물이다(598조).

다른 물건으로 바꿀 것을 허용하지 않는 물건이고(따라서 특정물이 멸실되거나 처분된 경우, 채무자는 특정물 그 자체의 인도의무는 면하게 된다), 이에 대해 동종 · 동질 · 동량의 것이면 어느 것이라도 무방하다는 것이 불특정물이다. (ㄴ) 따라서 대체물이라도 당사자의 의사에 의해 특정물로 할 수 있고(예: A 창고에 있는 쌀을 매매의 목적물로 삼은 경우),[1] 부대체물이라도 일정한 종류에 속하는 일정한 양에 주안을 둔다면 역시 당사자의 의사에 의해 불특정물로 삼을 수 있다. (ㄷ) 유의할 것은, 처음부터 당사자의 의사에 의해 특정물채권으로 되는 경우도 있지만, 종류채권의 경우에도 민법 제375조 2항에 의해 특정이 된 후에는 그때부터는 특정물채권이 된다.

(2) (소유권의 이전과는 관계없이) 특정물의 인도의무가 발생하는 것은, 계약으로서 증여 · 매매 · 교환 · 사용대차 · 임대차 · 임치 등과, 법정채권으로서 사무관리(738조) · 부당이득(747조 1항)이 있다.

특정물이란 점에 주안을 두어 민법이 특별히 규정하는 것은 두 가지이다. ① 특정물채권에서는 급부해야 할 물건이 특정되어 있어서, 물건이 멸실되면 채무자는 그 물건의 인도의무 자체는 면하게 된다(그 급부는 불능이 된다). 그러므로 급부를 받지 못하게 되는 위험을 채권자가 안게 된다. 그래서 제374조는 채권자의 이익을 위해 채무자가 그 물건을 인도할 때까지 선량한 관리자의 주의로써 물건을 보존하여야 할 의무를 지운 것이다(불특정물채권에서는 이러한 규정을 두고 있지 않다). ② 특정물채권에서는 특정물만을 인도할 수밖에 없으므로, 제462조는 그 특정물에 설사 변질이 생겼더라도 (동일성을 인정할 수 있는 한) 이행기의 현상대로 그 물건을 인도하면 되는 것으로 한다. 즉 물건을 수선해서 인도할 의무를 인정하지 않으며, 그 현상대로 인도하면 특정물의 인도의무 자체는 이행한 것으로 취급한다.

2. 「특정물의 인도」를 중심으로 발생하는 법률관계

(1) 채무자의 선관의무善管義務

a) <u>채무자는 특정물을 인도할 때까지 선량한 관리자의 주의로 보존해야 한다</u>(374조). '선량한 관리자의 주의'(선관주의)라 함은 채무자의 직업 · 지위 등에 비추어 거래상 일반적으로 요구되는 주의를 말한다(다시 말하면 채무자를 기준으로 하여 그의 능력에 따른 주의를 말하는 것이 아니라, 평균적 · 추상적 채무자가 마땅히 기울여야 할 일반적 · 객관적 주의를 가리킨다). 이 주의를 위반하게 되면 채무자에게 「추상적 과실」이 있는 것이 되고, 채무불이행에서의 '과실'(390조)은 이를 가리킨다. 즉 채무자가 선관의무를 위반하여 목적물을 멸실시키거나 훼손한 경우에는 채무불이행책임을 진다. 그러나 선관의무를 다한 때에는 채무불이행책임을 부담하지 않는다. 이러한 선관의무에 관한 입증책임은 채무자에게 있다(통설 · 판례).

b) 선관의무의 '존속기간'은 다음과 같이 정해진다. (ㄱ) 그 시기는 특정물인도채권이 성립한 때부터이다. 예컨대 A가 B에게 그 소유 물건을 팔거나 임대하기로 계약을 맺은 때에는, 그때부터 (인도할 때까지) 선관의무를 진다. 다만 임대차 · 사용대차 · 임치 등에서 임차인, 차주 또

---

1) 판례는, 수임인이 위임사무의 처리로 인하여 대체물(비료)을 받은 경우에도 위임인에 대한 관계에서는 그것을 특정물로 보아야 한다고 한다(684조 1항 참조)(대판 1962. 12. 16, 67다1525).

는 수치인은 그 목적물을 인도받은 때부터 (장래 목적물을 반환하기까지) 이 의무를 부담한다(김증한·김학동, 28면). (ㄴ) 그 종기에 관해, 본조는 「물건을 인도할 때까지」라고 정하고 있는데, 이 의미는 이행기까지가 아니라 채무자가 실제로 물건을 인도할 때까지를 말한다(통설). 그런데 이행기 이후에는, 채무자는 과실이 없는 경우에도 이행지체에 따른 손해배상책임을 지거나(392조), 채권자의 수령지체가 있는 때에는 채무자에게 과실이 있는 때에도 그 불이행으로 인한 책임을 부담하지 않게 된다(401조). 따라서 이행기 이후에도 채무자가 선관의무를 부담하는 경우는 위 양자, 즉 이행지체와 수령지체에 해당하지 않는 것, 예컨대 채무자에게 유치권이나 동시이행의 항변권 등이 있어 이행지체에는 해당하지 않지만 물건의 인도채무는 남아 있는 경우이다(곽윤직, 26면).

c) 민법 제374조는 직접적으로는 특정물의 인도에 관한 채무자의 주의의무에 대해 정하고 있지만, 이 선관의무는 민법상 채무자의 주의의무의 기준(원칙)을 이루고 있다. 다만 동조는 임의규정이므로, 당사자 간에 다른 특약이 있거나 법률에서 다르게 정하고 있는 때에는 그에 따른다. 예컨대 보수 없이 임치를 받은 자는 임치물을 '자기 재산과 동일한 주의'로써 보관해야 하고(695조), 친권자가 재산관리권을 행사함에는 '자기의 재산에 관한 행위를 할 때와 동일한 주의'를 하여야 하며(922조), 상속인은 자기의 '고유재산을 관리할 때와 동일한 주의'로 상속재산을 관리하여야 하는 것(1022조) 등이 그러하다. 즉 이러한 경우는 행위자 자신의 구체적 주의능력에 따른 주의가 기준이 되며(이를 「구체적 과실」이라고 한다), 일반적으로 추상적 과실에 비해 주의의무의 정도가 경감되는 점에서 차이가 있다.

(2) 특정물의 현상 인도

a) (ㄱ) 특정물의 인도가 채권의 목적인 때에는 채무자는 이행기의 현상대로 그 물건을 인도하여야 한다(462조). 특정물은 다른 물건으로 대체할 수 없기 때문에, 목적물의 상태가 변질·훼손되더라도 그 동일성을 유지할 수 있으면 그 상태로 인도하면 된다. 따라서 채권자는 그 수령을 거절할 수 없으며, 수령을 거절한 때에는 수령지체가 된다. 다만 그 변질·훼손에 채무자의 선관의무 위반이 있는 경우에 채무불이행책임(계약의 해제와 손해배상)을 지는 것은 별개의 것이다. (ㄴ) 제462조 소정의 「이행기」는 변제기가 아니라 실제로 이행을 하는 때를 의미한다. 제374조는 특정물인도채무에서 채무자는 그 물건을 「인도할 때까지」 선관의무를 부담하는 것으로 정하는데, 따라서 인도할 때까지 특정물을 선관주의로 보존하다가 그 상태로 인도하면 된다는 것이 제462조의 취지에도 부합한다고 볼 것이기 때문이다(김증한·김학동, 29면; 민법주해 채권(4), 55면(김대휘)).

b) 그러나 특정물이 멸실되거나 변질·훼손의 정도가 커 동일성을 인정할 수 없는 경우에는, 그것에 채무자의 과실이 있는 것과는 관계없이 채무자는 특정물 자체의 인도채무는 면한다. 특정물이기 때문이다. 따라서 다시 제작을 하여 인도하거나 다른 유사한 물건을 인도하는 것은 있을 수 없다. 다만 그러한 멸실 등에 채무자에게 과실이 있어 채무자가 채무불이행책임(계약의 해제와 (금전)손해배상)을 지는 것은 다른 문제이다.

(3) 천연과실의 귀속

특정물인도 채무자에게 과실수취권이 있는 때에는 채무자는 이행기까지의 과실을 수취할 수 있다. 이행기 이후의 과실은 채권자에게 인도하여야 하는 것이 원칙이지만, 매매의 경우에는 특칙이 있다(587조).

(4) 인도장소

특정물의 인도는 채권 성립 당시에 그 물건이 있던 장소에서 하여야 한다(467조 1항).

사례의 해설 (ㄱ) A는 매도인으로서 건물 소유권 이전의무를 부담하는데(568조 1항), 여기에는 목적물인 건물 인도의무가 포함되고, 이것은 특정물 인도채무로서 채무자는 그 건물을 인도할 때까지 선관의무를 부담한다(374조). 그런데 A의 과실로 건물의 일부가 멸실되었으므로, A는 채무불이행으로 인한 손해배상책임을 지고, 이것은 금전배상이 원칙이다(390조·394조). 한편 특정물 인도채권에서는 채무자는 이행기의 현상대로 그 물건을 인도하면 되는 것이므로(462조), 당사자 간에 별도의 합의가 없는 한, 그 멸실된 상태로 건물을 인도하면 되고 수선의무를 당연히 지는 것은 아니다. 즉 B는 그 수령을 거절할 수 없으며, 거절한 때에는 수령지체가 된다. 다만 그 일부 멸실로 인해 계약의 목적을 달성할 수 없는 경우에는 B는 이행불능을 이유로 A와의 계약을 해제할 수 있고(546조), 이때는 원상회복의무가 문제된다(가령 B로부터 받은 대금을 A가 B에게 반환하는 것)(548조). (ㄴ) 한편 건물 전부가 멸실된 경우에는, A는 건물 자체의 인도채무는 면하지만, 그 이행불능에 A의 귀책사유가 있으므로 그에 갈음하는 (금전)손해배상채무를 부담한다(390조·394조). 사례 p.17

Ⅱ. 불특정물채권不特定物債權

1. 종류채권種類債權

사 례 (1) A는 B의 창고에 보관 중인 오토바이 50대 중 20대를 구입하기로 B와 매매계약을 체결하였는데, 그 인도 전에 그중 20대를 도난당하였다. B는 오토바이 인도의무를 면하는가?

(2) A는 B에게 OB 맥주 1상자를 주문하였다. B는 이를 A의 주소에 배달하였으나 A가 출타중이어서 자전거에 싣고 돌아가다가 과속으로 운전하던 C의 승용차와 충돌하여 맥주 전부가 파손되었다. A · B · C 간의 법률관계는? 해설 p.23

(1) 의 의

a) 종류채권은 일정한 종류에 속하는 물건 중에서 일정량의 인도를 목적으로 하는 채권이다. 예컨대 카스맥주 1상자를 주문하는 경우처럼, 일정한 종류에 속하는 물건의 일정량이면 어느 것이라도 좋다고 하는 데에 그 특색이 있다. 종류채권에서는 종류에 속하는 물건 가운데에서 어느 것을 인도할 것인지가 특정되지 않은 점에서, 이를 「불특정물채권」이라고도 한다. 종류채권은 상품의 매매 외에 보통의 매매 · 증여 · 교환 · 소비대차 · 소비임치 등을 원인으로 하여 발생한다.[1)]

---

1) 판례: A가 B로부터 롯데하이마트 주식회사 주식 2,000주를 매수한 다음 이를 B에게 명의신탁하고, 주식보관증에는 B가 위 주식 2,000주를 보관하고 있다는 내용만이 있다. 그런데 B가 위 주식을 타인에게 매도하여, A가 B와의 명의신탁을 해지하고 그 주식의 반환을 청구하였다. 여기서 B의 주식반환채무가 특정물채무여서 이행불능이 되는 것인지(따라서 그 당시 주식의 시가로 전보배상을 하여야 하는 것인지), 아니면 종류채무여서 B의 주식반환의무는 존속

b) 종류채권에서는 두 가지를 유의하여야 한다. (ㄱ) 종류채권의 목적물은 「불특정물」이다. 물건의 '대체성'은 거래의 일반관념에 의해 객관적으로 결정되는 데 비해, '특정성'은 당사자의 의사에 의해 주관적으로 결정된다. 종류채권의 목적물은 대체물이 일반적이지만 그것이 항상 불특정물로 되는 것은 아니다. 예컨대 대체물이더라도 'A 창고에 있는 쌀 전부'를 매매의 목적으로 한 때에는 그것은 특정물채권이 된다. 한편 부대체물이더라도 '택지로 조성된 100㎡ 면적의 토지 10필지 중 1필지'를 매매의 목적으로 한 경우처럼, 당사자가 일정한 종류에 속하는 일정량이면 어느 것이라도 좋다고 하면 불특정물채권(종류채권)이 된다. (ㄴ) 종류 외에 다시 일정한 제한을 두어서 일정량의 물건의 인도를 약속하는 경우가 있다. 예컨대 쌀 100가마가 있는 A창고 내의 쌀 30가마를 매수하기로 하는 것이 그러하다. 쌀 30가마라는 점에서는 종류채권이지만, 그것은 A창고에 있는 쌀 100가마를 한도로 하는 점에서 이를 「제한(한정)종류채권」이라고 한다.[1] 이 경우 A창고에 있는 쌀 100가마가 전부 멸실된 때에는 채무자는 인도의무를 면하는 점에서 보통의 종류채권과 다르다.

(2) 목적물의 품질과 종류채권의 특정

가) 목적물의 품질

같은 종류에 속하는 물건의 품질에 상 · 중 · 하의 차등이 있는 경우에 채무자는 다음 세 가지 기준에 의해 이행하여야 한다. 먼저 법률행위의 성질에 의한다. 소비대차(598조) · 소비임치(702조)에서 차주와 수치인은 그가 처음에 받은 물건과 동일한 품질의 것으로 반환하여야 한다. 둘째, 당사자의 의사에 의해 정해진다. 셋째, 위와 같은 정함이 없는 경우 채무자는 중등 품질의 물건으로 이행하여야 한다(375조 1항).

나) 종류채권의 특정

a) 특정의 의의　종류채권에서는 인도할 물건이 확정되지 않았으므로 이것이 어느 때에 확정되는지 그 특정의 방법과 시기에 대해 정할 필요가 있다. 특정이 있게 되면 그 후부터는 특정물채권으로 다루어지는 점에서 의미가 있다. 유의할 것은, 특정이 있어야만 비로소 강제집행을 할 수 있는 것은 아니다. 채무자가 종류물을 인도하지 않는 경우, (채무자가 소유하는) 종류물에 대해 (채무자로부터 빼앗아 채권자에게 인도하는 방식으로) 강제집행을 할 수 있기 때문이다(민사집행법 257조). 이 점은 선택채권에서는 선택하기 전까지는 급부가 확정되지 않아 강제집행도

하는 것이어서 B는 다른 곳에서 조달을 해서라도 주식 2,000주를 반환해야 하는 것인지가 다투어진 것이다. 대법원은 다음과 같은 이유로 후자로 보았다: 「주식은 주주가 출자자로서 회사에 대하여 가지는 지분으로서 동일 회사의 동일 종류 주식 상호간에는 그 개성이 중요하지 아니한 점, 이 사건 주식보관증에는 B가 하이마트 주식 2,000주를 보관하고 있다고 기재되어 있을 뿐 B가 보관하는 주권이 특정되어 있지 아니한 점을 고려하여 보면, B의 A에 대한 주식반환의무는 특정물채무가 아니라 종류채무에 해당한다. 따라서 B가 하이마트 주식을 취득하여 반환할 수 없는 등의 특별한 사정이 없는 한, B가 보유하는 주식이 제3자에게 매도되어 B가 이를 보유하고 있지 않다는 사정만으로는 B의 주식반환의무가 이행불능이 되었다고 할 수 없다」(대판 2015. 2. 26, 2014다37040).

1) 유의할 것은, 예컨대 A 소유 농장에 있는 사슴 100마리 중 10마리를 매매의 목적으로 한 경우, 당사자의 의사가 사슴에 우열이 있어 이를 중시한 것으로 볼 때에는, 그것은 제한종류채권이 아니라 선택채권이 된다(380조 이하). 선택채권에서는 그 급부가 서로 다른 개성을 가지고 있고 또 선택권을 가지는 자가 선택권을 행사한 때에 채권의 목적으로 확정되는 점에서, 종류에 속하는 물건이 모두 같은 가치를 가지고 그 범위가 개별적으로 예정되어 있지 않으며 특정의 방법을 달리하는 종류채권과는 다르다.

할 수 없는 것과는 다르다.

b) **특정의 방법** 민법은 종류채권의 특정의 방법으로서 「채무자가 이행에 필요한 행위를 완료한 때」와 「채권자의 동의를 받아 이행할 물건을 지정한 때」 두 가지를 정한다(375조 2항). 본조는 임의규정이므로, 당사자의 합의에 의해 특정의 방법을 달리 정할 수 있음은 물론이다.

aa) **계약에 의한 특정 :** (α) 당사자 간의 계약으로 특정의 방법을 정할 수 있고, 이때에는 그 계약에서 정한 방법에 의해 특정이 된다. (β) 채권자의 동의를 받아 이행할 물건을 지정한 때이다. (ㄱ) 당사자 간의 계약으로 당사자의 일방이나 제3자에게 지정권을 줄 수 있고, 이 경우 지정권자가 지정하면 종류채권은 특정된다. (ㄴ) 민법 제375조 2항 소정의 「채무자가 채권자의 동의를 받아 이행할 물건을 지정한 때」라는 것은, 당사자 간의 계약으로 채무자에게 지정권을 준 경우를 말한다. 다만 그 계약에서 따로 지정의 '방법'을 정하지 않은 경우를 대비하여 동조는 보충적으로 채무자가 지정한 때, 다시 말해 종류물 중에서 일정 수량의 부분을 타부분과 구별이 가능하도록 분리한 때에 특정이 되는 것으로 정한 것이다. 따라서 그 본질은 계약에 의한 특정에 속하는 것이다. (ㄷ) 채무자가 지정권을 행사하지 않는 경우, 판례는 선택채권에 관한 규정(381조)을 준용하여 채권자에게 지정권이 이전하는 것으로 본다(대판 2003. 3. 28, 2000다24856).

bb) **채무자의 이행제공에 의한 특정 :** 특정의 방법에 관하여 당사자 간에 약정이 없는 때에는, '채무자가 이행에 필요한 행위를 완료한 때'에 특정이 된다. 구체적인 내용은 변제의 장소에 따라 다음과 같이 정해진다. (α) 지참채무: 1) 지참채무란 채무자가 목적물을 채권자의 주소에서 이행하여야 하는 채무이다. 특정물의 인도는 채권 성립 당시에 그 물건이 있던 장소에서 하여야 하지만(467조 1항), 그 밖의 채무변제는 채권자의 현재 주소에서 하여야 하고(467조 2항), 따라서 종류채무는 원칙적으로 지참채무에 속한다. 2) 한편 변제의 제공은 채무의 내용에 따른 '현실제공'으로 하여야 하는 것이 원칙이고, 다만 채권자가 미리 변제받기를 거절하거나 채무의 이행에 채권자의 행위가 필요한 경우에는 변제준비의 완료를 통지하고 그 수령을 최고하는 방식의 '구두제공'으로 하면 된다(460조). 3) 따라서 지참채무에서는 채무자가 채권자의 주소에서 현실적으로 변제의 제공을 한 때(460조 본문), 즉 목적물이 채권자의 주소에 도달하고 채권자가 언제든지 수령할 수 있는 상태에 놓여진 때에 비로소 특정이 된다. 채무자가 인도할 목적물을 분리하거나 또는 우편 · 철도 등의 운송기관에 위탁하여 발송하는 것만으로는 특정이 되지 않는다. 그러므로 발송 후 도달 전에 그 물건이 불가항력으로 멸실된 경우에도, 채무자는 그 종류에 속하는 다른 물건으로 변제하여야 한다. 한편 지참채무에서도 채권자가 미리 변제받기를 거절한 경우에는 구두제공, 즉 변제 준비의 완료를 통지하고 그 수령을 최고함으로써 특정이 된다(460조 단서). (β) 추심채무: 추심채무推尋債務는 채권자가 채무자의 주소에 와서 목적물을 추심하여 변제를 받아야 하는 채무이다. 따라서 채무의 이행에 채권자의 추심행위를 필요로 하므로, 이때에는 구두제공, 즉 변제 준비의 완료(목적물을 분리하여 채권자가 이를 수령할 수 있는 상태)를 통지하고 그 수령을 최고하는 것으로 특정이 된다(460조 단서). 유의할 것은, 종류채무는 지참채무가 원칙이므로, 추심채무로 되기 위해서는 당사자의 합의를 필요로 한다. (γ) 송부채무: 채무자가 채권자 또는 채무자의 주소 외의 제3지에 목적물을 송부해야 할 채무가 송부채무인데, 이것은 특정과 관련하여 다음 둘로 나뉜다. (ㄱ) 제3지가 당사자의 합의에 의해 채무이행의 장소로 정해진 때에는, 전술한 지참채무에서와 같이 원칙적으로 그 장소에서 현실의 제공을 한 때 특정이 된다. (ㄴ) 채권자의 요청에 의해 채무자가 호의로 제3지에 목적물을 송부하는 경우에는, 제3지로 발송한 때에 특정이 된다는 것이 통설이다. 채무자로서는 해야 할 행위를 완료했다고 볼 수 있기 때문이다.

cc) 강제집행에 의한 특정: 대체물의 일정 수량의 인도를 목적으로 하는 채권의 강제집행은 집행관이 이를 채무자로부터 빼앗아 채권자에게 인도하는 방식으로 한다(민사집행법 257조). 따라서 이 경우에는 집행관이 동일 종류 중에서 일정한 물건을 수취(압류)한 때에 특정이 된다(김용한, 54면; 이은영, 113면; 장경학, 49면).

c) 특정의 효과 (ㄱ) 특정물채권으로의 전환: ① 종류채권의 목적물이 특정되면, 그때부터 그 물건이 채권의 목적물이 된다(375조 2항). 즉 종류채권은 목적물의 특정으로 그 동일성을 유지한 채 특정물채권으로 전환된다. 따라서 특정된 물건이 그 후 어떤 사정으로 멸실된 경우에 채무자는 다른 종류물 중에서 다시 이행할 의무를 부담하지 않으며 그 인도의무를 면한다. 또 특정된 물건이 훼손된 경우에도 그 상태대로 인도하면 된다(462조). 다만 선관의무 위반이 있는 때에 채무불이행책임(계약의 해제와 손해배상)을 지는 것은 별개이다(374조·390조). ② 반면 종류물이 특정되기 전에는, 비록 채무자가 소유하는 그 종류의 물건이 모두 멸실되어도 거래계에 그 종류의 물건이 있는 한 이를 마련하여 급부할 의무를 진다. 즉 그 (종류)물건의 인도의무는 존속한다. 다만 제한종류채권에서는, 그 한정된 종류물이 모두 멸실되면 그러한 종류의 물건이 거래계에 있다고 하더라도 채무자는 그 인도의무를 면한다. (ㄴ) 변경권: 종류채권에서 특정은 채무를 이행하기 위한 수단에 지나지 않고, 또 채무자를 보호하기 위한 것이다. 따라서 일단 특정된 후에도 채무자 스스로 그러한 보호를 포기할 필요가 있는 때에는(예: 특정된 물건을 제3자에게 매도한 경우), 특별히 반대 의사가 없으면 채무자가 그 종류에 속하는 다른 물건으로 인도할 수 있는, 이른바 「변경권」을 인정하는 것이 통설이다. 그러나 이 변경권은 종류채권의 성질과 신의칙으로부터 인정되는 것이므로, 채권자의 반대 의사가 있거나 채권자에게 불리한 때에는 인정되지 않는다.

사례의 해설 (1) B가 부담하는 채무는 제한종류채무이지만, 오토바이 20대를 도난당했더라도 그 제한 범위에 속하는 나머지 30대가 남아 있으므로, B는 그중 20대를 인도할 의무를 진다.

(2) B가 부담하는 맥주 1상자의 인도채무는 종류채무로서, 이를 A의 주소에 배달함으로써 특정이 되었다(375조 2항·467조 2항). 한편 A가 출타 중이어서 이를 수령하지 못한 것은 채권자지체(수령지체)에 해당한다(400조). 채권자지체 중에는 채무자는 고의나 중과실에 대해서만 책임을 지고(401조), 매매와 같은 쌍무계약에서 당사자 쌍방에게 책임 없는 사유로 이행할 수 없게 된 때에는 채무자는 상대방의 이행을 청구할 수 있다(538조 1항 2문). 따라서 B에게 경과실만 있는 경우에는 B는 A에게 맥주 대금을 청구할 수 있다. 한편 B는 C에게 불법행위에 의한 손해배상을 청구할 수도 있다(750조).

한편, B는 맥주의 인도채무를 면하면서(그리고 A에게 맥주 대금을 청구할 수 있으면서) C에 대해 불법행위로 인한 손해배상채권을 취득하게 되므로, B가 A에게 맥주 대금을 청구하는 경우에

A는 B에게 대상청구권을 행사하여 B가 C에게 갖는 손해배상채권의 양도를 구할 수 있다(대상청구권에 관해서는 p.139 '이행불능의 효과' 부분을 참조할 것). 사례 p.20

2. 금전채권

사 례 A는 그 소유 원양어선에 대해 B보험회사와 보험금을 미화 385,000달러로 하는 손해보험계약을 체결하였다. 그런데 위 어선이 산호초에 좌초되어 B는 상법상 1985. 3. 26.에 보험금을 지급하게 되었다. B가 보험금의 지급을 미루자, A는 위 보험금을 한화로 바꿔 변제기(1985. 3. 26.) 당시의 환율인 1달러당 864.89원을 곱하여 332,982,650원을 청구하는 소를 제기하였는데, 이 소송의 변론종결일 당시의 환율은 1달러당 695.90원으로 하락하였다. A의 청구에 대해 법원은 어느 통화로 얼마를 인용하여야 하는가? 또 A는 어느 때부터 지연배상을 청구할 수 있고, 그 밖에 환차손으로 인한 손해배상을 청구할 수 있는가? 해설 p.26

(1) 의 의

금전채권은 일정액의 금전의 급부(인도)를 목적으로 하는 채권이다.[1] 금전채권에서는 금전 자체의 개성보다는 그것이 가지는 일정한 가치에 중점을 두는 점에 그 특색이 있고, 그래서 금액채권으로서 의미를 가진다. 그러므로 금전채권에서는 특약이 없는 한 채무자는 그 선택에 따라 각종의 통화로 변제할 수 있는 것이 원칙이다. 금전채권도 일종의 종류채권이지만 '특정'을 필요로 하지 않으며, 또 금전 자체가 전부 멸실되는 경우가 없어 이행불능이 생기는 일도 없다(이행지체가 있을 뿐이다). 금전채권을 발생시키는 원인으로는 증여 · 매매 · 소비대차 · 임대차 · 고용 · 도급 · 임치 등이 있다. 또 채무불이행이나 불법행위로 인한 손해는 금전으로 배상하는 것이 원칙이다(394조 · 763조).

(2) 금전채권의 종류

금전채권은 보통 금액채권을 뜻하지만, 민법은 이것 외에 따로 금종채권과 외화채권에 관해 규정한다.

가) 금종채권

어느 종류의 통화로 지급하기로 정해진 금전채권을 가리켜 금종金種채권이라고 한다(예컨대 1만원권으로 1천만원을 지급하기로 약정하는 것). 이때에는 당사자의 약정에 따라 특정 종류의 통화로 지급하여야 하지만, 그 통화가 변제기에 유통되지 않는 때에는 금전채권의 일반적 성질로 돌아가 다른 종류의 통화로 변제하여야 할 것이다. 그래서 민법 제376조는 「채권의 목적이 어느 종류의 통화로 지급할 것인 경우에 그 통화가 변제기에 강제통용력을 잃은 때에는 채무자는 다른 통화로 변제하여야 한다」고 정한 것이다.

---

1) 금전은 재화의 교환을 매개하는 수단으로서 그 용도가 유통(양도)에 있는 점에서 사용 및 교환가치를 가지는 보통의 동산과는 다르다. 금전채권은 이러한 금전의 급부를 목적으로 하는 채권이다. 따라서, ① 진열 등의 목적으로 특정의 통화에 대해 매매나 임대차계약을 맺은 경우에는 금전채권이 아닌 특정물채권이 발생한다. ② 수집의 목적으로 어느 해에 발행한 화폐의 일정량에 대해 매매계약을 맺은 경우에는 금전채권이 아닌 (한정)종류채권이 발생한다.

나) 외화채권

a) **외국 금액채권과 외국 금종채권** (ㄱ) 다른 나라 통화, 즉 외화로 지급하기로 된 금전채권이 외화채권이다. 외화채권도 금전채권이므로 외국 금액채권이 원칙이다. 그러므로 채권의 목적이 다른 나라 통화로 지급할 것인 경우에는 채무자는 자기가 선택한 그 나라의 각 종류의 통화로 변제할 수 있다(377조 1항). (ㄴ) 지급하여야 할 외화의 종류를 지정한 것이 외국 금종채권인데(예: 1백달러짜리로 1천만달러를 지급하기로 약정하는 것), 그 통화가 변제기에 강제통용력을 잃은 때에는, 민법 제376조와 같은 취지에서 채무자는 그 나라의 다른 종류의 통화로 변제하여야 한다(377조 2항).

b) **대용급부권**代用給付權 「채권액이 다른 나라의 통화로 지정된 경우에는 채무자는 지급할 때의 이행지 환금시가에 의하여 우리나라 통화로 변제할 수 있다」(378조).

aa) **대용급부권과 대용급부청구권**: (ㄱ) 본조는 외화채권의 경우에 채무자가 우리나라 통화로 변제할 수 있는 대용급부권을 인정하고 있다. 본래 채권의 목적은 외화채권이지만 채무자에게 대용급부권을 허용한 점에서 그 성질은 임의채권으로 보는 것이 통설이다(임의채권에 관해서는 후술함). 채무자에게 대용급부권을 인정하는 주된 이유는 채무자가 이행지에서 외국통화를 취득하는 어려움을 해소하는 데에 있다. 채무자의 대용권 행사는 의사표시만으로는 안 되고 실제로 대용급부를 하여야 한다(민법주해(Ⅷ), 183면(이공현)). (ㄴ) 채권액이 다른 나라 통화로 「지정된 때」에 본조에 따라 우리나라 통화로 변제할 수 있다. 따라서 ① 단순한 지정이 아닌, 그 외국통화만으로 지급하기로 특약을 맺은 때에는 본조는 적용되지 않는다(김증한·김학동, 40면). ② 당사자 간의 약정으로 실제로는 우리나라 통화로 지급하기로 하고 그 채권액을 결정하는 수단으로 외국통화를 표시하는 경우가 있는데(이를 '부진정 외화채권'이라고 한다), 이때는 우리나라 통화로만 지급하여야 하는 점에서, 외국통화로 지급하여야 하지만 우리나라 통화로도 지급할 수 있는 대용권이 인정되는 본조는 적용되지 않는다. (ㄷ) 본조는 명문으로 채무자에게만 대용급부권을 인정하는데, 해석상 채권자도 우리나라 통화로 변제할 것을 채무자에게 청구할 수 있는지, 즉 '대용급부청구권'이 있는지가 문제된다. 어음법(41조 1항·77조 1항)과 수표법(36조 1항)에서는 어음·수표금의 이행지체시 채권자에게도 대용급부청구권을 인정하지만, 본조는 그러한 명문의 규정을 두고 있지 않다. 그런데 외화채권의 국내통화에 의한 대용급부가 연혁적으로 채무자의 채무변제의 편의를 위해 인정된 것이기는 하지만, 공평의 관념상 또 화폐거래가 자유롭게 유통되는 성질상 채권자에게도 대용급부청구권을 인정하는 것이 타당하고, 이것이 통설과 판례이다(대판(전원합의체) 1991. 3. 12, 90다2147). 이 경우 채권자가 대용급부청구권을 행사한 때에는 채무자는 이제는 더 이상 외화에 의한 지급을 주장할 수는 없다. 그렇지 않으면 채권자의 대용권 행사가 무의미해지기 때문이다(민법주해(Ⅷ), 183면(이공현)).

bb) **환산시기**: (ㄱ) 채무자가 대용권을 행사한 경우: 종전의 판례는 변제기(이행기)를 환산시기로 삼았지만(대판 1978. 5. 23, 73다1347; 대판 1987. 6. 23, 86다카2107), 그 후 이 판례를 폐기하면서 민법 제378조의 문언에 충실하게 '채무자가 현실로 이행할 때'로 견해를 바꾸었다(대판(전원합의체) 1991. 3. 12, 90다2147). 그래서 우리나라 통화로 외화채권에 변제충당할 때도 현실로 변제충당할 당시의 외환시세에 의해 환산하여야 하는 것으로 보았다(대판 2000. 6. 9, 99다56512). 또 집행법원이 경매절차에서 외화채권자에게 배당을 할 때에도 배당기일 당시의 외환시세를 우리나라 통화로 환산하는 기준으로 삼아야 한다고 한다(대판 2011. 4. 14, 2010다103642). 본래 금전채권에서 채권자는 채무자로부터 현실로 변제를 받을 때까지 화폐가치의 변동에 따른 영향을 받는 것이므로, 외화채권의 경우에도 그 환산시기를 현실의 이행시로 보는 것이 타당할 것이다.[1] 한편, 변제기 이후에 변제한 때에는 지연손해금을 청구할 수 있지만, 환차손으로 인한 손해배상은 민법 제397조 1항의 특칙상 따로 청구할 수 없다(민법주해(Ⅷ), 186면(이공현)). (ㄴ) 채권자가 대용권을 행사한 경우: 채권자의 청구에 응해 채무자가 현실로 이행하는 때를 기준으로 한다. 다만, 채권자가 대용권을 '재판상 청구'하는 경우에는, 채무자가 현실로 이행할 때에 가장 가까운 '사실심 변론종결일'의 환율을 환산시기로 본다(대판(전원합의체) 1991. 3. 12, 90다2147).

cc) 환 율: 민법 제378조 소정의 이행지의 '환금시가'는 어떤 환율을 의미하는지에 관해, 외환을 매입하거나 매도하는 고객에게 적용하는 환율 중 금리요인이 포함되지 않고 또 모든 시장환율의 기준이 되는 전신환매매율로 보는 견해가 있다.[2] 이에 대해 판례는 (은행의 수수료가 포함되지 않은) 기준환율로 본다(대판 1995. 9. 15, 94다61120).

(3) 금전채권에 관한 특칙 등

a) 금전채무 불이행에 대한 특칙 채무의 불이행이 있는 경우 채권자가 손해배상을 청구하려면, 채무자에게 귀책사유가 있어야 하고, 채권자가 손해의 발생과 손해액을 입증하여야 한다(390조). 그리고 그 배상액은 통상손해와 특별손해의 기준에 의해 정해진다(393조). 그런데 '금전채무의 불이행'의 경우에는 민법은 제397조에서 따로 특칙을 규정한다. 그 내용은 손해배상 부분(p.179)에서 따로 설명한다.

b) 금전채권과 사정변경의 원칙 금전채권의 대상인 통화는 일정한 가치의 척도이지만, 경제사정에 따라 그 가치의 변동이 있을 수 있고, 이것을 예상하고 금전의 지급을 약정한 것이 금전채권이므로, 금전채권자는 화폐가치의 하락에 따른 위험을 부담하는 것이 원칙이다. 그러나 그 정도가 너무 심해 반대급부와의 균형이 심하게 깨지는 경우에도 이를 고수하는 것은 심히 공평에 반한다. 그래서 이 경우 그 금전의 액수를 조정하거나 아니면 그 기초가 된 계약을 해제할 수 있도록 하는 것, 즉 「사정변경의 원칙」이 특히 중요한 기능을 담당하게 된다. 학설은 일정한 요건하에 이 원칙을 수용하려 하지만, 판례는 이 법리를 인정하면서도 그것이 민법의 해석상 수용될 수 없다는 태도를 취하고 있다(대판 1955. 4. 14, 4286민상231; 대판 1963. 9. 12, 63다452).

사례의 해설 민법 제378조 소정의 외화채권의 대용급부권에 관해 판례는 다음 세 가지 점에서 그 법리를 전개하고 있다(대판(전원합의체) 1991. 3. 12, 90다2147). 즉 ① 제376조와 제377조 2항은 '변제기'라고 표현하고 있는 데 비해 제378조는 '지급할 때'라고 달리 표현하고 있어, 이것은 변제기(이행기)가 아닌 채무자가 현실로 지급하는 때를 의미한다. ② 채권자도 채무자에게 우리나라 통화로 변제할 것을 구할

1) 민일영, "외화채권의 환산", 인권과 정의(1991. 10.), 94면 이하.

2) 최공웅, 국제소송(개정판), 503면; 이공현, "외화채권의 변제", 민사판례연구(XIV), 117면.

수 있는 대용급부청구권이 있다. ③ 채권자가 소로써 대용급부 청구를 한 때에는, 채무자가 현실로 지급하는 때에 가장 가까운 사실심 변론종결 당시를 환산 기준시기로 삼아야 한다.

위 판례에 의할 때 사례는 다음과 같이 정리된다. 채권자 A는 우리나라 통화로의 대용급부를 청구할 수 있고, 소로써 그 청구를 하였으므로 법원은 사실심 변론종결일 당시의 환율을 기준으로 하여 우리나라 통화로 지급을 명하여야 한다(385,000 × @695.90= 267,921,500원). 그러나 이것은 미화를 우리나라 통화로 환산하는 기준에 불과한 것이고 본래의 외화채권의 변제기는 1985. 3. 26.부터이므로, 이때부터 지연배상 책임을 지는 것은 별개이다. 이 경우는 미화 385,000달러를 기준으로 지체된 기간에 법정이율을 곱하여 계산된 미화가 지연배상액이 되고, 이를 원화로 환산하는 경우에는 위 판례의 법리가 통용된다고 할 것이다. 한편 금전채무의 불이행에 의한 손해배상은 약정이율이 없으면 법정이율에 의해 산정되고(397조 1항), A는 환율의 변동에 따른 환차손을 입었더라도 따로 손해배상을 청구할 수는 없다. 사례 p. 24

3. 이자채권

(1) 의 의

이자의 급부를 목적으로 하는 채권이 이자채권이다. 이자는 이율에 의해 산정되는데, 그 이율은 법률의 규정에 의해 정해지는 '법정이율'과 당사자의 약정에 의해 정해지는 '약정이율'이 있다. 민법 제379조는 당사자 간에 이자를 급부하기로 약정하였지만 그 이율에 관해 정하지 않은 경우에, 또 법률에서 단지 이자의 급부만을 정한 경우에, 그 이율을 연 5푼(퍼센트)으로 정한다. 그런데 실제로는 약정이자의 경우에 그 이율을 정하게 마련이므로, 동조는 법정이자에서, 그리고 주로 금전채무불이행의 손해배상액을 산정하는 기준(397조 1항)으로 적용되는 것이 보통이다(민법주해(Ⅷ), 191면(이공현)).

(2) 이 자

a) 정 의 민법은 이자에 관해 명문으로 정하고 있지 않지만, 일반적으로 "금전 기타 대체물의 사용의 대가로서 원본액과 사용기간에 비례하여 지급되는 금전 기타의 대체물"이라고 정의한다. 즉, (ㄱ) 이자는 원본채권의 이행기까지의 사용대가로서 법정과실(101조 2항)의 일종이다. 주식의 배당금과 같이 사용대가가 아닌 것, 또 이행기가 지난 후의 이행지체에 따른 연체이자(705조 참조)는 (지연)손해배상이지 이자가 아니다. (ㄴ) 이자는 금전 기타 대체물의 사용대가라는 점에서, 부대체물인 토지 · 기계 · 건물 등의 사용대가인 지료 · 차임 등은 이자가 아니다. (ㄷ) 이자는 금전이 보통이지만, 대체물도 이자가 된다(예: 쌀을 빌리고 이자로서 쌀을 지급하는 것). 또 원본과 이자는 동종의 대체물이어야만 하는 것은 아니다. 동종의 대체물이 아니더라도 양자가 모두 대체물이면 이율에 의한 이자의 계산은 가능하기 때문이다(예: 원금 100만원에 대한 이자로 쌀 1가마를 받는 경우). (ㄹ) 이자는 원본채권을 전제로 하여 일정한 이율에 의해 산정된다. 따라서 원본채권이 무효이면 이자는 발생하지 않으며, 이자는 이율을 떠나서 생각할 수 없다.

b) 이 율 이자는 일정 기간을 단위로 원본액에 대한 일정한 이율에 의해 산정되는데, 이율에는 법률이 정하는 「법정이율」과 당사자의 약정에 의해 정해지는 「약정이율」이 있다. (ㄱ)

법정이율: 법정이율은 원칙적으로 연 5푼이지만(379조), 상행위로 인한 채무의 법정이율은 연 6푼이다(상법 54조). 한편 금전채무의 불이행에 의한 손해배상액은 원칙적으로 법정이율에 의해 산정된다(397조 1항). 그런데 그 이율이 너무 적어서 채무자가 금전채무의 이행을 지연하는 사례가 빈발하여 이를 방지하고자 다음과 같은 특칙이 마련되어 있다. 즉 채권자가 금전채무의 이행을 구하는 '소'를 제기하여 그 전부 또는 일부의 이행을 명하는 판결을 선고할 경우에, 금전채무불이행으로 인한 손해배상액 산정의 기준이 되는 법정이율은 그 금전채무의 이행을 구하는 소장 또는 이에 준하는 서면이 채무자에게 송달된 날의 다음 날부터는 대통령령으로 정하는 이율에 의하는데(소송촉진 등에 관한 특례법 3조 1항), 현재 그 이율은 연 100분의 12이다(동 규정). 그 밖에 공탁금에는 대법원 규칙으로 정하는 이자를 붙일 수 있다(공탁법 6조). (ㄴ) 약정이율: 약정이율은 (후술하는) '이자제한법'에서 정한 최고이자율을 초과하지 않는 범위 안에서 당사자가 자유로이 정할 수 있다.

c) 발생원인 이자는 당사자 사이에 약정이 있거나, 법률에 정함이 있는 때(425조 2항·441조 2항·548조 2항·587조·600조·685조·688조 1항·748조 2항)에 발생한다. 따라서 금전소비대차에서도 당사자 간에 이자에 관한 약정이 없는 때에는, 채무자는 이자를 지급할 의무가 없고 원금만을 반환하면 된다. 다만 상인 간의 금전소비대차에서는 그러한 특약이 없다고 하더라도 대주는 연 6푼의 법정이자를 청구할 수 있다(상법 55조 1항·54조).

(3) 이자채권

a) 목적과 특색 이자의 급부를 목적으로 하는 채권이 이자채권이다. 이자는 금전 그 밖의 대체물이므로 이자채권은 일종의 종류채권이며, 이자가 금전인 경우에는 금전채권이 적용된다. 다만 그 확정기준이 이율에 있다는 데에 그 특색이 있다.

b) 기본적 이자채권과 지분적 이자채권 예컨대 100만원의 원금에 대하여 연 2할의 이율로 매월 이자를 지급하기로 약정하는 경우가 있다. 이에 따라 채무자는 연 2할의 이자를 지급해야 할 기본적 이자채무를 지고, 이 채무의 이행으로서 변제기에 도래한 매월의 이자를 지급해야 하는 지분적 이자채무를 부담하게 된다. 기본적 이자채권과 지분적 이자채권은 원본채권에 대한 관계에서 다음과 같은 차이가 있다. (ㄱ) 기본적 이자채권은 그 발생·소멸·처분에서 원본채권과 운명을 같이한다. 즉 원본채권이 없이는 발생할 수 없고, 원본채권이 소멸되면 같이 소멸되며, 원본채권의 양도 등 처분은 기본적 이자채권의 처분을 수반하는 것을 원칙으로 한다. (ㄴ) 이에 대해 이미 변제기에 도달한 지분적 이자채권은 원본채권과 분리하여 양도할 수 있고, 원본채권과는 별도로 변제할 수 있으며, 또 1년 이내의 기간으로 정한 이자채권은 따로 3년의 시효(163조 1호)에 걸리는 등 강한 독립성이 있다. 1) 따라서 원본채권이 양도되더라도 이미 변제기에 도달한 지분적 이자채권은 (그 양도 당시 지분적 이자채권도 양도한다는 의사표시가 없는 한) 당연히 같이 양도되지는 않는다(대판 1989. 3. 28, 88다카12803). 그리고 원본채권이 변제·상계 등으로 소멸되더라도 이미 발생한 지분적 이자채권은 그대로 존속한다. 다만 원본채권이 시효로 소멸되는 때에는 같이 소멸된다. 소멸시효는 그 기산일로 소급하여 효력이 생기므로(167조), 원본채권이 시효로 소멸되면 이자채권도 발생할 여지가 없기 때문이다. 2) 그런데 채권자가 만족을 얻

는 입장에서 보면 지분적 이자채권도 원본채권의 확장의 성질을 가지는 것이므로, 원본채권의 담보는 원칙적으로 지분적 이자채권에도 미친다고 할 것이다.

(4) 이자의 계산

a) 계산의 시기와 종기　이자가 있는 소비대차에서는, 차주가 목적물을 인도받은 때부터, 차주가 자기에게 책임이 있는 사유로 수령을 지체할 경우에는 대주가 이행을 제공한 때부터 이자를 계산하여야 한다(600조). 차주가 차용금을 받기 전부터 이자를 지급하는 것을 방지하기 위해 마련한 규정이다. 한편 이자계산의 종기는 원본의 사용기간 내에서 원본을 반환한 때이다. 채권자가 그 수령을 지체한 때에는 그 이후에는 이자를 지급할 의무가 없다(402조).

b) 지급시기　민법은 소비대차에서 이자의 지급시기에 관해 따로 정하고 있지 않다. 그런데 이자는 원본의 사용대가인데, 같은 범주에 속하는 임대차 · 고용 · 위임 등에서는 차임이나 보수를 후불로 하는 점에서(633조 · 656조 · 686조), 이자도 후불을 원칙으로 한다고 할 것이다. 다만 종래의 판례는 당사자의 약정에 의해 이자를 미리 공제하고 원금을 주는 '선이자'에 관하여도 이것이 유효하다는 전제에서 그 법리를 전개한 바 있다(대판 1993. 11. 23, 93다23459).

(5) 이자의 제한

채권자가 금전대차와 관련하여 높은 이율을 정함으로써 폭리를 취하는 것을 방지하기 위해 「이자제한법」(2007년 법 8326호)이 새로 제정되었는데, 그 내용은 다음과 같다.

a) 적용범위　이자제한법은 금전대차에 관한 계약상의 이자에 대해 적용된다(동법 2조 1항). 1) 동법은 금전의 '소비대차'에 적용된다. 대차관계에 의하지 않고 발생한 금전채권의 이자에는 적용되지 않는다. 2) '금전'의 대차에 적용되고, 금전 외의 대체물의 소비대차에는 적용되지 않는다. 3) 금전 대차이면 족하고, 이자도 원본과 같은 금전일 필요는 없다. 4) 대차원금이 10만원 미만인 대차의 이자에 대해서는 적용되지 않는다(동법 2조 5항). 5) 다른 법률에 따라 인가 · 허가 · 등록을 마친 금융업 및 대부업과 대부업법(9조의4)에 따른 미등록 대부업자에 대해서는 적용되지 않는다(동법 7조). 다만, 대부업법(11조 1항)에서는 미등록 대부업자가 대부하는 경우의 이자율에 대해서는 이자제한법 제2조 1항과 대부업법 제8조 2항부터 6항까지의 규정을 준용하는 것으로 정하고 있다.

b) 이자의 최고한도　(ㄱ) 금전대차에 관한 계약상의 최고이자율은 연 25퍼센트를 초과하지 않는 범위 안에서 대통령령으로 정하게 하였는데(2조 1항), 그에 따라 연 20퍼센트를 최고이자율로 정하였다(이자제한법 제2조 제1항의 최고이자율에 관한 규정). 이 최고한도를 초과하는 부분은 무효로 한다(2조 3항). 따라서 이러한 제한초과의 이자를 자동채권으로 하여 상계를 하더라도 효력이 없고(대판 1963. 11. 21, 63다429), 그 초과이자를 기초로 하여 준소비대차계약이나 경개계약을 체결하더라도 초과부분에는 효력이 없다(대판 1998. 10. 13, 98다17046). (ㄴ) 채무자가 최고이자율을 초과하는 이자를 임의로 지급한 경우에는 초과 지급된 이자 상당 금액은 원본에 충당하고, 원본이 소멸된 때에는 그 반환을 청구할 수 있다(2조 4항). 종전의 학설은 그 반환청구에 관해 민법 제746조 본문을 적용하는 부정설과 제746조 단서를 적용하는 긍정설로 나뉘었고, 판례는 종전에는 부정설을 취하였으나 그 후 긍정설로 견

해를 바꾸었는데(대판(전원합의체) 2007. 2. 15, 2004다50426), 동법은 긍정설의 입장을 반영한 것이다. 이와 같이 충당하여 원본이 소멸되고도 남아 있는 초과 지급액에 대해서는 위 규정에 따라 반환을 청구할 수 있고, 그 성질은 부당이득의 반환에 속하는 것인데, 한편 (이것과 경합하여) 이자제한법 위반에 따른 손해 발생을 이유로 불법행위로 인한 손해배상을 청구할 수도 있다(대판 2021. 2. 25, 2020다230239).

c) **이자의 사전공제** 이자를 사전공제한 경우에는, 그 공제액이 채무자가 실제 수령한 금액을 원본으로 하여 최고이자율에 따라 계산한 금액을 초과하는 때에는, 그 초과부분은 원본에 충당한 것으로 본다(3조). 종전의 판례를 반영한 것이다(대판 1993. 11. 23, 93다23459).

d) **간주이자** 예금, 할인금, 수수료, 공제금, 체당금, 그 밖의 명칭에 불구하고 금전의 대차와 관련하여 채권자가 받은 것은 이를 이자로 본다(4조 1항). 그리고 채무자가 금전대차와 관련하여 금전 지급의무를 부담하기로 약정한 경우에도 그것이 원래 채권자가 부담하여야 할 성질의 것인 때에는 이를 이자로 본다(4조 2항). 예컨대 금전대차와 관련하여 채권자에게 부과될 이자소득세를 채무자가 부담하기로 약정하는 경우가 그러하다(대판 1992. 10. 13, 91다37270).

e) **복리약정 제한** (ㄱ) 이자에 대해 다시 이자를 붙이는 것, 즉 변제기에 이른 이자를 원본에 넣어서 다시 이자를 붙이는 것을 '복리'라고 한다. 이와 달리 원본에 넣지 않고서 이를 독립한 원본으로 하여 이자를 생기게 하는 것('독립이자'라고 부른다)은 복리에 포함되지 않는다(곽윤직 · 김재형, 채권총론(제7판), 45면). (ㄴ) 복리약정은 최고이자율을 초과하는 부분에 해당하는 금액에 대해서는 무효로 본다(동법 5조). 이는 원본에 산입된 당초의 이자와 그에 대한 이자의 합산액이 본래 원본에 대한 최고이자율을 넘은 부분에 관해서는 무효라는 뜻이다.

f) **배상액의 감액** 법원은 당사자가 금전을 목적으로 한 채무의 불이행에 관하여 예정한 배상액을 부당하다고 인정한 때에는 상당한 액까지 이를 감액할 수 있다(6조). 민법 제398조 2항과 같은 취지의 것이다.

g) **벌 칙** 이 법에서 정한 최고이자율을 초과하여 이자를 받은 자는 1년 이하의 징역 또는 1천만원 이하의 벌금에 처하며, 양자는 병과할 수 있다(8조).

4. 선택채권選擇債權

사례 A는 B 소유의 소 甲 · 乙 중 어느 하나를 매수하기로 B와 계약을 체결하고, 그 선택은 1주일 후인 잔금 지급일에 A가 하기로 약정하였다. 그런데 그 사이 B가 소 甲을 C에게 매각, 인도하였다. A · B · C 간의 법률관계는?

해설 p. 33

(1) 의 의

a) 선택채권은 수개의 서로 다른 급부 중에서 '선택'에 의해 어느 급부가 채권의 목적으로 정해지는 채권이다. 선택채권에서 수개의 급부는 서로 다른 개성을 가지며, 선택되어야 할 급부의 수가 확정되어 있는 점에서 종류채권과 다르다. 그래서 선택채권에서는 선택이 매우 중요하고, 한편 채권 발생 후 선택할 때까지 사이에 어느 급부가 (선택권이 없는 당사자의 과실로) 불능이 된 경우에 이를 선택할 수 없다고 하면 선택의 실효성은 유지될 수 없기 때문에, 민법

은 선택에 소급효를 인정한다(386조). 이에 대해 종류채권에서는 특정된 때부터 특정물채권으로 다루어지고 소급효는 인정되지 않는다.

b) 선택채권에서는 선택에 의해 어느 하나의 급부로 정해지기까지는 채권의 목적은 확정되지 않아서 이행할 수도 없고 또 강제집행을 하지도 못한다. 한편 그 수개의 급부가 '특정물'인 경우에 선택에 의해 급부가 특정되기 전에도 채무자는 민법 제374조의 선관의무를 부담하는지에 관해, 학설은 이를 부정하는 견해(민법주해(Ⅷ), 218면(이공현))와 긍정하는 견해(김형배, 104면; 김대정, 120면)로 나뉘어 있다. 선택의 효력은 그 채권이 발생한 때로 소급하므로(386조), 긍정설이 타당하다고 본다. 다만 어느 특정물에 대해 선관의무를 위반하였더라도 그것이 선택되지 않은 경우에는 문제가 되지 않는다. 그리고 선택채권도 하나의 채권으로서 완전하게 성립하고 있는 것이므로 이에 대해 인적 · 물적 담보를 설정할 수 있고, 또 불이행으로 인한 손해배상액의 예정계약을 맺을 수 있다.

c) 선택채권에서는 '선택'이 그 핵심이 되는 것이므로, 민법은 누가 선택권을 갖는지와 그 행사방법을 정하고, 한편 선택되어야 할 급부의 수가 미리 정해져 있는 점에서 다른 급부가 불능이 된 경우에 잔존 급부에 특정되는 것에 관해 규정한다.

(2) 선택채권의 발생원인

선택채권은 당사자의 법률행위에 의해(예: 증여 · 매매), 또 법률의 규정에 의해 발생한다(예: 무권대리인의 상대방에 대한 책임(135조 1항) · 점유자의 유익비 상환청구권(203조 2항) · 유치권자의 유익비 상환청구권(325조 2항) · 임차인의 유익비 상환청구권(626조 2항) · 보증인에게 사전 배상을 한 주채무자의 보증인에 대한 면책청구권(443조) 등).

(3) 선택채권의 특정

선택채권의 목적인 수개의 급부가 하나의 급부로 확정되는 것이 「선택채권의 특정」이다. 이 특정의 원인에는 두 가지가 있다. 하나는 선택권자가 선택권을 행사하여 특정되는 것이고, 다른 하나는 다른 급부가 모두 불능이 된 때에 잔존 급부로 특정되는 것이다.

가) 선택에 의한 특정

a) 선택권　　선택은 수개의 급부 중에서 하나의 급부를 선정하는 선택권자의 일방적 의사표시로서, 일종의 형성권이다.

b) 선택권자　　「채권의 목적이 수개의 행위 중에서 선택에 좇아 확정될 경우에 다른 법률의 규정이나 당사자의 약정이 없으면 선택권은 채무자에게 있다」(380조). 선택채권이 법률의 규정에 의해 발생하는 경우에는 그 규정에 의해(예: 135조 1항 · 203조 2항 · 325조 2항 등 참조), 법률행위에 의한 경우에는 그 법률행위에 의해 각각 선택권자가 정해진다. 특히 후자의 경우에는 당사자가 선택권을 가지는 것으로 약정하는 것이 보통이지만, 당사자의 약정으로 제3자에게 선택권을 줄 수도 있다. 그런데 선택권자에 관해 특별한 정함이 없는 때에는, 본조는 원칙적으로 채무자가 선택권을 가지는 것으로 정한다.

c) 선택권의 이전　　선택권자가 선택을 하지 않는 경우에는 당사자는 이행에 관해 불안한

지위에 놓이게 되므로(선택권자가 선택을 하여야 할 의무는 없다), 민법은 일정한 요건하에 선택권이 다른 당사자에게 당연히 이전되는 것으로 정한다. 이러한 취지에서 선택권의 이전은 법률의 규정에 의해 발생한 선택채권에도 적용된다고 할 것이다. (ㄱ) 당사자의 일방이 선택권을 가지는 경우: ① 선택권의 행사기간이 정해져 있는 경우에 선택권자가 그 기간 내에 선택권을 행사하지 않은 때에는, 상대방은 상당한 기간을 정하여 그 선택을 최고할 수 있고, 선택권자가 그 기간 내에 선택하지 않으면 선택권은 상대방에게 이전된다(381조 1항). ② 선택권의 행사기간이 정해져 있지 않은 경우에, 채권의 기한이 도래한 후 상대방이 상당한 기간을 정하여 그 선택을 최고하였음에도 선택하지 않으면 선택권은 상대방에게 이전된다(381조 2항). (ㄴ) 제3자가 선택권을 가지는 경우: ① 제3자가 선택할 수 없는 경우, 선택권은 채무자에게 이전된다(384조 1항). ② 제3자가 선택하지 않는 경우, 채권자나 채무자는 상당한 기간을 정하여 그 선택을 최고할 수 있고, 그 기간 내에 선택하지 않으면 선택권은 채무자에게 이전된다(384조 2항).

d) 선택권의 행사 (ㄱ) 당사자의 일방이 선택권을 가지는 경우: ① 채권자나 채무자가 선택하는 경우에는 그 선택은 상대방에 대한 의사표시로써 한다(382조 1항). ② 선택의 의사표시는 상대방의 동의가 없으면 철회하지 못한다(382조 2항). 상대방에게 불이익을 줄 염려가 있기 때문이다. 다만, 판례는 특별한 사정이 있으면 상대방의 동의 없이도 철회할 수 있다고 한다.[1] ③ 그러나 선택의 의사표시 역시 법률행위이므로, 예컨대 선택에 착오가 있는 때에는 민법 제109조 1항에 의해 이를 취소할 수 있다. (ㄴ) 제3자가 선택권을 가지는 경우: 제3자가 선택하는 경우에는 그 선택은 채무자와 채권자 양자에 대한 의사표시로써 하여야 한다(383조 1항). 이 의사표시는 채권자와 채무자 양자의 동의가 없으면 철회하지 못한다(383조 2항).

e) 선택의 효과

aa) 단순채권으로의 전환: 선택에 의해 채무자가 이행하여야 할 급부는 한 개의 급부로 특정되어 단순채권으로 전환된다. 그 수개의 급부의 종류에 따라 선택에 의해 특정물채권 · 종류채권 · 금전채권으로 될 수 있다. 예컨대 카스맥주 1상자 또는 칠성사이다 2상자의 선택채권은 어느 것을 선택하더라도 그것은 종류채권이 되고, 종류채권으로서 다시 특정을 필요로 한다.

bb) 선택의 소급효: 「선택의 효력은 그 채권이 발생한 때로 소급한다. 그러나 제3자의 권리를 해하지 못한다」(386조). (ㄱ) 선택의 효력은 선택채권이 발생한 때로 소급한다(386조 본문). 따라서 선택권자가 여러 개의 급부 중에서 특정물급부를 선택한 때에는, 처음부터 특정물채권이 성립하고 있었던 것으로 다루어진다. 특히 선택의 소급효는 민법 제385조 2항과 관련하여 의미가 있다. 즉 선택권이 없는 당사자의 과실로 이행불능이 된 경우 선택권자는 그 불능이 된

1) 판례: A는 B에게 위임계약에 따른 보수로서 A 소유 토지 중 어느 하나를 양도하기로 약정하고, 그 선택은 B가 하기로 하였다. B가 어느 토지를 선택하자, A는 그 토지를 제3자에게 양도하였다. 이에 B가 다른 토지를 선택하고 그 소유권이전등기를 청구하자, A는 B가 일단 선택의 의사표시를 한 후에는 상대방(A)의 동의가 없으면 철회하지 못한다는 민법 제382조 2항을 근거로 하여, 즉 B가 새로운 선택을 할 수 없다는 것을 이유로 B의 청구를 거절한 사안이다. 이에 대해 대법원은 「선택권자가 선택의 의사표시를 한 뒤라도 상대방의 방해행위 등으로 선택의 목적을 달성할 수 없는 경우와 같이 특별한 사정이 있으면 상대방의 동의 없이도 그 의사표시를 철회하고 새로운 선택을 할 수 있다」고 하여, B의 청구를 인용하였다(대판 1972. 7. 11, 70다877).

급부를 선택할 수 있는데, 이것은 선택의 소급효 즉 불능이 되기 전의 급부를 선택할 수 있다는 데에 있다. (ㄴ) 본조 단서는, 선택의 소급효는 "제3자의 권리를 해하지 못한다"고 규정한다. 그러나 선택에 의해 소급효를 인정하더라도 채권 성립시에 채권의 목적이 특정되는 것에 불과하고 채권으로서의 성질이 변하는 것이 아니므로, 제3자의 권리를 해치는 일은 생기지 않는다. 예컨대 소 甲·乙 중 어느 하나를 선택하기로 한 경우, 채권자가 甲을 선택하였는데 그 전에 또는 그 후에 채무자가 甲에 대해 제3자와 매매계약을 체결한 경우에는 채권자와 제3자 사이에는 우열이 없으며, 한편 제3자가 먼저 인도를 받은 때에는 제3자가 물권자로서 우선하기 때문이다. 그래서 본조 단서는 무의미한 규정이라고 보는 것이 통설이다.

나) 급부불능에 의한 특정

a) 원시적 불능의 경우 수개의 급부 가운데에 채권이 성립할 때부터 원시적으로 불능한 것이 있는 경우에는 채권은 잔존하는 급부에 존재한다(385조 1항). 잔존하는 급부가 하나이면 처음부터 단순채권으로 성립하고, 두 개 이상이면 선택채권이 성립한다.

b) 후발적 불능의 경우 (ㄱ) 선택권이 있는 당사자의 과실로 인한 때: 선택권이 있는 당사자의 과실로 후에 이행불능이 된 때에는 채권의 목적은 잔존한 것에 존재한다(당사자 쌍방의 과실에 의하지 않고 불능이 된 때에도 같다)(385조 1항). 선택권이 있는 채권자의 과실로 불능이 되면 잔존 급부에 특정되지만, 불능이 된 급부에 관해 채무자가 손해배상을 청구할 수 있는 것은 별개이다(급부의 목적물이 채무자의 소유인 경우). 한편 선택권이 있는 채무자의 과실로 불능이 된 때에도 채권은 잔존하는 것에 존재한다. 이러한 경우의 특정은 선택에 의한 경우와는 달리 소급효가 없다(통설). (ㄴ) 선택권이 없는 당사자의 과실로 인한 때: 선택권을 갖지 않는 자의 과실로 이행불능이 생긴 경우까지 선택권자의 선택권이 영향을 받는 것은 부당하기 때문에, 이 경우에는 선택권의 행사에 아무런 영향을 주지 않는다(385조 2항). 즉, ① 채권자가 선택권자인데 채무자의 과실로 불능이 되면 채권자는 잔존 급부를 선택할 수도 있고 또는 불능으로 된 급부를 선택하여 그에 갈음하여 손해배상을 청구할 수도 있다. ② 채무자가 선택권자인데 채권자의 과실로 불능이 되면 채무자는 잔존 급부를 선택할 수도 있고 또는 불능으로 된 급부를 선택하여 채무를 면할 수도 있다.[1] ③ 제3자가 선택권자인데 채권자의 과실로 불능이 된 경우, 제3자가 불능이 된 급부를 선택하면 채무자는 채무를 면하고, 제3자가 잔존 급부를 선택하면 채권은 이에 존재한다. 한편 채무자의 과실로 불능이 된 경우, 제3자가 불능이 된 급부를 선택하면 채무자는 그 급부에 갈음하여 손해배상의무를 지고, 제3자가 잔존 급부를 선택하면 채권은 이에 존재한다.

사례의 해설 A는 소 甲·乙 중 어느 하나를 선택할 수 있는 선택권이 있는데, 선택권 없는 B가

---

1) 예컨대 A가 그 소유 물건 甲 또는 乙 중 어느 하나를 B에게 매도하기로 하고 그 선택은 A가 하기로 하였는데, B의 과실로 甲을 멸실시켰다고 하자. A가 乙을 선택하면, 乙에 대한 매매가 성립하고, 한편 멸실된 甲에 대해서는 따로(불법행위를 이유로) 손해배상을 청구할 수 있다. A가 甲을 선택하면, 쌍무계약에서 채권자(B)에게 책임 있는 사유로 이행할 수 없게 된 것에 해당하여, A는 甲에 대한 인도의무를 면하면서 B에게 그 대금을 청구할 수 있다(538조 1항 1문). 그리고 이것과는 별도로 불법행위를 이유로 손해배상을 청구할 수도 있다.

소 甲을 C에게 매도 · 인도한 사안이다. 이 경우 A의 선택권에는 아무런 영향이 없기 때문에(385조 2항), A는 소 甲을 선택할 수도 있고 또는 乙을 선택할 수도 있다. 乙을 선택한 때에는 매매의 목적물은 乙로 확정되고 그에 따른 효과가 발생하지만(568조 참조), 甲을 선택한 경우에는 이미 C에게 소유권이 귀속되었으므로 B는 그 이행불능에 따른 전보배상을 하여야 하고, A는 매매대금을 지급하여야 한다. 한편 A가 甲을 선택한 경우에도 채권의 목적이 甲으로 확정된 것에 불과하고, 따라서 그 채권에 기해 소유권이전청구권을 가지는 것에 지나지 않기 때문에, 이미 물권을 취득한 C에 대해서는 그 소유권을 다툴 수 없다. 사례 p. 30

5. 임의채권任意債權

(1) 임의채권이란 채권의 목적은 하나의 급부에 특정되어 있으나, 채권자나 채무자가 다른 급부로써 본래의 급부에 갈음할 수 있는 권리(대용권 · 보충권)를 가지는 채권을 말한다. 가령 미화 10,000달러의 지급에 갈음하여 채무자가 우리나라 통화로 변제할 수 있는 경우가 그러하다(378조).

(2) 임의채권은 당사자의 약정에 의해 생기는 것이 보통이지만 법률의 규정에 의해 발생하는 경우도 있다. 후자의 예로, 외화채권에서 채무자의 우리나라 통화로의 대용급부권(378조) · 주채무자가 보증인에게 사전 배상하는 경우에 주채무자는 자기를 면책시키거나 자기에게 담보를 제공할 것을 청구할 수 있는데(이것은 선택채권이다) 이에 갈음하여 배상금액의 공탁 등을 통해 사전 배상의무를 면하는 것(443조 후문) · 명예훼손에서 손해배상에 갈음하여 명예회복을 청구하는 것(764조) 등이 있다.

(3) 선택채권에서는 수개의 급부가 선택적으로 채권의 목적으로 되어 있지만, 임의채권에서는 채권의 목적은 하나의 급부로 특정되어 있으며, 이 급부에 갈음하는 다른 급부는 어디까지나 2차적 · 보충적인 것에 지나지 않는다. 따라서 본래의 급부가 원시적 불능이거나 채무자의 과실 없이 불능으로 된 때에는 설사 대용급부가 가능하더라도 임의채권은 성립하지 않는다. 한편 대용급부는 본래의 급부와 동등한 가치를 가지는 것이 원칙이므로, 본래의 급부가 일부불능이 되거나 감축되면 대용급부도 같은 비율로 감축된다.

대용권의 행사는 의사표시만으로는 안 되고 실제로 대용급부를 하여야만 한다. 한편, 대용권이 없는 채권자는 본래의 급부만을 청구할 수 있을 뿐이고, 대용권이 없는 채무자는 본래의 급부만을 이행할 수 있을 뿐이다.

제 4 장 채권의 효력

본장의 개요 1. (ㄱ) 채권이 성립하면 그 효력으로서, 채권자는 채무자에게 급부를 청구하고 채무자가 급부한 것을 수령할 권리를 갖는다. 따라서 채무자의 '채무의 이행'도 채권의 효력의 범주에 속하는 것이어서, 민법은 '채권의 소멸'이라는 관점에서 따로 규정하고 있지만(460조 이하), 이 장에서 함께 다루기로 한다. (ㄴ) 채무자가 급부를 하지 않는 경우에는 채권자는 강제력(소의 제기와 강제집행)을 동원하여 채권의 만족을 얻을 수 있는데, 이러한 강제력을 갖지 못하는 채권도 있다. (ㄷ) 채권은 채권자와 채무자 사이에서만 효력을 갖는데, 이를 「채권의 상대효」라고 한다. 채권자는 채무자 아닌 제3자에 대해 채권을 행사할 수 없고, 채무자는 채권자 아닌 제3자에게 이행을 할 수 없다.

2. 채무의 이행(채권의 소멸)에 관해 민법은 다음과 같은 내용을 규정한다.

(1) 채권이 소멸되는 주된 사유로서 (채무자의 이행에 상응하는) 변제 · 공탁 · 상계가 있다. 그 밖에 경개 · 면제 · 혼동에 의해서도 채권은 소멸된다.

(2) 「변제」에 관해 민법은 다음과 같은 내용을 규정한다.

(a) (ㄱ) 채권의 소멸을 가져오는 변제는 급부결과가 실현된 상태를 말한다. 예컨대 물건의 인도채무에서 그 물건이 채권자에게 인도되거나, 금전의 지급채무에서 금전을 채권자가 수령하였을 때에 비로소 변제가 있은 것이 된다. 급부결과는 채무자 단독으로 실현할 수 있는 것도 있지만(예: 부작위채무 · 의사표시를 하여야 할 채무 등), 위 예에서처럼 대부분의 채무는 채무자의 급부행위만으로 변제가 이루어질 수는 없고 채권자가 수령을 하는 등 일정한 협력이 수반되어야 변제가 실현된다. 이러한 경우 채무자는 채권자가 수령을 할 수 있는 상태까지만 급부할 수밖에 없고 또 그것으로 족한데, 이를 「변제의 제공」이라고 한다. 민법은 변제제공의 방법과 그 효과를 규정한다(460조~461조). (ㄴ) 한편, 변제의 제공을 하였는데 채권자가 수령하지 않으면 「채권자지체」(400조~403조 · 538조 1항 2문)가 성립하는 점에서, 양자는 서로 연관되어 있다.

(b) 변제는 구체적으로 '당사자 · 대상 · 장소 · 시기'에서 채무의 내용에 따른 것이어야 하고, 민법은 이에 대해 규정한다. 이 중 특히 당사자에서, 변제의 당사자는 채권자와 채무자가 되는 것이 보통이다. 그런데 채무가 채무자에 의해서만 이행될 수 있는 것이 아니면, 채권의 만족을 가져오는 변제는 제3자에 의해서도 실현될 수 있다. 즉 채무의 변제는 제3자도 할 수 있다(469조). 한편 채권자가 아닌 자에 대한 변제도 일정한 경우에는 유효한 변제로 취급되는 수가 있다. 채권의 준점유자(470조)나 영수증 소지자에 대한 변제(471조)가 그러하다.

(c) 채무자가 동일한 채권자에 대하여 같은 종류를 목적으로 하는 수개의 채무를 부담하고 있는데, 변제의 제공이 그 채무 전부를 소멸시키지 못할 경우, 그 급부가 수개의 채무 중 어느 채무의 변제에 해당하는 것인지 객관적으로 연결할 수 없다. 여기서 민법은 채무자가 어느 채무를 지정하여 변제에 충당할 수 있는 것으로 하는데, 이것이 「변제충당」의 제도이다(476조~479조).

(d) (ㄱ) 민법상 채무자에게 구상권을 갖는 경우는 세 가지이다. 하나는 제3자가 채무자의 부탁을 받거나 받지 않고 변제하는 경우로서, 위임이나 사무관리(사무관리가 성립하지 않는 경우에는 부당이득)에 기해 구상권을 갖는다. 둘은 공동채무자가 변제하는 경우이다. 셋은 물상보증인이 변제하는 경우이다. (ㄴ) 민법은 위와 같은 사람이 채무자에게 갖는 구상권을 확보해 주기 위해, 그 각각의 구상권의 범위에서 채권자가 채무자에게 갖는 권리(채권과 인적 · 물적 담보권 등)를 행

사할 수 있는 것으로 하는데, 이것이 「변제자대위」제도이다(480조~486조).

(3) 상술한 대로 변제의 제공이 있더라도 채권자가 이를 수령하지 않으면, 채무자는 채무불이행책임을 지지 않고 채권자는 일정한 채권자지체책임을 부담하지만, 채무는 존속한다. 여기서 그 채무 자체를 면할 수 있는 제도로 마련된 것이 「공탁」이다(487조~491조). 공탁은 여러 목적으로 이용되지만, 여기서의 공탁은 변제로 취급되는 변제공탁을 말한다.

(4) 예컨대 A가 B에게 1,000만원 채권이 있으면서 또한 500만원 채무가 있는 경우, A의 의사표시로써 대등액 500만원 범위에서 채권과 채무를 소멸시키는 것이 「상계」제도이다(492조~499조). 이를 통해 A는 실질적으로 B로부터 1,000만원 채권 중 500만원을 받는 것이 되어, 수동채권(500만원)의 존재가 사실상 자동채권(1,000만원)에 대한 담보로서의 기능을 한다.

상계를 할 수 있기 위해서는 상계의 요건을 갖추어야 한다. 그러한 요건의 하나로서, 채권자가 실제로 변제를 받아야 할 특별한 사정이 있는 경우에는 법률로써 채무자가 그러한 채권을 수동채권으로 하여 상계하는 것을 금지하는 것들도 있다(496조~497조).

3. 채무의 불이행과 그 구제, 책임재산의 보전에 관해 민법은 다음과 같은 내용을 규정한다.

(1) 「채무불이행」을 규정한다. 민법은 그 유형으로 '이행지체'와 '이행불능'을 정하고 있지만, 이것 외에도 '불완전이행'과 '이행거절'도 해석상 그 유형에 포함한다. 이러한 채무불이행이 성립하려면, 채무자에게 귀책사유가 있어야 한다. 그리고 이행보조자의 고의나 과실은 채무자의 고의나 과실로 본다(391조).

(2) 채무불이행에 대한 구제, 즉 「채무불이행책임」을 규정한다. (ㄱ) 먼저 이행지체의 경우에는 이행이 가능하므로 강제력을 동원하여 '강제이행'을 구할 수 있다. 여기서 민법은 채무의 내용에 따라 어떻게 강제이행을 할 것인지 그 방법에 대해 정한다(389조). 이에 대한 구체적인 절차와 내용은 '민사집행법'에서 따로 규정하고 있다. (ㄴ) 채권이 성립하면 채권자는 채무가 이행되는 것에 따른 이익을 가지게 된다(이를 '이행이익'이라고 한다). 그러므로 채무의 불이행이 있는 때에는 채무가 이행되었다면 있었을 상태를 실현시켜 주어야 하는데(손해의 관점에서 보면, 적극적 손해 · 소극적 손해 · 정신적 손해가 이에 포함된다), 이것이 '손해배상'이다(390조). 손해는 금전으로 배상하는 것이 원칙이다(394조). 다만 채무불이행으로 인해 생긴 손해 전부가 무조건 배상되는 것은 아니다. 그것은 통상손해와 특별손해의 기준에 의해 그 범위가 정해진다(393조). (ㄷ) 한편, 계약에서 어느 당사자가 채무를 이행하지 않는 경우 상대방은 계약을 '해제'할 수 있는데, 이에 대해서는 계약 부분에서 따로 규정하고 있다(543조 이하).

(3) 채무불이행책임은 종국적으로는 채무자의 일반재산에 대한 강제집행을 통해 실현되고, 이 점에서 그것을 책임재산이라고 부른다. 여기서 민법은 책임재산을 보전할 수 있는 권리를 채권자에게 부여한다. 다만 그것은 채무자가 무자력일 것을 공통의 요건으로 한다. (ㄱ) 하나는, 채권자가 자기의 채권을 보전하기 위해 채무자가 다른 사람에게 갖는 권리를 행사할 수 있게 하는 것인데, 이것이 「채권자대위권」이다(404조~405조). 예컨대 A는 B에게 채권을 갖고 있고, B는 C에게 채권을 갖고 있는 경우, 본래 A와 C 사이에는 아무런 관계가 없으므로 무슨 청구권이 생길 여지가 없음에도, A가 C에게 (C가 B에게 급부하도록) 청구할 수 있게 하는 것이 채권자대위 제도이다. (ㄴ) 다른 하나는, 채무자가 채권자를 해침을 알면서 재산권을 목적으로 하는 법률행위를 한 경우, 채권자가 소송을 통해 그 법률행위를 취소하고 원상회복을 구할 수 있게 하는 것인데, 이것이 「채권자취소권」이다(406조~407조). 채권자대위권은 채무자가 본래 갖는 권리를 채권자가 대신

행사하는 데 지나지 않지만, 채권자취소권은 채무자와 제3자(수익자 등) 간의 법률행위가 설사 유효하더라도 그 효력을 부정하는 점에서 제3자에게 미치는 영향은 매우 크다. 그래서 그 행사는 재판상으로만 할 수 있도록 제한하고, 또 판례이론은 채무자가 아닌 제3자(수익자나 전득자)만을 피고로 삼도록 하여, 채무자와 제3자 간의 법률행위의 효력은 그대로 유지되는 것으로 한다(상대적 효력).

4. 채권의 효력으로서 정하고 있지는 않지만, 강학상 채권의 대외적 효력으로서 「제3자에 의한 채권침해」의 문제가 있다. 상대권인 채권은 본래 채무자에 의해 침해되는 것인데(이것이 '채무불이행'이다), 사안에 따라서는 제3자에 의해서도 침해될 수 있다. 예컨대 A가 B에게 판 물건을 C가 이중으로 매수하여 소유권을 취득한 경우가 그러하다. 이 경우 C는 결과적으로 B가 A에게 갖는 채권을 침해한 것이 되는데, 그렇다고 C에게 어떤 책임을 지우는 것은 채권의 성질과 자유경쟁의 원리에 비추어 문제가 있다. 결국 그 책임 여부는 민법 제750조로 귀결되고, 그 요건을 충족한 때에만 손해배상책임을 지게 된다. 따라서 이 문제는 불법행위 분야에서 다룰 수도 있다.

제 1 절 채권의 기본적 효력

Ⅰ. 청구력 · 급부보유력 · 강제력

1. 청구력과 급부보유력給付保有力

채권은 채권자가 채무자에게 일정한 급부를 청구하는 것을 내용으로 하는 권리이므로, 채무자가 채무의 내용에 따라 급부를 함으로써 채권의 내용이 실현된다. 그러므로 채권의 기본적 효력은 채무자에게 급부를 청구하고(청구력), 채무자가 한 급부를 수령하여 이를 적법하게 보유하는 데 있다(급부보유력).[1]

채권은 채권자의 청구에 따라 채무자가 임의로 채무의 내용에 따른 급부를 함으로써 만족을 얻게 된다. 그 실현되는 과정을 '채무의 이행'이라 하고, 이로 인해 채권이 소멸되는 측면에서는 '채무의 변제'라고 한다. 따라서 채무의 변제도 채권의 효력의 범주에 속하는 것이어서, 민법은 「채권의 소멸」이라는 관점에서 따로 규정하고 있지만(460조~507조), 채권의 효력 부분에서 같이 설명하기로 한다.

1) 따라서 목적물을 인도받은 매수인은 점유할 권리가 있어 매도인은 소유권에 기해 소유물 반환청구를 할 수 없다(213조 단서). 이러한 급부보유력은 채무자가 임의로 채무를 이행한 경우뿐만 아니라 강제이행에 의해 채권이 실현된 경우에도 인정된다.

2. 강제력

채권이 청구력에 의해 실현되지 않는 경우, 즉 채무자가 임의로 채무를 이행하지 않는 때에는 채권의 실현을 보장하기 위한 (소의 제기에 의한 판결을 통해) 강제력이 인정되고, 민법은 채무의 내용에 따라 강제이행의 방법을 달리 정한다(389조). 그러나 다음과 같이 강제력이 없는 채권도 있다.

Ⅱ. 강제력이 없는 채권

1. 불완전채무

(1) 채무자가 임의로 이행하지 않는 때에는 채권자는 강제력을 동원할 수 있다. 즉 소로써 그 이행을 청구하고(소구력), 그 이행판결이 있음에도 이행하지 않는 때에는 강제집행을 청구하는 것이다(집행력). 그런데 예외적으로 소구력과 집행력이 전부 없는 채권이 있고, 집행력만 없는 채권도 있다. 전자가 「자연채무」이고, 후자가 「책임 없는 채무」인데, 이를 합쳐 '불완전채무'라고 부른다.

(2) 불완전채무는 강제력이 없기 때문에 채무로서 불완전하지만, 청구력과 급부보유력이 있는 점에서 채무임에는 틀림이 없다. 따라서 채권자는 급부를 청구할 수 있고, 채무자가 임의로 이행을 하면 그것은 유효한 변제가 된다(채무자는 채권자의 부당이득을 이유로 급부한 것의 반환을 청구할 수 없다). 그 밖에 상계의 자동채권으로 하거나, 경개 또는 준소비대차의 기초로 삼을 수 있고, 또 보증이나 담보도 유효하게 성립할 수 있다. 한편 불완전채권이 (선의의) 제3자에게 양도되더라도 그 성질은 그대로 유지된다(통설).

2. 자연채무自然債務

(1) 의 의

채무로서 성립하고 있지만, 채무자가 임의로 이행을 하지 않는 경우 채권자가 그 이행의 강제를 소로써 구하지 못하는 채무를 말한다. 따라서 자연채무는 소구력을 전제로 하는 집행력도 갖지 못한다(가압류나 가처분의 대상이 되지도 못한다). 민법은 자연채무에 대해 정하고 있지 않지만, 통설은 이 개념을 인정하고 일정한 경우에 자연채무가 성립하는 것을 긍정한다.

(2) 자연채무의 인정 여부

가) 자연채무로 인정되는 것

어떠한 채무를 자연채무로 볼 것인지에 대해서는 학설에 따라 약간의 차이를 보이지만, 대체로 다음의 것을 자연채무로 인정한다. 즉 ① 약혼은 강제이행을 청구할 수 없으므로(803조), 약혼에 기한 혼인체결의무, ② 계약으로 자연채무로 하기로 한 것, 예컨대 채무자가 이행을 하지 않더라도 소로써 그 이행을 청구하지 않기로 하는 부제소의 합의가 있는 경우(소를 제기한 경우에는 위 합의를 근거로 소의 이익이 없음을 이유로 그 소는 각하됨), ③ 채권은 존재하고 있는데도 채권자의 패소 판결이 확정된 경우, ④ 본안에 대한 종국판결이 있은 뒤에 소를 취하한 사람은 같은 소를 제기하지 못하므로(민사소송법 267조 2항), 채권자가 승소의 종국판결을 받은 후 소를 취하한 경우, ⑤ 파산절차에서 면책되거나, 회사정리절차나 화의절차에서 일부 면제된 경우 등이다(채무자 회생 및 파산에 관한 법률 251조·566조)(대판 2001. 7. 24, 2001다3122; 대판 2019. 3. 14, 2018다281159).

나) 자연채무가 부정되는 것

a) 소멸시효가 완성된 채무 (ㄱ) 소멸시효 완성의 효과에 대해서는 절대적 소멸설과 상대적 소멸설로 학설이 나뉘지만, 어느 견해에 따르더라도 자연채무로 되지는 않는다. 절대적 소멸설에서는 시효의 완성으로 채무는 소멸하여 존재하지 않으므로 자연채무도 성립할 수 없다. 상대적 소멸설에서는 채무자의 시효 원용이 있기까지는 완전한 채무이고, 그 원용이 있은 후에는 채무가 소멸되어 자연채무도 성립할 수 없기 때문이다. (ㄴ) 1) 그런데 학설 중에는, ① 소멸시효가 완성된 채권에 의한 상계를 인정하는 제495조, ② 도의관념에 적합한 비채변제를 정하고 있는 제744조를 근거로, 소멸시효가 완성된 채무를 자연채무로 보는 견해가 있다(현승종, 87면·88면·92면). 2) 이에 대한 사견은 다음과 같다. 첫째, 당사자 쌍방의 채권이 상계적상에 있었던 경우에는 당사자들은 그 채권·채무가 이미 정산되어 소멸되었다고 생각하는 것이 보통이므로(즉 상계의 의사표시를 하지 않더라도), 채권자는 시효로 소멸된 자동채권을 가지고 상계할 수 있다고 정한 것이 제495조이다. 이것은 자연채무를 인정하여서가 아니라, 상계의 성질을 감안하여 둔 예외 규정일 뿐이다. 둘째, 제744조가 적용되는 예로, 학설은 시효로 소멸된 채권을 모르고 변제한 경우를 든다. 상대적 소멸설에서는 소멸시효의 완성만으로는 채무가 소멸되지 않기 때문에 유효한 변제가 되지만, 절대적 소멸설에서는 제744조 소정의 도의관념에 적합한 비채변제에 해당하는 것으로 보아 그 반환을 청구하지 못하게 된다. 채무가 없음에도 변제를 한 경우에는 부당이득반환을 청구할 수 있다고 할 것이지만, 민법은 일정한 경우에는 그 반환청구를 부정하는 특례를 정하고 있고(742조~746조), 제744조는 그중의 하나이다. 다시 말해 부당이득의 분야에서 반환청구가 부정되는 예외 규정으로 보면 족한 것이고, 이를 가지고 소멸시효가 완성된 채무를 자연채무로 일반화할 것은 아니다.

b) 불법원인급여 불법한 원인으로 재산을 급여하거나 노무를 제공한 경우에는 그 이익의 반환을 청구하지 못한다(746조). 제746조는 제103조와 표리관계에 있는 것으로서, 제103조의 취지를 살리기 위해 사회질서에 반하여 불법급부가 마쳐진 경우에 부당이득 반환청구를 부정하는 특례를 정한 것이다. 급부자는 제746조에 따라 수익자에 대해 부당이득 반환청구권 자체를 갖지 못하므로, 자연채무를 인정할 수는 없다.

3. 채무와 책임

(1) 양자의 관계

채무자가 채무를 이행하지 않는 경우, 채권자는 소를 제기하여 이행판결을 받고 집행권원을 얻어 채무자의 일반재산에 대해 강제집행을 함으로써 채권의 만족을 얻게 된다. 여기서 채무자의 일반재산이 채권자의 강제집행의 목적으로 되는 것을 「책임」이라고 하여 「채무」와 구별한다. 채무는 일정한 급부를 하여야 할 구속, 즉 법적 당위를 본질로 하는 데 비해, 책임은 이 당위를 강제적으로 실현하는 수단이 된다. 민사상 책임은 원칙적으로 채무자의 일반재산에 의한 재산적 책임이며, 이것은 채무에 수반되어 있다.

(2) 채무와 책임의 분리

책임은 채무에 수반되어 있지만, 다음과 같이 채무와 책임이 분리되는 경우가 있다.

a) **책임 없는 채무** 당사자 간에 강제집행을 하지 않기로 약정한 때에는 「책임 없는 채무」가 발생한다. (ㄱ) 채권자가 이 약정에 반하여 강제집행을 하는 경우, 채무자가 민사집행법상 가지는 구제에 관해서는 학설이 나뉜다. 제1설은 강제집행에 관한 형식적 절차상의 문제로 보아 '집행에 관한 이의'를 신청하면 된다고 하는데(동법 16조), 통설에 속한다. 제2설은 실체상의 청구권의 문제로 보아 '청구에 관한 이의의 소'를 제기하여야 하는 것으로 보는데(동법 44조), 소수설에 속한다(이시윤, 신민사집행법(제3판), 195면; 이은영, 57면). 이의에 대한 심사를 전자는 집행법원이 하는 데 비해, 후자는 수소受訴법원(1심법원)이 하는 점에서 큰 차이가 있다. 판례는, 부집행의 합의는 실체상의 청구의 실현에 관련하여 이루어지는 사법상의 채권계약이고, 이를 위반하는 집행은 실체상 부당한 집행이라는 이유로, 민사집행법 제44조가 유추 내지 준용되어 청구이의의 사유가 된다고 한다(대판 1996. 7. 26, 95다19072). 그러나 부집행의 합의가 청구 내지 채무 자체까지 부인하는 것은 아니기 때문에 제1설이 타당하다고 본다. (ㄴ) 이러한 특약 있는 채권이 제3자에게 양도된 경우 채무자는 양수인에게 그 특약의 내용을 주장할 수 있다(451조 참조).

b) **유한책임** 채무자는 채무 전액에 대하여 그의 전 재산을 가지고 책임을 지는 것이 원칙이고, 이를 무한책임 또는 인적 책임이라고 한다. 그러나 법률의 규정에 의해 예외적으로 책임이 채무자의 「일정한 재산」 또는 「일정한 금액」에 제한되는 경우가 있다. 이를 유한책임이라 하는데, 전자를 물적 유한책임, 후자를 금액 유한책임이라고 한다. (ㄱ) 물적 유한책임: 책임이 채무자의 일정한 재산에 한정되어, 채권자가 그 일정한 재산에 대하여만 강제집행을 할 수 있는 경우이다. 예컨대 상속인은 피상속인의 재산에 관한 권리와 의무를 포괄적으로 승계하지만(1005조), 한편 상속으로 취득할 재산의 한도에서 피상속인의 채무와 유증을 변제할 것을 조건으로 상속을 승인할 수 있고(상속의 한정승인(1028조)), 이 경우 상속인은 상속받은 재산의 한도에서만 책임을 진다. 그러나 채무까지 제한되는 것은 아니므로, 피상속인의 채무에 대한 보증채무나 중첩적 채무인수는 상속의 한정승인에 의해 어떤 영향을 받지 않는다.[1] (ㄴ) 금액 유한책임: 채무자는 전 재산으로써 책임을 지지만, 그 책임이 일정 금액으로 제한되는 경우이다. 예컨대 합자회사 유한책임사원의 책임 · 주주의 책임 · 유한회사 사원의 책임 · 선박소유자

---

1) 판례: 「상속의 한정승인은 채무의 존재를 한정하는 것이 아니라 단순히 그 책임의 범위를 한정하는 것에 불과하기 때문에, 상속의 한정승인이 인정되는 경우에도 상속채무가 존재하는 것으로 인정되는 이상, 법원으로서는 상속재산이 없거나 그 상속재산이 상속채무의 변제에 부족하다고 하더라도 상속채무 전부에 대한 이행판결을 선고하여야 하고, 다만 그 채무가 상속인의 고유재산에 대해서는 강제집행을 할 수 없는 성질을 가지고 있으므로, 집행력을 제한하기 위하여 이행판결의 주문에 상속재산의 한도에서만 집행할 수 있다는 취지를 명시하여야 한다」(대판 2003. 11. 14, 2003다30968).

의 일정한 채무에 대한 책임 등이 이에 속한다(상법 279조 · 331조 · 553조 · 747조). 이 경우 학설은 책임액만의 제한이 있는 것으로 보는 것이 다수설이지만(곽윤직, 62면; 김용한, 107면; 김주수, 107면; 현승종, 96면), 그 제한된 책임액은 곧 채무를 의미한다고 보는 견해(김형배, 131면)도 있다.

c) 채무 없는 책임 물상보증인이나 저당부동산의 제3취득자 등은 채무가 없이 책임만을 부담한다. 그런데 채무가 없는 상태에서 책임만 발생할 수는 없는 것이므로, 이 경우는 채무의 주체와 책임의 주체가 분리되어서 채무자 외의 자가 책임만을 지는 것으로 보아야 한다.

Ⅲ. 채권의 상대효

채권은 채권자와 채무자 사이에서만 효력을 갖는데, 이를 「채권의 상대효」라고 한다. 채권자는 채무자 아닌 제3자에 대해 채권을 행사할 수 없고, 채무자는 채권자 아닌 제3자에게 이행을 할 수 없다. / 채권은 상대효를 갖는 점에서, 물권과 달리 공시방법을 강구할 필요가 없다. 또한 수개의 채권이 경합하는 경우에 채권의 성립시기, 발생 원인을 묻지 않고 평등하게 취급하는 '채권자 평등의 원칙'도 채권의 상대효에 기초한 것이다(지원림, 679면). / 채권의 상대효에는 예외가 없지 않은데, 이에 대해서는 (p.389 이하) '계약의 상대적 효력' 부분을 참조할 것.

제 2 절 채무의 이행(채권의 소멸)

제1관 총 설

Ⅰ. 채무의 이행과 채권의 소멸

1. 「채권의 소멸」은 채권이 종국적으로 존재하지 않게 되는 것을 말한다. 채권은 채무자에게 급부를 청구할 수 있는 권리이므로, 채무자의 급부를 통해 채권의 내용이 실현되면 채권은 목적을 달성하여 소멸되고, 이것이 다름 아닌 '변제'이다. '대물변제 · 공탁 · 상계'도 이에 준하는 것이다. 한편 채권의 목적 달성과는 다른 그 밖의 사유에 의해서도 채권이 소멸되는 경우가 있는데, '경개 · 면제 · 혼동'이 그러하다. 민법 제460조 내지 제507조에서는 채권에 고유한 소멸원인으로서 위와 같은 7가지를 인정하면서 그 요건과 효과에 관해 규정한다. 그 밖에 채권도 권리이므로 권리 일반의 소멸원인에 의해 소멸되는 것은 물론이다.[1)]

---

1) 채권의 소멸은 다음의 개념과 구별된다. (ㄱ) 채권양도와 같은 권리이전은 양도인에게는 채권이 소멸되는 것이 되지만 채권은 동일성을 유지하면서 양수인에게 이전하므로, 채권이 소멸되는 것은 아니다. (ㄴ) 채권의 소멸은 소권의 소멸과는 구별된다. 채권을 소송상으로만 행사할 수 없는 자연채무의 경우 채권은 소멸되지 않고 존재한다. (ㄷ) 채권에 대해 항변권을 행사한 경우에는 채권의 행사가 저지될 뿐 채권이 소멸되는 것은 아니다.

2. 채권에 특유한 소멸원인은 상술한 대로 7가지가 있지만, 채무자의 이행으로 채권자가 만족을 얻어 채권이 소멸되는 것인 변제가 대표적인 것이다. 민법은 변제를 '채권의 소멸'이라는 관점에서 정하고 있지만 이것은 「채무의 이행」과 표리관계에 있다. 가령 계약에서 그 효력이 생기면 채권과 채무가 발생한다. 여기서 채무자가 채무의 내용에 따라 채무를 정상적으로 이행하는 경우가 있고, 이와 반대로 채무를 불이행하는 경우가 있는데, 전자를 규율하는 것이 채권의 소멸 부분이고, 후자를 규율하는 것이 채무불이행과 그 책임 부분이다. 전자에 관해서는, 채무자는 채무를 이행하여 채권이 소멸되었다고 주장하고, 이에 대해 채권자는 채무의 이행을 인정하지 않고 채권의 존속을 주장하면서, 실무에서는 다툼이 벌어진다.

Ⅱ. 채권의 소멸원인

1. 채권법상의 소멸원인

민법 채권(총칙)편에서는 채권에 특유한 소멸원인으로 「변제 · 대물변제 · 공탁 · 상계 · 경개 · 면제 · 혼동」 일곱 가지를 규정하는데, 그 개요는 다음과 같다.

(1) (ㄱ) 채권의 목적인 급부가 실현되어 채권이 소멸되는 것으로서, 변제가 전형적인 것이고, 대물변제 · 공탁 · 상계가 이에 준하는 것이다. (ㄴ) 경개 · 면제 · 혼동의 경우에는 목적의 달성을 가져오는 것이 아닌데도 민법은 다음과 같은 이유에서 채권이 소멸되는 것으로 한다. 즉 경개는 구채무를 소멸시키고 새로운 채무를 성립시키려는 당사자의 의사표시에 의해, 면제는 채권의 포기라는 채권자의 의사표시에 의해, 혼동은 채권과 채무가 동일인에게 귀속하여 채권을 존속시킬 필요가 없다는 점에서, 각각 채권의 소멸원인으로 정한다.

(2) 위 일곱 가지 채권의 소멸원인은 법률사실을 기준으로 다음과 같이 나뉜다. 변제는 채권의 목적이 달성되었다는 사실에 의해 채권의 소멸을 인정하는 것으로서 사실행위에 속하고, 대물변제 · 상계 · 경개 · 면제는 법률행위이며(상계는 채무자의 단독행위이고, 면제는 채권자의 단독행위이며, 대물변제와 경개는 계약이다), 혼동은 사건에 속한다. 공탁에 관하여는 견해가 나뉜다.

2. 그 밖의 소멸원인

(1) 채권(총칙)편에서 규정하는 것 외의 원인에 의해 채권이 소멸되는 경우가 있다. 채권도 권리이므로 권리 일반의 소멸원인, 즉 소멸시효 · 해제조건의 성취 · 종기의 도래 · 채권을 발생시킨 채권관계의 취소와 해제(해지) 등에 의해 소멸된다.

(2) (ㄱ) ① 채권이 급부에 의하지 않고 자연적 사실이나 제3자의 우연한 개입으로 목적이 달성되거나(예: 막힌 배관의 수리를 부탁하였는데 자연적으로 뚫린 때, 응급환자가 의사에게 왕진을 부탁하였는데 다른 의사가 우연히 그곳에 들러 치료해 준 경우), ② 채무자의 귀책사유에 의하지 않고 목적 달성이 불능으로 된 경우(예: 환자가 의사의 도착 전에 사망한 때), 채권이 소멸되는지 문제된다. (ㄴ) 위 ②의 경우에는 민법 제537조가 채권의 소멸을 전제로 하여 정한 것으로 볼

수 있다(민법주해(XI), 4면(김대휘)). 그러나 위 ①의 경우에는 관련 규정이 없는데, 통설은 채권을 존속시킨다는 것이 무의미하다는 점에서 소멸되는 것으로 해석한다. 이 경우 채무자의 급부는 그에게 책임이 없는 사유로 이행할 수 없게 된 것이므로 쌍무계약에서 위험부담의 법리에 따라 그 대가(수리 또는 치료의 대가)를 청구할 수 없다(537조). 다만 어느 경우든 그 이행의 준비를 위해 지출된 비용에 대해서는 민법에서 정한 별도의 규정, 예컨대 위임에 따른 비용상환청구권의 규정(688조 1항)을 통해 해결될 수 있다. (ㄷ) 유의할 것은, 채무자의 귀책사유로 불능이 된 때에는 본래의 급부에 갈음하여 손해배상청구권이 발생하므로 채권은 소멸되지 않는다.

Ⅲ. 채권소멸의 효과

1. (ㄱ) 채권이 소멸되면 그에 부수되는 청구권 · 담보권 · 보증채권 등도 소멸된다. 그리고 채권에 대응하는 상대방의 채무도 소멸된다. (ㄴ) 민법에서 정하는 '채권의 소멸'은 개개의 채권의 소멸에 관한 것이고 '채권관계의 소멸'을 뜻하는 것이 아니다. 예컨대 A가 그 소유 건물에 대해 B와 매매계약을 체결한 경우, B가 A에게 매매대금을 지급하면 A의 대금채권은 소멸되지만 이것이 매매관계의 소멸로 직결되는 것은 아니다. 즉 A는 그에 대응하여 부동산소유권 이전채무를 지고, 그 권리 또는 그 권리의 객체인 부동산에 하자가 있는 때에는 담보책임을 진다. 다시 말해 매매관계 전체가 소멸되려면 매매계약의 취소나 해제 등이 있어야 한다. 다만 어느 채권이 채권관계의 목적을 이루는 경우, 예컨대 임대차에서 목적물이 멸실된 때에는 임차인의 임차권(목적물의 사용 · 수익권)이 소멸되는 동시에 임대차관계도 소멸된다. 그 밖에 개개의 채권의 소멸이 그 채권관계에 포함되어 있는 상대방의 채권(채무)에 영향을 미치는 수도 있다. 위 매매의 예에서, 건물이 옆집의 화재로 연소된 경우, A의 부동산소유권 이전채무는 당사자 쌍방에게 책임이 없는 사유로 급부불능이 되어 소멸되고(즉 B의 부동산소유권 이전채권도 소멸된다), 그에 따라 B의 대금채무도 소멸되는 것이 그러하다(채무자 위험부담주의(537조)). (ㄷ) 채권이 소멸되면, 채권증서가 있는 경우에 채권자는 이를 반환하여야 한다(475조).

2. 채권이 소멸되는 경우에도 특정인을 위해 예외적으로 채권이 존속하는 것으로 민법에서 정하는 것이 있다. 즉 (ㄱ) 채무자가 아닌 제3자가 변제한 경우에도 채권은 만족을 얻어 소멸된다고 볼 것이지만, 제3자의 채무자에 대한 구상권을 확보하기 위해, 채권자가 채무자에 대해 갖는 채권(및 그 담보에 관한 권리)을 제3자가 행사할 수 있도록 함으로써 제3자와 채무자 사이에는 채권이 존속하는 것으로 한다(480조~482조). (ㄴ) 채권의 양도에서 채무자가 이의를 달지 않고 승낙한 때에는, 채무자는 이미 변제를 하여 채권이 소멸되었다고 하더라도 이로써 양수인에게 대항하지 못하는 것으로 함으로써(451조 1항 본문), 양수인의 채권이 존속하는 것으로 의제한다.

제2관 변 제辨濟

제1항 서 설

Ⅰ. 변제의 의의

채권의 소멸원인으로서 「변제」는 채무의 내용인 급부가 실현됨으로써 채권이 만족을 얻어 소멸되는 것을 말한다. 변제와 구별되는 개념과 관련하여 변제의 특색을 설명하면 다음과 같다.

(1) (ㄱ) 채무의 내용인 급부가 실현되는 것을 채무자가 이행하는 면에서 파악하면 '채무의 이행'이 되고, 그로 인해 채권이 소멸되는 점에서는 '변제'라고 부르기 때문에, 양자는 사실상 같은 내용의 것이다. (ㄴ) 그러나 이행행위(또는 급부행위)와 변제는 개념상 구별된다. 급부행위가 선행되는 점에서, 또 후술하는 바와 같이 급부결과가 실현되지 않는 때에는 급부행위가 있더라도 채권은 소멸되지 않는 점에서, 급부행위 자체가 변제가 될 수는 없다. (ㄷ) 이행행위는 법률행위일 수도 있고 사실행위일 수도 있다. 물건의 매입을 위임받은 수임인의 매매계약 체결행위는 전자의 예이고, 고용에서 노무의 제공이나 도급에서 목적물의 수선 등은 후자의 예이다. (ㄹ) 급부행위는 채무자나 제3자가 임의로 이행하는 것을 말한다(469조 참조). 채권자가 국가의 강제력을 동원하여 채권의 만족을 얻는 담보권의 실행이나 강제집행의 경우에는 그로 인해 채권이 소멸되더라도 이는 변제의 범주에 포함되지 않는다(통설). 그러므로 변제에 관한 민법의 규정(460조 이하)은 이들 민사집행의 경우에는 원칙적으로 적용되지 않는다(다만 변제충당에 관해서는 적용을 긍정하는데, 이에 관해서는 후술한다).

(2) 변제로 되기 위해서는 급부결과가 실현되어야 한다. 채무자가 단독으로 급부결과를 실현할 수 있는 경우(예: 부작위채무, 의사표시를 해야 할 채무 등)에는 채무자의 급부행위만으로 변제가 이루어지지만, 채권자의 수령 등 협력이 필요한 채무(예: 금전채무에서 금전의 수령, 물건인도채무에서 물건의 수령 등)에서는 채권자의 수령 내지 협력이 있을 때에 비로소 변제가 실현된다. 후자의 경우에 변제의 제공(460조~461조)과 채권자지체(400조~403조)가 문제되는 것도 급부결과가 실현되지 못함으로써 채권이 소멸되지 않고 존속하는 데에서 비롯되는 것이다.

Ⅱ. 변제의 법적 성질

(1) 변제의 성질에 관해서는 두 가지 견해가 있다. 하나는, 급부가 어떤 채무의 변제로 행하여진다는 것에 대한 변제자의 변제의사와 변제수령자의 수령의사의 합치를 통해 변제가 성립한다고 보는 것, 즉 「법률행위」로 파악하는 입장이다. 이 견해는 채권소멸의 근거를 당사자의 의사에서 찾는다. 다른 하나는, 급부에 따른 결과의 실현이 있으면 변제가 성립하며, 변제계약은 필요하지 않다고 보는 것, 즉 「사실행위」로 파악하는 입장이다. 이 견해는 채권소멸의

근거를 채권의 목적 달성에서 찾는다.

종래 변제의 성질이 논의되어 온 데에는 두 가지가 쟁점이 되어 왔다. 하나는, 채무자가 동일한 채권자에 대해 같은 종류를 내용으로 하는 수개의 채무를 부담하고 있는데 그 채무 전부를 소멸시키지 못하는 변제를 한 경우에 이를 어느 채무에 충당할 것인지에 관한 '변제충당'의 문제이고, 둘은 변제와 변제의 수령에 '행위능력'을 요하는가이다.

(2) 통설은 변제의 성질을 '사실행위'로 파악한다. 법률행위로 보는 경우에는 다음과 같은 점에서 문제가 있다고 보는 견해가 있다(양창수·김재형, 계약법(제3판), 324면). 첫째, 부작위채무에서와 같이 채무자가 자신이 이행하고 있는지조차 모르는 경우에도 변제가 일어나는 경우를 설명하기 어렵고, 둘째, 채무자만의 급부행위로 변제가 이루어지는 것(예: 부작위채무·의사표시를 할 채무 등)이나 급부행위가 사실행위인 경우를 설명할 수 없으며, 셋째, 변제자와 변제수령자가 채권이 소멸되는 것으로 합의하였으면 그것만으로 채권소멸의 효과가 생길 것이어서 그 밖에 급부의 실현이 요구될 이유가 없고, 넷째, 채권자나 채무자에게 행위능력을 요구하는 것은 급부의 내용이 부작위나 사실행위인 경우에 불합리하다고 한다.

(3) 변제를 사실행위로 파악하는 경우에 그 구체적인 내용은 다음과 같다. 즉, ① 채무의 내용에 따른 변제는 채무의 변제로서 한 것으로 추정된다. 따라서 이를 다툴 때에는 채권자가 입증책임을 지는 것으로 해석된다(이견: 김형배, 648면). 그리고 급부가 객관적으로 채무의 내용에 적합한 것인 때에는 변제가 있는 것으로 볼 수 있다. 가령 채무자가 원본에 충당할 부분과 이자에 충당할 부분에 관해 계산에 잘못이 있더라도 총액에 부족이 없으면 변제로서 유효하다(현승종, 351면). ② 채무자가 동일한 채권자에 대하여 같은 종류를 내용으로 하는 수개의 채무를 지는 경우에 그 전부를 변제하지 못한 때에는, 그 급부와 어느 채무를 객관적으로 연결할 수 없으므로 이 때에는 변제충당의 방법이 동원된다(476조 이하). ③ 금전채무를 지는 채무자가 채권자에게 같은 금액의 금전을 증여에 기해 지급한 때에는 그것은 변제가 아니라 증여가 된다. 변제라고 하는 사실행위에 앞서 당사자의 증여에 따른 효과가 생겼기 때문이다. ④ 변제 자체를 제한능력이나 의사표시의 흠결을 이유로 취소할 수는 없다(급부행위가 법률행위인 경우에 이를 취소할 수는 있고, 그에 따라 급부의 실현이 없게 됨으로써 변제의 효과가 생기지 않게 되는 것은 별개의 것이다. 마찬가지로 변제 자체를 대리할 수는 없고, 대리한다면 그것은 법률행위로서의 급부행위에 한해 가능할 뿐이다). 변제수령자가 제한능력자인 경우에는 변제 수령을 취소할 수 있는 것이 아니라 변제수령권한의 차원에서 다루어 그 변제는 무효가 되는 것으로 구성하여야 한다. 변제자가 제한능력자인 경우에는 변제를 취소할 수 있는 것이 아니라 변제를 있게 한 기초되는 법률행위가 있으면 그 것을 취소할 수 있을 뿐이다. ⑤ 변제와 변제를 하게 된 원인관계와는 구별된다. 이 점은 특히 부당이득 분야에서 따로 규율하는데, 즉 채무가 없음을 모르고 변제한 때에는 그 반환을 청구할 수 있고(742조), 타인의 채무를 자기의 채무로 알고 변제한 때에는 그 반환을 청구할 수 있는 것으로 규정한다(745조).

제2항 변제의 제공, 그리고 채권자지체

제1 변제의 제공

사례 A는 1981. 2. B 소유 건물을 1,000만원에 매수하기로 매매계약을 체결하고, 그 소유권이전 및 대금 지급은 1981. 4. 1. 등기소에서 만나 상환으로 이행하기로 하였다. 그런데 A는 3월 10일경 B에게 계약 당시 자신은 술에 취해 의사무능력 상태에 있었으므로 계약은 무효라고 주장하였다. 이 말을 듣고 B는 4월 1일에 등기소에 나가지 않았으나, A는 생각이 달라져 4월 1일에 대금을 준비하여 등기소에 나가 기다리다가 돌아왔다. A는 B의 채무불이행을 이유로 손해배상을 청구하였다. A의 청구는 인용될 수 있는가? 해설 p. 49

Ⅰ. 의 의

채권의 소멸원인으로서의 변제는 '급부의 결과'가 실현된 것을 요건으로 한다. 그런데 급부의 결과가 실현되는 데에는 채무의 내용에 따라 두 가지가 있다. ① 하나는 채무자의 이행만으로 실현되는 경우이다. 부작위채무, 의사표시를 하여야 할 채무, 대체적 작위채무 등이 그러하다. ② 다른 하나는 채권자의 수령 등 일정한 협력이 있어야만 실현되는 경우이다. 예컨대, 채권자가 미리 지정하는 일시나 장소에서 이행하여야 할 채무, 채권자가 미리 제공하는 재료 또는 노무에 의하여 이행이 이루어지는 채무, 추심채무, 환자가 의사의 지시에 따라야 하는 진료채무, 물건의 인도나 금전의 지급처럼 채권자의 수령을 요하는 채무 등이 그러하다.

여기서 위 ②의 경우에는 두 가지가 문제된다. 첫째, 채무자는 채권자의 수령 등 협력이 있으면 급부의 결과가 생길 수 있는 단계까지 이행을 하여야 하고 또 그것으로 족한데, 이것이 「변제의 제공」이며, 민법은 그 '방법'에 관해 정한다(460조). 둘째는 채무자의 변제의 제공이 있음에도 채권자가 그 협력을 하지 않는 이상 급부결과는 실현되지 않았고 따라서 채무는 존속하게 된다. 그러나 채무자로서는 자신이 해야 할 의무의 이행을 다한 것이므로 그에게 채무불이행을 전제로 한 책임을 지워서는 안 된다. 그래서 민법은 그 '효과'로서 채무자가 채무불이행의 책임을 면하는 것으로 규정한다(461조).

Ⅱ. 변제제공의 방법

제460조〔변제제공의 방법〕 변제는 채무내용에 좇은 현실제공으로 이를 하여야 한다. 그러나 채권자가 미리 변제받기를 거절하거나 채무의 이행에 채권자의 행위를 요하는 경우에는 변제준비의 완료를 통지하고 그 수령을 최고하면 된다.

1. 현실제공

(ㄱ) 변제는 채무의 내용에 따라 현실제공으로 하여야 하는 것이 원칙이다(460조 본문). 어떠한 이행이 '채무의 내용에 따른 것'인지는, (제3항 변제의 내용에서 기술하는 대로) 당사자 · 대상 · 장소 · 시기의 네 가지 면에서 적합한 것이어야 한다. 그리고 '현실제공'이란, 채무자로서 하여야 할 행위를 완료하여 채권자의 협력만 있으면 곧 급부결과를 실현할 수 있는 상태를 만드는 것을 말한다. (ㄴ) 어느 경우가 채무의 내용에 따른 현실제공인지는 구체적인 채무의 내용에 따라 결정된다. 1) 금전채무에서 일부제공이나 금전이 아닌 어음으로 교부하는 것은 채무의 내용에 따른 것이 아니므로 채권자는 그 수령을 거절할 수 있다. 한편 현실제공은 채무자가 금전을 이행장소에 지참하여 언제든지 지급할 수 있는 상태이면 되고, 금전을 채권자의 면전에 제시할 필요는 없다. 또 채권자의 주소에 갔으나 채권자가 없어서 돌아온 경우에도 그 제공이 있었던 것으로 된다(따라서 다시 채권자에게 통지해서 수령을 최고할 필요는 없다). 2) 쌍무계약인 부동산 매매계약에 있어서는 일반적으로 매수인의 잔대금 지급의무와 매도인의 소유권이전등기서류 교부의무는 동시이행의 관계에 있다. 이러한 경우 매도인이 매수인에게 지체책임을 지워 계약을 해제하려면, 매수인이 잔대금을 지급하지 않은 사실만으로는 부족하고, 매도인이 소유권이전등기신청에 필요한 일체의 서류를 준비하여 그 수령을 최고하는 방식으로 제공하여야 하는 것이 원칙이다(대판 1992. 11. 10, 92다36373). 이와 관련하여, ① 매매목적인 부동산에 저당권등기가 있는 때에는 매수인이 그 저당권을 안고 매수하지 않는 한 그 저당권의 말소에 필요한 등기서류도 갖추어야 한다(대판 1965. 9. 7, 65다1367). ② 매도인이 갖추어야 할 등기서류에는 등기필정보 외에 위임장 · 인감증명서가 포함되는데, 위임장은 인감도장을 준비한 이상 그 작성이 어렵지 않은 점에서 이것이 없더라도 그 제공에 문제가 있는 것은 아니고, 나아가 인감증명서상의 주소가 등기부상의 주소와 다르더라도 그러한 불일치는 쉽게 해결할 수 있는 점에서 제공이 있은 것으로 볼 수 있다(대판 1992. 7. 24, 91다15614). ③ 매수인이 잔대금의 지급을 미루면서 소유권이전등기서류를 수령할 준비가 되어 있지 않은 경우에는, 매도인으로서도 그에 상응한 이행의 제공을 하는 것으로 족하다. 가령 매도인이 인감증명서나 일부 서류를 갖추고 있지 않더라도, 매도인이 이들 서류를 언제라도 발급받아 교부할 수 있는 것이라면, 소유권이전등기의무에 대한 충분한 이행의 제공을 마쳤다고 할 수 있다(대판 2001. 12. 11, 2001다36511; 대판 2012. 11. 29, 2012다65867).

2. 구두제공

다음의 경우에는 예외적으로 현실제공이 아닌 「구두제공」으로 족하다. 그 방법은 변제할 준비가 완료되었음을 통지하고 그 수령을 최고하는 방식으로 한다(460조 단서). (ㄱ) 채권자가 미리 변제받기를 거절한 경우: 이때에도 현실제공을 하게 하는 것은 공평에 반하기 때문이다. 채권자가 이유 없이 수령기일을 연기하거나 계약의 해제를 요구하는 때, 자기가 부담하는 반대급부의 이행을 거절하는 것 등은 채권자가 묵시적으로 미리 수령을 거절한 것으로 해석된다. 채권자가 이처럼 미리 변제의 수령을 거절하는 때에도 채무자는 최소한 구두제공은 하여야 한다. (ㄴ) 채무의 이행에 채권자의 행위를 필요로 하는 경우: 채무를 이행하는 데 채권자의 '선행적' 협력행위가 필요한 경우로서, 예컨대 채권자가 미리 공급하는 재료에 가공하여야 할 채무, 채권자가 지정하는 장소나 기일에 이행하여야 할 채무, 추심채무 등이 이에 속한다. 이러한 채무에서는 먼저 채권자의 협력이 없으면 채무자는 급부를 실현할 수 없기 때문에 구두제공만으로 충분케 한 것이다. 다만, 구두제공에 응하여 채권자가 그 협력을 한 때(이를테면 재료의 공급이나 장소의 지정)에는 채무자는 이를 토대로 다시 현실의 제공을 하여야 한다.

3. 구두제공도 필요 없는 경우

(ㄱ) 회귀적 분할채무에서 채권자지체: 예컨대, 지료 · 차임 · 월부금 등의 회귀적 분할채무에서 채무자가 1회분의 이행의 제공을 하였음에도 채권자가 수령을 거절하여 수령지체에 놓인 경우, 지분적 채무는 어느 정도 독립성이 있지만 기본채무에 의하여 통일되어 있다는 점에서, 채무자는 차회의 급부에 관하여 구두제공을 하지 않더라도 신의칙상 채무불이행책임을 부담하지 않는다(통설). (ㄴ) 채권자의 수령거절의사가 명백한 경우: 민법 제460조 단서에서 채권자가 미리 변제받기를 거절한 때에도 구두제공을 하게 한 것은, 수령을 거절한 채권자가 그 후에 뜻을 바꿔 수령할 가능성을 염두에 둔 것이다. 따라서 채권자가 변제를 수령하지 않을 의사가 명백하여 장래에도 수령의 가능성이 전혀 없는 경우에는 구두제공도 필요 없는 것으로 보아야 한다(대판 1976. 11. 9, 76다2218). 사용자가 근로자를 부당 해고한 경우에 이에 해당하는 것으로 볼 수 있다.

Ⅲ. 변제제공의 효과

1. 채무불이행책임의 면책

(1) 채무자가 채무의 내용에 따른 변제의 제공을 하면(구두제공이 필요 없는 경우도 포함), 「채무자는 그때부터 채무불이행의 책임을 면한다」(461조). 따라서 채무불이행을 전제로 한 책임, 예컨대 손해배상 · 위약금 · 담보권의 실행 · 계약해제 등이 발생하지 않는다.

(2) 민법 제461조 소정의 '채무불이행책임'은 이행지체책임에 한정된다. (ㄱ) 변제제공 후의 이행불능에 대해서는 민법 제401조가 적용된다. 가령 특정물 인도채무에서 채무자가 변제의 제공을 한 후 고의나 중과실로 그 물건을 멸실시킨 경우에는 이행불능으로 인한 책임을 진다. (ㄴ) 변제제공 후 채무자가 이행을 하였는데 그것이 불완전한 경우에는 그에 따른 책임을 부담한다. (ㄷ) 변제제공 전에 이미 생긴 채무불이행으로 인한 손해배상책임은 변제제공이 있다고 하여 소멸되는 것은 아니다(양창수 · 김재형, 계약법, 304면~305면).

2. 채무의 존속

변제의 제공이 있더라도 급부결과가 실현되지 않은 이상 채무는 그대로 존속한다. 따라서 채무자는 본래의 채무를 이행할 의무를 여전히 부담한다.[1] 이 경우 그 채무 자체를 면하기 위한 제도로서 '물건의 인도나 금전의 지급채무'에 한해서는 「변제공탁」이 있다(487조).

3. 채권자지체의 성립

변제의 제공을 중심으로 민법은 두 가지를 규정한다. 하나는 「채권자지체」이고, 다른 하나는 「변제제공의 효과」이다. 어느 것이나 변제의 제공이 있는 경우에 채권자와 채무자 간의 이해를 조정하는 제도인데, 전자는 적극적으로 채권자에게 지체책임을 지우는 것이고, 후자는 소극적으로 채무자로 하여금 채무불이행책임을 면하게 하는 데 그 취지가 있다.

그런데 채권자지체의 법적 성질을 채권자의 귀책사유를 요하지 않는 법정책임으로 파악하면, 양자는 변제의 제공을 중심으로 하나의 효과로서 그 내용을 이루게 된다. 따라서 채권자지체에 관한 민법의 규정(400조~403조·538조 1항 2문)은 변제제공의 효과에 포함되는데, 채권자지체에 관해서는 (제2 부분에서) 따로 설명하기로 한다.

4. 쌍무계약의 경우

예컨대 매매와 같은 쌍무계약에서 매도인의 권리이전의무와 매수인의 대금 지급의무는 대가관계에 있어, 그 이행에서 당사자 일방은 상대방이 채무이행을 제공할 때까지 자기의 채무이행을 거절할 수 있는 동시이행의 항변권이 있다(536조). 이처럼 동시이행의 항변권이 있는 동안에는 상대방의 이행의 제공이 없는 한, 당사자 일방은 자기의 채무에 대해 이행의 제공을 하지 않더라도 채무불이행책임을 부담하지 않는다. 그러나 상대방이 이행의 제공을 한 때에는 당사자 일방은 동시이행의 항변권을 잃게 되어, 그 이후에는 수령지체에 놓일 뿐만 아니라 자기의 채무에 관하여 이행지체에 따른 책임을 지게 된다.

사례의 해설 A는 B가 변제기에 변제의 제공을 하지 않았다는 것을 이유로 채무불이행책임을 묻는 것이므로(461조 참조), 그 전제로서 B가 A에게 변제의 제공을 하였어야 했는지를 검토할 필요가 있다. 변제의 제공은 원칙적으로 현실제공으로 하여야 한다(460조 본문). 사례에서는 B가 등기서류를 준비하여 4월 1일에 등기소에 나가는 것이 현실제공이 된다. 그러나 채권자가 미리 수령거절의 의사표시를 한 때에도 현실제공을 하는 것은 무의미하므로, 이때에는 구두제공, 즉 변제 준비의 완료를 통지하고 그 수령을 최고하는 것으로 족하다(460조 단서). 사례에서는 A가 미리 변제의 수령을 거절한 것으로 볼 수 있으므로(자신은 술에 취해 의사무능력 상태에 있었으므로 계약이 무효라고 주장한 사실에 비추어), B는 최소한 구두제공은 하였어야 하지 않은가 하는 의문이 있다. 그러나 계약의 무효를 주장하는 경우에는 추후에도 그 뜻을 바꿔 수령할 가능성이 없다고 볼 것이기 때문에, 구두제공도 필요 없는 것으로 해석된다. 따라서 B의 변제의 제공이 없음을 이유로, 즉 채무불이행을 전제로 한 A의 손해배상청구는 인용될 수 없다. 사례 p. 46

---

1) 예컨대 부동산매매에서 매도인의 소유권이전채무는 매수인 앞으로 소유권이전등기가 마쳐진 때에 소멸된다. 매도인이 등기서류의 하나로 (발행일로부터 3개월 안에만 유효한) 인감증명서를 매수인에게 건네주었는데, 매수인의 사정으로 등기를 못하던 중 인감증명서의 유효기간이 지나간 경우, 매수인이 새로운 인감증명서의 교부를 요청하면 매도인은 여전히 존속하는 소유권이전채무에 기해 그에 응할 의무가 있다. 다만, 인감증명서를 새로 발급받는 데 소요되는 비용은 그것이 매수인의 수령지체로 초래된 것과 다름 아니어서 매수인이 이를 부담하여야 한다(403조).

제2 채권자지체債權者遲滯

사례 (1) A는 고추 상인 B에게 고추 2,900근의 매각을 위탁하고, B는 그 고추를 매각하기까지 무상으로 보관해 주기로 약정하였다. 그런데 그 후 여름이 다가오면서 고추의 변질이 우려되고 또 A가 원하는 가격에 고추를 사려는 사람도 없어, B는 A에게 위 고추를 가져가라고 하였는데, A는 보관 장소가 없다는 등 여러 사정을 들어 고추를 가져가지 않았다. 그 후 위 고추가 변질되는 등 상품으로서의 가치가 전혀 없게 되었다. 이 경우 A와 B의 법률관계는?

(2) 건강기능식품 판매점을 운영하는 甲은 친환경 농법으로 재배된 수삼을 원료로 하여 만든 홍삼 진액을 구하려고 한다. 그런데 甲의 경쟁자인 乙은 자신이 홍삼 도매상 丙을 통하여 친환경 인증을 받은 홍삼 진액을 구입하였는데 아주 좋은 제품이라고 甲에게 소개하면서 丙으로부터 홍삼 진액을 구입하라고 적극적으로 권유하였다. 그러나 乙은 丙으로부터 홍삼 제품을 구입한 사실도 없을 뿐만 아니라 丙이 판매하는 홍삼 진액이 친환경 인증을 받은 바도 없었음에도 불구하고 乙이 거짓말을 한 것이다. 하지만 甲은 위와 같은 乙의 말을 그대로 믿고 2014. 12. 1. 丙과 G-200 홍삼 진액 30상자를 상자당 50만원씩 구입하되 같은 해 12. 10. 오전 10시에 甲의 점포에 배달하는 것을 내용으로 하는 매매계약을 체결하였다. 이에 따라 丙은 2014. 12. 10. 오전 10시 자신의 배달 차량에 홍삼 진액 30상자를 싣고 甲의 점포에 도착하였으나, 문이 잠겨 있어서 위 제품을 인도하지 못하였다. 당시 甲은 丙과의 약속을 깜박 잊고서 점포 문을 닫고 외출한 상태였다. 한편, 丙은 甲의 점포 앞에서 1시간여 동안 甲을 기다리다가 甲이 끝내 나타나지 않고 전화도 받지 않자 홍삼 진액 30상자를 배달 차량에 그대로 싣고 되돌아와 자기가 관리하는 창고 앞에 위 차량을 주차해 놓았다. 그런데 2014. 12. 11. 아침에 丙이 고용한 직원 丁의 경미한 실수로 창고에 화재가 발생하였고, 그 불이 창고 앞에 주차되어 있던 배달 차량에 옮겨 붙어 차량이 전소함으로써 그 홍삼 진액 30상자는 모두 소실되었다. 丙은 甲과의 계약 내용에 따라 2014. 12. 10. 오전 10시에 홍삼 진액 30상자를 甲의 점포로 가지고 가서 계약 내용에 따른 이행의 제공을 하였는데 甲이 외출하는 바람에 인도하지 못한 것일 뿐이라고 주장하면서, 甲을 상대로 홍삼 진액 30상자에 대한 1,500만원의 지급을 구하는 물품대금 지급 청구소송을 제기하였다. 이에 대하여 甲은 다음과 같은 주장을 하면서 위 물품대금의 지급을 거절하는 답변서를 제출하였다. 甲이 제기한 각 주장에 대하여 가능한 논거를 설명하고 그 각 주장에 관한 결론을 도출하시오.

(a) 이 사건 계약은 착오 내지 사기를 원인으로 하여 체결된 것이므로 구매에 관한 의사표시를 취소한다. 따라서 위 물품대금을 지급할 의무가 없다. (15점)

(b) 丙이 새로운 홍삼 진액 30상자를 인도한다면 그와 동시에 물품대금을 지급하겠다. (15점)

(c) 또는, 丙이 홍삼 진액 30상자를 인도하지 않음으로써 발생한 손해배상금을 지급한다면 그와 동시에 물품대금을 지급하겠다. (15점)

(d) 丙의 홍삼 진액 30상자에 대한 인도의무는 이행이 불가능하게 되었으므로 물품대금을 지급할 의무가 없다. (20점)(제4회 변호사시험, 2015)

해설 p. 54

I. 채권자지체의 의의와 법적 성질

> 제400조 〔채권자지체〕 채권자가 이행을 받을 수 없거나 받지 아니한 경우에는 이행이 제공된 때부터 지체책임이 있다.

1. 의 의

(1) 「채권자지체」는 채무자가 이행을 지체하는 이행지체(채무자지체)에 대응하는 것으로서, 채무자가 채무의 내용에 따른 이행(변제)의 제공을 하였으나 채권자가 수령 등 이행의 완료에 필요한 협력을 하지 않은 경우, 채권자가 그 수령 등의 지체에 따른 일정한 책임(불이익)을 지는 제도이다. 민법은 제400조에서 채권자지체의 '요건'을 정하고, 제401조 내지 제403조 및 제538조 1항 2문에서 채권자지체의 '책임 내용'을 구체적으로 규정한다.

(2) 채권자지체는 '변제의 제공'이 성립하는 경우와 밀접하게 연결되어 있다. (전술한 대로) 급부의 결과가 실현되는 데에는 채무의 내용에 따라 두 가지가 있다. 하나는 채무자 단독으로 실현할 수 있는 것이고, 다른 하나는 채권자의 수령 등 협력이 있어야 실현되는 것이다. 이 둘 중 변제의 제공은 후자의 경우에 성립하는 것이고, 나아가 채권자지체도 이 경우에 성립하는 것이다(전자의 경우에는 변제의 제공도 채권자지체도 성립할 여지가 없다). 채무자의 이행(변제)의 제공이 있으면, 채무자는 채무불이행에 따른 책임을 부담하지 않지만, 채무는 존속한다. 여기서 존속하는 채무에 대해 변제의 제공까지 한 채무자가 종전대로 채무를 부담하게 할 것이냐, 아니면 변제의 제공까지 있은 점에서 채권자가 그 협력을 하지 않은 것에 대해 채권자에게 일정한 불이익을 줄 것인지의 문제가 남게 되는데, 후자의 측면에서 정한 것이 바로 '채권자지체'이다. 변제의 결과를 가져오는 데 필요한 채권자의 협력은 다양하지만, 보통 물건이나 금전의 수령[1]인 점에서 민법은 이를 '수령지체'라고도 부른다(538조 1항 2문).

2. 채권자지체의 법적 성질

(1) 채권자지체의 성질에 관해서는 학설이 다음과 같이 나뉘어 있다. (ㄱ) 채무불이행설: 채권관계를 공동목적을 달성하기 위한 공동체관계로 파악하여 채권자에게도 채무로서의 협력의무가 있다고 보고, 그 위반이 있을 경우에 채무불이행으로 구성한다(곽윤직, 97면; 김용한, 170면; 김현태, 148면; 현승종, 138면). 그러므로 채권자지체에는 채권자의 귀책사유가 필요하다고 본다. 채권자지체가 성립하면, 민법에서 정하고 있는 책임(401조~403조·538조 1항 2문) 외에 채무불이행의 일반원칙에 따라 계약을 해제하고 손해배상을 청구할 수 있는 것으로 해석한다. 반면 채권자에게 귀책사유가 없는 경우에는 채권자지체는 성립하지 않고, 민법에서 정하고 있는 책임도 발생하지 않는 것으로 해석한다. (ㄴ)

---

1) 주의할 것은, 금전채권은 통상 채권자의 수령을 필요로 하므로 채권자지체가 성립할 수 있지만, 당사자의 약정으로 채권자의 특정 은행계좌에 입금하기로 약정한 때에는 채무자의 이행만으로 채무를 면할 수 있는 점에서 채권자지체는 성립할 여지가 없다. 요컨대 변제의 결과를 가져오기 위해 채권자의 협력이 필요한지 여부는 채무의 성질 및 당사자의 약정에 의해 결정된다는 점이다.

법정책임설: 채권자의 협력의무를 채무로 보지 않고 단지 책무로 보는 입장이다(김증한·김학동, 174면; 이은영, 404면). 채무자의 변제의 제공이 있음에도 채권자의 수령이 없는 경우, 채권자의 귀책사유를 묻지 않고, 공평의 입장에서 채권자에게 일정한 불이익을 지우는 것으로 파악하는 입장이다. 즉 채권자지체에 채권자의 귀책사유는 필요하지 않으며, 민법에서 정하고 있는 책임(401조~403조·538조 1항 2문)만을 물을 수 있다고 본다.

(2) 사견은 법정책임설이 타당하다고 보는데, 판례도 그 취지를 같이 하고 있다. 「① 채권자지체의 성립에 채권자의 귀책사유는 요구되지 않는다. ② 채권자지체에 대해 정하고 있는 민법규정의 내용과 체계에 비추어 보면, 채권자지체의 효과로서 민법에서 정한 것 외에, 채무자가 채권자에 대해 채무불이행책임과 마찬가지로 손해배상이나 계약 해제를 주장할 수는 없다」(대판 2021. 10. 28, 2019다293036).

Ⅱ. 채권자지체의 요건

1. 세 가지 요건

(ㄱ) 채권자의 협력이 있어야만 변제의 결과를 가져올 수 있는 채무여야 한다. 채무자의 이행만으로 변제의 결과를 가져올 수 있는 것, 예컨대 부작위채무·의사표시를 하여야 할 채무 등의 경우에는 채권자지체는 발생하지 않는다. (ㄴ) 채무의 내용에 따른 이행의 제공이 있어야 한다. 채무자가 이행의 제공을 하더라도 그것이 채무의 내용에 따른 것이 아닌 때에는, 채권자는 그 수령을 거절할 수 있으므로, 채권자지체도 성립하지 않는다. 채무의 내용에 따른 이행의 제공 여부는 구체적인 채무의 내용에 따라 결정되는데, 일반적으로 당사자·대상·장소·시기의 네 가지 면에서 적합한 것이어야 한다. (ㄷ) 채권자가 이행을 받을 수 없었거나 받지 않았어야 한다. 법정책임설에 의할 때, 수령불능이나 수령거절에 채권자의 귀책사유는 필요하지 않으며 객관적으로 인정되는 것으로 족하다.

2. 입증책임

채권자지체의 성립에 관해서는 이를 주장하는 채무자가 증명하여야 한다. 즉 채무자는 이행의 제공과 채권자의 지체(불수령) 사실에 대해 입증책임을 부담한다.

Ⅲ. 채권자지체의 효과

채권자지체는 채무자가 이행(변제)의 제공을 하는 것을 전제로 하여 채권자가 그 수령(협력)을 지연하는 경우에 성립한다. 그런데 민법은 「변제의 제공」에 관해서는 채권의 소멸이라는 측면에서 변제의 부분에서 정하고(460조 이하), 「채권자지체」에 관해서는 채권의 효력 부분에서 따로 규정하고 있다(400조 이하). 그러나 채권자지체는 채무자의 변제의 제공을 기초로 하고, 채권자지체의 성질을 법정책임으로 파악하는 입장에서는 객관적인 수령불능이나 수령거절의 사유가 있을 때 채권자지체책임이 이어서 발생하는 점에서, 변제의 제공과 채권자지체는 전자를 중심으로 하여 하나의 효과로 다루어져야 한다.

1. 변제 제공의 효과

채무자는 변제의 제공을 한 때부터 채무불이행의 책임을 면한다(461조). 이 내용에 대해서는 (제1 변제의 제공 부분에서) 설명하였다.

2. 채권자지체의 효과 (책임의 내용)

민법은 채권자지체책임으로서 다음의 네 가지를 규정한다.

a) 주의의무의 경감 「채권자지체 중에는 채무자는 고의나 중대한 과실이 없으면 채무불이행으로 인한 모든 책임이 없다」(401조). 민법 제392조는 이행지체 중의 채무자의 책임 가중을 규정하는데, 본조는 채권자지체 중의 채무자의 책임 경감을 정한 것으로서 제392조에 대응하는 것이다.

b) 이자 지급의무의 면제 「채권자지체 중에는 이자가 있는 채권이라도 채무자는 이자를 지급할 의무가 없다」(402조). (ㄱ) 채무자는 변제기 전이라도 기한의 이익을 포기하고 원금과 그때까지의 이자를 변제할 수 있으므로(이자는 원본의 사용기간에 비례하여 산정되는 것이므로)(468조 본문), 본조는 이에 대응하여 변제의 제공이 있은 때에는 그 후부터는 이자의 지급의무를 면하게 한 것이다. 다만, 변제기 전에 변제함으로써 상대방이 입게 될 손해에 대한 배상의 문제는 별개이다(468조 단서). (ㄴ) 한편, 변제기 이후에는 이자가 아니라 손해배상이며, 채무자가 변제기 이후에 변제의 제공을 한 때에는, 그때부터는 변제제공의 효과로서 채무불이행책임을 면하므로 손해배상책임을 부담하지 않는 것으로 처리된다(변제기 이후 변제제공 전까지의 손해배상책임은 있고, 그 후 변제제공이 있더라도 영향을 받는 것은 아니다).

c) 증가비용의 부담 「채권자지체로 목적물의 보관비용이나 채무의 변제비용이 증가한 경우에는 채권자가 그 증가액을 부담한다」(403조). 따라서 채무자는 채권자에게 그 증가비용의 상환을 청구할 수 있다.

d) 쌍무계약에서 위험의 이전 쌍무계약에서 당사자 일방의 채무가 채권자의 수령지체 중에 당사자 쌍방에게 책임이 없는 사유로 이행할 수 없게 된 경우에는, 채무자는 상대방의 이행을 청구할 수 있다(538조 1항). 예컨대 매도인이 주택의 인도채무에 관해 변제의 제공을 한 후에 옆집에 화재가 나 연소되어 멸실된 경우에는, 매도인은 자신의 인도채무를 면하면서 매수인에게 매매대금을 청구할 수 있다(이에 관한 상세한 내용은 p.404 '3. 예외: 채권자가 대가위험을 부담하는 경우'를 볼 것).

✽ 쌍무계약에서 변제의 제공과 수령지체에 따른 법률관계

A가 그의 소유 토지(또는 건물)를 B에게 팔기로 B와 계약을 맺었다고 하자. (i) A가 변제기에 약속된 장소에서 토지에 관한 등기서류를 제공한 경우에는, B는 동시이행의 항변권을 행사할 수

없고, B의 대금채무는 이행지체가 된다. 이 경우 A가 상당 기간을 정해 최고를 하였음에도 B가 대금을 지급하지 않으면 A는 B와의 계약을 해제할 수 있다(544조). 해제를 하면 A와 B 사이에 원상회복의무가 생긴다(548조). (ii) A가 계약을 해제하지 않는 동안에는 다음과 같이 된다. (ㄱ) A는 변제의 제공을 함으로써 채무불이행책임을 면한다(461조). 한편 A는 쌍무계약인 매매계약에서 동시이행의 항변권을 가지므로, 변제의 제공을 하지 않더라도 채무불이행책임을 부담하지는 않는다(536조 참조). (ㄴ) A가 변제의 제공을 하였더라도 B가 이를 수령하고 B 앞으로 소유권이전등기가 되기까지는, A가 매도인으로서 부담하는 권리이전의무는 소멸되지 않고 존속한다(568조 1항 참조). 따라서 A가 그의 부동산을 C에게 양도한 경우에는, 비록 B가 수령지체 상태에 있다고 하더라도, A는 B에 대해 민법 제401조, 제390조에 따라 소유권이전채무의 이행불능으로 인한 손해배상책임을 부담한다(대판 2014. 4. 30, 2010다11323). (ㄷ) A가 변제의 제공을 하였음에도 B가 수령하지 않는 경우 B에게 채권자지체가 성립하고, B는 채권자지체책임을 부담한다. 법정책임설에 따르면, 객관적으로 B의 수령거절이나 수령불능이 있으면 족하고 그것에 B의 귀책사유를 필요로 하지 않는다. B가 채권자지체책임을 부담하는 내용은 구체적으로 다음과 같다. ① 가령 위 토지를 국가가 수용한 경우, A는 토지소유권의 이전채무를 면하면서 B에게 대금을 청구할 수 있다. 다만 수용보상금은 공제하여야 한다(538조 1항 2문·2항). ② A의 과실로 건물의 일부가 훼손된 경우, 채권자지체 중에는 채무자는 경과실에 대해서는 면책되므로(401조), A는 건물을 그 상태로 인도하거나 인도의무를 면하면서 B에게 대금을 청구할 수 있다(538조 1항 2문). ③ 채권자의 변제수령 거절의사가 확고한 경우, 구두제공도 필요 없지만 그것은 채무불이행책임을 면하는 범위에서만 그러한 것이고, 민법 제538조 1항 2문 소정의 '수령지체'에 해당하기 위해서는 그 경우에도 현실의 제공이나 구두제공은 필요하다(대판 2004. 3. 12, 2001다79013).

Ⅳ. 채권자지체의 종료

채권자지체는 다음의 경우에 종료된다. 즉, ① (채무의 면제·변제의 수령·공탁·불가항력에 의한 급부불능으로 인해) 채권이 소멸된 때, ② 채무자가 채권자에게 채권자지체를 면제한 때, ③ 채권자지체 중에 채무자의 귀책사유로 이행불능이 된 때, ④ 채권자가 수령에 필요한 준비를 하고 또한 지체 중의 모든 효과를 승인하여 수령의 의사표시를 한 때이다.

사례의 해설 (1) A와 B 사이의 고추의 판매와 보관에 관한 약정은 위임과 기간의 약정이 없는 임치가 병존하는 것으로 볼 수 있는데, 이 경우 B는 위 각 계약을 언제든지 해지할 수 있고(689조·699조), 한편 임치물은 그 보관한 장소에서 반환하면 된다(700조). 사례에서 B가 A에게 보관물의 인수를 요구한 것은 위임계약과 임치계약을 해지하고, 나아가 임치물의 수령을 최고하여 변제의 제공(구두제공)을 한 것으로 볼 수 있다(460조 단서). 따라서 A가 보관 장소가 없다는 등의 이유로 그 회수를 거절한 경우에는 채권자지체가 성립하고, 더욱이 그 지체에 A의 귀책사유가 없다고도 할 수 없으므로 채권자지체의 성질론에 관계없이 민법 제401조가 적용된다. 따라서 고추의 보관에 관해 B에게 고의나 중과실이 있는 경우에만 B가 배상책임을 지고, 경과실이 있는 때에는 배상책임을 면한다(대판 1983. 11. 8, 83다카1476).

(2) (a) 甲이 丙과 매매계약을 체결한 것은 제3자 乙의 사기에 의한 것이므로, 이 경우에는 丙이 그러한 사실을 알았거나 알 수 있었을 때에 한해 甲이 계약을 취소할 수 있다(110조 2항). 한편 甲은 乙의 기망에 의해 동기에 착오를 일으켜 丙과 계약을 체결한 것에 지나지 않으므로, 그러한 동기가 계약의 내용을 이루는 때에만 甲이 계약을 취소할 수 있다(109조 1항). 그런데 설문에서는 그러한 것을 인정할 수 없기에 甲은 계약을 취소할 수 없다.

(b) 丙이 甲과의 매매계약에 따라 홍삼 진액 30상자를 인도할 채무는 종류채무에 해당한다. 종류채무는 채무자가 이행에 필요한 행위를 완료한 때에 특정이 되는데, 그것은 지참채무이므로 채무자가 채권자의 주소에서 변제의 제공을 함으로써 특정이 된다(375조 2항, 467조 2항). 그런데 설문에서는 특정이 된 이후에 그 물건이 멸실되었으므로 丙은 다시 같은 종류물을 인도할 의무를 면한다.

(c) 丙이 변제의 제공을 하였으나 채권자 甲이 이를 수령하지 않은 것은 채권자지체에 해당한다(400조). 채권자지체 중에는 채무자는 고의나 중과실에 의한 경우에만 불이행으로 인한 책임을 부담하므로(401조), 설문에서처럼 경과실에 의한 경우에는 손해배상책임을 지지 않는다.

(d) 매매와 같은 쌍무계약에서 당사자 일방의 채무가 채권자의 수령지체 중에 당사자 쌍방에게 책임 없는 사유로 이행할 수 없게 된 때에는 채무자는 상대방의 이행을 청구할 수 있으므로(538조 1항), 丙은 홍삼 진액 30상자의 인도의무를 면하면서도 甲에게 매매대금 1,500만원을 청구할 수 있다.

사례 p. 50

제 3 항 변제의 내용

변제는 채무의 내용에 따른 것이어야 하고, 구체적으로 '당사자 · 대상 · 장소 · 시기'의 네 가지 면에서 적합한 것이어야 한다. 그렇지 않은 때에는 채권자는 그 수령을 거절할 수 있고, 채권은 소멸되지 않는다.

I. 변제의 당사자 : 변제자와 변제수령자

1. 변제자

(1) 채무자

채무자는 변제를 하여야 할 의무가 있으므로(다른 한편으로는 변제할 권한이 있다), 채무자가 보통 변제자가 된다. 그 밖에 채무자의 의사 또는 법률의 규정에 의해 이행보조자(391조) · 대리인(124조 단서 참조) · 관리인(예: 부재자 재산관리인) 등이 채무자를 대신하여 변제할 수 있다.

(2) 제3자

> 제469조〔제3자의 변제〕 ① 채무의 변제는 제3자도 할 수 있다. 그러나 채무의 성질이나 당사자의 의사표시로 제3자의 변제가 허용되지 않는 경우에는 그러하지 아니하다. ② 이해관계가 없는 제3자는 채무자의 의사에 반하여 변제하지 못한다.

a) 원 칙 (ㄱ) 채무의 변제는 제3자도 할 수 있다(469조 1항 본문). 변제는 급부 결과의 실현에 중점을 두는 것이어서, 채무자만이 변제할 수 있는 것이 아닌 이상, 제3자도 변제할 수 있는 것으로 한 것이다. (ㄴ) 제3자의 변제는, 제3자가 채무자의 부탁을 받아 변제한 때에는 위임(680조)에, 부탁 없이 변제한 때에는 사무관리(734조)에 속한다. 그러나 어느 경우든 '자기의 이름으로' 그러나 '타인의 채무'로서 변제한 것이어야 한다.[1] ① 제3자는 그 자신이 채무를 부담하지 않는 자를 말한다. 보증인은 보증채무자로서 제3자에 속하지 않는다. ② 타인의 채무를 자기의 채무로 잘못 알고 변제한 때에는 제3자의 변제는 성립하지 않으며, 변제자는 급부한 것을 부당이득을 이유로 그 반환을 청구할 수 있다(745조). ③ '단축된 급부'는 제3자의 변제에 해당하지 않는다. 예컨대 동일물에 대해 A와 B 사이에 매매계약이 있고, 또 B와 C 사이에 매매계약이 있는데, C가 B에게 지급할 매매대금을 B의 지시에 따라 A에게 지급하는 경우가 그러하다. 이 경우 C의 A에 대한 지급으로써 C의 B에 대한 지급과 B의 A에 대한 지급이 이루어지는 것이므로, 결국 C는 채무자로서 자기의 채무를 B에게 지급한 것이 된다. 따라서 B와 C 사이의 매매계약이 실효된 경우, C는 지급한 대금에 대해 A가 아닌 B를 상대로 부당이득반환을 청구하여야 한다(대판 2003. 12. 26, 2001다46730). (ㄷ) 제3자의 변제에는 변제뿐만 아니라 '대물변제 · 공탁'도 포함된다(통설). 그런데 채권자가 채무자에 대해 가지는 채권을 제3자가 채권자에 대해 가지는 채권과 '상계'할 수 있는지는 학설이 나뉜다. 제1설은 상계의 담보적 기능상 채권자의 채권이 제3자에 의해 소멸되어서는 안 되고, 또 채권자와 제3자 사이에는 서로 대립하는 채권이 없어 상계적상에 있지 않다는 이유로 이를 부정한다(곽윤직, 241면; 김증한 · 김학동, 347면; 현승종, 362면). 제2설은 상계를 부정할 실질적인 이유가 없다는 점, 특히 그 상계는 실질적으로 대물변제의 의미를 가진다는 점에서 이를 긍정한다(김용한, 516면; 김주수, 449면; 김형배, 665면). 민법이 정하는 상계의 요건상(492조) 제1설이 타당하다고 본다.

b) 제 한 다음의 세 경우에는 제3자의 변제가 제한된다. 이를 위반한 변제는 무효이다. (ㄱ) 채무의 성질상 제3자의 변제가 허용되지 않는 경우에는 제3자가 변제하지 못한다(469조 1항 단서). 채무자에 의해서만 급부가 이루어질 수 있는 일신전속적 채무가 그러하다. 여기에는 절대적인 것(예: 학자의 강연이나 유명배우의 연기 등)과 상대적인 것(예: 고용에서 노무자의 노무의 제공, 수임인의 위임사무의 처리)이 있으며, 제3자의 변제가 제한되는 것은 전자이다. 후자는 채권자의 동의가 있으면 제3자의 변제가 가능하다(657조 2항 · 682조 1항). (ㄴ) 당사자가 반대의 의사표시를 한 때에는 제3자는 변제하지 못한다(469조 1항 단서). 계약에 의해 성립한 채권은 계약으로, 단독행위에 의해 성립한 채권은 단독행위로 제3자의 변제를 금지할 수 있다. (ㄷ) 이해관계가 없는 제3자는 채무자의 의사에 반하여 변제하지 못한다(469조 2항). ① 이 조항에서 말하는 '이해관계'가 있는 자란 변제를 하지 않으면 채권자로부터 집행을 받게 되거나 또는 채무자에 대한 자기의 권리를 잃게 되는 지위에 있기 때문에 변제하는 데 법률상 이익을 가지는 자를 말하고, 단지 사실상의 이해관계를 가진 자는 제외된다(민법 제481조 소정의 '변제할 정당한 이익'과 같은 취지의 것이

1) 판례: 「제3자가 타인의 채무를 변제하여 그 채무를 소멸시키려면 제3자가 타인의 채무를 변제한다는 의사를 가지고 있어야 하고, 이러한 의사는 타인의 채무변제임을 나타내는 변제지정을 통해 표시되어야 할 것이지만, 채권자가 변제를 수령하면서 제3자가 타인의 채무를 변제하는 것이라는 사실을 인식하였다면 타인의 채무변제라는 지정이 있었다고 볼 수 있다」(대판 2010. 2. 11, 2009다71558).

다)(대결 2009. 5. 28, 2008마109). 따라서 연대채무자 · 보증인 · 물상보증인 · 담보물의 제3취득자 · 후순위 담보권자 등은 채무자의 의사에 반해서도 변제할 수 있다.[1] ② 그러나 이해관계가 없는 제3자는 채무자가 반대 의사를 표시한 때에는 변제하지 못한다(이 경우 그 변제는 무효이므로 변제자는 채권자에게 부당이득반환을 청구하고, 채권자는 채권증서 등을 반환받아 채무자에게 청구를 하게 된다. 채권자는 이러한 문제를 피하기 위해 제3자로부터 변제를 받을 때에는 그것이 채무자의 의사에 반하지는 않는지 확인하여야 하는 점에서 불편해진다). 이러한 제한은 채무자의 의사를 존중하겠다는 취지이지만, 채무면제를 채무자의 의사를 고려하지 않는 채권자의 단독행위로 인정한 것(506조), 채무자의 의사에 반하는 보증의 성립을 인정하는 것(444조 2항)과 법체계상 조화를 이루지 않아, 입법론상 문제가 있는 것으로 지적되고 있다. 그런데 제3자의 변제는 그 자체가 채무자를 위하여 유익한 것이므로, 함부로 채무자의 반대 의사를 추정함으로써 제3자의 변제 효과를 무효화시키는 일은 피하여야 하며, 반증이 없는 한 채무자의 의사에 반하지 않는 것으로 보아야 한다(대판 1961. 11. 9, 4293민상729; 대판 1988. 10. 24, 87다카1644).

c) 제3자 변제의 효과 (ㄱ) 제3자의 변제가 유효한 때에는 채권은 소멸된다. 그러나 제3자가 그 변제에 관해 채무자에게 '구상권'을 갖는 때에는 채권자의 채무자에 대한 채권과 담보권은 제3자(변제자)에게 이전된다(482조 1항). 이를 '변제자대위'라고 하는데, 이에 관해서는 (p.72 이하에서) 따로 설명한다. (ㄴ) 제3자가 채무자의 부탁을 받고 변제한 때에는 위임사무 처리비용의 상환청구권(688조)에 기해, 부탁 없이 변제한 때에는 사무관리에 의한 비용상환청구권(739조)에 기해 채무자에 대해 각각 구상권이 있다. 그러나 증여로서 변제한 때에는 구상관계는 생기지 않는다. (ㄷ) 제3자의 변제의 제공을 채권자가 수령하지 않는 때에는 채권자지체가 성립한다.

2. 변제수령자

(1) 총 설

변제로 인해 채권이 소멸되는 것은 '변제수령의 권한을 가진 자'에게 변제한 것을 전제로 한다. 통상 채권자가 이에 해당하지만, 채권자에게 변제수령권한이 없는 때도 있다. 한편 진정한 채권자가 아니면서도 외관상 수령권한이 있는 것으로 보이는 때가 있고, 민법은 이 경우 선의 · 무과실의 변제자를 보호하기 위해 그에 대한 변제를 유효한 것으로 정하는데, 「채권의 준점유자」(470조)와 「영수증 소지자」(471조)와 같은 '표현수령권자'가 그러하다. 이러한 경우 외에 변제받을 권한이 없는 자에게 한 변제는 무효이지만, 그 변제로 인해 채권자가 이익을 얻은 한

---

1) 판례(이해관계가 있는 제3자의 변제 여부): (ㄱ) 「부동산의 매수인은 그 권리실현에 장애가 되는 그 부동산에 대한 담보권 등의 권리를 소멸시키기 위하여 매도인의 채무를 대신 변제할 법률상 이해관계 있는 제3자라고 볼 것이다」(대판 1995. 3. 24, 94다44620)(동지: 대판 1993. 10. 12, 93다9903 등). (ㄴ) 「공동저당의 목적인 물상보증인 소유의 부동산에 후순위로 채권담보를 목적으로 소유권이전청구권 가등기가 설정되어 있는데, 그 부동산에 대하여 먼저 경매가 실행되어 공동저당권자가 매각대금 전액을 배당받고 채무의 일부가 남은 경우, 물상보증인은 채무자 소유의 부동산에 대한 선순위 저당권을 대위취득하고, 그 물상보증인 소유 부동산의 후순위 저당권자는 위 선순위 저당권에 대해 물상대위를 할 수 있는바, 이처럼 물상대위를 통하여 우선변제를 받을 수 있는 위 가등기권리자는 채무자의 의사에 반하여 그 채무 잔액을 대위변제하거나 변제공탁할 수 있는 이해관계 있는 제3자에 해당하지 않고, 단지 사실상의 이해관계를 가질 뿐이다」(대결 2009. 5. 28, 2008마109).

도에서는 변제로서 효력이 있는 것으로 규정한다(472조).

(2) 변제수령자

a) **채권자** 채권자가 원칙적으로 변제수령권한이 있다. 다만 다음과 같은 예외가 있다.

aa) **채권자에게 변제수령의 권한이 없는 경우**: ① 예컨대 A의 B에 대한 금전채권을 A의 채권자 C가 압류(또는 가압류)한 때에는, 법원은 제3채무자(B)에게 채무자(A)에 대한 지급을 금지하고 채무자에게 채권의 처분과 영수를 금지하여야 하므로(민사집행법 227조·296조 3항), B의 A에 대한 변제는 C에 대해서는 무효이다. C가 위 압류에 기초하여 추심명령이나 전부명령을 받은 때에는 B는 C에게 변제하여야 한다(민사집행법 229조). B가 이중변제를 한 때에는 A에게 부당이득반환을 청구할 수 있다. ② 채권자가 채권을 입질하여 대항요건을 갖춘 때에는 질권자만이 변제수령권한이 있다(349조·352조~355조). ③ 채권자가 파산선고를 받은 때에는 파산관재인만이 변제수령권한을 가진다(채무자 회생 및 파산에 관한 법률 313조 1항 4호·384조). 다만 채무자가 파산선고 후에 그 사실을 알지 못하고 파산자에게 한 변제는 이로써 파산채권자에게 대항할 수 있다. 그러나 파산선고의 공고 후에는 그 사실을 안 것으로 추정한다(동법 332조·334조). ④ 제한능력자는 채권의 처분행위를 할 능력이 없으므로, 처분과 같은 결과를 가져오는 변제의 수령에 관해서도 능력이 없다고 할 것이다. 다만 이 수령행위는 법률행위가 아니므로, 여기서의 변제수령능력은 법률행위의 능력이 아니라 채무자에 대한 관계에서 수령자격을 정당화하는 법적 능력을 말한다. 제한능력자는 변제수령권한이 없으므로 그에 대한 변제는 무효이고, 채무자는 법정대리인에게 변제하여야 한다. 예컨대 B에게 금전채권이 있는 A가 사망하여 미성년자 C가 금전채권을 상속한 경우, B가 C에게 변제하더라도 그것은 무효이다. 따라서 C의 법정대리인은 B에게 그 지급을 청구할 수 있다. B는 C에게 부당이득반환을 청구할 수 있을 뿐이다.

bb) **채권자 이외의 자에게 변제수령의 권한이 있는 경우**: (ㄱ) 채권자로부터 수령권한을 위임받은 자, 또는 법률의 규정에 의해 수령권한을 부여받은 자(예: 제한능력자의 법정대리인, 부재자 재산관리인(25조), 채권자대위권을 행사하는 채권자(404조), 위 aa)에서 법률로 정한 자)가 그러하다. 이처럼 변제수령권한은 채권자의 의사나 법률의 규정에 의해 생기는 것이므로, 대리인이 변제수령권한을 갖기 위해서는 본인이 그러한 권한을 주거나(권한부여)(부동산 매각의 대리권을 수여받은 대리인은 대금의 수령권한도 받은 것으로 해석된다), 법률에서 이를 인정하여야 하고, 이것은 법률행위에 적용되는 대리와는 다른 것이다. (ㄴ) 이처럼 변제수령권한이 있는 자에 대한 변제는 유효하다. 그 의미는, 채권자가 변제를 받은 것과 같은 것이 되어 채권은 소멸되고 채무자는 채무를 면하게 되는 것을 말한다.

b) **표현수령권자**表見受領權者 변제수령권한은 없지만 마치 수령권한이 있는 것처럼 보이는 표현수령권자에 대한 변제에 관해, 민법은 변제의 안전을 보호하기 위하여 일정한 요건하에 그 변제를 유효한 것으로 인정한다. 다음의 세 경우가 그러하다.

aa) **채권의 준점유자**準占有者: 「채권의 준점유자에게 한 변제는 변제자가 선의이며 과실이 없는 때에 한하여 효력이 있다」(470조).

(α) 요 건: (ㄱ) '채권의 준점유자'란 채권을 사실상 행사하는 자로서(210조), 그 판단기준은 변제자의 입장에서 보았을 때 채권자라고 칭하는 자가 거래관념상 진실한 채권자라고 믿을 만한 권리외관을 갖추고 있는지 여부에 의해 결정한다. ① 채권의 준점유자에는 채권자 본인이라고 하면서 채권을 행사하는 자는 물론, 채권자의 '대리인'이라고 하면서 채권을 행사하는 자도 포함한다(대판 2004. 4. 23, 2004다5389). ② 예금통장을 '절취'하여 예금을 인출하거나, 채권자의 인장 및 채권자 명의의 문서를 '위조'하여 채권을 행사한 경우처럼, 채권자에게 아무런 귀책사유가 없는 때에도 적용된다(대판 2007. 10. 25, 2006다44791; 대판 1963. 10. 10, 63다384). 다만, 수표나 어음 위조의 경우에는 관련 법률(수표법 10조, 어음법 7조)에서 피위조자가 책임을 지지 않는 것으로 따로 규정하고 있어 채권의 준점유자의 법리는 통용되지 않는다(대판 1971. 3. 9, 70다2895). ③ 채권양도가 무효 또는 취소된 경우의 채권의 사실상의 양수인도 채권의 준점유자가 될 수 있다(이 경우 선의로 변제한 채무자는 민법 제452조 1항에 의해서도 보호받을 수 있다). (ㄴ) 변제자는 '선의 · 무과실'이어야 한다. 구민법(478조)은 변제자의 '선의' 만을 요건으로 정하였으나, 현행 민법은 본조를 규정하면서 선의 외에 '무과실'을 추가하였다. 구민법에서도 판례와 학설이 변제자의 무과실을 요구한 점을 반영한 것이다(민법안심의록(상), 277면). (ㄷ) 입증책임에 관해서는, 본조가 정하는 변제자 보호의 취지상 변제자의 악의 · 과실은 채권자가 입증하여야 한다는 견해(김형배, 676면)와, 민법 제471조의 경우와는 달리 변제자가 입증하여야 한다는 견해(민법주해(XI), 124면(김대휘))로 나뉜다. 본조가 변제자를 보호하는 것임은 맞지만, 변제자의 선의 · 무과실은 변제가 유효하기 위한 요건이고 또 채권의 준점유자는 본래 진정한 채권자가 아닌 점에서, 후자의 견해가 타당하다고 본다.

〈판 례〉 ① 「채권압류(가압류 포함)가 경합되어 있는 경우, 그 압류채권자 중의 한 사람에게 주어진 전부명령은 무효이지만, 제3채무자가 선의 · 무과실로 전부채권자에게 변제하면 이는 채권의 준점유자에 대한 변제로서 유효하고, 또 일반적인 경우에 있어서 무효인 전부명령에 의하여 채권자에게 변제한 때에는 선의 · 무과실이라고 할 것이다」(대판 1987. 12. 22, 87다카2015). 그러나 제3채무자가 전부금을 변제하는 데 선의 · 무과실이 아니었다면 그 변제는 효력이 없고, 또 경합압류채권자에 대하여는 불법행위로 인한 손해를 배상할 의무를 진다(대판 1988. 8. 23, 87다카546). ② 채무자(乙)가 제3채무자(丙)에 대해 가지고 있던 채권에 관하여 제3자(丁) 앞으로 대항력 있는 채권양도가 이루어진 후, 乙이 丁의 승낙 없이 임의로 丙에게 채권양도 철회의 통지를 한 상태에서, 乙에 대한 채권자(甲)가 위 채권에 대해 채권압류 및 전부명령을 받고 이어 甲이 제기한 전부금소송에서 丙이 패소 판결을 받아 甲에게 그 금원을 지급한 경우, 법률전문가가 아닌 丙으로서는 甲이 채권자라고 믿을 수밖에 없어, 丙의 甲에 대한 변제는 채권의 준점유자에 대한 변제로서 유효하다(대판 1997. 3. 11, 96다44747). ③ 「혼인 외의 子의 생부가 사망한 경우, 혼인 외의 출생자는 그가 인지청구의 소를 제기하였다고 하더라도 그 인지 판결이 확정되기 전에는 상속인으로서의 권리를 행사할 수 없고, 그러한 인지 판결이 확정되기 전의 정당한 상속인이 채무자에 대하여 소를 제기하고 나아가 승소 판결까지 받았다면, 채무자로서는 그 상속인이 장래 혼인 외의 子에 대한 인지 판결이 확정됨으로 인하여 소급하여 상속인으로서의 지위를 상실하게 될 수 있음을 들어 그 권리행사를 거부할 수 없으므로, 그러한 표현상속인에 대한 채무자의 변제는 특별한 사정이 없는 한 채권의 준점유자에 대한 변제로서 적법하다」(대판 1995. 1. 24, 93다32200). ④ 甲이 사실혼관계에 있던 乙의 동의 없이 丙은행에서 예금청구서에 위조한 乙 명의의 도장을 날인하여 乙 명의의 예금통장과 함께 제출하고, 비밀번호 입력기에 비밀번호를 입력하여 예금을 인출한 사안에서, 제반 사정에 비추어 인감 대조에 숙련된 금융기관 직원이 충분히 주의를 다하여도 육안에 의한 통상의 대조방법으로는 예금거래신청서와 예금청구서상의 각 인영이 다른 인감에 의하여 날인되었다는 것을 확인할 수 없고, 나아가 甲에게 정당한 변제수령권한이 없을 수 있다는 의심을 가질 만한 특별한 사정이 없는 이상, 육안에 의한 통상의 인감 대조만으로 甲에게 예금을 인출하여 준 丙은행의 출금 담당 직원들에게 어떠한 과실이 있다고 할 수 없어, 丙은행의 甲에 대한 예금 지급은 채권의 준점유자에 대한 변제로서 유효하다고 보았다(대판 2013. 1. 24, 2012다91224). ⑤ 주택임대차보호법 소정의 대항력을 갖춘 주택임차인(A)이 임대인(B)에 대해 갖는 보증금반환채권에 관해 임차인의 채권자(甲)가 채권가압류결정을 받고 동 결정이 B에게 송달되었는데, 그 후 C가 임차주택을 양수하여 B의 지위를 승계하고, 그 일환으로 채권가압류결정에서의 제3채무자의 지위도 승계한다. 즉 제3채무자가 B에서 C로 바뀌게 된다. 그러므로 C가 甲이 아닌 다른 사람에게 보증금을 지급하게 되면 그것은 甲에 대해서는 무효가 되는데, 한편 C는 가압류의 당사자가 아니어서 그 사실을 알 수 없으므로 이중지급의 위험을 안게 된다. 다만, C가 A에게 보증금을 지급한 경우에도 그것이 채권의 준점유자에 대한 변제에 해당하여 유효한 변제로 될 수 있다(대판(전원합의체) 2013. 1. 17, 2011다49523).

(β) 효 과: 위 요건을 갖춘 때에는 채권의 준점유자에 대한 변제는 '효력이 있다'. 통설은 이 의미를 변제의 효과가 확정적 · 절대적인 것으로 해석한다. 즉 채권은 소멸되고 채무자는 채무를 면하는 결과, 채무자는 채권의 준점유자에게 부당이득반환을 청구할 수 없고, 진정한 채권자도 채무자에게 채무이행이나 손해배상을 청구할 수 없다. 진정한 채권자는 채권의 준점유자에 대하여 부당이득이나 불법행위를 이유로 반환청구나 손해배상청구를 할 수 있을 뿐이다. 판례[1]도 같은 취지이다.

bb) 영수증 소지자: 「영수증을 소지한 자에게 한 변제는 그 소지자가 변제를 받을 권한이 없는 경우에도 효력이 있다. 그러나 소지자에게 권한이 없음을 변제자가 알았거나 알 수 있었을 경우에는 그러하지 아니하다」(471조). (ㄱ) 영수증 소지자는 채권자로부터 수령권한을 부여받은 자로 인정되는 것이 보통이고, 또 일반적으로 그 변제는 성질상 간이 · 신속한 처리를 필요로 하므로, 본조는 채권의 준점유자와는 별도로 영수증 소지자에 대한 선의 · 무과실의 변제를 유효한 변제로 인정한다. (ㄴ) 영수증은 변제의 수령을 증명하는 문서인데, 제470조의 채권의 준점유와는 따로 본조를 둔 점에서 영수증은 위조된 것이 아닌 진정한 것이어야 한다(통설). 진정한 영수증인 이상, 소지자가 그 영수증을 절취 · 습득한 것인지 여부는 묻지 않는다. 위조된 영수증에 대하여는, 변제자가 선의 · 무과실로 변제를 하더라도 제471조가 적용되지는

1) 판례: 「① 채권압류가 경합된 경우에 그 압류채권자 중의 한 사람이 전부명령을 받은 경우 그 전부명령은 무효이지만, 제3채무자가 선의 · 무과실로 그 전부채권자에게 전부금(轉付金)을 변제하였다면 이는 채권의 준점유자에 대한 변제로서 유효하므로, 제3채무자의 채무자에 대한 채무는 소멸되고, 제3채무자는 압류채권자에 대하여 이중변제의 의무를 부담하지 아니하며, 전부채권자에 대하여 전부명령의 무효를 주장하여 부당이득 반환청구도 할 수 없다. ② 이 경우 경합압류채권자는 전부채권자에 대하여 자기가 배당받아야 할 금액 범위 안에서 부당이득 반환청구를 할 수 있고, 제3채무자가 압류채권자에게 그 배당받아야 할 금액을 대위 변제하였다면 이는 이해관계가 없는 제3자의 변제이다」(대판 1980. 9. 30, 78다1292).

않지만, 채권의 준점유자로서 제470조가 적용될 여지는 있다(통설). 한편 본조의 규정 형식, 즉 영수증 소지자에 대한 변제는 원칙적으로 효력이 있다고 정한 점에서, 또 영수증은 진정한 것임을 전제로 하는 점에서, 변제자의 악의 · 과실은 변제의 무효를 주장하는 자가 입증하여야 한다(이견 없음). 다만 본조의 요건상 영수증이 진정한 것임은 변제자가 입증하여야 한다(민법주해(XI), 148면(김대휘)). (ㄷ) 효과는 제470조의 경우와 다를 것이 없다.

cc) 증권적 채권의 증서 소지인 : 증권적 채권의 증서 소지인에게 변제하는 때에는, 변제자는 '악의나 중대한 과실'이 없는 한 보호된다(514조 · 518조 · 524조 · 525조). 증권적 채권의 유통을 보장하기 위해 따로 마련한 규정이다.

(3) 권한 없는 자에 대한 변제

표현수령권자를 포함하여 변제수령권한이 있는 자에게 한 변제만이 유효한 변제가 된다. 즉 변제받을 권한이 없는 자에게 한 변제는 무효이다. 그러나 채권자가 그 무효인 변제로 이익을 얻은 한도에서는 변제로서 효력이 있는 것으로 민법 제472조는 정한다. 동조는 불필요한 연쇄적 부당이득반환의 법률관계가 생기는 것을 피하기 위해 마련된 것으로서, 여기에서 '채권자가 이익을 얻은' 경우란 변제수령자가 변제로 받은 급부를 채권자에게 전달하거나, 무권한자의 변제 수령을 채권자가 사후에 추인한 경우, 그리고 변제수령자가 변제로 받은 급부를 가지고 채권자의 자신에 대한 채무의 변제에 충당하거나 채권자의 제3자에 대한 채무를 대신 변제함으로써 채권자의 기존 채무를 소멸시키는 등 채권자에게 실질적인 이익이 생긴 경우를 포함한다. 그러나 변제수령자가 변제로 받은 급부를 가지고 자신이나 제3자의 채권자에 대한 채무를 변제함으로써 채권자의 기존 채권을 소멸시킨 경우에는 채권자에게 실질적인 이익이 생겼다고 할 수 없으므로 동조에 의한 변제의 효력은 인정되지 않는다(대판 2012. 10. 25, 2010다32214; 대판 2014. 10. 15, 2013다17117).[1]

Ⅱ. 변제의 목적물

채무자는 채무의 내용에 따른 급부를 하여야 하고, 변제의 대상도 그에 따라 정해진다. 그런데 민법은 그 채무가 「물건의 인도」인 경우에 관해 특히 일정한 내용을 규정한다. 즉 그 물건이 '특정물'인 때에는 이행기의 현상대로 인도하면 족한 것으로 하고(462조), '불특정물'인데 채무자가 타인의 물건을 인도하거나 양도할 능력이 없는 때에는 채권자가 변제받는 것을 확보해 주기 위해 다시 유효한 변제를 하지 않으면 그 물건의 반환을 청구하지 못하는 것으로 한

1) A는 B은행에 예금채권을 갖고 있는데, 변제수령권한이 없는 甲이 그 예금계좌에서 금전 인출을 요구하여 B은행은 이를 甲에게 지급하였다(B은행에 민법 제470조에 의한 채권의 준점유자에 대한 변제는 인정되지 않은 것으로 보인다). 그런데 甲은 A에게 금전채무가 있었는데, 위 인출된 돈을 A 명의의 다른 예금계좌에 입금을 하였다. 여기서 B은행이 비록 변제수령권한이 없는 甲에게 A 명의의 예금을 지급하였다고 하더라도 민법 제472조에 의해 그 변제가 유효한 것으로 되는 것인지, 그래서 A가 B은행에 가지는 예금채권이 그 변제로 소멸되는 것인지 여부가 다투어진 사안에서, 대법원은 위와 같은 이유로 A가 B은행에 가지는 예금채권은 (B은행의 변제로) 소멸되지 않는 것으로 보았다.

다(463조~465조).

1. 특정물 인도채무

(1) 의 의

(ㄱ) 특정물의 인도가 채권의 목적인 경우에는 다른 물건으로 대체할 수 없고 그 특정물만을 인도하여야 한다. 그런데 채권이 성립한 때부터 채무자가 그 특정물을 실제로 이행할 때까지 사이에 그 물건에 변화가 생길 수 있고, 민법 제462조는 그때의 상태, 즉 「이행기(실제로 이행하는 때)의 현상」대로 그 물건을 인도하면 되는 것으로 정한다. (ㄴ) 특정물의 인도가 채권의 목적인 때에는 채무자는 그 물건을 인도할 때까지 선관주의의무를 부담한다(374조). 따라서 특정물에 변질이 생겼고 그것이 채무자의 과실에 기인한 것인 때에는, 채무자가 그 상태로 인도하는 것은 채무의 내용에 따른 이행을 한 것이 아니므로 채권자는 그 수령을 거절할 수 있지 않은가 생각할 수 있다. 그런데 이것이 가능하려면 그 전제로 채무자가 특정물을 수선하여 인도하여야 할 의무가 있어야 할 것인데, 민법은 이러한 규정을 두고 있지 않다. 그렇다면 특정물 인도채무의 경우에는 특정물만을 인도할 수밖에 없는 것이므로 그 특정물에 설사 변질이 생겼더라도 (동일성을 인정할 수 있는 한) 그 상태로 인도하면 인도의무는 다한 것으로 보고, 변질 부분에 대해서는 과실을 이유로 채무불이행책임을 묻는 쪽으로도 생각할 수 있겠는데, 본조는 후자의 방식을 택한 것이고, 통설도 같은 취지로 해석한다. 그러므로 채무자가 이행기의 상태대로 인도하면 채권자는 그 수령을 거절할 수 없으며, 수령을 거절한 때에는 채권자지체가 된다(채무자는 유효하게 변제의 제공을 한 것이 되어 특정물의 인도채무 부분에 한해서는 채무불이행책임을 면한다). (ㄷ) 다만 개별적으로 특정물에 대해 하자의 보수의무가 인정되는 경우가 있다. 임대인이 목적물의 사용 · 수익에 필요한 상태를 유지해 줄 의무로서(623조), 또 수급인이 담보책임으로서 하자보수의무(667조)를 부담하는 경우가 그러하다.

(2) 학설의 대립

(ㄱ) 제462조의 해석과 관련해서는 학설은 견해의 차이를 보인다. 통설은, 목적물의 상태가 변질 · 훼손 등으로 채권의 성립 당시와 차이가 생기더라도 그 상태대로 인도하면 된다고 한다. 소수설은, 목적물의 상태를 불문하고 이행기의 상태대로 인도하기만 하면 족한 것이 아니고, 그것은 본래의 목적물의 인도와 동일성이 인정되는 한도에서만 유효한 변제가 되고, 이러한 범위에 속하지 않는 인도에 대해서는 변제로서의 효력을 인정할 수 없다고 한다. 민법 제462조는 채무의 목적물인 특정물의 동일성의 범위를 확장함으로써 특정물에 의한 변제의 범위를 넓히는 규정이고, 이것은 계약의 목적 · 계약 이익 · 거래 관행 · 선관주의의무 등을 고려하여 구체적으로 결정해야 한다고 한다(김용한, 508면; 김주수, 429면; 김형배, 687면). (ㄴ) 양설은 유효한 변제로 다루어지는 '현상인도의 범위'에 관해 해석상 차이를 보인다. 사견은 소수설이 타당하다고 본다. 왜냐하면 특정물의 성질상 이행기의 상태대로 인도하는 것이 허용된다고 하더라도, 본래의 특정물과 동일성을 인정할 수 없는 경우까지 유효한 변제로 인정하는 것은, 채권자로 하여금 채무

의 내용에 따른 변제가 아닌 것의 수령을 강요하는 것이 되어 부당하기 때문이다. 동일성을 인정할 수 없는 때에는, 인도를 하였더라도 변제로서의 효력을 부정하는 것이 타당하다. 따라서 채권자는 그 수령을 거절할 수 있고, 이를 거절하더라도 수령지체가 되지 않는다.

(3) 다른 법제도와의 관계

(ㄱ) 특정물의 변질 · 훼손이 있더라도 동일성을 인정할 수 있는 경우에는 그 상태대로 인도하면 족하고, 변제로서 유효한 것이 된다. 다만 그 변질 등에 채무자의 귀책사유가 있는 경우 채무불이행책임으로서 계약의 해제와 손해배상을 청구할 수 있는 것은 별개의 것이다. 그러나 그 귀책사유가 없는 때에는, 매매와 같은 유상계약의 경우에는 그 부분에 비례하여 채권자의 반대급부의무도 소멸되고(채무자 위험부담주의(537조)), 그 변질 등이 매매 당시부터 있었던 때에는(원시적 일부하자) 매도인의 담보책임이 발생할 수 있다(580조·581조). (ㄴ) 특정물의 변질 · 훼손으로 동일성을 인정할 수 없는 경우에는 변제로서 무효이다(따라서 채권자에게 수령지체가 발생할 여지가 없다). 이 경우 그 변질 등에 채무자에게 귀책사유가 있는 때에는 채무불이행책임이 발생하고(390조), 귀책사유가 없는 때에는 채무자 위험부담주의가 적용되어 채권자는 반대급부의무를 면한다(537조).

2. 불특정물 인도채무

(1) 타인의 물건의 인도

a) 의 의 (ㄱ) 채무자가 타인의 물건으로 변제한 경우에는 소유권의 이전 기타 처분의 효과가 생기지 않으므로 변제로서의 효력도 발생하지 않는다. 따라서 채권자는 원칙적으로 그 물건을 보유할 수 없는데, 민법은 이 경우 채권자가 변제받는 것을 확보해 주기 위해(특히 채권자가 반대급부를 한 경우), 채무자가 다시 유효한 변제를 하지 않으면 그 물건의 반환을 청구할 수 없는 것으로 정한다(463조). 물건이 특정물인 때에는 다시 유효한 변제를 할 여지가 없으므로, 본조는 불특정물의 인도에 관한 것이다. (ㄴ) 채권자가 인도받은 물건의 반환을 거절할 수 있는 것은 채무자에 대해서만이다(대판 1993. 6. 8, 93다14998, 15007). 즉 그 물건의 소유자의 반환청구에 대해서는 채권자는 이를 거절할 수 없다. 다만 채권자에게 선의취득 · 취득시효의 요건이 충족되어 소유권을 취득하는 경우에는 그렇지 않다.

b) 채권자의 선의 소비 등의 경우 (ㄱ) 채권자가 변제로 받은 타인의 물건을 선의로 소비하거나 타인에게 양도한 경우, 채권자는 채무자가 다른 물건으로 변제하면 이미 수령한 물건을 반환하여야 할 것인데, 이것이 소비되거나 타인에게 양도되어 반환이 어렵거나 쉽지 않고, 한편 채무자도 다른 물건을 구하기가 쉽지 않다는 점을 고려하여, 즉 쌍방의 공평과 편의를 감안하여, 민법은 이 경우 그 변제를 유효한 것으로 인정한다(465조 1항). 따라서 채무자는 더 이상 자신 소유의 다른 물건으로 인도할 의무를 부담하지 않고, 채권은 소멸된다. (ㄴ) 민법 제465조 1항에 의해 변제가 유효한 것으로 되는 것은 채권자와 채무자의 상대적인 관계에서뿐이다. 즉 그 물건의 소유자에 대해서는 아무런 영향을 미치지 못한다. 그 소유자는 채권자나 양수인에

대해 부당이득 반환청구 또는 소유물 반환청구를 할 수 있고, 채무자에 대해서는 부당이득 반환청구를 할 수 있다. (ㄷ) 채권자가 소유자로부터 배상 청구(부당이득 반환청구)를 받은 때에는 채무자에게 '구상권'을 행사할 수 있다(465조 2항). 채권자가 변제로 받은 물건을 선의로 소비한 때에는 채무자의 변제는 효력이 있는 것으로 되어 채권은 소멸되므로(465조 1항), 채권자는 채무자에게 채권에 기한 청구는 할 수 없고 부당이득반환을 구할 수밖에 없다(채무자는 타인의 소유물로 변제한 것이 되어 부당이득을 취한 것이 되므로). 따라서 위 구상권의 성격은 부당이득 반환청구권으로 볼 것이다(민법주해(XI), 65면(김대휘)).

(2) 양도무능력자의 물건의 인도

a) 의 의 (ㄱ) 민법 제464조는 제463조와 같이 채권자가 변제받는 것을 확보하기 위해 마련된 것이다. 즉 제한능력자와 같이 양도능력이 없는 소유자가 채무의 변제로 물건을 인도한 때에는, 후에 제한능력을 이유로 취소하더라도 다시 유효한 변제, 즉 법정대리인의 동의를 받아 변제하지 않는 한, 채권자는 채무자에 대해 이미 수령한 물건의 반환을 거절할 수 있다는 것이다. 이 점에서 동조도 불특정물의 인도에 관한 것이다. (ㄴ) 유의할 것은, 제464조가 정하는 '그 변제가 취소된 때'의 의미이다. 채무의 발생원인인 채권관계(예: 매매)가 제한능력을 이유로 취소된 때에는 채무가 존재하지 않게 되므로 동조에 의한 다른 물건(불특정물)의 인도채무도 성립할 여지가 없다. 따라서 위 의미는, 예컨대 매매관계는 그대로 두면서 급부인 물건의 인도행위만을 취소하는 것으로 해석할 수밖에 없다. 그러나 이러한 경우는 채무자가 채권 성립 후에 성년후견이나 한정후견 개시의 심판을 받은 때에 발생할 것인데(미성년자에게는 적용될 수 없다), 그러한 것은 예외적인 것이라서 동조가 적용되는 예는 극히 드물 것으로 생각된다.

b) **채권자의 선의 소비 등의 경우** 제465조 1항은 제464조의 경우에도 적용된다. 즉 양도능력이 없는 소유자가 채무의 변제로 물건을 인도한 경우, 채권자가 변제로 받은 물건을 선의로 소비하거나 타인에게 양도한 때에는, 그 변제는 유효한 것이 된다. 다만 채무자는 물건의 소유자이고 단지 양도능력이 없을 뿐이어서 제3자가 채권자에게 어떤 배상청구를 할 여지는 없으므로 제465조 2항은 적용될 수 없다.

Ⅲ. 변제의 장소

(1) 변제의 장소는 채무의 성질(예: 채권자의 건물을 수리해야 할 채무에서 건물이 있는 장소)이나 당사자의 의사표시에 의해 정해진다(467조 1항 전문).

(2) 위 기준에 의해 정해지지 않은 경우, 민법은 보충규정을 마련하고 있다. 즉, (ㄱ) 특정물의 인도는 채권 성립 당시에 그 물건이 있던 장소에서 하여야 한다(467조 1항 후문). 다만 특정물의 인도채무가 이행불능으로 인해 손해배상채무로 변한 때에는 다음((ㄴ))의 기준에 의한다. (ㄴ) 그 밖의 채무, 즉 불특정물(종류물)의 인도 또는 하는 채무 등은 채권자의 현재 주소에서 하여야

하고(지참채무)(467조 2항 본문), 다만 영업에 관한 채무는 채권자의 현재 영업소에서 하여야 한다(467조 2항 단서). 「현재 주소」란 채무 성립시 또는 이행기에 있어서의 주소가 아니라 현실적으로 채무를 이행할 때의 채권자의 주소를 가리킨다. 따라서 변제를 하기 전에 채권자가 주소를 변경한 경우에는 신주소가 변제 장소로 된다. 채권을 양도한 경우에는 양수인의 주소가 변제 장소로 된다(통설). 이 경우 변제 장소가 변경되어 변제비용이 증가한 경우에는, 그 증가액은 채권자가 부담한다(473조 단서). (ㄷ) 당사자 쌍방이 채무를 부담하는 경우에는 각자의 변제 장소가 다를 수 있어 불편할 수 있다. 그래서 민법은 매매의 목적물을 인도함과 동시에 대금을 지급할 경우에는 채권자의 현재 주소가 아니라 그 인도장소에서 대금을 지급해야 하는 것으로 하였다(586조).

Ⅳ. 변제의 시기

(1) 변제기는 당사자의 의사표시, 채무의 성질, 법률의 규정(585조 · 603조 · 613조 · 635조 · 660조 · 698조)에 의해 정해진다. 변제기일에 변제를 하는 이상, 그 시간은 묻지 않는 것이 원칙이다. 다만 상사채무에서는, 영업시간이 정해져 있는 경우에는 그 시간 내에 이행하여야 하는 것으로 상법(63조)에 특별 규정이 있다.

(2) (ㄱ) 변제는 변제기에 하는 것이 원칙이지만, 기한은 채무자의 이익을 위한 것으로 추정하고 또 채무자는 기한의 이익을 포기할 수 있기 때문에(153조), 당사자의 특별한 의사표시가 없으면 채무자는 변제기 전이라도 변제할 수 있다(468조 본문). 따라서 채권자는 변제기 미도래를 이유로 수령을 거절할 수 없고, 거절하면 채권자지체가 성립한다. (ㄴ) 변제기 전의 변제로 채권자가 손해를 입은 때에는 이를 배상하여야 한다(468조 단서 · 153조 2항 단서 참조). 이것은 변제기에 변제를 받는 것이 채권자에게도 이익이 되는 것, 즉 채권자도 기한의 이익을 가지는 경우에 이를 보호하기 위한 것이다.[1]

Ⅴ. 변제의 비용

변제비용(예: 운송비 · 하역비 · 보관료 · 통지비)은 다른 의사표시가 없으면 채무자가 부담한다(473조 본문).[2] 다만, 채권자의 주소 이전이나 그 밖의 행위로 변제비용이 증가한 경우에는 그 증가

1) 판례(이자부 금전소비대차계약에서 채무자가 변제기 전에 변제하는 경우): 「채권자와 채무자 모두가 기한의 이익을 갖는 이자부 금전소비대차계약에서, 채무자가 기한의 이익을 포기하고 변제기 전에 변제하는 경우 변제기까지의 약정이자 등 채권자의 손해를 배상하여야 하고, 이러한 약정이자 등 손해액을 함께 제공하지 않으면 채무의 내용에 따른 변제제공이라고 볼 수 없으므로, 채권자는 수령을 거절할 수 있다. 이는 제3자가 변제하는 경우에도 마찬가지이다」(대판 2023. 4. 13, 2021다305338).

2) 매매계약에 관한 비용은 당사자 쌍방이 똑같이 나누어 부담한다(566조). 한편 부동산매매에서 이전등기에 소요되는 비용은 계약비용이 아니라 매도인의 소유권이전채무의 이행(568조 1항 참조)에 소요되는 변제비용으로서 채무자인 매도인이 제473조에 따라 부담하는 것이 원칙이겠으나, 보통 매수인이 부담하는 것이 거래의 관행으로 되어 있다. 그 밖에 판례는, 「채무자가 채권담보의 목적으로 채권자에게 부동산에 관한 소유권이전등기를 하는 경우의 등기비용과 취득세액은 담보권 확보를 위한 비용이므로 특약이 없는 한 채권자가 부담한다」고 한다(대판 1981. 1. 27, 79다1978, 1979).

액은 채권자가 부담한다(473조 단서). 채권자지체로 변제비용이 증가한 경우에도 같다(403조).

제4항 변제의 효과

변제의 기본적 효과는 채권의 소멸이다. 그런데 민법은 변제의 효과와 관련하여 다음과 같은 내용을 정한다.

Ⅰ. 변제의 증거

변제에 의해 채권은 소멸되지만, 변제의 유무에 관해 다툼이 있는 경우에는 변제자가 변제의 사실을 입증해야 하고, 이를 입증하지 못하는 때에는 다시 변제해야 할 위험이 있다. 그래서 민법은 이러한 불이익을 막기 위해 변제자에게 영수증 청구권과 채권증서 반환청구권의 두 가지를 인정한다. 영수증 청구권은 적극적으로 변제 사실을 증명할 수 있도록 하기 위한 것이고, 채권증서 반환청구권은 소극적으로 채권자가 채권행사를 하지 못하도록 하는 데 그 취지가 있다.

1. 영수증 청구권

「변제자는 변제를 받는 자에게 영수증을 청구할 수 있다」(474조). (ㄱ) 영수증은 변제 수령의 사실을 증명하는 문서로서, 그 형식에는 아무런 제한이 없다. 또 일부를 변제하고 이를 수령한 때에는 그에 관한 영수증을 청구할 수 있다. (ㄴ) 본조는 이중변제를 막자는 데 그 취지가 있는 것이므로, 변제와 영수증의 교부는 동시이행의 관계에 있다(통설).

2. 채권증서 반환청구권

「채권증서가 있는 경우에 변제자가 채무 전부를 변제한 때에는 채권증서의 반환을 청구할 수 있다. 채권이 변제 외의 사유로 전부 소멸된 경우에도 같다」(475조). (ㄱ) 채권증서는 가령 소비대차계약에서 차용증서와 같이 채권의 존재를 증명하는 문서를 말한다. 증권적 채권에서는 증서의 작성 및 교부가 요건이지만, 지명채권에서는 그것은 요건이 아니며 채권증서가 작성된 경우에도 그것은 단지 채권의 존재를 증명하는 것에 지나지 않는다. 다만 채권증서가 채권자의 수중에 있으면 채권의 존재가 추정되는 효력이 있어, 본조는 이에 관해 규정한다. 즉, 채무자가 채무 전부를 변제한 때에는 채권자에게 채권증서의 반환을 청구할 수 있으며, 제3자가 변제를 하는 경우에는 제3자도 채권증서의 반환을 구할 수 있다(475조 1문)(대판 2005. 8. 19, 2003다22042). 이것은 변제 외의 사유로 채무 전부가 소멸된 경우에도 같다(예: 상계 · 경개 · 면제 등)(475조 2문). 채무의 일부를 변제한 때에는 채권증서의 반환은 청구할 수 없지만, 그 채권증서에 일부변제의 뜻을 기재해 줄 것을 청구할 수 있다(484조 2항 참조). 채권증서를 분실한 경우에는 이를 이유로 채무자가 변제를 거절할 수는 없고, 변제한 때에는 그 취지를 문서나 영수증에 기재해 줄 것을 청구할 수 있다(통설). (ㄴ) 지명채권의 경우에는 채권증서를 반드시 작성 · 교부해야 하는 것은 아니므로, 채권증서가 없는 때에는 반환청구의 문제도 생기지 않는다. (ㄷ) 채권증서의 반환과 변제가 동시이행의 관계에 있는지에 관해, 변제의 증명은 영수증으로 충분하다는 이유에서 이를 부정하는 것이 통설과 판례이다(대판 2005. 8. 19, 2003다22042). 다만, 증권적 채권에서는 그 행사는 증권과 함께 하여야 하므로 변제와 증권의 반환은 동시이행의 관계에 있다(519조·524조). (ㄹ) 채권자가 아닌 제3자가 채권증서를 점유하고 있는 경우에도 변제자는 제3자에게 채권증서의 반환을 청구할 수 있다(통설).

Ⅱ. 변제의 충당充當

사례 1) 甲은 2014. 4. 2. 乙로부터 4억 9천만원을 이율 연 6%, 변제기 2018. 4. 1.로 정하여 차용하고 같은 날 위 차용금채무를 담보하기 위하여 자신이 소유한 X토지에 관하여 乙 명의로 근저당권을 설정하여 주었다(제1채무). 한편, 甲은 2015. 4. 2. 乙로부터 무담보로 1억원을 이율 연 5%, 변제기 2018. 4. 1.로 정하여 추가로 차용하였다(제2채무). 2) 甲은 2019. 4. 1. 乙에게 5억원을 변제하면서 원본에 먼저 충당해 달라고 부탁하였으나 乙은 거절하였다. 甲이 위와 같이 변제할 당시 제1채무는 원금 4억 9천만원과 500만원의 지연손해금채무가, 제2채무는 원금 1억원과 1,500만원의 지연손해금채무가 남아 있었다. 3) 甲이 2021. 7. 29. 乙을 상대로 X토지에 설정된 근저당권설정등기의 말소를 구하는 소를 제기하였다. 이 소송에서 乙은 '근저당권의 피담보채무가 모두 변제되지 않아 근저당권의 말소등기절차에 응할 수 없다'고 주장하였다. 4) 위 소송에서 법원은 어떠한 판단을 하여야 하는지, 결론과 논거를 기재하시오. (15점)(2022년 제1차 변호사시험 모의시험)

해설 p. 71

1. 의의와 요건

(1) 의 의

(ㄱ) 다음 세 가지, 즉 ① 채무자가 동일한 채권자에 대하여 같은 종류를 목적으로 한 수개의 채무(예: 수개의 독립된 금전채무)를 부담한 경우(476조 1항),[1] ② 1개의 채무에 수개의 급여(예: 임대차에서 수개월 분의 차임)를 요하는 경우(478조), ③ 1개 또는 수개의 채무에서 원본 외에 비용과 이자를 지급하여야 할 경우(479조), 변제의 제공이 그 채무 전부를 소멸시키지 못할 때에는 그 중 어느 채무의 변제에 충당할 것인가를 정할 필요가 있는데, 이것이 「변제충당」의 제도이다. 민법은 변제충당의 순서와 방법에 관해 정한다(476조~479조). (ㄴ) 소송에서 변제충당이 주로 문제되는 양상은 다음과 같다. 채권자가 채무자에게 채무의 이행을 청구한 데 대해 채무자는 변제를 주장하고, 이에 대해 채권자는 그 수령을 인정하면서도 그것이 다른 채권에 충당되었다고 주장한다. 그러면 채무자는 다시 그 채권에 충당되어야 한다고 주장하면서 소송상 다

1) 판례: 「채무가 1개인지 수개인지는 보통 발생원인에 따라 이를 정하여야 할 것인데, 근저당권에 의하여 담보된 피담보채무가 여러 차례에 걸쳐 대여받은 채무들로 이루어져 있는 경우, 그 피담보채무는 발생원인을 달리하고 있으므로 수개의 채무로 보아야 한다」(대판 1999. 8. 24, 99다22281, 22298).

틈이 벌어진다(양창수·김재형, 계약법, 308면).

(2) 요 건

a) 민법에서 정하는 변제충당은 채무자가 채무 중에서 변제에 충당할 채무를 일방적으로 지정하는 것을 기본으로 하고 있다. 따라서 어느 경우에 변제충당을 할 수 있는지가 문제되는데, 그 요건은, 「채무자가 동일한 채권자에 대하여 같은 종류를 목적으로 하는 수개의 채무를 부담하고 있는데, 변제의 제공이 그 채무 전부를 소멸시키지 못할 때」여야 한다(476조 1항). 이를 분설하면 다음과 같다. (ㄱ) 채무자가 채권자에 대해 수개의 채무를 부담하는 경우에도 그것이 같은 종류가 아닌 때(예: 특정물의 인도채무)에는 변제충당은 생기지 않는다. (ㄴ) 채무자가 채권자에게 부담하는 수개의 채무는 각각 독립된 채무이다. 예컨대 채무자(A)가 채권자(B)에게 각 1천만원인 두 개의 금전채무를 지고 있다고 하자. ① A가 그 채무 총액에 해당하는 2천만원을 변제하면 변제충당은 생기지 않는다. ② A가 5백만원을 변제하는 경우, 그것은 일부변제로서 채무의 내용에 따른 변제가 아니므로, A가 일방적으로 변제충당을 통해 B의 수령을 강요할 수는 없다. 따라서 이 경우는 변제충당을 할 수 없고, 다만 채권자가 그 일부변제를 수령한 경우에만 변제충당이 가능할 수 있다. ③ A가 B에게 1천만원을 변제한 경우, (그것은 채무 총액에는 부족하고 각 독립된 채무의 변제에는 부합하지만), 각 1천만원인 두 개의 금전채무 중 어느 변제에 해당하는 것인지 객관적으로 정할 수 없으므로, 채무자의 변제의 충당이 필요하다.

b) 1개의 채무라도 그 안에 수개의 급여가 필요한 경우에도 상술한 변제충당의 요건이 준용된다(478조). 예컨대 A가 B에 대해 임대차계약에 따른 차임채무로서 2개월분 차임을 연체한 경우, A가 한 달분 차임을 변제하면서 그것을 어느 달의 차임에 충당할 것인지, 변제충당을 할 수 있다. 다시 말해 일부변제가 되는 것이 아니므로, B는 그 수령을 거절할 수 없고, 거절한 때에는 채권자지체가 된다. 임차보증금에서 연체 차임을 충당하는 경우에도 같은 법리가 적용된다. 또한 1개 또는 수개의 채무에서 원본 외에 비용과 이자를 지급하여야 할 경우에도 같다(479조).

(3) 적용범위

변제충당은 변제뿐만 아니라 공탁과 상계의 경우에도 적용된다. 특히 민법은 A가 B에게 반대채권이 있는 경우에 그것을 B에 대한 어느 채무와 상계할 것인지에 관해 변제충당의 규정을 준용하는데(499조), 이를 '상계충당'이라고 한다. 한편, 채무자 소유의 부동산에 대한 경매의 경우에도 채권자에 대한 배당금은 변제충당의 규정에 의해 충당된다(대판 1991. 12. 10, 91다17092).

2. 변제충당의 방법

(1) 민법규정의 개요

다음의 순서에 의해 변제충당이 이루어진다. 즉, (ㄱ) 변제의 충당에 관한 민법 제476조 내지 제479조는 임의규정이므로, 당사자 사이에 별도의 합의가 있으면 그 합의에 따라 충당된다(계약에 의한 변제충당). (ㄴ) 그러한 합의가 없는 때에는 변제자 또는 변제수령자의 일방적 지정에 의해 충당된다(지정변제충당(476조)). (ㄷ) 그 지정이 없는 경우 민법은 보충규정으로서 일정한 기준에 의해 충당할 것을 정한다(법정변제충당(477조)). (ㄹ) 채무자가 원본 외에 비용과 이자를 지급할 경우에는 위 (ㄴ)의 지정변제충당에 대한 제한으로서 민법 제479조에서 정한 바대로 충당하여야 한다.[1)]

(2) 변제충당의 순서와 방법

가) 계약에 의한 변제충당

(ㄱ) 민법은 계약에 의한 변제충당에 관해 정하고 있지는 않지만, 변제충당에 관한 민법 제476조 내지 제479조는 임의규정으로서 변제자와 변제수령자의 합의로 충당의 방법을 달리 정할 수 있고, 그 일환으로 상대방에 대한 의사표시 없이도 일정한 경우에 당연히 충당되는 것으로 정한 약정도 유효하다(대판 1987. 3. 24, 84다카1324). 특히 민법 제479조의 비용 · 이자의 순서에 의한 충당의 규정도 달리 정할 수 있음은 물론이다(대판 1981. 5. 26, 80다3009). 당사자의 일방적인 지정에 대하여 상대방이 지체 없이 이의를 제기하지 않으면 묵시적 합의가 있은 것으로 볼 여지가 있다(대판 2002. 5. 10, 2002다12871, 12888). (ㄴ) 채권자와 채무자의 합의로 채권자가 적당하다고 인정하는 순서와 방법에 의해 충당하기로 한 것이라면, 채권자가 그 약정에 터 잡아 스스로 적당하다고 인정하는 순서와 방법에 따라 변제충당을 한 이상 변제자에 대한 의사표시와 관계없이 충당의 효력이 있다(대판 2012. 4. 13, 2010다1180). 한편 이러한 약정이 있는데도, 채무자가 변제를 하면서 특정 채무의 변제에 충당한다고 지정하더라도, 그에 대해 채권자가 동의하지 않는 한, 그 지정은 효력이 없어 채무자가 지정한 채무가 변제로 소멸되는 것은 아니다(대판 1999. 11. 26, 98다27517). (ㄷ) 또한, 이미 급부를 마친 뒤에도, 변제로 소멸된 채무에 관해 보증인 등 이해관계가 있는 제3자의 이익을 해치지 않는 이상, 제공된 급부를 어느 채무에 어떤 방법으로 다시 충당할 것인가를 약정할 수도 있다(대판 2013. 9. 12, 2012다118044, 118051).[2)]

나) 비용 · 이자 · 원본의 순서에 의한 변제충당

a) 취 지 제479조는 채무자가 한 개나 수개의 채무에 대하여 원본 외에 비용과 이자를 지급해야 하는 경우에 적용된다. 비용과 이자는 성질상 원본보다 먼저 지급되어야 하는 점에서 또 이에 관하여는 민법 제476조가 준용되지 않는 점에서, 당사자 사이에 특별한 합의(계약

1) 판례: 「여러 명의 연대채무자 또는 연대보증인에 대하여 따로따로 소송이 제기되는 등으로 그 판결에 의하여 확정된 채무 원본이나 지연손해금의 금액과 이율 등이 서로 다르게 되어, 원금이나 지연손해금에 채무자들이 공동으로 부담하는 부분과 공동으로 부담하지 않는 부분이 생긴 경우, 어느 채무자가 채무 일부를 변제한 때에는 그 변제자가 부담하는 채무 중 공동으로 부담하지 않는 부분의 채무 변제에 우선 충당되고, 그 다음 공동부담 부분의 채무 변제에 충당된다」(대판 2013. 3. 14, 2012다85281).

2) 다만 판례는, 「담보권의 실행 등을 위한 경매에서 배당금이 동일 담보권자가 가지는 수개의 피담보채권 전부를 소멸시키기에 부족한 경우, 채권자와 채무자 사이에 변제충당에 관한 합의가 있었다고 하더라도 그 합의에 의한 변제충당은 허용될 수 없고, 이 경우에는 획일적으로 가장 공평 타당한 민법 제477조의 규정에 의한 법정변제충당의 방법에 따라야 한다」고 하여(대판 1996. 5. 10, 95다55504), '담보권실행에 따른 배당'에 관하여는 계약에 의한 변제충당을 허용하지 않는다. 그리고 위 경우 동일 담보권자가 동일 목적물에 관하여 동일 거래관계로 인하여 발생되는 채무를 담보하기 위해 순위가 다른 여러 개의 근저당권을 설정한 경우에도 법정변제충당의 방법으로 소멸될 채무를 정하여야 하고, 경매대금을 선순위 근저당권설정시에 발생한 채무에 우선적으로 변제충당할 것은 아니다(대판 2002. 12. 10, 2002다51579).

에 의한 충당)가 없는 한, 비용 → 이자 → 원본의 순서로 충당하여야 하고, 이를 위반하는 지정변제충당은 효력이 없다(대판 1981. 5. 26, 80다3009).

b) **충당순서** (ㄱ) 비용 → 이자 → 원본의 순서로 충당해야 한다(479조 1항). 여기서의 비용은 당사자 사이의 약정이나 법률의 규정 등에 의하여 채무자가 당해 채권에 관하여 부담하는 비용을 말한다. 따라서 채무자가 부담하여야 하는 변제비용(473조)이나, 채권자의 권리실행비용 중에서 소송비용액 확정결정이나 집행비용액 확정결정에 의하여 채무자가 부담하는 것으로 확정된 소송비용이나 (가압류 등) 집행비용 등은 위 비용에 포함된다(대판 1962. 1. 31, 4294민상180; 대판 2006. 10. 12, 2004재다818; 대판 2008. 12. 24, 2008다61172). 그리고 이자에는 지연이자도 포함된다(대판 2013. 3. 14, 2012다85281). (ㄴ) ① 채무자가 한 개의 채무를 부담하면서 비용과 이자를 지급해야 할 경우에는 위 순서대로 충당하여야 한다. ② 채무자가 수개의 채무를 부담하면서 그 각각에 대하여 비용과 이자가 있는 경우뿐만 아니라, 어느 채무에는 비용이, 또 어느 채무에는 이자가 있는 때에도, 민법 제479조 1항의 규정상 먼저 모든 비용을, 그 다음에 모든 이자를, 그리고 잔액이 있을 때에는 원본에 충당하여야 한다(민법주해(XI), 183면(이인재)). (ㄷ) 비용 상호간, 이자 상호간, 원본 상호간에는 민법 제477조의 법정변제충당의 규정이 준용된다(479조 2항).

다) 지정변제충당

a) **요 건** 채무자가 동일한 채권자에 대하여 같은 종류를 목적으로 하는 수개의 채무(예: 수개의 차용금채무)를 부담한 경우에 변제의 제공이 그 채무 전부를 소멸시키지 못하는 경우여야 한다(476조 1항). / 또는 1개의 채무에 수개의 급여를 요할 경우(예: 임대차에서 수개월 분의 차임)에 변제자가 그 채무 전부를 소멸시키지 못한 급여를 한 경우여야 한다(478조).

b) **지정권자** (ㄱ) 변제자(채무자 또는 제3자)가 1차로 지정권이 있다(476조 1항). 변제자가 가장 큰 이해관계가 있다고 보아 우선적으로 지정권을 준 것이다. (ㄴ) 변제자가 지정하지 않은 때에는 변제받는 자가 2차로 지정권이 있다(476조 2항 본문).

c) **지정 방법** 위 지정은 상대방에 대한 (일방적) 의사표시로써 한다(476조 3항). 특히 변제수령자가 지정하는 경우에는 변제받는 '당시에' 지정하여야 한다(476조 2항 본문).

d) **지정에 대한 이의** 변제자가 지정하는 경우에는 변제수령자가 이의를 제기하지 못하지만, 변제수령자가 지정하는 때에는 변제자가 즉시 이의를 제기할 수 있고, 그 지정은 효력을 잃는다(476조 2항 단서). 이 경우 통설적 견해는 민법 제477조의 법정변제충당에 의하여야 하는 것으로 해석한다. 이에 대해 변제자가 이의를 제기하고 자신이 지정한 때에는 그 지정에 따라 충당되어야 한다는 반대견해가 있다(민법주해(XI), 174면(이인재)).

라) 법정변제충당

a) **요 건** 변제충당에 관해 당사자 사이에 합의가 없거나 당사자가 변제충당을 지정하지 않은 때에는 민법 제477조에 의한 법정충당이 이루어진다. 동조의 적용을 배제하기 위해서는, 즉 합의가 있거나 지정을 하였다는 점은 이를 주장하는 자가 입증책임을 진다(대판 1994. 2. 22, 93

다49338). 동조는 보충규정으로서 채무자의 추정적 의사를 감안하여 충당순서를 정한 것으로 변제자의 이익을 우선 고려한 것이다. 한편, 이행기가 먼저 도래한 채무에 우선 충당케 하는 것은 소멸시효의 진행에 대한 채권자의 이익도 고려한 것이라고 보는 견해도 있다(민법주해(XI), 176면(이인재)).

b) **충당순서**　다음과 같은 순서에 따라 충당하여야 하는데, 그 순서는 채무자의 변제 제공 당시를 기준으로 한다(가령 차임에 대한 변제 제공 당시 3년의 소멸시효가 완성되지 않은 차임채권이 있는 경우에는 그 당시를 기준으로 해서 민법 제477조 소정의 법정변제충당의 순서가 정해져야 한다)(대판 2015. 11. 26, 2014다71712). (ㄱ) 이행기가 도래한 채무: 「채무 중에 이행기가 도래한 것과 도래하지 않은 것이 있으면 이행기가 도래한 채무의 변제에 충당한다」(477조 1호). 확정기한이 있는 채무는 그 기한에, 불확정기한의 경우에는 채무자가 기한의 도래를 알았는지 여부를 묻지 않고 그 기한이 객관적으로 도래한 때에, 기한의 정함이 없는 경우에는 그 채무가 성립한 때에 각각 이행기가 도래한 것이 된다. (ㄴ) 변제이익이 많은 채무: 「채무 전부의 이행기가 도래하였거나 도래하지 않은 경우에는 채무자에게 변제이익이 많은 채무의 변제에 충당한다」(477조 2호). ① 대체로 무이자 채무보다는 이자부 채무, 저이율의 채무보다는 고이율의 채무, 연대채무보다는 단순채무, 보증채무보다는 주채무(보증채무의 경우에는 부종성이 있기 때문임)(대판 2002. 7. 12, 99다68652), 단순채무보다는 집행력을 갖춘 채무가 채무자에게 변제이익이 많다(대판 1999. 7. 9, 98다55543). 또 이자의 약정 있는 금전채무와 이자의 약정 없는 약속어음금채무는 전자가 변제이익이 많다(대판 1971. 11. 23, 71다1560). 그리고 주채무자 외의 자가 변제자인 경우에는, 변제자가 발행 또는 배서한 어음에 의하여 담보되는 채무가 다른 채무보다 변제이익이 많다. 이에 대해 주채무자가 변제자인 경우에는, 담보로 제3자가 발행 또는 배서한 약속어음이 교부된 채무와 다른 채무 사이에 변제이익에서 차이가 없으나, 담보로 주채무자 자신이 발행 또는 배서한 어음으로 교부된 채무는 다른 채무보다 변제이익이 많다(대판 1999. 8. 24, 99다22281, 22298). ② 이에 대해 변제자가 (주)채무자인 경우, 보증인이 있는 채무와 보증인이 없는 채무 사이에, 물상보증인이 제공한 물적 담보가 있는 채무와 그러한 담보가 없는 채무 사이에는, 각각 변제이익에서 차이가 없다(대판 1985. 3. 12, 84다카2093; 대판 2014. 4. 30, 2013다8250). 따라서 (주)채무자가 변제한 금원은 이행기가 먼저 도래한 채무부터 (법정변제)충당하여야 한다(대판 1999. 8. 24, 99다26481). (ㄷ) 이행기가 먼저 도래하거나 도래할 채무: 채무자에게 변제이익이 같으면 이행기가 먼저 도래한 채무나 먼저 도래할 채무의 변제에 충당한다(477조 3호). 채무이행의 기한이 없는 경우에는 그 채무가 발생한 때부터 채권자는 이행을 청구할 수 있으므로, 그 채무가 발생한 때를 이행기가 도래한 때로 보는 것이 통설이다. (ㄹ) 이행기가 동시에 도래하고 변제이익이 같은 채무: 그 채무액에 비례하여 각 채무의 변제에 충당한다(477조 4호).

사례의 해설 (ㄱ) 甲이 乙에게 부담하는 채무는 제1채무 4억 9천 5백만원(원금 4억 9천 + 지연손해금 5백), 제2채무 1억 1천 5백만원(원금 1억 + 지연손해금 1,500), 합계 6억 1천만원인데, 甲은 5억원을 변제한 것이어서, 이를 어디에 충당할지에 관한 변제충당이 문제가 된다. (ㄴ) 甲은 5억원을 원금에 충당해 줄 것을 乙에게 청하였는데 乙이 이를 거절한 점에서, 변제충당에 관한 합의는 이루어지지 않았다고 할 수 있다. 그리고 甲이 특별히 어느 채무에 충당하겠다고 지정한 바도 없다.

이러한 경우에는 법정변제충당이 이루어진다. 먼저, 지연이자를 포함하여 이자에 충당하여야 한다(479조). 즉 제1채무와 제2채무의 지연이자 합계 2천만원에 충당하여야 한다. 다음, 채무 전부가 이행기가 도래한 경우에는 채무자에게 변제이익이 많은 채무에 충당되는데(477조 2호), 저이율의 채무보다는 고이율의 채무가 변제이익이 많으므로 나머지 4억 8천만원은 제1채무에 충당된다. 그 결과 제1채무에는 1천만원 채무가 남게 되므로, 제1채무를 담보하기 위해 X토지에 설정된 乙의 근저당권등기는 유지되어야 한다. 甲의 청구는 기각된다. 사례 p. 67

Ⅲ. 변제자의 대위代位

사례 (1) 1) 甲은 乙로부터 2억원을 차용하면서 그 담보로 자기 소유의 X토지(시가 3억원) 위에 1번 저당권을 설정해 주는 한편, 丙이 乙에게 위 차용금에 대하여 보증채무를 부담하게 되었다. 그 후 甲은 丁으로부터 2억원을 차용하면서 그 담보로 X토지 위에 2번 저당권을 설정해 주었다. 甲의 차용금 상환 지연에 따라 乙이 X토지에 대한 저당권을 실행하려고 하자, 이를 피하기 위하여 丁은 乙에게 甲의 차용 원리금 전액을 대신 변제하였다. 2) 丁이 甲과 丙에게 어떠한 권리를 갖는지 그 논거와 함께 설명하라. (20점)(2015년 제3차 변호사시험 모의시험)

(2) 사무용품 도매상을 개업하려는 乙은 개업자금을 조달하기 위하여 지인 甲으로부터 2004. 4. 1. 1억원을 이자 월 1%, 변제기 2005. 3. 31.로 정하여 차용하였다. 乙의 甲에 대한 대여금채무에 관하여는 乙의 부탁을 받은 丙이 甲에게 연대보증채무를 부담하는 한편, 丁 역시 乙의 부탁으로 자신의 소유인 X토지 위에 채권자 甲, 채무자 乙, 채권최고액 1억 5천만원으로 하는 근저당권을 설정해 주었다. 이후 乙이 변제기를 지나도록 위 대여금채무를 이행하지 못하자, 甲은 2006. 1. 31. X토지에 대한 근저당권을 실행하려고 하였다. 이에 丁이 甲에게 같은 날 채무 원리금 1억 2,200만원 전액을 지급하였다. 丁의 乙, 丙에 대한 법률관계는? (시효는 논외로 할 것) (25점)(2016년 제2차 변호사시험 모의시험)

(3) 1) A은행은 1997. 10. 20. B회사에 다가구주택 건축자금으로 6억원을 대출하면서, 이행기를 '주택이 완공되어 분양이 완료된 때'로 정하였다. B회사는 위 대출금채무를 담보하기 위하여 C에게 연대보증채무를 부담해 줄 것을 부탁하였고, 이에 C는 같은 날 A은행에 연대보증채무를 부담하기로 약정하였다. 그러나 A은행이 담보가 부족하다고 하여 B회사는 D에게 부탁하여 D 소유의 Y토지(시가 3억원 상당)와 B회사 소유의 X토지(시가 6억원 상당)에 대해 A은행 앞으로 근저당권을 설정해 주었다. B회사는 계획대로 다가구주택을 건축하여 1998. 10. 20. 9세대 전부 분양을 완료하였고, A은행은 이 사실을 1999. 2. 15. 알게 되었다. 2) B회사는 2000. 6. 15. X토지를 E에게 매도하고 같은 해 2000. 8. 15. 소유권이전등기를 넘겨주었다. B회사로부터 대출 원리금 채무를 변제받지 못한 A은행이 X토지에 대해 경매를 신청하려 하자, 2000. 10. 15. E가 B회사의 대출 원리금 채무를 모두 변제하였다. 2001. 2. 15. E는 C를 상대로 보증채무 이행청구의 소를 제기하고, D를 상대로 근저당권에 기한 경매신청을 하였다. 3) E의 C와 D에 대한 청구 및 신청은 각 인용될 수 있는가? (20점)(2018년 제1차 변호사시험 모의시험)

(4) 1) 건축업자 甲은 2010. 3. 1. 시멘트 판매업자 乙로부터 향후 10년간 시멘트를 공급받고 그 대금은 매월 말일 일괄하여 정산하되 기한을 넘기는 경우에는 월 2%의 지연손해금을 지급하기로 하는 내용의 계약을 체결하였다. 위 계약 당시 보증보험회사 丙은 甲이 乙에게 위 기간 동안 부담

하게 될 대금채무에 관하여 총 1억원을 한도로 乙과 서면에 의한 연대보증계약을 체결하였다. 이후 乙은 甲의 요청에 따라 현재까지 甲에게 시멘트를 공급해 오고 있다. 2) 한편 丙이 연대보증계약을 체결한 것과 별도로, 丁은 甲이 乙에게 부담하게 될 시멘트 대금채무에 관하여 자기 소유 X부동산(시가 3억원. 변동 없음)에 대하여 乙에게 채권최고액 1억 5천만원, 채무자 甲으로 정한 근저당권 설정등기를 경료해 주었다. 또한 戊는 위 시멘트 대금채무에 관하여 자기 소유 Y부동산(시가 1억 5천만원. 변동 없음)에 대하여 乙에게 채권최고액 1억 5천만원, 채무자 甲으로 정한 근저당권 설정등기를 경료해 주었다.

(가) 甲의 그 동안 밀린 시멘트 대금 및 지연손해금은 총 9천만원이다. Y부동산이 경매절차에서 매각되어 乙이 위 9천만원을 전액 변제받았다면, 戊는 丙, 丁에게 어떠한 청구를 할 수 있는가? (9천만원 이외에 법정이자 기타 일체의 부수 채무는 고려하지 말 것) (10점)

(나) 만약 Y부동산이 경매절차에서 매각된 이후 X부동산에 대위의 부기등기가 이루어지지 않은 상태에서 丁이 X부동산을 己에게 매도하고 소유권이전등기를 경료해 주었다면, 戊는 己에게 어떠한 청구를 할 수 있는가? (10점)(2018년 제2차 변호사시험 모의시험)

(5) 1) 甲은 2017. 3. 6. 乙과 4년간의 여신거래약정을 체결하고, 현재 및 장래에 발생할 채권을 담보하기 위해 채무자 乙 소유의 X부동산에 채권최고액 9억원의 근저당권을 설정하였고, 이 채무를 담보하기 위해 丙과 丁이 공동으로 甲과 연대보증계약을 체결하였다. 상환기일에 乙이 채무를 상환하지 않자, 甲은 X부동산에 대해 근저당권에 기한 경매를 신청하였다. 경매절차가 진행되던 중 丙은 3억원을, 丁은 2억원을 甲에게 변제하였다. 丙과 丁이 대위변제액에 상응하는 비율로 甲으로부터 근저당권 일부의 이전등기를 받은 후 경매를 통해 A가 X부동산을 8억원에 매수하였다. 경매신청시 甲의 乙에 대한 채권액은 10억원이었으나 A가 매각대금을 완납할 당시 채권액은 12억원이었다. 2) 매각대금 8억원은 甲, 丙, 丁에게 얼마씩 배당되는지 근거와 함께 서술하시오. (비용, 이자 및 지연배상은 고려하지 않음)(15점)(2019년 제1차 변호사시험 모의시험)

해설 p.84

1. 의의와 성질

(1) 의 의

민법상 채무자에 대해 구상권_{求償權}을 가지는 경우로서 다음 세 가지가 있다. 즉 ① '제3자'가 채무자의 부탁을 받아 변제한 때에는 위임사무 처리비용의 상환청구권(688조)에 기해 구상권을 갖는다. 반면 부탁 없이 변제한 때에는, 그것이 사무관리의 요건을 충족하는 경우에는 사무관리비용의 상환청구권(739조)에 기해 구상권을 갖고, 그 요건을 충족하지 않으나 채무자가 이익을 얻은 경우에는 부당이득 반환청구권(741조)에 기해 구상권을 취득한다. 한편, 제3자가 타인의 채무를 자기의 채무로 잘못 알고 변제하였는데 채권자가 유효한 변제를 받은 것으로 믿은 결과 그 채권을 잃은 때에는, 제3자는 채무자에게 구상권을 행사할 수 있다(745조 2항). ② '불가분채무자 · 연대채무자 · 보증인'이 변제한 때에는 다른 불가분채무자 · 연대채무자 · 주채무자에 대해 각각 구상권이 있다(411조 · 425조 이하 · 441조 이하). ③ '물상보증인'이 변제한 때에는 보증채무에 관한 규정에 의해 채무자에 대해 구상권이 있다(341조 · 355조 · 370조).[1)]

1) 물상보증인이 담보부동산을 제3취득자에게 매도한 경우에 「제3취득자」가 채무자에 대해 구상권을 갖는지는 다음 두

민법은 위와 같은 자가 채무자에 대해 가지는 구상권의 확보를 위해, 그 각각의 구상권의 범위에서 채권자를 대위하는 것, 즉 종전의 채권자가 채무자에게 가졌던 채권과 그 담보에 관한 권리를 행사할 수 있는 것으로 정하는데(482조 1항), 이를 '변제자대위' 또는 '대위변제'라고 한다.

(2) 성 질

(ㄱ) 제3자 등이 채권을 변제한 때에는 그 채권은 소멸되지만, 그것은 채권자와 채무자 사이의 상대적 관계에서 소멸될 뿐이고, 변제자는 채무자에 대한 구상권의 확보를 위해 종전 채권자의 채권과 담보권을 행사할 수 있다(482조 1항). 제3자 등의 변제로 채무자가 종전에 비해 유리해질 이유가 없는 점에서도 그러하다. '행사한다'는 의미에 대해, 통설은 채권자의 권리가 법률상 당연히 변제자에게 이전되는 것으로 해석한다. (ㄴ) 변제자는 채무자에 대해 구상권이 있고, 한편 이 구상권의 확보를 위해 채권자의 권리도 가지는 점에서, 구상권의 범위 내에서 두 개의 권리를 행사할 수 있는 '청구권의 경합'이 발생한다. 변제자는 이 중 어느 권리를 행사하든 자유이며, 어느 하나의 권리를 행사하여 만족을 얻은 때에는 다른 권리는 소멸된다. (ㄷ) 구상권과 변제자대위권은 (원본 · 변제기 · 이자 · 지연손해금의 유무 등에서) 내용이 다른 별개의 권리이다(대판 2015. 11. 12, 2013다214970). 따라서 ① 대위변제자와 채권자 간에 맺은, 채권자와 채무자의 거래 계속 중에는 대위권을 행사하지 않기로 하는 대위권 불행사의 특약은 구상권에 기한 청구에는 영향이 없다(대판 1997. 5. 30, 97다1556). ② 대위변제자와 채무자 사이에 구상금에 관한 지연손해금 약정이 있더라도 이 약정은 구상금을 청구하는 경우에 적용될 뿐, 변제자대위권을 행사하는 경우에는 적용될 수 없다(대판 2009. 2. 26, 2005다32418).

2. 변제자대위의 요건

(1) 변제 기타 출재로 채무자의 채무를 면하게 할 것

변제자가 자기의 출재出財로 채권자에게 만족을 주어 채무자의 채무를 면하게 하였어야 한다. 채무의 일부를 변제하고 채권자가 이를 수령한 때에는 그 한도에서 일부대위가 성립한다(483조). 한편 변제뿐만 아니라, 공탁 기타 출재로 채무자의 채무를 면하게 한 것도 포함된다(486조). 물상보증인이 담보권의 실행으로 소유권을 잃은 경우에도 대위를 인정해야 한다(341조 · 355조 · 370조).

(2) 변제자가 채무자에게 구상권을 가질 것

변제자대위는 변제자의 채무자에 대한 구상권의 확보를 위한 제도이므로, 변제자가 채무자에 대해 구상권이 없는 경우, 예컨대 증여로서 변제한 때에는 변제자대위는 성립하지 않는다. 채무자에 대해 구상권이 있는 자에 대해서는 (p.73에서) 전술하였다.

가지 경우로 나뉜다. (ㄱ) 제3취득자가 담보부동산에 설정된 근저당권의 피담보채무의 이행을 인수한 경우, 그것은 결국 자기의 채무를 변제하는 것이 되어 채무자에 대한 구상권이 발생하지 않을 뿐 아니라, 그 이행인수는 매매 당사자 사이의 내부적인 계약에 불과하여 이로써 물상보증인의 책임이 소멸되는 것은 아니므로, 따라서 담보부동산에 대한 담보권이 실행된 경우에도 제3취득자가 아닌 원래의 물상보증인이 채무자에 대해 구상권을 가진다(대판 1997. 5. 30, 97다1556). (ㄴ) 이에 대해 제3취득자가 피담보채무를 공제하지 않고 매매대금 전부를 지급한 경우에는, 그 후 담보권실행으로 목적물의 소유권을 잃은 때에는 제3취득자는 물상보증인에 준하는 지위에서 채무자에 대해 구상권을 가진다(대판 1997. 7. 25, 97다8403).

(3) 제3자가 변제할 정당한 이익이 있거나 채권자의 승낙이 있을 것

가) 법정대위

제481조〔변제자의 법정대위〕 변제할 정당한 이익이 있는 자는 변제로 당연히 채권자를 대위한다.

a) 본조 소정의 「변제할 정당한 이익이 있는 자」란, 변제를 하지 않으면 채권자로부터 집행을 받게 되거나, 채무자에 대한 자기의 권리를 잃게 되거나, 또는 법적 불이익을 입게 될 지위에 있기 때문에, 변제할 정당한 이익을 가지는 자를 말한다. (ㄱ) '불가분채무자 · 연대채무자 · 보증인 · 물상보증인 · 담보물의 제3취득자'는 채권자로부터 집행을 받게 되는 점에서 이에 해당한다. (ㄴ) 담보물의 '후순위 담보권자'는 채무자에 대한 자기의 권리를 잃게 될 지위에 있는 점에서 변제할 정당한 이익이 있다.[1] 담보권자의 권리실행으로 변제를 받지 못하게 될 우려가 있는 경우(예컨대 담보물이 부당하게 싼 가격으로 처분되는 때)의 '일반채권자'도 이에 해당한다(통설).[2] (ㄷ) '이행인수인'이 채무자와의 이행인수약정에 따라 채권자에게 채무를 이행하기로 약정하였음에도 불구하고 이를 이행하지 않는 경우에는 채무자에 대하여 채무불이행의 책임을 지게 되어 특별한 법적 불이익을 입게 될 지위에 있으므로, 이행인수인은 변제할 정당한 이익이 있다(대결 2012. 7. 16, 2009마461). (ㄹ) 반면, 채무자와 연립주택건설 사업을 같이하고 있어 채무자가 수사기관에서 조사를 받게 되어 연립주택건설 사업에 지장을 받을 우려가 있는 사실상의 이해관계를 가지는 자는 법정대위자에 포함되지 않는다(대판 1990. 4. 10, 89다카24834).

b) 후술하는 임의대위와는 달리 법정대위에서는 채권자의 승낙이 필요 없으며, 채무자나 제3자가 그 대위를 예상할 수 있다는 점에서 이들에 대한 대항요건도 필요하지 않다. 즉 변제로 당연히 채권자를 대위한다.

나) 임의대위

제480조〔변제자의 임의대위〕 ① 채무자를 위하여 변제한 자는 변제와 동시에 채권자의 승낙을 받아 채권자를 대위할 수 있다. ② 전항의 경우에 제450조 내지 제452조(채권양도)의 규정을 준용한다.

---

1) 다만, 공동저당의 목적인 물상보증인 소유의 부동산에 후순위로 가등기담보가 설정되어 있는데 그 부동산에 대하여 먼저 경매가 실행되어 공동저당권자가 매각대금 전액을 배당받고 채무의 일부가 남은 사안에서, 판례는, 물상보증인은 채무자 소유의 부동산에 대한 선순위 저당권을 대위취득하고, 가등기담보권자는 선순위 저당권에 대해 물상대위를 함으로써 우선하여 변제를 받을 수 있어, 따라서 위 채무 잔액을 변제하지 않으면 채권자로부터 집행을 받게 되거나 채무자에 대한 자기의 권리를 잃게 되는 지위에 있지 않으므로 법정대위를 할 수 없는, 사실상의 이해관계를 갖는 것에 불과하므로, 민법 제469조 2항에 따라 채무자가 반대하면 변제할 수 없는 것으로 보았다(대결 2009. 5. 28, 2008마109).

2) 판례는, 매도인이 부동산을 매도하고 그 등기 전에 제3자에게 양도담보로 제공한 경우에 매수인은 매도인에 대한 소유권이전등기청구권을 위해 제3자의 채권을 변제할 정당한 이익이 있다고 한다(대판 1971. 10. 22, 71다1888). 그리고 A가 채무의 담보로 부동산을 B에게 양도담보로 제공하였는데 B가 자신의 채권자 앞으로 그 부동산을 양도담보로 제공한 경우에 A는 변제할 정당한 이익을 갖고(대판 1980. 4. 22, 79다1980), 담보제공자가 국세를 체납한 경우의 양도담보권자도 같은 지위를 갖는다고 한다(대판 1981. 7. 28, 80다1579).

a) 요 건　변제자가 변제할 정당한 이익이 없는 경우에는 채권자의 의사를 고려하여 채권자의 승낙이 있는 때에만 채권자를 대위할 수 있는 것으로 하고, 이를 법정대위와 구별하여 임의대위라 한다. (ㄱ) 채권자의 '승낙'은 채권자의 권리가 법률상 이전하는 데 대한 것으로서, 임의대위의 특별한 요건이다. 그리고 승낙은 '변제와 동시에' 표시되어야 한다. 제3자의 변제로 채권이 소멸되는 점을 고려하고 물상보증인과 담보물의 제3취득자에게 불측의 피해를 주지 않기 위해서이다. (ㄴ) 채권자는 정당한 이유 없이 승낙을 거절할 수 없으며, 변제를 수령한 채권자는 승낙한 것으로 추정된다(통설). (ㄷ) 임의대위에 관해 채권자와 변제자 사이에 특별한 약정이 있는 때에는 그에 따른다.[1)]

b) 채무자 및 제3자에 대한 대항요건　임의대위에서는 법정대위와는 달리 채무자는 누가 자신의 채무를 대신 변제하여 채권자의 권리를 대위할지 또 그 경우 채권자의 승낙을 받았는지 알 수 없으므로, 민법은 채무자를 보호하기 위해 변제자가 대위를 하는 데에는 채권양도에 관한 민법 제450조 내지 제452조의 규정을 준용하는 것으로 정한다(480조 2항). 따라서 변제자가 채무자에 대해 채권자의 권리를 행사하기 위해서는 채권자가 대위를 채무자에게 통지하거나 채무자가 승낙하여야 하며(450조 1항), 채무자 외의 제3자에게 대항하기 위해서는 그 통지나 승낙은 확정일자가 있는 증서로 하여야 한다(450조 2항). 그 밖에 통지 · 승낙의 효과(451조)와 양도통지에서의 금반언禁反言의 규정(452조)도 준용된다.

3. 변제자대위의 효과

변제자대위의 효과는 「대위자와 채무자」 · 「대위자와 채권자」 · 「법정대위자 상호간」 세 부분으로 나눌 수 있다.

(1) 대위자와 채무자

전술한 변제자대위의 요건을 갖추는 것을 전제로, 변제자는 채무자에 대한 구상권의 범위에서 채권자의 채무자에 대한 채권과 그 담보에 관한 권리를 행사할 수 있다(482조 1항). (ㄱ) 대위자에게 이전되는 권리는 채권자의 「채권과 그 담보에 관한 권리」이다. '채권에 관한 권리'에는 본래의 채권 외에도 손해배상청구권 · 채권자대위권 · 채권자취소권 등이 있다. '채권의 담보에 관한 권리'는 인적 담보(예: 보증채권)와 물적 담보를 포함한다. 따라서 채권자가 계약 당사자의 지위에서 가지는 취소권 · 해제권 · 해지권 등은 대위자에게 이전되지 않는다(483조 2항 참조). (ㄴ) 채권자의 채권과 담보에 관한 권리는 (법정대위든 임의대위든) 대위자에게 당연히 이전된다. 예컨대 채권자의 저당권은 등기 없이도 대위자에게 당연히 이전된다. 한편 채권자가 집행권원이 있는 때에는 대위자는 승계집행문을 부여받아 이를 행사할 수 있다(민사집행법 31조). 채권자가 채무자의 재산에 대해 가압류결정을 받은 경우, 채권자를 대위하는 변제자는 채권자의 승계인으로

---

1) 채무자 甲의 채권자 丙에 대한 채무를 제3자 乙이 대위변제함에 있어서 丙이 甲의 승낙이 있어야 자신이 임의대위를 승낙하겠다고 약정한 사안에서, 판례는, 丙은 甲의 승낙이 있는 경우에 한하여 乙의 대위를 승낙할 수 있고, 따라서 乙에게 법정대위권이 인정되지 않는 경우에 있어서 甲의 승낙이 없는 한 乙에게는 변제자로서의 대위권이 발생하지 않는다고 한다(대판 1990. 4. 10, 89다카24834).

서, 가압류 집행이 되기 전이라면 승계집행문을 부여받아 가압류 집행을 할 수 있고, 가압류 집행이 된 후에는 승계집행문을 부여받지 않더라도 가압류에 의한 보전의 이익을 자신을 위하여 주장할 수 있다(대판 1993. 7. 13, 92다33251). 종래 채권자가 배당요구 없이도 당연히 배당받을 수 있었던 경우에는 대위변제자는 따로 배당요구를 하지 않아도 배당을 받을 수 있다(대판 2021. 2. 25, 2016다232597). (ㄷ) 변제자는 채무자에 대한 구상권의 범위에서 채권자의 권리를 대위한다. (ㄹ) 변제자가 채권자의 권리를 대위하는 것이므로, 채무자는 법정대위의 경우에는 변제를 한 때에, 임의대위의 경우에는 통지나 승낙이 있기까지 채권자에 대한 항변사유로써 대위자에게 대항할 수 있다. (ㅁ) 변제자는 채무자에 대한 자기 고유의 구상권과, 구상권의 범위에서 대위에 의한 채권자의 권리를 아울러 가진다. 즉 청구권의 경합이 발생한다. 변제자는 이 중 어느 권리를 행사하든 자유이며, 어느 하나의 권리를 행사하여 만족을 얻으면 다른 권리는 소멸된다.

(2) 대위자와 채권자

가) 일부대위의 경우

a) 제483조 1항의 의미　채권의 일부에 대하여 대위변제가 있는 때(이것은 채권자가 일부변제를 수령한 것을 전제로 한다)에는, 대위자는 「그가 변제한 가액에 비례하여 채권자와 함께 그 권리를 행사」한다(483조 1항). 이 의미에 대해 통설적 견해는, 일부대위자가 채권자의 담보권을 단독으로 행사하는 것은 채권자의 지위를 약하게 하고 또 담보물권의 불가분성에도 반한다는 이유에서, 변제자가 단독으로 담보권을 행사할 수 있는 것이 아니라 채권자가 담보권을 행사하는 경우에만 변제자가 함께 그 권리를 행사할 수 있고, 또 그때에도 변제에 관해서는 채권자가 우선하는 것으로 해석한다. 판례도 이 견해를 따른다(대판 1988. 9. 27, 88다카1797[1][2]).

판 례　**채권자와 일부 대위변제자 간의 변제의 순위에 관한 약정의 효력**

(ㄱ) 「변제할 정당한 이익이 있는 자가 채무자를 위하여 채권의 일부를 대위변제한 경우에도 채권자는 일부 대위변제자에 대하여 우선변제권을 가지고, 다만 일부 대위변제자와 채권자 사이에 변제의 순위에 관하여 따로 약정을 한 경우에는 그 약정에 따라 변제의 순위가 정해진다. 그런데 일부 대위변제자의 채무자에 대한 구상채권에 대하여 보증한 자가 자신의 보증채무를 변제함으로써 일부 대위변제자를 다시 대위하게 되었다 하더라도, 채권자와 일부 대위변제자 사이의 위 약정이 민법 제482조 1항 소정의 '채권과 그 담보에 관한 권리'에 포함된다고 보기는 어려운 점에서, 위 약정에 따른 권리까지 당연히 대위하거나 이전받게 된다고 볼 수는 없다」(대판 2010. 4. 8, 2009다80460). 다만, 「민법 제484조와 제485조의 취지에 비추어 일부 대위변제자는 보증채무 변제자가 그 약정에 따른 권리를 행사할 수 있도록 그 권리를 이전해 줄 의무를 지고, 이를 위반

---

1) 판례는, 이러한 법리는 채권자와 후순위 권리자 사이에서도 같다고 한다. 즉 근저당권의 실행으로 인한 배당절차에서도 채권자는 자기가 보유하고 있는 잔존 채권액 및 피담보채권액의 한도에서 후순위 권리자에 우선해서 배당받을 수 있다고 한다(대판 2004. 6. 25, 2001다2426).

2) 예컨대, A가 B에게 5천만원을 빌려주면서 그 담보로 B 소유 토지에 저당권을 설정하고 또 C가 보증을 하였는데, C가 3천만원을 일부변제하였다고 하자. (판례에 의하면) A가 남은 2천만원을 받기 위해 저당권을 실행할 때 C는 그에 동참할 수 있고, 한편 그 토지가 2천만원에 경락된 경우에는 채권자 A에게 우선배당된다.

하여 보증채무 변제자가 손해를 입은 경우에는 그에 대한 손해배상책임을 진다」(대판 2017. 7. 18, 2015다206973).[1] (ㄴ) 「수인이 시기를 달리하여 근저당권에 의해 담보된 채권의 일부씩을 대위변제한 경우, 일부 대위변제자들은 채권자가 우선배당 받고 남은 한도액을 각 대위변제액에 비례하여 안분 배당받는 것이 원칙이다. 다만 채권자가 어느 일부 대위변제자와 변제순위나 배당금 충당에 관하여 따로 약정을 한 경우 그 효력은 약정 당사자에게만 미치고, 약정 당사자가 아닌 다른 일부 대위변제자가 대위변제액에 비례하여 안분 배당받을 권리를 침해할 수는 없다」(대판 2011. 6. 10, 2011다9013).

b) **계약의 해제 · 해지** 일부 대위변제가 있은 후 채무불이행을 원인으로 하는 계약의 해제나 해지는 채권자만이 할 수 있고(해제 등은 계약 당사자의 지위에 수반하는 것이므로 대위의 대상이 될 수 없다), 채권자는 대위자에게 그가 변제한 가액과 이자를 상환하여야 한다(483조 2항).

c) **채권증서 · 담보물** 채권의 일부에 대한 대위변제가 이루어진 경우에는, 채권자는 채권증서에 그 대위를 기입하고, 자기가 점유한 담보물의 보존에 관하여 대위자의 감독을 받아야 한다(484조 2항). 그 밖에 담보물이 부동산인 때에는 대위의 부기등기에 협력하여야 하고, 또 임의대위의 경우에는 대위의 통지를 할 의무를 진다.

나) 전부대위의 경우

채권 전부를 대위변제 받은 채권자는 그 채권에 관한 증서와 점유한 담보물을 대위자에게 교부하여야 한다(484조 1항). 그 밖에 담보물이 부동산인 때에는 대위의 부기등기附記登記에 협력하여야 하고, 임의대위의 경우에는 대위의 통지를 할 의무를 진다. 한편 전부 대위변제가 이루어진 경우에는 채무불이행이 있을 수 없어, 민법 제483조 2항 소정의 계약의 해제 · 해지와 반환의 문제는 생기지 않는다.

다) 법정대위자의 면책

> **제485조 〔채권자의 담보상실, 감소행위와 법정대위자의 면책〕** 제481조의 규정에 의하여 대위할 자가 있는 경우에 채권자의 고의나 과실로 담보가 상실되거나 감소된 때에는 대위할 자는 그 상실이나 감소로 인하여 상환을 받을 수 없는 한도에서 책임을 면한다.

a) **의 의** 법정대위자는 변제로 당연히 채권자의 권리를 대위하는데, 이것이 실효성이 있으려면 대위의 대상인 채권자의 권리, 특히 「담보」가 보존될 것이 필요하다. 본조는 법정대위자의 채무자에 대한 구상의 실효를 위해 채권자에게 '담보보존의무'가 있음을 전제로, 채권자가 고의나 과실로 담보를 상실 · 감소시킨 때에는 그로 인해 상환을 받을 수 없는 한도에서 법정대위자가 책임을 면하는 것으로 정한다.

b) **요 건** (ㄱ) 독일 민법(776조)은 보증인에 한해 면책을 인정하지만, 본조는 보증인에 한하지 않고 모든 법정대위자에게 면책을 인정한다. 다만, 법정대위의 전제가 되는 보증 등의 시점 이전에 이미 소멸된 채권자의 담보에 대해서는 본조는 적용되지 않는다(그와 같은 담보

---

1) 2021년 제2차 변호사시험 모의시험 민사법(사례형) 2문의1 문제2는 위 (ㄱ)의 판례들을 조합하여 출제한 것이다.

소멸에 채권자의 고의나 과실이 있다거나, 보증 등의 시점 당시 소멸된 담보의 존재를 신뢰하였다는 등의 사정이 있다고 하여도 마찬가지이다)(대판 2014. 10. 15, 2013다91788). (ㄴ) 면책이 인정되는 것은 '담보'를 상실 · 감소시킨 때이며, 인적 및 물적 담보를 포함한다(예: 담보의 포기, 순위의 불리한 변경, 담보물의 훼손 또는 반환, 보증채무의 면제 등)(대판 2000. 12. 12, 99다13669). 따라서 채권자가 채무자의 일반재산을 압류하였다가 이를 해제한 때에는 본조는 적용되지 않는다. 한편, 그 담보는 이미 성립한 담보뿐만 아니라 장래 성립할 담보도 포함한다. 따라서 담보를 포기한 경우뿐만 아니라, 담보의 설정을 미루다가 담보를 취득하지 못한 경우도 담보의 상실이 된다.[1] (ㄷ) 채권자의 고의나 과실로 담보를 상실 · 감소케 하고, 그로 인해 법정대위자가 상환을 받을 수 없어야 한다. 채권자가 일부 대위변제자에게 그가 대위변제한 비율을 넘어 근저당권 전부를 이전하여 준 경우, 다른 보증인은 보증채무를 이행함으로써 법정대위권자로서 그 저당권 실행으로 배당받을 수 있었던 금액 범위 내에서 보증책임을 면한다(즉 이 한도에서는 채권자가 담보를 고의로 상실케 한 것에 해당한다)(대판 1996. 12. 6, 96다35774). 문제는 채권자가 저당권의 실행을 주저하는 동안에 부동산의 가격이 내린 경우이다. 변제기가 도래하여 저당권을 실행할 수 있었음에도 불구하고 이를 하지 않은 것이 신의칙상 부당한 것으로 인정되는 때에만, 담보물의 가격 하락에 의한 담보의 감소에 대해 과실을 인정하는 것이 통설이다. 그러나 판례는, 채권자가 그의 채권이나 담보권을 행사할지는 그의 자유이므로, 대위변제의 정당한 이익을 갖는 자가 있다는 사정만으로 채권자가 자신의 채권이나 담보권을 성실히 행사하여야 할 의무는 없다고 하여, 통설에 비해 소극적이다(대판 2001. 12. 24, 2001다42677). (ㄹ) 채권자는 당초의 채권자이거나 장래 대위로 인하여 채권자로 되는 자이거나를 구별할 이유가 없다. 가령 연대보증인 중 1인(A)이 출재로 공동면책이 된 때에는 다른 연대보증인(B)(그의 부담부분)에게 구상권을 갖는 것과는 별개로 주채무자에 대해 당연히 채권자를 대위하게 되는데, 이 경우 자기 부담부분에 대하여 상환을 하는 다른 연대보증인은 그의 상환액을 다시 주채무자에게 구상할 수 있고 이 구상권 범위에서는 A가 당초 채권자를 대위하여 가지는 권리를 다시 대위취득할 수 있기 때문에, A가 주채무자에 대한 채권 담보를 상실 또는 감소시킨 경우, B는 자기의 부담부분 범위에서 그 책임을 면한다(대판 2012. 6. 14, 2010다11651).

c) 효 과 (ㄱ) 법정대위자는 담보의 상실 · 감소로 인하여 상환을 받을 수 없는 한도에서 책임을 면한다. 대위자가 채무자인 때에는 채무를 면하며, 물상보증인이나 담보물의 제3취득자인 경우에는 책임의 소멸을 주장할 수 있다. 그리고 책임 소멸의 효과는 확정적이므로, 그 후의 취득자에게도 효력이 미친다(민법주해(XI), 218면(이인재)). (ㄴ) 민법 제485조는 담보보존 의무자로 채권자만을 규정하고 있으나, 법정대위자의 기대이익을 보호하려는 동조의 취지상, 동조는 선순위 담보권자와 후순위 담보권자 간에도 유추적용되어야 한다. 예컨대 A가 甲 · 乙부동산에 대해 1순위 공동저당권을 가지고 있고, B는 乙부동산에 대해 2순위로 저당권을 가지고 있는데, A

1) 판례: 「주채무자가 채권자에게 가등기담보권을 설정하기로 약정한 뒤 이를 이행하지 않고 있음에도, 채권자가 그 약정에 기하여 가등기가처분 명령신청, 가등기설정등기 이행청구 등과 같은 담보권자로서의 지위를 보전 · 실행 · 집행하기 위한 조치를 취하지 않다가, 당해 부동산을 제3자가 압류 또는 가압류함으로써 가등기담보권자로서의 권리를 제대로 확보하지 못한 경우도 담보가 상실되거나 감소된 경우에 해당한다」(대판 2009. 10. 29, 2009다60527).

가 甲부동산에 대한 1순위 저당권을 포기한 때에는(그리고 乙부동산에 대해 저당권을 실행하여 채권 전부를 우선변제 받으려 할 때에는), B는 甲 · 乙부동산을 동시에 배당하였다면 A가 甲부동산으로부터 배당받았을 것에 대해 대위하지 못하는 불이익을 입게 되므로(368조 2항 참조), 이때에는 민법 제485조를 유추적용하여 B는 위 대위할 수 있는 한도에서 乙부동산에 대해 A에 우선하여 변제받을 수 있다고 할 것이다(민법주해(XI), 215면(이인재)). (ㄷ) 어느 시기를 기준으로 면책의 범위를 결정하는지에 관해, 판례는, 담보가 상실 또는 감소된 시점을 기준시점으로 하여 판단하여야 하고 그 이후의 사정은 참작할 것이 아니라고 한다(대판 2001. 12. 24, 2001다42677).[1] (ㄹ) 본조는 법정대위자의 이익을 보호하기 위한 것이므로 그 성질상 임의규정으로 볼 것이고, 따라서 채권자는 법정대위를 할 자와의 특약으로 본조에서 정한 면책이익을 포기케 하거나 면책의 사유와 범위를 제한하거나 축소할 수 있다(대판 1987. 4. 14, 86다카520). (ㅁ) 1) 채권자가 자신의 채권이나 담보권을 행사할지 여부는 그가 자유롭게 선택할 수 있는 것이므로, 법정대위를 할 자가 있다는 사정만으로 채권자가 자신의 채권이나 담보권을 성실히 행사하여야 할 의무까지 부담한다고는 할 수 없다. 채권자가 담보를 상실하게 하거나 감소하게 한 때에는 법정대위를 할 자는 원칙적으로 민법 제485조에 따라 면책을 주장할 수 있을 뿐이다(대판 2001. 12. 24, 2001다42677). 2) 다만, 법정대위가 당연히 예상되는 특별한 경우에는 채권자는 자신의 담보권을 성실하게 보존 · 행사하여야 할 의무를 부담하는 특별한 사정이 인정되는 경우에는 채권자의 담보권 포기 행위는 법정대위를 할 자에 대해 불법행위가 될 수 있다(대판 2022. 12. 29, 2017다261882).[2]

판 례 민법 제485조를 유추적용한 경우와 부정한 경우

(ㄱ) ① 「경매절차에서 채권자가 착오로 실제 채권액보다 적은 금액을 채권계산서에 기재하여 경매법원에 제출함으로써 배당받을 수 있었던 채권액을 배당받지 못한 경우, 채권자가 채권계산서를 제대로 작성하였다면 배당을 받을 수 있었는데 이를 잘못 작성하는 바람에 배당을 받지

1) 그 후의 판례도 그 취지를 같이한다. 사안은, 채무자 소유의 토지에 관하여 A 명의로 채권최고액 1억 2천만원의 제2순위 근저당권이 설정되었고, 이 채무에 대해 B가 보증을 하였는데, A가 채무를 변제받지 아니한 채 위 근저당권설정등기의 해지에 동의하여 이 등기가 말소되었다. 이 말소 당시 토지의 시가는 5억 6천여만원이고, 1순위 근저당권의 채권최고액은 3억 5천여만원이다. 그 후 이 토지에 대한 임의경매절차에서 시가 이하로 매각됨으로써 A는 위 근저당권등기가 말소되지 않았다고 하더라도 그 근저당권에 기하여는 배당받을 수 없었다. 이 경우 보증인 B가 면책을 주장할 수 있는 금액의 범위가 문제된 것이다. 이에 대해 대법원은, 「채권자의 고의나 과실로 담보가 상실 또는 감소한 경우 민법 제485조에 의하여 법정대위자가 면책되는지 여부 및 면책되는 범위는 담보가 상실 또는 감소한 시점을 표준시점으로 하여 판단하여야 한다」고 하면서, 사안에서 B는 위 근저당권이 말소된 때에 보증채무를 면하였다고 보아야 하고, 위 근저당권이 말소된 후 위 토지에 대한 임의경매절차에서 그 토지가 시가 이하로 매각됨으로써 위 근저당권에 기하여는 배당받을 수 없었다 하더라도, 이러한 사정은 B가 이미 면책된 후의 사정에 불과하여 이를 참작할 수 없다고 판결하였다(대판 2008. 12. 11, 2007다66590).

2) (ㄱ) 사실관계는 다음과 같다. ① 어느 토지를 甲과 乙이 각 1/2 지분으로 공유하고 있다. ② 乙이 丙으로부터 대출을 받으면서, 甲은 물상보증인으로서, 乙은 채무자로서 각 1/2 지분에 대해 丙 앞으로 공동저당을 설정해 주었다. ③ 丙이 물상보증인 甲의 지분에 대해서만 경매를 신청하여, 경매절차가 개시되었고, 매수인이 매각대금을 완납하였다. ④ 甲의 법정대위가 당연히 예상되던 상황에서 丙은 乙의 1/2 지분에 설정되어 있던 근저당권등기를 말소해 주었고, 甲의 1/2 지분에 대한 배당절차에서 신고채권액 전부를 배당받았다. (ㄴ) 대법원은 甲이 두 가지 권리를 행사할 수 있다고 보았다. 하나는, 민법 제485조에 따른 면책을 전제로 丙에 대해 면책되는 금액 상당의 배당금에 관한 부당이득반환을 청구할 수 있다. 다른 하나는, 丙이 乙 지분에 설정된 근저당권을 포기한 행위는 甲이 변제자대위로 취득할 권리의 침해에 준하는, 물상보증인의 변제자대위에 관한 정당한 기대를 침해하는 위법한 행위로서, 불법행위를 이유로 손해배상을 청구할 수 있다.

못한 금액 중 연대보증인이 연대보증한 채무에 충당되었어야 할 금액에 대하여는 채권자의 담보 상실, 감소에 관한 민법 제485조를 유추하여 연대보증인으로 하여금 면책하게 함이 상당하다. 이 경우 연대보증인이 채권자에게 부담할 채무액은, 채권자가 채권계산서를 제대로 작성하였더라면 배당을 받을 수 있었던 금액을 법정충당의 방법으로 채권자의 각 채권에 충당한 다음 연대보증인이 연대보증한 채권 중 회수되지 못한 잔액이 있다면 그 금액이 된다」(대판 2000. 12. 8, 2000다51339). ② 「리스이용자의 리스보증보험회사에 대한 구상채무에 관하여 보증계약이 체결된 후 보증인의 동의 없이 리스물건만이 고가의 모델에서 저가의 모델로 변경된 경우, 보증채무가 주채무의 변경으로 완전히 소멸되었다고 볼 수는 없으나 리스물건은 보증인이 보증책임을 이행할 경우 변제자대위의 목적이 된다는 점에서, 민법 제485조를 유추적용하여 감소된 담보가치만큼 보증인의 책임을 면책시켜야 한다」(대판 2000. 1. 21, 97다1013).

(ㄴ) 「근로자가 후순위 저당권자가 존재하는 사용자의 재산에 대하여 임금채권 우선변제권을 행사하는 경우에 민법 제485조를 유추적용할 수 없다. 왜냐하면, 민법 제485조는 변제할 정당한 이익이 있는 자의 출연에 의한 변제에 따른 구상권 및 대위에 대한 기대권을 두텁게 보호하기 위하여 특별히 마련된 조항이므로 구상권의 발생이 예상되지 않는 경우에 유추적용하는 것은 적절하지 않고, 만일 유추적용을 인정하게 되면 근로자는 사용자의 재산에 대하여 별개로 경매절차가 진행될 경우 해당 재산의 책임분담액에 맞추어 개별 경매절차마다 일일이 임금채권 우선변제권을 행사하지 않으면 그 한도에서 우선변제권이 배제되는 불이익을 입게 되는바, 이는 근로자에게 지나친 비용과 노력을 요구하므로 근로자의 생활안정을 위하여 임금채권을 강하게 보장하는 근로기준법의 입법취지에 현저히 반하는 결과를 초래하기 때문이다」(대판 2006. 12. 7, 2005다77558).

(3) 법정대위자 상호간

동일 채권에 관하여 법정대위를 할 수 있는 자가 수인이 있는 경우에, 각자의 구상권에 관해 혼란을 피하고 공평을 기하기 위해 민법은 대위의 순서와 비율에 대해 다음과 같이 규정한다(482조 2항).[1)]

a) 보증인과 제3취득자

aa) 「보증인은 미리 전세권이나 저당권의 등기에 그 대위를 부기하지 않으면 전세물이나 저당물에 대한 권리를 취득한 제3자에 대하여 채권자를 대위하지 못한다」(482조 2항 1호). (ㄱ) 이 규정에서 '보증인'에는 물상보증인도 포함하는 것이 판례의 태도이다(대판 2011. 8. 18, 2011다30666, 30673). 가령 채무자 소유 부동산과 물상보증인 소유 부동산이 1순위 공동저당권의 목적이 되었는데 후자에 대해 먼저 경매가 이루어져 채권 전액을 변제받은 경우, 물상보증인은 채무자 소유 부동산의 1순위 저당권을 대위하지만, 그 대위의 등기를 하지 않으면 그 부동산의 제3취득자에 대해서는 대위

1) 가령 어떤 채무에 관해 보증인과 물상보증인이 있다고 하자. 이들은 다 같은 법정대위자이다. 여기서 보증인이 먼저 변제를 하여 물상보증인에 대해 채권자를 대위하게 되면 그에 응한 물상보증인이 보증인에 대해 채권자를 대위하게 되는 대위의 순환이 이어지게 된다. 그렇다고 보증인의 대위를 부정하고 채무자에게만 구상할 수 있다고 하면 채권자를 먼저 만족시킨 자가 채무자의 무자력 위험을 안게 되는 불이익을 입게 된다. 그래서 민법은 이러한 문제를 해결하기 위해, 보증인과 물상보증인 간에는 그 인원수에 비례하여 채권자를 대위하는 것으로 정한 것이다(482조 2항 5호). 이 경우 (일부)구상 및 대위에 응한 물상보증인은 그 범위에서 채무자에 대해서만 구상할 수 있을 뿐이다.

를 주장하지 못한다. (ㄴ) 이 규정은 보증인의 변제로 저당권 등이 소멸된 것으로 믿고 목적 부동산에 대해 권리를 취득한 제3취득자를 예측하지 못한 손해로부터 보호하기 위한 것이다. 따라서 보증인이 채무를 변제한 후 저당권 등의 등기에 관해 대위의 부기등기를 하지 않고 있는 동안 제3취득자가 목적 부동산에 대해 권리를 취득한 경우, 보증인은 제3취득자에 대해 채권자를 대위할 수 없다. 그러나 제3취득자가 목적 부동산에 대해 권리를 취득한 후 채무를 변제한 보증인은 대위의 부기등기를 하지 않고도 대위할 수 있다. 보증인이 변제하기 전 목적 부동산에 대해 권리를 취득한 제3자는 등기부상 저당권 등의 존재를 알고 권리를 취득하였으므로 나중에 보증인이 대위하더라도 예측하지 못한 손해를 입을 염려가 없기 때문이다(대판 2020. 10. 15, 2019다222041). (ㄷ) 이 규정에서 '제3자'는 전세권이나 저당권의 목적이 된 부동산에 대해 소유권·지상권·지역권·전세권 등을 취득한 자를 가리킨다. 그런데 판례는 선순위 저당권등기가 말소된 후 그 부동산에 새로 저당권등기를 한 사람도 포함하고 있다(대판 2011. 8. 18, 2011다30666, 30673).

bb) 보증인은 제3취득자에 대해 채권자를 대위하지만, 반대로 「제3취득자는 보증인에 대해 채권자를 대위하지 못한다」(482조 2항 2호). 제3취득자는 담보의 존재를 알고 또 법정대위의 부담을 각오하고 부동산을 취득한 것이므로 보증인에 비해 특별히 보호할 필요가 없다는 판단에서이다.

〈판 례〉 (ㄱ) 「저당부동산에 대하여 후순위 저당권을 취득한 제3자」와 「보증인」 상호간의 관계에 대해 대법원은, 양자는 그 지위에 있어 우열이 없어, 먼저 변제를 한 자가 다른 자에 대해 채권자를 대위한다는 견해를 취한다. 즉 ① 후순위 저당권자는 민법 제482조 2항 2호 소정의 제3취득자에 해당하지 않고, 그가 변제를 한 때에는 보증인에 대하여 채권자를 대위한다. ② 보증인이 변제를 한 때에는 미리 저당권의 등기에 그 대위를 부기하지 않아도 후순위 저당권자에 대하여 채권자를 대위한다(대판 2013. 2. 15, 2012다48855). (ㄴ) 「물상보증인 소유 부동산에 대한 후순위 저당권자의 지위」는 물상보증인의 지위에 기초한다. 가령 채무자 소유 부동산과 물상보증인 소유 부동산이 1순위 공동저당권의 목적이 되었는데 후자에 먼저 경매가 이루어져 채권 전액을 변제받은 경우, 물상보증인은 채무자 소유 부동산의 1순위 저당권을 대위하고, 물상보증인 소유 부동산의 후순위 저당권자는 이에 대해 물상대위를 할 수 있다. 그러므로 물상보증인이 채무자 소유 부동산의 1순위 저당권에 대위의 등기를 하지 않아 제3취득자에 대해 대항하지 못하는 경우에는 그 후순위 저당권자도 대항하지 못하게 된다(자세한 내용은 물권법 '공동저당' 부분 참조). (ㄷ) 「물상보증인」과 「제3취득자」 간의 관계에 대해, (채권자에 대한 채무의 담보로 채무자 소유 부동산과 물상보증인 소유의 부동산에 대해 저당권이 설정된 상태에서, 채무자 소유의 부동산을 제3자가 취득하고, 이후 물상보증인이 대위변제를 한 사안에서) 대법원은 다음과 같은 이유로 물상보증인만이 제3취득자에 대해 채권자를 대위하는 것으로 본다. 즉 "민법은 물상보증인과 제3취득자 사이의 변제자대위에 대해서는 정하고 있지 않다. 그런데 보증인은 (부기등기를 전제로) 제3취득자에 대해 채권자를 대위하지만(482조 2항 1호), 제3취득자는 보증인에 대해 채권자를 대위하지 못하며(482조 2항 2호), 한편 물상보증인이 채무를 변제하거나 담보권의 실행으로 소유권을 잃은 때에는 '보증채무'에 관한 규정에 의해 채무자에 대해 구상권을 가지고(370조·341조), 물상보증인과 보증인 간에는 그 인원수에 비례하여 채권자를 대위할 뿐 이들 사이에 우열이 없는 점(482조 2항 5호) 등을 종합하여 보면, 물상보증인은 보증인과 마찬가지로, 즉 물상보증인이 채무를 변제하거나 담보권의 실행으로 소유권을 잃은 때에는 보증채무를 이행한 보증인과 마찬가지로 채무자로부터 담보부동산을 취득한 제3자에 대하여 구상권의 범위 내에서 출재한 전액에 대해 채권자를 대위할 수 있는 반면, 제3취득자는 채무를 변제하거나 담보권의 실행으로 소유권을 잃더라도 물상보증인에 대해 채권자를 대위할 수 없다. 만일 물상보증인의 지위를 다르게 보아서 물상보증인과 제3취득자 간에는 각 부동산의 가액에 비례하여 채권자를 대위할 수 있다고 한다면, 본래 채무자에 대해 출재한 전액에 관하여 대위할 수 있었던 물상보증인은 채무자가 담보부동산의 소유권을 제3자에게 이전하였다는 우연한 사정으로 이제는 각 부동산의 가액에 비례하여서만 대위하게 되는 반면, 당초 전액에 대한 담보권의 부담을 각오하고 채무자로부터 담보부동산을 취득한 제3자는 그 범위에서 뜻하지 않은 이득을 얻게 되어 부당한 것이다"(대판(전원합의체) 2014. 12. 18, 2011다50233).[1]

b) 제3취득자 상호간 「제3취득자 중 1인은 각 부동산의 가액에 비례하여 다른 제3취득자에 대하여 채권자를 대위한다」(482조 2항 3호). 수인의 제3취득자가 있는 경우에 먼저 변제한 자만이 대위할 수 있는 것으로 하면 공평하지 못하기 때문이다. 예컨대, B(채무자)의 A(채권자)에 대한 1,000만원의 채무를 담보하기 위해 甲토지(600만원)와 乙토지(400만원)에 저당권을 설정하였는데, X가 甲토지를, Y가 乙토지를 매수하였다고 하자. 이 경우 X가 1,000만원을 변제한 후 乙토지에 대해 저당권을 실행하여 우선변제를 받을 수 있는 금액은 400만원(=1,000만원×400/(600+400))이 된다.

c) 물상보증인 상호간 「자기의 재산을 타인의 채무의 담보로 제공한 자가 수인인 경우에는 전호의 규정을 준용한다」(482조 2항 4호). 물상보증인이 수인 있는 경우에는 제3취득자 상호간의 관계에 관한 규정이 준용된다. 따라서 각 담보재산의 가액에 비례하여 다른 물상보증인에 대하여 채권자를 대위한다.

d) 물상보증인과 보증인 (ㄱ) 「물상보증인과 보증인 간에는 그 인원수에 비례하여 채권자를 대위한다」(482조 2항 5호 1문). 한편 「물상보증인이 수인인 때에는, 보증인의 부담부분을 제외하고 그 잔액에 대하여 각 재산의 가액에 비례하여 대위한다」(482조 2항 5호 2문).[2] 예컨대, 600만원의 채무에 대하여 A · B가 보증인이 되고, C는 400만원의 부동산을, D는 200만원의 부동산을 각각 담보로 제공하였는데, A가 600만원을 변제한 때에는, 보증인 B에게는 150만원, 그리고 물상보증인의 부담인 300만원 중 C에게는 200만원(=300×400/(400+200)), D에게는 100만원에 대해 각각 대위

---

1) 종전의 판례는 담보부동산을 매수한 제3취득자가 변제를 한 때에는 물상보증인에 대해 각 담보부동산의 가액에 비례하여 채권자를 대위한다고 하였었는데(대판 1974. 12. 10, 74다1419), 위 전원합의체 판결로써 변경되었다.

2) 판례: 「(ㄱ) 보증인과 물상보증인 상호간에는 형식적으로 인원수에 비례하여 평등하게 대위비율을 결정하도록 규정한 것은, 인적 무한책임을 부담하는 보증인과 물적 유한책임을 부담하는 물상보증인 사이에는 상호 이해조정을 위한 합리적인 기준을 정하는 것이 곤란하고, 오히려 인원수에 따라 대위비율을 정하는 것이 공평하고 법률관계를 간명하게 처리할 수 있어 합리적이며 그것이 대위자의 통상의 의사 내지 기대에 부합하기 때문이다. 이러한 취지에서 보증인과 물상보증인의 지위를 겸하는 자가 있는 경우에는, 민법 제482조 2항 5호 전문에 의한 인원수 산정에 있어서 각 1인으로 보아야 한다. (ㄴ) 민법 제482조 2항 5호는 먼저 대위변제 등을 한 자가 부당하게 이익을 얻거나 대위가 계속 반복되는 것을 방지하고 대위관계를 공평하게 처리하기 위하여 대위자들 상호간의 대위의 순서와 분담비율을 정하고 있다. 따라서 보증인과 물상보증인이 여럿 있는 경우, 어느 누구라도 각자의 부담부분을 넘는 대위변제 등을 하지 않으면 다른 보증인과 물상보증인을 상대로 채권자의 권리를 대위할 수 없다」(대판 2010. 6. 10, 2007다61113, 61120).

하게 된다. (ㄴ) 위 예에서, 보증인 A는 물상보증인 C나 D의 부동산에 대한 저당권의 등기에 그 대위를 부기하여야만 C나 D로부터 그 부동산을 취득한 제3취득자에 대하여 채권자를 대위할 수 있다(482조 2항 5호 3문). 한편 이것은 보증인뿐만 아니라 물상보증인의 경우에도 적용된다(대판 1990. 11. 9, 90다카10305).

e) **연대채무자 상호간 및 보증인 상호간** 이에 관해서는 각각의 특별한 규정이 있어서(425조·447조·448조), 그에 따른 구상과 대위가 발생한다.

사례의 해설 (1) 甲의 乙에 대한 채무를 丁이 변제한 것은 제3자의 변제로서, 그리고 사무관리에 기한 것으로서, 丁은 甲에게 구상권을 갖는다(739조). 그리고 丁은 후순위 담보권자로서 변제할 정당한 이익을 가지므로 그 변제로써 당연히 채권자를 대위한다(481조). 그 대위의 내용으로 丁은 甲에게 갖는 구상권(2억원)의 범위에서 종전 채권자 乙이 甲에게 갖는 채권과 그 담보에 관한 권리를 행사할 수 있다(482조 1항). 즉 丁은 甲에게 2억원의 구상금을 청구하고, X토지에 대한 乙의 1번 저당권을 행사하거나 丙에게 보증채무의 이행을 청구할 수 있다. 특히 후순위 담보권자와 보증인 간에는 그 지위에 우열이 없어, 먼저 변제를 한 자가 다른 자에게 채권자를 대위할 수 있다(대판 2013. 2. 15, 2012다48855).

(2) 물상보증인 丁이 변제를 한 때에는 보증채무에 관한 규정에 따라 채무자 乙에게 구상권을 갖는다(370조·341조). 그런데 丁은 채무자의 부탁을 받아 물상보증을 하였으므로 수탁보증인의 구상권에 관한 규정에 따라 채무자 乙에게 1억 2,200만원과 면책된 날 이후의 법정이자를 청구할 수 있다(441조·425조 2항). 한편 丁은 그 변제로 채권자의 권리, 즉 채권과 담보에 관한 권리를 대위한다(482조 1항). 문제는 채권자 甲이 丙에게 가졌던 연대보증채권을 물상보증인 丁이 대위하는 경우인데, 민법은 이처럼 동일 채권에 대해 법정대위자가 여럿이 있는 경우 각자의 구상권에 관하여 혼란을 피하고 공평을 기하기 위해, 예컨대 물상보증인과 보증인 간에는 그 인원수에 비례하여 채권자를 대위하는 것으로 정하고 있다(482조 2항 5호). 그러므로 丁은 丙에게 6,100만원과 면책된 날 이후의 법정이자를 청구할 수 있다.

(3) 법정대위자 상호간의 대위에 관한 문제이다. (ㄱ) 보증인은 제3취득자에 대해 채권자를 대위할 수 있지만(482조 2항 1호), 제3취득자는 담보의 존재를 알고 또 법정대위의 부담을 안고 부동산을 취득한 것이므로 보증인에 대해 채권자를 대위하지 못한다(482조 2항 2호). (ㄴ) 민법은 물상보증인과 제3취득자 사이의 변제자대위에 관해서는 정하고 있지 않지만, 판례는 물상보증인을 보증인과 같이 취급한다. 따라서 물상보증인은 제3취득자에 대해 채권자를 대위할 수 있지만, 제3취득자는 물상보증인에 대해 채권자를 대위하지 못한다(그 이유에 대해서는 대판(전원합의체) 2014. 12. 18, 2011다50233 참조). 결론으로, E가 C를 상대로 한 보증채무의 청구와 D를 상대로 한 경매신청은 모두 기각된다.

(4) (개) 동일 채권에 관해 법정대위를 할 수 있는 자가 수인이 있는 경우에 그들 간의 대위에 관한 문제이다. ① 물상보증인과 보증인 간에는 그 인원수에 비례하여 채권자를 대위한다(482조 2항 5호 본문). 물상보증인은 丁과 戊이고, 보증인은 丙으로서 모두 3인이므로, 丙의 부담부분은 9천만원을 3으로 나눈 3천만원이 된다. ② 물상보증인이 수인인 경우에는, 보증인의 부담부분을 제외하고 그 잔액에 대하여 각 재산의 가액에 비례하여 채권자를 대위한다(482조 2항 5호 단서). 그러므로 丁의 부담부분은 6천만원 × 3/4.5 = 4천만원이고, 戊의 부담부분은 6천만원 × 1.5/4.5 = 2천만원이 된다. ③ 戊는 채권자 乙을 대위하여(482조 1항) 丙에게 3천만원 보증채무의 이행을 청구할 수 있고, 丁에 대해서는 4천만원 범위에서 근저당권을 행사할 수 있다.

(나) 물상보증인이 다른 물상보증인에 대해 채권자를 대위하게 될 경우, 다른 물상보증인 소유의 부동산에 대위의 부기등기를 하여야 그 부동산을 취득한 제3취득자에 대해 채권자를 대위할 수 있다(482조 2항 5호 2문). 戊는 물상보증인 丁 소유의 X부동산에 대위의 부기등기를 하지 않았으므로 그 부동산의 제3취득자 己에 대해 근저당권을 행사할 수 없다.

(5) (ㄱ) 근저당권자가 스스로 경매를 신청한 때에는, 경매신청시에 피담보채권은 확정된다(대판 1988. 10. 11, 87다카545). 甲은 이 당시 채권액 10억원을 근저당권을 통해 담보 받는다. 한편 채무자는 채권최고액이 아닌 피담보채권액 전부를 변제할 의무가 있고, 이 점은 연대보증인의 경우도 같다. 그런데 연대보증인 丙과 丁이 3억원과 2억원을 각 일부 변제하였으므로, 甲의 저당권에 의한 피담보채권액은 5억원이 남는다. (ㄴ) 채권의 일부에 대해 대위변제가 있는 때에는 대위자는 그 변제한 가액에 비례하여 채권자와 함께 그 권리를 행사할 수 있지만(483조 1항), 남은 변제에 관해서는 채권자가 우선한다(대판 1988. 9. 27, 88다카1797). 따라서 경매에서의 매각대금 8억원에서 甲이 먼저 5억원을 배당받게 된다. (ㄷ) 丙과 丁은 각 일부대위자로서 그 변제한 가액에 비례하여 저당권을 준공유하고, 저당권의 실행에 따른 배당에 있어서는 각 변제 채권액에 비례하여 안분배당을 해야 한다(대판 2001. 1. 19, 2000다37319). 그러므로 남은 배당금 3억원에서 丙은 3/5인 1억 8천만원을, 丁은 2/5인 1억 2천만원을 배당받게 된다.

사례 p. 72

제 3 관 대물변제 代物辨濟

제466조 〔대물변제〕 채무자가 채권자의 승낙을 받아 본래의 채무이행에 갈음하여 다른 급여를 한 경우에는 변제와 같은 효력이 있다.

Ⅰ. 대물변제의 의의와 성질

1. 의 의

(ㄱ) 대물변제는 채무자가 채권자의 승낙을 받아 본래의 급부에 갈음하여 다른 급부를 하는 것을 말한다. 예컨대 1천만원을 빌린 채무자가 채권자의 승낙을 받아 1천만원의 금전채무에 갈음하여 그의 토지소유권을 채권자에게 이전하는 것이 그러하다. 대물변제는 변제와 같은 효력이 있어, 채권은 소멸된다. (ㄴ) 민법은 대물변제를 변제의 부분에서 같이 규정하고 있는데, 다음의 점을 유의할 것이다. 1) 변제는 채무의 내용에 따른 것이어야 하기 때문에 채무자가 일방적으로 본래의 급부에 갈음하여 대물변제를 할 수는 없고, 대물변제에는 채권자의 「승낙」이 있어야 한다. 2) 대물변제도 변제와 마찬가지로 급부결과가 실현된 것을 전제로 한다. 위 예에서 채무자 소유의 토지가 채권자 앞으로 이전등기가 된 때에 비로소 대물변제가 성립한다.

2. 대물변제의 법적 성질

대물변제의 성질에 관해 통설은, 대물변제는 그 성립에 채권자의 승낙이 있어야 하므로 '계약'이고, 현실적인 대물급부가 이루어져야 하는 점에서 '요물계약'이며, 본래의 급부의 대가로서 이루어진 점에서 '유상계약'에 속하는 것으로 파악한다.[1] 판례도 대물변제는 유상계약이므로 목적물에 하자가 있는 경우 매도인의 담보책임에 관한 민법 조항이 준용된다고 한다(대판 2023. 2. 2, 2022다276789).

Ⅱ. 대물변제의 요건

1. 채권이 존재할 것

대물변제는 본래의 채무이행에 갈음하여 다른 급여를 하는 것이므로, 기존의 채권이 존재하는 것을 전제로 한다. 채권이 존재하지 않거나 무효 · 취소된 경우에는 대물변제도 무효가 된다(대판 1991. 11. 12, 91다9503).

2. 본래의 채무이행에 갈음하여 다른 급여를 할 것

(ㄱ) 다른 급여의 종류에는 제한이 없고, 본래의 급부와 가치가 같아야 하는 것도 아니다. 그러나 양도가 금지된 것이어서는 안 된다(대판 1965. 7. 6, 65다563). (ㄴ) 다른 급여는 '변제의 결과를 실현하는 것'이어야 한다. 예컨대 다른 급여가 부동산소유권의 이전인 때에는 등기가 마쳐져야 한다(대판 2003. 5. 16, 2001다27470). (ㄷ) 다른 급여는 '본래의 채무이행에 갈음하는 것'이어야 한다. 즉 본래의 채무의 변제의 수단으로서가 아니라, 본래의 채무를 이행하는 것, 즉 채무 소멸의 결과를 가져오는 것이어야 한다. ① 채무와 관련하여 채무자 소유의 부동산이 채권자 앞으로 소유권이전등기가 경료된 경우, 그것이 대물변제 조로 이전된 것인가, 아니면 종전 채무의 담보를 위하여 이전된 것인가는 소유권이전 당시의 당사자의 의사해석에 관한 문제이고, 이 점에 관하여 명확한 증명이 없는 경우에는(담보목적임을 주장하는 측에 그 입증책임이 있다), 소유권이전 당시의 채무액과 부동산의 가액, 채무를 지게 된 경위와 그 후의 과정(가등기의 경료관계), 소유권이전 당시의 상황, 그 이후에 있어서의 부동산의 지배 및 처분관계 등 제반 사정을 종합하여 담보목적인지 여부를 가려야 한다(대판 1993. 6. 8, 92다19880).[2] ② 채무자가 채권자에게 채무변제와 관련하여 다른 채권을 양도하는 것은 채무변제를 위한 담보 또는 변제의 방법으로 한 것으로 추정할 것이지 채무변제에 갈음한 것으로 볼 것은 아니어서, 채권양도만 있으면 바로 원래의 채권이 소

---

1) 예컨대 매매대금채무에 갈음하여 어느 물건을 주기로 합의하여 이를 인도하였는데, 그 물건에 흠이 있는 경우, (채권자가 선의인 경우) 민법 제580조에 의해 대물변제계약을 해제할 수 있고, 해제하게 되면 계약은 소급하여 실효되므로 대물변제 부분은 효력을 잃고 본래의 매매대금채무가 부활하게 된다.

2) 판례: 채권자 甲이 채무자 乙, 丙으로부터 약정금을 지급받기로 한 후 乙, 丙 소유 점포의 소유권을 이전받은 사안에서, 대법원은, 甲이 약정금 변제에 갈음하여 거액의 가압류 및 근저당권이 있는 점포의 소유권을 이전받는다는 것은 거래 관행이나 경험칙에 비추어 납득하기 어려운 점, 乙의 남편이 등기권리증을 소지하고 있었고, 소유권이전등기 후에도 乙, 丙이 점포를 계속 지배하고 있었던 점에 비추어, 위 소유권이전등기는 대물변제가 아니라 약정금의 담보를 위한 것이라고 보았다(대판 2012. 6. 14, 2010다94410, 94427).

멸된다고 볼 수는 없다(대판 1995. 9. 15, 95다13371). 즉 이 경우에는 채권자가 양도받은 채권을 변제받은 때에 채무자가 면책되고, 양도 채권의 변제에 관해서는 채무자에게 주장 · 입증책임이 있다(대판 1995. 12. 22, 95다16660). 반면, 채무자가 채권자에게 채무변제에 '갈음하여' 다른 채권을 양도하기로 한 경우에는, 채권양도의 요건을 갖추어 대체 급부가 이루어짐으로써 원래의 채무는 소멸되는 것이고 그 양수한 채권의 변제까지 이루어져야만 하는 것은 아니다. 이 경우 양도인은 양도 대상인 채권의 존재에 대해서는 담보책임을 지지만 특약이 없으면 그 채무자의 변제자력까지 담보하는 것은 아니다(대판 2013. 5. 9, 2012다40998).

3. 채권자의 승낙이 있을 것

채무자가 본래의 급부에 갈음하여 다른 급여를 하는 것에 관해 채권자의 승낙이 있어야 한다. 채권자는 다른 급부를 수령할 의무가 없기 때문이다.[1)]

Ⅲ. 대물변제의 효과

1. 변제와 같은 효력

(ㄱ) 대물변제는 「변제와 같은 효력이 있다」(466조). 따라서 채권은 소멸되고, 그에 부수되는 권리(담보권)도 소멸된다. 대물급부의 가치가 본래의 급부보다 많거나 적더라도 그 과부족이 청산되어야 하는 것은 아니며, 채권은 그대로 소멸된다. (ㄴ) 대물변제는 변제와 같은 효력이 있으므로, 그 성질이 허용하는 한 변제에 관한 규정은 대물변제에도 적용된다. 예컨대 변제는 제3자에 의해서도 할 수 있으므로(469조), 제3자도 채권자와의 합의하에 대물변제를 할 수 있다. 또 변제기 전의 변제도 허용되므로(468조), 변제기 전의 대물변제도 가능하다.

2. 담보책임

통설은 대물변제를 유상계약으로 보므로, 대물급부에 하자가 있는 경우에는 매도인의 담보책임에 관한 규정이 준용될 수 있다.

---

1) (ㄱ) 판례는 채권자의 승낙을 근거로 대물변제를 계약, 특히 요물계약으로 파악한다(예컨대, 대판 1987. 10. 26, 86다카1755). 그리고 이를 토대로, 채권자와 채무자 간의 대물변제의 합의에 기초하여 채무자가 대물급부를 할 의무를 지고, 그에 따라 대물급부가 실현됨으로써 대물변제가 성립하여 채무가 소멸되는 것으로 구성하며, 세부적으로 다음과 같은 법리를 전개한다. 즉 ① 대물변제가 성립과 동시에 현실급여가 반드시 수반되어야 하는 것은 아니므로, 채권자는 채무자에게 대물변제계약을 원인으로 소유권이전등기절차 이행을 청구할 수 있다(대판 1974. 6. 25, 73다1819)(동지: 대판 1972. 5. 23, 72다414). ② 대물급부로서 부동산소유권을 이전하기로 한 때에는 등기가 완료되어야만 대물변제가 성립하여 기존채무가 소멸되는 것이므로, 그 전에 본래의 채무를 이행하여 기존채무가 소멸되고 난 뒤에는 대물변제계약을 원인으로 하여 소유권이전등기를 청구할 수 없다(대판 1987. 10. 26, 86다카1755). (ㄴ) 즉 판례는, 대물변제의 합의 → 대물급부의무의 발생 → 대물급부의 실현 → 대물변제의 성립(채권의 소멸)의 단계를 인정하고 있다.

Ⅳ. 대물변제의 예약豫約

1. 의 의

대물변제의 예약은 채권자와 채무자가 본래의 급부에 갈음하여 대물변제를 할 것을 '이행기 전에 미리' 약정하는 것을 말한다. 그런데 대물변제도 변제기 전에 하는 것이 허용되고 또 계약인 점에서, 양자의 구별이 명확하지는 않다.

사견은 당사자가 의도한 목적을 가지고 구별하여야 할 것으로 본다. 여기서 대물변제는 본래의 채무이행에 갈음하는 것, 즉 '변제의 목적'을 가지고 한 때에 적용되는 것으로 보아야 한다. 이에 대해 대물변제의 예약은 변제의 목적보다는 본래의 채무에 대한 '담보의 목적'으로 이용한다고 보는 것이 맞다. 예컨대 A가 B로부터 5천만원을 빌리면서 A가 변제기에 변제를 못하는 때에는 A 소유 부동산의 소유권을 위 금전채권의 변제에 갈음하여 급부할 것을 미리 약정하는 것이 대물변제 예약의 전형인데, 이때 당사자 간의 의사는 장차 5천만원의 금전에 대신하여 다른 급부를 할 수 있는 것으로 미리 정하자는 것이 아니라, 채무자가 채무를 이행하지 않으면 다른 급부를 이전받겠다는 것, 즉 이를 통해 금전채권을 담보하려는 데 있다. 따라서 대물변제의 예약에 관하여는 특별한 사정이 없는 한 대물변제가 아닌 「담보」의 법리를 적용하여야 한다.

2. 「대물반환의 예약」과의 구별

(1) 소비대차에 관하여 채무자가 차용물의 반환에 갈음하여 다른 재산권을 이전하기로 예약한 경우에 민법 제607조는 이를 특히 「대물반환의 예약」이라고 하여, 그 재산의 예약 당시의 가액이 차용액과 그에 붙인 이자를 합친 금액을 넘지 못하는 것으로 하고, 민법 제608조는 이를 위반한 당사자 간의 약정으로서 차주에게 불리한 것은 효력이 없다고 규정한다. 자세한 내용은 소비대차 부분에서 설명하지만(p.515 'Ⅳ. 대물반환의 예약'을 볼 것), 그 요지만을 들면 다음과 같다. 1) 판례는 일관되게 민법 제607조의 규정에 반하는 대물반환의 예약에 대해 '정산을 전제로 하는 양도담보'의 효력은 인정한다. 2) 채권자가 위 예약상의 권리를 확보하기 위해 채무자 소유의 부동산에 가등기나 소유권이전등기를 한 때에는 「가등기담보 등에 관한 법률」(1983년 법 3681호)이 적용된다.

(2) 민법 제607조와 제608조는 소비대차에서 차주가 차용물의 반환채무를 지는 경우에만 적용된다. 따라서 채무자가 부담하는 채무가 소비대차에 기한 반환채무가 아닌 경우, 즉 매매계약에 따른 대금 지급채무(대판 1971. 2. 23, 70다2802), 도급계약에 따른 공사대금 지급채무(대판 1997. 4. 25, 96다32133)의 이행에 갈음하여 대물변제를 받기로 하는 약정에 대해서는 위 규정은 적용되지 않는다. 이때에는 민법 제103조와 제104조에 근거하여 폭리성을 규율하여야 한다는 견해가 있다(민법주해(XI), 88면(김대휘)). 그 밖에 이러한 대물변제의 예약은 그 본질이 채권담보에 있으므로, 담보의 법리를 적용할 것이다.

3. 대물변제 예약의 효과

대물변제의 예약에는 담보의 법리가 적용된다. 우선 채권자는 채무자에게 본래의 급부를 청구하거나 대물변제 예약에 기초하여 다른 급부를 청구할 수 있다. 한편 채권자가 다른 급부에 대해 담보를 실행하여 피담보채권을 회수하고 나머지를 채무자에게 정산하기까지는 채무자는 본래의 채무를 변제함으로써 담보를 소멸시킬 수 있다.

제 4 관 공 탁供託

사례 (1) A가 B에게 변제기를 1980. 1. 1.로 하여 1천만원을 빌려주면서, 그 담보로 시가 3천만원 상당의 B 소유 건물을 양도받아 소유권이전등기를 마쳤다. B는 변제기에 1천만원을 갚기 위해 A의 주소로 찾아갔으나, 이미 이사를 갔고 또 새로 이사를 간 주소도 알 수가 없어서, B는 채무를 면할 목적으로 공탁을 하였다. 그런데 공탁을 하면서, '본건 건물의 소유권이전등기말소에 필요한 일체의 서류를 A는 B에게 교부하라'는 조건을 붙였다. 이 변제공탁은 유효한가?

(2) B가 그 대지상에 건물을 신축하는 과정에서 A의 건물에 균열을 초래하자, A는 1천3백만원의 재산상 손해를 입었다고 하여 1986. 9. 2. 소를 제기하고, 이에 대해 제1심 법원은 1987. 5. 20. 그중 9백6십만원을 인정하는 가집행선고부 일부 승소 판결을 선고하였다. 한편 B는 그 스스로 위 손해액으로 2백8십만원을 1986. 10. 2. 변제공탁하였고, 제1심 판결에 대하여는 불복, 항소하였다. A는 B의 항소를 다투어 오다가, 1987. 7. 3. 위 공탁금을 수령하였고, 동시에 제1심 판결에 기하여 9백6십만원을 청구금액으로 하여 B 소유 부동산에 대해 강제경매를 신청하였다. 이에 대해 B는 A가 위 공탁금을 이의 없이 수령하였으므로 채무 전부가 소멸되었다는 항변을 하였다. B의 항변은 타당한가? 해설 p. 96

I. 공탁의 의의와 성질

1. 의 의

(1) 공탁은 여러 목적으로 행하여진다. 즉 입질채권의 변제기가 질권자의 채권의 변제기보다 먼저 도래한 경우에 질권자는 제3채무자에게 그 변제금액의 공탁을 청구할 수 있고(353조 3항), 매매목적물의 보관과 관련하여 이용되기도 하며(상법 70조), 강제집행의 목적물을 공탁하여 그 목적물의 관리와 교부를 공탁절차에 따르게 할 목적으로 행하여지기도 한다(집행공탁)(민사집행법 248조).

그런데 민법 제487조 이하에서 정하는 공탁은 채권의 소멸원인으로서의 '변제공탁'을 말한다. 변제공탁제도의 실익은 채무자가 채권자의 협력 없이 채무를 면하는 데 있다. 즉 급부결과를 실현하기 위해서는 채권자의 수령 등 협력이 필요한 채무에서, 채권자가 그 수령을 거절하거나 수령할 수 없는 경우(수령지체), 채무자는 변제의 제공을 통해 채무불이행책임을 면하기는 하지만 채무는 여전히 존속하는데(461조), 이때 변제의 목적물을 공탁함으로써 채무까지 면하는 제도가 변제공탁이다. 유의할 것은, 변제의 제공이 문제되는 모든 경우에 변제공탁을 할 수 있는 것은 아니며, 이것은 '물건의 인도나 금전의 지급'에 관한 채무에 한해서만 인정된다는 점이다(민법 제487조는 '물건'을 변제공탁의 대상으로 정하고 있다).

(2) 민법은 변제공탁의 요건과 방법 및 그 효과 등을 정하는데, 그에 관한 절차를 규율하는 법률로서 「공탁법」(1958년 법 492호)이 있다.[1)2)]

2. 공탁의 법적 성질

공탁을 하게 되면 삼면관계가 발생한다. 즉, 공탁에 의하여 공탁소는 공탁자에 대하여 보관의무를 지고, 채권자는 공탁물 출급청구권을 가지며, 채무자는 채무를 면하게 된다. 이 점에서 공탁에는 공법과 사법상의 법률관계가 모두 포함되지만, 민법이 규율하는 사법적인 측면에서는 제3자를 위한 임치계약으로 볼 것이다.

Ⅱ. 공탁의 요건

1. 공탁원인의 존재

제487조〔변제공탁의 요건과 효과〕 채권자가 변제를 받지 않거나 받을 수 없는 경우에는 변제자는 채권자를 위하여 변제의 목적물을 공탁하여 채무를 면할 수 있다. 변제자가 과실 없이 채권자를 알 수 없는 경우에도 같다.

변제공탁을 하려면 다음의 사유 중 어느 하나에 해당하여야 하고, 공탁원인 없이 공탁한 때에는 채무자는 채무를 면하지 못한다(대판 1962. 4. 12, 4294민상1138).

(1) 채권자가 변제를 받지 않거나 받을 수 없는 때(487조 1문)

이것은 채권자지체의 요건과 그 표현을 같이한다(400조 참조). 그러나 공탁은 채권자에게 어떤 불이익을 주는 것은 아니며, 다른 공탁원인('채권자를 알 수 없는 경우')은 채권자지체와는 무관한 점에서, 통설은 다음과 같이 해석한다. 1) 변제자가 변제의 제공을 하였음에도 채권자가 이를 수령하지 않을 때에는, 채권자의 귀책사유를 묻지 않고 공탁할 수 있다. 2) 채권자가 미리 변제의 수령을 거절한 경우에는 민법 제460조 단서 소정의 구두제공을 할 필요 없이 공탁할 수 있다(대판 1994. 8. 26, 93다42276). 3) 채권자의 수령불능의 경우에도 상술한 수령거절과 동일하게 해석한다. 판례는, 채무자의 제3채무자에 대한 채권에 관해 가압류가 있는 경우, 제3채무자가 채무자에게

---

1) 판례: 「공탁은 반드시 법령에 근거하여야 하고 당사자가 임의로 할 수 없는 것이므로, 금전채권의 채무자가 공탁의 방법에 의한 채무의 지급을 약속하더라도 채권자가 채무자에게 이러한 약정에 기하여 공탁할 것을 청구하는 것은 허용되지 않는다」(대판 2014. 11. 13, 2012다52526).

2) 공탁물의 수령이나 회수에 대한 공탁관의 처분에 불복하는 자는 관할 지방법원에 이의신청을 할 수 있고(공탁법 12조), 관할 지방법원의 결정에 불복하는 자는 항고를 할 수 있다(공탁법 14조). 공탁관의 처분에 불복하는 자가 위와 같은 공탁법 소정의 절차를 거치지 않고 곧바로 국가를 상대로 공탁금지급청구 등에 관한 민사소송을 제기하는 것은 허용되지 않는다(대판 1991. 7. 12, 91다15447; 대판 2013. 7. 25, 2012다204815).

변제하더라도 가압류채권자에게는 대항할 수 없는 점에서, 이러한 경우도 채권자의 수령불능에 해당한다고 한다.[1)]

(2) 변제자가 과실 없이 채권자를 알 수 없는 때(487조 2문)

(ㄱ) '변제자가 과실 없이 채권자를 알 수 없는 경우'라 함은, 객관적으로 채권자 또는 변제수령권자가 존재하고 있으나 채무자가 선량한 관리자의 주의를 다하여도 채권자가 누구인지 알 수 없는 것을 말한다(대판 1996. 4. 26, 96다2583). 예컨대, ① 동일한 채권에 대해 채권양도와 전부명령이 경합하는데, 채권양도에 있어서는 그 행위 자체를 확정일자 있는 증서로 하지 않고 단지 양도통지서에 공증인가 합동법률사무소의 확정일자를 받아 이를 등기우편으로 발송하여, 그 통지가 제3자인 전부채권자에게 대항할 수 있는 것인지 법률상 의문이 있는 경우(대판 1988. 12. 20, 87다카3118), ② 매매계약의 중도금 지급기일을 앞두고 매도인이 사망하였는데, 매수인이 매도인의 공동상속인들이나 그 상속인들의 상속지분을 구체적으로 알기 어려운 경우(대판 1991. 5. 28, 91다3055), ③ 채권양도의 통지가 있은 후 통지가 철회되어 채권이 적법하게 양도되었는지 의문이 있는 경우(대판 1996. 4. 26, 96다2583), ④ 채권양도금지 특약에 반하여 채권양도가 이루어지면 양수인의 선의·악의에 따라 양수채권의 채권자가 결정되고, 양수인의 악의나 중과실은 채무자가 입증책임을 부담하는데, 채무자가 양수인의 선의 여부를 알 수 없는 경우(대판 2000. 12. 22, 2000다55904) 등이 그러하다. (ㄴ) 유의할 것은, 우리 공탁제도상 채권자가 특정되거나 적어도 채권자가 상대적으로나마 특정되는 '상대적 불확지不確知'의 공탁만이 허용될 수 있는 것이고, 채권자가 누구인지 전혀 알 수 없는 '절대적 불확지'의 공탁은 허용되지 않는 것이 원칙이다. 다만 구 토지수용법(61조 2항 2호)은 절대적 불확지의 공탁을 허용하는 규정을 두고 있지만, 이것은 수용의 성질을 고려하여 편의상 정한 예외적인 것이다(대판(전원합의체) 1997. 10. 16, 96다11747).

2. 공탁의 당사자

공탁의 당사자는 공탁자와 공탁소이다. 채권자는 당사자가 아니고 그 효과를 받는 제3자에 지나지 않는다. (ㄱ) 공탁을 하는 자는 변제자이다. 따라서 채무자는 물론 제3자도 공탁할 수 있다. (ㄴ) 공탁을 받는 자는 채무이행지의 공탁소이다(488조 1항). 공탁사무는 지방법원장이나 지방법원지원장이 소속 법원서기관 또는 법원사무관 중에서 지정하는 자가 처리한다(공탁법 2조). 공탁소에 관해 법률에 특별한 규정이 없으면 법원은 변제자의 청구에 의해 공탁소를 지정하고 공탁물 보관자를 선임하여야 한다(488조 2항).

---

1) 판례(채권의 가압류와 제3채무자의 변제공탁): 「① 채권의 가압류는 제3채무자에 대하여 채무자에게 지급하는 것을 금지하는 데 그칠 뿐 채무 그 자체를 면하게 하는 것이 아니고, 가압류가 있다 하여도 그 채권의 이행기가 도래한 때에는 제3채무자는 그 지체책임을 면할 수 없다. ② 이러한 경우 가압류에 불구하고 제3채무자가 채무자에게 변제를 한 때에는 나중에 채권자에게 이중으로 변제하여야 할 위험을 부담하게 되므로, 제3채무자로서는 민법 제487조의 규정에 의하여('채권자가 변제를 받을 수 없는 때'에 해당한다고 보아야 할 것이기 때문에) 공탁을 함으로써 이중변제의 위험에서 벗어나고 이행지체의 책임도 면할 수 있다. ③ 제3채무자가 이와 같이 채권의 가압류를 이유로 변제공탁을 한 때에는, 그 가압류의 효력은 채무자의 공탁금출급청구권에 대하여 존속한다고 할 것이므로 그로 인하여 가압류채권자에게 어떤 불이익이 있다고도 할 수 없다(* 이 부분은 그 후 민사집행법 제297조에 반영되어 있다)」(대판(전원합의체) 1994. 12. 13, 93다951).

3. 공탁의 대상

a) 물 건 공탁의 대상은 변제의 '목적물'이다(487조). 따라서 물건에 한해 공탁할 수 있으며(동산의 일종인 금전도 이에 포함된다), 동산이든 부동산이든 묻지 않는다는 것이 통설이다. 그러나 목적물이 부동산인 경우에는 공탁을 인정해야 할 사회경제상의 필요가 없을 뿐만 아니라, 본권과 점유를 채권자에게 이전하는 것이 법기술상 곤란하다는 점에서 이를 부정하는 견해가 있다(김증한·김학동, 385면). 판례는, 통상의 채권채무관계에서는 채권자가 수령을 지체하는 경우 채무자는 공탁 등에 의한 방법으로 채무 부담에서 벗어날 수 있으나, 등기에 관한 채권채무관계에서는 이러한 방법을 사용할 수 없다고 하여, 부동산을 공탁의 목적으로 삼는 데 부정적이다(대판 2001. 2. 9, 2000다60708).

b) 자조매각自助賣却 「변제의 목적물이 공탁에 적당하지 않거나, 멸실 또는 훼손될 염려가 있거나, 공탁에 과다한 비용이 들 경우에는 변제자는 법원의 허가를 받아 그 물건을 경매하거나 시가로 매각하여 그 대금을 공탁할 수 있다」(490조). 변제의 목적물 자체를 공탁하는 것이 원칙이지만, 본조의 요건에 해당하는 경우(예: 목적물이 폭발물·채소·어류·가축 등인 경우)에는 변제자는 법원의 허가를 받아 그 물건을 경매하거나 시가로 매각하여 그 대금을 공탁할 수 있다. 이를 「자조매각」이라고 한다.

4. 공탁의 내용

(ㄱ) 공탁은 채무의 이행지가 공탁소로 바뀐 것 외에는 달라져야 할 것이 없다. 그러므로 변제자는 본래의 채무의 내용대로 공탁하여야 한다. (ㄴ) 채무의 일부에 대한 공탁은 채권자가 승낙하지 않는 한 무효이다(대판 1977. 9. 13, 76다1866). 채무자가 채권자에게 동시이행의 항변권을 갖는 때에는 채권자의 반대급부의 제공을 공탁물 수령의 조건으로 할 수 있으나(491조 참조), 그 채권에 붙일 수 없는 조건을 붙여서 한 공탁은 채권자가 승낙하지 않는 한 무효이다(대판 1970. 9. 22, 70다1061).

5. 공탁의 절차

(ㄱ) 공탁을 하려는 사람은 공탁관에게 공탁서(부록 참조) 2통(정본과 부본)을 제출하여야 하고(공탁규칙 20조), 아울러 피공탁자에게 송부할 공탁통지서를 첨부하여야 한다(공탁규칙 23조). (ㄴ) 공탁관이 공탁을 수리할 것으로 인정한 때에는 공탁금납입서와 함께 공탁서 정본을 공탁자에게 교부하고, 공탁물을 납입기일까지 지정된 공탁물보관자에게 납입케 한다(공탁규칙 27조). (ㄷ) 공탁자는 그에 따라 납입하고, 공탁물보관자는 이 사실을 공탁관에게 통지한다. 이 통지를 받은 공탁관은 공탁통지서를 피공탁자에게 발송한다(공탁규칙 29조). 민법 제488조 3항은 「공탁자는 지체 없이 채권자에게 공탁통지를 하여야 한다」고 규정하고 있으나, 공탁자가 직접 채권자에게 통지하는 것은 아니다.

Ⅲ. 공탁의 효과

1. 채권의 소멸

(1) 공탁에 의하여 채무는 소멸된다(487조). (ㄱ) 공탁관의 수탁처분과 공탁물 보관자의 공탁물 수령으로 공탁의 효력이 발생하며, 채권자(피공탁자)에 대한 공탁 통지나 채권자의 수익의 의사표시가 있은 때에 공탁의 효력이 생기는 것은 아니다(공탁은 채권자의 변제 수령에 갈음해서 행하여지는 것이기 때문에, 채권자의 수익의 의사표시를 요건으로 하지 않는다)(대결 1972. 5. 15, 72마401). 한편 공탁에 의해 채무가 소멸되므로, 그 채무를 담보하는 저당권 · 보증채무 등도 소멸되며, 이자채무도 소멸된다. (ㄴ) 변제공탁이 적법한 경우에는 채권자가 공탁물 출급청구를 하였는지 여부와는 관계없이 공탁을 한 때에 변제의 효력이 발생하고, 그 후 공탁물 출급청구권에 대하여 가압류 집행이 되더라도 변제의 효력에 영향을 미치지 않는다(대판 2002. 12. 6, 2001다2846; 대판 2011. 12. 13, 2011다11580). (ㄷ) 매수인이 매도인을 대리하여 매매대금을 수령할 권한을 가진 자에게 잔대금의 수령을 최고하고 그를 공탁물 수령자로 지정하여 한 변제공탁은 매도인에 대한 잔대금 지급으로서 효력이 있다(대판 1981. 9. 22, 81다236; 대판 2012. 3. 15, 2011다77849).

(2) 민법 제487조는 변제자는 변제의 목적물을 공탁하여 채무를 면할 수 있다고 정하고, 한편 제489조는 일정한 사유가 있기 전까지는 공탁자가 공탁물을 회수할 수 있고, 이 경우 공탁하지 않은 것으로 본다고 규정한다. 따라서 공탁자의 회수권이 존속하는 동안은 공탁의 효과는 불확정적이고, 여기서 공탁에 의한 채무 소멸의 효과에 관하여는 다음과 같이 견해가 나뉜다. (ㄱ) 해제조건설: 공탁 성립과 동시에 채무는 소멸되지만, 공탁자가 공탁물을 회수하면 처음부터 공탁이 없었던 것으로 되어 채무도 소멸되지 않는다고 보는 견해로서, 다수설이며, 판례도 이 견해를 취한다(대판 1981. 2. 10, 80다77). (ㄴ) 정지조건설: 공탁자의 회수권이 존재하는 한 공탁과 동시에 채무가 소멸된다는 것은 논리적으로 불가능하므로 회수권이 소멸된 후에 비로소 공탁을 한 때로 소급하여 채무 소멸의 효과가 생기는 것으로 보는 견해로서, 소수설에 속한다(김용한, 591면; 김주수, 502면; 김형배, 749면). (ㄷ) 사견은 해제조건설이 타당하다고 본다. 공탁으로 채무가 소멸된 것으로 보면서 공탁의 회수를 인정하는 것에 문제가 없지는 않으나, 그 공탁의 회수는 예외적인 것으로 보면 족하다. 정지조건설은 다음의 점에서 문제가 있다고 본다. 즉 회수권이 소멸된 후에 공탁을 한 때로 소급하여 채무가 소멸된다고 하는데 그 소급효를 인정하는 근거가 부족하고(147조 1항 참조), 또 민법 제489조 2항을 설명할 수 없게 된다. 오히려 동 조항은 민법이 공탁으로 채무가 소멸되는 것을 원칙으로 삼고 있음을 표현한 것으로 볼 수 있다(동지: 김대정, 424면).

2. 채권자의 공탁물 출급청구권

(1) 행 사

(ㄱ) 공탁에 의하여 채권자는 공탁소에 대하여 공탁물 출급청구권을 취득하며, 이를 행사함으로써 공탁물을 수령할 수 있다.[1] 공탁에 의하여 채무가 소멸되는 것은 채권자가 이 권리를

1) 판례: 「변제공탁의 공탁물 출급청구권자는 피공탁자 또는 그 승계인이고 피공탁자는 공탁서의 기재에 의하여 형식

취득하기 때문이며, 따라서 공탁을 사법적인 측면에서 제3자(채권자)를 위한 임치계약으로 보더라도 채권자의 수익의 의사표시를 필요로 하지 않는다(539조 2항 참조)(대결 1972. 5. 15, 72마401). (ㄴ) 채권자의 공탁물 출급청구권은 본래의 급부청구권과 동일한 것이므로, 본래의 급부청구권에 선이행 또는 동시이행의 항변권이 있는 경우에는, 채권자는 자기의 급부를 이행하지 않으면 공탁물을 수령하지 못한다(491조).

(2) 공탁물을 이의 없이 수령한 경우

공탁의 요건에 해당하지 않는데도 공탁한 것을 채권자가 이의 없이 수령하거나, 채무의 내용에 따른 공탁이 아닌데도 채권자가 이의 없이 수령한 경우, 그 공탁은 유효한 것으로 되어 채무는 소멸된다(대판 1989. 11. 28, 88다카34148; 대판 1983. 6. 28, 83다카88, 89; 대판 1992. 5. 12, 91다44698).

3. 공탁물의 소유권이전

(ㄱ) 공탁물이 금전 기타 소비물인 경우에는 공탁에 의해 소비임치가 성립하므로(702조), 공탁소가 공탁물의 소유권을 취득하고, 채권자가 공탁소로부터 동종 · 동질 · 동량의 물건을 수령한 때에 그 소유권을 취득한다. (ㄴ) 공탁물이 특정물인 경우에는 공탁소로 하여금 소유권을 취득하게 할 필요가 없으므로, 변제자가 공탁을 한 때에 소유권이전의 청약이 있는 것으로 보고 채권자가 인도청구를 한 때에 그 승낙이 있는 것으로 하여 물권적 합의가 성립한 것으로 보며, 그에 따라 동산의 경우 인도를 함으로써 소유권을 취득한다(통설).

Ⅳ. 공탁물의 회수

1. 민법상의 회수

제489조 〔공탁물의 회수〕 ① 채권자가 공탁을 승인하거나 공탁물을 받겠다고 공탁소에 통고하거나 공탁이 유효하다는 판결이 확정될 때까지는 변제자는 공탁물을 회수할 수 있다. 이 경우에는 공탁하지 아니한 것으로 본다. ② 전항의 규정은 질권이나 저당권이 공탁으로 소멸된 경우에는 적용하지 아니한다.

(1) 공탁물 회수권

a) 성 질 (ㄱ) 공탁은 본래 채무자를 보호하기 위한 제도이므로, 공탁자가 공탁물을 회수하여 공탁하지 않은 것으로 할 수도 있는 것이다. 본조는 이러한 취지에서, 공탁자는 원칙적으로 공탁물을 회수할 수 있는 것으로 하되, 채권자나 제3자에게 불이익을 줄 수 있는 경우에는 공탁물을 회수할 수 없는 것으로 제한하고 있다. (ㄴ) 공탁물의 「회수권」과 「회수청구권」은 (실무에서는 혼용해서 쓰고 있지만) 개념상 구별할 수 있다. 전자는 (사법적인 측면에서는) 공탁

적으로 결정되므로, 실체법상의 채권자라고 하더라도 피공탁자로 지정되어 있지 않으면 공탁물 출급청구권을 행사할 수 없다」(대판 2006. 8. 25, 2005다67476).

자의 공탁소에 대한 임치계약의 해지의 성질을 갖는 것으로서 일종의 형성권에 속한다. 이 회수권의 행사에 의해 공탁소에 대한 공탁물 회수청구권이 발생하는 것으로 볼 수 있다. 다만 실무에서는 따로 회수권의 행사에 관한 절차는 없으며, 따라서 공탁물 회수청구에 회수권의 행사가 포함된 것으로 볼 수 있다. ㈐ 공탁물 회수청구권은 재산적 가치가 있으므로 양도할 수 있고, 강제집행의 객체가 된다. 즉 제3자가 공탁자의 공탁물 회수청구권을 압류 및 전부轉付 받아 그 집행으로 공탁물을 회수할 수도 있다(대판 1981. 2. 10, 80다77; 대판 2014. 5. 29, 2013다212295).[1] 그리고 공탁물 회수청구권은 민법 제162조 1항에 따라 10년의 소멸시효에 걸린다(공탁물 회수권도 10년의 제척기간에 걸리는데, 회수청구권의 행사에 회수권의 행사도 포함되는 것으로 보는 이상, 공탁물 회수청구를 할 수 있는 때부터 10년이 지나면 공탁물을 회수할 수 없고 공탁물은 국고에 귀속된다).

b) **회수권 행사의 효과** 공탁자(또는 공탁물 회수청구권을 압류 · 전부받은 제3자)가 공탁물을 회수한 경우에는 '공탁하지 않은 것으로 본다'(489조 1항 2문). 따라서 공탁의 효과가 소급적으로 소멸하여, 채무는 처음부터 소멸되지 않은 것으로 된다. '공탁물을 회수'한 때란, 공탁소에 회수의 의사표시를 한 때를 말한다.

(2) 회수권이 인정되지 않는 경우

회수를 함으로써 채권자나 제3자에게 불이익을 주는 다음과 같은 경우에는 공탁물을 회수할 수 없다.

a) **채권자가 공탁을 승인하거나, 공탁물을 받겠다고 공탁소에 통고한 때**(489조 1항) 채권자의 '공탁의 승인'은 채무자나 공탁소에 하더라도 무방하다. 다만 채무자에 대한 공탁의 승인만으로는 공탁소가 이를 알 수 없으므로, 채무자의 공탁물 회수청구에 응해 반환하더라도 채권자에게 대항할 수 있다고 할 것이다(민법주해(XI), 334면(이동명)).

b) **공탁이 유효하다는 판결이 확정된 때**(489조 1항) 여기서의 '판결'은 공탁의 유효를 확인하는 것에 한하지 않는다. 예컨대 채권자로부터 이행청구의 소가 제기되었을 때 채무자가 공탁을 하였다는 항변을 하고, 이에 기초하여 그 소를 기각한 경우도 포함한다.

c) **질권이나 저당권이 공탁으로 소멸된 때**(489조 2항) (i) 공탁으로 채무는 소멸되므로, 그 채무에 종속하는 질권 · 저당권도 당연히 소멸된다(가령 A가 B로부터 돈을 빌리면서 그 담보로 A 소유 부동산을 B 앞으로 저당권을 설정해 주었는데, 공탁의 요건이 충족되어 A가 차용금을 공탁한 경우). 그런데 공탁물의 회수를 인정하게 되면 채무는 소멸하지 않게 되고 그에 따라 질권 · 저당권도 소멸하지 않게 될 터인데, 이렇게 되면 공탁으로 채무가 소멸된 줄 알고 담보물인 동산이

---

1) 독일 민법 제377조 1항은 「공탁물회수권은 압류할 수 없다」고 규정한다. 압류를 허용하게 되면 그 집행에 따른 회수로 인해 공탁을 하지 않은 것으로 되고, 이것은 채무를 면하기 위해 공탁을 한 채무자(변제자)의 보호에 배치된다고 본 것이다. 그러나 우리 민법은 이러한 규정을 두고 있지 않다. 이에 대해 이 판례는, 민법상 공탁물의 회수가 인정되는 이상, 그것이 공탁자에 의해 이루어진 경우뿐만 아니라, 제3자 또는 피공탁자가 공탁자에 대해 가지는 별도의 채권에 기한 집행권원으로써 압류 및 전부명령을 받아 그 회수를 하는 것도 다를 것이 없다고 보았다. 공탁물회수권이 (귀속상) 일신전속권이 아니고 재산적 가치가 있는 재산권으로 보는 한에서는, 또 명문의 규정 없이 압류할 수 없는 것으로 하는 것은 결국 채무자의 책임재산의 감소를 초래하는 것이 되어 채권자에게 불리한 점에서, 판례의 견해는 타당하다고 할 것이다(이 판례를 평석한 논문으로, 양창수, "변제공탁에 있어서 공탁금회수권에 대한 압류 및 전부명령의 허부", 민사판례연구 제4집, 221면 이하).

나 부동산에 질권이나 저당권을 설정받은 자는 그 회수에 의해 후순위 질권자·저당권자로 밀리게 됨으로써 불측의 손해를 입게 된다. 그래서 제3자를 보호하기 위해 질권이나 저당권이 공탁으로 소멸된 때에는 회수권 자체를 부정한 것이다. 즉 이 경우에는 앞의 두 사유와 같이 일단 발생한 회수권이 소멸되는 것이 아니라, 처음부터 회수권이 없는 것으로 정한 것이다. (ii) 이와 관련하여 해석상 문제되는 것이 있다. (ㄱ) 위 조항은 물적 담보에 관해 정하고 있는데, 이것이 '인적 담보'에도 적용되는가 하는 점이다. 즉 어느 채무자의 공탁으로 공동채무(불가분채무·연대채무) 또는 보증채무가 소멸된 경우에 그 채무자는 공탁물을 회수할 수 없는가이다. 공동채무자 또는 보증인은 기본적으로 채무자이기 때문에 보호의 대상이 되는 '제3자'의 범주에는 포함될 수 없으므로 적용되지 않는 것으로 보아야 한다. (ㄴ) 물적 담보 중에서도 질권과 저당권만을 예시하고 있는데, '가등기담보권'이나 '양도담보권'에도 적용되는지 문제된다. 판례는 동 조항이 이들 경우를 포함하고 있지 않으며 또 포함하는 규정이라고 해석하여야 할 근거도 없다는 이유로 이를 부정하면서, 이들 경우에는 민법 제489조 1항에 의해 (즉 위 a) 또는 b)의 사유가 있기 전에는) 공탁물을 회수할 수 있다고 한다(대판 1982. 7. 27, 81다495). 그러나 이에 대해서는 같은 담보물권인 점에서 민법 제489조 2항이 유추적용되어야 한다고 보는 견해가 있다(김상용, 515면; 김증한·김학동, 391면). 가등기담보권과 양도담보권은 가등기담보법에 의해 저당권과 유사한 지위를 갖는 점에서 이를 배제할 이유가 없다고 본다. 용익물권 외에 담보물권의 성격을 갖고 있는 '전세권'도 같다고 할 것이다.

d) 회수권을 포기한 때 민법에는 규정이 없으나, 공탁자가 회수권을 포기하면 그 후에는 회수할 수 없다.

2. 공탁법상의 회수

(ㄱ) 공탁법은 민법 제489조에 의해 공탁물을 회수할 수 있는 경우 외에 다음 두 가지, 즉 ① 착오로 공탁을 한 때, ② 공탁원인이 소멸된 때, 공탁물을 회수할 수 있는 것으로 따로 규정한다(공탁법 9조 2항).[1] (ㄴ) 공탁물이 금전인 경우, 그 원금 또는 이자의 수령, 회수에 대한 권리는 그 권리를 행사할 수 있는 때부터 10년간 행사하지 않으면 시효로 인해 소멸된다(공탁법 9조 3항).

사례의 해설 (1) 채권자 A가 이사를 하여 변제를 받을 수 없는 때에 해당하여 채무자 B의 공탁은 유효하고(487조), A는 그 공탁에 의해 1천만원의 공탁물 출급청구권을 취득하게 되는데, 이 권리는 본래의 금전채권과 동일한 것이다. 그런데 B는 변제공탁을 하면서 '본건 건물의 소유권이전등기말소에 필요한 일체의 서류를 A는 B에게 교부하라'는 조건을 붙였는데, 이 조건이 본래의 금전채권에서도 인정된다면 그러한 조건부 변제공탁도 유효하다. 그렇다면 B의 채무변제와 A의 소유권이전등기말소의무가 동시이행관계에 있는지가 문제되는데, 일반적으로 B의 채무변제가 A의 소유권이전등기말소의무에 앞서는 선행의무가 된다. 따라서 B는 변제공탁을 하면서 위와 같은 조건을

1) 판례: 「공탁자가 착오로 공탁한 때 또는 공탁의 원인이 소멸된 때에는 공탁자가 공탁물을 회수할 수 있을 뿐 피공탁자의 공탁물 출급청구권은 존재하지 않으므로, 이러한 경우 공탁자가 공탁물을 회수하기 전에 위 공탁물 출급청구권에 대한 전부명령을 받아 공탁물을 수령한 자는 법률상 원인 없이 공탁물을 수령한 것이 되어 공탁자에게 부당이득 반환의무를 부담한다」(대판 2008. 9. 25, 2008다34668).

붙일 수 없음에도 붙인 것이기 때문에, A가 이를 승낙하지 않는 한 그 변제공탁은 무효이다.

(2) 변제자가 실제는 채무의 일부이지만 그 전부라는 취지로 변제공탁을 하였는데 채권자가 이의 없이 공탁물을 수령한 경우에는, 그 공탁의 취지에 따라 수령한 것이 되어 그에 따른 법률효과가 발생한다는 것, 즉 채무 전부의 변제를 가져온다는 것이 판례의 확고한 입장이다(대판 1979. 11. 13, 79다1336; 대판 1984. 11. 13, 84다카465; 대판 1987. 4. 14, 85다카2313). 따라서 공탁의 취지를 다투려면 공탁물을 수령하면서 이의를 유보하여야 한다. 이 점과 관련하여 판례는, 그 이의 유보의 의사표시는 공탁공무원뿐만 아니라 공탁자에게도 할 수 있고(대판(전원합의체) 1982. 11. 9, 82누197), 또 그것은 묵시적으로 하여도 무방하다고 한다(대판 1989. 7. 25, 88다카11053). 사례에서는 A가 B의 일부 변제의 공탁금을 수령하면서 동시에 그 공탁금을 초과한 부분에 대해 강제경매를 신청하였다는 점에서 묵시적으로 이의를 유보한 것으로 볼 수 있다. B의 항변은 이유 없다.

사례 p. 89

제5관 상 계 相計

사례 (1) 1) ① 甲은 2012. 2. 2. 丙에게 Y토지를 금 3억원에 매도하는 매매계약을 체결하고, 같은 날 계약금으로 금 3천만원을 받으면서, 중도금 1억 7천만원은 2012. 2. 24.에, 잔금 1억원은 2012. 3. 16.에 받기로 약정하였다. ② Y토지에는 丁 명의의 저당권설정등기가 경료되어 있었는데, 甲과 丙은 잔대금 지급기일까지 위 저당권설정등기를 말소하여 주기로 약정하였다. ③ 甲은 2012. 2. 24.에 丙으로부터 위 중도금 1억 7천만원을 받았고, 그 다음 날 위 매매계약상 선이행 특약에 따라 丙 앞으로 Y토지에 관한 소유권이전등기를 마쳐주었다. ④ 한편, 甲의 채권자 戊는 2012. 2. 25. 甲이 丙에게 가지는 위 잔대금채권 1억원을 가압류하였고, 같은 달 27. 위 가압류결정이 丙에게 송달되었다. 2) 甲은 2013. 3. 25. 丙을 상대로 Y토지의 매매잔대금 1억원의 지급을 구하는 소송을 제기하였다. 변론기일에 丙은 다음과 같은 주장을 하였다. 첫째, 甲의 저당권설정등기의 말소의무 및 Y토지의 인도의무와 丙의 매매잔대금 1억원 지급의무는 동시이행의 관계에 있다. 둘째, 丙은 甲에게 가지고 있는 2012. 2. 28. 변제기가 도래한 금 5천만원의 채권을 자동채권, 잔대금채권을 수동채권으로 하여 대등액에서 상계한다고 항변하였다. 甲의 청구에 대한 법원의 판단과 그 논거를 서술하시오. (40점)(2014년 제1차 변호사시험 모의시험)

(2) A는 자신의 소유인 X건물이 낡아 2012. 5. 20. 평소 친분이 있던 D에게 X건물에 대한 리모델링 공사를 맡겨 2012. 8. 20. 공사가 완료되었는데, 총 공사비는 5,000만원이 소요되었다. 그런데 A는 공사대금 지급기일인 2012. 8. 30.에 D에게 위 공사대금을 지급하지 않았다. D는 2012. 9. 10. E에게 위 공사대금채권 일체를 양도하였고, 내용증명우편으로 위 채권양도 사실을 통지하여 위 내용증명우편이 2012. 9. 11. A에게 도달하였다. 한편, A는 2012. 3. 1. D에게 3,000만원을 변제기 2012. 11. 1.로 하여 대여하였다. E는 2012. 9. 20. A를 상대로 법원에 5,000만원의 양수금 청구의 소를 제기하였고, 위 소송에서 A는 D에 대한 위 대여금채권을 자동채권으로 하여 상계 항변을 하였으며, 2012. 12. 30. 변론이 종결되었다. 이 경우 A의 상계 항변은 받아들여질 수 있는가(각 채권의 지연손해금은 고려하지 말 것)? (10점)(제4회 변호사시험, 2015)

(3) 甲은 2016. 2. 5. 상가를 신축하면서 공사대금 10억원, 완공일 2017. 2. 5.로 정하여 수급

인 乙과 도급계약을 체결하였다. 甲은 乙의 공사자금 조달을 위하여 甲 소유의 상가 부지를 담보로 제공하기로 하였고, 이에 丙 은행은 위 부지에 근저당권을 설정받아 5억원을 乙에게 대출하였다. 이에 따라 상가건축 공사가 상당한 정도로 진척되었으나 乙은 2016. 12. 31. 자금사정이 곤란하게 되어 공사를 중단하였다. 이에 甲은 도급계약을 적법하게 해제하고 자신의 비용으로 상가건물을 완공하였다. 그런데 乙의 대여금채권자 丁이 2016. 9. 15. 3억원의 대여금채권을 피보전채권으로 하여 乙의 甲에 대한 기성고의 공사대금채권에 대하여 가압류를 하였고, 丁은 같은 해 12. 23. 乙에 대한 대여금 청구소송의 승소 확정판결에 기하여 위 채권에 대한 압류 및 전부명령을 신청하였고, 위 명령은 2017. 1. 5. 확정되었다. 乙이 대출금 이자의 지급을 지체하자, 丙 은행은 2016. 12. 5. 甲에게 乙의 대출 원리금이 완납되지 않으면 저당권을 실행할 것이라고 통지하였다. 이에 甲은 2017. 2. 5. 대출 원리금을 변제하고 위 근저당권등기를 말소하였다. 丁은 甲에게 3억원의 전부금을 청구하였고, 이에 대해 甲은 乙에 대한 구상금채권으로 상계 항변을 하였다. 甲의 상계 항변은 타당한지 논거를 들어 기술하시오. (25점)(2017년 제2차 변호사시험 모의시험)(이와 유사한 문제로 2021년 제2차 변호사시험 모의시험)

(4) 1) 甲은 2017. 3. 1. 乙에게 자신의 소유인 X토지를 5억원에 매도하면서 계약 당일 5천만원을 받았고, 같은 해 4. 1. 중도금 1억 5천만원, 같은 해 5. 1. 소유권이전등기에 필요한 서류의 교부 및 X토지의 인도와 상환으로 잔대금 3억원을 받기로 합의하였다. 한편 丙은 甲에게 1억 5천만원의 대여금채권을 갖고 있다. 2) 甲은 2017. 3. 1. 乙과 매매계약을 체결할 당시 X토지 위에 채권자 丙이 위 대여금채권의 보전을 위해 마쳐둔 가압류등기를 잔금지급일(2017. 5. 1.)까지 말소해 주기로 약정하였다. 그러나 甲은 위 지급일까지 丙 명의의 가압류등기를 말소하지 못하였고, 이에 乙은 2017. 5. 20. 甲에게 잔금 중 일부인 5천만원을 지급하면서 X토지를 인도받고 甲으로부터 소유권이전등기를 넘겨받았다. 3) 얼마 후 甲의 채권자 己는 甲을 채무자로, 乙을 제3채무자로 하면서 자신의 甲에 대한 금전채권 4억원을 피보전채권으로 하여 甲의 乙에 대한 매매 잔금채권 3억원에 대한 채권가압류 결정을 받았고, 그 가압류 결정은 2017. 7. 3. 甲과 乙에게 각 송달되었다. 한편, X토지에 관하여 丙의 가압류에 기초하여 강제경매절차가 개시되었고, 이에 乙은 甲을 대위하여 2017. 10. 5. 丙의 집행채권액 1억 5천만원을 변제하면서 丙으로 하여금 토지 X에 대한 집행신청을 취하하도록 하였다. 4) 2017. 11. 15. 己는 甲에 대한 금전채권에 관한 확정판결에 기해 위 채권가압류를 본압류로 전이하는 압류 및 추심명령을 받고, 그 결정 정본이 2017. 12. 1. 甲과 乙에게 각 송달되었다. 己가 乙을 상대로 3억원의 추심금을 청구하자, 乙은 ① 위 3억원의 잔금 중 5천만원은 이미 지급하였고, ② X토지에 대한 강제집행절차에서 甲을 대신하여 변제한 1억 5천만원을 상계한다고 항변하였다. 己의 청구는 인용될 수 있는가? (지연손해금은 고려하지 말 것) (20점)(2018년 제2차 변호사시험 모의시험)

(5) 1) 甲은 乙로부터 X건물을 대금 1억원에 매수하였다. 매매 당시 乙은 甲으로부터 위 매매대금을 받음과 동시에 甲에게 X건물에 관하여 설정되어 있던 저당권설정등기(저당권자 C)를 말소해 주기로 약정하였다. 乙의 채권자 丙은 乙의 甲에 대한 위 매매대금 채권에 관하여 압류 및 추심명령을 받았고, 위 명령이 甲에게 송달되었다. 甲의 대금 지급의무와 乙의 소유권이전등기의무가 이행되지 않고 있던 중 C의 저당권에 기한 경매절차가 개시되었다. 甲은 C에게 위 저당권의 피담보채무액 5,000만원을 대위변제하여 위 저당권을 말소시켰고, 乙은 甲에게 소유권이전등기를 마쳐주고 X건물을 인도하였다. 이후 丙은 甲을 상대로 추심금 1억원의 지급을

구하는 소를 제기하였다. 2) 甲은 위 소에서 대위변제로 발생한 구상금 채권 5,000만원으로 乙의 매매대금 채권과 대등액에서 상계한다고 주장하였다. 甲의 상계 항변은 이유 있는가? (25점)(제9회 변호사시험, 2020)

(6) 1) 甲은 2001. 6. 15. 乙에게 甲 소유인 X토지를 임대차보증금 5억원, 임대차기간 2001. 7. 1.부터 2021. 7. 1.까지로 정하여 임대하였고, 乙은 2001. 7. 1. 甲에게 보증금 5억원을 지급하고 X토지를 인도받았다. 2) 위 임대차계약에서 甲과 乙은 X토지에 관한 세금은 乙이 부담하되 甲이 이를 대신 납부하고, 甲이 납부한 금액만큼 乙이 甲에게 구상금을 지급하기로 약정하였다. 甲이 2001. 7. 1.부터 2011. 6. 30.까지 납부한 세금은 총 3천만원이고, 2011. 7. 1.부터 임대차 종료일까지 납부한 세금은 총 7천만원이다. 甲은 2011. 6. 30. 乙에게 그때까지 납부한 3천만원 세금에 대한 구상금 지급을 최고하였다. 3) 한편 乙은 2005. 8.경 X토지의 형질을 임야에서 공장 용지로 변경하였고, 이를 위하여 1억원을 지출하였다. 위 임대차 종료 당시 X토지는 2억원 상당의 가치가 증가하여 현존하고 있다. 4) 임대차계약이 2021. 7. 1. 기간 만료로 종료된 후 乙은 甲으로부터 보증금을 반환받고, X토지를 甲에게 인도하였다. 乙은 甲에게 위 형질 변경으로 발생한 가치 증가분 2억원을 유익비로 청구하였으나 이를 지급받지 못하자, 2021. 9. 1. 법원에 甲을 상대로 유익비 2억원의 지급을 구하는 소를 제기하였다. 이에 甲은 乙의 유익비는 지출비용 1억원이라고 주장하고, 乙에 대한 1억원 구상금채권을 자동채권으로 하여 상계한다고 항변하였다. 그러나 乙은 구상금채권 1억원 중 3천만원은 소멸시효가 완성되었다고 재항변하였다. 이에 대해 甲은 2011. 6. 30. 최고로 인하여 소멸시효는 중단되었고, 설령 소멸시효가 완성되었다고 하더라도 위 구상금채권 전액을 자동채권으로 삼아 乙의 유익비 상환채권과 상계할 것을 합리적으로 기대하는 이익이 시효 완성 전에 있었기 때문에 전액 상계할 수 있다고 주장하였다. 5) 이에 대해 법원은 어떠한 판단을 하여야 하는지, 결론과 논거를 기술하시오. (30점)(2022년 제11회 변호사시험)

(7) 1) A는 2022. 4. 1. 甲에게 1억원을 변제기 2022. 4. 30.로 정하여 대여하였고, 甲의 부탁을 받은 乙은 같은 날 A와 사이에 甲의 A에 대한 위 대여금채무를 위한 보증계약을 체결하였다. 2) 한편 乙은 2022. 5. 2. 甲에게 乙 소유의 X토지를 1억원에 매도하면서 X토지의 인도 및 소유권이전등기 소요 서류의 교부는 2022. 7. 1. 이행하기로 하였고, 대금은 계약 당일 전액 수령하였다. 그런데 甲은 2022. 5. 30. 乙에게 착오를 이유로 위 매매계약을 취소하였고, 이 취소의 의사표시는 2022. 5. 31. 乙에게 도달하여 매매계약은 적법하게 취소되었다. 3) 위 상태에서 甲에 대한 1억원 대여금 채권자 丙은 2002. 6. 2. 관할 법원에 甲을 채무자, 乙을 제3채무자로 하여 甲의 乙에 대한 위 부당이득 반환채권에 대해 압류 및 추심명령을 신청하였고, 법원은 2022. 6. 10. 압류 및 추심명령을 발령하였다. 이 압류 및 추심명령은 2022. 6. 20. 甲과 乙에게 송달되었고, 丙은 2022. 6. 21. 乙을 상대로 위 추심명령에 따른 추심금 청구의 소를 제기하였다. 한편 乙은 2022. 7. 20. A에게 甲의 A에 대한 위 대여금 채무 전액을 변제하였다. 4) 丙의 乙에 대한 추심금청구 소송에서, 乙은 甲에 대한 사전구상권과 사후구상권을 자동채권으로 하여 甲의 乙에 대한 부당이득 반환채권과 상계하였다. 乙의 각 상계 주장은 타당한가? (30점)(2023년 제12회 변호사시험)

해설 p. 111

Ⅰ. 서 설

1. 상계의 의의와 기능

(1) 쌍방이 서로 같은 종류를 내용으로 하는 채무를 부담한 경우에 쌍방의 채무의 이행기가 도래한 때에는 각 채무자는 대등액을 상계할 수 있다(492조 1항). 채무자가 상대방에게 일방적으로 상계의 의사표시(단독행위)를 한 때에는 대등액 범위에서 채무는 소멸된다(493조). 가령 A가 B에게 1천만원 금전채권이 있는데 B도 A에게 8백만원 금전채권이 있다고 하자. B가 A에게 상계의 의사표시를 함으로써, B가 A에게 부담하는 1천만원 금전채무는 대등액 8백만원 범위에서 소멸되어(일부변제는 채권자가 거절할 수 있지만 상계는 단독행위로서 그렇지 않다) 2백만원 금전채무만 남게 되는 것이 상계 제도이다. 상계는 채무자가 하는 것이다(그러므로 B뿐 아니라 A도 상계할 수 있다). B가 상계를 하는 경우, B가 A에게 가지는 8백만원 채권을 '자동채권'이라 하고, B가 A에게 부담하는 1천만원 채무를 '수동채권'이라고 한다.

(2) 상계에는 세 가지 기능이 있다. 첫째는, 각 당사자가 따로 청구하고 이행하는 번거로운 절차를 피할 수 있는 수단이 된다. 둘째는, 당사자 간에는 위 예에서 8백만원 범위에서는 상대방의 자산상태나 신용과는 무관하게 서로 동등한 가치로써 결제되는 것으로 기대하고 신뢰한다. 가령 위 예에서 A가 파산하였다고 하자. A는 B에게 1천만원을 청구하여 이를 다 받으면서 B에게는 A의 파산절차에 참가하여 권리행사를 하라는 것(아마도 8백만원을 온전히 다 받기는 어려울 것이다)은 공평치 못하다. 그래서 '채무자 회생 및 파산에 관한 법률'(416조)에서는 B가 파산절차에 의하지 않고 상계할 수 있는 것으로 정하고 있는데, 이는 당사자의 신뢰와 공평을 유지하기 위함이다. A의 B에 대한 1천만원 채권을 C에게 양도하거나, A의 채권자 甲이 압류한 경우에, B가 상계할 수 있는 것도 마찬가지이다. 셋째는, B가 상계를 하게 되면 (800만원 범위에서) A에 대한 채무는 소멸되지만 A에 대한 채권도 만족을 얻어 소멸된다. 수동채권의 존재가 자동채권의 담보로 기능하는 것이어서, 강제집행을 거칠 필요가 없다. 은행이 고객에게 대출을 하면서 대출금을 은행에 예금토록 하고 있는데, 이 경우 은행은 예금반환채무를 대출채권과 상계함으로써 대출채권을 쉽게 회수하는 것이 그러하다.

2. 상계계약 (상계예약)

(1) 민법이 정하는 상계는 채무자의 의사표시만으로 이루어지는 '단독행위'로서, 그 요건과 일정한 경우에 상계가 금지되는 것을 규율한다. 그러나 이를 강행규정으로 볼 것은 아니기 때문에, 당사자 간의 '계약'으로 민법의 상계에 관한 규정과는 달리 정할 수 있고, 이것은 계약자유의 원칙상 유효한데, 이를 「상계계약」이라고 한다. 예컨대, 상계의 요건으로 채권의 대립이 동일 당사자 간에 존재하여야 할 필요는 없고(채무자의 제3자에 대한 채권과 상대방의 채무자에 대한 채권을 3자 간에 합의가 있으면 상계할 수 있다), 상계가 금지된 경우에도 상계할 수 있는 것으로 정할 수 있으며(496조~498조 참조), 상계의 요건으로서 양 채권이 동종의 목적을 가질 것도 필요 없고, 양 채권의 변제기 도래 여부도 특별히 문제되지 않으며(492조 1항 참조), 또 상계에 조건이

나 기한을 붙여도 무방하다.

(2) 장래 일정한 사유가 발생한 때에는 별도의 의사표시 없이도 대립하는 채권이 대등액에서 당연히 소멸되는 것으로 약정하는 것을 「상계예약」이라고 부른다(「정지조건부 상계계약」이라고도 한다). 이러한 약정은 보통 은행이 수동채권(예: 고객의 예금 등)에 대해 다른 채권자의 압류 등에 대비하여 자동채권의 만족을 얻기 위해 상계의 담보적 기능을 극대화하기 위한 방편으로 활용되고 있다(민법주해(XI), 356면 이하(윤용섭)). 이것은 후술할 민법 제498조에 대한 판례이론과도 연관되는데, 은행의 수동채권에 대해 다른 채권자의 압류가 있으면 위 상계예약의 특약에 따라 동시에 자동채권의 변제기가 도래한 것으로 하고 또 상계의 의사표시 없이도 당연히 상계가 된 것으로 하는 점에서 특색이 있다.

Ⅱ. 상계의 요건

(단독행위로서의) 상계의 요건으로는 상계적상에 있어야 하고, 또 그것이 상계할 당시에 유지되고 있어야 한다.

> 제492조 〔상계의 요건〕 ① 쌍방이 서로 같은 종류를 목적으로 하는 채무를 부담한 경우에 그 쌍방의 채무의 이행기가 도래한 때에는 각 채무자는 대등액에 관하여 상계할 수 있다. 그러나 채무의 성질이 상계를 허용하지 아니할 때에는 그러하지 아니하다. ② 전항의 규정은 당사자가 다른 의사를 표시한 경우에는 적용하지 아니한다. 그러나 그 의사표시로써 선의의 제3자에게 대항하지 못한다.

1. 상계적상相計適狀

상계를 하려면 민법 제492조 1항에서 정한 요건을 갖추고, 또 상계가 금지되는 것(492조 2항·496조~498조)이 아니어야 한다. 이 요건을 갖춘 상태를 '상계적상'이라고 한다.

a) 채권이 대립하고 있을 것(492조 1항 본문) 자동채권과 수동채권이 존재하여야 한다. (ㄱ) 1) 자동채권은 채무자(상계자)가 채권자(상대방)에 대해 가지는 채권이어야 한다.[1] 제3자가 상대방에 대해 가지는 채권으로는 상계할 수 없다(대판 2022. 12. 16, 2022다218271). 2) 그러나 이 원칙에는 예외가 있다. ① '타인이 가지는 채권'으로써 상계할 수 있다. 즉, 상계할 채권이 있는 연대채무자가 상계하지 않는 경우에는 그 채무자의 부담부분에 한해 다른 연대채무자가 상계할 수 있고(418조 2항), 보증인은 주채무자가 채권자에 대해 가지는 채권으로써 상계할 수 있다(434조). ② '타인에 대한 채권'으로써 상계할 수 있다. 즉, 어느 연대채무자가 사전통지 없이 면책행위를 한 후에 다른 연대채무자에게 구상하는 경우에 다른 연대채무자가 채권자에 대해 채권을 가지고 있는 때에는 그 채권으로써 위 구상채무와 상계할 수 있고(426조 1항), 보증인이 사전통지 없이 면책행위를

1) 그 채권에 관하여 소송을 제기하여 법원에 계속 중에 있는 경우에도 상계할 수 있다(대판 1975. 6. 24, 75다103). 상계는 변제를 강제하는 것과 같으므로, 채권의 양수인이 양수채권을 자동채권으로 하여 (채무자에 대해 부담하는 채무와) 상계하려면 채권양도의 대항요건을 갖추어야 한다(양창수·김재형, 계약법, 338면).

한 후에 주채무자에게 구상하는 경우에 주채무자가 채권자에 대해 채권을 가지고 있는 때에는 그 채권으로써 위 구상채무와 상계할 수 있으며(445조 1항), 채권양도의 경우에 채무자는 양도인에 대한 채권으로써 양수인에 대한 채무와 상계할 수 있다(451조 2항). (ㄴ) 수동채권은 채권자가 채무자에 대해 가지는 채권이어야 한다. ① 제3자는 채무자를 위하여 변제할 수 있지만, 그가 채권자에 대해 가지는 채권으로써 채권자의 채무자에 대한 채권과 상계하지는 못한다는 것이 통설적 견해이다. ② 마찬가지로 채권자의 채권자가 가지는 채권으로써 채권자가 제3자에 대해 가지는 채권과는 상계할 수 없다. 상계할 수 있다고 한다면, 채권자가 제3자에 대해 급부를 받을 이익을 침해할 뿐만 아니라, 채권자의 채권자들 사이에서 상계자인 채권자만 독점적인 만족을 얻게 되는 불합리한 결과를 초래하기 때문이다.[1]

b) 쌍방 채권의 내용이 같은 종류일 것(492조 1항 본문) 대립하는 채권이 금전채권 등과 같이 같은 종류를 내용으로 하는 것이어야 하며,[2] 따라서 상계를 할 수 있는 것은 종류채권에 한한다. 채권액이 동일할 필요는 없으며, 양 채권의 이행지가 다르더라도 상계할 수 있다(494조).

c) 쌍방의 채권이 변제기에 있을 것(492조 1항 본문) (ㄱ) 자동채권은 반드시 이행기에 있어야 한다. 그렇지 않으면 상대방은 이유 없이 기한의 이익을 잃게 되기 때문이다.[3] 그러나 수동채권은 채무자가 기한의 이익을 포기할 수 있으므로(153조 2항), 이행기 도래 전이라도 이를 포기하고 상계할 수 있다.[4] (ㄴ) 여기서 '채무의 이행기가 도래한 때'란, 채권자가 채무자에게 이행을 청구할 수 있는 시기가 도래하였음을 말하는 것이지 채무자가 이행지체에 빠지는 시기를 말하는 것이 아니다. 따라서 기한의 정함이 없는 채권은 그 채권의 성립과 동시에 상계할 수 있는 것이고, 그 이행청구를 필요로 하는 것이 아니다(대판 1981. 12. 22, 81다카10).[5]

---

1) 판례는, 유치권이 인정되는 아파트를 경락·취득한 자가 아파트 일부를 점유·사용하고 있는 유치권자에 대한 부당이득금 반환채권을 자동채권으로 하고 유치권자의 종전 소유자에 대한 유익비 상환채권을 수동채권으로 하는 상계는 허용되지 않는다고 보았다(대판 2011. 4. 28, 2010다101394).

2) 확정된 벌금채권을 자동채권으로 하여 국가가 사인의 국가에 대한 채권과 대등액을 상계할 수 있는지에 대해, 판례는 「상계는 쌍방이 서로 상대방에 대하여 같은 종류의 급부를 목적으로 하는 채권을 가지고 자동채권의 변제기가 도래하였을 것을 그 요건으로 하는 것인데, 형벌의 일종인 벌금도 일정 금액으로 표시된 추상적 경제가치를 급부목적으로 하는 채권인 점에서는 다른 금전채권들과 본질적으로 다를 것이 없고, 다만 발생의 법적 근거가 공법관계라는 점에서만 차이가 있을 뿐이나 채권 발생의 법적 근거가 무엇인지는 급부의 동종성을 결정하는 데 영향이 없으며, 벌금형이 확정된 이상 벌금채권의 변제기는 도래한 것이므로 달리 이를 금하는 특별한 법률상 근거가 없는 이상 벌금채권은 적어도 상계의 자동채권이 되지 못할 아무런 이유가 없다」고 한다(대판 2004. 4. 27, 2003다37891).

3) 판례: 채권양수인이 양수채권을 채무자에 대한 자신의 채무(수동채권)와 상계하는 경우에는, 채권양도의 대항요건이 갖추어진 때에 자동채권을 행사할 수 있으므로, 본래의 변제기가 도래하였다고 하더라도 위 대항요건을 갖춘 날이 상계적상일이 되고, 상계를 하면 이때로 소급하여 효력이 생긴다(493조 2항 참조)(대판 2022. 6. 30, 2022다200089).

4) 판례: 「임대인의 임대차보증금 반환채무는 임대차계약의 종료 시점에 이행기에 도달한다. 그리고 임대인으로서는 임대차보증금 없이도 부동산 임대차계약을 유지할 수 있으므로, 임대차계약이 존속 중이라도 임대차보증금 반환채무에 관한 기한의 이익을 포기하고 임차인의 임대차보증금 반환채권을 수동채권으로 하여 상계할 수 있고, 임대차 존속 중에 그와 같은 상계의 의사표시를 한 경우에는 임대차보증금 반환채무에 관한 기한의 이익을 포기한 것으로 볼 수 있다」(대판 2017. 3. 15, 2015다252501).

5) 수급인이 공사가 완공된 후 하자보수 보증금을 도급인에게 지급하기로 하였는데, 공사의 준공검사 후 공사잔대금에 대해 도급인의 채권자가 압류 및 전부명령을 받은 사안이다. 이 경우 공사가 완공된 시점에 그 청구가 없어도 수급인의 하자보수 보증금의 이행기는 도래한 것이 되고, 따라서 전부명령 이전에 공사잔대금채무와 상계적상에 있는 것이어서 도급인은 상계로써 전부채권자에게 대항할 수 있다고 보았다.

d) 채권의 성질상 상계가 허용되는 것일 것(492조 1항 단서) (ㄱ) 부작위채무나 하는 채무는 현실적으로 이행을 하여야 채권의 목적을 달성할 수 있으므로 성질상 상계가 허용되지 않는다. 자동채권에 항변권이 붙어 있는 경우에도 마찬가지이다. 상계를 허용하면 상대방은 이유 없이 항변권을 상실하기 때문이다.[1] (ㄴ) 그러나 수동채권에 항변권이 붙어 있는 경우에는 채무자가 이를 포기하고 상계하는 것은 무방하다. 그리고 (상계의 대상이 될 수 있는) 쌍방의 채권이 동시이행의 관계에 있는 경우에도 상계할 수 있다. 예컨대 동시이행의 관계에 있는 매도인의 담보책임에 기한 손해배상채무와 매수인의 대금채무(583조), 수급인의 담보책임에 기한 손해배상채무와 도급인의 보수지급채무(667조 3항)는 각각 서로 상계할 수 있다.[2]

e) 상계가 금지된 채권이 아닐 것(492조 2항·496조~498조) 당사자는 상계를 금지하는 것으로 약정할 수 있고(492조 2항), 또 채무자가 실제로 변제를 하여야 할 일정한 수동채권에 대해서는 법률로써 상계를 금지하는 것으로 정하는데(496조~498조), 이에 관해서는 편의상 따로 설명한다(p.104 'Ⅲ. 상계의 금지' 참조).

2. 상계적상의 현존

(1) 원 칙

상계적상은 상계할 당시에 현존하여야 한다. 상계적상에 있었더라도 상계를 하지 않는 동안에 일방의 채권이 변제 등으로 소멸된 때에는 상계할 수 없다.

(2) 예 외

(ㄱ) 민법은 '자동채권'이 시효로 소멸된 경우에는 위 원칙에 대해 예외를 인정하여, 「소멸시효가 완성된 채권이 그 완성 전에 상계할 수 있었던 것이면 채권자는 상계할 수 있다」고 정한다(495조). ① 당사자 쌍방의 채권이 상계적상에 있었던 경우에는 당사자들은 그 채권·채무가 이미 정산되어 소멸되었다고 생각하는 것이 보통이므로(즉 상계의 의사표시를 하지 않아도), 당사자의 신뢰를 보호하기 위한 취지에서 마련한 규정이다. 따라서 그러한 신뢰관계가 없는 경우, 즉 이미 소멸시효에 걸린 타인의 채권을 양도받아 이를 자동채권으로 하여 상계하는 것은 인정되지 않는다. 한편 '수동채권'이 소멸시효에 걸린 때에는, 채무자는 제495조와는 관계없이 시효의 이익을 포기하고 상계할 수 있다. ② 동조는 자동채권의 소멸시효 완성 전에 양 채권이 상계적상에 이르렀을 것을 요건으로 한다. 따라서 임차인의 유익비 상환채권은 임대차계

---

1) 판례는, 「수탁보증인이 주채무자에 대하여 가지는 민법 제442조의 사전구상권에는 민법 제443조 소정의 이른바 면책청구권이 항변권으로 부착되어 있는 만큼, 이를 자동채권으로 하는 상계는 허용될 수 없다」고 한다(대판 2001. 11. 13, 2001다55222, 55239). 다만 민법 제443조는 임의규정으로서 주채무자가 사전에 담보제공청구권 등 항변권을 포기한 경우에는, 보증인은 사전구상권을 자동채권으로 하여 주채무자에 대한 채무와 상계할 수 있다(대판 2004. 5. 28, 2001다81245).

2) 판례: 「상계제도는 서로 대립하는 채권·채무를 간이한 방법에 의하여 결제함으로써 양자의 채권·채무관계를 원활하고 공평하게 처리함을 목적으로 하고 있으므로, 상계의 대상이 될 수 있는 자동채권과 수동채권이 동시이행관계에 있다고 하더라도 서로 현실적으로 이행하여야 할 필요가 없는 경우라면, 상계로 인한 불이익이 발생할 우려가 없고 오히려 상계를 허용하는 것이 동시이행관계에 있는 채권·채무관계를 간명하게 해소할 수 있으므로 상계가 허용된다」(대판 2006. 7. 28, 2004다54633).

약이 종료된 때에 발생하는데(626조 2항) 그 전에 임대인의 임차인에 대한 구상금채권이 이미 시효로 소멸된 경우에는, 그 이후에 이를 자동채권으로 삼아 임차인의 유익비 상환채권과 상계할 수는 없다(대판 2021. 2. 10, 2017다258787). 또한, 임대인의 임대차보증금 반환채무는 임대차계약이 종료된 때에 발생하므로, 임대차존속 중 차임채권의 소멸시효가 완성된 경우에도 동조에 따라 상계할 수는 없다. 다만, 차임 지급채무가 상당기간 연체되고 있음에도 계약 해지 등이 없이 임대차관계가 지속되는 경우, 이는 임대인과 임차인 모두 차임채권이 소멸시효와 상관없이 임대차보증금에 의해 담보되는 것으로 신뢰하고, 나아가 장차 임대차보증금에서 충당 공제되는 것을 용인하겠다는 묵시적 의사가 있다고 볼 수 있어, (시효로 소멸된) 연체 차임은 동조를 유추적용해서 임대차보증금에서 공제할 수는 있다(대판 2016. 11. 25, 2016다211309; 대판 2021. 2. 10, 2017다258787). ③ 매도인이나 수급인의 담보책임을 기초로 한 손해배상채권의 제척기간이 지난 경우에도, 제척기간이 지나기 전 상대방의 채권과 상계할 수 있었던 경우에는, 매수인이나 도급인은 동조를 유추적용해서 위 손해배상채권을 자동채권으로 하여 상대방의 채권과 상계할 수 있다(대판 2019. 3. 14, 2018다255648). (ㄴ) 채권자와 「연대보증인」 사이의 각 채권이 상계적상에 있었는데, 후에 주채무자에 대한 채권이 시효로 소멸된 경우, 채권자는 연대보증인에 대한 채권을 가지고 연대보증인의 자신에 대한 채권과 상계할 수 있는가? 통설적 견해는 민법 제495조를 유추적용하여 이를 긍정한다. 그러나 이에 대해서는, 보증채무의 부종성의 성질상 주채무의 시효소멸로 보증채무도 소멸되었기 때문에 그 상계를 인정하는 것은 보증인의 이익을 해친다는 이유로 이를 부정하는 소수설이 있다(김용한, 607면; 김주수, 513면; 김형배, 765면). 소수설이 타당하다고 본다.

Ⅲ. 상계의 금지

1. 당사자의 의사표시에 의한 금지

당사자는 상계를 반대하는 의사표시를 하여 상계를 금지할 수 있다(492조 2항 본문). 그러나 그 의사표시로써 선의의 제3자에게 대항하지 못한다(492조 2항 단서).[1]

2. 법률에 의한 금지

채권자가 실제로 변제를 받아야 할 특별한 사정이 있는 경우(또는 압류채권자 등이 채권에 대해 강제집행을 할 수 있도록 하기 위해), 민법은 채무자가 그러한 채권을 「수동채권」으로 하여 상계하는 것을 금지하는데, 다음의 것들이 그러하다.

(1) 고의의 불법행위로 인한 손해배상채권

「채무가 고의의 불법행위로 생긴 경우에는 그 채무자는 상계로써 채권자에게 대항하지 못한다」(496조). (ㄱ) 예컨대 A가 B에게 100만원의 채권이 있는데, 그 후 B를 구타하여 100만원의

1) 예컨대, A와 B 사이에 상계금지의 특약을 맺은 때에는 A와 B는 서로 상계할 수 없지만, A가 B에 대한 채권을 C에게 양도하고 C는 위 특약을 모른 경우, C는 이 양수채권을 가지고 자신의 B에 대한 채무와 상계할 수 있다. 또한, B로부터 A에 대한 채무를 인수한 선의의 제3자 D는 자기가 A에게 가지는 채권과 상계할 수 있다.

손해배상채무를 지게 된 경우, 이 채권과 채무를 상계하지는 못한다. 불법행위의 피해자로 하여금 현실의 변제를 받게 하고 보복적 불법행위의 유발(채권자가 채권의 변제를 받지 못하자 채무자에게 불법행위를 함으로써 대신 만족을 얻고자 하는 것)을 방지하려는 취지에서 둔 규정이다(피해자인 B가 손해배상채권을 「자동채권」으로 하여 상계하는 것은 무방하다). (ㄴ) ① 기망에 의한 불법행위로 인한 손해배상채무(대판 1990. 12. 21, 90다7586), 동시에 행하여진 싸움에서 서로 상해를 입힌 경우(대판 1994. 2. 25, 93다38444), 피용자의 고의의 불법행위로 인하여 사용자책임이 성립하는 경우(대판 2006. 10. 26, 2004다63019), 고의의 불법행위로 인한 손해배상채권이 성립하면서 부당이득 반환채권 또는 채무불이행으로 인한 손해배상채권도 경합하는데 후자의 채권을 행사하는 경우(이는 실질적으로 전자의 채권을 행사하는 것과 같은 점에서)(대판 2002. 1. 25, 2001다52506; 대판 2017. 2. 15, 2014다19776, 19783)에는 민법 제496조가 (유추)적용된다. ② 반면, 중과실의 불법행위에 의한 손해배상채무에는 동조는 적용되지 않는다(대판 1994. 8. 12, 93다52808). 불법행위로 인한 손해배상채권의 채무자가 이 채권의 양도인에 대한 별도의 채권자의 지위에서 채권양도가 사해행위에 해당하는 경우에 채권자취소권을 행사하는 것도 동조에 반하지 않으므로 허용된다(대판 2011. 6. 10, 2011다8980, 8997).

(2) 압류가 금지된 채권

「채권이 압류하지 못할 것인 때에는 그 채무자는 상계로써 채권자에게 대항하지 못한다」(497조). (ㄱ) 민사집행법과 그 밖의 특별법에서는 채권자의 생활에 필요불가결한 채권에 대해서는 압류를 금지하는 것으로 정한다. 본조는 압류금지의 취지를 관철하여 채권자가 실제로 변제를 받게 하기 위한 취지에서 둔 규정이다. 그러나 채권자가 압류금지채권을 자동채권으로 하여 상계하는 것은 가능하다. (ㄴ) 채권압류의 금지를 정한 것으로, ① 법령에 규정된 부양료와 유족부조료, 구호사업이나 제3자의 도움으로 계속 받는 수입, 병사의 급료, 급여채권(급료 · 연금 · 봉급 · 상여금 · 퇴직금 · 퇴직연금)의 2분의 1 상당액, 주택임대차보호법 제8조에 따라 우선변제를 받을 수 있는 소액보증금(민사집행법 246조), ② 근로자의 재해보상청구권(근로기준법 86조), ③ 자동차손해배상 보장법에 의한 피해자의 손해배상청구권(동법 40조), ④ 형사보상청구권(형사보상 및 명예회복에 관한 법률 23조) 등이 있다. (ㄷ) 위 ①에서 급여채권의 경우에는 그 2분의 1까지 상계하는 것이 가능한데, 그러나 '임금'에 한해서는 근로기준법에 특별규정이 있다. 즉, 사용자는 근로할 것을 조건으로 미리 빌려 준 금전채권과 임금을 상계하지 못하고(동법 21조), 임금은 통화로 직접 근로자에게 그 전액을 지급하여야 한다고 정한다(동법 43조). 따라서 근로기준법이 적용되는 임금에 대해서는 특히 동법 제43조에 의해 사용자가 근로자에게 가지는 채권으로써 상계할 수 없는 것으로 해석된다. 판례도 같은 취지이다(대판 1990. 5. 8, 88다카26413)(참고로 근로기준법의 규정이 사용자가 근로자의 자신에 대한 임금채권 중 2분의 1 상당액에 관하여 근로자의 채권자로부터 압류 및 전부명령을 받는 것까지 금지하는 취지는 아니다(대결 1994. 3. 16, 93마1822, 1823)). 다만 사용자가 근로자의 자유로운 의사에 기한 동의를 받아 상계하는 것은 동법 제43조를 위반하지 않아 허용된다(대판 2001. 10. 23, 2001다25184). 또 계산의 착오 등으로 임금이 초과 지급되었을 때 이 임금의 반환청구권을 자동채권으로 하여 상계하는 것은 무방하다(대판(전원합의체) 1995. 12. 21, 94다26721). 그리고 사용자가 근로자에게 월급과 함께 퇴직금으로 일정 금원을 미리 분할지급하기로 약정한 경우, 이러한 약정은 근로기준법에 반하여 무효여서 사용자는 그에 대해 부당이득 반환채권을 갖게 되는데, 이 경우 사용자가 이 부당이득 반환채권을 자동채권으로 하여 근로자의 퇴직금채권의 2분의 1을 초과하는 부분에 해당하는 금액과 상계하는 것은 허용된다(대판(전원합의체) 2010. 5. 20, 2007다90760). (ㄹ) 양도 또는 대위되는 채권이 압류가 금지된 것인 경우에는, 처음부터 이를 수동채권으로 한 상계로 채권자에게 대항하지 못할 것이어서 그 채권의 존재가 채무자의 자동채권에 대한 담보로서 기능할 여지가 없고 따라서 그 담보적 기능에 대한 채무자의 합리적 기대가 있다고도 할 수 없으므로, 그 채권이 양도되거나 대위의 요건이 구비된 이후에 있어서도 여전히 이를 수동채권으로 한 상계로써 채권양수인 또는 대위채권자에게 대항할 수 없다(대판 2009. 12. 10, 2007다30171).

(3) 지급이 금지된 채권

a) 「지급을 금지하는 명령을 받은 제3채무자는 그 후에 취득한 채권에 의한 상계로써 그 명령을 신청한 채권자에게 대항하지 못한다」(498조). (ㄱ) 지급 금지명령을 받은 채권은 그 채권에 압류나 가압류가 있는 경우로서(국세징수법에 의해 채권의 압류가 있는 경우도 이에 해당한다(대판 1979. 6. 12, 79다662)), 본조는 압류나 가압류의 효력을 유지하기 위해(다시 말해 압류채권자 등이 실제로 그 채권을 강제집행할 수 있도록) 그 채권의 채무자(제3채무자)가 그 후에 취득한 채권으로 상계할 수 없는 것으로 한 것이다. (ㄴ) 그러므로 압류나 가압류가 있기 전에 제3채무자가 채무자에 대해 채권을 가지고 있은 때에는 상계할 수 있다(상계의 공평유지기능). 그리고 그 채권이 가압류 이후에 발생한 것이더라도 그 기초가 되는 원인이 가압류 이전에 이미 성립하여 존재하고 있는 경우에는, 본조 소정의 '가압류 이후에 취득한 채권'에 해당하지 않아 상계할 수 있다(대판 2001. 3. 27, 2000다43819).[1] (ㄷ) 문제는 지급 금지 전에 취득한 채권이 압류나 가압류 당시에 상계적상에 있어야 하는가이다. 이 점에 관해 판례는 (아래와 같이) 변화가 있어 왔다.

① 처음의 판례는, 제3채무자에게 채권압류 및 전부명령이 송달된 후에는, 제3채무자가 그 명령을 송달받기 전에 채무자에 대해 상계적상에 있던 반대채권이 있었다 하여도 상계를 하지 않은 한, 그 채권은 이미 전부채권자에게 이전되었다는 이유로, 상계를 할 수 없다고 보았다(대판 1972. 12. 26, 72다2117). ② 그 후의 판례에서는, 제3채무자가 채권압류 및 전부명령을 송달받기 전에 채무자에 대해 상계적상에 있던 반대채권이 있었다면 그 명령이 송달된 이후에도 상계로써 전부채권자에게 대항할 수 있는 것으로 그 견해를 바꾸면서, 앞서의 ①의 판례를 폐기하였다(대판(전원합의부) 1973. 11. 13, 73다518). ③ 위 ②의 판례는 압류 및 전부명령이 송달되기 전에 제3채무자가 상계할 수 있는 것, 즉 양 채권의 변제기가 이미 도래해 있는 것을 전제로 하고 있는데, 그 후의 판례는 이 요건을 완화하고 있다. 즉, 압류 또는 가압류의 효력 발생 당시에 제3채무자가 채무자에 대해 갖는 자

---

1) 이 판례의 내용은 다음과 같다. 즉, 부동산 매수인의 매매잔대금 지급의무와 매도인의 가압류등기 말소의무가 동시이행관계에 있었는데, 위 가압류에 기한 강제경매절차가 진행되자 매수인이 그 채권액을 변제공탁한 것이다. 이 경우 매도인은 매수인에 대해 대위변제로 인한 구상채무를 부담하게 되고, 이 구상채무는 가압류등기 말소의무의 변형으로서 종전의 매수인의 잔대금 지급의무와 동시이행의 관계를 유지하므로, 매수인(제3채무자)의 위 구상금채권이 가압류 이후에 발생한 것이더라도 그 기초가 되는 원인은 가압류 이전에 성립하고 있었다는 이유로, 매수인은 매매잔대금채무를 구상금채권과 상계할 수 있다고 본 것이다.

동채권의 변제기가 아직 도래하지 않았더라도, 압류채권자가 그 이행을 청구할 수 있는 때, 즉 피압류채권인 수동채권의 변제기가 도래할 때에 자동채권의 변제기가 동시에 도래하거나 또는 그 전에 도래한 때에는, 제3채무자의 상계에 관한 기대는 보호되어야 한다는 이유에서 상계할 수 있는 것으로 보았다(대판 1982. 6. 22, 82다카200; 대판 1987. 7. 7, 86다카2762).[1] ④ 피압류채권인 수동채권의 변제기가 도래할 때에 자동채권의 변제기가 도래하지 않았지만, 제3채무자가 피압류채권을 채무자에게 지급하지 않고 있는 동안에 자동채권의 이행기가 도래한 경우, 상계가 허용되는지에 관해, 판례는 위 ③의 판례의 법리에 따라 상계를 할 수는 없는 것으로 보았다(대판(전원합의체) 2012. 2. 16, 2011다45521). 이러한 경우에도 상계를 인정한다면 제3채무자가 압류가 된 자신의 채무를 이행하지 않는 것을 허용하는 것이어서, 이러한 결과를 초래하면서까지 상계를 인정할 만한 보호가치는 없다고 본 것이다.

b) 저당권이 설정된 전세권의 존속기간이 만료되어 전세권저당권자가 전세금 반환채권에 대해 물상대위권을 행사하여 압류 및 추심명령 또는 전부명령을 받은 경우, 전세권설정자는 전세권자에 대한 반대채권에 의한 상계로써 전세권저당권자에게 대항할 수 있는가? 저당권은 물권으로서 채권에 우선하므로, 전세권설정자는 전세권자에 대한 반대채권에 의한 상계로써 전세권저당권자에게 대항할 수 없다. 다만, 전세권설정자의 상계에 관한 합리적 기대이익을 인정할 수 있는 특별한 경우, 즉 전세권저당권이 성립(등기)하기 전에 전세권설정자의 반대채권이 상계의 요건을 갖춘 경우(즉, 전세권저당권이 성립한 때에 이미 전세권설정자가 전세권자에 대하여 반대채권을 가지고 있고, 그 반대채권의 변제기가 장래 발생할 전세금 반환채권의 변제기와 동시에 또는 그보다 먼저 도래하는 경우)에는 상계할 수 있다(대판 2014. 10. 27, 2013다91672).

(4) 질권의 목적이 된 채권

질권의 목적이 된 채권에 대해서는 질권자가 직접 청구할 수 있고(353조 1항), 설정자는 그 채권을 처분할 수 없는 점에서(352조), 민법 제498조가 유추적용된다는 것이 통설이다. 따라서 질권설정의 통지를 받은 제3채무자는 그 통지 이후에 취득한 채권에 의한 상계로써 질권자에게 대항하지 못한다.

(5) 조합채무 등

(ㄱ) 조합의 채무자는 그의 채무를 자신이 조합원에 대해 갖는 채권과 상계하지 못한다(715조). 조합이 가지는 채권은 조합재산이 되므로, 그 충실을 위해 마련한 규정이다(자세한 내용은 p.634를 볼 것). (ㄴ) 상법은, 주식회사의 신주 발행에 있어서 신주 인수인은 회사의 동의 없이는 주금납입 채무를 그의 주식회사에 대한 채권과 상계할 수 없는 것으로 정하고 있다(상법 421조 2항). 종전에는 자본충실의 원칙상 회사 설립시를 포함하여 주주의 주금납입 채무 일반에 대해 그의 회사에 대한 채권과 상계하지 못하는 것으로 정하였었는데(상법 334조), 2011년 상법 개정으로 제

---

1) 제3채무자가 (보증인으로서) 압류채무자에 대해 사전구상권을 가지고 있는 경우에 상계로써 압류채권자에게 대항하기 위한 요건에 관해서도 대법원은 같은 법리에 입각해 판결하고 있다. 즉, 「① 압류의 효력 발생 당시 사전구상권에 부착된 담보제공청구의 항변권(민법 제443조)이 소멸되어 사전구상권과 피압류채권이 상계적상에 있거나, ② 압류 당시 여전히 사전구상권에 담보제공청구의 항변권이 부착되어 있는 경우에는 제3채무자의 면책행위 등으로 위 항변권을 소멸시켜 사전구상권을 통한 상계가 가능하게 된 때가 피압류채권의 변제기와 동시에 또는 그보다 먼저 도래하여야 한다」(대판 2019. 2. 14, 2017다274703).

334조를 삭제하고 위와 같이 상계 금지의 범위를 축소하였다.

3. 상계권의 남용

상계의 요건을 갖추었더라도, 상계를 하는 것이 (신의칙에 반하여) 상계권의 남용에 해당하는 경우에는 상계가 허용되지 않는다.

〈판 례〉 (ㄱ) 「약속어음 채무자가 지급은행에 사고신고와 함께 어음금의 지급정지를 의뢰하면서 어음금액에 해당하는 금원을 별단예금으로 예치한 경우, 그 별단예금은 어음채무자가 지급은행에 하는 예금의 일종이기는 하지만, 일반 예금채권과는 달리 부도제재 회피를 위한 사고신고의 남용을 방지함과 아울러 어음소지인의 어음상 권리가 확인되는 경우에는 당해 어음채권의 지급을 담보하려는 데 그 제도의 취지가 있는 것이므로, 예치받은 은행이 어음소지인이 정당한 권리자가 아니라고 판명되기도 전에 그 예금을 수동채권으로 하는 상계는 상계에 관한 권리를 남용하는 것으로서 그 효력을 인정할 수 없다」(대판 1989. 1. 31, 87다카800; 대판 1992. 10. 27, 92다25540; 대판 1993. 6. 8, 92다54272; 대판 1996. 3. 12, 95다47732; 대판 1998. 1. 23, 97다37104). (ㄴ) A는 그 소유 건물을 임대보증금 2억원에 B에게 임대하였다. 그 후 A는 B의 부도로 B가 발행한 약속어음의 가치가 현저하게 하락된 사정을 잘 알면서 자신이 B에게 부담하는 임대차보증금 반환채무와 상계할 목적으로 B가 발행한 약속어음 20장을 액면가의 40%에도 미치지 못하는 가격으로 할인 · 취득하고, 그 약속어음채권을 자동채권으로 하여 상계를 한 사안에서, 다음과 같이 판시하였다. 「당사자가 상계의 대상이 되는 채권이나 채무를 취득하게 된 목적과 경위, 상계권을 행사함에 이른 구체적 · 개별적 사정에 비추어, 그것이 상계제도의 목적이나 기능을 일탈하고, 법적으로 보호받을 만한 가치가 없는 경우에는, 그 상계권의 행사는 신의칙에 반하거나 상계에 관한 권리를 남용하는 것으로서 허용되지 않는다고 함이 상당하고, 상계권 행사를 제한하는 위와 같은 근거에 비추어 볼 때 일반적인 권리남용의 경우에 요구되는 주관적 요건을 필요로 하는 것은 아니다」(대판 2003. 4. 11, 2002다59481).[1] (ㄷ) 「1) ① 송금의뢰인이 착오송금임을 이유로 거래은행을 통해 혹은 수취은행에 직접 송금액 반환을 요청하고, 수취인도 그러한 사실을 인정하여 수취은행에 그 반환을 승낙하고 있는 경우, 수취은행이 수취인에 대한 대출채권 등을 자동채권으로 하여 수취인의 계좌에 착오로 입금된 금원 상당의 예금채권과 상계하는 것은, 송금의뢰인의 실수를 기화로 그의 희생 하에 당초 기대하지 않았던 채권회수의 이익을 취하는 행위로서, 송금의뢰인에 대한 관계에서 상계권을 남용하는 것이다. ② 다만, 수취은행이 선의인 상태에서 수취인의 예금채권을 담보로 대출을 하여 그 자동채권을 취득한 것이거나, 그 예금채권이 이미 제3자에 의해 압류되었다는 등의 특별한 사정이 있는 경우에는 그렇지 않다. 2) 수취인의 계좌에 착오로 입금된 금원 상당의 예금채권이 이미 제3자에 의해 압류되었다는 특별한 사정이 있어 수취은행이 수취인에 대한 대출채권 등을 자동채권으로 하여 수취인의 그 예금채권과 상계하는 것이 허용되더라도, 이는 피압류채권액의 범위에서만 가능하고, 그 범위를 벗어나는 상계는 상계권을 남용하는 것으로서 허용되지 않는다」(대판 2022. 7. 14, 2020다212958).

---

1) '채무자 회생 및 파산에 관한 법률'에는 (ㄴ)의 판결과 같은 취지의 규정이 있다. 즉 동법 제422조 4호는, 파산선고를 받은 채무자의 채무자가 지급정지 또는 파산신청이 있었음을 알고 파산채권을 취득한 때에는 상계를 할 수 없는 것으로 정하고 있다. 파산자에 대하여 채무를 부담하는 사람이 실제가치가 하락한 채권을 취득하여 파산재단에 대한 수동채권과 상계하는 것을 상계권의 남용으로 보아 이를 방지하기 위한 취지에서 마련한 규정이다(전병서, 파산법, 244면).

Ⅳ. 상계의 방법

1. 상계의 의사표시

(1) 상계는 상대방에 대한 의사표시로써 한다(493조 1항 1문). (ㄱ) 민법상 상계는 채무자의 단독행위로 되어 있으므로(492조 1항), 채무자가 채권자에게 상계의 의사표시를 하는 방식으로 이루어진다. 당사자 쌍방의 채무가 상계적상에 있다 하더라도, 별도의 의사표시 없이도 상계된 것으로 한다는 특약이 없는 한, 그 자체만으로 상계로 인한 채무 소멸의 효력이 생기는 것은 아니고, 상계의 의사표시가 있을 때에만 비로소 상계에 따른 채무 소멸의 효력이 생긴다(대판 2000. 9. 8, 99다6524). 그리고 상계 여부는 채무자의 의사에 따르는 것이며, 상계적상에 있는 자동채권이 있다 하여 반드시 상계를 하여야만 하는 것도 아니다(대판 1987. 5. 12, 86다카1340). (ㄴ) '채권의 일부양도'의 경우에는 각 분할된 부분에 대해 독립된 분할채권이 성립하므로, 그 채권에 대해 양도인에 대한 반대채권으로 상계하고자 하는 채무자는 양도인을 비롯한 각 분할채권자 중 어느 누구도 상계의 상대방으로 지정하여 상계할 수 있다(대판 2002. 2. 8, 2000다50596).[1] (ㄷ) 상계는 채무자의 단독행위이므로, 상계의 의사표시에는 행위능력을 요한다. 따라서 제한능력자인 채무자가 한 상계는 취소할 수 있다.

(2) 어음채권을 자동채권으로 하여 상계하는 경우에, 어음의 제시증권성과 상환증권성(어음법 38조·39조)을 이유로 어음을 제시·교부하여야 하는지가 문제된다. 어음금 전액에 대해 상계를 하는 때에는, 어음을 교부하고 상계의 의사표시를 하지 않으면 상계의 효력이 생기지 않는다(대판 1976. 4. 27, 75다739). 이때 어음의 교부는 상계의 효력발생요건이므로 상계의 의사표시를 하는 자가 이를 주장·입증하여야 한다(대판 2008. 7. 10, 2005다24981).

2. 조건 및 기한부 상계의 금지

상계는 단독행위이므로, '조건'을 붙이는 것은 상대방의 지위를 불안하게 하기 때문에 허용되지 않는다. 그리고 상계는 소급효를 갖기 때문에(493조 2항), 도래한 때부터 효력이 생기는 '기한'(152조)은 붙이지 못한다(493조 1항 2문).

Ⅴ. 상계의 효과

1. 채권 대등액의 소멸

상계에 의해 당사자 쌍방의 채권은 대등액에서 소멸된다(493조 2항). 쌍방의 채권액이 동일하지 않은 때에는 잔액에 대한 채권이 잔존한다.

---

1) A건설은 B교회에 공사잔대금 채권 6억원이 있고, B는 그 공사의 하자로 인해 A에게 1억원 손해배상채권이 있는데, A는 B에 대한 위 채권 중 3억원 채권을 C에게 양도하였다. B가 C를 상대로 양수금 3억원 중 A에 대한 1억원 채권에 대해 상계를 하였다. 이에 대해 C가, B는 먼저 A를 상대로 상계를 하여야 하고, C를 상대로 상계를 할 때에는 그 비율(즉, 3억원×1억/6억=5천만원)에 따라 상계할 수 있을 뿐이라고 주장하였다. 그러나 이 판례는 위와 같은 이유를 들어 C의 항변을 배척하고 B의 상계 주장을 인용하였다.

2. 상계의 소급효

(1) 상계의 의사표시가 있으면 각 채무는 상계할 수 있는 때에 대등한 금액만큼 소멸된 것으로 본다(493조 2항). (ㄱ) 이 조항에서 '각 채무가 상계할 수 있는 때'란, 양 채권이 모두 변제기가 도래한 경우와 수동채권의 변제기가 도래하지 않았다고 하더라도 기한의 이익을 포기할 수 있는 경우를 포함한다(대판 2011. 7. 28, 2010다70018). (ㄴ) 상계적상에 있는 채권을 가진 당사자는 이미 그 채권관계가 결제된 것으로 취급하는 것이 보통이므로, 상계의 의사표시에 소급효를 인정한 것이다. 따라서 상계적상 이후에는 이자는 발생하지 않고 이행지체도 소멸된다. (ㄷ) 상계적상 시점 이전에 수동채권의 변제기가 이미 도래하여 지체가 발생한 경우에는, 상계적상 시점까지의 수동채권의 약정이자와 지연손해금을 계산한 다음 자동채권으로써 먼저 수동채권의 약정이자와 지연손해금을 소각하고 잔액을 가지고 원본을 소각하여야 한다(대판 2005. 7. 8, 2005다8125).

(2) 상계의 소급효는 양 채권과 이에 관한 이자나 지연손해금 등을 정산하는 기준시기를 소급하는 것일 뿐이고, 상계의 의사표시 전에 이미 발생한 사실까지 뒤집는 것은 아니다(대판 2015. 10. 29, 2015다32585). 예컨대 A가 B에게 반대채권을 가지고 있음에도 채무를 변제한 경우에는 그 변제는 유효하며 더 이상 상계할 수 없다(상계적상이 갖추어지지 않았으므로). 채무불이행을 이유로 계약을 해제한 경우에도 같다.

3. 이행지가 다른 채무의 상계와 손해배상

(ㄱ) 자동채권과 수동채권이 서로 그 이행지를 달리하여도 채무자는 일방적으로 상계할 수 있다(494조 본문). 이행지 등의 장소적 문제는 상계의 요건인 동종성의 중요한 요소가 아니고, 또 이행지가 다르더라도 이에 비해 채무자의 상계에 따른 이익을 보호하는 것이 더 가치가 큰 것으로 판단한 것이다(민법주해(XI), 401면(윤용섭)). (ㄴ) 그러나 이행지에 관하여 특별한 이익을 가지는 상대방은 손해를 입을 수 있는데, 이때에는 상계하는 자가 그의 과실 여부를 묻지 않고 이를 배상하여야 한다(494조 단서). 그 「손해」는 상대방이 이행지에서 급부를 받을 수 없게 됨으로써 입은 불이익인데, 이행지를 달리하기 때문에 생기는 가격의 차이, 이행지까지의 운송비, 전매를 전제로 한 이익 등이 포함되고, 그 범위는 상당인과관계의 원칙에 따라야 한다(민법주해(XI), 403면(윤용섭)).

4. 상계의 충당

「제476조 내지 제479조(변제의 충당)의 규정은 상계에 준용한다」(499조). 채무자가 동일한 채권자에게 같은 종류를 내용으로 하는 수개의 채무(수동채권)를 부담하는데 그 전부를 소멸시키기에 부족한 자동채권을 가지고 상계를 하는 경우, 변제의 충당에 관한 민법 제476조 내지 제479조의 규정을 준용한다(499조). 이를 '상계충당'이라고 한다.[1] 다만, 변제충당에 관한 위 규정

1) 판례: 1) 「상계의 의사표시가 있는 경우 채무는 상계적상 시로 소급하여 대등액이 소멸되므로(493조 2항), 상계에 따른 양 채권의 차액 계산 또는 상계충당은 상계적상의 시점을 기준으로 한다. 따라서 그 시점 이전에 수동채권에 이자나 지연손해금이 발생한 경우, 상계적상 시점까지 수동채권의 이자나 지연손해금을 계산한 다음, 자동채권으로써 먼저 그 이자나 지연손해금을 소각하고 잔액을 가지고 원본을 소각하여야 한다」(대판 2021. 5. 7, 2018다25946). 2) 甲이 乙의 丙에 대한 (계약 해제에 따른) 매매대금 반환채권에 대해 압류 및 전부명령을 받아 丙에게 그 지급을 구

은 임의규정이므로, 상계충당의 경우에도 당사자 간의 약정으로 다르게 정할 수는 있다(대판 2015. 6. 11, 2012다10386).

사례의 해설 (1) 동시이행의 항변에 관한 丙의 첫 번째 주장은 타당하다. 그리고 매매잔대금 1억원에 대해 戊의 가압류결정이 있는 경우에도, 丙은 동시이행의 항변권을 포기하고 상계할 수 있고, 또 수동채권의 변제기가 도래하기 전에 자동채권의 변제기가 그 전이나 동시에 도래하는 이상 상계할 수 있는데, 丙이 甲에게 갖는 자동채권의 변제기가 수동채권보다 앞서 있으므로, 丙은 5천만원 범위에서 상계할 수 있다. 한편 동시이행의 항변권은 이 5천만원 범위에서만 포기한 것으로 볼 것이므로, 결국 '丙은 甲으로부터 Y토지를 인도받고 저당권설정등기를 말소받음과 동시에 甲에게 5천만원을 지급하라.'는 상환이행판결을 할 것이다.

(2) 채권양도는 채권이 그 동일성을 유지하면서 양도인으로부터 양수인에게 이전되는 것이므로, 채무자가 양도인에 대해 반대채권을 가지고 있는 때에는 이 채권으로써 양수인의 양수금채권과 상계할 수 있다. 다만 민법 제492조 소정의 상계적상의 요건을 갖추어야 하는데, 특히 상계할 당시에 자동채권의 변제기가 도래하여야만 한다. 설문에서 A가 소송에서 상계 주장을 한 변론종결(2012. 12. 30.) 당시에는 A의 D에 대한 자동채권의 변제기(2012. 11. 1.)가 도래한 상태이므로, A의 상계 항변은 인용될 것이다.

(3) 도급계약을 해제하더라도 기성고 부분에 대해서는 수급인이 공사대금채권을 가진다는 것이 판례의 견해이다. 사안에서 甲이 그의 소유 상가를 담보로 제공하여 乙이 5억원의 대출금을 받도록 한 것은 공사대금의 실질적 선급에 해당하므로, 甲이 乙에게 기성고 부분의 공사대금을 지급하여야 할 채무와 乙이 甲 소유의 상가에 대한 丙 명의의 저당권등기를 말소해 줄 의무는 동시이행의 관계에 있다. 나아가 甲이 乙의 채무를 丙에게 대위변제함으로써 乙이 甲에게 지게 된 구상금채무도 근저당권 말소의무의 변형물로서 그 대등액 범위 내에서 甲의 공사대금채무와 동시이행의 관계에 있다(대판 2010. 3. 25, 2007다35152). 따라서 丁은 이러한 상태에 있는 乙의 甲에 대한 공사대금채권을 압류·전부받은 것에 지나지 않으므로, 즉 甲의 乙에 대한 구상금채권은 상계가 금지되는 제498조 소정의 채권에 해당하지 않으므로, 甲은 乙에 대한 구상금채권을 자신의 공사대금채무와 상계할 수 있다.

(4) 乙의 잔금 지급의무와 甲의 (丙 명의의) 가압류등기 말소의무는 2017. 5. 1.자로 동시이행의 관계에 있다. 이후 乙은 丙에게 대위변제를 함으로써 (丙 명의의 가압류등기는 말소가 되고) 甲에게 구상금채권을 취득하게 되는데, 이는 甲이 乙에게 부담하는 위 가압류등기 말소의무의 변형에 지나지 않는 것이다. 다시 말해 乙의 잔금 지급의무와 甲의 구상금 지급의무도 동시이행의 관계를 유지하게 된다. 그런데 이러한 동시이행의 관계는 2017. 5. 1.자로 발생하였고, 이때부터 상계할 수 있다. 己는 그 이후인 2017. 7. 3. 자로 가압류결정의 효력을 얻게 된 것이므로, 이 경우 민법 제498조는 적용되지 않는다. 乙은 자신의 잔금채무에서 甲에 대한 구상금채권 1억 5천만원 부분

하자, 丙이 乙에 대한 사용이익 반환채권을 자동채권으로 하여 상계 항변을 한 사안이다. 여기서 수동채권인 매매대금 반환채권은 매매계약이 해제된 날 발생하였고 丙의 자동채권은 그 해제 무렵부터 차례로 발생하였는데, 각각의 자동채권이 발생한 때 양 채권은 모두 이행기에 이르러 상계적상에 있으므로, 자동채권으로 상계적상일을 기준으로 발생한 수동채권의 이자나 지연손해금을 먼저 소멸시키고, 잔액이 있으면 원금을 소멸시켜야 한다(다시 말해 상계적상일을 기준으로 매매대금 반환채권의 원리금에서 자동채권의 합계액을 빼는 방식으로 상계하면 안 된다). 따라서 이러한 상계충당 후 남은 원금에 대해서만 상계적상일 다음 날부터 민법 제548조 2항에서 정한 이자가 발생한다.

을 상계할 수 있다(대판 2001. 3. 27, 2000다43819 참조). 그리고 乙이 甲에게 2017. 5. 20. 지급한 5천만원은 己의 가압류 결정이 효력이 생긴 날(2017. 7. 3.) 전에 이루어진 것이므로, 그 일부 변제 역시 유효하다(민사집행법 291조, 227조 3항). 결국 己는 乙로부터 잔금 3억원 중 1억원 범위에서만 집행할 수 있다.

(5) 乙이 X건물에 설정된 C 명의 저당권등기를 말소해 줄 의무와 甲이 매매대금을 지급할 의무는 동시이행의 관계에 있다. 한편 乙에 대한 채권자 丙은 乙이 甲에게 갖는 매매대금채권에 대해 압류 및 추심명령을 받았고, 이후 甲이 C에게 저당권의 피담보채권액 5천만원을 대위변제함으로써 乙에게 5천만원의 구상금채권을 갖게 되었는데, 이것은 乙이 甲에게 부담하는 저당권등기 말소의무의 변형에 지나지 않는다. 다시 말해 甲의 乙에 대한 구상금채권은 丙의 압류 이후에 생긴 것이지만, 그 기초가 되는 원인은 압류 이전에 이미 성립하여 존재하고 있던 위 동시이행 관계에 기초하는 것이어서, 이러한 경우에는 민법 제498조 소정의 '지급을 금지하는 명령을 받은 후에 취득한 채권'에 해당하지 않아, 甲은 乙에 대한 매매대금 채무에서 5천만원 구상금채권을 상계할 수 있다(대판 2001. 3. 27, 2000다43819).

(6) 乙은 甲에게 유익비 2억원 상환을 청구하였는데 甲은 유익비가 1억원이라고 항변하고 있다. 한편 甲은 乙에 대한 구상금채권(3천만원과 7천만원)을 가지고 위 유익비 상환채무와 상계한다고 하였는데, 乙은 3천만원 구상금채권은 시효로 소멸되었다고 항변하고 있다. 이 두 가지 쟁점에 대해 나누어 설명한다. (ㄱ) 임차인이 유익비를 지출한 경우에는, 임대차가 종료된 때에 그 가액의 증가가 현존한 경우에 한해, 임대인은 임차인이 지출한 금액이나 그 증가액 중 어느 하나를 선택하여 상환하여야 한다(626조 2항). 甲은 지출비용 1억원을 선택하였으므로, 임대차 종료일인 2021. 7. 1. 이 금액을 乙에게 상환할 채무를 진다. (ㄴ) 2021. 9. 1. 甲은 乙에게 구상금채권을 행사(상계)하였다. 그런데 甲이 乙에게 갖는 3천만원 구상금채권은 2011. 7. 1.부터 2021. 6. 30. 사이에 시효로 소멸된다. 다만 소멸시효가 완성된 채권이라도 완성 전에 상계할 수 있었던 것이면 그 채권자는 상계할 수 있지만(495조), 유익비 상환채무는 2021. 7. 1.에 변제기가 도래하고 3천만원 구상금채권은 그 전에 이미 시효로 소멸되어 양 채권이 상계적상에 있지 않았으므로, 甲은 3천만원 구상금채권을 유익비 상환채무와 상계할 수 없다(대판 2021. 2. 10, 2017다258787). 한편, 甲이 乙에게 2011. 6. 30. 3천만원 구상금채권에 대해 최고를 하였어도, 그로부터 6개월 내에 재판상 청구 등 별도의 시효중단 조치를 취하지 않았으므로 시효는 중단되지 못한다(174조). (ㄷ) 甲의 상계 항변은 7천만원 구상금채권 부분에 대해서만 인용될 수 있다. 乙의 유익비 상환청구는 3천만원 범위에서만 일부 인용된다.

(7) 지급을 금지하는 명령을 받은 제3채무자는 그 후에 취득한 채권에 의한 상계로 그 명령을 신청한 채권자에게 대항하지 못한다(498조). 따라서 피압류채권인 수동채권의 변제기가 도래할 때에 자동채권의 변제기가 동시에 도래하거나 그 전에 도래한 때에는, 제3채무자의 상계에 관한 기대는 보호되어야 하므로 상계할 수 있다(대판 1987. 7. 7, 86다카2762). 설문에서 丙은 甲의 乙에 대한 1억원 부당이득 반환채권에 관해 압류 및 추심명령을 받았는데, 그 채권의 변제기는 2022. 5. 31.이다. 이에 대해 乙(제3채무자)은 보증인으로서 주채무자 甲에 대한 사전구상권과 사후구상권을 甲의 乙에 대한 부당이득 반환채권과 상계한다고 주장하고 있는 것인데, 그 인용 여부를 검토한다. (ㄱ) 보증인 乙은 2022. 7. 20. 채권자 A에게 변제함으로써 주채무자 甲에게 사후구상권을 취득한다(441조). 그런데 이 구상권은 압류의 효력이 생긴 2022. 6. 10. 이후에 발생한 것이어서 민법 제498조에 따라 상계할 수 없다. (ㄴ) 乙은 수탁보증인으로서 주채무의 이행기가 도래한 때에는 (사후구상권과는 별도로) 사전구상권을 취득한다(442조 1항 4호). 그런데 이 사전구상권에는 주채무자(甲)의 담보제공청구 등의 항

변권(443조)이 붙어 있어 상계가 허용되지 않는다. 상계를 허용하면 주채무자가 일방적으로 항변권을 잃게 되기 때문이다. 다만, 주채무자의 항변권이 소멸된 경우에는 위 판례의 법리에 따라 상계가 가능한데(대판 2019. 2. 14., 2017다274703), 설문에서는 乙이 A에게 1억원을 변제함으로써 그러한 항변권이 소멸하였다고 볼 수 있지만, 그 변제는 2022. 7. 20. 이루어졌고, 이 날 비로소 사전구상권을 가지고 상계할 수 있는지가 문제될 것인데, 이 날짜는 피압류채권(甲의 乙에 대한 부당이득 반환채권)의 변제기(2022. 5. 31.) 이후에 도래한 것이어서 (다시 말해 압류명령에 대해 乙의 상계에 관한 기대를 보호할 수 있는 것이 아니어서) 상계할 수 없다. 사례 p. 97

제6관 경 개更改

I. 경개의 의의와 기능

1. 경개는 하나의 계약으로 구채무를 소멸시키는 것과 동시에 신채무를 성립시키는 것을 내용으로 하는 것이다. 이를 통해 구채무가 소멸되는 점에서 채권의 소멸원인이 되는 것이고, 그것은 신채무를 성립시키고 구채무를 소멸시키려는 당사자의 의사에 기초하는 것이다. 경개에서는 구채무를 소멸시키는 대신에 신채무를 성립시키는 것으로서, 「구채무의 소멸」과 「신채무의 성립」은 서로 의존관계에 있다. 즉 구채무가 원인의 불법 등으로 무효여서 성립하지 않는 때에는 신채무도 성립할 수 없어 경개는 무효이고, 반대로 신채무가 성립하지 않는 때에는 구채무는 소멸되지 않는 것으로 된다.

2. 경개에는 세 가지가 있다. 즉 내용의 변경(500조), 채무자의 변경(501조), 채권자의 변경(502조)으로 인한 경개가 그것이다. 그런데 내용의 변경은 내용변경의 합의로써, 채무자의 변경은 채무인수로써, 채권자의 변경은 채권양도의 방식을 통해서도 이룰 수 있고, 또 이것이 일반적으로 활용되고 있다. 특히 이들 제도는 종전의 채권 · 채무의 동일성이 유지되므로, 채권자는 담보를 잃을 염려가 없고 채무자는 항변권을 잃을 염려가 없는 점에서도 당사자의 이익 내지 의사에도 합치되는 반면, 경개에서는 구채무가 소멸되는 점에서 채권자는 담보를 잃고 채무자는 항변권을 잃게 되는 점에서 이것이 인정되는 경우는 예외적인 것으로 되어 있다. 판례도, 기존 채권이 제3자에게 이전된 경우에 당사자의 의사가 명백하지 않은 때에는, 위와 같은 이유로써 경개가 아닌 채권의 양도로 보아야 한다고 한다(대판 1996. 7. 9, 96다16612).

로마법에서는 채무의 중요한 부분이 변경되면 채무의 동일성이 상실되는 것으로 인식되었으며, 채권의 양도와 채무의 인수가 이에 해당하는 것으로 보아 종전의 채권 · 채무는 소멸되는 것으로 보았고, 이 역할을 담당한 것이 경개제도이다. 이에 반해 독일 민법은 채권의 동일성을 유지하면서 채권의 양도와 채무의 인수를 인정하였고, 이에 배치되는 경개제도는 두지 않았다. 우리 민법은 채권양도와 채무인수를 인정하면서 경개도 같이 인정하고 있는데, 경개제도의 역할은 극히 한정되어 있다는 것이 일반적인 평가이다.

Ⅱ. 경개의 요건

1. 구채무의 존재

경개는 구채무舊債務를 소멸시키는 것과 동시에 신채무를 성립시키는 것을 목적으로 하는 것이므로, 구채무가 유효하게 존재하는 것을 전제로 한다. 따라서 구채무가 강행법규 위반으로 무효인 때에는 경개는 무효가 된다. 한편, 구채무의 발생원인이 되는 법률행위에 취소원인이 있는 때에도, 당사자가 이의를 달지 않고 경개를 한 때에는 추인한 것으로 간주되어(145조 3호), 그 경개는 유효한 것으로 확정된다.

2. 신채무의 성립

(1) 구채무의 소멸에 대신하여 신채무가 유효하게 성립하여야 한다. 따라서 신채무가 성립하지 않는 때에는 구채무는 소멸되지 않는다.[1)]

(2) 민법은 구채무가 소멸되지 않는 경우로서, ① 신채무가 원인의 불법으로 성립하지 않는 때, ② 신채무가 그 외의 사유(예: 급부불능)로 성립하지 않는데 당사자가 이를 알지 못한 때, ③ 신채무가 취소된 때의 세 가지를 주의적으로 열거하고 있다(504조). 이 중 특히 의미를 가지는 것은 ②의 경우이다. 즉 그 반대해석상, 당사자인 채권자가 신채무의 불능을 알면서도 경개를 맺은 때에는 구채무가 부활하지 않고 그대로 소멸된다는 점이다. 이때에는 채권자가 구채무를 면제할 의사가 있는 것으로 볼 수 있기 때문이다(김형배, 782면).

3. 채무의 중요부분의 변경

채무의 중요부분을 변경하는 것이 필요하며(500조), 「채권의 목적 · 채무자 · 채권자」의 변경이 이에 속한다(500조 · 501조 · 502조 참조).

Ⅲ. 경개의 당사자

(ㄱ) 채무내용의 변경: 원래의 채권자와 채무자가 그 계약 당사자가 된다. (ㄴ) 채무자의 변경: 甲의 A에 대한 채무를 소멸시키고 대신 乙의 A에 대한 채무를 성립시키는 경우로서, A(채권자)와 乙(신채무자) 간의 계약으로 할 수 있다(501조 본문). 다만, 甲(구채무자)의 의사에 반하여 할 수 없다(501조 단서). (ㄷ) 채권자의 변경: 1) 甲의 A(구채권자)에 대한 채무를 소멸시키는 대신 甲의 B(신채권자)에 대한 채무를 성립시키는 경우로서, 甲은 B에 대해 새로운 채무를 부담하고 한편 A는 채권을 상실하는 점에서 3인 모두 이해관계를 갖기 때문에, 위 경개는 甲 · A · B의 삼면계약에 의해서만 성립한다(통설). 2) 채권자의 변경이 생기는 점에서 위 경개는 채권양도의 경우와 유사하다. 그래서 민법 제502조는 확정일자가 있는 증서로 하지 않으면 제3자에게 대항할 수 없는 것

1) 판례는, 이미 확정적으로 취득한 폐기물 소각처리시설 관련 권리를 포기하는 대신 상대방이 수주할 수 있는지 여부가 분명하지 않은 매립장 복원공사를 장차 그 상대방으로부터 하도급받기로 약정을 맺은 사안에서, 위 약정은 상대방이 위 복원공사를 수주하지 못할 것을 해제조건으로 한 경개계약이라고 해석함이 상당하므로, 상대방이 위 복원공사를 수주하지 못하는 것으로 확정되면 위 약정은 효력을 잃게 되어 신채무인 위 복원공사의 하도급 채무는 성립하지 않고, 구채무인 소각처리시설 관련 채무도 소멸되지 않는다고 한다(대판 2007. 11. 15, 2005다31316).

으로 정한다. 3) 채무자가 이의를 달지 않고 경개계약을 맺은 때에는 민법 제451조 1항을 준용한다(503조). 따라서 구채무가 소멸되었거나 존재하지 않는 때에도 신채무는 성립한다. 신채권자의 신뢰를 보호하기 위한 취지의 규정이다.

Ⅳ. 경개의 효과

(ㄱ) 경개에 의해 구채무는 소멸되므로(500조), 구채무에 종속된 권리, 예컨대 담보권 · 보증채무 등도 소멸된다. 그러나 경개의 당사자는 특약으로 구채무의 담보를 「그 채무의 한도」에서 신채무의 담보로 할 수 있다(505조 본문). 다만, 제3자가 제공한 담보는 그의 승낙을 받아야 한다(505조 단서). (ㄴ) 경개에 의해 신채무가 성립한다. 이것은 구채무와는 별개의 것이므로 구채무에 있던 항변권은 신채무에 수반되지 않는다. 그런데 민법은 채권자 변경으로 인한 경개에 관해 민법 제451조를 준용하고 있으므로, 채무자는 이의를 달고 경개계약을 맺음으로써 구채무에 대한 항변사유를 신채권자에게 대항할 수 있다. (ㄷ) 경개는 하나의 계약으로 구채무의 소멸과 신채무의 성립을 동시에 가져오는 것이어서, 일종의 처분행위에 속하고 따로 이행의 문제를 남기지 않기 때문에, 경개에 의해 성립된 신채무의 불이행을 이유로 경개계약을 해제할 수는 없다(대판 2003. 2. 11, 2002다62333).

제 7 관 면 제免除

제506조 〔면제의 요건과 효과〕 채권자가 채무자에게 채무를 면제한다는 의사를 표시한 경우에는 채권은 소멸된다. 그러나 면제로써 정당한 이익을 가진 제3자에게 대항하지 못한다.

Ⅰ. 면제의 의의

(ㄱ) 면제는 채권자가 채무자에 대한 일방적 의사표시로 채무를 소멸시키는 것으로서(506조 본문), 결국 채권의 포기에 지나지 않는다. 외국의 입법례는 로마법의 예에 따라 면제를 계약으로 구성하고 있으나(프민 1285조 · 1287조, 독민 397조, 스민 115조), 우리 민법은 구민법의 규정을 본받아 면제를 '채권자의 단독행위'로 구성하고 있다. (ㄴ) 민법상 면제는 단독행위로 되어 있지만, 당사자의 합의에 의해 채무자의 채무를 면하게 하는 것(면제계약)은 계약자유의 원칙상 당연히 허용된다.

Ⅱ. 면제의 요건

1. 채권자의 처분권한

면제는 채권의 처분행위이기 때문에, 채권의 처분권한을 갖는 자만이 면제를 할 수 있다.

따라서 채권의 추심을 위임받은 자가 면제를 하는 것은 무효이다. 채권이 압류되거나 질권의 목적으로 된 때에는 처분권한이 제한되므로, 그 면제로써 압류채권자나 질권자에게 대항하지 못한다(352조 참조).

2. 면제의 의사표시

(ㄱ) 면제는 상대방이 있는 단독행위로서 채권자가 채무자에 대한 일방적 의사표시로써 하고,[1] 특별한 방식이 필요하지 않다. (ㄴ) 면제는 단독행위이지만 조건이나 기한을 붙여도 채무자에게 특히 불리할 것이 없어 허용된다. (ㄷ) 면제는 채무의 존재를 전제로 하는 것이므로 장래의 채무에 대한 면제는 허용되지 않는다. 다만 기한부 채무나 조건부 채무의 경우에는 채무 자체는 존재하는 것이므로 그 도래 또는 성취 전에도 이를 면제할 수 있다.

Ⅲ. 면제의 효과

(ㄱ) 면제에 의하여 당해 채권과 그에 종속하는 권리(담보물권 · 보증채무 등)는 소멸된다(506조 본문). 일부면제도 유효하며, 이때에는 그 면제된 한도에서 채권은 소멸된다. (ㄴ) 채권자는 원칙적으로 자유로이 면제를 할 수 있으나, 그 채권에 관하여 정당한 이익을 가진 제3자에게는 면제로써 대항하지 못한다(506조 단서). 예컨대 토지임차인이 임차지상의 건물에 대해 제3자 앞으로 저당권을 설정한 후에는, 그 임차권을 포기하더라도 이로써 저당권자에게는 대항하지 못한다. 한편, 채권이 질권의 목적으로 된 때에는 채권자의 처분권한이 제한되어 그 면제는 질권자에게 무효가 되므로(352조), 굳이 민법 제506조 단서를 적용할 필요는 없다.

제8관 혼 동混同

제507조 〔혼동의 요건과 효과〕 채권과 채무가 동일한 주체에게 귀속한 경우에는 채권은 소멸된다. 그러나 그 채권이 제3자의 권리의 목적인 경우에는 그러하지 아니하다.

Ⅰ. 혼동의 의의

채권과 채무가 동일한 주체에게 속하게 되는 것을 「혼동」이라 한다. 예컨대 채권자가 채무

1) 검사 작성의 피의자 신문조서에 있는 채무면제의 효력에 대해, 판례는 「민법상 채무면제는 채권을 무상으로 소멸시키는 채권자의 채무자에 대한 단독행위이고 다만 계약에 의하여도 동일한 법률효과를 발생시킬 수 있는 것인 반면, 검사 작성의 피의자 신문조서는 검사가 피의자를 신문하여 그 진술을 기재한 조서로서 그 작성형식은 원칙적으로 검사의 신문에 대하여 피의자가 응답하는 형태를 취하므로, 비록 당해 신문과정에서 다른 피의자나 참고인과 대질이 이루어진 경우라고 할지라도 피의자 진술은 어디까지나 검사를 상대로 이루어지는 것이므로, 그 진술기재 가운데 채무면제의 의사가 표시되어 있다고 하더라도 그 부분이 곧바로 채무면제의 처분문서에 해당한다고 보기 어렵다」고 한다(대판 1998. 10. 13, 98다17046).

자를 상속하거나(또는 그 반대의 경우) 합병하는 경우, 채무자가 자기에 대한 채권을 양수하는 경우에 발생한다(대판 2022. 1. 13, 2019다272855). 이때에는 채권(채무)은 소멸된다. 자기가 자기에 대해 채권을 갖고 자기에게 이행을 청구한다는 것은 무의미하기 때문에, 채권 · 채무의 소멸을 인정함으로써 그 후의 권리의무관계를 간소화하려는 데 그 목적이 있다(대판 1995. 5. 12, 93다48373).

이 점에서 「채권의 혼동」은 「물권의 혼동」(191조)과 그 취지를 같이한다. 다만 전자는 서로 대립하는 채권과 채무가 동일한 주체에게 속하는 것인 데 반해, 후자는 동일한 물건에 대한 소유권 또는 제한물권과 이를 목적으로 하는 다른 제한물권이 동일인에게 속하는 것인 점에서 서로 다르다.

Ⅱ. 혼동의 효과

1. 원 칙

혼동이 생기면 그 사실만으로 채권은 자동적으로 소멸된다(507조 본문). 따라서 그에 종속하는 권리(담보 · 보증 등)와 그에 대응하는 채무도 소멸된다. 예컨대 주택의 임차인이 주택소유권을 취득함으로써 임대인의 지위를 승계하는 때에는 임대차에 따른 채권과 채무는 소멸하게 되므로 그 임대차는 종료된다(대판 1998. 9. 25, 97다28650). 임차인의 보증금 반환채권도 혼동으로 소멸된다(대판 1996. 11. 22, 96다38216).

2. 예 외

다음의 경우에는 혼동이 있더라도 채권은 소멸되지 않는다. (ㄱ) 채권이 제3자의 권리의 목적인 때(507조 단서). 예컨대 채권의 압류 후에 혼동이 생긴 때가 그러하다. (ㄴ) 증권적 채권은 유통성을 본질로 하는 점에서 채무자에게도 배서하여 양도할 수 있다(509조). (ㄷ) 상속인이 한정승인을 한 때에는 피상속인에 대한 상속인의 재산상 권리와 의무는 소멸되지 않는다(1031조). 한정승인은 상속인의 재산과 피상속인의 재산을 분리하는 제도이기 때문이다(반면 상속인이 단순승인을 한 때에는 제한 없이 피상속인의 권리와 의무를 승계하므로(1025조), 상속인의 피상속인에 대한 재산상 권리와 의무는 혼동으로 소멸된다). 따라서 상속인이 피상속인에게 채권을 가질 때에는 다른 상속채권자와 함께 그 권리를 행사할 수 있고, 상속인이 피상속인에게 채무를 부담할 때에는 상속채권자로부터 집행을 받을 수 있다. 이러한 내용은 재산분리명령이 있는 때에도 같다(1050조).

판 례 **혼동으로 소멸될 채권이 제3자에 대한 권리행사의 전제가 되는 경우**

(α) 사 실: A(보험회사)는 B와 사이에 B 소유의 소형화물차에 대하여 책임보험계약을 체결하였는데, B의 처인 C가 보험기간 중 위 자동차에 아들 甲을 조수석에 태우고 운행하던 중 중앙선을 침범함으로써 마주오던 승용차와 충돌하는 사고를 냈고, 이 사고로 甲이 사망하였다. B가 甲의 상속인으로서 상법 제724조 2항에 의해 직접청구권을 행사하여 A에게 보험금을 청구하였다. 이에 대해 A는, B는 자동차손해배상 보장법 소정의 운행자로서 甲의 사망에 대해 손해

배상채무를 부담하는 한편 甲의 사망으로 아들의 자신에 대한 손해배상채권을 상속받아, 이 채권·채무는 혼동으로 소멸되었고, 따라서 보험금채무도 존재하지 않는다는 이유로, B를 상대로 채무부존재의 확인을 구하였다. 이에 대해 B는 반소로서 보험금을 청구하였다.

(β) 판결요지: 「자동차운행 중 사고로 인하여 자동차손해배상 보장법 제3조에 의한 손해배상채권과 채무가 상속으로 동일인에게 귀속하더라도, 교통사고의 피해자에게 책임보험 혜택을 부여하여 이를 보호하여야 할 사회적 필요성은 동일하고, 책임보험의 보험자가 혼동이라는 우연한 사정에 의하여 자신의 책임을 면할 합리적인 이유가 없다는 점 등을 고려할 때, 가해자가 피해자의 상속인이 되는 등 특별한 경우를 제외하고는, 피해자의 보험자에 대한 직접청구권의 전제가 되는 위 법 제3조에 의한 피해자의 운행자에 대한 손해배상청구권은 상속에 의한 혼동에 의하여 소멸되지 않는다」(대판 2003. 1. 10, 2000다41653, 41660).

(γ) (ㄱ) 채권과 채무가 동일인에게 귀속한 때에는, 채권은 혼동으로 인해 소멸된다(507조 본문). 채권·채무의 존속을 인정하는 것이 무의미하기 때문이다. 다만 그 채권이 '제3자의 권리의 목적인 때'에는 혼동이 있더라도 채권은 소멸되지 않는다(507조 단서). 그런데 종전의 판례는, 그 채권의 존재가 「제3자에 대한 권리행사의 전제가 되는 때」에는, 채권·채무의 존속을 인정하는 것이 무의미한 것이 아니기 때문에, 혼동이 있더라도 채권은 소멸되지 않는다는 입장을 취하였고(대판 1995. 5. 12, 93다48373; 대판 1995. 7. 14, 94다36698), 위 판결도 이와 같은 취지의 것이다. (ㄴ) 본 사안에서 甲의 사망에 대해, B는 자동차의 운행자로서 자동차손해배상 보장법에 의한 손해배상채무를 지고(보험자도 책임보험금의 한도에서 같은 책임을 진다), 한편으로는 甲이 그에 따라 가지는 손해배상채권을 상속에 의해 취득하여, 결국 동일한 내용의 손해배상채무와 손해배상채권이 B에게 귀속하는 셈이 되어 혼동이 생긴다. 그런데 (B가 상속한) 甲의 손해배상채권은, 교통사고의 피해자로서 보호받아야 할 권리이고, 또 보험자가 혼동이라는 우연한 사정에 의해 책임을 면할 이유도 없다는 점에서, 결국 제3자(보험자)에 대한 직접청구권의 전제가 되는 것이므로, 상속에 의한 혼동이 있더라도 (소멸되지 않고) 존속하여야 할 이유가 있다고 본 것이다. (ㄷ) 다만 위 법리에는 일정한 제한이 있다. 즉 「가해자가 피해자의 상속인이 되는 경우」에는, 그 채권은 혼동에 의해 소멸된다는 것이다. 이런 경우에까지 혼동에 의한 채권소멸의 예외를 두어 제3자에 대한 권리의 행사를 인정할 필요는 없다고 본 것이다.[1] 본 사안에서는 운전자인 C가 이러한 가해자에 해당한다고 할 것이다. 그런데 甲의 손해배상채권은 B와 C에게 각 1/2 지분으로 상속되지만, C의 1/2 지분 범위에서는 (위와 같은 이유로써) 위 채권은 혼동으로 인해 소멸된다고 보아야 한다. 따라서 B가 청구할 수 있는 보험금은 책임보험금을 기준으로 하여 자신의 지분 1/2을 한도로 한다.

1) 민유숙, "보험회사에 대한 책임보험 직접청구권과 상속에 의한 혼동 여부", 대법원판례해설 제44호, 773면 이하.

제 3 절 채무의 불이행과 그 구제

제1관 총 설

I. 채무불이행의 공통요건

1. 공통요건 두 가지

채무자가 채무의 내용에 따른 이행을 하지 않는 것이 '채무불이행債務不履行'이다. 채무불이행은 그 유형에 따라 요건과 효과를 달리하지만, 채무불이행 모두에 공통되는 일반요건이 있다. 우선 채무의 불이행에 속하는 '채무'는 급부의무와 부수적 주의의무를 말하고, 보호의무는 포함하지 않는다. 이를 토대로, 주관적으로 채무자가 채무를 이행하지 못한 데에 고의나 과실, 즉 「귀책사유」가 있어야 하고, 객관적으로 채무의 불이행이 「위법」한 것이어야 한다.

(1) 귀책사유

a) (ㄱ) 과실책임의 원칙상 채무의 불이행에 관해 채무자에게 고의나 과실의 귀책사유가 있어야 한다(주관적 요건)(390조). 「고의」는 행위의 결과와 위법성을 의욕하는 것이고, 「과실」은 행위자가 그에게 요구되는 주의를 태만히 함으로써 행위의 결과를 인식하지 못한 것을 말하는데, 형사책임과는 달리 민사책임, 특히 채무불이행책임에서는 고의와 과실 간에 차이를 두지 않는다. (ㄴ) 채무불이행에 따른 책임은 '손해배상'(390조)과 '해제'(544조~546조)로 나타나는데, 이러한 책임을 물으려면 채무자에게 그러한 책임을 지울 만한 귀책사유가 있어야만 한다(과실책임의 원칙)(가령 옆집의 화재로 임차주택이 소실된 경우, 귀책사유가 없는 임차인에게 주택의 인도의무에 갈음하여 손해배상책임을 지울 수는 없다).[1] 그리고 귀책사유로서의 채무자의 과실은 채무자 개인의 주관적인 능력을 기준으로 하는 것이 아니라, 그 채무의 이행과 관련하여 평균적인 채무자를 기준으로 한다. 이를 「추상적 과실」이라고 한다. 민법은 특별히 무상임치에서 수치인의 주의의무에 대해서는 수치인 개인의 주관적인 능력을 기준으로 과실 여부를 정하므로(695조)(이를 「구체적 과실」이라고 하는데, 동조는 '자기 재산과 동일한 주의'라고 표현한다), 그 밖의 경우에는 평균적인 채무자를 기준으로 한다고 보는 것이 타당하다. 그것이 평균적인 채무자로서의 이행을 기

1) 지방공사가 아파트 분양공고 및 분양계약 체결 당시, 아파트 부지에 대한 문화재 발굴조사과정에서 유적지가 발견되어 현지 보존결정이 내려질 경우 아파트 건설사업 자체가 불가능하게 되거나 그 추진·실행에 현저한 지장을 가져올 수 있음을 충분히 알았음에도 입주자 모집공고문과 분양계약서에 이에 관한 구체적 언급을 하지 않았고, 이를 별도로 수분양자들에게 알리지도 않은 경우, 분양계약에 따른 아파트 공급의무 불이행에 대해 지방공사에 귀책사유가 있는지 문제된 사안에서, 대법원은 다음과 같은 이유로 이를 긍정하였다: 「계약 당사자 일방이 자신이 부담하는 계약상 채무를 이행하는 데 장애가 될 수 있는 사유를 계약을 체결할 당시에 알았거나 알 수 있었음에도 이를 상대방에게 고지하지 아니한 경우에는, 비록 그 사유로 말미암아 후에 채무불이행이 되는 것 자체에 대하여는 그에게 어떠한 잘못이 없다고 하더라도, 상대방이 그 장애사유를 인식하고 이에 관한 위험을 인수하여 계약을 체결하였다거나 채무불이행이 상대방의 책임 있는 사유로 인한 것으로 평가되어야 하는 등의 특별한 사정이 없는 한, 그 채무가 불이행된 것에 대하여 귀책사유가 없다고 할 수 없다. 그것이 계약의 원만한 실현과 관련하여 각각의 당사자가 부담하여야 할 위험을 적절하게 분배한다는 계약법의 기본적 요구에 부합한다」(대판 2011. 8. 25, 2011다43778).

대한 채권자의 일반적인 신뢰에도 부합하고 공평하기 때문이다. (ㄷ) 한편 과실은 「경과실」이 원칙이지만, 요구되는 주의를 현저히 결여한 것을 「중과실」이라 하고, 중과실을 요건으로 하는 경우에는 법률에서 따로 '중대한 과실'이라고 정한다(109조·401조·518조·735조·757조, 국가배상법 2조 2항 등).

b) 채무불이행책임의 요건으로서의 과실은 '추상적 경과실'이 원칙이다. 그리고 이것이 「채무자」에게 필요함은 당연하지만, 타인의 과실이 채무자의 과실로 간주되는 경우가 있다. 「이행보조자」의 과실은 채무자의 과실로 보는 것이 그러한데(391조), 이에 관하여는 따로 설명한다 (p.121 'Ⅱ. 이행보조자의 고의·과실'을 볼 것).

c) (ㄱ) 민법은 채무불이행의 유형으로 이행지체와 이행불능을 정하고 있지만, 학설과 판례는 그 외에 (제390조를 근거로 하여) 불완전이행과 이행거절도 포함시킨다('채무불이행의 유형'에 관하여는 p.129 이하를 볼 것). 그런데 민법은 이행불능에 대해서만 귀책사유를 정하고 있을 뿐이고(390조 단서·546조), 이행지체에 대해서는 그러한 정함을 두고 있지 않다. 그러나 과실책임의 원칙, 이행불능과 차별할 이유가 없다는 점, 귀책사유를 전제로 하는 다른 규정, 즉 제391조와 제392조 및 제397조 2항을 이유 내지 근거로 하여, 이행지체에 있어서도 귀책사유를 필요로 한다는 것이 통설과 판례이다. 다만, 금전채무의 이행지체에 한해서는 금전의 특성을 고려하여 채무자는 과실 없음을 항변하지 못하는 것으로 하는 특칙이 있다(397조 2항). (ㄴ) 이행지체와 이행불능에 채무자의 귀책사유가 필요한 것은, 그 법리에 준해 취급되는 불완전이행과 이행거절에 있어서도 같다.

(2) 위법성

채무불이행이 위법한 것이어야 한다(객관적 요건). 채무자는 채무를 이행할 의무가 있으므로, (불법행위에서 피해자가 갖고 있는 법익의 침해라는 점에서의 위법성의 의미와는 달리) 채무의 불이행이 있으면 그 자체가 위법한 것으로 평가된다(대판 2002. 12. 27, 2000다47361). 따라서 이것은 채무불이행을 정당한 것으로 하는 특별한 사유, 즉 위법성 조각사유(예: 유치권·동시이행의 항변권 등)가 따로 있는지의 관점에서 고려되는 것이 보통이다. 이 경우 위법성 조각사유가 존재하는 것만으로 족하고, 그러한 권리를 행사하여야 하는 것은 아니다.

2. 공통요건이 요구되지 않는 경우

채무불이행이 있으면 일정한 효과가 발생한다. 즉 이행지체에서는 강제이행과 손해배상이, 이행불능의 경우에는 손해배상이, 그 채무가 계약에 의해 발생한 것인 때에는 계약의 해제권 또는 해지권이 생긴다. 그런데 이행이 가능한데도 이행을 하지 않는 경우에 그 효과로서의 '강제이행'은 채무자가 부담하는 본래의 급부의무를 강제적으로 실현시키는 것이므로, 여기에는 상술한 공통요건 특히 채무자의 과실이 요건이 되는 것은 아니다. 채무불이행의 효과와 관련하여 공통요건이 문제되는 것은 손해배상과 계약의 해제(해지)에 관해서이다.

Ⅱ. 이행보조자의 고의 · 과실

사 례 (1) A는 B 소유 메추리 농장과 메추리를 계약 종료시 임차 당시의 상태로 반환하기로 약정하고 이를 임차하여 사용하고 있다. 한편 B는 A와 사이에 계분이송기를 시설해 주기로 약정하고, C에게 도급을 주어 C가 이를 설치하는 과정에서 C의 과실로 화재가 발생하여 메추리 농장과 메추리 전부가 전소하였다. 이 경우 A · B · C 간의 법률관계는?

(2) 1) 甲은 여행 중개 플랫폼을 통해 리조트의 숙박과 렌터카 서비스가 포함된 여행패키지 계약을 A와 체결하고 대금을 완납하였다. 2) 甲은 여행패키지 계약에 포함되어 있는 무료 승마체험을 신청하였다. A는 승마체험시설을 직접 운영하고 있지 않아서 A의 직원은 아니지만 독립적으로 승마체험 영업을 하고 있는 乙에게 1시간 동안의 승마체험 진행을 위탁하였다. 하지만 乙은 甲에게 말을 타는 법을 제대로 설명하여 주지 않았고, 안전모를 제공하는 등의 안전조치도 취하지 않은 채 말을 타게 하였다. 결국 甲은 말에서 떨어져 머리를 다쳤다. 3) 甲은 A에게 채무불이행 또는 불법행위를 이유로 하여 상해로 인한 손해배상을 청구할 수 있는가? (20점)(2021년 제10회 변호사시험)

해설 p.125

1. 의의와 근거

제391조〔이행보조자의 고의 · 과실〕 채무자의 법정대리인이 채무자를 위하여 이행하거나 채무자가 타인을 사용하여 이행하는 경우에는 법정대리인 또는 피용자의 고의나 과실은 채무자의 고의나 과실로 본다.

(1) 채무불이행이 성립하려면 채무자에게 귀책사유가 있어야 한다. 그런데 본조는 채무자가 아닌 사람(법정대리인 · 피용자)에게 채무의 이행에 관해 귀책사유가 있는 경우에도 채무자에게 귀책사유가 있는 것으로 간주한다. 여기서 위와 같은 법정대리인이나 피용자를 채무자의 '이행보조자履行補助者'라고 한다. 예컨대 채무자 A가 그의 피용자 B에게 매매목적물을 채권자 C에게 운송토록 하였는데 B가 운송 중에 과실로 목적물을 멸실시킨 때에는, A 자신의 과실로 목적물을 멸실시킨 것으로 보아 그에 따른 채무불이행책임을 지게 된다. 의사에게 의료과실이 있는 경우에 그 의사를 고용한 병원이 진료채무의 불이행으로 인한 책임을 지게 되는 것도 같다.

(2) 본조가 타인(이행보조자)의 과실을 채무자의 과실로 보는 이유는 다음과 같다. 채무자 자신이 하여야 할 채무의 이행을 법정대리인을 통해 또는 타인을 사용하여 대신하게 한 경우에는, 그것이 기본적으로 법률의 규정이나 채무자의 의사에 의해 결정된 것이므로, 이들의 과실은 신의칙상 채무자의 과실과 동일하게 볼 수 있고, 나아가 그들을 통해 채무자가 그의 행위영역을 확대한 점에서 그에 대응하여 그로 인한 위험도 부담하는 것이 공평에 맞다는 것이다(통설).

2. 이행보조자의 범위와 그 요건

본조는 이행보조자로서 '법정대리인'과 타인을 사용하여 이행하는 경우의 그 타인인 '피용자' 둘을 들고 있다. 그 밖에 강학상 '이행대행자'도 이에 포함시킬 것인지가 문제된다.

(1) 법정대리인

(ㄱ) 법정대리인은 채무자의 의사에 의해 채무의 이행에 개입하게 된 것은 아니지만, 통상 채무자 자신이 행위능력이 없거나 제한되어 있어 법률에 의해 법정대리인이 그를 대신하게 되는 것인데, 이 과정에서 생기는 이익은 본인(채무자)이 누리는 것이므로 그것에서 생기는 불이익도 본인이 감수하는 것이 신의칙에 부합하고, 그래서 법정대리인의 고의나 과실을 채무자의 고의나 과실로 의제한 것이다. (ㄴ) 제391조의 취지에 따라 법정대리인은 친권자 · 후견인 · 법원이 선임한 부재자 재산관리인뿐만 아니라, 일상가사대리권을 가지는 부부(827조) · 유언집행자(1093조) · 파산관재인(채무자 회생 및 파산에 관한 법률 355조 이하) 등도 포함된다(통설). (ㄷ) 이와 관련하여 문제되는 것들은 다음과 같다. ① '임의대리'의 경우인데, 적법한 대리권을 가진 자와 맺은 계약의 효과는 본인에게 귀속하는데, 마찬가지로 그러한 계약상 의무를 위반하여 발생한 채무불이행으로 인한 손해배상책임도 본인에게 귀속한다. ② '법인의 대표'의 경우인데, 법인의 대표기관은 법인을 대표하므로, 대표의 이론에 따라 대표기관의 고의나 과실은 곧 법인 자체의 고의나 과실로 되어, 대표기관의 과실 있는 채무의 불이행은 법인의 채무불이행이 된다.[1)]

(2) 피용자(협의의 이행보조자)

민법 제391조에서 이행보조자로서의 피용자는 채무자의 '의사 관여' 아래 채무의 이행행위에 속하는 활동을 하는 사람을 말한다(지시 · 감독관계와 같은 사용자 · 피용자의 관계를 말하는 것이 아님을 유의). (ㄱ) 따라서 제3자가 사무관리(734조)에 기해 채무자의 채무이행을 보조하더라도 그에 대한 채무자의 의사 관여가 없는 이상 제3자는 이행보조자가 되지 못한다. (ㄴ) 그러나 채무자의 일정한 의사 내지 용인이 있었던 의사 관여가 있으면 그것으로 충분하다. 즉 ① 이행보조자가 반드시 채무자의 지시 또는 감독을 받는 관계에 있어야 하는 것은 아니므로 채무자에 대하여 종속적인가 독립적인 지위에 있는가는 문제되지 않는다(채무자가 우편이나 철도를 이용하여 채무를 이행하는 경우에 우편집배원 · 철도기관은 이행보조자에 해당할 수 있다). ② 이행보조자가 채무자와 계약 등의 법률관계가 있어야만 하는 것은 아니고, 채무자의 가족[2)]이나 친지가

---

1) 법인의 대표기관이 그 직무에 관해 타인에게 손해를 준 때에는 법인의 불법행위가 성립하는데, 민법은 대표기관 개인도 불법행위책임을 지는 것으로 명문으로 규정한다(35조 1항). 한편 법인의 대표기관의 채무의 불이행이 있으면 그것은 법인의 채무불이행으로 귀결되는데, 이 경우 대표기관의 책임 여하가 문제될 수 있다. 계약의 당사자는 법인이고 대표기관은 아니므로, 대표기관은 채무불이행책임을 부담하지 않는다. 다만 민법 제750조에 따른 불법행위책임을 질 수는 있는데, 판례는 그 요건으로 그 채무불이행을 가져온 대표기관의 행위가 법인의 내부행위를 벗어나 제3자에 대한 관계에서 사회상규에 반하는 위법한 행위라고 인정될 수 있는 정도에 이르러야 한다고 한다(그것은 대표기관이 그 행위에 이르게 된 경위, 의사결정의 내용과 과정, 침해되는 권리의 내용, 침해행위의 태양, 대표기관의 고의 내지 해의(害意) 유무 등을 종합적으로 평가하여 개별적 · 구체적으로 평가하여야 한다)(대판 2019. 5. 30, 2017다53265).

2) 예컨대 A가 B 소유 주택을 임차하는 경우에 임대차계약의 당사자는 A와 B가 된다. 그런데 A는 가족과 함께 그 주택에 거주하는 것이 보통이고, 임대차계약에서도 이것을 통상 예상하고 있으므로 특별히 문제되지 않는다. 이 경우 A의 가족은 A가 임차권에 기해 가지는 주택의 사용 이익을 같이 누리는 점에서 이를 특히 「이용보조자」라고 부르

사실상 채무의 이행을 보조하거나 제3자가 단순히 호의로 보조하는 경우에도 그것이 채무자의 용인 아래 이루어진 것이라면 이행보조자에 해당한다. 이행보조자의 활동이 일시적인지 계속적인지도 문제되지 않는다(대판 1999. 4. 13, 98다51077, 51084; 대판 2018. 2. 13, 2017다275447). ③ 이행보조자가 채무의 이행을 위하여 제3자를 복이행보조자로서 사용하는 경우, 채무자가 이를 승낙하였거나 적어도 묵시적으로 동의한 경우에는, 채무자는 복이행보조자의 고의 · 과실에 관하여 민법 제391조에 의하여 책임을 부담한다(대판 2011. 5. 26, 2011다1330).

〈판 례〉 (ㄱ) 예술의 전당(A)이 甲회사와 A가 관리 · 운영하는 오페라극장에 관한 대관계약을 체결한 후 대관 개시 전에 오페라극장에서 국립오페라단(B)의 공연 도중 화재가 발생하여 무대와 조명 등이 소실되어 위 대관계약 이행이 불가능해지자, 甲이 A를 상대로 채무불이행을 이유로 손해배상을 청구한 사안에서, 「B는 위 대관계약과는 별도의 독립된 대관계약에 따라 점유 · 사용의 이익을 가지는 것이어서 B가 화재 당시 오페라극장을 점유 · 사용한 행위는 A의 甲회사에 대한 채무 이행 활동과는 아무런 관계가 없으므로, 甲회사에 대한 관계에서 B를 위 대관계약에 관한 A의 이행보조자라고 볼 수는 없다」고 하였다(대판 2013. 8. 23, 2011다2142). (ㄴ) 甲이 전자상거래 사이트를 통해서 乙 영농조합법인이 운영하는 리조트의 숙박권을 구매하였고, 위 숙박권에는 무료 승마체험이 포함되어 있었는데, 甲이 리조트에 숙박하면서 승마체험을 요청하자 乙 법인의 이사가 당시 드라마 촬영을 위해 리조트에 머무르던 촬영팀 승마교관인 丙에게 부탁하여 甲이 승마체험을 할 수 있게 하였고, 이에 丙의 지도하에 승마체험을 하던 중 丙의 과실로 甲이 말에서 떨어져 상해를 입은 사안에서, 丙을 乙의 이행보조자로 보고, 그래서 甲이 乙 법인을 상대로 계약상 채무불이행을 이유로 손해배상을 청구한 것을 인용하였다(대판 2018. 2. 13, 2017다275447).

(3) 이행대행자

(ㄱ) 채무자의 이행을 단순히 보조하는 수준에 그치는 것이 아니라 독립하여 채무의 전부나 일부를 채무자에 갈음하여 이행하는 자를 '이행대행자'라고 한다. 이행대행자에는 다음의 세 가지 유형이 있다. ① 이행대행자의 사용이 원칙적으로 허용되지 않는 경우: 고용에서 노무자는 제3자로 하여금 자기를 갈음하여 노무를 제공하게 할 수 없고(657조 2항), 위임에서 수임인은 제3자로 하여금 자기를 갈음하여 위임사무를 처리케 할 수 없으며(682조), 이것은 임치에도 준용된다(701조). 이 경우 이행대행자를 사용한 때에는 그 자체만으로 위 계약상의 채무불이행이 되어 채무자가 그 책임을 진다. ② 채권자의 승낙을 조건으로 이행대행자의 사용이 허용되는 경우: 위 ①에서 들은 세 가지 계약에서 민법은 각각 채권자의 승낙이 있으면 (또는 부득이한 사유가 있으면) 이행대행자를 사용하는 것을 인정한다(657조 2항 · 682조 · 701조). 이처럼 그 승낙을 받아 이행대행자를 둔 경우에, 민법에는 따로 규정이 없지만, 통설적 견해는 채권자가 승낙을 하였다는 점에서 채무자는 그 이행대행자의 선임 · 감독에 과실이 있는 때에만 책임을 지는 것으로

기도 한다. 그런데 그 가족이 거주하는 동안에 과실로 임차주택을 멸실케 한 경우에 임차인 A의 책임 여하가 문제된다. 통설은 A의 임차물반환채무의 이행에 관해서는 그의 가족을 이행보조자로 다룬다. 넓은 의미에서는 채무자의 의사 관여가 있는 것으로 볼 수 있기 때문이다.

해석한다.[1] ③ 급부의 성질상 이행대행자의 사용이 허용되는 경우: 예컨대 임대인이 목적물을 수선할 의무를 지는 때에 이를 타인에게 도급을 주어 수선하게 하거나, 수급인이 하도급을 주는 경우가 그러하다. (ㄴ) 위 세 가지 이행대행자의 유형에서 이행보조자로 취급되는 것은 ③이다.

3. 효 과

(1) 채무자의 책임

a) 채무의 이행에 관한 이행보조자의 고의나 과실은 채무자의 고의나 과실로 본다(391조). (ㄱ) 「채무의 이행」에 관한 것은, 이행보조자의 행위가 채무자에 의하여 그에게 맡겨진 이행업무와 객관적·외형적으로 관련되는 것을 말한다. 임대인은 임차인이 목적물을 사용·수익하는 데 필요한 상태를 유지해 줄 의무를 지는데(623조), 임대인의 직원들이 임차 목적물을 불법으로 점거하는 행위는 채무의 이행에 관련된 것에 속한다(대판 2008. 2. 15, 2005다69458). 그러나 건물의 수리를 맡은 채무자의 이행보조자가 수리하는 과정에서 채권자의 물건을 훔치는 것은 건물의 수리라는 도급상의 채무의 이행과는 무관하다. (ㄴ) 「이행보조자에게 고의나 과실」이 있어야 하고, 과실은 채무자를 기준으로 한다(민법주해(Ⅸ), 427면(양창수)). 이행보조자에게 과실 등이 없는 경우에는 채무자의 과실 등으로 인정될 여지가 없다.

b) 채무자의 고의나 과실을 요건으로 하는 범위에서 채무자는 그 책임을 진다. 가령 채권자지체 중에는 채무자는 고의나 중과실에 대해서만 책임을 지므로(401조), 이행보조자에게 경과실만 있는 때에는 채무자는 책임을 부담하지 않는다.

(2) 이행보조자의 책임

이행보조자는 채권관계의 당사자가 아니므로 채권자에 대해 채무불이행책임을 부담하지는 않는다. 다만 불법행위의 요건을 갖추면 그에 따른 책임을 질 수는 있다(750조).[2] 한편 채

1) 전차인(轉借人)의 과실로 목적물이 멸실한 때에 임차인의 책임에 관해서는 다음 두 가지 경우로 나누어 볼 수 있다. (ㄱ) 임대인의 동의 없이 전대를 한 경우: 임대인은 임대차계약을 해지할 수 있고(629조 2항), 해지한 때에는 임차인은 목적물을 반환하여야 하는데 그것이 불능이므로, 임차인은 그 반환에 갈음하여 손해배상책임을 진다. (ㄴ) 임대인의 동의를 받아 전대를 한 경우: 전차인은 직접 임대인에게 의무를 부담하므로(630조 1항), 전차인의 과실로 목적물이 멸실된 때에 그가 채무불이행책임을 지는 데에는 의문이 없다. 문제는 임차인의 책임인데, 학설은 나뉜다. 제1설은, 임차인은 보관의무를 부담하므로 따라서 전차인이 임차물을 보관하는 것은 동시에 임차인을 위하여 그 보관의무를 이행하는 것이라고 볼 수 있다는 점, 또는 임차인은 임대인의 동의에 의해 전대차에 따른 자신의 이익영역을 확장하였는데 그 동의를 이유로 자신의 책임이 축소된다는 것은 형평에 맞지 않다는 점 등을 이유로, 전차인을 임차인의 이행보조자로 본다(곽윤직, (구)146면; 민법주해(Ⅸ), 421면(양창수)). 제2설은, 전차인은 임대인의 동의를 기초로 하여 임차인과는 별개의 관계에서 임대인에게 독립된 의무를 부담하므로(630조 1항), 전차인을 임차인의 이행보조자로 볼 수는 없고, 이때에는 채권자의 승낙을 받은 이행대행자의 경우와 마찬가지로 임차인은 전차인의 선임·감독에 관하여 귀책사유가 있는 때에만 책임을 진다고 한다(김주수, 119면; 김상용, 112면; 김형배, 163면; 임정평, 147면; 현승종, 116면). 사견은, 전차인의 권리와 의무는 법률상 임차인의 임차권과는 독립하여 인정되는 점에서(630조·631조 참조), 그리고 임차인이 자유로이 전차인을 둘 수 있는 것이 아니라 임대인의 동의를 요건으로 하는 점에서(630조), 전차인을 임차인의 이행보조자로 보기는 어려우므로 제2설이 타당하다고 본다.

2) 판례: 「임대인 甲은 이행보조자 乙이 임차물인 점포의 출입을 봉쇄하고 내부시설공사를 중단시켜 임차인(원고)으로 하여금 그 사용·수익을 하지 못하게 한 행위에 대하여 임대인으로서의 채무불이행으로 인한 손해를 배상할 의무가 있고, 또한 乙이 원고가 임차인이라는 사정을 알면서도 위와 같은 방법으로 원고로 하여금 점포를 사용·수익하지

무자에 대해서는 양자간의 계약 등을 기초로 그 위반에 따른 책임을 질 수 있다.

사례의 해설 (1) (ㄱ) A · B 간의 법률관계: ① A와 B의 임대차계약은 목적물(메추리 농장과 메추리)의 사용 · 수익과 그 반환에 목적을 두는데(618조 참조), 그 목적물이 멸실된 것이므로, 그 멸실에 누구의 귀책사유가 있든 이를 묻지 않고 위 임대차계약은 급부불능으로 당연히 종료된다. 따라서 A는 목적물 반환의무를 지지 않으며 또 불능 이후에는 차임 지급의무도 부담하지 않는다. ② 사례에서 B는 A와의 임대차계약에서 계분이송기를 시설해 주기로 약정하였다. 그리고 그 시설은 누가 하든 무방한 것이므로, B가 C에게 도급을 주어 C로 하여금 그 시설을 하게 한 것은 B의 의사 관여하에 이루어진 것으로서, C는 B의 위 수선의무의 이행에 관해서는 이행보조자에 해당한다(391조)(대판 1999. 4. 13, 98다51077, 51084). 이 경우 C의 과실은 B의 과실로 간주되므로, A는 B를 상대로 채무불이행책임, 즉 B의 과실로 목적물이 멸실되어 A가 그 목적물을 사용 · 수익하지 못하게 되어 입은 손해에 대해 배상을 청구할 수 있다(390조). (ㄴ) A · C 간의 법률관계: 이행보조자 C는 임대차계약의 당사자가 아니므로, A는 C에게 채무불이행책임을 물을 수는 없다. 다만 불법행위책임을 물을 수 있겠는데(750조), 사안은 제3자에 의한 채권침해에 속하는 것이므로, A의 채권(임차권)의 존재를 C가 알았을 것을 필요로 한다. (ㄷ) B · C 간의 법률관계: B는 C에게 불법행위로 인한 손해배상을 청구할 수 있다. 한편 C는 B와의 도급계약에 의해 일을 수행하는 과정에서 그 과실로 확대손해를 발생시킨 것이므로, B는 C를 상대로 채무불이행으로 인한 손해배상을 청구할 수 있다(390조).

(2) (ㄱ) 여행업자 A는 甲과 체결한 여행계약에 따라 여행 관련 급부의무 외에 부수의무로서 여행자의 안전을 배려하여야 할 신의칙상 주의의무를 진다(대판 1998. 11. 24, 98다25061). 한편, 乙은 A로부터 위탁을 받아 여행계약에 포함되어 있는 무료 승마체험의 이행을 보조하는 이행보조자에 해당하므로, 乙의 과실은 채무자 A의 과실로 인정된다(391조). 따라서 甲은 A의 여행계약상의 안전배려의무 위반에 따른 채무불이행을 이유로 손해배상을 청구할 수 있다(대판 2018. 2. 13, 2017다275447 참조). (ㄴ) 乙은 A의 직원이 아니라 독립적인 지위에 있어 A의 피용자로 볼 수 없으므로, 乙의 불법행위에 대해 A는 사용자책임을 부담하지 않는다(756조). 한편 A가 乙에 대해 어떤 감독의무가 있는 것도 아니므로, 따라서 乙의 불법행위와의 인과관계를 인정할 수도 없으므로, A는 일반 불법행위책임도 부담하지 않는다(750조). 甲은 A에게 불법행위를 이유로 하여 손해배상을 청구할 수는 없다. 사례 p. 121

Ⅲ. 귀책사유와 책임능력

1. 민법은 불법행위로 인한 손해배상책임에서 책임무능력자를 따로 정함으로써(753조 · 754조), 가해자의 책임능력을 불법행위의 요건으로 삼는다. 반면 채무불이행책임의 요건으로서 채무자의 책임능력에 관하여는 명문으로 정하고 있지 않다. 그러나 통설은 채무자에게 요구되는 귀책사유歸責事由(고의 · 과실)는 그가 책임능력을 갖춘 것을 전제로 한다고 하여 이를 긍정한다.

2. 이행지체 중에 생긴 손해처럼, 과실의 유무를 묻지 않고서 발생하는 무과실책임(392조)에서는 책임능력은 그 요건이 되지 않는다. 한편 책임능력은 채권 · 채무의 발생을 가져온 법률

못하게 한 것은 원고의 임차권을 침해하는 불법행위를 이룬다고 할 것이므로, 甲의 채무불이행책임과 乙의 불법행위책임은 동일한 사실관계에 기한 것으로 부진정연대채무관계에 있다」(대판 1994. 11. 11, 94다22446).

행위에 관한 것이 아니라 채무불이행 당시의 책임에 관한 것이다. 따라서 그 당시에 채무자에게 심신상실 등의 사유가 있을 때에는 면책되지만, 그에게 법정대리인이 있는 경우에는, 그 이행에 있어 법정대리인의 귀책사유는 채무자의 귀책사유로 간주된다(391조).

Ⅳ. 면책특약免責特約

1. 의 의

당사자 간에 장래 채무불이행이 있더라도 그로 인한 책임을 지지 않기로 약정하는 것을 면책특약이라고 한다. 상법에 운송인의 책임과 관련된 개별 규정이 있지만(상법 796조), 민법이나 상법에서 이를 일반적으로 정하는 것은 없다.

2. 효 력

(1) 면책특약은 기본적으로는 계약자유의 원칙상 유효하다. 따라서 면책특약의 범위 내에서는 채무자는 그 책임을 면한다.

(2) 면책특약에서 몇 가지 문제되는 것이 있다. (ㄱ) 고의나 중과실의 경우에 책임을 지지 않는다는 특약은 제103조의 반사회적 법률행위로서 무효이다(통설). (ㄴ) 1) 이행보조자의 고의나 중과실에 의한 경우의 면책특약에 관하여는 학설이 나뉜다. 제1설은 채무자 자신의 고의의 경우와는 달라서 신의칙에 반하는 것이 아니라는 이유로 유효한 것으로 본다(곽윤직, 80면; 김용한, 135면; 김증한·김학동, 89면; 김주수, 120면). 제2설은 이행보조자의 고의를 채무자의 고의와 동등하게 취급하여야 한다는 이유에서 무효로 본다(김상용, 116면; 김형배, 171면; 이은영, 260면). 제1설이 타당하다고 본다. 2) 면책특약이 당사자 간의 개별약정이 아닌 약관에 의해 이루어진 때에는 「약관의 규제에 관한 법률」이 적용된다. 그런데 동법(7조 1호)은, 계약 당사자의 책임에 관하여 정하고 있는 약관의 내용 중 사업자·이행보조자 또는 피용자의 고의나 중대한 과실로 인한 법률상의 책임을 배제하는 조항을 무효로 규정한다. (ㄷ) (상술한) 면책특약의 효력은 채무불이행이 발생하기 전에 맺은 특약을 대상으로 한다. 채무불이행이 발생한 후에 맺는 면책특약은 고의에 의한 것을 면하게 하는 경우에도 그것은 사후의 책임의 면제 내지 포기로서 유효하다.

Ⅴ. 채무불이행에 관한 입증책임

사례 A는 B 소유 점포를 임차하여 간이음식점을 운영하여 왔는데, 어느 날 원인 모를 화재로 인하여 건물이 전소되었다. 이 화재의 원인은 밝혀지지 않았지만, A가 위 점포를 사용하면서 무자격자로 하여금 전선 교체공사를 하게 하고 또 시공자는 규격품을 사용하지 않았으며, 음식점을 운영하면서 다른 점포에 비해 전기를 많이 사용한 사실이 있었다. A는 B에게 임차보증금(1,600만원)의 반환을 청구하였는데, 이에 대해 B는 A에 대해 임차물 반환채무의 이행불능으로 인한 손해배상금으로써 상계의 항변을 하였다. 누구의 청구가 인용될 것인가? 해설 p. 128

1. 채무불이행으로 인한 손해배상청구의 요건

채무자의 채무불이행이 있으면 채권자는 그로 인해 입은 손해에 대해 배상을 청구할 수 있다. 제390조는 그 요건으로, ① 채무자에게 채무가 있고 이를 이행하지 않은 사실, ② 채무자에게 귀책사유가 있는 사실, ③ 그로 인해 손해가 발생한 사실의 세 가지를 정한다. 여기서 이 세 가지를 누가 입증하여야 하는지가 문제된다.

2. 입증책임의 부담

(1) 채권자의 입증책임

민법 제390조 본문은 "채무자가 채무의 내용에 좇은 이행을 하지 아니한 때에는 채권자는 손해배상을 청구할 수 있다"고 정한다. 따라서 손해배상을 청구하는 채권자가 그 요건사실인 위 ①과 ③을 주장 · 입증하여야 한다(통설).[1]

(2) 채무자의 입증책임

a) 채무불이행에 대한 채무자의 과실 여부는 채무자가 그 입증책임을 지는 것으로, 다시 말해 채권자는 위 ①과 ③을 입증하면 곧바로 손해배상을 청구할 수 있고, 이에 대해 채무자가 면책을 주장하려면 자신(또는 이행보조자)에게 귀책사유가 없음을 입증하여야 한다는 것이 통설과 판례이다(대판 1987. 11. 24, 87다카1575). 이 점은 '불법행위로 인한 손해배상청구'에서 피해자가 가해자의 고의나 과실을 입증하여야 하는 것과는 차이가 있다(750조).

채무자 자신이 과실이 없음을 입증하여야 하는 근거와 이유로는 다음의 것을 들 수 있다. 첫째, 민법 제397조 2항의 규정이다(현승종, 117면). 즉 동조는 금전채무의 불이행의 경우에는 그 손해배상에 관해 채무자가 과실 없음을 항변하지 못하는 것으로 특칙을 정하고 있으므로, 그 밖의 채무불이행에서는 채무자가 과실 없음을 입증하여야 한다. 둘째, 불법행위와는 달리 채권관계에서는 채무자가 처음부터 채무를 이행하여야 하는 것으로 예정되어 있으므로, 채무가 이행되지 않는 경우에는 그 이유가 채무자의 지배 · 관리 영역에 있다고 보는 것이, 따라서 과실을 추정하는 것이 타당하다(민법주해(IX), 380면(양창수)). 셋째, 민법 제390조는 본문과 단서, 즉 원칙과 예외로 규정되어 있어, 그 예외에 해당하는 채무자의 과실 여부는 채무자가 입증하는 것이 규정형식에 부합한다는 점이다.

b) 불법행위와는 달리 채권관계에서는 채무자가 처음부터 채무를 이행하여야 하는 것으로 예정되어 있다. 따라서 채무가 이행되지 않는 경우에는 그것이 채무자가 지배 · 관리하는 영

1) (제1장 총설 채무 부분에서 기술한 대로) 채무는 「결과채무」와 「수단채무」로 나뉜다(대판 1988. 12. 13, 85다카1491). (ㄱ) 결과채무는 일정한 결과의 발생에 목적을 두는 채무로서, 예컨대 매매에서 매도인의 재산권이전과 매수인의 대금 지급, 임대차에서 임차인의 목적물 반환, 도급에서 일의 완성 등이 이에 속한다. 이에 대해 수단채무는 결과 발생에 목적을 두는 것이 아니라 그에 이르기 위해 필요한 주의를 다하는 데 목적을 두는 채무로서, 예컨대 의사가 환자에게 부담하는 진료채무가 이에 속한다. (ㄴ) 채무불이행에 대한 채권자의 입증책임에서, 결과채무에서는 결과의 불발생을 입증하는 것으로 족하지만, 수단채무에서는 예컨대 의사가 의료상의 주의의무를 위반하였다는 사실을 입증하여야 한다(그런데 이것은 의사의 과실을 입증하는 것과 별반 다르지 않다. 그래서 의료과실의 경우에는 불법행위를 이유로 손해배상을 청구하는 것이 보통이다. 피해자 외의 사람에게 위자료청구가 인정되는 점(751조 · 752조)에서도 그러하다).

역에서 생긴 것이므로 채무자의 과실을 추정하는 것이 타당하다. 따라서 채무불이행으로 인해 손해가 발생하여도 그것이 채무자가 지배·관리하는 영역이 아닌 다른 곳에서 비롯된 경우에는 채무자의 과실을 추정할 것이 아니다. 이 경우에는 채권자가 채무자의 과실을 증명하여야 한다는 것이 판례의 견해이다.[1)2)]

사례의 해설 점포가 화재로 멸실됨에 따라 임차인 A는 임대차의 목적을 달성할 수 없어 임대차의 종료를 이유로 임차보증금의 반환을 청구한 것이고, 이에 대해 B는 A가 임차물을 반환할 채무를 지는데 그의 과실로 멸실된 것을 이유로 손해배상을 청구한 것이다. 결국 쟁점은 화재의 원인이 밝혀지지 않은 상태에서 점포의 멸실에 따른 책임을 누가 질 것인가로 모아진다. 그런데 A는 임차인으로서 임차물 반환채무를 지고(특정물 인도채무로서 선관의무를 진다(374조)), 임차하여 사용하던 중에 화재로 멸실된 것이므로, A가 자신에게 과실이 없었음을 입증하여야 한다(390조 단서 참조). 즉 화재가 자신의 과실에 의한 것이 아니라는 점을 입증하거나, 아니면 화재발생의 개연성이 없다는 점, 다시 말해 임차물의 보존에 관해 선관의무를 다하였음을 입증하여야 한다(대판 1987. 11. 24, 87다카1575).[3)] 그런데 화재의 원인이 불명인 점과, A가 점포를 사용하여 왔던 방법(무자격자로 하여금 전선 교체공사를 하게 한 것 등)에 비추어 보면 선관의무를 다하였다고 보기는 어렵다. 따라서 B의 청구가 인용될 것이다(즉 상계의 항변이 인정됨).

참고로 임차건물이 화재로 멸실되었는데 그것이 천장 부분의 비닐 전선의 합선으로 밝혀진 경

1) B는 A 소유 2층 건물 중 1층의 일부만을 임차하여 사용하고 있다. 그런데 B가 임차하고 있는 건물 부분에 원인불명의 화재가 발생하여 이 건물 부분과 함께 건물의 다른 부분까지 불에 타 A에게 재산상 손해가 발생하였다. 이에 A가 B (그리고 B의 보험자)를 상대로 채무불이행을 원인으로 하여 건물 전체의 손해배상을 청구한 사안이다.
대법원은 다음의 둘로 나누어 임차인의 계약상 의무의 위반에 관한 증명책임을 달리 판단하였다. (ㄱ)「임차 건물부분」에 대해서는, 종래의 판례대로 임차인의 과실이 추정되고 따라서 임차인이 그 책임을 면하려면 선량한 관리자의 주의로써 계약상 의무(보존·관리의무)를 다 하였음을 증명하여야 한다고 보았다. 그런데 B는 그러한 증명을 하지 못했으므로 손해배상책임을 부담한다고 보았다. (ㄴ)「임차 외 건물부분」에 대해서는, 종래의 판례는, 그 건물이 구조상 불가분 일체를 이루는 관계에 있으면 증명책임은 마찬가지로 임차인에게 있다고 보아 왔다. 즉 임차인은 임차 건물의 보존에 관해 선량한 관리자의 주의의무를 다 하였음을 증명하지 못하면 임차 외 건물부분에 대해서도 채무불이행으로 인한 손해배상책임을 진다고 판단하여 왔다(대판 1986. 10. 28, 86다카1066; 대판 1992. 9. 22, 92다16652; 대판 1997. 12. 23, 97다41509; 대판 2003. 8. 22, 2003다15082; 대판 2004. 2. 27, 2002다39456; 대판 2010. 4. 29, 2009다96984). 그런데 그 후 대법원은 (ㄴ)의 경우에는 임차인의 과실에 관한 증명책임은 손해배상을 청구하는 임대인에게 있다고 달리 판단하면서 위 종래의 판례를 모두 변경하였다. 그 판결요지는 다음과 같다: 「임차 외 건물부분이 구조상 불가분 일체를 이루는 관계에 있다고 하더라도, 그 부분에 발생한 손해에 대해 임대인이 임차인을 상대로 채무불이행을 원인으로 하는 배상을 구하려면, 임차인이 보존·관리의무를 위반하여 화재가 발생한 원인을 제공하는 등 화재 발생과 관련된 임차인의 계약상 의무 위반이 있었고, 그러한 의무 위반과 임차 외 건물부분의 손해 사이에 상당인과관계가 있으며, 임차 외 건물부분의 손해가 그 의무 위반에 따라 민법 제393조에 의하여 배상하여야 할 손해의 범위 내에 있다는 점에 대하여 임대인이 주장·증명하여야 한다」(대판(전원합의체) 2017. 5. 18, 2012다86895, 86901)(2019년 제2차 변호사시험 모의시험 민사법(사례형) 2문의3 문제 1은 이 판례를 출제한 것이다). 그러면서 위 사안에서는, 발화원인이 밝혀지지 않은 상태에서 임차인 B에게 계약상 의무 위반이 있었다고 보기 어렵고, 또 이에 관한 임대인 A의 주장·증명도 없었다는 이유로, B는 임차 외 건물부분에 대해서는 채무불이행에 따른 손해배상책임을 부담하지 않는다고 보았다.

2) 판례(채무자의 과실이 추정되지 않는 경우): 「숙박계약이 일시 사용을 위한 일종의 임대차계약이라고 하더라도 그 성질상 객실을 비롯한 숙박시설은 숙박기간 중에도 숙박업자가 점유하고 그 지배하에 있다. 그러므로 고객이 객실을 사용하던 중 객실에 원인불명의 화재가 발생한 경우에 그 손해는 숙박업자가 부담한다」(대판 2023. 11. 2, 2023다244895).

3) 이러한 법리는 임대인의 수선의무 지체로 임대차계약이 해지된 경우에도, 그리고 임대차의 종료 당시 반환된 임차목적물이 화재로 (이행불능 상태는 아니고) 일부 훼손된 경우에도 동일하게 적용된다(대판 2010. 4. 29, 2009다96984).

우, 즉 '원인불명이 아니라 화재의 원인과 장소가 규명'된 사안에서는, 판례는, 발화 부위인 전기배선이 건물 구조의 일부를 이루고 있어 임차인이 그 하자를 알기 어렵고, 따라서 그 하자를 수리 유지할 책임은 임대인에게 있는데 그가 의무를 다하지 못한 결과로 생긴 것이라는 이유로 임차인의 손해배상책임을 부정하였다(대판 2000. 7. 4, 99다64384; 대판 2009. 5. 28, 2009다13170). 사례 p. 126

제 2 관 채무불이행의 유형

I. 민법의 규정체계

> 제390조 〔채무불이행과 손해배상〕 채무자가 채무의 내용에 따른 이행을 하지 아니한 경우에는 채권자는 손해배상을 청구할 수 있다. 그러나 채무자의 고의나 과실없이 이행할 수 없게 된 경우에는 그러하지 아니하다.

1. 본조에서 정한 '채무의 내용에 따른 이행을 하지 아니한' 것이 채무불이행인데, 민법은 그 유형으로 「이행지체」와 「이행불능」 두 가지를 정하고, 그중에서도 전자를 중심으로 하여 규정하고 있다. 즉 채권총칙에서 채무불이행의 유형으로서 명시적으로 들고 있는 것은 이행지체뿐이다(제387조에서 이행지체의 요건을 정하면서, 그 효과로 강제이행(389조)과 손해배상(390조·392조·395조·397조)에 관해 정한다). 한편 채권각칙에서는 계약을 해제할 수 있는 원인으로 이행지체와 이행불능을 정하고 있는 점이 그러하다(544조~546조).

이행지체는 채무의 이행이 가능한데도 이행하지 않는 것이고, 이행불능은 채권의 성립 후에 이행이 불가능하게 된 경우로서, 결국 채무불이행의 유형을 크게는 이행의 가능과 불가능을 기준으로 하여 나눈 것으로 볼 수 있다.

2. 민법에서 명문으로 정하고 있지는 않지만 채무불이행의 유형으로서 거론되는 것으로 두 가지가 있다. (ㄱ) 하나는 「불완전이행」(또는 적극적 채권침해)이다. 이것은 채무자가 이행을 하였으나 그것이 채무의 내용에 따른 것이 아닌 불완전한 경우이다. 불완전하기는 하지만 이행은 하였다는 점에서 전혀 이행이 없거나 불가능한 이행지체나 이행불능과는 다르므로, 통설은 제390조를 근거로 이를 채무불이행의 독립된 유형으로 인정하고, 판례도 같다(대판 1994. 1. 28, 93다43590). (ㄴ) 다른 하나는 「이행거절」이다. 특히 문제가 되는 것은, 채무자가 이행기 전에 채무를 이행할 뜻이 없음을 표시하는 경우이다. 이를 독자적인 채무불이행의 유형으로 인정할 것인지에 관해서는 학설은 나뉘며, 판례는 이를 채무불이행으로 보는 전제에서 그 법리를 전개하고 있다.

3. 이처럼 채무불이행을 네 가지 유형으로 나누어 개별적으로 고찰하는 것은 각각 그 책임의 요건과 내용을 달리하는 데에 그 의미가 있다. 먼저 이행지체에서는 이행이 가능하므로 본래의 급부의무는 존속하고 따라서 강제이행을 구할 수 있지만, 이행불능에서는 이행이 불가

능하므로 본래의 급부의무에 대한 강제이행은 구할 수 없다. 손해배상에서도 이행지체에서는 지연에 따른 손해, 즉 지연배상을 하는 것이 원칙이지만, 이행불능에서는 본래의 급부의무에 갈음한 전보배상을 하여야 하는 점에서 다르다. 그리고 해제의 요건에서도, 이행지체에서는 원칙적으로 상당 기간을 정한 최고를 한 후에, 그럼에도 채무자가 이행하지 않는 경우에 해제권이 발생하지만, 이행불능에서는 불능이 생긴 때에 해제권이 발생한다. 최고는 필요 없으며, 쌍무계약에서도 자기 채무의 이행의 제공이 필요 없는 점에서 이행지체와는 다르다. 이행거절은 이행불능에 준해 취급되지만, 이행거절을 철회한 경우에는 이행지체에 준해 처리된다. 그 밖에도 채무불이행은 개별적 유형에 따라 그 효과를 달리한다.

〈민법 제390조의 규율범위와 성격〉 (ㄱ) 제390조는 채권·채무가 발생하는 모든 경우에 적용된다. 따라서 계약 또는 법률의 규정(사무관리·부당이득·불법행위)에 의해 채권이 발생하는 경우에 적용된다. 그런데 후자의 경우 비용상환청구권(739조)·부당이득 반환청구권(747조 1항)·손해배상청구권(763조·394조)은 대개 금전의 지급을 내용으로 하는 것이어서 금전채권이 적용되는데, '금전채무의 불이행'에 관해서는 민법 제397조에서 특칙을 정하고 있으므로, 제390조는 주로 '계약상 채무의 불이행'에 관한 것을 규율한다.[1] (ㄴ) 제390조는 채무자가 고의나 과실로 채무의 내용에 따른 이행을 하지 않은 때에는 채권자는 손해배상을 청구할 수 있는 것으로 정하는데, 이는 기본적으로 임의규정에 속한다. 따라서 동조에서 정한 채무불이행책임의 요건 및 내용과 다르게 약정하는 것은 원칙적으로 허용된다. 채무자의 귀책사유를 요구하지 않거나 아니면 반대로 엄격하게 하는 것, 손해배상액을 미리 약정하는 것(배상액의 예정이 이에 해당한다(398조)) 등이 그러하다.

Ⅱ. 이행지체履行遲滯

사 례 (1) A는 그가 소장하고 있는 책 1,000권을 B대학에 기증하기로 B와 계약을 맺고, 2008. 2. 1.에 인도하기로 하였다. 그런데 2008. 3. 1.이 지나도록 위 책은 B에게 인도되지 않았다. B는 A에게 이행지체책임을 물을 수 있는가?

(2) A는 B 소유 주택을 임차하여 살고 있는데(임차보증금의 약정은 없었음), 임차기간이 만료되었음에도 새로 이사갈 곳을 구하지 못하여 그 반환을 지체하던 중, 옆집의 화재로 그 주택이 연소되었다. A·B 사이의 법률관계는? 해설 p. 135

1. 의의와 요건

채무를 이행할 수 있는데도 이행을 하지 않는 것이 '이행지체'이다. '채무자지체'라고도 한다. / 채무이행의 기한(이행기)은 당사자 간의 약정이나 법률의 규정(예: 585조·633조·656조 2항·665조 1항·686조 2항 등)에 의해 정해지는데, 이러한 기한은 몇 가지 유형으로 나누어지고, 민법 제387조와 제388조는 그러한 유형에 따라 어느 때에 '이행지체'가 성립하는지를 규정한다.

1) 지원림, "채무불이행의 유형에 관한 연구", 민사법학 제15호, 377면.

(1) 확정기한부 채무

a) 원 칙 「채무이행에 확정된 기한이 있는 경우에는 채무자는 그 기한이 도래한 때부터 지체책임이 있다」(387조 1항 1문). 예컨대 2023년 3월 1일에 지급하기로 약속한 금전채무는 그날이 지남으로써, 즉 채권자의 청구 없이도 당연히 이행지체가 된다.[1]

b) 예 외 위 원칙에 대하여는 다음의 예외가 있다. (ㄱ) 지시채권과 무기명채권과 같은 증권적 채권에서는, 그 확정기한이 도래하더라도 소지인이 그 증서를 제시하여 이행을 청구한 때부터 이행지체가 된다(517조·524조). 면책증서의 경우에도 같다(526조). (ㄴ) 추심채무 기타 이행을 하는 데 먼저 채권자의 협력을 필요로 하는 채무의 경우에는, 채권자의 추심행위 그 밖의 협력행위가 없는 한 이행지체가 되지 않는다. (ㄷ) 쌍무계약에 따른 채무의 이행에서는 당사자 간에 동시이행의 항변권이 있으므로(536조), 상대방으로부터 이행의 제공을 받고서도 자기의 채무를 이행하지 않는 경우에 이행지체가 된다. 한편, 당사자 쌍방이 모두 변제의 제공을 하지 않고서 이행기가 지난 때에는, 그 이후 쌍방의 채무는 기한의 정함이 없는 채무로서 동시이행의 관계에 있게 되며, 당사자 중 일방이 자기 채무의 이행을 제공하고 상대방에게 채무의 이행을 최고함으로써 비로소 상대방은 이행지체에 놓이게 된다(대판 1959. 11. 12, 4292민상413; 대판 1980. 8. 26, 80다1037).

(2) 불확정기한부 채무

「채무이행에 불확정한 기한이 있는 경우에는 채무자는 기한이 도래함을 안 때부터 지체책임이 있다」(387조 1항 2문). (ㄱ) 발생하는 시기가 확정되어 있지 않은 것을 '불확정기한'이라고 한다(예: 누구의 사망시에 물건을 주기로 하는 것). 매매계약을 맺으면서 중도금 지급기일을 '1층 골조공사 완료시'로 정하거나, 잔금 지급기일을 '소유권이전등기를 마친 후'로 정한 것은 불확정기한에 해당한다(대판 2005. 10. 7, 2005다38546; 대판 2011. 2. 24, 2010다83755; 대판 2011. 2. 24, 2010다77699). 당사자가 불확정한 사실이 발생한 때를 이행기한으로 정한 경우에는, 그 사실이 발생한 때는 물론 그 사실의 발생이 불가능하게 된 때에도 이행기한은 도래한 것으로 된다(대판 2002. 3. 29, 2001다41766). (ㄴ) 불확정기한의 경우에는 그 기한이 도래한 때부터 채권을 행사할 수 있지만(소멸시효는 이때부터 진행된다), 채무자가 그 기한의 도래를 알지 못한 경우에도 그에게 이행지체의 책임을 묻는 것은 가혹하므로, 채무자가 그 기한의 도래

---

1) 판례: (ㄱ) 채권의 가압류는 제3채무자에 대하여 채무자에게 지급하는 것을 금지하는 데 그칠 뿐 채무 그 자체를 면하게 하는 것이 아니고, 가압류가 있다 하여도 그 채권의 이행기가 도래한 때에는 제3채무자는 그 지체책임을 면할 수 없다(대판(전원합의체) 1994. 12. 13, 93다951; 대판 2004. 7. 9, 2004다1618). 이것은 가령 보증인의 보증채무에 대해 지급금지 가처분결정이 있는 경우에도 마찬가지이다(즉 보증인은 이행기가 도래하면 지체책임을 부담한다. 다만 이 경우 채권자의 수령불능을 이유로 변제공탁을 함으로써 지체책임을 면할 수 있다)(대판 2010. 2. 25, 2009다22778). (ㄴ) 이혼으로 인한 재산분할청구권(민법 839조의2·843조)은 이혼이 성립한 때에 이혼을 한 당사자의 일방이 다른 일방에 대하여 재산분할을 청구할 수 있는 권리로서 협의 또는 심판에 의하여 비로소 그 구체적 내용이 정해지게 되므로, 당사자가 이혼이 성립하기 전에 이혼소송과 병합하여 재산분할의 청구를 하고 법원이 이혼과 동시에 재산분할로서 금전의 지급을 명하는 판결을 하는 경우, 그 금전채무에 관하여는 그 판결이 확정된 다음 날부터 이행지체책임을 지게 되고, 이러한 소는 장래의 이행을 청구하는 소에 해당하여 소송촉진 등에 관한 특례법 제3조 1항 단서에 의해 동법 소정의 법정이율은 적용되지 않는다(대판 2001. 9. 25, 2001므725, 732). (ㄷ) 매수인이 매도인으로부터 물품을 공급받은 다음 그들 사이의 물품대금 지급방법에 관한 약정에 따라 그 대금의 지급을 위하여 물품 매도인에게 지급기일이 물품 공급일자 이후로 된 약속어음을 발행·교부한 경우, 물품대금 지급채무의 이행기는 그 약속어음의 지급기일이고, 위 약속어음이 발행인의 지급정지의 사유로 그 지급기일 이전에 지급거절되었더라도 물품대금 지급채무가 그 지급거절된 때에 이행기에 도달하는 것은 아니다(대판 2000. 9. 5, 2000다26333).

를 안 때부터 지체책임을 지게 한 것이다. 따라서 채무자가 모르더라도 기한의 도래 후 채권자의 이행청구가 있으면 그때부터 안 것이 되므로 이행지체가 된다.

(3) 기한의 정함이 없는 채무

a) 원 칙 「채무이행의 기한이 없는 경우에는 채무자는 이행청구를 받은 때부터 지체책임이 있다」(387조 2항). (ㄱ) 당사자가 이행기에 관해 아무런 약정을 하지 않거나 법률에도 이행기에 관한 규정이 없는 때에 '채무이행의 기한이 없는 채무'로 된다. 금전채무의 지연손해금채무(대판 2004. 7. 9, 2004다11582; 대판 2021. 5. 7, 2018다259213),[1] 채무불이행으로 인한 손해배상채무(대판 2021. 5. 7, 2018다275888), 신원보증계약에 따른 신원보증인의 채무(대판 2009. 11. 26, 2009다59671), 사무관리에 의한 법정채무, 부당이득 반환의무(대판 2010. 1. 28, 2009다24187, 24194), 국가의 형사보상금채무(대판 2017. 5. 30, 2015다223411)는 이행기의 정함이 없는 채무에 해당한다. (ㄴ) 이행기의 정함이 없는 채권을 양도하여, 양수인이 채무자를 상대로 그 이행을 구하고 이후 채권양도 통지가 이루어진 경우, 그 통지가 도달된 다음 날부터 지체책임을 진다(대판 2014. 4. 10, 2012다29557). 기한을 정하지 않은 채무에 정지조건이 있는 경우에는 조건이 성취된 후 채권자가 청구하면(비록 청구금액이 확정되지 않았더라도) 지체책임이 발생한다(대판 2018. 7. 20, 2015다207044). (ㄷ) 기한의 정함이 없는 채무는 그 채무가 발생한 때부터 채권자는 이행을 청구할 수 있지만(소멸시효는 이때부터 진행된다), 그때부터 채무자에게 지체책임을 묻는 것은 그에게 가혹하므로, 채무자가 '이행청구를 받은 때'부터 지체책임이 있다고 한 것이다. 채무자는 이행청구를 받은 날 안으로 이행을 하면 되는 것이므로, 그 청구를 받은 날을 넘긴 때, 즉 그 다음 날부터 지체책임을 진다는 의미이다. 만일 이행청구를 받은 때에 곧 지체책임을 지게 된다면 채무자는 청구도 없는데 언제든지 이행의 준비를 갖추고 있을 것을 요구하는 것이 되어 채무자에게 가혹할 뿐만 아니라 이행을 청구하는 요건을 무의미하게 만드는 것이 되기 때문이다(대판 1972. 8. 22, 72다1066).

b) 예 외 위 원칙에 대하여는 다음의 예외가 있다. 즉 (ㄱ) 반환시기를 약정하지 않은 소비대차에서는, 대주는 상당한 기간을 정하여 반환을 최고하여야 한다(603조 2항). 따라서 그 상당기간이 경과한 때부터 이행지체가 된다. (ㄴ) 불법행위로 인한 손해배상채무는 그 성립과 동시에(그 당일부터) 또 채권자의 청구 없이도 당연히 이행지체가 된다는 것이 통설과 판례이다(대판 1975. 5. 27, 74다1393). 불법행위가 없었더라면 피해자가 그 손해를 입은 법익을 계속해서 온전히 누릴 수 있었다는 점에서, 공평의 관념에 비추어 그 채무 성립과 동시에 지연손해금이 발생한다고 보아야 하기 때문이다(대판 2011. 1. 13, 2009다103950). 불법행위에서 위법행위 시점과 손해 발생 시점 사이에 시간적 간격이 있는 경우에는, 불법행위로 인한 손해배상청구권의 지연손해금은 손해 발생 시점을 기산일로 하여 발생한다(대판 2011. 7. 28, 2010다76368).

(4) 기한의 이익을 상실한 채무

a) 기한의 이익의 상실 (ㄱ) 법률의 규정: 기한의 이익을 채무자에게 주는 것은(153조 1항), 그를 신용하여 그에게 기한까지 이행을 유예해 주려는 데 있다. 그러므로 채무자에게 신용상실

1) 판례: 「판결에 의해 권리의 실체적인 내용이 바뀌는 것은 아니므로, 이행판결이 확정된 지연손해금의 경우에도 채무자는 채권자의 이행청구를 받은 때부터 지체책임을 진다」(대판 2022. 3. 11, 2021다232331).

의 사유가 발생한 때에는 기한의 이익을 상실케 하여 곧 변제케 할 필요가 있다. 민법 제388조는 기한의 이익의 상실사유로서 다음 두 가지를 정한다. ①「채무자가 담보를 손상, 감소 또는 멸실시킨 때」이다(1호). 그 담보는 물적 담보뿐만 아니라 인적 담보(예: 보증)도 포함한다. 한편 담보의 손상 등에 채무자의 귀책사유가 필요한지에 관해, 그 귀책사유 없이 담보가 손상 등이 된 때에 채권자로 하여금 이행기까지 기다려 이행을 청구하도록 하는 것은 채권자와 채무자 간의 신의칙상의 객관적 균형을 깨뜨린다는 이유로 이를 부정하는 것이 통설이지만, 과실책임의 원칙에 따라 이를 긍정하는 반대견해(민법주해(Ⅸ), 138면(양창수))도 있다. 한편 채무자가 아닌 물상보증인 또는 담보물의 제3취득자가 담보를 손상·감소·멸실시킨 때에는, 채무자는 기한의 이익을 잃지 않는다고 할 것이다. ②「채무자가 담보를 제공할 의무를 이행하지 아니한 때」이다(2호). 담보를 제공할 의무는 당사자 간의 약정이나 법률의 규정(362조·431조)에 의해 생길 수 있으며, 담보는 인적 담보와 물적 담보를 포함한다. ③ 한편 채무자가 파산선고를 받은 때에는 민법이 아닌 특별법에서 이를 정한다. 즉「기한부 채권은 파산선고시에 변제기에 이른 것으로 본다」(채무자 회생 및 파산에 관한 법률 425조). (ㄴ) 당사자의 약정: 민법 제388조는 임의규정이므로, 당사자 간의 약정으로 그 밖의 기한이익의 상실사유를 자유로이 정할 수 있다. 기한이익 상실의 특약은 그 내용에 의하여, 일정한 사유가 발생하면 채권자의 청구 등을 요함이 없이 당연히 기한의 이익이 상실되어 이행기가 도래한 것으로 하는「정지조건부 기한이익 상실의 특약」과, 일정한 사유가 발생한 후 채권자의 통지나 청구 등 채권자의 의사행위를 기다려 비로소 이행기가 도래하는 것으로 하는「형성권적 기한이익 상실의 특약」 두 가지로 대별된다. 이 중 어느 것에 해당하는지는 당사자의 의사해석을 통해 정할 것이지만, 일반적으로 기한이익 상실의 특약이 채권자를 위하여 행하여지는 것인 점에 비추어 명백히 전자로 볼 만한 특별한 사정이 없으면 후자로 추정하는 것이 타당하다(대판 1997. 8. 29, 97다12990; 대판 2002. 9. 4, 2002다28340).

b) 효 과 (ㄱ) 민법 제388조에서 정한 기한의 이익의 상실사유가 발생하면 채무자는 기한의 이익을 '주장하지 못한다'. 채무자가 주장하지 못한다는 것이므로, 채권자가 그 사유가 발생한 날에 반드시 청구하여야 한다는 것은 아니다. 즉 채권자는 본래의 이행기에 청구할 수도 있고 또는 위 사유가 발생한 날 이후에 청구할 수도 있다. 위 상실사유의 발생만으로 당연히 이행지체가 되는 것은 아니다(통설). 요컨대 민법 제388조에 의해 기한의 이익을 상실하더라도 그때에 기한이 도래한 것으로 의제되는 것은 아니므로, 채권자가 그 상실사유 이후 이행기 전에 청구를 한 때부터 이행지체가 된다. (ㄴ) 당사자 간에 형성권적 기한이익 상실의 특약을 맺은 때에는 채권자의 청구 등이 있은 때부터 이행지체가 된다. 그러나 정지조건부 기한이익 상실의 특약을 맺은 때에는 채권자의 청구 등이 없더라도 그 특약에서 정한 기한이익의 상실사유가 발생함과 동시에 이행기 도래의 효과가 발생하고, 채무자는 그때부터 이행지체에 놓이게 된다(대판 1989. 9. 29, 88다카14663). (ㄷ) 기한이익 상실의 효과는 채무자에게만 미치는 것이 원칙이다. 즉 보증인이 있는 경우, 그것은 보증채무가 성립한 후에 생긴 주채무의 사후적 변경으로서 보증인에게는 그 효력이 미치지 않는다.

2. 이행지체의 효과

a) 이행의 강제 이행지체에서는 이행은 가능한 것이므로, 채권자는 채무자에게 본래의 급부의무의 이행을 청구할 수 있다. 이 청구에 대해 채무자가 이행하지 않는 때에는, 채권자는 소를 제기하여 집행권원을 얻은 후 그 급부의무의 강제적 실현을 도모할 수 있다. 그 강제이행의 방법은 채무의 내용에 따라 다른데, 민법 제389조가 이를 정하고, 이에 관해서는 (p.152 'Ⅰ. 강제이행' 부분에서) 따로 설명한다. 그 밖에 채무에 대해 담보가 설정되어 있는 때에는 그 담보를 실행할 수 있다.

b) 손해배상(지연배상) 채권자는 채무자의 이행의 지체(지연)로 입은 손해에 대해 그 배상을 청구할 수 있다(390조). 이 경우 그 손해배상의 범위에 관해서는 민법 제393조가 이를 정하며, 이에 관해서는 (p.157 'Ⅱ. 손해배상' 부분에서) 따로 설명한다.

c) 전보배상 (ㄱ) 이행지체에서의 손해배상은 지연배상이 원칙이지만, 제395조에 의해 두 가지 중 하나, 즉 채권자가 상당한 기간을 정하여 이행을 최고하였음에도 채무자가 그 기간 내에 이행하지 않거나, 지체 후의 이행이 채권자에게 이익이 되지 않을 때에는, 채무자가 그 후에 이행을 하더라도 채권자는 그 수령을 거절하고 그 이행에 갈음한 손해배상, 즉 전보배상을 청구할 수 있다.[1] (ㄴ) 위 전보배상은 채무의 이행에 갈음하는 것으로서 이를 통해 채권은 만족을 얻어 소멸된다(따로 해제를 할 필요가 없다). 이 경우 손해액 산정의 표준시기는 위 '최고 후 상당한 기간이 경과한 때'의 시가에 의하고(대판 1997. 12. 26, 97다24542), 그 후의 물가 상승에 의해 증대된 손해는 특별사정에 의한 손해로서 채무자의 예견가능성을 전제로 하여 채무자에게 배상의무가 인정된다(대판 1967. 6. 13, 66다1842).

d) 책임 가중 「채무자는 자기에게 과실이 없는 경우에도 그 이행지체 중에 생긴 손해를 배상하여야 한다. 그러나 채무자가 이행기에 채무를 이행하여도 손해를 피할 수 없는 경우에는 그러하지 아니하다」(392조). (ㄱ) 이행지체가 있은 후 채무자의 과실로 이행불능이 발생한 경우에는 이행불능의 법리에 따라 처리되고 특별히 본조가 적용될 여지는 없다. 본조는, 이행지체가 있은 후 채무자의 과실 없이 급부불능이 된 경우에, 만일 제때 이행되어 그 급부가 채권자의 수중에 놓여졌다면 그러한 사태가 발생하지 않았을 것이라면, 그러한 급부불능은 결국 이행지체가 원인이 되어 발생한 것이기 때문에 설사 채무자에게 과실이 없는 경우에도 그 책임을 지는 것이 타당하다는, 소위 위험분배의 사상에 기초하고 있다. (ㄴ) 본조가 적용되려면 다음의 세 가지가 필요하다. ① 이행지체가 있어야 하고, ② 이행지체 중에 채무자에게 과실 없이 손해가 발생하여야 하며(이에 해당하는 경우로서 급부불능을 들 수 있다. 이행지체는 더 이상 문제가 되지 않으며, 불완전이행도 그 자체로 채무자의 과실이 인정되기 때문에 적용되지 않는다), ③ 제때 이행되어 급부가 채권자의 수중에 놓여졌다면 그러한 손해가 발생하지 않았을 것이어야

---

1) 판례: H자동차회사는 B에게 새 차 한 대를 매도하기로 계약을 맺고 이를 출고한 후 탁송하기 전에 C에게 자동차의 보관을 맡겼는데, C가 이를 분실하였다. H는 다른 새 차를 출고하여 B에게 인도하였는데, 그 후 C가 분실한 위 자동차를 찾은 경우, H는 제395조를 근거로 그 차의 수령을 거절하고 그에 갈음하는 손해배상을 C에게 청구할 수 있다(대판 1990. 12. 11, 90다카27129).

한다. (ㄷ) ① 채무자는 이행지체 중에 자신의 과실 없이 생긴 급부불능에 대해서도 손해배상 책임을 진다(392조 본문). 즉 이행지체 자체는 채무자의 귀책사유에 의해 생긴 것이어야 하지만, 지체 중에 생긴 손해는 채무자에게 과실이 없는 경우에도 채무자는 그 배상책임을 진다. 특히 채무자가 (당사자의 특약에 의해) 고의나 중과실에 대해서만 책임을 지기로 한 경우에도, 이행지체가 성립한 후에 생긴 손해에 대해서는 본조가 적용된다고 할 것이다(김증한·김학동, 168면). 그리고 채권자지체 중에는 채무자는 고의나 중대한 과실에 의한 손해에 대해서만 배상책임을 부담하지만(401조), 채권자가 수령에 필요한 준비를 하고 또한 지체 중의 모든 효과를 승인하여 수령의 의사표시를 한 때에는 채권자지체는 종료되고 그 이후에는 이행지체가 성립하므로, 그 후 발생한 손해에 대해서는 마찬가지로 본조가 적용된다. ② 그러나 채무자가 이행기에 이행하여도, 다시 말해 급부가 채권자의 수중에 놓여진 때에도 마찬가지의 결과가 발생할 경우에는 그 급부불능에 따른 손해배상책임을 부담하지 않는다(392조 단서). 예컨대 이행지체 중에 목적물을 도난당한 때에는 그 책임을 지게 되지만, 임차인이 목적물의 반환을 지체하던 중 옆집의 화재로 연소된 경우에는 제때 반환을 하였더라도 손해를 피할 수 없는 것이므로 그에 대해서는 책임을 부담하지 않는다. 이에 대한 입증책임은 채무자에게 있다(대판 1962. 5. 24, 62다175).

e) 계약의 해제　채권 · 채무가 계약에 의해 발생한 경우, 그 채무의 이행지체가 있으면 채권자는 (원칙적으로) 상당한 기간을 정하여 최고를 하고 그럼에도 채무자가 이행하지 않는 경우 그 계약을 해제할 수 있다(544조· 545조)(이행지체에 의한 계약의 해제에 관해서는 p.423 '1. 이행지체' 부분을 참조할 것).

3. 이행지체의 종료

이행지체는 다음의 경우에 종료된다. ① 채권이 소멸된 때. ② 채권자가 지체의 책임을 면제한 때. 채권자가 이행을 유예한 경우에 그 유예기간 중에는 지체의 책임이 생기지 않지만, 이미 생긴 지체책임까지 소멸되는지는 의사표시의 해석에 의해 결정된다. ③ 채권자가 계약을 해제하기 전에 채무자가 지연배상과 함께 이행의 제공을 한 때(461조)이다.

사례의 해설 (1) B는 A와의 증여계약에 의해 책 1,000권에 대한 인도청구권이 있고(554조), 그 인도기일은 2008. 2. 1.로 정해져 있다. 그런데 그 인도를 어떻게 할 것인지, 즉 A가 B에게 인도할 것인지 아니면 B가 인도를 요청하여 수령해 가야 하는 것인지에 대해서는 특별한 약정이 없다. 즉 변제 장소를 따로 약정하지 않은 것이다. 이 경우 위 책은 특정물이므로 그 책이 있던 장소에서 인도하여야 하고(467조 1항), 이를 위해서는 B의 추심행위가 필요하므로, 확정된 인도기일이 지났다고 하더라도 A에게 이행지체가 성립하지는 않는다.[1]

(2) A는 임차기간이 만료된 날부터 임차물 반환채무의 불이행(이행지체)에 대해 책임을 진다. 한편 이행지체 중에 생긴 손해에 대해서는 채무자에게 과실이 없는 때에도 그 손해를 배상하여야 하지만(392조 본문), 채무자가 이행기에 이행을 하여도 그 손해를 피할 수 없는 경우에는 면책된다(392조 단서). 사례에서 A는 이행지체 중에 있기는 하지만, 그 임차주택의 화재로 인한 멸실은 A가 이행기에 이

1) 이병준, 민법사례연습 Ⅲ(채권총론), 81면 이하 참조.

행을 하였더라도 피할 수 없는 것이었다. 따라서 A는 그 손해, 즉 주택의 가액을 배상할 책임은 없다. 다만 임차기간이 만료된 때부터 그 사고가 발생한 때까지의 지체로 인한 손해는 배상(지연배상)하여야 한다.

사례 p.130

Ⅲ. 이행불능履行不能

1. 의 의

(ㄱ) 이행불능이란 채권이 성립한 후에 채무자의 귀책사유로 채무의 이행을 기대할 수 없게 된 경우를 말한다. 그러므로 채무자는 (그에게 귀책사유가 있다고 하더라도) 본래의 급부에 대한 이행의무는 면하게 된다. 이행이 가능한 이행지체의 경우와는 다른 점이다. (ㄴ) 이행불능이 생기지 않는 것이 있다. 종류채무에서는 시장에 종류물이 있는 한 이를 조달하여 급부할 의무가 있으므로 특정이 되기 전까지는 이행불능은 생기지 않는다. 그리고 금전채무에서 금전은 가치의 존재형태에 지나지 않으며 물건으로서의 개성이 없으므로 목적물의 특정이란 것이 없다. 그래서 금전채무에서는 이행지체만이 있을 뿐 이행불능은 생기지 않는다.

2. 이행불능에서의 불능과 그 기준

a) 채무불이행으로서의 이행불능은 채권이 성립한 후에 이행이 불가능하게 된 「후발적 불능」으로서, 그것에 채무자의 귀책사유가 있는 경우이다.

b) (ㄱ) 채무의 이행이 '불능'이라는 것은 사회생활에 있어서의 경험법칙 또는 거래상의 관념에 비추어 볼 때 채권자가 채무자의 이행의 실현을 기대할 수 없는 경우를 말한다(대판 1996. 7. 26, 96다14616). 특정물 인도채무에서 목적물의 멸실이나 분실·도난 등의 경우에는 보통 불능에 해당한다. 한편, 타인의 권리도 매매의 목적으로 삼을 수 있으므로(569조), 타인 권리의 매매 자체가 이행불능이 되는 것은 아니다. (ㄴ) 채무의 이행이 불능인지의 판단은 이행기를 기준으로 한다. ① 따라서 이행기 전에 일시 불능이 되었더라도 이행기에 그 이행이 가능한 이상 이행불능이 되지 않는다. ② 그러나 매매계약 후 그 목적물이 멸실된 경우처럼 이행기에도 이행이 불가능한 것이 확실한 때에는 이행기까지 기다릴 필요 없이 그 당시에 곧바로 이행불능이 된다. ③ 이행기를 지나 이행지체가 성립한 후에 채무자의 귀책사유로 이행불능이 된 경우, 통설은 이를 이행불능으로 다룬다(지체 후 불능 전까지는 지연배상을, 불능 이후에는 전보배상을 하여야 한다).

판 례 이행불능을 인정하거나 부정한 사례

실무에서 이행불능인지 아닌지, 또 언제 이행불능이 되는지는 주로 채권자가 이행불능을 이유로 계약의 해제를 주장하면서 이를 다툰다.

(ㄱ) 부동산의 이중양도: ① 부동산에 관해 이중으로 제3자와 매매계약을 맺은 사실만으로는 이행불능이 되지 않는다(대판 1996. 7. 26, 96다14616). 제3자 앞으로 소유권이전등기가 마쳐진 때에 이행불능이 된다(대판 1965. 7. 27, 65다947). 다만 제3자 명의의 등기가 명의신탁에 기한 것이어서 무효이거나, 제3자가 당

사자의 배우자여서 당사자가 배우자로부터 소유권을 회복하여 채무를 이행할 수 있다고 볼 수 있는 특별한 사정이 있는 경우에는 이행불능이 되지 않는다(대판 1989. 9. 12, 88다카33176; 대판 1992. 10. 13, 91다34394). ② 강박에 의해 B에게 부동산에 관한 증여의 의사표시를 한 A가 그 취소권을 행사하지 않은 채 그 부동산을 제3자에게 양도하고 취소권의 제척기간마저 도과한 경우, A의 B에 대한 증여계약상의 소유권이전등기의무는 이행불능이 된다. 이 경우 A가 비록 B의 강박에 의해 증여계약을 체결하였다고 하여 A의 위와 같은 이중양도행위가 사회상규에 위배되지 않는 정당행위 등에 해당하여 위법성이 조각된다고 할 수 없다(대판 2002. 12. 27, 2000다47361). (ㄴ) 가등기: 소유자가 목적물에 담보목적의 가등기를 설정한 것만으로는 타인에 대한 소유권이전등기의무가 이행불능이 되는 것은 아니다. 다만, 타인이 그 담보가등기를 인수하고 소유권을 취득하는 것이 아닌 한, 소유자는 담보가등기를 소멸시킨 후 완전한 소유권을 이전해 주어야 하는 것이므로, 소유자가 채무를 변제하고 담보가등기를 말소할 변제자력이 없는 경우에는 그 소유권이전등기의무는 이행불능이 된다(대판 1991. 7. 26, 91다8104). (ㄷ) 가압류 · 가처분: ① 매수인은 매매목적물에 대하여 가압류집행이 되었다고 하여 매매에 따른 소유권이전등기가 불가능한 것도 아니므로, 이러한 경우 매수인으로서는 신의칙 등에 의해 대금 지급채무의 이행을 거절할 수 있음은 별론으로 하고, 매매목적물이 가압류되었다는 사유만으로 매도인의 계약 위반을 이유로 매매계약을 해제할 수는 없다(대판 1992. 12. 22, 92다28518; 대판 1999. 6. 11, 99다11045)(다만 가압류에 기한 강제집행으로 목적물이 타인에게 매각됨으로써 매수인이 소유권을 잃게 된 경우에는, 매도인은 권리를 완전하게 이전할 의무를 지는데 이를 위반한 것이 되고 이것은 이행불능에 해당한다). 한편, 매매의 목적이 된 부동산에 관하여 제3자의 처분금지 가처분의 등기가 기입되었다 할지라도, 이는 단지 그에 저촉되는 범위 내에서 가처분채권자에게 대항할 수 없는 효과가 있다는 것일 뿐, 그것에 의하여 곧바로 부동산 위에 어떤 지배관계가 생겨서 채무자가 그 부동산을 임의로 타에 처분하는 행위 자체를 금지하는 것은 아니라 하겠으므로, 그 가처분등기로 인하여 바로 계약이 이행불능으로 되는 것은 아니다(대판 2002. 12. 27, 2000다47361). ② 매도인의 소유권이전등기청구권이 가압류되어 있거나 처분금지 가처분이 있는 경우에는 그 가압류 또는 가처분의 해제를 조건으로 하여서만 소유권이전등기절차의 이행을 명받을 수 있는 것이어서, 매도인은 그 가압류 또는 가처분을 해제하지 않고서는 매도인 명의의 소유권이전등기를 마칠 수 없고, 따라서 매수인 명의의 소유권이전등기도 경료하여 줄 수 없다고 할 것이므로, 매도인이 그 가압류 또는 가처분집행을 모두 해제할 수 없는 무자력의 상태에 있다고 인정되는 경우에는 매수인은 매도인의 소유권이전등기의무가 이행불능임을 이유로 매매계약을 해제할 수 있다(대판 2006. 6. 16, 2005다39211). (ㄹ) 임대인의 소유권 상실: 계약의 이행불능 여부는 사회통념에 의하여 이를 판정하여야 할 것인 바, 임대차계약상의 임대인의 의무는 목적물을 사용 · 수익케 할 의무로서 목적물에 대한 소유권이 있음을 성립요건으로 하지 않아, 임대인이 소유권을 상실하였다는 이유만으로 그 의무가 불능하게 된 것이라고 단정할 수 없다(대판 1994. 5. 10, 93다37977). 그러나, 임차인이 진실한 소유자로부터 목적물의 반환청구나 임료 내지 그 해당액의 지급요구를 받는 등의 이유로 임대인이 임차인으로 하여금 사용 · 수익시킬 수 없게 되면 임대인의 사용 · 수익시킬 채무는 이행불능으로 되고, 임차인은 이행불능으로 인한 임대차의 종료를 이유로 임대인의 차임 청구를 거절할 수 있다(대판 1978. 9. 12, 78다1103). (ㅁ) 지상권등기와 저당권등기: 부동산 매도인이 목적물에 대하여 제3자에게 지상권등기를 해 주고 또 저당권등기를 마친 경우에는, 매도인의 채무는 이행불능이 된다(대판 1974. 5. 28, 73다1133). (ㅂ) 소유권이전등기 말소등기: B가 A를 강박하여 그에 따른 하자 있는 의사표시에 의하여 부동산에 관한 소유권이전등기를 마친 다음 타인에게 매도하여 소유권이전등기까지 마친 경우, 그 소유권이전등기는 소송 기타 방법에 따라 말소 환원 여부가 결정될 특별한 사정이 있으므로 B의 A에 대한 소유권이전등기 말소등기의무는 아직 이행불능이 되었다고 할 수 없으나, A가 그 부동산의 전득자들을 상대로 제기한 소유권이전등기 말소등기청구소송에서 패소로 확정되면 그때에 B의 소유권이전등기 말소등기의무는 이행불능상태에 이른다(따라서 이때 당시의 목적물의 시가로 B는 A에게 손해배상을 하여야 한다)(대판 2005. 9. 15, 2005다29474; 대판 2006. 1. 27, 2005다39013; 대판 2006. 3. 10, 2005다55411; 대판 2009. 1. 15, 2007다51703). (ㅅ) 대지와 상가건물 분양계약을 맺은 후 분양자가 부도를 내고 도피: A가 그 소유 대지 위에 상가건물을 신축하기로 하고 B와 그중 어느 특정점포 부분에 대해 분양계약을 체결하였는데, A가 피분양자로부터 분양대금의 일부를 수령하였음에도 불구하고 상가건물의 신축공사를 하지 아니하고 그에 대한 건축허가도 받지 아니한 상태에서 부도를 내어 해외로 도피한 사안에서, 분양계약상의 A의 대지 및 상가건물의 소유권이전채무는 이행불능이 된 것으로 보았다(대판 1995. 7. 25, 95다5929). (ㅇ) 타인의 권리의 증여: 甲재단법인이 이 법인의 이사 A가 소유하고 있는 토지를 매입하여 그 지상에 건축물을 지어 이를 乙(지방자치단체)에 증여하기로 약정하였는데, A는 위 토지를 甲에 매각하는 것을 거절하고, 乙은 甲을 상대로 위 토지에 대한 소유권이전등기를 청구한 사안에서, A가 토지의 매각을 거절하고 있다는 사정만으로 甲의 乙에 대한 토지의 소유권이전채무가 이행불능이 되었다고 단정할 수 없다고 보았다(대판 2016. 5. 12, 2016다200729). (ㅈ) 채무를 이행하는 것이 법률상 금지된 경우: 채무를 이행하는 행위가 법률로 금지되어 그 행위의 실현이 법률상 불가능한 경우 이행불능에 해당한다(1필지의 토지 중 일부를 특정하여 매매계약이 체결되었으나 그 부분의 면적이 건축법에 따라 분할이 제한되는 경우, 매도인의 소유권이전등기절차 이행의무가 이행불능이 된 것으로 보았다)(대판 2017. 8. 29, 2016다212524).

✽ 민법상 불능不能

민법 채권편에서는 불능을 원시적 불능과 후발적 불능으로 나누는 것을 기초로 하여, 그것이 전부 불능인 것과 일부 불능인 경우, 채무자에게 귀책사유가 있는 것과 없는 경우에 따라 법률효과를 달리 정하고, 매매와 같은 유상·쌍무계약에서는 따로 담보책임과 위험부담의 법리가 적용된다. 이들 전체의 내용을 개관해 보면 민법이 불능의 개념을 토대로 하여 전개하는 법리 내지 법적 제도와 이 중 이행불능이 어떠한 위치에 있는지를 파악할 수 있다.[1]

a) 원시적 불능 (ㄱ) 전부 불능인 경우: 그 법률행위는 무효이다. 다만 일정한 요건하에 「계약체결상의 과실책임」이 발생할 수 있다(535조). (ㄴ) 일부 불능인 경우: ① 「법률행위의 일부무효」의 법리가 적용된다(137조). ② 유상계약인 매매에서 매매목적물의 일부가 계약 당시에 이미 멸실된 경우, 일부무효의 법리가 적용되는 것이 아니라, 계약은 전부에 대해 유효하게 성립하고 그 일부불능의 부분에 대해 매도인이 일정한 「담보책임」을 진다(574조).

b) 후발적 불능 (ㄱ) 채무자에게 귀책사유가 있는 경우: 「이행불능」이 이에 해당한다. (ㄴ) 채무자에게 귀책사유가 없는 경우: ① 편무계약에서는 채무자는 채무를 면한다. ② 매매와 같은 쌍무계약에서는 채무자가 채무를 면하는 것에 따라 상대방의 채무도 소멸된다.

---

1) 송호영, "민법상 불능의 규율", 고시계(2004. 5.), 22면 이하 참조.

따라서 채무자는 상대방에게 반대급부를 청구할 수 없는데, 이를 「채무자 위험부담주의」라고 한다(537조). 다만 채권자에게 책임이 있는 사유로 이행할 수 없게 되거나, 채권자의 수령지체 중에 당사자 쌍방에게 책임이 없는 사유로 이행할 수 없게 된 때에는, 채무자는 상대방의 이행을 청구할 수 있다(538조 1항).

3. 이행불능의 효과

(1) 본래의 급부에 대한 이행의무를 면함

이행불능에서는 이행이 불가능하기 때문에 채권자는 본래의 급부의무의 이행을 구할 수 없고(이행지체의 경우와 다른 점이다), 채무자는 본래의 급부에 대한 이행의무를 면한다.

(2) 손해배상 (전보배상)

a) 이행불능으로 인해 손해가 발생한 경우에 채권자는 그 배상을 청구할 수 있으며(390조), 이때의 손해배상을 이행지체에서의 「지연배상」과 구별하여 「전보배상塡補賠償」이라고 한다. 즉 이행의 전부가 불능으로 된 때에는 본래의 급부를 목적으로 하는 청구권은 소멸되고 그에 갈음하여 손해배상청구권이 성립한다. (이행불능을 이유로 계약을 해제하지 않는 한) 본래의 계약관계는 유지되고 급부만이 손해배상청구권으로 바뀌는 것이므로, 쌍무계약에서 동시이행의 항변권, 본래의 급부청구권을 위한 담보도 존속한다.

b) 채무의 「일부」만이 불능으로 된 경우에는, 채권자는 잔존 부분의 급부청구와 함께 불능부분의 전보배상을 청구할 수 있다. 그러나 잔존 부분의 이행이 채권자에게 아무런 이익이 없고 또 그것을 제공하는 것이 신의칙에 반하는 때에는 전부불능으로 취급되어, 채권자는 그 일부이행의 수령을 거절하고 전부의 이행에 갈음하는 전보배상을 청구할 수 있다. 이 경우에는 채권자도 일부만의 이행을 청구할 수 없다.[1]

---

1) 판례: A가 그 소유 대지 위에 상가건물을 신축하기로 하고 B와 그중 어느 특정 점포 부분에 대해 분양계약을 체결하였는데, A는 피분양자들로부터 분양대금의 일부를 수령하였음에도 불구하고 상가건물의 신축공사를 착공하지 않고 그에 대한 건축허가도 받지 아니한 상태에서 부도를 내어 해외로 도피하였다. B는 분양받기로 한 점포의 '대지' 지분에 대해 소유권이전등기를 청구한 것이다. 이에 대해 대법원은, 「쌍무계약에 있어 당사자 일방이 부담하는 채무의 일부만이 채무자에게 책임 있는 사유로 이행할 수 없게 된 때에는, 그 이행이 불가능한 부분을 제외한 나머지 부분만의 이행으로는 계약의 목적을 달성할 수 없다면 채무의 이행은 전부가 불능이라고 보아야 할 것이므로, 채권자로서는 채무자에 대하여 계약 전부를 해제하거나 또는 채무 전부의 이행에 갈음하는 전보배상을 청구할 수 있을 뿐이지, 이행이 가능한 부분만의 급부를 청구할 수 없다」고 하면서, 위 사안에서는 A가 분양계약에 따라 상가건물을 신축하여 B에게 점포를 인도하고 그 소유권이전등기를 마쳐줄 의무는 이행불능 상태에 이르렀다고 보고, 한편 토지와 그 지상건물을 매매한 경우 토지와 그 지상의 건물은 법률적인 운명을 같이하게 되는 것이 거래의 관행이고 당사자의 의사에도 합치하는 것이고, 특히 장래에 건축될 집합건물인 상가 내의 특정 점포의 분양계약에 있어서 분양자가 부담하는 분양 점포에 대한 소유권이전등기의무와 그 점포면적에 비례하는 대지 지분에 대한 소유권이전등기의무는 불가분의 관계에 있어, 전자의 이행이 불능에 이르렀다면 후자의 의무의 이행이 가능하다고 하더라도 그 이행만으로는 B가 분양계약 당시 원했던 계약의 목적을 달성할 수는 없는 것이므로, A의 B에 대한 분양계약상의 채무는 전부 이행불능 상태에 이르렀다고 볼 것이고, 따라서 B는 A에게 위 대지 지분에 관한 소유권이전등기절차의 이행만을 구할 수는 없다고 판결하였다(대판 1995. 7. 25, 95다5929).

(3) 계약의 해제와 종료

a) 채권 · 채무가 계약에 의해 발생한 경우에 그 채무의 이행이 불능하게 된 때에는 채권자는 최고 없이 (또 이행기까지 기다릴 필요 없이, 그리고 자기 채무의 이행제공 없이) 그 계약을 해제할 수 있다(546조). 이행불능으로 인한 계약의 해제에 관해서는 (p.427 '2. 이행불능' 부분에서) 따로 설명한다.

b) 계약에 의해 채권 · 채무가 발생하고, 그 채무의 내용이 특정물의 사용이나 보관에 목적을 두고 있는 경우, 그 목적물이 멸실된 때에는 그 계약은 급부불능으로 소멸 · 종료된다. 예컨대 임대차계약이 성립한 후에 목적물이 멸실되거나, 임치계약에서 목적물이 멸실되면 임대차계약과 임치계약은 당연히 종료된다. 다시 말해, 계약의 해제는 계약이 그 효력이 있는 것을 전제로 하는데, 위 경우에는 계약을 해제할 여지가 없이 계약 자체가 당연히 실효된다.

〈종 합〉 A가 그 소유 토지를 1억원에 팔기로 B와 매매계약을 맺었다. B는 계약금과 중도금으로 5천만원을 A에게 지급하였는데, 그 후 토지의 가격이 오르자 A는 위 토지를 C에게 1억 5천만원에 이중으로 매각하여 C 명의로 소유권이전등기가 마쳐졌다. 이 경우 B가 행사할 수 있는 권리의 내용은 다음과 같다. (ㄱ) B는 A에게 토지소유권의 이전과 토지의 인도를 구할 수는 없다. (ㄴ) B는 계약을 해제하지 않고 A에게 손해배상을 청구할 수 있다. A가 지게 되는 손해배상은 본래의 급부에 갈음하는 것이므로, A는 1억 5천만원을 B에게 지급하여야 하고 B는 A에게 잔대금 5천만원을 지급하여야 하며, 양자는 동시이행의 관계에 있다. B는 대등액 5천만원을 상계할 수 있고 나머지 1억원을 A에게 청구할 수 있다. (ㄷ) B는 계약을 해제할 수 있다. 해제하면 계약은 효력을 잃게 되므로, B는 A에게 이미 지급한 계약금과 중도금 5천만원의 반환(원상회복)을 구할 수 있다. 그리고 해제와는 별도로 이행불능 당시의 시가와 매매대금과의 차액 5천만원에 대해 손해배상을 청구할 수 있다. (ㄹ) 위 (ㄴ)과 (ㄷ)은 결과에서 큰 차이가 없다. 그런데 해제를 한 경우와 하지 않은 경우는 다음과 같은 점에서 차이를 보인다. 가령 토지의 가격이 떨어지자 B가 잔금을 제때 주지 않는다고 하자. A는 B의 이행지체를 이유로 계약을 해제할 수 있다. 그런데 해제하지 않은 상태에서 A가 토지를 C에게 양도한 때에는, A가 B에게 여전히 부담하는 토지소유권 이전채무는 이행불능이 된다는 점이다. 반면 A가 B의 이행지체를 이유로 해제한 때에는 B와의 매매계약은 소급하여 그 효력을 잃게 되어 채권과 채무도 없게 되므로, 그 후 A가 C에게 토지를 양도하더라도 그것이 B에게 채무불이행이 되지는 않는다.

(4) 대상청구권代償請求權

〈예〉 1) A가 그의 토지를 B에게 증여하기로 하였는데, B 앞으로 소유권이전등기가 마쳐지기 전에 국가가 그 토지를 수용하고 수용보상금 1억원을 A에게 지급하였다(또는 수용보상금 1억원을 A가 받게 되었다). B는 A에게 대상청구권을 행사하여 A가 받은 수용보상금 1억원의 지급 또는 수용보상금채권의 양도를 청구할 수 있다. 2) A가 위 토지를 B에게 5천만원에 팔기로 계약을 맺은 경우, B는 자신은 5천만원을 지급하고 A에게 토지에 대신하여 수용보상금의 지급을 청구할 수 있다. 3) A가 그의 건물을 B에게 증여하기로 하였는데 제3자 C의 실화로 인해 건물이 소실되고, 그에 따라 A가 C에 대해 불법행위를 이유로 손해배상채권을 취득한 경우, B는 A에게 건물의 이전에 대신하여 손해배상채권의 양도를 구할 수 있다.

가) 의 의

a) 이행불능을 가져온 사유에 기해 채무자가 본래의 급부의무는 면하면서 그 대상代償이 되는 이익을 취득하는 경우가 있다. 예컨대 인도채무의 목적물이 채무자에게 책임 없는 사유로 멸실되거나 수용되어 채무자가 자신의 채무는 면하면서도 그 대신에 제3자에 대한 손해배상채권이나 수용보상금채권과 같은 이익을 얻게 되는 것이 그러하다. 그런데 만일 채무자가 그 채무를 이행한 후에 위와 같은 사정이 생긴 경우에는 그러한 이익은 채권자에게 귀속되었을 것이므로, 이를 채무자가 영구히 보유할 수 있다고 하는 것은 부당하고,[1] 채권자에게 그러한 대상이익을 넘겨주는 것이 공평 내지 형평의 이념에 부합한다. 이러한 경우에 채권자가 채무자에 대하여 그가 취득한 대상의 이전 또는 양도를 청구할 수 있는 권리가 '대상청구권'이다.

b) 독일 민법 제285조와 제326조 3항,[2] 프랑스 민법 제1303조, 일본 민법 제422조의2[3]에서는 대상청구권을 정하고 있으나, 우리 민법에는 이에 관한 규정이 없다. 그러나 판례와 통설은 (그 드는 이유는 나뉘어 있지만) 해석상 대상청구권을 인정한다.

나) 인정범위

대상청구권의 객체인 대상에는 '급부목적물로부터 얻은 이익'과 '법률행위에 의해 얻은 이익' 두 가지가 있다. 전자에는 급부목적물이 제3자에 의해 침해 또는 수용된 경우에 채무자가 얻은 손해배상금, 보험금,[4] 보상금 또는 그 청구권 등이, 후자에는 급부목적물을 제3자에게 양도하여 채무자가 얻은 양도수익금 또는 대금청구권[5]이 해당된다.

1) 양창수, "매매목적토지의 수용과 보상금에 대한 대상청구권", 민법연구(제3권), 박영사, 1995, 392면.

2) 독일 민법이 정하는 대상청구권의 취지는, 채무자가 채권자에게 이행하였어야 할 목적물에 대신하여 취득한 이익을 원래부터 그 목적물을 취득할 권리를 가졌던 채권자에게 귀속시키자는 데에 있는데, 그 요지는 다음과 같다(이에 관해서는, Dieter Medicus, Schuldrecht Ⅰ, 5. Aufl., 177면 이하; Hans Brox, Allgemeines Schuldrecht, 18. Aufl., 143면 이하). (ㄱ) 채무자에게 귀책사유 없이 급부가 불능으로 되면서 채무자가 대상을 취득한 경우, 채권자는 그 대상의 지급을 청구할 수 있다(독민 285조 1항). 예컨대 화재로 그림이 멸실된 경우, 방화범에 대한 손해배상청구권 또는 보험계약에 기초한 보험금청구가 문제된다. 이때 채무자는 제275조에 의해 그림의 인도의무를 면하는 경우에도 채권자에게 위 손해배상청구권을 양도하거나 수령한 보험금을 지급하여야 한다. (ㄴ) 채무자의 귀책사유로 이행불능이 되었지만 그가 대상을 취득한 경우, 채권자는 손해배상청구권과 대상청구권을 선택적으로 행사할 수 있다. 다만 대상청구권을 먼저 행사한 때에는, 손해배상액은 그 대상액만큼 감액된다(독민 285조 2항). (ㄷ) 쌍무계약에서 당사자 쌍방에게 책임 없는 사유로 후발적 불능이 된 때에도 채권자는 대상청구권을 행사할 수 있으며, 이 경우 채권자는 채무자에게 반대급부를 하여야 한다(독민 326조 3항).

3) (ㄱ) 종전 일본의 통설과 판례(일본 최고재판소 1966. 12. 23. 판결)는 일본 민법 제536조 2항(우리 민법 제538조에 해당함)을 근거로 하여 대상청구권을 인정하였었는데, 2017년 6월 2일 민법을 개정하면서 다음과 같은 내용으로 대상청구권을 신설하였다. (ㄴ) 제422조의2(대상청구권) 「채무자가 그 채무의 이행이 불능으로 된 것과 동일한 원인에 의해 채무의 목적물의 대상인 권리 또는 이익을 취득한 때에는, 채권자는 그 입은 손해의 한도에서 채무자에게 그 권리의 이전 또는 그 이익의 상환을 청구할 수 있다.」 (ㄷ) 대상청구권의 요건으로서 채무자에게 귀책사유가 필요한지에 대해서는 명문으로 정하고 있지 않다. 그리고 채권자가 입은 손해를 한도로 해서 대상청구를 할 수 있다고 하여, 우리 판례가 손해를 한도로 하지 않는 것과는 다르게 정하고 있다.

4) 통설은 '보험금'을 대상으로 인정한다. 보험금은 보험계약을 맺은 경우에 한해 발생하는 특성이 있기는 하지만, 대상청구권의 취지인 공평의 법리를 실현한다는 점에서는 보험금도 넓은 의미에서 대상으로 인정하여도 무방할 것으로 생각된다. 일본 최고재판소판례(1966. 2. 15)와 우리 판례(대판 2016. 10. 27, 2013다7769)도 보험금청구권에 대한 대상청구권을 긍정한다.

5) 특히 매매의 경우, 엄격히 말하면 매매계약에 의해 매매대금을 얻고 소유권양도에 의해 급부불능이 되는 것이어서

다) 요 건

채무자에게 목적물의 급부의무가 있어야 하고, 이것이 후발적으로 불능이 되어야 한다. (ㄱ) 원시적 불능의 경우에는 채무가 존재하지 않으므로 대상청구권도 발생하지 않는다. (ㄴ) 대상청구권은 계약이 유효하게 존속하는 것을 전제로 하여 본래의 급부 목적물에 대한 대상을 청구할 수 있는 권리이므로, 채권자가 채무자의 귀책사유로 인한 이행불능을 이유로 계약을 해제한 때에는 대상청구권을 행사할 수 없다. 즉 채권자는 계약해제권과 대상청구권을 선택적으로 행사할 수 있을 뿐이다.[1] 그리고 물권적 효력은 물론 채권적 효력도 발생하지 않는 유동적 무효 상태의 매매계약이 목적물의 수용으로 확정적으로 무효가 된 경우에도 그 보상금에 대해서는 대상청구권이 인정되지 않는다(대판 2008. 10. 23, 2008다54877). (ㄷ) 대상청구권은 계약상 급부에 따른 이익을 채권자에게 귀속시키는 것이 타당하다는 점에 기초하는 것이다. 그러므로 1) 편무계약이든 쌍무계약이든 가리지 않고 인정된다. 2) 후발적 불능에 채무자에게 귀책사유가 있는지 없는지도 묻지 않는다. 따라서 귀책사유가 있으면서 채무자가 대상을 취득한 경우에는 손해배상청구권과 대상청구권이 경합한다.[2] (ㄹ) 급부의 후발적 이행불능의 경우, 급부가 불가능하게 된 사정과 채무자가 취득한 대상(이익) 사이에 상당인과관계가 있어야 한다.[3]

라) 효 과

a) 채권적 청구권 대상청구권은 채권적 청구권이다. (ㄱ) 채권자가 이를 행사한 경우에 비로소 그 효력이 생기며, 이것은 채권자의 권리이므로 채무자가 본래의 급부에 갈음하여 대상을 급부할 수는 없다. (ㄴ) 대상청구권은 채권자가 채무자에 대해 그가 얻은 대상의 상환 내지 양도를 청구하는 것이고, 그 대상이 당연히 채권자에게 귀속되는 것은 아니다. 대상이 제3자에 대한 청구권인 경우, 채무자가 대상청구에 응하지 않는 때에는, 채권자는 그 양도와 채무

인과관계가 직결되는 것은 아니지만, 채권행위와 처분행위를 경제적으로 일체의 과정으로 보아 그 매매대금에 대해 대상청구권을 인정하는 것이 학설의 일반적인 견해이다. / 판례는, 교환계약을 맺은 후 당사자가 그 목적물을 협의매도한 사안에서, 또 취득시효가 완성된 토지를 소유자가 지방자치단체에 협의매도하고 그 대금을 받은 사안에서, 각각 그 매매대금에 대해 대상청구권이 인정될 수 있음을 전제로 하여 판단하고 있다(대판 1996. 6. 25, 95다6601; 대판 1996. 12. 10, 94다43825).

1) 유남석, "쌍무계약 당사자 쌍방의 대가적 채무가 모두 이행불능이 된 경우 대상청구권 행사의 가부", 대법원판례해설 제26호, 1996, 119면.

2) 대상청구권을 처음으로 인정한 대법원 1992. 5. 12. 선고 92다4581 등 판결은, 매매목적 토지가 수용되어 채무자의 소유권이전채무가 그의 귀책사유 없이 불가능하게 된 경우인데, 그 보상금에 대해 채권자의 대상청구권을 인정한 것이다. 한편, 대법원 1996. 6. 25. 선고 95다6601 판결은 교환계약의 목적인 토지를 제3자에게 매도하여 채무자의 소유권이전채무가 그의 귀책사유로 불가능하게 된 경우인데, 그 대금에 대해 대상청구권이 인정될 수 있다는 전제에서 판단하고 있다.

3) 판례: (ㄱ) A 소유 부동산에 대해 B 명의로 원인무효의 소유권이전등기가 마쳐지고, B는 그 부동산을 C에게 매도하여 C 명의로 소유권이전등기가 되었는데, C가 등기부취득시효에 의해 그 소유권을 취득하게 되자, A가 B를 상대로 B가 C로부터 받은 매매대금에 대해 대상청구권을 행사한 사안에서, 대법원은 B가 받은 매매대금이 B가 부담하는 소유권이전등기 말소등기절차의 이행불능으로 인한 것이 아니어서 대상청구권이 성립하지 않는다고 하여, A의 청구를 기각하였다(대판 2003. 11. 14, 2003다35482). (ㄴ) 그런데 위 사안에서는, C가 소유권을 취득함에 따라 A는 소유권을 상실하게 되어, A의 B를 상대로 한 (소유권에 기한 물권적 청구인) 소유권이전등기의 말소청구 자체가 인정될 수 없으므로, 그에 기초해서 이행불능 나아가 손해배상도 발생할 여지가 없을 뿐 아니라(그러므로 대상청구권도 발생할 여지가 없다), 손해배상은 물권적 청구권에 있는 내용이 아니다(대판(전원합의체) 2012. 5. 17, 2010다28604 참조). 다만, 부당이득이나 불법행위를 청구원인으로 해서 그 반환이나 배상을 청구할 수 있는 것은 별개이다.

자에 대한 통지를 내용으로 하는 판결로써 그에 갈음할 수 있다(389조 2항 전단). 또한 취득시효가 완성된 토지의 보상금에 대해 점유자가 대상청구권의 행사로써 소유자를 상대로 그 보상금의 수령권자가 자신이라는 확인을 구할 수는 없다(대판 1995. 7. 28, 95다2074; 대판 1995. 12. 5, 95다4209). (ㄷ) 대상청구권은 원칙적으로 10년의 소멸시효에 걸린다(162조 1항)(대판 2002. 2. 8, 99다23901).

b) **상환범위** 대상청구권이 이행불능으로 인한 손해를 한도로 하는지에 관해서는 견해가 통일되어 있지 않다. (ㄱ) 학설은 나뉜다. 제1설은 손해를 한도로 하지 않는다고 본다. 대상청구권은 손해배상청구권과는 별개의 제도로서 원래 채권의 목적이었던 것이 다른 것으로 바뀐 경우에는 그 바뀐 것 전부를 이전하는 것이 그 취지에 맞고, 손해로 제한을 하면 위법행위를 한 자에게 그 위법으로 취득한 이익을 보유케 하는 점에서 부당하기 때문이라고 한다.[1] 제2설은 채권자가 입은 손해를 한도로 대상의 반환을 청구할 수 있다고 한다. 즉 초과이익이 단순히 채무의 목적물로부터만 얻어진 것이 아니라, 채무자 자신의 활동과 능력의 성과이기도 한 점을 생각해 보면 이는 오히려 채권자에게 근거 없이 이익을 주는 것이 된다고 한다. 또 수익 모두를 반환하려면 우리 민법상 위임관계가 있어야 하는데(684조 1항), 대상청구권의 당사자 사이에 이러한 관계를 인정하기는 어렵다고 한다.[2] (ㄴ) 판례는 손해를 한도로 하지 않는다. 매매의 목적물이 화재로 소실되어 매도인이 화재보험금을 받게 된 사안에서, 화재보험금에 대해 매수인에게 대상청구권이 인정되는 이상, 화재보험금 전부에 대해 대상청구권을 행사할 수 있고, 이행불능 당시의 매매대금 한도 내로 제한되는 것이 아니라고 한다(대판 2016. 10. 27, 2013다7769). (ㄷ) 사견은 손해를 한도로 하지 않는 것이 타당하다고 본다. 대상은 (장래 채권자에게 귀속될) 본래의 급부에 갈음하는 것이므로, 대상청구권을 인정하는 이상, 대상이 되는 것 전부에 대해 청구할 수 있는 것이고, 이행불능 당시의 가격을 기준으로 하는 손해나 반대급부가액(가령 매매대금)으로 제한된다고 볼 것이 아니다.

마) 대상청구권에 관한 판례의 검토

a) 민법 제537조의 「채무자 위험부담주의」가 적용되는 경우와 대상청구권(대판 1992. 5. 12, 92다4581, 92다4598)[3]

aa) 사 실: A(서울시)는 군포시에 사회복지시설을 건립할 계획을 세우고, 그 시설로 진입하는 도로의 부지로 사용하기 위해 B 소유 토지 290.2제곱미터를 1천만원에 매수하기로 매매계약을 체결하면서, 계약 당일에 계약금과 중도금으로 9백만원을 지급하였다. 그런데 그 후 중앙토지수용위원회가 (구)토지수용법(현행 '공익사업을 위한 토지 등의 취득 및 보상에 관한 법률')에 의해 위 토지의 수용을 재결하고, 사업시행자인 대한주택공사는 B에게 수용보상금을 지급하고 위 토지의 소유권을 취득하였다(위 토지에 해당하는 수용보상금은 20,314,000원). 이에 A가 B에게 보상금의 반환을 청구한 것이다.

bb) **판결요지**: 대법원은, 민법 제537조 소정의 '채무자 위험부담주의'가 적용되는 사안에

1) 김증한 · 김학동, 170면; 김상용, 130면; 송덕수, "취득시효와 대상청구권", 저스티스 30권 2호(1996), 243면.
2) 양창수, 민법연구(제3권), 401면, 403면. 같은 취지로, 엄동섭, "대상청구권의 제한", 법률신문 제2603호(1996. 12. 10), 14면.
3) 이 판례를 평석한 글로, 양창수, "매매목적토지의 수용과 보상금에 대한 대상청구권", 민법연구(제3권), 박영사, 1995, 385면 이하.

서 동조의 적용을 배제하고 대상청구권을 인정할 수 있는지에 관해서는 언급이 없이, 원고가 피고에 대해 (피고가 이 사건 토지에 대한 소유권이전등기의무의 이행불능을 가져온 사유인 토지 수용으로 받은) 보상금을 청구한 것을 대상청구권을 행사한 것으로 보고, 대상청구권에 관해 다음과 같이 판결하였다. 「우리 민법에는 이행불능의 효과로서 채권자의 전보배상청구권과 계약해제권 외에 별도로 대상청구권을 규정하고 있지 않으나, 해석상 대상청구권을 부정할 이유가 없다.」

cc) **판결의 검토** : (ㄱ) 본 판결은 이행불능의 효과로서 대상청구권을 인정한 첫 판결이다. 이 판결을 계기로 대상청구권에 관한 적지 않은 판결이 나오게 되는 점에서도 중요한 의미가 있는 판결이다. 그런데 본 판결의 사안은, 토지 소유자인 피고(B)가 그의 토지를 원고(A)에게 매도하기로 계약을 체결한 후, 그 토지가 토지수용법에 의해 수용된 경우이다. 그에 따라 피고의 토지소유권이전채무는 이행불능이 되었지만, 토지수용의 성격상 피고에게 귀책사유가 있다고 보기는 어렵다. 그러므로 이 사안은 민법 제537조 소정의 「채무자 위험부담주의」가 적용되는 경우이다(그 내용은, A의 대금채무가 소멸되는 결과 B는 A에게서 받은 9백만원을 부당이득으로 반환하고, B는 이것과는 무관하게 소유자로서 수용보상금을 받아 이를 보유하는 것이다). 그런데도 본 판결은 (이에 관해서는 아무런 언급이 없이) 대상청구권을 인정한 것이다.[1] (ㄴ) 사견은, 민법 제537조 소정의 '채무자 위험부담주의'가 적용되는 경우에도 대상청구권을 인정할 수 있다고 본다. 그 이유는 다음과 같다. 첫째, 민법 제537조가 채무자에게 대상이 생긴 것을 전제로 한 규정은 아닌 점에서, 그 대상이 생긴 경우에까지 동조만 적용되어야 하는 것으로 해석할 수는 없다. 다시 말해 우리 민법이 입법정책상 대상청구권을 부정하는 결단을 내렸다고 단정하기는 어렵다. 둘째, 부정설은 그 논거로서, 대상청구권을 인정하게 되면 채권자에게만 유리한 것이 되어 계약 당사자 모두의 이익의 형평을 깨뜨려 문제가 있다는 점을 든다. 그러나 대상청구권을 인정하는 것이 채무자를 종전보다 더 불리하게 하는 것은 아니다. 예컨대 매매에서 목적물이 수용된 경우, 수용보상금이 매매대금보다 많은 경우에는, 채무자는 어차피 매매대금을 받게 되어 있었으므로, 채권자에게 대상청구권을 인정하더라도 채무자의 지위가 특별히 불리해지는 것은 아니다. 그리고 수용보상금이 매매대금보다 적은 경우에는, 채권자가 대상청구권을 행사하지 않고 민법 제537조의 적용을 주장하더라도 채무자가 불리해질 것은 없기 때문이다. 정리하면, (대상청구권은 채권자의 권리이지 의무가 아니므로) 채권자는 제537조에 따른 권리(반대채권의 소멸에 따른 부당이득 반환청구)를 행사하거나, 아니면 대상청구권을 행사할 수 있다(채권자는 둘 중 하나를 선택할 수 있다). A가 대상청구권으로서 보상금의 반환을 청구한 경우, A는 B에게 잔금 1백만원을 지급하여야 한다.

b) 부동산 점유취득시효와 대상청구권

aa) **판결요지** : 판례는, (ㄱ) 취득시효가 완성된 토지가 「수용」된 사안에서, 「취득시효가 완성된 토지가 수용됨으로써 취득시효 완성을 원인으로 하는 소유권이전등기의무가 이행불능이

1) 대법원은 본 판결 이후에도 민법 제537조에 의한 '채무자 위험부담주의'가 적용될 사안에서 본 판결과 같이 대상청구권을 인정하고 있다. 즉 ① 환매에 의해 피고는 원고에게 토지소유권 이전등기절차를 이행할 의무가 있는데, 이 토지가 수용된 후 피고에게 보상금이 지급된 사안에서, 원고의 피고에 대한 보상금청구를 대상청구권을 행사한 것으로 보고 이를 인용하였다(대판 1995. 2. 3, 94다27113). ② 매매의 일종으로 볼 수 있는 (임의)경매에서 경락허가결정 후 목적 토지가 하천법이 적용되어 국유로 되면서 소유자의 경락인에 대한 소유권이전등기의무가 이행불능이 된 사안에서, 소유자가 하천구역 편입으로 인하여 받게 되는 보상금에 대해 경락인의 대상청구를 인용하였다(대판 2002. 2. 8, 99다23901; 대판 2008. 6. 12, 2005두5956).

된 경우에는, 그 소유권이전등기청구권자는 소위 대상청구권의 행사로서 그 토지의 소유자가 그 토지의 대가로서 받은 수용보상금의 반환을 청구할 수 있다」고 하여, 대상청구권을 긍정하였다(대판 1994. 12. 9, 94다25025). (ㄴ) 이에 대해 취득시효가 완성된 토지를 「매도」한 사안에서는, 「점유로 인한 부동산소유권 취득기간 만료를 원인으로 한 등기청구권이 이행불능으로 되었다고 하여 대상청구권을 행사하기 위하여는, 그 이행불능 전에 등기명의자에 대하여 점유로 인한 부동산소유권 취득기간이 만료되었음을 이유로 그 권리를 주장하였거나 그 취득기간 만료를 원인으로 한 등기청구권을 행사하였어야 하고, 그 이행불능 전에 위와 같은 권리의 주장이나 행사에 이르지 않았다면 대상청구권을 행사할 수 없다고 봄이 공평의 관념에 부합한다」고 하여, 대상청구권의 요건을 제한하고 있다(대판 1996. 12. 10, 94다43825).

bb) **판결의 검토**: 판례는 취득시효의 경우에 대상청구권을 인정하면서도, 취득시효가 완성된 토지가 '수용'된 경우와 '매도'된 경우를 구별하면서, 후자의 경우에는 대상청구권을 행사하기 위해서는 그 이행불능 전에 점유자가 소유자에 대해 취득시효를 주장하여 소유자가 취득시효의 사실을 알았을 것을 요건으로 부가하고 있다. 이것은 소유자가 불법행위책임을 지는 경우와의 형평을 고려한 것으로 추측된다. 그런데 소유자는 취득시효의 사실을 알아야 할 의무가 없으므로, 소유자에게 불법행위책임을 지우기 위해서는 그의 귀책사유가 필요하므로 그러한 요건이 필요하겠지만, 대상청구권은 불법행위책임과 같이 귀책사유를 요건으로 하는 것이 아니고 본래의 급부와의 동일성이 인정되는 이상 본래의 급부와 같은 것으로 보자는 데 그 취지가 있는 것이므로, 다시 말해 점유자는 본래의 급부인 소유권이전에 대신하여 그 가치(보상금)를 청구하여 받는 것이므로, 여기에 귀책사유가 요건이 되어야 할 이유는 없다. 이 점에서 판례가 취득시효가 완성된 토지를 매도한 사안에서 대상청구권을 제한한 것은 타당하지 않다고 본다.

c) **쌍무계약에서 당사자 각자의 귀책사유로 각자의 채무가 이행불능이 된 경우와 대상청구권**(대판 1996. 6. 25, 95다6601)

aa) **사 실**: A와 B는 서로 그 소유 토지를 교환하기로 계약을 체결하였는데, 그 소유권이전등기를 마치지 않던 중, B가 그 소유 토지를 C(한국토지개발공사)에게 협의매도하여 C 명의로 소유권등기를 마친 후 대금 157,500,000원을 받았다. 그 후 A도 그 소유 토지를 C에게 협의매도하여 C 명의로 소유권등기를 마친 후 대금 98,501,439원을 받았다. A(원고)는 B(피고)를 상대로, B는 A에게 위 대금을, A는 B에게 위 대금을 지급할 의무가 있으므로, 피고는 그 차액 58,998,561원에 대해 부당이익을 얻었다는 이유로 그 반환을 청구하였다.

bb) **판결요지**: 대법원은 위 사안을 쌍무계약에서 쌍방의 귀책사유로 각각의 채무가 이행불능이 된 경우로 보고, 그 이행불능으로 인해 생긴 대상에 대한 반환청구에 관해 다음과 같이 판결하였다. 「쌍무계약의 당사자 일방이 상대방의 급부가 이행불능이 된 사정의 결과로 상대방이 취득한 대상에 대하여 급부청구권을 행사할 수 있다고 하더라도, 그 당사자 일방이 대상청구권을 행사하려면 상대방에 대하여 반대급부를 이행할 의무가 있는바, 이 경우 당사자 일방의 반대급부도 그 전부가 이행불능이 되거나 그 일부가 이행불능이 되고 나머지 잔부의 이행만으로는 상대방의 계약목적을 달성할 수 없는 등 상대방에게 아무런 이익이 되지 않는다고 인정되는 때에는, 상대방이 당사자 일방의 대상청구를 거부하는 것이 신의칙에 반한다고 볼 만한 특별한 사정이 없는 한, 당사자 일방은 상대방에 대하여 대상청구권을 행사할 수 없다.」

cc) **판결의 검토**: 본 사안에서는 원고가 보상금의 차액을 부당이득으로서 반환을 청구한 것이고, 대법원은 이에 대해 대상청구권을 행사한 것으로 보면서 이를 부정한 것이다. 채무불이행으로 인해 각자 손해배상청구권이 생긴 이상, 다시 말해 그 상대방에게 손해배상채무가 있는 이상 그가 부당이득을 하였다고 보기는 어렵고, 그래서 부당이득이 아닌 대상청구로 접근한 것으로 이해된다. 아무튼 채무자의 귀책사유로 인한 이행불능으로 손해배상청구권이 발생하는 경우에도 대상청구권을 인정할 수 있다는 전제에서 판단한 것인데, 본 사안에서는 대상청구권의 취지상 이를 인정하는 것이 적절치 않다고 본 것이다. 양자가 서로 대상으로 주면서까지 본래의 채권관계를 유지할 필요는 없고, 또 대상청구권을 갖게 되는 자가 자기의 급부의무를 자의로 대상으로 바꾼 경우에까지 인정하는 것은 대상청구권의 남용의 측면에서도 문제가 있다는 점에서, 위 판례는 타당하다고 본다.

d) 매매의 목적물이 화재로 소실된 경우, 매도인이 받은 화재보험금에 대해 매수인이 대상청구권을 행사할 수 있는지 여부와 대상청구권의 범위(대판 2016. 10. 27, 2013다7769)

aa) 사 실: A는 냉동 닭 120,633kg을 169,000,000원에 매수하기로 B와 매매계약을 체결하였는데, 그 닭이 보관되어 있던 창고에 불이 나 닭 전부가 소실되었다. 그런데 이 닭은 농협 화재공제에 가입되어 있었고, B는 화재공제금으로 290,137,729원을 수령하였다. 이에 A가 대상청구권을 행사하여 B가 받은 화재공제금의 지급을 청구한 사안이다. 원심은 대상청구권의 범위를 매매대금 상당액으로 제한되는 것으로 보았는데(서울고법 2012. 12. 27. 선고 2012나34544 판결), 대법원은 다음의 이유를 들어 A의 청구를 인용하였다.

bb) **판결요지**: 「(ㄱ) 매매의 목적물이 화재로 인하여 소실됨으로써 채무자인 매도인의 매매목적물에 대한 인도의무가 이행불능이 되었다면, 채권자인 매수인은 위 화재사고로 인하여 매도인이 받게 되는 화재보험금, 화재공제금에 대하여 대상청구권을 행사할 수 있다. (ㄴ) 손해보험은 본래 보험사고로 인하여 생길 피보험자의 재산상 손해의 보상을 목적으로 하는 것으로(상법 665조), 보험자가 보상할 손해액은 당사자 간에 다른 약정이 없는 이상 그 손해가 발생한 때와 곳의 가액에 의하여 산정하는 것이고(상법 676조 1항), 이 점은 손해공제의 경우도 마찬가지라고 할 것이므로, 매매의 목적물이 화재로 인하여 소실됨으로써 매도인이 받게 되는 화재보험금, 화재공제금에 대하여 매수인의 대상청구권이 인정되는 이상, 매수인은 특별한 사정이 없는 한 그 목적물에 대하여 지급되는 화재보험금, 화재공제금 전부에 대하여 대상청구권을 행사할 수 있고, 인도의무의 이행불능 당시 매수인이 지급하였거나 지급하기로 약정한 매매대금 한도 내로 그 범위가 제한된다고 할 수 없다.」

Ⅳ. 불완전이행 (적극적 채권침해)

사례 (1) (ㄱ) 양계업을 하는 A는 사료를 제조 · 판매하는 B에게 사료를 주문하였는데, 그 사료에 불순물이 들어 있어 그 사료를 먹은 닭 1천마리가 죽었다. (ㄴ) A가 B에게 자동차의 브레이크판을 교체해 줄 것을 의뢰하고 B는 그 일을 완성하였다. 그러나 브레이크 오일이 새는 것을 말해 주지 않아 A가 집으로 돌아오는 길에 사고를 입었다. (ㄷ) A가 B로부터 가구를 매수하였다. B가 그 가구를 A의 집안에 들여 놓는 과정에서 A 소유의 TV를 파손하였다. 이 각 경우, A는 B에게 무엇을 청구원인으로 하여 어떤 책임을 물을 수 있는가?

(2) A는 B가 운영하는 여관 2층에 투숙하였는데, 다음 날 아침 이 여관 2층 복도에서 발생한 원

인불명의 화재로 상해를 입었고, 여기에는 B가 화재 발생 후에 적절한 대처를 하지 못한 과실이 있었다. 이 경우 A와 B 사이의 법률관계는? 해설 p.149

1. 의 의

채무자가 이행을 하였으나 그것이 채무의 내용에 따른 것이 아닌 불완전한 경우를 「불완전이행」이라고 한다. 채무자에 의한 채권침해가 다름 아닌 채무불이행인데, 이행지체나 이행불능에서는 전혀 이행이 이루어지지 않은 점에서 '소극적 채권침해'라고 하면, 불완전이행에서는 이행은 있었으나 그것이 완전하지 않은 점에서 적극적 채권침해라고도 부른다. 민법은 채무불이행의 유형으로 이행지체와 이행불능을 정하고 있지만, 통설은 민법 제390조를 근거로 불완전이행을 채무불이행의 독립된 유형으로 인정하고 있음은 (p.130에서) 전술하였다.

2. 불완전이행의 모습

(1) 채무의 이행이 불완전한 경우

이행행위가 있었으나 그것이 채무의 내용에 따른 것이 아닌 불완전한 경우이다. 예컨대 사과 100상자 인도채무를 지는 자가 90상자만을 인도하거나, 혹은 그 인도한 사과 100상자 중 일부에 흠이 생긴 때, 또는 광산의 조사를 위탁받은 자가 불완전한 보고서를 교부한 경우 등이 그러하다.

(2) 불완전한 이행으로 부가적 손해를 준 경우

불완전한 이행으로 채권자에게 그 불완전이행 자체로 인한 손해 외에 다른 부가적 손해를 준 경우이다(아예 이행을 하지 않았다면 이러한 손해는 생기지 않는다). 채무에는 급부의무 · 부수의무가 있다는 전제에서, 급부의무를 완전하게 이행하지 못하거나, 급부의무는 이행하였더라도 부수의무를 이행하지 않은 경우에 그 적용이 있다.

a) 「급부의무」 위반 예컨대 과실로 불순물이 들어간 사료를 먹은 닭들이 죽거나, 병든 가축을 인도하여 매수인의 다른 가축에 전염을 시킨 경우, 인도받은 불량자재로 건축한 건물이 붕괴하거나, 독성이 포함된 약을 사먹은 고객이 사망한 경우, 또는 의료과실로 환자가 사망하거나, 불완전한 보고서에 의해 광산이 아닌 다른 산을 매수한 경우 등이다.[1)]

b) 「부수의무」 위반 예컨대 부작용을 수반하는 약을 과민성체질의 사람에게 설명 없이

1) 판례: (ㄱ) 아파트 건설회사와 광고모델계약을 체결하면서 자신의 사회적 · 도덕적 명예를 훼손하지 않기로 하는 품위유지약정을 한 유명 연예인이, 별거 중인 남편과의 물리적인 충돌 사실이 언론에 노출되어 그 경위에 관한 관심이 늘어나자 이를 해명하는 차원에서 자신의 멍들고 부은 얼굴과 충돌이 일어난 현장을 촬영하도록 허락하여 언론을 통해 널리 공개된 사안에서, 광고모델계약에서 정한 품위유지약정을 위반한 것으로서 채무불이행으로 인한 손해배상책임을 진다고 보았다(대판 2009. 5. 28, 2006다32354). (ㄴ) 안산시 일대 토지가 서해안 거점도시로 육성하기로 건설부장관의 고시가 있었고, 그래서 사실상 그 토지에 대한 매매가 예정된 상황에서, 그 토지의 소유자가 매매계약이 체결되기 전에 다량의 폐기물을 매립한 후 국가와 매매계약을 체결한 사안에서, 이는 매수인으로 하여금 그 토지의 폐기물처리 비용 상당의 손해를 입게 한 것으로서, 매도인은 이른바 불완전이행으로서 채무불이행으로 인한 손해배상책임을 부담한다고 보았다(한편 이는 하자 있는 토지의 매매로서 민법 제580조에 의한 하자담보책임도 경합적으로 인정된다고 보았다)(대판 2004. 7. 22, 2002다51586).

팔아 그 약을 복용한 사람이 사망하거나, 물건의 특별한 용법이나 성질을 알려주지 않아 피해가 발생한 경우 등이다(급부의무는 이행하였지만 급부와 관계되는 계약상 부수의무를 이행하지 않은 것이다).[1)]

3. 불완전이행의 효과

(1) 불완전이행의 위 두 가지 모습에 대해 다음과 같은 효과가 생긴다.

a) 채무의 이행이 불완전한 경우 예컨대 사과 100상자 인도채무를 지는 자가 90상자만을 인도한 경우에는 10상자 인도채무가 남게 된다. 여기서 10상자 인도채무의 이행이 가능함에도(따라서 그 추완을 청구할 수 있다) 이행하지 않는 때에는 이행지체로, 불가능한 경우에는 이행불능으로 처리한다. 또 광산의 조사를 위탁받은 자가 불완전한 보고서를 교부한 때에는, 완전한 보고서를 작성하기까지는 이행지체로, 이미 그 보고서에 기해 광산을 매수한 경우에는 이행불능으로 처리한다. 그 밖에 인도한 사과 100상자 중에 계약 당시부터 흠이 있는 때에는, 그것이 증여인 경우에는 증여자의 담보책임규정(559조)에 의해, 매매인 경우에는 매도인의 담보책임규정(580조·581조)에 의해 처리하지만, 계약 이후 매도인의 귀책사유로 흠이 생긴 때에는 채무불이행책임으로 처리한다.[2)]

b) 불완전한 이행으로 부가적 손해를 준 경우 급부의무나 부수의무를 위반하여 부가적 손해가 발생한 경우, 그것은 결국 채무의 불이행으로 인해 생긴 것이므로, 채무자가 손해배상책임을 진다(390조).[3)] 다만 손해배상의 범위에서, 그 부가적 손해는 일반적으로 특별한 사정에 의

---

1) 판례는, 대추나무 재배 농민이 농약을 혼용 살포한 결과 약해로 수확이 감소했다는 이유로 농약 판매상을 상대로 손해배상을 청구한 사안에서, 농약 판매상은 재배 농민에게 농약을 판매할 때에 그 농약의 성능, 사용방법 등에 관하여 정확한 설명을 하여 줄 주의의무가 있고, 그 성능 등에 관하여 알지 못하면서 함부로 그 사용에 관한 지시나 권유를 하여서는 아니 될 주의의무가 있다고 한다(대판 1995. 3. 28, 93다62645).

2) (ㄱ) 매매의 목적인 권리 또는 권리의 객체인 목적물 자체에 계약 당시 이미 원시적 하자가 있는 경우에 민법은 제570조 이하에서 매도인에게 일정한 책임을 인정하는데, 이를 '매도인의 담보책임'이라고 한다. 그런데 이 책임이 문제되는 대부분은 급부가 불완전한 경우이지만, 다음의 점에서 채무불이행으로서의 불완전이행책임과는 차이가 있다. ① 담보책임은 원칙적으로 유상계약에 인정되지만(567조), 불완전이행책임은 무상계약·유상계약 모두에 인정된다. ② 담보책임은 매도인의 과실을 묻지 않는 무과실책임으로서 유상계약의 등가성을 유지하려는 데에 그 취지가 있으나, 불완전이행책임에는 채무자의 귀책사유가 필요하다. ③ 담보책임의 내용으로는 대금감액청구권·해제권·손해배상청구권·완전물급부청구권의 네 가지가 있고, 하자에 대응하여 그 내용을 달리하지만, 불완전이행책임에서는 완전이행청구권(추완청구권)·손해배상청구권·해제권이 인정된다. ④ 손해배상에서, 담보책임은 등가성의 유지 차원에서 그 (원시적) 하자가 없는 것으로 믿은 데 따른 신뢰이익의 배상을 지향하지만, 불완전이행에서는 채무가 완전하게 이행되었다면 채권자가 얻었을 이익, 즉 이행이익을 지향하고 그 배상범위는 민법 제393조 소정의 통상손해와 특별손해의 기준에 의해 정해진다. (ㄴ) 담보책임은 계약 당시에 이미 있었던 원시적 일부하자를 문제삼는 것이고, 채무불이행책임은 계약이 성립한 이후의 채무자의 채무불이행을 문제 삼는 것이어서, 담보책임이 문제되는 경우에 채무불이행책임도 경합하는 일은 생기지 않는다. 다만 예외적으로 타인의 권리의 매매(569조)에서는 양 책임이 경합할 수 있다(대판 1993. 11. 23, 93다37328).

3) 통설은 「보호의무」도 채무에 포함시켜, 보호의무의 위반이 있는 경우에도 이를 불완전이행으로 구성하고 있다. 가령 판매한 가구를 집안에 들여놓다가 매수인을 다치게 하거나 다른 물건을 훼손한 경우에도 매도인에게 채무불이행에 따른 손해배상책임을 물을 수 있는 것으로 해석한다. 본래 보호의무(Schutzpflicht)는 독일 민법상 불법행위규정의 불완전성 때문에 계약책임을 묻기 위해 정책적으로 채무의 범위에 포함시킨 개념인데(과실의 입증책임·시효기간·보조자의 책임 등에서 계약책임을 묻는 것이 불법행위책임을 묻는 것보다는 상대적으로 유리한 면이 있다), 이것은 불법행위에 관해 일반규정을 두고 있는 우리 민법과는 사정이 같지 않으며, 보호의무의 내용은 본래의 급부의무와는 관계가 없는 것이어서 이를 채무에 포함시키게 되면 채무의 범위가 과도하게 확대되어 채무자에게 지나친 부담

한 손해에 해당하므로, 채무자가 그 특별사정에 대한 예견가능성이 있을 것을 전제로 해서 그 배상책임을 지게 된다(393조 2항 참조).

(2) 불완전이행의 효과로서 '완전이행청구권(추완청구권) · 손해배상청구권 · 해제권'은, 채무자는 이행을 완료하였다고 믿고 있는 점에서, 신의칙상 상당한 기간이 경과하면 소멸된다(통설).

사례의 해설 (1) (ㄱ) A가 B에게 책임을 물을 수 있는 것으로 '매도인의 담보책임, 채무불이행(불완전이행)책임, 불법행위책임(제조물책임)' 세 가지를 들 수 있다. ① 사료에 불순물이 있는 것에 대해 A는 B에게 매도인의 담보책임을 물을 수 있다. 불순물이 있지 않은 사료를 다시 급부할 것을 청구하거나(581조 2항), 매매대금과 하자 있는 사료의 가격을 뺀 나머지를 손해배상으로 청구하는 것이다(581조 1항). 그러나 죽은 닭 1천마리에 대해서는 매도인의 담보책임에 의해서는 손해배상을 청구할 수 없다. 담보책임으로서 손해배상은 매매대금과 등가성을 유지하는 범위에 그치기 때문이다. ② 사료에 불순물이 들어간 것은 A와 B가 사료에 대해 매매계약을 맺기 전에 B의 사료 제조 단계에서 생긴 것이다. 그러므로 닭 1천마리가 죽은 것에 대해 A가 B에게 채무불이행(불완전이행)책임을 물어 손해배상을 청구하려면, A와 B 사이에 사료에 대한 매매계약이 성립한 이후에 B의 과실로 사료에 불순물이 들어간 것이거나, 불순물이 들어간 사료를 걸러내지 못하고 인도한 것에 B에게 과실이 있는 경우여야 한다. 과실이 없다는 입증책임은 B에게 있다. ③ A가 소유하고 있는 닭에 대해 B의 과실로 A에게 손해를 입힌 것에 대해 불법행위나 제조물책임법에 따라 그 배상을 청구할 수 있다. (ㄴ) B의 급부의무의 내용은 브레이크판을 교체하는 것이지만, 그 작업 중에 브레이크 오일이 새는 것을 발견하였다면, 이를 알려주어야 하는 것은 급부와 관계되는 계약상의 부수의무에 속한다. 따라서 A는 B가 급부의무는 이행하였다고 하더라도 채무에 속하는 부수의무를 이행하지 않았음을 이유로, 즉 채무불이행을 이유로 손해배상을 청구할 수 있다(390조). (ㄷ) 급부와는 관계없는 채권자의 다른 재산 등을 침해한 것으로서, 보호의무를 위반한 결과로 부가적 손해가 생긴 경우이다. 이때의 그 손해는 불법행위상의 보호법익에 속하는 것이므로 채무불이행이 아닌 불법행위를 이유로 손해배상을 청구하여야 한다.

(2) A가 B에게 손해배상을 청구하는 데에는 두 가지 원인을 들 수 있다. 하나는 불법행위인데, 그 화재의 원인이 불명인 점에서 그 화재에 B의 과실을 인정하기는 어려우나, 투숙객의 대피를 위한 적절한 조치를 하지 않은 점에서는 과실을 인정할 수 있어, 이 점에서는 불법행위책임이 긍정될 수 있다. 다른 하나는 채무불이행을 이유로 하는 것이다. 즉 여관의 숙박계약은 일시사용을 위한 임대차계약으로서, 그 성질상 일반주택의 임대차와는 달리 여관 주인(B)은 객실을 제공하여야 하는 급부의무 외에 고객의 안전을 배려하여야 할 신의칙상의 부수의무를 지는데, 사례에서는 화재 발생 후에 적절한 대피수단을 강구하지 못한 점에서 부수의무의 위반, 즉 불완전이행에 따른 채무불이행책임을 진다고 볼 것이다. 이 경우 채권자(A)는 채무불이행의 사실, 즉 B가 부수의무를 위반하였다는 사실은 입증하여야 하고(이를테면 화재 발생 후 피고가 여관의 고객에게 화재 발생을 제대로 통보하지 않았다는 사실의 입증), 이에 대해 B는 자신에게 과실이 없음을 입증하지 못하는 한 그 배상책임을 지게 된다(390조)(대판 1994. 1. 28, 93다43590). 사례 p. 146

을 준다는 문제가 있다. 보호의무가 지향하는 것은 불법행위상의 보호법익에 해당하는 것이므로, 그 위반에 대해서는 불완전이행으로서 채무불이행책임을 물을 것이 아니라 불법행위책임을 지우는 것이 맞고, 그것이 우리의 책임체계에도 부합한다.

V. 이행거절

1. 의 의

채무의 이행이 가능한데도 채무자가 자신의 채무를 이행할 의사가 없음을 표시하는 것이 '이행거절'이다. 이것은 이행거절의 의사를 어느 때에 표시하였는지에 따라 「이행기 전의 이행거절」과 「이행기 후의 이행거절」로 나눌 수 있는데,[1] 양자는 그 법적 근거를 달리하고, 채무불이행의 독자적인 유형으로서 논의가 모아지는 것은 주로 전자에 관해서이다.

2. 이행기 후의 이행거절

(ㄱ) 채무자가 이행기가 지난 후에 채무를 이행할 의사가 없음을 표시하는 경우이다. 이에 관한 법적 근거로는 민법 제544조 단서가 있다. 즉 쌍무계약에서 일방의 이행지체를 이유로 상대방이 계약을 해제하려면, 상대방은 자기 채무의 이행을 제공하고 또 상당한 기간을 정하여 그 이행을 최고하여야 하는데(536조 1항·544조 본문), 그러나 「채무자가 미리 이행하지 아니할 의사를 표시한 경우에는 최고를 요하지 않는다」(544조 단서). 여기서 "미리"의 의미는, 제544조가 이행지체를 전제로 하는 규정인 점에서, '이행기 도래 후 최고 전'의 뜻으로 새겨야 한다(김형배, 채권각론, 262면 참조). (ㄴ) 쌍무계약인 부동산 매매계약에서 매수인이 이행기일을 지난 후에 매도인에게 계약상 의무 없는 과다한 채무의 이행을 요구하고 있는 경우, 매도인은 매수인이 이미 자신의 채무를 이행할 의사가 없음을 표시한 것으로 보고 자기 채무의 이행제공이나 최고 없이도 계약을 해제할 수 있다(대판 1992. 9. 14, 92다9463).

3. 이행기 전의 이행거절

(1) 학 설

채무자가 이행기가 도래하기 전에 자신의 채무를 이행할 뜻이 없음을 표시하는 경우, 이를 채무불이행의 독립된 유형으로 볼 것인지에 관해서는 학설이 나뉜다. (ㄱ) 부정설: 이행거절은 실현 가능한 이행을 전제로 하는 것인 점에서 이행지체와 본질적으로 차이가 없어 이행지체의 하부유형이나 특수한 형태로 파악하면 족하고, 이 경우는 신의칙상 이행지체에서 이행기의 도래에 준해 또는 민법 제544조 단서를 유추적용하여 채권자의 최고 없이도 계약을 해제할 수 있다고 한다.[2] (ㄴ) 긍정설: 이행거절은 채무이행의 강제가 가능하다는 점에서 이행불능과 구별되고, 또 이행기 도래 전에 채무불이행책임을 물을 수 있어 이행지체와도 구별되는 점에서, 일반규정인 민법 제390조를 근거로 채무불이행의 독립된 유형으로 인정할 수 있다고 한다.[3]

---

1) 김동훈, "이행거절과 계약해제", 고시연구(2003. 9.), 112면.
2) 김형배, 263면; 지원림, "채무불이행의 유형에 관한 연구", 민사법학 제15호, 399면 이하.
3) 양창수, 민법연구 제3권, 492면.

(2) 판 례

a) 이행거절의 경우, 해제에서 이행지체보다 그 요건을 완화하여 이행불능에 준하는 취급을 하는 점에서, (명시적이든 묵시적이든) 채무자의 이행거절 의사는 분명한 것이어야 한다(대판 2011. 2. 10, 2010다77385). 채무자가 근거 없이 계약의 불성립이나 무효 등을 주장하거나(대판 1976. 11. 9, 76다2218), 부동산 매도인이 중도금 수령을 회피한 후 오히려 중도금을 지급하지 않았다는 이유로 계약해제의 통지를 한 경우(대판 1990. 3. 9, 89다카29), 이행거절을 한 것으로 본다. 그러나 매수인이 수차 매매잔대금의 지급 연기를 요청한 것만으로는 이행거절로 보지 않는다(대판 1990. 11. 13, 90다카23882). 이행거절이 채무불이행으로 되기 위해서는 채무를 이행하지 아니할 채무자의 명백한 의사표시가 위법한 것으로 평가되어야 한다(대판 2015. 2. 12, 2014다227225).

b) (ㄱ) 이행거절은 이행이 가능한데도 채무자가 이행을 거절하는 것이므로, 채권자는 본래의 채무의 이행을 청구하거나 아니면 이행거절에 따른 책임을 물을 수 있다. (ㄴ) 이행거절의 책임을 묻는 경우 세부적인 내용은 다음과 같다. ① 해제의 요건에서 (이행지체에서의 해제 요건보다 완화된) 이행불능에 준하는 취급을 한다. 즉 쌍무계약에서 계약 당사자의 일방이 채무이행의 거절의사를 표명한 경우, 상대방은 (신의성실의 원칙상) 최고나 자기 채무의 이행의 제공 없이도 곧바로 계약을 해제할 수 있다(대판 1993. 6. 25, 93다11821). ② 이행거절을 이유로 채권자가 계약을 해제하기 전에는 채무자는 이행거절의 의사를 철회할 수 있고, 이 경우에는 이행지체의 법리가 적용된다(철회 이후에는 쌍무계약의 경우 상대방은 자기 채무의 이행을 제공하고 상당한 기간을 정하여 이행을 최고하여야 하며, 그럼에도 채무자가 이행을 하지 않은 때에 비로소 해제할 수 있다)(대판 1989. 3. 14, 88다1516, 1523; 대판 2003. 2. 26, 2000다40995). ③ 이행거절을 이유로 손해배상을 청구하는 경우, 이행거절 당시의 급부목적물의 시가를 기준으로 한다(대판 2007. 9. 20, 2005다63337).

제 3 관 채무불이행에 대한 구제

채무불이행에 대한 구제로는 다음의 것이 있다. (ㄱ) 이행지체의 경우에는 채무자가 급부의무를 이행하지 않고 있는 것이므로, 채권자는 그 이행을 청구하여 최종적으로는 법원의 판결과 집행을 통해 채권의 만족을 얻게 되는데, 「강제이행」이 그것이다(389조). 여기서는 채무자의 귀책사유는 필요하지 않다. (ㄴ) 채무자의 귀책사유로 채무불이행이 생긴 경우에 채무자는 다음과 같은 책임을 진다. ① 채권과 채무의 발생에 따라 채권자는 채무자가 장래 채무를 이행하는 것에 따른 이익을 얻게 되고, 따라서 채무자가 채무를 이행하지 않아 채권자가 그러한 이익을 누리지 못하는 손해를 입는 경우에는 이를 배상해 주어야만 하는데, 이것이 「손해배상」이다(390조). ② 계약에서 어느 일방의 채무불이행이 있는 경우에는 상대방으로 하여금 계약을 파기하고 계약의 구속에서 해방될 수 있게 하는 것이 필요한데, 이것이 「계약의 해제(또는 해지)」이다(544조 이하). 이에 관해서는 채권법 계약 부분에서 정하고 있으므로, (p.416 이하에서) 따로 설명하기로 한다.

Ⅰ. 강제이행

사 례 (ㄱ) A 소유의 건물을 임차하고 있는 B는 임차기간이 만료되었음에도 불구하고 건물을 A에게 인도하지 않고 있다. (ㄴ) A는 B에게 한 달 기한으로 300만원을 빌려주었으나 B는 변제기에 변제를 하지 않고 있는데, B는 甲은행에 500만원의 정기예금을 유일한 재산으로 가지고 있다. (ㄷ) 화가인 B는 A로부터 대가를 받고 A의 집안 벽에 벽화를 그려주기로 하였는데, 약속한 날이 지났음에도 B는 벽화를 그리지 않고 있다. (ㄹ) 한 달 안에 매매계약을 체결하는 것으로 하여 A는 B 소유 건물에 대해 B와 매매예약을 하였다. A가 한 달 안에 청약의 의사표시를 하였으나 B는 그에 대해 승낙을 하지 않고 있다.

위 각 경우에 A는 어떠한 강제이행을 청구할 수 있는가? 해설 p. 157

제389조〔강제이행〕 ① 채무자가 임의로 채무를 이행하지 아니한 때에는 채권자는 강제이행을 법원에 청구할 수 있다. 그러나 채무의 성질이 강제이행을 하지 못할 것인 때에는 그러하지 아니하다. ② 전항의 채무가 법률행위를 목적으로 하는 때에는 채무자의 의사표시에 갈음할 재판을 청구할 수 있고, 채무자의 일신에 전속하지 아니한 작위를 목적으로 한 때에는 채무자의 비용으로 제3자에게 이를 하게 할 것을 법원에 청구할 수 있다. ③ 그 채무가 부작위를 목적으로 한 경우에 채무자가 이를 위반한 때에는 채무자의 비용으로 그 위반한 것을 제거하고 장래를 위한 적당한 처분을 해 줄 것을 법원에 청구할 수 있다. ④ 전 3항의 규정은 손해배상의 청구에 영향을 미치지 아니한다.

1. 의 의

채무자가 채무의 이행이 가능한데도 이행하지 않는 때에는, 채권자는 확정판결 등 집행권원에 기해 그 강제이행을 구함으로써 채권의 만족을 얻게 된다. 채무자가 임의로 이행하는 것에 대해 이를 「강제이행」이라 하고, 집행의 측면에서는 「강제집행」이라고 한다. 강제이행은 이행이 가능한데도 이행하지 않는 경우에 적용되는 것이고, 이행불능의 경우에는 이행이 불가능하므로 본래의 급부에 대한 이행의 강제를 구할 수는 없다(다만 이행불능에 따른 손해배상의무에 대해서는 강제이행을 구할 수 있다).

한편 채무의 내용이 다름에 따라 강제이행의 방법도 다를 수밖에 없는데, 본조가 바로 이를 정한다. 그런데 이것은 채무의 내용을 실현하는 절차에 속하는 것이어서, 또 부대체적 작위채무의 강제이행의 방법에 관해서는 민법에 규정이 없는 등 민법의 정함이 모든 것을 포괄하는 것도 아니라는 점에서, 오히려 '민사집행법'(2002년 법 6627호)의 규정에 맡기는 것이 타당하지 않은가 하는 의문도 있다.

2. 강제이행의 요건 (과정)

강제이행은 크게 세 가지 과정을 거친다. (ㄱ) 먼저 채권자가 채무자에 대해 가지는 급부청구권의 존재와 내용이 공적으로 증명되어야 하는데, 이를 '집행권원'이라고 한다(종전의 민사소송법은 이를 '채무명의'라 하였다). 확정된 종국판결이나 가집행 선고가 있는 종국판결이 그 대표적인 것이다(민사집행법 24조). (ㄴ) 위 판결정본의 끝에 제1심 법원의 법원사무관이 "원고가 피고에 대한 강제집행을 실시하기 위해 이 정본을 내어준다"는 문구, 즉 '집행문'을 덧붙여 적는다. 이를 '집행력 있는 정본'이라고 한다(민사집행법 28조·29조). 이것은 집행기관으로 하여금 집행권원에 집행력이 있는지 여부와 그 범위를 쉽게 알 수 있게 하여 신속한 집행을 도모하기 위함이다. (ㄷ) 채권자가 집행력 있는 정본을 첨부하여 강제집행을 신청하면(부동산 강제경매신청서 양식은 부록 참조) 집행기관이 강제집행을 실시하게 되는데, 그 집행기관으로는 '집행관·지방법원(이를 '집행법원'이라 함)·제1심 법원(이를 '수소受訴법원'이라고도 함)' 세 가지가 있으며, 강제집행의 방법에 따라 그 관할을 달리한다. 이를테면 물건의 인도와 동산의 강제집행은 집행관(민사집행법 189조·257조·258조)이, 부동산과 채권에 대한 강제집행은 그 부동산이 있는 곳의 지방법원(민사집행법 79조)[1]과 채무자의 주소지를 관할하는 지방법원(민사집행법 224조)이, 강제이행의 방법으로서 대체집행과 간접강제의 경우에는 제1심 법원(민사집행법 260조·261조)이 각각 관할한다.

판 례 판결절차에서 부작위채무 또는 부대체적 작위채무의 이행을 명하면서 동시에 간접강제를 명할 수 있는가?

「(ㄱ) 대법원은 종전에 부작위채무 또는 부대체적 작위채무에 관해, 판결절차의 변론종결 당시에 보아 그 채무를 명하는 집행권원이 성립하더라도 채무자가 이를 단기간 내에 위반할 개연성이 있거나 임의로 이행할 가능성이 없음이 명백하고, 또한 판결절차에서 민사집행법 제261조에 의해 명할 적정한 배상액을 산정할 수 있는 경우에는, 판결절차에서도 채무불이행에 대한 간접강제를 할 수 있다고 하였다(대판 1996. 4. 12, 93다40614, 40621; 대판 2014. 5. 29, 2011다31225; 대판 2013. 11. 28, 2013다50367). (ㄴ) 이러한 판례는 그대로 유지되어야 하는데, 그 이유는 다음과 같다. ① 본안판결에서 동시에 민사집행법 제261조 1항의 간접강제에 관한 판결을 할 수 있는지에 관해 이를 명시적으로 금지하는 법 규정은 없다. 즉 입법자는 채권에 대한 강제이행의 원칙과 집행권원에 기초한 강제집행의 원칙을 규정하였을 뿐, 판결절차에서는 어떠한 경우에도 간접강제를 명할 수 없도록 법률을 제정하였다고 볼 수 없다. ② 집행권원의 성립과 별개 절차로 이루어지는 간접강제 결정 사이의 시간적 간격이 있는 동안에 채무자가 부작위채무 등을 위반할 경우 집행제도의 공백을 초래할 우려가 있는데, 이를 막을 수 있어 집행의 실효성을 확보할 수 있다. ③ 판결절차에서도 채권자인 원고가 간접강제를 청구하여야만 법원이 간접강제를 명할 수 있는데, 변론 과정에서 채무자인 피고가 간접강제에 관해 충분히 의견을 진술할 수 있으므로 채무자에게 크게 불리하다고 볼 수도 없다」(대판(전원합의체) 2021. 7. 22, 2020다248124).

* 원고가 피고를 상대로 토지에 대한 사용방해 금지 및 간접강제를 청구하자, 원심법원은 "피고는 이 사건 토지에 대한 원고의 사용을 방해해서는 안 되고, 피고가 이를 위반할 경우 원고에게 위반일 1일당 10만원씩 배상금을 지급하라."고 판결을 선고하였다. 여기서 대법원은 위와 같은 이유로 원심법원이 판결을 선고하면서 원고의 간접강제 청구를 인용하여 간접강제를 명한 것은 정당하다고 보았다.

---

1) 예컨대 서울에 사는 금전채무자가 경기도 양평에 토지를 소유하고 있는 경우, 채권자는 양평을 관할하는 지방법원에 강제집행을 신청하여야 한다.

3. 강제이행의 순서

강제이행에서는 두 가지 이념의 조화가 요청된다. 하나는 채권의 내용대로 그 이행을 실현하는 것이고, 다른 하나는 이행의 강제방법이 채무자의 인격을 침해해서는 안 된다는 것이다. 민법 제389조와 민사집행법(61조~263조)은 채무의 내용에 따라 여러 가지 강제이행의 방법을 정하고 있는데, 통설은 위와 같은 요청에 따라 다음과 같은 순서로 강제이행을 허용할 것이라고 한다. 즉, ① 금전채무와 물건의 인도채무는 「직접강제」에 의한다. 직접강제는 채무자의 협력을 필요로 하지 않고 그의 의사를 구속하는 것도 아니면서 이행의 강제를 실현하는 점에서 (강제이행에 대응하는) 인격존중의 이상에 적합한 방법이다. 따라서 직접강제는 채무자에 의한 행위를 필요로 하는 '하는 채무'에는 인정되지 않으며(제389조 1항 단서 소정의 「채무의 성질이 강제이행을 하지 못할 것인 때」란 직접강제가 허용되지 않는 '하는 채무'를 말한다), 직접강제가 가능한 채무에는 대체집행이나 간접강제는 허용되지 않는다(통설). ② 하는 채무로서 채무자 외의 자가 하더라도 무방한 대체적 작위채무는 「대체집행」에 의한다. 대체집행이 가능한 경우에는 이 방법만이 허용되고 간접강제는 인정되지 않는다. ③ 채무자만이 할 수 있는 일신전속적 채무, 즉 부대체적 작위채무에 한해서 마지막으로 「간접강제」에 의한다.

4. 강제이행의 방법

(1) 직접강제

민법 제389조 1항 본문에서 정하는 강제이행은 직접강제를 말하고, 이것은 물건의 인도나 금전의 지급과 같은 '주는 채무'의 경우에 인정된다(통설).

a) 물건의 인도채무 (ㄱ) 물건(동산 · 부동산)의 인도를 내용으로 하는 채무의 강제이행은 집행관이 채무자로부터 그 점유를 빼앗아 채권자에게 인도하는 방식으로 한다(민사집행법 257조 · 258조). 이것은 금전채권 집행의 경우처럼 현금화하는 것이 아니므로, 목적물이 재산가치가 있는지 또 압류금지물에 해당하는지는 문제되지 않는다. 한편 위 '인도'에는 '명도'도 포함한다(명도는 깨끗하게 비워 점유를 이전하는 것으로서, 실무상 건물의 경우에 명도라는 용어를 사용하고, 토지에 대해서는 인도라고 한다(이시윤, 신민사집행법(제3판), 414면)). (ㄴ) 인도할 물건을 제3자가 점유하고 있는 때에는 채무자의 제3자에 대한 인도청구권을 채권자에게 넘겨주는 방식으로 한다(민사집행법 259조)(예: 채무자인 임차인이 전차인에게 임대차기간의 만료 후에 보증금을 반환함으로써 채무자가 제3자인 전차인에게 목적물의 인도청구권을 갖는 경우). 이러한 강제이행은 그 물건이 있는 곳의 지방법원이 관할한다(민사집행법 224조 2항 단서).

b) 금전채무 금전채무의 강제이행에 관하여는 민사집행법 제78조 내지 제256조에서 정하는데, 이렇게 자세히 규정하는 이유는 재산의 종류에 따라 강제집행의 방법이 다르기 때문이다. 즉 채무자 소유의 물건(동산 · 부동산)에 대해서는 압류를 한 후 경매를 통해 환가하여 채권자에게 배당하고, 채무자가 제3자에 대해 갖는 채권에 관해서는 압류 및 추심명령 또는 전부명령(轉付命令)을 통해 채권자가 직접 제3자에게 청구할 수 있게 한다.[1)]

---

1) 금전채권자가 강제집행을 하려면 채무자가 갖고 있는 재산(동산 · 부동산 · 채권 등)을 알아야 하는데, 이를 위해 민

(2) 대체집행

채무의 내용이 채무자의 일신에 전속하지 않은 작위를 목적으로 하는 것, 즉 하는 채무로서 채무자 외의 자가 하더라도 무방한 '대체적 작위채무'의 경우에는 대체집행이 인정된다. 건물의 철거 · 단순한 노무의 제공 · 물품의 운송 등이 그러하다. 이때 그 방법은 채무자의 비용으로 제3자에게 이를 하게 할 것을 법원에 청구하는 방식으로 한다(389조 2항 후단). 제1심 법원이 관할법원이 되며, 채권자의 신청에 따라 민법의 규정에 의한 결정을 하여야 한다(민사집행법 260조).

(3) 간접강제

a) 채무자만이 할 수 있는 일신전속적 채무, 즉 '부대체적 작위채무'에 대해서는 간접강제에 의한다. 증권에 서명할 의무, 주식에 명의개서를 할 의무, 감정(출연 · 집필), 계산보고, 재산목록의 작성의무, 정정보도문의 게재의무(대결 1986. 3. 11, 86마24 참조) 등이 이에 속한다.[1] 그 방법에 관해서는 민법에는 규정이 없고 민사집행법 제261조에서 정한다. 즉 제1심 법원은 채권자의 신청에 따라 간접강제를 명하는 결정을 하는데, 그 결정에는 채무의 이행의무와 상당한 이행기간을 밝히고, 채무자가 그 기간 내에 이행을 하지 않는 때에는 늦어진 기간에 따라 일정한 배상을 하도록 명하거나 즉시 손해배상을 하도록 명하는 것이다(이 손해배상은 강제수단으로서의 손해배상이며, 실손해의 전보를 목적으로 하는 통상의 손해배상과는 다르다. 따라서 배상액은 실손해액을 기준으로 하지 않는다(장경학, 127면)).

b) 간접강제는 본래의 채무를 이행하지 않으면 손해배상을 명함으로써 간접적으로 채무자의 자유의사를 압박 · 강제하여 본래의 채무의 이행을 실현시키는 방법이다. 그런데 부대체적 작위채무라고 하더라도 다음과 같은 것에는 간접강제가 허용되지 않는다. 즉, ① 채무자의 의사만으로는 실현될 수 없는 채무, 예컨대 채무이행을 위해 과다한 비용이나 특수한 설비 또는 제3자의 협력을 필요로 하는 경우, ② 창작활동을 목적으로 하는 채무처럼 자유의사를 강제하

사집행법은 「재산명시신청」 제도를 마련하고 있다. 즉 금전의 지급을 목적으로 하는 집행권원에 기초하여 강제집행을 개시할 수 있는 채권자는 채무자의 보통재판적이 있는 곳의 법원에 채무자의 재산명시를 요구하는 신청을 할 수 있고(동법 61조), 법원은 그 신청에 이유가 있는 때에는 채무자에게 재산 상태를 명시한 재산목록을 제출하도록 명할 수 있으며(동법 62조 1항), 이 결정은 신청한 채권자 및 채무자에게 송달하여야 하는 것으로 규정한다(동법 62조 4항). 이 제도는 채무자의 책임재산을 탐지하여 강제집행을 용이하게 하고 재산상태의 공개를 꺼리는 채무자에 대하여는 채무의 자진이행을 유도하는 간접강제적 효과를 목적으로 한다.

1) 간접강제의 대상이 되는 채무인지가 문제되는 것이 있다. (ㄱ) 명예훼손의 경우, 법원은 피해자의 청구에 의해 손해배상에 갈음하거나, 손해배상과 함께 명예회복에 적당한 처분을 명할 수 있다(764조). 「명예회복에 적당한 처분」의 대표적인 예로서 종래 '사죄광고'의 방법이 활용되었는데, 이에 대해 헌법재판소는 동조를 그와 같이 해석하는 한도에서는 헌법 제19조에서 정한 양심의 자유에 저촉된다는 이유로 위헌결정을 내렸다(헌재결 1991. 4. 1, 89헌마160). 동 결정은 적당한 처분의 예로서, 판결문을 신문 · 잡지 등에 게재하거나 명예훼손기사의 취소광고 등을 들고 있다. 따라서 이러한 내용의 채무가 판결로 확정된 경우에 그 강제이행의 방법이 문제되는데, 이것은 대체집행이 가능한 것으로 해석된다. (ㄴ) (확정판결에 의해, 친권자 아닌 자가 어린아이를 데리고 있어 친권자가 그 아이를 자기에게 인도할 것을 구하는) '유아의 인도채무'의 강제이행 방법에 대해서는 여러 견해가 주장되고 있지만, 유아의 인격존중이라는 관점에서 간접강제를 원칙으로 하되, 유아가 의사능력이 없는 때에는 직접강제도 예외적으로 허용되는 것으로 보는 견해가 유력하다(김주수, 158면; 김형배, 149면). 그런데 가사소송법에서는, 유아의 인도의무를 이행하여야 할 자가 정당한 이유 없이 유아를 인도하지 않으면 당사자의 신청에 의해 일정한 기간 내에 그 의무를 이행할 것을 명할 수 있고(이행명령), 이를 위반하면 과태료와 감치에 처할 수 있는 규정을 따로 마련하고 있다(동법 64조 1항 · 67조 1항 · 68조 1항 2호). 이행명령에는 과태료와 감치라는 강력한 강제력이 수반되는 점에서 손해배상만을 인정하는 (민사집행법상의) 간접강제의 경우와는 다르다.

면 채무의 내용에 따른 급부를 제대로 실현할 수 없는 채무, ③ 부부의 동거의무처럼 채무자의 자유의사를 강제하는 것이 인격존중의 이상에 반하는 채무 등이 그러하다. 이들 경우에는 채무불이행으로 인한 손해배상을 청구하거나 이혼 등의 다른 구제방법에 의할 수밖에 없다.[1)]

(4) 의사표시의무의 집행

a) 채무자가 의사표시를 하여야 할 의무는 부대체적 작위채무에 속하는 것이지만, 이때는 따로 집행방법이 인정되므로 간접강제는 허용되지 않는다. 예컨대 채권양수인이 양도인에 대해 채무자에게 양도통지를 해 줄 것을 재판상 청구한 때에는, 그 판결로써 통지(준법률행위)를 한 것으로 간주하는 방법이 그것이다(389조 2항 전단, 민사집행법 263조). 매매예약에 따라 승낙의 의사표시를 하여야 할 의무, 등기신청이나 토지거래허가신청의 경우에도 이 방식이 적용된다(등기청구권은 공동신청주의에 따라 등기신청에 협력할 것을 구할 수 있는 권리이다). 유의할 것은, 이 방법은 의사표시를 한 것으로 의제하는 데 그치는 것이므로, 법률효과의 발생을 위해 다른 요건이 필요한 때에는 이를 따로 갖추어야 한다. 위 예에서 그 판결만으로는 채무자에게 그 양도의 통지가 도달된 것으로는 되지 않으며(또한 채무자는 판결의 당사자가 아니어서 그 효력이 마치지도 않는다), 이를 위해서는 그 판결문을 따로 보내 채무자에게 도달하여야만 채권양도의 대항요건을 갖추게 된다(450조 1항 참조). 또 부동산 매수인이 공동신청을 위해 매도인을 상대로 소유권이전등기청구의 소를 제기하여 승소 판결이 확정된 경우에도, 매수인이 판결문을 첨부하여 소유권이전등기를 신청하여 그 등기가 된 때에 비로소 부동산 소유권을 취득한다(부동산등기법 23조, 민법 186조).

b) 의사표시의무의 집행에 대해서는 민사집행법 제263조에서 규정하는데, 어느 때에 의사표시를 한 것으로 간주되는지는 다음 둘로 나뉜다. (ㄱ) 단순한 의사표시의무의 경우에는 판결이 확정된 때에 의사표시를 한 것으로 본다(민사집행법 263조 1항). 다른 강제이행의 경우에는 집행권원 외에 따로 집행문이 필요하지만, 이 경우는 판결의 확정만으로 집행이 종료되는 점에서 차이가 있다. (ㄴ) 채무자의 의사표시가 채권자의 반대의무의 선이행이나 조건의 성취 등과 결부되어 있는 경우에는, 그러한 내용을 담은 판결 외에 조건 성취 집행문을 부여받았을 때 의사표시를 한 것으로 본다(민사집행법 263조 2항).

(5) 부작위채무의 경우

부작위채무는 채무자가 이를 위반한 때에 비로소 문제가 되는데, 이 경우 그 위반의 결과가 어떠한 상태인지에 따라 두 가지 방법이 있을 수 있다. (ㄱ) 하나는 건축금지의 약정을 위반하여 건축을 한 경우처럼 물적 상태가 존재하는 것인데, 이때는 채무자의 비용으로 위반한 것을 제거하고 장래를 위한 적당한 처분을 해 줄 것을 법원에 청구하는 방식으로 한다(「적당한 처분」의 내용으로는, 위반행위 방지를 위한 물적 설비의 설치, 장래의 위반행위로 생길 손해의 배상을

1) 판례: 「부부의 동거의무는 인격존중의 귀중한 이념이나 부부관계의 본질 등에 비추어 일반적으로 그 실현에 관하여 간접강제를 포함하여 강제집행을 하여서는 안 된다고 하더라도, 또 그 의무의 위반을 이유로 한 비재산적 손해의 배상이 현실적으로 동거의 강제로 이끄는 측면이 있다고 하더라도, 그 손해배상은 동거 자체를 강제하는 것과는 목적 및 내용을 달리 한다. 따라서 동거의무의 강제가 금지된다고 해서 그 손해배상까지 금지되는 것은 아니며, 그 손해배상에 이혼청구가 전제되어야 할 필요도 없다」(대판 2009. 7. 23, 2009다32454).

위한 담보의 제공, 위반행위가 있을 때에는 그때마다 일정한 배상금을 지급한다는 내용의 예고 등을 들 수 있다(389조 3항)). 위반한 것을 제거하는 것에 대해서는 대체집행을 할 수 있다(민사집행법 260조 1항). (ㄴ) 다른 하나는 영업금지의 약정을 위반하여 영업을 하는 것처럼 물적 상태가 존재하지 않으면서 부작위채무의 계속적인 위반이 있는 경우인데, 이때는 부작위채무가 부대체적 채무인 점에서 간접강제를 할 수 있다.

5. 강제이행과 손해배상의 청구

강제이행은 손해배상의 청구에 영향을 미치지 않는다(389조 4항). 강제이행은 본래의 채무의 이행을 강제하는 것이고, 채무불이행으로 인한 손해배상은 이와는 별개의 것이기 때문이다.

사례의 해설 A가 집행권원을 얻는 등 강제집행의 요건을 갖추는 것을 전제로 다음과 같이 강제이행을 구할 수 있다. (ㄱ) B의 채무는 건물의 인도라는 주는 채무로서, A는 직접강제를 할 수 있다(389조 1항 본문). 이는 집행관이 B로부터 점유를 빼앗아 A에게 인도하는 방식으로 하며(민사집행법 258조 1항), 따라서 채권자나 그 대리인이 인도받기 위하여 출석하여야 한다(민사집행법 258조 2항). (ㄴ) B의 채무는 금전채무로서, A는 B의 甲은행에 대한 정기예금채권에 대해 직접강제를 할 수 있다. 채권에 대한 강제집행은 민사집행법 제223조 이하에서 정하는데, 우선 그 채권에 대해 압류를 한 후, 채권자는 금전채권을 환가하는 방법으로서 채무자에 대신해서 추심할 권한을 받든지(추심명령推尋命令), 또는 채권을 자신의 채권액 범위에서 자기의 채권으로 하든지(전부명령轉付命令) 할 수 있다. (ㄷ) B의 채무는 벽화의 제작으로서 부대체적 작위채무이기 때문에 간접강제가 고려될 수 있겠으나, 벽화의 제작과 같은 예술품 창작의 경우에는 적합하지 않다. 채무자의 자유의사를 강제하게 되면 채무의 내용에 따른 이행을 기대하기 어렵기 때문이다. A는 채무불이행을 이유로 계약을 해제하고 손해배상을 청구하는 수밖에 없다. (ㄹ) A는 B의 승낙의 의사표시에 갈음하는 판결을 구할 수 있고(389조 2항 전단), 그 의사의 진술을 명하는 판결이 확정된 때에 그 판결로써 승낙의 의사를 진술한 것으로 본다(민사집행법 263조 1항). 그에 따라 A와 B 사이에 매매계약이 성립한 것으로 된다. 사례 p.152

Ⅱ. 손해배상

1. 총 설

(1) 의의와 발생원인

가) 의 의

채무자의 채무불이행으로 인해 채권자에게 손해가 발생한 때에는 채권자는 그 손해의 배상을 청구할 수 있다(390조). 즉 이행지체에서는 본래의 급부의무에 대해 강제이행을 청구하더라도 지연에 따른 손해는 남게 되는 것이며, 이행불능의 경우에는 강제이행을 청구할 수 없고 전적으로 그 이행에 갈음하는 손해배상을 통해 구제된다. 한편 채권이 계약에 의해 생긴 것인 때에는 채권자는 채무불이행을 이유로 계약을 해제할 수 있으나(544조~546조), 해제를 하더라도 손해가 있으면 그 배상을 청구할 수 있다(551조). 요컨대 채무자가 그의 귀책사유로 채무를 이행하지 않게 되면 민법에서 정한 여러 불이익, 즉 '책임'을 지게 되는데, 그중의 하나가 채권자가 그로 인해 입은 손해를 채무자가 배상하는 '손해배상'이다.[1]

나) 발생원인

(ㄱ) 손해배상청구권을 발생시키는 원인으로는 크게 '법률행위'(예: 보험계약)와 '법률의 규정'을 들 수 있다. 후자, 즉 민법에서 손해의 배상을 정하는 규정이 적지 않지만(29조 2항 · 35조 · 65조 · 90조 · 135조 · 202조 · 204조~206조 · 214조 · 311조 · 315조 · 334조 · 336조 · 360조 · 401조 · 425조 · 429조 · 535조 외에도 많이 있다), 대표적인 것은 「채무불이행」(390조)과 「불법행위」(750조)이다. 그런데 배상되어야 할 손해에서 양자는 차이가 있다. 채무불이행의 경우는 채무가 이행되었다고 한다면 채권자가 장래 얻었을 이익이 손해가 되는 데 반해, 불법행위의 경우는 기존의 권리가 침해된 것이 손해가 된다. 따라서 전자는 (실현되지 않은) 장래의 이익을 실현시켜 주는 것을 목표로 하고, 후자는 (침해된) 기존의 권리(법익)를 회복시켜 주는 것을 목표로 하는 점에서 다르다.[2] (ㄴ) 민법은 채무불이행에서 손해배상의 범위와 방법, 과실상계, 손해배상자의 대위에 관한 규정을 불법행위에도 준용하고 있지만(763조), 이것이 손해의 내용까지 같다는 것을 의미하는 것은 아니다.

✽ 손해배상청구권의 경합

(α) 하나의 생활사실이 수개의 법규가 정하는 요건을 충족하여, 수개의 권리가 발생하는 수가 있다. 이때에 그 수개의 권리가 동일한 목적을 가지며 또 그 행사로 역시 같은 결과를 가져오는 경우에 이를 '권리의 경합'이라고 한다. 특히 청구권의 경합이 빈번히 문제되는데, 통설은 이를 긍정한다. 예컨대 전세권자 · 운송인 · 수치인의 과실로 목적물이 멸실된 경우에는 각각의 채권관계에 따른 채무불이행을 원인으로 한 손해배상청구권과 불법행위를 원인으로 한 손해배상청구권이 경합하고, 따라서 양 청구권을 독립적으로 행사할 수 있게 된다. 특히 양자는 이행보조자의 책임(391조 · 756조) · 과실의 입증책임(390조 · 750조) · 소멸시효기간(162조 1항 · 766조) 등에서 차이를 보이기 때문에 그 실익이 크다고 할 수 있다.

(β) 문제는 민법 제695조가 무상수치인의 경우에 임치물을 자기 재산과 동일한 주의로써 보관

1) 채무불이행으로 인한 '손해배상'이 민법에서 차지하는 위치는 다음과 같다. (ㄱ) 법정채권(사무관리 · 부당이득 · 불법행위)에서 인정되는 채무의 불이행의 경우에도 적용된다. (ㄴ) 채권 · 채무가 계약에 의해 발생하는 경우(약정채권)에는 채무불이행을 이유로 계약을 해제할 것인지 여부에 따라 둘로 나뉜다. 예컨대 "A가 B에게 어느 상품을 5백만원에 매도하기로 하였는데, 그 상품의 가격이 4백만원으로 떨어져 B가 대금을 지급하고 물건을 가져가려 하지 않는다"고 하자. ① 하나는 계약을 유지하는 경우이다. 이때 A는 B에게 상품을 인도하여야 하고, B는 대금(5백만원)과 그 지연이자(손해배상)를 지급하여야 한다. ② 또 하나는 계약을 해제하는 경우이다. 즉 A는 B의 이행지체를 이유로 계약을 해제하여 자신의 채무(상품 인도채무)를 면하고, 상품의 매매대금과 시가와의 차액 1백만원을 손해배상으로 청구하는 것이다. (ㄷ) 채권편 총칙에서 정하는 손해배상에 관한 규정은 위와 같이 채무불이행으로 인한 손해배상이 문제되는 경우에 이를 일반적으로 규율하는 것이다.

2) 가령 A 소유 토지를 B가 매수하기로 계약을 맺었는데 A가 그 토지를 C에게 양도하였다고 하자. B가 A의 채무불이행을 이유로 손해배상을 구하는 경우 B의 장래 토지소유권의 취득을 전제로 하는 토지의 시가에서 매매대금을 공제한 것이 손해가 된다. 반면, 본래는 甲 소유의 토지인데 국가공무원의 과실로 A 앞으로 원인무효의 등기가 이루어지고 이를 B가 매수하기로 계약을 맺었다고 하자. B가 국가를 상대로 불법행위를 이유로 손해배상을 구할 경우, B는 토지의 소유권을 취득하지 못하므로 (토지소유권의 침해를 전제로 하는) 토지의 시가가 손해가 될 수는 없고, 토지의 구입대금이 손해가 되는 것이다.

해야 할 의무를 정하고 있는 데 있다. 즉, 임치물의 멸실의 경우에 그것이 위 의무를 위반하는 것이 아니면 수치인은 임치계약상의 채무불이행에 의한 손해배상책임을 부담하지 않는다. 그러나 청구권의 경합이 인정되어 불법행위를 원인으로 손해배상을 청구하는 경우에 그 과실은 위 의무보다는 일반적으로 높은 추상적 과실이 원칙이어서(750조), 그 멸실에 추상적 과실이 있는 것으로 인정되면 수치인은 불법행위에 의한 손해배상책임을 지게 되는 점에서, 제695조가 무의미하게 되는 문제가 생긴다. 또 계약에서 당사자 간에 책임제한의 특약을 맺은 때에도, 이것이 불법행위에 관하여는 원칙적으로 적용되지 않는 점에서 마찬가지 결과를 가져온다.

위 문제에 관해 판례는 다음과 같은 법리를 전개한다. (ㄱ) 채무불이행으로 인한 손해배상청구권과 불법행위로 인한 손해배상청구권의 경합을 인정하면서, 그것이 피해자인 권리자를 두텁게 보호하는 것이라고 한다. (ㄴ) 계약책임에 관한 면책규정이나 면책특약을 불법행위책임에도 적용하기로 당사자 간에 합의를 한 경우에는 그 효력이 있다고 한다. 그러한 (묵시적) 합의를 인정한 것으로 다음의 것이 있다. ① 선하증권상에 책임제한의 약정이 있는 경우, 해상운송에서 선하증권의 성질(즉 증권의 교부로써 운송물의 소유권이 이전되는 것)에 비추어 그러한 묵시적 합의가 있다고 봄이 상당하다(대판(전원합의체) 1983. 3. 22, 82다카1533). ② 조합의 직원이 과실로 부실대출을 하여 그 대출금을 회수불가능하게 함으로써 조합으로 하여금 대출금 상당의 손해를 입게 하였는데, 조합의 내규에 의하면 "직원이 업무취급상 고의 또는 중대한 과실로 조합에 재산상 손해를 끼쳤을 때에만 변상책임을 진다"고 책임을 제한한 사안에서, 이 내규의 취지는 조합이 직원들로 하여금 과실로 인한 책임의 부담에서 벗어나 충실하게 업무를 수행하도록 하기 위한 데 있으므로, 조합이 직원을 상대로 불법행위를 원인으로 손해배상을 청구하는 경우에도 적용된다고 보았다(대판 1998. 10. 9, 98다18117).

(2) 손 해

가) 의 미

a) 손해는 법적으로 보호할 가치가 있는 이익(법익)에 대한 침해로 생긴 불이익이다. 채무불이행에서 손해는 채무를 이행하지 않은 데서 생긴 불이익이고, 불법행위에서 손해는 기존 법익의 침해에서 생긴 불이익이다. 따라서 그 배상에서도, 전자는 채무가 이행되었더라면 채권자가 누렸을 이익을 지향하는 데 반해, 후자는 법익의 침해 이전의 상태로 즉 본래 가졌던 법익의 상태로 원상회복하는 것을 지향하게 된다. 이러한 「손해」는 결국 법익에 대한 비자발적인 손실이다. 이에 대해 「비용」은 자발적인 손실로서 손해와는 다르다.

b) 손해의 개념에 대해서는, 통설은 위법행위가 없었다면 존재하였을 이익과 위법행위가 있은 후의 현재의 이익의 차이라고 하고(차액설 = 추상적 손해설), 판례도 차액설을 견지하고 있다(대판 1998. 7. 10, 96다38971).

차액설에 따르면 다음과 같이 정리된다. * 채무불이행으로 인한 손해(= 이행이익의 손해) = 채무가 이행되었다면 있었을 상태 − 채무가 이행되지 않은 현재의 상태 = (손해의 분류로서) 적극적 손해 + 소극적 손해(일실이익) + 정신적 손해가 된다.[1]

---

1) 유의할 것은, 차액설은 채무불이행으로 인한 손해의 범위를 정하는 데 쓰이는 추상적인 기준일 뿐이라는 점이다. 모든 사안에서 채무불이행이 있으면 위의 세 가지 손해가 항상 발생하는 것은 아니다. 또 손해가 없으면 손해배상

c) 예컨대 소유자가 보험에 든 주택이 임차인의 과실로 소실되어 소유자인 임대인이 주택 가액에 해당하는 보험금을 받음으로써 결과적으로 종전 재산의 상태와 차이가 없는 경우에 손해가 있는 것인지 문제된다. 차액설에 의하면, 손해는 없는 것이 된다. 이에 대해 학설은, 임차인의 과실책임을 면책시킬 이유가 없고, 또 그 손해가 없다고 하면 보험금을 지급한 보험자가 보험대위(상법 682조)를 할 수 없어 부당하므로, 임대인은 「규범적 손해」(즉 그 위법행위로 인해 발생하였을 손해)를 입은 것으로 보아야 한다고 한다(송덕수, 892면; 지원림, 838면).

d) 손해를 발생시키는 원인행위가 수개인 경우, 그중 어느 하나가 현실화되어 손해가 발생하였는데, 이후 후발적 원인에 의해 동일한 손해가 발생하거나 발생할 것이 예정된 경우가 있다. 이것은 일반적으로 발생하는 것은 아니며 특수한 경우이다. 여기서 후자의 원인을 가정적 원인이라고 하며, '손해의 귀속'과의 인과관계를 다루는 것이 「가정적 인과관계」의 문제이다. 민법은 제392조에서 규정하고 있는 것을 제외하고는 이에 관한 일반규정을 두고 있지 않은데, 구체적인 사안에 따라 다음과 같이 해석할 것이다.[1)]

aa) 다음의 경우에는 가정적 인과관계를 고려할 수 있다. (ㄱ) 민법 제392조가 적용되는 경우이다. 채무자는 자기에게 과실이 없는 경우에도 이행지체 중에 생긴 손해를 배상하여야 하지만, 채무자가 이행기에 이행하여도 손해를 피할 수 없는 경우에는 배상책임을 면한다. (ㄴ) 손해를 발생시킨 처음의 원인행위 이전에 이미 가정적 원인이 존재하는 경우이다. 예컨대 병으로 곧 죽을 개를 사살한 경우에는, 그 당시의 물건의 가치에 대한 손해만을 배상하면 된다(그것을 입증하는 것을 전제로). 교통사고로 사망한 피해자가 사고 이전에 치사량이 넘는 농약을 마신 경우, 이를 전제로 하여 일실수입을 산정하는 것도 같은 이치이다(대판 1995. 2. 14, 94다47179). (ㄷ) 적법한 선택행위의 경우에는 구체적으로 규범목적에 따라 고려 여부를 결정하여야 한다. 가령 공원관리청인 市가 공원 내에 설치된 A 소유의 건물을 위법한 대집행절차에 의해 불법으로 철거하였는데 그 건물이 공원점용 허가기간의 만료 등의 사유로 조만간 철거될 예정인 경우, 市는 A에게 그 건물의 교환가치 상당액의 손해배상책임을 부담하는가?(대판 1980. 8. 19, 80다460의 사안), 즉 가해자가 위법한 행위를 하여 피해자에게 손해를 입혔지만 적법한 행위를 하였더라도 피해자에게 동일한 손해를 입혔었을 사정

도 문제되지 않는다. 채무불이행이 있는 경우에도 어떤 손해가, 얼마의 손해가 발생하는지는 구체적인 사안에 따라 다를 수 있고, 그러한 손해는 채권자가 입증하여야 한다. 구체적으로 보면 다음과 같다. (ㄱ) 채무불이행이 있으면 우선 그 자체로 제1차 손해가 발생한다. 이행지체에서는 이행기보다 재산을 늦게 취득하게 되어 입은 불이익이, 이행불능에서는 채권자가 재산을 취득할 수 없게 되어 입은 불이익이 각각 제1차 손해가 된다. 그런데 손해는 제1차 손해에서 그치는 것이 아니고, 여러 가지 후속손해가 발생할 수 있다. 즉 ① 동종의 물건을 다시 구입하는 데 지출된 대금, ② 그 물건을 다시 구입할 때까지 동종의 물건을 임차하여 지출하게 된 차임, ③ 목적물을 타인에게 전매할 예정이었다가 전매할 수 없게 되어 얻을 수 있었던 이익을 상실하게 된 손해, ④ 전매계약 해제로 인하여 지출된 위약금 또는 배상금, ⑤ 목적물을 사용하여 얻을 수 있었던 수익의 상실, ⑥ 동종의 물건을 구입하는 과정에서 교통사고를 입은 경우 등이 그러하다. 그런데 이러한 손해가 채무불이행이 있으면 모든 채권자에게 항상 발생하는 것은 아니다. 따라서 차액설에 의하더라도, 채권자가 어느 범위의 손해를 입었는지는 구체적인 사안별로 따로 산정하여야 한다. (ㄴ) 목적물이전(인도)채무의 이행불능이 있는 경우, 그것이 쌍무계약 아니면 편무계약에서 생긴 것인지에 따라 손해액에 차이가 있다. 예컨대 A가 B에게 3천만원에 매도한 토지를 C에게 이중으로 양도한 경우, 그 당시 토지의 시가가 4천만원이라고 하면, A는 토지의 이전에 갈음하여 4천만원을 B에게 지급하여야 하지만, B도 채무가 이행되었더라면 매매대금 3천만원을 지급하였어야 할 것이어서 이를 공제하여야 할 것이므로, B가 입은 손해액은 1천만원이 된다(이 점은 이행불능을 이유로 계약을 해제하고 손해배상을 청구하는 경우에도 같다). 그러나 A가 B에게 위 토지를 증여하기로 한 것이라면, B가 입은 손해액은 4천만원이 된다.

1) 지원림, 민법강의(제14판), 1072면 이하; 임건면, "가정적 인과관계", 성균관법학 제16권 제2호, 205면 이하; 위계찬, "독일민법상 인과관계 및 손해의 귀속", 재산법연구 제31권 제2호, 83면 이하 참조.

을 이유로 가해자가 면책을 주장할 수 있는지에 대해, 대법원은 다음과 같은 기준을 제시하고 있다(대판 2005. 12. 9, 2003다9742). ① 적법한 행위를 선택해도 손해가 발생할 것이 명백히 예상되는 경우에는 면책된다. 다만, 그 손해의 발생이 피해자의 별도 의사결정 혹은 행정관청의 허가 등 제3자의 행위에 의존하는 경우에는 손해 발생이 명백히 예상된다고 할 수 없다. 위 예에서 A 소유의 건물은 철거될 것이 명백히 예상되는 것이어서 A는 건물의 시가 상당액을 손해배상으로 청구할 수는 없다. 단지 불법점용한 채 그 건물을 사용할 수 있었던 이익과 그 파괴된 건물자재의 회수이익 정도가 A가 입은 손해에 해당한다. ② 위반한 당해 법규가 손해의 방지를 주된 목적으로 하는 것이 아니라 절차의 엄격한 준수 자체를 요구하는 것이거나, 피해자의 자기 결정권 자체가 중요한 의미를 갖는 경우(가령 의사의 설명의무에 대응하는 환자의 자기결정권으로서의 승낙권)에는, 가해자 측의 적법행위 선택의 개연성만으로 인과관계가 부정된다거나 위법성이 조각된다고 볼 수 없다. 판례는, 환자가 의사로부터 올바른 설명을 들었더라도 수술에 동의하였을 것이라는 가정적 승낙에 의한 의사의 면책은 의사 측의 항변사항으로서 환자의 승낙이 명백히 예상되는 경우에는 허용된다고 하면서도, 구체적인 사안에서는 이를 인정하는 것에 소극적인 것은 그 취지를 같이 하는 것이다(대판 1995. 1. 20, 94다3421; 대판 2002. 1. 11, 2001다27449).

bb) 이에 대해 가정적 원인이 이미 존재하지 않고, 처음의 원인행위에 의해 손해가 발생하고 또 완결된 경우에는 이후의 가정적 원인은 고려해서는 안 된다. 가령 임차인의 과실로 임차주택이 멸실되었는데, 그 다음 날 옆집의 화재로 연소된 경우가 그러하다. 가정적 인과관계를 고려하게 되면, 임차인의 과실책임을 면책시키는 것이 되어 손해배상법의 취지에 맞지 않을 뿐 아니라, 옆집의 소유자도 면책을 주장할 수 있는 것이어서 피해자가 누구로부터도 배상을 받을 수 없게 되는 문제가 생기기 때문이다.

나) 손해의 분류

a) 재산적 손해와 비재산적 손해

aa) 의 미: (ㄱ) 재산적 손해와 비재산적 손해를 구별하는 기준에 대해서는 학설이 갈린다. 제1설은 침해의 대상을 기준으로 하여 나눈다. 즉 재산에 대한 것이 재산적 손해이고, 생명 · 신체 · 자유 · 명예 등에 대한 것이 비재산적 손해라고 한다(곽윤직, 107면). 제2설은, 생명 · 신체 등 비재산적 법익에 대한 침해는 정신상 고통과 같은 비재산적 손해 외에 치료비 · 장래의 수입 상실과 같은 재산적 손해도 수반하므로, 침해행위의 결과로 생긴 손해의 성질을 기준으로 하여 재산적 손해와 비재산적 손해로 나누어야 한다고 한다(김상용, 156면; 김증한·김학동, 127면; 김대정, 603면). 제2설이 타당하다. (ㄴ) 독일 민법(253조)은 비재산적 손해에 관해 법률로 정한 경우에만 금전배상을 인정하는 제한적 입장을 취하지만, 우리 민법은 그러한 규정을 두고 있지 않으며, 민법상 손해에는 재산적 손해 외에 비재산적 손해도 당연히 포함되는 것으로 보는 것이 통설과 판례이다.

bb) 손해의 산정방법: 손해의 산정방법에서 양자는 차이가 있다. 재산적 손해의 산정은 구체적인 증거에 기초해야 하고, 가해자와 피해자의 재산상태, 가해자의 고의나 과실 등은 손해배상의 범위에 영향을 주지 않는다. 그러나 비재산적 손해에서는 그 침해된 법익이 구체적 증거에 의해 정확히 산정할 수 없는 정신상 이익이라는 점에서 달리 취급된다. 즉 증거에 의해 입증할 수 있는 성질의 것이 아니므로, 채권자(피해자)의 청구범위 내에서 사실심 법원이 제반 사정(쌍방의 재산상태나 지위, 가해자의 고의나 과실 등)을 참작하여 그 직권에 속하는 재량으로 정하게 된다(대판 1999. 4. 23, 98다41377).

cc) 민법은 '불법행위에 의한 손해배상'의 경우, (제750조 외에) 제751조는 타인의 신체 · 자유 · 명예를 해하는 경우에 정신적 손해에 대하여도 배상할 책임이 있다고 하고, 제752조는 타인의 생명을 해한 경우 직접의 피해자가 아닌 일정한 친족(피해자의 직계존속 · 직계비속 · 배우자)에게도 정신적 손해에 대한 배상책임을 지는 것으로 규정한다. 이에 대해 '채무불이행으로 인한 손해배상'의 경우, 민법 제390조는 "채권자는 손해배상을 청구할 수 있다"고만 정할 뿐, 그 손해에 재산적 손해 외에 정신적 손해도 포함되는지에 관해서는 불법행위의 경우처럼 명문으로 규정하고 있지 않다. 그러나 통설과 판례는 재산적 손해 외에 정신적 손해도 포함되는 것으로 해석한다.

채무불이행으로 인한 손해배상에서 그 손해에는 재산적 손해 외에 정신적 손해도 포함될 수 있다. 다만 채무불이행으로 인한 피침해법익이 인격적인 것인가 아니면 재산적인 것인가에 따라 차이가 있다. (ㄱ) 피침해법익이 인격적인 것인 경우, 예컨대 운송계약상의 의무위반으로 인하여 승객이 사망한 경우에는 피해자의 정신적 손해도 포함된다고 보는 것이 통설이다. 그러나 이 경우 망인의 부모는 여객운송계약의 당사자가 아니므로 운송계약상의 채무불이행을 이유로 위자료를 청구할 수는 없다(대판 1974. 11. 12, 74다997). 이 점에서 채무불이행보다는 불법행위를 이유로 손해배상을 청구하는 것이 피해자 측에 유리할 수 있다. (ㄴ) 피침해법익이 재산적인 것인 경우, 그로 인해 정신적 고통도 생길 수 있지만, 이것은 일반적으로 그 재산적인 것에 대한 손해배상을 통해 아울러 회복된다고 보는 것이 판례의 일반적인 태도이다. 그렇지 않은 경우는 피해자에게만 있는 특별한 사정으로서, 이때는 채무자의 예견가능성을 전제로 하여 배상책임이 인정된다(393조 2항). 예컨대, ① 건물신축 도급계약에서 수급인이 신축한 건물에 하자가 있어 도급인이 받은 정신적 고통은 하자가 보수되거나 이에 갈음하여 손해배상이 이루어짐으로써 회복되는 것이 보통이고, 이것만으로는 회복될 수 없는 정신적 고통을 입었다는 특별한 사정이 있고 수급인이 이에 대한 예견가능성이 있는 때에만 위자료를 인정할 수 있다(대판 1993. 11. 9, 93다19115; 대판 1996. 6. 11, 95다12798). 다만 하자의 내용과 정도, 하자가 보수되지 않고 방치된 기간, 도급인이 하자로 인해 일상생활 중 겪은 고통의 정도 등에 따라서는 특별사정의 존재를 인정할 수도 있고, 결국 구체적인 사안에 따라 개별적으로 결정하여야 할 것이다.[1] ② 임대인의 채무불이행으로 인하여 임차인이 임차의 목적을 달성할 수 없는 경우(대판 1994. 12. 13, 93다59779), 위임계약에서 수임인의 채무불이행으로 인해 손해가 발생한 경우(대판 1996. 12. 10, 96다36289) 등도 그러하다.

b) 적극적 손해와 소극적 손해 (ㄱ) (전술한) 재산적 손해는 「적극적 손해」와 「소극적 손해」로 구분된다(대판 1998. 7. 10, 96다38971). 가령 특정물 인도채권에서 목적물의 멸실, 치료비의 부담 등 기존 재산의 멸실 또는 감소가 '적극적 손해(나타난 손해)'이고, 장래에 얻을 수 있었던 이익을 얻지 못한 것이 '소극적 손해(일실이익逸失利益: 놓쳐버린 이익)'이다(민법주해 채권(2), 470면 이하(지원림)). (ㄴ) 적극적 손해와 지출된 「비용」은 유사한 점이 있지만, '손해'는 법익에 대한 비자발적인 손실이고, 이에 대해 자발적인 희생이 '비용'인 점에서 구별된다. (ㄷ) 소극적 손해는 적극적 손해에 비해 다음과 같은

1) 민경도, "수급인이 신축한 건물에 하자가 있는 경우 도급인의 위자료청구권", 대법원판례해설 제20호, 67면 참조.

특색이 있다. 즉, ① 장래의 이익 획득의 가능성에 기한 것이기 때문에, 그 증명도에서 과거 사실에 대한 입증에 비해 이를 경감하여, 채권자가 현실적으로 얻을 수 있을 구체적이고 확실한 이익의 증명이 아니라 합리성과 객관성을 잃지 않는 범위 내에서의 상당한 개연성이 있는 이익의 증명으로 족하다(대판 1992. 4. 28, 91다29972). ② 소극적 손해에 대해 일시에 그 배상을 청구하는 때에는 중간이자를 공제하여야 한다. ③ 후자는 전자에 비해 상대적으로 특별손해로 취급되는 경우가 많아, 채무자의 예견가능성을 요건으로 하여 그 배상이 인정된다(393조 2항).

c) 이행이익의 손해와 신뢰이익의 손해

aa) 이행이익의 손해 : (ㄱ) 채권 · 채무관계가 성립하면, 채권자는 채무자가 채무의 내용에 좇은 이행을 할 것을 기대하고 그에 따른 이익을 가지게 된다. 따라서 채무의 불이행이 있는 때에는 채무가 제대로 이행되었다면 있었을 상태를 실현시켜 주어야 한다. 이러한 원칙이 보장되어야만 채권(채무)질서의 안정도 확보될 수 있는 것이다. 즉 채무불이행으로 인한 손해의 배상은 「이행이익」을 실현시키는 것을 목표로 한다. 그 예로는, 매도인이 채무를 제대로 이행하였을 경우에 매수인이 가지는 매매목적물의 가격 상승이나 전매의 이익, 목적물을 이용하여 얻을 이익, 목적물을 얻음으로써 다른 목적물을 구입하지 않아도 되는 이익, 또는 단지 적시에 급부를 받아 이를 보유하는 이익 등이 이에 속한다(민법주해 채권(2), 474면(지원림)). 그 밖에 채무의 이행에 따라 채권자가 갖는 정신적 이익, 영업수익, 토지의 매수인이나 임차인이 토지 위에 건물을 지으려는 이익도 이에 포함된다. (ㄴ) 민법 제390조 소정의 채무불이행으로 인한 손해배상에서 「손해」는 '이행이익의 손해'를 말하고, 제393조 소정의 통상손해와 특별손해의 기준에 따라 그 배상범위가 정해진다.

bb) 신뢰이익의 손해 : (ㄱ) 이에 대해 계약이 무효인 경우에는 채권 · 채무가 성립할 수 없고 따라서 채무의 이행이라는 것이 있을 수가 없기 때문에, 그로 인해 당사자 일방이 손해를 입어 배상을 한다고 하더라도 채무의 이행을 전제로 하는 이행이익을 지향할 수는 없게 된다. 민법 제535조는 이를 「계약의 유효를 믿었음으로 인해 입은 손해」라고 하는데, 이것이 이행이익과 구별되는 '신뢰이익'이다. 신뢰이익은 법률행위가 무효인 것을 유효하다고 믿음에 따라 입은 불이익을 말하므로, 이것은 그 법률행위가 무효였다면 (다시 말해 그러한 법률행위를 맺지 않거나 그 무효를 알았다고 한다면) 있었을 이익을 지향한다(김증한 · 김학동, 128면; 민법주해 채권(2), 475면(지원림)). 그러므로 신뢰이익에 이행이익까지 포함될 수는 없다. 그 예로는, 계약비용, 물건의 조사비용, 대금의 차용, 운송수단의 준비비용, 다른 사람의 보다 유리한 매수 제의를 거절한 경우, 매매목적물에 하자가 있는 줄 모르고(이 경우는 원시적 일부무효에 해당하는 것임) 정상가격으로 매수한 경우 등이 이에 속한다(민법주해 채권(2), 475면(지원림)). (ㄴ) 원래 손해는 일정한 권리(내지 법익)가 침해된 경우에 발생하는 것인데, 신뢰이익의 손해는 일정한 법익이 존재하지 않음에도(법률행위가 무효여서 침해의 대상이 되는 권리가 있지도 않은 점에서) 존재하는 것으로 믿음에 따라 손해를 입는 경우로서, 요컨대 '신뢰'라는 특수한 법익이 침해된 경우로 보는 예외적인 것이다. 채무불이행으로 인한 '손해'는 이행이익의 손해에 관한 것이고, 신뢰이익의 손해에 관한 것이 아니다(김기선, 100면). (ㄷ) 이러한 신뢰이익은 이행이익을 한도로 한다(535조). 신뢰이익이 이행이익보다 많은 때에는,

오히려 계약이 유효인 경우에 이행되는 것보다 계약이 무효인 경우가 더 유리해지는 것이 되고, 이것은 부당하다고 본 것이다. (ㄹ) 비용은 손해와는 구별되지만, 신뢰이익의 손해에는 주로 계약이 유효한 것으로 믿고서 지출한 (그러나 그것이 무익하게 된) 비용이 해당된다.[1]

d) 직접적 손해와 간접적 손해 　직접적 손해는 가해행위에 의해 직접 발생한 손해이고, 간접적 손해는 그로 인해 추가로 발생한 모든 결과손해를 말한다. 이 구별은 오래된 것으로서 후자가 배상범위에 포함되는지가 쟁점이 되어 왔던 것인데, 현행 민법은 이러한 구별을 예정하고 있지 않으므로 민법 제393조에서 정하는 기준(통상손해와 특별손해)에 따라 간접손해의 배상 여부를 정하면 족하다(민법주해(Ⅸ), 476면~477면(지원림)).[2]

〈종 합〉 채무불이행을 이유로 손해배상을 청구하는 데에는 두 단계를 거쳐야 한다. 우선 「채무불이행으로 인한 손해의 범위」에 속하는 것이어야 하고, 이를 전제로 민법 제393조 소정의 통상손해와 특별손해의 기준에 따라 「배상범위」가 정해지게 된다. 상술한 내용은 전자에 관한 것인데, 이를 정리하면 다음과 같다. ① 손해는 비자발적인 손실로서, 자발적인 손실인 비용과는 구별된다. ② 채무불이행으로 인한 손해는 채무의 존재를 전제로 채무가 이행되었다면 존재하였을 이행이익의 손해를 의미하고, 따라서 계약이 무효여서 채권·채무가 있을 수 없는 경우에는 이행이익의 손해는 생길 수 없다. ③ 이행이익의 손해에는 재산적 손해(적극적 손해와 소극적 손해)와 비재산적 손해가 포함된다. ④ 이행이익의 손해는 차액설, 즉 채무가 이행되었다면 있었을 상태에서 채무가 이행되지 않은 현재의 상태를 뺀 것이 되는데, 이것은 구체적인 사안에 따라 다를 수 있다. 한편 차액설에 따라 손해액을 산정하는 데 있어서, 유상계약의 경우에는 채무가 이행되었다면 채권자는 반대급부를 하였을 것이므로 이를 공제하여야 한다.

(3) 손해배상

가) 의 미

손해의 「배상」이란 채무불이행으로 인해 발생한 손해를 피해자(채권자) 외의 자가 전보하는 것을 말한다.[3]

---

1) 민법 제535조 이외에서도 여러 곳에서 신뢰이익의 손해가 거론되는 경우가 있다. 계약해제시의 손해배상, 담보책임으로서의 손해배상, 계약해제의 경우 계약의 이행을 믿고 지출한 비용의 배상, 착오에 의한 취소와 손해배상, 불법행위의 보호법익으로서의 신뢰이익 등이 그러하다. 그러나 이들 경우에는 제535조에서 정하는 내용, 즉 이행이익을 한도로 한다는 신뢰이익 배상의 법리는 통용되지 않는다. 단지 상대방에게 '신뢰'가 있다고 하는 점에서만 공통될 뿐, 그 구체적인 내용은 각각 다르며 통일되어 있지 않다.

2) 판례는 다음의 경우에 '간접적 손해'라는 용어를 쓰고 있는데, 그 의미는 같지 않다. (ㄱ) 법인의 대표기관의 직무상 불법행위로 법인에 과다한 채무를 지움으로써 법인이 손해를 입고, 그에 따라 결과적으로 구성원의 경제적 이익이 침해되는 것과 같은 '간접적인 손해'는, 민법 제35조 소정의 '타인의 손해'에 해당하지 않는다(대판 1999. 7. 27, 99다19384). 이 경우는 법률이 규정하는, 배상책임을 지는 손해에 해당하지 않는 것을 간접손해라고 표현하고 있다. (ㄴ) 차량이 전신주를 들이받아 전선이 절단되면서, 그 전선으로부터 전력을 공급받아 비닐하우스 내에서 재배하던 화초가 냉해를 입어 죽은 사안에서, 불법행위의 직접적 대상에 대한 손해가 아닌 것을 '간접적 손해'라고 하면서, 이러한 간접적 손해는 특별한 사정으로 인한 손해로서 가해자의 예견가능성을 전제로 배상책임을 진다고 한다(이 사안에서는 그러한 예견가능성을 인정하기 어렵다고 하여 배상책임을 부정하였음)(대판 1995. 12. 12, 95다11344).

3) 적법한 원인으로 생긴 손해(손실)의 전보에 관하여는 민법은 이를 배상이라 하지 않고 「보상」이라고 한다(216조 2항·218조 1항·219조 2항·220조 1항·226조 2항·228조·230조 1항·261조 등).

나) 손해배상의 방법

a) 금전배상주의 (ㄱ) 민법은 손해배상의 방법으로서 「다른 의사표시가 없으면 손해는 금전으로 배상한다」고 정한다(394조). 독일 민법(249조~252조)은 원상회복을 원칙으로 하고 금전배상을 보충적인 것으로 하지만, 우리 민법은 금전배상을 원칙으로 한다. 여기서의 '금전'은 우리나라 통화를 의미한다(대판 1997. 5. 9, 96다48688). 다만 당사자가 외국통화로 지급하기로 특별히 약정한 경우에는 그에 따른다(대판 2005. 7. 28, 2003다12083). 원상회복은 손해가 발생하지 않았던 상태로 재현하는 것으로서 손해배상의 이상에 맞는 것이지만, 채무자에게 지나치게 불리하거나 또 그 실현이 불가능한 경우(예: 사망이나 상해의 경우)가 있다는 문제가 있다. 이에 대해 금전배상은 손해를 금전으로 계산하여 배상하는 점에서 장점이 있지만, 손해를 금전으로 평가하는 작업이 쉽지 않다는 점에서 당사자 간에 다툼이 있게 되는 문제가 있다. (ㄴ) 민법이 취하는 금전배상주의에는 두 가지 '예외'가 있다. ① 당사자가 다른 의사표시를 한 때이다(394조). 당사자 일방의 의사표시만으로 원상회복을 하거나 청구할 수 있는 것은 아니고, 채권자와 채무자의 합의가 필요하다. ② 법률에서 다르게 정하고 있는 때이다(명예훼손의 경우 법원은 명예회복에 적당한 처분을 명할 수 있다(764조)).

b) 손해배상금의 지급방법

aa) 일시금배상과 정기금배상 : (ㄱ) 손해를 금전으로 배상할 때에 그 지급방법으로는 '일시금배상'과 '정기금배상' 두 가지가 있다. 전자는 장래의 손해도 함께 평가하여 그 전부를 배상하는 것이고, 후자는 각 기말을 기준으로 손해가 구체적으로 현실화된 것을 전제로 정기적으로 배상하는 방식이다. 정확한 손해의 배상이라는 측면에서는 이론상 후자가 타당하지만, 이 방식에 의하면 피해자가 오랜 기간에 걸쳐 배상청구를 하여야 하는 번거로움과 가해자의 사정 변화에 따라 제대로 배상을 받지 못하게 되는 위험이 큰 점에서, 피해자는 거의 대부분 일시금배상을 청구하고, 법원도 피해자의 뜻에 따라 가급적 이를 수용하는 태도를 취하고 있다. 일시금배상을 하는 때에는 중간이자를 공제하여야 한다. (ㄴ) 그러나 기본적으로 손해배상을 청구하는 경우에 정기금 지급을 구할 것인가, 일시금 지급을 구할 것인가는 당사자가 임의로 선택할 수 있는 것이며, 정기금 지급을 명할 것인가의 여부는 법원의 자유재량에 속한다(대판 1991. 1. 25, 90다카27587).

bb) 민법에서 정한 정기금배상 : (ㄱ) 민법 제751조 2항: 민법 제751조 1항은 「타인의 신체, 자유 또는 명예를 해치거나 기타 정신적 고통을 준 자는 재산 외의 손해에 대해서도 배상할 책임이 있다」고 하면서, 제2항에서 「법원은 전항의 손해배상을 정기금 채무로 지급할 것을 명할 수 있고, 그 이행을 확보하기 위하여 상당한 담보를 제공할 것을 명할 수 있다」고 규정한다. 민법 제751조 2항은 구민법에는 없던 신설조항인데, 입법자료에 의하면 "「위자료」를 일시급으로 하는 것보다 정기급으로 하는 것이 채무자는 물론 채권자에게도 좋고 사리에 적합한 경우가 많으므로 타당한 입법이다"라고 밝히고 있다(민법안심의록(상), 441면). 아마도 정신적 고통에 대한 배상을 정기금으로 지급케 함으로써 일종의 제재적 기능을 염두에 둔 것이 아닌가 생각되는데, 그러나 정기금배상이 일시금배상의 기계적 분할은 아니고 또 정신적 고통의 경우에는 장래 정기적으로 손해가 구체화되는 것이 아닌 점에서, 오히려 거꾸로 일시금배상이 그 취지에 부합하는 것이 아닌가 하는 의문도 있다(주석민법[채권각칙(8)], 579면 이하(이의영)). (ㄴ) 해석상 문제점: 민법 제751조 2항은「신체 · 자유 · 명예에 대한 불법행위를 이유로 위자료를 청구」하는 경우에 법원은 정기금배상을 명할 수 있음을 규정한다. 그렇다면 정기금배상은 이 경우에만 한정해서 인정되는 것인가? 학설 중에는 동조의 문언대로 이를 긍정하는 견해가 있다(김주수, 채권각론, 754면). 그러나 판례는 그 외에 다른 일정한 경우에도 법원이 정기금배상을 명할 수 있음을 인정한다. 우선 판례가 인정하는 그 '일정한 경우'란, 불법행위로 인한 상해의 후유장애로 인하여 장래에 계속적으로 '치료비나 개호비' 등의 치료비용이 필요한 것을 말한다. 특히 식물인간이 된 경우에는 그가 사망할 때까지 사실상 위 치료비용이 드는데, 사정에 따라서는 그의 생존기간을 정확히 확정하기 곤란한 때가 있고, 이 경우에는 설사 피해자가 위 치료비용에 관해 일시금에 의한 지급을 청구하였더라도 법원이 재량에 따라 '피해자의 생존을 조건으로 정기적으로 치료비용을 배상할 것을 명할 수 있다'고 한다(대판 1994. 1. 25, 93다51874; 대판 1995. 6. 9, 94다30515; 대판 2000. 7. 28, 2000다11317). 다만 판례는 가급적 생존가능기간을 확정함으로써 피해자가 원하는 일시금배상 쪽으로 유도하려는 경향을 보이고 있지만, 이것은 별개의 문제이다. 판례의 이러한 법리는 예컨대 의료과실에 대해 (진료)채무불이행을 이유로 손해배상을 청구하는 경우에도 통용된다고 할 것이다.

다) 손해배상청구권

a) 요 건 (ㄱ) 손해의 발생: 채무불이행을 이유로 손해배상을 청구하기 위해서는 우선 손해가 발생하여야 한다. ① 손해가 현실적으로 발생하였는지 여부는 사회통념에 비추어 객관적이고 합리적으로 판단하여야 한다. 채무불이행으로 인하여 채권자가 제3자에 대하여 어떤 채무를 부담하게 된 경우에 그것이 실제로 변제하여야 할 성질의 것인 때에는 손해가 생겼다고 보아야 하고(대판 1992. 11. 27, 92다29948; 대판 1998. 4. 24, 97다28568),[1] 치료비를 지급하지 않았다고 하더라도 치료를 받아야 할 것인 때(대판 1965. 3. 23, 64다1899), 수리하기 전이라도 재물이 손괴된 때(대판 1989. 6. 27, 87다카1966)에도 손해는 발생하였다고 보아야 한다. ② 이미 체결한 보험계약을 통해 보험금을 청구하여 손해를 보전할 수 있는 길이 있는 경우에도 손해는 발생한 것으로 보아야 한다. 채권자가 보험금만을 청구하여야 할 이유는 없고(즉 양자는 별개의 법률관계이다), 또 채무자의 채무불이행책임을 면책시킬 이유가 없기 때문이다. 만일 이 경우 손해를 부정하면 손해배상청구권이 발생하지 않게 되어 보험금을 지급한 보험자가 보험자대위(상법 682조)를 행사하지 못하게 되는 부당한 결과를 초래하기도 한다. ③ 다만 범법행위를 전제로 한 수익은 손해에 포함되지 않는다. 예컨대 사고를 입은 매춘부의 매춘을 전제로 한 일실이익의 배상청구는 인정되지 않는다(대판 1966. 10. 18, 66다1635). (ㄴ) 손해 발생의 입증: 손해는 재산적 손해로서 적극적 손해와 소극적 손해, 그리고 정신적 손해

1) 부동산 교환계약의 일방 당사자가 상대방의 대출금채무와 임차보증금 반환채무를 인수하여 이행하기로 약정하고서도 이를 위반함에 따라, 그 상대방이 은행과 임차인으로부터 대출금 및 임차보증금 반환청구소송을 제기당하여 패소 판결을 선고받고 나아가 그들로부터 다른 부동산을 가압류 당한 사안에서, 판례는, 그 상대방의 은행과 임차인에 대한 채무의 부담은 현실적 · 확정적이어서 실제로 변제하여야 할 성질의 것이 되므로 그 채무액 상당의 손해를 현실적으로 입은 것으로 보았다(대판 2001. 7. 13, 2001다22833).

의 세 가지로 나뉘며, 이것은 소송물을 달리하는 것으로서 채권자는 그 금액을 특정하여 별개로 청구하여야 하고, 특히 재산적 손해의 경우에는 그 손해액을 구체적으로 입증하여야 한다(대판 1976. 10. 12, 76다1313; 대판 1989. 10. 24, 88다카29269).

b) 성 질 채무불이행으로 인한 손해배상청구권은 본래의 채권의 확장(지연배상의 경우) 또는 내용의 변경(전보배상의 경우)이므로, 본래의 채권과 동일성을 가진다. 따라서 다음과 같은 성질이 있다. ① 본래의 채권에 대한 담보는 손해배상청구권에도 미친다(334조·360조·429조 참조). ② 본래의 채권이 시효로 소멸된 때에는 손해배상청구권도 소멸된다. ③ 채권이 채무불이행으로 인하여 손해배상청구권으로 바뀐 때에는 그 동일성이 유지되므로 그 손해배상청구권의 시효기간은 본래의 채권의 시효기간에 따른다(통설). 문제는 그 기산점이다. 학설은 그 동일성이 유지되므로 본래의 채권을 행사할 수 있는 때부터 진행된다는 견해(곽윤직, 108면)와, 위 손해배상청구권은 채무불이행이 있어야 비로소 성립한다는 점에서 채무불이행시부터 소멸시효가 진행된다는 견해(고상룡, 681면; 이영준, 750면; 민법주해(Ⅲ), 472면(윤진수))로 나뉜다. 판례는 일관되게 후자의 견해를 취한다(대판 1990. 11. 9, 90다카22513; 대판 1995. 6. 30, 94다54269). ④ 본래의 채권이 양도되면, 이미 발생한 지연배상청구권도 원칙적으로 같이 이전된다. ⑤ 채무불이행으로 인한 손해배상채무는 기한의 정함이 없는 채무로서, 채무자는 이행청구를 받은 때부터 지체책임을 진다(387조 2항).

c) 손해배상청구권자 채권자가 채무불이행으로 인한 손해배상을 청구할 수 있다.[1)]

2. 손해배상의 범위

사 례 (1) 1982. 7. 1. A는 그 소유 토지를 B에게 6천만원에 매도하면서, 계약금과 중도금으로 3

1) (ㄱ) 채무불이행으로 인해 손해를 입는 자는 채권자이고, 그래서 채권자가 채무자에게 손해배상을 청구하게 된다. 그런데 채권자 외에 제3자도 채무불이행으로 인해 손해를 입는 수가 있는데, 이때 제3자도 손해배상청구권을 가지는지 문제된다. 예컨대 택시운전사(A)의 과실로 승객인 배우(B)가 부상을 입고, 그 결과 그 배우가 공연하지 못하게 되어 극장주(C)가 손해를 입은 경우, C가 A를 상대로 운송계약상의 채무불이행을 이유로 손해배상을 청구할 수 있는가 하는 점이다(김형배, 268면). 운송계약의 당사자는 A와 B이므로 C의 위 청구는 부정된다. 다만 C가 입은 손해에 대해서는 A의 불법행위가 문제될 수는 있는데(750조), 위 경우는 '제3자에 의한 채권침해'로서, C가 B에게 공연에 관한 채권이 있음을 제3자 A가 알았다고 보기 어려우므로 그 성립이 부정된다고 볼 것이다. (ㄴ) 한편 C가 B의 아들이고 택시에 동승하였다가 A의 과실로 C도 부상을 입었다면, C는 A를 상대로 운송계약상의 채무불이행을 이유로 손해배상을 청구할 수 있는가? 독일 민법학에서는 신의칙상 채권자와 일체로 볼 수 있는 제3자에 대해서는 일정한 범위, 즉 '채무불이행으로 인한 손해배상청구'에 한해서는 제3자에게 계약상의 효력을 인정하여 위 청구를 긍정하는데, 이것이 「제3자 보호효를 가지는 계약」(Vertrag mit Schutzwirkung für Dritte)의 이론이다. 이 이론에는 불법행위에 의할 때 사용자의 면책가능성을 피해가려는 정책적 의도가 있는데, 우리 민법학에서 이를 수용하는 데에는 신중할 필요가 있다. (ㄷ) 간접대리에서, 예컨대 A가 B의 위임에 의해 B의 계산으로 그러나 자기의 이름으로 일정한 물품을 매입하기로 하고 그에 따라 C와 매매계약을 체결하였는데, C가 그 물품의 인도를 지체한 경우, 채권자인 A가 C에게 채무불이행을 이유로 손해배상을 청구할 수 있겠는데, A는 간접대리인에 불과하여 실질적으로 손해를 입은 것이 아니기 때문에 손해배상을 청구할 수 없고, 한편 B는 위 매매계약의 당사자가 아니므로 C에게 손해배상을 청구할 수 없게 되어, 결국 C는 채무불이행에도 불구하고 배상책임을 지지 않게 되는 문제가 생긴다. 그러나 이러한 결과는 공평에 반하므로, 독일의 판례와 학설은 A가 C에게 제3자 B를 위하여 B가 입은 손해의 배상을 청구할 수 있는 것으로 보는데(이 경우 B는 A로부터 손해배상청구권을 이전받아 자신의 손해를 청산하게 된다), 이것이 「제3자의 손해청산」(Drittschadensliquidation)의 문제이다. 국내의 학설은 대체로 이를 인정하는 것이 타당하다고 보고 있다(김중한·김학동, 132면; 김형배, 270면; 송덕수, 115면; 지원림, 844면). 참고로 A가 B의 간접대리인이 아니라 대리인인 경우에는, B는 매매계약의 당사자로서 직접 C에게 채무불이행(이행지체)을 이유로 손해배상을 청구할 수 있다. 아무튼 위 문제는 간접대리에서 생길 수 있는 특별한 경우이고 일반적인 것은 아니다.

천만원을 받고 잔금은 같은 해 8. 15. 소유권이전에 필요한 서류와 상환으로 지급하기로 약정하였다. B는 1982. 8. 9. 위 토지를 C에게 7천만원에 전매하면서, B가 계약을 제대로 이행하지 않을 때에는 C에게 위약배상금으로 7백만원을 주기로 약정하였다. 한편 B가 C와 전매계약을 체결할 당시(1982. 8. 9.)에 A는 B로부터 잔금을 받으면 C에게 직접 소유권이전등기를 해 주겠다는 확인서를 B에게 교부하였다. 그 후 A는 그 소유 토지를 D에게 8천만원에 이중으로 매도, 소유권이전등기를 해 주었다. 이 경우 A · B · C 간의 법률관계는?

(2) X가 경영하는 제분공장에서 제분기의 회전축이 파손되어 작동하지 않게 되어, X는 운송업자 Y에게 회전축을 기계제작소에 보내 줄 것을 의뢰하였다. 그러나 Y는 회전축을 며칠 늦게 기계제작소에 보냈고, 그동안 공장의 조업은 중단되었다. 이에 X는 Y에게 Y가 제때 보냈더라면 공장을 조업하여 얻을 수 있었던 이익에 대한 손해배상을 청구하였다. X의 청구는 인용될 수 있는가?

해설 p. 173

(1) 의 의

제393조 〔손해배상의 범위〕 ① 채무불이행으로 인한 손해배상은 통상의 손해를 한도로 한다. ② 특별한 사정으로 인한 손해는 채무자가 그 사정을 알았거나 알 수 있었을 때에 한하여 배상할 책임이 있다.

차액설에 따르면, '채무불이행으로 인한 손해 = 채무가 이행되었다면 있었을 상태 − 채무가 이행되지 않은 현재의 상태'가 된다. 그러면 이 손해가 전부 배상되어야 하는가? 채무불이행이 있게 되면 모든 채권자에게 일반적으로 생기는 손해가 있는가 하면, 어떤 채권자에게만 특별히 생기는 손해도 있다. 가령 토지를 매수하는 목적은 여러 가지가 있겠는데, 매수인이 토지상에 건물을 지어 타인에게 전매하여 수익을 올릴 목적으로 토지를 매수하기로 계약을 맺었는데 매도인이 제3자에게 이중으로 토지를 매각하여 매수인에 대한 소유권이전채무가 이행불능이 된 경우, 매수인은 그 당시 토지의 가격에서 매매대금을 공제한 금액에 대해서는 손해를 입고 또 이것은 일반적으로 생길 수 있는 손해이지만, 토지의 전매에 따른 수익은 토지를 매수하는 모든 사람이 항상 전매하는 것은 아니므로 위 매수인(채권자)에게만 있는 특별한 사정에서 생긴 손해이다. 물론 이것도 채무가 이행되었다고 한다면 채권자가 누렸을 이행이익이 되므로 채무불이행으로 인한 손해에 들어가지만, 이것이 그대로 배상되어야 하는지는 별개의 문제이다.

본조는 채무불이행으로 생긴 「손해」 중에서 어느 범위까지 「배상」할지에 대해 그 기준을 정하고 있는데, 즉 채무불이행이 있으면 일반적으로 채권자에게 생기는 손해에 대해서는 그 전부를 배상하는 것으로 하고, 그 손해가 일반적으로 생기는 것이 아니라 채권자에게만 있는 특별한 사정에서 생기는 경우에는 채무자가 그러한 사정을 알았거나 알 수 있었을 때에만 배상하는 것으로 제한하고 있다.

(2) 손해배상의 범위를 정하는 기준

가) 민법 제393조

a) 서 설 (ㄱ) 동조는 손해배상의 범위를 정하는 기준으로서 「통상손해」와 「특별손해」 두 가지를 정한다. 즉 채무불이행이 있으면 보통 발생하는 통상손해는 채무자에게 그 전부의 배상책임을 인정한다(393조 1항). 이에 대해 특별한 사정에 기한 손해는 원칙적으로 배상책임을 부정하고, 다만 채무자가 그 사정을 알았거나 알 수 있었을 때에만 배상책임을 인정한다(393조 2항). 이처럼 손해의 배상기준으로서 통상손해와 특별손해의 두 가지가 있는데, 무엇이 통상손해가 되고 특별손해가 되는지는 사회통념에 의해 결정된다. (ㄴ) 동조는 '제한배상주의'를 취한 것이고, '상당인과관계'가 그 이론적 기초라는 것이 통설과 판례의 입장이다. 다만 상당인과관계설에 대해서는 비판이 있다. 즉 동 이론은 독일 민법이 정하는 완전배상주의를 제한하기 위해 독일 민법학에서 형성된 것이므로, 우리 민법학에 이를 도입하기는 적절하지 않다는 것이다. 우리 민법 제393조는 일본 민법 제416조를 그대로 수용한 것인데(민법안심의록(상), 235면), 독일 민법에는 이러한 규정이 없다. 여기서 민법 제393조에 대한 체계적인 이해를 위해 무엇을 이론적 기초로 삼을 것인지가 근래 학설에서 쟁점을 이루고 있다.

b) 독일과 일본의 경우 (ㄱ) 독일 민법(249조 1항)은 「손해배상의 의무를 부담하는 사람은 배상의무를 발생시키는 사정이 없었다면 있었을 상태를 회복하여야 한다」고 규정한다. 그러나 우리와는 달리 손해배상의 범위를 정하는 규정은 두고 있지 않다. 동조에 대해서는, 손해의 개념으로서 '차액설'과, 차액설의 이념을 실현하기 위해 그 배상으로서 '완전배상주의'를, 그리고 배상의 방법으로서 '원상회복주의'를 정한 것으로 이해하고 있다. 그런데 완전배상주의는 채무자에게 너무 가혹한 면이 있으므로, 이를 이론적으로 제한하기 위해 등장한 이론이 인과관계 이론이고, 이것이 발전되면서 상당인과관계설로 정립되었다. (ㄴ) 일본 민법 제416조는 우리 민법 제393조와 같은 내용이다. 일본 민법은 독일 민법에 앞서 제정되었고, 동조는 독일 민법이 아니라 영국의 유명한 판결례인 「해들리(Hadley) 사건」에서 확립된 계약위반시의 인과관계의 기준으로서 '예견가능성'에서 유래된 것이라고 한다(민법주해(Ⅸ), 508면(지원림)). 그럼에도 불구하고 일본 민법 제정 후 독일 민법학에 대한 추종으로 일본 민법학은 동조를 상당인과관계설에 입각하여 해석하였고, 우리 민법학은 그 영향을 받은 것이다.

c) 학 설 (ㄱ) 통설은 민법 제393조가 상당인과관계설과 절충설을 취한 것으로 이해한다. 먼저 원인과 결과의 관계에 있는 사실 가운데에서 객관적으로 보아 어떤 사실로부터 보통 일반적으로 초래되는 사실이 있을 때에 양자는 '상당인과관계'에 있는 것이 된다. 우연한 사정이나 특수한 사정은 행위의 결과에서 제외된다. 한편 채무불이행은 일정한 사정을 전제로 하여 성립하는 것이므로, 어느 범위의 사정을 그 전제로 삼을 것인지에 따라 우연한 사정이나 특수한 사정의 범위가 달라지게 된다. 여기서 채무불이행 당시에 일반인이 알 수 있었던 사정(객관적 상당인과관계)과 채무자가 특히 알고 있었던 사정(주관적 상당인과관계)을 함께 고찰의 대상으로 삼아야 한다는 입장이 절충설이다. 통설적 견해는 민법 제393조 1항을 상당인과관계의

원칙을 정한 것으로, 제2항을 절충설의 입장에서 고찰의 대상으로 삼는 사정의 범위를 규정한 것으로 해석한다. (ㄴ) 우리 민법에는 손해배상의 범위를 정하는 기준으로서 제393조가 있으므로 동조에 충실하게 해석하면 된다. 다만 그 이론적 기초가 문제될 수는 있겠는데, 그 비판론이 통설과 판례가 취하는 상당인과관계설을 대체할 정도의 확립된 이론이라고 보기는 어렵다. 특별손해의 경우에 채무자의 예견가능성을 요건으로 하더라도, 그 손해는 채무불이행을 원인으로 하여 생긴 것에 한하는 것이므로, 결국 인과관계의 문제로 귀결된다. 특히 상당성의 판단을 여러 사정을 종합하여 유연하게 내린다면 배상범위를 합리적으로 제한하려는 동조의 목적은 달성할 수 있는 것이다.[1)]

나) 통상손해와 특별손해

a) 통상손해 「채무불이행으로 인한 손해배상은 통상의 손해를 한도로 한다」(393조 1항). (ㄱ) 통상손해란 채무불이행이 있으면 일반적으로 발생하는 손해를 말한다. 일률적으로 말할 수는 없지만, 임차인의 과실로 임차물이 멸실된 때에는 임차물의 시가, 이중매매로 인한 이행불능의 경우에는 이행불능 당시의 물건의 시가에서 매매대금을 공제한 금액, 임차물반환채무의 이행지체의 경우에는 지연된 기간 동안의 차임, 금전채무의 이행지체에서는 지연된 기간 동안의 이자에 상당하는 금액이 각각 통상의 손해에 해당한다. (ㄴ) 무엇이 통상손해에 해당하는지는 계약의 목적, 당사자의 직업, 채무의 목적물 등을 고려하여 사회통념에 따라 개별적으로 정하여야 한다. (ㄷ) 통상손해에 관하여는 채무자의 예견가능성의 유무를 묻지 않고 그 전부에 대해 배상을 청구할 수 있다.

〈판 례〉 (ㄱ) 「임대인의 귀책사유에 의하여 임대인으로서의 의무가 이행불능이 되어 임대차계약이 종료되었다고 보는 경우, 임차인은 임대인에 대하여 그 임대차보증금 반환청구권을 행사할 수 있고 그 이후의 차임 지급의무를 면하는 한편, 그 임대차 목적물을 대신할 다른 목적물을 마련하기 위하여 합리적으로 필요한 기간 동안 그 목적물을 이용하여 영업을 계속하였더라면 얻을 수 있었던 이익, 즉 휴업손해를 그에 대한 증명이 가능한 한 통상의 손해로서 배상을 받을 수 있을 뿐이며(그 밖에 다른 대체 건물로 이전하는 데에 필요한 부동산중개료, 이사비용 등은 별론으로 한다), 그 목적물의 임대차기간 만료시까지 그 목적물을 사용·수익할 수 없음으로 인한 일실수입 손해는 이를 별도의 손해로서 그 배상을 청구할 수 없다」(대판 2006. 1. 27, 2005다16591, 16607). (ㄴ) 「매매계약이 매수인 측의 귀책사유로 해제된 후에 매도인이 제3자에게 매매목적물을 매도한 경우 매도인 측이 입은 통상의 손해액은, 제3자에 매도한 가격이 시가에 비추어 현저히 저렴하게 책정되었다는 등의 특별한 사정이 없는 한, 매도인이 당초의 매매계약에 의해 취득할 것으로 예상되었던 매매대금과 제3자와의 사이의 매매계약에 의하여 취득하는 매매대금의 차액에 당초 매매대금의 취득예정시기부터 후의 매매대금의 취득시기까지의 기간 동안의 당초 매매대금에 대한 법정이자 상당액을 합한 금액이 된다」(대판 2001. 11. 30, 2001다16432). (ㄷ) 권한 없이 판매한 상품권을 액면

1) 판례도, 불법행위의 사안이기는 하지만, 특정법령을 위반하는 행위와 발생한 손해 간의 상당인과관계를 판단함에 있어서는, 결과 발생의 개연성 외에 그 법령의 입법목적과 보호법익, 위반행위의 태양 및 피침해이익의 성질 등을 종합적으로 고려하여야 한다고 하여, 단순히 원인과 결과 간의 관계만을 가지고 상당인과관계를 판단하는 것이 아님을 표명하고 있다(대판 1995. 1. 12, 94다21320).

가의 20%를 할인한 금액으로 구입하여 (무기명채권에 대한) 선의취득이 인정되는 사안에서, 상품권의 발행인이 상품권을 구입한 자로부터 상품권을 제시받고도 그 의무이행을 거절하는 경우, 상품권의 소지인은 발행인에 대하여 제품 제공에 관한 이행의 최고 없이 곧바로 이행에 갈음한 손해배상을 청구할 수 있고, 이 경우 소지인이 입은 통상의 손해는 상품권의 액면금에 상당하는 금액이다(다시 말해 액면가의 80%로 구입한 금액이 아니다)(대판 2007. 9. 20, 2005다63337). (ㄹ) 「물건의 인도의무의 이행지체를 이유로 한 손해배상의 경우에는 일반적으로 그 물건을 사용 수익함으로써 얻을 수 있는 이익, 즉 그 물건의 임료 상당액을 통상의 손해라고 볼 것이므로, 건물 건축공사에 관한 도급계약에서도 그 수급인이 건축공사를 지체하여 약정기한까지 이를 완성, 인도하지 않은 때에는 건물에 대한 임료 상당의 손해액을 배상하여야 한다」(대판 1995. 2. 10, 94다44774, 44781). (ㅁ) 「금융기관의 임직원이 여신업무에 관한 규정을 위반하여 동일인에 대한 대출한도를 초과하여 자금을 대출하면서 충분한 담보를 확보하지 않는 등 그 임무를 해태하여 금융기관에 대출금을 회수하지 못하는 손해를 입힌 경우, 그 임직원은 그 대출로 인하여 금융기관이 입은 손해를 배상할 책임이 있고, 이러한 경우 금융기관이 입은 통상의 손해는 위 임직원이 위와 같은 규정을 준수하여 적정한 담보를 취득하고 대출하였더라면 회수할 수 있었을 미회수 대출원리금이라 할 것이며, 이러한 통상손해의 범위에는 약정이율에 의한 대출금의 이자와 약정연체이율에 의한 지연이자가 포함된다」(대판 2007. 7. 26, 2006다33609; 대판 2012. 4. 12, 2010다75945; 대판 2013. 11. 14, 2013다57498; 대판 2015. 10. 29, 2011다81213).

b) 특별손해 「특별한 사정으로 인한 손해는 채무자가 그 사정을 알았거나 알 수 있었을 때에 한하여 배상할 책임이 있다」(393조 2항). (ㄱ) 특별손해란 채무불이행으로 인해 일반적으로 발생하는 손해가 아닌 것, 즉 어느 채권자에게만 있는 특별한 사정에 기해 생기는 손해를 말한다. 예컨대 매도인의 이행불능으로 매수인이 전매를 하지 못해 입은 전매차익, 다른 목적물을 사용하는 데 지출한 돈, 그 과정에서 교통사고를 입은 데 따른 손해 등은 채무불이행으로 인해 통상적으로 발생하는 손해는 아니고, 채권자(매수인)의 사정에만 기초하는 특별한 손해이다. (ㄴ) 특별손해에 대해서는 채무자는 원칙적으로 배상책임을 부담하지 않는다. 다만 채권자에게 있는 특별한 사정을 채무자가 '알았거나 알 수 있었을 때'(예견가능성)에만 예외적으로 배상책임을 진다. 세부적인 내용은 다음과 같다. ① 채무자가 배상책임을 지는 데에는 특별사정의 존재에 관해 예견가능성이 있으면 되고, 그러한 특별한 사정에 의하여 발생한 손해의 액수까지 알았거나 알 수 있었어야 하는 것은 아니다(대판 2002. 10. 25, 2002다23598). ② 채무자가 특별사정을 알았거나 알 수 있었는지 여부를 가리는 시기에 대해, 통설과 판례(대판 1985. 9. 10, 84다카1532)는 채무의 이행기까지를 기준으로 한다. 계약 체결시에는 몰랐다고 하더라도 이후 그 사정을 알 수 있으면서 그 이행을 하지 않은 채무자의 행태를 고려한 것이다. 그렇다면 채무의 불이행 당시를 기준으로 하는 것이 보다 정확할 것이다. 즉 이행지체의 경우에는 이행지체가 발생한 때, 이행불능의 경우에는 불능이 발생한 때, 불완전이행의 경우에는 불완전이행을 한 때까지를 기준으로 판단하는 것이 타당하다(송덕수, 1005면; 지원림, 1071면). ③ 특별사정의 존재와 채무자의 예견가능성은 채권자가 입증책임을 진다(통설). 이 경우 해당 채무불이행에서 당사자의 직업(상인 여부) · 목적물의 종류(상품 · 주택 · 임야 · 토지 등) · 계약의 목적 등이 고려될 수 있다. ④ 특별손해에서 손해배상의

범위는 그 발생된 손해 전부가 아니라 그러한 특별한 사정에서 통상 생기는 손해를 한도로 한다.

〈판 례〉 (ㄱ) 이행불능 이후에 목적물의 가격이 등귀한 경우, 그 목적물의 현재 시가는 물가등귀라는 특별한 사정에 의한 손해이다(대판 1967. 11. 21, 67다2158 외 다수의 판례). (ㄴ) 전매계약을 체결하거나, 계약을 이행하기 위해 제3자와 계약을 맺은 경우에 이를 특별손해로 본다. 즉 ① 매수인이 상인이어서 전매할 것이라는 점을 매도인이 안 경우에도, 그 전매차익을 통상손해로 보지 않고 특별손해로 보면서, 다만 채무자의 예견가능성을 이유로 배상책임을 긍정한다(대판 1967. 5. 30, 67다466). ② A가 B에게 커피원두를 매도하기로 매매계약을 체결하고 그 이행을 위하여 A가 C로부터 커피원두를 매수하는 계약을 체결하였는데, B의 채무불이행으로 A가 C에게 대금을 지급하지 못하게 되어 손해배상을 한 경우의 그 손해배상액은 B에 대해서는 특별손해에 해당한다(대판 1980. 5. 13, 80다130). (ㄷ) 매수인이 대금의 지급을 지연하고 있는데, 매도인이 매수인으로부터 받을 매매대금으로 이자 상당액 이상의 수입을 올릴 것이라든지, 또는 제3자와 매매계약을 체결하여 이익을 얻고 혹은 계약을 이행하지 못하게 되어 손실을 입게 된 것은 특별손해에 해당한다(대판 1991. 1. 11, 90다카16006; 대판 1991. 10. 11, 91다25369). (ㄹ) 매매 당시 매매목적물을 농경지인 밭으로 매매하였다면, 매수인 또는 전득자가 그 후 농경지인 밭으로서의 용도를 변경하여 뽕나무의 식재 또는 건물 축조 등 타의 용도에 제공하는 것은 이례에 속하는 특별사정이다(대판 1973. 3. 13, 72다2207). (ㅁ) 토지매도인의 소유권이전등기의무가 이행불능 상태에 이른 경우, 매도인이 매수인에게 배상하여야 할 통상의 손해배상액은 그 토지의 채무불이행 당시의 교환가격이지만, 만약 그 매도인이 매매 당시 매수인이 이를 매수하여 그 위에 건물을 신축할 것이라는 사정을 이미 알고 있었고 매도인의 채무불이행으로 인하여 매수인이 신축한 건물이 철거될 운명에 이르렀다면, 그 손해는 적어도 특별한 사정으로 인한 것이고, 나아가 매도인은 이러한 사정을 알고 있었으므로, 위 손해를 배상할 의무가 있다(대판 1992. 8. 14, 92다2028). (ㅂ) 토지매수인이 매매계약 체결 후 건물 신축을 위해 설계비와 공사계약금을 지출하였다가 매도인의 채무불이행을 이유로 계약을 해제함에 따라 이를 회수하지 못하는 손해를 입게 되었다 하더라도 이는 이례적인 사정에 속하는 것으로서, 설사 토지매도인이 매수인의 취득 목적을 알았다 하더라도 마찬가지라 할 것이므로, 토지매도인으로서는 소유권이전의무의 이행기까지 최소한 매수인이 설계계약 또는 공사도급계약을 체결하였다는 점을 알았거나 알 수 있었을 때에만 배상책임을 진다(대판 1996. 2. 13, 95다47619). (ㅅ) 채무불이행으로 인한 정신적 고통은 특별손해에 해당한다(대판 1993. 11. 9, 93다19115). (ㅇ) 매수인이 잔금의 지급을 지체하는 동안 매매대상 토지의 개별공시지가가 급등하여 매도인의 양도소득세 부담이 늘었다고 하더라도, 그 손해는 사회일반의 관념상 매매계약에서의 잔금 지급의 이행지체의 경우 통상 발생하는 통상손해라고 할 수는 없고, 이는 특별한 사정에 의하여 발생한 손해에 해당한다(대판 2006. 4. 13, 2005다75897). (ㅈ) 甲이 乙에게 5억 3천만원에 매도한 벤츠 승용차가 고장을 일으켜 甲이 이를 수리하게 되었는데, 무려 수리기간이 11개월 소요되었다. 그런데 차량의 품질보증서에는, 甲이 차량 결함으로 인한 수리시 해당 부품의 대금과 공임을 제외한 간접비용, 즉 렌터카 비용이나 운휴손실 등의 비용은 보상하지 않는 것으로 기재되어 있었다. 乙이 甲을 상대로 수리지연에 따른 사용이익 상실 또는 교환가치 감소로 인한 손해에 대해 선택적으로 배상을 청구한 사안이다. 이에 대해 대법원은 다음과 같이 판결하였다. ① 수리에 장기간이 소요된 것은 품질보증에 따른 통상적인 수리의무를 제대로 이행하지 않은 것으로서, 품질보증에 따른 수리와는 구별되는 별도의 위법한 채무불이행에 해당하고, 따라서 그로 인한 손해배상책임이 발생할 수 있다. 그리고 품질보증서에 따른 면책약관은 통상적인 수리를 전제로 하는 것이어서, 이 사건과 같이 장기간 수리가 지연된 경우에까지 적용된다고 볼 수 없다. ② 이 사건 차량과 같이 매우 고가의 승용차에 대하여는 그에 미치지 못하는 다른 차량을 가지고 그 이용을 완전히 대체하지 못하고, 이러한 사정은 차량을 매도한 甲도 예견할 수 있었으므로, 그 수리 지연으로 인해 乙이 입은 사용이익 상실의 특별손해에 대해 甲은 배상책임을 진다. ③ 차량이 장기간 운행되지 못하여 엔진 등에 손상이 생기는 등 교환가치의 하락은 정상적인 사용에 따라 발생되는 감가상각의 범위를 넘는 것으로서, 이 사건 차량의 수리 지연으로 발생한 손해에 포함될 수 있다(대판 2016. 6. 10, 2013다13832).

〈종 합〉 A가 그의 소유 토지 또는 건물(주택이나 영업용 건물)을 B에게 팔기로 B와 계약을 맺었는데, A가 C에게 위 목적물을 이중으로 매도하여 C 앞으로 소유권이전등기가 되었다고 하자. A의 채무불이행으로 인해 B가 입게 될 (이행이익)손해로는 다음과 같은 것이 있다. (ㄱ) ① 이행불능 당시의 부동산 시가에서 매매대금을 뺀 금액, ② 영업용 건물의 경우 이를 대체할 다른 건물을 마련하기까지의 기간 동안 영업을 하지 못해 입은 휴업손해. (ㄴ) ① 이행불능 이후의 부동산의 가격 상승, ② B가 타인에게 그 부동산을 전매하거나 임대하여 얻을 수 있었던 전매차익이나 임대수익(일실이익), ③ B가 타인과의 전매계약을 이행하지 못함에 따라 타인에게 부담하게 된 위약금(적극적 손해), ④ 주택을 구입하지 못해 호텔 등에서 지내면서 지출한 비용, ⑤ 다른 부동산을 구입하기 위해 추가로 지출된 비용, ⑥ 토지에 건물을 지었는데 C의 토지소유권의 행사로 건물을 철거하게 된 경우, ⑦ 이행불능으로 B가 입게 된 정신적 고통(정신적 손해).

위 손해 중 (ㄱ)은 채무불이행이 있으면 일반적으로 발생할 수 있는 통상손해로서, A는 민법 제393조 1항에 따라 그 전액을 배상하여야 한다. 이에 대해 (ㄴ)은 채무불이행이 있는 경우에 일반적으로 발생하는 손해는 아니고, 채권자에게만 개별적으로 존재하는 사정에 따라 생길 수 있는 특별손해에 지나지 않는다. 이 경우 채무자 A는 민법 제393조 2항에 따라 원칙적으로 배상책임을 부담하지 않고, 다만 A가 채권자 B의 그러한 특별한 사정을 이행불능이 발생한 때까지 알았거나 알 수 있었을 때에만 배상책임을 진다.

사례의 해설 (1) (ㄱ) A와 B의 법률관계: B는 A의 이행불능을 이유로 A와의 매매계약을 해제할 수 있다(546조). 해제를 하면, 그 효과로서 이미 지급한 계약금과 중도금의 반환을 청구할 수 있고(548조), 또 손해의 배상을 청구할 수 있다(551조). 한편 B는 계약을 해제하지 않고 손해배상을 청구할 수도 있다(390조). 어느 경우나 손해배상의 범위는 통상손해와 특별손해의 기준에 의해 정해지는데(393조), 사안에서처럼 매수인의 전매는 특별한 사정에 해당하고, 따라서 A가 그 사정을 알았거나 알 수 있었을 때에만 배상책임을 지는데(393조 2항), 그 예견 시기는 계약 체결시가 아니라 '채무의 불이행 당시'를 기준으로 한다는 것이 통설과 판례이다. 사례에서는 이행기 전인 1982. 8. 9.에 그 사정을 알았으므로, A는 B에게 전매를 전제로 하는 손해배상책임을 부담한다. 따라서 전매차익 1천만원에 대한 배상책임을 진다. 그리고 B가 C에게 지급하게 될 위약금 7백만원에 대해서도 A의 예견가능성을 전제로 배상책임을 진다고 할 것이지만, A가 B의 전매의 사정을 안 점에서 이를 알 수 있었다고 볼 소지가 많다. (ㄴ) B와 C의 법률관계: ① C는 민법 제570조 소정의 담보책임을 B에게 물을 수 있다. 따라서 B와의 매매계약을 해제하고 지급한 계약금과 중도금의 반환을 청구할 수 있다.

문제는 손해배상을 청구할 수 있는가이다. 즉 제570조 단서에서 매수인(C)이 계약 당시 그 권리가 매도인(B)에게 속하지 아니함을 안 때에는 손해배상을 청구하지 못한다고 규정하는데, 부동산 매매의 경우에는 등기부를 통해 그 사정을 알 수 있으므로 손해배상은 청구할 수 없는 것이 아닌가 하는 점이다. ② 그런데 매도인의 담보책임에 관한 규정이 강행규정은 아니므로 당사자 사이의 약정으로 달리 정할 수는 있다. 여기서 B와 C 사이의 위약금의 약정이 이에 해당하는지가 문제될 수 있다. 매도인의 담보책임의 성질에 대해서는 법정책임설과 채무불이행설로 견해가 나뉘지만, 판례는 담보책임의 내용으로서 손해배상에 대해서도 당사자가 (그것을 인식하는 것을 전제로) 배상액을 예정할 수 있는 것으로 보고 있다(대판 1977. 9. 13, 76다1699). 사례에서는 B와 C가 매매목적물이 타인의 소유인 것을 알고 계약을 체결하였다고 할 것이므로, 위약금의 약정은 그 담보책임의 내용인 손해배상에 대해서도 미친다고 볼 수 있다. ③ 한편 타인의 권리를 매각한 B가 C에게 채무불이행책임을 지는지 문제되는데, (채무불이행에서 채무자의 귀책사유는 추정되지만) 사례에서 B에게 귀책사유가 있다고 보기는 어렵다. (ㄷ) A와 C의 법률관계: A가 D에게 이중으로 매도함으로써 결과적으로 C의 B에 대한 소유권이전청구권을 침해한 것이 되고, 따라서 제3자에 의한 채권침해로서 불법행위의 성립 여부가 문제되는데(750조 참조), 사안에서는 그 채권침해가 성립하기는 어렵다는 점에서, 나아가 그 이중매도에 위법성이 없다는 점에서, 불법행위가 성립한다고 보기는 어렵다.

(2) 사례는 우리 민법 제393조와 같은 내용을 정하고 있는 일본 민법 제416조의 기초를 이루는 것으로 평가되고 있는, 영국의 유명한 판결인 「Hadley v. Baxendale 사건(1854)」의 사안인데, 그 판결요지는 다음과 같다(이은영, 276면 이하). 「… 본건에서 보면 당사자에게 알려져 있는 사정은, 운송을 의뢰한 것은 제분기의 고장난 회전축이라는 것, X가 제분업자라고 하는 것뿐이다. 이러한 사정만으로는 운송의 지연에 의해서 공장의 수익을 올릴 수 없었다는 것은 분명하지 않다. 예를 들면 X가 다른 회전축을 가지고 있으면서 고장난 회전축을 제작소에 보낸 것으로 볼 수도 있고, 이 경우는 운송이 지연되더라도 공장의 수익에는 아무런 영향을 미치지 않기 때문이다. 회전축이 즉시 운송되지 않으면 공장의 조업이 중단된다고 하는 특별한 사정은 Y에게 알려지지 않았고, 따라서 X의 손해는 계약 체결시에 있어서 양 당사자에게 공정하고 합리적으로 예견될 수 있었던 계약 위반의 결과라고는 생각될 수 없는 것이다.」

사례 p. 167

3. 손해배상액의 산정

(1) 의 의

채무불이행으로 인해 발생한 손해 중에서 민법 제393조에 의해 배상하여야 할 '손해의 범위'가 정해진다. 그런데 그 손해는 금전으로 배상하는 것이 원칙이므로(394조), 배상하여야 할 손해에 대해 이를 금전으로 평가하는 일이 남게 되는데, 이것이 '손해배상액의 산정'이다.

(2) 손해배상액의 산정방법

가) 가격 · 시기 · 장소

a) 기준가격 (ㄱ) 재산적 손해의 배상액은 재산적 가치의 평가액이고, 그것은 통상가격을 기준으로 한다. (ㄴ) 비재산적 손해의 배상, 즉 위자료에 관해서는 이를 금전으로 객관적으로 평가하는 것이 어려우므로, 법원이 여러 사정을 고려하여 그 금액을 결정하는 수밖에 없다.

b) 기준시기 예컨대 물건의 인도채무가 이행불능으로 된 경우, 그 물건의 가격이 이행에 갈음하는 손해배상액이 된다. 그런데 그 물건 가격의 변동이 있는 경우, 예컨대 제소시 또는 판결시에 그 가격이 오른 경우에 어느 때를 기준으로 위 물건의 가격을 정할 것인지가 문제된다. 그에 따라 손해배상 금액이 달라지기 때문이다. 이 문제는 이행지체를 이유로 본래의 이행에 갈음하는 손해배상(전보배상(395조))을 청구하는 때에도 동일하게 생긴다.

판례는 다음과 같다. (ㄱ) '이행불능'의 경우에는, 「매도인의 매매목적물에 관한 소유권이전등기의무가 이행불능이 됨으로 말미암아 매수인이 입는 손해액은 원칙적으로 그 이행불능이 될 당시의 목적물의 시가 상당액이고, 그 이후 목적물의 가격이 등귀하였다 하여도 그로 인한 손해는 특별한 사정으로 인한 것이어서, 매도인이 이행불능 당시 그와 같은 특수한 사정을 알았거나 알 수 있었을 때에 한하여 그 등귀한 가격에 의한 손해배상을 청구할 수 있다는 것이 대법원의 확립된 판례」라고 한다(대판 1996. 6. 14, 94다61359, 61366). 그리고 원소유자의 말소등기절차이행 청구소송을 통해 매도인 및 매수인 명의의 매매 부동산에 대한 소유권이전등기 말소의무가 확정되었다면, 매수인에 대한 매도인의 그 부동산에 대한 소유권이전등기의 이행은 불능 상태에 이르렀고, 이 경우 매도인의 이행불능으로 인한 손해배상액의 산정은 그 패소 확정시를 기준으로 하여야 하고, 그 등기의 말소시를 기준으로 할 것이 아니라고 한다(대판 1981. 6. 9, 80다417). (ㄴ) '이행지체를 이유로 전보배상'을 청구하는 경우에는(395조), 사실심 변론종결 당시의 시가를 표준으로 한다는 것도 있지만(대판 1969. 5. 13, 68다1726), 일반적으로는 본래의 의무이행을 최고한 후 상당한 기간이 경과한 당시의 시가를 기준으로 한다(대판 1967. 6. 13, 66다1842; 대판 2007. 9. 20, 2005다63337). (ㄷ) '이행거절'의 경우에는, 채무자가 이행거절의 의사를 명백히 표시하여 최고 없이 계약의 해제나 손해배상을 청구할 수 있는 경우에는 이행거절 당시의 급부 목적물의 시가를 기준으로 한다(대판 2007. 9. 20, 2005다63337).

c) 기준장소 채무불이행에 의하여 통상가격을 배상하여야 할 때에는, 특약 또는 특별한 규정(상법 137조)이 없는 한 채무의 이행지에서의 가격을 기준으로 한다.

나) 현재가액의 측정(중간이자의 공제)

(ㄱ) 가령 의료과오로 환자가 사망한 경우에는 장래의 수입에 대해 일시금으로 배상을 하는 것이 보통이다. 그런데 이렇게 되면 채무불이행이 있기 전에, 즉 매달 임금을 받던 것을 일시금으로 한꺼번에 받는 것이 되어 채권자의 입장에서는 일시금에서 과실(이자)을 얻게 되어 실제보다 더 많은 배상을 받게 된다. 따라서 일시금으로 배상을 하는 경우에는 중간이자를 공제하여야만 한다. 1년 후에 인도할 물건이 멸실되어 전보배상을 청구하는 경우에도 같다. (ㄴ) 중간이자의 공제방식에는 단리계산방법(호프만식)과 복리계산방법(라이프니츠식) 둘이 있는데, 공제되는 금액에서는 후자가 더 많게 된다. 민법은 어느 방법을 취할지 정하고 있지 않은데,[1] 판례는 기본적으로 전자의 방식을 취하면서(대판 1965. 9. 25, 65다1534), 법원이 자유로운 판단에 따라 두 방법 중 어느 하나를 정할 수도 있는 것으로 본다(대판 1983. 6. 28, 83다191). 그러나 이에 대해서는 그 적용에 일

1) 참고로 국가배상법 시행령 제6조 3항은 "법 제3조의2 제3항의 규정에 의한 중간이자 공제방식은 법정이율에 의한 단할인법인 호프만방식에 의한다"고 정하고 있다.

관성이 없다는 점에서 비판이 없지 않다.

다) 과실상계過失相計

제396조〔과실상계〕 채무불이행에 관하여 채권자에게 과실이 있는 경우에는 법원은 손해배상 책임의 유무와 그 금액을 정할 때 이를 참작하여야 한다.

a) 의 의 (ㄱ) 손해배상의 책임원인(채무불이행)의 성립 또는 그 결과인 손해의 발생·확대에 채권자가 가담한 경우에는, 법원은 손해배상 책임의 유무와 그 금액을 정함에 있어서 이를 참작하여야 하는데, 이를 '과실상계'라고 한다. 채권자의 가담 정도에 따라 채무자의 손해배상책임이 부정될 수도 있고 또는 손해배상액이 감액될 수도 있다. 손해배상 의무자는 원칙적으로 자기의 귀책사유에 의해 발생한 결과(손해)에 대해서만 배상의무를 지는 것이기 때문에, 채권자의 과실을 참작하는 것은 당연한 것이다. (ㄴ) 본조는 불법행위로 인한 손해배상에 관하여도 준용된다(763조).

b) 적용범위 과실상계는 본래 채무불이행 또는 불법행위로 인한 손해배상책임에 대해 인정되는 제도인데, 그 적용범위에 관해 판례를 정리하면 다음과 같다. (ㄱ) 적용되지 않는 경우: ① 부동산을 담보로 하여 금전을 대여함에 있어 채권자의 피용자가 부실한 담보물을 충분한 담보가치가 있는 것으로 잘못 평가한 결과 그 물적 담보권의 실행만으로는 채권액을 회수할 수 없게 되었다 하여도, 그러한 과실이 있다는 사유로 채무자의 차용금 및 약정지연이자 지급의무가 감면되는 것은 아니다(대판 1981. 9. 8, 81다252). ② 손해배상책임 또는 배상액을 정함에 있어서 채권자의 과실을 참작함에는 채권자가 그 책임원인의 성립 또는 손해 발생에 가담하였음을 요하는 것이므로, 매매계약 불이행으로 인한 손해배상에 있어서 당초 매매가 채권자의 간청에 의해 이루어진 것이라는 사유는 과실상계를 하여야 할 사유에는 해당되지 않는다(대판 1982. 10. 26, 80다557). ③ 채무내용에 따른 본래의 급부의 이행을 구하는 때(대판 1996. 5. 10, 96다8468), ④ 손해배상액을 예정한 경우(대판 1972. 3. 31, 72다108),[1] ⑤ 손해배상책임이 아니라 이행의 책임에 속하는 손해담보계약상 담보의무자의 책임(대판 2002. 5. 24, 2000다72572), ⑥ 피해자의 부주의를 이용하여 고의로 불법행위를 저지른 자가 피해자의 부주의를 이유로 과실상계를 주장하는 것(대판 2000. 1. 21, 99다50538). 이 경우 과실상계가 허용되지 않는 것은, 그와 같은 고의적 불법행위가 사기, 횡령, 배임 등의 영득행위에 해당하는 경우 과실상계를 인정하게 되면 가해자로 하여금 불법행위로 인한 이익을 최종적으로 보유하게 하여 공평의 이념이나 신의칙에 반하는 결과를 가져오기 때문이므로(대판(전원합의체) 2013. 9. 26, 2012다1146, 1153), 고의에 의한 불법행위의 경우에도 그러한 결과가 초래되지 않는 경우에는 과실상계는 가능하다(대판 2007. 10. 25, 2006다16758, 16765).[2] ⑦ 계약 해제에 따라 원상회복을 구하는 경우(대판 2014. 3. 13, 2013다34143). ⑧ 표현대리가 성립

---

1) 이에 대해 통설은, 채권자가 자기의 책임을 타인에게 전가할 수 없다는 점과 배상예정액이 부당히 과다한 경우에는 감액을 인정하는 취지에 비추어, 배상액의 예정이 있는 경우에도 과실상계를 적용함이 타당하다고 한다. 이에 대해서는 (p.181 '4. 손해배상액의 예정'에서) 따로 설명한다.

2) 다만 피용자의 고의에 의한 불법행위라도 사용자에게 사용자책임을 묻는 경우에는, 사용자 자신의 고의의 불법행위는 아니므로, 피해자에게 과실이 있으면 과실상계를 하여 그 책임을 제한할 수 있다(대판 2002. 12. 26, 2000다

함에 따라 본인이 그 책임을 져야 하는 경우(대판 1996. 7. 12, 95다49554). ⑨ 채권자가 보증인에 대해 보증채무의 이행을 청구하는 경우(대판 1996. 2. 23, 95다49141). (ㄴ) (유추)적용되는 경우: ① 원인무효의 보존등기를 유효한 것으로 믿고 부동산을 매수한 자라 하여도 그 당시 원인무효로 인한 말소등기청구소송 중인 경우에는 매수인에게 과실이 있다(대판 1968. 12. 3, 68다1896). ② 위임인이 토지의 매수를 수임인에게 맡길 당시 그 토지상에 근저당권이 설정되어 있음을 알면서도 수임인과 협의를 하는 등 아무런 조치를 취하지 아니한 채 수임인으로 하여금 매매대금을 토지 소유자에게 지급하도록 방임하였다면 위임인에게 과실이 있다(대판 1987. 10. 13, 87다카1345). ③ 매도인의 담보책임은 법정 무과실책임으로서 여기에 민법 제396조의 과실상계 규정이 준용될 수는 없다 하더라도, 담보책임이 공평의 원칙에 입각한 것인 이상, (이를 유추적용하여) 하자 발생 및 그 확대에 가공한 매수인의 잘못을 참작하여 손해배상의 범위를 정함이 상당하다(대판 1971. 12. 21, 71다218; 대판 1979. 4. 24, 77다2290; 대판 1995. 6. 30, 94다23920). ④ 신체에 대한 가해행위로 인한 손해의 확대에 피해자 자신의 심인적心因的 요인 내지 체질적 소인이 기여한 때(대판 1991. 8. 27, 91다2977; 대판 2000. 1. 21, 98다50586), ⑤ 채무불이행이 발생할 가능성이 높다는 사실을 예견하고서도 대비책을 마련하지 않은 상태에서 비용을 지출한 경우(대판 2002. 2. 5, 99다53674, 53681),[1] ⑥ 불법행위로 인한 피해자가 일반적으로 용인될 수 있는 수술을 받으면 노동능력 상실 정도를 감소시킬 수 있는데도 수술을 받지 않은 경우(대판 1992. 9. 25, 91다45929; 대판 1996. 1. 23, 95다45620; 대판 1999. 6. 25, 99다10714), 또는 법적 조치를 취했으면 손해의 확대를 막을 수 있었음에도 그러한 조치를 취하지 않은 경우(대판 2003. 7. 25, 2003다22912). 판례는 특히 이 경우 불법행위의 피해자에게는 그로 인한 손해의 확대를 방지하거나 감경하기 위하여 노력하여야 할 '손해경감조치의무'가 있다고 한다.

c) 요 건 (ㄱ) '채무불이행의 성립'에 관해 채권자에게 과실이 있거나(가령 타인 권리의 매매에서, 매수인이 그 물건의 소유권이 매도인에게 속하지 않음을 모른 것이 그의 과실에 기인한 경우에는 매도인의 손해배상액을 산정함에 있어서 이를 참작하여야 한다(대판 1971. 12. 21, 71다218)), '손해의 발생 · 확대'에 채권자에게 과실이 있어야 한다. (ㄴ) 채권자(피해자)의 '과실'은 채무불이행(불법행위)에서의 채무자(가해자)의 과실과 같은 수준의 것은 아니고, 신의칙상 그 자신에 대한 손해의 발생을

56952).

1) (ㄱ) A는 B가 1988. 5. 17. C에게 B 소유 토지를 임대보증금 3천만원, 임대기간 19년으로 정하여 임대하여 C가 위 토지를 사용하고 있는 사실을 알면서도, B의 사찰 주변이 국민관광단지로 지정되자 그 일대에 스포츠타운 및 오피스텔을 건축하고자 B에게 위 토지를 임대하여 줄 것을 요청하는 한편, C에 대한 임대차계약을 무효화시키기 위해 토지인도소송을 제기할 것을 제의하면서 후에 위 토지에 스포츠타운 등 시설을 완공하여 운영하게 되면 수입금 중 15%를 B에게 주겠다고 약속하였고, 이에 B가 1990. 11. 19. A에게 위 토지를 임대하게 되었다. B는 선행 임차인인 C를 상대로 위 토지의 인도를 구하는 소를 제기하였으나 1992. 6. 25. 패소한 후 그 소를 취하하였다. A는 이러한 사실을 알면서도 1992. 12. 10.경 당초 의도했던 대로 위 토지 위에 스포츠타운 등을 건축하기 위한 공사에 착수하였고, B가 위 토지를 C에게 매도하여 C 앞으로 소유권이전등기가 마쳐진 이후에도 위 공사를 계속하다가, C로부터 토지인도 및 시설물 철거 요구를 받으면서 1995. 4. 25.경 공사를 중단하게 되었다. A(원고)가 B(피고)를 상대로 임대차계약상의 이행불능을 이유로, 즉 임대차계약의 존속을 믿고 그 지상에 시설공사를 위하여 지출한 공사비용 전부에 대해 손해배상을 청구한 것이다. (ㄴ) 이 사안에서 대법원은 다음과 같이 판결하였다. 「원고는 피고로부터 이 사건 토지를 임차하더라도 이행불능이 될 가능성이 높다는 사실을 처음부터 충분히 예견하고 있었음에도 손해가 발생되지 않거나 발생되더라도 최소한에 그치도록 필요한 대비책을 마련하지 않은 상태에서 스포츠타운 등 공사를 위한 비용을 지출하였다고 할 것이므로, 원고에게도 피고의 채무불이행으로 인한 손해의 발생 내지 확대에 관하여 과실이 있다고 할 것이고, 이와 같은 과실이 인정되는 이상 법원으로서는 직권으로 손해배상의 책임 및 범위를 정함에 있어서 이를 참작하여야 한다.」

회피하거나 그 확대를 줄일 수 있음에도 불구하고 이를 게을리한 것을 말한다. 통상 7, 8세를 전후하여 그러한 판단능력(판례는 이를 가해자의 '책임능력'과 구별하여 사리변식능력이라고 부른다)을 갖추는 것으로 본다(대판 1969. 9. 23, 69다1164; 대판 1968. 8. 30, 68다1224). (ㄷ) 통설과 판례는 과실상계가 손해의 공평한 분담을 도모하는 제도라는 점에서, 채권자(피해자)와 동일시할 수 있는 제3자의 과실에 관하여도 과실상계를 긍정한다. ① 채무불이행의 경우: 채권자의 수령보조자의 과실은 채권자의 과실로 인정된다. 참고로 독일 민법(254조 2항 2문)은 채권자의 법정대리인과 피용자에게 과실이 있는 경우에 채권자의 과실로서 과실상계가 인정됨을 명문으로 규정한다. ② 불법행위의 경우(소위 피해자 측의 과실): 피해자 본인의 과실뿐만 아니라, 그와 신분상 내지 사회생활상 일체를 이루는 관계에 있는 자의 과실도 피해자의 과실로 인정된다(대판 1999. 7. 23, 98다31868).[1]

d) 효 과 (ㄱ) 피해자(채권자)에게 과실이 인정되면 법원은 손해배상책임의 유무와 그 금액을 정할 때 이를 참작하여야 하고, 배상의무자가 피해자의 과실에 관하여 주장하지 않는 경우에도 소송자료에 의하여 과실이 인정되는 때에는 법원은 이를 직권으로 심리 판단하여야 한다(대판 1996. 10. 25, 96다30113). 이 경우 과실상계 사유에 관한 사실인정이나 그 비율을 정하는 것은 그것이 형평의 원칙에 비추어 현저히 불합리한 것이 아니면 사실심의 전권사항에 속한다(대판 1999. 5. 25, 98다56416). (ㄴ) 과실상계의 비율은 재산상 손해나 정신상 손해에 일률적으로 적용되어야 하며(대판 1979. 12. 11, 79다1733, 1734), 따라서 재산상 손해에 속하는 장례비에 관해서도 과실상계를 하여야 한다(대판 1965. 9. 28, 65다1078; 대판 1974. 4. 9, 73다1506). (ㄷ) 피해자가 '일부청구'를 하는 경우에 과실상계는, (청구부분에 비례하여 과실상계 비율을 정하지 않고) 손해 전액에서 과실비율에 의한 감액을 하고 그 잔액이 청구액을 초과하지 않을 경우에는 그 잔액을 인용하고, 잔액이 청구액을 초과할 경우에는 청구액을 인용할 것이며, 이것이 일부청구를 하는 당사자의 통상적 의사에 부합한다(대판 1976. 6. 22, 75다819). (ㄹ) 채무불이행으로 인한 손해배상에 있어서 채무자가 손해액의 일부에 대하여 배상책임이 있음을 인정하고 변제공탁을 하더라도, 과실상계는 채권자가 입은 전체 손해액을 기준으로 하여야 한다(대판 1991. 1. 25, 90다6491). (ㅁ) 과실이 있는 피해자가 가해자가 가입한 보험회사로부터 치료비를 지급받은 경우, 피해자의 과실에 해당하는 부분은 피해자가 부담하여야 할 것이므로, 그 부분은 가해자의 손해배상액에서 공제하여야 한다(대판 1981. 6. 23, 80다2316; 대판 1981. 7. 7, 80다2271; 대판 1999. 3. 23, 98다64301). (ㅂ) 손익상계와의 순서에 관하여는, 과실상계를 먼저 한 후에 손익상계를 하여야 한다는 것이 확고한 판례의 견해이다(대판 1973. 10. 23, 73다337; 대판 1981. 6. 9, 80

1) 판례는, 다방 종업원이 차 배달을 목적으로 다방 주인이 운전하는 차량에 동승하였다가 사고를 당한 사안에서 운전자인 다방 주인의 과실을 피해자 측의 과실로 인정하지 않았으나(대판 1998. 8. 21, 98다23232), 피용자인 운전자의 과실로 동승한 소유자가 사고를 입은 경우(대판 1997. 9. 5, 97다652), 교회 집사가 기도회를 마치고 신도들과 함께 교회로 돌아가던 도중 그의 과실로 동승한 목사가 사고를 당한 경우(대판 1997. 6. 27, 96다426), 11세의 어린이가 외삼촌이 운전하는 어머니 소유의 자동차에 동승하였다가 사고를 입은 경우(대판 1996. 2. 27, 95다41239), 남편이 운전하는 오토바이 뒷좌석에 타고 가다가 사고를 입은 경우(대판 1993. 5. 25, 92다54753) 등에서는, 피해자 측의 과실을 인정하였다. 또 6세 남짓한 어린이는 교통기관의 위험성에 대한 인식이나 이로부터 자신을 보호할 방법에 관해 충분한 능력이 없어 부모로부터 충분한 보호를 받아야 할 입장에 있다는 이유로, 부모의 과실을 피해자 측의 과실로 인정한다(대판 1974. 12. 24, 74다1882). 그 외에 자동차의 보유자가 다른 사람으로 하여금 자동차를 운전하게 하고 그 자동차에 함께 탔다가 제3자의 과실로 교통사고가 발생하여 손해를 입은 경우, 그 자동차의 운전자에게도 과실이 있다면, 제3자가 자동차의 보유자에게 손해배상을 함에 있어 운전자의 과실을 참작하여야 한다. 자동차의 보유자는 운전자의 선임과 지휘감독에 관해 상당한 주의를 할 의무가 있기 때문이다(대판 1994. 4. 26, 94다2121).

다3277; 대판 1990. 5. 8, 89다카29129). 손익상계는 손해와의 상쇄를 통해 행하여지므로 손해가 먼저 확정되어야 하는데, 이를 확정하려면 과실상계를 통해 피해자가 분담할 부분을 제외하여야 하기 때문이다. 가령, 산업재해보상보험법 또는 국민건강보험법에 따라 보험급여를 받은 피해자가 제3자에게 손해배상청구를 할 경우, 그 손해 발생에 피해자의 과실이 경합된 때에는, 먼저 산정된 손해액에서 과실상계를 한 다음 거기에서 보험급여를 공제하여야 하고, 그 공제되는 보험급여에 대하여는 다시 과실상계를 할 수 없다(이 경우 보험대위의 범위는 손해배상채권의 범위 내에서 보험급여를 한 전액이다)(대판 2002. 12. 26, 2002다50149).

라) 손익상계

(ㄱ) 채무불이행으로 채권자에게 손해가 발생한 경우, 채무자가 채무를 이행하였더라면 채권자가 지출하였을 비용은 손해배상액에서 공제되어야 한다. 이것이 손익상계인데, 민법에는 규정이 없지만 실손해의 배상이라는 관점에서 당연한 것으로 인정된다. 예컨대 상품을 부산에서 인도하고 이것을 매수인이 서울로 운반하기로 하였는데 매도인의 이행불능이 있는 경우, 상품의 시가에서 매매대금을 공제한 금액에서 제대로 이행되었더라면 매수인이 부담하였을 운반비용을 공제한 금액이 실제의 손해배상액이 된다. 의료과오로 환자가 사망한 경우에 손해배상액에서 생활비를 공제하는 것도 같은 이치이다. 손익상계가 인정되는 것은 채무불이행으로 채권자가 이익을 얻은 경우여야 한다. 따라서 채무불이행과 무관한 이익이나 채무불이행 외의 계약원인(예: 증여)에 의해 얻은 이익은 공제될 것이 아니다(예: 위로금(부의금) 등).[1] (ㄴ) 채무불이행이나 불법행위 등이 채권자 또는 피해자에게 손해를 생기게 하는 동시에 이익을 가져다 준 경우에는, 공평의 관념상 그 이익은 당사자의 주장을 기다리지 않고 법원이 손해를 산정함에 있어서 이를 공제하여야 한다(대판 2002. 5. 10, 2000다37296, 37302).

마) 금전채무 불이행에 대한 특칙

> 제397조 〔금전채무 불이행에 대한 특칙〕 ① 금전채무 불이행에 대한 손해배상액은 법정이율에 의한다. 그러나 법령의 제한을 위반하지 아니한 약정이율이 있으면 그 이율에 의한다. ② 전항의 손해배상에 관하여는 채권자는 손해를 증명할 필요가 없고 채무자는 과실이 없다고 항변하지 못한다.

1) 판례: (ㄱ)「손해보험의 보험사고에 관하여 동시에 불법행위나 채무불이행에 기한 손해배상책임을 지는 제3자가 있어 피보험자가 그를 상대로 손해배상청구를 하는 경우에, 피보험자가 손해보험계약에 따라 보험자로부터 수령한 보험금은 보험계약자가 스스로 보험사고의 발생에 대비하여 그때까지 보험자에게 납입한 보험료의 대가적 성질을 지니는 것으로서, 이것은 제3자의 손해배상책임과는 별개의 것이므로, 보험금을 제3자의 손해배상책임에서 공제할 것이 아니다」(대판(전원합의체) 2015. 1. 22, 2014다46211). (ㄴ) 이 사건 화재로 A가 입은 손해액은 662,043,106원이다. 그리고 이 화재에 대해 B는 실화책임에 관한 법률(3조 2항)에 따라 책임이 경감되어, B가 부담할 손해배상액은 397,225,863원이다. 한편 A는 화재보험계약을 체결한 C보험회사로부터 손해보험금 324,240,778원을 받는다. 이 경우 A는 B에게 얼마를 손해배상금으로 청구할 수 있는지가 다투어진 사안이다. 이 경우 보험금은 B가 부담할 손해배상액에서 공제하여서는 안 되고 A가 입은 손해액에서 공제하여야 한다. 즉 662,043,106원－324,240,778원=337,802,328원이 남은 손해액이 된다. 여기서 남은 손해액이 제3자의 손해배상액보다 많을 경우에는 후자의 범위에서, 적을 경우에는 남은 손해액 전부의 배상을 청구할 수 있는데, 사안에서는 적은 경우이므로 B는 A에게 337,802,328원을 손해배상금으로 지급하여야 한다는 것이 위 판결의 취지이다. 종전의 판례는 B가 부담할 손해배상액에서 공제하는 것으로 보았는데(대판 2009. 4. 9, 2008다27721), 이를 변경한 것이다.

a) 금전은 가치의 존재형태에 지나지 않으며 물건으로서의 개성이 없으므로, 금전채권에는 목적물의 특정이란 것이 없다. 따라서 금전채권에 관하여는 이행불능이 생기지 않는다. 이행지체만이 생길 뿐이다(현승종, 61면). 그래서 민법은 금전채무의 이행지체에 따른 손해배상에 관하여, 금전의 특성을 반영하여 다음과 같은 특칙을 정하고 있다.[1)]

b) (ㄱ) 채권자는 손해를 증명할 필요가 없다(397조 2항). 금전채권에서는 손해의 증명이 곤란할 뿐만 아니라, 금전은 일정한 과실을 얻는 것이 보통이므로 당연히 일정한 손해가 생기는 것으로 한 것이다.[2)] (ㄴ) 채무자는 과실이 없다고 항변하지 못한다(397조 2항). 즉 무과실책임을 진다. 구민법(419조 2항)은 "불가항력을 가지고 항변하지 못한다"고 규정하였는데, 현행 민법은 「불가항력」을 「과실」로 바꾼 것이다. (ㄷ) 금전채무 불이행에 따른 손해배상액은 다음의 순서로 정해진다. ① 민법에 특별규정이 있는 경우 그에 따른다(685조·705조·958조). 그리고 그 지연손해금에 대해 따로 약정(이는 손해배상액의 예정에 해당한다)한 때에는 그에 따르고, 설사 그것이 법정이율보다 낮다 하더라도 같다(대판 2013. 4. 26, 2011다50509). ② 앞에 해당하지 않는 경우 다음의 순서로 정해진다. 첫째, 법령의 제한을 위반하지 않은 약정이율이 있으면 그 이율에 따른다(약정이율이 이자제한법상의 최고이자율(연 20퍼센트)을 넘는 경우, 그 초과부분은 무효가 되므로(이자제한법 2조 3항), 최고이자율에 따라 손해배상액이 정해진다)(397조 1항 단서). 그 이유는, 약정이율이 법정이율보다 높은 경우에 법정이율에 의해 지연손해금이 정해지는 것으로 하면 채무자가 이행지체로 오히려 이익을 얻게 되는 문제가 발생하므로, 이를 고려해서 약정이율에 따르도록 한 것이다(대판 2017. 9. 26, 2017다22407). 그러므로 이것은 약정이율이 법정이율 이상인 경우에만 적용된다. 둘째, 약정이율을 정하지 않은 경우에는 법정이율에 따른다(397조 1항). 그 일환으로 약정이율을 정한 경우에도 그것이 법정이율보다 낮은 경우에는 법정이율에 의해 지연손해금이 정해진다(대판 2009. 12. 24, 2009다85342).

〈참 고〉 제397조에 관해 학설에서 논의되는 몇 가지 쟁점이 있다. (ㄱ) 법정이율 또는 약정이율에 의하는 것보다 더 많은 손해가 발생한 경우, 그 배상을 청구할 수 있는지에 관해서는 견해가 나뉜다. 제1설은 제397조의 위치(제390조와 제393조 뒤에 두어져 있는 점)와 내용(손해를 불문하는 점), 별도의 손해배상을 인정하는 경우에는 민법이 따로 명문의 규정을 두고 있는 점(685조·705조·958조)을 들어 이를 부정한다(송덕수, 954면). 제2설은, 제397조 1항은 추상적 손해산정의 방법을 규정한 것으로서, 그 취지가 최소한의 보장에 있는 것이지, 실제로 발생한, 그것을 초과하는 손해의 배상을 전면적으로 부정하는 것은 아니라고 한다. 즉 그 경우에는 제393조 2항 소정의 특별손해에 따라 배상을 구할 수 있다고 한다(지원림, 899면). 판례는 제2설과 같은 취지이다. 매수인이 대금의 지급을 지연하고 있는데, 매도인이 매수인으로부터 받을 매매대금으로 이자 상당액 이상

1) 금전채무 외의 채무의 불이행을 이유로 한 손해배상에서는, ① 채권자는 손해의 발생과 그 손해액을 증명하여야 하고(390조 본문), ② 채무자에게 귀책사유가 있어야 하며(390조 단서), ③ 손해배상은 통상손해와 특별손해의 기준에 따라 정해진다(393조).

2) 판례: 「금전채무 불이행에 관한 특칙을 규정한 민법 제397조는 그 이행지체가 있으면 지연이자 부분만큼의 손해가 있는 것으로 의제하려는 데에 그 취지가 있는 것이므로 지연이자를 청구하는 채권자는 그만큼의 손해가 있었다는 것을 증명할 필요가 없는 것이나, 그렇다고 하더라도 채권자가 금전채무의 불이행을 원인으로 손해배상을 구할 때에 지연이자 상당의 손해가 발생하였다는 취지의 주장은 하여야 하는 것이지, 주장조차 하지 아니하여 그 손해를 청구하고 있다고 볼 수 없는 경우까지 지연이자 부분만큼의 손해를 인용해 줄 수는 없다」(대판 2000. 2. 11, 99다49644).

의 수익을 올릴 것이라든지, 또는 제3자와 매매계약을 체결하여 이익을 얻거나 혹은 계약을 이행하지 못해 손해를 입게 된 경우, 이는 특별사정에 기한 손해로서 매수인이 이를 알았거나 알 수 있었던 경우에는 배상책임을 진다고 한다(대판 1991. 1. 11, 90다카16006; 대판 1991. 10. 11, 91다25369). 제2설이 타당하다고 본다. 그렇다면 제397조 1항은 금전채무 불이행의 경우의 통상손해를 따로 정한 것으로 볼 것이고, 법정이율 또는 약정이율을 초과하는 특별손해에 대해서는 제393조 2항에 의해 규율된다고 할 것이다. (ㄴ) 채무자는 과실이 없다고 항변하지 못한다(397조 2항). 이 점에 대해 통설적 견해는 천재지변이나 전쟁과 같은 불가항력의 경우에도 그 면책을 주장하지 못한다고 하지만, 이때에는 그 책임을 면한다고 보는 소수설(곽윤직, 36면; 김주수, 68면; 김증한·김학동, 41면; 이은영, 122면)이 있다. 사견은, 불가항력은 일반적으로 과실보다는 좁은 개념으로 이해되는 것인데, 동조는 종전의 '불가항력'을 '과실 없음'으로 바꾼 점에서(따라서 불가항력의 경우는 과실이 없는 것에 당연히 해당하게 된다), 금전채무의 불이행의 경우에는 동조의 취지가 그 배상액을 이율에 의한 지연이자로 의제하려는 데에 그 중점을 둔 것으로 볼 수 있고, 따라서 소수설은 동조의 취지에 부합하지 않는 것으로 해석된다. 참고로 동조와 관련하여 판례는, (금전)채권의 가압류가 있다 하여도 그 채권의 이행기가 도래한 때에는 제3채무자는 그 지체책임을 면할 수 없다고 한다(대판(전원합의체) 1994. 12. 13, 93다951).

4. 손해배상액의 예정豫定

사 례 (1) A는 B 소유 부동산을 2,800만원에 매수하기로 계약을 체결하고 당일 계약금으로 4백만원을 지급하면서, '매도인이 위약시에는 매수인으로부터 영수한 금액에 대하여 배액을 매수인에게 지불하고, 매수인이 위약시는 매도인에게 지불한 계약금을 무효로 하는 동시에 계약은 해약되는 것으로 한다'는 특약을 맺었다. 그런데 위 부동산의 가격이 급등하자, B는 C에게 이중으로 매도, 소유권이전등기를 해 주었는데, 그 당시 부동산의 시가는 6,200만원이었다. 이 경우 A · B 사이의 법률관계는?

(2) A와 B는 A가 소유하는 토지상에 건물을 신축하여 관광숙박업을 경영하기로 동업계약을 체결하였는데, 그 후 A가 동업계약에서 탈퇴하자, B는 A 소유의 위 토지를 매수하기로 매매계약을 체결하고 계약금으로 3억 3천만원을 지급하면서, B가 위약시에는 계약금 상당액을 위약금으로 지급하기로 약정하였다. 그 뒤 B는 위 토지상에 건물을 건축하였다. 그런데 그 후 B가 매매 잔대금을 A에게 지급하지 않자, A는 B와의 매매계약을 해제하고 위약금으로 3억 3천만원을 청구하는 소를 제기하였고, 이에 대해 A의 승소 판결이 있었다. 한편 A는 이와는 별도로 위 토지상에 건물이 있고 이것이 철거되지 않음에 따라 차임 상당의 손해를 입었다고 하여 따로 부당이득반환을 청구하였는데, 이에 대해 B는 이 부당이득 반환채무도 위약금에 의해 전보되는 것이어서 따로 청구할 수 없다고 항변하였다. A의 청구는 인용될 수 있는가? 해설 p. 186

제398조 〔배상액의 예정〕 ① 당사자는 채무불이행에 관한 손해배상액을 예정할 수 있다. ② 손해배상의 예정액이 부당하게 과다한 경우에는 법원은 적당히 감액할 수 있다. ③ 손해배상액의 예정은 이행의 청구나 계약의 해제에 영향을 미치지 아니한다. ④ 위약금의 약정은 손해배상액의 예정으로 추정한다. ⑤ 당사자가 금전이 아닌 것으로 손해배상에 충당할 것을 예정한 경우에도 전4항의 규정을 준용한다.

(1) 의 의

(ㄱ) 채권자가 채무자의 채무불이행을 이유로 손해배상을 청구하려면 손해의 발생과 그 금액을 입증하여야 한다(390조 본문). 그러나 그 입증은 쉽지 않을 뿐만 아니라, 설사 입증을 하더라도 채무자가 그에 관해 다투는 경우가 많다. 그래서 당사자는 장래 채무불이행이 있게 되면 일정한 금액을 손해배상액으로 하기로 미리 약정하는 수가 있는데, 이를 '손해배상액의 예정'이라고 한다. 이 제도의 목적에 관해 판례는, 「손해의 발생 사실과 손해액에 대한 입증의 곤란을 덜고, 분쟁의 발생을 미리 방지하여 법률관계를 쉽게 해결할 뿐 아니라, 채무자에게 심리적 경고를 함으로써 채무의 이행을 확보하려는 데 있다」고 한다(대판 1993. 4. 23, 92다41719).[1] (ㄴ) 당사자 간에 손해배상액의 예정이 있었는지 여부에 따라 실손해의 배상이 이루어지거나 예정액의 배상이 결정된다. 특히 후자의 경우에 그 금액이 부당하게 많은 때에는 법원에 의해 감액될 수 있는 점에서(398조 2항), 법원은 손해배상액 예정의 존부와 그 부당 과다 여부를 심리 판단하여야 한다. (ㄷ) 배상액 예정계약은 채무불이행을 정지조건으로 하며, 원채권관계에 종속한다.

(2) 요건과 적용범위

(ㄱ) 본조가 적용되는 배상액 예정은 채무불이행이 있기 전에 맺은 약정에 국한된다. (ㄴ) 근로기준법(20조)은 사용자는 근로계약 불이행에 대한 위약금 또는 손해배상액을 예정하는 계약을 체결하지 못하는 것으로 규정한다. 또 약관규제법(8조)은 고객에 대하여 부당하게 과중한 지연손해금 등의 손해배상의무를 부담시키는 약관조항을 무효로 정한다. 그러나 그 이외의 경우에는 그것이 사회질서에 위반되지 않는 한 당사자는 자유로이 손해배상액을 예정할 수 있다(398조 1항). (ㄷ) 매도인의 담보책임의 성질에 대해서는 법정책임설과 채무불이행설로 견해가 나뉘지만, 판례는 담보책임의 내용으로서 손해배상에 대해서도 당사자가 (그것을 인식하는 것을 전제로) 배상액을 예정할 수 있는 것으로 보고 있다(대판 1977. 9. 13, 76다1699). (ㄹ) 배상액의 예정은 금전으로 하는 것이 보통이지만, 금전 외의 것으로 하는 것도 무방하다(398조 5항).

〈비 교〉 (ㄱ) 배상액의 합의: 이것은 채무불이행이 발생한 후에 당사자 간에 얼마를 배상액으로 할지를 약정하는 경우로서, 그 약정의 시기에서 배상액 예정과는 다르다. 배상액 합의에 관하여는 민법 제398조는 적용되지 않으며, 따라서 합의된 금액이 실제보다 많다고 하여 제398조 2항에 의해 법원이 감액할 수는 없다. 배상액 합의는 불법행위의 경우에 주로 이루어지고, 그 합의 당시에는 예상치 못했던 후유증(후발손해)이 발생하는 경우가 문제되는데, 판례는 당사자

---

1) 판례: (ㄱ) 다음의 경우에는 손해배상액을 예정한 것으로 본다. ① 매수인이 잔금을 지급하지 못하자 그 지급기일을 연기해 주면서 그 연기된 날까지 잔금을 지급하지 않으면 매매계약을 해제하여 무효로 하고 아울러 매도인에게 이미 지급한 계약금과 중도금에 대한 반환청구권을 포기 내지 상실키로 약정한 경우(대판 1995. 12. 12, 95다40076), ② 금전채무에 관하여 이행지체에 대비한 지연손해금 비율을 약정한 경우(대판 2000. 7. 28, 99다38637; 대판 2017. 5. 30, 2016다275402). (ㄴ) 그러나 다음의 경우에는 배상액 예정을 부정한다. 즉, ① 매매 당사자가 모두 매매목적물이 타인의 소유인 사실을 모르고 계약을 체결한 경우, 위약금의 약정은 타인의 권리의 매매에 있어서의 담보책임까지 예상하여 그 배상액을 예정한 것이라고 볼 수는 없다(대판 1977. 9. 13, 76다1699). ② 매도인의 귀책사유로 매매계약이 해제되면 위약금을 주기로 약정한 경우(일방 위약금약정), 그것이 매수인의 귀책사유로 매매계약이 해제된 경우에도 동일하게 적용되는 것은 아니다(즉 매수인에 대해서는 위약금약정이 없었으므로 적용되지 않는다)(대판 2007. 10. 25, 2007다40765; 대판 2008. 2. 14, 2006다37892).

의 의사를 기초로 하여 그 후유증에 대해서는 합의의 효력이 미치지 않는 것으로 보아 그에 관한 별도의 손해배상청구를 인정하는 경향에 있다(대판 1997. 4. 11, 97다423). (ㄴ) 해약금: 민법은, 매매에서 당사자 일방이 계약금을 상대방에게 교부한 경우에는 당사자 일방이 이행에 착수할 때까지 교부자는 이를 포기하고 수령자는 그 두 배의 금액을 상환하여 매매계약을 해제할 수 있는 것으로 정한다(565조). 즉 매매에서 계약금은 해약금으로 추정된다. 한편 배상액의 예정에서도 위와 같이 계약금을 기준으로 이를 포기하거나 그 두 배를 상환하기로 약정하는 경우가 있다. 그런데 제398조가 적용되기 위해서는 그것을 손해배상액으로 삼기로 하는 약정이 따로 있어야만 한다. 그러한 약정이 없는 때에는 제565조에 의한 해약금으로서의 효력만이 생길 뿐이다(대판 1996. 6. 14, 95다54693). 그러나 위약시 해약금과 같은 내용으로 손해배상금을 주기로 약정한 때에는, 배상액 예정과 해약금의 성질이 모두 인정된다(대판 1992. 5. 12, 91다2151). (ㄷ) 위약금: 위약금의 약정은 손해배상액을 예정한 것으로 추정된다(398조 4항). 그러므로 위약금으로 표현된 경우에도 그것이 배상액 예정이 아닌 '위약벌'로 인정되는 경우가 있고, 이에 관하여는 제398조는 적용되지 않는다.

(3) 손해배상액의 예정과 위약벌

a) 민법 제398조는 장래 채무불이행시 발생할 손해배상액을 미리 약정하는 경우를 규율대상으로 한다. 이에 대해 계약을 맺으면서 채무의 이행을 확보 · 강제할 목적으로 채무불이행시 실손해의 배상과는 별도로 채무불이행에 대한 일종의 제재금으로 따로 받는 것이 위약벌이다.[1] 1) 위약벌은 손해배상액의 예정과는 다르므로 민법 제398조 2항을 유추적용하여 감액할 수는 없다(대판(전원합의체) 2022. 7. 21, 2018다248855, 248862). 다만, 위약금 약정이 손해배상액의 예정과 위약벌의 성격을 함께 가지는 경우에는 민법 제398조 2항에 따라 위약금 전체 금액을 기준으로 감액할 수 있다(대판 2018. 10. 12, 2016다257978; 대판 2020. 11. 12, 2017다275270). 2) 위약벌 약정이, 그 의무의 강제에 의하여 얻어지는 채권자의 이익에 비해 약정된 벌이 과도하게 무거울 때에는, 그 일부 또는 전부가 공서양속에 반하여 무효로 될 수는 있다(대판 1993. 3. 23, 92다46905).

b) 위약금은 민법 제398조 4항에 의해 손해배상액의 예정으로 추정되므로, 위약금이 위약벌로 되기 위해서는 특별한 사정이 주장 · 증명되어야 한다(대판 2016. 7. 14, 2012다65973; 대판 2017. 11. 29, 2016다259769).

---

1) 판례: ① 「매매계약의 목적물이 성질상 매도인 측에서 생산 · 공급하는 전량을 그때그때 인수하지 않으면 안 되는 물품이어서, 매매계약 체결과 동시에 계약금액의 100분의 10 이상의 계약보증금을 납부하고, 이와는 별도로 채무이행을 위하여 계약금액의 100분의 20 이상의 현금이나 지급이행보증보험서를 제공하기로 약정한 경우, 위 계약보증금은 단순히 손해배상액의 예정으로 추정되는 위약금이라기보다는, 매수인의 계약이행을 간접적으로 강제하는 작용을 하고 매수인이 위약하였을 때에는 이를 매도인의 소유로 귀속하게 하여 제재를 가하는 위약벌 또는 제재금의 성질을 가지는 것으로 봄이 타당하다」(대판 1989. 10. 10, 88다카25601). ② 백화점 수수료위탁판매 매장계약을 체결하면서 임차인이 매출신고를 누락하는 경우 판매수수료의 100배에 해당하고 매출신고 누락분의 10배에 해당하는 벌칙금을 임대인에게 배상하기로 한 사안에서, 이를 위약벌로 보면서, 임대인(백화점 측)이 임차인으로부터 보증금, 월차임, 관리비 등을 지급받지 아니하고 또 임차인의 매출신고 누락분을 전부 파악하기가 사실상 어려운 상황을 고려하여, 그러한 위약벌의 약정이 공서양속에 반하는 것은 아니라고 하였다(대판 1993. 3. 23, 92다46905). ③ 계약에 실 손해의 배상을 전제로 하는 조항이 있고 그와 별도로 위약금 조항을 두고 있는 경우, 그 위약금을 배상액 예정으로 해석하게 되면 이중배상이 이루어지게 되는 점에서, 그 위약금은 위약벌로 보아야 한다(대판(전원합의체) 2022. 7. 21, 2018다248855, 248862). ④ 위약벌이 공서양속에 반한다는 이유로 무효로 하는 것은 사적자치의 원칙에 대한 중대한 제약이 될 수 있고, 스스로가 한 약정을 이행하지 않겠다며 계약의 구속력에서 이탈하고자 하는 당사자를 보호하는 결과가 될 수 있으므로 여러 사정을 종합하여 신중하게 판단하여야 하고, 단순히 위약벌 액수가 많다는 이유만으로 섣불리 무효라고 판단해서는 안 된다(대판 2016. 1. 28, 2015다239324).

(4) 효 과

가) 예정 배상액의 청구

a) 입증책임 (ㄱ) 배상액 예정 제도의 취지상, 채무불이행이 있게 되면 채권자는 손해의 발생과 그 금액을 입증할 필요 없이 예정된 배상액을 채무자에게 청구할 수 있다. ① 예정 배상액을 청구하려면 채무불이행이 있어야 한다. 채무불이행이 없으면 예정 배상액도 청구할 수 없다. 부동산 매매계약에서 매수인이 매도인에게 중도금 또는 잔금을 정해진 기한까지 이행하지 않으면 이미 지급한 중도금 또는 잔금의 전부 내지 일부를 포기한 것으로 본다고 위약금 약정을 맺은 경우에도, 매수인이 매도인의 반대의무보다 선이행하기로 약정하지 않은 한, 쌍방의 의무는 동시이행의 관계에 있으므로, 매도인이 자기 의무의 이행의 제공을 하여 매수인을 이행지체 상태에 이르게 한 때에만 비로소 위약금 약정의 효력이 생긴다(대판 2009. 1. 30, 2007다10337). 임차인이 명도를 지연할 경우 지연손해금을 지급하기로 약정한 경우에도, 임차인이 임차건물을 명도할 의무와 임대인이 보증금을 반환할 의무는 동시이행의 관계에 있으므로, 임대인이 이행의 제공을 하여 임차인의 건물명도의무가 지체에 빠진 것이 아니라면 약정 지연손해금을 지급할 의무가 없는 것도 같다(대판 1988. 4. 12, 86다카2476). ② 채무불이행이 있으면 예정 배상액만을 청구할 수 있다. 채무자는 손해가 없거나 적다는 사실을 주장할 수 없고, 채권자도 손해가 많다고 하여 더 청구할 수 없다. (ㄴ) 배상액 예정에 의해 그 지급을 청구하는 채권자가 배상액 예정의 존재와 그 내용을 입증하여야 한다. 그런데 실손해가 더 많아서 채권자가 그 손해액을 입증하여 그 배상을 청구하는 경우에는 채무자가 배상액 예정의 존재를 입증하여야 한다(민법주해(Ⅸ), 690면(양창수)).

b) 쟁 점 (α) 배상액 예정에 의한 청구와 관련하여 다음 네 가지가 문제된다. ① 채무불이행이 있는 것 외에 '채무자의 귀책사유'가 있어야 하는가? 통설적 견해는 배상액 예정의 취지에서 이를 필요로 하지 않는 것으로 본다. 이에 대해, 위 문제는 당사자의 의사해석에 달린 것인데 이를 채권자에게만 일방적으로 유리한 내용으로 파악할 이유는 없다는 점에서 일반원칙으로 돌아가, 또는 배상액의 예정은 민법의 규정상 채무불이행의 성립을 전제로 하는 것이라는 점에서, 채무자의 귀책사유를 필요로 한다는 반대견해가 있다(김증한·김학동, 158면; 민법주해(Ⅸ), 668면(양창수); 이은영, 293면; 김형배, 312면). 판례는 원칙적으로 후자의 견해를 취한다.[1] ② 채권자에게 현실적으로 '손해'가 발생하여야 하는가? 통설적 견해는 이를 불문한다. 이에 대해, 손해 발생의 유무를 불문하고 배상액을 지급한다면 그것은 제재적(징벌적)인 성질을 띤 것인데 민법의 규정상 그렇게 해석할 근거가 없는 점에서, 손해는 최소한 발생하여야 한다고 보는 소수설이 있다(김형배, 312면). 판례는,

---

1) 판례: 「채무불이행으로 인한 손해배상액이 예정되어 있는 경우에는 채권자는 채무불이행 사실만 증명하면 손해의 발생 및 그 액을 증명하지 아니하고 예정 배상액을 청구할 수 있고, 채무자는 채권자와 채무불이행에 있어 채무자의 귀책사유를 묻지 아니한다는 약정을 하지 아니한 이상, 자신의 귀책사유가 없음을 주장·입증함으로써 예정 배상액의 지급책임을 면할 수 있다. 한편 그러한 약정의 존재 여부는 여러 사정을 종합적으로 고찰하여 합리적으로 해석하여야 하는 당사자 사이의 의사해석의 문제이지만, 당사자의 통상의 의사는 채무자의 귀책사유로 인한 채무불이행에 대해서만 손해배상액을 예정한 것으로 봄이 상당하므로, 채무자의 귀책사유를 묻지 않기로 하는 약정의 존재는 엄격하게 제한하여 인정하여야 한다」(대판 2007. 12. 27, 2006다9408).

손해의 발생 사실과 손해액에 대한 입증 곤란의 구제에 배상액 예정 제도의 목적이 있다고 하여(대판 1993. 4. 23, 92다41719), 손해의 발생을 전제로 하지 않는다. ③ '과실상계', 즉 채권자에게 과실이 있는 때에는 이를 참작하여 예정 배상액을 감액할 수 있는가? 통설적 견해는 이를 긍정한다. 그렇지 않으면 채무자는 자기 책임의 한도를 넘어 배상책임을 지는 것이 되기 때문이라고 한다. 그러나 판례는, 손해배상액을 예정한 경우에는 과실상계를 적용할 성질의 것이 아니라고 하여 이를 부정한다(대판 1972. 3. 31, 72다108; 대판 2016. 6. 10, 2014다200763, 200770). ④ 배상액 예정은 당사자가 통상손해를 염두에 두고 약정하는 것이 보통이므로, 따라서 특별손해에 대해서는 따로 청구할 수 있는가? 이를 긍정하는 학설이 있지만(김대정, 665면; 김증한·김학동, 159면; 현승종, 175면), 판례는 특약이 없는 한 예정 배상액에는 통상손해와 특별손해가 모두 포함되는 것으로 본다(대판 1988. 9. 27, 86다카2375, 2376).

(β) 위 문제에 대한 사견은 다음과 같다. (ㄱ) 손해배상액 예정의 구체적인 내용은 당사자 간의 약정에 따라 정해질 것이므로(계약자유의 원칙), 1차적으로는 당사자 간에 어떤 내용으로 약정하였는지에 관한 의사해석의 문제로 귀결된다. (ㄴ) 특별한 약정이 없는 경우에는 다음과 같이 해석할 것이다. 손해배상액의 예정 제도는 손해의 발생 사실과 손해액에 관한 입증의 곤란을 덜고 그에 대한 다툼을 미리 방지하자는 데에 그 취지가 있는 것이므로, 이것은 채무불이행의 일반 성립요건 중 '손해'의 항목에서 그 발생 여부와 손해액에 관하여만 적용된다고 보는 것이 타당하다. 따라서 채무불이행의 요건으로서 채무자에게 귀책사유(및 위법성)가 있음을 전제로 하고, 또 채권자에게 과실이 있는 때에는 이를 참작하여 예정 배상액을 감액하여야 한다. 그러나 손해에 관한 것, 즉 손해가 없거나 특별손해라는 것은 그 예외가 될 수 없고 예정 배상액에 모두 포함된다고 할 것이다. '손익상계'도 배상액 예정에서 정한 손해액의 범주에 포함된 것으로 볼 것이어서 그 이익을 공제할 것이 아니다.

나) 위약금의 재량감액

a) 의 의 손해배상의 예정액이 부당하게 과다한 경우에는 법원은 적당히 감액할 수 있다(398조 2항).[1)] 예정 배상액이 과소하다고 하여 법원이 이를 증액할 수는 없다.

b) 요 건 (ㄱ) 법원이 손해배상의 예정액이 부당하게 많다고 하여 감액하려면, (채권자와 채무자의 경제적 지위, 계약의 목적과 내용, 손해배상액을 예정한 경위(동기), 채무액에 대한 예정액의 비율, 예상 손해액의 크기, 당시의 거래 관행과 경제 상태 등을 참작한 결과), 손해배상 예정액의 지

1) (ㄱ) 학설 중에는, 배상액의 예정은 계약자유의 원칙상 특별한 것이 없고, 제398조가 특별히 존재의의를 가지는 것은 동조 제2항에 있는 것으로 파악하는 견해가 있다. 즉 사인 간의 계약에 법원이 개입하면서 계약 전체의 효력을 부정하는 것이 아니라, 그 금액을 감액하는 방법을 통해 계약의 내용을 수정하는 점에서 그 의미가 있다고 한다. 그런데 이것은 그 약정의 일부무효를 인정하는 것과 다를 바 없어 법리상 특별히 문제될 것은 없다고 한다(민법주해(Ⅸ), 635면 이하(양창수)). 판례도, 손해배상 예정액의 감액제도는 국가가 계약 당사자들 사이의 실질적 불평등을 제거하고 공정을 보장하기 위하여 계약의 내용에 간섭한다는 데에 그 취지가 있다고 하고(대판 1993. 4. 23, 92다41719), 그 예정액이 부당하게 과다하다고 하여 감액을 한 경우에 손해배상액의 예정에 관한 약정 중 감액에 해당하는 부분은 처음부터 무효라고 한다(대판 1991. 7. 9, 91다11490). (ㄴ) 민법 제398조 2항은 손해배상액의 예정 자체는 유효한 것을 전제로 한다. 그런데 약관의 규제에 관한 법률(8조)에 의하여 약관조항이 무효인 경우에는, 그것이 유효함을 전제로 민법 제398조 2항을 적용하여 적당한 한도로 손해배상액을 감액하거나, 과중한 손해배상의무를 부담시키는 부분을 감액한 나머지 부분만으로 그 효력을 유지시킬 수는 없다(대판 1996. 9. 10, 96다19758; 대판 2009. 8. 20, 2009다20475, 20482).

급이 경제적 약자의 지위에 있는 채무자에게 부당한 압박을 가하여 공정을 잃는 결과를 초래하는 것으로 인정되는 경우라야 한다(대판 2000. 12. 8, 2000다50350). 이때 감액사유에 관한 사실을 인정하거나 감액비율을 정하는 것은 원칙적으로 사실심의 전권에 속한다(대판 2021. 11. 25, 2017다8876).[1] (ㄴ) 과다 여부와 감액의 범위에 관한 판단 기준시기는 법원이 구체적으로 그 판단을 하는 때, 즉 사실심 변론종결 당시를 기준으로 한다(대판 2000. 12. 8, 2000다35771). (ㄷ) 손해배상 예정액이 부당하게 많은 경우에는 법원은 당사자의 주장이 없더라도 직권으로 이를 감액할 수 있다(대판 2000. 7. 28, 99다38637). 한편, 예정 배상액을 감액함에 있어서는 제반 사정이 참작되므로 그에 앞서 채권자의 과실을 들어 따로 감경할 필요는 없다(대판 2002. 1. 25, 99다57126).

다) 이행청구와 계약해제

손해배상액의 예정은 이행의 청구나 계약의 해제에 영향을 미치지 않는다(398조 3항). 배상액의 예정이 이행청구와 계약해제의 포기를 의미하는 것은 아니므로, 당연한 내용을 정한 것이다. 다만, 어떠한 내용으로 배상액을 예정하였는지에 따라 이들 권리와의 관계는 달라질 수 있다. 즉 (ㄱ) 지연배상액을 예정한 경우에는, 이행청구와 예정 배상액을 청구할 수 있지만(특히 동시이행의 관계에 있는 쌍무계약에서는 당사자가 지체책임을 지는 경우에 예정 배상액을 청구할 수 있다(대판 1960. 9. 8, 4292민상858)), 계약을 해제한 경우의 손해배상은 전보배상을 원칙으로 하므로 이에는 적용되지 않는다. (ㄴ) 전보배상액을 예정한 경우에는, 이행청구는 할 수 없고, 계약을 해제한 경우의 손해배상에 관해서는 적용된다. (ㄷ) 계약 청산의 목적으로 배상액을 예정한 경우에는, 이행청구와 해제에 관해서는 적용되지 않는다.

사례의 해설 (1) 사례에서 A와 B 사이에 위약금 약정을 맺었고, 이것은 손해배상액의 예정으로 추정되므로(398조 4항), A는 B의 이행불능으로 인한 손해배상으로 (불능 당시의 시가 6,200만원에서 매매대금 2,800만원을 공제한) 3,400만원이 아닌 약정한 위약금을 청구할 수 있을 뿐이다. 따라서 A가 B에게 손해배상액으로 청구할 수 있는 금액은 위약금 400만원이다. 그리고 계약의 해제에 따라 따로 계약금 400만원의 반환을 청구할 수 있다.

(2) 판례는, 「계약 당시 당사자 사이에 손해배상액을 예정하는 내용의 약정이 있는 경우에는, 그것은 계약상의 채무불이행으로 인한 손해액에 관한 것이고, 이를 그 계약과 관련된 불법행위상의 손해까지 예정한 것이라고는 볼 수 없다」고 한다(대판 1999. 1. 15, 98다48033). 사례에서, A와 B 사이의 매매계약에서 B가 부담하는 채무는 대금 지급채무이므로, 그 채무의 불이행으로 인해 발생한 손해에 대해서만 위약금의 효력이 미친다. 따라서 계약해제 이후에 그 토지상에 있는 건물을 철거할 때까지 토지 소유자 A가 입은 손해는 B의 부당이득 또는 불법행위에 의한 것으로서, 이것은 위 매매계약상의 채무(B의 대금 지급채무)와는 별개의 것이므로, 이에 대하여는 위약금에 의해 전보될 성질의 것이 아니고 따로 청구할 수 있다. 사례 p. 181

---

1) 甲회사가 乙외국회사로부터 낙농장비 등을 국내에 독점적으로 수입·판매하기로 하는 계약을 체결하면서, '계약 위반시 그 당사자는 상대방이 입은 손해액의 10배를 배상할 책임이 있다'고 정한 사안에서, 甲과 乙은 모두 낙농장비의 수입·수출업을 영위하는 상인인 점, 甲이 그 거래를 통해 얻었을 것으로 보이는 수익 등을 고려해 보면, 위의 손해배상 예정액이 부당하게 과다한 것으로 보기는 어렵다고 판결하였다.

5. 손해배상자의 대위代位

a) 의 의 채권자가 채무자로부터 채무불이행으로 인한 손해배상으로서 채권의 목적인 물건이나 권리의 가액 전부를 받았음에도 그 물건이나 권리를 채권자에게 귀속시키는 것은, 오히려 채무불이행을 원인으로 하여 채권자가 이중의 이익을 얻게 되는 부당한 결과를 가져오므로, 제399조는 위 경우 배상을 한 채무자가 그 물건이나 권리에 관하여 당연히 채권자를 대위하는 것으로 정한다. 이를 「손해배상자의 대위」 또는 「배상자의 대위」라고 한다. 예컨대 수치인이 임치물을 도난당한 경우에 그 물건의 가액을 임치인에게 배상하면, 수치인은 그 물건의 소유권을 당연히 취득한다. 본조는 불법행위로 인한 손해배상의 경우에도 준용된다(763조).

b) 요 건 본조가 적용되려면, 채무자가 채권의 목적인 물건이나 권리의 가액 '전부'를 배상하여야 한다. 일부의 배상이 있는 때에는 손해배상자의 대위는 발생하지 않으며, 또 일부대위도 발생하지 않는다(통설). 이를 인정하면 당사자의 권리관계가 복잡해진다는 것이 그 이유이다.

c) 효 과 (ㄱ) 채권의 목적인 물건이나 권리가 법률상 당연히, 즉 그 이전에 필요한 민법상의 요건(등기 · 인도 또는 채권양도의 통지 · 승낙 등)을 갖출 필요 없이 채권자로부터 배상자에게 이전한다(대판 1977. 7. 12, 76다408). (ㄴ) 채무자의 과실과 함께 제3자의 과실이 경합하여 이행불능이 된 경우, 예컨대 임치물을 제3자가 훼손한 때, 수치인이 임치인에게 그 물건의 가격으로 손해배상을 하면 임치인이 제3자에 대해 가지는 「손해배상청구권」에 관해 배상자대위가 인정되는지 문제된다. 민법은 이에 관해 규정하고 있지 않으나, 위 손해배상청구권은 임치물에 갈음하는 것으로 볼 수 있는 점에서 통설은 긍정한다. (ㄷ) 문제는 「보험금청구권」의 경우이다. 예컨대 소유자가 손해보험을 든 건물에 대해 임차인의 과실로 그 건물이 멸실되어 임차인이 손해배상을 한 경우, 임대인인 소유자가 보험회사에 대해 가지는 보험금청구권을 임차인이 대위할 수 있는가 하는 점이다. 배상자에게 보험이익을 부여할 이유가 없다는 점에서 이를 부정하는 것이 일반적 견해이다(민법주해(IX), 692면(김황식)). 그러나 반대로 보험회사가 소유자에게 보험금을 지급한 때에는, 그 한도 내에서 임대인이 임차인에게 가지는 손해배상청구권을 보험회사가 대위한다(상법 682조)(상법상 보험자대위는 민법상 손해배상자대위와 같은 성질의 것이다).

제4절 책임재산의 보전保全

제1관 서 설

Ⅰ. 책임재산의 보전을 위해 민법이 정하는 제도

1. 채권과 채무는 그 내용이 다양하지만, 그 불이행의 경우에는 어느 것이나 금전에 의한 손해배상채권이 발생하는 점에서(394조), 모든 채권은 궁극에는 '금전채권'으로 귀결된다. 그리고 이것은 채무자가 임의로 변제하지 않는 경우, (채권의 강제력에 기해) 강제집행에 붙여 채무자의 일반재산을 강제로 매각하여(이를 '현금화'라고 부른다) 그 매각대금에서 채권의 변제에 충당하는 방법을 취하게 된다(금전채무의 강제집행에 관해서는 민사집행법 제78조 내지 제256조에서 정하고 있다). 한편, 채권은 상대권이어서, 채권자 간에는 우열이 없는 것이 원칙이다. 즉 채권의 발생원인 · 발생시기의 선후, 채권액의 다과를 묻지 않고 모두 평등하게 다루어진다(채권자 평등의 원칙). 그러므로 채무자의 일반재산은 모든 채권자를 위한 공동담보로 되어 있고, 이를 '책임재산'이라고 한다.

이러한 책임재산은 모든 채권자의 이익을 위하여 그것이 부당하게 감소하는 것을 방지할 필요가 있다. 그런데 채권자는 채무자의 재산을 직접 지배할 권리는 없으므로, 또 채무자는 그 소유재산에 대한 처분의 자유를 가지므로, 그것은 채무자가 재산의 감소행위로 인해 채권자의 채권을 변제하지 못할 무자력無資力 상태에 놓일 때에만 채권자가 간섭할 수 있는 것을 원칙으로 한다. 그러한 간섭에는 두 가지가 있는데, 하나는 채무자가 제3자에 대한 권리를 (소극적으로) 행사하지 않는 경우에 채권자가 채권에 기해 채권자의 이름으로 채무자의 권리를 대신 행사하는 것인데, 이것이 「채권자대위권」이다(404조~405조). 다른 하나는 채무자가 (적극적으로) 자신의 재산을 감소시키는 행위를 한 경우에 채권자가 채권에 기해 채권자의 이름으로 그 행위를 취소하고 그 재산을 채무자 명의로 복귀시키는 것인데, 이것이 「채권자취소권」이다(406조~407조).

2. 본래 채권은 상대권으로서 채권자가 채무자에 대해서만 행사할 수 있는 것이다. 그런데 채권자대위권과 채권자취소권은 채권자가 제3자에 대해 권리를 행사하는 것을 내용으로 하는 점에서, 채권의 효력으로서는 특별한 것이다. 그리고 그것은 책임재산의 보전이라는 차원에서 그러한 예외가 인정된다는 점을 유의할 것이다.

Ⅱ. 양자의 비교

채권자대위권은 채권자가 채무자의 제3자에 대한 권리를 대신 행사함으로써, 채권자취소권은 채무자와 수익자(또는 전득자) 간의 행위를 채권자가 취소하고 그 재산을 채무자 명의로 회복시킴으로써, 양자 모두 책임재산의 보전에 그 목적을 둔다. 그리고 이것은 채권자의 채권의 만족을 염두에 둔 것이다. 따라서 채무자가 총 채권을 변제할 만한 재산을 따로 가지고 있는 경우에는 위 두 가지 권리는 인정되지 않는다. 즉 채무자가 '무자력 상태'에 놓인 경우에만 인정되는 점에서 양 제도는 공통된다. 그렇지 않은 경우에도 이를 인정하게 되면 채무자의 자기 재산 관리의 자유에 대한 부당한 간섭이 되기 때문이다.

한편 양자는 다음의 점에서 다르다. 채권자대위권은 채무자의 제3자에 대한 권리를 채권자가 대신 행사하는 것에 지나지 않으나, 채권자취소권은 채무자와 수익자 (또는 전득자) 사이의 유효한 법률행위를 채권자가 부인하는 점에서 제3자에게 미치는 영향은 매우 크다. 후자의 경우 전자와는 달리 '재판상'으로만 행사하도록 한 것은 그러한 이유 때문이다.

제 2 관 채권자대위권債權者代位權

사 례 (1) A는 B 소유 토지를 임차하였는데 그 등기는 하지 않았다. 그 후 그 토지상에 건물을 짓기 위해 가 보았더니, C가 불법으로 가건물을 지어 살고 있다. A는 자신의 임차권과 관련하여 어떤 권리를 행사할 수 있는가?

(2) A는 B에게 5천만원의 채권이 있는데, 이는 소멸시효가 완성되었다. 한편 B는 그의 토지를 3억원에 C에게 매도하면서, 계약금과 중도금으로 2억원을 받고 소유권이전등기 서류를 교부하였고, 잔금 1억원은 그 토지상의 건물을 철거하고 토지를 인도하는 것과 동시에 받기로 하였다. 그런데 이후 B는 무자력이 되었다. A는 B를 대위하여 C를 상대로 매매잔대금 1억원 중 5천만원의 지급을 구하는 소를 제기하였고, 이 사실을 B에게 통지하였다. 그런데 그 후 C는 B에게 위 잔대금 1억원 중 7천만원을 변제하였다. 이 경우 위 소송은 어떤 이유로써 어떤 결론이 날 것인가?

(3) 1) 甲은 자기 소유의 X토지를 2013. 10. 1. 乙에게 2억원에 매도하는 계약을 체결하면서, 계약금 2천만원은 계약 체결일에 받고, 중도금 8천만원은 2013. 12. 1.에, 잔금 1억원은 2014. 2. 1.에 乙로부터 각각 받기로 하였다. 한편 甲은 乙로부터 중도금을 받으면 바로 X토지의 소유권이전등기를 마쳐주기로 하였다. 甲은 乙로부터 계약금과 중도금을 모두 받고, 2013. 12. 10. X토지에 관하여 乙 명의의 소유권이전등기를 마쳐주었다. 그런데 2014. 2. 1.이 경과하여도 乙은 甲에게 매매잔금을 지급하지 않았다. 한편 2013. 5. 2. 丙은 자신이 제조한 물품을 甲에게 1억원에 공급하기로 하는 물품 공급계약을 체결하면서 2014. 5. 2. 물품 공급과 상환으로 그 대금 1억원을 받기로 하였다. 2014. 5. 2. 丙은 물품을 甲에게 공급하였다. 2) 乙은 2014. 2. 1.이 경과하여도 甲에게 매매잔금 1억원을 지급하지 않았다. 한편 丙은 2014. 5. 2. 甲에게 물품을 공급하였지만 甲은 사업부도로 자력이 부족하여 물품대금 1억원을 지급할 수 없게 되었다. 그러던 중 2015. 1. 15. 丙은 甲을 대위하여 乙을 상대로 매매잔금 1억원 및 그에 대한 지연손해금의 지급을 구하는 소를 제기하였고, 2015. 1. 28. 乙에게 소장 부본이 송달되었다. 그런데 甲에게 대여금채권을 가지고 있던 丁이 2015. 1. 17. 甲을 대위하여 乙을 상대로 매매잔금 1억원 및 그에 대한 지연손해금의 지급을 구하는 소를 제기하였고 2015. 1. 25. 乙에게 소장 부본이 송달되었다. 3) 丙이 제기한 소송의 결론을 판단하고 그 논거를 설명하시오. (10점)(2015년 제1차 변호사시험 모의시험)

(4) 1) 甲은 乙에게 2014. 3. 1. 이자 월 2%, 변제기 2015. 2. 28.로 하여 1억원을 빌려주었다. 乙은 甲으로부터 위 금전을 차용하면서 자신 소유의 X 토지 위에 甲을 채권자로 하는 저당권을 설정해 주었다. 그런데 얼마 후 乙은 관련 서류를 위조하여 위 저당권등기를 말소시킨 후 이러한 사정을 알지 못한 丙에게 위 토지를 매도하여 소유권이전등기를 마쳐주었다. 2) 乙은 甲으로부터 위 금전을 차용한 후 변제자력이 없어 이행기일이 지나도 이를 상환하지 못하고 있었다. 이에 甲은 乙의 丙에 대한 1억원의 물품 대금채권을 적법하게 대위하여 丙으로 하여금 직접 자신에게 위 물품 대금을 지급해 줄 것을 구하면서 곧바로 이 사실을 乙에게 통지하였다. 이에 대해 丙은 위 통지 이후에 납품받았던 물품에 하자가 발견되어 乙과의 매매계약을 적법하게 해제하였다고 주장하면서 甲에게 대금의 지급을 거절하고 있다. 3) 丙의 항변이 타당한지 여부를 논거를 들어 기술하시오. (15점)(2017년 제2차 변호사시험 모의시험)

(5) 1) A는 1970. 1.경 경기도 가평군 소재 X부동산을 취득하여 소유해 왔고, 이 X부동산은 A가 가진 유일한 재산이다. 2) 1985. 11. 25. A는 B에게 X부동산에 관하여 매매예약을 원인으로 한 소유권이전청구권 가등기를 해주었지만, 10년이 넘도록 본등기는 해주지 않았다. 이후 A에 대해 이행기가 도래한 금전채권을 가진 甲은 2005. 8. 29. X부동산에 대해 가압류등기를 하였다. 그러자 A와 B는 위 가등기를 활용하여 B에게 다시 매도하기로 합의하였다. 2005. 9. 15. B는 위 가등기에 기해 본등기를 하였고, 2005. 10. 24. 甲의 가압류등기는 직권으로 말소되었다. B는 위 본등기 무렵 A로부터 X부동산을 인도받아 점유를 개시하였다. 2013. 7. 3. C는 B로부터 X부동산을 매수하고 X부동산에 대해 매매를 원인으로 하는 소유권이전등기를 마쳤고, 그 무렵부터 현재까지 이를 점유하고 있다. 3) 甲이 말소된 가압류등기를 회복하기 위해 A를 대위하여 B를 상대로 X부동산에 대한 본등기 말소등기절차의 이행을 청구한 경우, 법원이 내릴 판단을 법리적 논거와 함께 구체적으로 서술하시오(甲의 채권자대위소송을 위한 소송요건은 모두 갖춘 것으로 본다). (15점)(2023년 제1차 변호사시험 모의시험)

해설 p. 206

Ⅰ. 서　　설

1. 의의와 성질

〈예〉 ① A는 B에게 5천만원 금전채권이 있다. 한편 B는 C에게 5천만원 대금채권이 있다. / A는 B에게 5천만원 금전채권이 있다. B는 그 소유 토지를 C에게 가장양도를 하여, C 명의로 매매를 원인으로 하여 소유권이전등기가 마쳐졌다. 위 각 경우 A는 C에게 어떤 권리를 행사할 수 있는가? ② A에서 B로 부동산이 매도되고, B는 이를 C에게 매도한 경우, C가 소유권이전등기를 받을 수 있는 방법은?

a) 의　의　　채권자대위권은 채권자가 자기의 채권을 보전하기 위해 채권자의 이름으로 채무자가 제3자(주로 제3채무자)에 대해 가지는 권리를 대신 행사할 수 있는 권리이다(404조 1항).

위 ①에서와 같이 A가 B에 대해 갖는 채권이 '금전채권'인 경우, A가 C를 상대로 채권자대위권을 행사하려면 우선 채무자 B가 그의 (책임)재산으로써 채권의 만족을 줄 수 없는 무자력 상태에 있어야 한다. 그렇지 않은 경우에도 A가 B의 권리를 대신 행사하는 것은 B의 재산관리의 자유에 대한 부당한 간섭이 되어 허용될 수 없기 때문이다. B의 무자력이 입증되는 것을 전제로 위 각 경우는 다음과 같이 된다. 1) A의 B에 대한 채권의 기한이 도래하는 것을 전제로 A는 C에 대해 5천만원을 B나 A에게 지급할 것을 청구한다(C의 B에 대한 채무의 변제기가 도래하지 않았으면 C는 이 점을 항변할 수 있다). B가 수령한 5천만원을 A에게 지급하지 않으면 A는 별도의 집행권원을 받아 만족을 얻어야 하고, A가 수령한 경우에는 이를 B에게 반환할 채무와 자신의 채권과 상계하여 사실상 변제를 받는 것과 같은 효과를 누릴 수 있다. 그런데 대개의 경우 이처럼 채권자대위권이라는 우회수단을 강구할 필요 없이 A가 집행권원을 받아 B의 C에 대한 채권(B의 금전채권도 B의 책임재산이다)에 대해 직접 압류 및 전부명령을 통해 만족을 얻는 것이 일반적으로 이용되고 있다. 2) A가 B의 재산에 대해 강제집행을 하려면 일단 그 재산이 B의 명의로 되어 있어야 한다. 여기서 B와 C 사이의 토지 매매가 허위표시인 경우, 채권자 A는 그 무효확인을 구할 수는 있겠지만 채권자에 지나지 않는 A에게 등기말소청구권까지 인정되는 것은 아니다(이것은 소유권에 기한 방해제거청구권에 기초하는 것인데(214조), 그 소유권은 B에게 있어 B만이 이를 행사할 수 있기 때문이다). C 명의의 등기를 말소하여 B의 명의로 돌리기 위해서는 A는 채권자대위권을 행사하여야만 한다. 즉 B가 C에 대해 매매계약이 허위표시로서 무효라는 것에 근거하여 갖는 (소유권에 기한) 등기말소청구권을 A가 대위행사하는 것이다(참고로 이 경우는 후술하는 채권자취소권을 행사할 수도 있다). 다시 말해 A가 A의 이름으로 B를 대위하여 C에 대해 C 명의의 소유권이전등기의 말소를 청구하는 것이다. C 명의의 등기가 말소되어 토지가 B의 명의로 회복되더라도 A가 그 토지로부터 우선변제를 받는 것은 아니다. A는 별도의 집행권원을 받아 강제집행을 통해 만족을 얻을 수밖에 없고, 여기에는 일정한 채권자도 배당을 요구할 수 있다.

한편 위 ②에서와 같이 채권자 C가 채무자 B에 대해 갖는 채권이 등기청구권처럼 '비금전채권'인 경우에는 채무자의 무자력은 필요하지 않다. C가 소유권이전등기를 하려면 계약 당사자인 B에게 소유권이전등기를 청구하여야 하는데 그러기 위해서는 B 앞으로 소유권등기가 되어 있어야만 한다(이것은 B의 무자력과는 무관하다). 그런데 B는 A에게 소유권이전등기청구권을 가지므로, C는 B에 대한 소유권이전등기청구권을 보전하기 위해 B를 대위하여 A를 상대로 B 앞으로 소유권이전등기를 해 줄 것을 청구하는 것이다.

b) 성 질 채권자대위권은 채권의 보전을 위해 법률(민법)이 채권자에게 부여한 권리로서, 채권의 효력의 일종으로서 인정되는 것이다. 채권자대위권은 채권자가 자기의 이름으로 채무자의 제3자에 대한 권리를 행사하는 점에서 대리권은 아니며, 일종의 법정재산관리권이라고 할 수 있다(통설).

2. 연 혁

채권자대위권 제도는 프랑스 민법의 규정(1166조)을 본받아 정한 구민법(423조)을 우리가 수용한 것인데, 독일 민법과 스위스 민법은 이를 인정하고 있지 않다. 이 제도는 강제집행과 관련하여 형성된 것으로 이해되고 있다. 즉 강제집행제도가 불완전한 프랑스에서는 이를 인정하고 있으나, 강제집행제도가 완비되어 있는 독일에서는 인정하지 않는다. 우리 민사소송법은 독일의 민사소송법을 본받고 있기 때문에 많은 경우 채권자대위제도를 대체하고 있다. 위 예(특히 ①)에서도 채권자 A는 채무자의 무자력의 입증 등 어려움을 감수하면서 채권자대위권이라는 우회수단을 동원할 필요 없이, A가 집행권원을 받아 직접 B의 재산(C에 대한 5천만원의 금전채권)에 대해 강제집행(압류 및 추심명령 또는 전부명령)을 함으로써 그 만족을 얻을 수 있기 때문이다(민사집행법 229조). 또 집행권원 없이도 보전절차로서 가압류나 가처분을 활용하여 채무자의 책임재산을 훌륭히 보전할 수도 있다.

3. 실 익

채권자대위권 제도가 그 나름대로 효용 내지 실익을 갖는 경우가 있는데, 다음 두 가지가 그러하다. (ㄱ) 「강제집행을 보완」하는 것이다. 강제집행을 하려면 집행권원이 있어야 하는데(민사집행법 24조 · 56조), 채무자가 제3채무자에 대해 채권을 행사하지 않아 소멸시효가 완성될 무렵에 있는 경우에는 집행권원을 요하지 않는 채권자대위권을 행사하는 것이 편리하다. 또 강제집행은 청구권이 아니면 할 수 없으나, 채권자대위권은 그 밖에 취소권 · 해제권 · 환매권 등의 형성권과 채무자의 권리에 대한 보존행위 등 강제집행을 할 수 없는 것에 이를 행사할 수 있는 이점이 있다. 그러나 이들 경우에도 채무자의 무자력이 필요하다는 기본적인 제약이 있다. (ㄴ) 책임재산의 보전이라는 채권자대위권 본래의 취지에는 벗어난 것이지만, 「비금전채권의 보전」을 위해 이 제도가 적극 활용된다는 점이다. 보전해야 할 채권이 비금전채권인 때에는, 판례는 일관되게 금전채권의 경우와는 달리 채무자의 무자력을 요구하지 않으며, 통설도 채권자의 채권의 실현을 위해 이를 긍정하고 있다.

Ⅱ. 채권자대위권의 요건

제404조〔채권자대위권〕 ① 채권자는 자기의 채권을 보전하기 위하여 채무자의 권리를 행사할 수 있다. 그러나 일신에 전속된 권리는 그러하지 아니하다. ② 채권자는 그 채권의 기한이 도래하기 전에는 법원의 허가 없이 전항의 권리를 행사하지 못한다. 그러나 보존행위는 그러하지 아니하다.

채권자대위권이 성립하려면, (ㄱ) '채권자' 측의 요건으로는 ① 채권자가 자기의 채권을 보전할 필요가 있어야 하고, ② 채권에 관한 이행기가 도래하여야 하며, (ㄴ) '채무자' 측의 요건으로는 ③ 채무자의 제3자에 대한 권리가 일신에 전속된 것이 아니어야 하고, ④ 채무자가 스스로 그의 권리를 행사하지 않고 있어야 한다.

1. 채권자 측의 요건

(1) 채권자가 「자기의 채권을 보전」할 필요가 있을 것

a) 채권의 존재 (ㄱ) 채권자대위권은 채권자가 자기의 채권을 보전하기 위해 인정되는 것

이므로, 채권자가 채무자에 대해 채권이 있을 것이 필요하다. 채권의 종류와 발생원인을 묻지 않으며, 널리 청구권을 포함한다. 또 그 채권이 채무자의 제3채무자에 대한 권리보다 먼저 성립되어 있거나 제3채무자에게 대항할 수 있는 것이어야 하는 것도 아니다(대판 2003. 4. 11, 2003다1250). 그리고 그 채권에 대해 채무자가 동시이행의 항변권을 갖는 경우에도 무방하다(대판 1976. 10. 12, 76다1591). (ㄴ) 채권자대위소송에서 채권자의 채무자에 대한 권리(피보전채권)가 존재하는지 여부는 소송요건으로서 법원의 직권조사사항이다(대판 2009. 4. 23, 2009다3234). 피보전채권이 없거나, 채무자를 상대로 한 소송에서 패소 확정판결을 받게 되면, 채권자대위소송은 부적법하여 각하된다(대판 2003. 5. 13, 2002다64148).

〈판 례〉 (ㄱ) ① 채권자가 채무자에 대해 채권이 있어야 하므로, 임대인의 동의 없는 임차권의 양도에서 양수인은 임대인에게 대항할 수 없으므로, 임차권의 양수인은 임대인의 권한을 대위행사할 수 없다(대판 1985. 2. 8, 84다카188). ② 채권자의 채무자에 대한 채권은 그 범위와 내용 등이 정해져야 한다. 이를 토대로 채무자의 재산과 비교하여 채권보전의 필요성 여부를 결정할 수 있기 때문이다. 따라서 이혼으로 인한 재산분할청구권은 협의 또는 심판에 의하여 그 구체적 내용이 형성되기까지는 그 범위와 내용이 불명확 · 불확정하기 때문에 구체적으로 권리가 발생하였다고 할 수 없으므로, 이를 보전하기 위해 채권자대위권을 행사할 수 없다(대판 1999. 4. 9, 98다58016).

(ㄴ) ① (구)국토이용관리법상의 토지거래규제구역 내의 토지에 대해 관할관청의 허가 없이 체결된 매매계약이라고 하더라도, 매수인은 매도인에 대해 토지거래허가 신청절차 협력의무의 이행청구권을 가지므로, 이를 보전하기 위해 매도인의 제3자에 대한 권리(제3자 명의의 소유권등기의 말소청구권)를 대위행사할 수 있다(대판 1994. 12. 27, 94다4806). ② 소멸시효가 완성된 채권도 채무자가 시효소멸을 주장하기까지는 채권이 소멸된 것으로 확정된 것이 아니기 때문에 피보전채권이 될 수 있다. 이 경우 제3채무자는 시효소멸을 원용할 수 있는 지위에 있지 않다(대판 1993. 3. 26, 92다25472). ③ 채권의 담보를 위해 담보물권이 설정된 경우에도 채권자대위권을 행사할 수 있는가인데, 학설은 긍정설(곽윤직, 132면; 김대정, 196면)과 부정설(김상용, 281면; 이은영, 352면)로 나뉜다. 자기 채권의 보전을 위해 채권자대위권이 인정되는 것임을 고려하면, 그 담보물의 가액이 피담보채권에 부족한 경우에만 이를 인정하여야 할 것으로 해석된다. ④ 부동산을 공동매수한 채권자가 채무자에 대한 소유권이전등기청구권을 피보전채권으로 하여 제3채무자를 상대로 채무자의 제3채무자에 대한 소유권이전등기청구권을 대위행사하는 경우, 또는 A 소유의 부동산을 시효취득한 B의 공동상속인이 A에 대한 소유권이전등기청구권을 보전하기 위해 A의 C에 대한 소유권이전등기 말소청구권을 대위행사하는 경우, 공동매수인이나 공동상속인은 각각 자신의 지분 범위 내에서만 대위행사할 수 있고, 그 지분을 초과하는 부분에 대해서는 채무자를 대위할 보전의 필요성이 없다(대판 2010. 11. 11, 2010다43597; 대판 2014. 10. 27, 2013다25217). ⑤ '물권적 청구권'도 피보전채권에 포함된다는 것이 판례의 견해이다(대판 1963. 1. 24, 62다825; 대판 2007. 5. 10, 2006다82700, 82717).[1]

1) 두 번째 판례의 내용은 다음과 같은 것이다. 토지 소유자(A)는 그 토지상의 건물 소유자(B)에 대해 소유권에 기한 건물철거청구권을, 한편 B로부터 건물을 임차하여 점유하고 있는 임차인(C)에 대해서는 소유권에 기한 건물퇴거청구권이라는 물권적 청구권을 갖고 있다. 그런데 B는 C와의 임대차계약을 해지할 수 있게 되었고, 한편 A는 C를 상대로 건물퇴거를 청구하는 소를 제기하였다가 소를 취하함으로써 더 이상 동일한 소를 제기할 수 없게 되었다. 여기서 A가 B를 대위하여 C를 상대로 임대차계약을 해지하고 건물을 B에게 명도할 것을 청구한 사안이다. 이에 대해 위 판례는, 물권적 청구권과 채권자대위권은 그 요건과 효과를 달리하는 별개의 제도로서 양자는 경합한다고 하면서, A는 B에 대한 물권적 청구권(소유권에 기한 건물철거청구)을 보전하기 위해 채권자대위권에 기해 B의 C에 대한 권리(계약해지 및 건물에서의 퇴거청구)를 대위행사할 수 있다고 보았다.

b)「채권을 보전하기 위하여」의 의미 채권자가 채권자대위권에 기해 채무자의 제3자에 대한 권리를 대위행사하려면 채무자에 대한 채권을 보전할 필요가 있어야 한다. 보전의 필요가 인정되지 않는데도 제기한 소는 부적법하므로, 법원은 이를 각하하여야 한다(대판 2012. 8. 30, 2010다39918). 그런데 '채권보전의 필요성'에 관해, 통설과 판례는 보전하여야 할 채권이 금전채권인지 여부에 따라 두 가지로 나누어 달리 해석한다.

aa) 채권이 금전채권인 경우

(α) 원 칙: (ㄱ) 채권자의 채무자에 대한 채권이 금전채권이거나, 금전채권은 아니더라도 그 불이행으로 인해 손해배상채권으로 변한 때에는, 채무자가「무자력」인 때에만 채권자대위권을 행사할 수 있다는 것이 통설과 판례이다(대판 1963. 4. 25, 63다122 외 다수의 판례). 채권자대위권은 '채무자의 자기 재산 관리의 자유'에 대한 간섭을 가져오므로, 이것이 예외적으로 허용되기 위해서는 채무자가 무자력이어서 그 일반재산의 감소를 방지할 필요가 있어야 한다는 것이 그 이유이다. (ㄴ) '채무자의 무자력'은 채무자가 전혀 변제자력이 없다는 것을 의미하는 것이 아니고, 채무자의 일반재산이 대위권을 행사하는 채권자를 비롯한 총 채권자의 채권을 변제하기에 부족한 채무초과 상태에 있는 것을 뜻한다(민법주해(IX), 759면(김능환)).[1] 채무자의 무자력은 채권자가 주장 · 입증하여야 하고, 그 유무는 사실심의 변론종결 당시를 기준으로 판단하여야 한다(대판 1976. 7. 13, 75다1086).

(β) 예 외: 일련의 판례에 의하면, 채권이 금전채권인 경우에도 그것이 채무자의 제3채무자에 대한 채권과 밀접한 관련이 있고, 채무자의 권리를 대위하여 행사하는 것이 자기 채권의 현실적 이행을 유효 · 적절하게 확보하기 위하여 필요한 때에는, 채무자의 무자력은 요건이 아니라고 한다. 그러한 판례는 다음과 같다. ① 국가배상법 제4조는 생명 · 신체의 침해로 인한 국가배상청구권은 피해자가 실제로 치료받는 것을 보장하기 위해 압류를 금지하는데, 그 피해자를 치료한 의료인이 그 치료비청구권을 보전하기 위해 피해자의 국가에 대한 국가배상청구권을 대위행사하는 것은, 실질적으로 피해자가 치료를 받을 수 있는 기회를 보장하는 점에서, 이를 허용하여야 한다(대판 1981. 6. 23, 80다1351).[2] ② 유실물을 실제로 습득한 자는 법률상의 습득자를 대위하여

---

1) 판례: 1) A는 2007. 10. 8. 현재 국가에 대해 63,769,880원의 세금을 체납하고 있고, 국가는 A 소유 부동산에 대해 2002. 8. 14. 압류등기를 마쳤는데, A는 이미 그 부동산에 대해 그 처인 B와 매매예약을 체결하고 2000. 2. 21. B 앞으로 소유권이전청구권 보전의 가등기를 마쳤다. 이 부동산의 평가액은 84,004,860원이다. 국가가 B를 상대로 세금채권의 보전을 위해 A를 대위하여 A와 B 사이의 매매예약은 허위표시여서 무효라는 이유로 B 명의의 가등기의 말소를 청구한 것이다. 쟁점은, 채권자가 금전채권의 보전을 위해 채무자의 권리를 대위행사하려면 채무자가 무자력이 되어야 하는데, 채무자의 부동산에 대해 제3자 명의로 가등기가 된 경우에도 채무자의 적극재산에서 이를 제외하여 무자력 여부를 정할 것인가이다. 2) 원심은 가등기가 경료된 부동산도 적극재산에 포함하여 A는 무자력이 아니라고 보았으나(서울중앙지법 2008. 9. 23. 선고 2008나3656 판결), 대법원은 다음과 같은 이유로 원심판결을 파기 환송하였다.「채권자대위의 요건으로서의 무자력이란 채무자의 변제자력이 없음을 뜻하는 것이고, 특히 임의변제를 기대할 수 없는 경우에는 강제집행을 통한 변제가 고려되어야 하므로, 소극재산이든 적극재산이든 위와 같은 목적에 부합할 수 있는 재산인지 여부가 변제자력 유무 판단의 중요한 고려요소가 되어야 한다(대판 2006. 2. 10, 2004다2564 참조). 따라서 채무자의 적극재산인 부동산에 이미 제3자 명의로 소유권이전청구권 보전의 가등기가 경료되어 있는 경우에는, 위 가등기가 가등기담보 등에 관한 법률에 정한 담보가등기로서 강제집행을 통한 매각이 가능하다는 등의 특별한 사정이 없는 한, 위 부동산은 실질적으로 재산적 가치가 없어 적극재산을 산정함에 있어서 이를 제외하여야 한다」(대판 2009. 2. 26, 2008다76556).

2) 이 판결에 대해서는, 동 판결은 국가배상법 제4조에 대해 판단한 것이고, 이를 가지고 무자력 요건에 대해 예외를 둔 것으로 평가하기는 무리라고 보는 비판이 있다(민법주해(IX), 759면(김능환)).

유실물 소유자에 대해 보상금의 반액을 청구할 수 있다(유실물법 10조 2항 · 3항 참조)(대판 1968. 6. 18, 68다663). ③ 임차인(A)이 임대인(B)에 대해 갖는 임대차보증금 반환채권을 C에게 양도한 경우, C가 B에 대해 채권자로서 양수금을 청구하면 B는 A가 임차가옥을 명도할 때까지 보증금의 반환을 거절할 수 있는 동시이행의 항변권을 행사할 수 있다. 다시 말해 B는 A에 대해 가옥명도청구권을 가진다. 결국 C가 B에 대해 양수금을 청구하려면 B가 A에 대해 갖는 가옥명도청구권이 행사될 필요가 있으므로, C는 채권자대위권에 기해 B를 대위하여 A에 대해 가옥을 B에게 명도할 것을 청구하고, B에 대해서는 양수금을 청구하게 된다. 즉 이와 같은 경우에는 B의 A에 대한 권리가 행사되어야만 C의 B에 대한 권리가 행사될 수 있는 점에서 양자는 밀접한 관련이 있고, 이것은 채무자 B의 자력 유무와는 관계가 없어 무자력을 요건으로 한다고 할 수 없다(대판 1989. 4. 25, 88다카4253, 4260). ④ 수임인이 가지는 민법 제688조 2항 소정의 대변제청구권은 통상의 금전채권과는 다른 목적을 갖는 것이므로, 수임인이 이 대변제청구권을 보전하기 위하여 채무자인 위임인의 채권을 대위행사하는 경우에는 채무자의 무자력을 요건으로 하지 않는다(대판 2002. 1. 25, 2001다52506). ⑤ 분양계약을 해제한 수분양자 甲이 분양대금 반환채권을 보전하기 위해 분양자 乙주식회사를 대위하여 그로부터 분양수입금의 자금관리를 위탁받은 丙을 상대로 사업비 지출요청권을 행사한 사안에서, 원심은 乙회사가 무자력이 아니라는 이유로 채권자대위청구를 배척하였는데(서울중앙지법 2013. 8. 14. 선고 2012나46537 판결), 대법원은 채권자대위권을 행사하는 데 필요한 기준(첫째 채권자가 보전하려는 권리와 대위하여 행사하려는 채무자의 권리가 밀접하게 관련되어 있고, 둘째 채무자의 권리를 대위하여 행사하는 것이 자기 채권의 현실적 이행을 유효 · 적절하게 확보하기 위해 필요하며, 셋째 채권자대위권의 행사가 채무자의 자유로운 재산관리행위에 대한 부당한 간섭이 아닐 것)을 모두 충족한 것으로 보았다(대판 2014. 12. 11, 2013다71784). 특히 무자력을 강조하기보다는 '채무자의 자유로운 재산관리행위에 대한 부당한 간섭'이라는 관점에서 새롭게 구성하고 있는 것이 주목된다(위 판결은 부당한 간섭에 해당하지 않는 것으로 보았다).

bb) 채권이 비금전채권인 경우

(α) 채권자가 보전하려는 권리와 대위하여 행사하려는 채무자의 권리가 밀접하게 관련되어 있는 경우, 채권보전의 필요성은 충족되고 채무자의 무자력은 필요하지 않다(대판 1992. 10. 27, 91다483). 판례가 드는 것으로 다음의 것이 있다. (ㄱ) ① 채권이 「등기청구권」인 경우이다. 예컨대 A에서 B로 부동산이 매도되고, B가 그 등기를 하지 않은 채 C에게 부동산을 매도하였는데, 삼자간에 중간생략등기의 합의가 없는 경우, C는 B에 대한 소유권이전등기청구권을 보전하기 위해 B를 대위하여 A에 대해 소유권이전등기를 B에게 해 줄 것을 청구할 수 있다(대판 1969. 10. 28, 69다1351). B 앞으로 소유권등기가 되지 않는 한 C는 자신의 명의로 소유권등기를 받을 수 없기 때문에, 이때에도 B의 무자력을 문제삼는 것은 C의 구제에 불충분하다(유의할 것은, C가 채권자대위권을 행사하는 것은 권리이지 의무는 아니다. C는 채권자대위권을 행사하지 않고 B의 소유권이전채무의 불이행을 이유로 B와의 매매계약을 해제할 수도 있다). 같은 취지의 것으로, 매수인이 등기명의가 남아 있는 매도인을 대위하여 제3자 명의의 원인무효등기를 말소청구하거나(대판 1965. 2. 16, 64다1630), 반사회적 부동산 이중매매의 경우에 제1매수인이 매도인을 대위하여 제2매수인 명의의 소유권등기의 말소를 청구하는 것도 그러하다(대판 1983. 4. 2, 83다카57). 취득시효 완성 당시 원인무효의 소유권이전

등기가 되어 있는 경우에 점유자는 소유자를 대위하여 무효등기의 말소를 구할 수 있고(대판 2005. 5. 26, 2002다43417), 법정지상권이 있는 건물의 양수인은 법정지상권자를 대위하여 대지소유자에 대해 지상권설정등기를 청구할 수 있는 것도 같다(대판(전원합의체) 1985. 4. 9, 84다카1131, 1132). 그 밖에 토지의 일부를 매수한 경우, 매수인은 매도인에 대한 소유권이전등기청구권을 보전하기 위해 (토지 소유자인) 매도인을 대위하여 그 특정된 일부에 대한 분필등기절차의 이행을 구할 수 있다(대판 1987. 10. 13, 87다카1093; 대판 1994. 9. 27, 94다25032). ② 채권이 「인도청구권」인 경우이다. 예컨대 점유하고 있지 않은 토지임차인은 임대차계약에 기한 목적물 인도청구권을 보전하기 위해 그 토지상의 불법점유자에 대해 토지 소유자를 대위하여 그 지상물의 철거와 토지의 반환을 청구할 수 있다(대판 1962. 1. 25, 4294민상607). 같은 취지의 것으로, 원고가 미등기 건물을 매수하였으나 소유권이전등기를 하지 못한 경우, 위 건물의 소유권을 원시취득한 매도인을 대위하여 불법점유자에 대해 명도를 청구할 수 있고, 이때 원고는 (앞의 등기청구권의 경우와는 달리) 불법점유자에 대해 직접 자기에게 명도할 것을 청구할 수도 있다(대판 1980. 7. 8, 79다1928). ③ 채권이 「그 밖의 비금전채권」인 경우에도 판례는 특별히 제한하지 않는다. 즉, (구)국토이용관리법에 의해 허가를 받아야 할 토지에 대해 매매계약을 맺은 경우, 매수인은 매도인에 대한 토지거래허가 신청절차 협력의무의 이행청구권을 보전하기 위해, (토지등기부가 멸실된 사안에서) 그 토지가 매도인의 상속인의 소유라는 확인을 구하거나(대판 1993. 3. 9, 92다56575), 매도인을 대위하여 제3자 명의의 소유권이전등기의 말소를 구할 수 있다고 한다(대판 1994. 12. 27, 94다4806). 그리고 (전술한 대로) 물권적 청구권을 보전하기 위해 채권자대위권을 행사할 수 있다(대판 2007. 5. 10, 2006다82700, 82717). (ㄴ) 비금전채권의 경우 채권자는 하나의 소송에서 채권자대위청구와 자기의 청구, 두 개의 청구를 함께 할 수 있다. 가령 A에서 B, B에서 C로 부동산이 매도된 경우, (C가 등기명의를 대위하여 수령할 수는 없으므로) C는 A와 B를 공동피고로 삼아, A에 대해서는 B 앞으로 소유권이전등기를 해 줄 것을 구하고, B에 대해서는 C 앞으로 소유권이전등기를 해 줄 것을 청구하여, 하나의 소송만으로 C 앞으로 소유권이전등기가 되는 것을 실현할 수 있다.

(β) 이에 대해 피보전채권과 피대위권리 간에 밀접한 관련이 없는 경우 채권자대위권은 허용되지 않는다. 즉, A는 그의 상가를, B는 그의 여관을 서로 교환하기로 계약을 맺고, 그에 따라 여관은 A 명의로, 상가는 B 명의로 소유권이전등기가 되었다. A는 이 여관을 C에게 팔기로 매매계약을 맺었다. 그 후 B가 교환으로 취득한 상가에 문제가 있어 B가 A와의 교환계약을 해제하였다. 이 경우 각자의 소유권이전등기말소의무는 동시이행의 관계에 있다. 여기서 C가 A에 대한 여관의 소유권이전등기청구권을 보전하기 위해 A를 대위하여 B에 대해 상가의 소유권이전등기의 말소를 청구한 것이다. 그런데 그 청구에 따라 상가의 소유권이 A로 회복된다고 하더라도 C의 A에 대한 여관의 소유권이전등기청구권이 보전될 리는 없다. 그러므로 C의 채권자대위권은 허용될 수 없다(대판 1993. 4. 23, 93다289).

(2) 채권의 기한의 도래

(ㄱ) 채권자대위권을 행사하려면 채권자의 「채권의 기한(이행기)이 도래」하여야만 한다(404조 2항). 채무자의 변제자력은 이행기를 기준으로 판단하여야 하고, 또한 채무자는 자기 재산을 관리

할 자유가 있으므로, 이행기 전에 채권자대위권을 행사할 수 있다고 한다면 채무자의 그러한 자유를 침해하는 것이 되기 때문이다. (ㄴ) 그러나 이행기 전에도 채권자대위권을 행사할 수 있는 두 가지 예외가 있다. ① 「법원의 허가」를 받은 때이다(404조 2항 본문). 그 절차에 관해서는 '비송사건절차법'에서 정한다(동법 45조~52조). 즉 채권의 기한 전에 채무자의 권리를 행사하지 않으면 그 채권을 보전할 수 없거나 이를 보전함에 곤란이 생길 우려가 있는 때에 채권자는 재판상 대위를 신청할 수 있고(동법 45조), 이를 허가한 재판은 직권으로 채무자에게 고지하며, 이 고지를 받은 채무자는 그 권리를 처분할 수 없다(동법 49조). ② 「보존행위」를 하는 경우이다(404조 2항 단서). 예컨대 채무자의 권리에 대한 시효중단을 위한 이행청구, 미등기 부동산에 대한 보존등기신청, 제3채무자가 파산한 경우에 채무자의 채권 신고 등은 채무자에게 이익이 될 뿐만 아니라 긴급을 요하는 것이 보통이므로, 이행기 전에도 또 법원의 허가 없이도 대위행사를 할 수 있다.

2. 채무자 측의 요건

(1) 채무자의 (제3자에 대한) 권리가 일신에 전속된 것이 아닐 것: 채권자대위권의 객체

채권자대위권은 채무자가 제3자에 대해 가지는 권리를 채권자가 행사하는 것을 내용으로 하므로, 이것은 채무자가 제3자에 대해 권리가 있고, 채무자가 아닌 채권자가 그 권리를 행사하여도 무방한 것이어야 하며, 그 대위행사로써 채무자의 책임재산을 보전할 수 있는 것이어야 한다.

a) 채권자대위권의 객체로 되는 권리 (ㄱ) 채무자의 책임재산의 보전과 관련이 있는 (채무자가 제3자에 대해 갖는) 재산권은 그 종류를 묻지 않고 채권자대위권의 객체로 될 수 있다. 채권적 청구권에 한하지 않으며, 등기청구권 · 형성권(취소 · 상계 · 해제 · 해지[1] · 환매)[2], 물권적 청구권(대판 1966. 9. 27, 66다1334) 등도 포함된다. (ㄴ) 채무자가 제3채무자에 대해 채권자대위권(대판 1968. 1. 23, 67다2440) · 채권자취소권[3]을 가지는 경우, 이들 권리도 채무자의 책임재산의 보전과 관련이 있는 이상, 그 채무

---

1) 판례: 「임대인의 임대차계약 해지권은 오로지 임대인의 의사에 행사의 자유가 맡겨져 있는 행사상의 일신전속권에 해당하는 것으로 볼 수 없다」(대판 2007. 5. 10, 2006다82700, 82717).

2) (ㄱ) 판례: 「① 공유물분할청구권은 공유관계에서 수반되는 재산권의 일종으로서, 그것이 공유자 본인만 행사할 수 있는 권리는 아니어서 채권자대위권의 목적이 될 수 있다. 그런데 채권자가 자신의 금전채권을 보전하기 위해 채무자를 대위하여 공유물분할청구권을 행사하는 것은, 책임재산의 보전과 직접적인 관련이 없어 인정되지 않는다. ② 이것은 채무자의 공유지분이 다른 공유자들의 공유지분과 함께 근저당권을 공동으로 담보하고 있고, 근저당권의 피담보채권이 채무자의 공유지분 가치를 초과하여 채무자의 공유지분만을 경매하면 남을 가망이 없어 민사집행법 제102조에 따라 경매절차가 취소될 수밖에 없는 반면, 공유물분할의 방법으로 공유 부동산 전부를 경매하면 민법 제368조 1항에 따라 각 공유지분의 경매대가에 비례해서 공동근저당권의 피담보채권을 분담하게 되어 채무자의 공유지분 경매대가에서 근저당권의 피담보채권 분담액을 변제하고 남을 가망이 있는 경우에도 마찬가지이다」(대판(전원합의체) 2020. 5. 21, 2018다879). (ㄴ) 종전의 판례는, 공유물에 근저당권 등 선순위 권리가 있어 남을 가망이 없다는 이유로 민사집행법 제102조에 따라 공유지분에 대한 경매절차가 취소된 경우, 공유자의 금전채권자는 자신의 채권을 보전하기 위해 공유자의 공유물분할청구권을 대위행사할 수 있다고 하였었는데(대판 2015. 12. 10, 2013다56297), 위 전원합의체판결로 이를 변경한 것이다.

3) 판례: 「채권자취소권도 채권자가 채무자를 대위하여 행사하는 것이 가능하다고 할 것인바, 민법 제404조 소정의 채권자대위권은 채권자가 자신의 채권을 보전하기 위하여 채무자의 권리를 자신의 이름으로 행사할 수 있는 권리라 할 것이므로, 채권자가 채무자의 채권자취소권을 대위행사하는 경우, 제소기간은 대위의 목적으로 되는 권리의 채권자인 채무자를 기준으로 하여 그 준수 여부를 가려야 할 것이고(즉 대위권을 행사하는 채권자를 기준으로 할 것이 아니다), 따라서 채무자가 취소원인을 안 날부터 1년, 법률행위가 있은 날부터 5년 내라면 채권자는 채권자대위

자의 채권자도 이들 권리를 대위행사할 수 있다. (ㄷ) 채무자의 국가에 대한 등기신청권을 대위행사할 수 있음은 부동산등기법(28조)에서 따로 정하고 있다. 한편, 농지를 취득하려는 자는 농지취득의 자격이 있다는 농지취득자격 증명을 관할 시장 등에게서 발급받아 농지의 소유권에 관한 등기를 신청할 때에 이를 첨부하여야 한다(농지법 8조 1항·4항). 이러한 농지취득자격 증명 발급신청권은 농지에 관한 소유권등기를 위해 반드시 필요한 것으로서 재산권으로서의 성격을 갖고 또 행사상 일신전속권에 속하는 것도 아니어서 채권자대위권의 대상이 될 수 있다(대판 2018. 7. 11, 2014두36518). (ㄹ) 실체법상의 권리를 주장하는 형식으로서의 소송상의 행위(소의 제기, 강제집행의 신청, 제3자 이의의 소 등)도 대위할 수 있다. 그러나 채무자와 제3채무자 사이의 소송이 계속된 이후의 소송수행과 관련된 (상소나 재심의 소 제기를 포함한) 개개의 소송상의 행위는 그 권리의 행사를 소송당사자인 채무자의 의사에 맡기는 것이 타당하므로 채권자대위가 허용될 수 없다(대판 2012. 12. 27, 2012다75239). (ㅁ) 이행인수에서 채무자는 인수인이 그 채무를 이행하지 않는 경우 인수인에 대하여 채권자에게 이행할 것을 청구할 수 있고, 이러한 채무자의 인수인에 대한 청구권은 그 성질상 재산권의 일종으로서 일신전속적 권리라고는 할 수 없으므로, 채권자는 채권자대위권에 기해 이를 대위행사할 수 있다(대판 2009. 6. 11, 2008다75072). (ㅂ) 소멸시효가 완성된 경우에 이를 주장할 수 있는 채무자의 시효원용권도 채권자대위권의 객체가 될 수 있다. 즉, 채무자에 대한 일반 채권자는 자기 채권을 보전하기 위해 필요한 한도 내에서는 채무자를 대위하여 소멸시효를 주장할 수 있다(채권자의 지위에서 독자적으로 소멸시효를 주장할 수는 없다)(대판 1979. 6. 26, 79다407; 대판 2012. 5. 10, 2011다109500; 대판 2014. 5. 16, 2012다20604).

b) 채권자대위권의 객체로 되지 못하는 권리 (ㄱ) 채무자의 일신전속권: 채무자에 의해서만 행사될 수 있는 권리, 즉 「일신전속권」은 대위권의 객체가 되지 못한다(404조 1항 단서). 일신전속권에는 '귀속상의 일신전속권'(양도되거나 상속될 수 없는 권리)과 '행사상의 일신전속권'(권리자 자신에 의해서만 행사될 수 있는 권리) 두 가지가 있는데, 대위권의 객체가 되지 못하는 것은 후자이다. ① 가족법상의 권리는 일정한 친족상의 신분과 결부된 것이어서 행사상의 일신전속성이 있다.[1] 또 이들 권리는 책임재산의 보전과는 무관하다는 점에서도 대위권의 객체가 되지 못한다(예: 친생부인권 · 혼인취소권 · 이혼청구권 등). 한편 가족법상의 권리로서 재산적 이익을 가지는 경우에도 그것은 대부분 행사상의 일신전속권에 해당한다(예: 부양청구권 · 상속의 승인과 포기 · 이혼에 따른 재산분할청구권[2] 등). 유류분 반환청구권도 그 행사 여부가 유류분 권리자의 인격적 이익을 위하여 그의 자유로운 의사결정에 전적으로 맡겨진 권리로서 행사상의 일

권의 행사로서 채권자취소의 소를 제기할 수 있다」(대판 2001. 12. 27, 2000다73049).

1) 판례: 「후견인이 민법 제950조 1항 각호의 행위를 하면서 친족회의 동의를 얻지 아니한 경우, 제2항의 규정에 의하여 피후견인 또는 친족회가 그 후견인의 행위를 취소할 수 있는 권리(취소권)는 행사상의 일신전속권이므로 채권자대위권의 목적이 될 수 없다」(대판 1996. 5. 31, 94다35985).

2) 판례: 「1) 이혼으로 인한 재산분할청구권은 협의 또는 심판 전에는 그 범위와 내용이 확정되지 않아 구체적으로 권리가 발생하였다고 할 수 없어 채무자의 책임재산에 해당한다고 보기 어렵고, 채권자의 입장에서도 채무자의 재산분할청구권 불행사가 채무자의 재산을 현재의 상태보다 악화시키는 것도 아니다. 2) 이혼을 한 경우 당사자는 배우자, 자녀 등과의 관계 등을 종합적으로 고려하여 재산분할청구권 행사 여부를 결정하게 되는 점에서, 즉 그 행사 여부가 그의 자유로운 의사결정에 전적으로 맡겨진 권리로서 행사상 일신전속성을 가지므로, 채권자대위권의 목적이 될 수 없다」(대결 2022. 7. 28, 2022스613).

신전속성을 가진다고 보아야 하므로, 유류분 권리자에게 그 권리행사의 확정적 의사가 있다고 인정되는 경우가 아니라면 채권자대위권의 객체가 될 수 없다(대판 2010. 5. 27, 2009다93992). ② 위자료청구권은 재산상의 손해배상청구권과 구별하여 취급할 근거가 없으므로 이를 (귀속상의) 일신전속권이라 할 수 없어 상속의 목적이 된다(대판 1969. 4. 15, 69다268). 그러나 그 행사 여부는 전적으로 피해자의 의사에 맡겨져 있고 내용도 불확정적이어서, 이는 행사상의 일신전속권에 속하는 것이어서 대위권의 객체가 되지 못한다. 다만 합의 또는 판결 등에 의해 그 내용이 구체적으로 확정된 때 또는 그 행사 이전에 피해자가 사망한 때에는, 행사상의 일신전속성을 상실하여, 이 경우의 위자료청구권은 대위권의 객체가 된다고 할 것이다(민법주해(Ⅸ), 766면(김능환)). ③ 당사자 사이의 특별한 신뢰관계를 기초로 하는 권리(사용대차 · 고용 · 위임 등에 기한 권리)는 귀속상의 일신전속권으로서 상속의 목적이 되지 않지만(1005조 단서), 이러한 권리는 채무자의 재산과 관계되는 점에서 대위권의 객체가 될 수 있다. ④ 계약의 청약이나 승낙과 같이 비록 행사상의 일신전속권은 아니지만, 이를 행사하면 그로써 새로운 권리의무관계가 발생하는 등으로 권리자 본인이 그로 인한 법률관계 형성의 결정 권한을 가지도록 할 필요가 있는 경우에는, 채무자에게 이미 그 권리행사의 확정적 의사가 있다고 인정되는 등 특별한 사정이 없는 한, 그 권리는 채권자대위권의 객체가 될 수 없다(이것은 일반채권자의 책임재산의 보전을 위한 경우뿐만 아니라 특정채권의 보전을 위해 채권자대위권을 행사하는 경우에도 마찬가지이다)(대판 2012. 3. 29, 2011다100527). (ㄴ) 압류하지 못하는 권리: 채권자대위권은 채무자의 책임재산을 환가하여 채권자의 변제에 충당하는 것을 예정하고 있고, 이것은 그 재산에 대한 압류를 전제로 한다. 따라서 채무자의 권리가 생존배려 등의 차원에서 채무자 본인에게 귀속되어야 할 성질의 것이어서 법률에서 압류를 금지하는 것으로 정한 때에는 대위권의 객체가 될 수 없다. 법령에 규정된 부양료 · 급여채권의 2분의 1에 해당하는 금액(민사집행법 246조), 근로자가 보상을 받을 권리(근로기준법 89조), 생명 · 신체의 침해로 인해 국가로부터 배상을 받을 권리(국가배상법 4조)[1] 등이 그러하다.

(2) 채무자가 스스로 그의 권리를 행사하지 않을 것

채권자대위권은 채무자가 그의 권리를 행사하지 아니할 때에만 허용된다. 채무자가 스스로 권리를 행사하고 있음에도 불구하고 채권자대위를 허용한다면 채무자에 대한 부당한 간섭이 되기 때문이다(대판 1979. 3. 27, 78다2342). 채무자가 권리를 행사하는 이상 그 방법이나 결과를 묻지 않고 채권자대위는 허용되지 않는다.

---

1) 다만 판례는, 피해자를 치료한 의료인이 그 치료비청구권을 보전하기 위해 위 권리에 대해 채권자대위권을 행사하는 것을 인정한다. 피해자가 이미 치료를 받은 점에서 동조의 취지는 실현되었다고 볼 수 있기 때문이다(대판 1981. 6. 23, 80다1351).

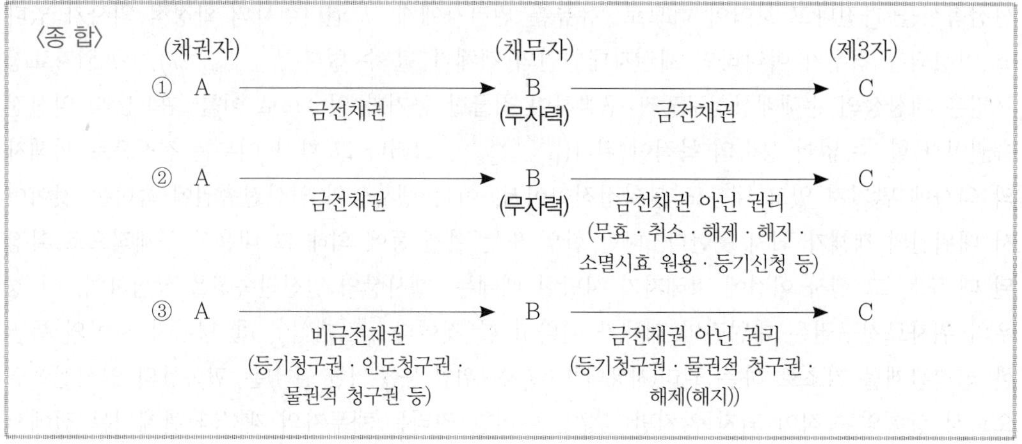

Ⅲ. 채권자대위권의 행사

1. 행사의 방법

a) 채권자대위권의 요건이 구비되면(그 요건사실은 채권자가 주장 · 입증하여야 한다(대판 1963. 4. 25, 63다122)),[1] 채권자는 자기의 이름으로 채무자의 권리를 행사할 수 있다. 채권자취소권과는 달리 반드시 재판상으로 행사하여야 하는 것은 아니다. 또 대위권 행사에 대하여 채무자의 동의를 받아야 하는 것도 아니고, 채무자가 그 행사를 반대하는 경우에도 대위권을 행사할 수 있다(대판 1963. 11. 21, 63다634).

b) 채권자대위권은 채무자의 권리를 채권자가 대위행사하는 것이므로, 그 내용은 제3(채무)자에 대해 채무자에게 일정한 급부행위를 하라고 청구하는 것이 원칙이다(대판 1966. 9. 27, 66다1149). 다만 금전이나 그 밖의 물건의 급부를 목적으로 하는 채권과 같이 변제의 수령을 요하는 경우에는, 채무자가 수령하지 않는다면 대위권 행사의 목적을 달성할 수 없으므로, 채권자는 제3(채무)자에 대해 채무자에게 인도할 것을 청구할 수 있음은 물론이고 직접 자기에게 인도할 것을 청구할 수도 있다(대판 1962. 1. 11, 4294민상195).[2] 이처럼 채권자대위권을 행사하는 채권자에게 변제수령의 권한을 인정하더라도 그것이 채권자 평등의 원칙에 어긋난다거나 제3(채무)자를 이중변제의 위험에 빠뜨리게 하는 것은 아니다(대판 2005. 4. 15, 2004다70024). 이 경우 채권자가 수령한 것은 채무자에게 인도하여야 하지만, 그것이 채권자의 채무자에 대한 채권과 동종의 것이고 또 상계적상에 있는 것인 때에는 상계(492조 이하)를 함으로써 사실상 우선변제를 받을 수 있다.

---

1) 채권자는 채권의 존재 사실 및 보전의 필요성, 기한의 도래 등을 입증하면 족하고, 채권의 발생원인 사실 또는 그 채권이 제3채무자에게 대항할 수 있는 채권이라는 사실까지 입증할 필요는 없다. 따라서 채권자가 채무자를 상대로 그 보전되는 청구권에 기한 이행청구의 소를 제기하여 승소 판결이 확정되면 제3채무자는 그 청구권의 존재를 다툴 수 없다(대판 2000. 6. 9, 98다18155).

2) 판례: 「채무자가 제3채무자에게 채권의 양도를 구할 수 있는 권리를 가지고 있는 경우, 이것은 금전의 지급이나 물건의 인도 등과 같이 급부의 수령이 필요하지 않은 것이어서, 채권자는 채권자대위권을 행사하는 방법으로서 제3채무자에 대해 채무자에게 채권양도절차를 이행하도록 청구하여야 하고, 직접 자신에게 그 절차를 이행하도록 청구할 수 없다」(대판 2024. 3. 12, 2023다301682).

2. 행사의 범위

채권자대위권의 행사는 채권의 보전에 필요한 범위에 한정되어야 한다. 따라서 채무자의 재산을 관리하는 행위는 허용되지만, 권리의 포기 등과 같은 처분행위는 허용되지 않는다. 한편, 채무자의 권리 중 어느 하나만을 행사함으로써 그 목적을 달성할 수 있는 때에는 채무자의 다른 권리에 대한 대위행사는 허용되지 않는다. 그러나 채무자의 어느 하나의 금전채권을 대위행사하는 경우에는, 그것이 채권자의 채권액보다 많더라도 그 전부에 대해 할 수 있다(통설).

3. 대위권 행사의 통지

> 제405조〔채권자대위권 행사의 통지〕 ① 채권자가 전조 제1항의 규정에 의하여 보존행위 외의 채무자의 권리를 행사한 경우에는 채무자에게 그 사실을 통지하여야 한다. ② 채무자가 전항의 통지를 받은 후에는 그 권리를 처분하여도 이로써 채권자에게 대항하지 못한다.

a) 취 지 채권자대위권의 행사에 채무자의 동의는 필요 없지만, 그 행사 후에는 그 사실을 채무자에게 통지하여야 한다(405조 1항). 채무자의 이익을 보호하기 위해서이다. 따라서 통지를 하지 않더라도 채무자에게 불리하지 않는 때, 즉 '보존행위'의 경우에는 통지할 필요가 없다(405조 1항). 한편, 이행기 전에 채권자가 법원의 허가를 받아 대위권을 행사하는 때에는 법원이 직권으로 채무자에게 고지하므로(비송사건절차법 49조), 채권자가 따로 통지할 필요는 없다.

b) 효 과

aa) 통지하지 않은 경우 : 채권자대위권을 행사한 사실을 채권자가 채무자에게 통지하지 않은 때에는, 민법 제405조 2항의 반대해석상 채무자는 그 권리를 처분할 수 있고, 또 이를 채권자에게 대항할 수 있다.

bb) 통지한 경우 : 채무자가 그 통지를 받은 후에는 채무자가 그 권리를 처분하여도 이로써 채권자에게 대항하지 못한다(405조 2항). (ㄱ) 채무자의 처분행위를 허용하게 되면 채권자가 한 대위권 행사를 방해하는 것이 되므로 이를 금지하자는 데 그 취지가 있다. 예컨대 부동산이 A에서 B, B에서 C로 전매되고, C가 B를 대위하여 A에게 소유권이전등기청구권을 행사한 경우, 그 후 B가 A와의 매매계약을 합의해제하는 것은 B의 A에 대한 권리(등기청구권)를 소멸시키는 것이 되고, 이것은 결국 C의 대위권 행사를 무의미하게 하는 것이어서 허용되지 않는다(대판 1996. 4. 12, 95다54167). 통지 후에 채무자가 제3채무자에 대한 채권을 포기한 때에도 같다(대판 1991. 4. 12, 90다9407). 그리고 채권자가 채무자와 제3채무자 사이의 부동산 매매계약에 기한 소유권이전등기청구권을 보전하기 위해 채무자를 대위하여 제3채무자의 부동산에 대한 처분금지 가처분결정을 받은 경우, 이는 피보전권리인 소유권이전등기청구권을 행사한 것과 같이 볼 수 있으므로, 채무자가 이를 알고서 위 매매계약을 합의해제한 경우에도 같다(대판 2007. 6. 28, 2006다85921). (ㄴ) 채무자의 '처분행위'는 채무자가 자신의 권리를 양도 · 포기 · 소멸시키는 행위를 말한다.[1] ① 판례는 이러한 의

1) 채권자가 채무자와 제3자 사이의 근저당권설정계약이 통정허위표시임을 이유로 채무자를 대위하여 그 말소를 구하

미의 처분에 해당하지 않더라도 그 행위가 채권자의 대위권 행사를 방해하는 결과를 초래하는 경우에는 이것도 포함하는 태도를 취한다. 예컨대, B가 C에 대해 매매계약의 무효에 기해 갖는 소유권이전등기 말소청구권을 B의 채권자 A가 대위행사한 경우, B가 C와의 무효인 매매계약을 추인하는 것은 위 말소청구권을 처분하는 것과 같아, B는 그 추인의 유효를 A에게 주장할 수 없다(대판 1975. 12. 23, 73다1086). ② 반면, 다음의 경우에는 위 '처분'에 해당하지 않는다. 1) 채무자의 변제의 수령은 채무자의 처분행위에 포함되지 않는다. 변제의 수령은 채권의 소멸이라는 결과를 가져오기는 하여도 원래 의미의 처분에 해당하지 않을 뿐만 아니라, 이를 허용하더라도 채무자의 일반재산을 보전한다는 채권자대위권 제도의 취지와도 부합하기 때문이다. 같은 이치에서 채무자가 자신의 명의로 소유권이전등기를 하는 것 역시 처분행위라고 할 수 없으므로, 소유권이전등기청구권의 대위행사 후에도 채무자는 자신의 명의로 소유권이전등기를 하는 데 아무런 지장이 없다(대판 1991. 4. 12, 90다9407). 2) 채권자대위권 행사 통지 후에 제3채무자가 채무자의 채무불이행을 이유로 계약을 해제한 경우, 이 법정해제는 (합의해제와는 달리) 위 처분에 해당하지 않는다. 예컨대 A가 부동산을 B에게 매도하고, B는 대금을 다 지급하기 전에 이를 C에게 매도하여, C가 B를 대위하여 A에게 소유권이전등기를 청구하고 이 사실을 B에게 통지하였는데, A가 B의 대금채무의 불이행을 이유로 매매계약을 해제하는 경우이다. 이 해제로써 B의 A에 대한 소유권이전청구권이 소멸되므로 위 처분에 해당하지 않는지 의문이 있을 수 있으나, 채권자가 채권자대위권을 행사하였다고 하여 제3채무자의 채무자에 대한 지위가 불리해질 이유가 없고, 법정해제는 채무자의 채무불이행을 이유로 하는 제3채무자의 정당한 법적 대응으로서, (채무자가 자신의 채무불이행을 이유로 계약이 해제되도록 한 것이) 위 처분에 해당하지는 않는다. 따라서 제3채무자(A)는 그 해제로써 대위권을 행사하는 채권자(C)에게 대항할 수 있다(대판 2003. 1. 10, 2000다27343; 대판(전원합의체) 2012. 5. 17, 2011다87235). (ㄷ) 민법 제405조 2항은 처분행위만을 제한하고 있으나, 권리의 행사도 마찬가지이다. 즉 채권자의 통지가 있은 후에는 채무자는 스스로 그의 권리를 행사할 수 없고, 그 권리의 행사로서 소를 제기할 수도 없다. (ㄹ) 채권자가 위 통지를 하지 않은 때에도, 이를테면 재판상으로 채권자대위권을 행사하고 그 소장이 채무자에게 송달된 경우처럼, 채무자가 자신의 채권이 채권자에 의해 대위행사된 사실을 안 때에는 채권자가 통지를 한 것과 같은 효과가 발생한다(대판 1977. 3. 22, 77다118 외 다수의 판례).

판 례 채권자대위소송이 제기되고 대위채권자가 채무자에게 대위권 행사 사실을 통지하거나 채무자가 이를 알게 된 후 이루어진 피대위채권에 대한 전부명령의 효력 / 채권자대위소송에서 확정된 판결에 따라 대위채권자가 제3채무자로부터 지급받을 채권에 대한 압류명령 등의 효력

* A는 B에게 금전채권이 있고 B는 甲에게 금전채권이 있는데, A가 甲을 상대로 채권자대위소송을 제기하여, 제1심 법원으로부터 '甲은 피대위채권을 A에게 지급하라'는 판결이 선고되었고, B는 이 법원에 증인으로 출석하여 A가 채권자대위권을 행사한 사실을 알고 있었다. 이러한 상태에

는 소송을 제기하였는데, 그 후 채무자가 제3자가 신청한 지급명령에 이의를 제기하지 않아 강제경매절차에서 부동산이 매각됨으로써 위 근저당권설정등기가 말소된 사안에서, 판례는, 채무자가 지급명령에 이의를 제기하지 않은 것이 대위채권자가 행사하고 있는 권리의 처분이라고 할 수 없어 제3자는 위 근저당권설정등기의 말소로 채권자에게 대항할 수 있다고 보았다(대판 2007. 9. 6, 2007다34135).

서, (ㄱ) B의 채권자 C가 위 피대위채권, 즉 B가 甲에게 갖는 채권에 대해 채권압류 및 전부명령을 받았는데, 판례는 아래 (1)의 이유를 들어 이 압류 및 전부명령은 무효라고 보았다.[1] 한편, (ㄴ) A의 채권자 D는 A가 甲으로부터 지급받을 피대위채권에 대해 채권압류 및 전부명령을 받았는데, 판례는 아래 (2)의 이유를 들어 이 압류 및 전부명령도 무효라고 보았다.[2]

「(1) ① 채권자가 자기의 금전채권을 보전하기 위하여 채무자의 금전채권을 대위행사하는 경우 제3채무자로 하여금 채무자에게 그 지급의무를 이행하도록 청구할 수도 있지만, 직접 대위채권자 자신에게 이행하도록 청구할 수도 있다. ② 그런데 채권자대위소송에서 제3채무자로 하여금 직접 대위채권자에게 금전의 지급을 명하는 판결이 확정되더라도, 대위의 목적인 권리, 즉 채무자의 제3채무자에 대한 피대위채권이 그 판결의 집행채권으로서 존재하는 것이고 대위채권자는 채무자를 대위하여 피대위채권에 대한 변제를 수령하게 될 뿐 자신의 채권에 대한 변제로서 수령하게 되는 것이 아니므로, 그 피대위채권이 변제 등으로 소멸되기 전이라면 채무자의 다른 채권자는 이를 압류 · 가압류할 수 있다. ③ 그러나 채권자대위소송이 제기되고 대위채권자가 채무자에게 대위권 행사 사실을 통지하거나 채무자가 이를 알게 되면 민법 제405조 2항에 따라 채무자는 피대위채권을 양도하거나 포기하는 등 채권자의 대위권 행사를 방해하는 처분행위를 할 수 없게 되고 이러한 효력은 제3채무자에게도 그대로 미치는데, 그럼에도 그 이후 대위채권자와 평등한 지위를 가지는 채무자의 다른 채권자가 피대위채권에 대하여 전부명령을 받는 것도 가능하다고 하면, 채권자대위소송의 제기가 채권자의 적법한 권리행사방법 중 하나이고 채무자에게 속한 채권을 추심한다는 점에서 추심소송과 공통점도 있음에도 그것이 무익한 절차에 불과하게 될 뿐만 아니라, 대위채권자가 압류 · 가압류나 배당요구의 방법을 통하여 채권배당절차에 참여할 기회조차 가지지 못하게 한 채 전부명령을 받은 채권자가 대위채권자를 배제하고 전속적인 만족을 얻는 결과가 되어, 채권자대위권의 실질적 효과를 확보하고자 하는 민법 제405조 2항의 취지에 반하게 된다. ④ 따라서 채권자대위소송이 제기되고 대위채권자가 채무자에게 대위권 행사 사실을 통지하거나 채무자가 이를 알게 된 이후에는 민사집행법 제229조 5항이 유추적용되어 피대위채권에 대한 전부명령은, 우선권 있는 채권에 기초한 것이라는 등의 특별한 사정이 없는 한, 무효라고 보는 것이 타당하다.

(2) 자기의 금전채권을 보전하기 위하여 채무자의 금전채권을 대위행사하는 대위채권자는 제3채무자로 하여금 직접 대위채권자 자신에게 그 지급의무를 이행하도록 청구할 수 있고 제3채무자로부터 그 변제를 수령할 수도 있으나, 이로 인하여 채무자의 제3채무자에 대한 피대위채권이 대위채권자에게 이전되거나 귀속되는 것이 아니므로, 대위채권자의 제3채무자에 대한 위와 같은 추심권능 내지 변제수령권능은 그 자체로서 독립적으로 처분하여 환가할 수 있는 것이 아니어서 압류할 수 없는 성질의 것이고, 따라서 이러한 추심권능 내지 변제수령권능에 대한 압류명령 등은 무효이다. 그리고 채권자대위소송에서 제3채무자로 하여금 직접 대위채권자에게 금전의 지급을 명하는 판결이 확정되었더라도 그 판결에 기초하여 금전을 지급받는 것 역시 대위채권자의 제3채무자에 대한 추심권능 내지 변제수령권능에 속하는 것이므로, 채권자대위소송에서 확정된 판결에 따라 대위채권자가 제3채무자로부터 지급받을 채권에 대한 압류명령 등도

1) 2019년 제2차 변호사시험 모의시험 민사법(사례형) 제1문의2, 그리고 2021년 제2차 변호사시험 모의시험 민사법(사례형) 제1문의1 문제3은 이 판례((ㄱ) 부분)를 출제한 것이다.
2) 2020년 제9회 변호사시험 제2문의2 문제2는 이 판례((ㄴ) 부분)를 출제한 것이다.

무효라고 보아야 한다」(대판 2016. 8. 29, 2015다236547).

Ⅳ. 채권자대위권 행사의 효과

a) 효과의 귀속 채권자대위권은 채권자가 채무자의 권리를 행사하는 것이므로, 그 행사의 효과는 직접 채무자에게 귀속한다. 예컨대 변제의 수령을 요하는 채무에서 제3채무자가 채권자에게 변제하더라도 그것은 채무자에게 변제한 것과 같다(대판 2024. 3. 12, 2023다301682).

b) 시효의 중단 (ㄱ) 채권자대위권은 채권자가 채무자에 대한 권리를 보전하기 위해 채무자가 제3자에 대해 갖는 권리를 대위행사하는 것이어서, 그 행사의 효과는 직접 채무자에게 귀속한다(404조 1항). 따라서 채권자가 채무자를 대위하여 채무자의 제3채무자에 대한 채권을 행사한 경우, 그로 인한 소멸시효 중단의 효과 역시 채무자에게 생긴다(대판 2011. 10. 13, 2010다80930).[1] (ㄴ) 채권자의 채무자에 대한 채권은 어떠한가? 채권자대위소송이 채권자가 채무자를 상대로 하는 것이 아닌 점(169조 참조)을 고려하면 소멸시효는 중단되지 않는다고 보는 견해가 있다(양창수·김형석, 권리의 보전과 담보(제3판), 104면).

c) 법정위임관계 채권자와 채무자 사이에는 일종의 법정위임관계가 성립한다. 따라서 채권자는 채무자의 권리를 행사하는 데 선관의무를 지며(681조 참조), 그 일환으로 채무자에게 대위권 행사의 사실을 통지하여야 하고(405조 1항), 이를 위반하여 채무자에게 손해를 입힌 때에는 배상책임을 지는 것으로 해석된다. 한편 채권자가 대위권을 행사하는 과정에서 비용을 지출한 때에는 민법 제688조를 유추적용하여 그 상환을 구할 수 있다(대결 1996. 8. 21, 96그8). 그리고 변제의 수령을 요하는 채무에서 채권자가 목적물을 대위 수령하여 보관비용을 지출한 경우에는 그 물건에 유치권을 취득한다(320조).

d) 제3채무자의 지위 채권자는 채무자의 권리를 행사하는 것이므로, 제3채무자는 채무자에 대한 모든 항변사유(변제기 미도래 · 무효와 취소 · 권리소멸 · 동시이행의 항변 등)로써 채권자에게 대항할 수 있다. 다음의 점을 유의하여야 한다. ① 채권자대위권은 채무자의 제3채무자에 대한 권리를 행사하는 것이므로, 채권자가 채권자대위권을 행사하면서 자기와 제3채무자 사이의 독자적인 사정에 기한 사유를 주장할 수는 없다(대판 2009. 5. 28, 2009다4787).[2] ② 채무자에게 대위권 행사의 통지가 있은 후 채무자의 처분행위로 인해 제3채무자가 가지게 된 항변은 전술한 대로 채권자에게 대항하지 못한다. ③ 그 통지 후에도 채무자의 처분행위가 아닌 것, 예컨대 제

---

1) 원고가 채권자대위권에 기해 청구를 하다가 당해 피대위채권 자체를 양수하여 양수금청구로 소를 변경한 사안에서, 판례는, 이는 청구원인의 교환적 변경으로서 채권자대위권에 기한 구 청구는 취하된 것으로 보아야 하지만, 채권자대위소송의 소송물은 채무자의 제3채무자에 대한 계약금 반환청구권인데 양수금청구는 원고가 계약금 반환청구권 자체를 양수하였다는 것이어서 양 청구는 동일한 소송물에 관한 권리의무의 특정승계가 있을 뿐 그 소송물은 동일한 점, 시효중단의 효력은 특정승계인에게도 미치는 점 등에 비추어, 당초의 채권자대위소송으로 인한 시효중단의 효력은 소멸되지 않는 것으로 보았다(대판 2010. 6. 24, 2010다17284).

2) 채무자와 제3채무자 사이에 무효인 가등기의 유용 합의에 따라 그 가등기 이전의 부기등기를 하였으나 그 전에 채권자가 부동산을 가압류한 사실이 있고, 이 경우 위 가등기의 유용은 채권자에게는 무효여서 채권자가 이를 직접 주장하면 될 것인데, 채권자가 채권자대위권을 행사하면서 채무자를 대위하여 그 무효를 주장하는 것은, 채무자는 그러한 무효를 주장할 수 없는 점에서 허용될 수 없다고 본 사안이다.

3채무자가 채무자에게 변제를 하고 이를 수령하는 것은 유효하므로(대위권의 행사는 압류와는 달리 제3채무자의 변제를 금지하는 효력이 있는 것도 아님), 제3채무자는 채무의 소멸을 주장할 수 있다. ④ 제3채무자는 채무자에 대해 채무를 부담하는 것이므로, 채무자가 채권자에 대해 가지는 항변을 제3채무자가 원용할 수는 없다. 예컨대 채권자의 채무자에 대한 채권의 소멸시효가 완성된 경우에, 이를 원용할 수 있는 자는 시효이익을 직접 받는 채무자이고 어차피 채무자에 대해 채무를 부담하는 제3채무자는 이를 주장할 수 없다(대판 1992. 11. 10, 92다35899). 다만, 채권자의 채무자에 대한 권리의 발생원인이 된 법률행위가 무효라거나 위 권리가 변제 등으로 소멸되었다는 등의 사실을 주장하여 채권자의 채무자에 대한 권리가 인정되는지 여부를 다투는 것은 가능하다(이 경우 법원은 제3채무자의 주장을 고려하여 채권자의 채무자에 대한 권리가 인정되는지에 관해 직권으로 심리 · 판단하여야 한다)(대판 2015. 9. 10, 2013다55300). 그 밖에 채권자가 채권자대위소송을 제기하는 한편 채무자를 상대로 피보전채권의 이행청구소송을 제기하였는데, 채무자가 그 소송절차에서 소멸시효를 원용하는 항변을 하였고, 그러한 사유가 현출된 채권자대위소송에서 심리를 한 결과 실제로 피보전채권의 소멸시효가 완성된 것으로 판단되면, 채권자는 더 이상 채무자를 대위할 권한이 없으므로 채권자대위소송은 부적법한 것으로서 각하된다(대판 2008. 1. 31, 2007다64471).

e) 대위소송에 의한 판결의 효력 채권자가 채권자대위권을 재판상 행사한 경우에 그 판결의 효력이 채무자에게도 미치는가? (ㄱ) 판례는, 채권자대위권에 기한 소송은 민사소송법 제218조 3항 소정의 '다른 사람을 위하여' 하는 소송으로서 그 확정판결은 그 다른 사람(채무자)에게도 효력이 있다고 보는 것이 타당한데, 한편 불성실한 채권자 등의 소송수행의 결과를 무조건 채무자에게 부담지우는 것은 가혹하므로, 통지 등 어떠한 사유든 간에 채무자가 채권자대위소송이 제기된 사실을 안 경우에만 그 판결의 효력이 채무자에게 미치는 것으로 보고 있다(대판(전원합의체) 1975. 5. 13, 74다1664). (ㄴ) 통설적 견해는 채무자가 대위소송의 사실을 알았는지를 묻지 않고 민사소송법 제218조 3항에 의해 그 판결의 효력이 채무자에게 미치는 것으로 해석하는데, 그 논거로서 다음의 것을 든다. 즉, 판결의 효력을 채무자의 주관적 사정에 의존하는 것은 그 성질상 타당하지 않고, 위 규정을 적용하는 데 있어 채무자가 알았을 것을 요건으로 삼을 수 없으며, 채권자의 잘못으로 채무자가 손해를 입은 경우에는 채무자가 채권자에게 위임에 준해 채무불이행책임을 물을 수 있어 특별한 문제는 없고, 마지막으로 재판 외의 대위권 행사의 경우에 채무자의 동의를 요구하지 않는 것과 균형이 맞지 않는다는 것인데, 타당한 비판인 것으로 생각된다. (ㄷ) 유의할 것은, 채권자대위소송에서 판결의 효력이 채무자에게도 미친다는 의미는 채권자대위소송의 소송물인 피대위채권의 존부에 관하여 채무자에게도 기판력이 인정된다는 것이고, 채권자대위소송의 소송요건인 피보전채권의 존부에 관하여 당해 소송의 당사자가 아닌 채무자에게 기판력이 인정된다는 것은 아니다. 따라서 채권자가 채권자대위권을 행사하는 방법으로 제3채무자를 상대로 소송을 제기하였다가 채무자를 대위할 피보전채권이 인정되지 않는다는 이유로 소 각하 판결을 받아 확정된 경우, 그 판결의 기판력이 채권자가 채무자를 상대로 피보전채권의 이행을 구하는 소송에 미치는 것은 아니다(대판 2014. 1. 23, 2011다108095).

f) 채권자대위소송과 중복제소의 금지 (ㄱ) 민사소송법 제259조는 '법원에 계속(係屬)되어 있는 사건에 대하여 당사자는 다시 소를 제기하지 못한다'고 정하여 중복제소를 금지하고 있는데, 채권자대위소송과 관련하여 판례는 다음의 경우에 중복제소에 해당하는 것으로 본다. ① 채권자가 채무자를 대위하여 제3채무자를 상대로 제기한 채권자대위소송이 법원에 계속 중, 채무자가 제3채무자를 상대로 채권자대위소송과 소송물을 같이하는 내용의 소송을 제기한 경우(대판 1992. 5. 22, 91다41187), ② 채무자가 제3채무자를 상대로 제기한 소송이 법원에 계속 중, 채권자가 같은 내용의 채권자대위소송을 제기한 경우(대판 1981. 7. 7, 80다2751), ③ 채권자대위소송의 계속 중, 다른 채권자가 같은 채무자를 대위하여 같은 제3채무자를 상대로 같은 내용의 채권자대위소송을 제기한 경우(대판 1989. 4. 11, 87다카3155; 대판 1994. 2. 8, 93다53092), 각각 후소는 중복제소 금지의 원칙을 위배하여 제기된 부적법한 소송으로서 각하될 수밖에 없다. (ㄴ) 채권자대위소송에서는 위 중복소송을 가리기 위해 채무자의 특정이 필요한 사항이기는 하지만, 반드시 모든 경우에 일률적으로 채무자 개개인의 인적 사항을 통상의 소송당사자와 같은 정도로 상세히 특정하여야 하는 것은 아니다(소유권이전등기의 말소등기를 구하는 채권자대위소송에서 피대위자인 채무자들을 개인별로 상세히 특정하지 아니한 채 그 상속인들 또는 그중 한 사람만을 채무자로 특정 · 제기한 소송이 적법하다고 한 사례)(대판 2004. 11. 26, 2004다40986).

사례의 해설 (1) (ㄱ) 임차인 A는 채권자일 뿐이므로 채무자가 아닌 제3자 C에게 직접 자신의 임차권을 주장하여 그 가건물의 철거와 토지의 명도를 청구할 수는 없다. 이러한 청구는 토지의 소유자인 B만이 할 수 있다. 이 경우 A는 B에 대한 임차권(토지에 대한 사용 · 수익권)의 보전을 위해 B가 소유권에 기해 C에게 가지는 토지 명도 및 가건물 철거 청구권을 대위행사할 수 있고, 이때에는 B의 무자력은 필요하지 않다. (ㄴ) A가 임차한 토지에 대해 제3자 C가 불법으로 건물을 짓고 그 토지의 명도를 거절하는 것은 A의 임차권을 침해하는 것으로서, 제3자에 의한 채권침해가 문제될 수 있다. 이 경우 C가 A의 (채권인) 임차권의 존재를 안 때에는, A는 C의 건물로 인해 임차권의 목적을 달성할 수 없는 손해를 입게 된 것이므로, A는 C에게 불법행위를 이유로 손해배상을 청구할 수 있다(750조). (ㄷ) 임대차에서 임대인은 임차인이 목적물을 사용 · 수익하는 데 필요한 상태를 유지해 줄 의무를 부담하므로(623조), A는 B에게 B가 C의 건물에 대한 철거를 구하여 A가 임차목적물을 사용 · 수익할 수 있도록 해 줄 것을 청구할 수 있다. 이 청구에 따르지 않으면 B에게 채무불이행(이행지체)책임이 발생한다.

(2) A의 B에 대한 채권이 시효로 소멸되었더라도 제3채무자 C는 이를 원용할 수 없다(C는 B에게 채무를 부담하는 것이므로)(대판 1998. 12. 8, 97다31472). 그리고 채권자가 채권자대위권 행사의 사실을 채무자에게 통지한 후에는 채무자가 그 권리를 처분하여도 채권자에게 대항하지 못하지만(405조 2항), (채무자의 수중에 재산이 있게 되는 데 지나지 않는) 변제의 수령은 위 처분행위에 해당하지 않는다. 따라서 C가 B에게 한 7천만원 변제는 유효하므로 잔금은 3천만원이 남게 된다. 한편 채권자대위권은 채권자가 채무자의 권리를 대위행사하는 것이므로 제3채무자는 채무자에 대한 항변으로써 그에게 대항할 수 있고, 따라서 토지상의 건물의 철거 및 토지의 인도와 상환으로 3천만원을 지급하겠다고 항변할 수 있고, 이행지체책임도 부담하지 않는다.

(3) 丙과 丁은 甲에게 금전채권을 가지고 있고 그것이 변제기에 있으며, 甲은 무자력이고 乙

에게 금전채권을 가지고 있어, 丙과 丁은 채권자대위권에 기해 甲의 乙에 대한 금전채권을 대위행사할 수 있다(404조). 문제는 丙과 丁이 乙을 상대로 각각 채권자대위소송을 제기한 경우, 후소는 중복제소에 해당하여 각하된다는 점이다. 이 경우 전소와 후소의 판별 기준은 소송계속의 발생 시기, 즉 소장이 피고(乙)에게 송달된 때의 선후에 의한다(대판 1994. 11. 25, 94다12517, 94다12524). 설문에서는 丙이 제기한 채권자대위소송이 후소가 되므로, 중복제소에 해당되어 각하된다.

(4) 甲은 乙에 대한 금전채권을 보전하기 위해 乙이 丙에게 가지는 금전채권을 대위행사하여 丙에 대해 자신에게 그 금전을 지급할 것을 구할 수 있다. 그런데 이처럼 채권자대위권을 행사한 사실을 甲이 乙에게 통지한 경우에도, 丙은 乙과의 계약을 乙의 채무불이행을 이유로 해제할 수 있고 이는 제405조 2항 소정의 채무자의 권리 처분에 해당하지 않아(대판(전원합의체) 2012. 5. 17, 2011다87235), 그 해제로써 甲에게 대항할 수 있다. 따라서 그 해제로 乙의 丙에 대한 금전채권도 소멸되어서 甲이 채권자대위권을 행사할 여지도 없게 되므로(대위행사할 乙의 채권 자체가 존재하지 않으므로), 丙의 항변은 이유가 있다.

(5) (ㄱ) 채권자대위권은, 채권자가 자기의 채권을 보전하기 위해 채무자가 제3자에 대해 갖는 권리를 행사할 수 있는 것을 내용으로 한다(404조 1항). 그러므로 채무자가 제3자에 대해 행사할 수 있는 권리가 없는 경우에는 채권자가 이를 대위하여 행사할 수도 없다. (ㄴ) 매매예약을 맺으면서 그 행사기간을 정하지 않은 경우, 10년이 지나면 완결권은 소멸된다(대판 1997. 7. 25, 96다47494, 47500). 그러므로 매매예약을 원인으로 하여 마쳐진 가등기도 그 효력이 없다. 그런데 A와 B는 그 이후 무효인 가등기를 유용하여 본등기를 마치기로 합의하였다. 따라서 무효등기에 대한 유용의 합의가 있는 이상, A가 B에 대해 가등기에 기한 본등기가 무효임을 이유로 그 말소등기절차의 이행을 구할 수는 없으므로, 甲이 채권자대위권에 기해 대위 행사할 수도 없다(대판 2009. 5. 28, 2009다4787). 甲의 채권자대위소송은 기각된다. (ㄷ) 참고로, A와 B 사이의 무효인 가등기의 유용의 합의는 그 전에 등기부상 이해관계를 가지게 된 甲에게는 그 효력이 없다. 그러므로 甲은 채권자대위권을 행사할 필요 없이 자신이 직접 말소된 가압류등기의 회복등기를 청구하는 것이 유용하다. 이 경우 등기상 이해관계가 있는 C의 승낙이 필요하지만(부동산등기법 59조), 그 승낙을 거부할 사정이 C에게 있지는 않다. 사례 p. 189

제 3 관 채권자취소권債權者取消權

사례 (1) 1) ① A는 2011. 8. 1. 자신의 사업 자금을 조달하기 위하여 丁으로부터 2억원을 빌렸다. ② 그러나 A의 사업은 경기 침체로 더 어려워졌고, 결국 평소 A의 재무 상황을 잘 파악하고 있는 丙에게 "내가 급히 사업 자금이 필요하여 나의 유일한 재산인 X부동산을 급하게 매각해야 하니까, 매수해 달라"고 요청하여, 이를 승낙한 丙에게 2011. 9. 1. X부동산을 당시 시가인 5억원에 매도하고, 같은 날 丙은 자기 명의로 소유권이전등기까지 마쳤다. ③ 2012. 6. 3. 丙은 X부동산에 이미 설정되어 있던 근저당권의 피담보채무 전액 2억원을 근저당권자 C에게 변제하고 근저당권을 말소하였다. ④ 그 이후 丙은 2012. 7. 1. A가 D은행으로부터 1억원을 대출받을 때 X부동산을 담보로 제공하고 D은행 명의로 채권최고액 1억 5,000만원의 근저당권설정등기를 경료했다. ⑤ 丁은 A가 X부동산을 丙에게 매도한 사실을 2012. 9. 15. 비로소 알게 되었고, 2012. 10. 1. 丙을 상대로 '1. 피고와 소외 A 사이에 X부동산에 관하여 2011. 9. 1.에 체결된 매매계약을 2억원 범위 내에서 취소한다. 2. 피고는 원고에게 2억원 및 이에 대하여 판결 확정 다음 날부터 다 갚는 날까지 연 5%의 비율에 의한 돈을 지급하라.'는 소를 제기하였다. ⑥ 丁의 청구에 대해 丙은, 丙이 X부동산의 소유권을 취득한 날부터 1년이 경과한 후 丁이 소를 제기하였으므로 丁의 청구는 부적법하고, X부동산을 시가 5억원에 매매하였기 때문에 A의 책임재산에 변동이 없으므로 사해행위가 성립할 수 없으며, 丙이 아직 등기부상 소유자이므로 원물반환을 청구할 수 있을 뿐이며 가액반환을 청구할 수는 없고, 설사 백보를 양보하여 사해행위가 성립하더라도 C에게 이미 설정된 근저당권의 채권최고액 2억 5,000만원 및 丙이 D은행에 대하여 물상보증인으로서 설정한 근저당권의 채권최고액 1억 5,000만원을 모두 공제한 후 가액배상을 해야 한다고 항변하였다. ⑦ 법원의 심리 결과, A는 2011. 9. 1.부터 변론종결시까지 채무초과 상태였다. 또한, 2012년 부동산 경기 침체 때문에 변론종결 당시 X부동산의 시가는 3억 5,000만원이며, C의 피담보채권액은 2억원으로 근저당권 설정 당시부터 丙이 변제할 때까지 변동이 없다고 밝혀졌다. 2) 丙에 대한 丁의 청구에 관한 결론을 그 논거와 함께 서술하시오. (30점)(제2회 변호사시험, 2013)

(2) 상가건물을 A와 B가 각 1/2 지분으로 공유하고 있는데, 이 건물에는 부산은행 앞으로 155,323,789원을 피담보채권액으로 하는 근저당권이 설정되어 있고, 또 임차보증금 40,000,000원에 대해 우선변제권이 있는 임차권이 설정되어 있다. 이러한 상태에서 A가 그의 1/2 지분을 甲에게 매도하였는데, 그 당시 건물의 지분 가액은 170,000,000원이었다. A의 채권자 乙이 甲을 상대로 A와 甲의 매매가 사해행위임을 이유로 이를 취소하고 가액배상을 청구하려고 한다. 얼마를 청구할 수 있는가?

(3) 1) 甲은 새로운 건설 사업을 위하여 2011. 10. 16. 乙로부터 2억원을 빌리면서 변제기는 2012. 10. 15.로 하고, 이 채무를 담보하기 위하여 甲은 2011. 10. 16. 자신의 X건물(시가 2억원 상당)과, 그의 부탁을 받은 丁 소유의 Y아파트(시가 1억원 상당)에 채권최고액 2억 4천만원으로 하는 乙 명의의 공동 근저당권을 설정해 주었다. 이후 甲은 사업을 위하여 戊에게 X건물의 리모델링 공사를 맡겼다. 그런데 戊가 공사를 완료한 후 2011. 11. 30.까지 공사대금 1억원을 지급하기로 하였음에도 이를 지급하지 않고 있다. 2) 甲은 E에게 1억원의 임대보증금 반환채권을 가지고 있다. 한편 甲에게 2012. 7. 5. 1억원을 빌려준 C가 담보를 요구하자, 2012. 10. 5. 甲은 E에 대한 임대보증금 반환채권을 C에게 양도하고 이 사실을 확정일자 있는 증서로 통지하여 다음 날 E에게 도달하였다. C는 甲에게 별다른 재산이 없는 것으로 알고 채권양도를 받은 것이었다. 그런데 甲으로부터 공사대금을 받지 못한 戊가 이 사실을 알고 C를 상대로 사해행위 취소의 소를 제기하였다. 이에 대해 C는 "甲은 유일하게 X건물만 가지고 있지만, 乙이 Y아파트에 설정된 저당권을 실행하여 1억원의 변제를 확보할 수 있으므로 X건물의 담보가치가 1억원 남아 있고 이를 가지고도 戊에게 변제할 자력이 있다. 그리고 자신은 채권자로서 채권을 양도받은 것이므로 사해행위가 아니다."라고 주장하였다.

(a) 戊의 C에 대한 소송에서 C의 항변은 타당한가? (20점)

(b) 만약 甲이 C에게 한 채권양도가 사해행위라는 이유로 취소된다면, 戊는 甲을 대위하여 E를 상대로 1억원 임대보증금을 지급할 것을 청구할 수 있는가? (15점)(2017년 제3차 변호사시험 모의시험)

(4) 1) 甲과 乙은 X건물을 1/2 지분씩 공유하고 있는데, 2017. 6. 5. X건물의 각 지분에 관하여 근저당권자 A은행, 채무자 甲 · 乙, 채권최고액 2억원으로 하여 근저당권을 각 설정하였고, 2017.

8. 5. 丙에게 X건물을 보증금 4천만원, 월 차임 140만원에 임대하였다. 丙은 사업자등록을 마치고 임대차계약서에 확정일자를 받은 후 2017. 9월초부터 X건물에서 제과점 영업을 시작하였다. 또한 2017. 10. X건물에 관한 甲의 지분에 甲의 채권자 戊 명의의 청구금액 5천만원의 가압류등기가 경료되었다. 한편 채무초과 상태였던 甲은 2018. 3. 11. 乙의 남편인 丁(피고)에게 유일한 재산인 X건물의 1/2 지분을 매도하는 계약을 체결하고 2018. 3. 17. 丁 앞으로 지분이전등기를 마쳤다. 매매계약 당시 X건물 1/2 지분의 시가는 1억 7천만원이었다. 丁은 위 매매계약 후인 2018. 3. 12.에 근저당채무 잔액인 1억 5천만원을 모두 변제하고 근저당권설정등기를 말소하였다. 한편 己는 甲에게 2018. 1. 10.을 변제기로 하는 1억원의 대여금 채권을 가지고 있다. 2) 己는 甲이 丁에게 X건물의 지분을 매도한 것이 사해행위에 해당한다는 이유로 2018. 4. 16. 매매계약의 취소 및 원상회복을 구하는 소를 제기하였다. 己의 청구에 대하여 법원은 어떤 판단을 해야 하는가? (丁이 매수한 지분의 변론종결 시가는 1억 7천만원) (30점)(2018년 제2차 변호사시험 모의시험)

(5) 1) 甲은 2009. 7. 18. 乙로부터 X부동산을 매수하고 2010. 7. 28. 소유권이전등기를 마침으로써 그 소유권을 취득한 이래 X부동산을 점유하고 있다. 丙은 乙에 대한 A채권을 보전하기 위해 甲을 상대로 甲과 乙 사이의 위 매매계약이 사해행위에 해당한다는 이유로 사해행위 취소 및 원상회복 청구소송을 제기하였다. 2) 甲과 乙의 위 2009. 7. 18. 매매계약 당시 X부동산에는 다음과 같이 戊의 공동저당권이 설정되어 있었다. ① 피담보채권: 戊의 乙에 대한 5억원채권, ② 乙 소유 X부동산(시가 4억원)에 대하여 2009. 3. 3. 戊 명의의 1순위 공동저당권 설정등기. ③ C 소유 Y부동산(시가 6억원)에 대하여 2009. 3. 3. 戊 명의의 1순위 공동저당권 설정등기. 3) 또한 2009. 4. 1. 乙의 채권자 D가 X부동산에 2순위 저당권을 취득하였고(피담보채권액 1억원), 2009. 6. 3. C의 채권자 E가 Y부동산에 2순위 저당권을 취득하였다(피담보채권액 4억원)(이자 및 지연손해금 등 기타 일체의 부수채무는 고려하지 말 것). 4) 만약 乙이 자신의 유일한 재산인 X부동산을 매각한 것이라면, 위 2009. 7. 18. 매매계약은 丙에 대하여 사해행위에 해당하는가? (20점)(2018년 제3차 변호사시험 모의시험)

(6) 甲은 2017. 2. 3. 乙에게 1억원을 이자 연 5%, 변제기 2018. 1. 2.로 정하여 대여하였다. 乙은 유일한 재산으로 X아파트를 소유하고 있다. 2) 乙은 2017. 6. 2. 친구인 丙과 X아파트에 관하여 명의신탁 약정을 체결하고, 같은 날 丙에게 X아파트에 관한 소유권이전등기를 마쳤다. 乙은 2017. 8. 5. 丁에게 X아파트를 매도하기로 하고, 乙 자신을 매도인으로, 丁을 매수인으로 하는 매매계약을 체결하였다. 乙은 같은 날 丙의 협조를 받아 X아파트에 관하여 丙에서 丁으로 소유권이전등기를 마쳤다. 甲은 2018. 6. 5. 丁을 상대로, 채무자인 乙이 丁에게 X아파트를 매도한 행위는 사해행위에 해당하므로, 위 매매계약의 취소와 소유권이전등기의 말소를 구하는 소를 제기하였다. 이에 丁은 X아파트를 乙로부터 매수한 것은 사실이나, 乙이 매도한 것은 丙 명의로 소유권이전등기가 마쳐진 X아파트이므로 乙의 채권자인 甲이 사해행위 취소를 구할 수 없다고 주장한다. 심리 결과 乙의 재산 상태는 위 매매계약 당시부터 변론종결 당시까지 채무초과임이 인정된다. 3) 법원은 어떠한 판단을 하여야 하는지 결론과 논거를 기재하시오. (15점)(2019년 제8회 변호사시험)

(7) 1) 甲은 2017. 2. 3. 乙에게 1억원을 이자 연 5%, 변제기 2018. 1. 2.로 정하여 대여하였다. 乙은 유일한 재산으로 X아파트를 소유하고 있다. 2) 乙은 2017. 3. 3. 丙에게 X아파트를 매도하고 X아파트에 관하여 소유권이전등기를 마쳐주었다. 乙의 채권자 丁은 2017. 6. 5. 丙을 상대로 乙과 丙 사이의 위 매매계약이 사해행위라고 주장하면서, 위 매매계약의 취소와 丙 명의의 소유권이전

등기의 말소를 구하였다(이하 '이 사건 전소'라 함). 丁은 2018. 1. 25. 이 사건 전소에서 전부 승소하였고, 丙이 항소하지 않아 이 사건 전소가 확정되었다. 丙은 2018. 2. 25. 乙에게 X아파트에 관한 소유권이전등기를 말소하여 주었다. 乙은 2018. 3. 4. X아파트에 관하여 소유권이전등기가 회복된 것을 기화로 戊에게 X아파트를 매도하고 다음 날 X아파트에 관하여 戊에게 소유권이전등기를 마쳐주었다. 이에 甲은 2018. 6. 5. 戊를 상대로 戊 명의의 소유권이전등기가 원인무효임을 주장하며 소유권이전등기 말소청구의 소를 제기하였다. 이에 戊는 ① 채무자인 乙은 X아파트를 처분할 권한이 있고, ② 甲은 이 사건 전소의 취소채권자가 아니고, 채무자의 재산에 강제집행 절차를 통해 배당을 받을 수 있는 일반채권자일 뿐 등기말소청구권을 행사할 권리가 없다고 주장한다. 3) 법원은 어떠한 판단을 하여야 하는지 결론과 논거를 기재하시오. (20점)(2019년 제8회 변호사시험)

(8) 1) ① 甲은 2015. 2. 1. 자기 소유의 X부동산에 관해 채권자 乙에게 채권최고액 2억 5천만원의 1순위 근저당권 설정등기를 경료해 주었다. ② 甲은 2015. 8. 1. 자신의 유일한 재산인 시가 5억원의 X부동산을 丙에게 2억원에 매도하고, 같은 날 丙 명의로 소유권이전등기까지 마쳤다. 丙은 2016. 4. 2. X부동산에 설정되어 있던 근저당권의 피담보채무 전액 2억원을 변제하고 근저당권을 말소하였다. ③ 甲에게 5천만원의 대여금채권을 가지고 있는 채권자 丁은 2017. 1. 경 甲의 乙에 대한 근저당권설정 사실을 알게 되었고, 2017. 2. 2. 乙을 상대로 사해행위 취소 및 원상회복 청구의 소를 제기하여, 2017. 10. 경 승소 확정판결을 받았다. ④ 甲에 대한 채권자 戊(총 채권액 7억원)는 2018. 2. 경 甲이 X부동산을 丙에게 매도한 사실을 알게 되었고, 2018. 3. 1. 丙을 상대로 '피고와 甲 사이에 X부동산에 관해 2015. 8. 1.에 체결된 매매계약을 취소한다. 피고는 원고에게 5억원 및 이에 대해 매매계약일부터 다 갚는 날까지 연 5%의 비율에 의한 돈을 지급하라.'는 소를 제기하였다. ⑤ 이에 대해 丙은, 2015. 8. 1. 매매계약은 사해행위가 아니고, 설령 사해행위이더라도 자신은 5억원을 반환할 의무가 없으며, 가액반환의무에 대한 지연손해금 발생시점은 소장 부본 송달 다음 날이라고 주장하였다. ⑥ 법원의 심리 결과, 甲은 2015. 1. 1.부터 변론종결시까지 계속 채무초과 상태이고, 변론종결 당시 X부동산의 시가는 5억원으로 동일하며, 乙의 피담보채권액은 2억원으로 근저당권설정 당시부터 丙이 변제할 때까지 변동이 없는 것으로 밝혀졌다. 2) 戊의 丙에 대한 청구에 관해 결론과 논거를 서술하시오. (20점)(2020년 제3차 변호사시험 모의시험)

(9) 1) 甲은 2018. 3. 5. 乙에게 1억원을 이자의 정함 없이 변제기 2020. 3. 4.로 하여 대여하였다. 한편 乙은 2020. 1. 1. 丙에게 곰돌이 인형 100개를 납품하였고, 2020. 1. 15.까지 丙으로부터 그 대금 5,000만원을 받기로 하였다. 2) 乙은 채무초과 상태에 이르자 친구인 丁과 2020. 2. 1. 丙에 대한 위 물품대금채권 5,000만원을 양도하기로 하는 채권양도계약을 체결하였고, 그 무렵 乙의 채권양도 통지가 丙에게 도달하였다. 丁은 丙으로부터 아직 물품대금을 받지 못하였다. 3) 甲은 위와 같이 乙이 丁에게 물품대금채권을 양도한 것이 사해행위에 해당한다는 이유로 丁을 피고로 하여 乙과 丁 사이의 채권양도계약을 취소하고 원상회복을 구하는 소를 제기하려고 한다.

(가) 甲은 어떠한 방법으로 원상회복 청구를 하여야 하는가? (10점)

(나) 甲이 丁을 상대로 한 사해행위 취소 및 원상회복 청구소송에서 승소 판결을 받고 그 판결이 확정된 후, 甲이 乙을 대위하여 丙에게 물품대금 지급청구의 소를 제기할 경우, 법원은 어떠한 판단을 하여야 하는가? (15점)(2021년 제10회 변호사시험)

(10) 1) 甲과 乙은 X부동산에 관하여 1/2 지분씩을 공유하고 있었다. 甲은 2018. 6. 8. 자신의 사

업자금을 융통하기 위하여 A은행으로부터 금전을 차용하면서 乙의 동의를 받아 X부동산 전체에 채권최고액을 1억 3천만원으로 하는 A은행 명의의 근저당권을 설정해 주었다. 2) 甲은 2019. 3. 15. 채무초과 상태에서 자신의 유일한 재산인 X부동산 중 1/2 지분을 乙에게 증여하고 소유권이전등기를 마쳐주었다. 당시 X부동산 전체의 시가는 1억 5천만원, A은행에 대한 甲의 피담보채무액은 9천만원이었다. 3) 丙은 2019. 8. 14. 甲에 대한 물품대금채권 2천만원(변제기 2019. 1. 5.)을 피보전채권으로 하여 乙을 상대로 甲과 乙 사이의 X부동산 중 1/2 지분에 대한 증여계약을 취소하고 지분권이전등기를 말소하라는 사해행위 취소의 소를 제기하였다. 4) 乙은 피담보채권액이 목적물 가액을 초과하므로 X부동산의 1/2 지분에 대한 증여계약은 사해행위에 해당한다고 할 수 없다고 주장하고, 이에 대해 丙은 甲의 부동산 지분이 부담하는 피담보채권액은 각 공유지분의 비율에 따라 분담된 금액이므로 피담보채권액이 목적물 가액을 초과한다고 볼 수 없다고 주장하였다. 5) 법원은 어떠한 판단을 하여야 하는지, 결론과 논거를 기재하시오. (20점)(2021년 제3차 변호사시험 모의시험)

(11) 1) 甲은 2018. 6. 8. A은행으로부터 금전을 차용하며 자신이 소유한 X부동산(시가 1억 5천만원)에 대하여 채권최고액을 1억 2천만원으로 하는 A은행 명의의 근저당권설정등기를 마쳐주었다. 2) 甲은 2019. 4. 15. 채무초과 상태에서 자신의 유일한 재산인 X부동산을 甲의 채권자인 乙에게 대물변제하고 소유권이전등기를 마쳐주었고, 같은 날 乙은 이미 설정되어 있던 근저당권의 피담보채무 8천만원을 변제하고 이를 말소하였다. 이후 乙은 2019. 10. 17. B은행으로부터 1천만원을 대출받으며 X부동산에 대해 채권최고액을 1천 5백만원으로 하는 B은행 명의의 근저당권을 설정해 주었다.

(가) 1) 丙은 2018. 10. 5. 甲에게 5천만원을 무이자로 대여해 주고 변제받지 못하고 있었는바, 2020. 2. 10. 乙을 상대로 대물변제계약의 취소 및 소유권이전등기의 말소를 구하는 사해행위 취소의 소를 제기하였다. 2) 소송의 변론기일에서 乙은 ① 자신이 X부동산의 소유권을 취득한 이후 A은행의 근저당권이 말소되고 B은행의 근저당권이 설정되는 등의 사정이 있었으므로 원물반환은 불가능하여 丙의 청구는 부당하고, ② 가사 丙의 원상회복 청구가 받아들여진다고 하더라도, 乙 자신도 대물변제계약 당시 甲에 대한 4천만원의 물품대금채권을 가지고 있었으므로 이를 상계한 잔액만을 배상할 의무가 있을 뿐이라고 항변하였다. 3) 乙이 이러한 채권을 갖고 있음이 확인된다면, 법원은 丙의 청구에 대해 어떠한 판단을 하여야 하는지, 결론과 논거를 기재하시오. (20점)

(나) 1) 사무기기 매장을 운영하는 丁은 2017. 1. 26. 甲에게 복사기 등의 사무용 물품을 공급하였으나 대금 중 일부만 변제기인 2017. 3. 30. 받았을 뿐, 잔여 대금 2천만원에 대해서는 아직까지 받지 못하고 있었다. 2) 丁은 甲의 사정을 고려하여 이에 대해 아무런 조치를 취하지 않고 있었으나, 甲이 그 유일한 재산인 X부동산을 乙에게 대물변제한 사실을 알고 2020. 4. 2. 乙을 상대로 사해행위 취소의 소를 제기하였다. 3) 재판 과정에서 乙이 피보전채권인 丁의 대금채권이 이미 시효로 소멸되었다고 항변한다면, 이에 대해 법원은 어떠한 판단을 하여야 하는지, 결론과 논거를 기재하시오. (10점)(2021년 제3차 변호사시험 모의시험)

(12) 1) 대부업자 甲은 2013. 5. 21. 乙에게 2억원을 변제기 2014. 5. 20.로 정하여 대여하였다. 2) 乙은 2018. 5. 1. 채무초과 상태에서 丙에게 자신의 Y토지를 매도하고 같은 날 소유권이전등기를 마쳐 주었다. Y토지에는 2013. 2. 1. 근저당권자 丁, 채권최고액 5천만원의 근저당권설정등기, 2018. 3. 1. 乙의 채권자 戊, 청구금액 3천만원의 가압류등기가 각 마쳐져 있었다. 丙이 Y토지

의 소유권을 이전받은 후에 丁에 대한 피담보채무 전액 5천만원과 戊의 가압류 청구금액 3천만원을 각 변제함으로써 丁 명의의 근저당권설정등기와 戊 명의의 가압류등기가 모두 말소되었다. 한편 2019. 1. 1. 이를 알게 된 甲은 2019. 3. 1. 丙을 상대로 乙과 丙 간의 위 매매계약을 사해행위로 전부 취소하고 원상회복으로 Y토지에 관하여 丙 명의로 된 소유권이전등기의 말소를 구하는 소를 제기하였다. 3) 丙은 위 소송에서 ① 자신이 사해행위 사실에 대해 선의이고, ② 설령 위 매매계약이 사해행위로서 취소된다고 하더라도 甲이 매매계약의 전부 취소 및 원물반환을 구하는 것은 부당하다는 취지로 항변하였으나, 甲은 변론종결 시까지 종전의 청구취지를 그대로 유지하였다. 법원의 심리 결과, 甲의 주장 사실 중 수익자 丙의 악의 여부를 제외한 사해행위의 실체적 요건이 모두 인정되었고, 丙의 악의 여부는 증명되지 않았으며, 사해행위 당시와 사실심 변론종결 당시 Y토지의 가액은 1억원임이 확인된 경우, 법원은 어떠한 판단을 하여야 하는지, 결론과 논거를 기재하시오. (25점)(2022년 제11회 변호사시험) 해설 p. 234

Ⅰ. 서 설

1. 의 의

〈예〉 A에게 5천만원 금전채무가 있는 B가 그 소유의 유일한 임야(1억원 상당)를 C에게 증여하여, C 명의로 소유권이전등기가 되었다(그 증여는 허위표시가 아니며 유효한 것이다).

a) 채무자가 채권자를 해치는 법률행위를 함으로써 무자력이 되어 채권의 만족을 줄 수 없는 경우, 채권자가 그 취소와 원상회복을 법원에 청구할 수 있는 권리가 「채권자취소권」이다(406조). 채권자대위권과 더불어 채무자의 책임재산의 보전을 위해 채권자에게 인정된 권리이다.

위 예에서 B는 C에게 증여를 함으로써 A에게 금전채무를 변제할 수 없는 '무자력'으로 되고, 결국 B와 C 간의 증여계약은 채권자(A)를 해치는 '사해행위詐害行爲'가 된다. 이 경우 A는 C를 상대로 B와 C 사이의 임야에 대한 증여계약을 취소하고 C 명의의 소유권이전등기의 말소를 청구하는 소를 제기하여, 소유권 명의를 B 앞으로 회복시키는 데 위 제도의 목적이 있다.

b) 채권자취소권도 채권자대위권과 같이 채무자의 책임재산을 보전하는 데 그 목적이 있고, 채무자의 무자력을 공통의 요건으로 한다.[1] 그런데 채권자대위권은 본래 채무자가 행사할 권리를 채권자가 대신 행사하는 것에 지나지 않는 데 반해, 채권자취소권은 채무자와 제3자 사이에 이루어진 (유효한) 법률행위를 채권자가 부인하는 점에서 제3자에게 미치는 영향은 채권자대위권에 비할 바가 아니다. 그래서 그 요건의 해당 여부를 법원이 심사토록 하기 위해 재판상 행사하도록 하고, 취소의 범위를 취소채권자의 채권액에 한정하는 것, 취소권 행사의 효과로서 판례와 통설이 상대적 효력을 인정하는 것 등은 제3자의 지위를 배려하기 위한 조

1) '민사집행법'에서 정하고 있는 「재산명시」제도를 통해 채권자취소권이 활용될 소지가 많아졌다. 즉 금전의 지급을 목적으로 하는 집행권원에 기초하여 강제집행을 개시할 수 있는 채권자는 채무자의 보통재판적이 있는 곳의 법원에 채무자의 재산명시를 요구하는 신청을 할 수 있고(동법 61조), 그에 따라 법원은 채무자에게 재산상태를 명시한 재산목록의 제출을 명할 수 있는데(동법 62조 1항), 그 재산목록에는 재산명시명령이 송달되기 전 1년 이내의 유상양도 및 2년 이내의 무상처분의 내역까지 명시하여야 하는 점에서(동법 64조 2항), 이를 통해 채권자가 채무자의 무자력과 사해행위를 입증하는 것이 용이해졌기 때문이다.

치이다(김증한 · 김학동, 193면~194면 참조).

위 예에서 민법 제406조와 제407조에서 정하고 있는 채권자취소권의 내용을 모아보면 다음과 같다. ① A는 자신이 원고가 되고 (사해의 의사가 있는 것을 전제로) C를 피고로 하는 소송을 제기하여, B와 C 사이의 증여가 사해행위에 해당함을 이유로 이를 취소하고 C 명의의 등기의 말소나 B 앞으로의 소유권이전등기를 구하는 채권자취소권을 행사하여야 하고, 이 소는 A가 그러한 사해행위를 안 날부터 1년 내에, 그 증여가 있은 날부터 5년 내에 제기하여야 한다. 채무자 B를 피고로 삼을 수는 없다. 위 증여는 B와 C 사이에는 유효하다. ② 채권자취소소송의 판결이 확정되면, A는 그 판결서를 갖고서 단독으로 등기를 신청하여 위 임야의 소유명의를 B로 할 수 있다(물론 등기 없이 그 판결만으로도 부동산물권은 B에게 귀속하지만(187조), 강제집행을 위해서는 B 명의로 등기를 해 놓는 것이 유용하다). 그러나 이것은 강제집행의 절차상 형식적으로 B의 명의로 한 것에 지나지 않고, B가 그 임야의 소유자가 되는 것은 아니다. ③ B 명의로 회복된 임야에 대해 강제집행을 하려면 A는 별도의 집행권원을 가져야 한다. ④ 임야에 대해 강제집행을 하고 남은 돈은 소유자인 C에게 주어야 한다. 한편 A가 강제집행을 하여 만족을 얻은 부분에 대해서는 C는 자기의 소유물이 처분되어 B의 채무를 면하게 한 것을 이유로 B에게 부당이득반환을 청구할 수 있다. ⑤ 만일 A가 B에게 매매를 원인으로 하여 소유권이전등기청구권을 갖는 경우에는, A는 채권자취소권을 행사할 수 없다. 채권자취소에 따른 취소와 원상회복은 모든 채권자의 이익을 위해서만 효력이 있는 것이므로(407조), 채권자가 갖는 채권은 금전채권이어야 하고, 또 사해행위 이전에 성립하고 있어야 한다.

2. 채권자취소권의 성질

a) 채권자취소권은 반드시 재판상 행사하여야 하지만(406조), 그것은 권리행사의 방법에 지나지 않는 것이고, 이것은 채권의 공동담보의 보전을 위해 법률이 채권자에게 부여한 실체법상의 권리이다.

b) 채권자취소권에 관해, 구민법 제424조는 「… 법률행위의 취소를 법원에 청구할 수 있다」고 정하여, 그 법적 성질을 둘러싸고 형성권설 · 청구권설 · 절충설(병합설)로 그 견해가 나뉘었는데, 현행 민법 제406조 1항은 「… 그 취소와 원상회복을 법원에 청구할 수 있다」고 규정함으로써, 즉 '취소' 외에 '원상회복'을 삽입함으로써, 이 권리가 취소와 재산회복의 양자를 내용으로 하는 것임을 명확히 하였다.

채권자가 채무자의 재산에 대해 강제집행을 하기 위해서는 형식상 그 재산이 채무자의 소유에 속할 것이 필요하다. 따라서 채무자의 법률행위를 취소하더라도 그 재산이 수익자 (또는 전득자) 명의로 남아 있는 때에는 현실적으로 그 집행은 어렵다. 그래서 현행 민법은 강제집행의 실효를 위해 채권자취소권의 내용으로서 취소와 원상회복의 양자를 포함하는 것으로 정한 것이다. 따라서 채권자취소의 소는 형성의 소와 이행의 소가 합쳐진 것이 된다. 다만 원상회복의 필요가 없는 경우에는 사해행위의 취소만을 구할 수 있다(예: 채무자가 제3채무자에 대한 채권을 포기한 때).

c) 채권자취소권의 내용으로서 민법 제406조에서 정하는 「취소와 원상회복」의 성질에 관해, 통설과 판례는 (후술하는 바와 같이) 우선 그 「취소」를 '상대적 무효'로 구성하는 데서 시작한다. 즉 채권자취소권은 일탈한 재산을 채무자의 책임재산으로 복귀시키는 데 그 목적이 있으므로 굳이 채무자와 수익자 간의 유효한 법률행위까지 전면적으로 무효로 할 필요는 없고, 채권자와 수익자(또는 전득자) 간의 상대적인 관계에서만 채무자와 수익자 간의 법률행위를 취소해서 무효로 하는 것으로 충분하다고 보는 것이다. 한편 그 취소를 하더라도, 채무자는 위 소송의 당사자가 아니어서 판결의 효력을 받지 않는 점에서 채무자에게 위 재산이 복귀한다고 볼 수 없고, 또 채권자는 물권자가 아닌 단순한 채권자에 지나지 않으므로, 결국 위 「원상회복」은 취소에 의한 (상대적) 무효를 원인으로 하여 채권자가 채무자의 책임재산의 회복수단으로서 수익자(또는 전득자)에 대해 채무자 앞으로 그 재산을 이전(회복)해 줄 것을 구하는 '채권적 청구권'으로 파악할 수밖에 없다. 학설에서, 채권자취소권의 성질은 형성권(취소권)과 채권적 청구권이 결합된 것이라고 하는 것도(곽윤직, 140면; 김증한·김학동, 194면), 그 구체적인 내용은 위와 같은 것이다.[1)]

Ⅱ. 채권자취소권의 요건

> 제406조 〔채권자취소권〕 ① 채무자가 채권자를 해침을 알면서 재산권을 목적으로 하는 법률행위를 한 경우에는 채권자는 그 취소와 원상회복을 법원에 청구할 수 있다. 그러나 그 행위로 인하여 이익을 얻은 자나 전득한 자가 그 행위 또는 전득 당시에 채권자를 해침을 알지 못한 경우에는 그러하지 아니하다. ② 전항의 소는 채권자가 취소원인을 안 날부터 1년 내에, 법률행위가 있었던 날부터 5년 내에 제기하여야 한다.

채권자취소권이 성립하려면, 채무자가 채권자를 해치는 사해행위를 하여야 하고(객관적 요건), 채무자와 수익자(또는 전득자)가 채권자를 해침을 알았어야 한다(주관적 요건).

1. 채무자의 사해행위 (객관적 요건)

여기에는 두 가지가 문제된다. 하나는 사해행위의 대상이 되는 취소채권자의 채권에 관한 것이고, 다른 하나는 사해행위에 해당하는 구체적 내용이다.

(1) 취소채권자의 채권

a) 채권의 성립시기 (ㄱ) 취소채권자의 채권은 사해행위 '이전'에 성립, 존재하고 있어야 한다. 사해행위 당시에 성립하지 않았던 채권은 사해행위에 의해 침해되는 일이 발생하지 않을 뿐 아니라, 채무자에게 채권자를 해친다는 인식이 있을 수도 없기 때문이다. 따라서 (가령 부동산을 싼값에 판 후에 매도인에게 돈을 빌려준 채권자가 자신의 대여금채권을 보전하기 위해 앞서

---

1) 통설과 판례가 취하는 위와 같은 '상대적 무효설'에는 난점이 있다. 그것은, 채무자와 수익자 간의 법률행위를 유효하다고 보면서 어째서 채무자 명의로 재산이 복귀되고, 그가 외형상 그 재산을 소유하는 법적 상태를 어떻게 설명할 것인가 하는 점이다. 그래서 이 문제를 극복하기 위해 여러 소수의 견해가 주장되고 있지만(절대적 무효설·책임설·채권설 등), 이러한 견해들이 상대적 무효설을 대체할 정도로 이론적으로 완벽하지는 못하다.

있었던 매매에 대해 채권자취소권을 행사할 수 없듯이) 취소채권자의 채권이 성립하기 전에 이루어진 채무자의 행위는 취소의 대상이 되지 못한다(채무자의 행위가 앞선 이상, 그에 기초한 등기가 취소채권자의 채권 성립 후에 이루어지더라도 그 등기는 취소의 대상이 되지 못한다(대판 1962. 11. 15, 62다634)).[1] (ㄴ) 위 원칙에 대한 예외가 있다. 판례는 「장래의 채권」이라도 일정한 요건을 갖추는 것을 전제로 이를 취소채권자의 채권에 포함시킨다. 즉 '① 사해행위 당시에 이미 채권 성립의 기초가 되는 법률관계가 발생되어 있고, ② 가까운 장래에 그 법률관계에 기해 채권이 성립할 고도의 개연성이 있으며, ③ 실제로 가까운 장래에 그 개연성이 현실화되어 채권이 성립하면', 그 채권도 채권자취소권의 피보전채권이 된다고 한다.[2] 이러한 장래의 채권에까지 확장하는 이유는, 이와 같은 경우에도 채권자를 위하여 책임재산을 보전할 필요가 있고 또 채무자에게 채권자를 해친다는 점에 대한 인식이 있었다고 볼 수 있어, 채권자취소권 제도의 취지에 부합하는 것이라고 한다(대판 1995. 11. 28, 95다27905; 대판 2002. 11. 8, 2002다42957).[3] (ㄷ) 취소채권자의 채권이 (사해행위 이후에) 양도된

---

1) 그 밖에 가등기에 관련되는 판례는 다음과 같다. (ㄱ) 법률행위의 이행으로서 가등기를 한 경우, 그 채무의 원인되는 법률행위가 취소채권자의 채권보다 앞서 발생한 경우에는 그 가등기는 취소의 대상이 될 수 없다(대판 2002. 4. 12, 2000다43352). (ㄴ) ① 가등기에 기해 본등기가 경료된 경우, 가등기의 원인인 법률행위와 본등기의 원인인 법률행위가 명백히 다른 것이 아닌 한, 사해행위 요건의 구비 여부는 가등기의 원인된 법률행위 당시를 기준으로 판단하여야 한다(대판 2001. 7. 27, 2000다73377). ② 그러나 양자의 원인된 법률행위가 다른 경우에는, 사해행위 여부는 본등기의 원인인 법률행위를 기준으로 판단해야 한다(대판 2021. 9. 30, 2019다266409). (ㄷ) 소유권이전등기청구권을 보전하기 위한 가등기는 그 자체만으로는 물권취득의 효력을 발생하지 않지만 후일 본등기를 하는 경우에는 등기순위가 가등기한 때로 소급하기 때문에 채권자를 해칠 수 있고(대판 1975. 2. 10, 74다334), 가등기의 원인된 법률행위가 취소채권자의 채권보다 후에 발생한 경우에는 그 가등기는 취소의 대상이 된다.

2) 이 점을 처음으로 판시한 대판 1995. 11. 28, 95다27905 이래 현재 확고한 판례법리를 형성하고 있다.

3) (ㄱ) 어느 것이 이에 해당하는지에 관해, 위 법리를 토대로 처음으로 이를 긍정한 판례는 다음과 같다. ① 채무자 A는 채권자 B은행으로부터 1억원을 대출받았고, 이에 대해 C(기술신용보증기금)가 보증을 하였다. C가 장차 보증채무를 이행하게 되면 A에게 구상권을 갖게 되므로, A의 이 구상채무를 담보하기 위해 甲이 C를 위해 보증을 하였다. 그 후 1995. 4. 4. 甲이 그 소유 부동산을 아버지 乙에게 증여를 하여 소유권이전등기를 마치자, C가 乙을 상대로 사해행위 취소의 소를 제기한 사안이다. 문제의 초점은, 甲이 乙에게 증여를 할 당시, C가 B은행에 보증채무를 이행하지는 않았으므로 구상권은 발생하지 않았고, 따라서 甲에 대한 보증채권도 성립하지 않은 것이라는 점이다. 그런데 위 증여를 하기 두 달 전에 A의 B은행에 대한 위 1억원 대출금채무의 변제기가 도래하였으나 변제하지 못해 이를 1년 연장한 상태이고, 위 증여가 있은 지 한 달 후에 A는 부도가 나서 거래정지처분을 당하였으며, 위 1억원 대출금 말고도 B은행에 변제하지 못한 연체대출금 2억 8천만원이 있는 상태였다. 甲이 乙에게 증여를 할 당시 이처럼 채무자 A의 재정상태가 매우 안 좋았다는 점을 감안하면, 조만간 C가 B은행에 보증채무를 이행할 개연성이 매우 높고, 그에 따라 A에 대한 구상권의 담보로서 甲에 대해 보증채권의 이행을 청구할 가능성 또한 높다고 할 것이므로, 이러한 사정하에서 甲이 乙에게 증여를 한 것은 C의 甲에 대한 (장래의) 보증채권을 해치는 것으로 본 것이다(대판 1997. 10. 28, 97다34334). ② 그 후의 판례는, 「… 여기에서의 '채권 성립의 기초가 되는 법률관계'는 당사자 사이의 약정에 의한 법률관계에 한정되는 것이 아니고, 채권 성립의 개연성이 있는 준법률관계나 사실관계 등을 널리 포함하는 것으로 보아야 할 것이며, 따라서 당사자 사이에 채권 발생을 목적으로 하는 계약의 교섭이 상당히 진행되어 그 계약체결의 개연성이 고도로 높아진 단계도 여기에 포함되는 것으로 보아야 할 것」이라고 하면서, 다음의 사안에서 사해행위를 긍정하였다. 즉 채무자의 은행에 대한 대출금 신청에 관해 A가 연대보증을 서겠다고 하여 관련 서류를 1998. 6. 20. 은행에 제출하고, 6. 25. 은행은 채무자에게 대출금을 지급하면서 관련 서류에 동 일자로 A의 연대보증의 자필서명을 받았다. 그런데 그 전인 6. 23. A는 그가 유일하게 소유하던 부동산을 큰아들에게 증여를 하고 동 일자에 소유권이전등기가 마쳐졌다. 여기서 은행의 A에 대한 연대보증채권은 6. 25.에야 성립하는데, 따라서 그 전인 6. 23. A가 자기의 부동산을 처분한 것이 은행에 대한 사해행위가 되는지에 관해, 위와 같은 이유로 이를 긍정하였다(대판 2002. 11. 8, 2002다42957).

(ㄴ) 이에 대해 다음의 경우는 부정한다. ① 채무자가 채권자와 신용카드 가입계약을 체결하고 신용카드를 발급받았으나 자신의 유일한 부동산을 매도한 후에 비로소 신용카드를 사용하기 시작하여 신용카드대금을 연체하게 된 사안에서는, 신용카드를 사용함으로써 비로소 채권이 성립하는 것이므로, 단순히 신용카드 가입계약만으로 '채권 성립의 기초가 되는 법률관계'에 해당하는 것으로는 보지 않았다. 그래서 위 신용카드 대금채권은 사해행위 이후에 발

경우, 채권은 그 동일성을 잃지 않으므로 양수인은 채권자취소권을 행사할 수 있다. 이 경우 채권양도의 대항요건을 사해행위 이후에 갖추었더라도 채권자취소권을 행사하는 데 장애사유가 될 수 없다(대판 2006. 6. 29, 2004다5822; 대판 2012. 2. 9, 2011다77146).

b) 채권의 종류

aa) 금전채권: 채권자취소권의 행사에 따른 취소와 원상회복은 모든 채권자의 이익을 위해 효력이 있으므로(407조), 취소채권자의 채권은 그만이 만족을 얻을 수 있는 것이어서는 안 되고, 따라서 '금전채권'이어야 한다. (ㄱ) 그 채권의 발생원인은 묻지 않는다. 계약이나 법률의 규정에 의해 발생한 채권이든, 또 채무자에 대한 관계에서 취득한 것이든 또는 채권양도에 의해 양수받은 채권이든 불문한다. (ㄴ) 채권자대위권에서는 채권의 기한이 도래하여야 채권자가 이를 행사할 수 있는 것으로 정하고 있지만(404조 2항), 채권자취소권에서는 이러한 규정이 없다. 채무자의 책임재산을 보전함으로써 모든 채권자의 공동담보에 기여하는 채권자취소권 제도의 취지(407조)에 비추어 볼 때, 사해행위 당시에 취소채권자의 채권이 이행기에 있어야 하는 것은 아니다(통설). 그 일환으로 조건부 · 기한부 채권도 취소채권자의 채권에 포함된다는 것이 통설이다. 그것이 이들 권리를 보호하는 민법의 태도와도 부합한다(148조 · 149조 · 154조). 판례도 같은 취지이다(대판 2011. 12. 8, 2011다55542).[1] (ㄷ) 물적 담보(질권 · 저당권)가 설정되어 있는 채권은 그 담보물의 가액이 피담보채권액에 부족한 한도에서만 취소권을 행사할 수 있다(대판 2002. 11. 8, 2002다41589)(이 경우 피보전채권의 존재와 범위는 채권자취소권 행사의 한 요건에 해당하므로 채권자가 주장 · 입증하여야 한다. 그리고 우선변제 받을 금액은 처분행위 당시의 담보목적물의 시가를 기준으로 산정하여야 한다(대판 2014. 9. 4, 2013다60661)). 인적 담보(보증)가 있는 채권의 경우에는 물적 담보처럼 우선변제가 보장되는 것이 아니므로, 채권자는 채권 전액에 대하여 채권자취소권을 행사할 수 있다.

bb) 비금전채권(특정물채권): 예컨대, A가 B에게 부동산을 양도하기로 계약을 맺은 후, A가 이를 C에게 이중으로 양도하여 C 명의로 소유권이전등기가 되었다. 이 경우 B가 A에게 가지는 소유권이전등기청구권 또는 위 이중양도에 따른 손해배상청구권을 보전하기 위해, B가 A와 C 사이의 매매계약을 사해행위를 이유로 취소하고 C 명의의 등기의 말소를 청

생한 채권에 불과하여 사해행위의 피보전채권이 될 수 없다고 하였다(대판 2004. 11. 12, 2004다40955). ② 1) A는 2014. 10. 25. B와 석유화학제품을 공급하는 물품공급계약을 체결하였는데, 이 계약은 공급할 물품의 구체적인 수량이나 단가, 거래시기 등을 구체적으로 정하고 있지 않고, 일정한 한도에서 외상으로 물품을 공급할 의무를 규정하고 있지 않다. 2) B는 2018. 4. 24. C에게 B 소유 부동산을 매도하는 계약을 체결하고, 2018. 6. 28. C 앞으로 소유권이전등기를 마쳤다. 3) A는 2018년 5월과 6월에 공급한 물품대금 3천 3백만원을 받지 못하였다. 4) A는 B와 C 사이의 위 매매계약이 A의 위 물품대금채권을 해치는 사해행위라고 주장하면서, C를 상대로 채권자취소소송을 제기하였다. 5) 이에 대해 대법원은, A의 위 물품대금채권은 사해행위 이후에 발생한 채권에 불과하므로 채권자취소권을 통해 보전될 수 있는 채권에 해당되지 않는다고 보았다: 「계속적인 물품공급계약에서 대상이 되는 물품의 구체적인 수량, 거래단가, 거래시기 등에 대해 구체적으로 미리 정하고 있거나, 일정한 한도에서 공급자가 외상으로 물품을 공급할 의무를 규정하고 있지 않은 이상, 계속적 물품공급계약 그 자체에 기해 거래당사자의 채권이 바로 성립하지는 않으며, 주문자가 물품 공급을 의뢰하고 상대방이 물품을 공급하여야만 채권이 성립한다. 따라서 사해행위 당시 물품거래관계가 존재하였다는 사정만으로 (채권자취소권의 피보전채권이 될 수 있는) 채권 성립의 기초가 되는 법률관계가 있었다고 할 수 없다」(대판 2023. 3. 16, 2022다272046).

1) 공사도급계약의 수급인인 甲회사가 공사가 완공되지 못하고 중도에 계약이 해제될 경우 乙에게 일정액의 돈을 지급하여야 하는 정지조건부 채무를 부담하고 있는데, 정지조건 성취 전 자신의 유일한 재산인 토지와 건물을 丙 앞으로 근저당권설정등기를 마쳐준 경우, 이 근저당권설정계약은 乙에게 사해행위가 된다고 본 사례.

구할 수 있는가? 첫째, 채권자대위권의 경우와는 달리 특정물에 대한 소유권이전등기청구권을 보전하기 위해 채권자취소권을 행사할 수는 없다. 민법 제407조에서 채권자취소권의 행사는 "모든 채권자를 위하여 효력이 있다"고 규정하였듯이, 이 제도는 어느 채권자만이 아닌 총채권자를 위한 책임재산의 보전에 목적을 두기 때문이다. 둘째, A의 이행불능에 따라 B가 A에게 가지는 손해배상청구권은, A가 그 부동산을 C에게 이중양도하면서 그 이후에 발생하게 된 것이고 이중양도 당시에 이미 발생한 것이 아니므로, 사해행위취소권을 행사할 수 있는 피보전채권에 해당하지 않는다.[1]

(2) 사해행위詐害行爲

「채무자가 채권자를 해침을 알면서 한 재산권을 목적으로 하는 법률행위」를 강학상 '사해행위'라고 한다.

a) 채무자의 법률행위 취소의 대상이 되는 것은 '채무자가 한 법률행위'이다. (ㄱ) 채무자가 아닌 자, 예컨대 채무자를 위하여 자기의 부동산 위에 저당권을 설정할 것을 약정한 제3자(물상보증인)가 그의 부동산을 타인에게 양도하더라도 그것은 취소의 대상이 되지 않는다. (ㄴ) 보증인은 (보증)채무자이기 때문에 그가 사해행위를 한 경우에는 민법 제406조가 적용된다. 연대보증인이 그의 유일한 재산을 형에게 매도하여 금전으로 바꾼 사안에서, 그것은 채권자에 대해 사해행위가 되며 또 그 사해의사는 추정된다(대판 1998. 4. 14, 97다54420). 연대보증인의 법률행위가 사해행위에 해당하는지를 판단하는 데에는 주채무자의 일반적인 자력은 고려할 요소가 아니다(대판 2003. 7. 8, 2003다13246). 다만, 주채무에 관하여 주채무자 또는 제3자 소유의 부동산에 대하여 채권자 앞으로 근저당권이 설정되어 있는 등으로 채권자에게 우선변제권이 확보되어 있는 경우에는, 연대보증인이 비록 유일한 재산을 처분하는 법률행위를 하더라도 채권자에 대해 사해행위가 되지 않는다(대판 2000. 12. 8, 2000다21017). (ㄷ) 채무자가 한 법률행위이면 되므로, 단독행위이든 계약이든 또는 합동행위(회사설립)이든 취소의 대상이 된다. (ㄹ) 채권자취소의 제도가 채권의 공동담보를 보전하는 데 그 목적이 있는 점에서 재산의 감소를 가져오는 채무자의 행위이면 족하다는 것이 통설이다. 즉 엄격하게 법률행위에 한하지 않는다. 따라서 준법률행위(예: 채무자의 채무의 승인이나 채권양도의 통지 등), 나아가 법률의 규정에 의해 법률행위를 한 것으로 의제되는 경우(15조·131조·145조 등)도 포함된다. (ㅁ) 채무자의 법률행위는 유효하게 성립한 것이어야 하느냐? 이것은 주로 허위표시(108조)가 사해행위에 포함되는지 여부로 모아진다. 허위표시는 무효이기 때문에 이론상으로는 취소할 여지가 없다고 할 것이다. 그러나 허위표시도 법률행위로서의 모습을 띠고 있기 때문에 그것이 민법 제406조의 요건을 충족하는 때에는 그 적용을 긍정하여도 문제될 것은 없다(통설)(대판 1961. 11. 9, 4293민상263; 대판 1963. 11. 28, 63다493). 따라서 제3자가 허위표시에 관해 선의이더라도 사해의 의사가 있는 경우에는, 채권자는 제3자를 상대로 채권자취소권을 행사할 수 있다.

---

1) 특히 이와 관련하여 판례는, B가 사해행위라고 주장하는 A의 부동산 이중양도 당시 B의 손해배상청구권이 성립할 고도의 개연성이 없다고 하는 원심의 판단을 정당한 것으로 인정함으로써(대판 1999. 4. 27, 98다56690), 전술한 장래의 채권에 관한 법리도 아울러 전개하고 있는 점이 주목된다(양창수, "채권자취소권에 관한 최근 판례", 고시계(2003. 11.), 47면).

b) 재산권을 목적으로 하는 법률행위 채권자취소권의 대상이 될 수 있는 것, 즉 사해행위는 '채무자가 한 재산권을 목적으로 하는 법률행위'를 대상으로 한다(예: 매매 · 증여 · 대물변제 · 담보권의 설정 등)(406조 1항). 채권자취소권은 채권의 공동담보의 보전을 목적으로 하는 것이므로, 사해행위를 취소함으로써 채무자의 책임재산을 보전할 수 있는 것이어야 한다. 따라서 (ㄱ) 혼인 · 이혼 · 입양과 같이 직접 재산권을 목적으로 하는 것이 아닌 신분상의 행위는 취소할 수 없다. (ㄴ) 재산권을 목적으로 하는 법률행위라도, 그 재산권이 법률상 압류하지 못할 것인 때에는 (강제집행의 대상으로 삼으려는) 책임재산의 보전과는 무관한 것이므로 취소할 수 없다(민사집행법 246조 참조). (ㄷ) 재산권을 목적으로 하는 법률행위이거나 또는 간접적으로 재산상의 이익에 영향을 미치는 것이라도, 채무자의 자유의사에 맡겨야 하는 것은 취소의 대상이 되지 않는다. 예컨대 채무자의 부작위나 노무를 목적으로 하는 법률행위, 증여를 거절하거나 유증을 포기하는 행위[1] 등이 이에 속한다. 상속의 승인이나 포기도 그 의사표시를 통해 상속인의 지위를 얻거나 잃게 되는, 즉 상속인 지위의 취득 또는 상실에 관한 행위로서 이 범주에 속하여, 그것이 채무자의 재산상태를 악화시키는 것이라고 하더라도 사해행위가 되지 않는다(통설).[2] (ㄹ) 공법상의 허가권의 양도가 채권자취소권의 대상이 되는지에 관해, 판례는 행정관청의 허가 없이 그 허가권 등을 자유로이 양도할 수 있는 등으로 그 허가권 등이 독립된 재산적 가치를 가지고 있어 민사집행법 제251조 소정의 '그 밖의 재산권'에 대한 집행방법에 의하여 강제집행을 할 수 있는 것이어야 하고, 이 점에서 '공유수면 점용허가권'은 공유수면관리법에 의해 자유로이 양도할 수 있어 채권자취소권의 대상이 되지만(대판 2005. 11. 10, 2004다7873), '어업허가권'은 수산업법에 의해 그 양도가 허용되지 않으므로 채권자취소권의 대상이 될 수 없다고 한다(대판 2010. 4. 29, 2009다105734). (ㅁ) 영업은 일정한 영업목적에 의하여 조직화된 유기적 일체로서의 기능적 재산으로서, 하나의 재화와 같이 거래의 객체가 된다. 따라서 채무자가 영업재산과 영업권이 유기적으로 결합된 일체로서의 영업을 양도함으로써 채무초과 상태에 이르거나 이미 채무초과 상태에 있는 것을 심화시킨 경우, 영업양도는 채권자취소권의 대상이 된다(대판 2015. 12. 10, 2013다84162).

c) 채권자를 해치는 법률행위 (ㄱ) '채권자를 해친다'는 것은, 채무자의 법률행위로 인해 그의 일반재산이 감소하여 채권의 공동담보에 부족이 생기고 모든 채권자에게 완전한 변제를 할 수 없게 되는 것을 말한다. 채무자의 일반재산은 적극재산과 소극재산으로 구성되어 있으

---

1) 판례: 「유증을 받을 자는 유언자의 사망 후에 언제든지 유증을 승인하거나 포기할 수 있고, 그것은 유언자가 사망한 때로 소급하여 효력이 발생하므로(1074조), 채무초과 상태에 있는 채무자라도 자유롭게 유증을 받을 것을 포기할 수 있고, 또한 이것이 직접적으로 채무자의 일반재산을 감소시켜 채무자의 재산을 유증 이전의 상태보다 악화시키는 것도 아니다. 따라서 유증을 포기하는 것은 사해행위에 해당하지 않는다」(대판 2019. 1. 17, 2018다260855).

2) 판례: (ㄱ) '상속의 포기'(1019조 · 1041조)는 사해행위 취소의 대상이 되지 않는다고 보는데, 그 논거는 통설과는 다르다. 즉 상속의 포기는 상속인으로서의 지위 자체를 소멸되게 하는 행위로서 순전한 재산법적 행위와 같이 볼 것은 아니고, 상대적 효력이 있는 채권자취소권이 적용된다고 하면 법률관계가 복잡하게 되며, 채무자인 상속인의 재산을 현재의 상태보다 악화시키는 것은 아니어서, 민법 제406조 1항 소정의 '재산권에 관한 법률행위'에 해당하지 않는다고 한다(대판 2011. 6. 9, 2011다29307). (ㄴ) 이에 대해 '상속재산의 분할협의'(1013조)는 사해행위의 대상이 된다. 이것은 상속인들 간에 (잠정적 공유가 된) 상속재산의 귀속을 정하는 것을 내용으로 하는 재산상 법률행위(계약)에 해당하고, 이미 채무초과 상태에 있는 채무자가 상속재산의 분할협의를 하면서 자신의 상속지분을 포기하는 것으로 한 경우에는 (상속 포기와는 달리) 채권자에 대해 사해행위가 된다(대판 2007. 7. 26, 2007다29119; 대판 2024. 5. 30, 2024다208315).

므로, 재산감소행위는 적극재산을 줄이는 것(처분행위)과 소극재산을 늘리는 것(채무부담행위)을 포함하고, 소극재산이 적극재산을 초과하는 것이 채무초과 또는 무자력이 되어 채권자를 해치는 것이 된다.[1] (ㄴ) 채무자의 법률행위가 사해행위가 되는지는 처분행위 당시를 기준으로 판단하여야 한다(대판 2002. 11. 8, 2002다41589; 대판 2009. 6. 23, 2009다549; 대판 2011. 1. 13, 2010다71684; 대판 2013. 6. 28, 2013다8564).[2] 유의할 것은, 취소의 대상이 되는 채무자의 법률행위는 채권행위나 물권행위를 불문한다(대판 1975. 4. 8, 74다1700). 가령 부동산 매매의 경우, 사해행위는 등기를 한 때에 완성되지만(그 전까지는 채무자의 책임재산으로 존재하는 것이므로) 이 경우 취소의 대상이 되는 것은 매매계약이 되고, 그 등기말소는 매매계약의 취소에 따른 원상회복으로 처리된다는 점이다(권순한, 253면). (ㄷ) 채무자의 무자력은 사해행위 당시를 기준으로 판단하여야 한다(대판 2012. 1. 12, 2010다64792).[3] 따라서 행위 당시에 무자력이 아닌 이상 후에 무자력으로 되었더라도 사해행위로 되는 것은 아니다. 한편 행위시에 무자력인 경우에도 채무자가 후에 자력을 회복한 때에는 취소권을 인정할 필요가 없으므로, 무자력은 채권자취소소송 중, 즉 사실심의 변론종결시까지 유지되어야만 한다. 이 경우 그러한 사정변경이 있다는 사실은 채권자취소소송의 상대방이 증명하여야 한다(대판 2007. 11. 29, 2007다54849). 그리고 채무자가 채권자를 해치는 처분행위를 하였더라도, 그 후에 채권자가 채무자 또는 제3자 소유의 부동산을 담보로 제공받아 우선변제권을 취득하게 된 경우에는, 그 우선변제를 받게 되는 범위 내에서 채권자취소권은 소멸되고, 그 채무액이 부동산의 가액 및 채권최고액을 초과하는 범위에서만 채권자취소권이

---

1) 판례: (ㄱ) 「채무자의 재산처분행위가 사해행위가 되기 위해서는 채무자의 소극재산이 적극재산보다 많아져야 하는 것인바, 그 적극재산을 산정함에 있어서는 다른 특별한 사정이 없는 한 실질적으로 재산적 가치가 없어 채권의 공동담보로서의 역할을 할 수 없는 재산은 이를 제외하여야 할 것이고, 그 재산이 '채권'인 경우에는 그것이 용이하게 변제를 받을 수 있는 확실성이 있는 것인지 여부를 합리적으로 판정하여 그것이 긍정되는 경우에 한하여 적극재산에 포함시켜야 할 것이며, '압류금지재산'은 공동담보가 될 수 없으므로 이를 적극재산에 포함시켜서는 아니 된다」(대판 2005. 1. 28, 2004다58963). 한편 채권에서, 사해행위 당시 존속하고 있는 임대차관계에서 임차인의 '보증금반환채권'은 특별한 사정이 없는 한 애초의 보증금액 상당의 가치대로 적극재산에 포함된다고 보는 것이 상당하다고 한다(대판 2013. 4. 26, 2012다118334). 그리고 甲이 乙에게 한 증여행위가 사해행위에 해당하는지 문제된 사안에서, 채무자인 甲이 증여 당시 보유하고 있었던 50억원의 '수표'를 적극재산에 더하여 보면 채무초과 상태에 있었다고 보기 어렵다고 한다(대판 2014. 4. 10, 2013다217481). (ㄴ) 채무자가 연속하여 수개의 재산처분행위를 한 경우에는 각 행위별로 그로 인하여 무자력이 초래되었는지 여부에 따라 사해성 여부를 판단하여야 하는 것이 원칙이다. 다만, 그 일련의 행위를 하나의 행위로 볼만한 특별한 사정이 있는 경우에는 이를 일괄하여 전체적으로 사해성이 있는지 여부를 판단하여야 한다. 가령 甲이 거의 비슷한 시기에 자신의 가족이나 친척 등에게 자신 소유 부동산 A, B, C의 소유권을 순차적으로 이전해 준 경우, 이를 하나의 행위로 볼만한 특별한 사정이 있는 경우에는 A부동산의 처분의 사해성을 판단할 때 B와 C부동산을 적극재산으로 평가해서는 안 된다(양창수 · 김형석, 권리의 보전과 담보, 207면 이하). 그러한 특별한 사정이 있는지 여부는 처분의 상대방이 동일한지, 각 처분이 시간적으로 근접한지, 상대방과 채무자가 특별한 관계에 있는지, 각 처분의 동기 내지 기회가 동일한지 등을 종합적으로 고려하여 판단하여야 한다(대판 2010. 5. 27, 2010다15387; 대판 2014. 3. 27, 2012다34740).

2) 판례: 「공유물분할은 형식적으로는 공유자 상호간의 지분의 교환 또는 매매이나 실질적으로는 공유물에 분산되어 있는 지분을 분할로 인하여 취득하는 특정 부분에 집중시켜 소유형태를 변경한 것에 불과하다. 그러므로 공유지분에 관하여 담보가등기를 설정하였다가 공유물분할로 단독소유가 된 부동산에 전사된 담보가등기에 관하여 사해행위를 이유로 채권자취소권을 행사할 경우에는 특별한 사정이 없는 한 공유지분에 대한 담보가등기 설정 당시를 기준으로 사해행위에 해당하는지를 판단하여야 한다」(대판 2016. 5. 27, 2014다230894).

3) 판례: 「채무자의 무자력 여부는 사해행위 당시를 기준으로 판단하여야 하는 것이므로, 채무자의 적극재산에 포함되는 부동산이 사해행위가 있은 후에 경매절차에서 경락된 경우에 그 부동산의 평가는 경락된 가액을 기준으로 할 것이 아니라 사해행위 당시의 시가를 기준으로 하여야 할 것이며, 부동산에 대하여 정당한 절차에 따라 산출된 감정평가액은 특별한 사정이 없는 한 그 시가를 반영하는 것으로 보아도 좋을 것이다」(대판 2001. 4. 27, 2000다69026).

인정된다(연대보증인의 재산 처분행위가 처분행위 당시에는 사해행위에 해당하였으나, 이후 주채무자의 담보권설정으로 사실심 변론종결 시 우선변제권이 확보된 사안)(대판 2014. 7. 10, 2013다50763).

✽ 사해행위 여부가 문제되는 것들

사해행위가 되는지에 관해 대법원은 구체적인 사안별로 판단하고 있지만, 기본적으로는 채무자에 대한 모든 채권자의 공동담보에 감소를 가져오는 경우에는 사해행위가 되는 것으로 본다. 그런데 그러한 판단에는 강제집행의 실효성도 고려된다.

(ㄱ) 사해행위가 되는 것: ①「대물변제」이다. 기본적으로 공동담보의 감소를 가져온다는 것이 그 이유이고, 대물변제를 한 재산이 채무자의 유일한 재산이 아니라거나 그 가치가 채권액에 미달하는 경우에도 마찬가지이다(대판 1990. 11. 23, 90다카27198; 대판 1998. 5. 12, 97다57320; 대판 2005. 11. 10, 2004다7873; 대판 2007. 7. 12, 2007다18218). ② (기존 채무의 지급을 위해 약속어음을 발행하는 것은 채무가 새로 증가되는 것은 아니므로 사해행위가 아니지만), 채무자가「새로 약속어음을 발행」함으로써 새로운 채무를 부담하게 되는 경우이다(대판 2002. 8. 27, 2002다27903; 대판 2002. 10. 25, 2000다64441). ③ 어느 특정 채권자에게만 우선변제권을 주기 위해「물적 담보를 설정」하는 행위이다(전세권 설정이나 주택 임차권을 설정하여 소액보증금 최우선변제권을 주는 것을 포함한다). 기존 채권자들의 공동담보가 감소된다는 것이 그 이유이고, 그 담보물이 채무자의 유일한 재산일 것을 요하지 않는다(대판 2000. 4. 25, 99다55656; 대판 2008. 2. 14, 2005다47106, 47113, 47120; 대판 2010. 7. 15, 2007다21245; 대판 2005. 5. 13, 2003다50771). ④「재산을 매각하여 금전」으로 바꾸는 행위이다. 전체적으로 재산의 감소가 있는 것은 아니지만 금전이 소비하거나 은닉하기 쉽다는 점에서 강제집행의 관점에서는 그 실효성이 크지 않아 결국 공동담보의 감소를 가져오는 것과 다르지 않다는 것이 그 이유이다(다만, 변제의 목적으로 재산을 매각하여 실제 변제를 한 경우에는 그렇지 않다)(대판 1994. 6. 14, 94다2961, 2978; 대판 1966. 10. 4, 66다1535; 대판 2015. 10. 29, 2013다83992). ⑤「담보권이 설정되어 있는 부동산을 매각」한 경우에는 부동산 가격에서 실제 피담보채권액을 뺀 나머지 금액 범위에서 사해행위가 된다(대판 2001. 10. 9, 2000다42618). 다만, 피담보채권액이 그 재산의 가액을 초과하는 때에는 당해 재산의 양도는 사해행위가 되지 않는다. 이것은 채권자들 중에 저당권자보다 우선하여 변제받을 수 있는 채권자(예: 우선특권이 있는 임금채권자)가 있는 경우에도 마찬가지이다(대판 2006. 4. 13, 2005다70090; 대판 2008. 2. 14, 2006다33357). 이 경우에는 담보물 가액에서 우선특권 있는 임금채권을 공제한 다음 저당권의 피담보채권액을 공제한 후 남은 금액 범위에서만 사해행위가 된다(대판 2021. 11. 25, 2016다263355). ⑥ 수개의 부동산에「공동저당권」이 설정되어 있는데 이 중 일부 부동산을 양도하는 경우, 각 부동산이 부담하는 피담보채권액은 민법 제368조의 규정 취지에 비추어 공동저당권의 목적으로 된 각 부동산의 가액에 비례하여 공동저당권의 피담보채권액을 안분한 금액이 된다(대판 2003. 11. 13, 2003다39989). 그러나 수개의 부동산 중 일부는 채무자의 소유이고 다른 일부는 제3취득자나 물상보증인의 소유인 경우, 제3취득자나 물상보증인은 민법 제481조 · 제482조에 따른 변제자대위에 의해 채무자 소유 부동산에 대해 저당권을 행사할 수 있는 점에서, 채무자 소유의 부동산에 관한 피담보채권액은 공동저당권의 피담보채권액 전액이 된다(대판 2010. 12. 23, 2008다25671; 대판 2008. 4. 10, 2007다78234). 이것은 하나의 공유 부동산 중 일부 지분은 채무자의 소유이고 다른 일부 지분은 물상보증인의 소유인데 여기에 공동저당권이 설정된 경우에도 같다(대판(전원합의체) 2013. 7. 18, 2012다5643). ⑦ 이혼에 따른 재산분할(839조의2)은 부부 공동재산의 청산과 부양적 성격이 가미된 제도로서 채무자가 배우자에게 한 재산분할로 공동재산의 감소를 가져오더라도 사해행위가 되지 않지만, 그「재산분할이 상당한 정도를 초과」하는 경우에는 그 초과부분에 대해서는 사해행위가 된다(대판 2001. 2. 9, 2000다63516). ⑧ 채무자가 상속재산의 분할협의를 하면서「상속재산

에 관한 권리를 포기」한 결과 구체적 상속분에 미달하는 경우(대판 2001. 2. 9, 2000다51797),[1] 또는 그 포기를 하고 대신 소비하기 쉬운 현금을 받기로 한 경우(대판 2008. 3. 13, 2007다73765). ⑨ 채권자가 가압류한 부동산을 채무자가 아무 채무도 없이 다른 사람을 위해 근저당권을 설정해 줌으로써 「물상보증인」이 되는 경우이다. 그 근저당권이 채권자의 가압류와 동순위의 효력밖에 없다고 하여도 결과적으로 공동재산의 감소를 가져온다는 것이 그 이유이다(대판 2020. 1. 28, 2009다90047; 대판 2010. 6. 24, 2010다20617, 20624). ⑩ 「신탁이나 명의신탁」에 의해 채무자 소유의 부동산이 제3자 앞으로 이전된 경우이다(대판 1999. 9. 7, 98다41490; 대판 2004. 3. 25, 2002다69358). ⑪ 채무자 소유의 부동산에 대해 매매예약을 원인으로 소유권이전등기청구권을 보전하기 위해 「가등기」를 하는 경우이다. 후일 본등기를 하는 경우에 공동담보의 감소를 가져올 수 있기 때문이다(대판 1975. 2. 10, 74다334; 대판 2003. 7. 11, 2003다19435). ⑫ 채무자가 소멸시효 완성 후에 「소멸시효 이익을 포기」하는 행위이다. 시효완성으로 채무자가 부담하지 않아도 될 채무를 새롭게 부담하는 것이 되기 때문이다(대결 2013. 5. 31, 2012마712). 채무자 소유의 부동산에 관한 매매예약 완결권이 제척기간이 임박하여 소멸될 상태에서 「채무자가 제척기간을 연장하기 위해 새로 매매예약」을 맺는 행위도 마찬가지이다(대판 2018. 11. 29, 2017다247190). ⑬ 채무자가 건축 중인 건물을 양도하기 위해 수익자 앞으로 건축주 명의를 변경하기로 약정하는 경우이다(대판 2017. 4. 27, 2016다279206).

(ㄴ) 사해행위가 되지 않는 것: ① 어느 특정 채권자에 대한 「변제」이다. 그 변제로 공동담보가 감소하게 되더라도 채권자의 채권 행사에 대해 채무자가 그 이행을 거절할 수는 없다는 이유에서이다(대판 1967. 4. 25, 67다75), ② 이혼에 따른 재산분할청구권은 협의 또는 심판에 의해 구체적으로 권리가 발생하게 되는데, 따라서 「그 전에는 재산분할청구권은 채무자의 책임재산을 이루지 않고, 이를 포기」하더라도 사해행위가 되지 않는다(대판 2013. 10. 11, 2013다7936). ③ 「채무자가 가압류등기가 마쳐진 부동산에 대해 다른 채권자 앞으로 근저당권을 설정」해 준 경우이다. 가압류에 의한 처분금지의 효력상, 근저당권자는 선순위 가압류채권자에 대해서는 우선변제권을 주장할 수 없고 채권액에 따라 평등배당을 받을 수 있을 뿐이어서, 가압류채권자로서는 아무런 불이익을 입지 않는다는 이유에서이다(대판 2008. 2. 28, 2007다77446). ④ 「신축 건물의 도급인이 민법 제666조에 따라 공사대금채무의 담보로 그 건물을 수급인 앞으로 저당권을 설정」해 주는 행위이다. 수급인이 공사대금을 우선적으로 변제받을 수 있게 하려는 동조의 취지상, 그리고 수급인은 신축 건물에 유치권을 가지는 점에서 근저당권설정이 더 유리한 지위를 갖는 것도 아니어서, 도급인의 일반채권자들이 부당하게 불리해지는 것도 아니라는 점이 그 이유이다(대판 2008. 3. 27, 2007다78616, 78623). ⑤ 채무자가 타인으로부터 「명의신탁 받은 부동산을 다른 채권자 앞으로 근저당권을 설정」해 주는 행위이다. 명의신탁은 무효로서 위 부동산은 애초 채무자의 소유가 아니어서 공동담보가 되는 책임재산으로 볼 수 없다는 것이 그 이유이다(대판 2000. 3. 10, 99다55069; 대판 2002. 6. 14, 2000다30622). ⑥ 채권의 양도가 사해행위에 해당하지 않는 이상, 대항요건에 불과한 채권양도의 「통지」 자체가 사해행위가 되지는 않는다(대판 2012. 8. 30, 2011다32785, 32792).

2. 사해의 의사 (주관적 요건)

채권자취소권을 행사하려면 채무자와 수익자 (또는 전득자) 모두에게 사해의 의사가 있어야 한다.

a) 채무자의 악의 (ㄱ) 채무자가 사해행위 당시에 그 행위로 채권자를 해치게 됨을 알고

---

1) 2019년 제2차 변호사시험 모의시험 민사법(사례형) 제1문의6 문제3은 이 판례를 출제한 것이다.

있어야 한다(406조 1항 본문). 이 '사해의 의사'는 적극적인 의욕이 아니라 소극적인 인식으로도 충분하다. 즉 특정의 채권자를 해치게 된다는 것을 인식할 필요는 없으며, 공동담보에 부족이 생긴다는 것에 관하여 인식하면 족하다(대판 1998. 5. 12, 97다57320). (ㄴ) 사해의사는 사해행위 당시에 있어야 한다. 그 당시에 인식하지 못한 이상, 그것이 과실에 의한 경우에도 채권자취소권은 성립하지 않는다. 사해행위가 있은 후에 인식하더라도 역시 취소하지 못한다. (ㄷ) 채무자의 사해의사는 사해행위의 성립요건이 되는 점에서 채권자가 입증하여야 한다(대판 1997. 5. 23, 95다51908). 다만, 채무자가 유일한 재산을 매각하여 소비하기 쉬운 금전으로 바꾸거나 무상으로 이전하여 주는 경우에는, 채무자의 사해의사는 추정된다(대판 1999. 4. 9, 99다2515; 대판 2001. 4. 24, 2000다41875; 대판 2009. 5. 14, 2008다84458).

b) 수익자 또는 전득자의 악의 (ㄱ) 사해행위로 이익을 얻은 자(수익자)나 그로부터 전득한 자가 그 행위 또는 전득 당시에 채권자를 해치게 됨을 알고 있어야 한다(406조 1항 단서). 1) 수익자나 전득자 모두에게 사해의사가 있어야 하는 것은 아니고, 그중 어느 1인에게 있으면 충분하다. 2) 채무자의 사해의사가 증명되면 수익자의 악의는 추정된다. 따라서 수익자가 그에 대한 반증의 입증책임을 진다(대판 1969. 1. 28, 68다2022). 3) 수익자의 선의 여부는 채무자와 수익자의 관계, 채무자와 수익자 사이의 처분행위의 내용과 그에 이르게 된 경위나 동기, 처분행위의 거래조건이 정상적이고 이를 뒷받침할 만한 객관적인 자료가 있는지 여부, 처분행위 이후의 정황 등 여러 사정을 종합적으로 고려하여 판단하여야 한다(대판 2015. 6. 11, 2014다237192; 대판 2023. 9. 21, 2023다234553). 4) 수익자가 사해행위임을 모른 선의이면 족하다. 선의에 과실이 있는지 여부는 묻지 않는다(대판 2001. 5. 8, 2000다50015; 대판 2004. 4. 23, 2002다59092; 대판 2007. 11. 29, 2007다52430). (ㄴ) 채권자가 사해행위의 취소로써 수익자를 상대로 채무자와의 법률행위의 취소를 구하면서 전득자를 상대로 전득행위의 취소를 구하는 경우, 전득자의 악의를 판단함에 있어서는 단지 전득자가 전득행위 당시 채무자와 수익자 사이의 법률행위의 사해성을 인식하였는지 여부만이 문제가 될 뿐이지, 수익자와 전득자 사이의 전득행위가 다시 채권자를 해치는 행위로서 사해행위의 요건을 갖추어야 하는 것은 아니다(대판 2006. 7. 4, 2004다61280; 대판 2012. 8. 17, 2010다87672). (ㄷ) 대리인이 한 법률행위가 사해행위인지를 판단함에 있어 수익자 또는 전득자의 사해행위에 대한 악의 유무는 대리인을 기준으로 한다(대판 2006. 9. 8, 2006다22661).

Ⅲ. 채권자취소권의 행사

1. 행사의 방법

a) 재판상 행사 (i) 채권자취소권은 채권자가 자기의 이름으로 행사한다. 그리고 '재판상'으로만(즉 소의 제기) 행사할 수 있다(406조). 그 행사의 결과가 제3자에게 미치는 영향이 크므로 법원으로 하여금 그 요건의 구비 여부를 판단케 하고, 또 그 취소는 모든 채권자를 위하여 효력이 있으므로(407조) 다른 채권자에게도 공시할 필요가 있기 때문이다. 이처럼 취소권의 행사는 소 제기의 방식으로 하여야 하고, 항변 기타 소송상의 공격방어방법으로는 할 수 없다(대판 1978. 6. 13, 78다404). (ii) 채권자취소의 소는 '채권자가 취소 원인을 안 날부터 1년 내에, 법률행위가 있었던

날부터 5년 내'에 제기하여야 한다(406조 2항). (ㄱ) 이 기간은 제척기간이므로, 법원은 그 기간의 준수 여부에 대하여 직권으로 조사하여 그 기간이 지나서 제기된 채권자취소의 소는 부적법한 것으로 각하하여야 한다(대판 1996. 5. 14, 95다50875). (ㄴ) 채권자는 사해행위의 취소와 원상회복의 청구를 동시에 할 수도 있고(대판 1980. 7. 22, 80다795), 또는 사해행위의 취소만을 먼저 청구한 다음 원상회복을 나중에 청구할 수도 있으며, 이 경우 사해행위의 취소가 민법 제406조 2항 소정의 기간 안에 제기되었다면 원상회복의 청구는 그 기간이 지난 뒤에도 할 수 있다(대판 2001. 9. 4, 2001다14108). (ㄷ) ① 가등기의 등기원인인 법률행위와 본등기의 등기원인인 법률행위가 명백히 다른 것이 아닌 한, 가등기 및 본등기의 원인행위에 대한 사해행위 취소 등 청구의 제척기간의 기산일은 가등기의 원인행위가 사해행위임을 안 때라고 할 것이고, 채권자가 가등기의 원인행위가 사해행위임을 안 때부터 1년 내에 가등기의 원인행위에 대하여 취소의 소를 제기하였다면, 본등기의 원인행위에 대한 취소 청구는 그 원인행위에 대한 제척기간이 지난 후 제기하더라도 적법하다(대판 2006. 12. 21, 2004다24960). ② 그러나 양자의 원인된 법률행위가 다른 경우에는, 사해행위 여부는 본등기의 원인인 법률행위를 기준으로 판단해야 한다(대판 2021. 9. 30, 2019다266409).[1)] (ㄹ) 채권자취소권 행사에서 제척기간의 기산점인 '채권자가 취소 원인을 안 날'은, 채무자가 채권자를 해침을 알면서 사해행위를 하였다는 사실, 즉 사해행위와 채무자에게 사해의 의사가 있었다는 사실을 채권자가 안 날을 말하며, 사해의 객관적 사실을 알았다고 해서 취소의 원인을 알았다고 추정할 수는 없다(대판 2002. 9. 24, 2002다23857). 구체적인 내용은 다음과 같다. ① 채권자가 채무자 소유의 부동산에 대한 가압류신청시 첨부한 등기부등본에 수익자 명의의 근저당권설정등기가 경료되어 있었다는 사실만으로는 채권자가 가압류 신청 당시 취소 원인을 알았다고 인정할 수는 없다(대판 2000. 6. 13, 2000다15265). ② 그러나 채권자가 채무자의 재산상태를 조사한 결과 채무자 소유 부동산 가액이 자신의 채권 총액에 미치지 못함을 이미 파악하고 있었던 상태에서, 채무자 재산을 가압류하던 중 일부 부동산에 제3자 명의의 근저당권설정등기가 마쳐진 사실을 확인한 경우, 채권자가 가압류 무렵 채무자가 채권자를 해침을 알면서 사해행위를 한 사실을 알게 되었다고 보아야 한다(대판 2012. 1. 12, 2011다82384). ③ 채무자가 유일한 재산인 부동산을 처분함으로써 채무자의 사해의사가 추정되는 경우, 채권자가 채무자의 유일한 부동산 처분행위를 알았다면 채무자의 사해의사도 채권자가 알았다고 봄이 상당하다(대판 2000. 9. 29, 2000다3262). ④ 채권자인 파산자가 사해행위의 취소 원인을 알지 못한 상태에서 파산관재인이 선임된 경우, 그 후 채무자의 사해행위를 알았는지는 파산관재인을 기준으로 판단하여야 한다(대판 2008. 4. 24, 2006다57001). ⑤ 법인의 대표자가 법인에 대해 불법행위를 한 경우, 법인과 그 대표자의 이익은 상반되므로, 법인의 대표자에 대한 손해배상청구권을 피

1) ① A는 2007년에 B에게 10억원의 금전채권을 갖게 되었다. ② B는 2004년에 그 소유 부동산에 대해 甲과 매매예약을 맺고 甲 명의로 가등기를 마쳤는데, 그 후 (매매예약에 관한) 제척기간의 경과로 이 가등기는 무효가 되었다. ③ B는 2016. 1. 14. 위 (유일한) 부동산에 대해 C와 매매계약을 체결하면서, 말소되어야 할 위 가등기를 유용하기로 합의하고, C 명의로 가등기 이전의 부기등기와 매매를 원인으로 한 소유권이전의 본등기를 마쳤다. ④ 그 후 A가 C를 상대로 B와 C 사이의 위 매매계약이 사해행위임을 이유로 채권자취소권을 행사한 것이다. ⑤ 재판에서 사해행위의 대상이 B와 C 사이의 매매계약인지, 그렇다면 제척기간도 그것을 기준으로 기산되는지가 다투어졌다. 대법원은 위 매매계약은 가등기의 원인인 법률행위와 별개로 일반채권자의 공동담보를 감소시키는 것으로 채권자취소권의 대상인 사해행위라고 보면서, 이를 긍정하였다.

보전권리로 하여 법인이 채권자취소권을 행사하는 경우에는, 불법행위를 한 법인의 대표자를 기준으로 해서는 안 되고, 법인의 이익을 정당하게 보전할 다른 대표자나 임원 또는 사원이나 직원을 기준으로 해서 이들이 취소 원인을 안 날을 기산점으로 삼아야 한다(대판 2015. 1. 15, 2013다50435). ⑥ 국가가 조세채권을 피보전채권으로 하여 체납자의 법률행위를 대상으로 채권자취소권을 행사할 때에, 국가가 취소 원인을 알았는지는 (체납자의 재산 처분에 관한 등기·등록업무를 담당하는 공무원의 인식을 기준으로 판단해서는 안 되고) 조세채권의 추심 및 보전 등에 관한 업무를 담당하는 세무공무원의 인식을 기준으로 판단하여야 한다(대판 2017. 6. 15, 2015다247707). ⑦ 사해행위가 있은 후 채권자가 취소 원인을 알면서 피보전채권을 양도하고 양수인이 그 채권을 보전하기 위하여 채권자취소권을 행사하는 경우, 그 채권의 양도인이 취소 원인을 안 날을 기준으로 제척기간 도과 여부를 판단하여야 한다(대판 2018. 4. 10, 2016다272311). (iii) 채권자가 채무자의 부동산에 관한 사해행위를 이유로 수익자를 상대로 그 사해행위의 취소와 원상회복을 구하는 소송을 제기한 후 소송 계속 중에 그 사해행위가 해제 또는 해지되고 그 재산이 벌써 채무자에게 복귀된 경우에는, 채권자취소소송은 이미 그 목적이 실현되어 더 이상 그 소에 의해 확보할 권리보호의 이익이 없어진다. 이러한 법리는 사해행위 취소소송이 제기되기 전에 그 재산이 채무자에게 복귀된 경우에도 같다(대판 2008. 3. 27, 2007다85157; 대판(전원합의체) 2015. 5. 21, 2012다952). (iv) (ㄱ) 채권자취소권의 요건을 갖춘 각 채권자는 고유의 권리로서 채무자의 재산처분 행위를 취소하고 그 원상회복을 구할 수 있는 것이므로, 여러 명의 채권자가 동시에 또는 시기를 달리하여 사해행위 취소 및 원상회복 청구의 소를 제기한 경우 이들 소가 중복제소에 해당하지 아니할 뿐만 아니라, 어느 한 채권자가 동일한 사해행위에 관하여 사해행위 취소 및 원상회복 청구를 하여 승소 판결을 받아 그 판결이 확정되었다는 것만으로는 그 후에 제기된 다른 채권자의 동일한 청구가 권리 보호의 이익이 없게 되는 것은 아니고, 그에 기하여 재산이나 가액의 회복을 마친 경우에 비로소 다른 채권자의 사해행위 취소 및 원상회복 청구는 그와 중첩되는 범위 내에서 권리 보호의 이익이 없게 된다. 따라서 여러 명의 채권자가 사해행위 취소 및 원상회복 청구의 소를 제기하여 여러 개의 소송이 계속 중인 경우에는 각 소송에서 채권자의 청구에 따라 사해행위의 취소 및 원상회복을 명하는 판결을 선고하여야 하고, 수익자(전득자를 포함)가 가액배상을 하여야 할 경우에도 수익자가 반환하여야 할 가액을 채권자의 채권액에 비례하여 채권자별로 안분한 범위 내에서 반환을 명할 것이 아니라, 수익자가 반환하여야 할 가액 범위 내에서 각 채권자의 피보전채권액 전액의 반환을 명하여야 한다(대판 2003. 7. 11, 2003다19558; 대판 2005. 3. 24, 2004다65367; 대판 2005. 11. 25, 2005다51457; 대판 2008. 4. 24, 2007다84352). (ㄴ) 여러 개의 사해행위 취소소송에서 각 가액배상을 명하는 판결이 선고 확정되어 수익자가 어느 채권자에게 자신이 배상할 가액의 일부를 반환한 경우, 수익자가 다른 채권자에게 배상할 가액의 범위에 대해, 대법원은 다음과 같이 판시하고 있다: 「1) 여러 개의 사해행위 취소소송에서 각 가액배상을 명하는 판결이 선고되어 확정된 경우, 각 사해행위 취소판결에서 산정한 공동담보 가액의 액수가 서로 달라 수익자에게 이중지급의 위험이 발생하는지 판단하는 기준이 되는 공동담보 가액은, 그중 다액에 해당하는 금액이라고 보는 것이 채권자취소권의 취지에 부합한다. 2) 수익자가 어느 채권자에게 자신이 배상할 가액의 전부 또는 일부를 반환한 때에는, 다른 채권자에 대하여 다액으로 산정된 공동담보 가액에서 자신이 반환한 가액을 공제한 금액을 초과하는 범위에서 청구이의의 방법으로 집행권원의 집행력의 배제를 구할 수 있다」(대판 2022. 8. 11, 2018다202774).[1)]

b) 취소소송의 상대방 취소소송에서 원고는 채권자이고 피고는 수익자 또는 전득자이며, 채무자는 피고로 삼을 수 없다는 것이 확립된 판례이다(대판 1991. 8. 13, 91다13717). 사해행위의 취소는 채권자가 채무자의 법률행위를 취소하는 것을 전제로 수익자(또는 전득자)를 상대로 하여 그로부터 목적물을 반환받으면 책임재산을 보전한다는 목적은 충분히 달성되는 것이므로, 굳이 채무자까지 공동피고로 하여 채무자와 수익자(또는 전득자) 간의 법률관계까지 전면적으로 무효로 할 필요는 없다는 것이 그 기본취지이다(대판 1967. 12. 26, 67다1839). 이를 토대로 소송의 당사자 사이에서만 그 효력이 있는 것으로 보고, 이를 상대적 효력이라고 한다. 이러한 판례이론에 의할 때 구체적인 법률관계는 다음과 같다.

(ㄱ) 수익자와 전득자가 모두 악의인 때: 전득자가 있는 경우에 수익자와 전득자 중 누구를 피고로 할 것인지는 채권자의 자유로운 선택에 달려 있다. 즉, ① 수익자를 피고로 하여 그로부터 재산의 반환에 갈음하여 가액의 배상을 청구할 수 있다. ② 전득자를 피고로 하여 그로부터 직접 채무자 앞으로 재산의 회복을 구할 수도 있다. 이 경우 취소의 대상이 되는 사해행위는 채무자와 수익자 사이의 법률행위이고, 수익자와 전득자 사이의 법률행위는 취소의 대상이 아니다(대판 2004. 8. 30, 2004다21923). ③ 한편, 수익자와 전득자를 각각 피고로 삼을 수도 있다. 가령 채무자가 그의 유일한 부동산을 수익자에게 양도하고 수익자는 전득자에게 매매예약을 원인으로 가등기를 경료해 준 경우, 채권자가 수익자를 상대로 사해행위를 취소하고 원상회복으로서 수익자 명의의 소유권이전등기의 말소를 구한다 하더라도 전득자 명의의 가등기는 남게 된다. 이 경우 채권자는 따로 전득자를 피고로 삼을 필요가 있게 되는데, 앞의 수익자를 피고로 한 소는 전득자에게는 미치지 않으므로, 채권자는 따로 전득자를 피고로 하여 민법 제406조 2항 소정의 기간 안에 채무자와 수익자 사이의 법률행위의 취소를 구하면서 원상회복으로서 전득자 명의의 가등기의 말소를 구하여야만 한다(따라서 수익자를 피고로 한 소에서 승소하더라도, 전득자를 피고로

1) (ㄱ) 사실관계는 다음과 같다. ① 채무자 A에 대한 채권자 甲이 수익자 B를 상대로, A와 B 사이의 부동산 매매가 사해행위라고 주장하면서 그 취소와 원상회복을 구하는 소(제1 소송)를 제기하였다. 한편, 채무자 A에 대한 또 다른 채권자 乙이 수익자 B를 상대로 마찬가지로 사해행위 취소소송(제2 소송)을 제기하였다. ② 제1 소송에서 법원은 2016. 5. 20. 위 부동산의 공동담보 가액을 9,500만원으로 산정한 다음, B는 甲에게 가액배상으로 9,500만원을 지급하라고 판결하였다. ③ 제2 소송에서 법원은 2016. 5. 31. 위 부동산의 공동담보 가액을 5,500만원으로 산정한 다음, B는 乙에게 가액배상으로 5,500만원을 지급하라고 판결하였다. ④ 수익자 B는 2016. 8. 19. 甲에게 6,000만원을 지급하였다. 그리고 甲은 B에 대해 더 이상 제1 소송의 판결을 집행권원으로 해서 강제집행을 하지 않기로 합의하였다. ⑤ 乙이 B를 상대로 가액배상으로 5,500만원을 청구하자, B가 乙을 상대로 청구이의를 주장하였다. (ㄴ) 대법원은 다음과 같이 판단하였다. 1) 수익자 B의 이중지급을 가리는 기준이 되는 위 부동산의 공동담보 가액은 두 개의 판결 중 다액으로 평가한 9,500만원이 되는데, B가 甲에게 6,000만원을 일부 지급하였으므로, 9,500만원에서 6,000만원을 뺀 3,500만원을 초과한 범위에서만 이중지급의 대상이 된다. 따라서 B는 乙이 청구한 5,500만원에서 3,500만원만 지급하면 족하고, 그 초과분 2,000만원은 이중지급을 이유로 청구이의의 방법으로 집행력의 배제를 구할 수 있다. 2) 사해행위 취소소송에서 취소채권자는 다른 채권자를 대신하여 공동담보에 대한 권리를 포기할 수는 없으므로, 甲이 제1 판결에 기해 더 이상 강제집행을 하지 않겠다고 합의하였다는 사정은 공동담보 가액의 산정과 그에 기한 이중지급의 범위에 영향을 미치지 못한다.

한 소가 사해행위 취소의 제척기간을 넘긴 때에는 그 소는 부적법한 것이 된다)(대판 2005. 6. 9, 2004다17535). 나아가, 수익자와 전득자를 공동피고로 삼을 수도 있다. 판례는, 채권자가 수익자와 전득자를 공동피고로 하여 채권자취소의 소를 제기하면서 청구취지를 수익자에 대한 것과 전득자에 대한 것으로 분리하지 아니한 채 '채무자와 수익자 사이의 사해행위 취소'를 구하는 취지라고만 한 경우, 전득자에 대한 관계에서 채무자와 수익자 사이의 사해행위를 취소하는 청구도 포함된 것으로 본다(대판 2011. 10. 13, 2011다46647). (ㄴ) 수익자가 악의이고 전득자가 선의인 때: 수익자를 피고로 하여 그로부터 가액배상을 청구하거나, 전득자에게 영향을 미치지 않는 한도에서 재산의 반환을 청구할 수 있다. 예컨대, 부동산이 수익자에게 이전된 후 선의로 저당권을 취득한 전득자가 있는 경우, (채권자가 스스로 위험이나 불이익을 감수하면서 원물반환을 원하는 경우에는) 저당권이 있는 상태로 수익자 명의로 된 등기의 말소를 구하거나 수익자를 상대로 채무자 앞으로 직접 소유권이전등기절차를 이행할 것을 구할 수 있다.[1] 한편 채권자는 원물반환과는 달리 가액배상(저당권의 피담보채권액을 빼지 않은, 목적물 가액 전액)을 선택할 수도 있다(대결 1984. 11. 24, 84마610; 대판 2001. 2. 9, 2000다57139). (ㄷ) 수익자가 선의이고 전득자가 악의인 때: 전득자를 피고로 하여 재산의 반환을 청구할 수 있다. (ㄹ) 선의의 전득자로부터 다시 전득한 자가 악의인 때: 최종 전득자로부터 재산의 반환을 청구할 수 있다.

2. 행사의 범위

(1) 취소의 범위

(ㄱ) 취소의 범위는 취소권을 행사하는 채권자의 채권액을 기준으로 한다. 그 채권액은 사해행위 당시를 기준으로 하고(다만 사해행위 이후 사실심 변론종결시까지 발생한 이자나 지연손해금은 포함된다(대판 2001. 12. 11, 2001다64547)), 사해행위 이후 판결이 있을 때까지 사이에 발생한 채권액은 가산하지 않는다. 따라서 사해행위의 목적물이 가분이면 취소채권자의 채권액의 범위에서 일부취소를 하여야 한다. 그러나 다른 채권자가 배당요구를 할 것이 명백하거나 목적물이 불가분인 경우에는 그의 채권액을 넘어서도 취소를 구할 수 있다(이런 경우에도 취소채권자의 채권액으로 제한하게 되면 취소채권자는 회복된 재산에서 제대로 배당을 받기가 어렵게 되고, 이러한 결과는 채권자취소권 제도의 취지와도 부합하지 않는다)(대판 1997. 9. 9, 97다10864).[2] (ㄴ) 한편, 채권자취소권은 사해행위로 일탈된 채무자의 책임재산을 총채권자를 위해 채무자에게 복귀시키기 위한 것이지, 채권자취소권을 행사하는 특정 채권자에게만 독점적 만족을 주기 위한 권리가 아니다. 따라서 채무자에 대한 채권 보전이 아니라 제3자에 대한 채권 만족을 위해서는 사해행위 취소의 효력을 주장할 수 없다(대판 2010. 5. 27, 2007다40802).[3]

---

1) 어느 경우든 이를 인용하는 판결정본을 제출하여 채권자 단독으로 채무자 명의로 등기를 회복할 수 있다(부동산등기법 23조 4항).

2) 판례: 「동일인의 소유인 토지와 건물의 처분행위를 채권자취소권에 의하여 취소하는 경우, 그중 대지의 가격이 채권자의 채권액보다 다액이라 하더라도, 대지와 건물 중 일방만을 취소하게 되면 건물의 소유자와 대지의 소유자가 다르게 되어 가격과 효용을 현저히 감소시킬 것이므로 전부를 취소함이 정당하다」(대판 1975. 2. 25, 74다2114).

3) (ㄱ) 甲이 乙에 대한 채권자의 지위에서 乙이 丙에 대한 채권을 戊에게 양도한 것에 대하여 사해행위 취소소송을 제기하여 확정판결을 받았다. 그런데 그 전에 甲이 丙에 대한 채권자의 지위에서 신청한 丙 소유 부동산에 대한 강제경매절차에서 戊가 丙을 상대로 집행권원에 기해 배당요구를 하여 배당을 받았다. 이에 대해 甲이 위 사해행위 취

(2) (원상회복의 방법으로서) 원물반환과 가액반환(배상)

a) 의 의 (ㄱ) 채권자취소권은 채무자의 책임재산을 보전하기 위해 인정되는 권리이므로, 사해행위의 취소와 원상회복은 책임재산에 한정되고 그것을 초과하는 부분은 포함되지 않는다. 예컨대 부동산에 관한 법률행위가 사해행위로서 취소된 경우에 수익자 또는 전득자가 사해행위 이후 그 부동산을 직접 사용하거나 제3자에게 임대하였다고 하더라도, 당초 채권자의 공동담보를 이루는 채무자의 책임재산은 당해 부동산이었을 뿐 수익자나 전득자가 그 부동산을 사용함으로써 얻은 사용이익이나 임차인으로부터 받은 임료 상당액까지 포함하는 것은 아니었으므로, 수익자 등은 원상회복으로서 당해 부동산을 반환하는 것 외에 그 사용이익이나 임료 상당액까지 반환해야 하는 것은 아니다(대판 2008. 12. 11, 2007다69162). (ㄴ) 채권자취소권은 채권자가 사해행위를 취소하고 원상회복을 청구하는 것을 내용으로 하므로(406조 1항), 부동산에 관한 법률행위가 사해행위에 해당하는 경우에는 그 사해행위를 취소하고 소유권이전등기의 말소 등 부동산 자체의 회복을 명하는 것이 원칙이다.[1] (ㄷ) 다만, ① 사해행위에 따른 원상회복으로서 원물반환이 불가능하거나 현저히 곤란한 경우에는 그 가액 상당을 배상하여야 하는데, 그러한 경우는 거래 관념에 비추어 채권자가 수익자나 전득자로부터 이행의 실현을 기대할 수 없는 것을 말한다. 예컨대 목적물이 선의의 전득자에게 이전된 경우에는 수익자는 가액배상을 할 수밖에 없다(대판 1998. 5. 15, 97다58316).[2] ② 가액배상의무는 사해행위의 취소를 명하는 판결이 확정된 때에 비로소 발생하므로 그 판결이 확정된 다음 날부터 이행지체 책임을 지게 되고, 따라서 (금전채무의 이행청구 소송을 제기한 경우에 적용되는) 소송촉진 등에 관한 특례법 제3조 1항에서 정하는 이율은 적용되지 않고 민법상 법정이율(397조 1항)이 적용된다(대판 2002. 3. 26, 2001다72968; 대판 2009. 1. 15, 2007다61618).

b) 가액반환(배상)을 하여야 하는 경우 다음의 경우에는 「가액배상」을 하여야 하는데, 그 구체적인 내용은 다음과 같다.

aa) (ㄱ) 저당권이 설정되어 있는 부동산에 관해 사해행위(가령 매각)가 있는 경우에는, 그 저당권이 있는 상태로 그 사해행위를 취소하고 소유권이전등기의 말소를 구하는 방식으로 원

소의 효력을 주장하여 戊가 받은 배당에 대해 이의를 제기하였다. (ㄴ) 대법원은, 채무자에 대한 채권 보전이 아니라 제3자에 대한 채권 만족을 위해서는 사해행위 취소의 효력을 주장할 수 없다고 하면서, 위 사안이 이에 해당하는 것으로 보았다. 그 이유는, ① 乙의 다른 채권자들이 丙의 채권자가 아닌 이상 사해행위 취소의 효력을 누릴 수 없고, ② 乙의 모든 채권자의 이익을 위하여 효력이 생겨야 할 채권자취소권의 행사로써 甲은 채무자 乙이 아닌 제3자 丙에 대한 자신의 채권을 만족시키는 것이 되어 부당하며, ③ 甲은 乙이 아닌 丙에 대한 채권자로서 배당이의를 제기한 것이고, 다만 우연히 채권자취소소송의 채무자인 乙에 대한 채권자의 지위를 함께 가지고 있는 것에 불과하다고 본 것이다(대판 2010. 5. 27, 2007다40802).

1) 판례: (ㄱ) 「채무자의 수익자에 대한 채권양도가 사해행위로 취소되는 경우, 수익자가 제3채무자로부터 아직 그 채권을 추심하지 않은 때에는, 채권자는 사해행위 취소에 따른 원상회복으로서 수익자가 제3채무자에 대하여 채권양도가 취소되었다는 취지의 통지를 하도록 청구할 수 있다」(대판 2015. 11. 17, 2012다2743). (ㄴ) 「근저당권설정계약 중 일부만이 사해행위에 해당하는 경우, 그 원상회복은 근저당권설정등기의 채권최고액을 감축하는 근저당권 변경등기절차의 이행을 명하는 방법으로 하여야 한다」(대판 2006. 12. 7, 2006다43620).

2) 판례: 「근저당권설정계약을 사해행위로 취소하는 경우 경매절차가 진행되어 타인이 소유권을 취득하고 근저당권설정등기가 말소되었다면 원물반환이 불가능하므로 가액배상의 방법으로 원상회복을 명한다(이 점은 선행 저당권의 실행으로 수익자가 사해행위로 취득한 저당권이 말소된 경우에도 같다). 이때 이미 배당이 종료되어 수익자가 배당금을 수령한 경우에는 수익자로 하여금 배당금을 반환하도록 명하고, 배당표가 확정되었으나 채권자의 배당금 지급금지 가처분으로 인하여 수익자가 배당금을 현실적으로 지급받지 못한 경우에는 배당금 지급채권의 양도와 그 채권양도의 통지를 명하는 방식으로 한다」(대판 2013. 9. 13, 2013다34945; 대판 2018. 4. 10, 2016다272311).

상회복을 하면 된다. 그러나, 저당권이 설정되어 있는 부동산에 관해 사해행위가 있은 후 그 저당권이 변제 등으로 말소된 경우에는, 그 사해행위는 부동산 가액에서 저당권의 피담보채권액을 뺀 잔액 범위에서만 성립하고, 이것은 사해행위 후 변제 등에 의해 저당권등기가 말소되었다고 해서 달라지지 않는다. 이 경우 사해행위를 취소하여 그 부동산 자체의 회복을 명하는 것은 당초 일반 채권자의 공동담보로 되어 있지 않은 (저당권이 설정된) 부분까지 회복시키는 것이 되어 공평에 반하므로, 그 부동산의 가액에서 저당권의 피담보채권액을 뺀 잔액의 한도 내에서 사해행위를 일부취소하고 그 가액의 배상을 청구하거나 명할 수 있을 뿐이라는 것이 대법원의 확립된 견해이다(대판 1996. 10. 29, 96다23207; 대판 1998. 2. 13, 97다6711; 대판 1999. 9. 7, 98다41490; 대판 2001. 9. 4, 2000다66416; 대판 2018. 6. 28, 2018다214319).[1)2)] 그리고 이것은 수개의 저당권이 설정되어 있는 부동산에 관하여 사해행위가 이루어진 경우에도 같다. 즉 배상하여야 할 가액은 그 부동산의 가액에서 말소된 저당권과 말소되지 않은 저당권의 피담보채권액을 모두 공제하여 산정하여야 한다(대판 1998. 2. 13, 97다6711; 대판 2007. 7. 12, 2005다65197). 이러한 법리는 그 부동산이 양도담보의 목적으로 이전된 경우(대판 2002. 4. 12, 2000다63912), 우선변제권이 있는 주택임차권이 설정된 경우(대판 2001. 6. 12, 99다51197, 51203), 그리고 유치권의 목적인 부동산이 사해행위로 처분된 경우에도 같다(대판 2013. 4. 11, 2013다1105). 한편, 가액배상에 의한 원상회복은 원물의 반환에 갈음하는 것이므로, 가액배상을 위한 원물가액의 산정은 사실심 변론종결시를 기준으로 한다(대판 1998. 2. 13, 97다6711).

(ㄴ) 그런데 다음의 경우에는 저당권의 피담보채권액이나 변제액을 공제해서는 안 된다. 1) 사해행위 후 그 목적물에 관하여 선의의 제3자가 저당권을 취득하였음을 이유로 가액배상을 명하는 경우에는 사해행위 당시 일반채권자들의 공동담보로 되어 있었던 부동산 가액 전부의 배상을 명하여야 하고, 그 가액에서 제3자가 취득한 저당권의 피담보채권액을 공제할 것이 아니다. 그리고 증여의 형식으로 이루어진 사해행위를 취소하고 원물반환에 갈음하여 그 목적물 가액의 배상을 명함에 있어서는 수익자에게 부과된 증여세액과 취득세액을 공제하여 가액배상을 산정할 것도 아니다(대판 2003. 12. 12, 2003다40286). 2) 사해행위 당시 어느 부동산이 가압류되어 있다는 사정은 채권자 평등의 원칙상 채권자의 공동담보로서 그 부동산의 가치에 아무런 영향을 미치지 아니하므로, 가압류가 된 여부나 그 청구채권액의 다과에 관계없이 그 부동산 전부에 대하여 사해행위가 성립하고, 따라서 사해행위 후 수익자 또는 전득자가 그 가압류 청구채권을 변제하거나 채권액 상당을 해방공탁하여 가압류를 해제시키거나 그 집행을 취소시켰다 하더라도, 법원이 사해행위를 취소하면서 원상회복으로 원물반환 대신 가액배상을 명하여야 하거나, 다른 사정으로 가액배상을 명하는 경우에도 그 변제액을 공제할 것은 아니다(대판 2003. 2. 11, 2002다37474).

bb) 그 밖에 사해행위 취소에 따른 원상회복으로 가액배상을 명할 수 있는 경우가 있다.

---

1) 판례는, 이 경우 설사 사해행위인 계약 전부의 취소와 부동산 자체의 반환을 구하더라도, 여기에는 위와 같은 일부취소와 가액배상을 구하는 취지도 포함된 것으로 볼 수 있다고 하여, 청구취지의 변경이 없더라도 바로 가액배상을 명할 수 있다고 한다(대판 2001. 6. 12, 99다20612).

2) 판례는, 저당권이 설정되어 있는 부동산에 관해 사해행위가 있은 후 저당권이 말소되고, 그 후 사해행위에 의해 그 부동산에 관한 권리를 취득한 전득자에 대해서도, 사실심 변론종결시의 부동산 가액에서 말소된 저당권의 피담보채무액을 공제한 금액의 한도에서 그가 취득한 이익에 대한 가액배상을 명할 수 있다고 한다(대판 2001. 9. 4, 2000다66416).

① 사해행위의 목적물인 완공되지 않은 건물을 매수하면서, 수익자가 추가 공사비를 투입하여 건물을 완공함으로써 그의 비용으로 건물의 객관적 가치를 증대시키고 그 가치가 현존하고 있는 경우, 당해 매매계약 전부를 취소하고 그 원상회복으로서 소유권이전등기의 말소등기절차의 이행을 명하게 되면, 당초 일반채권자들의 공동담보로 되어 있지 않던 부분까지 회복을 명하는 것이 되어 공평에 반하는 것이므로, 이 경우는 위 건물의 가액에서 공동담보로 되어 있지 아니한 부분의 가액을 공제한 잔액의 한도에서 사해행위를 취소하고 그 한도에서 가액배상을 명하여야 한다(대판 2010. 2. 25, 2007다28819, 28826). ② 사해행위인 매매예약에 기해 수익자 앞으로 가등기를 마친 후 전득자 앞으로 그 가등기 이전의 부기등기를 마치고 나아가 그 가등기에 기한 본등기까지 마친 경우, 채권자는 수익자를 상대로 그 사해행위인 매매예약의 취소를 청구할 수 있고, 수익자는 부기등기로 인한 가등기말소의무의 불능에 대한 원상회복으로서 가액배상을 할 의무를 진다(대판(전원합의체) 2015. 5. 21, 2012다952).[1] ③ 건축 중인 건물 외에 별다른 재산이 없는 채무자가 수익자에게 책임재산인 위 건물을 양도하기 위해 수익자 앞으로 건축주 명의를 변경해 주기로 약정하고, 이에 따라 건축주 명의가 수익자 앞으로 변경된 후 수익자가 건물을 완공하여 소유권보존등기까지 마친 경우, 더 이상 사해행위에 따른 원상회복으로서 건축주 명의변경 절차의 이행을 기대할 수는 없으므로 가액배상의 방법으로 원상회복을 하여야 한다(대판 2017. 4. 27, 2016다279206).

c) 원물반환과 가액반환(배상)의 선택 (ㄱ) 채무자가 사해행위로서 부동산을 수익자에게 양도한 후 수익자가 선의의 제3자(전득자)에게 저당권(지상권)을 설정해 준 경우, 전득자를 상대로 채권자취소와 저당권(지상권)등기의 말소를 구할 수는 없다. 이 경우 채권자는 원상회복 방법으로 수익자를 상대로 가액 상당의 배상(저당권의 피담보채권액을 빼지 않은, 목적물 가액 전액)을 구할 수 있지만, (채권자가 스스로 위험이나 불이익을 감수하면서 원물반환을 구하는 것까지 불허할 것은 아니므로) 제3자의 저당권이 있는 상태로 채무자 앞으로 직접 소유권이전등기절차를 이행할 것을 구할 수도 있다(대판 2006. 12. 7, 2004다54978). (ㄴ) 이 경우 원상회복청구권은 사실심 변론종결 당시의 채권자의 선택에 따라 원물반환과 가액배상 중 어느 하나로 확정되는데, 채권자가 원물반환청구를 하여 승소 판결이 확정되었다면, 그 후 어떤 사유로 원물반환의 목적을 달성할 수 없게 되었다고 하더라도 다시 원상회복으로서 가액배상을 청구할 수는 없다(대판 2006. 12. 7, 2004다54978).[2] (ㄷ) 한편 원물반환의 승소 판결 후 원물반환이 불능이 된 경우에 채권자에게 대상청구권을 인정한 것이 있다. 즉 채무자(B)가 제3자(C)에게 근저당권을 설정한 행위가 사해행위로 되어 채

1) 종전의 판례는, 수익자는 가등기 말소등기청구 소송의 상대방이 될 수 없고 본등기의 명의인도 아니므로 가액배상의무를 부담하지 않는다고 하였는데(대판 2005. 3. 24, 2004다70079), 위 전원합의체 판결로써 이를 변경한 것이다.

2) 채무자 乙이 사해행위로 제3자 丙에게 부동산 소유권이전등기를 하자 채권자 甲이 丙을 상대로 사해행위 취소와 원상회복으로 乙 앞으로 소유권이전등기를 할 것을 청구하여 승소 판결이 있은 후, 사해행위 이전에 이미 그 부동산에 있었던 근저당권이 실행되어 타인에게 경락됨으로써 채무자 乙로의 소유권이전등기가 불가능해지자, 甲이 丙을 상대로 가액배상을 구한 사안이다. 이 경우 동일한 수익자를 상대로 원물반환이나 가액반환을 구하는 것은 모두 사해행위를 원인으로 하는 것으로 청구원인이 동일하므로, 이러한 청구는 전소의 기판력으로 인해 다시 청구할 수 없게 된 것임을 유의할 것이다(권순한, 민법요해 Ⅱ, 295면). * 2019년 제3차 변호사시험 모의시험 민사법 사례형 제1문의4 문제1은 이 판례를 출제한 것이다.

권자(A)가 C를 상대로 사해행위 취소와 근저당권 설정등기말소 청구소송을 제기하여 승소 판결이 확정되었는데, 후에 그 부동산이 임의경매절차에 의하여 타인에게 낙찰됨으로써 확정된 이전 판결에 기한 근저당권 설정등기말소의무가 이행불능이 된 사안에서, 판례는, A는 대상청구권의 행사로서 C에게 C가 받은 배당금의 반환을 청구할 수 있고, 이러한 청구가 이전 소송 판결의 기판력에 반하는 것은 아니라고 보았다(대판 2012. 6. 28, 2010다71431).[1]

〈종 합〉 (ㄱ) A는 B에게 5천만원 대여금채권이 있다. B는 그 소유의 유일한 토지(1억원 상당)를 C에게 매각하였다. 이후 C는 선의의 D로부터 5천만원을 빌리고 D 명의로 저당권설정등기가 마쳐진 경우: → A는 C를 피고로 하여 B와 C 사이의 매매계약을 사해행위를 이유로 취소하고 다음과 같은 내용으로 원상회복을 구할 수 있다. A가 (스스로 위험이나 불이익을 감수하면서) 원물반환을 원하는 경우에는, D의 저당권이 있는 상태로 C의 소유권이전등기를 말소하거나 B 앞으로 소유권이전등기를 해 줄 것을 구할 수 있다. 한편 원물반환과는 달리 토지의 가액 상당의 배상(D의 피담보채권액을 빼지 않은, 1억원 전액)을 구할 수도 있다.

(ㄴ) A는 B에게 5천만원을 빌려주고 B 소유의 유일한 토지(1억원 상당)에 대해 A 앞으로 저당권설정등기를 마쳤다. 이후 甲은 B에게 5천만원을 빌려주었는데, B는 위 부동산을 C에게 5천만원에 팔고 C 명의로 소유권이전등기가 마쳐졌다. 그 후 B는 A에게 5천만원을 변제하여 A 명의의 저당권등기가 말소된 경우: → 甲은 C를 피고로 하여 B와 C 사이의 매매계약을 사해행위를 이유로 취소하고 원상회복으로서 가액배상만을 구할 수 있다. 즉 B 소유의 토지에 대해서는 甲이 채권을 취득하기 전에 이미 A 앞으로 5천만원을 피담보채권으로 하는 저당권이 설정되어 있었으므로, B의 토지가 일반채권자의 공동담보로 제공되는 부분은 토지의 가액 1억원에서 피담보채권 5천만원을 뺀 5천만원이 된다. 그리고 이것은 그 후 B가 피담보채권을 변제하여 A의 저당권등기가 말소되었다고 해서 달라지지 않는다(그렇지 않고 C 명의의 소유권이전등기를 말소하여 원물반환을 하여야 한다면 당초 일반채권자의 공동담보로 되어 있지 않은 5천만원 부분까지 포함시키는 것이 되어 부당하기 때문이다). 그러므로 甲은 C를 피고로 하여 가액배상으로서 5천만원의 지급을 구하여야 한다.

Ⅳ. 채권자취소권 행사의 효과

1. 상대적 효력

(ㄱ) 통설과 판례는, 사해행위 취소판결은 소송의 당사자인 채권자와 그 상대방인 수익자 또는 전득자에 대해서만 상대적으로 효력이 미칠 뿐, 그 소송의 당사자가 아닌 채무자 또는 채무자와 수익자 사이의 법률관계에는 미치지 않는다고 하여(대판 1988. 2. 23, 87다카1989), '상대적 효력'만을 인정한다. (ㄴ) 채무자를 채권자취소소송의 피고로 인정하지 않음으로써 그 판결의 효력이 미치지 않게 하는 것, 그 결과 소송의 당사자인 채권자와 수익자 (또는 전득자) 두 사람 간에만 상대적으로 그 효력이 미치도록 하는 데에는 다음의 두 가지 이유가 있다. 하나는 그 방법으로 채권자가 책임재산을 보전한다는 목적은 충분히 달성할 수 있고, 다른 하나는 채무자와 수익

1) 2019년 제3차 변호사시험 모의시험 민사법 사례형 제1문의4 문제2는 이 판례를 출제한 것이다.

자 사이의 법률관계는 그대로 유효한 것으로 인정함으로써 제3자[1]가 입을 피해의 정도를 가급적 줄이겠다는 것이다.[2]

2. 효과의 내용

a) 채무자 채무자에게 취소의 효과가 미치지 않으므로, 채무자 명의로 회복된 재산은 취소채권자와 다른 채권자에 대한 관계에서 채무자의 책임재산으로 취급될 뿐, 채무자가 직접 그 재산에 대해 어떤 권리를 취득하는 것은 아니다(대판 2002. 9. 24, 2002다33069).

〈판 례〉 ① 채무자가 사해행위 취소로 등기명의를 회복한 부동산을 제3자에게 처분하더라도 이는 무권리자의 처분에 불과하여 효력이 없으므로, 채무자로부터 제3자에게 마쳐진 소유권이전등기나 이에 기초하여 순차로 마쳐진 소유권이전등기 등은 모두 원인무효의 등기로서 말소되어야 한다. 이 경우 취소채권자나 민법 제407조에 따라 사해행위 취소와 원상회복의 효력을 받는 채권자는 채무자의 책임재산으로 취급되는 부동산에 대한 강제집행을 위하여 원인무효 등기명의인을 상대로 등기의 말소를 청구할 수 있다(대판 2017. 3. 9, 2015다217980). ② 수익자가 원상회복으로서 채무자 앞으로 가액배상을 할 경우에도 채무자가 그로 인해 채권을 취득하는 것은 아니므로, 수익자가 이를 자신의 채무자에 대한 반대채권과 상계할 수는 없다(대판 2001. 6. 1, 99다63183). ③ 채무자의 수익자에 대한 채권양도가 사해행위로 취소되고, 그에 따른 원상회복으로서 제3채무자에게 채권양도가 취소되었다는 취지의 통지가 이루어지더라도, 채권자와 수익자의 (상대적인) 관계에서만 그 채권이 채무자의 책임재산으로 취급될 뿐, 채무자가 직접 그 채권을 취득하여 권리자로 되는 것은 아니므로, 채권자는 채무자를 대위하여 제3채무자에게 그 채권에 관한 지급을 청구할 수 없다(대판 2015. 11. 17, 2012다2743). / 채권압류명령 당시 피압류채권이 이미 제3자에 대한 대항요건을 갖추어 양도되어 그 명령이 무효가 된 경우, 그 후 사해행위 취소소송에서 채권양도계약이 취소되어 채권이 원채권자에게 복귀하게 되었더라도 그가 채권을 취득하는 것은 아니므로, 이미 무효로 된 채권압류명령이 다시 유효한 것으로 되지 않는다(대판 2022. 12. 1, 2022다247521). ④ 甲이 Y토지와 Z건물을 乙에게 양도하였는데, 甲의 채권자에 의해 Z건물 양도 부분만이 사해행위로 취소된 경우, (사해행위 취소의 상대적 효력상) 건물 소유권이 甲에게 회복되더라도 甲이 실질적으로 건물의 소유자가 되는 것은 아니어서, (따라서 이는 관습상 법정지상권의 성립요건인 '동일인의 소유에 속하고 있던 토지와 그 지상 건물이 매매 등으로 인하여 소유자가 다르게 된 경우'에 해당하지 않으므로) 甲에게 관습상 법정지상권은 인정되지 않는다(대판 2014. 12. 24, 2012다73158). 위 경우 Y토지와 Z건물의 소유자는 여전히 乙이 되므로, 丁이 강제경매를 통해 Z건물의 소유권을 취득하면 Y토지에 관습상 법정지상권을 취득한다.

b) 채권자 「전조의 규정에 의한 취소와 원상회복은 모든 채권자의 이익을 위하여 효력이

1) 수익자가 사해행위로 취득한 근저당권에 배당된 배당금을 가압류한 수익자의 채권자에게도 그 판결의 효력은 미치지 않는다(대판 2009. 6. 11, 2008다7109).

2) 그런데 상대적 효력이론에는 난점이 있다. 가령 채무자 명의로 부동산소유권의 등기명의가 회복된 경우에도, 채무자는 소유자로 등기가 되어 있으면서도 소유권을 행사할 수 없고, 처분권한이 없게 되는데, 물권법정주의의 취지상 이러한 소유권의 관념을 인정할 수 있는 것인지 의문이다. 이 점은 상대적 효력이론이 앞으로 극복하여야 할 과제이다.

있다」(407조). (ㄱ) 사해행위의 목적물은 원칙적으로 채무자에게 반환되어야 한다. 원상회복의 취지에서 또 취소권 행사의 효과는 모든 채권자의 이익을 위하여 효력이 있기 때문이다. 이 경우 취소채권자가 그로부터 우선변제를 받는 것은 아니며, 이행청구소송을 통해 집행권원을 가져야만 그 재산에 대해 강제집행을 할 수 있고, 이 절차에는 일정한 요건을 갖춘 다른 채권자도 그 배당에 참가할 수 있다. 가령 사해행위의 수익자 소유의 부동산에 대한 경매절차에서 취소채권자가 수익자에 대한 가액배상판결에 기하여 배당을 받은 경우, 그 배당액은 배당요구를 한 취소채권자에게 그대로 귀속되는 것이 아니라 채무자의 책임재산으로 회복되는 것이며, 이에 대하여 채무자에 대한 채권자들은 채권 만족에 관한 일반원칙에 따라 채권 내용을 실현할 수 있다(대판 2005. 8. 25, 2005다14595). 다른 채권자가 이러한 법률상 절차를 거치지 않고 취소채권자를 상대로 하여 안분액의 지급을 직접 구할 수는 없다. 또 취소채권자에게 인도받은 재산 또는 가액배상금에 대한 분배의무가 있지도 않다(대판 2008. 6. 12, 2007다37837). (ㄴ) 사해행위의 목적물이 동산이고 그 현물반환이 가능한 경우에는 취소채권자는 직접 자기에게 그 목적물의 인도를 청구할 수 있다(대판 1999. 8. 24, 99다23468, 23475). 같은 취지에서 반환의 목적물이 금전이거나 가액배상을 받는 경우처럼 변제의 수령을 요하는 채무에서도 채권자에게 인도할 것을 청구할 수 있다(대판 2008. 4. 24, 2007다84352). 다만 그 수령한 것은 다시 채무자에게 인도되어야 하지만, 그것이 채권자의 채무자에 대한 채권과 동종의 것이고 또 상계적상에 있는 것인 때에는 상계(492조 이하)를 함으로써 사실상 우선변제를 받을 수 있다. (ㄷ) 사해행위인 매매가 취소된 경우에는 그 취소의 효과로써 당연히 취소채권자로서는 위 매매의 효력이 유효하게 존속함을 전제로 하여 이루어진 상계의 효력, 즉 기존 채무 소멸의 효과를 부정할 수 있다(대판 2003. 8. 22, 2001다64073). (ㄹ) 사해행위 이후에 채권을 취득한 채권자는 채권의 취득 당시에 사해행위 취소에 의하여 회복되는 재산을 채권자의 공동담보로 파악하지 않은 자로서 민법 제407조에서 정한 사해행위 취소와 원상회복의 효력을 받는 채권자에 포함되지 않는다(따라서 위 회복된 재산의 강제매각대금에서 사해행위 이후에 채권을 취득한 자의 채권은 배당에서 제외하여야 한다)(대판 2009. 6. 23, 2009다18502). (ㅁ) 사해행위 취소로 인한 원상회복 판결의 효력은 소송의 당사자인 채권자와 수익자 또는 전득자에게만 미칠 뿐 채무자나 다른 채권자에게 미치지 않으므로, 어느 채권자가 수익자를 상대로 사해행위 취소 및 원상회복으로 소유권이전등기의 말소를 명하는 판결을 받았으나 말소등기를 마치지 않은 상태라면, 소송의 당사자가 아닌 다른 채권자가 위 판결에 기해 채무자를 대위하여 말소등기를 신청할 수 없다. 그럼에도 불구하고 다른 채권자가 위 판결에 기해 채무자를 대위해서 한 등기신청으로 말소등기가 마쳐졌다면 (등기절차상으로는 흠이 있지만) 그 말소된 등기는 실체관계에 부합하는 등기로서 유효하다(그 이유는, 채권자취소는 민법 제407조에 따라 모든 채권자의 이익을 위하여 효력이 있으므로 수익자는 채무자의 다른 채권자에 대하여도 사해행위의 취소로 인한 소유권이전등기의 말소등기의무를 부담하는 점, 다른 채권자가 사해행위 취소판결에 따라 사해행위가 취소되었다는 사정을 들어 수익자를 상대로 소유권이전등기의 말소를 청구하면 수익자는 말소등기를 해 줄 수밖에 없어 결국 등기가 말소되는 상태로 귀결되는 점에서 그러하다)(대판 2015. 11. 17, 2013다84995).

판 례 사해행위취소에서 원상회복으로 (제395조의) 전보배상을 청구할 수 있는 경우

(ㄱ) ① A는 甲 발행 주식 190만주를 B에게 매각하였는데, A의 채권자 C가 B를 상대로 위 주식에 대한 매매계약의 취소 및 그 원상회복을 구하는 사해행위취소의 소를 제기하여, '17억원 범위에서 위 매매계약을 취소하고, B는 A에게 17억원 상당의 甲 발행 주식을 양도하라'는 판결이 확정되었다. ② 위 판결이 확정되기 전에 B는 그 주식을 제3자에게 매각하여, 현재 그 주식을 갖고 있지 않다. ③ 위 판결에 따라 C가 B에게 그 이행을 최고하였는데, B가 이를 이행하지 않자, C는 민법 제395조에 따라 위 주식(대체물) 인도의무에 갈음하여 전보배상을 청구하였다. ④ 쟁점은, 민법 제395조에 의한 전보배상은 이행지체에 따른 손해배상의 성질을 갖는 것인데, 이것이 사해행위취소에서 원상회복을 구하는 경우에도 적용될 수 있는가이다. (ㄴ) 이에 대해 대법원은 다음과 같이 판결하였다. 「1) 채무자가 채무의 이행을 지체한 경우에 채권자가 상당한 기간을 정하여 이행을 최고하여도 그 기간 내에 이행하지 않은 경우, 채권자는 민법 제395조에 따라 그 이행에 갈음한 손해배상(전보배상)을 청구할 수 있고, 이는 대체물 인도의무를 이행하지 않는 경우에도 마찬가지이다. 2) 민법 제395조는 그 성질이 채무자의 채권자에 대한 손해배상이다. 이에 대해 사해행위취소에 따른 원상회복은 원칙적으로 취소채권자가 아닌 채무자에게 이루어지고, 이러한 취소와 원상회복은 모든 채권자의 이익을 위하여 그 효력이 있으므로(407조), 수익자의 원상회복의무 불이행이 취소채권자에게 가지는 의미는 일반적인 채무불이행이 채권자에게 가지는 의미와 같지 않다. 따라서 수익자가 원상회복으로 대체물 인도의무를 이행하지 않았다고 해서 곧바로 취소채권자가 수익자를 상대로 민법 제395조에 따라 이행지체로 인한 전보배상을 구할 수는 없다. 3) 그런데 사해행위가 취소된 경우 수익자는 그 이익을 채무자의 책임재산으로 환원하여야 한다는 상위의 요청이 있다. 그러므로 수익자의 대체물 인도의무에 대한 강제집행이 불가능하거나 매우 어렵다는 특별한 사정이 있는 경우에는, 수익자에게 사해행위로 인한 이익을 그대로 보유케 하는 것보다는 전보배상의 형태로 그 이익을 반환케 하는 것이 더 바람직하다(사안에서는 피고 B가 조달하여 인도하여야 하는 주식의 총수 및 가액 등에 비추어 위 특별한 사정이 있는 것으로 보았다. C의 전보배상청구는 결과에서 같은 것이어서 인용되는 것으로 결론)」(대판 2024. 2. 15, 2019다238640).

c) **수익자 (전득자)** (ㄱ) 수익자(전득자)는 그 재산의 명의를 채무자 앞으로 회복시킬 의무를 진다. 그러나 이것은 채권자의 강제집행의 수단을 위한 것에 지나지 않고 채무자와의 관계에서는 그 권리는 여전히 수익자(전득자)에게 속하는 것이므로, 강제집행을 하고 남은 것이 있을 경우에는 수익자(전득자)에게 주어야 하고, 채권자가 강제집행을 하여 만족을 얻은 부분에 대해 수익자(전득자)는 채무자에게 부당이득반환을 청구할 수 있다. 다만 이 부당이득 반환청구는 사해행위 당시의 채권자에게는 대항할 수 없다(그것은 사해행위 당시에 채무자에 대해 가지고 있었던 채권이 아니므로). (ㄴ) 채권자취소는 '모든 채권자'의 이익을 위하여 효력이 있는데(407조), 채무자가 다수의 채권자 중 1인(수익자)에게 담보를 제공하거나 대물변제를 한 것이 다른 채권자에 대한 사해행위가 되어 채권자들 중 1인의 사해행위 취소소송 제기에 의해 그 취소와 원상회복이 확정된 경우, 사해행위의 상대방인 수익자는 사해행위가 취소되면서 그의 채권이 부활하게 되는 결과 본래의 채권자로서의 지위를 회복하게 되는 것이므로, 다른 채권

자들과 함께 민법 제407조 소정의 '모든 채권자'에 포함되고, 따라서 원상회복된 채무자의 재산에 대해 강제집행절차가 개시되면 수익자인 위 채권자도 그 집행권원을 갖추어 배당을 요구할 권리가 있다(대판 2003. 6. 27, 2003다15907). 한편, 수익자가 채무자의 채권자인 경우, 수익자가 가액배상을 할 때에 수익자 자신도 사해행위 취소의 효력을 받는 채권자 중의 1인이라는 이유로 취소채권자에 대하여 총 채권액 중 자기의 채권에 대한 안분액의 분배를 청구하거나, 수익자가 취소채권자의 원상회복에 대하여 총 채권액 중 자기의 채권에 해당하는 안분액의 배당요구권으로서 원상회복청구와의 상계를 주장하여 그 안분액의 지급을 거절할 수는 없다(채권자취소권은 채무자의 일반재산으로부터 일탈된 재산을 모든 채권자를 위하여 수익자 또는 전득자로부터 환원시키는 제도이므로, 수익자인 채권자로 하여금 안분액의 반환을 거절하도록 하는 것은 자신의 채권에 대해 변제를 받은 수익자를 보호하고 다른 채권자의 이익을 무시하는 결과가 되어 위 제도의 취지에 반하기 때문이다)(대판 2001. 2. 27, 2000다44348).[1] (ㄷ) 채무자의 특정 채권자에 대한 담보권설정행위가 사해행위로 취소 확정된 경우에는 취소채권자와 그 취소의 효력을 받는 다른 채권자에 대해서는 무효이므로, 그 취소된 담보권자는 별도의 배당요구를 하여 배당요구 채권자로서 배당받는 것은 별론으로 하고 담보권자로서는 배당받을 수 없다고 할 것이며, 이는 사해행위 취소와 원상회복의 판결이 확정되었으나 그 담보권등기가 말소되지 않고 있다가 경매로 인한 매각으로 말소된 경우에도 마찬가지이다(대판 2009. 12. 10, 2009다56627). (ㄹ) 소멸시효를 원용할 수 있는 사람은 권리의 소멸에 의하여 직접 이익을 얻는 자에 한정되는바, 사해행위 취소소송의 상대방이 된 사해행위의 수익자는, 사해행위가 취소되면 사해행위에 의하여 얻은 이익을 상실하고 사해행위취소권을 행사하는 채권자의 채권이 소멸되면 그와 같은 이익의 상실을 면하는 지위에 있으므로, 그 채권의 소멸에 의하여 직접 이익을 얻는 자에 해당하여 채권자의 채권의 소멸시효를 주장할 수 있다(대판 2007. 11. 29, 2007다54849). (ㅁ) 사해행위 취소의 소에서 수익자가 원상회복으로서 가액배상을 할 경우, 수익자가 채권자취소권을 행사하는 채권자에 대해 가지는 별개의 다른 채권을 집행하기 위해 그에 대한 집행권원을 가지고 채권자의 수익자에 대한 가액배상채권을 압류하고 전부명령을 받을 수 있다(대결 2017. 8. 21, 2017마499).[2]

사례의 해설 (1) ① 채권자취소권은 채권자가 취소 원인을 안 날부터 1년 내에 제기하여야 하는데, 丁은 2012. 9. 15. A와 丙의 매매 사실을 알게 되었고, 그로부터 1년 내인 2012. 10. 1. 소를 제기하였으므로 제척기간을 준수하였고, 또 채권자취소소송의 피고는 수익자 또는 전득자이므로(그런데 전득자 D는 선의로 보이므로) 수익자 丙을 피고로 하여 소를 제기한 丁의 청구는 적법하다. ② A가 그의 유일한 재산을 丙에게 매각하여 소비하기 쉬운 금전으로 바꾸는 행위는 사해행위가 된다는 것이 판례의 기본입장이다. ③ 저당권이 설정되어 있는 부동산에 대해 사해행위가 이루어진 경우, 사해행위를 취소하고 부동산 자체의 회복을 명하는 것은 당초 일반채권자의 공동담보로 되어 있지 아니한 부분까지 회복시키는 것이 되어 부당하므로, 이 경우에는 그 부동산의 가액에서 저당권의 피담보채권액을 공제한 잔액의 한도 내에서 사해행위를 일부 취소하고 그 가액의 배상

1) 2019년 제3차 변호사시험 모의시험 민사법(사례형) 제1문의4 문제3은 이 판례를 출제한 것이다.
2) 2019년 제3차 변호사시험 모의시험 민사법(사례형) 제1문의4 문제4는 이 판례를 출제한 것이다.

을 명할 수 있을 뿐이다. 그런데 가액반환시 부동산의 가액은 사실심 변론종결시를 기준으로 삼게 되므로, 그 당시 부동산의 가액 3억 5,000만원에서 C 명의의 근저당권의 실제 피담보채권액 2억원을 공제한 1억 5천만원을 가액반환하여야 한다. ④ 사해행위의 목적물은 원칙적으로 채무자에게 반환되어야 하지만, 목적물이 금전이거나 가액배상을 받는 경우처럼 변제의 수령을 요하는 채무에서는 채권자에게도 인도할 것을 청구할 수 있다는 것이 판례의 견해이다. 그러므로 丁은 丙에게 위 1억 5천만원을 자기에게 지급할 것을 구할 수 있다. ⑤ 사해행위 이후에 전득자 D 앞으로 설정된 근저당권은 (사해행위의 수익자인 丙을 상대로 하는 채권자취소소송에서) 가액반환과 관련하여 고려 대상이 아니다.

결국 원고(丁)의 청구는 일부 인용된다. 판결의 주문은 다음과 같이 된다. "1. 피고와 소외 A 사이에 X부동산에 관하여 2011. 9. 1.에 체결된 매매계약을 1억 5천만원 범위 내에서 취소한다. 2. 피고는 원고에게 1억 5천만원 및 이에 대하여 판결 확정 다음 날부터 다 갚는 날까지 연 5%의 비율에 의한 돈을 지급하라."

(2) (ㄱ) ① 채무자 소유인 여러 부동산에 공동저당권이 설정되어 있는 경우 책임재산을 산정할 때 각 부동산이 부담하는 피담보채권액은 민법 제368조의 취지에 비추어 각 부동산의 가액에 비례하여 안분된 금액이고, 이는 공동채무자들이 하나의 부동산을 공동소유하면서 전체 부동산에 저당권을 설정한 경우에도 같다. ② 건물의 공유자가 공동으로 건물을 임대하고 임차보증금을 수령한 경우 그 임대는 각자 공유지분을 임대한 것이 아니라 임대목적물을 다수의 당사자로서 임대한 것이어서 임차보증금 반환채무는 불가분채무에 해당한다. 따라서 상가건물의 공유자 중 1인인 채무자가 처분한 지분 중에 일반채권자의 공동담보에 제공되는 책임재산은 우선변제권이 있는 임차보증금 반환채권 전액을 공제한 나머지 부분이다(대판 2017. 5. 30, 2017다205073). (ㄴ) 이 판례에 따라 대법원은 그 가액배상을 다음과 같이 계산하였다: 170,000,000원(A의 1/2 지분 가액) - 40,000,000원(임차보증금)-77,661,894원(근저당권의 피담보채권액의 1/2)=52,338,106원.

(3) (a) 乙이 물상보증인 丁이 제공한 Y아파트에 대해 공동저당권을 실행하여 1억원을 우선변제 받는 경우, 丁은 변제자대위(482조 1항)에 따라 乙의 공동저당권을 실행하여 X건물로부터 1억원을 우선변제 받게 되고 乙은 나머지 피담보채권 1억원을 우선변제 받게 되어, 결국 甲이 소유하는 2억원 상당의 X건물에서 일반채권자의 책임재산으로 남는 것은 전혀 없게 된다(대판 2008. 4. 10, 2007다78234 참조). 이러한 상태에서 甲이 E에게 가지는 임대보증금 반환채권을 채권자 중 한 명인 C에게 담보 조로 양도하여 무자력 상태에 이르게 된 것은 다른 채권자에게 사해행위가 된다. 따라서 C의 항변은 이유가 없고, 戊의 사해행위 취소의 소는 인용될 수 있다.

(b) 甲과 C 사이의 채권양도가 사해행위로 취소되더라도, 戊와 C의 상대적인 관계에서만 그 채권이 채무자 甲의 책임재산으로 취급될 뿐, 甲이 직접 그 채권을 취득하여 권리자로 되는 것은 아니므로, 戊가 채권자대위권에 기해 甲을 대위하여 E에게 임대보증금의 지급을 구할 수도 없다(대판 2015. 11. 17, 2012다2743 참조).

(4) (ㄱ) 채무자의 사해행위로 채권의 공동담보에 부족을 초래하는 경우에 채권자취소권을 행사할 수 있다(406조). 甲이 채무초과 상태에서 2018. 3. 11. X건물을 丁에게 매각하여 금전으로 바꾸는 행위는, 금전에 대한 강제집행이 사실상 어려운 점에서 사해행위에 해당한다. 이 경우 채무자 甲과 수익자 丁의 사해의사는 추정된다는 것이 판례의 태도이다. 그러므로 己는 丁을 상대로 채권자취소권을 행사할 수 있다. (ㄴ) 채권자는 문제의 사해행위를 취소하고 원상회복을 구할 수 있다

(406조 1항). 그런데 사례에서 A의 근저당권에 의해 담보되는 채권과 丙의 임차보증금 반환채권은 우선변제권이 확보된 채권이어서 이것은 일반채권자의 공동담보에 속하지 않는다. 따라서 사해행위 후 丁의 변제로 A의 근저당권등기가 말소되었다고 하더라도 이러한 상태에서 원상회복을 명하게 되면, 본래 공동담보에 속하지 않았던 근저당권 부분까지 공동담보로 편입시키는 것이 되어 이는 허용되지 않는다. 이러한 경우에는 원상회복에 갈음하여 가액배상을 구하여야 한다. (ㄷ) 가액배상은 다음과 같이 이루어진다. 1억 7천만원(X건물의 1/2 지분 시가) − 7,500만원(공동저당의 경우 민법 제368조에 따라 각 부동산의 가액에 비례하여 피담보채권액을 안분한 금액)(대판 2003. 11. 13, 2003다39989) − 4,000만원(丙의 임차보증금 반환채권)(상가건물 임대차보호법 5조) = 5,500만원. 즉 법원은 피고 丁에게 5,500만원을 가액배상하라고 판결하여야 한다. 참고로 戊의 가압류에 의해 보전된 5천만원 금전채권은 우선변제권이 있는 채권이 아니어서 위 공제 항목에 포함되지 않는다(대판 2003. 2. 11, 2002다37474).

(5) (ㄱ) 사해행위 취소의 소에서 채무자(乙)가 수익자(甲)에게 양도한 목적물(X부동산)에 이미 戊 명의의 저당권이 설정되어 있는 경우, 일반채권자들의 공동담보에 제공될 수 있는 책임재산은 저당권의 피담보채권액을 뺀 나머지 부분이므로, 그 피담보채권액이 X부동산의 가액(4억원)을 초과할 때에는 그 부동산의 양도는 사해행위에 해당하지 않는다. (ㄴ) (채무자 소유의) 수 개의 부동산에 공동저당권이 설정되어 있는 경우 책임재산을 산정함에 있어 각 부동산이 부담하는 피담보채권액은, 민법 제368조의 취지에 비추어 각 부동산의 가액에 비례하여 공동저당권의 피담보채권액을 안분한 금액이 된다. 그러나 수개의 부동산 중 일부(X부동산)는 채무자의 소유이고 다른 일부(Y부동산)는 물상보증인(C)의 소유인 경우에는, 물상보증인이 민법 제481조, 제482조에 따른 변제자대위에 의해 채무자 소유의 부동산에 대해 저당권을 행사할 수 있는 점에서, 채무자(乙) 소유의 X부동산에 대한 피담보채권액은 공동저당권의 피담보채권액 전액이 된다(대판(전원합의체) 2013. 7. 18, 2012다5643). (ㄷ) 채무자 乙 소유의 X부동산의 시가는 4억원이고, X부동산에 대한 1순위 공동저당권자 戊의 채권액은 5억원으로 그 시가를 초과하므로, X부동산에서는 일반채권자들의 공동담보로 제공될 수 있는 부분이 없다. 그러므로 乙이 유일한 재산인 X부동산을 甲에게 매각하더라도 乙의 채권자 丙에게 사해행위가 되지는 않는다.

(6) 乙과 丙 사이의 양자간 명의신탁 약정과 그에 따른 丙 명의의 소유권이전등기는 무효이므로(부동산 실권리자명의 등기에 관한 법률 4조 1항·2항), X아파트 소유권은 乙에게 귀속한다. 甲은 乙에게 금전채권을 가지고 있는데, 乙이 그 후 유일한 재산인 X아파트를 丁에게 팔고 (丙을 통해) 丁 앞으로 소유권이전등기를 마쳐준 것은 甲에 대해 사해행위가 된다(406조)(대판 2012. 10. 25, 2011다107382). 甲은 丁을 피고로 하여 乙과 丁 사이의 매매계약의 취소와 丁 명의의 소유권이전등기의 말소를 구할 수 있으므로, 甲의 청구는 전부 인용될 수 있다.

(7) 丁의 사해행위 취소로써 乙에게 회복된 X아파트는 丁과 다른 채권자(甲)에 대해 채무자의 책임재산으로 취급될 뿐, 채무자가 직접 그 재산에 대해 어떤 권리를 취득하는 것은 아니다. 그러므로 乙이 X아파트를 戊에게 팔더라도 이는 무권리자의 처분에 불과하여 무효이다. 이 경우 취소채권자(丁)나 사해행위 취소와 원상회복의 효력을 받는 다른 채권자(甲)는 X아파트에 대한 강제집행을 위해 원인무효 등기의 명의인 戊를 상대로 소유권이전등기의 말소를 구할 수 있다(대판 2017. 3. 9, 2015다217980). 甲의 청구는 전부 인용될 수 있다.

(8) (ㄱ) ① 채무자가 유일한 재산인 부동산을 매각하여 소비하기 쉬운 금전으로 바꾸는 행위는 사해행위에 해당한다. 그러므로 丙이 甲으로부터 X부동산을 매수하는 것은 사해행위에 해당한다.

② 丙은 乙 명의로 2억원을 피담보채권으로 하여 저당권이 마쳐진 X부동산을 매수한 것이므로, 사해행위는 X부동산의 시가 5억원에서 저당권의 피담보채권액 2억원을 뺀 3억원 범위에서만 성립한다. 이것은 나중에 변제 등으로 그 저당권등기가 말소되었다고 해서 달라지지 않는다. 한편, 사해행위의 취소는 소송의 당사자 사이에서만 상대적으로 효력이 있는 것이어서, 丁이 乙을 상대로 사해행위 취소의 소를 제기하여 승소하였다고 하여 이것이 甲과 丙 사이의 법률관계에 영향을 미치지는 않으므로, 위 법리는 이 경우에도 마찬가지로 적용된다(대판 2018. 6. 28, 2018다214319). ③ 채권자취소소송은 형성소송이고, 형성판결이 확정될 때 법률관계의 변동이 일어나므로 원상회복의무는 판결 확정시에 발생하고, 따라서 판결 확정일 다음 날부터 지연손해금이 발생한다. (ㄴ) 법원은, '甲과 丙 사이의 X부동산에 대한 매매계약을 3억원 범위에서 취소하고, 丙은 戊에게 3억원과 판결 확정일 다음 날부터 다 갚는 날까지 3억원에 대한 법정이자 연 5%에 해당하는 지연손해금을 지급하라.'고 일부 인용판결을 할 것이다.

(9) (가) 丁이 丙으로부터 대금채권을 추심한 때에는 가액배상을 구할 것이지만, 아직 추심하지 않은 때에는, 甲은 丁을 상대로 乙과 丁 사이의 채권양도계약을 취소하고 원상회복으로서 丁이 丙에게 채권양도가 취소되었다는 취지의 통지를 하도록 청구할 수 있다(대판 2015. 11. 17, 2012다2743).

(나) 위 (가)에서 기술한 바에 따라 대금채권 5,000만원이 乙에게 원상회복되더라도, 그것은 채권자(甲)와 수익자(丁) 사이의 상대적 관계에서만 그 대금채권이 乙의 책임재산으로 취급될 뿐, 채무자(乙)가 직접 그 대금채권을 취득하여 권리자로 되는 것은 아니다. 다시 말해 乙이 丙에 대해 5,000만원 대금채권을 갖게 되는 것이 아니므로, 甲이 乙을 대위하여 丙에게 그 대금채권의 지급을 청구할 수도 없다(대판 2015. 11. 17, 2012다2743). 甲의 청구는 기각된다.

(10) (ㄱ) X부동산 중 1/2 지분은 채무자 甲의 소유이고 1/2 지분은 물상보증인 乙의 소유인데, A은행의 근저당권은 이 모두를 담보로 한 공동근저당권이다. 그리고 이것은 甲이 자신의 1/2 지분을 乙에게 증여하기 전에 이미 설정된 것이다. 따라서 목적물의 가액에서 근저당권에 의한 피담보채권액을 공제하고 남은 금액 범위에서만 일반채권자 丙에 대해 사해행위가 성립할 수 있다. (ㄴ) 공동저당권이 설정되어 있는 수개의 부동산 중 일부가 양도된 경우에 있어서 그 피담보채권액은 민법 제368조의 규정 취지에 비추어 공동저당권의 목적으로 된 각 부동산의 가액에 비례하여 피담보채권액을 안분한 금액이 된다(대판 2003. 11. 13, 2003다39989). 그러나 본 사안처럼 수개의 부동산 중 일부는 채무자의 소유이고 다른 일부는 물상보증인의 소유인 경우에는, 근저당권자가 물상보증인의 소유 부분에 대해 담보를 실행하더라도 물상보증인은 변제자대위에 의해 채무자 소유의 부동산에 대해 근저당권을 행사할 수 있어, 결국 공동근저당 목적물 전체가 담보 실행으로 연결되는 점에서, 이러한 경우에는 채무자 소유의 부동산에 관한 피담보채권액은 공동근저당권의 피담보채권 전액이 된다(대판(전원합의체) 2013. 7. 18, 2012다5643). 설문에서 甲이 乙에게 증여할 당시 甲 소유 지분 1/2의 가격은 X부동산 가격(1억 5천만원)의 1/2인 7,500만원이다. 그런데 甲 소유 1/2 지분에 대한 공동근저당권의 피담보채권액은 (상술한 이유대로) 9천만원 전액이 된다. 따라서 근저당권에 의한 피담보채권액이 목적물 가격을 초과하여 일반재산으로 돌아갈 것이 남아있지 않으므로, 甲이 자신의 1/2 지분을 乙에게 증여한 것은 일반채권자 丙에 대해 사해행위가 되지 않는다. 丙이 乙을 상대로 제기한 사해행위 취소청구에 대해 법원은 사해행위에 해당하지 않음을 이유로 이를 기각하여야 한다.

(11) (가) (ㄱ) ① 甲이 채무초과 상태에서 자신의 유일한 재산인 X부동산을 乙에게 대물변제를 한 것은 공동담보를 해치는 것이어서 사해행위에 해당한다(대판 2007. 7. 12, 2007다18218). 다만, X부동산에는 丙의 채

권에 앞서 A은행 앞으로 근저당권이 설정되어 있었으므로(피담보채권액 8천만원), X부동산의 가격 1억 5천만원에서 위 피담보채권액 8천만원을 공제한 7천만원 범위에서 사해행위가 성립한다(乙이 B은행으로부터 1천만원을 대출받고 근저당권을 설정해 준 것은 공동담보의 부족과 무관하므로 공제할 것이 아니다). 이것은 위 근저당권이 그 후 乙의 변제로 소멸되었다고 해서 달라지지 않는다(대판 2018. 6. 28, 2018다214319). 그러므로 원물반환이 아닌 가액배상의 방법으로 원상회복을 하여야 한다. ② 乙은 원칙적으로 甲에게 가액배상을 하여야 하지만, 가액배상과 같이 변제의 수령을 요하는 경우에는 丙은 자신에게 지급할 것을 구할 수 있다(대판 2008. 4. 24, 2007다84352). ③ 다른 채권자가 배당요구를 할 것이 명백한 경우가 아니면, 채권자취소의 범위는 채권자의 채권액을 기준으로 한다(대판 2001. 12. 11, 2001다64547). * 법원은 甲과 乙 사이의 X부동산에 대한 대물변제계약을 5천만원 범위에서 취소하고, 乙은 丙에게 5천만원을 지급하도록 청구 일부인용 판결을 하여야 한다. (ㄴ) 사해행위 취소는 채권자(丙)와 수익자(乙)의 관계에서만 상대적으로 그 효력이 생기는 것이어서, 乙이 甲에게 가액배상을 하더라도 甲이 그에 따른 채권을 취득하는 것은 아니므로, 乙은 이를 자신의 甲에 대한 반대채권(4천만원 대금채권)과 상계할 수 없다(대판 2001. 6. 1, 99다63183).

(나) (ㄱ) 상인이 판매한 상품의 대가는 3년의 단기소멸시효가 적용된다(163조 6호). 변제기가 2017. 3. 30.이므로, 소를 제기한 2020. 4. 2.에는 소멸시효가 완성된 상태이다. (ㄴ) 소멸시효의 완성으로 이익을 얻는 자는 소멸시효를 주장할 수 있다. 사해행위의 수익자는 채권자의 채권이 소멸되면 사해행위로 얻은 이익의 상실을 면하는 지위에 있어, 그 채권의 소멸에 의해 직접 이익을 얻는 자에 해당한다(대판 2007. 11. 29, 2007다54849). 그러므로 乙은 채권자(丁)의 채무자(甲)에 대한 채권이 시효로 소멸되었음을 주장할 수 있다. (ㄷ) 채권자취소권에서는 채권자가 채무자에 대해 채권을 갖고 있는 것이 그 요건이므로, 법원은 원고(丁)의 청구를 기각하여야 한다.

(12) (ㄱ) 채무자 乙의 사해의사가 있는 이상 수익자(丙)의 악의는 추정된다. 이에 대한 반증의 입증책임은 수익자에게 있다(대판 1969. 1. 28, 68다2022). (ㄴ) ① 乙 소유 Y토지에 대해 丁 명의로 근저당권등기가 되어 있는 상태에서 그 후 사해행위가 있은 경우, 그 근저당권에 의해 담보된 채권은 일반채권의 공동담보로 되어 있지 않은 것이어서, 후에 변제가 있어 근저당권등기가 말소되었다고 하더라도 그 피담보채권액(5천만원)을 공제한 잔액의 한도 내에서 사해행위를 일부 취소하고 그 가액배상을 청구하여야 한다(대판 1996. 10. 29, 96다23207). ② 乙 소유 Y토지에 대해 戊 명의 가압류등기(청구금액 3천만원)가 되어 있는 상태에서 그 후 사해행위가 있은 경우, 채권자평등의 원칙상 채권의 공동담보에 아무런 영향을 미치지 않으므로, 후에 변제를 통해 가압류등기가 말소되었다고 하더라도 그 변제액을 공제할 것이 아니다(대판 2003. 2. 11, 2002다37474). ③ 甲이 원상회복으로서 원물반환을 청구하더라도, 여기에는 사해행위 일부 취소와 가액배상을 구하는 취지도 포함된 것이어서, 청구취지의 변경이 없더라도 법원은 바로 가액배상을 명할 수 있다(대판 2001. 6. 12, 99다20612). (ㄷ) 법원은 乙과 丙 사이의 매매계약을 5천만원 범위에서 취소하고, 丙은 甲에게 가액배상으로 5천만원을 지급하라고 일부 인용판결을 하여야 한다.

사례 p. 207

제 5 절 제3자에 의한 채권침해(채권의 대외적 효력)

사례 (1) A는 甲에게 소 8마리를 인도하면서 서울에 가서 팔아 줄 것을 위탁하였다. 그런데 甲은 위 소를 매각한 대금을 B로부터 사기를 당해 B에게 교부하였다. A는 B에게 손해배상을 청구할 수 있는가?

(2) A는 미국인 가수의 내한공연을 주관하면서 국가로부터 공연 허가를 받았고, 위 공연의 입장권을 판매하기 위해 B은행과 입장권 판매대행 계약을 체결하였다. 그런데 C시민단체는 위 공연이 거액의 출연료를 지불하게 되어 외화를 낭비하고 입장료가 과다하여 청소년의 과소비를 조장한다는 등의 이유로 공연 반대 운동을 하였고, 그 일환으로 B은행에 입장권 판매의 즉각적인 취소를 요구하면서 그 거절시에는 B은행 상품의 불매운동 등 강력한 대응을 하겠다는 공문을 발송하였다. 이에 B은행은 은행 상품에 대한 불매운동은 은행의 경영과 업무에 중대한 손실을 줄 우려가 있다는 판단하에 A에게 입장권 판매대행 계약을 취소한다고 통지하였고, A는 부득이 임시 직원을 고용하여 직접 입장권을 판매하여 예정대로 공연을 개최하였다. A는, C가 위법하게 B은행으로 하여금 입장권 판매대행 계약을 이행하지 못하게 함으로써 A에게 입장권 판매를 위하여 추가로 비용을 지출케 하는 손해를 입혔다는 이유로, C에게 불법행위로 인한 손해배상을 청구하였다. A의 청구는 인용될 수 있는가?

해설 p. 242

Ⅰ. 의 의

(상대권인) 채권은 채권자가 채무자에게 일정한 급부를 청구할 수 있는 권리이고, 따라서 채권침해는 통상 채무자에 의해서, 즉 채무자가 채무를 이행하지 않음으로써(채무불이행) 발생한다. 그러나 채권의 내용에 따라서는 채무자가 아닌 '제3자'에 의해서도 채권침해가 발생할 수 있다. 예컨대 주는 급부에서 A가 B의 예금통장을 절취하여 인출하거나, C가 그 소유 물건을 B에게 매도하였는데 A가 그 물건을 훼손하거나 매수하는 것이 그러하다. 이때는 B가 은행에 대해 가지는 금전채권을 A가 상실케 한 점에서(채권의 준점유자에 대한 변제로 인해(470조)), 또 B가 C에 대해 가지는 특정물 인도채권 내지는 소유권이전채권을 A가 상실케 한 점에서, 각각 채무자가 아닌 제3자(A)에 의해 B의 채권이 침해된 것이다. 또 하는 급부에서 B가수가 C업소와 출연계약을 맺었는데 A가 B를 납치한 경우, C의 B에 대한 출연채권이 제3자(A)에 의해 침해되는 경우도 같다. 물권에서는 그 성질상 권리자 외의 자로부터 침해될 수 있는 것이 예정되어 있지만, 상대권인 채권에서도 그 내용에 따라서는 제3자에 의해 그 목적의 실현이 방해되는 때가 있는데, 이러한 경우를 '제3자에 의한 채권침해'라고 부른다.

Ⅱ. 제3자의 채권침해에 대한 구제

1. 불법행위에 기한 손해배상청구권

(1) 요 건

제3자에 의한 채권침해가 불법행위가 되려면 민법 제750조에서 정하는 요건, 즉「고의나 과실로 인한 위법행위로 타인에게 손해를 입힌」것을 충족하여야 하는데, 침해의 대상이 채권인 점에서, 즉 물권과 달리 공시방법이 없고 또 자유경쟁의 원리가 적용되는 점에서, 위 요건은 개별적으로 다음과 같이 해석된다.

a) 고의 · 과실 채권은 일반적으로 공시방법을 갖추고 있지 않으므로, 또 제3자가 그 채권의 존재를 알아야 할 의무도 없으므로, 채권의 존재를 몰랐다고 하여 과실이 있다고 할 수 없다. 따라서 채권침해에 의한 불법행위의 성립은 원칙적으로 고의에 의한 경우로 한정된다.

b) 위법성 (ㄱ) 불법행위가 성립하기 위해서는 가해행위가 위법한 것이어야 한다. 그런데 채권은 채권자가 채무자에 대해 일정한 급부를 구할 수 있는 상대권에 지나지 않고 따라서 제3자는 그에 구속되지 않으므로, 또 채권관계에서는 자유경쟁의 원리가 적용되는 점에서, 제3자가 타인의 채권의 존재를 알면서 그와 동일한 내용의 채권을 취득하고 그 결과 타인에게 손해를 입혔더라도 그 행위에 위법성이 없어 불법행위는 성립하지 않는다. 주로 이중매매나 그 밖의 이중계약에서 나타나는데, 예컨대 乙이 甲과 300만원으로 고용계약을 체결하여 근무하고 있는데 丙이 乙에게 월 400만원을 주고 고용계약을 맺은 경우(이중고용), 먼저 성립한 채권은 침해되지만 丙에게는 위법성이 없어 불법행위는 성립하지 않는다. 이중매매에서도 같다. (ㄴ) 그러나 거래에서의 자유경쟁의 원칙은 법질서가 허용하는 범위 내에서의 공정하고 건전한 경쟁을 전제로 하는 것이므로, 제3자가 채권자를 해친다는 사정을 알면서도 법규를 위반하거나 선량한 풍속 또는 사회질서를 위반하는 등 위법한 행위를 함으로써 채권자의 이익을 침해하였다면 불법행위가 성립한다(대판 2001. 5. 8, 99다38699). 한편 채권침해의 위법성은 침해되는 채권의 내용, 침해행위의 태양, 침해자의 고의 내지 해의(害意)의 유무 등을 참작하여 구체적 · 개별적으로 판단하되, 거래 자유 보장의 필요성, 경제 · 사회정책적 요인을 포함한 공공의 이익, 당사자 사이의 이익균형 등을 종합적으로 고려해야 한다(대판 2003. 3. 14, 2000다32437). 예컨대 부동산 이중매매에서 판례는, 매도인이 이미 매수인에게 부동산을 매도하였음을 제2매수인이 잘 알면서도 소유권 명의가 매도인에게 남아 있음을 기화로 이중매도를 적극 권유하여 소유권이전등기를 한 경우, 즉 제2매수인에게 윤리적 비난가능성이 있는 때에는, 그 이중매매는 정의관념에 반하는 반사회적 법률행위로서 무효라고 하는데(대판 1970. 10. 23, 70다2038), 이 경우에는 제3자(제2매수인)가 제1매수인의 매도인에 대한 (소유권이전)채권을 위법하게 침해한 것이 되어 불법행위가 성립한다. 또한 이미 매도된 부동산임을 알면서도 금원을 대여하고 그 담보로 저당권설정을 요청 내지 유도하여 체결된 저당권설정계약은 반사회적 법률행위로서 무효이고(대판 1997. 7. 25, 97다362; 대판 2002. 9. 6, 2000다41820), 이러한 저당권에 기해 경매가 이루어지는 경우 매수인의 매도인에 대한 (소유권이전)채권을 침해하는

것이 되어, 매수인에 대한 저당권자의 불법행위가 성립한다(대판 2009. 10. 29, 2008다82582).

c) 손해의 발생　제3자의 채권침해로 채권자에게 손해가 발생하여야 한다. 채권의 성질상 다음과 같은 경우에 '손해'가 생긴 것으로 해석되고 있다(이 부분은 보통 '채권침해의 모습'으로 서술되기도 한다).

(ㄱ) 채권 자체를 상실(소멸)케 한 경우: 예컨대 ① 타인의 지시채권증서 · 무기명채권증서를 훼손하거나 이를 횡령하여 선의의 제3자가 취득하게 한 경우(지명채권에서 채권증서는 증거방법에 지나지 않으므로, 제3자가 채권증서를 훼손하거나 채무자에게 주더라도 채권은 소멸되지 않아 이에 해당하지 않는다), ② 채권을 양도한 후 양수인이 대항요건(450조)을 갖추기 전에 이중으로 양도하여 제2양수인에게 먼저 대항요건을 갖추게 한 경우, ③ 타인의 지명채권증서를 훔쳐 채권의 준점유자로서 유효한 변제를 받은 경우(470조), ④ 표현대리인으로서 채권을 처분한 때, ⑤ 제3자가 채무자와 공모 없이 채권의 목적물을 멸실시키거나, 출연채무를 지는 가수를 경쟁업소에서 납치하여 출연을 못하게 하는 경우(채무자에게 책임 없는 사유에 의한 급부불능으로 인해 채권도 소멸된다) 등이 이에 속한다. (ㄴ) 채권은 소멸되지 않지만 급부의 침해가 있는 경우: 채권은 급부를 청구하고 이를 수령하는 것을 본체로 하는 권리이므로, 그 급부를 침해함으로써 채권의 침해를 가져올 수 있다. 예컨대, 제3자가 채무자와 공모하여 채권의 목적물을 훼손하는 경우이다. 이때에 채무자는 채무불이행책임을 부담하므로 채권의 내용은 손해배상청구권으로 변하여 존속하지만, 이 때문에 채권자에 대한 제3자의 불법행위가 방해받지는 않는다(통설). 왜냐하면 손해배상청구권이 채권 본래의 내용은 아니며, 또 채무자의 자력이 충분치 않은 경우에는 그 실익이 없기 때문이다. 이때에는 채무자와 제3자는 채권자에 대하여 부진정연대책임을 진다. (ㄷ) 채무자의 일반재산을 감소시키는 경우: 제3자가 채무자와 공모하여 허위의 채권증서를 작성하여 채무자의 재산을 가압류함으로써 진정한 채권자의 집행을 어렵게 하거나, 채무자의 유일한 재산을 은닉토록 함으로써 채권자가 채무자로부터 현실적으로 변제를 받을 수 없게 하는 경우, 이때에는 채권은 소멸되지 않지만 책임재산이 결과적으로 감소한 것이 되어 채권의 실질적 가치가 손상되므로 불법행위를 긍정하는 것이 통설이다. 판례도 같은 취지이다(대판 2019. 5. 10, 2017다239311).[1] (ㄹ) 채권자의 정당한 법률상 이익이 침해된 경우: 방송법에 의한 중계유선방송 사업 허가를 받지 아니한 甲이 적법한 중계유선방송 사업자인 乙과 아파트 입주자대표회의 사이의 계약갱신을 방해하고, 적법한 방송사업자인 것처럼 가장하여 위 아파트 입주자와 계약을

---

1) 판례: 채무자가 채권자의 강제집행을 면탈할 목적으로 그 소유 부동산을 제3자 명의로 명의신탁등기를 하였다. 그 후 위 부동산이 경매되면서 채무자 명의로 있었다면 그에게 지급되었을 잉여금에 관해 채권자가 경매절차에 참가하여 배당받았을 손해에 대해, 명의수탁자인 제3자를 상대로 제3자에 의한 채권침해로 인한 불법행위를 이유로 손해배상을 청구할 수 있는지가 문제된 사안에서, 대법원은 제3자가 채권자의 존재를 알면서 채무자와 공모하여 명의신탁을 하였다는 사실에 관한 입증이 없다는 이유로써 이를 부정하였다. 즉, 「제3자가 채무자의 책임재산을 감소시키는 행위를 함으로써 채권자로 하여금 채권의 실행과 만족을 불가능 내지 곤란하게 한 경우 채권의 침해에 해당한다고 할 수는 있겠지만, 그 제3자의 행위가 채권자에 대하여 불법행위를 구성하기 위해서는, 단순히 채무자 재산의 감소행위에 관여하였다는 것만으로는 부족하고, 제3자가 채무자에 대한 채권자의 존재 및 그 채권의 침해사실을 알면서 채무자와 적극 공모하였다거나 채권행사를 방해할 의도로 사회상규에 반하는 부정한 수단을 사용하였다는 등, 채권침해의 고의 · 과실 및 위법성이 인정되는 경우이어야 한다. 그리고 이는, 강제집행면탈 목적을 가진 채무자가 제3자와 명의신탁약정을 맺고, 채무자 소유의 부동산에 관하여 제3자 앞으로 소유권이전등기를 경료한 후, 그것이 '부동산 실권리자명의 등기에 관한 법률'을 위반하여 무효라는 이유로 말소등기를 명하는 확정판결이 있은 경우에도 마찬가지이다」(대판 2007. 9. 6, 2005다25021).

체결함으로써 乙의 재계약체결이 무산된 사안에서, 판례는, 제3자에 의한 채권침해의 법리는 제3자가 위법한 행위를 함으로써 다른 사람 사이의 계약체결을 방해하거나 유효하게 존속하던 계약의 갱신을 하지 못하게 하여 그 다른 사람의 정당한 법률상 이익이 침해되기에 이른 경우에도 적용된다고 하면서, 乙의 법률상 이익이 침해된 이상 甲은 불법행위로 인한 손해배상책임이 있고, 甲의 위 재계약 방해행위와 乙의 수신료 수입상실로 인한 손해 사이에 상당인과관계가 있다고 보았다(대판 2007. 5. 11, 2004다11162).

(2) 효 과

제3자에 의한 채권침해가 상술한 불법행위의 요건을 충족하면, 피해자인 채권자는 제3자에게 손해배상을 청구할 수 있다(750조).[1]

2. 방해제거청구권

(ㄱ) 물권은 절대권으로서 제3자에 의해 침해받을 가능성이 열려 있고, 물권에서의 불가침성은 필연적인 것이다. 그래서 민법은 물권에 대한 침해 시 이를 배제할 수 있는 규정을 따로 두고 있다(물권적 청구권: 204조~206조 · 213조~214조 · 290조 · 301조 · 319조 · 370조). 이에 대해 상대권인 채권에서는 이러한 규정이 없다. (ㄴ) 물권과 달리 공시방법이 없는 채권에 물권적 청구권에 준하는 권리를 인정하는 것은, 거래의 안전을 해치고 또 재화의 원활한 거래를 처리하는 채권의 성질에도 반한다는 점에서 이를 부정함이 타당하지만, 예외적으로 공시방법을 갖춘 채권(예: 대항력을 갖춘 부동산 임차권)에 한해서는 인정할 수 있다는 것이 통설이다. (ㄷ) 한편, 채권에 물권적 청구권에 준하는 권리를 인정한다고 하더라도 그것은 방해제거와 방해예방에 한정되고, 목적물 반환청구는 허용되지 않는다(통설). 가령, 토지에 대해 매매계약을 맺어 토지인도 채권을 가지게 되었는데, 그 토지를 제3자가 불법 점유한다고 해서 제3자를 상대로 직접 자기에게 토지를 인도할 것을 구하는 것은 방해배제의 범위를 넘는 것이기 때문이다(대판 1981. 6. 23, 80다1362).

사례의 해설 (1) A가 B를 상대로 불법행위를 이유로 손해배상을 청구하는 것은, A가 甲에게 가지는 금전채권을 B가 침해하고 그 결과 A에게 손해가 발생한 것을 전제로 하는 것, 다시 말해 제750조의 요건을 충족하는 것을 전제로 하는 것이다. 사례에서 A는 甲에게 위임에 따른 매각대금의 인도채권이 있으므로 손해를 입은 것이 없고(또 금전채권인 점에서 급부의 침해로 인한 채권침해가 성립하기도 어렵다), 따라서 제750조의 불법행위는 성립하지 않는다. 다만 B가 甲의 돈을 편취하고 또 甲이 무자력인 때에는, A는 甲의 B에 대한 불법행위에 기한 손해배상청구권을 채권자대위권에 기해 대위행사할 수 있다(대판 1975. 5. 13, 73다1244 참조).

(2) A는 B은행과의 계약에 따른 채권을 가지는데, C의 개입으로 B가 A와의 계약을 파기하면서 결국 A의 B에 대한 채권이 제3자 C에 의해 침해된 것으로 되는, 소위 제3자에 의한 채권침해가 문

---

1) 채권자는 침해 사안에 따라 다른 구제수단도 가질 수 있다. 예컨대, 산림을 고가로 매각할 것을 위임받은 자(A)와 통모하여 부당하게 염가로 매수한 자(B)에 대해, 채권자는 A에 대해서는 위임계약상의 채무불이행을 이유로, B에 대해서는 불법행위를 이유로 각각 손해배상을 청구할 수 있다. 또 제3자가 채무자와 공모하여 허위의 채권증서를 작성하여 채무자의 재산을 압류함으로써 진정한 채권자의 집행을 어렵게 한 경우, 채권자는 허위표시의 무효(108조)를 이유로 가압류의 해제를 청구하고, 제3자에 대하여는 불법행위로 인한 손해배상을 청구할 수 있다(장경학, 111면).

제될 수 있다. 그런데 이것이 불법행위를 구성하기 위해서는 C의 행위가 위법한 것, 즉 B로 하여금 본의 아니게 A와의 계약을 파기할 수밖에 없게 한 것, 다시 말해 B의 의사결정의 자유를 침해한 것인지 여부에 따라 결정되는데, 판례는 그 자유를 침해한 것으로 보아 C의 불법행위를 긍정하였다. 즉 시민단체가 그들의 공익목적을 관철하기 위하여 그들의 주장을 홍보하고 각종 방법에 의한 호소로 설득 활동을 벌이는 것은 관람이나 협력 여부의 결정을 '상대방의 자유로운 판단에 맡기는 한' 허용된다. 그런데 A는 국가로부터 합법적으로 공연 개최 허가를 받고 B은행과 적법하게 입장권 판매대행 계약을 체결하였는데, C가 B에게 그 계약의 즉각적인 불이행을 요구하고, 이에 응하지 아니할 경우에는 B은행의 전 상품에 대한 불매운동을 벌이겠다고 한 것은 '경제적 압박'을 가한 것에 해당하고, 그로 말미암아 B은행으로 하여금 불매운동으로 인한 경제적 손실을 우려하여 부득이 본의 아니게 A와 체결한 계약을 파기케 하는 결과를 가져온 것으로 보아야 하므로, 이는 A가 B와 체결한 계약에 기해 가지는 채권을 C가 위법하게 침해한 것으로서, C에게 불법행위가 성립하는 것으로 보았다(대판 2001. 7. 13, 98다51091). 물론 B은행의 채무불이행책임도 인정될 수 있으며, B와 C의 책임은 부진정연대책임을 이룬다. 사례 p. 239

제 5 장 채권양도와 채무인수

본 장의 개요 1. 특정인을 채권자로 하는 '지명채권'은 원칙적으로 양도할 수 있다(449조). 이것은 채권자(양도인)와 양수인 간의 (채권양도)계약만으로 효력이 발생하고, 양수인은 종전의 채권자가 가졌던 채권을 그대로 승계(취득)한다.

문제는 이러한 채권양도계약의 당사자가 아닌 '채무자'이다. 그는 이중변제의 위험을 안기 때문이다. 또 종전의 채권자에 대한 압류채권자 · 질권자 등과 같이 양수인과 양립할 수 없는 지위를 가지는 '제3자'이다. 양수인을 무조건 우선시키는 것은 이들 제3자의 권리와 충돌한다. 채권은 물권이 아니므로 일반적인 공시방법(등기나 인도)을 동원할 수는 없고, 그래서 채택한 방법이 「대항요건」이다. 즉 지명채권의 양도는 양도인이 채무자에게 통지하거나 채무자가 승낙하지 않으면 채무자나 제3자에게 대항할 수 없도록 한 것이다(450조 1항). 그리고 제3자에 대한 부가요건으로 그러한 통지나 승낙의 날짜를 변경할 수 없도록 확정일자가 있는 증서로 하도록 한 것이다(450조 2항).

2. 채무인수는 인수인이 종전의 채무자가 부담하던 채무를 그대로 인수하여 그가 채무자가 되고 종전의 채무자는 채무를 면하는 것을 내용으로 한다. 그런데 이것이 채무자와 인수인 간의 계약으로 이루어지는 경우에는 자력이 없는 인수인이 채무자가 될 수 있고, 이것은 채권자에게 예상치 못한 피해를 줄 수 있다. 그래서 이러한 경우에는 채권자가 승낙을 하여야만 효력이 생기는 것으로 한다(454조). 그런데 실무에서는 민법이 정하는 이러한 '면책적 채무인수'보다는 인수인이 채무자로 추가되는 '병존적 채무인수'가 더 많이 활용되고 있다.

제1절 총 설

I. 연 혁

로마법에서는 채권을 채권자와 채무자를 잇는 법의 사슬로 보았기 때문에, 채권의 양도를 통한 채권자의 변경이나 채무의 인수를 통한 채무자의 변경은 새로운 채권관계를 형성하는 것으로 보아 종전의 채권관계가 소멸되는 것으로 파악하였다. 그래서 채권과 채무의 동일성을 유지하면서 채권양도와 채무인수가 이루어지는 것을 허용하지 않았고, 이것은 경개에 의해 종전 채무가 소멸되고 새로운 채무가 발생하는 것으로 보았다. 이러한 경개제도는 우리 민법에도 있다(501조 · 502조).

프랑스 민법은 로마법의 영향을 받아 채권양도와 채무인수를 인정하지 않는다. 그러나 독일 민법은 양자를 모두 민법에서 정하고, 우리 민법은 이를 받아들인 것인데, 특히 채무인수

는 구민법에 없던 것을 신설한 점에서 그 의의가 있다고 볼 수 있다.[1)]

Ⅱ. 규율의 범위

예컨대 A가 그 소유 토지를 B에게 1천만원에 팔기로 계약을 체결하였다고 하자. A를 중심으로 보면, A는 B에게 1천만원 금전채권을 가지면서 토지소유권을 이전해 줄 채무를 진다. 반면 B를 중심으로 보면, B는 A에게 1천만원 금전채무를 지면서 토지소유권이전 채권을 가지게 된다. 이 양자의 채권과 채무는 동시이행의 관계에 있으며, 또 매매의 목적인 권리나 권리의 객체인 물건에 흠이 있는 때에는 매도인은 하자담보책임을 진다. 그 밖에 매매계약에 취소나 해제사유가 있는 때에는 그 행사에 의해 계약은 실효된다. 이처럼 매매를 중심으로 하여 복합적인 권리 · 의무관계가 발생하는데, 민법이 규율하는 채권양도와 채무인수는 그중 「채권」과 「채무」만을 대상으로 하여 그 동일성을 유지한다는 대전제하에 「채권의 양도」와 「채무의 인수」라는 측면에서 정하는 것이다. 다시 말해 A의 B에 대한 대금채권을 제3자에게 양도한 경우, 양수인은 매도인의 지위에서 가지는 대금채권을 그대로 이전받는다. 따라서 양수인이 매수인에게 대금의 지급을 청구하면 매수인은 동시이행의 항변권을 행사할 수 있다. 또 A의 토지가 수용된 경우에는 B의 대금채무도 소멸되므로(537조), 양수인의 청구에 대해 B는 대금채무의 소멸을 주장할 수 있다. A나 B가 계약을 해제한 경우에도 같다(B가 대금채무를 이행하지 않거나, A가 토지를 이중양도한 경우)(채권의 양수인은 민법 제548조 1항 단서 소정의 제3자에 해당하지 않아, 보호받지 못한다). 한편 A가 위 채권을 양도하였다고 하여도 B와의 매매계약에 따른 권리와 의무는 그대로 유지된다. 즉 A는 B에게 토지의 소유권을 이전해 줄 의무를 부담하고, 하자담보책임을 질 수 있으며, 취소나 해제사유가 있는 때에는 취소하거나 해제할 수 있다.

Ⅲ. 민법의 규정

1. 채권양도

(1) 민법은 제449조 내지 제452조에서 '채권의 양도'를 규정하는데, 이것은 특정인을 채권자로 하는 '지명채권'을 대상으로 한다. 여기서는 채권의 양도성과 그 제한, 채권양도의 채무자에 대한 대항요건과 제3자에 대한 대항요건에 관해 정한다.

(2) 민법은 채권을 원칙적으로 양도할 수 있는 것으로 정한다. 그런데 채권의 양도에서는 양도의 대상이 채권인 점에서 양수인이 채권을 확실하게 변제받도록 하는 과제가 따른다. 이 점에서 보면, 지명채권의 경우에는 양수인의 지위는 확고하지 못하다. 채권이 무효 · 취소 · 변제 · 해제 등으로 인해 소멸되었거나, 그 채권에 항변사유가 있거나, 채무자가 채권양도 후에

1) 일본은 2017년에 민법을 개정하면서 '채무인수'제도를 신설하고, 그 안에 병존적 채무인수와 면책적 채무인수를 두었다(일민 470조~472조의4).

도 채권자에게 변제를 함으로써 채권이 소멸되는 데 따른 영향을 양수인이 받기 때문이다. 이러한 문제를 해결하기 위해 고안된 것이 증권적 채권이며, 양수인의 채권 변제의 안전성이 지명채권에 비해 훨씬 높다.

채권이 증권으로 화체化體되어, 채권의 성립 · 존속 · 행사 · 양도 등이 모두 증권을 통해 이루어지는 채권이 '증권적 채권'이고, 지시채권과 무기명채권이 이에 속한다. 그런데 민법은 이에 관해 채권의 소멸의 절 이후에 제7절 「지시채권」(508조~522조)과 제8절 「무기명채권」(523조~526조)으로 나누어 따로 규정하고 있다.[1] 그러나 이들 증권적 채권에 관해서는 상법 · 어음법 · 수표법 등 여러 특별법에서 세부적인 내용을 따로 정하고 있기 때문에, 민법이 기능하는 바는 매우 적은 편이다.

2. 채무인수

채무인수에 관한 현행 민법의 규정(453조~459조)은 구민법에는 없던 것으로서, 종래의 학설과 판례를 반영하여 전부 신설한 것이다(민법안심의록(상), 267면). 민법이 정하는 채무인수는 채무의 동일성을 유지하면서 채무가 제3자에게 이전되는 것, 즉 채무자가 채무를 면하고 인수인이 채무를 부담하는 「면책적 채무인수」를 다룬다. 여기서는 누가 채무인수계약의 당사자가 되는지를 정하고, 특히 채권양도의 경우와는 달리 채무인수에서는 채무자가 변경됨에 따라 새로운 채무자의 자력 유무에 관해 채권자와 담보제공자(보증인 · 물상보증인)가 직접적인 이해관계를 갖기 때문에 이들을 배려하는 내용을 정한다(454조 · 459조).

제2절 채권의 양도

제1관 채권양도의 의의와 성질

사례 A는 B 소유 상가건물을 임차보증금 8천만원에 임차하면서, 그중 3천 6백만원을 A의 C에 대한 금전채무의 담보로 C에게 양도하고 그 사실을 B에게 통지하였다. 그 후 A는 C에 대한 금전채무를 변제하였다. 임대차 종료 후 C가 B에게 양수금 3천 6백만원의 지급을 청구하자, B는 A의 C에 대한 변제로 양수채권이 소멸되었다는 이유로 그 지급을 거절하였다. C의 청구는 인용될 수 있는가?

해설 p.250

1) 본래 구민법은 지시채권과 무기명채권을 '채권의 양도'의 절 속에서 같이 규정하였는데(구민 469조~473조), 현행 민법은 특히 지시채권에 관해 어음법 · 수표법과 그 정신을 같이하는 규정을 많이 신설하면서(509조~514조 · 516조 · 517조 · 519조~522조) 만주민법(496조~514조)의 예에 따라 이를 채권편 총칙의 마지막 부분으로 옮겨 정하였다. 이러한 체재에 대해서는, 채권의 양도라는 점에서 공통되므로 채권양도의 절에서 같이 규정하는 것이 타당하다고 보는 견해가 있다(서민, "채권법의 개정방향", 민사판례연구(Ⅶ), 331면). 본서에서는 편의상 채권양도의 절에서 지명채권의 양도와 증권적 채권의 양도로 나누어 같이 설명하기로 한다.

Ⅰ. 채권양도의 의의

1. (ㄱ) 채권양도는 채권자(양도인)와 양수인 간의 계약으로 채권자의 채권을 양수인에게 이전하는 것을 말한다. 본래 채권은 채권자와 채무자 두 주체를 잇는 권리이므로, 채권의 양도는 결국 채권자의 변경을 가져오는 것이어서 위 관계를 깨뜨리는 면이 없지 않으나, 채권은 재산권으로서 재산적 가치를 갖는 점에서, 채권은 원칙적으로 양도할 수 있는 것으로 정한 것이다(449조 1항 본문). (ㄴ) 채권의 이전은 여러 원인에 의해 생길 수 있다. 즉 유언과 같은 단독행위에 의해, 법률의 규정에 의해(예: 상속(1005조) · 손해배상자의 대위(399조) · 변제자대위(481조)), 전부명령轉付命令과 같은 법원의 강제집행의 방법에 의해(민사집행법 229조), 주된 채권의 이전에 따른 종된 채권의 수반(예: 이자채권 · 보증채권)에 의해 각각 채권이 이전되고, 특히 상속의 경우에는 피상속인의 모든 채권이 포괄적으로 이전된다. 그러나 채권양도는 '계약'에 의해, 그리고 '특정 채권'의 이전을 대상으로 하는 것만을 가리킨다.

2. 채권양도에 의해 채권은 그 동일성을 유지하면서 양수인에게 이전된다. (ㄱ) 채권에 종속하는 권리(이자채권 · 위약금채권 · 보증채권 등)도 원칙적으로 양수인에게 이전된다. 이것은 종된 권리의 수반성에 의한 것이므로, 종된 권리에 관하여는 따로 양도행위를 할 필요가 없다. 다만, 그 채권에 '담보물권'이 있는 경우에는, 채권의 양도 외에 그 담보물권의 이전에 필요한 요건을 따로 갖추어야 한다. 즉 유치권과 질권처럼 점유를 요소로 하는 경우에는 점유의 이전이 있어야 하고(320조 · 329조 참조), 저당권처럼 등기를 공시방법으로 하는 경우에는 저당권이전의 등기를 하여야만(356조 참조), 이들 담보물권이 채권의 양도에 수반하여 양수인에게 이전된다. 그리고 이자채권도 수반되는 것이 원칙이지만, '변제기가 도래한 (지분적) 이자채권'은 특별한 의사표시가 없는 한 당연히 수반되지는 않는다(통설). (ㄴ) 이전되는 채권은 동일성을 유지하기 때문에, 그 채권에 관한 각종의 항변(예: 동시이행의 항변)도 그대로 존속한다(451조 2항). 또 채무자가 양도인에게 반대채권이 있는 경우에는 양수인에 대해서도 상계로써 대항할 수 있다.

〈참 고〉 제3자가 채권을 취득하는 것은 '제3자를 위한 계약'(539조)의 방식에 의해서도 가능하다. 그런데 이것은 다음의 점에서 '채권양도'와 그 구성을 달리한다. 예컨대 A가 그 소유 토지를 B에게 팔기로 매매계약을 체결하였다고 하자. 제3자를 위한 계약은 A가 B와의 매매계약에서 B가 그 대금을 C에게 지급하기로 약정하는 것이다. 즉 제3자 C는 계약의 당사자가 아니다. 이에 대해 채권양도는 A가 B에게 갖는 대금채권을 C와의 원인관계에 기초하여 C에게 양도하는 것으로서, 이러한 채권양도는 계약이고, A와 C가 그 당사자가 된다. 즉 채권양도에는 그 채권이 생긴 A와 B의 계약과, 그 채권을 양도하는 A와 C의 계약, 두 개의 (별개의) 계약이 있게 된다. 한편 채권양도에서 채무자는 당사자가 아니므로, C가 채무자에게 채권양도를 이유로 채권을 행사하려면 대항요건을 갖추어야 하는 점도 제3자를 위한 계약에는 해당되지 않는다.

Ⅱ. 채권양도의 법적 성질

1. 계 약

채권양도는 채권의 이전을 내용으로 하는 양도인과 양수인 간의 계약으로서, 채무자는 계약의 당사자가 아니다. 채무자의 동의는 필요 없고, (채권양도의 금지에 관해 당사자 간에 합의가 없는 한) 채무자의 의사에 반하는 양도도 유효하다. 또 일정한 방식을 필요로 하지 않으며, 채권증서가 있더라도 그 교부는 요건이 아니다. 한편 계약인 점에서 채권양도에 조건과 기한을 붙일 수 있으며, 이때에는 그 사실이 성취되거나 도래한 때에 효력이 발생한다.[1]

2. 처분행위

(ㄱ) 채권양도는 (재화로서의) 채권의 이전을 종국적으로 가져오는 법률행위(계약)로서 처분행위에 속한다(즉 채권은 양도인으로부터 양수인에게 직접 이전되고 채권을 양도하여야 할 의무가 남아 있지 않기 때문에, 의무부담행위가 아니라 처분행위이다). 그래서 물권의 변동을 가져오는 물권적 합의에 준해 이를 '준물권계약'이라고 부른다. 채권은 (후술하는 바와 같이) 증여나 매매 또는 채권담보 등의 목적으로 양도할 수 있고, 이 경우 그 원인행위에 기해 채권을 양도할 의무가 생기지만, 그 원인행위 자체는 채권양도가 아니다. (ㄴ) 채권양도는 처분행위이므로, 양도인이 처분권한이 있음을 전제로 한다. 따라서 (처분권한이 없는) 채권자 아닌 자가 한 채권양도는 무효이다. 한편 채권자라고 하더라도 채권이 압류되거나(민사집행법 227조), 채권자가 파산한 경우(채무자 회생 및 파산에 관한 법률 313조)에는 그 채권을 양도할 수 없고, 또 조합원 1인이 다른 조합원의 동의 없이 조합채권을 양도한 때에는 그 양도는 무효이다(272조·704조)(대판 1990. 2. 27, 88다카11534). 채권이 존재하지 않는 경우에도 그 양도는 무효이다. 그리고 양수인이 양도인에게 처분권한이 있는 것으로 믿었더라도 선의취득이 인정되지 않는다(다만 증권적 채권의 경우에는 예외적으로 선의취득이 인정된다(514조·524조)).

3. 채권양도와 원인행위의 관계

(1) 채권양도의 원인행위

채권을 양도하는 데에는 일정한 「목적」 내지 「원인행위」가 있다. 즉 채권을 금전을 받고 매각하는 채권의 '매매', '변제'의 수단으로서 채권을 양도하는 것, 타인에 대한 금전채무의 '담보'로서('채권의 입질'도 같은 범주에 속하는 것이다) 채권을 양도하는 것, 채권추심이나 증여의 목적으로 채권을 양도하는 것 등이 그러한데, 이에 관해서는 각각 매매·변제·양도담보·위임·증여에 관한 규정과 그 법리가 적용된다. 그리고 이러한 원인행위에 기해 그 이행으로써 「채권의 양도」가 이루어지는 점에서, 양자는 구별된다.

---

1) 이 점은 조건부 채권과 기한부 채권을 양도하는 것과는 그 성질이 다르다. 이 경우 채권양도계약의 효력은 성립과 동시에 발생하지만, 그 대상이 되는 채권에 조건과 기한이 붙어 있는 점에서 양수인이 채권을 행사하는 데 제한을 받을 뿐이다(민법주해(Ⅹ), 532면(이상훈)).

(2) 채권양도의 원인행위와 채권양도의 관계, 그리고 채무자에 대한 관계

a) 전술한 대로 채권양도는 일정한 원인행위에 기해 행하여지는데, 채권양도가 그 원인행위와는 독립하여 따로 체결되느냐 하는 것이 채권양도의 「독자성」의 문제이고, 원인행위가 무효나 취소 등의 원인에 의해 실효된 경우에 채권양도에도 그 영향을 미치는가 하는 것이 채권양도의 「무인성無因性」의 문제이다. 물권행위나 채권양도나 같은 처분행위인 점에서, 물권행위에서 독자성 및 무인성의 문제와 같은 범주에 속하는 것이다. (ㄱ) 독자성은 무인성을 논하기 위한 전제로서 거론되는 것이 보통이다. 아무튼 원인행위와 그것의 이행으로써 행하여지는 채권양도(계약)는 개념상 구별되지만, 그렇다고 그것이 항상 다른 형식으로 따로 계약이 맺어진다는 의미는 아니다. 가령 채권의 증여의 경우에는 증여계약과 동시에 채권양도도 행하여질 수 있다. 반면 채권의 매매의 경우에는 먼저 채권 매매계약을 맺은 후 매매대금을 다 받고서 채권양도계약을 맺을 수도 있는 것이다. (ㄴ) 채권양도는 원인행위의 이행으로써 이루어진 결과로서 처분행위이고, 따라서 더 이상 채권양도를 하여야 할 의무가 남아 있지 않다. 채권양도와 원인행위의 당사자는 같으며, 양자는 원인과 결과의 관계에 있으므로, 원인행위의 실효는 채권양도에도 영향을 미쳐 그 효력을 잃게 된다.[1)]

b) 유의할 것은, 위와 같은 해석은 '지명채권'의 양도에 관한 것이고, '증권적 채권'에서는 독자성과 무인성이 인정된다는 것이다(통설). 즉 증서의 배서와 교부 또는 교부가 있는 때에 채권을 양도한 것이 되고(독자성), 그 원인행위의 무효나 취소 등에 영향을 받지 않는다(무인성). 즉 원인행위가 실효되더라도 양도는 유효하다. 다만 양도인이 원인행위의 실효를 이유로 양수인에게 부당이득반환을 청구할 수 있는 것은 별개이다.

c) 채권양도의 독자성과 무인성은 채권양도계약을 중심으로 하여 그 당사자인 양도인과 양수인 사이에서 발생하는 문제이다. 즉 이러한 관계는 채권양도계약의 당사자가 아닌 채무자에게는 영향을 미치지 않는다. 채권은 그 동일성을 유지하면서 양수인에게 이전하는 것이므로, 채무자는 양도인(채권자)과의 계약에 따라 양도인에 대해 가지는 항변사유로써 양수인에게 대항할 수 있을 뿐이다(451조 참조).

(3) 원인행위자의 담보책임

채권을 양도한 경우에 그 채권이 존재하지 않거나 채무자가 무자력인 때에는 그 양도는 무효이거나 양도된 채권은 가치 없는 것이 된다. 이 경우 양도인은 양수인에 대해 채권양도의 원인행위에 기해, 이를테면 증여나 매매에 기한 담보책임을 부담한다.

---

1) 판례는, 채권자가 채권의 추심을 위임하고 채권을 양도한 경우에 관해 다음과 같은 법리를 전개하고 있다. ① 채권양도의 의무를 발생시키는 것을 내용으로 하는 계약(양도의무계약: 원인행위)과 채권양도계약은 실제의 거래에서는 한꺼번에 일체로 행하여지는 경우가 적지 않으나, 그 법적 파악에 있어서는 구별되어야 하는 별개의 독립한 행위이다. ② 그러므로 양도의무계약에 관한 민법상의 임의규정은 채권양도계약에는 적용되지 않는다. 즉 채권양도계약에 위임의 규정을 바로 적용하여 그에 의해 채권양도계약을 해지할 수는 없다. ③ 원인행위인 위임을 해지한 경우, (그것은 채권양도계약에도 효력을 미쳐) 채권은 양도인에게 복귀한다. 이 경우 양수인은 위임계약의 해지로 인하여 양도인에 대하여 부담하는 원상회복의무(이는 계약의 효력불발생에서의 원상회복의무 일반과 마찬가지로 부당이득 반환의무의 성질을 가진다)의 한 내용으로 채무자에게 이를 통지할 의무를 부담한다(대판 2011. 3. 24, 2010다100711).

사례의 해설 사안에서 A는 C에 대한 채무의 담보로써 임차보증금 반환채권의 일부를 C에게 양도(양도담보)한 것이다. 따라서 그 양도의 원인관계는 채무의 담보에 있는 것인데 그 채무가 변제로 소멸되었으므로, 그 담보의 목적으로 이루어진 채권양도는 당연히 실효(소멸)되고, 따라서 A와 C 사이에서는 C가 취득한 채권은 소멸된다. 문제는 이러한 관계가 채무자(B)에게도 당연히 영향을 미치는가, 다시 말해 B가 C에게 양수금의 지급을 거절할 수 있는가 하는 점이다. 민법은 채무자가 양도인에 대한 항변사유로써 양수인에게 대항할 수 있다고는 정하지만(451조), 양도인이 양수인에게 가지는 항변사유를 채무자가 원용할 수 있는 것으로는 정하고 있지 않다. 또한 A와 B의 계약과 A와 C의 (채권양도)계약은 계약의 당사자가 다른 별개의 계약이므로, B는 A의 C에 대한 항변사유를 원용할 수는 없다. 판례도 「채권양도가 다른 채무의 담보 조로 이루어졌으며 또한 그 채무가 변제되었다고 하더라도, 이는 채권양도인과 양수인 간의 문제일 뿐이고, 양도채권의 채무자는 채권양도·양수인 간의 채무 소멸 여하에 관계없이 양도된 채무를 양수인에게 변제하여야 하는 것이므로, 설령 그 피담보채무가 변제로 소멸되었다고 하더라도 양도채권의 채무자로서는 이를 이유로 채권양수인의 양수금 청구를 거절할 수 없다」고 하였다(대판 1999. 11. 26, 99다23093). 이러한 취지는 종전의 판례에서도 확인된 바 있다(대판 1979. 9. 25, 79다709). 이것은 결국 양도 통지를 받은 채무자의 변제를 보호하는 것이 된다(그렇지 않으면 채무자는 양도인과 양수인 사이의 원인관계까지 확인하여야 할 부담을 지게 되므로). 따라서 채무자(B)는 양수인(C)에게 양수금을 지급하여야 한다. 양도인은 이러한 결과를 피하기 위해 양수인의 동의를 받아 양도 통지를 철회하거나(452조 2항), 이중변제를 받은 C에게 부당이득 반환청구를 하는 수밖에 없다. 참고로 채권담보계약의 종료에 따른 원상회복으로 C는 양수채권이 소멸된 사실을 B에게 통지할 의무를 부담한다(대판 2011. 3. 24, 2010다100711 참조). 사례 p.246

제2관 지명채권의 양도

사례 (1) 甲은 A에게 물품대금채권(7,779,750원)이 있는데, 이를 1992. 8. 2. B에게 양도하면서, 같은 달 3일 A에게 내용증명우편으로 통지하여 그 다음 날 4일에 그 통지가 A에게 도달하였다. 한편 甲에 대한 채권자 乙은 같은 달 3일 甲의 A에 대한 물품대금 6,290,000원의 채권을 가압류한다는 내용의 채권가압류결정을 받았고, 동 결정이 같은 달 4일 A에게 도달하였다. 이 경우 A(채무자)·B(채권양수인)·乙(가압류채권자) 사이의 법률관계는?

(2) 甲은 자기 소유의 X토지를 2013. 10. 1. 乙에게 2억원에 매도하는 계약을 체결하면서, 계약금 2천만원은 계약 체결일에 받고, 중도금 8천만원은 2013. 12. 1.에, 잔금 1억원은 2014. 2. 1.에 乙로부터 각각 받기로 하였다. 한편 甲은 乙로부터 중도금을 받으면 바로 X토지의 소유권이전등기를 마쳐주기로 하였다. 甲은 乙로부터 계약금과 중도금을 모두 받고, 2013. 12. 10. X토지에 관하여 乙 명의의 소유권이전등기를 마쳐주었다. 그런데 2014. 2. 1.이 경과하여도 乙은 甲에게 매매잔금을 지급하지 않았다. 한편 2013. 5. 2. 丙은 자신이 제조한 물품을 甲에게 1억원에 공급하기로 하는 물품 공급계약을 체결하면서 2014. 5. 2. 물품 공급과 상환으로 그 대금 1억원을 받기로 하였다. 2014. 5. 2. 丙은 물품을 甲에게 공급하였다.

(a) 丙으로부터 물품 대금의 지급 독촉을 받은 甲은 2014. 11. 1. 丙에게 乙에 대한 매매잔금 등에 대한 채권을 양도하면서 채권양도계약서를 작성하였는데, 그 계약서에는 甲이 丙에게 채권양

도의 통지를 위임한다는 취지의 내용이 포함되어 있었다. 그리고 2014. 11. 10. 丙은 자신의 이름으로 내용증명우편을 통하여 위와 같은 채권양도의 사실이 있음을 乙에게 통지하였고, 이 통지는 2014. 11. 5. 乙에게 도달하였다. 丙의 통지에는 위 채권양도계약서가 첨부되어 있었다. 그런데 甲과 乙은 위 X토지 매매계약 체결 당시 매매계약에 기하여 발생하는 채권의 양도를 금지하는 약정을 하였다. 2015. 1. 10. 丙은 乙을 상대로 양수금의 지급을 구하는 소를 제기하였다. 이에 乙은 ① 甲과의 사이에 채권양도의 금지특약이 있었으며, 또한 ② 채권양도가 인정되더라도 채권양도의 통지가 적법하게 이루어지지 않았음을 주장하면서 丙의 청구를 거절하였다. 乙의 주장이 타당한지 검토하시오. (15점)

(b) 丙에 대한 물품 대금채무를 변제하지 못하고 있던 甲은 2014. 10. 1. 乙에 대한 매매잔금 등에 대한 채권을 丙에게 양도하였다. 그리고 乙은 2014. 10. 5. 이 채권양도에 대하여 이의를 달지 않은 승낙을 하였다. 그런데 乙은 甲에게 1억원의 대여금채권을 가지고 있었는데, 이 채권의 변제기는 2014. 9. 20.이었다. 2015. 1. 10. 丙은 乙을 상대로 양수금의 지급을 청구하였는데, 乙은 甲에 대한 대여금채권을 가지고 상계를 주장하였다. 乙의 주장이 타당한지 검토하시오. (15점) (2015년 제1차 변호사시험 모의시험)

(3) 1) 甲은 2016. 8.경 인테리어 시공업자인 乙과 인테리어 공사에 관하여 공사대금 5,000만원으로 하는 도급계약을 체결하였다. 乙은 약정기한인 2016. 10. 20. 위 인테리어 공사를 완료하고, 甲에게 카페를 인도하였다. 2) 甲이 공사대금 5,000만원의 지급을 차일피일 미루자 乙은 甲에게 인테리어 공사대금의 일부라도 빨리 지급하라는 독촉을 하였고, 乙은 2016. 10. 25. 甲으로부터 공사대금 5,000만원 중 500만원을 일부 변제받았다. 甲이 공사대금 잔액의 지급을 지체하자 돈이 급한 乙은 2016. 10. 28. 위 공사대금채권 중 2,500만원을 丙에게 양도하고, 甲에게 확정일자부 채권양도 통지를 하였고 甲은 이 통지를 2016. 10. 31. 수령하였다. 그런데 乙은 2016. 11. 1. 다시 丁에게 위 공사대금 5,000만원을 양도하였고 甲은 같은 날 乙과 丁에게 확정일자부 증서로 위 채권양도에 관하여 이의 없이 승낙하였다. 한편 丁은 甲이 乙에게 이미 500만원을 변제한 사실 및 乙이 공사대금 채권 중 일부를 丙에게 양도한 사실을 전혀 알지 못하였고 알지 못한 데 중과실도 없었다. 3) 丁은 甲이 채권양도에 관해 이의 없이 승낙하였으므로 위 공사대금채권 5,000만원을 자신에게 변제하여야 한다고 주장한다. 丁의 주장에 대한 판단과 그 이유를 서술하시오. (25점) (2017년 제1차 변호사시험 모의시험)

(4) (개) 甲은 2011. 12. 1. B에게 자신의 X건물 중 2층 부분을 대금 1억원에 매도하는 계약을 체결하였고, B는 그 매매대금을 분납하기로 하였다. 이후 甲은 자금이 필요하여 2012. 7. 5. C에게 1억원을 빌렸다. 한편 수년 동안 戊에게 공사대금(1억원)을 지급하지 못한 甲은 B에 대한 매매대금채권 1억원을 戊에게 양도하였지만, 아직 B에 대한 채권양도 통지나 B로부터의 채권양도에 대한 승낙은 이루어지지 않은 상태이다. 그런데 戊는 B에 대한 채권이 곧 시효로 소멸될 예정임을 알게 되었다. 이에 戊가 B를 상대로 양수금 청구의 소를 제기하였다. 이 경우 B에 대한 채권의 소멸시효가 중단되는가? (10점)

(내) 甲은 2012. 1. 10. 戊에게 B에 대한 1억원의 매매대금채권을 양도하였고, B는 같은 날 아무런 이의를 달지 않은 채 위 채권양도에 대한 승낙을 하였다. 그 후 B가 戊에게 매매대금을 지급하지 않자 戊는 B를 상대로 양수금 청구의 소를 제기하였다. 이에 대해 B는 甲으로부터 아직 X건물의 소유권이전에 필요한 서류를 받지 못하였으므로 戊에게 대금을 지급할 수 없다고 항변하였다.

다만 戊는 채권양도를 받을 당시 X건물의 소유권 이전에 필요한 서류를 제공하지 않은 사정을 알고 있었다. 이 경우 양수금 청구에 대해 법원은 어떠한 판결을 선고하여야 하는가? (20점)

(다) 甲은 2012. 11. 30. 戊에게 B에 대한 채권을 양도하였고, 다음 날 확정일자 있는 증서에 의한 통지가 B에게 도달하였다. 한편 甲은 2012. 12. 20. C의 독촉에 못 이겨 위 B에 대한 채권을 다시 양도하였고, 확정일자 있는 증서에 의한 통지가 다음 날 B에게 도달하였다. 그런데 2013. 2. 15. 甲과 戊 사이에 이루어진 채권양도계약이 합의 해지되었고, 이 사실을 戊가 B에게 통지하였다. 그 후 甲은 2013. 5. 15. D로부터 1억원을 빌리면서 위 B에 대한 채권을 양도함과 동시에 확정일자 있는 증서로 B에게 통지하였고, B는 D에게 매매대금채권 1억원을 변제하였다. 이 경우 C는 D에게 부당이득반환을 청구할 수 있는가? (15점)(2017년 제3차 변호사시험 모의시험)

(5) 1) 甲과 乙은 공유하고 있던 X건물에 관하여 2018. 1. 10. 丙과 임대차계약을 체결하면서, 보증금을 3억원, 임대기간을 2020. 1. 9.까지로 약정하였다. 甲 · 乙과 丙은 임대기간이 만료되는 즉시 임대목적물의 반환과 상환하여 보증금을 반환하기로 하고, 만일 甲과 乙이 보증금 반환채무를 이행하지 않는 경우 월 1%의 지연손해금을 丙에게 지급하기로 하였다. 그런데 甲과 乙의 신용상태가 2019. 9. 말경 심각하게 악화되자 丙은 甲과 乙에게 보증금 반환을 확보하기 위해 담보 제공을 요구하였고, 이에 A, B, C가 이 보증금 반환채무를 담보하기 위해 丙과 연대보증계약을 체결하는 한편 B 소유인 시가 2억원인 Z토지에 관하여 丙 명의의 근저당권을 설정해 주었다. 한편 丙은 위 임대차계약에 관해 자세히 설명하면서 2019. 11. 15. 보증금 반환채권을 丁에게 양도하였고 이에 대해 같은 날 甲과 乙은 이의 없이 승낙하였다. 임대차기간이 만료되었지만 甲과 乙은 보증금을 반환하지 않고 있고, 이에 따라 丙은 X건물을 인도하지 않고 있다. 2) 丁은 2020. 2. 10. 甲과 乙을 상대로 각각 "양수금 3억원 및 그에 대한 2020. 1. 10.부터 다 갚는 날까지 월 1%의 비율로 계산된 지연손해금을 지급하라."는 내용의 소를 제기하였다. 이에 대해 甲과 乙은 ① "丙에 대해 행사할 수 있었던 항변권으로 丁에게 대항할 수 있으므로 丙이 X건물을 인도하지 않는 한 이에 응할 의무가 없다." ② "丁의 청구에 응하더라도 보증금 반환채무는 분할채무로서 각각 양수금 1억 5천만원을 부담할 뿐이고, 丁이 청구한 지연손해금 역시 지급할 의무가 없다."고 항변하였다. 丁의 청구에 대한 결론을 그 근거와 함께 서술하시오. (25점)(2020년 제3차 변호사시험 모의시험)

(6) 1) 甲은 건설업자 乙에게 건축공사를 준공 예정일 2020. 9. 1.로 정하여 도급계약을 체결하였다. 이 도급계약에는 공사대금채권을 제3자에게 양도하지 못한다는 특약이 명시되어 있었다. 공사대금 3억원은 계약금 3천만원, 골조공사 완성 후 5천만원, 공사 완료 후 잔금 2억 2천만원을 지급하기로 하였다. 한편, 乙은 건축공사와 관련하여 丙은행으로부터 5천만원 대출을 받았고, 乙의 부탁을 받은 丁은 이 대출금채무에 대해 연대보증을 하였다. 이후 乙은 골조공사를 완성하여 계약금을 포함, 모두 8천만원을 받았다. 乙은 준공 예정일에 맞추어 공사를 완료하였으나, 甲으로부터 잔금을 받지 못하였다. 2) 丁은 2020. 10.경 丙은행의 청구를 받고 乙의 대출금채무에 대한 보증채무를 이행하였고, 곧바로 乙에게 구상금을 청구하여 이에 대한 원고 승소판결이 확정되었다. 이를 기초로 丁은 2021. 5. 17. 乙의 甲에 대한 공사대금 채권 중 5천만원에 대해 압류 및 전부명령을 신청하였고, 같은 달 21. 甲과 乙에게 송달된 후, 그 무렵 확정되었다. 한편, 乙은 2021. 5. 18. 戊에게 도급계약서 사본을 교부하면서 잔금채권을 양도하였는데, 그 당시 戊는 계약서 내용을 살펴보지 않았다. 그 후 乙은 甲에게 내용증명우편으로 채권양도 통지를 하였고, 이 통지는 2021. 5. 20. 도달하였다. 3) 丁의 甲에 대한 전부금 청구소송에서 甲은 2021. 5. 20. 채권양도 통지를 받았

으므로 전부명령은 무효여서 丁에게 지급의무가 없다고 항변하였다. 이에 대해 丁은 乙의 甲에 대한 공사대금 채권과 관련하여 양도금지 특약이 있었으므로 이러한 채권양도는 무효라고 주장하였고, 甲은 양도금지 특약의 효력은 당사자 간에만 미칠 뿐이므로 丁은 채권양도의 무효를 주장할 수 없다고 반박하였다. 4) 법원은 어떠한 판단을 하여야 하는지, 결론과 논거를 기재하시오. (15점)(2021년 제3차 변호사시험 모의시험)

(7) 1) 甲은 2022. 1. 10. 乙에게 '온라인 도박장을 개설하기 위한 자금이 필요하다'고 설명하고, 乙로부터 5억원을 차용하였다. 2) 乙이 2022. 3. 1. 위 차용금의 용도를 알고 있는 丙에게 甲에 대한 채권을 양도하고 甲이 이에 대해 이의를 달지 않은 승낙을 한 경우, 丙은 甲에게 양수금의 지급을 청구할 수 있는가? (5점) (2022년 제3차 변호사시험 모의시험) 해설 p.268

Ⅰ. 지명채권의 양도성

제449조〔채권의 양도성〕 ① 채권은 양도할 수 있다. 그러나 채권의 성질상 양도가 허용되지 아니하는 경우에는 그러하지 아니하다. ② 채권은 당사자가 반대의 의사를 표시한 경우에는 양도하지 못한다. 그러나 그 의사표시로써 선의의 제3자에게 대항하지 못한다.

1. 지명채권의 의의와 양도성

(1) 특정인을 채권자로 하는 채권이 「지명채권指名債權」이며, 증권적 채권에 속하지 않는 보통의 채권을 말한다. 증권적 채권과는 달리, 지명채권에서는 그 채권의 성립·행사·양도 등에 증서의 작성과 교부를 필요로 하지 않는다. 그 증서가 있더라도 그것은 단순한 증거방법에 지나지 않는다. 다만 채권증서가 있는 경우에는, 채무자가 채무 전부를 변제한 때에는 채권증서의 반환을 청구할 수 있으므로(475조), 이를 위해 양도인은 채권증서를 양수인에게 교부하여야 한다.

(2) 지명채권은 원칙적으로 양도할 수 있다(449조 1항 본문). 한편, 채권양도는 처분행위이므로, 이것이 유효하려면 양도의 목적인 채권이 존재하여야 하고 또 그것이 특정된 것이어야 한다. 조건부·기한부 채권, 종류채권이나 선택채권 또는 가분급부를 목적으로 하는 채권의 일부 등도 특정할 수 있기 때문에 그 양도는 가능하다.

2. 지명채권 양도의 제한

지명채권은 양도성을 본질로 하는 증권적 채권과는 달리 양도가 제한되는 수가 있다. 민법 제449조는 그러한 경우로서 채권의 성질상 양도가 허용되지 않는 것과 당사자가 반대의 의사를 표시한 것을 들고 있는데, 그 밖에 법률의 규정에 의해 양도가 제한되는 채권이 있다. 채권은 양도할 수 있는 것이 원칙이므로, 양도할 수 없는 채권이라는 사실은 채무자가 입증하여야 한다.

(1) 채권의 성질에 의한 제한

a) 채권의 성질상 양도가 허용되지 않는 경우에는, 그 채권은 양도할 수 없다(449조 1항 단서). 그러한 예로서, ① 특정의 채권자에게만 급부를 하여야 목적을 달성할 수 있는 채권(예: 특정의 채권자만이 가르침을 받을 수 있는 채권, 위임계약에 따른 위임인의 채권(680조), 조합계약에 따른 조합원의 채권(703조), 종신정기금계약에 따른 종신정기금채권(725조)), ② 상호계산하기로 된 채권(은행이 당좌대월계약이 존속하는 중에 채권을 양도하는 것은 효력이 없다. 당좌예금과 상호계산, 즉 상계하기로 약정된 것이기 때문이다)(상법 72조), ③ 당사자의 신뢰를 바탕으로 하는 일정한 계속적 계약에서 채무자의 승낙이나 동의가 있어야만 양도할 수 있는 채권(예: 사용대차에서 차주의 채권(610조 2항), 임대차에서 임차인의 채권(629조 1항), 고용에서 사용자의 채권(657조 1항)), ④ 주된 채권에 종속된 채권(예: 채권과 분리하여 보증채권만을 양도하는 것은 효력이 없다(대판 2002. 9. 10, 2002다21509)) 등이 있다.

b) 그 밖에 양도성이 문제되는 채권으로 다음의 것이 있다. (ㄱ) 장래의 채권: 채권양도의 대상이 되는 채권은 특정할 수 있는 것이어야 한다. 여기서 '장래의 채권'도 그 대상이 될 수 있는지가 문제되는데, 판례는 이에 관해 일정한 기준을 제시하고 있다. 즉 「장래의 채권도 양도 당시 기본적 채권관계가 어느 정도 확정되어 있어 그 권리의 특정이 가능하고, 가까운 장래에 발생할 것임이 상당한 정도 기대되는 경우에는 이를 양도할 수 있다」고 하고(대판 1996. 7. 30, 95다7932), 「채권양도에 있어 사회통념상 양도 목적 채권을 다른 채권과 구별하여 그 동일성을 인식할 수 있을 정도이면 그 채권은 특정된 것으로 보아야 할 것이고, 채권양도 당시 양도 목적 채권의 채권액이 확정되지 아니하였다 하더라도 채무의 이행기까지 이를 확정할 수 있는 기준이 설정되어 있다면 그 채권의 양도는 유효한 것으로 보아야 한다」고 한다(대판 1997. 7. 25, 95다21624).[1)2)] 참고로 이러한 법리는 장래의 채권에 대한 채권압류 및 전부명령이 유효하기 위한 요건으로도 통용되고 있다(대판 2002. 11. 8, 2002다7527). (ㄴ) 임금채권: 근로기준법 제43조 1항은 "임금은 통화로 직접 근로자에게 그 전액을 지급하여야 한다"고 규정한다. 이와 관련하여 임금채권을 양도할 수 있는지, 또 양수인은 사용자에게 직접 그 지급을 청구할 수 있는지 문제된다. 판례는 「근로자의 임금채권의 양도를 금지하는 법률의 규정이 없으므로 이를 양도할 수는 있다 할 것이나, 사용자는 직접 근로자에게 임금을 지급하지 아니하면 안 되는 것이고, 그 결과 비록 양수인이라고 할지라도 스스로 사용자에 대하여 임금의 지급을 청구할 수는 없다」고 한다(대판(전원합의체) 1988. 12. 13, 87다카2803). 즉 임금채권도 양도할 수 있지만, 근로기준법 소정의 사용자의 근로자에 대한 '임금 직접지급의 원칙'에 의해 양수인은 사용자에게 양수받은 채권을 청구할 수 없고, 사용자는 임금채권을 양도한 근로자에게 임금

---

1) A는 B 소유 공장용지를 매수하기로 하고, 계약금과 잔금을 4회에 걸쳐 지급하되, A의 귀책사유로 계약이 해제될 경우 B가 이미 받은 대금 중 위약금 등을 공제한 잔액을 반환하기로 약정하였다. 한편 A는 C은행으로부터 거액의 대출금을 받은 상태이고, 이에 A가 C에 대한 채무의 담보로서 위 B와의 매매계약이 장차 해제되는 경우 B로부터 반환받을 대금반환채권을 C에게 양도한 사안에서, 이 판례는 그 양도의 대상이 된 채권이 특정될 수 있는 기준이 마련되었다는 것을 이유로 그 채권양도가 유효하다고 보았다.

2) 이혼 성립 전에 재산분할청구권을 미리 양도할 수 있는지에 대해, 대법원은 「이혼으로 인한 재산분할청구권은 이혼을 한 당사자의 일방이 다른 일방에 대하여 재산분할을 청구할 수 있는 권리로서, 이혼이 성립한 때에 법적 효과로서 비로소 발생하며, 또한 협의 또는 심판에 의하여 구체적 내용이 형성되기 전까지는 범위 및 내용이 불명확·불확정하기 때문에 구체적으로 권리가 발생하였다고 할 수 없다. 따라서 이러한 상태의 재산분할청구권을 미리 양도하는 것은 성질상 허용되지 않고, 법원이 이혼과 동시에 재산분할로서 금전의 지급을 명하는 판결이 확정된 이후부터 채권양도의 대상이 될 수 있다」고 한다(대판 2017. 9. 21, 2015다61286).

을 지급하여야 한다는 것이다. 이러한 입장은 그 후의 판례에서도 반복되고 있다(대판 1996. 3. 22, 95다2630).[1] (ㄷ) 전세금 반환채권 · 임차보증금 반환채권: ① 전세금은 전세권의 요소이므로(303조 1항), 전세권이 존속하는 동안에(즉 전세권이 존속기간의 만료로 소멸되거나 전세계약의 합의해지가 있거나 하기 전에) 전세금 반환채권만을 전세권과 분리하여 확정적으로 양도하는 것은 허용되지 않는다(대판 2002. 8. 23, 2001다69122). 그러나 전세권이 소멸된 후에는, 전세권은 전세금 반환채권을 피담보채권으로 하는 담보물권으로 전환되므로, 이때부터는 담보물권의 법리가 통용된다. 따라서 전세금 반환채권을 양도할 수 있고, 이때에는 담보물권의 수반성에 따라 원칙적으로 전세권도 같이 양도한 것으로 처리된다(그 밖에 자세한 내용은 물권법 p.290 '전세권의 양도' 부분 참조). ② 임차보증금 반환채권은 양도할 수 있다. 보증금은 임차권의 요소는 아니므로, 임차권과 분리하여 그 채권만을 양도할 수 있다. 임차권의 양도를 금지하는 특약을 맺었더라도 이로써 보증금 반환채권의 양도까지 금지되는 것은 아니다. (ㄹ) 등기청구권: 등기청구권이 발생하는 경우로는 네 가지가 있다. ① 부동산 매매와 같이 법률행위에 의한 경우, ② 실체관계와 등기가 일치하지 않는 경우, ③ 부동산 점유취득시효, ④ 부동산 임차권과 부동산 환매권의 경우가 그러하다. 이 네 경우에 발생하는 등기청구권을 양도할 수 있는지에 관해서는, (물권법 p.74 이하에서 설명하는 대로) ③을 제외하고는 부정하는 것이 타당하다고 본다. (ㅁ) 가압류된 채권: 가압류된 채권도 양도할 수 있고, 양수인은 가압류에 의해 권리가 제한된 상태의 채권을 양수한 것이 된다(후에 가압류가 취소되면 양수인은 아무런 제한이 없는 채권을 양수한 것이 된다). 다만, 채권가압류의 처분금지의 효력은 본안소송에서 가압류채권자가 승소하여 집행권원을 얻는 등으로 피보전권리의 존재가 확정되는 것을 조건으로 하여 생기는데 그러한 조건이 이루어진 경우에는, 가압류된 채권을 양수받은 양수인에 대한 채권양도는 무효가 된다(대판 2002. 4. 26, 2001다59033).

(2) 당사자의 의사표시에 의한 제한

a) 원 칙 (ㄱ) 채권은 당사자가 반대의 의사를 표시한 경우에는 양도하지 못한다(449조 2항 본문). 채권은 계약이나 단독행위(유언)에 의해 발생하므로, 계약에 의해 발생한 채권은 당사자 즉 채권자와 채무자의 합의로(따라서 채무자만이 반대하는 경우는 그 효력이 없다), 유언의 경우에는 유언자의 의사표시로 채권의 양도를 금지할 수 있다. 이러한 의사표시는 채권이 성립한 후에 하여도 무방하다. 한편 채권의 양도를 금지하는 것뿐만 아니라 일정한 제한을 가하는 경우도 포함된다.[2] (ㄴ) 당사자가 채권양도를 하지 않기로 특약을 맺은 때에는 그 채권은 양도하지 못한

---

1) (ㄱ) 그러나 위 판례는 이론상 수용하기 어려운 점이 많다. 첫째, (근로기준법의 규정에 불구하고) 임금채권의 양도를 인정하면서 대항요건까지 갖춘 양수인에게 채권의 행사를 불허하는 것은 채권양도의 본질에 어긋날 뿐 아니라 상호 모순된다. 둘째, 판례에 의하면 양수인이 양도인에 대해 채권을 행사하여야 하는데, 이러한 결과는 채권양도를 무의미하게 하는 것이다. 양수인은 양도인에 대해 채권양도를 있게 한 원인관계상의 채권을 가지는 것이 보통이고, 이 채권에 기해 채권행사를 하면 족한 것이기 때문이다. 셋째, 임금채권에 대해 압류 · 전부명령은 허용하면서도 채권양도를 달리 취급하는 것은 설득력이 없다. 넷째, 채권은 양수인에게, 추심권은 양도인에게 분리하여 귀속시키는 것은 법률관계를 불필요하게 복잡하게 만들고, 이것은 임금채권의 양도를 사실상 금지하는 부당한 결과를 가져온다는 점이다. (ㄴ) 근로기준법 소정의 임금 직접지급의 원칙은 근로자의 임금이 법정대리인 또는 수령을 위임받은 사람들에 의해 횡령되는 피해를 막으려는 데에 취지가 있다. 따라서 근로자의 자유로운 의사에 의한 임금채권의 양도는 허용되어야 하고 판례도 이러한 바탕에서 임금채권의 양도성을 긍정하는 이상, 근로자가 그의 자유로운 의사에 기해 채권을 양도한 경우에는 근로기준법 소정의 임금 직접지급의 원칙은 적용되지 않는다고 할 것이고, 이에 관하여는 채권양도 일반의 법리를 적용하는 것이 타당하다고 본다.

2) 판례는 「채권을 제3자에게 양도할 경우에 채무자의 사전 서면동의를 얻도록 약정하였는데 그러한 동의 없이 채권을

다(449조 2항). '채권은 양도하지 못한다'는 의미는, 양도금지특약을 위반하여 이루어진 채권양도는 원칙적으로 효력이 없다는 것이고, 민법 제449조 2항 단서는 위 경우 무효로 됨을 전제로 한 규정으로 해석함이 타당하다(대판(전원합의체) 2019. 12. 19, 2016다24284).

b) 예 외 채권양도 금지(제한)의 의사표시는 선의의 제3자에게 대항하지 못한다(449조 2항 단서). (ㄱ) 선의의 제3자를 양도인으로부터 그 채권을 취득한 자로 한정하는 것은 아니므로, 악의의 양수인으로부터 선의로 전득한 자도 포함된다. 또한 선의의 양수인을 보호하고자 하는 위 조항의 입법 취지상 선의의 양수인으로부터 다시 채권을 양수한 전득자는 선의·악의를 불문하고 채권을 유효하게 취득한다(대판 2015. 4. 9, 2012다118020). (ㄴ) 제3자는 선의이면 충분한지, 아니면 무과실도 필요한지에 관해서는 학설이 나뉜다. 즉 거래안전의 일반원칙상 무과실도 필요하다는 견해(곽윤직, 213면; 김용한, 438면)와, 채권의 양도성은 법이 인정한 대원칙이며 이를 특약에 의해 제한하는 것은 예외적인 것이므로 무과실까지 요구하는 것은 타당하지 않고, 다만 중과실은 악의와 동일하게 다루어도 무방하기 때문에, 중과실에 한해 악의로 취급하는 것이 타당하다고 보는 견해(김형배, 640면; 김주수, 379면)가 있다. 판례는 후자의 견해를 취한다(대판 1996. 6. 28, 96다18281). 그런데 채권증서에 양도금지의 기재가 있는 경우에, 양수인의 악의가 추정된다고 보는 견해(곽윤직, 213면)와는 달리, 그것만으로는 양수인의 악의나 중과실을 추단할 수 없다고 한다(대판 2000. 4. 25, 99다67482). 다만 은행거래의 경험이 있는 자가 예금채권을 양수한 경우에는 예금채권에 대하여 양도 제한의 특약이 있음을 알았거나 알지 못한 데에 중과실이 있다고 한다(대판 2003. 12. 12, 2003다44370).[1] 채권은 양도할 수 있는 것이 원칙임에 비추어 후설과 판례의 견해가 타당하다고 본다. 양수인의 악의 내지 중과실은 채권양도 금지의 특약으로 양수인에게 대항하려는 채무자가 주장·입증하여야 한다(대판 1999. 12. 28, 99다8834; 대판 2000. 12. 22, 2000다55904). (ㄷ) 양도금지특약이 있는 채권이라도, 개인의 의사표시로써 압류금지 재산을 만들어 내는 것은 채권자를 해치는 것이 되어 부당하기 때문에, 채권자의 선의·악의를 불문하고 압류할 수 있다는 것이 통설과 판례이다(대판 1976. 10. 29, 76다1623). 즉 양도금지의 특약은 임의의 양도를 제한할 수 있을 뿐이고, 채권의 압류까지 제한하는 것은 아니다. 한편 양도금지특약부 채권에 대한 전부명령이 유효한 이상, 전부채권자로부터 다시 채권을 양수한 자가 그 특약의 존재를 알았거나 중대한 과실로 알지 못하였다고 하더라도 채무자는 위 특약을 근거로 삼아 무효를 주장할 수 없다(대판 2003. 12. 11, 2001다3771). (ㄹ) 은행거래약관에서 예금채권에 관한 양도금지의 특약을 정하고 있는 경우, 이러한 특약은 예금주의 이해관계와 밀접하게 관련되어 있는 중요한 내용으로서, '약관의 규제에 관한 법률' 제3조 3항에 따라 은행은 고객과 예금계약을 체결하면서 이를 설명할 의무가 있고, 이를 위반한 때에는 그 특약을 예금계약의 내용으로 주장할 수 없다(대판 1998. 11. 10, 98다20059). (ㅁ) 당사자의 양도금지의 의사표시로써 채권은 양도성을 상실하며, 양도금지의 특약을 위반해서 채권을 제3자에게 양도한 경우에 악의나 중과실의 채권양수인에 대해서는 채권이전의 효과가

양도한 경우, 위 약정은 선의의 제3자에게는 대항할 수 없다」고 하여, 위 경우에도 채권양도금지의 특약을 한 것과 같은 법리를 적용한다(대판 1980. 1. 29, 78다1237).

1) 이 판결에서는 '약관의 규제에 관한 법률' 제3조 3항에 따라 은행이 예금채권의 양도가 금지된다는 약관의 내용에 대해 고객에게 설명을 하였는지는 다루어지지 않았다. 그러나 본문 (ㄹ)의 설명대로, 은행이 설명하지 않았다면 그러한 내용이 고객과의 예금계약에 포함된 것으로 은행이 주장할 수 없으므로, 예금채권의 양도금지의 합의가 있음을 전제로 하는 예금채권 양수인의 중과실 유무는 문제될 여지가 없다.

생기지 않지만, 악의나 중과실로 채권을 양수한 후 채무자가 그 양도에 대해 승낙한 때에는 채무자의 사후승낙에 의하여 무효인 채권양도행위가 추인되어 유효하게 되며, 이 경우 다른 약정이 없는 한 소급효가 인정되지 않고 양도의 효과는 승낙시부터 발생한다. 그리고 집합채권의 양도가 양도금지특약을 위반해서 무효인 경우, 채무자는 일부 개별채권을 특정하여 추인할 수 있다(대판 2009. 10. 29, 2009다47685).

(3) 법률의 규정에 의한 제한

(ㄱ) 특정의 채권자만이 변제받을 필요가 있는 채권에 대해서는 법률에서 그 양도를 금지하는 것이 있다. 민법상 약혼해제로 인한 위자료청구권(806조 3항) · 이혼으로 인한 위자료청구권(843조) · 파양으로 인한 위자료청구권(908조) · 부양청구권(979조)이 그러하고, 특별법에서 정하는 것으로 근로기준법에 의한 (요양보상 · 휴업보상 · 장해보상 등의) 보상청구권(동법 86조) · 신체의 침해로 인한 국가배상청구권(국가배상법 4조) · 형사보상청구권(형사보상 및 명예회복에 관한 법률 23조) 등이 있다. (ㄴ) 법률에 의해 양도가 금지되는 채권은 압류하지 못하고, 압류(및 전부명령)하더라도 무효이다. 그러나 반대로 법률에서 압류가 금지되는 채권으로 정하였더라도(민사집행법 246조), 그것이 채권자의 의사에 의해 스스로 처분(양도)하는 것까지 금지하는 것은 아니므로 그 양도는 유효하다(대판 1990. 2. 13, 88다카8132).

Ⅱ. 지명채권 양도의 대항요건

제450조〔지명채권 양도의 대항요건〕 ① 지명채권의 양도는 양도인이 채무자에게 통지하거나 채무자가 승낙하지 아니하면 채무자 기타 제3자에게 대항하지 못한다. ② 전항의 통지나 승낙은 확정일자가 있는 증서로 하지 않으면 채무자 이외의 제3자에게 대항하지 못한다.

1. 서 설

(1) 대항요건주의

a) 지명채권의 양도는 양도인과 양수인의 계약만으로 효력이 생기고, 처분행위에 속한다. 그런데 이를 관철하게 되면 양도계약에 관여하지 않은 채무자가 이중변제를 하게 될 위험이 있고, 또 채권양도의 사실을 모르고 그 채권에 대해 이해관계를 갖게 된 제3자에게 불측의 피해를 줄 수 있다. 여기서 채무자와 제3자를 보호할 필요가 있는데, 그 보호방법에 관해서는 입법례가 크게 두 방향으로 나뉘어 있다. 「선의보호주의」[1]와 「대항요건주의」[2]가 그것이다.

1) 양도계약만으로 당사자뿐만 아니라 채무자와 제3자에 대해서도 양도의 효력이 발생하는 것으로서, 독일 민법이 이에 속한다. 다만 채무자가 선의인 경우와 악의인 경우를 구별하여, 채권양도의 사실을 모르는 선의의 채무자와 제3자만을 보호하는 것으로서, 이를 「선의보호주의」라 부른다. 예컨대 채권이 이중으로 양도된 경우에는 제1양수인만이 채권을 취득하고, 제2양수인은 무권리자와 양도계약을 체결한 자이므로 채권을 취득하지 못한다(독민 298조). 다만, 채무자가 제2양수인을 진정한 권리자로 믿고 변제 기타 면책행위를 한 때에는 선의의 채무자를 보호하기 위해 그 면책행위의 유효를 진정한 권리자인 제1양수인에게도 주장할 수 있는 것으로 규정한다(독민 408조). 이 경우 제2양수인은 그가 받은 급부를 제1양수인에게 부당이득으로 반환하여야 한다. 독일 민법과 유사한 입법례로는 오스트리아 민법 제1395조와 스위스 채무법 제167조가 있다.

b) 권리의 변동이 있으면 이를 공시하여야 하는 것이 원칙인데, 채권은 물권과 같은 공시방법(등기 · 인도)이 있지 않으므로, 지명채권의 양도에 관해 채무자에 대한 통지 또는 채무자의 승낙을 필요로 하는 민법 규정의 실용적 가치는 인정될 수 있고, 또 채무자나 제3자를 보호하기 위해서도 그러하다. 문제는 채권양도가 처분행위라는 점과 어떻게 조화시킬 것인가이다. 즉 학설과 판례는 채권의 이중양도가 가능하다고 보는데, 물권의 경우 그 등기 전에는 물권자가 처분권한이 있으므로 이중양도가 가능하지만, 채권양도의 경우에는 그 자체가 처분행위이기 때문에 채권을 양도한 자는 더 이상 채권을 이중으로 양도할 처분권한이 없고 따라서 그 이중양도는 이론상 무효일 수밖에 없다는 점이다.[1] 이러한 이론상의 문제가 있지만, 민법 제450조가 대항요건주의를 취하는 이상 그 법리는 결국 일본 민법이 물권변동에서 취하는 대항요건주의와 다를 것이 없다. 즉 양도인과 양수인 사이에서는 양수인이 채권을 취득하지만, 채무자나 제3자에 대해서는 대항요건을 갖추어야 그 효력을 주장할 수 있는 것으로, 즉 '상대적 효력'을 인정하는 방향으로 구성할 수밖에 없다(다시 말해 양수인이 대항요건을 갖추기 전에는 채무자나 제3자에 대해서는 양도인을 채권자로 보는 것이다). 판례도 같은 취지이다. 즉, 양도인이 채권을 양수인에게 양도한 다음 양수인이 대항요건을 갖춘 경우에는 채권이 양수인에게 확정적으로 이전하고, 따라서 이후 양도인이 채권을 이중양도하더라도 그것은 효력이 없다고 하였다.[2]

c) 채권양도의 대항요건을 갖추어야 양수인은 채무자나 제3자에게 (양수받은) 채권을 주장할 수 있으므로, 채권양도계약의 당사자인 양도인은 양수인이 대항요건을 갖추게 해 줄 의무가 있다. 채권양도에 대해 양도인이 채무자에게 (확정일자가 있는 증서로) 통지를 하지 않는 경우, 양수인은 양도인을 상대로 그 통지 절차의 이행을 청구할 수 있다(대판 2022. 10. 27, 2017다243143).

(2) 민법 제450조의 규정체계 — 제1항과 제2항의 관계

가) 입법취지

민법 제450조의 제정경위에 관해 입법자료를 보면, "현행법 제467조와 동일 취지이다"라고 기술한 것 외에는 달리 특별한 기록이 없다(「민법안심의록」(상), 265면). 여기서 현행법 제467조란 다름 아닌

2) 당사자 간에는 양도계약만으로 양도의 효력이 생기지만, 이를 채무자와 제3자에게 대항하기 위해서는 통지나 승낙을 필요로 하는 것으로서, 이를 「대항요건주의」라 부른다. 프랑스 민법(1690조)이 이에 속하고, 일본 민법(467조)과 우리 민법(450조)이 이를 따르고 있다. 특히 우리 민법은 일본 민법과 동일하게 대항요건을 이원적으로 규율하여, '채무자에 대한 대항요건'으로는 보통의 통지나 승낙을(450조 1항), 채무자를 제외한 '제3자에 대한 대항요건'으로는 확정일자가 있는 증서에 의한 통지나 승낙을 요건으로 정하고 있다(450조 2항).

1) 이 점을 지적하는 견해로, 김형배, 659면 이하; 서민, 채권양도에 관한 연구, 116면 이하.

2) 판례: 「① 지명채권의 양도란 채권의 귀속주체가 법률행위에 의해 변경되는 것으로서 준물권행위 내지 처분행위의 성질을 가지므로, 그것이 유효하려면 양도인이 채권을 처분할 수 있는 권한을 가지고 있어야 한다. 처분권한 없는 자가 지명채권을 양도한 경우 채권양도로서 효력을 가질 수 없으므로 양수인은 채권을 취득하지 못한다. ② 양도인이 지명채권을 제1양수인에게 1차로 양도한 다음 제1양수인이 확정일자 있는 증서에 의한 대항요건을 갖추면 이로써 채권이 제1양수인에게 이전하고 양도인은 채권에 대한 처분권한을 상실한다. 따라서 그 후 양도인이 동일한 채권을 제2양수인에게 양도하였더라도 제2양수인은 채권을 취득할 수 없다. ③ 제2차 양도계약 후 양도인과 제1양수인이 제1차 양도계약을 합의해지한 다음 제1양수인이 그 사실을 채무자에게 통지하여 채권이 다시 양도인에게 귀속하게 되더라도 양도인이 처분권한 없이 한 제2차 양도계약이 유효한 것으로 될 수는 없으므로, 제2양수인은 채권을 취득할 수 없다」(대판 2016. 7. 14, 2015다46119).

일본 민법 제467조를 가리키는 것이다. 일본 민법 제467조는 제1항에서 통지나 승낙을 「채무자 기타 제3자」에 대한 대항요건으로 일괄해서 규정하고, 제2항에서 채무자를 제외한 「제3자」에 대한 대항요건으로 통지나 승낙이 확정일자가 있는 증서에 의해 행해질 것을 요구하는 가중요건을 정하고 있다. 이 점에 관해 기초위원의 한 사람인 우메 켄지로(梅謙次郎) 박사는 다음과 같이 밝히고 있다.[1)]

> 「먼저 통지 · 승낙을 요구하는 의미가 「채무자」에 대한 것과 「제3자」에 대한 것이 다르다. 즉 채무자에 대한 대항으로서 통지 · 승낙을 요구하는 것은, 채권양도에 의해 채권자가 변경된 사실을 채무자가 인식하지 않은 상태에서 양수인이 채무자에 대해 채권자라고 주장하는 것은 채무자로서는 이중변제를 강요당하는 등 가혹한 결과에 이르게 되기 때문이다. 이에 대해 제3자에 대한 대항요건으로서 통지 · 승낙을 요구하는 것은, 채권에 대해 이해관계를 가지는 제3자가 채무자에게 문의하는 경우에 양도의 유무에 대한 채무자의 인식이 제3자에게 표시되는 것을 통해 비록 불완전하기는 하지만 공시방법으로서 고려된 것이다. 다시 말해 이 경우의 통지 · 승낙은 그것에 따른 「채권양도의 인식-표시」를 통해 부동산에서의 등기와 같이 공시주의의 요청에서 요구되는 것이다. 그리고 이 통지 · 승낙에 확정일자를 요구하는 것은, 채무자가 말한 채권이 있다고 한 표시를 신뢰하여 제3자가 양수한 후에, 채권자가 타인에게 이중으로 양도하면서 채무자와 통모하여 통지 · 승낙의 일시를 소급하여 제3자를 해치는 것을 방지하기 위한 것이다.」

일본 최고재판소 판례도 위 입법이유와 같은 취지이고,[2)] 일본의 다수설도 판례의 입장을 지지한다.[3)]

나) 정 리

a) 상술한 일본에서의 해석론은 그 규정의 내용이 같은 현행 민법 제450조를 해석하는 데에도 통용될 수 있을 것으로 본다. 종래의 통설은 채권양수인과 제3자 간의 우열을 확정일자의 선후를 가지고 정하는 것으로 해석하였으나, 대법원이 「채권이 이중으로 양도된 경우의 양수인 상호간의 우열은 통지 또는 승낙에 붙여진 확정일자의 선후에 의하여 결정할 것이 아니라, 채권양도에 대한 채무자의 인식, 즉 확정일자 있는 양도 통지가 채무자에게 도달한 일시 또는 확정일자 있는 승낙 일시의 선후에 의해 결정하여야 한다」고 하고(대판(전원합의체) 1994. 4. 26, 93다24223), 「채권의 양도에 당사자들의 양도 합의 외에 채무자에의 통지 등의 대항요건을 요구하는 것은, 채무자에 대하여 채권자가 누구인지를 명백하게 한다는 것 외에도 채권의 귀속 등에 관한 채무자의 인식을 통해 채권에 관한 거래를 보다 원활하게 하려는 것이다. 어떠한 채권을 양수하거나 그에 질권을 설정 받는 등으로(450조, 349조 참조) 채권에 관해 거래를 하고자 하는 사람은 채권이 실제로 존재하는지, 그 내용은 어떠한지, 또 무엇보다 채권자가 누구인지 등에 관해 확실한 정보를 얻고자 한다. 그래서 민법은, 부동산에 관하여는 등기를, 동산에 관하여는 점유를 공시방법으로 채택한 것과 같이, 지명채권에 관하여는 일반 제3자가 채무자에게 탐문함으로써

1) 梅謙次郎, 民法要意 卷之三 채권편(和佛法律學校, 1897), 202면~206면.
2) 日最判 1974. 3. 7(최고재판소 민사판례집 28권 2호, 174면).
3) 角紀代惠, “지명채권양도”, 「민법강좌 4 채권총론」(有斐閣, 1985), 263면~302면 참조.

채권의 존재와 귀속 등에 관한 정보를 획득할 수 있도록 구상한 것이다」라고 판결한 것은 (대판 2011. 2. 24, 2010다96911), 일본의 판례 및 다수설과 그 취지를 같이하는 것이다.

b) 민법 제450조의 내용을 정리하면 다음과 같다. (ㄱ) 「채무자에 대한 대항요건」과 「제3자에 대한 대항요건」으로 이원화되어 있고, 그 취지는 다르다. 전자는 채무자의 이중변제를 막기 위한 양수인의 '채권행사의 요건'에 관한 것이고, 후자는 예컨대 채권의 이중양도에서 누구를 채권자로 할 것인지를 정하는 '채권귀속의 기준'에 관한 것이다. 따라서 전자의 경우는 채무자의 이익을 보호하는 데에 목적이 있으므로 채권자와의 특약으로 대항요건이 필요 없는 것으로 정할 수 있으나(임의규정에 속한다)(대판 1987. 3. 24, 86다카908), 후자는 채권의 귀속을 정하는 것으로서 강행규정에 속한다. (ㄴ) 채무자든 제3자든 대항요건의 취지는 다르지만, 채권양도의 사실에 관한 채무자에 대한 통지 또는 채무자의 승낙을 공통의 요건으로 하고, 이것은 채무자의 채권양도의 사실에 대한 인식을 전제로 하는 것이다. 한편 채권의 이중양도의 경우에 확정일자가 있는 증서에 의한 통지 · 승낙을 요구하는 것은, 그 통지 또는 승낙의 일자를 소급하는 것을 방지하여 그 진정성을 보장하기 위한 데에 지나지 않으므로, 양수인 모두 확정일자가 있는 증서를 갖춘 경우에는 통지의 도달 일시 또는 승낙 일시의 선후에 의해 그 우열을 정해야 한다는 점이다. 요컨대 제450조 1항에서는 채무자와 제3자에 대한 다른 취지에서의 대항요건을 정하면서, 제3자에 대해서는 제450조 2항에서 부수적으로 그 요건을 추가한 것으로 보아야 하고, 그 무게중심은 제450조 1항에 놓여져야 한다는 것이다.

2. 채무자에 대한 대항요건

(1) 취지와 내용

지명채권의 양도는 양도인이 채무자에게 통지하거나 채무자가 승낙하지 않으면 채무자에게 대항하지 못한다(450조 1항). 채무자의 이중변제의 위험을 방지하려는 데에 그 취지가 있다. 구체적인 내용은 다음과 같다. (ㄱ) 통지나 승낙의 둘 중 하나만 있으면 되고, 또 특별한 방식을 필요로 하지 않는다. 대항요건을 갖추면 채무자는 양수인에게 변제하여야 하고, 양도인에게 변제하더라도 양수인에게 다시 변제하여야 한다. 통지 또는 승낙의 사실은 양수인이 입증하여야 한다(대판 1990. 11. 27, 90다카27662). (ㄴ) 통지나 승낙이 없는 때에는 양수인은 채무자에게 채무의 이행을 청구할 수 없다. 통지나 승낙을 대항요건으로 정한 이상, 채무자가 악의인 때에도 같다고 할 것이다. 그러나 채무자가 스스로 대항할 수 있는 것을 포기하고 양수인에게 지급하는 것은 유효하다. (ㄷ) 통지나 승낙이 있기 전에 채무자가 채권자(양도인)에게 한 변제는 유효하다. (ㄹ) 채무자에 대한 대항요건을 갖추지 못한 양수인은 채무자에게 채무의 이행을 청구할 수 없지만, 그렇다고 해서 채권양도계약의 효력에 비추어 양수인을 전혀 채권자가 아니라고 할 수도 없다. 그래서 판례는 소멸시효와 민사집행의 분야에서는 각각의 취지를 고려하여 그러한 양수인을 채권자와 같이 취급한다. 즉 ① 대항요건을 갖추지 못한 채권 양수인이 채무자를 상대로 재판상 청구를 한 경우 이는 소멸시효 중단사유인 재판상 청구에 해당하고(대판 2005. 11. 10, 2005다41818), ② 저당권부 채권을 양도하였는데 저당권이전의 등기는 하였으나 채권양도의 대항요건은 갖추지 못한 경우, 채권 양수인은 담보권자로서 경매를 신청하고 배당에서 우선변제를 받을 수 있다고 한다(이 경우 채무자는 경매에 대해 이의를 주장할 수는 있지만, 이것은 그 후에 채권양도의 통지를 통해 치유할 수 있는 점에서 보호의 강도가 크지 않다고 한다)(대판 2005. 6. 23, 2004다29279).

(2) 채무자에 대한 통지

가) 통지의 당사자

통지는 채권양도의 사실을 알리는 행위로서, 그 법적 성질은 관념의 통지이다. 그것은 일방행위이므로, 조건이나 기한을 붙이는 것은 상대방의 지위를 불안하게 하기 때문에 허용되지 않는다. 채권양도의 통지는 양도인이 채무자에게 하여야 한다. 양도인이 통지를 하지 않으면, 양도통지에 관한 의사의 진술을 구하는 판결을 받아서 이를 채무자에게 보내는 방법으로 실현할 수 있다(채무자는 판결의 당사자가 아닌 점에서, 그리고 채무자에게 통지가 도달하여야 대항요건을 갖추는 점에서, 판결문을 채무자에게 보내야 한다)(389조 2항).

구체적인 내용은 다음과 같다. (ㄱ) 양수인이 한 통지는 효력이 없다. 허위의 통지가 행해질 소지가 많기 때문이다. 그러나 관념의 통지에도 법률행위에 관한 규정이 유추적용되므로, 사자를 통해 하거나 양도인으로부터 통지의 대리권을 수여받아 양수인이 대리행위로서 통지하는 것은 무방하다(대판 1994. 12. 27, 94다19242; 대판 2004. 2. 13, 2003다43490).[1] (ㄴ) 양수인이 채권자의 지위에서 양도인을 대위하여 통지할 수 있는지는, 그 통지는 민법 제404조 소정의 '채무자의 권리'가 아니므로 부정할 것이다(민법주해(Ⅹ), 580면(이상훈)). (ㄷ) 통지는 채무자에게 하여야 하므로, 채권자가 연대채무자에 대한 채권을 양도하는 경우에는 연대채무자 전원에게 통지하여야 한다. 그러나 보증채무의 경우에는 부종성의 성질상 채권자가 채권양도의 사실을 주채무자에게 통지하면 보증인에게는 따로 통지하지 않더라도 보증인에게 대항할 수 있다(대판 1976. 4. 13, 75다1100). (ㄹ) 통지가 있은 후에 채권양도계약이 (합의)해제된 경우, 양도인이 그 해제를 이유로 다시 원래의 채무자에 대하여 양도채권으로 대항하려면 채무자에게 해제 사실을 통지하여야 하는데, 그 통지는 양수인이 하여야 한다(대판 1962. 4. 26, 62다10; 대판 1993. 8. 27, 93다17379). 채권양도계약을 (합의)해제한 때에는 양수인은 원상회복의무를 지는데, 그것은 채권이 양도인에게 양도되는 것과 같은 결과를 가져오기 때문이다. (ㅁ) 채권양도가 있기 전에 미리 하는 '사전통지'는 채무자로 하여금 양도의 시기를 확정할 수 없는 불안한 상태에 놓이게 하여 원칙적으로 허용될 수 없다(대판 2000. 4. 11, 2000다2627). 다만 사전통지가 있더라도 채무자에게 법적으로 아무런 불안한 상황이 발생하지 않는 경우에까지 그 효력을 부인할 것은 아니다.[2] (ㅂ)

---

1) 다만 판례는, 채권양도의 통지를 양도인이 하도록 한 법의 취지를 고려할 때, 대리 통지에 관하여 그 대리권이 적법하게 수여되었고 현명원칙이 지켜졌는지를 채무자의 입장에서 제반 사정에 비추어 커다란 노력 없이 확인할 수 있는지가 고려되어야 한다고 한다. 특히 대리권의 묵시적 수여를 인정하고 또 현명원칙의 예외를 정하는 민법 제115조 단서를 통해 유효한 양도통지로 인정하는 것은 법의 왜곡으로서 경계하여야 한다고 한다(대판 2011. 2. 24, 2010다96911).

2) 판례는, 채권양도인의 확정일자부 채권양도 통지와 채무자의 확정일자부 채권양도 승낙이 모두 있은 후에 채권양도계약이 체결된 사안에서, 채무자로 하여금 양도의 시기를 확정할 수 없는 불안한 상태에 놓이게 하지 않으므로, 실제로 채권양도계약이 체결된 날에 위 채권양도의 제3자에 대한 대항력이 발생한다고 보았다(대판 2010. 2. 11, 2009다90740).

채권자가 채권양도를 통지하였으나 채무자가 변동된 주소의 신고의무를 게을리하는 등의 귀책사유로 위 통지를 수령하지 못하면 그 통지가 도달된 것으로 보는 특약을 맺은 경우, 이 특약은 유효하다(대판 2008. 1. 10, 2006다41204).

나) 통지의 철회

통지의 철회에 관하여는 민법 제452조 2항의 해석과 관련하여 학설이 나뉜다. 먼저 제452조 1항은「채권을 양도하지 않았거나 그 양도가 무효」임에도 채권양도를 통지한 경우에 선의의 채무자의 지위에 관해 규정한다. 그리고 동조 제2항은「전항의 통지는 양수인의 동의가 없으면 철회하지 못한다」고 정한다. 여기서 '전항의 통지'의 의미에 관해 학설은 셋으로 나뉜다. 제1설은 제452조 1항의 경우에 한해, 즉 채권을 양도하지 않았거나 그 양도가 무효인 경우에만, 양도인이 양수인의 동의를 받아 철회할 수 있는 것으로 해석한다. 그 이유는, 일단 통지가 된 이상 표현양수인의 이해와 관련되므로 그의 동의를 받도록 한 것이고, 채권은 여전히 양도인에게 있으므로 그가 통지를 철회하도록 한 것이라고 한다. 따라서 양도의 통지를 하고 또 그 양도가 유효한 때에는, 양도인이 양수인의 동의를 받아 통지를 철회할 수는 없고, 이때는 양도계약의 합의해제를 통해 양수인이 채무자에게 그 해제의 사실을 통지하여야 한다고 한다(김대정, 872면~873면; 김상용, 398면; 김주수, 383면; 김형배, 586면; 현승종, 315면). 제2설은 제452조 1항의 경우에 양도인이 양수인의 동의를 받아 통지를 철회할 수 있고, 그 외의 경우 즉 유효한 양도가 있은 경우에도 양도인은 양수인의 동의를 받아 철회할 수 있다고 한다(김증한 · 김학동, 303면). 제3설은 양도하지 않았거나 양도의 무효 · 유효를 가리지 않고 제452조 2항을 근거로 하여 양도인은 양수인의 동의를 받아 철회할 수 있다고 한다. 그것은, 일단 통지를 한 후에 양도인이 일방적으로 철회하게 되면 양수인의 지위가 매우 불안해지고, (통지를 받아 양수인을 채권자로 알고 있는) 채무자에게도 중대한 영향을 미치기 때문이라고 한다(곽윤직, 216면). 사견은 제3설이 타당하다고 본다.[1]

다) 통지의 효력

a) 동일성의 유지 「양도인이 양도 통지만 한 경우에는 채무자는 그 통지를 받을 때까지 양도인에 대하여 생긴 사유로써 양수인에게 대항할 수 있다」(451조 2항). 채권양도에 의해 채권은 그「동일성을 유지」하면서 양도인으로부터 양수인에게 이전한다. (ㄱ) 채권에 종된 권리, 예컨대 이자채권 · 위약금채권 · 담보물권 · 보증채권 등의 권리도 양수인에게 이전한다. 다만 유치권과 질권은 목적물의 점유를 요소로 하는 권리이므로 따로 점유의 이전을 필요로 한다(320조 · 329조). 저당권부 채권의 경우에는 따로 저당권의 이전등기를 하여야 양수인은 저당권을 행사

1) (ㄱ) 판례는 채권양도계약의 원인행위를「해제」한 경우에도 제452조 2항을 근거로 양수인의 동의가 없으면 그 통지의 철회를 양수인에게 대항할 수 없다고 한다. 즉 A가 B에 대한 임차보증금 반환채권을 C에게 양도한 후, A가 C와의 채권양도의 원인행위를 의무 위반을 이유로 해제하고(채권양도계약은 그 영향을 받아 실효됨), A가 이 해제 사실을 B에게 통지하였는데, C가 자신의 동의가 없어 자신에게는 그 효력이 없다는 것을 이유로 B에게 양수금의 지급을 청구한 사안에서, 위와 같은 이유로써 이를 인용하였다(대판 1978. 6. 13, 78다468). (ㄴ) 위 경우 양수인(C)이 동의하지 않으면, 양도인(A)은 해제의 효과에 기한 원상회복청구로서 양수인에게 양도된 채권의 반환을 청구할 수 있고, 양수인은 원상회복의무로서 채권을 양도인에게 반환하고 이 사실을 채무자(B)에게 통지할 의무를 지므로(대판 1995. 12. 5, 95다22061; 대판2011. 3. 24, 2010다100711 참조), A는 C의 통지에 갈음하는 법원의 판결을 B에게 보냄으로써 이를 해결할 수 있다.

할 수 있다(186조). (ㄴ) 채권의 양도에 의해 채무자의 지위가 달라질 것은 아니다. ① 채무자는 그 「통지를 받을 때까지」 양도인에 대하여 생긴 사유로써 양수인에게 대항할 수 있다(예: 채무의 불성립 · 무효 · 취소 · 동시이행의 항변 · 기한의 유예 · 위험부담이나 해제에 따른 채무의 소멸 등(451조 2항)). 예컨대 기존 채무의 지급을 위해 수표를 교부받은 채권자가 그 수표와 분리하여 기존 원인채권만 양도한 경우, 채무자는 수표금이 지급되었다는 사유로써 기존 채무의 소멸을 양수인에게 주장할 수 있다(대판 2003. 5. 30, 2003다13512). ② 그러나 그 통지를 받은 후부터는 양수인만이 채권자로 취급되므로, 「통지 이후」에 양도인에 대하여 생긴 사유로는 양수인에게 대항하지 못한다(예: 통지 이후에 채권을 발생시킨 계약을 합의해제한 경우). 예컨대 임차보증금 반환채권의 양도 통지 후 임대차계약의 갱신이나 연장에 관한 합의는 양수인에게 효력이 없다(대판 1989. 4. 25, 88다카4253, 4260). (ㄷ) 통지 당시에 채무자가 양도인에 대해 반대채권을 가진 경우, 상계하는 때에 그 요건을 갖추면 채무자는 양수인의 양수금채권과 「상계」할 수 있다(통설).[1]

b) **양도 통지와 금반언**禁反言 「양도인이 채무자에게 채권양도를 통지한 경우에는 아직 양도하지 않았거나 그 양도가 무효일 때에도 선의의 채무자는 양수인에게 대항할 수 있는 사유로써 양도인에게 대항할 수 있다」(452조 1항). (ㄱ) 양도인이 하는 통지는 채권양도가 유효한 경우에만 대항력이 생기는 것이다. 따라서 통지는 하였으나, 아직 양도하지 않았거나(채권양도의 불성립) 그 양도가 무효일 때에는, 대항력이 생길 수 없다. 그러나 양도가 없었거나 무효임에도 불구하고 양도인이 양도 통지를 한 경우, 채무자는 그 통지된 양수인을 채권자로 신뢰할 것이고, 채무자의 이러한 신뢰는 보호되어야 한다. 그래서 본 조항은 선의의 채무자는 양수인에게 대항할 수 있는 사유로써 양도인에게 대항할 수 있는 것으로 규정한다. 따라서 채무자가 양수인에게 선의로 변제하면 채무자는 양도인에 대한 본래의 채무를 면하게 된다. 이 규정은 신의칙의 파생원칙인 모순행위 금지의 원칙을 반영하여 신설한 것이다. 한편 판례는, 이 규정은 채권양도가 '합의해제'되어 소급적으로 무효가 되는 경우에도 유추적용할 수 있다고 한다. 즉 그 해제 사실을 알지 못한 선의의 채무자는 해제의 통지가 있은 다음에도 채권양수인에 대한 반대채권에 의한 상계로써 채권양도인에게 대항할 수 있다고 한다(대판 2012. 11. 29, 2011다17953). (ㄴ) 채무자가 악의이거나, 양도의 통지를 양수인의 동의를 받아 철회한 경우에는 위 규정은 적용되지 않는다.

〈종 합〉 예컨대 'A가 그 소유 토지를 B에게 1천만원에 팔기로 매매계약을 체결하였다. 한편 A는 위 대금채권을 C에게 팔기로 C와 매매계약을 체결하고 C에게 채권을 양도하였다. 그리고 A가 그 양도의 사실을 B에게 통지하였다'고 하자. 여기서 해제가 이루어진 경우 어떠한 효과가 생기는지 살펴보자. (ㄱ) A가 (B의 채무불이행을 이유로) B와의 계약을 해제한 경우라면, C는 민법 제548조 1항 단서 소정의 제3자에 해당하지 않으며, 한편 계약의 해제에 따라 A와 B 사이에 채권과 채무는 소급하여 없는 것으로 되므로, B는 C의 (양수)채권도 없는 것을 이유로 그 지급

1) 판례: 「채무자의 채권양도인에 대한 자동채권이 발생하는 기초가 되는 원인이 양도 전에 이미 성립하여 존재하고 그 자동채권이 수동채권인 양도채권과 동시이행의 관계에 있는 경우에는, 양도 통지가 채무자에게 도달하여 채권양도의 대항요건이 갖추어진 후에 자동채권이 발생하였다고 하더라도 채무자는 동시이행의 항변권을 주장할 수 있고, 따라서 그 채권에 의한 상계로 양수인에게 대항할 수 있다」(대판 2015. 4. 9, 2014다80945).

을 거절할 수 있다. C가 취득한 채권은 A와 B 사이의 매매계약에서 생긴 것이므로 그 영향을 받을 수밖에 없다. 다시 말해 통지 당시에 이미 장래 해제의 가능성이 있는 채권을 양수받은 것이고, 따라서 채무자는 그 해제를 가지고 양수인에게 대항할 수 있다(451조 2항). 이미 B가 C에게 양수금을 지급한 경우에는 C를 상대로 부당이득반환을 청구할 수 있다(대판 2003. 1. 24, 2000다22850). (ㄴ) A가 (C의 채무불이행을 이유로) C와의 (채권양도의 원인되는, 다시 말해 채권양도 의무계약인) 매매계약을 해제하면 그와 일체를 이루는 채권양도도 효력을 잃는다. 그러나 이것은 A와 C 사이에 생기는 문제이고, 계약의 당사자가 아닌 B에게는 영향을 미치지 않는다. 따라서 C가 B에게 양수금을 청구하면 B는 지급하여야 한다. A가 C와의 계약에 기해 가지는 항변을 그 계약의 당사자가 아닌 B가 주장할 수는 없기 때문이다. C가 B에게 양수금을 청구하는 것을 저지하려면 A가 C의 동의를 받아 B에게 한 양도 통지를 철회하여야 한다(452조 2항). C가 동의하지 않는 경우, C는 해제의 효과에 따른 원상회복의무로서 채권을 A에게 반환하고 이 사실을 B에게 통지할 의무를 지므로, A는 C의 통지에 갈음하는 법원의 판결서를 B에게 보내 이를 해결할 수 있다. 통설과 판례는 이러한 경우 B가 선의로 C에게 변제하면 민법 제452조 1항을 유추적용할 수 있는 것으로 해석한다.

(3) 채무자의 승낙

가) 승낙의 당사자

(ㄱ) 승낙은 채권양도의 사실을 승인하는 행위로서,[1] 통지와 마찬가지로 그 법적 성질은 관념의 통지이다. 채무자가 승낙하지만, 대리인에 의해서도 할 수 있다(대판 2013. 6. 28, 2011다83110). 승낙의 상대방에 대해서는 민법에 규정이 없으나, 양도인이나 양수인에게 하더라도 무방하다(대판 1986. 2. 25, 85다카1529). (ㄴ) 승낙은 통지와는 달리 이의를 달고 할 수 있고, 양도금지의 특약이 있는 채권의 양도를 승낙하면서 조건을 붙여서 할 수도 있다(대판 1989. 7. 11, 88다카20866; 대판 2011. 6. 30, 2011다8614). (ㄷ) 채권양도 전에 미리 하는 '사전통지'가 허용될 수 없음은 (p.261에서) 전술하였다. 그러면 '사전승낙'의 경우도 마찬가지인가? 채무자에 대한 대항요건은 채무자를 보호하려는 데에 있으므로, 채무자가 이를 포기하는 것, 즉 채권양도가 있기 전에 채무자가 그 양도를 미리 승낙하는 것은 사전통지와는 달리 허용되는 것으로 해석된다. 따라서 이 경우에는 채권양도가 있은 후에 통지나 승낙이 없더라도 양수인은 채무자에게 채권을 행사할 수 있다.

나) 승낙의 효력

채무자의 승낙에는 「이의를 단 승낙」과 「이의를 달지 않은 승낙」 둘이 있다.

a) 이의를 단 승낙　이에 관해 민법은 규정하고 있지 않지만, 이것은 채무자가 양도인에 대하여 주장할 수 있는 항변을 달고(즉 양수인에게 주장하겠다고 하고) 승낙하는 것으로서, 그 효력은 양도인이 통지를 한 경우와 같다.

---

1) 건축공사가 수급인의 부도로 중단된 후 도급인, 수급인 및 하수급인 3자 사이에 하수급인이 시공한 부분의 공사대금 채권에 대해 도급인이 이를 하수급인에게 직접 지급하기로 하고 이에 대해 수급인이 아무런 이의를 제기하지 않기로 합의한 사안에서, 판례는, 그 실질은 수급인이 도급인에 대한 공사대금 채권을 하수급인에게 양도하고 그 채무자인 도급인이 이를 승낙한 것에 해당한다고 보았다(그러므로 이 채권양도를 제3자에게 대항하려면 채무자인 도급인의 승낙이 후술하는 확정일자가 있는 증서에 의해 이루어질 것이 필요하다)(대판 2000. 6. 23, 98다34812).

b) 이의를 달지 않은 승낙 「채무자가 이의를 달지 않고 전조의 승낙을 한 경우에는 양도인에게 대항할 수 있는 사유로써 양수인에게 대항하지 못한다. 그러나 채무자가 채무를 소멸시키기 위하여 양도인에게 급여한 것이 있으면 이를 회수할 수 있고, 양도인에 대하여 부담한 채무가 있으면 그 채무가 성립되지 않음을 주장할 수 있다」(451조 1항).

aa) 취 지: 채권의 존재나 내용은 당사자인 채무자가 알고 있기는 하지만, 채무자가 이를 채권 양수인에게 알려주어야 할 의무는 없다(그것을 조사 · 확인할 책임은 양수인에게 있으므로, 채무자가 알려주지 않았다고 해서 불법행위가 성립하지는 않는다)(대판 2015. 12. 24, 2014다49241). 그러나 채무자가 채권양도에 대해 승낙을 할 때에는 자신의 이익을 위해 그 채권에 대항사유가 있음을 알려주어야 할 것이다. 여기서 채무자가 양도인에 대해 항변사유가 있는데도 이의를 달지 않고 단순 승낙을 한 때에는, 양수인은 그 채권에 아무런 항변사유가 없는 것으로 신뢰할 것이므로, 본조는 그 신뢰를 보호하기 위해 채무자는 양도인에 대한 항변사유로써 양수인에게 대항하지 못하는 것으로 정한 것이다(451조 1항 본문). 소위 공신의 원칙을 정한 것으로서, 양수인은 「선의」여야 한다는 것이 통설이다. 판례는, 채무자가 단순 승낙을 하였더라도 양수인에게 '악의 또는 중과실'이 있으면 채무자의 승낙 당시까지 양도인에 대하여 생긴 사유로써 양수인에게 대항할 수 있다고 한다(그래서 승낙 당시 이미 상계를 할 수 있는 원인이 있었던 경우에는 아직 상계적상에 있지 아니하였다 하더라도 그 후에 상계적상이 생기면 채무자는 양수인에 대하여 상계로 대항할 수 있다고 한다)(대판 1999. 8. 20, 99다18039). 한편 양수인이 선의인 이상 다시 채권을 양도받은 전득자가 악의이더라도, 또 양수인이 악의이더라도 전득자가 선의인 이상, 채무자는 전득자에게 대항하지 못한다.

bb) 항변 상실의 범위: (ㄱ) 위 규정의 "양도인에게 대항할 수 있는 사유"란 채권의 성립, 존속, 행사를 저지 · 배척하는 사유를 가리킨다(예: 채권 발생의 기초인 법률행위에 취소 원인이 있거나 그것이 무효인 경우, 변제 · 경개 · 면제 · 상계 · 소멸시효 · 해제와 같은 채권소멸 사유 등). 따라서, ① 채무자가 양도인에 대해 반대채권이 있더라도 채권양도를 이의를 달지 않고 승낙한 경우에는 그 반대채권과는 상호대립관계를 벗어나므로, 채무자는 양도인에 대한 채권으로써 양수인에 대하여 상계를 주장할 수 없다(대판 1977. 12. 13, 77다1606). ② 도박으로 생긴 채권을 양도하고 이를 채무자가 단순 승낙을 한 때에는, 채무자는 양수인에 대해 그 채무의 무효를 주장할 수 없다(대판 1962. 4. 4, 4294민상1296). (ㄴ) 그러나 다음의 경우는 항변 상실에 포함되지 않는다. ① 임차보증금 반환채권의 성질 자체에 내포되어 있는 제한은 채무자가 이의를 달고 승낙하였는지 여부와 무관하게 양수인에게도 미친다. 즉 임차보증금은 임대차관계가 종료되어 목적물을 반환하는 때까지 그 임대차관계에서 발생하는 임차인의 모든 채무를 담보하는 것으로서, 임차보증금 반환채권을 양도함에 있어서 임대인이 아무런 이의를 달지 않은 채 승낙하였어도 임차인이 부담할 손해배상액은 임차보증금에서 당연히 공제할 수 있다(양수인도 그러한 사실을 알고 있었다고 볼 수 있다)(다만 임대인과 임차인 사이에 장래 임대목적물 반환시 원상복구비용의 보증금 명목으로 지급하기로 약정한 금액은, 임대차관계에서 당연히 발생하는 채무가 아니라 임대인과 임차인의 약정에 기해 비로소 발생하는 채무에 불과하므로, 임차보증금에서 당연히 공제할 것은 아니다. 따라서 이 경우 임대인이 단순 승낙을 하면 민법 제451조 1항이 적용되어 그 보증금채권으로 (임차보증금반환)채권 양수인에게 대항할 수 없다)(대판 2002. 12. 10, 2002다52657). ② 채권의 귀속, 즉 채권에 관하여 권리를 주장하는 자가 여럿인 경우에 그들 간의 우열은 채무자에게도 효력이 미치므로, 양도인에 대한 항변만을 상실시키는 위 규정에는 포함되지 않는다. 다시 말해 채권의 이중양도에서 채무자가 어느 양수인에게 단순 승낙을 하였더라도 그 채권의 귀속은 제450조에 따라 정해진다(대판 1994. 4. 29, 93다35551). ③ 시간상 채무자가 승낙할 당시 항변사유가 존재하지 않는 경우이다. 있지도 않은 항변사유를 달고 승낙을 할 수는 없기 때문이다(예: 단순 승낙을 한 후에 해제가 있으면, 그 해제는 항변사유로 달 수 없었던 것이므로, 채무는 단순 승낙에도 불구하고 해제의 소급효로 인해 소멸된다). (ㄷ) ① 채무자가 양수인에게 대항하지 못하는 항변사유는 제3자도 주장하지 못한다. 예컨대 채무자의 다른 채권자는 양수인의 채권행사에 대해 채권소멸의 항변을 하지 못한다. ② 이의를 달지 않은 항변 상실의 효력은 채무자와 양수인 간에 적용되는 것이며, 제3자의 권리에는 영향을 미치지 않는다. 예컨대 저당권 또는 보증인에 의해 담보된 채권이 변제 등으로 소멸되었음에도 채무자가 단순 승낙을 한 경우, 채권의 소멸로 저당권 또는 보증채무는 소멸되며(양수인은 이러한 담보가 없는 단순채권을 가질 뿐이다), 따라서 물상보증인 · 보증인 · 후순위 담보권자 · 저당부동산의 제3취득자의 권리에는 아무런 영향을 주지 않는다(통설).

cc) **양도인에 대한 효력**: 단순 승낙을 한 채무자는 이로 인해 입은 불이익에 대해 양도인에게 다음과 같은 권리를 행사할 수 있다. 즉 채무를 소멸시키려고 양도인에게 급여한 것이 있으면 이를 회수할 수 있고, 양도인에 대하여 부담한 채무가 있으면(예: 경개로 인해 채무를 부담하는 경우) 그 채무가 성립되지 않음을 주장할 수 있다(451조 1항 단서).

3. 제3자에 대한 대항요건

(1) 취 지

지명채권의 양도는 양도인이 채무자에게 통지하거나 채무자가 승낙하지 않으면 제3자에게 대항하지 못한다(450조 1항). 그 통지나 승낙에 의해 채무자가 채권양도의 사실을 인식하고, 이를 통해 제3자에 대해서는 불완전하기는 하지만 공시방법으로서 인정한 것이다. 예컨대 채권양도의 통지를 채무자가 받고서 채권이 이중으로 양도된 경우 제2양수인은 채권의 존재와 내용, 그리고 채권자가 누구인지 등에 관해 채무자에게 탐문할 것이고, 이때 채무자는 이미 통지를 받은 제1양수인에게 채권이 양도된 사실을 제2양수인에게 알려줌으로써 결국 제1양수인이 우선하게 된다는 것이다. 따라서 누구의 통지가 먼저 채무자에게 도달하였느냐에 따라 그 우열이 정해질 것인데, 이때 채권자가 채무자와 통모하여 통지나 승낙의 일시를 소급하여 제3자를 해칠 소지가 있기 때문에, 그 날짜의 소급을 방지하기 위해 위 통지나 승낙을 확정일자가 있는 증서로 할 것을 부가요건으로 정한 것이다(450조 2항).

(2) 대항요건의 내용

a) 제3자 (ㄱ) '제3자'는 채권에 관하여 양수인의 지위와 양립할 수 없는 법률상의 지위를 가진 자를 말한다. 예컨대 채권의 이중양수인, 채권의 질권자, 채권을 압류 또는 가압류한 양

도인의 채권자, 채권의 양도인이 파산한 경우의 파산채권자 등이 이에 해당한다. 그러나 채권양도에 의해 간접적으로 영향을 받는 데 지나지 않는 '채무자의 채권자'는 제3자에 해당하지 않는다. 선순위의 근저당권부 채권을 양수한 채권자보다 후순위의 근저당권자도 제3자에 포함되지 않는다(대판 2005. 6. 23, 2004다29279). (ㄴ) 채권의 양수인이 민법 제450조 2항 소정의 제3자에 대해 자신이 채권자라고 주장하기 위해서는 채권양도의 통지나 승낙은 확정일자가 있는 증서에 의하여야 한다(한편 제3자 중에도 확정일자가 있는 증서에 의한 통지나 승낙이 필요한 경우가 있다. 즉 지명채권에 대한 질권의 설정은 위 대항요건을 갖추어야 다른 제3자에게 대항할 수 있다(349조 1항)).

b) **확정일자가 있는 증서에 의한 통지나 승낙** 통지나 승낙 자체를 확정일자가 있는 증서로 하여야 한다. 그래야만 통지 일자와 승낙 일자의 진정성이 보장되기 때문이다. 「확정일자」란 증서에 관하여 그 작성일자에 대해 완전한 증거가 될 수 있는 것으로 법률상 인정되는 일자를 말하는데(대판 1988. 4. 12, 87다카2429), 공증인 또는 법원서기의 확정일자 인印이 있는 사문서상의 그 일자, 공정증서에 기입한 일자, 공무소에서 사문서에 어느 사항을 증명하고 기입한 일자(예: 내용증명우편)가 이에 해당한다(민법 부칙 3조).[1]

c) **대항하지 못한다** '대항하지 못한다'는 것은, 양도된 채권이 존속하는 동안에 그 채권에 관하여 양수인의 지위와 양립할 수 없는 법률상의 지위를 취득한 제3자가 있는 경우를 전제로 하는 것이다. 따라서 채무자가 이미 양수인에게 변제하였으면(단순한 통지에 의한 경우에도), 그 후에 제2양수인이 확정일자가 있는 증서로 통지를 하였더라도 대항력의 문제는 발생할 여지가 없고, 이미 한 변제는 유효하다.[2]

(3) 채권의 양수인과 제3자 간의 우열

가령 채권의 이중양도는 다음과 같이 그 우열이 정해진다(통지의 경우만 예로 든다).

a) **제1 양도는 단순한 통지이고, 제2 양도는 확정일자가 있는 증서에 의한 통지인 경우** 제2

1) 판례: (ㄱ) 채권양도 통지를 배달증명의 방법으로 한 사안에서, 그 배달증명은 확정일자가 있는 증서에 의한 통지에 해당하지 않는다(대판 1988. 4. 12, 87다카2429). 이것은 도달의 증명에 그치는 것이고 통지 날짜의 증명과는 무관하기 때문이다. (ㄴ) 채권자가 채권양도 통지서에 공증인가 합동법률사무소의 확정일자 인증을 받은 후 그 자리에서 채무자에게 교부한 사안에서(이 경우는 그 통지를 단순히 통지서를 교부하는 방식으로 하였기 때문에, 그 통지일자에 대해 내용증명우편의 경우처럼 공증력은 없다), 하나의 행위로 확정일자 인증과 채권양도 통지가 이루어진 것으로 보아, 확정일자가 있는 증서에 의한 통지가 이루어진 것으로 보았다(대판 1986. 12. 9, 86다카858). (ㄷ) 임대차보증금반환채권의 지분권자로부터 그 지분을 양수한 자가 지분양도서류에 채무자의 승낙서이기도 한 임차인 명의 변경계약서를 첨부하여 공증담당 변호사로부터 사서증서 인증을 받은 경우, 그 인증서에 기입한 날짜는 확정일자에 해당한다(대판 2010. 5. 13, 2010다8310). (ㄹ) 확정일자에 의하지 않은 채권양도가 있은 후 채권양수인이 채무자를 상대로 제기한 양수금 청구소송에서 승소의 확정판결을 받으면, 이로써 채권의 양도인, 양수인 및 채무자가 통모하여 통지일 또는 승낙일을 소급하여 제3자의 권리를 침해하는 것이 불가능하게 되므로, 이 경우 그 확정일자가 기재된 판결서, 즉 확정판결은 민법 제450조 2항, 부칙 제3조 4항의 확정일자가 있는 증서에 해당하며, 따라서 그 판결 확정 후에 확정일자에 의한 제2의 채권양도(또는 전부명령)가 있다 하더라도 승소 확정판결을 받은 제1의 채권양수인은 제2의 채권양수인에게 확정일자에 기한 대항력을 당연히 주장할 수 있다(대판 1999. 3. 26, 97다30622). (ㅁ) 확정일자가 없는 증서에 의한 양도 통지나 승낙 후에 그 증서에 확정일자를 받은 경우, 그 일자 이후에는 제3자에 대한 대항력을 취득하고, 확정일자 제도의 취지상 원본이 아닌 사본에 확정일자를 갖추었다 하더라도 대항력에 있어서는 아무런 차이가 없다(대판 2006. 9. 14, 2005다45537).

2) 판례: 「양도된 채권이 이미 변제 등으로 소멸된 경우에는, 그 후에 그 채권에 관한 채권압류 및 추심명령이 송달되더라도 그 채권압류 및 추심명령은 존재하지 않는 채권에 대한 것으로서 무효이고, 위와 같은 대항요건의 문제는 발생될 여지가 없다」(대판 2003. 10. 24, 2003다37426).

의 양도가 우선한다(대판 1972. 1. 31, 71다2697).

b) 제1 · 제2 양도 모두 확정일자가 있는 증서에 의한 통지인 경우 통설은 '확정일자의 선후'에 의해 그 우열을 정하는 것으로 해석하지만, 판례는 확정일자가 있는 양도 통지가 채무자에게 도달한 일시(또는 확정일자가 있는 승낙 일시)의 선후에 의해 결정한다(대판(전원합의체) 1994. 4. 26, 93다24223). 민법 제450조 2항은 제1항의 요건을 전제로 하여 부수적으로 추가요건을 정한 데에 지나지 않는 점에서, 판례의 견해가 타당한 것으로 생각된다.

c) 위 b)의 통지가 동시에 도달한 경우 위 판례는, 제1 · 제2 양수인 모두 채무자에 대해 완전한 대항력을 갖추었으므로, 양수인 각자는 채무자에게 그 채권 전액에 대해 이행청구를 하고 그 변제를 받을 수 있으며, 채무자도 그에게 변제를 함으로써 다른 양수인에 대해서 면책되지만, 양수인 간에는 그 지위가 대등하므로 변제를 받은 양수인은 공평의 원칙상 다른 양수인에게 그 채권액에 안분하여 정산할 의무를 진다고 한다. 한편 이 경우 채무자는 도달의 선후에 관해 문제가 제기되는 경우 이중지급의 위험이 있을 수 있으므로, 그 도달의 선후가 불명한 경우에 준해 채권자를 알 수 없다는 이유로 변제공탁(487조 2문)을 함으로써 법률관계의 불안으로부터 벗어날 수 있다고 한다.

d) 제1 · 제2 양도 모두 단순한 통지인 경우 이 점에 관해 학설은 나뉘어 있지만, 사견은, 민법 제450조 1항의 원칙규정에 따라 통지가 채무자에게 도달한 일시(또는 채무자의 승낙 일시)의 선후에 따라 그 우열을 정해야 할 것으로 본다(대판 1971. 12. 28, 71다2048). 다만 채무자의 변제가 있기 전에 어느 양수인이 그 통지나 승낙을 확정일자가 있는 증서로 하게 되면, 그때부터는 그가 제3자에 대한 대항력을 취득하므로, 그가 우선한다고 할 것이다.

사례의 해설 (1) 사례는 대판(전원합의체) 1994. 4. 26, 93다24223의 사안이다. 이 판례에 따라 법률관계를 정리해 보면 다음과 같다. (ㄱ) B(채권양수인)와 乙(가압류채권자)의 지위: 채권양수인과 동일 채권에 대해 가압류명령을 받은 자 사이의 우열은 확정일자 있는 양도 통지와 가압류결정 정본의 제3채무자에 대한 '도달의 선후'에 의해 결정된다(가압류명령은 제3채무자에게 송달된 때에 그 효력이 발생하며, 따라서 그 도달일의 선후를 기준으로 채권양수인과의 우열이 정해진다(민사집행법 227조 3항 · 291조)). 즉 채권양도 통지의 확정일자(1992. 8. 3.)가 가압류결정의 효력 발생일(1992. 8. 4.)보다 앞서 있다고 하더라도 채권양수인이 우선하는 것이 아니다. 확정일자를 갖추었더라도 그것은 채무자에게 통지되어 도달되는 것을 전제로 하기 때문이다(450조 1항). 그런데 양자가 같은 날 도달되었고, 그 선후관계에 대하여 달리 입증이 없으면 동시에 도달한 것으로 추정된다. 따라서 B와 乙의 법률상 지위는 같다. (ㄴ) 채무자(A)에 대한 청구 여부: B와 乙은 채무자에 대해 완전한 대항력을 갖추었으므로 각자 그 채권의 지급을 청구할 수 있고, 채무자도 이들 중 누구에게 변제하더라도 다른 채권자에 대한 관계에서 유효하게 면책된다. 다만 채무자는 소송의 제기 등을 통해 이중지급의 위험이 있을 수 있으므로, 송달의 선후가 불명한 경우에 준하여 채권자를 알 수 없다는 이유로 변제공탁을 함으로써 채무를 면할 수 있다(487조 2문). 이 경우 가압류의 효력은 공탁금출급청구권에 존속한다(대판(전원합의체) 1994. 12. 13, 93다951). 따라서 이 공탁금출급청구권에 대해 채권양수인과 가압류채권자가 각자의 채권액에 비례하여 그 권리를 행사할 수 있고(다만 가압류채권자는 후에 압류 및 전부명령을 받는 것을 전제로 하여 집행을 할 수 있다), 이를 통해 채권양수인이 전부 지급받은 후에 가압류채권자에게 정산하지 않게 되는 문제도 해소할 수 있다.[1] (ㄷ) B가 먼저 청구를 하여 채권 전액을 변제받은 경우: 사례에서는 채무자가 위와 같은 공탁을 하기 전에 채권양수인 B(원고)가 채무자 A(피고)에게 양수채권 7,779,750원을 청구한 것이므로, A는 B에게 그 전액을 지급하여야만 한다. 이 경우 가압류채권자 乙은 후에 압류 및 전부명령을 얻은 후 B를 상대로 정산금의 반환을 청구할 수 있다.

(2) (a) 乙은 다음 두 가지를 주장하였다. 첫째, 甲과 乙 사이에 채권의 양도를 금지하는 특약을 맺은 것을 이유로 들었다. 그러나 이 경우 선의의 제3자에게는 대항하지 못하므로(449조 2항), 丙에게 악의나 중과실이 있음을 乙이 증명하지 못하는 한, 丙의 양수금 청구를 거부할 수 없다. 둘째, 양수인 丙이 채권양도를 통지한 점을 들었다. 그 통지는 양도인 甲이 하여야 하는 것이지만(450조 1항), 丙이 甲의 대리인 자격에서 양도 통지를 하는 것은 허용된다(대판 2004. 2. 13, 2003다43490). 설문에서 丙이 양도 통지를 하면서 그러한 내용이 포함된 채권양도 계약서를 첨부한 점에서, 乙은 丙이 甲의 대리인 자격에서 한 것임을 알 수 있었다고 할 것이다(115조 단서). 그러므로 丙은 양수인으로서 대항요건을 갖추었다고 할 것이므로, 乙은 丙의 양수금 청구를 거부할 수 없다.

(b) 채무자가 이의를 달지 않고서 채권양도에 대해 단순 승낙을 한 때에는 양도인에게 대항할 수 있는 사유로써 양수인에게 대항하지 못하는데(451조 1항 본문), 설문에서 乙은 甲에게 채권을 갖고 있어 甲의 乙에 대한 채권과 상계할 수 있는데도 채권양도에 대해 단순 승낙을 한 것이므로, 丙의 양수금 청구에 대해 乙은 甲에 대한 채권으로써 상계할 수 없다.

(3) (ㄱ) 채권이 이중으로 양도된 경우 양수인 丙과 丁의 우열은 확정일자가 있는 양도 통지가 채무자에게 도달한 일시나 확정일자가 있는 승낙 일시의 선후에 의해 결정한다(대판(전원합의체) 1994. 4. 26, 93다24223). 그러므로 丙이 丁에 우선하므로 공사대금채권 중 2,500만원은 丙에게 귀속된다. (ㄴ) 채무자가 이의를 달지 않고 채권양도를 승낙한 때에는 이를 믿은 선의의 양수인을 보호하기 위해 채무자가 양도인에 대해 대항할 수 있는 사유(예: 변제 등으로 인한 채권의 소멸, 채권관계의 무효에 따른 채권의 소멸 등)로써 양수인에게 대항하지 못한다(451조 1항). 따라서 甲이 乙에게 공사대금채권 중 일부인 500만원을 변제하여 그 액수만큼 공사대금채권이 줄어들었다는 것을 丁에게 주장하지는 못한다. 그러나 채권이 이중으로 양도되어 누구에게 채권이 귀속되는가는 채무자에게도 그 효력이 미치고, 이것은 채무자가 양도인에게 대항할 수 있는 사유에 포함되지 않는다(대판 1994. 4. 29, 93다35551). (ㄷ) 甲이 丁에게의 채권양도에 대해 이의를 달지 않고 승낙을 하였더라도 丙이 丁보다 우선하므로, 丙은 甲에게 양수금 2,500만원을 청구할 수 있다. 결국 丁은 甲에게 공사대금채권 중 2,500만원만을 청구할 수 있다.

(4) (가) 채권 양수인이 채권양도의 대항요건을 갖추지 못한 상태에서 채무자를 상대로 소로써 양수금 청구를 한 경우, 소멸시효 중단사유인 재판상 청구에 해당한다(대판 2005. 11. 10, 2005다41818).

(나) 채무자가 이의를 달지 않고 채권양도에 대해 승낙을 한 때에는 양도인에게 대항할 수 있는 사유로써 양수인에게 대항하지 못하지만(451조 1항 본문), 그 경우에도 양수인이 그 사유를 안 악의인 경우에는, 채무자는 그 사유를 양수인에게 주장할 수 있다. 매매에서 매도인의 권리이전과 매수인의 대금 지급은 동시이행의 관계에 있으므로, 법원은 B가 甲으로부터 소유권이전에 필요한 서류를

---

1) 이 점을 지적하는 견해로, 강용현, "채권양도 통지와 가압류결정이 동시에 도달된 경우에 양수인이 채무자에 대하여 양수금을 청구할 수 있는가?", 대법원판례해설 제21호, 122면.

받는 것과 상환으로 戊에게 양수금을 지급하라고 상환이행판결을 하여야 한다.

(다) 甲이 B에 대한 채권을 戊에게 양도하고 戊가 대항요건을 갖추게 되면 채권은 戊에게 확정적으로 이전한다. 따라서 그 후 (채권의 처분권한이 없는) 甲이 C에게 한 채권 이중양도는 효력이 없어 C는 채권을 취득하지 못한다. 그리고 이후 甲과 戊 사이의 채권양도계약이 합의 해지되어 채권이 甲에게 귀속하더라도 C에게 한 채권 이중양도가 유효한 것으로 될 수는 없으므로 C가 채권을 취득할 수는 없다(대판 2016. 7. 14, 2015다46119). 그러므로 이후 甲이 D에게 채권을 양도하고 D가 대항요건을 갖춘 경우에는 D가 채권자가 된다. 채무자 B가 채권 양수인 D에게 변제한 것은 유효하므로, 채권을 취득하지 못한 C가 D를 상대로 부당이득반환을 청구할 수는 없다.

(5) 보증금 반환채권의 양수인 丁은 채무자 甲과 乙에게 각각 양수금 3억원을 청구하였다. 이에 대해 甲과 乙은 다음과 같은 항변을 하였는데, 그 인용 여부를 설명한다. (ㄱ) 보증금 반환과 목적물 인도는 동시이행의 관계에 있어, 丙으로부터 X건물을 인도받지 않는 동안에는 양수금 지급을 거절할 수 있다고 주장한다. 양자는 동시이행의 관계에 있고, 채권양도는 동일성이 유지되므로 채무자는 이를 양수인에게도 주장할 수 있다. 다만 채무자가 이의를 달지 않고 승낙한 때에는 그러한 항변을 주장할 수 없는데(451조 1항), 그러나 양수인이 그러한 항변 사정에 대해 악의나 중과실이 있는 경우에는 그렇지 않다(대판 2002. 3. 29, 2000다13887). 설문에서는 丙이 丁에게 임대차에 관해 자세히 설명한 점에서 채무자 甲과 乙이 비록 단순 승낙을 하였다고 하더라도 임대차 종료시 동시이행의 항변이 발생한다는 사실을 丁이 알 수 있었다고 할 것이므로, 甲과 乙이 한 동시이행의 항변은 인용될 수 있다. (ㄴ) 건물 공유자가 공동으로 건물을 임대하고 보증금을 수령한 경우, 이는 목적물을 다수 당사자로서 공동으로 임대한 것이므로 그 보증금 반환채무는 성질상 불가분채무가 된다(대판 1998. 12. 8, 98다43137). 불가분채무에는 연대채무에 관한 규정이 준용되므로(411조), 甲과 乙은 각각 3억원 보증금 반환채무를 부담한다. 그러므로 甲과 乙이 각자 1억 5천만원씩 분할채무를 진다고 하는 항변은 인용될 수 없다. 다만 지연손해금 지급의무가 없다고 하는 항변은, 보증금 반환과 목적물 인도가 동시이행 관계에 있으므로 인용될 수 있다. (ㄷ) 丁의 청구에 대해 법원은, '甲과 乙은 丙으로부터 X건물을 인도받는 것과 동시에 각자 보증금 3억원을 丁에게 지급하라.'고, 상환급부판결로서 일부 인용판결을 할 것이다.

(6) (ㄱ) 당사자가 채권을 양도하지 않기로 특약을 맺은 경우 그 채권은 양도할 수 없고(449조 2항), 이를 위반하여 이루어진 채권양도는 효력이 없다(대판(전원합의체) 2019. 12. 19, 2016다24284). 다만, 이러한 특약은 선의의 제3자에게 대항하지 못하는데(449조 2항 단서), 따라서 양수인이 악의나 중과실이 있는 경우에는 그 무효를 주장할 수 있다(대판 1996. 6. 28, 96다18281). 설문에서 양수인 戊는 양도금지 특약을 중과실로 모른 것이므로, 乙의 戊에 대한 채권양도는 효력이 없다. (ㄴ) 채권양도금지 특약이 있는 채권이라도, 개인의 의사표시로써 압류금지 재산을 만들어 내는 것은 채권자를 해치는 것이어서 부당하기 때문에, 채권자의 선의·악의를 불문하고 압류할 수 있다(대판 1976. 10. 29, 76다1623). 따라서 양도금지 특약이 붙은 (乙의 甲에 대한) 공사잔대금 채권에 대해 丁의 신청에 따라 이루어진 압류 및 전부명령은 유효하다. 그러므로 戊에게 한 채권양도 통지(2021. 5. 20.)가 丁의 압류 및 전부명령 송달(2021. 5. 21.)보다 앞서 있더라도, 丁이 甲을 상대로 한 전부금 청구는 인용되어야 한다.

(7) 甲과 乙 간의 소비대차계약은 민법 제103조에 따라 무효이므로, 그 대여금채권·채무도 무효이다. 乙이 무효인 대여금채권을 丙에게 양도하고 이에 대해 (채무자에 해당하는) 甲이 이의를 달지 않고 승낙을 한 경우, 甲은 丙이 양수한 채권이 무효라고 주장할 수 없지만(451조 1항), 이것은 丙

이 대여금채권이 무효라는 것을 모른 선의의 양수인임을 전제로 한 것이다. 그런데 丙은 양수채권이 무효라는 사정을 알고 있었으므로, 甲은 丙의 양수금 청구에 대해 양수채권이 무효라는 사유를 들어 그 지급을 거부할 수 있다. 사례 p. 250

제 3 관 증권적 채권의 양도

증권적 채권은 채권이 증권으로 화체化體되어, 채권의 성립 · 존속 · 행사 · 양도 등 모든 것이 그 증권에 의해 행해지는 것으로서, 유가증권의 일종이다. 이것은 채권자를 정하는 방법에 따라 「기명채권」 · 「지시채권」 · 「무기명채권」 · 「지명소지인 출급채권」 네 가지로 나뉘는데, 민법은 이 중 '기명채권'(증권상에 지정되어 있는 채권자에게 변제해야 하는 채권으로서 유통성이 적다)에 관해서는 규정하고 있지 않다.[1] 증권적 채권은 양도성을 본질로 하며, 유통성의 확보와 거래안전을 위해 마련된 제도이다.

Ⅰ. 지시채권의 양도

1. 지시채권의 의의

지시채권指示債權은 특정인 또는 그가 '지시'하는 자에게 변제하여야 하는 증권적 채권이다. 어음 · 수표 · 화물상환증 · 창고증권 · 선하증권 등 전형적 유가증권은 모두 이에 속한다. 그러나 이것들은 우선적으로 상법 · 어음법 · 수표법이 적용되고, 민법은 거의 적용되지 않는다. 그래서 민법의 지시채권에 관한 규정은 실질적으로 독자적인 존재의의를 갖지 못한다.

2. 지시채권의 양도

(1) 양도의 방식

지시채권은 그 증서에 배서背書하여 양수인에게 교부함으로써 양도할 수 있다(508조). 증서의 배서와 교부는 지시채권 양도의 성립요건이다.

(2) 배 서

a) 방 식 (ㄱ) 배서는 증서나 그 보충지에 그 뜻을 기재하고 배서인이 서명하거나 기명날인해야 한다(510조 1항). (ㄴ) 배서는 피배서인의 명칭을 기재하는 '기명식 배서'가 원칙이다. 그러나 피

---

1) 증권상에 권리자의 이름이 기재되어 있고, 그 기재된 권리자만이 권리를 행사할 수 있도록 되어 있는 증권이 「기명증권」이다. 기명증권은 유가증권에 고유한 양도방법인 배서나 교부에 의하여 양도할 수 없는 점에서 유통성이 적지만, 행사에 증권을 필요로 하고 증권 소지인에게 지급할 경우 (민법 제470조에 의한 채권의 준점유자에 대한 변제로서) 지급인이 면책될 수 있다는 점에서 의미가 없지 않다. 한편 기명증권이 공시최고에 의한 제권판결의 대상이 되는지에 관해서는 법률에서 특별히 규정하고 있지 않은 것을 이유로 부정하는 견해가 있다(양명조, 어음 · 수표법(제3판), 51면). 판례는, 기명증권에 해당하는 배서금지 약속어음의 양도에 관해, 「지명채권의 양도에 관한 방식에 따라서, 그리고 그 효력으로써 이를 양도할 수 있는데, 이 경우에는 민법 제450조의 대항요건(통지 또는 승낙)을 구비하는 외에 약속어음을 인도(교부)하여야 하고, 지급을 위하여서는 어음을 제시하여야 하며, 또 어음금을 지급한 때에는 이를 환수하게 되는 것」이라고 한다(대판 1989. 10. 24, 88다카20774).

배서인을 지정하지 않고 배서할 수도 있다(510조 2항). 이러한 '약식배서'는, ① 증서의 소지인은 자기나 타인의 명칭을 피배서인으로 기재할 수 있고, ② 약식으로 또는 타인을 피배서인으로 표시하여 다시 증서에 배서할 수도 있으며, ③ 피배서인을 기재하지 않고 배서 없이 증서를 제3자에게 교부함으로써 양도할 수 있다(511조). (ㄷ) 증권의 소지인에게 지급하라는 '소지인출급배서'는 약식배서와 같은 효력이 있다(512조). (ㄹ) 지시채권은 그 채무자(발행인 · 배서인 · 보증인 등)에게도 배서하여 양도할 수 있다(509조 1항). '환배서還背書'가 있는 때에는 채권은 혼동으로 소멸할 것이지만(507조), 환배서의 인정으로 그 채무자는 다시 배서하여 이를 양도할 수 있다(509조 2항).

b) 효 력 (ㄱ) 지시채권은 증서에 배서를 하고 이를 양수인에게 교부함으로써 그 채권이 양수인에게 이전된다(508조). 배서만으로 지시채권이 이전되지는 않지만, 배서는 증서상의 권리를 양도하는 행위로서 '권리이전적 효력'은 기본적으로 배서에서 나온다고 할 수 있다. (ㄴ) ① 지시채권증서의 점유자가 배서의 연속에 의하여 그의 권리를 증명한 때에는 그 점유자를 적법한 소지인으로 본다(513조 1항 1문). 즉 배서가 연속되어 있는 증서의 소지인은 그 증서상의 권리자로서의 자격이 인정된다. 이를 '자격수여적 효력'이라고 한다. ② '배서의 연속'이란 최초의 권리자가 제1배서인이 되고 제1배서의 피배서인이 제2배서의 배서인이 되는 것처럼, 배서가 단절됨이 없이 연속되는 것을 말한다. 최후의 배서가 약식인 경우에는 증서의 소지인을 채권자로 본다(513조 1항 2문). 또 약식배서 다음에 다른 배서가 있으면, 그 배서인은 약식배서에 의하여 증서를 취득한 것으로 본다(513조 2항). 그리고 말소된 배서는 배서의 연속에 관하여는 그 기재가 없는 것으로 본다(513조 3항).

(3) 양수인의 보호

a) 선의취득 소지인이 증서를 무권리자로부터 취득한 경우에도, 그가 양도인이 권리 없음을 알지 못하고(선의) 또 알지 못한 데에 중대한 과실이 없으면 그 증권상의 권리를 취득한다(514조). 동산의 선의취득(249조)과 그 취지를 같이하는 것인데, 경과실의 경우에도 선의취득이 인정되고 또 도품 · 유실물에 대한 특칙이 적용되지 않는 점에서 그 보호의 범위가 더 넓다.

b) 인적 항변의 제한 지시채권의 채무자는 그가 종전의 소지인에 대하여 가지고 있는 인적 관계의 항변으로써 소지인에게 대항하지 못한다(515조 본문). 예컨대 매매계약을 원인으로 매수인 A가 매도인 B에게 매매대금의 지급을 위해 지시채권증서를 발행 · 교부하였는데, 그 매매계약이 무효가 되었다고 하자. 이 경우 B가 A에게 지시채권증서상의 금원을 청구하는 때에는, A는 매매계약이 무효라는 항변으로써 그 지급을 거절할 수 있다. 그러나 B가 위 지시채권을 C에게 배서 · 교부한 때에는, A는 B에 대한 항변을 가지고 C에게 대항하지 못한다. 그러나 C가 A를 해침을 알고서 지시채권을 취득한 때에는, A는 B에 대한 항변으로써 C에게 대항할 수 있다(515조 단서).

(4) 채무자의 보호

채무자는 배서의 연속 여부에 관해서는 조사할 의무가 있다(518조 본문). 그러나 배서인의 서명이나 날인의 진위나 소지인의 진위에 관해서는 조사할 권리는 있으나 의무는 없다(518조 본문). 동조에서 "권리는 있으나 의무는 없다"는 것은, 그 진위를 조사하는 데 필요한 기간 동안은 이행지체가 되지 않는다는 것과, 그 진위를 조사하지 않고서 변제하더라도 그 변제가 유효한 것을 뜻한다. 다만, 채무자가 변제할 당시에 소지인이 권리자가 아님을 알았거나 중대한 과실로 알지 못한 경우에는 그 변제는 무효이다(518조 단서).

3. 지시채권의 변제

(ㄱ) 증서에 변제장소를 정하지 않은 경우에는, 채무자의 현재 영업소를 변제장소로 한다. 영업소가 없는 때에는 현재 주소를 변제장소로 한다(516조). (ㄴ) 증서에 변제기한이 있는 경우에도, 그 기한이 도래한 후에 소지인이 증서를 제시하여 이행을 청구한 때부터 채무자는 지체책임이 있다(517조). (ㄷ) ① 채무자는 증서와 교환함으로써만 변제할 의무가 있다(519조). 지시채권을 자동채권으로 하여 상계할 때에도, 채권자는 상계의 의사표시와 함께 채무자에게 증서를 제시하여야 한다. ② 채무자는 변제할 때에 소지인에게 증서에 영수를 증명하는 내용을 기재할 것을 청구할 수 있다(520조 1항). 일부변제의 경우에 채무자의 청구가 있으면, 채권자는 증서에 그 변제 사실을 기재하여야 한다(520조 2항).

4. 증서의 멸실 등

멸실된 증서나 소지인의 점유를 이탈한 증서는 공시최고절차에 의해 무효로 할 수 있다(521조). 공시최고의 신청이 있는 때에는 채무자로 하여금 채무의 목적물을 공탁하게 할 수 있고, 소지인이 상당한 담보를 제공하면 변제하게 할 수 있다(522조).

Ⅱ. 무기명채권의 양도

1. 무기명채권無記名債權은 특정된 채권자의 이름을 기재하지 않고 그 증권의 정당한 소지인에게 변제하여야 하는 증권적 채권이다. 무기명사채 · 상품권 · 승차권 · 극장입장권 등이 이에 속한다. 한편 증서에 특정된 채권자를 지정하면서 그 증서의 소지인에게도 변제할 수 있다는 뜻을 기재한 것을 「지명소지인 출급채권」이라 하는데, 증서의 소지인이 권리를 행사할 수 있는 점에서 무기명채권과 같은 효력이 있다(525조).

2. 무기명채권은 양수인에게 그 증서를 교부함으로써 양도할 수 있다(523조). 그 밖에는 성질상 지시채권과 다를 것이 없으므로, 배서를 제외한 지시채권의 양도에 관한 규정(514조~522조)은 무기명채권에 준용된다(524조).

Ⅲ. 면책증서免責證書

1. 면책증서는 채무자가 증서의 소지인에게 선의로 변제를 하면 소지인이 정당한 권리자가 아닌 경우에도 면책되는 효력이 있는 증서를 말한다. 호텔의 의복표 · 휴대물예치증 · 철도수화물상환증 등이 이에 속한다. 면책증서는 채무자의 변제 정리를 목적으로 작성된 것으로서 증권적 채권이 아니다. 따라서 이 증서를 가지고 권리를 양도할 수는 없다.

2. 채무자는 면책증서 소지인에게 선의로 변제를 하면 소지인이 정당한 권리자가 아닌 때에도 면책된다. 한편 권리자의 권리의 행사에는 반드시 증서의 제시를 필요로 하지는 않는다. 증

서를 분실한 경우에도 권리자임을 증명하면 그 권리를 행사할 수 있다.

3. 면책증서는 유가증권이 아니며, 그 증서가 발행된 경우의 채권은 보통의 지명채권에 지나지 않는다. 그러나 면책증서는 그 성질상 채권의 증명이 증서에 의존하는 정도가 강하므로, 증서의 소지인에게 변제하면 채무자는 면책된다. 그래서 민법은 지시채권에 관한 규정 중 변제의 장소(516조)·증서의 제시와 이행지체(517조)·영수기입청구권(520조)의 규정을 면책증서에 준용한다(526조).

제3절 채무의 인수引受

사례 (1) 甲은 2015. 3. 25. 乙로부터 乙 소유의 X토지와 그 지상 Y건물을 10억원에 매수하면서, 乙에게 계약 당일에 계약금 1억원, 2015. 4. 25. 중도금 4억원, 2015. 5. 25. 잔금 5억원을 지급하기로 약정하였다. 甲은 위 매매계약에서 잔금 5억원 중 4억원에 대해서는 乙이 A에게 부담하고 있던 X토지에 경료된 저당권의 피담보채무(변제기 2016. 7. 25.)를 인수하기로 하고, 잔금에서 위 4억원의 피담보채무를 공제한 1억원을 잔금 지급기일에 지급하기로 약정하였다. 甲은 2015. 5. 25. 1억원을 乙에게 지급하고, 2015. 6. 30. 乙을 상대로 소유권이전등기를 구하는 소를 제기하였다. 甲의 청구가 타당한지 여부를 논하시오. (10점)(2016년 제58회 사법시험)

(2) 1) 甲은 2018. 3. 1. 乙에게 1억원의 대여금채권을 가지고 있다. 2) 丙은 2018. 8. 1. 乙과 기계를 1억원에 매수하는 계약을 체결하면서 乙로부터 2018. 8. 5.까지 기계를 인도받기로 하였다. 계약 당일 乙과 丙은 기계 매수대금 지급에 갈음하여 乙이 甲에게 부담하는 위 채무 전액을 丙이 면책적으로 인수하는 약정을 체결하였으나, 甲의 승낙을 받지 않았다. 이후 이러한 사실을 알게 된 甲은 丙이 乙보다 경제적 자력이 낫다고 판단하여, 2018. 12. 1. 丙에게 乙이 부담하던 위 채무 전액의 이행을 청구하였다. 한편 乙은 현재까지 丙에게 기계를 인도하지 않고 있다. 이에 대해 丙은 ① 乙과 丙 사이의 채무인수계약에 대해 甲의 승낙이 없었기 때문에 甲은 丙에게 채무의 이행을 청구할 권리가 없고, ② 丙은 乙로부터 기계를 인도받기로 하여 동시이행의 항변권을 행사할 수 있는데, 아직 기계를 인도받지 못한 상황에서는 甲의 이행청구에 응할 수 없다고 항변한다. 3) 甲의 청구가 정당한 것인지에 대해 설명하시오. (15점)(2019년 제8회 변호사시험)

(3) 1) B는 A은행으로부터 대출을 받으면서 B 소유 Y토지를 A은행 앞으로 근저당권을 설정해 주었는데, 피담보채무는 4억원이다. 2) 2020. 1. 23. B로부터 C가 Y토지를 매매대금 10억원(계약금 1억원, 중도금 4억원, 잔금 5억원)에 매수하기로 하였다. 계약금은 계약 당일 C가 B에게 지급하였고, 2020. 4. 6. 지급하기로 한 중도금 4억원에 대해서는 C가 Y토지에 관한 근저당권의 피담보채무액 4억원을 인수하는 것으로 갈음하였고, 2020. 6. 7. 잔금 5억원 지급과 Y부동산에 대한 소유권이전등기는 동시에 이행하기로 약정하였다. 3) 매수인 C가 근저당권의 피담보채무의 변제기가 도래하였음에도 불구하고 이를 변제하지 않아 Y부동산에 관해 근저당권의 실행으로 임의경매절차가 개시되자, B가 경매절차의 진행을 막기 위해 C가 인수한 피담보채무 4억원을 변제하여 A은행의 근저당권을 말소하였다. 4) 2020. 6. 7. C가 B에게 잔금 5억원을 지급하면서 Y부동산에 관한

등기의 이전을 청구한 경우, B가 취할 수 있는 법적 항변이나 조치를 구체적으로 검토하시오. (15점)(2020년 제1차 변호사시험 모의시험)

(4) 1) A는 별다른 유언 없이 2019. 3. 10. 사망하였고, 상속인으로 A의 자녀 甲과 乙이 있다. 2) 사망 전 A는 B에게 1억원 대여금채무가 있다. 甲과 乙은 "A의 생전에 乙이 A로부터 1억원을 증여받은 적이 있으므로, 乙이 A의 B에 대한 1억원 대여금채무를 승계한다"는 내용의 상속재산 분할 협의를 하였다. 3) B는 甲과 乙 사이의 위의 협의 내용을 듣고 乙을 상대로 1억원 대여금 지급을 구하는 소를 제기하였다. 이에 대해 법원은 어떠한 판단을 하여야 하는지, 결론과 논거를 기술하시오. (15점)(2022년 제11회 변호사시험) 해설 p. 285

Ⅰ. 채무인수의 의의와 성질

1. 채무인수의 의의

(1) 채무인수는 채무의 동일성을 유지하면서 채무가 채무자로부터 제3자(인수인)에게 이전되는 것으로서, 계약에 의해 이루어진다. 채무인수에 의해 채무자는 채무를 면하고 인수인이 동일한 채무를 지는 점에서, 민법이 정하는 채무인수는 「면책적 채무인수」이다(453조 1항 본문).

(2) (ㄱ) 채무의 이전은 법률의 규정에 의해 생기는 수가 있으나(예: 상속·포괄유증·합병 등. 1005조·1078조, 상법 235조 등), 이러한 것은 채무인수가 아니며, 계약에 의한 채무의 이전만이 채무인수에 해당한다. (ㄴ) 채무인수에 의해 채무자는 변경되지만 채무는 그 동일성을 유지하면서 인수인에게 이전된다. 이 점에서 채무자의 변경으로 인해 종전의 채무가 소멸되는 경개(501조)와는 다르다.

2. 채무인수의 법적 성질

a) 계 약　채무인수는 계약에 의해 이루어지며, 낙성·불요식 계약이다. 채무인수계약이 성립하였는지 여부는 당사자의 의사해석을 통해 정할 것이고, 종전의 채무자를 면책시키려는 의사가 있었는지를 고려하여야 한다. 판례는, 타인의 채무변제를 위하여 자기의 채권을 양도한 경우에 채무를 인수한 것으로 보고(대판 1969. 12. 30, 69다1934), 금전소비대차계약으로 인한 채무에 관하여 제3자가 채무자를 위해 약속어음을 발행한 경우에 동일한 채무를 중첩적으로 인수한 것으로 본다(대판 1989. 9. 12, 88다카13806).

b) 처분행위　채무인수는, 채권자와 인수인이 계약을 체결한 경우에는 그 성립시에 효력이 생기고(453조 1항 본문), 채무자와 인수인이 계약을 체결한 경우에는 채권자의 승낙을 조건으로 하여 그 성립시에 효력이 생긴다(454조 1항·457조 본문). 채무인수가 성립하면 그 계약만으로 채무자는 채무를 면하면서 그 채무가 인수인에게 이전된다. 즉 이행의 문제를 남기지 않는다. 채무인수는 채권양도와 같이 처분행위에 속한다(채권자의 입장에서 보면 종전의 채무자에 대한 채권을 처분하는 것이 된다).

c) 채무인수의 원인행위와 채무인수의 관계　'채무인수'는 채무의 이전 자체를 목적으로 하는 계약으로서, 채무인수를 하게 된 '원인된 법률관계'와는 구별되는 독자성이 있다. 또 양자

는 그 당사자가 다른 별개의 법률관계이므로, 채무인수는 원인된 법률관계로부터 영향을 받지 않는 무인성이 있다. 예컨대 A가 B에게 금전소비대차계약에 따른 3천만원 대여금채권이 있는데, C가 B에 대한 증여로서 또는 기존 채무의 변제에 갈음하여 B의 A에 대한 채무를 인수하기로 하고(원인행위), A와 C 사이에 B의 채무를 면하게 하는 채무인수계약을 맺었다고 하자. 여기서 원인행위의 당사자는 B와 C이지만, 채무인수계약의 당사자는 A와 C로서, 서로 당사자가 다르다(채권양도에서는 원인행위와 채권양도의 당사자가 서로 같다). 따라서 B와 C 사이의 증여가 무효이거나 취소되어 실효되거나 C가 B에게 채무를 변제하여 원인관계가 소멸되더라도 이것은 B와 C 사이에서만 효력이 있을 뿐이고, A와 C 사이의 채무인수(계약)에는 아무런 영향을 미치지 못한다. 그러므로 A는 채무인수인 C에게 3천만원 대여금채무의 이행을 청구할 수 있다(B는 원인 없이 자기 채무를 면하게 되는 이익을 얻게 된 것이므로, C는 B에게 부당이득반환을 구할 수 있다).

Ⅱ. 채무인수의 요건

채무인수의 요건으로 다음 두 가지가 문제된다. 첫째, 그 채무가 유효하게 성립하고, 제3자에 의해 인수될 수 있는 것, 즉 채무자가 아닌 제3자에 의해서도 이행될 수 있는 것이어야 하며(인수할 채무), 둘째 채무인수계약이 유효하려면 누구와 어떤 방법으로 계약을 체결할 것인가이다(인수계약의 당사자).

1. 인수할 채무

(1) 채무의 대상

채무를 인수할 수 있기 위해서는 채무가 유효하게 성립 · 존속하여야 한다. 조건부 · 기한부 채무도 인수의 대상이 되고, 장래의 채무도 인수할 수 있다(통설).

(2) 채무의 인수성

a) 원 칙 채권은 채무의 내용에 따른 급부를 받는 데에 목적이 있으므로 반드시 채무자에 의해서만 변제되어야 하는 것은 아니다. 제3자의 변제도 허용되는 만큼(469조), 제3자가 채무자의 채무를 인수하여 그가 변제하는 것도 가능하다. 그래서 민법은 제3자가 원칙적으로 채무를 인수할 수 있는 것으로 정한다(453조 1항 본문, 454조 1항).

b) 인수의 제한 (ㄱ) 채무의 성질: 채무의 성질상 인수가 허용되지 않는 경우에는 제3자가 채무를 인수할 수 없다(453조 1항 단서). 다음의 경우가 그러하다. ① 예컨대 유명 음악가의 연주채무나 유명 화가가 그림을 그릴 채무처럼, 채무자가 변경되면 급부의 내용이 전혀 달라지는 부대체적 작위채무는 인수할 수 없다. ② 채무자가 변경되면 채무의 이행에 현저한 차이가 생기는 채무로서, 주로 당사자 사이의 신뢰관계나 채무자 개인의 능력이 급부의 실현에 중요한 비중을 차지하는 채무가 이에 해당하는데, 노무자의 노무제공의무(657조 2항) · 수임인의 의무(682조 1항) ·

수치인의 보관의무(701조) 등이 이에 속한다. 그러나 이들 경우는 채권자의 이익을 위해 제한하는 것이므로, 채권자가 동의하면 허용된다(위 각 조문 참조). ③ 상호계산하기로 된 채무(상법 72조)처럼 특정의 채무자와의 사이에서 결제되어야 할 채무는 제3자가 인수할 수 없다. (ㄴ) 당사자의 의사표시: 채권양도의 경우(449조 2항)와 달리 민법은 이 점에 관해 따로 정하고 있지 않으나, 채권자와 채무자 사이의 합의로 채무인수를 금지할 수 있음은 물론이다. 그러나 이 특약으로써 선의의 인수인에게 대항하지는 못한다(통설). 한편 이 특약을 위반하여 채무자가 제3자와 인수계약을 체결하고 이에 대해 채권자가 승낙(454조 1항)을 한 때에는, 채권자와 채무자가 사후에 위 특약을 없었던 것으로 하는 합의를 하였다고 볼 것이기 때문에 채무인수로서 효력이 생긴다.

2. 채무인수(계약)의 당사자

민법은 채무인수의 유형으로 「채권자와 제3자의 계약」(453조)과 「채무자와 제3자의 계약」(454조~457조) 두 가지만을 정하고 있으나, 채권자 · 채무자 · 제3자의 삼면계약에 의해서도 할 수 있다.

(1) 채권자와 제3자

a) 원 칙 「제3자는 채권자와의 계약으로 채무를 인수하여 채무자의 채무를 면하게 할 수 있다」(453조 1항 본문). 채무인수로 채무자는 채무를 면하는 이익을 얻으므로, 위 계약에 채무자의 동의를 받을 필요는 없다. 다만 연대채무자 중 1인의 채무에 관해 제3자가 이를 인수하는 경우에는, 인수인의 자력 여하에 따라 다른 연대채무자의 구상권의 행사에 영향을 주게 되므로, 이때에는 다른 연대채무자 전원의 동의가 필요한 것으로 해석된다(민법주해(X), 631면(민형기)).

b) 예 외 이해관계가 없는 제3자는 채무자의 의사에 반하여 채무를 인수하지 못한다(453조 2항). 제3자의 변제(469조 2항)나 채무자의 변경에 의한 경개(501조)의 경우에 채무자의 의사에 반하여 이를 하지 못하는 것과 같은 취지의 것이다. 따라서 이해관계가 있는 제3자, 즉 보증인 · 물상보증인 · 담보물의 제3취득자 등은 채무자의 의사에 반해서도 채무를 인수할 수 있다.

(2) 채무자와 제3자

a) 효력요건 (ㄱ) 「제3자가 채무자와의 계약으로 채무를 인수한 경우에는 채권자의 승낙이 있어야 효력이 생긴다」(454조 1항). 채무자가 누가 되는지는 책임재산의 변동 등 채권자에게 중대한 영향을 미치는 점에서, 채권자가 승낙을 한 때에 효력이 생기는 것으로 정한 것이다.[1] (ㄴ) 채권자는 위 계약에 대해 승낙하거나 거절할 수 있는데, 그 상대방은 채무자나 제3자이다(454조 2항). 채권자가 인수인에게 이행의 최고를 하거나 지급을 유예시켜 주는 것은 승낙한 것으로 볼 수

1) 판례: 「금전채무와 같이 급부의 내용이 가분인 채무가 공동상속된 경우, 이는 상속 개시와 동시에 당연히 법정상속분에 따라 공동상속인에게 분할되어 귀속되는 것이므로, 상속재산 분할의 대상이 될 여지가 없다. 이러한 상속채무에 관하여 공동상속인들 사이에 분할의 협의가 있는 경우라면 이러한 협의는 민법 제1013조에서 말하는 상속재산의 협의분할에 해당하는 것은 아니지만, 위 분할의 협의에 따라 공동상속인 중의 1인이 법정상속분을 초과하여 채무를 부담하기로 하는 약정은 면책적 채무인수의 실질을 가진다고 할 것이어서, 채권자에 대한 관계에서 위 약정에 의하여 다른 공동상속인이 법정상속분에 따른 채무의 일부 또는 전부를 면하기 위해서는 민법 제454조의 규정에 따른 채권자의 승낙을 필요로 하고, 여기에 상속재산 분할의 소급효를 규정하고 있는 민법 제1015조가 적용될 여지는 전혀 없다」(대판 1997. 6. 24, 97다8809).

있다(대판 1989. 11. 14, 88다카29962). (ㄷ) 채권자가 승낙을 거절하면 그 이후에는 채권자가 다시 승낙하여도 채무인수로서 효력이 생기지 않는다(대판 1998. 11. 24, 98다33765).

b) 승낙 여부의 최고 「① 전조의 경우에 제3자나 채무자는 상당한 기간을 정하여 승낙 여부의 확답을 채권자에게 최고할 수 있다. ② 채권자가 그 기간 내에 확답을 발송하지 아니한 때에는 거절한 것으로 본다」(455조). '발신주의'를 취하므로, 최고기간이 지난 후에 채권자가 승낙하여도 채무인수로서 효력이 생기지 않는다. 위 경우에는 최고를 한 자가 상대방의 답변에 대한 준비가 되어 있는 상태이므로 발신주의를 취하더라도 불측의 손해를 입을 염려가 없고, 오히려 불안한 법률상태를 신속히 안정시킬 수 있는 장점이 있기 때문이다.

c) 채무인수의 철회 · 변경 제3자와 채무자 간의 계약으로 한 채무인수는 채권자의 승낙이 있을 때까지 당사자가 철회하거나 변경할 수 있다(456조).

d) 채무인수의 소급효 「채무인수에 대한 채권자의 승낙은 다른 의사표시가 없으면 채무를 인수한 때로 소급하여 효력이 생긴다. 그러나 제3자의 권리를 침해하지 못한다」(457조). (ㄱ) 채권자의 승낙은 다른 의사표시가 없으면 채무를 인수한 때로 소급하여 효력이 생긴다(457조 본문). 인수계약을 맺은 때에 채무인수의 효력을 발생시키려는 것이 당사자의 의사에 부합한다는 점과 채권자에게도 특별히 불리할 것이 없다는 취지에서 소급효를 인정한 것이다. (ㄴ) 다만, 이 소급효로써 제3자의 권리를 침해하지는 못한다(457조 단서). '제3자'란 인수계약 후 채권자의 승낙이 있기 전까지 종전의 채무자에 대해 이해관계를 가지는 자를 말하는데, 그러한 예로, 채권자대위권을 행사하여 채무자의 재산을 압류한 채권자의 채권자가 이에 해당한다고 한다(민법주해(X), 639면(민형기)). 소급효를 인정하게 되면 채무자가 아닌 자의 재산에 대해 압류를 한 것이 되어 무효가 되는 불이익을 입기 때문이다.

(3) 채권자 · 채무자 · 제3자 간의 삼면계약

민법은 이에 관해 정하고 있지 않으나, 계약자유의 원칙상 이러한 삼면계약을 유효하게 체결할 수 있다.

Ⅲ. 채무인수의 효과

1. 채권자와 채무자 사이

채무인수에 의해 채무는 그 동일성을 유지하면서 채무자로부터 인수인에게 이전한다. 따라서 채무자는 채무를 면하고 인수인이 그 채무를 부담한다. 다만, 채권자와 채무자 사이에 계약관계가 있는 경우 이것은 그대로 유지된다. 인수인은 채무만을 인수하여 채무자가 될 뿐 계약상의 지위까지 인수하는 것은 아니기 때문이다(가령 A가 토지를 B에게 팔고 B가 부담하는 대금채무를 C가 인수한 경우, A는 B에게 토지소유권을 이전해 줄 채무를 진다).

2. 채권자와 인수인 사이

(1) 동일성의 유지

a) 채무의 이전 (ㄱ) 채무인수에 의해 채무는 그 동일성을 유지하면서 채무자로부터 인수인에게 이전되므로, 채권자는 인수인에게 채권을 행사할 수 있다. (ㄴ) 채무가 동일성을 유지하면서 이전되는 점에서 다음과 같은 효과가 생긴다. ① 채무뿐만 아니라 그 채무에 종속되는 채무(변제기가 도래하지 않은 이자채무 · 위약금채무 등)도 같이 이전된다. ② 인수되는 채무가 연대채무 · 불가분채무의 관계에 있는 경우에는 그 성질이 그대로 유지된다. ③ 인수채무가 원래 5년의 상사시효가 적용되는 채무라면 그 후 면책적 채무인수에 따라 상인이 아닌 사람이 그 채무를 인수하였더라도 그 소멸시효기간은 여전히 5년의 상사시효가 적용된다(채무인수행위가 상행위나 보조적 상행위에 해당하지 않는 경우에도 다를 것이 없다). 그리고 채무인수가 있으면 인수인의 입장에서는 채무를 승인한 것이 되므로, 인수 당시 그 채무의 소멸시효는 중단된다(대판 1999. 7. 9, 99다12376). (ㄷ) 채무인수계약이 효력을 발생하는 때에 채무가 인수인에게 이전된다. 다만 채무자와 제3자 간의 채무인수계약은 채권자가 승낙을 하여야 효력이 발생하지만(454조 1항), 이 경우 채무를 인수한 때로 소급하여 효력이 생기는 점(457조)에 대해서는 전술하였다.

b) 인수인의 대항사유 (ㄱ) 전 채무자가 대항할 수 있는 사유: 채무인수에 의해 채무는 그 동일성을 유지하면서 종전 채무자로부터 인수인에게 이전하는 것이므로, 종전 채무자가 채권자에게 갖는 항변사유(예: 채무의 불성립 · 인수채무를 발생케 한 계약의 무효나 취소 · 동시이행의 항변권 등)는 인수인도 주장할 수 있다(458조). 다만, 계약의 취소권 · 해제권은 계약 당사자의 지위를 전제로 하는 권리이므로, 특정 채무만을 인수한 데 지나지 않는 인수인은 이를 행사할 수 없다. 또 인수인은 종전 채무자가 채권자에게 가지는 반대채권으로 상계하지는 못한다. 반대채권은 채무자의 권리에 속하는 것이기 때문이다. 다만 인수인이 채권자에 대해 반대채권이 있는 경우에는 자신의 인수채무와 상계할 수 있음은 물론이다. (ㄴ) 전 채무자에게 대항할 수 있는 사유: '채무인수'는 채무의 이전을 목적으로 하는 계약으로서 채무인수를 하게 된 '원인된 법률관계'와는 구별되고 또 양자의 당사자도 달라서, 원인관계는 채무인수계약에 영향을 미치지 않는다(채무인수의 독자성과 무인성). 즉 인수인은 원인관계에 기해 종전 채무자에게 항변할 수 있는 경우에도 채권자에게는 대항할 수 없다.

(2) 보증 · 담보의 존속 여부

가) 의 의

채무인수에서 채무는 동일성을 유지하면서 인수인에게 이전되는 것이므로, 주채무에 종속하는 담보도 같이 이전되는 것이 원칙이다. 그러나 보증인이나 물상보증인의 입장에서는 채무인수로 채무자가 변경됨에 따라 구상권의 행사 등 종전과는 다른 새로운 이해관계가 생기게 되므로 이들의 지위를 고려할 필요가 있고, 그래서 제459조는 보증이나 담보의 소멸 여부에 관해 이를 정한다.

나) 약정담보의 경우

a) 제3자가 제공한 담보　「종전 채무자의 채무에 대한 보증이나 제3자가 제공한 담보는 채무인수로 인하여 소멸된다」(459조 본문). 채무자의 변경으로 인해 채무자의 자력에 변화가 생김으로써 보증인이나 물상보증인에게 불이익을 줄 수 있다는 점을 고려한 것이다. 따라서 보증인이나 물상보증인이 이를 감수하고 채무인수에 동의한 경우에는 그 보증이나 담보는 소멸되지 않는다(459조 단서).[1] 물상보증인이 인수인이 되는 경우에는, 그는 인수계약의 당사자이므로 채무인수에 동의한 것으로 볼 수 있다.

b) 채무자가 제공한 담보　민법은 이에 관해 정하고 있지 않은데, 통설은, 인수계약을 채권자와 인수인이 체결한 경우에는 담보는 소멸되고, 채무자와 인수인 사이에 또는 삼면계약으로 체결한 때에는 채무자인 담보제공자가 채무인수에 동의한 것으로 보아 민법 제459조 단서를 유추적용하여 담보가 존속하는 것으로 해석한다.

다) 법정담보의 경우

유치권 · 법정질권 · 법정저당권과 같은 법정담보권은 특정의 채권을 보전하기 위해 법률상 당연히 성립하는 권리인 점에서, 채무인수와 관계없이 그대로 존속한다(통설).

3. 채무자와 인수인 사이

채무자와 인수인이 인수계약을 맺은 경우에는, 인수인은 채무자에 대하여 그의 채무를 면책시킬 의무를 부담한다. 한편 인수인이 채권자에게 변제 기타 출연을 한 때에 채무자에 대한 구상권의 유무와 그 범위는 인수인과 채무자 사이의 내부관계에 따라 결정된다.

Ⅳ. 채무인수와 유사한 제도

민법에서 정하는 채무인수는 종전의 채무자가 채무를 면하고 인수인이 채무를 부담하는 면책적 채무인수이고, 이를 통해 채권자가 인수인에게 채무의 이행을 청구할 권리를 가지며, 개개의 채무를 개별적으로 인수하는 것을 내용으로 한다. 이 점에서 채무인수는 「병존적 채무인수」·「이행인수」·「계약인수」와 구별된다.

---

1) 판례: (ㄱ) 「물상보증인이 채무인수에 관하여 하는 동의는 채무인수인을 위하여 새로운 담보를 설정하겠다는 의사표시가 아니라 기존의 담보를 채무인수인을 위하여 계속 유지하겠다는 의사표시에 불과하여, 그 동의에 의하여 유지되는 담보는 기존의 담보와 동일한 내용을 갖는 것이므로, 근저당권에 관하여 채무인수를 원인으로 채무자를 교체하는 변경등기(부기등기)가 마쳐진 경우, 특별한 사정이 없는 한 그 근저당권은 당초 구 채무자가 부담하고 있다가 신 채무자가 인수하게 된 채무만을 담보하는 것이지, 그 후 신 채무자(채무인수인)가 다른 원인으로 부담하게 된 새로운 채무까지 담보하는 것으로 볼 수는 없다」(대판 2000. 12. 26, 2000다56204). (ㄴ) 위 판례는 (명시적인 언급은 없었지만) 면책적 채무인수가 있는 경우에는 근저당권에 의해 담보되는 기본거래를 종료하기로 하는 당사자의 의사가 있는 것으로 보고, 이에 기해 근저당권이 확정된 것으로 본 데에 기초하지 않았나 생각된다. 이러한 취지는 물상보증인이 면책적 채무인수를 한 경우에도 관철되고 있다. 즉 물상보증인이 근저당권에 관한 채무자의 계약상 지위를 인수한 것이 아니라 다만 그 채무만을 면책적으로 인수하고 이를 원인으로 하여 근저당권 변경의 부기등기를 한 경우, 그 근저당권은 물상보증인이 인수한 채무만을 담보할 뿐이고, 물상보증인이 다른 원인으로 근저당권자에 대하여 부담하게 된 새로운 채무까지 담보하는 것은 아니라고 보았다(대판 1999. 9. 3, 98다40657).

1. 병존적 채무인수

(1) 의 의

(ㄱ) 병존적 채무인수는 기존의 채무관계는 그대로 유지하면서 제3자가 채무자로 들어와 종래의 채무자와 더불어 동일한 내용의 채무를 부담하는 것으로서, '중첩적 채무인수'라고도 한다. 민법은 이에 관해 정하고 있지 않으나, 채무자가 추가되어 채권의 담보기능을 수행한다는 점에서 실제로는 면책적 채무인수에 비해 더 많이 이용된다. (ㄴ) 채무인수가 면책적인지 병존적인지는 채무인수계약의 해석에 의해 가려질 것이지만, 면책적 채무인수의 경우에는 제3자가 제공한 담보가 소멸되어 채권자에게 불리하고(459조) 또 실제로는 채무인수가 채권담보의 목적으로 이용된다는 점에서, 어느 것인지 분명하지 않은 때에는 원칙적으로 병존적 채무인수로 보아야 한다(대판 1962. 4. 4, 4294민상1087; 대판 2002. 9. 24, 2002다36228).

(2) 요 건

a) 채무의 대상 병존적 채무인수의 대상이 될 수 있는 채무는 인수인에 의해서도 이행될 수 있는 것이어야 한다. 따라서 전속적 · 부대체적 급부를 목적으로 하는 채무는 제3자가 인수할 수 없다.

b) 인수계약의 당사자 (ㄱ) '채권자 · 채무자 · 인수인'의 삼면계약으로 할 수 있음은 물론이다. (ㄴ) '채권자와 인수인'의 계약으로 할 수 있다. 면책적 채무인수의 경우에는 이해관계가 없는 제3자는 채무자의 의사에 반하여 채무를 인수하지 못하지만(453조 2항), 병존적 채무인수는 사실상 인적 담보의 기능을 하는 점에서 보증채무의 경우(444조 2항)에 준해 채무자의 의사에 반해서도 할 수 있다는 것이 통설과 판례이다(대판 1962. 4. 4, 4294민상1087; 대판 1988. 11. 22, 87다카1836). (ㄷ) '채무자와 인수인'의 계약에 의해서도 가능한데, 이때의 계약은 채권자로 하여금 직접 인수인에 대해 채권을 취득하게 하는 것으로서 일종의 '제3자를 위한 계약'이며(대판 1995. 5. 9, 94다47469), 따라서 채권자의 수익의 의사표시를 필요로 한다(예: 청구 기타의 권리행사)(539조 2항).[1)]

(3) 효 과

a) 채무의 존속 종전의 채무는 존속하므로 그 담보도 존속한다. 또 인수인은 종전의 채무와 동일한 채무를 부담하므로 채무자가 채권자에게 가지는 항변사유로써 채권자에게 대항할 수 있다.

b) 채무자와 인수인의 관계 (ㄱ) 채무자는 채무를 면하지 않으며, 인수인은 채무자와 더불어 동일한 내용의 채무를 진다. (ㄴ) 채무자와 인수인과의 관계에 대해 학설은 나뉜다. 제1설은

1) 대법원은, 채무자와 인수인의 합의에 의한 중첩적 채무인수는 일종의 제3자를 위한 계약이고, 이 경우 채권자의 수익의 의사표시는 그 계약의 성립요건이나 효력발생요건이 아니라 채권자가 인수인에 대하여 채권을 취득하기 위한 요건이라고 하고서, 이러한 법리를 다음과 같은 사안에 적용하였다. 「인수인이 채권자에게 중첩적 채무인수라는 취지를 알리지 아니한 채 채무인수에 대한 승낙 여부만을 최고하여 채권자가 인수인으로부터 최고받은 채무인수가 채무자에 대한 채권을 상실하게 하는 면책적 채무인 것으로 잘못 알고 면책적 채무인수를 승낙하지 아니한다는 취지의 의사표시를 한 경우에는, 이는 중첩적 채무인수에 대하여 수익 거절의 의사표시를 한 것이라고 볼 수 없으므로, 채권자는 그 후 중첩적 채무인수계약이 유효하게 존속하고 있는 한 수익의 의사표시를 하여 인수인에 대한 채권을 취득할 수 있다」(대판 2013. 9. 13, 2011다56033).

실제로 인수인이 채무자의 부탁을 받지 않고 채권자와의 계약으로 채무를 인수하는 것은 매우 드문 일이므로, 채무자와 인수인은 연대채무관계에 있는 것이 원칙이고, 구체적 사정(채무자와 인수인 사이에 부탁관계, 즉 주관적 공동관계가 없는 경우) 내지 당사자의 특별한 의사표시에 따른 예외적인 경우에 부진정연대채무관계에 있는 것으로 보아야 한다고 한다(김형배, 633면)(동지: 민법주해(X), 623면(민형기)). 제2설은 병존적 채무인수를 일률적으로 연대채무로 보는 것은 당사자의 예상에 반하는 불합리한 결과를 가져올 수 있으므로, 당사자가 연대채무로 하려는 의사표시가 없는 한 부진정연대채무관계로 해석하는 것이 타당하다고 한다(김증한·김학동, 327면~328면; 김주수, 417면). 학설은 무엇을 원칙으로 볼지에 대해 차이가 있는데, 사견은 제1설에 따라 원칙적으로 연대채무로 추정하는 것이 타당할 것으로 생각한다. 판례도 같은 취지이다.[1)]

2. 이행인수

a) 의 의　이행인수는 채무자와 인수인 사이의 계약으로, 인수인이 채무자의 채무를 이행할 의무를 지는 것을 말한다(제3자가 채무자와의 계약으로 채무를 인수한 것에 대해 채권자가 승낙하지 않은 경우 채무인수로서 효력은 없지만 제3자는 채무자에 대해서는 이행인수에 따른 의무를 진다). 채무인수에서처럼 인수인이 채무자가 되어 채권자에게 직접 채무를 부담하는 것과는 차이가 있다. 즉 이행인수에서는, 인수인이 채무자의 채무를 이행하지 않는 때에는 채무자에 대해서는 채무불이행이 되지만, 채권자는 인수인에게 직접 채무이행을 청구하지는 못한다. 요컨대, 인수인은 채권자에 대해서는 제3자로서 변제하는 데 지나지 않는다(469조).

b) 요 건　인수되는 채무는 제3자에 의한 변제가 허용되는 것이어야 하고, 이행인수계약의 당사자는 채무자와 인수인이다.

c) 효 과　채무자는 인수인에 대해 채권자에게 변제할 것을 청구할 수 있고, 인수인은 채무자에 대해서는 이를 이행할 의무를 부담하지만, 채권자에 대해서는 직접적으로 아무런 채무를 부담하지 않는다.

〈판 례〉 부동산 매수인이 (매도인이 채무자로서) 매매목적물에 설정된 근저당권의 피담보채무액을 매매대금에서 공제하기로 약정한 경우, 이 약정의 의미는 당사자의 의사해석의 문제에 속하는 것이지만, 특별한 사정이 없는 한 매도인을 면책시키는 채무인수가 아니라 '이행인수'로 보아야 한다는 것이 판례의 일관된 입장이다(이를테면 대판 1993. 2. 12, 92다23193; 대판 1994. 6. 14, 92다23377; 대판 2007. 9. 21, 2006다69479, 69486).[2)] 설사 그

1) 판례 중에는, 중첩적 채무인수인이 채권자에 대한 반대채권으로 상계한 때에는 민법 제418조 1항에 의해 원채무자의 채무도 상계에 의해 소멸된다고 판시한 것이 있다(대판 1997. 4. 22, 96다56443). 이에 따르면 판례는 병존적 채무인수를 항상 연대채무로 보는 것으로 비칠 수 있지만, 이 사안은 채무자의 채무를 인수인이 채무자와의 약정하에 채권자에게 변제하기로 한 점에서, 즉 인수인과 원채무자 간에 연대의 합의가 있었던 경우임을 유의할 필요가 있다. 그런데 그 후 대법원은 채무자와 인수인과의 관계에 대해 처음으로 다음과 같이 판결하였다. 「중첩적 채무인수에서 채무자의 부탁 없이 채권자와의 계약으로 채무를 인수하는 것은 매우 드문 일이므로 채무자와 인수인은 원칙적으로 주관적 공동관계가 있는 연대채무관계에 있고, 인수인이 채무자의 부탁을 받지 아니하여 주관적 공동관계가 없는 경우에는 부진정연대관계에 있는 것으로 보아야 한다」(대판 2009. 8. 20, 2009다32409).

2) 부동산을 매수하면서 매매대금에서 부동산에 설정된 (근)저당권의 피담보채권액을 공제하는 경우는 두 가지이다. 하나는 매도인이 채무자인 경우이고, 다른 하나는 매도인이 채무자가 아닌 물상보증인인 경우이다. 여기서 이행인수의 법리가 적용되는 것은 전자이다. 후자의 경우 물상보증인은 채무자가 아니므로, 그것은 매수인이 매도인(물상보

것이 채무인수계약이라고 하더라도 이때는 채권자의 승낙이 있어야 효력이 생기므로(454조 1항), 그 승낙이 없는 이상 이행인수에 지나지 않는다. 그리고 이 경우 채권자의 묵시적인 승낙을 인정할 경험칙 내지 거래의 관행은 없다(대판 1990. 1. 25, 88다카29467). 이러한 내용은 부동산 매수인이 임대차보증금을 매매대금에서 공제하기로 약정한 경우에도 같다(대판 2001. 4. 27, 2000다69026).[1)]

(α) 채권자(근저당권자)에 대한 관계 : 채권자는 채무자인 매도인에 대해서만 채권을 행사할 수 있고 매수인에 대해서는 할 수 없다. 매수인이 근저당채무를 변제하더라도 채권자에 대해서는 제3자의 변제에 지나지 않는다.

(β) 매도인에 대한 관계 : (ㄱ) 저당목적물을 매수하면서 매매대금에서 피담보채무를 공제하기로 약정하는 것은, 공제한 피담보채무를 매수인이 직접 저당권자에게 지급함으로써 저당권이 확실하게 말소되는 것을 보장받기 위한 것이다. 요컨대 공제된 피담보채무는 매매대금의 일부로 갈음되는 것이다. ① 그러므로 매수인이 피담보채무를 공제한 나머지 매매대금을 지급하면 매도인에 대해서는 대금채무를 이행한 것이 된다(매수인이 피담보채무(내지는 그 이자)를 변제하지 않았다고 해서 매도인이 계약을 해제할 수는 없다: 대판 1993. 6. 29, 93다19108; 대판 1998. 10. 27, 98다25184). ② 매수인이 피담보채무를 저당권자에게 지급하면 그것은 자신의 매매대금채무를 이행한 것이 되어 따로 매도인에게 구상할 여지는 없다(대판 1974. 12. 10, 74다1419). ③ 매수인이 인수하기로 한 근저당권의 피담보채무를 변제하지 않아 원리금이 늘어난 경우, 이 원리금은 매수인의 이행인수계약 불이행으로 인한 통상의 손해액이 된다(매도인은 매수인에 대해 그 배상을 구할 수 있다)(대판 1976. 10. 29, 76다1002; 대판 2021. 11. 25, 2020다294516). (ㄴ) 그러나 매도인이 매수인의 인수채무 불이행으로 인하여 또는 임의로 매수인을 대신하여 (매수인이 인수한) 근저당채무를 변제한 경우에는 사정이 다르다. ① 이 경우 매도인은 매수인에 대해 계약불이행에 따른 손해배상채권 또는 구상채권을 가지고, 이것은 결국 이에 상당하는 금액만큼 매수인이 매매잔대금을 지급하지 않은 것과 다를 것이 없다. 따라서 매수인이 이를 지급하여야 할 채무와 매도인의 소유권이전등기의무는 동시이행의 관계에 놓이게 되므로, 매도인은 이행의 제공을 전제로 하여 매수인의 대금채무의 불이행을 이유로 계약을 해제할 수 있다(대판 1993. 2. 12, 92다23193; 대판 2007. 6. 14, 2007다3285). 매도인이 근저당채무를 변제하고 매수인에 대하여 그 변제액만큼의 매매대금의 지급을 구하는 경우에 그 인수채무를 변제한 사실은 매도인이 입증하여야 한다(대판 1994. 5. 13, 94다2190). ② 한편, 매도인이 매매 목적물을 제3자 앞으로 근저당권을 설정해 주고서 그로부터 차용한 금원으로 종전의 근저당채무를 변제한 경우, 새로운 근저당권이 설정됨으로써 결과적으로 근저당채무를 변제하지 않은 것과 같게 되므로, 위 (ㄴ)에서 기술한 바와 같은 법률관계는 생기지 않고, 따라서 그 나머지 매매대금을 지급한 매수인은 매도인을 상대로

증인)에 대해 매매대금의 일부로서 (근)저당권상의 피담보채권액을 인수한 것에 지나지 않는다.

1) 판례: (ㄱ) 임대차보증금 반환채무의 면책적 인수에 대한 임차인의 승낙은 묵시적 의사표시에 의해서도 가능하지만, 임차인이 채무자인 임대인을 면책시키는 것은 그의 채권을 처분하는 행위이므로, 만약 임대차보증금 반환채권의 회수 가능성 등이 의문시되는 상황이라면 임차인의 어떠한 행위를 묵시적 승낙의 의사표시에 해당한다고 쉽게 단정하여서는 안 된다(대판 2015. 5. 29, 2012다84370). (ㄴ) A가 B 소유 오피스텔을 임차보증금 4,500만원에 임차하였는데, 오피스텔을 C가 B로부터 4,500만원에 매수하면서 매매대금에서 보증금을 공제하기로 하였고, 이후 C는 대출채권의 담보로 채권최고액을 6,000만원으로 하여 D 앞으로 근저당권을 설정해 주었다. 그 후 A는 주민등록을 마치고 임대차계약서에 확정일자를 받았으나 이는 D의 근저당권에는 우선하지 못한다. 이후 D가 근저당권에 기해 임의경매를 신청하자 A는 배당요구를 하였는데, 이 배당요구로써 임대차보증금 반환채무의 면책적 인수에 대한 묵시적 승낙이 있는 것으로 볼 수 있는지(따라서 B는 그 채무를 면하는 것인지)에 대해, 종전의 판례도, A가 경매절차에서 임차보증금을 회수할 가능성이 없는 이상, 그러한 배당요구만으로 묵시적 승낙의 의사표시를 한 것으로 볼 수는 없다고 하였다(즉 A가 그러한 배당요구를 하였다고 하더라도 A는 B에게 임대차보증금의 반환을 구할 수 있다)(대판 2008. 9. 11, 2008다39663).

소유권이전등기를 청구할 수 있다(대판 1993. 2. 12, 92다23193). (ㄷ) 부동산 매수인이 매매목적물에 설정된 근저당권의 피담보채무에 관하여 그 이행을 인수한 경우, 채권자에 대해서는 매도인이 여전히 채무를 부담한다고 하더라도, 매도인과 매수인 사이에서는 매수인이 위 피담보채무를 변제할 책임이 있으므로, 매수인이 그 변제를 게을리하여 근저당권이 실행됨으로써 매도인이 매매목적물에 관한 소유권을 상실하였다면, 이는 매수인에게 책임 있는 사유로 인하여 소유권이전등기의무가 이행불능으로 된 경우에 해당하고, 이 경우 민법 제538조가 적용된다(대판 2008. 8. 21, 2007다8464, 8471).

(γ) 병존적 채무인수가 되는 경우 : 인수의 대상으로 된 채무의 책임을 구성하는 권리관계도 함께 양도한 경우이거나 인수인이 그 채무부담에 상응하는 대가를 얻을 때에는, 원칙적으로 이행인수가 아닌 병존적 채무인수로 보아야 한다(대판 2008. 3. 13, 2007다54627). 즉 임대아파트를 매도인으로부터 매수하면서 임차보증금 반환채무와 은행 대출금 채무를 인수하는 대신 매매대금에서 그 금액을 공제하고 그리고 매도인의 임대사업자의 지위를 승계한 사안에서, 판례는 병존적 채무인수로 보았다(대판 2010. 5. 13, 2009다105222).

3. 계약인수와 계약가입

(1) 계약인수

a) 의 의 예컨대 매매계약에서 매도인이나 매수인의 지위, 임대차에서 임대인이나 임차인의 지위 등과 같이, 계약 당사자의 지위의 승계를 목적으로 하는 계약을 가리켜 「계약인수」라고 한다. 이것은 계약관계에서 발생하는 일체의 지위를 이전하는 점에서, 채권만의 양도나 채무만의 인수와는 다르다. 민법은 계약인수에 관해 일반규정을 두고 있지 않으며, 다만 주택임대차보호법(3조 4항)에 '임차주택의 양수인은 임대인의 지위를 승계한 것으로 본다'는 규정이 있을 뿐이다. 그러나 계약인수에 대한 현실적 필요성과 계약자유의 원칙에 따라 그 유효성을 인정하는 것이 통설과 판례이다(대판 1982. 10. 26, 82다카508).

b) 계약인수의 당사자 계약인수에는 채무의 이전이 포함되어 있기 때문에, 면책적 채무인수와 마찬가지로(454조 1항) 잔류 당사자의 승낙이 필요하다.[1] 계약인수는 양도인 · 양수인 · 잔류 당사자의 삼면계약으로 이루어지는 것이 보통이지만, 계약 관계자 3인 중 2인의 합의와 나머지 당사자의 동의나 승낙에 의해서도 가능하다(이러한 동의나 승낙에는 채무인수와는 달리 소급효가 인정되지 않는다)(대판 1996. 2. 27, 95다21602). 한편, 당사자 중 어느 1인이 착오나 사기를 이유로 의사표시를 취소하려면 다른 두 당사자 모두에게 취소의 의사표시를 하여야 한다(양창수 · 권영준, 217면 이하).

c) 효 과 (ㄱ) 계약인수가 이루어지면 양도인은 계약관계에서 탈퇴하고(따라서 계약관계가 존재하지 않게 되어 그에 따른 채권 · 채무도 소멸한다) 인수인이 계약 당사자의 지위를 그대로 승계한다. 따라서 종래 계약에서 이미 발생한 채권과 채무를 비롯하여 계약에서 생기는 모든 권

---

1) 시영아파트를 건축 · 분양한 지방자치단체가 조례를 제정하여 지방공사를 설립한 후 분양계약에 관한 사무 내지는 분양계약 당사자의 지위를 포괄하여 인수시켰는데, 수분양자들이 지방자치단체를 상대로 아파트에 관한 하자담보책임을 구한 사안에서, 판례는, 지방자치단체가 조례규정에 기초하여 지방공사에 분양계약에 관한 사무 내지는 분양계약 당사자의 지위를 포괄하여 인수시키고 하자담보책임을 비롯한 분양자의 권리의무를 승계시켰더라도, 채권자인 수분양자들의 승낙 없이는 하자담보책임을 면할 수 없다고 보았다(대판 2012. 5. 24, 2009다88303).

리와 의무 일체가 동일성을 유지한 채 인수인에게 이전된다(대판(전원합의체) 2011. 6. 23, 2007다63089, 63096). 가령 양도인의 제3채무자에 대한 채권이 압류된 후 계약인수가 이루어진 경우, 인수인은 압류에 의해 권리가 제한된 상태의 채권을 이전받게 되므로, 제3채무자는 계약인수에 의해 그와 양도인 사이의 계약관계가 소멸되었음을 내세워 압류채권자에게 대항할 수 없다(대판 2015. 5. 14, 2012다41359). (ㄴ) 한편 계약인수를 하면서 양도인이 가지는 채권이나 그가 부담하는 채무를 양도인에게 남겨두거나, 양도인의 면책을 유보하는 것으로 약정할 수 있고(대판 2007. 9. 6, 2007다31990), 이러한 약정은 유효하다. 이 경우 양도인은 그 한도에서 잔류 당사자와 계약관계를 유지한다(양창수·권영준, 226면). (ㄷ) 계약인수는 계약 당사자 3인의 관여에 의해 효력을 발생하는 점에서, 개별 채권양도에서 요구되는 채무자에 대한 대항요건은 계약인수에는 필요하지 않다(이러한 법리는 상법상 영업양도에 수반된 계약인수에서도 같다)(대판 2020. 12. 10, 2020다245958).[1] 다만, 제3자(채권가압류명령, 채권압류 및 추심명령 등을 받은 채권자)에게 대항하기 위해서는, 인수계약이 확정일자가 있는 증서로 체결되거나 개별 채권의 양도 부분에 대해 확정일자가 있는 증서로 통지나 승낙을 하여야 한다(대판 2017. 1. 25, 2014다52933).[2]

(2) 계약가입

(ㄱ) 계약의 당사자는 그대로 있고 여기에 제3자가 당사자로 추가되는 경우를 「계약가입」이라고 한다. 민법에는 규정이 없지만, 계약자유의 원칙상 유효하다(대판 1982. 10. 26, 82다카508). (ㄴ) 이 경우 계약의 상대방은 가입자에 대해 새로이 계약상의 권리를 취득하게 되지만, 가입자도 상대방에 대해 계약상의 권리를 행사할 수 있다. 그러므로 계약가입은 삼면계약으로 하거나 적어도 상대방의 승낙이 있어야 한다(양창수·권영준, 229면).

사례의 해설 (1) 甲이 매매목적물인 X토지에 관한 저당권의 피담보채무액을 매매대금에서 공제하기로 약정한 것은 (채무인수가 아닌) 이행인수에 해당한다. 따라서 甲은 乙에 대해서는 인수한 4억원을 자신의 채무로서 이행할 의무가 있지만, A에 대해서는 채무를 부담하지 않는다. 그리고 甲이 인수한 위 피담보채무액 4억원은 매매대금의 일부로 갈음되는 것이므로, 甲이 나머지 1억원을 乙에게 지급하면 매수인으로서 대금채무를 이행한 것이 되어, 甲은 乙을 상대로 X토지에 대한 소유권이전등기절차의 이행을 구할 수 있다. 그러므로 甲의 청구는 타당하고, 인용될 것이다.

(2) (ㄱ) 채무자(乙)와 인수인(丙) 간의 면책적 채무인수계약은 채권자(甲)의 승낙이 있어야 효력이 생기는데(454조 1항), 甲이 丙에게 인수금을 청구한 점에서 묵시적 승낙이 있었다고 볼 수 있다. (ㄴ)

---

1) 甲회사가 乙회사와 영업양도계약을 맺으면서 丙을 포함한 근로자에 대한 사용자로서의 모든 권리의무를 乙에게 이전하기로 하였고, 이에 따라 乙과 丙이 종전과 동일한 근로조건으로 근로계약을 맺었다(그러므로 甲과 乙 사이에 영업양도에 수반하여 근로계약의 인수가 있었고, 丙이 이를 승낙함으로써 甲·乙·丙 삼자간에 근로계약의 인수가 이루어진 것이다). 그런데 이 영업양도가 있기 전에 丙은 고객 돈을 개인 용도로 사용하여 甲은 丙에 대해 손해배상채권을 가지고 있었고, 이에 乙이 丙을 상대로 손해배상을 구한 사안에서, 대법원은 위와 같은 이유로 이를 인용하였다.

2) 甲이 乙로부터 아파트를 임차하기로 하는 임대차계약을 체결한 후 임대차계약기간 중 甲의 처인 丙이 乙과 위 아파트에 관하여 임대차보증금과 월 차임을 달리하는 임대차계약서를 작성하였는데(乙이 임대차보증금의 일부를 반환), 丁이 甲을 채무자, 乙을 제3채무자로 하여 甲이 乙에 대하여 가지는 임대차보증금 반환채권에 관해 채권가압류결정을 받은 사안에서, 대법원은 제반 사정에 비추어 甲이 임대차계약상의 임차인 지위를 丙에게 양도한 것으로 보고, 그러나 위 새로운 임대차계약서가 확정일자가 있는 증서에 의해 체결되지 않은 것을 이유로 丙은 丁에게 대항할 수 없다고 보았다.

채무인수에 의해 채무는 그 동일성을 유지한 채 인수인에게 이전되는 것이어서, 乙이 甲에게 갖는 항변사유는 인수인(丙)도 주장할 수 있지만(458조), 채무인수의 원인행위인 乙과 丙 사이의 매매계약에 따른 기계의 인도에 관한 동시이행의 항변권을 丙이 甲에게 주장할 수는 없다. (ㄷ) 甲이 丙에게 한 인수금 청구는 정당하다.

(3) 매수인 C가 인수한 중도금 4억원을 매도인 B가 변제한 경우, B는 C에 대해 계약불이행에 따른 손해배상채권 또는 구상채권을 가지고, 이것은 결국 이에 상당하는 금액만큼 C가 매매잔대금을 지급하지 않은 것과 다를 것이 없다. 따라서 C가 이 금액을 지급할 의무와 B의 소유권이전등기의무는 동시이행의 관계에 있게 되므로, C의 청구에 대해 B는 이 점을 들어 동시이행의 항변을 할 수 있다. 그리고 B는 자신의 채무에 대한 이행의 제공을 전제로 하여 C의 대금채무의 불이행을 이유로 C와의 매매계약을 해제할 수 있다(대판 1993. 2. 12, 92다23193; 대판 2007. 6. 14, 2007다3285).

(4) (급부의 내용이 가분인) 금전채무는 상속개시와 동시에 당연히 법정상속분에 따라 공동상속인에게 분할되어 귀속되는 것이므로, 상속재산 분할의 대상이 되지 않는다. 이러한 상속채무에 대해 공동상속인들 사이에 분할의 협의가 있는 경우, 그 협의는 민법 제1013조에서 말하는 상속재산의 협의분할에 해당하는 것은 아니지만, 그 협의에 따라 공동상속인 중의 1인이 법정상속분을 초과하여 채무를 부담하기로 하는 약정은 면책적 채무인수에 해당한다(대판 1997. 6. 24, 97다8809). 따라서 위 약정에 의해 다른 공동상속인이 법정상속분에 따른 채무를 면하기 위해서는 채권자의 승낙을 요한다(454조). 설문에서 B가 乙을 상대로 1억원 대여금을 청구한 것은 묵시적으로 승낙한 것으로 볼 수 있다. 법원은 B의 청구를 전부 인용하여야 한다.

사례 p. 274

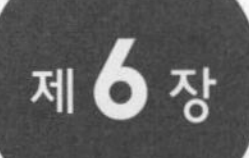

제 6 장 수인의 채권자와 채무자

본장의 개요 1. 하나의 급부에 대해 채권자나 채무자가 여럿이 있는 경우, 그 법적 구성으로는 두 가지가 있다. 하나는 급부를 양적으로 분할하는 것이다. 그래서 분할된 급부별로 독립된 채권과 채무를 인정하는 것인데, 민법 제408조에서 정하는 분할채권과 분할채무가 그것이다. 이에 대해 다른 하나는 급부를 분할하지 않고 전체로서 하나의 급부에 대해, 채권자의 수만큼 독립된 채권을 인정하거나, 채무자의 수만큼 독립된 채무를 인정하는 것이다. 불가분채권(409조~410조)은 전자에, 불가분채무(411조) · 연대채무(413조~427조) · 보증채무(428조~448조)는 후자에 속한다.

2. 하나의 급부에 대해 채무자 A · B · C가 있고, 이들이 전부의 급부의무를 진다고 하자. 이들 모두는 각자 독립된 채무를 지고 있으므로, 채권자는 이들 모두에게 각각 채권을 행사할 수 있다. 그러나 급부는 하나이므로 어느 채무자로부터 급부의 만족을 얻게 되면 채권은 소멸된다(따라서 다른 채무자의 채무도 소멸된다). 채권자는 여러 명의 채무자를 통해 채권의 만족을 얻게 되는 점에서 이것은 실질적으로 채권의 담보기능을 수행한다.

3. 위와 같은 다수 당사자의 채권관계에서는 다음 세 가지를 규율한다. 즉 위 예에서, ① 채권자는 채무자에게 어떻게 권리를 행사하는가. ② 채무자 1인에게 생긴 사유는 다른 채무자에게 영향을 미치는가(예컨대 채무자 A가 전액을 변제하면 B와 C의 채무에도 영향을 미쳐 그 채무는 소멸된다). ③ 전액을 변제한 A는 다른 채무자 B나 C에게 어떤 권리를 갖는가(이것이 '구상권'의 문제이다).

4. 하나의 급부에 대해 채무자가 여럿이 있는 경우 그것은 채권의 담보로서 기능하는데, 그 대표적인 것은 보증채무이다. 이것은 주채무의 이행을 보증하는 것인 점에서, 하나의 급부에 주채무와 보증채무, 즉 채무가 둘이 있지만, 보증채무는 담보의 수단으로서 주채무에 종속하는 성질을 갖고 있고, 이 점에서 각 채무가 독립되어 있는 불가분채무 · 연대채무와는 다르다.

한편, '금전채무에 대해 아무런 대가 없이 호의로 하는 보증'에 대해서는 민법상의 보증채무에 대한 특칙으로서 「보증인 보호를 위한 특별법」(2008년 법 8918호)이 우선 적용된다. 동법은 보증채무액의 특정, 채권자의 통지의무, 근보증, 보증기간, 채권자가 금융기관인 경우의 특칙 등을 규정한다. 이러한 특칙은 민법에도 영향을 미치게 된다. 그래서 2015년에 민법을 개정하여(2015년 법 13125호), 보증의 방식(428조의2) · 근보증(428조의3) · 취소할 수 있는 채무의 보증(436조 삭제) · 채권자의 정보제공의무와 통지의무(436조의2) 등을 정하였다.

제1절 총 설

Ⅰ. 의의와 법적 구성

1. 의 의

채권관계는 급부에 대해 채권자와 채무자가 각각 한 사람인 경우가 보통이지만, 채권자 또는 채무자 혹은 그 쌍방이 여럿인 경우가 있다. 예컨대 A 소유 토지를 B와 C가 매수하는 경우, 대금 지급채무에 대해 B와 C가 각각 채무자가 되면서 토지소유권이전 청구권과 토지인도 청구권에 대해서는 B와 C가 각각 채권자가 되는 것이나, 반대로 B와 C가 그 소유 토지를 A에게 매도하여 그들이 각각 대금채권을 가지고 또 토지이전 및 인도채무를 지는 경우가 그러하다. 이처럼 매매의 예에서 발생하는 여러 급부 중 「하나의 급부」별로 채권자 또는 채무자가 여럿이 있는 경우가 '수인의 채권자와 채무자'이고, 민법은 제408조 이하에서 이에 대해 규정한다.

2. 법적 구성

(1) 다수 당사자의 채권관계의 핵심은, 급부는 하나이지만 수인의 채권자 또는 채무자가 있는 것이므로, 그 수만큼 채권자의 채권 또는 채무자의 채무가 있는 것으로 구성하는 데 있다. 물론 이러한 관계는 기본적으로 계약의 해석 등을 통해 결정하여야 한다. 예컨대 아버지가 자녀를 데리고 식당에 가서 2인분의 식사를 주문하는 경우, 계약의 당사자는 아버지 1인이며, 다수 당사자의 채권관계로 구성할 것이 아니다.

(2) 다수 당사자의 채권관계에서 급부는 1개라는 점에서, 그 구체적인 모습은 다음 두 가지로 나뉜다. ① 하나는 급부를 양적으로 분할하여, 분할된 채권과 채무를 채권자 또는 채무자에게 각각 귀속시키는 것이고, ② 다른 하나는 동일한 급부를 채권자 또는 채무자에게 중첩적으로 귀속시키되, 그것이 하나의 급부를 공통으로 하는 점에서 그에 따른 효력 내지 제약을 받게 하는 것이다. 다수 당사자의 채권관계의 종류로서 민법이 정하는 것 중 '분할채권관계'(분할채권과 분할채무)는 전자의 모습을, '불가분채권관계(불가분채권과 불가분채무) · 연대채무 · 보증채무'는 후자의 모습을 취하는 것이다.

Ⅱ. 종류와 기능

1. 종 류

민법은 다수 당사자의 채권관계의 종류로서 '분할채권관계 · 불가분채권관계 · 연대채무 · 보증채무' 네 가지를 인정한다. (ㄱ) 분할채권관계: 채권의 목적이 성질상 나누어질 수 있는 경우에, 채권자나 채무자가 수인인 때에는, 각 채권자는 균등한 비율로 권리가 있고(분할채권),

각 채무자는 균등한 비율로 의무를 부담하는 경우(분할채무)이다(408조). (ㄴ) 불가분채권관계: 채권의 목적이 그 성질이나 당사자의 의사표시에 의해 나누어질 수 없는 경우에, 수인의 채권자 또는 채무자가 급부 전부에 대하여 채권을 가지거나(불가분채권) 채무를 부담하는 경우(불가분채무)이다(409조~411조). (ㄷ) 연대채무: (채권의 목적이 성질상 가분인 경우에도) 수인의 채무자가 채무 전부를 각자 이행할 의무가 있고 채무자 1인의 이행으로 다른 채무자도 채무를 면하게 되는 경우로서(413조), 채무자 사이에 주종의 구별이 없다. (ㄹ) 보증채무: 주채무자가 이행하지 않는 채무를 보증인이 이행할 의무를 지는 경우로서(428조), 보증채무는 주채무에 종속하는 점에서 연대채무와는 차이가 있다.

2. 기 능

(ㄱ) 채권의 만족은 궁극적으로는 채무자의 일반재산에 대해 집행을 함으로써 실현된다. 그런데 위 네 가지 종류 중에서 '불가분채무 · 연대채무 · 보증채무'는 채무자가 복수이고 또 각자가 전부를 지급할 의무를 지는 점에서, 채권자의 입장에서 보면 급부는 하나이지만 이를 실현하기 위한 채무자의 일반재산은 채무자의 수에 비례하여 확대되어 그만큼 채권의 담보력이 커지게 된다(특정의 물건이 아닌 채무자의 일반재산이 그 담보가 되는 점에서 이를 물적 담보에 대해 인적 담보라고 부른다). (ㄴ) 이에 대해 '분할채권과 불가분채권'은 채권의 담보와는 관계가 없다. 또 민법은 목적물이 가분可分급부이고 채무자가 수인인 때에는 '분할채무'를 원칙으로 정하고 있지만, 이것은 채권의 담보에 오히려 역행하는 것이다.

위와 같은 기능상의 차이는, 민법이 다수 당사자의 채권관계를 급부의 가분성 여부와 채권관계의 주체가 복수라는 관점에서만 접근한 데서 기인한다. 그러나 다수 당사자의 채권관계는 실질적으로 채권의 담보기능을 수행하는 데에 있는 점에서, 민법의 규정은 그 기능면에서 보면 개선의 여지가 있다는 비판이 있다(민법주해(X), 7면 이하(허만)).

Ⅲ. 민법이 공통적으로 규율하는 사항

하나의 급부에 대해 채권자 또는 채무자가 여럿인 경우에는, 1인인 때와는 달리, 공통적으로 대외적 효력, 1인의 채권자 또는 채무자에게 생긴 사유의 효력, 대내적 효력 등 '세 가지 사항'이 문제가 되고, 민법이 다수 당사자의 채권관계로서 규율하는 것은 바로 이에 관한 것이다. 다만 그 종류에 따라 내용에 차이가 있을 뿐이다.

a) 대외적 효력 채권자가 여럿인 경우, 각 채권자는 채권 전부의 이행을 청구할 수 있는가, 아니면 균등한 비율로 청구하여야 하는가. 한편 채무자가 여럿인 경우, 채무자 각자는 채무 전부를 변제하여야 하는가, 아니면 균등한 비율로 변제할 수 있는가의 문제이다. 즉 복수의 주체와 상대방과의 사이에서 이행의 청구나 변제를 어떻게 하여야 하는지가 이에 속한다.

b) 채권자 또는 채무자 1인에게 생긴 사유의 효력 채권자 또는 채무자가 여럿인 경우, 채권자 1인에게 생긴 사유가 다른 채권자에게도, 또는 채무자 1인에게 생긴 사유가 다른 채무자

에게도 그 효력이 미치는지와 그 범위를 정하는 것이 이에 속한다.

c) 대내적 효력　1인의 채권자가 수령한 것을 다른 채권자에게 분배할 것이냐, 1인의 채무자가 변제한 경우에 다른 채무자에게 이를 어떻게 분담시킬 것이냐의 문제이다.

제2절 분할채권관계 分割債權關係

제408조 〔분할채권관계〕 채권자나 채무자가 수인인 경우에 특별한 의사표시가 없으면 각 채권자는 균등한 비율로 권리가 있고, 각 채무자는 균등한 비율로 의무를 부담한다.

Ⅰ. 분할채권관계의 의의

(ㄱ) 분할채권관계는, 하나의 '가분급부'에 대해 채권자나 채무자가 여럿인 경우에, 각 채권자가 균등한 비율로 분할된 채권을 가지고, 각 채무자가 균등한 비율로 분할된 채무를 부담하는 다수 당사자의 채권관계이다. 예컨대 A · B · C 3인이 공유물을 30만원에 매각한 경우에 각자 10만원 대금채권을 가지고, 반면 공동으로 30만원에 물건을 매수한 경우에 각자 10만원 대금채무를 지는 것이 그러하다. 불가분채무 · 연대채무 · 보증채무에서는 하나의 급부에 대해 채무자 각자가 전부를 지급할 의무를 지는 점에서 그 급부가 중첩적인 데 비해, 분할채권관계에서는 급부가 양적으로 분할되어 채권자나 채무자에게 귀속되는 점에서 차이가 있다. (ㄴ) 분할채권관계에는 「분할채권」과 「분할채무」가 있는데, 급부가 가분급부이고 채권자 또는 채무자가 여럿 있는 경우에 특별한 의사표시가 없는 때에는, 본조는 다음 두 가지를 정한다. 첫째 분할채권과 분할채무로 되고, 또 이것이 다수 당사자의 채권관계의 원칙이 된다는 것이며(제3절 제1관의 '총칙'에서 이를 규정한 점에서), 둘째 균등한 비율로 채권을 가지거나 채무를 부담한다는 것이다. 이러한 원칙에서 민법은 '공동보증', 즉 수인의 보증인이 각자의 행위로 보증채무를 부담한 경우에도 이를 분할채무로 규정한다(439조). (ㄷ) 로마법은 금전채권과 같은 가분급부의 경우에는 분할주의를 취하였고, 이를 우리 민법도 따른 것인데, '분할채권'에서는 채무자가 각 채권자에게 채무를 이행하여야 하는 불편이 있고(그러나 채권자의 입장에서는 자기의 채권을 변제받는 점에서 불가분채권의 경우보다 유리한 면이 있다. 불가분채권에서는 채권자 1인이 그 전부를 변제받을 수 있어 다른 채권자가 내부적으로 그의 몫을 분배받지 못할 위험이 있기 때문이다), '분할채무'에서는 채권자가 각 채무자에게 채권을 행사하여야 하는 불편 외에 채무자 중에 무자력자가 있으면 채권자가 불이익을 입는 점에서 채권의 실효성을 약화시켜, 다수 당사자의 채권관계가 인적 담보의 기능을 수행하는 것과는 거리가 있다는 문제가 있다. 그래서 학설은 특히 분할채무의 경우에는 그 성립을 가급적 제한하려고 한다.

Ⅱ. 분할채권과 분할채무의 성립

1. 성립요건

분할채권관계가 성립하기 위해서는 다음의 세 가지 요건을 갖추어야 한다. ① 급부가 가분성을 가져야 한다. 「가분급부」라 함은 급부의 성질상 급부의 본질을 훼손함이 없이 수개의 급부로 나눌 수 있는 것을 말하고, 금전급부가 대표적으로 이에 속한다. ② 수인의 채권자 또는 채무자가 있어야 한다. 양자가 모두 수인인 경우에도 같다. 예컨대 채권자 A · B가 채무자 甲 · 乙 · 丙에게 60만원 금전채권을 가지는 경우, A는 30만원 채권을 가지는데 채무자가 3인이므로 甲 · 乙 · 丙에 대해 각각 10만원 채권을 가지게 된다(민법주해(X), 24면(허만)). ③ 당사자 사이에 분할채권관계를 배제하는 특별한 의사표시가 없어야 한다. 통설은, 분할채무의 경우에는 채권의 담보력을 약화시킨다는 문제가 있어, 수인이 공동으로 물건을 구입하거나 금전을 차용하는 것처럼 공동계약의 경우에는 채무자로 되는 자 전원의 자력이 고려되었다고 보아 묵시적으로 연대채무의 약정이 있는 것으로 해석하지만, 판례는 「민법상 다수 당사자의 채권관계는 원칙적으로 분할채권관계이고, 채권의 성질상 또는 당사자의 약정에 기하여 특히 불가분으로 하는 경우에 한하여 불가분채권관계로 된다」고 하여(대판 1992. 10. 27, 90다13628), 연대채무로서의 묵시적인 의사표시를 쉽게 추정하지 않는다.

〈판 례〉 (ㄱ) 분할채권이 성립하는 경우: 수인이 계약 또는 법률의 규정에 의해 가분급부를 목적으로 하는 채권을 취득하는 경우로서, ① 2인의 공동매수인 각자가 그 1/2 지분권에 기해 가지는 소유권이전등기청구권(대판 1981. 4. 15, 79다14), ② 공유물에 대한 제3자의 불법행위 내지는 부당이득에 의한 손해배상청구권 또는 부당이득 반환청구권에 대해 공유자 각자가 그 지분비율에 따라 가지는 권리가 이에 해당한다(대판 1970. 4. 14, 70다171; 대판 1979. 1. 30, 78다2088).

(ㄴ) 분할채무가 성립하는 경우: 수인이 계약 또는 법률의 규정에 의해 가분급부를 목적으로 하는 채무를 지는 경우로서, ① 수인의 채권자가 채무자에게 따로 금전을 대여하고 채무자 소유의 토지에 대해 담보목적으로 공동으로 소유권이전등기를 한 후 담보권의 실행을 위해 분필을 하고서 처분한 경우의 정산금 반환채무(대판 1987. 5. 26, 85다카1146), ② 변호사에게 공동당사자로서 소송대리를 위임한 경우의 보수금 지급채무(대판 1993. 2. 12, 92다42941), ③ 금전소비대차에서 수인의 채무자가 각자 일정한 돈을 빌리는 경우(대판 1985. 4. 23, 84다카2159), ④ 공동상속인이 상속분에 따라 부담하는 피상속인의 국세 등 납부의무(대판 1983. 6. 14, 82누175),[1] ⑤ 공동불법행위자 중 1인에 대하여 구상의무를 부담하는 다른 공동불법행위자가 수인인 경우에는 특별한 사정이 없는 이상 그들의 구상권자에 대한 채무는 이를 부진정연대채무로 보아야 할 근거는 없으며, 오히려 다수 당사자 사이의 분할채무의 원칙이 적용되어 각자의 부담부분에 따른 분할채무로 봄이 상당하다(대판 2002. 9. 27, 2002다15917).

---

1) 민법은 상속인이 수인인 때에는 상속재산은 그들이 '공유'하는 것으로 정한다(1006조). 이와 관련하여 금전채권 또는 금전채무의 「공동상속」이 문제가 된다. 통설은 상속인의 상속분에 따라 분할된 금전채권과 금전채무가 각 상속인에게 속하는 것으로 본다. 특히 판례는, 「금전채무와 같이 급부의 내용이 가분인 채무가 공동상속된 경우, 이는 상속개시와 동시에 당연히 법정상속분에 따라 공동상속인에게 귀속하는 것이므로, 상속재산 분할의 대상이 될 여지가 없다」고 한다(대판 1997. 6. 24, 97다8809).

2. 법률의 규정에 의한 예외

분할주의에 대해 법률에서 따로 예외규정을 두고 있는 것이 있다. (ㄱ) 민법에서 정하는 것으로, ① 사용대차에서 수인이 공동으로 물건을 차용한 경우에는 연대하여 의무를 지고(616조), ② 이러한 관계는 임대차에도 준용되며(654조), ③ 공동불법행위의 경우에는 연대하여 그 손해를 배상할 책임을 지고(760조), ④ 부부의 일방이 일상가사로 인해 부담한 채무에 대해서는 부부가 연대책임을 지는 것(832조)이 그러하다. (ㄴ) 상법에서는 수인이 그 1인 또는 전원에게 상행위가 되는 행위로 인하여 채무를 부담한 때에는 연대하여 변제할 책임이 있다고 정한다(상법 57조 1항).

Ⅲ. 분할채권관계의 효력

1. 대외적 효력

a) 채권 · 채무의 독립성　분할채권에서 각 채권자는 분할된 부분만의 채권을 가지고, 분할채무에서 각 채무자는 분할된 부분만의 채무를 질 뿐이다. 따라서 각 채권자는 분할된 부분 외의 부분에 대해서는 이행을 청구하지 못하며, 각 채무자는 분할된 부분 외의 부분은 이행할 필요가 없다. 1인의 채권자가 분할된 부분 이상의 변제를 받은 때에는 채무자에 대해 부당이득이 되고, 1인의 채무자가 분할된 부분 이상의 채무를 변제한 때에는 그것은 타인의 채무의 변제가 된다.

b) 분할 비율　분할되는 채권의 비율과 채무의 비율은 의사표시에 의해 달리 정할 수 있으나, 그러한 특약이 없는 때에는 균등한 것으로 본다(408조). 공유에서의 지분이나 상속에서의 상속분에 따라 그 비율이 달리 정해질 수 있으나, 그 사실을 상대방이 알지 못한 때에는 이를 상대방에게 주장하지 못하는 것으로 해석된다(김증한 · 김학동, 218면).

c) 1개의 계약에서 분할채권관계가 성립한 경우　분할채권과 분할채무는 채권과 채무의 관점에서 보면 독립한 것이지만, 이것이 하나의 계약에 의해 발생한 경우에는 계약 전체의 관점에서 다루어야 할 필요가 있는데, 그러한 것으로 계약의 해제(해지)와 동시이행의 항변권이 문제된다. (ㄱ) 계약의 해제(해지): 예컨대 A와 B가 甲으로부터 일정량의 고추를 300만원에 매수하기로 계약을 맺었다고 하자. 분할채권 또는 분할채무가 1개의 계약에서 발생한 경우에는, 그것은 계약을 단위로 하여 발생하는 법률관계의 영향을 받는다. 즉 계약의 해제는 그 전원으로부터 또는 전원에 대해 해야 하고(547조 1항), 어느 당사자에 대해 해제권이 소멸된 때에는 다른 당사자에 대해서도 소멸된다(547조 2항). 위 예에서 A는 대금 150만원을 지급하였으나 B는 지급하지 않은 경우, 甲은 B에 대해서만 매매계약을 해제할 수는 없고 A와 B 모두를 상대로 매매계약 전체를 해제하여야 한다. 또 甲이 B에게만 고추의 반을 인도한 경우, A는 단독으로 해제할 수 없고 B와 공동으로만 그 계약 전부를 해제할 수 있을 뿐이다. 당사자별로 계약을 해제하는 데 따라 생기는 복잡한 법률관계를 피하기 위해 민법이 정한 것으로서, 이를 '해제권의 불가분성'이라고 한다. (ㄴ) 동시이행의 항변권: 분할채무 또는 분할채권이 1개의 쌍무계약에

서 발생한 경우에는 그 채무 또는 채권 전부와 그 반대급부가 동시이행의 관계에 선다(536조). 위 예에서, A는 대금을 지급하였지만 B는 지급하지 않은 경우, 甲은 자신의 채무 전부의 이행을 거절할 수 있어 A에 대해서도 고추의 인도를 거절할 수 있다. 한편 甲이 B에게만 고추의 반을 인도한 경우, A뿐만 아니라 B도 고추 전부의 인도가 있을 때까지 자신의 대금채무의 이행을 거절할 수 있다.

2. 채권자 또는 채무자 1인에게 생긴 사유의 효력

분할채권관계에서 각 채권과 각 채무는 독립된 것이기 때문에, 한 사람의 채권자 또는 채무자에게 생긴 사유(예: 이행지체 · 이행불능 · 경개 · 면제 · 혼동 · 시효 등)는 다른 채권자나 채무자에게 영향을 미치지 않는다.

3. 대내적 효력

민법 제408조는 대외적 효력만을 규정할 뿐 분할채권 또는 분할채무의 내부관계에 대하여는 따로 정하고 있지 않다. 그러나 특별한 약정이 없으면 내부관계에서도 그 비율은 균등한 것으로 해석할 것이기 때문에, 원칙적으로 채권자 사이에서 또는 채무자 사이에서 분배나 구상의 관계는 생기지 않는다. 다만 내부관계에서 그 비율이 균등하지 않을 때에는, 다시 말해 그 비율에 대해 상대방이 알지 못하여 균등한 것으로 다루어지는 경우, 자기가 취득하여야 할 것보다 많이 변제를 받은 채권자는 다른 채권자에게 이를 분배하여야 하고, 또 자기가 부담할 것보다 많이 변제를 한 채무자는 다른 채무자에게 구상할 수 있다(통설).

제 3 절 불가분채권관계不可分債權關係

사례 1) 乙은 X주택을 소유하고 있는데, 2018. 5. 6. 사망하였고, 유족으로 배우자 A, 자녀 B와 C가 있다. 2) 2018. 6. 17. 상속인 A, B, C는 각자의 법정상속분에 따라 X주택에 대한 소유권이전등기를 마쳤다. 2018. 7. 27. A, B, C는 戊에게 X주택을 매도하기로 매매계약을 체결하였다. 계약 내용에 따르면 戊는 X주택을 매매대금 6억원(계약금 7천만원, 중도금 2억원, 잔금 3억 3천만원)에 매수하기로 하였다(A, B, C는 받은 매매대금을 법정상속분에 따라 분배하기로 약정하였다). 계약금은 계약 당일 戊가 A에게 지급하였고 법정상속분에 따라 분배되었다. 3) 2018. 10. 4. 戊가 위 매매계약을 적법하게 해제하였다. 2018. 10. 12. 戊가 A를 상대로 계약금의 반환을 청구하자, A가 계약금의 일부인 2천 1백만원을 戊에게 반환하였다. 이 경우 A는 B와 C에게 얼마를 구상할 수 있는가? (15점)(2023년 제2차 변호사시험 모의시험) 해설 p. 296

Ⅰ. 불가분채권관계의 의의

(ㄱ) 불가분채권관계는 불가분 급부를 목적으로 하는 다수 당사자의 채권관계로서, 채권자가 여럿인 「불가분채권」과 채무자가 여럿인 「불가분채무」가 있다. 예컨대 A와 B가 공동으로 甲으로부터 주택을 매수한 경우, 그 주택의 인도청구권에 대해서는 A와 B가 불가분채권을 가지게 된다. 반대로 A와 B가 공유하는 주택을 甲에게 매도한 경우, 그 주택의 인도채무에 대해서는 A와 B가 불가분채무를 부담한다. (ㄴ) 불가분채권관계의 특색은 급부가 나누어질 수 없다는 데에 있다. 이러한 불가분급부에는 두 가지가 있다(409조 참조). 하나는 급부의 목적물이 성질상 불가분인 경우이고(예: 주택의 인도 · 자동차의 인도 등), 다른 하나는 성질상으로는 가분이지만 당사자의 의사표시에 의해 불가분으로 되는 것이 있다. 특히 후자는 연대채무와 그 본질에서 차이가 없으며, 다만 절대적 효력이 인정되는 범위에서 차이가 있을 뿐이다. (ㄷ) 불가분급부가 가분급부로 변경된 때에는 불가분채권관계는 분할채권관계로 변한다. 예컨대 A와 B가 공동으로 甲 소유의 주택을 매수하였는데 甲의 과실로 그 주택이 멸실된 경우에 발생하는 금전 손해배상청구권이 그러하다. 이때에는 각 채권자는 분할된 부분만의 이행을 청구할 권리가 있고, 각 채무자는 분할된 부분만을 이행할 의무를 진다(412조).

Ⅱ. 불가분채권不可分債權

1. 불가분채권의 성립

채권의 목적이 성질상 불가분이거나, 가분인 경우에도 당사자의 의사표시로 불가분인 것으로 한 때에 불가분채권이 된다(409조 본문).

2. 불가분채권의 효력

(1) 대외적 효력

「각 채권자는 모든 채권자를 위하여 이행을 청구할 수 있고, 채무자는 모든 채권자를 위하여 각 채권자에게 이행할 수 있다」(409조 후문). 가령 A와 B가 甲 소유의 자동차를 매수한 경우, A는 단독으로 甲에게 자동차를 인도할 것을 청구할 수 있고, 甲도 A에게 인도함으로써 채무를 면하는 것이다. 급부가 불가분인 점에서 채권행사와 채무이행의 편의를 고려한 것이다.

(2) 불가분채권자 1인에게 생긴 사유의 효력

a) 절대적 효력　각 채권자는 모든 채권자를 위하여 이행을 청구할 수 있고, 채무자는 모든 채권자를 위하여 각 채권자에게 이행할 수 있으므로(409조 후문), 이 청구와 이행의 범위에서는 다른 채권자에게도 효력이 미친다(410조 1항 전문). 즉 1인의 채권자의 청구에 의한 시효중단 · 이행지체의 효과나, 채무자가 1인의 채권자에게 한 변제 · 변제의 제공 · 채권자지체의 효과는 모두 다른 채권자에게도 발생한다.

b) 상대적 효력 (ㄱ) 청구와 이행에 따른 효과 외의 사유는 다른 채권자에게 효력이 없다(410조 1항 후문). 예컨대 1인의 채권자와 채무자 사이에 이루어진 경개 · 면제 · 혼동 · 상계 · 대물변제(이것은 계약에 의해 이루어지는 것으로서 본래의 변제와는 다르다) · 시효의 완성 · 압류 및 전부명령[1] 등은 상대적 효력이 있을 뿐이다. (ㄴ) 위에서처럼 상대적 효력이 미치는 데 불과한 경우에는 다른 채권자는 채권 전부의 이행을 청구할 수 있다. 예컨대 A와 甲 사이에 그 채권을 500만원 금전채권으로 변경하는 경개가 행하여지거나, 또는 A가 甲의 채무를 면제하는 때에도, B는 甲에게 자동차의 인도를 청구할 수 있다. 그런데 이 경우 B는 내부적으로 A에게 그의 이익을 분배하여야 하고, A는 그 이익을 甲에게 부당이득으로서 반환하여야만 한다. 그래서 민법은 이러한 분배와 반환의 순환을 피하기 위해 B가 A에게 분배할 이익을 직접 甲에게 상환하여야 하는 것으로 정한다(410조 2항). 이러한 관계는 비단 경개나 면제에 국한하는 것은 아니고 다른 상대적 효력이 있는 사유에서도 동일하게 적용된다(통설). 한편 위 경우 채무자(甲)에게 상환하여야 할 이익은 B가 내부적으로 A에게 나누어 줄 그의 '지분'인지 아니면 그 '가격'인지가 문제될 수 있는데, 통설은 후자로 본다.

(3) 대내적 효력

민법은 불가분채권자 상호간의 내부관계에 대하여는 따로 정하고 있지 않다. 그러나 채권 전부를 변제받은 채권자는 다른 채권자에게 내부관계의 비율에 따라 그의 이익을 분배하여야 하고(410조 2항 참조), 그 비율은 특별한 약정이 없으면 균등한 것으로 추정된다(통설).

Ⅲ. 불가분채무不可分債務

1. 불가분채무의 성립

급부가 불가분인 경우에 불가분채무가 성립하는데, 불가분급부에는 성질상의 불가분급부와, 본래는 가분급부이지만 당사자의 의사표시에 의해 불가분급부로 되는 것이 있다(411조). (ㄱ) 자동차나 주택을 인도하는 경우처럼 급부의 성질상 분할하여 이행할 수 없는 것이 이에 해당한다. 성질상 가분급부인 경우에도 그것이 모든 채무자가 불가분적으로 받는 이익의 대가로서의 의미를 가지는 때에는 성질상의 불가분급부로 본다. A · B · C 3인이 공유하는 부동산을 공동으로 甲에게 수리를 맡긴 경우에 그 수리비와 같은 공유물 관리비용에 관한 채무도 이러한 범주에 속한다고 할 것이다(김증한 · 김학동, 216면).[2] (ㄴ) 가분급부에 대해서도 당사자의 의사표시로 불

---

1) 판례(불가분채권자 중 1인을 집행채무자로 한 압류 및 전부명령의 효력): (ㄱ) A · B · C가 甲 소유 건물을 보증금 2억원에 공동으로 임차하기로 임대차계약을 체결하였다. 그 후 C의 채권자 D가 C의 甲에 대한 임대차보증금 반환채권 중 4,300만원에 대해 압류 및 전부명령을 받았다. 이 경우 A와 B의 甲에 대한 임대차보증금 반환채권에도 그 효력을 미쳐 위 4,300만원의 금액만큼 줄어드는지가 쟁점이 된 사안이다. (ㄴ) 대법원은 다음과 같은 이유를 들어 위 전부채권액에 대한 절대적 효력을 부정하였다: 「1) 공동임차인이 임대인에 대해 갖는 임차보증금 반환청구권은 불가분채권이다. 2) 불가분채권자 중 1인을 집행채무자로 한 압류 및 전부명령은 다른 불가분채권자에게 효력이 없다. 따라서 다른 불가분채권자는 채무자에게 불가분채권 전부의 이행을 청구할 수 있고, 채무자는 다른 불가분채권자에게 채무 전부를 이행할 수 있다. 3) 전부채권자는 전부명령으로 전부 받은 채권액 범위 내에서 불가분채권자의 지위를 가질 뿐이다」(대판 2023. 3. 30, 2021다264253).

가분급부로 할 수 있는데, 실제에서는 그 예가 거의 없다.

2. 불가분채무의 효력

(1) 대외적 효력

이에 대하여는 연대채무에 관한 제413조와 제414조가 준용된다(411조). 따라서 채권자는 어느 불가분채무자에 대하여 또는 동시나 순차로 모든 불가분채무자에 대하여 채무 '전부'의 이행을 청구할 수 있고(414조), 채무자 1인이 그 전부를 이행한 때에는 다른 채무자도 채무를 면하게 된다(413조). 유의할 것은, 연대채무에서 제414조는 채권자가 채무 '일부'의 이행도 청구할 수 있는 것으로 정하고 있지만, 불가분채무에서는 그 성질상 일부청구는 허용되지 않는다.

(2) 불가분채무자 1인에게 생긴 사유의 효력

이에 대하여는 연대채무에 관한 규정이 준용되지 않고 불가분채권에 관한 제410조가 준용된다(411조). (ㄱ) 절대적 효력: 채무자는 모든 채무자를 위하여 변제할 수 있고, 그에 따른 효과, 즉 채무 소멸과 채권자지체(411조·422조)는 다른 채무자에게도 효력이 있다. 변제에 준하는 공탁·대물변제의 경우에도 마찬가지로 볼 것이다. 유의할 것은, 상계는 절대적 효력이 인정되지 않는다(411조·418조). (ㄴ) 상대적 효력: ① 그 밖의 사유는 다른 채무자에게 효력이 없는 상대적 효력이 있을 뿐이다. 즉 연대채무에서 절대적 효력이 있는 '이행청구·경개·상계·면제·혼동·소멸시효 완성'의 사유는 불가분채무에서는 상대적 효력만이 있다. 또 어느 채무자에 대한 법률행위의 무효나 취소의 원인은 다른 채무자의 채무에 영향을 미치지 않는다(411조·415조). ② 한편 민법 제410조 2항이 준용되므로, 채권자와 채무자 중의 1인 사이에 경개나 면제가 있었던 때에도 다른 채무자는 채무 전부를 이행하여야 하지만, 이 경우 채권자는 면제를 받거나 경개를 한 채무자가 부담하였을 부분을 전부 변제를 한 채무자에게 상환하여야 한다.

(3) 대내적 효력

불가분채무자 상호간의 관계에 대하여는 연대채무의 규정(424조~427조)을 준용한다(411조). 따라서 변제를 한 채무자는 다른 채무자의 부담부분에 대해 구상권을 행사할 수 있다.

사례의 해설 (ㄱ) 주택의 소유자가 공유자인 경우, 그 매매계약과 관련하여 받은 계약금의 반환채무는 성질상 불가분채무에 해당한다. (ㄴ) 어느 불가분채무자가 변제 등에 의해 공동면책을 가져온 때에는 다른 불가분채무자의 부담부분에 대하여 구상권을 행사할 수 있다(411조·425조). 채무의 일부에 대한 변제도 그 범위에서 공동면책은 생긴 것이어서 구상권을 행사할 수 있다. 그리고 부담부분의

---

2) 판례: ① 채권적 전세계약에서 전세물건의 소유자가 공유자인 때에는 그 전세계약과 관련하여 받은 전세금 반환채무를 성질상 불가분채무로 보고(대판 1967. 4. 25, 67다328), ② 수인이 공동으로 법률상 원인 없이 타인의 재산을 사용한 경우의 부당이득 반환채무는 불가분적 이득의 상환으로서 불가분채무로 보며(대판 1981. 8. 20, 80다2587), ③ 건물의 공유자가 공동으로 건물을 임대하고 보증금을 수령한 경우, 특별한 사정이 없는 한 그 임대는 각자 공유지분을 임대한 것이 아니고, 임대목적물을 다수의 당사자로서 공동으로 임대한 것이므로 그 보증금 반환채무는 성질상 불가분채무로 본다(대판 1998. 12. 8, 98다43137). ④ 공동상속인들의 건물 철거의무는 그 성질상 불가분채무이고, 각자 그 지분 한도 내에서 건물 전체에 대한 철거의무를 진다(대판 1980. 6. 24, 80다756).

비율은 당사자 간의 특약 → 수익비율 → 균등 추정(424조)의 순서로 정해지는데(대판 2020. 7. 9. 2020다208195), 본건에서 수익비율은 A, B, C의 법정상속분이므로, A, B, C의 부담부분은 3/7, 2/7, 2/7가 된다(1009조 2항). 그러므로 A는 B와 C에게 각각 2천 1백만원의 2/7인 6백만원을 구상할 수 있다. 사례 p.293

제 4 절 연대채무連帶債務

사례 1) 중고차 매매업을 하는 甲과 乙은 영업장 확보를 위하여 2012. 1. 6. 丙의 보증 아래 A 은행으로부터 3억원을 연이율 7%, 변제기 1년으로 하여 차용하였고, 甲은 A은행에 집행력 있는 공정증서의 형식으로 차용증을 따로 작성해 주었다. 한편 甲과 乙은 변제기인 2013. 1. 5.까지의 이자는 모두 지급하였으나 그 이후로 아무런 변제를 못하고 있다. 2) A은행이 甲, 乙, 丙의 재산을 찾아보았더니, 甲은 B은행에 9천만원의 정기예금을, 丙은 A은행에 1억 2천만원의 정기예금을 가지고 있었다. 이에 A은행은 2013. 5. 2. 丙에게 위 대출금채권 중 원금 1억 2천만원을 2013. 1. 5. 만기인 위 1억 2천만원의 정기예금채무와 상계한다는 통지를 보냈고, 이는 2013. 5. 3. 丙에게 도달하였다. 그리고 A은행은 甲을 상대로 위 공정증서에 기한 강제집행에 착수하여, 2015. 1. 6. 甲의 B은행에 대한 정기예금채권에 채권압류 및 전부명령이 있었고, 이는 다음 날 甲과 B은행에 송달된 후 확정되었다. 그런데 甲의 B은행에 대한 위 정기예금채권에는 2014. 12. 3. 甲에 대한 다른 채권자인 C가 甲에 대한 1억원의 대여금채권을 청구채권으로 하여 신청한 채권가압류가 있었고, 이는 다음 날 甲과 B은행에 송달된 사실이 있었다. 한편 乙은 2018. 11. 9. A은행에 남은 대출금 채무를 전액 변제하겠다는 확약서를 제출하였다. 3) 현재 A은행은 甲, 乙, 丙에게 각 얼마의 대출금 지급을 구할 수 있는가? (금액은 원금에 한하고, 다수 채무자 간의 중첩적 채무관계는 별도로 표시할 필요 없음) (30점)(2019년 제8회 변호사시험) 해설 p.308

Ⅰ. 서 설

1. 연대채무의 의의

(ㄱ) 제413조는, 하나의 급부에 대해 수인의 채무자 각자가 전부를 급부할 의무를 지고, 그 급부로 인해 다른 채무자도 채무를 면하는 것을 '연대채무'로 정의한다. 그런데 이러한 정의만으로는 연대채무의 내용을 제대로 밝히는 데 부족하다는 지적이 있다. 즉 대외적 효력에만 치중되어 있고, 구상권과 절대적 효력이 미치는 근거 내지 다른 유사한 제도와 구별할 만한 연대채무로서의 특징이 나타나 있지 않다고 한다(민법주해(X), 66면(차한성)). (ㄴ) 연대채무는 급부는 하나이지만 채무자 각자에 대한 독립된 채무로 구성되어 있어, 채권자의 입장에서는 책임재산의 범위가 모든 채무자의 일반재산에까지 확대되는 점에서 실질적으로 채권담보의 기능을 수행한다. 그러나 거래 실제에서는 보증채무가 주로 그 기능을 담당하며 연대채무가 활용되는 경우는 많

지 않다.

2. 연대채무의 법적 성질

(1) 각 채무의 독립성

연대채무는 동일한 내용의 하나의 급부를 목적으로 하지만, 이를 실현하기 위한 수단으로 채무자의 수만큼 '독립'된 채무가 있는 것으로 구성되어 있다. 따라서, (ㄱ) 각 채무자의 채무는 그 모습을 달리할 수 있다. 즉 각 채무자의 채무는 조건이나 기한을 달리할 수도 있고, 이행기나 이행지를 달리하여도 무방하며, 또한 어떤 채무자의 채무는 이자부로 하고 다른 채무자의 채무는 무이자로 할 수도 있다. (ㄴ) 채무자 중 1인에 대해서만 보증채무를 성립시킬 수 있다(447조). (ㄷ) 채무자 1인에 대한 채권만을 분리하여 제3자에게 양도할 수도 있다. (ㄹ) 한편 채무의 독립성과 관련하여, 민법은 「어느 연대채무자에 대한 법률행위의 무효나 취소의 원인은 다른 연대채무자의 채무에 영향을 미치지 아니한다」고 규정한다(415조). 예컨대 A의 B에 대한 금전채무에 대해 C가 연대채무를 부담하기로 한 경우, A의 채무가 제한능력 또는 무권대리인에 의해 체결된 계약 등의 이유로 취소되거나 무효가 되는 때에도, C는 독립하여 채무를 부담한다. 그것은, 채권의 담보를 목적으로 하는 연대채무의 성질에 맞거나, 또는 각 채무의 독립성의 성질상 그 발생원인을 개별적으로 다루는 것이 당사자의 의사에 부합하기 때문이다(김증한·김학동, 227면; 민법주해(X), 97면(차한성)).

(2) 각 채무자의 전부 급부의무

각 채무자의 채무는 '전부'를 급부하는 것을 내용으로 한다. 즉 급부가 나누어질 수 있는 경우라도 각 채무자의 채무는 전부를 급부하는 것을 본질로 한다(413조). 다만 동조가 강행규정은 아니므로, 당사자 간의 합의에 의해 어느 채무자만이 채무의 일부에 대해서만 연대채무를 부담하는 것은 가능한 것으로 해석된다.

(3) 각 채무의 연대성

a) 각 채무는 독립성을 갖는 반면에, 하나의 급부의 실현이라는 공동의 목적을 위해 수인의 채무자가 연결되어 있는 점에서 '연대성'을 가지며, 민법은 이에 기초하여 어느 채무자에게 생긴 사유는 일정 범위에서 다른 채무자에게도 영향을 미치고(절대적 효력(416조~422조)), 또 채무자 간에는 부담부분이 있어서 자기의 출재로 공동의 면책을 준 때에는 다른 채무자에게 구상권을 가지는 것으로 규정한다(424조~427조).

b) 연대성의 기초, 정확히는 민법이 규정하는 위 내용을 어떠한 토대하에서 이해할 것인지에 관해서는 다음과 같이 견해가 나뉜다. (ㄱ) 주관적 공동관계설: 채권자는 각 채무자를 통해 동일한 목적을 추구하며 각 채무자는 이를 인식하고 있는 결합관계가 연대채무에는 존재하고, 이에 기인하여 절대적 효력 내지 구상권이 발생하는 것으로 보는 견해로서, 통설적 견해에 속한다. 즉 채무자 간에는 긴밀한 주관적 공동관계가 형성되어 있어, 이에 기초하여 일정 범위에서 절대적 효력을 인정하는 것은 이러한 공동관계에 부응하는 것이 되고, 또 채무자

간에 부담부분을 정하는 것이 보통일 것이므로 구상권도 이에 기초하여 인정된다고 보는 것이다. (ㄴ) 상호보증설: 연대채무자 각자는 자기의 부담부분에 대해서는 주채무자의 지위에 서고 다른 채무자의 부담부분에 대해서는 보증인의 지위에 있다고 보는 견해로서, 소수설에 속한다(김형배, 451면; 이은영, 507면). 이 견해는, '주관적 공동'이라는 개념이 애매하다고 하면서, 상호보증설에 의할 때 구상권의 근거가 명료해지고, 또 민법이 면제 · 혼동 · 소멸시효의 경우에 부담부분의 한도에서만 절대적 효력이 있는 것으로 정한 것(419조~421조)은 상호보증설에 의할 때 보다 설명이 명백해진다고 한다. 그러나 이 견해는, 예컨대 이행청구의 절대적 효력(416조)에 대해서는 설명할 수 없는 난점이 있다.

Ⅱ. 연대채무의 성립

연대채무는 법률행위 또는 법률의 규정에 의해 성립한다.

1. 법률행위

(1) (ㄱ) 채무자 수인이 채권자와의 계약으로 연대채무를 성립시킬 수 있지만, 수인이 순차로 별개의 계약을 맺어 연대채무를 성립시킬 수도 있다(예컨대 A가 B에게 채무를 지는 경우, C가 B와 별개의 계약을 맺어 A와 함께 연대채무를 부담하는 것). 채무자의 부탁으로 채무인수인이 채권자와 중첩적 채무인수계약을 맺은 경우에도 같다(대판 2009. 8. 20, 2009다32409). (ㄴ) 연대채무는 채무자 간에 주관적 공동관계가 있음을 전제로 하는 점에서, C가 A와 더불어 연대채무를 부담하기 위해서는 A와 연대에 관한 사전 또는 사후의 합의가 필요한 것으로 해석된다. 그렇지 않으면 A는 자신도 모르게 등장한 C에 의해 C에게 생긴 사유의 효력을 받는 등 불이익을 입을 소지가 있기 때문이다. (ㄷ) 그리고 계약이 아닌 유언과 같은 단독행위에 의해서도 연대채무가 성립할 수 있다(예: 유증을 하면서 연대채무의 부담을 지우는 것(1088조)).

(2) 어느 경우에 연대채무의 성립에 관한 법률행위가 있었다고 볼 것인지는 법률행위의 해석에 속하는 문제이다. 명시적으로 표시한 때에는 문제가 없지만, 민법은 가분급부의 경우에 분할채무를 원칙으로 정하고 있는 점에서(408조), 묵시적으로 연대채무를 추정할 것인지에 관해서는 논의가 있다. 학설은 대체로 분할채무가 채권자에게 불리한 점에서 가급적 연대채무로 추정하려고 하지만, 판례는 이에 대해 소극적인데, 이에 관해서는 분할채무의 부분(p.291)에서 설명한 바 있다.

2. 법률의 규정

법률에서 연대채무가 성립하는 것으로 정하는 것이 있다. 상법에도 그러한 규정이 있지만(상법 81조 · 138조 · 212조 · 321조 · 323조 · 333조 · 339조 · 567조 등), 특히 민법에서 정하는 것으로 ① 법인이 목적 범위를 벗어난 행위로 타인에게 손해를 입힌 경우에 그 사항의 의결에 찬성하거나 그 의결을 집행한 사원 · 이사 · 기타 대표자의 연대책임(35조 2항), ② 임무를 게을리한 이사의 연대책임(65조), ③ 사용대차 또는 임대차에서 발생하는 채무에서 공동차주 또는 공동임차인의 연대채무(616조·654조), ④ 공동불법행위자의 연대책임(760조), ⑤ 일상가사로 인한 채무에 대한 부부의 연대책임(832조) 등이 있다.

민법은 위 다섯 가지에 연대채무가 성립하는 것으로 정하고 있지만, 연대채무에서는 채무자 간에 주관적 공동관계가 필요한 점에서, 진정한 의미의 연대채무는 ③뿐이다. ⑤는 부부공동체의 성질에 기인하는 것이 많은 점에서 연대채무에 관한 제413조 이하의 규정이 그대로 적용되기는 어렵고, 나머지 ①·②·④는 부진정연대채무에 속하는 것이다(민법주해(X), 79면 이하(차한성)).

Ⅲ. 연대채무의 효력

1. 대외적 효력

(1) 이행의 청구

「채권자는 어느 연대채무자에 대하여 또는 동시나 순차로 모든 연대채무자에 대하여 채무의 전부나 일부의 이행을 청구할 수 있다」(414조). 동조는 연대채무에서 각 채무의 독립성에 기초하여 채권자의 권리행사에 관해 최대한의 자유를 인정한다. 연대채무에서 채권자의 이행청구의 방법은 다음과 같다. 예컨대 A가 연대채무자 B·C·D에 대해 900만원의 채권을 가지고 있다고 하자. (ㄱ) A는 B·C·D 중의 「1인」에게 채무의 「전부」(900만원)나 「일부」(300만원)를 청구할 수 있다. (ㄴ) A는 B·C· D 모두에게 「동시에」 채무의 전부나 일부를 청구할 수 있다. (ㄷ) A는 B·C·D 모두에게 「순차로」 채무의 전부나 일부를 청구할 수 있다. ① 따라서 A가 B를 상대로 소를 제기한 후에 C를 상대로 소를 제기하여도, 그것은 중복제소(민사소송법 259조)에 해당하지 않는다. B에 대한 소송에서 A가 승소 또는 패소하더라도 그 판결의 효력은 C와 D에게는 미치지 않는다. ② 다만, 연대채무도 급부는 하나이므로, 채권자가 급부를 받은 한도에서는 다른 채무자의 채무도 소멸된다. 따라서 이후에는 채권자는 채무의 잔액에 대해서만 청구할 수 있다. 유의할 것은, 채무자 각자가 부담하는 채무액이 다른 경우, 예컨대 A의 1천만원 금전채권에 대해 B는 1천만원을, C는 5백만원 한도에서 연대채무를 부담하기로 한 경우, B가 5백만원을 일부변제하더라도 C는 면책되는 것이 아니라 잔액 5백만원 범위에서는 자기의 채무를 진다는 점이다.

(2) 이행청구에 관련되는 특수한 문제

a) 연대채무자의 파산 연대채무자의 전원 또는 수인이나 1인이 파산선고를 받은 경우, '채무자 회생 및 파산에 관한 법률' 제428조는 다음과 같은 내용을 정한다. 즉 「여럿의 채무자가 각각 전부의 채무를 이행하여야 하는 경우, 그 채무자의 전원 또는 일부가 파산선고를 받은 때에는, 채권자는 파산선고시에 가진 채권의 전액에 관하여 각 파산재단에 대하여 파산채권자로서 권리를 행사할 수 있다」고 한다. 예컨대 1,000만원의 채권에 대해 A·B·C가 연대채무를 진다고 했을 때, (ㄱ) 그들 모두가 파산선고를 받은 때에는 각 파산재단에 대해 채권자는 1,000만원 채권 전액을 가지고 그 배당에 참가할 수 있다. 다시 말해 A의 파산재단으로부터 300만원을

배당받았더라도 700만원이 아닌 1,000만원을 가지고 B와 C의 각 파산재단의 배당에 참가할 수 있다. (ㄴ) 그러나 A에게 먼저 파산선고가 있고 그로부터 300만원을 배당받은 후에 B와 C가 파산선고를 받은 경우에는 채권자는 그 당시의 채권액, 즉 700만원에 대해서만 채권을 행사할 수 있다. 파산의 경우 채권의 일부만 배당받는 것이 현실인 점에서 위 (ㄱ)의 경우에 비해 채권자에게 불리하게 되는 문제점이 있다.

b) **채권자취소권** 연대채무는 모든 채무자의 일반재산을 책임재산으로 하여 채권의 담보기능을 수행하는 점에서, 또 어느 연대채무자로부터 채권의 만족을 얻는 것이 보장되지는 않는 점에서, 어느 연대채무자가 그의 재산을 감소시켜 무자력이 되는 때에는 다른 채무자의 자력에 관계없이 채권자취소권을 행사할 수 있다(통설).

c) **채권양도** 예컨대 A에 대해 B와 C가 연대채무를 부담한다고 하자. 이때 채권양도에는 다음 두 가지 유형이 있다. (ㄱ) A가 B에 대한 채권만을 분리하여 이를 D에게 양도하는 경우이다. 이때 A는 C에 대해 채권을 가지며, D는 B에 대해 채권을 가지는데, C가 A에게 채무 전부를 변제한 때에는 연대채무에서 급부의 만족으로 인해 B의 D에 대한 채무도 소멸된다. 이러한 유형은 D가 채권의 만족을 얻지 못하거나 또는 채무자의 이중변제의 위험이 있어 실제로는 거의 활용되지 않는다. (ㄴ) 주로 활용되는 것은, A가 B와 C 모두에 대한 채권을 D에게 양도하는 경우로서, 종전 연대채무의 성질은 그대로 유지된다. 다만 그 채권양도의 통지를 B에게만 한 때에는, 그것은 상대적 효력밖에 없어, D는 C에 대해서는 그 채무의 이행을 청구할 수 없다(민법주해(X), 92면~93면(차한성)).

d) **연대채무의 공동상속** 어느 연대채무자가 사망하고 그 상속인이 여럿이 있는 경우, 상속재산은 공유라는 점에 기초하여 상속인은 상속분에 따라 분할된 범위에서 채무를 부담하는 것인지, 아니면 연대채무가 가지는 전부 급부의무의 본질상 상속인 각자가 피상속인이 부담하였던 것과 같은 상태로 연대채무를 부담하는 것인지가 문제된다. (ㄱ) 후자의 입장을 취하는 견해가 있지만(김주수, 285면), 전자의 입장을 취하는 견해도 있다(민법주해(X), 94면(차한성)). (ㄴ) 일본의 판례는, 연대채무 역시 가분채무로 보면서 공동상속인에게 당연히 분할되어 승계되고, 상속인 각자는 그 분할 승계된 범위에서 다른 채무자와 연대채무를 부담하지만, 상속인 상호간에는 연대관계는 존재하지 않는다고 한다(日最判 1959. 6. 19.)(민법주해(X), 94면(차한성)). 이 판례에 의하면, 예컨대 90만원의 연대채무를 부담하는 甲·乙 중 甲이 사망하였는데, 甲에게는 처와 3인의 자녀가 있다면, 채권자는 乙에게는 90만원, 甲의 처에게는 30만원, 자녀 3인에게는 각 20만원을 청구할 수 있다. 이 경우 채권자가 甲의 자녀 1인에게 청구를 하면 다른 공동상속인에 대해서는 효력이 없지만, 乙에게 청구하면 공동상속인 모두에게 절대적 효력이 있게 된다(민법주해(X), 94면~95면(차한성)).

2. 연대채무자 1인에게 생긴 사유의 효력

(1) 의 의

연대채무에서는 여러 채무자가 각자 독립된 채무를 부담하지만, 그것은 하나의 급부를 공통으로 하는 점에서 1인의 채무자가 그 급부를 이행하면 다른 채무자에게도 효력이 미친다. 그런데 민법은 급부의 실현을 가져오는 것 외의 사유에 대해서도 채무자 간의 구상관계의 편의 등을 고려하여 절대적 효력을 인정하고 있다(제416조 내지 제422조에서 7개의 사유를 정하고 있다). 절대적 효력의 범위를 넓게 인정하면 연대채무에 의한 채권의 담보력은 그만큼 약해지게 된다. 따라서 우리 민법은 연대채무가 가지는 채권담보의 기능보다는 오히려 연대채무자 사이의 주관적 공동관계를 더 중시하고 있는 것으로 평가되고, 이 점은 입법론상 재고의 여지가 있는 것으로 지적되고 있다.

(2) 절대적 효력

이것은 연대채무자 1인에게 생긴 사유 전부가 다른 연대채무자에게도 효력이 미치는 것과 부담부분 범위에서만 효력이 미치는 것, 둘로 나뉜다.

가) 전부에 대한 절대적 효력

a) 변제 · 대물변제 · 공탁 이에 관해서는 민법에 명문의 규정이 없지만, 급부의 실현이라는 점에서 당연히 절대적 효력이 인정된다.

b) 채권자지체 「어느 연대채무자에 대한 채권자지체는 다른 연대채무자에게도 효력이 있다」(422조). 연대채무자의 1인이 변제의 제공을 하고 이를 채권자가 수령하면 변제가 이루어져 절대적 효력이 생긴다. 그렇다면 변제의 제공이 있음에도 채권자가 수령하지 않아 채권자지체가 된 경우에도 절대적 효력을 긍정하는 것이 타당하다는 점에서 본조가 이를 정한 것이다. 따라서 다른 연대채무자에 대해서도 변제의 제공에 따른 효과, 즉 채무불이행책임을 면하고(461조), 채권자지체책임(401조~403조·538조 1항 2문)이 발생한다.

c) 이행청구 「어느 연대채무자에 대한 이행청구는 다른 연대채무자에게도 효력이 있다」(416조). 채권자가 연대채무자 1인에게 이행청구를 하면 다른 채무자에게도 청구를 한 것과 같은 효과가 발생한다. 따라서 (ㄱ) 이행청구에 따른 이행지체(387조 2항) · 시효의 중단(168조 1호)도 역시 절대적 효력이 생긴다. (ㄴ) 본조는 연대채무자의 채무가 모두 이행기가 도래한 것을 전제로 하는 것이므로, 연대채무 중에 아직 이행기가 도래하지 않은 채무자에 대하여는 그 효력이 없다. (ㄷ) 확정기한부 채무의 경우에는 이행기의 경과로 당연히 이행지체가 되므로(387조 1항 1문), 청구를 전제로 하는 효과는 문제되지 않는다.

d) 경 개更改 「어느 연대채무자와 채권자 간에 채무의 경개가 이루어진 경우에는 채권은 모든 연대채무자의 이익을 위하여 소멸된다」(417조). (ㄱ) 구채무를 소멸시키고 신채무를 성립시키려는 경개계약(500조) 당사자의 의사를 고려하여 정한 것이다. 예컨대 금전소비대차에 따른 1천만원 금전채무에 대해 A · B · C가 연대채무를 지기로 하였는데, A가 채권자와의 계약으로 종전의 채무를 소멸시키고 새로 다른 채무를 성립시키는 경우, 가령 금전의 반환에 대신하여 토지소유권을 이전해 주기로 한 때에는, 종전의 연대채무관계는 전부 소멸되고 A와 채권자 사이에 경개계약에 따른 새로운 채무만이 문제된다. 다만 경개계약에 따른 A의 출재로 인해 B와 C는 자신들의 채무를 면하게 된 것이므로, A는 B와 C에게 구상권을 행사할 수 있다(425조). (ㄴ) 학설은 경개를 변제와 같은 것으로 보지 않는다. 따라서 본조는 강행규정이 아니고, 당사자 간의 특약에 의해 상대적 효력이 있는 것으로 할 수 있다(통설).

e) 상 계相計 (ㄱ) 「어느 연대채무자가 채권자에 대하여 채권이 있는 경우에 그 채무자가 상계한 때에는 채권은 모든 연대채무자의 이익을 위하여 소멸된다」(418조 1항). 상계는 실질적으로 변제와 동일시할 수 있기 때문이다. (ㄴ) 「상계할 채권이 있는 연대채무자가 상계하지 않는 경우에는 그 채무자의 부담부분에 한하여 다른 연대채무자가 상계할 수 있다」(418조 2항). 채무자 간의 구상관계의 편의를 고려하여 '부담부분'에 대해서만 다른 채무자가 상계할 수 있는 것으로 정한 것이다. (ㄷ) 파산채권자가 파산선고 당시 채무자에 대하여 채무를 부담하는 때에는 파산절차에 의하지 않고 상계할 수 있다(채무자 회생 및 파산에 관한 법률 416조). 파산채권자가 자신의 채무는 전액 이행을 하면서 채무자에 대한 채권은 파산채권으로서 권리행사를 하는 것은 공평치 못하다는 취지에서 마련된 규정이다. 따라서 어느 연대채무자가 파산한 경우에 그가 채권자에 대해 파산선고 전에 반대채권을 가지고 있는 때에는, 그의 부담부분에 한하여 채권자는 파산절차에 의하지 않고 상계할 수 있다고 할 것이다. (ㄹ) 본조의 성격에 대해서는, 상계는 이행을 위한 편의적인 수단에 지나지 않으므로 당사자 간의 합의에 의해 절대적 효력을 배제할 수 있다는 견해(곽윤직, 167면)와, 상계는 변제에 준하는 것으로서 채권 만족에 의해 채무가 소멸된다는 점에서 그러한 배제를 부정하는 견해(김주수, 288면)로 나뉜다. 후설이 타당하다고 본다.

나) 부담부분 범위에서 절대적 효력

a) 면 제 「어느 연대채무자에 대한 채무면제는 그 채무자의 부담부분에 한하여 다른 연대채무자의 이익을 위하여 효력이 있다」(419조). (ㄱ) 채무면제에 대해 상대적 효력을 인정한다면, 전부를 이행한 채무자가 면제받은 채무자에게 구상할 것이고, 면제받은 채무자는 채권자에게 부당이득반환을 청구하게 되는 구상의 순환이 있게 되므로, 이를 피하기 위해 면제받은 채무자의 부담부분에 대해서는 절대적 효력이 있는 것으로 정한 것이다. (ㄴ) 예컨대 A · B · C 3인이 연대채무를 지는데, 이 중 A만이 부담부분이 있고 나머지는 부담부분이 없는 경우, 채권자가 A에 대해 채무를 면제한 때에는 채무 전액이 소멸하게 되어 채권자에게 매우 불리하게 된다. 따라서 채무자 간에 부담부분이 균등하지 않은 특수한 경우에는, 채권자가 그 부담부분의 비율을 안 때에만 본조가 적용된다고 보는 것이 통설적 견해이다. (ㄷ) 본조가 적용되는 「연대채무의 면제」와 구별하여야 할 것으로 「연대의 면제」(427조 2항 참조)가 있다. 연대채무의 면제는 면제받은 채무자에 대해서는 채무 전부의 면제인 데 비해(다른 연대채무자에 대해서는 부담부분의 범위에서 절대적 효력이 있다), 연대의 면제는 연대를 면제하는 것, 다시 말해 전부의 급부의무는 면해 주되 채무액을 그의 부담부분의 범위로 제한하는 것을 말한다(따라서 채무 전액에서 부담부분을 뺀 금액만큼은 채무의 면제가 있는 셈이다). 이러한 연대의 면제에는 두 가지가 있다. 하나는 모든 채무자에 대하여 연대를 면제하는 경우인데(절대적 연대면제), 이때에는 연대채무는 분할채무가 된다. 다른 하나는 어느 연대채무자에 대해서만 연대를 면제하는 것인데(상대적 연대면제), 이때에는 면제를 받은 채무자만이 그의 부담부분만을 목적으로 하는 분할채무를 질 뿐이고, 면제를 받지 않은 다른 채무자의 연대채무에는 영향을 미치지 않는다(다만 면제받은 채무자가 부담부분을 변제한 경우 절대적 효력이 있어, 전부의 급부의무에서 위 부담부분을 공제한

것의 급부의무를 지게 된다). ㈑ 본조는 강행규정이 아니며, 당사자의 특약으로 제419조의 적용을 배제하고 다른 채무자에 대해서는 채무 전액을 청구할 수 있는 것으로 할 수 있다(통설)(대판 1992. 9. 25, 91다37553). 그런데 그러한 특약은 상대적 효력이 있을 뿐이므로, 채무 전액을 변제한 다른 채무자는 면제받은 채무자에게 그의 부담부분에 대해 구상할 수 있고, 구상에 응한 그 채무자는 (면제를 이유로) 채권자에게 부당이득반환을 청구할 수 있으므로, 결과에서는 제419조가 적용되는 경우와 다를 것이 없다. 따라서 채권자가 어느 경우에도 면제받은 채무자에 대해 부당이득 반환의무를 부담하지 않기로 하는 것이 위 특약에 포함될 때 그 의미를 가질 수 있다.

〈참 고〉 민법 제419조 소정의 면제에는 '전부 면제'뿐만 아니라 '일부 면제'도 포함된다는 것이 통설 및 판례(대판 2019. 8. 14, 2019다216435)이다. 그리고 일부 면제의 경우에도 그 부담부분의 한도에서는 절대적 효력이 있다고 한다. 예컨대 甲·乙·丙·丁 4인이 A에게 100만원 연대채무를 부담하는데, 甲이 A로부터 60만원 일부 면제를 받았다고 하자. ① 절대적 효력은 면제받은 채무자가 지급해야 할 잔액과 그의 부담부분을 비교하여 결정한다. 위 예에서 甲이 지급해야 할 잔액 40만원은 그의 부담부분 25만원을 초과하므로 그의 부담부분은 감소되지 않고, 따라서 다른 채무자의 채무에도 영향을 주지 않는다(그러나 甲이 90만원을 면제받아 지급해야 할 잔액이 10만원인 경우에는 그의 부담부분은 15만원으로 되고, 이 한도에서는 절대적 효력이 있어 乙·丙·丁은 85만원 연대채무를 부담하게 된다). 따라서 乙·丙·丁은 여전히 100만원 연대채무를 지게 된다. ② 甲이 잔액 40만원을 변제하면, 부담부분의 비율에 따라 乙·丙·丁에게 각각 10만원을 구상할 수 있다. ③ 甲의 변제로 채권은 60만원으로 되고, 乙·丙·丁이 이를 변제하면 甲에게도 15만원을 구상할 수 있다. 결국 甲은 일부 면제에도 불구하고 자기의 부담부분 25만원을 부담하게 된다(그 밖의 학설의 내용에 대해서는, 민법주해(X), 116면~118면(차한성)).

b) 혼 동 「어느 연대채무자와 채권자 간에 혼동이 있는 경우에는 그 채무자의 부담부분에 한하여 다른 연대채무자도 의무를 면한다」(420조). 이것 역시 구상의 순환을 피하기 위한 것이다. 예컨대, A·B·C가 甲에게 900만원 연대채무를 지는 사례에서(부담부분은 균등), 연대채무자 A가 甲으로부터 900만원 채권을 양수한 경우에 그 채권은 혼동으로 인해 소멸된다(507조). 이 경우 다른 연대채무자 B와 C는 600만원 연대채무를 부담하는데(420조), 그 채권자는 채권을 양수한 A가 된다.

c) 소멸시효 「어느 연대채무자에 대하여 소멸시효가 완성된 경우에는 그 부담부분에 한하여 다른 연대채무자도 의무를 면한다」(421조). 연대채무에서 각 채무는 모습을 달리할 수 있고 또 청구 외에는 시효중단의 절대적 효력이 부정되므로 어느 연대채무자에 대해서만 소멸시효가 완성될 수 있다. 본조는 이 경우 구상관계의 편의를 고려하여 그 부담부분에 대해서만 절대적 효력을 인정한 것이다. 따라서 소멸시효가 완성된 채무자만이 그 전액을 부담하는 경우에는 연대채무 전부가 소멸하게 된다.

(3) 상대적 효력

㈎ 민법 제423조는, 전술한 절대적 효력이 있는 사항을 제외하고는, 어느 연대채무자에 관

한 사항은 다른 연대채무자에게 효력이 없는 것으로 하고, 이러한 효력의 상대성을 원칙으로 정한다. 연대채무에서 각 채무의 독립성에 기인하는 것인데, 문제가 되는 주요한 것은 다음과 같다. ① 어느 연대채무자에 대한 (승인 · 압류 · 가압류 · 가처분 등에 의한) 시효의 중단이나 시효의 정지는 다른 연대채무자에게 효력이 없다. 채권의 효력을 강하게 하기 위해서는 절대적 효력도 고려할 수 있지만, 그 반면 채무자의 이익을 해치는 면도 있는바, 민법은 상대적 효력을 인정함으로써 후자의 입장에 서고 있다. 다만, 이행청구는 절대적 효력이 있으므로(416조), 청구에 의한 시효중단에 한해서는 절대적 효력이 있다. 그 밖에 시효이익의 포기, 판결에 의한 시효기간의 연장도 상대적 효력이 있을 뿐이다. ② 어느 연대채무자의 과실, (이행청구 외의 원인에 의한) 채무불이행도 상대적 효력에 지나지 않는다. ③ 어느 연대채무자에 대한 채권양도의 통지, 확정판결 등도 다른 연대채무자에게는 효력이 미치지 않는다. (ㄴ) 본조는 강행규정이 아니므로, 당사자의 특약으로 그 적용을 배제하고 절대적 효력이 있는 것으로 할 수 있다(통설).

3. 대내적 효력

(1) 출재 채무자의 구상권

가) 구상권과 부담부분

a) 구상권과 그 근거 (ㄱ) 연대채무자 중의 1인이 변제나 그 밖의 자기 재산 출연(출재)으로 다른 연대채무자를 공동면책이 되게 한 경우에는, 다른 연대채무자의 부담부분에 대하여 그 상환을 청구할 수 있는데(425조 1항), 이것이 「구상권求償權」이다. (ㄴ) 연대채무에서는 채무자 각자가 채무 전부를 이행할 의무가 있으므로(413조), 그가 채권자에게 채무 전부를 이행하더라도 그것은 자기 채무의 변제에 지나지 않는다. 그렇다면 그가 다른 연대채무자에게 구상권을 가지는 근거는 무엇인가? 연대채무에서의 전부 급부의무는 담보의무이고 채무자 간의 부담부분은 고유의무라고 하는 것이 통설적 견해이다. 따라서 부담부분을 넘어 변제하는 것은 타인의 채무를 담보하는 것인 동시에 타인의 채무를 대신 변제한 것이 되므로 타인에 대해 구상권이 생기는 것으로 해석한다.

b) 부담부분 연대채무자들 사이에서는 연대채무자 각자가 행한 모든 출재에 관해 다른 연대채무자의 공동부담을 기대하는 것이 보통이다. 그리고 민법은 연대채무자 중의 한 사람이 공동면책을 이유로 다른 연대채무자에게 구상권을 행사하는 데 있어 부담부분을 넘어 변제하였을 것(공동보증인 간의 구상권에는 이것이 필요하다: 448조 2항)을 요구하지 않고 부담부분에 대해 구상권을 행사할 수 있는 것으로 규정하고 있다(425조 1항). 따라서 연대채무자 사이의 구상권 행사에 있어서 '부담부분'이란 연대채무자가 그 내부관계에서 출재를 분담하기로 한 비율을 의미한다고 볼 것이다(대판 2013. 11. 14, 2013다46023). 그러므로 채무 전부가 아닌 일부에 대해 출재가 있더라도 그 범위에서 공동면책은 생긴 것이어서 다른 연대채무자에게 부담부분 비율에 따라 구상권을 행사할 수 있다. (ㄱ) 부담부분의 비율은, 연대채무자 간의 특약 → 연대채무를 부담함으로써 얻은 이익의 비율 → 균등 추정(424조)의 순서로 정해진다(통설)(대판 2020. 7. 9, 2020다208195). (ㄴ) 부담부분은 채무자의 내부관계에서 구상

금액을 결정하는 기준이 되기도 하지만, 절대적 효력이 미치는 범위와 관련해서도 그 기준이 된다. 즉 채권자의 어느 연대채무자에 대한 채무면제 또는 어느 연대채무자에 대해 소멸시효가 완성된 때에는, 각 그 채무자의 부담부분에 한하여 다른 채무자도 채무를 면하게 된다(419조·421조). 따라서 그 채무자만이 전부를 부담하는 경우에는 결국 연대채무 전체가 소멸하게 되고, 이것은 그러한 부담부분(비율)을 알지 못하는 채권자에게 불측의 손해를 줄 수 있다. 그래서 특약 등에 의해 부담부분이 균등하지 않을 때에는, 채권자가 그러한 내용을 알 수 있는 때에만 이를 주장할 수 있다고 보는 것이 통설이다. (ㄷ) 정해진 부담부분을 변경하는 경우에 채권자에게 대항할 수 있는 근거(내지 방법)에 관하여는 학설이 나뉜다. 제1설은 채권양도의 규정(450조)을 유추하여 채권자에게 이를 통지하거나 채권자가 승낙하면 되는 것으로 보고(곽윤직, 170면; 김증한·김학동, 235면; 김상용, 310면), 제2설은 채무자와의 계약에 의한 채무인수의 규정(454조)을 유추하여 채권자의 승낙이 필요한 것으로 해석한다(김용한, 320면; 김주수, 297면; 김형배, 472면; 현승종, 246면). 채권자를 보호하기 위해서는 제2설이 타당하다고 본다.

나) 구상권의 성립요건

a) **공동면책** 어느 연대채무자가 모든 연대채무자를 위하여 채무를 소멸케 하거나 감소케 하는 것, 즉 공동의 면책이 되게 하여야 한다. 보증채무에서는 일정한 경우에 보증인이 사전구상권을 행사할 수 있으나(442조), 연대채무에서는 공동면책이 있기 전에는 구상권이 인정되지 않는다.

b) **자기의 출재** 공동면책은 어느 연대채무자의 변제나 그 밖의 자기의 출재로 인한 것이어야 한다. 출재는 자기 재산의 감소로 타인의 재산을 증가케 하는 것으로서, 채무자가 재산을 적극적으로 지출하는 것과 소극적으로 새로운 채무를 부담하는 것을 포함한다. 따라서 변제 외에 대물변제·공탁·상계·경개는 출재에 해당한다. 면제나 시효의 완성은 부담부분의 범위에서는 절대적 효력이 있지만, 그것은 출재로 인한 것이 아니므로 구상권은 발생하지 않는다. 혼동의 경우에는 그것이 출재로 인해 발생한 것, 예컨대 어느 연대채무자가 채권을 매수하여 혼동으로 연대채무가 소멸된 때에는 출재로 볼 수 있어 구상권이 발생한다.

c) **출재가 부담부분을 넘어야 하는지 여부** (전술한 대로) 판례는, 연대채무자들 사이에서는 연대채무자 각자가 행한 모든 출재에 관하여 다른 연대채무자의 공동부담을 기대하는 것이 보통이고, 따라서 민법 제425조 1항 소정의 '부담부분'이란 연대채무자가 그 내부관계에서 출재를 분담하기로 한 비율을 말한다고 한다(그 결과 일부 공동면책이 되게 한 연대채무자는 이미 일부 공동면책이 되게 한 다른 연대채무자에 대해서도 구상권을 행사할 수 있다)(대판 2013. 11. 14, 2013다46023). 예컨대 A·B·C가 균등한 부담으로 90만원 연대채무를 지는데 A가 60만원 일부 변제를 한 경우, 그 60만원은 각자의 부담부분 비율 1/3에 따라 B에게 20만원, C에게 20만원이 할당되므로, A는 B에게 20만원, C에게 20만원을 구상할 수 있다.

다) 구상권의 범위

a) 어느 연대채무자가 출재를 한 경우, 여기에는 다음의 것이 포함된다. (ㄱ) 부담부분을 전

채무에 대한 분수적 비율로 이해하는 한, 「출재액」은 그 액수를 불문하고 구상할 수 있다. 다만 그것은 채무액을 한도로 한다(예: 50만원의 연대채무에 대해 어느 연대채무자가 100만원 상당의 물건으로 대물변제를 한 경우에는 50만원이, 또 30만원의 물건으로 대물변제를 한 경우에는 (그로 인해 채무가 소멸되더라도) 30만원이 출재액이 된다). (ㄴ) 위 출재액에 대한 면책된 날 이후의 「법정이자」, 변제 등에 소요된 피할 수 없는 「비용」(이 비용에 대하여도 법정이자를 가산한다), 그 밖의 「손해」(예: 채권자로부터의 소송비용 · 집행비용 등) 등이 출재액에 가산된다(425조 2항).

b) 출재한 채무자는 위 (ㄱ)과 (ㄴ)의 합산액을 연대채무자 간의 부담부분(비율)에 따라 나눈 것을 다른 연대채무자에게 구상할 수 있다.

(2) 구상권의 제한

어느 연대채무자가 채권자에게 변제(기타 출재)를 하고자 할 때에는 「사전」에 그 사실을 다른 연대채무자에게 통지하여야 하고, 변제를 한 후에는 「사후」에 그 사실을 다른 연대채무자에게 통지하여야 한다(426조). 즉 사전과 사후, 두 번의 통지를 하여야 한다. 이 통지 자체가 구상권의 성립요건은 아니지만, 이 통지를 하지 않은 경우에는 구상권의 행사에 제한을 받는 점에서 일종의 간접의무(책무)에 해당한다고 볼 수 있다.

가) 사전통지를 하지 않은 경우

(ㄱ) 어느 연대채무자가 사전통지를 하지 않고 변제를 한 후에 다른 연대채무자에게 구상권을 행사하는 경우, 다른 연대채무자가 채권자에게 대항할 수 있는 사유(예: 동시이행의 항변, 변제기의 미도래, 원인행위의 무효 또는 취소 등)가 있었을 때에는, 자기의 「부담부분」의 한도에서 그 사유로써 구상권자에게 대항할 수 있다(426조 1항 전문). 다른 연대채무자가 모르는 사이에 일방적으로 항변권을 잃게 되는 것을 방지하기 위함이다. 따라서 통지가 없더라도 그 변제한 사실을 안 채무자에 대하여는 따로 사전통지가 필요 없다는 것이 통설이다. (ㄴ) 위 대항사유가 「상계」인 때에는, 상계로 소멸될 채권은 면책행위를 한 연대채무자에게 이전된다(426조 1항 후문). 예컨대 A · B · C가 균등한 부담부분으로 甲에 대해 90만원의 연대채무를 부담하는 경우, A가 B · C에게 사전통지를 하지 않고서 변제를 하였는데, B가 甲에 대해 40만원의 반대채권을 가지고 있는 때에는, B는 자기의 부담부분인 30만원에 한해 甲에 대한 반대채권으로써 A의 구상권과 상계할 수 있고, 이 경우 B의 甲에 대한 30만원의 채권은 A에게 이전된다.

나) 사후통지를 하지 않은 경우

어느 연대채무자가 사전통지를 하고서 변제는 하였지만 그 변제한 사실을 사후에 다른 연대채무자에게 통지하지 않은 경우, 다른 연대채무자가 사전통지를 하고서 선의로 변제를 한 때에는 자기의 면책행위의 유효를 주장할 수 있다(426조 2항). 다만 이것은 사후통지를 하지 않은 채무자에 대해서만 그 유효를 주장할 수 있는 '상대적 효력'을 가진다는 것이 통설이다.[1)]

---

1) 예컨대 A · B · C가 균등 부담으로 90만원 연대채무를 지는데, A가 전액을 변제하고서 사후통지를 하지 않은 상태에서 B가 사전통지를 하고서 선의로 역시 전액을 변제하였다고 하자. 통설에 의하면 다음과 같이 처리된다. 1) B는 A에게 30만원을 구상할 수 있다. 2) C에 대하여는 먼저 변제를 한 A가 30만원을 구상할 수 있다(B도 구상할 수 있게 하면 C는 아무런 과실 없이 이중의 구상을 당하게 되는 문제가 생긴다). A가 C로부터 구상한 금액에 대해 B는 A에

다) 사후통지 없는 동안에 사전통지 없이 한 출재의 경우

어느 연대채무자가 출재를 하고 사후통지를 하지 않은 동안에, 다른 연대채무자가 사전통지 없이 출재를 한 경우, 양자간의 관계에 대해서는 민법에 정함이 없다. 민법 제426조는 사전통지 또는 사후통지의 어느 하나가 없는 경우에 관한 규정이기 때문이다. 통설은 일반원칙에 따라 먼저 출재가 있은 것만이 유효한 것으로 해석한다.

(3) 구상권의 확장

a) 구상권의 양적 확장 연대채무자 중에 상환할 자력이 없는 자가 있는 경우에는, 그 채무자의 부담부분은 구상권자와 자력이 있는 다른 채무자가 각자의 부담부분에 비례하여 분담한다(427조 1항 본문). 예컨대 A · B · C가 균등한 부담부분으로 甲에게 90만원 연대채무를 부담하는 사례에서 A가 90만원을 변제하고 B와 C에게 각각 30만원씩 구상하려는데 C가 무자력인 경우에는, C의 부담부분 30만원은 A와 B가 각자의 부담부분에 비례하여, 즉 15만원씩 부담한다(결국 A는 B에게 45만원을 구상할 수 있다). 다만, 구상권자에게 과실이 있는 경우(예: A가 구상 시기를 놓쳤기 때문에 C가 무자력으로 된 경우)에는 다른 연대채무자에게 분담을 청구하지 못한다(427조 1항 단서).

b) 구상권의 인적 확장 상환할 자력이 없는 채무자의 부담부분을 분담할 다른 채무자가 채권자로부터 '연대의 면제'를 받은 때에는, 그 채무자가 분담할 부분은 채권자가 부담한다(427조 2항). 위의 예에서 B가 채권자로부터 연대의 면제를 받은 경우(따라서 B의 채무액이 부담부분인 30만원으로 되는 것), B가 분담할 15만원은 채권자가 부담한다(그 결과, A는 B에게 30만원, 채권자에게 15만원을 구상할 수 있다).

(4) 구상권자의 대위

연대채무에서 채무자 각자는 전부를 급부할 의무를 부담하지만, 그 변제는 다른 채무자의 부담부분에 대하여는 타인의 채무의 변제가 된다. 따라서 변제를 한 연대채무자는 변제할 정당한 이익이 있는 자로서 변제로 당연히 채권자를 대위하여(481조), 구상권의 범위에서 채권자의 권리(채권 및 담보권)를 행사할 수 있다(482조). 그 결과 변제를 한 채무자는 채무자 간의 내부관계에 기초한 구상권과 채권자의 권리를 대위함에 따른 채권자의 권리, 두 가지를 가지게 된다 ('변제자의 대위'에 관해서는 p.72에서 전술하였다).

사례의 해설 (ㄱ) 甲 · 乙 · 丙 간의 채무관계: 甲과 乙이 그 전원에게 상행위가 되는 행위로 인하여 채무를 부담한 것이므로 연대채무를 지고(상법 57조 1항), 丙은 주채무가 상행위로 인한 것이므로 연대보증채무를 진다(상법 57조 2항). 따라서 대출금 3억원에 대해 甲 · 乙 · 丙은 연대하여 변제할 책임이 있다. (ㄴ) 소멸시효: 은행의 대출금은 상사채무로서 5년의 소멸시효가 적용되므로(상법 64조), 2018. 1. 6. 소멸시효가 완성된다. (ㄷ) A의 상계: 어느 연대채무자가 채권자에게 갖는 채권으로 상계한 때에는 다른 연대채무자에게도 효력이 있어(418조 1항), A의 상계로 甲 · 乙 · 丙은 남은 1억 8천만원에 대해 연대책임을 진다. (ㄹ) A가 甲의 B에 대한 정기예금채권을 압류 · 전부: 그 전에 C의 가압류가 있

게 부당이득반환을 청구할 수 있다. 3) B는 채권자에 대해 90만원 부당이득반환을 청구할 수 있지만, A로부터 구상 내지는 반환받은 한도에서 그 반환청구권은 A에게 이전된다.

었으므로 전부명령은 무효이다(민사집행법 229조 5항). 따라서 채무 소멸의 효과는 생기지 않는다(민사집행법 229조 3항). 그러나 전부명령만 무효일 뿐 압류의 효력은 있어 시효중단의 효력은 있다. 따라서 A의 甲에 대한 채권의 소멸시효는 중단되고, 이것은 연대보증인 丙에게도 효력이 있다(440조). 그러나 다른 연대채무자 乙에게는 효력이 없고(423조), 乙의 채무는 2018. 1. 6.이 지남으로써 시효로 소멸된다. 이 경우 그 부담부분에 한하여 다른 연대채무자도 채무를 면하므로(421조, 424조), 甲은 9천만원을 변제할 책임을 지게 된다. 그리고 丙도 이 금액을 변제할 책임을 진다. (ㅁ) 乙은 시효이익을 포기함으로써 1억 8천만원을 변제할 책임이 있다. 乙의 시효이익의 포기는 甲과 丙에게는 효력이 없는, 상대적 효력만 있을 뿐이다. (ㅂ) 결론: A은행은 甲에게 9천만원, 乙에게 1억 8천만원, 丙에게 9천만원을 청구할 수 있다. 사례 p. 297

Ⅳ. 부진정연대채무 不眞正連帶債務

사 례 1) 건축자재 중개업자인 甲은 乙을 직원으로 고용하여 건축자재 중개업을 하고 있다. 乙은 건축자재 공급업자 丙으로부터 건축자재 공급계약의 체결 및 물품대금의 수령에 관한 대리권을 수여받은 후, 甲의 사무소에서 丙을 대리하여 丁과 건축자재 공급계약을 체결하였다. 乙은 丁으로부터 甲 명의의 업무용 은행계좌로 건축자재 공급계약에 따른 물품대금 5억원을 받고서 甲 모르게 5억원을 인출하여 자신의 채권자 戊에 대한 채무변제로 5억원을 모두 사용하였다. 2) 乙의 횡령 사실을 알게 된 丙은 甲을 상대로 물품대금 상당액인 5억원을 지급하라는 손해배상청구소송을 제기하는 한편, 乙로부터 1억원을 받은 후 乙에 대해서는 채무를 면제해 주었다. 위 손해배상청구소송에서 丙은 乙에게 물품대금의 수령권한을 주면서도 그 사실을 甲에게 알리지 않았으며, 乙은 이러한 점을 악용하여 甲 모르게 5억원을 횡령한 사실이 드러났다. 丙의 과실비율은 50%로 인정되었다. 3) 丙이 甲을 상대로 제기한 손해배상청구소송에서 법원은 어떠한 판단을 하여야 하는지, 결론과 논거를 기재하시오. (20점)(2022년 제1차 변호사시험 모의시험) 해설 p. 313

1. 부진정연대채무의 의의

채무의 성질은 분할할 수 있는 것임에도 수인의 채무자 각자가 채무 전부를 이행할 의무를 지는 점에서는 연대채무와 같지만, 그 수인의 채무자 간에 연대채무에서처럼 채무를 공동으로 부담한다고 하는 주관적 공동관계가 없는 점에서 연대채무와 다른데, 통설 · 판례는 민법에서 명문으로 정하고 있지는 않지만 이를 '부진정연대채무'라고 하여 연대채무와 구별한다. 부진정연대채무는 다음의 점에서 연대채무와 차이가 있다. 첫째, 채무자 1인에게 생긴 사유는 급부의 실현을 가져오는 것(변제 등) 외에는 상대적 효력이 있을 뿐이다. 둘째, 채무자 간에 채무를 내부적으로 분담한다고 하는 부담부분이 없어 (이에 기초해서는) 어느 채무자가 채무 전부를 이행하였다고 하더라도 다른 채무자에게 구상권을 행사할 수 없다.

2. 부진정연대채무의 성립

부진정연대채무는 서로 별개의 원인으로 발생한 독립된 채무라 하더라도 동일한 경제적 목적을 가지고 있고 서로 중첩되는 부분에 관하여 일방의 채무가 변제 등으로 소멸될 경우 타방의 채무도 소멸되는 관계에 있으면 성립할 수 있고, 반드시 양 채무의 발생원인, 채무의 액수 등이 서로 동일할 것을 요하지 않는다(대판 2009. 3. 26, 2006다47677).

〈예〉 ① 채무불이행책임과 불법행위책임이 경합하는 경우이다. 가령, 임치물을 도난당한 경우에 수치인의 채무불이행에 의한 손해배상의무와 도둑의 불법행위에 의한 손해배상의무, 임대인의 이행보조자가 임차인으로 하여금 임차목적물을 사용 · 수익하지 못하게 함으로써 임대인은 채무불이행책임을 지고 그 이행보조자는 불법행위책임을 지는 경우(대판 1994. 11. 11, 94다22446), 인화성 물질 등이 산재한 밀폐된 신축 중인 건물 내부에서 용접작업 등 화재 발생 우려가 많은 작업을 하던 중 화재가 발생하여 피용자가 사망한 사고에서, 공사수급인은 건물의 점유자로서 그 보존상의 하자에 따른 불법행위로 인한 손해배상책임을, 사용자는 피용자의 안전에 대한 보호의무를 다하지 아니한 데 따른 채무불이행으로 인한 손해배상책임을 지는 경우(대판 1999. 2. 23, 97다12082). ② 계약상의 채무와 제3자의 불법행위로 인한 손해배상채무가 경합하는 경우이다. 가령, 타인의 주택을 소실케 한 경우에 실화자의 손해배상채무와 보험회사의 보험금 지급의무, 금융기관이 회사 임직원의 대규모 분식회계로 그 회사의 재무구조를 잘못 파악하고 대출을 해 준 경우에 회사의 대출금채무와 회사 임직원의 손해배상채무의 관계(대판 2008. 1. 18, 2005다65579). ③ 채무불이행으로 인한 손해배상채무가 경합하는 경우이다. 동일한 공사에서 공사감리자의 감리계약에 따른 채무불이행으로 인한 손해배상채무와 공사시공자의 도급계약에 따른 채무불이행으로 인한 손해배상채무는 서로 별개의 원인으로 발생한 독립된 채무이나 동일한 경제적 목적을 가진 채무이므로 서로 중첩되는 부분에 관하여 부진정연대채무의 관계에 있다(대판 2017. 12. 28, 2014다229023). ④ 불법행위로 인한 손해배상채무가 경합하는 경우이다. 민법에 규정된 것으로, 법인의 불법행위책임과 대표기관 개인의 책임(35조 1항), 법인이 목적 범위를 벗어난 행위로 타인에게 손해를 입힌 경우의 대표기관 등의 책임(35조 2항), 임무를 게을리한 이사들의 책임(65조), 피용자의 불법행위로 인한 배상의무와 사용자(및 대리감독자)의 책임(750조 · 756조), 책임무능력자의 불법행위에 대한 감독자와 대리감독자의 책임(755조), 동물의 가해행위에 대한 점유자와 보관자의 책임(759조), 공동불법행위자의 책임(760조) 등이 있다. ⑤ 병존적 채무인수의 경우에도 인수인이 채무자의 부탁 없이 채권자와의 계약으로 채무를 인수하는 때에는, 인수인과 채무자는 부진정연대채무를 진다. ⑥ 어떤 물건에 대하여 직접점유자와 간접점유자가 있는 경우, 그에 대한 점유 · 사용으로 인한 부당이득 반환의무는 동일한 경제적 목적을 가진 채무로서 서로 중첩되는 부분에 관하여는 일방의 채무가 변제 등으로 소멸되면 타방의 채무도 소멸되는 부진정연대채무의 관계에 있다(대판 2012. 9. 27, 2011다76747).

3. 부진정연대채무의 효력

(1) 대외적 효력

연대채무의 대외적 효력에 관한 민법 제414조가 유추적용된다(통설). 따라서 채권자는 채무자 1인에게 또는 동시나 순차로 모든 채무자에게 채무의 전부나 일부의 이행을 청구할 수 있다.

(2) 부진정연대채무자 1인에게 생긴 사유의 효력

부진정연대채무에서도 급부는 한 개이기 때문에, 급부의 실현을 가져오는 사유는 절대적 효력이 있다. 그러한 것으로 통설과 판례는 「변제 · 대물변제 · 공탁 · 상계」 네 가지를 든다.[1] 연대채무에서 절대적 효력이 있는 것, 즉 '이행청구 · 경개 · 면제 · 혼동 · 소멸시효 · 채권자지체'(416조~417조 · 419조~422조)는 부진정연대채무에서는 상대적 효력이 있을 뿐이다. 부진정연대채무에서 채무자 1인에 대한 재판상 청구 또는 채무자 1인이 한 채무의 승인 등 소멸시효의 중단사유나 시효이익의 포기는 다른 채무자에게 효력이 미치지 않는다(대판 1997. 9. 12, 95다42027; 대판 2017. 9. 12, 2017다865). 그리고 부진정연대채무에서 각 채무는 독립된 것이므로, 채권자가 어느 채권을 양도하더라도 다른 채권이 이에 종속되는 것은 아니다(대판 2008. 1. 18, 2005다65579).

✽ 금액이 서로 다른 부진정연대채무에서 다액 채무자가 일부 변제를 한 경우 먼저 소멸되는 부분

가령 사용자배상책임에서 피용자의 손해배상의무와 사용자의 손해배상의무는 별개의 채무일 뿐만 아니라 과실상계를 한 결과, 피용자와 사용자가 피해자에게 배상하여야 할 손해액의 범위가 각기 달라질 수 있다(대판 1994. 2. 22, 93다53696). 또한 공동불법행위자들의 피해자에 대한 과실비율이 달라 손해배상액이 각자 다른 경우도 있다. 여기서 어느 누구가 채무의 전부 또는 일부를 변제한 경우에 다른 채무자의 채무는 어느 범위에서 소멸되는지 문제된다.

(ㄱ) 금액이 서로 다른 부진정연대채무에서 소액 채무자가 일부 변제를 한 경우, 다액 채무자와 공동으로 부담하는 부분에 관해 변제충당의 원칙에 따라 지연손해금, 원본의 순서로 변제에 충당되고, 부진정연대채무에서도 그 변제는 절대적 효력이 있으므로, 이로써 다액 채무자의 채무도 지연손해금과 원금이 같은 범위에서 소멸하게 된다(대판 2012. 2. 9, 2009다72094; 대판 2024. 3. 12, 2019다29013).

(ㄴ) 1) 반대로 다액 채무자가 그의 채무의 일부를 변제한 경우에 관해서는 견해가 나뉜다. 즉 ① 다른 채무자와 공동으로 부담하는 부분의 채무가 소멸된다는 견해(내측설), ② 공동으로 부담하지 않는 부분, 즉 다액 채무자만이 단독으로 부담하는 부분의 채무만이 소멸된다는 견해(외측설), ③ 각 채무자의 과실비율에 따라 소멸된다는 견해(안분설)가 그것이다. ①은 채무자에게, ②는 채권자에게 각각 유리한 것이 된다. 이 문제에 대해 종전의 판례는 ③의 안분설을 취하였다.

---

1) 판례는 종전에는 「상계」에 대해 절대적 효력을 부정하였었는데 후에 이를 인정하는 것으로 입장을 바꾸었다. 즉, 甲이 A와 B의 공동과실로 인한 자동차사고로 부상을 당해 2,200만원의 손해를 입게 되었는데, A는 甲에 대한 1,050만원의 반대채권으로 위 손해배상채무와 상계를 하였고, 여기서 B는 甲에게 2,200만원을 배상하여야 하는지 아니면 A의 상계로 인한 채무 소멸의 효력은 B에게도 미쳐 1,150만원을 지급하면 되는지 문제된 사안에서, 상계를 급부의 실현을 가져오는 변제 등과 같은 범주에 속하지 않는 것으로 보아, 또 부진정연대채무는 연대채무와 달라서 연대채무에서의 상계의 절대적 효력에 관한 규정(418조 1항)이 부진정연대채무에는 적용되지 않는다는 이유로, A가 한 상계는 B에게는 효력이 없어 B는 2,200만원을 배상하여야 한다고 보았었다(대판 1989. 3. 28, 88다카4994. 같은 취지로 대판 1996. 12. 10, 95다24364; 대판 2008. 3. 27, 2005다75002). 그런데 그 후의 판례에서, 「부진정연대채무자 중 1인이 자신의 채권자에 대한 반대채권으로 상계를 한 경우에도 채권은 변제, 대물변제 또는 공탁이 행하여진 경우와 동일하게 현실적으로 만족을 얻어 그 목적을 달성하는 것이므로, 그 상계로 인한 채무 소멸의 효력은 소멸된 채무 전액에 관하여 다른 부진정연대채무자에게도 미친다」고 하면서, 위 종전의 판례를 모두 변경하였다(대판(전원합의체) 2010. 9. 16, 2008다97218).

유의할 것은, 연대채무에서 상계의 절대적 효력을 규정한 민법 제418조 1항은 부진정연대채무에도 적용되지만, 민법 제418조 2항은 적용되지 않는다는 점이다. 동 조항은 연대채무에서 채무자 각자에게 부담부분이 있다는 것을 전제로 하는 것인데, 부진정연대채무자 사이에는 고유의 의미에 있어서의 부담부분이 존재하지 않으므로 위 조항은 적용되지 않고, 따라서 어느 부진정연대채무자가 채권자에 대해 상계할 채권을 가지고 있는데 상계하지 않고 있다고 하더라도 다른 부진정연대채무자가 그 채권을 가지고 상계할 수는 없다(대판 1994. 5. 27, 93다21521).

이것이 손해배상에서의 지도원리인 공평의 원칙과 신의칙에 합당하다고 보았다(대판 1995. 3. 10, 94다5731; 대판 1995. 7. 14, 94다19600; 대판 1999. 2. 12, 98다55154). 그런데 그 후의 판례는 ②의 외측설을 취하고 있다. 그것이 당사자의 의사와 채무 전액의 지급을 확실히 확보하려는 부진정연대채무 제도의 취지상 타당하다는 것이다(대판 2000. 3. 14, 99다67376; 대판 2010. 2. 25, 2009다87621). 2) 예컨대 피용자가 입힌 피해자의 손해액이 100만원, 피해자에 대한 관계에서 사용자의 과실비율이 70%라면 사용자의 손해배상채무는 70만원이 되는데, 피용자가 40만원을 변제하였을 경우 사용자의 잔존 손해배상채무는, ① 내측설에 의하면 70만원－40만원=30만원이 되고, ② 외측설에 의하면 변제액 40만원 중 부진정연대의 관계에 있지 않는 피용자만의 채무금 30만원에 우선 충당되고 남은 10만원이 부진정연대의 관계에 있는 채무에 충당되므로, 즉 70만원－10만원=60만원이 되며, ③ 안분설에 의하면 변제액의 70%인 28만원을 공제한 것, 즉 70만원－28만원=42만원이 된다. 그런데 피용자가 일부 변제 후 무자력이 되었을 경우 피해자는, 내측설에 의하면 합계 70만원을, 외측설에 의하면 합계 100만원을, 안분설에 의하면 합계 82만원을 받게 된다.[1] 여기서 피해자 보호와 채무 전액의 지급을 확실히 확보하려는 부진정연대채무의 취지에 비추어 보면 ②의 외측설이 타당하다고 할 것이다. 대법원도 외측설로 입장을 정리하면서 안분설을 취한 종전 판례를 모두 변경하였다(대판(전원합의체) 2018. 3. 22, 2012다74236).[2]

(3) 대내적 효력

부진정연대채무자 사이에는 채무를 공동으로 부담한다고 하는 주관적 공동관계가 없고 그래서 부담부분도 없기 때문에, 이를 전제로 하는 연대채무에서와 같은 구상관계는 발생하지 않는다. 다만 법률의 규정 또는 판례이론을 통해 구상권과 유사한 법률관계가 성립하는 수는 있다. 즉, (ㄱ) 보험금액을 지급한 보험자는 손해를 발생시킨 제3자에 대한 피보험자의 권리(손해배상청구권)를 취득하고(보험대위: 상법 682조), 수치인의 과실로 목적물을 도난당한 경우에 이를 배상하면 그 물건에 갈음하는 것으로서 소유자의 절도범에 대한 손해배상청구권을 취득하며(손해배상자의 대위(399조) 또는 변제자의 대위(481조)로서), 법인이 배상책임을 진 때에는 대표기관의 임무 위반을 이유로 손해배상을 청구할 수 있고(65조), 사용자가 배상을 한 때에 불법행위를 한 피용자에 대한 구상권을 인정한 것(756조 3항) 등이 그러하다. (ㄴ) 공동불법행위의 경우, 판례는 형평의 관점에서 공동불법행위자 간에 그 과실의 비율에 따른 부담부분이 있는 것으로 본다. (ㄷ) 나아가 판례는 「부진정연대채무의 관계에 있는 복수의 책임주체 내부관계에 있어서는 형평의 원칙상 일정한 부담부분이 있을 수 있으며, 그 부담부분은 각자의 고의 및 과실의 정도에 따라 정하여지는 것으로서, 부진정연대채무자 중 1인이 자기의 부담부분 이상을 변제하여 공동의 면책을 얻게 하였을 때에는 다른 부진정연대채무자에게 그 부담부분의 비율에 따라 구상권을 행사할 수 있다」고 한다(A의 경비용역계약상 채무불이행으로 인한 손해배상채무와 B의 절도라는 불법행위로 인한 손해배상채무는 부진정연대의 관계에 있고, A의 부담부분을 20%, B의 부담부분을 80%로 인정한 사안임)(대판 2006. 1. 27, 2005다19378). (ㄹ) 한편 구상요건으로서의 통지에 관해서는, 출연 분담에 관한

---

1) 이 부분에 관해서는 김영태, "사용자책임과 본인의 책임과의 관계", 대법원판례해설 제21호, 197면 이하.

2) A는 공인중개사 B를 통해 임대차계약을 맺으면서 B의 중개보조원 C에게 임대차보증금 잔금을 수령할 권한을 위임하면서 그 돈으로 자신의 대출금을 변제해 달라고 부탁하였는데, C는 그 돈을 횡령했다. C의 불법행위에 대해 B도 사용자로서 손해배상책임을 지게 되는데 A의 과실이 참작되어 50%만 부담하게 되었다. 그 후 C가 횡령한 임대차보증금 잔금 중 일부를 변제하였다. 이 경우 B가 부담할 손해배상액이 얼마인지 다투어진 사안이다.

주관적인 밀접한 연관관계가 없고 단지 채권 만족이라는 목적만을 공통으로 하고 있는 부진정연대채무에 있어서는, (연대채무에 관한) 민법 제426조의 규정을 유추적용할 수는 없다(대판 1998. 6. 26, 98다5777).

사례의 해설 (ㄱ) 甲은 피용자 乙이 건축자재 중개와 관련하여 한 횡령행위에 대해 사용자책임을 진다(甲의 사무소에서 건축자재 공급계약이 체결되고, 甲 명의 업무용 예금계좌로 물품대금이 입금된 점에서 직무관련성이 인정된다)(756조 1항). (ㄴ) 甲은 사용자책임을 지고, 乙은 고의의 불법행위에 따른 손해배상책임을 지며, 양자는 부진정연대채무 관계에 있다. (ㄷ) 피해자 丙에게 과실이 있어 과실상계를 하더라도, 乙은 고의의 영득행위자로서 과실상계를 주장할 수 없다(대판(전원합의체) 2013. 9. 26, 2012다1146, 1153). 한편, 甲이 사용자책임을 지더라도 甲 자신의 고의의 불법행위는 아니므로, 甲은 丙의 과실을 물어 과실상계를 주장할 수 있다(대판 2002. 12. 26. 2000다56952). 따라서 甲은 2억 5천만원, 乙은 5억원 손해배상채무를 부담한다. (ㄹ) 이 상태에서 다액 채무자인 乙이 1억원을 丙에게 일부 변제한 경우, 그 1억원은 부진정연대의 관계에 있지 않은 乙만의 채무금 2억 5천만원에 충당되므로, 甲은 여전히 2억 5천만원의 채무를 부담한다(대판(전원합의체) 2018. 3. 22, 2012다74236). 한편 부진정연대채무자 중 1인에 대한 채무면제는 상대적 효력이 있을 뿐이어서, 丙의 乙에 대한 채무면제는 甲에게는 효력이 없다. (ㅁ) 법원은 '甲은 丙에게 2억 5천만원을 지급하라'고 판결하여야 한다. 사례 p. 309

V. 연대채권連帶債權

1. 연대채무에 대응하는 것으로서 학설은 연대채권의 개념을 인정한다. 연대채권은 채권자 각자가 급부의 전부나 일부의 이행을 청구할 수 있고, 그에 따라 급부를 수령하면 다른 채권자의 채권도 소멸되는 다수 당사자의 채권관계이다. 불가분채권과 유사하지만, 불가분채권은 급부의 불가분성에 기인하는 데 비해 연대채권은 그에 구애받지 않는 점에서 구별된다.

2. 학설은 계약자유의 원칙상 당사자의 합의에 의해 연대채권을 성립시킬 수 있는 것으로 보지만, 우리 민법은 이를 규정하고 있지 않다. 실제상의 필요가 적을 뿐 아니라, 채권자 1인이 급부 전부를 수령함으로써 다른 채권자가 그 이익을 분배받지 못하게 될 위험이 있는 점에서도 이를 인정할 실익이 크지 않다.

제 5 절 보증채무保證債務

Ⅰ. 보증채무의 의의와 성질

1. 의 의

(1) 보증채무에서 보증인은 주채무자가 이행하지 않는 채무를 이행할 의무가 있다(428조 1항). 하나의 급부에 대해 주채무자와 보증인(보증채무자) 2인의 채무자가 각각 채무를 지는 점에서 보증채무는 주채무와는 독립된 별개의 채무로 되어 있지만, 주채무의 이행을 담보하는 것을 목적으로 하는 점에서 주채무에 종속하는 성질(부종성)도 함께 가지며, 이 점에서 부종성이 없는 분할채무 · 불가분채무 · 연대채무와는 다르다. 보증채무는 물적 담보제도와 함께 채권의 담보수단으로 널리 활용되고 있으며, 보증인의 일반재산이 강제집행의 대상이 되는 점에서 이를 '인적 담보'라고 부른다.

(2) (ㄱ) '금전채무에 대해 아무런 대가 없이 호의로 하는 보증'에 대해서는, 채무자의 파산으로 보증인이 경제적 · 정신적 피해를 입는 것을 방지하기 위해 민법상의 보증채무에 대한 특례로서 「보증인 보호를 위한 특별법」(2008년 법 8918호)이 제정되었다. 동법은 보증채무 최고액의 특정 · 채권자의 통지의무 · 근보증 · 보증기간 · 채권자가 금융기관인 경우의 특칙 등을 규정하고 있다(이에 대해서는 p.340 이하에서 설명한다). (ㄴ) 이러한 특칙은 민법에도 영향을 미치게 된다. 그래서 2015년에 민법을 개정하여(2015년 법 13125호), 보증의 방식(428조 의2) · 근보증(428조 의3) · 취소할 수 있는 채무의 보증(436조 삭제) · 채권자의 정보제공의무와 통지의무(436조 의2) 등을 정하였다. 그런데 이들 내용은 위 특별법의 내용과 같거나 유사한 점에서, 특별법으로 존속하는 것이 의미가 크지 않게 되었다.

2. 보증채무의 법적 성질

(1) 별개의 채무(독립성)

보증채무는 주채무와는 별개의 독립된 채무이다. 그러므로 보증채무를 다시 보증하는 부보증副保證도 가능하고, 주채무가 민사채무이고 보증채무가 상사채무인 경우에는 각각의 소멸시효기간은 다르다. 보증채무 자체의 이행지체로 인한 지연손해금은 보증한도액과는 별도로 부담하고, 보증채무의 연체이율에 관해 특별한 약정이 있으면 그에 따르고 그 약정이 없으면 상법 또는 민법에서 정한 법정이율이 적용될 뿐 주채무에 관해 약정된 연체이율이 보증채무에도 적용되는 것은 아니다(대판 2003. 6. 13, 2001다29803). 또 보증채무에 대해 따로 위약금 그 밖의 손해배상액을 미리 정할 수도 있다(429조 2항).

(2) 내용의 동일성

하나의 급부에 대해 주채무와 보증채무가 있는 것이므로, 보증채무는 주채무와 동일한 내용의 급부를 목적으로 한다. 따라서 주채무는 보증인도 이행할 수 있는 '대체적 급부'여야 하는 것이 원칙이다. 예컨대 주채무가 맥주 1상자의 인도채무(종류채무)처럼 대체성이 있는 때에는 보증인도 그 채무를 부담할 수 있고, 반드시 금전채무에 한해서만 보증채무가 성립하는 것은 아니다. 매도인의 부동산소유권 이전의무와 같은 '부대체적 급부'를 목적으로 하는 채무를 보증한 때에는, 주채무의 불이행으로 인한 금전 손해배상채무를 보증한 것으로 해석한다(통설).

(3) 부종성附從性

보증채무는 주채무의 이행을 담보하는 것을 목적으로 하는 것이어서 주채무에 종속한다. 보증채무가 분할채무 · 불가분채무 · 연대채무와 다른 점이다.

a) 성립상의 부종성 보증채무의 성립과 소멸은 주채무와 그 운명을 같이한다. 따라서 주채무가 무효 · 취소 · 소멸된 때에는 보증채무도 무효가 되고 소멸된다.[1]

b) 내용상의 부종성 보증채무는 내용상으로도 주채무에 대하여 주종의 관계에 있다. 이를 기초로 민법은 다음과 같은 내용을 정한다.[2] 즉 ① 보증인의 부담이 주채무의 목적이나 형태보다 무거운 경우에는 주채무의 한도로 줄어든다(430조). ② 보증인은 주채무자가 채권자에게 항변할 수 있는 사유로써 채권자에게 대항할 수 있고, 주채무자의 항변 포기는 보증인에게 효력이 없다(433조). ③ 보증인은 주채무자의 채권에 의한 상계로써 채권자에게 대항할 수 있다(434조). ④ 주채무자가 채권자에 대하여 취소권 · 해제권 · 해지권을 갖고 있는 동안에는 보증인은 채권자에게 채무이행을 거절할 수 있다(435조).

c) 이전상의 부종성(수반성) (ㄱ) 주채무자에 대한 채권이 이전하면 보증인에 대한 채권도 당연히 함께 이전한다. 이 경우 주채무자에 대해 채권양도의 대항요건(450조)을 갖추면 보증인에게도 그 효력이 미친다(대판 1976. 4. 13, 75다1100). 한편 주채무자에 대한 채권만을 이전하기로 하는 특약은 유효하고, 이 경우 보증채무는 소멸된다. 그러나 주채권과 분리하여 보증채권만을 양도하기로 하는 약정은, 주채무자의 항변권으로써 채권자에게 대항할 수 있는 보증인의 권리가 침해되는 등 보증채무의 부종성에 반하고(433조), 주채권을 갖지 않는 자에게 보증채권만을 인정할 실익도 없기 때문에, 그 효력이 없다(대판 2002. 9. 10, 2002다21509). (ㄴ) 주채무가 제3자에게 면책적으로 인수되거나 채무자의 변경으로 인한 경개가 있는 등과 같이 주채무자가 변경되는 경우, 보증인이 그에 동의하지 않으면 보증채무는 소멸된다(459조 · 505조). 한편 주채무자에게 상속이 개시된 경우에도 보증채무는 존속하지만, 다만 장래의 불확정한 채무를 보증하는 근보증의 경우에는 상속 당시의 확정된 주채무에 대해서만 보증책임을 진다는 것이 판례의 견해이다(이에 관하여는 p.337에서 따로 후술한다).

---

1) 판례: 「보증채무자가 주채무를 소멸시키는 행위는 주채무의 존재를 전제로 하는 것이므로, 보증인의 출연행위 당시에는 주채무가 유효하게 존속하고 있었다 하더라도 그 후 주계약이 해제되어 소급적으로 소멸되는 경우에는, 보증인은 변제를 수령한 채권자를 상대로 이미 이행한 급부를 부당이득으로 반환청구할 수 있다」(대판 2004. 12. 24, 2004다20265).

2) 민법 제440조는 「주채무자에 대한 시효의 중단은 보증인에 대하여 그 효력이 있다」고 규정하는데, 판례는 동조의 취지를 보증채무의 부종성에 기한 것이 아니라 채권자 보호 내지 채권담보의 확보를 위한 특별규정으로 파악한다(대판 1986. 11. 25, 86다카1569).

(4) 보충성

보증인은 '주채무자가 이행하지 않는' 채무를 이행할 의무가 있으므로(428조 1항), 주채무자가 1차적으로 급부의무를 지고, 그 이행이 없을 때에 보증인이 2차적으로 이행의무를 지는 보충성이 있다. 채권자는 보증인에게 먼저 청구할 수는 있지만, 이 경우 보증인은 채권자가 먼저 주채무자에게 청구하고 집행할 것을 주장할 수 있는 최고 및 검색의 항변권(437조)을 갖는데, 이것은 보충성에 기초하는 것이다.

Ⅱ. 보증채무의 성립

1. 보증계약

보증채무는 채권자와 보증인 간의 '보증계약'에 의해 성립한다. 연대채무와는 달리 법률의 규정에 의해 보증채무가 성립하는 경우는 없다. 보증계약의 당사자는 채권자와 보증인이며, 주채무자의 부탁을 받고 보증을 하였는지, 주채무자의 의사에 반하는 것인지 여부는 보증계약의 성립에 아무런 영향이 없고, 단지 구상권의 범위에 차이가 있을 뿐이다(441조·444조). 따라서 보증인이 보증을 하는 데 있어 주채무자에게 사기를 당하거나, 주채무자의 자력 등에 관해 착오가 있더라도, 그것은 제3자의 사기(110조 2항)나 동기의 착오(109조 1항 참조)에 지나지 않는다. 그 밖에 보증인과 주채무자 간의 법률관계의 효력은 보증계약의 효력에 영향을 주지 않는다.

2. 보증의 방식

> 제428조의2 〔보증의 방식〕 ① 보증은 그 의사가 보증인의 기명날인 또는 서명이 있는 서면으로 표시되어야 효력이 발생한다. 다만, 보증의 의사가 전자적 형태로 표시된 경우에는 효력이 없다. ② 보증채무를 보증인에게 불리하게 변경하는 경우에도 제1항과 같다. ③ 보증인이 보증채무를 이행한 경우에는 그 한도에서 제1항과 제2항에 따른 방식의 하자를 이유로 보증의 무효를 주장할 수 없다.

(1) 2015년 민법 개정을 통해 보증의 방식에 관한 위 규정이 신설되었다. 그 취지는, 보증의 의사가 보증인의 기명날인 또는 서명이 있는 서면으로 표시되어야 효력이 생기는 것으로 함으로써, 경솔한 보증행위로부터 보증인을 보호하려는 데에 있다. (ㄱ) 보증의 방식이 보증계약의 성립요건인지 아니면 효력요건인지 문제될 수 있다. 위 규정의 취지를 살리려면 성립요건으로 보아야 한다고 보는 견해도 있지만(서희석, 소비자계약의 법리, 153면), 제428조의2 제1항의 법문과 제3항을 고려하면 효력요건으로 보는 것이 타당하다고 본다. 따라서 구두보증도 보증계약으로 성립하지만 효력이 없어 그 이행을 구할 수는 없다. 그러나 이 경우에도 보증채무를 이행하면 제428조의2 제3항에 따라 유효한 것으로 된다. (ㄴ) 보증의 방식에 관한 내용은 다음과 같다. ① '보증인의 서명'은 보증인이 직접 자신의 이름을 쓰는 것을 의미하므로 타인이 보증인의 이름을 대신 쓰는 것은 이에 해당하지 않는다(그렇지 않으면 사실상 구두를 통한 보증계약 내지 보증인이

보증내용을 구체적으로 알지 못하는 보증계약의 성립을 폭넓게 인정하는 것이 되어 위 취지에 반하기 때문이다)(대판 2017. 12. 13, 2016다233576). 이에 대해 '보증인의 기명날인'은 (보증인으로부터 적법한 대리권을 수여받은 대리인 등을 통해) 타인이 이를 대행하는 방법으로 하여도 무방하다(대판 2019. 3. 14, 2018다282473). ② 보증 방식의 목적을 고려할 때, 대리인이 하는 보증의 의사표시뿐만 아니라, 대리인에게 보증에 관한 수권행위를 하는 경우에도 보증인의 보증의사가 표현되는 것이므로 마찬가지로 서면으로 하여야 한다. 무권대리인이 맺은 보증계약을 본인이 추인하는 경우에도 같다(양창수 · 김형석, 권리의 보전과 담보(제3판), 275면). ③ 보증은 보증인의 서명이나 기명날인이 있는 서면으로 표시되어야 하므로, 구두보증이나 보증을 녹음한 것은 효력이 없다. ④ 보증의 의사가 표시된 '서면'에는 전자문서는 포함되지 않는다(428조의2 제1항 단서). 따라서 전자서명, 인터넷 등에 의한 보증은 효력이 없다. 독일 민법(766조 3문)을 반영한 것인데, 전자문서에 의해 쉽게 계약이 체결되는 것을 막고자 하는 데 그 취지가 있다. 그러나 이에 대해서는 비판이 있다(서희석, 앞의 책, 154면). 우선 전자문서에 대한 전자서명의 효력을 인정하는 법률(전자서명법 3조)과 충돌할 뿐 아니라, 무엇보다 보증을 사업으로 하는 법인의 경우에는 위 단서조항은 법인의 업무에 장애요소가 될 수 있다. 이러한 이유에서 '전자문서 및 전자거래 기본법'(4조 2항)에서는, "보증인이 자기의 영업 또는 사업으로 작성한 보증의 의사가 표시된 전자문서는 민법 제428조의2 제1항 단서에도 불구하고 같은 항 본문에 따른 서명으로 본다"고 정하여, 전자문서로 한 보증도 유효한 것으로 정하고 있다. (ㄷ) 보증채무를 보증인에게 불리하게 변경하는 경우에도 보증의 방식을 따라야 효력이 있다(428조의2 제2항). 그런데 보증채무가 성립한 후에, 채권자와 주채무자 간의 합의에 의해 주채무의 목적이나 형태를 변경한 경우에 그것이 종전 보증채무보다 부담을 가중하는 것일 때에는, 보증채무에 효력이 미치지 않는다. 그러므로 이 규정은 보증채무가 보증인에게 불리하게 변경되는 것에 대해 보증인이 보증을 하는 경우에 관한 것이고, 이 경우에도 서면으로 보증의사를 표시하여야 효력이 있다는 뜻이다.

(2) (ㄱ) 보증 의사가 서면으로 표시되지 않은 경우에도, 보증인이 보증채무를 이행한 경우에는 그 한도에서는 방식의 하자를 이유로 보증의 무효를 주장할 수 없다(428조의2 제3항). 이는 독일 민법(766조 2문)을 반영한 것이다. 보증계약의 요식주의는 보증인에게 경고적 의미를 가지고 있기 때문에 임의이행의 경우까지 무효로 할 필요는 없다는 것이 그 취지이다.[1] (ㄴ) 일부의 이행이 있는 때에는 그 한도에서만 방식의 흠이 치유되고, 나머지 부분에 대해서는 보증의 무효를 주장할 수 있다. 변제 외에 대물변제, 공탁, 상계에 의해서도 방식 위반은 치유되지만, 담보의 제공은 보증채무의 이행으로는 부족하다(양창수 · 김형석, 권리의 보전과 담보(제3판), 275면).

3. 보증채무의 성립에 관한 요건

보증채무는 보증계약에 의해 성립하므로, 보증채무가 유효하게 성립하려면 우선 보증계약이 유효하게 성립하여야 하고, 여기에는 계약 내지 법률행위 일반의 성립요건이 필요하다. 그런데 보증채무에는 주채무에 종속하는 부종성의 성질이 있어, 민법은 특히 주채무와 보증인에 대해 특별요건을 정하고 있다.

1) 최성경, "민법개정안을 계기로 한 보증제도 연구", 이화여자대학교 법학논집 제18권 제2호(2013. 12), 189면.

(1) 주채무에 대한 요건

a) 보증채무는 주채무의 이행을 담보하는 것이므로(428조 1항), 보증채무가 성립하기 위해서는 먼저 주채무가 유효하게 성립하여 존재하여야 한다(부종성). 주채무가 무효 · 취소 등의 사유로 소멸된 때에는 보증채무도 소멸된다.

b) 「보증은 장래의 채무에 대해서도 할 수 있다」(428조 2항). (ㄱ) 주채무가 이미 발생한 경우에만 보증계약을 맺을 수 있는 것은 아니고, 주채무가 장래에 발생할 것인 때에도 이를 담보하기 위해 보증계약을 맺을 수 있다. 장래의 결산기를 정하여 불확정 다수의 채무를 담보하는 '계속적 보증'이 그러하다. 조건부 채무도 장래의 채무에 준해 다루어질 수 있다. (ㄴ) 유의할 것은, 장래의 채무에 대해 질권이나 저당권을 설정하는 때에는 그 설정 당시에 질권이나 저당권은 그 순위를 확보하면서 성립하지만, 보증채무의 경우에는 장래의 채무에 대해 현재 보증계약을 체결한다고 하더라도 그 부종성의 성질상 보증채무는 장래 그 채무가 성립한 때에 성립하는 것으로 보아야 하고, 따라서 장래의 채무에 대한 보증은 정확하게는 장래의 보증채무로 성립할 뿐이다.

〈취소할 수 있는 채무의 보증〉 (ㄱ) 종전 민법 제436조는 「취소의 원인 있는 채무를 보증한 자가 보증계약 당시에 그 원인 있음을 안 경우에 주채무의 불이행 또는 취소가 있는 때에는 주채무와 동일한 목적의 독립채무를 부담한 것으로 본다」고 규정하였었다. 그런데 동조에 대해 학설은 비판적이었다. 그 이유는, 보증인에게 주채무자보다 불리한 책임을 지게 하는 것은 타당하지 않다는 것, 주채무의 불이행의 경우에 채무자에게 귀책사유가 없는 때에도 보증인이 독립채무를 진다는 것은 부당하다는 것, 주채무의 취소의 경우에 보증인에게 독립채무를 지우는 것은 보증채무의 부종성에 반하고 또 보증인이 주채무에 취소원인이 있음을 알았다고 해서 그것을 곧바로 독립채무를 부담할 의사가 있는 것으로 연결할 수는 없다는 것이다. 그래서 이 점을 반영해서 2015년에 민법을 개정하여 동조를 삭제하였다(2015년 법 13125호). (ㄴ) 앞으로는 위 문제는 다음과 같이 해석하여야 한다. 즉, 취소의 원인 있는 채무를 보증한 자가 보증계약 당시에 그 원인 있음을 안 경우, 주채무의 불이행이 있고 거기에 채무자에게 귀책사유가 있는 때에는 보증인은 그 손해배상채무는 보증하게 되지만, 채무자에게 귀책사유가 없는 때에는 보증인은 그 책임을 면한다. 그리고 주채무가 취소된 경우에는 보증채무의 부종성에 따라 보증채무도 소멸하게 된다.

(2) 보증인에 대한 요건

a) **원 칙** 보증인이 될 수 있는 자격에 대해서는 원칙적으로 아무런 제한이 없다.

b) **채무자가 보증인을 세울 의무를 지는 경우** (ㄱ) 당사자 사이의 계약 · 법률의 규정(206조 1항 · 214조 · 688조 2항 · 1048조 2항) · 법원의 명령(26조 · 918조 4항 · 1053조 2항) 등에 의해 '채무자가 보증인을 세울 의무'를 지는 경우, 민법은 다음의 내용을 규정한다. ① 그 보증인은 행위능력과 변제자력이 있는 자이어야 한다(431조 1항). ② 보증인이 변제자력이 없게 된 경우에는 채권자는 보증인의 변경을 청구할 수 있다(431조 2항). ③ 채권자가 보증인을 지명한 경우에는 앞의 규정을 적용하지 않는다(431조 3항). ④ 채무자는 다른 상당한 담보를 제공함으로써 보증인을 세울 의무를 면할 수 있다(432조). (ㄴ) 민법 제431

조는 채무자가 보증인을 세울 의무를 부담하는 경우에 그 자격을 정한 것이고, 이것이 보증계약 성립의 요건은 아니다. 따라서 채무자가 동조의 자격을 갖추지 못한 자를 보증인으로 세운 경우에도 채권자는 그와 보증계약을 맺을 수 있고, 그 계약은 유효하게 성립한다. 다만 채무자는 보증인을 세울 의무를 이행하지 못한 것이므로, 채무자는 기한의 이익을 잃게 된다(388조 2호).

Ⅲ. 보증채무의 범위

사 례 A는 그 소유 자동차를 대금 2천만원에 B에게 팔기로 매매계약을 체결하고, A의 이 자동차 소유권이전채무에 대해 C가 보증을 하였다. A는 B로부터 계약금과 중도금으로 1천만원을 받은 후 위 자동차를 甲에게 이중으로 양도하여, 甲 명의로 소유권이전등록이 마쳐졌다. 이에 B는 A와의 매매계약을 해제하고, 원상회복의무로서 보증인 C에게 (A에게 지급한) 계약금과 중도금 1천만원의 반환을 청구하였다. B의 청구는 인용될 수 있는가?

해설 p. 320

보증채무의 범위는 보증채무의 부종성을 토대로 하여 보증계약에 의해 정해진다. 민법은 이에 관하여 다음 두 개의 규정을 마련하고 있다.

1. 목적 및 형태상의 부종성附從性

(ㄱ) 보증채무는 주채무의 이행을 담보하는 것이므로, 그 내용 즉 목적이나 형태가 주채무보다 무거울 수는 없다. 주채무는 무이자 소비대차인데 보증채무를 이자부 소비대차로 하는 것은 '목적상의 부종성'에 반하는 것이고, 주채무의 변제기보다 보증채무의 변제기를 빨리 하거나 주채무는 조건부인데 보증채무를 무조건으로 하는 것은 '형태상의 부종성'에 반하는 것이 된다.[1] (ㄴ) 보증계약에서 주채무보다 무겁게 약정한 경우에는 그 전부가 무효로 되는 것이 아니라 주채무의 한도로 줄어들어 유효한 것으로 존속한다(430조).

2. 보증채무의 범위

(ㄱ) 보증채무의 범위는 주채무에 대한 부종성을 토대로 보증계약에 의해 구체적으로 정해지지만, 계약에서 특별한 정함이 없는 경우, 보증채무는 주채무 외에 이자 · 위약금 · 손해배상 · 그 밖에 주채무에 종속된 채무를 담보한다(429조 1항).[2] (ㄴ) 연대보증인이 주채무자의 채무 중 일정

1) 판례: 「주채무가 외화채무인 경우에도 채권자와 보증인 사이에 미리 약정한 환율로 환산한 원화로 보증채무를 이행하기로 약정하는 것은, 그것이 주채무의 목적이나 형태보다 중한 것이 아니어서 허용된다」(대판 2002. 8. 27, 2000다9734).

2) 판례: ① 주채무가 채권자의 귀책사유로 확대된 경우, 이를테면 채권자가 고의로 채권을 추심하지 않아 주채무가 확대된 경우, 보증인은 그 확대된 부분에 대하여는 보증책임을 부담하지 않는다(대판 1980. 3. 11, 77다796). ② 「보증서의 보증금액은 보증인이 보증책임을 지게 될 주채무에 관한 한도액을 정한 것으로서 한도액에는 주채무자의 채권자에 대한 원금과 이자 및 지연손해금이 모두 포함되고 합계액이 보증의 한도액을 초과할 수 없지만, 보증채무는 주채무와는 별개의 채무이기 때문에 보증채무 자체의 이행지체로 인한 지연손해금은 보증한도액과는 별도로 부담하고, 이 경우 보증채무의 연체이율에 관하여 특별한 약정이 없는 경우라면 그 거래행위의 성질에 따라 상법 또는 민법에서 정한 법정이율에 따라야 하며, 주채무에 관하여 약정된 연체이율이 당연히 여기에 적용되는 것은 아니지만,

범위에 대하여 보증을 한 경우에 주채무자가 일부 변제를 하면, 특별한 사정이 없는 한 일부 변제금은 주채무자의 채무 전부를 대상으로 변제충당의 원칙에 따라 충당되고, 연대보증인은 변제충당 후 남은 주채무자의 채무 중 보증한 범위 내의 것에 대하여 보증책임을 부담한다(대판 2002. 10. 25, 2002다34017; 대판 2016. 8. 25, 2016다2840). (ㄷ) 계약상의 채무를 보증한 경우, 그 계약이 해제되어 주채무자가 부담하게 되는 원상회복의무에 대해서도 보증인은 보증책임을 진다(아래 '사례의 해설' 참조).

사례의 해설 A는 자동차 소유권이전채무를 지고, C는 이 주채무를 보증한 것이다. 그런데 A의 채무불이행을 이유로 B가 매매계약을 해제하면 A는 받은 1천만원을 B에게 반환하여야 한다(원상회복(548조)). 이 원상회복의무는 계약의 실효에 따른 부당이득반환의 성질을 가지는 것으로서 계약의 성립을 전제로 하는 본래의 주채무와는 그 성질이 다른 것이다. 그래서 구민법 당시의 판례는 이러한 원상회복의무에 대해서는 보증인의 책임이 미치지 않는다고 보았다(朝高判 1922. 10. 6.). 그러나 현재의 통설과 판례는, 계약 당사자를 위한 보증은 그 계약 당사자가 계약관계에서 부담하는 일체의 채무를 담보하려는 의사로 한 것이라는 점을 들어 이를 긍정한다(대판 1972. 5. 9, 71다1474). 특히 판례는 법정해제의 경우뿐만 아니라 합의해제의 경우에도 보증인에게 그 원상회복의무에 대한 보증채무를 긍정한다(대판 1967. 9. 16, 67다1482). 사례 p. 319

Ⅳ. 보증채무의 효력

사례 (1) 甲은 1990. 3. 5. 乙에게 1억원을 변제기를 2개월 후로 하여 대여하였고, 같은 날 丙은 乙의 甲에 대한 채무를 보증하였다. 甲은 2000. 3. 5. 乙에게 위 대여금채무의 변제를 최고하였다. 乙은 2000. 10. 5. 甲에게 위 대여금 중 일부인 2천만원을 변제하였다. 甲은 2001. 3. 5. 乙과 丙을 상대로 8천만원의 대여금 및 보증채무금의 지급을 청구하는 소를 제기하였다. 甲의 乙, 丙에 대한 청구의 인용 여부에 관련된 쟁점들을 논하시오. (제47회 사법시험, 2005)

(2) 자산상태가 부실한 A회사는 사옥을 리모델링하기 위하여 공사대금 5억원으로 하는 도급계약을 B회사와 체결하였다. 한편, A의 부탁으로 C가 A의 B에 대한 위 공사대금채무를 보증하였다. B는 위 공사를 완료하였지만, A는 위 공사대금채무를 전혀 이행하지 못하고 있다. 다음 각 경우에 대하여 답하라.

(가) B는 A의 공사대금채무 5억원의 변제를 C에게 요구하였다. 그러나 C는 보증계약이 A의 자산상태가 건전하다는 고지에 의하여 체결되었음을 이유로 보증채무의 이행을 거절하고 있다. 자산상태에 대한 고지를 A가 한 경우와 B가 한 경우로 나누어, C의 주장이 타당한지의 여부를 검토하라. (25점)

(나) B는 C와 보증계약을 체결하는 동시에, A 소유의 X부동산에 관하여 저당권을 설정해 둔 상태인데, B의 청구에 따라 C는 A의 위 공사대금채무 전액을 지급하였다.

(a) C의 A에 대한 권리와 그 행사방법은? (15점)

(b) 만일 위 공사대금채권이 발생한 날부터 5년이 지난 후에 B의 청구에 따라 C가 A에게 알리지도 않고 위 공사대금채무를 변제하였다면, C · A, C · B 사이의 각 법률관계는? (10점)(제49회

특별한 약정이 있다면 이에 따라야 한다」(대판 2000. 4. 11, 99다12123; 대판 2016. 1. 28, 2013다74110).

사법시험, 2007)

(3) 乙은 홍삼판매 대리점을 개업하기로 하고 2010. 3. 10. 공급업자인 甲으로부터 홍삼제품을 외상으로 구입하는 계약을 체결하면서, 2011. 3. 10. 대금 1억 9,000만원을 지급하기로 하고 이를 위반할 경우 월 1%의 지연배상금을 지급하기로 약정하였다. 그런데 당시 甲이 乙의 대금 지급능력에 의문을 표시하자, 2010. 3. 15. 乙의 친구 丙이 甲과 사이에 특별한 지연배상금의 약정 없이 매매대금 원금에 관하여 연대보증계약을 체결하였다(아래 질문은 독립된 것임).

(가) 甲은 약정에 따라 물품을 乙에게 인도하고 2011. 2. 5. 乙에 대한 위 물품 대금채권을 A에게 양도하였고, 같은 해 2. 10.자 확정일자 있는 증서로 乙에게 통지하여 그 통지서가 같은 해 2. 15. 도달하였다. 한편 甲의 채권자 B는 甲의 乙에 대한 위 물품 대금채권에 관하여 압류 및 전부명령을 신청하여 2011. 2. 11.자 압류 및 전부명령이 같은 해 2. 15. 乙에게 도달하였고, 그 후 전부명령이 확정되었다. 이에 A와 B는 2011. 6. 10. 丙을 상대로 각 양수금 및 전부금 1억 9,000만원과 그에 대한 월 1%의 지연배상금 지급을 각각 청구하였다. 이에 丙은 ① A의 청구와 관련하여 자신은 甲의 A에 대한 채권양도 사실을 전혀 알지 못하였으므로 A의 양수금 청구는 기각되어야 하며, ② B의 청구와 관련해서도 압류 및 전부명령의 결정일자가 A에 대한 채권양도 통지서의 확정일자보다 늦으므로 B의 전부금 청구 역시 기각되어야 한다고 항변하였다. ③ 나아가 설령 A 또는 B의 각 양수금 및 전부금 청구가 인정되더라도 乙의 물품 대금채무에 대해서는 월 1%의 지연배상금이 약정되었지만, 자신의 연대보증채무에 대해서는 별도의 지연배상금을 약정한 바 없으므로 이를 지급할 의무가 없다고 주장하였다. 丙의 위 주장은 정당한가? (보증인 보호를 위한 특별법은 적용되지 않는 것으로 한다) (25점)

(나) 甲이 2016. 4. 10. 乙과 丙을 상대로 위 물품 대금채무의 이행을 구하는 소를 제기하자, 이 소송에서 乙은 甲의 물품 대금채권이 시효완성으로 인하여 소멸되었다고 주장하였고, 丙은 甲에게 "지금은 경제사정이 좋지 않으니 조금만 기다려주면 위 연대보증채무를 이행함으로써 시효완성으로 인한 이익을 받지 않겠다"는 의사를 표시하였다. 그러나 그 이후 丙은 태도를 바꾸어 甲의 乙에 대한 위 물품 대금채권이 시효완성으로 인하여 소멸되었으므로 자신의 연대보증채무 역시 소멸되었다고 항변하였다. 이에 甲은 적어도 丙의 연대보증채무의 경우 "丙 자신이 채무이행의 의사를 표시하였으므로 시효 완성을 더 이상 주장할 수 없다"고 반박하였다. 甲, 乙, 丙의 주장은 정당한가? (25점)(2016년 제3차 변호사시험 모의시험)

(4) 건축업자 甲은 2010. 3. 1. 시멘트 판매업자 乙로부터 향후 10년간 시멘트를 공급받고 그 대금은 매월 말일 일괄하여 정산하되 기한을 넘기는 경우에는 월 2%의 지연손해금을 지급하기로 하는 내용의 계약을 체결하였다. 위 계약 당시 보증보험회사 丙은 甲이 乙에게 위 기간 동안 부담하게 될 대금채무에 관하여 총 1억원을 한도로 乙과 서면에 의한 연대보증계약을 체결하였다. 이후 乙은 甲의 요청에 따라 현재까지 甲에게 시멘트를 공급해 오고 있다.

(가) 甲은 2017. 9. 30. 분까지는 약정대로 乙에게 시멘트 대금을 모두 지급하였으나, 그 이후로는 乙의 독촉에도 불구하고 차일피일 미루며 현재까지 대금을 전혀 지급하지 않고 있다. 한편, 甲은 2017. 4. 1. 乙의 동생이 대표이사로 있는 A주식회사에 5천만원을 대여하면서 이자는 월 2%로 하되 6개월 후 원금 상환시 이자도 함께 받기로 하였고, 당시 乙은 위 대여금 반환채무에 대해 서면에 의한 단순 보증을 하였다. A주식회사는 채무변제의 자력이 있음에도 불구하고 아직 甲에게 위 대여 원리금을 일체 변제하지 않았으며, 甲은 채무의 이행을 구하지도 않고 있는 상태

이다. 甲이 그 동안 밀린 시멘트 대금을 지급하지 않자 乙은 丙에게 연대보증채무의 이행을 청구하였는데, 이에 대해 丙은 甲의 乙에 대한 위 보증채권과 현재까지 발생한 합계 6천만원 상당의 시멘트 대금채권을 대등액 범위에서 상계하며, 그 결과 乙에게 지급할 금액은 존재하지 않는다고 주장한다. 丙의 주장은 타당한가? (10점)

(나) 甲과 乙 간의 시멘트 공급계약은 2011. 5. 31. 종료되었다. 乙은 그때까지 발생한 甲에 대한 대금 및 지연손해금 일체를 B에게 양도하고, 같은 날 甲에게 이와 같은 양도 사실을 통지하였다(乙이 丙에게 채권양도 사실을 통지한 적은 없다). B는 甲에게 2012. 10. 1. 양수금 청구의 소를 제기하여 승소 판결을 받았고, 이 판결은 2013. 2. 1. 확정되었다. B가 2018. 5. 2. 丙에게 연대보증채무의 이행을 청구하였다면, B의 청구는 인용될 수 있는가? (10점)(2018년 제2차 변호사시험 모의시험)

해설 p. 332

1. 대외적 효력

보증채무가 성립하면 주채무와 더불어 하나의 급부에 대해 복수의 채무가 있게 된다. 따라서 채권자는 주채무자와 보증인에게 채권을 행사할 수 있고, 이에 대해 보증인은 부종성과 보충성에 기한 항변권을 가진다.

(1) 채권자의 권리와 의무

가) 채권자의 권리

채권자는 변제기가 도래하면 주채무자와 보증인에게 동시에 또는 순차로 채무의 이행을 청구할 수 있다. 주채무자가 이행을 하지 않는 것이 보증인에 대한 청구의 요건이 되는 것은 아니다. 다만 채권자가 보증인에게 먼저 채무의 이행을 청구하면 보증인은 보충성에 기한 항변권을 가질 뿐이다.

나) 채권자의 의무

a) 정보제공의무 (ㄱ) 채권자는 보증계약을 체결할 때 보유하고 있거나 알고 있는 주채무자의 채무 관련 신용정보를 보증인에게 알려야 한다. 정보제공의무의 대상은 보증계약의 체결 여부와 내용에 영향을 미칠 수 있는 것에 한정된다(436조의2 제1항 1문). 이러한 내용은 보증계약을 갱신할 때에도 통용된다(436조의2 제1항 2문). (ㄴ) 채권자가 이 정보제공의무를 위반하여 보증인에게 손해를 입힌 경우에는 법원은 그 내용과 정도 등을 고려하여 보증채무를 감경하거나 면제할 수 있다(436조의2 제4항).

b) 통지의무 (ㄱ) 보증계약을 체결한 후 다음의 사유 중 어느 하나가 있는 경우 채권자는 지체 없이 보증인에게 그 사실을 알려야 한다(436조의2 제2항 · 3항). 보증인의 이익(채무자에 대한 구상의 대비)을 보호하기 위함이다. ① 주채무자가 원본 등을 3개월 이상 이행하지 않은 경우, ② 주채무자가 이행기에 이행할 수 없음을 미리 안 경우, ③ 주채무자의 채무 관련 신용정보에 중대한 변화가 생겼음을 알게 된 경우, ④ 보증인이 주채무의 내용과 그 이행 여부를 알려줄 것을 채권자에게 청구한 경우. (ㄴ) 채권자가 이 통지의무를 위반하여 보증인에게 손해를 입힌 경우

에는 법원은 그 내용과 정도 등을 고려하여 보증채무를 감경하거나 면제할 수 있다(436조의2 제4항).[1)]

c) 담보보존의무 채권자의 고의나 과실로 담보가 상실되거나 감소된 때에는, 보증인은 그 상실이나 감소로 인하여 상환을 받을 수 없는 한도에서 책임을 면한다(485조).

(2) 보증인의 권리

가) 부종성에 기한 권리

보증인은 채권자의 청구에 대해 보증채무의 부종성에 기해 항변권을 행사할 수 있는데, 민법은 이와 관련하여 다음의 세 가지를 규정한다.

a) 주채무자 항변권의 행사 「① 보증인은 주채무자가 채권자에게 항변할 수 있는 사유로써 채권자에게 대항할 수 있다. ② 주채무자의 항변 포기는 보증인에게 효력이 없다」(433조). 보증채무의 내용은 주채무의 내용보다 무거울 수 없기 때문에(430조), 채무자가 채권자에게 항변권을 가지고 있는 경우에는 보증인도 그 항변권을 원용할 수 있게 하는 것이 그 취지에 부합되고, 그래서 현행 민법은 구민법에는 없던 본조를 신설하였다. 구체적인 내용은 다음과 같다. (ㄱ) 주채무자가 채권자에게 가지는 항변사유, 예컨대 주채무의 무효 · 취소 · 동시이행의 관계 · 변제기의 미도래 · 변제 등으로 인한 주채무의 소멸 등의 사유를 보증인은 채권자에게 주장할 수 있다. (ㄴ) 예컨대 주채무자가 채권자에게 채무이행의 담보로서 약속어음을 발행한 경우, 보증인이 채권자의 청구에 대해 자신에게 어음을 반환하여야 한다는 동시이행의 항변을 할 수 있는지에 관해, 보증인의 구상권 또는 대위변제에 의해 채권자의 권리를 취득하는 것을 보장하기 위해 이를 긍정하는 견해가 있다(민법주해(X), 272면(박병대)). (ㄷ) 주채무자의 항변 포기는 보증인에게 효력이 없다(433조 2항). 보증인을 보호하기 위한 것으로서, 주채무자가 기한의 이익이나 시효이익을 포기하더라도 보증인은 변제기의 미도래를 주장하거나 주채무의 시효소멸에 따른 보증채무의 소멸을 주장할 수 있다. (ㄹ) 보증채무에 대한 소멸시효가 중단되더라도 주채무에 대한 소멸시효가 완성된 경우 보증채무의 부종성에 따라 보증채무도 당연히 소멸되는지에 관해, 판례[2)]는 이를 긍정한다.

---

1) 종전 판례는, 보증제도는 본질적으로 주채무자의 무자력으로 인한 채권자의 위험을 인수하는 것이므로, 보증인이 주채무자의 자력에 대하여 조사한 후 보증계약을 체결할 것인지의 여부를 스스로 결정하여야 하는 것이고, 채권자가 보증인에게 채무자의 신용상태를 고지하거나 일정한 사실을 통지하여야 할 신의칙상의 의무나 법률상 의무는 없다고 하였는데(대판 1998. 7. 24, 97다35276; 대판 2002. 6. 14, 2002다14853; 대판 2002. 7. 12, 99다68652), 보증인 보호의 차원에서 명문으로 채권자의 정보제공의무와 통지의무를 정한 것이다.

2) 판례: (ㄱ) 甲이 주채무자 乙의 채권자 丙에 대한 채무를 연대보증하였는데, 乙의 주채무가 소멸시효 완성으로 소멸된 상태에서 丙이 甲의 보증채무에 기해 甲 소유 부동산에 강제경매를 신청하여 경매절차에서 배당금을 수령하기까지 甲이 아무런 이의를 제기하지 않은 사안에서, 대법원은 「주채무에 대한 소멸시효가 완성되어 보증채무가 소멸된 상태에서 보증인이 보증채무를 이행하거나 승인하였다고 하더라도, 주채무가 아닌 보증인의 행위에 의하여 주채무에 대한 소멸시효 이익의 포기 효과가 발생된다고 할 수 없으며, 주채무의 시효소멸에도 불구하고 보증채무를 이행하겠다는 의사를 표시한 경우 등과 같이 부종성을 부정하여야 할 다른 특별한 사정이 없는 한(위 사안에서는 이를 인정하기 부족하다), 보증인은 여전히 주채무의 시효소멸을 이유로 보증채무의 소멸을 주장할 수 있다」고 한다(대판 2012. 7. 12, 2010다51192). (ㄴ) 그런데 대법원은 보증채무의 부종성을 부정할 수 있는 예외를 인정한다. 즉, 「보증채무의 부종성을 부정하여야 할 특별한 사정이 있는 경우에는 예외적으로 보증인은 주채무의 시효소멸을 이유로 보증채무의 소멸을 주장할 수 없다. 그런데 특별한 사정을 인정하여 보증채무의 본질적인 속성에 해당하는 부종성을 부정하려면, 보증인이 주채무의 시효소멸에도 불구하고 보증채무를 이행하겠다는 의사를 표시하거나 채권자와 그러한 내용의 약정을 하였어야 하고, 단지 보증인이 주채무의 시효소멸에 원인을 제공하였다는 것만으로는 보증채무의 부

b) 주채무자 상계권의 행사 「보증인은 주채무자의 채권에 의한 상계로써 채권자에게 대항할 수 있다」(434조). (ㄱ) 본조는 보증인을 보호하기 위해, 주채무자가 채권자에 대해 상계적상에 있는 채권으로 상계하지 않는 때에 보증인이 상계할 수 있는 것으로 정하고 있다. 이것은 보증인이 채무자의 권리를 처분하는 것이 되는데, 보증인에 의한 상계를 허용하더라도 이것이 채무자나 채권자에게 피해를 주는 것은 아니며 또 구상관계의 편의 등 보증인 보호의 입장에서도 타당한 면이 있다. (ㄴ) 그 밖에 문제되는 것은 다음과 같다. ① 보증인이 채권자에 대한 자신의 채권으로 보증채무와 상계할 수 있음은 물론이다. ② 주채무자가 파산한 경우에 보증인이 주채무자의 채권자에 대한 채권으로 상계할 수 있는지에 관해, 이는 실질적으로 채권자가 상계하는 것과 다를 바 없는데 '채무자 회생 및 파산에 관한 법률'상 이것이 허용되므로(동법 416조), 보증인의 상계를 긍정하여야 한다는 견해가 있다(민법주해(X), 276면(박병대)). ③ 주채무자의 채권자에 대한 채권이 시효로 소멸된 경우에 보증인이 상계할 수 있는지가 문제된다. 민법 제495조에 의하면, 소멸시효가 완성된 채권이 그 완성 전에 상계할 수 있었던 것이면 채권자는 상계할 수 있으므로, 보증인의 상계권도 인정되어야 할 것으로 해석된다. ④ 본조는 주채무자가 상계적상에 있는 채권으로 상계하지 않는 때에 보증인이 상계할 수 있다는 것일 뿐, 채권자가 주채무자에 대해 상계적상에 있는 채권을 가지고 있으면서 상계하지 않는 때에도 보증인이 상계하거나 보증채무의 이행을 거절(나아가 면책을 주장)할 수 있다는 것은 아니다(대판 1987. 5. 12, 86다카1340; 대판 2018. 9. 13, 2015다209347).

c) 채무이행의 거절 「주채무자가 채권자에 대하여 취소권, 해제권 또는 해지권을 가지고 있는 동안에는 보증인은 채권자에게 채무이행을 거절할 수 있다」(435조). 주채무자가 취소권 등을 가지고 있는 경우에 보증인이 무조건 보증채무를 이행하여야 한다는 것은 보증채무가 주채무보다 무거운 것일 수 있고, 보증인이 보증채무를 이행한 후에 주채무가 취소되면 보증인이 채권자에게 부당이득반환을 청구하는 등 법률관계가 복잡해지며, 보증인이 직접 취소권 등을 행사하는 것도 주채무자의 의사에 반할 수 있는 점에서, 보증인에게 '이행거절권'을 인정한 것이다.

나) 보충성에 기한 권리

a) 서 설 (ㄱ) 구민법은 제452조에서 "채권자가 보증인에게 채무의 이행을 청구한 때에는 보증인은 먼저 주채무자에게 최고할 것을 청구할 수 있다"고 하고, 제453조에서 "채권자가 전조의 규정에 따라 주채무자에게 최고를 한 후라도 보증인이 주채무자에게 변제의 능력이 있고 또 집행이 용이한 것을 증명한 때에는 채권자는 먼저 주채무자의 재산에 관하여 집행을 하여야 한다"고 하여, 최고의 항변권과 검색의 항변권을 따로 규정하고 또 그 성립요건도 달리 정하였다. 그런데 현행 민법은 제437조에서 이를 같이 규정하면서 그 성립요건도 동일하게 정하고 있다. 즉 보증인은 최고 및 검색의 항변권을 하나의 항변권으로 행사할 수 있는 것이고, 또 주채무자의 변제자력 및 집행의 용이성을 증명하여야 한다.[1] (ㄴ) 통설은 최고의 항변권

종성을 부정할 수 없다」고 한다(대판 2018. 5. 15, 2016다211620).

1) 입법자료에 의하면 "현행법의 최고의 항변제도는 불필요한 제도를 규정하였던 것을 초안은 검색의 항변과 합하여

과 검색의 항변권을 각각 독립된 별개의 항변권으로 파악한다. 이에 대해 위와 같은 제정 과정에 기초하여 최고 · 검색의 항변권을 하나의 권리로서 이해하는 소수설이 있다(김형배, 568면; 이은영, 437면). 현행 민법이 구민법과는 다르게 정한 입법 취지상 소수설이 타당한 것으로 생각된다.

b) 요 건 보증인이 최고 및 검색의 항변권을 행사하려면, '주채무자에게 변제자력이 있다는 사실'과 '그 집행이 쉽다는 사실' 두 가지를 모두 증명하여야 한다. 1) 주채무자가 채무 전액을 변제할 자력이 있어야만 하는 것은 아니고, 채무를 변제하는 데 상당한 정도에 이르면 충분하다(통설). 2) 대체로 채무자의 주소에 있는 동산과 유가증권은 그 집행이 쉽지만, 다른 곳에 있는 동산이나 부동산 또는 채권은 그 집행이 쉽지 않은 것으로 해석한다.

c) 효 과 (ㄱ) 최고 및 검색의 항변권은 동시이행의 항변권과 같은 일종의 연기적 항변권에 속하므로, 이행기가 지나더라도 보증인은 이행지체책임을 부담하지 않는다. (ㄴ) 보증인이 위 항변권을 행사한 경우에는, 채권자는 먼저 주채무자에게 청구하고 또 그 재산에 대해 집행을 하여야 하며, 그 집행 후 변제를 받지 못한 부분에 한해 보증인이 그 책임을 지게 된다. 한편 그 집행 후에 주채무자의 자산상태가 호전되더라도 보증인이 위 항변권을 다시 행사할 수는 없다. 즉 위 항변권은 1회의 행사로 소멸되며(반복하여 행사할 수 있다고 하면 채권자에게 지나치게 불리하다), 따라서 채권자가 보증인에게 청구를 하기 전에 주채무자에게 청구하고 집행한 사실이 있는 때에도 보증인의 위 항변권은 인정되지 않는다. (ㄷ) 보증인이 위 항변권을 행사하였음에도 채권자가 청구 및 집행을 게을리하여 채무자로부터 채무의 전부나 일부를 변제받지 못한 경우, 채권자가 게을리하지 않았으면 변제받았을 한도에서 보증인은 의무를 면한다(438조). (ㄹ) 보증인이 위 항변권을 가지는 동안은 채권자는 보증인에 대한 자신의 채무와 보증채권을 상계하지 못한다. (ㅁ) 채무자의 재산에 채권자 앞으로 물적 담보가 설정되어 있는 경우, 주채무자에 대한 집행이 용이하다는 점에서, 채권자의 청구에 대해 보증인은 민법 제437조를 유추적용하여 먼저 물적 담보를 실행할 것을 항변할 수 있다. 다만 그 물적 담보가 제3자(물상보증인)가 제공한 것인 경우에는, 보증인이 물상보증인보다 더 보호받을 이유가 없는 점에서 그렇지 않다(양창수 · 김형석, 권리의 보전과 담보(제4판), 281면).

d) 최고 및 검색의 항변권이 인정되지 않는 경우 보증인이 주채무자와 연대하여 채무를 부담하는 '연대보증'에서는 위 항변권은 인정되지 않는다(437조 단서). 거래 실제에서는 대부분 연대보증이 이루어지기 때문에 보증인에게 위 항변권이 인정되는 경우는 많지 않다. 보증인이 위 항변권을 포기한 때에도 마찬가지이다. 한편, 구민법(452조 단서)에서는 주채무자가 '파산한 때'와 '행방불명인 때'에 위 항변권이 인정되지 않는 것으로 규정하였으나, 현행 민법은 이를 삭제하였다. 이러한 경우는 결국 주채무자에게 변제자력이 있느냐 또 그 집행이 쉬운가의 관점에서 파악하면 족하기 때문이다.

주채무자가 변제자력이 있다는 사실과 그 집행이 용이하다는 사실을 증명하여야만 항변권을 행사할 수 있게 한 것으로 타당하다"고 하여(민법안심의록(상), 258면), 「최고 · 검색의 항변권」을 독립된 두 개의 권리가 아니라 동일한 성립요건하에 하나의 권리로서 다루려고 한 것으로 보인다. 참고로 독일(771조 이하)이나 프랑스(2021조)는 검색의 항변권만을 인정할 뿐이고, 우리나 일본의 경우처럼 최고의 항변권까지 인정하지는 않는다.

2. 주채무자 또는 보증인에게 생긴 사유의 효력

(1) 주채무자에게 생긴 사유의 효력

주채무자에게 생긴 사유는 보증채무의 부종성에 의해 보증인에게 효력이 미친다(절대적 효력). 이와 관련하여 다음 두 가지가 문제된다.

a) 주채무의 사후적 변경　보증채무가 성립한 후에, 채권자와 주채무자 사이의 합의로 주채무의 목적이나 형태를 변경한 경우, 그것이 종전의 보증채무보다 부담이 감축된 것인 때에는 부종성에 의해 보증채무도 감축되지만, 부담을 가중하는 것일 때에는 보증채무에 효력이 미치지 않는다(대판 1974. 11. 12, 74다533).[1)]

b) 주채무의 시효중단　「주채무자에 대한 소멸시효의 중단은 보증인에게도 효력이 있다」(440조). (ㄱ) 시효의 중단은 당사자와 그 승계인 간에만 효력이 있으므로(169조), 본조는 이에 대한 예외를 규정한 것인데, 채권자 보호 내지 채권담보의 확보를 위한 취지에서 특별히 정한 것이다(대판 1986. 11. 25, 86다카1569). 다만 이 판례는 채권자가 주채무자를 상대로 소를 제기하여 승소 판결이 확정되어 시효기간이 10년으로 연장되는 효과(165조 1항)까지 보증인에게 미치는 것은 아니라고 한다(같은 취지로 대판 2006. 8. 24, 2004다26287, 26294). (ㄴ) 주채무의 소멸시효의 중단을 가져오는 사유에는 아무런 제한이 없으므로, 청구 · 압류(가압류 · 가처분) · 승인이 있으면 보증채무의 소멸시효도 중단된다. 특히 그 소멸시효중단 사유가 압류, 가압류 및 가처분이라고 하더라도 이를 보증인에게 통지하여야 시효중단의 효력이 발생하는 것은 아니다(176조 참조)(대판 2005. 10. 27, 2005다35554, 35561). (ㄷ) 본조는 소멸시효의 중단에 대해서만 절대적 효력을 인정하고, 주채무자에 대한 '소멸시효의 정지'는 보증인에게는 효력이 없다.

(2) 보증인에게 생긴 사유의 효력

보증인에게 생긴 사유는 주채무자에게 효력이 없다(상대적 효력). 예컨대 보증인에게 시효중단 사유가 있더라도 주채무의 소멸시효가 중단되지는 않는다.[2)] 다만 변제(대물변제 · 공탁 · 상계를 포함)처럼 채권을 만족시키는 사유는 주채무자에게도 효력이 미친다.

3. 대내적 효력

(1) 보증인의 구상권

(ㄱ) 보증인은 채권자에 대해서는 자기의 채무(보증채무)를 이행하는 것이지만, 주채무자에 대해서는 타인의 채무를 변제하는 것이 되어, 보증인은 주채무자에게 구상권을 가진다. (ㄴ)

---

1) 판례: (ㄱ) 보증계약체결 후 채권자가 보증인의 승낙 없이 주채무자에게 '변제기를 연장'해 준 경우에, 그것이 보증인의 책임을 가중하는 것은 아니므로 보증인에게도 그 효력이 미친다(대판 1996. 2. 23, 95다49141). 그러나 (ㄴ) 보증인이 임대인의 임대차보증금 반환채무를 보증한 후에 임대인과 임차인 간에 임대차계약과 관계없는 다른 채권을 연체차임과 상계하기로 약정하는 것은 보증인에게 불리한 것으로서(연체차임은 보증금에서 공제되어야 할 것이고 그에 따라 보증채무의 범위는 줄어들 것이므로), 보증인에 대하여는 그 효력을 주장할 수 없다(대판 1999. 3. 26, 98다22918, 22925).

2) 이 경우 주채무가 소멸시효 완성으로 소멸된 경우에는, 보증채무 자체의 시효중단에 불구하고, 보증채무는 부종성에 따라 당연히 소멸된다(대판 2002. 5. 14, 2000다62476).

'구상권의 범위'에 관해 민법은 다음 세 경우에 따라 차이를 둔다. 즉 ① 주채무자의 부탁에 의해 보증인이 된 경우, ② 주채무자의 부탁 없이 보증인이 된 경우, ③ 주채무자의 의사에 반해 보증인이 된 경우를 구별한다. 이들 각각의 구상권은, ①은 위임사무처리에 의한 비용상환청구권으로서(687조·688조), ②는 사무관리에 의한 비용상환청구권으로서(739조), ③은 부당이득 반환청구권(748조 1항)으로서의 성질을 가진다. 그러나 민법은 위 세 경우에 관해 보증인의 구상권으로서 따로 정하고 있기 때문에, 이에 대해서는 위임·사무관리·부당이득에 관한 규정이 적용되지는 않는다.[1)]

(2) 수탁보증인의 구상권

가) 성립요건

「주채무자의 부탁으로 보증인이 된 자가 과실 없이 변제 기타의 출재로 주채무를 소멸시킨 경우에는 주채무자에 대하여 구상권을 가진다」(441조 1항). (부탁받은) 수탁보증인受託保證人의 구상권이 성립하기 위해서는 다음의 요건을 갖추어야 한다. (ㄱ) 보증인이 주채무의 전부나 일부를 소멸시켜야 하고(주채무의 일부를 소멸시키면 그 한도에서 구상권이 생긴다), (ㄴ) 주채무의 소멸이 보증인의 출재로 인한 것이어야 하며(보증인이 채권자에게 간청하여 주채무를 면제받게 한 경우에는 출재가 없어 구상권은 발생하지 않는다), (ㄷ) 부탁을 받은 보증인은 주채무자에 대해 위임에 유사한 의무를 지므로, 보증인의 출재에 과실이 없어야 한다(보증인이 주채무자의 항변권을 원용하지 못한 경우 그것과 인과관계가 있는 범위에서는 구상권은 생기지 않는다). (ㄹ) 보증인이 주채무의 변제기 전에 변제를 한 때에는, 주채무자는 기한의 이익을 가지므로, 그가 변제기 전의 변제에 동의하지 않은 한, 보증인은 변제기 후에만 구상권을 행사할 수 있다(김증한·김학동, 264면; 곽윤직, 194면).

나) 구상권의 범위

수탁보증인의 구상권의 범위는 보증인과 채무자 간의 위탁약정에 따라 정해진다. 그러한 약정이 없으면 출재한 연대채무자의 구상권의 범위에 관한 규정이 준용된다(441조 2항). 따라서 주채무를 한도로 한 출재액 외에, 면책된 날 이후의 법정이자와 피할 수 없는 비용, 그 밖의 손해배상을 포함한다.

다) 구상권의 행사

a) 사후구상 주채무자의 부탁으로 보증인이 된 자는 자기의 출재로 주채무를 소멸시킨 후에 구상하는, 사후구상이 원칙이다(441조 1항).

b) 사전구상 '수탁보증인'에 한해서는, 민법은 일정한 사유가 생긴 때에는 미리 구상권을 행사할 수 있는 것으로 정한다.

aa) 발생사유: (ㄱ) 다음의 네 가지 경우에 사전구상권이 인정된다(442조 1항). 즉 ① 「보증인이 과실 없이 채권자에게 변제하라는 재판을 받은 때」(1호): 보증인에 대한 집행이 구체화되

1) 판례: 「채권자와 보증인 사이에 보증인이 주채무를 중첩적으로 인수하기로 약정한 경우에도 보증인은 주채무자에 대해서는 종전의 보증인의 지위를 그대로 유지하므로, 채무인수로 인해 보증인과 주채무자 사이의 구상관계가 달라지는 것은 아니다」(대판 2003. 11. 14, 2003다37730).

어 보증인이 변제를 하여야 하기 때문이다. ② 「주채무자가 파산선고를 받은 경우에 채권자가 파산재단에 가입하지 않은 때」(2호): 1) 주채무자가 파산하면 채권자가 보증인에게 청구할 가능성은 매우 높은데, 보증인이 채권자에게 변제한 후에 사후구상권으로 파산절차에 참가할 수 있을 뿐이라고 하면 그동안에 파산절차가 종료되어 구상권이 무의미해질 우려가 있어 보증인에게 사전구상권을 인정한 것이다. 이를 이어 받아 '채무자 회생 및 파산에 관한 법률'은 같은 취지의 규정을 두고 있다(동법 430조 1항 본문). 2) 이 사전구상권은 채권자가 파산재단에 가입한 때에는 인정되지 않는다. 채권자가 파산재단에 가입한 때에는 보증인의 구상권을 포함하여 이중배당이 이루어질 위험이 크기 때문이며, 이때는 보증인이 변제를 한 후에 채권자의 권리(파산재단에 가입한 파산채권자로서의 권리)를 취득할 수 있을 뿐이다(채무자 회생 및 파산에 관한 법률 430조 1항 단서·2항). ③ 「채무의 이행기가 확정되지 않고 그 최장기도 확정할 수 없는 상태에서 보증계약 후 5년이 지난 때」(3호): 보증인으로서는 언제 책임을 면하게 될지 알 수 없을 뿐 아니라 장래 주채무자의 자력의 변동으로 구상권의 실효성을 잃을 위험이 있기 때문이다. ④ 「채무의 이행기가 도래한 때」(4호): 채권자가 보증인에게 청구할 가능성이 높기 때문이다. 이 경우 보증계약 후에 채권자가 주채무자에게 변제기한을 연기해 주더라도 보증인에게 대항하지 못한다(442조 2항). 즉 보증인은 보증계약 당시 정해진 본래의 이행기가 도래하면 사전구상권을 행사할 수 있다. (ㄴ) 민법 제442조가 강행규정은 아니므로, 채무자와 보증인 간의 약정으로 제442조 소정의 사유가 있더라도 사전구상권이 발생하지 않는 것으로 하거나, 또는 제442조에서 정한 사유 외에 다른 사유에 의해서도 사전구상권이 발생하는 것으로 약정할 수 있다(대판 1989. 1. 31, 87다카594).

bb) **사전구상권의 범위**: 수탁보증인이 사전구상권을 행사하는 경우, 그 범위에는 채무의 원본과 이미 발생한 이자 및 지연손해금, 피할 수 없는 비용과 손해액이 포함되지만(441조 2항), 면책비용에 대한 법정이자나 채무의 원본에 대한 장래 도래할 이행기까지의 이자, 수탁보증인이 아직 지출하지 않은 금원에 대한 지연손해금은 사전구상권의 범위에 포함될 수 없다(대판 2002. 6. 11, 2001다25504; 대판 2004. 7. 9, 2003다46758; 대판 2005. 11. 25, 2004다66834, 66841).

cc) **주채무자의 면책청구 등**: (ㄱ) 1) 사전구상에 의하여 주채무자가 보증인에게 배상하는 경우에 주채무자는 자기를 면책시키거나 자기에게 담보를 제공할 것을 보증인에게 청구할 수 있고, 또는 배상할 금액을 공탁하거나 담보를 제공하거나 보증인을 면책시킴으로써 자기의 배상의무를 면할 수 있다(443조). 2) 주채무자는 수탁보증인의 사전구상금 청구에 대해 민법 제443조에 따라 담보의 제공을 구할 수 있고, 그러한 담보제공이 있을 때까지 사전구상의무의 이행을 거절할 수 있다(대판 2023. 2. 2, 2020다283578). (ㄴ) 한편, 수탁보증인이 사전구상권을 행사하여 사전구상금을 수령한 경우, 이 금원은 주채무자에 대하여 수임인의 지위에 있는 수탁보증인이 위탁사무의 처리를 위해 선급받은 비용의 성질을 가지는 것이므로, 보증인은 이를 선량한 관리자의 주의로써 위탁사무인 주채무자의 면책에 사용하여야 할 의무가 있다(대판 2002. 11. 26, 2001다833).

〈판례: 수탁보증인의 사전구상권과 사후구상권의 관계〉 (ㄱ) 「수탁보증인의 사전구상권과 사후구상권은 그 종국적 목적과 사회적 효용을 같이하는 공통성을 가지고 있으나, 사후구상권은 보증인이 채무자에 갈음하여 변제 등 자신의 출연으로 채무를 소멸시켰다고 하는 사실에 의하여 발생하는 것이고, 이에 대하여 사전구상권은 그 외의 민법 제442조 1항 소정의 사유나 약정으로 정한 일정한 사실에 의하여 발생하는 등 그 발생원인을 달리하고 그 법적 성질도 달리하는 별개의 독립된 권리라고 할 것이므로, 그 소멸시효는 각각 별도로 진행되는 것이고, 따라서 사후구상권의 소멸시효는 사전구상권이 발생되었는지 여부와는 관계없이 사후구상권 그 자체가 발생되어 이를 행사할 수 있는 때로부터 진행된다」(대판 1992. 9. 25, 91다37553). (ㄴ) 「수탁보증인의 사전구상권과 사후구상권은 그 발생원인과 법적 성질을 달리하는 별개의 독립된 권리이므로, 사후구상권이 발생한 이후에도 사전구상권은 소멸되지 않고 병존하며, 다만 목적 달성으로 일방이 소멸되면 타방도 소멸되는 관계에 있을 뿐이다」(대판 2019. 2. 14, 2017다274703).

(3) 부탁 없는 보증인의 구상권

a) 주채무자의 부탁이 없는 경우　주채무자의 부탁을 받지 않고 보증인이 된 자가 변제나 그 밖의 자기의 출재로 주채무를 소멸시킨 경우에는, 주채무자는 「그 당시에 이익을 얻은 한도」에서 보증인에게 배상하여야 한다(444조 1항). 그 기준시점은 제444조 2항의 경우와는 달리 면책행위를 한 때이다. 따라서 면책행위 후에 주채무자가 채권자에 대해 반대채권을 취득한 때에도 보증인의 구상의 범위에는 영향을 주지 않는다. 또 출재금액과 면책금액이 다른 경우에는 그중 적은 쪽의 금액을 구상할 수 있고, 수탁보증인의 경우와는 달리 면책일 이후의 법정이자와 손해배상은 구상액에 포함되지 않는다.

b) 주채무자의 의사에 반하는 경우　(ㄱ) 주채무자의 의사에 반하여 보증인이 된 자가 변제나 그 밖의 자기의 출재로 주채무를 소멸시킨 경우에는, 주채무자는 「현존이익의 한도」에서 보증인에게 배상하여야 한다(444조 2항). 현존이익의 유무와 범위를 정하는 시점은 면책행위를 한 때가 아니라 구상권을 행사한 때이다(444조 3항 참조). (ㄴ) 따라서 수탁보증이나 주채무자의 의사에 반하지 않는 보증의 경우와 달리, 주채무자는 보증인의 면책행위 후 구상권을 행사하기까지 채권자에 대해 가지는 항변사유로써 보증인에게 대항할 수 있다. 특히 민법은 주채무자가 보증인이 구상한 날 이전에 상계원인이 있었음을 주장한 때에는 그 상계로 소멸될 채권은 보증인에게 당연히 이전하는 것으로 정한다(444조 3항). 즉 보증인의 주채무자에 대한 구상권의 행사에 갈음하여 주채무자의 채권자에 대한 반대채권을 보증인이 취득하는 것으로 처리하겠다는 취지이다.

(4) 구상권의 제한

하나의 급부에 대해 주채무자는 보증인이 변제하지 않은 줄 알고서 변제를 하고 또 보증인도 주채무자가 변제하지 않은 줄 알고서 변제를 하여, 결과적으로 이중변제가 이루어져 양자의 이익이 충돌하는 사태가 발생할 수 있는데, 이 경우 누가 우선할 것인지에 대해 '기준'을 정할 필요가 있고, 민법 제445조와 제446조는 그 일환으로 보증인과 주채무자에게 「통지의무」를 정하고 있다.

가) 보증인의 통지의무

보증인은 변제를 하고자 할 때 주채무자에게 통지하여야 하고, 변제한 후에는 그 사실을 통지하여야 할, 사전과 사후 두 번의 통지의무를 진다. 주채무자로부터 부탁을 받았는지를 묻지 않고 보증인은 이 통지의무를 진다.

a) **사전통지의무** 보증인이 주채무자에게 통지하지 않고 변제나 그 밖의 자기의 출재로 주채무를 소멸시킨 경우에, 주채무자가 채권자에게 대항할 수 있는 사유(동시이행의 항변권 · 소멸시효의 완성 등)가 있었을 때에는 그 사유로 보증인에게 대항할 수 있다(445조 1항 전문).[1] 특히 그 대항사유가 상계인 때에는 상계로 소멸될 채권은 보증인에게 이전된다(445조 1항 후문).

b) **사후통지의무** 보증인이 변제나 그 밖의 자기의 출재로 면책되었음을 주채무자에게 통지하지 않은 경우에, 주채무자가 선의로 채권자에게 변제나 그 밖의 유상의 면책행위를 한 때에는 주채무자는 자기의 면책행위가 유효함을 주장할 수 있다(445조 2항). 보증인이 변제를 한 후에 주채무자가 이중의 변제를 한 것이므로 원칙론으로는 주채무자의 변제가 유효할 수 없는 것이지만, 보증인과 주채무자 사이의 내부관계에서는 나중에 변제를 한 주채무자의 변제를 유효한 것으로 처리하겠다는 것이다. 따라서 보증인은 주채무자에게 구상권을 행사하지 못하고, 이중으로 변제를 받은 채권자를 상대로 부당이득반환을 청구할 수 있을 뿐이다.

나) 주채무자의 통지의무

a) 주채무자는 보증인과는 달리 사전통지의무는 없고, 변제를 한 후에 사후통지의무만을 질 뿐이다. 그리고 수탁보증인에 대해서만 통지의무를 진다(446조).

b) 주채무자가 자기의 행위로 면책되었음을 그의 부탁으로 보증인이 된 자에게 통지하지 않은 경우에, 보증인이 선의로 채권자에게 변제나 그 밖에 유상의 면책행위를 한 때에는 보증인은 자기의 면책행위가 유효함을 주장할 수 있다(446조). 보증인의 변제는 후에 이루어진 것이지만 주채무자에 대해서는 그 변제의 유효를 주장할 수 있고, 이 한도에서는 보증인의 구상권은 제한을 받지 않는다. 주채무자는 채권자를 상대로 부당이득반환을 청구할 수 있을 뿐이다.

다) 보증인과 주채무자가 모두 통지하지 않은 경우

a) **부탁 없는 보증의 경우** (ㄱ) 주채무자가 변제를 한 후에 보증인이 이중의 면책행위를 한 경우, 주채무자는 자신의 면책행위의 사실을 보증인에게 통지할 의무가 없으므로, 주채무자의 면책만이 유효한 것으로 된다. (ㄴ) 보증인이 먼저 변제를 하고 그 통지를 하지 않은 상태에서 주채무자가 나중에 선의로 이중의 면책행위를 한 때에는 민법 제445조 2항에 의해 주채무자의 면책이 유효한 것으로 된다.

b) **수탁보증의 경우** (ㄱ) 주채무자가 먼저 변제를 하고 그 통지를 하지 않은 상태에서 보

1) 판례: 「수탁보증인은 주채무의 변제기 연장이 언제 이루어졌든지 간에 본래의 변제기가 도래한 후에는 주채무자에 대하여 사전구상권을 행사할 수 있고(442조 1항 4호), 이 경우에는 보증계약 후에 채권자가 주채무자에게 허여한 기한으로 보증인에게 대항하지 못할 뿐만 아니라(442조 2항), 수탁보증인이 본래의 변제기가 도래한 후 과실 없이 변제 기타의 출재로 주채무를 소멸되게 한 후 이를 주채무자에게 통지하였다면, 민법 제445조 1항에 의하여 주채무자는 위 통지를 받은 후 채권자와 사이에 이루어진 변제기 연장에 관한 합의로서 사후구상권을 행사하는 수탁보증인에게 대항할 수 없다」(대판 2007. 4. 26, 2006다22715).

증인이 사전통지를 하지 않고 이중의 면책행위를 한 경우, 이때는 채무 소멸의 일반원칙에 따라 먼저 한 주채무자의 변제만이 유효하고, 이중변제를 한 보증인은 채권자에 대해 부당이득반환을 청구할 수 있을 뿐이라고 해석하는 견해가 있다(민법주해(X), 355면(박병대)). 판례도 이 견해와 그 취지를 같이한다(대판 1997. 10. 10, 95다46265). (ㄴ) 보증인이 먼저 변제를 하고 그 통지를 하지 않은 상태에서 주채무자가 나중에 선의로 이중의 면책행위를 한 때에는 (주채무자에게는 사전통지의무가 없으므로) 민법 제445조 2항에 따라 주채무자의 면책이 유효한 것으로 된다.

(5) 주채무자가 수인 있는 경우의 구상관계

가) 주채무자 전원을 위하여 보증한 경우

민법은 이에 관해 정하고 있지는 않지만, 통설은 다음과 같이 해석한다. (ㄱ) 주채무가 분할채무인 때에는, 구상권도 각 채무자에 대하여 분할채무가 된다. (ㄴ) 주채무가 불가분채무나 연대채무인 때에는, 구상권도 각 채무자에 대하여 불가분채무나 연대채무가 된다.

나) 주채무자의 1인을 위하여 보증한 경우

a) 주채무가 분할채무인 때 　보증인은 주채무자의 부담부분에 대해서만 구상할 수 있다. 보증인이 그 이상을 변제한 때에는 다른 채무자에 대해서는 제3자의 변제가 된다.

b) 주채무가 불가분채무나 연대채무인 때 　어느 불가분채무자나 연대채무자를 위하여 보증인이 된 자는 다른 불가분채무자나 다른 연대채무자에 대해 그의 부담부분에 한해 직접 구상권을 갖는다(447조). 예컨대 甲·乙·丙이 A에게 3백만원 연대채무를 부담하는데, 보증인 B가 丙의 채무에 대해서만 보증을 한 경우, B가 보증채무를 이행하게 되면 丙에게 3백만원 전액을 구상할 수 있다. 그리고 구상에 응한 丙은 甲과 乙에게 각각 1백만원씩 구상하게 된다. 민법은 이러한 이중의 구상관계를 간편하게 결제하기 위해 B가 甲과 乙에게 직접 1백만원씩 구상할 수 있도록 한 것이다.

〈판 례〉 (ㄱ) ① 위 예에서 甲이 3백만원을 A에게 변제한 경우 보증인 B에 대해 구상권을 갖는가? 甲은 다른 연대채무자인 乙과 丙에 대해서만 구상권을 갖고(425조), 丙의 보증인 B에 대해서까지 구상권을 갖는 것은 아니다(대판 1991. 10. 22, 90다20244). 다만 甲은 변제에 의해 채권자(A)의 권리를 대위하므로(481조·482조 1항), 이에 기해 丙에 대한 구상권의 범위에서 보증인 B에게 보증채무의 이행을 청구할 수는 있다. ② 만일 보증인 B가 연대채무자 甲·乙·丙 모두를 위해 보증을 한 경우에는 어떠한가? 판례는, B는 (변제를 한) 甲 자신의 연대보증인도 겸하고 있는데, 이 경우에는 다른 연대채무자 乙·丙의 연대보증인 B에 대하여는 채권자의 권리를 대위할 수 없다고 한다(대판 1992. 5. 12, 91다3062). (ㄴ) 민법 제447조는 부진정연대채무에도 통용된다. 즉 부진정연대채무자 1인을 위하여 보증인이 된 자가 피보증인을 위하여 그 채무를 변제한 경우에는 그 보증인은 다른 부진정연대채무자에 대해 그의 부담부분에 한해 직접 구상권을 행사할 수 있다(어느 공동불법행위자를 위하여 보증인이 된 자가 피보증인의 손해배상채무를 변제한 경우에 다른 공동불법행위자에 대해 그의 부담부분에 한해 구상할 수 있다고 본 사안)(대판 1996. 2. 9, 95다47176; 대판 2010. 5. 27, 2009다85861; 대판 2010. 12. 23, 2010다52225).

(6) 보증인의 대위

보증인은 변제할 정당한 이익이 있는 자로서 그 변제로 당연히 채권자를 대위한다(481조). 따라서 보증인은 구상권의 범위에서 채권자가 가지는 채권과 그 담보에 관한 권리를 행사할 수 있다(482조).

사례의 해설 (1) 甲이 변제를 최고한 때에는 그로부터 6개월 내에 다른 시효중단 조치를 취하여야 하는데 그렇지 못했으므로 甲의 乙에 대한 채권은 시효로 소멸된다(174조). 그런데 乙은 그 후 채무의 일부를 변제하였고, 이것은 시효완성의 사실을 알고 변제한 것으로 추정되어 소멸시효의 이익을 포기(184조 1항)한 것으로 취급된다(대판 1967. 2. 7, 66다2173). 그러나 이러한 주채무자의 항변 포기는 보증인에게는 효력이 없으므로(433조 2항), 보증인 丙은 주채무의 시효소멸을 이유로 보증채무의 소멸을 주장할 수 있다(보증채무의 부종성).

(2) (개) 보증계약의 당사자는 채권자(B)와 보증인(C)이다. (ㄱ) 주채무자(A)로부터 자신의 회사의 자산상태가 양호하다는 말을 믿고 C가 보증계약을 체결한 경우, 그것은 동기의 착오에 지나지 않아 보증계약을 실효시킬 수는 없다(109조 1항). 한편 A에게 사기의 고의가 있는 경우, 그것은 제3자의 사기로서 B가 그 사실을 알 수 있는 때에만 C는 보증계약을 취소할 수 있다(110조 2항). (ㄴ) 반면 B로부터 A의 회사가 양호하다는 말을 믿고 C가 보증계약을 체결한 경우, A회사의 자산상태가 양호하다는 것이 보증계약의 전제를 이루고 있는 것으로 볼 수 있으므로(소위 상대방에 의해 유발된 동기의 착오), C는 착오를 이유로 보증계약을 취소할 수 있다(108조 1항). 한편 B에게 사기의 고의가 있는 경우에는 C는 보증계약을 취소할 수 있다(110조 1항).

(내) (a) C는 A에게 구상권을 가지고(441조 1항), 여기에는 면책된 날 이후의 법정이자와 피할 수 없는 비용, 기타 손해배상을 포함한다(441조 2항). 한편 보증인은 변제할 정당한 이익이 있는 자로서 그 변제로 당연히 채권자를 대위한다(481조). 따라서 C는 그가 가지는 구상권의 범위에서 B가 A에게 가졌던 공사대금채권과 이를 담보하기 위한 저당권을 행사할 수 있다(482조 1항). 즉 구상권의 범위에서 두 개의 권리를 행사할 수 있는 청구권의 경합이 발생한다.

(b) 도급 맡은 자의 공사에 관한 채권은 3년의 단기시효에 걸린다(163조 3호). 따라서 B의 A에 대한 공사대금채권은 시효로 소멸되었다고 볼 수 있다. (ㄱ) C가 변제를 한 때에는 민법 제441조 소정의 구상권의 요건을 갖추지 못한 점에서, 또 민법 제445조 1항 소정의 사전통지를 하지 않아 A가 소멸시효로 대항할 수 있는 점에서, C가 A에게 구상권을 행사할 수 없다. (ㄴ) 주채무의 시효소멸로 보증채무도 부종성으로 인해 소멸된다고 할 것이고, 따라서 C가 그 소멸의 사실을 모르고 B에게 변제한 때에는 부당이득을 이유로 그 반환을 청구할 수 있다(741조).

(3) (개) ① 주채무자에 대한 채권을 양도하면 보증인에 대한 채권도 함께 이전된다. 이 경우 주채무자에 대해 채권양도의 대항요건을 갖추면 보증인(丙)에게도 효력이 미친다(대판 1976. 4. 13, 75다1100). 그러므로 丙의 항변은 부당하다. ② 판례에 의하면, 채권양수인과 제3자 간의 우열은 확정일자 있는 증서에 의한 통지의 도달 일시의 선후에 의해 정하는데, A와 B의 경우 채권양도 통지서와 압류 및 전부명령서가 2011. 2. 15. 동시에 주채무자 乙에게 도달하여 그 지위가 같고, 이 경우 채무자(乙 또는 丙)는 A나 B에게 변제함으로써 채무를 면할 수 있으므로(A와 B 사이에서는 안분 정산함)(대판(전원합의체) 1994. 4. 26, 93다24223), 丙의 항변은 부당하다. ③ 보증채무는 주채무와는 별개의 채무이므로, 주채무에 관해 약정된 연체이율이 당연히 보증채무에 적용되는 것은 아니며, 특별한 약정이 없으면 법정

이율에 따라야 한다(대판 2000. 4. 11, 99다12123).

(나) (ㄱ) 생산자가 판매한 생산물의 대가는 3년의 소멸시효에 걸리므로(163조 6호), 甲의 乙에 대한 대금채권은 이행기인 2011. 3. 10.부터 3년이 지난 2014. 3. 10.로 소멸시효가 완성된다. 따라서 2016. 4. 10. 甲이 乙을 상대로 대금채무의 이행을 청구한 것에 대해 乙은 甲의 대금채권이 시효로 소멸되었다고 항변할 수 있다. (ㄴ) 주채무가 시효 완성 된 후에 연대보증인이 보증채무에 대한 시효이익을 포기한 경우에도, 그것이 주채무의 시효소멸에도 불구하고 보증채무를 이행하겠다는 의사를 표시한 경우 등과 같이 부종성을 부정하여야 할 다른 특별한 사정이 없는 한, 보증인(丙)은 주채무의 시효소멸로 보증채무도 부종성에 따라 소멸됨을 주장할 수 있다(대판 2012. 7. 12, 2010다51192).

(4) (가) 주채무자가 채권자에게 반대채권을 갖는 경우, 보증인은 상계할 수 있다(434조). 상계로 주채무가 소멸되면 그 범위에서 보증채무도 부종성에 따라 소멸하게 된다. 주채무자 甲은 채권자 乙에게 보증채권을 갖고, 乙은 甲에게 시멘트 대금채권을 갖는데, 여기서 甲이 상계의 요건을 갖춘 경우에는 보증인 丙도 상계할 수 있다. 그런데 乙은 단순 보증인으로서 최고 및 검색의 항변권을 가지는데(437조), 甲의 상계를 허용하게 되면 乙이 갖는 이러한 항변권을 일방적으로 박탈하는 것이 되어, 이러한 경우에는 상계가 허용될 수 없다(492조 1항 단서). 그러므로 보증인 丙도 상계를 할 수 없다.

(나) 보증채무는 주채무에 대한 부종성이 있으므로, 주채무자에 대한 채권을 양도하면서 대항요건을 갖추면 보증인에 대한 채권도 함께 양도된 것으로 취급된다. 그러므로 일단 채권양수인 B는 丙에게 양수금에 대한 보증채무의 이행을 구할 수는 있겠는데, 다음의 것이 문제된다. 乙이 甲에게 갖는 대금채권은 3년의 단기시효에 걸리는 채권이지만(163조 6호), 양수인 B가 甲을 상대로 소송을 제기하여 승소 판결이 확정되었으므로 2013. 2. 1.부터 10년으로 시효기간이 연장된다(165조 1항). 한편 주채무자에 대한 시효의 중단은 보증인에게도 효력이 있다(440조). 따라서 丙에 대한 보증채권의 소멸시효는 2013. 2. 1.부터 새로 진행되는데, 그 시효기간에 관해서는 10년으로 연장되는 것은 아니고 본래의 보증채권의 성질에 따라 정해진다는 것이 판례의 태도이다(대판 1986. 11. 25, 86다카1569). 丙은 보증보험회사로서 그 보험행위는 상행위로 인한 채권으로서 5년의 단기시효에 걸린다(상법 64조). 그러므로 2018. 2. 1.이 지남으로써 丙의 보증채무는 시효로 소멸되는데, B는 그 이후인 2018. 5. 2.에 丙에게 보증채무의 이행을 청구한 것이므로, B의 청구는 인용될 수 없다. 사례 p. 320

V. 특수한 보증

1. 연대보증連帶保證

a) 의 의 연대보증은 보증인이 채권자와의 보증계약에서 주채무자와 연대하여 채무를 부담하기로 하는 보증채무이다. 거래 실제에서는 단순 보증보다 대부분 연대보증을 이용하는데, 다음의 두 가지 점에서 보통의 보증채무와는 차이가 있다. 즉 ① 연대보증에는 보충성이 인정되지 않으므로 연대보증인은 최고 및 검색의 항변권을 갖지 못한다(437조 단서). ② 연대보증인이 여럿 있는 경우에도 공동보증에서의 분별의 이익을 갖지 못하고 각자 주채무 전액을 지급하여야 한다(448조 2항 참조).

b) 성립과 효력 (ㄱ) 연대보증이 성립하는 경우는 두 가지이다. 하나는 채권자와 보증인

간의 '연대보증계약'에 의해 성립하고, 둘은 '상법의 규정'에 의해(57조 2항), 즉 보증인이 있는 경우에 그 보증이 상행위이거나 주채무가 상행위로 인한 것인 때에 연대보증이 성립한다. (ㄴ) 연대보증은 위 의의에서 기술한 두 가지 점을 제외하고는 보통의 보증과 다를 것이 없다. 보통의 보증에 대해 인정되는 효력은 연대보증에도 동일하게 적용된다. 즉 연대보증인은 부종성에 기한 항변권을 가지며, 연대보증인에게 생긴 사유는 급부의 만족을 가져오는 것 외에는 상대적 효력만이 있고, 주채무자에 대해 구상권이 있다.

c) **보증연대와의 차이** 연대보증과 '보증연대'는 다르다. 보증연대는 수인의 보증인이 상호 연대를 하여 보증채무를 지는 것, 즉 공동보증이 성립하는 경우에도 각자 주채무 전액을 지급할 책임을 지는 보증채무이다(448조 2항 참조). 그러나 주채무자와 연대하여 채무를 부담하지는 않는 점에서 보충성(최고 및 검색의 항변)이 있고, 이 점이 연대보증과 구별되는 중요한 차이이다. 유의할 것은, 보증인 간의 연대의 합의만으로 채권자가 보증인 각자에게 그 전액을 청구할 수는 없는 것이므로(공동보증에서는 분별의 이익을 가지는 것이 원칙이므로(439조)), 보증연대의 경우에도 채권자와의 합의가 있을 것이 필요하다(민법주해(X), 222면(박병대)).

2. 공동보증共同保證

사례 1) 甲과 乙은 공유하고 있던 X건물에 관하여 2018. 1. 10. 丙과 임대차계약을 체결하면서, 보증금을 3억원, 임대기간을 2020. 1. 9.까지로 약정하였다. 甲·乙과 丙은 임대기간이 만료되는 즉시 임대목적물의 반환과 상환하여 보증금을 반환하기로 하고, 만일 甲과 乙이 보증금 반환채무를 이행하지 않는 경우 월 1%의 지연손해금을 丙에게 지급하기로 하였다. 그런데 甲과 乙의 신용상태가 2019. 9. 말경 심각하게 악화되자 丙은 甲과 乙에게 보증금 반환을 확보하기 위해 담보 제공을 요구하였고, 이에 A, B, C가 이 보증금 반환채무를 담보하기 위해 丙과 연대보증계약을 체결하는 한편 B 소유인 시가 2억원인 Z토지에 관하여 丙 명의의 근저당권을 설정해 주었다. 한편 丙은 위 임대차계약에 관해 자세히 설명하면서 2019. 11. 15. 보증금 반환채권을 丁에게 양도하였고 이에 대해 같은 날 甲과 乙은 이의 없이 승낙하였다. 임대차기간이 만료되었지만 甲과 乙은 보증금을 반환하지 않고 있고, 이에 따라 丙은 X건물을 인도하지 않고 있다. 2) A가 2020. 2. 10. 丁에게 연대보증채무를 이행한 후 2020. 3. 9. B와 C를 상대로 각각 "구상금 1억원 및 이에 대한 2020. 1. 10.부터 다 갚는 날까지 월 1%의 비율로 계산된 지연손해금을 지급하라."는 내용의 소를 제기하였고, 위 소장은 2020. 3. 20. B와 C에게 송달되었다. 이에 대해 C는 "B가 보증인과 물상보증인의 지위를 겸하는 지위에 있으므로 자신은 B에 비해 1/2의 금액만 지급하면 되므로 A의 청구액 전부를 지급할 의무가 없다."고 항변하였고, 나아가 B와 C는 ① "甲과 乙로부터 부탁받지 않은 공동보증인으로서 구상채무는 그 이익을 받은 한도에 불과하므로 이자나 지연손해금을 지급할 의무가 없다." ② "설령 지연손해금을 지급하더라도 2020. 1. 10.부터 A가 청구한 월 1%로 계산된 돈을 지급할 의무는 없다."고 항변하였다. A의 청구에 대한 결론을 그 근거와 함께 서술하시오. (25점)(2020년 제3차 변호사시험 모의시험)

해설 p. 337

(1) 의 의

(ㄱ) 동일한 주채무에 대하여 수인이 보증채무를 부담하는 것이 공동보증이다. 수인이 하나의 계약으로 동시에 보증을 서거나, 별개의 계약으로 각각 보증을 서거나, 보증인이 다른 보증인의 존재를 알고 있었는지를 묻지 않고 수인이 보증하면 공동보증이 된다. 또 보증인 전원이 채무 전부에 대해 보증한 경우뿐만 아니라, 어느 보증인이 채무의 일부에 대해 보증을 한 경우에도 그 공통된 부분에 대해서는 공동보증이 성립한다. (ㄴ) 공동보증의 모습에는, 수인의 보증인이 ① 보통의 보증인, ② 연대보증인, ③ 보증연대, 세 가지가 있다. 각 경우에 따라 '공동보증인의 채권자에 대한 관계'와 '공동보증인 간의 구상권'에서 차이가 있다.

(2) 공동보증인의 채권자에 대한 관계

a) 분별의 이익　　수인의 보증인이 하나의 계약으로 보증인이 된 경우는 물론이고 별개의 계약으로 보증인이 된 경우에도, 특별한 의사표시가 없으면 각 보증인은 주채무를 균등한 비율로 분할한 부분에 대해서만 보증채무를 부담한다. 이를 「분별의 이익」이라고 한다(439조).[1)]

b) 분별의 이익이 없는 경우　　다음의 세 경우에는 공동보증인에게 분별의 이익이 없고 보증인 각자가 주채무 전액에 대한 보증책임을 진다(448조 2항 참조). 즉 ① 주채무의 내용이 성질상 또는 당사자의 의사표시에 의해 '불가분적 급부'를 목적으로 하는 경우, ② 보증인이 주채무자와 연대하여 채무를 지기로 하는 '연대보증'의 경우(이때에는 보증인이 주채무 전액을 변제하기로 약정한 것이므로, 연대보증인이 수인인 때에도 마찬가지이다),[2)] ③ 보증인이 서로 연대하여 보증채무를 부담하기로 한 '보증연대'가 그러하다.

(3) 공동보증인 사이의 구상권

a) 공동보증인 가운데 한 사람이 변제를 한 때에는 주채무자에게 구상할 수 있음은 물론이다. 그런데 그 보증인이 '자기의 부담부분을 넘어서' 변제한 때에는 다른 공동보증인에 대해서도 구상할 수 있다(따라서 구상권의 경합이 있게 된다).[3)] 다만 그 구상은 공동보증인이 분별의

---

1) 독일 민법(769조)은 공동보증의 경우에 각 보증인이 연대채무자로서 책임을 지는 것으로 규정하지만, 우리 민법(439조)은 이와는 반대로 '분할채무'를 지는 것으로 정한다. 그러나 이렇게 되면 채권자로서는 보증인 각자에 대해 분할된 금액만을 청구할 수 있고, 또 그중에 무자력자가 있는 때에는 그 한도에서는 무담보가 되어 결국 보증의 담보적 효력을 약화시키는 점에서, 제439조에 대해서는 입법론상 문제가 있는 것으로 지적되고 있다.

2) 판례: 「수인의 연대보증인이 있는 경우, 연대보증인들 사이에 연대관계의 특약이 있는 경우가 아니면, 채권자가 연대보증인의 1인에 대하여 채무의 전부 또는 일부를 면제하더라도 다른 연대보증인에 대하여는 그 효력이 미치지 않는다」(대판 1992. 9. 25, 91다37553; 대판 1994. 11. 8, 94다37202).

3) 연대채무자의 구상권에 관하여 민법은 「어느 연대채무자가 변제 기타 자기의 출재로 공동면책이 된 때」라고 정하고(425조 1항), 그 의미는 부담부분의 초과 여부를 묻지 않고 출재에 의해 공동면책이 된 때에는 부담부분의 비율에 따라 구상할 수 있다는 것이다. 그런데 공동보증인 간의 구상권에 관하여는, 민법은 「보증인이 자기의 부담부분을 넘은 변제를 한 때에는」이라고 그 표현을 달리하고 있는데(448조), 판례는 이 법문대로, 연대보증인 중의 한 사람이 채무를 변제하고 다른 연대보증인에게 구상권을 행사하려면 자기의 부담부분을 초과하여 변제를 하여야 하고, 다른 보증인이 이미 그의 부담부분을 변제한 때에는 그에 대해서는 구상할 수 없다고 한다(대판 1988. 10. 25, 86다카1729). 연대보증인들 사이의 내부관계에서는 연대보증인 각자가 자신의 분담금액을 한도로 일부보증을 한 것과 같이 볼 수 있어서 그 분담금액 범위 내의 출재에 관한 구상관계는 주채무자만을 상대로 해결할 것을 예정한 것이고, 그래서 민법은 연대보증인 중의 한 사람이 공동면책을 이유로 다른 연대보증인에게 구상권을 행사하려면 '자기의 부담부분을 넘은' 변제를 하였을 것을 그 요건으로 규정한 것이다(대판 2013. 11. 14, 2013다46023).

이익을 갖느냐 여부에 따라 달리 규율된다. (ㄱ) 분별의 이익을 갖는 공동보증인이 자기의 분담액을 넘어서 변제한 때에는, 채무자의 부탁 없는 보증인의 변제와 유사하므로 그 구상권에 관한 규정(444조)을 준용한다(448조 1항). (ㄴ) 분별의 이익이 없는 경우(전술한 세 가지), 공동보증인 간의 관계는 연대채무자 사이의 관계와 유사하다. 따라서 어느 보증인이 자기의 부담부분을 넘어서 변제한 때에는 연대채무의 구상권에 관한 규정(425조~427조)을 준용한다(448조 2항).

b) 공동보증인이 일부보증을 한 경우에 구상관계는 다음과 같이 처리된다. (ㄱ) 각 연대보증인이 일부보증을 한 경우, 어느 연대보증인이 주채무의 일부를 변제하였다고 하더라도 주채무의 남은 금액이 다른 연대보증인의 일부보증액을 초과하고 있다면, 다른 연대보증인으로서는 면책된 것이 없으므로 그에 대해서는 구상할 수 없다(대판 2002. 3. 15, 2001다59071). (ㄴ) 수인의 보증인이 일부보증을 한 경우, 보증인 중 1인이 채무의 전액이나 자기의 부담부분 이상을 변제함으로써 다른 보증인의 책임한도가 줄어들게 되어 공동면책이 되었다면 다른 보증인에 대하여 구상할 수 있고, 그 부담부분의 비율에 대하여는 그들 사이에 특약이 없으면 각자 보증한도액의 비율로 부담한다(대판 2005. 3. 11, 2004다42104).

판 례 공동연대보증인 중 1인이 채무 전액을 대위변제한 후 주채무자로부터 구상금의 일부를 변제받은 경우, 다른 연대보증인에 대한 구상권의 범위 / 금융기관으로부터 대출을 받음에 있어 주채무자 명의를 사용하도록 허락한 제3자와 연대보증인의 관계

(ㄱ) 「1) 대위변제를 한 연대보증인이 다른 연대보증인들에 대하여 각자의 부담부분을 한도로 갖는 구상권은 주채무자의 무자력 위험을 감수하고 먼저 대위변제를 한 연대보증인의 구상권 실현을 확보하고 공동연대보증인들 간의 공평을 기하기 위하여 민법 제448조 2항에 의하여 인정된 권리이다. 2) 공동연대보증인 중 1인이 채무 전액을 대위변제한 후 주채무자로부터 구상금의 일부를 변제받은 경우, 대위변제를 한 연대보증인은 자기의 부담부분에 관하여는 다른 연대보증인들로부터는 구상을 받을 수 없고 오로지 주채무자로부터만 구상을 받아야 한다. (ㄷ) 그런데 주채무자의 구상금 일부 변제금액이 대위변제를 한 연대보증인의 부담부분을 넘는 경우에는, 그 넘는 변제금액은 주채무자의 구상채무를 감소시킴과 동시에 다른 연대보증인들의 구상채무도 자기의 부담비율에 상응하여 감소시킨다」(대판 2010. 9. 30, 2009다46873).

*예컨대 공동연대보증인 A · B · C 중 A가 주채무 전액(9천만원)을 대위변제한 후, 주채무자 甲이 A에게 5천만원을 일부 상환한 경우, 甲의 구상채무는 4천만원이 남고, B와 C의 A에 대한 구상채무는 각각 2천만원이 된다(B와 C의 부담부분 3천만원－甲이 A의 부담부분을 넘어 변제한 금액(2천만원)을 B와 C의 부담부분의 비율(1/2)로 나눈 1천만원=2천만원).

(ㄴ) 예컨대, 丙과 친분관계가 있던 甲과 乙이 丙의 부탁으로 아무 대가 없이 丙의 자금조달을 위하여 금융기관과의 대출거래약정상 甲은 형식상의 주채무자가 되고 乙은 그 연대보증인이 되었는데, 甲과 乙은 서로 그 사정을 알고 있었던 경우, 대법원은 다음과 같은 법리를 전개하고 있다. 1) 금융기관이 甲에 대하여는 채무자로서의 책임을 지우지 않을 의도하에 대출계약을 맺은 특별한 경우가 아니고서는(이 경우는 허위표시의 법리가 적용된다), 대출계약의 당사자는 금융기관과 甲이 되고, 그에 따른 효력이 생긴다. 2) 연대보증인이 명의를 빌려준 제3자가 주채무자라고 믿을 만한 정당한 이유가 있는 때에는 제3자에 대하여 구상권을 행사할 수 있다. 3)

연대보증인이 명의를 빌려준 제3자가 주채무자가 아니라는 사실을 안 경우(즉 위 예와 같은 경우), 甲은 丙이 대출을 받을 수 있도록 하기 위해 명의를 빌려준 것이고, 그렇지 않은 경우에는 이를 위해 보증을 하는 것이 보통이므로, 위 예에서 명의를 빌려준 甲과 乙의 내부관계에서는 丙의 채무에 대해 각기 연대보증한다는 취지가 묵시적으로 있었던 것으로 볼 수 있다. 따라서 乙이 연대보증채무를 이행한 경우에는 甲에 대해 공동보증인 간의 구상권의 법리에 따라 구상할 수 있다(대판 1999. 10. 22, 98다22451; 대판 2002. 12. 10, 2002다47631).

사례의 해설 (ㄱ) 수인의 연대보증인이 있는 경우, 어느 연대보증인이 자기의 부담부분을 넘어 변제한 때에는 연대채무에서의 구상권에 관한 규정(425조~427조)이 준용된다(448조 2항). 연대채무자의 부담부분은 균등한 것으로 추정되고(424조), 그 구상권에는 면책된 날 이후의 법정이자와 비용, 기타 손해배상을 포함한다(425조 2항). 한편, 어느 사람이 연대보증인과 물상보증인을 겸하는 경우, 보증인 1인으로 보는 것이 판례의 태도이다(대판 2010. 6. 10, 2007다61113, 61120). 그러므로 A는 B와 C에게 구상금으로서 각각 1억원을 청구할 수 있다. (ㄴ) A는 B와 C를 상대로 2020. 1. 1.부터 지연손해금을 지급할 것을 청구했을 뿐, 법정이자를 청구하고 있지는 않다. 그러므로 이 부분에 대해서는 처분권주의에 따라 법원은 판단할 필요가 없다. 그런데 구상금채무는 기한의 정함이 없는 채무이므로, 채무자는 이행청구를 받은 날의 다음 날부터 지체책임을 진다(387조 2항). 그러므로 A가 B와 C를 상대로 소송을 통해 구상금을 청구한 날, 즉 소장이 B와 C에게 송달된 날의 다음 날인 2020. 3. 21.부터 지연손해금을 지급하여야 한다. (ㄷ) 법원은, 'B와 C는 각각 1억원과 그에 대한 2020. 3. 21.부터 다 갚는 날까지 법정이율인 연 5%의 비율로 계산된 지연손해금을 지급하라.'고 일부 인용판결을 할 것이다. 사례 p.334

3. 계속적 보증

계속적 채권관계에서 생기는 불확정한 채무를 보증하는 것을 계속적 보증이라고 한다. 여기에는 주로 은행거래에서 발생하는 채무를 보증하는 「근보증」과, 피용자의 채무를 보증하는 「신원보증」이 있다.

(1) 근보증根保證

> 제428조의3 〔근보증〕 ① 보증은 불확정한 다수의 채무에 대해서도 할 수 있다. 이 경우 보증하는 채무의 최고액을 서면으로 특정하여야 한다. ② 제1항의 경우 채무의 최고액을 제428조의2 제1항에 따른 서면으로 특정하지 아니한 보증계약은 효력이 없다.

a) 주로 은행거래에서 생기는 장래의 불확정채무를 보증하는 것을 신용보증 또는 근보증이라고 한다. 민법은, 보증은 장래의 채무에 대해서도 할 수 있다고 하고(428조 2항), 또 보증채무의 범위를 정하면서 주채무의 범위에 대해서는 아무런 제한을 두고 있지 않다(429조). 그래서 한편에서는 민법의 이러한 규정을 근거로 하면서 또 한편에서는 근저당에 대응하는 인적 담보로서의 거래의 필요에 따라 근보증이 형성되어 왔고, 나아가 '보증대상(주채무의 범위) · 보증한도 · 보증기간'의 정함이 없는 소위 포괄근보증의 경우에도 종래의 판례는 이를 기본적으로는 유효로 보는 입장에서 판례이론을 형성하여 왔다. 다만 보증인의 책임범위가 과대하게 되어 보증 당시의

기대와 어긋나고 보증인에게 지나치게 가혹하다는 점에서 이를 제한하는 이론을 전개하여 왔는데, 그것은 대체로 다음의 네 가지 방향으로 모아진다.[1]

(ㄱ) 당사자의 의사: 주채무의 범위 등을 한정하지 않고 보증을 하였더라도, 보증을 하게 된 동기와 목적, 피담보채무의 내용, 거래 관행 등의 사정에 비추어 당사자의 의사가 계약 문언과는 달리 일정한 범위의 거래의 보증에 국한시키는 것이었다고 인정할 수 있는 경우, 그 보증책임의 범위를 당사자의 의사에 따라 제한한다(대판 1994. 6. 24, 94다10337). (ㄴ) 사정변경을 이유로 한 해지: 계속적 보증에서 보증계약 성립 당시의 사정에 현저한 변경이 생긴 경우에는 보증인은 보증계약을 해지할 수 있다(대판 1994. 12. 13, 94다31839). 다만 이것은 포괄근보증이나 (보증한도액 또는 보증기간을 정한) 한정근보증과 같이 채무액이 불확정적인 경우에 한하는 것이고, 채무가 특정되어 있는 확정채무에 대해 보증을 한 경우에는 적용되지 않는다(대판 1994. 12. 27, 94다46008). 대표적인 것은 회사의 이사 또는 직원이 그 자격에서 포괄 · 한정근보증을 하였다가 퇴사를 한 경우이다(대판 1990. 2. 27, 89다카1381; 대판 1998. 6. 26, 98다11826). 보증계약상 보증한도액과 보증기간이 제한되어 있다 하더라도 그러한 제한만으로는 사정변경이 있는 경우 보증인 보호를 위하여 불충분하고, 보증기간의 제한이 특히 퇴사 후에도 보증채무를 부담하는 것으로 특약한 것이 아닌 이상, 사정변경을 원인으로 한 해지권의 발생에 영향을 주지 못한다(대판 1992. 11. 24, 92다10890). (ㄷ) 신의칙에 의한 보증책임의 제한: 포괄근보증의 사안에서, 보증인의 부담으로 돌아갈 주채무의 액수가 보증인이 보증 당시에 예상하였거나 예상할 수 있었던 범위를 훨씬 상회하고, 그같은 주채무 과다 발생의 원인이 채권자가 주채무자의 자산상태가 현저히 악화된 사실을 익히 알거나 중대한 과실로 알지 못한 탓으로 이를 알지 못하는 보증인에게 아무런 통보나 의사 타진도 없이 고의로 거래 규모를 확대한 것에 있는 등 신의칙에 반하는 사정(소위 채권담보기능의 남용)이 인정되는 경우에는, 보증인의 책임을 합리적인 범위로 제한할 수 있다(대판 1995. 6. 30, 94다40444). (ㄹ) 상속의 제한: 보증한도를 정한 경우에는 상속인이 보증인의 지위를 승계하지만, 보증기간과 보증한도를 정하지 않은 때에는 상속인이 보증인의 지위를 승계하지 않고 다만 사망 당시 발생된 보증채무만이 상속된다(대판 2001. 6. 12, 2000다47187).

b) 종래 거래에서 근보증이 많이 활용되고 있다. 그런데 보증한도를 정하지 않은 포괄근보증도 이용됨에 따라 보증인의 책임범위가 무제한으로 되는 문제가 있었다. 그래서 2015년에 민법을 개정하여(2015년 법 13125호), 실제 생활에서 널리 쓰이는 근보증을 민법에 신설하면서, 보증인이 부담할 보증채무의 한도액(최고액)을 서면으로 특정하도록 하고, 이 최고액이 서면으로 특정되지 않은 근보증계약은 효력이 없는 것으로 정하였다(428조의3). 다만, 근보증에 의해 담보되는 불확정 다수의 채무의 범위에 대해서는 특별히 제한을 두지 않았다. 그 밖에는 (보증한도액을 정한) 한정근보증에 관한 종래의 판례이론이 통용될 수 있다.

(2) 신원보증

가) 의 의

고용계약에 수반하여 사용자가 피용자의 행위로 입게 될 손해의 전보를 목적으로 제3자와 신원보증계약을 체결하는 경우가 있고, 종래 「신원보증법」(1957년 법 449호)이 이를 규율하였다. 동법

1) 이 부분에 관해서는 민법개정공청회, 209면 이하(허만) 참조.

은 피용자의 행위로 인해 결과적으로 사용자가 입은 일체의 손해를 신원보증인이 배상하는 것으로 하여 과중한 책임을 지웠는데, 신원보증인이 통상 피용자와의 특별한 관계 때문에 어쩔 수 없이 보증을 서면서도 이처럼 광범위한 보증책임을 부담하는 것은 문제가 있다는 지적에 따라, 2002년에 신원보증법을 전문 개정하였다(2002년 법 6592호). 그 핵심은 피용자의 고의나 중과실에 의한 행위로 인하여 발생한 손해에 대해서만 신원보증인이 배상책임을 지는 것으로 하여, 종래의 손해담보계약에서 부종적인 보증계약으로, 그것도 피용자의 경과실로 인한 손해는 제외하여 신원보증인의 책임범위를 줄인 점이다.

나) 신원보증법의 주요 내용

a) 신원보증계약의 정의 '신원보증계약'은 피용자가 업무를 수행하는 과정에서 그에게 책임이 있는 사유로 사용자에게 손해를 입힌 경우에 그 손해를 배상할 채무를 부담할 것을 약정하는 계약이다(동법 2조). 즉 피용자에게 귀책사유가 있어 그가 사용자에게 배상채무를 지는 것을 전제로 신원보증인이 그 책임을 지는 것으로 하여, 부종적인 보증계약임을 명시하였다.

b) 신원보증계약의 존속기간 종래의 기간을 단축하였다. 즉 (ㄱ) 기간을 정하지 않은 신원보증계약은 그 성립일부터 2년간 효력을 가진다(동법 3조 1항). (ㄴ) 신원보증계약의 기간은 2년을 초과하지 못한다. 이보다 장기간으로 정한 경우에는 그 기간을 2년으로 단축한다(동법 3조 2항). (ㄷ) 신원보증계약은 갱신할 수 있다. 다만, 그 기간은 갱신한 날부터 2년을 초과하지 못한다(동법 3조 3항).

c) 사용자의 통지의무 (ㄱ) 통지의무의 발생: 사용자는 다음 중 어느 하나에 해당하는 경우에는 지체 없이 신원보증인에게 통지하여야 한다(동법 4조 1항). ① 피용자가 업무상 부적격자이거나 불성실한 행적이 있어 이로 인하여 신원보증인의 책임을 야기할 우려가 있음을 안 경우, ② 피용자의 업무 또는 업무 수행의 장소를 변경함으로써 신원보증인의 책임이 가중되거나 업무 감독이 곤란하게 될 경우. (ㄴ) 통지의무 위반의 효과: 사용자가 고의나 중과실로 통지의무를 게을리하여 신원보증인이 계약해지권을 행사하지 못한 경우, 신원보증인은 그로 인해 발생한 손해의 한도에서 의무를 면한다(동법 4조 2항). 종래의 판례이론을 반영한 것이다(대판 1994. 4. 26, 93다5741).

d) 신원보증인의 계약해지권 신원보증인은 다음 중 어느 하나에 해당하는 사유가 있는 경우에는 계약을 해지할 수 있다(동법 5조). ① 사용자로부터 제4조 1항의 통지를 받거나, 신원보증인이 스스로 그 사유가 있음을 안 경우, ② 피용자의 고의나 과실로 인한 행위로 발생한 손해를 신원보증인이 배상한 경우, ③ 신원보증계약의 기초가 되는 사정에 중대한 변경이 있는 경우.

e) 신원보증인의 책임 (ㄱ) 신원보증인은 피용자의 '고의나 중과실'로 인한 행위로 발생한 손해를 배상할 책임이 있다(동법 6조 1항). 피용자의 '경과실'로 인한 손해에 대하여는 신원보증인은 그 책임을 부담하지 않는다. (ㄴ) 신원보증인이 2명 이상인 경우에는 특별한 의사표시가 없으면 각 신원보증인은 같은 비율로 의무를 부담한다(동법 6조 2항). 공동보증에서의 분별의 이익(439조)을 반영한 것이다. (ㄷ) 동법은 따로 배상책임의 한도를 정하고 있지는 않다. 그러나 법원은 신원보증인의 손해배상액을 산정하는 경우, 피용자의 감독에 관한 사용자의 과실 유무, 신원보증

을 하게 된 사유와 이를 할 때 주의를 한 정도, 피용자의 업무 또는 신원의 변화, 그 밖의 사정을 고려하여야 한다(동법 6조 3항).

f) **신원보증계약의 종료** 신원보증계약은 신원보증인의 사망으로 종료된다(동법 7조). 즉 상속되지 않는다. 다만 신원보증인이 사망하기 전에 이미 발생한 신원보증채무는 상속된다.

g) **불이익 금지** 신원보증법의 규정에 반하는 특약으로서 어떠한 명칭이나 내용으로든지 신원보증인에게 불리한 것은 효력이 없다(동법 8조).

4. 손해담보계약

(1) 의 의

(ㄱ) 손해담보계약은 제3자가 채권자와의 계약으로 채권자가 입은 손해를 전보할 것을 내용으로 하는 계약이다. 주채무의 존재를 전제로 하지 않고 채권자에게 손해가 발생하기만 하면 이를 전보할 책임을 지는 점에서 결과책임으로 구성된 것이다.[1] 이 점에서 주채무의 존재를 전제로 하는 보증채무에서처럼 부종성과 보충성이 인정되지는 않는다. 신원보증에서 고용관계로 인해 사용자가 입은 손해를 인수하는 종전의 신원인수나, 보험계약 등이 손해담보계약에 속한다. (ㄴ) 손해담보계약에 대해 민법은 규정하고 있지 않으나 계약자유의 원칙상 허용된다.

(2) 효 력

제3자가 부담하는 채무의 내용은 손해담보계약에 따라 정해진다. 그 외에 일반적인 내용으로는, 손해담보계약에서 제3자는 주채무와는 독립하여 채권자에게 발생한 손해를 전보할 책임을 지기 때문에, 주채무에 대한 동질성 · 부종성 · 보충성이 없다. 제3자가 그 계약에 따라 채권자에게 손해를 전보한 경우에는, 채무자의 부탁을 받았는지 여부에 따라 위임에 기한 비용상환청구(688조)나 사무관리에 기한 비용상환청구(739조)를 할 수 있다.

Ⅵ. 「보증인 보호를 위한 특별법」

1. 의 의

금전채무에 대해 아무런 대가 없이 호의로 보증을 서 주었다가 채무자의 파산이 보증인에게 이어져 보증인이 경제적 · 정신적 피해를 입는 것을 방지하기 위해, 민법에 대한 특례로서 「보증인 보호를 위한 특별법」(2008. 3. 21. 법 8918호)을 제정하였고, 동법은 2008. 9. 22.부터 최초로 체결하거나 기간을 갱신하는 보증계약부터 적용한다(부칙). 동법은 특히 채권자의 통지의무(5조) · 근보

1) 판례: 「손해담보계약상 담보의무자의 책임은 손해배상책임이 아니라 이행의 책임이고, 따라서 담보계약상 담보권리자의 담보의무자에 대한 청구권의 성질은 손해배상청구권이 아니라 이행청구권이므로, 민법 제396조의 과실상계 규정이 준용될 수 없음은 물론 과실상계의 법리를 유추적용하여 그 담보책임을 감경할 수도 없는 것이 원칙이지만, 다만 담보권리자의 고의 또는 과실로 손해가 야기되는 등의 구체적인 사정에 비추어 담보권리자의 권리행사가 신의칙 또는 형평의 원칙에 반하는 경우에는 그 권리행사의 전부 또는 일부가 제한될 수는 있다」(대판 2002. 5. 24, 2000다72572).

증(6조) · 보증기간(7조)에 관해 특칙을 규정한다.

2. 동법의 주요 내용

(1) (보호 대상이 되는) 보증인의 범위

동법은 '보증인이 금전채무에 대해 아무런 대가 없이 호의로 보증채무를 부담하는 경우'에 적용된다(동법 1조·2조 2호). 그러므로 ① 금전채무가 아닌 것을 호의로 또는 대가적으로 보증하거나, ② 금전채무에 대해 대가적으로 보증을 하는 것에 대해서는 동법은 적용되지 않는다(이에 대해서는 민법상의 보증채무에 관한 규정이 적용된다). 특히 동법은 ②에 해당하는 것으로, 기업의 경영을 사실상 지배하는 자가 그 기업의 채무에 대해 보증하는 경우, 채무자와 동업관계에 있는 자가 동업과 관련한 동업자의 채무를 보증하는 경우, 기업 또는 개인의 신용을 보증하기 위하여 법률에 따라 설치된 기금 등이 보증하는 경우를 예시하면서, 이들은 동법의 보호대상이 되는 보증인에 포함되지 않는 것으로 정한다(동법 2조 1호). 그리고 동법은 보증채무를 부담하는 경우에 적용될 뿐, 타인의 채무에 대하여 담보물의 한도 내에서 책임을 지는 물상보증의 경우에는 적용되지 않는다(대판 2015. 3. 26, 2014다83142).

(2) 보증의 방식

동법 제3조는, 보증은 보증인의 기명날인이나 서명이 있는 서면으로 표시되어야 효력이 생기고, 이를 위반한 것은 무효로 정하였었다. 그런데 2015년에 민법을 개정하면서 동법 제3조와 같은 취지의 내용을 민법에 신설하였다(428조의2). 그래서 동법 제3조는 더 이상 민법에 대한 특례로서의 성격을 가질 수 없게 되어 위 민법개정에 따라 삭제되었다(즉 개정 민법이 보증의 방식에 관한 일반규정으로 적용된다).

(3) 보증채무 최고액의 특정

민법상 보증채무는 주채무의 이자, 위약금, 손해배상, 그 밖에 주채무에 종속된 채무를 담보하는데(429조 1항), 동법은 보증인을 보호하기 위해, 보증계약을 체결하거나 보증기간을 갱신할 때에는 보증채무의 최고액을 서면으로 특정하도록 정하였다(동법 4조).

(4) 채권자의 통지의무

(ㄱ) 동법은 보증인의 이익(채무자에 대한 구상의 대비)을 보호하기 위해 일정한 경우에 채권자의 보증인에 대한 통지의무를 정한다. 즉 ① 채권자는 주채무자가 원본, 이자 그 밖의 채무를 3개월 이상 이행하지 않는 경우 또는 주채무자가 이행기에 이행할 수 없음을 미리 안 경우에는 지체 없이 보증인에게 그 사실을 알려야 한다(동법 5조 1항). ② 채권자가 금융기관인 때에는, 주채무자가 원본, 이자 그 밖의 채무를 1개월 이상 이행하지 않는 경우에는 지체 없이 그 사실을 보증인에게 알려야 한다(동법 5조 2항). ③ 채권자는 보증인의 청구가 있으면 주채무의 내용과 그 이행 여부를 보증인에게 알려야 한다(동법 5조 3항). (ㄴ) 채권자가 위의 통지의무를 위반한 경우에는 보증인은 그로 인하여 손해를 입은 한도에서 채무를 면한다(동법 5조 4항).

(5) 근보증

물적 담보로서의 근저당에 대응하는 것으로 근보증을 정하면서, 주채무의 범위를 한정하고 보증의 한도액을 정하도록 하였다.[1] 즉 (ㄱ) 불확정 다수의 채무를 보증하는 근보증에 의해 담보될 채무의 범위는, ① 채권자와 주채무자 사이의 특정된 계속적 거래계약, ② 일정한 종류의 거래로부터 발생하는 채무, ③ 특정한 원인에 기해 계속적으로 발생하는 채무에 한정된다(동법 6조 1항 1문). 따라서 채권자가 주채무자에 대하여 가지는 또는 가지게 될 모든 채무를 보증하는 소위 포괄근보증은 허용되지 않는다. (ㄴ) 근보증의 경우, 그 보증하는 채무의 최고액을 서면으로 특정하여야 하고, 이를 위반한 보증계약은 효력이 없다(동법 6조 1항 2문 · 6조 2항).

(6) 보증기간

(ㄱ) 보증기간의 약정이 없는 때에는 그 기간을 3년으로 본다(동법 7조 1항). 여기서의 '보증기간'은, 보증채무의 범위를 특정하여 보증인을 보호하려는 동법의 취지상, 보증인이 보증책임을 부담하는 주채무의 발생기간을 말하고, 보증채무의 존속기간을 뜻하는 것이 아니다(다시 말해 보증 후 3년의 보증기간이 지났다고 해서 보증책임이 소멸되는 것은 아니다)(대판 2020. 7. 23, 2018다42231). (ㄴ) 보증기간은 갱신할 수 있다. 이 경우 보증기간의 약정이 없는 때에는 계약체결 시의 보증기간을 그 기간으로 본다(동법 7조 2항). (ㄷ) 앞에서 간주되는 보증기간은 계약을 체결하거나 갱신하는 때에 채권자가 보증인에게 고지하여야 한다(동법 7조 3항). (ㄹ) 보증계약 체결 후 채권자가 보증인의 승낙 없이 채무자에게 변제기를 연장해 준 경우에는 채권자나 채무자는 보증인에게 그 사실을 알려야 한다. 이 경우 보증인은 즉시 보증채무를 이행할 수 있다(동법 7조 4항).

(7) 편면적 강행규정

동법을 위반하는 약정으로서 보증인에게 불리한 것은 효력이 없다(동법 11조).

판 례 **보증인 보호를 위한 특별법에 관한 사례**

(ㄱ) 판례는, (종전의) 보증인보호법 제3조 1항의 취지는 한편으로는 보증의 존부 및 내용에 관하여 분명한 확인수단이 보장되고, 다른 한편으로는 보증인으로 하여금 신중하게 보증을 하도록 하려는 데 있는 것이어서, 작성된 서면에 반드시 '보증인' 또는 '보증한다'라는 문언이 있어야 하는 것은 아니라고 한다. 그리고 보증인보호법 제4조는, 보증인이 보증을 하여 부담하게 될 법적 부담의 주요 내용을 미리 예측할 수 있도록 하려는 데에 그 취지가 있는 것이어서, 그 서면에 원본채무의 금액이 기재되어 있다면 그 요건은 충족된 것이고, 그 외에 이자 또는 지연손해금 등과 같은 종된 채무에 관하여 별도로 그 액을 특정하여야만 하는 것은 아니라고 한다.

A가 B로부터 2,450만원을 빌리면서 이 돈을 2010. 4. 10.까지 변제하겠다는 내용이 기재된 차용증을 교부하였는데, 이 차용증서에 A의 처남이면서 A가 운영하는 회사의 이사로 재직하고 있는 C가 A의 요청으로 위 차용증 중 채무자란의 자리 옆에 자신의 이름을 직접 기재, 서명하

1) 판례: 「보증한도액을 정하여 근보증을 하면서 동일인이 근저당권설정등기를 하여 물상보증도 하였는데 근저당권의 실행으로 채권자가 변제를 받은 경우, 근보증과 근저당권은 동일한 채무를 담보하기 위한 중첩적인 담보인 점에서, 근저당권의 실행으로 변제를 받은 금액은 근보증의 보증한도액에서 공제되어야 한다」(대판 2004. 7. 9, 2003다27160).

였다. 이후 B가 C에게 보증채무의 이행을 청구하자, C는 위 차용증에는 C의 보증의사가 표시되어 있지 않고 보증채무의 최고액이 특정되지 않아 무효라고 주장한 사안에서, 대법원은 위와 같은 이유로 C의 주장을 배척하고, C는 위 보증인보호법에 따라 보증인으로서 차용금 2,450만원 및 이에 대한 지연손해금을 지급할 의무가 있다고 판결하였다(대판 2013. 6. 27, 2013다23372).

(ㄴ) 사안은 다음과 같다. ① 乙(채권자)과 丙(채무자) 사이의 계속적 거래계약에서 생기는 불확정채무에 대해 甲(보증인)이 보증기간을 정하지 않고 보증한도액만 정해 대가 없이 호의로 보증을 하였다. ② 乙과 丙 사이에 주계약상 거래기간을 연장하였다. ③ 甲의 보증기간 3년이 경과한 상태에서 丙이 乙에게 거래대금을 수차례 입금하였다. ④ 乙과 丙 사이의 거래관계 종료에 따라 확정된 주채무가 보증한도액을 초과한다는 이유로, 乙이 甲에게 보증한도액의 지급을 청구한 것이다.

위 사안에서 대법원은 다음과 같이 판결하였다. 「1) 보증기간의 약정이 없는 경우, 보증인보호법 제7조 1항에 따라 보증기간은 3년으로 보아야 한다. 2) 보증기간 3년이 종료된 당시의 주채무에 대해 보증책임을 지고, 그 후의 주채무에 대해서는 보증책임을 지지 않는다. 3) 변제자가 주채무자인 경우, 보증인이 있는 채무와 보증인이 없는 채무 사이에는 변제이익에서 차이가 없으므로, 보증기간 중의 채무와 보증기간 종료 후의 채무 사이에서도 변제이익에서 차이가 없고, 따라서 주채무자가 변제한 금원은 이행기가 먼저 도래한 채무에 변제충당을 하여야 한다(* 위 사안에서, 丙이 乙에게 한 변제는 甲의 보증기간 내에 발생한, 즉 먼저 이행기가 도래한 주채무에 변제충당하여야 하고, 그에 따라 甲의 보증채무는 보증한도액에서 그만큼 소멸된다)」(대판 2021. 1. 28, 2019다207141).

제 7 장 개별적 채권관계

본 장의 개요 1. 채권과 채무가 생기는 원인에는 두 가지가 있다. 하나는 「계약」이다. 예컨대 매매계약을 맺은 경우, 매도인은 매수인에게 권리이전 채무를, 매수인은 매도인에게 대금 지급채무를 지는데, 이러한 채권과 채무는 당사자가 스스로 원한 것이어서 그에 따라 구속을 받는 것이 정당한 것으로 된다. 다른 하나는 계약 외에 법률(민법)이 일정한 이유에서 채권과 채무가 발생하는 것으로 정하는 것들이 있다. 「사무관리 · 부당이득 · 불법행위」가 그것이다.

2. 민법은 '계약'에 대해 다음과 같은 내용을 규정한다.

(1) 계약에 공통되는 내용으로서 「계약의 성립 · 효력 · 해제와 해지」에 대해 규정한다.

a) 계약이 성립하면 특별히 장애사유(조건과 기한, 무효와 취소)가 없는 한 효력이 생기고, 그에 따라 계약 당사자에게 채권과 채무가 발생한다. 그러므로 어느 경우에 계약이 성립하는지는 매우 중요하고, 실무에서는 계약의 성립 여부를 놓고 주로 다투게 된다. (ㄱ) 민법은 계약이 성립하는 모습에 착안하여 '청약에 대한 승낙 · 교차청약 · 의사실현'의 세 가지를 인정하는데(527조~534조), 이들에 공통되는 것은 의사표시의 합치, 즉 합의이다. (ㄴ) 계약은 당사자 일방이 미리 작성한 '약관'에 의해 체결되기도 하는데, 약관이 가지는 문제가 없지 않아, 「약관의 규제에 관한 법률」이 이를 규율한다. (ㄷ) 계약의 목적의 실현이 계약 당시에 이미 불가능한 경우에는 그 계약은 무효가 된다. 그런데 이러한 사실을 모르고 계약을 체결한 상대방은 손해를 입을 수 있고, 민법은 일정한 요건하에 그 배상을 인정하는데, '계약체결상의 과실'이 그것이다(535조).

b) 계약이 성립하고 그 계약에 무효나 취소사유가 없는 때에는 효력이 있게 된다. 계약이 효력이 있다는 것은, 당사자 각자에게 채권과 채무가 생기는 것을 말한다. 계약의 효력은 개별계약에 따라 저마다 특유한 내용을 갖고 있지만, 여기서는 계약 일반에 관한 효력을 다룬다. (ㄱ) 계약 중 매매 · 교환 · 임대차 · 도급 등과 같은 '쌍무계약'에 공통된 효력을 정한다. 즉 쌍무계약에서는 당사자 각자가 부담하는 채무가 서로 대가관계에 있는 것을 특색으로 하는데, 이에 기초하여 이행관계에서 「동시이행의 항변권」(536조), 존속관계에서 「위험부담」(537조~538조)에 대해 규정한다. (ㄴ) 계약은 그 당사자가 급부청구권을 갖는데, 당사자는 계약을 맺으면서 급부청구권만을 제3자에게 주기로 약정할 수 있고, 이 경우에는 제3자가 채권을 갖게 되는데, 이것이 「제3자를 위한 계약」이다(539조~542조).

c) 계약에서 당사자 일방의 채무불이행이 있는 경우에는 상대방을 계약의 구속에서 해방시킬 필요가 있는데, '계약의 해제'가 그것이다(543조 이하). 계약을 해제하면 계약은 소급하여 효력을 잃고, 따라서 채권과 채무도 소멸된다. 이미 이행된 급부에 대해서는 부당이득에 대한 특칙으로서 원상회복의무가 주어진다(548조). 계약을 해제하더라도 손해배상은 청구할 수 있는데(551조), 이것은 해제의 효과에 기초하는 것이 아니라 채무불이행을 이유로 하는 것이다. 한편 계속적 계약에서는 '해지'의 제도가 있는데, 소급효가 없고 장래에 대해 효력을 잃는 점에서 해제와 구별된다(550조).

(2) 계약의 종류에 따라 그 계약에 특유한 효력이 저마다 따로 있다. 민법에서 정하는 15개의 전형계약, 즉 「증여 · 매매 · 교환 · 소비대차 · 사용대차 · 임대차 · 고용 · 도급 · 여행계약 · 현상광고 · 위임 · 임치 · 조합 · 종신정기금 · 화해」가 그것이다(554조~733조). 이들 계약은 실제로 많이 행하여지는 계약을 급부와 반대급부를 중심으로 하여 유형화한 것이다. 그런데 계약에는 계약자유의 원칙이 적용되므로, 당사자는 자유로이 계약의 내용을 형성할 수 있다. 즉 이들 계약에 대

한 민법의 규정은 대부분 임의규정이다. 그러므로 이들 계약에 대해서도 당사자는 민법의 규정과는 달리 약정할 수 있는데, 실제로는 빠짐없이 약정하지는 못하는 점에서, 개별계약에 관한 민법의 규정은 당사자의 의사의 표준적인 모델로서 (보충적으로) 적용되고 있다.

3. 민법은 '사무관리 · 부당이득 · 불법행위'에 대해 다음과 같은 내용을 규정한다.

(1) 남의 사무에 관여하려면 그의 동의가 있어야 한다. 이것이 위임이고, 이에 따른 채권과 채무가 생긴다(680조 이하). 그런데 민법은 이러한 위임계약을 맺지 않았더라도 의무 없이 타인을 위해 그의 사무를 관리하는 것을 법률상 허용하고, 그에 따른 채권과 채무의 발생을 인정하는데, 이것이 「사무관리」이다(734조 이하). 타인의 채무를 변제하거나, 타인의 생명이나 신체, 재산에 대한 위해를 막기 위해 구조하는 것 등이 이에 속한다. 그러나 의무 없이 남의 일에 관여하는 경우가 많지는 않아, 실제로 사무관리가 문제되는 경우는 많지 않다.

(2) (ㄱ) 계약이 성립하여 효력이 있게 되면 그에 따라 채권과 채무가 발생하고, 채무자가 채무를 이행함에 따라 채권자는 만족을 얻어 채권은 소멸하게 된다. 따라서 계약이 효력이 없는데도 급부가 이루어졌다고 한다면, 그 이익을 보유하는 것이 정당하지 않으므로 이를 반환하여야 하는데, 이것이 「부당이득」의 제도이다(741조~749조). 물론 침해부당이득의 경우처럼 계약과 무관한 경우도 있지만, 많은 경우는 계약과 관련하여 부당이득이 문제된다(소위 급부부당이득). 예컨대 계약에 기해 급부가 행하여졌는데, 그 계약이 무효가 되거나 취소된 경우, 그 계약이 해제된 경우(이 경우에는 원상회복의무가 생기지만 그 본질은 부당이득이다)가 그러하다. 또 채무가 없는데도 변제를 하거나 받은 경우도 같다. (ㄴ) 민법은 이러한 부당이득에 대해, 그 반환은 어떠한 방법으로 할 것인지, 수익자의 선의와 악의에 따라 그 반환범위는 어떻게 되는지에 대해 정한다. 이러한 사후처리를 통해 계약을 전제로 하여 이전된 급부를 계약 이전의 상태로 회복시켜 궁극적으로는 재화의 정당한 귀속을 실현하려고 하는 것이다.

(3) 어느 누구도 타인이 갖고 있는 권리 내지 법익을 침해하는 것이 용인될 수 없다. 이 경우 가해자는 피해자가 입은 손해를 배상하여야 하는데, 이것이 불법행위이다(750조 이하). 채무불이행에서 손해배상은 채무가 이행되었다고 한다면 채권자가 장래 얻었을 이익, 즉 이행이익을 배상하여야 하지만, 불법행위에서는 침해되기 전에 갖고 있던 권리 내지 법익의 상태로 회복되게끔 배상하여야 하는 점에서 다르다. (ㄱ) 민법은 불법행위를 일반 불법행위와 특수 불법행위로 나누어 정한다. 민법 제750조는 일반 불법행위에 대해 정하는데, 고의 또는 과실, 위법행위, 손해발생이라는 일반 요건을 통해 수많은 불법행위를 포용하는 일반규정으로 되어 있다. 그리고 이것과는 별개로 소위 특수 불법행위로서, 책임무능력자의 감독자책임 · 사용자책임 · 공작물책임 · 공동불법행위 등에 대해 그 요건을 규정하고 있다. 그 밖에 특별법에서 불법행위에서 무과실책임을 인정하는 것들도 있다. (ㄴ) 불법행위가 성립하면 손해배상채권(채무)이 생긴다. 민법은 이에 대해 손해배상의 범위와 방법, 정신적 손해의 배상, 명예훼손에서의 특칙, 과실상계 등에 대해 규정한다.

제 1 절 계약 총칙

제1관 계약 총설

Ⅰ. 계약의 의의와 작용

1. 계약의 의의

계약은 사법상의 일정한 법률효과의 발생을 목적으로 하는 당사자의 합의를 말하는데, 넓게는 채권과 채무의 발생을 목적으로 하는 합의(채권계약), 물권의 변동을 목적으로 하는 합의(물권계약), 채권양도나 채무인수에 관한 합의(준물권계약), 약혼 · 혼인 · 입양과 같은 친족법상의 합의(친족법상의 계약) 등을 포함한다. 그러나 보통 계약은 채권과 채무의 발생을 목적으로 하는 '채권계약'을 말하고, 민법 제3편 제2장 「계약」에서 정하는 것은 이를 규율대상으로 한다.

그런데 채권계약이나 다른 계약이나 모두 계약이라는 점에서는 공통되므로, 채권계약에 관한 민법의 규정은 그것이 채권계약에만 특유한 것이 아닌 한 원칙적으로 다른 계약에도 유추적용될 수 있다(통설).

2. 계약의 사회적 작용

(1) 계약의 관념이 도입된 것은 근대사회가 성립하면서부터이다. 근대 이전의 봉건사회에서도 계약은 있었지만, 그 사회는 봉건적 · 신분적 지배관계에 있었기 때문에 그 당시의 계약도 이 틀을 벗어나지 못했다. 봉건사회를 무너뜨리고 성립한 근대사회는 개인의 자유와 평등을 그 기초로 삼았다. 그래서 모든 개인은 신분적 구속에서 벗어나게 되었으나, 그 반면 종전의 신분질서에 의한 생존의 보장을 잃게 되고 자기의 생존은 스스로의 힘으로 유지하여야만 하였다. 그리하여 모든 개인은 필연적으로 사회적 분업협동관계에 참여하지 않을 수 없게 되었는데, 그 수단으로 근대법이 예정한 것이 바로 「계약」이다('신분에서 계약으로'). 근대사회에 도입된 계약 제도는 당사자가 이성적이며 자유롭고 평등하다는 기초 위에서 그의 자유로운 의사에 따른 효과를 부여하는 것이 정당하다고 본 것이고, 근대민법은 이를 「사적자치의 원칙」으로 수용한 것이다.

(2) 오늘날의 계약도 그 본질은 다르지 않다. 모든 개인은 그들이 원하는 바가 있다. 그리하여 두 사람 사이에 서로 원하는 바가 합치될 때 각자의 수요를 만족시켜 주게 된다. 이것이 계약이다. 구체적으로 예를 들어보자. 생존에 필요한 의식주의 문제는 계약을 통해 해결된다. 옷이나 음식은 매매계약을 통해 돈을 주고 사고, 주거를 위한 공간은 매매계약 · 임대차계약 · 도급계약을 통해 마련한다. 그에 필요한 자금은 개인의 노동력을 필요로 하는 사람(사용자)과 고용계약을 맺어 임금을 받아 해결하거나, 타인으로부터 빌려(금전소비대차계약) 해결할

수도 있다. 그 외에 증여, 교환, 사용대차, 여행계약, 현상광고, 위임, 임치, 조합, 화해계약 등도 행하여진다. 나아가 사회가 발전하면서 각 개인의 수요도 다양해지면서 이를 충족시키는 계약의 유형도 다양해지게 된다. 중개 · 의료계약 · 신용카드계약 · 리스계약 등 수많은 비전형계약이 출현하는 것이 그러하다.

(3) 이러한 계약의 작용은 자유경쟁을 바탕으로 하는 시장경제체제와 결합하면서 자본주의를 발전시켰다. 그러나 자본주의가 고도로 발전하면서 독점자본주의 단계에 들어서면서 경제적 불평등이 심해지고 계약의 자유는 형식적 · 명목적인 것이 되는 경우가 생겼다. 그리하여 계약은 여러 방면에서 제한을 받기도 하지만, 계약 제도가 가지는 근간은 바뀔 수 없다.

Ⅱ. 계약의 자유와 그 제한

1. 계약자유의 원칙

(1) 의의와 근거 등

a) 의 의 (ㄱ) 우리 민법의 근간을 이루는 사적자치의 원칙은 사법상의 법률관계를 개인의 의사에 의해 자유로이 형성할 수 있다는 것으로서, 유언의 자유 · 단체 설립의 자유 등도 이에 포함되지만, 가장 전형적인 것은 「계약의 자유」이다. 즉 계약에 의한 법률관계의 형성은 법의 제한에 걸리지 않는 한 완전히 각자의 자유에 맡겨지며, 법도 이를 승인한다는 원칙이다. (ㄴ) 계약자유의 원칙에는 두 가지 면이 있다. 하나는, 국가는 당사자 간의 계약에 간섭할 수 없다는 것이다. 다른 하나는, 계약이 성립한 경우 당사자는 계약의 내용에 따른 상호 구속을 받으며(이를 「계약의 구속력」이라고 한다),[1] 그에 따라 채권과 채무가 발생하는 것을 국가(법)가 인정하며 그 실현을 돕는다는 것이다.

b) 근 거 계약이 당사자 간에 구속력을 가지는 근거로는 두 가지를 들 수 있다. (ㄱ) 하나는, 각자의 다양한 필요와 그 필요의 충족을 위해 어떤 방법을 선택할 것인지는 당사자 자신이 가장 잘 알고 가장 적절하게 판단할 수 있다(양창수 · 김재형, 계약법, 13면). 따라서 '당사자 간의 자발적인 의사의 합치'가 있다고 한다면, 그것은 당사자 자신이 스스로 원한 것이므로 그에 구속되는 것은 정당한 것이 된다.[2] (ㄴ) 다른 하나는, 그것을 정당한 것으로 인정하는 '법의 승인'에 있다. ① 이에 관한 것으로 우선 헌법을 들 수 있다. 헌법 제10조 전문은 「모든 국민은 인간으로서의 존엄과 가치를 가지며, 행복을 추구할 권리를 가진다」고 규정하는데, 이 '행복추구권'

---

1) 「계약의 구속력」은 다음의 의미를 가진다. 즉, ① 계약이 성립된 후에 당사자는 임의로 자기의 청약 또는 승낙의 의사를 철회하여 계약을 없었던 것으로 할 수 없다. ② 계약으로부터 당사자는 계약상의 의무를 이행할 채무를 진다. 그 채무를 이행하지 않으면 상대방은 그 채무의 이행을 구하는 소를 제기하여 강제집행을 할 수 있다(389조 참조). ③ 당사자의 합의에 의해 성립한 계약은 당사자의 합의에 의해서만 변경할 수 있다. ④ 계약의 효력에 관하여는 그 체결 당시의 법률이 적용되어야 하고, 계약이 일단 구속력을 갖게 되면 원칙적으로 그 이후 제정 또는 개정된 법률의 규정에 의해서도 변경될 수 없다(대판 2002. 11. 22, 2001다35785).

2) 이 점이 계약이 단독행위와 다른 점이다. 단독행위는 어느 일방의 의사표시만으로 상대방을 구속하는데 여기에 상대방의 의사는 없었으므로, 이것은 그렇게 하더라도 무방한 경우로만 제한되는 것이다. 채권편에서 단독행위에 의해 채권과 채무는 발생하지 않는다는 것이 통설이다.

에는 '일반적 행동자유권'이 함축되어 있다. 일반적 행동자유권에는 적극적으로 자유롭게 행동을 하는 것은 물론, 소극적으로 행동을 하지 않을 자유, 즉 부작위의 자유도 포함하는데, 법률행위의 영역에서 '계약자유의 원칙'은 이로부터 파생된 것이다. 즉 계약을 체결할 것인가의 여부, 체결한다면 어떠한 내용으로, 어떠한 상대방과, 어떠한 방식으로 계약을 체결하느냐 하는 것도 당사자 자신이 자기 의사로 결정하는 자유뿐만 아니라, 원치 않으면 계약을 체결하지 않을 자유, 즉 원치 않는 계약의 체결을 법이나 국가에 의하여 강요받지 않을 자유를 포함한다. 한편 이러한 계약의 자유는 헌법 제119조 1항의 개인의 경제상 자유의 일종이기도 하다(그러므로 계약의 자유는 헌법상 보장되는 '국민의 자유와 권리'(37조)로 귀결된다)(헌재결(전원재판부) 1991. 6. 3, 89헌마204). ② 이를 이어받아 민법 제105조는 계약자유의 원칙을 간접적으로 정하고 있으며, 또한 민법 제103조 이하의 규정이나 채권편의 계약에 관한 규정들도 모두 이 원칙을 전제로 하는 것들이다.

c) 계약에 관한 민법 규정과의 관계 계약자유의 원칙은 계약 내용의 결정을 당사자에게 맡기는 것이므로, 이것은 법 분야에도 영향을 미쳐, 계약에 관한 민법의 규정은 다른 강행법규처럼 자세한 내용으로 되어 있지 않다. 즉 민법은 보편적으로 이용되는 15개의 전형계약[1]에 대해 그 기본적인 내용만을 정하고 있을 뿐이다. 그리고 이것도 임의규정으로서 당사자는 이와 달리 약정할 수 있고, 당사자가 이러한 기본적인 내용조차 약정하지 않은 경우에 보충적으로 적용될 뿐이다. 나아가 비전형계약에 대해서는 민법은 정하고 있지 않으며, 이들 분야는 대부분 계약자유의 원칙에 의해 규율되고, 이 점에서 이 원칙은 계약환경의 변화에 탄력적으로 대처할 수 있는 기능도 수행하고 있다(지원림, 1280면 참조).

(2) 내 용

계약의 자유에는 다음의 것이 있다. ① 계약을 체결할 것인지, 아니면 체결하지 않을 것인지를 결정할 수 있는 자유이다. 원치 않으면 계약을 체결하지 않을 자유가 있으며, 법률로도 이를 강제할 수 없다. ② 계약을 체결할 경우, 어떠한 내용으로, 누구와, 어떤 방식으로 할 것인지를 결정할 수 있는 자유이다. 계약의 내용, 상대방, 방식을 강요받지 않는 자유이다.

2. 계약자유의 원칙에 대한 제한

(1) 의 의

계약의 자유는 헌법 제10조와 제119조 1항에서 정하는, 모든 국민이 가지는 행복추구권과

1) 재산을 무상으로 주고 이를 받는 '증여(贈與)', 재산권을 돈을 주고 이전받는 '매매(賣買)', 재산권을 서로 이전하는 '교환(交換)', 금전 등을 빌리고 나중에 갚기로 하는 '소비대차(消費貸借)', 물건을 무상으로 사용하고 이를 반환하기로 하는 '사용대차(使用貸借)', 물건을 사용하고 차임을 지급하는 '임대차(賃貸借)', 노무를 제공하고 보수를 받는 '고용(雇傭)', 어느 일을 완성하고 보수를 받는 '도급(都給)', 여행 관련 용역을 제공하고 그 대금을 받는 '여행계약(旅行契約)', 광고의 방식으로 일정한 행위를 한 사람에게 보수를 주기로 하는 '현상광고(懸賞廣告)', 타인의 사무를 처리하기로 하는 '위임(委任)', 금전이나 물건 등을 보관하는 '임치(任置)', 2인 이상이 서로 출자하여 공동사업을 경영하기로 하는 '조합(組合)', 누가 사망할 때까지 정기적으로 금전 등을 지급하기로 하는 '종신정기금(終身定期金)', 당사자가 서로 양보하여 다툼을 끝내기로 하는 '화해(和解)'가 그것이다.

경제상의 자유에 기초하는 것이다. 다만 이러한 권리도 국가안전보장 · 질서유지 또는 공공복리를 위하여 필요한 경우에는 법률로써 제한할 수 있다.[1] 다만 그 경우에도 권리의 본질적인 내용을 침해할 수는 없다(헌법 37조 2항). 이에 따라 계약의 자유가 법률에 의해 제한되는 경우들을 보면 다음과 같다.

(2) 체결의 자유에 대한 제한

(ㄱ) 우편 · 통신 · 운송 · 수도 · 전기 · 가스 등의 재화를 공급하는 「공익적 독점기업」은 관계 법률에 의해 정당한 이유 없이 급부의 제공을 거절하지 못한다(우편법 50조, 전기통신사업법 3조, 철도법 10조 · 20조, 자동차운수사업법 12조, 전기사업법 16조, 수도법 24조, 도시가스사업법 19조 등 참조). 그리고 공증인 · 집행관 · 법무사 · 의사 · 치과의사 · 한의사 · 조산원 · 약사 등의 「공공적 · 공익적 직무」에 관하여는 관계 법률에 의해 그 직무의 집행을 거절할 수 없다(공증인법 4조, 집행관법 11조, 법무사법 18조, 의료법 15조, 약사법 22조 등 참조). 이처럼 법률에 의해 부과된 체약의무에 반하여 계약 체결을 거절하는 경우, 관계 법령에서 정하는 바에 따라 공법적 제재를 받을 뿐 아니라, 사법상으로는 법률의 위반에 의한 불법행위를 이유로 손해배상을 청구할 수 있다. 그러나 곧바로 계약의 성립을 의제할 수는 없고, 체약의무를 이유로 계약의 체결을 구하는 소를 제기하여 강제하는 수밖에 없다(곽윤직, 13면; 민법주해(XII), 66면(이주흥)). (ㄴ) 민법상 일정한 자가 청약을 하면 상대방은 정당한 이유 없이는 그 승낙을 거절하지 못하는 것이 있다. 즉 '지상권설정자'가 지상물의 매수를 청구한 때에는 지상권자는 정당한 이유 없이 그 청구를 거절하지 못하고(285조 2항), '전세권설정자'가 부속물의 매수를 청구한 때에는 전세권자는 정당한 이유 없이 거절하지 못하는 것(316조 1항)이 그러하다. 유의할 것은, 지상권자가 지상물의 매수를 청구하거나(283조 2항), 전세권자가 부속물의 매수를 청구하는 경우에는(316조 2항), 이것은 형성권으로서 계약이 아닌 단독행위이므로 승낙의무가 문제될 여지는 없다. (ㄷ) 보험계약의 체결이 강제되는 경우가 있다. 「자동차손해배상 보장법」(5조)에 의해 자동차 보유자는 책임보험에 가입할 의무가 있다. 이것은 자동차의 운행으로 다른 사람을 사상케 할 위험이 있고, 그 경우 그 타인에게 보상의무를 지게 되므로, 이 의무 이행을 확보하기 위해 보험계약의 체결을 강제하는 것이다. 이 경우는 공공복리의 차원에서 법률에 의한 계약 체결의 강제가 정당한 것이 된다.

(3) 상대방 선택의 자유에 대한 제한

「국가유공자 등 예우 및 지원에 관한 법률」 제34조(보훈특별고용) 3항은 "국가보훈처장은 취업지원 대상자를 대통령령으로 정하는 바에 따라 업체 등에 고용할 것을 명할 수 있다"고 규정한다. 따라서 사용자는 국가가 명하는 취업지원 대상자를 채용할 의무를 지므로, 이 한도에

1) 예컨대 의료보험 · 산업재해보상보험과 같은 사회보험에 가입을 강제하거나(국민건강보험법 69조 이하 · 산업재해보상보험법 36조 이하), 타인에게 보상의무를 부담시키는 경우에 그 의무 이행을 확보하기 위하여 보험 가입을 강제하는 것(예: 자동차손해배상 보장법 제5조에서 자동차 보유자에게 책임보험의 가입을 강제하는 것) 등은 공공복리상 필요하다고 할 수 있다. 그러나 이를테면 4층 이상의 건물이면 그 용도(예: 교육시설 · 백화점 · 시장 · 의료시설 · 숙박업소 · 공동주택 등처럼 다수인이 출입 또는 근무하거나 거주하는 건물과 그 외의 건물)를 묻지 않고 일률적으로 화재보험에 가입하게 하고, 또 그 보험금은 건물 소유자가 받는 것으로 법률로써 강제하는 것은, 공공복리와는 무관하게 계약의 자유(특히 계약을 체결하지 않을 자유)를 침해하는 것이 된다(즉 그러한 법률은 헌법을 위반하는 것이 된다)(헌재결(전원재판부) 1991. 6. 3, 89헌마204).

서 사용자의 상대방 선택의 자유는 제한된다. 이러한 방식의 계약을 「명령된 계약」이라고 부른다.

(4) 내용 결정의 자유에 대한 제한

(ㄱ) 법률의 규정 중에는 임의규정 외에, 일정한 이유에서 반드시 따라야 하는 것으로 정한 강행규정이 있다. 민사특별법은 강행규정이다. 민법에서는 물권편의 규정(185조~372조)과 친족 · 상속편의 규정(767조~1118조)이 강행규정에 속한다. 이들 강행규정에 반하는 내용을 약정한 계약은 무효이다. 나아가 강행규정이 없더라도 계약의 내용이 선량한 풍속이나 사회질서에 반하거나 불공정한 것인 경우에도 그 계약은 무효가 된다(103조 · 104조). (ㄴ) 일정한 계약에 대해 그 계약의 내용으로 삼을 일정한 기준을 법률로 정하는 경우가 있는데, 이를 「규제된 계약」이라고 한다. 예컨대 어떤 물건에 관하여 법령으로 공정가격을 정한 경우, 체결의 자유와 상대방 선택의 자유는 있어도 매매계약의 내용인 매매대금은 그 공정가격 범위 내에서 정해야 한다는 점에서 계약내용 결정의 자유에 대한 제한이 된다. 「물가안정에 관한 법률」 제2조 1항에서 "정부는 국민생활과 국민경제의 안정을 위하여 필요하다고 인정할 때에는 특히 중요한 물품의 가격, 부동산 등의 임대료 또는 용역의 대가에 대하여 최고가격을 지정할 수 있다"고 정하고 있는 것이 그러하다. (ㄷ) 특히 문제가 되는 것은 '약관'에 의한 계약의 체결이다. 즉 운송 · 보험 · 은행거래 등 현대의 대량거래에서는 사업자가 일방적으로 계약의 내용으로 될 약관을 작성해 놓고, 이에 대해 고객은 그 정해진 약관에 따라가는 방식으로 계약이 체결되는 것이 보통인데, 이러한 방식의 계약을 「부합계약」이라 부르고, 본래의 내용 결정의 자유에 대한 제한이 된다. 약관에 의한 계약 체결은 대량거래를 통일적으로 또 신속하게 처리한다는 장점은 분명히 있지만, 그 반면에 사업자가 일방적으로 미리 작성한다는 점에서 그 내용이 사업자에게만 유리한 쪽으로 정해질 소지가 많고 또 고객은 별다른 협의를 할 여지가 없이 계약 체결에 임하게 되는 것이 현실인 점에서, 이러한 부합계약으로서의 폐단을 규제하기 위해 제정된 법률이 「약관의 규제에 관한 법률」(1986년 법 3922호)이다. 동법은 약관이 계약으로 편입되는 요건을 정하고(동법 3조), 여러 가지 불공정약관조항을 예시하면서 이를 무효로 규정하는 등(동법 6조 이하) 규제 조치를 마련하고 있다. 그런데 약관에 의한 계약의 체결은 계약의 성립과도 관련되는 것이므로, 이에 관해서는 (p.371 '제3항 약관에 의한 계약의 성립'에서) 따로 설명하기로 한다.

(5) 방식의 자유에 대한 제한

(ㄱ) 계약의 성립에 일정한 방식, 특히 서면에 의할 것을 요구하는 데에는 몇 가지 이유가 있다. 즉 당사자로 하여금 의사표시를 하는 데 신중을 기하도록 하고, 계약의 성립 내지는 합의 내용에 관한 증거자료로서 기능하며, 계약의 성립을 제3자에게 알림으로써 거래의 안전을 보호하고, 행정기관이 당사자로부터 계약서를 제출받아 일정한 행정목적을 달성하기 위한 것 등이 그러하다(민법주해(XII), 169면(손지열)). (ㄴ) 민법상 채권계약에서 서면으로 계약서를 작성하여야만 계약의 효력이 생기는 것으로서 보증계약이 있다(428조 의2). 그 밖에 이와 간접적으로 관련되는 것이 있고, 채권계약 외의 분야에서도 서면으로 계약을 체결할 것을 필요로 하는 것이 있다(민법주해 (XII),

169면 이하(손지열) 참조). 즉, ① 증여의 의사가 서면으로 표시되지 않은 증여는 각 당사자가 해제할 수 있다(555조). 따라서 구두 증여도 유효하지만, 해제할 수 있는 점에서 계약의 효력은 보장되지 않는다. ② 계약을 원인으로 소유권이전등기를 신청할 때에는 일정한 사항이 기재된 계약서에 부동산 소재지를 관할하는 시장 등의 검인을 받아 관할등기소에 제출하여야 한다(부동산등기특별조치법 3조 1항). 이것은 등기신청서류로서 필요한 것이므로 구두 계약도 유효하지만, 그 서류가 없으면 등기를 신청할 수 없어 부동산 소유권을 취득할 수는 없다. ③ 주택의 임대차에서 임차인이 보증금에 대해 우선변제를 받으려면 주택의 인도와 주민등록 외에 임대차계약증서에 확정일자를 갖추어야 한다(주택임대차보호법 3조의2 제2항). ④ 혼인(812조) · 협의이혼(836조) · 입양(878조) · 파양(904조) 등 친족법상의 계약은 '가족관계의 등록 등에 관한 법률'에 따라 서면으로 신고를 하여야 효력이 생긴다. ⑤ 할부계약은 일정한 사항을 적은 서면으로 체결하여야 한다(할부거래에 관한 법률 6조). 방문판매와 다단계판매의 경우에도 같다(방문판매 등에 관한 법률 7조 · 16조).

(6) 계약의 효력에 대한 제한

일정한 계약에는 그 효력요건 등으로서 법률이 '허가 · 신고 · 증명' 등을 요구하는 경우가 있는데, 이것도 일종의 계약의 자유에 대한 제한이 된다. 즉, ① 외국인이 대한민국 안의 부동산(토지 또는 건물)을 취득하는 계약(매매계약은 제외한다)을 체결한 경우에는 계약 체결일부터 60일 내에 시장 등에게 신고하여야 한다(부동산 거래신고 등에 관한 법률 8조 1항). ② 학교법인이 기본재산을 처분하려는 경우 또는 의무를 부담하거나 권리를 포기하려는 경우에는 관할청의 허가를 받아야 한다(사립학교법 28조). ③ 토지거래 허가구역에 있는 토지에 대해 소유권 · 지상권을 이전하거나 설정하는 계약을 체결하려는 경우 시장 등의 허가를 받아야 한다(부동산 거래신고 등에 관한 법률 11조 1항). ④ 농지 매매에서는 소재지 관서의 일정한 증명(농지취득자격증명)[1]이 있어야 하는 것(농지법 8조)[2] 등이 그러하다.

Ⅲ. 계약의 종류

1. 전형계약과 비전형계약

(1) 민법(제3편 제2장 제2절에서 제15절까지)에서 규정하는 15가지의 계약을 「전형계약典型契約」이라 하고, 법률상 계약의 명칭이 정해져 있는 점에서 「유명계약有名契約」이라고도 한다. 전형계약은 사회에서 행하여지는 수많은 계약 중에서 계속적으로 빈번하게 이루어지는 것을 따로 묶어서 그 성립과 효력에 관해 정해 놓은 것이다. 다만 전형계약 중에 교환 · 종신정기금 · 고용 등은 오늘날 그 활용이 많지 않거나 다른 제도(보험 · 근로계약)로 대체되고 있어 그 존재의의

---

1) 판례: 「농지법 소정의 농지취득자격증명은 농지를 취득하는 자가 그 소유권에 관한 등기를 신청할 때에 첨부하여야 할 서류에 지나지 않고 이것이 농지취득의 원인이 되는 법률행위(매매 등)의 효력요건은 아니다. 그래서 그 증명 없이 소유권이전등기가 마쳐진 경우에도 그 후에 그 증명이 추완되면 족하다」(대판 1998. 2. 27, 97다49251; 대판 2006. 1. 27, 2005다59871; 대판 2008. 2. 1, 2006다27451).

2) 종전 산림법(111조)에서는 임야를 매수하고자 하는 자는 임야 소재지를 관할하는 시장 · 군수의 '임야매매증명'을 발급받아야 하는 것으로 정하였다. 그런데 임야 매매를 활성화하기 위해 1997년 위 법규정을 삭제하여 임야매매증명 제도를 폐지하였다.

를 상실한 것으로 평가되고 있다. 한편 민법에서만 전형계약을 규율하는 것은 아니고 다른 법률에서도 규율한다. 상법에서 상호계산 · 운송 · 임치 · 보험에 관해 규정하고, 다른 특별법에서 근로계약(근로기준법) · 신탁계약(신탁법) · 신원보증계약(신원보증법) 등을 규율하는 것이 그러하다. 이에 대해 전형계약이 아닌 계약을 「비전형계약非典型契約」이라 하고, 법률상 그 명칭이 정해져 있지 않다는 점에서 「무명계약」이라고도 한다. 계약에는 계약자유의 원칙이 적용되며, 전형계약의 종류와 내용에 관한 민법의 규정은 임의규정이므로 수많은 비전형계약이 출현할 수 있고(이에 비해 물권의 종류와 내용은 강제적이다(185조 참조)), 특히 중개계약 · 의료계약 · 리스계약 · 할부매매계약 · 신용카드계약 등 새로운 종류의 계약이 보편화되고 있다.

(2) 전형계약에 관해서는 민법의 규정이 (보충적으로) 적용되는 점에서, 그것이 적용되지 않는 비전형계약과 구별된다. 그런데 전형계약에 관한 민법의 규정은 임의규정이므로, 전형계약에 관해서도 곧바로 민법의 규정을 적용해서는 안 되며, 거래의 관행이나 당사자의 의사가 우선적으로 고려되어야 한다. 즉 민법의 규정은 당사자의 다른 의사가 없을 때에 보충적으로 적용될 뿐이다. 그리고 비전형계약에 관해서도 무리하게 비슷한 전형계약에 관한 규정을 곧바로 유추적용해서는 안 되고, 역시 거래의 관행이나 당사자의 의사를 우선적으로 고려하여 그 내용을 결정하여야만 한다.

〈참 고〉 (ㄱ) 하나의 계약에 몇 개의 전형계약 혹은 전형계약과 비전형계약의 내용이 혼합된 것을 '혼합계약'이라고 한다. 예컨대 식사 · 숙박 등을 제공하는 호텔숙박계약, 운송 · 식사 · 숙박 등을 제공하는 여행계약 등이 그러하다. 여기서는 매매 · 임대차 · 도급 등과 같은 전형계약의 여러 요소가 하나의 계약 속에 포함되어 있다. 혼합계약도 일종의 비전형계약인데(다만 여행계약은 민법 개정으로 전형계약으로 편입되었다), 전형계약에 관한 규정을 개별적으로 적용해서는 안 되고 그 혼합계약 전체에 대한 거래의 관행 내지 당사자의 의사를 우선적으로 고려하여야 한다. (ㄴ) 한편 판례 중에는 매매와 임대차가 혼합된 계약에서 해제의 효과를 따로 적용한 것이 있다. 즉 영업허가권과 시설물 일체를 매매하면서 매수인이 계약금을 지급하고 그 잔금 지급 이전에 그 목적물을 인도받아 이를 사용 · 수익하면서 잔금에 대한 이자 상당액을 매월 지급하기로 한 경우, 매매계약과 임대차계약이 혼합된 계약으로서, 매도인의 이행불능을 이유로 매수인이 이를 해제하더라도 임대차 부분에 대해서는 소급하여 실효되는 것이 아니라 장래에 대하여 계약관계가 종료되는 것으로 보았다(대판 1996. 7. 26, 96다14616). 이미 지급한 차임 부분까지 실효시킬 이유가 없는 점에서 그 결론은 타당하다고 할 것이다.

2. 쌍무계약과 편무계약

(1) (ㄱ) 민법은 제536조 내지 제538조에서 쌍무계약이라고 표현하고 있지만 그 개념에 대해서는 정의하고 있지 않은데, 일반적으로 계약 당사자가 서로 대가적 의미를 가지는 채무를 부담하는 계약을 「쌍무계약雙務契約」이라고 한다. '대가적 의미'를 가진다는 것은, 채무의 내용인 급부가 객관적 · 경제적으로 동일한 가치를 가져야 한다는 것이 아니라, 상대방이 나에게 급부를 하니까 내가 급부를 하는 관계로서(바꾸어 말해 '받기 위해 준다'는 관계), 양 채무가 상호

의존관계에 있는 것을 말한다. 그리고 이것은 당사자들이 서로 자신의 급부를 상대방의 급부에 대한 대가로 생각하는지에 따른 당사자의 의사에 의해 결정된다. 예컨대 물건의 매매대금이 물건의 객관적 가격에 못미친다고 하더라도 당사자가 이를 대가관계로 삼으려고 하는 때에는 매매가 된다. 그러나 급부를 하면서 상대방에게 일정한 부담을 지우더라도 그것을 대가관계로 삼으려고 하지 않는 때에는 부담부 증여에 지나지 않는다. 다만 특별한 사정이 없는 한 양 급부가 객관적으로 등가성을 가지는 때에는 당사자가 대가관계로 삼으려는 의사가 추정된다고 할 것이다(김증한·김학동, 12면). 이러한 점에서 매매·교환·임대차·고용·도급·여행계약·조합·화해는 쌍무계약이며, 소비대차·위임·임치·종신정기금도 유상인 때에는 쌍무계약이 된다. (ㄴ) 이에 대해 당사자 일방만이 채무를 지거나(예: 증여), 또는 쌍방이 채무를 부담하더라도 그 채무가 서로 대가적 의미를 갖지 않는 계약(예: 사용대차에서 대주는 목적물을 인도할 채무를 지고 차주는 목적물을 반환할 채무를 부담하지만(609조), 목적물을 반환받기 위해 인도하는 것은 아니어서 양자는 상호 의존관계에 있지 않다)이 「편무계약片務契約」이다. 증여·사용대차, 그리고 소비대차·위임·임치도 무상인 때에는 편무계약이다. 현상광고도 편무계약에 속한다(광고에 응한 자는 광고에서 정한 행위를 이행한 상태에서 계약이 성립되어, 이제는 광고자의 보수 지급의무만 남아 있는 점에서 편무계약이 된다(675조 참조)). 유의할 것은, 부담부 증여는 엄격히 말하면 쌍무계약은 아니지만, 민법은 이에 관해 쌍무계약에 관한 규정을 적용한다(561조).

(2) 쌍무계약에서는 양 채무가 대가관계에 있기 때문에, 그 성립·이행·존속에서 상호 견련성牽連性을 가진다. 민법은 이 중 이행상의 견련성은 '동시이행의 항변권'으로(536조), 존속상의 견련성은 '위험부담'으로 규정하는데(537조~538조), 편무계약에서는 이 규정들이 적용되지 않는 점에서 구별된다.

3. 유상계약과 무상계약

(1) 계약의 당사자가 서로 대가적인 출연出捐을 하는 계약이 「유상계약有償契約」이다. 예컨대 매매에서 매도인은 재산권 이전의 출연을 하고 매수인은 금전 지급의 출연을 하며, 임대차에서 임대인은 목적물의 사용·수익의 제공이라는 출연을 하고 임차인은 차임 지급의 출연을 하는데, 이처럼 그 출연이 상호 대가적인 것, 다시 말해 일방 당사자의 경제적 손실이 상대방으로부터 그에 상응하는 급부를 통해 보상되는지를 기준으로 하는 것이다. 쌍무·편무계약이 채무의 상호의존성을 개념 표지로 한다면, 유상·무상계약은 출연의 상호의존성(내지 대립성)을 개념 표지로 하는 것이다(김형배, 82면). 따라서 쌍무계약에서의 대가적 채무의 관념을 출연의 관점에서 파악한다면, 다시 말해 그 채무의 부담을 재산상 출연의 일종으로 본다면 쌍무계약은 모두 유상계약이 된다. 반면 편무계약은 대체로 무상계약에 속하지만 모두가 그런 것은 아니다. 현상광고는 편무계약이지만, 광고자의 보수 지급과 응모자의 지정행위의 완료는 서로 그 출연이 대가관계에 있으므로 유상계약이 된다. 그리고 부담부 증여에서는 증여자의 목적물의 이전이라는 출연과 수증자의 부담의 이행이라는 출연이 있기는 하지만, 양 출연이 서로 대가관계에 있는 것은 아닌 점에서 본질적으로 유상계약에 속하지 않으며, 다만 '부담의 한도'에서

만 유상계약으로 취급될 뿐이다(559조 2항). 이에 대해 계약 당사자 일방만이 급부를 하거나, 쌍방 당사자가 급부를 하더라도 그 급부가 서로 대가관계에 있지 않은 계약이 「무상계약無償契約」이다. 증여와 사용대차는 무상계약이며, 소비대차 · 위임 · 임치 · 종신정기금은 당사자의 약정에 따라 유상계약이나 무상계약이 될 수 있다(예: 이자 없는 소비대차는 무상계약이지만, 이자의 약정이 있는 경우에는 유상계약이 된다).

(2) (ㄱ) 매매는 전형적인 유상계약이며, 다른 유상계약에 관하여는 원칙적으로 '매매에 관한 규정'이 준용되는 점에서(567조), 그것이 준용되지 않는 무상계약과 구별된다. 준용되는 규정으로서 중요한 것은 일방예약(564조) · 해약금(565조) · 비용 부담(566조) · 담보책임(570조 이하)에 관한 규정들이다. (ㄴ) 유상계약에서는 계약 당사자의 출연이 서로 대가적이므로, 어느 한편의 출연에 하자가 있어 상대방의 출연과 대가성을 이루지 못하는 경우에는 그 자체만으로 (즉 그 하자에 관해 귀책사유가 있는지를 묻지 않고) 하자 있는 출연을 한 자에게 담보책임을 지우는데, 무상계약에서는 원칙적으로 담보책임이 발생하지 않는다(559조 참조). (ㄷ) 유상계약에서 채무자의 주의의무는 추상적 경과실이 기준이 되지만(374조 참조), 무상계약인 임치에서는 구체적 경과실을 기준으로 하여 주의의무를 완화하고 있다(695조). 다만 위임에서는 유상 · 무상을 불문하고 민법 제681조에서 선관의무를 명문으로 정하고 있는 점에서 추상적 경과실이 기준이 된다.

4. 낙성계약과 요물계약

당사자의 합의만으로 성립하는 계약이 「낙성계약諾成契約」이고, 합의 외에 당사자의 일방이 물건의 인도 기타 급부를 하여야 성립하는 계약이 「요물계약要物契約」이다. 구민법은 '소비대차 · 사용대차 · 임치'를 목적물의 인도와 수령에 의해 계약이 성립하는 것으로 하여 요물계약으로 정하였지만(구민 587조 · 593조 · 657조), 현행 민법은 이를 낙성계약으로 하였다(598조 · 609조 · 693조 참조). 전형계약 중에서 요물계약에 속하는 것은 '현상광고'뿐이다. 광고자가 어느 행위를 한 자에게 일정한 보수를 지급하겠다고 청약한 데 대해 응모자가 그 광고에서 정한 행위를 완료함으로써 비로소 현상광고계약이 성립하기 때문이다(675조 참조).

5. 요식계약과 불요식계약不要式契約

계약의 성립에 일정한 방식을 필요로 하는가에 따른 구별인데, 민법은 방식의 자유를 채택하여 채권계약 중에서 (보증계약을 제외하고는(428조 의2)) 요식계약要式契約으로 정해진 것은 없다.

6. 생전계약과 사인계약

당사자 일방의 사망을 조건으로 하여 효력이 발생하도록 정한 계약이 「사인계약死因契約」이고, 그 밖의 보통의 계약이 「생전계약生前契約」이다. 전형계약 중에는 증여에서 '사인증여'가 사인계약에 해당한다(562조).

7. 유인계약과 무인계약無因契約

어떤 법률행위의 기초 내지 원인이 되는 것에 무효 · 취소의 사유가 있는 경우, 이것이 그 법률행위에 영향을 주는지 여부가 유인 · 무인의 문제인데, 특히 물권법 분야에서는 채권행위의 실효가 물권행위에 영향을 주는지에 관해 학설이 나뉘어 있다. 그런데 채권계약은 모두 일정한 원인에 의해 체결되는 것이므로 모두 유인계약有因契約에 속한다.

8. 계속적 계약과 일시적 계약

(1) 급부가 어느 기간 동안 계속해서 행해져야 하는 것이 「계속적 계약」이고, 급부의 실현에 시간적 계속성이 필요하지 않는 것이 「일시적 계약」이다. 시간을 가지고 양자를 구별할 때에, 전자는 그 시간이 '급부의 범위'를 결정하는 데 반해(예: 임대차에서 임대차기간의 길이에 따라 임대인과 임차인의 급부의 범위가 증가한다), 후자는 급부의 범위는 정해진 것이고 개별적인 사안에 따라 급부의 방법에 차이가 있을 뿐이다(예: 동산의 현실매매 또는 할부매매)(송덕수, 340면). 전형계약 중에는 소비대차 · 사용대차 · 임대차 · 고용 · 위임 · 임치 · 조합 · 종신정기금이 계속적 계약에 속하며, 계속적 공급계약(예: 신문 · 가스 · 전기 · 물의 공급)도 이에 속한다. 다만 급부의 '계속성'은 상대적 개념임을 주의하여야 한다. 예컨대 임대차의 경우에도 책을 1일 임차하는 것을 계속적 계약으로 다룰 필요는 없고, 또 증여에서도 정기증여를 일시적 계약으로 볼 수는 없다.

(2) 민법은 일시적 계약을 중심으로 규정하면서 계속적 계약에 관해서는 그 특질을 고려하여 따로 정하는 방식을 취하고 있는데, 그 구체적인 내용은 다음과 같다. 즉 (ㄱ) 민법은 계약의 해지와 해제를 구별하는데(543조 이하), 계약의 해지는 계속적 계약을 대상으로 하는 것인 데 비해, 계약의 해제는 일시적 계약을 대상으로 하는 것이며, 그 효과를 달리한다(계약의 실효가 장래에 대해 발생하는 것과 소급하여 발생하는 것의 차이). (ㄴ) 계속적 계약에서 기간의 정함이 없는 경우에는 계약 당사자의 자유를 구속할 우려가 있는 점에서 당사자는 언제든지 계약을 해지할 수 있는 것으로 하고, 이 경우 해지 후 일정한 기간이 지나야 효력이 생기는 것으로 정한다(635조 · 660조). (ㄷ) 계속적 계약에서는 당사자의 상호 신뢰가 강하게 요청되기 때문에, 당사자가 누구인지가 중요하다. 따라서 당사자의 착오는 법률행위의 중요부분의 착오에 해당하여 취소할 수 있고(109조), 임차권의 양도 · 전대에는 임대인의 동의를 요하며(629조), 고용에서 사용자의 권리와 피용자의 의무는 전속성을 가지고(657조), 위임에서 당사자 일방이 사망하면 종료되며(690조), 조합에서 조합원의 사망은 당연한 탈퇴사유가 되는 것(717조)으로 정한다. (ㄹ) 계속적 계약에서는 그 기간이 장기간 계속되는 것이 보통이고, 그래서 계약기간 중 사정의 변동이 발생할 가능성이 많은 점에서 사정변경의 원칙이 고려되며, 임대차에서 차임증감청구권을 인정한 것은 그 일환이다(628조, 주택임대차보호법 7조).

9. 예약과 본계약

(1) 장래 일정한 계약을 맺기로 미리 약정하는 계약이 「예약豫約」이고, 이 예약에 따라 장차 맺어질 계약을 「본계약本契約」이라고 한다. 예약을 맺은 경우에는 당사자는 서로 본계약을 맺을 의무를 부담하고, 이를 위반한 때에는 예약상의 채무불이행이 된다. 따라서 손해배상을 청구하거나 예약을 해제할 수 있다. 이러한 예약은 본계약을 체결하여야 할 채무를 발생케 하는 계약이므로, 그 자체는 언제나 채권계약이 된다. 그러나 그에 따라 장차 체결될 본계약은 반드시 채권계약에 한하지 않고, 물권계약(예: 저당권설정계약)이나 가족법상의 계약(예: 혼인)일 수도 있다.

(2) 예약에는 두 가지 형태가 있다. 하나는 본계약 체결의 승낙의무를 일방이 부담하느냐 쌍방이 부담하느냐에 따라 편무예약과 쌍무예약으로(승낙의 의사표시를 하지 않는 경우에는 의사표시를 갈음하는 재판으로써 이를 강제할 수 있다(389조 2항)), 다른 하나는 예약완결의 의사표시만으로 본계약을 성립시킴에 있어 그 의사표시를 일방이 갖느냐 쌍방이 갖느냐에 따라 일방예약과 쌍방예약으로 구별되는데, 민법은 매매의 예약을 일방예약으로 추정하고(564조), 동조는 다른 유상계약에도 준용된다(567조).

〈참 고〉 예약이 성립하면 당사자는 본계약을 체결할 의무를 지는 점에서, 이것은 계약이다. 이에 대해 거래관계에서는 정식 계약 체결에 이르기 전에 당사자들의 다양한 이해관계를 반영하는 합의들이 흔히 「가계약」으로 이루어지는 경우가 많다. 특히 국제거래 등에서는 「계약의향서」(Letter of Intent: LOI) 또는 「양해각서」(Memorandum of Understanding: MOU) 등의 이름으로 예비적 합의가 이루어지는 경우가 보통이다.[1] '가계약'은 예약 또는 조건부 계약에 해당하는 것도 있지만, 대부분은 본계약의 내용이 확정되어 있지 않고 장래의 합의에 의해 수정될 것이 예정되어 있는 점에서 예약이나 계약으로 보기는 어렵다. 따라서 이에 대해 법적 구속력을 인정하기는 힘들다. 가계약이 어디에 해당하는지는 당사자의 의사해석을 통해 정해질 성질의 것이다.[2]

제2관 계약의 성립

제1항 공통의 성립요건

사례 (1) 주정을 판매하는 도매상 B는 상품목록을 같은 주정을 판매하는 도매상 A에게 보냈는데, A는 B에게 주정을 팔 생각으로 '주정 100kg 송부'라고 전보를 쳤다. 전보를 받은 B는 A에게 그 물건을 송부하였다. B는 A에게 주정 대금을 청구할 수 있는가?

(2) 어느 대학의 한 법과대학생이 학생식당에서 메뉴 카드를 장난삼아 가지고 갔는데, 10년 후에 검사가 되어 그것이 후회되자 그 식당에 와서 식탁 위에 그 메뉴 카드를 되돌려 놓고 돌아갔는

1) 김동훈, 계약법의 주요문제, 98면.
2) 김동훈, 위의 책, 104면 이하.

데, 어떤 손님이 그 메뉴 카드를 보고 주문하여 식사를 하였다. 그런데 그 메뉴 카드는 10년 전의 것이고 거기에 기재된 가격은 현재의 가격의 절반 정도였다. 이 경우 10년 전의 메뉴 카드에 기재된 가격에 따라 계약이 성립하는가? 식당 주인은 어떤 권리를 행사할 수 있는가?

(3) 자신의 명의로 사업자등록을 할 수 없었던 甲은 乙 모르게 乙 명의로 문구류 판매업을 시작하면서 B가 공급하는 사무기기를 판매하기로 B와 대리점 계약을 맺었다. 한편 이 영업보증금의 지급 담보를 위해 甲은 자신이 乙인 것처럼 행동하여 乙 명의를 사용하여 A보험회사와 피보험자를 B로 하는 보험계약을 체결하였다. 그 후 甲이 영업보증금을 지급하지 않자 B는 위 대리점 계약을 해지하고 자신이 피보험자로 되어 있는 위 보험계약에 따라 A에게 보험금을 청구하였다. B의 청구는 인용될 수 있는가? 해설 p.360

Ⅰ. 합 의合意

민법은 계약 성립의 모습으로서 '청약에 대한 승낙(527조 이하) · 교차청약(533조) · 의사실현(532조)'의 세 가지를 인정하지만, 어느 것이든 당사자 간에 서로 대립하는 의사표시의 합치, 즉 「합의」를 필요로 하는 점에서 공통된다. 특히 채권계약에서는 방식의 자유가 인정되고 또 현상광고를 제외하고는 낙성계약으로 되어 있으므로, 합의만 있으면 계약은 성립한다. 계약이 성립하면 계약에서 정한 대로 채권과 채무가 발생하므로, 실무에서는 계약의 성립 여부를 놓고 다투게 된다. 합의가 성립하기 위해서는 「객관적 합치」와 「주관적 합치」가 있어야만 한다.

1. 객관적 합치

당사자의 의사표시가 내용에서 일치하는 것이 객관적 합치이다. (ㄱ) 합치가 있는지를 결정하기 위해서는 '법률행위의 해석' 작업이 선행되어야 한다('법률행위의 해석'에 관해서는 민법총칙 p.169 이하를 볼 것). 먼저 자연적 해석을 통해 당사자의 실제 의사를 가리고, 이를 알 수 없는 때에는 표시행위를 토대로 그 객관적 의미를 밝히는 규범적 해석을 하여야 한다(민법주해(XII), 187면(지원림)). (ㄴ) 합치가 있기 위해서는, 청약에서 제시된 사항 모두를 그대로 승낙하여 받아들여야 한다(곽윤직, 34면; 김증한 · 김학동, 24면). 그러므로 청약에는 승낙이 있으면 계약을 성립시킬 만한 계약의 본질적 요소가 있어야 한다. 예컨대 매매에는 재산권의 이전과 대금의 지급(563조 · 568조)이, 임대차에서는 목적물의 사용 · 수익의 제공과 차임의 지급(618조)에 관한 내용이 있어야만 한다(그러한 요소가 확정되지 않거나 장래 확정될 기준이 없는 경우에는 계약은 성립할 수 없고, 이 경우에는 합치의 문제가 생길 여지도 없다(대판 1997. 1. 24, 96다26176)).

〈예〉 ① A는 그 소유 자동차를 1,100만원에 팔려고 하였는데 매매계약서에는 1,000만원으로 잘못 기재하였고, B는 계약서의 기재대로 계약을 맺었다고 하자. B가 A의 진의를 안 경우에는 자연적 해석의 결과 1,100만원의 가격으로 A와 B 사이에 매매계약이 성립한다. 이에 대해 B가 A의 진의를 알지 못한 경우에는 규범적 해석의 결과 1,000만원의 가격으로 매매계약은 성립한다. 다만 A는 (그 증명을 전제로) 착오를 이유로 자신의 의사표시를 취소할 수 있고(109조 1항), 취소한 때에는 매매계약은 소급해서 무효가 된다(141조). ② A가 그의 시계를 당장 현찰로 받는 조건으로 10만원에 팔겠다고 하였는데, B가 10만원을 내일 주겠다고 하면 계약은 성립하지 않는다. ③ 당사자가 청약한 것에 대해서는 그 전부를 승낙하여야만 합치가 이루어져 계약이 성립한다. 그런데 가령 매매계약을 맺으면서 통상 그 계약에 담을 내용 중 일부를 빠뜨린 경우 계약이 성립하는지 문제되는데, 판례는, 당해 계약의 내용을 이루는 모든 사항에 관해 있어야 하는 것은 아니고, 그 본질적 사항이나 중요사항에 관해 의사의 합치가 있거나 적어도 장래 구체적으로 특정할 수 있는 기준과 방법 등에 관한 합의가 있으면 된다고 한다. 그러면서 가계약서에 잔금 지급시기가 기재되지 않았고 후에 그 정식계약서가 작성되지 않았지만(이 부분은 애초 청약이 없었던 경우이다), 가계약서 작성 당시 매매계약의 중요사항인 매매목적물과 매매대금 등이 특정되고 중도금 지급방법에 관해 합의가 있었던 사안에서, 부동산에 관한 매매계약은 성립한 것으로 보았다(대판 2006. 11. 24, 2005다39594).

2. 주관적 합치

위 예에서 A가 그의 시계를 10만원에 팔겠다고 B에게 청약을 한 경우, 그것은 계약의 당사자로서 B라고 하는 특정인을 염두에 둔 것으로 볼 수 있다(계약의 자유에는 상대방 선택의 자유도 있다). 따라서 이 경우에는 B가 승낙을 하여야만 합치가 이루어지고, 다른 제3자 C가 승낙을 하더라도 계약은 성립하지 않는다. 다만 특정의 당사자를 염두에 두지 않은 경우, 즉 불특정 다수인에 대한 청약의 경우에는 위와 같은 의미에서의 주관적 합치는 필요하지 않다.

Ⅱ. 불합의와 착오

1. 의식적 불합의와 무의식적 불합의

객관적 · 주관적 합치가 없으면 계약은 성립하지 않는다. 이를 '불합의'라고 하는데, 여기에는 「의식적 불합의」와 「무의식적 불합의」(숨은 불합의)가 있다. 의식적 불합의는 청약에 대해 조건을 붙이거나 청약내용을 변경하여 승낙하는 것처럼 당사자가 의식적으로 불일치를 초래하는 경우이다. 이에 대해 무의식적 불합의는 사실상 어떤 점에 대해 불일치가 있는데 이를 당사자가 모르는 경우이다. 어느 것이든 합의가 없는 점에서 계약은 성립하지 않는다.

2. 무의식적 불합의와 착오

a) 무의식적 불합의(숨은 불합의)는 청약을 받은 자가 청약의 의미를 오해하여 그 청약과 일치하지 않는 승낙을 하거나, 또는 애매한 뜻을 가지는 점에 관하여 당사자가 그 뜻을 명백히 하지 않고 의사표시를 한 경우에 일어난다(민법주해(XII), 192면(지원림)). 이것은 결국 규범적 해석에 의해서도 합치가 있는 것으로 볼 수 없는 경우에 발생한다. 이처럼 대립하는 두 개의 의사표시 사이에 틈이 생겨 어긋나는 경우에는, 그 사실을 당사자가 알지 못하였더라도 계약은 합치가 없어 성립하지 않는다(따라서 취소할 여지도 없다). 이에 대해 착오는 표의자가 의사와 표시가 일치하지 않는 것을 모른 점에서는 숨은 불합의와 유사하지만 이것은 (규범적 해석을 통해) 합의가 된 것

으로 보아 계약이 성립한 것으로 다루어지는 점에서, 처음부터 계약의 불성립으로 다루어지는 숨은 불합의와는 다르다. 착오의 경우 민법 제109조 1항 소정의 요건을 갖추면 착오자가 취소할 수 있지만(취소하면 소급해서 무효가 됨), 취소하기 전에는 그 계약은 (숨은 불합의와는 달리) 효력을 갖는다.

b) 상대방의 과실로 숨은 불합의가 생겨 계약이 성립하지 못하여 손해를 입은 자가 상대방에게 손해배상을 청구할 수 있는지에 관해서는 학설이 나뉜다. 제1설은, 계약을 체결하려는 자는 의사표시가 모든 점에서 일치하는지에 관해 주의를 하여야 하므로, 계약 성립을 오신한 데 따른 손해는 스스로 부담하여야 한다는 이유로 이를 부정한다(곽윤직, 35면). 제2설은 불합의에 따른 당사자 사이의 이해 조절이라는 점에서 민법 제535조(계약체결상의 과실)를 유추적용하여 신뢰이익의 배상책임을 긍정한다(김증한·김학동, 60면; 김형배, 96면; 민법주해(XII), 193면(지원림)). 민법에 이에 관한 규정이 없는 점에서 제1설이 타당하다고 본다.

✽ 타인의 명의로 계약을 체결한 경우의 법률관계

(α) 계약은 이를 체결한 당사자 간에 성립하고, 효력이 생기는 것이 보통이다. 그런데 '타인의 명의'로 계약을 체결하는 수가 있는데, 이 경우에는 먼저 누가 계약의 당사자가 되는지를 확정하는 것이 필요하다. 대법원은 이에 대해 법률행위 해석의 방법을 적용하고 있다. 즉, 「행위자와 상대방의 의사가 일치한 경우에는 그 일치한 의사대로 행위자 또는 명의인이 당사자가 되고, 그 의사가 일치하지 않는 경우에는 계약 체결 전후의 제반 사정을 토대로 상대방이 합리적인 사람이라면 행위자와 명의자 중 누구를 계약 당사자로 이해할 것인지에 따라 당사자를 결정하여야 한다」고 한다(대판 2001. 5. 29, 2000다3897; 대판 2012. 10. 11, 2011다12842; 대판 2013. 10. 11, 2013다52622).

(β) 타인의 명의로 계약을 체결하는 유형은 다음과 같다. (ㄱ) 행위자(A)가 타인(B)의 이름을 도용하여(다시 말해 A가 B처럼 행세하여) 그 사실을 모르는 상대방(C)과 B의 이름으로 계약을 맺는 경우이다. 이 경우 A는 B를 당사자로 하려 하였고 C도 B를 당사자로 알은 것이므로, 계약의 당사자는 B와 C가 된다. 그런데 B에게는 그러한 계약에 관한 자신의 의사표시 자체가 없었으므로, 결국 B와 C 사이에 계약은 성립하지 않는다. A가 이처럼 성립하지 않은 계약에 기해 급부를 받았다면 그것은 C에 대해 부당이득이 된다(대판 1995. 9. 29, 94다4912). (ㄴ) A가 계약을 맺으면서 형식상으로만 B의 이름을 빌리기로 상대방(C)과 합의한 경우이다. 이때는 A와 C가 서로 계약의 당사자가 되는 것으로 합의가 이루어진 것이므로, 이들이 당사자가 된다. B와 C의 계약은 허위표시로서 무효이다(예: A가 C로부터 5억원을 빌리면서 B를 형식상 채무자로 하기로 하고 관련 서류에 채무자를 B로 기재한 경우, 대여금계약의 당사자는 A와 C이므로, C는 (B가 아닌) A에게 대여금 반환을 청구하여야 한다)(대판 1996. 8. 23, 96다18076). (ㄷ) A가 (채무를 부담하겠다는) B의 의사 하에 B의 명의로 상대방(C)과 계약을 맺는 경우이다. 이때는 B와 C가 계약의 당사자로 되는 데 합의가 이루어진 것이므로 이들이 계약의 당사자가 되고, 계약의 효력이 생긴다(대판 1980. 7. 8, 80다639; 대판 1996. 9. 10, 96다18182). 판례는, 지입차주가 지입회사의 승낙하에 지입회사 명의로 지입차량의 할부구입계약과 그 할부대금의 지급보증을 위한 할부판매 보증보험계약을 맺은 사안에서, 상대방인 자동차회사와 보험회사에 대해서는 지입회사의 승낙하에 그 명의를 사용하였을 뿐만 아니라 상대방으로서도 지입관계를 알면서 위 계약을 체결하였다고 볼 만한 사정이 없는 이상, 위 계약의 당사자는 (지입차주가 아닌) 지입회사로

서 지입회사에 계약의 효력이 생기는 것으로 보았다(대판 1998. 3. 13, 97다22089). (ㄹ) 예금의 출연자가 타인 명의로 금융기관과 예금계약을 맺은 경우, 금융실명제하에서 실명확인절차를 마친 예금명의자만이 예금주가 된다는 것이 판례의 입장이다. 출연자를 예금계약의 당사자로 볼 수 있으려면, 금융기관과 출연자 사이에 예금명의자의 예금계약을 부정하고 출연자와 예금계약을 맺어 출연자에게 예금반환청구권을 귀속시키겠다는 명확한 의사의 합치가 있는 극히 예외적인 경우에 해당하여야 한다고 한다(대판(전원합의체) 2009. 3. 19, 2008다45828; 대판 2013. 9. 26, 2013다2504). (ㅁ) A와 B가 명의신탁약정을 맺은 후, B를 매수인으로 내세워 부동산 소유자(매도인) 甲과 매매계약을 맺는 경우이다. 이처럼 명의신탁약정을 한 경우에는 따로 '부동산 실권리자명의 등기에 관한 법률'이 적용된다(계약명의신탁: 동법 4조 2항). (ㅂ) 대리인이 대리관계를 표시하지 않고 대리인의 이름으로 계약을 맺은 경우에는 대리인 자신이 계약의 당사자가 된다(115조 본문).

사례의 해설 (1) 독일 판례의 사안인데(RGZ 104, 265(267)), 독일 연방대법원은 당사자 간에 무의식적 불합의가 있는 것으로 보아(즉 A가 물건을 송부하겠다는 것인지, 아니면 B에게 송부해 달라는 것인지 모호하다), 계약이 성립하지 않은 것으로 판결하였다. 따라서 B는 A에게 계약의 성립을 전제로 하는 대금을 청구할 수는 없다.

(2) 사례에서는 규범적 해석의 결과 메뉴 카드에 기재된 가격에 따라 식사에 대한 청약과 승낙이 이루어진 것으로 볼 수 있으므로, 메뉴 카드에 기재된 10년 전의 가격으로 계약이 성립한 것으로 볼 수 있다. 다만 식당 주인은 (그 입증을 전제로 해서) 착오를 이유로 그 계약을 취소할 수 있다(109조 1항 참조). 취소한 때에는 그 계약은 무효가 되고, 식사를 제공받은 손님은 얻은 이익을 부당이득으로 반환하여야 하는데(748조 1항), 그것은 식사의 현재의 가격 상당액이라고 할 것이다.

(3) 타인의 이름을 임의로 사용하여 계약을 체결한 경우에는 누가 계약의 당사자인가를 먼저 확정하여야 한다. 행위자 또는 명의인 가운데 누구를 당사자로 할 것인지에 관해 행위자와 상대방의 의사가 일치하는 경우에는 그 일치하는 의사대로 행위자 또는 명의인이 당사자가 될 것이지만, 이를 확정할 수 없는 경우에는 제반 사정을 토대로 상대방이 합리적인 사람이라면 행위자와 명의자 중 누구를 계약 당사자로 이해할 것인가에 따라 당사자를 결정하여야 한다. 그리고 이를 토대로 계약의 성립 여부와 효력을 판단하여야 한다. 사례에서 A보험회사는 甲이 乙인 줄 알았고, 한편 甲은 乙을 당사자로 삼으려 한 것이므로, 보험계약의 당사자는 A와 乙이 된다. 그런데 乙에게는 계약에 관한 의사표시 자체가 없었으므로, A와 乙 사이에 보험계약은 성립하지 않는다. 따라서 성립하지 않아 효력도 없는 보험계약에 기해 B가 피보험자로서 보험금을 청구할 수는 없다(대판 1995. 9. 29, 94다4912).

사례 p. 356

제2항 일반 계약의 성립

사 례 1) 甲은 여행 중개 플랫폼을 통해 리조트의 숙박과 렌터카 서비스가 포함된 여행패키지 계약을 A와 체결하고 대금을 완납하였다. 2) A는 甲에게 여행패키지 계약을 광고하는 이메일을 송부하였는데, 광고 이메일에는 '승마체험 무료제공' 이벤트가 여행패키지 계약에 포함된 것으로 설명되어 있었다. 甲은 승마체험 무료제공 이벤트가 포함된 점에 매료되어 승마를 꼭 체험하리라

다짐하면서 광고와 연결된 여행 중개 플랫폼에서 여행패키지 계약 신청서를 작성한 후 제출하여 A와 계약을 체결하였다. 그런데 甲이 리조트 숙박 중 승마체험을 신청하였더니 광고와는 달리 무료가 아니라 1시간 당 5만원의 요금을 추가로 납부하여야 체험할 수 있다는 것이었다. 甲이 다시 인터넷을 통해 계약 체결 화면에 있는 내용과 계약 체결 후 받은 확인서를 자세히 살펴보았는데, 승마체험 무료제공 이벤트가 여행패키지 계약에 포함된다는 내용은 기재되어 있지 않았다. 3) 甲이 A와 체결한 여행패키지 계약에 광고의 내용인 승마체험 무료제공 이벤트가 포함된 것으로 볼 수 있는지에 관하여 甲과 A가 주장할 수 있는 논거를 제시하시오. (15점)(2021년 제10회 변호사시험)

해설 p.370

민법은 계약 성립의 모습으로「청약에 대한 승낙」(527조~531조·534조),「교차청약」(533조),「의사실현」(532조) 세 가지를 인정하면서, 각각 그 성립요건을 규정한다.

Ⅰ. 청약과 승낙

계약은 당사자의 청약에 대한 상대방의 승낙으로 성립한다. 계약의 성립요소인「청약」과「승낙」에 대해 설명한다.

1. 청 약 請約

(1) 의 의

a) 개 념 청약은 청약자가 상대방에게 일정한 내용의 계약을 체결할 것을 제의하는 (상대방 있는) 의사표시이다. 이에 대해 상대방이 승낙을 하여야 법률행위로서의 계약이 성립하는 점에서, 청약 자체는 법률행위가 아니다.

b) 청약의 확정성 청약에 대해 상대방이 조건을 붙이거나 변경하지 않고 그 전부를 그대로 수용할 때 계약으로 성립하는 것이므로(534조 참조), 청약에는 최소한 상대방과 개별 계약에서 그 성립요소(예: 매매의 경우 재산권의 이전과 대금의 지급)가 확정되어 있거나 확정될 수 있는 기준이 있어야 한다. 즉 상대방의 단순 승낙만으로 계약이 곧 성립할 수 있는 확정성을 가져야 한다(이러한 단계에 이른 것만이 청약으로 평가된다).[1]

c) 청약자와 상대방 청약은 특정인이 특정인에게 하는 것이 보통이다. 다만, 청약자가 누구인지 그 청약의 의사표시 속에 명시적으로 표시되어야 하는 것은 아니며(예: 자동판매기의 설치), 불특정 다수인에 대한 청약도 유효하다(예: 자동판매기의 설치, 신문광고에 의한 청약, 버스의 정류장에의 정차 등). 청약과 승낙이 합치하는 때에 그 당사자들이 확정될 수 있으면 그것으로 충분하다.

---

1) 계약이 체결되는 실제 과정을 보면, 당사자 사이에 제안과 반대제안이 교환되면서 마침내 합의의 내용을 모두 담은 최종안이 마련되고 각자가 이에 대해 동의함으로써 계약이 성립되는 경우가 적지 않고, 기업 간의 계약은 대개 이러한 방식으로 이루어진다(양창수 · 김재형, 계약법, 48면). 이러한 계약 방식은 처음부터 계약의 내용이 확정되어 있지 않고 당사자가 하는 어떤 제안도 장래의 합의에 의해 수정될 것이 예정되어 있는 점에서 청약으로 단정짓기가 어렵다. 일반적으로는 각자가 동의함으로써 계약으로 성립되어지는 최종 단계에 이른 것을 청약으로 볼 것이다.

d) 청약과 청약의 유인 청약은 그에 대응하는 승낙만 있으면 곧 계약을 성립시킬 수 있는 확정적인 의사표시이다. 이 점에서 타인으로 하여금 자기에게 청약을 하게 하려는 「청약의 유인」과는 구별된다. 청약의 유인에서는 그 유인을 받은 자가 한 의사표시가 청약이 되고, 청약을 유인한 자가 승낙을 하여야만 계약이 성립하는 점에서 청약과 구별된다. 어느 경우가 청약의 유인에 해당하는지는, 상대방의 의사표시가 있기만 하면 곧 계약을 성립시킬 확정적 구속의사가 있는지 여부를 기준으로 결정하여야 한다. 이것은 거래 관행과 당사자의 의사해석을 통해 결정할 것이지만, 광고(대판 2018. 2. 13, 2017다275447) · 음식점 메뉴 · 물품 판매광고 · 상품목록의 배부 · 기차 시간표의 게시 등은 보통 청약의 유인으로 본다. 반면 상품에 정가표를 붙여 진열대에 놓은 것에 대하여는 학설은 대체로 청약으로 본다(주석민법[채권각칙(1)], 186면(안춘수)).

판 례 **아파트 분양광고의 성질 / 계약의 성립을 부정한 사례**

(ㄱ) 상가나 아파트의 분양광고가 청약의 유인인지 아니면 청약인지에 대해 판례의 내용을 정리하면 다음과 같다. 첫째, 공통적으로 분양광고를 한 내용이 분양계약서에는 있지 않은 경우이다. 분양계약서에도 그 내용이 있다면 그것은 계약의 내용이 되므로 문제될 것이 없기 때문이다. 둘째, 분양광고를 한 내용이 분양계약의 목적물인 상가나 아파트의 외형 · 재질이나 부대시설에 관한 것인 경우에는, 그리고 선분양 · 후시공 방식으로 분양되는 경우에는, 그러한 내용이 빠져 있는 분양계약서는 그 자체로서 완결된 것이 아니고 분양광고에 의해 구체화될 것을 전제로 하는 것이어서, 분양계약의 내용을 이룬다고 한다. 그러면서 분양광고상의 '바닥재(원목마루) · 유실수단지 · 테마공원 · 콘도이용권의 제공' 부분에 대해서는 이를 청약으로 보고, 분양신청을 함으로써 계약이 성립하는 것으로 보았다(그러므로 분양회사가 이를 이행하지 않는 경우에는 수분양자는 채무의 불이행으로 인한 손해배상을 청구할 수 있다)(대판 2007. 6. 1, 2005다5812, 5829, 5836). 이에 대해 상가를 분양하면서 그곳에 오락타운을 조성하여 위탁경영을 통해 분양계약자들에게 '일정 수익금'을 준다거나, 아파트 분양광고상의 '서울대학교의 이전 · 도로의 확장 · 전철복선화' 부분에 대해서는, 그것이 상가나 아파트의 재질 등에 관한 것이 아닐 뿐만 아니라 사회통념상으로도 수분양자 입장에서 분양자가 이를 이행할 것으로 기대하지는 않을 것이라는 점에서, 청약이 아닌 청약의 유인에 지나지 않는 것으로 보았다(그러므로 이 부분은 계약의 내용을 이루지 않는다)(대판 2001. 5. 29, 99다55601, 55618; 대판 2007. 6. 1, 2005다5812, 5829, 5836). 셋째, '선시공 · 후분양'의 방식으로 분양되거나, 당초 선분양 · 후시공의 방식으로 분양하기로 계획되었으나 준공 전에 분양이 이루어지지 않아 '준공 후에 분양'이 되는 아파트의 경우에는, 수분양자는 실제로 완공된 아파트 등의 외형 · 재질 등에 관한 시공 상태를 직접 확인하고 분양계약 체결 여부를 결정하게 될 것이어서, 준공 전에 한 분양광고의 내용은 원칙적으로 분양계약의 내용을 이루지 않는 것으로 보았다(대판 2014. 11. 13, 2012다29601).

(ㄴ) A는 무역센터 부지 내에 수출 1,000억달러 달성을 기념하는 영구 조형물을 건립하기로 하고, 그 건립방법에 관하여 분야별로 5인 가량의 작가를 선정하여 조형물의 시안 제작을 의뢰한 후 그중에서 최종적으로 1개의 시안을 선정한 다음, 그 선정된 작가와 조형물의 제작 · 납품 및 설치계약을 체결하기로 하였다. A는 甲 · 乙 · 丙 · 丁 4인에게 시안의 작성을 의뢰하면서 시안이 선정된 작가와 조형물 제작 · 납품 및 설치계약을 체결할 것이라는 사실을 알렸으나, 당시 조형물의 제작비, 제작 시기, 설치 장소를 구체적으로 통보하지는 않았다. A는 작가들이 제출

한 시안 중 甲이 제출한 시안을 당선작으로 선정하고 甲에게 이를 통지하였다. 그런데 A는 내부 사정과 외부의 경제여건 등으로 당선 사실 통지시부터 약 3년이 경과한 시점에 甲에게 조형물의 설치를 취소하기로 하였다고 통지하였다. 甲은 A를 상대로 조형물에 대한 계약이 성립하였음을 이유로, 조형물의 추정 총 제작비의 20%에 상당하는 창작비 3억원을 받을 수 있었음에도 이를 받지 못하였다고 하여 그 손해배상을 청구하였다.

위 사안에서 대법원은, 비록 A가 작가들에게 시안 제작을 의뢰할 때 시안이 당선된 작가와 조형물에 관한 계약을 체결할 의사를 표명하였다 하더라도, 그 의사표시 안에 조형물의 제작·납품 및 설치에 필요한 제작대금, 제작 시기, 설치 장소를 구체적으로 명시하지 않은 이상, A의 甲에 대한 시안 제작 의뢰는 위 조형물의 제작에 관한 계약의 청약이라 할 수 없고, 나아가 甲이 시안을 제작하고 A가 이를 당선작으로 선정하였다 하더라도 A와 甲 사이에 구체적으로 조형물의 제작에 관한 계약의 청약과 승낙이 있었다고 보기는 어렵다고 판결하였다. 그래서 조형물의 제작에 관한 계약의 성립을 전제로 하는 甲의 청구를 배척하였다(다만 계약 교섭의 부당한 중도파기에 따라 계약의 체결을 믿은 甲의 신뢰이익을 침해한 점에서 A에게 불법행위는 성립한다고 보았다)(대판 2003. 4. 11, 2001다53059).

✽ 계약의 경쟁 체결

(α) 의 의: 매매나 도급 등에서는 매도인이나 도급인이 매매대금이나 공사대금을 많게 하거나 적게 하기 위해 다수인으로 하여금 서로 경쟁하게 하여 그중 가장 유리한 내용을 표시한 자와 계약을 체결하는 경우가 있는데, 이것이 「계약의 경쟁 체결」이다. 경쟁을 붙이는 점에서 특수하기는 하지만, 결국 청약과 승낙에 의해 계약이 성립하는 범주에 속한다. 경쟁 체결에는 두 가지 모습이 있다. 하나는 각 경쟁자가 다른 경쟁자가 표시한 내용을 알 수 있는 경우로서, 일정한 내용을 표시한 자라도 다른 경쟁자가 표시한 내용을 보고 다시 그보다 더 유리한 내용을 표시할 수 있는 「경매」가 이에 속한다. 다른 하나는 경쟁자가 다른 경쟁자가 표시한 내용을 알 수 없는 경우로서, 보통 서면의 방식을 취하는 「입찰」이 이에 속한다. 그리고 이에 따라 계약 상대방으로 정해지는 것을 전자는 경락, 후자는 낙찰이라고 한다. 이러한 경매와 입찰에서는 (보통 광고에 의한) 경쟁 체결에 붙인다는 표시가 '청약'인지 아니면 '청약의 유인'에 해당하는지가 특히 문제된다. 어느 것으로 볼 것인지에 따라 경쟁자의 의사표시만으로 계약이 성립하는지 여부를 달리하기 때문이다.

(β) 사경매私競賣: 경매에는 국가기관이 법률에 의해 행하는 경매와 사인 사이에서 행하여지는 경매가 있다. 전자는 민사집행법에 의해 규율되므로(동법 제78조 이하에 의한 '강제경매'와, 동법 제264조 이하에 의한 '담보권실행경매'), 여기서는 후자만을 설명하기로 한다. 사경매에는 값을 올려가는 경매와 값을 내려가는 경매가 있다. (ㄱ) '값을 올려가는 경매'에는 두 가지가 있다. ① 하나는, 경매에 붙이겠다고 한 사람(경매자)이 최저가격을 제시하지 않고 경매에 응한 자들로부터 고가의 매수 표시를 기다리는 경우이다. 이때 경매에 붙이겠다고 한 표시는 청약의 유인에 해당하므로, 경매자는 최고가격의 표시(이것이 청약이 된다)에 대해서도 승낙의 자유를 가진다. ② 다른 하나는, 경매자가 최저가격을 제시한 경우이다. 이것은 최저가격 이상이면 판다는 확정적 의사를 표시한 것으로서 청약에 해당하고, 따라서 최고가격의 제시가 있으면 승낙이 있는 것으로 되어 계약은 성립한다. (ㄴ) '값을 내려가는 경매'는, 경매자가 일정한 가격을 제시하고 이를

수락하는 자가 없으면 값을 내려가는 방식인데, 이 경우에는 경매자가 그에 따른 가격을 제시한 것이 청약이 되고, 이에 응하게 되면 승낙한 것이 되어 계약은 성립한다.

(γ) 입 찰入札: 주로 도급에서 이 방식을 사용하는데, 이 경우 입찰에 붙인다는 표시는 청약의 유인에 해당한다고 보는 것이 일반적 견해이다. 다만 일정한 가격을 제시하고 입찰에 참가하는 자의 자격을 제한하는 등의 계약조건을 구체적으로 표시한 때에는 청약으로 볼 수 있고, 따라서 그 조건에 부합하는 입찰이 있으면 승낙한 것이 되어 계약은 성립한다. 한편, 국가가 사인에게 도급 등을 주는 때에는 원칙적으로 입찰의 방식에 의하여야 하는데, 이에 관하여는 「국가를 당사자로 하는 계약에 관한 법률」(1995년 법 4868호)에서 따로 특칙을 정하고 있다.

(2) 청약의 효력

가) 효력의 발생

a) 청약은 상대방이 있는 의사표시이므로, 상대방에게 「도달」한 때에 효력이 생긴다(111조 1항). 다만 불특정인에 대한 청약(예: 자동판매기의 설치나 광고의 게재 등)은 불특정인이 알 수 있는 때에 효력이 생긴다. 청약의 효력이 발생하기 전에는 청약자가 청약을 철회할 수 있는 점에서 그 의미가 있고, 이것은 후술할 청약의 구속력(527조)과 관련된다.

b) '청약자'가 그 통지를 발송한 후 사망하거나 제한능력자가 되어도 청약의 효력에 영향을 미치지 않는다(111조 2항). 다만 당사자의 인격이나 개성이 중시되는 계약에서는(예: 고용 · 위임 · 조합 등), 청약자가 사망한 경우 그의 상속인이 청약자의 지위를 승계하지는 못하므로 청약은 효력을 잃게 된다(657조 · 690조 · 717조 참조). 한편 청약자가 아니라 그 '상대방'이 청약의 도달 전에 제한능력자가 된 경우에는 수령능력의 문제로 되고(112조 참조), 사망한 때에는 청약의 내용이 상대방의 상속인이 승계할 성질의 것이냐에 따라 결정된다.

나) 청약의 구속력

a) 의 의 청약이 효력을 갖는 동안에는 청약자가 임의로 철회할 수 없는데(527조), 이를 「청약의 구속력」이라고 한다. 청약을 하면 이를 수령한 상대방은 청약을 신뢰하여 계약 체결을 위한 준비를 하게 되는데, 청약자가 마음대로 철회할 수 있다고 하면 신의에 기한 거래의 안전을 유지할 수 없고 상대방에게 부당한 손해를 줄 염려가 있기 때문이다(이것은 승낙을 통해 계약을 성립시킬 수 있는 이익을 상대방에게 주는 것으로 귀결된다).

b) 구속력의 배제 (ㄱ) 계약의 청약을 철회하더라도 상대방에게 부당한 손해를 줄 염려가 없는 경우에는 청약의 구속력은 배제된다. 그러한 것으로 통설은, 청약자가 청약을 하면서 철회할 수 있음을 유보한 경우[1]와 승낙기간을 정하지 않은 대화자 사이의 청약을 든다. (ㄴ) 불특

1) 판례는 근로자가 명예퇴직을 신청하는 등 일정한 경우에는 청약의 철회를 넓게 해석하는 경향을 보인다. 즉 근로자가 일방적으로 근로계약관계를 종료시키는 해약의 고지 방법에 의하여 임의 사직하는 경우가 아니라(이 경우는 사직의 의사표시가 사용자에게 도달한 이상 사용자의 동의 없이는 그 의사표시를 철회할 수 없다(대판 2000. 9. 5, 99두8657)), 근로자가 사직원의 제출 방법에 의하여 근로계약관계의 합의해지를 청약하고 이에 대하여 사용자가 승낙함으로써 해당 근로관계를 종료시키게 되는 경우에는, 근로자는 사용자가 승낙하기 전에는 그 사직의 의사표시를 철회할 수 있다고 한다(대판 1992. 4. 10, 91다43138). 그러한 예로 '명예퇴직의 신청'을 든다(대판 2003. 4. 25, 2002다11458). 이러한 경우는 근로자가 명예퇴직을 신청하였다고 하더라도 사용자의 재정상태를 고려하여 그것이 수용

정 다수인에 대한 청약도 청약인 이상 민법 제527조에 따라 임의로 철회할 수는 없다고 할 것이다. 다만 현상광고의 경우, 민법은 광고에서 행위의 완료기간을 정하지 않고 또 그 행위를 완료한 자가 있기 전에는 그 광고와 동일한 방법으로 광고를 철회할 수 있다고 따로 규정하고 있다(679조 2항). (ㄷ) 할부거래 · 방문판매 · 전화권유판매의 방법으로 재화 등의 구매에 관한 계약을 체결한 경우에는, 충동적으로 구매하거나 원하지 않는 상품을 강매당하는 등의 폐단이 있어, 그 계약이 체결되었어도 소비자가 일정 기간(재화를 공급받은 날부터 7일 또는 계약서를 받은 날부터 14일) 내에 계약에 관한 청약을 철회할 수 있는 제도가 특별법상 마련되어 있다(할부거래에 관한 법률 8조 · 9조, 방문판매 등에 관한 법률 8조).

c) 청약의 존속기간(승낙적격) (ㄱ) 청약의 효력을 무한정 지속시키는 것은, 상대방이 어느 때고 승낙의 통지를 하기만 하면 청약자가 언제나 계약 성립의 구속을 받게 되는 점에서 청약자에게 가혹하다. 따라서 청약에는 승낙기간을 정하는 것이 보통이고, 이때에는 그 승낙기간이 지나면 청약은 효력을 잃는다(528조 1항). 한편 승낙기간을 정하지 않은 때에는 승낙에 필요한 상당한 기간이 지나면 청약은 효력을 잃는다(529조). (ㄴ) 따라서 청약은 그 존속기간(=청약의 효력이 발생한 때부터 승낙기간까지) 동안에만 효력을 유지하며, 이 기간에만 청약자가 청약을 철회할 수 없는 청약의 구속력이 있다. 이 기간이 지나면 청약은 당연히 효력을 잃는 것이어서 더 이상 철회의 문제도 발생할 여지가 없다. 한편 청약이 효력을 갖는 동안에만 그에 대한 승낙을 통해 계약을 성립시킬 수 있는 것이므로, 위 기간은 승낙을 하여 효력을 발생시킬 수 있는 승낙적격을 이루기도 한다. 요컨대 '청약의 존속기간=청약의 구속력=승낙기간=승낙적격'으로 연결된다.

다) 청약의 효력의 소멸

청약의 효력이 소멸되는 경우로서 두 가지가 있다. 청약이 소멸되면 더 이상 승낙할 여지가 없어 계약은 성립할 수 없게 된다. (ㄱ) 상술한 청약의 존속기간이 경과한 때이다. (ㄴ) 청약의 존속기간 내에 청약의 수령자가 승낙하지 않는다는 뜻을 적극적으로 표시한 것, 즉「청약을 거절」한 때이다. 청약은 청약자가 한 의사표시이지만, 이것은 계약의 성립을 목적으로 하는 것으로서 상대방의 승낙 여부에 의존하는 것인 점에서, 상대방은 (승낙을 하는 반면) 청약을 거절할 수 있고, 민법 제534조는 이 점을 예정하고 있다. 따라서 상대방이 청약을 거절한 때에는, 그 청약은 효력을 잃게 되므로(대판 2002. 4. 12, 2000다17834), 후에 상대방이 이를 번복하여 승낙을 하더라도 계약은 성립하지 않는다. 민법은, 승낙자가 청약에 대하여 조건을 붙이거나 청약내용을 변경하여 승낙한 때에는 그 청약을 거절함과 동시에 새로 청약한 것으로 본다(534조).

되지 않는 경우가 적지 않은 점에서, 근로자의 사직의 청약이 확고한 것이 아니라 사용자의 승낙을 조건으로 하는 것, 즉 철회를 유보한 것으로 해석할 수 있다. 그러나 명예퇴직의 신청에 대해 사용자가 승낙을 하여 합의가 성립한 후에는 당사자 일방이 임의로 그 의사표시를 철회할 수 없으며, 그 합의에 따라 근로자는 명예퇴직일에 당연히 퇴직하고 사용자는 명예퇴직금을 지급할 의무를 진다(대판 2003. 6. 27, 2003다1632).

2. 승 낙

(1) 의 의

승낙은 청약에 대응해서 계약을 성립시킬 목적으로 청약자에게 하는 청약수령자의 의사표시이다. 이에 관련되는 내용은 다음과 같다.

a) 승낙의 자유 (ㄱ) 청약의 상대방은 청약을 받은 사실로부터 법률상 아무런 의무를 부담하지 않는다. 승낙 여부는 그의 자유이며, 청약에 대해 회답할 의무도 없다. 청약자가 청약을 하면서 청약에 대한 회답이 없으면 승낙한 것으로 간주하겠다고 한 경우에도, 그 회답이 없다고 하여 승낙한 것으로 되지 않는다. 침묵은 원칙적으로 의사표시가 아니며 또 청약수령자에게 회답의무가 없기 때문이다. 물건을 보내면서 반송을 하지 않는 때에는 승낙한 것으로 간주하겠다고 한 경우에도 마찬가지이다. 이 경우 청약수령자는 그 물건에 대한 반송의무와 보관의무도 부담하지 않는다고 할 것이다.[1] (ㄴ) 청약의 상대방의 지위는 그의 의사만으로 계약을 성립시킬 수 있다는 점에서 재산적 가치를 가질 수 있다. 이와 관련되는 것으로, ① 상대방이 그 지위를 양도하는 것은 청약자가 원하지 않은 자와 계약이 성립할 수 있게 되어 청약자에게 불리하므로, 청약자의 승낙 없이는 양도할 수 없다. ② 상대방은 승낙의 자유를 가지므로, 상대방의 채권자가 채권자대위권에 기해 대위하여 승낙할 수 없다(대판 2012. 3. 29, 2011다100527). ③ 승낙에 의해 성립하는 계약이 일신전속적인 것이 아니면 상속의 대상이 된다. 따라서 상대방의 상속인은 승낙을 하여 계약을 성립시킬 수 있다(양창수·김재형, 계약법, 37면).

b) 승낙의 상대방 청약과 달리 불특정 다수인에 대한 승낙은 있을 수 없고, 승낙은 특정의 청약자에게 하여야 한다.

c) 청약을 변경한 승낙 「승낙자가 청약에 대하여 조건을 붙이거나 변경하여 승낙한 경우에는 그 청약을 거절함과 동시에 새로 청약한 것으로 본다」(534조). 승낙은 청약의 내용과 일치할 때 효력이 있다. 즉 승낙은 청약에 대한 단순 동의여야 한다. 그런데 본조는 가급적 계약을 성립시키기 위해 특칙을 정한다. 즉 승낙자가 청약에 대해 조건을 붙이거나 청약내용을 변경하여 승낙한 경우에는, 그 '청약을 거절함과 동시에 새로 청약한 것'으로 본다. 예컨대 10만원에 팔겠다는 A의 청약에 대해 B가 8만원이면 사겠다고 한 경우, B가 새로 청약한 것으로 보아, A가 8만원에 팔겠다고 하면 대금 8만원으로 매매계약은 성립한다. 그러나 A가 그에 응하지 않아 B가 마음을 돌려 처음대로 10만원에 사겠다고 하여도 계약은 성립하지 않는다. B가 8만원에 사겠다는 것으로서 A의 10만원 매도의 청약을 거절한 것이 되고, A의 청약은 효력을 잃게 되었기 때문이다. 이때는 B의 10만원 매수의 청약에 대해 A가 승낙을 하여야 계약이 성립한다.

---

1) 상사계약에서는 특칙이 있다. 즉 상인이 상시 거래관계에 있는 자로부터 그 영업부류에 속한 계약의 청약을 받은 때에는 지체 없이 승낙 여부의 통지를 발송하여야 하고, 이를 해태한 때에는 승낙한 것으로 본다(상법 53조). 그리고 상인이 그 영업부류에 속한 계약의 청약을 받은 경우에 견품 기타의 물건을 받은 때에는 그 청약을 거절한 때에도 청약자의 비용으로 그 물건을 보관하여야 하는 것으로 규정한다(상법 60조).

(2) 승낙의 효력

가) 승낙기간(승낙적격)

승낙이 효력을 발생하기 위해서는 청약이 효력을 가지는 동안, 즉 청약의 존속기간(=승낙기간) 내에 이루어져야 한다.

a) 승낙기간을 정한 경우 (ㄱ) 원 칙: 청약자가 승낙기간을 정한 경우, 승낙의 통지가 그 기간 내에 청약자에게 도달하여야 계약이 성립한다. 그 기간 내에 도달하지 않은 때에는 이미 청약은 효력을 상실한 것이어서, 계약은 성립하지 않는다(528조 1항).[1] (ㄴ) 연착 통지: ① 승낙의 통지가 승낙기간 후에 도달하였지만, 보통 그 기간 내에 도달할 수 있는 날짜에 발송된 때에는, 청약자는 지체 없이 상대방에게 승낙의 통지가 연착하였음을 통지해야 한다(528조 2항 본문). 이러한 경우에는 상대방은 계약이 성립한 것으로 믿고 이행의 준비를 하거나 다른 계약 체결을 단념할 것이므로, 그러한 사정을 알 수 있는 청약자로 하여금 연착 통지를 하게 하여 상대방이 입게 될 손해를 방지해 주자는 데 그 취지가 있다. 따라서 승낙의 통지가 도달하기 전에 청약자가 지연의 통지를 이미 발송한 때에는 따로 연착 통지를 할 필요는 없다(528조 2항 단서). ② 청약자가 연착 통지를 하지 않은 경우에는 승낙의 통지가 연착하지 않은 것으로 본다(528조 3항). 따라서 계약은 성립한 것으로 된다. 청약자의 연착 통지는 의무는 아니면서도 이를 위반한 때에는 계약이 성립한 것으로 되는 불이익을 입는 점에서, 그 성질은 '책무'로 보는 것이 통설이다.

b) 승낙기간을 정하지 않은 경우 「승낙의 기간을 정하지 아니한 계약의 청약은 청약자가 상당한 기간 내에 승낙의 통지를 받지 못하면 효력을 잃는다」(529조). 청약자가 승낙기간을 정하지 않았다고 하여 청약의 효력을 무한정 지속시킬 수는 없는 점에서, 본조는 상당한 기간 내에 승낙의 통지가 도달하지 않으면 청약은 효력을 잃는 것, 즉 계약이 성립하지 않는 것으로 정한다. '상당한 기간'이란 계약을 성립시키는 데 통상 소요되는 기간으로서, 구체적인 사안에 따라 여러 사정을 종합하여 개별적으로 정할 수밖에 없다. 유의할 것은, 이 경우에는 승낙기간을 정한 때와는 달리 청약자의 연착 통지에 관한 규정이 없다. 따라서 상당 기간이 지난 뒤에 도달한 승낙으로는 계약은 성립할 수 없다.

c) 연착한 승낙의 효력 「전 2조의 경우에 청약자는 연착한 승낙을 새 청약으로 볼 수 있다」(530조). 민법 제528조 1항과 제529조에 의해 승낙이 연착하면 계약을 성립시킬 수 없다. 그런데 본조는 계약을 가급적 성립시키기 위한 취지에서, 청약자가 연착한 승낙을 새 청약으로 볼 수 있는 것으로 정한다. 따라서 청약자는 연착한 승낙에 대해 승낙을 함으로써 계약을 성립시킬 수 있다.

---

1) 판례: 「유효기간을 1990. 8. 8. 18:00까지로 하는 청약의 취지가 담긴 상품거래제의문을 교부받은 일방 당사자가 같은 날 18:00를 58분 경과한 18:58에 그 거래제의문에 의한 청약을 아무런 수정 없이 승낙한다는 취지에서 거래제의문의 중요부분을 그대로 기재한 상품매매 기본계약서를 타방 당사자에게 교부한 경우, 그 유효기간으로 기재된 18:00는 청약의 효력이 유지되는 최종 시점이며 그 시각이 경과하면 거래제의문에 의한 청약은 그 효력이 상실된다고 봄이 신의칙에 합당하다」(대판 1994. 8. 12, 92다23537).

나) 승낙의 효력 발생과 계약의 성립시기

a) 격지자 간의 경우 청약에 대해 승낙을 함으로써 계약은 성립한다. 한편 승낙은 상대방(청약자)이 있는 의사표시로서 그 통지가 청약자에게 도달한 때에 효력이 생기는 것이 원칙이고(111조 1항), 민법 제528조 1항과 제529조도 '도달주의'를 취하고 있다. 따라서 원칙론으로는 승낙의 통지가 도달한 때에 계약이 성립한다고 할 것이다. 그런데 민법 제531조는, 승낙기간 또는 상당 기간 내에 승낙의 통지가 도달하는 것을 전제로 하여, 「(격지자 간의) 계약은 승낙의 통지를 발송한 때에 성립한다」고 정하여, 계약의 성립시기에 관해서는 '발신주의'를 취하고 있다. 요컨대 「승낙의 효력 발생시기」와 「계약의 성립시기」를 일치시키지 않고 다르게 정한 것이다. 청약자는 스스로 계약의 성립을 유도한 점에서 발신주의를 취하여도 크게 문제될 것이 없으며, 또 승낙자가 승낙의 통지를 발송한 직후에 안심하고 계약의 이행준비를 할 수 있도록 하기 위한 것이다. 따라서 계약은 승낙의 통지가 일정 기간(528조 1항·529조) 내에 청약자에게 도달하는 것을 전제로 하여 발송한 때로 소급하여 성립한다.[1]

b) 대화자 간의 경우 민법은 이에 관해 따로 정하고 있지 않지만, 도달주의의 원칙에 따라 승낙의 통지가 청약자에게 도달한 때에 계약이 성립한다.

Ⅱ. 교차청약交叉請約

1. 의 의

당사자가 같은 내용의 청약을 서로 한 경우를 「교차청약」이라고 한다(533조). 예컨대 A가 B에게 그 소유 토지를 2천만원에 팔겠다고 청약을 한 데 대하여, B가 그 사실을 모르고 그 토지를 2천만원에 사겠다고 A에게 청약하는 경우이다. 이것은 청약에 대응하는 승낙의 형식을 갖추지는 않았지만, 실질적으로 양 당사자의 청약이 매도와 매수라는 점에서 매매에 관한 합의가 이루어진 것으로 볼 수 있기 때문에, 민법은 계약이 성립하는 것으로 정한다.

2. 계약의 성립시기

교차청약에서는 청약에 대응하여 승낙하는 관계에 있지 않으므로 민법 제527조 이하의 규

---

1) (ㄱ) 학설은 이에 관해 법리 구성을 달리한다. 제1설은, 승낙의 통지를 발송한 때에 계약은 성립하지만, 그 통지가 일정 기간 내에 도달하지 않은 경우에는 계약은 소급하여 성립하지 않게 된다는 것으로서(해제조건설), 통설에 속한다. 이에 의하면, 계약의 성립에 관하여 승낙자는 승낙의 통지를 발송한 사실만을 입증하면 족하고, 발송한 이후에는 승낙자는 그 승낙을 철회할 수 없다. 제2설은, 승낙의 통지가 청약자에게 도달하기도 전에 청약자에게 계약에 따른 채권과 채무를 인정하는 것은 부당하므로, 승낙의 통지가 도달하는 것을 조건으로 하여 승낙의 통지를 발송한 때로 소급하여 계약이 성립한다고 보는 견해로서(정지조건설), 소수설에 속한다(김형배, 106면). 이에 의하면, 승낙자가 계약의 성립을 주장하려면 그 통지의 도달 사실까지 입증하여야 하고, 승낙의 통지를 발송한 후라도 도달 전에는 그 승낙을 철회할 수 있다. (ㄴ) 위 학설은 계약 성립에 관한 입증과 승낙 철회의 시기에서 차이가 있고, 그것은 근본적으로 '승낙의 효력 발생시기'와 '계약의 성립시기'를 다르게 정한 데서 비롯된 것이다. 그러나 양자를 반드시 일치시켜야만 하는 것은 아니고, 또 계약의 성립에 관하여 발신주의도 나름대로 의미를 가지고 있다(김욱곤, "승낙의 효력 발생과 계약의 성립시기", 민사법학 제19호, 328면 이하). 사견은 해제조건설이 민법 제531조의 취지에 부합하는 것으로 본다.

정은 적용되지 않는다. 결국 의사표시의 효력 발생시기에서 도달주의의 원칙에 의할 수밖에 없다(111조 1항). 민법은 그에 따라 「양 청약이 상대방에게 도달한 때에 계약이 성립한다」고 정한다(533조). 따라서 두 청약이 동시에 도달하지 않는 때에는 후의 청약이 상대방에게 도달한 때에 계약이 성립한다.

Ⅲ. 의사실현意思實現

1. 의의와 성질

(1) 의 의

승낙은 상대방이 있는 의사표시로서 청약자에게 의사표시를 하여야 하고, 또 청약자에게 도달한 때에 효력이 생기는 것이 원칙이다(111조 1항)(다만 계약은 제531조에 의해 승낙의 통지를 발송한 때에 성립한다). 그런데 민법은 「청약자의 의사표시나 관습에 의해 승낙의 통지가 필요하지 않은 경우에는 계약은 승낙의 의사표시로 인정되는 사실이 있는 때에 성립한다」고 정한다(532조). 이 점에서 승낙의 통지를 청약자에게 하는 것을 전제로 발송하거나 도달한 때에 계약이 성립하는 것으로 정하는, 청약에 대한 승낙과 교차청약과는 차이가 있다(528조~531조 참조). 동조는, 승낙의 통지가 필요하지 않은 경우에 어느 때에 계약이 성립한 것인지에 관해 당사자 간에 다툼이 있을 수 있어, 이를 해결하기 위해 마련된 규정이다.

(2) 성 질

(ㄱ) '승낙의 의사표시로 인정되는 사실'을 동조는 「의사실현」이라고 정의하는데, 이것이 의사표시, 특히 묵시적 의사표시와 어떻게 구별되는지 문제된다. 의사표시는 상대방에 대한 의사의 표시행위로써 행하여지지만, 명시적 표시가 아닌 묵시적 표시도 가능하고, 그래서 그 명시적(직접적) 표시가 없는 점에서는 의사실현과 묵시적 의사표시가 같기 때문에 그 구별이 분명치 않다. 학설은 의사실현과 묵시적 의사표시를 개념상 구별하면서도 대체로 전자는 후자와 다르지 않은 것으로 본다(주석민법[채권각칙(1)], 197면(안춘수)). (ㄴ) 사견은, 의사실현은 묵시적 의사표시의 범주에 속하는 것이고, 보다 정확하게는 계약의 성립에 관한 당사자 간의 다툼을 피하기 위해 민법 제532조에서 '승낙의 의사표시로 인정되는 사실'이 있으면 그 사실을 승낙의 의사표시로 간주하는 것, 즉 '법률의 규정에 의한 의사표시의 의제'에 지나지 않는 것으로 해석한다.

2. 의사실현의 요건

의사실현에 의해 계약이 성립하기 위해서는 다음의 두 가지가 필요하다.

a) 승낙의 통지가 필요하지 않을 것 다음의 두 가지에 의해 승낙의 통지가 필요 없는 것이어야 한다. 1) 청약자의 의사표시에 의해 승낙의 통지가 없어도 무방한 것으로 한 경우이다. 이때의 그 의사표시는 묵시적인 것이어도 된다. 물품을 전보로 주문하면서 '지급至急'이라고 한 경우가 그 예이다(김증한·김학동, 48면 참조). 2) 관습(또는 거래 관행)에 의해 승낙의 통지가 필요 없는

경우인데, 이러한 것은 실제로 많다.

b) 의사실현행위가 있을 것 승낙의 의사표시로 인정되는 사실이 있어야 한다. 예컨대 서점에서 신간 서적을 보내오면 그중에서 필요한 책을 사기로 하고서 보내온 책에 이름을 적는 것, 청약한 목적물의 제작을 시작하는 것, 청약과 동시에 보내온 물건을 소비하거나 사용하는 것, 유료주차장에 차를 주차시키는 것,[1] 슈퍼마켓에서 물건을 바구니에 넣는 것, 버스나 택시에 승차하는 것이 그러하다.

3. 의사실현의 효과

(1) 계약의 성립시기

의사실현이 있으면, 계약은 '승낙의 의사표시로 인정되는 사실이 있는 때'에 성립한다(532조). 상대방에 대한 표시와 도달을 필요로 하지 않고, 또 청약자가 그 사실을 몰랐다고 하더라도, 그 사실이 있는 때에 당연히 계약이 성립하는 점에서 보통의 계약의 성립과는 구별된다.

(2) 의사표시에 관한 효과

의사실현도 그 본질은 의사표시이므로, 의사표시에 관한 효과는 의사실현에도 통용된다고 할 것이다. 예컨대 서점에서 보내온 신간 서적을 필요가 없어 돌려주려고 놓아 둔 것을 그의 아내가 그 책에 남편의 이름을 적는 경우, 甲이 乙에게 매도청약과 함께 물건을 송부하였는데 乙이 자신의 것인 줄 잘못 알고 사용 혹은 처분한 경우, 이때는 승낙의 의사표시로 인정되는 사실의 부존재를 이유로 계약의 불성립을 주장하거나 착오를 이유로 그 계약을 취소할 수 있을 것으로 해석된다.

사례의 해설 광고는 보통 청약의 유인에 해당한다(대판 2018. 2. 13, 2017다275447). 그런데 설문에서, 무료 승마체험은 여행패키지 계약에 포함될 수 있는 것이고, 그러한 내용이 빠져 있는 여행계약서는 그 자체로서 완결된 것이 아니고 여행 광고에 의해 구체화될 것을 전제로 하는 것이며, 광고와 연결된 여행중개 플랫폼을 통해 여행계약이 체결된 점을 종합해 보면, 무료 승마체험의 광고는 여행계약의 내용을 이루는 청약으로 볼 수 있다. 사례 p. 360

---

1) 문제는 독일법원의 주차장 사건에서처럼(BGHZ 21, 319), 피고가 유료주차장에 차를 주차시키면서 명시적으로 주차료를 지급하지 않겠다고 한 경우이다. 통설은 신의칙에서 파생하는 「행위와 모순되는 이의의 금지원칙」(protestatio facto contraria)을 근거로 하여 주차계약이 성립하는 것으로 이론 구성을 한다. 즉 선행행위와 이의가 일치하지 않는 경우에는 그 이의는 고려되어서는 안 되며, 또한 특정의 의사표시로 추단할 수 있는 것에 반하는 이의도 고려되어서는 안 된다고 한다. 따라서 피고가 유료주차장에 주차하는 행위로부터 주차를 승낙한 것으로 추단되어 이에 반하는 이의는 무시되므로, 결국 주차에 관한 계약이 성립하여 피고는 주차요금을 지급할 의무가 있다는 것이다. 그러나 이에 대해서는 다음과 같은 반론이 있다. 즉 주차와 동시에 주차에 관한 계약의 성립을 명시적으로 반대한 것이므로 이 경우에까지 계약의 성립을 인정할 것은 아니고, 다만 피고는 주차로 인해 부당이득을 한 것이므로 부당이득의 법리로 해결하면 족하고, 경우에 따라서는 불법행위가 성립하는 경우도 있을 것이라고 한다(김증한 · 김학동, 52면; 양창수 · 김재형, 계약법, 63면). 위 경우에 승낙을 한 것으로 보는 것은 무리하고, 반론이 타당하다고 본다.

제3항 약관에 의한 계약의 성립

사례 (1) A는 서울 번호 승용차의 소유자로서 1993. 11. 4. B보험회사와 이 차량에 대해 피보험자를 A, 주운전자를 A의 처 甲, 보험기간을 1994. 11. 4.까지, 담보종목을 대인 · 대물 · 자기 신체 및 자기 차량 손해로 하는 개인용 자동차 종합보험계약을 체결하였다. 그런데 A에게는 대전에서 근무하는 아들 乙이 있고, 乙이 위 차량을 대전에서 운전하고 주말에는 서울에 올라오는 등 차량의 주운전자가 乙이었음에도, 위 보험계약을 맺으면서 주운전자를 甲으로 하였다. 그런데 甲을 주운전자로 하는 경우에는 보험료가 30만원인 데 비해 乙을 주운전자로 하는 경우에는 42만원이었다. 1994. 5. 14. 乙이 대전에서 서울로 올라오는 고속도로 상행선에서 위 차량이 빗길에 미끄러지면서 도로 밖 과수원으로 추락 · 전복되면서 乙과 차량에 동승하고 있던 4인이 사망하거나 중상을 입고 차량이 파손되었다. B는 A에게 A가 주운전자를 허위 고지하였다는 이유로 개인용 자동차 종합보험 보통약관 제40조 1항('보험계약자 또는 피보험자가 회사가 서면으로 질문한 사항 중 중요한 내용을 허위 고지한 때에는 보험계약을 해지할 수 있다')에 의해 위 보험계약을 해지한다는 통지를 하면서, 위 사고에 대해 보험금 지급채무가 없음을 주장하였다. 그런데 B는 이러한 약관의 내용을 A에게 설명하지는 않았다. B의 주장은 인용될 수 있는가?

(2) A가 그의 트럭에 열쇠를 꽂아둔 채 도로에 정차시켜 놓은 사이에 자동차 운전면허가 없는 甲이 이를 무단으로 운전하다가 乙을 치어 乙이 사망하였다. A는 乙의 유족에게 그 손해를 배상한 후에 이미 체결된 자동차 종합보험계약에 따라 B보험회사에 위 배상금에 대한 보험금을 청구하였는데, B는 자동차 종합보험 보통약관의 규정('자동차의 운전자가 무면허 운전을 하였을 때에 생긴 사고로 인한 손해에 대하여는 회사가 보상하지 아니한다')을 근거로 보험금 지급책임이 없다고 항변하였다. B의 항변은 이유가 있는가? 해설 p. 383

I. 서 설

1. 약관의 의의와 작용

a) 의 의 계약의 전통적인 모습은 당사자가 흥정과 협상을 통해 계약의 내용을 결정하는 것이다. 그런데 은행 · 보험 · 할부판매 · 운송 · 창고 · 리스계약 등 현대의 많은 계약에서는, 일방이 계약에 담을 내용을 미리 정해 두고 상대방은 단순히 그에 따라가는 방식으로 계약이 체결되고 있다. 여기서 당사자 일방이 계약의 내용으로 삼기 위해 미리 마련한 것을 「약관約款」이라고 한다. 계약은 청약과 승낙에 의해 성립하고, 약관에 의한 계약의 체결도 기본적으로는 이 범주에 속하는 것이다. 다만 보통의 계약과 구별되는 점은, 계약 모형이 계약 체결 전에 당사자 일방에 의해 미리 작성되어 있고, 당사자 일방이 상대방에게 이 모형에 따른 계약 체결을 요구하는 데 있다(김형배, 51면).

b) 작 용 약관에는 긍정적인 면과 부정적인 면이 있다. (ㄱ) 우선 대량의 집단적 거래를 신속하게, 통일적으로 처리한다는 장점이 있다. 또 계약 내용에 대한 증명의 부담이 경감됨으로써 법률관계가 명확하게 처리되는 점과, 현대의 신종 계약 등 민법에서 정하고 있지 않은

것을 보완하는 순기능을 한다. (ㄴ) 반면 사업자가 약관을 일방적으로 작성하는 과정에서 자신의 경제적 · 지적 우월성을 이용하여 자신에게만 유리한 쪽으로 내용을 미리 정하고, 상대방은 흥정이나 협의를 할 여지가 없이 사실상 그에 따라가는 방식으로 계약이 체결되는 부합계약附合契約의 형태를 띠는 점에서, 실질적인 계약의 자유(계약 당사자의 이익의 형평)를 누리지 못하는 문제가 있다.

2. 약관의 법적 규제

(1) 상술한 약관의 부정적인 면을 주로 규제하기 위해 일찍이 외국의 입법례는 법률로써 이를 규율하는 방식을 취하였다. 대표적인 것으로, 독일의 「보통거래약관에 관한 법률」(Gesetz zur Regelung des Rechts der Allgemeinen Geschäftsbedingungen, 1976), 영국의 「불공정계약조항법」(Unfair Contract Terms Act, 1977) 등이 그러하다. 우리나라도 같은 차원에서 「약관의 규제에 관한 법률」을 제정하였다(1986. 12. 31. 법 3922호). 동법은 전문 34개 조, 6개 장으로 구성되어 있다(제1장 총칙, 제2장 불공정약관조항, 제3장 약관의 규제, 제4장 분쟁의 조정 등, 제5장 보칙, 제6장 벌칙).

(2) 약관을 규제하는 입법 방식으로는 독일이나 영국의 입법례와 같이 모든 종류의 약관을 공통적으로 규제하기 위해 포괄적 입법을 하는 경우와, 일본의 「할부판매법」(1961) · 「방문판매 등에 관한 법률」(1976)처럼 개개의 거래 분야에 관하여 개별적 입법을 하는 경우가 있는데, 약관규제법은 이 중 전자의 입법 방식을 취하였다. 그 제정 당시 우리나라에서 약관을 이용한 계약 형태는 단지 몇 개에 국한되지 않고 수백 종의 계약에서 약관을 사용하고 있어, 이들 모두의 약관을 포괄적으로 규제하는 입법이 우선 필요하였기 때문이다.

Ⅱ. 「약관의 규제에 관한 법률」

1. 동법의 성격

동법에는 민법 · 상법에 대한 특별법으로서, 다른 한편으로는 행정법 중 경제법으로서의 내용이 포함되어 있으며, 강행법규로 되어 있다(이 부분은 민법주해(XII), 294면 이하(손지열) 참조). 따라서 약관의 규제도 사법적 규제와 공법적 규제의 두 가지 측면에서 이루어진다.

a) 사법에 대한 특별법(사법적 규제) (ㄱ) 동법 중 제1장(총칙)과 제2장(불공정약관조항)은 사법의 영역에 속한다. 약관의 계약 편입의 요건을 정한 약관의 명시 및 설명의무(3조)는 계약 성립에 관해, 약관 해석의 원칙(5조)은 법률행위의 해석에 관해, 불공정약관조항(6조~16조)은 법률행위의 효력에 관해, 각각 민법과 상법에 대한 특칙이 된다. (ㄴ) 이러한 특칙은 고객이 약관으로부터 보호받는 수단의 관점에서는 크게 두 가지로 나타난다. 하나는 사업자가 약관의 명시 및 설명의무를 위반하여 계약을 체결한 경우에는 해당 약관을 계약의 내용으로 주장할 수 없는 것으로 하고(동법 3조 4항), 다른 하나는 약관이 계약으로 편입된 후에도 불공정조항에 대해서는 무효로 하는 것이다(동법 6조 이하).

b) 행정법의 영역(공법적 규제) 상술한 사법적 규제는 약관에 관한 당사자 간의 다툼을

전제로 하여 민사소송의 절차를 통해 법원의 판단에 따라 구체화된다. 그러나 이것은 소송의 당사자 사이에서만, 특히 같은 약관을 사용하는 경우에도 분쟁의 대상이 된 사업자에 한해서만 판결의 효력이 미치고 다른 사업자에 대해서는 미치지 않는 점에서, 이러한 규제만으로는 부당한 약관으로부터 고객 전체를 일반적으로 보호하려는 요청에는 부응할 수 없는 면이 있다. 여기서 행정기관이 약관에 대한 인가나 행정지도를 통해 규제하는 행정적 규제가 아울러 필요한데, 약관규제법 제3장에서 정하는 '공정거래위원회'에 의한 약관의 규제(17조~23조)가 이에 해당한다.

c) 강행법규 (ㄱ) 약관규제법은 강행법규이다. 따라서 약관의 명시 및 설명의무를 면제하거나 약관의 해석원칙을 달리 정하는 합의는 비록 개별약정에 의하더라도 효력이 없다. (ㄴ) 그런데 불공정약관조항에 관한 규정(6조~14조)은 사법의 영역에서는 임의규정에 속할 수 있는 것이 약관의 특성상 무효로 정해진 것이므로, (사업자가 불공정약관조항이 무효가 되는 것을 피할 목적으로 개별약정의 형식을 악용하는 것이 아닌 이상) 개별약정으로 동일한 내용을 정한 경우에는 무효로 되지 않는다고 할 것이다(민법주해(XII), 295면(손지열); 양창수·김재형, 계약법(제3판), 130면).

2. 동법의 적용범위

a) 약 관 (ㄱ) 동법은 특정한 거래 분야의 약관만이 아닌 모든 약관에 대해 일반적으로 적용된다(약관에 관한 일반법). 「약관」, 즉 '그 명칭이나 형태 또는 범위에 상관없이 계약의 한쪽 당사자가 여러 명의 상대방과 계약을 체결하기 위하여 일정한 형식으로 미리 마련한 계약의 내용이 되는 것'에 해당하는 이상, 동법이 적용된다(동법 2조 1호). 계약서의 일부를 이루든 별지로 되어 있든, 승차권이나 예금통장 등에 기재되든, 그 명칭이나 형태를 가리지 않는다. 영업장소에 내건 게시판의 문구도 이에 해당할 수 있다(양창수·김재형, 계약법, 147면). (ㄴ) 그러나 다음의 경우에는 동법이 적용되는 약관에 해당하지 않는다. ① 건설회사가 상가와 그 부지를 특정인에게만 매도하기로 한 상가매매계약서(대판 1999. 7. 9, 98다13754, 13761), ② 약관 작성상의 일방성이 없는 것, 즉 사업자와 고객 사이에 교섭이 이루어진 약관조항(이 경우 교섭되지 않은 조항들에 대하여는 동법이 적용된다)(대판 2000. 12. 22, 99다4634), ③ 계약의 한쪽 당사자가 미리 일방적으로 마련한 것이 아닌 것, 즉 계약의 모범으로 삼기 위한 데 지나지 않는 '서식', 가령 부동산 매매 등의 경우에 부동산중개업소에서 사용하는 부동산 매매계약서는 약관이 아니다.

b) 적용되지 않는 경우 약관이라도 다음의 경우에는 동법이 적용되지 않는다. (ㄱ) 약관이 상법 제3편(회사), 근로기준법 또는 그 밖에 대통령령으로 정하는 비영리사업의 분야에 속하는 계약에 관한 것일 경우에는 동법을 적용하지 않는다(동법 30조 1항). 즉, ① 회사의 설립과 운영·주식의 모집 등 회사에 관련된 약관에 관하여는 그 공정성에 대해 상법에서 배려를 하고 있고, 또 이 분야는 회사의 자율성이 강조되는 영역이기 때문이다. ② 근로기준법 분야의 약관, 즉 근로계약과 취업규칙, 단체협약 등에 관해서는 근로기준법 기타 관계 법규에서 근로자 보호를 위해 따로 규율하고 있다. ③ 그 밖에 대통령령으로 정하는 비영리사업 분야에 속하는 약

관인데, 현재 이에 관한 대통령령은 정하여져 있지 않다. (ㄴ) 특정한 거래 분야의 약관에 대하여 다른 법률에 특별한 규정이 있는 경우에는 그 규정이 약관규제법에 우선하여 적용된다(동법 30조 2항).[1)]

3. 「약관의 규제에 관한 법률」의 주요 내용

(1) 약관의 구속력의 근거

a) 약관은 사업자가 미리 작성하여 준비해 둔 계약의 모형에 지나지 않고(그 본질은 청약에 불과하다) 그 자체가 법규범이나 법규범적 성질을 가진 것이 아니기 때문에, 상대방이 그 약관을 계약의 내용으로 삼기로 '합의'한 때에 비로소 약관은 계약의 내용을 이루게 되어 계약 당사자를 구속하게 된다. 보험약관, 은행거래약관 등을 비롯하여 행정관청이 작성한 약관이나 행정관청의 인가를 받은 약관도 다를 바 없다(대판 1985. 11. 26, 84다카2543; 대판 1992. 7. 28, 91다5624).

b) 약관규제법도 약관의 구속력의 근거를 당사자의 합의에 두고 있다.[2)] 즉, 약관을 '계약의 내용을 말한다'고 하고, 또 약관을 계약 내용으로 할 것을 '제안하고 제안받는 자'를 당사자로 정의하는 점에서(2조), 그 밖에 약관의 명시 및 설명의무(3조) · 개별약정의 우선(4조) · 불공정약관

---

1) (ㄱ) A는 구입한 트럭에 대해 B보험회사와 자동차 종합보험계약을 체결하고, 그 트럭에 해당하는 보험료를 지급하였다. 그런데 A는 그 트럭에 기중기(크레인)를 임의로 장착하여 영업을 하였고, 이때에는 위 보험료에 20%를 가산하여야 할 뿐 아니라, 그 변경된 내용을 A가 B에게 통지하지 않은 때에는 B가 보험계약을 해지할 수 있는 것으로 보험약관에 기재되어 있는데, 이 내용을 B가 A에게 설명하지는 않았다. 그 후 위 트럭으로 영업을 하는 과정에서 크레인에 전선이 닿아 사람이 사망하는 보험사고가 발생하였다. B는 위 약관을 근거로 보험계약을 해지하고 A를 상대로 보험금 지급채무가 없다는 확인을 구한 것이다. 이 사건에서 쟁점이 된 것은, 「상법」 제638조의3 제1항은 "보험자는 보험계약을 체결할 때에 보험계약자에게 보험약관을 교부하고 그 약관의 중요한 내용을 설명하여야 한다"고 하고, 제2항은 "보험자가 제1항을 위반한 경우 보험계약자는 보험계약이 성립한 날부터 3월 이내에 그 계약을 취소할 수 있다"고 정하고 있다. 여기서 상법의 위 규정이 약관규제법 제30조 2항 소정의 동법의 적용을 받지 않는 특별규정이냐, 그래서 설사 보험자가 설명의무를 이행하지 않았다고 하더라도, 보험계약자가 보험계약이 성립한 날부터 3개월 내에 보험계약을 취소하지 않으면, 그 하자는 치유되어 보험자가 위 약관을 근거로 보험계약을 해지할 수 있는지가 문제된 것이다. (ㄴ) 이에 대해 판례는 다음과 같은 이유로써 상법 제638조의3이 약관규제법에 대한 특별규정이 아닌 것으로 보았다. 즉 「상법 제638조의3의 규정은 설명의무를 다하지 아니한 약관이 계약의 내용으로 되는지 여부에 관하여는 아무런 규정을 하고 있지 않을 뿐만 아니라, 일반적으로 계약의 취소권을 행사하지 않았다고 해서 그 약관 조항을 추인 또는 승인하였다고 볼 근거는 없는 것이므로, 결국 상법의 위 규정은 약관규제법의 내용과 모순 · 저촉되는 것이 아니기 때문에, 위 경우에 약관규제법 제3조 3항은 역시 적용된다」(대판 1998. 11. 27, 98다32564). (ㄷ) 그런데 위 판례와 관련하여 유의할 것이 있다. 즉, (후술하는 바와 같이) 법률에 규정된 사항을 약관에서 다시 정한 때에는 그 설명을 요하지 않는데(즉 이 한도에서는 약관규제법 제3조는 적용되지 않는다), 위 사안의 경우에는 상법 제652조(위험변경증가의 통지와 계약해지)에 해당하여, 보험계약자가 트럭에 크레인을 장착한 사실을 통지하지 않은 이상 보험자는 계약을 해지할 수 있다. 즉 그러한 내용이 보험약관에 기재되어 있고 또 설사 이를 설명하지 않았다고 하더라도, B는 약관이 아닌 상법 제652조를 근거로 하여 보험계약을 해지할 수 있고, 해지한 때에는 상법 제655조에 의해 보험금 지급책임을 면한다는 점이다.

2) 당사자의 합의에 의해 약관이 계약의 내용을 이루고 구속력을 갖게 되는 점에서, 구체적으로는 다음과 같이 된다. ① 약관을 사업자가 일방적으로 개정한 경우, 종전 약관에 동의한 당사자에게 그 효력이 미치는 것은 아니다. 판례는 "골프장 경영회사가 회칙을 일방적으로 개정한 경우, 종전 회칙에 따라 가입한 기존 회원들에게는 그들의 개별적인 승인 없이는 개정 회칙이 적용될 수 없다고 한다(개정된 회칙의 내용이 회원으로서의 기본적인 지위에 중요한 변경을 초래하는 것인 경우에는 종전 회칙에 개정에 관한 근거 규정이 있다고 하여 달라지지 않는다)"(대판 2015. 1. 29, 2013다28339). ② 매매 · 상속 등으로 수용가의 변경이 있는 경우에는 전 수용가의 권리의무(예컨대 전기료의 체납)를 신 수용가가 당연히 승계한 것으로 본다는 한전의 '전기공급규정'(전기사업법 제16조에 의해 약관을 작성하여야 하고 또 인가를 받도록 되어 있다)도 예외가 될 수 없으며, 그 규정에 동의한 수용가에 대해서만 그 효력이 미친다(대판 1983. 12. 27, 83다카893).

조항의 무효(6조~14조)에 관해 정하고 있는 점이 그러하다.

(2) 약관의 계약 편입

가) 요 건

a) 사업자가 일방적으로 마련한, 청약에 불과한 약관이 계약의 내용을 이루기 위해서는, 약관을 계약의 내용으로 삼기로 하는 당사자 간의 합의가 있어야 한다. 이를 '계약편입'이라고 한다. 편입합의는 묵시적으로 이루어 질 수 있다. 약관의 내용이 뒷장에 기재되어 있거나 따로 있는 약관이 적용된다는 내용이 기재된 계약서에 서명한 경우에는 편입합의가 인정된다(양창수 · 김재형, 계약법(제4판), 127면).

b) (ㄱ) 이처럼 편입합의는 당사자가 약관의 내용을 알고서 동의한 것을 전제로 하지 않는다. 이와 관련하여 다음 두 가지가 고려되어야 한다. 하나는, 약관이 집단적 대량거래를 신속하게 통일적으로 처리한다는 장점이 있는 이상 이 점은 그대로 존중되어야 하고, 따라서 계약편입에서도 보통의 계약처럼 약관의 조문별로 상대방의 개별 동의를 받는 식으로 요구해서는 안 된다. 판례도 당사자 사이에 보험계약서가 작성된 경우에는 계약자가 그 보험약관의 내용을 알지 못하는 때에도 그 약관의 구속력을 배제할 수 없는 것이 원칙이라고 한다(대판 1985. 11. 26, 84다카2543 외 다수의 판례). 다른 하나는, 고객이 약관의 내용을 잘 알지 못하는 상태에서 부합계약의 형태로 계약이 체결되어 불이익을 입을 소지가 많은 점에서, 약관의 조문별로 개별 동의까지 받을 필요는 없다고 하더라도, 고객이 약관의 내용을 알 수 있도록 하고 또 고객의 권리의무에 관계되는 중요한 내용에 대해서는 사업자가 설명토록 함으로써 고객의 지위를 배려할 것이 요청된다는 점이다(대판 1999. 9. 7, 98다19240). (ㄴ) 이러한 이유로 약관규제법 제3조는 사업자에게 약관의 명시 · 설명의무를 지우면서, 이를 위반한 경우에는 사업자가 그 약관을 계약의 내용으로 주장할 수 없는 것으로 정하였다.

나) 사업자의 약관의 작성 및 명시 · 설명의무

a) 작성의무 「사업자는 고객이 약관의 내용을 쉽게 알 수 있도록 한글로 작성하고, 표준화 · 체계화된 용어를 사용하며, 약관의 중요한 내용을 부호, 색채, 굵고 큰 문자 등으로 명확하게 표시하여 알아보기 쉽게 약관을 작성하여야 한다」(동법 3조 1항). 사업자에게는 (후술하는) 약관의 명시의무와 설명의무가 있지만, 그 실효성을 높이기 위해, 약관은 한글과 표준화된 용어를 사용하고 또 중요 내용에 대해서는 부호 등으로 달리 표시하여 약관을 작성할 의무를 사업자에게 지운 것이다.

b) 명시의무 「사업자는 계약을 체결할 때에는 고객에게 약관의 내용을 계약의 종류에 따라 일반적으로 예상되는 방법으로 분명하게 밝히고, 고객이 요구할 경우 그 약관의 사본을 고객에게 내주어 고객이 약관의 내용을 알 수 있게 하여야 한다」(동법 3조 2항). (ㄱ) 1) 서면에 의한 계약 체결의 경우에는, 계약서에 약관을 인쇄해 놓거나 약관이 기재된 별도 서면을 계약서에 첨부하는 것이 '일반적으로 예상되는 방법으로 명시'하는 것이 된다. 사업자는 약관의 명시를 통

해 고객이 그 내용을 알 수 있게 하는 것으로 충분하고, 고객이 실제로 그 내용을 알도록 하여야 할 의무까지 지는 것은 아니다. 2) 동법 제3조 2항에서 정하는 사업자의 약관 사본 교부의무는 고객으로 하여금 약관의 내용을 미리 알고 약관에 의한 계약을 체결하도록 하는 데에 그 취지가 있다. 따라서 계약 체결 당시 고객이 요구한 경우에 적용되는 것이고, 계약이 체결된 이후 고객이 약관 사본의 교부를 요구하였으나 사업자가 이에 불응한 경우까지 포함하는 것은 아니다(대판 2023. 6. 29, 2020다248384, 248391). (ㄴ) 다음 중 어느 하나, 즉 여객운송업, 전기 · 가스 및 수도사업, 우편업, 공중전화 서비스 제공 통신업에 해당하는 업종의 약관에 대하여는 위 의무가 면제된다(동법 3조 2항 단서). 그런데 동법 시행령에서는 이 경우에도 사업자는 영업소에 약관을 비치하고 고객의 요청이 있으면 그 사본을 교부하도록 정함으로써(2조 2항), 결국 명시의무만 다소 완화되어 있을 뿐이다. 한편 이러한 약관의 경우에도 설명의무까지 당연히 면제된다고 볼 것은 아니다(민법주해(XII), 318면(손지열)).

c) 설명의무 「사업자는 약관에 정하여져 있는 중요한 내용을 고객이 이해할 수 있도록 설명하여야 한다」(동법 3조 3항).

aa) 원 칙: (ㄱ) 사업자에게 약관의 설명의무를 지우는 취지는, 고객이 알지 못하는 가운데 약관에 정하여진 중요한 사항이 계약 내용으로 되어 고객이 예측하지 못한 불이익을 입는 것을 피하자는 데 있다. (ㄴ) 사업자는 약관 전부가 아니라 중요 내용만을 설명하면 된다. '중요한 내용'이란 당해 고객의 이해관계에 중요한 영향을 미치는 것으로서, 사회통념상 당해 사항을 알았는지가 계약의 체결 여부에 영향을 미칠 수 있는 사항을 말한다. ① 예컨대, 은행거래약관에서 (자유롭게 양도될 필요성이 큰) 예금채권에 대해 양도금지 특약을 정하고 있는 것(대판 1998. 11. 10, 98다20059), (보험자의 면책과 관련되는) 자동차종합보험에서 가족운전자 한정운전을 특약으로 정한 것(다만 사실혼관계까지 상정하여 가족에 포함되지 않는다고 설명할 의무는 없다)(대판 2014. 9. 4, 2013다66966)은 중요한 내용에 해당한다. ② 반면, 판례는 설명의무가 제대로 이행되었더라도 그러한 사정이 계약의 체결 여부에 영향을 미치지 않는 경우에는 중요한 내용에 해당하지 않는다고 한다.[1] (ㄷ) 사업자는 중요한 내용에 대해 구체적이고 상세한 설명을 하여야 한다. 기존 계약 내

1) 판례: ① 비닐하우스에서 화초를 재배하는 A는 한전과 전기공급계약을 체결하면서 한전의 전기공급규정을 준수하기로 약정하였는데, 그 규정에는 한전에 고의나 중과실이 없는 한 전기 공작물에 고장이 발생한 경우 전기 공급을 중지할 수 있고, 이 경우 수용가가 입은 손해에 대해서는 배상책임을 지지 않는다는 내용이 있었다. 그런데 경과실로 판단되는 사정으로 전기 공급이 중단되어 A가 재배하던 화초가 냉해로 모두 죽자, A는 한전을 상대로 손해배상을 청구하였고, 이에 대해 한전이 위 면책규정을 근거로 면책을 주장하자, A가 약관인 전기공급규정의 위 내용을 한전이 설명하지 않아 계약의 내용으로 주장할 수 없다고 항변한 사안에서, 대법원은 다음과 같이 판결하였다. 「객관적으로 보아 A가 전기공급계약을 체결할 당시 위 면책규정의 내용에 관하여 한전으로부터 설명을 들어 이를 알았더라면 위 전기공급계약을 체결하지 아니하였으리라고 인정될 만한 사정도 엿보이지 않는 이 사건에서, 위 면책규정은 (설명의무의 대상이 되는) 약관의 중요한 내용에 해당하지 않는다」(대판 1995. 12. 12, 95다11344). ② 화물자동차를 소유하고 있는 자는 화물자동차법에 따라 적재물배상 책임보험을 의무적으로 가입하여야 하는데, 그것은 차량운송이 이루어지는 육상운송 과정 동안에 발생한 보험사고에 한정되어 있다. 화물자동차를 소유하고 있는 A는 B보험회사와 적재물배상 책임보험계약을 맺었는데, B가 마련한 약관에는 보상하는 손해를 위와 같은 보험사고에 한정하는 것으로 기재되어 있었다. 그런데 차량에 화물을 적재한 상태에서 선박으로 운송하는 과정에서 사고가 발생하였다. 여기서 B가 이러한 사고에 대해서는 보상되지 않는다는 점을 명시 · 설명하지 않았으므로 위 보험약관을 보험계약의 내용으로 주장할 수 없는지, 그래서 선박으로 운송하는 과정에서 발생한 사고에 대해서도 보험금을 지급하여야 하는지가 다투어졌다. 대법원은 화물을 적재한 차량이 선박에 선적되어 해상을 이동하는 경우에는 보험사고에서 제외

용 중 잘못된 부분이 있으면 이를 즉시 수정 신고해야 한다는 취지의 안내문을 발송한 것만으로는 부족하다(대판 1997. 9. 26, 97다4494). 설명의 상대방은 고객이겠으나, 대리인과 계약을 체결하는 때에는 그 대리인에게 설명하면 충분하다(대판 2001. 7. 27, 2001다23973).

bb) 예 외: (ㄱ) 사업자의 설명의무를 지우는 위 규정의 취지에 비추어, 다음의 경우에는 그것이 비록 약관의 중요 내용을 이룬다고 하더라도 설명의무가 없다. ① 고객이 그 내용을 충분히 잘 알고 있는 경우(대판 2016. 6. 23, 2015다5194). ② 그 내용이 거래상 일반적이고 공통된 것이어서 고객이 별도의 설명 없이도 충분히 예상할 수 있었던 사항(예: 피보험 자동차를 양도한 경우 그 사실을 보험회사에 통지하여야 하고 보험회사가 이를 승인하기 전에 발생한 사고에 대해서는 보험금 지급의무가 없다고 정한 것 / 계약 일방 당사자의 귀책사유로 계약이 해제되는 경우를 대비하여 대금 총액의 10%에 해당하는 금액을 위약금으로 정한 것)(대판 2007. 4. 27, 2006다87453; 대판 2023. 4. 13, 2021다250285). ③ 해당 거래계약에 관해 법령으로 정한 것을 약관에 그대로 기재하거나 부연하는 정도에 불과한 사항(대판 2001. 7. 27, 99다55533; 대판 2003. 12. 11, 2001다33253). 여기서 '법령'은 법률과 그 밖의 법규명령(대통령령, 총리령, 부령)을 의미하고, 행정규칙으로서의 '고시'는 포함되지 않는다(고시를 약관에 기재하였더라도 설명의무가 면제되는 것이 아니다)(대판 2019. 5. 30, 2016다276177). ④ 계약의 성질상 설명하는 것이 현저하게 곤란한 경우(동법 3조 3항 단서). (ㄴ) 이처럼 설명의무가 없다는 사실은 사업자가 입증하여야 한다(대판 2001. 7. 27, 99다55533 외 다수 판례).

d) 명시·설명의무 위반의 효과 사업자가 명시의무와 설명의무를 위반하여 계약을 체결한 경우에는 해당 약관을 계약의 내용으로 주장할 수 없다(동법 3조 4항).

(3) 개별약정의 우선

「약관에서 정하고 있는 사항에 관하여 사업자와 고객이 약관의 내용과 다르게 합의한 사항이 있을 때에는 그 합의 사항은 약관보다 우선한다」(동법 4조). (ㄱ) 약관은 보통 일괄하여 계약으로 편입되는 점에서, 약관조항과 다른 개별약정이 있는 때에는 그 개별약정을 우선시키는 것이 당사자의 의사에 부합한다고 볼 것이기 때문이다. 묵시적인 경우를 포함하여 어느 때에 개별약정이 있었는지는 당사자의 의사해석의 문제에 속한다. 예컨대 은행이 미리 작성한 근저당권설정계약서나 근보증서에 서명하는 방식으로 계약을 체결하였더라도, 여러 사정상 그것이 특정 채무만을 담보하는 것으로 보아야 할 경우에는, 특정 채무를 위한 저당권이나 보증채무에 관한 묵시적인 개별약정이 있었던 것으로 보아 위 약관에 우선한다.[1] (ㄴ) 유의할 것은, 개별약정은 약관에 있는 특정 조항에 대해서도 할 수 있다. 이때 개별적인 교섭이 있었다고 보기 위해서는, 비록 그 교섭의 결과가 반드시 특정 조항의 내용을 변경하는 형태로 나타나야 하는 것은 아니라고 하더라도, 상대방이 대등한 지위에서 특정 조항의 내용에 구속되지 않고

된다는 설명을 들었다 하더라도 A는 보험계약을 체결하였을 것이라는 점을 들어, 위 약관 중 보상하는 손해에 관한 규정은 명시·설명의무의 대상이 되는 보험계약의 '중요한 내용'에 해당하지 않는 것으로 보았다(대판 2016. 9. 23, 2016다221023)(같은 취지로 대판 1994. 10. 25, 93다39942; 대판 2005. 10. 7, 2005다28808).

1) 그 밖에 판례는, 금융기관의 여신거래 기본약관에서 금융사정의 변화 등을 이유로 사업자에게 일방적 이율 변경권을 부여하는 규정을 두고 있으나, 개별약정서에서는 약정 당시 정해진 이율은 당해 거래기간 동안 일방 당사자가 임의로 변경하지 않는다는 조항이 있는 경우, 개별약정 우선의 원칙에 따라 대출 이후 당해 거래기간이 지나기 전에 금융기관이 한 일방적 이율 인상은 그 효력이 없다고 한다(대판 2001. 3. 9, 2000다67235).

이를 변경할 가능성이 있어야 한다. 이에 따라 약관 조항이 당사자 사이의 합의에 의해 개별약정으로 되었다는 사실은 이를 주장하는 사업자 측에서 증명하여야 한다(대판 2014. 6. 12, 2013다214864).[1] (ㄷ) 개별약정에 대해서는 약관규제법이 원칙적으로 적용되지 않는다.

(4) 약관의 해석

약관은 사업자에 의해 일방적으로 작성되는 점에서, 또 불특정 다수인을 상대방으로 예정하고 있는 점에서 일반 계약과는 차이가 있다. 그래서 동법은 약관의 해석에 관해 다음과 같이 일반 법률행위의 해석과는 다른 기준을 정한다.

a) **신의칙에 따른 공정해석** 약관은 신의성실의 원칙에 따라 공정하게 해석되어야 한다(동법 5조 1항). 약관 해석의 기본원칙을 이루는 것으로서, 공정한 해석이 되기 위해서는 해석의 결과가 구체적 타당성을 가져야 하고 양 당사자에게 정당한 이익이 실현되는 방향으로 하여야 한다.

b) **통일적 해석** 약관은 고객에 따라 다르게 해석되어서는 안 된다(동법 5조 1항). 약관은 개별약정과는 달리 불특정 다수인을 위해 이용되는 것이므로, 모든 고객에게 객관적으로 동일하게 해석됨으로써 차별적 취급이 방지되어야 한다(대판 1996. 6. 25, 96다12009). 그러므로 약관은 이를 사용하여 체결된 모든 계약에 통일적으로 해석되어야 한다.

c) **불명확조항의 해석** 약관의 뜻이 명백하지 않은 경우에는 고객에게 유리하게 해석되어야 한다(동법 5조 2항). 명확하지 않은 조항을 만드는 데 원인을 준 자가 그 위험을 부담하는 것이 공평하다는 '작성자 불리의 원칙'을 명문화한 것이다.[2]

✽ 예문해석과 수정해석

(α) 약관규제법이 제정되기 전에 예문해석例文解釋을 한 적이 있다. 즉 약관의 내용이 고객에게 심히 불리한 경우에 그 조항을 하나의 예문에 불과한 것으로 해석하여 그 효력을 부정한 것이다. 그러나 동법이 마련된 오늘에는 따로 예문해석을 할 필요가 없다. 그러한 것들은 동법에서

---

1) 甲보험회사가 乙에게 부동산담보 대출을 하면서 가산금리 적용과 결부시켜 '근저당권설정비용의 부담에 관하여 항목별로 제시된 세 개의 난 중 하나에 ✓표시를 하는 방법으로 비용을 부담한다'는 취지의 조항이 포함된 대출거래약정서, 근저당권설정계약서 등을 사용하였는데, 乙이 위 조항에 따른 선택을 하여 근저당권설정비용을 부담한 사안이다. 여기서 이것이 개별약정에 해당하려면, 乙이 대등한 지위에서 그 약관조항에 대해 충분한 검토와 고려를 한 뒤 그 특정 조항의 내용에 구속되지 않고 이를 변경할 가능성이 전제되어야 하고, 이러한 사정에 관해서는 이를 주장하는 사업자 甲이 증명하여야 한다고 하면서, 이를 개별약정으로 본 원심판결을 파기 환송한 판결이다(다시 말해 乙이 약관상에 ✓표시를 하여 선택을 하였다고 하더라도, 그것이 乙의 자율에 따른 결정으로 보기 어려운 경우에는 개별약정에 해당하지 않는다고 본 것이다. 한편 개별약정으로 보지 않는다고 하더라도, 위 약관상의 조항이 약관규제법 제6조 1항 소정의 신의칙에 반하는 불공정조항은 아니라고 보았다).

2) 판례는, ① 신용보증약관상의 "채무자가 제3자를 위하여 부담한 보증채무 및 어음상의 채무 등"은 '채무자가 제3자를 위하여 부담한 보증채무', '채무자가 제3자를 위하여 부담한 어음상의 채무 등'으로 해석할 수 있는 여지가 있으므로, 약관 해석 원칙에 따라 위 규정의 '어음상의 채무'는 약관의 작성자에게 불리하게, 고객에게 유리하게 '채무자가 제3자를 위하여 부담한 어음상의 채무'로 해석하여야 한다고 하여, 채무자가 발행한 약속어음을 제3자가 취득하여 이를 금융기관에 할인하는 방식으로 대출을 받은 경우의 그 채무에 대해서도 신용보증기금이 보증책임을 지는 것으로 보았다(대판 1998. 10. 23, 98다20752). ② 甲이 갑상선 결절 치료를 위해 받은 (바늘을 종양 안에 삽입한 다음 전류를 통하게 하여 발생하는 마찰열로 종양세포를 괴사시키는) 고주파 절제술이 보험약관상의 '수술'에 해당하는지 문제된 사안에서, 보험약관에서 수술비 지급대상이 되는 수술을 의료기계를 사용하여 신체의 일부를 절단하거나 절제하는 외과적 치료방법으로 제한하고 있지 않고, 고주파 절제술도 넓은 의미의 수술에 포함될 여지가 있으며, 이러한 해석이 약관 해석에서 작성자 불이익의 원칙에도 부합한다고 보았다(대판 2011. 7. 28, 2011다30147).

정한 해석 원칙과 불공정약관조항의 무효 판정에 의해 충분히 해결될 수 있기 때문이다.

(β) (ㄱ) 무면허운전 중에 발생한 사고를 면책사유로 규정한 자동차 종합보험약관은 약관규제법 제7조 2호 · 3호 소정의 무효 조항에 해당할 수 있다. 이 경우 그 면책규정 전부를 무효로 할 것인지, 아니면 동조에서 규정하듯이 '상당한 이유가 없는 때'(예: 절취 운전자나 무단운전자가 무면허인 때)에는 무효로 하고 그 외의 경우(예: 보험계약자의 지배 또는 관리가능성이 있는 무면허 운전의 경우)에는 면책을 인정할 것인지 문제가 될 수 있다. 이에 관해 대법원은 "신의성실의 원칙에 반하는 약관조항은 사적자치의 한계를 벗어나는 것으로서 법원에 의한 내용 통제 즉「수정해석」의 대상이 된다"고 하면서, 이러한 수정해석은 조항 전체가 무효사유에 해당하는 경우뿐만 아니라, 조항 일부가 무효사유에 해당하고 그 무효 부분을 추출 배제하여 잔존 부분만으로 유효하게 존속시킬 수 있는 경우에도 가능하다고 한다(대판(전원합의체) 1991. 12. 24, 90다카23899). 사업자가 일체의 손해배상 책임을 지지 않는다는 약관조항을, 약관규제법 제7조 1호 소정의 사업자의 고의나 중대한 과실로 인한 책임까지 배제하는 경우에는 무효이고, 그 외의 경우에 한해 해석하는 한도에서는 유효하다고 보는 것도 같은 것이다(대판 1995. 12. 12, 95다11344). (ㄴ) 이처럼 어느 약관조항이 약관규제법의 (불공정약관조항으로서) 무효 조항과 조화될 수 없을 때에, 무효에 해당하지 않는 그 외의 것에 대해서는 효력을 유지할 것인지에 관해(소위 '효력유지적 축소') 독일의 학설과 판례는 압도적으로 이 방법을 배척하고 있다고 한다. 그 이유는, 사업자가 약관 내용을 일방적으로 정하면서 문제가 될 경우에는 법원을 통해 일정한 범위로 축소하여 효력을 가질 수 있게 하는 것은 약관규제법의 보호 목적에 배치된다는 것이다. 즉 사업자가 약관을 명백하게 작성하고 이를 통해 고객이 정보를 정확하게 취득할 수 있는 가능성이 확보되지 않는다는 것이다.[1] 이에 대해 우리 대법원은 위와 같이 수정해석의 이름으로 이를 허용하고 있는 것으로 보인다. 그러나 '수정해석'이라는 표현은, 불공정약관조항을 판단하기 위한 내용 통제의 수단으로 쓰인 데 지나지 않고, 약관의 해석과는 무관하다는 점이다. 수정해석이라는 용어는 약관의 해석방법이라는 오해를 주고, 나아가 내용 통제와의 관계를 모호하게 하는 점에서 적절치 못한 것으로 생각된다.

(5) 불공정약관조항

가) 불공정약관조항의 무효

a) 일반원칙 (ㄱ)「신의성실의 원칙을 위반하여 공정성을 잃은 약관조항은 무효이다」(동법 6조 1항). 동법은 제7조 내지 제14조에서 약관의 개별적 무효사유를 규정하는데, 이것은 제한적 열거사유가 아니며, 이에 해당하지 않는 경우에도 이 일반규정에 의해 무효로 될 수 있다. (ㄴ) 약관에 다음의 내용을 정하고 있는 경우에는 그 약관조항은 공정성을 잃은 것으로 추정된다(동법 6조 2항)(따라서 사업자가 불공정하지 않다는 반대 입증을 하지 않는 한 무효로 된다). 즉 ① 고객에게 부당하게 불리한 조항(1호), ② 고객이 계약의 거래형태 등 관련된 모든 사정에 비추어 예상하기 어려운 조항(기습조항 또는 의외조항)(2호), ③ 계약의 목적을 달성할 수 없을 정도로 계약에 따르는 본질적 권리를 제한하는 조항(3호)이 그것이다.

1) 김동훈, "약관의 내용통제와 수정해석", 인권과 정의 제223호, 74면 이하.

판 례 약관의 규제에 관한 법률 제6조에 관한 사례

(ㄱ) ① 상가임대분양계약서(약관)에 "기부채납에 대한 부가가치세액은 별도"라고 기재되어 있는 경우, 분양자가 위 상가를 기부채납하고 그 대가로 무상사용권을 부여받은 행위가 부가가치세법상의 '재화의 공급'에 해당되어 부가가치세가 부과된다는 것은 일반인은 잘 알지 못하고, 부과가 된다고 하더라도 그 액수가 얼마인지 미리 알기도 어려우며, 임대보증금에 대한 부가가치세와도 혼동될 우려가 있는 점에서, 위 부분은 동법 제6조 2항 2호에 해당하는 기습조항으로 추정하여, 이를 무효로 보았다(대판 1998. 12. 22, 97다15715). ② 변제충당에 관한 민법의 규정은 임의규정으로서 당사자가 그와 다른 약정을 할 수 있는 것이기는 하나, 채권자가 약관에서 변제충당에 관한 민법 규정과는 달리 정할 경우에는 적어도 고객인 채무자 측의 이익도 배려하여야 할 것인바, 그 약관에 '채권자가 적당하다고 인정하는 순서와 방법에 따라 충당하기로 한다'고만 되어 있는 경우, 그것은 채권자가 자의적으로 변제충당을 할 수 있도록 하는 내용이고 고객인 채무자의 정당한 이익을 완전히 무시하여 부당하게 불리한 것으로서, 약관의 규제에 관한 법률 제6조 1항, 2항 1호에 의해 무효이다(대판 2002. 7. 12, 99다68652). ③ 산업재해보상보험법에 의한 재해보상을 받을 수 있는, 업무상 자동차사고에 의한 피해 근로자의 손해에 대해, 자동차보험약관에 이를 무조건 보상하지 않는 것으로 면책조항을 둔 것은, 그 손해가 재해보상 범위를 넘는 경우에도 보험자는 면책되고 피보험자는 손해배상책임을 부담하게 되는 것인데, 이것은 손해배상책임을 담보하기 위한 자동차보험의 취지에 어긋나는 것으로서, 약관규제법 제6조 1항, 제2항 1호 및 제7조 2호에 의해 무효이다(종전 판례(대판 1993. 11. 9, 93다23107)는 면책을 인정하였으나, 이를 변경하였다)(대판(전원합의체) 2005. 3. 17, 2003다2802). ④ 은행이 상계를 하는 경우, 이자나 지연손해금 등의 계산의 종기를 임의로 정할 수 있도록 한 은행 여신거래 기본약관조항은 약관규제법 제6조 1항, 제2항 1호에 의해 무효이다(대판 2003. 7. 8, 2002다64551). ⑤ 민법 제548조 2항은 계약이 해제된 경우 반환할 금전에 그 받은 날부터 이자를 붙여야 한다고 규정하고 있으므로, 계약 해제로 사업자가 이미 받은 금전을 반환함에 있어 이자의 반환의무를 배제하는 약관조항은 고객에게 부당하게 불리하여 무효이다(대판 2014. 12. 11, 2014다39909)(이 판결은 나아가, 분양자가 반환해야 할 금전에 대한 이자율을 (법정이율보다는 적은) 연 2%로 규정한 부분에 대해, 여러 사정을 종합해 볼 때 분양자의 원상회복의무를 부당하게 경감하는 조항이라고 보기는 어렵다고 하였다).

(ㄴ) 이에 대해, 약관상 매매계약 해제시 매도인을 위한 손해배상액의 예정조항은 있는 반면 매수인을 위한 손해배상액의 예정조항은 없는 경우, 그러한 사정만으로는 그 약관조항이 매수인에게 부당하게 불리하다거나 신의성실의 원칙에 반하여 불공정하다고 볼 수 없다고 한다(대판 2000. 9. 22, 99다53759, 53766).

b) **개별적 무효사유** 동법은 위 일반원칙을 토대로 하면서 제7조 내지 제14조에서 개별적으로 무효사유를 규정한다.[1)]

(ㄱ) 면책조항의 금지: ① 사업자 · 이행보조자 또는 피고용자의 고의나 중대한 과실로 인

1) 유의할 것은, 무효사유로 정하고 있는 것의 대부분은 "상당한 이유 없이", "부당하게 과중한", "부당하게 불이익을 줄 우려가 있는", "부당하게 엄격한", "부당하게 불리한" 것을 요건으로 정하고 있고, 따라서 무효인지를 판단하기 위해서는 이에 관한 평가가 따로 있어야만 한다. 이러한 평가를 거칠 필요 없이 바로 무효가 되는 약관조항은 고의 또는 중과실에 대한 면책조항(동법 7조 1호), 해제권 또는 해지권을 배제하거나 제한하는 조항(동법 9조 1호), 대리인의 책임 가중 조항(동법 13조)의 세 가지뿐이다(양창수 · 김재형, 계약법, 154면).

한 법률상의 책임을 배제하는 조항,[1] ② 상당한 이유 없이 사업자의 손해배상 범위를 제한하거나, 사업자가 부담하여야 할 위험을 고객에게 떠넘기는 조항,[2] ③ 상당한 이유 없이 사업자의 담보책임을 배제 또는 제한하거나, 그 담보책임에 따르는 고객의 권리행사의 요건을 가중하는 조항, ④ 상당한 이유 없이 계약목적물에 관하여 견본이 제시되거나 품질 · 성능 등에 관한 표시가 있는 경우 그 보장된 내용에 대한 책임을 배제 또는 제한하는 조항 등은 무효이다(동법 7조). (ㄴ) 손해배상액의 예정: 고객에게 부당하게 과중한 지연손해금 등의 손해배상의무를 부담시키는 조항은 무효이다(동법 8조). (ㄷ) 계약의 해제 · 해지: ① 법률에 따른 고객의 해제권 또는 해지권을 배제하거나 그 행사를 제한하는 조항, ② 사업자에게 법률에서 규정하고 있지 않는 해제권 또는 해지권을 부여하여 고객에게 부당하게 불이익을 줄 우려가 있는 조항, ③ 법률에 따른 사업자의 해제권 또는 해지권의 행사요건을 완화하여 고객에게 부당하게 불이익을 줄 우려가 있는 조항, ④ 계약의 해제 또는 해지로 인한 원상회복의무를 상당한 이유 없이 고객에게 과중하게 부담시키거나 고객의 원상회복청구권을 부당하게 포기하도록 하는 조항,[3] ⑤ 계약의 해제 또는 해지로 인한 사업자의 원상회복의무나 손해배상의무를 부당하게 경감하는 조항, ⑥ 계속적인 채권관계의 발생을 목적으로 하는 계약에서 그 존속기간을 부당하게 단기 또는 장기로 하거나, 묵시적인 기간의 연장 또는 갱신이 가능하도록 정하여 고객에게 부당하게 불이익을 줄 우려가 있는 조항 등은 무효이다(동법 9조).[4] (ㄹ) 채무의 이행: ① 상당한 이유 없이 급부의 내용을 사업자가 일방적으로 결정하거나 변경할 수 있도록 권한을 주는 조항, ② 상당한 이유 없이 사업자가 이행하여야 할 급부를 일방적으로 중지할 수 있게 하거나 제3자에게 대행할 수 있게 하는 조항 등은 무효이다(동법 10조). (ㅁ) 고객의 권익 보호: ① 법률에 따른

1) 판례는, ① 보석상과 경비업체 사이에 맺은 약관상에 있는, "귀중품은 되도록 금융기관에 예치하고 부득이한 경우에는 고정금고 또는 옮기기 힘든 대형금고 속에 보관하여야 하며, 이를 준수하지 않아 발생한 사고에 대해서는 용역경비업자가 책임을 지지 않는다"는 내용은 면책약관의 성질을 가지는 것인데, 따라서 이것이 경비업체에 고의나 중과실이 있는 경우까지 적용된다고 하면 이는 약관규제법 제7조 1호에 위반되어 무효라고 하고(대판 1996. 5. 14, 94다2169), ② 한전의 전기공급규정에 한전의 전기설비에 고장이 발생하거나 발생할 우려가 있는 때 한전은 전기공급을 중지하거나 그 사용을 제한할 수 있고, 이 경우 한전은 수용가가 입는 손해에 대해 배상책임을 지지 않는다고 규정한 것은, 그것이 한전의 고의 또는 중대한 과실로 인한 경우까지 적용된다고 보는 경우에는 약관규제법 제7조 1호에 의해 무효라고 하며(전기설비에 고장이 난 것에 대해 한전의 중대한 과실이 인정된 사안임)(대판 2002. 4. 12, 98다57099), ③ 주차장 관리자가 발행 · 교부한 주차권 뒷면에 부동문자로 기재된 "차량의 파손 및 도난은 본 차고에 민 · 형사상 책임이 없다"는 문구는, 고객에 대하여 부당하게 불리한 약관이거나 주차장 관리자의 고의 또는 중대한 과실로 발생한 손해에 대한 배상까지도 정당한 이유 없이 배제하는 약관으로서 무효라고 한다(대판 2006. 4. 14, 2003다41746).

2) 판례: 「운전자 연령 26세 이상 한정운전 특별약관은 이로 인하여 보험자의 담보범위가 축소되어 보험계약자에게 불리한 것은 분명하나, 보험계약자에게도 위 특별약관을 보험계약에 편입시킴으로써 보험료가 할인되어 그 할인된 만큼의 보험료를 납부하지 아니함으로써 얻는 이익이 있고, 위 특별약관을 보험계약에 편입시킬 것인지 여부는 전적으로 보험계약자의 의사에 달려 있는 것이므로, 약관의 규제에 관한 법률 제7조 제2호에 해당하여 무효라고 볼 수 없다」(대판 1998. 6. 23, 98다14191).

3) 판례는, 계약해제로 인하여 사업자가 이미 받은 금전을 반환함에 있어 이자의 반환의무를 배제하는 약관조항은 이에 해당하여 무효라고 한다(대판 2008. 12. 24, 2008다75393).

4) 판례: 「연대보증기간 자동연장 조항에 계약기간 종료시 이의통지 등에 의해 보증인의 지위에서 벗어날 수 있다는 규정이 없고, 새로운 계약기간을 정하여 계약갱신의 통지를 하거나 그것이 없으면 자동적으로 1년 단위로 계약기간이 연장되도록 규정하고 있다면, 이는 계속적인 채권관계의 발생을 목적으로 하는 계약에서 묵시의 기간 연장 또는 갱신이 가능하도록 규정하여 고객인 연대보증인에게 부당하게 불이익을 줄 우려가 있다고 보여지므로, 이 약관조항은 약관규제법 제9조 5호에 위반되어 무효이다」(대판 1998. 1. 23, 96다19413).

고객의 항변권, 상계권 등의 권리를 상당한 이유 없이 배제하거나 제한하는 조항,[1] ② 고객에게 주어진 기한의 이익을 상당한 이유 없이 박탈하는 조항, ③ 고객이 제3자와 계약을 체결하는 것을 부당하게 제한하는 조항, ④ 사업자가 업무상 알게 된 고객의 비밀을 정당한 이유 없이 누설하는 것을 허용하는 조항 등은 무효이다(동법 11조). (ㅂ) 의사표시의 의제: ① 일정한 작위 또는 부작위가 있을 경우 고객의 의사표시가 표명되거나 표명되지 않은 것으로 보는 조항(다만, 고객에게 상당한 기한 내에 의사표시를 하지 않으면 의사표시가 표명되거나 표명되지 않은 것으로 본다는 뜻을 명확하게 따로 고지하거나, 부득이한 사유로 그러한 고지를 할 수 없는 경우에는 그렇지 않다), ② 고객의 의사표시의 형식이나 요건에 대하여 부당하게 엄격한 제한을 두는 조항, ③ 고객의 이익에 중대한 영향을 미치는 사업자의 의사표시가 상당한 이유 없이 고객에게 도달된 것으로 보는 조항,[2] ④ 고객의 이익에 중대한 영향을 미치는 사업자의 의사표시 기한을 부당하게 길게 정하거나 불확정하게 정하는 조항 등은 무효이다(동법 12조). (ㅅ) 대리인의 책임 가중: 고객의 대리인에 의하여 계약이 체결된 경우, 고객이 그 의무를 이행하지 않는 경우에는 대리인에게 그 의무의 전부나 일부를 이행할 책임을 지우는 내용의 조항은 무효이다(동법 13조). (ㅇ) 소송 제기의 금지: 고객에게 부당하게 불리한 소송 제기 금지조항 또는 재판관할의 합의조항이나, 상당한 이유 없이 고객에게 입증책임을 부담시키는 조항은 무효이다(동법 14조).[3]

나) 무효의 효과

a) 적용의 제한 국제적으로 통용되는 약관이나 그 밖에 특별한 사정이 있는 약관으로서 대통령령으로 정하는 경우에는 제7조부터 제14조까지의 규정을 적용하는 것을 조항별 · 업종별로 제한할 수 있다(동법 15조). 이에 따라 약관규제법 시행령(3조)은 '국제적으로 통용되는 운송업 · 금융업 및 보험업, 무역보험법에 따른 무역보험'에 해당하는 업종의 약관에 대해서는 위 규정들을 적용하지 않는 것으로 정하고 있다.

b) 일부무효의 경우 (ㄱ) 약관의 전부 또는 일부의 조항이 사업자의 명시 · 설명의무 위반으로 계약의 내용이 되지 못하거나, 불공정약관조항에 해당하여 무효가 되는 경우,[4] 계약은

---

1) 금융기관인 양도담보권자가 양도담보 목적물을 보관하는 창고업자로부터 "창고주는 양도담보권자가 담보물 임의처분 또는 법적 조치 등 어떠한 방법의 담보물 환가와 채무변제 충당시에도 유치권 등과 관련된 우선변제권을 행사할 수 없다"는 문구가 부동문자로 인쇄된 확약서를 제출받은 사안에서, 판례는, 이러한 약관조항은 창고업자가 보관료 징수 등을 위하여 공평의 관점에서 보유하는 권리인 유치권의 행사를 배제하는 것으로서 약관규제법 제6조 1항 및 제11조 1항에 의해 무효라고 보았다(대판 2009. 12. 10, 2009다61803, 61810).

2) 보험약관에 주소 변경을 통보하지 않는 한 보험증권에 기재된 보험계약자 또는 피보험자의 주소를 보험회사의 의사표시를 수령할 지정장소로 한다고 되어 있는 경우, 그것이 보험회사가 변경된 주소를 알았거나 과실로 알지 못한 경우에도 적용되는 한도에서는 무효이다(대판 2000. 10. 10, 99다35379).

3) 판례: 「대전에 주소를 둔 계약자와 서울에 주영업소를 둔 건설회사 사이에 체결된 아파트 공급계약서상의 "본 계약에 관한 소송은 서울민사지방법원을 관할법원으로 한다"라는 관할합의 조항은, 민사소송법상의 관할법원 규정보다 고객에게 불리한 관할법원을 규정한 것이어서 사업자에게는 유리할지언정 원거리에 사는 경제적 약자인 고객에게는 제소 및 응소에 큰 불편을 초래할 우려가 있으므로, 약관의 규제에 관한 법률 제14조에 해당하여 무효이다」(대결 1998. 6. 29, 98마863).

4) 판례: 「무효인 약관조항에 의거하여 계약이 체결되었다면, 그 후 상대방이 계약의 이행을 지체하는 과정에서 약관 작성자로부터 채무의 이행을 독촉받고 종전 약관에 따른 계약 내용의 이행 및 약정내용을 재차 확인하는 취지의 각서를 작성하여 교부하였다 하여, 무효인 약관조항이 유효한 것으로 된다거나, 위 각서의 내용을 새로운 개별약정으로 보아 약관의 유 · 무효와는 상관없이 위 각서에 따라 채무의 이행 및 원상회복의 범위 등이 정하여진다고 할 수

나머지 부분만으로 유효하게 존속한다(동법 16조 본문). 민법상 일부무효의 효과(137조)와는 반대로 정한 것인데, 그 이유는, 계약의 내용이 되지 못하거나 무효로 되는 것이 고객의 입장에서는 본질적인 것이 아닌 경우가 많고, 고객은 약관을 유효한 것으로 존속시켜 사업자로부터 급부를 받는 데 주로 목적을 가지며, 사업자는 약관을 작성한 점에서 나머지 부분만으로 계약을 존속시키더라도 특별히 부당하지 않다는 데 있다(주석민법[채권각칙(1)], 153면(이은영); 민법주해(XII), 403면 이하(손지열)). (ㄴ) 그 일부무효가 된 부분에 대해서는 임의규정이나 거래 관행을 통해 보충된다. 한편 유효한 부분만으로는 계약의 목적 달성이 불가능하거나 그 유효한 부분이 한쪽 당사자에게 부당하게 불리한 경우에는, 그 계약은 무효가 된다(동법 16조 단서).

사례의 해설 (1) (ㄱ) 사례에서 B는 A가 주운전자를 허위 고지하였다는 이유로 개인용 자동차 종합보험 보통약관 제40조 1항을 근거로 보험계약을 해지한 것이다. 그런데 판례는, 그 해지가 적법하기 위해서는 그 근거가 된 약관이 계약의 내용으로 된 것을 전제로 하는데, 위와 같은 허위 고지를 이유로 한 보험계약의 해지에 관한 약관조항은 보험계약의 중요내용을 이루는 것으로서 사업자인 B가 이를 충분히 A에게 설명하지 않은 이상 그 약관조항을 계약의 내용으로 주장할 수 없다고 보았다(약관규제법 3조 4항 참조)(대판 1996. 4. 12, 96다4893). 그 결과 A가 주운전자를 허위 고지하였다고 하더라도 B가 약관에 근거하여 보험계약을 해지할 수는 없다. (ㄴ) 그런데 이미 법령으로 정한 것을 약관에 그대로 기재하거나 부연하는 정도에 불과한 경우에는 설명의무의 대상이 되지 않는다는 것이 판례의 견해이다. 설명의무의 대상이 된다고 하면, 설명을 하지 않은 것을 이유로 당연히 적용되어야 할 법령이 적용되지 않게 되는 부당한 결과를 가져오기 때문이다. 이 점과 관련하여 사례에서는 상법 제638조의3과 제651조의 적용 여부가 문제될 수 있다. 먼저 상법 제638조의3이 약관규제법 제30조 2항에 따른 특별규정에 해당하는가 하는 점인데, 상법 제638조의3에 의하면, 보험자는 보험계약을 체결할 때에 보험계약자에게 보험약관을 교부하고 그 약관의 중요한 내용을 설명하여야 하며, 보험자가 이를 위반한 때에는 보험계약자가 보험계약이 성립한 날부터 3개월 내에 취소할 수 있는 것으로 정한다. 따라서 보험계약자가 취소를 하지 않은 때에는 보험자가 설명의무를 위반하였더라도 그 하자가 치유되는 것이 아닌가 하는 점인데, 위 취소는 보험계약자의 권리이지 의무는 아니며 취소를 하지 않았다고 해서 그 약관조항을 추인하였다고 볼 근거도 없다. 다음 상법 제651조에 의하면, 보험계약 당시에 보험계약자 또는 피보험자가 고의나 중대한 과실로 인하여 중요한 사항을 고지하지 않거나 부실고지를 한 때에는 보험자는 보험계약을 해지할 수 있는 것으로 정한다. 사례에서 A가 고의나 중과실로 주운전자를 허위 고지한 때에는, 약관상의 설명의무에 관계없이 B는 상법 제651조에 따라 보험계약을 해지하고 보험금 지급을 거절할 수 있다. (ㄷ) 판례의 위와 같은 결론에 대해서는, 운전자는 자동차보험계약에서 가장 중요한 요소인 점에서 그에 대한 부실고지를 이유로 보험자는 보험계약을 해지할 수 있다고 보아야 하고, 사례에서는 그 부실고지에 관한 A의 고의를 인정할 수 있다는 이유로, 상법 제651조에 따라 B는 보험계약을 해지하고 보험금 지급을 거절할 수 있는 것으로 보아야 한다는 비판이 있다.[1] (ㄹ) 사견은 다음과 같이 해석한다. 사례가 상법 제651조 소정의 고지의무 위반에 해당하는 경우에는, 보험자는 계약을 해지할 수 있고, 이 경우에는 보험사고가 발생한 후에도 보험자는 보험금액을 지급할 책임이 없고 이미 지급한 보

없다」(대판 2000. 1. 18, 98다18506).

1) 양승규, "보험자의 약관 설명의무 위반과 보험계약자의 고지의무 위반의 효과", 저스티스 제29권 제2호, 147면.

험금액의 반환을 청구할 수 있다(상법 655조). 그런데 동조는 보험자의 항변 내지 해지권의 행사로서 보험자 측의 권리행사를 전제로 하는 것이므로, 보험자가 동조에 근거하여 보험계약을 해지하지 않는 이상, 법원이 직권으로 동조를 적용하여 보험계약을 해지하도록 할 수는 없다. 문제는 약관의 조항이 사실상 상법 제651조의 규정과 같은 것이라고 한다면, 그것은 설명의무의 대상이 되지 않을 뿐 아니라, 보험자가 그 약관조항에 근거하여 해지를 하고 보험금 지급책임이 없다고 주장한 것은 상법 제651조 소정의 권리를 행사한 것과 다를 바 없으므로, 결국 보험자인 B의 주장이 인용될 가능성이 많다고 본다. 판례가 이 점에 대해 판단하지 않은 것은 문제가 있다고 본다. (ㅁ) 본 사안에서 보험자가 상법 제651조에 따라 보험계약을 해지하였다면, 비록 동조와 같은 내용이 약관에 있더라도 그것은 설명의무의 대상이 아니므로, 이는 인용될 것이다. 하급법원 판결도 같은 입장이다(부산지법 2007. 3. 23. 2006가단11372 판결).

(2) (ㄱ) 사례는 판례의 사안인데(대판(전원합의체) 1991. 12. 24, 90다카23899), 그 쟁점은 두 가지이다. 하나는 무면허 운전 면책조항이 불공정조항에 해당하는지이고, 둘은 그것이 긍정될 경우에 그 조항 전부가 무효가 되느냐 아니면 그 조항은 존속시키되 이를 한정적으로 해석할 것인가이다. 이 점에 대해 대법원은 다음과 같이 판결하였다. ① 보험약관이 보험사업자에 의해 일방적으로 작성되고 보험계약자로서는 그 구체적 내용을 검토할 기회 없이 보험계약이 체결되는 과정에 비추어 볼 때, 자동차 보유자의 지배 · 관리가 전혀 미치지 못하는 무단운전자의 운전면허 소지 여부에 대해서까지 그 책임을 고객에게 이전시키는 것은 보험계약자의 정당한 이익과 합리적인 기대에 어긋나는 것으로서, 약관규제법 제6조 1항 · 2항 및 제7조 2호 · 3호 소정의 불공정조항에 해당하여 무효가 된다. ② 다만 본 약관에서 정한 무면허 운전 면책조항이 불공정조항으로서 일률적으로 무효가 되는 것은 아니다. 즉, 보험계약자의 지배 · 관리가 미치지 않는 경우에만 그 적용을 배제하고 그 밖의 경우에는 그 적용을 긍정하면서, 이와 같이 수정된 범위 내에서 유효한 조항으로 유지된다고 판단하였다. 사례에서는 A가 甲에 대해 자동차의 운전에 관해 통제할 수 있는 위치에 있지 않으므로, B보험회사가 약관상의 무면허 운전 면책조항을 근거로 면책을 주장하는 것은 허용될 수 없다고 보았다. (ㄴ) 참고로 보험계약자의 위 '지배 · 관리'의 의미에 관해 그 후의 판례는 보다 엄격히 해석하고 있다. 즉, 무면허인 미성년 아들이 아버지가 낚시를 간 동안 바지 주머니에 넣어 둔 열쇠를 꺼내어 운전하다가 사고를 일으킨 사안에서, 「무면허 운전 면책약관은 무면허 운전이 보험계약자나 피보험자의 지배 또는 관리가 가능한 상황에서 이루어진 경우에 한하여 적용되고, 이 의미는 보험계약자 또는 피보험자의 명시적 또는 묵시적 승인하에 이루어진 경우를 말하는데, 이 경우에 있어서 묵시적 승인은 명시적 승인의 경우와 동일하게 면책약관의 적용으로 이어진다는 점에서, 무면허 운전에 대한 승인 의도가 명시적으로 표현되는 경우와 동일시할 수 있는 정도로 그 승인 의도를 추단할 만한 사정이 있는 경우에 한정되는데, 위 경우에는 父가 아들의 무면허 운전에 대해 묵시적 승인을 하였다고 보기는 어렵다」고 판결하였다(대판 1998. 7. 10, 98다1072).

사례 p. 371

제4항 계약체결상의 과실

사례 (1) A와 서울시 간에 소방도로 확장공사 계약을 체결하였다. A는 공사비 7백만원을 들여 공사를 완료하였는데, 서울시가 그 공사의 대가로 사용권을 주기로 했던 임야가 서울시의 소유가 아닌 국가의 소유로 밝혀져 서울시는 A에게 위 임야의 사용권을 주지 못하게 되었다. 이 경우 A

와 서울시 간의 법률관계는?

(2) A대학은 그 대학장의 명의로 경력직 사무직원의 공채 공고를 내고, 공개시험을 통해 B를 포함한 9명의 응시자를 최종 합격자로 결정하고 그들에게 합격 통지를 하면서, 1989. 5. 10.자로 발령하겠으니 구비서류를 제출하라는 통지를 하였고, B는 그 서류를 제출하였다. 그런데 A는 위 9명 중 일부만 발령을 내고 B는 발령을 내지 않았다. 이에 B가 A에게 문의를 하자, A는 곧 발령을 내겠다고 하는 등 여러 번 발령을 미루어 오다가, 1990. 5. 28. 학교 재정상 B를 직원으로 채용할 수 없다고 최종 통지를 하였다. 이 경우 A와 B 사이의 법률관계는? 해설 p. 388

제535조〔계약체결상의 과실〕 ① 목적이 불능한 계약을 체결할 때에 그 불능을 알았거나 알 수 있었던 자는 상대방이 그 계약이 유효하다고 믿음으로써 입은 손해를 배상하여야 한다. 그러나 그 배상액은 계약이 유효할 경우에 생길 이익액을 넘지 못한다. ② 전항의 규정은 상대방이 그 불능을 알았거나 알 수 있었을 경우에는 적용하지 아니한다.

Ⅰ. 서 설

민법 제535조는 급부의 목적이 원시적 불능이어서 계약이 무효로 되는 경우에 이를 모르고 계약을 체결한 상대방이 입은 손해에 대해 일방 당사자에게 배상책임을 인정하는데, 이를 '계약체결상의 과실'이라고 한다. 그런데 학설은 본조가 정하는 것 외에도, 이를테면 계약 체결의 준비단계에서 상대방에게 손해를 준 경우에도 계약체결상 과실을 인정하려는 경향을 보이고, 이것이 오히려 계약체결상 과실론의 주류를 이루고 있다. 특히 후자의 경우는 기본적으로 독일에서 형성된 계약체결상 과실론의 영향을 받은 것으로서 학설 간에 또 판례와도 견해의 차이가 심한 부분이다. 이하에서는 계약체결상 과실을 민법 제535조에서 정하는 내용과 그 밖에 학설에서 논의되는 계약체결상 과실론으로 나누어 설명한다.

Ⅱ. 민법 제535조에서 정하는 「계약체결상 과실」

1. 계약체결상 과실의 의의와 성질

a) 의 의　본조는, 목적이 원시적으로 불능인 계약을 체결한 경우에 그 계약이 유효하다고 믿은 상대방이 입은 신뢰이익의 손해에 대한 배상을 규정한다. 본조에서 다음 세 가지 점을 도출할 수 있다. 1) 계약책임도 불법행위책임도 아닌 계약체결상 과실책임을 따로 정하고 있고, 2) 계약의 목적이 원시적으로 불능인 경우에 그 계약이 무효가 된다는 점을 간접적으로 정하고 있으며, 3) 손해의 분류로서 이행이익의 손해와 신뢰이익의 손해를 구별하고, 후자를 배상의 기준으로 삼으면서 전자를 넘을 수 없는 것으로 정하고 있는 점이다.

b) 법적 성질　(ㄱ) 제535조에서 정하는 계약체결상 과실책임은 계약의 목적이 원시적 불능이어서 무효가 되는 것을 요건으로 하는 것이므로, 이 책임이 유효한 계약을 전제로 하는 계약책임에 속한다고 보기는 어렵다. 한편 계약의 체결과정에서 문제가 된 점에서 또 제750조

와는 별개로 제535조에서 그 책임을 정하고 있는 점에서 이를 불법행위책임에 포함시키는 것도 옳지 않다. (ㄴ) 통설은 그 성질을 '계약 유사의 책임'으로 파악한다. 입법의사도 같은 취지이다. 통설은 이를 통해 '입증책임 · 이행보조자의 책임 · 손해배상청구권의 소멸시효기간' 등에 대해 계약책임에 관한 규정을 유추적용할 수 있는 것으로 해석한다. 그러나 이러한 통설에는 의문이며, 계약체결상 과실책임은 (계약책임도 불법행위책임도 아닌) 민법 제535조에 의해 인정되는, 법률의 규정에 의한 별개의 책임으로 파악하여야 할 것으로 본다.

2. 계약체결상 과실의 요건과 효과

a) 요 건　제535조가 적용되려면 다음의 세 가지 요건을 갖추어야 한다. (ㄱ) 목적이 원시적 · 객관적으로 불능이어야 한다(535조 1항). 즉 ① 계약 성립 전에 또 누구에게나 급부의 이행이 불능이어야 한다(예: 이미 소실된 건물에 대해 매매계약을 맺는 것, 국가가 타인 소유의 농지를 제3자에게 팔기로 매매계약을 맺거나, 의약품회사가 농지를 매수하기로 계약을 맺는 것은 그 급부의 목적이 원시적 불능이어서 무효이다(대판 1972. 5. 9, 72다384; 대판 1994. 10. 25, 94다18232)). 후발적 불능이거나 원시적 불능이더라도 그것이 채무자에게만 불능인 주관적 불능의 경우에는 본조는 적용되지 않는다. 원시적 · 주관적 불능에 속하는 '타인의 권리의 매매'는 제569조에 의해 유효하고, 매도인이 그 권리를 취득하여 이전할 수 없는 때에는 제570조 소정의 담보책임이 발생한다. ② 그 불능으로 인해 계약 전부가 무효로 되는 것을 전제로 한다. 매매(기타 유상계약)에서 일부 불능(물건의 일부 멸실 또는 물건에 흠이 있는 것)이 있는 경우에는 제574조와 제580조에 의한 담보책임이 생길 뿐이다. (ㄴ) 일방 당사자에게 그 불능의 사실에 관해 인식(예견)가능성이 있어야 한다(535조 1항). 일방 당사자가 배상책임을 지는 근거는, 계약은 무효이므로 급부의무를 전제로 하여 이를 위반한 데 따른 책임(귀책사유)을 묻는 것이 아니라, 그가 계약 체결 당시에 불능의 사실을 알았거나 알 수 있었음에도 이를 상대방에게 알리지 않은 것을 문제삼는 것이다. (ㄷ) 상대방은 목적의 불능으로 인해 손해를 입어야 하고(535조 1항), 그 불능의 사실에 대해 선의 · 무과실이어야 한다(535조 2항).

b) 효 과　(ㄱ) 일방 당사자는 상대방이 그 계약이 유효하다고 믿음으로써 입은 손해(신뢰이익)를 배상하여야 하는데(535조 1항 본문), 다만 그 배상액은 계약이 유효할 경우에 생길 이익액(이행이익)을 넘지 못한다(535조 1항 단서). (ㄴ) 채권 · 채무관계가 성립하면, 채권자는 채무자가 채무의 내용에 좇은 이행을 할 것을 기대하고 그에 따른 (채무의 이행을 전제로 하는) 이익을 가지게 된다. 따라서 채무의 불이행이 있는 때에는 채무가 제대로 이행되었다면 있었을 상태로 실현시켜 주는 것이 마땅하다. 즉 채무불이행으로 인한 손해의 배상은 '이행이익'의 전보塡補를 지향하게 된다. 이에 대해 계약이 무효인 경우에는 채권 · 채무가 성립할 수 없고 따라서 채무의 이행이라는 개념이 있을 수가 없기 때문에, 그로 인해 당사자 일방이 손해를 입어 배상을 한다고 하더라도 채무의 이행을 전제로 하는 이익(이행이익)을 지향할 수는 없다. 제535조는 이를 「계약이 유효하다고 믿음으로써 입은 손해」라고 하고, 학설은 이행이익과 구별하여 '신뢰이익'이라고 하는데, 이것은 계약이 무효였다면 있었을 이익을 지향한다(예: 계약이 무효였다면 지출할 필요가 없었던 계약비용, 물건의 조사비용, 금전의 차용에 따른 이자 등). 그러므로 신뢰이익에 이행이

익까지 포함될 수는 없다. 다만 신뢰이익이 이행이익보다 많은 때에는, 오히려 계약이 유효한 것으로서 이행되는 경우보다 더 유리해지는 부당한 결과를 초래할 수 있는 점에서, 신뢰이익은 이행이익을 넘을 수 없는 것으로 제한한 것이다.

Ⅲ. 그 밖의 계약체결상 과실론

1. 학 설

학설은, (독일의 계약체결상 과실론과 같이) 민법 제535조의 법리를 유추적용하여 그 밖에 일정한 경우에도 계약체결상 과실책임을 확대인정하려는 통설적 견해와, 이를 부정하는 견해로 크게 나뉜다. 확대인정설은 그 책임을 계약 유사의 책임으로 보아 계약책임에 관한 규정을 유추적용하려는 데 반해(손해배상에서, 아래 (ㄱ)의 경우는 이행이익을, (ㄴ)의 경우는 (제535조를 유추적용하여) 신뢰이익을 배상하여야 하는 것으로 주장한다), 부정설은 그러한 경우는 제750조(불법행위)에 의해 해결할 수 있고 또 그것이 우리 민법의 책임체계에 맞는 것이라고 한다.

a) **확대인정설** 이 설을 취하는 통설적 견해도 그 인정범위에 관해서는 차이를 보이지만, 이를 종합해 보면 다음과 같다. (ㄱ) 계약 체결의 준비단계: 계약 체결의 준비단계에서 계약 외적 법익, 즉 상대방의 생명 · 신체 · 재산에 침해를 준 경우이다. 예컨대 상점에서 융단을 사려고 흥정하는 과정에서 옆에 세워 놓았던 다른 융단이 쓰러져서 고객이 다친 경우, 매도인의 차고 내에 있는 자동차를 보러 가다가 매수인이 통로 위의 얼음에 미끄러져 다친 경우, A가 B에게 건물을 매도하겠다고 하여 B가 그 건물을 언제 보러 가겠다고 하였으나 B가 오겠다던 며칠 전에 A가 그 건물을 C에게 매도하고 약속한 날에 B를 기다리지 않은 경우들이 이에 속한다. (ㄴ) 계약의 무효 · 취소 · 불성립: 의사무능력 또는 강행법규 위반을 이유로 법률행위가 무효로 된 때, 착오를 이유로 법률행위가 취소된 때, 요식행위에서 방식 위반의 경우 등이 이에 속한다. 그 밖에 (숨은) 불합의로 계약이 성립하지 않는 경우도 포함한다.

b) **부정설** 부정설은, 계약이 성립되지 않은 상태에서의 책임은 불법행위책임으로 다루어야 하고(제750조의 요건을 갖춘 것을 전제로), 통설이 드는 위 경우에 관해 따로 계약체결상 과실책임을 인정할 필요는 없다고 보는 견해이다. 특히 비교법적인 관점에서 보더라도 불법행위책임에 관한 우리 민법 제750조는 독일 민법과는 달리 유연성 있는 조문이기 때문에, 독일 민법상 불법행위 규정의 불완전성을 극복하기 위해 형성된 계약체결상 과실의 법리를 독일에서와 같이 다룰 필요는 없다고 한다.[1] 사견은 부정설이 타당하다고 본다.

2. 판 례

판례는 통설적 견해와는 달리 계약체결상 과실책임을 민법 제535조에서 정하는 것 말고는 이를 확대인정한 예가 없다. 다음의 두 경우는 통설에서는 계약체결상 과실의 유형에 들어가

1) 양창수, 민법연구 제1권, 386면 이하; 최흥섭, "계약이전단계에서의 책임과 민법 제535조의 의미", 「배경숙교수 화갑기념논문집」, 585면 이하.

는 것인데, 판례는 이를 불법행위(750조)로 해결하고 있다.

a) **계약 성립의 좌절** 앞의 '사례 (2)'가 바로 이에 관한 것이다(대판 1993. 9. 10, 92다42897). 계약 교섭의 부당한 중도파기에 대해서도 대법원은 불법행위로 해결한다. 즉, 「어느 일방이 교섭단계에서 계약이 확실하게 체결되리라는 정당한 기대 내지 신뢰를 부여하여 상대방이 그 신뢰에 따라 행동하였음에도 상당한 이유 없이 계약의 체결을 거부하여 손해를 입혔다면, 이는 신의성실의 원칙에 비추어 볼 때 계약자유의 원칙의 한계를 넘는 위법한 행위로서 불법행위를 구성한다」고 한다(대판 2001. 6. 15, 99다40418; 대판 2003. 4. 11, 2001다53059).

b) **계약의 무효 · 불성립** (ㄱ) (구)증권거래법에 의하면, 증권회사의 임직원이 고객에 대해 그 거래에서 발생하는 손실의 전부나 일부를 부담하는 것을 약속하고 매매거래를 권유하는 것을 금지하고 있으며, 이것은 강행법규로 되어 있다. 그런데 A가 甲증권회사의 영업부장과 그러한 약정을 맺었는데 후에 A가 손실을 입어 손해배상을 청구한 사안에서, 판례는 이를 계약체결상 과실책임이 아닌 불법행위책임으로 해결하였다(대판 1994. 1. 11, 93다26205). 다만 이 판결에서는 원고(A)가 경험이 있는 투자가라는 점에서 피고의 권유행위에 위법성이 없는 것으로 보아 불법행위의 성립을 배척하였다. (ㄴ) 계약이 의사의 불합치로 성립하지 않는 경우, 그로 인해 손해를 입은 당사자가 상대방에게 부당이득 반환청구 또는 불법행위로 인한 손해배상청구를 할 수 있는지는 별론으로 하고, 상대방이 계약이 성립되지 않을 수 있다는 것을 알았거나 알 수 있었음을 이유로 민법 제535조를 유추적용하여 계약체결상의 과실을 이유로 손해배상을 청구할 수는 없다고 보았다(대판 2017. 11. 14, 2015다10929).

사례의 해설 (1) A와 서울시 간의 소방도로 확장공사 계약의 성질은 도급에 속한다(664조). 즉 A는 일을 완성(공사)하여야 하고 서울시는 그에 대한 보수로서 임야의 사용권을 주기로 한 것이기 때문이다. 그런데 위 임야는 서울시 소유가 아니고 국가의 소유로 밝혀졌다. 그렇다면 서울시가 부담하는 위 급부가 원시적 · 객관적 불능에 속하는가, 그래서 위 계약은 무효이고 다만 제535조에 의한 신뢰이익의 배상책임이 생기는지 우선 문제될 수 있다. 제535조가 적용되기 위해서는 급부가 계약 당시부터 객관적으로 불능인 경우이어야 한다. 급부의 목적물이 존재하지 않거나 멸실된 경우가 이에 해당함은 물론이지만, 급부의 목적물이 존재하는 경우에도 당사자가 이를 이행하는 것이 경험법칙상 불가능한 때에도 이에 해당될 수 있다. 그런데 민법은 타인의 권리의 매매를 유효한 것으로 보고 이를 객관적 불능으로 다루지 않는다(569조). 판례도 국유인 하천부지를 그 점유자가 타인에게 매도한 사안에서 이를 유효로 보고 원시적 불능에 속하는 것이 아니라고 보았다(대판 1963. 10. 31, 63다606). 이 점에서 위 임야가 국가의 소유라는 사실만으로 위 계약이 곧 원시적 불능에 속하는 것이라고 단정하기는 어렵다. 따라서 일단 제535조에 의한 신뢰이익의 배상 문제는 생길 여지가 없겠다. 사안은 결국 후발적 이행불능에 속하는 것으로 보아야 하고, 그렇다면 그 이행, 즉 위 임야의 사용권 부여에 대신하는 전보배상을 구하여야 한다. 그러기 위해서는 이행불능이 된 시기를 확정하고, 그 시점을 기준으로 하여 위 임야 사용의 시가를 산정하여야 할 것이고 공사비가 바로 이에 해당한다고 볼 수는 없다(대판 1975. 2. 10, 74다584). 그 밖에 유상계약으로서의 담보책임도 문제될 수 있고, 제567조와 제570조가 적용될 수 있다.

(2) 사례는 '계약 성립이 좌절'된 경우인데, 판례는 통설적 견해와는 달리 계약체결상 과실책임

으로 구성하지 않고 제750조의 불법행위에 문의하면서, A의 계약을 체결하지 않을 자유와 B의 신뢰보호가 맞물려 있는 상황에서 후자에 더 비중을 두어 불법행위의 성립을 긍정하였다. 그 판결요지는 다음과 같다. 「B는 A가 자신을 직원으로 채용할 수 없다고 통지할 때까지 A의 임용만 기다리면서 다른 일에 종사하지 못하였는바, 이러한 결과가 발생한 원인은 A가 여러 사정을 참작하여 채용할 직원의 수를 헤아리고 그에 따라 적정한 수의 합격자 발표와 직원 채용 통지를 하여야 함에도 이를 게을리한 데 있는 것이므로, A는 불법행위자로서 B가 최종 합격자 통지와 계속된 발령 약속을 신뢰하여 A의 직원으로 채용되기를 기대하면서 다른 취직의 기회를 포기함으로써 입은 손해를 배상할 책임이 있다」(대판 1993. 9. 10, 92다42897). 사례 p. 384

제3관 계약의 효력

제1항 서 설

I. 계약의 효력요건

(1) (청약에 대한 승낙 · 교차청약 · 의사실현에 의해) '계약이 성립'한 경우, 그 계약의 내용에 따른 채권과 채무의 발생을 인정하고 그 효과를 부여하는 것이 '계약의 효력'이다. 그런데 계약도 법률행위이므로, 그것이 효력이 있으려면 법률행위의 일반적 효력요건을 갖추어야 한다. 즉 ① 당사자가 행위능력이 있어야 하고, ② 계약의 목적이 확정성 · 가능성 · 적법성 · 사회적 타당성이 있어야 하며, ③ 의사표시에서 의사와 표시가 일치하고, 의사표시에 하자가 없어야 한다. 그렇지 않으면 계약은 무효가 되거나 취소에 의해 무효가 되어 그 효력을 잃기 때문이다.

(2) 계약은 성립과 동시에 효력이 생기는 것이 보통이지만, 그 계약에 정지조건이나 시기가 붙어 있는 경우에는 조건이 성취되거나 시기가 도래한 때에 계약의 효력이 생기는 것이어서, 계약의 성립시기와 효력 발생시기가 달라질 수 있다. 채권과 채무가 발생하는 것은 계약의 효력이 생긴 때이다.

II. 계약의 일반적 효력

1. 성립된 계약을 기초로 당사자 간에 채권과 채무가 생기는 것, 즉 '구속력'을 인정하는 것이 계약의 주된 효력이다. 그리고 이것은 계약의 당사자 간에만 생기는 것이 원칙이고, 이를 「계약의 상대적 효력」이라고 한다(가령 운송 중 승객이 부상을 입은 경우, 운송계약의 당사자가 아닌 그의 부모가 운송계약상의 채무불이행을 이유로 손해배상을 청구할 수는 없다).

계약의 상대효의 구체적 의미는 다음과 같다. ① 이미 계약을 맺고 나서도 채무자는 제3자와 동일한 내용의 계약을 이중으로 맺을 수 있고, 양 계약은 서로 영향을 주지 않는다. ② 계약은 당사자 간에만 효력이 있고 제3자에게 주장(대항)할 수 있는 것이 아니므로, 그 존재와 내용을 제3자에게 알릴 필요가 없어 원칙적으로 '공시'를 요하지 않는다(지원림, 51면).

2. 계약의 상대효에는 민법상 다음의 예외가 있다. ① 채권을 제3자에게도 주장(대항)할 수 있는 경우가 있는데, 이때에는 그 채권에 대해 공시방법을 갖추어야 한다(예: 제621조에 의한 부동산임대차 등기 등). ② 임차인이 임대인의 동의를 얻어 임차물을 전대한 때에는 전차인은 직접 임대인에 대해 의무를 부담한다(630조). ③ 계약을 맺으면서 계약상의 채권을 계약 당사자가 아닌 제3자가 취득하는 것으로 정할 수 있는데, '제3자를 위한 계약'이 그것이다(539조).

제2항 쌍무계약의 효력

Ⅰ. 쌍무계약의 특질 (견련성牽連性)

쌍무계약(예: 매매 · 교환 · 임대차 · 고용 · 도급 · 여행계약 · 조합 · 화해, 유상인 소비대차 · 위임 · 임치 · 종신정기금)에서 당사자는 각자 채무를 부담한다. 그런데 한편 쌍무계약에서 각 당사자는 상대방으로부터 급부를 받기 위해 자신도 급부를 하는 것이어서, 양 채무는 서로 대가관계에 있다. 이를 '채무의 견련성'이라 하고, 쌍무계약의 특질을 이룬다. 여기서 각 당사자가 부담하는 채무를 서로 무관계한 별개의 채무로 파악하는 것은 쌍무계약의 특질을 도외시하는 것이 되어 문제가 있다. 그래서 민법은 쌍무계약에서 양 채무의 견련성에 기반을 두어 규정하는 태도를 취한다. 쌍무계약에서 채무의 견련성은 '성립 · 이행 · 존속'의 세 가지 면에서 나타나는데, 민법은 이 중 이행에 관해서는 '동시이행의 항변권'으로(536조), 존속에 관해서는 '위험부담'(537조~538조)으로 규정한다.

a) 성립상의 견련성　쌍무계약에 의해 발생할 일방의 채무가 원시적 불능이나 불법 등의 이유로 성립하지 않거나 무효 · 취소된 때에는, 그것과 대가관계에 있는 상대방의 채무도 성립하지 않는다. 예컨대 이미 멸실된 건물에 대해 매매계약을 체결한 경우, 또는 매도인이 착오를 이유로 매매계약을 취소한 경우, 매도인의 소유권이전채무가 무효로 되어 성립하지 않는 것에 대응하여 상대방의 대금채무도 성립하지 않게 된다. 민법은 이 점을 따로 정하고 있지는 않지만, 쌍무계약의 특질상 당연한 것이다(한편 쌍무계약의 관점에 의하지 않더라도, 계약이 무효가 되면 계약 당사자에게 계약에 따른 채권과 채무가 생기지 않는 점에서, 즉 무효의 관점에서 보더라도 마찬가지이다).

b) 이행상의 견련성　쌍무계약에서 각 채무는 상호 대가관계에 있는 점에서, 자기의 채무를 먼저 이행하거나 또는 상대방의 채무가 먼저 이행될 것이 아니고, 원칙적으로 상환으로 이행하는 것이 공평하다. 민법은 이를 실현하기 위해, 상대방이 당사자 일방에게 채무의 이행을 청구하는 경우에 당사자 일방은 상대방이 채무이행을 제공할 때까지 자기의 채무이행을 거절할 수 있는 항변권을 인정하는데, 이것이 「동시이행의 항변권」이다(536조). 유의할 것은, 이 항변권은 쌍무계약에서 생기는 채무가 서로 이행기가 도래한 것을 요건으로 하는데, 쌍무계약에

서 생기는 채무라고 해서 그 변제기가 언제나 같은 것은 아니고, 이 경우에는 동시이행의 항변권은 인정되지 않는다(예: 도급에서 수급인은 일을 완성한 후 보수를 청구할 수 있다(664조). 즉 수급인이 일을 완성할 의무와 도급인이 보수를 지급할 의무가 동시이행의 관계에 있는 것은 아니다. 목적물의 인도와 보수의 지급이 동시이행의 관계에 있다(665조 1항)).

c) 존속상의 견련성 (ㄱ) 쌍무계약에서 당사자 일방의 채무가 당사자 쌍방에게 책임이 없는 사유로 급부불능이 되어 소멸된 경우, 그것과 상호 대가관계에 있는 상대방의 채무도 같이 소멸된다. 그 결과 채무자는 목적물을 잃으면서도 상대방으로부터 대가를 받지 못하는 위험을 부담하게 되는데, 이것이 「위험부담」이고, 민법은 채무자가 (대가)위험을 부담하는 '채무자위험부담주의'를 채택하고 있다(537조). (ㄴ) 다만 예외적으로 채권자가 대가위험을 부담하는 경우가 있다. 즉, ① 쌍무계약의 당사자 일방의 채무가 채권자에게 책임이 있는 사유로 이행할 수 없게 된 때, ② 채권자의 수령지체 중에 당사자 쌍방에게 책임이 없는 사유로 이행할 수 없게 된 때에는, 채권자가 대가위험을 부담하여, 채무자는 채권자에게 반대급부의 이행을 청구할 수 있다(538조).

Ⅱ. 동시이행의 항변권

사례 1971. 3. 12. A는 B종중의 대표자 甲과 그 종중 소유의 토지에 대해 매매계약을 체결하면서, 당일 계약금으로 8백만원을 지급하고, 중도금 2천만원은 1971. 4. 5.에, 잔금 1천만원은 1971. 7. 12.에 지급하기로 하며, 위 계약을 A가 위반하였을 때에는 계약금을 포기하기로 약정하였다. 그런데 계약금 지급 후에 목적 토지의 지번이 등기부상의 지번과 일치하지 않은 사실을 알고 A는 중도금의 지급을 미루었다. 甲은 중도금의 지급을 촉구하다가, 계약 위반을 이유로 매매계약을 해제하고 계약금 8백만원을 위약금으로 처리하였다. B종중의 계약해제와 위약금 처리는 인용될 수 있는가?

해설 p. 398

제536조 [동시이행의 항변권] ① 쌍무계약의 당사자 일방은 상대방이 채무이행을 제공할 때까지 자기의 채무이행을 거절할 수 있다. 그러나 상대방의 채무가 변제기에 이르지 않은 경우에는 그러하지 아니하다. ② 당사자 일방이 상대방에게 먼저 이행하여야 할 경우에 상대방에게 이행하기 어려운 현저한 사유가 있는 때에는 전항 본문과 같다.

1. 동시이행의 항변권의 의의

(1) 쌍무계약에서 각 당사자의 채무는 서로 대가관계에 있으므로, 그 '이행'의 면에서 이를 관철하기 위해서는 상환으로 이행하는 것이 필요하고 또 그것이 공평에 맞다. 왜냐하면 어느 당사자가 먼저 이행을 하여야 한다면, 그는 동시이행의 항변권을 통해 가지는 자신의 채권의 만족을 확보할 수 없게 될 뿐 아니라, 상대방이 채무를 이행하지 않게 되면 그를 상대로 이행을 청구하고 소를 제기하여야 하며 또 그가 무자력인 때에는 변제를 받을 수 없게 되는데, 이

러한 결과는 성실하게 이행을 한 자가 오히려 손해를 보는 것이 되어 공평에 반하기 때문이다. 그래서 본조는, 상대방이 당사자 일방에게 채무의 이행을 청구한 때에는 당사자 일방은 상대방이 그 채무이행을 제공할 때까지 자기의 채무이행을 거절할 수 있는 항변권을 부여하여 이행상의 견련성을 실현하려고 하는데, 이것이 「동시이행同時履行의 항변권」이다.

(2) (ㄱ) 동시이행의 항변권은 상대방의 청구권을 영구적으로 소멸시키는 영구적 항변권이 아니라, 상대방이 그 채무이행을 제공할 때까지 당사자 일방이 자기의 채무이행을 거절할 수 있는 동안만 상대방의 청구의 효력을 저지하는 데 그치는 '연기적 항변권'의 성질을 가진다. 그리고 당사자 일방이 이 항변권을 행사할 때 비로소 효력이 생긴다. 당사자 일방이 이 항변권을 행사하지 않으면 상대방의 청구는 그대로 효력이 있다. (ㄴ) 다만 채무불이행과 상계의 영역에서는 이 항변권이 존재하는 것 자체로부터 즉 그 행사가 없더라도, '이행지체책임을 부담하지 않고' 또 '동시이행의 항변권이 있는 채권을 자동채권으로 하여 상계하지 못하는' 효과가 발생하기도 한다.

(3) 동시이행의 항변권은 쌍무계약에서 당사자 쌍방의 채무의 이행을 상환으로 하게 하는 것이 당사자의 의사에 맞고 또 공평에 부합한다는 점에서 마련된 제도이므로, 채무자가 이 항변권을 포기하는 것은 자유이며(가령 매도인이 대금을 모두 받지 못한 상태에서 먼저 매수인 앞으로 목적물에 관한 소유권이전등기를 마쳐 준 경우, 이는 매도인이 자신의 의사에 기해 동시이행의 항변권을 포기한 것에 해당한다), 본조가 강행규정은 아니다. 즉 당사자의 약정으로 동시이행의 항변권을 배제하는 것은 유효하다(대판 1968. 3. 21, 67다2444). 또 쌍무계약이 아니라 별개의 계약에 따라 당사자가 서로 채무를 부담하게 된 경우에도 당사자는 그 채무를 동시에 이행하기로 약정할 수 있다(대판 1990. 4. 13, 89다카23794).

✻ 비쌍무계약에서 동시이행의 항변권이 인정되는 경우(동시이행의 항변권의 확장)

동시이행의 항변권은 쌍무계약에 특유한 효력이지만, 그 취지는 상환으로 이행하는 것이 공평하다는 점에 있다. 그래서 쌍무계약에서 발생한 대가적 채무는 아니지만, 법률에서 이를 준용하는 것이 있고, 또 판례와 해석상 인정되는 것들이 있다.

a) 법률에서 준용하는 경우 　민법과 민사특별법에서 동시이행의 항변권에 관한 규정을 준용하고 있는 것이 있다. ① 전세권이 소멸된 경우에 전세권자의 목적물 인도 및 전세권설정등기 말소의무와 전세권설정자의 전세금 반환의무(317조), ② 계약해제로 인한 쌍방의 원상회복의무(549조), ③ 부담부 증여에서 쌍방의 의무(561조), ④ 매도인의 담보책임으로서 계약을 해제한 경우의 쌍방의 원상회복의무(583조), ⑤ 완성된 목적물에 하자가 있는 경우에 이를 보수할 수급인의 의무와 도급인의 보수 지급의무(667조), ⑥ 종신정기금계약의 해제에 의한 쌍방의 채무(728조), ⑦ 가등기담보에서 채권자의 청산금 지급의무와 채무자의 목적 부동산에 대한 본등기 및 인도의무(가등기담보법 4조 3항) 등이 있다.

b) 해석상 인정되는 경우 　판례와 통설이 동시이행의 항변권을 인정하는 것으로 다음의 것이 있다. 특히 판례는, 원래 쌍무계약에서 인정되는 동시이행의 항변권을 비쌍무계약에 확장함에 있어서는, 양 채무가 동일한 법률요건으로부터 생겨서 공평의 관점에서 보아 견련적으로 이

행시킴이 마땅한 경우라야 한다고 한다(대판 2000. 10. 27, 2000다36118). ① 계약이 무효이거나 취소된 경우에 당사자 상호간의 반환의무(대판 1996. 6. 14, 95다54693),[1] ② 변제와 영수증의 교부(474조 참조), ③ 원인채무의 지급 확보를 위해 어음 · 수표가 교부된 경우에 그 어음 · 수표의 반환의무와 원인채무의 변제(519조 참조)(대판 1993. 11. 9, 93다11203, 11210),[2] ④ 임대차계약이 만료된 경우에 임차인이 임차물을 인도할 의무와 임대인이 보증금 중 연체 차임 등 당해 임대차에 관하여 인도시까지 생긴 모든 채무를 청산한 나머지를 반환할 의무(대판(전원합의체) 1977. 9. 28, 77다1241, 1242), ⑤ 토지임차인이 그 지상건물의 매수청구권을 행사한 경우에 임대인의 건물대금 지급의무와 임차인의 토지 인도의무, ⑥ 민법 제571조에 의한 해제의 경우에 매도인의 손해배상의무와 매수인의 목적물 및 그 사용이익의 반환의무(583조 참조)(대판 1993. 4. 9, 92다25946) 등이 있다.

2. 동시이행의 항변권의 성립요건

민법 제536조에 따른 동시이행의 항변권이 성립하기 위해서는, ① 쌍방의 채무가 동일한 쌍무계약에서 발생하여야 하고, ② 청구를 하는 상대방의 채무가 변제기에 있어야 하며, ③ 상대방이 그의 채무이행을 제공하지 않고서 청구를 하는 것, 세 가지가 필요하다. 양 채무의 이행장소가 동일할 필요는 없다. 동시 또는 상환으로 이행한다는 것이 반드시 같은 장소에서 이루어져야 한다는 의미는 아니기 때문이다(김증한 · 김학동, 67면; 김형배, 151면).

(1) 쌍방의 채무가 동일한 쌍무계약에서 발생할 것

동일한 쌍무계약에 의하여 당사자 쌍방이 서로 대가적인 채무를 부담하여야 한다. (ㄱ) 쌍방이 서로 채무를 부담하더라도, 그 채무가 다른 법률상의 원인에 의해 발생한 경우에는 동시이행의 항변권은 인정되지 않는다(대판 1989. 2. 14, 88다카10753). 가령 ① 임대차계약 해제에 따른 임차인의 목적물 인도의무와 임대인이 임차인에게 건물을 사용 · 수익케 할 의무를 불이행한 데 대하여 손해배상을 하기로 한 각서에 기해 발생한 약정 지연손해배상의무는, 하나의 임대차계약에서 이루어진 계약이행의 원상회복관계에 있지 않고 그 발생원인을 달리하고 있어, 양자 사이에 이행상의 견련관계는 없다(대판 1990. 12. 26, 90다카25383). ② 임차인의 임차목적물 반환의무는 임대차계약의 종료에 의하여 발생하지만, 임대인의 권리금 회수 방해로 인한 손해배상의무는 상가건물 임

---

1) 경매절차가 무효로 된 경우에도 같은 법리로서 소유권이전등기 말소의무와 배당금 반환의무는 동시이행의 관계에 있다(대판 1995. 9. 15, 94다55071).

2) (효력 부분에서 설명하듯이) 동시이행의 항변권이 있는 채무자는 자신의 채무를 이행하지 않더라도 이행지체 책임을 지지 않는다. 그런데 원인채무의 담보로 어음을 교부한 경우에 원인채무의 이행과 어음의 반환 사이에 동시이행의 관계가 인정된다고 하더라도, 이는 이중지급의 위험을 면하게 하려는 데에 그 목적이 있는 것이고, 양자 사이에 대가관계가 있어서 그러는 것이 아니므로, 채무자는 원인채무의 이행기가 도래하면 (그 변제의 제공이 없는 한) 이행지체 책임을 진다는 점을 유의해야 한다. 관련 판례를 소개한다. (ㄱ) 1) A는 B에게 5천만원 물품대금채권이 있는데, 그 담보로 B가 발행한 액면금 3천 5백만원 약속어음을 받았다. 위 물품대금의 이행기가 도래한 후 A는 B에게 위 5천만원과 지연배상을 청구하였다. 2) 원심은 3천 5백만원 범위에서는 동시이행의 관계가 있어 이행지체 책임을 지지 않는다는 이유로, 1천 5백만원에 대해서만 지연배상책임을 지는 것으로 보았다(서울고판 1998. 8. 14, 97나25189, 25196). 3) 이에 대해 대법원은 위와 같은 이유로 B는 물품대금채무의 이행기가 도래한 다음 날부터 5천만원에 대한 지연배상책임을 지는 것으로 판결하였다(대판 1999. 7. 9, 98다47542, 47559). (ㄴ) 같은 취지의 판례가 있다. 즉 상품권 발행인이 상품 제공의무를 이행하지 않아 그 소지인에게 손해배상책임을 지는 경우, 이중지급의 위험을 방지하기 위해 소지인의 상품권 반환의무와의 사이에 동시이행의 관계가 인정되더라도, 이는 양자가 대가관계가 있어서 그러는 것이 아니므로, 발행인은 소지인이 손해배상을 청구한 때부터 이행지체 책임을 진다(대판 2007. 9. 20, 2005다63337).

대차보호법에서 정한 권리금회수기회 보호의무 위반을 원인으로 하고 있으므로, 양 채무는 동일한 법률요건이 아닌 별개의 원인에 기해 발생한 것일 뿐 아니라 공평의 관점에서 보더라도 그 사이에 이행상 견련관계를 인정하기 어렵다(대판 2019. 7. 10, 2018다242727). ③ 금전채권의 채무자가 채권자에게 담보를 제공한 경우, 채권자는 채무자로부터 채무를 모두 변제받은 후 담보를 반환하면 될 뿐, 채무자의 변제의무와 채권자의 담보 반환의무가 동시이행 관계에 있지는 않다(대판 2019. 10. 31, 2019다247651). (ㄴ) 서로 이행의 상대방을 달리하는 경우에는 동시이행의 항변권은 인정되지 않는다. 가령, 근저당권 실행을 위한 경매가 무효로 되어 채권자(=근저당권자)가 채무자를 대위하여 낙찰자에 대한 소유권이전등기 말소청구권을 행사하는 경우, 낙찰자가 부담하는 소유권이전등기 말소의무는 채무자에 대한 것인 반면, 낙찰자의 배당금 반환청구권은 실제 배당금을 수령한 채권자에 대한 것이므로, 양자는 동시이행의 관계에 있지 않다(대판 2006. 9. 22, 2006다24049). (ㄷ) 쌍무계약에서 당사자는 주된 채무 외에 부수적 채무를 부담하는 수가 있다. 이 경우 동시이행의 관계에 서는 것은 주된 채무 상호간이다. 예컨대 부동산 매매에서, 매도인은 '권리 이전의무'를, 매수인은 '대금 지급의무'를 진다(568조 1항). 판례는, ① 매도인의 「소유권이전등기의무 및 인도의무」와 매수인의 「잔대금 지급의무」가 동시이행의 관계에 있는 것이 원칙이라고 한다(대판 1991. 9. 10, 91다6368).[1] ② 이 경우 매도인의 「소유권이전등기의무」는 제한이나 부담이 없는 완전한 소유권이전등기를 해 주는 것을 말한다. 따라서 매매목적 부동산에 지상권이 설정되어 있고 가압류등기가 되어 있는 경우에는, 비록 매매가액에 비해 적은 금원의 변제로써 언제든지 말소할 수 있는 것이라 할지라도 매도인은 그와 같은 등기를 말소하여야 한다(대판 1991. 9. 10, 91다6368. 동지: 대판 2000. 11. 28, 2000다8533). 말소되지 않은 근저당권등기가 남아 있는 부동산을 매매하는 경우에도, 매도인의 소유권이전등기의무에는 근저당권설정등기 말소의무가 포함된다(대판 1979. 11. 13, 79다1562). ③ 매수인이 매도인을 상대로 매매목적 부동산 중 일부에 대해서만 소유권이전등기의무의 이행을 구하고 있는 경우에도 매도인은 특별한 사정이 없는 한 그 매매잔대금 전부에 대하여 동시이행의 항변권을 행사할 수 있다(대판 2006. 2. 23, 2005다53187). ④ 구체적인 계약관계에서 각 당사자가 부담하는 채무에 관한 약정 내용에 따라 그것이 대가적 의미가 있어 이행상의 견련관계를 인정하여야 할 사정이 있는 경우, 가령 부동산 매매계약에 있어 매수인이 부가가치세를 부담하기로 약정한 경우, 부가가치세를 매매대금과 별도로 지급하기로 했다는 등의 특별한 사정이 없는 한, 부가가치세를 포함한 매매대금 전부와 부동산의 소유권이전등기의무가 동시이행의 관계에 있다(대판 2006. 2. 24, 2005다58656, 58663). (ㄹ) 쌍무계약을 체결한 당사자 간에 동시이행의 항변권이 인정되는데, 채권양도 · 채무인수 · 상속 등에 의해 당사자가 변경되더라도 채무의 동일성이 유지되는 점에서 이 항변권은 존속한다. (ㅁ) 한쪽의 채무가 급부불능으로 인해 소멸되면 동시이행의 항변권도 소멸된다. 그러나 채무자의 귀책사유로 인해 이행불능이 된 때에는 그 채무는 손해배상채무로 바뀌지만 그 동일성은 유지되므로 동시이행의 항변권도 존속한다(대판 2000. 2. 25, 97다30066).

---

1) 학설 중에는, 부동산 매도인의 소유권이전등기채무와 매수인의 잔대금 지급채무가 동시이행의 관계에 있는 것이고, 매도인의 부동산 인도의무는 특약이 없는 한 동시이행의 관계에 있지 않다고 보는 견해가 있다(곽윤직, 62면). 한편 판례 중에도 같은 취지의 것이 있지만(대판 1976. 4. 27, 76다297, 298), 이것이 판례의 주류를 이루는 것으로는 보이지 않는다.

(2) (청구를 하는) 상대방의 채무가 변제기에 있을 것

가) 원 칙

(청구를 하는) 「상대방의 채무가 변제기에 있지 않은 때」에는 당사자 일방은 자기의 채무이행을 거절할 수 없다(536조 1항 단서). (ㄱ) 상대방, 즉 청구하는 자의 채무가 변제기에 있지 않은 때에는 당사자 일방은 자기 채무의 이행과 동시에 상대방에게 이행할 것을 항변할 수 없음은 당연하다. 한편 자기 채무가 변제기에 있지 않은 때에는 상대방이 청구를 할 수도 없어 동시이행의 항변권은 성립할 여지가 없다. 결국 이 항변권은 당사자 쌍방의 채무가 모두 변제기에 있는 경우에 성립한다. (ㄴ) 한편, 쌍무계약에서 생기는 채무라고 해서 그 변제기가 언제나 같은 것은 아니고, 이 경우에는 동시이행의 항변권은 인정되지 않는다. 당사자 일방이 상대방보다 먼저 이행하여야 할 「선이행의무」를 지는 경우가 그러한데, 이것은 당사자의 약정에 의해 발생하기도 하고(예: 매매에서 매수인의 중도금 지급), 민법에서 급부의 성질상 '후급'으로 규정함에 따라 인정되기도 한다. 이자 있는 소비대차에서 이자의 지급(598조·600조), 임대차에서 차임의 지급(633조) · 도급에서 (일의 완성 후) 보수의 지급(다만 완성된 목적물의 인도와는 동시이행의 관계에 있다)(664조·665조) · 유상 위임에서 보수의 지급(686조) 등이 그러하다.

나) 예 외

선이행 의무자에게 동시이행의 항변권이 없다는 원칙에는 예외가 있다.

a) 상대방 채무의 변제기가 도래한 경우 선이행 의무자가 이행하지 않고 있는 동안에 상대방의 채무의 변제기가 도래한 경우이다. 동시이행의 항변권의 요건으로서 변제기의 도래는 이 항변권을 행사하는 때를 기준으로 하는 것이고, 처음부터 쌍방의 채무의 변제기가 같아야 하는 것은 아니다. 따라서 선이행 의무자에게 이행청구를 할 때에 상대방의 채무의 변제기도 도래해 있으면 이 항변권을 행사할 수 있다(통설 및 판례). 예컨대 매수인이 중도금 지급을 지체한 상태에서 잔대금 지급일이 도래한 경우, 매수인의 중도금과 이에 대한 잔금 지급일까지의 지연손해금 및 잔대금의 지급채무는 매도인의 소유권이전등기의무와 동시이행의 관계에 있으며, 매수인은 잔금지급일 이후부터는 중도금(및 잔금)을 지급하지 않은 데 따른 이행지체책임을 부담하지 않게 된다(대판 1989. 10. 27, 88다카33442; 대판 1991. 3. 27, 90다19930).[1] 또한, 매수인들이 선이행하여야 할 중도금 지급의무를 이행하지 않은 상태에서 입주예정일이 도래한 경우, 매수인의 중도금 지급의무와 매도인의 (입주를 가능하게 할) 의무는 그때부터는 동시이행의 관계에 있게 된다(대판 1998. 2. 10, 96다7793, 7809, 7816).

b) 불안의 항변권 (ㄱ) 1) 당사자 일방이 상대방에게 먼저 이행하여야 할 경우에도 '상대방에게 의무이행이 어려운 현저한 사유가 있는 때'에는, 선이행 의무자는 상대방이 그 채무이행을 제공할 때까지 자기의 채무이행을 거절할 수 있는 동시이행의 항변권을 가진다(536조 2항). 2)

1) 다만 특별한 사정이 있는 경우에는 그렇지 않다. 판례는, 「매도인이 매수인으로부터 중도금을 지급받아 원매도인에게 매매잔대금을 지급하지 않고서는 토지의 소유권이전등기서류를 갖추어 매수인에게 제공하기 어려운 특별한 사정이 있었고, 매수인도 그러한 사정을 알고 매매계약을 체결하였던 경우, 매도인의 소유권이전등기절차 서류의 제공의무는 매수인의 중도금 지급이 선행되었을 때에 매수인의 잔대금의 지급과 동시에 이를 이행하기로 약정한 것이라고 할 것이므로, 매수인의 중도금 지급의무는 당초 계약상의 잔금 지급기일을 도과하였다고 하여도 매도인의 소유권이전등기서류의 제공과 동시이행의 관계에 있지 않다」고 한다(대판 1997. 4. 11, 96다31109).

다음과 같은 경우에 불안의 항변권을 갖는다. ① 매매계약에서 중도금 지급은 매수인의 선이행의무에 해당하지만, 매매계약 후 목적물이 매도인의 소유로 등기가 되어 있지 않거나 타인의 소유인 것을 알게 된 경우(대판 1973. 10. 23, 73다292; 대판 1974. 6. 11, 73다1632), 아파트 분양계약을 맺은 후 건설회사의 재정이 악화된 경우(대판 2006. 10. 26, 2004다24106, 24113), 중도금의 지급을 거절할 수 있다. ② 계속적 거래관계에서 재화나 용역을 먼저 공급한 후 일정 기간마다 거래대금을 받기로 하였는데, 공급자는 선이행의 자기 채무를 이행하였으나 그에 상응하는 대금은 받지 못한 경우, 이행기가 지난 대금을 받을 때까지 선이행의무가 있는 다음 기간의 자기 채무의 이행을 거절할 수 있다(대판 1995. 2. 28, 93다53887). 이러한 취지는 공사도급계약에서 기성고 비율에 따라 공사대금을 받기로 약정한 경우에도 통용된다(도급인이 기성 공사금을 지급하지 않고 있는 경우, 수급인은 선이행의무인 계속공사의무의 이행을 거절할 수 있다)(대판 2005. 11. 25, 2003다60136; 대판 2012. 3. 29, 2011다93025). ③ 甲이 乙로부터 아파트를 매수하기로 하는 계약을 체결하였고, 위 계약 체결 무렵 위 아파트에 거주 중인 임차인 丙이 임대차기간 만료 후 계약갱신요구권을 행사하지 않고 아파트를 인도할 것이라고 하였는데, 잔금 지급일 직전 丙이 위 권리를 행사한 경우(이에 따라 乙이 아파트를 甲에게 인도하는 것이 곤란할 현저한 사정변경이 생겨), 甲은 선이행의무인 잔금의 지급을 거절할 수 있다」(대판 2023. 12. 7, 2023다269139). (ㄴ) 동 조항은 선이행 의무자가 동시이행의 항변권을 가지는 것으로 규정할 뿐이지만, 동 조항의 취지상 상대방이 그 불안의 사유를 제거한다면 그때부터 선이행의무는 부활한다고 할 것이다.[1] 중도금 지급의무를 지는 매수인이 불안의 항변권을 행사하자 매도인이 그 불안을 제거하였다면, 그것이 잔대금 지급일 전이라면, 그때부터 매수인은 중도금을 먼저 이행하여야 한다.

(3) (청구를 하는) 상대방이 채무이행을 제공하고 있지 않을 것

민법 제536조 1항은, 당사자 일방은 상대방이 '채무이행을 제공할 때까지' 자기의 채무이행을 거절할 수 있다고 규정한다. 따라서 상대방이 이미 이행을 하였거나, 이행의 제공이 계속되고 있는 때에는 동시이행의 항변권은 인정되지 않는다. 이와 관련하여 다음과 같은 점이 문제된다. (ㄱ) 일부이행 · 불완전이행: 상대방이 일부이행 또는 불완전이행의 상태에서 청구를 한 경우, 그 청구된 채무가 가분적 급부인 경우에 한해, 아직 이행하지 않은 부분 또는 불완전한 부분에 상응하는 채무의 이행만을 거절할 수 있다(통설). 예컨대, 임대차에서 임대인의 (사용 · 수익에 필요한 상태로의) 목적물의 제공과 임차인의 차임 지급은 대가관계에 있는데(618조), 수선의무 있는 임대인이 수선을 하지 않는 때에는(623조 참조) 임차인은 그에 상응하는 범위에서만 차임의 지급을 거절할 수 있다. 또 도급에서 수급인의 완성된 목적물의 인도와 도급인의 보수 지급은 동시이행의 관계에 있는데(665조 1항), 완성된 목적물에 하자가 있어 그 하자의 보수에 갈음하여 수급인이 손해배상채무를 지는 경우, 도급인은 그에 상응하는 범위에서만 보수의 지급을 거절할 수 있다(대판 1990. 5. 22, 90다카230). (ㄴ) 수령지체: 상대방이 이행의 제공을 하였음에도 당사자 일방이 수령하지 않아 수령지체가 된 경우, 그 후 상대방이 당사자 일방에게 채무의 이행을 청구하면 당사자 일방은 과거에 수령지체가 있었던 사실로써 동시이행의 항변권을 잃는가? 바

1) 김동훈, 계약법의 주요문제, 154면.

꾸어 말하면 동시이행의 항변권을 상실케 하는 이행의 제공은 한 번으로 족한 것이냐 아니면 청구의 시점을 기준으로 계속되어야 하는가이다. 수령지체가 있었던 당사자 일방도 동시이행의 항변권을 행사할 수 있다는 것이 통설이다. 수령지체를 이유로 그 항변권을 상실시켜 버리면, 그 후 상대방이 무자력이 된 경우에 당사자 일방은 반대급부를 받지 못하면서도 자신의 채무만을 이행하여야 하는 점에서 공평에 반하기 때문이다(대판 1966. 9. 20, 66다1174; 대판 1972. 11. 14, 72다1513, 1514). 그러므로 이행의 제공이 중지된 이후에는 동시이행의 항변권은 존속하는 것이어서 이행지체책임도 생기지 않는다(대판 1995. 3. 14, 94다26646). (ㄷ) 수령거절: 채권자가 미리 변제받기를 거절한 경우에도 채무자는 구두제공은 하여야 하므로(460조 단서), 이때에도 채권자는 동시이행의 항변권을 가진다고 할 것이다. 다만 변제수령거절의 의사가 확고해서 추후에도 번의가능성이 없는 때, 즉 구두제공조차 필요 없는 경우에는 위 항변권을 잃는 것으로 해석된다.

(4) 이상의 동시이행의 항변권의 요건을 갖춘 경우에도, 그 행사가 신의칙에 반하는 때에는 권리남용으로서 배척된다.[1] 가령 임차인이 금 326,000원이 소요되는 전기시설의 원상회복을 하지 않은 채 건물을 명도한 경우, 임대인은 임차인이 원상회복을 하지 않았음을 이유로 금 125,226,670원의 임대차보증금 전액의 반환을 거부할 동시이행의 항변권을 행사할 수는 없다(대판 1999. 11. 12, 99다34697).

3. 동시이행의 항변권의 효력

(1) 이행거절의 항변권

동시이행의 항변권은 상대방의 채무이행이 있기까지 자기의 채무이행을 거절할 수 있는 권리로서, 즉 이행거절권능이 있는 데 주된 효력이 있다. 다만 항변권이기 때문에, 이를 주장하는 때에만 효력이 생긴다. 그 주장이 없는 경우에는 상대방의 청구는 그대로 효력을 발생하며(비록 채무의 이행을 제공하지 않더라도), 법원도 그 주장이 없는 한 이 항변권의 존재를 고려할 필요 없이 상대방의 청구를 인용하여야 한다(대판 1990. 11. 27, 90다카25222). 이 항변권을 행사하는 시기에 관해 특별한 제한은 없고, 상대방으로부터 청구를 받은 때에 행사하면 된다.

(2) 소송 및 강제집행상의 효력

a) 동시이행의 항변권은 상대방의 청구를 전적으로 부인하는 것이 아니라, 상대방이 이행을 제공할 때까지 자기의 채무이행을 거절할 수 있는 것에 지나지 않기 때문에, 원고가 제기한 이행청구소송에서 피고가 동시이행의 항변권을 주장하는 경우, 법원은 원고패소 판결을 할 것이 아니라 '피고는 원고의 이행과 상환으로 이행하라'고 판결(일부승소 판결)하여야 한다(통설).

b) 위 판결에 따라 강제집행을 하는 경우에, 원고가 하여야 하는 급부(채무이행의 제공)는 집행문 부여의 요건(민사집행법 30조 2항)인지 아니면 집행개시의 요건(민사집행법 41조 1항)인지가 문제된다. 전자로 보면 채권자 쪽의 반대급부의 이행 유무를 법원이 심사하게 되는 데 비해, 후자로 보면 집행관

1) 판례는 동시이행의 항변권을 주로 자기 채무의 이행만을 회피하기 위한 수단으로 행사하는 때에는 권리남용이 된다고 한다(대판 1992. 4. 28, 91다29972).

그 밖의 집행기관이 심사하게 된다. 판례는 후자로 본다(대결 1977. 11. 30, 77마371). 이 경우 상환이행판결에 따른 집행권원의 집행은 채권자가 반대의무의 이행 또는 이행의 제공을 하였다는 것을 증명하여야만 개시할 수 있다(민사집행법 41조 1항).

(3) 항변권 존재의 효력

동시이행의 항변권이 존재하는 것 자체로부터 다음과 같은 효과가 발생한다. 그 항변권이 있는 것으로 족하고, 그 행사를 하여야만 하는 것은 아니다(대판 2024. 2. 29, 2023다289720).

a) 이행지체의 불성립　(ㄱ) 동시이행의 항변권이 있는 채무자는 자신의 채무를 먼저 이행할 의무가 없기 때문에, 비록 이행기에 이행을 하지 않더라도 (채무불이행으로서) 이행지체가 되지 않는다(390조 참조). 따라서 이행지체를 전제로 한 손해배상책임과 계약의 해제 등이 발생하지 않는다.[1] (ㄴ) 당사자 쌍방이 모두 변제의 제공을 하지 않고서 이행기를 경과한 때에는, 그 이후 쌍방의 채무는 기한의 정함이 없는 채무로서 동시이행의 관계에 있게 되며, 당사자 중 일방이 자기의 채무이행을 제공하고 상대방에게 채무의 이행을 최고함으로써 비로소 상대방은 이행지체의 책임을 진다(387조 2항 참조)(대판 1980. 8. 26, 80다1037).

b) 상계의 금지　동시이행의 항변권이 있는 채권은 이를 자동채권으로 하여 상계하지 못한다(492조 1항 단서). 이를 허용하면 상대방은 일방적으로 동시이행의 항변권을 잃게 되기 때문이다. 예컨대, 매수인에게 대금채권을 갖는 매도인이 자신의 매수인에 대한 금전채무와 상계하기 위해서는 매도인이 자신의 (소유권이전 및 인도)채무에 대해 이행의 제공을 하여야 한다. 그러한 제공 없이 한 상계는 무효이다. 상계를 허용하게 되면 매수인의 소유권이전채권만이 남게 되고, 따라서 매도인이 그 채무를 제대로 이행하는 것이 보장되지 않기 때문이다(동시이행의 항변권이 있는 경우에는 매수인의 대금 지급채무의 이행과 연결지음으로써 매수인의 채권의 만족이 보장되는 데 비해). 그러나 매수인이 동시이행의 항변권을 포기하고, 즉 매도인에 대한 (동시이행의 항변권이 있는) 대금채무를 자신의 금전채권과 상계하는 것은 허용된다. 또 쌍방의 채권 간에 견련성이 있어 서로 동시이행의 항변권을 갖는 경우에도 상계할 수 있다. 예컨대 수급인의 담보책임에 기한 손해배상채무와 도급인의 보수 지급채무 간에는 서로 상계할 수 있다(667조 3항 참조)(대판 1993. 9. 28, 92다55794; 대판 1996. 7. 12, 96다7250).

사례의 해설　A의 중도금 지급은 선이행의무이다. 그러나 매매계약을 체결하고 나서 후에 발생한 사정, 즉 토지를 매각한다는 B종중의 결의서가 제시되지 않았고 또 목적물의 등기부상 시정도 이루어지지 않은 상황에서는, A는 이러한 불안한 상황이 제거될 때까지 자기의 선이행의무인 중도

1) 판례: 「임대차계약의 종료에 의하여 발생된 임차인의 임차목적물 반환의무와 임대인의 연체 차임을 공제한 나머지 보증금의 반환의무는 동시이행의 관계에 있는 것이므로, 임대차계약 종료 후에도 임차인이 동시이행의 항변권을 행사하여 임차건물을 계속 점유해 온 것이라면, 임대인이 임차인에게 위 보증금 반환의무를 이행하였다거나 그 현실적인 이행의 제공을 하여 임차인의 건물 명도의무가 지체에 빠지는 등의 사유로 동시이행의 항변권을 상실하게 되었다는 점에 관하여 임대인의 주장·입증이 없는 이상, 임차인의 위 건물에 대한 점유는 불법점유라고 할 수 없다」(대판 1990. 12. 21, 90다카24076). 따라서 이 경우 불법행위를 이유로 손해배상을 청구할 수는 없다. 그런데 동시이행의 항변권은 이행지체책임을 면하게 할 뿐 부당이득 반환의무까지 면하게 하는 것은 아니다. 즉 「임차인이 동시이행의 항변권에 기하여 임차목적물을 점유하고 사용·수익한 경우, 그로 인하여 실질적으로 얻은 이익이 있으면 부당이득으로서 반환하여야 한다」(대판 1998. 7. 10, 98다15545).

금 지급을 거절할 수 있다(536조 2항). 따라서 A의 중도금 미지급이 이행지체가 되지는 않으므로, 이를 전제로 한 B의 매매계약의 해제는 인정되지 않는다. 사례 p. 391

Ⅲ. 위험부담危險負擔

사례 (1) 1) B는 A와의 약정에 따라 X주택을 인도받고 소유권이전등기를 마쳤다. 그 후 B는 2014. 2. 1. H에게 X주택을 1억 5,000만원에 팔기로 계약을 체결하고, 계약금 1,500만원을 받았다. 또한 중도금 3,500만원은 2014. 3. 1.에, 잔금 중 5,000만원은 2014. 8. 1.에 X주택의 인도 및 그 소유권이전등기에 필요한 서류를 넘겨주면서 받기로 하였다. 그리고 나머지 5,000만원은 H가 그 지급에 갈음하여 X주택에 관한 근저당권의 피담보채무인 B의 I은행에 대한 대출금채무의 이행을 인수하기로 하였다. H는 위 약정에 따라 중도금 3,500만원은 지급하였으나, 대출 원리금은 전혀 지급하지 못하였다. 결국 I은행이 2014. 6. 1. 근저당권 실행을 위한 경매를 신청하였고, 그 경매절차에서 2014. 9. 1. J가 X주택을 8,000만원에 매수하여 매각대금을 납입하였다. 2) H는 2014. 10. 1. B를 상대로 계약금과 중도금의 반환을 구하는 소를 제기하였다. 이에 대하여 B는 계약금과 중도금의 반환을 거절하며 오히려 H에 대하여 1억원의 지급을 구하는 반소를 제기하였다. 이 소송 과정에서 H는 설사 자신에게 1억원의 지급의무가 있다고 하더라도 위 경매에서의 매각대금은 공제되어야 한다고 주장하였다. H와 B의 청구에 대한 결론을 그 논거와 함께 서술하시오. (10점)(2014년 제3차 변호사시험 모의시험)

(2) 1) ① 甲은 2005. 4. 1. 乙과 乙 소유의 X토지에 관하여 임대차기간은 2005. 4. 1.부터 2015. 3. 31.까지, 월 차임은 2백만원으로 정하여 건물 소유 목적의 임대차계약을 체결하고, 乙로부터 X토지를 인도받았다. 甲은 X토지 위에 Y건물 신축 후 2005. 10. 10. 자기 명의로 소유권보존등기를 마쳤다. ② 한편 乙에 대한 1억원의 대여금 채권자 A은행은 乙이 변제기(2013. 1. 31.) 후에도 이를 갚지 않자 X토지의 가압류를 신청하였고, 2013. 3. 20. 가압류 기입등기가 마쳐졌다. ③ 乙은 2014. 4. 1. 丙과 체결한 X토지 매매계약에서 X토지 전체 가액을 3억원으로 하고, 가압류에 의하여 보전되는 A은행의 채권액 1억원은 3억원에서 공제하고 이 금액을 丙이 늦어도 2014. 5. 1.까지 A은행에 지급하고, 나머지 2억원 중에서 丙은 乙에게 계약금 2천만원을 계약 당일, 중도금 8천만원을 2014. 5. 1. 각각 지급하고, 잔금 1억원을 2014. 9. 1. 소유권이전등기서류의 교부와 상환으로 지급하기로 하였다. ④ 丙은 계약금과 중도금을 각 지급기일에 乙에게 지급하였다. 乙은 2014. 5. 1. 丙으로부터 중도금 8천만원을 받으면서 2014. 5. 10.까지 A은행에 1억원을 지급할 것을 촉구하였다. 하지만 丙은 A은행에 1억원을 지급하지 못하였다. ⑤ A은행이 2014. 5. 20. 위 가압류를 본압류로 전이하여 신청한 강제경매절차에서 X토지를 매수한 丁은 2014. 8. 13. 매각대금을 납입하고, 2014. 8. 20. 丁의 소유권이전등기가 마쳐졌다. ⑥ 乙은 2014. 10. 1. 丙을 상대로 매매잔금 1억원 및 그에 대한 지연손해금 지급청구의 소를 제기하였다. 이 소송에서 丙은 소유권이전등기의무의 이행불능을 이유로 계약해제를 주장하였고, 이에 대해 乙은 A은행에 1억원을 지급하지 않음으로써 X토지의 소유권이전등기의무의 이행불능을 야기한 丙은 계약을 해제할 수 없고 乙에게 잔금 지급의무를 부담한다고 주장하였다. 2) 乙과 丙의 각 주장의 타당성을 검토하라. (30점)(2015년 제3차 변호사시험 모의시험)

(3) 1) 甲은 2017. 3. 1. 乙에게 자신의 소유인 X토지를 5억원에 매도하면서 계약 당일 5천만원

을 받았고, 같은 해 4. 1. 중도금 1억 5천만원, 같은 해 5. 1. 소유권이전등기에 필요한 서류의 교부 및 X토지의 인도와 상환으로 잔대금 3억원을 받기로 합의하였다. 나아가 잔금 3억원 중에서 1억 5천만원은 甲에게 지급하고 나머지 1억 5천만원은 X토지 위에 甲의 채권자 丙 명의로 설정된 근저당권에 의해 담보되는 차용금채무 1억 5천만원의 이행을 인수하기로 합의하였다. 2) 乙은 甲과의 약정에 따라 계약금과 중도금을 지급하였으나 이후 잔금과 차용금채무에 관하여는 甲의 독촉에도 불구하고 일체 이행하지 못하고 있었다. 이에 丙은 2017. 7. 1. X토지에 대한 근저당권의 실행을 위한 경매를 신청하였고, 그 절차에서 2018. 1. 5. X토지가 2억 8천만원에 매각되어 그 무렵 매각대금이 완납되었다. 그 매각대금 2억 8천만원 중에서 근저당권자인 丙에게 1억 5천만원이 배당된 후 나머지는 甲에게 지급되었다. 3) X토지의 소유권을 취득하지 못하게 된 乙이 2018. 2. 5. 甲을 상대로 계약금, 중도금의 반환을 구하는 소를 제기하자, 甲은 乙을 상대로 그 반환을 거절하면서 잔금 3억원의 지급을 구하는 반소를 제기하였다. 본소 및 반소 청구는 인용될 수 있는가? (경매비용이나 이자, 자연손해금은 고려하지 말 것) (20점)(2018년 제2차 변호사시험 모의시험)

해설 p. 407

1. 위험부담의 의의

(1) (ㄱ) '위험'이란 당사자 쌍방에게 책임이 없는 사유로 급부가 불능이 된 경우에 발생한 불이익을 말한다. 편무계약이든 쌍무계약이든, 채무자에게 귀책사유 없이 급부불능이 된 경우에는 채무자의 채무는 목적 달성의 불능으로 소멸되며, 상대방은 채무자에 대한 채권을 잃게 된다. 즉 이 경우 급부를 받지 못하게 되는 위험은 상대방이 지게 된다. 그런데 그 외에 쌍무계약에서는, 채무자가 그의 채무를 면하는 것에 대응하여 그 채무와 대가관계에 있는 상대방의 반대급부의무의 존속 여부가 따로 문제되는데, 쌍무계약에서 양 채무의 '존속상의 견련성'을 인정하여 상대방의 반대급부의무도 같이 소멸되는 것으로 보면, 채무자가 상대방으로부터 반대급부(대가)를 받지 못하게 되는 위험을 부담하게 된다. 이것이 쌍무계약에 특유한 「위험부담」의 문제이다. (ㄴ) 민법에서 정하는 위험부담은 '쌍무계약에서 당사자 일방의 채무가 당사자 쌍방에게 책임이 없는 사유로 후발적 불능이 된 경우'를 요건으로 한다(537조). 종류채무에서는 급부의 대상이 특정된 후에만 급부불능이 생길 수 있어, 특정 전에는 위험부담의 문제는 발생하지 않는다. (ㄷ) 무효인 쌍무계약에 기해 당사자 쌍방이 급부를 하였으면 서로 부당이득 반환채무를 부담하게 되는데, 서로 대립하는 이들 채무 사이에는, 유효인 쌍무계약에 기한 각 채무가 견련관계에 있는 것과 같이, '사실적 견련관계'를 인정하는 것이 타당하다고 보는 견해가 있다.[1)] 그러므로 이들 채무는 서로 동시이행의 관계에 있으며(536조)(제549조는 계약 해제의 경우 원상회복의무에 대해 동시이행의 항변권을 준용한다고 명문으로 규정하고 있다), 위험부담의 법리도 적용된다고 한다. 즉 일방의 (부당이득반환)채무가 당사자 쌍방에게 책임이 없는 사유로 이행할 수 없게 된 경우에는 상대방의 (부당이득반환)채무도 소멸된다고 한다(537조).

(2) 민법은 위험부담에서 (귀책사유 없이 이행할 수 없게 된) 채무자가 대가위험을 부담하여

---

1) 김용담, "쌍무계약을 청산하는 여러 가지 제도에 관하여－제도상의 비교를 중심으로－", 민사법의 제문제(박영사, 1984), 180면~209면; 지원림, 1328면; 양창수 · 김재형, 계약법(제3판), 808면.

상대방에게 반대급부를 청구하지 못하는 것으로 하는 '채무자 위험부담주의'를 원칙으로 하고 있다(537조). 다만, 예외적으로 상대방(채권자)이 대가위험을 부담하는 경우가 있다. 민법은 그러한 경우로 두 가지를 정하는데, 채무자의 급부불능이 채권자에게 책임이 있는 사유로 발생하거나, 채권자의 수령지체 중에 당사자 모두에게 책임이 없는 사유로 발생한 경우이다(538조).

(3) 위험부담에 관한 민법의 규정(537조·538조)은 임의규정이다. 따라서 당사자의 합의에 의해 다르게 약정하는 것은 유효하다(통설)(대판 1995. 3. 28, 94다44132). 한편 위험부담의 법리는 경매의 경우에도 유추 적용된다.[1)]

〈예〉 가령 'A가 그 소유 건물을 B에게 1억원에 팔기로 계약을 맺었다고 하자.' ① 계약 당시에 이미 그 건물이 멸실된 경우에는 계약은 무효가 되고, 다만 일정한 요건을 갖추는 것을 전제로 계약체결상 과실책임(535조)이 생길 수 있다. ② 계약 당시에 이미 그 건물의 일부가 멸실된 경우(원시적 일부불능)에는 매도인은 담보책임을 진다(574조). ③ A가 건물을 C에게 이중으로 매도하여 C 앞으로 소유권이전등기가 된 경우(A의 귀책사유로 급부불능이 된 것임)에는 A는 B에게 채무불이행에 따른 손해배상책임을 진다(390조). ④ 계약 이후 옆집 건물의 화재로 위 건물이 연소된 경우에는 B의 대금채무는 소멸된다(537조). ⑤ 계약 이후 B의 고의나 과실로 인해 위 건물이 멸실된 경우에는 A는 B에게 대금을 청구할 수 있다(538조). / 위 각 경우에서 위험부담이 적용되는 것은 ④와 ⑤이다.

2. 채무자 위험부담주의

> 第537조〔채무자 위험부담주의〕 쌍무계약의 당사자 일방의 채무가 당사자 쌍방에게 책임이 없는 사유로 이행할 수 없게 된 경우에는 채무자는 상대방의 이행을 청구하지 못한다.

(1) 요 건

쌍무계약에서 당사자 일방의 채무가 당사자 쌍방에게 책임이 없는 사유로 이행할 수 없게 된 것(급부불능)이어야 한다. (ㄱ) 쌍무계약에서 생긴 채무가 존재하여야 한다. 편무계약의 경우, 또 원시적 불능의 경우에는 위험부담은 생기지 않는다. (ㄴ) 당사자 쌍방에게 귀책사유 없이 후발적 불능이 되어야 한다. ① 귀책사유가 채무자에게는 없고 채권자에게는 있는 때에는 민법 제538조가 적용된다. ② 채무자의 이행불능이 채무자와 채권자, 쌍방에게 책임 있는 사유로 일어난 경우에는, 채무자의 책임 있는 사유로 인한 이행불능으로서 그가 채무불이행책임을 지되, 손해배상의 경우에는 채권자의 귀책사유를 그 책임의 유무 및 범위를 정하는 데 참작하여야 한다(과실상계(396조))(양창수·김재형, 계약법(제3판), 631면). (ㄷ) 당사자 일방의 채무가 이행되지 않은 상태여

1) 판례: 「임의경매절차가 진행되어 그 매각허가결정이 확정되었는데 그 매각대금 지급기일이 지정되기 전에 그 매각목적물에 대한 소유자 내지 채무자 또는 그 매수인의 책임으로 돌릴 수 없는 사유로 말미암아 그 매각목적물의 일부가 멸실되었고, 그 매수인이 나머지 부분이라도 매수할 의사가 있어서 경매법원에 대하여 그 매각대금의 감액신청을 하여 왔을 때에는, 경매법원으로서는 민법상의 쌍무계약에 있어서의 위험부담 내지 하자담보책임의 이론을 적용하여 그 감액결정을 허용하는 것이 상당하다」(대결 2004. 12. 24, 2003마1665. 동지: 대결 1973. 12. 12, 73마912; 대결 1979. 7. 24, 78마248).

야 한다. 당사자 모두의 채무가 이행이 된 상태에서는 위험부담은 생기지 않는다. 매수인이 대금을 모두 지급하였더라도 매도인의 채무가 남아있는 상태에서는 위험부담이 생길 수 있다.

(2) 효 과

a) 상대방의 채무의 소멸 (ㄱ) 채무자의 채무가 채무자에게 책임이 없는 사유로 불능이 되어 소멸되면서 이것과 대가관계에 있는 상대방의 (채무자에 대한) 채무도 소멸된다. 따라서 채무자는 상대방에게 그 이행을 청구하지 못한다(537조). 상대방이 이미 반대급부를 한 경우에는 그것은 법률상 원인 없는 급부가 되어 부당이득반환을 청구할 수 있다(741조)(대판 2009. 5. 28, 2008다98655, 98662).[1] 채무자의 급부불능을 알지 못하고 그 후에 반대급부를 한 때에도 같다. (ㄴ) 위험부담에 따라 소멸되는 것은 쌍무계약상의 대가관계에 있는 채무이다. 가령 임대차에서 쌍방에게 책임이 없는 사유로 목적물이 멸실된 경우, 임차인은 차임 지급의무를 면하고 이에 상응하여 임대인은 임차인이 목적물을 사용 수익할 수 있도록 해 줄 의무를 면할 뿐(618조), 임대인이 임차인으로부터 받은 보증금 반환의무까지 면하는 것은 아니다.

b) 일부불능의 경우 급부의 일부가 불능인 경우와 위험부담과의 관계에 대해서는 몇 가지 문제되는 것이 있다. (ㄱ) 매매계약이 성립한 후 매매목적물의 일부가 매도인에게 책임이 없는 사유로 멸실(후발적 일부 멸실)된 때에는 담보책임이 아닌 위험부담의 법리가 적용된다. 매매목적물의 일부 멸실의 경우에 담보책임이 인정되는데(574조), 그것은 계약 당시에 이미 일부가 멸실된 원시적 일부 하자를 요건으로 하는 것이다. (ㄴ) 후발적 일부불능은 그 불능에 귀책사유가 있는지 또 누구에게 있는지에 따라 다음 세 가지로 나뉜다. ① 당사자 쌍방에게 책임이 없는 경우이다. 이에 관하여는 위험부담의 법리가 적용된다. 통설은, 그 일부불능 부분에 비례하여 상대방의 채무도 소멸되지만, 그 일부불능으로 계약의 목적을 달성할 수 없는 때에는 전부불능과 같이 다루어 상대방의 채무 전부가 소멸되는 것으로 해석한다. ② 채무자에게 귀책사유가 있는 때이다. 이 경우에는 일부 이행불능의 법리가 적용된다. 따라서 그 부분에 대한 손해배상을 청구하고 일부 해제가 있을 수 있지만, 그 일부불능으로 계약의 목적을 달성할 수 없는 때에는 전부 이행불능으로 처리된다. ③ 채권자에게 귀책사유(또는 수령지체 후 당사자 쌍방에게 책임 없는 경우)가 있는 때이다. 이 경우 채무자는 그 상태로 인도하고 상대방에게 민

---

1) 판례(민법 제537조를 적용한 사례): ①「계약 당사자 일방의 입목 인도의무가 당국의 산림 정책상의 영림계획 변경으로 벌채 허가를 받을 수 없게 되어 입목 인도의무를 면한 당사자는 상대방으로부터 받은 계약금을 부당이득 한 것이 되므로 이를 상대방에게 반환할 의무가 있다」(대판 1975. 8. 29, 75다765). ② 택지개발사업지구 생활대책용지를 분양받기 위해 설립된 甲상가조합의 정관에서 '조합원의 각 지분권은 개별적으로 양도할 수 없다'고 정하고 있었는데, 乙이 甲조합의 조합원인 丙으로부터 '생활대책용지를 분양받을 수 있는 권리'를 매수하였고, 그 후 甲조합이 丁회사에 생활대책용지를 매도하여 수분양권 명의이전 절차를 마쳤다. 이 사안에서 대법원은 다음과 같이 판결하였다.「乙과 丙은 매매계약 당시 조합원 전원의 동의 또는 조합 정관의 변경 없이는 매매계약에 따른 의무를 이행할 수 없고, 이러한 상태에서 甲조합이 생활대책 용지 수분양권을 丁회사에 이전함으로써 매매계약에 따른 丙의 의무는 이행을 할 수 없는 상태에 이르렀는데, 조합원 전원이 동의하거나 조합 정관이 변경되지 않아 매매계약이 이행될 수 없다는 사정은 丙의 귀책사유가 아닐뿐더러 乙의 귀책사유도 아니어서, 결국 당사자 쌍방의 귀책사유 없이 매매계약을 이행할 수 없게 된 것이다. 丙은 민법 제537조에 따라 자신의 채무를 면함과 더불어 乙에게 매매대금을 청구할 수 없다. 따라서 乙은 丙에게 지급한 매매대금에 대해 부당이득반환을 청구할 수 있다」(대판 2021. 5. 27, 2017다254228).

법 제538조에 따라 반대급부의무의 이행을 청구할 수 있다. (ㄷ) 위험부담에서 일부불능과 관련하여 민법 제627조는, 임대차에서 임차물의 일부가 임차인의 과실 없이 멸실되어 사용·수익할 수 없는 때에는 임차인은 그 부분의 비율에 의한 차임의 감액을 청구할 수 있는 것으로 규정한다.[1)]

c) 위험의 이전 (ㄱ) 위험부담은 채무자의 채무가 남아 있는 상태에서 급부불능이 된 경우에 문제되는 것이고, 그 채무가 소멸된 경우에는 위험은 채권자에게 넘어간다(그러므로 그 후 목적물이 멸실되더라도 채권자가 반대급부의무를 진다). 동산은 인도, 부동산은 등기나 인도시부터 위험은 채권자에게 이전된다. (ㄴ) 그런데 채무자의 채무가 소멸되지 않은 상태에서도 위험이 채권자에게 이전되는 경우가 있다. ① 당사자는 위험이 채권자에게 이전되는 시기에 관해 약정할 수 있다. ② 채무가 남아 있기는 하지만 그것이 매수인의 사정에 기인한 것이어서 사실상 전부 이행한 것으로 볼 수 있는 경우이다. 가령 소유권유보부 매매에서, 목적물(동산)은 먼저 매수인에게 인도하되 대금이 완불될 때까지 소유권은 매도인에게 있는 것으로 한다. 소유권이전이라는 면에서는 매도인의 채무가 소멸된 것은 아니지만, 이것은 매수인의 대금 완납에 따라 자동적으로 실현되고 또 매수인이 동산을 인도받아 사용·수익하고 있는 점에서도, 위험은 매수인에게 이전된다고 할 것이다. ③ 채무자가 변제의 제공을 하였으나 채권자가 이를 수령하지 않아 채권자지체로 된 경우이다. 민법은 채권자의 수령지체의 경우 위험은 채권자에게 이전되는 것으로 명문으로 규정한다(538조 1항 2문).

〈참고: 채무자 위험부담주의와 「대상청구권」〉 (ㄱ) 판례는, A(서울시)가 B 소유 토지를 1천만원에 매수하기로 계약을 체결하고 계약금과 중도금으로 9백만원을 지급하였는데, 그 후 위 토지를 국가가 강제수용하면서 보상금 2천여만원을 B에게 지급하자, A가 B에게 잔금과 상환으로 보상금의 지급을 청구한 사안에서, A가 대상청구권(代償請求權)을 행사한 것으로 보면서 이를 인용하였다(대판 1992. 5. 12, 92다4581, 92다4598). (ㄴ) 위 판결은 이행불능의 효과로서 대상청구권을 인정한 첫 판결로서, 이를 계기로 대상청구권에 관한 적지 않은 판결이 나오게 되는 점에서도 중요한 의미가 있다. 그런데 본 판결의 사안은, 토지 소유자인 피고(B)가 그의 토지를 원고(A)에게 팔기로 계약을 맺은 후, 그 토지가 (구)토지수용법에 의해 수용된 경우이다. 그에 따라 피고의 토지소유권 이전채무는 이행불능이 되었지만, 토지수용의 성격상 피고에게 귀책사유가 있다고 보기는 어렵다. 그러므로 이 사안은 민법 제537조 소정의 「채무자 위험부담주의」가 적용되는 경우이다. 그런데도 본 판결은 동조를 적용하지 않고 A의 청구에 따라 대상청구권을 인정하였다. 위험부담과 대상청구권 중 어느 하나를 선택할 수 있다고 본 것인데, 이에 대한 자세한 내용은 p.140 '(4) 대상청구권' 부분을 볼 것.

1) 민법 제627조에서 그 부분의 차임이 위험부담의 법리에 따라 바로 소멸되는 것이 아니라 임차인이 차임의 감액을 청구할 수 있다고 규정한 것은, 입법론으로서는 문제가 있다고 보는 견해가 있다(양창수·김재형, 계약법(제3판), 629면).

3. 예외: 채권자가 대가위험을 부담하는 경우

> 제538조〔채권자 귀책사유로 인한 이행불능〕 ① 쌍무계약의 당사자 일방의 채무가 채권자에게 책임이 있는 사유로 이행할 수 없게 된 경우에는 채무자는 상대방의 이행을 청구할 수 있다. 채권자의 수령지체 중에 당사자 쌍방에게 책임이 없는 사유로 이행할 수 없게 된 때에도 같다. ② 전항의 경우에 채무자는 자기의 채무를 면함으로써 이익을 얻었을 때에는 채권자에게 그 이익을 상환하여야 한다.

(1) 의 의

제538조는 두 가지 경우, 즉 ① 쌍무계약의 당사자 일방의 채무가 채권자에게 책임이 있는 사유로 이행할 수 없게 된 때, ② 채권자의 수령지체 중에 당사자 쌍방에게 책임이 없는 사유로 이행할 수 없게 된 때에는, 채권자가 대가위험을 부담하는 것으로, 그래서 채무자가 채권자에게 반대급부의 이행을 청구할 수 있는 것으로 규정한다.

(2) 요 건

a) 채권자에게 책임 있는 사유　채권자에게 책임이 있는 사유로 채무자가 이행할 수 없게 된 것이어야 한다(538조 1항 1문). 채권자는 채무자의 이행에 어떤 법률상 의무를 부담하지는 않으므로, 여기에서 '채권자에게 책임이 있는 사유'란 채권자의 어떤 행위(작위나 부작위)가 채무의 내용인 급부의 실현을 방해하고 그러한 행위는 채권자가 피할 수 있었다는 점에서 신의칙상 비난받을 수 있는 경우를 말한다(대판 2004. 3. 12, 2001다79013). 예컨대 변호사에게 사건을 맡긴 후에 의뢰인이 임의로 상대방과 화해를 하여 변호사의 (유상)위임사무의 처리를 불가능하게 하는 것이 그러하다(곽윤직, 70면). 또 부동산 중개(일종의 유상 위임)가 성사된 후 중개인을 통하지 않고 당사자 간에 직접 계약을 맺는 경우도 같다. 그러나 경기 위축이나 주문 단절 · 원료 부족 등의 이유로 공장을 가동하지 못하게 된 경영 장애의 경우에는 이에 해당하지 않는다고 할 것이다(김형배, 167면).

〈판 례〉 (ㄱ) 다음의 경우에는 채권자에게 책임이 있는 사유로 보았다. ① 영상물 제작공급계약상 수급인의 채무가 도급인과 협력하여 그 지시 감독을 받으면서 영상물을 제작하여야 하므로 도급인의 협력 없이는 완전한 이행이 불가능한 채무이고, 한편 그 계약의 성질상 수급인이 일정한 기간 내에 채무를 이행하지 않으면 계약의 목적을 달성할 수 없는 사안에서, 도급인의 영상물 제작에 대한 협력 거부로 수급인이 독자적으로 성의껏 제작하여 납품한 영상물이 도급인의 의도에 부합되지 않게 됨으로써 결과적으로 도급인의 의도에 부합하는 영상물을 기한 내에 제작하여 납품하여야 할 수급인의 채무가 이행불능이 된 경우, 이는 계약상의 협력의무의 이행을 거부한 도급인의 귀책사유로 인한 것이므로 수급인은 약정대금 전부의 지급을 청구할 수 있다(대판 1996. 7. 9, 96다14364, 14371). ② 아파트 수분양자에게 중도금을 대출한 은행이 수분양자가 그 대출금 이자의 지급 및 (수분양자가 아파트 소유권을 취득하여 은행에 담보로 제공하기로 하는) 후취담보약정의 이행 등을 하지 않자, 위 대출채무의 연대보증인인 분양회사에 요구하여 분양회사로부터 그 회사 명의로 소유권보존등기가 되어 있던 분양아파트에 대하여 근저당권을 설정받고, 그 근저당권을 실행하여 제3자가 아파트 소유권을 취득한 사안에서, 위 근저당권의 실행으로 제3자가 분양아파트 소유권을 취득한 결과 분양회사의 소유권이전의무가 이행불능이 된 것은, 채권자인 수분양자가 자신의 분양잔대금 지급의무(이를 통해 은행에 후취담보를 제공할 수 있다), 나아가 위 대출금 및 그 이자의 지급의무를 이행하지 않은 귀책사유로 인한 것이므로(이러한 사유로 은행이 저당권을 실행하게 된 것이므로), 이는 민법 제538조 1항 제1문 소정의 채무자의 채무가 '채권자에게 책임 있는 사유'로 이행할 수 없게 된 때에 해당하여, 분양회사는 수분양자에게 분양잔대금을 청구할 수 있다(대판 2011. 1. 27, 2010다25698). 유의할 것은, 낙찰대금에서 근저당권자에게 우선 배당되고 남은 금액이 그 소유자인 분양회사에 교부된 경우에는, 이 금액은 제538조 2항에 따라 공제되어야 한다. ③ 甲은 법원의 경매절차에서 낙찰받은 토지를 乙에게 팔기로 계약을 맺으면서, 乙이 낙찰대금을 대신 납부하기로 하고 이를 매매대금에서 공제하기로 하였는데, 乙이 지급기일까지 낙찰대금을 납부하지 않아 법원이 재경매를 하여 타인이 낙찰받았다. 이 경우 甲이 낙찰받은 토지를 경매대금 납부 전에 乙에게 매도한 것은 민법 제569조의 타인 권리의 매매로서, 甲이 乙에게 소유권을 이전해주지 못하면 민법 제570조에 의한 담보책임을 부담하지만, 권리를 이전할 수 없게 된 것이 오로지 매수인의 귀책사유로 인한 때에는 매도인은 담보책임을 지지 않는다(대판 1979. 6. 26, 79다564). 그러므로 甲은 乙에 대해 토지에 대한 소유권이전의무를 면하는데, 반면 乙은 민법 제538조 1항에 따라 甲에게 매매대금을 지급하여야 한다. 다만, 乙이 직접 낙찰대금을 지급하기로 한 부분에 대해서는 재경매가 됨으로써 甲도 그 지급을 면하게 된 것이어서, 이것은 민법 제538조 2항에 의해 乙이 지급할 매매대금에서 공제되어야 한다(대판 2008. 8. 11, 2008다25824 및 권순한, 민법요해 Ⅱ(제6전정판), 733면 참조). ④ 부동산 매수인이 매매목적물에 설정된 근저당권의 피담보채무에 관하여 그 이행을 인수한 경우, 채권자에 대해서는 매도인이 여전히 채무를 부담한다고 하더라도, 매도인과 매수인 사이에서는 위 피담보채무를 변제할 책임이 있으므로, 매수인이 그 변제를 게을리하여 근저당권이 실행됨으로써 매도인이 매매목적물에 관한 소유권을 상실하였다면, 이는 매수인에게 책임 있는 사유로 인하여 소유권이전등기의무가 이행불능으로 된 경우에 해당한다(대판 2008. 8. 21, 2007다8464, 8471)(매도인은 민법 제538조에 따라 매매대금 중 경매를 통해 피담보채무가 변제된 금액과 소유자 자격에서 받은 것이 있으면 이를 공제한 나머지를 매수인에게 청구할 수 있다). ⑤ 노동조합 및 노동관계조정법 제46조에서 규정하는 사용자의 직장폐쇄는 근로자의 쟁의행위에 대한 방어수단으로서 상당성이 있어야만 사용자의 정당한 쟁의행위로 인정될 수 있는데, 노동조합의 쟁의행위에 대한 방어적인 목적을 벗어나 적극적으로 노동조합의 조직력을 약화시키기 위한 목적 등을 갖는 선제적, 공격적 직장폐쇄에 해당하는 경우에는 정당성이 인정될 수 없고, 이 경우에는 사용자는 직장폐쇄 기간 동안의 대상 근로자에 대한 임금 지불의무를 면할 수 없다(대판 2016. 5. 24, 2012다85335).

(ㄴ) 다음의 경우에는 채권자에게 책임이 있는 사유로 보지 않았다. 즉, 새마을금고연합회장이 甲새마을금고에 대한 검사 실시 후 甲금고에 이사장 乙에 대한 개선을 명하면서 부이사장이 직무를 대행하고 보궐선거를 실시할 것을 지시하였고, 이에 대한 乙의 甲금고와 새마을금고연합회를 상대로 한 지위보전 및 임원선거중지 가처분신청이 기각되자, 甲금고가 임시총회를 개최하여 후임 이사장을 선출하였는데, 乙이 甲금고를 상대로 민법 제538조 1항을 근거로 보수금을 청구한 사안에서, 새마을금고연합회장의 감독을 받는 지위에 있는 甲금고가 그 지시에 불응할 수 있다고 보기 어렵고 또 乙의 가처분신청이 기각된 점에서, 甲금고가 임시총회를 개최하여 후임 이사장을 선임한 것이 乙의 이사장 직무 이행을 방해한 결과가 되었더라도 甲금고에 책임사유가 있다고 보기는 어렵다고 하였다(대판 2014. 11. 27, 2013다94701).

b) 채권자의 수령지체 (ㄱ) 채권자의 수령지체 중에 당사자 쌍방에게 책임이 없는 사유로 채무자가 이행할 수 없게 된 것이어야 한다.[1] 채권자의 수령지체 중에는 채무자는 고의나 중과실이 없으면 불이행으로 인한 책임을 부담하지 않으므로(401조), 채무자에게 경과실이 있는 때에도 그에게 책임이 없는 것으로 된다. (ㄴ) 채권자의 수령지체가 성립하려면 채무자의 변제의 제공이 있어야 한다(400조). 즉 현실제공이나 구두제공이 있어야 하고, 다만 채권자가 변제받지 않을 의사가 확고한 경우에는 구두제공도 요하지 않는다(이에 따라 채권자지체가 성립하면 채무자는 채무불이행에 따른 책임을 부담하지 않게 된다)(460조·461조). 그런데 판례는, 구두제공이 필요 없는 경우에도(그래서 채권자의 수령지체가 성립한 경우에도), 제538조 1항 2문 소정의 "채권자의 수령지체 중에 당사자 쌍방에게 책임이 없는 사유로 이행할 수 없게 된 때"에 해당하려면, 즉 쌍무계약에서 채권자 위험부담의 법리에 따라 채무자가 채권자에게 반대급부를 청구하기 위해서는 현실제공이나 구두제공을 필요로 한다고 한다(대판 2004. 3. 12, 2001다79013).[2]

(3) 효 과

a) 상대방(채권자)의 채무의 존속 채무자는 자신의 급부의무를 면하면서 상대방에게 그 이행을 청구할 수 있다(538조 1항). 즉 상대방이 부담하는 반대급부의무는 그가 본래의 쌍무계약에서 부담하였던 자신의 채무이다. 이렇게 하는 것이 당사자의 의사에 맞고 법률관계를 간편하게 결제하는 것이 되기 때문이다.

b) 채무자의 이익 상환 (ㄱ) 채무자가 자기의 채무를 면함으로써 이익을 얻었을 때에는 채권자에게 그 이익을 상환하여야 한다(538조 2항). 채권자의 귀책사유가 있기 전보다 이익을 얻는 것

---

1) 판례: 「수급인이 도급인에게 공사금을 지급하고 기성부분을 인도받아 가라고 최고하였다면 수급인은 이로써 자기 의무의 이행 제공을 하였다고 볼 수 있는데, 도급인이 아무런 이유 없이 수령을 거절하던 중 쌍방이 책임질 수 없는 제3자의 행위로 기성부분이 철거되었다면, 도급인의 수급인에 대한 공사대금 지급채무는 여전히 남아 있다」(대판 1993. 3. 26, 91다14116).

2) (ㄱ) A는 B 소유 부동산을 매수하기로 계약을 체결하고 계약금과 1차 중도금을 지급하였다. 2차 중도금 지급일에 A가 중도금을 지급하지 않자 B는 그 지급을 최고하였는데, 이에 대해 A는 B를 상대로 위 매매계약은 공동주택사업의 승인을 조건으로 체결되었는데 그 조건의 성취가 불가능하다는 이유로 매매계약의 실효를 일방적으로 주장하면서 이미 지급한 계약금과 1차 중도금의 반환을 청구하였다. 이에 B는 매매계약이 유효함을 전제로 중도금의 지급을 거듭 최고하였고, 이러한 다툼 속에서 잔금 지급일이 지났다. 그 후 3년이 지난 시점에 한국토지공사는 위 부동산을 수용하고 B를 피공탁자로 하여 수용보상금을 공탁하였다. B가 민법 제538조 1항 2문을 근거로 A에게 2차 중도금 및 잔대금을 청구하였다. (ㄴ) 위 사안에서 A가 일방적으로 매매계약의 실효를 주장하는 점에서 B가 변제의 제공(소유권이전등기에 필요한 서류의 교부)을 하더라도 그 수령을 거절할 의사가 분명하므로 구두제공도 필요 없고, 따라서 A에게 채권자지체가 성립하므로 B는 부동산 소유권이전채무의 불이행에 따른 책임을 부담하지 않게 된다. 이후 B의 부동산을 국가가 수용함으로써 B의 A에 대한 소유권이전채무는 이행할 수 없게 되었다. 여기서 B가 A의 수령지체를 이유로 민법 제538조 1항 2문에 따라 나머지 매매대금을 청구하기 위해서는, 이미 잔대금 지급일이 지난 이상 B도 변제의 제공을 하여야 하는데 현실제공이나 구두제공이 없었으므로, B의 위 청구를 기각한 것이다. (ㄷ) 채권자에게 책임 있는 사유로 인한 이행불능(538조 1항 1문)이나 채권자의 수령지체 중 당사자 쌍방에게 책임 없는 사유로 인한 이행불능(538조 1항 2문)이나, 채무자는 자신의 채무를 면하면서 채권자에게 반대급부를 청구할 수 있는 점에서(바꾸어 말해 채권자는 채무자로부터 급부를 받는 것 없이 자신의 채무만을 이행하여야 하는 점에서) 그 효과를 같이 하므로, 그 취급도 같이 하는 것이 타당하다. 따라서 채권자 위험부담으로서의 위 수령지체에는 채권자에게 신의칙상 비난할 만한 사유가 있음이 전제된 것으로 볼 것이고, 위 판례는 그러한 취지인 것으로 이해된다. 만일 B가 잔대금 지급일 이후에 부동산에 관한 소유권이전등기서류를 현실제공하거나 구두제공한 때에는 민법 제538조 1항 2문에 따라 A에게 나머지 매매대금을 청구할 수 있다. 다만 국가로부터 받은 수용보상금은 민법 제538조 2항에 따라 이를 공제하여야 한다.

은 부당하기 때문이다. 예컨대 매매목적물이 매수인의 잘못으로 멸실된 경우, 매도인은 매수인에게 대금을 청구할 수 있지만, 그 목적물을 매수인에게 인도하는 데 드는 비용은 공제하여야 한다. (ㄴ) 이 경우 상환하여야 할 이익은 채무를 면한 것과 상당인과관계에 있는 것에 한한다. 가령 근로자가 해고기간 중에 노동조합기금에서 지급받은 금원은 그가 노무제공을 면한 것과 상당인과관계에 있는 이익으로 볼 수는 없다(대판 1991. 5. 14, 91다2656). (ㄷ) 채권자가 가지는 이 상환청구권은 채무자가 가지는 반대급부 청구권과 대가관계에 있는 것이 아니므로, 양자 사이에 동시이행의 관계는 인정되지 않는다. 또 채권자가 자신이 이행할 급부에서 이를 공제하여 나머지만을 이행할 수도 없다. 다만 상계의 요건을 갖춘 경우에는 쌍방 모두 상계를 할 수는 있다(양창수·김재형, 계약법(제3판), 632면).

c) 그 밖에 채무자는 채권자에게 책임 있는 사유가 불법행위에 해당하는 경우에는 그에 기해 손해배상청구권을 가진다(민법주해 채권(6), 105면(최병조)). 가령 사용자가 근로자들에게 해고사유가 없는데도 노동조합 활동을 혐오한 나머지 위장폐업을 하고 근로자들을 해고한 후 종전 회사와 다를 바 없는 회사를 통하여 예전의 기업활동을 계속하는 경우, 근로자들은 해고가 무효임을 이유로 민법 제538조 1항에 따라 부당해고 기간 중 임금의 지급을 구하거나 해고가 불법행위에 해당함을 이유로 손해배상을 구할 수 있다(대판 2011. 3. 10, 2010다13282).

〈판 례〉 「근로자의 부당해고에 따른 임금청구」에 관해 대법원은 민법 제538조를 적용하여 이를 해결하는데, 그 내용을 정리하면 다음과 같다. ① 사용자가 정당한 사유에 의하여 사업을 폐지한 경우에는 사용자의 귀책사유로 인하여 근로제공을 못한 것이 아니므로 그 기간 중에는 임금을 청구할 수 없다(대판 1994. 9. 13, 93다50017). ② 사용자의 근로자에 대한 해고가 무효이더라도, 해고기간 중 근로자가 징역형을 선고받아 구속되어 있는 경우에는 근로자가 근로의 제공을 할 수 없는 처지였으므로 구속기간 동안의 임금을 청구할 수 없다(대판 1995. 1. 24, 94다40987). ③ 근로자가 해고기간 중에 다른 직장에 종사하여 얻은 수입은 근로제공의 의무를 면함으로써 얻은 이익이므로, 사용자는 민법 제538조 2항에 따라 근로자에게 해고기간 중의 임금을 지급함에 있어서 위의 이익(이른바 중간수입)을 공제할 수 있다. 다만, 근로기준법 소정의 휴업수당(평균임금의 100분의 70(동법 46조 참조))은 사용자의 귀책사유로 부당해고를 당한 근로자에게도 적용되며, 따라서 근로자에게 해고기간 동안의 임금을 지급함에 있어 위 휴업수당의 한도에서는 이를 중간수입 공제의 대상으로 삼을 수 없고, 그 휴업수당을 초과하는 금액 범위에서만 공제하여야 한다(가령 해고된 직장에서 월 100만원을 받았는데 해고기간 중 다른 직장에서 월 100만원을 받은 경우, 휴업수당 70만원을 공제한 30만원이 공제의 대상이 되고, 이를 초과하는 중간수입을 얻었으므로 30만원이 공제되어 해고된 직장에서 70만원을 받게 된다. 만일 다른 직장에서 10만원을 받았다면 30만원 중 10만원만 공제되어 해고된 직장에서 90만원(70만원+20만원)을 받게 된다)(대판 1991. 12. 13, 90다18999; 대판 1993. 11. 9, 93다37915).

사례의 해설 (1) B는 H와의 매매계약에 따라 X주택을 이전해 줄 의무를 지는데, X주택에 대한 근저당권자 I은행의 경매신청에 따라 J가 경락을 받음으로써 그 의무는 이행불능이 되었다. 그런데 B의 이러한 이행불능은 매수인 H가 이행인수를 통해 I은행의 피담보채권을 변제하여야 할 의무를 B에게 부담함에도 이를 변제하지 않아 생긴 것이므로, 이 경우 B는 민법 제538조 1항(쌍무계약에서 채권자 귀책사유로 인한 이행불능)에 따라 자신의 의무는 면하면서도 H에게 이행을 청구할 수 있다. 즉 잔대금 1억원을 청구할 수 있다. 다만 B는 자신의 의무는 면하면서도 8천만원의 이익(5천만원은 자신의 채무 변제에, 나머지는 자신이 받을 것이므로)을 얻었고, 이 경우 민법 제538조 2항에 따라 8천만원은 공제되어야 한다. 결국 H는 1억원에서 8천만원을 공제한 2천만원을 B에게 지급하여야 한다.

(2) 乙과 丙 사이에 X토지에 대해 매매계약을 맺으면서 매매대금 3억원에서 X토지에 등기된 가압류채권 1억원을 공제하되 이 금액을 丙이 가압류채권자 A에게 지급하기로 한 부분은 이행인수계약에 해당하는 것이고, 따라서 丙은 乙에게서 인수한 1억원을 A에게 지급할 의무를 진다. 그런데 丙이 A에게 1억원을 지급하지 않아 A가 강제경매를 신청하여 丁이 X토지의 소유권을 취득함으로써 乙이 매매계약에 따라 丙에게 부담하는 X토지의 소유권이전의무는 이행불능이 되었지만, 이것은 매수인 丙이 인수대금 1억원을 A에게 지급하지 않은, 丙의 귀책사유로 인해 생긴 것이므로, 이 경우 乙은 (매매와 같은 쌍무계약에서의 위험부담을 정하는) 민법 제538조 1항(채권자 귀책사유로 인한 이행불능)에 따라 丙에게 매수인으로서의 채무의 이행, 즉 매매대금(이행인수대금 1억원을 뺀 잔대금 1억원)의 지급을 청구할 수 있어, 乙의 청구가 인용될 것이다. 다만, X토지에 대한 강제경매절차에서 A에게 배당되고 남은 금액을 乙이 X토지의 소유자로서 받은 경우에는, 그 금액은 丙에게 상환하여야 한다(538조 2항).

(3) (ㄱ) 매수인 乙이 X토지에 관한 근저당권의 피담보채무를 인수하는 한편 그 채무액을 매매대금에서 공제하기로 한 경우, 이는 이행인수에 해당한다. 그러므로 乙은 매도인 甲에 대해서는 그 피담보채무 1억 5천만원을 丙에게 변제할 의무를 진다. 따라서 乙이 그 변제를 게을리하여 근저당권이 실행됨으로써 매도인 甲이 X토지의 소유권을 상실하여 乙에게 소유권이전을 해 주는 것이 이행불능이 된 것은 乙의 귀책사유에 기인한 것이고 甲에게 과실이 있다고 할 수는 없다(대판 2008. 8. 21, 2007다8464, 8471). 이 경우 甲은 乙에게 민법 제538조 1항에 따라 잔금 3억원을 청구할 수 있지만, 피담보채무(1억 5천만원)의 변제와 그 잔액(1억 3천만원)을 지급받아 이익을 얻은 부분은 공제하여야 하므로(538조 2항), 결국 甲은 乙에게 2천만원을 청구할 수 있다. (ㄴ) 乙은 여전히 매매대금을 지급할 의무를 부담하게 되므로 甲에 대한 본소 청구는 기각된다. 또한 매수인이 피담보채무를 인수한 경우에는 민법 제576조에 따른 매도인의 담보책임은 적용되지 않는다(대판 2002. 9. 4, 2002다11151). 甲의 乙에 대한 반소 청구만이 일부 인용될 수 있다. 사례 p. 399

제3항 제3자를 위한 계약

사례 (1) 甲이 경영하는 회사가 자금난을 겪자, 甲은 그 소유 부동산에 대해 A와 8억 9천만원에 매매계약을 체결하고 계약금으로 1억원을 받았다. 그런데 甲의 채권자 B의 요청으로 나머지 중도금과 잔금은 A가 B에게 직접 지급하기로 약정하고, A는 중도금 297,000,000원을 B의 계좌에 입금시켰다. 그런데 그 후 甲은 A와 위 매매계약을 합의해제하고, 甲은 위 부동산을 乙에게 매도하여 乙 명의로 소유권이전등기가 마쳐졌다. 이에 A는 B를 상대로 B에게 지급한 위 중도금에 대해 부당이득반환을 청구하였다. A의 청구는 인용될 수 있는가?

(2) 甲은 2015. 3. 25. 乙로부터 乙 소유의 X토지와 그 지상 Y건물을 10억원에 매수하면서, 乙에게 계약 당일에 계약금 1억원, 2015. 4. 25. 중도금 4억원, 2015. 5. 25. 잔금 5억원을 지급하기로

약정하였다. 위 매매계약에서 중도금과 잔금은 乙에게 대여금채권을 가지고 있는 戊에게 甲이 직접 지급하기로 약정하였다. 甲은 戊의 청구에 따라 중도금을 지급하였으나, 乙은 위와 같은 매매계약 사실을 알지 못하는 己와 또 다른 매매계약을 체결하고 己에게 소유권이전등기까지 경료하여 주었다. 이에 甲은 乙의 소유권이전등기의무가 이행불능이 되었음을 이유로 위 계약을 해제하고, 원상회복 또는 부당이득반환으로서 乙에 대하여는 계약금 1억원의 반환을, 戊에 대하여는 중도금 4억원의 반환을 구한다. 甲의 계약해제가 민법 제541조에도 불구하고 적법한지 여부와 甲의 乙 및 戊에 대한 금원 청구의 당부를 논하시오. (15점)(2016년 제58회 사법시험)

해설 p. 416

Ⅰ. 서 설

제539조〔제3자를 위한 계약〕 ① 계약에 의하여 당사자 일방이 제3자에게 이행할 것을 약정한 경우에는 그 제3자는 채무자에게 직접 이행을 청구할 수 있다. ② 전항의 경우에 제3자의 권리는 그 제3자가 채무자에게 계약의 이익을 받겠다는 의사를 표시한 때에 생긴다.

1. 제3자를 위한 계약의 의의

계약에 의하여 당사자 일방이 제3자에게 이행할 것을 약정하는 것이 「제3자를 위한 계약」이다(539조 1항). 계약상의 급부청구권(채권)은 계약 당사자가 갖는 것이 원칙이지만, 당사자의 합의에 의해 급부청구권만을 제3자에게 주기로 하는 것은 계약자유의 원칙상 전혀 문제될 것이 없다. 예컨대 A가 그 소유 건물을 B에게 매도하면서 매매대금은 C가 받기로 약정하는 것이 그러하다(민법은 A를 채권자, B를 채무자, C를 제3자라고 하는데, 학설은 A를 요약자要約者(채무부담 약속을 요청하는 자), B를 낙약자諾約者(채무부담 약속을 수락하는 자), C를 수익자受益者라고도 부른다). 다만 당사자 간의 계약으로 제3자에게 채권의 취득을 강요할 수는 없으므로, 제3자가 채무자에게 수익의 의사를 표시한 때에 채권을 취득하는 것으로 한다(539조 2항).

제3자가 채권을 취득하는 것은 '채권양도'의 방법에 의해서도 가능하고(449조), 또 이것이 주로 이용되고 있지만, '제3자를 위한 계약'을 통해서도 이룰 수가 있다.[1] 특히 장래의 급부이고 또한 급부하여야 할 의무가 채권자의 사망 후에 생기는 경우에는 수익자의 권리를 미리 확정해 두는 제3자를 위한 계약을 이용하는 것이 대단히 편리하다. 예컨대 父가 생명보험계약을 체결하면서 보험사고 발생시에 보험금을 그의 자녀에게 지급하도록 보험회사와 약정하는 것이 그러하다. 父가 사망한 경우 그는 권리능력을 잃어 보험금을 청구할 수 없다는 점에서 이 제도의 활용은 절대적이다(이 경우 보험금청구권은 수익자에게 귀속하고, 보험계약자의 상속재산으로 되지 않는다). 상법에서 규정하는 '타인을 위한 보험'이 이에 속한다(상법 639조).

---

1) '제3자를 위한 계약'과 '채권양도'와의 차이에 대해서는 p.247를 참조할 것.

2. 제3자를 위한 계약의 성질

(ㄱ) 제3자를 위한 계약의 당사자는 채권자와 채무자이며, 제3자는 당사자가 아니다. 따라서 선의와 과실 여부, 의사와 표시의 불일치, 사기와 강박의 유무는 오로지 채권자와 채무자에 관해서만 문제가 되고, 또 계약 당사자의 지위에서 생기는 해제권이나 취소권도 제3자는 갖지 못한다. (ㄴ) 제3자의 급부청구권은 당사자 간의 계약에 의해 생긴 것이므로, 그 계약에서 급부청구권의 발생에 조건이나 기한을 붙여도 무방하다. 한편 당사자 간의 계약에 의해 채권자가 가질 급부청구권을 제3자가 가지는 것으로 한 데 지나지 않기 때문에, 제3자는 민법에서 정하는 선의의 제3자(107조~110조)에 속하지 않는다.

Ⅱ. 제3자를 위한 계약의 성립요건

1. 계약의 유효

채권자와 채무자 사이에 유효한 계약이 성립하여야 한다. 그 계약은 쌍무계약인 경우가 보통이지만, 편무·무상계약일 수도 있다. 예컨대 A가 B에게 증여를 하면서 그 목적물의 인도채권을 C에게 주는 경우가 그러하다. 이때 그 증여의 의사가 서면으로 표시되지 않은 경우에는 A나 B는 증여를 해제할 수 있다(555조).

2. 제3자 약관의 존재

위 계약에서 당사자 일방이 제3자에게 이행할 것으로, 즉 제3자가 채권을 취득하는 것으로 약정하여야 한다. (ㄱ) 어떤 계약이 제3자를 위한 계약에 해당하는지는 당사자의 의사가 그 계약에 의하여 제3자에게 직접 권리를 취득하게 하려는 것인지에 관한 의사해석을 통해 가려진다(대판 1996. 1. 26, 94다54481).[1] ① 제3자의 명의로 예금을 하거나, 전술한 '타인을 위한 보험'이 이에 속한다(상법 639조). '변제를 위한 공탁'은 사법적인 측면에서는 변제자와 공탁소 간의 임치계약에서 공탁물에 대한 출급청구권을 채권자에게 부여하기로 약정한 것으로 볼 수 있어 제3자를 위한 계약에 속한다(통설). 채무자와 인수인 간에 맺는 '병존적(중첩적) 채무인수'도 채권자가 인수인에 대해 채권을 새로 갖게 되는 점에서 제3자를 위한 계약에 속한다(통설)(대판 1989. 4. 25, 87다카2443; 대판 2013. 9. 13, 2011다56033). 그리고 어음의 지급정지와 관련하여 예탁한 사고 신고 담보금도 일정한 경우에는 제3자를 위한 계약에 속한다.[2] ② 그러나 '면책적 채무인수'는 종전의 채무가 동일성을 유지하면서 채무자로

1) 판례: 「甲이 乙과의 사이에 乙이 戊의 甲에 대한 채무를 대위변제하는 것을 조건으로 주택에 대한 전세권을 乙에게 양도하기로 하는 약정을 체결하면서 乙의 요구에 따라 그 수취인을 丙으로 하는 전세권 양도 확인서를 작성하여 준 사안에서, 이는 甲이 乙과 위 약정을 체결하면서 그 조건의 성취로 발생하는 전세권 양도 의무를 계약의 당사자인 乙이 아니라 제3자인 丙에게 이행하기로 합의하고 이를 위하여 위 전세권 양도 확인서를 작성해 준 것이라고 봄이 상당하므로, 丙은 甲과 위 전세권 양도 확인서에 따른 계약을 체결한 당사자가 아니라 甲과 乙 사이에 체결한 '조건부 제3자를 위한 계약'의 수익자에 해당한다」(대판 2010. 3. 25, 2009다99914).

2) (ㄱ) 약속어음의 채무자가 어음의 도난·분실 등의 이유로 지급은행에 사고 신고와 함께 그 어음금의 지급정지를 의뢰하면서 예탁하는 사고 신고 담보금은 일반 예금채권과는 달리 사고 신고 내용의 진실성과 어음발행인의 자력을 담보로 하여 부도 제재 회피를 위한 사고 신고의 남용을 방지함과 아울러 어음소지인의 어음상 권리가 확인되는 경우에는 당해 어음채권의 지급을 담보하려는 데 그 취지가 있다. 그리고 이 경우 어음발행인과 지급은행 사이에 "어

부터 인수인에게 이전되는 것에 불과하고 채권자가 새로운 채권을 취득하는 것이 아닌 점에서 제3자를 위한 계약이 아니다. '이행인수'는 채무자와 인수인 간에 채무자가 채권자에게 부담하는 채무를 인수인이 이행하기로 약정하는 것으로서, 채권자가 직접 인수인에 대해 채권을 취득하는 것이 아니므로 제3자를 위한 계약이 아니다. 제3자를 위한 계약과 이행인수의 구별 기준은 제3자 또는 채권자에게 (계약 당사자 일방 또는 인수인에 대해) 직접 채권을 취득하게 하려는 의사가 계약 당사자에게 있는지에 달려 있다(대판 1997. 10. 24, 97다28698). 한편, A가 B로부터 물건을 사면서 이를 C에게 배달토록 약정하는 것은, B의 C에 대한 변제가 (A에 대한 변제로 취급되어) 유효한 것으로 인정될 뿐(송부채무로서 소위 '제3자방$_{方}$' 변제에 해당함), C로 하여금 채권을 취득하게 하고 또 그가 B에게 채권을 행사할 것으로 예정하고 약정한 것은 아닌 점에서 제3자를 위한 계약에 속하지 않는다. 이를 '부진정한 제3자를 위한 계약'이라고도 부른다. (ㄴ) 제3자는 위 계약을 체결할 당시에 현존하지 않아도 무방하다. 예컨대 태아나 성립 전의 법인도 제3자가 될 수 있다(대판 1960. 7. 21, 4292민상773). 이 경우는 태아가 출생한 후 또는 법인이 성립한 후 수익의 의사를 표시함으로써 권리를 취득하게 된다. (ㄷ) 제3자는 수익의 의사를 표시한 때에 채권을 취득하지만(539조 2항), 이것은 제3자의 채권 취득의 요건이고 제3자를 위한 계약의 성립요건은 아니다.

3. 제3자가 취득할 수 있는 권리의 종류

(ㄱ) 제3자가 취득할 수 있는 권리는 채권이 원칙이고, 이것이 민법 제539조 1항의 법문에도 맞다. 그런데 통설은, 계약으로 한쪽 당사자가 취득할 수 있는 권리는 모두 제3자로 하여금 취득하게 할 수 있다고 하면서, 제3자를 위한 물권계약(내지 준물권계약)도 가능하다고 한다. 예컨대 A가 그 소유 건물을 B에게 매도하면서 그 소유권을 C에게 이전하는 것으로 약정할 수 있고, 이때는 C와 A 사이에 새로운 물권계약을 맺을 필요 없이 직접 위 계약에 의해 C가 등기를 하면 건물의 소유권을 취득한다고 한다(명의신탁이 성립하는 경우에 그 등기의 효력은 별개의 문제이다). 이러한 통설에 대해, 그것은 민법 제539조 1항의 법문에 반하고 동조는 제한적으로 해석하여야 한다는 이유로 그러한 계약은 무효로 보아야 한다는 반대견해가 있다(민법주해(XIII), 178면(송덕수)). (ㄴ) 제3자를 위한 계약에서 제3자에게 권리가 아닌 의무를 지우는 약정은 무효이다. 그런데 통설은 제3자가 그에 동의하는 경우에는 유효하다고 한다. 또 제3자에게 권리를 주는 것과 동시에 의무를 지우는 것도 유효하다고 한다. 그러나 이러한 것들을 민법에서 정한 제3자를 위한 계약의 전형으로 볼 수는 없고, 계약자유의 원칙에 따라 허용되는 무명계약의 하나로 보는 것이 타당할 것이다.[1)]

음소지인이 어음금 지급청구소송에서 승소하고 판결확정증명 등을 제출한 경우에는 지급은행이 어음소지인에게 사고 신고 담보금을 지급한다"고 한 약정은 제3자를 위한 계약에 해당한다. (ㄴ) 이를 토대로 다음과 같은 법리가 따른다. ① 어음소지인과 어음발행인 사이의 원인관계는 지급은행이 제3자인 어음소지인에 대해 부담하는 급부의무에는 영향이 없다(대판 2005. 3. 24, 2004다71928). ② 어음발행인이 사고 신고 담보금을 지급은행에 예치하였다 하더라도, 그것이 어음소지인에 대한 변제공탁으로서의 효력을 갖는 것은 아니고, 지급기일로부터의 이자나 지연손해금의 발생이 저지되는 효력이 생기는 것도 아니다. 이것은 어음소지인이 나중에 지급은행으로부터 사고 신고 담보금을 지급받았다고 해서 달리 볼 것도 아니다(대판 2017. 2. 3, 2016다41425).

1) 채무자(A)가 채권자(B)에게 부담하게 될 채무에 대해 C(보증인)가 보증하기로 B와 보증계약을 체결하면서, A의 C

Ⅲ. 제3자를 위한 계약의 효력

1. 삼면관계의 개요

제3자를 위한 계약에서는 계약의 당사자 외에 제3자가 관여하여 삼면관계를 이루게 된다. 예컨대 'A가 그 소유 토지를 B에게 1천만원에 매도하면서, 그 대금은 B가 C에게 직접 지급하기로 약정하였다'고 하자. 이 경우 삼면관계는 다음과 같다.

a) 채권자와 채무자의 관계　채무자 B가 C에게 1천만원을 지급하는 것은 A와의 매매계약을 기초로 하는 것이다. 따라서 본래는 채권자 A에게 지급할 것을 A와의 약정으로 C에게 지급하는 것에 지나지 않으므로, C가 급부청구권만을 취득하는 것을 제외하고는 A와 B 사이의 매매계약은 아무런 영향을 받지 않으며 또 C의 급부청구권은 위 매매계약에 의존하게 된다. 즉 B는 A에게 토지소유권의 이전을 청구할 수 있고, C의 청구에 대해 동시이행의 항변을 할 수 있으며, 또 A와의 매매계약이 무효 · 취소 · 해제된 때에는 C의 급부청구권도 소멸된다(542조 참조). 위험부담의 법리도 적용될 수 있다. 한편 B가 C에게 1천만원을 지급하면서 생긴 경제적 손실은 A로부터 소유권을 이전받아 전보되는 점에서, 학설은 위 관계를 「보상관계」라고 부른다. 제3자를 위한 계약이 주로 쌍무계약에 부수하여 이루어지는 점에서 연유된 용어이다.

b) 채권자와 제3자의 관계　C가 1천만원의 급부청구권을 취득하는 데에는 A와 C 사이에 일정한 원인관계가 있다. 그것은 증여일 수도 있고, 또는 C에 대한 채무의 변제일 수도 있다. 이러한 관계를 학설은 '원인관계' 또는 A가 급부를 받지 못하는 경제적 손실에 대응한다는 의미에서 '대가관계'라고도 부른다. 그런데 이것은 채권자와 제3자 간의 계약이어서(계약의 상대적 효력), 채권자와 채무자 사이의 (제3자를 위한) 계약과는 관계가 없다. 따라서 원인관계의 흠결이나 부존재는 제3자를 위한 계약에 아무런 영향을 미치지 않는다.[1]

에 대한 사전구상채무(바꾸어 말해 C가 A에게 가질 사전구상권)를 면제하기로 약정한 경우, 판례는, 「계약의 당사자가 제3자에 대하여 가진 채권에 관하여 그 채무를 면제하는 계약도 제3자를 위한 계약에 준하는 것으로서 유효하다」고 하고, A가 수익의 의사표시를 함으로써 A의 사전구상채무는 채무면제의 효력이 생긴다고 한다(대판 2004. 9. 3, 2002다37405). 채무면제는 단독행위이고 이행의 문제를 남기지 않는 점에서 준물권행위에 속하는 것이지만, 계약의 방식으로도 가능한데, 위 경우는 채무면제의 계약이 성립한 것으로 볼 수 있고(채무자가 수익의 의사를 표시함으로써 채무면제의 청약에 대해 승낙한 것으로 볼 수 있으므로), 한편 채무자는 채무를 면제받는 이익을 얻는 점에서, 이러한 관점에서는 제3자를 위한 계약에 준하는 것으로 처리하여도 문제될 것이 없다는 것이 판례의 취지인 것으로 이해된다.

1) 판례: 「제3자를 위한 계약의 체결 원인이 된 요약자와 수익자 사이의 법률관계(이른바 대가관계)의 효력은 제3자를 위한 계약 자체는 물론 그에 기한 요약자와 낙약자 사이의 법률관계(이른바 기본관계)의 성립이나 효력에 영향을 미치지 아니하므로, 낙약자는 요약자와 수익자 사이의 법률관계에 기한 항변으로 수익자에게 대항하지 못하고, 요약자도 대가관계의 부존재나 효력의 상실을 이유로 자신이 기본관계에 기하여 낙약자에게 부담하는 채무의 이행을 거부할 수 없다」(대판 2003. 12. 11, 2003다49771).

㈀ 위 판례의 사실관계는 다음과 같다. ① A는 그 소유 토지를, B는 그 소유 상가건물을 서로 교환하기로 계약을 맺었다. 한편 A는 B로부터 이전받을 상가건물을 C에게, C는 그 소유 여관건물을 A에게 이전하기로 서로 교환계약을 맺었다. ② 그래서 A와 B는 교환계약을 맺으면서 B가 A에게 이전할 상가건물의 소유권을 직접 C에게 이전해 주기로 하는, 제3자를 위한 계약을 맺었다. ③ 그런데 C 소유 여관건물에는 그 전에 근저당권이 설정되어 있었고, 이 근저당권을 실행하여 甲이 여관건물을 낙찰받게 되었다. ④ 이에 C가 교환계약에 따라 A에게 부담하는 여관건물 소유권이전채무가 이행불능이 된 것을 이유로, A는 C와의 교환계약을 해제한 것이다. ㈁ 여기서 C가 B를 상대로 제3자를 위한 계약에 기초하여 상가건물 소유권의 이전을 청구할 수 있는지가 문제된 사안이다. A와 C 사이의 계약이 효력을 잃는 것은 제3자를 위한 계약에 기초한 C와 B 사이의 법률관계에는 영향을 주지 못하므로, 이를 긍

c) 채무자와 제3자의 관계　제3자는 채무자에게 급부청구권을 가지며, 이를 행사할 수 있다. 다만 이 청구권은 A와 B 사이의 매매계약에서 생긴 것이므로 그것에 의존한다.

2. 제3자에 대한 효력

(1) 제3자의 채권 취득의 요건

제3자의 권리는 제3자가 채무자에게 계약의 이익을 받겠다는 의사를 표시한 때에 생긴다(539조 2항). (ㄱ) 이익이라도 제3자의 의사에 반해 수익을 강요할 수는 없으므로, 제3자의 수익의 의사표시 없이도 제3자가 당연히 권리를 취득하는 것으로 하는 당사자 간의 약정은 효력이 없다. 이 점에서 제3자의 수익의 의사표시를 요건으로 정한 민법 제539조 2항은 강행규정으로 볼 것이다(김증한·김학동, 101면; 민법주해(XIII), 160면(송덕수)). 다만, 수익의 의사표시를 필요로 하지 않는 것으로 법률상 예외를 인정하는 것이 있다(예: 타인을 위한 보험(상법 639조), 변제를 위한 공탁(487조)). (ㄴ) 수익의 의사표시는 제3자가 채무자에게 하여야 하며(539조 2항), 명시적 또는 묵시적으로 할 수 있다. 또 이것은 권리만을 얻는 것이므로 미성년자도 단독으로 할 수 있다(5조 1항 단서).

(2) 제3자의 지위

가) 수익의 의사표시 전

a) 형성권　(ㄱ) 제3자가 수익의 의사를 표시하면 채권을 취득하므로, 제3자는 일방적인 의사표시에 의해 권리를 취득할 수 있는 지위, 즉 일종의 형성권을 가진다. 다만 민법 제541조의 반대해석상 수익의 의사표시 전에는 당사자가 제3자의 권리를 변경하거나 소멸시킬 수 있는 점에서 확정적인 것은 아니다. (ㄴ) 제3자의 권리(형성권)는 재산권적 색채가 강하므로 일신전속권이 아니고, 따라서 상속·양도는 물론이고 채권자대위권의 대상이 된다. (ㄷ) 제3자의 채권의 소멸시효 기산점에 관해서는 학설이 나뉜다. 제1설은 제3자를 위한 계약 성립시부터 시효가 진행된다고 한다(김상용, 112면; 이은영, 202면). 제2설은 제3자의 수익의 의사표시가 있는 때부터 시효가 진행된다고 한다(송덕수, 392면). 소멸시효는 권리를 행사할 수 있는 때부터 진행되는데(166조 1항), 그것은 최소한 권리가 발생한 것을 전제로 하는 것이므로, 제2설이 타당하다고 본다.

b) 채무자의 제3자에 대한 최고권催告權　(ㄱ) 위 형성권의 존속기간에 관해, 통설적 견해는 채권자의 채무자에 대한 채권이 10년의 시효에 걸리는 점을 고려하여 계약에서 특별히 정한 바가 없으면 10년의 제척기간에 걸리는 것으로 해석한다. (ㄴ) 한편 이 경우 채무자는 오랜 기간 불안한 지위에 놓이므로, 채무자는 상당한 기간을 정하여 계약의 이익을 받을지 여부를 확답할 것을 제3자에게 최고할 수 있고, 채무자가 그 기간 내에 확답을 받지 못한 경우에는 제3자가 계약의 이익을 받기를 거절한 것으로 본다(540조).

나) 수익의 의사표시 후

a) 제3자의 권리의 확정　「제539조에 따라 제3자의 권리가 생긴 후에는 당사자는 그 권리

정할 것이다. C가 B로부터 상가건물 소유권을 이전받는 경우, A는 C를 상대로 부당이득반환을 구할 수 있다.

를 변경하거나 소멸시키지 못한다」(541조). 제3자가 수익의 의사를 표시하면 채권을 확정적으로 취득한다. 따라서 그 이후에는 계약 당사자는 그 권리를 변경하거나 소멸시키지 못한다(541조). 그렇지 않으면 수익의 의사표시까지 한 제3자의 지위가 당사자에 의해 좌우되어 부당하기 때문이다. 다만 계약 당사자가 미리 계약에서 제3자의 권리를 변경 · 소멸시킬 수 있음을 유보하였거나, 제3자의 동의가 있는 경우에는, 제3자에 대해 효력이 있다(통설)(대판 2002. 1. 25, 2001다30285).

b) 그 밖의 제3자의 지위 제3자는 채권을 취득할 뿐이며, 계약의 당사자는 아니다. 따라서 계약 당사자의 지위에서 생기는 권리, 즉 당사자의 제한능력이나 의사표시의 흠결을 이유로 한 취소권이나, 당사자의 채무불이행을 이유로 한 해제권은 제3자가 갖지 못한다. 한편 제3자는 계약의 당사자는 아니지만 그 계약에 의해 채권자가 가질 채권을 직접 취득하는 점에서, 민법에서 정하는 제3자 보호규정(107조 2항 · 108조 2항 · 109조 2항 · 110조 3항 · 548조 1항 단서)에서의 제3자에는 해당하지 않는다.[1]

3. 채권자에 대한 효력

a) 이행청구권 등 (ㄱ) 채권자는 계약의 당사자로서 (제3자가 채무자에게 직접 이행을 청구할 수 있는 것과는 별도로) 채무자에 대해 제3자에게 급부할 것을 청구할 수 있다.[2] 이 청구에 따라 채무자가 채무를 이행하지 않으면 채권자에 대해 채무불이행책임을 지게 된다. (ㄴ) 제3자가 수익의 의사를 표시하면 채권을 취득하게 되므로, 그 이후에 채무자의 채무불이행을 이유로 한 손해배상청구권은 제3자에게 속한다.[3]

b) 제3자의 권리가 생긴 후 채권자의 해제권 여부 제3자의 권리가 생긴 후에도 채무자의 채무불이행이 있는 때에는 채권자는 계약을 해제하여 제3자의 권리(급부청구권)를 소급하여 소

---

1) 판례(제3자를 위한 계약에서 요약자와 낙약자 사이의 기본관계가 해제되더라도 수익자가 민법 제548조 1항 단서 소정의 제3자에 해당하는 경우): (ㄱ) 선박 건조업체(A)와 함포 생산업체(B)는 국가를 위해 B가 함포를 제작 납품하기로 하고, 이에 따라 B는 A에게 함포를 인도하였다. 한편 A는 위 함포를 국가에 현물로 변상하기로 국가와 계약을 맺었다(종전 함포가 군함의 침몰로 침수됨에 따라). A가 B에게 함포 대금의 지급을 지체하자, B는 A와의 함포 납품계약을 해제하고, 국가를 상대로 소유권에 기해 함포의 반환을 청구한 사안이다. (ㄴ) 이에 대해 대법원은 다음과 같이 판단하였다. ① 위 사안은 국가를 수익자로 하는 제3자를 위한 계약에 해당한다. ② 수익자가 갖는 권리는 요약자와 낙약자 사이의 계약에서 생긴 것이므로 그에 의존하고, 요약자와 낙약자 사이의 계약과 요약자와 수익자 사이의 계약은 별개의 계약으로서 서로 영향을 미치지 않는 것이 원칙이다. 다만 특별한 경우가 있다. 즉 본 사안처럼, A와 B 사이의 함포 납품계약에 기초하여 A와 국가(수익자) 사이에 현물인 함포로 변상하기로 계약(현물변상계약)을 맺었고, 국가는 A와의 점유매개관계를 통해 B로부터 함포를 인도받았는데, 이러한 경우에는 B가 A와의 계약을 해제하더라도 국가는 민법 제548조 1항 단서에서 말하는 계약해제의 소급효가 제한되는 제3자에 해당한다고 보았다. 즉 계약해제의 소급효가 제한되는 제3자는 그 해제된 계약으로부터 생긴 법률효과를 기초로 하여 해제 전에 새로운 이해관계를 가졌을 뿐만 아니라 등기, 인도 등으로 권리를 취득한 사람을 말하는데, 이에 해당한다고 본 것이다. ③ 그에 따라 국가가 함포의 소유권을 취득하므로, B의 위 청구를 기각하였다(대판 2021. 8. 19, 2018다244976).

2) 판례: 「이행의 소는 원고가 이행청구권의 존재를 주장하는 것으로서 권리 보호의 이익이 인정되고, 이행판결을 받아도 집행이 사실상 불가능하거나 현저히 곤란하다는 사정만으로 그 이익이 부정되는 것은 아니다. 채무자가 채권자의 이행청구에 응하지 않으면 채권자는 채무자를 상대로 제3자에게 급부할 것을 구하는 이행의 소를 제기할 수 있다」(대판 2022. 1. 27, 2018다259565).

3) 문제는 채권자도 손해배상을 청구할 수 있는가인데, 학설은 나뉜다. 제1설은, 채권자는 채무자에 대해 제3자에게 손해를 배상할 것을 청구할 수 있을 뿐이고, 자기에게 배상할 것을 청구하지는 못한다고 한다(곽윤직, 79면; 민법주해(XIII), 169면(송덕수)). 제2설은, 제3자에게 이행되는 것에 관해 채권자가 특별한 이익을 가지고 또 이를 채무자가 알 수 있는 때에는, 채권자는 채무자의 불이행에 대하여 독립된 별개의 손해배상청구권을 가진다고 한다(김증한 · 김학동, 109면; 김형배, 192면; 김현태, 61면; 이은영, 203면). 제2설이 타당하다고 본다.

멸시킬 수 있다(대판 1970. 2. 24, 69다1410, 1411).

4. 채무자에 대한 효력

a) 채무자의 급부의무 (ㄱ) 제3자가 수익의 의사를 표시한 때에는 그가 채권자가 되며, 채무자는 제3자에게 급부할 의무를 진다. 따라서 채무자의 채무불이행이 있으면 제3자에게 손해배상책임을 부담한다. (ㄴ) 수익의 의사표시를 한 제3자는 채무자에게 직접 그 이행을 청구할 수 있고, 채권자가 계약을 해제한 경우에는 채무자에게 자기가 입은 손해의 배상을 청구할 수 있다(대판 1994. 8. 12, 92다41559).

b) 채무자의 항변권 「채무자는 제539조의 계약에 기한 항변으로써 그 계약의 이익을 받을 제3자에게 대항할 수 있다」(542조). (ㄱ) 채무자가 제3자에 대해 부담하는 급부의무는 채권자와의 계약에 의해 발생한 것이므로, 채무자가 그 계약에서 채권자에 대해 가지는 항변은 제3자에게도 주장할 수 있다. 채무자가 더 불리한 지위에 놓일 이유가 없기 때문이다. 예컨대 그 계약이 쌍무계약이면 채권자가 반대급부를 제공할 때까지는 동시이행의 항변권을 주장하여 제3자에 대한 이행을 거절할 수 있고, 그 계약에 무효나 취소의 원인이 있으면(취소의 경우에는 그 행사를 전제로 하여) 제3자의 권리를 부인할 수 있다.[1] 위험부담의 법리도 적용될 수 있다. (ㄴ) 주의할 것은, 위 「항변」은 채권자와 채무자 사이의 계약에서 기인하는 것에 한한다는 점이다. 따라서 그 계약이 아닌 원인에 의하여 채무자가 채권자에게만 대항할 수 있는 항변으로는 제3자에게 대항하지 못한다. 예컨대 채무자는 채권자에 대한 반대채권을 가지고 제3자의 자신에 대한 급부청구권과 상계하지는 못한다.[2] 또 수익의 의사표시로써 제3자의 권리가 확정된 이후에는, 그 후 채권자와 채무자 사이의 계약에 의해 생긴 사유를 가지고 제3자에게 대항하지 못한다(541조).

c) 제3자의 수익 거절의 경우 제3자가 수익을 거절하거나 또는 거절한 것으로 보는 경우(540조), 채무자의 급부의무는 어떻게 되는가? 계약의 해석에 의해 결정될 문제이지만, 제3자에 대한 급부가 절대적인 것이 아닌 한 채무자는 채권자에게 급부함으로써 채무를 소멸시킬 수 있다고 할 것이다. 상법 제733조는 생명보험에 관해 이러한 취지의 규정을 두고 있다.

d) 계약해제권 제3자를 위한 계약이 매매와 같은 쌍무계약에서 생긴 경우에, 채무자는 제3자에게 급부의무를 지는 대가로 채권자에 대해 급부청구권을 가지므로, 채권자가 이를 이행하지 않는 때에는, 채권자가 채무자의 채무불이행을 이유로 계약을 해제할 수 있는 것과 마찬가지로, 채무자는 채권자의 채무불이행을 이유로 (매매)계약을 해제할 수 있다고 할 것이다. 문제는 (제3자에게 급부를 한 상태에서) 그 해제를 한 경우 누가 원상회복의무를 부담하는가이다. 계약의 해제에 따른 원상회복은 계약을 해제한 당사자 간에 하여야 하는 것이고(548조 1항), 한편 채무자는 제3자에게 급부함으로써 채권자에 대해서도 계약에 따른 이행을 한

1) 계약 자체가 무효인 경우, 제3자는 채무자에게 불법행위나 채무불이행을 이유로 손해배상을 청구할 수 없다(대판 1966. 6. 21, 66다674).

2) 「채권양도」의 방식에서는 채권은 동일성을 유지하면서 양수인에게 이전하므로, 채무자는 종전의 채권자에 대한 채권으로써 양수인에 대한 채무와 상계할 수 있고, 이 점은 제3자를 위한 계약의 경우와는 다르다.

것으로 되므로, 제3자가 아닌 채권자가 원상회복의무를 부담한다(즉 채무자는 제3자에게 원상회복을 청구할 수 없다)(대판 2003. 12. 26, 2001다46730; 대판 2010. 8. 19, 2010다31860, 31877). 제3자의 수익은 채권자와 제3자와의 관계에 의해 청산될 문제이다.

사례의 해설 (1) 甲과 A 사이에 중도금 등을 A가 B에게 지급하기로 한 약정은 B에게 직접 채권을 취득케 하는 제3자를 위한 계약에 해당한다. 한편 B에게 직접 지급키로 한 것이 B의 요청으로 이루어졌고 또 B의 예금계좌에 입금한 것을 B가 수령한 점에서 제3자 B의 수익의 의사표시가 있었다고 볼 것이므로(539조 2항), 그 이후에는 당사자는 이를 변경하거나 소멸시키지 못한다(541조). 따라서 甲과 A가 계약을 합의해제하더라도 이미 제3자(B)가 취득한 권리에는 영향을 미치지 못한다(대판 1997. 10. 24, 97다28698). 나아가 합의해제에 따른 원상회복의무는 계약의 당사자인 甲과 A 사이에 발생하는 것이고, A가 B에게 지급한 중도금은 甲에게 지급한 것과 같으므로, A는 甲에게 원상회복으로서 (A가 B에게 지급한) 중도금의 반환을 청구하여야 한다. B가 받은 중도금에 대해서는 그것이 甲에 대하여 법률상 원인이 있는 것인지 여부에 따라 부당이득의 성부가 결정된다.

(2) 제3자를 위한 계약에서 제3자의 권리가 생긴 후에는 민법 제541조에 따라 당사자는 이를 변경하거나 소멸시키지 못하지만, 당사자의 채무불이행을 이유로 상대방이 계약을 해제하는 경우에는 적용되지 않는다(대판 1970. 2. 24, 69다1410, 1411). 한편 해제의 경우 원상회복은 계약의 당사자 간에 하여야 하는 것이고(548조 1항), 채무자(甲)가 제3자(戊)에게 중도금을 준 것은 乙에게 준 것과 같으므로, 甲은 계약금에 대해서는 乙에게 반환을 청구하고, 중도금에 대해서도 戊가 아닌 乙에게 그 반환을 청구하여야 한다.

사례 p. 408

제4관 계약의 해제와 해지

제1항 서 설

민법은 채권편(제2장 제1절 제3관)에서 계약의 「해제解除」와 「해지解止」를 같이 규율한다(543조). 어느 것이나 계약에 특유한 제도로서 유효하게 성립한 계약을 당사자 일방의 의사표시만으로 실효시키는 점에서 같지만, 해제는 '일시적 계약'에, 해지는 '계속적 계약'에 인정되는 점에서 구별된다. 양자는 해제권 또는 해지권을 행사한 경우에 그 효과에서 차이를 보인다. 계약을 해제한 경우에는 계약은 소급하여 실효되며, 따라서 이미 이행된 급부에 대해서는 원상으로 회복할 의무가 생긴다(548조). 이에 대해 임대차 · 고용 · 위임 · 조합 등 이른바 계속적 급부를 목적으로 하는 계약에서 해지를 한 경우에는, 이미 정당하게 급부가 이루어진 과거의 것까지 소급하여 무효로 할 이유가 없으므로, 이때에는 해지를 한 이후, 즉 장래에 대해서만 계약이 효력을 잃는 것으로 하는 점(550조)에서 차이가 있다. 그러나 해제든 해지든 계약이 효력을 잃는 점에서는 같다.

제2항 계약의 해제

제1 계약해제 일반

Ⅰ. 해제와 해제권

1. 해제의 의의와 작용

(1) 계약이 성립한 경우에 당사자는 계약을 준수하여야 하고 그에 구속되지만(계약 준수의 원칙, 계약의 구속력), 이것은 당사자가 서로 그의 채무를 성실히 이행할 것을 전제로 하는 것이다. 다시 말해 어느 당사자가 그의 채무를 이행할 것을 기대할 수 없는 경우에까지 상대방에게 계약의 준수를 요구할 수는 없다. 이 경우 상대방의 일방적 의사표시만으로 계약을 실효시켜 계약의 구속에서 벗어나게 하는 제도가 「해제」이다.

(2) 해제의 작용은 (채무불이행을 이유로 해제권이 발생하는 것으로 민법이 정한) '법정해제'와 (당사자 간의 약정으로 해제권이 발생하는 경우를 정하는) '약정해제'에 있어서 다르다.

a) 법정해제의 경우 법정해제에서 해제의 작용이 뚜렷이 나타나는 것은 채무불이행 중에서도 이행지체의 경우이다. 구체적인 예를 들어 설명하면 다음과 같다(민법주해 채권(6), 237면 이하(김용덕)). (ㄱ) 'A가 B에게 어느 상품을 5백만원에 매도하기로 하였는데, 그 상품의 가격이 4백만원으로 떨어져 B가 대금을 지급하고 물건을 가져가려 하지 않는다.' 이 경우 A는 B를 상대로 대금과 그 지연이자를 청구할 수 있지만, 그러기 위해서는 상품을 인도하여야 한다. 따라서 상품의 인도가 번거로울 때에는 A는 B의 이행지체를 이유로 위 계약을 해제하여 상품의 인도의무를 면하고, 상품의 매매대금과 시가와의 차액 1백만원을 손해배상으로 청구하는 것이 유리하다. (ㄴ) 위 예와 반대로, '매매계약 후 상품의 가격이 6백만원으로 올라 B가 A에게 대금과 상환으로 물건을 인도할 것을 요구하는데도 A는 물건을 인도하지 않는다.' 이 경우 B는 A에게 상품의 인도와 지연배상을 청구할 수 있지만, 그러기 위해서는 매매대금을 지급하여야 한다. 따라서 B는 위 계약을 해제하여 대금채무를 면하고, 손해배상으로 1백만원을 청구하는 것이 유리할 수 있다. (ㄷ) 위 예에서, A가 그 상품을 C에게 매각·인도하여 B에 대한 채무가 이행불능이 된 경우, B는 그 상품을 취득할 수 없고 손해배상만을 청구할 수 있을 뿐이다. 따라서 계약을 해제하고 손해배상을 청구하든 해제하지 않고 이행불능에 갈음하여 손해배상을 청구하든 결과에서는 큰 차이가 없다(다만 해제한 경우에만 B는 대금채무를 면한다).

b) 약정해제의 경우 예컨대 계약금은 해약금으로 추정되는데(565조), 이것은 매매계약을 체결한 후 그 이행에 착수하기 전에 당사자가 재고의 기회를 갖기 위해 해제할 수 있는 것으로 당사자가 약정한 것으로 보고, 이 해제는 그러한 작용을 한다.

2. 해제권

제543조〔해지 · 해제권〕 ① 계약 또는 법률의 규정에 의하여 당사자 일방이나 쌍방이 해지 또는 해제할 권리가 있는 경우에는 그 해지나 해제는 상대방에 대한 의사표시로써 한다. ② 전항의 의사표시는 철회하지 못한다.

(1) 정의와 성질

(ㄱ) 유효하게 성립한 계약을 당사자 일방의 의사표시만으로 효력을 잃게 하려면 그 일방에게 해제할 수 있는 권리, 즉 「해제권」이 있어야만 하고, 이것은 당사자 간의 약정이나 법률의 규정에 의해 발생한다(543조 1항). (ㄴ) 해제권은 당사자 일방의 의사표시만으로 유효하게 성립한 계약을 실효시키는 점에서 형성권이다. 이것은 계약 당사자의 지위에서 인정되는 것이므로, 해제권만을 양도할 수 없고, 계약 당사자(또는 그 지위를 승계한 자)가 아닌 채권의 양수인이나 제3자를 위한 계약에서 제3자는 해제권을 갖지 못한다.

(2) 해제권의 발생원인

(ㄱ) 해제권이 발생하는 경우는 두 가지이다(543조 1항). 하나는 당사자 간의 계약에 의한 것이고(약정해제권), 다른 하나는 법률의 규정에 의한 것이다(법정해제권). (ㄴ) 법정해제권에 관해 민법은 다음과 같은 방식으로 정한다. ① 먼저 계약 총칙에서는 일시적 계약 모두에 공통되는 법정해제권의 발생원인을 정하는데, 그것은 채무불이행으로서 이행지체(544조~545조)와 이행불능(546조) 두 가지이다. ② 그리고 계약 각칙에서는 각각의 일시적 계약에 특유한 법정해제권의 발생원인을 따로 정한다(예: 증여(555조~557조) · 매매(570조 이하) · 도급(668조 · 670조)). 이 해제는 증여의 성질이나 매매와 도급의 유상계약으로서의 성질에 기초하여 인정되는 것이고, 채무불이행을 원인으로 하는 것이 아니다. (ㄷ) 당사자 간에 해제권이 발생하는 것으로 약정한 경우에도, 법정해제권의 포기나 배제를 따로 약정하지 않은 이상, 그것이 채무불이행을 이유로 한 법정해제권의 발생에 어떤 영향을 주는 것은 아니다(대판 1983. 8. 23, 82다카1366; 대판 1990. 3. 27, 89다카14110). 한편 채무불이행이 있더라도 법정해제권의 발생을 배제하기로 하는 합의는 유효하지만, 그러한 약정은 (비록 손해배상의 청구가 보장된다고 하더라도) 그 자체로서 채무불이행을 용인하는 결과가 되므로, 계약 당사자의 합의에 따라 명시적으로 법정해제권을 배제하기로 약정하였다고 볼 수 있는 경우가 아닌 이상 엄격하게 제한해석하여야 한다(대판 2006. 11. 9, 2004다22971).

Ⅱ. 해제의 대상

당사자가 계약에 의해 해제권을 보유하는 것은 모든 계약에서 가능하므로, 「약정해제」는 모든 계약에 인정된다. 문제는 「법정해제」의 경우이다. 즉 편무계약, 물권계약이나 준물권계약에도 법정해제가 인정되는가이다. (ㄱ) 계약의 해제에 관한 민법의 규정은 '쌍무계약'을 주로 그 대상으로 하고, 외국의 입법례는 쌍무계약에만 법정해제권을 인정하고 있다(상대방은 자신의 채무를 면하게 되는 점에서 이점이 있다). 그러나 현행 민법은 이러한 제한을 두고 있지 않아, '편무계약'에도 법정해제권이 인정되는지 해석상 문제될 수 있다. 통설은 이를 긍정한다. 예컨대 편무계약인 증여계약에서, 증여자가 이행지체에 놓인 때에는 수증자는 증여를 해제하고 손해배상으로서 그 급부에 갈음하는 전보배상을 청구할 수 있다고 한다. 그러나 이것은 수증자가 계약을 해제하지 않고 증여의 목적인 급부와 지연배상을 청구하는 것보다 유리할 것이 없는 점에서, 해제를 할 실익은 크지 않다. (ㄴ) 해제의 대상이 되는 계약은 '채권계약'에 한한다. 법정해제는 당사자 일방의 채무불이행을 원인으로 하여 발생하는 것인데, 이것은 채권과 채무가 있는 채권계약에서 생길 수 있는 것이기 때문이다. 따라서 처분행위로서 채무의 이행이 마쳐진 '물권계약'이나 '준물권계약'(예: 채권양도 · 채무인수)에서는 법정해제는 인정되지 않는다. 경개계약도 신채권을 성립시키고 구채권을 소멸시키는 처분행위로서, 신채권이 성립되면 그 효과는 완결되고 경개계약 자체의 이행의 문제는 발생할 여지가 없으므로, 경개에 의하여 성립된 신채무의 불이행을 이유로 경개계약을 해제할 수는 없다(대판 2003. 2. 11, 2002다62333). 해제계약(합의해제)도 그것에 의해 원계약을 소멸시키는 효과가 완결된 것이어서 그 자체 이행의 문제는 발생할 여지가 없으므로, 해제계약에 따른 약정을 불이행하였더라도 해제계약 자체를 해제할 수는 없다(대판 1992. 8. 18, 92다6266).

Ⅲ. 해제와 구별되는 제도

1. 해제계약 (합의해제)

a) 성 질 　계약의 해제는 해제권을 가지는 자의 일방적 의사표시로 계약을 실효시키는 '단독행위'이다. 이에 대해 「해제계약」 또는 「합의해제」는 해제권의 유무와 상관없이 당사자의 합의로 기존 계약의 효력을 소멸시켜 원상으로 회복하는 것을 내용으로 하는 새로운 '계약'이다.[1] 계약자유의 원칙상 이것이 유효함은 물론이다.

b) 효 과 　(ㄱ) 합의해제는 계약 당사자 쌍방의 합의에 의해 기존 계약의 효력을 소멸시켜 처음부터 계약이 체결되지 않았던 것과 같은 상태로 복귀시킬 것을 내용으로 하는 새로운 계약으로서, 그 기본적 효력은 합의의 내용에 의해 정해지고, 단독행위로서의 해제에 관한 민법 제543조 이하의 규정은 적용되지 않는다(대판 1960. 10. 6, 60다275; 대판 1979. 10. 30, 79다1455). 즉, ① 계약이 합의에 따라 해제(해지)된 경우에는 상대방에게 손해배상을 하는 것으로 특약을 맺지 않은 이상 채무불이행으로 인한 손해배상을 청구할 수 없다(그러한 특약은 이를 주장하는 당사자가 증명할 책임이 있다. 한편, 원래의 계약에 있는 위약금이나 손해배상에 관한 약정이 합의해제(해지)의 경우에까지 통용되지는

1) 어느 경우에 합의해제가 이루어진 것으로 볼 것인지는 법률행위 해석의 문제에 속한다. 판례는 다음의 경우에 종전의 계약이 묵시적으로 합의해제된 것으로 보았는데, 즉 불법행위로 인한 손해배상의 합의가 있은 후 피해자가 그 합의에 불만을 품고 받은 합의금을 반환하였는데 이를 가해자가 이의 없이 수령한 경우(대판 1979. 7. 24, 79다643), 계약 후 당사자 쌍방의 계약실현의사의 결여 또는 포기로 인하여 쌍방 모두 이행의 제공이나 최고가 없이 장기간(사안에서는 5년간) 방치한 경우(대판 1988. 10. 11, 87다카2503; 대판 1993. 7. 27, 93다19030), 계약 후 당사자 쌍방의 계약실현의사의 결여 또는 포기가 쌍방 당사자의 표시행위에 나타난 의사의 내용에 의하여 객관적으로 일치하는 경우(대판 2002. 1. 25, 2001다63575), 매도인이 이미 지급받은 계약금과 중도금을 공탁하였는데 매수인이 아무런 이의 없이 이를 수령한 경우(대판 1979. 10. 10, 79다1457) 등이다.

않는다)(대판 1989. 4. 25, 86다카1147, 1148; 대판 2021. 3. 25, 2020다285048; 대판 2021. 5. 7, 2017다220416). ② 당사자 간에 약정이 없는 이상, 합의해제로 인하여 반환할 금전에 그 받은 날부터 이자를 지급하여야 할 의무는 없다(548조 2항 참조)(대판 1996. 7. 30, 95다16011). (ㄴ) 당사자 간에 기존 계약에 따른 이행이 있은 후 합의해제가 있는 경우에 그 이행 부분의 반환 문제도 합의해제의 내용에 의해 결정될 것이다. 이와 관련하여 판례는, "부동산 매매계약이 합의해제되면 매수인에게 이전되었던 소유권은 당연히 매도인에게 복귀하는 것이므로, 합의해제에 따른 매도인의 원상회복청구권은 소유권에 기한 물권적 청구권으로서 소멸시효의 대상이 아니다"라고 한다(대판 1982. 7. 27, 80다2968). (ㄷ) 계약의 해제는 제3자의 권리를 해치지 못하는데(548조 1항 단서), 이것은 합의해제의 경우에도 통용된다(대판 1991. 4. 12, 91다2601). 그래서 제3자의 범위에 관해서도 계약해제의 경우와 같이 제3자가 대세적 효력을 갖는 완전한 권리(예: 인도나 등기를 갖춘 물권 등)를 취득한 자로 제한한다. 즉 매매목적 토지를 전득한 자가 완전한 권리를 취득하지 못한 때에는 제3자에 해당하지 않는다(대판 1980. 5. 13, 79다932).[1] (ㄹ) 채권자대위권을 행사한 사실을 채무자가 안 이후에 대위의 목적이 된 계약을 합의해제하는 것은 채권자의 대위권 행사를 무의미하게 하는 것이어서 이로써 채권자에게 대항할 수 없다(405조 2항 참조)(대판 1993. 4. 27, 92다44350).

2. 취소 · 해제조건 · 철회

(1) 권리자의 일방적 의사표시에 의해 법률행위의 효력을 소급적으로 소멸시키는 점에서는 해제와 「취소」는 같다. 그러나 다음의 점에서 양자는 다르다. (ㄱ) 해제는 계약에 특유한 제도인데 비해, 취소는 계약에 한하지 않고 모든 법률행위에서 인정된다. (ㄴ) 그 발생원인에서 취소권은 제한능력 · 착오 · 사기나 강박에 의한 의사표시 등을 이유로 법률의 규정에 의해 발생하지만(140조), 해제권은 당사자 간의 약정과 채무불이행 기타의 사유를 원인으로 하는 법률의 규정에 의해 발생한다. (ㄷ) 그 효과에서 취소의 경우에는 부당이득에 의한 반환의무가 발생하지만(741조 이하), 해제에는 원상회복의무와 손해배상의무가 발생한다(548조 · 551조).

(2) 계약의 해제는 해제권을 가지는 자가 해제권을 행사한 때, 즉 상대방에게 해제의 의사를 표시한 때에 비로소 효력이 발생하며(해제 여부는 그의 자유이다), 계약이 성립한 때로 소급하여 실효된다. 이에 대해 「해제조건」은 계약의 당사자가 일정한 조건이 성취되면 계약이 자동적으로 실효되는 것으로 약정한 경우로서, 즉 해제의 의사표시가 없이도 조건의 성취라는 사실만으로, 또 장래에 대해 계약이 실효되는 점에서 해제와는 다르다.

(3) 「철회」는 표의자가 한 의사표시가 확정적으로 효력을 발생하기 전에 장래에 대하여 이를 소멸시키는 것이다(7조 · 8조 2항 · 16조 1항 · 134조 · 1108조). 단독행위인 점에서는 해제와 같지만, 해제는 이미 계약의 효력이 생긴 것을 소급하여 실효시키는 점에서 철회와는 다르다.

---

1) 판례: ① 「증여계약의 이행에 의한 재산의 취득이 있게 됨으로써 증여세를 부과할 수 있는 국가의 조세채권이 발생한 이후에 증여계약의 당사자가 그 증여계약을 합의해제하였다 하더라도, 그로 인하여 이미 발생한 국가의 조세채권에 아무런 영향을 줄 수가 없다」(대판 1987. 11. 10, 87누607). ② 「상속재산 분할협의는 공동상속인들 사이에 이루어지는 일종의 계약으로서, 공동상속인들은 이미 이루어진 상속재산 분할협의의 전부 또는 일부를 전원의 합의에 의하여 해제한 다음 다시 새로운 분할협의를 할 수 있지만, 그 해제 전의 분할협의로부터 생긴 법률효과를 기초로 하여 새로운 이해관계를 가지게 되고 등기나 인도 등으로 완전한 권리를 취득한 제3자의 권리를 해치지 못한다」(대판 2004. 7. 8, 2002다73203).

제2 법정해제권

사례 (1) 1) 甲은 2010. 5. 12. 乙에게 자기 소유의 X토지를 10억원에 매도하면서 계약 당일 계약금으로 1억원, 2010. 6. 12. 중도금 4억원, 2010. 7. 12. 잔금 5억원을 받고, 잔금 수령과 동시에 소유권이전등기에 필요한 서류를 교부하여 주기로 하였다. 아울러 乙이 각 기일에 대금을 지급하지 못하는 경우에는 甲이 계약금을 몰취하기로 약정하였다. 甲은 위 계약 당일 계약금 1억원을 수령하였으나 2010. 5. 말경 주변 지역의 개발호재로 X토지의 가격이 상승하자 乙에게 대금의 인상을 요청하였다. 그러나 乙은 이를 거절하고 바로 2010. 6. 2. 중도금 4억원을 甲의 계좌로 송금하였다. 2) 甲은 2010. 6. 20. 乙에게 X토지의 대금을 15억원으로 인상해 주지 않으면 X토지를 매도할 의사가 없음을 분명히 하였다. 이에 乙은 2010. 6. 30. 甲에게 위 매매계약의 해제를 통보하고, 이미 지급한 계약금 1억원, 중도금 4억원, 위약금 1억원 및 위 각 금원에 대한 지연손해금을 구하는 소를 제기하였다. 乙의 이 각 청구에 대한 당부를 판단하시오. (15점)(제53회 사법시험, 2011)

(2) 甲은 2015. 1. 20. 乙에게 甲 소유의 Y토지(이하 '이 사건 토지'라 한다)를 매도하기로 하는 매매계약(이하 '이 사건 계약'이라 한다)을 체결하였다. 이 사건 계약의 내용은 다음과 같다: "매매대금을 5억원으로 하되, 계약금 5,000만원은 계약 당일 지급하고, 중도금 2억원은 2015. 4. 15.에 지급하고, 잔금 2억 5,000만원은 2015. 8. 10. 소유권이전등기서류를 교부받음과 동시에 지급하기로 한다." 乙은 이 사건 계약에 따라 계약 당일 甲에게 계약금 전부를 지급하였고, 2015. 4. 15. 중도금 전부를 지급하였다. 그 무렵 이 사건 토지를 포함한 주변 일대가 「도시개발법」에 따라 도시개발계획이 결정되어 도시개발구역 지정고시가 이루어졌고, 이로 인하여 이 사건 토지의 가격 상승이 기대되자 甲은 乙과 매매계약을 체결한 것을 후회하였다. 평소 丙은 이 사건 토지에 건물을 신축하여 식당을 운영할 계획을 가지고 있었는데, 우연히 甲이 이 사건 토지에 대한 매매를 후회한다는 사실을 알게 되었다. 이에 丙은 이 사건 토지에 대한 매매계약이 있음을 알면서도 甲과 교섭하여 2015. 7. 5. 이 사건 토지에 대하여 대금을 7억원으로 하는 매매계약을 체결하고, 2015. 8. 4. 매매대금 전액을 지급하고 소유권이전등기를 넘겨받았다. 乙은 이 사건 토지에 대한 소유권이전등기를 넘겨받거나, 자신의 손해를 보전 또는 최소화하기 위한 법적 조치를 취하려 한다.

(a) 乙이 甲을 상대로 이 사건 토지에 대한 매매를 원인으로 한 소유권이전등기청구를 하는 경우 인용 가능 여부 및 그 논거를 서술하시오(단, 소송에서 예상 가능한 항변은 모두 주장된 것으로 한다). (10점)

(b) 乙이 甲을 상대로 금전 지급을 구하는 청구를 하려고 하는 경우 가능한 권리 구제수단 및 그 논거를 서술하시오. (20점)(2016년 제5회 변호사시험)

(3) 甲은 2015. 3. 25. 乙로부터 乙 소유의 X토지와 그 지상 Y건물을 10억원에 매수하면서, 乙에게 계약 당일에 계약금 1억원, 2015. 4. 25. 중도금 4억원, 2015. 5. 25. 잔금 5억원을 지급하기로 약정하였다. 甲은 乙에게 대금을 완납하고 위 각 부동산을 인도받은 후, 丙에게 위 각 부동산을 매도하고 X토지에 관하여는 丙 명의로 소유권이전등기를 경료해 주었다. 한편 Y건물은 무허가 미등기 건물이어서 甲은 무허가 건물 관리대장상의 소유자 명의를 丙으로 변경해 주었다. 그런데 甲과 乙 사이의 매매와 관련하여 乙에게 부과된 양도소득세 부담에 관하여 분쟁이 생기자, 乙은 甲과의 매매계약을 해제하기로 합의하였다. 乙은 丙을 상대로 Y건물에 대한 계약해제를 주장할 수 있는가? (15점)(2016년 제58회 사법시험)

(4) 1) 甲은 2017. 1. 21. A은행으로부터 1억원을 월 1%, 변제기 2017. 4. 20.로 정하여 대출받으면서 A은행을 위하여 X대지와 그 지상 Y주택(이하 이를 합해 '이 사건 부동산'이라고 한다)에 채권최고액 1억 2천만원인 공동근저당권을 설정하였다. 그러나 甲은 A은행에 위 대출계약에 따른 이자 등 일체의 금원을 지급하지 않았고, A은행도 甲에게 어떠한 청구도 한 사실이 없다. 2) 한편, B공인중개사의 중개로 甲은 2017. 8. 1. 乙에게 이 사건 부동산을 매매대금 합계 4억원(X대지 3억원, Y주택 1억원)으로 정하여 매도하는 계약을 체결하였다. 이 계약에 따르면, 乙은 계약금 4천만원은 계약 당일 지급하고, 중도금 1억 6천만원은 2017. 9. 20. Y주택의 인수와 동시에 지급하며, 잔금 2억원은 2017. 10. 20. 10:00 B공인중개사 사무실에서 이 사건 부동산에 관한 소유권이전등기 소요 서류의 수령과 동시에 지급하되, 잔금 지급일 현재 위 근저당권에 의하여 담보되는 甲의 A은행에 대한 대출 원리금 채무 전액을 매매잔대금에서 공제한 나머지 금액을 지급하기로 하였다. 위 매매계약에 따라, 甲은 乙로부터 계약 당일 계약금 4천만원을 수령하였고, 2017. 9. 20. 중도금 1억 6천만원을 수령함과 동시에 乙에게 Y주택을 인도하였다. 3) 다른 한편, 甲으로부터 Y주택을 인도받은 乙은 2017. 10. 1. 丙과의 사이에 기간 2017. 10. 1.부터 24개월간, 보증금 1억원, 월 차임 100만원으로 정하여 임대차계약을 체결함과 동시에 丙에게 Y주택을 인도하였고, 이를 인도받은 丙은 즉시 전입신고를 함과 동시에 위 임대차계약서에 확정일자를 받았다. 4) 위 매매계약에 따라, 甲은 잔금 지급일인 2017. 10. 20. 이 사건 부동산에 관한 소유권이전등기 소요 서류 일체를 가지고 B공인중개사 사무실에 갔으나, 乙은 B사무실에 나타나지 않은 채 단지 전화로 잔금 지급일을 한 달 정도 미루어 줄 것을 요청하였다. 甲은 乙의 이러한 요청을 거절하면서 1주일 뒤인 2017. 10. 27.까지 잔금을 지급하지 않으면 별도의 조치 없이 위 매매계약은 효력을 상실한다는 뜻을 밝히면서 소유권이전등기 소요 서류 일체를 그대로 B사무실에 맡겨두었다. 그러나 乙은 2017. 10. 27.까지 잔금을 지급하지 않았다.

(a) 위 매매계약의 잔금 지급일인 2017. 10. 20. 현재 대출계약에 따른 甲의 A은행에 대한 대출 원리금 총액 및 산출근거는? (이자에 대한 지연손해금은 고려하지 않음) (10점)

(b) 위 매매계약은 적법하게 해제되었는가? (15점)

(c) 甲은 2017. 10. 28. 丙을 상대로 주택 인도를 청구하였다. 甲의 주택 인도 청구는 타당한가? (15점)(2018년 제1차 변호사시험 모의시험)

(5) 1) 甲은 2017. 4. 21. A은행으로부터 1억원을 이자율 월 1%, 변제기 2018. 4. 20.로 하여 대출받으면서 甲 소유의 X건물에 채권최고액 1억 2천만원으로 하여 근저당권을 설정해 주었다. 그 후 甲은 2017. 12. 10. 乙에게 X건물을 3억원에 매도하는 계약을 체결하였다. 이 계약에 따르면, 乙은 계약금 3천만원은 계약 당일 지급하고, 중도금 1억 2천만원은 2018. 1. 10. X건물의 인도와 동시에 지급하며, 잔금 1억 5천만원은 2018. 3. 10. X건물에 관한 소유권이전등기에 필요한 서류의 수령과 동시에 지급하되, 위 근저당권에 의하여 담보되는 甲의 A은행에 대한 대출 원리금 채무 전액을 乙이 갚기로 하고 나머지 금액을 甲에게 지급하기로 하였다. 위 매매계약에 따라 甲은 乙로부터 계약 당일 계약금 3천만원을 수령하였고, 2018. 1. 10. 중도금 1억 2천만원을 수령함과 동시에 乙에게 X건물을 인도하였다. 2) 한편, 甲으로부터 X건물을 인도받은 乙은 2018. 1. 15. 무인세탁소를 운영하고자 하는 丙과 2018. 2. 1.부터 12개월간, 보증금 1억원, 월 차임 100만원으로 정하여 임대차계약을 체결하였다. X건물을 인도받은 丙은 2018. 2. 15. 철제새시, 방화 셔터 등 1천만원의 유익비를 지출하고 사업자등록을 하지 않은 채 기계들을 들여놓고 운영하기 시작하였다.

유익비에 대하여는 공사가 완료되는 대로 乙이 丙에게 지급하기로 약정하였다.

(a) 乙은 2018. 3. 10. 甲이 X건물의 소유권이전등기에 필요한 서류들을 제공하였음에도 불구하고 잔금을 지급하지 않았다. 이에 甲은 몇 차례 기한을 연장해 주며 독촉을 하였지만 乙이 계속하여 잔금을 지급하지 않자 2018. 6. 1. 매매계약을 해제하고 丙을 상대로 X건물 인도청구의 소를 제기하였다. 이에 대해 丙은 甲이 해제로 자신에게 대항할 수 없으며, 설령 인도하더라도 보증금을 돌려주면 인도하겠다고 항변하였다. 이 경우 법원의 결론을 근거와 함께 설명하시오. (25점)

(b) 乙은 잔금을 지급하고 X건물의 소유권이전등기를 마친 후 2018. 9. 1. 丁에게 매도하고 소유권이전등기를 마쳤다. X건물의 임대차가 2019. 1. 31. 기간 만료로 종료된 후, 丁이 X건물의 인도를 요구하자 丙은 자신이 지출한 비용만큼 가치가 현존하고 있는 1천만원 상당의 유익비 상환 또는 부당이득반환을 丁에게 구하고 있다. 1천만원 상당의 유익비가 존재하고 있다는 점은 인정되었다. 丙의 주장의 법적 타당성 여부를 검토하시오. (20점)(2019년 제3차 변호사시험 모의시험)

(6) 1) 甲은 2019. 1. 30. A로부터 원금 3억원을 변제기 2021. 1. 30.로 정하여 무이자로 차용하고, 이를 담보하기 위하여 2019. 2. 1. 甲 소유 X부동산에 채권최고액 3억 6천만원으로 하는 A 명의의 근저당권을 설정해 주었다. 2) 甲은 A에 대한 변제기 이후에도 위 차용금 채무를 변제하지 않던 중, 2021. 2. 10. 乙에게 X부동산을 10억원에 매도하되, A에 대한 채무 3억원을 공제하고, 나머지 7억원을 받기로 약정하였다. 乙은 7억원을 모두 지급하였다. 3) 甲은 잔금 지급기일에 X부동산의 소유권이전등기에 필요한 일체의 서류를 법무사에게 맡겨두어 등기이전에 관한 이행제공을 하였고, 2022. 2. 15.까지도 이행제공 상태를 유지하면서 乙에게 지속적으로 차용금 변제를 요구하였다. 그럼에도 乙이 변제하지 않자 A는 2022. 8. 5. X부동산에 대하여 위 근저당권에 기하여 경매를 신청하였다. 그러자 甲은 스스로 위 차용금을 모두 변제하여 경매를 취하시켰다. 4) 乙이 A에게 차용금을 변제하지 않았음을 이유로 甲은 X부동산에 대한 乙과의 매매계약을 해제할 수 있는가? (30점)(2022년 제2차 변호사시험 모의시험) 해설 p.447

Ⅰ. 해제권의 발생

법정해제권의 발생원인에는 일시적 계약에 '공통'되는 것과 '특유'한 것이 있는데, 후자에 관해서는 계약 각칙에서 따로 정하고 있고(예: 증여(555조~557조)·매매(570조 이하)·도급(667조 이하)), 계약 총칙에서 규정하는 것은 전자에 관해서이다. 일시적 계약에 공통된 법정해제권의 발생원인은 '채무불이행'인데, 민법은 이에 관해 「이행지체」(544조~545조)와 「이행불능」(546조)의 두 가지를 인정하고, 전자는 다시 「보통의 이행지체」(544조)와 「정기행위」(545조)로 나누면서, 각각 그 해제권의 발생요건을 규정한다.

1. 이행지체履行遲滯

(1) 보통의 이행지체

제544조〔이행지체와 해제〕 당사자 일방이 그의 채무를 이행하지 않는 경우에는 상대방은 상당한 기간을 정하여 그 이행을 최고하고 그 기간 내에 이행하지 아니한 때에는 계약을 해제할 수 있다. 그러나 채무자가 이행하지 아니할 의사를 미리 표시한 경우에는 최고를 요하지 아니한다.

보통의 이행지체를 이유로 계약을 해제할 수 있기 위해서는 다음의 세 가지가 필요하다.

a) 이행지체의 성립 (ㄱ) 이행기와 관련하여 어느 때에 이행지체가 되는지에 관해서는 민법 제387조에서 정한다. 한편 쌍무계약에서는 각 당사자가 동시이행의 항변권을 가지므로(536조), 채무자를 이행지체에 빠지게 하려면 채권자가 자신의 급부를 이행하거나 이행의 제공을 하여야만 한다.[1] (ㄴ) 이행지체에 채무자의 귀책사유가 필요한가? 민법은, 이행불능의 경우에는 '채무자에게 책임이 있는 사유로 이행이 불능하게 된 때'라고 하여 채무자의 귀책사유를 요건으로 정하고 있지만(546조), 이행지체에 관하여는 '당사자 일방이 그의 채무를 이행하지 아니하는 경우'라고 달리 표현하고 있다(544조). 학설은 나뉜다. 제1설은, 법정해제권은 채무불이행의 효과로서 발생하는 것이고, 이행지체와 이행불능을 달리 취급할 이유가 없으며, 채무자에게 귀책사유가 없는데도 해제할 수 있는 것으로 하는 것은 채무자에게 가혹하다는 점 등을 이유로 채무자의 귀책사유가 필요하다고 보는데, 통설적 견해에 속한다. 제2설은, 민법 제544조의 법문과 채무자의 귀책사유는 손해배상을 청구하는 경우에 필요한 것이라는 점, 계약의 해제는 채권자로 하여금 종전 계약의 구속에서 벗어나 새로운 계약을 체결할 수 있는 자유를 주는 데서 찾아야 한다는 점 등을 이유로, 채무자의 귀책사유는 그 요건이 아니라고 한다(김형배, 214면 이하; 이은영, 229면). 제1설이 타당하다고 본다.

b) 상당 기간을 정한 이행의 최고

aa) 원 칙: 채권자는 상당한 기간을 정하여 그 이행을 최고하여야 한다(544조 본문). (ㄱ) 채무자에게 이행지체가 성립하면 손해배상책임이 발생하지만(390조), 이행지체와 동시에 채권자가 계약을 체결한 목적을 잃는다고 보기는 어렵다. 그래서 제544조는 해제의 요건으로서 채무자의 이행지체 외에 채권자가 상당 기간을 정하여 이행의 「최고」를 하여야 하고, 이 최고를 하였음에도 채무자가 채무를 이행하지 않은 때에만 채권자가 계약을 해제할 수 있는 것으로 정한 것이다. (ㄴ) 최고와 관련하여 다음 두 가지가 문제된다. ① 「과대최고」의 경우이다. 채권자의 이행 최고가 본래 이행하여야 할 채무액을 초과하는 경우에도 본래 급부하여야 할 수량과의 차이가 비교적 적거나 채권자가 급부의 수량을 잘못 알고 과다한 최고를 한 것으로서 과다하게 최고한 진의가 본래의 급부를 청구하는 취지라면, 그 최고는 본래 급부하여야 할 수량의 범위 내에서 유효하다. 그러나 과다한 정도가 현저하고 채권자가 청구한 금액을 제공하지 않으면 그것을 수령하지 않을 것이라는 의사가 분명한 경우에는 그 최고는 부적법하다(그 최고에 기한 계약해제는 효력이 없다)(대판 1994. 5. 10, 93다47615; 대판 1995. 9. 5, 95다19898; 대판 2004. 7. 9, 2004다13083). ② 「과소최고」의 경우에는

1) 판례: ① 「매매목적물인 부동산에 대한 근저당권설정등기나 가압류등기가 말소되지 아니하였다고 하여 바로 매도인의 소유권이전등기의무가 이행불능으로 되었다고 할 수 없고, 매도인이 이행하지 아니할 의사를 미리 표시한 경우가 아닌 한, 매수인은 이행지체에 따른 해제의 요건에 따라서만(즉 상당기간을 정한 최고 후에도 이행을 하지 않은 때) 해제할 수 있다」(대판 2003. 5. 13, 2000다50688). ② 「쌍무계약에 있어서 당사자의 채무에 관하여 이행의 제공을 엄격하게 요구하면 불성실한 상대 당사자에게 구실을 주게 될 수도 있으므로 당사자가 하여야 할 제공의 정도는 그 시기와 구체적인 상황에 따라 신의성실의 원칙에 어긋나지 않게 합리적으로 정하여야 하는데, 매도인이 매수인을 이행지체로 되게 하려면 소유권이전등기에 필요한 서류 등을 현실적으로 제공하거나 그렇지 않더라도 이행장소(사안에서는 그 장소로 약정한 법무사 사무실)에 그 서류 등을 준비하여 두고 매수인에게 그 뜻을 통지하고 수령하여 갈 것을 최고하면 된다」(대판 2001. 5. 8, 2001다6053, 6060, 6077).

원칙적으로 최고에 표시된 수량에 관해서만 효력이 생긴다. 채권자는 채무의 일부만을 특히 빨리 이행하라고 청구할 수 있기 때문이다. (ㄷ) 채권자의 이행의 최고는 「상당한 기간」을 정해서 해야 한다. 상당 기간은 채무자가 채무를 이행하는 데 통상 소요되는 기간으로서, 이행하여야 할 채무의 성질이나 기타 객관적 사정을 고려하여 결정할 수밖에 없다.[1] 최고 후 해제를 하기까지 상당 기간이 지난 것이면 해제를 하는 데 문제가 없다. 따라서 채권자가 지정한 기간이 상당 기간보다 짧은 경우에는 다시 그 기간을 정해서 최고하여야 하는 것은 아니며, 상당 기간이 지나면 해제권이 발생한다. 마찬가지로 상당 기간을 정하지 않고서 최고를 한 경우에도 그 기간이 지나면 해제권이 발생한다(대판 1990. 3. 27, 89다카14110). 민법 제544조에 의한 해제권의 발생에서 중요한 것은, 최고를 하여도 상당한 기간 내에 이행하지 않는 사실이며, 또 이때 최고를 무효로 하면 채무를 이행하지 않은 채무자를 지나치게 보호하는 것이 되기 때문이다(송덕수, 407면). (ㄹ) 채무이행의 기한이 없는 경우에는 채무자는 이행청구를 받은 때부터 지체책임을 진다(387조 2항). 그렇다면 채권자가 계약을 해제하기 위해서는 따로 상당 기간을 정하여 최고를 하여야 하는가? 통설적 견해는 이행청구나 최고나 그 성질은 같은 것이기 때문에 중복 최고는 필요하지 않으며, 처음에 이행청구를 하면서 상당 기간을 정하면 그것으로 족한 것으로 해석한다.

bb) 예외(최고가 필요 없는 경우): 보통의 이행지체에서 다음의 경우에는 최고가 필요 없다. (α) 이행거절: 「채무자가 이행하지 않을 의사를 미리 표시한 경우에는 최고를 요하지 않는다」(544조 단서). (ㄱ) 여기에서 「미리」의 의미는, 민법 제544조가 이행지체를 전제로 하는 규정인 점에서, '이행기 도래 후 최고 전'의 뜻으로 새겨야 한다(김형배, 262면 참조).[2] (ㄴ) 이행거절을 독립된 채무불이행의 유형으로 볼 것인지에 관해서는 학설이 나뉘지만(이에 관해서는 p.150 이하 참조), 「이행기 후의 이행거절」의 경우에는 민법 제544조 단서를 근거로 해제할 수 있다.[3] (β) 특약이 있는 경우: (동시이행의 관계에 있지 않는 채무에서) 이행지체가 있으면 당사자가 최고 없이 해제할 수 있는 것으로 특약을 맺은 경우, 이것이 채무자에게 불이익을 강요하는 것은 아니라는 이유로 그 효력을 인정하는 것이 통설이다. 판례도 같은 취지이다(즉, 매수인이 중도금을 약정한 일자에 지급하지 않으면 그 계약을 무효로 하는 것으로 특약을 맺은 경우, 매수인이 중도금을

1) 판례: 「매매계약에 관하여 그 이행기일을 도과하도록 쌍방의 의무가 이행되지 않고 있던 중, 매도인이 소유권이전등기 서류 일체를 매수인에게 제공하면서 2일 이내에 잔대금을 지급할 것을 최고하였는데, 그 기한 내에 잔대금의 지급이 없어 해제를 한 경우, 매매계약은 적법하게 해제되었다」(대판 1980. 1. 15, 79다1859).

2) 판례: ① 「쌍무계약인 부동산 매매계약에 있어 매수인이 이행기일을 도과한 후에 이르러 매도인에 대하여 계약상 의무 없는 과다한 채무의 이행을 요구하고 있는 경우에는, 매도인으로서는 매수인이 자신의 채무를 이행할 의사가 없음을 이미 표시한 것으로 보고 자기 채무의 이행제공이나 최고 없이도 계약을 해제할 수 있다」(대판 1992. 9. 14, 92다9463). ② 「매매계약서상의 매수인란에 주소와 주민등록번호 등이 기재되어 있지 않았다는 사유만으로 매수인에게 채무를 이행할 의사가 없는 것으로 단정할 수는 없다」(대판 1991. 11. 26, 91다23103).

3) 문제는 「이행기 전의 이행거절」의 경우인데, 민법은 이에 관한 해제의 법적 근거를 마련하고 있지 않다. 판례는, ① 부동산 매도인이 중도금의 수령을 거절하고 또 이행거절의 의사를 분명히 한 사안에서, 매수인은 최고나 자기 채무의 이행제공 없이 매매계약을 해제할 수 있다고 하면서, 그 근거로 신의성실의 원칙을 제시하고 있다(대판 1993. 6. 25, 93다11821). ② 채무자가 이행거절의 의사를 표명한 경우에도 이를 '철회'할 수 있는지, 철회한 경우에는 법률관계가 어떻게 되는지에 관해, 판례는, 「그 이행거절의 의사표시가 적법하게 철회된 경우, 상대방으로서는 자기 채무의 이행을 제공하고 상당한 기간을 정하여 이행을 최고한 후가 아니면 채무불이행을 이유로 계약을 해제할 수 없다」고 한다(대판 2003. 2. 26, 2000다40995)(동지: 대판 1989. 3. 14, 88다1516, 1523 등).

지급하지 않으면 계약은 그 일자에 자동적으로 해제된 것으로 본다(대판 1980. 2. 12, 79다2035; 대판 1988. 12. 20, 88다카132). 다만 약관으로 사업자의 최고 요건을 경감하는 것은 약관규제법(9조 3호)에 의해 무효이다.

c) 최고기간 내에 이행을 하지 않을 것 (ㄱ) 채무자가 최고기간 내에 이행하지 않았어야 한다(544조 본문). 문제는 쌍무계약에서이다. 즉 채무자를 이행지체에 빠지게 하려면 채권자가 자기 채무의 이행을 제공하여야 하는데, 이것은 최고기간 동안에도 계속되어야 하는지이다. 판례는, 채권자의 반대급부의무의 이행제공의 정도를 엄격하게 요구하면 오히려 불성실한 채무자에게 구실을 줄 우려가 있다는 점에서 그 정도는 구체적인 상황에 따라 합리적으로 정하여야 한다고 하면서(대판 1995. 12. 22, 95다40397), 부동산매매의 사안에서 매도인은 최고기간 동안 등기서류를 자신의 집에 소지하고 있는 것으로 충분하다고 한다(대판 1992. 7. 14, 92다5713). 즉, 신의성실의 원칙상 이행을 최고하는 일방 당사자로서는 그 채무이행의 제공을 계속할 필요는 없다 하더라도, 상대방이 최고기간 내에 이행 또는 이행제공을 하면 계약해제권은 소멸되므로, 상대방의 이행을 수령하고 자신의 채무를 이행할 수 있는 정도의 준비가 되어 있으면 된다.[1] 그러나 해제권이 발생한 이후에는, 그 후 해제권을 행사하는 때에 다시 이행의 제공을 할 필요는 없다. (ㄴ) 채무자가 최고기간 또는 상당한 기간 내에 이행하지 않은 데에 정당한 사유가 있는 경우, 신의칙상 그 최고기간 또는 상당한 기간 내에 이행 또는 이행의 제공이 없다는 이유로 해제권을 행사하는 것이 제한될 수 있다(대판 2001. 4. 10, 2000다64403; 대판 2013. 6. 27, 2013다14880, 14897).[2]

(2) 정기행위定期行爲

> 제545조〔정기행위와 해제〕 계약의 성질이나 당사자의 의사표시에 의하여 일정한 시일에 또는 일정한 기간 내에 이행하지 아니하면 계약의 목적을 달성할 수 없을 경우에 당사자 일방이 그 시기에 이행하지 아니한 때에는 상대방은 전조의 최고를 하지 아니하고 계약을 해제할 수 있다.

a) 정의와 종류 (ㄱ) 일정한 시일에 또는 일정한 기간 내에 이행하지 않으면 계약의 목적을 달성할 수 없는 계약이 「정기행위」이다. (ㄴ) 정기행위에는 두 종류가 있다. ① 계약의 성질상 이행기에 이행하지 않으면 계약의 목적을 달성할 수 없는 것으로서, 「절대적 정기행위」라고 하는데, 예컨대 초대장의 주문, 장례식에 보낼 화환의 주문, 연회를 위한 요리의 주문 등이 이에 속한다. ② 급부의 성질로부터 객관적으로 정기행위임을 알 수 없는 것을 당사자의

1) 부동산 매수인이 잔대금 지급기일에 잔대금을 이행제공하였음에도 매도인이 명도의무를 이행하지 못하여 이행지체에 놓인 경우, 매수인이 매도인에게 상당한 기간 내에 명도의무의 이행이 없을 것을 정지조건으로 하여 미리 해제의 의사표시를 함과 동시에, 매도인으로서의 이행을 최고함에 있어서 현실로 이행제공하였던 잔대금으로 양도성 예금증서를 구입하여 보관하고 있으면서 자신의 채무를 이행할 수 있는 준비를 하고 있었던 사안에서, 이는 해제권 발생을 위한 적법한 최고에 해당하는 것으로 보았다(대판 1996. 11. 26, 96다35590, 35606).

2) 甲이 乙회사에 자신이 운영하던 공장의 모든 생산설비, 자재, 특허권 등을 양도하고 乙회사에서 3년 이상 근무하기로 하는 계약을 맺으면서, 위 특허권을 이용하여 제조하는 기계에 대한 로열티를 생산제조원가에 따른 비율로 계산하여 나중에 받기로 약정하였는데, 甲이 乙회사에서 중도 퇴사한 후 그동안 제작한 기계에 대한 로열티 지급을 최고하고 그에 관한 소송을 제기하여 로열티 액수에 관하여 다투던 중 이행지체를 이유로 위 계약을 해제한 사안에서, 로열티는 생산제조원가를 알 수 있는 甲만이 정확히 계산할 수 있고 乙회사가 이를 정확하게 계산하는 데 한계가 있는 점을 고려하여, 乙이 최고기간 또는 상당한 기간 내에 이행하지 아니한 데에 정당한 사유가 있어 甲이 해제권을 행사하는 것이 신의칙상 제한될 수 있다고 보았다(대판 2013. 6. 27, 2013다14880, 14897).

의사표시에 의해 정기행위로 하는 경우로서, 「상대적 정기행위」라고 하는데, 예컨대 양복을 맞추면서 어느 날의 결혼식에 입을 것임을 말하는 경우가 이에 속한다. 이때에는 단순히 이행기를 준수할 것을 약정한 것만으로는 부족하고, 그 정하여진 이행기의 준수가 계약목적의 달성을 위해 절대 필요한 것임이 알려져야 한다.

b) 최고가 필요 없음　(ㄱ) 정기행위에서는 이행기에 채무가 이행되어야 계약의 목적을 달성할 수 있으므로, 이행지체가 있은 후에 상당 기간을 정해 최고를 하는 것은 아무 의미가 없다. 그래서 이행기에 이행이 없으면 최고 없이 계약을 해제할 수 있는 것으로 한 것이다. (ㄴ) 정기행위의 경우에도 채무자의 귀책사유에 의한 이행지체를 필요로 한다(통설). (ㄷ) 정기행위에서는 이행기에 이행이 없으면 최고 없이 계약을 해제할 수 있다는 것이지, 당연히 계약이 해제된다는 의미는 아니다. 채권자는 계약을 해제하지 않고 본래의 급부를 청구할 수 있음은 물론이다. 다만 상사매매에서는 상대방이 이행기 경과 후 즉시 그 이행을 청구하지 않으면 계약을 해제한 것으로 본다는 특칙이 있다(상법 68조).

2. 이행불능 履行不能

> 第546条〔이행불능과 해제〕 채무자에게 책임이 있는 사유로 이행이 불능하게 된 경우에는 채권자는 계약을 해제할 수 있다.

a) 요　건　채무자의 귀책사유로 이행불능이 된 때에는,[1] (이행지체의 경우와는 달리) 이행기를 기다릴 필요 없이 그때부터 또 최고 없이도 계약을 해제할 수 있다. 이행불능인 점에서 이행기까지 기다린다는 것이, 이행을 최고한다는 것이 모두 무의미하기 때문이다. 그리고 쌍무계약에서 상대방의 급부가 불가능한 이상 채권자는 자신의 반대급부를 제공할 필요도 없다(대판 2003. 1. 24, 2000다22850).

b) 일부 이행불능　A가 B에게 사전 분양한 체비지替費地의 면적은 3만평인데 그 후 확정된 체비지가 16,820평으로 된 사안에서, 판례는, "계약의 일부의 이행이 불능인 경우에는 이행이 가능한 나머지 부분만의 이행으로 계약의 목적을 달성할 수 없을 경우에만 계약 전부를 해제할 수 있다"고 한다(대판 1996. 2. 9, 94다57817). 따라서 일부 이행불능의 경우에 나머지 부분만으로 계약의 목적을 달성할 수 있는 때에는 그 일부불능 부분에 대한 일부 해제도 가능하다(대판 1996. 12. 10, 94다56098). 반면 일부 이행불능이 전부 이행불능으로 다루어지는 경우도 있다.[2]

---

1) 이행불능을 이유로 계약을 해제하기 위해서는 그 이행불능이 채무자의 귀책사유에 의한 경우여야 하므로, 매도인의 매매목적물에 관한 소유권이전의무가 이행불능이 되었다고 하더라도, 그 이행불능이 매수인의 귀책사유에 의한 경우에는 매수인은 그 이행불능을 이유로 계약을 해제할 수 없다(대판 2002. 4. 26, 2000다50497).

2) A가 그 소유 대지 위에 상가건물을 신축하기로 하고 B와 그중 어느 특정 점포에 대해 분양계약을 체결하였는데, 자금난으로 상가건물을 신축하지 못하고 해외로 도피한 사안에서, 판례는, 점포의 소유권이전채무는 이행불능이 되었고, 한편 토지와 그 지상건물을 매매한 경우 양자는 법률적인 운명을 같이하는 것이 거래의 관행이고 당사자의 의사에도 합치하므로, 결국 A의 B에 대한 분양계약상의 채무는 전부불능이 된 것으로서, 그 점포의 대지 지분의 소유권이전채무도 이행불능이 된 것으로 보았다(그래서 그 대지지분에 대한 B의 소유권이전등기청구를 배척하였다)(대판 1995. 7. 25, 95다5929).

3. 사정변경에 의한 해제(해지)

(ㄱ) 민법과 민사특별법에서 개별적으로 사정변경의 원칙을 반영한 규정이 없지 않다(218조·286조·557조·627조·628조·661조·689조·978조, 주택임대차보호법 7조, 신원보증법 4조·5조). 그러나 민법에 사정변경을 이유로 계약을 해제하거나 해지할 수 있다는 일반규정은 두고 있지 않다. (ㄴ) 그런데, 계약의 등가관계가 심하게 파괴된 때에는 일정한 요건에 따라 해제하거나 해지할 수 있다는 것이 통설이다. 이에 대해 판례는 해제와 해지를 나누어 다른 태도를 취하여 오다가, 현재는 같은 법리를 적용하고 있다. ① 판례는 일찍이 사정변경의 원칙에 대해, "채권을 발생시키는 법률행위 성립 후 당시 환경이 된 사정에 당사자 쌍방이 예견 못하고 또 예견할 수 없었던 변경이 발생한 결과 본래의 급부가 신의형평의 원칙상 당사자에게 현저히 부당하게 된 경우, 당사자가 그 급부의 내용을 적당히 변경할 것을 상대방에게 제의할 수 있고, 상대방이 이를 거절하는 때에는 당해 계약을 해제할 수 있는 규범"이라고 정의한 바 있다(대판 1955. 4. 14, 4286민상231). 즉 그 법적 효과로서 1차적으로 급부내용의 변경을 제의하고, 상대방이 이를 거절한 때에 2차적으로 계약해제권이 발생한다고 보았다. 그러면서도 민법의 해석상 사정변경을 이유로 (매매)계약을 「해제」할 수 있는 권리는 생기지 않는다고 하였다(대판 1963. 9. 12, 63다452; 대판 1991. 2. 26, 90다19664). ② 이에 대해 계속적 계약, 주로 근보증根保證에서는 사정변경을 이유로 「해지」할 수 있다고 하였다(대판 1994. 12. 13, 94다31839). ③ 그런데 그 후에는 같은 법리를 적용하는 것으로 입장을 정리하였다. 먼저 사정변경을 이유로 계약을 해제할 수 있기 위해서는, 계약 성립 당시 계약의 기초가 되었던 객관적 사정이 해제권을 취득하는 당사자에게 책임이 없는 사유로 현저히 변경되어 계약 내용대로의 구속력을 인정하는 것이 신의칙에 현저히 반하는 경우여야 하고, 이는 계속적 계약관계에서 사정변경을 이유로 계약을 해지하는 경우에도 통용된다고 하였다(대판(전원합의체) 2013. 9. 26, 2012다13637).[1] (ㄷ) 사정변경의 원칙과 충돌하는 것으로서, 계약은 반드시 지켜져야 한다는 「계약 준수의 원칙」이 있다. 당사자는 계약의 내용을 지킨다는 약속하에 계약을 체결하고, 그에 구속되는 것이며(이것이 계약의 구속력이다), 사적자치의 원칙은 이를 기반으로 한다. 당사자는 계약을 통해 장래 자신에게 어떤 이익과 위험이 있게 될지를 예측하고 고려한 상태에서 계약을 맺게 된다. 계약 이후에 생긴 사정의 변화는 당사자가 감수하여야 할 몫이기도 하고, 계약의 속성에 속하기도 하는 것이다. 그러므로 사정변경의 원칙은 극히 예외적인 경우로 한정하는 것이 바람직하다.

판 례 사정변경을 이유로 한 계약의 해제를 부정한 사례

(α) 사 실: A(지방자치단체)는 그 소유 토지가 개발제한구역에서 해제되자 이를 공개매각하게 되었고, 위 토지상에 음식점을 건축·운영하려는 B가 1999. 10. 29. 매각예정가격의 5배 이상에 해당하는 대금 134,000,000원에 낙찰받아 그 소유권이전등기를 마쳤다. 그런데 위 공개입찰에는 '매각재산이 공부와 일치하지 않거나 행정상의 제한이 있더라도 A는 책임을 지지 않

1) 甲이 주택건설사업을 위한 견본주택 건설을 목적으로 임대인 乙과 토지에 관하여 임대차계약을 맺으면서 임대차계약서에 특약사항으로 위 목적을 명시하였는데, 그 후 지방자치단체의 결정으로 위 토지에 견본주택을 건축할 수 없게 되자, 甲이 乙을 상대로 임대차계약을 해지하고 임차보증금의 반환을 구한 것이다. 이 사안에서 대법원은 사정변경을 이유로 한 계약의 해지를 긍정하고 甲의 청구를 인용하였다(대판 2020. 12. 10, 2020다254846).

는다'는 내용이 공고되었었고, 이러한 내용이 B와의 매매계약에도 명시된 바 있었다. 그 후 A는 도시계획정비를 하면서 위 토지를 포함한 34필지에 대해 건축개발을 할 수 없는 공공용지로 정하기로 하고, 주민들의 의견을 수렴하는 절차를 거쳐 2002. 4. 29. 공공용지로 결정을 하였다. 이에 B(원고)는 A(피고)를 상대로, 원고에게 책임이 없는 사유로 공공용지로 결정되는 사정변경이 발생한 이상 계약 내용대로 구속력을 인정한다면 신의칙에 반한다는 것을 이유로, 사정변경을 이유로 계약을 해제하고 매매대금의 반환을 청구한 것이다.

(β) (ㄱ) 대법원은 사정변경으로 인한 계약해제의 요건에 관해 다음과 같이 판시하였다(대판 2007. 3. 29, 2004다31302). 즉, ① 사정의 변경이 계약 성립 당시 당사자가 예견할 수 없었고 또 현저한 것이어야 하며, ② 사정의 변경이 해제권을 취득하는 당사자에게 책임이 없는 사유로 생긴 것이어야 하고, ③ 그 사정은 계약의 기초가 된 객관적인 사정을 말하고 일방 당사자의 주관적 · 개인적인 사정을 의미하는 것이 아니며, ④ 계약 내용대로의 구속력을 인정한다면 신의칙에 현저히 반하는 결과가 생기는 것이어야 한다. 그러면서 본 사안에서는 공개매각조건에서 행정상의 제한에 관해 A가 책임을 지지 않는다는 내용이 명시되어 있었고, 낙찰을 받은 B와의 사이에 B가 그 토지상에 건축을 한다는 것이 계약의 기초 내지 전제가 되어 있지 않다는 점에서 위 요건(특히 ③)을 충족하지 못한 것으로 보아, 사정변경을 원인으로 한 계약의 해제를 인정한 원심판결을 파기, 환송하였다. (ㄴ) 그런데 위 판결에 대해서는 비판이 적지 않다. 그 내용은 크게 두 가지로 정리할 수 있다. 하나는 사실관계에 대한 판단 부분이다. 대법원은 B가 그 토지에 건축을 하려는 사정이 A에게 알려지지 않은 것으로, 그래서 B의 주관적 사정에 지나지 않는 것으로 보았다. 그러나 그 토지는 개발제한구역이 해제된 것이어서 건축을 예상할 수 있는 것이고, 또 B도 매각예정가격의 5배에 해당하는 금액으로 낙찰을 받은 점에서, B가 그 토지에 건축을 하리라는 사정은 A도 알고 있었다고 보이고, 따라서 그러한 건축의 사정은 오히려 계약의 기초를 이룬다고 볼 소지가 많다는 것이다. 둘은 설사 그렇다고 하더라도, 이 사건 토지가 공공용지로 지정된 것은 B 앞으로 매매계약에 기한 소유권이전등기까지 마쳐진 이후에 생긴 사정이라는 점이다. 이처럼 계약이 모두 이행된 뒤의 사정변경은 고려되어서는 안 된다고 한다. 그렇지 않으면 계약이 이행된 후에도 계약이 해제될 가능성이 계속 존재하게 되어 법적 안정성을 해치기 때문이라는 것이다. 요컨대 이것을 이유로 사정변경의 원칙이 적용되지 않는다고 판단하는 것으로 충분했을 것이라고 한다.[1] 이러한 비판은 그대로 타당하다고 본다.

✤ 법정해제권의 발생원인으로 논의되는 그 밖의 사항

a) 불완전이행 채무불이행의 유형으로서 불완전이행을 인정하는 것이 통설이고, 그래서 이를 이유로 해서도 법정해제권이 발생하는 것으로 해석한다. 즉 불완전한 것에 대한 추완이 가능한 경우에는 이행지체에 준해서, 불가능한 경우에는 이행불능에 준해 해제할 수 있다고 한다. 이때 계약 전부를 해제할 것인지, 아니면 불완전한 일부에 대해서만 해제를 할 것인지는 전술한 일부불능의 법리에 준해 처리할 것이다.

b) 이행거절 이행기 후의 이행거절의 경우에는 최고 없이 계약을 해제할 수 있고(544조 단서), 이행기 전의 이행거절의 경우에는 이행불능에 준해 계약을 해제할 수 있다는 것이 판례의 태도이

1) 김재형, 민법론 Ⅳ, 417면; 윤진수, "2007년도 주요 민법 관련 판례회고", 법학 49권 1호(2008), 325면; 정상현, "매매목적 토지에 발생한 사정의 변경과 계약의 효력", 저스티스(2008. 6.), 189면 이하.

다. 다만, 채무자가 이행거절을 철회한 경우에는 이행지체에 준해 계약을 해제할 수 있다.

c) 채권자지체 (ㄱ) 채무자가 변제의 제공을 하였는데 채권자가 그 수령을 지체한 경우, 채무자가 채권자의 수령지체를 이유로 계약을 해제할 수 있는지에 관해서는, 채권자지체의 성질과 관련하여 「채무불이행설」과 「법정책임설」로 학설이 나뉘고, 그에 따라 해제 여부를 달리한다. 전자는 채권자의 수령이나 협력행위를 채무로 파악하여, 그 위반이 있을 경우에는 채무불이행책임을 물을 수 있다고 보아, 채권자지체에 관한 민법의 규정(401조~403조) 외에 일반원칙에 따라 해제권이 발생하는 것으로 해석한다. 이에 대해 후자는 변제의 제공을 한 채무자를 보호하기 위해 민법이 특별히 규정한 것으로 보아, 그 책임은 민법에 규정되어 있는 것만 물을 수 있고, 따라서 채권자지체를 이유로 한 해제권은 발생하지 않는 것으로 해석한다. (ㄴ) 법정책임설이 타당하다고 본다. 판례도 입장을 같이한다. 즉 채권자지체의 성립에 채권자의 귀책사유는 요구되지 않으며, 채권자지체의 효과로서 민법에서 정한 것 외에, 채무자가 채권자에 대해 채무불이행책임과 마찬가지로 손해배상이나 계약해제를 주장할 수는 없다고 한다(대판 2021. 10. 28, 2019다293036).

d) 급부의무와 부수의무 '채무의 불이행'의 경우에 계약해제권이 발생하는데, 여기서 해제권을 발생시키는 채무불이행에서 「채무」는 무엇을 의미하는 것인지 문제된다. 통설과 판례는 채무를 「급부의무」와 「부수의무」로 나누어[1] 그 취급을 달리한다. (ㄱ) 급부의무: 이것은 「주된 급부의무」(예: 기계의 매매에서 기계의 소유권 및 점유를 이전하고 대금을 지급하는 것)와 「종된 급부의무」(예: 기계의 매매에서 설명서와 보증서를 주는 것)로 나뉜다. 그 의무의 위반시 이행청구와 손해배상청구가 인정됨은 양자에 공통되지만, 후자를 불이행한 경우에는 전자와는 달리 해제권은 인정되지 않는다.[2] (ㄴ) 부수의무: 판례는, "부수적 채무의 불이행인 경우에는, 그 불이행으로 인하여 채권자가 계약의 목적을 달성할 수 없는 경우 또는 특별한 약정이 있는 경우를 제외하고는, 원칙적으로 계약 전체의 해제를 허용할 수 없다"고 하는데(대판 1968. 11. 5, 68다1808), 구체적인 내용은 다음과 같다. ① 여러 필지의 토지를 매매하면서 그중 1필지상에 있는 분묘 2기의 이장을 담보하기 위해 매수인이 잔금 중 일부를 따로 보관하였다가 이장을 확인한 후 이를 지급키로 약정한 사안에서, 「그 분묘이장의무나 잔금 중 일부지급의무는 매매계약의 부수적 사항으로서, 그 의무위반을 이유로 계약 전체를 해제할 수 없다」(대판 1976. 4. 27, 74다2151). ② 「영상물 제작공급계약의 수급인이 내부적인 문제로 영상물제작 일정에 다소의 차질이 발생하여 예정된 일자에 시사회를 준비하지 못한 경우, 그와 같은 의무불이행은 그 계약의 목적이 된 주된 채무를 이행하는 과정에서 부수된 절차적인 의무의 불이행에 불과하므로, 도급인은 그와 같은 부수적인 의무의 불이행을 이유로 계약을 해제할 수 없다」(대판 1996. 7. 9, 96다14364, 14371). ③ 「매매계약시 검인계약서상의 매매대금을 실제 대금과는 달리 부동산의 과세표준액으로 작성하기로 약정하였으나 매수인이 이를 이행하지 않은 경우, 위 약정 부분은 조세회피 등의 의도에서 매도인의 편의를 보아 준다는 것일 뿐 위 매매계약의 주된 목적을 달성하는 데 필수불가결한 것은 아니고 위 매매계약에 부수되는 의무를 규정한 것에 불과한 것이어서, 그 불이행만을 들어 매도인이 위 매매계약을 해제할 수는 없

1) 양자를 구별함에 있어서는 급부의 독립된 가치와는 관계없이 계약을 체결할 때 표명되었거나 그 당시 상황으로 보아 분명하게 객관적으로 나타난 당사자의 합리적 의사에 따라 결정하되, 계약의 내용 · 목적 · 불이행의 결과 등의 여러 사정을 고려하여야 한다(대결 1997. 4. 7, 97마575).

2) 판례는, 상가의 일부 층을 분양하면서 수분양자에게 장차 나머지 상가의 분양에 있어 상가 내 기존 업종과 중복되지 않는 업종을 지정하여 기존 수분양자의 영업권을 보호하겠다고 약정한 사안에서, 이 경업금지의무를 분양계약상의 주된 채무로 보고, 그 불이행을 이유로 분양계약을 해제할 수 있다고 보았다(대결 1997. 4. 7, 97마575).

다」(대판 1992. 6. 23, 92다7795). ④「전대차계약을 체결한 후 중도금 수수시에 비로소 전차보증금의 반환을 담보하기 위하여 전대인이 그 소유 부동산에 근저당권을 설정하여 주기로 약정한 경우, 근저당권설정약정이 이미 전대차계약이 체결된 후에 이루어진 점에서 전대인의 근저당권설정약정이 없었더라면 전차인이 전대인과 사이에 전대차계약을 체결하지 않았으리라고 보기 어려울 뿐 아니라, 전대인의 근저당권설정등기의무가 전대차계약의 목적 달성에 필요불가결하다거나 그 의무의 이행이 없으면 전대차계약이 목적을 달성할 수 없다고 볼 만한 사정을 찾아볼 수 없으므로 전대인의 근저당권설정등기의무가 전대차계약에서의 주된 의무라고 보기 어렵고, 따라서 전차인은 전대인이 약정대로 근저당권을 설정하여 주지 않았음을 이유로 전대차계약을 해지할 수 없다」(대판 2001. 11. 13, 2001다20394, 20400).

Ⅱ. 해제권의 행사

1. 행사의 자유와 방법

a) 행사의 자유 해제권이 발생한 경우에도, 이를 행사할 것인지 여부는 해제권자의 자유이다. 따라서 채권자는 계약을 해제하지 않고 자신의 의무를 부담하면서 채무자에게 채무의 이행을 청구할 수 있다.

b) 행사의 방법 (ㄱ) 해제는 상대방에 대한 의사표시로써 한다(543조 1항). 따라서 상대방에게 도달한 때부터 효력이 생긴다(111조 1항). 소의 제기로써 계약해제권을 행사한 후 그 소를 취하하였다 하여도 해제권은 형성권이므로 그 행사의 효력에는 아무런 영향을 미치지 않는다(대판 1982. 5. 11, 80다916). (ㄴ) 해제의 의사표시에는 조건이나 기한을 붙이지 못한다. 해제는 단독행위인 점에서, 조건을 붙이면 상대방을 일방적으로 불리한 지위에 놓이게 할 염려가 있고, 또 해제에는 소급효가 있기 때문에 기한을 붙이는 것이 무의미하기 때문이다. 따라서 조건을 붙이더라도 문제가 없는 경우에는 허용된다. 예컨대 최고를 하면서 최고기간 내에 이행하지 않으면 당연히 해제된 것으로 본다고 한 것은, 최고기간 내의 불이행을 정지조건으로 하여 해제의 의사표시를 한 것으로 볼 수 있지만, 이 경우는 상대방을 특별히 불리하게 하는 것이 아니므로 유효하다(통설)(대판 1981. 4. 14, 80다2381).

〈판 례〉 당사자가 계약을 맺으면서 일정한 경우에는 해제(해지)의 의사표시 없이도 계약이 자동적으로 해제(해지)되는 것으로 약정하는 수가 있는데, 그 효력이 문제된다. 판례는 대체로 다음과 같은 태도를 보인다. (ㄱ) "매도인이 위약시에는 계약금의 배액을 배상하고 매수인이 위약시에는 지급한 계약금을 매도인이 취득하고 계약은 자동적으로 해제된다"는 조항은, 위약한 당사자가 상대방에 대하여 계약금을 포기하거나 그 배액을 상환하여 계약을 해제할 수 있다는 해제권 유보조항이라 할 것이고, 최고나 통지 없이 해제할 수 있다는 특약이라고 볼 수 없다(대판 1979. 12. 26, 79다1595; 대판 1982. 4. 27, 80다851). (ㄴ) "부동산 매매계약에 있어서 매수인이 잔대금 지급기일까지 그 대금을 지급하지 못하면 그 계약이 자동적으로 해제된다"는 취지의 약정이 있더라도, 매수인의 잔대금 지급의무와 매도인의 소유권이전등기의무는 동시이행의 관계에 있으므로, 매도인이 잔대금 지급기일에 소유권이전등기에 필요한 서류를 준비하여 매수인에게 알리는 등 이행의 제공을 하여 매수인을 이행지체로 되게 하였을 때에 비로소 자동적으로 매매계약은 해제된 것으로 된다(대판 1989. 7. 25, 88다카28891; 대판 1998. 6. 12, 98다505). 다만, 매도인이 소유권이전등기에 필요한 서류를 갖추었는지 여부를 묻지 않고 매수인의 지급기일 도과 사실 자체만으로 계약을 실효시키기로 특약을 맺었다거나, 매수인이 수회에 걸친 채무불이행에 대하여 책임을 느끼고 잔금 지급기일의 연기를 요청하면서 새로운 약정기일까지는 반드시 계약을 이행할 것을 확약하고 불이행시에는 매매계약이 자동적으로 해제되는 것을 감수하겠다는 내용의 약정을 한 특별한 사정이 있는 경우에는, 매수인이 잔금 지급기일까지 잔금을 지급하지 않으면 그 매매계약은 자동적으로 실효된다(대판 1992. 10. 27, 91다32022; 대판 1996. 3. 8, 95다55467; 대판 2022. 11. 30, 2022다255614). (ㄷ) 동시이행의 관계에 있지 않은 경우, 예컨대 매수인이 중도금을 기일에 지급하지 않으면 최고 없이 계약은 자동적으로 해제되는 것으로 약정한 경우(대판 1971. 12. 14, 71다2014; 대판 1988. 12. 20, 88다카132), 임대차계약을 체결하면서 한 달 이내에 임차인이 입점하지 않으면 자동적으로 해지되는 것으로 약정한 경우(대판 2003. 1. 24, 2000다5336, 5343), 그 불이행이 있으면 계약은 자동적으로 해제·해지되고 그에 따른 효과가 생긴다.

c) 철회의 제한 (ㄱ) 해제의 의사표시가 효력을 발생한 이후에는 이를 철회하지 못한다(543조 2항). 계약이 해제되었다고 믿는 상대방을 보호하기 위해서이다. 따라서 상대방이 승낙하면 철회할 수 있다. 다만 그 철회의 효과는 제3자에게는 대항하지 못하는 것으로 해석된다. (ㄴ) 해제도 의사표시이므로 제한능력, 의사표시의 착오, 사기나 강박을 이유로 취소할 수는 있다.

2. 해제권의 불가분성

(1) 행사의 불가분성

(ㄱ) 당사자의 일방 또는 쌍방이 수인인 경우에는, 계약의 해제는 그 전원으로부터 또는 전원에 대하여 하여야 한다(547조 1항). 그러나 그것이 공동으로 동시에 하여야만 하는 것은 아니다. 각자가 자기의 부분에 관하여 해제를 하거나 해제를 받는다면, 어떤 자에 대하여는 계약이 체결되지 않았던 것으로 되고 또 어떤 자에 대하여는 계약이 존속하는 것이 되어 복잡한 법률관계가 생기기 때문에 실제상의 편의를 고려하여 둔 규정이다.[1] 따라서 당사자 전원의 특약으로 이를 배제할 수 있다(통설)(대판 1994. 11. 18, 93다46209). (ㄴ) 제547조는 계약으로 발생하는 채무가 무엇이든, 즉 분할채무·불가분채무·연대채무이든 묻지 않고 모두 적용된다.[2]

---

1) 판례: 「매매계약의 일방 당사자가 사망하였고 그에게 여러 명의 상속인이 있는 경우에 그 상속인들이 위 계약을 해제하려면, 상대방과 사이에 다른 내용의 특약이 있다는 등의 특별한 사정이 없는 한, 상속인들 전원이 해제의 의사표시를 하여야 한다」(대판 2013. 11. 28, 2013다22812).

2) 판례: 「하나의 부동산을 수인이 공유하는 경우 각 공유자는 각 그 소유의 지분을 자유로이 처분할 수 있으므로, 공유자 전원이 공유물에 대한 각 그 소유지분 전부를 형식상 하나의 매매계약에 의하여 동일한 매수인에게 매도한 경우, 실질상 각 공유지분별로 별개의 매매계약이 성립되었다고 할 것이므로, 일부 공유자가 매수인의 매매대금 지급의무 불이행을 원인으로 한 그 공유지분에 대한 매매계약을 해제하는 것은 가능하지만, 당사자들의 의사표시에 의하여 각 지분에 관한 소유권이전의무, 대금 지급의무를 불가분으로 하는 특별한 사정이 있는 때에는, 실질상으로도 하나의 매매계약으로 보아 매도인 중 공유자 1인이 그의 지분비율에 상응하는 매매대금 중 일부를 매수인으로부터 지급받지 못하였다 할지라도 이를 이유로 자신의 지분에 관한 매매계약 부분만을 해제할 수는 없다」(대판 1995. 3. 28, 94다59745).

(2) 소멸의 불가분성

해제권의 불가분성을 관철하기 위해서는, 당사자의 일방 또는 쌍방이 수인인 경우에 그중의 1인에 대하여 해제권이 소멸된 때에도 같이 적용되어야 한다. 그렇지 않으면 해제의 효과를 받는 자와 받지 않는 자로 나뉘어 법률관계가 복잡해지기 때문이다. 민법은 이 경우 다른 당사자의 해제권도 소멸되는 것으로 정한다(547조 2항). 해제권을 포기한 경우도 포함되는 것으로 해석된다.

Ⅲ. 해제의 효과

1. 서 설

(1) 민법의 규정과 쟁점

민법은 해제의 효과와 관련하여 다음 세 가지를 규정한다. 즉, ① 당사자 일방이 계약을 해제한 때에는 각 당사자는 상대방에게 「원상회복의 의무」가 있고(548조 1항), ② 당사자 서로의 원상회복의무에는 「동시이행의 항변권」에 관한 규정을 준용하며(549조), ③ 계약의 해제는 「손해배상의 청구」에 영향을 미치지 않는다고 한다(551조).

해제는 계약의 효력을 잃게 하여 계약을 맺지 않은 상태로 복귀시키는 데 있다. 따라서 계약을 해제하면, 계약은 효력을 상실하고 그에 따라 채권과 채무도 소멸되는 결과, 아직 이행하지 않은 채무는 이행할 필요가 없게 되고, 이미 이행한 채무는 계약 체결 전의 상태로 회복(원상회복)시켜야 한다. 그런데 해제의 이러한 효과를 어떻게 이론 구성할 것인지에 관해서는 아래와 같이 견해가 나뉜다.

(2) 해제의 법적 구성

a) 민법이 해제의 효과와 관련하여 정하는 위 세 가지 규정을 어떠한 기초 위에서 이해할 것인지에 관해서는 다음과 같이 학설이 크게 둘로 나뉜다. 어느 견해를 취하더라도 위 규정의 적용을 달리하는 것은 아니지만, 그 내용에서는 차이가 있다. (ㄱ) 직접효과설(소급효): 계약을 해제하면 직접적으로 계약이 소급하여 소멸되는 효과가 발생한다는 것으로서, 통설적 견해이며 판례도 같은 견해를 취한다(대판 1962. 3. 29, 4294민상1429; 대판 1983. 5. 24, 82다카1667). 따라서 아직 이행하지 않은 채무는 이행할 필요가 없고, 이행한 급부는 부당이득으로서 반환하여야 하지만, 이때는 민법 제748조에 대한 특별규정으로서 민법 제548조가 적용되어 원상회복의무가 생기는 것으로 본다. 그리고 민법 제549조는 공평의 입장에서 당사자 간의 원상회복의무 사이에 동시이행의 항변권을 인정한 것이며, 한편 채무불이행을 이유로 해제권이 발생한 것이므로 해제를 하더라도 손해배상은 청구할 수 있는 것이고(즉 해제와 손해배상의 양립), 민법 제551조는 이 점을 주의적으로 규정한 것으로 설명한다. (ㄴ) 청산관계설(장래효): 이 견해는 직접효과설의 난점, 즉 계약이 소급하여 소멸되는 것으로 구성하면 채권과 채무도 없게 되어 채무의 존재를 전제로 하는 채무불이행으로 인한 손해배상청구가 양립할 수 없다는 점, 그래서 민법 제551조

를 설명할 수 없다는 점을 극복하기 위해 다음과 같이 이론 구성을 하는데, 소수설에 속한다(김증한·김학동, 149면; 김형배, 236면 이하; 이은영, 181면). 즉 계약을 해제하면 계약이 소급하여 소멸되는 것이 아니라, 이미 이행된 급부를 계약 전의 상태로 회복시킬 청산관계로 변경되는 데 불과한 것, 즉 계약은 그대로 유지된 채 채무의 내용이 청산관계로 변하는 것으로 구성한다. 따라서 청산채무로서 채무는 존속하므로 채무불이행을 이유로 한 손해배상청구도 모순 없이 설명할 수 있다고 한다. 그 밖에 해제를 하더라도 계약은 존속하는 점에서 다음과 같은 효과가 발생하는 것으로 설명한다. 즉 그 계약이 쌍무계약인 경우에는 동시이행의 항변권이 인정되고 민법 제549조는 이 점을 주의적으로 규정한 것에 지나지 않으며, 민법에는 규정이 없지만 당사자 간의 원상회복의무에는 위험부담(537조~538조)이 적용된다. 또 계약을 해제하더라도 제3자의 권리를 해칠 수 없는 것은 당연하며, 민법 제548조 1항 단서는 이 점을 역시 주의적으로 규정한 것에 지나지 않는다. 그리고 계약상의 채무에 대한 담보도 해제에 불구하고 존속한다고 한다.

b) 청산관계설에 대해서는 다음과 같은 비판이 있다. 먼저 청산관계설이 민법의 규정과는 부합하지 않는다는 점을 지적한다. 즉 민법은 해지의 효과로서 계약은 장래에 대하여 효력을 잃는다고 한 데 반해(550조), 해제의 효과로는 원상회복의 의무가 있다고 하고(548조 1항), 또 청산관계설처럼 쌍무계약이 그대로 유지된다면 동시이행의 항변권에 관한 민법 제549조의 규정은 둘 필요가 없다는 것이다. 기본적으로 해제의 효과는 소급효가 있는 것이 민법의 기본취지라고 한다. 그리고 계약을 해제하더라도, 계약관계만이 소급하여 소멸되는 것이고, 채무불이행이라고 하는 비법률행위적 사실로부터 발생한 손해까지 소급하여 소멸시키는 것은 아니며, 따라서 손해배상청구는 양립할 수 있고, 민법 제551조는 이 취지를 규정한 것이라고 한다.[1]

사견은 위 비판이 타당하다고 본다. 특히 계약해제와 손해배상청구의 양립에 관해 청산관계설은 직접효과설에 의해서는 이를 모순 없이 설명할 수 없다고 하지만, 그렇지 않다고 본다. 왜냐하면 채무자의 채무불이행이 있어 계약의 경우에 해제권이 발생한 것이고, 한편 해제와는 별도로 채무불이행을 원인으로 하여 손해가 발생한 것이 되기 때문이다. 또 계약을 해제하였다고 하여 발생한 손해가 없어지는 것은 아니다. 따라서 계약을 해제하여 원상회복을 청구하더라도 발생한 손해에 대해서는 채무불이행을 이유로 손해배상을 청구할 수 있는 독립된 청구원인이 따로 있는 것이고, 민법 제551조는 이 점을 주의적으로 규정한 것으로 보아야 할 것이다. 요컨대 계약해제의 효과는 소급효에 기초하여 이미 이행된 급부를 계약 이전의 상태로 원상회복시키는 것과 계약의 구속에서 해방되는 것에 있는 것이고, 손해배상청구는 계약해제의 효과가 아닌 채무불이행에 따른 책임으로서 따로 다루어져야 한다는 점이다.[2]

1) 김욱곤, "해제의 효과에 관한 법리 소고", 황적인박사 화갑기념논문집(박영사, 1990), 739면 이하.
2) 참고로 종전의 독일 민법은 계약해제와 손해배상청구는 선택적인 것이었고 계약해제를 하면서 손해배상청구를 하는 것은 인정하지 않았으나, 2002년에 독일 민법을 개정하면서, 쌍무계약에서 계약을 해제하더라도 손해배상청구권은 배제되지 않는 것으로 정하여 양자는 병존하는 것으로 바꾸었다(독민 325조).

2. 해제의 효과

통설적 견해와 판례가 취하는 직접효과설의 입장에서 해제의 효과를 설명하면 다음과 같다.

(1) 소급효

가) 계약의 소급적 실효

a) 계약을 해제하면 계약은 소급하여 효력을 잃는다. 따라서 당사자는 계약의 구속에서 해방된다. 계약상의 채권과 채무는 소멸하게 되므로, 이행하지 않은 채무는 이행할 필요가 없고, 이미 이행된 급부는 서로 원상회복을 하여야 한다. 그리고 주된 계약이 해제에 의해 실효되면 종된 계약도 실효된다.[1]

b) 문제는 계약의 이행으로써 등기나 인도를 갖추어 물권이 이전되었을 때, 해제를 하면 그 물권이 등기나 인도 없이도 당연히 복귀하는가이다. 해제에 의해 소급하여 소멸되는 것은 채권계약이므로, 이것이 물권행위에도 영향을 주는지로 귀결되는 문제이다. 이에 관해 학설은 다음과 같이 나뉘어 있다. (ㄱ) 채권적 효과설: 물권행위의 독자성과 무인성을 인정하는 전제에서, 해제가 있더라도 이행행위 자체는 그 효력을 보유하고 따라서 원상회복을 시킬 채무가 발생할 뿐이라고 보는 견해이다(김석우, 134면; 김주수, 133면; 김현태, 83면). (ㄴ) 물권적 효과설: 물권행위의 유인성을 인정하는 전제에서, 원인행위인 채권계약이 해제되면 이전하였던 물권은 등기나 인도 없이도 당연히 복귀한다고 보는 견해이다(곽윤직, 101면; 이태재, 127면). 판례도 「우리의 법제가 물권행위의 독자성과 무인성을 인정하고 있지 않는 점과, 민법 제548조 1항 단서가 거래안정을 위한 특별규정이란 점을 생각할 때 물권적 효과설이 타당하다」고 하여(대판 1977. 5. 24, 75다1394), 이 견해를 취한다. 그래서 그 원상회복청구권(예: 등기의 말소나 점유의 이전)은 소유권에 기한 물권적 청구권이므로 소멸시효에 걸리지 않는다고 한다(대판 1982. 7. 27, 80다2968). 사견은 이 견해가 타당하다고 본다.

c) 계약의 소급적 실효와 관련하여 그 밖에 문제되는 것을 정리하면 다음과 같다. (ㄱ) 채권자가 계약상의 채권을 양도한 후 그 계약을 해제하면 양수인의 채권은 소멸된다. 양수인의 채권은 그 계약에서 생긴 것이기 때문이다. 즉 양수인은 제3자로서 보호받지 못한다(548조 1항 단서 참조). 또한, 수급인의 보수채권에 대한 압류가 행하여지면 그 효력으로 채무자가 압류된 채권을 처분하더라도 채권자에게 대항할 수 없지만, 그 압류로써 위 압류채권의 발생원인인 도급계약에 대한 채무자나 제3채무자의 처분까지도 구속하는 효력은 없으므로, 채무자나 제3채무자는 기본적 계약관계인 도급계약 자체를 해제할 수 있고, 도급계약이 해제되면 그 계약에 의해 발생한 보수채권은 소멸하게 되므로 이를 대상으로 한 압류 및 전부명령 또한 실효된다(대판 2006. 1. 26, 2003다29456). (ㄴ) 예컨대 임대인이 임대 토지를 임차인에게 매도한 후에 매매계약이 해제되면, 임차인이 소유권을 취득하여 임대인의 지위를 갖게 된 결과 혼동(507조 참조)으로 소멸되었던 임대차 관계는 부활한다. (ㄷ) 해제에 의해 소멸되는 채권이 해제가 있기 전에 상계로 소멸된 경우, 계약이 해제되면 그 채권은 처음부터 존재하지 않았던 것으로 되기 때문에 상계는 무효가 되고

1) 판례: 「대지에 관하여 매매계약을 체결하면서 매수인들에게 한 대지 사용승낙은 매매계약이 유효하게 존속하는 것을 전제로 하는 부수적인 사용대차계약으로서, 주된 매매계약이 해제되면 이 사용대차계약도 실효된다」(대판 1991. 9. 24, 91다9756, 9763).

다른 채권은 부활한다(곽윤직, 101면). ㈃ 학설 중에는, 경개계약이 해제된 때에는 구채무가 부활한다고 보는 견해가 있다(김증한·김학동, 151면). 그러나, 경개계약은 신채권을 성립시키고 구채권을 소멸시키는 처분행위로서 신채권이 성립하면 그 효과는 완결되고 경개계약 자체의 이행의 문제는 발생할 여지가 없으므로, 경개에 의하여 성립된 신채무의 불이행을 이유로 경개계약을 해제할 수는 없다(대판 2003. 2. 11, 2002다62333). 다시 말해 경개에 의해 성립된 신채무의 불이행이 있어 계약을 해제하는 경우에는, 그것은 신채무에 관한 계약이 해제되는 것으로 처리될 것이지 구채무가 부활할 것이 아니다. ㈄ 계약의 해제권은 형성권으로서 당사자 일방에 의한 계약해제의 의사표시가 있으면 그 효과로서 새로운 법률관계가 발생하고 각 당사자는 그에 구속되는 것이므로, 계약해제 후 해제의 원인이 해소되었어도, 그로써 채무불이행이 소급적으로 해소되거나 계약해제의 효과가 소급하여 소멸되는 것은 아니고, 해제의 효력은 그대로 유지된다(대판 2005. 7. 14, 2004다67011). ㈅ 계약이 해제된 경우, 계약을 위반한 당사자도 계약해제의 효과를 주장할 수 있다. 즉 계약의 해제권은 형성권으로서 당사자 일방에 의한 계약해제의 의사표시가 있으면 그 효과로서 새로운 법률관계가 발생하고 각 당사자는 그에 구속되는 것이므로, 계약이 해제되었음에도 상대방이 계약이 존속함을 전제로 계약상 의무의 이행을 구하는 경우, 계약을 위반한 당사자도 그 계약이 상대방의 해제로 소멸되었음을 들어 그 이행을 거절할 수 있다(대판 2001. 6. 29, 2001다21441, 21458). ㈆ 해제와 취소는 경합할 수 있다. 매도인이 매수인의 중도금 지급채무 불이행을 이유로 매매계약을 적법하게 해제한 이후에도, 그 매매계약에 매수인의 착오가 있었던 경우에는, 매수인은 해제에 따라 자신이 부담하게 될 손해배상책임을 피하기 위해 착오를 이유로 위 매매계약을 취소하여 무효로 돌릴 수 있다(대판 1991. 8. 27, 91다11308).

나) 해제와 제3자

a) 제548조 1항 단서의 의의 당사자 일방이 계약을 해제한 때에는 각 당사자는 상대방에게 원상회복의 의무가 있으나, 「제3자의 권리를 해치지 못한다」(548조 1항 단서). 예컨대 A가 그의 토지를 B에게 매도하고, B는 이를 C에게 매도하여 C 앞으로 소유권이전등기가 마쳐진 후, A가 B의 채무불이행을 이유로 B와의 매매계약을 해제하더라도 C의 소유권 취득에는 아무런 영향을 주지 못한다. A의 해제로 소유권이 당연히 A에게 복귀하더라도 C의 소유권 취득에는 영향을 주지 않는 것으로 함으로써, 위 규정은 제3자의 보호, 즉 거래의 안전을 위해 마련된 것이다.

b) 제3자의 범위 위 규정이 적용되는 제3자에 관해, 판례는 일관되게 「그 해제된 계약으로부터 생긴 법률효과를 기초로 하여 해제 전에 새로운 이해관계를 가졌을 뿐 아니라 등기·인도 등으로 완전한 권리를 취득한 자」로 정의하고 있다(대판 2003. 1. 24, 2000다22850). 해제를 할 당시 제3자 앞으로 소유권이전등기가 마쳐지지 않은 때에는, 그는 완전한 권리를 취득한 것이 아니므로 제3자에 해당하지 않는다(대판 2002. 10. 11, 2002다33502). 이러한 제3자도 보호하게 되면 해제로 소유권 등을 회복하는 자와 비교할 때 균형을 잃는 것으로 본 것이다. ㈀ 제3자에 해당하는 예로는, (해제된) 매매계약의 매수인으로부터 목적물을 매수하여 소유권을 취득한 자(매수인이 매도인과의 합

의 하에 매매대금을 다 주기 전에 먼저 목적물에 대해 소유권을 이전받는 경우가 있다. 이때 매도인은 매수인의 잔대금채무의 불이행을 이유로 계약을 해제할 수 있고, 여기서 매수인으로부터 목적물을 이전받은 제3자의 지위가 문제되는 것이다), 그 목적물에 저당권을 취득한 자, 매수인과 매매계약을 체결한 후 그에 기한 소유권이전청구권 보전을 위해 가등기를 마친 사람(대판 2014. 12. 11, 2013다14569), (해제된) 계약에 의하여 채무자의 책임재산이 된 계약의 목적물을 가압류하거나 압류한 가압류채권자 · 압류채권자(대판 2000. 1. 14, 99다40937; 대판 2000. 4. 21, 2000다584), 소유권을 취득하였다가 계약해제로 인하여 소유권을 상실하게 된 임대인으로부터 그 계약이 해제되기 전에 주택을 임차받아 대항요건을 갖춘 임차인(대판 2003. 8. 22, 2003다12717), 매매계약의 이행으로 매매목적물을 인도받은 매수인은 그 물건을 사용 · 수익할 수 있는 지위에서 그 물건을 타인에게 적법하게 임대할 수 있으며, 이러한 지위에 있는 매수인으로부터 매매계약이 해제되기 전에 매매목적물인 주택을 임차하여 주택임대차보호법 소정의 대항요건을 갖춘 임차인(대판 2008. 4. 10, 2007다38908, 38915) 등을 들 수 있다. (ㄴ) 판례는 다음의 경우에는 대세적 효력을 갖는 완전한 권리를 취득한 것이 아니라는 이유로 (해제로 소유권 등을 회복하는 자에게 대항할 수 있는) 제3자에 해당하지 않는 것으로 본다. 즉, 계약상의 채권을 양도받은 양수인(대판 1996. 4. 12, 95다49882), 계약상의 채권 자체에 대한 압류 또는 전부채권자(대판 2000. 4. 11, 99다51685),[1] 계약상의 채권을 양수하여 이를 피보전권리로 하여 처분금지 가처분결정을 받은 자(대판 2000. 8. 22, 2000다23433), 건축주 허가명의만을 양수한 자(대판 2007. 4. 26, 2005다19156), 그리고 미등기 무허가건물에 관한 매매계약이 해제되기 전에 매수인으로부터 그 건물을 다시 매수하고 무허가건물 관리대장에 소유자로 등재된 자(미등기 무허가건물의 매수인은 소유권이전등기를 마치지 않는 한 건물의 소유권을 취득할 수 없고, 또한 무허가건물 관리대장은 무허가건물에 관한 관리의 편의를 위하여 작성된 것일 뿐 그에 관한 권리관계를 공시할 목적으로 작성된 것이 아니므로, 무허가건물 관리대장에 소유자로 등재되었다는 사실만으로는 무허가건물에 관한 소유권을 취득할 수 없다)(대판 2014. 2. 13, 2011다64782) 등이 그러하다. 계약 당사자의 권리의 포괄승계인, 제3자를 위한 계약에서 제3자[2]도 마찬가지이다. 또한 제3자는 계약의 목적물에 관하여 권리를 취득하고 또 이를 가지고 계약 당사자에게 대항할 수 있는 자를 말하므로, 토지를 매도하였다가 대금을 받지 못하여 그 매매계약을 해제한 경우, 그 토지 위에 신축된 건물의 매수인은 제3자에 해당하지 않는다(대판 1991. 5. 28, 90다카16761). (해제된) 계약의 목적물에 관하여 권리를 취득한 것이 아니기 때문이다. 다만 토지소유권에 기해 건물의 철거를 구하는 것이 신의칙에 반하는지는 구체적 사안에 따라 판단할 별개의 문제이다.[3] (ㄷ) 매매계약 당시 계약

---

1) 이 판례는, 제3채무자가 소유권이전등기청구권에 대한 압류명령에 위반하여 채무자에게 소유권이전등기를 마쳐준 후, 채무자의 대금 지급의무의 불이행을 이유로 매매계약을 해제한 경우, 압류채권자는 보호받는 제3자에 해당하지 않고 그 압류명령은 소급하여 실효되므로, 제3채무자가 압류명령에 위반되는 행위를 한 것이 불법행위가 되지는 않는다고 한다.

2) 다만 판례는, 요약자와 낙약자 사이의 계약에 기초하여 수익자가 요약자와 계약을 맺고 목적물에 대해 인도 등을 받은 때처럼 특별한 경우에는, 계약해제의 소급효가 제한되는 제3자에 해당하는 것으로 본다(대판 2021. 8. 19, 2018다244976)(자세한 내용은 p.408 '제3자를 위한 계약'에서 '제3자의 지위' 부분을 볼 것).

3) 판례: 「甲이 그 소유의 토지를 乙에게 매도하고 계약금만 받은 상태에서 乙에게 그 토지 위에 건물을 건축하도록 사용승낙을 하였고, 乙이 이에 따라 건물을 신축하여 丙 등에게 분양하였다면, 甲은 위 건물을 신축하게 한 원인을 제공하였다 할 것이므로, 이를 신뢰하고 136세대에 이르는 규모로 견고하게 신축한 건물 중 각 부분을 분양받은 丙 등에게 위 토지에 대한 乙과의 매매계약이 해제되었음을 이유로 하여 그 철거를 요구하는 것은, 비록 그것이

당사자 사이에 계약이 해제되면 매수인은 매도인에게 소유권이전등기를 하여 주기로 한 약정에 기해 매도인 명의로 소유권이전등기청구권 보전의 가등기를 한 경우, 이처럼 당사자 사이의 약정에 의하여 생긴 매도인의 소유권이전등기청구권은 계약해제의 소급효 그 자체에 의하여 생긴 것이 아니므로, 그 등기청구권의 실현과 계약해제의 소급효 제한에 관한 민법 제548조 1항 단서의 규정과는 직접적인 관련이 없다(다시 말해 위의 가등기 후 제3자 명의로 소유권이전등기가 된 경우, 그 후 가등기에 기해 본등기가 마쳐지면 그 순위가 가등기한 때로 소급하는 결과 제3자 명의의 등기는 말소를 면할 수 없고, 민법의 위 규정에 의해 보호받게 되는 것이 아니다)(대판 1982. 11. 23, 81다카1110) (ㄹ) 제3자는 해제가 있기 전에 그 계약에 기초하여 새로운 권리를 취득한 자를 말하지만, 판례는 이를 확대하고 있다. 즉 '해제의 의사표시가 있은 후라도 그 등기 등을 말소하지 않은 동안'에 새로운 권리를 취득하게 된 '선의'의 제3자도 포함한다(대판 1985. 4. 9, 84다카130, 131). 계약의 해제 전에 그 해제와 양립되지 않는 법률관계를 가진 제3자에 대하여는 해제에 따른 법률효과를 주장할 수 없는데(548조 1항 단서), 이는 제3자가 그 계약의 해제 전에 계약이 해제될 가능성이 있다는 것을 알았거나 알 수 있었다 하더라도 달라지지 않는다(대판 2010. 12. 23, 2008다57746). 즉 제3자의 선의 · 악의는 문제되지 않는다. 이에 대해 계약을 해제한 후에 이해관계를 갖게 된 제3자를 보호하려면 그가 해제의 사실을 모른 선의일 것이 필요하다는 것이 판례의 취지이다. 이 경우 제3자가 악의라는 사실의 주장, 입증책임은 계약해제를 주장하는 자에게 있다(대판 2005. 6. 9, 2005다6341).

〈종 합〉 가령 A가 그의 토지를 B에게 2억원에 팔기로 계약을 맺으면서 계약금과 중도금으로 1억원만 받은 상태에서 먼저 B 앞으로 등기를 마쳐주었는데, B가 잔금채무를 지체하고 있다고 하자. 이 경우 제3자에 해당하는지 여부를 가려보자. (ㄱ) B가 그 토지를 C에게 매도하여 C 명의로 소유권이전등기가 되면, A가 B의 잔금채무의 불이행을 이유로 해제를 하더라도, C의 소유권 취득에는 영향을 주지 못한다. A와 B 사이에 원상회복의무가 있을 뿐이다(A는 받은 1억원에 이자를 붙여, B는 C로부터 받은 매매대금(또는 토지의 시가)에 이자를 붙여, 서로 반환할 의무를 진다). 만일 C 명의로 소유권이전등기가 되지 않은 경우라면, A가 토지소유권을 회복하여 소유자가 된다. B는 C에게 타인 권리의 매매에 따른 담보책임을 진다(570조). (ㄴ) A가 잔대금채권을 C에게 양도한 후 해제를 하였다면, C는 위 제3자에 해당하지 않으며, B는 계약이 해제되어 채권과 채무가 소멸한 것을 이유로 C에게 양수금의 지급을 거절할 수 있다. C는 A에게 채권양도의 원인관계에 따라 책임을 물을 수 있을 뿐이다. (ㄷ) B가 토지상에 지은 건물을 C가 매수한 경우, C는 위 제3자에 해당하지 않으며, A가 B와의 계약을 해제하면 토지소유권은 A에게 복귀한다. A는 토지소유권에 기해 C에게 건물의 철거를 구할 수 있다.

(2) 원상회복의무

제548조 〔해제의 효과와 원상회복의무〕 ① 당사자 일방이 계약을 해제한 경우에는 각 당사자는 상대방에게 원상회복을 해줄 의무가 있다. 그러나 제3자의 권리를 해치지 못한다. ② 전항의 경우에 반환할 금전에는 그 금전을 받은 날부터 이자를 붙여야 한다.

위 토지에 대한 소유권에 기한 것이라 하더라도 신의성실의 원칙에 비추어 용인될 수 없다」(대판 1993. 7. 27, 93다20986, 20993).

가) 성 질

계약을 해제하면 계약은 소급하여 실효되므로, 이미 이행된 급부는 법률상 원인 없이 수령한 것이 되어 부당이득으로서 반환되어야 한다(741조). 따라서 원상회복은 그 성질이 부당이득의 반환에 해당하는 것이지만, 그 반환범위에 관해서는 민법 제748조가 아니라 본조가 그 특칙으로 적용된다(대판 1962. 3. 29, 4294민상1429).

나) 당사자

(ㄱ) 해제의 효력이 미치는 당사자 전원이 원상회복의무를 부담한다. 해제의 상대방은 물론이고 해제한 자도 급부받은 것이 있는 경우에는 원상회복의무를 진다. (ㄴ) 원상회복의무를 지는 자는 계약의 당사자이다. 예컨대 A가 그의 건물을 B에게 팔기로 계약을 체결하고, B는 이 건물의 일부에 대해 C와 분양계약을 체결하였는데, C는 분양대금 중 일부를 B의 지시에 따라 A에게 송금하였다. 그런데 B가 A에게 대금을 지급하지 못하여 결국 C가 건물을 분양받지 못하자 C가 B와의 분양계약을 해제한 경우, C가 B의 지시에 따라 A에게 송금한 것은, C가 B에게 지급하고 B가 A에게 지급한 것에 해당하므로(소위 급부과정의 단축), 결국 B가 그 대금을 받은 것이 되어, B가 그 대금을 반환하여야 할 원상회복의무의 당사자가 된다(대판 2003. 12. 26, 2001다46730)(C가 직접 A를 상대로 부당이득반환을 청구하는 경우의 문제, 특히 전용물소권에 대해서는 부당이득 부분에서 따로 설명한다).[1]

다) 원상회복의 범위

a) 원 칙 부당이득에서는 현존이익을 반환하는 것이 원칙이지만(748조 1항), 계약해제의 경우에는 본조가 특칙으로 적용되어 원상회복을 하여야 한다. 즉 그 이득의 현존 여부와 상대방의 선의·악의를 묻지 않고 받은 급부 전부를 상대방에게 반환하여야 한다.

b) 원물반환 (ㄱ) 원물原物이 존재하면 그 물건을 상대방에게 반환하여야 한다. 즉 원물반환을 원칙으로 한다. 계약의 이행으로 물권이 이전된 경우에 계약을 해제하면, 물권적 효과설에 따라 그 이전된 물권은 등기나 인도 없이도 당연히 복귀한다. 따라서 이때는 물건의 점유나 등기명의의 반환이 원상회복의 내용이 된다. 채권의 매매에서 해제한 때에는 채무자에 대한 해제의 통지가 원상회복의 내용이 된다. (ㄴ) 대체물인 때에는 받은 물건 자체나 동종·동질·동량의 것으로 반환하면 된다.

c) 가액 반환 (ㄱ) ① 계약해제로 원물반환의무를 부담하는 자가 그의 귀책사유로 불능이 된 경우(부동산 매매계약이 해제되었으나 그 말소등기 전에 매수인이 선의의 제3자에게 매도하여 제3자 명의로 소유권이전등기가 이루어져 제3자가 (민법 제548조 1항 단서에 의해) 소유권을 취득하게 된 사안), 그리고 매도인으로부터 매매목적물의 소유권을 이전받은 매수인이 매도인의 계약해제 이전에 제3자에게 목적물을 처분하여 계약해제에 따른 원물반환이 불가능하게 된 경우, 매수

1) 다만, '채권양도'의 경우에는 판례는 위 법리를 원용하고 있지 않다. 가령 A가 그의 토지를 B에게 팔고서 그 대금채권을 C에게 양도하고, B는 C에게 대금을 지급하였는데, A가 B의 채무불이행을 이유로 계약을 해제한 경우, B가 C에게 지급한 대금에 대해서는 C를 상대로 부당이득의 반환을 청구할 수 있다고 한다(대판 2003. 1. 24, 2000다22850).

인은 원상회복의무로서 가액을 반환하여야 하며, 이때에 반환할 금액은 (해제 당시가 아닌) 그 처분 당시의 목적물의 대가 (또는 그 시가 상당액) 및 이에 대하여 그 이득일부터의 법정이자를 붙인 금액이 된다(대판 1998. 5. 12, 96다47913; 대판 2013. 12. 12, 2013다14675). 이것은 매수인과 매도인의 약정에 따라 매도인으로부터 직접 제3자에게 목적물의 권리가 이전된 경우에도 같다(대판 2013. 12. 12, 2012다58029). ② 가령 건물 매수인이 중도금만 지급한 상태에서 소유권이전등기를 하고 그 후 잔금 지급채무의 이행지체를 이유로 매도인이 계약을 해제한 상태에서, 그 건물이 쌍방에게 귀책사유 없이 멸실된 경우, 즉 반환의무자의 귀책사유 없이 원물반환이 불능으로 된 경우, 매수인은 가액반환을 하여야 하는지에 관해, 학설은 나뉜다. 통설적 견해는 귀책사유가 없는 경우에는 가액반환의무를 부담하지 않는 것으로 본다. 이에 대해 위험은 이미 매수인에게 이전되었으므로 그 멸실에 따른 위험은 매수인이 부담하는 것이 맞는다는 이유로, 매수인은 가액반환을, 매도인은 받은 계약금과 중도금을 반환하여야 한다고 보는 견해가 있는데(송덕수, 423면), 사견은 이 견해가 타당하다고 본다. (ㄴ) 원물반환이 처음부터 불가능한 급부, 예컨대 노무 그 밖의 무형의 것을 급부한 경우에는 그 가액을 반환하여야 한다. 그 가액의 기준시기에 대해서는, 급부 당시를 기준으로 하는 견해(곽윤직, 105면; 김상용, 155면; 김형배, 245면; 이은영, 262면)와 해제 당시를 기준으로 하는 견해(김주수, 139면; 송덕수, 424면)로 나뉜다.

d) 이자 가산 (채무의 이행으로 금전을 받거나 목적물을 제3자에게 매각하는 등으로 가액반환을 해야 함에 따라) 받은 「금전」을 반환하여야 할 경우에는, 그 받은 날부터 '이자'를 붙여서 반환하여야 한다(548조 2항).[1] 이것은 부당이득반환의 성질에 기초하는 것이고 반환의무의 이행지체로 인한 것이 아니므로(대판 2016. 6. 9, 2015다222722), 가령 매매에서 당사자 쌍방의 의무가 동시이행의 관계에 있는지와 관계없이, 매도인이 반환하여야 할 매매대금에 대하여는 그 받은 날부터 민법 소정의 법정이율인 연 5푼의 비율에 의한 법정이자(379조)를 붙여서 지급하여야 한다(대판 2000. 6. 9, 2000다9123).

e) 과실 · 사용이익의 반환 반환할 금전에 법정이자를 붙이는 민법 규정의 취지에 비추어 볼 때, 급부받은 물건으로부터 과실果實을 취득하거나 사용을 하여 이익을 얻은 때에는 그 과실과 사용이익도 함께 반환하여야 한다(대판 1993. 4. 9, 92다25946). 1) 매매계약이 해제된 경우에 매수인이 목적물을 인도받아 사용한 경우, 통상 임료 상당액이 그 사용이익에 해당한다(대판 2021. 7. 8, 2020다290804; 대판 2024. 2. 29, 2023다289720). 2) 매수인의 영업수완 등 노력에 따른 이른바 '운용이익'은 그 목적물로부터 매도인이 당연히 취득할 수 있는 것이 아니면 매수인이 반환할 사용이익에 포함할 것이 아니다(대판 2006. 9. 8, 2006

---

1) 민법 제548조 2항과 관련하여 다음의 점을 유의하여야 한다. (ㄱ) 그 이자에 관하여 당사자 사이에 특별한 약정이 있으면 그 약정이율이 우선 적용된다. (ㄴ) 원상회복의무는 그 성질이 부당이득의 반환이고, 이것은 기한의 정함이 없는 채무로서 채무자는 이행청구를 받은 때부터 이행지체에 따른 지연손해금을 부담한다(다만 원상회복의무는 동시이행의 관계에 있으므로(549조), 해제자가 변제의 제공을 하고 상대방에게 이행청구를 한 때부터 지체책임이 발생한다)(387조 2항). 이 경우 ① 약정이율이 있으면 그것은 지연손해금에도 통용된다(397조 1항 단서 참조). 다만 약정이율이 없는 경우에도 법정이율에 의해 지연손해금이 산정되는 점에 비추어(397조 1항 본문), 그 약정이율은 법정이율보다 높은 것이어야 한다. ② 지연손해금률에 대해 따로 약정한 때에는 그에 따라야 하고, 설사 그것이 법정이율보다 낮다 하더라도 마찬가지이다(대판 2013. 4. 26, 2011다50509). 그러므로 이 경우에는 원상회복으로서의 이자에 대해서는 법정이율이, 지연손해금에 대해서는 그에 관한 약정이율이 따로 적용된다(대판 2003. 10. 23, 2001다75295). (ㄷ) 원상회복의무의 이행으로 금전의 반환을 구하는 소송을 제기한 경우에는, 그 지연손해금률에 대해서는 특별법(소송촉진 등에 관한 특례법 3조 1항)에 따른 법정이율(연 100분의 15)이 적용된다(대판 2000. 6. 23, 2000다16275, 16282; 대판 2003. 7. 22, 2001다76298).

다26328, 26335).

f) 비용 상환 채무자가 반환하여야 할 물건에 대하여 필요비나 유익비를 지출한 때에는 원상회복의 취지상 그 상환(반환)을 구할 수 있다.

〈원상회복의 범위의 예〉 (ㄱ) A는 그 소유 토지를 대금 2억원에 팔기로 B와 매매계약을 체결하고, 계약금과 중도금으로 1억원을 받았다. 그 후 위 토지를 잔금 지급 전에 먼저 B 앞으로 소유권이전등기를 해 주면 그 토지를 담보로 대출을 받아 잔금을 지급하겠다는 B의 요청을 받아들여, A는 먼저 B 앞으로 소유권이전등기를 마쳐주었다. B는 이 토지를 담보로 C로부터 5천만원을 빌리고 이를 피담보채권으로 하여 C 앞으로 저당권설정등기를 마쳐주었다. 그런데 그 후 위 토지의 가격이 1억 5천만원으로 하락하자 B는 잔금 지급기일이 지났음에도 A에게 잔금의 지급을 미루어, A는 B와의 매매계약을 해제하였다. 이 경우 A와 B는 서로 어떤 내용으로 원상회복의무를 부담하는가?

〔답〕: ① A는 받은 계약금과 중도금 1억원에 받은 날부터 법정이자를 붙여 반환하여야 한다. ② A가 해제를 하더라도 제3자 C의 저당권에는 영향을 주지 못한다. 그러므로 B는 C의 저당권이 있는 상태로 A 앞으로 소유권이전등기를 해 주어야 하고, 저당권 부분에 대해서는 그 말소에 갈음하는 가액반환으로서 빌려 받은 피담보채권액 5천만원에 법정이자를 붙여 반환하여야 한다(토지의 가격 하락분 5천만원에 대해서는 따로 채무불이행을 이유로 손해배상책임을 진다). ③ A와 B의 원상회복의무는 동시이행의 관계에 있다(549조). 따라서 이행을 하지 않더라도 지연배상책임은 부담하지 않는다. 그러나 원상회복의무는 그 성질이 부당이득의 반환인 점에서, 금전의 반환에 대해서는 실제로 반환할 때까지 법정이자가 가산된다.

(ㄴ) 2000. 10. B는 A 소유 트랙터를 2,300만원에 매수한 다음 1,000만원을 들여 파손된 부분을 수리하였다. 그런데 위 트랙터에는 이미 甲을 채권자로 하는 가압류가 되어 있었고, 2002. 10. 그에 기한 강제경매신청으로 乙에게 매각되었다. 이에 B는 A와의 매매계약을 해제하였다(A는 B에게 트랙터의 소유권을 이전해 줄 의무를 지는데 기존의 가압류에 기한 강제경매에 따라 트랙터가 타인에게 매각됨으로써 결국 그 이전채무는 이행불능이 된 것이고, 여기에는 A의 과실이 인정될 수 있다). 한편 B는 위 트랙터를 2년간 운행하여 월 100만원 정도의 수입을 올렸다. 이 경우 원상회복의 내용은?

〔답〕: A는 받은 매매대금 2,300만원에 법정이자를 붙여서 반환하여야 한다. 한편 B는, 트랙터는 강제경매로 인해 乙에게 매각되었으므로 (그리고 그것에 A의 귀책사유가 있으므로) 트랙터(원물)의 반환의무를 부담하지 않고, 다만 2년간의 사용이익 2,400만원에서 비용 1천만원을 공제한 1,400만원을 반환하여야 한다(이러한 내용은 원상회복의무에 관한 것이고, A의 채무불이행으로 인한 손해배상은 별개이다).

라) 소멸시효

해제에 따른 원상회복청구권도 (소유권에 기초한 것을 제외하고는) 소멸시효에 걸린다. 그 기산점은 해제권이 발생한 때가 아니고, 해제를 한 때, 즉 원상회복청구권이 발생한 때이다(대판 2009. 12. 24, 2009다63267).

(3) 손해배상의 청구

제551조 〔해지 · 해제와 손해배상〕 계약의 해지나 해제는 손해배상의 청구에 영향을 미치지 아니한다.

a) 손해배상의 성질 계약상 채무의 불이행이 있는 경우에 법정해제가 인정되고, 해제를 하더라도 발생한 손해는 남게 되는데, 이 손해는 채무불이행으로 인해 생긴 것이어서 계약을 해제하더라도 손해배상은 양립할 수 있는 것이고, 본조는 이 점을 주의적으로 규정한 것이다. 요컨대 본조 소정의 손해배상은 계약해제의 효과에서 나오는 것이 아니라 채무불이행을 원인으로 하고 그에 기초하는 것이다.

b) 손해배상의 범위

aa) 일반규정의 적용 : 제551조 소정의 손해배상은 채무불이행에 기초하는 것이므로, 그것은 이행이익의 배상을 지향한다(통설)(대판 1983. 5. 24, 82다카1667). 따라서 그 배상범위는 민법 제390조 이하 특히 제393조에 의해 정해진다. 다만 해제의 경우에는 당사자 쌍방의 채무가 소멸되는 점을 고려하여야 한다. 이는 다음 두 경우로 나누어 볼 수 있다. (ㄱ) 이행불능으로 인한 해제: 이 경우에는 이행에 갈음하는 손해배상(전보배상)에서 해제자가 채무를 면하였거나 또는 급부한 것을 반환받음으로써 얻는 이익을 뺀 나머지 금액이 배상액이 된다. (ㄴ) 이행지체로 인한 해제: 이행지체의 경우에는 본래의 급부의무와 지연배상을 청구할 수 있다. 그런데 이행지체를 이유로 계약을 해제한 경우에는 본래의 급부의무의 이행을 구할 수 없어 그에 갈음하는 손해배상(전보배상)을 구할 수 있을 뿐이다. 즉 차액설에 따라 채무가 이행되었다고 한다면 얻었을 이익이 배상되어야 한다. 따라서 ① 이행지체 후 해제를 한 때까지의 지연배상과, ② 해제를 한 이후에는 본래의 급부의무에 갈음하는 전보배상을 청구할 수 있다(이 부분은 이행불능의 경우와 같게 된다).[1]

bb) 손해배상액 산정의 기준 : 목적물의 가격이 이행시 · 해제시 · 손해배상시에 차이가 있는 경우에 어느 때를 기준으로 하는지에 관해서는 학설이 나뉜다. 제1설은 해제시를 기준으로 하는데, 통설에 속한다. 제2설은 경우를 나누어 달리 파악한다. 즉 이행지체를 이유로 해제한 때에는 해제시에 급부청구권이 전보배상청구권으로 바뀌기 때문에 해제시가 타당하지만, 이행불능을 이유로 해제한 때에는 불능시를 기준으로 하여야 한다고 한다(송덕수, 1200면). 제2설이 타당하다고 본다.

cc) 손해배상액의 예정 : 당사자 간에 손해배상액을 예정한 경우에는, 그것은 계약을 해제한 경우에도 적용된다(통설). 계약을 해제한 경우에 문제되는 손해배상은 채무불이행에 기

1) 예컨대 A가 그의 소유 토지를 B에게 1억원에 팔기로 계약을 맺었는데, 토지의 가격이 오르자 B가 대금을 제공하는데도 A가 받지 않고 토지를 이전하지 않고 있다고 하자. 매도인 A는 이행지체책임을 지게 되는데, B가 해제를 하기 전에는 B는 A에 대해 ① 본래의 급부의무(토지소유권의 이전)와 ② 그 이전이 지연된 데 따른 지연배상을 청구할 수 있다. 그런데 B가 해제를 한 후에는, ① 그 해제로 인해 각자의 채무가 소멸되므로 B는 A에게 본래의 급부의무를 청구할 수 없고, 그것에 갈음하는 전보배상을 구할 수 있을 뿐이다. 그리고 그것은 해제를 한 시점에 결정된다. 가령 해제를 한 때의 토지 가격이 2억원이라고 한다면, 2억원에서 (해제로 채무를 면하게 된) 매매대금 1억원을 뺀 1억원이 전보배상액이 된다. ② 그리고 이행지체 후 해제시까지의 지연배상은 따로 청구할 수 있다.

초하는 것이기 때문이다.

✽ 계약을 해제한 경우 채무의 이행을 전제로 채권자가 지출한 비용에 대해 그 배상을 구할 수 있는가?

(α) 문제의 제기 : (ㄱ) ① 비용은 자신의 계획과 책임 하에 자발적으로 지출하는 것이다. 한편, 계약을 해제하더라도 손해배상은 청구할 수 있는데(551조), 이 손해배상은 해제가 아닌 채무불이행에 기인하는 것이다. 채무불이행에서 손해는, 차액설에 따라 채무가 이행되었다면 있을 상태에서 채무가 이행되지 않은 현재의 상태를 뺀 것이 된다. ② 그런데 비용은 채무가 이행되었더라도 채권자가 지출할 것이므로, 이것이 채무불이행으로 인해 발생한 손해에는 포함되지 않는다. 따라서 채무불이행을 이유로 계약을 해제하여 지출된 비용이 헛되이 된 경우에도 민법상 손해배상의 법리에 의해서는 규율되지 못하게 된다. ③ 그러나 채무자가 책임 있는 사유로 채무를 이행하지 않았음에도, 그리고 채권자는 채무의 이행을 믿고 비용을 지출하였음에도, 채무자에 대해 아무런 책임을 묻지 못한다는 것은 정의에 부합하지 못하고, 여기서 이를 어떻게 해결할 것인지가 '손해배상'과는 구별하여 논의되는 '비용배상'의 문제이다. (ㄴ) 독일은 2002년에 민법을 개정하면서 이에 관한 내용을 신설하였는데, 제284조(무익하게 지출된 비용의 배상)가 그것이다. 그 요지는, 채권자는 '비용의 배상'이나 '손해의 배상' 중 어느 하나를 선택하여 행사할 수 있다는 것이다. 그 취지는 이중배상을 방지하자는 것, 즉 채무가 이행되더라도 채권자는 비용을 지출하였을 것이므로, 그 불이행의 경우에 양자를 다 청구할 수 있게 하는 것은 모순이라는 것이다. 그리고 이것은 개정 독일 민법이 채권자를 위해서 두 가지 서로 다른 손해의 전보원리를 채택하고, 양자를 선택적인 것으로 한 것이다. 하나는 계약이 체결되지 않았던 상태로 만들어주는 것으로서, '비용의 배상'이 이것이고, 다른 하나는 계약이 체결된 것과 같은 상태로 만들어주는 것으로서, 이것이 '손해(이행이익)의 배상'이다. (ㄷ) 이에 대해 우리 민법은 이에 관한 직접적인 규정이 없고, 학설과 판례이론에 맡겨져 있는데, 판례나 학설이나 그 견해가 나뉘어 있으며 통일되어 있지 않다.

(β) 판례이론의 변화: (ㄱ) 처음의 판례는, 채무불이행으로 인한 손해배상은 신뢰이익의 배상이 아닌 이행이익의 배상인 점, 계약의 이행을 믿고 채권자가 지출한 비용은 신뢰이익의 손해인 점, 따라서 그 비용을 채무불이행으로 인한 손해로서 그 배상을 구할 수는 없다고 보았다(대판 1962. 2. 22, 4294민상667; 대판 1962. 10.18, 62다550; 대판 1983. 5. 24, 82다카1667). (ㄴ) A 소유의 상가건물을 B가 분양받아 소유권이전등기를 하였는데, 그 후 그에 앞선 가등기에 기한 본등기로 인해 B가 소유권을 잃게 되자, B가 A와의 분양계약을 해제하고 분양대금의 반환을 청구하면서 손해배상으로서 '소유권이전등기비용'을 청구한 사안이다. 원심은, 그 비용은 A의 채무불이행으로 인하여 발생한 손해로 볼 수 없다고 하여 B의 청구를 기각하였으나(서울고법 1999. 2. 3. 선고 98나4172 판결), 대법원은 그 비용을 '신뢰이익의 손해'라고 표현하면서 다음과 같은 이유로써 이를 인용하였다. 「계약의 일방 당사자가 상대방의 이행을 믿고 지출한 비용인 이른바 신뢰이익의 손해도, 그러한 지출 사실을 상대방이 알았거나 알 수 있었고 또 그것이 통상적인 지출비용의 범위 내에 속한다면 그에 대하여도 이행이익의 한도 내에서 배상을 청구할 수 있다. 그런데 부동산 매매에 있어서 매수인이 소유권이전등기비용을 지출하리라는 것은 특별한 사정이 없는 한 매도인이 알았거나 알 수 있었다고 보아야 할 것이고, 원고가 청구하고 있는 소유권이전등기비용의 내용은 법무사 보수, 등록세, 교육세, 인지대, 채권구입비 등으로서

통상적인 지출비용의 범위 내에 속한다고 할 것이므로, 위와 같은 비용들도 피고가 원고에게 배상하여야 할 손해를 이룬다고 할 것이다」(대판 1999. 7. 27, 99다13621). (ㄷ) 채권입찰제 방식의 아파트 분양에서 국민주택채권을 액면가로 매입하였다가 그 액면가의 34%에 매각하였는데, 분양자의 채무불이행으로 인하여 수분양자가 아파트 분양계약을 해제한 후, 주택채권의 매입가와 그 매각대금의 차액(국민주택채권 액면가의 66%에 상당하는 금액)에 대해 손해배상을 청구한 사안이다. 대법원은 「채무불이행을 이유로 계약해제와 아울러 손해배상을 청구하는 경우에 그 계약 이행으로 인하여 채권자가 얻을 이익 즉 이행이익의 배상을 구하는 것이 원칙이지만, 그에 갈음하여 그 계약이 이행되리라고 믿고 채권자가 지출한 비용 즉 신뢰이익의 배상을 구할 수도 있다고 할 것이고, 그 신뢰이익 중 계약의 체결과 이행을 위하여 통상적으로 지출되는 비용은 통상의 손해로서 상대방이 알았거나 알 수 있었는지의 여부와는 관계없이 그 배상을 구할 수 있고, 이를 초과하여 지출되는 비용은 특별한 사정으로 인한 손해로서 상대방이 이를 알았거나 알 수 있었던 경우에 한하여 그 배상을 구할 수 있다고 할 것이고, 다만 그 신뢰이익은 과잉배상 금지의 원칙에 비추어 이행이익의 범위를 초과할 수 없다」고 판시하면서, 위 주택채권 매입비용은 아파트를 당첨받는데 있어 필수적으로 필요한 비용이고, 따라서 위 차액은 신뢰이익으로서 통상의 손해에 해당한다고 보아 이를 인용하였다(대판 2002. 6. 11, 2002다2539). (ㄹ) 이행이익이 인정되지 않는 것으로 판명된 경우에도 지출한 비용의 배상을 청구할 수 있는지에 관해, 대법원은 다음과 같이 판결하였다. 「채무불이행을 이유로 계약을 해제하거나 해지하고 손해배상을 청구하는 경우 이행이익의 배상을 구하는 것이 원칙이다. 그러나 채권자는 그 대신에 계약이 이행되리라고 믿고 지출한 비용의 배상을 이행이익을 한도로 해서 청구할 수도 있다. 이러한 지출비용의 배상은 이행이익의 증명이 곤란한 경우에 그 증명을 쉽게 하려고 인정되는 것인데, 이 경우에도 이행이익을 넘을 수는 없다. 한편, 이행이익이 인정되지 않는 경우에는, 채권자에게 배상해야 할 손해가 발생하였다고 볼 수 없으므로, 당연히 지출비용의 배상을 청구할 수 없다」(대판 2017. 2. 15, 2015다235766).

(γ) 판례이론의 검토

가) 판례이론의 요지와 문제점 : (ㄱ) 비용배상에 관해 판례는 통일되어 있지 않은데, 그 주류적인 입장은 다음과 같다. 「① 계약의 이행을 믿고 지출한 비용을 신뢰이익의 손해로 보고, ② 그것을 채무불이행으로 인한 손해에 포함시키되, 계약의 체결과 이행을 위해 통상적으로 지출되는 비용은 통상손해로, 그것을 초과하는 것은 특별손해로 다루며, ③ 과잉배상 금지의 원칙상 이행이익을 한도로 하고, ④ 이행이익과 함께 청구할 수는 없고 이행이익에 갈음해서만 청구할 수 있다」는 것이다. (ㄴ) 그런데 위와 같은 판례이론은 다음과 같은 점에서 문제가 있다고 본다. 첫째, 채무불이행을 이유로 계약을 해제하더라도 손해배상은 청구할 수 있는데(551조), 이 손해배상은 해제가 아닌 채무불이행에 기인하는 것이고, 따라서 채무가 이행되었다면 채권자가 장래 얻었을 이익, 즉 이행이익을 배상하여야 한다(390조). 그런데 판례는, 지출된 비용을 신뢰이익의 손해로 보고, 이것도 민법 제390조에 의해 배상되어야 할 손해로 보고 있다. 그러나 '신뢰이익의 손해'는 계약의 목적이 원시적으로 불능이어서 무효인 경우에 생긴 신뢰이익의 침해에 대한 손해를 말하는 것이고(535조), 이에 대해 '이행이익의 손해'는 계약의 유효를 전제로 하는 것이어서, 계약의 무효와 유효는 각각 지향점이 다른 점에서, 양자는 양립할 수 없다. 즉 이행이익의 손해에 신뢰이익의 손해가 포함될 수 없다. 그리고 무엇보다 비용은 채권자가 장래 이행이익을 통해 보전될 것으로 기대하고 자신의 위험과 책임 하에 자발적으로 지출하는 재산가치의 희생인 반

면, 손해는 비자발적인 법익의 손실인 점에서 그 성격을 달리하므로, 지출된 비용을 손해배상의 법리로 해결하려는 것은 무리가 있다. 둘째, 과잉배상 금지의 원칙을 이유로 이행이익과 함께 청구할 수는 없고 이행이익에 갈음해서만 청구할 수 있되, 이행이익을 한도로 한다고 한다. 채무가 이행되었더라도 채권자는 비용을 지출하였을 것이므로 채무를 이행하지 않은 경우에 비용과 이행이익을 다 받을 수 있게 하는 것은 모순이고 과잉배상에 해당하므로, 이 부분 판례의 입장은 일부 맞는다고 할 수 있다. 그런데 지출된 비용의 배상에 대해 이행이익을 한도로 한다고 한 것은 문제가 있다. 우선 그렇게 언급하면서도 실제로는 이행이익을 산정하고 있지 않다. 또 이행이익을 산정할 수 있다고 한다면 그것을 배상하면 되는 것이고, 굳이 이것을 한도로 하는 신뢰이익의 손해를 거론할 필요가 없다. 나아가 이행이익을 산정할 수 없거나 이행이익이 없는 경우에는 지출된 비용을 전혀 배상받을 수 없게 되는데, 이것은 채무자의 귀책사유로 채권자가 계약에 따른 채무의 이행을 믿고 헛되이 쓰게 된 비용에 대해 아무런 보전을 받지 못하게 되는 점에서 판례이론의 유용성에 문제가 있는 것이다. 또 이행이익의 경우에는 채권자가 그 손해를 입증하여야 하는데, 일실이익의 경우에는 그 입증이 쉽지 않은 점에서도 마찬가지이다. 셋째, 판례이론을 뒷받침할 만한 법적 근거를 찾을 수 없다는 점이다.

나) 사 견 : (ㄱ) 비용과 손해는 다른 개념이고, 따라서 비용배상을 손해배상의 법리로 해결할 수는 없다. 비용배상에 관해 민법은 정하고 있지 않고, 따라서 규정의 흠결에 해당한다. 판례이론은 비용배상에 관한 법리를 형성하고 있다는 점에서는 긍정적인 측면도 있지만, 그 내용은 허술하다. 이 점은 학설도 크게 다를 바 없다. (ㄴ) 비용은 채권자가 장래 이행이익을 통해 보전될 것으로 기대하고 자신의 위험과 책임 하에 자발적으로 지출하는 재산가치의 희생인 점에서, 기본적으로 채권자가 감수할 성질의 것이다. 그런데 채권자가 계약에 따른 채무의 이행을 믿고 지출한 비용이 채무자의 귀책사유로 계약이 해제됨으로써 무익하게 된 경우에까지 채권자가 감수하라고 하는 것은 정의에 반할 수 있는 점에서, 손해배상의 법리와는 별도로 비용배상에 관한 법리를 개발할 필요가 있는 것이다. (ㄷ) 기본적으로는 독일 민법 제284조에서 정한 바와 같이 이론을 전개하여도 무방할 것으로 생각한다. 구체적인 내용은 다음과 같다. ① 계약을 해제하게 되면 계약은 소급하여 그 효력을 잃는다는 점과, 계약의 유효를 전제로 하여 채무불이행에 기인한 손해배상을 청구할 수 있다는 점, 양면성이 있다. 그러므로 손해전보의 방법으로 전자의 측면에서 지출된 비용의 배상을 인정하는 것과, 후자의 측면에서 이행이익에 대한 손해배상을 인정하는 것을 고려할 수 있다. 다만 과잉배상을 막기 위해 양자는 양립할 수 없고 선택적인 것으로 하여야 한다. ② 비용배상과 손해배상을 선택적인 것으로 하는 이상, 비용배상에 대해 이행이익을 한도로 하는 것으로 제한할 이유가 없다. 또 판례에서처럼 통상비용, 특별비용으로 나눌 필요 없이, 채권자가 계약상 채무의 이행을 믿고 비용을 지출한 것이 상당한 것이면 그 배상을 인정하여야 할 것이다. 이행이익을 산정할 수 없거나 이행이익이 없고 적자인 경우에도 비용배상에 영향을 줄 것이 아니다. 경우에 따라서는 비용배상이 손해배상보다 많을 수도 있다. ③ 비용배상에 포함될 비용은, 채무의 이행을 믿고 지출한 것이 상당하다고 인정되는 경우로 제한할 것이다. 계약 협상 과정에서 들어간 비용처럼 상대방의 이행에 대한 신뢰가 발생하기 전에 지출된 비용은 제외할 것이다. 계약의 목적물에 지출한 필요비나 유익비는 계약해제에 따라 원상회복으로 처리하면 되는 것이어서 이 또한 제외하여야 한다.

(4) 해제와 동시이행

(ㄱ) 계약해제에 따라 각 당사자가 서로 부담하는 원상회복의무에 대해서는 '동시이행의 항변권'에 관한 규정이 준용된다(549조).[1)] 계약의 해제로 계약은 실효되었지만 공평의 원칙상 인정한 것이다(이것은 다른 한편 해제가 주로 쌍무계약에서 생기는 것임을 보여주는 것이기도 하다). 따라서 이행지체의 책임은 부담하지 않는다. 다만 원상회복의무는 그 성질이 부당이득의 반환인 점에서, 이자의 가산 등 실제로 반환할 때까지 생긴 이득은 모두 반환하여야 한다(대판 2000. 6. 9, 2000다9123). 예컨대 매매계약을 해제한 경우, 매도인은 매수인으로부터 목적물의 인도나 등기말소가 있기까지 받은 매매대금에 대해 지연배상책임은 부담하지 않지만, 그 매매대금에 대해 부당이득으로서의 법정이자는 실제로 반환할 때까지 가산된다. (ㄴ) 민법 제549조는 당사자 간의 원상회복의무에 관하여 동시이행의 관계를 인정할 뿐 손해배상의무는 포함하고 있지 않다. 그런데 통설과 판례는 손해배상의무도 함께 동시이행의 관계에 있다고 한다(대판 1996. 7. 26, 95다25138, 25145).

Ⅳ. 해제권의 소멸

해제권의 소멸원인에는 민법에서 정한 특수한 소멸원인과 그 밖의 소멸원인이 있다. 어느 경우든 해제권이 소멸된 경우에는 계약을 해제할 수 없고, 계약의 존속을 전제로 하는 효과가 생길 뿐이다.

1. 민법에서 정한 특수한 소멸원인

a) 해제권 행사 여부의 최고권 (ㄱ) 당사자 간의 약정 또는 법률의 규정(573조·575조·582조·601조·673조 등)에 의해 해제권의 존속기간을 정한 경우에는, 그 기간이 지나면 해제권은 소멸된다. 이에 대해 해제권의 행사기간을 정하지 않은 경우, 상대방은 상당한 기간을 정하여 해제권을 행사할지에 대한 확답을 해제권자에게 최고할 수 있고(552조 1항), 그 기간 내에 해제의 통지를 받지 못한 때에는 해제권이 소멸된다(552조 2항). 해제권이 소멸될 뿐이므로, 계약상의 본래의 채권·채무에까지 영향을 주는 것은 아니며 이것은 그대로 존속한다. (ㄴ) 민법 제552조에 의해 해제권이 소멸되더라도, 그 후 새로운 사유에 의해 발생한 해제권까지 행사할 수 없게 되는 것은 아니다(대판 2005. 12. 8, 2005다41463).

b) 목적물의 훼손 등 「해제권자의 고의나 과실로 계약의 목적물이 현저하게 훼손되거나 반환할 수 없게 된 경우 또는 가공이나 개조로 다른 종류의 물건으로 변경된 경우에는 해제권이 소멸된다」(553조). (ㄱ) 해제권자의 고의나 과실로 계약의 목적물이 현저히 훼손되거나 반환

---

1) 판례: 「부동산에 관한 매매계약을 체결한 후 매수인 앞으로 소유권이전등기를 마치기 전에 매수인으로부터 그 부동산을 다시 매수한 제3자의 처분금지 가처분신청으로 매매목적 부동산에 관하여 가처분등기가 이루어진 상태에서 매도인과 매수인 사이의 매매계약이 해제된 경우, 매도인만이 가처분이의 등을 신청할 수 있을 뿐 매수인은 가처분의 당사자가 아니어서 가처분이의 등에 의하여 가처분등기를 말소할 수 있는 법률상의 지위에 있지 않고, 제3자가 한 가처분을 매도인의 매수인에 대한 소유권이전등기의무의 일부 이행으로 평가할 수 없어 그 가처분등기를 말소하는 것이 매매계약 해제에 따른 매수인의 원상회복의무에 포함된다고 보기도 어려우므로, 위와 같은 가처분등기의 말소와 매도인의 대금반환의무는 동시이행의 관계에 있지 않다」(대판 2009. 7. 9, 2009다18526).

할 수 없게 된 경우, 해제권이 소멸된다. 해제를 하면 해제권자 자신도 그가 급부 받은 물건을 반환해야 한다. 그런데 자신의 고의나 과실 있는 행위로 원물의 반환을 불능케 한 뒤에도 해제권을 행사할 수 있게 하는 것은, 선행행위에 모순되는 것으로서 신의칙에 어긋나기 때문에 해제권 자체가 소멸되는 것으로 정한 것이다. (ㄴ) 가공이나 개조에 의해 다른 종류의 물건으로 변경된 때에도 해제권이 소멸된다. 황무지를 개간하여 논으로 변경된 경우가 그러하다(대판 1962. 2. 28, 4294민상593).

c) 해제권자가 여러 사람인 경우, 그중 1인의 해제권 소멸 해제권 소멸의 불가분성을 정한 것으로서(547조 2항), 이에 관해서는 전술하였다(p.432 참조).

2. 그 밖의 일반적 소멸원인

(ㄱ) 이행지체를 원인으로 해제권이 발생한 경우, 채권자가 해제권을 행사하기 전에 채무자가 채무를 이행하거나 이행의 제공을 한 때에는 해제권은 소멸된다. (ㄴ) 당사자 사이의 특약 또는 법률의 규정(573조 · 575조 · 582조 · 601조 · 673조 등)에 따라 해제권의 행사기간이 정해진 경우에는 그 기간이 지나면 해제권은 소멸된다. 행사기간의 정함이 없는 경우에는, 형성권으로서의 해제권은 10년의 제척기간에 걸린다(통설). 한편, 채무의 불이행을 이유로 (법정)해제권이 발생하는 것이므로, 채무가 시효로 소멸되면 해제권을 존속시킬 이유가 없어 소멸된다. (ㄷ) 해제권은 권리자의 상대방에 대한 의사표시로 포기할 수 있다.[1)] (ㄹ) 권리실효의 법리에 따라, 채권자가 해제권을 행사할 수 있음에도 이를 행사하지 않고 그로 인해 상대방으로 하여금 더 이상 해제권을 행사하지 않을 것이라는 신뢰를 준 후에 해제권을 행사하는 것은 신의칙상 허용될 수 없다.[2)]

사례의 해설 (1) 乙은 甲의 이행거절을 이유로 매매계약을 해제할 수 있다. 해제를 하면 원상회복으로서 乙은 甲에 대해 이미 지급한 계약금(1억원) 및 중도금(4억원)과 (甲이 이를 받은 때부터) 이에 대한 법정이자를 가산한 금액의 반환을 청구할 수 있다(548조). 한편 해제를 하더라도 乙은 甲의 채무불이행을 이유로 손해배상을 청구할 수 있다(551조). 그런데 손해배상액의 예정이 있는 경우에는 그에 따르는데, 사안에서는 乙이 위약한 경우에 대해서만 위약금의 약정을 하였고, 이러한 일방

---

1) 판례는, 계약이 해제된 후에 계약 당사자의 일방이 이의 없이 그 계약목적물을 받거나 대금에 대한 약정이자나 일부 변제를 수령한 경우, 당사자 간에 해제된 계약을 부활시키는 (묵시적인) 약정이 있는 것으로 본다(대판 1963. 3. 7, 62다684; 대판 1980. 7. 8, 80다1077; 대판 1992. 10. 27, 91다483; 대판 2006. 4. 13, 2003다45700). 다만 그 효력은 당사자 간에만 미치고, 종전 계약의 해제에 관해 이해관계를 갖는 제3자에 대해서는 종전 계약이 실효된 바 없이 계속 효력을 유지하는 것이라고 주장할 수는 없다(대판 2007. 12. 27, 2007도5030).

2) 판례는, 「해제의 의사표시가 있은 무렵을 기준으로 볼 때 무려 1년 4개월 가량 전에 발생한 해제권을 장기간 행사하지 아니하고, 오히려 매매계약이 여전히 유효함을 전제로 잔존 채무의 이행을 최고함에 따라 상대방으로서는 그 해제권이 더 이상 행사되지 아니할 것으로 신뢰하였고, 또 매매계약상의 매매대금 자체는 거의 전부가 지급된 점 등에 비추어 보면 그와 같이 신뢰한 데에는 정당한 사유도 있었다고 봄이 상당하다면, 그 후 새삼스럽게 그 해제권을 행사한다는 것은 신의성실의 원칙에 반하여 허용되지 아니한다 할 것이므로, 이제 와서 매매계약을 해제하기 위해서는 다시 이행제공을 하면서 최고를 할 필요가 있다」고 한다(대판 1994. 11. 25, 94다12234). 판례는 1990년대부터 징계해고와 관련하여 피용자가 사원지위의 확인을 구하는 사건에서 실효의 법리를 적용하여 오고 있는데, 형성권인 해제권에 관해 실효의 법리를 적용한 것은 위 판결이 최초의 것이다. 특히 민법에서 행사기간을 정하지 않은 해제권은 10년의 제척기간에 해당하여 장기간 법률관계가 불안한데, 실효의 법리를 통해 이러한 문제를 해결할 수 있다는 점에서도 위 판결은 의미가 적지 않다. 위 판결의 평석으로, 이영준, "해제권의 실효", 민사재판의 제문제(이시윤 박사 화갑기념)(1995), 740면 이하.

위약금의 약정은 甲이 위약한 경우에까지 적용되지는 않는다(대판 2007. 10. 25, 2007다40765; 대판 2008. 2. 14, 2006다37892). 따라서 乙은 위약금 1억원이 아닌 실제의 손해, 즉 X토지를 10억원에 매수하지 못한 데 따른 손해를 입증하여 이에 대해서만 배상을 청구할 수 있다.

(2) (a) 甲과 丙 사이의 이중매매가 반사회적 법률행위에 해당하는 경우에는, 乙은 채권자대위권에 기해 甲을 대위하여 丙을 상대로 소유권이전등기의 말소를 청구하고, 甲에 대해서는 매매계약을 이유로 소유권이전등기를 청구할 수 있어, 乙이 甲을 상대로 소유권이전등기를 청구하는 것은 인용될 수 있다. 그런데 이중매매가 반사회적 법률행위에 해당하기 위해서는 이중매수인이 매도인의 배임행위에 적극 가담하는 것이 필요한데, 설문에서는 丙에게 그러한 사정이 보이지 않으므로, 결국 甲과 丙 사이의 이중매매는 유효한 것이 되고 丙이 유효하게 소유권을 취득한 것으로 되어, 甲이 乙에게 소유권이전등기를 해 주는 것은 이행불능이 된다. 그러므로 乙이 甲을 상대로 매매를 원인으로 하여 소유권이전등기를 청구한 것은 인용될 수 없다.

(b) 甲은 乙과의 매매계약에 따라 乙에게 토지에 대한 소유권이전채무를 부담하는데, 이중양도로 이것이 이행불능이 되었으므로, 乙은 甲을 상대로 다음과 같은 권리를 행사할 수 있다. (ㄱ) 이행불능을 이유로 계약을 해제하지 않고 손해배상을 청구하는 것이다. 즉 甲은 불능 당시의 토지의 시가(가령 7억원이라고 하면 그 금액)를 乙에게 지급하여야 하고, 乙은 매매대금 중 잔금 2억 5천만원을 지급하여야 하므로, 결국 대등액에서 상계를 하고 甲에게 4억 5천만원을 청구할 수 있다(이것은 대상청구권을 행사하는 경우에도 같다). (ㄴ) 이행불능을 이유로 계약을 해제하고 손해배상을 청구하는 것이다(546조·551조). 계약을 해제하면 원상회복을 청구할 수 있는데, 즉 乙은 甲에게 계약금 5천만원과 이에 대해 2015. 1. 20.부터 이자를 붙여서, 중도금 2억원과 이에 대해 2015. 4. 15.부터 이자를 붙여서 반환한 것을 청구할 수 있다(548조 2항). 한편 손해배상은 계약해제의 효과가 아니라 채무불이행을 원인으로 하는 것이므로, 계약을 해제하더라도 乙은 甲에게 따로 채무불이행(이행불능)을 이유로 손해배상을 청구할 수 있는데(551조), 그것은 이행불능 당시의 토지의 시가(가령 7억원이라고 하면 그 금액)에서 매매대금(5억원)을 뺀 금액이 된다. 전체의 금액은 (ㄱ)의 경우와 크게 다르지 않다.

(3) 계약의 해제는 제3자의 권리를 해치지 못하는데(548조 1항 단서), 이것은 합의해제의 경우에도 통용된다(대판 1991. 4. 12, 91다2601). 위 '제3자'는 해제된 계약으로부터 생긴 법률효과를 기초로 하여 해제 전에 새로운 이해관계를 가졌을 뿐 아니라 등기 · 인도 등으로 완전한 권리를 취득한 자로 한정되는데(대판 2003. 1. 24, 2000다22850), 미등기 무허가 건물의 매수인(丙)은 무허가 건물 관리대장에 소유자로 등재된 것만으로는 소유권이전등기가 된 것으로 볼 수 없어 위 제3자에 해당하지 않는다(대판 2014. 2. 13, 2011다64782). 따라서 乙은 Y건물에 대해서는 丙을 상대로 합의해제에 따른 효력, 즉 Y건물의 소유권이 乙에게 있음을 주장할 수 있다.

(4) (a) 대출원금 1억원 + 3개월분(2017. 1. 21. ~ 2017. 4. 20.) 이자 3백만원 + 대출원금에 대한 6개월분(2017. 4. 21. ~ 2017. 10. 20.) 지연손해금(법정이율보다 높은 약정이율을 정했으므로 이에 따름(397조 1항 단서)) 6백만원 = 1억 9백만원.

(b) 甲이 등기서류를 乙에게 주는 것과 乙이 매매잔금에서 목적물에 설정된 근저당권의 피담보채권액을 공제한 나머지를 甲에게 주는 것은 동시이행의 관계에 있다. 그런데 甲은 자신의 채무의 이행 제공을 하였고, 상당 기간이 지난 후에도 乙이 공제된 잔금을 주지 않은 이상, 甲은 민법 제544조에 따라 해제권을 취득한다. 한편 해제는 상대방에 대한 의사표시로써 하지만(543조 1항), 일정 기

간 내에 이행하지 않으면 당연히 계약은 효력을 상실한다고 한 것은, 상대방의 채무불이행을 정지조건으로 하여 해제의 의사표시를 한 것이고, 이것은 상대방(乙)을 특별히 불리하게 하는 것이 아니므로 유효하다(대판 1981. 4. 14, 80다2381).

(c) 계약이 해제되더라도 해제된 계약으로부터 생긴 법률효과를 기초로 하여 해제 전에 새로운 이해관계를 갖게 된 제3자의 권리는 보호된다(548조 1항 단서). 매매계약의 이행으로 Y주택을 인도받은 매수인 乙은 그 물건을 사용 · 수익할 수 있는 지위에서 그 물건을 타인(丙)에게 적법하게 임대할 수 있고, 丙이 위 매매계약이 해제되기 전에 Y주택을 임차하여 주택임대차보호법 소정의 대항요건을 갖춘 이상, 甲의 해제에 불구하고 丙의 임차권은 보호된다(대판 2008. 4. 10, 2007다38908, 38915).

(5) (a) (ㄱ) 甲이 乙과의 매매계약을 해제한 것은 민법 제544조에 따른 것으로서 적법하다. 한편 甲은 乙에게 X건물의 소유권을 이전하지 않았으므로 그 소유권은 여전히 甲에게 있다. (ㄴ) 甲은 丙을 상대로 민법 제213조에 따라 X건물의 반환을 청구한 것인데, 이에 대해 丙이 그 반환을 거부할, X건물을 점유할 권리가 있는지가 문제된다(213조 단서). 그런데 丙은 사업자등록을 하지 않아서 상가건물 임대차보호법(3조 1항)에서 정한 임차권의 대항력을 갖추지 못했으므로, 자신의 임차권을 甲에게 주장할 수 없다. 또한 丙은 임차권의 대항력을 갖추지 못했으므로 甲의 해제에 불구하고 보호받는 제3자(548조 1항 단서)에 포함되지도 않는다. 그리고 丙이 설령 유익비를 지출하였다고 하더라도 그것은 甲에 대해 점유할 권리가 없는, 불법점유의 상태에서 이루어진 것이므로 민법 제320조 2항에 따라 유치권을 주장하지 못한다. 그러므로 丙은 甲에 대해 X건물을 점유할 권리가 없다. (ㄷ) 보증금은 임대차계약의 당사자인 임대인 乙이 반환해야 하는 것인데, 甲이 乙의 지위를 승계한 바도 없으므로, 甲은 丙에 대해 보증금 반환의무를 부담하지 않는다. (ㄹ) 결론으로 丙의 항변은 부당하고, 甲의 청구가 인용된다.

(b) 丙이 乙에게 임대차계약에 따라 유익비 상환을 구할 수 있는 경우, 丙은 소유자인 丁에 대해 민법 제203조 2항을 근거로 유익비 상환을 구할 수는 없다(대판 2003. 7. 25, 2001다64752). 그리고 丙이 임대차계약의 당사자인 임차인 乙에게 유익비 상환을 구할 수 있는 경우, 그 비용 지출이 X건물의 소유자인 丁에게 이익이 되는 경우에도, 丙이 丁에게 민법 제741조에 따라 직접 부당이득반환을 구할 수는 없다(대판 2002. 8. 23, 99다66564, 66571).

(6) (ㄱ) X부동산 매매에 따라 매도인 甲은 그 소유권이전 채무를, 매수인 乙은 대금 지급채무를 지고, 양자는 동시이행의 관계에 있으므로(568조 2항), 甲이 위 매매계약을 해제할 수 있으려면 甲이 자신의 채무를 이행제공 하여 乙의 대금채무를 이행지체에 놓이게 하여야 한다(544조 본문). (ㄴ) 乙은 甲 소유 X부동산을 10억원에 매수하면서, 약정에 따라 X부동산에 설정된 근저당권상의 피담보채권액 3억원을 공제하고 나머지 7억원을 甲에게 지급하였다. 위 3억원은 甲이 A에게 부담하는 차용금 채무로서 甲과의 약정에 따라 乙이 인수하기로 한 이행인수에 해당한다. 乙은 甲에 대한 관계에서만 3억원을 A에게 지급할 채무를 부담할 뿐이고, 이는 매매대금으로 갈음된다. (ㄷ) 그런데 乙이 3억원을 A에게 지급하지 않아 甲이 A에게 지급한 경우, 甲은 乙에 대해 이행인수계약 불이행에 따른 손해배상채권 또는 구상채권을 가지고, 이것은 결국 이에 상당하는 금액만큼 매수인 乙이 매매잔대금을 지급하지 않은 것과 다를 것이 없다(대판 2007. 6. 14, 2007다3285). 설문에서 甲은 자신의 채무의 이행제공을 한 상태여서, 따라서 乙에게 대금채무의 이행지체가 성립하므로, 甲은 이를 이유로 X부동산에 대한 乙과의 매매계약을 해제할 수 있다. 사례 p. 421

제3 약정해제권

Ⅰ. 약정해제권의 발생

(ㄱ) 계약에 의해 당사자는 일정한 경우에 해제권이 발생하는 것으로 약정할 수 있고, 그 해제권을 당사자 일방이나 쌍방이 갖는 것으로 할 수 있다(543조 1항). 그리고 이것은 반드시 처음의 계약에서 약정하여야 하는 것은 아니며 별개의 계약에 의해서도 할 수 있다. 약정해제권은 당사자 간의 계약에 의해 해제권이 발생하는 점에서 채무불이행을 원인으로 해제권이 발생하는 법정해제권과 다르지만, 양자 모두 단독행위인 점에서는 같다. 약정해제권은 해제권의 발생 자체를 당사자 간의 계약으로 정한 것을 말한다. 당사자 간의 계약으로 종전의 계약을 없었던 것으로 하는 해제계약(합의해제)과는 다르다. (ㄴ) 성립된 계약은 당사자의 합의에 의해서만 변경될 수 있고 어느 일방이 임의로 파기할 수 없는데(계약의 구속력), 약정해제권은 당사자의 약정으로 계약을 파기할 수 있는 가능성을 미리 정한 점에서 문제될 것이 없다. (ㄷ) 민법상 약정해제권을 유보한 것으로 추정되는 것이 있다. 즉 매매에서 계약금을 교부한 때에는, 당사자 간에 다른 약정이 없는 한, 당사자 일방이 이행에 착수할 때까지 교부자는 이를 포기하고 수령자는 그 두 배의 금액을 상환하여 매매계약을 해제할 수 있다(565조). 즉 매매에서 계약금은 해약금으로 추정되고, 이것은 다른 유상계약에 준용된다(567조).

Ⅱ. 약정해제권의 작용

(ㄱ) 해제권의 '발생' 자체를 당사자 간의 계약으로 정하는 것이 약정해제권이다. 한편 법정해제에 관한 민법의 규정은 임의규정이므로 당사자 간의 약정으로 그와 달리 정하거나 완화하는 수가 있는데, 이것은 약정해제권의 발생에 관한 것은 아니다. (ㄴ) 당사자 일방이나 쌍방이 해제권을 갖기로 약정하는 것은, 한편으로는 계약의 이행이 보장되지 않는 측면이 있어 그 활용은 많지 않은 것으로 평가되고 있다. 약정해제권은 주로 다음의 두 가지 경우에 이용된다(주석민법[채권각칙(2)], 55면 이하(이효종)). 하나는 계약이 체결된 후 이행이 완료되기 전에 재고할 기회를 갖기 위해 해제권을 유보하는 경우로서, 매매에서 해약금이 그러하고, 이것이 약정해제의 대부분을 차지한다. 다른 하나는 계약이 이행된 후에도 계약 이전의 상태로 돌아갈 가능성을 확보하기 위한 것으로서, 환매의 약정이 이에 속하는 것이다.

Ⅲ. 약정해제권의 내용

당사자는 계약에서 그 행사방법이나 효과에 관해 정할 수 있고, 이때에는 그에 따르면 된다. 그 정함이 없는 때에는 어떻게 되는가? 법정해제권에 관한 행사방법(543조·547조)·효과(548조·549조)·해제권의 소멸(552조·553조) 등에 관한 민법의 규정은 약정해제권에도 적용된다(통설). 다만 손해배상청구(551조)는 채무불이행을 전제로 하는 것이므로, 약정해제에는 원칙적으로 적용되지 않는다(통설).[1] 민법은 해약금에 관해 이러한 취지를 규정하고 있다(565조 2항).

제3항 계약의 해지

I. 해지의 의의

(ㄱ) 계속적 계약에서 당사자의 일방적 의사표시만으로 그 효력을 장래에 대해 잃게 하는 것을 「해지解止」라고 한다. 해지를 할 수 있기 위해서는 「해지권」이 있어야 한다. (ㄴ) 민법은 해제와 해지를 구별하며, 해지가 인정되는 것은 '계속적 계약'에 한한다. 소비대차 · 사용대차 · 고용 · 위임 · 임치 · 조합 · 종신정기금 등이 이에 속한다. 그런데 해지는 계속적 계약에서도 급부가 이미 행하여진 경우를 전제로 한다. (ㄷ) 당사자 일방이 계약을 해지한 경우에는 그 계약은 장래에 대하여 효력을 잃는 점에서(550조), 소급하여 계약이 실효되는 해제와는 다르다. 이미 정당하게 행하여진 급부까지 실효시킬 이유가 없기 때문이다. 예컨대 A가 그의 상점을 B에게 1년 기한(1월~12월)으로 임대하고 차임은 매달 받기로 하였는데, B가 6월과 7월 두 번에 걸쳐 차임 지급을 연체하였다고 하자. 이 경우 A는 임대차계약을 해지할 수 있는데(640조), 해지를 하면 그때부터 임대차계약이 효력을 잃게 된다. 따라서 B는 더 이상 상점을 사용 · 수익할 권리가 없으므로 A에게 상점을 명도하여야 하지만, 그 전까지의 임대차는 유효하므로 이미 지급한 차임의 반환 등의 문제는 생기지 않는다.[2] 다만 해지가 있기 전에 이미 발생한 개개의 채무, 즉 위 두 달간의 연체 차임은 해지 후에도 존속한다.

〈참 고〉 '계약해지'는 해지권에 기초하여 해지의 의사표시를 함으로써 효력이 생기는 것인데, 이와 구별할 것으로 「해지계약」 또는 「합의해지」가 있다. 이것은 해지권의 유무에 불구하고 계약 당사자 쌍방이 합의에 의하여 계속적 계약의 효력을 해지 시점 이후부터 장래에 대하여 소멸시키는 것을 내용으로 하는 새로운 계약을 말한다. ① 합의해지도 계약이므로, 이를 인정하기 위해서는 해지에 관한 쌍방 당사자의 의사표시의 합치가 있어야 한다. 한편 합의해지는 묵시적으로 이루어질 수도 있는데, 이 경우 계약에 따른 채무의 이행이 시작된 후에 당사자 쌍방

1) 판례: 「계약을 해제(해지)하더라도 손해배상은 청구할 수 있고, 이것은 상대방의 귀책사유를 전제로 하는 채무불이행에 기초하는 것인데, 이것은 약정해제(해지)권을 유보한 경우에 상대방에게 손해배상을 청구하는 경우에도 마찬가지이고 이것이 자기책임의 원칙에 부합한다. 다만, 귀책사유와 상관없이 손해배상책임을 지기로 한 것이 계약 내용으로 해석되려면, 계약의 내용과 경위, 거래 관행 등에 비추어 그렇게 인정할 만한 특별한 사정이 있어야 한다」(대판 2016. 4. 15, 2015다59115).

2) 판례(계속적 계약으로 보아 계약의 해제를 부정한 사례): (ㄱ) 甲은 해외이주 알선업체인 乙과 미국 비숙련 취업이민을 위한 알선업무계약을 체결하였는데, 乙의 업무 수행에 따라 甲이 미국 노동부의 노동허가, 이민국의 이민허가를 받았으나, 이후 추가 행정검토 결정이 내려지면서 절차가 진척되지 않았다. 이에 甲이 乙을 상대로 사정변경으로 인한 계약의 해제를 주장하며 국외알선 수수료의 반환을 청구하였다. (ㄴ) 대법원은, 乙은 甲이 비자를 발급받고 성공적으로 미국에 취업이민을 할 수 있도록 계약에서 정한 여러 업무를 장기간 계속해서 수행하여야 할 의무를 지는 점에서, 위 알선업무계약을 '계속적 계약'으로 보았다. 따라서 사정변경을 이유로 계약을 (장래에 향해 계약의 효력을 소멸시키는) 「해지」할 수는 있어도, 계약을 (소급효를 가지는) 해제할 수는 없는 것으로 보았다(그러므로 乙이 이미 수행한 업무의 대가로 받은 수수료는 정당한 것으로서 반환할 필요가 없다)(대판 2022. 3. 11, 2020다297430).

의 계약실현의사의 결여 또는 포기로 인하여 계약을 실현하지 아니할 의사가 일치되어야만 한다(대판 2000. 3. 10, 99다70884). ② 합의해지의 효력은 그 합의 내용에 의해 결정된다. 따라서 당사자 사이에 약정이 없는 이상 해제와 해지에 관한 민법의 규정(가령 민법 548조 2항)은 적용되지 않는다(대판 2003. 1. 24, 2000다5336, 5343).

Ⅱ. 해지권의 발생

해지권도 해제권과 마찬가지로 당사자 간의 계약 또는 법률의 규정에 의해 발생한다(543조 1항).

1. 약정해지권

당사자는 계속적 계약에서 당사자 일방이나 쌍방이 해지권을 갖기로 약정할 수 있다(543조 1항). 민법은 임대차에서 이 점을 규정하지만(636조), 다른 계속적 계약에서도 다를 것이 없다.

2. 법정해지권

a) 개별 규정 민법은 각각의 계속적 계약에 관해 개별적으로 해지할 수 있는 경우를 정하고 있는데(예: 사용대차(610조 3항), 임대차(625조 · 627조 · 629조 · 635조~637조 · 639조 · 640조), 고용(657조~663조), 위임(689조), 임치(698조 · 699조)), 그 원인은 계속적 계약에 따라 다양하며, 채무불이행만으로 한정되어 있지 않다(635조 · 689조 · 698조 등을 볼 것).

b) 채무불이행 민법은 계약해제의 경우에는 계약 총칙 부분에서 일시적 계약 모두에 공통되는 해제권의 발생원인으로 '이행지체'와 '이행불능'을 정하고 있는데(544조~546조), 계약해지의 경우에는 이러한 규정을 두고 있지 않다. 여기서 그러한 규정을 계속적 계약 모두에도 유추적용할 수 있는지가 문제된다. (ㄱ) 학설은 나뉜다. 제1설은, 민법에서 정하고 있는 해지권의 발생에 관한 규정이 망라적인 것이 아니라는 이유로 이를 긍정한다(곽윤직, 111면; 김주수, 149면). 제2설은, 민법은 해제와 해지를 구별하고 또 해지 사유는 계속적 계약의 특성에 맞게 개별적으로 정하는 것이 타당하다는 이유에서 이를 부정한다(김증한 · 김학동, 180면; 이은영, 173면). (ㄴ) 이에 대해 판례는, "계속적 계약은 당사자 상호간의 신뢰관계를 그 기초로 하는 것이므로, 당해 계약의 존속 중에 당사자의 일방이 그 계약상의 의무를 위반함으로써 그로 인하여 계약의 기초가 되는 신뢰관계가 파괴되어 계약관계를 그대로 유지하기 어려운 경우, 상대방은 그 계약을 해지할 수 있다"고 한다(대판 2002. 11. 26, 2002두5948).[1] 즉 해제에 관한 민법의 규정을 유추적용하는 것이 아니라, 당사자 일방이 계속적 계약에 따른 의무를 위반함으로써 그 계약을 유지하는 것이 어려운, 신뢰관계의 파괴에 이른 것을 필요로 한다고 보고 있다. 그 밖에 판례는, 계속적 계약에 속하는 근보증계약에서는 사정변경을 이유로 해지권을 인정하기도 한다(대판 1990. 2. 27, 89다카1381). (ㄷ) 사견은, 계약의 해제와 해지는 그 성질이 다르므로, 또 해지권의 발생원인에 관해서는 개별적으로 규정하고 있는 점에서, 해제권의 발생원인으로서 채무불이행에 관한 민법의 규정을 해지에 유추적용하는 것은 타당

1) 사안은 다음과 같은 것이다. 국방일보의 발행 책임자인 국방홍보원장으로 채용된 자가 부하직원에 대한 지휘, 감독을 소홀히 함으로써 북한의 혁명가극인 '피바다'에 관한 기사가 국방일보에 게재되어 사회적 물의를 야기한 경우, 그 채용계약의 기초가 되는 신뢰관계가 파괴되어 채용계약을 그대로 유지하기 어려운 경우로 보았다.

하지 않다고 본다. 다만 판례가 언급하는 대로, 계속적 계약을 유지할 수 없을 정도로 그 기초를 이루는 신뢰관계가 파괴된 경우에 한해 예외적으로 인정하는 정도로 그쳐야 할 것으로 본다.

Ⅲ. 해지권의 행사

해지권의 행사에 관한 내용은 해제권의 경우와 동일하다. 즉 해지는 상대방에 대한 의사표시로써 하고(543조 1항), 그 의사표시는 철회하지 못한다(543조 2항). 행사 및 소멸상의 불가분성은 해지권에도 통용된다(547조).[1]

Ⅳ. 해지의 효과

1. (ㄱ) 당사자가 계약을 해지한 경우에는, 그 계약은 '장래에 대하여'(즉 해지한 때부터) 효력을 잃는다(550조). 따라서 해지 이전의 계약관계에는 영향을 미치지 않는다. 즉 이미 이행된 급부는 수령자가 보유할 권리를 갖는다. 그리고 해지 이전에 계속적 채권관계에 기해 이미 발생한 채무는 해지로 그 채권관계가 소멸된 이후에도 존속한다. 연체된 차임채무 · 이자채무 등이 그러하다. (ㄴ) 해지는 상대방 있는 의사표시로서 상대방에게 도달한 때부터 효력이 생기는데(111조 1항), 계속적 계약에서 개별적으로 예외를 정하는 것이 있다. 즉 임대차와 고용에서 그 기간을 정하지 않은 경우, 당사자를 언제까지나 계약의 구속하에 두는 것은 부당하므로 각 당사자가 언제든지 계약을 해지할 수 있는 것으로 하지만(635조 1항 · 660조 1항), 그 해지는 상대방이 그 통고를 받은 날부터 '일정한 기간이 경과'한 때에 효력이 생기는 것으로 한다(635조 2항, 660조 2항 · 3항). 그 일정한 기간을 「해지기간」이라고 하는데, 계약해지의 상대방을 보호하려는 것이다. (ㄷ) 계약을 해지하면 그때부터 계약은 효력을 잃는다. 따라서 임대차의 경우에 임차인은 더 이상 목적물을 사용 · 수익할 권리를 잃게 되므로 목적물을 임대인에게 반환할 의무를 지게 된다. 민법은 이를 '원상회복의무'라고 부르고 있으나(615조 · 654조 참조), 계약을 해제한 경우에 계약이 소급적으로 실효되어 원상회복의무를 지는 경우(548조)와는 그 성질이 다르다. 그래서 이를 보통 '청산의무'라고도 부른다.

2. 「계약의 해지는 손해배상의 청구에 영향을 미치지 않는다」(551조). 이때의 손해배상은 상대방의 채무불이행을 원인으로 하는 것이다. 따라서 계속적 계약에서 개별적으로 해지를 인정하는 경우에도 그것이 채무불이행을 원인으로 하는 것이 아니면 제551조는 적용되지 않는다.

1) A는 그가 소유하는 비101호, 비102호에 대해 이를 구별하지 않고 그 전부에 대해 甲과 하나의 임대차계약을 체결하였는데, 그 후 B는 경매절차에서 비102호를 매수하여 상가건물 임대차보호법에 따라 임대인의 지위를 승계하게 되었다. 그런데 甲이 B에게 차임의 지급을 연체하자, B가 甲에 대해 비102호 부분에 대한 임대차계약을 해지한 사안이다. 이에 대해 판례는, 위 목적물 전부가 임대차계약의 대상이고 B가 후에 목적물의 일부에 대해 임대인의 지위를 갖게 됨으로써 목적물 전부에 대해 A와 같이 공동임대인이 되었으므로, 계약의 해지는 민법 제547조 1항에 따라 A와 B가 甲에게 하여야 하고 B만이 한 해지의 의사표시는 효력이 없다고 보았다(대판 2015. 10. 29, 2012다5537).

제2절 계약 각칙

제1관 서 설

Ⅰ. 전형계약의 의의

1. 민법은 채권편 제2장 제2절 내지 제15절에서 '증여 · 매매 · 교환 · 소비대차 · 사용대차 · 임대차 · 고용 · 도급 · 여행계약 · 현상광고 · 위임 · 임치 · 조합 · 종신정기금 · 화해'의 15가지 전형계약典型契約에 관해 규정한다. 이 전형계약은 사회에서 행하여지는 수많은 계약 중에서 빈번하게 이용되는 것을 유형화한 것이고, 급부의무와 반대급부의무의 내용을 중심으로 정한 것이다. 예컨대 건축과 관련하여 당사자 간에는 보통 '건설공사계약'이라는 이름으로 계약을 맺는데, 이것은 건축의 완성과 그에 대한 대가로서 보수의 지급을 그 내용으로 하는 점에서 도급에 해당하고, 이에 관해서는 도급계약에 관한 민법의 규정이 적용된다(664조 이하). 다시 말해 시중에서 행하여지는 계약의 명칭은 다양한데, 그것에 관해 위 15가지 전형계약 중 어느 것을 적용할지는 그 계약의 성질(급부의무와 반대급부의무)을 결정함으로써 정해진다. 민법에서 각 전형계약에 관해 그 '의의'를 정하고 있는 것은 바로 이에 관한 것이다(554조 · 563조 · 596조 · 598조 · 609조 · 618조 · 655조 · 664조 · 674조의2 · 675조 · 680조 · 693조 · 703조 · 725조 · 731조).

2. 민법은 당사자가 전형계약을 맺을 때에 담아야 할 표준적인 내용을 정하고 있다. 그런데 계약에는 계약자유의 원칙이 적용되므로, 위 15가지 전형계약의 종류와 내용에 관한 민법의 규정은 물권에서처럼 강제적인 것이 아니다(185조 참조). (ㄱ) 따라서 당사자는 전형계약 외에 새로운 계약을 맺을 수 있고, 실제로 민법에서 정하고 있지 않은 의료계약 · 리스 · 팩토링 · 신용카드계약 등의 신종 계약이 출현하고 있다. 특히 민법에서 정하고 있는 교환 · 고용 · 종신정기금은 오늘날 그 이용이 거의 없거나 다른 제도가 이를 대체하고 있다. 또 전형계약에 관하여도 당사자는 민법에서 정한 내용과는 다르게 약정할 수 있다. 요컨대 전형계약에 관한 민법의 규정은 표준적인 내용을 담고 있기는 하지만, 그것은 대부분 임의규정으로 되어 있으며, 당사자가 계약에서 정하지 않거나 내용이 분명하지 않을 때에 그 내용을 보충하거나 해석의 기준으로서 적용되는 보충적 기능을 가질 뿐이다.[1] 그러므로 계약에서는 거래의 관행과 당사자의 의사를 해석하여 그 내용을 정하는 것이 중요하며, 비전형계약에 관하여 무리하게 전형계약에 관한 규정을 기계적 · 단편적으로 적용한다든지, 또 전형계약에서도 민법의 규정을 우선적으

1) 전형계약에 관한 민법의 규정은 대부분 임의규정으로서, 당사자가 달리 약정하지 않는 한 보충적으로 적용된다. 그러나 계약의 본질을 구성하는 부분, 예컨대 목적물과 대금은 매매를 성립케 하는 본질적 부분이며(563조), 그 약정이 없다 하여 민법이 이를 보충적으로 적용하기 위해 미리 마련한 임의규정도 있지 않다. 즉 이것은 당사자의 합의에 의해서만 실현될 수 있는 것이고, 임의규정이 개입될 여지가 없다. 그리고 이것은 다른 전형계약에서도 다를 바 없다. 전형계약에 관한 민법의 임의규정이 적용되는 것은 각 계약의 성립과 직결되지 않는 부분이다.

로 적용하여서는 안 된다. (ㄴ) 그런데 실제로 당사자는 (법률전문가가 아니어서) 전형계약을 맺으면서 그 계약에 담아야 할 내용을 충분히 약정하지 못하는 것이 보통이다. 그래서 전형계약에 관한 민법의 규정은 임의규정이지만 사실상은 강행규정에 못지않게 적용된다.

Ⅱ. 전형계약의 분류

민법에서 정하고 있는 15가지 전형계약은 그 목적에 따라 ① 재산권의 이전, ② 물건의 이용, ③ 노무의 이용, ④ 그 밖의 유형 등 네 가지로 크게 나눌 수 있고, 그 개요는 다음과 같다.

<table>
<tr><td rowspan="6">재산을 대상으로 하는 계약</td><td rowspan="3">재산권의 이전을 목적으로 하는 계약</td><td colspan="2">무상으로 양도 …… 증여(554조~562조)</td></tr>
<tr><td rowspan="2">유상으로 양도</td><td>반대급부가 금전인 것 …… 매매(563조~595조)</td></tr>
<tr><td>반대급부가 금전 이외의 재산권 …… 교환(596조~597조)</td></tr>
<tr><td rowspan="3">물건의 이용을 목적으로 하는 계약</td><td colspan="2">빌린 물건을 소비하고 동종물을 반환하는 것 …… 소비대차(598조~608조)</td></tr>
<tr><td rowspan="2">빌린 물건 자체를 반환하여야 하는 것</td><td>무상 …… 사용대차(609조~617조)</td></tr>
<tr><td>유상 …… 임대차(618조~654조)</td></tr>
<tr><td rowspan="6">노무를 대상으로 하는 계약</td><td colspan="3">채권자가 타인의 노동력을 지배하여 이를 이용하는 것 …… 고용(655조~663조)</td></tr>
<tr><td rowspan="5">채권자의 지배에 복종하지 않는 노무의 제공을 목적으로 하는 계약</td><td colspan="2">일의 완성을 목적으로 하는 것 …… 도급(664조~674조)</td></tr>
<tr><td colspan="2">여행 관련 용역을 결합하여 제공하는 것 …… 여행계약(674조의2~674조의9)</td></tr>
<tr><td colspan="2">광고에 정한 행위의 완료를 목적으로 하는 것 …… 현상광고(675조~679조)</td></tr>
<tr><td colspan="2">일정한 사무의 처리를 목적으로 하는 것 …… 위임(680조~692조)</td></tr>
<tr><td colspan="2">물건의 보관을 목적으로 하는 것 …… 임치(693조~702조)</td></tr>
<tr><td rowspan="3">그 밖의 계약</td><td colspan="3">공동사업의 경영을 목적으로 하는 것 …… 조합(703조~724조)</td></tr>
<tr><td colspan="3">채무자의 급부의 시한을 정하는 것을 목적으로 하는 것 …… 종신정기금(725조~730조)</td></tr>
<tr><td colspan="3">분쟁을 당사자의 상호 양보로 해결하는 것을 목적으로 하는 것 …… 화해(731조~733조)</td></tr>
</table>

제2관 증 여贈與

사례 1985. 6. 5. A는 그 소유 토지를 B학교법인에 증여하면서, B는 A의 남편을 B의 이사 겸 이사장으로 추대하고 A의 아들 2인을 B의 교직원으로 채용하며 토지의 조세공과금을 책임지기로 하고, B가 이를 이행하지 않을 때에는 위 토지를 A에게 반환하기로 약정하였다. 1985. 10. 29. 위 토지는 증여를 원인으로 A에서 B 앞으로 소유권이전등기가 마쳐졌다. 그러나 B가 부담의무를 이행하지 않자, A는 증여계약을 해제하고 위 토지에 대한 소유권이전등기의 말소를 청구하였다. A의 청구는 인용될 수 있는가? 해설 p.465

Ⅰ. 증여의 의의와 성질

1. 의 의

증여는 당사자 일방(증여자)이 상대방(수증자)에게 재산을 무상으로 준다는 의사를 표시하고, 상대방이 이를 승낙함으로써 효력이 생기는 계약이다(554조). 증여자 일방의 의사표시만으로 상대방에게 재산의 취득을 강요할 수는 없는 점에서, 상대방의 승낙이 있어야 성립하는 '계약'으로 한 것이다. 현대 자본주의사회에서는 급부가 계약 당사자 간에 서로 행하여지는 유상계약이 대부분이고, 무상계약인 증여는 보통 친족이나 친구 사이에 이루어지는 점에서 예외에 속하는 것이지만, 일정한 목적을 위해 행하여지는 기부(증여)도 적지 않다.[1] 한편, 자녀에 대한 결혼자금이나 학자금 등의 증여는 상속분의 선급으로 취급되어, 상속분이나 유류분을 산정하는 데 고려된다(1008조, 1113조, 1118조).

2. 증여의 법적 성질

증여는 낙성 · 무상 · 편무 · 불요식 계약인데, 그 내용은 다음과 같다.

a) 낙성계약 (ㄱ) 증여는 '계약'이므로, 무상으로 타인에게 재산을 주는 경우에도 단독행위인 유증이나 채무면제는 증여가 아니다. 또 수증자의 승낙의 의사표시가 있어야 성립하므로, (권리능력이 없어) 승낙을 할 수 없는 태아나 아직 성립되지 않은 단체에 대한 증여의 의사표시는 효력이 없다(대판 1992. 2. 25, 91다28344). (ㄴ) 증여는 당사자의 의사의 합치만으로 성립하는 점에서 '낙성계약'이며, 따라서 타인의 재산도 증여의 목적으로 할 수 있다(대판 2016. 5. 12, 2016다200729). 이 경우 증여자는 타인의 재산을 취득해서 상대방에게 급부할 의무를 진다. 한편 계약과 동시에 목적물을 교부하는 경우가 있는데, 이러한 증여를 '현실증여'라고 한다.

b) 무상 · 편무계약 (ㄱ) 증여는 증여자가 수증자에게 「재산을 무상으로 주는」 것이다.[2] ①

---

1) 판례: (ㄱ) 「기부채납(寄附採納)은 기부자가 그의 소유 재산을 지방자치단체의 공유재산으로 증여하는 의사표시를 하고 지방자치단체는 이를 승낙하는 채납의 의사표시를 함으로써 성립하는 증여계약이다. 이러한 기부채납은 개인이 일정한 시설(예: 도로의 건설이나 건물의 신축 등)을 하고 이를 지방자치단체에 증여를 하되, 상당한 기간 그 개인이 그 시설을 독점적으로 사용 · 수익하는 것을 계약의 내용으로 하는 것이 보통이다. 따라서 기부채납에 그러한 사용 · 수익권까지 포기하는 의사표시가 당연히 포함된 것으로 볼 수는 없으므로, 그 포기가 있다고 하려면 그에 관한 별도의 의사표시가 있어야 한다」(대판 1996. 11. 8, 96다20581). (ㄴ) 「부의금은 상호부조의 정신에서 유족의 정신적 고통을 위로하고 장례에 따르는 유족의 경제적 부담을 덜어줌과 아울러 유족의 생활 안정에 기여함을 목적으로 증여되는 것으로서, 장례비용에 충당하고 남는 것은 공동상속인들에게 그 상속분에 따라 각각 귀속된다」(대판 1992. 8. 18, 92다2998). (ㄷ) 「기독교 신도가 교회에 특정 재산을 연보(捐補)한 경우, 특별한 의사표시가 없는 이상, 그 재산 자체를 증여한 것으로 보는 것이 상당하다」(대판 1975. 7. 30, 74다1844).

2) 판례: 「송금 등 금전 지급행위가 증여에 해당하기 위해서는 채무자와 수익자 사이에 금전을 무상으로 수익자에게 종국적으로 귀속시키는 데에 의사의 합치가 있어야 한다. 다른 사람의 예금계좌에 금전을 이체하는 등으로 송금하는 경우, 그것이 과세 당국의 추적을 피하기 위해 일정한 인적 관계에 있는 사람이 그 소유의 금전을 자신의 예금계좌로 송금한다는 사실을 알면서 그에게 자신의 예금계좌로 송금할 것을 승낙하거나 용인한 경우, 증여의 합치가

이 의미는, 증여자의 재산이 감소하고 수증자의 재산을 증가시키는 모든 행위를 말한다. 따라서 권리(물권 · 채권 · 지식재산권 등)를 양도하는 것은 물론이며, 수증자를 위하여 용익물권을 설정하는 것이나 채무를 부담하는 것 그리고 채무면제를 포함한다(채무면제 자체는 단독행위이지만, 채무면제를 증여의 대상으로 삼을 수 있다)(민법주해(XIV), 20면(고영한) 참조). 또한 보통 유상인 노무를 무상으로 급부한 때에는, 증여자는 수입을 얻지 못하고 수증자는 지출을 면한 것이 되므로 증여가 될 수 있다(예: 정원사가 무상으로 정원을 손질해 주는 것). 그러나 채무자가 채무를 변제하는 것은 채권에 대응하는 것으로서 재산상의 이익을 주는 것이 아니며, 또 담보물권의 설정은 채무의 이행을 확실하게 하는 것에 불과하므로 증여에 속하지 않는다. ② 무이자 소비대차(598조) · 사용대차(609조)는 무상으로 물건을 사용케 하는 점에서 증여의 범주에 속할 수 있는 것이지만, 민법은 이를 증여와는 다른 전형계약으로서 따로 규율하므로 증여로 볼 것이 아니다. ③ 유상계약을 전제로 하는 규정, 특히 매도인의 담보책임에 관한 규정은 무상계약인 증여에는 준용되지 않는다(567조). 증여자의 담보책임에 관해서는 증여계약에서 따로 정한다(559조). (ㄴ) 증여는 증여자만이 의무를 지는 점에서 '편무계약'이며, 쌍무계약을 전제로 하는 효력(536조~538조)은 생기지 않는다. (ㄷ) 출연에 대응하여 상대방의 출연도 있는 경우에 그것이 증여에 해당하는지는, 해당 계약과 당사자의 의사에 의해 결정하여야 한다(통설). 예컨대 매매대금이 현저하게 균형을 잃을지라도 그것은 증여가 아니라 매매가 된다(곽윤직, 115면). 이러한 취지에서 민법은 수증자가 일정한 출연(부담)을 하는 「부담부 증여」를 증여로 취급한다. 다만 부담의 한도에서는 매도인과 같은 담보책임을 지우고, 그리고 (부담의 한도와는 관계없이) 쌍무계약에 관한 규정을 적용하는 것으로 정한다(559조 2항 · 561조).

c) 불요식계약 증여의 성립에는 특별한 방식이 필요하지 않다. 다만 증여의 의사가 서면으로 표시되지 않은 증여는 각 당사자가 해제할 수 있지만(555조), 이는 해제권이 발생한다는 데 지나지 않고, 증여계약을 서면으로 작성하여야만 유효하다는 의미는 아니다(즉 해제권을 행사하지 않으면 구두증여도 효력이 발생하는 데 아무런 지장이 없다).

Ⅱ. 증여의 효력

증여의 「일반적 효력」은 증여자가 수증자에게 증여계약의 내용에 따라 재산을 주는 것이다(554조). 이에 관하여는 채권 · 채무의 일반원칙이 통용된다. 민법이 증여에 관해 정하는 「특수한 효력」으로는 '증여자의 담보책임'(559조)과 '증여에 특유한 해제'(555조~558조) 두 가지가 있다.

1. 일반적 효력

(ㄱ) 증여자는 증여계약에 따라 재산적 출연을 이행할 채무를 진다. 재산권의 이전이 증여의

있다고 추단할 수 없다. 금융실명제 아래에서 명의인이 예금계약의 당사자로서 예금반환청구권을 가진다고 해도, 이는 계좌가 개설된 금융회사에 대한 것으로서, 이것이 송금인과 계좌명의인 사이의 법률관계에 영향을 주는 것은 아니다」(대판 2018. 12. 27, 2017다290057).

목적인 경우에는, 그 대상에 따라 동산은 인도를, 부동산은 등기와 인도를, 채권은 대항요건을 갖추어 주어야 하고, 점유를 수반하는 재산권에 관하여는 그 점유를 이전해 주어야 한다. 한편, 목적물이 타인에게 속하는 경우에는 이를 취득하여 이전하여야 한다. (ㄴ) 증여자가 부담하는 위와 같은 채무는 보통의 채무와 다르지 않다. 따라서 증여자가 채무를 이행하지 않는 때에는, 수증자는 이행을 강제할 수 있으며, 손해가 있는 때에는 그 배상을 청구할 수 있다. (ㄷ) 증여자가 부담하는 채무의 기준에 관해 학설은 나뉜다. 제1설은, 증여자는 일반적으로 특정물의 인도의무를 부담하므로 민법 제374조에 의해 선량한 관리자의 주의의무(추상적 과실)를 진다고 한다(김현태, 96면; 민법주해(XIV), 32면(고영한)). 제2설은, 무상임치의 경우 민법은 수치인에게 자기 재산과 동일한 주의의무(구체적 과실)를 인정하는데(695조), 증여에서 증여자의 지위도 이와 유사하므로 동조를 유추적용하여 같은 의무를 부담한다고 한다(김형배, 403면; 이은영, 281면). 제3설은, 독일 민법(521조)은 증여자가 고의나 중과실에 대해서만 책임을 지는 것으로 규정하는데, 우리 민법에는 이러한 규정이 없지만, 증여의 경우 원칙적으로 담보책임을 지지 않고 또 서면에 의하지 않은 증여는 해제할 수 있는 것으로 하는 등 유상계약에서보다 증여자의 책임을 경감하고 있는 점에서, 고의나 중과실에 대해서만 책임을 진다고 보는 것이 민법의 취지에 부합한다고 한다(김증한·김학동, 190면). 사견은 제1설이 타당하다고 본다. 우선 위임은 무상계약이지만 민법은 수임인에게 선관의무를 인정하는 것으로 따로 정한다(681조). 책임 부담으로 이어지는 채무자의 주의의무는 원칙적으로 명문의 규정에 근거하여야 할 것이다. 따라서 증여의 경우 민법 제374조(특정물 인도 채무자의 선관의무)의 적용을 배제할 특별한 근거가 없으므로 동조에 따라 선관의무를 부담한다고 볼 것이다.

2. 증여자의 담보책임

(1) 원 칙

a) 증여자는 그가 급부한 물건이나 권리에 하자나 흠결이 있더라도 그에 대한 담보책임을 부담하지 않는다(559조 1항 본문). 증여는 무상계약이어서 증여자는 아무런 대가를 받지 않으므로 매매와 같은 유상계약에서 인정되는 담보책임을 증여자에게 부담시키는 것은 적절치 않으며, 또한 증여자는 목적물을 현상대로 주려는 의사를 가진다고 볼 수 있기 때문이다. 유의할 것은, 증여에서 담보책임의 문제는 증여 당시 증여의 목적인 물건이나 권리에 하자가 있는 경우에 관한 것이고, 계약 성립 후 증여자의 과실로 목적물에 흠결이 생긴 때에는 채무불이행책임을 진다는 점이다.

〈예〉 A가 B로부터 5천만원을 빌리면서 그 담보로 A 소유 1억원 상당의 토지를 B 앞으로 저당권을 설정해 주었는데, A가 이러한 상태의 토지를 C에게 증여하였다고 하자. (ㄱ) B의 저당권에 기한 경매실행으로 C가 토지의 소유권을 잃게 되었더라도 C는 민법 제559조 1항에 따라 A에게 담보책임을 물을 수 없다. (ㄴ) C가 B에게 5천만원을 변제하여 저당권을 소멸시킨 경우, C는 A에게 구상권을 행사할 수 있는가? A가 저당권을 말소하고 완전한 토지를 이전하겠다고 약정하지 않은 이상, 위 증여계약의 해석상 A가 C에게 저당권의 말소의무를 부담한다고 보기는 어렵다. 따라서 C의 변제는 스스로 토지의 소유권을 완전하게 하기 위한 것에 지나지 않아, C는 A에게 구상권을 갖지는 못한다(제3자가 변제로 채무자에 대해 구상권을 갖는 것은 채무자가 제3자에게 상환의무(예: 688조·739조)를 부담하는 것에 따른 것이다). (ㄷ) 만일 A가 증여계약 후 그 토지를 B 앞으로 저당권을 설정해 준 경우에는, 그것은 수증자 C에 대한 채무불이행이 되며, A는 그에 따른 책임을 진다.

b) 위 원칙이 특정물을 증여하는 경우에 적용됨은 물론이다. 문제는 불특정물을 증여의 목적으로 한 때에도 적용되는가이다(예: 출판사에서 신간 서적 1권을 주기로 한 때). 통설은 흠 없는 완전물을 급부하는 것이 당사자의 의사라는 점에 기초하여 그 적용을 부정한다. 따라서 본조는 증여의 목적물이 특정물인 경우를 전제로 한다.

(2) 예 외

다음의 세 경우에는 예외적으로 증여자가 담보책임을 진다. (ㄱ) 증여자가 증여의 목적인 물건이나 권리의 하자나 흠결을 알고 수증자에게 알리지 않은 때에는 담보책임을 진다(559조 1항 단서). ① 이 책임은 완전한 물건을 급부하지 못한 데 따른 채무불이행책임이 아니라, 물건이나 권리의 하자나 흠결을 몰랐던 수증자를 구제하기 위한 일종의 법정책임이다(민법주해(XIV), 52면(고영한)). 그러므로 이 책임의 내용은 하자나 흠결이 없었으면 수증자가 얻을 수 있었을 (이행)이익의 배상이 아니고, 수증자가 하자나 흠결이 없다고 오신하였기 때문에 입은 (신뢰)손해의 배상에 그친다. 따라서 그 사실을 알리지 않은 경우에도 수증자가 계약 당시에 알 수 있었던 때에는 담보책임은 생기지 않는다(통설)(예: 중고 자동차의 증여). ② 이 책임의 존속기간에 관해서는 민법 제575조 3항을 유추적용하여 그 사실을 안 날부터 1년의 제척기간에 걸린다(통설). (ㄴ) 부담부 증여(상대부담 있는 증여)에서는, 증여자는 그 '부담의 한도'에서 매도인과 같은 담보책임을 진다(559조 2항). (ㄷ) 민법 제559조가 강행규정은 아니다(통설). 따라서 당사자 간의 특약으로 목적물의 하자나 흠결에 대해 증여자가 담보책임을 지기로 한 때에는 그에 따른다.

3. 증여에 특유한 해제

(1) 증여에 특유한 해제 원인

민법은 증여에 특유한 해제 원인으로서 다음의 세 가지를 규정한다.

a) 증여의 의사가 서면으로 표시되지 않은 경우 (ㄱ) 「증여의 의사가 서면으로 표시되지 않은 경우에는 각 당사자(증여자 또는 수증자)는 증여를 해제할 수 있다」(555조). 증여는 무상계약이어서 증여자에게 일방적으로 불이익을 주는 점을 고려하여 경솔하게 계약을 맺는 것을 방지하고, 나아가 증여자의 의사를 명확히 하여 장래의 다툼을 피하고자 하는 취지에서 본조가 마련된 것이지만, 그 반면 다른 계약에 비해 증여계약의 구속력을 약화시킨다는 문제가 있다. (ㄴ) 서면으로 표시되어야 하는 것은 증여자의 「증여의 의사」이다. 그 인정 범위에 따라 해제 여부를 달리하게 되는데, 판례는 대체로 이를 넓게 해석하여 증여자 측의 해제 주장을 받아들이지 않으려는 경향을 보인다. ① 증여자가 자기의 재산을 상대방에게 준다는 증여 의사가 서

면에 나타나는 것으로 족하다. 증여계약서를 작성하여야만 하는 것은 아니며, 수증자의 수증의 의사표시가 서면에 기재되어 있을 것을 요하지 않는다. 다만, 증여의 의사표시는 서면상 수증자에 대한 것이어야 하며, 증여자의 제3자에의 서면이나 증여자 자신의 내부관계에서 작성된 서면(일기장)만으로는 부족하다. 한편, 서면 자체는 매도증서로 되어 있더라도 그것이 증여를 목적으로 하는 경우에는 증여의 서면에 해당한다(대판 1988. 9. 27, 86다카2634; 대판 1996. 3. 8, 95다54006). ② 증여 의사가 표시된 서면의 '작성시기'에 관하여는 아무런 제한이 없다. 증여계약이 성립한 당시에는 서면이 작성되지 않았더라도 그 후 계약이 존속하는 동안 서면이 작성된 때에는, 그 이후에는 당사자가 임의로 증여를 해제할 수 없다(대판 1989. 5. 9, 88다카2271). (ㄷ) 증여 의사가 서면으로 표시되지 않은 증여는 각 당사자, 즉 증여자뿐만 아니라 수증자도 해제할 수 있다. 당사자가 해제하지 않고 사망한 때에는 해제권은 상속인에게 승계된다. (ㄹ) 제555조에서 정하는 「해제」의 의미에 관해서는 유의할 점이 적지 않다. ① 구민법(550조)에서는 '취소'할 수 있다고 규정하였는데, 이것이 법률행위의 취소와 혼동될 우려가 있다는 이유로 현행 민법은 '해제'로 바꾼 것이다. 따라서 그 본래의 의미는 철회와 가깝다. 다만 철회는 법률행위의 효력이 발생하기 전에 할 수 있는 것인데, 동조의 경우에는 유효하게 성립한 계약을 실효시킨다는 점에서 취소와 유사한 면이 있고, 이 점에서 「특수한 철회」라고 할 수 있다. 판례도 같은 취지이다(아래 판례 참조). ② 동조 소정의 해제는 본래 의미의 해제와는 다르므로 그에 관한 규정, 즉 민법 제543조 이하의 규정들은 적용되지 않는다. 특히 해제에 의해 증여는 처음부터 절대적으로 무효가 되고 제3자에게도 무효로 대항할 수 있으므로 민법 제548조 1항 단서는 적용되지 않는다(민법주해(XIV), 41면(고영한)). ③ 동조 소정의 해제는 소멸시효에도 걸리지 않고 또 형성권으로서의 제척기간도 적용되지 않는다는 것이 판례의 견해이다. 즉 수증자의 채권이 존속하는 한 증여자의 해제권(철회권)도 존속하는 것이고, 따로 기간의 경과에 의해 소멸되지 않는 것으로 본다.

판 례 증여 의사가 서면으로 표시되지 않은 증여에서 해제의 성질과 제척기간의 적용 여부

(α) 사 실: 1) B와 그의 처 C는 토지를 각 2분의 1 지분으로 공유하고 있는데, 이들은 이 토지를 A교회에 신축 건물의 부지로 증여하겠다고 하였으나 그 이행을 하지 않던 중, C는 임의로 B의 등기 관계서류를 A에게 교부하여, 위 토지가 증여를 원인으로 A 앞으로 소유권이전등기가 마쳐졌다. 2) B는 최초 증여약정일 혹은 A 앞으로 위 이전등기가 경료된 날부터 10년이 지나 A를 상대로 위 증여가 서면에 의한 것이 아님을 이유로 민법 제555조를 근거로 해제하고, 이를 원인으로 B의 위 토지의 2분의 1 지분에 대한 A 명의의 소유권이전등기의 말소를 청구하였다. 3) 이에 대해 A는 10년이 지나 B의 해제권도 소멸되었고, 또 B가 어차피 토지(지분 1/2)를 A에게 증여하기로 한 이상 A 명의의 소유권이전등기는 실체관계에 부합하여 유효하다고 항변하였다.

(β) 판결요지: 「민법 제555조에서 말하는 증여계약의 해제는 민법 제543조 이하에서 규정한 본래 의미의 해제와는 달리 형성권의 제척기간의 적용을 받지 않는 특수한 철회로서, 10년이 경과한 후에 이루어졌다 하더라도 원칙적으로 적법하다」(대판 2009. 9. 24, 2009다37831).

(γ) (ㄱ) 증여 의사가 서면으로 표시되지 않은 증여에서 '해제'의 법적 성질이 「특수한 철회」라

고 하는 점은 종전의 판례에서 이미 밝힌 바 있다. 즉 1977년에 대지를 증여하기로 계약을 맺은 후 수증자가 2001년에 증여를 원인으로 하여 그 소유권이전등기절차의 이행을 청구하자, 증여자가 2001년에 민법 제555조를 근거로 증여계약을 해제한 사안에서, 「민법 제555조에서 말하는 해제는 일종의 특수한 철회일 뿐, 민법 제543조 이하에서 규정한 본래 의미의 해제와는 다르다고 할 것이어서, 형성권의 제척기간이 적용되지 않는다」고 판결하였다(대판 2003. 4. 11, 2003다1755). 형성권에 관해 그 존속기간이 정해져 있지 않은 경우, 통설은 그 형성권 행사의 결과로서 발생하는 채권적 권리가 원칙적으로 10년의 소멸시효에 걸린다는 점에서 10년의 제척기간으로 해석하고, 판례도 같은 취지이다(대판 1992. 7. 28, 91다44766, 44773). 그런데 증여에서의 위 해제는 주로 수증자가 이행청구를 해 왔을 경우에 증여자가 그에 대한 법적 방어수단으로 인정된 것인 점에서, 따라서 수증자의 채권이 존속하는 한에서는 증여자의 해제권이 10년의 기간의 경과만으로 먼저 소멸된다는 것은 적절치 않다는 점에서, 10년의 제척기간이 경과하기만 하면 무조건 소멸되는 것으로 볼 수는 없다는 것이 위 판례의 취지이다.[1] 다시 말해 철회의 성격을 가지는 위 해제권도 형성권이지만 항변권의 성격도 가지는 점에서, 항변관계가 존속하는 동안에는 따로 제척기간이 진행되지 않는 것으로 본 것이다. (ㄴ) 그리고 위 판결은, 증여 의사가 서면으로 표시되지 않은 토지 증여의 경우에도 증여자의 의사에 기해 그 소유권이전등기에 필요한 서류가 제공되고 수증자 명의로 소유권이전등기가 경료됨으로써 이행이 완료된 경우에는, 증여자가 증여계약을 해제하였다고 하더라도 증여계약이나 그에 따른 소유권이전등기의 효력에 영향을 미치지 않지만(558조), 이와 달리 증여자의 의사에 기하지 않은 원인무효의 등기가 경료된 경우에는 증여계약의 적법한 이행이 있다고 볼 수 없으므로, 증여자는 증여 의사가 서면으로 표시되지 않은 증여임을 이유로 증여계약을 해제할 수 있고, 이에 대해 수증자는 (증여자가 토지를 증여하기로 한 것을 이유로) 실체관계에 부합하는 것이라고 주장할 수 없다고 보았다.

b) **수증자의 망은행위**忘恩行爲 (ㄱ) 수증자의 일정한 망은행위가 있는 경우, 즉 ① 증여자 또는 그의 배우자나 직계혈족에게 범죄행위[2]를 한 때, ② (민법 제974조에 따라) 증여자에 대하여 부양의무가 있음에도 이를 이행하지 않은 때, 증여자는 증여를 해제할 수 있다(556조 1항). (ㄴ) 이 해제권은 해제의 원인이 있음을 안 날부터 6개월이 지나거나 증여자가 수증자에게 용서의 의사를 표시한 경우에는 소멸된다(556조 2항).

c) **증여자의 재산상태 변경** 「증여계약 후 증여자의 재산상태가 현저하게 변경되고 증여의 이행으로 인하여 생계에 중대한 영향을 미칠 경우에는 증여자는 증여를 해제할 수 있다」(557조). 증여계약의 이행으로 증여자의 생계에 중대한 영향을 미칠 경우에는 증여자는 증여를 해제할 수 있다. 사정변경의 원칙을 반영한 것으로 볼 수 있다.

---

1) 양창수, "2003년 민사판례 관견", 인권과 정의(2004. 4.), 69면.

2) 판례: 「민법 제556조 1항 1호에서 정한 '수증자의 범죄행위'는, 수증자가 증여자에게 감사의 마음을 가져야 함에도 불구하고 증여자가 배은망덕하다고 느낄 정도로 둘 사이의 신뢰관계를 중대하게 침해하여 수증자에게 증여의 효과를 그대로 유지시키는 것이 사회통념상 허용되지 아니할 정도의 범죄를 저지르는 것을 말한다. 이때 이러한 범죄행위에 해당하는지는 수증자가 범죄행위에 이르게 된 동기 및 경위, 수증자의 범죄행위로 증여자가 받은 피해의 정도, 침해되는 법익의 유형, 증여자와 수증자의 관계 및 친밀도, 증여행위의 동기와 목적 등을 종합적으로 고려하여 판단하여야 하고, 반드시 수증자가 그 범죄행위로 형사처벌을 받을 필요는 없다」(대판 2022. 3. 11. 2017다207475, 207482).

(2) 이행완료 부분에 대한 효력

위 세 가지 경우에 의한 증여의 해제는 '이미 이행한 부분'(예: 동산의 경우에는 인도, 부동산의 경우에는 소유권이전등기를 한 때)에 대해서는 영향을 미치지 않는다(558조)(대판 1977. 12. 27, 77다834; 대판 1981. 10. 13, 81다649). 제558조는 해제의 효과로서의 원상회복의무(548조)에 대한 특칙이 된다.[1)]

〈참 고〉 제558조에 의하면, 민법 제556조와 제557조의 경우에도 증여자가 이미 이행을 한 부분에 대해서는 해제의 효력이 미치지 않게 된다. 위 양 조문은 구민법에는 없던 것을 현행 민법이 신설한 것인데, 외국의 입법례를 보더라도 동조와 같은 규정을 두고 있지는 않다. 즉 독일 민법은, 수증자가 망은행위를 한 때에는 증여를 철회할 수 있고, 이 경우 이미 이행한 것에 대해서는 부당이득반환을 청구할 수 있는 것으로 하며(독민 530조·531조), 증여 후에 증여자의 재산상태가 악화된 경우에는 수증자에게 급부한 것에 대해 부당이득반환을 청구할 수 있는 것으로 규정한다(독민 528조). 본래 제558조는 구민법 당시에는 제555조와 연결된 내용이었는데, 현행 민법이 위 양 조문을 신설하면서 제558조의 범주에 같이 포함시킨 것이다. 그러나 민법 제555조의 경우와 위 양 조문과는 그 취지를 달리하는 것이므로, 이미 이행을 한 부분에 대해서도 해제의 효력을 미치게 하는 것이 민법 제556조와 제557조에서 해제를 인정한 취지에도 부합한다(이에 비해 제555조의 경우에는, 비록 증여 의사가 서면으로 표시되지 않은 증여라고 하더라도 그에 기초하여 이행을 하였다면 증여 의사가 확인된 것으로 볼 수 있어 더 이상 제555조에 의해 해제할 이유가 없으므로, 이 점에서 제558조는 의미가 있다). 따라서 민법 제556조와 제557조의 경우에도 제558조를 적용하는 것은 입법론상 문제가 있다고 본다.

Ⅲ. 특수한 증여

1. 부담부 증여 負擔附 贈與

(1) 의 의

(ㄱ) 「부담부 증여」(또는 「상대부담 있는 증여」)는 수증자도 일정한 급부를 하여야 할 채무를 부담하는 증여계약이다. 따라서 단순히 증여 목적물의 사용목적을 지정하거나 사용방법 등에 관하여 약정한 것은 이에 해당하지 않는다(민법주해 채권(7), 56면(고영한))(그러한 경우 부담부 증여에는 해당하지 않더라도, 사용목적이나 사용방법 등이 증여의 전제나 조건을 이룬다고 볼 경우에는, 해제조건의 성취로 인한 증여계약의 실효 또는 증여계약상의 채무불이행이 성립할 수는 있다).[2)] 증여에 상대부담이

---

1) 판례: ① 증여자가 서면에 의하지 않고 소유권이전등기가 마쳐지지 않은 매수 토지를 증여하면서, 위 토지에 관한 소유권이전등기청구권을 수증자에게 양도하고 매도인에게 양도 통지까지 마친 사안에서, 그 이후 증여자의 상속인들이 서면에 의하지 아니한 증여라는 이유로 해제를 하더라도, 제558조에 따라 이미 이행이 마쳐진 위 증여에는 아무런 영향을 미치지 않는다(대판 1998. 9. 25, 98다22543). ② 증여자가 생전에 부동산을 증여하고 그의 뜻에 따라 그 소유권이전등기에 필요한 서류를 제공하였다면, 증여자가 사망한 후에 그 등기가 마쳐졌다 하더라도, 증여자의 의사에 따른 증여의 이행으로서의 소유권이전등기가 마쳐진 것이므로 증여는 이미 이행된 것이다(대판 2001. 9. 18, 2001다29643). ③ 증여자의 의사에 기하지 아니한 원인무효의 등기가 마쳐진 경우에는 증여계약의 적법한 이행이 있다고 볼 수 없어, 서면에 의하지 아니한 증여를 이유로 해제할 수 있다(대판 2009. 9. 24, 2009다37831).

2) 판례: (甲과 乙이 丙 국립대학교와 기부약정을 체결하고 기부금을 지급하여 오던 중, 丙이 자신들이 지정한 목적을 위반하여 다른 용도로 기부금을 사용하였다는 이유로 기부약정의 해제를 주장한 사안이다). 이에 대해 대법원은 「공

붙어 있는지는 그 부담의 존재를 주장하는 자가 증명하여야 한다(대판 2010. 5. 27, 2010다5878). (ㄴ) 부담부 증여에서 부담의 이익을 받는 자는 증여자 자신일 수도 있고 제3자일 수도 있다. 제3자를 수익자로 하는 부담부 증여는 제3자를 위한 계약(539조)에 해당할 수 있다. (ㄷ) 부담의 내용을 이루는 급부는 급부로서의 일반요건, 즉 적법성 · 가능성 · 확정성의 요건을 갖춰야 하고, 이를 결한 때에는 부담은 무효가 된다(대판 1979. 11. 13, 79다1433). 부담은 증여를 토대로 하는 것이므로, 증여가 무효이면 부담도 무효가 된다. 부담이 무효인 경우에는, 그 부담이 없었더라면 증여를 하지 않았을 것인지에 따라 증여의 유효 여부를 정할 것이다.

(2) 특 칙

부담부 증여에서는 당사자 쌍방이 채무를 부담하지만, 수증자의 급부(부담)는 증여자의 급부에 대한 대가는 아니기 때문에 유상 · 쌍무계약은 아니라고 할 것이다. 그런데 민법은, 증여자는 부담의 한도에서는 매도인과 같은 담보책임이 있다고 하고(559조 2항), 그리고 쌍무계약에 관한 규정을 적용한다고 규정한다(561조).

a) 담보책임 부담부 증여에서 증여자는 그 '부담의 한도'에서 매도인과 같은 담보책임을 진다(559조 2항). 그 내용으로는 부담의 감액 · 계약해제 및 손해배상청구권이 인정된다. 다만 그것은 부담을 한도로 한다. 예컨대 증여한 재산에 하자가 있다고 하더라도, 그 잔여가치가 부담의 가격보다 큰 때에는 담보책임을 부담하지 않으며, 그것이 부담의 가격보다 적은 때에만 그 차액에 대한 담보책임이 인정된다(김형배, 395면). 한편, 부담이 증여 목적물의 가액에 대한 일정한 비율로 정하여져 있는 경우에는(예: 증여된 건물의 수익의 2할을 특정인에게 급부하는 경우), 목적물의 하자나 흠결로 수익이 감소되면 부담도 그에 따라 감소되는 것이므로, 담보책임은 생기지 않는다(곽윤직, 121면).

b) 쌍무계약으로서의 효과 부담부 증여에 대해서는 증여에 관한 규정 외에 (부담의 한도와는 관계없이) 쌍무계약에 관한 규정이 적용된다(561조). 따라서 동시이행의 항변권(536조)과 위험부담(537조~538조)이 적용되며, 부담의무의 불이행을 이유로 한 계약해제권(544조~546조)도 발생한다.

판 례 부담부 증여에 관한 사례

(ㄱ) 76세인 A는 자신에게 아들이 없어 자신을 부양해 줄 것을 조건으로 조카의 아들에게 그 소유 토지를 증여하고 소유권이전등기를 해 주었는데, 그 후 수증자가 A를 부양하지 않자, A가 증여계약을 해제하고 위 소유권이전등기의 말소를 청구한 것이다. 여기서 수증자의 부양의무의 불이행을 이유로 증여계약을 해제할 수 있는지, 그리고 제556조 2항에 의해 해제권이 소멸되었거나 또는 제558조에 의해 이미 이행된 부분에 대해서는 해제를 하더라도 그 영향을 미치지 않는 것인지가 문제된 것인데, 대법원은 다음과 같이 판결하였다. 「① 위 증여행위는 상대부담 있

익 등을 위해 무상으로 재산을 출연하면서 그 사용목적이나 용도를 특정하고 이를 출연계약의 내용으로 한 경우, 지정목적 등과 다르게 사용된 경우라 하더라도 그것을 이유로 곧바로 출연계약의 이행거부나 해제까지도 인정할 수 있는 것인지, 아니면 계약의 부수적 사항에 대한 위반에 지나지 않는 것이어서 계약의 효력 자체를 부정할 사유는 아니라고 할 것인지는, 여러 사정을 종합하여 합리적으로 판단해야 한다」고 하였다(위 사안에서는 여러 사정상 丙이 지정된 목적을 위반하여 기부금을 사용하였다고 보기는 어렵다고 하였다)(대판 2012. 10. 25, 2011다61370).

는 증여로서 부담부 증여에 해당한다 할 것이고, 부담부 증여에는 민법 제561조에 의하여 쌍무계약에 관한 규정이 준용되므로, 상대방이 부담의 내용인 의무를 이행하지 아니한 경우에는 부담부 증여를 해제할 수 있다. ② 민법 제556조 1항 2호에 규정되어 있는 '부양의무'라 함은 민법 제974조에 규정되어 있는 직계혈족 및 그의 배우자 간 또는 생계를 같이하는 친족 간의 부양의무를 가리키는 것으로서, 이 사건과 같이 친족 간이 아닌 당사자 사이의 약정에 의한 부양의무는 이에 해당하지 아니하여, 이 사건 부담부 증여에는 민법 제556조 2항이나 민법 제558조가 적용되지 않는다」(대판 1996. 1. 26, 95다43358). (ㄴ) A와 B는 2016. 7. 4. A가 그 소유 토지를 B에게 증여하고 B가 이에 따라 그 부근에서 농사를 짓지 못하게 된 A의 숙모에게 300만원을 지급하기로 하는 내용의 부담부 증여계약을 맺었다. 이 계약 당시 증여 의사가 서면으로 표시되지는 않았고, A는 증여계약을 이행하지 않은 상태이나, B는 A의 숙모에게 300만원을 지급하였다. A가 위 증여계약을 민법 제555조에 따라 해제한 것인데, 대법원은 다음과 같은 이유를 들어 A의 해제 주장을 받아들이지 않았다. 「부담부 증여계약에서도 민법 제561조에 따라 제555조와 제558조가 준용되므로, 증여의 의사가 서면으로 표시되지 않은 경우에는 각 당사자는 증여계약을 해제할 수 있다. 그러나 증여자의 증여 이행이 완료되지 않았더라도 수증자가 부담의 이행을 완료한 경우에는, (특수한 철회의 성격을 가지는) 해제를 정한 민법 제555조의 취지와 공평의 원칙을 고려하면, 증여자는 증여 의사가 서면으로 표시되지 않았음을 이유로 민법 제555조에 따라 부담부 증여계약을 해제할 수 없다」(대판 2022. 9. 29, 2021다299976, 299983).

2. 정기증여

(ㄱ) 예컨대 매월 100만원을 증여하는 것처럼 정기적으로 증여하기로 약정한 것이 정기증여이다. 정기증여에서는 그 종기를 정하거나 정하지 않는 수가 있는데, 어느 경우든 그 도중에 증여자나 수증자가 사망하면 그 증여는 효력을 잃는다(560조). 계약 당사자의 의사를 추단하여 정한 것인데, 제560조가 강행규정은 아니므로 다른 특약이 있는 때에는 그에 따른다. (ㄴ) 정기증여는 종신정기금채무에 해당하여, 그 규정이 적용된다(725조 이하). 예컨대 월중에 사망한 때에는 일수로 계산한다(726조).

3. 사인증여死因贈與

(ㄱ) 증여는 당사자의 합의만으로 효력이 생기는 것이 원칙이지만, 증여자가 사망한 때 효력이 생기는 것으로 약정할 수 있고, 이것이 '사인증여'이다. 사인증여도 증여(계약)인 점에서 단독행위인 유증과는 구별된다. 그러나 양자는 사망으로 효력이 발생하고, 그래서 증여자의 생전 재산이 아닌 상속인의 상속재산에서 출연된다는 점에서 공통점이 있기 때문에, 민법 제562조는 사인증여에 대해 유증에 관한 규정을 준용하는 것으로 정한다. 예컨대 수증자의 과실 취득권에 관한 민법 제1079조, 유증의무자의 비용상환청구권에 관한 민법 제1081조 등은 준용될 수 있다. (ㄴ) 그러나 유증에 관한 규정(1073조 이하) 중 '유언능력 · 유언방식 · 승인과 포기 · 유언의 철회' 등은 유언의 단독행위로서의 성질에 기초하는 것이기 때문에, 이 규정들은 계약으로서의 사인증여에는 준용되지 않는다. 또한 민법 제1078조는 '포괄적 유증'을 받은 자는 상속인과

동일한 권리와 의무가 있다고 규정하고 있는데, 이것이 포괄적 사인증여에도 준용된다고 해석하면 양자의 효과는 같게 되어, 결과적으로 포괄적 유증에 엄격한 방식을 요하는 요식행위로 규정한 조항들이 무의미해지게 되므로, 제562조는 포괄적 사인증여에는 준용되지 않는다(대판 1996. 4. 12, 94다37714, 37721).

사례의 해설 사례는 부담부 증여에 해당하며, 이에 관해서는 쌍무계약에 관한 규정이 적용된다(561조). 따라서 A는 B의 부담의무의 이행지체를 이유로 그 증여를 해제할 수 있고, 그 효과로서 원상회복, 즉 B 앞으로 마쳐진 소유권이전등기의 말소를 청구할 수 있다(대판 1997. 7. 8, 97다2177). 민법 제558조는 증여에 특유한 해제(555조~557조)의 경우에 적용되는 것이므로, 부담부 증여에서 부담의무의 이행지체를 이유로 한 해제에는 적용되지 않는다. 사례 p. 455

제3관 매 매 賣買

제1항 매매 일반

1. 매매의 의의

매매는 당사자 일방(매도인)이 상대방(매수인)에게 재산권을 이전하기로 하고 상대방은 그 대금을 지급하기로 약정함으로써 성립하는 계약이다(563조). (ㄱ) 매매는 매도인의 재산권 이전의 대가로서 매수인이 금전을 지급하는 점에서, 당사자 쌍방이 금전 외의 재산권을 서로 이전하기로 하는 교환(596조)과 구별된다. (ㄴ) 계약은 편무 · 쌍무계약, 무상 · 유상계약으로 구별되지만, 쌍무계약과 유상계약으로서 대표적인 것은 매매이며, 현대 자본주의사회에서 가장 많이 보편적으로 행하여지는 계약유형이다. 특히 매매를 통해 재산권의 이전이 이루어지는 점에서 재화 이동의 대표적인 매개수단으로 기능을 한다.

2. 매매의 법적 성질

매매는 낙성 · 쌍무 · 유상 · 불요식 계약이다. (ㄱ) 낙성계약: 매매는 당사자의 합의만으로 성립하는 낙성계약이며, 따라서 타인의 권리도 매매의 목적으로 할 수 있다(569조). 이행기까지 매도인이 타인의 권리를 취득하여 매수인에게 이전해 주면 되기 때문이다. 물론 백화점에서 물건을 사는 경우처럼 물건의 인도와 대금의 지급이 동시에 이루어지는 '현실매매'도 있고, 이때에는 매매계약에 따른 채권 · 채무의 발생을 따로 인정할 필요가 많지 않지만, 통설은 채권계약으로서의 매매와 물권행위가 동시에 합체되어 이루어진 것으로 보아 달리 취급하지는 않는다(다만 이 경우 민법 제564조와 제565조는 적용될 여지가 없다). (ㄴ) 쌍무계약과 유상계약: ① 매매는 매도인의 재산권 이전의무와 매수인의 대금 지급의무가 대가관계에 있는 쌍무계약이다. ② 매매는 당사자의 상호 출연이 서로 등가관계에 있는 유상계약이다. 그래서 등가성이

유지되지 않는 경우, 즉 일방의 출연에 (원시적) 하자가 있는 때에는 그에 대한 과실 여부를 묻지 않고 그 하자를 보완하여야 할 책임을 인정하는데, 이것이 '담보책임'이다(570조 이하). (ㄷ) 불요식계약: 매매는 그 성립에 특별한 방식을 필요로 하지 않는 불요식계약이다. 다만 매매를 원인으로 부동산 소유권이전등기를 신청할 경우에는 일정한 사항이 기재된 계약서를 제출하여야 하지만(부동산등기 특별조치법 3조 1항), 이것은 등기신청에 필요한 것이고 매매의 성립에 필요한 것은 아니다.

3. 다른 유상계약에의 준용

매매는 유상계약의 가장 대표적인 것이기 때문에, 매매에 관한 민법의 규정은 다른 유상계약에 준용한다(567조 본문). 준용되는 중요한 규정으로는 일방예약(564조) · 해약금(565조) · 계약비용의 부담(566조) · 담보책임에 관한 규정(570조 이하) 등이다. 그러나 다른 유상계약에서 따로 특별규정을 두고 있거나(예: 도급에서 수급인의 담보책임에 관한 민법 제667조 이하, 여행계약에서 여행주최자의 담보책임에 관한 제674조의6 이하), 계약의 성질상 준용을 허용하지 않는 때에는 매매에 관한 규정은 준용되지 않는다(567조 단서).

제2항 매매의 성립

사례 (1) 甲은 2010. 5. 12. 乙에게 자기 소유의 X토지를 10억원에 매도하면서 계약 당일 계약금으로 1억원, 2010. 6. 12. 중도금 4억원, 2010. 7. 12. 잔금 5억원을 받고, 잔금 수령과 동시에 소유권이전등기에 필요한 서류를 교부하여 주기로 하였다. 아울러 乙이 각 기일에 대금을 지급하지 못하는 경우에는 甲이 계약금을 몰취하기로 약정하였다. 甲은 위 계약 당일 계약금 1억원을 수령하였으나 2010. 5. 말경 주변 지역의 개발호재로 X토지의 가격이 상승하자 乙에게 대금의 인상을 요청하였다. 그러나 乙은 이를 거절하고 바로 2010. 6. 2. 중도금 4억원을 甲의 계좌로 송금하였다. 甲은 2010. 6. 10. 乙에게 계약금의 두 배인 2억원을 지급하면서 위 계약의 해제를 통보하였다. 이와 같은 계약해제는 적법한가? (10점)(제53회 사법시험, 2011)

(2) 甲은 2015. 1. 20. 乙에게 甲 소유의 Y토지(이하 '이 사건 토지'라 한다)를 매도하기로 하는 매매계약(이하 '이 사건 계약'이라 한다)을 체결하였다. 이 사건 계약의 내용은 다음과 같다: "매매대금을 5억원으로 하되, 계약금 5,000만원은 계약 당일 지급하고, 중도금 2억원은 2015. 4. 15.에 지급하고, 잔금 2억 5,000만원은 2015. 8. 10. 소유권이전등기서류를 받음과 동시에 지급하기로 한다." 乙은 계약금 마련에 곤란을 겪다 계약 체결 당일 계약금 중 2,000만원만을 지급하고 나머지 계약금을 지급하지 못하고 있었다. 이런 상태에서 甲이 丙의 매수 제안을 받게 되자 甲은 2015. 4. 15. 乙에게 2,000만원의 두 배인 4,000만원을 제공하면서 내용증명우편을 통해 계약해제의 의사표시를 하였고, 위 내용증명우편은 2015. 4. 17. 乙에게 도달하였다. 이에 대하여 乙은 자신이 계약금의 일부를 지급하지 못한 것은 잘못이나, 그렇다고 하더라도 甲이 계약해제를 위해 지급할 금원은 4,000만원이 아닌 계약금의 두 배인 1억원이므로 계약은 여전히 유효하다고 주장한다. 이 경우 甲의 계약해제는 적법한 것인지에 대한 결론과 그 논거를 서술하시오. (10점)(2016년 제5회 변호사시험)

(3) 甲은 경기도 가평군 소재 X토지의 소유자인데, X토지는 '국토의 계획 및 이용에 관한 법률'

에 따른 토지거래허가구역으로 지정되어 있다. 甲은 2010. 10. 10. 乙과 X토지에 관하여 매매대금을 1억원으로 하는 부동산 매매계약을 체결하고 계약 당일 계약금으로 1,000만원을 받았으며, 나머지 잔금은 토지거래허가를 받은 날부터 1개월 이내에 지급하기로 약정하였다. 그런데 甲은 X토지의 급격한 지가 상승이 예상되자 토지거래허가를 위한 협력의무를 이행하지 않았으며, 이에 따라 乙은 甲을 피고로 X토지에 관한 토지거래허가 협력의무의 이행을 구하는 소를 제기하여 1심에서 승소하였고, 위 판결에 대해 甲이 항소하였다. 甲은 위 항소심 재판 도중에 민법 제565조 1항에 따라 X토지에 관한 계약금 1,000만원의 두 배인 2,000만원을 적법하게 공탁한 다음, 乙에게 위 매매계약을 해제한다는 내용증명우편을 보냈다. 이에 대해 乙은 이미 X토지에 관하여 토지거래허가 협력의무의 이행을 구하는 소를 제기하여 1심에서 승소하였고, 이는 위 매매계약에 대한 이행의 착수가 있었다고 할 것이므로, 민법 제565조에 따른 해제는 할 수 없다고 주장하고 있다. 甲과 乙의 주장은 타당한가? (15점)(2017년 제6회 변호사시험)

(4) 乙은 甲을 대리하여 甲 소유 X토지를 丙에게 매도하는 계약을 체결하면서 계약금을 1억원으로 정하였다. 丙은 계약 당일 계약금의 일부로 1천만원을 乙에게 교부하였고, 그로부터 3일 후에 나머지 계약금 9천만원을 甲의 계좌로 송금하기로 하였으며, 이 사실을 甲에게도 알려주었다. 이후 甲은 국내에 거주하는 친척으로부터 X토지가 시가보다 저렴하게 매각되었다는 소식을 듣고 乙이 계약금 잔금을 수령하기 전에 2천만원을 丙에게 상환하면서 위 매매계약을 해제하였다. 위 매매계약이 적법하게 해제되었는지를 판단하시오. (15점)(2017년 제1차 변호사시험 모의시험)

(5) 1) 甲은 2021. 1. 1. 乙 소유의 X토지를 10억원에 매수하는 계약을 체결하였다. 약정에 따라 계약금 2억원은 계약 당일에, 중도금 4억원은 같은 해 2월 1일, 잔금 4억원은 같은 해 3월 1일 각각 지급하기로 약정하였다. 다만 甲은 계약 당일 1억원만 乙의 계좌에 입금하고 나머지 계약금 1억원은 1월 4일 입금하기로 합의하였다. 2) 계약 다음 날 乙은 X토지 인근 지역의 개발 정보를 접하고 甲에게 매매대금 인상을 위한 재협상을 요구하였다. 甲이 거절하자, 乙은 甲에게 수령한 계약금 1억원의 두 배인 2억원을 제공하며 계약의 해제를 통지하였다. 甲이 그 수령을 거절하고 2021. 1. 4. 나머지 계약금 1억원을 乙의 계좌에 입금하자, 乙은 그 다음 날 다시 해제의 의사표시를 하면서 계약금의 두 배인 4억원을 2021. 1. 17.에 반환하겠다고 통지하였다. 그러자 甲은 2021. 1. 15. 중도금 4억원을 乙의 계좌에 입금하였다. 이에 대해 乙은 2021. 1. 17. 약정한 계약금의 두 배인 4억원 및 중도금 4억원의 반환을 위한 이행의 제공을 하면서 해제의 의사표시를 하였다. 3) 乙에 의한 계약의 해제 여부를 판단하시오. (20점)(2021년 제1차 변호사시험 모의시험)

해설 p. 475

Ⅰ. 매매의 성립요건

1. 매매의 성립요소

매매는 매도인이 「재산권을 이전」하고 매수인이 그 「대금을 지급」하는 것에 관해 합의를 하면 성립한다(563조).[1] 매매에서 어느 일방이 그 밖에 이행의 시기와 장소 · 담보책임 · 계약비용

1) 판례는, 매매계약에서 목적물과 대금은 반드시 계약 체결 당시에 구체적으로 특정될 필요는 없고, 이를 사후에라도 구체적으로 특정할 수 있는 방법과 기준이 정해져 있으면 족하다고 한다. 그런데 다음의 사안에서는 그러한 것을 인정할 수 없어 매매계약이 성립되지 않은 것으로 보았다. 즉, 매매계약의 목적물을 진해시 "경화동 747의 77, 754

등을 계약의 내용으로 제시한 때에는, 상대방이 이에 동의한 때에만 합의가 이루어져 매매가 성립한다(부동산 매매계약서 양식에 대해서는 부록 참조). 그러나 당사자가 이를 매매계약의 내용으로 제시하지 않는 한, 그것이 매매의 성립요소는 아니므로 매매의 성립에 지장을 주지 않는다(대판 1996. 4. 26, 94다34432).

2. 재산권의 이전

매도인은 재산권을 이전하여야 한다. (ㄱ) 모든 재산권은 원칙적으로 매매의 목적이 될 수 있다. 소유권을 비롯한 물권 · 채권 · 지식재산권 그 밖의 재산권을 포함한다. (ㄴ) 매매는 낙성계약인 점에서, 그 재산권은 타인의 것이라도 무방하다(569조). 또 출원 중인 광업권의 매매나 미수확 곡물의 경우와 같이 장래 취득할 재산권도 매매의 목적으로 삼을 수 있다. 다만 급부는 가능한 것이어야 하기 때문에, 매매계약 체결 당시 그 급부의 실현이 객관적으로 불능인 때에는, 그 매매는 목적이 원시적 불능인 것으로서 무효이다. (ㄷ) 매매의 목적물로서의 물건은 동산 · 부동산, 특정물 · 불특정물을 가리지 않는다. 민법은 동산 매매와 부동산 매매 사이에 차이를 두지 않고 원칙적으로 동일한 법칙을 적용한다. 그런데 불특정물 매매에서는 담보책임의 내용에서 특정물 매매와는 약간의 차이를 두고 있다(581조).

3. 대금의 지급

매수인은 반대급부로 금전을 지급하여야 한다. 금전은 통화뿐 아니라 국내에서 사실상 통용되는 외국의 화폐도 포함한다. 화폐로서 통용되지 않는 것은 매매가 아니라 교환이 된다. 금전은 통상 금액으로 정하여지지만, 통화의 종류를 한정하는 수도 있다.

Ⅱ. 매매의 성립에 관한 특칙

민법은 매매의 성립과 관련하여 '일방예약(564조) · 해약금(565조) · 계약비용의 부담(566조)' 세 가지에 관해 특칙을 정한다.

1. 매매의 예약豫約

(1) 의의와 성질

a) 의 의 (ㄱ) '예약'은 장래 본계약을 반드시 체결하거나 성립시키는 것을 내용으로 하는 계약이다. 이 예약을 기초로 체결하거나 성립하는 계약을 '본계약'이라고 하고, 당사자가 본계약의 체결을 거부할 경우에는 예약 위반에 따른 채무불이행책임이 발생한다. 민법은 특

의 6, 781의 15 등 3필지 및 그 외에 같은 동 소재 A 소유 부동산 전부"라고 표시하였는데, 계약 당시 당사자들도 어떤 부동산이 몇 개나 존재하고 있는지 알지 못하였고 그 후 17년이 지나 그 소재가 파악될 정도인 사안에서, 「그 목적물 중 특정된 3필지를 제외한 나머지 부동산에 대한 매매는, 그 목적물의 표시가 너무 추상적이어서 매매계약 이후에 이를 구체적으로 특정할 수 있는 방법과 기준이 정해져 있다고 볼 수 없어, 매매계약은 성립되지 않는다」고 하였다(대판 1997. 1. 24, 96다26176).

히 매매의 예약에 관해 규정하는데, 이것은 다음과 같은 점에서 실익이 있다. 예컨대 토지를 매수하고자 하는데 그 지상에 건축을 할 수 있는지가 불분명하여 이것이 확정될 때에 본계약을 체결할 목적으로 미리 예약을 할 수 있고, 매수인이 대금이 부족하여 당장 본계약을 체결할 수 없는 경우에 매매예약을 해 두면 장래 확실하게 매매계약을 성립시킬 수 있으며, 또 미리 그 대금을 약정한 때에는 장차 목적물의 시가가 올라가더라도 약정한 대금으로 매수할 수 있는 이점이 있게 된다. (ㄴ) 그런데 실제로 매매의 예약은 주로 채권담보의 수단으로 이용된다. 예컨대 A가 B에게 금전을 빌려주면서 그 담보로 B 소유 부동산에 대해 매매예약(통상 대금은 대여금에 변제기까지의 이자를 합한 금액으로 정한다)을 등기원인으로 하여, 즉 장래의 소유권이전청구권을 보전하기 위해 '가등기'를 하는 것이 그러하다.[1] B가 변제기에 변제를 못하면 가등기에 기해 본등기를 함으로써 목적물을 변제에 갈음하여 취득할 목적으로 매매예약의 제도를 활용하는 것이다(그 외에 채권담보의 목적으로 매매예약 이외에 대물변제 예약도 많이 이용되고 있다). 그러나 이것은 그 실질이 채권담보이며 그 수단으로서 매매예약의 형식을 빌린 것에 불과하고, 또 폭리의 수단으로 이용되는 문제가 있어, 이에 관해서는 「가등기담보 등에 관한 법률」(1983년 법 3681호)의 규제를 받는다(동법 1조·2조 1호 참조).

b) 성 질 (ㄱ) 예약도 계약이므로 당사자의 합의에 의해 성립하며, 그 효력이 있기 위해서는 법률행위의 유효요건을 갖추어야 한다. 그 밖에 예약은 본계약을 전제로 하는 것인 점에서 다음의 요건도 갖춰야 한다. ① 예약에 기해 본계약이 체결되거나 성립하는 것이므로, 매매의 예약에는 매매계약을 성립시킬 만한 요소가 확정되어 있거나 확정할 수 있어야 한다(대판 1988. 2. 23, 86다카2768). 적어도 매매의 목적과 그 대금은 예약 당시에 확정되어 있어야 한다. 예약을 하면서 매수인이 완결의 의사표시를 하는 때의 시가를 대금으로 하기로 한 때에는 대금액을 확정할 수 있어 예약은 유효하다. ② 타인의 물건에 대한 매매의 예약도 유효하고, 본계약의 성립에 의해 타인의 물건에 대한 매매가 성립한다. 이 경우 매수인의 선의 또는 악의는 매매가 성립한 때를 기준으로 한다. (ㄴ) 예약은 본계약을 체결하여야 할 채권·채무를 발생케 하는 것이므로 언제나 채권계약에 속한다. 그러나 예약에 따라 체결될 본계약은 채권계약에 한하지 않고 물권계약이나 준물권계약 또는 가족법상의 계약(예: 약혼에 따른 혼인. 다만 이 의무를 위반하더라도 상대방은 손해배상을 청구할 수 있을 뿐 강제이행을 청구할 수는 없는 점(803조)에서 일반계약에 있어서의 예약과는 다르다)일 수 있다. (ㄷ) 본계약이 요식행위인 경우에는 예약도 동일한 방식을 갖추어야 하는가? (보증을 제외하고는) 민법상 요식계약으로 정해진 것은 없으므로 특별히 문제될 것은 없다. 다만 증여는 요식행위는 아니지만, 경솔하게 증여계약을 맺는 것을 방지하기 위해 증여의 의사가 서면으로 표시되지 않은 때에는 각 당사자가 이를 해제할 수 있다(555조). 그런데 예약을 한 때에는 예약을 한 대로 본계약이 체결되거나 성립하는 것이므로, 증여예약을 서면으로 작성하지 않은 때에는, 나중에 증여의 본계약이 성립하는 데에는 문제가 없지만,

---

1) 이 경우 등기원인은 '가등기담보설정'으로 하는 것이 옳다. 그러므로 '매매예약'을 등기원인으로 하여 가등기를 하는 것은 실제와 다른 등기원인에 의한 등기에 해당하지만, 이것이 현재의 권리 상태를 반영하고 실체관계에 부합하는 점에서, 그 가등기는 유효하다는 것이 대법원판례의 태도이다.

각 당사자는 서면에 의하지 않은 증여를 이유로 해제할 수 있다. ㈑ 매매예약 상태에서는 본계약인 매매계약은 성립하지 않은 것이므로 매매계약에서의 채권과 채무는 발생하지 않는다.

(2) 예약의 종류

a) 예약은 본계약 성립의 모습에 따라 다음과 같이 나뉜다. ㈀ 편무예약과 쌍무예약: 매매예약에서 매수인이 본계약 체결의 청약을 하면 매도인은 승낙의무를 지며, 그에 따라 승낙의 의사표시를 함으로써 본계약이 성립한다. 여기서 승낙의무를 지는 자가 당사자 일방인 경우가 편무예약이고, 당사자 쌍방이 부담하는 경우가 쌍무예약이다. 바꾸어 말하면 본계약 체결의 청약을 당사자 일방만이 갖느냐 아니면 쌍방이 갖느냐로 구별되는 것이다. ㈁ 일방예약과 쌍방예약: 위 ㈀에서, 본계약 체결의 청약에 대해 상대방이 승낙의 의사표시를 하여야만 본계약이 성립한다. 따라서 상대방이 승낙의 의사표시를 하지 않는 때에는, 상대방은 승낙의무를 지므로, 본계약을 성립시키기 위해서는 상대방의 승낙에 갈음하는 의사표시를 구하는 소(389조 2항)를 제기하여 집행하여야 하는 불편이 따른다. 여기서 예약상 권리자의 일방적 의사표시만으로 본계약을 성립시키는 것이 고려되는데, 이때 당사자 일방만이 그 권리를 갖는 것이 일방예약이고, 쌍방 모두가 갖는 것이 쌍방예약이다.

b) 위 예약의 종류에서 어느 방식을 취할 것인지는 예약 당사자의 약정에 따른다. 다만 본계약이 요물계약인 때에는, 예약권자의 일방적 의사표시만으로 본계약을 성립시키는 위 ㈁의 방식으로 약정할 수는 없다.

(3) 민법의 규정

a) 일방예약의 추정 ㈀ 예약의 종류에 관해 당사자 간의 약정으로 정하지 않은 경우, 민법은 일방예약으로 추정한다. 즉 예약권리자(예약완결권자)가 매매를 완결할 의사를 표시함으로써 매매의 본계약이 성립하는 것으로 규정한다(564조 1항). 이미 성립한 예약에 기해 본계약을 체결하는데 다시 상대방의 승낙을 요하는 것으로 하는 것은 무익할 뿐 아니라 당사자의 의사에도 어긋난다. 이 점에서 민법이 일방예약으로 추정하고 있는 것은 타당하다. ㈁ 누가 예약완결권을 갖는지는 정하고 있지 않으나, 특별한 약정이 없으면 매수인에게 있는 것이 거래의 관행이다. 그러나 당사자 간의 약정으로 일방예약이 아닌 다른 것으로 정할 수 있다. 상가점포에 대한 임대차계약을 체결하면서 10년 후의 그 점포의 분양에 관해 매매예약을 한 사안에서, 임대인과 임차인 쌍방에게 매매예약상의 권리가 있는 것으로 보았다(대판 1991. 9. 10, 91다17115, 17122).

b) 예약완결권

aa) 성 질: ㈀ 매매의 일방예약에 의해 예약권리자는 예약의무자에 대하여 매매 완결의 의사표시를 할 수 있는 권리를 가지는데, 이를 「예약완결권」이라고 한다. 일방의 의사표시만으로 매매를 성립시키는 점에서 형성권에 속한다. ㈁ 부동산 소유권이전의무를 발생시키는 예약완결권은 (소유권이전 청구권이 장래에 확정될 것인 점에서) 가등기할 수 있다(부동산등기법 88조). ㈂ 예약완결권은 형성권이지만 재산권으로서의 성질도 있어 양도할 수 있다(통설). 통설은 양도하는 데에 예약의무자의 승낙은 필요 없고, 다만 채권양도에 준하여 대항요건(450조)을 갖추어야 하는 것으로 해석한다. 사견은 매매예약의 목적에 따라 달리 해석하여야 한다고 본다. ① 담보목적의 매매예약의 경우에는, 매매예약은 오로지 채권담보를 위해 행하여지는 것이므로, 그 예약완결권은 채권과 일체로써 채권양도의 대항요건 규정에 따라 양도할 수 있다고 할 것이다. ② 반면, 본래 의미의 매매예약의 경우에는, 매매예약에 기해 매매가 성립하면 예약상 권리자도 의무를 부담하게 되므로 위 완결권의 양도에는 채무인수도 포함된다는 점, 그리고 매매계약의 당사자가 바뀌게 되는 점에서, 예약의무자의 승낙이 필요하다고 본다(민법주해(XIV), 125면(심재돈) 이하).

bb) **행사방법**: 예약완결권은 예약의무자에 대하여 예약완결의 의사표시를 하는 방법으로 행사한다(564조 1항). 완결권이 양도된 때에는 양수인이 완결의 의사표시를 한다. 예약의무자가 목적물을 타인에게 양도, 이전한 때에도 예약의무자를 상대로 완결의 의사표시를 하고, 그 후 이행불능에 따른 손해배상을 청구하게 된다.

cc) **예약완결권의 소멸**: (α) 제척기간: (ㄱ) 당사자는 예약완결권의 행사기간을 계약에서 정할 수 있으며, 그 기간이 지나면 완결권은 소멸된다.[1] 그 기간을 정하지 않은 때에는, 완결권은 형성권으로서 '그 예약이 성립한 때부터 10년 내'에 행사하여야 하는 제척기간에 걸린다(완결권 행사의 시기에 관해 약정한 경우에도, 또 상대방이 예약 목적물인 부동산을 인도받은 경우에도, 제척기간의 성질상 그 예약이 성립한 때부터 10년이 지나면 완결권은 소멸된다)(대판 1997. 7. 25, 96다47494, 47500). (ㄴ) 매매예약완결권의 행사기간은 제척기간이다. 따라서 그 기간이 경과하였는지 여부는 직권조사사항으로서 당사자의 주장이 없더라도 법원은 당연히 직권으로 조사하여 재판에 고려하여야 한다(대판 2000. 10. 13, 99다18725). (ㄷ) 완결권의 행사기간을 정하지 않은 경우에 민법은 다음과 같은 규정을 마련하고 있다. 즉 예약의무자는 상당한 기간을 정하여 매매완결 여부의 확답을 예약권리자에게 최고할 수 있고(564조 2항), 예약의무자가 그 기간 내에 확답을 받지 못한 때에는 예약은 효력을 잃는 것으로 한다(564조 3항). (β) 목적물의 멸실: 매매예약이 성립한 이후 예약완결의 의사표시 이전에 목적물이 멸실 기타 사유로 이전할 수 없게 된 경우, (그것은 원시적 불능에 해당하여) 예약완결권을 행사할 수 없고, 예약완결의 의사표시를 하여도 매매계약은 성립하지 않는다(대판 2015. 8. 27, 2013다28247). 그 인도 불능이 예약의무자의 귀책사유로 생긴 것인 때에는 예약의무자는 예약권리자에 대해 그 권리의 상실로 인한 손해배상책임을 부담할 뿐이다.

판 례 **수인을 공동매수인으로 하는 1개의 매매예약을 체결한 경우, 매매예약완결의 의사표시를 하는 방법**

(α) A는 2005. 3. 11. B에게 1억원을 대여하면서 이를 담보하기 위하여 B 소유의 부동산 지분에 대해 B의 다른 채권자들(갑·을·병·정·무)과 공동명의로 매매예약을 체결하고, 각자의 채권액 비율에 따라 지분을 특정하여 공동명의로 가등기를 마쳤다. A는 가등기담보 등에 관한

---

1) 판례: 2002. 4. 26. A와 B가 매매의 일방예약을 맺으면서(이것을 원인으로 2002. 4. 30. B 앞으로 가등기 경료) 예약완결권을 2032. 4. 25.까지 행사하기로 약정하였다. A가 B를 상대로, B의 예약완결권은 2002. 4. 26.부터 10년이 경과한 2012. 4. 25.이 지남으로써 소멸되었다고 하여, B 명의의 가등기의 말소를 청구한 것이다. 이에 대해 대법원은, 「당사자 사이에 매매예약완결권의 행사기간을 약정하는 경우에 특별한 제한은 없고, 그 약정한 기간이 지나면 예약완결권은 제척기간의 경과로 소멸된다」고 하여, 약정한 2032. 4. 25.이 지나야 예약완결권이 소멸되는 것으로 보았다(대판 2017. 1. 25, 2016다42077).

법률이 정한 청산절차를 이행한 후 단독으로 B를 상대로 자신의 지분에 관하여 소유권이전의 본등기절차 이행청구를 하였다.

(β) (i) 매매예약은 목적에 따라 그 유형이 나뉜다. 대체로 보면, (ㄱ) 순수한 매매의 예약으로서, 어느 부동산을 수인이 장차 공동으로 사용·수익할 것을 목적으로 그 매수를 예약하는 유형이다. (ㄴ) 채권담보의 목적으로 매매의 예약을 하고 그 청구권을 보전하기 위해 가등기를 하는 유형으로서, 매매예약은 주로 이러한 방식으로 이용된다(본래는 가등기담보설정계약을 등기원인으로 하여 가등기를 하여야 함에도). 그리고 채권자가 수인인 경우에는 채권액에 비례하여 가등기에 관한 지분등기를 하는 것이 보통이다. / (ㄱ)의 유형에서는 수인의 예약권리자가 서로 긴밀한 유대관계를 가지고 있고 또한 목적물의 사용수익을 목적으로 하는 만큼 목적 부동산 전체에 관하여 매매가 성립되지 않으면 그 목적을 달성하기가 어렵다. 여기서는 수인의 채권자는 매매예약완결권을 준공유하고, 수인의 채권자가 매매예약완결의 의사표시를 하고 이에 따라 목적물에 대한 소유권이전의 본등기청구를 하는 것은 매매예약완결권의 처분행위에 속하고 어느 채권자가 할 수 있는 보존행위가 아니므로, 그러한 청구는 수인의 채권자 전원이 하여야 한다(대판 1984. 6. 12, 83다카2282). 이에 대해 (ㄴ)의 유형에서는 채권자 간에 연대나 불가분의 관계가 없는 이상 각 채권자는 자기 채권의 만족을 받는 데 그 목적이 있을 뿐이어서 각자의 지분별로 예약완결의 의사표시와 그에 따라 가등기에 기한 본등기청구를 하면 족한 것이다. 즉 여기서는 담보의 법리가 적용될 것이지, 매매예약의 준공유 및 공유물의 처분행위의 법리가 적용되어야 할 이유가 없다.[1] (ii) 본 사안은 매매예약의 유형 중 위 (ㄴ)에 관한 것이다. 여기서 대법원은 채권자가 각자의 지분별로 별개의 독립적인 예약완결권을 갖는 것으로 보고, 그 행사도 단독으로 지분별로 할 수 있고, 그에 따라 그 지분별로 가등기에 기한 본등기절차의 이행을 청구할 수 있다고 보았다(대판(전원합의체) 2012. 2. 16, 2010다82530).

2. 계약금

(1) 의 의

매매계약을 맺을 때에 대금의 1할 정도를 매수인이 매도인에게 계약금으로 교부하는 것이 거래의 관행이다. 이것은 매매대금의 일부로 충당되지만, 계약이 체결되었음을 증명하는 '증약금'의 성질도 갖는다. 그 밖에 계약금에 어떤 성질이 있는지는 계약금이 교부된 사안에 따라 구체적으로 정하여야 하는데, 민법은 원칙적으로 해약금으로 추정한다(565조).

(2) 민법의 규정

> 제565조 〔해약금〕 ① 매매의 당사자 일방이 계약 당시에 금전 기타 물건을 계약금, 보증금 등의 명목으로 상대방에게 교부한 때에는 당사자 간에 다른 약정이 없는 한 당사자의 일방이 이행에 착수할 때까지 교부자는 이를 포기하고 수령자는 그 배액을 상환하여 매매계약을 해제할 수 있다.
> ② 제551조(해지, 해제와 손해배상)의 규정은 전항의 경우에 이를 적용하지 아니한다.

---

1) 양승태, "공동명의로 가등기한 수인의 매매예약자의 법률관계", 민사판례연구 제7집, 18면 이하 참조.

가) 해약금의 추정

a) (ㄱ) 계약이 성립하면 당사자 일방이 마음대로 해제할 수 없는 것이 원칙이다. 이에 대해 본조는 그 예외를 정하면서 일정한 제한을 두고 있다. 즉, ① 당사자는 임의로 계약을 해제할 수 있다. 다만 그에 대한 대가로 교부자는 계약금을 포기하여야 하고 수령자는 그 두 배의 금액을 주어야 한다. ② 당사자 일방이 (자신의 계약상 채무에 대해) 이행에 착수한 후에는 (당사자 쌍방은) 더 이상 해제할 수 없다. 이행에 착수한 당사자는 계약이 이행될 것으로 기대할 것이고, 이를 보호하겠다는 것이다. (ㄴ) 본조 소정의 해약금은 계약 일반의 법리인 이상, 국토이용관리법상의 토지거래허가를 받지 않아 유동적 무효 상태에 있는 매매계약에 대해서도 적용된다(대판 1997. 6. 27, 97다9369).

b) 본조는 매매계약을 체결한 후 그 이행에 착수하기 전까지 당사자에게 재고의 기회를 주기 위해 당사자의 의사를 추단하여 해제권을 유보한 것으로 정한 것인데, 그 반면 계약의 효력을 약화시킨다는 문제가 없지 않다. 다만, 본조가 강행규정은 아니므로, 당사자가 본조 소정의 해제권을 배제하기로 약정한 때에는 더 이상 그 해제권을 행사할 수 없다(대판 2009. 4. 23, 2008다50615). 또한 당사자 간의 특약으로 이행에 착수한 이후에도 해제할 수 있는 것으로 약정할 수 있다.

나) 해약금에 의한 해제

a) 요 건 계약금을 상대방에게 교부한 때에는 당사자 간에 다른 약정이 없으면 당사자 일방이 이행에 착수할 때까지 교부자는 이를 포기하고 수령자는 그 두 배의 금액을 상환하여 매매계약을 해제할 수 있다(565조 1항). (ㄱ) 계약금계약은 금전 그 밖의 유가물의 교부를 요건으로 하므로, 당사자가 계약금의 일부만을 먼저 지급하고 잔액은 나중에 지급하기로 약정하거나, 계약금 전부를 나중에 지급하기로 약정만 한 단계에서는 이 조항에 따라 계약을 해제할 수는 없다(대판 2008. 3. 13, 2007다73611). 그 이유는(특히 전자의 경우), 실제 교부받은 (일부) 계약금의 두 배의 금액만을 상환하여 매매계약을 해제할 수 있다고 한다면 이는 당사자가 일정한 금액을 계약금으로 정한 의사에 반하게 될 뿐 아니라, 교부받은 금원이 소액일 경우에는 사실상 계약을 자유로이 해제할 수 있어 계약의 구속력이 약화되는 결과가 되어 부당하기 때문이다(그러므로 계약금의 일부만을 받은 경우에 해약금의 기준이 되는 금원은 실제 교부받은 계약금이 아니라 약정 계약금이다)(대판 2015. 4. 23, 2014다231378). (ㄴ) 당사자 일방이 이행에 착수한 후에는 해제할 수 없다. 당사자 일방이 이행에 착수한 때에는 그에 필요한 비용을 지출하였을 것이고 또 계약이 이행될 것으로 믿을 것인데, 이러한 단계에서 상대방이 계약을 해제한다면 불측의 손해를 입을 우려가 있기 때문에, 이를 방지하기 위해 당사자 일방이 이행에 착수하기 전에만 해제할 수 있는 것으로 해제권 행사의 시기를 제한한 것이다. ① '이행에 착수한다'는 것은, 채무의 내용인 급부의 실현에 착수하는 것으로서, 이행의 준비만으로는 부족하다(대판 1994. 11. 11, 94다17659). 중도금의 제공은 급부의 일부를 실현하는 것으로서 이행의 착수에 해당한다(대판 1993. 7. 27, 93다11968). 매매계약 당시 매수인이 중도금 일부의 지급에 갈음하여 제3자에 대한 대여금채권을 매도인에게 양도하기로 약정하고 그 자리에 제3자가 참석한 경우에도 같다(대판 2006. 11. 24, 2005다39594). / 한편, (매매계약의 체결 이후 시가 상승이 예

상되자 매도인이 구두로 구체적인 금액의 제시 없이 매매대금의 증액을 요청하였고, 매수인은 이에 대해 확답하지 않은 상태에서 중도금을 이행기 전에 제공한 사안에서), 판례는 당사자 간에 채무의 이행기 전에는 이행에 착수하지 않기로 하는 특약을 하는 등 특별한 사정이 없으면 이행기 전에도 이행에 착수할 수 있다고 보았다(따라서 위 사안에서 매도인은 본조에 따른 해제권을 행사할 수 없다)(대판 2006. 2. 10, 2004다11599). 다만, 매도인이 이미 본조에 따라 해제의 의사표시를 하거나, 중도금 또는 잔금의 지급기일을 정하면서 당사자의 협의 아래 그 기일을 앞당길 수 있는 것으로 특약을 맺은 경우에는, 매수인이 이행기 전에 이행에 착수할 수 없는 특별한 사정이 있는 경우로 본다(대판 1993. 1. 19, 92다31323; 대판 2024. 1. 4, 2022다256624). ② 이행의 착수는 자신의 계약상 채무에 대해 행하여져야 하므로, 매도인이 매수인에게 매매계약의 이행을 최고하고 매매잔대금의 지급을 구하는 소를 제기한 것만으로는 이행에 착수하였다고 볼 수 없다(대판 2008. 10. 23, 2007다72274, 72281). 그리고 당사자가 계약금을 수수한 상태에서 '국토의 계획 및 이용에 관한 법률'에 따라 토지거래 허가신청을 하고 관할관청으로부터 그 허가를 받았다고 하더라도, 그 허가에 관련된 것은 매매계약의 효력으로서 발생하는 매도인의 재산권 이전의무나 매수인의 대금 지급의무와는 달리 신의칙상의 의무에 해당하는 것이므로, 그러한 사정만으로는 아직 이행의 착수가 있다고 볼 수 없다(그러므로 그 허가가 있은 후에도 매수인이 중도금을 지급하기 전에는 매도인은 계약금의 두 배를 지급하고 계약을 해제할 수 있다)(대판 2009. 4. 23, 2008다62427). 계약상 채권을 양도하거나 상계하는 경우도 이에 해당하지 않는다. (ㄷ) 제565조 1항 소정의 '당사자 일방'은, 매매 쌍방 중 어느 일방을 지칭하는 것이고 상대방으로 국한하여 해석할 것이 아니므로, 비록 상대방인 매도인이 매매계약의 이행에 착수한 바가 없더라도 매수인이 중도금을 지급하여 이미 이행에 착수한 이상, 매도인이나 매수인이나 이제는 매매계약을 해제할 수 없다(대판 2000. 2. 11, 99다62074). (ㄹ) 계약금을 교부한 자는 이를 포기하고 해제할 수 있으나, 그 수령자는 해제의 의사표시와 함께 그 두 배의 금액을 제공하여야만 해제의 효과가 발생한다(대판 1966. 7. 5, 66다736). 이 경우 그 두 배 금액의 이행제공으로 족하고, 상대방이 수령하지 않는다고 하여 공탁까지 할 필요는 없다(대판 1981. 10. 27, 80다2784).

b) 효 과 (ㄱ) 해약금에 의한 해제는 당사자 일방의 이행이 있기 전에 교부자는 이를 포기하고 수령자는 그 두 배의 금액을 상환하여 매매계약을 종결짓는 것이므로, 따로 원상회복의무는 발생하지 않는다. (ㄴ) 이 해제는 해약금계약에 의해 하는 것이고 채무불이행을 원인으로 하는 것이 아니므로, 해제를 하더라도 따로 손해배상의 문제는 생기지 않는다(565조 2항). (ㄷ) 해약금처럼 당사자 간에 약정해제권을 정한 경우에도, 법정해제권의 포기나 배제를 따로 약정하지 않은 이상, 그것이 채무불이행을 이유로 한 법정해제권의 발생과 효과에 어떤 영향을 주는 것은 아니다(대판 1983. 8. 23, 82다카1366; 대판 1990. 3. 27, 89다카14110). 다만 실제로 일방의 이행제공이 있은 후에 상대방이 채무를 이행하지 않는 경우가 보통이고, 이 경우에는 이미 이행의 착수가 있은 것이어서 해약금에 의해 해제할 수는 없다.

〈해약금과 위약금〉 (ㄱ) 계약금의 해약금 추정에 의해 당사자 일방이 이행에 착수하기 전에는 '교부자는 이를 포기하고 수령자는 그 배액을 상환'하여 매매계약을 해제할 수 있는데, 이러한 내용은 당사자 간에 위약의 약정과 관련해서도 일반적으로 이용된다. 즉 통상 매매계약서에는 "매도인이 위약한 때에는 계약금의 배액을 매수인에게 변상하고, 매수인이 위약한 때에는 계약금은 매도인이 취득하는 것으로 한다"는 내용이 부동문자로 인쇄되어 있다. 그러나 이 경우는 '위약', 즉 당사자의 채무불이행에 의한 손해배상액을 위 한도로 예정한 배상액 예정의 의미를 가지는 점에서 해약금과는 다르다. 특히 계약금이 항상 배상액 예정으로 다루어지는 것은 아니며, 그 적용이 있기 위해서는 당사자 간에 배상액의 예정계약을 따로 맺어야 한다. 민법은 위약금의 약정은 손해배상액을 예정한 것으로 추정한다(398조 4항). 요컨대, 민법 제565조는 당사자가 임의로 약정해제권을 행사한 대가로 계약금 상당액을 상대방에게 주는 것이므로, 이것이 당사자의 채무불이행을 원인으로 하는 법정해제권의 경우에 통용되는 것은 아니다. 그러기 위해서는 계약금을 손해배상액으로 하기로 하는 위약금의 약정이 있어야만 한다(대판 1992. 11. 27, 92다23209; 대판 1995. 2. 10, 94다51109; 대판 1996. 6. 14, 95다54693). (ㄴ) 한편 판례는, "대금불입 불이행시 계약은 자동 무효가 되고 이미 불입된 금액은 일체 반환하지 않는다"고 되어 있는 매매계약에 기해 계약금이 지급되었으나, 매수인이 중도금을 지급기일에 지급하지 아니한 채 이미 지급한 계약금 중 과다한 손해배상액의 예정으로 감액되어야 할 부분을 제외한 나머지 금액을 포기하고 계약을 해제한다는 의사표시를 하면서 감액되어야 할 금액의 반환을 구한 사안에서, 그 계약금은 해약금으로서의 성질과 손해배상액의 예정으로서의 성질을 겸하고 있다고 보고, 계약의 해제와 손해배상액의 예정으로서 과다한 부분에 대한 부당이득 반환청구를 인용하였다(대판 1996. 10. 25, 95다33726).

3. 매매계약 비용의 부담

(ㄱ) 매매계약에 관한 비용, 예컨대 목적물의 측량비용 · 계약서 작성비용 등은 당사자 쌍방이 똑같이 나누어 부담한다(566조). 이 비용은 매매의 성립을 위해 지출된 것이므로 당사자 쌍방의 이익에 관련되는 것이기 때문이다. 다만 제566조는 임의규정이므로, 당사자 간에 다른 약정이 있으면 그에 따른다. (ㄴ) 부동산 매매에서 이전등기에 소요되는 비용은 계약비용이 아니다. 이것은 매도인의 소유권이전채무의 이행에 소요되는 변제비용으로서 채무자인 매도인이 부담하는 것이 원칙이지만(473조), 보통 매수인이 부담하는 것이 거래의 관행으로 되어 있다.

사례의 해설 (1) 계약금은 해약금으로 추정되어, 당사자 간에 다른 약정이 없는 한 당사자의 일방이 이행에 착수할 때까지 교부자는 이를 포기하고 수령자는 그 두 배를 상환하여 매매계약을 해제할 수 있다(565조). 한편 이행기의 약정이 있는 경우라 하더라도 당사자 간에 다른 약정이 없는 한 이행기 전에 이행에 착수할 수 있다(대판 2006. 2. 10, 2004다11599). 사안에서는 乙이 이행기 전에 중도금을 지급하여 이행에 착수한 이상, 甲은 이제는 해약금에 근거하여 乙과의 계약을 해제할 수는 없다.

(2) 매매에서 약정된 계약금이 교부된 때에 민법 제565조에 따라 계약을 해제할 수 있는 권리가 생기는 것이고, 계약금의 일부만을 지급하거나 단지 계약금을 지급하기로 약정만 한 단계에서는 계약을 해제할 수 있는 권리는 발생하지 않는다(대판 2008. 3. 13, 2007다73611). 그렇지 않으면 계약금계약을 맺은 당사자의 의사에 반하고, 사실상 계약을 자유롭게 해제할 수 있어 계약의 구속력이 약화되는 결과가 되어 부당하기 때문이다. 그러므로 甲이 계약금의 일부로 받은 금액의 두 배를 乙에게 제공하고 한 해제는 효력이 없다.

(3) 민법 제565조에 따라 매매계약을 해제하려면 매도인이 계약금을 받은 상태에서 매도인이나 매수인이 자기 채무의 이행에 착수하기 전이어야 한다. 매도인의 채무는 토지소유권을 이전하는 것이고 매수인의 채무는 대금을 주는 것인데, 목적 토지에 대해 거래허가를 받기 위해 협력하여야 할 의무는 위 채무와는 달리 신의칙상의 의무에 해당하는 것이고, 나아가 그 허가를 구하는 1심 소송의 판결이 났다고 해서 매도인이 자신의 채무의 이행에 착수한 것으로 볼 수는 없다(대판 2009. 4. 23, 2008다62427). 따라서 甲은 민법 제565조에 의해 계약금의 두 배를 제공하면(공탁을 포함) 계약을 해제할 수 있으므로, 甲의 주장이 타당하다.

(4) 계약금의 일부만을 받은 경우에 민법 제565조 소정의 해약금의 기준이 되는 금원은 실제 받은 계약금이 아니라 약정 계약금이다(대판 2015. 4. 23, 2014다231378). 甲은 약정 계약금의 두 배인 2억원을 丙에게 주어야만 丙과의 매매계약을 해제할 수 있다.

(5) 乙은 해제와 관련하여 세 번 의사표시를 하였는데, 그 효력 여부를 살펴본다. 첫 번째는, 수령한 계약금의 일부에 대해 두 배를 제공하고 해제를 한 것인데, 이는 효력이 없다. 약정 계약금의 두 배를 제공해야 한다(대판 2015. 4. 23, 2014다231378). 두 번째는, 약정 계약금의 두 배를 반환하겠다고 통지한 것인데, 이는 효력이 없다. 그 두 배의 금액을 제공하여야 효력이 있다(대판 1966. 7. 5, 66다736). 세 번째는, 매수인은 이행기 전에 중도금을 지급할 수 있고, 이는 이행의 착수에 해당하여 매도인은 그 이후에는 해제할 수 없는데(대판 2006. 2. 10, 2004다11599), 乙이 한 해제는 여기에 해당하여 효력이 없다. 그러므로 乙이 한 계약해제는 전부 효력이 없다.

사례 p. 466

제3항 매매의 효력

매매가 성립하면, 매도인은 매수인에게 매매의 목적이 된 권리를 이전하여야 하고, 매수인은 매도인에게 그 대금을 지급하여야 한다(568조 1항). 즉 「매도인의 권리이전의무」와 「매수인의 대금 지급의무」가 매매의 효력의 중심을 이룬다. 한편 매매는 유상계약인 점에서, 매매의 목적인 권리에 흠이 있거나 권리의 객체인 물건에 흠이 있는 경우에 민법은 매도인의 과실 여부를 묻지 않고 매도인에게 일정한 「담보책임」을 정하고 있다(570조~584조).

제1 매매의 기본적 효력

I. 매도인의 의무

1. 권리이전의무

(1) (ㄱ) 매도인賣渡人은 매수인買受人에게 매매의 대상이 된 권리를 이전하여야 한다(568조 1항). 즉 권리이전의무를 지는데, 매매의 목적 달성과 관련하여 그 구체적인 내용은 다음과 같다. ① 권리 그 자체를 이전해 주어야 한다. 부동산 소유권은 등기, 동산 소유권은 인도, 지식재산권은 등록, 채권은 대항요건을 갖추어 주어야 할 의무를 진다. 권리가 타인의 것인 경우에는 그 권리를 취득하여 매수인에게 이전하여야 한다(569조). ② 부동산 소유권 · 지상권 · 전세권과 같이

부동산의 점유를 내용으로 하는 물권의 매매에서는 등기 외에 목적 부동산의 점유도 이전하여야 한다. 타인의 토지 위에 건물을 소유하는 자가 그 건물을 매도한 경우에는 매수인이 건물을 사용할 수 있도록 토지에 대한 사용권을 갖게 해 주어야 한다(예: 지상권 또는 임차권을 양도하거나 전대를 통해). ③ 이전된 권리에 관하여 필요한 서류가 있는 때에는 이를 매수인에게 교부하여야 한다. 예컨대 채권증서가 있는 경우에 변제자가 채무 전부를 변제한 때에는 채권증서의 반환을 청구할 수 있으므로(475조), 채권을 매도한 때에는 채권증서를 매수인에게 교부하여야 한다. (ㄴ) 매도인이 위와 같은 의무를 이행하지 않는 때에는 채무불이행이 되어, 매수인은 손해배상을 청구하거나 계약을 해제할 수 있고, 일정한 경우에는 담보책임을 물을 수 있다.

(2) 매도인은 매매의 대상이 된 권리를 이전할 의무를 지므로, 매수인에게 권리가 이전된 때에 비로소 매도인의 의무는 소멸된다(결과채무).[1] 따라서 매도인이 등기서류를 매수인에게 교부하였더라도 매수인 명의로 소유권이전등기가 되지 않으면 매도인의 의무는 소멸되지 않는다. 매수인 명의의 등기가 원인무효 등의 이유로 말소된 경우에도 같다(지원림, 875면).

(3) 매도인의 권리이전의무는 특별한 약정이나 관습이 없으면 매수인의 대금 지급의무와 동시이행의 관계에 있다(568조 2항).

2. 과실의 귀속과 대금의 이자

(1) 의 의

과실果實은 이를 수취할 권리자에게 속한다(102조 1항). 그런데 민법 제587조는 매매에서 매도인의 목적물 인도와 매수인의 대금 지급이 대가관계에 있는 것에 따라 그 목적물에서 생기는 과실과 대금에서 생기는 이자도 대응관계에 있는 것으로 보는 데에 기초하고 있다. 그래서 목적물의 인도를 기준으로 해서, 매도인은 목적물을 인도하기까지 과실을 취득하고, 이에 대응해서 매수인은 목적물을 인도받기까지 대금의 이자를 줄 필요가 없는 것으로 정하고 있다. 다만, 타인의 물건의 매매와 같이 매도인에게 처음부터 과실수취권이 없는 경우에는 동조는 적용되지 않는다.

(2) 인도와 대금 지급의 관계

a) 대금 완납 전 (ㄱ) 매수인이 대금을 완납하기 전에는, 매도인은 목적물을 인도하기까지 과실수취권을 갖는다. 부동산에 대해 먼저 소유권이전등기를 해 준 경우에도, 매수인이 대금

---

1) 판례: 「매매계약에 있어서 매도인은 매수인에 대하여 매매의 목적이 된 권리를 이전할 의무가 있고, 부동산에 관한 매매계약에 있어서는 그 권리이전의무의 하나로서 소유권이전등기절차 이행의무도 있으므로 매도인이 매수인에게 매매 대상 부동산에 대하여 소유권이전등기청구권의 보전을 위한 가등기를 하여 준 것만으로는 그 권리이전의무를 전부 이행하였다고 할 수 없고, 따라서 매도인이 매수인에 대하여 가등기를 하여 주었다고 하더라도 그 가등기에 기한 본등기가 이루어지기 전에 매도인이 제3자에게 그 부동산의 일부 지분에 관한 소유권이전등기를 하였으며, 그 후 매수인이 스스로 가등기를 말소함으로써 제3자에게 이전된 지분에 대한 이전등기를 할 수 없게 되었다면 매도인으로서는 매수인에게 완전한 소유권을 이전해 줄 의무를 다하지 못하였다고 볼 것이며, 설사 그 가등기를 말소하는 과정에서 매수인에게 과실이 있었다고 하더라도 매수인의 그러한 과실 때문에 그 소유권이전등기를 면할 수는 없다」(부동산의 일부 지분에 대한 이전불능을 이유로 매수인은 매도인에게 손해배상을 청구하였고, 이에 대해 매도인은 그 손해는 오로지 매수인의 귀책사유에 의한 것이므로 그 책임이 없다고 주장한 사안인데, 대법원은 위와 같은 이유로써 매도인의 주장은 이유 없다고 보았다)(대판 1997. 6. 13, 96다15596).

을 완납하지 않고 또 인도하기 전인 경우에는, 매도인이 과실을 취득한다. 부동산에 대한 불법점거자의 사용이익도 과실에 준해 매도인에게 속한다(대판 1992. 4. 28, 91다32527). (ㄴ) 과실은 매도인에게 귀속되는 것이므로, 매수인은 (과실에 상응하는) 인도의무의 지체로 인한 손해배상금의 지급을 구할 수 없다(대판 2004. 4. 23, 2004다8210). 이에 대응하여 매수인은 (매매대금의 이자를 지급할 필요가 없으므로) 매매대금의 이자 상당의 손해배상책임을 부담하지 않는다(대판 1981. 5. 26, 80다211; 대판 1995. 6. 30, 95다14190).

b) **대금 완납 후** 매수인이 대금을 완납한 후에는, 매도인이 인도하지 않은 목적물에서 과실까지 수취하는 것은 이중이익을 취하는 것이 되어 부당하므로, 이 경우에는 매수인이 과실수취권을 갖는다(대판 1993. 11. 9, 93다28928).

c) **매수인에게 인도된 경우** 목적물이 매수인에게 인도된 경우, 매수인은 그때부터 대금의 이자를 지급해야 한다(587조 2문). 다만 다른 특약이 있으면 그에 따르며, 특히 대금에 대한 이행기가 따로 정해진 경우 그 기한이 되기 전까지는 이자를 지급할 필요가 없다(587조 단서).

(3) 민법 제587조의 유추적용

민법 제587조는 매매계약을 이행하는 단계에서뿐만 아니라, 매매계약을 이행한 후 그 계약이 무효이거나 취소됨으로써 이미 이행한 것을 반환하는 경우에도 유추적용된다(즉 매수인은 인도하기까지 목적물의 과실을 취득하고, 매도인은 대금의 운용이익 내지 법정이자를 반환할 필요가 없다)(대판 1993. 5. 14, 92다45025). 그러나 해제의 경우에는 원상회복을 하여야 하므로(548조) 이러한 법리가 통용될 수 없다. 즉 물건을 수령한 자는 과실이나 사용이익을 반환하여야 하고, 금전을 받은 자는 받은 날부터 법정이자를 붙여 반환하여야 한다.

Ⅱ. 매수인의 (대금 지급)의무

1. 의 의

매수인은 매도인의 권리이전에 대한 반대급부로서 대금 지급의무를 지며(568조 1항), 이것은 원칙적으로 매도인의 의무와 동시이행의 관계에 있다(568조 2항). 대금의 지급은 금전채무의 이행이므로, 이에 관해서는 금전채권에 관한 규정(376조~378조)이 적용된다.

2. 민법의 규정

매수인의 대금 지급의무와 관련하여 대금의 지급기일 · 지급장소 등은 당사자 간의 특약으로 정할 것이지만, 그 특약이 없는 경우를 대비하여 민법은 다음과 같은 규정을 마련하고 있다.

a) **대금 지급기일** 매매 당사자 일방의 의무이행에 대하여 기한이 있는 경우에는 상대방의 의무이행에 대해서도 동일한 기한이 있는 것으로 추정한다(585조). 매매는 쌍무계약이므로 이행상의 견련성의 관점에서 쌍방의 이행기가 동일한 것으로 추정한 것이다. 목적물의 인도나 대금 지급에 관해 기한의 약정이 없는 때에는, 당사자는 계약 성립 후 언제든지 상환으로 이행할 것을 청구할 수 있다.

b) 대금 지급장소 매매의 목적물을 인도함과 동시에 대금을 지급할 경우에는 그 인도장소에서 지급하여야 한다(586조). 대금 지급채무는 일종의 종류채무이므로 채권자의 현재 주소에서 지급하여야 할 것이지만(467조 2항), 목적물의 인도와 동시에 대금을 지급할 경우에는 그 인도장소에서 지급하는 것이 오히려 간편하다는 점에서 둔 규정이다.

c) 대금 지급거절권 (ㄱ) 의의와 성질: 민법 제588조는 일정한 경우 매수인에게 「대금 지급거절권」을 인정하고 있다. 매매에서 매도인은 매매의 대상이 된 권리를 이전할 의무를 지고, 한편 매매는 유상계약이어서 매도인이 이전한 권리 또는 권리의 객체인 물건에 흠이 있는 때에는 매수인에 대해 일정한 담보책임을 부담한다. 이에 대해 동조는 그러한 담보책임이 발생할 가능성이 있는 경우, 즉 매수인이 매수한 권리의 전부나 일부를 잃을 염려가 있을 경우에 매수인으로 하여금 대금 지급거절권을 인정한 것으로서, (유상계약인 매매에서) 담보책임이 사후구제수단인 것에 대응하여 사전구제수단으로 기능하는 것에 그 의의가 있다. 그 성질은 '항변권'이다. (ㄴ) 요 건: ① 매매의 목적물에 대하여 권리를 주장하는 자가 있어야 한다. 제3자가 주장하는 권리에는 소유권뿐만 아니라, 용익권(용익물권과 대항력 있는 임차권 등) 또는 저당권 그 밖의 담보물권을 포함한다(저당권에 관해 본조를 적용한 것으로, 대판 1988. 9. 27, 87다카1029; 대판 1996. 5. 10, 96다6554). ② 매수인이 매수한 권리의 전부나 일부를 잃을 염려가 있어야 한다. (ㄷ) 효 과: ① 매수인은 그 「위험의 한도」에서 대금의 전부나 일부의 지급을 거절할 수 있다(588조 본문). 근저당권이 설정되어 있는 부동산을 매수한 경우, 등기된 채권최고액이, 매수인이 실제의 채무액을 안 때에는 그 채무액이, 각각 매수인이 그에 상응하는 대금의 지급을 거절할 수 있는 '위험의 한도'가 된다(대판 1988. 9. 27, 87다카1029; 대판 1996. 5. 10, 96다6554). 매수인이 대금의 지급을 거절하는 범위에서는 이행지체가 성립하지 않는다. ② 매수인이 갖게 되는 위험이 제거될 수 있는 경우, 즉 매도인이 상당한 담보를 제공한 때에는 매수인은 이 거절권을 행사하지 못한다(588조 단서). 담보의 '제공'이 있어야 하고, 담보물권 설정계약 또는 보증계약 청약의 의사표시만으로는 부족하다(대판 1963. 2. 7, 62다826). ③ 매수인이 거절권을 행사한 경우, 매도인은 매수인에게 대금을 공탁할 것을 청구할 수 있다(589조). 공탁 청구에 대해 매수인이 공탁하지 않으면 매수인은 거절권을 잃는 것으로 해석된다. 한편 매도인은 매수인이 권리를 잃을 염려가 없게 된 후에만 공탁금을 수령할 수 있다.

〈참 고〉 (ㄱ) 매수인의 '동시이행의 항변권'이나 '대금 지급거절권'이나 항변권인 점에서는 공통되지만, 다음의 점에서는 다르다. ① 요건에서, 전자는 쌍무계약의 이행상의 견련성에 기초하여 매수인의 대금 지급에 대응하는 것으로 매도인의 권리이전의무가 있는 것이지만, 후자는 담보책임의 사전구제수단으로서 매수인이 매수한 권리의 전부나 일부를 잃을 염려가 있는 경우에 인정된다. ② 효과에서, 전자는 매도인이 권리를 완전하게 이전하는 것에 대응하여 매수인은 그 대금 전부의 이행을 거절할 수 있는 데 반해, 후자는 매수인이 매수한 권리의 전부나 일부를 잃을 그 위험의 한도에서만 이행거절이 인정되는 것이고, 매도인이 상당한 담보를 제공하여 이 거절권을 소멸시키거나 공탁을 청구하는 것은 후자에만 인정된다. ③ 항변권 행사의 효과로서, 전자는 동시(상환)이행의 판결을 하게 되지만, 후자는 그 위험의 한도에서 매도인의 대금청구를 배척하는 판결을 하게 된다. (ㄴ) 양자는 위에서처럼 차이가 있으므로, 매수인이 대금 지급을 거절하는 경우, 법원은 그것이 동시이행의 항변권을 행사한 것인지 아니면 대금 지급거절권을 행사한 것인지를 석명한 후에 그에 따른 법리를 전개하여야 한다.

제2 매도인의 담보책임擔保責任

사례 (1) A가 그 소유 토지에 대해 B와 매매계약을 체결하고, B는 중도금만을 지급한 상태에서 그 토지를 C에게 전매하였다. B가 A에게 잔금의 지급을 지체하자, A는 B와의 매매계약을 해제한 후 위 토지를 甲에게 매도하여, 甲 명의로 소유권이전등기가 마쳐졌다. 이에 C는 B를 상대로 이행불능으로 인한 손해배상을 청구하는 한편, 예비적으로 B의 담보책임을 물어 손해배상을 청구하였다. C의 청구는 인용될 수 있는가?

(2) B(한국토지주택공사)는 1998. 7. 21. A 소유 토지를 매수하고(대금 37억원), 1998. 9. 14.에 인도를 받았다. 2005. 6. 16. B가 위 토지를 C에게 45억원에 매도하여, C 앞으로 소유권이전등기가 경료되었다. 2006. 8. C가 위 토지상에 지점을 신축하기 위해 공사를 하는 과정에서 1만톤 이상의 폐기물(폐콘크리트와 건설폐토석)이 발견되었고, 2006. 8. 7. C가 이 사실을 B에게 통지하였다. 2006. 8. 17. B가 A에게 폐기물을 처리할 것과 미처리시 손해배상을 청구할 예정으로 있다고 내용증명우편으로 통지하였다. 2006. 11. 9. C가 폐기물을 처리한 뒤 B를 상대로 (1억 5천만원 상당의) 손해배상청구의 소를 제기하여 승소 판결을 받아, 2008. 10. 2. B는 C에게 위 금액을 지급하였다. 2009. 8. 7. B는 민법 제580조 소정의 하자담보에 기한 손해배상으로서 A를 상대로 B가 C에게 지급한 금원의 배상을 구하는 소를 제기하였다. B의 청구는 이유가 있는가? 그 청구에 대해 A는 그 손해배상청구권이 시효로 소멸되었다고 항변할 수 있는가? (2019년 제1차 변호사시험 모의시험)

(3) 1) 甲은 고서화 소매업을 운영하는 사람이다. 甲이 마침 단원 김홍도 선생의 산수화 1점을 보유하고 있음을 알게 된 乙법인(전통 문화예술품의 수집, 보존, 전시 등을 목적으로 하는 비영리법인이다)의 대표이사 A는 위 산수화를 전시하기 위해 2014. 3. 1. 甲의 화랑을 방문하여 乙 명의로 위 산수화를 대금 1억원에 매수하는 내용의 매매계약을 체결하였다. 甲은 다음 날 A로부터 대금 전액을 받고 산수화를 인도하였다. 2) A는 甲과 위 매매계약을 체결할 당시 산수화가 단원의 진품이라고 감정된 한국고미술협회의 감정서를 甲으로부터 받았다. 甲과 A는 한국고미술협회의 권위를 믿고 산수화가 진품이라는 것에 대해 별다른 의심을 하지 않았다. 그런데 위 작품의 진위 여부에 관해 우연한 기회에 의구심을 갖게 된 A는 2019. 2. 28. 한국미술품 감정평가원에 감정을 의뢰하였고, 2019. 3. 3. 산수화가 위작이라는 회신을 받았다. 3) 2019. 7. 1.을 기준으로 乙법인이 甲과의 매매계약의 구속에서 벗어날 수 있는 방법을 검토하시오. (20점)(2020년 제3차 변호사시험 모의시험)

해설 p. 503

Ⅰ. 총 설

1. 유상계약과 담보책임

(1) (ㄱ) 매매가 성립하면, 매도인은 매수인에게 매매의 목적이 된 권리를 이전하여야 하고,

매수인은 매도인에게 그 대금을 지급하여야 한다(568조). 즉 매수인의 '대금 지급'과 매도인의 '권리이전'은 재산의 출연에서 대가관계에 있으며, 유상계약의 전형에 속하는 것이다. 따라서 매도인이 이전한 「권리」에 흠이 있거나 또는 「권리의 객체인 물건」에 흠이 있는 때에는, 매수인이 지급한 대금과의 등가성은 깨진 것이 되므로, 그러한 흠에 대해 매도인에게 일정한 책임을 지우는 것은 유상계약의 성질상 당연히 필요하다. 이것이 '채무불이행책임'과는 구별되는 '담보책임'인데, 민법 제570조 내지 제584조에서는 매도인의 담보책임에 관해 자세한 규정을 두고 있다. (ㄴ) 매매의 목적인 권리에 흠이 있거나 권리의 객체인 물건에 흠이 있을 경우, 그 흠에 대응하여 매도인에게 일정한 책임을 지운 것이 민법이 정한 담보책임인데, 이것은 그러한 흠이 있는 경우에도 매매계약이 무효가 되지 않고 유효하다는 것을 전제로 하는 것이다. 그 밖의 흠의 사유로 매매계약 자체가 무효가 되는 경우에는 매도인의 담보책임도 생길 여지가 없다.

(2) 매매에 관한 규정은 매매 외의 다른 유상계약에도 준용되므로(567조), 매도인의 담보책임에 관한 규정은 다른 유상계약에도 준용된다(예: 임대차에서 임대인의 담보책임). 다만, 다른 유상계약 중 '도급'과 '여행계약'에 대해서는 따로 담보책임을 정하고 있다(667조~672조 · 674조의6~674조의7).

2. 담보책임의 특징

민법이 정하는 매도인의 담보책임은 채무불이행책임과는 다른 몇 가지 특징이 있다. (ㄱ) 권리 또는 권리의 객체인 물건의 흠에 대해 매도인의 과실 여부를 묻지 않는 「무과실책임」이다. 유상계약에서의 등가성을 실현하는 데에 그 목적을 두기 때문이다. (ㄴ) 그 흠은 계약 당시(종류물의 경우에는 특정된 당시)를 기준으로 하여 그때에 이미 존재하는, 「원시적 (일부)하자」에 대한 책임이다(통설)(대판 2000. 1. 18, 98다18506). (ㄷ) 민법은 많은 경우 매수인이 담보책임상의 권리를 6개월 내지 1년의 「단기의 제척기간」 내에 행사하여야 하는 것으로 정한다. 빈번하게 이루어지는 매매계약에서 원시적 하자에 관한 분쟁을 조속히 확정하여 매매 거래의 안정을 도모하기 위한 것이다. (ㄹ) 담보책임의 내용에서 매수인이 선의인지 악의인지에 따라 그 인정 여부를 달리하며, 특히 손해배상에 관해서는 매수인의 선의를 요건으로 한다(채무불이행책임의 경우 매수인의 악의는 과실상계로서 참작될 여지가 있을 뿐인 데 비해).

3. 담보책임의 성질

(1) 매도인의 담보책임의 성질에 관해서는 학설은 대체로 두 가지로 나뉜다. (ㄱ) 종래의 통설적 견해에 속하는 것으로서, 매도인의 과실을 묻지 않고 매매의 유상계약으로서의 특질, 즉 급부와 반대급부 간의 등가성을 실현하기 위한 정책적 고려에서 민법이 정한 것으로 파악하는 「법정책임설」, (ㄴ) 근래 유력하게 주장되는 견해로서, 매도인은 권리를 완전하게 이전할 의무와 흠 없는 물건을 인도하여야 할 계약상의 의무를 부담한다는 전제하에, 민법이 정하는 매도인의 담보책임은 바로 이러한 계약상의 의무를 위반한 것에 기초하는 것이지만, 매도인의 과실을 요건으로 하지 않는 점에서 채무불이행책임과는 구별되는, 넓은 의미의 채무불이행에

속하는 것으로 파악하는 「채무불이행설」(김주수, 199면; 김형배, 318면; 이은영, 309면)이 그것이다. 매도인의 담보책임은 그 본질에 있어 채무불이행 내지 불완전이행에 대한 책임이며, 다만 연혁적인 이유로 근대법에서는 법정책임으로 규제되어 있을 뿐이라고 보는 견해(곽윤직, 137면)도 이 범주에 속한다고 할 것이다.

(2) 판례는, 민법의 하자담보책임에 관한 규정은 매매라는 유상·쌍무계약에 의한 급부와 반대급부 사이의 등가관계를 유지하기 위해 민법의 지도이념인 공평의 원칙에 입각해 마련된 것이라고 한다(대판 1995. 6. 30, 94다23920; 대판 2014. 5. 16, 2012다72582). 대체로 법정책임설과 그 취지를 같이 하는 것으로 보이는데, 다만 권리의 하자 중 '타인의 권리의 매매'(570조)와 '권리의 일부가 타인에게 속한 경우의 매매'(572조)에 한해서는, 담보책임으로서 손해배상은 이행이익의 배상으로 본다(대판(전원합의체) 1967. 5. 18, 66다2618; 대판 1993. 1. 19, 92다37727).

(3) 사견은 법정책임설이 타당하다고 본다. 그 이유는 다음과 같다. ① 대륙법계 국가들은 로마법의 제도를 발전시켜 매도인의 담보책임을 일반 채무불이행책임과는 별개로 규정하였고 (이에 대해 로마법의 영향을 거의 받지 않은 영미법계 국가들은 담보책임을 계약 위반에 기인한 것으로 보아 계약책임으로 다룬다),[1] 우리 민법은 이를 수용한 것이다. 그 내용은, 하자의 종류, 즉 권리의 전부 또는 일부가 타인에게 속하는가, 수량 부족과 일부 멸실이 있는가, 제한물권에 의한 제한이 있는가, 권리의 객체인 물건에 하자가 있는가에 따라, 대금감액청구권·해제권·손해배상청구권을 인정하면서, 매수인의 선의나 악의에 따라 인정 여부를 달리 하고, 따로 제척기간을 정하고 있다. 담보책임에서 문제가 되는 하자는 계약 당시에 매매의 목적인 권리 또는 권리의 객체인 물건에 이미 「원시적 일부하자」가 있는 것들이고, 민법은 매매가 「유상계약」이라는 점에 기초하여, 매도인의 과실 여부를 묻지 않고, 매매대금과의 등가성을 유지하기 위해 하자에 상응하는 일정한 책임을 매도인에게 지운 것이다. 민법 제567조는 담보책임을 포함한 매매의 규정은 매매 외의 다른 '유상계약'에 준용한다고 정하고, 무상계약인 증여에서 담보책임을 인정하지 않는 것(559조)은 이를 뒷받침한다. ② 채무불이행설은, 매도인은 민법 제568조에 근거하여 완전한 권리를 이전할 의무를 부담하므로, 매매의 목적에 하자가 있는 때에는 채무불이행이 된다고 한다. 그러나 이 설은 다음과 같은 점에서 문제가 있다. 첫째, 특정물 매매에서는 매매계약의 성립과 동시에 그 목적물(특정물)의 지정이 같이 이루어지는 점에서, 하자를 없게 하여야 할 어떤 의무 자체를 인정할 수 없다. 그러므로 그 특정물에 흠이 있다고 하여 그것이 매도인의 채무불이행의 결과라고 말할 수는 없다.[2] 둘째, 채무불이행이라고 하면, 어째서 담보책임에 관해 일반 채무불이행책임과는 다른 내용을 따로 정한 것인지, 그리고 담보책임은 일반 채무불이행책임과는 어떤 관계에 있는 것인지 분명하게 설명하지 못하고 있다. 셋째, 담보책임으로서 손해배상의 내용에 관해서는 견해가 나뉠 뿐만 아니라, 논리적으로는 이행이익의 배상(예: 목적물의 전매차익, 하자로 인한 후속손해 등)을 지향한다고 볼 것인데, 이렇게 되면 그 하자에 매도인의 과실이 없는 경우에까지 매도인에게 책임을 묻는 것이 되어 정면으로 과실책임의 원칙에 반하고, 나아가 책임법체계의 붕괴를 가져온다.

결론을 말하면 다음과 같다. 매수인은 매매의 목적인 권리 또는 권리의 객체인 물건에 하자

1) 박종권, "매도인의 하자담보책임", 비교법학연구, 21면.
2) 오종근, "특정물매매에서의 하자담보책임에 관한 학설사", 한국민법이론의 발전(Ⅱ), 860면 이하.

가 없다는 전제에서 매매대금을 정한 것이므로, 후에 하자가 있는 것으로 판명나면, 그 하자에 따라 매매대금과의 등가성을 유지토록 하는 조처가 필요하다. 민법은 이 점에 착안하여 따로 매도인의 담보책임을 정한 것으로 보아야 한다. 다시 말해 매매가 가지는 '유상성'에 초점을 맞춘 것이다. 그러므로 이 제도를 무리하게 매도인의 의무 위반으로 구성하여 채무불이행으로 접근하는 것은 그 취지에 맞지 않을 뿐만 아니라, 일반 채무불이행책임과의 관계도 매우 모호하게 하는 점에서 실익이 있는 논의로 보기도 어렵다.

4. 매도인의 담보책임과 다른 제도와의 비교

a) 채무불이행책임 (ㄱ) 담보책임과 채무불이행책임은 주로 계약에서 생기는 책임인 점에서 공통점이 있고 계약책임의 양대 축을 이루지만, 다음 세 가지 점에서 차이가 있다. ① 요건에서, 채무불이행책임은 계약이 성립한 이후의 채무의 불이행을 문제삼는 것이며, 채무자의 과실을 요하고 채권자의 과실은 과실상계의 사유로 되는 데 불과하지만, 담보책임은 계약 성립 당시에 이미 있었던 원시적 일부하자를 문제삼는 것이고, 매도인의 과실을 요건으로 하지 않는 일종의 무과실책임이다. ② 효과에서, 채무불이행책임으로는 '손해배상청구권과 해제권'이 인정되는 데 비해, 담보책임은 '대금감액청구권 · 해제권 · 손해배상청구권 · 완전물 급부청구권'의 네 가지가 인정되며, 또 매수인의 선의 여부와 하자의 종류에 따라 그 인정범위와 특히 해제권 행사의 요건을 달리한다. ③ 권리의 행사기간에서, 담보책임에서는 일정한 기간 내에 권리를 행사하지 않으면 그 권리가 소멸되는, 제척기간이 인정된다. (ㄴ) 담보책임은 계약 당시에 이미 있었던 원시적 일부하자를 문제삼는 것이고, 채무불이행책임은 계약이 성립한 이후의 채무자의 채무불이행을 문제삼는 것이어서, 논리적으로는 담보책임이 문제되는 사안에 채무불이행책임도 경합한다고 보기는 어렵다. / 그러나 예외적으로 양 책임이 경합하는 경우도 있을 수 있다. 그 전형적인 것이 '타인의 권리에 대한 매매'이다. 즉 민법은 타인의 권리에 속하는 것을 매매한 것 자체를 원시적 일부하자에 속하는 것으로 보고, 매도인이 타인의 권리를 취득하여 이전하지 못하게 되면 그 자체만으로 매도인에게 일정한 담보책임을 인정한다(570조). 한편 이 경우 매도인은 타인의 권리를 취득하여 이전해 줄 계약상의 의무를 지기도 하는 점에서(568조 1항), 매도인의 과실로 이전해 주지 못하게 되면 채무불이행책임도 성립할 수 있게 된다.[1]

---

1) 판례(채무불이행책임과 담보책임의 경합): (ㄱ) 「타인의 권리를 매매의 목적으로 한 경우에, 그 권리를 취득하여 매수인에게 이전하여야 할 매도인의 의무가 매도인의 귀책사유로 인하여 이행불능이 되었다면, 매수인이 매도인의 담보책임에 관한 민법 제570조 단서의 규정에 의해 손해배상을 청구할 수 없다 하더라도, 채무불이행 일반의 규정(546조 · 390조)에 좇아서 계약을 해제하고 손해배상을 청구할 수 있다」(대판 1993. 11. 23, 93다37328). (ㄴ) (안산시 일대 토지를 서해안 거점 도시로 육성하기로 건설부장관의 고시가 있었고, 그래서 사실상 그 토지에 대한 매매가 예정된 상황에서, 그 토지의 소유자가 매매계약이 체결되기 전에 다량의 폐기물을 매립한 후 국가와 매매계약을 체결한 사안에서) 「토지 매도인이 성토작업을 기화로 다량의 폐기물을 은밀히 매립하고 그 위에 토사를 덮은 다음, 도시계획사업을 시행하는 공공사업시행자와 사이에서 정상적인 토지임을 전제로 협의취득 절차를 진행하여 이를 매도함으로써, 매수자로 하여금 그 토지의 폐기물처리 비용 상당의 손해를 입게 하였다면, 매도인은 이른바 불완전이행으로서 채무불이행으로 인한 손해배상책임을 부담하고, 이는 하자 있는 토지의 매매로 인한 민법 제580조 소정의 하자담보책임과 경합적으로 인정된다」(이 사안에서는 매도인이 매매계약이 체결될 것을 악용하여 미리 폐기물을 매매목적 토지 지하에 매립한 것이어서, 이 경우 매도인은 매매계약과 동시에 폐기물을 제거하여 인도할 의무를 부담한다고 할 것이고, 이를 위반한 경우 채무불이행이 성립한다고 본 것이다)(대판 2004. 7. 22, 2002다51586). (ㄷ) 「상인 간의 매매에서 매수인의 목적물 검사와 일정 기간 내에 하자 통지의무를 정한 상법 제69조 1항은 민법상 매도인의 담보책임에 대한 특칙으로서, 채무불이행에 해당하는 불완전이행을 이유로 손해배상을 청구하는 경우에는 적용되지 않는다」(대판 2015. 6. 24, 2013다522).

b) 위험부담 · 원시적 불능 (ㄱ) 매도인의 귀책사유 없이 목적물이 후발적으로 전부 멸실된 때에는 위험부담에 관한 민법 제537조와 제538조가 적용된다. 그러나 '원시적 일부 멸실'의 경우에는 담보책임이 적용된다(574조). (ㄴ) 급부가 원시적으로 전부 불능인 때에는 계약은 무효이고 (다만 일정한 요건 아래 계약체결상 과실책임(535조)이 인정될 수 있다), 담보책임은 발생하지 않는다. 그러나 원시적 일부 불능의 경우에는 일부무효의 법리가 적용되는 것이 아니라, 계약은 전부 유효하게 성립하고 그 일부 불능의 부분에 대해 담보책임이 적용된다(574조).

c) 착 오

aa) 담보책임과 착오와의 비교: 양자는 다음의 점에서 차이가 있다. (ㄱ) 적용범위에서, 담보책임은 계약 중에서도 원칙적으로 유상계약에 적용되는 것이지만, 착오는 계약 외에 단독행위를 포함하는 법률행위에 적용된다. (ㄴ) 요건에서, 담보책임은 매도인의 과실을 묻지 않고 하자의 모습에 대응하여 일정한 책임이 법률상 정해지는 데 반해(570조 이하), 착오는 법률행위의 중요부분에 착오가 있어야 하고, 그 착오에 중과실이 없어야 한다(109조 1항). (ㄷ) 효과에서, 담보책임에는 해제 · 손해배상 · 대금감액 · 완전물 급부청구가 발생하지만, 착오에는 취소권이 주어지고, 그 행사로서 소급효가 있으며, 그에 따라 부당이득 반환채권(채무)가 발생한다(141조 · 741조). (ㄹ) 권리의 행사기간에서 양자는 모두 제척기간에 걸리지만, 그 기간의 길이에서, 담보책임은 6개월 또는 1년이지만(573조 · 582조), 착오에 의한 취소권은 3년 또는 10년의 기간이 적용된다(146조).

bb) 담보책임과 착오의 경합: 권리 또는 권리의 객체인 물건에 하자가 있어 담보책임이 발생하는 경우, 그것이 (민법 제109조에 의한) 착오에 의한 취소의 요건도 갖춘 경우, 양자가 경합하는지가 문제된다. (ㄱ) 학설은 나뉜다. 소수설은 양자는 그 요건과 효과가 다르다는 점에서 경합을 긍정한다(김상용, 민법총칙, 563면; 이은영, 민법총칙, 525면). 반면 통설은, 담보책임은 착오에 의한 취소에 비해 상당히 무거운 것이어서 매수인의 보호에 지장이 없고, 그 제척기간을 6개월 내지 1년으로 정하고 있음에도 착오에 의한 취소를 오랜 기간 또 인정하는 것은 담보책임의 취지에 반한다는 이유로, 경합을 부정한다. 즉 담보책임이 문제되는 사안에 한해서는 담보책임만을 물을 수 있고 착오에 의한 취소는 허용될 수 없다고 한다. (ㄴ) 판례는 견해가 통일되어 있지 않다. ① 구입한 물품의 하자를 이유로 매수인이 매도인을 상대로 담보책임을 물으면서 착오에 의한 취소도 주장한 사안에서, 대법원은 통설과 같은 이유를 들어, 담보책임이 성립하는 범위에서는 민법 제109조의 적용을 배제하는 것이 타당하고, 따라서 매수인이 담보책임을 물을 수 있는 제척기간이 지난 경우에 착오를 이유로 취소권을 별도로 행사할 수는 없다고 보았었다(대판 2008. 11. 27, 2008다69572). ② 그런데 그 후의 판례는, 가짜 그림을 진품으로 알고 매수한 사안에서, 「착오로 인한 취소 제도와 매도인의 하자담보책임 제도는 그 취지가 서로 다르고, 그 요건과 효과도 구별되므로, 매매계약 내용의 중요부분에 착오가 있는 경우, 매수인은 매도인의 하자담보책임이 성립하는지와 상관없이 착오를 이유로 그 매매계약을 취소할 수 있다」고 하여(대판 2018. 9. 13, 2015다78703),[1] 양자의 경합을 긍정하고

1) 사실관계는 다음과 같다. ① A는 2007. 6. 25. H라는 상호로 화랑 소매업을 운영하는 B로부터 단원 김홍도의 그림을 대금 1억 9,400만원에 매수하는 계약을 체결하고, 그림을 인도받았다. ② 이 매매계약 제3조에는 감정결과 위작으로 판명되었을 때에는 대금을 즉시 반환하고 그림을 인수해 가기로 되어 있다(해제권 약정). ③ A는 2013. 6. 10. 한국미술품 감정평가원에 감정을 의뢰하였는데, 2013. 6. 19. 그림이 위작이라는 회신을 받았다. A는 2013. 8. 12. 그림을 회수해 가고 대금을 반환해 달라는 취지의 내용증명우편을 B에게 발송하고, 2013. 12. 30. 소를 제기하였다. ④ 2심 소송에서 (2015. 9. 18.) A는 착오 취소를 이유로 한 부당이득 반환청구를 선택적 청구원인으로 추가하였다.
이러한 사실관계에서 다음 두 가지가 다투어졌다. (ㄱ) A는 약정해제권에 기해 계약을 해제한 것이다. 약정해제권은 형성권이고, 그 존속기간은 제척기간에 걸리는데, 그것은 그 행사의 결과 생기는 채권의 소멸시효와 같은 것이

있다.

Ⅱ. 매도인의 담보책임

1. 민법의 규정

(1) 담보책임의 종류와 그 개요

a) 민법은 매도인의 담보책임의 종류로서, ① 권리에 하자가 있는 경우(570조·572조·574조~576조), ② 권리의 객체인 물건에 하자가 있는 경우(580조~581조), ③ 경매의 목적이 된 권리에 하자가 있는 경우(578조), ④ 채권의 매매에서 채권의 담보력이 없는 경우(579조), 네 가지를 규정한다. 그런데 ③과 ④는 일종의 권리의 하자에 속하는 것이며, 담보책임으로서는 ①과 ②가 대표적인 것이다. 그 내용을 도표로 조감해 보면 다음과 같다.

담보책임의 원인		매수인의 선의·악의	담보책임의 내용(매수인의 권리)		
			대금감액청구권	해 제 권	손해배상청구권
권리의 하자	전부 타인의 권리(570조)	선 의		있 음	있 음
		악 의		있 음	없 음
	일부 타인의 권리(572조)	선 의	있 음	일정한 경우에만 있음	있 음
		악 의	있 음	없 음	없 음
	수량 부족·일부 멸실(574조)	선 의	있 음	일정한 경우에만 있음	있 음
		악 의	없 음	없 음	없 음
	용익권에 의한 제한(575조)	선 의		목적을 달성할 수 없는 경우에 있음	있 음
		악 의		없 음	없 음
	저당권·전세권에 의한 제한(576조)	선 의		일정한 경우에 있음	일정한 경우에 있음
		악 의		일정한 경우에 있음	일정한 경우에 있음
물건의	특정물의 하자(580조)	선 의		목적을 달성할 수 없는 경우에 있음	있 음
		악 의		없 음	없 음

원칙이다. 그런데 위 부당이득 반환청구권은 상행위로 생긴 채권으로서 5년의 소멸시효에 걸리므로, 위 약정해제권도 5년의 제척기간에 걸린다. 그 기산점은 그림을 인도받은 때인 2007. 6. 25.이 되고, 따라서 2012. 6. 25.까지 해제권을 행사하였어야 하는데, 2013. 8. 12. 해제권을 행사하였으므로, 이 약정해제권은 제척기간의 경과로 소멸되었고, 이것을 원인으로 하는 원상회복청구는 이유 없다. ㈁ A가 착오를 이유로 취소한 것에 대해, B는, 담보책임상의 제척기간이 경과하였고, 담보책임이 문제되는 경우에는 따로 착오를 이유로 취소할 수는 없다고 항변하였다. 취소권은 민법 제146조에 따라 추인할 수 있는 날부터 3년 내에 행사하여야 하는데, A는 위작 회신을 받은 2013. 6. 19.부터 3년 내인 2015. 9. 18. 착오를 이유로 취소권을 행사한 것이어서 적법하다. 그리고 원심법원(서울고법 2015. 12. 3. 선고 2015나4841 판결)을 비롯하여 대법원은 착오가 성립하는 경우에는 매도인의 담보책임 성부와 상관 없이 취소할 수 있다고 하여, 결국 상환이행판결을 하였다(취소의 결과 양자가 부담하는 부당이득 반환채무는 동시이행의 관계에 있으므로)(즉 'B는 A로부터 그림을 인도받음과 동시에 A에게 대금을 지급하라').

하자	종류물의 하자 (581조)	선 의		목적을 달성할 수 없는 경우에 있음	손해배상청구권 또는 완전물 급부청구권
		악 의		없 음	없 음

b) 위 도표에서 보듯이, 매도인의 담보책임으로는 ① 대금감액청구권 · ② 해제권 · ③ 손해배상청구권 · ④ 완전물 급부청구권의 네 가지가 있고, 권리의 하자 또는 권리의 객체인 물건의 하자에 대응하여 담보책임을 달리한다. 예컨대, 완전물 급부청구권은 물건의 하자 중에서도 종류물의 경우에 인정되고 권리의 하자에는 적용될 여지가 없다(581조 2항). 또 권리의 하자 중에서 그 권리가 전부 타인의 것인 때에는 대금감액청구권이 인정될 여지가 없다(570조). 요컨대 하자의 모습에 대응하여 어떤 담보책임을 부담할지가 정해진다.

c) 매도인의 담보책임에 관한 규정은 매매 당사자 간에 유상계약의 등가성을 유지하기 위한 것으로서 강행규정은 아니다(584조 참조). 따라서 당사자 간의 특약으로 담보책임을 배제하거나 경감 또는 가중하는 것은 유효하다. 민법에서 규정하고 있지 않은 담보책임을 약정할 수도 있다. 가령 물건에 하자가 있는 경우, 민법은 매도인이 하자를 보수할 수 있는 것으로 하거나 매수인이 하자의 보수를 청구할 수 있는 것으로 정하고 있지 않은데, 이러한 것도 특약으로 정할 수 있다(소위 매도인의 추완권, 매수인의 추완청구권).

(2) 담보책임으로서의 「해제」와 「손해배상」의 내용

담보책임 중 '대금감액청구권'과 '완전물 급부청구권'은 채무불이행책임에는 없고 담보책임에만 인정되는 고유한 것이다. 그런데 그 밖에 담보책임으로서 인정되는 「해제」와 「손해배상」은 채무자의 과실을 요건으로 하는 채무불이행책임에서도 똑같이 인정되는 점에서, 그 내용도 같은 것인지 문제된다.

a) 해 제 (ㄱ) 채무불이행책임으로서의 해제는, 그 요건으로서 채무자의 귀책사유가 필요하고, 이행지체의 경우에는 최고를 요하며, 해제를 하더라도 따로 손해배상을 청구할 수 있다(544조~546조 · 551조 참조). (ㄴ) 이에 대해 담보책임으로서의 해제는, 매도인의 과실과 최고 등은 요건이 아니며, 대체로 매매의 목적을 달성할 수 없는 경우에 인정되고, 민법 제570조를 제외하고는 매수인의 선의를 요건으로 하는 점(572조 · 574조~576조 · 580조 · 581조)에서 다르다. 또 해제권이 인정되는 경우에도 손해배상청구권이 당연히 같이 인정되지는 않는다. 민법은 담보책임의 내용으로서 해제권과 손해배상청구권을 일정한 요건에 따라 따로 정하고 있기 때문이다. 그러나 해제의 일반적 효과로서 계약의 소급적 실효를 전제로 한 원상회복의무(548조)는 통용된다고 볼 것이다. 판례도 같은 취지이다.[1]

b) 손해배상 (ㄱ) 채무불이행책임으로서의 손해배상은, 채무의 이행을 전제로 하는 이행이익을 지향하고, 그 범위는 민법 제393조에서 정한다. 그리고 무엇보다도 채무자의 귀책사유

1) 판례: 「담보책임으로서 매수인이 행사하는 해제권은 일종의 법정해제권이라 할 것이며, 그 행사의 효과로서 발생하는 원상회복의무의 범위에 관하여는 달리 특별한 규정이 없으니 민법 제548조 2항의 규정에 의함이 상당하다」(따라서 매도인은 매매대금과 이를 받은 날부터 법정이자를 붙여 반환하여야 한다)(대판 1974. 3. 26, 73다1442; 대판 1974. 5. 14, 73다1564).

가 필요하다(390조). (ㄴ) 이에 대해 담보책임으로서의 손해배상은, 유상계약에서의 등가성을 유지하는 범위에서 산정되어야 하고, 매도인의 채무를 전제로 하는 이행이익을 지향한다고 할 수는 없다. ① 매도인의 담보책임은 매매의 목적에 원시적 일부 하자가 있어서 매매계약이 적어도 일부무효로 되는 경우에 인정되는 책임이므로, 계약이 유효하다고 믿은 데 따른 '신뢰이익'의 배상을 지향한다고 보는 것이 이론적으로 타당하다. 다시 말해 권리 내지 권리의 객체인 물건에 하자가 없는 것으로 믿은 데 따른 손해를 의미하는 것으로 볼 것이다. 구체적으로는, 매수인이 매매를 해제한 때에는 지출된 계약의 비용이, 물건의 하자의 경우에는 매매대금에서 계약 당시 하자 있는 물건의 가액을 뺀 나머지가 이에 해당한다. ② 다만 「타인의 권리를 매매」한 경우에는 예외로 볼 것이다. 이 경우 매도인은 타인의 권리를 취득하여 매수인에게 이전할 채무가 있으므로(569조), 이를 위반한 경우에 민법 제570조에서 정하는 담보책임으로서의 손해배상은 매도인의 채무불이행에 따른 손해, 즉 타인의 권리를 매수인에게 이전하였으면 매수인이 얻었을 이익(이행이익)을 배상하여야 한다(대판 1960. 4. 21, 4292민상385; 대판(전원합의체) 1967. 5. 18, 66다2618). 다만 그 손해배상은 '선의'의 매수인에게만 인정되는 제한이 있다(570조). 이러한 법리는 「권리의 일부가 타인의 것인 경우」에도 통용된다(572조). ③ 그 외에 매도인의 채무를 전제로 하는 이행이익은 담보책임에서의 손해배상의 영역 밖의 문제이다. 예컨대 '전매차익'이나 '물건의 하자로 인한 확대손해'는 매도인의 과실을 요건으로 하여 채무불이행책임에 의해 해결할 성질의 것이다(대판 1997. 5. 7, 96다39455).[1] ④ 한편 하자의 발생과 확대에 매수인의 잘못이 있는 경우, 하자담보책임은 무과실책임이므로 여기에 과실상계 규정(396조)을 준용할 수는 없더라도, 담보책임이 공평의 원칙에 입각한 것인 이상 이를 유추적용하여, 법원은 매수인의 잘못을 직권 참작하여 손해배상의 범위를 정해야 한다(대판 1995. 6. 30, 94다23920).

(3) 담보책임에서 권리의 「행사기간」

a) 민법은 매도인의 담보책임으로서 인정되는 각종의 권리(해제 · 감액청구 · 손해배상청구 · 완전물 급부청구)에 관해 1년 혹은 6개월이라는 극히 단기의 권리행사기간을 규정한다(573조 · 574조 · 575조 · 582조). (ㄱ) 그 취지는, '권리의 하자'에서는, 예컨대 제573조의 경우 (담보책임으로서) 잔존한 부분만이면 매수인이 그 권리를 매수하지 않았을 경우에는 계약 전부를 해제할 수 있고, 제575조

1) (ㄱ) 1) 농업용 난로의 동력전달장치(커플링)의 부품업자인 A로부터 여러 등급의 커플링이 있음에도 B가 그중 싼 커플링을 구입하여 농업용 난로를 제조하여 C에게 판매하였고, C는 이를 비닐하우스 안에 설치하여 가동하였는데, 혹한기에 이르러 그 난로가 제대로 작동하지 않아 C의 농작물이 냉해를 입었다. B가 C에게 배상을 한 후 A에게 농작물의 피해에 대한 확대손해의 배상을 청구하였다. 2) 우선 농업용 난로를 제조 · 판매한 B는 내한성이 없는 부품인 줄 알면서 이를 구입하여 제조 · 판매하였으므로 C에 대해 채무불이행 또는 불법행위로 인한 손해배상책임을 부담한다. 문제는 부품 판매업자인 A가 판매한 부품에 하자가 있다고 할 것인지, 또 그 하자로 인한 확대손해 내지 2차 손해에 대해 배상책임을 질 것인가인데, 판례는, 가격이 싼 커플링에 대해 내한성이 있는 것으로 보증하는 등 물건의 특수한 품질과 성능에 대해 당사자 간에 합의가 없는 이상 그 물건에 하자가 있다고 할 수 없고, 나아가 (담보책임으로서의 손해를 넘어선) 확대손해에 대해 배상책임을 지려면 따로 귀책사유가 있어야 하는데, 위 사안에서는 이를 인정하기 어렵다고 하여 배상책임을 부정하였다(대판 1997. 5. 7, 96다39455). (ㄴ) 같은 취지의 판례가 있다. 문제가 된 공기조화기는 A회사가 제조하고, B농협이 납품받아 화원을 경영하는 C에게 매도하였는데, 위 기계의 모터가 과열되어 화원이 소실된 사안에서, 매도인 B의 귀책사유를 인정하기는 어렵다고 하여 확대손해에 대한 배상책임을 부정하였다(대판 2003. 7. 22, 2002다35676).

의 경우 (담보책임으로서) 매수인이 제한물권이나 유치권의 존재로 계약의 목적을 달성할 수 없는 때에는 계약을 해제할 수 있는데, 이것들은 계약 당시의 사정을 표준으로 하는 것이어서 너무 오랜 시간이 지나면 이를 판정하기가 쉽지 않다는 점을 고려한 것이다.[1] 그리고 '물건의 하자'에서는 권리의 하자에서보다 권리 행사기간이 더 단기로 되어 있는데, 그것은 매도인이 인도한 목적물에 어떤 물질적 흠이 있는 경우에 그 흠이 처음부터 있던 것인지 아니면 그 이후에 다른 사정에 의해 생겼는지를 판단하기 어렵기 때문에(물건의 상태는 시간이 지나면서 다른 사정, 예컨대 자연력 혹은 매수인이나 제3자의 잘못된 사용 등에 의해 변경될 수 있으므로), 그 입증의 어려움을 해소하려는 데에 있다.[2] (ㄴ) 담보책임에서 위와 같은 권리의 행사기간을 통설과 판례는 「제척기간除斥期間」으로 본다.

b) 제척기간에서는 위 조문에서 정한 기간 내에 권리를 행사하여야 하고, 그 기간이 지나면 그 권리는 소멸된다. 문제는 그 기간 내에 권리를 행사한 경우이다. 이때에는 그 권리 행사의 결과 생기는 권리의 성질에 따라 정해진다. 예컨대 해제권을 행사한 경우에는, 그 행사의 효과로서 원상회복청구권 등의 채권이 발생하고, 이것은 해제의 의사표시를 한 때부터 소멸시효가 진행된다.

c) 제척기간에도 소멸시효가 경합할 수 있는가? 형성권에서는 제척기간만이 인정될 뿐이므로, 이것은 청구권에서 문제가 된다. 예컨대 민법 제582조에 의해 매수인은 물건의 하자를 안 날부터 6개월 내에 그 권리를 행사하여야 하는데, 통설과 판례는 이 기간을 제척기간으로 파악한다. 그런데 그 담보책임의 내용에는 형성권인 해제권 외에도 '손해배상청구권'이 있는데, 이 손해배상청구권에 대해서는 민법 제582조에 의한 제척기간만이 적용되는 것이 아니라 청구권으로서 소멸시효 일반의 규정, 따라서 권리를 행사할 수 있는 때부터 10년의 소멸시효(162조 1항 · 166조 1항)가 적용되는지도 문제될 수 있다. 판례는 이를 긍정하고 있다. 즉 매매목적물인 토지의 지하에 많은 양의 건설폐기물이 묻혀 있어 매수인이 민법 제582조에서 정한 제척기간 내에 물건의 하자담보책임으로서 매도인에게 손해배상을 청구한 사안에서, 위 제척기간의 규정이 있다고 하여 소멸시효에 관한 규정의 적용을 배제하는 것은 아니며, 따라서 '매수인이 목적물을 인도받은 때부터 민법 제162조 1항에 따른 10년의 소멸시효가 진행'하는데, 위 사안에서는 그 소멸시효가 완성되었다고 보았다. 즉 제척기간을 준수하였다고 하더라도 소멸시효가 완성된 때에는 그 손해배상청구권은 시효로 소멸된다고 보았다(대판 2011. 10. 13, 2011다10266). 청구권에 관해서는 제척기간이 정해진 경우에도 소멸시효가 경합할 수 있다고 최초로 판단한, 중요한 의미를 갖는 판결이다.[3]

---

1) 주석민법[채권각칙(3)], 104면(김현채) 참조.

2) 김학동, "매도인의 담보책임에서의 권리행사기간", 21세기 한국민사법학의 과제와 전망(송상현선생 화갑기념논문집)(박영사, 2002), 175면 이하.

3) 대법원은 그 후 담보책임에 기한 도급인의 손해배상청구권(670조 · 671조)에 대해서도 제척기간과 소멸시효가 경합한다고 판결하였다(대판 2012. 11. 15, 2011다56491).

2. 권리의 하자에 대한 담보책임

(1) 권리의 전부가 타인에게 속하는 경우

제569조 〔타인의 권리의 매매〕 매매의 목적이 된 권리가 타인에게 속한 경우에는 매도인은 그 권리를 취득하여 매수인에게 이전하여야 한다.

제570조 〔타인의 권리의 매매와 매도인의 담보책임〕 전조의 경우에 매도인이 그 권리를 취득하여 매수인에게 이전할 수 없는 때에는 매수인은 계약을 해제할 수 있다. 그러나 매수인이 계약 당시 그 권리가 매도인에게 속하지 아니함을 안 때에는 손해배상을 청구하지 못한다.

〈예〉 ① B가 A 소유 토지에 대해 매매계약을 맺은 후 그 토지를 C에게 팔기로 계약을 체결하였는데, A가 위 토지를 D에게 매도하여 소유권이전등기가 마쳐진 경우, B의 C에 대한 담보책임. ② A 소유 부동산을 B가 원인 없이 자기 앞으로 소유권이전등기를 한 후 C에게 매도한 경우, B의 C에 대한 담보책임.

a) 요 건

aa) 타인의 권리의 매매: 타인의 권리도 매매의 대상으로 삼을 수 있지만(569조), 매도인이 그 권리를 취득하여 매수인에게 이전할 수 없는 때에는, 매도인은 담보책임을 진다(570조). 매매계약 당시 매매의 목적인 권리가 매도인의 것이 아닌 타인의 것인 경우에 이를 원시적 일부 하자로 본다는 것이 민법의 취지이다. (ㄱ) 타인의 권리의 매매에 대해 민법 제569조는 매도인에게 권리의 취득 · 이전의무를 인정함으로써, 타인의 권리의 매매가 '유효'한 것으로 보는데,[1] 그 근거로는 매매가 당사자의 합의만으로 성립하는 '낙성계약'인 점을 들 수 있다(563조 · 568조 참조). (ㄴ) 제569조의 적용범위는, 매도인이 이행기까지 타인의 권리를 취득하여 이전할 수 있는 것을 전제로 한다. 다만 계약 체결시에는 또 매도인의 입장에서는 이행이 어렵다는 점에서 '원시적 · 주관적 불능'에 속하는 것인데, 동조는 이를 유효한 것으로 선언하고 있다(이에 대해 그 이전이 객관적으로 불능인 경우에는 매매는 무효이고 동조는 적용되지 않는다). (ㄷ) 권리가 타인의 것이어야 한다. 그 유형으로는, 매매계약 당시에 형식적으로나 실질적으로 타인의 권리를 매매하는 경우(위 예에서 ①)와, 형식적으로는 매도인 소유의 모습을 띠고 있지만 실질적으로는 타인의 소유인 경우(위 예에서 ②)를 포함한다. (ㄹ) '타인의 권리'란 매매계약 당시에 매매의 목적이 된 권리가 법률상 매도인에게 속하지 않는 것을 말한다. 부동산 매수인이 소유권이전등기를 하지 않고 부동산을 제3자에게 매도한 경우, 타인의 권리의 매매에 해당한다는 것이 통설이다(같은 취지의 판례로서 대판 1982. 1. 26, 81다528; 대판 1986. 7. 22, 86다249). 그런데 판례 중에는, 위 경우 부동산 매수인은 사실상 · 법률상 처분할 수 있는 권원에 의해 매도한 것이어서 타인의 권리의 매매에 해당하지 않는다고 한 것도 있다(대판 1972. 11. 28, 72다982; 대판 1996. 4. 12, 95다55245). 그런데 이들 판례에서 앞의 판례는 구민법 당시의

1) 판례: 「甲이 자녀(乙) 소유의 부동산을 丙에게 매도하기로 한 후 사망한 사안에서, 乙은 원래 부동산의 소유자로서 丙에 대해 아무런 의무가 없고 이행을 거절할 수 있는 자유가 있었던 것이므로, 甲의 사망으로 乙이 상속지분에 따라 甲의 의무를 상속하게 되었다고 하더라도, 신의칙에 반하는 것으로 인정할 만한 특별한 사정이 없는 한, 乙은 丙에 대해 원칙적으로 위 약정에 따른 의무의 이행을 거절할 수 있다」(대판 2001. 9. 25, 99다19698).

사안이어서 부동산 매수인이 내부적으로는 소유권을 취득하여 사실상·법률상 처분권원이 있다고 할 여지가 있고,[1] 뒤의 판례는 앞의 판례를 참조한 것인 점에서, 형식주의를 채택한 현행 민법에서 이러한 내용을 일반 법리로 수용하기는 어렵다. 통설이 타당하다고 본다.

bb) **이전 불능:** (ㄱ) 여기에서 권리의 '이전 불능'은, 동조가 매수인 보호를 위한 규정인 점에서 채무불이행에서의 이행불능과 같은 정도로 엄격하게 해석할 필요는 없고, 사회통념상 매수인에게 해제권이나 손해배상청구권을 인정하는 것이 형평에 타당하다고 인정되는 정도의 이행 장애가 있으면 족하고, 반드시 객관적 불능에 한하는 엄격한 개념은 아니라는 것이 판례의 태도이다. 즉, ① A가 서류를 위조하여 국가 소유의 토지를 A 앞으로 소유권이전등기를 마친 후, 이를 B에게, 또 B는 C에게 매도하여, 각각 소유권이전등기가 마쳐졌다. 국가가 B와 C를 상대로 소유권이전등기 말소청구의 소를 제기하자, C는 일단 국가 앞으로 소유권이전등기를 해 주고 다시 국가로부터 이를 매수하기로 하는 법정화해를 하고, 이에 따라 국가 앞으로 소유권이전등기가 되고 이어서 C 앞으로 소유권이전등기가 되었다. C는 제570조 소정의 담보책임으로서 B에게 (해제를 하지 않고) 손해배상을 청구한 것이다. 이 사안에서 판례는, C가 국가 앞으로 소유권이전등기를 해 준 시점에 그 소유권을 추탈당한 것이므로 매도인 B는 C에 대해 제570조에 의한 담보책임(그중에서 손해배상)을 지는 것이며, 그 후 C가 법정화해에 기해 소유권을 취득하게 되었다고 하여 달라지는 것은 아니라고 보았다(대판 1982. 12. 28, 80다2750). ② (권리의 일부가 타인의 것인 경우로 제572조가 적용되는 사안이지만) A와 B종중이 공유하는 토지 전부를 A가 C에게 매도한 사안에서, 위와 같은 법리를 제시하면서, A가 B종중의 지분을 취득하여 C에게 이전할 수 있는지 여부를 심리 판단하여 이전 불능 여부를 결정하여야 한다고 판시하였다(대판 1977. 10. 11, 77다1283). (ㄴ) 다만 그 이전 불능이 매수인의 귀책사유에 의한 때에는 제570조는 적용되지 않는다(통설). 판례도 같은 취지이다. 즉, B가 A로부터 대물변제로 받은 건물을 C에게 매각하면서, A로부터 받은 등기서류를 C에게 교부하였는데, C가 등기를 미루다가 A의 채권자가 위 건물에 강제집행을 하여 C가 위 건물을 취득하지 못하게 된 사안에서, 그것이 C의 귀책사유에 기인한 것이라는 이유로 B는 제570조에 의한 담보책임을 부담하지 않는다고 보았다(대판 1979. 6. 26, 79다564).

b) **책임의 내용** (ㄱ) 매수인은 그의 선의·악의를 묻지 않고 계약을 해제할 수 있다(570조 본문). 매수인이 타인의 권리의 매매라는 사실을 안 악의인 경우에도 그 권리이전의 가능성을 기대하고 매수한 것이므로 해제권을 인정한 것이다. (ㄴ) 매수인이 계약 당시 그 권리가 매도인의 권리가 아님을 안 때에는 손해배상을 청구하지 못한다(570조 단서). 즉 선의의 매수인만이 손해배상을 청구할 수 있다. 악의의 매수인은 권리이전의 불능을 예견할 수 있었기 때문이다. (ㄷ) 선의의 매수인이 청구할 수 있는 손해배상은 (전술한 대로) 이행이익을 배상하는 것이다. 그 손해배상액은 타인의 권리를 이전하는 것이 불능으로 된 때의 목적물의 시가를 기준으로 하여 산정하여야 한다(대판 1981. 7. 7, 80다3122). 한편, 매수인이 선의이지만 과실이 있는 경우에는, 과실상계 규정

1) 이 점을 지적한 견해로, 박송하, 대법원판례해설 제6호(1987), 80면.

을 유추적용하여 매도인의 배상액을 산정함에 있어 매수인의 과실을 참작하여야 한다(대판 1971. 12. 21, 71다218). (ㄹ) 매도인의 과실로 이전 불능이 초래된 경우에는 채무불이행이 성립하며, 이때에는 제570조에 의한 담보책임 외에 채무불이행책임이 발생한다(대판 1993. 11. 23, 93다37328). 따라서 매수인이 악의인 경우에도 채무불이행 일반의 원칙에 따라 계약을 해제하고 손해배상을 청구할 수 있다.

c) 권리의 행사기간 매수인의 해제권과 손해배상청구권의 행사기간에 관해서는, 권리의 일부가 타인의 권리인 경우(572조·573조)와는 달라서, 제척기간이 정하여져 있지 않다.

d) 선의의 매도인에 관한 특칙 민법은, 매매의 대상이 된 권리가 매도인의 권리가 아님을 모르고 매도한 선의의 매도인을 보호하기 위해, 매도인이 손해를 배상하고 계약을 해제할 수 있다는 특칙을 정하고 있다(571조 1항).[1] 그리고 매수인이 계약 당시 그 권리가 매도인의 권리가 아님을 안 때에는, 매도인은 손해를 배상할 필요 없이 매수인에게 그 권리를 이전할 수 없음을 통지하고 계약을 해제할 수 있는 것으로 규정한다(571조 2항).

(2) 권리의 일부가 타인에게 속하는 경우

제572조〔권리의 일부가 타인에게 속한 경우와 매도인의 담보책임〕 ① 매매의 목적이 된 권리의 일부가 타인에게 속함으로 인하여 매도인이 그 권리를 취득하여 매수인에게 이전할 수 없는 경우에는 매수인은 그 부분의 비율에 따른 대금의 감액을 청구할 수 있다. ② 전항의 경우에 나머지 부분만이면 매수인이 그 권리를 매수하지 아니하였을 때에는 선의의 매수인은 계약 전부를 해제할 수 있다. ③ 선의의 매수인은 감액 청구 또는 계약해제 외에 손해배상을 청구할 수 있다.

제573조〔제572조의 권리행사 기간〕 전조의 권리는 매수인이 선의인 경우에는 사실을 안 날로부터, 악의인 경우에는 계약한 날로부터 1년 내에 행사하여야 한다.

〈예〉 A가 B 소유 토지 200평을 1,000만원에 매수하였는데, 그중 20평이 C의 소유인 경우에 B의 A에 대한 담보책임.

a) 요 건 (ㄱ) 매매의 대상이 된 권리의 일부가 타인의 권리이고, 매도인이 그 권리를 취득하여 이전할 수 없어야 한다(572조 1항 전문). (ㄴ) 제572조는 다음의 경우에도 (유추)적용된다. ① 매매계약에서 건물과 그 대지가 목적물인데 건물의 일부가 경계를 침범하여 이웃 토지 위에 건립되어 있어 철거될 위험이 있는 경우, 동조를 유추적용하여 대지의 일부나 건물의 일부가 타인에게 속하는 것에 준해 처리된다(대판 2009. 7. 23, 2009다33570). ② 동조는 단일한 권리의 일부가 타인에게 속하는 경우에만 한정하여 적용되는 것이 아니라, 수개의 권리를 일괄하여 매매의 목적으로 정한 경우에도(예: 공장부지 · 건물 · 기계 등을 매매의 목적으로 정한 경우) 그 가운데 이전할 수 없게 된 권리 부분이 차지하는 비율에 따른 대금 산출이 가능한 이상 역시 적용된다(대판 1989. 11. 14, 88다카13547).

---

1) 판례: 매도인이 그의 명의로 등기된 토지 15필지에 대해 일괄하여 매매대금을 정하고 이를 매수인에게 매도하였는데, 후에 이 중 3필지가 판결을 통해 타인의 소유로 밝혀진 경우, 매도인이 그 3필지 토지만에 대해 위 조항을 근거로 매매계약의 일부 해제를 할 수 있는지가 문제된 사안에서, 판례는 다음과 같은 이유로써 이를 부정하였다. 「민법 제571조 1항은 선의의 매도인이 매매의 목적인 권리의 전부를 이전할 수 없는 경우에 적용될 뿐 매매의 목적인 권리의 일부를 이전할 수 없는 경우에는 적용될 수 없고, 마찬가지로 수개의 권리를 일괄하여 매매의 목적으로 정하였으나 그중 일부의 권리를 이전할 수 없는 경우에도 위 조항은 적용될 수 없다」(대판 2004. 12. 9, 2002다33557).

b) 책임의 내용 (ㄱ) 매수인은 선의 · 악의를 불문하고 권리의 일부가 타인에게 속한 부분의 비율에 따른 대금의 감액을 청구할 수 있다(572조 1항). (ㄴ) 선의의 매수인에 한해, 나머지 부분만이면 그 권리를 매수하지 않았을 때에는 계약 전부를 해제할 수 있고(572조 2항), 또 손해배상[1)]을 청구할 수 있다(572조 3항). 매수인이 권리의 일부가 타인의 권리임을 안 때에는, 나머지 부분만으로도 계약을 유지할 의사가 있는 것으로 추단할 수 있기 때문에 해제권과 손해배상청구권은 인정되지 않는다.

c) 권리의 행사기간 (ㄱ) 매수인이 선의인 경우에는 그 사실을 안 날부터 1년 내에 행사하여야 한다(573조). '그 사실을 안 날'이란, 단순히 권리의 일부가 타인의 권리임을 안 날이 아니라, 그 때문에 매도인이 그 권리를 취득하여 매수인에게 이전할 수 없게 되었음이 확실하게 된 사실을 안 날을 말한다(대판 1991. 12. 10, 91다27396). (ㄴ) 매수인이 악의인 경우에는 계약한 날부터 1년 내에 행사하여야 한다(573조). (ㄷ) 민법 제573조에서 권리의 행사기간을 제한한 이유는, 예컨대 (담보책임으로서) 나머지 부분만이면 매수인이 그 권리를 매수하지 않았을 때에는 계약 전부를 해제할 수 있는데, 이것은 계약 당시의 사정을 기준으로 하는 것이어서 너무 오랜 시간이 지나면 이를 판정하기가 쉽지 않다는 점을 고려한 것이다.[2)] 위 기간은 소멸시효기간이 아닌 제척기간이다.

(3) 목적물의 수량 부족과 일부 멸실의 경우

> **제574조 〔수량 부족, 일부 멸실의 경우와 매도인의 담보책임〕** 전 2조의 규정은 수량을 지정한 매매의 목적물이 부족한 경우와 매매목적물의 일부가 계약 당시에 이미 멸실된 경우에 매수인이 그 부족한 사실이나 멸실된 사실을 알지 못한 때에 준용한다.

〈예〉 (ㄱ) A가 B 소유 토지 200평을 평당 20만원으로 해서 4,000만원에 매수하였는데, 실측을 해 본 결과 180평으로 확인된 경우. (ㄴ) A가 창고가 있는 B 소유 건물을 매수하였는데, 그 창고가 계약 전에 이미 멸실된 경우.

a) 요 건 (ㄱ) 수량을 지정한 매매의 목적물이 부족하여야 한다(574조 전문). 「수량을 지정한 매매」란, 당사자가 매매의 대상인 특정물이 일정한 수량을 가지고 있다는 데 주안을 두고 대금도 수량을 기준으로 정한 경우를 말한다. 일정한 면적을 전제로 임차보증금과 월 차임을 정한 임대차, 일정한 면적을 기준으로 대금이 정해지는 아파트 분양계약은 수량 지정 매매에 해당한다(대판 1995. 7. 14, 94다38342; 대판 2002. 11. 8, 99다58136). 유의할 것은, 부동산 매매에서는 부동산등기부의 기재를 기준으로 부동산의 면적을 표시하지만, 이것은 통상 매매목적물의 특정을 위해 표시하는 데 지나지 않는 점에서, 수량 지정 매매로 보기는 어렵다(등기부상의 면적과 실제의 면적은 약간의 과부족이

1) 판례: 「매매의 목적이 된 권리의 일부가 타인에게 속함으로 인하여 매도인이 그 권리를 취득하여 매수인에게 이전할 수 없는 때에는, 선의의 매수인은 매도인에게 담보책임을 물어 이로 인한 손해배상을 청구할 수 있는바, 이 경우에 매도인이 매수인에게 배상하여야 할 손해액은 원칙적으로 매도인이 매매의 목적이 된 권리의 일부를 취득하여 매수인에게 이전할 수 없게 된 때의 이행불능이 된 권리의 시가, 즉 이행이익 상당액이라고 할 것이다」(대판 1993. 1. 19, 92다37727).

2) 주석민법[채권각칙(3)], 104면(김현채) 참조.

있는 것이 보통이다). 그래서 밭이나 논처럼 평당 가격이 다름에도 전체로 묶어 일률적으로 평당 가격을 정하고 이를 기준으로 매매대금을 정하는 것은, 매매대상 토지를 특정하고 그 대금을 결정하기 위한 방편에 지나지 않는 것으로서 수량 지정 매매에 해당하지 않는다(대판 1993. 6. 25, 92다56674). 그러나 일정한 면적을 중요한 요소로 파악하고 이를 기준으로 가격을 정한 경우에는, 비록 매매계약서에 평당 가격을 기재하지 않았더라도 수량 지정 매매로 본다(대판 1996. 4. 9, 95다48780). 본조는 특정물 매매에 적용되고, 종류물 매매에는 적용되지 않는다(통설). (ㄴ) 매매목적물의 일부가 계약 당시에 이미 멸실되었어야 한다(574조 전문). 즉 본조가 적용되는 것은 계약의 '원시적 일부불능'이다.

b) 책임의 내용 　민법은 수량 부족이나 일부 멸실을 처음부터 권리의 일부가 흠결되어 있는 권리의 하자로 보고, 그래서 그 효과에 관해 권리의 일부가 타인의 것인 경우의 담보책임에 관한 규정(572조~573조)을 준용한다(574조 후문). 다만 수량 부족 또는 일부 멸실의 사실을 모른 선의의 매수인에 한해 그 권리를 인정한다(574조 후문). 즉 선의의 매수인만이 대금감액청구권과 손해배상청구권을 가지며, 또 나머지 부분만이면 그 권리를 매수하지 않았을 때에는 계약 전부를 해제할 수 있다(572조·574조).[1)]

c) 권리의 행사기간 　위 권리는 매수인이 그 사실을 안 날부터 1년 내에 행사하여야 한다(573조·574조). 그 취지와 성질은 민법 제573조에 관해 설명한 바와 같다.

(4) 제한물권 등이 있는 경우

> 제575조 〔제한물권이 있는 경우와 매도인의 담보책임〕 ① 매매의 목적물이 지상권, 지역권, 전세권, 질권 또는 유치권의 목적이 된 경우에 이를 알지 못한 매수인은 이로 인하여 계약의 목적을 달성할 수 없는 경우에 한하여 계약을 해제할 수 있다. 그 밖의 경우에는 손해배상만을 청구할 수 있다. ② 전항의 규정은 매매의 목적인 부동산을 위하여 있어야 할 지역권이 없거나 그 부동산에 등기된 임대차계약이 있는 경우에 준용한다. ③ 전 2항의 권리는 매수인이 그 사실을 안 날부터 1년 내에 행사하여야 한다.

〈예〉 A가 B 소유 건물을 매수하였는데, 이미 C가 그 건물에 전세권이나 임차권을 가지고 있어서 A가 그 건물을 사용하지 못하는 경우.

a) 요 건 　본조가 적용되는 것은 다음 세 가지이다. (ㄱ) 「매매의 목적물이 지상권 · 지역권 · 전세권 · 질권 · 유치권의 목적이 된 경우」이다(575조 1항). 매수인은 목적물을 인도받아 사용 · 수익할 권리가 있는데, 위와 같은 권리는 모두 목적물을 점유할 권원을 가지므로 매수인은 사

---

1) 판례: ① 「부동산 매매계약에 있어서 실제 면적이 계약면적에 미달하는 경우에는 그 매매가 수량 지정 매매에 해당할 때에 한하여 민법 제574조, 제572조에 의한 대금감액청구권을 행사함은 별론으로 하고, 그 매매계약이 그 미달 부분만큼 일부무효임을 들어 이와 별도로 일반 부당이득 반환청구를 하거나, 그 부분의 원시적 불능을 이유로 민법 제535조가 규정하는 계약체결상의 과실에 따른 책임의 이행을 구할 수 없다」(대판 2002. 4. 9, 99다47396). ② 「매매계약을 체결함에 있어 토지의 면적을 기초로 하여 평수에 따라 대금을 산정하였는데, 토지의 일부가 매매계약 당시에 이미 도로의 부지로 편입되어 있었고, 매수인이 그와 같은 사실을 알지 못하고 매매계약을 체결한 경우, 매수인은 민법 제574조에 따라 매도인에게 토지 중 도로의 부지로 편입된 부분의 비율로 대금의 감액을 청구할 수 있다」(대판 1992. 12. 22, 92다30580).

용 · 수익에 지장을 받는다. (ㄴ) 「매매의 목적인 부동산을 위하여 있어야 할 지역권이 없는 경우」이다(575조 2항). 지역권이 있는 토지를 전제로 하여 매수하였는데 지역권이 없는 때에는 매수인이 토지의 사용에 지장을 받는 점에서 (ㄱ)의 경우와 같다. (ㄷ) 「매매의 대상이 된 부동산에 등기된 임대차계약이 있는 경우」이다(575조 2항). 매수인이 부동산을 사용 · 수익할 수 없는 점에서 (ㄱ)의 경우와 같다. 여기서 '등기된 임대차계약'이란 임차권이 대항력을 갖춘 것을 의미하므로(621조 2항), 건물의 소유를 목적으로 한 토지임대차, 주택의 임대차, 상가건물의 임대차에서 각각 대항력을 갖춘 경우도 포함한다(622조, 주택임대차보호법 3조 1항 · 5항, 상가건물 임대차보호법 3조 1항 · 3항).

b) 책임의 내용 제574조(수량 부족, 일부 멸실의 경우)가 양적 하자에 대한 것인 데 반해 본조는 질적 하자에 대한 것이다. (ㄱ) 매수인이 위와 같은 용익권의 존재 (또는 지역권의 부존재)를 모른 '선의'인 경우에만 담보책임이 인정된다(575조 1항). 악의의 매수인은 그러한 사정을 고려하여 대금액 등을 정할 것이기 때문이다. (ㄴ) 담보책임은 '해제'와 '손해배상'이다. 다만 해제는 그로 인하여 계약의 목적을 달성할 수 없는 때에만 인정된다. 손해가 있는 때에는 어느 경우든 그 배상을 청구할 수 있다(575조 1항). 즉 해제와 아울러 손해배상도 청구할 수 있고, 해제를 할 수 없는 때에는 손해배상만을 청구할 수 있다. 한편, 담보책임으로서 대금감액청구권을 인정하지 않는 것은, 그러한 용익권이 있다고 하더라도 소유권이전에는 문제가 없고, 그것은 양적인 하자가 아니라 질적인 하자가 있는 것이어서 감축되어야 할 금액을 비율적으로 산출할 수 없기 때문이다.

c) 권리의 행사기간 매수인의 해제권과 손해배상청구권은 매수인이 그 사실, 즉 용익권의 존재 또는 지역권의 부존재를 안 날부터 1년 내에 행사하여야 한다(575조 3항). 이처럼 권리의 행사기간을 제한한 이유는, 예컨대 (담보책임으로서) 매수인이 제한물권이나 유치권의 존재로 인해 계약의 목적을 달성할 수 없는 때에는 계약을 해제할 수 있는데, 이것은 계약 당시의 사정을 기준으로 하는 것이어서 너무 오랜 시간이 지나면 이를 판정하기가 쉽지 않다는 점을 고려한 것이다. 위 기간은 제척기간이다.

(5) 저당권 · 전세권의 행사 등의 경우

제576조 〔저당권 · 전세권의 행사와 매도인의 담보책임〕 ① 매매의 목적인 부동산에 설정된 저당권 또는 전세권의 행사로 매수인이 그 소유권을 취득할 수 없거나 취득한 소유권을 잃은 경우에는 매수인은 계약을 해제할 수 있다. ② 전항의 경우에 매수인이 출재로 그 소유권을 보존한 때에는 매도인에게 그 상환을 청구할 수 있다. ③ 전 2항의 경우에 매수인이 손해를 입은 때에는 그 배상을 청구할 수 있다.

〈예〉 저당권이 설정된 건물을 매수하였는데, 그 후 저당권의 실행으로 타인에게 경락(매각)되어 매수인이 건물의 소유권을 잃은 때.

a) 요 건 본조가 적용되는 것은 다음 세 가지이다. (ㄱ) 「저당권 또는 전세권의 행사로 매수인이 그 소유권을 취득할 수 없는 경우」이다(576조 1항). 이것은 저당권 (또는 전세권)이 설정된

부동산에 대해 매매계약을 체결하고 아직 소유권이전등기를 하지 않은 상태에서, 저당권에 기한 경매로 인해 제3자가 부동산 소유권을 취득함으로써, 매수인이 그 소유권을 취득할 수 없게 되는 것을 말한다. (ㄴ) 「저당권 또는 전세권의 행사로 매수인이 취득한 소유권을 잃은 경우」이다(576조 1항). 이것은 저당권 등이 설정된 부동산을 매수인이 취득한 경우로서(제3취득자: 364조), 그 후 저당권의 실행으로 제3자가 소유권을 취득하는 결과 매수인이 취득한 소유권을 잃게 되는 것을 말한다. (ㄷ) (위 (ㄱ)과 (ㄴ)에 해당하는) 매수인이 그의 출재出財로 그 소유권을 보존한 경우이다(576조 2항). 따라서 매수인이 그의 출재로 소유권을 보존하기로 특약을 맺은 때에는, 예컨대 피담보채권액을 빼고서 대금을 정한 때에는, 매수인이 채무를 인수하거나 적어도 이행인수의 특약을 맺은 것으로 볼 수 있으므로, (또한 매수인으로서는 매도인에 대하여 본조 소정의 담보책임을 면제하여 주었거나 이를 포기한 것으로 봄이 상당하므로) 본조는 적용되지 않는다(대판 2002. 9. 4, 2002다11151).

〈판 례〉 ① 제576조는 저당권 또는 전세권만을 들고 있지만, 매수인이 소유권을 취득할 수 없거나 취득한 소유권을 잃는 것은 가등기에 기해 본등기가 이루어지는 경우에도 동일하게 생긴다. 따라서 「가등기에 기한 본등기」를 동조 소정의 담보책임의 요건으로 추가하는 것이 타당하다고 본다. 판례도 같은 취지이다. 즉 가등기가 마쳐진 부동산의 매수인이 그 후 가등기에 기한 본등기로 인해 그 소유권을 잃은 사안에서, (제570조가 아닌) 제576조를 준용하여 매도인은 그 담보책임을 부담하며, 매매계약이 유효하다고 믿은 데 따른 신뢰이익으로서 매매대금과 법정이자를 손해로서 배상하여야 한다고 보았다(대판 1992. 10. 27, 92다21784). ② 한편 판례는, 「가압류」의 목적이 된 부동산을 매수한 사람이 그 후 그 가압류에 기한 강제집행으로 부동산 소유권을 상실한 경우, 이는 매매의 목적 부동산에 설정된 저당권 등의 행사로 인하여 매수인이 취득한 소유권을 상실한 경우와 유사하므로, 민법 제576조를 준용하여, 매수인은 동조 제1항에 따라 매매계약을 해제할 수 있고, 동조 제3항에 따라 손해배상을 청구할 수 있다고 한다(대판 2011. 5. 13, 2011다1941).

b) 책임의 내용 (ㄱ) 저당권 또는 전세권의 존재에 관한 매수인의 선의 · 악의를 불문하고 담보책임이 인정된다. 저당권 등이 설정되어 있다고 해서 그것이 항상 실행되는 것은 아니며, 매도인이 변제 등의 방법으로 소멸시킬 수도 있으므로, 매수인의 선의 · 악의에 따라 차등을 둘 이유가 없기 때문이다. (ㄴ) 매수인이 소유권을 취득할 수 없거나 취득한 소유권을 잃은 때에는, 매수인은 계약을 해제할 수 있고(576조 1항), 그 밖에 손해를 입은 때에는 그 배상을 청구할 수 있다(576조 3항). (ㄷ) 매수인이 재산을 출연하여 그 소유권을 보존한 때에는 매도인[1]에게 그 상환을 청구할 수 있고(576조 2항), 그 밖에 손해를 입은 때에는 그 배상을 청구할 수 있다(576조 3항). 이 경우에는 변제자대위에 관한 규정도 적용된다(480조~482조).

c) 권리의 행사기간 위 권리의 행사기간에 관해서는 정하고 있지 않다. 제척기간을 두어

---

1) 판례: 민법 제576조 2항 소정의 '매도인'이 소유자로서의 매도인을 의미하는 것인지 문제된다. 판례는, A가 甲으로부터 오피스텔을 분양받아 그 소유권이전등기를 하지 않은 상태에서 이를 B에게 매도하였는데, 그 후 甲이 위 오피스텔을 C 앞으로 근저당권을 설정해 준 사안에서, B가 근저당권상의 채무를 변제한 경우 A에 대해 민법 제576조 2항에 의해 그 상환을 구할 수 있다고 보았다(대판 1996. 4. 12, 95다55245). 다만 위 판례는, A가 부동산을 사실상 · 법률상 처분할 수 있는 권원이 있다고 하면서 위와 같이 판시하였지만, 타인의 권리를 매도한 것으로 보는 경우에도 매도인은 저당권등기를 말소하고 그 권리를 이전해 줄 의무를 지는 점에서도 같은 결론에 이를 수 있다.

빨리 처리하여야 할 특별한 이유가 없기 때문이다.

(6) 저당권의 목적이 된 지상권 · 전세권의 매매의 경우

저당권의 대상으로 된 지상권이나 전세권을 매수한 경우, 저당권에 기해 경매가 실행되면 그 지상권이나 전세권의 매수인은 그 권리를 취득할 수 없거나 잃게 된다. 이 경우는 매수인이 소유권을 취득할 수 없거나 잃게 되는 민법 제576조와 그 취지를 같이하므로, 그 담보책임에 관해서는 민법 제576조를 준용한다(577조).

(7) 경매에서의 담보책임

> 제578조〔경매와 매도인의 담보책임〕 ① 경매의 경우에는 경락인은 전 8조의 규정에 의하여 채무자에 대하여 계약을 해제하거나 대금 감액을 청구할 수 있다. ② 전항의 경우에 채무자가 자력이 없는 때에는 경락인은 대금의 배당을 받은 채권자에게 그 대금 전부나 일부의 반환을 청구할 수 있다. ③ 전 2항의 경우에 채무자가 물건이나 권리의 흠결을 알고도 고지하지 아니하거나 채권자가 이를 알고도 경매를 청구한 때에는 경락인은 그 흠결을 안 채무자나 채권자에게 손해배상을 청구할 수 있다.

a) 요 건 (ㄱ) 민법은 제570조부터 제584조까지 매도인의 담보책임을 규정하면서 제578조와 제580조 2항에서 '경매'에 관해 특칙을 두고 있다. 민법이 위와 같은 특칙을 둔 취지는 경매의 사법상 효력이 매매와 유사하다고는 하나, 매매는 당사자 사이의 의사합치에 의하여 체결되는 것인 반면 경매는 매도인의 지위에 있는 채무자의 의사와 무관하게 국가기관인 법원에 의하여 실행되어 재산권이 이전되는 특수성이 있고, 이러한 특수성으로 인해 경매절차에 관하여는 채권자와 채무자, 매수인 등의 이해를 합리적으로 조정하고 국가기관에 의하여 시행되는 경매절차의 안정도 도모할 필요가 있으므로, 일반 매매를 전제로 한 담보책임 규정을 경매에 그대로 적용하는 것은 부당하다는 고려에 따른 것이다. 따라서 민법 제578조와 민법 제580조 2항이 말하는 '경매'는 민사집행법상의 강제집행이나 담보권 실행을 위한 경매 또는 국세징수법상의 공매 등과 같이 국가나 그를 대행하는 기관 등이 법률에 기하여 목적물 권리자의 의사와 무관하게 행하는 매도행위만을 의미하는 것으로 해석하여야 한다(대판 2016. 8. 24, 2014다80839).[1] (ㄴ) 경매에서의 담보책임은 '권리의 하자'에 대해서만 인정되며, 물건의 하자에 대해서는 경매의 결과를 확실하게 하기 위해 담보책임을 인정하지 않는다(580조 2항). (ㄷ) 경매에서의 담보책임은 매매의 경우와 마찬가지로 경매절차는 유효하게 이루어진 것을 전제로 한다. 경매절차 자체가 무효인 경우에는(위조된 약속어음 공정증서에 기해 강제경매가 진행되거나, 멸실된 건물에 대해 저당권에 기해 임의경매가 실시되거나, 타인 소유의 부동산에 대해 강제경매가 진행된 경우), (경락인

---

1) 판례: A는 출하자로부터 위탁받은 국내산이라고 명기된 당근을 구리농수산물 도매시장에 상장하여 경매에 붙였고, B가 이를 2천 6백여만원에 낙찰받았는데, 그 후 이 당근이 중국산으로 밝혀져, B가 A를 상대로 당근에 하자가 있음을 들어 하자담보책임으로서 손해배상을 청구하였다. 여기서 B가 당근을 '경매'로 매수한 이상 민법 제580조 2항에 따라 매도인이 담보책임을 부담하지 않는지가 다투어진 것인데, 판례는 이 경매가 사인 간에 계약의 경쟁체결의 방식으로 행하여지는 사경매라는 점에서 이를 부정하고 일반 매매에 따른 하자담보책임이 성립하는 것으로 보았다.

은 경매 채권자에게 경매대금 중 그가 배당받은 금액에 대하여 일반 부당이득의 법리에 따라 반환을 청구할 수 있을 뿐), 민법 제578조에 따른 경매의 채무자나 채권자의 담보책임은 인정될 여지가 없다(대판 1991. 10. 11, 91다21640; 대판 1993. 5. 25, 92다15574; 대판 2004. 6. 24, 2003다59259).

b) 책임의 내용 (ㄱ) 해제권 · 대금감액청구권: ① 경락받은 권리에 하자가 있는 경우에는, 그 하자의 유형에 따라 제570조[1] 내지 제575조에 따라 경락인은 채무자에 대하여 계약을 해제하거나 대금 감액을 청구할 수 있다(578조 1항). 유의할 것은, 본조는 "전 8조의 규정에 의하여"라고 하여 제576조와 제577조도 포함시키고 있는데, 그러나 목적물에 존재하는 저당권과 일정한 전세권은 경매에 의해 그 권리가 소멸되고 따라서 경락인은 그러한 권리의 부담이 없는 목적물을 취득하게 되므로(민사집행법 91조 2항 · 3항 · 4항 단서), 이때에는 담보책임이 생길 여지가 없다. 다만 목적물에 가등기가 되어 있는 경우에는 (경락 이후 가등기에 기해 소유권이전의 본등기가 이루어지는 경우) 본조에 의한 담보책임이 생긴다(대판 1986. 9. 23, 86다카560). ② 물상보증인이 제공한 담보물이 경락된 경우에 누가 책임을 지는지에 관해서는 학설이 나뉜다. 제1설은, 채무 없이 물적 유한책임을 지는 물상보증인에게 그 이상의 담보책임까지 지우는 것은 지나치다는 점에서, 채무자가 책임을 부담한다고 한다(김상용, 219면; 김주수, 219면; 김현태, 130면; 김형배, 343면). 제2설은, 채무자가 그 책임을 지는 것은 그가 권리를 이전하여야 할 지위에 있기 때문이므로, 본조에 의한 담보책임은 목적물의 소유자, 따라서 물상보증인이 책임을 부담한다고 한다(곽윤직, 152면; 김증한 · 김학동, 285면). 제2설이 타당하다고 본다. 경매도 매매의 범주에 속하는 것이고, 담보책임은 권리를 이전할 지위에 있는 매도인이 부담하는 것인데, 이것은 물상보증인의 경우에도 같기 때문이다. 또 물상보증인은 채무자에 대해 구상권을 가지므로 그에게 과중한 부담을 지운다고도 볼 수 없다. 판례도 제2설을 취한다(대판 1988. 4. 12, 87다카2641). (ㄴ) 채권자의 담보책임: 담보책임을 지는 채무자에게 자력이 없는 때에는 2차적으로 채권자가 책임을 진다. 즉 경락인은 채무자가 무자력인 때에는 대금의 배당을 받은 채권자에게 그 대금 전부나 일부의 반환을 청구할 수 있다(578조 2항). (ㄷ) 흠결 고지의무와 손해배상청구권: 경매는 채무자의 의사에 따라 행하여지는 것이 아니고, 또 채권자도 경매의 대상인 권리의 상태를 자세히 알지 못하는 것이 보통이므로, 이들은 원칙적으로 손해배상책임을 부담하지 않는다. 그러나 채무자가 물건이나 권리의 흠결을 알고도 알리지 않거나, 채권자가 이를 알고도 경매를 청구했을 때에는, 경락인은 그 흠결을 안 채무자나 채권자에게 손해배상을 청구할 수 있다(578조 3항).[2]

1) 경매의 경우에도 '타인의 권리에 대한 매도인의 담보책임'에 관한 규정(570조)이 적용되는가? 민법 제578조 1항은 이를 포함하는 것으로 규정하고 있다. 그런데 판례는, 담보책임은 매매 내지 경매가 유효한 것을 전제로 인정되는 것이고, 이것이 무효인 때에는 인정될 여지가 없다고 한다. 그러면서 경매 부동산이 타인의 소유인 경우, 즉 강제경매의 대상이 된 채무자 명의의 부동산 소유권이전등기가 무효인 경우에는 강제경매는 무효라고 한다. 이 경우 경락인은 경매채권자에게 경매대금 중 그가 배당받은 금액에 대하여 일반 부당이득의 법리에 따라 반환을 청구하여야 하고, 민법 제578조 1항, 2항에 따른 경매의 채무자나 채권자의 담보책임은 인정될 여지가 없다고 한다(대판 2004. 6. 24, 2003다59259). 위 민법 규정의 법문과는 맞지 않는 것이지만, 판례는 경매의 특성을 고려하여 경매의 목적물은 채무자의 소유일 것을 강제집행의 요건으로 삼은 것으로 이해된다.

2) 판례: 「강제경매의 채무자가 낙찰대금 지급기일 직전에 선순위 근저당권을 소멸시켜 후순위 임차권의 대항력을 존속시키고도 이를 낙찰자에게 고지하지 아니하여 낙찰자가 대항력 있는 임차권의 존재를 알지 못한 채 낙찰대금을 지급한 경우, 채무자는 민법 제578조 3항에 의해 낙찰자가 입게 된 손해를 배상할 책임이 있다」(대판 2003. 4. 25,

c) 권리의 행사기간 위 권리의 행사기간에 관해서는 민법 제570조 내지 제575조에서 정한 제척기간이 준용된다(578조 1항).

(8) 채권의 매도인의 담보책임

제579조 〔채권매매와 매도인의 담보책임〕 ① 채권의 매도인이 채무자의 자력을 담보한 경우에는 매매계약 당시의 자력을 담보한 것으로 추정한다. ② 변제기에 도달하지 아니한 채권의 매도인이 채무자의 자력을 담보한 경우에는 변제기의 자력을 담보한 것으로 추정한다.

a) 두 가지 문제 채권의 매도인의 담보책임에 관하여는 두 가지가 문제된다. 하나는 채권에 하자가 있는 경우에 그 담보책임의 내용이다. 다른 하나는 채권에 하자가 있는 것이 아닌, 채무자의 변제자력 유무는 담보책임의 범주에 속하는 것이 아니다. 그런데 매도인이 채무자의 자력을 담보하는 특약을 맺은 때에는, (법률로 정한) 담보책임의 범위가 그 특약에 의해 확대되는데, 이를 규정하는 것이 민법 제579조이다.

b) 채권의 하자와 담보책임 채권을 매매의 대상으로 한 경우에 매수인이 채권을 행사하여 만족을 얻지 못하는 것이 '채권의 하자'이다. 이 경우 채권도 권리인 점에서 민법 제570조 이하의 규정이 적용된다. 즉, ① 채권의 전부 또는 일부가 타인의 것인 경우에는 제570조 내지 제573조가 적용된다. ② 채권의 일부가 무효 · 변제 등의 이유로 존재하지 않게 된 때에는 제574조가 적용된다. 그러나 채권이 전혀 존재하지 않는 경우 그 채권의 매매는 원시적 불능으로서 무효이고, 담보책임은 발생하지 않는다. ③ 채권이 질권의 목적인 때에는 제576조가 적용된다. ④ 경매의 경우에는 제578조가 적용된다. ⑤ 채권에 수반한다고 한 담보권이나 보증이 존재하지 않는 경우에는 제575조가 적용된다.

c) 채무자의 자력에 관한 담보책임 (ㄱ) 특약의 존재: 담보책임의 일반원칙으로는, 채권의 매도인은 채권의 존재와 채권액에 대해서는 책임을 져야 하지만, 채무자의 변제자력에 대해서까지 책임을 지는 것은 아니다.[1] 그런데 채권을 매매하면서 매도인이 채무자의 자력을 담보하는 특약을 맺는 수가 있다(즉 채무자의 무자력으로 매수인이 변제를 받지 못하게 된 때에 매도인이 그 손해를 배상하기로 하는 특약). 이 경우에는 그 특약에 기해 매도인이 채무자의 무자력에 대해 담보책임을 지는데, 여기서 '어느 때'의 채무자의 자력을 담보하는지가 문제되고, 민법 제579조는 이에 관해 추정규정을 두고 있다. (ㄴ) 추정규정: ① 변제기에 도달한 채권의 매도인이 채무자의 자력을 담보한 때에는 '매매계약 당시'의 자력을 담보한 것으로 추정한다(579조 1항). 따라서 매매계약 당일에 매수인이 채무자로부터 변제를 받지 못하는 경우(채무자가 무자력이어

2002다70075).

1) 판례: 「임대차계약에 기한 임차권(임대차보증금 반환채권을 포함한다)을 목적으로 한 매매계약이 성립한 경우, 매도인이 임대인의 임대차계약상의 의무이행을 담보한다는 특별한 약정(민법 제579조 참조)을 하지 아니한 이상, 임차권 매매계약 당시 임대차 목적물에 이미 설정되어 있던 근저당권이 임차권 매매계약 이후에 실행되어 낙찰인이 임대차 목적물의 소유권을 취득함으로써 임대인의 목적물을 사용 · 수익하게 할 의무가 이행불능으로 되었다거나, 임대인의 무자력으로 인하여 임대차보증금 반환의무가 사실상 이행되지 않고 있다고 하더라도, 임차권 매도인에게 민법 제576조에 따른 담보책임이 있다고 할 수 없다」(대판 2007. 4. 26, 2005다34018, 34025).

서) 매도인은 그 책임을 부담하지만, 그 후에 채무자가 무자력이 되어 매수인이 변제를 받지 못하더라도 매도인은 책임을 지지 않는다. ② 변제기에 도달하지 않은 채권의 매도인이 채무자의 자력을 담보한 때에는 '변제기'의 자력을 담보한 것으로 추정한다(579조 2항). 따라서 변제기 이후에는 채무자가 무자력이 되더라도 매도인은 그 책임을 부담하지 않는다. ③ 변제기가 이미 도래한 채권의 매도인이 채무자의 장래의 자력을 담보하거나, 또는 변제기의 약정 없는 채권에 관하여 채무자의 장래의 자력을 담보하는 경우에 관해서는 민법은 정하고 있지 않으나, 이때에는 실제로 변제될 때까지 매도인이 채무자의 자력을 담보한다(통설). (ㄷ) 효 과: 매도인은 매수인이 채무자의 무자력으로 변제받지 못한 부분에 대해 손해배상책임을 진다.

3. 물건의 하자에 대한 담보책임

〈예〉 (ㄱ) A가 B 소유 주택을 매수하였는데, 그 주택에 균열이 있는 경우. (ㄴ) A가 자동차 회사에 승용차를 주문하였는데, 인도된 그 차의 엔진에 결함이 있는 경우.

(1) 특정물 매매의 경우

제580조〔매도인의 하자담보책임〕 ① 매매의 목적물에 하자가 있는 경우에는 제575조 제1항의 규정을 준용한다. 그러나 매수인이 목적물에 하자가 있는 것을 알았거나 과실로 알지 못한 경우에는 그러하지 아니하다. ② 전항의 규정은 경매의 경우에 적용하지 아니한다.

a) 요 건 (ㄱ) 목적물의 하자: 매매의 목적물에 「하자」가 있어야 하는데, 무엇을 또 어느 때를 기준으로 하는지가 문제된다. ① 매매의 목적물이 거래통념상 기대되는 객관적 성질 · 성능을 결여한 경우에는 하자가 있는 것으로 된다. 한편 매수인이 매도인에게 제품이 사용될 환경을 설명하면서 그 환경에 맞는 제품의 공급을 요구한 데 대하여 매도인이 이를 보증한 경우처럼, 목적물의 성질 등에 관해 당사자 간에 합의가 있는 때에는, 이를 기준으로 하여 결정하여야 한다(대판 1997. 5. 7, 96다39455; 대판 2000. 1. 18, 98다18506; 대판 2002. 4. 12, 2000다17834). 매도인이 견본이나 광고에 의해 목적물이 일정한 품질이나 성능을 가지고 있음을 표시하여 매매가 이루어진 경우도 같은 범주에 속하는 것이다(대판 2000. 10. 27, 2000다30554, 30561). 요컨대 당사자의 합의가 있는 때에는 그 합의가, 합의가 없는 때에는 거래통념상 기대되는 물건의 객관적 성질이 기준이 된다. ② 하자를 판단하는 시기는, 특정물 매매에서는 계약 체결시, 종류물 매매에서는 특정시를 기준으로 한다(대판 2000. 1. 18, 98다18506). (ㄴ) 매수인의 선의 · 무과실: ① 매수인이 하자가 있는 것을 알았거나 과실로 알지 못한 때에는 매도인은 담보책임을 부담하지 않는다(580조 1항 단서). 가령 대지를 매수하는 자는 부동산등기부의 열람뿐만 아니라 그 대지가 도시계획상 도로로 사용되고 있는지 여부 정도는 미리 조사하는 것이 상례이므로, 매수인이 매매계약을 체결하면서 30평의 대지 중 10평이나 도로로 사용되고 있는 사실을 간과하였다면 하자가 있음을 알지 못한 데에 과실이 있다(대판 1979. 7. 24, 79다827). ② 매수인의 악의 또는 과실은 매도인이 입증하여야 한다(통설).

〈판례: 물건의 하자〉 (ㄱ) 예컨대 벌채의 목적으로 매수한 산림이 관계 법률에 의해 벌채하지 못하거나, 공장부지로 매수한 토지가 관계 법률에 의해 공장을 세울 수 없는 경우, 이러한 법률적 제한(장애)을 권리의 하자로 볼 것인지 아니면 물건의 하자로 볼 것인지가 문제된다. 어느 경우든 제575조 1항이 적용되어 담보책임의 내용을 같이하는 점에서는 차이가 없지만(580조 1항 참조), 물건의 하자로 보게 되면 경매의 경우에 담보책임이 발생하지 않는 점에서 권리의 하자로 보는 경우와 차이가 있다(580조 2항 참조). 통설은 권리의 하자로 해석한다. 그러나 판례는 물건의 하자로 보고 있다. 즉 주택의 신축을 목적으로 토지에 대해 매매계약을 체결하였는데, 이 당시에는 그 목적에 따라 건축 허가를 받는 데에 법률상 제한이 없었으나, 후에 매수인이 사업계획을 변경하여 아파트를 건축·분양하기로 하면서 주택건설촉진법이 적용되어 그 허가를 신청한 결과 부결된 사안에서, 「매매의 목적물이 거래통념상 기대되는 객관적 성질·성능을 결여하거나, 당사자가 예정 또는 보증한 성질을 결여한 경우에 매도인은 매수인에 대하여 그 하자로 인한 담보책임을 부담한다 할 것이고, 한편 건축을 목적으로 매매된 토지에 대하여 건축 허가를 받을 수 없어 건축이 불가능한 경우, 위와 같은 법률적 제한 내지 장애 역시 매매목적물의 하자에 해당한다 할 것이나, 다만 위와 같은 하자의 존부는 매매계약 성립시를 기준으로 판단하여야 한다」고 하면서(대판 2000. 1. 18, 98다18506), 위와 같은 사실관계에서는 매매목적물에 하자가 있다고 볼 수 없다고 하였다(매매계약 체결시에는 아파트의 건축을 예정한 것은 아니므로). (ㄴ) 토지를 매수하였는데 그 지하에 많은 양(1만톤 또는 1만 8천톤)의 건설폐기물이 묻혀 있는 경우, 매도인이 그것을 매립한 사안에서는 채무불이행책임과 하자담보책임이 경합한다고 하고(대판 2004. 7. 22, 2002다51586), 매도인이 그것을 매립하였는지 분명치 않은 사안에서는 민법 제580조 소정의 하자담보책임이 발생하는 것으로 보았다(대판 2011. 10. 13, 2011다10266). 토지의 소유권은 그 상하에 미치고(212조), 건축을 하기 위해서는 그 지하를 파야 하는데 지하에 통상 예견할 수 있는 범위를 넘어서는 엄청난 양의 건설폐기물이 있어 건축에 장애가 되고, 매수인은 건축의 용도로 토지를 매수한 점 등을 종합해 보면, 그것은 토지의 하자에 해당한다고 볼 수 있다. (ㄷ) 매도인이 불법 운행하여 150일간 운행정지 처분된 차량을 매도한 경우, 매수인이 그 차량을 매수하여 즉시 운행하려 하였다면 매수인으로서는 다른 차량을 대체하지 않고는 그 목적을 달성할 수 없는 경우도 예상되므로, 매수인이 그런 하자 있음을 알지 못하고 또 이를 알지 못한 데에 과실이 없는 때에는 민법 제580조에 따라 매도인에게 하자담보책임이 있는 경우에 해당하여, 매수인은 그 매매계약을 해제할 수 있다(대판 1985. 4. 9, 84다카2525).

b) **책임의 내용** 제575조는 질적 하자에 대해 담보책임을 정하고 있는데, 물건의 하자도 질적 하자와 같은 것이므로, 본조는 그 담보책임에 관해 제575조 1항을 준용하고 있다. (ㄱ) (선의·무과실의) 매수인은 그 하자로 인해 계약의 목적을 달성할 수 없는 경우에는 해제를 하고 아울러 손해배상을 청구할 수 있고, 해제를 할 수 없는 때(즉 목적물의 하자가 계약의 목적을 달성할 수 없을 정도로 중대한 것이 아닌 때)에는 손해배상만을 청구할 수 있다(580조 1항 본문·575조 1항). (ㄴ) 계약을 해제할 수 있는 물건의 하자란, 쉽고 값싸게 보수할 수 없는 경우를 의미한다. 한편, 수량적으로 나눌 수 있는 목적물의 일부에 대해 하자가 있는 때에는, 나머지 부분만으로 계약의 목적을 이룰 수 있는 경우에만 그 하자가 있는 일부에 대해서만 해제할 수 있다(통설).

c) **권리의 행사기간** 위 권리는 매수인이 그 사실을 안 날부터 6개월 내에 행사하여야 한다(582조). 권리의 하자의 경우보다 더 단기의 제척기간을 둔 이유는, 매도인이 인도한 목적물에

어떤 물질적 흠이 있는 경우에 그 흠이 처음부터 있던 것인지 아니면 그 후에 다른 사정에 의해 생긴 것인지 오랜 시간이 지나면 판단하기 어렵기 때문에(물건의 상태는 시간이 지나면서 다른 사정, 예컨대 자연력 혹은 매수인이나 제3자의 잘못된 사용 등에 의해 변경될 수 있으므로), 그 입증의 어려움을 해소하려는 데에 있다.[1)]

(2) 종류물 매매의 경우

> 제581조 〔종류매매와 매도인의 담보책임〕 ① 매매의 목적물을 종류로 지정한 경우에도 그 후 특정된 목적물에 하자가 있는 때에는 전조의 규정을 준용한다. ② 전항의 경우에 매수인은 계약 해제나 손해배상 청구를 하지 않고 하자 없는 물건을 청구할 수 있다.

a) 요 건 매매의 목적물을 종류로 지정하였는데 그 후 특정된 목적물에 하자가 있어야 하고, 매수인은 그 하자에 관해 선의·무과실이어야 한다(581조 1항).

b) 책임의 내용 (ㄱ) 종류물 매매에서 그 후 특정된 목적물에 하자가 있는 때에는 제580조를 준용한다(581조 1항). 그리고 제580조 1항은 제575조 1항을 준용하므로, 매수인은 그 하자로 인해 계약의 목적을 달성할 수 없는 때에만 계약을 해제할 수 있고, 그 밖의 경우에는 손해배상만을 청구할 수 있다. (ㄴ) 한편 매수인은 계약해제나 손해배상청구를 하지 않고 하자 없는 물건을 청구할 수 있는, 완전물 급부청구권을 갖는다(581조 2항). 그런데 판례는, 이 권리를 행사하는 것이 담보책임이 추구하는 공평의 원칙에 반하는 경우에는 이를 제한할 수 있다고 한다(대판 2014. 5. 16, 2012다72582).[2)]

c) 권리의 행사기간 (ㄱ) 위 권리는 매수인이 그 사실을 안 날부터 6개월 내에 행사하여야 한다(582조). 이처럼 권리행사가 단기의 제척기간에 걸리는 점에서, 판례는 매수인을 보호하기 위해 다음과 같은 태도를 취한다. '매수인이 그 사실을 안 날'에 대해, 목적물의 하자로 인한 손해 발생의 결과를 안 것만으로는 부족하고, 그 결과가 목적물의 하자로 인한 것, 즉 하자와 손해 발생 간의 인과관계를 알았을 것이 필요하다. 그래서 표고버섯 종균에 하자가 존재하는

---

1) 김학동, "매도인의 담보책임에서의 권리행사기간", 21세기 한국민사법학의 과제와 전망(송상현선생 화갑기념논문집)(박영사, 2002), 175면 이하.

2) 1) 甲이 乙회사로부터 BMW 자동차를 매수하여 인도받아 운행한 지 5일 만에 계기판의 속도계가 작동하지 않아 乙회사에 신차 교환을 구한 사안에서, 위 하자는 간단한 수리를 통해 손쉽게 고칠 수 있고(교체비용 140만원) 또 이 하자 수리로 인해 자동차의 가치가 하락할 가능성은 희박한 반면, 乙회사가 신차의 급부의무를 부담하게 되면 이전 차의 가치 하락분(가령 1㎞ 운행한 경우에도 BMW 자동차의 가치 하락분은 약 1천만원에 달한다)에 따른 불이익이 너무 크다는 점에서, 대법원은 원고의 완전물 급부청구는 허용되지 않는다고 판결하였다. 2) 「민법의 하자담보책임에 관한 규정은 매매라는 유상·쌍무계약에 의한 급부와 반대급부 사이의 등가관계를 유지하기 위하여 민법의 지도이념인 공평의 원칙에 입각하여 마련한 것인데, 종류매매에서 매수인이 가지는 완전물급부청구권을 제한 없이 인정하는 경우에는 오히려 매도인에게 지나친 불이익이나 부당한 손해를 주어 등가관계를 파괴하는 결과를 낳을 수 있다. 따라서 매매목적물의 하자가 경미하여 수선 등의 방법으로도 계약의 목적을 달성하는 데 별다른 지장이 없는 반면 매도인에게 하자 없는 물건의 급부의무를 지우면 다른 구제방법에 비하여 지나치게 큰 불이익이 매도인에게 발생되는 경우와 같이 하자담보의무의 이행이 오히려 공평의 원칙에 반하는 경우에는, 완전물 급부청구권의 행사를 제한함이 타당하다. 그리고 그 제한 여부는 매매목적물의 하자의 정도, 하자 수선의 용이성, 하자의 치유가능성 및 완전물 급부의 이행으로 인하여 매도인에게 미치는 불이익의 정도 등의 여러 사정을 종합하여 사회통념에 비추어 개별적·구체적으로 판단하여야 한다」(대판 2014. 5. 16, 2012다72582).

사실을 알았다고 하기 위해서는, 종균을 접종한 표고목에서 종균이 정상적으로 발아하지 아니한 사실을 안 것만으로는 부족하고, 종균이 정상적으로 발아하지 아니한 원인이 바로 종균에 존재하는 하자로 인한 것임을 알았을 때에 비로소 종균에 하자가 있는 사실을 알았다고 볼 수 있다(대판 2003. 6. 27, 2003다20190). (ㄴ) 재판 외에서 권리행사를 하더라도 무방하고, 그리고 특별한 형식을 요하는 것이 아니므로, 매수인이 매도인에게 적당한 방법으로 물건에 하자가 있음을 통지하고 담보책임을 구하는 뜻을 표시함으로써 충분하다(대판 2003. 6. 27, 2003다20190).

4. 담보책임과 동시이행

민법 제572조 내지 제575조 · 제580조 · 제581조의 경우에 매수인은 대금 감액청구 · 계약해제 또는 손해배상청구를 할 수 있는데, 이때에는 동시이행의 항변권에 관한 규정(536조)이 준용된다(583조). 즉 매수인은 위 권리에 기해 지급한 대금의 반환 또는 손해배상을 청구할 수 있는 반면, 매도인은 매수인에게 급부한 것의 반환을 청구할 수 있는데, 이 양자의 급부에 관해서는 동시이행의 항변권에 관한 규정을 준용한다.

5. 담보책임 면제의 특약

> 제584조 〔담보책임 면제의 특약〕 매도인은 전 15조에 의한 담보책임을 면하는 특약을 한 경우에도 매도인이 알고도 고지하지 아니한 사실 및 제3자에게 권리를 설정하거나 양도한 행위에 대해서는 책임을 면하지 못한다.

(1) 매도인의 담보책임에 관한 규정(569조~583조)은 매매 당사자 간에 유상계약의 등가성을 유지하기 위한 것으로서 강행규정은 아니다. 따라서 당사자 간의 특약으로 담보책임을 배제하거나 경감하는 것, 또는 가중하는 것(민법 제579조에서 정하는, 채권의 매매에서 매도인이 채무자의 자력을 담보하기로 약정하는 것은 이 범주에 속하는 것이다)은 유효하다. 민법에서 규정하고 있지 않은 담보책임을 약정할 수도 있다(소위 하자의 수선에 관한 매도인의 추완권, 매수인의 추완청구권).

(2) (ㄱ) 다만, 민법은 담보책임 면제의 특약이 신의칙에 반하는 경우에는 그 특약을 무효로 한다. 즉 ① 담보책임이 생기는 사실(예: 매매의 목적인 권리의 전부나 일부가 타인의 권리인 사실 · 수량이 부족하다는 사실 · 다른 권리가 있어 제한을 받는다는 사실 · 물건에 하자가 있다는 사실 등)을 매도인이 알고도 알리지 않은 채 담보책임 면제의 특약을 맺은 때, ② 담보책임이 발생하는 것, 즉 매도인이 제3자에게 권리를 설정해 주거나 양도한 후(예: 매매목적물에 제한물권을 설정하거나, 그 목적물의 전부 또는 일부를 제3자에게 양도한 후) 그 매도인이 담보책임 면제의 특약을 맺는 경우, 매도인은 담보책임을 면하지 못한다(584조). (ㄴ) 매도인이 상술한 두 가지 행위를 담보책임 면제의 특약을 맺은 후에 한 경우에는 어떠한가? 매도인의 담보책임은 매매계약 당초부터 있었던 원시적 일부 하자에 관한 것이므로, 매매계약 이후에 생긴 하자는 담보책임에 속하는 것이 아니어서 민법 제584조가 아닌 채무불이행의 문제로 처리할 것이다.[1)]

---

1) 주석민법[채권각칙(3)], 188면(김현채).

사례의 해설 (1) 매도인의 담보책임과 채무불이행책임의 둘로 나누어 그 성립 여부를 검토하면 다음과 같다. (ㄱ) 담보책임: B가 A에게 중도금만을 지급한 상태에서 A 소유 토지를 C에게 전매한 것은 (계약 당시 이미) '타인의 권리의 매매'에 해당하고, 이 경우 B는 위 토지의 권리를 취득해서 C에게 이전해 줄 의무가 있는데(569조), A가 甲에게 토지를 매도하여 甲 명의로 소유권이전등기가 됨으로써 B가 토지소유권을 C에게 이전할 수 없게 된 경우, B는 C에게 민법 제570조에 의한 담보책임을 진다. 따라서 C는 그의 선의 · 악의를 불문하고 B와의 매매계약을 해제할 수 있다(570조 본문). 다만 손해배상을 청구하려면 C가 계약 당시 위 토지소유권이 B에게 속하지 않은 것을 모른 선의여야 하는데(570조 단서), 사안에서는 토지의 소유명의가 등기부상 A로 되어 있어 토지소유권이 B에게 없음을 C가 알았다고 볼 것이므로 손해배상을 청구할 수는 없다. (ㄴ) 채무불이행책임: 타인의 권리를 매매한 경우에는 매도인은 그 권리를 취득하여 매수인에게 이전해 줄 의무를 진다(569조). 그러므로 계약이 성립한 이후에 매도인의 귀책사유로 그 의무의 이행이 불능이 된 때에는 채무불이행(이행불능)이 성립한다(이에 대해 담보책임은 계약 당시에 이미 타인의 권리였다는 것을 문제삼는 것이다). 사례에서 B가 자기 앞으로 소유권이전등기를 할 수 있었음에도 잔금 지급을 지체하여 A로부터 해제를 당하고, 그로 인해 A가 그 토지를 甲에게 매도하여 B의 C에 대한 소유권이전채무가 불능이 되었다면 B에게 채무불이행(이행불능)이 성립하며, 이 경우 C는 B의 채무불이행을 이유로 손해배상을 청구할 수 있다(대판 1993. 11. 23, 93다37328). 이 점에서 담보책임을 묻는 위 (ㄱ)의 경우와는 차이가 있다.

(2) 매매의 목적물인 토지의 지하에 통상 예견할 수 있는 범위를 넘어서는 많은 양의 폐기물이 묻혀 있는 경우, 민법 제580조 소정의 물건의 하자에 해당한다(대판 2011. 10. 13, 2011다10266). 한편 B(매수인)는 A(매도인)를 상대로 그 하자를 안 때인 2006. 8. 7.부터 6개월 내인 2006. 8. 17. 하자담보에 기한 손해배상청구를 하였으므로 제582조 소정의 제척기간을 준수하였다고 할 수 있다. 따라서 B가 제580조 소정의 하자담보에 기한 손해배상청구는 이유가 있다고 할 수 있다. 그런데 제척기간을 준수하였다고 하더라도 목적물을 인도받은 때인 1998. 9. 14.부터 위 손해배상청구권의 시효는 별도로 진행되는데, B는 그로부터 10년이 지난 2009. 8. 7.에 재판상 청구를 한 것이므로, A는 그 손해배상청구권이 시효로 소멸되었다고 항변할 수 있다(대판 2011. 10. 13, 2011다10266). 제척기간 내인 2006. 8. 17.에 권리행사를 한 것을 최고로 보아 시효중단의 사유로 삼을 수 있다고 하더라도, 그로부터 6개월 내에 시효중단의 효력이 유지되는 다른 조치를 취하지 않은 이상 그 효력을 잃게 된다(174조).

(3) 乙법인이 매매계약의 구속에서 해방되는 것은 계약에 무효나 취소 원인이 있거나 계약을 해제할 수 있는 경우이다. (ㄱ) 진품을 전제로 맺은 매매계약이 위작임이 드러난 경우, 이는 특정물의 하자로서 민법 제580조 1항이 적용된다. 산수화가 진품이라고 한국고미술협회가 감정한 점에 비추어 乙에게 선의 · 무과실이 인정되고, 乙은 위작임을 안 때부터 6개월 내에 甲을 상대로 담보책임을 물을 수 있는데(582조), 2019. 7. 1.은 그 기간 내이므로, 乙은 매도인의 담보책임에 기해 甲과의 매매계약을 해제할 수 있다. (ㄴ) 담보책임이 인정되는 경우에도 착오를 이유로 취소할 수 있다(대판 2018. 9. 13, 2015다78703). 법률행위 내용의 중요부분에 착오가 있고 그 착오에 중과실이 없는 경우에 취소할 수 있는데(109조 1항), 진품임을 전제로 계약을 맺고 또 진품임을 모른 점에 乙에게 중과실이 없는 점에서, 乙은 착오를 이유로 매매계약을 취소할 수 있다. 취소권의 제척기간(146조)도 지나지 않았다. (ㄷ) 사기에 의한 의사표시를 이유로 한 취소(110조 1항)를 생각할 수 있겠는데, 甲에게 고의의 기망행위가 있다고 보기는 어렵다. 한편 甲은 진품을 乙에게 이전할 의무가 있는데 이것이 불가능하므로 채무

불이행(이행불능)을 이유로 한 해제(546조)를 생각할 수 있겠는데, 甲에게 귀책사유가 있다고 보기는 어렵다. 사례 p. 480

제4항 환 매還買

사 례 B(지방자치단체)는 도시계획사업의 일환으로 1967. 1. 20. 甲 소유 논 1,050평을 매수하면서, 공장부지 및 도로부지의 목적으로 쓸 것이고 그에 편입되지 않는 토지는 甲에게 매수한 원가로 반환하기로 약정하였다. 1967. 12. 30. 위 토지는 대지, 도로, 논으로 분할되어, 대지와 도로는 공장부지와 도로부지로 편입되었고, 남은 논은 다시 2필의 논으로 분할되어 그 1필에 대해서는 B가 甲에게 매수한 원가로 반환하였다. 1980. 2. 1. 甲의 상속인 A는 1필의 논이 남아 있는 것을 알고 B를 상대로 약정 당시의 원가를 받고 그 소유권이전등기절차를 이행할 것을 청구하였다. 이에 대해 B는 위 약정은 조건부 환매특약을 한 것으로서, 그 조건이 성취된 1967. 12. 30.부터 5년 이내에 환매의 의사표시를 하였어야 했는데(591조 참조), 그 기간이 경과한 1980년에 환매권을 행사하였으므로 그 권리가 소멸되었다고 항변하였다. A의 청구는 인용될 수 있는가? 해설 p. 508

Ⅰ. 서 설

1. 환매의 의의와 성질

제590조 〔환매의 의의〕 ① 매도인이 매매계약과 동시에 환매할 권리를 유보한 경우에는 그가 받은 대금과 매수인이 부담한 매매비용을 반환하고 그 목적물을 환매할 수 있다. ② 전항의 환매대금에 관하여 특별한 약정이 있으면 그 약정에 의한다. ③ 전 2항의 경우에 특별한 약정이 없으면 목적물의 과실과 대금의 이자는 상계한 것으로 본다.

(1) 의 의

환매는 매도인이 매매계약과 동시에 환매할 권리를 유보한 경우에 그 권리를 행사하여 매수인으로부터 목적물을 매수하는 것으로서, 보통 매도인이 매도한 목적물을 다시 매수하고자 할 때에 이용되는 제도이다. 환매에서는 매도인이 매수인이 되는 점에서 매매의 특수한 형태를 띠고 있고, 그래서 민법은 환매를 매매의 절에서 같이 규정하고 있다.

(2) 법적 성질

a) 환매의 성질과 관련하여, 구민법(579조)은, 매도인은 부동산에 대한 환매의 특약에 의해 「매매를 해제할 수 있다」고 하였는데, 현행 민법(590조 1항)은 환매의 대상을 부동산에 한정하지 않고 또 그 「목적물을 환매할 수 있다」고 정하였다. 이러한 연혁상의 차이와 같이 학설도 나뉜다. 제1설은 환매를 해제권을 유보한 것으로, 따라서 환매특약부 매매를 해제권유보부 매매로 파악한다(김증한·김학동, 304면; 김현태, 147면). 특히 민법 제590조 1항에서 환매대금을 매매대금과 이자로 한 것은

해제의 효과로서의 원상회복의무에 속하는 것이고, 민법 제594조 2항에서 매수인이 목적물에 들인 비용에 대해 매도인이 상환의무를 부담하는 것도 환매에 의해 매수인의 그동안의 점유가 소유권이 없는 자의 점유로 된다는 것, 즉 해제에 기초하는 것으로 이해한다. 제2설은 환매를 매도인이 매수인이 되는 매매의 예약으로 파악한다(곽윤직, 물권법, 423면; 김상용, 231면; 김주수, 218면).

전자는 매도인이 유보된 해제권에 기해 매매계약을 해제하여 목적물이 매도인에게로 회복되는 구성을 취하고, 후자는 매매의 일방예약으로 구성하여 매도인의 환매의 의사표시만으로 매도인과 매수인 사이에 그 지위가 뒤바뀌는 두 번째의 매매계약이 성립하는 것으로 다루는 점에서 차이가 있다. 따라서 부동산인 경우에 그 등기 방식도 전자에 의하면 매수인 명의의 소유권이전등기를 말소하는 방식으로 하지만, 후자에 의하면 매매계약에 기해 소유권이전등기를 청구하는 방식으로 이루어진다. 그런데 현행 민법이 구민법상 "매매를 해제할 수 있다"고 정한 것과는 달리 "환매할 수 있다"고 규정한 점에서, 매도인이 목적물을 다시 매수하기로 하는 소위 두 번째의 매매에 관한 예약을 한 것으로 해석함이 그 법문에 부합한다고 할 것이다. 즉 환매는 일종의 재매매의 예약으로 해석되고, 민법 제590조 이하의 규정은 매매의 일방예약(564조)에 관해 특칙을 정한 것으로 볼 수 있다.

b) 환매를 해제권이 아닌 매매예약완결권으로 보는 경우, 그것은 형성권이지만 재산권의 성질도 있는 점에서 이를 양도할 수 있다. 학설은, 양도하는 데에 매수인의 승낙은 필요 없고, 다만 채권양도에 준하여 대항요건(450조)을 갖추어야 하는 것으로 해석한다(곽윤직, 물권법, 423면; 김증한·김학동, 306면). 그러나 환매에 의해 매매가 성립하면 매도인도 의무를 부담하게 되므로 위 완결권의 양도에는 채무인수도 포함된다는 점, 그리고 매매계약의 당사자가 바뀌게 되는 점에서, 매수인의 승낙이 필요하다고 본다(민법주해(XIV), 127면(심재돈)). 학설은 예약완결권을 권리의 측면에서만 파악한 점에서 문제가 있다. 다만 부동산에 대해 환매등기가 되어 있는 때에는 그 이전등기의 방식만으로 양도할 수 있다고 할 것이다(곽윤직, 물권법, 423면; 김증한·김학동, 306면).

2. 환매의 기능

환매는 매매의 절에 편성되어 있고, 이것은 매도인이 매도한 목적물을 다시 매수하는 두 번째의 매매로서의 외형을 띠고 있다. 물론 매도인이 매도한 물건을 장래에 다시 매수하기 위해 환매특약을 하는 경우를 예상할 수는 있다. 그러나 환매는 주로 채권담보의 수단으로 이용되는 것이 보통이다. 예컨대, A가 B로부터 3천만원을 빌리기 위해 5천만원 상당의 A 소유 토지를 B에게 3천만원의 매매대금으로 매각하는 것이다. 그러면서 장래의 변제기에 피담보채권을 변제하고 그 토지를 다시 회수하기 위해 매매계약과 동시에 환매의 특약을 맺는 것이 그러하다. 여기서 매매대금은 실질적으로 금전소비대차에 기한 금전채권의 원본이며, 환매대금은 그 원본에 이자 등을 가산한 피담보채권, 환매기간은 변제기에 해당하며, 또 환매기간이 경과하여 환매를 하지 못하는 것은 그 목적물로써 변제에 갈음하기로 하는 대물변제의 예약이 있는 것으로 된다. 이처럼 자금을 매매의 형식을 빌려 얻는 비전형 담보제도를 '매도담보'라고 하며, 매도인이 채무를 변제하고 목적물을 회수하기 위해 환매 또는 재매매의 예약을 이용하는 것이 보통이다.

3. 환매에 대한 규제

환매는 두 가지 면에서 이용된다. 하나는 매도인이 매도한 목적물을 다시 매수하는 두 번째의 매매이고, 다른 하나는 매도담보와 결부되어 이용되는 것이다. 그런데 후자의 경우에는 그 실질이 채권담보에 있으므로 「가등기담보 등에 관한 법률」(1983년 법 3681호)이 적용되며, 담보물권 분야에서 이를 다루게 된다. 이에 대해 전자에 관해서는 민법 제590조 내지 제595조가 이를 규율하며, 다음은 이에 관한 설명이다.

Ⅱ. 환매의 요건

1. 환매의 목적물

구민법(579조)은 환매의 목적물을 부동산에 한정하였으나, 현행 민법은 특별히 제한하고 있지 않다(590조). 따라서 부동산 · 동산 · 재산권도 환매의 대상이 될 수 있다.

2. 환매의 특약

(ㄱ) 환매의 특약은 '매매계약과 동시에' 하여야 한다(590조 1항). 매매계약이 있은 후에 하는 특약은 재매매의 예약이 될 수는 있어도 환매가 되지는 않는다. 한편 환매의 특약은 매매계약에 종된 계약이므로, 매매계약이 실효되면 환매의 특약도 효력을 잃는다(그러나 환매특약의 실효는 매매계약에 원칙적으로 영향을 주지 않는다). (ㄴ) 「매매의 목적물이 부동산인 경우에 매매등기와 동시에 환매권의 유보를 등기한 때에는 제3자에 대하여 효력이 있다」(592조). 환매등기는 매수인의 권리취득의 등기에 부기하는 방식으로 한다(부동산등기법 52조 6호). 환매등기를 한 때에는 제3자에 대하여 효력이 있다(592조). 예컨대 환매등기 후에 제3자의 저당권등기가 마쳐진 경우, 매도인이 환매기간 내에 적법하게 환매권을 행사하면 제3자의 저당권은 소멸된다(대판 2002. 9. 27, 2000다27411).

3. 환매대금

(ㄱ) 매도인은 '그가 받은 매매대금과 매수인이 부담한 매매비용'을 반환하고 환매할 수 있다(590조 1항). 다만, 환매대금에 관하여 특별한 약정이 있으면 그 약정에 따른다(590조 2항). (ㄴ) 매도인은 환매할 때까지의 대금의 이자를 지급할 필요가 없고, 매수인은 환매가 있을 때까지 목적물에서 얻은 과실을 반환할 필요가 없다. 그래서 특별한 약정이 없으면 목적물의 과실과 대금의 이자는 상계한 것으로 본다(590조 3항).

4. 환매기간

환매기간은 부동산은 5년, 동산은 3년을 넘지 못한다(591조 1항 1문). 너무 오랫동안 환매할 수 있는 불안한 상태에 두는 것은 물건의 개량이나 거래에 지장을 주는 점에서 제한을 둔 것이다

(환매기간은 특약이 성립한 날부터 기산한다). 이를 기초로 하여 민법 제591조는 세부적으로 다음의 내용을 규정한다. 즉, 약정기간이 이를 넘는 때에는 부동산은 5년, 동산은 3년으로 줄어든다(591조 1항 2문). 그리고 환매기간을 정한 때에는 그 기간을 다시 연장하지 못한다(591조 2항). 환매기간을 정하지 않은 경우에는 부동산의 환매기간은 5년, 동산의 환매기간은 3년으로 한다(591조 3항).

Ⅲ. 환매권의 행사

1. 행사방법

(ㄱ) 매도인이 환매기간 내에 환매대금을 제공하고 환매의 의사표시를 함으로써 두 번째의 매매, 즉 환매가 성립한다(594조 1항). 환매의 의사표시만으로는 부족하고, 환매대금을 실제로 제공하여야 한다. 환매의 의사표시는 매수인에게 하여야 하지만, 이미 환매등기가 되어 있고 그 목적물을 제3자가 취득한 경우에는 제3자에게 하여야 한다. (ㄴ) 환매권의 행사로써 두 번째의 매매가 성립하는 것에 지나지 않으므로, 이를 토대로 인도나 등기를 갖추어야 매도인이 목적물의 소유권을 취득한다. 매도인이 환매기간 내에 매수인에게 환매의 의사표시를 하였더라도 그 환매에 기한 권리취득의 등기를 하지 않은 때에는, 그 부동산에 가압류집행을 한 자에 대하여 이를 주장할 수 없다(대판 1990. 12. 26, 90다카16914).

2. 환매권의 대위행사代位行使

환매권은 양도성이 있고 또 일신전속권이 아니므로 매도인의 채권자는 이를 대위행사할 수 있다(404조). 그런데 매도인의 채권자는 매도인과 달리 그 목적물에 대한 집행을 통해 금전으로 환가하여 채권의 만족을 얻으려는 것이므로, 매도인의 채권자가 환매권을 대위행사하려는 경우, 매수인은 목적물의 평가액에서 환매대금을 뺀 잔액으로 매도인의 채무를 변제하고 남은 금액이 있으면 이를 매도인에게 지급하여 매도인의 환매권을 소멸시킬 수 있다(593조).

Ⅳ. 환매의 효과

1. 환매권의 행사로써 매도인과 매수인 간에 두 번째의 매매계약이 성립한다.[1] 따라서 매도인은 매수인에게 목적물의 소유권이전과 인도를 청구할 수 있는 반면, 환매대금을 제공하여야 한다.

2. 민법 제594조 2항은 「매수인이나 전득자가 목적물에 대하여 비용을 지출한 경우에는 매도인은 제203조의 규정에 의하여 그 비용을 상환하여야 한다. 그러나 유익비에 대해서는 법원

1) 판례: 어느 공유자가 국가와 1필지 토지에 관하여 구분소유적 공유관계에 있는 상태에서 국가로부터 그 공유자가 가지는 1필지의 특정 부분에 대한 소유권을 수용당하였다가 그 후 환매권을 행사한 사안에서, 「그 공유자가 환매로 취득하는 대상은 당초 수용이 된 대상과 동일한 1필지의 특정 부분에 대한 소유권이고, 1필지 전체에 대한 공유지분이 아니다」(대판 2012. 4. 26, 2010다6611).

이 매도인의 청구에 의하여 상당한 상환기간을 정해 줄 수 있다」고 규정한다. (ㄱ) 매도인은 필요비를 상환하여야 한다(203조 1항 본문). 그러나 매수인(또는 전득자)이 과실을 취득한 경우에는 통상의 필요비는 상환할 필요가 없다(203조 1항 단서). 환매에서는 목적물의 과실과 대금의 이자는 상계한 것으로 보는데(590조 3항), 제203조 1항 단서도 적용되는 결과, 과실은 대금의 이자 및 통상의 필요비와 상계한 것으로 된다. (ㄴ) 유익비는 그 가액의 증가가 현존하는 경우에만 매도인의 선택에 따라 지출금액이나 증가액을 상환해야 한다(203조 2항). (ㄷ) 유익비의 경우, 법원은 매도인의 청구에 의하여 상당한 상환기간을 정해 줄 수 있다(203조 3항)(제594조 2항 단서는 제203조 3항과 같은 것으로서, 불필요한 규정이다).

V. 공유지분의 환매

공유지분에 대한 환매특약이 있은 후 그 환매실행 전에 목적물이 분할되거나 경매된 경우에는, 매도인은 매수인이 받았거나 받을 그 분할 부분 또는 대금에 대해 환매권을 행사할 수 있다(595조 본문). 그러나 매수인이 이해관계인인 매도인에게 통지하지 않고 위 분할이나 경매에 참여한 경우에는, 매도인은 공유지분으로써 환매할 수 있고(595조 단서), 그에 따라 분할이나 경매는 효력을 잃게 된다.

사례의 해설 사례에서 부동산 매매에 부수된 약정을 환매로 보면 환매특약이 성립한 날부터 5년 내에 환매의 의사표시를 하여야 하고 그 기간이 경과하면 환매권은 소멸되지만(591조 1항), 해제조건부 매매계약으로 보면 별도의 의사표시 없이도 조건의 성취만으로 그 토지의 소유권이 A에게 귀속한다는 점에서 차이가 있다. 그런데 위 약정에서 환매의 의사표시를 요구하지 않고 단순히 '원가로 반환한다'고 한 점, 이미 1필의 토지를 환매의 의사표시 없이 원가로 반환한 점, 그 매매가 일반 매매가 아닌 강제수용으로서의 성격을 띤 점(환매는 통상 일반 매매에 부수하는 점을 감안할 때) 등을 고려할 때, 해제조건부 매매로 보는 것이 타당하다(대판 1981. 6. 9, 80다3195). 따라서 1필의 토지의 소유권은 해제조건이 성취된 때인 1967. 12. 30.자로 당연히 A에게 귀속한다. A가 B를 상대로 소유권이전등기를 청구하는 것은 소유권에 기한 물권적 청구이고, 받은 대금을 반환하는 것은 부당이득의 반환인 것이다. A의 청구는 인용될 수 있다.

사례 p. 504

제5항 특수한 매매

민법에서 정하고 있는 매매의 모습과 다른 형태의 매매를 강학상 '특수한 매매'라고 부르는데, 견본매매 · 시험매매 · 할부매매 · 방문판매 등이 대체로 이에 속한다.

Ⅰ. 견본매매와 시험매매

1. 견본매매見本賣買

견본매매는 매도인이 견본과 동일한 품질의 물건을 매수인에게 인도할 것을 내용으로 하는 매매로서, 목적물의 품질 결정에서 특수한 내용을 이룬다. 인도된 목적물이 견본과 다른 때에는 매도인은 물건의 하자에 따른 담보책임을 부담한다(580조 이하). 견본매매는 불특정물 매매에서 행하여지는 것이 보통이지만, 특정물 매매에서도 있을 수 있다(예: 모델하우스).

2. 시험매매試驗賣買

시험매매는 매수인이 목적물을 사용·시험해 본 후에 마음에 들면 사기로 하는 일종의 정지조건부 매매에 속하는 것으로서, 계약의 성립에서 특수한 내용을 이룬다. 매수인이 시험을 하였으나 마음에 들지 않아 사지 않는 때에는 특약이 없는 한 그 시험한 대가는 지급할 의무가 없다. 한편, 매수인은 언제까지 매수 여부를 결정하여야 하는지에 관해, 통설은 정지조건부 매매가 민법상 일방예약과 유사한 점에서 민법 제564조 2항 및 3항을 유추적용할 수 있는 것으로 해석한다. 따라서 다른 특약이 없는 한, 매도인은 상당한 기간을 정하여 최고하고, 매수인이 그 기간 내에 확답하지 않으면 매매는 성립하지 않는 것으로 된다.

Ⅱ. 할부매매割賦賣買

1. 할부매매의 의의

할부매매는 매수인이 상품(주로 동산)을 미리 인도받고 대금은 일정 기간 동안 분할하여 지급하는 매매로서, 목적물의 인도 시기와 대금의 분할지급에서 특수한 내용을 이룬다. 상인은 판매를 촉진하고 소비자는 고가의 상품을 큰 부담 없이 인도받아 사용할 수 있다는 점에서 많이 활용되고 있고, 특히 대금의 분할지급은 신용카드에 의한 결제가 보편화되어 있다. 이러한 할부매매에서는 두 가지가 문제된다. ㈀ 매도인은 대금을 완급받기 전에 매수인에게 미리 상품을 인도하므로 대금채권의 담보를 위해 할부금이 전부 지급될 때까지 목적물의 소유권을 매도인에게 유보해 놓는 것이 보통인데, 그 소유권유보의 내용이 무엇인가 하는 점이다. ㈁ 일정한 할부매매에 대해서는 「할부거래에 관한 법률」(2010년 법 10141호)의 규제를 받는데, 동법이 민법상의 매매에 대해 어떤 특칙을 정하고 있는가 하는 점이다.

2. 할부매매에서 소유권유보

(1) 할부매매에서는 매도인의 대금채권 담보를 위해 매수인에게 인도된 목적물의 소유권은 대금이 완제될 때까지 매도인에게 남아 있는 것으로, 즉 소유권을 유보하는 것으로 약정하는 것이 보통이다. 매수인의 대금 연체나 그 밖의 신용불안의 사실이 발생하면 매도인은 그 유보된 소유권에 기해 매매의 목적물을 회수함으로써 대금채권을 담보한다는 점에서, 실제로 가장 간편하고 강력한 담보수단이 된다. 소유권유보의 법적 성질에 관해, 판례는, 물권행위는 성립하지만 그 효력이 발생하기 위해서는 대금이 모두 지급되는 것을 조건으로 하는 '정지조건부 물권

행위'로 파악한다(대판 1996. 6. 28, 96다14807). 즉 대금의 완제가 있으면 그것만으로 당연히 소유권이전의 '효력'이 발생하는 것으로 본다.

(2) 소유권유보에서 소유권은 대내외적으로 매도인에게 있다. 매수인은 소유자가 아니므로, 그가 동산을 제3자에게 양도한 것은 선의취득이 성립하는 경우를 제외하고는 무효가 된다. 다만 매수인은 장래에 소유권을 취득할 수 있는 '조건부 권리'를 가지며, 이를 처분할 수는 있다(149조). 그런데 그것은 매수인 지위의 교체를 가져오는 것이므로 계약인수가 있어야 하고, 따라서 매도인의 동의를 필요로 한다. 소유권유보에 관한 그 밖의 내용은 물권법(p.446 비전형담보 부분 '제4항 소유권유보')에서 설명한다.

3. 「할부거래에 관한 법률」에 의한 규제

할부계약에 의한 거래를 공정하게 함으로써 소비자 등의 이익을 보호할 목적으로 「할부거래에 관한 법률」(2010년 법 10141호)이 제정되었다.

(1) 적용범위

할부계약의 목적은 '재화' 외에 '용역'도 포함된다. 그리고 매수인이 재화의 대금이나 용역의 대가를 2개월 이상의 기간에 걸쳐 3회 이상 나누어 매도인 또는 신용제공자(예: 신용카드에 의한 결제의 경우의 카드회사)에게 지급하고, 그 대금의 완납 전에 재화의 공급이나 용역의 제공을 받는 경우에 동법이 적용된다(동법 2조).

(2) 주요 내용

민법상 매매에 관한 규정에 비해 동법은 다음과 같은 점에서 특칙을 정한다. (ㄱ) 매도인은 할부계약을 체결하기 전에 매수인이 할부계약의 내용을 이해할 수 있도록 일정한 사항을 표시하고 이를 매수인에게 고지하여야 하고, 할부계약은 일정한 사항(재화 등의 종류 및 내용, 현금가격, 할부가격, 할부수수료, 재화의 소유권유보에 관한 사항 등)이 기재된 서면으로 체결하여야 하며, 계약서 1통은 매수인에게 교부하여야 한다(동법 5조·6조). (ㄴ) 할부계약이 체결되었더라도, 매수인은 계약서를 받은 날 또는 계약서를 받은 날보다 재화 등의 공급이 늦게 이루어진 경우에는 재화 등을 공급받은 날부터 7일 내에 할부계약에 관한 청약을 철회할 수 있다. 그 철회는 위 기간 내에 서면으로 매도인(및 신용제공자)에게 발송하여야 한다(동법 8조). 이 경우 매도인과 매수인은 그 받은 급부를 동시에 반환하여야 한다. 재화 등의 반환비용은 매도인이 부담하며, 매도인은 매수인에게 위약금 또는 손해배상을 청구할 수 없다(동법 10조). (ㄷ) 매수인이 할부금 지급의무를 이행하지 않는 경우에는, 매도인은 14일 이상의 기간을 정하여 매수인에게 그 이행을 서면으로 최고하여야 하고, 그 기간 내에 이행하지 않으면 할부계약을 해제할 수 있다(동법 11조). 그 밖에 해제에 따른 손해배상 등에 관해 민법에 대한 특칙을 정한다(동법 12조 이하).

Ⅲ. 방문판매 등

방문판매 · 전화권유판매 · 다단계판매 · 계속거래 및 사업권유거래 등은 주로 판매의 방식에 관한 것으로서, 소비자가 원하지 않는 상품을 강매당하는 등의 폐단이 있어, 「방문판매 등에 관한 법률」(2002년 법 6688호)을 제정하여 이를 규제하고 있다. 방문판매 또는 전화권유판매의 방법으로 재화 등의 구매에 관한 계약을 체결한 소비자는 계약서를 받은 날부터 14일 내에 계약에 관한 청약을 철회할 수 있는 등 여러 특칙을 정하고 있다(동법 8조).

제 4 관 교 환 交換

I. 교환의 의의와 법적 성질

교환은 당사자 쌍방이 금전 외의 재산권을 서로 이전하기로 약정함으로써 성립하는 계약이다(596조). 당사자 간에 서로 '금전 외의 재산권'을 이전하는 점에서, 재산권 이전의 대가로 매수인이 금전을 지급하는 매매와 구별된다. 재산권이 아닌 노무의 제공이나 일의 완성 등은 교환의 목적이 될 수 없다. 교환은 쌍무 · 유상 · 낙성 · 불요식 계약에 속한다.

II. 교환의 효과

1. 일반적 효력

교환에 의해 각 당사자는 목적이 된 재산권을 상대방에게 이전해 줄 채무를 부담한다. 그 밖에 쌍무계약에 따른 효과가 발생하고, 교환은 유상계약이므로 매매에 관한 규정이 준용된다(567조).

2. 금전의 보충 지급

(1) 쌍방이 서로 교환하는 목적물이나 재산권의 가격이 대등하지 않은 때에 이를 보충하기 위해 금전을 지급하기로 약정할 수 있는데, 그 보충금에 관하여는 매매대금에 관한 규정을 준용한다(597조). 이에 대한 담보책임의 내용으로서 대금 감액청구(572조~574조) · 동시이행(583조)과, 매매대금에 관한 기한 · 지급장소 · 이자 · 대금 지급거절권(585조~589조) 등이 보충금에 준용될 규정들이다.[1)]

(2) 보충금 지급의 약정이 있는 교환에서 그 목적물이 전부 타인의 것인 경우, 이를 권리의 전부가 타인의 권리인 것으로 보아 민법 제570조를 준용할 것인지, 아니면 보충금의 부분에서는 문제가 없으므로 권리의 일부가 타인의 권리인 것으로 보아 민법 제572조를 준용할 것인지가 문제될 수 있다. 교환의 본질은 재산권의 상호 이전이고 보충금은 그에 부가된 것에 지나지 않는 점에서 민법 제570조를 준용하는 것이 타당하다(김증한 · 김학동, 333면; 김형배, 399면).

---

1) 판례: 「교환계약에서 당사자의 일방이 교환 목적물인 각 재산권의 차액에 해당하는 금원인 보충금의 지급에 갈음하여 상대방으로부터 이전받을 목적물에 관한 근저당권의 피담보채무를 인수하기로 약정한 경우, 특별한 사정이 없는 한 채무를 인수한 일방은 위 보충금을 제외한 나머지 재산권을 상대방에게 이전하여 줌으로써 교환계약상의 의무를 다한 것이 된다. 다만, 채무를 인수한 일방이 인수채무인 근저당권의 피담보채무의 변제를 게을리함으로써 교환 목적물에 관하여 설정된 근저당권의 실행으로 임의경매절차가 개시되었거나 개시될 염려가 있어 상대방이 이를 막기 위하여 부득이 피담보채무를 변제한 경우 등, 채무를 인수한 일방이 보충금을 지급하지 아니한 것으로 평가할 수 있는 특별한 사정이 있는 경우에는, 상대방은 채무인수인에 대하여 동액 상당의 손해배상채권 또는 구상채권을 갖게 되고, 이와 같은 특별한 사정이 있다는 사유를 들어 교환계약을 해제할 수도 있다」(대판 1998. 7. 24, 98다13877).

제5관 소비대차消費貸借

Ⅰ. 소비대차의 의의와 법적 성질

1. 의 의

(1) 소비대차는 당사자 일방(대주貸主)이 금전 기타 대체물의 소유권을 상대방에게 이전하고, 상대방(차주借主)은 그와 같은 종류 · 품질 및 수량으로 반환하기로 약정함으로써 성립하는 계약이다(598조). 차주가 목적물의 소유권을 취득하여 이를 처분(소비)하고 나중에 그와 같은 종류의 물건으로 반환하는 것을 내용으로 하는 점에서 소비와 대차의 양면이 병존하며, 이 점에서 같은 대차형의 계약이면서도 빌린 물건 그 자체를 반환하여야 하는 사용대차나 임대차와는 구별된다. 그래서 후자의 목적물은 특정물인 데 비해 소비대차의 목적물은 소비물로서, 본조는 '금전 기타 대체물'을 그 대상으로 정한다.

(2) 쌀 · 보리와 같은 대체물을 빌리는 경우도 있겠지만, 소비대차가 주로 문제되는 것은 금전을 빌리는 경우이다. 그런데 대주는 차주에게 금전 기타 대체물의 소유권을 이전한 후에 변제기에 그와 같은 종류의 것으로 반환을 구할 수 있는 채권을 취득할 뿐이므로, 이 채권의 확보를 위해 보증채무와 같은 인적 담보나 물적 담보가 설정되는 것이 보통이다. 즉 (금전)소비대차와 담보제도는 밀접하게 연관되어 있다.

2. 법적 성질

(1) 소비대차는 당사자의 합의만으로 성립하는 '낙성계약'이다. 구민법(587조)은 차주가 대주로부터 금전 기타 대체물을 수취함으로써 소비대차가 성립하는 것으로 하는 요물계약으로 정하였다. 그러나 그 당시의 학설은 무명계약으로서 낙성계약으로서의 소비대차의 효력을 인정하는 경향에 있었고, 이를 반영하여 현행 민법은 소비대차를 낙성계약으로 구성하였다(민법안 심의록 (상), 347면). 당사자의 합의만으로 소비대차가 성립하므로, 차주는 대주에게 금전 기타 대체물의 소유권을 이전해 줄 것을 청구할 수 있는 채권을 가지게 된다.

(2) 소비대차는 금전 기타 대체물의 사용의 대가인 이자를 그 요소로 하지 않는 점에서 원칙적으로 무상계약이다(598조). 그러나 당사자 간의 특약이나 법률의 규정에 의해 이자를 지급하기로 한 경우에는, 그 이자부 소비대차는 유상 · 쌍무계약이 된다.

Ⅱ. 소비대차의 성립

1. 성립요건

소비대차는 낙성계약이기 때문에 당사자의 합의만 있으면 성립한다. 한편 이자의 지급은 소비대차의 요소는 아니기 때문에, 이자부 소비대차가 성립하기 위해서는 이자의 약정이 있어야만 한다. 그리고 소비대차의 성질상 목적물은 금전 기타 대체물이어야 한다.

2. 소비대차의 실효와 해제에 관한 특칙

a) 파산과 소비대차의 실효失效 「대주가 목적물을 차주에게 인도하기 전에 당사자 일방이 파산선고를 받은 때에는 소비대차는 효력을 잃는다」(599조). (ㄱ) 소비대차는 낙성계약이므로 대주가 목적물을 인도하지 않더라도 당사자 사이에 합의만 있으면 성립한다. 따라서 대주는 소비대차계약에 기해 차주에게 목적물을 인도할 의무를 진다. 그런데 '목적물 인도 전에 당사자 일방이 파산선고를 받은 경우'에 본조는 특칙을 정한다. 즉, 대주가 파산선고를 받은 경우에 차주로 하여금 파산채권자로서 배당에 가입하게 하면서까지 계약의 효력을 유지케 할 필요는 없다는 점에서, 그리고 차주가 파산선고를 받은 경우에는 대주의 반환청구권의 실현이 어려워진다는 점에서, 본조는 대주가 목적물을 차주에게 인도하기 전에 대주나 차주가 파산선고를 받은 때에는 소비대차는 당연히 효력을 잃는 것으로 정한다. (ㄴ) 차주에게 파산선고가 있다는 사실을 모르고 목적물을 인도한 대주는 (비채변제를 이유로) 파산재단에 부당이득의 반환을 청구할 수 있다(741조). (ㄷ) 차주가 파산선고를 받지는 않았지만 그 신용이 위태롭게 된 경우, 학설은 본조의 취지를 고려하여 대주에게 계약의 철회나 이행의 거절 내지는 계약의 해제(또는 해지)를 인정하는 것이 신의칙에 부합한다고 한다(곽윤직, 176면; 김증한 · 김학동, 341면; 민법주해(XV), 6면(김황식)). 판례도 같은 취지이다. 즉 「민법 제599조의 취지에 비추어 보면, 금전소비대차계약이 성립된 이후에 차주의 신용불안이나 재산상태의 현저한 변경이 생겨 장차 대주의 대여금 반환청구권의 행사가 위태롭게 되는 등의 사정변경이 생긴 경우, 대주는 대여의무의 이행을 거절할 수 있다」고 한다(대판 2021. 10. 28, 2017다224302).

b) 무이자 소비대차와 해제권 「이자 없는 소비대차의 당사자는 목적물을 인도하기 전에는 언제든지 계약을 해제할 수 있다. 그러나 상대방에게 손해가 생긴 경우에는 배상하여야 한다」(601조). 본조는 구민법에는 없던 것을 신설한 규정인데, 통설적 견해는 이자 없는 소비대차가 무상 · 편무계약이어서 대주만이 경제적 손실을 입는 점을 고려하여 당사자 모두에게 해제권을 인정한 것으로 이해한다. 다만 그 해제로 인해 상대방이 손해를 입은 때에는 이를 배상하여야 한다(예: 차주가 다른 사람으로부터 이자부 소비대차계약을 맺음에 따라 입게 된 이자 상당의 손해). 그런데 이 해제는 채무불이행을 원인으로 한 것이 아니므로 이행이익은 손해배상의 범위에 들어가지 않는다. 예컨대 대주가 해제한 경우, 차주가 소비대차를 통해 받을 금전으로 타인의 채무를 변제하지 못하게 되어 입는 손해는 배상범위에 포함되지 않는다(김증한 · 김학동, 341면).

Ⅲ. 소비대차의 효력

1. 대주의 의무

(1) 목적물의 소유권이전의무

대주貸主는 목적물(금전 기타 대체물)의 소유권을 차주에게 이전해 줄 의무를 진다(598조). 소비대차는 사용대차 · 임대차와 더불어 대차형 계약에 속하는데, 사용대차와 임대차는 차주나 임차인으로 하여금 목적물을 사용 · 수익하게 하는 데 목적을 두지만(609조 · 618조), 소비대차는 사용뿐 아니라 소비(처분)까지도 하게 하는 데 목적을 두는 점에서 차이가 있다. 그래서 소비대차는 대주에게 소유권의 이전의무를 지우고, 목적물의 사용 · 소비(및 이를 위한 인도)는 소유권의 효력으로서 이루어지는 모습을 띤다. 즉 사용대차 · 임대차에서는 대주는 차주가 목적물을 사용 · 수익할 수 있도록 해 줄 의무를 지고, 인도는 이러한 의무의 일환으로서 이루어지며(609조 · 618조 · 623조), 이에 대응하여 차주는 계약이나 목적물의 성질에 따라 정해진 용법으로 그 목적물을 사용 · 수익해야 할 의무를 부담한다(610조 1항 · 654조). 그러나 소비대차에서는 차주가 목적물의 소유권을 취득하는 점에서 위와 같은 내용을 규정할 필요가 없다.

(2) 담보책임

a) 이자부 소비대차의 경우 (ㄱ) 이자가 있는 소비대차의 목적물에 하자가 있는 경우에는 민법 제580조 내지 제582조(매도인의 하자담보책임)의 규정을 준용한다(602조 1항). 따라서 차주가 목적물에 하자가 있음을 모르거나 모르는 데 과실이 없는 것을 전제로 하여, 목적물의 하자로 인해 소비대차의 목적을 달성할 수 없는 때에는 계약을 해제하고, 그 밖의 경우에는 손해배상을 청구하며, 또는 이에 갈음하여 하자 없는 물건을 청구할 수 있다. 이러한 권리는 차주가 그 사실을 안 날부터 6개월 내에 행사하여야 한다. (ㄴ) 민법은 무이자 소비대차의 경우에 차주는 하자 있는 물건의 가액으로 반환할 수 있는 것으로 규정한다(602조 2항). 그러나 이자부 소비대차에서도, 차주가 담보책임으로 인정되는 완전물 급부청구권을 행사하지 않는 때에는 마찬가지로 그 가액으로 반환할 수 있다(통설).

b) 무이자 소비대차의 경우 (ㄱ) 이자가 없는 소비대차에서 목적물에 하자가 있는 경우에는 차주는 하자 있는 물건의 가액으로 반환할 수 있다(602조 2항 본문). 즉 민법은 이 경우 차주에게 하자 없는 물건의 급부청구권을 인정하지는 않는다. (ㄴ) 대주가 그 하자를 알면서 차주에게 알리지 않은 경우에는 위 a)와 같은 담보책임이 발생한다(602조 2항 단서).

2. 차주의 의무

(1) 목적물 반환의무

차주借主는 그가 빌린 물건을 반환하여야 하는데, 반환시기와 반환할 물건이 문제된다.

a) 반환시기 (ㄱ) 반환시기를 약정한 때에는, 차주는 약정한 시기에 차용물과 같은 종류 · 품질 · 수량의 물건을 반환하여야 한다(603조 1항). 무이자 소비대차에서는 차주는 기한의 이익을 포기하고 반환할 수 있고, 이자부 소비대차에서는 변제기까지의 이자를 붙여서 기한 전에 반환할 수 있다(153조 2항). (ㄴ) 반환시기를 약정하지 않은 때에는, 대주는 상당한 기간을 정하여 반환을 최고하여야 한다(603조 2항 본문). 그러나 차주는 언제든지 반환할 수 있다(603조 2항 단서). 이자부 소비대차에서도 반환하는 때까지의 이자를 붙여서 반환할 수 있다.

b) 반환할 물건 차주는 차용물과 같은 종류 · 품질 · 수량의 물건으로 반환하여야 한다(598조). 그런데 이 원칙에는 다음과 같은 몇 가지 예외가 있다. (ㄱ) 하자 있는 물건: 차주가 하

자瑕疵 있는 물건을 받은 경우에는 그와 똑같은 하자 있는 물건을 반환하면 되지만, 그러한 물건을 찾기가 실제로 곤란하므로, 이때에는 하자 있는 물건의 가액으로 반환할 수 있다(602조 2항 본문). 민법은 무이자 소비대차에 관해서만 이를 규정한다. 이자부 소비대차에서는 담보책임을 물어 하자 없는 물건을 청구할 수 있기 때문이다. 그러나 담보책임을 묻지 않는 경우에는 마찬가지로 이를 인정하여야 한다는 것이 통설임은 전술하였다. ㈁ 반환 불능 : 「차주가 차용물과 같은 종류, 품질 및 수량의 물건을 반환할 수 없는 때에는 그때의 시가로 상환하여야 한다. 그러나 제376조(금전채권) 및 제377조 2항(외화채권)의 경우에는 그러하지 아니하다」(604조). ① 차주가 차용물과 같은 것으로 반환할 수 없는 때에는 그때(불능 당시)의 시가로 상환하면 된다(604조 본문). ② 금전 소비대차에서 그 빌린 통화가 변제기에 강제통용력을 잃은 때에는 다른 통화로, 또 외화인 경우에는 그 나라의 다른 통화로 변제하여야 하고, 강제통용력을 잃은 당시의 구통화의 시가로 상환하지는 못한다(604조 단서). ㈂ 대물대차代物貸借: 「금전대차의 경우에 차주가 금전에 갈음하여 유가증권 기타 물건을 인도받은 때에는 인도받은 당시의 가액을 차용액으로 한다」(606조). ① 금전대차에서 차주가 금전에 갈음하여 유가증권이나 그 밖의 물건을 인도받은 경우, 차주는 그 물건이 아닌 금전을 반환하여야 한다. 다만 반환할 금액은 당초의 약정액이 아니라 금전에 갈음하여 인도한 '유가증권이나 그 밖의 물건을 인도받은 당시의 가액'으로 한다(606조). 대주의 폭리를 방지하기 위해 구민법에는 없던 것을 신설한 규정이다. ② 본조는 강행규정으로서, 본조에 반하는 당사자 간의 약정으로서 차주에게 불리한 것은 그 효력이 없다(608조).

(2) 이자 지급의무

당사자 사이에 목적물 사용의 대가로서 이자의 약정을 맺은 때에는 차주는 이자를 지급할 의무를 진다. 이자는 목적물의 사용기간에 비례하여 산정되는 것이 원칙인데, 민법은 대주와 차주의 이해 조절과 차주의 지위를 보호하기 위해 구민법에는 없던 '이자 계산의 기산점'에 관해 특칙을 정한다(민법안심의록(상), 348면). 즉 차주가 목적물을 인도받은 때부터(600조 전문), 그리고 차주가 그의 귀책사유로 그 수령을 지체한 때에는 대주가 이행을 제공한 때부터(600조 후문) 각각 이자가 계산된다.

Ⅳ. 대물반환의 예약代物返還 豫約

> 제607조〔대물반환의 예약〕 차용물의 반환에 관하여 차주가 차용물에 갈음하여 다른 재산권을 이전하기로 예약한 경우에는 그 재산의 예약 당시의 가액이 차용액과 그에 붙인 이자의 합산액을 넘지 못한다.

1. 본조의 신설 배경

본조는 구민법에는 없던 신설 규정이며, 다른 외국의 입법에서도 그 예를 찾아볼 수 없는 특유한 규정이다. 구민법 당시의 판례를 보면, "대물변제의 특약이 공서양속에 반하여 무효가 되려면 채무액이 목적물의 가격에 비하여 현저하게 균형을 잃을 정도로 저렴하고 계약이 채무자의 경솔, 무경험 또는 급박한 곤궁에 편승하여 체결되었을 것"을 요구하여, 불공정 법률행위(폭리행위)의 차원에서 이를 규율하였다(대판 1957. 2. 23, 4289민상611; 대판 1959. 7. 23, 4291민상618). 그런데 현행 민법을 제정하면서 불공정 법률행위에 관하여는 민법 제104조에서 이를 신설하면서, 대물변제의 예약에 관해서는 채권편 소비대차의 절에서 '대물반환의 예약'이라는 제목으로 따로 본조를 신설한 것이다. 따라서 본조는 불공정 법률행위와 더불어 반사회질서의 법률행위가 무효라는 규정(103조)과 그 뿌리를 같이하는 것이지만(민법안심의록(상), 352면), 본조는 차용물의 반환에 갈음하는 다른 재산권의 가액이 차용액과 그에 붙인 이자의 합산액을 넘는지를 기준으로 무효로 정하고 있는 점에서, 급부의 현저한 불균형 외에 채무자의 궁박 · 경솔 또는 무경험을 이용하였을 것을 필요로 하는 불공정 법률행위와는 그 요건을 달리하는 데에서 그 의미가 있다.

2. 본조의 적용범위

(ㄱ) 본조는 소비대차와 관련하여 차용물의 반환에 갈음하여 다른 재산권을 이전할 것을 예약한 경우를 적용대상으로 한다. 즉 소비대차계약을 맺으면서 차주의 불리한 지위를 이용하여 대주가 부당하게 폭리를 취하는 것을 방지하자는 데 그 취지가 있다. 따라서 소비대차의 효력이 있는 준소비대차(605조)(대판 1997. 3. 11, 96다50797)와, 소비대차에 관한 규정이 준용되는 소비임치(702조)에도 적용된다. (ㄴ) 이에 대해 다음의 경우에는 본조는 적용되지 않는다. ① 소비대차에 따른 차용물의 반환채무가 아닌 것, 예컨대 전세금 반환채무(대판 1965. 9. 21, 65다1302), 계契의 청산에 따른 반환채무(대판 1968. 11. 26, 68다1468 등), 매매계약에 따른 대금 지급채무(대판 1971. 2. 23, 70다2802) 등에는 적용되지 않는다. ② 대물반환의 '예약'에만 적용되고, 차주가 임의로 대물반환을 하는 경우에는 적용되지 않는다(대판 1992. 2. 28, 91다25574). ③ 유질계약에 관해서는 따로 정하고 있다(339조).

3. 대물반환예약의 요건

민법 제607조가 적용되기 위해서는, 차용물에 갈음하여 이전하기로 한 다른 재산의 예약 당시의 가액이 차용액과 그에 붙인 이자의 합산액을 넘어야 한다. (ㄱ) 다른 재산의 가액의 산정은 '예약 당시'를 기준으로 하며, 그 예약에 의한 권리이전시를 기준으로 하지 않는다(대판 1996. 4. 26, 95다34781). 한편 그 재산에 다른 선순위 근저당권이 설정되어 있는 때에는 그 피담보채무액을 뺀 나머지가 재산의 가액이 된다(대판 1991. 2. 26, 90다카24526). (ㄴ) 차용액은 예약 당시의 원금과 약정이자를 기준으로 산정한다. 다만 대물변제예약을 한 후에 추가로 차용한 경우 이것도 포함하여 산정한다(대판 1989. 4. 11, 87다카992). 그리고 이자는 변제기까지를 기준으로 하며, 변제기 이후의 지연손해금은 합산하지 못한다(대판 1966. 5. 31, 66다638).

4. 대물반환예약의 효력

민법 제607조에 반하는 당사자 간의 약정으로서 차주에게 불리한 것은 환매나 그 밖의 어떠한 명목이라도 효력이 없다(608조).

(1) 「차주에게 불리한 것은 효력이 없다」는 것의 의미

a) (ㄱ) 제607조에 반하는 대물반환의 예약이 '차주에게 불리한 것은 효력이 없다'는 의미는 무엇인가? 두 가지 해석이 있을 수 있다. 하나는 대물반환의 예약 전체를 무효로 보는 것이고, 다른 하나는 재산의 가액에서 차용액(이자 포함)을 뺀 나머지 초과부분이 차주에게 불리한 것이므로 이 부분만 무효로 보아 이를 반환하여야 하는 것으로 보는 것이다(곽윤직, (구)316면은 후자를 주장한다). 그런데 현재 판례의 확고한 견해는 제607조에 반하는 대물반환의 예약은 '청산을 전제로 하는 양도담보 설정'으로서 효력을 가지는 것으로 본다(대판 1999. 2. 9, 98다51220). 다만 그 이유를 명확하게 제시하고 있지는 않은데, 판례를 보면, 제607조에 반하는 대물반환의 예약은 그 예약 전부가 무효로 되는 것이 아니라 차주에게 불리한 부분만이 무효이며(대판 1962. 7. 26, 62다247), 예약 당사자 간에는 약한 의미의 양도담보계약을 함께 맺은 취지로 볼 것이고(대판 1968. 10. 22, 68다1654), 또 대물반환의 예약에는 채권담보의 취지도 포함된 것이라고 한다(대판 1967. 10. 31, 67다1990). (ㄴ) 소비대차에서 차주는 차용물의 반환채무를 진다. 여기서 당사자 간에 대물반환의 예약을 맺는 목적에는 차주의 반환채무의 이행을 담보한다는 의미가 포함되어 있다. 그렇다면 대물반환의 예약이 제607조를 위반하여 그 예약 자체가 무효로 되더라도 담보의 설정은 유효한 것이므로, 이에 관해서는 그 효력을 인정하는 것이 당사자 모두의 이익을 위해서도 공평하다. 이러한 결론을 도출하는 데에는 무효행위의 전환(138조)의 법리도 동원될 수 있겠지만, 판례의 기본입장은, 당사자의 의사해석이라는 관점에서 대물반환의 예약에는 담보설정의 의미가 포함되어 있고, 한편 제608조의 강행규정을 근거로 청산을 전제로 하는 양도담보 설정의 의미로 규범적 해석을 한 것으로 생각된다.[1)]

b) 판례의 법리에 의하면 다음과 같은 점을 도출할 수 있다. 첫째, 제607조에 반하는 대물반환의 예약은 청산형 양도담보로서 효력이 있다. 따라서 그 이후의 실행에 관하여는 양도담보 일반의 법리가 적용되어야 한다. 예컨대 채권자가 담보를 실행하여 청산금을 지급할 때까지는 채무자는 피담보채권을 변제하고 목적물을 회수할 수 있다. 또 양도담보의 설정에 기초하여 목적물에 대해 소유권이전등기를 청구할 수도 있다(대판 1999. 2. 9, 98다51220). 둘째, 대물반환의 예약이 결부되지 않은 것, 즉 처음부터 청산을 전제로 하는 양도담보를 설정한 때에는 양도담보 일반의 법리에 의해 규율되고, 제607조와 제608조는 적용되지 않는다.

(2) 「가등기담보 등에 관한 법률」에 의한 규제

대물반환의 예약을 한 경우에 대주는 예약상의 채권을 가질 뿐이므로, 이 채권을 확보하기 위해 차주 소유의 부동산에 매매예약을 원인으로 가등기를 하거나 미리 소유권이전등기를 하는 것이 보통이다. 그런데 이 경우에는 따로 「가등기담보 등에 관한 법률」(1983년 법 3681호)이 적용된다. 그 내용의 요지는 다음과 같다. 즉 (ㄱ) 미리 가등기를 한 경우에는, 채권자는 변제기 후에 목적 부동산의 (통지 당시) 가액에서 채권액을 뺀 나머지(청산금)를 채무자에게 통지하여야 하고, 통지 후 2개월이 지날 때까지 변제가 없는 경우에만 청산금을 채무자에게 변제하고 가등기에 기한 소유권이전등기와 인도를 청구할 수 있다(동법 3조 1항·4조). (ㄴ) 미리 소유권이전등기를 한 경

1) 양창수, 민법연구 제1권, 336면 이하.

우에는, 위 (ㄱ)에서처럼 청산금을 지급한 때에 비로소 소유권을 취득하며 또 부동산의 인도를 청구할 수 있다(동법 3조 1항, 4조 2항·3항). (ㄷ) 비전형담보에서 채권자가 담보를 실행하는 방식으로는 제3자에게 처분하여 그 처분대금에서 채권액을 공제하는 '처분청산'과, 채권자가 목적물의 소유권을 취득하면서 그 가액에서 채권액을 공제하는 '귀속청산'의 방식이 있는데, 위 법률은 채무자가 청산금을 반환받는 것을 보장하기 위해 청산금을 받을 때까지 소유권이전등기 또는 목적물의 인도를 거절할 수 있는 동시이행의 항변권을 부여하는 것이 실효성이 있다는 판단에서 귀속청산의 방식을 채택하였다.

V. 준소비대차準消費貸借

> 제605조 〔준소비대차〕 당사자 쌍방이 소비대차에 의하지 아니하고 금전 기타의 대체물을 지급할 의무가 있는 경우에 당사자가 그 목적물을 소비대차의 목적으로 하기로 약정한 때에는 소비대차의 효력이 생긴다.

1. 준소비대차의 의의

(ㄱ) 소비대차에 의하지 않고도 당사자 일방이 금전이나 그 밖의 대체물을 지급할 의무를 지는 수가 있다. 예컨대 매매계약에 따라 매수인이 매도인에게 대금 지급채무를 지는 경우가 그러하다. 이때 매수인이 금전을 지급하는 것은 소비대차에서 차주가 금전을 반환하는 것과 다를 것이 없으므로, 당사자가 이를 소비대차의 목적으로 하기로 약정한 때에는 그에 따른 효력을 인정하더라도 문제될 것이 없다. 본조는 이를 준소비대차라 하여 소비대차와 같은 효력을 인정한다. (ㄴ) 준소비대차는 위 매매의 예에서 매수인으로 하여금 새로 약정한 반환시기까지 금전을 소비·이용할 수 있도록 하고, 또 그 대금을 원본으로 하여 이자를 받고자 할 때에, 그리고 그 반환채무의 이행을 확보하기 위해 새로운 담보를 설정하고자 할 때에 이용될 수 있다. 그러나 어느 경우든 준소비대차가 성립하기 위해서는 소비대차의 실질을 갖추어야 한다. 즉 일정 기간 동안 차주로 하여금 목적물을 소비·이용할 수 있도록 하는 것이 필요하다.

2. 준소비대차의 성립요건

(ㄱ) 준소비대차가 성립하려면 우선 당사자 사이에 금전이나 그 밖의 대체물의 급부를 목적으로 하는 기존의 채무가 존재하여야 한다. 따라서 그 채무가 존재하지 않거나 무효인 경우에는 준소비대차도 효력을 발생하지 않거나 무효로 된다(대판 2024. 4. 25, 2022다254024). 한편 기존의 채무에는 특별한 제한이 없다. 본조는 「소비대차에 의하지 않고」라고 정하고 있지만, 이것은 보통의 경우를 규정한 것에 지나지 않으며, 기존의 채무가 소비대차에 의해 발생하고 있더라도 무방하다(통설).[1] (ㄴ) 기존 채무의 당사자가 그 채무의 목적물을 소비대차의 목적으로 한다는 합의를 하

1) 판례: 「현실적인 자금의 수수 없이 형식적으로만 신규대출을 하여 기존 채무를 변제하는 이른바 대환은 형식적으로는 별도의 대출에 해당하나 실질적으로는 기존 채무의 변제기 연장에 불과하고, 그 법적 성질은 준소비대차이다」(대

여야 한다. 계약의 당사자는 기존 채무의 당사자여야 한다.

3. 준소비대차의 효력

(1) (ㄱ) 준소비대차가 성립하면 소비대차의 효력이 생긴다(605조). 다만 대주가 금전 기타 대체물의 소유권을 이전해야 할 의무는, 준소비대차에서는 그것이 이미 이행되었다는 점에서 차주의 반환의무만이 문제된다. (ㄴ) 준소비대차에 의하여 기존 채무가 소멸되면서 소비대차에 따른 새로운 채무가 발생하며, 후자는 전자를 토대로 하는 점에서 서로 조건관계를 이룬다. 따라서 기존 채무가 존재하지 않거나 무효인 경우에는 신채무는 성립하지 않고, 신채무가 무효이거나 취소된 때에는 기존 채무는 소멸되지 않는다(대판 1962. 1. 18, 4294민상493).

(2) (ㄱ) 준소비대차에서는 (경개와는 달리) 소멸되는 기존 채무와 새로 성립하는 신채무 사이에 원칙적으로 동일성이 인정된다. 따라서 기존 채무에 대한 담보 · 보증은 신채무를 위해 존속하고, 구채무에 대한 항변권도 존속한다(대판 2002. 10. 11, 2001다7445). 기존 채권 · 채무의 당사자가 그 목적물을 소비대차의 목적으로 삼기로 약정한 경우에 이를 경개로 볼 것인지 또는 준소비대차로 볼 것인지는 당사자의 의사에 의해 결정할 것이지만, 그 의사가 명백하지 않을 때에는 위와 같은 이유에서 준소비대차로 보는 것이 타당하다(대판 1989. 6. 27, 89다카2957). (ㄴ) 소멸시효는 신채무를 기준으로 하여 결정된다.[1] (ㄷ) 기존 채무에 대해 채권가압류가 마쳐진 후 채무자와 제3채무자 사이에 준소비대차계약이 체결된 경우, 준소비대차계약은 가압류된 채권을 소멸케 하는 것으로서 채권가압류의 효력에 반하므로, 이를 가압류채권자에게 주장할 수 없다(대판 2007. 1. 11, 2005다47175).

제 6 관 사용대차使用貸借

Ⅰ. 사용대차의 의의와 법적 성질

1. 사용대차는 당사자 일방이 상대방에게 무상으로 사용 · 수익하게 하도록 목적물을 인도하고, 상대방이 사용 · 수익한 후에 그 목적물을 반환하기로 약정함으로써 성립하는 계약이다(609조). (ㄱ) 사용대차는 소비대차 · 임대차와 더불어 대차형의 계약에 속한다. 그런데 사용대차는 빌린 물건 그 자체를 사용한 후 반환하는 점에서 소비대차와 다르고, 빌린 물건 그 자체를 반환하는 점에서는 임대차와 같으나 차주가 그 사용의 대가를 지급하지 않는 무상계약인 점에서 임대차와 구별된다.[2] 그래서 거래 실제에서는 주로 임대차가 활용되고 사용대차가 이용되

판 2002. 10. 11, 2001다7445).

1) 판례: 「회사에 대한 노임채권에 대해 준소비대차계약이 체결된 경우, 그 노임채권이 민법 제164조 3호 소정의 단기소멸시효(1년)의 적용을 받는 것이더라도 그 준소비대차계약은 상인인 회사가 영업을 위해 한 상행위로서 5년의 상사시효가 적용된다」(대판 1981. 12. 22, 80다1363).

2) 계약서의 명칭이 사용대차계약으로 되어 있더라도 물건의 사용 · 수익의 대가가 급부되는 경우에는 임대차계약에 해당한다. 판례: 「甲과 乙 사이에 乙이 甲 소유의 토지에 공원을 조성하여 그때부터 일정 기간 동안 그 토지를 사용 · 수익하되 기간이 종료된 때에는 乙이 건립한 공원시설물 및 공원 운영에 필요한 일체의 권리를 甲에게 무상 양도하기로 약정되어 있고, 부대계약서에 乙이 설치한 시설물의 단가 및 총액이 명시되어 있다면, 乙의 그와 같은 의무는

는 경우는 많지 않다. 사용대차에서 차주의 지위가 임대차의 경우에 비해 약한 것도 사용대차가 무상계약인 데서 연유한다. (ㄴ) 목적물을 사용·수익하는 것을 내용으로 하는 점에서는 사용대차나 임대차나 같지만, 사용대차는 무상이고 임대차는 유상인 점에서 다음과 같은 차이를 보인다. 사용대차에서는 대주는 차주가 사용할 수 있도록 목적물을 인도함으로써 그 의무를 다하지만, 임대차에서는 인도 후에도 계약이 존속하는 동안에는 임차인이 사용하는 데 필요한 상태를 유지해 줄 의무, 예컨대 수선의무를 부담한다(623조). 따라서 목적물에 들인 필요비에 대해, 사용대차에서는 차주가 부담하지만, 임대차에서는 임대인이 부담하고 임차인이 이를 지출한 때에는 임대인에게 그 비용의 상환을 청구할 수 있다(626조 1항).

2. 사용대차는 무상계약이며, 편무계약이다. 대주는 차주에게 목적물을 인도할 의무를 지고, 차주는 사용한 후 그 물건을 반환할 의무를 부담하지만, 양자의 의무가 서로 대가관계에 있는 것이 아니기 때문이다(다시 말해 목적물을 반환받기 위해 인도하는 것은 아니다). 그리고 구민법(593조)에서는 대주가 목적물을 인도함으로써 사용대차가 성립하는 것으로 하는 요물계약으로 정하였으나, 현행 민법은 소비대차와 마찬가지로 당사자의 합의만으로 사용대차가 성립하는 것으로 하는 낙성계약으로 정하였다.

Ⅱ. 사용대차의 성립

사용대차는 낙성계약이므로 당사자의 합의만으로 성립한다. 그리고 물건의 사용·수익을 목적으로 하는 계약으로서, '물건'에 관해서만 성립한다(609조). 따라서 동산 또는 부동산만이 사용대차의 목적물이 될 수 있다. 물건 외의 권리에 관하여는 사용대차와 비슷한 무명계약이 성립할 뿐이다. 한편 사용과 수익의 두 가지를 목적으로 하여야만 하는 것은 아니며, 사용만을 목적으로 하여도 무방하다. 그리고 증여에서와 같이 차주가 일정한 부담을 지기로 하는 것도 가능하다(부담부 사용대차: 예컨대 차주가 차용물의 공조공과를 부담하는 것).

Ⅲ. 사용대차의 효력

1. 대주의 의무

(1) 목적물 인도의무

대주貸主는 차주가 사용·수익할 수 있도록 목적물을 인도할 의무를 지고(609조), 인도 후에는 차주의 정당한 용익을 방해하지 않을 의무를 진다. 유상계약인 임대차에서는 임대인은 임차인이 목적물을 사용·수익하는 데 적합한 상태를 유지해 줄 적극적인 의무(수선의무)를 부담하지만(623조), 무상계약인 사용대차에서는 대주는 이러한 의무를 지지 않는다.

토지의 사용과 대가관계에 있다고 할 것이므로, 甲과 乙 사이에 체결된 대차계약은 그 계약서의 명칭이 사용대차계약으로 되어 있다 하더라도 임대차계약으로 보아야 한다」(대판 1994. 12. 2, 93다31672).

(2) 담보책임

사용대차와 증여는 무상계약인 점에서 공통되므로, 증여자의 담보책임에 관한 민법 제559조는 사용대차에 준용된다(612조). 따라서, (ㄱ) 대주는 목적물의 하자에 대해 책임을 지지 않지만, 그 하자를 알면서도 차주에게 알리지 않은 경우에는 그로 인해 차주가 입은 손해에 대해 책임을 진다. (ㄴ) 부담부 사용대차에서는 대주는 그 부담의 한도에서 매도인과 같은 담보책임을 진다.

2. 차주의 권리와 의무

(1) 차주의 사용 · 수익권

(ㄱ) 차주借主는 목적물을 사용 · 수익할 수 있는 권리가 있다. 부동산 임대차에서는 등기를 통해 임차권을 제3자에게 주장할 수 있는 방법(대항력)이 마련되어 있지만(621조), 사용대차에서는 이러한 규정이 없다. (ㄴ) 차주는 계약이나 목적물의 성질에 따라 정해진 용법으로 그 목적물을 사용 · 수익해야 하며(610조 1항), 대주의 승낙이 없으면 제3자에게 차용물을 사용 · 수익하게 하지 못한다(610조 2항). 차주가 이를 위반한 경우에는 대주는 계약을 해지할 수 있다(610조 3항). (ㄷ) 계약이나 목적물의 성질에 반하는 사용 · 수익으로 생긴 손해의 배상청구는 대주가 목적물을 반환받은 날부터 6개월 내에 하여야 한다(617조).

(2) 차주의 의무

a) 차용물 보관의무　차주는 사용기간이 종료된 후에는 차용물을 대주에게 반환하여야 하는 특정물 인도채무를 부담하므로, 반환할 때까지 선량한 관리자의 주의로 보존할 의무를 진다(374조).

b) 비용의 부담　(ㄱ) 사용대차는 무상계약이어서 대주는 계약 존속 중 사용 · 수익에 적합한 상태를 유지해 줄 의무가 없으므로, 차용물에 대한 통상의 필요비는 차주가 부담한다(611조 1항). (ㄴ) 필요비가 아닌 기타의 비용(유익비)에 대하여는 민법 제594조 2항이 준용된다(611조 2항). 따라서 그 가액의 증가가 현존하는 경우에만 대주의 선택에 따라 그 지출 금액이나 증가액의 상환을 대주에게 청구할 수 있고, 이것은 대주가 물건을 반환받은 날부터 6개월 내에 하여야 한다(617조).[1)]

c) 원상회복의무　차주가 차용물을 반환할 때에는 원상으로 회복시켜야 하고, 차용물에 부속시킨 물건은 철거할 수 있다(615조).

d) 공동차주의 연대의무　여럿이 공동으로 물건을 차용한 경우에는 연대하여 의무를 부담한다(616조).

---

1) 판례(사용대차에서 유익비 상환을 청구할 수 없다고 본 사례): 「종중이 종중원에게 수십년간 종중 소유 토지를 무상으로 사용하게 한 경우, 이러한 장기간의 사용대차계약은 종중과 종중원 관계가 아니라면 찾아보기 힘들 정도로 매우 이례적인 것이고, 토지를 장기간 무상으로 사용하면서 토지 사용이익을 누린 종중원이 종중을 상대로 유익비 상환청구를 하는 것은 형평에 어긋날 수 있다. 따라서 위 계약에는 종중원이 유익비를 지출하였더라도 그 상환을 청구하지 않고 반환한다는 묵시적 약정이 포함되어 있다고 보는 것이 당사자의 의사에 부합한다」(대판 2018. 3. 27, 2015다3914, 3921, 3938).

Ⅳ. 사용대차의 종료

1. 존속기간의 만료 등

(ㄱ) 차용물의 반환시기를 약정한 경우에는 그 만료시에 사용대차는 당연히 종료되고, 차주는 차용물을 반환하여야 한다(613조 1항). (ㄴ) 차용물의 반환시기를 약정하지 않은 경우에는 계약이나 목적물의 성질에 따른 사용·수익이 종료된 때에 사용대차는 종료되고, 차주는 차용물을 반환하여야 한다(613조 2항 본문). 그러나 현실로 사용·수익이 종료되지 아니한 경우라도 사용·수익에 충분한 기간이 지난 경우에는 대주는 언제든지 계약을 해지할 수 있다(613조 2항 단서).

2. 사용대차의 해지

(1) 대주는 다음의 세 경우에 사용대차를 해지할 수 있다. 즉 ① 차주가 계약이나 목적물의 성질에 따라 정해진 용법에 반하여 사용·수익하거나, 대주의 승낙 없이 제3자에게 차용물을 사용·수익하게 한 때(610조 3항), ② 반환시기의 약정이 없는 경우에 사용·수익에 충분한 기간이 지난 때(613조 2항 단서), ③ 차주가 사망하거나 파산선고를 받은 때(614조)이다.[1)]

(2) 민법에서 특별히 정하고 있지는 않지만, 사용대차에서 차주는 무상으로 목적물에 대한 사용·수익권을 가지는 것이어서 이를 포기하고 차용물을 언제든지 반환할 수 있는 것(153조 참조), 바꾸어 말하면 다른 특약이 없는 한 차주는 언제든지 계약을 해지할 수 있다(통설).

---

1) 판례: (ㄱ) 1930년경 토지 소유자와 지방자치단체 사이에 토지를 도로부지로 사용하기로 하는 사용대차계약을 맺고, 그 후 1974년에 이르러 토지 소유자가 사용·수익에 족한 기간이 경과되었다고 하여 위 계약을 해지한 사안에서, 대법원은 위 해지를 정당한 것으로 보고, 해지 이후 지방자치단체가 토지를 점유하고 있는 것은 불법점유이므로 손해배상책임을 지는 것으로 보았다(대판 1976. 1. 27, 75다1828). (ㄴ) 주택의 소유를 목적으로 토지에 대해 기간을 정하지 않고 사용대차계약을 맺고 그에 따라 주택을 건축하여 토지를 사용하여 왔는데, 그 후 차주가 사망하고 또 그 사용기간이 15년 경과된 사안에서, 대주가 차주의 사망을 이유로 또는 사용·수익에 충분한 기간이 경과한 것을 이유로 계약을 해지할 수 있는지에 관해 다음과 같이 판시하였다. 「① 건물의 소유를 목적으로 하는 토지 사용대차에서는, 당해 토지의 사용·수익의 필요는 당해 지상건물의 사용·수익의 필요가 있는 한 그대로 존속하는 것이고, 이는 특별한 사정이 없는 한 차주 본인이 사망하더라도 당연히 상실되는 것이 아니어서 그로 인하여 곧바로 계약의 목적을 달성하게 되는 것은 아니라고 봄이 통상의 의사해석에도 합치되므로, 이러한 경우에는 민법 제614조의 규정에 불구하고 대주가 차주의 사망 사실을 사유로 들어 사용대차계약을 해지할 수는 없다. ② 민법 제613조 2항 소정의 사용·수익에 충분한 기간이 경과하였는지의 여부는 사용대차계약 당시의 사정, 차주의 사용기간 및 이용상황, 대주가 반환을 필요로 하는 사정 등을 종합적으로 고려하여 공평의 입장에서 대주에게 해지권을 인정하는 것이 타당한가의 여부에 의하여 판단하여야 하는데, 본 사안에서 차주의 상속인이 현재까지 주택 건물에 거주·사용하여 오고 있고 또 그 주택이 용이하게 해체할 수 없는 견고한 건물인 점과 대주가 그 반환을 필요로 하는 사정이 분명치 않은 점 등을 종합하여 볼 때 사용·수익에 족한 기간이 경과하였다고 단정할 수 없다」(대판 1993. 11. 26, 93다36806). (ㄷ) 그런데, 토지에 대해 기간을 정하지 않고 사용대차계약을 맺고 그 지상에 차주(교육청)가 대주의 승낙을 얻어 교육청 건물을 신축하여 사용하게 되었는데, 무상으로 사용한 기간이 40년 이상의 장기간에 이르렀고, 사용대차계약 당시의 대주가 사망하여 대주와 차주 간의 친분관계의 기초가 변하였을 뿐더러, 차주 측에서 무상사용에 대한 감사를 표시하기는커녕 오히려 취득시효를 주장하는 소를 제기한 사안에서는, 대법원은 민법 제613조 2항 소정의 사용·수익에 족한 기간이 경과하였는지는 공평의 견지에서 대주에게 해지권을 인정하는 것이 타당한가의 관점에서 판단하여야 한다고 하면서, 위 사안에서는 대주의 상속인에게 해지권을 인정하였다(대판 2001. 7. 24, 2001다23669).

3. 사용대차의 해제

무이자 소비대차에서의 해제권에 관한 규정(601조)은 사용대차에 준용된다(612조). 따라서 목적물을 인도하기 전에는 대주나 차주는 언제든지 계약을 해제할 수 있다. 그러나 그로 인해 상대방에게 손해가 생긴 경우에는 배상해야 한다.

제7관 임 대 차賃貸借

제1항 서 설

Ⅰ. 임대차의 의의와 성질

1. 임대차는 당사자 일방(임대인)이 상대방(임차인)에게 목적물을 사용·수익할 수 있게 하고, 상대방이 그에 대해 차임을 지급하기로 약정함으로써 성립하는 계약이다(618조). (ㄱ) 임대차는 타인의 물건을 사용·수익하는 점에서 소비대차 및 사용대차와 같지만, 임차인이 임차물 자체를 반환하여야 하고 그 소유권을 취득하지 않는 점에서 소비대차와 다르고, 또 사용·수익의 대가로서 차임을 지급하여야 하는 점에서 무상계약인 사용대차와 다르다. (ㄴ) 타인의 물건을 사용·수익할 수 있는 권리로는 물권으로서의 지상권과 전세권이 있으나, 이들은 그 대상이 토지 내지는 부동산이라는 한계가 있고 또 그 소유자가 이들 물권의 설정 자체를 기피하는 것이 보통인 점에서, 거래 실제에서는 채권으로서의 임대차가 주로 활용된다. 즉 물건을 소유하지 않는 자라도 그 물건을 일정한 기간 사용하고 그 대가로 차임을 지급한다면 물건을 구입하는 목적에 근접할 수 있고(예: 주택 또는 상가건물의 임대·토지의 임대·렌트카 등), 한편 소유자도 그 물건의 사용가치에 대한 대가를 받아 만족을 얻는다는 점에서 임대차가 가지는 기능의 유용성은 실로 크다고 할 수 있다.

2. 임대차는 임대인이 임차인에게 목적물을 사용·수익하게 하는 것과 임차인이 그 대가로 차임을 지급하는 것에 대한 합의가 있으면 성립하는 낙성계약이다(618조). 그리고 양자의 의무는 서로 대가관계에 있는 점에서 쌍무계약이며, 또 유상계약이다. 민법이 무상계약인 사용대차에 비해 임대차에서 임차인의 지위에 대해 보다 많은 배려를 하는 것은 임대차가 유상계약이라는 점에 기초한다.

Ⅱ. 임대차의 규율

1. 임대차에 관한 특별법

(1) '농지'의 임대차에 관해서는 「농지법」(1994년 법 4817호)이 이를 규율한다. 동법은 헌법(121조 1항)이 정한 경자유전耕者有田의 원칙을 실현하기 위해 농지의 임대를 원칙적으로 금지하고, 다만 일정한

농지에만 이를 허용한다. 즉 국가 등이 농지를 소유하는 등 자기의 농업경영에 이용하지 않는 농지, 질병 · 징집 · 공직 취임 등 부득이한 사유로 일시적으로 농업경영에 종사하지 않게 된 자가 소유하는 농지, 60세 이상의 고령으로 농업경영에 종사하지 않게 된 자로서 농업경영에 이용한 기간이 5년을 초과하는 농지만을 임대할 수 있으며(동법 23조), 이 경우 임차기간 · 묵시의 갱신 · 임차인의 지위승계 등에 관하여 민법에 대한 특례를 정한다(동법 24조의2 이하).

(2) 주거용 건물, 즉 '주택'의 임대차에 관해서는 주거생활의 안정이라는 면에서 특히 임차인을 보호하여야 할 필요가 있고, 이에 관해서는 민법에 대한 특별법으로서 「주택임대차보호법」(1981년 법 3379호)이 우선적으로 적용된다. 한편 사업자등록의 대상이 되는 '상가건물'의 임대차에 관해서는 「상가건물 임대차보호법」(2001년 법 6542호)에서 민법에 대한 특례를 규정한다(이 양 법률이 정하는 특례의 내용에 관해서는 p.556 '제3항 특별법상의 임대차'에서 따로 설명한다).

2. 민법이 규율하는 임대차

민법이 규율하는 임대차는 '동산'의 임대차와, 농지가 아닌 '일반 토지'의 임대차, 그리고 주택과 상가건물이 아닌 '일반 건물'의 임대차를 대상으로 한다. 그런데 민법은 물건을 사용 · 수익하고 그 대가로 차임을 지급하는 점을 근거로 임대차를 규율하고(618조), 그 대상의 종류나 용익의 목적에 따라 차별적으로 정하지 않는 것을 원칙으로 한다. 다만 현행 민법은 구 민법에 비해 부동산의 임대차를 전제로 하는 18개의 조문을 신설한 점에서(622조 · 628조 · 631조 · 632조 · 638조 · 640조~650조 · 652조 · 653조), 상대적으로 동산에 비해 부동산의 임대차에 관하여 더 많은 배려를 하고 있다고 볼 수 있다.

Ⅲ. 부동산 임차인의 보호

1. 의 의

임대차는 물건을 소유하고 있지 않은 자가 대가를 지급하고서 일정한 기간 이를 사용 · 수익함으로써 물건의 소유를 대신하는 기능을 한다. 임대차는 동산에 대해서도 이용되지만, 그 사용기간과 목적 · 차임액 등에서 부동산의 임대차가 상대적으로 중요하고, 그래서 부동산 임차인의 보호가 특별히 문제된다.

2. 부동산 임차인의 보호와 민법의 규정

부동산 임차인을 어떻게 보호할 것인지는 관점에 따라 다를 수 있을 것이나, 결국은 임차인의 사용 · 수익권을 적정하게 보장하는지에 달려 있다고 볼 수 있다. 그러한 내용으로서 일반적으로 다음의 것이 문제되는데, 이에 관해 민법은 어떠한 규정을 마련하고 있는지 보기로 하자.

a) 임차권의 대항력 임차권은 임대차계약에 따라 임차인이 임대인에게만 주장할 수 있는 채권으로 되어 있기 때문에, 목적물의 소유권이 제3자에게 이전된 때에는 임차인은 제3자에게 임차권을 주장할 수 없어 임차권이 보장되지 못하는 문제가 있다. 민법은 이 문제를 해

결하기 위해 다음 두 개의 규정을 마련하고 있다. 즉 (ㄱ) 부동산의 임대차를 등기할 수 있는 길을 마련하고, 그 등기를 한 때에는 임차권을 제3자에게도 주장할 수 있도록 하였다(621조 2항). 그러나 임차인이 언제나 임대인에게 등기청구권을 갖는 것은 아니며, 그 등기를 하지 않기로 반대약정을 맺은 때에는 이를 유효한 것으로 보기 때문에(621조 1항), 임차권의 대항력은 완전하다고 볼 수 없다. (ㄴ) 건물의 소유를 목적으로 하는 토지임대차에서는 그 임대차를 등기하지 않았더라도 임차인이 그 지상건물에 대해 소유권등기를 한 때에는 임차권을 제3자에게 대항할 수 있는 것으로 하였다(622조). 그러나 건물의 소유를 목적으로 타인의 토지를 임차하는 경우가 일반적인 것은 아니어서 그 실용성은 적은 편이다.

b) 임차권의 최단존속기간의 보장　임차인의 사용 · 수익권(임차권)이 제대로 실현되기 위해서는 그 사용 · 수익이 일정 기간 보장되는 것이 필요하다. 그러기 위해서는 그 대상과 용익의 목적에 따라 민법에서 최단존속기간을 규정하는 것이 바람직하다. 그러나 민법은 최단존속기간을 보장하는 규정을 두고 있지 않다.

c) 차임 및 보증금의 제한　차임 및 보증금의 상한을 설정하는 것은 사용 · 수익의 적정한 대가를 지급한다는 점에서 필요하다. 그러나 민법은 이에 관해 아무런 규정을 두고 있지 않다. 일정한 경우에 당사자에게 차임의 증감청구권을 인정할 뿐이다(628조).

d) 임차권의 양도 · 전대　임차권의 양도 · 전대를 허용할 것인지는 임차인이 이를 통해 투하자본을 쉽게 회수할 수 있다는 점에서 임차인의 지위와 관련된다. 민법은 임대인의 동의가 있는 때에 이를 허용하며, 이를 위반한 때에는 임대인이 계약을 해지할 수 있는 것으로 정한다(629조). 다만 건물의 소부분을 전대하는 경우에는 예외로 한다(632조).

e) 임차권에 기한 방해배제청구권　임차권에 대해 제3자의 침해가 있는 경우에 임차권 자체에 기해 방해배제를 구할 수 있는지에 관해 민법은 정하고 있지 않다. 다만 학설에서 대항력을 갖춘 임차권에 한해 해석상 긍정할 뿐이다.[1)]

제 2 항　민법상의 임대차

제1　임대차의 성립

I. 임대차의 성립요건

(ㄱ) 임대차의 대상은 '물건'이다(618조). ① 권리나 기업에 대해서도 임대차가 성립할 수 있다

1) 주택의 임대차에서는 상술한 문제에 관해 주택임대차보호법에서 민법과는 다른 특칙을 정하고 있다. 즉 (ㄱ) 임대차는 그 등기가 없는 경우에도 임차인이 주택의 인도와 주민등록을 마친 때에는 그 다음 날부터 제3자에 대하여 대항력을 가지는 것으로 하고(동법 3조 1항), 그 대항력의 내용으로서 임차주택의 양수인은 임대인의 지위를 승계한 것으로 본다(동법 3조 4항). (ㄴ) 기간을 정하지 않거나 2년 미만으로 정한 임대차는 그 기간을 2년으로 본다. 다만, 임차인은 2년 미만으로 정한 기간이 유효함을 주장할 수 있다(동법 4조 1항). (ㄷ) 차임과 보증금의 상한에 대해서는 정하고 있지 않으며, 다만 증액에 한해 일정한 비율을 초과할 수 없는 것으로 제한하고 있다(동법 7조). (ㄹ) 임차권의 양도 · 전대, 방해배제청구권에 관하여는 주택임대차보호법에서 따로 규정하는 것은 없다.

고 보는 견해가 있지만(김증한·김학동, 370면; 김형배, 409면), 민법 제618조가 임대차의 대상을 '목적물'로 정하고 있는 점에서 이것은 물건으로 해석해야 한다. 권리나 기업을 빌리고 그 대가를 지급하는 계약은 임대차에 유사한 일종의 무명계약으로 보아야 한다. ② 임차인은 사용·수익한 후 임차물 자체를 반환하는 것이므로, 전기 기타 관리할 수 있는 자연력은 물건이기는 하지만(98조) 이들은 성질상 임대차의 대상이 되지 못한다. ③ 물건의 일부에 대해서도 임대차가 성립할 수 있다(부동산의 일부에 대해 임차권등기를 할 경우에는 그 도면을 첨부하여야 한다(부동산등기법 74조 7호)). (ㄴ) 임대차는 임차인이 목적물을 '사용·수익'하는 것을 내용으로 한다. 사용이나 수익만을 내용으로 하는 임대차도 유효하다. 그리고 그러한 사용·수익의 대가로서 '차임'을 지급하는 것이 그 요소이다(618조). 차임은 금전에 한하지 않는다. (ㄷ) 임대차는 임대인과 임차인 사이의 합의가 있으면 성립하는 점에서(618조), 또 임대차는 소비대차에서처럼 목적물의 소유권을 상대방에게 이전하는 것이 아닌 점에서, 임대인이 그 목적물에 대한 소유권이나 임대할 권한이 있을 것을 요건으로 하지 않는다(대판 1996. 3. 8, 95다15087).[1] 즉 이 경우에도 임대차계약은 유효하게 성립하며, 다만 임대인이 그 목적물을 임차인으로 하여금 사용·수익하게 하지 못하는 때에는 계약상의 채무불이행책임이 발생할 뿐이다. 한편, 자기 소유 물건을 임차할 수도 있다. 예컨대 자기 소유 토지를 타인에게 지상권을 설정해 준 후 그 지상권자와 임대차계약을 맺는 경우가 그러하다(282조 참조).

Ⅱ. 임대차의 존속기간

1. 의 의

임대차에서 임차인은 목적물을 사용·수익할 권리가 있는데, 이 권리가 제대로 실현되기 위해서는 그 사용·수익이 일정한 기간 보장되는 것이 필요하다. 그리고 이것은 그 사용기간에 비례하여 임차인이 임대인에게 차임을 지급하는 점에서도 임대인에게 특별히 불리할 것이 없다. 민법은 사용대차를 비롯하여 몇 가지 계속적 계약을 정하고 있지만, 특별히 임대차에서 그 존속기간에 관하여 규정하고 있는 것은 위와 같은 이유에서이다.

임대차의 존속기간을 보장하기 위해서는 그 대상과 용익의 목적에 따라 민법에서 최단존속기간을 규정하는 것이 바람직하다. 그러나 민법은 최단존속기간을 보장하는 규정을 두고 있지 않다(따라서 당사자는 최단존속기간을 자유로이 정할 수 있다).

---

1) 임대차는 임대인과 임차인의 합의만으로 성립하는 점에서 「타인의 물건」에 대해서도 유효하게 성립할 수 있는데, 구체적인 내용은 다음과 같다. ① 임대인의 소유일 것을 계약의 내용으로 삼지 않은 한, 임대인이 목적물의 소유자가 아니라는 것이 중요부분의 착오에 해당하지 않는다(즉 임차인은 착오를 이유로 계약을 취소할 수 없다)(대판 1975. 1. 28, 74다2069). ② 진정한 소유자의 반환청구 등으로 임대인의 의무가 불능이 되지 않는 한, 임대인의 소유가 아니라는 이유만으로 임대인의 의무가 이행불능이 되어 임대차가 종료되지는 않는다(대판 1978. 9. 12, 78다1103; 대판 1994. 5. 10, 93다37977). 또한 계약을 해지할 수 있는 사유가 되는 것도 아니다. ③ 임차인은 임대인에게 차임을 지급하여야 하고 그 물건의 소유자에게 지급할 것이 아니다. ④ 부동산에 대해 원인무효의 소유권이전등기가 이루어진 경우에 진정한 소유자가 (불법행위를 이유로) 차임 상당의 손해배상을 청구하려면, 그 무효의 등기가 있는 경우에도 임대를 하는 것이 가능하므로 그 소유자가 부동산에 대한 임대를 계획하고 시도하였으나 무효의 등기 때문에 임대하지 못하게 된 사실이 증명되어야 한다(대판 2014. 7. 24, 2014다200305).

2. 기간의 약정이 있는 임대차

(1) 원 칙

계약으로 임대차의 존속기간을 정하는 경우에 민법은 최단기간도 또 최장기간도 제한하고 있지 않다. (ㄱ) 지상권의 경우에는 계약으로 존속기간을 정하는 경우에도 일정 기간보다 단축하지는 못하는 것으로 하여 최단기간을 보장하고 있지만(280조), 임대차의 경우에는 이러한 규정을 두고 있지 않다(다만 주택과 상가건물의 임대차에서는 특별법에서 최단기간을 보장하는 규정을 두고 있다(주택임대차보호법 4조 1항, 상가건물 임대차보호법 9조)). (ㄴ) 1) 한편 최장기간에 관해, 종전 민법 제651조 1항은 견고한 건물이나 수목 등의 소유를 목적으로 한 임대차가 아닌 것은 그 존속기간은 20년을 넘지 못하는 것으로 규정하였고(한편 동조 제2항은 그 기간은 10년을 넘지 않는 범위에서 갱신할 수 있는 것으로 하였다), 판례는 이를 강행규정으로 보았다(대판 2003. 8. 22, 2003다19961; 대판 2009. 12. 24, 2009다40738, 40745). 그런데 이 규정에 대해 헌법재판소는 헌법상 기본권인 계약의 자유를 필요 이상으로 제한한다고 하여 위헌결정을 선고하였고(헌재결 2013. 12. 26, 2011헌바234), 그래서 동 조항은 효력을 상실하게 되었다(한편 동조 제2항은 제1항을 전제로 한 것이어서 따로 존치할 필요가 없다). 민법 제651조는 삭제되었고(2016년 법 13710호), 임대차의 최장기간은 원칙상 제한이 없는 것으로 되었다. 2) 민법상 임대차기간을 영구로 정하는 것을 제한하는 규정은 없으므로 그러한 약정은 계약자유의 원칙상 허용되고, 소유자에 대해서도 사용·수익의 권능을 대세적으로 포기하는 것이 아니라 특정인(임차인)에 대한 관계에서 채권적으로 포기하는 것에 지나지 않아 허용된다. 그런데 이러한 임대차기간의 보장은 임대인에게는 의무가 되지만 임차인에게는 권리의 성격을 갖는 것이어서 임차인은 언제든지 그 권리를 포기할 수 있고, 그렇게 되면 임대차계약은 기간의 정함이 없는 임대차가 된다(대판 2023. 6. 1, 2023다209045).

(2) 예 외

다만, 처분할 능력이나 권한이 없는 자가 임대차를 하는 경우에는 최장기간을 제한하고 있다. (ㄱ) 임대차는 처분행위는 아니다. 따라서 '처분할 능력이나 권한이 없는 자'도 임대차계약을 맺을 수 있다. 그러나 너무 장기의 임대차를 맺는 것은 실질적으로 처분행위를 하는 것과 같은 결과를 가져오므로, 민법은 그 대상에 따라 최장존속기간을 제한한다. 즉 ① 식목·채염 또는 석조 등 견고한 건축을 목적으로 하는 토지의 임대차는 10년, ② 그 밖의 토지의 임대차는 5년, ③ 건물 기타 공작물의 임대차는 3년, ④ 동산의 임대차는 6개월의 기간을 각각 넘지 못한다(619조). (ㄴ) 민법 제619조 소정의 "처분할 능력이나 권한이 없는 자"란 관리능력이나 관리권한은 있지만, 처분능력이나 처분권한까지는 없는 자를 말한다. 그런데 민법상 관리능력은 있으면서도 처분능력이 없는 자는 없다(제한능력자는 처분능력이 제한될 뿐 아니라 관리능력도 없다). 따라서 위 의미는 처분권한은 없지만 관리권한은 있는 자를 뜻하는 것으로 해석되는데, 부재자 재산관리인(25조)·권한의 정함이 없는 임의대리인(118조)·후견인(950조·946조)·상속재산관리인(1023조 2항·1047조 2항·1053조 2항) 등이 이에 해당한다. (ㄷ) 처분권한이 없는 자가 민법 제619조에서 정하는 단기임대차를 넘는 임대차계약을 맺은 경우, 일차적으로 그 계약의 효력은 각각 그 권한을 정한 규정에 따라 정해진다. 따라서 부재자 재산관리인 · 권한의 정함이 없는 대리인 · 상속재산관리인이 한 경우에는 무권대리행위가 된다. 이때 그 계약의 효력에 관해서는, 일부무효의 법리에 따라(137조), 민법 제619조에서 정한 단기라면 임차인 쪽에서 계약을 하지 않았으리라고 인정할 만한 사정이 없는 한, 동조 소정의 기간으로 단축된다고 할 것이다(통설).

3. 임대차의 갱신更新

임대차의 갱신이란 그 존속기간이 만료된 경우에 당사자의 합의로 그 기간을 연장하는 것을 말한다. 임대차의 갱신에는 이처럼 당사자의 합의로 갱신하는 경우와, 일정한 경우에 당연히 갱신된 것으로 보는 법정갱신의 둘이 있다.

(1) 계약에 의한 갱신

a) 원 칙 민법 제651조 1항에 대한 헌법재판소의 위헌결정이 있고 나서, 민법 제651조 전체가 (2016. 1. 6.에) 삭제되었다. 그러므로 계약에 의한 갱신은 다음과 같이 해석할 것이다. 즉, 당사자가 계약으로 정한 임대차의 존속기간은 (계약자유의 원칙상) 갱신할 수 있다. 그리고 갱신된 임대차의 존속기간은 제한이 없으며, 갱신 횟수에도 제한이 없다.

b) 단기임대차의 갱신 처분권한이 없고 관리권한만 있는 자가 하는 단기임대차의 경우에도 민법 제619조의 법정기간을 넘지 않는 범위에서 그 기간을 갱신할 수 있다(620조 본문). 그러나 이 경우 그 기간이 만료되기 전 토지는 1년 내에, 건물이나 그 밖의 공작물은 3개월 내에, 동산은 1개월 내에 갱신해야 한다(620조 단서). 예컨대 건물의 단기임대차가 2000. 12. 30.에 만료되는 경우에 갱신의 합의가 유효한 것으로 되는 것은 2000. 9. 30.부터 12. 30. 사이에 행하여진 것이어야 한다. 따라서 기간 만료 후나 또는 9. 30. 이전에 갱신의 합의를 한 것은 효력이 없다. 위 기간 이전에 갱신을 허용하게 되면 사실상 민법 제619조 소정의 법정기간이 준수되지 못하는 결과를 초래하기 때문이다.

c) 토지임차인의 갱신청구권 (ㄱ) 건물 기타 공작물의 소유 또는 식목 · 채염 · 목축을 목적으로 하는 토지임대차에서, 토지임대차의 기간이 만료된 때에 건물 · 수목 기타 지상 시설이 현존하는 경우에는 임차인은 계약의 갱신을 청구할 수 있다(643조 · 283조 1항). 이 갱신청구에 대해 임대인은 거절할 수 있으나, 이때에는 임차인이 그 지상 시설의 매수를 청구할 수 있고 이것은 형성권인 점에서(643조 · 283조 2항), 이를 통해 사실상 갱신청구가 간접적으로 보장된다. (ㄴ) 제643조는 강행규정이며, 이를 위반하는 약정으로서 임차인에게 불리한 것은 효력이 없다(652조). (ㄷ) 토지임차인의 채무불이행으로 임대차계약이 해지되었을 때에는 계약의 갱신을 청구할 여지가 없고, 그것을 전제로 하는 지상 시설의 매수청구도 할 수 없다(대판 1972. 12. 26, 72다2013; 대판 1991. 4. 23, 90다19695).

(2) 묵시의 갱신 (법정갱신)

(ㄱ) 임대차기간이 만료된 후 임차인이 임차물을 계속 사용 · 수익하는 경우에 임대인이 상당한 기간 내에 이의를 제기하지 않은 때에는 전 임대차와 동일한 조건으로 다시 임대차한 것으로 본다(639조 1항 본문). 이 경우에는 당사자 간에 계약을 갱신하려고 하는 묵시적 합의가 있는 것

으로 보아, 계약이 당연히 갱신된 것으로 간주하는 법정갱신의 제도를 정한 것이다. 다만 그 '존속기간'만은 전 임대차와 동일한 것이 아니라 기간의 약정이 없는 것으로 한다. 따라서 '당사자'(임대인이나 임차인)는 민법 제635조 1항에 따라 언제든지 해지를 통고할 수 있고, 이 경우 제635조 2항에서 정한 기간이 지나면 효력이 생긴다(639조 1항 단서). (ㄴ) 법정갱신이 인정되는 경우에 전 임대차에 대하여 '제3자'가 제공한 담보는 종전 임대차기간이 만료된 때에 소멸된다(639조 2항). 그러나 당사자가 제공한 담보는 소멸되지 않고 갱신 후의 임대차에 관하여도 계속 그 효력을 유지한다. 제3자가 제공한 담보가 소멸된다고 규정한 것은 담보를 제공한 자의 예상하지 못한 불이익을 방지하기 위한 것이므로, 위 규정은 당사자들의 합의에 따른 임대차 기간 연장의 경우에는 적용되지 않는다(대판 2005. 4. 14, 2004다63293). (ㄷ) 민법 제639조는 강행규정으로 정하여져 있지는 않다(652조 참조). 그런데 구민법(619조)은 임대차한 것으로 '추정'한다고 정한 것을 동조는 임대차한 것으로 '본다'로 수정하였다(민법안심의록(상), 371면). 학설은 동조를 강행규정으로 보는 견해(김증한·김학동, 414면; 김형배, 505면; 이은영, 318면)와 임의규정으로 보는 견해(곽윤직, 197면; 김주수, 306면)로 나뉘는데, 판례는 전자로 해석한다(대판 1964. 12. 8, 64누62).

4. 기간의 약정이 없는 임대차

(ㄱ) 임대차기간을 약정하지 않은 경우에는 임대인 또는 임차인은 언제든지 계약 해지를 통고할 수 있다(635조 1항). 그런데 이 경우 그 해지의 의사표시가 상대방에게 도달한 때에 효력이 생기는 것으로 하면 그 해지를 예상하지 못한 상대방에게 피해를 줄 소지가 있으므로, 민법은 그 해지 후 일정 기간이 지나야 효력이 생기는 것으로 하는데, 이것이 「해지통고」의 제도이다. 그 일정 기간은 물건의 종류와 누가 해지통고를 하는지에 따라 다른데, 즉 ① 토지·건물 그 밖의 공작물의 임대차는, 임대인이 해지를 통고한 경우에는 6개월, 임차인이 해지를 통고한 경우에는 1개월이며(635조 2항 1호), ② 동산의 임대차는 누가 해지를 통고하든 5일이다(635조 2항 2호). (ㄴ) 임대차기간을 약정했을 때에도, 당사자 일방이나 쌍방이 그 기간 내에 해지할 권리를 유보한 경우에는 민법 제635조를 준용한다(636조). (ㄷ) 민법 제635조는 강행규정이며, 이를 위반하는 약정으로서 임차인에게 불리한 것은 효력이 없다(652조).

제2 임대차의 효력

사 례 (1) 甲과 乙은 부부이다. 乙은 건물의 소유를 목적으로 丙 소유의 토지를 보증금 1억원에 임차하여, 그 지상에 조립식 2층 건물을 신축하고 소유권보존등기를 경료하였다. 甲, 乙은 함께 위 건물 1층에서 전자제품 대리점을 운영하고 2층에 거주하였다. 그 후 丙은 A에게서 1억원을 차용하면서 위 토지에 관하여 A 명의의 저당권을 설정하였다. 한편 乙은 건물 신축 때문에 진 빚도 갚고 위 대리점 운영자금으로 사용하기 위하여 丁에게서 2억원을 차용하였다.

(가) 위 본문 사안에서, 사업 곤란 등으로 가정불화가 계속되자 乙은 甲과 협의이혼을 하면서 재산분할로서 자신의 전 재산인 위 건물 소유권 등을 양도하기로 하고, 甲 명의로 건물의 소유권이전등기를 경료하여 주었다. 그 당시의 甲과 丙 사이의 법률관계를 논하시오.

(나) 위 본문 사안에서, (a) 위 토지 임대차기간 만료시 토지 소유자 丙에게 주장할 수 있는 乙의 권리에 관하여 논하시오. (b) A가 위 저당권을 실행하여 경매절차에서 戊가 토지를 매수하여 소유권을 취득하였다. 이 경우 보증금의 반환관계를 논하시오. (제50회 사법시험, 2008)

(2) A는 2013. 4. 10. 등산용품점을 운영하고자 하는 F에게 자기 소유의 상가인 X건물을 임대차보증금 1억원, 기간 2013. 4. 10.부터 2014. 4. 9.까지로 하여 임대하였다. X건물을 인도받은 F는 X건물에서 등산용품점을 운영하던 중 2013. 5. 30. X건물에 3,000만원의 유익비를 지출하였다. 한편, F는 위 등산용품점의 영업과 관련하여 사업자등록을 신청한 사실은 없다. A는 경제적 형편이 곤란해지자, 2013. 10. 5. G에게 X건물을 매도하고, 2013. 11. 5. X건물에 관하여 G 앞으로 소유권이전등기를 마쳐주었다. 위 임대차가 2014. 4. 9. 기간 만료로 종료된 후, F는 G를 상대로 법원에 3,000만원 상당의 유익비 상환 또는 부당이득반환을 구하는 소를 제기하였다. 위 임대차 종료 당시 X건물은 F가 지출한 비용만큼 가치가 증가하여 현존하고 있었다. 이 경우 법원은 어떠한 판단을 하여야 하며, 그 이유는 무엇인가? (15점)(제4회 변호사시험, 2015)

(3) 1) ① 甲은 2005. 4. 1. 乙과 乙 소유의 X토지에 관하여 임대차기간은 2005. 4. 1.부터 2015. 3. 31.까지, 월 차임은 2백만원으로 정하여 건물 소유 목적의 임대차계약을 체결하고, 乙로부터 X토지를 인도받았다. 甲은 X토지 위에 Y건물 신축 후 2005. 10. 10. 자기 명의로 소유권보존등기를 마쳤다. ② 한편 乙에 대한 1억원의 대여금채권자 A은행은 乙이 변제기(2013. 1. 31.) 후에도 이를 갚지 않자 X토지의 가압류를 신청하였고, 2013. 3. 20. 가압류 기입등기가 마쳐졌다. ③ A은행이 2014. 5. 20. 위 가압류를 본압류로 전이하여 신청한 강제경매절차에서 X토지를 매수한 丁은 2014. 8. 13. 매각대금을 납입하고, 2014. 8. 20. 丁의 소유권이전등기가 마쳐졌다. ④ 丁은 2015. 4. 1. 甲에게 Y건물의 철거와 X토지의 인도를 요구하였다. 甲은 같은 날 丁에게 X토지에 관한 임대차계약의 갱신을 청구하면서 丁의 요구를 거절하였다. 丁은 2015. 5. 15. 甲을 상대로 Y건물의 철거 및 X토지의 인도를 구하는 소를 제기하였다. 이 소송에서 甲은 丁이 甲의 임대차 갱신 요구를 거절하였으므로 丁에게 Y건물의 매수를 청구한다는 항변을 하였다. ⑤ 이에 법원은 丁에게 Y건물의 철거 및 X토지의 인도 청구를 유지할 것인지 아니면 대금 지급과 상환으로 Y건물의 인도를 구할 의사가 있는지를 석명하였다. ⑥ 丁은, X토지의 임대차계약은 甲과 乙 사이에 체결된 것으로 자신은 임대차계약의 당사자가 아니므로 지상물매수청구권의 상대방이 될 수 없고, 설령 자신이 임대차계약의 당사자가 된다고 하더라도 甲과 乙이 계약 체결 당시 임대차기간이 만료되면 甲은 X토지를 계약 당시의 원상으로 회복하여 乙에게 반환하여야 한다고 약정한 사실이 있으므로 甲의 Y건물 매수청구의 항변은 이유 없다고 주장하면서, Y건물의 철거 및 토지의 인도 청구를 유지하였다. 2) 丁의 Y건물 철거 및 X토지 인도 청구에 대한 판단을 논거를 들어 설명하라. (30점)(2015년 제3차 변호사시험 모의시험)

(4) 1) 甲은 2012. 1. 30. 乙에게 X주택을 임대차보증금 1억원, 임대차기간 2012. 2. 1.부터 2014. 1. 31.까지, 월 차임 100만원으로 정하여 임대하였다. 乙은 2012. 2. 1. 임대차보증금 1억원을 지급함과 동시에 X주택을 인도받고 같은 날 전입신고를 마쳤다. 乙은 X주택에 계속하여 거주하고 있다. 乙은 2014. 10. 1. X주택의 화장실을 개량하는 데 400만원을 지출하였고, 그 현존 가치도 400만원임이 인정된다. 甲과 乙이 위 임대차계약을 체결할 때 "임차인은 임대인의 승인하에 개축 또는 변조할 수 있으나 부동산의 반환 기일 전에 임차인의 부담으로 원상복구한다"고 약정하였다. 乙은 2016. 2. 20. 甲에게 임대차계약을 해지하겠다는 통지를 하였고, 위 통지는 2016. 2. 25. 甲에

게 도달하였다. 乙은 2016. 3. 1.부터 차임과 차임 상당의 부당이득금을 지급하지 않고 있다. 2) 甲은 2016. 6. 1. 乙을 상대로 '피고는 원고에게 X주택을 인도하라'는 소를 제기하였고, 이에 대해 乙은 보증금과 화장실 개량에 따른 유익비를 받을 때까지는 인도 청구에 응할 수 없다고 동시이행의 항변을 하였다. 이에 대해 甲은 연체 차임과 부당이득금의 공제 및 유익비 포기 특약의 주장을 하였다. 법원은 어떠한 판단을 하여야 하는지 결론과 논거를 기재하시오(변론종결일 2016. 11. 30.). (15점)(2017년 제6회 변호사시험)

(5) 1) X토지 및 그 토지 위에 등기되지 않은 무허가 Y건물을 소유하고 있는 甲은 목재상을 하는 乙이 목재 보관에 사용할 목적으로 Y건물을 매수하려는 의사를 표시하자, 2015. 5. 10. 乙에게 Y건물을 매도함과 동시에 X토지를 3년 기간으로 정하여 임대하였다. 乙은 甲에게 Y건물의 매매대금을 모두 지급한 후 Y건물을 명도 받아 목재를 보관하고 있으며 여전히 Y건물은 미등기 무허가 상태이다. 그 후 甲의 채권자에 의해 X토지에 대한 저당권이 실행되어 2016. 10. 15. 丙이 매각대금을 완납하고 소유권이전등기를 마쳤다. 2) 丙은 乙에게 X토지의 소유권에 기해 Y건물의 철거, X토지의 인도를 청구하였다. 乙은 제1회 변론 기일에서 丙의 청구에 대해 기각을 구하면서 Y건물에 대한 매수청구권을 행사하였다. 丙은 제2회 변론 기일에서, "① Y건물은 미등기 무허가이므로 乙은 매수청구권을 행사하지 못한다. ② Y건물은 乙이 건축한 것이 아니고 甲으로부터 매수한 것이므로 매수청구권을 행사할 수 없다. ③ 丙은 토지 임대인이 아니므로 자신을 상대로 매수청구권을 행사하는 것은 부당하다"고 주장하였다. 3) 丙의 청구에 대한 판단과 그 논거를 丙의 주장을 중심으로 서술하시오. (25점)(2017년 제1차 변호사시험 모의시험)

(6) 甲은 X건물을 신축한 후 소유권보존등기를 마치고, 2016. 9. 25. 부동산중개업소를 운영하려는 乙에게 임대하였다(보증금 1억원, 월 차임 300만원은 매월 말일 지급). 乙은 2016. 10. 1. 사업자등록을 마치고 영업을 시작하였는데, 처음 몇 달간은 차임을 제때 지급하였으나, 2017년 1월부터 차임을 연체하기 시작하였다.

(가) 2017. 7. 1. 甲은 X건물을 丙에게 매도하고 같은 날 소유권이전등기를 경료해 주었는데, 丙이 X건물을 매수한 후에도 차임 연체는 계속되었다. 이에 2017. 11. 2. 丙은 乙에게 차임 연체를 이유로 임대차계약의 해지를 통지하면서 X건물의 반환을 청구하였고, 乙이 같은 달 30. X건물을 인도하자 연체된 차임액 3,300만원을 공제한 6,700만원을 乙에게 지급하였다. 그러자 乙은 丙이 甲과 X건물에 대한 매매계약을 체결할 당시 연체 차임 채권을 양수한 바 없어 丙이 소유권을 취득한 후에 연체한 1,500만원만 보증금에서 공제할 수 있다고 주장하면서, 이를 초과하여 공제한 1,800만원을 반환할 것을 청구하는 소를 제기하였다. 丙은 甲과 X건물에 대한 매매계약을 체결할 당시 연체 차임에 관한 합의를 한 바 없었다. 乙의 丙에 대한 보증금 반환청구는 인용될 수 있는가? (15점)

(나) 甲의 채권자 丁은 2016. 11. 20. 甲의 乙에 대한 차임 채권에 대하여 채권압류 및 추심명령을 받았고, 다음 날 위 명령이 乙에게 송달되었다. 이에 乙은 2016년 11월분과 12월분 차임을 추심채권자 丁에게 지급하였다. 한편, 2017. 9. 10. 甲은 乙에게 차임 연체를 이유로 임대차계약을 해지한다고 통지하였고, 2017. 9. 30. 乙이 甲에게 X건물을 인도하자 甲은 보증금에서 연체 차임 2,700만원을 공제한 잔액을 乙에게 반환하였다. 그러자 乙은 甲의 차임 채권에 대한 丁의 채권압류 및 추심명령이 송달된 이후에는 甲에게 차임을 지급하는 것이 금지되므로 보증금에서 이를 공제할 수 없다고 주장하면서, 甲을 상대로 공제한 보증금 2,700만원의 반환을 청구하는 소를 제기

하였다. 乙의 甲에 대한 보증금 반환청구는 인용될 수 있는가? (10점)(2018년 제7회 변호사시험)

(7) 1) 甲은 건물을 신축하기 위해 乙과 乙 소유의 X토지에 관하여 토지임대차계약(임대차기간 2016. 6. 1.부터 2021. 5. 31.까지 5년, 임대차보증금 7억원, 월 차임 2,000만원)을 체결하고, 2017. 8. 22. X토지 위에 Y건물을 신축하여 소유권보존등기를 마쳤다. 2) 甲은 Y건물에서 창고를 운영하려는 丙과 건물 임대차계약(임대차기간 2017. 10. 1.부터 2020. 9. 30.까지 3년, 임대차보증금 1억원, 월 차임 500만원)을 체결하였다.

(가) 甲이 乙에게 5기의 차임 지급을 연체하자 乙은 2020. 9. 30. 甲과의 토지임대차계약을 적법하게 해지하였다(아래 물음에서 '상가건물 임대차보호법'은 적용되지 않는 것으로 함).

① 乙은 甲을 상대로 Y건물의 철거 및 X토지의 인도를 청구하였다. 이에 甲은 민법 제643조, 제283조를 근거로 Y건물에 대한 매수청구권을 행사하였다. 누구의 청구가 인용될 것인가?

② 乙은 丙을 상대로 Y건물에서의 퇴거 및 2020. 10. 1.부터 X토지가 인도될 때까지 월 2,000만원의 비율로 계산한 부당이득의 반환을 청구하였다. 이에 丙은 자신은 Y건물의 임차인에 불과하므로 X토지의 차임을 지급할 의무가 없다고 주장하였다. 乙의 청구는 인용될 수 있는가? (20점)

(나) 甲은 2020. 4.경 丙에게 Y건물에 대한 임대차계약의 연장 여부를 물었으나 丙은 더 이상 연장하지 않겠다고 하였다. 丙은 코로나 여파로 영업이 되지 않던 중이라 임대차계약기간이 만료된 2020. 9. 30. 창고에 있던 물건을 빼놓은 채 창고 문을 열쇠로 잠가두었다. 丙은 2020. 10. 1. 甲에게 Y건물의 임대차계약기간 만료를 이유로 1억원의 임대차보증금을 반환하라고 청구하였다. 이에 甲은, 丙이 임대차계약이 종료되었음에도 불구하고 2021. 1. 1. 현재까지 Y건물을 인도하지 않고 있으므로 부당이득 또는 불법점유에 따른 손해배상을 이유로 임대차보증금에서 3개월분의 차임을 공제하고, 丙으로부터 Y건물을 인도받음과 동시에 공제된 임대차보증금 8,500만원을 지급하겠다고 주장한다. 丙의 청구 및 이에 대한 甲의 주장은 타당한가? (20점)(2021년 제10회 변호사시험)

(8) 1) A는 甲으로부터 건물 소유를 목적으로 하여 甲 소유 X토지를 임차하고, 위 토지상에 Y건물을 신축하여 자신 명의의 소유권보존등기를 마쳤다. A는 B은행으로부터 금원을 차용하면서 Y건물에 저당권을 설정하여 주었다. 2) A가 B은행에 대한 차용금을 변제하지 못하자 B은행은 법원에 저당권 실행을 위한 경매를 신청하였고, 그 신청이 받아들여져 Y건물의 경매절차가 개시되었다. 丙은 이 경매절차에서 Y건물을 경락받아 매각대금을 납부하고 Y건물을 인도받아 현재까지 사용하고 있다. 3) 甲은 A에 대하여 채무불이행을 이유로 X토지 임대차계약의 해지를 통지하고, 丙에 대하여 Y건물의 철거와 X토지의 인도를 구하는 소를 제기하였다. 이에 대해 丙은, 甲의 해지는 부적법하고, 만약 위 해지가 적법하다면 甲에 대해 토지임대차에 기한 건물매수청구권을 행사한다고 주장하였다. 甲의 청구와 丙의 주장의 타당성을 검토하시오. (15점)(2022년 제3차 변호사시험 모의시험)

해설 p. 550

I. 서 설

임대차의 성립에 따른 효력으로는 임대인이 임차인에게 목적물을 인도하고 임차인이 이를 사용·수익할 수 있도록 해 줄 의무와 임차인이 그 대가로 차임을 지급할 의무가 주된 것이며(618조), 이를 토대로 세부적으로 임대인과 임차인에게 여러 권리와 의무가 발생한다. 그 밖에 임차권의 양도와 전대는 임차인의 사용·수익권(임차권)과 관련되는 것이며, 임차보증금과 권리금도 임대차의 효력으로서 문제된다.

Ⅱ. 임대인의 의무

1. 목적물을 사용·수익할 수 있게 해 줄 의무

임대인賃貸人은 임차인賃借人이 목적물을 사용·수익할 수 있게 해 줄 의무를 진다(618조). 이것은 임대인의 기본적인 의무이며, 본조는 이를 실현하기 위하여 임대인에게 목적물의 인도의무와 임차인이 사용·수익하는 데 필요한 상태를 유지해 줄 의무를 정한다.

a) 목적물 인도의무 임차인이 목적물을 사용·수익할 수 있게 하기 위해, 임대인은 목적물을 임차인에게 인도할 의무를 진다(623조). (ㄱ) 임대인이 목적물에 대한 소유권 그 밖의 임대할 권한이 없더라도 임대차는 유효하게 성립하지만, 임차인이 진실한 소유자로부터 목적물의 반환청구를 받는 등의 이유로 사용·수익할 수 없게 되었다면 임대인의 채무는 이행불능이 되고, 임차인은 이행불능으로 인한 임대차의 종료를 이유로 그때 이후의 차임의 지급을 거절할 수 있다(대판 1996. 9. 6, 94다54641). (ㄴ) 통상의 임대차에서 임대인의 의무는 특별한 사정이 없는 한 단순히 임차인에게 임대목적물을 제공하여 임차인으로 하여금 사용·수익할 수 있게 하는 데 그치는 것이고, 더 나아가 임차인의 안전을 배려하여 주거나 도난을 방지하는 등의 보호의무까지 부담하는 것은 아니다(대판 1999. 7. 9, 99다10004).

b) 수선의무 임대인은 계약 존속 중 임차인이 사용·수익하는 데 필요한 상태를 유지해 줄 의무를 지며(623조), 여기서 '수선의무'가 생긴다.[1] 무상계약인 사용대차와 달리 임대차에서 이 의무가 인정되는 것은 임대차가 유상계약이라는 것에 연유한다. (ㄱ) 임대차계약 당시 예상하지 않은 임차인의 특별한 용도로의 사용·수익에 대해서는 임대인이 그에 적합한 상태를 유지해 줄 의무가 없다(대판 1996. 11. 26, 96다28172). (ㄴ) 임대차계약에서 임대인은 임대차 목적물을 계약 존속 중 그 사용·수익에 필요한 상태를 유지해 줄 의무로서 수선의무를 부담하는 것이므로, 이는 임대인에게 귀책사유가 있는 경우는 물론 귀책사유가 없는 경우에도 마찬가지이다(대판 2010. 4. 29, 2009다96984). 한편 임차인의 귀책사유로 생긴 경우에도 수선의무를 진다는 것이 통설이다(임차인이 특정물의 보존의무 위반에 따른 채무불이행 또는 불법행위를 이유로 배상책임을 지는 것은 별개이다). 그

1) 「임대인의 수선의무」에 관한 판례의 요지는 다음과 같다. ① 목적물이 파손되거나 장해가 생긴 경우, 그것이 별 비용을 들이지 않고도 손쉽게 고칠 수 있을 정도의 사소한 것이어서 임차인의 사용·수익을 방해할 정도의 것이 아니라면 임대인은 수선의무를 부담하지 않는다. ② 임대인이 수선의무를 지는 경우에도 특약에 의해 이를 면제할 수는 있지만, 이것은 통상 생길 수 있는 '소규모 수선'에 한하고, 대파손의 수리, 건물의 주요 구성부분에 대한 대수선, 기본적 설비부분의 교체 등과 같은 '대규모 수선'은 이에 포함되지 않고, 임대인이 수선의무를 부담한다(대판 1994. 12. 9, 94다34692, 34708). ③ 한편, 제1, 2차 집중호우로 각각 임대목적물인 공장에 인접한 임야 일부가 붕괴되면서 밀려 내려온 토사류가 공장 벽체를 일부 파손하고 공장 내부까지 들어와 임차인 甲 소유의 원자재, 기계 및 완제품이 훼손된 사안에서, 임대인의 수선의무를 발생시키는 사용·수익의 방해에 해당하는지 여부는 제반 사정을 참작하여 사회통념에 의해 판단하여야 하는데, 제1차 집중호우에 따라 甲이 공장 및 부지를 사용·수익할 수 없는 장해가 발생하였더라도 임대인 乙이 부담하는 수선의무의 범위에 집중호우가 발생할 경우 임야가 붕괴될 수 있는 가능성을 염두에 두고 공장에 피해가 발생하지 않도록 (임야에 맞닿은 쪽에 담장을 설치하거나 견고한 재질로 공장 벽체를 시공하는 등) 방호조치를 취할 의무까지 포함된다고 볼 수는 없다(대판 2012. 3. 29, 2011다107405).

러나 이에 대해서는 신의칙상 임대인의 수선의무를 부인하는 것이 타당하다고 보는 소수설이 있다(김증한·김학동, 380면; 김형배, 446면). (ㄷ) 임대차에서 목적물을 사용·수익하게 할 임대인의 의무와 임차인의 차임 지급의무는 상호 대가관계에 있으므로, 임대인이 수선의무를 이행하지 않아 임차인이 목적물을 전혀 사용할 수 없을 경우에는 임차인은 차임 전부의 지급을 거절할 수 있으나, 목적물의 사용·수익이 부분적으로 지장이 있는 경우에는 그 한도 내에서 차임의 지급을 거절할 수 있을 뿐 그 전부의 지급을 거절할 수는 없다(대판 1997. 4. 25, 96다44778). 민법 제627조 소정의 '일부 멸실에 따른 차임의 감액 청구'는 그러한 취지의 것이다.

c) 방해제거의무 제3자가 임차인의 사용·수익을 방해하는 경우, 임대인은 자신의 채무(목적물의 사용·수익 제공의무)의 일환으로서 제3자를 상대로 방해제거를 청구하여야 할 의무를 진다(따라서 이를 이행하지 않으면 임차인에 대해 채무불이행이 된다). 임차인이 점유권 또는 대항력 있는 임차권에 기해 방해의 제거를 청구할 수 있다고 해서 임대인이 방해제거의무를 면하는 것은 아니다.

2. 임대인의 담보책임

임대차는 유상계약이므로 매매에 관한 규정이 준용되어(567조), 임대인은 매도인과 같은 담보책임을 부담한다. 따라서 임대차의 목적물에 하자가 있거나 또는 그 권리에 하자가 있는 경우, 그로 인해 계약의 목적을 달성할 수 없는 때에는 계약을 해제·해지할 수 있고, 목적물의 수량이 부족한 때에는 차임의 감액을 청구할 수 있으며,[1] 그 밖에 손해배상을 청구할 수 있다. 임대인이 수선의무를 진다고 하여 담보책임이 배제되는 것은 아니다.

Ⅲ. 임차인의 권리와 의무

1. 임차인의 권리

(1) 사용·수익권(임차권)

a) 개 념 임차인은 목적물에 대한 사용·수익권, 즉 임차권이 있다(618조). 다만 이것은 계약 또는 목적물의 성질에 의하여 정하여진 용법에 따라 사용·수익할 수 있는 것이 전제되어 있다(654조·610조 1항)(가령 임신한 소를 밭갈이를 위해 임차하였는데 그 소가 새끼를 낳은 경우, 임차인이 새끼를 과실로서 수익할 수 있는 것은 아니다). 한편 임차권은 계속적 채권관계로서 그 양도 또는 전대에는 임대인의 동의를 받아야 한다(629조).

b) 임차권의 대항력

aa) 요 건: 임차권은 임차인이 임대인에 대해 주장할 수 있는 채권이기 때문에, 임대

---

1) 판례는 임대차의 목적의 수량이 부족한 경우에 민법 제574조를 준용한다. 즉, 「건물 일부의 임대차계약을 체결함에 있어 임차인이 건물면적의 일정한 수량이 있는 것으로 믿고 계약을 체결하였고, 임대인도 그 일정 수량이 있는 것으로 명시적 또는 묵시적으로 표시하였으며, 또한 임대차보증금과 월 임료 등도 그 수량을 기초로 하여 정하여진 경우에는, 그 임대차는 수량을 지정한 임대차라고 봄이 타당하다」고 한다(대판 1995. 7. 14, 94다38342).

인이 목적물(동산 또는 부동산)을 제3자에게 양도한 경우에는 임차인은 제3자에 대해 임차권을 주장할 수 없다. 즉 제3자가 목적물의 소유권에 기해 그 명도를 청구하면 임차인은 종전의 임대인에 대한 임차권으로써 대항할 수는 없다. 그러나 이러한 결과는 임차인의 사용 · 수익권 보장의 면에서 문제가 있다. 그래서 민법은 '부동산 임대차'에 한해 다음 두 개의 규정을 마련하고 있다.

(α) 임대차의 등기 : 「① 부동산 임차인은 당사자 간에 반대약정이 없으면 임대인에게 그 임대차 등기절차에 협력할 것을 청구할 수 있다. ② 부동산 임대차를 등기한 때에는 그때부터 제3자에 대하여 효력이 생긴다」(621조). (ㄱ) 부동산 임차인은 당사자 간에 반대약정이 없으면 임대인에게 임대차의 등기를 청구할 수 있고(621조 1항), 이에 따라 부동산등기법(74조)은 차임 및 그 지급시기 · 존속기간 · 임차보증금 · 임차권의 양도 및 전대에 대한 임대인의 동의 등을 등기사항으로 정한다. 그런데 거래 실제는 임대인이 임차권의 등기를 해 주지 않는 것이 보통이고, 그래서 일반적으로 묵시적인 반대약정이 있는 것으로 해석되는 점에서 본조가 적용되는 경우는 많지 않다. (ㄴ) 부동산 임대차를 등기한 때에는 그때부터 '제3자에 대하여 효력이 생긴다'(621조 2항). 이것은 임차인이 임차권을 제3자에게 주장할 수 있다는 뜻인데, 주택임대차보호법에서는, 주택임차권의 대항력의 내용으로서 제3자에 대하여 효력이 생긴다는 것(동법 3조 1항) 외에, 임차주택의 양수인은 임대인의 지위를 승계한 것으로 본다고 정하고 있다(동법 3조 4항). 주택임대차보호법의 이러한 내용은 민법 제621조 2항의 해석에도 유추적용된다는 것이 통설이다. 유의할 것은, 연체 차임채권은 특약이 없는 한 당연히 신 소유자에게 이전되지는 않는다. 그리고 구 소유자와 임차인 사이에 있었던 임대차에 부수하는 여러 특약 중 등기하여야 할 사항에 관해서는(부동산등기법 74조 참조), 그것이 등기된 때에만 이를 신 소유자에게 대항할 수 있다.

(β) 건물등기 있는 차지권借地權의 대항력 : 「① 건물의 소유를 목적으로 한 토지임대차는 등기하지 아니한 경우에도 임차인이 그 지상건물을 등기한 때에는 제3자에 대하여 임대차의 효력이 생긴다. ② 건물이 임대차기간 만료 전에 멸실되거나 후폐朽廢한 때에는 전항의 효력을 잃는다」(622조). (ㄱ) 건물의 소유를 목적으로 한 토지임대차는 임대차의 등기를 하지 않은 경우에도 임차인이 임차 토지 위에 건축한 건물에 대해 소유권등기를 한 때에는 토지 임차권의 대항력이 생긴다(622조 1항).[1] 본조는 구민법에는 없던 신설 규정이고, 임대차의 등기 없이도 임차권의 대항력을 마련한 점에서 의미가 있지만, 현실적으로 건물의 소유를 목적으로 타인 소유의 토지를 임차하는 경우가 많지 않은 점에서 본조의 실용성에 대해서는 의문이 있다. (ㄴ) 본조 소정의 '지상건물의 등기'는 보존등기에 한하지 않고 이전등기도 포함된다. 즉 토지임차인 자신이 건물을 신축하여 그 건물에 대해 보존등기를 하는 경우뿐만 아니라, 토지임차인이 신축한 건물과 (건물의 소유를 목적으로 한) 토지 임차권을 양수한 자가 건물에 대해 이전등기

1) 판례: 「甲이 대지와 건물을 그 소유자였던 乙로부터 임차하였는데, 그 후 甲이 그 건물을 강제경매절차에서 경락받아 그 대지에 관한 위 임차권은 등기하지 아니한 채 그 건물에 甲 명의의 소유권이전등기를 경료하였다면, 甲과 乙 사이에 체결된 대지에 관한 임대차계약은 건물의 소유를 목적으로 한 토지임대차계약이 아님이 명백하므로, 그 대지에 관한 甲의 임차권은 민법 제622조에 따른 대항력을 갖추지 못하였다」(대판 1994. 11. 22, 94다5458).

를 한 경우도 포함한다. 따라서 후자의 경우도 그 토지에 권리를 취득한 제3자에 대해 토지의 임차권을 주장할 수 있다. 그러나 이것이 토지의 임대인에 대해서 임차권의 양도에 관해 그의 동의 없이도 임차권의 취득을 대항할 수 있다는 것은 아니다(629조 참조)(대판 1968. 7. 31, 67다2126; 대판 1996. 2. 27, 95다29345). (ㄷ) 임차인이 그 지상건물을 등기하기 전에 제3자가 그 토지에 관하여 물권취득의 등기를 한 때에는, 임차인이 그 지상건물을 등기하더라도 제3자에 대하여 임대차의 효력이 생기지 않는다(대판 1965. 12. 21, 65다1655; 대판 2003. 2. 28, 2000다65802, 65819). (ㄹ) 이 대항력은 임대차의 존속기간 동안 그리고 지상건물이 존재하는 동안에만 인정된다. 따라서 지상건물이 임대차기간 만료 전에 멸실되거나 낡아서 쓸모없게 된 경우에는 토지임차인을 보호할 필요가 없기 때문에, 토지임대차는 그 대항력을 잃는다(622조 2항).

bb) **효 력**: (ㄱ) 부동산 임대차에서 상술한 대항력을 갖춘 때에는 제3자에 대하여도 임대차의 효력이 생기고, 그 내용은 이미 설명하였다. (ㄴ) 제3자가 임차인의 임차권을 침해하는 경우에 물권에 주어지는 물권적 청구권이 인정되는지에 관해, 대항력을 갖춘 부동산 임차권에 한해서는 이를 긍정하는 것이 통설이다. 한편, 물권적 청구권에 준하는 권리를 인정한다고 하더라도 그것은 방해제거와 방해예방에 한정되고, 목적물 반환청구는 허용되지 않는다(통설). 가령, 토지에 대해 임대차계약을 맺어 토지인도 채권을 가지게 되었는데(아직 점유하고 있지는 않음), 그 토지를 제3자가 불법 점유한다고 해서 제3자를 상대로 직접 자기에게 토지를 인도할 것을 구하는 것은 방해배제의 범위를 넘는 것이기 때문이다(대판 1981. 6. 23, 80다1362). (ㄷ) 대항력을 갖춘 임차권에 대한 제3자의 침해는 제3자에 의한 채권침해가 되고, 이 경우에는 대항력을 갖춘 점에서 불법행위가 성립할 가능성이 많고(750조), 임차인은 제3자를 상대로 손해배상을 청구할 수 있다.

(2) 비용상환청구권

a) **의 의** 임대인은 계약 존속 중 사용·수익에 필요한 상태를 유지해 줄 의무를 지므로(623조), 임차인이 목적물에 필요비를 지출한 때에는 임대인에게 그 상환을 구할 수 있음은 당연하다(626조 1항). 다만 유익비는 임대인이 부담할 성질의 것은 아니지만, 그 가치 증가에 따른 이익을 임대인이 얻는 점에서 그 상환을 구할 수 있도록 하였다(626조 2항).[1)]

b) **요 건** (ㄱ) 필요비는 임차물 자체의 보존을 위해 투입된 비용으로서, 임차인이 필요비를 지출한 경우에는 임대인에게 그 상환을 청구할 수 있다(626조 1항). 유익비의 경우와는 달리 임대차 종료시에 청구할 수 있는 것이 아니라, 필요비를 지출한 때에 곧 그 상환을 청구할 수 있다. (ㄴ) 유익비는 임차물 자체의 객관적 가치를 증가시키기 위해 투입된 비용으로서, 임차인이 유익비를 지출한 경우에는, 임대차 종료시에 임차물의 가액 증가가 현존할 때에만 임대인은 임차인이 지출한 금액이나 그 증가액 중 하나를 선택하여 상환하여야 한다(626조 2항 1문)(지출한

1) 유의할 것은, 본조에서 상환청구를 인정하는 필요비와 유익비는 임차물 자체의 보존이나 객관적 가치를 증가시키기 위해 투입된 비용에 한정된다. 따라서 임차인이 임차건물 부분에서 간이음식점을 경영하기 위하여 간판을 설치한 경우의 그 비용(대판 1994. 9. 30, 94다20389), 2층 사무실용 건물부분에 임차인이 삼계탕 집을 경영하면서 들인 비용(대판 1993. 10. 8, 93다25738, 25745), 일반점포를 임차한 자가 사진 영업을 하기 위하여 설치한 특수장치에 들인 비용(대판 1948. 4. 12, 4280민상352) 등은 필요비와 유익비에 해당하지 않는다.

금액이나 증가액에 관하여는 임차인에게 입증책임이 있다(대판 1962. 10. 18, 62다437). 이 경우 법원은 임대인의 청구에 의하여 상당한 상환기간을 정해 줄 수 있다(626조 2항 2문).

c) 행사기간 등 (ㄱ) 필요비와 유익비 상환청구권은 임대인이 목적물을 반환받은 때에는 그날부터 6개월 내에 행사하여야 한다(654조·617조). 목적물을 반환한 후에도 오랜 기간 방치하는 경우 그 증명이 어렵다는 점에서 단시일 내에 해결하도록 한 것이다. 따라서 이 기간은 제척기간으로 보아야 한다(민법주해 채권(8), 178면(민일영)). 다만 유익비에 관하여 법원이 기한을 정해 준 경우에는 그 기한이 도래한 때부터 기산하며, 필요비는 위 제척기간과는 별도로 지출한 때부터 소멸시효가 진행된다. (ㄴ) 위 비용상환청구권은 임차물에 투입되어 목적물에 관하여 생긴 채권으로서, 임차인은 임차물에 대해 유치권을 취득한다(320조). 이 경우 유치권의 행사가 채권의 소멸시효의 진행에 영향을 미치지는 않는다(326조).

d) 효 과 (ㄱ) 임대인이 부담하는 의무(임차인이 목적물을 사용 · 수익할 수 있게 해 줄 의무, 그리고 그에 필요한 상태를 유지해 줄 의무)와 임차인이 차임을 지급할 의무는 서로 대응하는 관계에 있다. 한편, 임차인이 임차물의 보존을 위해 필요비를 지출한 경우에는 임대인이 이를 상환하여야 하는데, 이것은 임대인이 부담하는 위 의무에 귀결되는 것이므로, 임차인은 지출한 필요비 한도에서 차임의 지급을 거절할 수 있다(* 임차인이 지출한 필요비를 임대인이 상환해 주지 않은 상태에서 임대인이 임차인의 차임 연체를 이유로 계약을 해지한 사안에서, 위와 같은 이유를 들어 임대인의 해지권을 부정하였다)(대판 2019. 11. 14, 2016다227694). (ㄴ) 민법 제626조는 강행규정이 아니어서(652조 참조), 당사자 간의 약정으로 임차인이 비용상환청구권을 포기하는 것으로 정하는 것은 유효하다. 그 포기 여부는 종국적으로는 당사자의 의사해석에 달려 있다.[1)]

(3) 부속물매수청구권

a) 의 의 건물 기타 공작물의 임차인이 사용의 편익을 위해 임대인의 동의를 받아 임차물에 부속시킨 물건이 있거나, 임대인으로부터 매수한 부속물이 있는 경우, 임대차 종료 시 임대인에게 그 부속물의 매수를 청구할 수 있다(646조). 제646조는 제626조(비용상환청구권)와 더불어 임차인이 임차물에 투입한 자본에 대해 이를 회수할 수 있는 제도로서 기능한다. / 임차인이 임차물에 부가하는 것에는 두 가지가 있다. 하나는 그것이 임차물에 흡수되어 임대인의 소유로 되는 경우이고, 다른 하나는 임차인의 권원에 의해 부속되어 독립된 물건으로

1) 판례: (ㄱ) 「"임차인은 설치한 모든 시설물에 대하여 임대인에게 시설비를 요구하지 않기로 한다"는 약정은, 임차인이 지출한 비용의 상환청구권을 포기하는 대신 원상복구의무도 부담하지 않기로 하는 합의가 있었다고 보아야 한다」(대판 1998. 5. 29, 98다6497). (ㄴ) 「건물 임차인이 자신의 비용을 들여 증축한 부분을 임대인의 소유로 귀속시키기로 하는 약정은 임차인이 원상회복의무를 면하는 대신 투입 비용의 권리 주장을 포기하는 내용이 포함된 것이다」(대판 1996. 8. 20, 94다44705). (ㄷ) 「임대차계약에서 "임차인은 임대인의 승인하에 개축 또는 변조할 수 있으나 부동산의 반환기일 전에 임차인의 부담으로 원상복구키로 한다"고 약정한 경우, 이는 임차인이 임차목적물에 지출한 비용상환청구권을 미리 포기한 취지의 특약으로 보아야 한다」(대판 1995. 6. 30, 95다12927). (ㄹ) 「임야 상태의 토지를 임차하여 대지로 조성한 후 건물을 건축하여 음식점을 경영할 목적으로 임대차계약을 체결한 경우, 비록 임대차계약에서는 필요비 및 유익비의 상환청구권은 그 비용의 용도를 묻지 않고 이를 전부 포기하는 것으로 기재되었다고 하더라도, 계약 당사자의 의사는 임대차 목적 토지를 대지로 조성한 후 이를 임차 목적에 따라 사용할 수 있는 상태에서 새로이 투입한 비용에만 한정하여 임차인이 그 상환청구권을 포기한 것이고, 대지 조성비는 그 상환청구권 포기의 대상으로 삼지 아니한 취지로 약정한 것이라고 해석하는 것이 합리적이다」(대판 1998. 10. 20, 98다31462).

서 임차인의 소유로 되는 것이다(256조 단서)(예: 주택의 차양). 여기서 전자의 경우에는 임차인이 투입한 비용의 '상환'을 임대인에게 청구하는 방식으로 해결하는데, 이것이 제626조의 비용상환청구권이고, 후자의 경우에는 그 부속물의 소유권을 취득한 임차인이 임대인에게 그 '매수'를 청구하는 방식으로 해결하는데, 이것이 제646조가 정하는 부속물매수청구권이다.

〈참 고〉 비용상환청구권과 부속물매수청구권은 투입 자본의 회수 수단이라는 점에서는 그 취지를 같이하지만, 다음과 같이 그 요건과 효과에서 차이가 있다. (ㄱ) 부속물매수청구권은 건물 기타 공작물의 임차인이 임대인의 동의를 받아 부속시키거나 임대인으로부터 매수한 부속물에 한해, 그리고 그 부속물이 독립된 물건으로서 임차인의 소유에 속하는 것을 전제로 인정되는 데 비해, 비용상환청구권은 건물 등의 임차인에 한하지 않고 임대인의 동의 등을 요하지 않으며 또 그 부가한 것이 임차물의 구성부분을 이루어 독립된 물건으로 되지 않는 경우에 인정된다. (ㄴ) 부속물매수청구권에 관한 민법 제646조는 강행규정으로서 이를 위반하는 약정으로서 임차인에게 불리한 것은 무효가 되지만(652조), 비용상환청구권에 관한 민법 제626조는 강행규정이 아니며(652조 참조), 당사자 사이의 특약으로 이를 포기할 수 있다.

b) 요 건 제646조에 의해 임차인이 임대인에게 부속물의 매수를 청구하려면 다음의 요건을 갖추어야 한다. (ㄱ) 건물 기타 공작물의 임차인이어야 한다. (ㄴ) 임차인이 임차물의 사용의 편익을 위하여 임대인의 동의를 받아 임차물에 물건을 부속시키거나 임대인으로부터 매수한 부속물이어야 한다. '부속물'은 건물의 사용에 객관적인 편익을 가져오는 독립된 물건을 말한다. 임차인의 특수 목적에 사용하기 위해 부속된 물건(예: 사무실용 건물에 임차인이 주방을 만들어 식당을 운영하면서 부속시킨 물건)이나 건물의 증·개축 부분은 이에 해당하지 않는다(대판 1993. 10. 8, 93다25738, 25745; 대판 1983. 2. 22, 80다589). (ㄷ) 임대차가 종료된 후여야 한다. 종료 원인은 묻지 않는데, 다만 판례는 임대차계약이 임차인의 채무불이행으로 해지된 경우에는 부속물매수청구권을 부정한다(대판 1990. 1. 23, 88다카7245, 7252).

c) 효 과 (ㄱ) 임차인의 부속물매수청구권은 형성권이며, 임차인의 매수청구의 의사표시만으로 그 부속물에 대해 임대인과 임차인 사이에 매매 유사의 법률관계가 성립한다. 그러나 임차인이 반드시 이 권리를 행사하여야 하는 것은 아니며, 임차인은 그 부속물을 철거할 수도 있다(부속물의 철거권)(654조·615조). (ㄴ) 민법 제646조 소정의 임차인의 부속물매수청구권은 강행규정으로서, 이를 위반하는 약정으로서 임차인에게 불리한 것은 무효이다(652조).[1)]

1) 판례: 「임대차계약의 보증금 및 월 차임을 파격적으로 저렴하게 하고, 그 임대기간도 장기간으로 약정하고, 임대인은 임대차계약의 종료 즉시 임대건물을 철거하고 그 부지에 건물을 신축하려고 하고 있으며 임대차계약 당시부터 임차인도 그와 같은 사정을 알고 있었다면, 임대차계약시 임차인의 부속시설의 소유권이 임대인에게 귀속하기로 한 특약은 단지 부속물매수청구권을 배제하기로 하거나 또는 부속물을 대가 없이 임대인의 소유에 속하게 하는 약정들과는 달라서 임차인에게 불리한 약정이라고 할 수 없다」(대판 1982. 11. 9, 81다1001).

(4) 토지임차인의 갱신청구권과 지상물매수청구권

제643조〔임차인의 갱신청구권, 매수청구권〕 건물 기타 공작물의 소유 또는 식목, 채염, 목축을 목적으로 한 토지임대차의 기간이 만료된 때에 건물, 수목 기타 지상시설이 현존하는 경우에는 제283조(지상권자의 갱신청구권, 매수청구권)의 규정을 준용한다.

a) 의 의 건물 등의 소유 등을 목적으로 하는 토지임대차에서 임대차기간이 만료되거나 기간을 정하지 않은 임대차의 해지통고로 임차권이 소멸된 때에 건물 기타 지상시설이 현존하는 경우에는, 본조에 의해 민법 제283조가 준용된다. 따라서 토지임차인은 1차로 임대인에게 계약의 갱신을 청구할 수 있고(283조 1항), 임대인이 이를 거절한 때에는 2차로 상당한 가액으로 그 지상 시설의 매수를 청구할 수 있다(283조 2항). 즉 일정한 목적의 토지임대차에서는 임차인에게 갱신청구권과 지상물매수청구권이 인정되는데, 이 중 전자에 관해서는 계약의 갱신과 관련하여 (p.528에서) 이미 설명하였으므로, 이하에서는 지상물매수청구권에 관해 설명한다.

b) 요 건 본조에 의한 임차인의 지상물매수청구권이 성립하기 위해서는, ① 건물 기타 공작물의 소유 또는 식목 · 채염 · 목축을 목적으로 하는 토지임대차여야 하고, ② 임대차기간이 만료되거나 임차권이 소멸된 경우에 그 지상 시설이 현존하여야 하며, ③ 임대인이 임차인의 갱신청구를 거절하여야 한다. 이를 토대로 세부적으로 문제되는 점은 다음과 같다.

aa) 매수청구의 대상이 되는 지상물의 범위 : (ㄱ) 토지의 임대목적에 반하여 축조되고 임대인이 예상할 수 없을 정도의 고가의 것이라는 등의 특별한 사정이 없는 한, 비록 행정관청의 허가를 받은 적법한 건물이 아니더라도 그 대상이 된다(대판 1997. 12. 23, 97다37753). (ㄴ) 임차인이 화초의 판매용지로 임차한 토지에 설치한 '비닐하우스'가 화훼 판매를 위하여 필요한 시설물이라 하더라도 그 자체의 소유가 임대차의 주된 목적은 아닐 뿐만 아니라, 비용이 다소 든다고 하더라도 토지로부터 손쉽게 분리 · 철거할 수 있어 사회경제적으로 큰 손실을 초래하지 않는 점에서 매수청구의 대상이 되지 않는다(대판 1997. 2. 14, 96다46668). (ㄷ) 지상물은 임대차계약 당시의 기존 건물이거나 임대인의 동의를 받아 신축한 것에 한정하지 않는다(대판 1993. 11. 12, 93다34589). 그리고 그 지상 건물이 객관적으로 경제적 가치가 있는지, 임대인에게 소용이 있는지 여부도 묻지 않는다(대판 2002. 5. 31, 2001다42080). (ㄹ) 임차인 소유의 건물이 임차 토지 외에 임차인 또는 제3자 소유의 토지 위에 걸쳐 있는 경우에는 문제가 있다. 종전의 판례는 건물 전체에 대한 임차인의 매수청구를 긍정하였었는데(대판 1972. 5. 23, 72다341; 대판 1991. 3. 27, 90다카20357), 그 후 다음과 같은 이유로써 종전의 판례를 변경하였다. 즉 계약 목적도 아닌 타인의 토지 위에 존재하는 시설물까지 임대인으로 하여금 그 매입을 강요할 수는 없는 것이고, 이를 인정한다면 임대인은 타인의 토지 위에 있는 건물부분을 철거하여야 할 의무를 부담할 뿐 아니라, 설사 임차 토지에 속해 있는 건물부분의 면적 비율에 따라 건물을 임차인 또는 제3자와 함께 공유하는 것으로 구성하더라도 임대인은 그 공유에 따른 제약을 받는 점에서(이를테면 임차 토지 위의 건물부분을 소유자로서 임의로 철거할 수 없다), 임차 토지를 경계로 그 위에 걸쳐 있는 건물부분이 구분소유권의 객체로 될 수 있는 경우에 한해 그 부분만에 대한 매수청구를 할 수 있다(대판(전원합의체) 1996. 3. 21, 93다42634). (ㅁ) 토지임차인 소유의 건물에 근저당권이 설정된 경우에도 매수청구권은 인정된다(대판 1972. 5. 23, 72다341). 이 경우 그 건물의 매수가격은 매수청구권 행사 당시 건물이 현존하는 대로의 상태에서 평가된 시가 상당액을 의미하고, 근저당권의 채권최고액이나 피담보채무액을 뺀 금액을 매수가격으로 정할 것은 아니다. 다만, 매수청구권을 행사한 지상 건물 소유자가 위와 같은 근저당권을 말소하지 않는 경우 토지 소유자는 민법 제588조에 의하여 위 근저당권의 말소등기가 될 때까지 그 채권최고액에 상당한 대금의 지급을 거절할 수 있다(대판 2008. 5. 29, 2007다4356). (ㅂ) 건물을 매수하여 점유하고 있는 사람은 소유자로서의 등기명의가 없다 하더라도 그 점유 중인 건물에 대해 법률상 또는 사실상의 처분권을 가지고 있어, 종전 건물의 소유를 목적으로 한 토지임차인으로부터 미등기 무허가건물을 매수하여 점유하고 있는 임차인은 임대인에게 지상물매수청구권을 행사할 수 있다(대판 2013. 11. 28, 2013다48364, 48371).

bb) **매수청구의 상대방** : 임차인의 지상물매수청구권은 국민경제적 관점에서 지상 건물의 잔존 가치를 보존하고 토지 소유자의 배타적 소유권 행사로부터 임차인을 보호하기 위한 것으로서, ① 원칙적으로 임차권 소멸 당시에 토지소유권을 가진 임대인을 상대로 행사할 수 있다. ② 임대인이 제3자에게 토지를 양도하는 등으로 토지소유권이 이전된 경우에는, 임대인의 지위가 승계되거나 임차인이 토지 소유자에게 토지임차권을 대항할 수 있는 경우에 한해, 토지 소유자를 상대로 행사할 수 있다(대판 1977. 4. 26, 75다348; 대판 1996. 6. 14, 96다14517 참조). 토지소유권을 상실한 종전 임대인에 대해서는 매수청구권을 행사할 수 없다(대판 1994. 7. 29, 93다59717, 59724 참조). ③ 토지 소유자가 아닌 제3자가 토지를 임대한 경우에는, 토지 소유자가 임대인의 지위를 승계하지 않은 이상, 임대인이 아닌 토지 소유자에 대해서는 매수청구권을 행사할 수 없다(대판 2017. 4. 26, 2014다72449, 72456).[1] 토지 소유자가 아닌 제3자(임대인)에 대해서도 지상물 매수청구는 할 수 없다(대판 2022. 4. 14, 2020다254228, 254235).

cc) **임대차기간의 만료** : (ㄱ) 기간의 약정 없는 토지임대차계약에 대해 임대인이 해지통고를 한 경우(635조), 이때에는 임대인이 미리 계약의 갱신을 거절한 것으로 볼 수 있으므로, 임차인은 계약의 갱신을 청구할 필요 없이 곧바로 지상물의 매수를 청구할 수 있다(대판 1995. 2. 3, 94다51178, 51185; 대판(전원합의체) 1995. 7. 11, 94다34265; 대판 1995. 12. 26, 95다42195). (ㄴ) 토지임차인의 차임 연체 등 채무불이행으로 인해 임대인이 임대차계약을 해지한 때에는 임차인이 계약의 갱신을 청구할 여지가 없으므로, 이를 전제로 하는 2차적인 지상물의 매수청구도 할 수 없다(대판 1997. 4. 8, 96다54249; 대판 1994. 2. 22, 93다44104).

dd) **행사방법과 시기** : (ㄱ) 건물의 소유를 목적으로 하는 토지임대차가 종료된 경우에 임차인이 그 지상의 현존하는 건물에 대하여 가지는 매수청구권은 그 행사에 특정의 방식을 요하지 않는 것으로서 재판상, 재판 외에서 행사할 수 있다. (ㄴ) 그리고 그 행사의 시기에 대하여도 제한이 없다. ① 토지임대인이 임차인을 상대로 제기한 토지인도 및 건물철거 청구소송에서 임차인의 패소 판결이 확정되었다고 하더라도, 그 확정판결에 의해 건물철거가 집행

1) 甲의 형인 乙 명의로 소유권이전등기를 마친 후 甲의 아버지인 丙 명의로 소유권이전청구권 가등기를 마친 토지에 관하여, 丙이 丁에게 기간을 정하지 않고 건물의 소유를 목적으로 토지를 임대하였고, 그 후 토지에 관하여 甲 명의로 소유권이전등기를 마쳤는데, 甲이 丁을 상대로 토지에 건립된 丁 소유의 건물의 철거와 토지 인도를 구하자, 丁이 건물의 매수를 구한 사안에서, 丁은 甲을 상대로 지상물매수청구권을 행사할 수 없다고 본 사례이다.

되지 않은 이상, 임차인은 별소로써 건물매수청구권을 행사하여 임대인에게 건물 매매대금의 지급을 구할 수 있다(대판 1995. 12. 26, 95다42195). ② 임차인이 건물매수청구권을 제1심에서 행사하였다가 철회한 후 항소심에서 다시 행사하더라도 무방하다(대판 2002. 5. 31, 2001다42080).

c) 효 과 (ㄱ) 지상물매수청구권은 형성권으로서, 임차인의 행사만으로 지상물에 대해 임대인과 임차인 사이에 시가에 의한 매매 유사의 법률관계가 성립한다(대판 1991. 4. 9, 91다3260). ① 민법 제643조에 따라 지상물매수청구권을 행사하면, 그 행사 당시의 건물 시가를 대금으로 하는 매매계약이 체결된 것과 같은 효과가 발생한다. 따라서 건물의 매수가격에 관해 당사자 사이에 의사합치가 이루어지지 않았다면, 법원은 위 건물 시가를 기준으로 매매계약이 성립하였음을 인정할 수 있을 뿐, 위 시가를 임의로 증감하여 직권으로 매매대금을 정할 수는 없다(대판 2024. 4. 12, 2023다309020, 309037). ② 임차인의 건물 명도 및 그 소유권이전등기의무와 토지임대인의 건물대금 지급의무는 서로 대가관계에 있는 채무로서 당사자는 동시이행을 주장할 수 있으므로, 임차인이 임대인에게 자신의 의무를 이행하지 않았다면 임대인에게 그 매매대금에 대한 지연손해금을 구할 수 없다(대판 1998. 5. 8, 98다2389). ③ 임차인이 지상물매수청구권을 행사하여 임대인으로부터 매수대금을 지급받을 때까지 그 지상 건물의 인도를 거부할 수 있다고 하여도, 지상 건물 등의 점유 · 사용을 통하여 그 부지를 계속하여 점유 · 사용하는 한 부지의 임료 상당액의 부당이득 반환의무를 진다(대판 2001. 6. 1, 99다60535). (ㄴ) 지상물매수청구권에 관한 민법 제643조는 강행규정으로서, 이를 위반하는 약정으로서 임차인에게 불리한 것은 무효이다(652조). 따라서 임대인과 임차인의 합의로 임대차계약을 해약하고 임차인이 지상물을 철거하기로 약정한 경우에는 유효하다(대판 1969. 6. 24, 69다617). (ㄷ) 토지임차인의 건물 기타 공작물의 매수청구권을 정한 민법 제643조는 건물 등의 소유를 목적으로 하는 '토지의 전세권'에도 유추적용된다(대판 2007. 9. 21, 2005다41740).

2. 임차인의 의무

(1) 차임 지급의무

임차인은 사용 · 수익의 대가로 차임을 임대인에게 지급할 의무가 있다(618조). 차임은 반드시 금전이어야 하는 것은 아니며, 물건으로 지급하여도 무방하다. 임차인의 차임 지급의무와 관련하여 민법은 다음의 규정을 두고 있다.

a) 일부 멸실과 감액 청구 (ㄱ) 임차물의 '일부'가 임차인의 과실 없이 멸실이나 그 밖의 사유로 사용 · 수익할 수 없게 된 경우에는 임차인은 그 부분의 비율에 따른 차임 감액을 청구할 수 있다(627조 1항). 다만 남은 부분으로 임차의 목적을 달성할 수 없는 때에는 임차인은 계약을 해지할 수 있다(627조 2항). 민법 제627조는 강행규정으로서, 이를 위반하는 약정으로서 임차인에게 불리한 것은 무효이다(652조). (ㄴ) 임차물 '전부'가 당사자 모두에게 책임 없는 사유로 멸실된 때에는, 민법 제537조에 의해 차임 채권도 소멸될 뿐 아니라, 임대차는 목적의 상실로 당연히 (해지 없이도) 효력을 상실한다. 문제는 그 멸실이 임대인 또는 임차인의 귀책사유로 생긴 경우이다. 이 경우 임대차의 존속을 전제로 하여 임대인의 채무가 손해배상채무로 바뀌어

존속하는 것으로, 또 임차인은 민법 제538조 1항 1문에 의해 차임 채무를 부담하는 것으로 처리할 수도 있겠지만, 이때에도 임대차는 목적의 상실로 당연히 효력을 상실하고 나머지는 손해배상으로 처리하는 것이 적절하다(통설).

b) 차임증감청구권 약정한 차임이 임대물에 대한 공과부담의 증감이나 그 밖의 경제사정의 변동으로 상당하지 않게 된 경우에는 당사자는 장래의 차임의 증액 또는 감액을 청구할 수 있다(628조). (ㄱ) 임대인이 동조에 따라 장래에 대한 차임의 증액을 청구하였을 때에 당사자 사이에 협의가 성립되지 않아 법원이 결정해 주는 차임은 그 증액청구의 의사표시를 한 때로 소급하여 그 효력이 생기는 것이므로, 특별한 사정이 없는 한 증액된 차임에 대하여는 법원 결정 시가 아니라 증액청구의 의사표시가 상대방에게 도달한 때가 이행기가 된다(그 다음 날부터 지연손해금이 생긴다)(대판 2018. 3. 15, 2015다239508, 239515). (ㄴ) 동조는 (편면적) 강행규정으로서, 이를 위반하는 약정으로서 임차인(또는 전차인)에게 불리한 것은 효력이 없다(652조). 따라서 임대인이 일방적으로 차임을 인상할 수 있는 것으로 약정한 것은 무효이지만(대판 1992. 11. 24, 92다31163, 31170), 일정 기간 동안 증액하지 않는다는 특약은 임차인에게 유리하므로 유효하다.

c) 차임의 지급시기 당사자 간에 차임의 지급시기에 관해 약정하지 않은 때에는, 동산, 건물 또는 대지의 차임은 매월 말에, 그 밖의 토지의 차임은 매년 말에 지급하여야 한다(633조 본문). 다만, 수확기가 있는 임차물의 차임은 수확 후 지체 없이 지급하여야 한다(633조 단서).

d) 차임 연체와 해지 임차인의 차임 연체와 관련하여 민법은 다음 세 개의 규정을 신설하였다. 즉 (ㄱ) 건물 기타 공작물의 임대차의 경우 임차인의 차임 연체액이 2기의 차임액에 이른 때에는 임대인은 계약을 해지할 수 있다(640조). '2기'의 차임액이란 차임의 지급시기를 기준으로 두 번에 걸쳐 연체한 경우를 말한다(예컨대 매월 차임을 지급하기로 한 경우에 연속해서 두 달의 차임을 연체한 것은 물론, 1월분 차임을 연체하였다가 5월분 차임을 연체한 경우도 포함된다). 제640조는 강행규정으로서, 이를 위반하는 약정으로서 임차인에게 불리한 것은 무효이다(652조). 따라서 1기의 차임액을 연체하더라도 계약을 해지할 수 있는 것으로 약정한 것은 무효이다. 제640조에 의해 해지를 하는 경우, 임대인은 상당 기간을 정하여 최고를 할 필요는 없다(대판 1962. 10. 11, 62다496). 한편, 임대인의 지위를 승계한 양수인이 있는 경우, 양수인이 연체 차임채권을 따로 채권양도의 대항요건을 갖추어 양수받지 않은 이상 승계 이후의 연체 차임액이 2기 이상의 차임액에 이른 때에만 비로소 임대차계약을 해지할 수 있다(대판 2008. 10. 9, 2008다3022). (ㄴ) 민법 제640조는 건물 기타 공작물의 소유 또는 식목 · 채염 · 목축을 목적으로 하는 토지임대차의 경우에도 준용된다(641조). (ㄷ) 이 경우, 그 지상에 있는 건물 기타 공작물이 담보물권의 목적이 된 때에는 민법 제288조를 준용한다(642조). 따라서 담보권자에게 통지한 후 상당한 기간이 지난 때에 해지의 효력이 생긴다.

e) 공동임차인의 연대의무 수인이 공동으로 임차하는 경우, 임차인 각자는 차임의 지급을 비롯하여 임차인의 의무를 연대하여 부담한다(654조 · 616조).

f) 부동산 임대인의 법정담보물권 (ㄱ) 부동산 임대인의 차임채권을 비롯한 임대차에 관한

채권을 보호하기 위해 민법은 다음의 세 경우에 법정질권 또는 법정저당권을 인정한다. ① 토지임대인이 임대차에 관한 채권에 의하여 임차 토지에 부속되거나 임차 토지의 사용의 편익에 제공된 임차인 소유의 동산이나 그 토지에서 생긴 과실을 압류한 경우에는 질권과 동일한 효력이 있다(648조). ② 토지임대인이 변제기가 지난 최후 2년의 차임 채권에 의하여 임차 토지 위에 있는 임차인 소유의 건물을 압류한 경우에는 저당권과 동일한 효력이 있다(649조). ③ 건물 기타 공작물의 임대인이 임대차에 관한 채권에 의하여 그 건물 기타 공작물에 부속된 임차인 소유의 동산을 압류한 경우에는 질권과 동일한 효력이 있다(650조). (ㄴ) 위 세 개의 규정은 구민법에는 없던 신설 조문인데, 임대인이 임대차에 관한 채권의 집행권원을 받아 위 물건들을 압류할 것을 요건으로 정한 점에서 사실상 사문화된 것으로 평가되고 있다. 임대인이 집행권원을 받아 압류를 하는 사이에 사실상 압류할 물건이 처분될 가능성이 많기 때문이다(민법주해(XV), 165면 이하(민일영)).

(2) 사용 · 수익상의 의무

임차인은 목적물을 사용 · 수익할 권리가 있지만, 그에 수반하여 다음과 같은 의무도 부담한다.

a) **용법에 따른 사용 · 수익의무** 임차인은 계약이나 목적물의 성질에 따라 정해진 용법으로 그 목적물을 사용 · 수익하여야 한다(654조 · 610조 1항).

b) **임차물의 보존에 따른 선관의무 · 통지의무 · 인용의무** (ㄱ) 임차인은 반환시기에 임차물을 반환하여야 하는 특정물 인도채무를 지므로, 임차물을 반환할 때까지 선량한 관리자의 주의로 보존할 의무를 부담한다(374조). (ㄴ) 임차물의 보존과 관련하여 민법은 임차인의 통지의무를 규정한다. 즉 임차물의 수리가 필요하거나 임차물에 대해 권리를 주장하는 자가 있는 경우에는 임차인은 지체 없이 임대인에게 그 사실을 통지하여야 한다(634조 본문). 다만, 임대인이 이미 그 사실을 알고 있는 경우에는 통지할 필요가 없다(634조 단서). 임차인이 이 의무를 위반하더라도 임대인은 손해배상을 청구할 수 있을 뿐이고 계약을 해지하지는 못한다. (ㄷ) 임차인은 목적물에 대해 보존의무를 지므로, 임대인이 임대물의 보존에 필요한 행위를 하는 때에는 임차인은 이를 거절하지 못한다(624조). 다만, 임대인이 임차인의 의사에 반하는 보존행위를 하는 경우에 임차인이 그로 인해 임차의 목적을 달성할 수 없는 때에는 계약을 해지할 수 있다(625조).

(3) 임차물 반환의무와 원상회복의무

(ㄱ) 임대차가 종료된 때에는 임차인은 임차물 자체를 반환하여야 한다. 민법은 임대차에 사용대차에 관한 다수의 규정을 준용하고 있는데(654조) 유독 반환시기에 관해서는 아무런 정함이 없다. 그래서 이 점은 입법상의 오류로 지적되고 있는데(김형배, 459면), 민법 제613조 1항을 유추적용하여야 할 것으로 본다. (ㄴ) 임차인이 임차물을 반환할 때에는 원상으로 회복시켜야 하고, 임차물에 부속시킨 물건은 철거할 수 있다(654조 · 615조).[1] 임대차가 종료된 경우이면, 그것이 임대인의

---

1) 판례: 「토지 임대 당시 이미 임차목적물인 토지에 종전 임차인 등이 설치한 가건물 기타 공작물이 있는 경우, 특별한 사정이 없는 한 임차인은 그가 임차하였을 때의 상태로 임차목적물을 반환하면 되고 종전 임차인 등이 설치한

귀책사유로 임대차계약이 중도에 해지된 경우에도 마찬가지이다(임차인이 손해배상을 청구하는 것은 별개이다)(대판 2002. 12. 6, 2002다42278). (ㄷ) 임차인의 과실로 임차물을 반환할 수 없는 경우 임차인은 이행불능에 따른 손해배상책임을 진다.

Ⅳ. 임차권의 양도와 임차물의 전대

제629조 〔임차권의 양도와 임차물 전대의 제한〕 ① 임차인은 임대인의 동의 없이 임차권을 양도하거나 임차물을 전대하지 못한다. ② 임차인이 전항의 규정을 위반한 경우에는 임대인은 계약을 해지할 수 있다.

1. 의의와 성질

a) 1) 「임차권의 양도」는 임차인이 임차권을 제3자에게 양도하는 것인데, 이것은 권리로서의 사용·수익권(임차권)만 양도되는 것이 아니라, 임대차계약에서 생기는 모든 권리와 의무, 즉 임차인의 지위가 제3자에게 이전되는 것을 뜻한다(통설). 즉 임차권의 양도는 단순한 지명채권의 양도가 아니라 계약 당사자로서의 지위의 이전을 가져오는 계약인수로서의 의미를 가진다(김형배, 468면 이하). 그런데 계약인수에는 채무의 (면책적) 인수도 포함되는 것이므로, 채권자(임대인)의 승낙이 있어야 효력이 발생한다(454조 참조). 민법 제629조는 '임차인은 임대인의 동의 없이 그 권리를 양도하지 못한다'고 규정하여, 계속적 채권관계로서의 임대차가 가지는 당사자 간의 인적 신뢰관계를 유지하기 위해 임차권의 양도에는 임대인의 동의가 있어야 하는 것으로 정하고 있지만, 임차권의 양도를 계약인수로 파악하는 관점에서는 임대인의 동의는 당연히 필요한 것으로 볼 수 있다. 임차권의 양도가 있게 되면, 임차인은 그의 지위를 벗어나고 양수인이 임차인의 지위를 승계하여 임차인으로서 권리를 가지고 의무를 부담하게 된다.[1] 2) 건물 소유를 목적으로 하여 대지 임차권을 가지고 있는 자가 그 건물을 양도담보로 제공한 경우, (양도담보권자에게 건물의 소유권이 종국적으로 이전된 것이 아니고 또한 그가 건물의 사용·수익권을 갖는 것도 아니어서) 건물의 부지에 대해 임차권의 양도(전대)가 있은 것으로 보지 않는다(대판 1995. 7. 25, 94다46428). 반면, 대지 임차권이 있는 건물을 경락받은 자에 대해서는 임차권의 양도가 있은 것으로 본다(대판 1993. 4. 13, 92다24950).[2]

부분까지 원상회복할 의무는 없다」(대판 2023. 11. 2, 2023다249661).

1) 판례: 「임차권의 양도가 금지된다 하더라도 임차보증금 반환채권의 양도마저 금지되는 것은 아니며」(대판 1993. 6. 25, 93다13131), 「임대차계약상의 권리의무의 포괄적 양도에 있어서도 그 권리의무의 내용을 이루고 있는 채권의 양도 부분에 관하여는 일반 지명채권의 양도와 마찬가지로 확정일자 있는 증서에 의한 통지 또는 승낙을 하여야 제3자에게 대항할 수 있다」(대판 1993. 4. 13, 92다24950).

2) (ㄱ) 이 사건 대지의 소유자는 A인데, 甲이 건물의 소유를 목적으로 대지를 임차한 후 그 대지상에 건물을 신축하여 소유권보존등기를 하였다. 한편 乙은 甲에 대한 채권자 겸 위 건물에 대한 근저당권자인데, 경매를 청구하여 B가 건물을 경락받고 그 소유권이전등기를 하였다. A가 B를 상대로 B가 위 대지를 점유할 권원이 없음을 이유로 위 건물의 철거와 대지의 인도를 청구한 것인데, 대법원은 임차권의 양도에 A의 동의가 없어 B가 대지에 대한 임차권을 주장하지 못한다는 것을 이유로 A의 청구를 인용한 판결이다. (ㄴ) 그런데 이 판례는 문제가 있다고 본다. 먼저 저당권의 효력은 저당부동산의 종물(종된 권리)에 미치므로(358조) 경락인은 건물 소유권에 종된 권리인 임차권도 취득

「임차물의 전대轉貸」는 임차인이 임대차계약에 따른 그의 지위를 그대로 가지면서 임차물을 제3자로 하여금 사용 · 수익하게 하는 것으로서, 임차인과 제3자 간의 관계는 임대차가 보통이지만 사용대차여도 무방하며, 또 임차물의 전부나 일부에 대해서도 이루어질 수 있다. 임차물의 전대에서는 종전의 임차인이 그 지위를 그대로 보유하는 점에서, 즉 임차권의 양도에서와 같이 계약인수가 아닌 점에서 임대인의 동의는 필수적인 것은 아니다. 그러나 임대차계약에서 예정되지 않았던 제3자가 사실상 목적물을 사용 · 수익하게 되고 이것은 임대차에서 당사자 간의 신뢰관계를 깨뜨리는 점에서, 민법 제629조는 임대인의 동의를 받아야 하는 것으로 정한 것이다.

b) (ㄱ) 임차인이 임대인의 동의 없이 임차권을 양도하거나 임차물을 전대하면 임대인은 계약을 해지할 수 있다(629조 2항). 다만, 임차인의 당해 행위가 임대인에 대한 배신적 행위라고 볼 수 없는 특별한 사정이 있는 경우에는 해지권은 발생하지 않는다(예: 임차권의 양수인이 임차인과 부부로서 임차건물에 동거하면서 함께 가구점을 경영하여 온 경우)(대판 1993. 4. 27, 92다45308). (ㄴ) 본조는 단순히 임대인의 보호를 위한 것으로서 강행규정은 아니기 때문에(652조), 당사자 간의 특약으로 임대인의 동의를 요하지 않는 것으로 하는 것은 유효하다(부동산의 경우, (임대인의 동의 없이) 임차권을 타인에게 양도하거나 임차물을 전대할 수 있는 것으로 특약을 맺은 경우, 이를 등기할 수 있다(부동산등기법 74조 6호)). 그리고 건물의 임차인이 그 건물의 소부분을 타인에게 전대하는 경우에는 임대인의 동의 없이 자유로이 할 수 있다(632조).

2. 임대인의 동의 없는 양도 · 전대의 법률관계

(1) 임차권의 양도의 경우

a) 임차인(B)과 양수인(C)의 관계 임차권 양도계약은 이들 간에는 유효하고, B는 그 계약에 기해 임대인의 동의를 받아줄 의무를 진다(대판 1986. 2. 25, 85다카1812). 임대인(A)이 동의하지 않는 때에는, C는 B에게 채무불이행책임이나 담보책임을 물을 수 있다.

b) 임대인(A)과 양수인(C)의 관계 C의 점유는 A가 B와의 임대차계약을 해지하지 않더라도 A에 대해 불법점유가 된다. (ㄱ) A는 소유권에 기해 C에게 목적물의 반환이나 방해제거(퇴거)를 청구할 수 있다(213조 · 214조). 다만 A가 B와의 임대차계약을 해지하지 않은 때에는, 목적물을 직접 자기에게 인도할 것을 청구할 수는 없고 B에게 인도할 것을 청구할 수 있을 뿐이다. (ㄴ) A가 임대차계약을 해지하지 않는 한 B에 대해 차임 채권을 가지므로, 임대차계약이 존속하는 한도에서는 C의 불법점유를 이유로 한 차임상당 손해배상청구나 부당이득 반환청구를 할 수 없다(대판 2008. 2. 28, 2006다10323). (ㄷ) C가 목적물에 물건을 부속시킨 경우, 민법 제256조 단서는 적용되지 않으므로 그 부속물의 소유권을 주장할 수 없다.

c) 임대인(A)과 임차인(B)의 관계 (ㄱ) A는 B와의 임대차계약을 해지할 수 있다(629조 2항). (ㄴ) A

하게 되는데, 이러한 효과를 부정하는 셈이 된다. 그리고 대지 임차권이 있는 건물을 목적으로 하는 저당권의 실행에 의해 임차권이 건물에 수반하여 경락인에게 이전되는 것은 임대인과 임차인의 신뢰관계를 파괴할 정도의 배신행위라고 보기는 어려운 점에서, 그러한 배신행위를 규율하려는 민법 제629조는 적용되지 않는 것으로 봄이 타당하다.

가 임대차계약을 해지하지 않는 한 B에 대해 임대인으로서의 권리를 가지고 의무를 부담한다. C의 과실로 목적물이 훼손된 경우에는, C를 B의 이행보조자로 볼 수 있으므로, B는 A에게 목적물 반환채무의 이행불능에 따른 손해배상책임을 진다.

(2) 임차물의 전대의 경우

'전대인과 전차인의 관계'는 임차권의 양도에서 위 a)에서 기술한 내용이, '임대인과 전차인의 관계'는 위 b)에서 기술한 내용이, '임대인과 임차인의 관계'는 위 c)에서 기술한 내용이 대체로 통용된다.

3. 임대인의 동의 있는 양도 · 전대의 법률관계

(1) 임차권의 양도의 경우

a) 임차인의 지위 이전 (ㄱ) 임차권을 적법하게 양수하면 임차권은 동일성을 유지하면서 양수인에게 이전한다. 따라서 임대인과 양수인 사이에 임대차관계가 존속하며, 양수인은 임차인으로서 권리를 취득하고 의무를 부담한다. (ㄴ) 또한 임차권 양도인은 임차인의 지위에서 벗어난다. 따라서 그 이후부터는 양도인은 임차인으로서의 차임 채무 등을 부담하지 않는다. 다만, 양도 전에 이미 발생한 연체 차임이나 손해배상채무는 양수인에게 승계되지 않는다(통설).

b) 임차보증금 반환채권의 이전 여부 (ㄱ) 임대차보증금에 관한 구 임차인의 권리의무관계는 임대인과 사이에 임대차보증금을 신 임차인의 채무의 담보로 하기로 약정하거나, 신 임차인에게 임대차보증금 반환채권을 양도하기로 하는 등의 특약이 없는 한, 신 임차인에게 승계되지 않는다(대판 1998. 7. 14, 96다17202). (ㄴ) 한편, 그러한 특약을 한 때에도, 그 이전에 임대차보증금 반환채권에 대해 제3자의 가압류나 압류가 있는 경우에는, 그러한 특약으로 압류채권자에게 대항할 수 없으므로, 신 임차인이 차임 지급을 연체하였다고 하여 이를 임대차보증금에서 공제할 수는 없다(대판 1998. 7. 14, 96다17202).

(2) 임차물의 전대의 경우

a) 임차인(B)과 전차인(C)의 관계 이들의 관계는 전대차계약의 내용에 따라 정해지며, 그것은 사용대차나 임대차일 수 있다.

b) 임대인(A)과 임차인(B)의 관계 (ㄱ) 이 관계는 전대차의 성립에 의해 아무런 영향을 받지 않는다. 전차인은 직접 임대인에게 의무를 부담하기도 하지만(630조 1항), 이것이 A의 B에 대한 권리행사에 영향을 미치는 것은 아니다(630조 2항). (ㄴ) 전차인의 과실로 목적물이 멸실된 경우, 전차인은 직접 임대인에게 의무를 부담하므로, 전차인은 목적물 반환채무의 이행불능에 따른 손해배상책임을 진다. 문제는 임차인의 책임이다. 학설은 나뉜다. 제1설은, 임차인은 여전히 보관의무를 부담하므로 따라서 전차인이 임차물을 보관하는 것은 동시에 임차인을 위하여 그 보관의무를 이행하는 것이라고 볼 수 있는 점, 임차인은 임대인의 동의에 의해 전대차에 따른 자신의 이익영역을 확장하였는데 그 동의를 이유로 자신의 책임이 축소된다는 것은 형평에 맞지 않는다는 점 등을 이유로, 전차인을 임차인의 이행보조자로 본다(민법주해(IX), 421면(양창수)). 제2설은,

전차인은 임대인의 동의를 기초로 하여 임차인과는 별개로 임대인에게 독립된 의무를 부담하므로(630조 1항), 전차인을 임차인의 이행보조자로 볼 수는 없고, 임차인은 전차인의 선임·감독에 관하여 귀책사유가 있는 때에만 책임을 진다는 것으로서, 통설에 속한다. 제2설(통설)이 타당하다고 본다.

c) 임대인(A)과 전차인(C)의 관계 (ㄱ) 이들 사이에 직접 임대차관계가 있는 것은 아니지만, 민법은 임대인을 보호하기 위해 「전차인은 직접 임대인에게 의무를 부담한다」고 규정한다(630조 1항 1문). 즉 전차인은 전대차계약에 의한 '의무'(예: 차임 지급·목적물 보존 및 반환 등)를 전대인에게 부담하지만, 임대인에게도 부담하는 것으로 정한 것이다. 그러나 임대인에게 직접 '권리'를 갖지는 못한다(예: 비용상환청구권·수선청구권 등). (ㄴ) 전차인이 직접 임대인에게 부담하는 의무는 (전대인과 전차인 간의) 전대차계약과 (임대인과 임차인 간의) 임대차계약상의 의무를 한도로 한다. 예컨대 전자의 차임은 월 100만원이고 후자의 차임은 월 80만원(또는 120만원)이라고 할 때, 전차인이 직접 임대인에게 지급할 차임은 80만원(또는 100만원)이 되고, 이 한도에서는 전대인에게 차임을 지급한 것이 된다. (ㄷ) 전차인이 직접 임대인에게 부담하는 의무 중 특히 '차임'에 관해, 민법은 「전차인은 전대인에 대한 차임의 지급으로써 임대인에게 대항하지 못한다」고 규정한다(630조 1항 2문). ① 전차인의 전대인에 대한 차임 지급시기가 임차인의 임대인에 대한 차임 지급시기보다 앞선 때에는, 전차인은 전대인에게 차임을 지급하면 된다. 그런데 양자의 차임 지급시기가 같거나 또는 후자가 전자보다 앞선 때에, 전차인이 '전대차계약상의 차임 지급시기 전'에 전대인에게 차임을 지급하게 되면, 임대인은 임차인이 차임을 지급하지 않는 경우에 전차인에게 차임을 청구할 수 없게 되는 불이익을 입게 되는 점에서, 이를 방지하기 위해 마련한 규정이다(대판 2008. 3. 27, 2006다45459). ② 따라서 다음의 경우에는 대항할 수 있다. 첫째, 차임 지급시기 이후에 지급한 차임으로는 임대인에게 대항할 수 있다. 둘째, 전대차계약상의 차임 지급시기 전에 전대인에게 지급한 차임이라도, 임대인의 차임 청구 전에 (전대인에게 지급한) 차임의 지급시기가 도래한 경우에는 그 지급으로 임대인에게 대항할 수 있다(대판 2018. 7. 11, 2018다200518).

d) 전차인 보호를 위한 특별규정 임대인의 동의를 받아 전대를 한 경우, 민법은 전차인을 보호하기 위해 다음 네 개의 규정을 신설하였는데, 이 규정들은 모두 강행규정으로서 이를 위반하는 약정으로서 전차인에게 불리한 것은 효력이 없다(652조). (ㄱ) 권리의 확정: 전대차는 임대차를 기초로 하는 것이므로 임대차관계가 소멸되면 전대차관계도 소멸된다. 그러나 임대인과 임차인의 '합의'로 계약을 종료시킨 때에도 전차인의 권리는 소멸되지 않는다(631조). 임차인이 임차권을 '포기'한 경우에도 마찬가지로 해석된다. (ㄴ) 해지통고의 통지: ① 임대차계약이 해지의 통고로 종료된 경우에는 임대인이 전차인에게 그 사유를 통지하지 않으면 해지로써 전차인에게 대항하지 못한다(638조 1항). ② 전차인이 위 통지를 받은 때에는 민법 제635조 2항을 준용한다. 따라서 일정한 기간(부동산 전대차는 6개월, 동산 전대차는 5일)이 지난 때에 해지의 효력이 생긴다(638조 2항).[1] (ㄷ) 임대청구권·매수청구권: ① 건물 기타 공작물의 소유 또는 식

1) 민법 제638조는 해지의 통고로 임대차계약이 종료된 경우에 적용되는 것이다. 따라서 임차인의 차임 연체를 이유로 임대인이 임대차계약을 해지하는 경우에는 (동조는 적용되지 않으므로) 전차인에게 그 사유를 통지하지 않더라

목 · 채염 · 목축을 목적으로 하는 토지임차인이 적법하게 그 토지를 전대한 경우, 임대차와 전대차의 기간이 동시에 만료되고 또 건물 등 지상 시설이 현존하는 때에는, 전차인은 임대인에게 종전의 전대차와 동일한 조건으로 임대할 것을 청구할 수 있다(644조 1항). ② 전차인의 임대청구에 대해 임대인이 임대를 원하지 않는 때에는, 전차인은 임대인에게 상당한 가액으로 그 지상 시설을 매수해 줄 것을 청구할 수 있다(644조 2항). ③ 민법 제644조는 지상권자가 그 토지를 임대한 경우에 준용한다(645조). (ㄹ) 부속물매수청구권: 건물 기타 공작물의 임차인이 적법하게 전대한 경우, 전차인이 사용의 편익을 위하여 임대인의 동의를 받아 부속시킨 물건이나, 또는 임대인으로부터 매수하였거나 그의 동의를 받아 임차인으로부터 매수한 부속물에 대하여는, 전대차가 종료된 때에 임대인에게 그 부속물의 매수를 청구할 수 있다(647조).

e) 건물 소부분의 전대의 경우 전대의 경우, 임대인의 동의를 받아야 하는 것(629조), 전차인이 직접 임대인에게 의무를 부담하는 것(630조), 임대인과 임차인의 합의로 계약을 종료시키지 못하는 것(631조)은, 임차인이 그 건물의 소부분小部分을 타인에게 사용하게 하는 경우에는 적용하지 않는다(632조).

V. 보증금과 권리금

1. 보증금

(1) 의 의

(ㄱ) 임대차가 성립하면 임차인은 임대차에 따른 여러 의무를 부담한다. 차임을 지급하여야 하고, 계약이나 목적물의 성질에 따라 정해진 용법으로 사용하여야 하며, 반환할 때까지 목적물을 선관주의로써 보존하여야 하고, 임대차가 종료된 때에는 임차물을 원상으로 회복시켜 반환하여야 하는 것이 그러하다. 여기서 임차인이 부담하는 이러한 채무 등을 담보하기 위해 약정에 의해 임차인 또는 제3자가 임대인에게 일정액의 금전을 교부하게 되는데, 이를 「임대차보증금」이라고 한다. (ㄴ) 민법은 임대차에서 이에 관한 규정을 두고 있지 않지만(다만 주택임대차에서는 주택임대차보호법에서 보증금에 관한 규정을 두고 있다(동법 3조의2 · 7조 · 8조 · 12조)), 임대차계약에 부수하여 보증금 약정을 맺는 것이 거래 관행이다.

(2) 효 과

임대차보증금의 효력은 1차적으로 당사자 사이에 맺은 보증금 약정의 내용에 따라 정해질 것이지만, 그러한 약정이 없는 때에는 임대차보증금의 성질에 기초하여 다음과 같은 효력이 생긴다.

a) 기본적 효력 임대차보증금은 임대차관계가 종료되어 임차인이 목적물을 임대인에게 인도할 때까지 임대차관계에서 생긴 임차인의 모든 채무를 담보한다.

도 해지로써 전차인에게 대항할 수 있고, 그 해지의 의사표시가 임차인에게 도달하는 즉시 임대차관계는 해지로 종료된다(대판 2012. 10. 11, 2012다55860).

b) 보증금에서 공제 여부 (ㄱ) (상술한) 임대차에서 임차인이 부담하는 여러 채무가 보증금에서 공제될 수 있다. 구체적으로는 연체 차임, 임차인의 의무 위반에 따른 손해배상채무, 원상복구비용 등이 해당된다. 그 밖에, 임대차 종료 후 목적물 반환시까지 임차인이 목적물을 사용하는 경우 임차인은 차임 상당의 부당이득을 취하였고 이것은 보증금에서 공제할 수 있으며(대판 1987. 6. 23, 87다카98), 임대인이 임차인을 상대로 차임 연체로 인한 임대차계약의 해지를 원인으로 임대차 목적물인 부동산의 인도 및 연체 차임의 지급을 구하는 소송비용은 임차인이 부담할 원상복구비용 및 차임 지급의무 불이행으로 인한 것이어서 임대차관계에서 발생하는 임차인의 채무에 해당하므로 임대차보증금에서 공제할 수 있다(대판 2012. 9. 27, 2012다49490). (ㄴ) 임대차보증금이 임대인에게 교부되었더라도 임대인은 임대차관계가 계속되고 있는 동안에는 임대차보증금에서 연체 차임을 충당할 것인지를 자유로이 선택할 수 있으므로, 임대차계약 종료 전에는 연체 차임이 공제 등 별도의 의사표시 없이 임대차보증금에서 당연히 공제되는 것은 아니다(그리고 임대인이 차임 채권을 양도한 경우에는 그러한 공제의 의사표시를 할 권한도 없다)(대판 2013. 2. 28, 2011다49608, 49615). 한편, 임대차보증금은 임대차계약이 종료된 후 임차인이 목적물을 명도할 때까지 발생하는 차임도 담보하기 위하여 교부된 것이므로, 임대차가 종료되었더라도 목적물이 명도되지 않았다면, 임차인은 보증금이 있음을 이유로 연체 차임의 지급을 거절할 수 없다(대판 1999. 7. 27, 99다24881). 따라서 임대인은 보증금으로 충당하지 않고 연체 차임 전액을 청구할 수도 있다. (ㄷ) 한편, 임대차보증금은 임대차에 따른 임차인의 모든 채무를 담보하는 것으로서 그 피담보채무 상당액은 임대차 종료 후 목적물이 반환될 때에 특별한 사정이 없는 한 별도의 의사표시 없이 보증금에서 당연히 공제된다. 그러므로 차임 채권이 양도된 경우에도, 임차인은 그 임대차계약이 종료되어 목적물을 반환할 때까지 연체된 차임 상당액을 보증금에서 공제할 것을 주장할 수 있다(대판 1999. 12. 7, 99다50729; 대판 2015. 3. 26, 2013다77225). (ㄹ) 임대차계약서에 임차인의 원상복구의무를 규정하고 원상복구비용을 임대차보증금에서 공제할 수 있는 것으로 약정하였더라도, 임대인이 원상복구할 의사 없이 임차인이 설치한 시설을 그대로 이용하여 타에 다시 임대하려 하는 경우에는 원상복구비용을 임대차보증금에서 공제할 수 없다(대판 2002. 12. 10, 2002다52657). (ㅁ) 임대차보증금보다 임차인의 채무액이 많은 경우에는 민법 제477조 소정의 법정 변제충당의 순서에 따라야 한다(대판 2007. 8. 23, 2007다21856, 21863).

c) 동시이행의 관계 임대차계약기간이 만료된 경우에 임차인이 임차목적물을 명도할 의무와 임대인이 보증금 중 연체 차임 등 당해 임대차에 관하여 명도시까지 생긴 모든 채무를 청산한 나머지를 반환할 의무는 동시이행의 관계에 있다(대판(전원합의체) 1977. 9. 28, 77다1241, 1242). 그 구체적인 내용은 다음과 같다. (ㄱ) 임대차 종료 후 임차인의 목적물에 대한 점유는 불법점유가 아니어서 불법점유를 전제로 한 손해배상책임은 지지 않는다(대판 1990. 12. 21, 90다카24076). 또 목적물의 반환을 지체하더라도 그 지연에 따른 배상책임을 부담하지 않는다. (ㄴ) 그런데 임대차보증금의 성질상, 임대인은 임차인이 목적물을 인도할 때까지의 임차인의 채무를 임대차보증금에서 공제할 수 있고, 이 공제한 후의 임대차보증금과 목적물의 반환 사이에 동시이행의 관계에 있게 되는 것이므로, 임대차 종료 후 보증금에서 공제되는 것(특히 차임 상당의 부당이득)을 피하기 위해서는

임차인이 사실상 먼저 목적물을 반환할 수밖에 없는 특수성이 있다(참고로 판례는, 임차인이 임차목적물에서 퇴거하면서 그 사실을 임대인에게 알리지 않은 경우에는 임차목적물 명도의 이행제공이 있었다고 볼 수는 없다고 한다(대판 2002. 2. 26, 2001다77697)). (ㄷ) 임대인이 임대차보증금을 반환하거나 이행제공을 하는 등으로 임차인의 동시이행의 항변권이 상실된 경우, 임차인이 목적물의 반환을 거부하면서 하는 점유는 적어도 과실에 의한 점유로서 불법행위를 구성한다(대판 2020. 5. 14, 2019다252042).

d) **보증금 반환청구권에 대한 전부명령과 양도의 경우** (ㄱ) 임차보증금을 피전부채권으로 하여 전부명령이 있을 경우에도 제3채무자인 임대인은 임차인에게 대항할 수 있는 사유로써 전부채권자에게 대항할 수 있는 것이어서, (전부명령 송달시를 기준으로 해서가 아니라) 임차인이 목적물을 반환할 때를 기준으로 그때까지의 채무를 공제한 잔액에 대해서만 전부명령이 유효할 뿐이다(대판 1988. 1. 19, 87다카1315). (ㄴ) 임차인이 다른 사람에게 임대차보증금 반환채권을 양도하고 임대인에게 양도 통지를 하였어도, 채권양도는 그 동일성이 유지되어 임대인은 임차인에게 대항할 수 있는 사유로써 양수인에게 대항할 수 있으므로, 임차인이 임대차 목적물을 인도할 때까지의 임차인의 채무를 임대차보증금에서 당연히 공제할 수 있다(대판 2012. 9. 27, 2012다49490). 한편, 임대차보증금 반환채권의 성질 자체에 내포되어 있는 제한은 채무자가 이의를 달고 승낙하였는지 여부와 무관하게 양수인에게도 미친다. 즉 위 채권을 양도함에 있어서 임대인이 아무런 이의를 달지 않은 채 승낙하였어도, 임차인이 임차목적물을 인도할 때까지의 임차인의 채무를 임대차보증금에서 공제할 수 있다(대판 2002. 12. 10, 2002다52657).

2. 권리금

(1) 의 의

권리금에 관해서는 민법에 규정이 없지만, 임대차에서는 임차보증금 외에 권리금이 따로 지급되는 수가 있다. 권리금은 특정 점포의 영업상의 명성 등의 대가로 지급되는 것이 보통이지만, 그 구체적인 법률관계는 권리금의 지급에 관한 거래 관행과 계약의 해석을 통해 결정하는 수밖에 없다.

(2) 효 력

통상 권리금은 임차권의 양도 또는 전대차에 부수하여 새로운 임차인으로부터만 받을 수 있을 뿐이고 임대인에 대하여는 지급을 구할 수 없다(대판 2000. 4. 11, 2000다4517, 4524). 다만, 임대인이 권리금을 반환하기로 특별히 약정을 맺은 때에는 그에 따른다(대판 1989. 2. 28, 87다카823). 그리고 임대인의 사정으로 임대차계약이 중도 해지됨으로써 당초 보장된 기간 동안의 이용이 불가능해졌다는 등의 특별한 사정이 있을 때에는, 임대인은 임차인에게 권리금 중 잔존기간에 대응하는 금액을 반환하여야 한다(대판 2002. 7. 26, 2002다25013).

사례의 해설 (1) ㈎ 乙은 건물의 소유를 목적으로 丙 소유의 토지를 임차하여 그 지상에 건물을 신축하고 그 소유권보존등기를 하였으므로, 토지 임차권의 등기를 하지 않았더라도, 민법 제622조 1항에 의해 토지 임차권을 제3자에게도 주장할 수 있다. 한편 乙은 토지 임차권이 있는 위 건물을 그의 아내 甲에게 양도하고, 甲 명의로 소유권이전등기가 마쳐졌다. 이러한 건물 소유권의 양도에는 건물의 사용을 위해 필요한 종된 권리인 토지 임차권도 함께 양도한 것으로 볼 수 있는데(100조 2항 참조), 이 경우 丙은 그러한 토지 임차권의 양도에 자신의 동의가 없었음을 이유로 乙과의 토지임대차계약을 해지(629조 2항)할 수 있는지가 문제된다. 그런데 판례는, 임차권의 양도가 임대인에 대해 배신행위가 아닌 특별한 사정이 있는 때에는 예외로 보는데(대판 1993. 4. 13, 92다24950; 대판 1993. 4. 27, 92다45308), 본 사안에서는 토지 임차권의 양수인 甲이 임차인 乙과 부부로서 이미 토지를 사용하여 왔고, 건물의 소유를 목적으로 토지임대차계약을 맺은 경우 임대인은 건물의 부담을 용인한 것이며, 그리고 그 대지에 대한 사용은 임차인이 누구냐에 따라 특별히 달라질 것이 없는 점에서, 민법 제629조의 적용이 제한될 만한 특별한 사정이 있다고 볼 수 있다. 따라서 甲은 丙에게 토지 임차권을 주장할 수 있다고 본다. 그리고 甲은 乙의 제3자에 대한 토지 임차권의 대항력을 승계한 것으로 볼 수 있으므로 제3자에게도 토지 임차권을 주장할 수 있다.

(나) (a) 乙은 丙에게 1차적으로 계약의 갱신을 청구할 수 있고, 丙이 이를 거절한 때에는 그 건물의 매수를 청구할 수 있다(643조). 이것은 형성권으로서 매수청구의 의사표시에 의해 乙과 丙 사이에 건물에 대한 매매 유사의 법률관계가 생긴다. 이 경우 임대차계약은 종료되는 것이므로, 丙은 받은 보증금을 乙에게 반환하여야 한다.

(b) 乙이 토지 임차권의 대항력을 갖춘 경우, 丙 소유의 토지의 승계인 戊에 대해서는 주택임대차보호법 제3조 4항을 유추적용하여 戊가 임대인의 지위를 승계하는 것으로 해석하는 것이 통설이다. 따라서 이후에는 乙과 戊 사이에 임대차관계가 지속되므로, 보증금은 戊가 반환할 의무를 지고 丙은 이를 면한다.

(2) 민법 제626조 소정의 임차인의 비용상환청구권은 임대차계약에 따라 임차인이 임대인에게 갖는 권리이다. 한편 상가 임차인이 대항력을 갖추면 상가건물의 새로운 소유자는 종전 소유자의 임대인으로서의 지위를 승계하지만(상가건물 임대차보호법 3조 2항), 설문에서 F는 대항력을 갖추지 못했으므로, G가 임대인 A의 지위를 승계한 것으로 되지 않는다. 그러므로 F는 G에게 임대차계약에 기초하여 유익비의 상환을 구할 수는 없다. 나아가 전용물소권을 부정하는 판례의 취지(대판 2002. 8. 23, 99다66564, 66571)에 비추어 부당이득을 이유로 그 반환을 구할 수도 없다.

(3) 건물의 소유를 목적으로 한 토지임대차는 이를 등기하지 않은 경우에도 임차인이 그 지상건물에 대해 소유권보존등기를 한 때에는 제3자에 대해 토지임대차의 효력이 생기므로(622조 1항), 甲은 (애초 토지임대차계약의 당사자는 토지 소유자 乙과 임차인 甲이었지만) 토지소유권을 취득한 제3자 丁에 대해서도 토지임대차의 효력을 주장할 수 있다. 한편 건물의 소유를 목적으로 한 토지임대차의 기간이 만료되었는데 그 지상건물이 현존하는 경우, 甲은 丁에게 임대차계약의 갱신을 청구할 수 있고, 丁이 이를 거절하는 경우에는 건물의 매수를 청구할 수 있는데(643조·283조), 이에 반하는 약정을 하더라도 임차인에게 불리한 경우에는 그 약정은 무효이다(652조). 설문에서 丁이 甲을 상대로 지상건물의 철거와 토지의 인도를 청구한 것은 甲의 임대차계약 갱신청구를 거절한 것으로 볼 수 있어, 甲은 丁에게 Y건물의 매수를 청구할 수 있다. 그리고 임대차계약에서 원상회복 약정을 하였더라도 그에 따라 건물을 철거한다는 것은 甲에게 불리한 것이므로 그 약정은 무효이다. 그러므로 甲의 건물 매수청구가 인용되고, 丁의 청구는 기각될 것이다.

(4) 민법 제626조는 임차인의 비용(필요비 · 유익비)상환청구권을 정하고 있지만, 이는 강행규정이 아니어서(652조), 당사자 간의 약정으로 임차인이 이를 포기하는 것으로 정하는 것은 유효한데,

설문과 같은 약정을 한 경우에는 비용상환청구권을 미리 포기한 것으로 볼 수 있다(대판 1995. 6. 30, 95다12927). 한편 임대차계약은 임차인 乙의 해지통지에 따라 적법하게 해지되었으므로(주택임대차보호법 6조·6조의2), 임차인 乙은 X주택을 甲에게 인도할 의무가 있는데, 이는 임대인 甲의 보증금 반환의무와 동시이행의 관계에 있으므로, 甲의 청구에 대해 법원은 상환이행판결(청구 일부 인용)을 하여야 한다. 즉 乙이 주택을 甲에게 인도하는 것과 동시에 甲은 乙에게 (주택을 인도받을 때까지의 차임 등을 공제한) 보증금을 반환하여야 하는 것으로 판결해야 한다.

(5) 乙은 X토지의 임차권을 취득하고 그 지상의 무허가 미등기 건물 Y를 매수하였다. 여기서 乙이 민법 제643조에 따라 Y건물에 대한 매수청구권을 갖는지가 문제되는 사안이다. 첫째, 그 건물은 무허가인 경우에도 적용된다(대판 1997. 12. 23, 97다37753). 둘째, 乙은 Y건물에 대해 소유권이전등기를 하지 못했더라도 임대인 甲에 대해서는 매수청구권을 행사할 수 있다(대판 2013. 11. 28, 2013다48364, 48371). 셋째, 임대인이 아닌 제3자 丙에 대해 매수청구권을 행사하려면, 丙이 임대인 甲의 지위를 승계하거나, 乙이 토지 임차권을 丙에게 대항할 수 있는 경우에만, 乙은 丙을 상대로 Y건물의 매수청구를 할 수 있다(대판 1977. 4. 26, 75다348; 대판 1996. 6. 14, 96다14517). 그런데 乙이 제3자 丙에게 토지 임차권을 대항하려면 토지 임차권을 등기하거나 Y건물에 대해 소유권등기를 하여야 하는데(622조), 이러한 요건을 갖추지 못했으므로, 乙은 丙을 상대로 Y건물의 매수를 청구할 수 없다. 따라서 丙의 乙에 대한 Y건물의 철거, X토지의 인도 청구는 인용될 수 있다.

(6) (가) 乙이 X건물의 인도와 사업자등록을 마쳐 임차권의 대항력을 갖춘 후, 丙이 X건물을 매수한 경우, 丙은 임대인 甲의 지위를 승계한다(상가건물 임대차보호법 3조 1항·2항). 따라서 보증금 반환채무도 승계하여 丙이 乙에게 보증금을 반환하여야 한다. 한편 차임 채권도 승계하지만, 연체 차임 채권은 따로 채권양도의 대항요건을 갖추지 않는 한 승계되지 않는다(대판 2008. 10. 9, 2008다3022). 다만 보증금은 연체 차임 등을 담보하는 것이므로, 승계 이전의 연체 차임이 보증금에서 공제되는 것은 이와는 다른 문제이고, 따라서 乙의 청구는 인용될 수 없다.

(나) 甲은 연체 차임을 보증금에서 공제할 수 있고, 丁은 이러한 성질의 차임 채권을 압류한 것에 지나지 않으므로, 甲은 丁의 압류에도 불구하고 연체 차임을 보증금에서 공제할 수 있다. 따라서 乙의 청구는 인용될 수 없다.

(7) (가) ① 토지임차인의 차임 연체 등 채무불이행을 이유로 임대인이 토지임대차계약을 해지한 때에는 임차인이 계약의 갱신을 청구할 여지가 없으므로, 이를 전제로 하는 2차적인 지상물의 매수청구도 할 수 없다(대판 1997. 4. 8, 96다54249). 토지임대차계약의 해지에 따라 乙이 토지소유권 또는 임대차계약의 종료를 이유로 Y건물의 철거 및 X토지의 인도를 청구한 것은 인용된다. ② 乙은 토지 소유자로서 Y건물의 철거를 구할 수 있고(214조), 그 일환으로 丙이 Y건물에서 퇴거할 것을 구할 수 있다. 한편, 계약의 종료 등으로 인한 부당이득 반환관계는 계약의 당사자 간에 이루어지는 것이 원칙이다. 즉 乙은 甲에게, 甲은 丙에게 부당이득의 반환을 구할 수 있다. 다시 말하면 다음과 같다. 건물 소유자(甲)와 그 부지 소유자(乙)와의 토지임대차계약이 해지로 종료된 경우, 甲은 토지 위에 있는 건물의 소유자로서 그 부지의 불법점유자이고 따라서 乙에게 차임 상당의 부당이득 반환의무를 부담하고, 건물을 점유하고 있는 건물 임차인(丙)이 부당이득 반환의무를 지는 것은 아니다. 따라서 이 부분에 관해서는 丙의 주장이 타당하다(이 부분 乙의 청구는 기각된다). 참고로 甲은 乙에게 부당이득 반환의무를 부담하는 한도 내에서 손실이 생긴 것이고, 丙은 그에 상응하는 이익을 얻고 있는 것이므로, 甲은 丙에게 부당이득반환을 구할 수 있다(대판 1994. 12. 9, 94다27809).

(나) 丙은 창고 문을 닫고 영업을 하고 있지 않아 실질적으로 이익을 얻은 바가 없어 부당이득에서 수익이 있다고 보기 어렵고(대판 1984. 5. 15, 84다카108), 보증금 반환과 건물의 인도는 동시이행의 관계에 있어 건물을 인도하지 않는 것에 위법성이 없어 불법행위도 성립하기 어렵다. 丙의 청구가 타당하고, 甲의 주장 중 동시이행의 부분만 인용될 수 있다.

(8) (ㄱ) 토지 임차권이 있는 건물에 대한 저당권은 그 임차권에도 효력이 미치므로(358조), 丙은 경락에 의해 Y건물의 소유권과 X토지의 임차권을 취득한다. 그런데 丙이 경매를 통해 A가 가졌던 X토지에 대한 임차권을 취득하는 것은 임차권의 양도 · 양수에 해당하여 민법 제629조가 적용된다는 것이 판례의 견해이다(대판 1993. 4. 13, 92다24950). (ㄴ) 그러므로 甲은 자신의 동의 없이 A가 X토지의 임차권을 丙에게 양도한 것을 이유로 A와의 X토지 임대차계약을 해지할 수 있다. 甲이 丙을 상대로 Y건물의 철거와 X토지의 인도를 청구한 것은 인용될 수 있다. (ㄷ) 토지임차인은 민법 제643조 소정의 요건에 따라 건물매수청구권을 행사할 수 있지만, 그것은 임대인이 계약의 갱신을 거절한 것을 전제로 하는 것인데, 甲이 민법 제629조에 따라 토지 임대차계약을 해지한 경우에는 丙이 계약의 갱신을 청구할 여지가 없으므로, 이를 전제로 하는 2차적인 건물 매수청구도 할 수 없다. 丙의 주장과 항변은 인용될 수 없다. 사례 p. 529

제3 임대차의 종료

I. 임대차의 종료원인

1. 존속기간의 만료

임대차기간을 약정한 때에는 그 기간의 만료로 임대차는 종료된다.

2. 해지통고

(ㄱ) 임대차기간을 약정하지 않은 경우에는 당사자는 언제든지 계약 해지를 통고할 수 있고, 상대방이 그 통고를 받은 날부터 일정 기간이 지나면 해지의 효력이 생긴다(635조). 임대차기간을 약정했을 때에도 당사자 일방이나 쌍방이 그 기간 내에 해지할 권리를 유보한 경우에는 위와 같다(636조). (ㄴ) 임대차기간을 약정한 때에도, 임차인이 파산선고를 받은 경우에는 임대인이 차임을 받는 데 문제가 있으므로 '임대인'에게 계약해지권을 인정한다. 한편 임차인이 파산선고를 받은 점에서 '파산관재인'에게도 계약해지권을 인정한다(637조). 임차인이 파산선고를 받았다고 하여 당연히 임대차가 종료되는 것은 아니며, 임대인이나 파산관재인이 해지통고를 한 때에, 그리고 제635조에서 정하는 일정 기간이 지난 때에 해지의 효력이 생긴다(637조 1항). 이러한 해지통고는 파산선고라는 특수한 사유에 기인한 것이므로 각 당사자는 상대방에게 손해배상을 청구하지는 못한다(637조 2항).

3. 해 지

다음의 경우에는 임대차계약을 해지할 수 있으며, 상대방에게 그 의사표시가 도달한 때에 효력이 생긴다. 즉 ① 임대인이 임차인의 의사에 반해 보존행위를 하고 임차인이 그로 인해 임차의 목적을 달성할 수 없는 때(625조), ② 임차물의 일부가 임차인의 과실 없이 멸실된 경우에 그 남은 부분으로 임차의 목적을 달성할 수 없는 때(627조 2항), ③ 임차인이 임대인의 동의 없이 그 권리를 양도하거나 임차물을 전대한 때(629조 2항), ④ 차임 연체액이 2기의 차임액에 이른 때(640조·641조), ⑤ 그 밖에 매도인의 담보책임 규정이 준용되는 때이다(가령 임대차에서 수량 부족의 경우)(567조, 574조).

4. 기 타

(ㄱ) 임대인 지위의 양도와 임차인의 해지: A는 그 소유 부동산을 임대차기간 5년, 임차보증금 5억원에 B에게 임대하였고, B는 임차보증금 반환채권을 담보받기 위해 위 부동산에 채권최고액을 5억원으로 하는 근저당권등기를 마쳤다. 그 후 위 임대차기간 중 A는 위 부동산을 C에게 매도하면서, 위 임대차보증금 반환채무를 비롯하여 A의 임대인으로서의 지위를 C가 승계하기로 약정하였다. 그러자 B는 그처럼 임대인으로서의 지위 양도에 자신의 동의가 없었음을 들어 계약 위반을 이유로 A와의 임대차계약을 해지하고 A에게 임대차보증금의 반환을 청구하였다. 그런데 A가 이에 응하지 않자 위 근저당권에 기해 경매를 신청한 것인데, 대법원은 다음의 두 가지 이유를 들어 적법하다고 보았다. 「① 임대차계약에 있어 임대인의 지위의 양도는 임대인의 의무의 이전을 수반하는 것이지만, 임대인의 의무는 임대인이 누구인가에 의하여 이행방법이 특별히 달라지는 것은 아니고, 목적물의 소유자의 지위에서 거의 완전히 이행할 수 있으며, 임차인의 입장에서 보아도 신 소유자에게 그 의무의 승계를 인정하는 것이 오히려 임차인에게 훨씬 유리할 수도 있으므로 임대인과 신 소유자와의 계약만으로써 그 지위를 양도할 수 있다. ② 이 경우에 임차인이 원하지 아니하면 임대차의 승계를 임차인에게 강요할 수는 없는 것이어서, 스스로 임대차를 종료시킬 수 있어야 한다는 공평의 원칙 및 신의성실의 원칙에 따라 임차인이 곧 이의를 제기함으로써 승계되는 임대차관계의 구속을 면할 수 있고, 임대인과의 임대차관계도 해지할 수 있다」(대결 1998. 9. 2, 98마100). (ㄴ) 임대차의 당연 종료: 「임대차에서는 임대인이 그 목적물에 대한 소유권 기타 이를 임대할 권한이 있을 것을 성립요건으로 하지 아니하므로, 임대차계약이 성립된 후 그 존속기간 중에 임대인이 임대차 목적물에 대한 소유권을 상실한 사실 그 자체만으로 바로 임대차에 직접적인 영향을 미친다고 볼 수는 없지만, 임대인이 임대차 목적물의 소유권을 제3자에게 양도하고 그 소유권을 취득한 제3자가 임차인에게 그 임대차 목적물의 인도를 요구하여 이를 인도하였다면, 임대인이 임차인에게 임대차 목적물을 사용·수익케 할 의무는 이행불능이 되었다고 할 것이고, 이 경우 임대차는 당사자의 해지의 의사표시를 기다릴 필요 없이 당연히 종료되었다고 볼 것이지, 임대인의 채무가 손해배상채무로 변환된 상태로 채권·채무관계가 존속한다고 볼 수 없다」(대판 1996. 3. 8, 95다15087). (ㄷ) 등기된 임차권의 담보권적 권능: 「등기된 임차권에는 용익권적 권능 외에 임차보증금 반환채권에 대한 담보권적 권능이 있고, 임대차기간이 종료되면 용익권적 권능은 임차권등기의 말소등기 없이도 곧바로 소멸되지만 담보권적 권능은 곧바로 소멸되지 않는다고 할 것이어서, 임차인은 임대차기간이 종료된 후에도 임차보증금을 반환받기까지는 임대인이나 그 승계인에 대하여 임차권등기의 말소를 거부할 수 있다고 할 것이고, 따라서 임차권등기가 원인 없이 말소된 때에는 그 방해를 배제하기 위한

청구를 할 수 있다」(대판 2002. 2. 26, 99다67079).

Ⅱ. 임대차 종료의 효과

임대차는 계속적 계약으로서 그 종료의 효과는 장래에 대하여 생길 뿐이다(550조 참조). 임대차가 종료되면 임차인은 목적물을 원상으로 회복하여 임대인에게 반환하여야 한다.[1]

제 4 특수한 임대차

Ⅰ. 일시 임대차 一時 賃貸借

(ㄱ) 민법은 임대차의 최단존속기간을 정하고 있지 않으므로 단기간의 임대차가 성립하는 데 문제는 없다. 그런데 민법 제628조(차임증감청구권) · 제638조(해지통고의 전차인에 대한 통지) · 제640조(차임 연체와 해지) · 제646조(임차인의 부속물매수청구권) · 제647조(전차인의 부속물매수청구권) · 제648조와 제650조(법정질권) · 제652조(강행규정) 등은 모두 임대차의 존속기간이 어느 정도 장기임을 전제로 하는 규정들이다. 따라서 일시적으로 사용하기 위한 임대차나 전대차에 관해서는 위 규정들은 적용되지 않는다(653조). (ㄴ) 어느 경우가 일시 임대차에 해당하는지는 사회통념에 따라 결정하여야 할 것이지만, 보통 호텔이나 여관 등에 숙박하는 경우 이에 해당한다(대판 1994. 12. 8, 93다43590).

Ⅱ. 채권적 전세 (미등기전세)

1. 의 의

현행 민법이 제정되기 전에 관습상 채권적 전세가 이용되어 왔다. 이것은 건물의 시가의 절반 정도를 전세금으로 일시에 교부하고, 그 전세금의 이자를 차임에 충당하며, 전세기간이 만료하면 이를 반환하는 것을 내용으로 하였다. 이러한 채권적 전세를 등기와 결부하여 물권으로 편성, 신설한 것이 '전세권'이다(303조~319조). 따라서 연혁적으로는 채권적 전세에서 전세권으로 발전한 것이지만, 그 요건으로서 전세권등기가 일반적으로 행하여지지는 않고 그래서 등기를 하지 않은 '채권적 전세'가 많이 이용되고 있다.

2. 효 력

(ㄱ) 채권적 전세는 전세권의 내용을 담고 있지만, 등기를 하지 않은 점에서 전세권으로 취

1) 판례: 「임대차 종료로 인한 임차인의 원상회복의무에는 임차인이 사용하고 있던 부동산의 점유를 임대인에게 이전하는 것은 물론 임대인이 임대 당시의 부동산 용도에 맞게 다시 사용할 수 있도록 협력할 의무도 포함되고, 따라서 임대인 또는 그 승낙을 받은 제3자가 임차건물 부분에서 다시 영업허가를 받는 데 방해가 되지 않도록 임차인은 임차건물 부분에서의 영업허가에 대하여 폐업신고절차를 이행할 의무가 있다」(대판 2008. 10. 9, 2008다34903).

급할 수는 없다. 한편 전세금을 일시에 교부하고 따로 차임을 지급하지 않는 점에서 임대차와도 구별된다. 그런데 종래부터 판례는 채권적 전세를 일종의 임대차계약으로 파악하고 있다(대판 1955. 12. 7, 4287민상236). 따라서 임대차에 관한 규정 중에서 등기 또는 차임에 관한 규정을 제외하고는 원칙적으로 채권적 전세에도 유추적용되는 것으로 해석한다. 채권적 전세에서 당사자 일방의 목적물 명도의무와 다른 일방의 전세금 반환채무는 동시이행의 관계에 있다(대판 1976. 10. 26, 76다1184). (ㄴ) '주택'에 대한 채권적 전세(미등기전세)에 관하여는 주택임대차보호법이 준용되며, 이 경우 전세금은 임대차보증금으로 본다(동법 12조).

제3항 특별법상의 임대차

제1 「주택임대차보호법」에 의한 임대차

'주거용 건물(주택)의 임대차'에 관하여 민법에 대한 특례를 규정함으로써 국민 주거생활의 안정을 보장하기 위해 「주택임대차보호법」(1981년 법 3379호)이 제정되었고, 그 후 수차례에 걸친 개정을 통해 현재 본문 40개 조문으로 구성되어 있다. 주택의 임대차에 관해서는 동법이 민법에 우선하여 적용되는데, 민법에 대한 특례로서 정하는 내용은 다음과 같다.

Ⅰ. 적용범위

1. 동법은 다음의 경우에 적용된다. 즉 (ㄱ) 주택의 '전부'나 '일부'를 임대차하는 경우이다(동법 2조 1문). (ㄴ) 임차주택의 일부가 주거 외의 목적으로 사용되는 경우에도 동법이 적용된다(동법 2조 2문). 예컨대 가게와 방 한 칸이 딸려 있는 주택의 일부를 임차하여 영업을 하면서 그 방 한 칸에서 주거생활을 하는 경우(즉 주거 겸 영업)에 동법이 적용된다. 그러나 거꾸로 '비주거용 건물의 일부를 주거의 목적으로 사용'하는 경우에는 동법이 적용되지 않는다. 즉 여관의 방 하나를 내실로 사용하거나, 다방에 방 두 개가 딸린 경우에 그 방을 주거용으로 사용하더라도, 그것은 비주거용 건물의 일부를 주거용으로 활용하는 것에 불과하므로 그 여관이나 다방 건물은 주택에 해당하지 않는다(대판 1987. 4. 28, 86다카2407; 대판 1996. 3. 12, 95다51953). (ㄷ) 주택에 대한 임대차가 아닌 '등기하지 않은 전세계약'에 관하여도 동법은 준용된다(동법 12조). (ㄹ) 주택임대차보호법에서 등기한 주택일 것을 적용대상으로 규정하고 있지 않으므로, 주택에 해당하는 이상 미등기 주택의 경우에도 동법이 적용된다(대판(전원합의체) 2007. 6. 21, 2004다26133). 그리고 건물등기부상 '건물 내역'을 제한하고 있지도 않으므로, 점포 및 사무실로 사용되던 건물에 근저당권이 설정된 후 그 건물이 주거용 건물로 용도 변경되어 이를 임차한 소액임차인에게도 동법이 적용된다(따라서 동법 제8조에 의해 보증금 중 일정액을 근저당권자보다 우선하여 변제받을 권리가 있다)(대판 2009. 8. 20, 2009다26879). (ㅁ) 건물의 임대차에는 통상 그 부지 부분의 이용을 수반하는 점과 동법 제3조의2 제2항 및 제8조 3항의 규정 취지상, 주택의 '대지'도 동법의 적용대상이 된다(대판 1996. 6. 14, 96다7595). (ㅂ) 주택에 대해 민법(621조)에 의한 임

대차등기를 한 경우, 주택임대차(특히 임차권등기명령에 의해 임차권등기가 마쳐진 경우)에 인정되는 대항력과 우선변제권에 관한 규정이 준용된다(동법 3조의4). (ㅅ) 주택임대차에 대해서는 대항력과 우선변제권이라는 대세적 효력이 부여되므로, 임대인은 주택의 소유자나 주택에 대해 적법한 임대권한을 가진 자에 한해 주택임대차보호법이 적용된다(대판 1995. 10. 12, 95다22283). ① 매매계약의 이행으로 매매목적물을 인도받은 매수인은 그 물건을 사용 · 수익할 수 있는 지위에서 그 물건을 타인에게 적법하게 임대할 권한이 있어 이에 해당한다(대판 2008. 4. 10, 2007다38908, 38915; 대판 2012. 7. 26, 2012다45689). ② 甲이 임의경매절차에서 최고가 매수 신고인의 지위에 있던 乙과 주택임대차계약을 체결한 후 주택을 인도받아 전입신고를 마치고 임대차계약서에 확정일자를 받았는데, 다음 날 乙이 매각대금을 완납하고 丙에게 근저당권설정등기를 마쳐준 사안에서, 乙은 최고가 매수 신고인이라는 것 말고는 임대차계약 당시 적법한 임대권한이 없어, 甲은 주택임대차보호법상의 임차인이 되지 못하여 보증금에 대해 우선변제권을 갖지 못한다고 보았다(대판 2014. 2. 27, 2012다93794).[1]

2. 다음의 경우에는 동법이 적용되지 않는다. (ㄱ) 주택의 '사용대차'에는 적용되지 않는다. '일시사용을 위한 임대차'도 마찬가지이다(동법 11조). (ㄴ) 동법 제1조의 규정상 동법은 자연인인 서민들의 주거생활의 안정을 보호하려는 취지에서 제정된 것이고, 법인은 동법이 정하는 대항요건인 주민등록을 갖출 수 없는 점에서, 동법은 원칙적으로 '법인'에는 적용되지 않는다(대판 1997. 7. 11, 96다7236; 대판 2024. 6. 13, 2024다215542)(다만, 주택도시기금을 재원으로 하여 전세임대주택을 지원하는 법인이 주택을 임차한 후 지방자치단체나 그 법인이 선정한 입주자가 그 주택을 인도받고 주민등록을 마치거나, 중소기업에 해당하는 법인이 소속 직원[2]의 주거용으로 주택을 임차한 후 그 법인이 선정한 직원이 해당 주택을 인도받고 주민등록을 마쳤을 때에는, 각각 그 법인에 대해 동법을 준용한다(동법 3조 2항 및 3항 · 3조의2 제1항)). (ㄷ) 임대차는 임차인으로 하여금 목적물을 사용 · 수익하게 하는 것이 계약의 기본 내용이므로, 채권자가 주택임대차보호법상의 대항력을 취득하는 방법으로 기존 채권을 우선변제 받을 목적으로, 주택임대차계약의 형식을 빌려 기존 채권을 임대차보증금으로 하기로 하고 주택의 인도와 주민등록을 마침으로써 주택임대차로서의 대항력을 취득한 것처럼 외관을 만들었을 뿐, 실제 주택을 주거용으로 사용 · 수익할 목적을 갖지 않는 계약은, 주택임대차계약으로서는 통정허위표시에 해당되어 무효라고 할 것이므로, 이에 주택임대차보호법이 정하고 있는 대항력을 부여할 수는 없다(대판 2002. 3. 12, 2000다24184, 24191). 그리고 이것은 소액임차인의 경우에도 다를 것이 없다(대판 2001. 5. 8, 2001다14733).

---

1) 甲은 丙에 대해서는 우선할 수 없어, 그 결론은 타당하다. 다만 乙은 그 다음 날 매각대금을 완납하여 주택 소유권을 취득하여 처분권한의 흠은 치유되었으므로, 그 다음 날부터 甲은 주택임차권의 대항력과 우선변제권을 취득한다고 볼 수 있다(丙의 근저당권에는 우선하지 못하지만 후순위 주택임차인으로서)(양창수 · 김형석, 권리의 보전과 담보(제4판), 634면).

2) 여기서의 '직원'은, 그 법인에서 근무하는 사람 중 법인등기사항증명서에 대표이사 또는 사내이사로 등기된 사람을 제외한 사람을 말한다(대판 2023. 12. 14, 2023다226866).

Ⅱ. 주택임차권의 대항력對抗力

사례 (1) 甲은 A로부터 1억 5,000만원을 차용하면서 이를 담보하기 위하여 자기 소유의 대지와 그 지상 주택, 그리고 친구인 乙, 丙 소유의 각 아파트에 공동저당권을 설정하였다. 그 후 甲은 B로부터 5,000만원을 차용하면서 자기 소유의 대지와 그 지상 주택에 2순위 저당권을 설정하여 준 다음, 위 주택을 철거하고 그 자리에 2층 상가를 신축하였는데, 신축 상가에 대해서 A나 B에게 저당권을 설정하여 주지는 않았다. 乙 소유의 위 아파트에 A 명의의 저당권이 설정되기 전에 이미 乙과 D 사이에 임대차계약이 체결되어 D가 주민등록을 마치고 위 아파트를 인도받아 거주하고 있었는데, D는 가족과 함께 乙 소유의 아파트에 계속 거주하면서 직장 관계로 그 가족의 주민등록은 그대로 둔 채 자신의 주민등록만 직장 근처로 옮겼다. 그 후 저당권자인 A가 경매를 신청하여, 乙 소유의 위 아파트가 제3자에게 낙찰되었을 경우, D는 위 아파트를 낙찰받은 새로운 소유자에게 자신의 임차권으로 대항할 수 있는가? (10점)(제51회 사법시험, 2009)

(2) 1) 甲은 2012. 1. 30. 乙에게 X주택을 임대차보증금 1억원, 임대차기간 2012. 2. 1.부터 2014. 1. 31.까지, 월 차임 100만원으로 정하여 임대하였다. 乙은 2012. 2. 1. 임대차보증금 1억원을 지급함과 동시에 X주택을 인도받고 같은 날 전입신고를 마쳤다. 乙은 X주택에 계속하여 거주하고 있다. 甲의 채권자 A는 2012. 1. 10. X주택에 제1순위로 근저당권설정등기를 마쳤고, 다른 채권자 B는 2012. 2. 2. 오후 제2순위로 근저당권설정등기를 마쳤다. A는 2015. 12. 1. 甲으로부터 채무를 모두 변제받았는데 그 명의의 근저당권설정등기는 말소되지 않았다. 한편, B는 甲이 채무를 변제하지 않자 2016. 1. 경 근저당권 실행을 위한 경매신청을 하였고, 위 경매절차에서 丙은 2016. 5. 1. 매각대금을 완납하고 같은 날 소유권이전등기를 마쳤다. 2) 丙은 2016. 6. 1. 乙을 상대로 X주택의 인도를 구하는 소를 제기하였고, 이에 대해 피고(乙)는 ① 자신은 대항력이 있고, ② 현재 임대차 관계가 존속하고 있다고 다투었으며, ③ 예비적으로 보증금 반환채권과 동시이행의 항변을 하였다. 법원은 어떠한 판단을 하여야 하는지 결론과 논거를 기재하시오. (20점)(2017년 제6회 변호사시험)

해설 p. 563

주택임대차보호법 제3조〔대항력 등〕 ① 임대차는 그 등기가 없는 경우에도 임차인이 주택의 인도와 주민등록을 마친 때에는 그 다음 날부터 제3자에 대하여 효력이 생긴다. 이 경우 전입신고를 한 때에 주민등록이 된 것으로 본다. ④ 임차주택의 양수인(그 밖에 임대할 권리를 승계한 자를 포함한다)은 임대인의 지위를 승계한 것으로 본다. ⑤ 이 법에 따라 임대차의 목적이 된 주택이 매매나 경매의 목적물이 된 경우에는 민법 제575조 제1항 · 제3항 및 같은 법 제578조를 준용한다. ⑥ 제5항의 경우에는 동시이행의 항변권에 관한 민법 제536조를 준용한다.

1. 대항력의 요건

민법은 부동산 임대차에 관해 이를 등기한 때부터 제3자에 대하여 효력이 생기는 것으로 규정하지만(621조 2항), 주택 임대차의 경우에는 본조에 따라 주택의 인도와 주민등록만으로,[1] 또

1) 판례: 「주택임차인이 대항력을 갖는지 여부는 동조 소정의 요건, 즉 임대차계약의 성립, 주택의 인도, 주민등록의 요건을 갖추었는지에 따라 결정되는 것이므로, 임대차계약의 당사자가 기존 채권을 임대차보증금으로 전환하여 임대차계약을 체결하였다는 사정만으로 임차인이 동조 소정의 대항력을 갖지 못한다고 볼 수는 없다」(대판 2002. 1.

그 다음 날부터 제3자에 대해 효력이 생기는 점에서 다르다.

(1) 주택의 인도

주택의 인도는 주택의 점유, 즉 주택에 대한 사실상의 지배를 이전하는 것으로서, 그 인도에는 현실의 인도뿐만 아니라, 간이인도, 반환청구권의 양도 및 점유개정도 포함된다고 보는 것이 판례의 태도이다. 다만 학설 중에는, 점유개정에 의한 인도는 종전 소유자가 그대로 주택을 점유하므로 제3자가 임차권의 존재를 알기 어렵다는 점에서 이를 부인하는 것이 타당하다고 보는 견해가 있다(김증한·김학동, 441면). 그러나 제3자는 인도 외에 주민등록을 통해 그 점유가 임차권을 매개로 하는 것임을 알 수 있으므로, 점유개정을 제외할 이유는 없다고 본다. 다만 그러기 위해서는 주택의 소유권등기가 종전 소유자에서 다른 사람 앞으로 이전될 것을 필요로 한다.[1)]

(2) 주민등록

주민이 거주지를 이동하면 전입신고·주민등록표의 이송·주민등록표의 정리 및 작성의 순서로 주민등록절차가 진행되므로(주민등록법 14조), 전입신고를 하더라도 주민등록이 되기까지는 시간적 간격이 있고, 그래서 주택임대차보호법은 그 보호의 공백을 메우기 위해 전입신고를 한 때에 주민등록이 된 것으로 본다고 정하였다(동법 3조 1항 2문).

〈판 례〉 (ㄱ) 대항력을 갖는 경우: ① 주민등록이 임차인의 의사에 의하지 않고 제3자에 의해 임의로 이전된 경우(대판 2000. 9. 29, 2000다37012), ② 임차인이 가족과 함께 살면서 그 가족의 주민등록은 남겨 둔 채 임차인만 일시적으로 주민등록을 다른 곳으로 옮기거나, 임차인의 처가 주민등록을 한 경우(대판 1989. 1. 17, 88다카143; 대판 1987.10. 26, 87다카14), ③ 임차인이 임대인의 승낙을 얻어 전대를 하고 전차인 자신이 주민등록을 한 경우(이 때는 임차인이 대항력을 갖는다. 그런데 전차인이 실제 살면서도 임차인 자신이 주민등록을 한 때에는 그것은 주민등록법상 적법한 것이 아니어서 임차인은 대항력을 취득할 수 없다)(대판 1988. 4. 25, 87다카2509; 대판 1994. 6. 24, 94다3155; 대판 2007. 11. 29, 2005다64255; 대판 2001. 1. 19, 2000다55645), ④ 주택의 공동임차인 중 1인이 대항력을 갖춘 경우(대판 2021. 10. 28, 2021다238650).

(ㄴ) 대항력을 갖지 못하는 경우: ① 주민등록이 존속하는 동안에 대항력을 갖는데 주민등록을 일시 퇴거한 경우(대판 1987. 2. 24, 86다카1695), ② 주민등록이 직권 말소된 경우(다만, 이의절차에 따라 회복한 경우에는 소급하여 대항력은 유지되지만, 그 사이 선의의 제3자에 대해서는 대항력을 주장할 수 없다)(대판 2003. 7. 25, 2003다25461), ③ 단독주택의 경우에는 지번만을 신고하여 주민등록을 할 수 있으나, 공동주택의 경우 동 호수 등의 표시 없이 지번만을 신고하여 주민등록을 하거나 신고한 동 호수가 공부상 표시와 일치하지 않는 경우(대판 1998. 1. 23, 97다47828; 대판 1995. 4. 28, 94다27427; 대판 1996. 2. 23, 95다48421; 대판 1995. 8. 11, 95다177), ④ 주민등록에 의하여 표상되는 점유관계가 임차권을 매개로 하는 점유임을 제3자가 인식할 수 없는 경우(주택을 매도한 후 매도인 명의로 소유권등기가 남아 있는 상태에서 임차인 자격으로 계속 거주하고 주민등

8, 2001다47535).

1) 판례: 「A가 그 소유 주택에 대해 소유권등기를 하고 주민등록까지 마친 후 이에 거주하다가, 그 주택을 B에게 매도하면서 동시에 임차인 자격으로 계속 거주하기로 약정한 경우, 점유개정에 의한 인도로써 주택의 인도가 이루어진 것으로 본다. 다만 B 앞으로 소유권이전등기가 이루어지기 전까지는 A의 주민등록이 소유권 아닌 임차권을 매개로 하는 점유임을 알기 어려우므로, B 앞으로 소유권이전등기가 된 때에 비로소 A의 주민등록은 임차권의 대항력을 인정받는 공시방법으로서 효력을 갖추게 된다」(대판 1999. 4. 23, 98다32939).

록이 되어 있는 경우)(대판 1999. 4. 23, 98다32939).

2. 대항력의 발생시기

임차인이 주택의 인도와 주민등록을 마친 때에는 그 '다음 날'부터 제3자에 대하여 임대차의 효력이 생긴다(동법 3조 1항 1문). 그 이유는, 주택에 대해 동법에 의한 임차권의 대항력과 제3자의 민법에 의한 임차권의 등기가 같은 날 이루어진 경우에 그 선후관계를 정하는 것이 곤란하기 때문에, 그 다음 날부터 대항력을 가지는 것으로 정한 것이다(대판 1997. 12. 12, 97다22393). 즉 그 다음 날 오전 0시부터 대항력을 취득한다(대판 1999. 5. 25, 99다9981). 따라서 임차인의 주택의 인도 및 주민등록과 그 주택에 대한 제3자의 저당권등기가 같은 날 이루어진 경우에는 제3자의 저당권이 우선한다(그러나 저당권등기가 그 다음 날 이루어진 경우에는 임차권이 우선한다).

3. 대항력의 내용

임차권은 채권으로서 계약의 당사자인 임차인이 임대인에 대해 그 효력을 갖는 것이지만, 임차권의 대항력을 갖춘 경우에는 제3자에 대해서도 효력이 생긴다(동법 3조 1항). 주택의 양수인, 주택에 대한 저당권자나 압류채권자 등이 제3자에 속하는데, 이를 나누어 설명한다.

(1) 양수인에 대한 관계

a) 임대인 지위의 승계 (ㄱ) 임차인은 임차주택의 양수인에 대해 임차권을 주장할 수 있다. 한편, 동법은 (임차인을 보호하기 위해) 임차주택의 양수인 그 밖에 임대할 권리를 승계한 자(예: 상속 · 경매 등으로 임차물의 소유권을 취득한 자)는 임대인의 지위를 승계한 것으로 본다(동법 3조 4항).[1] 구체적인 내용은 다음과 같다. ① 미등기 주택을 매수한 자, 신탁법에 따라 주택을 담보 목적으로 신탁 받은 수탁자, 임차인이 대항력을 취득한 후 임대인과의 매매계약 해제로 소유권을 회복한 제3자는 임대인의 지위를 승계한다(대판 1987. 3. 24, 86다카164; 대판 2002. 4. 12, 2000다70460; 대판 2003. 8. 22, 2003다12717[2]). 매도인이 악의인 계약명의신탁에서 명의수탁자로부터 명의신탁의 목적물인 주택을 임차하여 대항요건을 갖춘 임차인이 생긴 후, 명의수탁자의 등기가 무효여서 말소됨으로써 소유권을 회복하게 된 매도인으로부터 다시 소유권이전등기를 마친 명의신탁자도 임대인의 지위를 승계한다(대판 2022. 3. 17, 2021다210720). 반면, 주택에 대한 양도담보권자는 위 규정상의 양수인에 해당하지 않는다(대판 1993. 11. 23, 93다4083). ② 임대인은 임대차관계에서 이탈하고 양수인 등이 임대인의 지위를 당연 승계한다. 따라서 임차보증금 반환채무도 일체로서 양수인에게 이전되며, 종전 임대인은 그 채무

---

1) 임대차에서 임대인 지위의 양도는 임대인의 의무의 이전을 수반하는 것이지만, 임대인의 의무는 임대인이 누구인가에 의하여 이행방법이 특별히 달라지는 것은 아니고 목적물 소유자의 지위에서 거의 완전히 이행할 수 있으며, 목적물의 신 소유자(양수인)에게 임대인의 의무의 승계를 인정하는 것이 임차인에게도 유리할 수 있다는 점이 고려된 것이다. 특히 주택 임대차에서는 주택의 경매대금에서 임차인이 대항력의 순위에 따라 우선변제를 받을 수 있어 특별히 불리하지 않은 점도 고려된 것이다.

2) 이 판결에 대해서는, 상대방의 채무불이행을 이유로 매매계약 등을 해제함으로써 법률에 의하여 목적물의 소유권을 회복한 사람이 주택임대차보호법 제3조 2항 소정의 「임차주택의 양수인」에 해당하는지 의문을 제기하는 견해가 있다(양창수, "2003년 민사판례 관견", 인권과 정의(2004. 4.), 71면).

를 면한다(대판 1994. 3. 11, 93다29648; 대판 1996. 2. 27, 95다35616). 주택 양수인이 임차인에게 임차보증금을 반환하였다고 하더라도, 이는 자신의 채무를 변제한 것이므로, 양도인의 채무를 대위변제한 것이라거나 양도인이 부당이득을 한 것도 아니다(대판 1993. 7. 16, 93다17324). ③ 승계 시점부터 차임 채권도 승계한다. 그러나 이미 발생한 연체 차임 채권은 따로 채권양도의 요건을 갖추지 않는 한 승계되지 않는다(대판 2008. 10. 9, 2008다3022). 다만 승계 이전의 연체 차임이 보증금에서 공제되는 것, 차임 연체로 이미 발생한 해지권이 승계되는 것은 이와는 다른 문제이다. 그 밖에 양수인이 승계하는 임대인의 지위로는, 임차인의 임차보증금 반환채권이 전부명령에 의해 집행채권자에게 이전된 경우의 전부금 지급의무(대판 2005. 9. 9, 2005다23773), 임차인의 임차보증금 반환채권이 가압류된 경우의 제3채무자로서의 지위(대판(전원합의체) 2013. 1. 17, 2011다49523),[1] 임차인이 임차보증금 반환채권에 질권을 설정한 경우의 질권자에 대한 보증금 반환채무(대판 2018. 6. 19, 2018다201610) 등이 있다. (ㄴ) 그러나 이해관계를 가지는 제3자가 발생한 이후에는, 임대인과 임차인이 임대차계약의 내용을 변경하더라도 그것이 양수인에게 불리한 것인 때에는 그와 관련된 권리·의무는 양수인에게 승계되지 않는다. 대항력을 갖춘 임차인이 저당권설정등기 이후에 임대인과의 합의하에 보증금을 증액한 경우, 그 합의로 저당권자에게는 대항할 수 없으므로, 임차인은 건물을 경락받은 소유자의 건물 명도청구에 대해 증액 전 임차보증금의 한도에서만 동시이행을 주장할 수 있다(대판 1990. 8. 14, 90다카11377).

b) 임대차의 종료와 대항력 임대차가 존속기간의 만료 등으로 종료된 후 임대인이 그 목적물을 제3자에게 양도한 경우, 양수인은 임대인의 지위를 승계하는가? 논리적으로는 임대차의 종료로 임대인의 지위도 상실하므로, 양수인은 임대인의 지위를 승계하지 않게 되어 보증금 반환채무도 승계하지 않게 된다. 그러나 이렇게 되면 임차인을 보호한다는 취지가 몰각되므로, 동법은 임대차기간이 끝난 경우에도 임차인이 보증금을 반환받을 때까지는 임대차관계가 존속되는 것으로 보아(동법 4조 2항), 대항력이 계속 유지되도록 하였다.

c) 임차인의 지위 양수인이 임대인의 지위를 당연 승계한다는 것은, 한편에서는 임차인에게 애초 임대차계약을 맺은 당사자(임대인)가 아닌 사람과 계약관계를 유지할 것을 강요하는 것이 될 수도 있다. 그래서 판례는 임차인이 그러한 승계를 원하지 않는 경우에는 이의 제기나 해지를 함으로써 그 구속을 피할 수 있는 것으로 본다. 즉, (ㄱ) 임차주택이 임대차기간 만료 전에 경매되는 경우, 임차인은 임대차계약을 해지하고 우선변제를 청구할 수 있는데, 이것은 공평의 원칙 및 신의칙에 근거한 것이므로 해지통고 즉시 효력이 생긴다. 그런데 임차인

---

1) (ㄱ) 주택임대차보호법 소정의 대항력을 갖춘 주택임차인(A)이 임대인(B)에 대해 갖는 보증금 반환채권에 관해 임차인의 채권자(甲)가 채권가압류결정을 받고 동 결정이 B에게 송달되었는데, 그 후 C가 임차주택을 양수한 경우, C가 임대인 B의 지위를 승계하는 것과 관련하여 위 채권가압류결정에서의 제3채무자의 지위도 승계하는지가 문제된 사안이다. 위 판례는, 임대인은 임차인에 대해 보증금 반환채무를 부담하고 있기 때문에 채권가압류의 제3채무자가 된 것이므로, 양도인의 지위가 이전되어 양수인이 보증금 반환채무를 부담하게 된 이상 그가 제3채무자의 지위도 승계하는 것으로 보았다. 즉 제3채무자가 B에서 C로 바뀌게 된다. C가 가압류채권자 甲이 아닌 다른 사람에게 한 변제는 무효로 된다. (ㄴ) 이 판례에 따르면 양수인(C)이 이중변제의 위험을 안게 되는 문제가 있다. 즉 가압류의 당사자가 아니어서 그 사실을 알 수 없는 주택의 양수인은 임차인에게 임대차보증금을 반환할 것인데, 그러나 이는 가압류권자에 대해서는 무효이므로, 나중에 가압류권자가 본집행을 하게 되면 그에게 또 변제를 할 수밖에 없기 때문이다. 다만 양수인의 임차인에 대한 변제가 채권의 준점유자에 대한 변제가 되어 유효한 것으로 될 여지는 있고, 이러한 경우에는 가압류권자가 불이익을 입게 되는 문제가 있다.

이 배당요구를 하는 것은 임대차 해지의 의사표시로 볼 수 있고, 배당요구 사실을 경매법원이 임대인에게 통지하면 결국 임차인의 해지 의사가 경매법원을 통해 임대인에게 도달함으로써 해지의 효력이 생겨 임대차가 종료되는 것이니, 이때부터 임차인에게 보증금의 우선변제권을 인정하여야 한다(대판 1996. 7. 12, 94다37646). (ㄴ) 기간 만료나 당사자의 합의 등으로 임대차가 종료된 상태에서 임차주택이 양도된 경우, 양수인이 임대인의 지위를 승계하는 것을 임차인이 원하지 않는 경우에는, (임차인 보호를 위한 주택임대차보호법의 입법 취지에 비추어) 임차인이 임차주택의 양도 사실을 안 때부터 상당한 기간 내에 이의를 제기함으로써 그 구속에서 벗어날 수 있고, 이 경우 양도인의 임차인에 대한 보증금 반환채무는 소멸되지 않는다(대판 2002. 9. 4, 2001다64615). 한편, 임대인과의 합의에 의하여 임대차계약을 해지하고 임대인으로부터 임대차보증금을 반환받을 수도 있으며, 이 경우 임차주택의 양수인은 임대인의 지위를 승계하지 않는다(대판 2018. 12. 27, 2016다265689).

(2) (양수인 외의) 제3자에 대한 관계

저당권자 · 압류채권자 등과 같은 제3자에 대해서는 주택임차권의 대항력과의 선후를 기준으로 그 우열이 정해진다. 특히 저당권은 경매를 통한 매각으로 모두 소멸되므로(민사집행법 91조 2항), 어느 주택에 대해 1번 저당권등기, 대항력을 갖춘 주택임차권, 2번 저당권등기(또는 제3의 집행채권자의 강제경매신청)의 순으로 되어 있는데, 2번 저당권자의 경매신청으로 매각이 된 경우, 그것은 결과적으로 1번 저당권자에 의해 경매가 이루어진 것과 다를 바 없어, 그 후에 대항력을 갖춘 주택임차권은 소멸된다(그렇지 않고 임차인이 매수인에게 대항할 수 있다고 한다면 부동산의 경매가격은 그만큼 떨어질 수밖에 없고, 이는 임차권보다 선행하는 담보권을 해치는 것이 되어 설정 당시의 교환가치를 담보하는 담보권의 취지에 맞지 않게 된다)(대판 1987. 3. 10, 86다카1718; 대판 1987. 2. 24, 86다카1936). 다만 낙찰인이 소유권을 취득하게 되는 시점인 낙찰대금 지급기일 이전에 선순위 근저당권이 다른 사유로 소멸된 경우에는, 임차권의 대항력은 유지된다(대결 1998. 8. 24, 98마1031).

〈판 례〉 전세권자의 지위와 주택임대차보호법상 대항력을 갖춘 임차인의 지위를 함께 가지는 경우, 그것은 자신의 지위를 강화하기 위한 것이지 원래 가졌던 권리를 포기하고 다른 권리로 대체하려는 것이 아니라는 점에서, 양자는 별개의 것이라는 것이 판례의 기본태도이다. 즉 (ㄱ) 주택임차인으로서 우선변제를 받을 수 있는 권리와 전세권자로서 우선변제를 받을 수 있는 권리는 별개의 것이다(대판 1993. 12. 24, 93다39676). (ㄴ) A가 주택 임대차의 대항력을 갖춘 후 B가 주택에 근저당권 설정등기를 하고, 그 후 A가 주택에 전세권등기를 하였는데 B가 경매신청을 한 사안에서, A의 전세권등기가 경매로 소멸되더라도 A의 주택임차권의 대항력은 존속한다(대판 1993. 11. 23, 93다10552, 10569). (ㄷ) 주택임차인이 대항요건을 상실하면 이미 취득한 주택임대차보호법상의 대항력과 우선변제권을 상실한다(대판 2007. 6. 28, 2004다69741). (ㄹ) 주택에 전세권설정등기를 마친 후 등기부상 새로운 이해관계인이 없는 상태에서 전세권과 같은 내용의 임대차계약을 체결하여 주택임대차보호법상의 대항요건도 갖춘 경우, 전세권자로서 배당요구를 하여 전세권이 매각으로 소멸되었다 하더라도 변제받지 못한 나머지 보증금에 기하여 대항력을 행사할 수 있고, 그 범위 내에서 임차주택의 매수인은 임대인의 지위를 승계한다(대결 2010. 7. 26, 2010마900). (ㅁ) 임차인으로서의 지위에 기하여 경매법원에 배당요구를 한 경우, 배당요구를 하지 아니한 전세권에 관하여는 배당요구가 있는 것으로 볼 수 없다(따라서 그 전세권이 저당권 등에 대항할 수 있는 경우에는, 전세권자가 배당요구를 하지 않는 한 그 전세권은 매수인에게 인수된다(민사집행법 91조 3항·4항)(대판 2010. 6. 24, 2009다40790).

4. 임차주택의 매도인의 담보책임

(ㄱ) 민법 제575조 2항은, 매매의 목적인 부동산에 '등기된 임대차계약'이 있는 경우에는 (선의의) 매수인이 부동산을 사용·수익할 수 없으므로 매도인은 동조 소정의 담보책임을 지는 것으로 정하는데, 이러한 취지는 주택임대차보호법상 (임차권을 등기하지 않았더라도) 임차권의 대항력을 갖춘 경우에도 다를 것이 없어 위 경우에 포함되는 것으로 해석하는 것이 통설이었는데, 주택임대차보호법은 이러한 해석을 명문으로 정하였다. 즉 매매의 대상인 주택에 임차인의 대항력 있는 임차권이 있는 경우, (매도인의 선의의 매수인에 대한 담보책임에 관한) 민법 제575조 1항 및 3항을 준용한다(동법 3조 5항). 한편 임차주택의 경매의 경우에도 마찬가지이므로 민법 제578조를 준용한다(동법 3조 5항). (ㄴ) 위 경우 담보책임의 내용으로서 계약의 해제로 인해 생기는 쌍방의 채무에 관하여는 민법 제536조(동시이행의 항변권)를 준용한다(동법 3조 6항).

사례의 해설 (1) D는 저당권이 설정되기 전에 주택의 인도와 주민등록을 마쳤으므로 제3자에 대해 임차권을 주장할 수 있다(주택임대차보호법 3조 1항). 그리고 가족의 주민등록은 남겨두고 임차인만 일시적으로 주민등록을 다른 곳으로 옮긴 경우에는 주민등록의 이탈이라고 할 수 없어 대항력은 그대로 유지된다(대판 1989. 1. 17, 88다카143). 한편 낙찰자는 임대인의 지위를 승계하고, D는 낙찰자에 대해 임차권을 주장할 수 있다.

(2) 丙은 X주택의 소유권에 기해 乙을 상대로 X주택의 인도를 구하고 있고 이에 대해 乙은 주택임차권이 있음을 이유로 그 인도를 거부하는 것이므로(213조), 乙에게 X주택의 임차권이 있어 이를 丙에게 대항할 수 있는 것인지 살펴보자. ① 乙에 앞서 A 명의의 근저당권이 있었지만 피담보채권의 변제로 근저당권은 부종성으로 인해 당연 소멸되었으므로, 乙에 대해 A의 근저당권은 고려되지 않는다. ② 주택임차인이 주택을 인도받고 전입신고를 마친 때에는 그 다음 날(오전 0시)부터 제3자에 대해 대항력을 가지므로(주택임대차보호법 3조 1항), 乙은 2012. 2. 2. 오후에 경료된 B의 근저당권에 대항할 수 있고, 이 근저당권의 실행에 따른 경락인 丙에게도 대항할 수 있다. ③ 乙의 주택 임대차 기간은 2012. 2. 1.부터 2014. 1. 31.까지이지만, 이후 계약은 묵시적으로 갱신되어 왔고, 이 경우 임대차의 존속기간은 2년으로 보므로(주택임대차보호법 6조), 乙은 X주택의 임차권을 계속 갖게 되고, 이를 임차주택의 양수인 丙에게도 주장할 수 있다(주택임대차보호법 3조 4항). ④ 다만, 이 경우 임차인은 언제든지 임대인에게 계약 해지를 통지할 수 있고, 이 해지는 임대인이 그 통지를 받은 날부터 3개월이 지나면 효력이 발생한다(주택임대차보호법 6조의2). 여기서 乙이 丙을 상대로 보증금의 반환을 구하는 것은 임대차계약 해지의 의사표시를 한 것으로 볼 수 있고, 3개월 후에 효력이 생긴다고 할 수 있다. ⑤ 그런데 임대인의 보증금 반환과 임차인의 목적물 인도는 동시이행의 관계에 있으므로, 丙이 乙을 상대로 주택의 인도를 구한 것에 대해, 법원은 상환이행판결(즉 청구 일부 인용)을 하여야 한다. 즉 乙이 주택을 丙에게 인도하는 것과 동시에 丙은 乙에게 보증금을 반환하여야 하는 것으로 판결해야 한다.

사례 p. 558

Ⅲ. 주택 임대차의 존속기간

1. 임대차기간

(1) (ㄱ) 기간을 정하지 않거나 2년 미만으로 정한 임대차는 그 기간을 2년으로 본다(동법 4조 1항 본문). 따라서 주택 임대차에서는 최소한 2년의 존속이 보장된다(이 경우에도 계약의 해지 사유가 발생하여 임대인이 계약을 해지할 수 있는 것은 별개의 것이다). (ㄴ) 주택임대차보호법은 강행법규이지만, 동법의 규정에 위반된 약정이 모두 무효가 되는 것은 아니고, 임차인에게 불리한 경우에만 무효가 되는 '편면적 강행규정'으로 되어 있다(동법 10조). 따라서 임대차기간을 2년 미만으로 약정하였더라도, 임차인이 이를 원하는 때에는 무효로 할 것이 아니다. 예컨대 임차인이 (2년 미만의) 임대차의 종료를 이유로 임차보증금의 반환을 청구하는 경우에 이는 유효하고, 이때에도 일률적으로 2년을 강제할 것은 아니다(대판 1995. 5. 26, 95다13258). 그래서 1999년 개정에서 이러한 판례의 취지를 반영하여, "임차인은 2년 미만으로 정한 기간이 유효함을 주장할 수 있다"는 규정을 신설하였다(동법 4조 1항 단서).

(2) 한편 임대차기간이 끝난 경우에도 임차인이 보증금을 반환받을 때까지는 임대차관계가 존속되는 것으로 본다(동법 4조 2항). 논리적으로는 임대차가 종료되면 임대인의 지위도 상실하여 제3자가 임대인의 지위를 승계할 수 없으므로 보증금을 다 받지 못한 임차인이 대항력을 잃게 되는 문제가 있어, 이를 해결하기 위해 '법정 임대차' 제도를 도입한 것이다. 그런데 이러한 법정 임대차는 임차보증금의 반환만이 문제되는 특수한 경우로서, 양수인은 언제든지 보증금을 반환함으로써 임대차관계를 종료시킬 수 있는 점에서 계약상의 임대차와는 다르다. 즉 이러한 법정 임대차의 경우에까지 임대차기간이 2년으로 의제되는 것은 아니다.

2. 계약의 갱신

(1) 묵시적 갱신

a) 요 건　(ㄱ)「임대인」이 임대차기간이 끝나기 6개월 전부터 2개월 전까지의 기간에 임차인에게 갱신거절을 통지하지 않거나 계약조건을 변경하지 않으면 갱신하지 않는다는 뜻을 통지하지 않은 경우에는, 그 기간이 끝난 때에 전 임대차와 동일한 조건으로 다시 임대차한 것으로 본다(동법 6조 1항 제1문)(이 경우는 종래의 계약이 계속되는 것이 아니라 별개의 계약이다).「임차인」이 임대차기간이 끝나기 2개월 전까지 통지하지 않은 경우에도 또한 같다(동법 6조 1항 제2문). (ㄴ) 위와 같은 묵시적 갱신은 임차인이 2기의 차임액에 이르도록 연체하거나 그 밖에 임차인으로서의 의무를 현저히 위반한 때에는 적용되지 않는다(동법 6조 3항).

b) 존속기간　묵시적 갱신의 경우, 임대차의 존속기간은 2년으로 본다(동법 6조 2항)(대판 1992. 1. 17, 91다2507 참조). 다만, 동법 제6조 2항에도 불구하고 '임차인'은 언제든지 임대인에게 계약 해지를 통지할 수 있고(동법 6조의2 제1항), 임대인이 그 통지를 받은 날부터 3개월이 지나면 효력이 생긴다(동법 6조의2 제2항).

(2) 계약 갱신 요구

(ㄱ) 동법 제6조 소정의 묵시적 갱신에 따르면, 주택임대인은 임대차기간이 끝나기 6개월 전부터 2개월 전까지 갱신거절을 통지함으로써 임대차를 종료시킬 수 있다. ① 그런데 이러한 경우에도 임차인이 위 기간 이내에 계약 갱신을 요구하면, 임대인은 정당한 사유 없이 거절하지 못한다(동법 6조의3 제1항). ② 다만 다음의 경우에는 임차인은 갱신을 요구할 수 없다(동법 6조의3 제1항 단서). 즉 2기의 차임 연체에 이르는 등 임차인으로서의 의무를 현저히 위반하는 경우, 임대인(임대인의 직계존속 · 직계비속 포함 / 임대인의 지위를 승계하는 임차주택의 양수인 포함(대판 2022. 12. 1, 2021다266631))이 목적 주택에 실제 거주하려는 경우,[1] 그 밖에 서로 합의하여 정당한 보상을 제공하는 경우 등이 그러하다. (ㄴ) 임차인은 이러한 계약 갱신을 1회에 한해 요구할 수 있다. 이 경우 갱신되는 임대차 존속기간은 2년으로 본다(동법 6조의3 제2항). 다만 임차인은 언제든지 임대인에게 계약 해지를 통지할 수 있고, 임대인이 그 통지를 받은 날부터 3개월이 지나면 효력이 생긴다(동법 6조의3 제4항). 이는 계약해지의 통지가 갱신된 임대차계약 기간이 개시되기 전에 임대인에게 도달된 경우에도 같다(대판 2024. 1. 11, 2023다258672). (ㄷ) 갱신되는 임대차는 전 임대차와 동일한 조건으로 다시 계약된 것으로 본다. 다만, 차임과 보증금은 동법 제7조의 범위에서 증감할 수 있다(동법 6조의3 제3항).

Ⅳ. 차임 · 보증금의 증감청구권 등

1. (ㄱ) 약정한 차임借賃이나 보증금이 임차주택에 관한 조세 · 공과금 그 밖의 부담의 증감이나 경제사정의 변동으로 적절하지 않게 된 때에는, 당사자는 장래에 대하여 그 증감을 청구할 수 있다(동법 7조 1항 1문). 그러나 「증액」의 경우에는 일정한 제한이 있다. 즉 약정한 차임 · 보증금의 20분의 1을 초과하지 못하고, 또 임대차계약 또는 약정한 차임 · 보증금의 증액이 있은 후 1년 내에는 증액하지 못한다(동법 7조 1항 2문 · 2항, 동법시행령 8조). (ㄴ) 보증금의 전부나 일부를 월 단위의 차임으로 전환하는 경우에는, 그 전환되는 금액에 다음 각 호 중 낮은 비율을 곱한 월차임의 범위를 초과할 수 없다. ① 은행법에 따른 은행에서 적용하는 대출금리와 해당 지역의 경제 여건 등을 고려하여 대통령령으로 정하는 비율, ② 한국은행에서 공시한 기준금리에 대통령령으로 정하는 이율을 더한 비율(동법 7조의2). (ㄷ) 임차인이 동법 제7조에 따른 증액비율을 초과하여 차임 또는 보증금을 지급하거나 동법 제7조의2에 따른 월차임 산정률을 초과하여 차임을 지급한 경우에는, 초과 지급된 차임 또는 보증금 상당 금액의 반환을 청구할 수 있다(동법 10조의2).

2. 주택임대차보호법 제7조의 규정은 임대차계약의 존속 중 당사자 일방이 약정한 차임 등의 증감을 청구한 때에만 적용되고, 임대차계약이 종료된 후 재계약을 하거나 또는 임대차계약 종료 전이라도 당사자의 합의로 차임 등이 증액된 경우에는 적용되지 않는다(대판 1993. 12. 7, 93다30532).

---

1) 임대인이 목적 주택에 '실제 거주하려는 의사'는 여러 사정을 종합하여 그 진정성을 통상적으로 수긍할 수 있어야 하고, 이에 대한 증명책임은 임대인에게 있다(대판 2023. 12. 7, 2022다279795).

V. 보증금의 회수

사례 (1) 甲 소유의 X토지 위에 있는 甲 소유의 주거용 건물 Y에 대하여 甲의 채권자 A의 신청에 기한 강제경매절차가 진행되었고, 2010. 1. 24. 매수인 乙이 Y건물의 소유권을 취득하였다. 그 후 乙은 Y건물에 대하여 임차인 B와 존속기간은 2년(2010. 5. 1.부터 2012. 4. 30.까지), 임차보증금은 1억 3천만원으로 하는 임대차계약을 체결하였다. B는 임대차기간의 개시일에 주민등록을 이전하고 임대차계약증서상에 확정일자를 갖추어 건물의 해당 부분에 입주하였다. 2012. 8. 11. 乙은 C에 대한 채무 1억원을 담보하기 위하여 C 앞으로 Y건물 위에 저당권을 설정하였다. 그 후 C가 신청한 경매절차에서 Y건물이 D에게 2억원에 매각되고 2014. 1. 10. 매각대금의 완납으로 D가 그 소유권을 취득하였다. 한편 2013. 10. 3. 丁은 乙의 동의를 얻어 B로부터 임차권을 양수하고 입주하면서 같은 날 주민등록의 이전과 임대차계약서상의 확정일자를 갖추었다. 丁이 Y건물의 매각대금에 관하여 가지는 권리를 배당관계와 연계하여 설명하시오. (집행비용 등은 고려하지 않음) (15점)(2015년 제2차 변호사시험 모의시험)

(2) 1) 다세대주택인 X건물의 소유자 甲은 2010. 10. 7. 이 건물의 203호에 입주하고자 하는 乙과 보증금 2억원, 임대차기간 2010. 10. 25.부터 2년으로 하는 임대차계약을 체결하였다. 이 무렵 乙은 위 203호에 이주한 다음 전입신고를 마치고 임대차계약서상의 확정일자도 갖추었다. 2) 乙은 2012. 10. 24. 임대차 기간 만료에 즈음하여 甲에게 자신은 곧 이사를 나갈 것이라고 하면서 임대차보증금의 반환을 요구하였다. 그러나 자력이 부족했던 甲은 乙에게 임대차보증금을 돌려주지 못하고 있었다. 회사 근무지 변경으로 상황이 다급해진 乙은 2012. 11. 30. 丙과 전대차계약을 체결하고, 乙 자신은 다른 곳으로 이주하고 전입신고도 마쳤다. 丙은 2012. 11. 30.경 위 203호에 입주하면서 전입신고를 마치고 거주하여 왔다. 甲은 丙이 乙로부터 위 203호를 전차하여 거주하고 있는 사실을 알게 되어 2013. 5. 경 乙에게 위 임대차의 해지를 통지하였다. 3) 한편 甲은 2011. 12. 10. 丁은행에서 10억원 대출을 받으면서 그 담보로 X건물에 위 은행 앞으로 저당권을 설정해 준 바 있다. 4) 甲이 피담보채무를 변제하지 않자 2013. 10.경 丁은행이 담보권실행을 위한 경매를 신청하였고, 이 경매절차에서 X건물은 10억원에 매각되었다. 乙은 위 임대차보증금 2억원의 배당요구를 하였다. 경매법원은 매각대금을 누구에게 얼마씩 배당하여야 하는가? (30점) (2022년 제3차 변호사시험 모의시험)

해설 p. 572

1. 의 의

주택임차인이 보증금을 회수할 수 있는 방법으로 두 가지가 있다(주택임대차보호법 3조의2). 하나는 임차인이 임대인을 상대로 보증금의 반환을 청구하고, 임대인이 이에 응하지 않는 때에는 보증금 반환청구의 소를 제기하여 확정판결 등 집행권원에 기해 강제경매를 신청하는 것이고, 다른 하나는 임차주택에 대해 다른 채권자에 의해 경매 등이 개시되는 경우에 일정한 요건하에 임차인이 그 권리 순위에 따라 우선변제를 받는 것이다.

2. 집행권원에 기한 강제경매

a) (ㄱ) 임대인이 임대차기간 만료 후 보증금을 반환하지 않는 경우, 다른 채권자에 의해 경

매가 개시되면 임차인은 일정한 요건하에 그 경매에 참여하여 우선변제를 받을 수는 있지만, 임차인의 자격에서 경매를 신청할 권한은 없다. 이때는 임대인을 상대로 보증금 반환청구의 소를 제기하여 확정판결을 받거나 그 밖에 이에 준하는 집행권원에 기해 강제경매를 신청하는 수밖에 없다. (ㄴ) 한편 임차인이 보증금 반환청구권을 신속히 행사할 수 있도록 하기 위해 위 보증금 반환청구소송에 관하여는 「소액사건심판법」 중 다음의 규정을 준용한다(주택임대차보호법 13조). 즉 소의 제기가 있는 경우에 판사는 바로 변론기일을 정하여 되도록 1회의 변론기일로 심리를 마치도록 하고(동법 7조), 판결서에 판결이유를 기재하지 않아도 된다(동법 11조의2).

b) (ㄱ) 임차주택의 명도와 보증금의 반환은 동시이행의 관계에 있기 때문에, 임대인에게 보증금 반환을 청구하려면 임차인이 사실상 먼저 임차주택을 명도하여야만 한다(536조 1항 참조). 특히 민사집행법 제41조 1항은 집행권원에 기초한 집행개시 요건으로, 「반대의무의 이행과 동시에 집행할 수 있다는 것을 내용으로 하는 집행권원의 집행은 채권자가 반대의무의 이행 또는 이행의 제공을 하였다는 것을 증명하여야만 개시할 수 있다」고 규정한다. 그런데, 임차주택에 대해 강제경매를 할 때에 주택의 인도와 주민등록 및 임대차계약증서상의 확정일자를 모두 갖춘 임차인은 임차주택의 환가대금에서 우선변제를 받을 수 있는데(동법 3조의2 제2항), 임차인이 위 법리에 따라 먼저 주택을 명도하게 되면 주택의 인도라는 요건을 상실하여 우선변제권을 잃게 되는 문제가 발생하고, 이것은 임차인의 보호에 역행하는 것이 된다. 그래서 주택임대차보호법(3조의2 제1항)은 민사집행법 제41조에도 불구하고, 즉 임차인이 주택을 명도하지 않고도, 보증금 반환청구소송의 확정판결(주택의 명도와 동시에 보증금을 반환하라는 상환이행판결) 등에 기해 임차주택에 대해 강제경매를 신청할 수 있는 것으로 특례를 정하였다. (ㄴ) 주택임차인이 위 특례에 따라 경매를 신청할 수 있는 '주택'에는 그 '부지(대지)'도 포함된다.[1]

3. 보증금의 우선변제권

(1) 요건과 내용

가) 요 건

a) 주택 임대차의 「대항력」과 임대차계약증서상에 「확정일자」[2]를 갖춘 임차인은 민사집행

---

1) 그것은 다른 채권자에 의한 주택 대지의 경매대금에서도 주택임차인이 대항력의 순위에 따라 우선변제를 받을 수 있는 점(주택임대차보호법 3조의2 제2항 · 8조 3항), 통상적으로 건물의 임대차에는 당연히 그 부지 부분의 이용이 수반되는 점, 주택임대차보호법도 그 적용대상을 대지를 제외한 건물에만 한정하는 취지는 아닌 점, 만일 건물에만 한정할 경우 대지와 그 지상 주택의 경매절차가 분리되는 결과 경매절차의 어려움이 발생하여 보증금의 회수를 간편하게 하겠다는 주택임대차보호법의 취지에 부합하지 않게 되는 점 등에 비추어 볼 때 그러하다(대결 2000. 3. 15, 99마4499).

2) 판례: (ㄱ) 「주택의 임차인이 주택의 인도와 주민등록을 마친 당일 또는 그 이전에 임대차계약증서상에 확정일자를 갖춘 경우, 그 우선변제권은 동법 제3조 1항에 의한 주택의 인도와 주민등록을 마친 '다음 날'을 기준으로 발생한다」(대판 1998. 9. 8, 98다26002). (ㄴ) 「주택의 임차인이 그 주택의 소재지로 전입신고를 마치고 입주함으로써 임차권의 대항력을 취득한 후 일시적이나마 다른 곳으로 주민등록을 이전하였다면 그 전출 당시 대항요건을 상실함으로써 대항력은 소멸되고, 그 후 임차인이 다시 그 주택의 소재지로 주민등록을 이전하였다면 대항력은 당초에 소급하여 회복되는 것이 아니라 재전입한 때부터 새로운 대항력이 다시 발생하며, 이 경우 전출 이전에 이미 임대차계약서상에 확정일자를 갖추었고 임대차계약도 재전입 전후를 통하여 그 동일성을 유지한다면, 임차인은 재전입시 임대차계약서상에 다시 확정일자를 받을 필요 없이 재전입 이후에 그 주택에 관하여 담보물권을 취득한 자보다 우선하여 보

법에 의한 경매(임차인이 신청한 경매를 포함) 또는 국세징수법에 의한 공매시 임차주택(대지를 포함)의 환가대금에서 후순위 권리자나 그 밖의 채권자보다 우선하여 보증금을 변제받을 권리가 있다(동법 3조의2 제2항). (ㄱ) 우선변제의 요건으로 대항력 외에 임대차계약증서상에 확정일자를 요구하는 취지는, 대항력의 경우처럼 임대차의 존재 사실을 제3자에게 공시하고자 하는 것이 아니라, 임대인과 임차인 사이의 담합으로 임차보증금의 액수를 사후에 변경하는 것을 방지하려는 데에 있다(대판 1999. 6. 11, 99다7992). (ㄴ) 한편, 대항력은 민사집행법상 배당요구의 종기(최종 경락기일)까지 계속 존속하고 있어야 한다(대판 2002. 8. 13, 2000다61466).[1] (ㄷ) 종전의 주택임대차보호법 제3조의2 제1항 단서는 「임차인이 당해 주택의 양수인에게 대항할 수 있는 경우에는 임대차가 종료된 후가 아니면 보증금의 우선변제를 청구하지 못한다」고 규정하였었다. 그런데 임대차의 존속 중에 임차주택이 경매되는 경우에는, 임대차가 가지는 신뢰관계에 비추어 볼 때 임차인이 새로운 임대인과 임대차관계를 유지할 것을 강요할 수는 없는 것이어서 임차인에게 해지권을 부여하는 것이 공평의 원칙 및 신의칙상 타당하며, 한편 임차인이 경매법원에 배당요구를 하는 것은 임대차 해지의 의사표시로 볼 수 있다는 것이 종전 판례의 견해였다(대판 1996. 7. 12, 94다37646; 대결 1998. 9. 2, 98마100). 즉 임대차의 존속 중에 임차주택이 경매되는 경우에 임차인은 임대차기간까지 임차권을 주장하거나 아니면 임대차를 해지하고 보증금의 우선변제를 선택할 수 있는데, 이 점에서 위 규정은 임차인의 보호에 오히려 역행하는 것으로 지적되어, 1999년의 개정에서 종전 판례를 반영하여 이를 삭제하였다.

b) 위 경우 임차인은 임차주택을 양수인에게 인도하지 않으면 보증금을 수령할 수 없다(동법 3조의2 제3항). 공평의 원칙상, 경매 또는 공매절차에서 임차인이 보증금을 수령하기 위해서는 임차주택을 명도한 증명을 하여야 한다는 취지이고, 임차인의 주택 명도의무가 임대인의 보증금 반환의무보다 먼저 이행되어야 한다는 것은 아니다(대판 1994. 2. 22, 93다55241).

c) (ㄱ) 주택임차인이 임대인의 동의를 얻어 임차권을 양도하거나 전대한 경우, 양수인이나 전차인에게 점유가 승계되고 전입신고가 이루어졌다면, 임차권 양수인은 원래의 임차인이 가지는 우선변제권을 행사할 수 있고, 전차인은 원래의 임차인의 우선변제권을 대위행사할 수

증금을 변제받을 수 있다」(대판 1998. 12. 11, 98다34584). (ㄷ) 「주택에 관하여 임대차계약을 체결한 임차인이 자신의 지위를 강화하기 위한 방편으로 따로 전세권설정계약서를 작성하고 전세권설정등기를 한 경우에, 따로 작성된 전세권설정계약서가 원래의 임대차계약서와 계약 일자가 다르다고 하여도 계약 당사자, 계약목적물 및 보증금액(전세금액) 등에 비추어 동일성을 인정할 수 있다면 그 전세권설정계약서 또한 원래의 임대차계약에 관한 증서로 볼 수 있고, 등기필증에 찍힌 등기관의 접수인은 첨부된 등기원인 계약서에 대하여 민법 부칙 제3조 제4항 후단에 의한 확정일자에 해당한다고 할 것이므로, 위와 같은 전세권설정계약서가 첨부된 등기필증에 등기관의 접수인이 찍혀 있다면 그 원래의 임대차에 관한 계약증서에 확정일자가 있는 것으로 보아야 할 것이고, 이 경우 원래의 임대차는 대지 및 건물 전부에 관한 것이나 사정에 의하여 전세권설정계약서는 건물에 관하여만 작성되고 전세권등기도 건물에 관하여만 마쳐졌다고 하더라도, 전세금액이 임대차보증금액과 동일한 금액으로 기재된 이상, 대지 및 건물 전부에 관한 임대차의 계약증서에 확정일자가 있는 것으로 봄이 상당하다」(대판 2002. 11. 8, 2001다51725).

1) 우선변제권을 행사하는 시점, 즉 배당요구를 하는 시점까지만 존속하면 되는 것으로 하면, 그 이후 배당요구의 종기까지 사이에 기존의 임차인은 배당요구를 한 상태에서 퇴거하고 새로운 임차인이 임대차계약을 해지하고 배당요구를 하는 것을 막을 수 없게 되고, 이렇게 되면 동일한 임차주택에 우선변제권이 인정되는 임차인이 다수 생기게 되어 부당할 뿐만 아니라, 이를 악용하면 가장임차인이 얼마든지 발생할 수 있는 문제가 있기 때문이다(민일영, "주택임차인의 우선변제를 위한 대항요건의 종기", 판례월보 제338호, 28면 이하).

있다(대판 2010. 6. 10, 2009다101275). (ㄴ) 임차권과 분리된 임차보증금 반환채권만을 양수한 채권양수인은 우선변제권을 행사할 수 있는 임차인에 해당하지 않으며, 일반 금전채권자의 지위에서 배당요구를 할 수 있을 뿐이다(대판 2010. 5. 27, 2010다10276). (ㄷ) 주택임대차보호법상의 임대차보증금 반환채권은 민사집행법(88조 1항)에 따라 배당요구가 필요한 채권에 해당하지만(따라서 배당요구를 하지 않아 후순위 채권자에게 배당이 되었더라도 이것이 부당이득이 되는 것은 아니다)(대판 1998. 10. 13, 98다12379), 대항력과 우선변제권을 모두 가지고 있는 임차인이 보증금을 반환받기 위해 집행권원을 얻어 임차주택에 대해 스스로 강제경매를 신청한 경우, 대항력과 우선변제권 중 우선변제권을 선택하여 행사한 것이고, 이 경우 우선변제권을 인정받기 위하여 배당요구의 종기까지 별도로 배당요구를 하여야 하는 것은 아니다(대판 2013. 11. 14, 2013다27831).

나) 내 용

a) (ㄱ) 주택임대차보호법은 임차인에게 우선변제권이 인정되기 위하여 대항요건과 임대차계약증서상의 확정일자를 갖추는 것 외에 계약 당시 임차보증금이 전액 지급되어 있을 것을 필요로 하지 않는다. 따라서 임차인이 임대인에게 임차보증금의 일부만을 지급하고 주택임대차보호법 소정의 대항요건과 임대차계약증서상의 확정일자를 갖춘 다음 나머지 보증금을 나중에 지급하였다고 하더라도, 대항요건과 확정일자를 갖춘 때를 기준으로 임차보증금 전액에 대해 후순위 권리자나 그 밖의 채권자보다 우선하여 변제받을 권리를 갖는다(대판 2017. 8. 29, 2017다212194). (ㄴ) 주택임차인이 후순위 권리자에 우선하여 보증금을 변제받을 수 있는 것은 주택이나 그 대지의 환가대금에 대해서이다. 임대인의 그 밖의 재산의 환가대금에 대해서는 위와 같은 우선변제권이 없다.

b) 위 경우에는 부동산 담보권에 유사한 권리를 인정한다는 취지이므로, 부동산 담보권자보다 선순위의 가압류채권자가 있는 경우 그 담보권자가 선순위의 가압류채권자와 채권액에 비례하여 평등배당을 받을 수 있는 것과 마찬가지로(이 점에 관해서는 대결 1994. 11. 29, 94마417), 임차인과 가압류채권자는 평등배당의 관계에 있다. 그리고 가압류채권자와 임차인의 우열은 임차인이 대항요건(그 다음 날부터 효력이 있음) 및 확정일자를 부여받은 날짜와 가압류 일자의 선후에 의해 결정된다(대판 1992. 10. 13, 92다30597).

c) 대항요건과 확정일자를 갖춘 임차인(소액임차인 포함)은 임차주택과 대지가 함께 경매될 경우뿐만 아니라 임차주택과 별도로 그 대지만이 경매될 경우에도 그 대지의 환가대금에 대하여 우선변제권을 행사할 수 있고, 이와 같은 우선변제권은 이른바 법정담보물권의 성격을 갖는 것으로서 임대차 성립시의 임차 목적물인 임차주택 및 대지의 가액을 기초로 임차인을 보호하고자 인정되는 것이므로, 임대차 성립 당시 임대인의 소유였던 대지가 타인에게 양도되어 임차주택과 대지의 소유자가 서로 달라진 경우에도 임차인은 대지의 경매대금에 대하여 우선변제권을 행사할 수 있다(대판(전원합의체) 2007. 6. 21, 2004다26133). 이러한 법리는 여러 필지의 임차주택 대지 중 일부가 타인에게 양도되어 일부 대지만이 경매되는 경우에도 같다. 그리고 임차인이 대항력과 확정일자를 갖춘 후에 임대차계약이 갱신되더라도 대항력과 확정일자를 갖춘 때를 기준으

로 종전 임대차 내용에 따른 우선변제권을 행사할 수 있다(대판 2012. 7. 26, 2012다45689).

(2) 임차권등기명령과 민법에 의한 주택임대차등기

가) 임차권등기명령

a) 의 의 임대차가 종료된 후 보증금에 대해 우선변제를 받기 위해서는 주택의 인도와 주민등록 및 임대차계약증서상에 확정일자를 갖추어야 하는데, 사정상 임차인이 그 사이에 '이사'를 가야 할 경우에는 주택의 인도 요건을 상실하게 되어 우선변제권을 잃게 되는 문제가 생긴다. 그래서 이를 해결하기 위해 주택임대차보호법은, 임대차가 끝난 후 보증금을 반환받지 못한 임차인은 임차주택의 소재지를 관할하는 지방법원 · 지방법원지원 또는 시 · 군법원에 임차권등기명령을 신청할 수 있는 것으로 정하였다(동법 3조의3 제1항). 그에 따라 임차권등기가 되면, 주거를 이전하더라도 대항력과 우선변제권을 그대로 유지케 하자는 것이 그 취지이다.

b) 효 력 그 효력으로는 다음 두 가지가 있다. (ㄱ) 임차권등기명령의 집행에 의해 임차권등기가 마쳐지면 임차인은 동법이 정하는 대항력과 우선변제권을 취득한다. 다만, 임차인이 임차권등기 이전에 이미 대항력이나 우선변제권을 취득한 경우에는 그 대항력이나 우선변제권은 그대로 유지되며, 임차권등기 이후에는 동법이 정한 대항요건을 상실하더라도 이미 취득한 대항력이나 우선변제권을 상실하지 않는다(동법 3조의3 제5항). (ㄴ) 임차권등기명령에 의해 임차권등기가 마쳐진 주택을 그 이후에 임차한 임차인은 주택임대차보호법 제8조(보증금 중 일정액의 보호)에 의한 우선변제를 받을 권리가 없다(동법 3조의3 제6항). 이러한 경우까지 소액보증금의 최우선변제권을 인정한다면 임차권등기명령 제도의 기능을 유지할 수 없기 때문이다.[1]

나) 민법에 의한 주택임대차등기

주택의 임대차를 등기한 때에는 민법의 규정(621조)에 의해 제3자에 대하여 효력이 생기지만, 민법상 임차인의 우선변제권은 인정되지 않는다. 여기서 주택임대차보호법은 민법의 규정에 의해 주택 임대차등기를 한 때에는 위 임차권등기명령에 의한 효력((ㄱ) · (ㄴ))을 준용하는 것으로 정한다(동법 3조의4 제1항). 다만 그 등기를 신청하려면, 신청서에 부동산등기법 제74조 1호부터 6호까지의 사항 외에 일정한 사항(주민등록을 마친 날, 임차주택을 점유한 날, 임대차계약증서상의 확

1) 판례: (ㄱ) 주택임대차보호법 제3조의3 규정에 의한 임차권등기는 이미 임대차계약이 종료되었음에도 임대인이 그 보증금을 반환하지 않는 상태에서 마쳐지고, 임대인의 임대차보증금 반환의무는 사실상 이행지체에 빠진 것이며, 특히 임차권등기는 임차인으로 하여금 기왕의 대항력과 우선변제권을 유지해 주는 담보적 기능만을 주목적으로 하는 점 등에서, 임대인의 임대차보증금 반환의무가 임차권등기 말소의무보다 먼저 이행되어야 할 의무이다(대판 2005. 6. 9, 2005다4529). (ㄴ) 임차권등기가 첫 경매개시결정등기 전에 등기된 경우, 민사집행법 제148조 4호에 준해 그 임차인은 별도의 배당요구를 하지 않아도 당연히 배당받을 채권자에 속한다(대판 2005. 9. 15, 2005다33039). (ㄷ) 주택임대차보호법 제3조의3에서 정한 임차권등기명령에 따른 임차권등기는 특정 목적물에 대한 구체적 집행행위나 보전처분의 실행을 내용으로 하는 압류 또는 가압류, 가처분과 달리 어디까지나 주택임차인이 주택임대차보호법에 따른 대항력이나 우선변제권을 취득하거나 이미 취득한 대항력이나 우선변제권을 유지하도록 해 주는 담보적 기능을 주목적으로 한다(비록 주택임대차보호법이 임차권등기명령의 신청에 대한 재판절차와 임차권등기명령의 집행 등에 관하여 민사집행법상 가압류에 관한 절차 규정을 일부 준용하고 있지만, 이는 일방 당사자의 신청에 따라 법원이 심리 · 결정한 다음 등기를 촉탁하는 일련의 절차가 서로 비슷한 데서 비롯된 것일 뿐이다). 따라서 임차권등기명령에 따른 임차권등기가 본래의 담보적 기능을 넘어서 채무자의 일반재산에 대한 강제집행을 보전하기 위한 처분의 성질을 가진다고 볼 수는 없으므로, 임차권등기명령에 따른 임차권등기에는 민법 제168조 2호에서 정하는 소멸시효 중단사유인 압류 또는 가압류, 가처분에 준하는 효력이 없다(대판 2019. 5. 16, 2017다226629).

정일자를 받은 날)을 적어야 하며, 이를 증명할 수 있는 서면을 첨부하여야 한다(동법 3조의 4 제2항).

(3) 경매에 의한 임차권의 소멸

임차권은 임차주택에 대하여 민사집행법에 따른 경매가 행하여진 경우에는 그 임차주택의 경락에 따라 소멸된다(동법 3조의5 본문). 그러나 보증금이 모두 변제되지 않은, 대항력이 있는 임차권은 소멸되지 않는다(동법 3조의5 단서). 보증금의 전액 회수를 보장하기 위한 것으로서, 그에 따라 임대차관계는 존속하고(동법 4조 2항), 경락인은 임대인의 지위를 승계하게 된다(동법 3조 4항). 그러나 이 경우에는 대항력만 인정될 뿐 우선변제권은 소멸되어 인정되지 않는다(아래 판례 참조).

판 례 대항력과 우선변제권을 갖는 임차인이 배당요구를 하였으나 보증금 전액을 배당받지 못한 경우, 임차인의 지위

(α) 사 실: ① A(임차인)가 甲 소유의 주택을 임차하여 입주하고 전입신고를 마쳤다. ② 위 주택이 B은행 앞으로 근저당권설정등기가 경료되었다. ③ A가 위 주택 임대차계약서에 확정일자를 받았다. ④ B가 저당권을 실행하여 이루어진 (제1)경매절차에서 A는 임대차기간이 남아 있음에도 배당요구를 하였는데 B의 근저당권보다 후순위여서 전혀 배당을 받지 못하였다. ⑤ 위 주택을 경락받은 乙이 C 앞으로 근저당권을 설정해 주고, C가 근저당권을 실행하여 이루어진 (제2)경매절차에서 A가 임대차보증금 반환채권을 가지고 배당요구를 하였고, 여기서 A의 우선변제권 여부가 다투어진 것이다.

(β) 판결요지: 「주택임대차보호법상의 대항력과 우선변제권의 두 가지 권리를 가지는 임차인이 먼저 우선변제권을 선택하여 임차주택에 대하여 진행되고 있는 경매절차에서 보증금 전액에 대하여 배당요구를 하였으나 그 순위가 늦은 까닭으로 보증금 전액을 배당받을 수 없었던 때에는, 보증금 중 경매절차에서 배당받을 수 있었던 금액을 뺀 나머지에 관하여 경락인에게 대항하여 이를 반환받을 때까지 임대차관계의 존속을 주장할 수 있고, 이 경우 임차인의 배당요구에 의하여 임대차는 해지되어 종료되며, 다만 같은 법 제4조 제2항에 의하여 임차인이 보증금의 잔액을 반환받을 때까지 임대차관계가 존속하는 것으로 의제될 뿐이어서, 경락인은 같은 법 제3조 제2항에 의하여 임대차가 종료된 상태에서의 임대인의 지위를 승계하고, 임차인의 우선변제권은 경락으로 인하여 소멸되는 것이다(따라서 그 후 임차주택에 관해 경료된 근저당권설정등기에 기한 경매절차에서 우선변제를 받을 권리는 없다)」(대판 1998. 6. 26, 98다2754).[1)]

(γ) (ㄱ) 위 판례는, A가 우선변제권을 행사하여 배당요구를 한 때에는 보증금 전액을 받지 못하더라도 그 후의 다른 경매절차에서 다시 우선변제권을 가질 수는 없고 대항력만을 가질 뿐이라고 본 것인데, 이러한 결론은 다음과 같은 점에서 타당하다고 본다. 첫째 주택임차인이 갖는 우선변제권은 저당권자 등 담보물권자의 지위와 거의 같으므로(다른 점이 있다면 주택임차인에게

---

1) 이 판례를 토대로 하여 다음과 같은 판례가 있다. (ㄱ) 「이러한 법리는 임차인이 임대인을 상대로 보증금 반환청구소송을 제기하여 승소 판결을 받은 뒤 그 확정판결에 기해 1차로 강제경매를 신청한 경우에도 같다」(대판 2006. 2. 10, 2005다21166). (ㄴ) 「여기서 경락인에게 대항할 수 있는 보증금 잔액은 보증금 중 경매절차에서 올바른 배당순위에 따른 배당이 실시될 경우의 배당액을 공제한 나머지 금액을 의미하는 것이지 임차인이 배당절차에서 현실로 배당받은 금액을 공제한 나머지 금액을 의미하는 것은 아니라 할 것이고, 따라서 임차인이 배당받을 수 있었던 금액이 현실로 배당받은 금액보다 많은 경우에는 임차인이 그 차액에 관하여는 과다 배당받은 후순위 배당채권자를 상대로 부당이득의 반환을 구하는 것은 별론으로 하고 경락인을 상대로 그 반환을 구할 수는 없다」(대판 2001. 3. 23, 2000다30165).

는 저당권자와는 달리 경매청구권이 없다는 점이다) 경락으로 소멸되는 것이, 따라서 제2경매절차에서 거듭 우선변제권을 행사할 수는 없다고 봄이 타당하다. 둘째 만일 우선변제권을 거듭 행사할 수 있다고 한다면, 종전에는 후순위이던 임차인이 경락을 통해 최우선순위를 갖는 것이 되고 이는 사실상 모든 근저당권에 우선하는 것이 되는데, 주택임대차보호법(8조)에서 소액보증금의 최우선변제권을 따로 정하고 있는 점을 감안하면, 그러한 결과는 동법의 취지에 반할 뿐만 아니라 법체계상으로도 수용하기 어렵다. (ㄴ) 1999년에 주택임대차보호법을 개정하면서 제3조의5(경매에 의한 임차권의 소멸)를 신설하였는데, 이것은 위 판례를 그대로 반영한 것이다. (ㄷ) 참고로 임차인이 보증금을 일부 배당받고 나머지 잔액을 보증금으로 하여 임대차관계의 존속을 주장하면서 임차목적물 전부를 사용하는 경우, 그 임대 부분의 적정한 임료 상당액 중 그 배당받은 보증금에 해당하는 부분에 대해서는 부당이득으로서 반환하여야 한다(대판 1998. 7. 10, 98다15545).

사례의 해설 (1) 전 임차인 B는 2010. 5. 2.부터 주택임차권의 대항력 및 보증금의 우선변제권을 갖는다(주택임대차보호법 3조 1항·3조의2 제2항). 그리고 임대차 기간이 끝난 경우에도 임차인이 보증금을 반환받을 때까지는 임대차 관계는 존속하는 것으로 의제된다(동법 4조 2항). 그러므로 丁은 전 임대차가 종료된 후라도 임대인 甲의 동의를 얻어 임차권을 정당하게 양수할 수 있다. 이 경우 丁이 2013. 10. 3. 입주하여 주민등록을 마치고 임대차계약서상에 확정일자를 갖추었더라도 그 대항력과 우선변제권은 승계취득의 법리상 전 임차인 B의 지위를 승계한다(대판 2010. 6. 10, 2009다101275). 그러므로 C의 저당권등기는 2012. 8. 11. 설정되었어도 丁의 보증금에 대한 우선변제권은 그보다 앞선 2010. 5. 2.에 확보된 것이 된다. 따라서 배당금 2억원 중 丁의 보증금 반환채권 1억 3천만원이 丁에게 우선배당되고 나머지 7천만원이 C에게 배당된다.

(2) (ㄱ) 주택임대차의 대항력(주택의 인도와 주민등록)과 임대차계약증서에 확정일자를 갖춘 임차인은 경매에 따른 임차주택의 환가대금에서 후순위 권리자에 앞서 보증금을 변제받을 권리가 있다(주택임대차보호법 3조의2 제2항). 한편, 임차인이 전대를 하고 전차인이 주택의 인도와 주민등록을 마친 경우, 임차인의 대항력은 유지된다는 것이 판례의 일관된 견해이다. (ㄴ) 그런데 그것은 임대차와 전대차가 유효한 것을 전제로 하는데, 설문에서는 甲이 자신의 동의 없이 乙이 丙에게 전대를 하였다는 이유로 乙과의 임대차계약을 해지한 것인데, 이것이 문제될 수 있다. 그런데 乙이 丙에게 전대를 한 것은 그럴만한 특별한 사정에 기인한 것이므로 적법하다고 볼 수 있어, 甲이 乙과의 임대차계약을 해지한 것은 효력이 없다. 甲과 乙 사이의 임대차계약은 묵시적 갱신을 통해 유효한 것으로 되고(주택임대차보호법 6조 1항), 乙과 丙 사이의 전대차계약도 유효한 것으로 되므로, 乙은 주택임차권의 대항력을 그대로 갖는다. (ㄷ) 丁은행의 저당권은 乙의 주택임차권보다 후순위이므로, 매각대금 10억원은 먼저 乙에게 2억원을(乙이 한 배당요구는 임대차계약의 해지를 포함한다), 나머지 8억원을 丁은행에 배당하여야 한다.

사례 p. 566

Ⅵ. 보증금 중 일정액의 보호

1. (ㄱ) 소액임차인은 주택이나 대지에 대한 경매신청의 등기 전에 대항요건(주택의 인도와 주민등록)을 갖추면 주택(대지를 포함) 가액의 2분의 1 범위에서 보증금 중 일정액을 다른 담보물권자보다 우선하여 (즉 다른 담보물권이 먼저 성립한 경우에도 그에 앞서) 변제받을 수 있다(동법 8조)

(소액임차인으로서 최우선변제를 받을 수 있는 보증금의 범위는, 서울특별시에서 임차보증금이 1억6천5백만원 이하인 임차인에 한해 (그 보증금의 3분의 1 정도에 해당하는) 5천5백만원까지, 과밀억제권역에서 임차보증금이 1억4천5백만원 이하인 임차인에 한해 4천8백만원까지, 광역시에서 임차보증금이 8천5백만원 이하인 임차인에 한해 2천8백만원까지, 그 밖의 지역에서는 임차보증금이 7천5백만원 이하인 임차인에 한해 2천5백만원까지이다(동법시행령 10조·11조)). (ㄴ) 대항력은 민사집행법상 배당요구의 종기(최종 경락기일)까지 존속하고 있어야 한다(대판 1997. 10. 10, 95다44597; 대판 2007. 6. 14, 2007다17475). (ㄷ) 하나의 주택에 임차인이 2명 이상이고, 그 각 소액보증금을 합한 금액이 주택가액의 2분의 1을 초과하는 경우에는, 그 2분의 1에 해당하는 금액을 기준으로 각 임차인의 보증금에 비례하여 분할한다(동법시행령 10조 3항). 그리고 하나의 주택에 임차인이 2명 이상이고 이들이 그 주택에서 가정공동생활을 하는 경우에는 이들을 1명의 임차인으로 보아 이들의 각 보증금을 합산한다(동법시행령 10조 4항). (ㄹ) 소액보증금에 대해서는, 임차인이 실제로 받는 것을 보장하기 위해 압류가 금지되어 있다(민사집행법 246조 1항 6호).

2. (ㄱ) 처음 임대차계약을 맺을 때에는 소액임차인에 해당하지 않았지만 그 후 새로운 임대차계약을 맺으면서 보증금을 감액하여 소액임차인에 해당하게 된 경우 소액임차인으로서 보호 받는다(대판 2008. 5. 15, 2007다23203). (ㄴ) 주택의 대지에 대해 저당권 등에 기해 경매가 실행되는 경우는 어떠한가? ① 주택의 대지에도 주택임차권의 효력이 미치는 점에서, 이 경우에는 대지에 대한 경매신청의 등기 전에 임차인이 대항요건을 갖추어야 소액임차인으로서 보호를 받는다(대판 2001. 10. 30, 2001다39657; 대판(전원합의체) 2007. 6. 21, 2004다26133). ② 다만 그 경우에도 대지에 대한 저당권설정 당시에 이미 지상 주택이 존재하는 경우여야 한다. 대지에 대해 저당권설정 후에 비로소 주택이 신축된 경우에까지 공시방법이 불완전한 소액임차인에게 우선변제권을 인정하게 되면 저당권자에게 과도하게 불측의 피해를 입히는 점에서, 이러한 경우에는 소액임차인은 대지의 환가대금에서 우선변제를 받을 수 없다(대판 1999. 7. 23, 99다25532). (ㄷ) 주택임대차보호법에 규정된 소액보증금 반환청구권은 최우선적으로 변제받을 수 있는 법정담보물권으로서, 주택임차인이 대지와 주택 모두로부터 배당을 받는 경우에는 공동저당권자와 유사한 지위에 서게 되므로, 민법 제368조 1항을 유추적용하여 대지와 건물의 경매대가에 비례하여 그 채권의 분담을 정하여야 한다(대판 2003. 9. 5, 2001다66291). (ㄹ) 대항요건과 확정일자를 갖춘 임차인들이 소액임차인의 지위를 겸하는 경우, 먼저 소액임차인으로서 보호받는 일정액을 우선배당하고, 그 후의 남은 임차보증금에 대해서는 대항요건과 확정일자의 우선순위에 따라 배당하여야 한다(대판 2007. 11. 15, 2007다45562). (ㅁ) (보증금 반환채권과 마찬가지로) 소액보증금 반환채권은 민사집행법 제88조에서 정하는 배당요구가 필요한 채권에 해당한다. 따라서 배당요구를 하지 않아 해당 금액이 다른 후순위 채권자에게 배당되었더라도 그가 (법률상 원인 없이) 부당이득을 한 것이 되지 않는다(대판 2002. 1. 22, 2001다70702).

Ⅶ. 주택임차권의 승계

1. 의 의

민법은 사용대차에서 차주가 사망한 경우에는 대주가 계약을 해지할 수 있는 것으로 정하고 있는데(614조), 임대차에는 이러한 규정이 없다. 따라서 주택임차인이 사망한 경우에 임대인이 그 사망을 이유로 계약을 해지할 수는 없겠는데, 그렇다면 그 임차권은 상속될 수 있는지 문제된다. 임대차는 계속적 계약이기는 하지만 그 상속을 긍정하는 것이 통설이다. 문제는 임차인이 상속권이 없는 '사실혼 배우자'와 동거를 하다가 사망한 경우에 그 사실혼 배우자의 지위이다. 상속의 법리대로 하면 임차인의 상속권자가 임차권을 주장하여 그를 상대로 퇴거를 요구할 수 있고, 이렇게 되면 사실혼 배우자의 주거생활의 안정은 크게 위협받게 된다. 그래서 주택임대차보호법은 사실혼 배우자와 임차인의 상속인의 지위에 대해 다음과 같은 특칙을 정하였다.

2. 승계인

a) 임차인이 상속인 없이 사망한 경우에는, 그 주택에서 가정공동생활을 하던 사실상의 혼인관계에 있는 자가 임차인의 권리와 의무를 승계한다(동법 9조 1항).

b) 임차인의 상속인이 있는 경우에는, 사실혼 배우자와의 관계는 다음과 같다. (ㄱ) 임차인의 사망 당시 상속인이 그 주택에서 가정공동생활을 하고 있지 않은 경우에는, 그 주택에서 가정공동생활을 하던 사실상의 혼인관계에 있는 자와 2촌 이내의 친족이 공동으로 임차인의 권리와 의무를 승계한다(동법 9조 2항). (ㄴ) 따라서 상속인이 있으나 그가 2촌 이내의 친족이 아닌 때에는, 사실혼 배우자만이 임차권을 승계한다. (ㄷ) 상속인이 사실혼 배우자와 함께 가정공동생활을 하고 있는 경우에는, 상속인만이 임차권을 승계한다. 이러한 경우에는 상속인에게만 임차권을 승계하더라도 사실혼 배우자의 주거생활은 종전처럼 유지될 수 있을 것이기 때문이다.

3. 승계의 효과

(1) 임대차관계에서 생긴 채권 · 채무는 임차인의 권리의무를 승계한 자에게 귀속된다(동법 9조 4항). (ㄱ) 따라서 임대차기간 동안의 사용수익권 외에 임대차 종료시의 보증금 반환채권도 승계인에게 귀속한다. 한편 차임 지급채무도 승계인에게 귀속한다. (ㄴ) 사실혼 배우자와 2촌 이내의 친족이 공동으로 임차권을 승계하는 경우에는 위와 같은 채권 · 채무는 이들에게 공동으로 귀속한다. 이 '공동'의 의미에 관해서는, 이들 간에 의사의 공동이 없는 점에서 부진정연대관계로 보아야 한다는 견해가 있다(김증한 · 김학동, 457면).

(2) 임차권의 승계 대상자가 그 승계를 원하지 않을 때에는 임차인이 사망한 후 1개월 내에 임대인에게 반대의사를 표시함으로써 승계를 포기할 수 있다(동법 9조 3항). (ㄱ) 민법 제1019조 소정의 재산상속포기 제도와 그 취지를 같이하는 것이다. 승계인이 승계를 포기하는 이유는, 당해 주택에 계속 거주하는 것을 원하지 않든가, 임대차로 인한 채권보다 채무가 많아 승계가

오히려 불리한 경우에 그의 의사에 반하여 승계가 강제되는 것을 방지하기 위한 것이다. (ㄴ) 승계 반대의 의사표시는 임차인이 사망한 후 1개월 내에 하여야 하며(제척기간), 이 기간이 지나면 승계를 포기할 수 없고 임차권은 당연히 승계된 것으로 된다. (ㄷ) 위 의사표시의 효력은 임차인의 사망시로 소급한다. 따라서 그때부터 임차인의 임대인에 대한 권리의무를 승계하지 않게 된다(민법주해(XV), 287면(민일영)).

제 2 「상가건물 임대차보호법」에 의한 임대차

상가건물의 임대차에 관하여 민법에 대한 특례를 정하기 위해 「상가건물 임대차보호법」(2001년 법 6542호)이 제정되었다. 대체로 주택임대차보호법과 유사한 내용을 정하고 있는데, 그 개요는 다음과 같다.

1. 적용범위

동법은 사업자등록의 대상이 되는 상가건물을 영업용으로 사용하는 임대차에 대하여 적용된다(동법 2조 1항)(대판 2011. 7. 28, 2009다40967). 다만, 대통령령으로 정하는 보증금액[1](서울특별시는 9억원, 수도권정비계획법에 따른 과밀억제권역 및 부산광역시는 6억9천만원, 광역시는 5억4천만원, 그 밖의 지역은 3억7천만원)을 초과하는 임대차에 대하여는 적용되지 않는다(동법 2조 1항 단서, 동법시행령 2조).

2. 대항력

(ㄱ) 임대차는 그 등기가 없는 경우에도 임차인이 건물의 인도와 (부가가치세법 제8조, 소득세법 제168조 또는 법인세법 제111조에 따른) 사업자등록[2]을 신청하면 그 다음 날부터 제3자에 대

1) 보증금 외에 '차임'이 있는 경우에는 그 차임액에 일정 비율을 곱하여 환산한 금액을 보증금에 포함하여야 한다(동법 2조 2항, 동법시행령 2조 2항 · 3항).

2) 「사업자등록」에 관한 판례는 다음과 같다. (ㄱ) 사업자등록은 거래의 안전을 위하여 임대차의 존재와 내용을 제3자가 명백히 인식할 수 있게 하는 공시방법으로서 마련된 것이다(상가건물의 임대차에 이해관계가 있는 자는 관할 세무서장에게 해당 상가건물의 확정일자 부여일, 차임 및 보증금 등의 정보 제공을 요청할 수 있다(동법 4조 3항)). 그리고 임차인은 사업자등록에 공시된 내용을 양수인에게 주장할 수 있다. 따라서 그것이 실제의 임대차계약의 내용과 다르더라도, 임차인은 공시되지 않은 그 내용을 양수인에게 주장할 수 없다(사업자등록상 공시된 보증금의 액수는 동법상 그 한도를 초과하여 동법이 적용될 수 없는 것인데, 실제의 임대차계약에서는 차임 면제의 합의가 있어 동법상 보증금의 한도를 초과하지 않아 동법이 적용될 수 있는 사안에서, 대법원은 그것이 사업자등록을 통해 공시되지 않은 것을 이유로 그 내용을 양수인에게 주장할 수 없는 것으로 보았다)(대판 2016. 6. 9, 2013다215676). (ㄴ) 사업자등록은 대항력의 존속요건으로서 배당요구의 종기까지 존속하고 있어야 한다. 그런데 신규로 사업을 개시한 자가 휴업하거나 전대차 등으로 사실상 폐업하는 때에는 부가가치세법상 관할 세무서장이 그 등록을 말소하여야 한다고 규정하고 있는 점에 비추어, 그 사업자등록은 상가임대차의 공시방법이 될 수 없고, 이 경우 임차인이 대항력 및 우선변제권을 유지하기 위해서는 건물을 직접 점유하면서 사업을 운영하는 전차인이 그 명의로 사업자등록을 하여야 한다(대판 2006. 1. 13, 2005다64002). (ㄷ) 사업자등록을 마친 사업자가 폐업한 경우에는 그 사업자등록은 동법상 공시방법으로 요구하는 적법한 사업자등록이라고 볼 수 없으므로, 그 사업자가 그 후 다시 같은 상호 및 등록번호로 사업자등록을 하였다고 하더라도 동법상의 대항력 및 우선변제권은 존속하지 않는다(대판 2006. 10. 13, 2006다56299). (ㄹ) 사업자등록 신청서에 첨부한 임대차계약서상의 임대차 목적물 소재지가 당해 상가건물에 대한 등기부상의 표시와 불일치하는 경우, 그 사업자등록은 제3자에 대해 유효한 임대차의 공시방법이 될 수 없다(대판 2008. 9. 25, 2008다44238). (ㅁ) 상가건물 임차인이 대항력과 우선변제권을 취득한 후 그 건물이 제3자에게 양도되었는데, 임차인이 새로운 소유자와 종전 임대차계약의 효력을 소멸시키고 새로운 임대차계약을 맺고자 하는 경우 이는 유효

하여 효력이 생긴다(동법 3조 1항). (ㄴ) 임차건물의 양수인(그 밖에 임대할 권리를 승계한 자를 포함한다)은 임대인의 지위를 승계한 것으로 본다(동법 3조 2항).[1]

3. 보증금의 효력

(1) 보증금의 우선변제

(ㄱ) 임차인이 건물의 인도와 사업자등록을 신청하여 그 다음 날부터 대항요건을 갖추고 관할 세무서장으로부터 임대차계약서상의 확정일자를 받은 경우, 민사집행법에 따른 경매 또는 국세징수법에 따른 공매 시 임차건물(임대인 소유의 대지를 포함한다)의 환가대금에서 후순위 권리자나 그 밖의 채권자보다 우선하여 보증금을 변제받을 수 있다(동법 5조 2항). 이 경우 보증금을 받으려면 임차인은 임차건물을 양수인에게 인도하여야 한다(동법 5조 3항). (ㄴ) 임차인이 임차건물에 대하여 보증금 반환청구소송의 확정판결, 그 밖에 이에 준하는 집행권원에 의하여 경매를 신청하는 경우, 민사집행법 제41조에도 불구하고 반대의무의 이행이나 이행의 제공을 집행개시의 요건으로 하지 않는다(동법 5조 1항). (ㄷ) 금융기관 등이 우선변제권을 취득한 임차인의 보증금 반환채권을 계약으로 양수한 경우에는 양수한 금액의 범위에서 우선변제권을 승계한다(동법 5조 7항). 다만, 임차인이 대항요건을 상실하거나 임차권등기 또는 임대차등기가 말소된 경우에는 우선변제권을 행사할 수 없다(동법 5조 8항). 한편, 금융기관 등은 우선변제권을 행사하기 위하여 임차인을 대리하거나 대위하여 임대차를 해지할 수 없다(동법 5조 9항). (ㄹ) 임차권은 임차건물에 대하여 민사집행법에 따른 경매가 실시되어 그 임차건물이 매각되면 소멸된다. 다만, 보증금이 전액 변제되지 않은 대항력이 있는 임차권은 소멸되지 않는다(동법 8조).

(2) 임차권등기명령, 임대차등기의 효력

(ㄱ) ① 임대차가 종료된 후 보증금이 반환되지 않은 경우, 임차인은 임차건물의 소재지를 관할하는 지방법원, 지방법원지원 또는 시·군법원에 임차권등기명령을 신청할 수 있다(동법 6조 1항). 한편, 금융기관 등도 임차인을 대위하여 임차권등기명령을 신청할 수 있다(동법 6조 9항). ② 임차권등기명령의 집행에 따른 임차권등기를 마치면 임차인은 대항력과 우선변제권을 취득한다. 다만, 임차인이 임차권등기 이전에 이미 대항력 또는 우선변제권을 취득한 경우에는 그 대항력 또는 우선변제권이 그대로 유지되며, 임차권등기 이후에는 대항요건을 상실하더라도 이미 취득한 대항력 또는 우선변제권을 상실하지 않는다(동법 6조 5항). (ㄴ) 임차권등기명령의 집행에 따른 임차권등기를 마친 건물(임대차의 목적이 건물의 일부분인 경우에는 그 부분으로 한정한다)을 그 이후에 임차한 임차인은 소액보증금을 갖고 우선변제를 받을 수 없다(동법 6조 6항). (ㄷ) 민법 제621조에 따른 건물 임대차등기의 효력에 관해서는 (상술한) 동법 제6조 5항 및 6항을 준용한다(동법 7조 1항).

하고, 그러한 계약을 맺은 때에는 종전 임대차계약에 기초해서 발생하였던 대항력 또는 우선변제권도 함께 소멸되며 이를 새로운 소유자 등에게 주장할 수 없다(대판 2013. 12. 12, 2013다211919).

1) 상속에 따라 임차건물의 소유권을 취득한 자도 이에 해당하고, 임대인 지위를 공동으로 승계한 공동상속인들의 임차보증금 반환채무는 성질상 불가분채무에 해당한다(대판 2021. 1. 28, 2015다59801).

(3) 보증금 중 일정액(소액보증금)의 보호

소액임차인은 건물에 대한 경매신청의 등기 전에 대항요건을 갖추면 임대건물 가액의 2분의 1 범위에서 보증금 중 일정액을 다른 담보물권자보다 우선하여 변제받을 수 있다(동법 14조)(소액임차인으로서 최우선변제를 받을 수 있는 보증금의 범위는, 서울특별시에서 임차보증금이 6천500만원 이하인 임차인에 한하여 2천200만원까지, 수도권정비계획법에 따른 과밀억제권역에서 임차보증금이 5천500만원 이하인 임차인에 한하여 1천900만원까지, 광역시에서 임차보증금이 3천800만원 이하인 임차인에 한하여 1천300만원까지, 그 밖의 지역에서는 임차보증금이 3천만원 이하인 임차인에 한하여 1천만원까지이다(동법시행령 6조 · 7조 1항)).

4. 임대차기간 등

(1) 1) 기간을 정하지 않거나 기간을 1년 미만으로 정한 임대차는 그 기간을 1년으로 본다. 다만, 임차인은 1년 미만으로 정한 기간이 유효함을 주장할 수 있다(동법 9조 1항). 2) 상가건물의 임대차가 (기간만료, 당사자의 합의, 해지 등으로) 종료된 경우, 임차인이 보증금을 돌려받을 때까지 임대차 관계는 존속하는 것으로 본다(동법 9조 2항), 따라서 그 종료 후 목적물을 점유 · 사용한 임차인은 종전 약정 차임을 지급할 의무가 있을 뿐이고, 시가에 따른 차임에 상응하는 부당이득금을 지급할 의무는 없다(대판 2023. 11. 9, 2023다257600).

(2) 임대차가 갱신되는 경우로서 동법은 다음 두 가지를 따로 마련하고 있다. (ㄱ) 임대인은 임차인이 임대차기간이 만료되기 6개월 전부터 1개월 전까지 사이에 계약 갱신을 요구할 경우 정당한 사유 없이 거절하지 못한다(동법 10조 1항).[1][2] 임차인의 계약갱신요구권은 최초의 임대차기간을 포함한 전체 임대차기간이 10년을 초과하지 않는 범위에서만 행사할 수 있다(동법 10조 2항). (ㄴ) 임대인이 임대차기간이 만료되기 6개월 전부터 1개월 전까지 사이에 임차인에게 갱신 거절의 통지 또는 조건 변경의 통지를 하지 않은 경우에는, 그 기간이 만료된 때에 전 임대차와 동일한 조건으로 다시 임대차한 것으로 본다. 이 경우에 임대차의 존속기간은 1년으로 본다(동법 10조 4항). 이것은 (ㄱ)의 임대차 갱신 제도와는 그 취지를 달리하는 것이어서, 여기에 동법 제10조 2항은 적용되지 않는다(대판 2010. 6. 10, 2009다64307).

---

1) 그러나 임차인이 임차인으로서의 의무를 현저히 위반하거나 임대차를 계속하기 어려운 중대한 사유가 있는 경우에는 임차인은 계약 갱신을 요구할 수 없다. 그러한 것의 하나로 임차인이 '3기의 차임액에 해당하는 금액을 연체'한 경우가 있다(동법 10조 1항 1호). 이 의미에 대해 대법원은 다음과 같이 판시하고 있다. 「동법 제10조의8에서 임차인의 차임 연체액이 3기의 차임액에 달하는 때에는 임대인은 계약을 해지할 수 있다고 정하고 있는 점, 위 규정의 취지는 임대차계약에서 당사자의 신뢰가 깨지는 사유가 발생한 경우에는 임차인의 일방적 의사에 의해 계약관계가 연장되는 것을 허용하지 않는다는 점을 종합해 보면, 위 규정의 의미는, 임대차기간 중 어느 때라도 차임이 3기분에 달하도록 연체된 사실이 있으면 충분하고, 반드시 임차인이 계약 갱신 요구를 할 당시에 3기분에 이르는 차임이 연체되어 있어야 하는 것은 아니다」(대판 2021. 5. 13, 2020다255429).

2) 대통령령으로 정하는 보증금을 초과하는 상가건물 임대차에는 '상가건물 임대차보호법'이 적용되지 않는다(동법 2조 1항 단서). 이 경우 그 기간을 정하지 않은 경우에는 민법이 적용되어, 임대인은 언제든지 해지를 통고할 수 있고 임차인이 이 통고를 받은 날부터 6개월이 지나면 효력이 생길 뿐이다(635조). 여기에 상가건물 임대차보호법(10조)에서 임대차기간이 정해져 있음을 전제로 규정된 임차인의 계약갱신 요구권은 인정되지 않는다(대판 2021. 12. 30, 2021다233730).

5. 권리금의 회수

(1) (ㄱ) 권리금이란 임대차 목적물인 상가건물에서 영업을 하는 자 또는 영업을 하려는 자가 영업시설·비품, 거래처, 신용, 영업상의 노하우, 상가건물의 위치에 따른 영업상의 이점 등 유형·무형의 재산적 가치의 양도 또는 이용대가로서 임대인, 임차인에게 보증금과 차임 외에 지급하는 금전 등의 대가를 말한다(동법 10조의3 제1항). (ㄴ) 통상 권리금은 임차보증금과는 달리 임대인이 취득하고 임차인에게 반환하지 않는 것이 거래 관행이다. 임차인은 새로운 임차인으로부터 권리금을 받아 자신이 임대인에게 지급한 권리금을 회수하게 되는데, 임대인이 임차인으로부터 권리금을 받은 경우에는 임차인이 새로운 임차인으로부터 권리금을 받는 것을 용인한 것으로 볼 수 있다.

(2) 2015년에 동법을 개정하면서 임차인의 권리금 회수를 보호하기 위한 규정을 신설하였는데(10조의4), 그 내용은 다음과 같다. (ㄱ) 임차인은 임대차기간이 끝나기 6개월 전부터 임대차 종료 시까지에 한해 자신이 주선한 신규임차인으로부터 권리금을 받을 수 있다. 그러므로 특별한 사유가 없는 한 임대인은 임차인이 주선한 신규임차인과 계약을 맺어야 한다. (ㄴ) 임대인은 정당한 사유 없이 임차인이 주선한 신규임차인이 되려는 자로부터 임차인이 권리금을 받는 것을 방해하여서는 안 되며(가령, 임대인이 신규임차인으로부터 권리금을 받거나, 신규임차인으로 하여금 임차인에게 권리금을 지급하지 못하게 하거나, 임차인이 주선한 신규임차인과의 계약을 거절하는 등으로), 이를 위반한 경우에는 손해를 배상하여야 한다(이 경우 그 손해배상액은 신규임차인이 임차인에게 지급하기로 한 권리금과 임대차 종료 당시의 권리금 중 낮은 금액을 넘지 못한다. / 임대인에게 그 손해배상을 청구할 권리는 임대차가 종료된 날부터 3년의 소멸시효에 걸린다. 그 손해배상채무는 임대차가 종료된 날에 이행기가 도래하여 그다음 날부터 지체책임이 발생한다(대판 2023. 2. 2, 2022다260586)).[1] (ㄷ) 임차인은 임대인에게 신규임차인이 되려는 자의 보증금 및 차임을 지급할 자력 등에 대한 정보를 제공하여야 한다. (ㄹ) 다만, 1) (임차인의 계약갱신 요구를 임대인이 거절할 수 있는) 동법 제10조 1항 각호의 어느 하나에 해당하는 사유가 있는 경우(즉 임차인이 3기의 차임액에 이르는 차임을 연체한 것, 임차인이 목적물을 고의나 중과실로 파손한 것, 목적물이 멸실되어 임대차의 목적을 달성하지 못할 것, 임차인이 임차인으로서의 의무를 현저히 위반한 것)에는 임차인의 권리금 회수

---

1) 판례: (ㄱ) 임차인이 신규임차인으로부터 권리금을 회수하는 것을 임대인이 방해한 때에는, 임대인은 상가건물 임대차보호법 제10조의4 제3항에 따라 임차인이 입은 손해를 배상할 책임을 지는데, 이때 권리금 회수 방해를 인정하기 위해 반드시 임차인과 신규임차인이 되려는 자 사이에 권리금계약이 미리 체결되어 있어야 하는 것은 아니다. 위 법조항은 권리금계약이 체결되지 않은 경우에도 임대인의 권리금 회수 방해로 인한 손해배상액을 '임대차 종료 당시의 권리금'으로 정할 수 있도록 하고 있고, 현실적으로 권리금은 임대차계약의 차임, 임차보증금, 기간 등 조건과 맞물려 정해지는 경우가 많아 권리금계약과 임대차계약이 동시에 이루어지는 경우가 있는 점에 비추어 보면, 임차인과 신규임차인이 되려는 자 사이에 권리금계약이 체결되지 않았더라도 임대인은 임차인의 권리금 회수 방해를 이유로 손해배상책임을 진다(다만 본 사안에서는 임차인과 신규임차인 사이에 권리금계약 체결 자체를 아예 예정하고 있지 않다고 보아, 임대인의 손해배상책임도 생길 여지가 없다고 보았다)(대판 2019. 7. 10, 2018다239608). (ㄴ) 「임차인의 임차목적물 반환의무는 임대차계약의 종료에 의하여 발생하지만, 임대인의 권리금 회수 방해로 인한 손해배상의무는 상가건물 임대차보호법에서 정한 권리금 회수기회 보호의무 위반을 원인으로 하고 있으므로, 양 채무는 동일한 법률요건이 아닌 별개의 원인에 기해 발생한 것일 뿐 아니라 공평의 관점에서 보더라도 그 사이에 이행상 견련관계를 인정하기 어렵다」(대판 2019. 7. 10, 2018다242727).

보호에 관한 위 (ㄴ)은 적용되지 않는다.[1] 가령 임차인이 3기의 차임액에 이르는 차임을 연체한 경우에는(이 경우 임대인은 계약을 해지할 수도 있다(동법 10조의8)), 임차인이 신규임차인을 주선하여 임대인으로 하여금 계약을 맺게 한 다음 신규임차인으로부터 권리금을 받을 수 있는 권리는 없다. 2) 그리고 임차인이 그 지위를 그대로 가지면서 목적물의 전부나 일부를 제3자로 하여금 사용·수익케 하는 전대차轉貸借의 경우에도 위 신설 규정은 적용되지 않는다(동법 13조 1항).

6. 차임 등의 증감청구권

(1) (ㄱ) 차임 또는 보증금이 임차건물에 관한 조세·공과금 그 밖의 부담의 증감이나 경제사정의 변동으로 상당하지 않게 된 경우에는 당사자는 장래의 차임 또는 보증금에 대하여 증감을 청구할 수 있다(동법 11조 1항). (ㄴ) 다만, 증액청구의 경우에는 일정한 제한이 있다. ① 임대차계약 또는 약정한 차임(또는 보증금)의 증액이 있은 후 1년 내에는 하지 못한다(동법 11조 2항). ② 증액청구를 할 수 있는 경우에도 청구 당시의 차임(또는 보증금)의 100분의 5의 금액을 초과하지 못한다(동법시행령 4조). 이를 초과하여 지급하기로 하는 차임 등에 관한 약정은 증액 비율을 초과하는 범위 내에서 무효이고, 임차인은 초과 지급된 차임 등에 대해 부당이득의 반환을 구할 수 있다(대판 2014. 4. 30, 2013다35115).

(2) 동법 제11조는 임대차계약의 존속 중 당사자 일방이 약정한 차임 등의 증감을 청구한 경우에만 적용되고, 임대차계약이 종료된 후 재계약을 하거나 임대차계약 종료 전이라도 당사자 간의 합의로 차임 등을 증액하는 경우에는 적용되지 않는다(대판 2014. 2. 13, 2013다80481).

7. 기 타

① 전대차관계에도 일정한 규정이 적용되며(동법 13조), ② 동법의 규정에 위반된 약정으로서 임차인에게 불리한 것은 효력이 없고(동법 15조), ③ 등기하지 않은 전세계약에 관하여도 동법이 준용된다(동법 17조).

---

1) 판례: (甲이 乙과 상가 임대차계약을 체결한 다음 상가를 인도받아 음식점을 운영하면서 2회에 걸쳐 계약을 갱신하였고, 그 결과 전체 임대차기간이 5년(개정 후 10년)에 임박하여 더 이상 임차인이 계약의 갱신을 요구할 수 없는 상태에서, 그 임대차기간이 만료되기 전 丙과 권리금계약을 체결한 후 乙에게 丙과 새로운 임대차계약을 체결하여 줄 것을 요청하였으나, 乙이 노후화된 건물을 재건축하거나 대수선할 계획을 가지고 있다는 등의 이유로 丙과의 임대차계약 체결에 응하지 않은 사안에서) 상가건물 임대차보호법 제10조 1항에서 정하는 임차인의 계약갱신요구권은 상가임차인에게 최소한의 영업기간을 보장하기 위해서 임차인의 주도로 임대차계약의 갱신을 달성하려는 것이고, 같은 법 제10조의4는 임대차계약이 종료된 경우에도 상가임차인이 권리금을 회수할 수 있도록 보장하기 위해 임대인에게 권리금 회수기회 보호의무를 부과하는 것으로서, 두 조항의 취지와 내용은 다르며, 같은 법 제10조의4는 임차인의 계약갱신요구권 행사기간의 만료를 권리금 회수기회 보호의무의 예외사유로 정하고 있지 않은 점에 비추어 보면, 임차인이 같은 법 제10조 2항에 따라 계약갱신요구권을 행사할 수 없는 경우에도 임대인은 같은 법 제10조의4 제1항에 따른 권리금 회수기회 보호의무를 부담한다(대판 2019. 5. 16, 2017다225312, 225329).

제8관 고 용 雇傭

Ⅰ. 고용 일반

1. 고용의 의의와 성질

고용은 당사자 일방이 상대방에게 노무를 제공하고 상대방은 그에 대해 보수를 지급하기로 약정함으로써 성립하는 계약이다(655조). 1) 고용은 계약에서 약정된 노무의 제공 그 자체를 목적으로 한다. 이것은 제공된 노무를 이용해서 사용자가 어떤 성과를 얻는 것을 예정하고 있어, 이 과정에서 사용자와 노무자 간에 지시 · 복종의 관계가 형성되는 특성이 있다. 이러한 고용은 계속적 채권관계로서 인적 신뢰관계를 기초로 하며, 고용에 따른 사용자나 노무자의 권리의무는 일신전속성이 있다(657조). 2) 고용은 노무제공에 대한 대가로서 사용자의 보수의 지급을 그 요소로 한다. 즉 쌍무 · 유상계약이며, 낙성 · 불요식 계약이다.

2. 고용계약과 근로계약

(1) 민법상의 고용계약

민법 제655조 이하에서 정하는 고용에 관한 규정은 노무자와 사용자를 대등한 당사자로 예정하고, 그들의 합의에 따라 노무자는 노무제공 의무를, 사용자는 그 대가로 보수 지급의무를 부담하는 것으로 정하면서, 주로 사용자의 채권을 중심으로 규정하고 있다. 즉 민법은 계약자유의 원칙이라는 틀 속에서 고용관계를 규율한다.

(2) 근로기준법상의 근로계약

사람은 노동력을 제공하고 그 대가로 임금을 받아 생계의 수단으로 삼게 되므로, 고용관계는 인간다운 생활을 하는 것과 밀접히 연관되어 있다. 그런데 사용자와 노무자가 대등한 지위에 있지는 않기 때문에, 이를 계약자유의 원칙에만 맡기는 것은 한계가 있다. 그래서 헌법 제32조는 인간의 존엄성을 보장하도록 근로조건의 기준을 법률로 정할 것을 규정하며, 그에 관한 대표적인 법률로 「근로기준법」(2007년 법 8372호)이 있다. 동법은 근로조건의 기준 등 사용자가 지켜야 할 의무를 중심으로 일정한 근로관계를 정하고 있다.

(3) 근로기준법의 적용범위

(ㄱ) 근로기준법은 「상시 5명 이상의 근로자를 사용하는 모든 사업 또는 사업장」에 적용한다(동법 11조 1항). 한편 근로자는 「직업의 종류와 관계없이 임금을 목적으로 사업이나 사업장에 근로를 제공하는 자」를 말한다(동법 2조 1호). 동법은 헌법에 따라 근로조건의 기준을 정하는 것을 목적으로 하는데(동법 1조), 동법에서 정하는 기준에 미치지 못하는 근로조건을 정한 근로계약은 그 부분에 한하여 무효로 하고, 이 경우 무효로 된 부분은 동법에서 정한 기준에 따른다(동법 15조). 즉 강행규정으로 되어 있다. (ㄴ) 그런데 다음의 경우에는 근로기준법이 적용되지 않거나 또는 우선적으로 적용되지 않는다. ① 동거하는 친족만을 사용하는 사업 또는 사업장과 가사사용인에 대하여는 동법을 적용하지 않는다(동법 11조 1항 단서). ② 다른 특별법에서 근로자의 근로조건에 관해 따로 정하고 있는 때에는 그 특별법이 우선 적용된다. 이 경우 근로기준법은 그 다른 특별법에서 정하고 있지 않은 사

항에 한해 보충적으로 적용될 뿐이다. 즉 (국가공무원법 · 지방공무원법 · 교육공무원법 · 공무원복무규정 · 공무원보수규정이 적용되는) 공무원, (선원법이 적용되는) 선원, (사립학교법이 적용되는) 교원 등이 그러하다(대판 1996. 4. 23, 94다446; 대판 1978. 2. 28, 78다51). (ㄷ) 민법에서 정하는 고용계약은 사용자와 노무자를 대등한 당사자로 예정하고 그의 의사에 의해 체결되는 사적자치를 전제로 하는 것이고, 따라서 임의규정으로 되어 있다. 이러한 민법상의 고용에 관한 규정은 상술한 대로 근로기준법이 적용되지 않는 예외적인 분야, 그리고 근로기준법이 (우선적으로 또는 보충적으로) 적용되는 경우에 그에 의해 규율되지 않는 사항에 한해서만 보충적으로 적용될 뿐이다. 유의할 것은, 근로계약이나 고용계약에 관한 규정은 계약의 성립을 전제로 하는 근로조건의 내용에 관한 것이고, 그 계약의 성립에 관해서는 민법상의 계약의 법리가 적용된다는 점이다. 예컨대 사립학교 교원의 임용계약은 사립학교법 소정의 절차에 따라 이루어지는 것이지만 그 성질은 사법상의 고용계약에 다름 아닌 것으로서, 여기에는 계약이나 법률행위 일반의 법리가 통용된다(대판 2000. 12. 22, 99다55571).

〈참 고〉 근로기준법에서는 민법상의 '노무자 · 사용자'의 표현 대신에 '근로자 · 사용자'의 용어를 사용한다. 그 밖에 민법의 규정과 비교해 보면 다음과 같다. ① 고용에서 보수의 종류는 제한이 없으나(656조), 근로계약에서는 금전으로 지급하여야 하며 이를 임금이라고 한다(동법 43조 이하). ② 고용에서 약정기간이 3년을 넘는 때에는 3년이 지난 후 언제든지 계약해지를 통고할 수 있고(659조), 고용기간을 약정하지 않은 때에는 당사자는 언제든지 계약해지를 통고할 수 있다(660조). 이에 대해 근로계약에서 계약기간은 1년을 넘지 못하지만(동법 16조), 근로자가 보다 장기의 계약기간을 원한 때에는 유효한 것으로 해석되며, 이 경우 사용자는 정당한 이유 없이 근로자를 해고할 수 없는 것으로 정한다(동법 23조). ③ 고용에서 노무자가 미성년자인 때에 그 친권자나 후견인이 고용계약을 대리하려면 미성년자 본인의 동의를 받아야 한다(920조 단서 · 949조 2항). 이에 대해 근로계약에서 15세 미만인 자는 근로자로 사용하지 못하며(동법 64조), 친권자나 후견인은 미성년자의 근로계약을 대리할 수 없는 것으로 규정한다(동법 67조 1항). 따라서 15세 이상의 미성년자는 친권자나 후견인의 동의를 받아 스스로 근로계약을 맺어야 한다.

Ⅱ. 고용의 효력

1. 노무자의 의무

노무자勞務者는 계약에서 약정한 노무를 스스로 제공할 의무를 진다. 이 점과 관련하여 민법은 다음의 두 가지를 규정한다.

(1) 권리와 의무의 일신전속성

고용은 계속적 채권관계로서 인적 신뢰관계를 기초로 하고, 그래서 민법 제657조는 노무자의 노무제공 의무와 사용자의 권리가 그 일신에 전속함을 정한다. (ㄱ) 노무제공의 정도는 노무자가 누구냐에 따라 차이가 있으므로, 노무자는 스스로 노무를 제공하여야 하고, 제3자로 하여금 자기에 갈음하여 노무를 제공케 할 때에는 사용자의 동의가 있어야 한다(657조 2항). 노무자가 이를 위반한 경우에는 사용자는 계약을 해지할 수 있다(657조 3항). (ㄴ) 지명채권은 원칙적으로 양도할 수 있지만(449조 1항 본문), 사용자가 노무자에게 갖는 권리는 노무자의 동의 없이는 제3자에게 양도하지 못한다(657조 1항). 노무자는 사용자에 대한 신뢰에 기초하여 노무를 제공하고 또 사용자가 누구냐에 따라 보수의 지급능력에 차이가 있을 수 있기 때문이다. 사용자가 이를 위반한 때에는 노무자는 계약을 해지할 수 있다(657조 3항).

(2) 노무의 내용과 해지권

노무자는 고용계약에서 정한 노무를 제공할 의무가 있다. ① 사용자가 노무자에게 약정하지 않은 노무의 제공을 요구한 경우에는 노무자는 계약을 해지할 수 있고(658조 1항), ② 특수한 기능이 필요한 노무를 약정한 경우에 노무자에게 그러한 기능이 없는 때에는 사용자는 계약을 해지할 수 있다(658조 2항).

2. 사용자의 의무

(1) 보수 지급의무

a) 사용자는 노무자의 노무제공에 대한 대가로서 보수를 지급하여야 하는데,[1] 민법은 그 지급시기에 관해서만 정할 뿐 그 밖의 사항에 대해서는 관습이나 당사자의 약정에 맡기고 있다. 즉 (ㄱ) 보수의 종류(보수는 금전에 한하지 않음)나 보수액을 약정하지 않은 경우에는 관습에 따라 보수를 지급하여야 한다(656조 1항). (ㄴ) 보수는 약정한 시기에 지급하여야 하며, 지급시기를 약정하지 않았으면 관습에 따르고, 관습이 없으면 약정한 노무를 종료한 후 지체 없이 지급하여야 한다(656조 2항). 즉 보수는 특약이 없는 한 '후급'이 원칙이다. 따라서 고용은 쌍무계약이지만 노무자는 동시이행의 항변권을 행사하지 못한다(536조 1항 단서).

b) 고용이 쌍무계약인 것과 관련하여 보수청구권의 성립 여부가 문제되는 것이 있다. (ㄱ) 노무자가 그에게 책임이 없는 일신상의 이유(예: 질병 · 출산 등)로 일시적으로 노무를 제공할 수 없는 경우이다. 원칙론으로는 위험부담에 관한 민법 제537조에 따라 제공할 수 없게 된 노무에 해당하는 임금은 청구할 수 없게 된다. 그러나 고용에서 보수는 단순한 노무제공의 대가에 그치지 않고 노무자의 생존을 위한 수단이 되는 점에서, 이 경우에는 위험부담의 원칙을 수정하여 노무자는 보수청구권을 잃지 않는 것으로 해석하여야 한다는 것이 학설의 일반적인 견해이다. 참고로 독일 민법(616조)은 이러한 취지의 규정을 두고 있다. (ㄴ) 사용자의 귀책사유로 노무를 제공할 수 없는 경우에는 민법 제538조에 따라 노무자는 보수를 청구할 수 있다.

(2) 안전배려의무

고용관계는 노무자의 '인적' 노무제공에 의해 실현되는 점에서, 고용계약상의 부수적 의무로서 사용자는 노무자에 대해 안전배려의무를 부담한다(통설). 판례도 "사용자는 근로계약에 수반되는 신의칙상의 부수적 의무로서 피용자가 노무를 제공하는 과정에서 생명 · 신체 · 건강을 해치는 일이 없도록 인적 · 물적 환경을 정비하는 등 필요한 조치를 강구하여야 할 보호의무를 부담한다"고 한다(대판 2000. 5. 16, 99다47129). 사용자가 안전배려의무를 위반하여 노무자가 피해를 입은 경우에는 고용계약의 위반에 따른 채무불이행으로서 손해배상책임을 진다(390조).

---

1) 판례: 「근로계약은 근로자가 사용자에게 근로를 제공하고 사용자는 이에 대해 임금을 지급하는 쌍무계약으로서, 근로자가 근로를 제공하지 않은 이상 그 대가관계인 임금청구권은 발생하지 않는다. 그래서 쟁의행위 시의 임금 지급에 관해 별도의 약정이 있지 않는 한, 근로자가 근로를 제공하지 아니한 쟁의행위 기간 동안에는 근로제공 의무와 대가관계에 있는 근로자의 임금청구권은 발생하지 않고, 근로를 불완전하게 제공하는 형태의 쟁의행위인 태업에도 무노동 무임금 원칙이 적용된다」(대판 2002. 8. 23, 2000다60890, 60906; 대판 2013. 11. 28, 2011다39946).

Ⅲ. 고용의 종료

1. 고용의 종료사유

(ㄱ) 고용의 종료와 관련하여 민법이 정하는 것은 세 가지이다. 즉 ① 고용기간이 만료된 때에 고용이 종료되는 것을 전제로 하여 일정한 요건하에 묵시의 갱신을 인정하고(662조), ② 약정기간이 3년을 넘거나 고용기간을 약정하지 않은 경우에 각 당사자에게 해지통고권을 부여하면서, 이때에는 일정 기간이 경과함으로써 해지의 효력이 생기는 것으로 하며(659조·660조), ③ 일정한 경우에 해지권의 발생을 인정하는 것(657조 3항·658조·661조·663조)이 그러하다. (ㄴ) 그 밖에 민법에서 명문으로 정하고 있지는 않지만, 고용에서 권리의무의 일신전속성의 특성상(657조) 당사자의 사망으로 고용관계는 종료된다(통설).

(1) 고용기간의 만료

a) 원 칙 당사자가 고용기간을 정한 경우에는 그 기간의 만료로 고용은 종료된다.

b) 묵시의 갱신 (ㄱ) 고용기간이 만료되기 전에 또는 만료된 후에도 당사자의 합의로 이를 갱신할 수 있다. 그런데 고용기간이 만료된 후에 갱신의 합의 없이 노무자가 계속하여 노무를 제공하고 이에 대해 사용자가 상당한 기간 내에 이의를 제기하지 않은 경우, 민법은 당사자의 의사를 추단하여 전 고용과 동일한 조건으로 다시 고용한 것으로 본다(662조 1항 본문). 다만 고용기간에 한해서는 기간의 정함이 없는 것으로 보아, 당사자는 언제든지 계약 해지를 통고할 수 있고, 그 통고를 받은 때부터 1개월이 지나면 해지의 효력이 생긴다(662조 1항 단서·660조). (ㄴ) 묵시의 갱신의 경우에 전 고용과 동일성이 유지되므로, 노무자의 채무의 담보로서 노무자 자신이 제공한 담보는 그대로 존속한다. 그러나 제3자가 담보를 제공한 때에는 기간의 만료로 그 담보는 소멸된다(662조 2항). 제3자는 본래의 고용기간에 한정하여 노무자의 채무를 담보한 것으로 보아야 하기 때문이다.

(2) 해지통고

a) 고용기간이 장기인 경우 고용기간은 당사자의 합의로 정할 수 있지만, 그것이 지나치게 장기인 때에는 고용관계의 특성상 당사자의 자유를 구속하는 문제가 있다. 그래서 민법은 고용의 약정기간이 3년을 넘거나 당사자의 일방이나 제3자의 종신까지로 된 경우에는, 각 당사자는 3년이 지난 후에는 언제든지 계약 해지를 통고할 수 있는 것으로 정한다(659조 1항). 그 경우 상대방이 해지 통고를 받은 날부터 3개월이 지나면 해지의 효력이 생긴다(659조 2항).

b) 기간의 약정이 없는 경우 고용기간을 약정하지 않은 경우에는 각 당사자는 언제든지 계약 해지를 통고할 수 있다(660조 1항).[1] 그 경우 상대방이 해지 통고를 받은 날부터 1개월이 지나면 해지의 효력이 생긴다(660조 2항). 다만 기간을 단위로 보수를 정한 경우에는, 상대방이 해지 통고를 받은 그 기간이 지난 후 다음 기간이 끝날 때에 해지의 효력이 생긴다(660조 3항)(예: 월급을 주기로 하였는데 4월 중에 해지 통고를 한 경우에는 4월이 지나고 5월이 끝날 때, 즉 6월 1일부터 해지의 효력이 생긴다).

(3) 해 지

다음의 경우에는 고용을 해지할 수 있고, 상대방에게 그 통지가 도달한 때부터, 즉 위에서처

1) 판례는, 동 조항은 임의규정이므로, 계약을 맺으면서 해고 사유를 열거하고 그 사유에 의해서만 근로자를 해고할 수 있도록 하는 특약을 하였다면, 이를 위반한 해고는 무효라고 한다(대판 2008. 3. 14, 2007다1418).

럼 통고기간이 필요 없이 해지의 효력이 생긴다. ① 전술한 대로 민법 제657조와 제658조에 의해 노무자나 사용자는 계약을 해지할 수 있다. ② 고용기간을 약정한 경우에도 부득이한 사유가 있는 때에는 각 당사자는 계약을 해지할 수 있다(661조 본문). 그러나 그 사유가 당사자 일방의 과실로 생긴 경우에는 상대방에게 손해를 배상하여야 한다(661조 단서). ③ 고용기간을 약정하였더라도 사용자가 파산선고를 받은 경우에는 노무자나 파산관재인은 계약을 해지할 수 있다(663조 1항). 이 경우 각 당사자는 계약 해지로 입은 손해의 배상을 청구하지 못한다(663조 2항).

2. 고용 종료 후의 법률관계

고용관계가 종료되면 이미 발생한 채권·채무를 제외하고는 고용관계에 따른 권리·의무는 소멸된다. 다만 고용관계의 종료 후에도 노무자는 신의칙상 인정되는 범위에서 경업피지의무競業避止義務와 비밀유지의무를 부담한다(대판 1997. 6. 13, 97다8229). 한편 당사자의 특약으로 고용관계가 종료된 후의 경업금지를 약정하는 경우에도, 그것은 노무자의 경제활동을 부당히 방해하는 측면도 있으므로, 합리적인 범위에 한하는 것으로 해석하여야 한다.

제9관 도 급都給

Ⅰ. 도급 일반

1. 도급의 의의와 성질

(1) 의 의

도급은 당사자 일방(수급인)이 어떤 일을 완성하기로 하고 상대방(도급인)은 그 일의 결과에 대해 보수를 지급하기로 약정함으로써 성립하는 계약이다(664조). 도급은 고용·위임·임치 등과 같이 타인의 노무를 이용하는 계약에 속하는 것이지만, '일의 완성'이라는 결과에 목적을 두는 점에서 차이가 있다. (ㄱ) 「일」은 노무에 의해 생기는 결과로서, 건물의 건축·선박의 건조·양복(구두)의 제작·출판·이발과 같은 유형적인 것과, 운송·병의 치료·연예인의 출연·여행과 같은 무형적인 것이 있다. 이러한 일에 관해 민법은 일의 결과로서 물건의 인도를 요하는 것과 그렇지 않은 것으로 나누는 방식을 취한다(665조·670조). (ㄴ) 도급은 일의 「완성」이라는 결과에 대해 보수를 지급하는 것을 요소로 한다. 병의 치료나 변호사에게 소송을 의뢰하는 것은 일의 처리 자체에 목적을 두는 것으로서 위임에 해당하고(680조 참조), 따라서 위임사무의 처리에 과실이 없는 한 치료가 되지 않거나 패소한 때에도 그 일의 처리를 위해 지출한 비용과 보수를 청구할 수 있지만, 완치나 승소를 전제로 약정한 경우에는 도급이 되며, 이때에는 그러한 결과를 이루지 못하면 보수를 청구할 수 없다.[1)]

---

1) 다만 판례는, 당사자 사이에 일의 진행 정도에 따라 보수를 일정액씩 분할지급하기로 특약을 맺은 경우에는(예: 건축공사에서 기성고에 따라 보수를 지급하기로 약정한 경우), 공사가 중단되거나 도급계약이 해제된 경우에도 도급인은 공사 기성고 비율에 따라 보수를 지급할 의무가 있다고 한다(대판 1985. 5. 28, 84다카856; 대판 1986. 9. 9, 85다카2517).

(2) 법적 성질

수급인의 일의 완성의무와 도급인의 보수 지급의무는 서로 대가관계에 있어 도급은 쌍무·유상계약에 속하며(도급인은 일의 결과에 대해 보수를 지급하는 점에서, 수급인이 일을 완성하는 것과 도급인의 보수 지급이 동시이행의 관계에 있지는 않다. 완성된 목적물의 인도와 보수 지급이 동시이행의 관계에 있다(665조)), 낙성·불요식 계약이다.

2. 도급계약에 관한 특별법

일정한 도급계약에 관해서는 민법 외에 특별법에서 따로 규율하는 것이 있다. 즉 '운송계약'은 상법에서 자세히 규율하며(125조 이하·780조 이하), 그 밖에 운송수단에 따라 철도법·자동차운수사업법·해상운송사업법·항공법 등 특별법이 적용된다. '출판계약'과 관련한 저작권에 관해서는 저작권법이 적용된다. '건설공사계약'에 관해서는 건설산업기본법에서 건설공사의 도급에 관해 민법에 대한 특칙을 정하며(1조·22조·28조·29조), 그 밖의 내용은 '민간공사 표준도급계약서'라는 표준약관에 따라 도급계약이 체결된다.

3. 도급의 특수한 형태

(1) 제작물 공급계약

당사자의 일방이 상대방의 주문에 따라 자기 소유의 재료를 사용하여 만든 물건을 공급하기로 하고 상대방은 그 대가를 지급하기로 하는, 이른바 '제작물 공급계약'의 법적 성격에 관해, 통설은, 그 물건이 「대체물」인 경우에는 매매로 보아 매매에 관한 규정을 적용하고, 그 물건이 특정 주문자의 수요를 만족시키기 위한 「부대체물」인 경우에는 당해 물건의 공급과 함께 그 제작이 주목적이 되어 도급으로 보아야 한다고 한다(전자의 경우에는 이미 만든 제품이든 새로 만든 제품이든 계약의 내용에 부합하는 한 당사자는 만족할 것이므로 공급자에게 제작의무가 없는 데 반해, 후자의 경우에는 주문자의 수요에 적합한 물건을 반드시 제작하여야 할 제작의무가 있는 점에서). 판례도 같은 취지이다(대판 1987. 7. 21, 86다카2446; 대판 1996. 6. 28, 94다42976).[1]

(2) 하도급下都給

(ㄱ) 도급은 일의 완성에 목적을 두는 것이므로, 일을 완성하는 한 그 목적은 달성되는 것이어서, 수급인 스스로 그 일을 하여야만 하는 것은 아니다. 그래서 도급에서는 일의 성질이나 당사자의 의사에 의해 금지되지 않는 한 수급인이 제3자에게 그 일의 전부나 일부를 맡겨 완

---

1) 판례: (ㄱ) 국산 차(茶)를 제조·판매하는 A와 자동포장지를 제조·판매하는 B 사이에 A가 제시한 도안과 규격에 따라 자동포장지를 제작·공급하기로 약정을 하였고, 그에 따라 B는 자동포장지를 제작하여 이를 A에게 공급하였는데, 그 포장지에 문제가 있어 A가 B와의 위 계약을 해제한 사안에서, 위 계약을 매매가 아닌 도급으로 보아 상법 제69조(매수인의 목적물의 검사와 하자통지의무)가 아닌 민법 제668조와 제670조를 적용하여 이를 인용하였다(대판 1987. 7. 21, 86다카2446). (ㄴ) A가 B와 승강기 제작 및 설치 공사계약을 체결한 사안에서, A가 그 계약에 따라 제작·설치하기로 한 승강기가 B가 신축하는 건물에 맞추어 일정한 사양으로 특정된 사안에서, 그 계약은 대체가 어렵거나 불가능한 제작물의 공급을 목적으로 하는 계약으로서 도급의 성질을 갖는다고 보았다. 그래서 A가 B에게 갖는 채권은 민법 제163조 3호 소정의 '공사에 관한 채권'으로서 3년의 단기소멸시효에 걸리는 것으로 보았다(대판 2010. 11. 25, 2010다56685).

성시키는 것이 허용되며(대판 2002. 4. 12, 2001다82545, 82552), 실제로 건설공사계약에서는 하도급이 많이 행하여진다. 하도급은 원수급인과 하수급인 사이의 계약으로서, 하수급인은 도급인에 대해 직접 권리를 갖지 않으며 의무를 부담하지 않는다. 하수급인은 원수급인의 이행보조자로서 그의 과실은 원수급인의 과실로 된다(391조). (ㄴ) 다만, 개별 법률에서 따로 특별규정을 두고 있는 것이 있다. ① '건설산업기본법'(32조 1항)은, 수급인이 도급인에게 건물 시공상의 잘못으로 생긴 하자의 보수에 갈음하여 손해배상채무를 부담하는 경우(계약상 담보책임), 하수급인도 하도급 받은 공사에 대해 도급인에게 수급인과 같은 채무를 부담하는 것으로 정한다(법정책임). 도급인에 대해 수급인과 하수급인이 각각 부담하는 양 채무(손해배상채무)는 부진정연대채무 관계에 있다(대판 2010. 5. 27, 2009다85861). ② '하도급거래 공정화에 관한 법률'(14조 1항·2항)은, 도급인이 하도급대금을 직접 하수급인에게 지급하기로 도급인·수급인·하수급인 간에 합의를 하거나, (수급인이 지급정지·파산 등의 사유로 하도급대금을 지급할 수 없거나 그 밖의 사유에 기해) 하수급인이 도급인에게 하도급대금을 직접 지급해 줄 것을 요청한 경우, 도급인은 도급대금의 범위에서 하수급인에 대해 직접 지급의무를 부담하고, 이와 동시에 하수급인의 수급인에 대한 하도급대금채권과 도급인의 수급인에 대한 도급대금채무가 소멸되는 것으로 정한다.

(3) 설계시공 일괄입찰(Turn Key Base) 방식에 의한 도급계약

(ㄱ) 도급은 어떤 일을 완성할 것을 목적으로 하는 계약이지만, 그 '일'에는 여러 가지 일이 종합된 것도 있다. 예컨대 보통의 건축공사 도급에서는 도급인이 제시한 설계도대로 수급인이 그 일을 완성하면 되는 것이지만, 공장에 자동화설비시스템을 도입하고자 할 때 도급인이 그에 관해 전문적 지식을 가지고 있지 않아 수급인에게 자신이 원하는 목적을 설명하고, 수급인은 그 목적을 충분히 이해한 후 그의 판단하에 그 설계에서부터 시공, 나아가 제품의 완전성 및 일정한 생산량까지 담보하는 내용으로 일괄하여 도급계약을 맺는 수가 있고, 이때 도급인은 입찰의 방식을 통해 그러한 내용의 경쟁계약을 체결하는 점에서, '설계시공 일괄입찰 방식에 의한 도급'으로 부른다. 이를 'Turn-Key 계약'으로도 부르는데, 빌딩건설계약 등에서 소유자는 건물에 입주하기 위하여 단지 자물쇠에 꽂혀 있는 '열쇠를 돌리는 일'(turn key)만 하면 되고 나머지 전부를 수급인이 책임지는 형태로서, 영미계약법에서 유래한 계약개념이라고 한다.[1] (ㄴ) 판례는 이러한 계약을 도급계약으로 보면서, "도급인이 원하는 공사 목적물의 설치목적을 수급인이 이해한 후, 그 설치목적에 맞는 설계도를 작성하여 이를 토대로 스스로 공사를 시행하며, 그 성능을 보장하여 결과적으로 도급인이 원하는 공사목적을 이루게 하는 계약"으로 정의한다(대판 1996. 8. 23, 96다16650). 그리고 난지도 쓰레기처리장 건설공사를 설계시공 일괄입찰 방식에 의한 도급계약으로 보면서, 그 공사가 완공된 후 도급계약이 해제된 경우, 민법 제668조 단서의 취지나 신의칙에 비추어 그 해제의 효력은 기계·전기공사 부분에만 미칠 뿐이고 토목·건축공사의 기성고 부분에 대해서는 미치지 않는다고 보았다(대판 1994. 8. 12, 92다41559).

1) 김동훈, "소프트웨어공급계약 등에 관한 판례연구", 민사법학 제15호, 371면 이하.

Ⅱ. 도급의 효력

사례 (1) A교회와 B가 다음과 같은 내용으로 교회건물 건축 도급계약을 체결하였다. 즉 A는 토지를 그 부지로 제공하고, B는 총 공사비 19억 4천만원으로 교회 건물을 건립하는데, 그 건물의 소유권은 A에게 귀속하고, B는 공사의 대가로 그 건물의 일정 부분을 15년간 무상으로 사용하되, B가 건축 허가일로부터 16개월 이내에 완공하지 못한 때에는 A가 임의로 계약을 해약하고, B는 공사비를 청구하지 못하는 것으로 약정하였다. B는 공사에 착수하여 14억7천만원을 들여 공정 90% 진척을 보았는데, 그 후 자금 사정의 악화로 위 약정된 기한 내에 공사를 마치지 못하게 되자, A는 위 특약에 의해 B와의 계약을 해제하고 제3자에게 공사를 맡겨 공사비 1억 3천만원을 들여 남은 공사를 마쳤다. 이 경우 B는 A에게 90% 공사 부분에 대해 공사대금을 청구할 수 있는가?

(2) 1987. 11. 18. A는 B에게 아파트 건축공사 도급을 주면서 B의 하자담보책임기간을 준공검사일로부터 2년간으로 약정하였다. B는 1989. 3. 5. 위 아파트의 건축공사를 완공하고 준공검사를 받았다. 1997. 6.경 위 아파트의 지붕이 함몰되고 파손되었는데, 그 원인은 B가 설계도대로 PC판으로 시공하지 않고 합판으로 시공한 데서 비롯되었다. A는 B에게 하자의 보수를 청구하였는데, B는 약정한 하자담보책임기간이 지났음을 이유로 이를 거절하였다. B의 항변은 이유가 있는가?

(3) 1) 甲은 자기 소유 X토지가 있는 지역이 곧 상업지역으로 전환되어 용적률이 대폭 상향 조정된다는 정보를 입수하였다. 이에 甲, 乙, 丙은 공동으로 낡은 건물을 재건축하여 판매하는 사업을 진행하기로 하면서 먼저 X토지 위의 낡은 건물을 고층으로 재건축하는 공동사업을 진행하기로 합의하였다. 甲, 乙, 丙 사이의 합의에 따라 甲은 시가 50억원 상당의 X토지를 출연하고, 乙과 丙은 재건축에 필요한 소요자금으로 각각 50억원씩 출연하기로 합의하였다. 위 약정에 따라 甲은 X토지를 출자하고 乙은 50억원을 출자하였으나 丙은 자금 부족으로 25억원만을 출자하였다. 2) 甲, 乙, 丙은 건축업을 하는 A회사와 공사계약을 체결하고 공사대금은 100억원, 공사기간 1년, 공사대금은 기성고에 따라 매 2개월마다 10억원씩 5회 지급하고 나머지 공사대금 50억원은 공사완료 후 즉시 지급하기로 약정하였다. 3) 위 건물 신축 공사계약에 따라 甲, 乙, 丙은 공동명의로 건축 허가를 받아 A회사가 공사를 개시하고 10개월 동안 기성고에 따라 50억원의 공사비가 지급되었다. 4) 모든 공정이 종료되고 그 주요 구조부분이 약정된 대로 시공되어 건물로서 완성되었으나 건물의 일부에 하자가 발생하였다. 그런데 하자는 중요하지 않아 하자로 인한 건물의 교환가치 감소액은 3억원이지만 하자를 보수하는 데에 드는 비용은 45억원이다. A회사는 건물에 하자가 남아 있는 상태에서 甲, 乙, 丙에게 공사잔대금 50억원의 지급을 청구하였다. 이에 대해 甲, 乙, 丙은 ① 위 하자 보수가 끝나지 않아 공사대금청구권은 발생하지 않았고, ② 설사 공사대금청구권이 발생했더라도 하자 보수가 완료될 때까지는 잔금을 지급할 수 없으며, ③ 하자를 이유로 계약을 해제하고, ④ 하자 보수에 드는 45억원 비용을 손해배상채권으로 하여 공사대금과 상계하겠다고 각각 주장하였다. 甲, 乙, 丙의 주장이 타당한지 검토하시오. (30점)(2021년 제2차 변호사시험 모의시험)

해설 p. 598

1. 서 설

도급에서는 수급인이 일을 완성하고 도급인은 그 대가로 보수를 지급하는 것이 그 주된 내용을 이룬다. 그리고 양자의 의무는 출연의 관점에서 서로 등가관계에 있는 유상계약인 점에서, 완성된 일의 결과에 하자가 있는 때에는 수급인은 민법에서 정한 일정한 담보책임을 부담한다. 그 밖에 수급인의 보수채권의 확보를 위해 저당권설정청구권이 인정된다.

2. 수급인의 의무

(1) 일을 완성할 의무와 목적물 인도의무

a) 일을 완성할 의무 수급인受給人은 약정된 기한 내에 계약의 내용에 따라 일을 완성할 의무를 진다(664조). 도급인은 그 일의 결과에 대하여 (그 후에) 보수를 지급할 의무가 있는 것이므로(664조), 수급인이 그 기한 내에 일을 완성하지 못하면 채무불이행책임을 진다.[1]

b) 목적물 인도의무 (ㄱ) 도급에서 완성된 일의 결과가 물건인 때에는 수급인은 그 목적물을 도급인에게 인도하여야 한다. 수급인이 부담하는 일의 완성에는 그 결과인 물건의 인도도 포함된 것으로 보아야 하고, 민법도 이 점을 예정하고 있다(665조 1항·670조 1항). (ㄴ) 이때 목적물의 「인도」는 완성된 목적물에 대한 단순한 점유의 이전만을 의미하는 것이 아니라, 도급인이 목적물을 검사한 후 그 목적물이 계약 내용대로 완성되었음을 명시적 또는 묵시적으로 시인하는 것까지 포함하는 의미이고(대판 2006. 10. 13, 2004다21862), 이것은 도급인의 일방적인 의사에만 의존하지 않고 그 목적물이 계약 내용에 부합하는 것인지 여부에 따라 객관적으로 결정된다. 그렇지 않으면 도급인은 수급인이 완성한 일에 하자가 있는지를 불문하고 보수 지급의무를 부담하게 되는 불이익을 입게 되기 때문이다. (ㄷ) 도급계약에서 일의 완성에 관한 주장·입증책임은 일의 결과에 대한 보수의 지급을 청구하는 수급인에게 있고, 위 목적물의 인도와 보수의 지급은 동시이행의 관계에 있다(665조 1항 본문)(대판 2006. 10. 13, 2004다21862). 그 밖에 일의 완성의 결과가 어떤 물건이고 이를 수급인이 점유하고 있는 때에는(예: 도급에 의한 건물의 신축), 보수채권은 그 물건에 관하여 생긴 채권으로서, 수급인은 그 물건에 유치권을 갖는다(320조).

c) 완성물의 소유권 귀속관계 건물의 건축도급에서 수급인이 그 일을 완성한 경우에 그 (신축)건물의 소유권이 누구에게 귀속하는지에 관해 판례의 내용은 다음과 같다. (ㄱ) 일반적으로 자기의 노력과 재료를 들여 건물을 건축한 사람은 그 건물의 소유권을 원시적으로 취득한다. 따라서 도급인이 재료의 전부나 주요부분을 공급한 경우에는 도급인에게, 수급인이 제공

---

1) 수급인은 이행기까지 일을 완성하여야 할 의무를 지는데, 건설공사의 도급에서는 공사가 비교적 장기간에 걸쳐 시행되기 때문에 그 사이에 공사의 완성에 장애가 되는 사정이 발생할 가능성이 많으므로, 이러한 경우에 대비하여 도급인의 손해액에 대한 입증 곤란을 덜고 손해배상에 관한 법률관계를 간명하게 처리할 목적에서, 준공기한 내에 공사를 완성하지 아니한 때에는 매 지체일수마다 계약에서 정한 지체상금률을 계약금액에 곱하여 지체상금(遲滯償金)을 지급하도록 약정하는 것이 보통인데, 이에 관한 판례는 다음과 같다. ① 그 성질은 손해배상액의 예정이며, 따라서 그 금액이 부당히 과다하다고 인정되는 경우에는 법원은 민법 제398조 2항에 의해 적당히 감액할 수 있다(대판 1996. 5. 14, 95다24975; 대판 1995. 9. 5, 95다18376). ② 공사 도중에 도급계약이 해제되어 수급인이 공사를 완료하지 아니한 경우에는 적용되지 않는다(대판 1989. 9. 12, 88다카15901 등). ③ 지체상금 발생의 시기는 특별한 사정이 없는 한 준공일이지만, 그 종기는 건물을 준공할 때까지 무한히 계속되는 것이 아니라, 수급인이 공사를 중단하거나 기타 해제사유가 있어 도급인이 이를 해제할 수 있는 때로부터 도급인이 다른 업자에게 의뢰하여 건물을 완성할 수 있었던 시점까지로 제한되어야 한다(대판 1989. 7. 25, 88다카6273 등). ④ 공사도급계약상 도급인의 지체상금채권과 수급인의 공사대금채권은 특별한 사정이 없는 한 동시이행의 관계에 있지 않다(대판 2015. 8. 27, 2013다81224, 81231).

한 때에는 수급인에게 각각 소유권이 귀속한다. (ㄴ) 수급인이 자기의 노력과 재료를 들여 건물을 완성하더라도, 완성된 건물의 소유권을 도급인에게 귀속시키기로 하는 「특약」이 있는 때에는, 그 건물의 소유권은 원시적으로 도급인에게 귀속한다. 도급인 명의로 건축 허가를 받고 또 그 명의로 건물에 대한 소유권보존등기를 하기로 한 때, 또는 공사 기성고 비율에 따라 상당액의 공사대금이 이미 지급된 경우에는, 각각 완성된 건축물의 소유권을 원시적으로 도급인에게 귀속시키기로 하는 묵시적 합의가 있는 것으로 본다(대판 1992. 8. 18, 91다25505; 대결 1994. 12. 9, 94마2089; 대판 1996. 9. 20, 96다24804).[1] (ㄷ) 이때 신축건물이 집합건물로서 여러 사람이 공동으로 건축주가 되어 도급계약을 체결한 것이라면, 그 집합건물의 각 전유부분 소유권이 누구에게 원시적으로 귀속되느냐는 공동 건축주들 사이의 약정에 따른다(대판 2005. 11. 25, 2004다36352; 대판 2010. 1. 28, 2009다66990).

(2) 담보책임

가) 의의와 성질

a) 의 의 매매에 관한 규정은 매매 외의 다른 유상계약에도 준용된다(567조). 다만 같은 유상계약이지만 도급의 경우에는 수급인의 담보책임을 따로 규정하고 있다(667조~672조)(그 밖에 여행계약에서도 따로 담보책임을 정하고 있다(674조의6~674조의9)). 매매에서 매도인은 권리이전의무를 지고, 따라서 그 담보책임은 매매의 목적인 권리 또는 권리의 객체인 물건에 (원시적 일부)하자가 있는 경우에 관한 것이다. 이에 대해 도급에서 수급인은 (장래) 어떤 일을 완성할 의무를 지고, 따라서 그 담보책임은 완성된 일에 하자가 있는 경우에 관한 것이다. 그래서 담보책임으로 매매에서는 '해제 · 감액청구 · 손해배상 · 완전물 급부청구'가 인정되지만, 도급에서는 '하자 보수 · 손해배상 · 해제'가 인정된다.

b) 성 질 (ㄱ) 수급인의 담보책임의 법적 성질에 관해서는 견해가 나뉜다. ① 법정책임설: 완성물의 하자에 대해 수급인의 과실을 묻지 않고 민법이 일정한 책임을 정한 것으로 보는 견해로서, 통설적 견해에 속한다. 판례도 같은 취지이다(대판 1990. 3. 9, 88다카31866). ② 채무불이행설: 수급인은 어떤 일을 완성하여야 할 의무를 지므로, 수급인이 일을 잘못하여 그 결과에 흠이 있는 때에는 채무를 제대로 이행하지 않은 것으로서, 넓은 의미의 채무불이행에 속하는 것으로 보는 견해이다. 그러나 본래의 채무불이행과는 구별한다. 즉 수급인의 과실을 요건으로 하지 않으며, 손해배상의 범위도 기본적으로는 신뢰이익을 지향하는 것으로 파악한다(김형배, 622면 · 627면 이하). (ㄴ) 사견은, 도급은 수급인의 일의 완성의무와 도급인의 보수 지급의무가 서로 대가관계에 있는 쌍무 · 유상계약인 점에서, 그 성질은 매매와 같이 등가성을 실현하기 위해 (수급인의 과실을 묻지 않고) 법률로 정한 법정책임으로 파악하는 것이 타당하다고 본다. 따라서 그 손해배상은 하자가 없는 것으로 믿은 데 따른 손해, 일반적으로는 하자로 인해 감소된 목적물의 가액에 그치는 것으로 보아야 한다. 그 하자에 수급인의 귀책사유가 있는 경우에는, 그것은 더 이상 담보책임의 문제가 아니며, 이때에는 채무불이행을 이유로 해서만 그 하자로 인해 생

1) 도급계약의 특성은 수급인이 도급인을 위해 목적물을 만들고 그 대가로 보수를 받는 데 있고 소유권을 취득하는 데 있지 않은 점에서, 통설도 판례와 견해를 같이한다.

긴 손해에 대한 배상을 청구할 수 있을 뿐이다(이 경우 민법 제393조 소정의 통상손해와 특별손해의 기준에 따라 배상범위가 정해진다).

c) 담보책임과 채무불이행책임의 관계 하자가 수급인의 귀책사유로 생긴 경우에 도급인은 담보책임 외에 채무불이행(불완전이행)책임을 따로 물을 수 있는지에 관해서는 학설이 나뉜다. 제1설은, 일의 완성에는 재료의 공급 외에 수급인이 노무를 제공하는 것도 포함되어 있는데, 민법은 담보책임에 관해 제667조 이하에서 하자를 일으킨 이유 여하를 불문하고 하자의 종류나 정도에 따라 적절한 요건과 효과를 규정하고 있는 점에서, 채무불이행책임은 배제되고 담보책임만 물을 수 있다고 한다(김증한·김학동, 517면; 김주수, 375면; 주석민법[채권각칙(4)], 210면(구욱서)). 제2설은 양자의 경합을 인정한다(곽윤직, 259면; 김상용, 375면; 송덕수, 553면). 사견은 제2설이 타당하다고 본다. 수급인의 담보책임은 도급이 유상계약인 점에서 양 급부의 등가성을 유지하기 위해 수급인에게 귀책사유가 없더라도 민법이 하자에 따라 일정한 담보책임을 정한 것이고, 이에 대해 채무불이행책임은 채무자의 귀책사유로 인해 채무가 제대로 이행되지 않은 것을 문제삼는 점에서, 양자는 규율의 영역을 달리한다. 따라서 어느 사안이 양자의 요건을 다 갖춘 때에는 양자가 경합하고, 담보책임이 채무불이행책임을 포함하는 것으로 보아야 할 이유는 없다(매매에서 담보책임은 계약 이전부터 있었던 하자를 문제삼는 점에서, 타인의 권리의 매매를 제외하고는, 계약 이후에 생긴 채무의 불이행을 문제삼는 채무불이행책임이 경합하는 일은 생기지 않는다. 이에 대해 도급에서는 일의 완성이 장래에 이루어지는 것이므로 담보책임과 채무불이행책임이 경합할 수 있다). 판례도 같은 취지이다.[1]

나) 담보책임의 내용

> 제667조 〔수급인의 담보책임〕 ① 완성된 목적물이나 완성 전 성취된 부분에 하자가 있는 경우에는 도급인은 수급인에게 상당한 기간을 정하여 그 하자의 보수를 청구할 수 있다. 그러나 하자가 중요하지 않고 그 보수에 과다한 비용이 들 경우에는 그러하지 아니하다. ② 도급인은 하자의 보수에 갈음하여 또는 하자의 보수와 함께 손해배상을 청구할 수 있다. ③ 전항의 경우에는 제536조(동시이행의 항변권)의 규정을 준용한다.

1) 판례: (ㄱ) 「액젓 저장탱크의 제작·설치공사 도급계약에 의하여 완성된 저장탱크에 균열이 발생한 경우, 보수 비용은 민법 제667조 2항에 의한 수급인의 하자담보책임 중 하자 보수에 갈음하는 손해배상이고, 액젓 변질로 인한 손해배상은 위 하자담보책임을 넘어서 도급계약의 내용에 따른 의무를 제대로 이행하지 못함으로 인하여 도급인의 신체·재산에 발생한 손해에 대한 배상으로서, 양자는 별개의 권원에 의하여 경합적으로 인정된다」(대판 2004. 8. 20, 2001다70337). (ㄴ) 「원단의 가공에 관한 도급계약에 의하여 납품된 물건에 하자가 발생함으로 말미암아 도급인이 외국에 수출하여 지급받기로 한 물품대금을 지급받지 못한 데 대한 손해배상은, 민법 제667조 2항 소정의 하자담보책임을 넘어서 수급인이 도급계약의 내용에 따른 의무를 제대로 이행하지 못함으로 인하여 도급인의 신체·재산에 발생한 이른바 '하자 확대 손해'에 대한 배상으로서, 수급인에게 귀책사유가 없었다는 점을 스스로 입증하지 못하는 한 도급인에게 그 손해를 배상할 의무가 있다」(대판 2007. 8. 23, 2007다26455, 26462). (ㄷ) 「도급계약에 따라 완성된 목적물에 하자가 있는 경우, 수급인의 하자담보책임과 채무불이행책임이 별개의 권원에 의해 경합할 수 있다. 민법 제669조 본문은 완성된 목적물의 하자가 도급인이 제공한 재료의 성질 또는 도급인의 지시에 기인한 때에는 수급인은 하자담보책임을 부담하지 않는다는 것을 규정할 뿐이다. 따라서 수급인에게 채무불이행책임을 물을 수 있는 경우에는 위 규정과는 별개로 그 책임을 물을 수 있다(도급인의 과실은 과실상계 사유가 될 수 있다)」(대판 2020. 1. 30, 2019다268252).

a) 하자보수청구권

aa) 요 건: 「완성된 목적물이나 완성 전 성취된 부분에 하자」가 있어야 한다(667조 1항). ㈀ '하자'란, 통상적으로 또는 계약에 의해 결정된 일정한 성상을 갖지 않거나 수급인이 보증한 성질을 갖지 않아 불완전한 점이 있는 것을 말한다. 하자의 발생원인은 묻지 않는다(다만 제669조의 제한이 있다). ㈁ '완성된 목적물'에 하자가 있는 경우뿐만 아니라, '완성 전 성취된 부분'에 하자가 있는 경우에도 발생한다. 「완성 전 성취된 부분」이란 도급계약에 따른 일이 전부 완성되지는 않았지만 하자가 발생한 부분의 작업이 완료된 상태를 말한다(대판 2001. 9. 18, 2001다9304). ㈂ 건물공사의 「미완성」과 「하자」는 구별된다. 건물공사가 미완성인 때에는 채무불이행의 문제로 되며 수급인은 원칙적으로 공사금을 청구할 수 없는 데 반해(보수 후불의 원칙), 목적물인 건물에 하자가 있는 경우에는 수급인은 도급인에게 공사금을 청구할 수 있으나, 도급인은 수급인의 하자담보책임을 물어 동시이행의 항변권을 행사함으로써 수급인의 하자 부분의 보수 또는 그에 갈음하는 손해배상의 제공이 있을 때까지 공사금의 지급을 거절할 수 있을 뿐이다. 양자를 구별하는 기준은, 공사가 도중에 중단되어 예정된 최후의 공정을 종료하지 못한 경우는 공사의 미완성이고, 그것이 당초 예정된 최후의 공정까지 일단 종료하고 그 주요 구조 부분이 약정된 대로 시공되어 사회통념상 건물로서 완성되고, 다만 그것이 불완전하여 보수를 하여야 할 경우에는 공사가 완성되었으나 하자가 있는 것에 해당한다. 개별 사건에 있어서 최후의 공정이 일단 종료되었는지는 건물 신축 도급계약의 구체적 내용과 신의성실의 원칙에 비추어 객관적으로 판단하여야 한다(대판 1994. 9. 30, 94다32986; 대판 1997. 12. 23, 97다44768).

bb) 효 과: ㈀ 도급인은 수급인에게 상당한 기간을 정하여 하자의 보수를 청구할 수 있다(667조 1항 본문). 이 기간이 경과할 때까지는 도급인은 하자 보수에 갈음하는 손해배상을 청구하지 못한다. 수급인이 그 기간 내에 보수를 하지 않는 경우에도 역시 보수를 청구할 수 있다(통설). 한편 수급인이 보수를 하지 않는 경우에는 그 강제이행을 구할 수 있으나, 그렇다고 해서 곧바로 계약을 해제할 수 있는 것은 아니다. 도급계약을 해제하려면 민법 제668조에 의해 완성된 목적물의 하자로 인하여 계약의 목적을 달성할 수 없는 경우여야 하고, 특히 건물 기타 토지의 공작물의 하자에 대해서는 해제할 수 없는 것으로 제한하고 있기 때문이다. ㈁ 하자가 중요하지 않은데도 그 보수에 과다한 비용이 들 경우에는 하자의 보수를 청구할 수 없다(667조 1항 단서). 이때에는 손해배상을 청구할 수 있을 뿐인데, 그 하자의 보수에 갈음하는 손해배상이 아니라(하자 보수를 청구할 수 없으므로), 그 하자로 인한 손해배상, 즉 하자가 없는 때의 목적물의 교환가치의 차액이나 시공비용의 차액이 이에 해당하고, 이것은 손해배상을 청구한 때를 기준으로 한다(대판 1998. 3. 13, 97다54376; 대판 1998. 3. 13, 95다30345). 그 하자가 있는 목적물을 사용함으로써 입은 정신적 손해는 수급인이 그러한 사정을 알았거나 알 수 있었을 때에만 특별손해로서 배상받을 수 있다(대판 1997. 2. 25, 96다45436). ㈂ 목적물에 하자가 있는 경우, 도급인은 하자보수청구권과 이에 갈음하는 손해배상청구권 중 어느 하나를 선택할 수 있다(667조 2항). 따라서 목적물에 하자가 있더라도 도급인이 위 선택권을 행사할 때 수급인의 의무도 확정되는 것이므로, 도급인이 위 선택권을 행사함이 없이 하자가 있다는 이유만으로 보수의 지급을 거절할 수는 없다(대판 1991. 12. 10, 91다33056). 그렇게 되면 수급인이 부당하게 불이익을 입게 되기 때문이다. 그러나 도급인이 하자의 보수를 청구한 경우에는, 그 하자의 부분은 목적물을 완성한 것으로 볼 수 없는 점에서, 도급인은 민법 제536조의 동시이행의 항변권을 주장하여 그 보수가 끝날 때까지 그 하자에 대응하는 보수의 지급을 거절할 수 있다. (ㄹ) 도급인이 목적물에 하자가 있음을 알면서도 아무런 유보 없이 인도받은 경우에는 담보책임에 기한 권리를 포기한 것으로 보아 담보책임을 물을 수 없다고 할 것이다(통설). (ㅁ) 담보책임은 도급계약에 따른 도급인의 지위에 주어진 것이므로, 도급인이 목적물을 제3자에게 양도한 후에도 담보책임은 존속한다.

b) **손해배상청구권** (ㄱ) 목적물에 하자가 있는 경우, 도급인은 하자의 보수를 청구하는 대신 그에 갈음하여 손해배상을 청구할 수 있다(667조 2항)(이 손해배상청구권은 하자가 발생하여 보수가 필요하게 된 시점에 성립한다(대판 2000. 3. 10, 99다55632)).[1] 또 하자를 보수하고서도 손해가 남는 때에는 따로 그 배상을 청구할 수 있다(667조 2항). (ㄴ) 이 손해배상의 성질과 범위에 관해서는 (p.589에서) 전술하였다. (ㄷ) 이 손해배상청구권과 보수 지급은 동시이행의 관계에 있다(667조 3항). 다만 손해배상과 대등액의 범위에서만 그러하고, 그 나머지는 도급인이 보수를 지급하여야 한다(대판 1996. 6. 11, 95다12798). 한편, 동시이행의 항변권의 취지와 민법 제667조 3항에 의해 민법 제536조가 준용되는 점 등에 비추어, 하자 확대 손해로 인한 수급인의 손해배상채무와 도급인의 공사대금채무도 동시이행의 관계에 있는 것으로 보아야 한다(대판 2005. 11. 10, 2004다37676).

〈판 례〉 (ㄱ) 「수급인은 목적물이 하자로 인하여 훼손된 경우에 그 훼손된 부분을 철거하고 재시공하는 등 복구하는 데 드는 비용 상당액의 손해를 배상할 의무가 있고, 공사도급계약의 목적물인 건물에 하자가 있어 이로부터 화재가 발생한 경우, 그 화재진압시 사용한 물이 유입됨으로써 훼손된 부분을 복구하는 데 드는 비용 상당액도 그 하자와 상당인과관계에 있는 손해에 해당한다」(대판 1996. 9. 20, 96다4442). (ㄴ) 「도급계약에서 완성된 목적물에 하자가 있는 경우에 도급인은 수급인에게 그 하자의 보수나 하자의 보수에 갈음한 손해배상을 청구할 수 있다. 이때 하자가 중요한 경우에는 비록 보수에 과다한 비용이 필요하더라도 그 보수에 갈음하는 비용, 즉 실제로 보수에 필요한 비용이 모두 손해배상에 포함된다(대판 1998. 3. 13, 95다30345 참조). 나아가 완성된 건물 기타 토지의 공작물에 중대한 하자가 있고 이로 인하여 건물 등이 무너질 위험성이 있어서 보수가 불가능하고 다시 건축할 수밖에 없는 경우에는, 특별한 사정이 없는 한 건물 등을 철거하고 다시 건축하는 데 드는 비용 상당액을 하자로 인한 손해배상으로 청구할 수 있다」(대판 2016. 8. 18, 2014다31691, 31707).[2] (ㄷ) 「수급인의 하자담보책임에는 과실상계의 규정이 준용될 수 없다고 하더라도, 그 담보책임은 공평의 원칙에 입각한 것이므로 손해액을 산정함에 있어 그 하자의 확대에 가공한 도급인의 잘못을 참작

1) 거래 실제에서는 목적물에 하자가 있는 경우에 하자의 보수 또는 손해배상의 청구를 하지 않고 보수의 감액을 청구하는 예가 적지 않다(민법주해(XV), 459면(김용담)). 이것은 실질적으로 손해배상과 다를 바 없다고 하겠다.

2) 비탈면에 석축을 쌓기로 도급계약을 맺었는데, 이것은 애초 공법 선정이 잘못된 것으로서 콘크리트 옹벽으로 공사하였어야 했다. 이 경우 수급인이 그러한 사실을 도급인에게 알리지 않은 때에는 담보책임을 부담한다(669조 단서). 따라서 하자가 중대하여 그 보수가 불가능하므로, 도급인은 석축을 철거하고 콘크리트 옹벽을 설치하는 데 드는 비용을 손해배상으로 청구할 수 있다. 다만, 당사자는 도급계약을 맺으면서 석축 시공을 전제로 하여 공사대금을 약정한 것이므로, 그 공사대금을 초과하는 공사비용까지 부담하여 시공할 계약상 의무는 없다는 이유로, 약정된 공사대금을 초과하여 손해배상을 청구할 수는 없다고 본 판결이다. 수급인은 공사대금을 청구하고, 이에 대해 도급인은 손해배상채권으로 상계를 주장하면서, 손해배상액을 다툰 사안이다.

하는 것은 정당하다」(대판 1980. 11. 11, 80다923 등). ㈑ 도급인이 수급인으로부터 「하자보수보증금」을 받은 경우, 이를 손해배상액의 예정으로 보면서도, 하자보수보증금의 특성상 실손해가 이를 초과하는 경우에는 도급인은 이를 입증하여 보증금 외에 따로 손해배상을 받을 수 있고, 이 점에서 위 보증금은 '특수한 손해배상액의 예정'에 해당한다(대판 2002. 7. 12, 2000다17810). 도급에서는 하자가 장기간 지나 나타나고, 따라서 그 보수에 드는 비용을 미리 예측하기 어렵다는 점에서, 위 보증금은 하자로 인한 손해배상의 일부의 의미를 갖는 것으로 파악한 것이다.

c) 계약의 해제

> **제668조 〔수급인의 담보책임과 도급인의 해제권〕** 도급인은 완성된 목적물의 하자로 계약의 목적을 달성할 수 없는 경우에는 계약을 해제할 수 있다. 그러나 건물 기타 토지의 공작물에 대해서는 그러하지 아니하다.

aa) **요 건**: ㈎ 완성된 목적물의 하자로 계약의 목적을 달성할 수 없는 경우여야 한다(668조 본문). 완성 전 성취된 부분에 하자가 있는 경우에는 하자의 보수를 청구할 수는 있어도(667조 1항) 해제권은 인정되지 않는다. ㈏ 계약을 해제하는 경우에 상당 기간을 정한 최고(보수 청구)가 필요한지에 관해, 보수가 불가능한 경우에는 최고 없이 해제할 수 있지만, 보수가 가능한 경우에는 민법 제544조를 유추적용하여 이를 긍정하는 것이 통설이다.

bb) **효 과**: ㈎ 도급인은 계약을 해제할 수 있다(668조 본문). 해제를 하면 도급계약은 효력을 잃고 양 당사자는 원상회복의 의무를 진다(548조 1항 유추적용). ㈏ 해제를 한 경우에 도급인이 따로 손해배상을 청구할 수 있는지에 관해서는 학설이 나뉜다. 통설은 민법 제551조를 유추적용하여 이를 긍정한다. 이에 대해 소수설은, 민법 제551조는 채무자의 귀책사유로 인한 채무불이행을 전제로 하는 규정인 점에서, 계약의 해제 외에 따로 손해배상을 청구하려면 수급인의 귀책사유가 필요하다고 한다(김형배, 633면). 소수설이 타당하다고 본다.

cc) **예외 – 건물 기타 토지의 공작물의 경우**: ㈎ 완성된 목적물이 '건물 기타 토지의 공작물'인 경우에는, 아무리 중대한 하자가 있더라도 해제할 수 없다(668조 단서). 해제를 인정하면, 수급인은 타인의 토지에 건축한 공작물을 철거하여야 하고 또 보수를 전혀 받지 못하는 점에서 수급인이 지나친 손실을 입게 되고, 또 건물의 철거에 따른 사회경제적인 손실도 크다는 이유에서이다. 이 점에서 위 규정은 강행규정으로 해석된다(통설). 따라서 도급인은 하자의 보수나 손해배상을 청구하는 것으로 만족할 수밖에 없다. ㈏ 민법 제668조 단서는 수급인의 담보책임에서 도급인이 해제할 수 없는 예외를 규정한 것이다. 따라서 공작물이 완성되기 전에 수급인에게 채무불이행의 사유가 있으면 일반원칙에 따라 해제할 수는 있다(곽윤직, 261면; 김증한·김학동, 522면). ① 그러나 판례는 그 해제를 긍정하면서도 다음의 요건을 갖춘 때, 즉 공사가 상당한 정도로 진척되어 그 원상회복이 중대한 사회경제적 손실을 초래하고, 완성된 부분이 도급인에게 이익이 되는 때에는, 해제의 효과를 달리 구성하여, 「계약은 미완성 부분에 대해서만 실효되며, 수급인은 해제한 때의 상태 그대로 건물을 도급인에게 인도하고 그에 상당한 보수를 청구할 수 있다」고 한다(대판 1986. 9. 9, 85다카1751; 대판 1992. 12. 22, 92다30160; 대판 1993. 11. 23, 93다25080). 이러한 판례이론은 민법 제668조 단서의 취지와 신의칙에 바탕을 둔 것인데, 요컨대 기시공 부분에 대해서는 채무불이행을 이유로 하는 경우에도 마찬가지로 해제할 수 없는 것으로 하겠다는 것이다. ② 그리고 판례이론은 다음의 경우에도 통용되고 있다. 즉, 일정 시기까지 공사를 끝내지 못하면 도급인이 계약을 해제하고 공사 부분에 대해서는 공사대금을 청구하지 않기로 약정한 경우(약정해제 및 공사비 포기약정)(대판 1986. 9. 9, 85다카1751), 당사자 간의 합의로 수급인이 공사를 중단한 경우(합의해제)(대판 1994. 8. 12, 93다42320; 대판 1997. 2. 25, 96다43454), 수급인이 건물신축 공사 중 도급인의 채무불이행을 이유로 계약을 해제한 경우(수급인의 해제)(대판 1993. 3. 26, 91다14116)가 그러하다. 나아가, 주문자의 주문에 의해 제작되는 소프트웨어는 비대체물로서 환가가 어렵고 개발비가 적지 않은 점에서 건축도급의 경우와 유사한 면이 있고, 그래서 이미 설치된 소프트웨어 완성도가 87.87%에 달했는데 도급인이 계약을 해제한 사안에서, 건축도급의 경우와 같은 법리로서 수급인은 이미 완성된 부분에 대한 보수를 청구할 수 있다고 한다(대판 1996. 7. 30, 95다7932). ③ 건축공사 도급계약이 중도 해제된 경우, 도급인이 지급하여야 할 미완성 건물에 대한 보수는 당사자 사이에 약정한 총공사비를 기준으로 하여 그 금액에서 수급인이 공사를 중단할 당시의 공사 기성고 비율에 의한 금액이 된다(대판 1992. 3. 31, 91다42630; 대판 1993. 11. 23, 93다25080). 이때의 '기성고 비율'은 공사대금 지급의무가 발생한 시점, 즉 수급인이 공사를 중단할 당시를 기준으로, 이미 완성된 부분에 들어간 공사비에다 미시공 부분을 완성하는 데 들어갈 공사비를 합친 전체 공사비 가운데 완성된 부분에 들어간 비용이 차지하는 비율로 산정한다(대판(전원합의체) 2019. 12. 19, 2016다24284).[1)]

다) 담보책임의 면책과 면제

a) 담보책임의 면책 (ㄱ) 목적물의 하자가 도급인이 제공한 재료의 성질이나 도급인의 지시로 생긴 경우에는 수급인은 담보책임을 지지 않는다(669조 본문). 건축 도급계약의 수급인이 설계도면의 기재대로 시공한 경우에, 이는 도급인의 지시에 따른 것과 같아서 그로 인하여 목적물에 하자가 생겼다고 하더라도 원칙적으로 수급인에게 담보책임을 지울 수 없다(대판 1996. 5. 14, 95다24975). (ㄴ) 다만, 수급인이 그 재료나 지시가 부적당함을 알고도 도급인에게 알리지 않은 경우에는 담보책임을 면하지 못한다(669조 단서).

b) 담보책임의 면제 (ㄱ) 수급인의 담보책임에 관한 민법 제667조와 제668조(본문)가 강행규정은 아니므로, 당사자 간의 특약으로 이를 면제하는 것은 유효하다. (ㄴ) 다만, 담보책임이 없는 것으로 약정한 경우에도 수급인이 알면서 도급인에게 알리지 않은 사실에 대해서는 담보책임을 면하지 못한다(672조). 수급인이 자신이 완성하여 인도하는 물건에 하자가 있음을 알면서 도급인에게 알리지 않은 경우에도, 사전에 담보책임 면제의 특약이 있음을 이유로 담보책임을 면하게 하는 것은 신의칙에 반한다는 것이 그 취지이다. 특히 하자를 쉽게 발견할 수 없는 숨은 하자인 경우 그 실익이 있다. 수급인이 하자를 알리게 되면 도급인은 하자의 보수 등 담보책임을 적시에 물을 수 있기 때문이다. 매매에서도 담보책임 면제의 특약이 제한되는 경우

1) 2021년 제3차 변호사시험 모의시험 민사법(사례형) 제2문1 문제1은 이 판례들을 출제한 것이다.

를 규정하고 있지만(584조), 매매에서의 담보책임은 원시적 일부 하자에 관한 것이어서 특약을 맺을 당시에 이미 그러한 하자가 있었던 경우를 전제로 한다. 이에 대해 도급에서의 담보책임은 장래 완성된 일에 하자가 생긴 경우에 관한 것이므로, 그러한 하자는 통상 특약을 맺은 후에 생기는 점에서 매매의 경우와 같은 것은 아니다. (ㄷ) 민법 제672조의 취지는 그러한 경우에도 담보책임을 면하게 하는 것은 신의칙에 위배된다는 데 있으므로, 담보책임을 면제하는 약정을 한 경우뿐만 아니라 담보책임 기간을 단축하는 등 법에 규정된 담보책임을 제한하는 약정을 한 경우에도, 수급인이 알면서 도급인에게 알리지 않은 사실에 대하여 그 책임을 제한하는 것이 신의칙에 위배된다면 동조의 취지를 유추하여 그 사실에 대하여는 담보책임이 제한되지 않는다(대판 1999. 9. 21, 99다19032).

라) 담보책임의 존속기간

a) 기 간 (ㄱ) 담보책임(하자 보수 · 손해배상 · 계약해제)의 존속기간은 원칙적으로 1년이다(670조 1항). 이처럼 단기로 제한한 이유는, 하자의 존재 여부, 손해가 하자로부터 생긴 것인지 여부는 어느 정도의 시간이 지나면 입증이 어렵다는 점에서, 하자로 인한 법률문제를 신속히 해결할 필요가 있기 때문이다. (ㄴ) 다만, 토지의 공작물은 5년, 그 공작물이 돌 · 석회 · 벽돌 · 금속 그 밖에 이와 유사한 재료로 만들어진 경우에는 10년, 지반공사는 5년이다(671조 1항). 그리고 이들 토지의 공작물이 하자로 멸실되거나 훼손된 경우에는, 그 하자가 드러난 것이 되므로, 도급인은 그때부터 1년 내에 민법 제667조 소정의 권리(하자 보수 · 손해배상)를 행사하여야 한다(671조 2항). (ㄷ) 담보책임의 존속기간은 제척기간으로 보는 것이 통설과 판례이다(대판 2009. 5. 28, 2008다86232; 대판 2010. 1. 14, 2008다88368). 다만 존속기간에 관한 민법의 규정이 강행규정은 아니므로, 당사자 간의 특약으로 이를 단축하는 것은 무방하다(대판 1967. 6. 27, 66다1346).

b) 기산점 매매에서는 매수인이 하자의 사실을 안 날 또는 계약한 날을 기산점으로 하지만, 도급에서는 원칙적으로 인도시를 기산점으로 한다. (ㄱ) 목적물의 인도를 요하는 경우에는 '인도를 받은 날'이다(670조 1항 · 671조 1항). (ㄴ) 목적물을 인도할 필요가 없는 경우(물건의 제작이 아닌 그 밖의 일로서, 번역 · 정원의 조경 등)에는 '그 일이 종료된 날'이다(670조 2항). (ㄷ) 목적물이 멸실 · 훼손된 때에는 '그때'가 기산점이 된다(671조 2항). (ㄹ) 완성 전 성취된 부분에 하자가 있어 그 보수나 손해배상을 청구하는 경우에는(667조 1항), 목적물의 인도를 요하지 않는 경우에 준해 '그 부분의 일이 종료된 때'를 기산점으로 삼아야 한다는 견해가 있다(김증한 · 김학동, 526면).

c) 제척기간과 소멸시효의 경합 도급인이 갖는, 수급인의 담보책임으로서 하자 보수에 갈음하는 '손해배상청구권'에 대해서는, 그 권리의 내용 · 성질 및 취지에 비추어 상술한 제척기간 외에 민법 제162조 1항의 채권 소멸시효의 규정 또는 그 도급계약이 상행위에 해당하는 경우에는 상법 제64조의 상사시효의 규정이 적용된다. 즉 위 경우에는 제척기간과 소멸시효가 경합하므로, 제척기간을 준수하였다고 하더라도 소멸시효가 이미 완성된 때에는 시효로 소멸된다(대판 2012. 11. 15, 2011다56491).

(3) 도급에서 위험부담

a) 도급의 특성 도급계약은 쌍무계약이므로 민법 제537조와 제538조에서 정하는 위험부담의 법리가 적용된다. 위험부담은, 쌍무계약의 당사자 일방의 채무가 당사자 쌍방에게 책임이 없는 사유로 이행할 수 없게 된 경우에는 그 채무가 소멸되면서, 아울러 그것과 대가관계에 있는 상대방의 채무도 소멸되어, 채무자가 상대방의 이행을 청구하지 못하는 것을 말한다(537조). 따라서 도급에서 수급인에게 위험부담이 적용되려면 수급인의 채무가 '급부불능'의 상태에 있을 것이 필요하다. 그런데 수급인의 채무는 일을 완성하는 데 있는 점에서(664조), 일을 완성하기 전에 이를테면 목적물이 멸실되더라도 원칙적으로 다시 그 물건을 완성하여야 할 채무가 있으므로, 수급인의 채무가 급부불능으로 되는 경우는 흔치 않다. 그러나 예컨대 도급인 소유의 특정물을 수리하기로 하였는데 그 물건이 멸실된 경우처럼 예외가 없지는 않다. 요컨대 도급에서 수급인의 위험부담의 문제는 수급인의 채무가 사회통념상 급부불능이 되는 것을 전제로 하여 생기는 것이고, 이것은 일의 내용이 물건의 완성에 있는지, 그래서 목적물의 인도를 필요로 하는지 여부에 따라 다음의 두 가지로 나눌 수 있다.

b) 목적물의 인도를 필요로 하는 경우 (ㄱ) 쌍방 당사자에게 책임이 없는 사유로 완성된 또는 완성 전의 목적물이 멸실된 때에는, 수급인은 도급인에게 보수를 청구하지 못한다(537조). (ㄴ) 도급인의 귀책사유로 인해 또는 수령지체 중에 급부불능이 된 때에는, 수급인은 도급인에게 보수를 청구할 수 있다(538조 1항). 다만 일을 완성하기 전에 멸실된 경우에는, 수급인이 자신의 채무를 면함으로써 이익을 얻은 때에는 이를 도급인에게 상환하여야 한다(538조 2항). (ㄷ) 수급인의 귀책사유로 이행불능이 된 때에는 위험부담이 아닌 채무불이행의 법리가 적용된다.

c) 목적물의 인도를 필요로 하지 않는 경우 완성하여야 할 일이 물건이 아닌 그 밖의 것으로서(예: 번역 · 정원의 조성 등), 이때에는 그 일을 완성하기 전에 그 일을 완성할 수 없는 급부불능이 생기는 것을 전제로 하여, 위 b)에서 기술한 내용이 통용된다.

3. 도급인의 의무

(1) 보수 지급의무

a) 보수의 종류와 결정 (ㄱ) 보수의 종류는 특별한 제한이 없으며, 물건의 급부 · 노무의 제공 등도 보수가 될 수 있다. 그러나 금전으로 지급하는 것이 보통이다. (ㄴ) 금전으로 보수를 지급하기로 한 경우, 그 보수액의 결정방법에는 처음부터 일정액으로 한정하는 정액도급과, 대강의 개산액概算額만을 정하고 사정에 따라 그 변경을 인정하는 개산도급이 있다.

b) 보수의 지급시기 노무공급계약의 경우, 보수는 ① 약정시기 → ② 관습 → ③ 노무 종료의 순서로 지급시기가 결정되는 것이 보통이다(고용(656조) · 위임(686조) · 임치(701조) 참조). 그런데 도급에서는, 민법 제665조 1항은 완성된 목적물의 인도(목적물을 인도할 필요가 없는 경우에는 일의 완성 후)와 동시에 지급하여야 한다고 하면서, 제2항에서 제656조 2항(고용에서 보수 지급시기)의 규정을 준용한다고 하여, 위 순서를 거꾸로 정하였다(즉 ① 일의 완성 → ② 약정시기 → ③

관습).

c) 동시이행의 항변권 · 유치권 도급에서 목적물의 인도를 요하는 경우에는, 수급인의 목적물의 인도와 도급인의 보수 지급은 동시이행의 관계에 있다(665조 1항 본문). 한편 수급인의 보수채권은 목적물에 관하여 생긴 채권으로서, 수급인은 보수를 받을 때까지 목적물에 대해 유치권을 가진다(320조)(대판 1995. 9. 15, 95다16202, 95다16219).

(2) 부동산공사 수급인의 저당권설정 청구권

a) 의 의 구민법(327조)에서는 수급인의 보수채권을 위해 그 부동산에 대한 선취특권을 인정하였으나, 현행 민법은 선취특권 제도를 폐지하면서 독일 민법의 규정(648조 1항)을 본받아 제666조를 신설하였다(민법안심의록(상), 388면).[1)]

b) 내 용 (ㄱ) 부동산 공사, 즉 건물의 건축이나 건물이 아닌 토지상의 공작물의 도급에서는, 수급인은 보수채권을 담보하기 위해 도급인에게 그 부동산을 목적으로 하는 저당권의 설정을 청구할 수 있다(건물 신축공사에 관한 도급계약에서 수급인이 자기의 노력과 출재로 건물을 완성하여 소유권이 수급인에게 귀속된 경우에는, 수급인으로부터 건물 신축공사 중 일부를 도급맡은 하수급인도 민법 제666조에 따른 저당권설정 청구권을 가진다). 이에 따라 저당권이 설정되는 대상은 건물 건축의 경우에는 그 건물이고, 그 밖에 토지의 공작물의 경우에는 그 토지가 된다. (ㄴ) 수급인이 저당권의 설정을 청구한 때에는 도급인은 그에 응할 의무가 있다. 그러나 도급인이 그에 협력하여 저당권설정등기가 된 때에 비로소 저당권이 성립하는 것이며, 수급인의 위 청구만으로 저당권이 성립하는 것은 아니다. 또 위 청구권은 수급인이 도급인에 대해 가지는 채권적 청구권이므로, 도급인이 목적물을 제3자에게 이전한 때에는 수급인은 제3자에게 위 청구권을 행사할 수 없다. (ㄷ) 도급맡은 공사의 공사대금채권은 민법 제163조 3호에 따라 3년의 단기소멸시효가 적용되고, 공사에 부수되는 채권도 마찬가지인데, 민법 제666조에 따른 저당권설정 청구권은 공사대금채권을 담보하기 위하여 저당권설정등기절차의 이행을 구하는 채권적 청구권으로서 공사에 부수되는 채권에 해당하므로 소멸시효기간 역시 3년이다(대판 2016. 10. 27, 2014다211978). (ㄹ) 수급인의 저당권설정 청구권은 공사대금채권에 부수하여 인정되는 권리이므로, 다른 특별한 사정이 없는 한, 공사대금채권이 양도되는 경우에는 저당권설정 청구권도 이에 수반하여 함께 이전된다. 한편, (부동산 공사의 수급인이 민법 제666조에 따라 갖는 저당권설정 청구권은, 본래 수급인이 신축 건물에 대해 갖는 유치권에 비해 그 지위가 강화되는 것은 아니고 도급인의 일반 채권자들이 부당하게 불리해지는 것도 아니어서, 도급인이 수급인의 청구에 따라 신축 건물에 저당권을 설정해 주는 행위는 사해행위에 해당하지 않는데), 신축 건물의 수급인으로부터 공사대금채권

---

1) 본조는 독일 민법의 규정을 본받아 신설한 것인데, 독일은 건물을 토지의 구성부분으로 보기 때문에 건물 건축도급의 경우에도 토지에 대해서만 저당권이 설정될 수 있다. 이에 비해 우리는 토지와 건물을 독립된 부동산으로 다루므로 건물에 대해서도 저당권이 설정될 수 있다는 점에 차이가 있다. 여기서 건물 건축도급에서 수급인이 보수채권의 담보를 위해 건물에 대해 저당권의 설정을 청구하는 것이 실효성이 있는지에 관해서는, 통설은 다음과 같은 이유로써 회의적으로 평가한다. 우선 저당권이 설정되기 위해서는 건물에 대해 도급인 명의로 소유권보존등기가 이루어지는 것을 전제로 하며, 또 저당권의 실행으로 경락인은 건물만을 취득하는 점에서(물론 법정지상권은 성립할 수 있다(366조)) 경매가 원활히 이루어진다는 보장이 없다는 것이 그 이유이다. 오히려 수급인의 보수채권은 목적물, 즉 건물에 관하여 생긴 채권이므로 유치권을 행사하는 것이 더 유리할 수 있다고 한다(320조 1항 참조).

을 양수받은 자의 저당권설정 청구에 의하여 도급인이 그 건물에 저당권을 설정하는 행위 역시 사해행위에 해당하지 않는다(대판 2018. 11. 29, 2015다19827; 대판 2021. 5. 27, 2017다225268).

사례의 해설 (1) 도급은 유상계약이므로 완성된 목적물에 하자가 있는 때에는 수급인은 민법에서 정한 담보책임을 부담하지만(667조·668조), 수급인의 채무불이행이 있는 때에는 그에 따른 책임을 따로 부담한다. 설문에서 A와 B는 도급계약을 맺으면서 B가 일정 기한 내에 완공하지 못한 때에는 A가 계약을 해제할 수 있는 것으로 하면서 B는 지출한 공사비 일체를 청구하지 못하는 것으로 약정하였다. 따라서 A가 위 약정에 의해 계약을 해제한 것은 정당하지만, 그 해제의 효과에 관해 판례는 다음과 같이 달리 이론 구성을 한다. 즉 공사가 상당한 정도로 진척되어 그 원상회복이 중대한 사회경제적 손실을 초래하고 한편 완성된 부분이 도급인에게 이익이 되는 때에는, 신의칙상 그 해제는 통상의 해제와는 달리 건물의 미완성 부분에 대해서만 실효되는 것으로, 따라서 수급인은 해제한 때의 상태 그대로 그 건물을 도급인에게 인도하고 그에 상당한 보수를 청구할 수 있다고 보았다(대판 1986. 9. 9, 85다카1751).

(2) 수급인의 담보책임에 관한 민법의 규정이 강행규정은 아니므로 당사자 간의 약정으로 그 면제의 특약을 맺는 것은 유효하지만, 수급인이 그 하자를 알면서도 이를 고지하지 아니한 사실에 대하여는 담보책임을 면하지 못한다(672조). 그런데 사례는 담보책임의 면제에 관한 것이 아니라 민법에서 정한 담보책임 기간을 단축한 경우인데, 판례는 수급인이 하자를 초래하면서 그 특약에 기해 담보책임 기간이 경과하였음을 주장하는 것 역시 신의칙에 반한다는 점에서 이 경우에도 민법 제672조가 유추적용될 수 있는 것으로 보았다(대판 1999. 9. 21, 99다19032). 그 결과 담보책임 기간 단축 약정은 무효이고(설계도대로 시공하지 않은 점에서), 따라서 그 담보책임은 목적물의 인도를 받은 날부터 10년간 존속하는데(준공일부터 기산하더라도 1999. 3. 5.까지 존속한다)(671조 1항 단서), 그 전에 A가 하자의 보수를 청구한 것이므로, B의 주장은 인용될 수 없다.

(3) 甲, 乙, 丙이 주장한 다음의 네 가지에 대해 검토한다. ① 도급에서는 일을 완성하게 되면 수급인은 보수를 청구할 수 있다(665조). 완성된 일에 하자가 있는 경우 수급인은 담보책임을 부담하지만, 그 하자가 있는 것이 보수청구권의 발생에 장애가 되는 것은 아니다. 사안에서는 도급계약을 맺으면서 건축공사 완료 즉시 공사대금을 지급하기로 특약을 맺었다. 하자 보수가 끝날 때까지 공사대금청구권이 발생하지 않는다는 주장은 이유 없다. ② 하자가 중요하지 않으면서 그 수리에 과다한 비용을 요할 경우에는 하자 보수를 청구할 수 없다(667조 1항 단서). 한편, 하자 보수 또는 그에 갈음하는 손해배상은 보수금 지급과 동시이행의 관계에 있지만(667조 3항), 하자 보수를 청구할 수 없으므로, 그 청구를 전제로 공사대금의 지급과 동시이행의 항변을 할 수도 없다. ③ 도급 건축물에 하자가 있는 경우에는 그 하자의 내용에 불구하고 계약을 해제할 수 없다(668조 단서). ④ 하자가 중요하지 않은데도 그 수리에 과다한 비용을 요할 경우에는 하자 보수를 청구할 수 없고 손해배상을 청구할 수 있을 뿐이다. 그것은 하자의 보수에 갈음하는 손해배상이 아니라, 그 하자로 인한 손해배상, 즉 하자가 없는 때의 목적물의 교환가치의 차액(사안에서는 3억원)이 이에 해당한다. 따라서 이 금액 범위에서만 공사대금과 상계할 수 있다. 사례 p. 587

Ⅲ. 도급의 종료 … 도급에 특유한 해제

도급은 계속적 채권계약이 아니다. 따라서 기간 만료나 계약의 해지에 의한 종료는 생길 여지가 없다. 민법은 도급의 특수한 종료 원인으로서 도급에 특유한 해제를 규정한다(673조·674조).

1. 완성 전의 도급인의 해제권

a) 의 의 도급은 본래 도급인의 필요에 따라 그의 이익을 위해 수급인이 그 일을 완성하는 것을 목적으로 하는 계약이므로, 계약 체결 후에 도급인 측에 사정변경이 생겨 그 일의 완성이 필요 없게 된 때에는 그 일을 계속 완성케 하는 것이 도급인에게 무의미할 뿐 아니라, 수급인으로서도 그 일의 완성으로 얻을 이익이 배상된다면 특별히 문제될 것이 없다. 그래서 민법은 「수급인이 일을 완성하기 전에는 도급인은 손해를 배상하고 계약을 해제할 수 있다」고 정하였다(673조).

b) 요 건 (ㄱ) 수급인이 「일을 완성하기 전」에만 해제할 수 있다. 해제를 하는 이유는 묻지 않는다.[1] (ㄴ) 완성할 일이 물건인 경우, 일을 완성한 때에는 아직 인도를 하지 않았더라도 동조에 의한 해제는 인정되지 않는다(대판 1995. 8. 22, 95다1521). 도급에서 수급인이 부담하는 목적물의 인도의무는 목적물을 완성하여야 할 의무에 종속된 것에 지나지 않고, 또 이 경우에는 도급인에게 해제를 인정할 실익도 없기 때문이다(손해 전부 따라서 보수 전부를 지급하여야 하므로). (ㄷ) 동조의 법문은 손해를 배상한 후 계약을 해제할 수 있는 것처럼 표현되어 있지만, 손해액의 산정에는 다툼이 있어 손해배상을 요건으로 하면 도급인이 해제를 하는 데 어려움이 있는 점에서, 손해배상의 제공 없이 해제할 수 있다(통설).

c) 효 과 도급인이 동조에 의해 계약을 해제하는 때에는 수급인에게 그 손해를 배상하여야 한다.[2]

---

1) 판례(민법 제673조에 따른 임의해제의 의사가 있었다고 볼 수 없는 경우): 「도급인이 수급인의 채무불이행을 이유로 도급계약 해제의 의사표시를 하였으나 실제로는 채무불이행의 요건을 갖추지 못한 경우, 이를 가지고 민법 제673조에 따른 임의해제의 의사표시를 한 것으로 볼 수는 없다. 전자의 경우는 도급인이 수급인으로부터 손해배상을 받으려는 의도 하에 해제를 한 것이지만, 민법 제673조의 경우는 도급인이 거꾸로 수급인에게 손해배상을 해 주어야 하는 점에서 상반되기 때문에, 이는 도급인의 의사에 반할 뿐 아니라 의사표시 해석의 원칙에도 반하기 때문이다」(대판 2022. 10. 14, 2022다246757).

2) 판례: (ㄱ) A조합은 아파트 및 부대 복리시설을 건축하면서 1996. 2. 3. 조각가인 B와 사이에, B가 위 아파트 단지 내에 미술장식품을 총 제작금액 236,000,000원에 제작·설치하기로 하는 내용의 조형물(미술장식품) 제작설치계약을 체결하였고, 같은 달 16. B에게 계약금 및 선급금 조로 70,800,000원을 지급하였다. 그 후 A조합의 임원진이 새로 구성되고 또 B가 제작한 모형이 예술성이 부족하다는 이유로 새로운 모형을 제작하는 등 시일이 소요되다가, 1999. 8. 18. A조합은 B와의 위 계약을 해제하였다. 이 해제는 민법 제673조에 근거한 것으로서, A가 B에게 얼마를 손해배상 하여야 하는지가 쟁점이 된 사안이다. (ㄴ) 대법원은 「손해배상의 범위」에 관해 다음과 같이 판결하였다. ① 손해배상에는 수급인이 이미 지출한 비용과 일을 완성하였더라면 얻었을 이익(총제작비－이미 지출한 비용－추후 소요될 비용)이 포함된다. ② 민법 제673조의 취지상 수급인의 과실을 참작하여 과실상계를 할 수는 없다. ③ 공평의 관념상 위 손해배상에는 해제로 인해 수급인이 얻을 이익을 공제하여야 한다(손익상계). 본 사안에서는 해제로 인해 수급인이 그 일의 완성을 위해 쓰이지 않은 자신의 노력을 타에 사용하여 얻을 수 있는 소득과 일의 완성을 위해 비용으로 준비하여 둔 재료를 타에 사용 또는 처분하여 얻을 수 있는 대가 상당액을 위 손해액에서 공제하여야 한다고 보았다(그 밖에 계약해제의 일반원칙(원상회복의무(548조))에 따라 수급인은 도급인으로부터 받은 계약금 및 선급금을 도급인에게 반환하여야 한다고 보았다)(대판 2002. 5. 10, 2000다37296, 37302).

2. 도급인의 파산

a) 의 의 도급인이 파산선고를 받은 경우에는 수급인이 그 보수를 제대로 받기가 어려운데 그 일을 계속 완성토록 하는 것은 수급인에게 불리하고, 또 도급인의 입장에서도 계약관계를 종료시키는 것이 그 자신이나 일반채권자의 이익이 될 수 있다는 점에서, 민법은 수급인이나 파산관재인이 계약을 해제할 수 있는 것으로 규정한다(674조 1항 1문).

b) 효 과 (ㄱ) 수급인은 일의 완성된 부분에 대한 보수와 보수에 포함되지 않은 비용에 대하여 파산재단의 배당에 참가할 수 있다(674조 1항 2문). (ㄴ) 위 해제의 경우에는 각 당사자는 상대방에게 계약 해제로 입은 손해의 배상을 청구하지 못한다(674조 2항).

c) 수급인의 파산의 경우 민법 제674조는 도급인이 파산한 경우에 관한 것이며, 수급인이 파산한 경우에 관하여는 다른 법률에 특칙이 있다. 즉 파산관재인은 필요한 재료를 제공하여 그 일을 하게 할 수 있고, 이 경우 파산자가 도급인으로부터 받을 보수는 파산재단에 속한다(채무자 회생 및 파산에 관한 법률 341조).

제10관 여행계약

Ⅰ. 여행계약의 의의

1. (ㄱ) 독일은 1978년에 민법 채권편 '도급과 이에 유사한 계약'의 절에서 '여행계약'에 관한 규정을 신설한 바 있다(651조의a~651조의k). 우리의 경우도 여행이 대중화 · 보편화되어 있고, 특히 여행주최자가 단체를 모집하여 실행하고 있는 단체여행의 경우는 법적 문제가 많이 제기되는 점에서, 이에 대한 최소한의 기본적 규율이 필요하게 되어 민법을 일부 개정(2015. 2. 3. 법 13125호)하여 도급에 이어 독립된 전형계약으로서 「여행계약」에 관한 8개의 조문을 신설하였다(674조의2~674조의9). 이 규정은 2016. 2. 4.부터 시행되고 있다. (ㄴ) 그간 여행계약은 여행업자가 마련한 여행약관에 의해 체결되어 왔는데, 개정 민법은 여행계약의 효력으로서 담보책임과 여행계약의 종료에 관한 규정을 (편면적) 강행규정으로 하여, 이를 위반하는 약정으로서 여행자에게 불리한 것은 효력이 없는 것으로 하였다(674조의9).

2. 여행계약은 당사자 한쪽(여행주최자)이 상대방(여행자)에게 운송, 숙박, 관광 또는 그 밖의 여행 관련 용역을 결합하여 제공하고 상대방이 그 대금을 지급하기로 약정함으로써 성립한다(674조의2). 여행계약은 유상 · 쌍무계약이며, 낙성 · 불요식 계약이다.

Ⅱ. 여행계약의 성립

민법상 여행계약은, 여행주최자는 운송 · 숙박 · 관광 · 그 밖의 여행관련 용역을 결합해서 제공하고, 여행자는 그에 대한 대금을 지급하기로 약정함으로써 성립한다. (ㄱ) 여행계약은 여행주최자(통상 여행업자)가 미리 여행목적지, 여행일정, 운송 및 숙박, 대금 등을 정한 후 광고 등을 통해 여행자를 모집하여 실시하는, 기획여행(패키지여행)을 대상으로 하는 것이다. 여행주최자가 운송이나 숙박 등에 관한 중개만을 하는 중개여행계약은 민법의 규율대상이 아니다. (ㄴ) 여행계약의 당사자는 여행주최자와 여행자이다. 양자의 여행을 중개하는 여행모집인, 여행인솔자(가이드), 여행과 관련된 개별 용역(운송이나 숙박)을 제공하는 자는 여행주최자가 아니다.

Ⅲ. 여행계약의 효력

1. 여행주최자의 의무

(1) 여행 관련 급부의무

(ㄱ) 여행주최자는 여행자에게 여행계약에 따른 급부를 이행할 의무가 있다. 운송, 숙박, 관광 그 밖의 여행 관련 용역을 제공하여야 한다. 그리고 여행계약의 부수의무로서 여행자의 안전을 배려하여야 할 신의칙상의 주의의무도 부담한다.[1] (ㄴ) 여행주최자가 그의 귀책사유로 여행계약상의 의무를 위반한 경우에는 채무불이행이 성립하고, 그에 따른 책임을 부담한다. 예컨대 여행자가 입은 손해에 대해 통상손해와 특별손해의 기준에 따라 배상책임을 진다(393조).[2]

(2) 담보책임

가) 의의와 성질

(ㄱ) 여행계약은 쌍무 · 유상계약이다. 민법은 유상계약의 전형인 매매에서 담보책임에 관한 규정을 두면서(570조~584조), 이를 다른 유상계약에도 준용하는 것으로 하고 있다(567조). 다만, 다른 유상계약 중 도급에 대해서는 따로 담보책임을 정하고 있다(667조~672조). 그런데 이번에 여행계약을 신설하면서, 여행계약의 특성(여행이라는 무형적 결과의 실현)을 고려하여 따로 여행의 하자에 대한 담보책임을 규정하였는데, '하자시정청구권 · 대금감액청구권 · 손해배상청구권 · 해지권' 네 가지가 그것이다. (ㄴ) 여행계약은 여행주최자는 여행 관련 용역을 제공하고 여행자는 그 대

1) 판례: 「여행업자는 통상 여행 일반은 물론 목적지의 자연적 · 사회적 조건에 관하여 전문적 지식을 가진 자로서 우월적 지위에서 행선지나 여행시설의 이용 등에 관한 계약 내용을 일방적으로 결정하는 반면, 여행자는 그 안전성을 신뢰하고 여행업자가 제시하는 조건에 따라 여행계약을 체결하게 되는 점을 감안할 때, 여행업자는 기획여행계약의 상대방인 여행자에 대하여 기획여행계약상의 부수의무로서, 여행자의 생명 · 신체 · 재산 등의 안전을 확보하기 위하여, 여행목적지 · 여행일정 · 여행행정 · 여행서비스기관의 선택 등에 관하여 미리 충분히 조사 · 검토하여 전문업자로서의 합리적인 판단을 하고, 또한 그 계약 내용의 실시에 관하여 조우할지 모르는 위험을 미리 제거할 수단을 강구하거나 또는 여행자에게 그 뜻을 고지하여 여행자 스스로 그 위험을 수용할지 여부에 관하여 선택의 기회를 주는 등의 합리적 조치를 취할 신의칙상의 주의의무를 진다」(기획여행에 참여한 여행자가 여행지에서 놀이시설을 이용하다가 다른 여행자의 과실로 상해를 입은 사안에서, 국외여행 인솔자에게 과실이 있고, 그는 여행업자의 이행보조자에 해당하여 여행업자에게 손해배상책임을 인정하였다)(대판 1998. 11. 24, 98다25061).

2) 뉴질랜드 여행 도중 현지 운전기사의 과실로 머리 부위에 충격을 받아 일과성 정신병 장애를 입어, 여행자가 여행주최자를 상대로 치료를 위한 뉴질랜드 체류비용, 국내 환자 후송비용 및 통신비의 배상을 구하였는데, 이에 대해 대법원은 그러한 비용은 여행업자의 귀책사유로 발생한 통상손해에 해당한다고 보아 배상책임을 인용하였다(대판 2019. 4. 3, 2018다286550).

가로 대금을 지급하여야 하는 유상계약으로서, 담보책임은 양 급부의 등가성을 유지하기 위한 것으로서, 당사자의 귀책사유를 묻지 않는 법정의 무과실책임으로 되어 있다.

나) 담보책임의 내용

a) 하자 시정 청구권　여행에 하자가 있는 경우에는, 그 시정是正에 과다한 비용이 들거나 시정을 합리적으로 기대할 수 없는 것이 아닌 한, 여행자는 여행주최자에게 하자의 시정을 청구할 수 있다(674조의6). 이 청구는 즉시 시정할 필요가 있는 경우가 아니면 상당한 기간을 정해서 하여야 한다(674조의6 제2항).

b) 대금감액청구권　여행자는 하자의 시정을 대신하여 대금의 감액을 청구할 수 있다. 시정에 과다한 비용이 드는 등의 이유로 하자의 시정을 청구할 수 없는 경우에는 대금의 감액을 청구하여야 한다(674조의6 제1항).

c) 손해배상청구권　여행자는 시정청구나 감액청구에 갈음하거나 함께 손해배상을 청구할 수 있다(674조의6 제3항).

d) 해지권　(ㄱ) 여행자는 여행에 중대한 하자가 있는 경우에 그 시정이 이루어지지 않거나 계약의 내용에 따른 이행을 기대할 수 없는 경우에는 계약을 해지할 수 있다(674조의7 제1항). (ㄴ) 계약을 해지하면, 해지한 때부터 여행계약은 효력을 잃는다(550조). 따라서 여행 중에 해지를 한 때에는, 해지 이전의 급부 부분은 유효하고, 해지 이후부터 여행이 종료될 때까지의 부분에 대해서는 여행주최자의 대금청구권은 소멸된다(674조의7 제2항). (ㄷ) 계약을 해지하더라도 여행주최자는 그로 인해 필요하게 된 조치를 할 의무를 진다. 특히 계약상 귀환운송 의무가 있는 경우에는, 여행자가 여행의 어느 중간 지점에 남아 있게 된 사정은 여행의 하자로 인해 초래된 것이므로, 여행주최자는 여행자를 귀환운송할 의무를 부담한다. 이 경우 상당한 이유가 있는 때에는 여행주최자는 여행자에게 그 비용의 일부를 청구할 수 있다(674조의7 제3항). (ㄹ) 계약을 해지하더라도 여행자는 따로 여행주최자의 채무불이행을 이유로 손해배상을 청구할 수는 있다(551조).

다) 담보책임의 존속기간

여행자는 위의 담보책임상의 권리를 여행기간 중에도 행사할 수 있으며, 그 권리는 계약에서 정한 여행 종료일부터 6개월 내에 행사하여야 한다(674조의8). 매매나 도급에서와 같이 제척기간으로 삼았다.

2. 여행자의 의무

여행자는 여행에 대한 대가로서 대금을 여행주최자에게 지급하여야 한다. 그 대금은 약정한 시기에 지급하여야 하며, 그 시기를 약정하지 않았으면 관습에 따르고, 관습이 없으면 여행 종료 후 지체 없이 지급하여야 한다(674조의5). 여행계약이 도급과 유사한 점에서, 도급에서의 보수 지급시기와 그 내용을 같이 한 것이다(665조 2항 참조).

Ⅳ. 여행계약의 종료

민법은 여행계약에 특유한 종료 원인으로서 다음의 것을 규정한다.

1. 여행 개시 전의 계약해제

여행계약은 그 체결 후 상당한 기간이 지나 시작되는 경우가 많고, 그 사이 여행을 할 수 없는 사정이 발생하는 수가 있다. 그래서 여행자는 여행을 시작하기 전에는 언제든지 계약을 해제할 수 있는 것으로 하였다(674조 의3). 다만, 그로 인해 여행주최자가 입게 된 손해에 대해서는 여행자가 배상하여야 한다(674조의 3 단서).

2. 부득이한 사유로 인한 계약해지

(ㄱ) 부득이한 사유가 있는 경우에는 여행자나 여행주최자는 계약을 해지할 수 있다(674 조의4 제1항 본문). 다만, 그 사유가 당사자 한쪽의 과실로 생긴 경우에는 상대방에게 손해를 배상하여야 한다(674조의4 제1항 단서). (ㄴ) 계약을 해지한 경우에도, 계약상 귀환운송의무가 있는 경우에는, 여행주최자는 여행자를 귀환운송할 의무를 진다(674조의 4 제2항). (ㄷ) 계약의 해지로 인해 발생하는 추가비용은, 그 해지 사유가 어느 당사자의 사정에 속하는 경우에는 그 당사자가 부담하고, 누구의 사정에도 속하지 않는 경우에는 각 당사자가 절반씩 부담한다(674조의 4 제3항).

제 11 관 현상광고懸賞廣告

사 례 대한민국 산하 지방경찰청 수사본부가 1998년 7월경 탈옥수인 甲을 수배하면서, "1998. 7. 21.부터 검거시까지 제보로 검거되었을 때 소정의 절차를 거쳐 신고인 또는 제보자에게 현상금 5천만원을 지급한다"는 내용의 현상광고를 하였다. A는 1999. 1. 8. 甲이 어느 호프집에 있는 것을 발견하고, 관할 경찰서에 甲의 소재를 제보하였다. 관할 경찰서는 그 제보에 따라 출동하여 甲의 신원을 확인하였으나 甲이 이를 거절하자, 그 신원확인을 위하여 그를 형사기동대 차에 태워 파출소까지 임의동행 형식으로 연행하였다. 그 10분 후 파출소에 도착하여 차에서 내리는 순간 甲이 감시하던 경찰관을 밀치고 도주해 버렸다. A는 국가를 상대로 현상광고에 따른 5천만원 보수금의 지급을 청구하였는데, 국가는 甲을 검거한 것이 아니라는 이유로 그 지급을 거절하였다. A의 청구는 인용될 수 있는가? 해설 p. 608

Ⅰ. 현상광고의 의의와 성질

1. 의 의

현상광고는 광고자가 어느 행위를 한 자에게 일정한 보수를 지급할 의사를 표시하고, 그에 응한 자가 그 광고에서 정한 행위를 완료함으로써 성립한다(675조). 1) '현상광고'는 타인이 어느 일을 완료한 경우에 광고자가 그 대가로 보수를 지급하는 점에서 도급과 유사하지만, 불특정 다수인을 상대방으로 하여 광고의 방식으로 청약을 하는 점과, 상대방이 광고에 정한 행위를 완료한 때에 계약이 성립하는 점에서 차이가 있다. 신문이나 TV 등을 통해 사람이나 유실물을 찾아주면 일정액의 사례금을 주겠다는 광고가 이에 속한다. 2) 한편, 현상광고 중에는 드라마 극본의 모집처럼 광고에서 정한 행위를 완료한 자 중에서 우열을 가리는 경우가 있는데, 이를 '우수현상광고'라 하며, 민법은 제678조에서 따로 그 효력을 정한다.

2. 현상광고의 법적 성질

(1) 현상광고의 법적 성질에 관해 학설은 계약설과 단독행위설로 나뉜다. (ㄱ) 계약설은, 광고자의 광고를 불특정 다수인에 대한 '청약'으로, 응모자의 그에 대한 응모와 지정행위의 완료를 '승낙'으로 보아, 현상광고를 계약으로 파악하는 것으로서 통설적 견해에 속한다. 그 논거로서 민법이 현상광고를 전형계약의 일종으로 규정하고 있는 점과, 민법 제675조의 문언(「… 일정한 보수를 지급할 의사를 표시하고 이에 응한 자가…」)을 든다. (ㄴ) 이에 대해 단독행위설은, 지정행위를 완료한 자에게 보수를 지급하기로 하는 광고자의 일방적 의사표시(단독행위)로 파악하는 견해로서 소수설에 속한다(곽윤직, 268면 이하; 김주수, 390면). 그 논거로서 다음의 두 가지를 든다. 첫째, 민법 제677조는 광고가 있음을 모르고 광고에서 정한 행위를 완료한 경우에도 보수청구권을 인정하는데, 계약설의 관점에서는 이를 설명할 수 없고 오히려 현상광고가 단독행위라는 점을 뒷받침한다. 둘째, 민법 제679조는 현상광고의 철회를 정하는데, 이 규정도 계약의 성질과는 맞지 않고 단독행위에 부합한다고 한다.

(2) 현상광고에서 광고자는 자신이 원한 바를 얻는 데 목적이 있고 그 일을 한 자가 그것을 승낙하였는지 여부는 사실 관심이 없다. 이 점에서 보면 단독행위설이 실제적으로 타당한 면이 없지 않다. 한편 현상광고의 성질에 관한 논의는 광고가 있음을 모르고 광고에서 정한 행위를 완료한 자에게 보수청구권이 인정되는지에 모아지고, 명문의 규정이 없던 구민법 당시에는 그 논의가 실익이 있었지만, 현행 민법은 제677조를 신설하여 이를 해결하였기 때문에 그 실익은 크지 않다고 할 수 있다.

현상광고의 법적 성질에 관해, 사견은 다음과 같은 네 가지 이유에서 계약으로 보는 것이 타당한 것으로 생각한다. 첫째, 구민법은 현상광고를 계약총칙 중 '계약의 성립'의 관에서 규정하였다(529조~532조). 현상광고가 단독행위의 성질 외에 계약에 유사한 법률관계를 발생시킨다는 것이 그 이유였다. 구민법은 현행 민법과는 달리 광고가 있음을 모르고 지정행위를 완료한 자가 보수청구권을 취득하는지에 관해 규정이 없었고, 그래서 현상광고의 법적 성질을 둘러싸고 단독행위설과 계약설의 대립이 있어 왔다(민법주해(XV), 488면(오종근)). 이에 대해 현행 민법은 현상광고를 전형계약의 종류 속에 편입시키고 또 제675조의 문언에서처럼 입법의도는 분명히 계약으로 보려고 한 점이다. 둘째, 현상광고를 계약으로 보는 전제하에 제677조(광고를 모르고 한 행위)와 같은 특별규정의 신설이 필요하다고 본 점(민법안심의록(상), 395면), 따라서 제677조는 현상광고에 대한 특별규정으로 보면 족하다는 점(단독행위설에 의하면 동조는 당연한 규정이 된다), 셋째 우수현상광고의 경우에는 광고에 대해 응모를 하여야 하고, 즉 광고를 모르고 응모한다는 것은 발생할 여지가 없는데(678조), 이 경우에도 단독행위로 구성하는 것은 무리한 것이며, 넷째 현상광고의 철회를 인정하고는 있지만 여기에는 일정한 제한이 있는 점에서(679조), 동조를 근거로 단독행위로 파악하는 것도 무리하다고 보는 것이다.

현상광고를 계약으로 파악하면, 의사의 합치만으로는 계약이 성립하지 않고 지정행위를 완료한 때에 비로소 계약이 성립하는 점에서 '요물계약'이고, 응모자는 지정행위를 완료하고 광고자는 그 대가로 보수를 지급하는 것, 즉 당사자 쌍방이 서로 대가적 의미를 가지는 출연을 하는 점에서 '유상계약'이며, 광고에 응한 자가 지정행위를 완료한 상태에서 계약이 성립하여 이제는 광고자의 보수 지급의무만 남는 점에서 '편무계약'이 된다.

Ⅱ. 현상광고의 성립

현상광고는, 어느 행위를 한 자에게 일정한 보수를 지급한다는 내용의 광고가 있고, 그에 응한 자가 그 광고에서 정한 행위를 완료함으로써 성립한다(675조).

1. 광 고

(ㄱ) 현상광고의 특색은 청약을 광고의 방식으로 한다는 점이다. 그리고 그 광고는 불특정 다수인에 대한 것임을 예정하고 있다. 따라서 책의 표지 도안에 관해 특정의 몇 사람에게 작품을 의뢰하면서 그중에서 우수한 것 하나를 고르기로 하는 것은 현상광고가 아니다. 불특정 다수인이 알 수 있는 것이면 그 광고의 종류나 방법에는 아무런 제한이 없다. (ㄴ) 광고에는 '광고자가 지정한 행위를 완료한 자에게 보수를 지급한다'는 내용이 들어가야 한다. 따라서 상품의 선전광고 · 사원총회 소집의 광고 · 구인광고 · 셋방의 광고 등은 현상광고가 아니며, 어떤 사실 상태의 존재에 대하여 일정한 이익을 준다는 뜻의 광고(예: 우량아나 미인에게 상품을 준다는 광고)도 현상광고가 아니다.

2. 지정행위의 완료

광고에 응한 자가 광고에서 정한 행위를 완료하여야 한다. 한편 광고가 있음을 모르고 광고에서 정한 행위를 완료한 경우에도 현상광고에 관한 규정(보수청구권(676조))을 준용한다(677조).

Ⅲ. 현상광고의 효력

1. 보수 수령권자

a) 현상광고에서 정한 행위는 어떤 사람이 이를 완료한 후에는 다른 사람이 완료할 수 없는 것도 있지만(예: 유실물을 찾는 것), 그 반대로 여러 사람이 각각 완료할 수 있는 것도 있다

(예: 범인의 은신처를 제보하는 것). 민법은 후자의 경우에 누가 보수를 청구할 수 있는지에 관해 정한다. 즉 (ㄱ) 수인이 각각 광고에서 정한 행위를 완료한 경우에는 그 행위를 먼저 완료한 자가 보수를 받을 권리가 있다(676조 1항). 그 행위의 완료 사실을 광고자에게 통지하거나 광고자가 이를 아는 것은 요건이 아니고, 사실상 먼저 행위를 완료한 자만이 보수청구권을 가진다. 따라서 그가 보수청구권을 포기한 때에는 다음으로 지정행위를 완료한 자가 보수청구권을 취득하는 것이 아니라, 이때에는 보수청구권은 소멸되고 광고자는 그 지급의무를 면한다(통설). (ㄴ) 수인이 동시에 그 행위를 완료한 경우에는 각각 균등한 비율로 보수를 받을 권리가 있다(676조 2항 본문). 다만, 보수가 그 성질상 분할될 수 없거나(보수는 금전에 한하지 않으므로 이런 경우가 발생할 수 있다), 광고에서 1명만이 보수를 받을 것으로 정한 경우에는 추첨으로 결정한다(676조 2항 단서).

b) 수인이 공동으로 지정행위를 완료한 경우에 관해 민법은 그 정함이 없는데, 이때는 보수가 가분인지 불가분인지에 따라 가분채권(408조) 또는 불가분채권(409조)을 취득하는 것으로 볼 것이다.

2. 광고를 모르고 한 행위

(ㄱ) 민법 제677조는 「광고가 있음을 모르고 광고에서 정한 행위를 완료한 자도 보수청구권이 있다」고 규정하고 있다. 현상광고는 광고자에 의해 청약이 이루어지고, 이때 광고자는 광고에서 지정한 행위를 얻는 데 목적이 있지 그 상대방이 누구인지 또 그가 광고를 알고 그 행위를 하였는지는 사실 관심이 없다. 그렇다면 광고가 있음을 모르고 광고에서 정한 행위를 완료한 경우에도 광고자의 입장에서는 특별히 달라질 것이 없다. 그래서 민법은 현상광고를 기본적으로 계약의 틀에 두면서, 광고가 있음을 모르고 광고에서 정한 행위를 완료한 경우에도 보수청구권을 인정하는 것이 광고자의 의사에 부합한다는 점에서 본조와 같은 특별규정을 신설한 것이다. (ㄴ) 본조는 「광고 후」 그 광고가 있음을 모르고 지정행위를 완료한 경우에 적용된다. 그러나 본조의 취지상, 「광고 전」에 이미 지정행위를 완료한 경우에도 본조를 유추적용하여 그는 보수청구권을 취득한다고 할 것이다(민법주해(XV), 497면(오종근)).

3. 현상광고의 철회

a) 철회의 근거 계약의 당사자는 자신의 의사표시를 일방적으로 철회할 수 없는 것이 원칙이지만, 현상광고에서는 다음 두 가지 이유로써 철회를 인정하고 있다(주석민법[채권각칙(4)], 360면 이하(윤진수)). 첫째 현상광고에서는 상대방이 특정되어 있지 않아 그 광고의 내용을 변경하거나 실효시키기 위해 협의할 수 없다는 점, 둘째 광고자의 의사에 의해 광고자의 (보수 지급)의무가 발생한 점에서 지정행위를 완료한 자가 있기 전까지는 이를 철회할 수 있도록 하는 것이 광고가 지속될 것으로 믿는 광고 대상자의 이익보다는 상대적으로 보호가치가 더 크다고 하는 점이다.

b) 철회의 방법 (ㄱ) 광고에서 지정한 행위의 완료기간을 정한 경우에는 그 기간이 만료되기 전에 광고를 철회하지 못한다(679조 1항). 그 기간이 만료된 때에는 현상광고는 효력을 잃으므로 더 이상 철회의 문제는 생기지 않는다. (ㄴ) 광고에서 지정한 행위의 완료기간을 정하지 않은

경우에는, 그 행위를 완료한 자가 있기 전에는 그 광고와 동일한 방법으로 광고를 철회할 수 있다(679조 2항). 제3자가 피해를 입는 것을 최대한 방지하기 위함이다. 한편 종전의 광고와 동일한 방법으로 철회할 수 없는 경우(예: 광고를 낸 신문의 폐간)에는 그와 유사한 방법으로 철회할 수 있다(679조 3항 1문). 다만 이때에는 제3자가 피해를 입을 소지가 있으므로, 그 철회는 철회한 것을 안 자에게만 효력이 있다(679조 3항 2문).

c) 철회의 효과 철회가 있으면 현상광고는 더 이상 존속하지 않으므로, 철회 이후에 제3자가 지정행위를 완료하더라도 그는 현상광고에 기해 보수를 청구할 수는 없다.

Ⅳ. 우수현상광고 優秀懸賞廣告

1. 의 의

드라마 극본이나 건축설계의 공모에서처럼 광고에서 정한 행위에는 우열이 있는 것이 있고, 그래서 응모기간을 정하여 그 기간 내에 응모한 자 중에서 우수한 자로 판정된 자에게만 보수를 지급하기로 하는 현상광고를 '우수현상광고'라고 한다. 보통의 현상광고는 지정행위의 완료로써 보수청구권을 취득하는 데 비해, 우수현상광고는 응모의 절차와 우수의 판정을 거쳐야 하는 점에서 차이가 있다. 따라서 현상광고에 관한 다음의 규정, 즉 (먼저 지정행위를 완료한 자가 보수청구권을 가진다는) 민법 제676조 1항, (광고가 있음을 모르고 광고에서 정한 행위를 완료한 자도 보수청구권이 있다는) 제677조, (현상광고의 철회에 관한) 제679조 2항 및 3항은 우수현상광고에는 적용되지 않는다.

2. 요 건

보통의 현상광고와 다른 점을 중심으로 설명하면 다음과 같다.

a) 광 고 (ㄱ) 우수현상광고의 요건은 여러 사람이 독립하여 완료할 수 있는 것이어야 하고, 또 그에 관해 우열을 가릴 수 있는 것이어야 한다(678조 1항 전문). 따라서 유실물을 찾는 것처럼 어느 한 사람이 완료하면 다른 사람은 할 수 없거나, 퀴즈 문제처럼 정답이 하나여서 우열을 가릴 수 없는 것은 우수현상광고가 될 수 없다. (ㄴ) 우수현상광고에는 반드시 '응모기간'을 정해야 하고, 그렇지 않은 것은 무효이다(678조 1항 후문). 응모한 자 중에서 우열을 가리기 위해서 또 판정을 강제하기 위한 취지에서이다. 따라서 우수현상광고는 광고자가 철회할 수도 없다(679조 1항).

b) 응 모 제3자는 광고에서 정한 바에 따라 응모기간 내에 '응모'하여야 한다. 신춘문예의 모집에서처럼 지정행위의 완료와 함께 응모하는 경우도 있겠고, 운동에서 우승하는 경우처럼 먼저 응모를 하고 경기에 참가하여 지정행위를 완료하는 경우도 있겠으나, 어느 경우든 응모를 하여야 하는 점에서 보통의 현상광고와 구별된다.

c) 판 정 (ㄱ) 우수하다는 판정은 광고에서 정한 자가 하지만, 광고에서 판정자를 정하지 않은 때에는 광고자가 판정한다(678조 2항). (ㄴ) 우열의 판단은 응모자들 가운데에서 상대적으로 정하는 것이므로, 우수한 자가 없다는 판정은 할 수 없다(678조 3항 본문). 다만, 광고에 다른 의사표시

가 있거나 광고의 성질상 판정의 표준이 정해져 있는 경우에는 그렇지 않다(678조 3항 단서). (ㄷ) 판정에는 어느 정도 판정자의 자유로운 가치판단이 작용하는 것이므로, 판정에 중대한 모순이 있거나 그 절차에 중대한 하자가 없는 한, 응모자는 판정에 대하여 이의를 제기하지 못한다(678조 4항).

3. 효 과

(ㄱ) 판정에 의해 우수한 자로 정해지면 광고자는 그에게 보수를 지급하여야 한다(678조 1항). 응모자가 판정이 있었음을 알았는지는 묻지 않는다. 판정의 효력은 소급효가 없고, 판정이 있었던 때에 발생한다(통설). 판정은 광고자와 모든 응모자를 구속하며 누구도 이의를 제기하지 못하지만(678조 4항), 판정이 착오나 사기 · 강박에 기인한 때에는 판정을 취소할 수 있다. (ㄴ) 수인의 행위가 우열을 가릴 수 없는 때에는 동등한 것으로 판정할 수 있다. 이 경우 보수가 가분이면 균등한 비율로 나누어 가지고, 불가분이면 추첨으로 보수를 받을 자를 결정한다(678조 5항 · 676조 2항). (ㄷ) 응모자가 광고자에게 제출한 작품의 권리(소유권 · 저작권 등)는 광고와는 별개이며, 특별한 합의가 없으면 응모자가 그 권리를 갖는 것으로 해석된다.

사례의 해설 현상광고는 광고에 응한 자가 지정행위를 완료함으로써 효력이 생기는 것이지만(675조), 현상광고도 법률행위이므로 그 효력의 발생, 즉 그 광고에서 정한 행위의 완료에 조건이나 기한을 붙일 수 있다(대판 2000. 8. 22, 2000다3675). 사례는 조건부 현상광고로서, A가 제보를 함으로써 일단 현상광고는 성립하지만, 이것이 그 효력을 발생하기 위해서는 정지조건인 '검거'가 실현되어야 한다. 그런데 경찰이 甲을 임의동행 형식으로 연행하는 등 10분여에 걸쳐 그 신병을 확보하였다는 점에서 '신고로 인한 검거'는 성취되었다고 볼 것이므로, A는 보수금을 청구할 수 있다. 사례 p. 603

제12관 위 임委任

사 례 A는 B의사로부터 척추결핵을 치료하기 위해 척추수술을 받았는데 B의 의료과실로 하반신이 마비되고, 그 후 B는 여러 치료방법을 동원하였으나 결국 실패로 돌아갔다. 이 경우 B는 A에게 치료비를 청구할 수 있는가? 해설 p. 616

Ⅰ. 위임 일반

1. 위임의 의의

위임은 당사자 일방(위임인)이 상대방(수임인)에게 사무의 처리를 위탁하고, 상대방이 이를 승낙함으로써 성립하는 계약이다(680조). (ㄱ) 위임은 위임인과 수임인 간에 '사무의 처리'를 목적으로 하는 계약이다. 수임인의 노무를 이용하는 점에서 노무공급계약의 일종이지만, 사무처리의 목적 내에서는 수임인이 어느 정도 재량권을 가지는 점에서 고용과 다르고, 사무의 처리과정 자체에 주안을 두고 그 결과에 목적을 두는 것이 아닌 점에서 도급과 구별된다. 그래서 유상위임의 경우에는 그 결과에 이르지 못했더라도 수임인이 그의 의무를 다한 이상 그 사무의 처리에 따른 비용과 보수를 청구할 수 있다(686조 3항 참조). (ㄴ) 위임은 타인의 전문지식 등을 이용하는 제도로서 실제로 많이 활용된다. 대표적으로는 의뢰인이 변호사에게 소송을 의뢰하는 것, 환자가 의사에게 진료를 의뢰하는 것, 아파트 입주자대표회의와 아파트 관리회사 사이의 법률관계(대판 1997. 11. 28, 96다22365) 등이 이에 속한다. 한편 상사중개[1] · 위탁매매 · 운송주선도 위임에 속하는 것인데, 이들에 관하여는 상법(93조 · 101조 · 114조)에서 따로 규율하며, 민법의 규정은 보충적으로 적용된다. (ㄷ) 위임계약에 의하지 않고 민법상 타인의 사무를 처리하는 경우가 있는데, 민법의 위임에 관한 규정은 사무의 처리에 관한 원칙 규정으로서 이들 경우에도 준용된다. 즉 수치인의 권리의무(701조), 업무집행조합원의 권리의무(707조), 사무관리에서 관리자의 권리의무(738조 · 739조 2항), 후견인의 재산관리(956조 · 959조) 등이 그러하다.

2. 위임의 특질과 민법의 규정

(ㄱ) 민법은 로마법의 연혁에 따라 사무처리의 대가를 요소로 하지 않는 무상위임을 원칙으로 한다. 다만 당사자 간의 약정으로 유상위임으로 할 수도 있다(686조 1항). (ㄴ) 위임인이 수임인에게 사무의 처리를 위탁하는 때에는 수임인의 인격 · 지능 · 식견 등 특별한 대인적 신뢰를 바탕으로 하는 것이 보통이고, 민법은 이를 기초로 다음의 점을 규정한다. ① 유상 · 무상을 불문하고 수임인은 위임의 본래 취지에 따라 선량한 관리자의 주의로써 위임사무를 처리할 선관의무를 부담한다(681조). 이 점은 무상임치의 경우에 자기 재산과 동일한 주의로써 보관할 의무를 지는 것과 구별된다(695조). ② 수임인은 스스로 위임사무를 처리하여야 하며, 복임권은 원칙적으로 제한된다(682조). ③ 위임인이나 수임인은 언제든지 위임계약을 해지할 수 있는, 해지의 자유가 인정된다(689조 1항).

3. 위임의 법적 성질

(ㄱ) 위임은 무상을 원칙으로 하므로, 일반적으로 편무 · 무상계약이다. 그러나 특약에 의해 유상으로 한 때에는 유상 · 쌍무계약이 된다. (ㄴ) 위임은 유상이든 무상이든 낙성 · 불요식 계약이다. 실제로는 위임장을 교부하는 수가 있으나, 이는 단순한 증거방법에 지나지 않는다. 한편 위임장의 특수한 것으로 수임인을 기재하지 않고 교부하는 백지위임장이 있는데, 이때에는 수임인의 지위가 양도될 수 있는 것으로서, 그 위임장에 수임인으로 기재된 자와 위임인 사이에 위임계약이 성립한다.

---

1) 상법이 적용되지 않는 민사중개(부동산 매매의 중개 · 혼인의 중매 등)도 민법상 위임에 속하는 것이지만, 특히 부동산 매매의 중개의 경우에는 실제로 매매계약이 체결된 때에 보수(중개수수료)를 받는 것이 관행인 점에서 도급의 성질을 포함하고 있다.

Ⅱ. 위임의 효력

1. 수임인의 의무

(1) 위임사무의 처리의무

수임인受任人은 위임인으로부터 위탁받은 사무를 처리할 의무를 지며(680조), 수임인의 기본적 의무에 속한다. 위임에서의 「사무」는 법률상 또는 사실상의 모든 행위로서, 법률행위(물건의 매매) · 준법률행위(등기신청 · 채무변제) · 사실행위(재산관리 · 장부의 정리 · 축사의 대독)의 사무를 포함한다. 그러나 본인 스스로 의사결정을 하여야 하는 행위(즉 혼인 · 입양 · 이혼 등 가족법상의 법률행위)는 위임의 대상이 되지 않는다. 민법은 수임인의 위임사무 처리의무와 관련하여 다음의 두 가지를 규정한다.

a) 선관의무善管義務　「수임인은 위임의 본지에 따라 선량한 관리자의 주의로써 위임사무를 처리하여야 한다」(681조). 수임인은 유상 · 무상을 불문하고 위임의 취지에 따라 선량한 관리자의 주의로써 위임사무를 처리할 의무를 부담한다. 수임인이 선관의무를 위반한 경우에는 채무불이행이 되며, 위임인에게 발생한 손해를 배상할 책임을 진다. 한편 불법행위로 인한 손해배상책임(750조)도 경합할 수 있다. '선량한 관리자의 주의'는 '자기 재산과 동일한 주의'(695조)에 대비되는 개념으로서, 수임인의 개별적 능력에 따른 주의(구체적 과실)가 아니라 위임사무의 처리에 통상적으로 요구되는 주의(추상적 과실)를 말하는데, 그 구체적인 내용은 개별적인 사안에 따라 판단할 수밖에 없다.[1)]

b) 복임권復任權의 제한　「① 수임인은 위임인의 승낙이나 부득이한 사유 없이 제3자로 하여금 자기에 갈음하여 위임사무를 처리하게 하지 못한다. ② 수임인이 전항의 규정에 의하여 제3자에게 위임사무를 처리하게 한 경우에는 제121조(임의대리인의 복대리인 선임의 책임), 제123조(복대리인의 권한)의 규정을 준용한다」(682조). (ㄱ) 위임은 당사자 간의 특별한 신뢰를 바탕으

1) 판례: (ㄱ) 「부동산중개업자와 중개의뢰인과의 법률관계는 민법상의 위임관계와 같으므로 민법 제681조에 의하여 중개업자는 중개의뢰의 본지에 따라 선량한 관리자의 주의로써 의뢰받은 중개업무를 처리하여야 할 의무가 있을 뿐 아니라, 부동산중개업법 제16조 및 제17조에 따라 중개업자는 선량한 관리자의 주의와 신의성실로써 매도 등 처분을 하려는 자가 진정한 권리자와 동일인인지 여부를 부동산등기부와 주민등록증 등에 의하여 조사 확인할 의무가 있다」(대판 1992. 2. 11, 91다36239). (ㄴ) 「저당권설정자인 채무자와 저당권자인 채권자는 이해관계가 상반된다고 할 것이므로, 채권자와 채무자 쌍방으로부터 저당권설정 등기절차의 위임을 받은 사법서사로서 채무자의 일방적 말만 듣고 그 저당권설정 등기절차 서류를 채무자에게 반환한 것은 특별한 사정이 없는 한 당사자의 위임을 받은 사법서사로서의 직무상 주의의무를 다하였다고는 할 수 없다」(대판 1962. 2. 15, 4294민상291). (ㄷ) 「소송수행의 사무처리를 위임받은 변호사가 구두변론 기일에 2회 불참석함으로써 항소 취하로 간주되고 위임인 패소 판결이 확정되었다면, 수임인인 변호사는 위임의 본지에 따라 선량한 관리자의 주의로써 위임사무를 처리할 의무를 위배한 경우에 해당한다」(대판 1959. 11. 26, 4292민상271). (ㄹ) 「구분건물의 수분양자로부터 소유권이전등기신청 절차를 위임받은 법무사가 그 절차를 경료하기 전에 건축주로부터 구분건물의 소유권보존등기절차를 이행하고 보관 중이던 등기권리증의 반환을 요구받은 경우, 수분양자가 매수인으로서의 의무이행을 완료한 사실을 알고 있었고 건축주가 등기권리증을 이용하여 구분건물을 담보로 제공하고 금원을 차용하려 한다는 것을 예상할 수 있었다면, 건축주의 요청을 거부하거나 그 취지를 수분양자에게 통지하여 권리 보호를 위한 적당한 조치를 취할 기회를 부여할 의무가 있다」(대판 2001. 2. 27, 2000다39629). (ㅁ) 「법무사는 그 직무를 수행하는 과정에서 의뢰인의 지시에 따르는 것이 위임의 취지에 적합하지 않거나 오히려 의뢰인에게 불이익한 결과가 되는 것이 드러난 경우에는, 그러한 내용을 의뢰인에게 설명 내지 조언할 의무가 있다」(대판 2003. 1. 10, 2000다61671; 대판 2006. 9. 28, 2004다55162).

로 하는 것이므로 수임인은 스스로 위임사무를 처리하여야 한다. 다만 위임인의 승낙이 있거나 부득이한 사유가 있는 때에는 수임인은 제3자로 하여금 위임사무를 처리하게 할 수 있다(682조 1항). 수임인이 이를 위반하여 복위임을 한 때에는 위임계약상의 채무불이행이 되어 그로 인한 손해에 대해 배상책임을 진다. (ㄴ) 수임인이 민법 제682조 1항에 따라 제3자에게 위임사무를 처리하게 한 경우, 수임인의 책임에 관하여는 민법 제121조를, 복수임인의 권한에 관하여는 제123조를 준용한다(682조 2항). 다만 제123조 1항은 준용될 여지가 없다. ① 수임인의 책임: 수임인은 위임인에 대하여 복수임인의 선임·감독에 관한 책임이 있다(682조 2항·121조 1항). 다만, 수임인이 위임인의 지명으로 복수임인을 선임한 경우에는 그가 적임자가 아니거나 불성실하다는 사실을 알고도 위임인에게 통지하거나 해임하는 것을 게을리했을 때에만 책임을 진다(682조 2항·121조 2항). ② 복수임인의 권한: 복수임인(復受任人)은 위임인에 대해 수임인과 동일한 권리와 의무가 있다(682조 2항·123조 2항)(이것은 위임인과 수임인 간의 권리와 의무를 한도로 하고, 다시 수임인과 복수임인 간의 복위임계약에서 정해지는 권리와 의무를 한도로 한다). 예컨대 복수임인이 위임사무를 처리하여 받은 금전 등을 직접 위임인에게 인도한 때에는 수임인에 대한 인도의무를 면한다.

(2) 위임사무의 처리에 부수하는 의무

a) 보고의무 수임인은 위임인의 청구가 있는 경우에는 위임사무의 처리 상황을 보고하고, 위임이 종료된 때에는 지체 없이 그 경과와 결과를 보고해야 한다(683조).

b) 취득물 등의 인도·이전의무 (ㄱ) 수임인은 위임사무의 처리로 받은 금전이나 그 밖의 물건 및 수취한 과실을 위임인에게 인도해야 한다(684조 1항).[1] 그 인도 시기는 당사자 간에 특약이 없으면 위임계약이 종료된 때이다(대판 2007. 2. 8, 2004다64432). (ㄴ) 수임인은 위임인을 위하여 자기 명의로 취득한 권리를 위임인에게 이전하여야 한다(684조 2항). 즉 대리권을 수반하지 않는 위임에서 수임인이 자기 명의로 위임인을 위해 동산이나 부동산을 매수하였을 때에는 그 소유권은 일단 수임인에게 귀속하고, 수임인은 위임계약에 따라 위임인에게 그 권리를 이전해 줄 의무를 진다. 그 이전 시기는 위임계약이 종료된 때이다(따라서 그 권리에 관한 위임인의 이전청구권의 소멸시효는 위임계약이 종료된 때부터 진행된다)(대판 2022. 9. 7, 2022다217117).

c) 금전소비에 대한 책임 「수임인이 위임인에게 인도할 금전 또는 위임인의 이익을 위하여 사용할 금전을 자기를 위하여 소비한 때에는 소비한 날 이후의 이자를 지급하여야 하며, 그 외에 손해가 있으면 배상하여야 한다」(685조). 본조는 '금전'을 소비한 경우에 적용되고(물건을 소비한 때에는 채무불이행 또는 불법행위의 일반원칙에 의해 해결된다), 특히 법정이자 외에 손해의 배상을 청구할 수 있는 점에서 민법 제397조에 대한 예외가 된다.

---

1) 판례: 민법 제684조 1항에서 말하는 '위임사무의 처리로 인하여 받은 금전 기타 물건'에는 위임의 취지에 비추어 수임인에게 그대로 보유하게 하는 것이 위임의 신임관계를 해친다고 사회통념상 생각할 수 있는 것도 포함된다고 한다. 그래서 토지의 매도를 위임받은 수임인이 약정에 따라 매매대금을 증액하면서 새로 매매계약을 체결하였는데, 그 추가 매매대금을 수임인이 가처분을 해제하고 아파트 건축사업을 방해하지 않는다는 조건하에 보상금 내지 합의금 명목으로 받은 사안에서, 「그것은 수임인이 위임사무의 처리를 빙자하여 취득한 것으로서, 수임인은 토지의 '정당한 시가'에 상응하는 금원을 위 조항에 따라 위임인에게 반환하여야 한다」(대판 2010. 5. 27, 2010다4561).

2. 수임인의 권리 … 위임인의 의무

(1) 보수청구권

a) 보수청구권의 발생요건 민법은 로마법의 연혁에 따라 무상의 위임을 원칙으로 하여, 당사자 간에 보수 지급에 관한 특별한 약정이 있을 때에만 수임인이 보수를 청구할 수 있는 것으로 정한다(686조 1항). 이 점과 관련하여 다음 세 가지가 문제된다. (ㄱ) 이때의 보수는 사무처리의 대가를 의미하는 것이며(보수는 금전이 보통이지만 금전에 한하지 않는다), 사무처리에 소요되는 비용과는 다른 개념이다. 후자의 비용에 대해서는 무상의 위임인 경우에도 또 당사자 간의 특별한 약정이 없어도 수임인은 당연히 그 상환을 청구할 수 있다(688조 1항). (ㄴ) 특약에 의해 수임인이 보수를 청구할 수 있는 때에도, 그것은 수임인이 위임의 취지에 따라 선관의무를 제대로 이행한 경우를 전제로 하는 것이다. 수임인이 선관의무를 위반한 때에는 채무불이행으로 인한 손해배상이 문제될 뿐이다.[1] (ㄷ) 보수의 특약은 명시적이어야 하는 것은 아니며 묵시의 특약도 가능하다. 특히 수임인이 맡은 사무가 그의 영업이나 업무에 속하는 경우에는(예: 부동산 중개업자 · 집행관 · 공증인 · 변호사 · 의사 등), 오히려 무보수의 특약이 없으면 보수 지급의 묵시적 약정이 있는 것으로 보아야 한다는 것이 판례의 일관된 태도이다(대판 1995. 12. 5, 94다50229).[2]

b) 보수 지급시기 보수 지급시기는 특약으로 정할 수 있으나, 그 정함이 없으면 후급이 원칙이다. 즉 위임사무를 완료한 후에만 청구할 수 있다(686조 2항 본문). 다만, 기간을 단위로 보수를 정한 경우에는 위임사무를 완료하더라도 그 기간이 지난 후에 보수를 청구할 수 있다(686조 2항 단서).

c) 위임의 중도 종료의 경우 위임은 일의 결과가 아닌 사무의 처리 자체에 주안을 두므로, 수임인이 선관의무를 다한 이상 위임사무의 성취 여부와는 상관없이 그에 상응한 보수를 지급하여야 한다. 따라서 수임인이 위임사무를 처리하는 중에 수임인에게 책임 없는 사유로 위임이 종료된 경우, 수임인은 이미 처리한 사무의 비율에 따른 보수를 청구할 수 있다(686조 3항).

---

1) 판례: 「의사가 환자에게 부담하는 진료채무는 질병의 치료와 같은 결과를 반드시 달성해야 할 결과채무가 아니라, 환자의 치유를 위하여 선량한 관리자의 주의의무를 가지고 현재의 의학수준에 비추어 필요하고 적절한 진료조치를 다해야 할 채무, 즉 수단채무라고 보아야 할 것이므로, 위와 같은 주의의무를 다하였는데도 그 진료결과 질병이 치료되지 아니하였다면 치료비를 청구할 수 있으나, 의사가 위와 같은 선량한 관리자의 주의의무를 다하지 아니한 탓으로 오히려 환자의 신체기능이 회복 불가능하게 손상되었고, 또 위 손상 이후에는 그 후유 증세의 치유 또는 더 이상의 악화를 방지하는 정도의 치료만이 계속되어 온 것뿐이라면, 의사의 치료행위는 진료채무의 본지에 따른 것이 되지 못하거나 손해전보의 일환으로 행하여진 것에 불과하여 병원 측으로서는 환자에 대하여 그 수술비 내지 치료비의 지급을 청구할 수 없다」(대판 1993. 7. 27, 92다15031).

2) 대법원은 종전부터 일관되게, 변호사에게 소송위임을 하면서 맺은 보수액에 대해서는, 그것이 여러 사정에 비추어 부당하게 과다한 경우에는, 신의칙에 근거하여 감액할 수 있다는 태도를 견지해 오고 있다. 즉 위 「약정 보수액이 부당하게 과다하여 신의성실의 원칙이나 형평의 관념에 반한다고 볼 만한 특별한 사정이 있는 경우에는 예외적으로 적당하다고 인정되는 범위 내의 보수액만을 청구할 수 있는데, 이러한 제한은 계약자유의 원칙에 대한 예외를 인정하는 것이므로, 법원은 그에 관한 합리적인 근거를 명확히 밝혀야 한다」고 한다(대판 1991. 12. 13, 91다8722; 대판 2009. 9. 10, 2009다40677; 대판 2014. 3. 27, 2012다50353; 대판 2014. 7. 10, 2014다18322; 대판 2016. 2. 18, 2015다35560; 대판(전원합의체) 2018. 5. 17, 2016다35833). 변호사와의 약정 보수액이 민법 제103조(반사회질서의 법률행위)나 제104조(불공정한 법률행위)에 해당하는 경우에는 그 약정 자체가 무효가 됨은 물론이다. 그러나 보수액 약정이 이 규정들을 직접 위반하는 것은 아니어서 약정 자체가 무효가 되지는 않는다고 하더라도, 그 약정 보수액이 부당하게 과다한 경우에는, 법 규정의 흠결을 보충하여 구체적 타당성을 도출할 수 있는 민법 제2조의 신의칙의 기능에 기초하여 이를 감액할 수 있는 것으로 구성한 것이다.

(2) 비용선급 · 상환청구권

사무의 처리에 소요되는 비용에 대해서는 무상위임의 경우에도 또 유상위임에서도 보수와는 별개로 수임인은 그 선급이나 상환을 청구할 수 있다. 다만 이때에도 그 비용은 위임의 취지에 따라 지출된 것을 전제로 한다(대판 1996. 12. 10, 96다36289). (ㄱ) 위임사무의 처리에 비용이 드는 경우에는 위임인은 수임인의 청구에 의하여 그 비용을 미리 지급하여야 한다(687조). (ㄴ) 수임인이 위임사무를 처리하기 위하여 필요비를 지출한 경우에는 위임인에게 그 비용과 지출한 날 이후의 이자를 청구할 수 있다(688조 1항). 제3자가 채무자의 부탁으로 채무자를 위하여 변제한 경우에는 본 조항에 의해 구상권을 갖는다(대판 1994. 12. 9, 94다38106).

(3) 대변제청구권 · 담보제공청구권

수임인이 위임사무의 처리에 필요한 채무를 부담한 경우에는 위임인에게 자기에 갈음하여 그 채무를 변제하게 할 수 있고, 그 채무가 변제기에 있지 않은 때에는 상당한 담보를 제공하게 할 수 있다(688조 2항).

(4) 손해배상청구권

수임인이 위임사무를 처리하면서 과실 없이 손해를 입은 경우에는 위임인에게 배상을 청구할 수 있다(688조 3항). 위임인은 귀책사유가 없어도 배상책임을 지는 '무과실책임'을 부담한다. 위임이 무상을 원칙으로 하는 데에서 수임인에게 경제적인 부담을 주지 않기 위해서이다. 따라서 위임이 유상이고 보수가 손해 발생의 위험도 고려해서 산정된 것인 때에는, 즉 '유상위임'의 경우에는 동 조항은 적용되지 않는다(통설).

Ⅲ. 위임의 종료

1. 위임의 종료 원인

위임에 특유한 종료 원인으로서, 민법은 '해지, 당사자의 사망 또는 파산, 수임인에 대한 성년후견 개시의 심판' 네 가지를 규정한다.

a) 해　지　　(ㄱ) 위임은 당사자 쌍방의 특별한 대인적 신뢰관계를 기초로 하기 때문에, 위임인이나 수임인은 언제든지 또 특별한 이유 없이도 자유로이 위임계약을 해지할 수 있다(689조 1항).[1] (ㄴ) ① 당사자가 위임을 해지한 경우에 그로 인해 상대방이 손해를 입는 일이 있어도

---

1) 판례: ①「주식회사와 이사의 관계는 위임에 관한 규정이 준용되므로 이사는 언제든지 사임할 수 있고, 사임의 의사가 대표이사에게 도달하면 그 효과가 발생하며, 사임의 효력이 발생한 뒤에는 이를 철회할 수 없다」(대판 1998. 4. 28, 98다8615; 대판 1991. 5. 10, 90다10247). ②「위임계약의 각 당사자는 민법 제689조 1항에 따라 특별한 이유 없이도 언제든지 위임계약을 해지할 수 있다. 따라서 위임계약의 일방 당사자가 타방 당사자의 채무불이행을 이유로 위임계약을 해지한다는 의사표시를 하였으나 실제로는 채무불이행을 이유로 한 계약 해지의 요건을 갖추지 못한 경우라도, 특별한 사정이 없는 한 위 의사표시에는 민법 제689조 1항에 기한 임의 해지로서의 효력이 인정된다」(대판 2015. 12. 23, 2012다71411). ③「등기권리자와 등기의무자 쌍방으로부터 등기절차의 위촉을 받고 그 절차에 필요한 서류를 교부받은 사법서사는, 절차가 끝나기 전에 등기의무자로부터 등기신청을 보류해 달라는 요청이 있었다 하여도, 등기권리자에 대해서는 그 요청을 거부해야 할 위임계약상의 의무가 있는 것이므로, 등기의무자와 사법서사 간의 위임계약은 계약의 성질상 민법 제689조 1항의 규정에 관계없이 등기권리자의 동의 등 특별한 사정이 없는 한

배상할 의무를 부담하지 않는 것이 원칙이다(대판 2005. 11. 24, 2005다39136). 그러나 당사자가 부득이한 사유 없이 상대방에게 불리한 시기에 계약을 해지한 경우에는 상대방이 입은 손해를 배상해야 한다(689조 2항).[1] 이 경우 그 배상 범위는 위임이 해지되었다는 사실로부터 생기는 손해가 아니라 적당한 시기에 해지되었더라면 입지 않았을 손해에 한한다(대판 1991. 4. 9, 90다18968). ② 해지를 하더라도 수임인은 그때까지 지출한 비용의 상환을 청구할 수 있고(688조), 유상위임의 경우에는 이미 처리한 사무의 비율에 따라 보수를 청구할 수 있다(686조 3항). (ㄷ) 당사자 간에 해지권 포기의 특약을 한 경우에 그 효력은 다음과 같이 나눌 수 있다. ① 위임인이 해지권을 포기하는 것은, 신뢰관계를 기초로 하는 위임의 본질상 원칙적으로 무효이다. ② 수임인이 해지권을 포기하는 것은, 무상인 경우에는 신뢰관계와 수임인이 부담하는 선관의무의 이유에서 원칙적으로 무효이지만, 유상인 경우에는 원칙적으로 유효하다.

b) 그 밖의 종료 원인 위임은 당사자 한쪽의 사망이나 파산으로, 수임인이 성년후견 개시의 심판을 받은 경우에 종료된다(690조). 다만 동조가 강행규정은 아니므로 당사자 간의 특약으로 종료되지 않는 것으로 할 수 있지만, 그러한 특약이 무효가 되는 경우도 있다. (ㄱ) 당사자의 사망: 신뢰관계에 바탕을 두는 위임의 특성상, 위임인이나 수임인이 사망하면 위임은 종료된다. (ㄴ) 당사자의 파산: 위임인 또는 수임인이 파산하면, 당사자 상호간의 신용이 상실되고 상호간에 의무를 이행하는 것도 어려워지므로, 위임은 종료된다. 다만 양자의 의미는 다소 다른 점에서, 이를 배제하는 특약의 효력은 다를 수 있다. 즉, 「수임인이 파산」한 경우, 파산자라 하더라도 타인의 사무를 처리할 수 있기 때문에, 계약이 종료되지 않는다는 특약은 유효하다. 이에 반해 「위임인이 파산」한 경우, 그 재산의 관리처분은 파산관재인에게 전속하므로, 수임인에게 사무의 처리를 계속시키는 뜻의 특약은 무효가 된다. (ㄷ) 수임인에 대한 성년후견 개시의 심판: 수임인이 성년후견 개시의 심판을 받으면 재산관리능력을 잃으므로 위임은 종료된다. 그러나 특약으로 종료되지 않는 것으로 하는 것은 유효하다. 이에 반해 위임인이 성년후견 개시의 심판을 받은 때에는, 위 파산의 경우에 그 재산의 관리처분이 파산관재인에게 전속하는 것과는 달리 그것이 후견인에게 전속하는 것은 아니므로, 위임을 종료시킬 이유가 없다.

2. 위임 종료시의 특칙

위임의 종료로 당사자가 불측의 손해를 입게 되는 것을 방지하기 위해 민법은 다음 두 개

해제할 수 없다」(대판 1987. 6. 23, 85다카2239).

1) 판례: ① 「사무처리의 완료를 조건으로 하여 보수를 받기로 하는 내용의 유상 위임계약에서는, 시기 여하에 불문하고 사무처리 이전에 계약이 해지되면 당연히 그에 대한 보수청구권을 상실하는 것으로 계약 당시에 예정되어 있어, 특별한 사정이 없는 한 해지에 있어서의 불리한 시기란 있을 수 없다 할 것이므로, 수임인의 사무처리 완료 전에 위임계약을 해지한 것만으로 수임인에게 불리한 시기에 해지한 것이라고 볼 수는 없다」(대판 2000. 6. 9, 98다64202). ② 「수임인이 재임 중에 기본급과 주택수당 등을 받기로 하는 유상위임인데다가, 수임인의 지위를 보장하기 위하여 계약기간 중 처음 2년간은 위임인이 해지권을 행사하지 않기로 하는 특약까지 되어 있어, 위임인의 이익과 함께 수임인의 이익도 목적으로 하고 있는 위임의 경우, 위임인으로서는 해지 자체는 정당한 이유 유무에 관계없이 할 수 있다 하더라도, 정당한 이유 없이 해지한 경우에는 수임인에게 그로 인한 손해를 배상할 책임이 있다」(대판 2000. 4. 25, 98다47108).

의 특칙을 규정한다.

(1) 긴급처리의무

예컨대 채권이 곧 소멸시효에 걸리는 경우와 같이 급박한 사정이 있는 때에, 위임의 종료로 수임인이 사무의 처리를 중지하게 되면 위임인은 불측의 손해를 입을 수 있다. 그래서 민법은 위임이 종료되더라도 '급박한 사정'이 있는 때에는, 위임인 측에서 그 사무를 인계받아 처리할 수 있을 때까지 수임인 측에게 그 사무를 계속 처리하여야 할 의무를 지운다. 즉 수임인(수임인이 사망하거나 성년후견 개시의 심판을 받은 경우에는 그 상속인이나 법정대리인)은 위임인(위임인이 사망하거나 성년후견 개시의 심판을 받은 때에는 그 상속인이나 법정대리인)이 위임사무를 처리할 수 있을 때까지 그 사무를 계속 처리하여야 하고(691조 1문), 이 경우에는 위임이 존속하는 것과 같은 효력이 있다(691조 2문).[1)]

(2) 대항요건

a) 의 의 (ㄱ) 위임 종료의 사유를 당사자 일방만이 알고 상대방은 모르는 경우가 있고, 그에 따라 상대방이 불측의 손해를 입을 소지가 있어, 민법(692조)은 위임 종료의 사유를 상대방에게 통지하거나 상대방이 이를 안 때에만 위임의 종료를 상대방에게 대항할 수 있는 것으로 정한다. 독일 민법(674조)은 수임인의 이익을 위해서만 이를 정하고 있으나, 동조는 당사자 쌍방에게 이를 인정하는 점에서 특색이 있다. (ㄴ) 위임인의 사망 · 파산, 수임인의 사망 · 파산 · 성년후견 개시의 심판(690조)이 동조에 해당하는 위임의 종료 사유이다. 해지도 위임의 종료 사유이기는 하지만(689조), 해지는 상대방에 대한 통지가 있어야 하므로 동조가 적용될 여지는 없다.

b) 효 과 (ㄱ) 종료 사유가 위임인 측에 있는 경우, 예컨대 위임인이 사망하였음에도 이를 수임인에게 통지하지 않은 때에는, 그 사망 사실을 모르고 사무처리를 계속한 수임인은 위임인의 상속인에게 그동안의 비용 상환이나 보수를 청구할 수 있다. (ㄴ) 종료 사유가 수임인 측에 있는 경우, 예컨대 수임인이 성년후견 개시의 심판을 받았는데 이를 위임인에게 통지하지 않은 때에는, 수임인의 법정대리인이 사무를 계속 처리하여야 하며 위임사무가 종료된 것으로 주장할 수 없다.[2)]

---

1) 판례: 「민법상 법인과 그 기관인 이사와의 관계는 위임인과 수임인의 법률관계와 같은 것으로서 이사의 임기가 만료되면 일단 그 위임관계는 종료되는 것이 원칙이나, 그 후임 이사 선임시까지 이사가 존재하지 않는다면 기관에 의하여 행위를 할 수밖에 없는 법인으로서는 당장 정상적인 활동을 중단하지 않을 수 없는 상태에 처하게 되고, 이는 민법 제691조에 규정된 급박한 사정이 있는 때와 같이 볼 수 있으므로, 임기 만료되거나 사임한 이사라고 할지라도 그 임무를 수행함이 부적당하다고 인정할 만한 특별한 사정이 없는 한 신임 이사가 선임될 때까지 이사의 직무를 계속 수행할 수 있다」(대판 1996. 12. 6, 95다40915).

2) 위임에 수반하여 수임인에게 대리권을 수여하였는데 위임인이 사망하면 위임은 종료된다. 한편 원인된 법률관계인 위임이 종료되면 대리권도 소멸된다(128조 1문). 그렇다면 위임인의 사망 사실을 수임인에게 통지하지 않아 민법 제692조에 의해 위임의 종료를 수임인에게 대항하지 못한다고 할 때 대리권도 소멸되지 않는 것으로 되는지 문제된다. 그러나 동조의 취지는 위임인 측이 위임의 종료를 수임인에게 주장할 수 없다는 것에 불과하고, 대리권의 수여는 위임과는 별개의 행위이므로 대리권과는 직접적인 관계가 없다(대판 1963. 9. 5, 63다233). 즉 대리권의 소멸 여부는 따로 결정하여야 하는데, 본인(위임인)이 사망하면 대리권은 당연히 소멸되며(127조 1호), 또 동조가 적용되는 경우에도 그것은 위임의 종료를 전제로 수임인에 대해서만 이를 주장(대항)할 수 없는 것에 그치는 것이므로(위임이 존속하는 것으로 의제되지는 않는다), 대리권은 위임의 종료로 소멸되는 것으로 보아야 한다.

사례의 해설 환자가 의사로부터 치료를 받는 것은 (유상)위임에 해당한다. 위임은 도급과는 달리 일의 완성이 아닌 사무의 처리에 목적을 두기 때문에, 의사가 선관의무를 다하여 치료를 한 경우에는 설사 그 치료가 실패로 돌아가더라도 치료비(보수와 비용)의 지급을 청구할 수 있다. 사례에서는 B의 의료과실로 치료가 제대로 되지 않은 것이므로, 다시 말해 선관의무를 다하여 사무를 처리한 것으로 되지 못하므로, 이를 전제로 하는 치료비는 청구할 수 없다. 의료과실로 하반신이 마비되고 이를 치료하기 위한 비용은 위임계약상의 채무불이행이나 불법행위로 인한 손해를 전보하기 위한 것으로 볼 것이므로, A는 그 이외의 손해에 대해 B에게 그 배상을 청구할 수 있다(대판 1993. 7. 27, 92다15031).

사례 p. 608

제13관 임 치任置

사 례 H는 서울에 사는 B에게 공장에서 출고되는 새 차 1대를 매도하기로 계약을 맺고, 이를 출고한 후에 서울로 탁송할 때까지 만 하루 동안 울산에서 유료주차장을 운영하는 C와 자동차 보관계약을 체결하였다. 그런데 C가 자동차를 분실하였고, H의 수차례에 걸친 반환 최고에도 불구하고 한 달이 지나도록 반환하지 못하자, H는 B에게 같은 종류의 새 차 1대를 다시 출고하여 인도하였다. 그 후 분실된 차를 C가 찾아 보관하고 있다. H와 C 사이의 법률관계는?

해설 p. 623

Ⅰ. 임치 일반

1. 임치의 의의

(1) 임치는 당사자 일방(임치인)이 상대방(수치인)에게 금전이나 유가증권 그 밖의 물건의 보관을 위탁하고 상대방이 이를 승낙함으로써 성립하는 계약이다(693조). 임치는 낙성계약이므로 합의만으로 성립하며, 목적물의 인도가 있어야 성립하는 것은 아니다.

(2) 임치는 타인의 노무를 이용하는 계약의 일종이지만, 타인의 물건 등을 보관하는 한정된 노무를 목적으로 하는 점에 그 특징이 있다. 임치에서 「보관」은 수치인이 임치물을 자기의 지배하에 두고 멸실 · 훼손을 방지하여 원상을 유지하는 것을 말한다. (ㄱ) 은행의 대여금고처럼 은행은 단순히 보관장소만을 제공하고 고객 스스로 목적물을 보관하는 경우는 임치가 아니며 임대차나 사용대차에 지나지 않는다. 주차장에 주차를 시키는 경우도, 자동차의 열쇠를 관리인에게 교부하여 그가 자동차의 보관의무를 지는 것이 아니면 임대차나 사용대차에 해당하는 것으로 보아야 한다.[1] (ㄴ) 임치의 목적인 '보관'이라는 노무는 목적물을 현상대로 유지하는 데

---

1) 판례: 「여관 부설주차장에 시정장치가 된 출입문이 설치되어 있거나 출입을 통제하는 관리인이 배치되어 있거나 기타 여관 측이 그 주차장에의 출입과 주차 사실을 통제하거나 확인할 수 있는 조치가 되어 있다면, 그러한 주차장에 여관 투숙객이 주차한 차량에 관하여는 명시적인 위탁의 의사표시가 없어도 여관업자와 투숙객 사이에 임치의 합의가 있은 것으로 볼 수 있으나, 위와 같은 조치가 되어 있지 않은 채 단지 주차의 장소만을 제공하는 데에 불과한 상황이라면, 부설주차장 관리자로서의 주의의무 위배 여부는 별론으로 하고, 그러한 주차장에 주차한 것만으로 임치의 합의가 있은 것으로 볼 수 없고, 투숙객이 여관 측에 주차 사실을 고지하거나 차량 열쇠를 맡겨 차량의 보관을 위탁한 경우에만 임치의 성립을 인정할 수 있다」(위와 같은 주차장에 단순히 주차만 한 승용차가 도난당한 사안에서

그치는 것이고 그 이상의 적극적인 노무를 내용으로 하지 않는다. 따라서 목적물을 보관하는 것 외에 이를 관리하여 보수 · 개량 · 이용하는 것까지도 목적으로 하는 때에는 '사무의 처리'에 해당하여 위임이 된다(680조). 임치의 목적인 보관도 위임에 의해 달성할 수 있지만, 로마법 이래의 연혁적인 이유로 임치를 위임에서 분리하여 독립된 제도로 인정하고 있다.

(3) 임치의 목적물은 '금전 · 유가증권 기타 물건'이다. 독일 민법(688조)이 동산만을 임치의 목적으로 인정하는 것과는 차이가 있다. 한편 물건에는 동산과 부동산이 포함되므로, 부동산의 임치도 가능한 것으로 해석된다. 그리고 그 목적물은 임치인의 소유가 아니더라도 무방하다.

2. 임치의 적용범위

민법상 임치에 관한 규정이 적용되는 경우는 많지 않다. (ㄱ) 「금전」의 임치는 수치인이 금전을 소비할 수 있는 소비임치로서 이용되고, 이때에는 소비대차에 관한 규정이 준용되며(702조), 그 밖에 은행이 작성한 약관에 의해 규율되는 것이 보통이다. (ㄴ) 타인을 위하여 「창고」에 물건을 보관하는 것을 영업으로 하는 경우는 창고업으로서 상법에서 따로 규정한다(상법 155조 이하). (ㄷ) 극장 · 여관 · 음식점 기타 「공중접객업소」에서 손님으로부터 물건을 임치받은 경우에 관해서도 상법에서 따로 규정한다(상법 151조 이하). (ㄹ) 사용대차 · 임대차에서도 (차주 또는 임차인이) 목적물을 보관하게 되지만, 그것은 그 계약에 부수하는 의무이고 임치에서처럼 보관이 주된 내용을 이루는 것이 아니므로, 따로 임치에 관한 규정이 적용되지는 않는다(주석민법[채권각칙(4)], 525면(안법영)).

3. 임치의 법적 성질

(ㄱ) 임치는 보관의 대가로서 보수의 지급을 요소로 하지 않기 때문에(693조), 원칙적으로 무상 · 편무계약이다. 다만 당사자의 약정으로 보수를 지급하는 것으로 정할 수 있고(701조 · 686조), 이때에는 유상 · 쌍무계약이 된다. 한편 구민법(657조)은 수치인이 목적물을 수취함으로써 효력이 생기는 요물계약으로 정하였지만, 현행 민법은 당사자의 합의만으로 임치가 성립하는 낙성계약으로 바꾸었다. 그 밖에 특별한 방식을 필요로 하지 않는 점에서 불요식계약이다. (ㄴ) 임치는 통상 일정 기간 동안 물건을 보관하는 것을 내용으로 하는 점에서 계속적 채권관계에 속한다. 복임치가 원칙적으로 금지되는 것이나(701조 · 682조), 당사자에게 해지권이 인정되는 것(698조 · 699조)은 그 법리의 일환이다. (ㄷ) 임치는 특정의 목적물을 보관한 후 바로 그 목적물을 반환하는 것을 내용으로 한다. 그런데 임치 중에는 이러한 보통의 임치와는 다른 특수한 것이 있는데, 「혼장임치」와 「소비임치」(702조)가 그것이다(이에 관해서는 p.620에서 후술한다).

Ⅱ. 임치의 효력

1. 수치인의 의무

수치인受置人은 임치물을 보관할 의무와, 임치가 종료된 때에는 이를 임치인에게 반환할 의

여관업자에게 임치에 따른 반환의무는 없는 것으로 보았다)(대판 1992. 2. 11, 91다21800).

무를 진다.

(1) 임치물 보관의무

a) 주의의무의 정도 수치인은 임치물을 일정한 주의를 기울여 보관하여야 하고, 이를 위반하여 임치물을 멸실·훼손한 때에는 임치계약상의 채무불이행으로 인한 손해배상책임을 진다. 그 밖에 불법행위로 인한 손해배상책임도 경합할 수 있다. 그런데 민법은 무상임치와 유상임치에 따라 수치인의 주의의무의 정도를 달리 정한다. (ㄱ) 무상임치의 경우에는 수치인은 자신의 능력에 따른 주의, 즉 '자기 재산과 동일한 주의'로 보관할 의무를 진다(695조). 즉 그 임치에 관해 거래상 요구되는 일반적 주의가 아니라, 수치인을 기준으로 하는 구체적 경과실을 문제삼는 점에서 주의의 정도가 완화된다. 그런데 통설과 판례는 청구권의 경합을 인정한다. 따라서 어느 사안이 채무불이행과 불법행위의 양자를 다 충족하는 때에는, 계약상의 채무불이행을 이유로 손해배상을 청구할 수 있고 또는 불법행위를 이유로 손해배상을 청구할 수도 있다. 그러므로 무상수치인이 자신의 능력에 따른 주의를 다 하였더라도, 그것이 추상적 과실에 해당하는 경우에는, 임치계약상의 채무불이행책임은 부담하지 않더라도 불법행위에 의한 손해배상책임은 지게 된다. 이 점에서 제695조가 가지는 실제적 의의는 크지 않다. (ㄴ) 유상임치의 경우에는 일반 원칙에 따라 정할 수밖에 없다. 그런데 수치인은 임치가 종료된 때에 그 목적물 자체를 반환하여야 하는 특정물 인도채무를 부담하는 점에서, 이때에는 민법 제374조에 의해 '선량한 관리자의 주의', 즉 그 임치에 관해 거래상 요구되는 일반적 주의(추상적 과실)가 기준이 된다.

b) 임치물 사용금지 임치는 목적물을 보관하는 데 목적이 있으므로, 수치인은 임치인의 동의 없이 임치물을 사용하지 못한다(694조).

c) 복임치의 제한 복임치(復任置)에 관해서는 복위임의 제한에 관한 민법 제682조가 준용된다(701조). 따라서 수치인은 임치인의 승낙이나 부득이한 사유 없이는 제3자로 하여금 자기에 갈음하여 보관케 할 수 없다(682조 1항·701조). 복임치가 허용되는 경우에 수치인의 책임과 복수치인의 권한에 대해서는 복위임에서 설명한 바와 같다(682조 2항·701조).

d) 부수적 의무 (ㄱ) 임치물에 대한 권리를 주장하는 제3자가 수치인을 상대로 소를 제기하거나 그 임치물을 압류한 경우에는 수치인은 지체 없이 임치인에게 그 사실을 통지해야 한다(696조). 임치인이 그의 권리를 방어할 수 있도록 하기 위해 수치인에게 통지의무를 지운 것이다. (ㄴ) 임치에는 위임에서의 민법 제684조(수임인의 취득물 등의 인도·이전의무)와 제685조(수임인의 금전소비의 책임)가 준용되므로(701조), 수치인은 그에 준하는 의무를 진다.

(2) 임치물 반환의무

a) 반환의 목적물 임치가 종료된 때에는 수치인은 받은 목적물 자체를 반환하여야 한다.[1] 임치물이 대체물인 때에도 마찬가지이다. 따라서 임치물이 전부 멸실된 때에는 임치물

---

1) 판례(임치물 반환청구권의 소멸시효 기산점): 「임치계약에서 임치인은 언제든지 계약을 해지하고 임치물의 반환을 구할 수 있으므로(698조·699조), 임치물 반환청구권의 소멸시효는 임치계약이 성립하여 임치물이 수치인에게 인도

반환채무는 이행불능이 되고, 그 물건이 대체물인 경우에도 그와 동종 · 동량의 물건으로 인도할 의무는 없다(대판 1976. 11. 9, 76다1932).

b) **반환장소** 반환장소에 관해 특약이 있으면 그에 따른다. 그 약정이 없는 경우에는 임치물은 그 보관한 장소에서 반환하여야 한다(700조 본문). 다만, 수치인이 정당한 사유로 임치물을 다른 곳에 옮겨 둔(전치轉置) 경우에는 현재 그 물건이 있는 장소에서 반환할 수 있다(700조 단서).

c) **유상임치의 경우** 수치인의 반환의무와 임치인의 보수 지급의무는 동시이행의 관계에 있다. 그리고 수치인은 보관료에 관하여 임치물에 유치권을 가진다(320조 1항).

2. 임치인의 의무

a) **임치물의 인도의무 여부** 임치는 구민법과는 달리 당사자의 합의만으로, 즉 임치물을 수치인에게 인도하지 않더라도 성립한다. 그러나 그 인도가 없으면 수치인의 보관의무는 구체적으로 발생하지 않는다. 여기서 임치계약의 효력으로서 임치인에게 임치물의 인도의무가 있는지 문제된다. 사견은 다음과 같이 해석한다. 먼저 무상임치에서는 임치인의 이익만이 문제되므로 인도의무를 부정하는 것이 타당하다. 다만 이 경우에도 수치인이 보관의 준비를 위해 지출한 비용은 임치인이 상환해야 한다(701조 · 688조 1항). 이에 대해 유상임치에서는 수치인은 약정한 목적물을 보관하는 데에 경제적 이익을 가지므로 임치인의 인도의무를 인정하고, 이를 위반한 때에는 채무불이행에 의한 손해배상책임을 져야 한다(또는 제538조에 따라 수치인은 보수를 청구할 수도 있다).

b) **비용 지급의무 · 대변제의무 · 담보제공의무** 위임에서 민법 제687조와 제688조 1항 및 2항은 임치에 준용한다(701조). 따라서 임치인은 비용 선급의무 · 필요비 상환의무 · 채무 대변제 및 담보제공의무를 진다.

c) **임치물의 성질 또는 하자로 인한 손해배상의무** 임치인은 임치물의 성질이나 하자로 생긴 손해를 수치인에게 배상하여야 한다(697조 본문). 다만, 수치인이 그 성질이나 하자를 안 때에는 배상책임을 부담하지 않는다(697조 단서).

d) **보수 지급의무** 유상임치의 경우에는 임치인은 보수를 지급하여야 하고, 이에 대해서는 수임인의 보수청구권에 관한 규정(686조)이 준용된다(701조).

Ⅲ. 임치의 종료

1. 임치의 종료 원인

임치는 기간 만료 · 목적물의 멸실 등과 같은 계약 종료의 일반 원인에 의하여 종료된다. 임치에는 위임에 관한 다수의 규정을 준용하고 있지만(701조), 위임 종료의 원인인 '당사자의 사망 · 파산 · 성년후견 개시의 심판'(690조)은 임치의 종료 원인으로서 준용되지 않는다. 민법이 정

된 때부터 진행되는 것이고, 임치인이 임치계약을 해지한 때부터 진행되는 것이 아니다」(대판 2022. 8. 19, 2020다220140).

하는 임치에 특유한 종료 원인은 「해지」 하나이다.

2. 임치의 해지

(ㄱ) 임치기간을 약정한 경우, 수치인은 부득이한 사유 없이 그 기간이 만료되기 전에 계약을 해지하지 못한다(698조 본문). 그러나 임치인은 언제든지 계약을 해지할 수 있다(698조 단서). (ㄴ) 임치기간을 약정하지 않은 경우, 임치인이나 수치인은 언제든지 계약을 해지할 수 있다(699조).

Ⅳ. 특수한 임치

1. 혼장임치 混藏任置

a) 의 의　보통의 임치에서는 대체물을 임치하였다고 하더라도 수치인은 그 물건 자체를 반환하여야 하고 동종의 다른 물건으로 반환할 수는 없다. 그러나 창고업에서처럼 하나의 창고에 수인의 임치인의 임치물을 보관하는 경우에는, 동종·동량의 대체물을 임치하면서 반환할 때에는 같은 종류의 것으로 반환하는 것이 거래상 필요한 때가 있다. 이를 혼장임치라고 하는데, 민법에는 규정이 없지만, 수치인과 임치인들 간의 약정으로 이를 인정할 수 있다. 혼장임치를 할 수 있는 것은 대체물에 한하며, 다른 임치인들의 승낙이 있어야만 한다.

b) 효 과　수치인은 임치인이 임치한 그 물건이 아니라 다른 동종의 것으로 반환할 수 있다. 임치인은 자신이 임치한 물건의 소유권을 잃으며, 이에 갈음하여 다수의 다른 임치인들과 더불어 혼장임치된 물건 전체에 대해 자신의 지분비율에 따라 공유를 하게 된다.

2. 소비임치 消費任置

a) 의 의　보통의 임치에서는 수치인은 임치한 물건 자체를 반환하여야 한다. 이에 대해 당사자 간의 계약으로 수치인이 임치물을 소비하고 그와 같은 종류의 것으로 반환하는 것을 '소비임치'라고 한다(702조). 임치물의 소유권이 수치인에게 이전되는 점에서도 보통의 임치와 다르다. 소비임치는 모든 대체물을 목적으로 할 수 있지만, 주로 금전을 대상으로 하며, 은행의 '예금계약'은 바로 금전의 소비임치에 해당한다.

b) 효 과　소비임치에는 소비대차와 임치의 성질이 포함되어 있다. 즉 대체물의 소유권을 상대방에게 이전하고 상대방은 그와 같은 종류의 것으로 반환하는 점에서는 소비대차로서(598조), 그 물건을 보관하는 점에서는 임치로서의 성질이 병존한다. 그래서 제702조는 전자를 중심으로 하면서 후자의 성질도 고려한다. 즉 (ㄱ) 소비임치에는 소비대차에 관한 규정을 준용한다(702조 본문). (ㄴ) 그러나 반환시기를 약정하지 않은 경우에는, 소비대차에서는 대주는 상당한 기간을 정하여 반환을 최고하여야 하지만(603조 2항 본문), 소비임치에서는 임치인은 언제든지 반환을 청구할 수 있는 것으로 따로 규정한다(702조 단서). 소비임치에는 물건의 보관이라는 임치의 측면이 있고, 임치에서는 주로 임치인의 이익이 중심을 이루어 임치인은 언제든지 계약을 해지할 수 있는 점(698조·699조)을 고려한 것이다.

✽ 예금계약

은행의 「예금」은 금전의 소비임치에 해당한다. 그러나 민법은 이에 관해 제702조 한 개의 조문만을 두고 있다. 그래서 그 세부적인 내용은 은행에서 작성한 약관에 의해 주로 규율되는데 (이에 관해서는 「약관의 규제에 관한 법률」이 적용된다), 이에 관한 다수의 판례가 축적되어 있다.

(ㄱ) 예금계약의 성립 : ① 「예금계약은 예금자가 예금의 의사를 표시하면서 금융기관에 돈을 제공하고 금융기관이 그 의사에 따라 그 돈을 받아 확인을 하면 그로써 성립하며, 금융기관의 직원이 그 받은 돈을 금융기관에 입금하지 아니하고 이를 횡령하였다고 하더라도 예금계약의 성립에는 아무런 영향이 없다」(대판 1996. 1. 26, 95다26919; 대판 2007. 9. 7, 2005다30832). ② 「금융기관과의 예금계약은 예금자가 예금의 의사로 금융기관에 금원을 지급하고 금융기관이 이를 승낙하여 수납하면 성립하는 것이나, 예금증서를 교부받지 않고 금원만을 은행에 교부한다는 것은 그것이 예금계약의 성질을 갖는 것인 이상 극히 이례에 속한다 할 것이고, 따라서 예금증서 대신 현금보관증을 교부받은 경우에 예금계약의 성립을 인정하려면 그에 관한 특별한 사정의 존재를 심리하여야 한다」(대판 1985. 5. 28, 84다카2180). ③ 「다른 점포에서 지급될 약속어음 등 증권으로 입금하는 경우에는 이를 교환에 돌려 지급지 점포에서 액면금을 추심하여 그 결제를 확인한 때에 예금계약이 체결된 것으로 보아야 한다」(대판 1999. 2. 5, 97다34822). ④ 「계좌이체는 은행 간 및 은행점포 간의 송금절차를 통하여 저렴한 비용으로 안전하고 신속하게 자금을 이동시키는 수단이고, 다수인 사이에 다액의 자금이동을 원활하게 처리하기 위하여, 그 중개 역할을 하는 은행이 각 자금이동의 원인인 법률관계의 존부, 내용 등에 관여함이 없이 이를 수행하는 체제로 되어 있다. 따라서 송금의뢰인이 수취인의 예금구좌에 계좌이체를 한 때에는, 송금의뢰인과 수취인 사이에 계좌이체의 원인인 법률관계가 존재하는지 여부에 관계없이 수취인과 수취은행 사이에는 계좌이체금액 상당의 예금계약이 성립하고, 수취인이 수취은행에 대하여 위 금액 상당의 예금채권을 취득한다. 이때, 송금의뢰인과 수취인 사이에 계좌이체의 원인이 되는 법률관계가 존재하지 않음에도 불구하고, 계좌이체에 의하여 수취인이 계좌이체금액 상당의 예금채권을 취득한 경우에는, 송금의뢰인은 수취인에 대하여 위 금액 상당의 부당이득 반환청구권을 가지게 되지만, 수취은행은 이익을 얻은 것이 없으므로 수취은행에 대하여는 부당이득 반환청구권을 갖지 못한다」(대판 2007. 11. 29, 2007다51239).

(ㄴ) 공동명의로 예금을 개설한 경우 : 공동명의 예금의 법률관계에 대해 대법원은 다음과 같은 견해를 밝히고 있다. ① 공동명의 예금채권자들이 동업 이외의 특정 목적을 달성하기까지 단독으로 예금을 인출할 수 없도록 방지 · 감시하고자 하는 목적으로 공동명의로 예금을 개설한 경우, 하나의 예금채권이 분량적으로 분할되어 각 공동명의 예금채권자들에게 공동으로 귀속되고, 각 공동명의 예금채권자들이 예금채권에 대하여 갖는 각자의 지분에 대한 관리처분권은 각자에게 귀속된다(대판 2004. 10. 14, 2002다55908). ② 공동명의 예금채권자 중 1인에 대한 채권자로서는 그 1인의 지분에 상응하는 예금채권에 대한 압류 및 추심명령 등을 얻어 이를 집행할 수 있고, 한편 이러한 압류 등을 송달받은 은행으로서는 압류채권자의 압류명령 등에 기초한 단독 예금반환청구에 대하여, "공동명의 예금채권자가 공동으로 그 반환을 청구하는 절차를 밟아야만 예금청구에 응할 수 있다"는 공동명의 예금채권자들과 사이의 공동반환특약을 들어 그 지급을 거절할 수는 없다. 왜냐하면 공동명의 예금채권자들로서는 각자의 은행에 대한 예금채권의 행사를 불가능하게 하거나 제한하는 내용의 공동반환특약을 체결하는 방법에 의하여, 그들의 예금채권에 대한 강제집행 가능성을 사실상 박탈 내지 제한함으로써 그들에 대한 압류채권자의 권리행사를 부당하게

제한하는 결과가 되기 때문이다(대판 2005. 9. 9, 2003다7319; 대판 2008. 10. 9, 2005다72430).[1] ③ 공동명의 예금채권자 중 1인에 대한 별개의 대출금채권을 가지는 은행으로서는 그 대출금채권을 자동채권으로 하여 그의 지분에 상응하는 예금반환채권에 대하여 상계할 수 있다. 다만, 공동명의 예금채권자 중 1인이 다른 공동명의 예금채권자의 지분을 양수하였음을 이유로 그 지분에 대한 은행의 상계 주장에 대항하기 위해서는, 공동명의 예금채권자들과 은행 사이에 예금반환채권의 귀속에 관한 별도의 합의가 있거나 채권양도의 대항요건을 갖추어야 한다(대판 2004. 10. 14, 2002다55908). ④ 다른 공동명의 예금채권자가 공동반환 청구절차에 협력하지 않을 때에는, 예금주는 (권리행사 방법으로서) 그 사람을 상대로 제소하여 예금주 단독으로 하는 반환청구에 관하여 승낙의 의사표시를 하라는 등 공동반환절차에 협력하는 취지의 판결을 얻은 다음, 이 판결을 은행에 제시하여 예금을 반환받을 수 있다(대판 1994. 4. 26, 93다31825).

(ㄷ) 금융실명제에서 예금계약의 당사자 확정: 「금융실명거래 및 비밀보장에 관한 법률」(1997년 법 5493호)에 의해, 금융기관에 예금을 하고자 하는 자는 원칙적으로 직접 주민등록증과 인감을 지참하고 금융기관에 나가 자기 이름으로 예금을 하여야 하고, 대리인이 본인의 주민등록증과 인감을 가지고 가서 본인의 이름으로 예금하는 경우에도 주민등록증을 통하여 실명 확인을 한 예금명의자가 예금계약의 당사자로 되는 것이 원칙이다. (i) 그런데 종전의 판례는, 출연자와 금융기관 사이에 예금명의인이 아닌 출연자에게 예금반환채권을 귀속시키기로 하는 명시적 또는 묵시적 약정이 있는 경우에는 출연자를 예금주로 보아야 한다고 하면서, ① 출연자가 금융기관 직원의 권유로 타인 명의를 차용하여 예금을 하게 되었고, 금융기관의 안내에 따라 예금명의자가 예금을 인출하지 못하도록 예금의 거래인감란에 출연자의 인감을 함께 날인한 사안(대판 2000. 3. 10, 99다67031), ② 가족의 명의로 금융기관에 예탁금계좌를 개설할 당시 예금거래신청서는 자신의 정기예금에 관한 예금거래신청서를 작성하면서 일괄하여 작성하였고, 거래인감으로 자신의 인장을 등록하였으며, 그 비밀번호도 자신의 정기예탁금계좌와 같은 비밀번호를 사용하였을 뿐더러, 예탁금에 대하여 매월 지급되는 이자와 만기시의 해지금을 자신 명의로 개설된 은행 예금계좌에 자동 이체하도록 신청한 사안(대판 2005. 6. 24, 2005다17877)에서, 이러한 경우는 세금 혜택 내지는 예금자보호법의 보호를 받기 위한 목적으로 가족들 명의로 개설 관리한 것으로서, 예탁금의 출연자와 그 금융기관 사이에는 예탁금 명의자가 아닌 출연자에게 예탁금반환채권을 귀속시키기로 하는 명시적 또는 묵시적 약정이 있는 것으로 보았다. (ii) 그런데 그 후 대법원은, 예금계약과 같이 대량적 반복적으로

1) 이 판결에 대해서는 다음과 같은 내용의 비판이 있다. 첫째, 공동반환특약의 효력을 압류채권자에게도 주장할 수 있는가 하는 문제는 양도금지특약 있는 채권을 압류할 수 있는가 하는 문제와는 동일하다고 할 수 없다. 전자는 후자와는 달리 강제집행의 가능성 자체를 배제하는 것이 아니기 때문이다. 이 경우 압류채권자로서는 공동명의 예금채권자 상호간에 있어서와 마찬가지로 다른 공동명의 예금채권자가 공동반환청구에 응하지 않는 때에는, 단독으로 하는 반환청구에 대해 승낙을 구하는 취지의 판결을 통해 예금을 청구할 수 있는 길이 열려 있다. 둘째, 채권의 압류가 있더라도 제3채무자는 채무자에 대한 항변을 압류채권자에게 주장할 수 있다. 그러한 항변이 붙은 채권을 압류한 것인 점에서 또 제3채무자가 압류가 있기 전보다 불리해 질 이유가 없는 점에서도 그러하다. 여기서 제3채무자인 은행으로서는 공동명의 예금자와 공동반환의 특약을 맺음으로써 공동명의자 각자가 내부적으로 예금액이 얼마인지 알 필요가 없어 이중변제의 위험을 피할 수 있는 이익을 갖는다. 그러므로 공동명의 예금채권자 중 1인의 채권이 압류된 경우 은행은 예금의 공동반환특약을 이유로 그 지급을 거절할 수 있다. 압류채권자는 다른 공동명의자의 승낙을 구하는 판결을 얻어 단독으로 청구하는 수밖에 없다(윤진수, "공동명의의 예금채권자 중 1인의 예금채권이 압류 및 가압류된 경우의 법률관계", 서울대학교 금융법센터, BFL 제15호(2006), 88면).

위 판결이 공동명의로 예금한 자들 간의 관계를 준공유로 보고, 따라서 각자 지분에 따른 예금채권을 갖는다고 본 것은 타당하다고 할 것이다. 그러나 이것은 그들간의 내부적 관계에 지나지 않는다. 은행은 예금자들과 공동반환의 특약이 있는 예금계약을 맺었으므로 은행이 갖는 계약상의 이익은 보호되어야 함에도, 대상판결은 이 점을 무시한 점에서 문제가 있다고 본다. 위 판결이 제시한 논거보다는 위 비판이 타당하다고 본다.

행하여지는 금융거래는 금융기관에 의하여 정형적이고 신속하게 취급되어야 하고, 예금의 귀속이 대외적으로 명확하게 제시되어 법률관계의 안정을 기할 필요가 있다는 점, 그리고 금융기관을 대리하여 그 임직원이 실명확인절차를 거친 명의인이 아닌 사람을 예금계약의 당사자로 합의하였다고 하더라도 그것은 그의 금융기관의 임무에 위배되는 행위라는 점 등, 위 금융실명법의 취지를 고려하여, 특별한 사정이 없는 한 실명확인절차를 마친 예금명의자만이 예금주가 되고, 그렇지 않고 출연자를 예금계약의 당사자로 볼 수 있으려면 명확한 의사의 합치가 있는 극히 예외적인 경우로 제한되어야 하고, 또 위 특별법에 따라 실명확인절차를 거친 증명력을 번복하기에 충분할 정도의 명확한 증명력을 가진 구체적이고 객관적인 증거에 의하여 매우 엄격하게 인정하여야 한다고 그 견해를 바꾸면서, 위 종전 판례를 변경하였다. 그러면서 甲이 아내 乙을 대리하여 금융기관과 乙의 실명확인절차를 거쳐 乙 명의로 예금계약을 체결하였는데, 그 돈은 甲 명의로 다른 금융기관에 개설된 다른 예금계좌에서 인출되어 입금된 것이고, 그 예금거래신청서는 甲에 의하여 작성된 것으로서 그의 도장이 거래인감으로 등록 사용되었으며, 비밀번호도 甲의 다른 정기예금계좌의 비밀번호와 동일하며, 위 예금계좌의 이자가 甲 명의의 다른 은행 예금계좌로 자동 이체되도록 한 사안에서, 이러한 사정만으로는 乙이 아닌 甲을 예금계약의 당사자로 볼 수는 없다고 판결하였다(대판(전원합의체) 2009. 3. 19, 2008다45828).

(ㄹ) 예금계약의 만기가 도래한 경우와 지체책임: 「만기가 정해진 예금계약에 따른 금융기관의 예금 반환채무는 특별한 사정이 없는 한 임치인의 적법한 지급 청구(필요서류 구비 및 본인확인 등에 관한 협조)가 있어야 비로소 이행할 수 있는 채무에 해당하므로, 임치인의 지급 청구에도 불구하고 수치인이 예금 반환을 지체한 경우에 지체책임을 물을 수 있다」(대판 2023. 6. 29, 2023다218353).

사례의 해설 H와 C 사이의 자동차 보관계약은 임치에 해당하며, 따라서 C의 과실로 임치물을 분실하여 반환하지 못하는 경우 C는 채무불이행으로 인한 손해배상책임을 진다. 그런데 분실된 목적물을 찾아 C가 현재 이를 보관하고 있더라도, H는 이미 B에게 새 차 1대를 인도하여 자신의 채무를 이행하였고 또 새 차를 출고하는 H의 입장에서는 분실되어 중고차로 전락된 차를 반환받을 이익이 없게 된다. 이 경우 H는 민법 제395조(이행지체와 전보배상)에 따라 분실된 차의 수령을 거절하고 그에 갈음하는 손해배상(분실된 차량의 가격과 새 차를 출고하는 데 이중으로 지출한 비용 등)을 C에게 청구할 수 있다(대판 1990. 12. 11, 90다카27129). 사례 p. 616

제 14 관 조 합 組合

Ⅰ. 조합 일반

1. 단체의 두 유형 … 사단과 조합

단체란 일반적으로 공동의 목적을 위해 2명 이상이 결합한 공동체를 말하는데, 여기에는 '사단'과 '조합'의 두 유형이 있다. 양자의 결정적인 차이는 단체 자체가 그 구성원과 독립하는지 여부에 있다. (ㄱ) 사단에서는 사단 자체가 구성원과는 독립하여 존재하고, 독립된 법인격을 가진다(등기를 하지 않은 비법인사단의 경우에는 법인격을 갖지 못하지만 사단법인에 관한 규정이 유추적용된다). 그에 따라 우선 조직으로서 기관이 있다. 사단의 의사결정은 사원총회의 다수결을 통해 이루어지며, 대표기관을 통해 대외적으로 행위를 하고, 그 대표행위는 곧 사단 자체의 행위로 의제된다. 그리고 사단의 이름으로 재산을 소유하고 또 채무를 부담한다. 구성원(사원)은 사단에 대한 내부관계에서 일정한 권리를 가지고 의무를 부담할 뿐이다. (ㄴ) 이에 대해 조합에서는, 조합 자체가 구성원(조합원)과는 독립하여 존재하지 못하고, 조합원 모두가 그 주체가 된다. 그래서 조직으로서 기관이 없으며, 조합원의 의사에 의해 조합원 모두의 이름으로 행위를 하게 된다. 어느 조합원이 한 행위가 조합원 모두에게 효과가 생기려면 대리제도를 통해야 한다. 조합 자체의 재산은 인정되지 않으며, 조합재산도 결국은 조합원 모두의 (적극·소극)재산이 될 뿐이다(합유). 다만 여기에는 공동사업의 경영이라는 조합의 목적에 따른 제약이 수반되는 데에 그 특색이 있다.

2. 조합계약

(1) 서 설

민법은 조합계약을 뜻하는 표현으로서 '조합'과 '조합계약'을 혼용해서 쓰고 있다(703조·706조·716조 참조). 일반적으로 조합이라는 단체는 조합계약에 의해 성립하는 것이 보통이다. 그런데 민법에서 정하는 조합계약에서는 조합으로서 성립한 것을 전제로 그 효력도 아울러 규정한다.

(2) 법적 성질

가) 조합은 계약인가

민법은 조합을 형식상 전형계약의 하나로서 규정하고 있다. 그런데 민법이 정하는 다른 전형계약은 대립하는 두 당사자를 전제로 하고 있는데, 조합은 2명 이상 따라서 3명 이상의 약정을 통해서도 성립할 수 있는 점에서 이를 계약으로 볼 수 있는지가 우선 문제된다. 이것은 조합에 관해 계약 일반의 법리가 적용되는지로 직결되는데, 학설은 나뉜다. 통설적 견해는 기본적으로 계약으로 보면서 조합의 공동목적을 위한 제약이 따르는 것으로 파악한다. 이에 대해 합동행위로 보면서 계약적 성질을 아울러 가지는 특수한 법률행위로 이해하는 소수설이 있다(곽윤직, 296면). 사견은, 조합을 체제상 전형계약의 일종으로 규정한 점, 민법 제716조에서 조합'계약'이라는 용어를 쓰고 있는 점, 조합관계가 기본적으로 조합원의 권리의무를 중심으로 구성되고 다만 공동목적의 제약이 수반되는 데 불과한 점에서, 통설적 견해가 타당한 것으로 생각한다.

나) 조합의 계약으로서의 특성

조합을 계약으로 볼 때에는, 조합은 2명 이상이 각자 출자하는 것을 요건으로 하므로(703조), 쌍무·유상계약의 범주에 속하는 것으로 볼 여지가 있다. 그러나 계약은 기본적으로 '두 당사자'를 예정하고 있는 데 반해, 조합에서는 그 이상의 관계, 나아가 '단체'의 결성이라는 공동의 목적하에 결합된 점에서 전통적인 계약의 법리를 그대로 적용할 수는 없다. (ㄱ) 쌍무계약: 쌍무계약은 두 당사자가 서로 대가적인 급부의무를 부담하는 계약이다. 그러나 조합에서는 조합의 결성을 위해 각 조합원이 출자를 하는 것이지, 조합원 쌍방 간에 급부가 서로 교환되는 관계는 아니다. 따라서 쌍무계약의 효력으로 인정되는 동시이행의 항변권과 위험부담의 법리는 다음과 같이 수정되어야 한다. ① 동시이행의 항변권: 조합원이 출자를 하는 것은 조합의 결성을 위한 것이고 또 출자한 것은 조합재산으로 되어 모든 조합원의 공동소유가 되고 어느 누구의 조합원에게 귀속하는 것이 아닌 점에서, 조합원은 다른 조합원이 출자를 하지 않았음을 이유로 자신의 출자의무를 거절할 수 없다(536조 참조). ② 위험부담: 어느 조합원의 출자가 그에게 책임 없는 사유로 이행할 수 없게 된 때에는 출자를 하지 않은 것으로 처리할 것이고(조합원의 지위를 갖지 못하게 된다), 다른 조합원의 출자의무도 같이 소멸되는 것으로 볼 것이 아니다(537조 참조). (ㄴ) 유상계약: 조합원이 출자한 것에 하자가 있는 때에는 매매에 관한 규정을 준용하여 조합계약을 해제하는 등 매도인의 담보책임을 적용할 것이 아니라(567조 참조), 그 출자의 (하자에 따른) 재평가를 통해 처리하여야 한다. (ㄷ) 계약의 해제 · 해지: 어느 조합원이 출자의무를 이행하지 않는 경우에는 출자를 하지 않은 것으로 또는 제명 등의 방법으로 처리할 것이지, 다른 조합원이 조합계약을 해제 · 해지할 수 있는 것이 아니다(대판 1994. 5. 13, 94다7157).

3. 조합에 관한 민법 규정

(1) 규율의 방향

조합에는 상반된 면이 교착되어 있다. 즉 공동사업을 경영한다는 점에서 '단체'로서의 성질을 가지면서도, 조합 자체가 독립하여 존재하지 못하는 결과 그 구성원인 '조합원'을 중심으로 법률관계가 형성된다는 점이다. 여기서 민법은 후자에 중심을 두면서 전자의 면을 보충하는 방식으로 조합을 규율한다. 즉 조합재산의 개념을 따로 인정하고 이를 유지하기 위해 특칙을 정하며(704조 · 714조~715조), 조합의 동일성을 유지하는 것을 전제로 조합원의 탈퇴를 규정하고(716조~718조), 청산절차를 정하는 것(721조 이하)은 조합의 단체성을 반영한 것이라고 볼 수 있다. 그러나 기본적으로 조합 자체가 독립성을 갖지 못하여 결국 조합원 모두가 권리와 의무의 주체로 될 수밖에 없는 한계를 가지고 있다. 즉 조합재산의 개념을 인정하더라도 그것은 조합원 모두의 공동소유(합유)이며(704조), 조합채무에 대해서도 조합원 모두의 책임으로 귀속되는 점에서 그러하다(712조).

(2) 적용범위

조합에 관한 민법의 규정은 특별법의 규율을 받지 않으면서 사단이 아닌 조합으로서의 실질을 갖춘 단체(예: 각종 동업관계 · 계 · 발기인조합 등)에 대해 통칙적으로 적용된다. 다만 조합에 관한 민법의 규정은 대부분 임의규정이므로, 조합의 구성이나 관리에 관하여 조합계약에서 다르게 정할 수 있다.

Ⅱ. 조합의 성립

1. 계약에 의한 성립

(1) 성립요건

조합은 2명 이상이 서로 출자하여 공동사업을 경영하기로 약정함으로써 성립한다(703조 1항).

a) **복수의 당사자** 조합계약은 일종의 단체의 결성을 목적으로 하는 것이므로, 그 성립에는 2명 이상의 당사자를 필요로 한다. 이 요건은 조합의 존속요건이기도 하며, 조합원이 탈퇴하는 등의 사유로 조합원이 1명만 남게 된 때에는 조합관계는 종료된다.

b) **공동사업의 경영** (ㄱ) 공동으로 할 「사업」의 종류나 성질에는 제한이 없다. 공익이든 사익이든, 영리적이든 비영리적이든 불문한다. 계원들이 곗돈을 내고 일정한 순번에 따라 곗돈을 타는 것을 목적으로 하는 '계契'도 조합에 속한다. 또 계속적인 것이어야 하는 것도 아니다. 어떤 물건을 구입하기 위해 수인이 출자하는 경우처럼 일시적인 것도 무방하다. (ㄴ) 사업은 「공동」의 것이어야 한다. 즉 조합원 전원이 사업의 성공에 대해 이해관계를 가져야 하고, 따라서 이익은 조합원 모두에게 분배되어야 한다.[1] 일부의 조합원만이 이익을 받는 경우는 민법상의 조합이 아니다. 반면 어느 조합원만이 손실을 부담하기로 하는 것은 조합의 성질에 반하는 것은 아니다. (ㄷ) 공동으로 사업을 「경영」하여야 한다. 이것은 각 조합원이 사업에 관해 일정한 권리나 권한을 가지고 이를 행사하는 것이다. 따라서 당사자의 일방이 상대방의 영업을 위하여 출자하고 상대방은 그 영업으로 인한 이익을 분배할 것을 약정함으로써 성립하는 상법상의 '익명조합匿名組合'(상법 78조 이하)은, 출자를 한 사람이 그 경영에 전혀 관여하지 않는 점에서 민법상의 조합이 아니다. 이에 대해 예컨대 甲·乙이 극장을 공동으로 운영하되 극장의 소유자는 甲으로 하고 대외적으로도 甲만이 업무를 집행하도록 하는 것, 즉 내부적으로만 조합원 모두가 공동으로 경영하는 '내적 조합內的 組合'은 조합의 일종으로서,[2] 조합에 관한 규정 중 내

1) 판례: 「수인이 부동산을 공동으로 매수한 경우, 매수인들 사이의 법률관계는 공유관계로서 단순한 공동매수인에 불과할 수도 있고, 그 수인을 조합원으로 하는 동업체에서 매수한 것일 수도 있는바, 공동매수의 목적이 전매차익의 획득에 있을 경우 그것이 공동사업을 위해 동업체에서 매수한 것이 되려면, 적어도 공동매수인들 사이에서 그 매수한 토지를 공유가 아닌 동업체의 재산으로 귀속시키고 공동매수인 전원의 의사에 기해 전원의 계산으로 처분한 후 그 이익을 분배하기로 하는 명시적 또는 묵시적 의사의 합치가 있어야만 할 것이고, 이와 달리 공동매수 후 매수인별로 토지에 관하여 공유에 기한 지분권을 가지고 각자 자유롭게 그 지분권을 처분하여 대가를 취득할 수 있도록 한 것이라면 이를 동업체에서 매수한 것으로 볼 수는 없다」(대판 2007. 6. 14, 2005다5140).

2) 판례: (ㄱ) 「이른바 '내적 조합'이라는 일종의 특수한 조합으로 보기 위하여는 당사자의 내부관계에서는 조합관계가 있어야 할 것이고, 내부적인 조합관계가 있다고 하려면 서로 출자하여 공동사업을 경영할 것을 약정하여야 하며, 영리사업을 목적으로 하면서 당사자 중의 일부만이 이익을 분배받고 다른 자는 전혀 이익 분배를 받지 않는 경우에는 조합관계(동업관계)라고 할 수 없다」(대판 2000. 7. 7, 98다44666). (ㄴ) 「甲과 乙이 공장을 동업하기로 하고서, 甲은 출자금을 지급하고 乙은 공장의 임대보증금과 시설 등을 책임지며, 그 사업은 乙 명의로 하여 그의 책임하에 공장을 경영하고 이익금은 공장 내에 유보하며, 乙은 甲과 합의한 급여를 매월 받기로 하는 내용의 동업계약을 체결하여, 乙이 그 명의로 사업자등록을 하고 그의 책임하에 그의 명의로 위 공장을 경영하여 왔다면, 이는 내부관계에 있어서는 민법상의 일종의 조합이라고 할 수 있을 것이나, 대외적으로는 조합원들의 합유인 조합재산이 없고, 乙이 대외적인 법률행위를 함에 있어서는 조합원인 甲을 대리할 필요 없이 자기 명의로 단독으로 하고 이를 위한 권리의무가 乙에게 귀속되는 점에서, 민법상의 통상의 조합과 구별되는 일종의 특수한 조합이라 할 것이고, 이러한 특수한 조합에 있어서는 대외적으로는 오로지 영업을 경영하는 乙만이 권리를 취득하고 채무를 부담하는 것이어서 민법 제711조 내지 제713조가 적용될 여지가 없다」(대판 1988. 10. 25, 86다카175).

부관계에 관한 것은 준용될 수 있다(김증한 · 김학동, 640면).

c) 출 자 (ㄱ) 조합원 각자가 출자를 하여야 하며, 이것은 조합계약의 요소이다. 어느 누구에게 출자의무를 면제한 때에는 그것은 조합계약이 되지 못한다. (ㄴ) 출자는 금전에 한하지 않으며, 재산 또는 노무로 할 수도 있다(703조 2항). (ㄷ) 조합원은 조합에 출자의무를 지는 반면 이익분배청구권을 가지는데, 양자는 별개의 의무와 권리이므로, 출자의무의 불이행을 이유로 이익 분배를 거부할 수 없고, 이익 분배금에서 출자금이나 그 연체이자를 당연히 공제할 수도 없다. 다만 양자가 상계적상에 있는 경우에 상계할 수는 있다. 나아가 (위 내용과는 달리) 조합원들 사이에 출자의무와 이익 분배를 직접 연계시키는 특약을 하는 것은 계약자유의 원칙상 허용된다(대판 2018. 1. 24, 2015다69990).

(2) 조합계약의 하자와 조합관계

조합계약도 법률행위이므로, 법률행위의 무효 · 취소는 조합계약에도 통용된다. 다만 조합계약은 보통의 계약처럼 두 당사자 간의 관계가 아니라 단체의 결성을 위해 복수의 당사자를 예정하고 있으므로, 어느 조합원의 의사표시에 무효 · 취소의 사유가 있다고 하더라도 그것이 곧 조합계약 전체의 무효 · 취소로 직결되는 것으로 볼 수는 없다. 다음과 같이 해석할 것이다. (ㄱ) 조합체로서 아직 활동을 하기 전에는, 일부무효의 법리에 따라 처리한다(137조). 즉 원칙적으로는 전부가 무효이지만, 그 무효 부분이 없더라도 나머지 당사자만으로 조합계약을 체결하였을 것이라고 인정될 때에는 조합계약은 유효한 것으로 존속한다. (ㄴ) 조합체로서 이미 활동을 시작한 후에는, 통설은 조합이라는 단체를 믿고 거래한 제3자를 보호하기 위해 그 무효 · 취소에 소급효를 배제하여야 하는 것으로 해석한다. 이러한 해석은 특히 2명으로 된 조합에서 그 실익이 있다. 판례[1]도 같은 취지이다.

2. 법률의 규정에 의한 성립

(ㄱ) 광업법에서는 '공동 광업출원인은 조합계약을 한 것으로 본다'고 정하고 있으며(동법 17조 5항), 이를 공동 광업권자에 준용한다(동법 34조 1항). (ㄴ) 신탁법에서는 '수탁자가 여럿인 경우 신탁재산은 수탁자들의 합유로 한다'고 규정한다(동법 50조 1항). 합유는 조합의 성립을 전제로 하는 것이므로 공동수탁자 사이에 조합이 성립한 것으로 볼 여지가 있지만, 통설적 견해는, 동조는 신탁의 특수성을 고려한 것일 뿐, 공동수탁자 사이에 공동의 사업을 경영하는 것도, 또 출자를 한 것도 아닌 점에서 조합관계가 성립한 것으로 볼 수는 없다고 한다.

1) 판례: A와 B가 광산 공동계약을 체결한 후, 많은 노무자를 고용하고 기구 등을 장만하여 배수작업 내지 채굴작업을 하여 오던 중, A가 B의 사기를 이유로 위 조합계약을 취소한 사안에서, 대법원은 「조합이 사업을 개시하고 제3자와 거래관계가 이루어지고 난 다음에는 조합계약 체결 당시의 그 의사표시의 하자를 이유로 취소하여 조합 성립 전으로 환원시킬 수 없다」고 하였다(대판 1972. 4. 25, 71다1833).

Ⅲ. 조합의 사무집행

1. 개 요

조합은 2명 이상이 공동사업을 경영할 목적으로 결합된 단체이므로, 그 목적을 위해 조합으로서 활동하게 되고, 이것이 '조합의 사무집행'이다. 이것은 공동사업이 조합원 간에 어떤 방법으로 수행되어야 할 것인가 하는 '조합의 대내관계'와, 이를 토대로 어떤 방식으로 제3자와 거래가 이루어지는지에 관한 '조합의 대외관계' 둘로 구분된다. 조합은 그 자체가 독립된 행위 주체로 인정되지 못하므로, 특히 후자의 경우는 대리의 방식으로 해결하게 된다. 민법은 조합의 사무가 위 양자로 구분되는 것을 예정하여 전자는 민법 제706조 내지 제708조 및 제710조에서, 후자는 민법 제709조에서 규정한다.

2. 조합의 대내관계

민법은 조합의 사무에 관해 '조합원 모두가 사무를 집행하는 것'과 '조합원 중에 업무집행자를 두어 그가 사무를 집행하는 것' 둘로 구분하고 있다(706조). 한편 민법에서 명문으로 정하고 있지는 않지만, 조합원이 아닌 제3자에게 조합의 사무집행을 위임하는 것도 무방하다는 것이 통설이다(이 경우는 원칙적으로 위임에 관한 규정에 의해 규율된다).

(1) 업무집행자를 정하지 않은 경우

a) 이때에는 조합원 모두가 조합의 업무를 집행하게 되는데, 민법은 이에 관해 다음의 규정을 마련하고 있다. (ㄱ) 조합원 간에 의견이 일치하지 않는 때에는 조합원의 과반수로써 결정한다(706조 2항 1문). (ㄴ) 조합의 통상적인 사무는 각 조합원이 단독으로 처리할 수 있다(706조 3항 본문). 다만, 그 사무가 완료되기 전에 다른 조합원이 이의를 제기한 경우에는 즉시 중지해야 한다(706조 3항 단서).

b) 조합업무를 집행하는 조합원과 다른 조합원 간에는 위임에 관한 규정(681조~688조)을 준용한다(707조). 그리고 각 조합원은 언제든지 조합의 업무와 재산상태를 검사할 수 있다(710조).[1)]

(2) 업무집행자를 정한 경우

a) 선 임 조합계약으로 업무집행자를 정하지 않은 경우에는 조합원 3분의 2 이상의 찬성으로써 업무집행자를 선임할 수 있다(706조 1항). 여기서 말하는 '조합원'은 조합원의 출자가액이나 지분이 아닌 조합원의 인원수를 뜻한다. 다만 동조는 임의규정이므로, 당사자 사이의 약정으로 다르게 정할 수는 있다(대판 2009. 4. 23, 2008다4247).

b) 업무집행의 방법 업무집행자가 수인인 경우에는 업무집행자의 과반수로써 결정한다(706조 2항 2문). 그러나 통상적인 사무는 각 업무집행자가 단독으로 처리할 수 있다(각 조합원은 할 수 없음을 유의)(706조 3항 본문). 다만 그 사무가 완료되기 전에 다른 업무집행자가 이의를 제기한 경우에는 즉시 중지해야 한다(706조 3항 단서).

---

1) 판례: 「민법 제710조에 따라 각 조합원은 장부 그 밖의 서류를 열람하여 조합의 업무와 재산의 유무를 검사할 수 있으므로, 조합원의 검사권에는 업무와 재산상태를 검사하기 위해 필요한 범위에서 장부 그 밖의 서류의 열람·등사를 청구할 권한이 포함된다」(대판 2021. 1. 14, 2020다222580).

c) 지위 등 (ㄱ) 업무집행자와 다른 조합원 간에는 위임에 관한 규정(681조~688조)이 준용된다(707조). 한편 각 조합원은 언제든지 조합의 업무와 재산상태를 검사할 수 있다(710조). (ㄴ) 업무집행자의 사임 · 해임에 관해서는 위임에 관한 민법 제689조를 준용하지 않고 따로 정한다. 즉 업무집행자인 조합원은 정당한 사유 없이 사임하지 못하며, 다른 조합원의 의견이 일치하지 않으면 업무집행자를 해임하지 못한다(708조).

3. 조합의 대외관계

(1) 조합대리

조합은 그 자체 법인격이 없으므로, 조합이 제3자와 법률행위를 할 때에는 조합원 전원의 이름으로 하여야 한다. 그런데 이것은 불편한 점이 있으므로 실제로는 대리의 방법을 이용하고 있다. 조합의 대외관계는 이처럼 대리의 형식에 의하고 있기 때문에 이를 「조합대리」라고도 한다.

(2) 조합대리의 내용

a) 대리권 추정 민법 제709조는 "조합의 업무를 집행하는 조합원은 업무집행의 대리권이 있는 것으로 추정한다"고 규정한다. (ㄱ) 따라서 업무집행자가 정해지지 않은 때에는 각 조합원이, 업무집행자가 정해진 때에는 그가 대리권이 있는 것으로 추정된다. (ㄴ) 조합의 대리에서도 대리 일반의 법리가 적용되므로 현명顯名이 필요하지만, 조합원 모두를 대리하는 것을 상대방이 알 정도로 표시하면 족하고 반드시 전 조합원을 구체적으로 표시할 필요는 없다(대판 1970. 8. 30, 70다1360).

b) 대리권 제한 (ㄱ) 민법 제709조는 임의규정이므로, 당사자 사이의 약정에 의하여 조합의 업무집행에 관하여 조합원 전원의 동의를 요하도록 하는 등 그 내용을 다르게 정할 수 있고, 그러한 약정이 있는 때에는 조합의 업무집행은 조합원 전원의 동의가 있어야만 유효하다. 이 경우 조합의 구성원이 그러한 약정의 존재를 주장 · 입증하면 대리권의 추정은 깨어지고, 상대방이 나머지 조합원에게 그 법률행위의 효력을 주장하려면 그 약정에 따른 조합원 전원의 동의가 있었다는 점을 주장 · 입증하여야 한다(대판 2002. 1. 25, 99다62838). (ㄴ) 법률의 규정에 의해 대리권이 제한되는 수가 있다. 즉 조합재산을 처분하거나 변경하려면 조합원 전원의 동의가 있어야 하고(272조), 조합의 통상사무가 아닌 사항에 대해서는 조합원 또는 업무집행자의 과반수에 의한 결정이 있어야 한다(706조 2항 · 3항). (ㄷ) 대리권의 제한을 위반하여 한 대리행위에 대해서는 민법 제126조에 의한 표현대리가 적용될 수 있다(통설).

(3) 소송대리

조합의 소송행위도 조합의 업무집행에 속하는 것이다. 그런데 조합은 그 자체가 법인격이 없으므로, 조합의 소송행위는 조합원 전원의 공동명의로만 원고가 되고 피고가 될 수 있다. 민사소송법은 법인 아닌 사단이나 재단에 당사자능력을 인정하지만(동법 52조), 사단이 아닌 조합에는 적용되지 않는다. 또 법률에 따라 재판상 행위를 할 수 있는 대리인(예: 상법상의 지배인(11조)) 외에는 변호사가 아니면 소송대리인이 될 수 없는데(동법 87조), 민법 제709조에 의해 대리권이 있는 것으로 추정될 뿐인 조합원(또는 업무집행조합원)을 법률에 의해 재판상 행위를 할 수 있는 대리인으로 볼 수 없을 뿐 아니라, 그가 변호사가 아닌 한 소송대리를 할 수도 없다. 결국 조합의 소송행위는 조합원 전원이 당사자가 되거나, 그중의 한 사람 또는 여러 사람을 선정당사자로 하거나(민사소송법 53조·218조 3항), 변호사에게 소송대리를 위임하여 할 수밖에 없다.[1]

Ⅳ. 조합의 재산관계

사례 (1) 채석장의 채석작업에 관하여 A와 B 사이에 동업계약을 맺으면서, A는 그 작업에 필요한 장비를 제공하고 B는 현금 1천만원을 출자하였다. 그 후 A와 B는 C로부터 굴삭기를 임차하여 사용하였는데 그 차임이 5백만원에 이르게 되었다. 이 경우 C는 A와 B에게 어떤 권리를 행사할 수 있는가?

(2) 甲, 乙, 丙 세 사람은 각자 재산을 출연하여 자동차 정비업소를 공동으로 경영하기로 하는 조합을 결성하였다. 이를 토대로 하여 아래 각 문항에 대하여 답하시오.

(a) 업무집행자인 甲이 丁으로부터 조합 운영자금 6,000만원을 차용하였다. 이 경우 甲, 乙, 丙은 丁에게 어떠한 책임을 지는가?

(b) 丁은 甲에게 조합채권과는 별도로 개인적으로 1억원의 대여금채권을 가지고 있다. 그런데 甲은 조합에 대한 지분 이외에는 다른 재산이 없다. 丁은 어떠한 방법으로 개인적인 채권을 회수할 수 있는가? (제51회 사법시험, 2009)

(3) 1) 甲은 자기 소유 X토지가 있는 지역이 곧 상업지역으로 전환되어 용적률이 대폭 상향 조정된다는 정보를 입수하였다. 이에 甲, 乙, 丙은 공동으로 낡은 건물을 재건축하여 판매하는 사업을 진행하기로 하면서 먼저 X토지 위의 낡은 건물을 고층으로 재건축하는 공동사업을 진행하기로 합의하였다. 甲, 乙, 丙 사이의 합의에 따라 甲은 시가 50억원 상당의 X토지를 출연하고, 乙과 丙은 재건축에 필요한 소요자금으로 각각 50억원씩 출연하기로 합의하였다. 위 약정에 따라 甲은 X토지를 출자하고 乙은 50억원을 출자하였으나 丙은 자금 부족으로 25억원만을 출자하였다. 2) 甲, 乙, 丙은 건축업을 하는 A회사와 공사계약을 체결하고 공사대금은 100억원, 공사기간 1년, 공사대금은 기성고에 따라 매 2개월마다 10억원씩 5회 지급하고 나머지 공사대금 50억원은 공사 완료 후 즉시 지급하기로 약정하였다. 3) 위 건물 신축 공사계약에 따라 甲, 乙, 丙은 공동명의로 건축 허가를 받아 A회사가 공사를 개시하고 10개월 동안 기성고에 따라 50억원의 공사비가 지급되었다. 4) 건물 신축공사 완료 후 A회사는 甲만을 상대로 미지급 공사대금 50억원의 지급을 구하는 소를 제기하였다. 이에 대해 甲은 청구금액의 3분의 1에 대해서만 책임이 있다고 항변하였다. A회사의 청구가 타당한지 甲의 항변을 고려하여 판단하시오. (20점)(2021년 제2차 변호사시험 모의시험)

해설 p. 637

1) 그 밖에 판례는, 「조합업무를 집행할 권한을 수여받은 업무집행조합원은 조합재산에 관하여 조합원으로부터 임의적 소송신탁을 받아 자기 이름으로 소송을 수행할 수 있다」고 한다(대판 2001. 2. 23, 2000다68924).

1. 조합재산

(1) 의 의

a) 조합은 2명 이상이 서로 출자하여 공동사업을 경영하기로 하는 계약이다(703조 1항). 조합 자체가 독립된 법인격이 없고 그래서 궁극적으로는 조합원 모두가 권리와 의무의 주체로 될 수밖에 없다고 하더라도, 당사자는 공동사업을 경영할 목적으로 조합계약을 맺은 것이므로, 조합계약의 이러한 내용 또한 존중되고 실현되어야 한다. 따라서 조합이 공동사업을 경영하는 과정에서 취득한 재산에 대해서는, 조합원 개인의 재산과는 구별되는 조합의 재산으로 할 필요가 있는데, 민법은 "조합재산은 조합원의 합유로 한다"고 하여 이를 인정하고 있다(704조).

b) (ㄱ) 조합재산을 이루는 것으로는 다음의 것이 있다. ① 조합원이 출자한 재산, ② 조합을 경영하는 과정에서 취득한 재산, ③ 조합재산에서 생긴 재산(조합재산의 과실 · 수용의 대가 · 제3자에 대한 손해배상채권 등), 그리고 ④ 조합을 경영하는 과정에서 타인에게 지게 된 채무가 그것이다. (ㄴ) 조합재산이 부동산인 때에는 합유자 전원의 명의로 등기를 하되, 합유의 취지를 등기하여야 한다(186조, 부동산등기법 48조 4항).

c) 민법은, 조합원이 금전을 출자하기로 한 경우에 그가 출자를 지체한 경우에는 연체이자를 지급하고 그 밖의 손해를 배상하여야 한다고 정하여(705조), 보통의 금전채무의 불이행의 경우보다 무거운 책임을 인정한다(397조 1항). 조합재산을 충실하게 하려는 데 그 취지가 있다.

(2) 조합재산의 충실을 위한 민법의 특별규정

조합재산은 조합원의 개인 재산과는 구별되는 점에서, 민법은 이와 관련하여 다음과 같은 특별규정을 두고 있다.

a) 지분에 대한 압류의 효력 「조합원 지분의 압류는 그 조합원의 장래의 이익배당과 지분을 반환받을 권리에 대하여 효력이 있다」(714조). (ㄱ) 어느 조합원 개인에 대한 채권자는 그 조합원이 조합재산 전체에 대해 가지는 지분을 압류할 수 있지만, 이를 실행하게 되면 조합원이 아닌 타인이 조합재산에 대해 권리를 가지게 되어 조합으로서 공동사업을 경영하는 데 지장을 가져온다. 그래서 본조는, 그 압류는 그 조합원이 장래에 받을 이익배당과 지분반환청구권을 가지는 때의 그 권리에 대해서만 효력이 있는 것으로 정한다. (ㄴ) 압류의 절차는 민사집행법 제251조에 의해 준용되는 동법 제227조에 따른다. 즉 다른 조합원 모두를 제3채무자로 하여 그에 대한 송달로 압류의 효력이 생긴다. (ㄷ) 조합원은 조합의 존속기간이 정해져 있는 경우 등을 제외하고는 원칙적으로 언제든지 조합에서 탈퇴할 수 있고(716조), 조합원이 탈퇴하면 그 당시의 조합재산 상태에 따라 지분환급청구권을 가지게 되는데(719조), 조합원이 조합을 탈퇴할 권리는 그 성질상 조합계약의 해지권으로서 그의 일반재산을 구성하는 재산권의 일종이라 할 것이고, 채권자대위가 허용되지 않는 일신전속적 권리라고는 할 수 없다. 따라서 채무자의 재산인 조합원 지분을 압류한 채권자는, 채무자 본인의 조합 탈퇴가 허용되지 않는 특별한 사유가 있지 않은 한, 채권자대위권에 의하여 채무자의 조합 탈퇴의 의사표시를 대위행사할 수 있고, 조합원이 탈퇴하면 조합 목적의 수행에 지장을 초래할 것이라는 사정만으로는 이를 불

허할 사유가 되지 않는다(대결 2007. 11. 30, 2005마1130). ㈃ 동조 소정의 '조합원의 지분'은, 전체로서의 조합재산에 대한 조합원 지분을 말하는 것이고, 조합재산을 구성하는 개개의 재산에 대한 합유지분에 대하여는 압류 기타 강제집행의 대상으로 삼을 수 없다(대결 2007. 11. 30, 2005마1130).

b) 조합채무자의 상계 금지 「조합의 채무자는 그의 채무를 조합원에 대한 채권으로 상계하지 못한다」(715조). 예컨대 A · B · C 세 사람으로 되어 있는 조합의 부동산을 6천만원에 매수하여 대금채무를 지는 甲이 A에게 3천만원의 채권을 가지고 있더라도 위 대금채무와 상계할 수는 없다(대판 1998. 3. 13, 97다6919). 甲이 6천만원을 변제하게 되면 그것은 A · B · C 모두의 조합의 재산이 되는 데 반해, 상계를 허용하면 그 조합재산은 3천만원이 되어 조합에 불리하게 되기 때문이다. 甲은 조합원이 아닌 개인으로서의 A에 대해 3천만원의 채권이 있는 것이므로, 이것은 A 개인의 재산으로써 변제되어야 한다는 것이 본조의 취지이다. 따라서 A가 가지는 지분비율, 즉 2천만원의 대금채권에 대해서도 상계할 수 없다. 조합재산이 4천만원으로 줄어들게 되어 조합에 불리하게 되는 것은 마찬가지이기 때문이다.

2. 조합재산의 합유合有

(1) 의 의

㈀ 조합의 재산에는 물건의 소유권과 기타의 물권 그리고 제3자에 대한 채권과 같은 적극적 재산과, 소극적 재산으로서 제3자에 대한 채무가 포함된다. 그런데 후자에 관해서는 조합의 채무관계로서 민법이 따로 규정하므로(712조~713조), 여기서는 적극적 재산을 중심으로 설명하기로 한다. ㈁ 전술한 바와 같이 조합의 단체로서의 면을 감안하여 조합재산의 개념을 인정하더라도, 조합 자체가 독립된 법인격이 없으므로 그 재산에 대한 권리는 조합 자체가 아닌 조합원 모두에게 귀속될 수밖에 없다. 다만 그 재산은 공동사업의 경영을 위한 목적에 바쳐진 점에서 일정한 제한이 따를 수밖에 없다. 이러한 내용을, 제704조는 조합재산은 조합원 모두의 '합유'로 한다고 규정한다.

(2) 합유의 법률관계

합유의 내용에 관해서는 물권편 제271조 내지 제274조에서 따로 정한다. 특히 물건의 소유권에 관해서는 합유가 인정되고, 그 밖의 재산권(기타의 물권이나 채권)에 관해서는 준합유가 인정되지만, 후자에 관해서는 합유에 관한 규정이 준용된다(278조). 합유관계는 조합이 존속하는 동안에는, 즉 청산절차가 완료되기까지는 그대로 유지된다(대판 1980. 6. 24, 80다861). 한편, 채권편 조합계약에 관한 규정에서도 합유에 관련되는 것이 있고, 또 물권편에서 정하고 있는 제271조 내지 제274조가 조합에 예외 없이 적용될 수 있는지에 관해서도 학설은 나뉜다. 이것은 현행 민법이 물권편에 합유에 관한 규정(271조~274조)을 신설하면서 그 내용이 채권편의 조합에 관한 규정과 충돌하게 된 데에 기인한다. 다음에서 설명할 사항이 그러한데, 기본적으로는 공동사업을 경영한다는 조합계약의 목적을 고려하여 해석하여야 할 것으로 본다. 다만 조합 내지 합유에 관한 민법의 규정이 강행규정은 아니므로, 조합계약에서 달리 정한 때에는 그에 따른다.

a) 합유지분의 처분 「합유자는 전원의 동의 없이 합유물에 대한 지분을 처분하지 못한다」(273조 1항). (ㄱ) '합유지분'은 합유물에 대한 합유자의 권리를 말하고(271조 1항 2문·273조 1항), 이것은 추상적인 소유의 비율로서 합유물 전부에 효력이 미친다(271조 1항 2문). 공동소유의 대상으로서의 합유물은 조합재산을 구성하는 개개의 물건을 단위로 한다. 조합재산 전체가 한 개의 물건으로 인정되지는 않기 때문이다. 한편, 합유지분은 조합원의 자격에 수반하는 것으로서, 조합원의 자격과 분리하여 그 지분만을 처분할 수는 없다. (ㄴ) 합유지분을 '처분'하려면 '합유자 전원의 동의'가 있어야 한다(273조 1항). 이 규정에 대해서는 합유의 성질에 반한다는 이유로 그 적용을 부정하여야 한다고 보는 견해도 있지만(곽윤직, (구) 382면), 통설은 전원의 동의가 있으면 그 지분의 처분을 인정하지 않을 이유가 없다고 하고, 판례도 같은 취지이다(대판 1970. 12. 29, 69다22). 이 경우 합유지분의 양수인은 종전 합유자의 지위를 승계하게 된다. 조합원이 되지 않으면서 합유지분만을 취득하는 것은 다른 조합원 모두의 동의가 있다고 하더라도 조합의 성질상 허용되지 않는다.

b) 합유물의 분할 금지 「합유자는 합유물의 분할을 청구하지 못한다」(273조 2항). 합유물의 분할을 허용하면 조합재산 없는 조합이 생기게 되므로, 이것은 조합의 본질상 수용할 수 없기 때문이다. 다만 조합재산을 구성하는 개개의 재산에 대해서는, 조합원 전원의 합의에 의해 분할할 수 있다고 본다(곽윤직, 309면, 김증한·김학동, 616면). 이때에는 조합재산이 감소하므로 조합채권자에게 불리할 수 있지만, 조합원은 조합의 채무에 대해 개별 책임을 지는 점에서 특별히 문제될 것은 없다.

c) 합유물의 처분 (ㄱ) 민법은 「합유물을 처분하거나 변경하려면 합유자 전원의 동의가 있어야 한다」고 규정한다(272조). 그런데 조합재산의 처분은 조합의 업무에 속하는 것인데, 민법 제706조 2항은 「조합의 업무집행은 조합원의 과반수로써 결정한다. 업무집행자가 수인인 경우에는 그 과반수로써 결정한다」고 규정하여, 제272조와 충돌하고 있다. (ㄴ) 판례는 조합재산의 처분·변경에 관한 행위는 조합의 특별사무에 속하는 업무집행에 해당한다는 이유로 제272조가 아닌 제706조 2항을 적용하고 있다(대판 1998. 3. 13, 95다30345; 대판 2000. 10. 10, 2000다28506, 28513).[1]

3. 조합의 채권

조합재산에 속하는 소유권 외의 재산권(물권·채권 그 밖의 재산권)에 관하여는 '준합유'가 성립하고, 이에 관하여는 전술한 합유의 법리가 준용된다(278조). 특히 「조합의 채권」, 예컨대 조합이 타인에게 조합재산을 판 대금채권, 조합재산의 침해에 따른 손해배상채권 등은 조합원 모두의 합유에 속한다. 따라서 채권의 추심은 조합원 전원이 공동으로 하여야 하는 것이 원칙이고, 그 추심한 것은 조합의 재산이 된다. 즉 그 채권이 분할할 수 있는 경우에도 조합원의 지분비율에 따라 나뉘는 분할채권이 되는 것이 아니다. 그 밖에 채권에 대한 지분의 처분·분할

1) 판례: 한국토지개발공사로부터 토지를 분양받아 그 지상에 상가건물을 신축하여 분양·임대할 목적으로 S조합이 결성되었다. S조합은 정관에서 정한 임원회를 개최하여 과반수 찬성으로 조합원 A에 대한 분양잔대금채권 8천 6백만원을 B에게 양도하기로 결의하고, 이 사실을 A에게 통지하였다. 여기서 B 앞으로의 채권양도가 유효한지 다투어졌다. 대법원은, 그 조합 임원들이 조합의 업무집행조합원들이고 그 채권의 양도는 조합의 특별사무에 해당하는 조합재산의 처분이라는 이유로, 그 임원회의 과반수 결의로 이루어진 채권의 양도는 민법 제272조가 아니라 민법 제706조 2항에 따라 유효하다고 보았다(대판 2000. 10. 10, 2000다28506, 28513).

청구 · 채권의 처분 등은 전술한 합유의 법리가 준용된다.

〈판 례〉 (ㄱ) ① 조합의 채권은 조합원 전원에게 합유적으로 귀속하는 것이어서, 조합원 중 1인이 임의로 조합의 채무자에 대하여 출자지분의 비율에 따른 급부를 청구할 수 없는 것이므로, 조합원 중 1인의 채권자가 그 조합원 개인을 집행채무자로 하여 조합의 채권에 대하여 강제집행하는 경우, 다른 조합원으로서는 보존행위로서 제3자 이의의 소를 제기하여 그 강제집행의 불허를 구할 수 있다(대판 1997. 8. 26, 97다4401). ② 다만, 조합원들과 채무자 간에 다른 특약이 있는 때에는 그에 따른다. 즉, (일정한 공사를 여러 수급인이 공동으로 하기로 하는) 공동이행 방식의 공동수급체는 조합의 성질을 가지는데, 공동수급체와 도급인이 공사도급계약에서 발생한 채권과 관련하여 공동수급체가 아닌 개별 구성원으로 하여금 지분비율에 따라 직접 도급인에 대해 권리를 행사할 수 있는 것으로 약정할 수 있고, 그에 따라 개별 구성원에게 지분비율에 따른 공사대금채권이 귀속된다(대판(전원합의체) 2012. 5. 17, 2009다105406).[1] (ㄴ) 2인이 동업하는 조합의 조합원 1인이 다른 조합원의 동의 없이 한 조합채권의 양도행위는 무효이다(대판 1990. 2. 27, 88다카11534). (ㄷ) 제3자가 불법하게 조합재산을 침해한 경우, 이로 인하여 발생한 손해배상청구권은 조합재산으로 조합원의 합유에 속하는 것이고, 그 채권이 지분의 비율에 의하여 조합원에게 분해되어 귀속하는 것은 아니므로, 조합원의 한 사람은 그 채권을 직접 청구할 수 없다(대판 1963. 9. 5, 63다330). (ㄹ) 일부 조합원이 동업계약에 따라 동업자금을 출자하였는데 업무집행조합원이 본연의 임무에 위배되거나 혹은 권한을 넘어선 행위를 자행함으로써 끝내 동업체의 동업 목적을 달성할 수 없게끔 만들고, 조합원이 출자한 동업자금을 모두 허비한 경우에 그로 인하여 손해를 입은 주체는 동업자금을 상실하여 버린 조합, 즉 조합원들로 구성된 동업체라 할 것이고, 이로 인하여 결과적으로 동업자금을 출자한 조합원에게 손해가 발생하였다 하더라도 이는 조합과 무관하게 개인으로서 입은 손해가 아니고, 조합체를 구성하는 조합원의 지위에서 입은 손해에 지나지 않는 것이므로, 결국 피해자인 조합원으로서는 조합관계를 벗어난 개인의 지위에서 그 손해의 배상을 구할 수는 없다(그 손해배상청구권은 조합원의 준합유에 속하는 것이므로 전 조합원이 공동으로 구하여야 하는, 필수적 공동소송이 된다)(대판 1999. 6. 8, 98다60484).

4. 조합의 채무

(1) 의 의

a) 조합의 채무, 예컨대 조합이 타인으로부터 빌린 금전채무, 물건 등을 구입한 대금채무 등은 조합의 (소극적) 재산으로서 조합원 모두의 합유에 속한다(704조). 즉 조합채무는 그것이 가분급부를 목적으로 하는 경우에도 조합원의 지분비율에 따라 나뉘는 분할채무가 되는 것이 아니고 조합원 모두가 공동으로 채무를 부담하고, 따라서 조합재산으로 그 책임을 지게 된다. 그런데 조합은 법인격이 없으므로, 조합의 채무라는 것도 결국은 각 조합원의 채무가 되는 것이므로, 각 조합원도 조합채무에 대해 책임을 부담하고, 이때에는 각 조합원의 개인재산으로

1) 구성원 중 어느 1인에 대한 채권자가 구성원에게 지급될 공사대금채권에 대해 압류를 하면서 그 압류가 유효한지가 다투어진 사안이다. 공동수급체를 조합으로 보므로 공사대금채권은 구성원 모두에게 (합유적으로) 귀속되므로 위 압류는 무효이지만, 이 판례는 개별 약정을 통해 구성원 각자에게 공사대금채권이 귀속될 수 있다고 본 것이다. 조합에서 합유는 조합원을 위한 것이고 강행규정이 아니므로(특히 271조 2항 참조), 조합원 간의 합의와 제3자와의 계약을 통해 달리 정하는 것은 유효하다고 할 것이다. 한편, 위와 같은 약정이 있음에도 공사대금채권이 구성원 모두에게 합유적으로 귀속된다고 본 종전 대판 2000. 11. 24, 2000다32482는 이 판결에 의해 변경되었다.

그 책임을 지게 된다. 요컨대 조합채무에 대해서는 「조합재산에 의한 조합원 모두의 공동책임」과 「각 조합원의 개인 재산에 의한 개별 책임」이 병존한다. 예컨대 A · B · C 세 조합원이 있는 조합이 甲으로부터 1천만원을 빌린 경우, 甲은 조합재산에 대해 집행할 수 있을 뿐 아니라 A · B · C 각자의 개인 재산에 대해서도 집행할 수 있다.

b) (ㄱ) 공동책임과 개별 책임의 관계에서, 조합의 성격을 띠는 상법상 합명회사의 경우에는 공동책임을 통해 완제를 받지 못한 때에 개별 책임을 묻는 보충적인 것으로 하고 있지만(상법 212조), 민법에는 이러한 제한이 없다. 따라서 조합의 채권자는 처음부터 개별 책임을 물을 수도 있다(전자를 먼저 집행하고 조합재산이 부족한 경우에 후자를 행사하는 것이 보통이겠지만, 양자 사이에 선후관계가 없으므로, 채권자가 어느 쪽을 먼저 행사하든 그의 자유에 속한다). (ㄴ) 개별 책임에서 조합원 간의 관계에 대해, 입법례는 연대주의와 분담주의로 나뉘는데(연대주의를 취하는 것으로 스위스 채무법 544조 2항), 현행 민법은 분담주의를 취하고(712조), 따라서 조합채무는 각 조합원에게 분할채무로 나뉘어 분담된다.

(2) 조합재산에 의한 조합원 모두의 공동책임

(ㄱ) 조합의 채권자는 조합원 모두에게 채권 전액의 변제를 청구할 수 있다. 어느 조합원이 조합에 대해 채권을 가지는 경우에도 같다. 따라서 채권자의 조합에 대한 채권을 어느 조합원이 양도받은 경우에도 혼동은 생기지 않는다. 예컨대 A · B · C 세 조합원이 있는 조합에 대해 甲이 9백만원의 채권을 가지는 경우, A가 甲의 채권을 양도받더라도 6백만원으로 줄어들지 않는다. 조합재산에 의한 공동책임과 조합원 개인의 재산에 의한 개별 책임은 구별되고, 또 그렇게 하지 않으면 A는 조합재산으로부터 6백만원만을 변제받게 되어 부당한 손실을 입게 되기 때문이다. (ㄴ) 조합의 채권자는 조합원 모두를 상대로 하여 채권액 전부에 관한 이행의 소를 제기하고, 그 판결에 기해 조합재산에 대해 강제집행하게 된다.[1] (ㄷ) 조합채무는 모든 조합원에게 합유적으로 귀속되므로, 조합원 중 1인이 조합채무를 면책시킨 경우 그 조합원은 다른 조합원에 대해 민법 제425조 1항에 따라 구상권을 행사할 수 있다. 이러한 구상권은 조합의 해산이나 청산 시에 손실을 부담하는 것과는 별개이므로 반드시 잔여재산분배 절차에서 행사해야 하는 것은 아니다(대판 2022. 5. 26, 2022다211416).

(3) 각 조합원의 개인 재산에 의한 개별 책임

(ㄱ) 전술한 대로 조합재산에 의한 공동책임과는 별도로 각 조합원은 조합채무에 대해 개인재산으로써 개별 책임을 진다. 민법은 이와 관련하여 다음 두 가지를 규정한다. ① 각 조합원은 손실부담의 비율에 따라 조합채무를 나눈 것에 대해 채무를 부담하지만, 조합의 채권자가 그 채권 발생 당시에 그 비율을 알지 못한 경우에는 각 조합원에게 균등한 비율로 그의 권리를 행사할 수 있다(712조). 다만, 그 채무가 불가분채무이거나 연대의 특약이 있는 때(대판 1985. 11. 12, 85

1) 판례: 「민법상 조합에서 조합의 채권자가 조합재산에 대하여 강제집행을 하려면 조합원 전원에 대한 집행권원을 필요로 하고, 조합재산에 대한 강제집행의 보전을 위한 가압류의 경우에도 마찬가지로 조합원 전원에 대한 가압류명령이 있어야 하므로, 조합원 중 1인만을 가압류 채무자로 한 가압류명령으로써 조합재산에 가압류 집행을 할 수는 없다」(대판 2015. 10. 29, 2012다21560).

(다카 1499), 조합채무가 조합원 전원을 위하여 상행위가 되는 행위로 인하여 부담하게 된 경우에는 (상법 57조 1항)(대판 1998. 3. 13, 97다6919), 각 조합원은 불가분 내지 연대책임을 진다. ② 조합원 중에 변제할 자력이 없는 자가 있는 경우에는, 그가 변제할 수 없는 부분은 다른 조합원이 똑같이 나누어 변제할 책임을 진다(713조). (ㄴ) 조합원의 개인 재산에 의한 책임은 그 분할된 채무에 관해서는 무한책임이다. 출자의무액으로 제한되지 않을 뿐 아니라, 조합계약에서 손실분담액을 제한하였더라도 채권자에 대하여는 효력이 없다. (ㄷ) 조합원의 개별 책임은 조합원의 지위에서 부담하는 것이기 때문에, 조합원으로 있는 동안에 생긴 조합채무에 한정된다. 가입 전 또는 탈퇴 후에 생긴 조합의 채무에 대해서는 책임을 지지 않는다. 다만 조합원으로 있는 동안에 생긴 조합채무에 대해서는 조합이 해산되거나 그가 조합을 탈퇴하여도 그 책임은 존속한다. (ㄹ) 조합의 채권자는 어느 조합원을 상대로 그가 부담하는 채무에 관해 이행의 소를 제기하고, 그 판결에 기해 그의 개인 재산에 대해 강제집행을 할 수 있다. 그 외에 조합원 모두에 대한 집행권원을 가지고 각 조합원이 부담하는 책임액을 증명하여 조합원의 개인 재산에 대해 집행할 수도 있다(통설).

〈참 고〉 조합 전체가 아닌, '조합원 개인에 대한 채권자'는 그 개인에 대한 집행권원을 얻어 그의 개인재산에 대해 압류 및 집행할 수 있고, 조합재산에 대해서는 그 조합원의 합유지분에 대해서만 압류할 수 있다. 이 압류는 그 조합원의 장래의 이익배당과 지분을 반환받을 권리에 대해서만 효력을 가질 뿐임은 전술하였다(714조).

5. 손익분배損益分配

(1) 서 설

조합의 사업을 통해 '이익'과 '손실'이 발생할 수 있고, 이것은 각 조합원에게 분배될 수밖에 없다. 문제는 언제 또 어떠한 비율로 분배할 것인가인데, 민법은 이 가운데 손익분배의 비율에 관해서만 정한다(711조).

(2) 손익분배의 비율

a) 손익분배의 비율은 조합계약에서 정할 수 있다(조합원의 다수결로 결정하는 것은 무효이다). 이익과 손실의 분배 비율이 같아야 하는 것은 아니며, 다르게 할 수 있다. 조합의 본질상 이익은 모든 조합원에게 분배되어야 하지만[1] 손실의 공동부담은 반드시 필요한 것이 아니기 때문에, 손실을 부담하지 않는 조합원을 정하는 것도 무방하다.

b) 손익분배의 비율을 조합계약에서 정하지 않은 경우에는 민법 제711조가 보충적으로 적용된다. 즉 (ㄱ) 이익이나 손실 중 어느 한쪽에 대해서만 분배의 비율을 정한 경우에는 그 비율은 이익과 손실에 공통으로 적용되는 것으로 추정한다(711조 2항). (ㄴ) 당사자가 손익분배의 비율을 정하지 않은 경우에는 각 조합원의 출자가액에 비례하여 그 비율을 정한다(711조 1항).

1) 판례: 「조합원이 그 출자의무를 불이행하였더라도 조합계약에서 출자의무의 이행과 이익 분배를 직접 연계시키는 특약을 두거나 그 조합원을 조합에서 제명하지 않는 한, 출자의무의 불이행을 이유로 이익 분배 자체를 거부할 수는 없다(다만 이 경우 조합원에 대한 출자금채권과 그 연체이자채권, 그 밖의 손해배상채권으로 조합원의 이익분배 청구권과 상계할 수는 있다)」(대판 2006. 8. 25, 2005다16959).

(3) 손익분배의 시기

어느 때에 손익분배를 할 것인지에 관해 민법은 따로 정하고 있지 않다. 그 시기는 조합계약에서 정할 것이지만, 그 정함이 없는 경우 통설은 다음과 같이 해석한다. (ㄱ) '이익'의 분배시기는, 조합이 영리를 목적으로 하는 때에는 조합의 사무집행의 방법에 관한 규정(706조)에 따라, 영리를 목적으로 하지 않는 때에는 조합원의 합의에 의해 또는 청산시에 정해지는 것으로 본다. (ㄴ) '손실'의 분배시기는 조합의 해산 · 청산시에 정해지는 것으로 본다.

사례의 해설 (1) 굴삭기 차임은 조합의 공동사업의 경영을 위한 것으로서 조합의 채무에 속한다. 따라서 C는 A와 B에게 공동으로 차임 5백만원의 지급을 청구할 수 있고, 그들에 대한 집행권원으로써 위 조합의 재산(A와 B가 출자한 재산)에 대해 강제집행을 할 수 있다. 한편 C는 A와 B에게 각각 그 권리를 행사할 수도 있는데, 이때 조합원 사이에 연대의 특약이 없거나 또 C가 그들의 손실 부담의 비율을 알지 못한 때에는 평등한 비율로, 즉 각각 250만원씩 청구할 수 있고(712조), 이에 기초하여 그들의 개인 재산에 대해 강제집행을 할 수 있다.

(2) (a) 조합의 채무는 조합원 모두의 합유로 귀속되므로(704조), 甲, 乙, 丙은 모두 조합재산(자동차 정비업소)으로써 그 책임을 진다. 한편 甲, 乙, 丙 각자는 개별 책임도 부담하고, 丁이 이들의 손실 부담의 비율을 알지 못한 때에는, 균분하여 각자가 2,000만원씩 분할 책임을 물을 수 있고(712조), 이에 대해서는 개인 재산으로써 그 책임을 부담한다. 요컨대 丁은 甲, 乙, 丙 모두에 대한 집행권원으로써 조합재산인 자동차 정비업소에 대해 집행을 하거나, 甲, 乙, 丙 각자에 대해 개별 책임을 물을 수 있다.

(b) 丁은 甲에 대한 개인적인 채권으로써 (甲 개인의 재산이 아닌) 조합재산에 대해 집행할 수는 없다(또 이를 허용하면 조합원이 아닌 자가 조합재산의 지분을 가지게 되는 부당한 결과를 초래한다). 다만 조합재산에 대한 甲의 지분에 대해서는 압류할 수 있고, 이 경우 甲이 장래에 받을 이익배당 및 지분환급 청구권에 대해 그 효력이 미친다(714조). 한편 판례는 조합원의 탈퇴로 인해 지분환급을 받을 권리를 재산권의 일종으로 보아 채권자대위권의 객체로 인정하므로(대결 2007. 11. 30, 2005마1130), 甲이 조합을 탈퇴할 수 없는 특별한 사유가 없는 한(716조 참조), 丁은 甲의 조합 탈퇴의 의사표시를 대위 행사함으로써 상술한 효과를 얻을 수 있다.

(3) 甲, 乙, 丙은 서로 출자하여 공동사업을 경영할 것을 약정하였으므로 조합에 해당한다(703조). 조합의 채무에 대해 채권자는 조합원 모두의 명의로 되어 있는 재산이 있으면 조합원 모두에 대한 집행권원으로써 조합재산에 대해 집행할 수도 있지만, 조합원 각자에 대해서도 채권을 행사할 수 있다. 이 경우 각 조합원은 출자 가액에 비례하여 분담하지만, 채권자가 이를 알 수 없는 때에는 각 조합원에게 균분하여 채권을 행사할 수 있다(711조·712조). 그러므로 甲은 미지급 공사대금에 대해 1/3만 책임 있다고 항변할 수도 있겠으나, 여기에는 특칙이 있다. 즉 조합채무가 조합원 전원을 위하여 상행위가 되는 행위로 인하여 부담하게 된 경우에는 각 조합원은 그 채권 전부에 대한 연대책임을 진다(상법 57조 1항). 사안에서 甲, 乙, 丙은 건물을 재건축하여 판매하는 것을 공동사업으로 삼고, 그 과정에서 공사대금채무를 지게 된 점에서, 공사대금채무는 상행위에 해당한다(상법 46조). 따라서 甲의 항변은 이유 없다.

사례 p. 630

V. 조합원의 변동

1. 의 의

조합에서 조합원의 변동이 생기는 경우는, 기존의 조합원이 '탈퇴'하는 때와 제3자가 새로 조합원으로 '가입'하는 것의 두 가지가 있다. 이 중 민법에서 규정하는 것은 전자에 관해서만이다. 이처럼 조합원의 변동이 있을 경우, 조합의 계약으로서의 면을 중시하면 종전의 조합을 해산하고 새로운 조합을 결성하여야 할 것이나, 단체로서의 면을 중시하면 종전 조합의 동일성은 유지되는 것으로 볼 수 있다. 민법은 후자의 입장을 취한다. 즉 탈퇴의 경우에 탈퇴한 조합원에게 그의 지분을 계산하는 방법으로써 조합은 그대로 유지되는 것으로 한다(719조 참조).

2. 조합원의 탈퇴

(1) 탈퇴 사유

조합원의 탈퇴에는, 조합원의 의사에 의한 「임의 탈퇴」와, 조합원에게 일정한 사유가 발생하면 당연히 탈퇴하는 것으로 처리되는 「비임의 탈퇴」 두 가지가 있다.

가) 임의 탈퇴

a) 요 건 (ㄱ) 조합계약으로 조합의 존속기간을 정하지 않았거나 조합원의 종신까지 조합을 존속시키기로 정한 경우에는, 각 조합원은 언제든지 탈퇴할 수 있다(716조 1항 본문). 다만, 부득이한 사유가 없으면 조합에 불리한 시기에 탈퇴하지 못한다(716조 1항 단서). 그렇지 못한 탈퇴는 효력이 없다. (ㄴ) 조합의 존속기간을 정한 경우에도 부득이한 사유가 있으면 조합원은 탈퇴할 수 있다(716조 2항).

b) 방 법 임의 탈퇴는 조합계약에 관한 일종의 해지의 성질을 띠고 있고, 또 그로써 종전 조합원의 지분의 확대와 탈퇴 조합원의 지분 계산 등 잔존 조합원의 지위에 중대한 영향을 미치는 점에서, 업무집행자가 있는 때에도 그에 대한 의사표시로는 충분하지 않고 다른 조합원 전원에 대한 의사표시로 하여야 한다(대판 1959. 7. 9, 4291민상668). 그러나 조합계약에서 탈퇴의사의 표시방법을 따로 정한 때에는 그에 따른다.

〈판 례〉 조합원이 단지 2인인 조합에서도 임의 탈퇴가 허용되는지 문제된다. (ㄱ) 임의 탈퇴는 조합의 동일성이 유지되는 것을 전제로 하는데, 위 경우는 '공동'이라는 조합의 성립 및 존속요건이 소멸되는 점에서 이는 해산사유로 될 뿐이고 따라서 임의 탈퇴는 허용되지 않는다고 볼 수 있다. 그런데 남은 조합원이 종전 조합의 사업을 계속하기를 원하는 경우에는, 조합은 종료되더라도 그 사업을 존속시키는 것이 사회경제적으로 이익일 뿐 아니라 당사자의 의사에도 합치한다(김증한·김학동, 627면). 그래서 판례는 이러한 경우에는 임의 탈퇴를 허용하면서(따라서 탈퇴하는 조합원은 특별한 사정이 없는 한 해산 청구(720조)를 할 수 없다고 할 것이다), 탈퇴 조합원에 대해서는 지분의 계산을 통해 처리하고 조합재산은 남은 조합원의 단독소유로 하며, 따로 해산과 청산이 필요하지 않다고 한다(대판 1987. 11. 24, 86다카2484). 이 경우 조합의 탈퇴자에 대한 채권은 잔존자에게 귀속되므로 잔존자는 이를 자동채권으로 하여 탈퇴자에 대한 지분 상당의 조합재산 반환채무와 상계할 수 있고(대판 2006. 3. 9, 2004다49693, 49709), 그 조합재산이 부동산인 경우에는 그 물권변동의 원인은 조합관계에서의 탈퇴라고 하는 법률행위에 의한 것으로서 잔존 조합원의 단독소유로 하는 내용의 등기를 하여야 비로소 소유권 변동의 효력이 생긴다(대판 2011. 1. 27, 2008다2807). (ㄴ) 조합채무는 조합원들이 조합재산에 의하여 합유적으로 부담하는 채무이고, 두 사람으로 이루어진 조합관계에 있어 그중 1인이 탈퇴하면 조합은 해산되지 아니하고 조합재산은 남은 조합원에게 귀속하게 되므로, 조합채권자는 남은 조합원에게 그 조합채무 전부에 대한 이행을 청구할 수 있다(대판 1999. 5. 11, 99다1284).

나) 비임의 탈퇴

조합원은 '사망 · 파산 · 성년후견의 개시 · 제명' 중 어느 하나에 해당하는 사유가 있으면 탈퇴한다(717조).

a) 사 망 조합에서는 조합원들 사이의 개인적인 신뢰관계가 그 기초를 이루고, 조합원의 지위는 일신전속적인 권리의무관계에 있다. 따라서 조합원이 사망한 때에는 그 조합관계로부터 당연히 탈퇴하고, 특히 조합계약에서 사망한 조합원의 지위를 그 상속인이 승계하기로 약정한 바 없다면 사망한 조합원의 지위는 상속인에게 승계되지 않는다(대판 1987. 6. 23, 86다카2951).

b) 파 산 (ㄱ) 조합원이 파산하면 그의 의무의 이행을 기대할 수 없고, 채권자의 입장에서도 그의 조합 지분을 변제에 충당하여야 그 목적을 이룰 수가 있기 때문에 당연한 탈퇴 사유로 정한 것이다. 따라서 조합계약에서 (조합원 중에 파산하는 자가 발생하더라도 조합에서 탈퇴하지 않기로) 다르게 정하더라도 그것은 무효이다. (ㄴ) 다만, 파산한 조합원이 공동사업을 계속하기 위하여 그 조합에 잔류하는 것이 파산한 조합원의 채권자들에게 불리하지 않아 그들의 동의를 받아, 파산관재인이 조합에 잔류할 것을 선택한 경우까지 일률적으로 무효로 볼 것은 아니다(대판 2004. 9. 13, 2003다26020).

c) 성년후견의 개시 조합원에게 성년후견이 개시되면 조합의 업무집행과 관련하여 문제가 있기 때문에 탈퇴 사유로 정한 것이다.

d) 제 명除名 제명의 '요건과 대항요건'에 관해서는 민법 제718조에서 따로 정한다. 즉 (ㄱ) 조합원의 제명은 정당한 사유가 있는 경우에만 다른 조합원 전원의 동의로써 결정한다(718조 1항). 제명에는 다른 조합원 전원의 동의를 필요로 하므로, 2인 조합에서는 제명은 있을 수 없다. 또 제명당하는 조합원 각자에 대해 다른 조합원의 동의가 있어야 하므로, 2명 이상을 동시에 제명하지도 못한다. 그렇지 않으면 조합원 사이에 분쟁이 생긴 경우에 다수자가 소수자를 모두 제명하거나 또는 그 반대의 경우가 생길 수 있어 문제가 있기 때문이다. 조합원이 출자의무를 이행하지 않는 것은 제명의 요건인 정당한 이유가 있는 것에 해당하며, 제명을 하는 데에 상당기간을 정한 출자의무의 이행을 최고할 필요는 없다(대판 1997. 7. 25, 96다29816). (ㄴ) 제명 결정은 제명된 조합원에게 통지하지 않으면 그 조합원에게 대항하지 못한다(718조 2항).

(2) 탈퇴의 효과

a) 다른 조합원과의 관계 (ㄱ) 조합원의 탈퇴가 있더라도 조합은 동일성을 유지하면서 그대로 존속하고 달라지는 것이 없으므로, 탈퇴한 조합원이 조합재산의 분할을 청구하는 등의

방법으로 그의 권리를 행사할 수는 없다. 이때는 그의 지분을 계산하여 환급하는 방법이 이용되는데, 이것이 '지분의 계산'이다. 즉 탈퇴 조합원은 다른 조합원 모두에 대해 지분환급 청구권을 가지며, 이것은 조합의 채무가 되어 잔존 조합원 모두의 합유로 된다. 한편 이에 대응하여 탈퇴 조합원의 지분은 잔존 조합원의 지분비율에 따라 분배되어 지분의 확대를 가져오게 된다(다만 조합재산에 속하는 부동산에 관하여는 탈퇴 조합원을 제외한 잔존 조합원의 합유로 등기를 변경하지 않으면 그들의 합유지분의 확대는 일어나지 않는다(186조 참조)). (ㄴ) 민법은 지분 계산의 '시기와 방법'에 관해 규정한다. ① 탈퇴한 조합원과 다른 조합원 간의 계산은 탈퇴 당시 조합의 재산상태에 따라서 한다(719조 1항). 다만 탈퇴 당시에 완결되지 않은 사항은 완결된 후에 계산할 수 있다(719조 3항). ② 탈퇴한 조합원의 지분은 출자의 종류에 관계없이 금전으로 평가하여 반환할 수 있다(719조 2항). 1) 여기서 조합원의 '지분' 비율은 (조합청산의 경우에 민법 제724조에 따라 실제 출자한 자산 가액의 비율에 의하는 것과는 달리) 조합 내부의 손익분배 비율을 기준으로 하는 것이 원칙이다(대판 2023. 10. 12, 2022다285523, 285530). 2) 조합의 재산상태가 부채가 자산을 초과하는 적자인 때에는 오히려 탈퇴 조합원이 그의 손실 부담의 비율에 따라 조합에 지급하여야 한다.

b) 제3자와의 관계 조합원이 탈퇴를 하게 되면 그때부터 장래에 대해 조합원의 권리와 의무가 소멸된다. 따라서 탈퇴 전의 조합채무에 대해서는 탈퇴 후에도 그 책임을 부담한다.

3. 조합원의 가입

a) 의의와 요건 조합 가입에 관해 민법은 규정하고 있지 않으나, 탈퇴를 인정하는 이상, 가입도 인정된다고 할 것이다. 가입의 요건과 방법은 조합계약에서 정한 바에 따르지만, 그 정함이 없는 때에는 조합의 본질과 탈퇴에 관한 규정을 유추하여 해석할 것이다. 가입에 의해 조합원의 지위를 얻게 되는 것이므로, 가입은 새 가입자와 조합원 전원과의 가입계약에 의하여야 한다. 그 밖에 조합에서 각 조합원은 반드시 출자를 하여야 하므로(703조), 가입자도 출자를 하여야 한다.

b) 효 과 조합 가입자는 가입시부터 조합원의 지위를 취득한다. 따라서 가입 후의 조합의 채무에 대해서는 조합원으로서 개별 책임을 지게 된다. 문제는 가입 전의 조합의 채무이다. 가입자는 이에 대해 개별 책임을 부담하지는 않는다. 그러나 가입이 있더라도 조합의 동일성은 유지되고, 조합채무에 대하여는 조합재산으로 그 책임을 지는데, 가입자는 출자를 통해 조합재산에 대해 합유지분을 갖는 점에서, 조합재산에 의한 공동책임은 부담하게 된다.

4. 조합원 지위의 양도

a) 요 건 (ㄱ) 조합에서 조합원은 여러 권리를 가지고 의무를 부담한다. 조합의 운영에 참여할 권리, 조합재산에 대한 합유지분권, 손실 부담의 책임과 이익배당청구권, 탈퇴시의 지분환급 청구권, 해산시의 잔여재산분배청구권 등이 그러하다. 이들 권리와 의무는 조합원의 지위에서 생기는 것들이다. (ㄴ) 이와 같은 조합원의 지위를 양도하는 것에 관해 민법은 규정하고 있지 않으나, 양도할 수 있다는 것이 통설이다. 이것은 실질적으로 탈퇴와 가입이 동시에

이루어지는 것이지만, 그러한 절차를 따로 밟을 필요 없이 위 양도계약에 의해 양수인이 종전 조합원의 지위를 승계하는 점에서 실익이 있다. 다만 조합계약의 당사자가 바뀌게 되는 점에서, 그 양도는 양도인과 양수인 사이에 이루어지더라도 다른 조합원 모두의 동의가 필요하다.[1)]

b) 효 과 조합원 지위의 양도가 있으면, 양도인은 조합원으로서의 지위를 잃고, 양수인이 조합원의 지위를 얻는다. 양수인은 종전 조합원의 지위를 그대로 승계하는 것이므로, 다른 조합원과 조합채권자에 대한 법률관계는 변동이 없다.

Ⅵ. 조합의 해산과 청산

1. 조합의 해산解散

(1) 의 의

(ㄱ) (아래와 같은) 해산사유가 발생하면 조합관계는 종료된다. 그러나 조합관계가 종료되었다고 하여 조합이 곧 소멸되는 것은 아니다. 조합의 업무가 남아 있는 때에는 그 사무를 종결하여야 하고, 조합재산을 정리하는 절차가 필요하기 때문이다. 그래서 조합이 종료된 경우에는 법인에서와 같이 해산과 청산의 절차가 이루어지고, 조합은 청산이 끝난 때에 비로소 소멸된다. (ㄴ) 조합이 해산 및 청산절차에 들어가더라도 조합원 각자는 조합채권자에 대해 따로 개인 책임을 부담한다. 따라서 위 절차는 조합채권자를 보호하기 위한 것은 아니며, 조합원 간의 재산관계의 처리를 목적으로 하는 것이다. 요컨대 조합의 해산사유와 청산절차에 관한 민법의 규정은 강행규정이 아니며, 당사자 간의 특약으로 다르게 정할 수 있다(대판 1985. 2. 26, 84다카1921).

(2) 해산사유

a) 일반적 해산사유 민법에서 특별히 정하고 있지는 않으나, 조합계약에서 정한 사유의 발생, 총 조합원의 합의, 조합의 목적인 사업의 성공 또는 성공 불능의 경우에 조합관계는 종료되고, 조합은 해산하게 된다(대판 1964. 5. 12, 63아57).

b) 해산 청구 (ㄱ) 조합관계를 유지하지 못할 부득이한 사유가 있는 때에는 각 조합원은 조합의 해산을 청구할 수 있고(720조), 그에 따라 조합은 해산된다. 2인 조합에서도 1인이 해산을 청구할 수 있으며, 이때에는 탈퇴와는 달리 해산이 이루어진다(대판 1961. 12. 28, 4293민상202). 해산 청구는 조합의 해지의 성질을 가지는 것이어서, 그 (일방적) 의사표시는 조합원 전원에게 하여야 한다. (ㄴ) 해산 청구의 요건인 「부득이한 사유」에는, 경제계의 사정변경에 따른 조합재산상태의 악화

1) 판례(조합원 지분의 일부 양도): 「조합계약에 '동업지분은 제3자에게 양도할 수 있다'고 하여 개괄적으로 조합원 지분의 양도를 인정하고 있는 경우, 조합원은 다른 조합원 전원의 동의가 없더라도 자신의 지분 전부를 일체로써 제3자에게 양도할 수 있으나, 여기에 그 지분의 일부를 양도하는 경우까지 허용되는 것으로 해석하기는 어렵다. 왜냐하면 민법 제706조에 따라 조합원 수를 전제로 한 조합의 의사결정구조에 변경이 생기고, 나아가 소수의 조합원이 그 지분을 다수의 제3자들에게 분할 · 양도함으로써 의도적으로 그 의사결정구조에 왜곡을 가져올 가능성도 있기 때문이다. 따라서 지분의 일부를 양도할 수 있기 위해서는 다른 조합원 전원의 동의가 있어야 하고, 이 경우 양수인은 그 양도비율에 따른 자익권(이익분배청구권, 잔여재산분배청구권) 외에 양도인이 보유하는 공익권과 별개의 완전한 공익권(업무집행자 선임권, 업무집행방법 결정권, 통상사무 전행권, 업무 · 재산상태 검사권 등)을 취득하게 된다」(대판 2009. 4. 23, 2008다4247).

나 영업부진 등으로 조합의 목적 달성이 매우 곤란하다고 인정되는 객관적 사정이 있는 경우 외에, 조합원 간의 불화 대립으로 신뢰관계가 파괴됨으로써 조합업무의 원만한 운영을 기대할 수 없는 경우도 포함되며, 여기에 해당하는 한 유책 당사자에게도 해산 청구권이 인정된다(대판 1991. 2. 22, 90다카26300; 대판 1993. 2. 9, 92다21098).

2. 조합의 청산清算

(1) 의 의

해산한 조합의 재산관계를 정리하는 것이 청산이며, 청산이 완료된 때에 조합은 소멸된다. 그런데 청산이 끝난 후에도 각 조합원은 그의 개인 재산으로써 조합채권자에 대해 책임을 부담하게 되므로(712조), 민법이 정하는 조합의 청산절차는 조합채권자를 보호하기 위한 것이 아니라 조합원 사이에 재산관계를 공평하게 처리하는 데 목적을 두고 있다. 이 점에서 청산절차를 반드시 거쳐야 하는 것도 아니다. 조합재산이 없거나 처리하여야 할 사무가 없는 경우에는 청산절차를 밟을 필요가 없다. 조합의 청산에 관한 민법의 규정은 임의규정으로서, 조합원의 합의로 청산절차에 관해 다르게 정할 수 있다(대판 1985. 2. 26, 84다카1921).

(2) 청산절차

a) 청산인 (ㄱ) 조합원 모두가 청산인이 되는 것이 원칙이지만(721조 1항), 조합원의 과반수로써 청산인을 선임할 수 있다(721조 2항). (ㄴ) 조합원 중에서 청산인을 정한 경우에는 그 청산인은 정당한 사유 없이 사임하지 못하며, 다른 조합원의 의견이 일치하지 않으면 해임하지 못한다(723조·708조).[1] (ㄷ) 청산인이 수인인 때에는 그 업무집행은 청산인의 과반수로써 결정한다(722조).

b) 청산인의 직무와 권한 청산인의 직무와 권한에 관하여는 법인의 청산인에 관한 민법 제87조를 준용한다(724조 1항). 따라서 청산인의 직무는 '현존사무의 종결, 채권의 추심과 채무의 변제, 잔여재산을 인도'하는 것이며(87조 1항), 이 직무를 수행하기 위해 필요한 모든 행위를 할 권한이 있다(87조 2항). 유의할 것은, 채무의 변제에 관해서는 법인의 청산에서의 특별한 절차에 관한 규정(88조~92조)은 준용되지 않는다. 조합에서는 조합원 각자가 개별 책임을 지기 때문이다.

c) 잔여재산의 분배 (ㄱ) 이에 관해서는 법인의 청산에서의 잔여재산의 귀속에 관한 규정(80조)이 적용되지 않고 따로 정한다. 즉 남은 재산은 각 조합원의 출자가액에 비례하여 분배한다(724조 2항). (ㄴ) 잔여재산의 분배에 관해 대법원은 다음과 같이 일정한 기준을 정하고 있다. ① 조합이 해산되었으나 조합의 잔무로서 처리할 일이 없는 경우, 청산절차를 밟을 필요 없이 잔여재산을 분배하면 된다. ② 어느 조합원이 분배비율을 초과하여 잔여재산을 보유하고 있는 경우에는, 다른 조합원은 개별적으로 자신의 잔여재산 분배비율 범위 내에서 직접 그 조합원

---

1) 조합원이 법원에 청산인의 해임을 청구할 수 있는지에 관해, 판례는 다음의 이유를 들어 부정한다. 「① 법률관계의 변경·형성을 목적으로 하는 형성의 소는 법률에 명문의 규정이 있는 경우에 한해 제기할 수 있는데, 단체의 대표자 등에 대해 해임을 청구하는 소는 형성의 소에 해당한다. ② 민법은 조합원이 법원에 청산인의 해임을 청구할 수 있는 규정을 두고 있지 않으므로, 그와 같은 해임청구권을 피보전권리로 하여 청산인에 대한 직무집행 정지와 직무대행자 선임을 구하는 가처분은 허용되지 않는다」(대결 2020. 4. 24, 2019마6918).

을 상대로 잔여재산의 분배를 청구할 수 있다.[1] ③ 조합에서 청산절차가 종료되어 잔여재산의 분배 절차만 남아 있는데, 일부 조합원이 출자금의 일부를 이행하지 않은 경우, 이것은 잔여재산에 포함되지 않으며, 이에 따라 확정된 잔여재산에 대해 각 조합원이 실제 출자한 가액에 비례하여 이를 분배하여야 한다(이러한 기준에 따라 분배 절차가 진행되는 이상, 다른 조합원들은 출자의무를 이행하지 않은 조합원에게 더 이상 출자의무의 이행을 청구할 수 없다)(대판 2022. 2. 17, 2016다278579, 278586).[2]

제 15 관 종신정기금終身定期金

Ⅰ. 종신정기금의 의의와 성질

1. 종신정기금의 의의

종신정기금은 당사자 일방이 특정인(자기, 상대방 또는 제3자)이 사망할 때까지 상대방이나 제3자에게 정기적으로 급부하기로 약정함으로써 성립하는 계약이다(725조). 이 제도는 서구에서 13세기 이래 행하여진 정기금 매매에서 분화 · 발달한 것이라고 한다(민법주해(XVI), 193면(최병조)). 즉 매수인이 매도인으로부터 재산권을 이전받고 그 대금을 매도인이 사망할 때까지 그에게 정기로 지급하는 것에서 유래한 것이라고 한다. 이것은 결국 채권자의 노후 생활을 보장하기 위한 수단으로 연결되는데, 오늘날에는 보험 · 연금 등의 제도가 발달하여 종신정기금이 가지는 의미는 매우 적은 것으로 평가되고 있다.

2. 종신정기금의 법적 성질

(1) 유인계약有因契約

종신정기금에서 당사자 일방이 상대방이나 제3자에게 급부의무를 지는 데에는 일정한 원인관계를 전제로 한다. 다시 말해 종신정기금은 그러한 원인관계를 토대로 채무자의 이행의 수단이나 방법으로써 이루어진다. 예컨대 매매에 기초한 대금 지급채무, 증여에 의한 증여자의 급부의무, 불법행위로 인한 손해배상채무가 발생한 경우에, 그 이행의 방법으로써 당사자 간에 종신정기금계약을 맺을 수 있다. 따라서 증여 · 매매 · 소비대차에 관한 규정이 적용될 뿐만 아니라, 원인행위의 무효나 취소는 당연히 종신정기금의 효력에 영향을 미친다. 예컨대 A가 B에게 증여를 하면서 B의 종신까지 정기로 지급하기로 종신정기금계약을 맺은 경우, A는 그 증여가 서면에 의하지 않은 것을 이유로 해제할 수 있고(555조), 그에 따라 종신정기금계약도 소멸된다. 한편 원

---

1) 판례: A는 그의 광업권을 출자하고 B는 채굴비로 금원을 출자하기로 하는 동업계약을 체결하여 A가 B를 공동광업권자로 등록하여 주었는데, B가 출자의무를 이행하지 않자, A가 B 명의의 공동광업권 지분등록의 말소를 청구한 사안에서, A는 B를 상대로 자기가 출자한 재산의 반환을 청구할 수 있다고 하여 A의 청구를 인용한 것을 시초로 하여(대판 1964. 12. 22, 63다831), 위와 같은 확립된 법리를 형성하고 있다(대판 1991. 2. 22, 90다카26300; 대판 1995. 2. 24, 94다13749; 대판 1998. 12. 8, 97다31472; 대판 2000. 4. 21, 99다35713).

2) A와 B는 한방병원의 투자비용을 10억원으로 산정하면서 그중 A는 2억원, B는 8억원을 출자하기로 약정하였는데 B는 그중 5억원만을 출자하였다. 그 후 조합의 청산절차가 종료되어 잔여재산의 분배가 문제가 되었다. 위 판결은, B가 출자하지 않은 3억원을 고려하지 않은 상태에서 확정된 잔여재산에 대해서만, 조합원이 실제로 투자한 금액(A는 2억원, B는 5억원)에 비례하여, A에게 2/7, B에게 5/7를 분배하여야 하는 것으로 보았다.

인행위에 기초하여 채무자가 제3자에게 직접 급부하기로 한 때에는 제3자를 위한 계약이 되는데, 그 이행의 방법으로 종신정기금을 이용할 수도 있고, 이 경우에는 제3자를 위한 계약이 적용된다.

(2) 무상 또는 유상계약

종신정기금은 그 원인행위에 영향을 받는 유인계약인 점에서, 그 원인행위가 무상인 때에는 무상계약이 되고(예: 증여에 기초한 종신정기금), 유상인 때에는 유상 · 쌍무계약이 된다(예: 매매에 기초한 종신정기금). 그 밖에 종신정기금은 낙성 · 불요식계약에 속한다.

Ⅱ. 종신정기금의 성립

1. 계약에 의한 성립

a) 당사자 　종신정기금은 당사자의 합의에 의해 성립한다. 정기금 채무자가 되는 것은 언제나 계약의 일방 당사자이지만, 정기금 채권자는 계약의 상대방에 한하지 않으며 제3자일 수도 있다(725조).

b) 성립요건 　종신정기금의 성립에는 다음의 세 가지가 필요하다(725조). (ㄱ) 그 목적은 '금전 기타 물건'이다. 여기서 물건은 정기적으로 급부되어야 하고 또 일수로 계산할 수 있는 것이어야 하는 점(726조)에서 성질상 대체물에 한하는 것으로 해석된다. (ㄴ) 정기로 급부하여야 하고, 어느 기간을 정기로 할지는 당사자 간의 약정에 의해 정해진다(예: 매달 · 매년 등). (ㄷ) 계약의 존속이 그 당사자 또는 제3자의 사망에 의존하는 것, 다시 말해 그 사망으로 종료되는 것이어야 한다.[1]

2. 유증에 의한 성립

종신정기금 채권은 계약이 아닌 유언에 의해서도 발생할 수 있다. 이 경우 유언의 방식(1065조 이하)과 효력(1073조 이하)이 적용되는 것 외에, 종신정기금에 관한 규정이 준용된다(730조).

Ⅲ. 종신정기금의 효력

1. 세 가지 법률관계

종신정기금에는 세 가지 법률관계가 있다. 첫째는 종신정기금을 발생케 한 원인된 법률관계이고, 둘째는 특정인의 종신까지 급부를 하여야 할 정기금 채권 · 채무이며, 셋째는 정기적으로 급부를 하여야 하는 각각의 지분적 채권 · 채무이다.

2. 종신정기금의 계산

종신정기금은 특정인의 사망으로 소멸된다. 그런데 매달 또는 매년 정기적으로 급부를 하기

---

1) 판례: 「향후 30년간 원고가 생존할 것을 조건으로 정기 급부를 약정한 때에도 유효한 종신정기금계약이며, 이때 종신의 조건은 원고가 앞으로 30년 이내에 사망한다면 그로써 정기금 채권이 소멸된다는 의미이다」(대판 1967. 8. 29, 67다1021).

로 하였는데 특정인이 월중에 또는 연중에 사망한 경우에 그때의 마지막 지분적 급부를 어떻게 계산할 것인지가 문제된다. 이에 관해 민법은 「종신정기금은 일수로 계산한다」고 규정한다(726조). 예컨대 매달 100만원을 지급하기로 하였는데 그 달 15일에 사망한 때에는 그 일수의 비율에 따라 50만원을 지급하여야 한다.

Ⅳ. 종신정기금의 종료

종신정기금은 특정인의 사망으로 소멸되는 것 외에 해제에 의해서도 소멸된다. 민법은 이와 관련하여 다음 두 개의 특칙을 정하고 있다.

1. 종신정기금계약의 해제

a) 요 건 제727조는 종신정기금의 해제에 관해 일반 해제와는 다른 특칙을 정하는데, 이것은 정기금 채무자가 정기금 채무의 '원본'을 받은 경우에 적용된다(727조 1항 전문). 예컨대 매수인이 매도인으로부터 재산권을 이전받고서 그 대금을 종신정기금으로 약정한 경우처럼 유상의 종신정기금만을 의미한다. 증여를 토대로 한 종신정기금처럼 무상의 것인 경우에는 해제 일반의 원칙이 적용되고, 제727조는 적용되지 않는다.

b) 효 과 (ㄱ) 계약해제 일반의 원칙에 의하면, 채무자의 이행지체가 있는 경우에 채권자는 상당한 기간을 정하여 최고를 하여야 하고(544조), 그 해제의 효과로서 각 당사자가 원상회복의 무를 부담하는데(548조), 제727조에 의한 해제의 경우에는 다음 두 가지 점에서 다른 내용을 정한다. 즉 ① 정기금 채무자가 정기금 채무의 지급을 게을리하거나 그 밖의 의무를 이행하지 않은 때에는 정기금 채권자는 곧바로 원본의 반환을 청구할 수 있다(727조 1항 본문). 즉 원본의 반환청구에는 해제가 포함되며, 상당 기간을 정한 이행의 최고도 필요 없다. ② 정기금 채권자가 이미 지분적 정기금을 받은 경우에는, 받은 채무액에서 그 원본의 이자를 뺀 나머지 금액을 정기금 채무자에게 반환하면 된다(727조 1항 단서). 원상회복의 원칙대로 하면 이미 받은 지분적 정기금의 이자도 같이 반환하여야 할 것이지만 이를 면제한 것이다(다시 말해 정기금 채무자만 원본의 이자를 반환할 책임을 진다). (ㄴ) 정기금 채권자가 위 해제를 하더라도 손해가 있는 때에는 그 배상을 청구할 수 있다(727조 2항). 한편, 종신정기금의 해제에 따라 각 당사자가 부담하는 의무는 동시이행의 관계에 있다(728조).

2. 채권의 존속 선고

a) 의 의 종신정기금은 특정인의 사망으로 종료되는 것이지만, 그 사망이 정기금 채무자의 귀책사유로 초래된 경우에는 달리 처리할 필요가 있다. 예컨대 그 특정인이 채무자인데 채무자가 자살하거나, 그 특정인이 채권자인데 채무자가 그를 살해하거나 하는 경우가 그러하다. 제729조는, 전자의 경우에는 정기금 채권자가, 후자의 경우에는 정기금 채권자의 상속인이 법원에 채권의 존속을 청구할 수 있도록 정한 것이다.

b) 효 과 (ㄱ) 법원은 위 청구에 따라 상당한 기간 동안 채권이 존속함을 선고할 수 있다(729조 1항). 그 결과 그 기간 동안에는 종신정기금의 효력이 유지된다. (ㄴ) 정기금 채무자가 정기금의 원본을 받은 때에는, 정기금 채권자는 제729조에 의한 채권의 존속을 법원에 청구하거나, 제

727조의 권리(해제)를 선택적으로 행사할 수 있다(729조 2항).

제16관 화 해和解

사 례 (1) A는 K산업에 근무하다가 퇴직하였는데, 퇴직금 2백만원을 적게 받았다고 하여 노동부에 진정을 낸 후, K로부터 퇴직금 1백만원을 추가로 받고서 진정을 취하하였다. 그런데 그 후 K가 A에게 퇴직금을 적게 주기 위해 1년 단위로 중간퇴직 처리를 하여 왔고, 그래서 실제로 받을 수 있는 퇴직금이 5천만원인 것으로 밝혀졌다. A는 K에게 5천만원을 따로 청구할 수 있는가?

(2) 甲과 乙의 운전 미숙으로 인하여 개인택시 기사 甲이 운전한 택시와 乙이 운전한 자신의 자동차가 충돌하여 택시 승객 丙이 상해를 입었다. 甲, 乙, 丙 3인은 丙에 대한 손해배상책임에 관하여 甲이 8,000만원, 乙이 2,000만원을 각각 별개의 채무로 하여 丙에게 지급하기로 하는 합의서를 작성하였다. 丙은 甲에게 1억원의 손해배상을 청구할 수 있는가? (10점)(2017년 제2차 변호사시험 모의시험)

해설 p. 649

Ⅰ. 화해 일반

1. 화해의 의의

화해는 당사자가 서로 양보하여 당사자 간의 분쟁을 끝내기로 약정함으로써 성립하는 계약이다(731조). (ㄱ) 예컨대 A는 B에게 450만원을 빌려주었다고 하고, B는 350만원을 빌렸다고 하면서 다투는 경우, A와 B의 합의로 400만원의 금전대차가 있는 것으로 약정하는 것이 화해이다.[1] 이에 따라 종전의 법률관계에 따른 권리와 의무는 고려되지 않으며, 화해에 기초한 새로운 권리와 의무가 확정된다. 당사자 간에 분쟁이 있는 경우에는 법원의 판결을 통해 해결하는 것이 보통이지만, 여기에는 비용과 시간의 소모 및 인간관계의 훼손 등 적지 않은 문제가 수반된다. 이 점에서 당사자 간의 자유로운 합의에 의해 분쟁을 종결시키는 화해 제도의 의의가 있다. (ㄴ) 화해는 당사자 사이에 어떤 다툼(분쟁)이 있는 것을 전제로 한다. 다툼이 없고 단지 법률관계가 불명확한 경우에 이를 확정하기 위한 계약은 화해가 아니다. 또 화해는 당사자가 서로 양보를 하여야 하며, 일방만이 양보를 하는 것은 화해가 아니다. (ㄷ) 화해계약에 의해 당사자 간에 새로운 권리와 의무가 확정되는 것이므로, 화해의 대상이 될 수 있는 분쟁사항은 당사자가 자유로이 처분할 수 있는 것이어야 한다. 따라서 가족법상의 법률관계(예: 친자 기타 친족관계의 존부, 부양관계 등)는 원칙적으로 화해의 대상이 될 수 없다.

---

1) 판례: 「도로건설공사의 현장 책임자가 공사로 인한 양계장의 피해 보상을 요구하는 양계업자와 민사상의 소를 취하하는 대신 환경분쟁조정위원회의 결정에 승복하기로 합의한 경우, 그 합의는 화해계약에 해당한다」(대판 2004. 6. 25, 2003다32797).

2. 화해의 법적 성질

통설적 견해는 화해를 당사자가 서로 양보하는 것, 즉 서로 손실을 입는 점에서 유상계약이며, 서로 양보하는 것은 대가적이라는 점에서 쌍무계약으로 파악한다. 그리고 낙성 · 불요식 계약으로 본다.

3. 화해와 유사한 제도

a) 재판상 화해　재판상 화해에는 두 종류가 있다. 당사자 간에 소송이 진행되는 중에 원고와 피고가 서로 양보하여 화해에 이르게 되는 「소송상 화해」(민사소송법 145조)와, 분쟁 당사자의 일방이 상대방의 보통재판적 소재지 지방법원에 화해 신청을 하여 이루어지는 「제소전 화해提訴前 和解」(민사소송법 385조)가 그것이다. 양자 모두 법원의 관여하에 이루어지고, 화해조서가 작성되는데, 이것은 확정판결과 같은 효력이 있어 집행력을 가지는 점에서(민사소송법 220조) 민법상의 화해계약과 다르다.

b) 조　정　재판상 화해에서는 당사자가 주도적으로 화해를 하고 법원은 이를 확인하는데 불과하지만, 이에 대해 특히 민사분쟁의 경우에 당사자가 법원에 조정을 신청하여 법원의 적극적인 중개로 당사자 간에 합의를 하도록 하는 제도가 조정이다. 그러나 조정은 분쟁 자체를 처리하는 데 목적을 두고, 화해에서처럼 상호간의 양보를 반드시 그 요건으로 하는 것이 아니다(따라서 당사자 일방의 주장만이 인정되는 경우도 있다). 민사조정은 조서에 기재함으로써 성립하는데, 이것은 재판상 화해와 동일한 효력이 있다(민사조정법 28조 · 29조). 이러한 조정에는 법원이 관장하는 민사조정(민사조정법) · 가사조정(가사소송법)과, 행정부가 관장하는 노동쟁의조정(노동쟁의조정법) · 의료조정(의료법) · 보험분쟁조정(보험업법) · 저작권분쟁조정(저작권법) 등이 있다.

c) 중　재　일정한 법률관계에 관한 분쟁을 제3자(중재인)의 판정에 의해 해결할 것을 당사자가 합의하고(중재계약), 이에 기초하여 이루어지는 것이 중재이다. 이 점에서 당사자의 합의만으로 분쟁을 종결시키는 민법상의 화해와는 다르다. 중재는 특히 국제상사거래에서 많이 이용되는데, 중재절차를 규율하는 것으로 '중재법'(1999년 법 6083호)이 있다.

Ⅱ. 화해의 효력

1. 계약 일반의 효력

화해는 채권계약으로서, 당사자는 화해계약에서 정해진 내용을 이행할 의무를 진다. 한편 화해계약도 법률행위로서의 계약이므로, 법률행위와 계약 일반의 법리가 통용된다. 즉 법률행위의 무효 · 취소에 관한 규정과 계약의 해제에 관한 규정은 화해계약에도 적용된다.[1)]

2. 법률관계를 확정하는 효력

화해가 성립하면 다툼의 대상이 된 것이 당사자가 합의한 대로 확정되는 효과가 생긴다. 즉 화해는 당사자가 사실에 반한다는 것을 감수하면서 서로 양보하여 분쟁을 끝내는 것을 목

1) 판례: 「화해계약이 사기로 인하여 이루어진 경우에는, 화해의 목적인 분쟁에 관한 사항에 착오가 있더라도 민법 제110조에 따라 이를 취소할 수 있다」(대판 2008. 9. 11, 2008다15278).

적으로 하는 계약이므로, 후에 밝혀진 사실이 화해의 내용과 다르더라도 그것은 고려되지 않는다. 그것을 고려하면 민법이 인정한 화해 제도 자체를 부정하는 것이 되기 때문이다. 이처럼 종전의 법률관계의 내용을 변경, 확정하는 효력은 화해 당사자의 의사에 기초하는 것이다. 민법은 이를 토대로 하여 다음의 두 가지를 규정한다.

(1) 창설적 효력

(ㄱ) 당사자 간의 다툼의 대상이 된 분쟁사항은 화해계약의 내용에 따라 변경, 확정된다. 민법 제732조는 이를 「당사자 일방이 양보한 권리가 소멸되고, 상대방이 화해로 그 권리를 취득하는 효력이 있다」고 하고, 이러한 효력을 '창설적 효력'으로 정의한다. (ㄴ) 법률행위 해석의 법리는 당사자 사이에 화해가 성립한 후 화해조항의 해석에 관하여 다툼이 있는 경우에도 마찬가지로 적용된다.[1] (ㄷ) 화해의 창설적 효력과 관련하여 해석상 문제되는 것이 있다. 즉 종전의 법률관계와 화해에 의해 생긴 법률관계는 별개의 것이냐, 따라서 종전 채권에 대한 담보는 소멸되는 것이냐 하는 점이다. 학설은 나뉜다. 제1설은, 화해의 창설적 효력의 결과 종전의 법률관계는 고려하지 않으므로 그에 관한 담보 등은 당연히 소멸되는 것으로 해석한다(곽윤직, 332면). 제2설은, 본조가 정하는 창설적 효력의 범위는 분쟁의 범위에 속하는 권리가 소멸되고 취득하는 것에 그칠 뿐 종전의 법률관계 전체가 소멸된다는 취지는 아니므로, 즉 화해는 경개처럼 종전의 법률관계에 따른 채권과 채무 자체를 소멸시키는 데 목적이 있는 것이 아닌 점에서, 종전 법률관계와는 동일성이 유지되고 따라서 담보도 존속하는 것으로 해석한다(김증한·김학동, 652면; 김형배, 797면). 기본적으로는 당사자의 의사나 화해계약의 내용에 따라 정할 것이지만, 특별한 사정이 없는 한 당사자는 담보가 존속하기를 원한다고 볼 것이므로, 제2설이 타당하다고 본다.

(2) 화해와 착오의 관계

a) 화해는 당사자가 사실에 반한다는 것을 감수하면서 서로 양보하여 분쟁을 끝내는 데에 목적을 두는 계약이므로, 후에 밝혀진 사실이 화해의 내용과 다르더라도 이것은 고려될 수 없다. 따라서 화해의 목적인 「분쟁사항」이 사실과 다르더라도 착오를 이유로 취소하지 못한다(733조 본문).[2]

b) (ㄱ) 다툼의 대상도 아니며 상호 양보의 내용으로 된 바도 없는, 「분쟁 외의 사항」(분쟁의

1) 판례: 1) 甲과 乙이 점포에 관해 임대차계약을 체결한 후 '甲은 임대차기간 만료일에 乙로부터 임대차보증금을 반환받는 것과 동시에 점포를 乙에게 인도한다'고 하는 내용의 제소전 화해를 하였는데, 甲이 임대차기간 만료 전 임대차계약의 갱신을 요구하였다. 여기서 甲의 계약갱신 요구권이 위 화해의 창설적 효력이 미치는 범위에 포함되는지가 다투어졌다. 2) 대법원은 다음과 같은 이유로 甲이 위 화해 이후에도 계약갱신을 요구할 수 있는 것으로 보았다. 「위 화해의 내용에 甲의 계약갱신 요구도 포함되었다고 보기 어렵고 또 甲이 그 요구권을 포기하였다고 보기도 어렵다. 甲의 계약갱신 요구권은 화해 당시 분쟁의 대상으로 삼지 않은 사항으로서 화해의 창설적 효력이 미치지 않는다」(대판 2022. 1. 27, 2019다299058).

2) 판례: 「동업 종료로 인한 잔여 동업재산 중 A의 지분의 환급범위에 관하여 분쟁하던 중, B와의 사이에서 A의 지분비율을 35.7%로 확정하여 그에 대한 환급지분액을 5천만원으로 합의정산하기로 한 것이라면, 이는 화해계약을 체결한 것이라고 보아야 할 것이고, 따라서 그 후 위와 같은 지분비율이 잘못 산정된 것이라고 하더라도, 이는 분쟁의 대상에 관한 것으로서 착오를 이유로 취소할 수 없다」(대판 1989. 9. 12, 88다카10050).

전제나 기초로서 다툼이 없는 사실로 양해된 사항. 화해 당사자의 자격도 분쟁 외의 사항의 한 종류에 지나지 않는다)에 착오가 있는 때에는, 이를 고려하더라도 화해 제도와 배치되는 것은 아니므로, 착오를 이유로 화해계약을 취소할 수 있다(733조 단서).[1] 예컨대 화해의 당사자 일방이 채권자나 채무자가 아니거나, 채권액에 다툼이 있어 그 액수에 관해 화해를 하였는데 실은 그 채권이 이미 시효로 소멸된 경우가 그러하다. 이때에는 민법 제109조 1항 소정의 착오에 의한 취소의 요건, 즉 그것이 중요부분에 해당하고 중과실이 없을 것을 요건으로 하여 화해계약을 취소할 수 있다. 이것은 착오를 이유로 화해계약의 취소를 주장하는 자가 입증하여야 한다(대판 2004. 8. 20, 2002다20353). (ㄴ) 화해계약이 사기에 의해 이루어진 경우에는 화해의 목적인 분쟁에 관한 사항에 착오가 있는 때에도 민법 제110조에 따라 취소할 수 있다(대판 2008. 9. 11, 2008다15278).

3. 손해배상액의 합의와 후발손해의 문제

(1) 교통사고와 같은 불법행위가 발생한 경우에 가해자와 피해자 간에 일정 금액을 손해배상액으로 정하는, 「배상액의 합의」를 하는 수가 적지 않다. 그 법적 성질은, 당사자가 손해배상액에 다툼이 있고 이를 서로 양보하고 있는지의 유무에 따라, 민법상의 화해계약이거나 아니면 그것과 비슷한 무명계약이라고 할 수 있다.

(2) 배상액의 합의가 화해에 해당하는 것으로 볼 수 있는 경우, 그 후 그 이상의 손해가 발생하였더라도 화해의 성질상 따로 그 배상청구를 할 수 없는 것이 원칙이다. 그런데 그 후발손해後發損害가 예상외로 중대한 경우, 통설은, 화해 당사자의 의사에 기초하여 화해계약의 효력은 당사자가 예상할 수 있는 분쟁의 범위 내에서만 미치는 것으로, 따라서 예상외의 후발손해에 대해서는 화해를 하지 않은 것으로 보아 따로 배상청구를 할 수 있는 것으로 해석한다. 판례도 같은 취지이다(대판 1997. 4. 11, 97다423).

사례의 해설 (1) 사례에서 A가 K로부터 추가 퇴직금 1백만원을 받고 진정을 취하한 것은 묵시적으로 양자 간에 화해계약이 성립한 것으로 볼 수 있다. 그런데 그 화해의 목적인 분쟁사항은 받을 퇴직금이 A가 주장하는 2백만원에 관한 것이었고, A에 대한 중간퇴직 처리가 무효여서 실제로 받을 수 있는 퇴직금이 5천만원이라는 사실은 양자 간에 의문을 갖지 아니하여 다툼의 대상이 되지 않았던 것이다. 따라서 A는 민법 제733조 단서에 의해 K와의 화해계약을 취소하고 퇴직금 5천만원을 청구할 수 있다(대판 1989. 8. 8, 88다카15413).

(2) 甲과 乙은 공동불법행위에 따라 부진정연대채무를 지고, 따라서 각자 1억원의 손해배상채

---

1) 판례: ① 「교통사고에 가해자의 과실이 경합되어 있는데도 오로지 피해자의 과실로 발생한 것으로 착각하고 치료비를 포함한 합의금으로 실제 입은 손해액보다 훨씬 적은 금원인 7백만원만을 받고 일체의 손해배상청구권을 포기하기로 한 경우, 그 사고가 피해자의 전적인 과실로 발생하였다는 사실은 쌍방 당사자 사이에 다툼이 없어 양보의 대상이 되지 않았던 사실로서 화해의 목적인 분쟁의 대상이 아니라 그 분쟁의 전제가 되는 사항에 해당하는 것이므로, 피해자 측은 착오를 이유로 화해계약을 취소할 수 있다」(대판 1997. 4. 11, 95다48414). ② 「환자가 의료과실로 사망한 것으로 잘못 알고 의사와 환자 유족 사이에 의사가 일정의 손해배상금을 지급하고 유족은 민·형사상의 책임을 묻지 않기로 화해가 이루어졌으나, 그 후 부검 결과 사인이 치료행위와는 무관한 것으로 판명된 경우, 위의 사인에 관한 착오는 화해의 목적인 손해배상의 액수, 민·형사사건의 처리문제 등에 관한 것이 아니고 다툼의 대상도 아니며, 상호 양보의 내용으로 된 바도 없는 그 전제 내지 기초에 관한 착오이므로, 이를 이유로 위 화해계약을 취소할 수 있다」(대판 1990. 11. 9, 90다카22674. 동지: 대판 2001. 10. 12, 2001다49326).

무를 부담하지만, 甲 · 乙 · 丙 사이에 甲은 8천만원을, 乙은 2천만원을 부담하기로 합의를 하였고 이는 화해계약을 맺은 것으로 볼 것이므로, 화해계약의 창설적 효력(732조)에 따라 丙은 甲에게 8천만원만 청구할 수 있다. 사례 p. 646

제17관 현대의 신종계약

제1항 서 설

(ㄱ) 현행 민법에서 규정하는 15가지 전형계약은 근대의 사회 · 경제생활을 토대로 계약유형을 정형화한 것이어서, 그 생활에 많은 변화가 생긴 현대에서는 자연히 그에 부응하는 여러 가지 새로운 계약유형이 출현하게 되고 또 보편적으로 이용되고 있다. 중개계약 · 리스(lease)계약 · 팩토링(factoring) · 프랜차이징(franchising) · 신용카드계약 · 의료계약 · 전속계약 등이 그러하다. 이들 계약은 부분적으로 현행법이 적용되기도 하고, 또 계약자유의 원칙에 따라 기본적으로 당사자 간의 합의에 의해 규율되지만, 이러한 신종 계약이 보편적으로 이용되고 있는 점에서, 특히 소비자보호의 차원에서 일정한 기준이 마련될 필요가 있고, 그래서 일부의 계약에 관하여는 민법에 독립된 계약의 유형으로 신설할 것이 제안되기도 하였다. (ㄴ) 위 신종계약들은 두 가지 점에서 특색이 있다. 하나는 그 계약에 전형계약의 여러 요소가 혼합되어 있으면서 하나의 독자적인 계약유형을 이루고 있는 점이고, 다른 하나는 계약의 당사자 외에 제3자가 관여하는 삼면관계의 모습을 띠고 있다는 점이다. 그래서 신종 계약을 규율함에 있어서는 그 자체를 하나의 독립된 계약유형으로 놓고 그에 대한 통일적인 법리를 전개하는 것이 필요하다. (ㄷ) 신종 계약 중 팩토링과 프랜차이징은 상행위로 인정되어 상법이 적용되고(상법 46조 20호 · 21호), 전속계약은 당사자 간의 합의에 의해 주로 규율되는 점에서, 이하에서는 종전 개정 민법(안)에서 전형계약으로 신설하였던 「중개」, 그리고 리스계약 · 신용카드계약 · 의료계약에 관해 그 특색을 간단히 설명하기로 한다.

제2항 중개계약仲介契約

1. 중개에 관한 사법상의 규정으로는 상법 제93조 이하, 공법상의 규정으로는 부동산중개업법이 있다. 중개는 사회적으로 널리 실행되고 있는 거래의 한 종류이다. 그래서 개정 민법(안)은 중개를 독립된 전형계약으로 편성하면서 각종 중개에 적용될 수 있는 일반원칙(4개 조문)을 민법에 신설하였었다(692조의2~692조의5).

2. 중개는 계약 체결의 소개나 주선을 목적으로 한다. 중개인은 의뢰인과 보수의 약정을 한 때에만, 그리고 중개로 계약이 성립한 때에만, 중개의 대가로서 보수를 청구할 수 있다.[1] 그 밖에 중개는 일종의 위임에 속하는 것이므로 위임에 관한 민법의 규정이 준용된다.

1) 다만, 공인중개사가 중개대상물에 대한 계약이 완료되지 않을 경우에도 중개행위에 상응하는 보수를 지급하기로 약정할 수는 있다. 이 경우에도 공인중개사법 소정의 부동산 중개보수 제한에 따른 한도를 초과할 수는 없다(대판 2021. 7. 29, 2017다243723).

제 3 항 시설대여 (리스) 계약

1. 시설대여계약의 의의

(ㄱ) 리스거래의 기본적 구조를 예를 들어 설명하면 다음과 같다. 외국에서 제조 · 판매되는 고가의 의료장비를 병원(이용자)에서 사용하고자 하는 경우, 리스회사는 이용자로부터 신청을 받아 위 물건을 공급자로부터 매수하여 이를 이용자에게 인도하여 사용케 하고, 이용자는 그 대가로 사용기간 동안 리스료를 정기적으로 리스회사에 지급한다. 특히 그 물건의 구입이 쉽지 않고 또 고가인 때에 리스거래가 활용될 여지가 많다. (ㄴ) 리스거래에는 이용자 · 리스회사 · 공급자의 삼자가 등장하지만, 리스계약의 직접적인 당사자는 이용자와 리스회사이며, 이것은 주로 리스회사에서 마련한 약관에 의해 체결되는 것이 보통이다. 그런데 그 약관에는 일반적으로 그 물건의 하자에 대해 리스회사가 책임을 지지 않으며, 물건의 유지 및 보수와 멸실 · 도난 등은 이용자가 책임을 부담하는 것으로 기재되어 있다.

2. 현행법상의 규제

현행법에 리스계약의 사법적 효력을 전반적으로 정하는 규정은 없다. 다만 부분적으로 현행법이 적용되는 경우가 있다. 즉 (ㄱ) '기계 · 시설 기타 재산의 물융物融에 관한 행위'는 상행위로 인정되므로, 리스거래에는 상법이 적용된다(상법 46조 19호). (ㄴ) 리스계약은 리스회사가 작성한 약관에 의해 체결되는 점에서 '약관의 규제에 관한 법률'이 적용된다. (ㄷ) 시설대여업, 즉 리스회사에 대한 행정적 규제에 관해서는 '여신전문금융업법'(1997년 법 5374호)이 적용된다(그 밖에 동법 제35조는, 자동차를 리스한 경우에 리스회사는 자동차손해배상 보장법상의 운행자로 보지 않는다고 규정한다).

3. 시설대여계약의 법적 성질

리스계약에는 두 가지 성질이 포함되어 있다. 하나는 이용자가 대여시설을 취득하는 데 소요되는 자금의 편의를 리스회사가 제공하는 점에서 물건의 구입을 위한 융자, 즉 물적 금융으로서의 성질을 띠는 것이고, 다른 하나는 리스회사 소유의 물건을 이용자가 대가를 지급하고서 사용하는 점에서 임대차로서의 성질을 가지는 점이 그러하다. 여기서 이 양자의 성질 중 어디에 중심을 둘 것인지에 따라 그 효력이 달라진다.

우선 주목하여야 할 현행법의 규정이 있다. 즉 여신전문금융업법에서는 리스계약을 '시설대여'라고 부르면서, 이에 관해 다음과 같이 정의한다. 즉 "시설대여란 일정한 물건(기계 · 기구 · 차량 · 선박 · 항공기 등)을 새로 취득하거나 대여받아 거래상대방에게 일정 기간(내용연수의 100분의 30) 이상 사용하게 하고, 그 사용기간 동안 일정한 대가를 정기적으로 나누어 지급받으며, 그 사용기간이 끝난 후의 물건의 처분에 관하여는 당사자 간의 약정으로 정하는 방식의 금융을 말한다"고 정하여(동법 2조 10호, 동법시행령 2조), 리스계약을 임대차가 아닌 물적 금융으로 파악하고 있다. 판례도 리스계약을 물적 금융으로 파악하면서 이것을 독립적인 비전형계약으로 보는데, 세부적으로 다음과 같은 법리를 전개한다. 즉 「시설대여(리스)는 형식에서는 임대차계약과 유사하나, 그 실질은 대여시설을 취득하는 데 소요되는 자금에 관한 금융의 편의를 제공하는 것을 본질적인 내용으로 하는 물적 금융이고 임대차계약과는 여러 가지 다른 특질이 있기 때문에, 이에 대하여는 민법의 임대차에 관한 규정이 바로 적용되지 않는다」고 한다(대판 1996. 8. 23, 95다51915).[1)]

제4항 신용카드계약

1. 신용카드계약의 의의와 성질

제2의 화폐로 불리는 어음 · 수표와 더불어 신용카드는 제3의 화폐로 칭할 정도로 오늘날 일반적으로 통용되고 있다. 신용카드거래에서는 신용카드업자(A) · 카드회원(B) · 가맹점(C)의 삼자가 관여하고, 당사자 간에 독립된 계약이 체결되면서도 이것이 서로 유기적으로 관련되어 있는 데 특색이 있다. 즉 (ㄱ) A와 B 사이에는 신용카드계약이 체결되는데, 그 내용은 B가 신용카드로 구입한 물건의 대금이나 용역의 대가를 일정 기간 후에 A에게 지급하고, 이를 위해 결제은행을 개설하는 것이 보통이다. (ㄴ) A와 C 사이에는 가맹점계약이 체결되고, C가 B에게 급부한 대가를 A는 C에게 지급한다. (ㄷ) B와 C 사이에는 매매계약 등이 체결되는데, B는 신용카드로 이를 결제하는 과정을 거친다.

2. 현행법상의 규제

A와 B 사이의 신용카드계약은 A가 작성한 약관에 의해 체결되는 점에서 우선 '약관의 규제에 관한 법률'이 적용된다. 그리고 신용카드업을 중심으로 한 행정적 규제와 그 책임 등에 관해서는 '여신전문금융업법'(12조~27조의4)이 적용된다. 한편 B가 C로부터 물건 등을 할부로 구입한 때에는 그들 사이에는 '할부거래에 관한 법률'이 따로 적용된다.

3. 문제가 되는 법률관계

신용카드계약에서는 특히 다음 세 가지가 문제된다. (ㄱ) B가 C로부터 매수한 물건의 대금을 A가 C에게 지급한 후 B에게 청구하는 법률관계가 무엇인가 하는 점이다. 이에 관해서는, C의 B에 대한 채권을 A가 매수한 것이고 이러한 채권양도를 B가 포괄적으로 승낙한 것으로 보는 '채권양도설'과, B의 C에 대한 대금채무를 A가 인수한 것으로 보는 '채무인수설'로 학설이 나뉘고, 이 점은 상법에서도 논의가 많다. 이는 근본적으로 A와 B 사이의 신용카드계약의 해석에 의해 결정할 문제이지만, 여신전문금융업법 제20조에서 신용카드거래에 따른 매출전표는 A와

1) 판례: (ㄱ) 임대차에서 임차물의 일부가 임차인의 과실 없이 멸실 기타 사유로 인하여 사용 · 수익할 수 없고 또 잔존부분만으로 임차의 목적을 달성할 수 없는 때에는 임차인은 계약을 해지할 수 있다(627조 2항). 동조는 강행규정으로서, 이를 위반하는 약정으로 임차인에게 불리한 것은 무효이다(652조). 그런데 리스계약을 체결하여 이용자가 그 물건을 인도받아 사용한 후 작동이 되지 않자 이용자가 민법 제627조를 근거로 계약을 해지하고, 이에 대해 리스회사는 약관상의 면책규정을 근거로 항변한 사안에서, 리스계약은 임대차가 아니라는 이유로 리스회사의 항변을 인용하였다(대판 1986. 8. 19, 84다카503, 504). (ㄴ) 임대차에서 임대인은 목적물을 계약 존속 중 그 사용 · 수익에 필요한 상태를 유지해 줄 의무를 부담하며(623조), 여기서 임대인의 수선의무가 발생한다. 그런데 리스계약을 체결하여 이용자가 물건을 사용하는 과정에서 문제가 발생하여 리스회사에 그 수선을 요구하였는데 이를 거절하자, 이용자가 임대차계약상의 채무불이행을 이유로 계약을 해지하고, 이에 대해 리스회사가 약관상의 면책규정을 근거로 항변한 사안에서, 위 판례와 같은 법리에서 리스회사의 항변을 인용하였다(대판 1994. 11. 8, 94다23388). (ㄷ) 이용자가 물건을 인도받은 후 그 수령확인서를 교부한 때에는 물건에 이상이 없는 것으로 간주하고 그에 따른 담보책임을 리스회사가 부담하지 않는다는 약관의 내용이, 약관규제법 제7조 2호 및 3호에서 정하는 면책조항의 금지에 위반되는지가 문제된 사안에서, 그 면책 약정에 상당한 이유가 있는 것으로 보아 이에 해당하지 않는 것으로 보았다(대판 1996. 8. 23, 95다51915).

C 사이에서만 양도 · 양수가 허용되는 것으로 규정하고 있는 점을 감안하면, 전자의 견해가 타당한 것으로 생각된다. (ㄴ) B가 C로부터 매수한 물건에 하자가 있는 등 항변사유가 있는 경우에 B가 이 사유로써 A에 대한 결제를 거절할 수 있는가 하는 점이다. 위에서처럼 채권양도로 구성하는 한, 그리고 B가 A와의 신용카드계약에서 이를 포괄적으로 단순 승낙을 한 것으로 보는 이상, B가 C에 대한 항변사유로써 A에게 대항할 수는 없다고 볼 것이다(451조 1항 본문 참조). B는 C에게 그들 사이의 계약에 기한 책임을 묻는 것을 통해 해결할 수밖에 없다. (ㄷ) 카드의 분실에 따른 B의 책임 여하이다. 이 점에 관해 여신전문금융업법 제16조는 B가 그 분실을 A에게 통지하여 그것이 도달한 때부터 책임을 면하는 것으로 규정한다(참고로 현재 통용되고 있는 약관에서는 그 분실신고를 접수한 날부터 그 이전 15일까지의 부정 사용 부분에 대해서는 B가 책임을 면하는 것으로 정하여 면책의 범위를 확대하고 있다).

제5항 의료계약醫療契約

1. 의료계약의 의의와 성질

(1) 환자가 의사 또는 의료기관(의료인)에 진료를 의뢰하고, 의료인이 그 요청에 응하여 치료행위를 개시하는 경우에 의료인과 환자 사이에 의료계약이 성립된다. 의료계약에 따라 의료인은 질병의 치료 등을 위하여 모든 의료지식과 의료기술을 동원하여 환자를 진찰하고 치료할 의무를 부담하며, 환자 측은 보수를 지급할 의무를 부담한다(대판(전원합의체) 2009. 5. 21, 2009다17417).

한편 계약의 당사자가 누구인지는 그 계약에 관여한 당사자의 의사해석의 문제에 해당하고(대판(전원합의체) 2009. 3. 19, 2008다45828), 이는 의료계약의 당사자가 누구인지를 판단할 때에도 마찬가지이다. 따라서 환자가 아닌 자가 의료인에게 의식불명 또는 의사무능력 상태에 있는 환자의 진료를 의뢰한 경우, 진료 의뢰자와 환자의 관계, 진료를 의뢰하게 된 경위, 진료 의뢰자에게 환자의 진료로 인한 비용을 부담할 의사가 있었는지 여부, 환자의 의식상태, 환자의 치료 과정 등 제반 사정을 종합적으로 고찰하여 진료 의뢰자와 의료인 사이에 환자의 진료를 위한 의료계약이 성립하였는지 여부를 판단하여야 한다(대판 2015. 8. 27, 2012다118396).[1]

(2) 의료계약에는 그에 맞는 독자적인 법리를 구성하는 것이 필요하다. 입원환자의 경우에는 임대차 · 매매 · 위임 등의 여러 요소가 혼합되어 있는데 그렇다고 해서 그 규정을 부분적으로 따로 적용한다는 것은 적절치 않고,[2] 사람의 질병을 치료한다는 특성상 이를 사무의 처리라는

---

1) 甲의료법인이 乙사회복지법인과 乙법인이 운영하는 노인 요양시설에서 응급환자가 발생할 경우 甲법인이 운영하는 병원으로 후송하여 진료를 받도록 하는 내용의 업무협약을 체결하였는데, 위 요양시설에 입원 중이던 丙이 乙법인 요양보호사의 잘못으로 골절상을 입고 업무협약에 따라 위 병원으로 후송되어 입원치료를 받다가 사망한 사안에서, 위 판례는, 乙법인 요양보호사의 과실로 丙이 골절상을 입었으므로 乙법인이 진료비를 부담하여야 하는 상황이었던 점에 비추어 甲법인과 丙의 진료를 위한 의료계약을 체결한 계약 당사자는 丙이 아니라 乙법인으로 보았다.

2) 판례: 「(ㄱ) 환자가 병원에 입원하여 치료를 받는 경우에 있어서, 병원은 진료뿐만 아니라 환자에 대한 숙식의 제공을 비롯하여 간호, 보호 등 입원에 따른 포괄적 채무를 지는 것인 만큼, 병원은 병실에의 출입자를 통제 · 감독하든가, 그것이 불가능하다면 최소한 입원환자에게 휴대품을 안전하게 보관할 수 있는 시정장치가 있는 사물함을 제공하는 등으로, 입원환자의 휴대품 등의 도난을 방지함에 필요한 적절한 조치를 강구하여 줄 신의칙상의 보호의무가 있다고 할 것이고, 이를 소홀히 하여 입원환자와는 아무런 관련이 없는 자가 입원환자의 병실에 무단출입하여 입원환자의 휴대품 등을 절취하였다면 병원은 그로 인한 손해배상책임을 면하지 못한다. (ㄴ) 병원 측이 입원환자에게 귀중품 등의 물건 보관에 관한 주의를 촉구하면서 도난시에는 병원이 책임질 수 없다는 설명을 하였다고 하더라도, 그것은 병원의 과실이 없는 불가항력으로 말미암은 손해 발생에 대한 배상책임을 지지 아니한다는 것에 불과하여, 그것만

관점에서 민법상 위임에 관한 규정을 직접 적용하는 것도 무리가 있기 때문이다.[1])

2. 의료계약의 효력

(1) 의료인의 권리와 의무에 관해서는 「의료법」 제4조 이하에서 정하는데, 이 중 의료계약과 관련되는 것으로 몇 가지가 있다. 즉 (ㄱ) 의료인은 진료 요청을 받으면 정당한 사유 없이 거부하지 못하고, 응급환자에게는 '응급의료에 관한 법률'에서 정하는 바에 따라 최선의 처치를 하여야 한다(동법 15조). (ㄴ) 의료인은 의료업무 등을 하면서 알게 된 다른 사람의 정보를 누설하거나 발표하지 못한다(동법 19조). (ㄷ) 의료인은 진료기록부를 작성 · 보존하여야 하고(동법 22조), 원칙적으로 환자가 아닌 다른 사람에게 환자에 관한 기록을 열람케 하거나 사본 등을 교부할 수 없다(동법 21조).

(2) 의사의 의료과실로 인한 손해배상책임에 관해서는 두 가지 청구원인이 있다. 하나는 의료계약에 기초하여 의사의 진료채무의 불이행을 이유로 책임을 묻는 것이고, 다른 하나는 불법행위를 이유로 책임을 묻는 것이다. 그런데 실제로는 거의 대부분 후자를 청구원인으로 하여 그 배상을 청구하는 것이 보통인데, 그 이유는 다음과 같다. 즉 의료계약에 기초한 의사의 진료채무는 질병의 완치를 조건으로 하는 '결과채무'가 아니라, 그 당시의 의료수준에 비추어 필요하고 적절한 진료 조치를 다하면 그것으로 족한 '수단채무'이기 때문에, 진료의 결과 완치되지 못하였다고 해서 곧바로 진료채무를 불이행한 것으로 되지는 않는다(대판 1993. 7. 27, 92다15031). 따라서 환자가 의료계약상 진료채무의 불이행을 이유로 손해배상을 청구하려면 최소한 의사의 채무불이행 사실은 입증하여야 하는데(390조 본문), 이것은 불법행위에서 의사의 과실을 환자가 입증하는 것(750조)과 별반 차이가 없다는 점이다. 그 밖에 불법행위를 청구원인으로 하는 경우에는 위자료에 관한 명문의 규정(751조 · 752조)을 근거로 그 배상이 상대적으로 용이하다는 점도 있다.

〈연명의료의 중단〉 (α) (ㄱ) 70세가 넘은 A(여)는 B병원에서 검사를 받다가 심정지가 오고 그래서 치명적인 뇌 손상을 가져와 1년 넘게 인공호흡기로 연명하고 있는데, 생존 가능성은 거의 없다. A는 3년 전에 "내가 병원에서 안 좋은 일이 생겨 소생하기 힘들 때 호흡기는 끼우지 말라. 기계로 연명하는 것은 바라지 않는다"고 가족에게 말한 사실이 있다. A의 가족이 B를 상대로 연명의료의 중단(치료장치의 제거)을 청구한 것이다. 이에 대해 대법원은 다음과 같은 이유로 원고의 청구를 인용하였다. 즉, 「① 자기결정권 및 신뢰관계를 기초로 하는 의료계약의 본질에 비추어 환자는 자유로이 의료계약을 해지할 수 있는 것이므로(민법 689조 1항), 환자가 진료행위의 중단을 요구할 경우에는 원칙적으로 의료인은 이를 수용하여야 한다. ② 다만, 환자의 생명과 직결되는 진료행위를 중단할 것인지 여부는 신중하게 판단하여야 한다. 그런데 임종과정에 있는 환자에게 행해지는 연명치료는 치료의 목적이 없는 신체 침해행위가 계속되는 것일 뿐이고 이것은 오히려 인간의 존엄과 가치를 해치는 것이 되므로, 환자가 사전에 연명치료 거부 내지 중단에 관한 의사를 밝혔거나 그러한 의사를 추정할 수 있는 경우에는 환자 측은 연명치료의 중단을 요구할 수 있고 의료인은 이를 수용하여야 한다」고 보았다(대판(전원합의체) 2009. 5. 21, 2009다17417). (ㄴ) 「환자가 의

으로는 병원의 과실에 의한 손해배상책임까지 면제되는 것이라고는 할 수 없다」(대판 2003. 4. 11, 2002다63275).

1) 의료계약에 민법의 위임에 관한 규정을 전면적으로 적용하기는 어렵다. 예컨대 수임인은 스스로 사무를 처리하여야 하지만(682조 1항), 의료행위에서는 상황에 따라 담당 의사가 바뀔 수 있다. 수임인은 사무처리의 상황을 보고하여야 하지만(683조), 의료행위에서는 치료 목적을 위하여 보고하지 않는 것이 바람직할 때도 있다. 또 의사는 의료계약을 일방적으로 해지하지는 못하며(689조 1항 참조), 환자가 파산하더라도 의료계약이 종료되는 것으로 볼 수는 없다(690조 참조). 그리고 위임에서의 민법 제691조와 제692조도 의료계약에는 적용될 성질의 것이 아니다.

료계약을 체결하고 진료를 받다가 회복이 불가능한 사망의 단계에 진입하여 연명치료 중단의 결정이 있는 경우에도, 환자와 의료인 사이의 기존 의료계약은 연명치료를 제외한 나머지 범위에서는 유효하게 존속한다」(연명치료 중단은 안락사가 아닌 존엄사로서, 사망에 이르기까지 연명치료를 제외한 그 밖의 진료비, 병실 사용료 등은 기존 의료계약에 따라 환자 측이 부담하는 것으로 보았다)(대판 2016. 1. 28, 2015다9769).

(β) 소위 존엄사에 관한 위 대법원판결을 계기로 그 논의가 이루어지면서 「호스피스 · 완화의료 및 임종과정에 있는 환자의 연명의료결정에 관한 법률」(2016. 2. 3. 법 14013호)이 제정되었다(다만, 동법에서 정하고 있는 연명의료 중단에 관한 부분은 2018. 2. 3.부터 시행되고 있다). 이 법률의 핵심은 임종과정에 있는 환자의 연명의료결정을 제도화함으로써 환자의 자기결정을 존중하고 환자의 존엄을 보장하자는 것인데, 그 요지는 다음과 같다. (ㄱ) 회생 가능성이 없고, 치료에도 불구하고 회복되지 않으며, 급속도로 증상이 악화되어 사망에 임박한 상태에 이른 것, 즉 임종과정에 있는 환자가 그 대상이 된다(동법 2조 1호). (ㄴ) 담당 의사는 임종과정에 있는 환자가 다음 중 어느 하나에 해당하는 경우에만 연명의료(즉 심폐소생술, 혈액 투석, 항암제 투여, 인공호흡기 부착)를 중단할 수 있다(동법 2조 4호 · 15조 · 17조 · 18조). ① 연명의료 계획서, 사전 연명의료의향서 또는 환자 가족의 진술을 통해 환자의 연명의료 중단 의사를 확인할 수 있는 경우, ② 환자의 의사를 확인할 수 없고 환자가 의사표현을 할 수 없는 의학적 상태인 경우에는, 환자가 미성년자인 경우에는 친권자가, 그 외의 환자의 경우에는 (환자의 배우자, 직계비속, 직계존속, 형제자매 순으로) 환자 가족 전원이 연명의료 중단의 의사를 표시한 경우. (ㄷ) 연명의료를 중단하더라도, 통증 완화를 위한 의료행위와 영양분 공급, 물 공급, 산소의 단순 공급은 시행하지 않거나 중단할 수 없다(동법 19조 2항). 연명의료 중단은 단지 고통을 끝내기 위한 안락사가 아니라 환자가 편안하게 임종에 이르도록 하는 데에 목적을 두고 있기 때문이다.

제 3 절 사무관리事務管理

사 례 (1) 인지認知되지 않은 혼인 외의 출생자를 양육 및 교육하면서 비용을 지출한 제3자는 그 실부에 대해 사무관리에 기한 비용의 상환을 청구할 수 있는가?

(2) A는 국가 소유 공유수면에 대해 국가로부터 매립면허를 받았는데, 그 준공기한에 매립공사를 완료하지 못하였다(이 경우 공유수면매립법에 의해 매립면허는 효력을 상실하고 그 공유수면을 원상으로 회복하여야 할 의무를 진다). 그 후 B는 A와 공유수면매립 동업계약을 체결하고, 공사비 1,700만원을 들여 위 공사를 완성하였다. B는 국가를 상대로 위 공사구역에 대해 소유권이전등기를 청구하였는데, 국가가 매립면허가 이미 실효되었다는 이유로 이를 거절하자, 사무관리에 기해 위 공사비의 상환을 청구하였다. B의 청구는 인용될 수 있는가?

(3) 1) ① 대한민국은 매년 공개입찰을 거쳐 해군 전술자료 처리체계(Korean Naval Tactical Data System : KNTDS)의 유지 · 보수를 맡을 업체를 선정하여 용역계약을 체결하여 왔는데, KNTDS에는 영국 회사가 발간하는 군사정보의 내용에 접속할 수 있는 프로그램(Jane's Data System : JDS)이 설치되어 있었고, 대한민국이 이를 사용하려면 직접 또는 용역업체를 통해 그 사용권을 취득

하여야 한다. 그런데 대한민국이 매년 체결하는 위 용역계약에는 용역업체의 JDS 사용권 구매의무가 그 내용으로 포함되어 있다. ② A는 2006. 10. 18.부터 2007. 10. 17.까지, 그리고 2007. 10. 18.부터 2008. 6. 30.까지 2회에 걸쳐 대한민국과 KNTDS 유지 · 보수 용역계약을 체결하고 이에 따른 용역을 제공하였는데, 2008. 6.경 영국 회사 측으로부터 종전 JDS 사용계약이 2008. 6. 29. 만료되며 그 후 사용계약이 갱신되지 않을 때에는 대한민국의 JDS 데이터 사용에 문제가 있다는 점을 통지받았다. ③ A는 대한민국과의 용역계약이 종료된 후인 2008. 7. 29. 영국 회사와 2008년분 JDS 사용권에 관한 사용계약을 체결하고, 2009. 1. 23. 영국 회사에 그 대금 40,725.24 파운드(한화 약 7천 8백만원)를 지급하였으며, 이 사용계약에 따라 영국 회사는 대한민국이 최종 사용자로서 JDS 데이터를 계속 사용할 수 있도록 하였다. ④ 대한민국은 A와의 KNTDS 유지 · 보수 용역계약이 2008. 6. 30. 기간 만료로 종료된 후 곧바로 다음 용역업체를 선정하지 못하고 2008. 8. 22.에 이르러 B와 용역계약을 체결하였는데, A도 용역업체로 재선정되기를 희망하였으나 공개입찰 과정에서 탈락하였다. 2) A는 B를 상대로, 용역업체로 선정된 B는 2008년분 JDS 사용권을 구매하여야 하는데 이를 A가 구매함으로써 B는 그에 상응하는 이익을 얻고 A는 손해를 입었다는 것을 이유로, 위 구매대금 7천 8백만원에 대해 부당이득반환을 청구하였다. A의 청구는 인용될 수 있는가? 해설 p. 665

제1관 총 설

1. 사무관리의 의의와 성질

(1) 의 의

사무관리는 '의무 없이 타인을 위하여 그의 사무를 관리하는 것'을 말한다(734조 1항). 타인의 유실물을 습득하여 이를 반환하거나, 집을 잃은 어린이를 돌보아주는 것, 타인의 채무를 대신 변제하는 것 등이 그 예이다. 타인의 사무에 간섭하는 것은 원칙적으로 위법한 것이며, 그것이 정당한 것으로 되기 위해서는 본인의 승낙이나 법률에 근거하여야만 한다. 즉 위임계약에 기초하여 수임인이 위임인의 사무를 처리하거나 친권에 기초하여 자녀의 사무를 처리하는 것이 정당한 것으로 되는 것이며, 또 이들 경우에는 타인의 사무를 처리할 의무가 있기도 하다. 그런데 민법은 의무 없이 타인을 위하여 사무를 관리하는 경우에도 사회생활에서의 상호부조의 실현이라는 관점에서 이를 적법행위로 평가하여, 위 요건을 갖추면 그것만으로 관리자와 본인 사이에 일정한 채권과 채무가 발생하는 것으로 정한다. 이 점에서 사무관리는 부당이득 및 불법행위와 더불어 법정채권에 속한다.

(2) 법적 성질

a) '의무 없이 타인을 위하여 사무를 관리'하게 되면, 민법은 이 사실만으로 사무관리가 성립하는 것으로 하여, 관리자와 본인 사이에 일정한 채권과 채무가 발생하는 것으로 정한다. 즉 그러한 효과를 당사자가 원하였는지 묻지 않고 일정한 사실에 대해 법률이 일정한 효과를 인정하는 점에서, 사무관리는 법률행위는 아니며 준법률행위이고, 그중에서도 사실행위에 속

한다. 사무관리에서도 타인을 위하여 하는 의사, 즉 관리의사는 필요하지만, 이것은 관리의 사실상의 이익을 본인에게 귀속시키려는 의사일 뿐, 사무관리에서 생기는 법률효과를 본인에게 발생시키려는 의사는 아니다. 사무관리는 법률행위가 아니므로, 의사표시나 법률행위에 관한 총칙편의 규정은 적용되지 않는다.

b) 사무관리는 법률행위가 아니므로 행위능력에 관한 규정도 적용되지 않는다. 따라서 관리자는 제한능력자여도 된다. 그런데 민법은 관리자에게 무거운 의무와 책임을 지우는데, 관리자가 제한능력자인 경우에도 동일하게 적용하는 것은 민법이 취하는 제한능력자 보호의 정신에 어긋난다. 또 제한능력자가 위임계약을 맺은 때에는 이를 취소하여 계약상의 구속에서 벗어날 수 있는 것과도 균형이 맞지 않는다(관리자는 제한능력을 이유로 사무관리를 취소할 수는 없다). 그래서 독일 민법(682조)은 이 경우 부당이득이나 불법행위에 관한 규정에 따른 책임만을 지는 것으로 정하고 있다. 우리 민법에는 이러한 규정이 없는데, 학설은 나뉜다. 제1설은, 사무관리는 위임 없는 사무의 처리이므로 위임에서와 마찬가지로 관리자는 행위능력이 필요하다고 한다(곽윤직, 337면). 제2설은, 민법 제135조 2항 후문의 규정을 유추하여 제한능력자는 관리자로서의 특별 책임은 지지 않고 단지 불법행위나 부당이득에 의한 책임만을 부담한다고 한다(김증한·김학동, 671면). 사견은, 사무관리를 법률행위로 보지 않으면서 관리자의 행위능력을 요구하는 것은 논리상 문제가 있고, 제2설이 타당하다고 본다. 즉 제한능력자도 관리자가 될 수 있고, 따라서 권리의 면에서는 민법에서 정한 관리자의 권리를 가질 수 있지만, 의무와 책임의 면에서는 제한능력자 보호라는 민법의 취지상 사무관리에 관한 규정이 아닌 일반 부당이득이나 불법행위에 관한 규정이 적용되는 것으로 해석하는 것이 타당하다.

2. 민법의 규율방향

(1) 사무관리에는 '사회생활에서의 상호부조'라는 긍정적인 측면과 '타인의 생활에 대한 간섭'이라는 부정적인 측면이 있다. 사무관리를 규율하는 데에는 이 양자를 조화시켜야 하는 과제가 따르는데, 민법은 기본적으로 본인 중심의 입장에서 사무관리를 규율하는 것으로 평가할 수 있다. 관리자에 대해 의무와 권리의 내용으로 규정하는 바를 보면 다음과 같기 때문이다. (ㄱ) 관리자의 의무로서, 관리자는 본인의 의사에 적합하게 또는 본인에게 이익이 되는 방법으로 관리해야 하고, 이를 위반한 때에는 무과실책임을 지며(734조), 통지의무와 관리계속의무를 부담하고(736조·737조), 위임에 관한 규정이 준용되어 (부당이득에서와 같이 본인의 손해를 한도로 하지 않고) 관리행위를 통해 받은 금전 기타의 물건 및 수취한 과실 전부를 본인에게 인도할 의무를 진다(738조·684조 1항). (ㄴ) 관리자의 권리로서, 관리자에게 보수청구권은 인정되지 않고 비용상환청구권만 인정되며, 이것도 본인의 의사에 따라 그 상환범위가 결정되고(739조), 관리자가 사무관리를 하면서 과실 없이 손해를 받은 때에도 본인의 현존이익의 한도에서만 그 보상을 청구할 수 있을 뿐이다(740조).

(2) 민법은 관리자에게 보수청구권을 인정하지 않고 또 관리의무를 강요하고 있지도 않다. 그러나 다른 특별법에서는 이 두 가지 점에 대해 예외를 규정하는 것이 있다. 즉 ① 유실물을

습득하여 반환한 자(유실물법 4조), 항해선 또는 그 적하를 구조한 자(상법 882조)는 일정한 보수를 청구할 수 있다. ② 조난선박을 발견한 자는 지체 없이 이를 보고할 의무가 있고(수상구조법 15조), 또 인명을 구조할 의무가 있다(선원법 13조).

3. 사무관리와 다른 제도와의 비교

(ㄱ) 위 임: 독일 민법은 개별적 채권관계의 장에서 위임에 이어 사무관리를 규정한다(독민 677조~687조). 물론 독일 민법이 사무관리를 계약으로 보는 것은 아니며, 타인의 사무를 처리한다는 점에서 위임과 유사하기 때문에 그러한 순서를 취한 것이다. 이에 대해 우리 민법은 사무관리를 법정채권으로 보아 계약과는 독립된 장에서 따로 정하고 있다(734조 이하). 사무관리는 관리자가 위임관계 없이 관리행위를 하는 점에서 위임과 구별되지만, 타인의 사무를 관리하는 점에서는 위임과 실질적으로 공통된 면이 있다. 그래서 민법은 위임에서 수임인의 의무와 책임에 관한 규정(683조~685조)을 사무관리에서 관리자에게 준용한다(738조). (ㄴ) 부당이득: 사무관리에서 관리자의 '취득물 등의 인도의무'(738조·684조)와 '비용상환청구권'(739조)에 관해서는 관리자와 본인에게 부당이득이 성립할 수 있다. 그런데 사무관리는 연혁적으로 부당이득의 원리로부터 분화하여 독자성을 가진 제도로 발전하여 왔고, 그 분화요건으로서 관리의사를 필요로 하였다(주석민법[채권각칙(5)], 296면(강현중)). 사무관리가 성립하는 경우에는 부당이득의 일반 법리에 앞서 사무관리 고유의 효과가 발생하는데, 그 차이점은 다음과 같다. 즉 ① 부당이득에서 이득의 반환은 타인이 입은 손해를 한도로 하는데(741조), 사무관리에서 관리자는 관리행위를 통해 얻은 것에 대해 본인의 손해를 한도로 하지 않고 그 전부를 인도하여야 한다(738조·684조 1항). ② 부당이득의 반환은 이익을 얻은 것을 전제로 하는데(741조), 사무관리에서 관리자가 비용을 지출한 때에는 본인이 그로 인해 이익을 얻었는지를 묻지 않고 본인에게 그 전부의 상환을 청구할 수 있다(739조). (ㄷ) 불법행위: 사무관리는 타인의 사무에 대한 간섭이 되지만, 사무관리가 성립하는 한도에서는 그 간섭은 법률상 정당한 것으로 인정되며, 불법행위가 되지 않는다.

제2관 사무관리의 성립요건

민법 제734조 1항은 「의무 없이 타인을 위하여 사무를 관리하는 것」을 사무관리로 정의한다. 사무관리가 성립하기 위해서는 다음의 네 가지가 필요하다. 우선 동조에 의해, ① 그 사무가 타인의 사무여야 하고, ② 타인을 위하여 사무를 관리하여야 하며, ③ 그 사무를 관리할 의무가 없어야 한다. ④ (한편, 민법 제737조는 관리자가 관리를 개시한 때에는 본인 측에서 그 사무를 관리할 때까지 관리를 계속할 의무를 지우되, 관리의 계속이 '본인의 의사에 반하거나 본인에게 불리함이 명백한 경우'에는 관리를 계속하지 못하는 것으로, 즉 사무관리가 종료되는 것으로 규정한다. 따라서 처음부터 그러한 때에도 사무관리는 성립하지 못한다고 볼 것이므로) 사무의 관리가 본인의 의사에 반하거나 본인에게 불리함이 명백하지 않아야 한다(대판 1997. 10. 10, 97다26326).

1. 타인의 사무일 것

사무관리의 대상이 되는 사무는 '타인의 사무'이다. (ㄱ) 객관적으로 자기의 사무인 것을 타인의 사무로 오신한 때에도 그것은 타인의 사무가 되지 않는다. (ㄴ) 타인의 사무는 적법한 것을 전제로 하며, 또 사무관리에 적합한 것, 즉 본인에 갈음하여 타인도 처리할 수 있는 대체성이 있는 것이어야 한다. 따라서 단순한 부작위나 본인의 일신에 전속하는 사무(주로 신분행위)에는 사무관리가 성립할 수 없다. (ㄷ) 예컨대 재료를 구입한 경우에 그것이 자기 집을 수리하기 위한 것인지 아니면 옆집의 수리를 위한 것인지 알 수 없는 때처럼, 누구의 사무인지가 객관적으로 정해지지 않은 '중성의 사무'에 관해서는 학설에 다툼이 있다. 통설은 관리자의 주관적인 의사를 기준으로 결정하여야 한다고 하여, 타인을 위한 의사로 재료를 구입한 때에는 타인의 사무로 해석한다. (ㄹ) 타인의 사무가 국가의 사무인 경우, 원칙적으로 사인이 법령상의 근거 없이 국가의 사무를 수행할 수 없다는 점을 고려하면, 사인이 처리한 국가의 사무가 사인이 국가를 대신하여 처리할 수 있는 성질의 것으로서, 사무처리의 긴급성 등 국가의 사무에 대한 사인의 개입이 정당화되는 경우에만 사무관리가 성립하고, 사인은 그 범위에서 국가에 국가의 사무를 처리하면서 지출된 필요비나 유익비의 상환을 청구할 수 있다.[1]

2. 타인을 위하여 관리할 것

(1) 사무관리가 성립하기 위해서는 관리자에게 「타인을 위하여」 하는 관리의사가 있어야 한다. 이것은 관리의 사실상의 이익을 타인에게 귀속시키려는 (자연적) 의사를 말한다. (ㄱ) 타인의 사무를 자기의 사무로 잘못 알고 처리한 때에는 사무관리는 성립하지 않는다. (ㄴ) 타인의 사무인 줄 알면서 자기의 사무로 처리하는 것, 즉 관리자 자신의 이익을 위한 의사만을 가진 때에는 사무관리는 성립하지 않는다. 그러나 타인을 위한 의사와 관리자를 위한 의사가 병존하는 것은 무방하다. 예컨대 공유자의 1인이 공유자 각자가 부담해야 할 비용 전부를 지급하는 것이 그러하다. 또 채권자가 자신의 채권을 보전하기 위해 채무자가 다른 상속인과 공동으로 상속받은 부동산에 대해 공동상속등기를 대위신청하여 등기가 마쳐진 경우, 채권자는 자신의 채무자가 아닌 다른 상속인에게도 사무관리에 기해 그 등기에 소요된 비용의 상환을 청구할 수 있다(대판 2013. 8. 22, 2013다30882). (ㄷ) 타인의 이익을 위한다는 의사가 있으면 족하다. 관리 당시에 그 타인이 누구인지 알 수 없어도 무방하고, 또 본인에 관하여 착오가 있더라도 진정한 본인에게는 사무관리가 성립한다.

(2) 「관리」란 타인의 사무를 처리하는 것을 말한다. 보존 · 이용 · 개량행위뿐만 아니라 처분행위도 포함하며, 또 그것은 타인의 가옥을 수선하는 것과 같이 사실행위일 수도 있고, 또는 그 수선을 위하여 타인과 (도급)계약을 체결하는 것과 같이 법률행위일 수도 있다.

---

1) 판례: 甲주식회사 소유의 유조선에서 원유가 유출되는 사고가 발생하자 乙주식회사가 피해 방지를 위해 해양경찰의 직접적인 지휘를 받아 방제작업을 보조한 사안에서, 乙회사는 사무관리에 근거하여 국가에 방제비용을 청구할 수 있다고 보았다(대판 2014. 12. 11, 2012다15602).

3. 타인의 사무를 관리하여야 할 의무가 없을 것

관리자가 본인에 대해 해당 사무를 처리할 계약상의 의무가 있거나(위임 · 도급 · 고용 등) 또는 법률의 규정에 의해 의무를 부담하는 경우에는(친권 · 후견 등), 사무관리는 성립하지 않는다. (ㄱ) 의무가 없는 한, 그러한 의무가 있는 것으로 믿은 때에도 사무관리는 성립한다. 반대로 의무가 있는 한, 의무가 없는 것으로 믿은 때에도 사무관리는 성립하지 않는다. (ㄴ) 예컨대 B가 A와의 위임계약에 따라 C의 집을 수선한 경우, B는 C에 대해서는 직접 그러한 의무를 부담하지 않는다고 하더라도 A와의 위임계약에 의해 수선할 의무를 지는 것이므로, B와 C 사이에 사무관리는 성립하지 않는다(대판 2013. 9. 26, 2012다43539). 만약 A가 C의 집을 수선할 의무가 없는 경우에는, A와 C 사이에는 사무관리가 성립한다.

4. 본인의 의사에 반하거나 본인에게 불리함이 명백하지 않을 것

사무관리가 처음부터 본인의 의사에 반하거나 본인에게 불리함이 명백한 때에는 사무관리는 성립하지 않으므로(737조 단서 참조),[1] 사무관리가 성립하기 위해서는 그러한 사실이 명백하지 않은 때에 한한다. 다만 본인의 의사에 반하는 것이 명백한 때에도, 본인의 의사가 강행법규나 사회질서에 반하는 경우에는, 본인의 의사를 존중할 필요가 없이 공공의 이익을 위해 사무관리가 성립한다(734조 3항 단서 참조)(예: 자살하려는 사람을 구조하거나, 소유자가 방화한 건물을 소화하는 것 또는 세금을 대신 납부하는 경우 등).

✽ 부진정 사무관리(준사무관리)

a) 유형과 쟁점 　사무관리가 성립하기 위해서는 관리자에게 「타인을 위하여」 사무를 관리하는 관리의사가 있어야만 한다. 따라서 ① 타인의 사무를 자기의 사무로 잘못 알고 처리하는 '오신 사무관리'와, ② 타인의 사무인 줄 알면서 이를 자기의 사무로 처리하는 '불법관리'의 경우에는 사무관리가 성립할 수 없다. 이 양자가 「부진정 사무관리不眞正 事務管理」에 속하는 것인데, 국내의 학설은 특히 ②의 경우를 「준사무관리準事務管理」라 칭하면서 이에 대해 사무관리에 준하는 효과를 인정할 것인지를 놓고 견해가 나뉜다.

b) 효 력 　(ㄱ) 현행 민법은 독일 민법과 같은 규정[2]이 없다. 그럼에도 특히 위 ②의 경우를 준사무관리라고 하여 사무관리에 관한 규정을 준용할 수 있는지가 학설에서 주장되는 것은, 그 인정 여부에 따라 반환범위에 차이가 있기 때문이다. 즉 부당이득이나 불법행위에 의해 해결할 경우에는 본인의 손해를 한도로 반환청구나 배상청구가 인정되는 데 비해(741조 · 750조), 사무관리의 규정을 준용할 경우에는 관리자가 취득한 것 전부의 인도를 청구할 수 있다는 점에 있다(738조 · 684조

---

1) A가 B에게 손해배상금으로 2천만원을 지급하기로 합의하였고, 이에 대해 A의 형 C가 2천만원의 약속어음을 발행하였지만 그 후에 그 지급을 거절하였다. 그 후 A의 친구 D가 A의 부탁을 받고 위 합의금을 B에게 지급한 사안에서, 판례는, D는 A를 위해 합의금을 지급한 것이고 C를 위해 C 명의의 약속어음금 2천만원을 지급한 것으로 볼 수 없어, D는 그가 지급한 2천만원을 C에게 사무관리에 기한 비용상환청구권으로써 청구할 수는 없다고 하였다(대판 1997. 10. 10, 97다26326).

2) 독일 민법은, ①의 경우에는 사무관리에 관한 규정이 적용되지 않는 것으로 정하고(독민 687조 1항), ②에 관해서는 본인은 사무관리에 따른 권리, 예컨대 그 관리행위를 통해 취득한 것 전부의 인도를 청구할 수 있고, 관리자에게 부당이득의 범위에서 관리비용을 상환할 의무가 있는 것으로 규정한다(독민 687조 2항).

1항).[1] (ㄴ) 학설은 나뉜다. 즉 적법하게 타인의 사무를 관리한 자보다 위법하게 타인의 사무에 간섭하여 자기의 이익을 꾀한 자가 책임이 경감된다는 것은 정의와 공평에 어긋나므로, 준사무관리를 인정하여 관리자의 의무에 관한 규정을 유추적용할 필요가 있다는 긍정설(김현태, 324면; 김석우, 438면; 김증한·김학동, 686면; 김형배, 56면)(다만 이 경우에도 부당이득이나 불법행위의 성립을 배척하는 것은 아니라고 한다)과, 관리자의 특수한 재능으로 얻게 된 것까지 반환케 하는 것은 본인의 능력만으로는 결코 그러한 이익을 얻을 수 없다고 볼 때 오히려 본인을 지나치게 보호하는 점에서, 준사무관리를 특별히 인정할 필요는 없으며 부당이득이나 불법행위에 의해 해결하여야 한다는 부정설(곽윤직, 343면; 김상용, 534면; 이태재, 407면)이 그것이다. 사견은, 현행 민법에 독일 민법과 같은 규정이 없는 점과, 사무관리가 연혁적으로 부당이득 제도에서 분화·독립되면서 그 고유의 성립요건이 정착된 점에 비추어, 부정설이 타당한 것으로 해석된다. 판례도 준사무관리를 인정한 예가 없다.

제 3 관 사무관리의 효과

1. 사무관리의 일반적 효과

a) 위법성의 조각 사무관리가 성립하는 경우에는, 그 과정에서 타인(본인)의 권리를 침해하는 수가 있어도 위법성은 조각(阻却)되고 적법행위가 된다. 따라서 불법행위로 인한 손해배상책임을 부담하지 않는다. 사무관리를 민법이 정당한 것으로 인정하였기 때문이다. 다만 그것은 민법이 정한 기준에 따른 것을 전제로 하는 것이고, 이를 위반한 경우에 부담하는 관리자로서의 책임은 별개의 것이다.

b) 사무관리의 추인 (ㄱ) 관리자가 사무의 처리에 착수한 이후에 본인이 그 사실을 알고 관리자와 위임계약을 맺을 수 있으며, 이 경우 사무관리는 종료되고, 그 이후는 위임계약에 의해 규율된다. (ㄴ) 본인은 위임계약을 맺지 않고 단순히 사무관리를 추인할 수도 있다. 이때에는 그 사무관리가 본인의 의사에 반하는 것이더라도 추인이 있은 후에는 그 의사에 반하지 않는 것으로 되어, 그에 따라 관리자의 비용 상환청구의 범위가 달라질 수 있다(739조 참조).

c) 사무관리와 대리관계 민법은 사무관리의 성립을 전제로 관리자와 본인 사이에 일정한 채권과 채무의 발생을 정할 뿐이다. 관리자가 사무관리의 방법으로 제3자와 계약을 맺는 경우에도(예: 폭풍으로 파손된 옆집을 수선하기 위해 관리자가 제3자와 도급계약을 맺는 경우), 그 계약의 당사자는 관리자와 제3자이며 본인이 아니다. 따라서 그 계약에 따른 효과는 관리자에게 발생하는 것이지 본인에게 귀속하는 것이 아니다. (ㄱ) 관리자가 자신의 이름으로 제3자와 법률행위를 맺은 경우, 그 효과는 당사자인 관리자와 제3자 사이에서만 생긴다. 다만 그 법률행위에 따른 채무가 본인에게 필요하거나 유익한 것인 때에는, 관리자는 본인에게 자기에 갈음하여

1) 예컨대 "물건 파는 사람이 자리를 비운 사이에 A가 1,000원짜리 물건을 2,000원에 팔았다"고 하자. 이 경우 A에게 관리의사가 있는 때와, A 자신이 그 이득을 취하려고 한 경우 각각 그 반환범위가 다르다. 즉 사무관리가 성립하는 전자의 경우에는 관리행위로 취득한 모든 것을 인도하여야 하므로 A는 2,000원을 주어야 하지만, 후자의 경우에는 부당이득이든 불법행위이든 본인의 손해를 한도로 하므로 A는 1,000원만 주면 된다.

제3자에게 그 채무를 변제해 줄 것을 청구할 수 있다(739조 2항·688조 2항). 그러나 제3자가 직접 본인에게 채무의 변제를 청구할 수는 없다. (ㄴ) 관리자가 대리의 형식으로서 본인 이름으로 법률행위를 하더라도, 본인이 관리자에게 대리권을 수여하지 않은 이상 본인에 대해 무권대리가 될 뿐이고, 따라서 본인의 추인이 없는 한 직접 본인에게 효과가 생기지 않는다. 다만 그것이 실질적으로 사무관리의 요건을 갖추고 또 그 법률행위에 따른 채무가 본인에게 필요하거나 유익한 것인 때에는 민법 제739조 2항의 유추적용을 고려할 수 있다.

2. 관리자의 의무

(1) 관리의 방법

(ㄱ) 관리자가 본인의 의사를 알거나 알 수 있는 경우에는, 그 의사에 적합하게 관리해야 한다(734조 2항). 사무관리의 대상이 되는 사무는 본래 본인이 그의 의사에 따라 처리할 사무이므로, 관리자가 대신 처리하는 경우에도 그 성질이 달라질 이유가 없다. 따라서 그 결과가 비록 본인에게 유리한 때에도 그것이 본인의 의사에 반하는 것은 원칙적으로 허용되지 않는다. 특히 이 경우 관리자는 본인의 이익이 현존하는 한도에서 관리비용의 상환을 청구할 수밖에 없는 불이익을 받는다(739조 3항). (ㄴ) 관리자가 본인의 의사를 알 수 없는 때에는, 사무의 성질에 따라 본인에게 가장 이익이 되는 방법으로 관리해야 한다(734조 1항).

(2) 손해배상책임

a) 원 칙 관리자가 관리 방법을 위반하여 사무를 관리한 경우에는 그에게 과실이 없는 때에도 그로 인한 손해를 배상할 책임을 진다(734조 3항 본문).[1] 다시 말해 관리자가 선량한 관리자의 주의로써 관리를 하여 과실이 없다고 하더라도, 그것이 본인의 의사나 이익에 적합하지 않은 경우에는, 그로 인한 본인의 손해에 대해 '무과실책임'을 부담한다. 이처럼 관리자에게 무거운 책임을 지우는 점에서, 사무관리를 본인 중심의 입장에서 소극적으로 규율하려는 민법의 태도를 엿볼 수 있다.

b) 예 외 다음의 두 경우에는 관리자의 책임이 경감된다. (ㄱ) 관리행위가 공공의 이익에 적합한 경우에는 중대한 과실이 없으면 배상할 책임이 없다(734조 3항). 세금을 연체한 자의 의사에 반하여 대신 세금을 내는 경우가 그러하다. (ㄴ) 관리자가 타인의 생명, 신체, 명예 또는 재산에 대한 급박한 위해危害를 막기 위하여 그의 사무를 관리한 경우에는 고의나 중대한 과실이 없으면 그로 인한 손해를 배상할 책임이 없다(735조). 예컨대 자살하려는 자를 구조하거나, 타인의 집에 불이 나 가재도구를 밖으로 던지는 경우, 그 과정에서 다치거나 가구가 손상되더라도 고의나 중과실이 없으면 손해배상책임을 지지 않는다. 책임을 면하는 데에, 본인에게 실

---

1) 판례: 甲 식당의 주방장으로 일하던 A가 부근의 乙 식당에 들렀다가, 마침 손님이 들어오자 식사를 주문할 것으로 알고 주방에 들어가 기름 용기 등이 올려져 있는 가스레인지에 불을 켜 놓았다가 그대로 나간 사이에, 위 용기가 과열되어 화재가 발생한 사안에서, 대법원은, A의 행위는 乙의 사무를 처리하는 사무관리에 해당한다고 보면서, A의 관리 방법 위반(불을 끄거나 종업원에게 불을 끄도록 조치하지 않은 점)으로 乙에게 손해가 발생한 것을 이유로 A에게 손해배상책임을 긍정하였다(대판 1995. 9. 29, 94다13008). 즉 이 경우에는 그 실화에 과실이 있는지와는 별개로 사무관리에 의한 배상책임을 지는 점에서 의미가 있다.

제로 급박한 위해가 존재하는 경우는 물론, 관리자가 본인에게 그러한 위해가 존재한다고 믿는 데에 상당한 이유가 있는 경우를 포함한다.

(3) 통지의무

(ㄱ) 관리자는 본인에게 이익이 되는 방법으로 또 본인의 의사에 적합하게 관리하여야 하므로(734조 1항·2항), 관리자가 관리를 시작한 경우에는 지체 없이 본인에게 통지해야 한다(736조 본문). 다만, 본인이 이미 그 사실을 알고 있는 경우에는 통지할 필요가 없다(736조 단서). 이 통지는 관리사무가 관리의 계속을 필요로 할 때 특히 그 의미가 있다(737조 참조). (ㄴ) 관리자가 통지의무를 위반한 때에는 그로 인하여 발생한 본인의 손해에 대해 배상책임을 진다. 관리자가 본인에게 통지를 하지 않았다고 하더라도 본인에게 손해가 발생하지 않은 때에는 관리비용 전부에 대해 그 상환을 청구할 수 있다(대판 1975. 2. 25, 73다1326). (ㄷ) 관리자가 본인에게 통지한 때에는 본인의 태도 여하에 따라 다음의 세 가지 법률관계가 발생할 수 있다. ① 본인이 관리자에게 사무의 처리를 위탁한 때에는 위임관계로 전환된다. ② 본인이 스스로 관리하고자 하는 등 관리의 계속을 거절한 때에는 사무관리는 종료되며, 그 이후에는 관리자가 사무를 관리하더라도 사무관리는 성립하지 않는다. ③ 본인은 이미 행하여진 사무관리를 추인할 수도 있다. 이 경우에는 그 사무관리가 본인의 의사에 반하는 것이었더라도 추인에 의해 본인의 의사에 반하지 않는 것으로 된다. 따라서 관리비용에 대해서는 본인의 현존이익을 한도로 하지 않고 지출한 비용 전부의 상환을 청구할 수 있다(739조 1항·3항 참조).

(4) 관리계속의무

(ㄱ) 관리자가 관리를 시작한 이상, 본인 측에서 그 사무를 관리할 때까지 관리를 계속해야 한다(737조 본문). 따라서 1회의 관리행위로 종결되는 때에는 적용되지 않는다. (ㄴ) 그러나 다음의 두 경우에는 관리자는 관리를 계속할 수 없고, 사무관리는 종료된다. 즉 ① 본인 측에서 사무를 직접 관리하는 때(737조 본문), ② 관리를 계속하는 것이 본인의 의사에 반하거나 본인에게 불리함이 명백한 때이다(737조 단서).[1]

(5) 위임에 관한 규정의 준용

사무관리는 법률의 규정에 의해 타인의 사무를 관리하는 것이고 관리자와 본인 사이에 위임계약이 체결된 것은 아니지만, 타인의 사무를 관리하는 것에서 위임과 유사한 점이 있으므로, 민법은 관리자의 의무에 대해 위임에 관한 제683조 내지 제685조를 준용한다(738조). (ㄱ) 보고의무: 관리자는 본인의 청구가 있는 경우에는 관리 상황을 보고하고, 관리가 종료된 때에는 지체 없이 그 경과와 결과를 보고해야 한다(683조). (ㄴ) 취득물 등의 인도 또는 이전의무: 사무관리를 통해 받은 금전 기타의 물건 및 수취한 과실 전부를 본인에게 인도해야 하고, 관리자가 본인을 위하여 자기 명의로 취득한 권리를 본인에게 이전해야 한다(684조). (ㄷ) 금전소비의

1) 판례: 「사무관리는 의무 없이 타인을 위하여 사무를 관리한다는 사실만 있으면 성립되는 것이고, 의사표시를 요소로 하는 법률행위가 아니므로, 본인이 사무를 직접 관리하려면 사무관리자에게 그 관리를 종료하여 줄 것을 내용으로 하는 의사표시를 하여야 하는 것이 아니고, 본인 자신이 직접 관리하겠다는 의사가 외부적으로 명백히 표현된 경우에는 민법 제737조 단서에 의해 사무관리는 그 이상 성립할 수 없다」(대판 1975. 4. 8, 75다254).

책임: 관리자가 본인에게 인도해야 할 금전이나 본인의 이익을 위해 사용해야 할 금전을 자기를 위하여 소비한 경우에는 소비한 날 이후의 이자를 지급해야 하며, 그 밖에 손해가 있으면 배상해야 한다(685조).

3. 관리자의 권리

(1) 비용상환청구권

관리자가 본인을 위하여 비용을 지출한 경우에 그것은 통상 본인에게는 부당이득이 되기도 하지만, 민법은 그 상환범위에 관해 따로 정한다(739조).

a) 사무관리가 본인의 의사에 반하지 않는 경우 (ㄱ) 관리자가 본인을 위하여 필요비나 유익비를 지출한 경우에는 본인에게 그 지출한 비용 전부의 상환을 청구할 수 있다(739조 1항).[1] 필요비나 유익비가 본인 소유의 물건 등에 지출된 경우에는, 사무관리자는 그 물건에 유치권(320조)을 행사할 수 있다. (ㄴ) 관리자가 본인을 위하여 필요하거나 유익한 채무를 부담한 경우에는 본인에게 자기에 갈음하여 그 채무를 변제하게 할 수 있고, 그 채무가 변제기에 있지 않은 때에는 상당한 담보를 제공하게 할 수 있다(739조 2항).

b) 사무관리가 본인의 의사에 반하는 경우 관리자가 본인의 의사에 반해 관리한 경우에는, 지출한 비용의 상환청구와 채무의 대변제 및 담보제공 청구는 본인의 '현존이익'을 한도로 한다(739조 3항). 유의할 것은, 관리행위가 본인의 의사에 반함이 명백한 때에는 처음부터 사무관리는 성립하지 않으므로(737조 단서 참조), 여기서의 "본인의 의사에 반하여 관리한 때"라는 것은, 그 관리가 명백히 본인의 의사에 반하는 것은 아니지만 결과적으로 본인이 이를 원하지 않는 경우를 의미한다. 한편 본인의 의사에 반하는 것이 명백한 경우에도, 본인이 그 이익을 얻은 때에는 제739조가 아닌 부당이득의 일반원칙에 따라 그 반환을 청구할 수 있다.

(2) 무과실 손해보상청구권

관리자가 사무관리를 하면서 과실 없이 손해를 입은 경우에는 본인의 이익이 현존하는 한도에서 손해의 보상을 청구할 수 있다(740조). (ㄱ) 본조는 구민법에는 없던 신설규정으로서, 위임에서 수임인에게 무과실 손해배상청구권이 인정되는 것(688조 3항)과 같은 취지의 것이며, 관리자가 무과실책임을 지는 것(734조 3항)에 대응되는 것이다. (ㄴ) 본조 소정의 '과실'은 관리자가 민법에서 정한 사무관리의 방법을 위반하는 것을 말한다. 따라서 관리자가 적절한 관리를 하는 과정에서 손해를 입은 때(예: 물에 빠진 사람을 구조하는 과정에서 관리자의 옷이 훼손된 경우)에만 본인의 '현존이익의 한도'에서 그 손해의 보상을 청구할 수 있다(위임의 경우에는 본인의 현존이익

1) 판례: 「민법 제739조 1항은 관리자에게 비용상환청구권을 인정하고 있을 뿐, 관리자가 본인에 대하여 보수를 청구할 수 있는지에 대해서는 규정하고 있지 않다. 그런데 직업 또는 영업에 의하여 유상으로 일하는 사람이 그 직업 또는 영업의 범위 내에서 타인의 사무를 관리한 경우, 그 관리자가 사무관리를 위하여 다른 사람을 고용하였을 경우 지급하는 보수는 사무관리 비용으로 취급되어 본인에게 반환을 구할 수 있는 것과 마찬가지로, 다른 사람을 고용하지 않고 자신이 직접 사무를 처리한 것도 통상의 보수 상당의 재산적 가치를 가지는 관리자의 용역이 제공된 것으로서 사무관리 의사에 기한 자율적 재산 희생으로서의 비용이 지출된 것이라 할 수 있으므로, 그 통상의 보수에 상응하는 금액을 필요비 내지 유익비로 청구할 수 있다」(대판 2010. 1. 14, 2007다55477).

을 한도로 하지 않음을 유의(688조 3항 참조).

사례의 해설 (1) 인지되지 않은 혼인 외 출생자에 대하여는 그 실부라 할지라도 법률상 부양의무가 없으므로, 그를 제3자가 양육하면서 비용을 지출하였다고 하여도 그것이 실부의 사무를 관리한 것으로 되지는 않는다. 따라서 사무관리는 성립하지 않으므로(734조 1항 참조), 제3자의 관리비용의 상환청구는 인용될 수 없다. 그 밖에 실부에게 부당이득도 성립하지 않는다(741조 참조)(대판 1981. 5. 26, 80다2515).

(2) A의 매립면허가 준공기한에 공사를 완료하지 못하여 공유수면매립법에 의해 실효되고 나아가 그 공유수면을 원상으로 회복하여야 하는 점에서, 그 이후 B의 공유수면의 매립공사는 국가를 위한 것으로 볼 수 없고, 또 국가의 의사에 명백히 반하는 것이므로 사무관리는 성립하지 않는다. 따라서 그 성립을 전제로 한 B의 관리비용의 상환청구는 인용될 수 없고, 그 밖에 B 스스로 원상으로 회복하여야 할 의무를 지는 점에서 국가가 부당이득을 한 것으로 볼 수도 없다(741조 참조)(대판 1981. 10. 24, 81다563).

(3) (ㄱ) A가 2008년분 JDS 사용권을 구매한 것은, 대한민국과 용역계약이 종료된 상태에서 이루어진 것이어서, 즉 계약상의 의무 없이 대한민국을 위해 처리한 사무관리에 해당한다. 따라서 A는 위 지출한 사용권 구매대금에 대해 민법 제739조(관리자의 비용상환청구권)를 근거로 국가에 그 상환을 청구할 수 있다. (ㄴ) 문제는 용역업체로 선정되어 계약상 위 사용권을 구매할 의무가 있는 B가 사실상 영국 회사에 구매대금을 지급하지 않게 된 점에서, A가 B를 상대로 직접 구매대금 상당액에 대해 부당이득반환을 청구할 수 있는가인데, 판례는 이를 부정한다(대판 2013. 6. 27, 2011다17106). 계약상의 급부가 계약의 상대방뿐 아니라 제3자에게 이익이 되는 경우에도 제3자에 대해서는 직접 부당이득반환을 청구할 수 없는데, 자기 책임 하에 체결된 계약에 따른 위험부담을 제3자에게 전가시키는 것이 되어 계약법의 기본원리에 반하고, 채권자인 계약 당사자가 채무자인 계약 상대방의 일반채권자에 비해 우대받는 결과가 되어 일반채권자의 이익을 해치는 것이 되며, 제3자가 계약 상대방에게 가지는 항변권 등을 침해하게 되어 부당하다는 것이 그 이유인데(대판 2002. 8. 23, 99다66564, 66571), 이것은 그 급부가 (계약이 아닌) 사무관리에 의해 이루어진 경우에도 통용된다고 한다. (ㄷ) A는 지출한 JDS 사용권 구매대금에 관해 국가에 민법 제739조(관리자의 비용상환청구권)를 근거로 그 상환을 청구할 수 있을 뿐, 직접 B에게 부당이득 반환청구를 할 수는 없다. 다만, B는 국가와의 용역계약에 따라 JDS 사용권을 구매할 의무가 있으므로, 그리고 A가 사용권 구매대금을 지급하였다고 해서 B가 그 구매의무를 면한다고 볼 것이 아니므로, A의 상환청구에 응한 국가는 B에게 구상할 수 있다.

사례 p. 655

제4절 부당이득不當利得

제1관 총 설

1. 부당이득의 의의와 성질

(1) 의 의

a) 타인의 재화로부터 이익을 얻기 위해서는 그에 관한 정당한 권리가 있어야 한다. 예컨대 매매계약에 의한 채권에 기해 매수인은 매도인 소유의 주택을 이전받고 매도인은 그 대가로 대금을 받으며, 민법이 정하는 취득시효 제도에 기해 타인 부동산의 소유권을 취득하는 것이 그러하다. 따라서 정당한 권리 없이 타인의 재화로부터 이익을 얻은 때에는 그 이익을 본래의 정당한 권리자에게 환원시키는 것이 마땅하다. 예컨대, 매매계약이 무효·취소·해제된 경우에는 매매계약을 전제로 이전된 급부를 계약 이전의 상태로 회복시켜야 하고(재화 이전의 수정), 권원 없이 타인의 재화를 침해하여 이익을 얻은 때에는 본래 그 이익을 취득할 자에게 이를 돌려줄 필요가 있다(재화 귀속의 수정). 이것이 민법이 정하는 「부당이득」의 제도이다.

민법 제741조는 부당이득의 내용으로서, 법률상 원인 없이 타인의 재산이나 노무로 이익을 얻고 그로 인하여 타인에게 손해를 입힌 경우에 수익자가 그 이익의 반환, 즉 부당이득 반환채무를 지는 것으로 정하는데, 이것은 부당이득의 반환을 통해 '재화의 정당한 귀속'을 실현하는 것, 바꾸어 말해 수익자가 취득한 부당한 이익을 교정하는 데 그 목적을 둔다.

b) 재화의 정당한 귀속을 실현하기 위해 일정한 요건이 성립하면 당연히 부당이득 반환채권·채무가 발생하는 것으로 법률로 규정한 점에서, 부당이득은 사무관리 및 불법행위와 같이 법정채권(채무)에 속한다.

(2) 법적 성질

부당이득은 법률상 원인 없는 이득이 생겼다는 사실 자체에 기해 부당이득 반환의무가 발생하는 것인 점에서, 그 성질은 사람의 행위와는 관계없는 '사건'이다. 이 점에서 계약이 법률행위이고, 사무관리는 준법률행위이며, 불법행위가 위법한 행위인 것과 다르다. 한편 부당이득은 부당한 수익의 교정을 목적으로 하고 수익자의 귀책사유를 문제삼지 않는 점에서, 가해자의 귀책사유를 요건으로 하는 불법행위(750조)와 차이가 있다.

2. 부당이득 반환청구권과 다른 청구권의 관계

부당이득 제도는 재화의 정당한 귀속을 실현하는 기능을 하는데, '계약상의 청구권·물권적 청구권·불법행위에 의한 손해배상청구권'도 그러한 기능을 수행한다. 여기서 부당이득 반환청구권과 이들 청구권의 관계가 문제되는데, 그 본질이 부당이득이면서도 다른 제도로 따로 규정하고 있는 때에는 그 제도만이 적용된다고 할 것이다. 그 외의 경우에는 각 청구권의 요건을 충족하는 것을 전제로 각 청구권의 취지와 효과를 감안하여 그 경합 여부를 개별적으로 정하여야 한다.

a) 상환청구권에 관한 민법의 규정 그 본질은 부당이득이면서도 민법에서 따로 정하는 것이 있는데, 이때에는 그 규정만이 적용될 뿐이다. 유치권자의 상환청구권(325조), 연대채무와 보증채무에서의 구상권(425조 이하·441조 이하), 사용차주와 임차인 및 수치인의 상환청구권(617조·626조·701조), 수임인과 사무관리자의 비용상환청구권(688조·739조) 등의 규정이 그러하다.

b) 계약해제에 따른 원상회복청구권 계약해제의 효과를 어떻게 구성할지에 관해서는 학설이 나뉘지만(직접효과설과 청산관계설), 소급효를 취하는 직접효과설에 따르면 계약해제로 인한 원상회복청구권은 본질적으로 부당이득 반환청구권에 속한다. 그러나 부당이득에서는 수익자의 선의와 악의에 따라 반환범위를 달리 정하지만(748조), 원상회복에서는 원상회복 의무자의 선의와 악의를 구별하지 않고 일률적으로 반환범위를 정하고 있는 점에서(548조) 부당이득에 관한 특칙이 된다.

c) 계약상의 청구권 (ㄱ) 계약상의 채무를 채무자가 이행하지 않았다고 하더라도 채권자는 여전히 해당 계약에서 정한 채권을 보유하고 있으므로, 특별한 사정이 없는 한 채무자가 채무를 이행하지 않았다고 해서 채무자가 법률상 원인 없이 이익을 얻었다고 할 수는 없다(그리고 설령 채권이 시효로 소멸하게 되었다 하더라도 달리 볼 수 없다)(대판 1992. 5. 12, 91다28979; 대판 2005. 4. 28, 2005다3113; 대판 2018. 2. 28, 2016다45779). (ㄴ) 한편, 임대차나 사용대차가 종료된 경우에 임차인 등은 목적물 반환의무를 부담하는데, 목적물을 반환하지 않는 것 자체가 부당이득은 아니므로 이때에는 채무불이행책임만을 질 뿐이다. 그러나 임차인 등이 반환을 하지 않는 것에서 더 나아가 임대차 종료 후에도 목적물을 사용하여 이익을 얻은 때에는, 채무불이행으로 인한 손해배상청구권과 부당이득 반환청구권이 경합한다.

d) 물권적 청구권 물권적 청구권, 특히 소유권에 기한 반환청구권은 소유물의 반환 즉 점유의 이전을 내용으로 하는 것이다(213조). 이 경우 점유자와 회복자의 관계에 대해서는 민법 제201조 내지 제203조가 이를 규율한다. 한편, 부당이득에서 수익에는 특별한 제한이 없으며 목적물의 점유도 포함되므로, 점유의 부당이득으로서 그 반환을 청구할 수 있고(통설), 이 경우 부당이득의 반환에 관해서는 민법 제747조 내지 제749조가 이를 규율한다. 어느 경우든 점유를 이전하는 형태, 즉 '원물반환'의 모습을 띠는 점에서 공통되는데, 전자에 의하면 선의의 점유자는 과실을 취득하고 이를 반환하지 않아도 되지만(201조 1항), 후자에 의하면 선의의 수익자는 현존이익의 한도에서 반환할 책임을 지므로 과실도 현존하는 경우에는 반환하여야 한다는 점에서 차이가 있다(748조 1항). (물권법 p.189 'Ⅴ. 소유권에 기한 물권적 청구권' 부분에서 기술한 대로) 소유자와 점유자 간에 계약이나 법률관계가 존재하지 않고 그래서 소유자가 점유할 권원 없이 점유하는 점유자에 대하여 소유물 반환을 청구하는 경우, 민법 제201조 내지 제203조는 그에 부수하여 생길 수 있는 내용들을 정하고 있다. 그런데 그 내용은 (주로) 실질적으로 부당이득과 다름 아니어서 부당이득 규정과의 관계가 문제되는 것이다. 여기서 특히 민법 제201조 1항 소정의 선의 점유자의 과실 취득이 적용되는 경우에 한해서는(이러한 경우는 일반적인 것이 아니고 위와 같이 제한되어 있다) 민법 제748조 1항은 적용되지 않는다는 것이 통설과 판례이다.

e) 불법행위에 의한 손해배상청구권 예컨대 타인 소유의 토지를 무단으로 사용하는 것처럼 침해부당이득의 경우에는, 불법행위로 인한 손해배상청구권과 부당이득 반환청구권이 모두 문제될 수 있다. 그런데 양자는 청구권의 취지와 효과를 달리하는 점에서 그 경합을 인정하는

것이 통설이다. 판례도, 법률행위가 사기에 의한 것으로서 취소되는 경우에 그것이 동시에 불법행위도 되는 때에는, 취소의 효과로 생기는 부당이득 반환청구권과 불법행위로 인한 손해배상청구권은 경합한다고 한다(다만 채권자는 어느 것이라도 선택하여 행사할 수 있지만 중첩적으로 행사할 수는 없다)(대판 1993. 4. 27, 92다56087).

제2관 부당이득의 성립요건

> 제741조 〔부당이득의 내용〕 법률상 원인 없이 타인의 재산이나 노무로 이익을 얻고 그로 인하여 타인에게 손해를 입힌 자는 그 이익을 반환하여야 한다.

민법 제741조 소정의 부당이득이 성립하기 위해서는, 법률상 원인 없이, 타인의 재산이나 노무로 인한 이익으로 타인에게 손해를 주는 것, 두 가지가 필요하다. 즉 손실과 이득 사이에 인과관계가 있다고 하더라도 그것에 법률상 원인이 있는 경우에는 부당이득은 성립하지 않는다. '법률상 원인'은 수익을 정당한 것으로 하는 원인으로서, 당사자의 법률행위나 법률의 규정에 의해 인정된다. 예컨대 금전소비대차계약에 의한 금전채권에 기해 채권자가 채무자로부터 변제를 받는 것이 그러하다. 또 부동산 점유취득시효가 완성되면 점유자는 민법의 규정(245조 1항 · 247조 1항)에 의해 등기를 함으로써 점유를 개시한 때로 소급하여 그 소유권을 취득하게 되므로, 소유자는 그 점유자에 대해 점유로 인한 부당이득 반환청구를 할 수 없는 것이 그러하다(대판 1993. 5. 25, 92다51280). 부당이득의 성립요건을 분설하면 다음과 같다.

1. 「법률상 원인 없는」 수익

(1) 서 설

민법 제741조는 부당이득의 성립요건으로서 「법률상 원인 없는」 수익을 규정하여, 부당이득 모두를 이 추상적 개념 하나로 규율하는 일반규정의 형식을 취하고 있다. 독일 민법(812조)도 우리 민법과 같이 일반규정을 두고 있지만, '타인의 급부로 인하여 또는 기타의 방법으로 인하여' 수익한 때로 정하고 있다. 통일설을 취하는 우리 학설에서도, 민법 제741조 소정의 표현이 너무 추상적이어서, 부당이득의 성립요건과 반환청구의 대상을 확정하기 위해서는 어느 정도 유형화 작업이 필요하다는 점을 인정하고, 그 유형화에 관해서는 대체로 독일 민법의 예에 따라 「급부부당이득」과 「그 밖의 부당이득」으로 나누고 있다.

(2) 유 형

가) 급부부당이득

a) 당사자 일방이 스스로의 의사에 의해 재산상 손실을 입는 반면에 그로 말미암아 상대방으로 하여금 이익을 얻게 하는 것을 '출연出捐'이라고 한다. 그런데 이러한 출연에는 언제나 일

정한 목적이나 원인이 있게 마련이고(예: 변제 · 증여 · 고용 등), 이에 기초한 출연만이 그로 인한 이익의 보유를 정당화시킨다. 따라서 그러한 원인 없이 급부가 이루어진 때에는, 그 이득은 법률상 원인 없는 부당이득이 되고, 이러한 유형의 부당이득을 '급부부당이득'이라고 한다. 이것은 주로 '계약법'의 보충규범으로 기능한다.

b) 유효한 계약에 기해 급부가 이루어진 때에는 급부부당이득은 발생하지 않는다. 계약상의 급부가 과다하다고 하더라도 그 계약이 무효가 되지 않는 한 그 급부가 부당이득이 되지 않는다. 또 계약에 취소사유가 있다고 하더라도 실제로 취소되지 않은 경우에는, 그 계약에 기한 급부가 부당이득이 되지는 않는다.[1] 이것은 계약 해지의 경우에도 같다. 임차인이 임대인의 동의를 받지 않고 제3자에게 임차권을 양도하거나 전대하였더라도, 임대인이 계약을 해지하지 않는 한, 임대인은 임차인에 대해 여전히 차임 청구권을 가지므로, 임대차계약이 존속하는 한도 내에서는 제3자에게 불법점유를 이유로 한 차임 상당 손해배상청구나 부당이득 반환청구를 할 수 없다(대판 2008. 2. 28, 2006다10323). 또한, 단순히 채무를 이행하지 않았다고 해서 채무자가 부당이득을 본 것도 아니다. 채권자는 채무자에 대해 계약상 채권을 여전히 보유하고 있어 손해를 입은 것이 없고, 채무자는 여전히 채무를 부담하고 있어 이득을 본 것도 아니기 때문이다(양창수 · 권영준, 519면).

c) (ㄱ) 급부부당이득에 속하는 대표적인 것은 다음과 같다. ① 법률행위가 무효로 되거나 취소된 때. 유동적 무효의 경우에는 그것이 확정적으로 무효가 되었을 때(대판 1993. 8. 14, 91다41316). ② 계약을 해제(해지)한 때. 다만 해제의 경우 그 효과에 관해서는 부당이득에서의 현존이익의 반환(748조 1항)이 아닌 원상회복의 특칙(548조)이 적용된다. ③ 채무가 없음을 모르고 변제한 때(742조 참조). ④ 쌍무계약의 당사자 일방의 채무가 당사자 쌍방에게 책임이 없는 사유로 이행할 수 없게 된 때에는 상대방의 채무도 소멸되므로(537조), 상대방이 이미 급부를 한 때에는 채무가 없음에도 급부를 한 것이 된다. ⑤ 정지조건의 불성취나 해제조건의 성취 등이 있을 때가 그러하다. (ㄴ) 그 밖에 민법은 제742조부터 제746조까지 부당이득 반환청구를 부정하는 제한규정을 두고 있는데, 이것들은 모두 급부부당이득에 관한 것이다(양창수 · 권영준, 권리의 변동과 구제, 427면).

d) 급부부당이득의 경우, 법률상 원인이 없다는 점에 대한 증명책임은 부당이득반환을 주장하는 사람에게 있다. 이 경우 부당이득의 반환을 구하는 자는 급부행위의 원인이 된 사실의 존재와 함께 그 사유가 무효, 취소, 해제 등으로 소멸되어 법률상 원인이 없게 되었음을 주장 · 증명하여야 한다. 한편 급부행위의 원인이 될 만한 사유가 처음부터 없었음을 이유로 하는 이른바 착오 송금과 같은 경우에는 착오로 송금하였다는 점 등을 주장 · 증명하여야 한다(대판 2018. 1. 24, 2017다37324).

---

1) 판례: 「조세의 과오납이 부당이득이 되려면 납세 또는 조세의 징수가 실체법적으로나 절차법적으로 전혀 법률상의 근거가 없거나 과세처분의 하자가 중대하고 명백하여 당연 무효이어야 하고, 과세처분의 하자가 단지 취소할 수 있는 정도에 불과한 때에는, 과세관청이 이를 스스로 취소하거나 항고소송절차에 의하여 취소되지 않는 한, 그로 인한 조세의 납부가 부당이득이 되지 않는다」(대판 1994. 11. 11, 94다28000).

나) 그 밖의 부당이득

급부행위에 의하지 아니한 그 밖의 경우에는 통일적인 기준을 들 수 없고, 결국 공평의 관념을 기초로 하여 개별적으로 정할 수밖에 없는데, 일반적으로 다음의 세 가지 유형으로 나누어 볼 수 있다.

a) 침해부당이득

aa) 침해부당이득은 타인에게 귀속되어야 할 이익을 아무런 권한 없이 사용, 소비, 처분함으로써 이익을 얻는 경우이다. 타인의 재산으로부터 이익을 얻는 모습이, 급부부당이득에서처럼 급부를 통해서가 아니라, 타인에게 귀속된 권리를 침해함으로써 이루어지는 데에 그 특성이 있다. 그래서 침해부당이득에서는 많은 경우 불법행위가 성립하기도 하지만(부당이득 반환청구권과 손해배상청구권은 경합하여 병존할 수 있다), 그 침해에 수익자의 귀책사유를 문제삼지 않는 점에서 불법행위와 다르다. 그러나 타인에게 귀속되어야 할 이익을 아무런 권한 없이 침해한 것에 대한 법적 구제수단인 점에서 침해부당이득은 '불법행위법'의 보충규범으로 기능한다.

bb) 침해부당이득의 '유형'은 다음과 같다(양창수·권영준, 권리의 변동과 구제, 522면 참조). (i) 타인의 권리를 침해하여 이를 자신이나 제3자에게 귀속시키는 경우이다. 예컨대 타인 소유의 물건을 소비하는 것, 동산의 선의취득을 비롯하여 무권리자가 타인의 권리를 제3자에게 처분하였으나 선의의 제3자 보호규정에 의해 원래의 권리자가 권리를 상실하는 경우이다(무권리자는 원래의 권리자에게 그 대가로 취득한 것을 침해부당이득으로 반환해야 한다)(대판 2011. 6. 10, 2010다40239). 이러한 침해는 소유권뿐만 아니라 채권에 관하여도 발생한다. 가령 채권의 준점유자에 대한 변제(470조)처럼, 무권리자에 대한 변제가 유효하게 되어 채권자가 채권을 상실하는 경우, 무권리자는 원래의 채권자에게 그가 변제로 받은 것을 부당이득으로 반환해야 한다. (ii) 타인의 권리를 권한 없이 사용·수익하는 경우이다. 침해부당이득의 대부분을 차지하는 것으로서, 예컨대 타인 소유의 부동산을 무단으로 사용·수익하는 것, 유치권자가 채무자의 승낙 없이 유치물을 사용하여 이익을 얻는 경우이다(324조 2항). 다만, 타인 소유의 물건을 선의로 점유한 자는 과실을 취득할 수 있으므로(201조 1항), 과실에 준하는 사용이익도 부당이득으로서 반환할 것은 아니다. (iii) (판결·경매·배당 등) 국가기관의 집행행위에 의한 경우이다. (ㄱ) 재판에 의해 확정된 것은 그것이 설사 실체관계와 다르다고 하더라도 이를 함부로 변경해서는 안 된다는 요청이 있다. 즉 판결이 확정되면 기판력에 의해 그 대상이 된 청구권의 존재가 확정되고 그 내용에 따라 집행력이 발생한다. 따라서 확정판결은 재심의 소(민사소송법 451조 이하) 등으로 취소되지 않는 한 그 소송당사자를 기속하므로, 확정판결 당시에 채권이 존재하지 않았다는 이유만으로 부당이득이 성립한다고 할 수 없다(대판 1991. 2. 26, 90다6576; 대판 1995. 6. 29, 94다41430). 가령 불법행위로 인한 인신손해에 대한 손해배상청구소송에서 판결이 확정된 후 피해자가 그 판결에서 손해배상액 산정의 기초로 인정된 기대여명보다 일찍 사망한 경우라도, 그 판결이 재심의 소 등으로 취소되지 않는 한, 그 판결에 기해 지급받은 손해배상금 중 일부에 대해 부당이득의 반환을 구하는 것은 그 판결의 기판력에 저촉되어 허용되지 않는다(대판 2009. 11. 12, 2009다56665). 그러나 확정판결이 있은 후에 변제 등에 의해 채권이 소멸되었음에도(이 경우는 확정판결 후에 새로운 사정이 생긴 것으로서 기판력이 미치는 범위 밖이다) 확정판결에 기해 또 집행을 한 때에는 부당이득이 성립한다. (ㄴ) 담보권에 기한 (임의)경매는 담보권에 있는 환가권을 국가기관의 힘을 빌려 실행하는 것에 지나지 않으므로, 판결에 기한 강제집행의 경우와는 달리, 그 경매에는 실체적 법률관계를 확정하는 효력이 없다. 따라서, ① 경매대금에서 선순위 채권자가 우선변제 받아야 할 금액을 후순위 채권자가 교부받은 경우에는, 선순위 채권자가 그에 관한 이의를 제기하였는지 여부를 불문하고 그로써 실체적 권리관계가 확정되는 것이 아니므로, 후순위 채권자는 그 한도에서 선순위 채권자에게 부당이득금 반환의 의무가 있다(대판 1977. 2. 22, 76다2894). 다만, 근저당권자가 경락기일 전에 피담보채권액에 관한 채권계산서를 제출하고 이에 따라 배당이 실시되었는데, 배당할 금액에서 선순위 근저당권자가 채권계산서에 포함시키지 않아 그에게 배당되지 않은 피담보채권 중 일부가 후순위 채권자 등에게 배당되었더라도, 이를 법률상 원인 없는 것이라고 볼 수는 없다(대판 2000. 9. 8, 99다24911). ② 종래 대법원은, (강제경매와 담보권 실행 등을 위한 경매를 포함하여) 민사집행법에 따른 경매절차에서 「배당절차」는 실체적 권리를 실현하는 수단이 되는 경매절차의 일부를 이루는 데 그칠 뿐, 실체법상 권리관계를 확인하거나 형성하는 것이 아니라는 점에 기초하여, 배당절차에 참가한 채권자가 배당이의 등을 하지 않아 배당절차가 종료되었더라도 그의 몫을 배당받은 다른 채권자를 상대로 부당이득 반환청구를 할 수 있다는 입장을 취해 왔고, 이것은 지금도 그대로 유지되고 있다(대판(전원합의체) 2019. 7. 18, 2014다206983). ③ 피담보채권이 소멸되어 무효인 근저당권에 기초하여 개시된 경매절차는 무효이므로, 매수인이 해당 부동산의 매각대금을 지급하였더라도 그 부동산의 소유권을 취득할 수 없다. 이처럼 경매가 무효인 경우 매수인은 경매채권자 등 배당금을 수령한 자를 상대로 그가 받은 배당금에 대해 부당이득반환을 청구할 수 있다(대판 2023. 7. 27, 2023다228107). ④ 동산질권에서는 질권이 무효이더라도 경락인은 선의취득에 의해 그 소유권을 취득할 수 있다. 이때에는 질물의 진정한 소유자가 대금의 배당을 받은 채권자에게 부당이득반환을 청구할 수 있다. (ㄷ) 민사집행법 제88조에서 규정하는 배당요구가 필요한 채권자는, 당연히 배당을 받을 수 있는 일정한 채권자의 경우와는 달리, 경락기일까지 배당요구를 한 경우에만 비로소 배당을 받을 수 있고(예: 주택임대차보호법상 소액임차인의 소액보증금 반환채권), 적법한 배당요구를 하지 않은 경우에는 비록 실체법상 우선변제청구권이 있다고 하더라도 경락대금에서 배당을 받을 수는 없다. 따라서 이러한 채권자가 적법한 배당요구를 하지 않아 그를 배당에서 제외하는 것으로 배당표가 작성·확정되고, 그 확정된 배당표에 따라 배당이 실시되었다면, 그가 적법한 배당요구를 한 경우에 배당받을 수 있었던 금액 상당의 금원이 후순위 채권자에게 배당되었다고 하여 이를 법률상 원인 없는 것이라고 할 수 없다(대판 2002. 1. 22, 2001다70702).

cc) 입증책임에서 침해부당이득은 급부부당이득과 차이가 있다. 즉 급부가 있은 때에는 그에 대응하는 채무가 있는 것으로 추정되므로, 급부부당이득에서는 급부의 반환을 청구하는 자가 급부의 기초가 된 원인된 법률관계가 없거나 실효되었음을 입증하여야 하지만, 침해부당이득에서는 손실자는 부당이득의 요건사실(자신에게 권리가 있고 상대방이 이를 침해하여 이익을 얻고 있다는 사실)을 증명하는 것으로 족하고, 이익을 보유할 정당한 권원이 있다는 점은 반환을 거부하는 수익자가 입증하여야 한다(대판 2018. 1. 24, 2017다37324).

b) 비용부당이득 (ㄱ) 손실자가 급부 외의 목적으로 비용을 지출한 경우이다. 비용의 지출이 법적 의무를 기초로 이루어진 때에는 그것은 급부에 해당하고, 비용부당이득은 성립하지 않는다. 또 비용의 지출이 사무관리에 해당하는 경우에는 그에 따라 상환을 청구할 수 있다.

결국 비용부당이득이 문제되는 것은 사무관리의 요건을 충족하지 못하는 경우로서, 이것은 주로 '사무관리법'의 보충규범으로 기능한다(지원림, 1613면). (ㄴ) 실질은 비용부당이득에 해당하지만, 민법에서 따로 정하는 것이 있는데, 이때에는 그 규정이 우선 적용된다. 즉 ① 타인의 물건에 비용을 지출한 경우로서, 점유자의 상환청구권(203조), 유치권자의 상환청구권(325조), 사용차주·임차인·수치인의 상환청구권(617조·626조·701조)이 있다. ② 타인의 사무를 처리하기 위해 비용을 지출한 경우로서, 수임인의 비용상환청구권(688조), 사무관리자의 비용상환청구권(739조)이 있다. (ㄷ) 비용부당이득은 일반적으로 손실자가 자신의 이익을 위하는 것으로 오인하고 비용을 지출한 경우에 발생한다. 예컨대 과수원 단지를 경영하는 A가 비행기로 방충제를 살포하는 과정에서 이웃 B의 과수 단지에까지 미친 경우, B는 그 비용을 절약한 것이 되므로 비용부당이득이 성립한다.[1)]

c) 구상부당이득 (ㄱ) 구상부당이득은 비용부당이득의 특수한 형태로 보는 것이 보통인데, 주로 제3자가 타인의 채무를 변제하는 것과 관련하여 삼자 간에 문제되는 점에서 특성이 있다. (ㄴ) 민법에서 누가 채무자에게 구상권을 갖는지 정하고 있는데(688조·739조, 411조·425조 이하·441조 이하, 341조·355조·370조), 이 경우에는 그 규정이 적용된다. (ㄷ) 구상부당이득이 활용되는 경우로서 민법 제745조 2항을 들 수 있다(김형배, 199면). 즉 제3자가 타인의 채무를 자기의 채무로 잘못 알고 변제한 때에는 제3자 변제로서의 효력이 생기지 않으므로 급부한 것의 반환을 청구할 수 있는 것이 원칙이다. 그런데 채권자가 유효한 변제를 받은 것으로 믿어 증서를 없애거나 담보를 포기하거나 시효로 그 채권을 잃은 때에도 부당이득의 반환을 인정하게 되면 선의의 채권자가 피해를 입는 점에서, 이 경우 제3자는 채권자에게 변제한 것의 반환을 청구할 수 없지만(745조 1항), 채무자에게는 그의 채무를 면하게 한 점에서 구상권을 행사할 수 있는 것이 그러하다.

2. 수 익受益

부당이득은 「수익」이 있는 때에 비로소 문제된다. 수익은 타인의 재산이나 노무로 얻은 재산적 이익을 말한다(741조). (ㄱ) 수익의 방법에는 제한이 없다. 그리고 수익은 어떠한 사실에 의하여 재산이 적극적으로 증가하는 '재산의 적극적 증가'(예: 물권 또는 채권의 취득)[2)]와 당연히 발생하였을 손실을 보지 않게 되는 '재산의 소극적 증가'(예: 채무를 면하는 것, 타인의 토지상에

1) 위 예에서, B가 방충제 없이 재배하는 방식을 채택한 경우에도, 다시 말해 방충제의 살포를 B가 원하지 않는 때에도 그에게 비용부당이득이 성립하는가? 소위 「강요된 부당이득」의 문제이다. 부당이득의 제도는 손실자의 손해를 전보하려는 데에 있기보다는 수익자가 얻은 부당한 이익을 반환케 하려는 데 그 목적을 두고 있는 것이므로, 그런데 비용부당이득은 그 자체가 수익자의 생활영역에 대한 부당한 간섭이 되는 점에서, 더욱이 그 이익이 수익자가 원하지 않는 강요된 것인 경우에는, 부당이득 반환청구권을 부정하거나, 인정하더라도 그것은 현존이익에 한정하여야 할 것으로 본다(위 예에서 B에게는 현존이익이 없으므로 부당이득 반환책임도 부담하지 않는다)(김형배, 190면·194면 이하; 지원림, 1629면).

2) 판례: 「부당이득은 그 수익의 방법에 제한이 없는 것으로, 채권도 물권과 같이 재산의 하나이므로 그 취득도 당연히 이득이 되고 수익이 된다」(대판 1996. 11. 22, 96다34009)(예: A가 B로부터 3천만원을 차용하면서 그 담보로 1억원 상당의 토지를 양도하였다. A가 변제를 하지 않자 B는 담보권의 실행으로서 위 토지를 C에게 1억원에 매도하였는데 3천만원은 한 달 후에 받기로 한 경우, B의 수익은 받은 돈 7천만원에서 피담보채권 3천만원을 공제한 금전 4천만원과 C로부터 받을 매매잔대금채권 3천만원이다. 따라서 B가 A에게 부당이득으로서 반환하여야 할 대상은 금전 4천만원과 3천만원 상당의 채권이지, 금전 7천만원이 아니다).

사용료를 내지 않고 무단으로 건물을 짓는 것)를 가리지 않는다(대판 1996. 11. 22, 96다34009; 대판 2017. 12. 5, 2017다225978, 225985). (ㄴ) 수익은 타인의 재산이나 노무로 인한 것이어야 하는데, 이때 '타인의 재산'은 현실적으로 이미 타인의 재산으로 귀속되어 있는 것만이 아니라 당연히 그 타인에게 귀속되어야 할 재산도 포함된다. 예컨대 甲의 부동산에 대해 A는 1번 근저당권자이고 B는 2번 근저당권자인데, 경매실행으로 인한 매각대금에서 국가가 조세채권을, 그리고 A가 각각 우선변제를 받은 후, B는 일부만을 변제받았는데, 그 후 조세 부과처분의 취소가 확정된 경우, 국가는 B가 (2순위로) 우선변제 받을 금원으로 이익을 얻었고 B는 그로 인해 손실을 입은 것이 된다(한편 甲이 위 부동산의 경매대금에 대해 아무런 권리가 없는 이상, 甲은 국가에 취소된 국세 상당액에 대한 환급청구권을 갖지 못한다)(대판 1981. 1. 13, 80다380). (ㄷ) 수익 여부에 관해, 판례는 이익 취득의 가능성이 아닌 '실질적인 이익'을 기준으로 삼는다. ① 임대차 종료 후 임차인이 목적물을 임대인에게 인도하지 않은 상태에서, 임대인의 방해행위로 임차인이 영업을 하지 못한 경우뿐만 아니라 임차인 스스로 영업을 하지 않은 경우에도, 실질적인 이익을 얻은 바 없어 건물을 명도할 때까지 차임 상당의 부당이득 반환의무는 성립하지 않는다(대판 1984. 5. 15, 84다카108; 대판 1979. 3. 13, 78다2500, 2501; 대판 1981. 11. 10, 81다378; 대판 1984. 5. 15, 84다카108; 대판 1998. 7. 10, 98다8554). ② 법률상 원인 없이 타인의 차량을 점유하고 있어도 이를 사용·수익하지 않은 경우에는 실질적인 이익을 얻었다고 할 수 없어 부당이득이 성립하지 않는다(대판 1991. 10. 8, 91다22018, 22025). ③ 매수인(甲)이 토지 소유자(丙)의 무권대리인(丁)과 토지에 대해 매매계약을 체결하고, 이에 따라 甲이 丙 명의의 계좌로 매매대금을 송금하였는데, 丙에게서 미리 통장과 도장을 받아 소지하고 있던 丁이 위 돈을 송금 당일 전액 인출한 사안에서, 丙은 그 돈을 사실상 지배할 수 있는 상태에 있지 않아 실질적인 이익을 얻었다고 볼 수 없다고 한다(대판 2011. 9. 8, 2010다37325, 37332). ④ 반면, 공탁금 출급과 관련하여 (표현)대리인이 공탁금을 수령하여 소비한 사안에서는, 그 공탁금은 본인이 수령한 것과 같다고 하여 본인에게 부당이득이 성립하는 것으로 본다(대판 1990. 5. 22, 89다카1121). (ㄹ) 타인 소유의 토지 위에 권한 없이 건물을 짓거나 나무를 심은 경우 토지의 차임에 상당하는 이익을 얻은 것이 되고, 이는 영업이 적자인 경우라 하여 달라지지 않는다(대판 1998. 5. 8, 98다2389; 대판 1962. 5. 31, 62다80; 대판 1997. 12. 9, 96다47586; 대판 2006. 12. 22, 2006다56367). 한편, 지방자치단체가 타인 소유의 토지를 권원 없이 도로부지로 점유·사용하고 있는 경우, 토지가 도로로 편입될 당시의 임대료에서 개발이익을 뺀 것이 수익이 된다(대판 1994. 6. 28, 94다16120). 그리고 권원 없이 타인 소유의 건물을 점유하여 거주하고 있는 경우에는 건물의 차임에 그 부지 부분의 차임을 합한 것이 수익이 된다(대판 1995. 8. 22, 95다11955, 11962). (ㅁ) 토지 소유자는 권원 없이 토지를 점유·사용하고 있는 자를 상대로 그 점유자가 토지를 인도할 때까지의 '장래의 부당이득'에 대해 미리 청구할 수 있다(민사소송법 251조 참조)(대판(전원합의체) 1975. 4. 22, 74다1184). 한편, 이에 따른 판결이 확정되었는데, 점유자가 그 후에도 오랫동안 토지를 인도하지 않고 있고 그동안 토지의 가격이 현저히 올라 변론종결 당시의 토지 임료액이 그 기준이 되지 못하는 때에는, 부당이득금의 일부만 청구한 것으로 보아, 토지 소유자는 새로 소를 제기하여 전소 판결에서 인용된 임료액과 적정한 임료액과의 차액을 부당이득금으로 따로 그 반환을 청구할 수 있다(대판(전원합의체) 1993. 12. 21, 92다46226).

3. 손 해

(1) 손해의 발생

(ㄱ) 수익이 있더라도 타인이 그로 인해 손해를 입지 않은 경우에는 부당이득은 성립하지 않는다. 즉 수익으로 인해 타인에게 손해가 발생하여야 한다.[1] 이 '손해'는 불법행위에서의 손해와는 달리 위법한 행위로 생긴 것에 국한하지 않는다(일본 민법(703조)은 우리와는 달리 「손실」이라고 한다). (ㄴ) 이득에 관해 판례가 실질적인 이익을 요구하는 것과 마찬가지로, 손해도 실제의 손해를 요하는가? 통설은 수익의 경우와는 달리 통상 생길 수 있는 손해이면 족한 것으로 해석한다. 예컨대 타인의 토지를 무단으로 점유·사용한 경우에는, 토지 소유자는 그 토지를 사용하지 못한 손해를 입고 그것은 통상 차임 상당액이 된다고 한다. 즉 토지 소유자가 그 토지를 실제로 사용할 것인지 또 제3자에게 임대하여 수익을 올릴 것인지 여부는 묻지 않는다고 한다. 판례도, ① 타인 소유의 토지를 그의 승낙 없이 도로포장공사를 시행하여 주민과 차량의 통행에 제공한 경우에는 임대료 상당의 부당이득을 한 것으로 보아, 손해의 실제 여부를 엄격하게 요구하지 않는다(대판 1981. 10. 24, 81다96; 대판 1987. 9. 22, 86다카2151). ② 어느 구분소유자가 정당한 권원 없이 집합건물의 복도, 계단 등과 같은 공용부분을 배타적으로 점유·사용함으로써 이익을 얻고, 그로 인하여 다른 구분소유자들이 해당 공용부분을 사용할 수 없게 되었다면, 그것이 구조상 별개 용도로 사용하거나 임대할 수 있는 대상이 아니더라도, 무단점유로 인해 다른 구분소유자들이 해당 공용부분을 사용·수익할 권리가 침해되었고 이는 그 자체로 민법 제741조에서 정한 손해로 볼 수 있다고 한다(대판(전원합의체) 2020. 5. 21, 2017다220744).[2]

(2) 수익과 손해 사이의 인과관계

수익과 손해 사이에는 인과관계가 있어야 한다. 다만 그 인과관계는 사회관념상 그 연결이 인정되는 것으로 충분하며 직접적인 것일 필요는 없다(통설). 가령, 채무자가 피해자로부터 횡령한 금전을 그대로 채권자에 대한 채무변제에 사용하는 경우, 피해자의 손실과 채권자의 이득 사이에 인과관계가 있을 수 있다(다만 그 변제를 수령한 채권자에게 부당이득이 성립하려면, 그러한 변제의 수령이 '법률상 원인'이 없어야 하는 요건을 따로 충족하여야 한다)(대판 2003. 6. 13, 2003다8862).

---

1) 판례(부당이득이 성립되지 않는 경우): 「무권리자로부터 부동산을 매수한 사람이 민법 제245조 2항에 따른 등기부취득시효에 의해 소유권을 취득하는 경우, 원소유자는 소급하여 소유권을 상실함으로써 손해를 입게 되지만, 이는 위 규정에 따른 물권변동의 효과일 뿐 무권리자와 제3자가 체결한 매매계약의 효력과는 직접 관계가 없다. 따라서 무권리자가 제3자와의 매매계약에 따라 대금을 받음으로써 이익을 얻었다고 하더라도 이로 인하여 원소유자에게 손해를 입힌 것이라고 볼 수 없다(다시 말해 무권리자가 받은 매매대금은 원소유자에 대해 부당이득이 되지 않는다)」(대판 2022. 12. 29, 2019다272275).

2) 집합건물(상가건물)의 어느 구분소유자가 자신의 전유부분에서 골프연습장을 운영하면서 건물 1층의 복도와 로비에 부대시설로 퍼팅연습시설, 카운터, 간이자판기 등을 설치하고 사용하여 왔는데, 이것이 다른 구분소유자들에 대해 부당이득이 성립하는지가 쟁점이 된 사안이다. 종전의 판례는, 집합건물의 복도, 계단 등과 같은 공용부분은 구조상 이를 점포로 사용하는 등 별개의 용도로 사용하거나 타인에게 임대할 수 있는 것도 아니어서 다른 구분소유자가 임료 상당의 손해를 입는 것도 아니라는 이유로 이를 부정하였었는데(대판 2014. 7. 24, 2014다202608), 위 전원합의체 판결로 종전 판례를 변경하고 부당이득이 성립하는 것으로 견해를 바꾸었다.

제 3 관 부당이득 반환청구가 부정되는 특례

사례 (1) 1) ① 甲은 2010. 4. 16. 친구인 乙로부터 금 3억원을 이자 월 1%(매월 15일 변제 약정), 변제기 2011. 4. 15.로 정하여 차용하고(이하 '제1차 차용'), 다시 甲은 2010. 10. 16. 乙로부터 금 2천만원을 이자 월 2.5%(매월 15일 변제 약정), 변제기 2011. 4. 15.로 정하여 차용하였다(이하 '제2차 차용'). ② 甲은 제1차 및 제2차 차용금채무를 담보하기 위하여 2010. 10. 16. 자신이 소유하고 있는 X토지에 乙 명의로 저당권설정등기를 경료하여 주었다. ③ 甲은 제1차 차용금에 대하여 변제기인 2011. 4. 15.까지 매월 이자를 지급하였으나, 제2차 차용금에 대해서는 이자를 전혀 지급하지 않았다. 또한 甲은 2011. 4. 15. 제1, 2차 차용금에 대한 변제 조로 乙에게 금 2억원을 지급하였으나, 甲과 乙 사이에 변제충당에 관한 합의는 없었다. ④ 그 후 甲은 2012. 4. 15. 나머지 차용금을 변제하고자 하였으나 乙이 수령을 거부하여 금 1억원을 변제공탁하였다. 乙은 공탁금을 수령하지 않았다. 2) 甲은 2013. 3. 20. 乙을 상대로 X토지에 관한 저당권설정등기를 말소하라는 소송을 제기하였다. 변론 기일에 甲과 乙은 각각 다음과 같은 주장을 하였고, 이것은 사실로 인정되었다. 甲은, 제2차 차용금은 뇌물 자금으로 사용할 목적으로 빌린 것이고 이러한 사정은 乙도 알아 무효이므로, 이 돈은 갚을 의무가 없다. 이에 대해 乙은 그 차용금채무를 담보하기 위해 X토지에 설정된 저당권은 불법원인급여에 해당하여 甲의 저당권설정등기 말소 청구는 기각되어야 한다고 항변하였다. (이 소송에서) 甲의 청구에 대한 법원의 판단과 그 논거를 서술하시오. (60점)(2014년 제1차 변호사시험 모의시험)

(2) 甲은 도박장을 차리고 乙을 고용하여 사기도박을 하고 있었다. 이러한 사실을 모르는 丙은 乙과 도박을 하다가 도박 자금이 떨어지자 같은 날 甲으로부터 3천만원을 도박 자금 명목으로 차용하였다. 甲이 丙에게 차용금 3천만원의 반환을 청구하였다. 甲의 청구 근거와 이에 대한 丙의 가능한 항변과 그 법적 근거를 설명하라. (15점)(2016년 제1차 변호사시험 모의시험)

(3) 甲과 乙의 운전 미숙으로 인하여 개인택시 기사 甲이 운전한 택시와 乙이 운전한 자신의 자동차가 충돌하여 택시 승객 丙이 상해를 입었다. 甲, 乙, 丙 3인은 丙에 대한 손해배상책임에 관하여 甲이 8,000만원, 乙이 2,000만원을 각각 별개의 채무로 하여 丙에게 지급하기로 하는 합의서를 작성하였다. 그런데 甲은 위 합의에도 불구하고 乙의 채무 2,000만원을 포함하여 1억원의 손해배상금 전부를 丙에게 지급하였다. 그 후 甲은 자신이 배상한 1억원 중 2,000만원에 대하여 丙을 상대로 부당이득 반환청구 소송을 제기하였다. 이에 丙은 "① 甲이 乙을 대신하여 배상한 2,000만원은 제3자 변제로서 유효하므로 甲의 청구에 응할 수 없다. ② 甲이 乙을 대신하여 배상한 2,000만원은 도의관념에 적합한 비채변제이므로 甲의 청구에 응할 수 없다"고 항변하였다. 위 부당이득 반환청구 소송에서 甲이 변제한 1억원 중 2,000만원은 자기 채무가 아님을 알면서 변제하였음이 밝혀졌다. 丙의 항변이 정당한지 여부를 논거를 들어 기술하시오. (20점)(2017년 제2차 변호사시험 모의시험)

(4) 1) 甲은 2022. 1. 10. 乙에게 '온라인 도박장을 개설하기 위한 자금이 필요하다'고 설명하고, 乙로부터 5억원을 차용하였다. 2) 甲은 이 차용금채무의 담보를 위하여 X부동산에 乙 명의의 저당권설정등기를 해 주었다. 乙이 2022. 6. 15. 위 대여금의 지급을 구하는 소를 제기하자, 甲은 위의 대여 약정이 무효이므로 이행할 수 없다고 주장하는 한편, 乙을 상대로 X부동산의 저당권설정등기의 말소를 구하는 소를 제기하였다. 甲과 乙의 청구에 대해 법원은 어떤 판단을

하여야 하는가? (10점)(2022년 제3차 변호사시험 모의시험) 해설 p. 682

부당이득의 일반적 성립요건을 갖춘 경우에도 다음의 다섯 가지에 해당하는 때에는 민법은 부당이득 반환청구를 부정하는 특례를 규정한다.

1. 비채변제非債辨濟

> 제742조〔비채변제〕 채무가 없음을 알고도 변제한 경우에는 그 반환을 청구하지 못한다.

a) 의 의 채무가 없는데도 '채무자로서' 변제하는 것을 「협의의 비채변제」라고 한다(채무가 없음에도 '제3자로서' 변제하는 것은 유효하고(469조), 이것은 비채변제에 해당하지 않는다). 채무 없는 자가 변제한 때에는 수령자에게 부당이득이 성립하는 것이 원칙이지만, 본조는 그 예외로서 채무가 없음을 알고도 변제한 경우에는 변제한 것의 반환을 청구하지 못하는 것으로 정한다. 변제자를 보호할 필요나 가치가 없기 때문이다.

b) 요 건 본조가 적용되기 위해서는 '채무가 없음을 알고도 변제한 것'이어야 한다. (ㄱ) 이 의미에 관해, 판례는 일관되게 지급자가 채무 없음을 알면서도 임의로 지급한 경우만을 뜻하는 것으로 본다.[1] 그래서 채무가 없음을 알았더라도 변제를 강제당한 경우나 변제거절로 인한 사실상의 손해를 피하기 위해 부득이 변제한 경우처럼, 그 변제가 자기의 자유로운 의사에 반하여 이루어진 것으로 볼 수 있는 사정이 있는 때에는, 지급자가 그 반환청구권을 상실하지 않는다고 한다(대판 1997. 7. 25, 97다5541).[2] (ㄴ) 채무가 없음을 안 때에만 적용되며, 채무가 없음을 알지 못한 경우에는 그 과실 유무를 불문하고 본조는 적용되지 않는다(대판 1998. 11. 13, 97다58453). (ㄷ) 변제가 강제집행에 의해 이루어졌을 경우에는 비채변제가 성립할 여지가 없다(대판 1976. 12. 14, 76다2212).

c) 입증책임 채무가 없음을 알고도 채무자로서 변제한다는 것은 극히 이례적인 것이므로, 변제자는 채무의 부존재를 입증하여 부당이득의 반환을 청구할 수 있고, 수령자가 이를 거절하기 위해서는 변제자의 악의를 입증해야 한다(대판 1962. 6. 28, 4294민상1453).

---

1) 다음의 경우에는 본조에 해당하는 것으로 본다. ① 원고가 채무 부존재 확인의 소를 제기하여 소송 중 그 채무에 기한 경매가 진행 중이어서 그 채무를 변제한 때(대판 1980. 11. 11, 80다71), ② 퇴직금채무 부존재 확인의 소를 제기한 후에 노동청의 지시에 따라 퇴직금을 지급한 때(대판 1979. 11. 27, 78다2487), ③ 부동산에 대한 임의경매절차가 진행되던 중에 피담보채무액을 초과하여 변제한 때(대판 2004. 1. 27, 2003다46451).

2) 다음의 경우에는 채무가 없음을 알았다고 보기 어렵거나 또는 임의변제에 해당하지 않는다는 이유로 본조에 해당하지 않는 것으로 본다. ① 채무자가 가집행선고 있는 패소 판결을 받고 어쩔 수 없이 그 판결에서 명한 금원을 채권자에게 지급한 때(대판 1967. 9. 26, 67다1683), ② 동시이행의 항변권이 있어 이행지체에 따른 손해배상책임을 부담하지 않는데, 매도인(대한주택공사)이 분양대금과 연체료의 미지급을 이유로 계약을 해제한다고 하여 매수인이 계약해제의 결과를 우선 피하기 위해 부득이 연체료를 지급한 경우(대판 1997. 7. 25, 97다5541), ③ 甲회사에 근무하는 A는 甲의 위탁교육에 의해 KAIST에서 대학원 박사과정을 마쳤는데, 甲이 마련한 내규에는 이 경우 일정 기간 의무복무를 하여야 하고 이를 위반한 때에는 그동안 지급한 임금을 반환하도록 정해져 있으나, 이것은 근로기준법 제20조에 의해 무효인데, A가 이를 지급한 경우(대판 1996. 12. 20, 95다52222, 52239), ④ 납세의무자와 과세관청 사이의 조세법률관계에서 발생한 부당이득에 대해서는 민법상 비채변제 규정이 적용되지 않는다(대판 1995. 2. 28, 94다31419; 대판 1991. 1. 25, 87다카2569). ⑤ 또한 A가 B의 체납 전기요금을 청산하지 않으면 전기 공급을 받을 수 없는 상황에서 그 체납 전기요금을 변제한 경우도 이에 해당한다(대판 1988. 2. 9, 87다432).

2. 기한 전의 변제

(ㄱ) 채무의 변제기가 도래하지 않은 경우에도 채무 자체는 존재하는 것이므로, 채무자가 변제한 때에는 그가 변제기 전임을 알았든 몰랐든 불문하고 그것은 유효한 변제가 되어 채무는 소멸된다. 따라서 채권자가 부당이득을 한 것으로 볼 수 없기 때문에, 채무자는 변제한 것의 반환을 청구하지는 못한다(743조 본문). (ㄴ) 다만, 채무자가 착오로 변제기 전인데도 변제기가 도래한 것으로 오신하고 변제한 때에는, 채권자는 그로 인해 얻은 이익을 반환하여야 한다(743조 단서).[1] ① 변제기 전임을 안 때에는 기한의 이익을 포기한 것이 되고, 제743조는 적용되지 않는다(대판 1991. 8. 13, 91다6856). ② 채권자가 변제기까지 급부받은 것을 이용함으로써 사실상 이익을 얻은 때에만 반환책임을 지며, 그 범위에 관하여는 민법 제748조가 적용된다.

3. 도의관념에 적합한 비채변제

> 제744조 〔도의관념에 적합한 비채변제〕 채무 없는 자가 착오로 변제한 경우에 그 변제가 도의관념에 적합한 때에는 그 반환을 청구하지 못한다.

(ㄱ) 채무 없는 자가 착오로, 즉 채무가 없음을 모르고 변제한 경우에는 민법 제742조는 적용되지 않으므로 변제한 것의 반환을 청구할 수 있다. 그러나 이 경우에도 그 변제가 도의관념道義觀念에 적합한 때에는 본조에 의해 그 반환을 청구할 수 없다. (ㄴ) 학설은 법률상 의무 없는 자가 그 의무가 있는 것으로 잘못 알고 부양을 하거나, 시효로 소멸된 채권을 모르고 변제한 경우[2]를 그 예로 들고 있다. 한편 판례는, 「공무원이 직무수행 중 불법행위로 타인에게 손해를 입힌 경우에 공무원에게 경과실이 있을 뿐인 경우에는 공무원 개인은 손해배상책임을 부담하지 않는데(대판(전원합의체) 1996. 2. 15, 95다38677), 이러한 공무원이 피해자에게 손해를 배상하였다면, 이는 민법 제469조의 '제3자의 변제' 또는 민법 제744조의 '도의관념에 적합한 비채변제'에 해당하여 피해자는 공무원에 대하여 이를 반환할 의무가 없고, 공무원은 국가에 대해 구상권을 취득한다」고 한다(대판 2014. 8. 20, 2012다54478).[3]

---

1) 판례: 「사용자가 근로자에 대하여 중간퇴직 처리를 하면서 퇴직금을 지급하였으나 그 퇴직 처리가 무효로 된 경우, 이는 착오로 인하여 변제기에 있지 아니한 채무를 변제한 경우에 해당한다고 할 수 없으므로, 이미 지급한 퇴직금에 대한 지급일 다음 날부터 최종 퇴직시까지의 연 5푼의 비율에 의한 '법정이자' 상당액은 부당이득에 해당하지 않는다」(지급한 퇴직금에 대해서는 무효를 이유로 부당이득의 반환을 청구할 수는 있다)(대판 2005. 2. 15, 2004다34790).

2) 상대적 소멸설에서는 소멸시효의 완성만으로는 채권이 소멸되지 않기 때문에 유효한 변제가 되지만, 절대적 소멸설에서는 본조의 도의관념에 적합한 비채변제가 되어 그 반환을 청구하지 못하게 된다. 한편 시효완성의 사실을 알고 변제한 때에는, 상대적 소멸설에서는 시효원용권의 포기로, 절대적 소멸설에서는 시효이익의 포기로 되어, 어느 경우든 유효한 변제가 된다.

3) (ㄱ) 공무원인 공중보건의 甲에게 치료를 받던 乙이 사망하자 乙의 유족이 甲을 상대로 손해배상청구의 소를 제기하였고, 甲의 의료과실이 인정된다는 이유로 甲의 손해배상책임을 인정하는 판결이 확정되어, 甲이 乙의 유족에게 손해배상금을 지급한 후 국가에 구상금을 청구한 사안이다. 이에 대해 대법원은 위와 같이 판시하면서 甲의 구상금 청구를 인용하였다. (ㄴ) 그 밖에 판례는, 위탁교육 후의 의무 재직기간 근무 불이행시 급여를 반환토록 한 약정에 따라 근로자가 연수기간 중 지급받은 급여 일부를 반환한 사안에서, 그러한 약정은 강행법규인 근로기준법 제20조에서 금지된 위약금 또는 손해배상의 예정으로서 무효인데, 이처럼 무효의 약정에 기한 채무의 변제는 본조 소정의

4. 타인의 채무의 변제

타인의 채무의 변제에는 두 가지가 있다. (ㄱ) 하나는 채무자가 아닌 자가 타인의 채무라는 것을 알면서 변제하는 것이며, 이때는 제3자의 변제로서 유효한 변제가 된다(469조). (ㄴ) 다른 하나는 채무자가 아닌 제3자가 타인의 채무를 자기의 채무로 잘못 알고 변제하는 경우로서, 이 때에는 제3자의 변제로서 효력이 생기지 않으므로 급부한 것의 반환을 청구할 수 있는 것이 원칙이지만, 민법 제745조는 선의의 채권자를 보호하기 위해 일정한 경우에는 그 반환청구를 허용하지 않는 것으로 정한다. 즉, 채권자가 선의로(즉 유효한 변제를 받은 것으로 믿어) 증서를 없애거나, 담보를 포기하거나, 채권을 행사하지 않아 그 채권이 시효로 소멸된 때에는, 변제자는 채권자에게 변제한 것의 반환을 청구하지 못한다(745조 1항). 이 경우 변제자는 채무자에게 구상권을 행사할 수 있다(745조 2항).[1]

5. 불법원인급여不法原因給與

제746조 〔불법원인급여〕 불법한 원인으로 재산을 급여하거나 노무를 제공한 경우에는 그 이익의 반환을 청구하지 못한다. 그러나 그 불법 원인이 수익자에게만 있는 경우에는 그러하지 아니하다.

(1) 의 의

(ㄱ) 불법 원인에 의한 급부는 그 원인행위가 무효이므로 그로 인한 이익은 부당이득이 되어 반환되어야 하는 것이 원칙이지만, 이를 용인하게 되면 스스로 법률의 이상에 반하는 행위를 한 자에 대해 결과적으로 법률에 의한 보호를 해 주는 셈이 되어 명백히 모순된다. 그래서 본조는 불법 원인에 기해 급부가 행하여진 때에는 그 이익의 반환을 청구하지 못하는 것으로 정한 것이다. 민법 제746조는 제103조와 표리의 관계에 있다는 것이 통설과 판례의 일관된 견해이다. 즉 제103조는 반사회질서의 법률행위를 무효로 정하는데, 제746조는 제103조에 기해 급부가 이루어진 경우에 법적 보호(무효를 이유로 한 부당이득 반환청구)를 거절함으로써 제103조의 취지를 실현하려는 것, 그리고 이를 통해 소극적으로 법적 정의를 관철하려는 것이다(대판 1994. 12. 22, 93다55234). (ㄴ) 본조는 스스로 불법원인급부를 한 자에게 그 이익의 반환청구를 부정하는 점에서, 그 반사적 효과로서 수익자가 불법 이익을 보유하는 것을 인정하는 부정의를 수반한다. 그래서 본조를 적용하는 데에는 급부자와 수익자의 불법성의 정도를 비교하여 합리적으로 결정하여야 하는 과제가 따른다.

비채변제로 볼 수도 없다고 한다(대판 1996. 12. 20, 95다52222, 52239).

1) 판례: 「자동차손해배상 보장사업자가 자동차손해배상 보장법에 따른 보상금 지급의무가 없음에도 이를 잘못 알고 피해자들에게 보상금을 지급함으로써, 피해자들이 보험회사 등을 상대로 그들이 수령한 보상금을 공제한 나머지 금액만을 청구하거나 별도의 소를 제기하지 아니하여 결국 보험회사 등에 대한 손해배상채권이 시효로 소멸된 사안에서, 이는 채무자 아닌 보장사업자가 착오로 보험회사 등의 채무를 변제함으로써 채권자인 피해자들이 선의로 시효로 인해 그 채권을 잃은 경우에 해당하여, 위 보장사업자는 채무자인 보험회사 등에 대해 민법 제745조 2항에 따라 구상권을 행사할 수 있다」(대판 2007. 12. 27, 2007다54450).

(2) 요 건

'불법한 원인에 의한 급부'가 불법원인급여인데, 다음 세 가지가 그 요건으로서 문제된다.

a) 불 법 본조 소정의 '불법'이 강행법규 위반을 의미하는 것인지, 아니면 사회질서 위반을 의미하는 것인지에 관해, 통설적 견해와 판례는, 본조는 제103조와 표리관계에 있는 것이고, 강행법규는 주로 국가의 정책적 견지에서 정해지는 것이지 시대의 윤리사상에 바탕을 두는 것이 아니며, 본조의 적용을 강행법규에까지 확대하면 법률이 강행법규에 의해 그 실현을 막으려고 한 것이 오히려 실현되는 결과를 가져오는 점에서 도리어 강행법규의 취지에 어긋난다는 이유로, 강행법규 위반은 포함하지 않는 것으로 본다. 그래서 강행법규에 위반되는 경우에 그것이 사회질서에도 위반되는 경우에만 본조가 적용되는 것으로 본다.[1]

b) 급부 원인 급부의 원인이 불법이어야 한다. 급부가 어떤 원인관계에 기초하여 이루어진 때에는 그 원인관계가, 그러한 관계없이 급부가 이루어진 때에는 그것을 통해 이루려는 목적이 급부 원인이 된다.

c) 급 부 제746조 본문은, 불법한 원인으로 「재산을 급여하거나 노무를 제공한 경우에는 그 이익」의 반환을 청구하지 못한다고 규정한다. 즉 급부(급여)는 재산적 가치가 있는 출연으로서, 재산의 급여와 노무의 제공을 포함한다. 급부에 관한 세부적인 내용은 다음과 같다. (ㄱ) 제746조의 취지는, 스스로 법률의 이상에 반하는 행위를 한 자에 대해 법적 보호를 거부함으로써 법적 정의를 실현하려는 데에 있다. 따라서 본조가 적용되는 「급부」는 급부자의 자유로운 의사에 의한 것이어야 한다. 급부자의 의사에 의한 것이 아닌 급부, 예컨대 강박에 의해 급부를 강제당한 경우 또는 법원의 배당절차에 의한 배당금의 경우에는 본조가 적용되지 않는다. (ㄴ) 급부는 재산적 이익을 주는 것이며, 그 이익의 종류는 묻지 않는다. ① 급부는 완료된 것이어야 한다. 단지 채무를 부담하는 것만으로는 이에 해당하지 않는다. 동산의 경우에는 점유의 이전이, 부동산은 소유권이전등기가 이루어진 때에 급부가 있는 것으로 된다. 부동산 등기가 마쳐진 때에도 그것이 무효인 때에는 급부가 있었다고 할 수 없다(대판 1966. 5. 31, 66다531). ② 급부는 재산상 가치가 있는 종국적인 것이어야 한다. 그런데 도박채무의 담보로 부동산에 근저당

1) 강행법규 위반이 본조 소정의 '불법'에 해당하는지에 관한 판례를 보면 다음과 같다. (ㄱ) 관세법을 위반하여 관세포탈의 목적으로 비밀송금을 한 경우에 본조를 적용하였다(대판 1992. 12. 11, 92다33169). (ㄴ) 그러나 다음의 경우에는 본조 소정의 '불법'에 해당하지 않는 것으로 본다. ① 건설업면허의 대여 방편으로 건설업을 양도한 것(대판 1988. 11. 22, 88다카7306), ② 직업안정법을 위반하여 무허가로 해외취업알선을 하는 사람에게 미리 그 보수를 지급한 것(대판 1983. 11. 22, 83다430), ③ 광업권자가 공동광업권 설정의 형식을 취하여 광업권자 아닌 자를 공동광업권자로 등록한 것(대판 1981. 7. 28, 81다145), ④ (구)농지개혁법을 위반한 무효의 농지 임대차계약에 기해 임료를 지급한 것(대판 1970. 10. 30, 70다1390), ⑤ 어업권의 임대차를 금지하는 수산업법을 위반하여 어업권자가 어업권을 임대하여 임차인이 어장을 점유·사용함으로써 얻은 이익(대판 2010. 12. 9, 2010다57626, 57633), ⑥ 반사회적 행위에 의하여 조성된 재산인 이른바 비자금을 소극적으로 은닉하기 위하여 임치한 경우(대판 2001. 4. 10, 2000다49343) 등이 그러하다. 또 ⑦ 강제집행을 면할 목적으로 부동산의 소유자 명의를 신탁하거나(대판 1991. 3. 12, 90다18524), 무효인 명의신탁약정에 의해 마쳐진 타인 명의의 등기에 관하여도, 명의신탁약정 자체가 선량한 풍속 기타 사회질서에 반하는 것이라고 단정할 수 없고, 부동산실명법에서 명의신탁약정과 그 등기에 의한 물권변동을 무효로 하여 부동산 소유권을 명의신탁자에게 귀속시키는 것을 전제로 하고 있는 점에서(동법 4조·6조)(불법원인급여에 해당한다고 하면 명의수탁자가 소유권을 취득하게 되고, 이렇게 되면 동법상의 위 규정은 그 의미를 잃게 된다), 불법원인급여에 해당하지 않는 것으로 본다(대판 2003. 11. 27, 2003다41722; 대판(전원합의체) 2019. 6. 20, 2013다218156).

권과 양도담보(소유권이전등기)를 설정한 경우, 판례는 급부 여부를 달리한다. '근저당권'을 설정한 경우에는, 수령자가 그 이익을 얻으려면 경매신청을 하여야 하는 별도의 조치를 요하는 점에서 그 급부는 종국적인 것이 아니라 종속적인 것에 불과하다는 이유로, 본조 소정의 급부에 해당하지 않는 것으로 보고, 그 말소를 청구할 수 있다고 한다(대판 1995. 8. 11, 94다54108). 이에 대해 '양도담보'를 설정한 경우에는, 본조 소정의 급부에 해당하는 것으로 본다(대판 1989. 9. 29, 89다카5994).[1)]

(3) 적용범위

급부자가 채권으로서의 부당이득 반환청구를 하는 경우에 민법 제746조가 적용됨은 물론이다. 문제는 다른 청구원인에 기초하여 그 반환을 청구하는 것은 허용되는가이고, 이것은 본조의 적용범위와 직결된다.

a) 물권적 청구 (ㄱ) 종전의 판례는 두 가지 이유, 즉 제746조는 부당이득을 원인으로 반환청구를 하는 경우에 적용되는 것이고, 불법원인급여는 제103조에 의해 무효이므로, 급여자가 '소유권에 기한 물권적 청구'로서 그 반환을 구하는 것은 허용된다고 보았다(대판 1960. 9. 15, 4293민상57; 대판 1977. 6. 28, 77다728). (ㄴ) 그러나 그 후의 판례는, 제746조가 채권으로서의 부당이득 반환청구를 부정하는 형식으로 규정되어 있기는 하지만, 이것은 불법한 행위를 한 자가 스스로 그 행위를 주장하여 그 복구를 구할 수 없다는 이상을 표현한 것이기 때문에, "그 청구원인 내지 형식을 불문하고 실질적으로 반환청구의 결과를 가져오는 모든 것에 본조가 적용되는 것"으로 보았다. 그에 따라 급여한 물건의 소유권은 수익자에게 귀속되는 것으로 보면서, 위 종전의 판례를 폐기하였다(대판(전원합의체) 1979. 11. 13, 79다483).

b) 계약 또는 계약해제에 기한 반환청구 (ㄱ) 도지사에게 청탁을 하여 택시면허를 받게 해 준다는 명목으로 사례비를 받으면서 면허를 받지 못한 때에는 사례비를 반환하기로 약정한 사안에서, 금전을 '임치'한 것을 이유로 그 반환을 청구하는 것도 허용되지 않는다고 보았다(대판 1991. 3. 22, 91다520). (ㄴ) 송금액에 해당하는 수입품에 대한 관세포탈의 목적으로 환전상 인가를 받지 않은 자에게 비밀송금을 위탁한 사안에서, 송금 위탁에 관한 '계약의 해제'를 이유로 그 반환을 구하는 것도 허용되지 않는다고 보았다(대판 1992. 12. 11, 92다33169).

c) 불법행위로 인한 손해배상청구 일본의 판례 중에는, 통화 위조의 비법을 알고 있다는 속임수에 넘어가 공동으로 통화를 위조하기 위해 자금을 제공하였는데 이를 편취당한 사안에서, 불법행위로 인한 손해배상청구를 허용하지 않은 것이 있고(日大判 1903. 12. 22.), 우리의 통설과 판례(대판 2013. 8. 22, 2013다35412)도 같은 취지이다.

d) 임의 반환과 반환약정 (i) 본조는 불법 원인 급부자의 반환청구를 법률상 인정하지 않는 데에 그 취지가 있을 뿐이므로, 수령자가 수령한 것이나 그에 갈음하는 다른 물건을 '임의

1) 이 판례에 대해서는, 같은 담보라는 점에서 근저당권의 경우와 다르게 취급할 이유가 없다는 점과, 양도담보의 경우에도 정산이 요구되는 점에서 급부가 종속적인 것이 아닌가 하는 의문이 있을 수 있다. 그러나 근저당권의 경우에는 그 실행을 위해 경매절차가 진행되는 데 비해, 양도담보는 개인이 사적으로 실행한다는 점에서 차이가 있다. 다시 말해 전자의 경우에는 국가가 그 담보권의 실현에 협력하여, 결국 불법 원인에 기한 급부의 강제를 국가가 도와주는 셈이 되어 제746조의 취지상 허용될 수 없다(곽윤직, 366면). 이에 대해 양도담보의 경우에는 그 사정이 다르므로, 위 판례의 태도는 타당하다고 본다(동지: 주석민법[채권각칙(5)], 517면(박기동)).

로 반환'하는 것까지 금지하는 것은 아니며, 이것은 유효하다(대판 1964. 10. 27, 64다798, 799). (ii) 급여자와 수령자 사이의 '반환약정'에 따라 반환하는 경우에 관해서는 다음 둘로 나누어 볼 수 있다. (ㄱ) 급여 전에 불법 목적이 달성되지 않을 경우에 대비하여 맺는 반환약정은 사회질서에 반하는 법률행위로서 무효이다. 이러한 약정은 불법 목적이 좌절되더라도 그 급여를 반환받을 수 있도록 사전에 보장함으로써 불법한 행위를 조장하기 때문이다(양창수·권영준, 권리의 변동과 구제, 502면). 나아가 그러한 약정도 결국은 불법원인급여물의 반환을 구하는 범주에 속하는 것으로서 무효이기 때문이다(대판 1995. 7. 14, 94다51994). 판례는, 도지사에게 청탁을 하여 택시면허를 받게 해 준다는 명목으로 사례비를 받으면서 면허를 받지 못한 때에는 사례비를 반환하기로 약정한 사안에서, 그 약정에 기한 청구를 부정하였다(대판 1991. 3. 22, 91다520). 또 그 반환약정에 기해 약속어음을 발행하였다고 하더라도 그 이행을 청구할 수 없다(대판 1995. 7. 14, 94다51994). (ㄴ) 반면, 불법원인급여 후 급부를 받은 자가 급부의 원인행위와는 별도의 약정으로 급부 그 자체 또는 그에 갈음한 대가물의 반환을 특약하는 것은, 그 반환약정 자체가 사회질서에 반하여 무효가 되지 않는 한, 유효하다는 것이 판례의 입장이다. 여기서 반환약정이 사회질서에 반하여 무효라는 점은 수익자가 입증하여야 한다(대판 2010. 5. 27, 2009다12580).

e) 비채변제 채무가 없음을 알고도 변제한 경우에는 변제한 것의 반환을 청구하지 못한다(742조). 한편 채무가 불법 원인에 의해 발생한 때에는 그 채무는 존재하지 않는데, 급부자가 이를 알면서 급부한 경우 제742조가 적용되는 것인지 아니면 제746조가 적용되는 것인지 문제된다. 후자를 적용하면, 불법 원인이 수익자에게만 있는 때에는 그 반환을 청구할 수 있는 점에서, 어느 경우에도 반환청구가 부정되는 전자와는 효과에서 차이가 있다. 통설은 이러한 차이와 제746조가 일반적으로 적용되어야 할 중요한 규정이라는 점에서, 제742조가 아닌 제746조만이 적용되는 것으로 해석한다. 불법원인급여의 경우에는 일반적으로 급부자가 채무 없음을 알고 변제하는 것이 전제되어 있는 점에서, 제746조를 제742조에 대한 특별규정으로 보아도 무방할 것으로 생각된다.

f) 부동산의 이중매매 부동산 소유자 A가 B에게 부동산을 매도하고 아직 그 등기가 B 앞으로 되지 않은 상태에서, C가 부동산의 이중매매를 A에게 적극 권유하여 C 앞으로 그 등기가 마쳐진 경우, A와 C 사이의 이중매매는 제103조에 의해 무효가 된다. 따라서 그에 기한 급부는 제746조 본문이 적용되는 불법원인급여에 해당하기 때문에, A는 C 앞으로 마쳐진 소유권이전등기의 말소를 청구할 수 없다. 그런데 판례는, 제1매수인 B는 A에 대한 소유권이전등기청구권을 보전하기 위해 채권자대위권(404조)의 행사로써 A를 대위하여 C에게 그 등기의 말소를 청구할 수 있다고 한다(대판 1983. 4. 26, 83다카57). 그러나 A가 제746조 본문에 의해 C에게 반환청구를 할 수 없어 소유권이전등기 말소청구권도 갖지 못하는 이상, 채권자 B도 이를 대위행사할 수 없다는 문제가 있다. 그래서 그동안 제1매수인 B를 보호하기 위해 여러 이론이 주장되어 왔는데, 아직까지 통설로 정착된 것은 없다. 그런데 A와 C 사이의 이중매매가 무효인 것은 제1매수인 B를 염두에 둔 것이다. 그리고 제746조는 스스로 불법원인급여를 한 자(위 예에서는 A)에게 급여한 것이 복귀되는 것을 허용하지 않는 데에 그 취지가 있다. 그렇다면 B에게 소유

권이 귀속될 위와 같은 경우에는 제746조는 적용되지 않는 것으로 봄이 타당할 것으로 생각된다(동지: 이영준, 민법총칙, 244면 이하; 김상용, 582면 이하).

(4) 효 과

a) 원 칙 불법원인급여에 해당하는 경우에는 급부자는 그 이익의 반환을 청구하지 못한다(746조 본문).[1] 따라서 그 반사적 효과로서 급부는 수익자에게 귀속한다(대판(전원합의체) 1979. 11. 13, 79다483).

b) 예 외 (ㄱ) 불법 원인이 수익자에게만 있는 경우에는 급부자는 그 이익의 반환을 청구할 수 있다(746조 단서)(예: 제104조의 폭리행위의 경우, 또는 범죄행위를 하지 않는 조건으로 금전을 교부한 경우 등). 따라서 급부자에게 불법 원인이 있으면 그 반환을 청구할 수 없는 것이 원칙이다. (ㄴ) 그런데 판례는, 비록 급부자에게 불법 원인이 있다고 하더라도 급부자의 불법성에 비해 수익자의 불법성이 현저히 큰 때에는 공평 및 신의칙상 제746조 단서를 적용하여 그 반환청구를 긍정한다. 제746조는 수익자로 하여금 불법 이익의 보유를 인정하는 부정의를 내포하고 있는 점에서 적절한 제한이 필요하고, 판례의 법리는 그러한 선상에 있는 것으로 이해된다.

〈예〉 1) 사기로 인한 내기 바둑에 져 주택을 양도한 사안(대판 1997. 10. 24, 95다49530, 49547)과, 명의신탁된 토지임을 알면서 수탁자를 권유하여 매매계약을 체결하고 그 대금을 지급하였는데 수탁자가 그 계약을 체결할 당시 명의신탁 해지를 원인으로 신탁자로부터 소유권이전등기청구의 소를 제기당하여 패소 판결을 받은 사안(대판 1993. 12. 10, 93다12947)에서, 각각 수익자(주택을 양도받은 자 또는 매도인인 명의수탁자)의 불법성이 급부자(주택을 양도한 자 또는 매수인)에 비해 상대적으로 현저히 크다고 하여, 제746조 단서를 적용하여 주택 또는 매매대금의 반환청구를 긍정하였다. 2) 포주가 윤락녀와 사이에 윤락녀가 받은 화대를 포주가 보관하였다가 분배하기로 약정하고도 보관 중인 화대를 임의로 소비한 사안에서, 제반 사정에 비추어 포주의 불법성이 윤락녀의 불법성보다 현저히 크므로 화대의 소유권은 윤락녀에게 있고 따라서 그 반환을 청구할 수 있다고 보았다(포주가 이를 임의로 소비한 행위는 횡령죄가 된다고 보았다)(대판 1999. 9. 17, 98도2036). 3) 과거 이자제한법이 적용되던 사안에서는, 이자제한법 소정의 제한이율을 초과한 이자를 임의로 지급한 경우에 그 불법 원인이 대주와 차주 쌍방에게 있어 차주는 지급한 이자의 반환을 구할 수 없다고 하였었는데(대판 1961. 7. 20, 4293민상617; 대판 1988. 9. 27, 87다카422, 423; 대판 1994. 8. 26, 94다20952), 그 후의 판례에서 종전의 견해를 바꾸었다. 즉, 오로지 대주에게만 불법성이 있거나 적어도 대주의 불법성이 차주의 불법성에 비해 현저히 크다는 이유로 차주의 반환청구를 긍정하였다(대판(전원합의체) 2007. 2. 15, 2004다50426). 이러한 태도는 개정된 이자제한법(2007년 법 8322호)에 반영되어 있다(동법 2조 4항).

사례의 해설 (1) 제2차 차용금채무는 동기에 불법이 있는 것을 상대방도 안 것이어서 민법 제103조 소정의 반사회적 법률행위에 해당하여 무효이다. 따라서 채권과 채무도 발생하지 않는다. 문제는 이것을 담보하기 위해 경료된 저당권등기에 민법 제746조 소정의 불법원인급여가 적용되어 그

1) 판례: 「윤락행위 및 그것을 유인 · 강요하는 행위는 선량한 풍속 기타 사회질서에 반하므로, 윤락행위를 할 사람을 고용함에 있어 성매매의 유인 · 권유 · 강요의 수단으로 이용되는 선불금 등의 명목으로 제공한 금품이나 그 밖의 재산상 이익 등은 불법원인급여에 해당하여 그 반환을 청구할 수 없고(대판 2004. 9. 3, 2004다27488, 27495), 나아가 성매매의 직접적 대가로서 제공한 경제적 이익뿐만 아니라 성매매를 전제하고 지급하였거나 성매매와 관련성이 있는 경제적 이익이면 모두 불법원인급여에 해당하여 반환을 청구할 수 없다」(대판 2013. 6. 14, 2011다65174).

말소를 구할 수 없는지 여부인데, 저당권을 설정한 것처럼 그 급여가 종국적인 것이 아닌 것은 해당되지 않는다(즉 무효를 이유로 저당권등기의 말소를 구할 수는 있다). 그러므로 甲이 乙에게 지급한 2억원은 1차 차용금에 변제충당되어야 하고, 이자는 다 지급하였으므로 이것은 원본에 충당할 것이다. 따라서 원본 1억원과 변제기 이후의 지연이자가 남게 되는데, 그 후 甲이 1억원만을 변제공탁하였으므로, 乙이 이를 수령하는 등 승낙하지 않는 한 변제공탁으로서는 무효이다. 결국 '乙은 甲으로부터 금 1억원 및 이에 대한 2011. 4. 16.부터 다 갚는 날까지 월 1%의 이율에 의한 금원을 받은 다음 甲에게 X토지에 설정된 저당권설정등기의 말소등기절차를 이행하라.'는 일부 인용판결을 할 것이다.

(2) 甲이 丙에게 차용금의 반환을 청구하는 근거로는 다음 두 가지를 들 수 있다. 하나는 소비대차계약에 기초하는 것이다(598조). 이에 대해 丙은 다음과 같은 항변을 할 수 있다. 丙이 도박을 목적으로 돈을 빌린다는 것을 甲이 알았으므로 그 소비대차계약은 민법 제103조에 따라 무효이어서, 그 계약에 기해 반환할 의무는 없다고 주장하는 것이다. 다른 하나는 소비대차계약이 무효이어서 부당이득으로서 반환을 청구하는 것이다(741조). 이에 대해 丙은 다음과 같은 항변을 할 수 있다. 그것은 불법원인급여에 해당하고, 또 甲의 불법성이 丙보다 큰 점에서, 민법 제746조 본문에 따라 甲은 그 반환을 청구할 수 없으므로 丙은 그 반환을 거절하는 것이다.

(3) 丙의 항변에서, 甲은 2천만원이 乙의 채무임을 알면서 乙을 대신하여 변제를 한 것이고 따라서 그 변제는 제3자 변제(469조)로서 유효하므로 이 부분 항변은 이유가 있다. 그러나 도의관념에 적합한 변제를 이유로 드는 항변은, 그것이 채무 없는 자가 착오로 변제한 것을 요건으로 하는 것이므로(744조), 그런데 甲은 2천만원이 자신의 채무가 아님을 알면서 변제한 것이므로 이 부분 항변은 이유가 없다.

(4) (ㄱ) 甲은 온라인 도박장을 개설한다는 불법한 동기를 乙에게 표시하고 乙로부터 돈을 빌린 것인데, 이러한 소비대차계약은 민법 제103조에 따라 무효이다. 따라서 소비대차계약이 유효임을 전제로 하는, 乙의 甲에 대한 대여금청구는 기각된다. (ㄴ) 불법한 원인으로 재산을 급부한 경우에는 그 반환을 청구하지 못하지만(746조), 여기서 '급부'는 재산상 가치가 있는 종국적인 것을 말한다. 甲이 불법한 원인으로 X부동산을 乙 앞으로 저당권설정등기를 해 준 경우, 乙이 그 이익을 얻으려면 경매신청을 하여야 하는 별도의 조치가 필요한 점에서 그 급부는 종국적인 것이 아니므로, 설정자는 무효인 저당권설정등기의 말소를 구할 수 있다(대판 1995. 8. 11, 94다54108). 甲의 乙에 대한 저당권설정등기 말소청구는 인용된다. 사례 p. 675

제 4 관 부당이득의 효과

사례 A 소유의 토지가 적법한 원인 없이 甲에게 이전되고, 서울시는 甲으로부터 이 토지를 증여받아 도로로 사용하여 왔다. 이 사실을 알게 된 A는 1979. 9. 8. 甲과 서울시를 상대로 각 소유권이전등기의 말소를 구하는 소를 제기하여 1983. 3. 20. A의 전부 승소로 종결되었다. 1985. 6. 12. A는 서울시를 상대로 위 토지를 법률상 원인 없이 도로로 사용하여 이익을 얻었다는 것을 이유로 1980. 7. 1.부터 1985. 6. 30.까지의 기간 동안 위 토지의 차임 상당액에 대한 부당이득의 반환을 청구하는 소를 제기하였다. 이에 대해 서울시는 민법 제749조 2항에 의해 부당이득 반환청구의 소가 제기된 1985. 6. 12.부터만 악의의 수익자로서 책임을 진다고 항변하였다. A의 청구는 인용될 수 있는가? 해설 p. 689

1. 부당이득 반환의무

(1) 서 설

a) 부당이득의 효과로서, 수익자는 손실자에게 그가 얻은 이익을 반환할 의무를 진다(741조). 여기서 이득의 의미에 관해서는, 가령 매매와 같은 쌍무계약이 무효·취소 등으로 실효된 경우에 양자의 차액으로 볼 것인지(차액설) 아니면 각각 취득한 이익(또는 그 가액)으로 볼 것인지(취득이익설) 논의가 있을 수 있으나(주로 독일에서의 논의), 민법 제747조 1항의 문언과 손실자가 급부하였거나 지출한 그대로를 반환하는 것이 바람직하다는 부당이득 제도의 취지상 후자로 보는 것이 타당하다.

b) 법률의 규정에 의해 발생하는 채무는 (불법행위를 제외하고는) 기한을 정하지 않은 채무가 되므로, 수익자가 반환하여야 할 이득과는 별개로, 부당이득 반환의무는 수익자가 이행청구를 받은 때부터 지체책임을 부담한다(387조 2항). 다만 쌍무계약에 기해 쌍방이 급부한 후 계약이 무효나 취소된 경우 쌍방의 부당이득 반환채무는 동시이행의 관계에 있으므로 (어느 일방이 이행의 제공을 하고 이행청구를 하기 전에는) 지체책임을 부담하지 않는다(대판 1995. 9. 15, 94다55071).

c) (ㄱ) 부당이득 반환청구권은 그 발생과 동시에 행사할 수 있으므로 그때부터 시효가 진행된다. 그 소멸시효기간은 일반채권으로서 10년이 된다(162조 1항). (ㄴ) 문제는 상행위에 기한 급부를 부당이득으로서 반환청구할 경우에 이 반환청구권을 상법 제64조 소정의 '상행위로 인한 채권'으로 보아 5년의 상사시효가 적용되는 것으로 볼 것인가이다. 그러한 경우도 상사거래 관계의 연장으로 보아 긍정하는 견해가 있지만(주석 채권각칙(Ⅲ), 220면(양창수)), 판례는 나뉘어 있다. 즉, ① 상행위에 해당하는 보증보험계약에 기초한 급부가 이루어짐에 따라 발생한 부당이득 반환청구권에 대하여는 5년의 상사소멸시효가 적용된다고 한 것이 있는가 하면(대판 2007. 5. 31, 2006다63150), ② 주식회사와 사이에 체결된 임대차계약은 상행위에 해당하지만 계약기간 만료를 원인으로 한 부당이득 반환채권은 법률행위가 아닌 법률 규정에 의하여 발생하는 것이고, 발생 경위나 원인 등에 비추어 상거래 관계에서와 같이 정형적으로나 신속하게 해결할 필요성이 있는 것도 아니므로 10년의 민사소멸시효가 적용된다고 본 것도 있다(대판 2012. 5. 10, 2012다4633).

(2) 이득의 반환방법

a) **원물반환의 원칙** 수익자는 그가 받은 목적물 자체를 반환하는 것이 원칙이다(747조 1항 전문). 본래의 상태대로 회복시키는 것이 부당이득 제도의 취지에 맞기 때문이다. 원물 자체를 반환하는 것이 가능한 경우는 이득의 목적물이 물건 혹은 권리인 때이다.[1)]

---

1) 판례: ① 「법률상 원인 없이 '채권'을 취득한 경우, 채권의 이득자가 이미 그 채권을 변제받은 때에는 그 변제받은 금액이 이득이 되어 이를 반환하여야 할 것이나, 아직 그 채권을 현실적으로 추심하지 못한 경우에는 손실자는 채권의 이득자에 대하여 그 채권의 반환을 구하여야 하고, 그 채권 가액에 해당하는 금전의 반환을 구할 수는 없으며, 이는 결국 부당이득한 채권의 양도와 그 채권양도의 통지를 그 채권의 채무자에게 하여 줄 것을 청구하는 형태가

b) 가액 반환 　수익자가 받은 목적물을 반환할 수 없는 경우에는 그것의 가액을 반환하여야 한다(747조 1항). 이득이 노무의 제공이나 물건의 사용인 경우처럼 처음부터 원물반환이 불가능한 때, 원물반환이 가능한 경우에도 원물이 멸실되거나 소비된 때에는, 그것의 가액을 반환하여야 한다. (ㄱ) 원물을 처분한 경우에는 그 처분 당시의 대가가 가액이 되고, 그 후 물건의 가격이 올랐다고 하여 오른 가격으로 계산한 금액이 이득이 되지 않는다(대판 1965. 4. 27, 65다181; 대판 1995. 5. 12, 94다25551). (ㄴ) 수익자가 받은 물건이 '대체물'인데 이를 소비하거나 멸실된 경우, 다른 대체물로 반환하여야 하는 것이 아니라 그 가액으로 반환하여야 한다. 제747조 1항의 입법 취지도 이 점에 있었고(민법안심의록(상), 438면 이하), 판례도 같은 취지이다(대판 1965. 4. 27, 65다181). (ㄷ) 원물이 수익자에게 책임 없는 사유로 멸실된 경우에도 가액 반환을 하여야 하는가? 학설은 나뉜다. 제1설은 제202조를 부당이득의 특칙으로 적용하여 그 책임을 면하는 것으로 본다(곽윤직, 376면). 제2설은 수익자가 손실자의 희생으로 이득을 본 이상 그 이득이 우연한 사정으로 멸실되었다고 해서 그 반환의무를 면하지는 못한다고 한다(김증한·김학동, 750면). 이득을 본 후의 우연한 사정으로 인한 멸실은 따로 고려할 것이 아니므로 제2설이 타당하다고 본다. 이것은 수익자의 귀책사유로 멸실된 경우에도 같다고 할 것이다.

(3) 반환범위

(ㄱ) 불법행위는 피해자가 입은 손해를 전보하는 데에 목적이 있는 데 반해, 부당이득은 수익자가 얻은 부당한 이득을 반환케 하는 데에 제도의 취지가 있다. ① 따라서 이득이 손실보다 적은 때에는 그 이득만을 반환하면 되고, 이것이 손해배상과 다른 점이다. ② 문제는 이득이 손실보다 큰 경우인데, 학설은 나뉜다. 제1설은 손실자의 손실을 한도로 하는 것으로 본다. 그렇지 않으면 손실자가 오히려 부당이득을 하는 것이 된다고 한다(곽윤직, 370면; 김증한·김학동, 748면). 판례도 같은 취지이다(대판 1968. 7. 24, 68다905, 906; 대판 1982. 5. 25, 81다카1061). 제2설은 부당이득 제도의 취지상 손실자의 손실에 구애될 것이 아니고 이득 모두를 반환하여야 한다고 한다(김상용, 589면; 송덕수, 639면). 사견은, 부당이득에서 이득은 손실자의 손실을 전제로 하는 것이므로(741조), 제1설이 타당하다고 본다. (ㄴ) 부당이득의 반환대상이 되는 '사용이익'과 구별되는 개념으로 '운용이익'이 있다. 이것은 수익자가 자신의 노력 등으로 부당이득 한 재산을 이용하여 남긴 이익을 말한다. 이 경우 운용이익 전부를 반환하여야 한다고 보는 견해가 있지만(송덕수, 640면), 통상 발생할 운용이익을 넘어선 부분은 손실자의 손실에 속하는 것이 아니므로 반환할 것이 아니다(대판 1995. 5. 12, 94다25551).[1]

된다」(대판 1995. 12. 5, 95다22061). ②「배당절차에서 작성된 배당표가 잘못되어 배당을 받아야 할 채권자가 배당을 받지 못하고 배당을 받을 수 없는 사람이 배당받는 것으로 되어 있을 경우, 그 배당금이 실제 지급되었다면 그 배당금 상당의 금전 지급을 구하는 부당이득 반환청구를 할 수 있지만, 아직 배당금이 지급되지 않은 때에는 그 배당금 지급청구권의 양도에 의한 부당이득의 반환을 구하여야지 그 채권 가액에 해당하는 금전의 지급을 구할 수는 없다」(대결 2013. 4. 26, 2009마1932).

1) 판례: ①「부당이득한 재산에 수익자의 행위가 개입되어 얻어진 이른바 운용이익의 경우, 그것이 사회통념상 수익자의 행위가 개입되지 아니하였더라도 부당이득된 재산으로부터 손실자가 통상 취득하였으리라고 생각되는 범위 내에서는 반환해야 할 이득의 범위에 포함되는데, 매매계약이 무효인 경우에 매도인이 매매대금으로 받은 금전을 정기예금에 예치하여 얻은 이자는 반환해야 할 부당이득의 범위에 포함된다」(대판 2008. 1. 18, 2005다34711). ②「수익자가 법률상 원인 없이 이득한 재산을 처분함으로 인하여 원물반환이 불가능한 경우에 반환하여야 할 가액을 산정할 때에는 법률상 원인 없는 이득을 얻기 위하여 지출한 비용은 수익자가 반환하여야 할 이득의 범위에서 공제되어

2. 수익자의 반환범위

(1) 서 설

부당이득이 성립하면 수익자는 「그 이익」을 반환하여야 하는데(741조), 민법 제748조는 수익자가 선의인지 악의인지에 따라 반환범위에 차이를 두고 있다. 즉 수익자가 선의인 경우에는 현존이익 범위에서 반환하는 것으로 족하다. 따라서 현존이익이 없는 경우에는 반환의무를 면한다. 이에 대해 수익자가 악의인 경우에는 (설사 현존이익이 없다고 하더라도) 얻은 이익에 법정이자를 붙여서 반환하여야 한다.

(2) 수익자의 선의와 악의

a) 수익자가 선의인가 악의인가는 오로지 수익 당시에 법률상 원인이 없는 이득임을 알았는지를 기준으로 결정한다. 과실 여부는 묻지 않는다. (ㄱ) '선의의 수익자'란 법률상 원인이 없음을 모르고 이득한 자를 말한다. (ㄴ) '악의의 수익자'란 법률상 원인이 없음을 알면서 이득한 자를 말한다. 여기서 「악의」는 자신의 이익 보유가 법률상 원인 없는 것임을 인식하는 것을 말하고, 그 이익의 보유를 법률상 원인 없는 것이 되도록 하는 사정을 인식하는 것만으로는 부족하다(가령 계약명의신탁에서 명의수탁자가 수령한 매수자금이 명의신탁약정에 기해 지급되었다는 사실을 알았다고 하여도, 그 명의신탁약정이 부동산실명법 제4조 1항에 의해 무효가 된다는 것을 알았다는 사정이 부가되지 않는다면, 명의수탁자를 악의의 수익자로 단정할 수 없다)(대판 2010. 1. 28, 2009다24187, 24194). 대표적인 예는 계약이 무효임을 알면서 그 계약상의 급부를 수령하는 것이다. 이득이 장차 법률상 원인이 없는 것으로 될 가능성이 있다는 것을 아는 것만으로는, 예컨대 제한능력자와 계약을 맺은 경우에 상대방이 악의의 수익자라고 할 수는 없다. 그러나 사기 · 강박에 의해 계약을 맺은 경우에는, 수익자는 애초부터 그 이득의 반환을 예상하였어야 할 것이고 또 불법행위책임과의 균형상, 그 계약이 취소되면 수익 당시부터 악의의 수익자로 취급하는 것이 타당하다(주석 채권각칙(Ⅲ), 242면(양창수)). 부당이득반환 의무자가 악의의 수익자라는 점에 대해서는 이를 주장하는 측에서 입증책임을 진다(대판 2010. 1. 28, 2009다24187, 24194).[1]

b) 수익자의 악의 인정 「① 수익자가 이익을 얻은 후 법률상 원인 없음을 알게 된 때에는 그때부터 악의의 수익자로서 이익을 반환할 책임이 있다. ② 선의의 수익자가 패소한 경우에는 그 소가 제기된 때부터 악의의 수익자로 본다」(749조). 본조는 다음의 경우에 수익자의 악

야 할 것이나, 타인 소유의 부동산을 처분하여 매각대금을 수령한 경우, 수익자는 그러한 처분행위가 없었다면 부동산 자체를 반환하였어야 할 지위에 있던 사람이므로, 자신의 처분행위로 인하여 발생한 양도소득세 기타 비용은 수익자가 이익 취득과 관련하여 지출한 비용에 해당한다고 할 수 없어 이를 반환하여야 할 이득에서 공제할 것은 아니다」(대판 2011. 6. 10, 2010다40239).

1) 판례는 다음의 경우에 수익자의 악의를 인정한다. ① 제명 통보를 받은 조합원이 동업약정에 따른 조합의 분양대금을 수령한 경우(대판 1997. 7. 25, 96다29816), ② 매수인이 매도인으로부터 양식장 시설과 잉어 10톤을 매수(점유)하였다가 매도인의 기망행위를 이유로 매매계약을 취소한 경우(대판 1993. 2. 26, 92다48635 등)(취소된 시점 이후부터 매수인이 악의의 수익자로 되는 것은, 매매계약이 매도인의 기망행위를 이유로 취소된 것이라 하더라도, 또 취소에 따른 매도인과 매수인 사이의 반환의무가 동시이행관계에 있다고 하여 달리 볼 것이 아니다), ③ 강행법규((구)농지개혁법)를 위반하여 농지를 임대하고 임료를 받은 경우(대판 1970. 10. 30, 70다1390 등), ④ 새마을금고의 이사장이 이사회의 의결을 얻지 아니하고 자금을 차입하여 이를 소비한 경우, 새마을금고의 이사장은 그 자금차입이 무효라는 사정을 알고 있었으므로, 새마을금고는 악의의 수익자가 된다(대판 2002. 2. 5, 2001다66369).

의를 의제한다. (ㄱ) 수익자가 이익을 얻은 후 법률상 원인이 없음을 알게 된 때에는, 그때부터 악의의 수익자로서 이익을 반환할 책임을 진다(749조 1항). 따라서 수익에 법률상 원인이 없음을 안 당시에 이익이 현존한 때에는, 그 후 그 이익이 소멸되더라도 수익자는 그 당시의 현존이익에 법정이자를 붙여 반환하여야 한다. (ㄴ) 선의의 수익자가 패소한 경우에는 그 소가 제기된 때부터 악의의 수익자로 본다(749조 2항). ① 이 '소'는 부당이득을 이유로 그 반환을 구하는 소를 말한다(대판 1974. 7. 16, 74다525). 그리고 '패소'란 종국판결에 의하여 패소로 확정된 경우를 말한다(대판 1979. 8. 31, 78다858). 다만, 이것은 악의의 수익자로 보는 효과가 소를 제기한 때 발생한다는 것뿐이고, 수익자의 패소 판결이 확정되기 전에는 이를 전제로 하는 청구를 하지 못한다는 의미는 아니다(그러므로 소유자가 점유자 등을 상대로 물건의 반환과 아울러 권원 없는 사용으로 인한 이익의 반환을 청구하면서 물건의 반환청구가 인용될 것을 전제로 하여 그에 관한 소송이 계속된 때 이후의 기간에 대한 사용이익의 반환을 청구하는 것은 허용된다)(대판 2016. 7. 29, 2016다220044). ② 악의로 의제되는 시점은 '소를 제기한 때'이지만, 이것은 소장이 법원에 접수된 때가 아니라 소송이 계속繫屬된 때, 즉 소장 부본이 피고인 수익자에게 송달된 때로 해석하여야 한다는 견해가 있다. 이를 통해 수익에 법률상 원인이 없다고 주장하는 법적 쟁송이 제기되었음을 안 때부터 (후에 패소한 것을 전제로) 악의의 수익자로서 책임을 묻는 것이 공평에 맞기 때문이라고 한다(주석 채권각칙(Ⅲ), 247면(양창수)). ③ 패소한 선의의 수익자는 소 제기일 이전에는 부당이득에 대한 법정이자를 반환할 의무가 없다(대판 2008. 6. 26, 2008다19966).

(3) 수익자의 반환범위

가) 선의의 수익자의 반환범위

a) 선의의 수익자는 얻은 이익이 현존하는 한도, 즉 「현존이익」의 범위에서 부당이득 반환책임을 진다(748조 1항). 한편, 제한능력을 이유로 법률행위가 취소된 경우, 제한능력자는 민법 제141조 단서에 의해 선의·악의를 묻지 않고 언제나 현존이익만 반환할 책임을 진다. 판례는 의사무능력으로 법률행위가 무효로 되는 경우에도 제141조를 유추적용한다(대판 2009. 1. 15, 2008다58367).

b) 현존이익과 관련하여 구체적으로 다음과 같은 점이 문제된다. (ㄱ) 현존이익의 개념: 수익으로서 받은 목적물 자체 또는 그 가액으로서 남아 있는 것이 현존이익이다. 예컨대 급부받은 물건을 매각하여 그 대금을 가지고 있거나, 타인의 노무의 결과가 남아 있는 경우, 이득한 금전을 타인에게 빌려주거나 은행에 예금한 경우에 이득은 현존하는 것이 된다. 또 수익자가 얻은 이익을 소비한 경우에도 이것이 유익한 목적에 쓰인 때에는 이로써 다른 재산의 지출이 절약된 것이므로 이익은 현존하는 것이 된다(예: 생활비에 쓴 때)(주석 채권각칙(Ⅲ), 239면(양창수)). 그러나 타인의 노무 결과가 남아 있지 않거나, 이득한 금전을 낭비한 경우에는 이득은 현존하지 않는 것이 된다. (ㄴ) 기준시기: 어느 때를 기준으로 현존이익을 정할 것인지에 관해서는 학설이 나뉜다. 제1설은, 수익자가 부당이득 반환청구를 받은 때로 본다(김기선, 361면). 제2설은, 부당이득 반환청구의 소를 제기한 때를 기준으로 한다(김현태, 337면). 제3설은, 부당이득 반환청구의 소를 제기한 때를 기준으로 하지만, 소의 제기가 없는 때에는 수익자가 반환할 때를 기준으로 한다(곽윤직, 371면; 김상용, 597면; 김증한·김학동, 753면). 사견은 제1설이 타당하다고 본다. 먼저 선의의 수익자인 경우에도, 그가 이익을 얻

은 후 법률상 원인이 없음을 안 때에는 그때부터, 그가 패소한 경우에는 그 소가 제기된 때부터 각각 악의의 수익자로 본다(749조 1항·2항). 이 경우에는 악의의 수익자로 보는 시점부터 (현존이익이 아닌) 그 얻은 이익에 이자를 붙여 반환하고, 손해가 있으면 배상하여야 한다(748조 2항). 그러나 선의의 수익자가 그 수익에 법률상 원인 없음을 알지 못하거나 또는 자신을 상대로 부당이득 반환청구의 소가 제기되지 않은 때에는, 선의의 수익자로 남게 되고 제749조는 적용되지 않으므로 그 반환범위를 정하는 시기가 문제될 수 있다. 그런데 부당이득 반환채무는 기한의 정함이 없는 채무로서 채무자(수익자)가 반환청구를 받은 때부터 (채무불이행에 따른) 지체책임을 지는 점에서(387조 2항), 그 반환청구를 받은 때를 기준으로 선의의 수익자가 반환할 채무의 금액도 정해진다고 보는 것이 타당하기 때문에(김형배, 240면), 현존이익은 이때를 기준으로 하여야 할 것으로 본다. 이 시점에서 예컨대 현존이익이 100만원이라고 하면, 그 후 100만원을 전부 소비하였다고 하더라도 수익자는 현존이익으로서 100만원을 반환하여야 한다. (ㄷ) 반환범위: 선의의 수익자는 '현존이익'을 한도로 반환책임을 진다. ① 현존이익을 정하는 데에는 수익자가 그 이익을 얻기 위하여 지출한 비용을 공제하여야 하고, 또 수익자가 부당이득한 재산을 이용하여 남긴 운용이익도 그것이 통상 발생하는 것이 아니면 공제하여야 한다(대판 1995. 5. 12, 94다25551). 유의할 것은, 악의의 수익자에 한해 얻은 이익에 법정이자를 붙여 반환하여야 하는 것이므로(748조 2항), 선의의 수익자가 금전을 부당이득한 경우에는 당연히 법정이자를 붙여 반환하여야 하는 것은 아니다. 다만 그가 수익한 금전을 운용하여 운용이익을 얻은 경우에, 그리고 그것이 사회관념상 손실자가 당연히 취득할 것으로 인정되는 한도에서만, 현존이익으로서 반환되어야 한다. ② 부당이득은 타인의 손해를 한도로 그 이익을 반환하는 것이므로(741조), 손해액이 이득액보다 적을 경우에는 손해액의 한도에서만 반환책임을 부담한다(대판 1968. 7. 24, 68다905, 906; 대판 1982.5. 25, 81다카1061). 반대로 손해액이 이득액보다 많더라도 이득액만을 반환하면 된다(부당이득이 손해배상과 다른 점이다). (ㄹ) 입증책임: 부당이득 제도의 취지에 비추어 이득의 현존은 추정되므로, 수익자가 현존이익이 없음을 입증하여야 하는 것으로 해석된다. 그런데 판례는, 수익자가 취득한 것이 금전상의 이득인 때에는 그 금전(곧바로 판매되어 환가될 수 있는 대체물 포함)은 이를 취득한 자가 소비하였는지 여부를 불문하고 현존하는 것으로 추정하지만(다만, 수익자가 급부자의 지시나 급부자와의 합의에 따라 그 금전을 사용하거나 지출한 경우에는 위 추정은 번복될 수 있다)(대판 2022. 10. 14, 2018다244488), 금전이 아닌 경우에는 반환청구권자가 현존이익의 사실을 입증하여야 한다고 한다(대판 1970. 2. 10, 69다2171).

나) 악의의 수익자의 반환범위

악의의 수익자는 얻은 이익에 이자를 붙여 반환하고, 손해가 있으면 배상하여야 한다(748조 2항). 즉 현존이익 여부를 묻지 않고 수익 당시의 그 전액을 반환하여야 하고, 또 법정이자(379조 참조)를 붙여야 한다.[1] 그 밖에 손해가 있으면 그 손해도 아울러 배상하여야 한다. 이때의 '손해배상'

1) 판례: 「계약 무효의 경우 각 당사자가 상대방에 대하여 부담하는 반환의무는 부당이득 반환의무로서 악의의 수익자는 그 얻은 이익에 법정이자를 붙여 반환하여야 하므로(748조 2항), 매매계약이 무효로 되는 때에는 매도인이 악의의 수익자인 경우 매도인은 반환할 매매대금에 민법이 정한 연 5%의 법정이율에 의한 이자를 붙여 반환하여야 한다. 그리고 이러한 법정이자는 부당이득의 성질을 가지는 것이고 반환의무의 이행지체로 인한 손해배상이 아니므로, 매도인의 매매대금 반환의무와 매수인의 소유권이전등기 말소등기절차 이행의무가 동시이행의 관계에 있는지

은 부당이득이 아니라 불법행위책임으로서, 민법은 악의의 수익자에 대하여는 부당이득을 이유로 손해배상도 청구할 수 있는 특칙을 규정한 것이다.

3. 제3자의 반환의무: 악의의 전득자의 책임

a) 의 의 (ㄱ) 수익자가 얻은 이익을 반환할 수 없는 경우에는, 수익자로부터 무상으로 그 이익의 목적물을 양수한 악의의 제3자는 직접 손실자에게 부당이득 반환책임을 진다(747조 2항). 부당이득의 일반론에 의하면, 제3자는 수익자로부터 목적물을 양수한 것이어서 그 수익에 법률상 원인이 있으므로 손실자에게 직접 부당이득 반환의무를 부담할 이유가 없다. 이 점에서 본 조항은 예외적으로 제3자에게 부당이득 반환의무를 확대한 것으로서 일반 원칙에 대한 특칙이 된다. 통설과 판례는 전용물소권轉用物訴權을 부정하는데(이에 관해서는 '제5관 다수 당사자 사이의 부당이득'에서 따로 설명한다), 본 조항이 적용되는 한도에서는 그것이 예외적으로 허용될 수 있는 근거가 되기도 한다. (ㄴ) 그런데 급부부당이득과 관련해서는 손실자는 소유권에 기해 직접 제3자를 상대로 물권적 청구권을 행사할 수 있으므로 제747조 2항이 적용될 실익은 크지 않다(양창수·권영준, 564면).

b) 요 건 그 요건은 다음 세 가지이다. 수익자가 얻은 이익을 반환할 수 없어야 한다. 수익자가 무자력이거나 소재불명인 경우뿐만 아니라, 수익자에게 현존이익이 남아 있지 않은 경우를 포함한다. 그리고 제3자는 수익자로부터 무상으로 그 이익의 목적물을 양수하였어야 하고, 양수한 목적물이 부당이득의 목적물임을 제3자가 알았을 것(악의)이 필요하다.

c) 효 과 제3자는 직접 손실자에게 부당이득 반환책임을 진다. 목적물을 점유하고 있는 때에는 원물반환을 하여야 하고, 원물반환을 할 수 없는 때에는 가액 반환을 하여야 한다. 한편 제3자가 부당이득 반환책임을 진다고 하여 수익자가 부당이득 반환의무를 면한다고 볼 것은 아니다(김증한·김학동, 760면).

사례의 해설 지방자치단체 등이 (구)토지수용법에 의한 적법한 공용징수 절차를 거치지 않고 타인의 토지를 도로 등의 용도로 사용하는 경우, 임대료 상당의 부당이익을 얻고 있다는 것이 판례의 견해이다(대판 1987. 9. 22, 86다카2151). 사례에서 A가 서울시를 상대로 부당이득 반환청구의 소를 제기한 것은 1985. 6. 12.이지만, 그 전에 A는 서울시를 상대로 소유권에 기해 그 소유권이전등기 말소청구의 소를 제기하여(1979. 9. 8.), 승소 판결이 확정된 바 있다. 따라서 도로의 점유자로서의 서울시는 본권에 관한 소가 제기된 때부터 악의의 점유자가 된다(197조 2항). 그러므로 서울시는 그때부터 민법 제201조 2항에 따라 과실에 준하는 도로의 사용이익을 반환하여야 한다.

사례에서 서울시는 A 소유의 토지를 무단 점유한 것이 되고, 이 경우 과실에 준하는 사용이익의 반환에 관해서는 민법 제201조 2항이 부당이득 규정에 대한 특칙으로 적용된다. 한편 선의의 점유자라도 본권에 관한 소에 패소한 때에는 그 소가 제기된 때부터 악의의 점유자로 보는데(197조 2항), 서울시는 A가 1979년경 제기한 이 소에서 패소하였으므로, 이 소가 제기된 때부터 악의의 점유자로 취급되어 과실에 준하는 사용이익으로서 토지의 임료 상당액을 반환하여야 한다. 나아

여부와는 관계가 없다」(대판 2017. 3. 9, 2016다47478).

가 민법 제201조 2항의 해석상 얻은 이익에 법정이자를 붙여 반환하여야 한다(판례는, 민법 제201조 2항이 민법 제748조 2항을 배제하는 것은 아니라는 이유로, 민법 제748조 2항을 근거로 법정이자를 붙여 반환하여야 한다고 하지만(대판 2003. 11. 14, 2001다61869), 민법 제201조 2항의 해석을 통해서도 같은 결론에 이를 수 있고, 이 규정을 법적 근거로 삼는 것이 타당하다). 사례 p. 683

제 5 관 다수 당사자 사이의 부당이득

사례 (1) 乙에게 1억원의 대여금채권을 가지고 있던 戊는 乙이 甲의 대리인으로서 甲 소유 X토지에 대해 丙과 매매계약을 맺고 丙으로부터 계약금으로 1억원을 수령하였다는 사실을 알고, 수령한 계약금으로 자신에 대한 대여금채무를 변제하라고 요구하였다. 이에 乙은 丙으로부터 수령한 1억원을 위 대여금채무의 변제를 위해 그대로 戊에게 지급하였다. 甲이 戊를 상대로 1억원의 부당이득반환을 청구한 경우, 그 인용 여부와 논거를 서술하시오. (15점)(2017년 제1차 변호사시험 모의시험)

(2) 1) 甲은 乙회사의 자금 지출담당 사원으로, 乙회사가 거래처 丁에게 물품대금으로 지급할 회삿돈 2억원을 보관하던 중 이를 횡령하여 자신의 처인 丙에게 퇴직금 중간정산금이라고 하면서 위 금원의 보관을 위해 丙의 예금계좌로 1억원을 송금하였다. 송금 받은 당일 丙은 甲의 지시에 따라 다시 甲의 계좌로 위 1억원을 송금하였다. 또한 甲이 위와 같이 횡령한 돈 중 나머지 1억원으로 자신에게 돈을 빌려준 戊에게 변제하려 하자 戊는 자신이 물품대금채무를 부담하고 있는 A에게 대신 지급해 달라고 하여 甲은 A의 계좌로 1억원을 송금하였다. 2) 한편 甲은 위 횡령한 2억원을 은폐할 목적으로 권한 없이 무단으로 대출관계 서류를 위조하여 乙회사의 명의로 B은행으로부터 2억원을 대출받아 그 대출금을 편취하였다. 甲은 이후 위 2억원의 횡령금을 변제하는 방편으로서 그 편취한 대출금으로 乙회사의 채권자인 거래처 丁에게 변제하여 乙회사의 물품대금채무를 소멸시켰다.

(가) 乙회사가 丙, 戊에게 각각 1억원에 대하여 부당이득 반환청구를 할 수 있는가? (20점)

(나) B은행이 乙회사에 2억원에 대하여 대출약정에 기한 청구 및 부당이득 반환청구를 할 수 있는지 여부를 그 논거와 함께 각 검토하시오. (20점)(2018년 제7회 변호사시험)

(3) 1) 甲은 2017. 3. 1. 乙에게 자신의 소유인 X토지를 5억원에 매도하면서 계약 당일 5천만원을 받았고, 같은 해 4. 1. 중도금 1억 5천만원, 같은 해 5. 1. 소유권이전등기에 필요한 서류의 교부 및 X토지의 인도와 상환으로 잔대금 3억원을 받기로 합의하였다. 한편 丙은 甲에게 1억 5천만원의 대여금채권을 갖고 있다. 2) 甲은 丙으로부터 대여금 상환의 독촉을 받고 있던 중 2017. 4. 1. 乙로 하여금 중도금 1억 5천만원을 자신에게 지급하는 대신에 丙에게 지급해 줄 것을 부탁하는 한편 이 같은 사정을 丙에게 알렸다. 乙은 甲의 부탁에 따라 당일 丙에게 1억 5천만원을 丙의 계좌로 이체해 주었다. 얼마 후 甲의 乙에 대한 X토지의 소유권이전의무는 甲에게 책임 있는 사유로 이행할 수 없게 되었고, 이에 乙은 甲과의 매매계약을 해제하였다. 乙은 중도금을 반환받고자 하는데, 누구를 상대로 반환을 청구해야 하는가? (10점)(2018년 제2차 변호사시험 모의시험)

(4) 1) 사단의 실질은 갖추었으나 법인등기를 하지 아니한 A종중은 2016. 9. 1. 종중 회관 신축을 위해 B와 건물공사에 관한 도급계약(이하 '건물공사계약')을 체결하였다. 이후 B는 2016. 10. 1.

건물 신축을 위해 필요한 토목공사를 목적으로 하는 도급계약(이하 '토목공사계약')을 C와 체결하였다. 2) B와 C 사이의 토목공사계약에 따르면, 총 공사대금은 5억원으로 하되, B는 공사의 진척 상황에 따라 매 20%에 해당하는 1억원씩 5회에 걸쳐 C에게 공사대금을 지급하기로 하였다. C가 공사의 40%를 진척하여 2억원의 공사대금을 B에게 청구하였으나, B는 지급할 대금이 부족하여 A종중에게 건물공사계약에 따른 공사대금 일부에 대한 변제 명목으로 2억원을 C에게 직접 지급할 것을 요청하였고, 이에 A종중은 공사의 원활한 진행을 위해 2017. 9. 1. C에게 2억원을 송금하였다. 3) 한편 A종중의 정관 제13조에는 "예산으로 정한 사항 외에 본 종중 및 회원의 부담이 될 계약 체결 등에 관한 사항은 총회의 결의를 거쳐야 한다"라고 규정되어 있었는데, 건물공사계약에 관한 총회 결의에 하자가 있어 총회 결의가 무효임이 확인되었다. B는 건물공사계약 체결 당시 해당 총회 결의에 정관에 위배되는 하자가 있음을 알고 있었다. 4) A종중은 C에게 지급한 2억원을 부당이득으로 반환할 것을 청구할 수 있는지 설명하시오. (20점)(2022년 제11회 변호사시험)

해설 p. 701

부당이득의 유형에서 급부부당이득이든 그 밖의 부당이득이든, 두 당사자만이 있는 경우에는 '누가 누구에게 부당이득 반환청구권이 있는지'를 정하는 것이 크게 어렵지 않다. 그러나 그 이상의 다수 당사자가 있는 경우에는 그것을 결정하는 것이 쉽지 않다. 그러한 결정에 일정한 법칙이 있는 것은 아니고, 구체적인 사안에 따라 개별적으로 판정하는 수밖에 없다. 판례 등에서 문제되는 것들을 정리하면 다음과 같다.

1. 타인의 물건의 임대차

(1) (ㄱ) 이 사건 건물과 부지는 국가의 소유인데, A가 B에게 이를 임대하였다. A가 B의 차임 연체를 이유로 임대차계약을 해지하고 B를 상대로 연체 차임과 해지 이후 명도일까지 차임 상당액의 부당이득의 반환을 청구하자, B는 그 목적물이 국가의 소유이므로 A가 그러한 청구를 할 수 없다고 주장하였다. (ㄴ) 대법원은, 「임대차는 임대인과 임차인 사이의 합의에 의해 성립하고, 나아가 임대인이 그 목적물에 대한 소유권 기타 이를 임대할 권한이 없다고 하더라도 임대차계약은 유효하게 성립하므로, 임차인은 임대인에 대해 차임을 지급할 의무가 있고, 임대차가 종료되면 목적물을 임대인에게 반환하여야 할 계약상의 의무가 있다. 다만 임차인이 소유자로부터 목적물의 반환 청구나 임료 등의 지급 요구를 받는 등의 이유로 목적물을 사용·수익할 수 없게 되면 임대차는 종료되는 것으로 볼 것이지만, 본 사안에서는 이를 인정하기 어렵고, 이 경우 B는 A에게 부동산을 명도하고 해지로 인한 임대차 종료시까지의 연체 차임 및 그 이후부터 명도일까지 부동산의 점유·사용에 따른 차임 상당의 부당이득금을 반환할 의무가 있다」고 판결하였다(대판 1996. 9. 6, 94다54641).[1]

(2) (ㄱ) 임대차는 임대인과 임차인 간의 합의에 의해 성립하므로, 타인의 물건에 대해서도 임대차계약이 유효하게 성립하고, 그 법률관계는 보통의 임대차와 다를 것이 없다. 따라서 B

1) 이와 같은 법리는 임차인이 임차물을 전대하였다가 임대차 및 전대차가 모두 종료된 경우의 전차인에 대하여도 그대로 적용된다(즉 전차인은 전대인에 대해 전대기간 종료일 이후의 차임 상당의 부당이득금을 반환할 의무가 있다)(대판 2001. 6. 29, 2000다68290).

는 A에게 연체 차임과 해지 이후의 부당이득금을 지급할 의무가 있고, 위 판결은 이 점을 처음으로 밝힌 데 의미가 있다. (ㄴ) 문제는 (이 사건에서는 다툼의 당사자가 아닌) 소유자인 국가와의 관계이다. 국가는 소유권에 기해 목적물의 반환을 구할 수 있고, 또 (침해부당이득을 이유로) 부당이득의 반환을 청구할 수도 있다. 이 경우에는 점유자와 회복자의 관계를 규율하는 민법 제201조 내지 제203조가 적용된다. 따라서 A나 B가 선의인 경우에는 선의 점유자는 과실수취권이 있으므로 사용이익에 해당하는 부당이득 반환의무는 부담하지 않지만(201조 1항), 악의인 경우에는 그 사용이익에 이자를 붙여 반환하여야 한다(748조 2항). 그런데 B가 이미 A에게 부당이득을 반환한 경우에는, B에게는 이득이 없다고 할 것이므로, 국가는 A에게 부당이득의 반환을 청구할 수 있다. (ㄷ) 그 밖에 판례는, 건물 소유자(A)와 그 부지 소유자(B)와의 토지에 관한 임대차계약이 종료된 경우, A는 토지 위에 있는 건물의 소유자로서 그 부지의 불법점유자이고 따라서 B에게 차임 상당액의 부당이득 반환의무를 부담하고, 건물을 점유하고 있는 건물 임차인(C)이 부당이득 반환의무를 지는 것은 아니다. 그러므로 A는 그러한 채무의 부담 한도 내에서 손실이 생긴 것이고, 임대차계약이 종료되었음에도 이를 그대로 점유·사용하는 C는 그에 상응하는 부당이득을 한 것이라고 한다(다시 말해 건물 부지의 사용·수익에 해당하는 임료 상당액의 부당이득의 반환은, C는 A에게, 그리고 A는 B에게 부담한다는 것이다. 계약의 종료 등으로 인한 부당이득반환 관계는 계약의 당사자 간에 이루어지는 것이 원칙이다)(대판 1994. 12. 9, 94다27809; 대판 2012. 5. 10, 2012다4633).

2. 제3자 소유의 동산에 대한 경매

(1) (ㄱ) A는 甲에게 기계를 매도하면서 잔대금이 모두 지급될 때까지 그 소유권이 A에게 유보되는 것으로 약정하였고, 甲은 이 기계를 그의 공장에 설치하였는데, 그 후 잔대금을 지급하지 않아 A는 위 매매계약을 해제하였다. 그런데 저당권자인 乙이 위 기계와 공장에 대해 일괄경매신청을 하여 B에게 경락되었고, 그 경락대금은 甲의 채권자 C에게 배당되었다. B는 위 기계를 경락받을 당시 기계의 소유권이 A에게 유보되어 있음을 알지 못하였고, 이를 알지 못한 데에 과실도 없었다. A가 C에게 배당금 상당의 부당이득의 반환을 청구하였다. (ㄴ) 대법원은, 「채무자 이외의 자의 소유에 속하는 동산을 경매한 경우에도 경매절차에서 그 동산을 경락받아 경락대금을 납부하고 이를 인도받은 경락인은 특별한 사정이 없는 한 그 소유권을 선의취득한다고 할 것이지만, 그 동산의 매득금은 채무자의 것이 아니어서 채권자가 이를 배당받았다고 하더라도 그 채권은 소멸되지 않고 계속 존속한다고 할 것이므로, 배당을 받은 채권자는 이로 인하여 법률상 원인 없는 이득을 얻고 소유자는 경매에 의하여 그 소유권을 상실하는 손해를 입게 되었다고 할 것이니, 그 동산의 소유자는 배당을 받은 채권자에 대하여 부당이득으로서 배당받은 금원의 반환을 청구할 수 있다」고 판결하였다(대판 1998. 3. 27, 97다32680).

(2) 저당권의 목적이 아닌 것에 대해서는 경매가 있더라도 경락인은 그 소유권을 취득하지 못하지만, 그 목적물이 동산인 경우에는 그것이 설정자가 아닌 제3자의 소유인 경우에도 경락인은 선의취득의 제도에 의해 동산의 소유권을 취득하고(249조), 따라서 제3자는 소유권을 잃는 손해를 입게 된다. 여기서 배당을 받은 채권자의 지위, 특히 그가 배당을 받음으로써 채무자

에 대한 채권이 소멸되는지가 문제된다. 그러기 위해서는 채무자가 변제한 것과 실질적으로 동일시할 수 있는 것이어야 한다. 따라서 채무자의 것이 아닌 제3자 소유의 것이 제3자의 의사와는 무관하게 경매된 경우에는 이를 통해 채무자의 변제가 있은 것으로 볼 수는 없다. 결국 채권자는 계속 채권을 가지면서도 배당을 받은 것이 되어 제3자에 대해서는 부당이득이 성립한다.

3. 계약상의 급부가 계약의 상대방뿐만 아니라 제3자의 이익으로 된 경우(소위 전용물소권轉用物訴權)

(1) (ㄱ) 이 사건 건물을 A는 2/4 지분, B와 C는 각 1/4 지분으로 공유하고 있는데, B가 A의 동의 없이 甲에게 이 건물의 창호공사를 2억 5천만원에 도급을 맡겼다. 甲은 이 공사를 마쳤으나 B는 甲에게 공사대금을 지급하지 못했다. 이 공사로 건물의 가치는 종전보다 149,779,696원 증가하였다. 甲은 A에게 건물의 가치 증가분 중 A의 지분에 상응하는 그 반액(74,889,848원)에 대해 부당이득 반환청구 내지는 유익비 상환청구를 하였다. (ㄴ) 원심은 甲의 청구를 인용하였는데(대전고법 1999. 10. 21. 선고 97나4515, 98나1568 판결), 대법원은 다음의 이유로써 원심 판결에 법리오해가 있다고 하면서 원심 판결을 파기, 환송하였다. 「(ㄱ) 계약상의 급부가 계약의 상대방뿐만 아니라 제3자의 이익으로 된 경우에 급부를 한 계약 당사자가 계약 상대방에 대하여 계약상의 반대급부를 청구할 수 있는 이외에 그 제3자에 대하여 직접 부당이득 반환청구를 할 수 있다고 보면, 자기 책임하에 체결된 계약에 따른 위험부담을 제3자에게 전가시키는 것이 되어 계약법의 기본원리에 반하는 결과를 초래할 뿐만 아니라, 채권자인 계약 당사자가 채무자인 계약 상대방의 일반채권자에 비하여 우대받는 결과가 되어 일반채권자의 이익을 해치게 되고, 수익자인 제3자가 계약 상대방에 대하여 가지는 항변권 등을 침해하게 되어 부당하므로, 위와 같은 경우 계약상의 급부를 한 계약 당사자는 이익의 귀속 주체인 제3자에 대하여 직접 부당이득반환을 청구할 수는 없다. (ㄴ) 유효한 도급계약에 기하여 수급인이 도급인으로부터 제3자 소유 물건의 점유를 이전받아 이를 수리한 결과 그 물건의 가치가 증가한 경우, 도급인이 그 물건을 간접점유하면서 궁극적으로 자신의 계산으로 비용 지출 과정을 관리한 것이므로, 도급인만이 소유자에 대한 관계에 있어서 민법 제203조에 의한 비용상환청구권을 행사할 수 있는 비용 지출자라고 할 것이고, 수급인은 그러한 비용 지출자에 해당하지 않는다」(대판 2002. 8. 23, 99다66564, 66571).[1]

(2) 위 사안에서는 다음 네 가지가 문제된다.

a) B 또는 甲의 A에 대한 공사대금청구 (ㄱ) B가 甲과 공사계약을 체결한 것은 공유물의 이용가치를 높이는 것으로서 '공유물의 관리'에 해당하므로, 공유자의 지분의 과반수로써 결정할 수 있는데(265조), 1/4 지분을 가진 B가 단독으로 공사계약을 맺은 것이므로 이것은 다른 공유자에게는 효력이 없다. 따라서 다른 공유자(사안에서 A와 C)의 지분비율에 따른 관리비용의 분담(266조 1항), 즉 공사대금의 분담을 청구할 수도 없다. (ㄴ) 관리비용의 부담을 정한 민법 제266

1) 2019년 제2차 변호사시험 모의시험 민사법(사례형) 제2문의2는 이 판례를 출제한 것이다.

조 1항은 적법한 관리행위임을 전제로 하여 공유자 간의 내부적인 분담을 정한 것에 지나지 않는다. 다시 말해 사안에서 도급계약의 당사자는 B와 甲이므로, 甲은 (A가 아닌) B에게만 공사대금을 청구할 수 있다(대판 1991. 4. 12, 90다20220).

b) 甲의 A에 대한 「부당이득 반환청구」 (ㄱ) 계약상의 급부가 계약의 상대방뿐만 아니라 제3자의 이익으로 된 경우에 제3자를 상대로 부당이득반환을 청구하는 것에 대해, 독일보통법에서는 '전용물소권'(Versionsklage)이라 하여 긍정하였지만, 독일 민법은 이를 채택하지 않았다. 사안에서 甲이 A에게 직접 부당이득의 반환을 청구할 수 있는지에 관해, 위 판례는 처음으로 다음의 세 가지 이유로써 부정하였다. 즉, ① 자기 책임하에 체결된 계약에 따른 대가의 위험부담을 제3자에게 전가시키는 것이 되어 계약법의 기본원리에 반한다. 예컨대 甲이 B로부터 공사대금을 받지 못한 것은 그가 담보를 설정하지 않은 데에도 기인하는 것이다. ② 채권자인 계약 당사자가 채무자인 계약 상대방의 일반채권자에 비해 우대받는 결과가 되어 일반채권자의 이익을 해치게 된다. 예컨대 B에게는 甲 외에 乙과 丙이라는 일반채권자가 있고, B는 A에게 (제203조에 의한) 비용상환채권이 있는데 파산하였다고 하자. 이 경우 B의 A에 대한 채권은 파산재단을 이루고 甲·乙·丙은 평등하게 그 채권액에 따라 안분배당을 받게 되는데, 甲이 A에게 직접 부당이득반환을 청구하여 변제를 받는다면 乙과 丙은 사실상 배당을 받을 것이 없어지게 되고, 이러한 결과는 乙과 丙의 이익을 해치는 것, 즉 채권자평등의 원칙을 깨뜨리는 것이 된다. ③ 수익자인 제3자가 계약 상대방에게 가지는 항변권 등을 침해하는 것이다. 예컨대 공사비는 A가 부담하지 않기로 공유자 간에 합의가 있는 경우에 이를 일방적으로 무시하는 것이 된다. (ㄴ) 학설도 전용물소권을 부정한다. 학설 중에는 다음과 같은 이유를 추가로 들기도 한다. 즉, 甲이 A에게 전용물소권을 주장하는 경우에도 A는 B에게 비용상환채무를 이행할 수 있는 점에서, 즉 A의 의사에 좌우되는 점에서 그 지위가 극히 약한 것이며, 도급계약과 관련하여 B가 甲에게 항변권이 있다면 甲이 그러한 항변의 부담 없이 A에게 전용물소권을 주장하는 것은 부당하고, B가 무자력이면 甲은 A를 상대로 채권자대위권을 행사함으로써 그 목적을 달성할 수 있는 점에서 전용물소권을 인정하여야만 하는 것도 아니라고 한다.[1] 그리고, 甲과 A 사이에는 부당이득의 관계가 성립하지 않는다고 보는 견해도 있다. 즉 甲은 B에게 공사대금채권이 있는 이상 손해가 있다고 하기 어렵고, A도 B에게 비용상환의무를 지거나 유상의 이득 보유원인을 가진 경우 A의 이득을 인정하기 어려우며, A와 B 사이 그리고 甲과 B 사이에 각각 급부 원인 내지 이득 보유원인이 있는 것이므로 법률상 원인이 없는 것도 아니라는 것이다.[2] 판례 중에도 이러한 취지의 것이 있다. 즉 "원고가 경기도 고양군수 및 벽제면장으로부터 제방공사를 도급받아 그 공사를 완공함으로써 피고 경기도가 법률상 원인 없이 이득하였다 할지라도, 원고는 그 보수금 전액을 위 도급인으로부터 지급받을 권리가 있어 아무런 손해도 있었다고 할 수 없으니, 원고의 피고에 대한 부당이득 반환청구는 성립할 수 없다"고 한다(대판 1970. 11. 24, 70다1012).

1) 양창수, 일반부당이득법의 연구, 270면 이하.
2) 이병준, "소위 전용물소권과 민법 제203조의 비용상환청구권", Jurist 제410호, 260면.

c) 甲의 A에 대한 「유익비 상환청구」 (ㄱ) 소유자가 점유할 권리가 없이 점유하는 자를 상대로 점유물의 반환을 청구하는 경우, 그 점유자가 그 물건에 지출한 필요비나 유익비에 대해서는 민법 제203조에 의해 소유자에게 그 상환을 청구할 수 있다. 사안에서 甲은 A에게 유익비의 상환을 청구한 것인데, 위 판례는, 그러한 유익비는 도급인이며 간접점유자인 B가 지출한 것이어서 B만이 동조에 의해 A에게 그 상환을 청구할 수 있고, 甲은 A에게 유익비의 상환을 청구할 수는 없는 것으로 보았다. (ㄴ) 판례의 이러한 결론은 다음과 같은 이유에서 타당하다고 할 것이다.[1] 우선, '비용의 지출'과 '계약상 급부의 이행'은 다른 것이다. 전자는 물건의 사용 · 수익을 위하여 물건 자체에 이익이 되게 하려는 목적만이 있고, 비용 지출을 통해 소유자에게 비록 이익이 된다는 것을 알더라도 소유자의 재산을 증가시키려고 자신의 재산을 희생시키는 것은 아니다. 이에 반해 후자는 소유자의 재산을 증가시키는 것이 급부의 목적을 이룬다. 이런 점에서 甲은 도급계약에 따라 B에게 공사대금채권을 가질 뿐이다. 반면 B는 甲의 공사를 통해 건물에 비용을 지출한 것이 되고 또 B를 간접점유자로 볼 수 있으므로, 민법 제203조 2항 소정의 유익비의 상환을 청구할 수 있는 자는 B가 된다. 둘째 만약 甲을 비용 지출자로 보게 되면 결과적으로 전용물소권을 인정하는 것과 같게 된다는 점이다. (ㄷ) 사안은, A와 B 사이에는 계약관계가 없을 뿐만 아니라, B의 관리행위가 부적법한 것이어서 B가 甲과 맺은 도급계약상의 효력을 A에게 주장할 수 있는 것도 아니어서, 결국 B는 소유자 A에 대해 부적법한 (간접)점유를 하고 있어 A는 B에게 소유물 반환청구를 할 수 있고, 그에 부수하여 민법 (제201조 내지) 제203조가 적용되는 경우이다.

d) 甲의 건물에 대한 「유치권」의 성립 여부 (ㄱ) 위 판결의 사안에서, 甲은 A에게 공사대금채권을 갖거나 또는 민법 제203조 소정의 비용상환청구권 내지 부당이득 반환청구권을 갖는다고 하면서, 이 각 권리에 기해 이 사건 건물에 대해 유치권을 취득한다고 주장하였다. 원심은 甲이 A에게 두 번째의 청구권을 갖는 것을 전제로 하여 甲의 청구를 인용하였다(대전고법 1999. 10. 21. 선고 97나4515, 98나1568 판결). 이에 대해 대법원은 상술한 이유로써 甲은 A에게 위와 같은 청구권을 갖지 못한다고 하여 파기 환송한 것인데, 그 후 甲이 소를 취하함으로써 유치권 주장도 묻히게 되었다. (ㄴ) 그러면 만일 甲이 B에게 갖는 공사대금채권에 기해 위 건물에 대해 유치권을 주장하였다면 어떠하였을까? 민법 제320조에 따라 유치권이 성립하려면, 그 채권이 물건에 관하여 생긴 것이고, 그 점유가 불법행위로 인한 것이 아니어야 한다. 도급에 따라 수급인이 갖는 공사대금채권은 물건(건물)에 관하여 생긴 채권에 해당하므로, 결국 甲의 건물에 대한 점유가 불법행위로 인한 것인지 여부가 관건이 된다. 여기에는 甲이 건물을 점유하게 된 과정 등을 고려하여 유치권을 주면서까지 보호할 필요가 있는지를 살펴야 할 것으로 본다.

(3) 위 판결 이후에도 대법원은 전용물소권을 일관되게 부정하고 있다. 즉, ① 甲회사의 화물차량 운전자가 甲회사 소유의 화물차량을 운전하면서 甲회사의 지정 주유소가 아닌 乙이 경영하는 주유소에서 유류를 공급받아 甲회사의 화물운송 사업에 사용하고 그 유류대금을 결제하지 않은 사안에서, 비록 위 유류가 甲회사의 화물운송 사업에 사용됨으로써 甲회사에 이

1) 이병준, 앞의 글, 261면.

익이 되었다 하더라도, 乙은 계약 당사자가 아닌 甲회사에 직접 부당이득반환을 청구할 수 없다고 보았다(대판 2010. 6. 24, 2010다9269). ② 위의 법리는 급부가 사무관리에 의하여 이루어진 경우에도 같다. 따라서 의무 없이 타인을 위하여 사무를 관리한 자는 타인에게 민법상 사무관리 규정에 따라 비용상환 등을 청구할 수 있을 뿐, 그 사무관리에 의하여 결과적으로 사실상 이익을 얻은 다른 제3자에게 직접 부당이득반환을 청구할 수는 없다(대판 2013. 6. 27, 2011다17106). ③ 甲회사가 아파트 신축공사를 시행하여 완공한 후 乙회사를 아파트 주택관리업자로 선정하여 관리용역계약을 체결하였고, 乙회사는 직원 丙을 아파트 관리소장으로 선임하였는데, 丙이 입주자대표회의가 구성되지 않은 상태에서 아파트에 관한 화재보험 가입을 위한 자금을 甲회사로부터 차용하면서 아파트 입주율이 50% 이상이 되면 운영하는 관리비에서 이를 상환하기로 약정한 사안에서, 丙에게 돈을 대여한 甲회사로서는, 비록 그 돈이 丙에 의하여 아파트 화재보험료 납입에 사용됨으로써 아파트 입주자대표회의가 동액 상당의 이득을 얻게 되었다고 하더라도, 실제 위 화재보험료를 대납한 丙이 입주자대표회의를 상대로 부당이득반환 내지 비용 상환을 청구할 수 있는지는 별론으로 하고, 단지 자신의 대여금이 화재보험료 납입에 사용되었다는 사정만으로 입주자대표회의에 직접 부당이득반환을 청구할 수는 없다(대판 2011. 11. 10, 2011다48568).

4. 소위 삼각관계에서의 급부부당이득

(1) (ㄱ) A는 신축한 상가를 B에게 대금 230억원에 매도하는 계약을 체결하고, B는 이 상가의 일부에 대해 C와 분양계약을 체결하였는데, C는 분양대금 중 일부를 B의 지시에 따라 A에게 무통장입금의 방법으로 송금하였다. 그런데 B가 A에게 대금을 지급하지 못해 결국 C가 상가를 분양받지 못하게 되자, C는 B와의 계약을 해제하고 A를 상대로 이미 송금받은 대금에 대한 부당이득의 반환을 청구하였다. (ㄴ) 대법원은 다음과 같은 이유로써 C의 A에 대한 부당이득 반환청구를 배척하였다. 「(ㄱ) 계약의 일방 당사자가 계약 상대방의 지시 등으로 급부과정을 단축하여 계약 상대방과 또 다른 계약관계를 맺고 있는 제3자에게 급부한 경우, 그 급부로써 급부를 한 계약 당사자의 상대방에 대한 급부가 이루어질 뿐 아니라 그 상대방의 제3자에 대한 급부도 이루어지는 것이므로, 계약의 일방 당사자는 제3자를 상대로 법률상 원인 없이 급부를 수령하였다는 이유로 부당이득 반환청구를 할 수 없다. (ㄴ) 원고(C)가 위 분양계약을 적법하게 해제하였다고 하더라도, 그 계약관계의 청산은 계약의 상대방인 B와의 사이에 이루어져야 하고, 피고(A)를 상대로 분양대금을 지급한 것이 부당이득이라는 이유로 그 반환을 구할 수 없다. 왜냐하면, 원고가 제3자인 피고에 대하여 직접 부당이득 반환청구를 할 수 있다고 보면, 자기 책임하에 체결된 계약에 따른 위험부담을 제3자에게 전가시키는 것이 되어 계약법의 기본원리에 반하는 결과를 초래할 뿐만 아니라, 수익자인 제3자가 계약 상대방에 대하여 가지는 항변권 등을 침해하게 되어 부당하기 때문이다」(대판 2003. 12. 26, 2001다46730).

(2) 사안은 동일물에 대해 A와 B 사이에 매매계약이 있고, 또 B와 C 사이에 매매계약이 있는 경우이다. 그리고 C가 B에게 지급할 분양대금을 B의 지시에 따라 제3자 A에게 송금한 것인데, 이것은 '제3자를 위한 계약'에 해당한다. 제3자의 채권은 B와 C 사이의 매매계약에서 비

롯된 것인데, C가 B의 채무불이행을 이유로 B와의 계약을 해제한 것이다. 이 경우 C가 A를 상대로 그가 받은 대금에 대해 원상회복을 구할 수 있는가인데, 위 판례는 다음의 이유로써 이를 부정한 것이다. 즉 C가 B의 지시에 따라 A에게 분양대금을 송금한 것은 급부 과정을 단축한 것으로서, 이것은 대금을 C가 B에게 지급하고 또 B가 A에게 지급한 것에 해당하므로, (A와 B의 계약이 실효되지 않은 이상) A의 대금 수령은 법률상 원인이 있다는 것이다. 그리고 C가 A에게 부당이득반환을 청구할 수 있다고 하면 그것은 전용물소권을 인정하는 것이 되어 수용할 수 없다는 것이다. 이러한 구성은 타당하다고 본다.[1] 이후의 판례도 그 취지를 같이한다(대판 2005. 7. 22, 2005다7566, 7573).[2] 사안에서는, C가 A에게 송금한 돈에 대해서는 B에게 부당이득의 반환을 청구하여야 한다.

(3) 위와 같은 법리는 「제3자방$_{方}$ 이행」의 경우에도 통용된다. 예컨대 남의 경사를 축하하기 위해 꽃을 산 사람이 경사의 당사자에게 직접 배달시킨 경우와 같이, 계약상 급부가 실제적으로는 제3자에게 행하여졌다고 하여도 그것은 계약상 채무의 적법한 이행이 된다(이른바 제3자방$_{方}$ 이행). 이때 계약이 효력을 잃게 되면, 그와 같이 적법한 이행을 한 계약 당사자는 그 제3자가 아니라 계약의 상대방 당사자에게 부당이득을 이유로 자신의 급부 또는 그 가액의 반환을 청구하여야 한다(대판 2010. 3. 11, 2009다98706). 다만, 「채권양도」의 경우에는 판례는 위 법리를 원용하고 있지 않다. 가령 A가 그의 토지를 B에게 팔고서 그 대금채권을 C에게 양도하고, B는 C에게 대금을 지급하였는데, A가 B의 채무불이행을 이유로 계약을 해제한 경우, B가 C에게 지급한 대금에 대해서는 C를 상대로 부당이득의 반환을 청구할 수 있다고 한다(대판 2003. 1. 24, 2000다22850). 그리고 B가 A에게 갖는 채권에 대해 변제할 정당한 이익을 갖는 甲이 B에게 변제한 경우, 甲은 A에게 구상할 수 있는데, 甲이 변제한 금액의 일부가 A가 부담하는 채무가 아닌 경우에는 그 범위에서 대위변제는 성립하지 않고, 이 경우 甲은 B에게 그 금액에 대한 부당이득의 반환을 청구할 수 있다고 한다(다만 甲이 악의의 비채변제를 한 경우에는 그 반환을 청구할 수 없다(742조))(대판 1990. 6. 8, 89다카20481).

5. 급부의 연쇄와 부당이득

예컨대 A가 그 소유 토지를 B에게 매도하고, B는 이를 C에게 매도하여, C가 그 토지에 대해 소유권이전등기를 마치고 점유하고 있는데, A가 B와의 계약을 제한능력을 이유로 취소하였다고 하자. 이 경우 A · B · C 간의 법률관계는 다음과 같다. (ㄱ) A와 C: 제한능력을 이유로 한 취소는 소급해서 절대적으로 무효가 되므로, 토지의 소유권은 A에게 회복된다. A는 소유권에 기해 C에게 토지의 인도와 그 등기의 말소를 청구할 수 있다(213조 · 214조). 이 경우 C가 점유하는 동안 얻은 과실의 취득 여부, 지출한 비용의 상환 등은 점유자와 회복자의 관계로서 민법 제201조 내지 제203조가 적용된다. (ㄴ) B와 C: C가 A의 물권적 청구에 따라 소유

---

1) 대상판결을 평석한 것으로, 김동훈, "제3자를 위한 계약에서 기본계약의 해제와 원상회복", 고시연구(2004. 4.), 196면. 그 밖에 이 판례를 소개 · 평가한 것으로, 민법주해 채권(10), 203면 이하(양창수).

2) 판례는, 제3자가 원인관계인 법률관계에 흠이 있다는 사실을 알고 있는 경우에도, 계약의 일방 당사자는 제3자를 상대로 부당이득 반환청구를 할 수 없다고 한다(대판 2008. 9. 11, 2006다46278).

권을 잃게 된 경우, C는 B와의 매매계약을 (타인 권리의 매매에 따른 담보책임으로서) 해제할 수 있다(570조). 해제하게 되면 서로 원상회복의무가 생기므로, C는 B에게 목적물을 반환하고 B는 C에게 받은 매매대금에 이자를 붙여 반환하여야 한다(548조). 그런데 C는 이미 A에게 목적물을 반환했고, 이것은 어차피 B도 A에게 반환하였을 것이었으므로, 그것은 결국 C가 B에게 반환한 것으로 다루어진다. 그 밖에 C가 점유하는 동안 얻은 과실은 A에 대해서는 민법 제201조 1항에 따라 반환할 필요가 없다고 하더라도, B에 대해서는 계약해제에 따른 원상회복으로서 반환하여야 한다. (ㄷ) A와 B: A와 B의 계약은 소급해서 무효가 되었으므로, A는 받은 매매대금을 B에게 부당이득으로 반환하여야 하고, 그것은 현존이익 범위에 그친다(141조).

6. 횡령한 금전으로 한 채무변제와 채권자의 부당이득

(1) (ㄱ) 甲은 A공사의 경리부 출납담당 과장으로서 각종 자금의 출납업무를 수행하여 오던 중, 주식투자의 실패 등으로 이미 A의 공금을 횡령하여 그 금액이 7억원에 이르고 있었는데, 이후 甲은 (평소 친분관계가 있는) 자신의 채권자인 B에 대한 채무변제 조로 자신이 관리하고 있던 A의 은행계좌에서 B의 예금계좌로 2억 4천만원 정도를 직접 이체시키는 방법으로 타행송금하여 이를 횡령하였는데, B에 대한 송금시 송금의뢰인을 A공사로, 송금받을 사람을 B가 운영하는 상사 이름으로 기재하여 송금을 의뢰하였다. 한편 B는 주식에 투자해 주겠다는 甲의 권유에 따라 甲으로부터 송금받은 돈을 인출하여 甲에게 교부하였다. 甲은 그 후 공금을 횡령한 범죄사실로 기소되어 법원으로부터 징역형을 선고받았다. A가 B를 상대로 甲으로부터 받은 (甲이 횡령한) 금액에 대해 부당이득의 반환을 청구하였다. (ㄴ) 대법원은, 「부당이득 제도는 이득자의 재산상 이득이 법률상 원인을 결여하는 경우에 공평·정의의 이념에 근거하여 이득자에게 그 반환의무를 부담시키는 것인바, 채무자가 피해자로부터 횡령한 금전을 그대로 채권자에 대한 채무변제에 사용하는 경우 피해자의 손실과 채권자의 이득 사이에 인과관계가 있음이 명백하고, 한편 채무자가 횡령한 금전으로 자신의 채권자에 대한 채무를 변제하는 경우 채권자가 그 변제를 수령함에 있어 악의 또는 중대한 과실이 있는 경우에는 채권자의 금전 취득은 피해자에 대한 관계에 있어서 법률상 원인을 결여한 것으로 봄이 상당하나, 채권자가 그 변제를 수령함에 있어 단순히 과실이 있는 경우에는 그 변제는 유효하고 채권자의 금전 취득이 피해자에 대한 관계에 있어서 법률상 원인을 결여한 것이라고 할 수 없다」고 판결하면서, 사안에서 B가 금원을 취득한 것에 악의나 중과실이 있다고 보기 어렵다고 하여, B에게 부당이득이 성립한다는 A의 주장을 배척하였다(대판 2003. 6. 13, 2003다8862).

(2) (ㄱ) 채권자가 채무자로부터 변제를 받는 것은 채권에 기한 것으로서 '법률상 원인'이 있는 것이다. 그런데 채무자가 피해자의 금전을 횡령하여 이를 가지고 변제한 경우, 위 판례는 채권자가 그 사실에 대해 알거나 중대한 과실로 모른 때에는 그 변제가 법률상 원인이 없는 것이 되어 부당이득이 되고, 단순히 과실로 모른 때에는 유효한 변제로서 법률상 원인이 있는 것이 되어 부당이득이 성립하지 않는다고 하는데, 이러한 구성은 종전의 일본 판례와 같은 것

이다(日本最高裁判所 1974. 9. 26. 판결). 한편 이후의 판례도 그 취지를 같이하고 있다(대판 2008. 3. 13, 2006다53733, 53740). (ㄴ) 위 판례는 부당이득의 기초인 공평에 바탕을 둔 것으로 파악할 수밖에 없고, 이 점에서 하나의 판례이론을 형성한 것으로 볼 수 있다. 이후의 판례는 채무자가 횡령한 돈을 제3자에게 증여하거나, 채무자가 편취한 금전을 자신의 채권자의 다른 채권자에 대한 채무를 대신 변제하는 데 사용한 경우에도 같은 법리를 적용하고 있다(대판 2012. 1. 12, 2011다74246; 대판 2016. 6. 28, 2012다44358,44365).

7. 착오송금과 부당이득

(1) (ㄱ) A와 甲회사 사이에는 거래관계가 없었음에도 A가 거래처인 乙회사에 인터넷뱅킹으로 송금하는 과정에서 A의 직원의 잘못으로 B은행에 개설된 甲회사 명의의 계좌로 송금이 이루어졌다. A가 B은행을 상대로 부당이득의 반환을 청구한 것이다. 원심은, A가 甲회사 계좌로 한 계좌이체는 법률상 원인 없이 이루어진 것이어서 甲회사는 수취은행인 B은행에 예금채권을 갖지 못하고 따라서 B은행이 부당이득을 한 것으로 보아, A의 청구를 인용하였다(서울중앙지법 2007. 6. 29. 선고 2007나1196 판결). (ㄴ) 대법원은 다음과 같은 이유를 들어 A의 청구를 배척하였다. 「1) 계좌이체는 은행 간 및 은행점포 간의 송금절차를 통해 저렴한 비용으로 안전하고 신속하게 자금을 이동시키는 수단이고, 다수인 사이에 다액의 자금이동을 원활하게 처리하기 위하여, 그 중개 역할을 하는 은행이 각 자금이동의 원인인 법률관계의 존부, 내용 등에 관여함이 없이 이를 수행하는 체제로 되어 있다. 2) 송금의뢰인이 수취인의 예금구좌에 계좌이체를 한 때에는, 송금의뢰인과 수취인 사이에 계좌이체의 원인인 법률관계가 존재하는지 여부에 관계없이 수취인과 수취은행 사이에는 계좌이체금액 상당의 예금계약이 성립하고, 수취인이 수취은행에 대하여 위 금액 상당의 예금채권을 취득한다. 3) 이때, 송금의뢰인과 수취인 사이에 계좌이체의 원인이 되는 법률관계가 존재하지 않음에도 불구하고, 계좌이체에 의해 수취인이 계좌이체금액 상당의 예금채권을 취득한 경우에는, 송금의뢰인은 수취인에게 위 금액 상당의 부당이득 반환청구권을 갖게 되지만, 수취은행은 이익을 얻은 것이 없으므로 수취은행에 대해서는 부당이득 반환청구권을 갖지 못한다」(대판 2007. 11. 29, 2007다51239).

(2) 계좌이체 제도의 성격상 비록 착오로 송금한 경우에도 수취인이 수취은행에 대해 예금채권을 취득한다는 것이 판례의 기본내용이다. 이를 토대로 세부적으로 다음과 같은 법리를 전개하고 있다. (ㄱ) 수취인의 채권자는 예금채권을 압류할 수 있고(대판 2006. 3. 24, 2005다59673), 이에 대해 송금의뢰인은 이의를 제기할 수 없다(대판 2009. 12. 10, 2009다69746). (ㄴ) 수취은행은 수취인의 계좌에 입금된 돈이 송금의뢰인의 착오로 입금된 것인지에 관해 조사할 의무가 없다. 수취은행은 수취인에 대한 대출채권 등을 자동채권으로 하여 수취인의 계좌에 입금된 금원 상당의 예금채권과 상계할 수 있다. 다만, 송금의뢰인이 착오송금임을 이유로 수취은행에 직접 송금액의 반환을 요청하고 수취인도 착오송금임을 인정하고 수취은행에 그 반환을 승낙하고 있는 경우에는, 수취은행이 이러한 경우에도 상계하는 것은 상계권의 남용으로서 허용되지 않는다(대판 2010. 5. 27, 2007다66088).[1] (ㄷ) 수취인이 착오로 송금된 돈을 다른 계좌로 이체하거나 임의로 사용하는 경우 횡령죄가 성

1) 2024년 제1차 변호사시험 모의시험 민사법 사례형 제2문의2는 이 판례를 출제한 것이다.

립한다(대판 2005. 10. 28, 2005도5975).

8. 부합과 부당이득

(1) (ㄱ) A는 대금을 다 받을 때까지 철강제품의 소유권은 A에게 있는 것으로 하여 (소유권유보부로) B와 철강제품 공급계약을 체결하고, 합계 135,096,324원의 철강제품을 B에게 공급하였으나 그 대금은 받지 못하였다. 한편 B는 C로부터 건물의 증축 및 신축에 관해 도급을 맡으면서, C 명의로 건축허가를 받아 A로부터 공급받은 위 철강제품 모두를 건물의 골조공사에 투입하고 공사를 진행하던 중, 기성고 80%인 상태에서 공사를 중단하였다. 이에 C가 잔여 공사를 진행하여 공사를 완료한 후 신축 건물에 대해 C 명의로 소유권보존등기를 마쳤다. A가 C를 상대로, 위 철강제품이 건물에 부합附合됨으로써 C는 위 철강제품의 매매대금인 135,096,324원 상당의 이익을 얻고 A는 그 대금 상당의 손해를 입었다고 하여, 부당이득의 반환을 청구하였다. (ㄴ) 대법원은, 「1) 민법 제261조에서 첨부로 법률 규정에 의한 소유권 취득(256조 내지 260조)이 인정된 경우에 "손해를 입은 자는 부당이득에 관한 규정에 의하여 보상을 청구할 수 있다"라고 규정하고 있는바, 이러한 보상청구가 인정되기 위해서는 민법 제261조 자체의 요건만이 아니라, 부당이득 법리에 따른 판단에 의하여 부당이득의 요건이 모두 충족되었음이 인정되어야 한다. 2) 매도인에게 소유권이 유보된 자재가 제3자와 매수인 사이에 이루어진 도급계약의 이행으로 제3자 소유 건물의 건축에 사용되어 부합된 경우 보상청구를 거부할 법률상 원인이 있다고 할 수 없지만, <u>제3자가 도급계약에 의하여 제공된 자재의 소유권이 유보된 사실에 관하여 과실 없이 알지 못한 경우라면 선의취득의 경우와 마찬가지로 제3자가 그 자재의 귀속으로 인한 이익을 보유할 수 있는 법률상 원인이 있다고 봄이 상당하므로, 매도인으로서는 그에 관한 보상청구를 할 수 없다</u>」고 판결하면서(대판 2009. 9. 24, 2009다15602), 원심이 C의 선의와 과실에 대해 판단하지 않았음을 이유로 파기, 환송하였다.

(2) (ㄱ) A 소유의 철강이 C 소유의 건물에 부합됨으로써 C는 그 철강의 소유권을 취득한다(256조 본문). 그로 인해 A는 철강의 소유권을 잃는 손해를 입게 되었다. 이러한 경우 A는 민법 제261조에 의해 '부당이득에 관한 규정에 따라' 그 보상을 청구할 수 있는데, C가 그 상대방이 되는지 문제가 된 사안이다. 이에 대해 위 판결은 선의취득의 법리를 적용하여, C가 그 철강이 A의 소유인 사실을 과실 없이 알지 못한 경우에는 C는 철강을 선의취득하고, 이것은 이익보유에 관한 법률상 원인이 있는 것이어서 부당이득이 성립하지 않는다고 보았다. 그러나 C에게 과실이 있는 경우에는 선의취득이 성립하지 않고, 이 경우 A는 C에게 부당이득의 반환을 청구할 수 있다고 본 것이다. (ㄴ) A 소유의 철강을 B가 C에게 매도하여 C가 이를 가지고 건축을 하는 것이나, B가 그 철강을 C와의 도급계약에 따라 C의 건물 공사에 사용하는 것이나, 결과에서 다를 것이 없으므로, 전자에 선의취득의 법리를 적용하는 이상 후자에도 이 법리가 적용될 수는 있다.[1)]

---

1) 이 점에 기초하여 대상판결에 찬동하는 견해로, 이병준, "소유권이 유보된 재료의 부합과 부당이득 삼각관계", 대법원판례해설 제81호, 89면 이하.

사례의 해설 (1) 乙이 甲에게 줄 돈을 자신의 채권자 戊에 대한 채무변제로 사용한 경우, 戊가 乙의 횡령 사실을 알았거나 중대한 과실로 모른 경우에는, 戊의 금전 취득은 甲에 대해 법률상 원인을 결여한 것으로서 부당이득이 성립한다(대판 2003. 6. 13, 2003다8862). 그러므로 甲은 戊에게 乙이 준 1억원에 대해 부당이득반환을 청구할 수 있다.

(2) (가) ① 甲이 乙로부터 횡령한 돈을 채권자 戊의 지시에 따라 A에게 변제한 것은 戊에게 변제한 것과 같고, 이 경우 乙의 손실과 戊의 이득 사이에는 인과관계가 있다. 한편 甲이 횡령한 돈으로 戊에 대한 채무를 변제하는 경우 戊가 그 변제를 수령함에 있어 악의나 중과실이 있는 경우에는 戊의 금전 취득은 乙에 대해 법률상 원인을 결여한 것이어서 부당이득이 성립한다는 것이 판례의 태도이다(대판 2003. 6. 13, 2003다8862). 그런데 설문에서 戊에게 악의나 중과실이 있다고 보기는 어려우므로 乙의 戊에 대한 부당이득 반환청구는 인용될 수 없다. ② 丙은 단지 돈의 보관을 위해 甲으로부터 송금을 받은 데 지나지 않고 또 당일 甲에게 다시 송금을 하여 실질적으로 얻은 이익이 없으므로, 乙의 丙에 대한 부당이득 반환청구는 인용될 수 없다. (나) ① 甲이 乙의 명의를 위조하여 B은행과 대출약정을 맺은 것이어서, 따라서 乙은 B은행과 대출약정을 맺은 바가 없으므로, B은행은 대출약정에 기해 乙에게 2억원의 반환을 청구할 수는 없다. ② 甲이 B은행으로부터 돈을 편취하여 乙의 丁에 대한 채무를 변제한 것은, B은행의 손실과 乙의 이득 사이에 인과관계가 있지만, 乙에게 악의나 중과실이 있다고 보기는 어려워 부당이득이 성립하지는 않는다. B은행은 乙회사를 상대로 2억원에 대해 부당이득반환을 청구할 수는 없다.

(3) 乙이 甲의 지시에 따라 丙에게 1억 5천만원을 지급한 것은 급부 과정을 단축한 것으로서, 이것은 乙이 甲에게 지급하고 甲이 丙에게 지급한 것에 해당한다. 따라서 甲의 이행불능을 이유로 乙이 계약을 해제한 경우에 乙은 甲을 상대로 원상회복 청구를 하여야 한다. 丙을 상대로 부당이득반환을 구하는 것은 전용물소권을 인정하는 것이 되어 허용되지 않는다(대판 2003. 12. 26, 2001다46730 참조).

(4) A종중은 B의 요청으로 B에게 지급할 건물 공사대금을 C에게 직접 지급하였다. 그런데 A종중의 정관에는 이를테면 본건과 같은 건물공사계약에는 총회의 결의를 거쳐야 하는 것으로 정해져 있는데, 총회 결의에 하자가 있어 그 결의는 무효가 되었고, B는 그러한 사정을 알고 있었다. 여기서 A가 지급한 2억원에 대해 부당이득반환을 청구하는 것은, 우선 A와 B 사이에 맺은 건물공사계약이 무효라는 것을 전제로 하고 있는 것이고, 그렇다면 누구를 상대로 부당이득반환을 청구할 수 있는지 문제가 된다. (ㄱ) A종중이 건물공사계약을 맺은 때에 총회의 결의를 요하도록 한 것은 대표권의 제한에 관한 것인데(채무부담행위이므로 총유물의 처분을 규율하는 민법 제276조 1항은 적용되지 않는다), 상대방 B가 그러한 사정을 알고 있었으므로, 이 경우 A와 B 사이의 건물공사계약은 무효가 된다(대판(전원합의체) 2007. 4. 19, 2004다60072, 60089). (ㄴ) A가 B의 요청에 따라 대금을 C에게 지급한 것은, A가 B에게 지급하고 B가 C에게 지급한 것에 해당하므로, A는 계약의 당사자인 B를 상대로 지급한 돈 2억원에 대해 부당이득반환을 청구하여야 한다. 그렇지 않고 C를 상대로 직접 그 청구를 할 수 있다고 한다면, 자기 책임 하에 체결된 계약에 따른 위험부담을 제3자에게 전가시키는 것이 되어 계약법의 기본원리에 반하고, 제3자(C)가 계약 상대방(B)에 대해 가지는 항변권 등이 무시되는 점에서 부당하기 때문이다(대판 2003. 12. 26, 2001다46730). 그러므로 A종중은 C에게 부당이득반환을 청구할 수 없다.

사례 p. 690

제5절 불법행위不法行爲

제1관 총 설

I. 불법행위의 의의

1. (ㄱ) 고의나 과실로 인한 위법행위로 타인에게 손해를 입히는 행위가 '불법행위'이다(750조). 어느 누구도 타인이 갖고 있는 권리나 법익을 침해하여 그에게 손해를 입히는 것이 정당화될 수는 없는 것이므로, 민법은 이 경우 가해자는 피해자에게 그 손해를 배상할 책임이 있는 것으로 규정하고 있다(750조). 즉 불법행위는 법률의 규정에 의해 (손해배상)채권이 발생하는 원인이 되며, 이 점에서 사무관리 및 부당이득과 마찬가지로 법정채권에 속한다. (ㄴ) 불법행위에 있어서 유의하여야 할 대목은, 손해가 발생하였다는 사실만으로 누군가에게 그 책임을 지울 수는 없다는 점이다. 즉 우연한 사건으로 생긴 결과(손해)는 해당 법익의 주체가 스스로 부담해야 한다 — '피해자 손해 부담의 원칙'(casum sentit dominus). 따라서 손해전보를 위한 부담을 타인에게 전가하기 위해서는 특별한 근거, 즉 정당화 사유를 필요로 하게 되는데, 그것이 다름 아닌 불법행위책임이다(민법주해(XVIII), 2면(김성태)). 이것은 고의 또는 과실에 의하여 타인에게 손해를 준 경우에만 가해자가 손해배상의 책임을 지는 것으로 하는 과실책임주의를 토대로 하고 있다. (ㄷ) 과실책임주의가 불법행위의 원리로서 확립된 것은 근대에 들어와서이다. 개인의 자유로운 활동을 최고의 이상으로 삼게 된 근대법은, 고의·과실이 없는 때에도 배상책임을 인정한다면 그러한 활동이 위축된다는 점에서, 계약의 자유를 보장하기 위한 방편으로 과실책임의 원칙을 취하게 된 것이다(근대 민법의 3대 원칙인 소유권 절대, 계약의 자유, 과실책임).

2. 손해배상채권이 발생하는 것으로는 불법행위 외에 채무불이행이 있지만, 그 지향점인 손해의 개념에서 양자는 다르다. 채무불이행에서는 채무가 이행되었다면 채권자가 누렸을 장래의 이익을 실현시켜 주는 데 있는 반면, 불법행위에서는 피해자가 가졌던 기존의 권리나 법익을 피해 이전의 상태로 회복시켜 주는 데 있기 때문이다. 그러므로 피해자가 애초부터 어떤 권리나 법익을 가지고 있지 않은 때에는 그것에 대한 불법행위도 성립할 여지가 없다.[1)]

---

1) 가령 1) A 소유 토지를 B가 매수하기로 계약을 맺었는데 A가 그 토지를 C에게 양도한 경우, B는 A의 채무불이행(이행불능)으로 인해 손해를 입는데, B는 그 토지의 소유권을 취득할 권리(채권)가 있으므로, 토지소유권에 갈음하는 토지의 시가에서 채무가 이행되었다고 한다면 B가 A에게 지급하였을 매매대금을 뺀 것이 손해가 되고, 이것을 배상해 주어야 한다. 반면, 본래는 甲 소유의 토지인데 국가공무원의 과실로 A 앞으로 원인무효의 등기가 이루어지고 이를 B가 매수하기로 계약을 맺었다고 하자. B가 국가를 상대로 불법행위를 이유로 손해배상을 구할 경우, B는 원인무효의 등기에 기초해서는 토지의 소유권을 취득하지 못하므로, 토지소유권에 대한 침해로서의 불법행위는 성립하지 않는다. 따라서 토지소유권에 갈음하는 그 시가가 손해가 될 수는 없고, B가 A에게 지급한 토지의 구입대금이 손해가 된다(대판 1998. 7. 10, 96다38971). 2) 일조권의 침해를 이유로 불법행위책임을 묻기 위해서는 이미 일조권을 갖고 있어야 한다. 그러므로 분양받은 아파트가 함께 분양된 다른 동의 아파트로 인해 일조가 부족한 경우에는, (매매목적물의 하자로 인한 담보책임이나 계약상의 의무 위반을 이유로 채무불이행책임을 물을 수는 있어도) 그

그러므로 불법행위책임을 물을 경우에는 피해자가 어떤 권리나 법익을 가지고 있었는지를 먼저 살펴야 한다. 그런데 피해자가 가졌던 권리가 모두 같은 것은 아니기 때문에 그 침해가 있다고 해서 언제나 불법행위가 성립하는 것은 아니다. 가령 절대권인 물권의 침해와 상대권인 채권의 침해를 같은 것으로 다룰 수는 없기 때문이다. 이것이 민법 제750조가 정하고 있는 '위법성'의 문제인데, 침해된 권리나 법익의 내용과 침해행위의 모습을 모두 고려해서 개별적으로 판단하여야만 하는 것이다.

3. (ㄱ) 개인의 권리나 법익이 늘어남에 따라 불법행위도 많아질 수밖에 없다. 민법 제750조가 '과실 · 위법행위 · 손해'라는 세 가지 일반개념을 가지고 불법행위의 성립요건으로 삼는 일반규정의 형식을 취한 것은, 다양하게 발생할 수 있는 불법행위의 개별 유형을 전부 포괄하고 또 구체적인 사안에 따라 탄력적으로 이를 적용함으로써 구체적 타당성을 실현할 수 있다는 점에서 장점이 있다. (ㄴ) 민법이 정하는 불법행위는 위법행위로 인해 발생한 손해를 사후적으로 전보, 즉 배상케 하는 데에 그 목적을 두고 있다. 그리고 '손해의 공평 · 타당한 부담'을 지도원리로 삼고 있다.

Ⅱ. 불법행위에서 과실책임과 무과실책임

'A의 가해행위로 B에게 손해가 발생하였는데, A에게는 과실이 없었다고 하자.' 이 경우 발생된 손해만을 이유로 A에게 배상책임을 지우는 것은 아무런 잘못이 없는 A에게 가혹하다. 반면 피해자 B의 입장에서 보면 결과적으로 A의 행위로부터 손해를 입었음에도 아무런 구제를 받지 못하는 점에서 문제가 없지 않다. 이처럼 A와 B의 입장이 다 문제가 되는데, 민법은 과실책임을 원칙으로 하면서, 피해자의 구제를 위해 무과실책임을 예외적으로 인정한다.

1. 과실책임의 원칙

(1) 타인의 권리나 법익을 침해하는 위법행위가 있고 또 그로 인해 타인에게 손해를 입힌 때에도, 가해자에게 손해배상책임을 지우기 위해서는 그를 비난할 만한 사유가 따로 있어야만 한다. 피해자가 손해를 입은 점은 문제가 있지만 그렇다고 해서 가해자에게 잘못을 물을 수 없는데도 그 책임을 지우는 것은 가해자에게 가혹한 것이 되기 때문이다. 민법은 제750조에서 가해자에게 책임을 물을 만한 귀책사유, 즉 고의나 과실이 있는 경우에만 배상책임을 지우는 과실책임의 원칙을 정하고 있다. 따라서 피해가 발생하였다고 하더라도 가해자에게 과실이 없는 때에는 그 피해는 결국 피해자가 부담할 수밖에 없다.

(2) 과실책임의 원칙은 자신에게 잘못이 있는 때에만 행위의 결과에 대해 책임을 지는 것이기 때문에, 잘못이 없는 한 자유로운 행위를 보장하는 점에서, '사적자치'를 소극적으로 보

것이 이미 존재하고 있는 일조권을 침해한 것은 아니므로, 일조권의 침해를 이유로 불법행위책임을 물을 수는 없다 (대판 2001. 6. 26, 2000다44928, 44935).

장해 주는 기능을 한다. 그러나 과실이 있으면 손해배상책임을 지는 것이며, 이때의 과실은 행위자의 능력에 따른 구체적 과실이 아니라 사회 일반인에게 요구되는 평균적 주의, 즉 추상적 과실이 그 기준이 되는 점에서, 과실 없이 주의 깊게 행동하라는 경고적 · 예방적인 기능도 한다.

2. 무과실책임

(1) 의 의

역사적으로는 결과책임에서 과실책임으로, 과실책임에서 무과실책임으로 발전해 왔다. 그런데 무과실책임은 과실이 없어도 발생한 손해에 대해 무조건 배상책임을 진다는 것이 아니고(이렇게 되면 결과책임과 다를 바 없다), 이것은 주로 '교통기관과 위험한 기업시설'을 대상으로 하여 적용되는 것임을 유의하여야 한다. 예컨대 어느 기업이 생산과정에서 오염물질을 방출하여 주민이 피해를 입었다고 하자. 그런데 오염물질의 방출이 그 당시의 과학기술 수준으로는 피할 수 없는 것이라면, 과실은 없는 것이 된다. 그러나 기업은 피해자에게 손해를 주면서까지 영업을 하여 수익을 올리는 점을 감안한다면, 기업 측에 배상책임을 인정하는 것이 손해의 공평 · 타당한 부담이라는 지도원리에 부합하고, 그래서 가해자에게 과실이 없더라도 일정한 경우에 한해서는 그 책임을 인정하자는 것이 무과실책임의 취지이다.

가해자에게 과실이 없는 경우에도 배상책임을 지우는 이유는 종국적으로는 손해의 공평 · 타당한 부담에 있는 것인데, 구체적으로는 이익을 얻는 과정에서 타인에게 손해를 준 때에는 그 이익에서 이를 배상케 하는 것이 공평하다는 보상책임의 원리와, 위험한 시설의 관리자는 그로부터 생긴 손해에 대해 책임을 져야 한다는 위험책임의 원리를 기초로 한다.

(2) 내 용

a) 적용범위 민법은 불법행위에서 과실책임의 원칙을 취하므로(750조), 무과실책임은 예외적인 경우에만 인정하여야 한다. 그것은 교통기관이나 위험한 기업시설에서 비롯되는 '위험성'에 맞추어져야 한다. 따라서 개인 사이의 일상생활이나 보통의 생활관계에 관하여는 과실책임의 원리를 그대로 적용하여야 한다.

b) 법률의 규정 과실책임의 원칙상, 무과실책임을 지울 경우에는 '법률'에서 이를 명시적으로 정하는 방식을 취한다. (ㄱ) 민법에서 정하는 유일한 것으로 공작물의 하자로 인한 소유자의 책임이 있다(758조 1항 단서).[1] (ㄴ) 민법 외의 특별법에서 정하는 것은 다음과 같다. ① '제조물책임법'에서는 제조물의 결함으로 타인에게 손해를 준 경우에는 제조업자에게 과실이 없는 때에도 배상책임을 인정하며(동법 3조 1항), ② '환경정책기본법'은 환경오염 또는 환경훼손으로 피해가 생긴 경우에 그 원인자에게 무과실책임을 정하고(동법 44조), ③ '광업법'에서는 광물의 채굴과정에서 타

1) 불법행위 외의 분야에서 민법상 무과실책임이 인정되는 것으로는, 무권대리인의 상대방에 대한 책임(135조), 상린관계에 따른 손해보상책임(216조 2항 · 219조 2항), 전질에서 질권자의 책임(336조), 금전채무불이행에 따른 손해배상책임(397조 2항), 매도인의 담보책임(570조 이하), 수급인의 담보책임(667조 이하), 여행계약에서 여행주최자의 담보책임(674조의6 이하), 무상위임에서 수임인이 손해를 입은 경우의 위임인의 배상책임(688조 3항), 사무관리에서 관리자의 손해배상책임(734조 3항) 등이 있다.

인에게 손해를 준 때에 광업권자에게 무과실 배상 제도를 인정하며(동법 75조), ④ '원자력손해배상법'은 원자로의 운전 등으로 손해가 생긴 때에 원자력사업자에게 무과실책임을 정하고(동법 3조), ⑤ '자동차손해배상 보장법'에서는 자동차 운행자에게 상당히 까다로운 면책요건을 정하여 사실상 무과실책임에 근접하고 있다(동법 3조). ⑥ '근로기준법'에서는, 사업장에서 산업재해(부상 · 질병 · 사망 등)가 발생한 경우에 사업자에게 무과실책임을 인정하고 사업자가 근로자에게 직접 보상하도록 규정한다(동법 78조 이하).

c) **책임보험과의 관계** 무과실책임이 인정되는 분야에서는 그 배상책임이 책임보험 제도와 결합하는 추세에 있다. 이를 통해 피해자는 가해자의 무자력 위험에서 벗어나 손해배상을 받는 것이 보장되고, 가해자인 기업 측은 보험료를 통해 거액의 배상책임을 지는 위험에서 벗어날 수 있는 이점이 있기 때문이다. 자동차사고에 의한 손해배상과 근로자의 재해보상에 관해서는 법률로 책임보험의 가입을 강제하고 있다(자동차손해배상 보장법 5조 · 산업재해보상보험법 6조).

Ⅲ. 불법행위책임과 다른 책임의 관계

1. 불법행위책임과 형사책임

(ㄱ) 과거에는 민 · 형사책임이 혼재되어 오다가, 근세 초부터 공 · 사법체계가 준별됨에 따라 민사책임과 형사책임이 분리되었고, 재판도 민사재판과 형사재판으로 나뉘어 있다. 그래서 형사재판에서 유죄판결이 있더라도 그것으로 행위자의 민사상 책임이 확정되는 것은 아니고, 행위자가 형 집행을 받거나 형사 무죄판결이 확정되었다고 해서 민사상 책임을 면하는 것도 아니다.[1] (ㄴ) 민사책임으로서의 불법행위책임은 발생한 손해를 손해 사고가 생기기 이전의 상태로 회복하는 것, 즉 손해의 전보에 목적을 두는 데 비해, 형사책임은 행위자 개인에 대한 제재에 목적을 둔다. 형사책임에서는 행위의 결과뿐만 아니라 행위 자체에 대한 비난을 강하게 내포하므로 미수未遂도 처벌되고, 또 그 행위가 고의에 의한 것인지 과실에 의한 것인지에 따라 양형에서 차이가 있다. 이에 대해 민사책임에서는 발생한 손해의 전보에 목적을 두므로 현실의 손해가 생기지 않는 미수는 문제가 되지 않으며, 고의나 과실은 가해자가 비난받을 근거를 제시할 뿐 손해배상의 범위에 어떤 차이를 가져오지 않는다. (ㄷ) 그런데 특별한 경우에는 민사책임에 형사책임적 요소가 도입되는 경우도 있다. '징벌적 손해배상'(punitive damages)이 그것이다. 이것은 영미 불법행위법에서 채택하고 있는 제도인데, 형사책임을 묻는 것과는 별도로 민사책임의 차원에서 행위자를 처벌하고 그러한 행위가 반복되지 않도록 예방적 기능을 수행하는 데 목적을 두고 있다. 일종의 불법행위법상의 벌금에 해당하는 것이다. 이에 대해서는 형사책임도 아

1) 판례는, 경찰관이 범인을 제압하는 과정에서 총기를 사용하여 범인을 사망에 이르게 한 사안에서, 「불법행위에 따른 형사책임은 사회의 법질서를 위반한 행위에 대한 책임을 묻는 것으로서 행위자에 대한 공적인 제재(형벌)를 그 내용으로 함에 비하여, 민사책임은 타인의 법익을 침해한 데 대하여 행위자의 개인적인 책임을 묻는 것으로서 피해자에게 발생한 손해의 전보를 그 내용으로 하는 것이고, 손해배상 제도는 손해의 공평 · 타당한 부담을 그 지도원리로 하는 것이므로, 형사상 범죄를 구성하지 아니하는 침해행위라고 하더라도 그것이 민사상 불법행위를 구성하는지 여부는 형사책임과 별개의 관점에서 검토하여야 한다」고 하면서, 위 사안에서 형사 무죄판결이 확정되었더라도 경찰관의 과실의 내용과 그로 인하여 발생한 결과의 중대함에 비추어 민사상 불법행위책임은 인정하였다(대판 2008. 2. 1, 2006다6713).

울러 묻는 것은 이중처벌이라는 점, 가해자에게는 과도한 배상이고 피해자에게는 부당한 이득을 주는 것이라는 점에서 비판도 없지 않다. 우리 민법은 이 제도를 채택하고 있지 않지만, 제조물책임법(3조 2항)에서는 일정한 경우에 징벌적 손해배상책임을 지는 것에 대해 정하고 있다. 한편, 형사절차에서 관련 민사책임을 해결하는 경우도 있다. 특별법(소송촉진 등에 관한 특례법 25조 이하)에서 정하는 '배상명령' 제도가 그것이다. 즉 제1심 또는 제2심의 형사공판 절차에서 일정한 범죄(상해 · 절도 · 강도 · 사기 · 공갈 · 횡령 · 배임 · 손괴죄 등)에 대해 유죄판결을 선고할 경우, 법원은 직권에 의해 또는 피해자나 그 상속인의 신청에 의해 그 범죄행위로 인해 발생한 직접적인 물적 손해, 치료비 손해 및 위자료의 배상을 명할 수 있다.

2. 불법행위책임과 채무불이행책임

(1) 비 교

손해배상청구권이 발생하는 원인으로서 민법이 정하는 대표적인 것으로 채무불이행과 불법행위, 두 가지가 있다(390조 · 750조). 양자는 법률이 허용하지 않는 위법행위라는 점에서 공통되고, 그래서 채무불이행에 관한 규정 중의 일부는 불법행위에도 준용된다(763조). 그러나 (전술한 대로) 그 지향점인 손해의 개념에서 양자는 다르다. 채무불이행에서는 채무가 이행되었다면 채권자가 누렸을 장래의 이익을 실현시켜 주는 데 있는 반면, 불법행위에서는 피해자가 가졌던 기존의 권리나 법익을 피해 이전의 상태로 회복시켜 주는 데 있기 때문이다. 그 밖에 양 책임의 내용을 비교하면 다음과 같다.

분 류 / 내 용	채무불이행책임	불법행위책임
과실의 입증책임	채무불이행에 관하여 채무자 자신이 고의나 과실이 없었음을 입증하여야 함(390조 · 397조 참조).	피해자가 가해자에게 고의나 과실이 있었음을 입증하여야 함(750조).
손해배상의 범위 · 방법, 과실상계, 손해배상자의 대위	제393조 · 제394조 · 제396조 · 제399조 참조	제763조에 의해 모두 준용됨.
연대책임		공동불법행위의 경우 연대책임(760조)
시 효	10년(162조 1항)	피해자나 그 법정대리인이 손해 및 가해자를 안 날부터 3년 또는 불법행위를 한 날부터 10년(766조)
상 계		불법행위에 의한 손해배상채무를 수동채권으로 하는 상계의 금지(496조)
특별법의 적용		「실화책임에 관한 법률」(2009년 법 9648호)
태아의 지위		손해배상청구권의 주체가 됨(762조).
제3자에 의한 책임	이행보조자의 과실에 대한 채무자의 책임(391조)	피용자의 불법행위에 대한 사용자의 책임(756조)

(2) 양 책임의 경합

채무불이행책임과 불법행위책임이 경합하는 경우가 있다. 1) 채무불이행이 성립한다고 하여 그것만으로 바로 불법행위가 성립하는 것은 아니다(대판 2021. 6. 24, 2016다210474). 채무불이행은 계약상의 의무 위반인 채무불이행이 있으면 그 책임을 지우는 것인데 반해, 불법행위는 피해자가 가지고 있던 권리나 법익을 피해 이전의 상태로 회복시켜 주는 데 있기 때문이다. 양자 모두 위법성을 해석상 또는 규정상 인정하고 있지만, 그 의미에서는 차이가 있다. 그러므로 가령 채무자가 빌린 돈을 갚지 않는 경우에 곧바로 불법행위가 성립하는 것으로 볼 것은 아니다. 2) 채무의 불이행이 한편으로는 채권자가 가지는 (채권 외에) 물권이나 인격권 그 밖의 법익을 침해하는 경우가 있다. 예컨대 건물의 임차인이 과실로 임차건물을 소실시켰을 때, 수치인이 과실로 임치물을 멸실·훼손한 경우, 여객 및 화물운송에서 운송인의 과실로 승객이 다치거나 운송물이 멸실·훼손된 때, 의사가 의료과실로 환자를 사망케 한 경우 등이 그러하다. 이때 채무불이행과 불법행위로 인한 손해배상청구권의 경합을 긍정하는 것이 통설과 판례이다(대판(전원합의체) 1983. 3. 22, 82다카1533).[1]

3. 불법행위책임과 부당이득반환책임

부당이득의 유형에서 침해부당이득의 경우는 불법행위와 경합할 수 있다. 부당이득 반환청구권과 불법행위로 인한 손해배상청구권은 서로 실체법상 별개의 청구권으로 존재하고 그 각 청구권에 기초하여 이행을 구하는 소는 소송법적으로도 소송물을 달리하므로, 채권자로서는 어느 하나의 청구권에 관한 소를 제기하여 승소 확정판결을 받았다고 하더라도 아직 채권의 만족을 얻지 못한 경우에는 다른 나머지 청구권에 관한 이행판결을 얻기 위하여 그에 관한 이행의 소를 제기할 수 있다. 가령 채권자가 먼저 부당이득 반환청구의 소를 제기하였다면 특별한 사정이 없는 한 손해 전부에 대하여 승소 판결을 얻을 수 있었는데도, 우연히 손해배상청구의 소를 먼저 제기하는 바람에 과실상계 또는 공평의 원칙에 기한 책임제한 등의 법리에 따라 그 승소액이 제한된 경우, 위 손해배상 소송에서 인정되지 않은 나머지 금액에 대해 부당이득 반환청구를 하는 것은 허용된다(대판 2013. 9. 13, 2013다45457).

제 2 관 일반 불법행위

제750조〔불법행위의 내용〕 고의나 과실로 인한 위법행위로 타인에게 손해를 입힌 자는 그 손해를 배상할 책임이 있다.

본조는 불법행위의 요건으로서 고의 또는 과실, 위법행위, 손해 발생을 정한다. 한편 민법 제753조와 제754조는 가해자가 배상책임을 지지 않는 책임무능력자에 관해 규정한다. 따라서 일반 불법행위의 성립요건으로는, ① 가해자의 고의나 과실에 의한 행위, ② 가해자의 책임능

1) 손해배상청구권의 경합을 인정하는 결과 다음과 같은 일이 생길 수 있다. 예컨대 무상 임치에서 수치인은 임치물을 자기 재산과 동일한 주의(구체적 과실)로 보관하면 되므로, 이 의무를 다한 때에는 비록 임치물이 멸실·훼손되더라도 임치계약상의 채무불이행이 성립하지는 않는다(695조). 그런데 그 멸실 등이 임치관계에서 요구되는 사회 일반의 주의의무(추상적 과실)를 위반한 것에 해당하는 때에는 불법행위가 성립할 수 있다(750조). 그 결과 임치계약에서 무상 수치인의 주의의무를 경감하는 것으로 정한 민법 제695조는 그 의미가 크지 않게 된다.

력, ③ 가해행위의 위법성, ④ 가해행위에 의한 손해의 발생, 네 가지가 필요하다.

Ⅰ. 고의 또는 과실

불법행위가 성립하기 위해서는 그것이 가해자 「자신」의 귀책사유, 즉 「고의故意 또는 과실過失」로 인한 「행위」에 의한 것이어야 한다. 이를 '과실책임의 원칙'이라 하고, 타인의 행위에 대해서는 책임을 지지 않는다는 점에서 '자기책임의 원칙'[1]이라고도 한다.

1. 행 위

의식 있는 거동이나 동작이 행위이다. 따라서 무의식중의 동작, 저항할 수 없는 힘에 의해 강제된 동작은 행위로 인정되지 않는다. 한편 행위는 작위뿐 아니라 부작위도 포함된다. 다만 부작위가 불법행위로 되는 것은 적극적 행위를 할 의무(작위의무)가 있는 경우에 한한다. 작위의무 없는 자가 적극적 행위를 하지 않는 것은 일반적으로 위법성이 없기 때문이다.[2]

2. 자기의 행위

가해자 자신의 행위여야 한다. 그러나 이것이 가해자가 직접 가해행위를 하는 경우만을 의미하는 것은 아니다. 타인의 행위를 통해 그것이 가해자 자신의 행위로 되는 것도 있다. (ㄱ) 민법은, 친권자는 (책임능력 없는) 자녀의 행위에 대해, 사용자는 피용자의 행위에 대해, 각각 불법행위책임을 지는 것으로 규정한다(755조·756조). 그러나 이것은 타인의 행위에 대해 책임을 지는 것이 아니라, 그 자녀에 대한 감독의무를 게을리한 것 또는 피용자의 선임 및 사무 감독에 주의를 게을리한 것에 기초하는 것인 점에서, 친권자 또는 사용자의 자기 과실에 기한 책임이다. 다만 과실의 입증책임이 가해자에게 전환된 점에서 특수할 뿐인데, 따라서 그 의무를 다하였다는 점을 입증하면 책임을 면하게 된다. 한편 자녀 또는 피용자의 문제의 불법행위 자체에 대해 친권자 또는 사용자에게 과실이 있고 양자가 인과관계가 있는 때에는, 친권자 또는 사용

---

1) 자기책임의 원칙은 '카지노 게임'에도 적용된다. 카지노 사업자가 운영하는 카지노 영업장에 찾아가 카지노 게임을 할 것인지는 카지노 이용자 자신이 결정하는 것이고, 카지노 이용자가 게임의 승패에 따라 건 돈을 잃을 위험이 있음을 알면서도 이를 감수하고 카지노 게임에 참여한 이상 그 결과 역시 카지노 이용자 자신에게 귀속되는 것이 마땅하다. 그러므로 카지노 사업자가 카지노 운영과 관련하여 공익상 포괄적인 영업 규제를 받고 있더라도 특별한 사정이 없는 한 이를 근거로 함부로 카지노 이용자의 이익을 위한 카지노 사업자의 보호의무 내지 배려의무를 인정할 것은 아니다(카지노 이용자가 거액의 돈을 잃자 카지노 사업체 직원의 보호의무 위반에 따른 불법행위의 성립을 이유로 카지노 사업체에 대해 사용자책임을 물은 사안에서, 자기책임의 원칙을 부정할 만한 특별한 사정을 인정하기에 부족하다고 하여 그 책임을 부정하였다)(대판(전원합의체) 2014. 8. 21, 2010다92438).

2) 판례: 「인터넷 종합 정보제공 사업자가 제공하는 인터넷 게시공간에 게시된 명예훼손적 게시물의 불법성이 명백하고, 위 사업자가 위와 같은 게시물로 인하여 명예를 훼손당한 피해자로부터 구체적 · 개별적인 게시물의 삭제 및 차단 요구를 받은 경우는 물론, 피해자로부터 직접적인 요구를 받지 않은 경우라 하더라도 그 게시물이 게시된 사정을 구체적으로 인식하고 있었거나 그 게시물의 존재를 인식할 수 있었음이 외관상 명백히 드러나며, 또한 기술적 · 경제적으로 그 게시물에 대한 관리 · 통제가 가능한 경우에는, 위 사업자에게 그 게시물을 삭제하고 향후 같은 인터넷 게시공간에 유사한 내용의 게시물이 게시되지 않도록 차단할 주의의무가 있고, 그 게시물 삭제 등의 처리를 위하여 필요한 상당한 기간이 지나도록 그 처리를 하지 아니함으로써 타인에게 손해가 발생한 경우에는 부작위에 의한 불법행위책임이 성립한다」(대판(전원합의체) 2009. 4. 16, 2008다53812).

자 자신에게 민법 제750조에 의한 일반 불법행위도 성립한다. 과실 있는 행위와 손해 발생 사이에 인과관계가 있으면 제750조의 불법행위의 요건은 충족되는 것이고, 가해자 자신에 의한 직접적인 가해행위에만 국한되는 것은 아니기 때문이다. (ㄴ) 타인의 행위를 하나의 수단으로서 이용하는 경우에는, 그것은 자신의 행위가 된다. 청구권이 없음에도 법원의 재판을 통해 가압류나 가처분의 결정을 받는 것도 이에 속한다. (ㄷ) 법인은 대표기관이 그 직무에 관하여 타인에게 입힌 손해에 대해 배상책임을 지는데(35조 1항), 이것은 법인 자신의 책임이다.

3. 고의 또는 과실

(1) 의 미

(ㄱ) 불법행위가 성립하려면 가해자에게 「고의」나 「과실」이 있어야 한다. ① 고의는 자신의 행위로 인하여 타인에게 위법한 침해가 발생하리라는 것을 인식하면서 이를 행하는 심리상태를 말한다. 그 손해까지 인식하여야 하는지, 또 위법한 침해의 인식에서 더 나아가 이를 의욕할 것을 필요로 하는지에 관해서는 세부적으로 견해가 나뉜다. 판례는, 객관적으로 위법이라고 평가되는 일정한 결과의 발생이라는 사실의 인식만 있으면 되고, 그 외에 그것이 위법한 것으로 평가된다는 것까지 인식할 필요는 없다고 한다(대판 2002. 7. 12, 2001다46440). ② 과실은 부주의로 말미암아 타인에게 위법한 침해가 발생한다는 것을 알지 못하고서 어떤 행위를 하는 심리상태를 말한다. (ㄴ) 형법은 행위자의 '악성'을 중요하게 보아 원칙적으로 고의범을 벌하고 과실범은 예외적으로 처벌함으로써, 고의와 과실의 구별은 매우 중요하고, 미필적 고의나 인식 있는 과실의 개념을 동원하는 것도 그러한 이유 때문이다. 이에 반해 민법은 가해행위로 생긴 '손해의 제거'(손해의 배상)에 목적을 두므로 기본적으로 고의와 과실 간에 차이를 두지 않는다.[1] (ㄷ) 불법행위의 성립에는 고의와 과실을 구별하지 않으므로, 고의에 의한 불법행위를 원인으로 한 손해배상책임의 주장에는 만일 고의는 없으나 과실이 인정될 경우에는 이를 원인으로 한 손해배상을 바라는 주장도 포함되어 있다고 할 것이므로, 가해자에게 고의를 인정할 수 없다고 하여 과실의 점에 대해 심리 판단도 하지 않은 채 피해자의 주장을 배척할 수는 없다(대판 1995. 12. 22, 94다21078).

(2) 불법행위에서 과실의 종류와 그 기준

a) 과실은 부주의, 즉 주의의무의 위반인데, 그 주의의무는 무엇을 기준으로 하는지가 문제된다. 학설 중에는, 과실책임의 원칙상 또 민법이 책임능력을 요구하고 있는 점에서 행위자 자신의 주의능력(이를 「구체적 과실」이라고 한다)을 기준으로 하여야 한다는 견해가 있다.[2] 그러나 통설은, 그렇게 되면 사회의 보통 사람으로서의 주의를 할 것으로 예상하고 행동하는 피해자는 가해자의 개인적인 주의능력에 따라 배상을 받지 못하게 되는데, 이러한 결과는 피해자의

1) 다만 고의와 과실 간에 차이를 두는 경우가 없지 않다. 즉 ① 채무가 고의의 불법행위로 생긴 경우에는 그 채무자는 이를 수동채권으로 삼아 상계하지 못한다(496조). ② 제3자에 의한 채권침해의 경우에는 채권의 상대권의 성질상 고의에 의한 것에 한정된다. ③ 불법행위에 따른 배상으로 배상자의 생계에 중대한 영향을 미칠 경우에는 배상의무자는 법원에 배상액의 경감을 청구할 수 있는데, 그 손해가 고의나 중대한 과실에 의한 것인 경우에는 그러한 경감청구를 할 수 없는 것(765조) 등이 그러하다.

2) 김형배, "과실개념과 불법행위책임체계", 현대 민법학의 제문제(박영사, 1981), 517면~541면.

보호에 충분치 못하고 손해배상 제도의 취지인 손해의 공평·타당한 부담에도 맞지 않을 뿐더러, 민법은 형법과는 달리 행위자 개인에 대한 징벌이 목적이 아니라 손해의 전보에 목적을 두는 점에서도, 주의의무는 행위자 개인이 아닌 구체적인 사안별로 보통 사람에게 요구되는 일반적 주의(이를 「추상적 과실」이라고 한다)를 기준으로 삼아야 한다고 한다. 그러면서 추상적 과실을 기준으로 삼을 때 생기는 문제는 민법이 정하는 책임무능력자 제도(754조·755조)를 통해 어느 정도 구제될 수 있다고 한다. 통설이 타당하다고 본다. 판례도 통설과 같은 견해를 취한다.

b) 과실은 부주의의 정도가 경미한 「경과실」과 그것이 중대한 「중과실」로 나뉘는데, 불법행위로 인한 손해배상에서 중과실을 요건으로 할 때에는 법률에서 따로 정한다. 법률에서는 이를 '중대한 과실'이라고 표현하는데, 민법 제757조, 실화책임에 관한 법률에서 정하는 것이 그러하다. 따라서 법률에서 달리 정하고 있지 않은 이상, 민법 제750조 소정의 과실은 「추상적 경과실」을 의미한다. 이것은 구체적인 사안별로 보통 사람의 주의를 기준으로 하는 것이어서, 어느 경우에 과실이 있는지는 개별적으로 검토하여야 하고, 불법행위에 관한 수많은 판례의 대부분은 이에 관한 것들이다.

〈실화책임에 관한 법률〉 종전의 '실화책임에 관한 법률'(1961년 법 607호)은 「민법 제750조의 규정은 실화의 경우에는 중대한 과실이 있을 때에 한하여 이를 적용한다」고 규정한 바 있는데, 이에 관하여는 다음과 같은 변화가 있었다. (α) 동법의 입법목적은, 실화로 인하여 화재가 발생한 경우에는 실화자 자신도 피해를 입을 뿐만 아니라 부근 가옥 기타 물건이 연소함으로써 그 피해가 예상 외로 확대되어 실화자의 책임이 과다하게 되는 점을 고려하여, 그 손해배상책임을 중과실로 인한 실화의 경우로 한정한 데 있다. 그런 반면, 경과실의 경우에는 그 실화로 인한 피해가 중대한 경우에도 실화자는 손해배상책임을 지지 않게 되어, 실화 피해는 모두 피해자의 부담으로 되는 문제가 없지 않았다. 그래서 동법에 대해 실화 피해자의 재산권을 본질적으로 침해하는 것으로서 위헌 여부가 문제되었는데, 종전의 판례는 위와 같은 입법목적은 정당하다고 하여 위헌이 아니라고 하였다(대판 1995. 10. 13, 94다36506; 대판 1994. 1. 25, 93다1355; 대판 1996. 2. 23, 95다22887)(헌법재판소 1995. 3. 23. 선고 92헌가4 등 결정). (β) 한편 판례는 다음의 경우에는 실화책임법이 적용되지 않는 것으로 보았다. ① 동법은 불법행위를 청구원인으로 하는 경우에만 적용되고, 계약상의 채무불이행을 이유로 하여 실화에 따른 손해배상을 청구하는 경우에는 적용되지 않는다(대판 1967. 10. 23, 67다1919; 대판 1980. 11. 25, 80다508; 대판 1987. 12. 8, 87다카898; 대판 1994. 1. 28, 93다43590). ② 공작물 자체의 설치·보존상의 하자에 의하여 직접 발생한 화재로 인한 손해배상책임에 대하여는 동법이 아닌 민법 제758조 1항이 적용되고, 그 화재로부터 연소한 부분에 대한 손해배상책임에 대해서는 동법이 적용된다(대판 1994. 3. 22, 93다56404; 대판 1996. 2. 23, 95다22887; 대판 1999. 2. 23,97다12082). ③ 가스 폭발사고의 경우(대판 1994. 6. 10, 93다58813). ④ 동법은 발화점과 불가분의 일체를 이루는 물건의 소실, 즉 직접 화재에는 적용되지 않고, 그로부터 연소한 부분에만 적용된다(대판 1983. 12. 13, 82다카1038; 대판 2000. 5. 26,99다32431). (γ) 실화책임법의 적용을 배제하려는 대법원의 위와 같은 노력에는 한계가 있는데, <u>헌법재판소는 2007년에 실화책임법에 대해 헌법불합치 결정을 내렸다</u>(헌법재판소 2007. 8. 30. 선고 2004헌가25 결정). 그 이유는, 동법은 실화자를 의외의 가혹한 배상책임으로부터 구제한다는 입법목적을 달성하기 위하여 실화 피해자의 손해배상청구권을 필요 이상으로 제한하고 법익균형의 원칙에도 위배되므로, 기본권 제한 입법의 한계를 일탈하여 헌법 제23조 1항, 제37조 2항에 위반된다는 것이다. 그러나 화재와 연소의 특성상 실화자의 책임을 제한할 필요성은 있으므로, 헌법불합치를 선고하여 개선 입법을 촉구한 것이다. 이에 따라 「실화책임에 관한 법률」이 전부 개정되었는데(2009년 법 9648호), 그 내용은 다음과 같다. ① 동법은 실화로 인해 화재가 발생한 경우 연소로 인한 부분에 대한 손해배상청구에 관해 적용된다(동법 2조). 예컨대 공작물의 설치·보존상의 하자로 인해 그 공작물에 화재가 나고, 그 화재로부터 연소된 경우, 그 하자와 연소 사이에 상당인과관계가 있는 경우에는, 그 공작물의 점유자 또는 소유자가 민법 제758조에 따른 손해배상책임을 진다. 다만 그 실화가 중대한 과실로 인한 것이 아니면, 그 연소된 부분에 대한 손해배상에 대해서는 실화책임에 관한 법률이 적용되어 배상의무자는 동법 제3조에 따른 손해배상액의 경감을 받을 수 있다(대판 2012. 6. 28, 2010다58056). ② 실화가 중대한 과실로 인한 것이 아닌 경우에 한해 손해배상의무자는 법원에 손해배상액의 경감을 청구할 수 있다(동법 3조 1항). 법원은 위 청구가 있을 경우에는 화재의 원인과 규모, 피해의 대상과 정도, 당사자의 경제 상태 등을 고려하여 손해배상액을 경감할 수 있다(동법 3조 2항). ③ 요컨대 개정된 실화책임에 관한 법률은 구 실화책임에 관한 법률과는 달리 실화로 인한 손해배상책임의 성립요건에 관하여 아무런 제한규정을 두지 아니한 채, 실화가 중대한 과실에 의한 것이 아닌 경우에는 연소로 인하여 생긴 손해 부분에 대하여 배상의무자가 법원에 손해배상액의 경감을 청구할 수 있도록 하면서, '그 배상으로 인해 배상자의 생계에 중대한 영향을 미치게 될 경우'라는 요건을 두지 않는 등으로 민법 제765조에 대한 특례를 정하는 방법으로 종전의 문제를 해결하고 있다(동법 1조).

(3) 입증책임

a) 원 칙 고의 또는 과실은 불법행위의 성립요건이므로(750조), 불법행위의 성립을 주장하는 피해자가 가해자의 고의나 과실을 입증하여야 한다. 채무불이행의 경우에 채무자가 그 책임을 면하기 위해 자신에게 과실이 없음을 입증하여야 하는 것과는 다르다(390조 참조).

b) 과실의 추정(입증책임의 전환) (ㄱ) 법률상 추정: 민법에서 정하는 특수한 불법행위, 즉 책임무능력자의 감독자의 책임(755조), 사용자의 배상책임(756조), 공작물의 점유자의 책임(758조), 동물의 점유자의 책임(759조)에서는 각각 감독자·사용자·점유자의 과실이 추정된다. 따라서 이들이 그 책임을 면하려면 자신에게 과실이 없음을 입증하여야 한다. 그런데 발생된 손해가 자신의 과실에 기인한 것이 아니라는 것을 증거에 의해 증명한다는 것은 쉽지 않고, 입증책임을 지는 이들이 그 증명을 하지 못한 때에는 패소하게 되는 점에서, 실제로는 무과실책임에 근접하게 된다. 그래서 이를 '중간책임'이라고도 부른다. (ㄴ) 사실상 추정: 법률에서 명문으로 정한 것은 아니지만, 가해자의 과실을 추정하는 것이 공평하다고 할 수 있는 특별한 사정이 있는 때에 이를 인정하는 경우이다. ① 환자가 치료 도중에 사망하고 그것이 극히 이례적인 경우(대판 1995. 12. 5, 94다57701), ② 가압류나 가처분 등 보전처분은 실체상 청구권이 있는지 여부는 본안소송에 맡기고 단지 소명에 의해 채권자의 책임하에 하는 것이므로, 그 집행 후에 본안소송에서 패소한 때(대판 1992. 9. 25, 92다8453) 등이 그러하다.[1]

1) 이에 대해 고소·고발 등에 의해 기소된 사람에 대해 무죄판결이 확정되었다고 하더라도 그것만으로 곧 고소인 등에게 고의 또는 과실이 있었다고 단정할 수는 없다. 피고소인 등에게 범죄혐의가 없음을 알았거나 알 수 있었던 상태에서도 고소 등을 한 경우에 불법행위가 성립한다(대판 1996. 5. 10, 95다45897).

Ⅱ. 책임능력責任能力

1. 의 의

(ㄱ) (전술한) 가해자에게 고의나 과실이 있다고 하는 것은, 가해자가 일정한 정신능력을 갖추고 있음을 전제로 하는 것인데, 그러한 능력을 「책임능력」이라고 한다. 책임능력은 자신의 행위가 위법한 것이어서 어떤 법률상 책임이 발생한다는 것을 인식할 수 있는 지능을 말한다(753조 참조). 가해자에게 책임능력이 없는 때에는 고의나 과실을 인정할 수도 없어 불법행위는 성립하지 않는다. (ㄴ) 민법은 책임무능력자로 둘을 규정한다. 하나는 미성년자로서 책임인식지능이 없는 경우이고(753조), 다른 하나는 심신상실자이다(754조). 그런데 이 양자에서 책임인식지능이 없는 것과 심신상실을 특별히 구별할 이유가 없으므로, 민법 제754조 소정의 심신상실은 책임인식지능이 없는 정도이면 족하다는 것이 통설이다. 결국 가해자가 미성년자이든 성년자이든 책임능력 유무는 공통적으로 '책임인식지능'을 가졌는지를 가지고 개별적으로 판단할 수밖에 없다. (ㄷ) 책임능력은 일반인에게는 있는 것이 보통이기 때문에 피해자가 가해자의 책임능력까지 입증할 필요는 없고, 가해자가 그 책임을 면하려면 자신이 책임무능력자라는 사실을 입증하여야 한다(통설).

2. 책임무능력자

민법은 책임무능력자로서 「미성년자로서 행위의 책임을 인식할 지능이 없는 자」와 「심신상실자」 둘을 인정한다(753조·754조). 이들이 한 가해행위에 대해서는 배상책임을 지지 않으며, 이들의 감독자가 보충적으로 그 책임을 진다(755조).

a) 미성년자로서 행위의 책임을 인식할 지능이 없는 자 「미성년자가 타인에게 손해를 입힌 경우에 그 행위의 책임을 인식할 지능이 없는 때에는 배상책임이 없다」(753조). (ㄱ) 미성년자는 일률적으로 책임능력이 없는 것이 아니라, 그 행위의 책임을 인식할 지능이 없는 때에만 본조가 적용된다. 따라서 그 지능을 갖춘 때에는 미성년자라도 책임능력이 인정된다. (ㄴ) '책임 인식 지능'은 자기의 행위의 결과가 위법한 것으로서 법률상 비난되고 어떤 법적 책임이 생긴다는 것을 인식할 만한 지능을 말하는데, 그 해당 여부는 여러 사정을 종합하여 구체적으로 결정할 것이다.[1)]

b) 심신상실자 「심신상실 중에 타인에게 손해를 입힌 자는 배상책임이 없다. 그러나 고

1) (ㄱ) 미성년자의 책임 인식 지능 유무에 관한 다수의 판례를 종합해 보면, 대체로 '만 15세 이상'의 미성년자에 대해서는 그 지능을 갖춘 것으로 모아진다. 즉 초기에는 만 13세 3개월 된 미성년자에게 책임능력을 인정하였지만(대판 1969. 7. 8, 68다2406), 그 후에는 만 13세 5개월과 만 14세 2개월 된 미성년자에게 각각 책임능력을 부정하기도 하였다(대판 1977. 5. 24, 77다354; 대판 1978. 11. 28, 78다1805). 이러한 변화에 대해서는, 미성년자의 책임능력을 부정하게 되면 친권자에게 제755조 1항에 의한 감독자책임을 물을 수 있게 된다는 점에서 그 연령을 가급적 높이는 쪽으로 구성하지 않았나 생각된다. 그러나 여기에는 한계가 있으며, 만 15세 이상부터는 일반적으로 책임능력을 갖춘 것으로 된다는 점이다. (ㄴ) 반면, 민법 제756조에 의해 사용자가 배상책임을 지려면 피용자의 행위가 불법행위를 구성하고 따라서 책임능력을 갖추어야 한다. 피용자가 미성년자인 경우, 피해자가 배상능력이 있는 사용자에게 배상을 청구하기 위해서는 미성년자인 피용자가 책임능력을 갖추어야 하므로, 제755조의 경우와는 정반대로 (책임능력을 갖춘 것으로 보는) 연령을 낮추는 쪽으로 접근하는 양상을 띤다.

의나 과실로 심신상실을 초래한 경우에는 그러하지 아니하다」(754조). (ㄱ) 심신상실: 성년후견 개시의 요건으로는 정신적 제약으로 사무를 처리할 능력이 지속적으로 결여되어 있을 것이 필요하다(9조). 그러나 제754조의 요건으로는 행위 당시에 심신상실이면 충분하고, 항상 심신상실일 것을 필요로 하지 않는다. 그리고 피성년후견인이 아니더라도 심신상실자이면 본조는 적용되지만, 반대로 피성년후견인이라도 행위 당시에 심신상실의 상태가 아니었다면 그는 책임능력을 갖춘 것이 되고 배상책임을 지게 된다. (ㄴ) 심신상실의 자초自招: ① 고의나 과실로 심신상실을 초래한 경우에는 배상책임을 진다(754조 단서). 가해자가 타인을 해칠 목적으로 자신을 심신상실의 도구로 이용하여 불법행위를 한 때에는 제750조가 적용된다고 볼 것이기 때문에, 본조 단서의 의미는 심신상실 자체가 행위자의 고의나 과실로 초래된 경우를 의미한다고 할 것이다. 따라서 타인에 대한 가해의 의도 없이 음주를 함으로써 심신상실 상태에 빠지고, 그 상태에서 타인에게 가해행위를 한 때에는, 행위 당시에는 책임능력이 없었다고 하더라도 그 책임무능력이 행위자의 과실로 초래된 점에서 배상책임을 인정하는 데에 그 취지가 있다. ② 행위자의 과실로 심신상실이 초래되더라도 그것이 일시적인 것이 아니라 계속되는 경우, 이 때에도 가해자에게 배상책임을 지우는 것은 손해의 공평한 부담의 이념에 반하고 가해자에게 너무 가혹하다는 점에서 그 면책을 인정하는 것이 통설적 견해이다. 구민법(713조 단서)에서는 고의 또는 과실로 인하여 '일시적인' 심신상실을 초래한 때에 배상책임을 지는 것으로 정하였는데, 현행 민법은 이 표현을 삭제하기는 하였지만,[1] 동일하게 해석하여야 할 것으로 본다.

Ⅲ. 위 법 성違法性

1. 권리 또는 법익의 침해와 위법행위

불법행위가 성립하기 위한 요건의 하나로서 불법행위에 의해 침해될 수 있는 대상이 필요하다. 그것은 타인이 갖고 있던 권리나 법익이다. 타인이 애초부터 어떤 권리나 법익을 가지고 있지 않았다면 불법행위에 의해 침해되는 일도 생기지 않는다.

타인이 가지고 있던 법률상의 권리가 그 대상이 되는 것은 물론이다. 그런데 한편 법률에 정함이 없더라도 선량한 풍속 기타 사회질서상 보호되어야 할 이익도 있을 수 있다. 일본 민법(709조)은 불법행위에 의한 침해 대상으로 처음에는 '타인의 권리'만을 정하였다가, 그 후 학설[2]과 판례를 반영하여 '타인의 권리 또는 법률상 보호되는 이익'으로 확대하였고, 우리 민법은 이를 포괄하여 '위법행위'로 달리 표현한 것에 지나지 않는다(민법안심의록(상), 441면). 즉 위법성 내지 위법행위란 타인의 권리나 법익을 침해하는 것(행위)을 말한다. 그러므로 불법행위가 문제될 때에는, 침해의 대상이 무엇인지, 그것이 타인이 가지고 있던 어떤 권리나 법익인지를 확정하는 것이 필요하다. 불법행위의 효과로서 (금전) 손해배상은, 불법행위가 있기 전의 상태로 회복시키는 것, 즉 타인이 가지고 있었던 권리나 법익을 금전으로 평가하여 배상해 주는 방식으로

1) 이 점에 대해 그 이유를 특별히 밝히고 있지는 않다(민법안심의록(상), 443면).
2) 加藤一郎, 불법행위(1974), 106면.

회복시키는 점에서도 그러하다.

2. 위법성의 본질

'위법'이라고 가치판단을 하는 데에는 두 가지가 문제된다. 하나는 위법이라고 판정을 내리는 기준이고, 다른 하나는 위법의 판정을 받는 대상이다.

(1) 위법의 기준

어느 행위가 위법하다고 할 때, 그 '법'이란 무엇을 말하는가? 실정법이 이에 해당함은 물론이다(형식적 위법성론). 그러나 통설은 이것 외에 선량한 풍속 기타 사회질서도 위법을 판단하는 기준으로 인정한다(실질적 위법성론).

(2) 위법의 대상

a) 위법의 판정을 받는 대상은 무엇인가? 이 점에 관해서는 독일이나 우리나 많은 논의가 있고 견해의 통일을 보지 못하고 있지만, 대체로 다음의 두 가지 견해로 나뉜다.[1] (ㄱ) 결과불법: 어떤 행위가 타인의 법익을 침해하는 결과가 발생하면, 그 결과만으로 위법 여부를 판정하는 견해이다. 위법성이 조각되지 않으면 침해행위의 위법성은 확정되고, 그 다음에 행위자 개인에게 비난할 만한 사유가 있는지의 유책성의 문제로 넘어가는 것이다. 위법성을 불법행위의 객관적 요소로 보아 주관적 비난가능성인 유책성과 엄격히 구별하는 것으로서, 통설이 취하는 견해이다. (ㄴ) 행위불법: 독일 형법에서 벨첼(Welzel)에 의해 전개된 목적적 행위론으로부터 영향을 받은 것으로서, 고의 또는 과실을 통하여 야기된 권리침해행위만이 위법이라는 견해이다. 이를테면 책임무능력자의 권리침해행위에서, 결과불법의 입장에서는 위법한 것이 되지만, 행위불법의 입장에서는 위법성이 부정된다. 이 견해는 과실(유책성)과 위법성을 구별하는 것이 아니라 하나로 통합하는 입장이다.

b) 결과불법과 행위불법의 논의는 '위법성의 본질' 내지는 '위법성과 유책성의 관계'를 이론적으로 명확하게 하는 데 유용하기는 하다. 그러나 양자의 논쟁이 불법행위를 이유로 손해배상을 청구하는 데에 어떤 실질적인 차이를 가져오는 것은 아니다.[2] 다시 말해 위법의 평가를 받는 것은 결국 사람의 행위라는 점에서 결과만을 가지고 위법성을 평가하는 결과불법론에 문제가 없는 것은 아니지만, 이 입장에 서더라도 곧이어 행위자의 유책성을 문제삼으므로, 처음부터 위법성과 유책성을 일원화하여 하나로 파악하는 행위불법론과 결과에서 차이가 없기 때문이다. 그런데 위법성은 규범 위반을 목적으로 하는 데 반해, 유책성은 가해자에 대한 비난가능성을 목적으로 하는 점에서, 또 민법 제750조는 불법행위의 요건으로 과실과 위법행위를 따로 정하고 있는 점에서, 양자는 통설의 견해대로 구별하는 것이 타당하다고 본다.

3. 위법성의 판단

(1) 위법성 판단의 요소와 방법

(ㄱ) 불법행위는 가해자의 가해행위로 인해 타인의 권리나 법익을 침해하는 것을 요건으로

---

1) 이 부분에 관해서는 김형배, "민사법의 위법성개념의 구조", 고시계(1990. 10.), 15면~29면 참조.
2) Kötz, Deliktsrecht, 4 Aufl., 1988, S. 39.

하는 점에서, 위법성을 판단하는 데에는 「침해되는 이익」과 「침해행위」 양자를 고려하여 판단하여야 한다. 법에 의해 보호되는 권리나 이익은 고정된 것이 아니라 시대에 따라 부단히 변천한다. 따라서 법익의 정도가 확고한 것이 있는 반면 새롭게 형성 중에 있는 것도 있고(예: 일조 · 조망 이익 등), 법익의 내용이 절대적인 것과 상대적인 것도 있어, 위법성의 정도가 모두 같다고 할 수는 없다. 한편 침해행위는 권리의 행사에서부터 자유경쟁의 원리에 맡겨지는 것, 사회질서 위반, 강행법규 내지 형사법규 위반 등 다양한 모습이 있을 수 있다. 위법성은 이처럼 침해되는 이익의 종류와 침해행위의 모습을 상관적으로 고려하여 결정하여야 한다. 예컨대 물권 기타 절대권이 침해된 경우에는 침해행위의 모습을 특별히 고려할 필요 없이 위법성이 인정되지만, 자유경쟁이 허용되는 채권의 침해에서는 그 침해의 모습이 사회질서에 위반되는 경우에만 위법성이 인정된다고 할 것이다(김증한 · 김학동, 786면). (ㄴ) 한편 부작위의 경우에는, 작위의무를 지고 있는 자가 이를 위반한 때에 그 부작위가 위법한 것으로 될 수 있다. 채권자가 채무자에 대해 상계권을 행사할지는 그의 자유일 뿐 상계를 하여야 할 작위의무를 부담하지 않으므로, 채권자가 상계권을 행사하지 않은 것이 제3자에게 불법행위가 되지는 않는다(대판 2002. 2. 26, 2001다74353).

(2) 위법성의 구체적 판단

a) 물 권 절대권인 물권의 침해는 원칙적으로 위법한 것이 된다. 민법은 점유보호청구권의 내용에 '손해배상'을 포함시키고 있는데(204조~206조), 그 성질은 불법행위에 속하는 것이다. 절대권의 성질을 가지는 광업권 · 어업권 · 지식재산권의 침해도 위법성을 띤다.

b) 채 권 채권의 침해에는 두 가지가 있다. (ㄱ) 하나는 채무자에 의한 침해인데, 채무불이행이 그것이다. 그런데 채무자는 채무를 이행할 의무가 있으므로, 그 의무를 위반한 채무불이행은 그 자체 위법한 것으로 평가된다. 그러나 그것이 언제나 불법행위가 되는 것은 아니다. 불법행위에서의 위법성은 피해자가 가졌던 권리나 법익에 대한 침해를 의미하는 것이어서 채무불이행에서의 위법성과는 의미가 같지 않기 때문이다. 다만 채무의 불이행이 한편으로는 채권자가 가지는 (채권 외에) 물권이나 인격권 그 밖의 법익을 침해하는 경우에는 불법행위도 성립하는 수가 있다(예: 임차인의 과실로 임차물이 멸실된 경우 등). (ㄴ) 다른 하나는 제3자에 의한 침해인데, 계약의 상대적 효력과 채권 거래에는 자유경쟁의 원리가 적용되는 점에서 원칙적으로 위법성이 없고, 그 침해의 모습이 자유경쟁이 허용되는 범위를 넘어선 경우에만 위법성을 띠어 제3자의 불법행위가 성립할 수 있다(이 부분에 대한 자세한 내용은 p.239 '제3자에 의한 채권침해' 이하를 볼 것).

c) 인격권

aa) 의의와 성질 : (ㄱ) 헌법 제10조는 「모든 국민은 인간으로서의 존엄과 가치를 가지며, 행복을 추구할 권리를 가진다」고 규정한다. 인격권은 인간의 존엄성 내지 인격 가치의 보호를 목적으로 하는 권리이다. 다시 말하면 권리의 주체인 인간이 그 자신과 분리할 수 없는 인격적 이익을 누리는 것을 내용으로 하는 권리이다(민법주해 채권(12), 416면(이재홍)). (ㄴ) 인격권은 물권과 같은 절대권으로서 모든 사람에게 주장할 수 있다. 또한 사람에게 전속하는 권리이다. 즉 인격권 그 자체는 양도할 수 없고, 압류할 수도 없으며, 채권자대위권의 대상이 되지도 않는다. (ㄷ) 인격권은 개인적인 권리로 구성된 것이므로, 사회나 국가의 이익과 충돌할 가능성이 있다. 특히 표현의 자유 내지 국민의 알 권리와 인격권 간에 충돌하는 경우가 많은데, 이들 권리는 다 같이 인간의 기본권에 속하는 것으로서 양자의 우열을 일률적으로 말할 수는 없다. 결국 이와 관련된 모든 이익과 상황을 고려하고 비교 형량한 결과에 따라 인격권의 범위와 한계가 결정된다고 할 것이다(민법주해 채권(12), 424면(이재홍)).

bb) **인격권의 분류와 내용**: (ㄱ) 인격권은 일반적 인격권과 개별적 인격권으로 나눌 수 있다. 개별적 인격권은 생명 · 신체 · 자유 · 명예 등과 같이 인격권의 내용을 이루는 개개의 권리를 말하고, 일반적 인격권은 이들 개별적 인격권의 총체를 뜻한다. 특히 민법 제751조는 타인의 '신체 · 자유 · 명예'의 침해에 대해, 제752조는 타인의 '생명'의 침해에 대해 각각 그것이 불법행위가 되는 것으로 정하고 있다. (ㄴ) 개별적 인격권에는 민법에서 정한 것 외에도 다음의 것이 있다. ① 건강에 관한 권리이다. 소음 · 진동 · 배기가스나 일조의 침해 등으로 평온하고 안전한 생활을 영위할 수 없는 것도 넓은 범위에서 인격권의 침해에 포함된다. ② 성명권과 초상권이다. 성명은 개인을 타인과 구별하여 그 인격을 상징하는 것이므로, 타인의 성명을 자기의 성명으로 사용하거나, 타인의 성명을 선전 목적이나 상품의 표시에 마음대로 사용하는 것은 성명권의 침해에 해당한다. 초상권은 사람이 자신의 용모나 자태에 대하여 가지고 있는 권리로서, 본인의 동의 없이 사진 · 그림 · 스케치 등으로 독자나 시청자들에게 공표되지 않기를 바라는 권리이다(민법주해 채권(12), 435면(이재홍)). ③ 프라이버시(privacy)권이다. 헌법 제17조는 「모든 국민은 사생활의 비밀과 자유를 침해받지 아니한다」고 규정하는데, 기본적으로는 사생활의 비밀과 자유가 이에 속한다. 타인의 전화를 도청하거나, 편지 등을 무단으로 개봉하여 읽는 것, 스포츠 경기의 관객을 무단으로 촬영하거나, 타인의 예금계좌를 부당하게 조사하는 행위 등을 그 예로 들 수 있다.[1]

〈사자의 인격권〉 (ㄱ) 사자死者에게도 인격권이 있는지 문제된다. 법률은 일정한 경우에는 사자의 인격권을 인정하면서 누가 어떤 방법으로 그 권리를 행사할 것인지를 정하고 있다. 즉 형법 제308조는 공연히 허위의 사실을 적시하여 사자의 명예를 훼손한 경우에 사자의 명예훼손죄가 성립하는 것으로 하고, 저작권법 제14조 2항과 제128조는 저작자의 사망 후 인격적 이익을 보호하면서 그 유족이 일정한 권리를 행사할 수 있는 것으로 하며, 언론중재 및 피해구제 등에 관한 법률 제5조의2는 사망한 자에 대한 인격권의 침해가 있거나 침해할 우려가 있는 경우에

1) 대법원은 다음과 같은 경우에 인격권을 침해한 것으로 보고 있다. ① 피해자들의 일상생활을 비록 공개된 장소이기는 하지만 몰래 촬영한 행위(초상권 및 사생활의 비밀과 자유 침해)(대판 2006. 10. 13, 2004다16280; 대판 2013. 6. 27, 2012다31628), ② 사회상규를 벗어난 성적 표현행위(대판 1998. 2. 10, 95다39533), ③ 종교단체가 설립한 고등학교가 고등학교 평준화정책에 따라 학생 자신의 신앙과 무관하게 입학하게 된 학생들을 상대로 교양으로서의 종교교육의 범위를 넘어서서 학교의 설립이념이 된 특정 종교교육을 일방적으로 실시하는 것(대판(전원합의체) 2010. 4. 22, 2008다38288), ④ 서울YMCA가 여성 회원에게는 총회 의결권을 주지 않는 것(대판 2011. 1. 27, 2009다19864), ⑤ 학교법인이 소속 대학교수를 본연의 업무에서 배제하려는 의도 하에 그 의사에 반해 전공분야와 관련 없는 과목의 강의를 배정하는 것(대판 2008. 6. 26, 2006다30730), ⑥ 웹사이트 운영자가 변호사들의 개인 신상정보를 기반으로 변호사들의 인맥지수를 산출하여 공개하는 서비스를 제공한 것(다만 승소율이나 전문성 지수를 제공한 경우에는 인격권 침해로 보지 않았다)(대판(전원합의체) 2011. 9. 2, 2008다42430).

유족이 일정한 권리를 행사할 수 있는 것으로 규정하고 있다. (ㄴ) 그러나 그 밖에는 사자의 인격권에 대해 일반규정을 두고 있는 것은 없다. 여기서 사자에게도 인격권이 인정되는지 문제될 수 있는데, 상반된 두 가지 입장이 있을 수 있다. 하나는, 만약 사람의 사후에 그 인격이 비하된다면 인간의 존엄과 가치는 제대로 보장될 수 없기 때문에 긍정하여야 한다고 보는 것이다. 이에 대해 다른 하나는, 사람은 살아 있는 동안에만 권리를 가질 수 있는 것이어서 사자에게는 인격권을 인정할 수 없다는 것이다. 만일 유족이 사자의 인격권을 대신 행사할 수 있다고 한다면 그 법률적 근거는 무엇인지, 유족이 없는 사람은 어떻게 되는지, 사자에게는 손해가 있다고 보기 어렵다면 그 구제방법은 무엇인지 등 해석상 해결하기 어려운 문제가 있다는 것이다. 사견은, 법률로 따로 정하고 있지 않은 한, 사자에게 인격권을 인정하는 것은 법체계상 신중하여야 할 것으로 본다. 사자의 인격권 침해로 인해 유족의 추모의 감정 등이 침해되는 경우가 생길 수 있는데, 이때는 그것을 유족 자신의 인격적 법익으로 보아 유족 자신에 대한 인격권의 침해로 다루는 것이 타당하지 않을까 한다.[1]

c-1) 명예훼손

aa) 정의와 민법의 규정: 인격권 침해의 대표적인 것으로 「명예훼손」이 있다. '명예'는 사람의 품성 · 덕행 · 신용 등 세상으로부터 받는 객관적인 평가를 말하고, 명예를 '훼손'한다는 것은 그 사회적 평가를 침해하는 것을 말한다(대판 1997. 10. 24, 96다17851). 민법은 제751조에서 타인의 명예를 해치는 때에 불법행위가 성립한다는 전제에서, 재산적 손해 외에 정신적 손해도 배상할 책임이 있다고 하고, 제764조에서는 금전배상의 원칙에 대한 특칙으로서 명예회복에 적당한 처분을 명할 수 있음을 규정한다.

bb) 요 건: 명예훼손의 문제는 헌법상 보장된 두 개의 법익, 즉 '표현의 자유'와 '개인의 명예의 보호'가 충돌하는 경우로서(헌법 21조 4항 참조), 그 성립 여부에 대한 판단은 구체적인 사안에 따라 양 법익의 가치를 비교하여 결정하여야 한다(대판 1998. 7. 14, 96다17257). 그런데 어느 요건을 갖추어야 명예훼손이 성립하는지에 대해 민법에는 아무런 정함이 없다. 이에 대해 형법은 명예훼손을 범죄로 정하면서 그 요건을 다음과 같이 규정하고 있다. 즉 형법 제307조는 공연히 사실을 적시하여 사람의 명예를 훼손한 경우에 명예훼손죄가 성립하는 것으로 하고(허위의 사실을 적시한 경우에는 형벌이 가중된다), 형법 제310조는 명예훼손의 위법성이 조각되는 경우로서 그것이 진실한 사실로서 오로지 공공의 이익에 관한 것인 때에는 처벌하지 않는다고 규정하고 있다.

법체계의 통일성이라는 관점에서 보면, 명예훼손죄의 요건에 관한 형법의 위 규정은 민법상 명예훼손의 성립에 관해서도 통용된다고 보는 것이 타당하다. 판례도 그 기초를 같이하고 있다. 명예훼손이 성립하려면 다음의 요건을 갖추어야 한다. (ㄱ) '공연公然히', 즉 어느 특정 개인이 아니라 불특정 다수의 사람에게 알리는 것이어야 한다. (ㄴ) 피해자의 사회적 평가를 침해할 수 있는 사실의 적시가 있어야 한다. ① 피해자에는 사람뿐만 아니라 법인이나 권리능력 없는 법인도 포함된다(대판 1996. 6. 28, 96다12696; 대판 1997. 10. 24, 96다17851). ② 피해자는 특정되어야 한다. ③ 특정 개인의 명예와 관련되는 사실을 적시하여야 한다. 이것은 사실을 직접적으로 표현한 경우에 한정하

---

1) 이에 관한 문헌으로 김민중, "사자의 인격권", 동북아법연구 제5권 제1호(2011), 237면~277면 참조.

는 것은 아니고, 간접적이고 우회적인 표현에 의하더라도 그 표현의 전 취지에 비추어 그와 같은 사실의 존재를 암시하고, 이로써 특정인의 사회적 가치 내지 평가가 침해될 수 있을 정도의 구체성이 있으면 족하다. 그러나 사실을 적시하지 않고 주관적 평가를 밝히는 의견 표명이나 논평은 사실의 적시와 구별되고 이에 포함되지 않는다. (ㄷ) (후술하는) 위법성 조각사유가 없어야 한다.

〈판 례〉 (ㄱ) 피해자의 특정: 명예훼손에 의한 불법행위가 성립하려면 피해자가 특정되어야 하지만, 그 특정을 함에 있어 반드시 사람의 성명을 명시하여야만 하는 것은 아니고, 그 표현의 내용을 주위 사정과 종합하여 볼 때 누구를 지목하는가를 알 수 있을 정도이면 피해자가 특정되었다고 볼 수 있다(대판 1994. 5. 10, 93다36622). 한편, 집단표시에 의한 명예훼손은 그 집단에 속한 특정인에 대한 명예훼손은 되지 않는 것이 원칙이지만, 예외적으로 구성원 개개인에 대한 것으로 여겨질 정도로 구성원 수가 적거나 방송 등 당시의 정황 등으로 보아 집단 내 개별구성원을 지칭하는 것으로 여겨질 수 있는 때에는 그 개별구성원이 피해자로서 특정될 수 있다('대전 지역 검사들'이라는 표시에 의한 명예훼손은 그 구성원 개개인에 대하여 방송하는 것으로 여겨질 정도로 구성원의 수가 적고, 한 달 여에 걸친 집중적인 관련 방송 보도 등으로 집단 내 개별구성원을 지칭한 것으로 볼 수 있다고 한 사안)(대판 2003. 9. 2, 2002다63558). (ㄴ) 의견 또는 논평: 의견 표명이나 논평은 사실의 적시와는 구별된다. 따라서 의견 또는 논평을 표명하는 표현행위로 인한 명예훼손에 있어서는 그 의견 또는 논평 자체가 진실인가 혹은 객관적으로 정당한 것인가 하는 것은 위법성 판단의 기준이 될 수 없다(원고 등이 경제위기의 책임자로 지목되면서 검찰수사 등이 거론되고 새로 출범할 정부가 경제위기의 원인 규명과 책임자 처벌에 강한 의지를 피력하고 있는 상황에서, 원고 등이 항공권을 구입하거나 해외 도피를 의논하고 있는 장면을 담고 있는 풍자만화를 기고하여 이를 일간지에 게재한 사안에서, 원고 등이 경제위기와 관련된 책임 추궁 등을 면하기 어려운 절박한 상황에 처해 있음을 희화적으로 묘사하거나 원고 등이 해외로 도피할 가능성이 없지 않음을 암시함과 아울러 이들에 대한 출국금지조치가 필요하다는 견해를 우회하여 표현한 것일 뿐, 원고 등이 해외로 도피할 의사를 갖고 있다거나 해외 도피를 계획 또는 모의하고 있다는 구체적 사실을 적시하였다고는 볼 수 없다는 이유로, 명예훼손의 성립을 부정하였다)(대판 2000. 7. 28, 99다6203). 다만 그 의견 또는 논평이 일정한 사실을 전제로 한 경우에는 명예훼손이 문제될 수 있다. 이 경우에는 그 전제가 되는 사실이 중요한 부분에 있어서 진실이라는 증명이 있는가, 그러한 증명이 없다면 표현행위를 한 사람이 그 전제가 되는 사실이 중요한 부분에 있어서 진실이라고 믿을 만한 상당한 이유가 있는가 하는 것이 위법성 판단의 기준이 된다(대판 1999. 2. 9, 98다31356). (ㄷ) 신문이나 인터넷 매체의 기사: 신문이나 인터넷 매체의 기사가 타인의 명예를 훼손하여 불법행위가 되는지는 기사가 독자에게 주는 전체적인 인상을 기준으로 판단하여야 한다. 특히 보도의 내용이 수사기관 등에서 조사가 진행중인 사실에 관한 것일 경우, 일반 독자들로서는 보도된 혐의 사실의 진실 여부를 확인할 수 있는 별다른 방도가 없을 뿐 아니라 보도 내용을 그대로 진실로 받아들일 개연성이 있고, 신문보도 및 인터넷이 가지는 광범위하고도 신속한 전파력 등으로 인하여 보도 내용의 진실 여하를 불문하고 보도 자체만으로도 피조사자로 거론된 자 등은 심각한 피해를 입을 수 있다. 그러므로 수사기관 등의 조사 사실을 보도하는 언론기관으로서는 보도에 앞서 조사 혐의사실의 진실성을 뒷받침할 적절하고도 충분한 취재를 하여야 하고, 확인되지 아니한 고소인의 일방적 주장을 여과 없이 인용하여 부각시키거나 주변 사정을 무리하게 연결시켜 마치 고소 내용이 진실인 것처럼 보이게 내용 구성을 하는 등으로 기사가 주는 전체적인 인상으로 인하여 일반 독자들이 사실을 오해하는 일이 생기지 않도록 기사 내용이나 표현방법 등에 대하여도 주의를 하여야 하고, 그러한 주의의무를 다하지 않았다면, 그것이 진실한 사실로서 오로지 공공의 이익에 관한 것이어서 위법성이 없는 것으로 인정되지 않는 한, 명예훼손으로 인한 손해배상책임을 져야 한다(대판 2016. 5. 27, 2015다33489).

cc) 위법성의 조각 : (ㄱ) 판례는, '① 그 목적이 공공의 이익을 위한 것일 때에 한해, ② 그 적시된 사실이 진실이라는 증명이 있거나, ③ 그 증명이 없더라도 행위자가 그것을 진실이라고 믿었고 또 그렇게 믿을 상당한 이유가 있으면, 위법성이 없다'고 한다(대판 1999. 4. 27, 98다16203). 이 중 ③을 위법성 조각사유로 삼은 것은 특히 단시간 내에 사실 확인 절차를 거쳐 보도를 하여야 하는 경우에 의미가 있는 법리이다. 그 보도가 결과적으로 진실에 부합하지 않는다는 이유만으로 명예훼손의 책임을 지운다면 언론의 자유를 지나치게 제약할 수 있기 때문이다(양창수 · 권영준, 권리의 변동과 구제, 647면). (ㄴ) 위법성 조각사유에 관한 입증책임은 명예훼손 행위를 한 자에게 있다(대판 1998. 5. 8, 97다34563).

〈판 례〉 ① 공공의 이익과는 무관한 경우, 예컨대 장성한 자식들과 같이 사는 과부와 정교관계를 맺은 자가 이 사실을 부락민에게 유포시킨 때에는, 그것이 진실이라도 명예훼손이 성립한다(대판 1967. 7. 25, 67다1000). ② 형법 제126조가 피의사실공표를 범죄로 규정하고 있는 점, 헌법 제27조 4항이 형사피고인에 대한 무죄추정의 원칙을 규정하고 있는 점을 감안할 때, 대중매체의 범죄 사건 보도는 공공성이 있는 것으로 취급할 수 있을 것이나, 범죄 자체를 보도하기 위하여 반드시 범인이나 범죄혐의자의 신원을 명시할 필요가 있는 것은 아니고, 범인이나 범죄혐의자에 관한 보도가 반드시 범죄 자체에 관한 보도와 같은 공공성을 가진다고 볼 수도 없다(대판 1998. 7. 14, 96다17257). ③ 타인의 수기를 잡지사가 사실 확인도 없이 그대로 싣거나, 일간신문사가 다른 언론매체의 보도내용을 그대로 전재하거나 제보만을 바탕으로 신문기사를 작성 · 보도한 경우에는, 그것이 진실이라고 믿은 데에 상당한 이유가 있다고 보기 어렵다(대판 1988. 10. 11, 85다카29; 대판 1996. 5. 28, 94다33828; 대판 1997. 9. 30, 97다24207). ④ 인터넷에서 무료로 취득한 공개 정보는 누구나 손쉽게 복사 · 가공하여 게시 · 전송할 수 있는 것으로서, 그 내용의 진위가 불명확함은 물론 궁극적 출처도 특정하기 어려우므로, 특정한 사안에 관하여 관심이 있는 사람들이 접속하는 인터넷상 가상공동체(cyber community)의 자료실이나 게시판 등에 게시 · 저장된 자료를 보고 그에 터 잡아 달리 사실관계의 조사나 확인을 하지 않고 다른 사람의 사회적 평판을 저하할 만한 사실을 적시한 기고문을 게재하였다면, 설령 행위자가 그 내용이 진실이라 믿었다 한들, 그렇게 믿을 만한 상당한 이유가 있다고 보기 어렵다(대판 2013. 2. 14, 2010다108579). ⑤「공직자의 도덕성 · 청렴성이나 업무처리」가 문제되는 공공적 사안에 관해서는, 그것이 국민의 감시와 비판의 대상이 되어야 한다는 점을 중시하면서, 표현의 자유는 그것이 악의적이거나 현저히 상당성을 잃은 공격이 아닌 한 쉽게 제한되어서는 안 된다고 하여, 위법성 조각사유로서 '행위자가 진실이라고 믿을 상당한 이유'의 정도를 완화하고 있다. 즉 1) 정당 대변인이 도지사가 사택에 미화를 보관하고 있다가 도난당하였음에도 이를 은폐하였다는 내용의 성명을 발표한 사안(대판 2003. 7. 8, 2002다64384), 2) 검찰의 선거사범 처리가 불공정하다고 하여 정치인이 한 명예훼손적 표현행위(대판 2003. 7. 22, 2002다62494), 3) 방송사에서 변호사와 검사 간의 로비 의혹을 제기한 사안(대판 2003. 9. 2, 2002다63558) 등이 그러한 것이다.

d) 가족권(친족권) 가족권 내지 친족권의 침해로서 특히 문제가 되는 것은 배우자의 권리의 침해이다. 즉, (ㄱ) 민법 제826조에 의해 부부간의 동거의무 내지 부부 공동생활 유지의무의 내용으로서 부부는 부정행위를 해서는 안 되는 성적性的 성실의무를 부담한다. 따라서 부부의 일방이 부정행위를 한 경우에는 그로 인해 배우자가 입은 정신적 고통에 대해 불법행위책임을 진다(대판 1965. 11. 9, 65다1582; 대판 1967. 10. 6, 67다1134). 한편 제3자도 타인의 부부 공동생활을 방해하여서는 안 되므로, 그가 부부의 일방과 부정행위를 함으로써 부부 공동생활을 침해한 때에는 원칙적으로 배우자에게 불법행위책임을 진다. 그리고 부부의 일방과 제3자가 부담하는 불법행위책임은 공동불법행위책임으로서 부진정연대채무 관계에 있다(대판 2015. 5. 29, 2013므2441). 다만, 특별한 사정이 없는 한 부정행위를 저지른 부부의 일방 및 제3자가 그 자녀에 대해서는 불법행위책임을 부담한다고 할 수 없다(대판 2005. 5. 13, 2004다1899). (ㄴ) 사실상 혼인관계에 있는 부부관계도 법률상 보호되어야 할 이익이 있으므로, 사실혼관계를 부당파기한 경우에는 불법행위가 성립하고(대판 1963. 11. 7, 63다587), 제3자가 사실혼관계에 있는 여자를 간음한 때에는 그 사실혼의 남자에 대해 불법행위가 된다(대판 1961. 10. 19, 4293민상531). (ㄷ) 다만, 민법 제840조에서 '혼인을 계속하기 어려운 중대한 사유가 있을 때'를 이혼 사유로 삼고 있는 점에 비추어, 부부가 아직 이혼하지 않았지만 실질적으로 부부 공동생활이 파탄되어 회복할 수 없을 정도의 상태에 이른 경우에는, 제3자가 부부의 일방과 성적인 행위를 하더라도 이를 두고 부부 공동생활을 침해하거나 유지를 방해하는 행위라고 할 수 없고, 또한 그로 인하여 배우자의 부부 공동생활에 관한 권리가 침해되는 손해가 생긴다고 할 수도 없으므로 불법행위가 성립한다고 보기 어렵다(이러한 법률관계는 재판상 이혼청구가 계속 중에 있다거나 재판상 이혼이 청구되지 않은 상태라 하여 달리 볼 것은 아니다)(대판(전원합의체) 2014. 11. 20, 2011므2997).

e) 일조권日照權 주거의 일조는 쾌적하고 건강한 생활에 필요한 생활 이익으로서 법적 보호의 대상이 되며, 어떤 토지의 거주자가 인접한 타인의 토지 위를 거쳐서 태양의 직사광선을 받고 있는데, 그 인접 토지의 사용권자가 건물 등을 건축함으로써 직사광선이 차단되는 불이익을 입게 되고, 그 일조방해의 정도가 사회통념상 일반적으로 인용되는 수인한도를 넘어서는 경우에는, 그 건축행위는 정당한 권리행사로서의 범위를 벗어나거나 권리남용에 이르는 행위로서 위법한 가해행위로 평가되어 일조방해로 인한 불법행위가 성립한다(대판 2001. 6. 26, 2000다44928, 44935). 세부적인 내용은 다음과 같다. ① 일조 이익을 갖는 '토지의 거주자'는 토지 소유자 · 건물 소유자 · 지상권자 · 전세권자 · 임차인 등을 말하며, 토지나 건물을 일시적으로 이용하는데 불과한 사람(예: 학교에 등교한 학생)은 포함되지 않는다(대판 2008. 12. 24, 2008다41499). ② 일조권의 침해를 이유로 불법행위책임을 묻기 위해서는 이미 일조 이익이 인정되고 있는 경우여야 한다. 분양받은 아파트가 함께 분양된 다른 동의 아파트로 인해 일조가 부족한 경우, (매매목적물의 하자로 인한 담보책임이나 계약상의 의무 위반을 이유로 채무불이행책임을 물을 수는 있어도) 그것이 이미 존재하고 있는 일조권을 침해한 것은 아니므로 불법행위책임을 물을 수는 없다(대판 2001. 6. 26, 2000다44928, 44935). ③ 타인의 일조 이익을 방해할 목적으로 건축 도급을 준 경우에는 도급인이 일조방해에 대한 손해배상책

임을 질 것이지만, 수급인이 도급인과 사실상 공동사업주체로서 이해관계를 같이 하는 특별한 사정이 있는 때에는 수급인도 그 책임을 진다(대판 2005. 3. 24, 2004다38792). ④ 건물 신축이 건축 당시의 공법적 규제에 형식적으로 적합하다고 하더라도 그것은 일조권 보호를 위한 최소한도의 기준에 지나지 않는 것이어서, 현실적인 일조방해의 정도가 현저하게 커서 사회통념상 수인한도를 넘는 경우에는 불법행위가 성립할 수 있다(고층 아파트의 건축으로 인접 주택에 동지를 기준으로 일조시간이 2분 내지 150분에 불과한 사안)(대판 2000. 5. 16, 98다56997). ⑤ 일조 침해에 따른 불법행위로 인한 손해배상에는 토지 · 건물의 가격 저하에 의한 손해가 포함되는데, 이를 산정함에 있어서는 광열비 · 건조비 등의 지출 증대와 일조 장해 등과 상당인과관계가 있는 정상가격의 감소액을 부동산 감정 등의 방법으로 평가하여야 한다(대판 1999. 1. 26, 98다23850).

f) 조망권眺望權 조망 이익에 관하여는 두 가지가 문제된다. 하나는, 조망 이익은 일조와 더불어 새롭게 형성 중에 있는 법익인데, 어느 요건을 갖춘 경우에 법적 보호의 대상이 될 수 있는지이고, 다른 하나는, 조망 이익이 법적 보호의 대상이 되는 경우, 그 침해행위가 어느 정도에 달했을 때에 위법한 가해행위(750조)로 인정되는가 하는 점이다. 대법원은 이 두 가지 점에 대해 다음과 같이 판결하였다. ① 당해 건물의 소유자나 점유자가 그 건물로부터 누리는 조망 이익이 사회통념상 독자의 이익으로 승인되어야 할 정도로 중요성을 갖는다고 인정되는 경우에 비로소 법적 보호 대상이 된다. ② 조망 이익이 법적 보호 대상이 되는 경우에 이를 침해하는 행위가 사법상 위법한 가해행위로 평가되기 위해서는, 조망 이익의 침해 정도가 사회통념상 일반적으로 인용되는 수인한도를 넘어야 한다. 수인한도를 넘었는지 여부는, 조망의 대상이 되는 경관의 내용, 피해 건물과 가해 건물에 관한 모든 사정을 종합적으로 고려하여 판단하여야 한다(대판 2007. 6. 28, 2004다54282).[1]

g) 기 타 (ㄱ) 사용자가 근로자를 징계 해고할 만한 사유가 전혀 없는데도 오로지 근로자를 사업장에서 몰아내려는 의도하에 고의로 어떤 명목상의 해고 사유를 만들거나 내세워 징계라는 수단을 동원하여 해고한 경우, 해고의 이유로 된 어느 사실이 취업규칙 등 소정의 해고 사유에 해당되지 않거나 해고 사유로 삼을 수 없는 것임이 객관적으로 명백하고 또 조

1) (ㄱ) 본 사안은, 한강을 바라보는 앞 지역에 5층 A아파트가 있고, 그 뒤에 10층 B아파트가 건축되어 한강 조망을 확보하고 있었는데, A아파트 대지의 소유자가 그 아파트를 철거하고 그 자리에 19층 내지 25층 아파트 10개동을 건설하자, B아파트의 소유자가 조망권의 침해를 이유로 손해배상을 청구한 것이다. 이에 대해 위 판결은, 원고가 A아파트보다 높은 10층 건물을 세움으로써 B아파트의 한강 조망을 확보한 것처럼, 보통의 지역에 인공적으로 특별한 시설을 갖춤으로써 누릴 수 있게 된 조망 이익은 법적으로 보호받을 수 없고, 이러한 경우까지 법적으로 보호받는 조망 이익이라고 인정한다면, 그 건물과 조망의 대상 사이에 있는 토지에는 그 누구도 고층 건물을 건축할 수 없다는 결론이 되어 부당하다고 보았다. 결국 원고가 소유하는 아파트는 그 장소로부터 한강을 조망함에 있어 특별한 가치를 가지고 있어 그 조망 이익이 사회통념상 독자의 이익으로 승인되어야 할 정도로 중요성을 갖는다고 인정하기는 어렵다고 보았다. 나아가 설사 조망 이익을 인정한다고 하더라도, 피고의 아파트 건축으로 인한 원고의 한강 조망 이익 침해의 정도가 사회통념상 일반적으로 인용되는 수인한도를 넘는다고 보기도 어렵다고 하였다. (ㄴ) 종전에도 위 판결과 같은 취지의 판결이 있었다. 사안은, 원고 소유의 주택보다 남쪽 방향으로 13~15m 정도 높은 언덕 위에 있는 5층 아파트를 철거하고 그 지상에 16층 내지 21층 아파트 13개동을 건축하자, 원고가 조망권의 침해를 이유로 손해배상을 청구한 것이다. 이에 대해 종전의 판결은, 원고의 조망 이익이 법적 보호의 대상으로 될 만한 특별한 사정이 있다고 보기 어렵고, 또 그렇다고 하더라도 조망 이익에 대한 침해의 정도가 그 수인한도를 벗어난 것이 아니라고 하였다(대판 2004. 9. 13, 2003다64602).

금만 주의를 기울이면 이와 같은 사정을 쉽게 알아볼 수 있는데도 그것을 이유로 징계해고에 나아간 경우 등, 징계권의 남용이 우리의 건전한 사회통념이나 사회상규상 용인될 수 없음이 분명한 경우에는, 그 해고가 근로기준법(23조 1항)에서 말하는 정당성을 갖지 못하여 효력이 부정되는 데 그치는 것이 아니라, 위법하게 상대방에게 정신적 고통을 가하는 것이 되어 근로자에 대해 불법행위가 된다(대판 1999. 2. 23, 98다12157). (ㄴ) 증권회사의 임직원이 강행규정을 위반한 투자 수익보장으로 투자를 권유한 결과 손실을 입힌 경우에 투자가에 대한 불법행위가 성립하기 위해서는, 거래 경위와 거래 방법, 고객의 투자 상황, 거래의 위험도 및 이에 관한 설명의 정도 등을 종합적으로 고려한 후, 당해 권유행위가 경험이 부족한 일반 투자가에게 거래행위에 필연적으로 수반되는 위험성에 관한 올바른 인식 형성을 방해하거나, 고객의 투자 상황에 비추어 과대한 위험성을 수반하는 거래를 적극적으로 권유한 경우에 해당하여 결국 고객에 대한 보호의무를 저버려 위법성을 띤 행위인 것으로 평가될 수 있어야 한다(대판 1999. 6. 11, 97다58477). (ㄷ) ① 부당한 소의 제기는 위법성을 띨 수 있다. 소의 제기는 헌법상 보장된 권리 보호를 위한 수단으로서 원칙적으로 적법하지만, 소의 제기가 권리 보호를 빙자하여 상대방의 권리나 이익을 침해하고 상당한 이유 없이 상대방에게 고통을 주려는 의사로 행하여지는 등 고의 또는 과실이 인정되고, 이것이 공서양속에 반하는 정도에 이른 것인 경우에는 위법성을 띠고 불법행위가 된다(대판 1994. 9. 9, 93다50116; 대판 1997. 2. 28, 96다32126; 대판 1999. 4. 13, 98다52513). ② 편취騙取된 판결에 기한 강제집행이 불법행위가 되는 경우가 있다. 소송당사자가 상대방의 권리를 해칠 의사로 상대방의 소송 관여를 방해하거나 허위의 주장으로 법원을 기망하는 등 부정한 방법으로 실체의 권리관계와 다른 내용의 확정판결을 취득하여 집행을 하는 것과 같은 특별한 사정이 있는 경우에는 불법행위가 될 수 있다. 다만 확정판결에 기판력을 인정한 취지나 확정판결의 효력을 배제하기 위해서는 그 확정판결에 재심사유가 존재하는 경우에 재심의 소에 의해 그 취소를 구하는 것이 원칙적인 방법인 점에 비추어, 확정판결에 기한 강제집행이 불법행위로 되는 것은, 당사자의 절차적 기본권이 근본적으로 침해된 상태에서 판결이 선고되었거나 확정판결에 재심사유가 존재하는 등, 확정판결의 효력을 존중하는 것이 정의에 반함이 명백하여 이를 묵과할 수 없는 경우로 한정하여야 한다(대판 1995. 12. 5, 95다21808). (ㄹ) 부동산 소유자가 취득시효가 완성된 사실을 알고서도 그 부동산을 제3자에게 처분한 경우, 소유자의 이러한 처분행위는 시효취득자에 대한 소유권이전등기 의무를 면탈하기 위해 한 것으로서 위법하고 불법행위가 된다(대판 1999. 9. 3, 99다20926).

4. 위법성의 조각阻却

위법성의 조각이란 보통은 위법한 것으로 되지만 어떤 특별한 사유가 있기 때문에 위법성이 없는 것으로 되는 것을 말한다. 민법은 위법성조각사유로 정당방위와 긴급피난 둘을 규정하는데, 그 밖에도 해석상 인정되는 사유가 있다.

(1) 민법상 위법성조각사유

> 제761조 〔정당방위와 긴급피난〕 ① 타인의 불법행위에 대하여 자기나 제3자의 이익을 방위하기 위하여 부득이 타인에게 손해를 입힌 자는 배상할 책임이 없다. 그러나 피해자는 불법행위를 한 자에게 손해배상을 청구할 수 있다. ② 전항의 규정은 급박한 위난을 피하기 위하여 부득이 타인에게 손해를 입힌 경우에 준용한다.

가) 정당방위

a) 요 건 타인의 불법행위에 대하여 자기나 제3자의 이익을 지키기 위해 부득이 타인에게 손해를 입히는 것이 정당방위인데(761조 1항 본문), 그 요건은 다음과 같다. (ㄱ) '타인의 불법행위'는 정당방위 제도의 취지상 객관적 · 외형적으로 위법한 것이면 되고, 행위자의 고의 · 과실이나 책임능력을 전제로 하지 않는다(통설). (ㄴ) 자기나 제3자의 이익을 지키기 위해 부득이 타인에게 손해를 입힌 것이어야 한다. ① 방위행위가 부득이한 것, 즉 타인의 침해행위가 급박하여 국가의 구제를 구할 여유가 없는 등, 방위행위의 필요성이 있어야 한다(타인의 침해가 끝난 후에는 방위행위가 성립할 여지는 없다). ② 정당방위에서는 방위행위에 보충의 원칙이 적용되지는 않으나, 방위에 필요한 한도 내의 행위로서 사회윤리에 위배되지 않는 상당성 있는 행위임을 요한다(대판 1991. 9. 10, 91다19913). ③ 방위행위는 불법행위를 한 타인뿐만 아니라 다른 제3자에게 하더라도 무방하다(제761조 1항 본문에서 앞의 '타인'과 뒤의 '타인'을 동일인으로 보아야만 하는 것은 아니며, 동일인으로 보게 되면 제761조 1항 단서를 설명할 수 없다). 예컨대 강도(타인)의 위험을 피하기 위해 방위행위로서 타인 소유의 가게를 부수고 피신하는 경우가 그러하다.

〈참 고〉 방위행위가 상당성을 잃은 경우가 '과잉방위'이다. 판례는, 병원에서의 난동을 제압키 위해 출동한 경찰관이 칼을 들고 항거하던 피해자에게 총격을 가하여 사망케 한 사안에서, 과잉방위를 인정하였다(대판 1991. 9. 10, 91다19913). 한편 정당방위의 요건이 갖추어지지 않았음에도 충족된 것으로 오인하고 한 방위행위가 '오상방위'誤想防衛이다. 양자 모두 정당방위가 성립하지 않으며, 위법한 것이 된다. 다만 과실상계가 적용되어 손해배상액은 경감될 수 있다(763조 · 396조).

b) 효 과 정당방위가 성립하는 경우에는 손해배상책임을 부담하지 않는다(761조 1항 본문). 한편 제3자에게 방위행위를 하여 제3자가 손해를 입은 경우, 제3자는 (방위행위의 원인을 제공한) 불법행위를 한 자에게 손해배상을 청구할 수 있다(761조 1항 단서). 예컨대 A가 B의 폭행을 피하기 위해 C의 가게를 부수고 도망간 경우, C는 그 손해에 대해 B에게 배상청구를 할 수 있다. 다만 이때에는 B에게 고의나 과실과 책임능력이 있어야 한다(통설).

나) 긴급피난

a) 정당방위와의 차이 정당방위는 '타인의 불법행위'에 대한 방위인 데 비해, 긴급피난은 타인의 불법행위가 개입되지 않은 '급박한 위난'에 대한 피난 행위인 점에서 차이가 있다. 즉 타인의 폭행을 피하기 위해 방위행위로서 타인의 집을 부수고 피신하는 것은 정당방위가 되

고, 개가 물려는 것을 피하기 위해 피난 행위로서 타인의 집을 부수고 피신하는 것은 긴급피난에 해당한다. 구민법(720조 2항)에서는 '타인의 물건으로부터 생긴 급박한 위난을 피하기 위해 그 물건을 훼손한 경우'만을 긴급피난으로 인정하였으나, 현행 민법은 긴급피난을 이처럼 제한하고 있지 않다.

b) 요 건 (ㄱ) 현재의 급박한 위난을 피하려는 행위여야 한다. 급박한 위난의 발생원인은 사람이든 물건이든 불문한다. 다만 그 위난이 가해자의 고의나 과실로 조성된 경우에는 긴급피난은 인정되지 않는다. 운전병이 제한속도 25km 지점에서 시속 45km의 과속으로 달리던 중 보행인과의 충돌을 피하기 위해 가게를 들이받은 경우, 긴급피난에 해당하지 않는다(대판 1968. 10. 22, 68다1643). (ㄴ) 자기나 제3자의 이익을 보호하기 위한 피난이어야 하고, 피난의 방법으로서 민법상 문제되는 것은 타인에게 손해를 입히는 경우이다. 특히 피난 행위는 위난의 원인이 된 사람이나 물건뿐만 아니라 제3자에게 하여도 무방하다. (ㄷ) 그 피난은 부득이한 것이어야 한다. 즉 타인의 이익을 침해하는 방법 외에 다른 피난 방법이 없어야 한다.

c) 효 과 긴급피난에는 정당방위에 관한 규정을 준용한다(761조 2항). 따라서 피난 행위로서 타인에게 손해를 입힌 경우에도 배상책임을 부담하지 않는다. 다만 제3자에 대해 피난 행위를 함으로써 제3자가 손해를 입은 경우, 제3자는 피난의 원인을 제공한 자에게 손해배상을 청구할 수 있다. 예컨대 동물의 위험으로부터 피난하면서 타인에게 손해를 입힌 경우, 피해자는 그 동물의 점유자에게 손해배상을 청구할 수 있다(759조 참조).

(2) 그 밖의 위법성조각사유

a) 자력구제 자력구제는 청구권을 보전하기 위해 국가기관의 구제를 기다릴 여유가 없는 경우에 권리자가 자신의 실력으로 이를 스스로 실현하는 행위를 말하는데, 정당방위와 긴급피난이 현재의 침해에 대한 방위이며 피난 행위인 데 반해, 자력구제는 주로 과거의 침해에 대한 회복인 점에서 다르다. 민법은 점유 침탈의 경우에만 '점유자'의 자력구제를 규정할 뿐이고(209조), 자력구제에 관한 일반규정을 두고 있지는 않다. 그러나 형법 제23조가 자구행위自救行爲를 위법성조각사유로 규정하고 있는 점에 비추어 상당한 이유가 있는 때에는 허용되는 것으로 해석된다.

b) 정당행위 법령에 바탕을 둔 정당한 업무행위는 위법성을 조각한다. 예컨대 사무관리(734조)나, 친권자 또는 후견인의 징계행위(915조·945조), 교원의 학생에 대한 징계행위(교육법 76조)[1] 등이 그러하다.

c) 피해자의 승낙 민법에 명문의 규정은 없지만, 피해자의 승낙이 있으면 원칙적으로 위법성이 조각된다(통설). 그 요건으로는, 피해자가 승낙의 의미를 이해할 만한 정신능력을 가져야 하고, 그 승낙이 사회질서에 위반되지 않는 것이어야 한다. 따라서 승낙살인 · 자살방조 · 결투

1) 판례: 「교사의 학생에 대한 체벌이 징계권의 행사로서 정당행위에 해당하려면, 그 체벌이 교육상 필요가 있고 다른 교육적 수단으로는 교정이 불가능하여 부득이한 경우에 한하는 것이어야 할 뿐만 아니라, 그와 같은 경우에도 그 체벌의 방법과 정도는 사회관념상 비난받지 아니할 객관적 타당성이 있어야 한다」(대판 1991. 5. 28, 90다17972).

의 합의 등은 모두 위법성을 조각하지 않는다.[1]

Ⅳ. 손해의 발생

사례 A는 1961년부터 의정부시 장안동 소재 임야에서 도봉농장이라는 이름으로 고급 관상수를 재배하여 왔고, B는 1969. 10.경부터 그 인근에서 모직류를 제조하는 공장을 설치하여 가동하면서 그 연료로 벙커시유를 사용함으로써 그 연소과정에서 아황산가스를 굴뚝을 통해 배출하여 왔다. 그런데 1981. 3.경을 전후하여 A농장의 관상수 대부분이 고사枯死하였는데, 거기에는 다음과 같은 원인이 있었다. 첫째, 일정한 농도 이상의 아황산가스는 수목을 고사시키는 원인이 되는데, 둘째 1981. 3.경 B공장에서 배출한 아황산가스가 대기 중에 확산 희석되어 A농장에 도달했을 때를 기준으로 한 농도는 수목의 고사를 가져올 정도는 아니었으며 또한 그 농도는 환경보전법상 허용된 기준치 이내였고, 셋째 그러나 피해가 생긴 후인 1981. 5.경 피해 수목의 유황 함량은 수목에 만성적 피해를 가져올 수치였고, 넷째 1980. 12.부터 1981. 1. 사이에 74년 만의 한파가 닥쳐 전국 각지에서 많은 수목이 동해를 입은 사실이 있었다. A는 수목의 고사에 대해 B를 상대로 불법행위를 이유로 손해배상을 청구하였다. A의 청구는 인용될 수 있는가? 해설 p. 729

1. 손해 발생

(1) 가해행위로 인해 손해가 발생하여야 한다. 불법행위에서의 손해에 대해서도 기본적으로는 '차액설'이 적용된다. 즉 불법행위가 없었다면 있었을 상태에서 불법행위가 있은 현재의 상태를 뺀 것이 손해가 된다. 그리고 여기에는 재산적 손해로서 적극적 손해와 소극적 손해(일실이익), 그리고 정신적 손해의 세 가지가 포함된다.

그런데 가령 피해자가 사고로 인한 상해의 후유증이 있는데도 종전 직장에서 종전과 마찬가지로 수입을 얻고 있는 경우, 차액설에 의하면 손해는 없는 것이 된다. 그런데 이 경우 가해자의 유책한 행위로 피해자가 손해를 입었음에도 가해자가 아무런 책임을 지지 않는다는 것은 문제가 있다. 이에 '규범적 손해론'이 주장된다. 대법원은 피해자의 노동능력 상실이 인정되는 경우, 당해 직장이 피해자의 잔존 가동능력의 정상적 한계에 알맞은 것이었다는 사정까지 나타나지 않는 한, 피해자가 아무런 손해를 입지 않았다고 단정할 수 없다고 한다(대판 1989. 7. 11, 88다카16874; 대판 2002. 9. 4, 2001다80778). 이것은 대법원이 손해에 대해 사실적 손해와 규범적 손해를 모두 고려한 것으로 이해되고 있다.

(2) 불법행위로 인한 손해는 현실적으로 발생한 것에 한해 배상된다. (ㄱ) 손해의 현실성과 관련하여 문제가 되는 것은 저당권 기타 담보권의 침해의 경우인데, 침해행위에 의하여 저당목적물의 가치가 감소하더라도 잔여 가액이 피담보채권의 변제에 충분한 경우에는 손해는 없

1) 유방확대수술의 후유증을 TV에 방영하는 과정에서, 피해자가 자신을 알아볼 수 없도록 해 달라는 조건하에 사생활에 관한 방송을 승낙하였는데, 방영 당시 피해자의 모습이 그림자 처리가 되기는 하였으나 그림자에 옆모습 윤곽이 그대로 나타나고 음성이 변조되지 않는 등 방송기술상 적절한 조치를 취하지 않음으로써 피해자의 신분이 주변 사람들에게 노출된 사안에서, 판례는 「이는 피해자의 승낙 범위를 초과하여 승낙 당시의 예상과는 다른 방법으로 부당하게 피해자의 사생활을 공개한 것으로 불법행위가 성립한다」고 보았다(대판 1998. 9. 4, 96다11327).

는 것이 된다. 그러나 반대로 잔여 가액이 적은 경우에는, 설사 채무자가 다른 일반재산을 가지고 있다고 하더라도, 저당권자는 저당 목적물로부터 우선변제를 받는 것이 예정된 것이므로 그 한도에서 손해는 있는 것이 되며, 그 배상을 청구할 수 있다. (ㄴ) 손해의 발생과 그 금액은 피해자가 입증하여야 한다.

〈판 례〉 손해의 발생을 부정한 것으로 다음의 판례가 있다. ① 의사가 기형아 판별 확률이 높은 검사 방법에 관하여 설명하지 않아 임산부가 그 검사를 받지 못한 채 다운증후군에 걸린 아이를 출산한 사안에서, 다음과 같은 이유로 의사에 대한 모와 장애아 자신의 손해배상청구를 모두 부정하였다. 즉 다운증후군은 모자보건법 소정의 인공임신중절 사유에 해당하지 않아 부모의 낙태결정권을 침해한 것이 아니다. 그리고 장애를 갖고 출생한 것 자체를 인공임신중절로 출생하지 않은 것과 비교해서 법률적으로 손해라고 단정할 수 없고, 장애를 갖고 출생함으로 인하여 치료비 등 비용이 정상인에 비하여 더 소요되더라도, 그 장애 자체가 의사를 포함한 어느 누구의 과실에 기인한 것이 아닌 이상, 추가로 소요되는 비용을 장애아 자신이 청구할 수 있는 손해로도 볼 수 없다(대판 1999. 6. 11, 98다22857). ② 집행법원의 과실로 채권가압류결정 정본이 제3채무자에게 송달되지 않아 가압류의 효력이 생기지 않았다고 하더라도, 그 사실을 안 가압류채권자로서는 피보전채권으로 채무자의 다른 재산에 대해 강제집행을 함으로써 채권의 만족을 얻을 수 있는 것이므로, 집행법원의 위와 같은 잘못으로 채무자에 대한 채권추심이 곤란해졌다는 등의 특별한 사정이 없는 한(이 점은 가압류채권자가 증명해야 한다), 위와 같은 사유만으로는 가압류의 효력이 생기지 않은 채권액 상당의 손해가 현실적으로 발생하였다고 할 수 없다(대판 2003. 4. 8, 2000다53038). ③ 임차인이 임대인의 동의를 받지 않고 제3자에게 임차권을 양도하거나 전대하는 등의 방법으로 임차물을 사용·수익하게 하더라도, 임대인이 이를 이유로 임대차계약을 해지하거나 그 밖의 다른 사유로 임대차계약이 적법하게 종료되지 않는 한 임대인은 임차인에 대하여 여전히 차임 청구권을 가지므로, 임대차계약이 존속하는 한도 내에서는 제3자에게 불법점유를 이유로 한 차임 상당 손해배상청구나 부당이득 반환청구를 할 수 없다(대판 2008. 2. 28, 2006다10323). ④ 새마을금고의 동일인 대출한도 제한규정은 새마을금고 자체의 적정한 운영을 위하여 마련된 것이어서 그 사실만으로 곧바로 대출채권을 회수하지 못하게 될 재산상 손해가 발생하였다고 볼 수 없다(그러므로 그 사실만으로 업무상 배임죄가 성립하는 것은 아니다)(대판(전원합의체) 2008. 6. 19, 2006도4876). ⑤ 불법행위로 인한 재산상 손해는 위법한 가해행위로 인하여 발생한 재산상 불이익, 즉 그 위법행위가 없었더라면 존재하였을 재산상태와 그 위법행위가 가해진 현재의 재산상태의 차이를 말하는 것이므로, 위법행위가 있었다 하더라도 그로 인한 재산상태와 그 위법행위가 없었더라면 존재하였을 재산상태 사이에 차이가 없다면 다른 특별한 사정이 없는 한 위법행위로 인한 손해가 발생하였다고 할 수 없다(대판 2009. 9. 10, 2009다30762).

2. 인과관계因果關係

(1) 의 의

(ㄱ) 불법행위가 성립하려면 그 손해가 가해자의 행위로 「인하여」 발생한 것이어야 한다. 즉 가해자의 행위와 손해 사이에는 인과관계가 있어야 한다. 다시 말해 가해자의 행위가 없어도

손해라는 결과가 발생할 수 있는 것이면 행위와 손해 사이에는 인과관계가 없는 것이 된다. 보통 인과관계의 존부를 확인하는 방법으로, 'A라는 조건이 없으면 B라는 결과는 발생하지 않는다'는 이른바 불가결조건(condicio sine qua non)의 공식을 사용한다. (ㄴ) 이러한 인과관계는 A라는 사실(원인)이 있으면 동일한 사정하에서는 언제나 B라는 사실(결과)이 생기는 관계를 말한다. 즉 객관적 반복가능성이 있는 것이어야 한다. 예컨대 甲이 乙을 벼락에 의해 사망시킬 의도로 산으로 인도하였는데 실제로 乙이 벼락으로 사망한 경우, 원인과 결과 사이에 객관적 가능성이 없기 때문에 인과관계는 존재하지 않는다.

〈판 례〉 ① 사고로 상해를 입은 피해자가 다른 사고로 사망한 경우, 두 사고 사이에 1차 사고가 없었더라면 2차 사고도 발생하지 않았을 것이라는 조건적 관계가 없는 경우에는, 1차 사고의 가해자는 2차 사고로 피해자가 사망한 때까지의 손해만을 배상하면 된다(대판 1995. 2. 10, 94다51895). 이와 관련하여 다음의 경우에는 조건적 관계가 있는 것으로 보았다. 교통사고로 골절상을 입어 두 다리를 못 쓰게 된 피해자가 거동이 불편한 상태에서 목욕탕에서 넘어져 사망한 사안에서 교통사고와 사망 사이(대판 1998. 9. 18, 97다47507), 교통사고로 하퇴부에 광범위한 상해를 입은 고등학교 1학년 여학생이 우울증에 시달리다 자살한 사안에서 교통사고와 사망 사이에 상당인과관계가 있다(대판 1999. 7. 13, 99다19957). ② A는 자기 소유 토지상에 주물공장을 지어 토양오염이 발생하고 또 폐기물을 매립한 상태에서 이 토지를 B에게 팔았고, B는 C에게 팔아 C가 소유하고 있다. C가 토양오염과 폐기물 처리에 든 비용에 대해 A를 상대로 불법행위를 이유로 손해배상을 청구한 사안에서, 토지의 소유자라 하더라도 토지에 오염을 일으킨 채 유통시키는 것은 위법한 행위이고, 장래 토지를 매수하는 사람이 그 오염을 제거하는데 손해를 입을 것이며, 이러한 사정은 토지 소유자가 이를 숨기고 그 토지를 유통시킬 때 충분히 예상할 수 있었던 것이어서, A의 불법행위와 C의 손해 사이에 상당인과관계가 있다(대판(전원합의체) 2016. 5. 19, 2009다66549). ③ 군부대에서 유출된 총기가 범죄행위에 사용된 사안에서, 총기 관리자의 과실과 범죄행위로 인한 피해자의 손해 사이에 상당인과관계가 있다(대판 2001.2. 23, 2000다46894). ④ 자동차 대여사업자가 무면허자임을 알면서 승용차를 대여하였고, 무면허자가 운전 중 교통사고가 발생한 사안에서, 위 위법한 대여행위와 교통사고 사이에 상당인과관계가 있다(대판 1998. 11. 27, 98다39701). ⑤ 사고로 상해를 입은 피해자가 치료를 받던 중 의사의 과실로 손해가 확대된 경우, 의사에게 중대한 과실이 있다는 등 특별한 사정이 없는 한, 처음의 사고와 확대손해 사이에 상당인과관계가 있다(위 특별한 사정의 존재에 대해서는 처음 사고를 일으킨 자에게 있다)(대판 2000. 9. 8, 99다48245).

(2) 입증책임

인과관계의 입증책임은 피해자에게 있다는 것이 통설과 판례이다. 자기에게 유리한 법적 결과를 주장하는 자는 그 전제가 되는 사실을 증명하여야 하는 것이 원칙이기 때문이다. 다만 민법은 일정한 경우에 인과관계를 추정하는 규정을 두고 있고(755조 1항 단서·756조 1항 단서), 또 이를 의제하는 규정을 두고 있기도 하다(760조 2항). 한편 환경오염 피해에서는 판례에 의해 확립된 개연성 이론蓋然性 理論에 의해 인과관계가 사실상 추정되기도 한다.

(3) 인과관계의 특수 문제 … 원인경합의 경우

a) 중첩적 경합 예컨대 A와 B가 총을 발사하여 각각 C를 명중시키거나, A공장의 폐수와 B공장의 폐수가 각각 C의 농작물을 전멸시키는 데에 충분한 경우이다. 이 경우 A 또는 B의 행위는 각각 손해 발생에 대해 필요 · 충분조건을 이루므로 인과관계가 성립한다.

b) 택일적 경합 예컨대 A와 B가 C에게 돌을 던졌고 그중 하나의 돌에 C가 맞았는데, 그 돌이 누가 던진 것인지 불명한 경우이다. 이에 관해서는 민법 제760조 2항(가해자 불명의 공동불법행위)이 적용된다. 즉 공동 아닌 수인의 행위 중에서 누구의 행위가 손해를 입힌 것인지 알 수 없는 경우에는, 그들은 연대하여 손해배상책임을 진다. 그러나 동조는 피해자의 인과관계 입증의 곤란을 구제하기 위한 것이므로, A 또는 B는 C가 맞은 돌이 자기가 던진 돌이 아니라는 사실을 입증하면 면책될 수 있다.

c) 필요적 경합 A공장의 폐수와 B공장의 폐수가 합쳐져서 비로소 유독성을 띠게 되어 C의 농작물을 전멸시키거나, 또는 가해자의 행위와 자연력(폭풍 · 한파 등)이 합해져서 손해가 생긴 때처럼, 어느 하나의 원인만으로는 결과를 발생시킬 수 없는 경우이다. 이때에는 불가결조건의 공식, 즉 어느 하나의 원인이 없었다면 손해의 결과는 발생하지 않았을 것이므로 각자 인과관계가 성립한다. 다만 각자가 전부의 책임을 질 것인지 아니면 분할책임을 질 것인지가 문제된다.

〈판 례〉 (ㄱ) 양식장 운영자가 원자력발전소의 온배수를 이용하기 위하여 온배수 영향권 내에 육상수조식 양식장을 설치하였는데, 원자력발전소에서 배출된 온배수가 이상고온으로 평소보다 온도가 높아졌고 해수온도의 상승이라는 자연력이 복합적으로 작용하여 위 양식장의 어류가 집단 폐사한 사안에서, 「불법행위에 기한 손해배상 사건에 있어서 피해자가 입은 손해가 자연력과 가해자의 과실행위가 경합되어 발생된 경우, 가해자의 배상범위는 손해의 공평한 부담이라는 견지에서 손해 발생에 대하여 자연력이 기여하였다고 인정되는 부분을 공제한 나머지 부분으로 제한하여야 함이 상당하고(자연력의 기여도에 관한 비율의 결정은 사실심의 전권사항에 속한다), 다만 피해자가 입은 손해가 통상의 손해와는 달리 특수한 자연적 조건 아래 발생한 것이라 하더라도 가해자가 이를 미리 예상할 수 있었고 또 과도한 노력이나 비용을 들이지 아니하고도 사전에 예방할 수 있었다면 자연력의 기여분을 인정하여 가해자의 배상범위를 제한할 것은 아니다」라고 하면서, 위 사안에서는 자연력의 기여도를 고려하는 것이 타당하지만, 원자력발전소 운영자의 과실에 비해 양식장 운영자의 과실이 훨씬 중대하다고 보았다(대판 2003. 6. 27, 2001다734). (ㄴ) 「교통사고 피해자의 기왕증이 그 사고와 경합하여 악화됨으로써 피해자에게 특정 상해의 발현 또는 치료기간의 장기화, 나아가 치료종결 후 후유장해 정도의 확대라는 결과 발생에 기여한 경우에는, 기왕증이 그 특정 상해를 포함한 상해 전체의 결과 발생에 대하여 기여하였다고 인정되는 정도에 따라 피해자의 전 손해 중 그에 상응한 배상액을 부담케 하는 것이 손해의 공평한 부담이라는 견지에서 타당하다」(피해자의 일실수입을 산정함에 있어 기왕증이 기여한 부분을 고려하여야 한다고 본 사례)(대판 2004. 11. 26, 2004다47734).

d) 과잉적 경합 손해의 수치를 10이라고 할 때에, A공장은 10의 폐수를, B공장은 2의

폐수를 방류하여 C의 농작물을 해친 경우이다. 이때에는 불가결조건의 공식에 의하면 B공장에는 인과관계가 없는 것이 된다. 그러나 중첩된 2의 부분에 한해서는 연대책임을 지우는 것이 공평하다고 보는 견해가 있다(주석 채권각칙(Ⅲ), 293면(김형배)).

e) 가정적 경합　민법은 제392조(단서)에서 규정하고 있는 것을 제외하고는 이에 관한 일반규정을 두고 있지 않은데, 구체적인 사안에 따라 다음과 같이 해석할 것이다. (ㄱ) 다음의 경우에는 가정적 인과관계를 고려할 수 있다. ① 손해를 발생시킨 처음의 원인행위 이전에 이미 가정적 원인이 존재하는 경우이다. 예컨대 병으로 곧 죽을 개를 사살한 경우에는, 그 당시의 물건의 가치에 대한 손해만을 배상하면 된다(그것을 입증하는 것을 전제로). ② 적법한 선택행위의 경우에는 구체적으로 규범 목적에 따라 고려 여부를 결정하여야 한다. (ㄴ) 이에 대해 가정적 원인이 이미 존재하지 않고, 처음의 원인행위에 의해 손해가 발생하고 또 완결된 경우에는 이후의 가정적 원인은 고려해서는 안 된다. 가령 임차인의 과실로 임차주택이 멸실되었는데, 그 다음 날 옆집의 화재로 연소된 경우가 그러하다(가정적 인과관계에 관한 그 밖의 내용은 p.160 손해의 부분에서 자세히 설명한 바 있으므로, 그곳을 참조하도록 할 것).

사례의 해설　사례는 판례의 사안인데(대판 1991. 7. 23, 89다카1275), 그 쟁점은 다음 세 가지이다. (ㄱ) 피고 공장이 배출한 아황산가스가 한파로 인한 동해에 상조작용을 한 경우에 아황산가스와 관상수의 동해 사이에 인과관계가 있는 것으로 보았다. 이것은 인과관계의 특수문제로서 원인이 경합한 경우인데, 위 양자가 공동원인을 주고 있다는 점에서 '필요적 경합'에 해당한다. 이때에는 불가결조건의 공식, 즉 어느 하나의 원인이 없었다면 손해의 결과는 발생하지 않거나 발생할 가능성이 적었을 것이므로, 피고의 행위와 관상수의 피해 사이에는 인과관계가 성립한다. (ㄴ) 피고 공장에서 배출한 아황산가스가 관계 법령에서 정한 허용 기준치 이내라고 하더라도 결과적으로 원고에게 손해를 입힌 경우에는, 다시 말해 수인한도를 넘는 경우에는 위법한 것이 된다. (ㄷ) 인과관계가 있다고 하더라도, 피고의 손해배상의 범위는 손해의 공평한 부담이라는 원칙하에 발생한 손해 중에서 자연력의 기여분을 공제하여야 한다. 사례 p. 725

제 3 관 특수 불법행위

제1항 개 요

1. 특수 불법행위는 민법 제750조에서 규정하는 일반 불법행위의 성립요건과는 다르게 특수한 성립요건이 정해져 있는 불법행위이다. 민법이 정하는 특수 불법행위에는 모두 여섯 가지가 있다. 그 가운데에서 책임무능력자의 감독자의 책임(755조), 사용자의 책임(756조), 공작물의 점유자 및 소유자의 책임(758조), 동물 점유자의 책임(759조) 등은 모두가 책임을 무겁게 한 것이며, 또 고의나 과실의 입증책임을 가해자에게 전환한 중간책임으로 되어 있다. 그리고 공동불법

행위자의 책임에 관한 규정(760조)은 공동불법행위자 간에 연대책임을 인정함으로써 책임을 무겁게 하고 있다. 그 밖에 도급인의 책임에 관한 규정(757조)은 수급인이 도급인의 피용자가 아님을 주의적으로 정한 것이다.

2. 민법에는 규정되어 있지 않지만, 오늘날 많이 문제가 되는 특수한 불법행위 유형이 있다. 자동차 운행자책임 · 환경오염책임 · 제조물책임 · 의료과오책임 등이 그 대표적인 것인데, 이에 관해서는 따로 특별법에서 규율한다.

제2항 민법상의 특수 불법행위

Ⅰ. 책임무능력자의 감독자의 책임

사례 甲이 친구 소유의 오토바이를 운전하고 가다가 횡단보도에 서 있는 A를 과실로 치어 11개월의 치료를 요하는 상해를 입혔다. 甲은 사고 당시 18세로서 고등학교 3학년에 재학 중이었으며, 오토바이 운전면허를 가지고 있었다. A는 甲의 부모에게 4천만원의 손해를 연대하여 배상할 것을 청구하였다. A의 청구는 인용될 수 있는가? 해설 p. 733

제755조 〔감독자의 책임〕 ① 타인에게 손해를 입힌 사람이 제753조 또는 제754조에 따라 책임이 없는 경우에는 그를 감독할 법정의무가 있는 자가 손해를 배상할 책임이 있다. 다만, 감독의무를 게을리하지 아니한 경우에는 그러하지 아니하다. ② 감독의무자를 갈음하여 제753조 또는 제754조에 따라 책임이 없는 사람을 감독하는 자도 제1항의 책임이 있다.

1. 감독자책임의 성질

(ㄱ) 책임 인식 지능이 없는 미성년자 또는 심신상실자가 타인에게 손해를 입힌 경우에는, 이들은 책임능력이 없어 불법행위에 따른 손해배상책임을 부담하지 않는다(753조·754조). 이 경우에는 민법 제755조에 따라 이들을 감독할 법정의무가 있는 자 또는 그에 갈음하여 감독의무를 지는 자가 손해배상책임을 부담한다. (ㄴ) 책임무능력자의 감독자의 책임은 다음과 같은 점에서 일반 불법행위책임과는 다르다. ① 가해자가 책임능력이 없는 경우에 그 가해의 결과에 대해 이를 보충하는 책임이다(755조 1항).[1] ② 감독의무자는 감독의무를 위반한 것에 대해 책임을 지

1) 외국의 입법례를 보면, 독일 민법(832조)과 스위스 민법(333조)은 미성년자의 불법행위에 대해 그의 책임능력의 유무와는 관계없이 친권자가 감독의무를 게을리하지 않았음을 입증하지 못하는 한 배상책임을 지는 것으로 정하고, 프랑스 민법(1384조 4항)은 친권자와 주거를 같이하는 미성년자의 불법행위에 한해 친권자가 그 책임을 지는 것으로 약간의 제한을 두고 있다. 즉 이들 입법례는 미성년자가 설사 책임능력이 있더라도 친권자가 일정한 요건하에 그 책임을 지는 것으로 한 점에서 공통된다. 그런데 일본은 독일 민법 제832조를 모범으로 삼으면서도 이를 그대로 따르지 않고, '미성년자가 책임능력이 없는 경우에만 감독의무자가 책임을 지는 것'으로 수정하여 규정하였다(일민 714조)(高木多喜男 외 8인, 「민법강의 6 불법행위 등」(有斐閣, 1977), 184면(國井和郎)). 일본 민법수정안 이유서에 의하면, "무능력자 스스로 불법행위에 대한 책임을 져야 할 때에는 감독의무자가 배상책임을 부담할 이유가 없기 때문"이라고 그 이유를 밝히고 있다(松坂佐一, "責任無能力者お監督する者の責任", 損害賠償責任の研究(上)(1965), 164

는데, 그것은 책임무능력자가 한 가해행위 그 자체에 대한 것이 아니라, 책임무능력자에 대한 일반적인 감독의무를 게을리한 것에 대한 책임이다(755조 1항). ③ 감독의무자가 감독의무를 게을리하지 않았을 때에는 책임을 면한다(755조 1항 단서). 과실책임은 가해행위 자체에 관한 과실이 없으면 책임이 없다는 것이므로, 감독의무자의 책임은 이 점에서는 일종의 무과실책임에 속하는 것으로도 볼 수 있지만, 감독의무를 게을리했다는 과실을 요건으로 하는 점에서 또 입증책임이 감독의무자에게 전환된 점에서, 이 책임을 '중간책임'이라고 부른다.

2. 감독자책임의 요건

a) 책임무능력자의 위법행위 (ㄱ) 가해자가 책임능력이 없는 것을 제외하고는 불법행위의 다른 요건은 갖추어야 한다. 따라서 가해자에게 위법성조각사유가 있어 불법행위가 성립하지 않는 때에는, 그가 책임능력이 없다고 하더라도 감독자의 책임은 생기지 않는다(주석민법[채권각칙(8)], 385면(김오수)). (ㄴ) 가해자에게 책임능력이 없다는 사실은, 감독자를 상대로 그 책임을 물으려는 피해자가 입증하여야 한다.

b) 감독의무의 해태 감독의무자 또는 대리감독자가 감독의무를 게을리하였어야 한다. (ㄱ) 이 의무는 책임무능력자에 대한 일반적인 감독의무이고, 구체적인 가해행위에 대한 것이 아니다. 다만 그 내용은 감독의무자와 대리감독자 사이에 차이가 있을 수 있다. (ㄴ) 이 요건은 피해자가 입증할 필요는 없으며, 감독자가 책임을 면하려면 의무 위반이 없었음을 입증하여야 한다. (ㄷ) 감독의무자는 감독을 게을리하지 않았더라도 손해가 생겼으리라는 것을 입증하여 책임을 면할 수 있는지 문제된다. 사용자책임에 관해서는 이를 인정하는데(756조 1항 단서), 감독자책임에 관해서는 그러한 규정이 없다. 학설은 나뉜다. 제1설은, 제756조 1항 단서를 유추하여, 또 감독자책임은 절대적 책임이 아니고 그러한 경우에는 감독의무 위반과 손해 사이에 인과관계가 없다는 이유로 그 책임을 면하는 것으로 해석한다(곽윤직, 414면; 김증한·김학동, 812면). 제2설은, 제755조에서 제756조 1항 단서와 같은 내용을 규정하지 않은 것은 감독의무자의 감독의무 위반이 있으면 그것이 손해 발생과 인과관계에 있는지 여부를 묻지 않고 책임을 지우겠다는 취지로 보아 면책을 부정한다(송덕수, 667면). 감독자책임이 입증책임이 전환된 것이라 하더라도 기본적으로는 감독의무의 위반을 문제삼는 과실책임으로 되어 있고, 따라서 그것은 손해 발생과의 인과관계를 전제로 한다고 할 것이므로, 제1설이 타당하다고 본다.

3. 감독자책임의 효과

위 요건을 갖춘 때에는 법정 감독의무자 또는 그에 갈음하여 감독하는 자가 배상책임을 진다. 다만 감독의무를 게을리하지 않았음을 입증한 때에는 면책된다.

(1) 배상책임자

a) 법정 감독의무자 (ㄱ) 책임무능력자를 감독할 법정의무가 있는 자가 배상책임을 진다

면). 현행 민법은 일본 민법 제714조와 같은 내용으로 규정한 것이다.

(755조 1항). 미성년자의 경우에는 친권자(913조) 또는 후견인(945조), 심신상실자로서 성년후견 개시의 심판을 받은 때에는 성년후견인(947조)이 이에 해당한다. (ㄴ) 감독의무자는 감독을 게을리하지 않았음을 입증함으로써 면책될 수 있다(755조 1항 단서). 그러나 그 감독의 범위는 통상 책임무능력자의 생활 전반에 미치는 점에서 실무상 면책이 허용되는 경우는 많지 않다. (ㄷ) 책임무능력자의 실화에 대한 감독의무자의 책임에 대해, 판례는 민법 제755조를 적용하여 감독자가 감독의무를 게을리하지 않았음을 입증하지 못하는 한 배상책임을 지는 것으로 본다(대판 1972. 1. 31, 71다2582).

b) 대리감독자 (ㄱ) 법정 감독의무자에 갈음하여 책임무능력자를 감독하는 자도 배상책임을 진다(755조 2항). 탁아소의 보모, 유치원과 학교의 교사 및 교장, 정신병원의 의사 등이 이에 해당한다. 이들이 대리 감독하게 된 이유는 계약에 의하든 법률에 의하든 이를 묻지 않는다. (ㄴ) 대리감독자도 감독의무를 게을리하지 않았음을 입증하면 면책될 수 있다(755조 2항). 그런데 이들 경우에는 그 감독의무의 범위가 통상 책임무능력자의 특정한 생활관계(예: 학교생활)에 그치는 점에서, 면책이 인정되는 경우가 법정 감독의무자에 비해 상대적으로 많은 편이다. 판례는 학교의 교장이나 교사의 책임과 관련하여, "그 감독의무는 학교 내에서의 모든 생활관계에 미치는 것은 아니고 학교에서의 교육활동 및 이에 밀접 불가분의 관계에 있는 생활관계에 한하며, 이 경우에도 돌발적이거나 우연한 사고에 대해서는 감독의무 위반의 책임을 물을 수 없다"고 한다(대판 1997. 6. 27, 97다15258; 대판 1993. 2. 12, 92다13646 등). (ㄷ) 대리감독자가 책임을 부담할 때에는, 그 사용자에 대해서는 민법 제756조에 의해 배상책임을 물을 수 있다(대판 1981. 8. 11, 81다298).

(2) 양자의 책임의 관계

법정 감독의무자와 대리감독자의 책임은 경합할 수 있으며, 양자에게 각각 감독의무 위반이 있는 경우에는 그 책임은 각각 인정된다. 이때에 양자의 책임은 부진정연대채무로서, 피해자는 전부를 배상받을 때까지 어느 쪽에 대하여도 책임을 물을 수 있다. 법정 감독의무자로서 공동으로 친권을 행사하는 부모의 경우에도 같다(909조 2항).

4. 책임능력 있는 미성년자의 불법행위에 대한 감독자(친권자)의 책임

민법 제755조에 의하면, 미성년자가 책임능력이 없는 경우에만 친권자가 보충적으로 배상책임을 지는 것이므로, 미성년자가 책임능력이 있는 때에는 친권자는 동조에 의해 배상책임을 부담하지 않게 된다. 그러나 미성년자가 책임능력이 있다고 하더라도 배상의 자력이 없는 것이 보통이므로, 피해자가 현실로 배상을 받기가 어려웠다. 그래서 이를 극복하기 위해 판례이론이 발전되어 왔는데, 현재의 판례이론은, 책임능력 있는 미성년자의 불법행위로 인한 손해 발생이 그 미성년자의 감독의무자의 의무 위반과 상당인과관계에 있으면 감독의무자는 민법 제750조에 의한 일반 불법행위책임을 진다는 것이고, 이 경우 그러한 감독의무 위반 사실과 손해 발생과의 상당인과관계의 존재는 이를 주장하는 자가 입증하여야 한다고 한다(대판(전원합의체) 1994. 2. 8, 93다13605).

위 제목에 관해 판례는 변화가 있어 왔다. (ㄱ) 친권자의 감독의무 위반으로 인해 미성년자의 불법행위가 초래된 경우에 친권자에게 제750조에 의한 불법행위를 긍정하였는데, 이러한 법리가 일반화되지는 않았다(대판 1975. 1. 14, 74다1795). 참고로 일본에서도 이러한 취지의 최초의 판례가 있었다(日最判 1974. 3. 22.). (ㄴ) 제755조를 근거로 하면서 그 책임을 실질적으로 위험책임으로 파악하여 친권자에게 배상책임을 긍정하였다(대판 1984. 7. 10, 84다카474). (ㄷ) 1990년대에 들어와서는 발생된 손해가 친권자의 감독의무 위반과 상당인과관계에 있으면 친권자에게 제750조에 의한 불법행위를 긍정하는 것이 일반적인 추세였고, 또 그러한 감독의무 위반을 사실상 추정하는 경향에 있었다(대판 1992. 5. 22, 91다37690). (ㄹ) 위 (ㄴ)의 판례는 제755조의 해석의 한계를 넘어선 것으로서 문제가 있다는 지적이 많았는데, 이 판례를 폐기하면서 나아가 친권자의 책임을 제750조에 의해 해결하되, 위 (ㄷ)의 판례와는 달리 제750조의 일반원칙에 충실하게 그 법리를 전개한 것이 위 전원합의체 판결이고, 현재까지 이러한 견해가 견지되고 있다.[1]

사례의 해설 사례는 대판(전원합의체) 1994. 2. 8, 93다13605의 사안으로서, 다음과 같이 판결하였다. 즉 甲은 18세이기 때문에 일반적으로 책임능력이 있다고 할 것이고(판례는 대체로 15세부터는 책임능력을 갖춘 것으로 본다), 따라서 책임무능력자를 전제로 하는 제755조의 감독자책임을 甲의 부모에게 물을 수는 없다. 甲의 부모에게는 제750조의 일반 불법행위책임을 물을 수는 있는데, 이 경우에는 甲에 의해 발생한 손해와 甲의 부모의 감독의무 위반 사이에 상당인과관계가 있어야 하고, 이러한 사실은 피해자인 A가 입증하여야 한다. 그런데 甲이 오토바이 운전면허를 가지고 있었고 또 그 전에 운전 사고가 없었던 점에 비추어, 위 사고와 甲의 부모의 감독의무 위반 사이에 상당인과관계가 없다고 하여 甲의 부모의 일반 불법행위책임을 부정하였다. 사례 p.730

Ⅱ. 사용자의 책임

사 례 (1) Y농지개량조합의 조합장 A는 개인적으로 X상호신용금고로부터 1천만원을 차용하면서, Y조합 지출역 B와 공모하여 아무런 내부절차를 거치지 않고서 위 차용금에 대한 담보 조로 Y조합 명의의 당좌수표를 X에게 교부하였다(농지개량조합이 채무를 부담할 경우에는 농촌근대화촉진법에 의거 도지사의 승인을 받아야 하는데, 그러한 승인도 없었다). X는 Y에게 위 수표금의 지급을 청구하였고, Y는 위 관계 법률의 위반 등을 이유로 그 지급을 거절하였다. 이에 X는 위 수표 발행이 Y조합의 사무집행에 해당함을 이유로 Y조합에 사용자책임을 물어 그 배상을 청구하였다. X의 청구는 인용될 수 있는가?

(2) 甲은 A은행 양재동지점의 심사역으로 근무하면서 여신심사의 업무만을 담당하고 대외적으로 A를 대리할 권한을 가지고 있지는 않았다. 그런데 그가 담당하고 있던 乙회사의 대표이사 丙이 乙이 발행한 약속어음에 A은행 명의로 배서해 주면 돈을 빌리는 데 도움이 되고 이로써 부도를 피할 수 있다고 하자, 甲은 임의로 창구 직원이 보관 · 사용하는 A은행 고무인을 위 약속어음의 뒷면에 찍어 이를 丙에게 교부하였다. 丙은 이 약속어음을 B(회사)에 교부하고 돈을 빌렸는데, 그 약속어음이 부도가 나자, B는 피용자 甲의 불법행위로 (피위조자 A에 대해서는 어음상 청구권을 행사

---

1) (ㄱ) 판례 중에는, 재수생으로서 학원에 다니며 수학능력 평가시험을 준비하던 책임능력 있는 미성년자가 타인을 폭행한 사안에서, 감독의무자인 父의 과실을 부정한 것이 있다(대판 2003. 3. 28, 2003다5061). (ㄴ) 이혼으로 인하여 부모 중 1명이 친권자 및 양육자로 지정된 경우, 그렇지 않은 비양육친은 원칙적으로 미성년 자녀에 대한 일반적인 감독의무를 부담하지 않는다. 다만 비양육친이 공동 양육자에 준해 자녀를 보호 · 감독하고 있었거나, 면접교섭 등을 통해 자녀의 불법행위를 구체적으로 예견할 수 있어 비양육친의 감독의무를 인정할 수 있는 특별한 사정이 있는 경우에는, 비양육친도 감독의무 위반으로 인한 손해배상책임을 질 수 있다(대판 2022. 4. 14, 2020다240021).

할 수 없어) 손해를 입은 것을 이유로 A은행에 사용자책임을 물어 그 배상을 청구하였다. B의 청구는 인용될 수 있는가?

해설 p. 741

제756조 〔사용자의 배상책임〕 ① 타인을 사용하여 어떤 사무에 종사하게 한 자는 피용자가 그 사무집행에 관하여 제3자에게 입힌 손해를 배상할 책임이 있다. 그러나 사용자가 피용자의 선임과 사무 감독에 상당한 주의를 한 경우 또는 상당한 주의를 하여도 손해가 있을 경우에는 그러하지 아니하다. ② 사용자에 갈음하여 사무를 감독하는 자도 배상의 책임이 있다. ③ 전 2항의 경우에 사용자나 감독자는 피용자에게 구상권을 행사할 수 있다.

1. 사용자책임 일반

(1) 사용자책임의 의의와 성질

a) 의의와 근거 (ㄱ) 타인을 사용하여 어떤 사무에 종사하게 한 자는 피용자가 그 사무집행에 관하여 제3자에게 입힌 손해를 배상할 책임을 지는데(756조 1항 본문), 이를 「사용자책임」이라고 한다. 본조는 특히 기업책임의 근거로서 작용하는 데 의미가 있다. 즉 기업은 수많은 피용자를 고용하여 기업활동을 하면서 이익을 얻는데, 그 과정에서 피용자가 제3자에게 입힌 손해에 대해서는 기업으로 하여금 배상토록 하는 것이 공평하며, 피해자의 입장에서도 자력이 없는 피용자를 상대로 하는 것보다는 기업을 상대로 하는 편이 충분한 배상을 받는 데 유리할 수 있다. (ㄴ) 피용자의 불법행위에 대해 사용자가 배상책임을 지는 근거에 관해 통설과 판례는 '보상책임'의 원리에 기초한 것으로 파악한다. 즉, 많은 사람을 고용하여 스스로의 활동 영역을 확장하고 그에 상응하는 많은 이익을 추구함에 있어서는, 그 많은 피용자의 행위가 타인에게 손해를 입히는 경우도 상대적으로 많아질 것이므로, 이러한 손해를 이익 귀속자인 사용자로 하여금 부담케 하는 것이 공평의 이상에 합치된다는 보상책임의 원리에 입각한 것이라고 한다(대판 1985. 8. 13, 84다카979).

b) 성질과 특색 사용자책임은 사용자의 피용자에 대한 선임 및 감독상의 과실을 이유로 하는 점에서, 기본적으로는 과실책임의 범주에 속하는 것이다. 다만 다음의 점에서 특색이 있다. 첫째 사용자의 과실이 문제되는 것은 피용자의 선임과 감독에 관한 것이고 피용자의 가해행위 자체에 대한 것이 아니다. 둘째 사용자는 자신에게 그러한 과실이 없다는 사실을 입증하여야 면책될 수 있는 점에서, 그 입증책임이 가해자에게 전환된 중간책임으로 되어 있다(756조 1항 단서 참조). 다만 실무에서는 이러한 면책 주장을 인정한 예가 거의 없어 사실상 무과실책임에 가깝게 운용되고 있다.

(2) 사용자책임과 다른 책임과의 비교

a) 법인의 불법행위책임 법인의 대표기관이 그 직무에 관하여 타인에게 입힌 손해에 대해서는 법인 자신의 불법행위가 성립하는 점에서(35조 1항 1문), 타인의 행위에 대해 책임을 지는 사용자책임과는 구조를 달리한다. 그래서 전자에는 면책이 인정될 여지가 없는 데 반해, 후자에서는 그 가능성이 열려 있다(756조 1항 단서). 다만 법인의 불법행위의 경우에도 대표기관 개인의 책임이 병존

하는 점(35조 1항 2문)에서는 실질적으로 사용자책임과 크게 다를 것이 없다. 한편 법인의 대표기관이 아닌 피용자의 불법행위에 대해서는 법인은 사용자로서 제756조에 따른 책임을 진다.

b) 국가배상책임 (ㄱ) 국가나 지방자치단체는 공무원이 그 직무를 집행하면서 고의나 과실로 법령을 위반하여 타인에게 손해를 입히거나, 자동차손해배상 보장법에 따라 손해배상의 책임이 있을 때에는 「국가배상법」(1967년 법 1899호)에 따라 그 손해를 배상할 책임을 진다(동법 2조 1항). 그 책임의 내용에 관하여는 동법이 정하는 바에 따르고, 그 정함이 없는 때에만 민법의 규정에 의하도록 정하고 있는데(동법 8조), 동법은 일정한 배상기준을 명시하고(동법 3조), 생명 · 신체의 침해로 인한 국가배상청구권은 양도하거나 압류하지 못하며(동법 4조), 동법에 따른 손해배상 소송은 배상심의회에 배상신청을 하지 않고도 제기할 수 있는 것으로(동법 9조) 규정하고 있다. (ㄴ) 국가배상법(동법 2조)에 의한 국가 등의 책임은 민법 제756조의 책임과는 다음의 점에서 차이가 있다. 즉, 국가의 고의나 과실을 문제삼지 않는 무과실책임으로 되어 있고, 공무원에게 경과실이 있는 경우에는 공무원은 민사상 아무런 책임을 지지 않고 국가만이 배상책임을 부담하며, 공무원에게 고의나 중과실이 있는 경우에만 국가가 구상권을 행사할 수 있다는 것이다(대판(전원합의체) 1996. 2. 15, 95다38677; 대판 1996. 3. 8, 94다23876 참조).

c) 자동차 손해배상책임 자동차의 운행으로 사람이 사망하거나 부상한 경우에는 자기를 위하여 자동차를 운행하는 자가 「자동차손해배상 보장법」(1999년 법 5793호)에 따라 배상책임을 진다. 민법 제756조의 사용자책임과 다른 점은, 그 적용대상이 자동차의 운행으로 인한 인적 사고에 한정되고, 배상책임자는 자동차의 운행자이며, 그가 무과실에 가까운 중한 책임을 진다는 데에 있다. 따라서 자동차의 운행으로 인한 물적 손해에 대해서는, 그리고 운행자가 사용자로 인정되는 때에는, 이에 대한 배상에 관해서는 민법 제756조의 사용자책임이 적용될 수 있다.

d) 이행보조자의 행위에 대한 책임 채무자가 타인을 사용하여 이행하는 경우에 이행보조자의 고의나 과실은 채무자의 고의나 과실로 본다(391조). 그런데 이행보조자의 행위가 채무불이행뿐만 아니라 불법행위도 되는 경우에는(예: 임치물이 이행보조자의 과실로 멸실된 때), 후자에 관해서는 사용자책임이 경합할 수 있다. 주의할 것은, 이행보조자가 되는 데에는 채무자의 의사관여가 있으면 족하고 사용관계까지 필요한 것은 아니지만(대판 1999. 4. 13, 98다51077 등), 이행보조자의 행위에 대해 채무자가 사용자로서 불법행위책임을 지기 위해서는 민법 제756조 1항 소정의 '사용'의 요건을 별도로 충족하여야만 한다.

e) 일반 불법행위책임 제750조에 의해 자신이 불법행위책임을 지는 데에는, 자신의 고의나 과실과 위법행위 사이에 상당인과관계가 있으면 되고, 그 자신이 직접 가해행위를 하여야만 하는 것은 아니다. 제756조에 의한 사용자책임은 사용자에게 선임 및 감독상의 과실이 있기만 하면 가해행위와의 인과관계를 묻지 않고 그 자체만으로 배상책임을 인정하는 점에서 제750조와는 다르다. 따라서 사용자의 선임 및 감독상의 과실과 피용자의 가해행위 사이에 인과관계가 있는 때에는, 사용자는 제750조에 따라 그 자신의 불법행위로서 배상책임을 진다(대판 1966. 10. 4, 66다1535).

2. 사용자책임의 요건

(1) 타인을 사용하여 어느 사무에 종사하게 할 것

가) 사 무

사용자로서 책임을 지려면 우선 그 「사무事務」가 사용자의 사무에 속하는 것이어야 한다. 그것은 법률적 · 계속적인 것에 한하지 않고 사실적 · 일시적인 것이라도 무방하다.

나) 사용관계

a) 타인을 「사용」하는 것, 즉 사용관계가 있어야 한다. 사용관계는 반드시 유효한 고용관계가 있는 경우에 한하는 것은 아니고, 사실상 어떤 사람이 다른 사람을 위하여 객관적으로 그의 지휘 · 감독 아래 그 의사에 따라 사무를 집행하는 경우이면 인정된다. 판례는 사용관계를 넓게 인정한다. 예컨대 독립된 지위에서 사무를 집행하는 수임인은 위임인의 피용자에 해당하지 않지만, 위임인과 수임인 사이에도 지휘 · 감독관계가 있는 경우에는 위임인은 사용자책임을 지고(대판 1998. 4. 28, 96다25500), 동업관계에 있는 자들이 공동으로 처리하여야 할 업무를 동업자 중 1인에게 맡겨 그로 하여금 처리하도록 한 경우 다른 동업자는 동업자인 동시에 사용자의 지위에 있어 사용자책임을 진다고 한다(대판 2006. 3. 10, 2005다65562). 그리고 임대인이 중개인에게 임대차에 관한 대부분의 것을 맡기거나 용인한 경우에는, (중개인이 새로운 임차인을 기망하여 보증금을 편취한 사안에서) 임대인은 사용자책임을 진다고 한다(대판 2022. 2. 11, 2021다283834).

b) 사용관계와 관련하여 그 밖에 문제되는 것으로 다음의 것이 있다.

aa) **차량의 임대차**: 운전사와 함께 차량을 일시적으로 대여한 경우, 임대인은 객관적으로 운전사를 지휘 · 감독할 지위에 있는 점에서, 그리고 임차인은 임대인에 갈음하여 운전사를 감독할 지위에 있는 점에서(756조 2항), 운전사의 과실로 타인에게 입힌 손해에 대해 사용자와 대리감독자로서 각각 배상책임을 진다(대판 1980. 8. 19, 80다708).

bb) **명의대여**: (ㄱ) '명의대여'는 자동차 영업이나 토석채취 · 건설 · 의료 등과 같이 사업의 성질상 타인에게 손해를 입힐 위험이 높아 일정한 기준에 이르지 않으면 면허를 받을 수 없는 경우에 일반적으로 행해진다. 이러한 사업의 성질이나 면허를 요하는 취지를 고려할 때, 명의대여자는 명의사용자가 타인에게 손해를 입히지 않도록 지휘 · 감독할 의무를 진다고 할 것이다(김증한 · 김학동, 829면). 문제는 그 지휘 · 감독이 '사실상 내지 실제상' 이루어지는 것을 요하는 것인지, 아니면 '객관적으로' 그러한 지위에 있으면 되는가 하는 점이다. 사용자책임이 보상책임에 근거하는 것임을 엄격히 적용하면 전자로 보아야 할 것이지만, 이렇게 좁게 해석하면 사용자책임의 존재 의의 내지 거래 안전의 보호에 지장을 줄 수 있고, 그래서 판례는 후자를 기준으로 삼는 태도를 취한다(대판 1987. 12. 8, 87다카459; 대판 1994. 10. 25, 94다24176[1]; 대판 2001. 8. 21, 2001다3658). 이러한 판례의 입장에서는, 피해자의 주관적 인식, 즉 피해자가 그러한 명의대여 사실을 알았는지 여부는 사용자책임에 영향을 주지 않는다(김증한 · 김학동, 829면). (ㄴ) 자동차운송사업과 같이 사업의 성질상 타인에게 위험을 미칠 우려가 있는 경우에 그 명의대여에 관해서는, 판례는 같은 태도를 취한다. 즉, "(화물자동차 운

1) A회사의 대표이사인 甲은 고등법원의 법원장 관사 도색 공사를 자신의 처남의 친구로서 평소 잘 알고 지내던 B에게 소개하여 주면서, 사업자등록이 되어 있지 아니한 B의 부탁을 받고 B가 그 공사를 도급받을 수 있도록 A회사 명의의 사업자등록증 및 견적서를 발행하여 줌으로써 B는 A회사 명의로 이 사건 공사를 도급맡았고, A회사의 관여 없이 C를 고용하여 독자적으로 공사를 시행하던 중, B의 과실(B가 설치한 철골구조물의 하자)로 인해 C가 상해를 입었다. C가 A를 상대로 피용자 B의 불법행위에 대한 사용자책임을 물어 손해배상을 청구한 사안에서, 이 판례는, 「명의대여 관계의 경우, 민법 제756조가 규정하고 있는 사용자책임의 요건으로서의 사용관계가 있느냐 여부는 실제적으로 지휘, 감독을 하였느냐의 여부에 관계없이 객관적으로 보아 사용자가 그 불법행위자를 지휘, 감독해야 할 지위에 있었느냐의 여부를 기준으로 결정하여야 한다」고 하면서, A의 사용자책임을 인정하였다.

송사업면허를 가진 운송사업자와 실질적으로 자동차를 소유하고 있는 차주 간의 계약으로, 외부적으로는 자동차를 운송사업자 명의로 등록하여 운송사업자에게 귀속시키고, 내부적으로는 각 차주들이 독립된 관리 및 계산으로 영업을 하면서 운송사업자에 대하여는 지입료를 지불하는 운송사업 형태인) 지입제에 있어, 지입차량의 차주 또는 그가 고용한 운전자의 과실로 타인에게 손해를 입힌 경우에는, 지입회사는 명의대여자로서 제3자에 대하여 지입차량이 자기의 사업에 속하는 것을 표시하였을 뿐 아니라, 객관적으로 지입차주를 지휘·감독하는 사용자의 지위에 있다 할 것이므로, 이러한 불법행위에 대하여는 그 사용자책임을 부담한다"고 한다(대판 2000. 10. 13, 2000다20069). (ㄷ) 그러나 명의대여자가 항상 사용자책임을 지는 것은 아니다. 예컨대 '숙박업 허가 명의대여'의 경우에는 달리 취급한다. 즉 공중위생법상 숙박업의 허가기준은, 자동차운수사업의 경우처럼 피해자에 대한 구제 등을 감안하여 허가명의자에 중점을 두어 그 허가기준을 마련하고 있는 것이 아니라, 시설물을 기준으로 하여 허가를 하고 또 허가명의를 양도하는 경우에도 양수인이 별다른 제한 없이 그 지위를 승계하는 점에서, 이러한 경우에는 숙박업 허가 명의대여자에게 명의사용자에 대한 객관적인 지휘·감독의무를 인정하기는 어렵다고 한다(대판 1993. 3. 26, 92다10081).

cc) 도 급: 「도급인은 수급인이 그 일에 관하여 제3자에게 입힌 손해를 배상할 책임이 없다. 그러나 도급이나 지시에 관하여 도급인에게 중대한 과실이 있는 경우에는 그러하지 아니하다」(757조). (i) 도급에서 수급인은 도급계약에서 정해진 일을 자기의 판단에 따라 완성할 의무를 질 뿐이고(664조), 도급인이 수급인을 선임 및 감독하는 관계에 있지는 않다. 즉 수급인은 도급인의 피용자가 아니다. 본조 본문은, 도급인은 수급인의 사용자가 아니므로 사용자책임을 부담하지 않는다는 취지를 주의적으로 규정한 것이다(통설)(대판 2006. 4. 27, 2006다4564). (ii) 본조가 가지는 특별한 의미는 그 단서의 규정, 즉 도급이나 지시에 관하여 도급인에게 「중대한 과실」이 있는 경우에는 도급인이 손해배상책임을 진다는 내용이다. (ㄱ) 본조에 해당하는 구민법 제716조 단서는 우리와는 달리 도급인에게 '과실'이 있는 때에는 책임을 지는 것으로 규정하였다. 이에 대해 당시의 학설은 그러한 단서규정이 없어도 제709조(우리 민법 제750조)에 의한 일반 불법행위책임이 인정되기 때문에 무용한 규정이라고 해석하였다. 만주민법은 이러한 학설을 반영하여 구민법 제716조에 해당하는 규정을 두지 않았다. 그런데 우리 민법은 본조를 두면서 구민법과는 달리 도급인에게 '중대한 과실'이 있는 때에만 책임을 지는 것으로 바꾸었는데, 이 부분에 대해서는 입법과정에서도 논의가 없었고, 그래서 그 이유는 분명치 않다.[1] (ㄴ) 여기서 그 의미에 대해서는 학설이 나뉜다. 제1설은, 도급인에게 중과실이 있으면 그는 수급인의 행위에 대해 사용자로서 책임을 지는 것으로 해석한다. 그리고 마찬가지로 위임에서도 그 지시에 위임인의 중과실이 있는 때에는 같은 책임을 지는 것으로 본다(곽윤직, 418면). 제2설은, 도급인의 과실과 손해 사이에 인과관계가 있으면 도급인은 제750조에 의한 일반 불법행위책임을 지는 점에서, 제757조 단서는 특별한 의미를 갖지 않는 것으로 해석한다(김현태, 389면). 제3설은, 도급인의 책임요건으로서의 과실은 선임 및 감독에 관한 것이 아닌 도급이나 지시에 관한 것으로서, 이것은 사용자책임이 아닌 일반 불법행위책임에 기초하는 것이고, 다만 수급인은 그 일에 관해 전문

1) 명순구, 실록 대한민국민법 3, 808면.

적 지식을 가지고 있어 도급인의 지시가 부적당한 때에는 주의를 줄 의무가 있다는 것을 이유로, 도급인에게 중과실이 있을 때에만 책임을 지는 것으로 그 요건을 경감한 것이라고 한다(김증한·김학동, 827면). 제3설이 타당하다고 본다. (ㄷ) 판례는 위 문제에 대해 분명한 입장을 밝히고 있지 않다.[1] (iii) 도급에서도 도급인과 수급인 사이에 실질적으로 지휘·감독관계가 인정되는 경우에는 제756조에 의한 사용자책임이 문제될 수 있다. 1) 특히 건설공사에서 그러한 기준으로 판례는 '감리'와 '감독'의 용어를 구별하여 사용한다. 즉 공사의 운영 및 시공의 정도가 설계도대로 시행되고 있는가를 확인하여 공정을 감독하는 경우는 「감리」라 하는데, 이때는 도급인에게 지휘·감독관계가 인정되지 않는다고 한다. 그러나 현장에서 구체적인 공사의 운영 및 시행을 직접 지시·지도하고 감시·독려함으로써 시공 자체를 관리하는 경우에는 도급인과 수급인 사이에 실질적인 지휘·감독관계가 있으며, 수급인의 불법행위에 대해 도급인이 사용자로서 배상책임을 진다고 한다(대판 1988. 6. 14, 88다카102). 2) 수급인이 하도급계약을 맺어 하수급인에게 특정공사를 맡기는 경우(소위 노무도급), 부실공사로 타인에게 손해를 입히게 된 하수급인의 불법행위에 대해 수급인은 사용자로서 배상책임을 진다(대판 1983. 2. 8, 81다428; 대판 2005. 11. 10, 2004다37676).

(2) 피용자가 사무집행에 관하여 제3자에게 손해를 입혔을 것

a) 「사무집행에 관하여」 (i) '사무집행에 관하여'란 본래의 사무집행 그 자체 또는 사무집행을 '위하여'보다는 넓은 개념으로서, 사무집행과 관련성이 있는 것을 말한다. 예컨대 주택의 수리를 의뢰받은 인테리어 종업원이 수리과정에서 물건을 훼손한 때에는 이에 해당하지만, 다른 물건을 절취한 경우에는 사무집행 관련성이 없어 사용자책임은 성립하지 않는다. (ii) 판례는 위 개념과 관련하여 다음의 세 가지 확립된 법리를 형성하고 있는데, 이것은 결국 사용자 측의 사정과 피해자 측의 사정을 비교·형량하여 판단한 것으로 정리할 수 있다(이 부분에 관해서는 주석민법[채권각칙(8)], 442면(정용인) 참조). (ㄱ) '사무집행에 관하여'의 뜻은, 피용자의 불법행위가 외형상 객관적으로 사용자의 사업활동 내지 사무집행행위 또는 그와 관련된 것이라고 보여질 때에는, 행위자의 주관적 사정을 고려함이 없이 이를 사무집행에 관하여 한 행위로 보는 것을 말한다(설사 피용자가 그의 지위를 남용하여 자기의 이익을 꾀할 목적으로 한 경우에도 객관적으로 사무집행 관련성이 있는 한 이에 해당한다)(대판 1988. 11. 22, 86다카1923). (ㄴ) 외형상 객관적으로 사용자의 사무집행에 관련된 것인지의 여부는, ① 피용자의 본래 직무와 불법행위와의 관련 정도, ② 사용자에게 손해 발생에 대한 위험 창출과 방지조치 결여의 책임이 어느 정도 있는지를 고려하여 판단하여야 한다(대판 1988. 11. 22, 86다카1923). (ㄷ) 위 (ㄱ)과 (ㄴ)의 경우를 충족하더라도, 피용자의 행위가 사무집행에 관한 것이 아님을 피해자가 알았거나 중대한 과실로 모른 때에는 그를 구태여 보호할 필요가 없으므로 사용자책임은 부정된다(경과실로 모른 때에는 사용자책임이 인정된다)(대판 1983. 6. 28, 83다카217; 대판 1996. 4. 26, 94다29850).

1) 판례는, 도급인으로부터 아파트 신축공사 중 승강기의 제작·설치공사를 수급한 원수급인이 전문건설업 면허가 없는 하수급인에게 승강기의 양중작업을 하도급 주어 하수급인이 그 양중작업 중 타인에게 손해를 입힌 사안에서, 「원수급인이 하수급인의 양중작업을 구체적으로 지휘·감독하였다고 할 수 없으며, 구 건설업법시행령상 양중업은 전문건설업 면허 대상이 아니어서 그 양중작업을 전문건설업 면허가 없는 자에게 맡겼다는 것만으로 원수급인에게 도급 또는 지시에 관하여 중대한 과실이 있다고 할 수 없으므로, 원수급인에게 사용자 또는 도급인으로서의 불법행위책임을 지울 수 없다」고 하였다(대판 2000. 7. 7, 97다29264).

〈판 례〉 (i) 사용자책임을 긍정한 경우는 다음과 같다. ① 택시회사의 운전수가 택시에 승객을 태우고 운행 중 차 속에서 부녀를 강간한 사안에서, 사무집행 관련성을 인정하여 회사에 사용자로서 배상책임을 긍정하고(대판 1991. 1. 11, 90다8954), ② 호텔 종업원이 손님을 상해한 사안에서, 피용자가 고의로 다른 사람에게 가해행위를 한 경우, 그 행위가 피용자의 사무집행 그 자체는 아니라 하더라도 사용자의 사업과 시간적, 장소적으로 근접하고, 피용자의 사무의 전부 또는 일부를 수행하는 과정에서 이루어지거나 가해행위의 동기가 업무처리와 관련된 것일 경우에는, 외형적, 객관적으로 사용자의 사무집행행위와 관련된 것으로서 사용자책임이 성립한다고 한다(대판 2000. 2. 11, 99다47297). 또, 피용자가 다른 피용자를 성추행 또는 간음하는 등 고의적인 가해행위를 한 경우, 그 행위가 사무집행 자체는 아니라 하더라도, 그 가해행위가 외형상 객관적으로 업무의 수행에 수반되거나 업무수행과 밀접한 관련 아래 이루어진 경우뿐만 아니라, 피용자가 사용자로부터 채용, 계속고용, 승진, 근무평정과 같은 다른 근로자에 대한 고용조건을 결정할 수 있는 권한을 부여받고 있음을 이용하여 그 업무수행과 시간적, 장소적인 근접성이 인정되는 상황에서 피해자를 성추행하는 등과 같이 외형상 객관적으로 사용자의 사무집행행위와 관련된 것이라고 볼 수 있는 사안에서도 사용자책임이 성립할 수 있다(대판 2009. 2. 26, 2008다89712). ③ 피용자가 어음위조로 인한 불법행위에 관여한 경우에 그것이 사용자의 업무집행과 관련한 위법한 행위로 이루어졌으면 그 사용자는 민법 제756조에 의한 배상책임을 진다. 이 경우 사용자가 지는 책임은 어음상의 책임이 아니라 민법상의 불법행위책임이므로, 어음소지인이 어음법상 소구권을 가지는지, 적법한 지급제시기간 내에 지급제시를 하여 소구권을 보전하였는지는 그 전제가 되지 않는다(대판(전원합의체) 1994. 11. 8, 93다21514). ④ 학교법인의 피용자가 그 업무집행에 관하여 이사회의 결의와 감독청의 허가 없이 타인으로부터 금전을 차용하거나 의무부담행위를 하는 것은 사립학교법(16조 1항·28조 1항)에 반하는 것으로서 무효이지만, 그로 인해 타인에게 손해를 입힌 경우에는 학교법인은 사용자로서 손해배상책임을 질 수 있다(다만, 타인이 그러한 사정을 알고서 이에 적극 가담한 경우에는, 그러한 학교법인의 행위가 자신에 대하여 불법행위가 됨을 내세워 학교법인에 그로 인한 손해배상책임을 물을 수는 없다)(대판 1998. 12. 8, 98다44642; 대판 2016.6. 9, 2014다64752).

(ii) 다음과 같은 경우는 사용자책임을 부정한다. ① 사적인 전화를 받던 레스토랑 종업원이 지배인으로부터 욕설과 구타를 당한 후 레스토랑을 나가 약 8시간 동안 배회하다가 과도를 사가지고 레스토랑에 들어왔는데 다시 지배인으로부터 욕설과 구타를 당하자 이에 대항하여 지배인을 과도로 찔러 사망케 한 사안에서, 종업원의 위 불법행위가 레스토랑의 영업시간 중에 사용자의 사업장소에서 이루어진 것이기는 하나, 그 종업원은 사용자에게 고용되어 담당하게 된 사무의 집행과는 관련이 없이 자기 개인의 인격과 신체에 대한 침해행위에 대항하여 살해행위를 저질렀다고 봄이 상당하고, 종업원의 위 불법행위를 외형적, 객관적으로 보아도 이를 사용자의 사무집행과 관련된 행위로 볼 수는 없다(대판 1994. 11. 18, 94다34272). ② 한편 법인이 피해자인 경우, 법인의 업무에 관하여 포괄적 대리권을 가진 대리인이 가해자인 피용자의 행위가 사용자의 사무집행행위에 해당하지 않음을 안 때에는 피해자인 법인이 이를 알았다고 보아야 하고, 이러한 법리는 그 대리인이 본인인 법인에 대한 관계에서 배임적 대리행위를 하는 경우에도 마찬가지이다(증권회사 직원이 피해자 회사의 경리이사와 공모하여 환매조건부 채권 예금계좌에 입금한 피해자 회사의 자금으로 임의로 주식거래를 한 사안에서, 위 증권회사 직원의 행위가 증권회사의 사무집행행위에 속하지 않는다는 것을 위 경리이사가 알고 있었으므로 피해자 회사가 이를 알았다고 보아 피해

자 회사는 위 증권회사에 대하여 사용자책임을 물을 수 없다고 한 사례)(대판 2007. 9. 20, 2004다43886).

b) 제3자 제3자란 사용자와 가해행위를 한 피용자를 제외한 자를 말한다. 따라서 제3자는 사용자의 다른 피용자일 수도 있다(대판 2009. 2. 26, 2008다89712).

(3) 피용자의 불법행위

사용자책임의 요건으로 피용자에게 불법행위가 성립하여야 하는지는 민법 제756조의 규정만으로는 명백하지 않다. 학설은 나뉜다. 하나는, 궁극적으로 책임을 져야 할 사람은 피용자이고 사용자는 피해자 보호의 차원에서 자력이 부족할 수도 있는 피용자의 불법행위책임을 대신 부담하는 것으로 보는 입장인데(대위책임설), 통설에 속한다. 이 견해에 의하면 피용자에게 불법행위가 성립하여야 하고, 배상을 한 사용자가 피용자에게 구상할 수 있음은 당연한 것으로 본다. 다른 하나는, 사용자가 피용자의 선임 및 감독상 과실을 이유로 자기책임을 지는 것이므로 피용자의 불법행위는 반드시 필요한 것이 아니라고 보는 입장인데(자기책임설), 소수설에 속한다(이은영, 852면). 판례는 사용자의 배상책임은 피용자의 배상책임에 대한 대체적 책임이라고 하여(대판(전원합의체) 1992. 6. 23, 91다33070; 대판 2006. 10. 26, 2004다63019), 통설과 같은 입장을 취한다.

(4) 사용자가 면책사유를 입증하지 못할 것

a) 면책사유 사용자가 피용자의 선임과 사무감독에 상당한 주의를 한 경우, 또는 상당한 주의를 해도 손해가 있을 경우에는 그 책임을 면한다(756조 1항 단서). (ㄱ) 선임과 사무감독 모두에 과실이 없어야 하고, 어느 한쪽이든 과실이 있으면 책임을 면하지 못한다. (ㄴ) '상당한 주의를 해도 손해가 있을 경우'라는 것은, 사용자의 부주의와 손해 발생과의 사이에 인과관계가 없으면 책임이 없다는 것인데, 사용자책임이 과실책임인 점에서 당연한 것이고 주의적 규정에 지나지 않는다. (ㄷ) 이 두 가지 면책사유의 입증책임은 사용자에게 있다(중간책임). 그런데 판례는 그 면책을 인정한 예가 거의 없어, 사실상 무과실책임에 가깝게 운용되고 있다.

b) 대리감독자의 과실 대리감독자의 피용자에 대한 선임 및 사무감독에 과실이 있는 경우, 이를 사용자 자신의 과실로 보아 사용자책임을 지는 것인지, 아니면 사용자의 대리감독자에 대한 선임 및 사무감독에 과실이 있는 때에만 그 책임을 지는 것인지에 관해, 통설은 전자로 해석한다. 그 이유는, 대리감독자는 사용자의 보조자에 해당하므로 그의 과실은 사용자의 과실로 보는 것이 타당하고, 그렇지 않으면 피해자가 충분한 배상을 받지 못하는 문제가 있고 또 사용자에게 여러 번 면책의 항변을 인정하게 되어 그에게 부당한 이익을 주기 때문이라고 한다.

3. 사용자책임의 효과

(1) 배상책임

a) 배상책임자 (ㄱ) 피용자의 불법행위가 있는 때에는 「사용자」는 배상책임을 진다(756조 1항). (ㄴ) 사용자에 갈음하여 사무를 감독하는 자(「대리감독자」)는 사용자와 같은 지위에서 배상책임

을 진다(756조 2항). 이는 객관적으로 사용자에 갈음하여 현실적으로 구체적인 사업을 감독하는 지위에 있는 자로서, 반드시 그가 피용자를 선임한 경우라야 하는 것은 아니다(대판 1992. 7. 28, 92다10531). 공장장 · 출장소장 · 인사과장 · 현장감독, 그리고 자동차 소유자로부터 자동차와 운전사를 일시 차용한 임차인 등이 그러하다. 다만 법인의 대표기관은 법인 그 자체이므로 그가 사실상 사무를 감독한다고 하더라도 법인에 대한 관계에서 대리감독자는 아니며, 대표이사에게 제756조 2항에 따른 책임을 지울 수는 없다(대판 1973. 2. 13, 72다2488). (ㄷ) 「피용자」는 제750조에 따라 불법행위책임을 진다는 것이 통설과 판례이다.

b) 위 3인의 책임관계 위 세 사람(사용자 · 대리감독자 · 피용자)의 배상책임은 '부진정연대채무'의 관계에 있다. 특히 대리감독자가 있는 경우에도, 사용자는 일반적으로 피용자에 대한 선임 및 감독상의 지위를 그대로 보유하는 점에서 그 책임은 면제되지 않는다.

(2) 피용자에 대한 구상권

(ㄱ) 사용자나 대리감독자가 손해배상을 한 때에는 피용자에게 구상권을 행사할 수 있다(756조 3항).[1] (ㄴ) 민법에는 정함이 없지만, 사용자가 대리감독자에게도 구상할 수 있는지가 문제된다. 통설은 제756조 3항에서 피용자에 대한 구상권만을 정한 점에서 원칙적으로 부정하면서, 다만 대리감독자와 피용자의 공동불법행위가 되는 경우나 대리감독자의 과실과 손해 사이에 직접적인 인과관계가 있을 때에만 구상권을 인정하는 것이 타당하다고 한다. 한편 사용자와 대리감독자 사이의 내부관계에 기해 일정한 책임을 물을 수 있으나, 이것은 별개의 문제이다.

사례의 해설 (1) 피용자가 사무집행과 관련하여 가해행위를 한 경우에도, 피해자가 피용자의 행위가 사무집행에 관한 것이 아님을 알았거나 중대한 과실로 모른 경우에는, 사용자책임은 부정된다. 사례에서 X는 신용대출 등을 사업목적으로 하는 신용금고로서 농지개량조합의 채무부담에 관한 법률상 제한을 알 수 있는 위치에 있고, 한편 개인이 신용금고로부터 차용하는 금원에 대해 농지개량조합이 그 담보로 수표를 발행하는 것은 극히 드문 일이므로, X는 Y의 수표 발행이 적법한 것이 아님을 알았거나 또는 알지 못하였다고 하여도 거기에는 중대한 과실이 있었다고 볼 수 있다(대판 1983. 6. 28, 83다카217). 따라서 Y조합은 사용자책임을 부담하지 않는다.

(2) 사례는 대판 1999. 1. 26, 98다39930의 사안인데, 다음의 두 가지 이유로써 A은행에 사용자

---

1) 사용자책임은 사용자가 피용자를 사용함으로써 이익을 얻는 과정에서 피용자가 타인에게 손해를 입힌 때에는 사용자가 배상책임을 부담하는 것이 공평하다는 보상책임의 원리에 기초하고 있다. 그런데 제756조 3항에서 사용자의 피용자에 대한 구상권을 인정하는 결과, 최종적으로는 피용자 개인의 책임으로 귀결되는 구조로 되어 있다. 이러한 구조는 근본적으로 보상책임의 원리에 충실하지 못하다는 것, 다시 말해 피용자의 사용과정에서 발생한 손해를 피용자에게 전가하여 부당하다는 점에서, 민법에는 정함이 없지만 구상권의 행사에 일정한 제한이 있어야 한다는 것이 학설의 일반적인 견해이다. 판례도 이러한 구상권 제한의 요구를 수용한다. 즉 「사용자는 그 사업의 성격과 규모, 사업시설의 상황, 피용자의 업무내용, 근로조건이나 근무태도, 가해행위의 상황, 가해행위의 예방이나 손실의 분산에 관한 사용자의 배려 정도 등의 제반 사정에 비추어 손해의 공평한 분담이라는 견지에서 신의칙상 상당하다고 인정되는 한도 내에서만 피용자에 대하여 손해의 배상이나 구상권을 행사할 수 있다」고 하여, 구상권을 일정한 한도로 제한할 수 있다는 취지와 그 기준을 제시한 이래(대판 1987. 9. 8, 86다카1045), 그 후에도 같은 취지의 판례가 이어지고 있다(대판 1994. 12. 13, 94다17246; 대판 1996. 4. 9, 95다52611). 특히 피용자의 가해행위가 지니는 책임성에 비해 사용자의 가해행위에 대한 기여도 내지 가공도가 지나치게 큰 경우에는 사용자의 피용자에 대한 구상권의 행사가 신의칙상 부당하다고 본 판례도 있다(대판 1991. 5. 10, 91다7255).

책임을 인정하였다. 즉 (ㄱ) 甲이 사후관리를 맡고 있던 乙회사의 대표이사 丙으로부터 어음의 배서를 부탁받고 이에 임의로 배서를 한 것은 그 직무(심사업무)와 상당한 관련성이 있고, 甲이 그 어음의 배서를 위조한 것에는 A은행의 인장 등의 보관상태가 허술하여 A은행에 손해 발생에 대한 위험 창출과 방지조치 결여의 책임이 있다고 보아, 이를 종합하여 민법 제756조 소정의 사용자책임의 요건인 '사무집행에 관하여'에 해당하는 것으로 보았다. (ㄴ) B도 평소 은행과 거래를 하여 어느 정도 은행의 업무 사정을 인식할 수 있었다고 하더라도, 은행의 심사역이라는 지위가 내부적인 심사업무에만 국한된다는 점은 일반인에게 생소한 것이어서 보통은 은행의 업무를 대리할 수 있는 지위에 있는 것으로 알 것이므로, 사용자책임을 부정할 피해자의 중과실이 B에게 있다고는 보지 않았다.

사례 p. 733

Ⅲ. 공작물 등의 점유자와 소유자의 책임

사례 (1) 빌딩의 수리를 도급맡은 A건설회사의 종업원 B가 작업 중 잘못하여 공구를 떨어뜨렸고, 마침 그 밑을 지나가던 행인 C가 맞아 상해를 입었다. C는 A에게 무엇을 청구원인으로 하여 어떤 책임을 물을 수 있는가?

(2) 주택 임차인이 그 임차일로부터 6개월 남짓 지나서 연탄아궁이에 연탄불을 피워 놓고 잠을 자다가, 연탄가스가 부엌과 방 사이의 문틈으로 스며드는 바람에 그 가스에 중독되어 상해를 입었다. 주택 임차인은 주택 소유자에게 무엇을 청구원인으로 하여 어떤 책임을 물을 수 있는가?

해설 p. 748

제758조 〔공작물 등의 점유자 · 소유자의 책임〕 ① 공작물의 설치 또는 보존의 하자로 타인에게 손해를 입힌 경우에는 공작물의 점유자가 손해를 배상할 책임이 있다. 그러나 점유자가 손해 방지에 필요한 주의를 해태하지 아니한 때에는 공작물의 소유자가 손해를 배상할 책임이 있다. ② 전항의 규정은 수목의 재식 또는 보존에 하자가 있는 경우에 준용한다. ③ 전 2항의 경우에 점유자 또는 소유자는 그 손해의 원인에 대해 책임 있는 자에게 구상권을 행사할 수 있다.

1. 공작물책임 일반

(1) 공작물책임의 의의와 성질

a) 의의와 근거 (ㄱ) 인공적 작업에 의해 제작된 물건인 '공작물工作物'의 설치 또는 보존의 하자로, 또는 '나무'를 심거나 보존하는 데 하자가 있어 타인에게 손해를 입힌 경우에는, 1차적으로 그 공작물(또는 나무)의 점유자가 손해배상책임을 지되 그가 손해의 방지에 필요한 주의를 다한 경우에는 면책되고, 이때에는 2차적으로 공작물 등의 소유자가 배상책임을 진다(758조). (ㄴ) 이처럼 점유자 또는 소유자의 책임을 인정하는 이유는 '위험책임'의 법리에 있다(대판 1996. 11. 22, 96다39219). 즉 위험성이 많은 공작물을 점유하거나 소유하는 자는 위험의 방지에 충분한 주의를 하여야 하며, 위험이 현실화하여 손해가 생긴 경우에는 그들에게 배상책임을 지우는 것이 공평하다는 데 있다.

b) 책임 구조와 성질 공작물책임은 우선 공작물의 '하자', 즉 공작물이 용도에 따라 통상 갖추어야 할 안전성을 결여한 것을 전제로 한다. 이 경우 그로 인한 타인의 손해에 대해서는, 그 공작물에 대해 가장 가까운 관계에 있는 점유자가 책임을 부담하되, 점유자가 손해의 방지에 필요한 주의를 다하였음을 입증하면 면책되는 점에서 중간책임으로 되어 있다. 한편 점유자가 면책되는 경우에는 그 공작물의 소유자가 책임을 지며, 소유자에게는 면책이 허용되지 않는 점에서 무과실책임을 부담한다(다만 그것은 최소한 공작물에 하자가 있는 것을 전제로 한다).

(2) 적용범위

a) 국가배상법 공작물이 사인의 것이 아니라 국가나 지방자치단체가 설치하여 관리하는 것인 때에는, 그 하자로 타인에게 입힌 손해에 대해서는 국가 등이 본조가 아닌 '국가배상법'에 의해 배상책임을 지는데(동법 5조), 면책이 허용되지 않는 무과실책임으로 되어 있다.

b) 실화책임에 관한 법률 (ㄱ) 공작물 자체의 설치 · 보존상의 하자로 인해 발생한 화재에 대해서는 민법 제758조에 따른 공작물책임을 진다(대판 1996. 2. 23, 95다22887). 한편 판례는, 인화성 물질 등이 산재해 있는 밀폐된 신축 중인 건물 내부에서 용접작업 등 화재 발생 우려가 많은 작업을 하던 중 화재가 발생하여 피용자가 사망한 사안에서, 그 화재는 반드시 공작물 자체에 일어난 화재만을 가리키는 것은 아니라고 하면서, 공사 수급인에게 동조에 따른 책임을 긍정하였다(대판 1999. 2. 23, 97다12082). (ㄴ) 실화에 따른 손해배상에 대해서는 「실화책임에 관한 법률」(2009년 법 9648호)이 문제되는데, 동법은 실화로 인하여 화재가 발생한 경우 연소로 인한 부분에 대한 손해배상청구에 한하여 적용된다(동법 2조). 예컨대 공작물의 설치 · 보존상의 하자로 인하여 그 공작물에 화재가 나고, 그 화재로 연소된 경우, 그 하자와 연소 사이에 상당인과관계가 있는 경우에는, 그 공작물의 점유자 또는 소유자가 민법 제758조에 따른 손해배상책임을 진다. / 경사로에 주차 중인 석유배달 차량에서 원인미상의 화재가 발생하여 보조 잠금장치가 풀리면서 차량이 움직여 인근 건물을 들이받고 불이 옮겨 붙은 경우, 그 건물 화재는 차량의 설치 · 보존상의 하자에 의하여 발생한 것이 된다(대판 1998. 3. 13, 97다34112). 이와 같은 경우 그 실화가 중대한 과실로 인한 것이 아니면, 그 연소된 부분에 대한 손해배상에 대해서는 '실화책임에 관한 법률'이 적용되어, 배상의무자는 동법 제3조에 따른 손해배상액의 경감을 받을 수 있다(대판 2012. 6. 28, 2010다58056).

c) 민법 제750조 공작물책임은 사고 당시 공작물을 점유하는 자나 소유하는 자가 배상책임을 지는 것으로 되어 있다. 그러나 본조가 예컨대 공작물 시공자가 시공상의 과실로 피해자에게 입힌 손해에 대해 민법 제750조에 의해 배상책임을 지는 것을 배제하는 것은 아니다(대판 1996. 11. 22, 96다39219).

d) 제조물책임 공작물은 인공적 작업에 의해 제작된 물건인 점에서 제조물과 공통되는 점이 있지만, 민법상의 공작물책임은 제조물책임법상의 제조물책임과는 다음과 같은 점에서 다르다. 즉 책임의 대상에서 제조물은 제조되거나 가공된 동산에 한하지만(제조물책임법 2조 1호) 공작물은 이보다 넓은 범위에 미치며, 책임의 주체에서 공작물책임은 위험성이 많은 공작물을 관리 · 소유하는 점유자 또는 소유자가 책임을 부담하지만 제조물책임은 결함 있는 제조물을 만든 제조업자가 책임을 지는 점에서 다르다.

2. 공작물책임의 요건

공작물책임이 성립하기 위해서는 공작물에 의해, 그 설치 · 보존상의 하자로, 타인에게 손해를 입혔어야 한다.

(1) 공작물

공작물은 인공적 작업에 의하여 제작된 물건으로서, 전기 그 자체는 공작물에 해당하지 않는다(대판 1993. 6. 29, 93다11913). 특히 구민법(717조)에서는 '토지의 공작물'로 규정하였으나, 현행 민법 제758조는 단순히 '공작물'로 정하였기 때문에, 토지상의 공작물(도로 · 건물 · 탑 · 교량 · 육교 · 제방 · 저수지 · 우물 · 담 · 전주 · 축대 · 놀이터의 놀이기구 등)뿐만 아니라 건물 내의 설비(천장 · 계단 · 엘리베이터 · 기타 건물에 부착된 물적 설비 등)도 이에 포함된다. 문제는 자동차 등과 같은 동적인 것도 공작물로 볼 수 있는가인데, 판례는 자동차에 원인불명의 화재가 발생하여 타인에게 손해를 입힌 사안에서 동조를 적용함으로써 이를 긍정하고 있다(대판 1998. 3. 13, 97다34112). 공작물책임의 근거가 위험책임에 있고, 그 대상을 구민법의 '토지의 공작물'에서 '공작물'로 바꾸어 정한 점에서, 정적인 위험시설뿐만 아니라 동적인 위험시설도 포함하는 것으로 해석하는 것이 타당하다.

(2) 설치 또는 보존의 하자

(ㄱ) 공작물이 그 용도에 따라 본래 갖추어야 할 안전성이 설치 당시부터 결여된 것이 '설치의 하자'이고, 설치 후 결여된 것이 '보존의 하자'인데(대판 1988. 9. 20, 86다카1662), 어느 것이나 공작물책임이 발생하고 그 효과에 차이가 없는 점에서 엄격하게 구별할 실익은 없다. (ㄴ) 하자 여부는 다음의 기준에 의해 객관적으로 결정되고, 점유자 또는 소유자의 과실 여부와는 관계가 없다. 그 하자는, 공작물이 현실적으로 설치되어 사용되고 있는 상황에서 그 공작물에 통상 요구되는 안전성을 결여한 것을 말한다(대판 1992. 10. 27, 92다21050).[1] 안전성의 구비 여부는 공작물의 설치 · 보존자가 그 공작물의 위험성에 비례하여 사회통념상 요구되는 정도의 방호조치의무를 다하였는지를 기준으로 삼아야 한다(대판 1997. 10. 10, 97다27022). 가령 도로 설치 후 집중호우 등 자연력이 작용하거나 제3자의 행위에 의해 통행상 안전에 결함이 발생한 경우, 그 도로의 점유 · 관리자가 그 결함을 제거할 수 있었음에도 이를 방치하였는지 등 여러 사정을 종합하여 도로의 보존상 하자 여부를 결정하여야 한다(대판 1998. 2. 13, 97다49800; 대판 1999. 7. 9, 99다12796). (ㄷ) 공작물의 하자에 관한 입증책임은 피해자에게 있다(대판 1982. 8. 24, 82다카348).

〈판 례〉 (ㄱ) 공작물책임을 긍정한 경우는 다음과 같다. ① 「한국도로공사는 고속국도법 제6조 1항의 규정에 의하여 건설부장관을 대행하여 경부고속도로를 관리하여 오고 있으므로 민법 제

---

1) A는 1996년부터 한우를 사육하는 농장을 운영하여 왔는데, 2010년에 한국철도시설공단(B)이 부근에 철도를 건설하여 열차가 운행되기 시작하면서 생긴 소음 등으로 한우들에 유 · 사산 등 피해가 발생하고, 한편 B는 소음 · 진동 방지대책을 마련하지 않은 사안에서, 대법원은 「공작물의 설치 또는 보존의 하자는 해당 공작물을 구성하는 물적 시설 그 자체에 물리적 · 외형적 결함이 있거나 필요한 물적 시설이 갖추어져 있지 않아 이용자에게 위해를 끼칠 위험성이 있는 경우뿐만 아니라, 그 공작물을 본래의 목적 등으로 이용하는 과정에서 일정한 한도를 초과하여 제3자에게 사회통념상 참을 한도를 넘는 피해를 입히는 경우까지 포함한다」고 하여, B에게 민법 제758조 1항에 따른 공작물책임을 인정하였다(대판 2017. 2. 15, 2015다23321).

758조 1항이 정하는 공작물의 점유자에 해당하며, 고속도로의 추월선에 각목이 방치되어 사고의 원인이 된 경우, 한국도로공사의 공작물 보존상의 하자로 인한 책임이 인정된다」(대판 1996. 10. 11, 95다56552). 유의할 것은, 도로에 각목이나 타이어 등이 떨어져 있는 것만으로 공작물 보존상의 하자가 인정되는 것은 아니고, 그것이 떨어진 시점, 도로공사에서 신고 받거나 발견할 수 있었음에도 사고방지 조치를 취하지 않고 방치한 것으로 볼 수 있는 때에 그 하자가 인정된다는 점이다(대판 1992. 9. 14, 92다3243). ② 「편도 2차선 고속도로의 갓길과 2차선에 걸쳐 고여 있는 빗물에 차량이 미끄러져 180도 회전하면서 동일한 경위로 미끄러져 갓길에 정차하여 차량을 점검하고 있던 다른 운전자를 들이받은 사고가 발생한 경우, 한국도로공사의 고속도로의 설치·관리상의 하자가 인정된다」(대판 1999. 12. 24, 99다45413). ③ 상가건물의 임차인이 학원을 운영하면서 건물 소유자의 용인하에 건물 외벽에 5개의 볼트를 박아 간판을 설치하였는데, 그 볼트가 떨어져 나가 간판이 추락하면서 그 밑 인도를 지나던 행인에 중상을 입힌 사안에서, 임차인은 '간판의 점유자 및 소유자'로서 민법 제758조 1항에 의한 손해배상책임을 지고, 한편 이 사고는 간판이 설치된 건물 외벽의 보존상의 하자에도 기인한 것인 점에서 건물 소유자는 '건물 외벽의 직접점유자'로서 민법 제758조 1항에 의한 손해배상책임을 부담하는 것으로 보았다(대판 2003. 2. 28, 2002다65516). ④ 폭설로 차량 운전자 등이 고속도로에서 장시간 고립된 사안에서, 고속도로의 관리자가 고립구간의 교통정체를 충분히 예견할 수 있었음에도 교통제한 및 운행정지 등 필요한 조치를 충실히 이행하지 아니하였으므로 고속도로의 관리상의 하자가 인정된다(대판 2008. 3. 13, 2007다29287, 29294). ⑤ 공작물의 설치 또는 보존상의 하자로 인한 사고라 함은 공작물의 설치 또는 보존상의 하자만이 손해 발생의 원인이 되는 경우만을 말하는 것이 아니고, 다른 제3자의 행위 또는 피해자의 행위와 경합하여 손해가 발생하더라도 공작물의 설치·보존상의 하자가 공동원인의 하나가 되는 이상 그 손해는 공작물의 설치·보존상의 하자에 의하여 발생한 것이라고 하면서, 이삿짐 사다리차의 조작 도중 사다리가 고압전선에 접촉되어 전류가 사다리차 옆에 주차된 이삿짐 트럭에 옮겨 붙는 바람에 그 주위에서 작업하던 인부가 감전되어 사망한 사안에서, 공작물인 위 고압전선의 설치·보존상의 하자로 인한 한국전력공사의 손해배상책임을 인정하였다(대판 2007. 6. 28, 2007다10139). ⑥ 정신질환으로 병원에 입원하여 진료를 받던 환자가 병원 옥상에서 떨어져 사망한 사안에서, 그 옥상이 설치된 병동에 정신과 환자가 입원해 있고, 옥상 난간에 설치된 돌출부 주변에 안전시설을 설치하지 아니하였으며 안전사고 등에 대비한 관리원을 배치하지 않은 점에서, 망인의 사망원인이 투신에 의한 사망일 개연성이 아주 높고 병원이 망인의 자살 자체를 예견하기 어려웠다고 하더라도, 위 옥상에 존재한 설치 또는 보존상의 하자가 사고의 공동원인의 하나가 된 것으로 보았다(대판 2010. 4. 29, 2009다101343). ⑦ 어느 건물에 화재가 발생하였는데, 그 건물의 외벽 등이 내화구조로 되어 있지 않고 그 건물에 자동소화장치 등 화재의 확산을 방지하기 위한 시설이 갖추어져 있지 않아 인접 건물에까지 연소된 사안에서, 공작물의 설치나 보존상의 하자로 인해 화재가 확산되어 손해가 발생하였다면 공작물의 설치나 보존상의 하자는 화재사고의 공동원인의 하나가 되었다고 보았다(대판 2015. 2. 12, 2013다61602). ⑧ 甲이 관리·운영하는 수영장은 하나의 수영조에 깊이가 다른 성인용 구역과 어린이용 구역이 면 위에 떠있는 로프(rope)만으로 구분되어 있다. 6세인 乙은 어머니 丙, 누나 丁과 함께 어린이용 구역에서 물놀이를 하고 밖으로 나와 쉰 다음 다시 물놀이를 하려고 혼자서 수영조 쪽으로 뛰어갔다가 튜브 없이 성인용 구역에 빠져 의식을 잃은 채 발견되는 사고로 뇌손상을 입어 사지마비, 양안 실명의 상태에 이르자, 乙, 丙, 丁 및 아버지 戊가 甲을 상대로 공작물책임에 따른 손해배상을 구한 사안에서, 대법원은 다음과 같은 법리로써 甲의 공작물책임을 인정하였다. 「공작물책임에서 '공작물의 설치·보존상의 하자'란 공작물이 그 용도에 따라 통상 갖추어야 할 안전성을 갖추지 못한 상태에 있는 것을 말하는데, 이것은 공작물의 위험성에 비례하여 사회통념상 일반적으로 요구되는 위험방지조치를 다하였는지를 기준으로 판단하여야 한다. 이 경우 사고 방지를 위한 사전조치를 하는 데 드는 비용(B)과 사고가 발생할 확률(P) 및 사고가 발생할 경우 피해의 정도(L)를 살펴, 'B < P·L'인 경우에는 공작물의 위험성에 비하여 위험방지조치를 다하지 않은 것으로 볼 수 있다」(대판 2019. 11. 28, 2017다14895).

(ㄴ) 다음과 같은 경우는 공작물책임을 부정한다. ① 대학 5층 건물 옥상에서 그 대학 학생이 후배들에게 몸통을 좌우로 뒹굴게 하는 방법으로 기합을 주던 중, 그중 1인이 약 15미터 아래로 떨어져 사망한 사안에서, 위 옥상은 그 설치 용도와 관계가 있는 사람 이외에는 올라가지 않는 곳이라는 점 등을 이유로 위 건물의 설치·보존상의 하자가 인정되지 않는다고 보았다(대판 1992. 4. 24, 91다37652). ② 고등학교 3학년 학생이 교사의 단속을 피해 담배를 피우기 위해 3층 건물 화장실 밖의 난간을 지나다가 실족하여 사망한 사안에서, 학교 관리자에게 그와 같은 이례적인 사고가 있을 것에 대비하여 출입금지장치나 경고표지판을 설치할 의무는 없다고 하여 설치·보존상의 하자를 인정하지 않았다(대판 1997. 5. 16, 96다54102). ③ 공작물 설치 후 제3자의 행위에 의하여 본래 갖추어야 할 안전성에 결함이 발생한 경우에는, 제반 사정을 종합하여 그와 같은 결함을 제거하여 원상으로 복구할 수 있는데도 이를 방치한 것인지 여부를 구체적으로 판단하여야 한다고 하면서, 인접 토지에서의 건축공사로 인하여 그 공사현장과 경계를 이루는 담장에 발생한 균열 등에 대하여 공사현장을 점유하며 공사를 시행하고 있는 자에게 수차례 보수를 요구한 경우, 공작물인 담장의 위험성에 비례하여 사회통념상 일반적으로 요구되는 정도의 방호조치 의무를 다한 것으로 보아, 담장이 무너지면서 사람이 사망한 사안에서, 담장 소유자의 설치·보존상의 하자로 인한 책임을 부정하였다(대판 2005. 1. 14, 2003다24499).

(3) 공작물의 하자로 인한 손해 발생

손해가 공작물의 하자로 인해 생긴 것이어야 한다. (ㄱ) 하자의 존재에 관한 입증책임은 피해자에게 있으나, 일단 하자 있음이 인정되는 이상, 손해 발생이 천재지변의 불가항력에 의한 것으로서 그러한 하자가 없었다고 하여도 불가피한 것이었다는 점에 대한 입증책임은 이를 주장하는 공작물의 점유자에게 있다(대판 1982. 8. 24, 82다카348). (ㄴ) 행인이 배수관을 잡고 올라가 여관의 내부를 엿보는 것을 방지하기 위해 보호벽을 설치하면서 그 위에 여러 개의 못을 박아두었는데, 행인이 음주를 한 상태에서 보호벽을 타고 올라가다가 위 못에 다친 사안에서, 판례는 공작물에서 발생한 사고라도 그것이 공작물의 용법에 따르지 아니한 이례적인 행동의 결과 생긴 경우에는 공작물의 하자로 발생한 손해가 아니라는 이유로 공작물책임을 부정하였다(대판 1998. 1. 23, 97다25118).

3. 공작물책임의 효과

(1) 손해배상책임

위 요건을 갖추면 점유자가 손해배상책임을 지고(758조 1항 본문), 점유자가 면책된 때에는 소유자가 그 책임을 진다(758조 1항 단서). 이때의 점유자 또는 소유자는 공작물의 하자로 인한 사고 당시의 점유자 또는 소유자를 말한다.

a) 점유자의 책임 (ㄱ) 민법 제758조 1항 소정의 공작물 점유자라 함은, 공작물을 사실상 지배하면서 그 설치 또는 보존상의 하자로 인하여 발생할 수 있는 각종 사고를 방지하기 위하여 공작물을 보수 · 관리할 권한 및 책임이 있는 자를 말한다. 그러므로 공장 근저당권자가 공장의 부도로 대표이사 등이 도피한 상태에서 담보물의 가치를 보전하기 위해 경비용역 업체를 통해 공장을 경비한 사실만으로는 위 공작물 점유자에 해당한다고 볼 수 없다(대판 2000. 4. 21, 2000다386). 1) 점유보조자는 공작물책임을 부담하는 점유자에 해당하지 않는다(대판 2024. 2. 15, 2019다208724). 2) 간접점유의 경우에는 직접점유자가 1차적인 배상책임을 지고, 그가 손해의 방지에 필요한 주의를 다한 때에 비로소 간접점유자가 배상책임을 진다(대판 1975. 3. 25, 73다1077; 대판 1981. 7. 28, 81다209). 도시가스 계량기의 부식으로 가스누출 폭발사고가 난 사안에서, 판례는 가스시설이 가지는 고도의 위험성에 비추어 가스 사용자가 아닌 가스 공급업자를 직접점유자로 보았다(대판 1994. 6. 28, 94다2787; 대판 1994. 8. 23, 94다16403). (ㄴ) 수급인이 공작물을 제작하는 일을 도급맡아 완성된 공작물을 도급인에게 인도하였는데 그 후 그 하자로 타인에게 손해를 입힌 경우, 도급인은 공작물의 점유자로서 민법 제758조에 따른 배상책임을 지고, 이 책임을 인정하는 데 있어 민법 제757조 본문이 장애가 되지 않는다(대판 2006. 4. 27, 2006다4564). (ㄷ) 공작물에 하자가 있다고 하더라도, 점유자가 손해의 방지에 필요한 주의를 다하였음을 입증하면 면책될 수 있다(758조 1항 단서). 또 손해 발생이 천재지변의 불가항력에 의한 경우처럼 하자가 없었다고 하여도 불가피한 것이었다는 점을 입증하면 면책될 수 있다(대판 1982. 8. 24, 82다카348).

b) 소유자의 책임 점유자가 면책된 때, 또는 점유자와 소유자가 동일인인 때에는 소유자가 최종적으로 배상책임을 진다. 그 책임은, 점유자와는 달리 손해의 방지에 필요한 주의를 다하였더라도 면책이 인정되지 않고, 공작물의 하자로 인해 손해가 생긴 것인 한 그 책임을 지는 무과실책임이다(758조 1항 단서). 유의할 것은, 이때의 소유자는 법률상의 소유자를 말하고, 매수인이 이전등기를 하고 있지 않은 동안은 매도인이 소유자로서 책임을 진다.

〈점유자가 피해자인 경우의 법률관계〉 공작물책임은 1차로 점유자가 책임을 지고, 그가 면책된 때에는 최종적으로 소유자가 그 책임을 지는 2단계 구조로 되어 있다. 그런데 주로 '건물의 임대차'에서 임차인 등이 피해를 입은 경우에 판례는 다음과 같은 법리를 전개한다. (ㄱ) 임차인이 건물의 균열을 발견하고 임대인에게 보수를 요구하여 임대인도 이를 약속한 상태에서 벽이 무너져 임차인이 다친 사안에서, 직접점유자인 임차인은 손해의 방지에 필요한 주의를 다하였다는 이유로 소유자인 임대인이 공작물책임을 지는 것으로 보았다(대판 1987. 4. 14, 86다카1705). 이 판례는 결과적으로 소유자의 책임을 인정하기는 하였지만, 먼저 점유자의 책임을 문제삼은 점에서 위 2단계 책임구조에 따르고 있다. (ㄴ) 그런데 그 후의 판례에서, 즉 점유자인 임차인(또는 임차인의 직장동료)이 연탄가스에 중독된 사안에서는 소유자가 배상책임을 지고, 공작물의 보존에 관해 피해자에게 과실이 있다고 하더라도 과실상계의 사유가 될 뿐이라고 하여, 위 (ㄱ)의 판례와는 다른 구성을 취하고 있다(대판 1993. 2. 9, 92다31668; 대판 1993. 11. 9, 93다40560).

종전의 판례 중에는, 여인숙에 투숙한 사람이 연탄가스에 중독 · 사망한 사안에서 여관주인에게 공작물책임을 인정한 것이 있는데(대판 1977. 12. 27, 77다1275), 여인숙 투숙의 성질을 일시사용을 위한 임대차로 보더라도, 제758조 소정의 공작물책임에서 점유자 책임의 취지상 투숙객을 그 점유자로 보기는 어려워 이 판례의 결론은 타당한 것으로 생각된다. 그러나 일반 주택의 임대차의 경우에는 임차인을 공작물책임에서의 점유자로 볼 수 있기 때문에, 그가 피해를 당하였다고 하여 구체적인 사정을 묻지 않고 곧바로 소유자가 1차적으로 책임을 지는 것으로 구성하는 위 (ㄴ)의 판례에 대해서는 의문이 없지 않다. 그러나 대법원은 같은 입장을 견지하고 있다. 즉 건물을 타인에게 임대한 소유자가 건물을 적합하게 유지·관리할 의무를 위반하여 임대목적물에 필요한 안전성을 갖추지 못한 설치·보존상의 하자가 생기고 그 하자 때문에 임차인에게 손해를 입힌 경우, 건물의 소유자 겸 임대인은 임차인에게 공작물책임과 수선의무 위반에 따른 채무불이행책임을 진다고 한다(대판 2017. 8. 29, 2017다227103).

(2) 점유자 또는 소유자의 구상권

점유자 또는 소유자가 손해배상을 한 경우에는 그 손해 발생의 원인에 대해 책임이 있는 자에게 구상권을 행사할 수 있다(758조 3항). 예컨대 공작물을 만든 수급인이나, 공작물의 종전의 점유자 또는 소유자가 그러하다. 다만 이들은 손해 발생의 원인에 대해 책임, 즉 과실이 있을 것을 요건으로 한다.

4. 수목에 관한 책임

나무를 심거나 보존하는 데 하자가 있어 타인에게 손해를 입힌 경우에 점유자 또는 소유자의 책임과 구상권 등은 공작물책임에서와 같다(758조 2항).

사례의 해설 (1) 빌딩의 수리를 도급받은 A는 물건 등이 도로에 떨어지지 않도록 안전망을 설치하여야 하는데, 그 설비를 갖추지 않은 것은 공작물 설치의 하자에 해당하고, 그로 인해 행인 C에게 손해를 입힌 경우 A는 점유자로서 공작물책임을 진다(758조 1항). B는 점유보조자에 불과하고 점유자가 아니므로, 그의 과실을 문제삼아 일반 불법행위책임(750조)을 질 수는 있어도 공작물책임을 부담하지는 않는다.

(2) (ㄱ) 사례는 판례의 사안인데(대판 1989. 3. 14, 88다카11121), 이 판결은 공작물의 점유자인 임차인이 그 설치·보존상의 하자로 인하여 피해를 입었을 경우에는 소유자가 1차로 공작물책임을 지고, 다만 임차인에게 과실이 있음을 이유로 50%의 과실상계를 하였다. (ㄴ) 그런데 민법 제758조 소정의 공작물책임은 2단계 책임구조로 되어 있어, 1차로 점유자가 책임을 부담하되, 그가 손해의 방지에 필요한 주의를 다한 때에는 그는 면책되고, 이때는 2차로 소유자가 무과실책임을 진다. 따라서 점유자가 피해자인 경우에도, 그것이 점유자가 손해의 방지에 필요한 주의를 다하지 않아 발생한 것인 때에는, 그 스스로 손해를 부담하는 것으로 보는 것이 동조 소정의 책임체계에 맞는 것이 된다. 사안에서처럼 연탄가스가 부엌과 방 사이의 갈라진 틈 사이로 들어온 점과 이미 6개월간 임차하여 거주하여 온 점에 비추어 볼 때, 그 정도의 수리는 임차인이 부담한다고 보는 것이 판례의 태도이므로(대판 1994. 12. 9, 94다34692), 위 피해는 임차인이 부담하여야 할 성질의 것이 아닌가 하는 의문이 있다. 이러한 취지의 형사판결도 있다(대판 1984. 1. 24, 81도615). 사례 p. 742

Ⅳ. 동물 점유자의 책임

1. 의의와 성질

(ㄱ) 동물이 타인에게 입힌 손해에 대해서는 제759조에 의해 동물 점유자가 배상책임을 진다. 점유자의 책임은 일종의 '위험책임'에 근거한 것이지만, 위험 중에서 동물이 차지하는 것은 많지 않아 그 의의는 크지 않다.[1] (ㄴ) 점유자의 책임은 '중간책임'으로 되어 있다. 점유자는 그가 보관하던 동물이 타인에게 입힌 손해에 대해 배상책임을 지며(759조 1항 본문), 그 책임을 면하기 위해서는 동물의 종류와 성질에 따라 그 보관에 상당한 주의를 다하였음을 입증하여야 하는 점에서 그러하다(759조 1항 단서).

2. 요 건

동물이 타인에게 손해를 입혔어야 하고, 점유자에게 면책사유가 없어야 한다. (ㄱ) 동물의 종류는 묻지 않는다. (ㄴ) 타인에게 입힌 손해에는 타인 소유의 동물도 포함되며, 예컨대 개가 타인의 닭을 물어 죽인 경우도 이에 해당한다. 또 개가 짖으며 대들므로 놀라서 도망가다가 넘어져 다친 경우에도 제759조가 적용된다(주석민법[채권각칙(8)], 482면(오용호)). 유의할 것은, 동조 소정의 '동물이 타인에게 입힌 손해'란 동물 자신의 행동에 의해 타인에게 생긴 손해를 말하는 것이며, 사람이 타인을 해칠 목적으로 그가 보관하던 동물을 성나게 해서 타인에게 손해를 입힌 때에는 동조가 아닌 제750조의 일반 불법행위가 성립한다(통설). (ㄷ) 점유자에게 동물의 종류와 성질에 따른 보관상의 과실이 있어야 한다. 피해자가 동물을 자극하여 손해를 입은 경우처럼 손해를 피해자가 자초한 때에는 면책된다.

3. 효 과

(1) 배상책임의 주체

동물의 점유자 또는 보관자가 배상책임을 부담하며, 그 책임의 성질은 공작물책임과 같이 위험책임에 근거한 것이지만, 공작물책임과는 달리 동물의 점유자가 따로 있는 경우에 그 소유자는 배상책임을 부담하지 않는다.

a) 점유자 (ㄱ) 제759조 소정의 점유자에 점유보조자 또는 간접점유자도 포함되는지 문제된다. 점유보조자가 있는 때에는 점유주만이 점유자가 된다는 것이 통설이다. 그리고 따로 소유자의 책임을 인정하지 않으면서 동물을 직접 보관하는 자에게만 책임을 인정하는 동조의 취지상, 점유자는 직접점유자만을 의미하고 간접점유자는 포함되지 않는다(통설). (ㄴ) 동물을 점유

---

1) 본조를 적용하여 점유자의 배상책임을 인정한 판례는 발견되지 않는다. 특히 도사견 소유자(A)가 도사견을 교배 목적으로 B에게 빌려주었는데, B는 도사견을 안전하게 보관할 수 있는 시설도 갖추지 않았고 단지 낡은 개 끈으로 사람이 드나드는 집 마당에 묶어 두었던 중, C가 접근하자 맨 끈을 끊어버리고 C의 전신을 물어 상해를 입힌 사안에서도, C는 A를 상대로 민법 제750조의 일반 불법행위책임을 물었고, 이에 대해 판례는, A가 위험이 큰 도사견을 B에게 빌려주는 때에는 B가 이를 안전하게 보관할 수 있는 시설을 갖추고 있는지를 확인할 주의의무가 있음에도 이를 위반한 과실이 있다고 하여, 그 책임을 긍정하였다(대판 1981. 2. 10, 80다2966).

한 자라도 그 점유를 상실한 때에는 더 이상 점유자가 되지 않으므로 동조에 의한 책임을 부담하지 않는다.

b) 보관자 제759조 2항은 '점유자에 갈음하여 동물을 보관한 자'도 배상책임을 지는 것으로 정한다. 보관자는 예컨대 수치인 · 임차인 등을 가리키는 것인데, 이들은 다름 아닌 직접점유자이고 따라서 제759조 1항 소정의 점유자에 해당하므로, 동 조항은 주의적 규정에 불과하다(통설).

(2) 구상관계

같은 위험책임인 공작물책임에서는 점유자 등은 손해 발생의 원인에 대해 책임이 있는 자에게 구상권을 행사할 수 있다(758조 3항). 제759조는 이러한 내용을 따로 정하고 있지 않지만, 통설은 마찬가지로 해석한다. 예컨대 구입한 개 쇠사슬에 흠이 있어 이것이 끊어지면서 타인에게 손해를 입힌 때에는, 배상을 한 점유자는 그 제조업자에게 구상할 수 있다.

V. 공동불법행위자의 책임

사례 (1) 광업권자인 A석탄공사는 광물 채굴에 관해 B에게 도급을 주면서, B가 갱내 종업원을 고용하고 갱내 안전시설에 대해 책임을 지며 갱내의 사고 발생시에는 그 책임 일체를 부담하기로 특약을 맺었다. 그 후 광물 채굴작업 중 B의 종업원 C가 갱내의 낙반사고로 부상을 입게 되었다. 이 경우 A는 광산보안법 제5조에 의해 광업권자로서 갱내의 낙반사고를 방지할 주의의무가 있고, B는 도급계약에 따라 갱내의 안전사고에 대한 주의의무를 진다는 점에서 양자의 책임이 문제될 수 있다. 그런데 C는 B에 대해서는 손해배상청구권을 포기하고 A에게만 손해배상을 청구하였다. 이 경우 A · B · C 간의 법률관계는?

(2) 대형유통업체인 주식회사 A에서 수주 및 발주 업무를 담당하고 있는 과장 甲은 2010. 2.경 주식회사 B의 대표이사이자 친한 친구인 乙로부터 회전다리미판 상품 개발사업과 관련된 투자자물색을 요청받고서, 甲과 乙은 평소 甲이 알고 지내던 丙을 기망하여 투자를 받기로 공모하고서, 丙을 속이기 위해 甲이 업무상 보관하고 있던 A회사 대표이사의 인감을 이용해 A가 B의 상품을 독점 판매한다는 계약서와 발주서를 위조하여 이를 丙에게 보여주었다. 丙은 이를 믿고서 甲과 乙을 만나 투자 약정을 맺었는데, 그 내용은 丙이 B회사에 2억원을 대여하고, 상품 납품일인 2010. 9. 16.부터 1개월 내에 2억원의 원금과 함께 회전다리미판 개당 3,000원의 판매 수익을 받는다는 것이다. 이 약정 후 丙은 즉시 B회사의 은행계좌로 2억원을 송금하였다. 乙은 丙으로부터 받은 2억원을 유흥비로 탕진하거나 甲의 주식투자 손실을 보전해 주는 용도로 소비해 버렸다. 그 후 甲과 乙로부터 속은 사실을 알게 된 丙은 2010. 12. 11. 甲, 乙 그리고 A회사를 상대로 소를 제기하였다. 이 소송에서 변론에 현출된 제반 사정을 고려한 결과 丙의 손해에 대한 甲과 乙의 기여도는 동일한 것(5:5)으로 인정되었으며, 피해자 丙도 독점판매계약서 및 발주서의 진위 여부, B회사의 제품 생산능력 및 자금 사정 등을 제대로 확인하지 않은 과실이 40%로 인정되었다.

(가) 위 소송에서 丙이 甲, 乙, A회사에 대해 종국적으로 행사 가능한 손해배상청구권의 구체적 범위와 서로간의 관계는 어떠한지 각 피고에 대한 청구권의 근거와 함께 검토해 보시오. (25점)

(나) 만약 A회사가 丙에게 이미 변제기가 도래한 1억원의 대여금채권을 가지고 있다면 A회사는 이를 자동채권으로 하여 丙이 자신에 대해 가진 손해배상채권과의 상계를 주장할 수 있는지 검토해 보시오. (10점)

(다) 위 제2문에 대한 답변과 상관없이, 만약 A회사의 위 상계 주장이 허용되는 것이라고 가정한다면, A회사는 甲과 乙에게 이를 이유로 하여 구상할 수 있는지, 또 이것이 가능하다면 그 범위는 어떻게 되는지 검토해 보시오. (15점)(2013년 제2차 변호사시험 모의시험)

(3) 일과를 마치고 술 한 잔을 하기 위하여 친구 丙을 경운기 적재함에 태우고 읍내로 나가던 甲은 사거리 교차로(甲이 진행하던 도로의 폭은 왕복 2차선, 교차하는 도로는 왕복 4차선임)로 진입하였으나, 좌측 대로에서 교차로 방향으로 달려오는 차량들을 피하기 위하여 교차로에서 멈추었다. 한편 본인 소유 승용차를 운행하면서 황색경보등과 도로 우측에 설치된 일시정지 표지판을 무시하고 과속으로 교차로에 진입한 乙은 甲이 운행하던 경운기를 미처 발견하지 못하고 경운기와 충돌하였다. 이 사고로 경운기 수리비 500만원, 甲과 丙의 치료비와 일실이익 등으로 각 1,000만원, 乙의 승용차 수리비 300만원, 치료비 및 일실이익 등으로 500만원의 손해가 발생하였다. 甲과 乙의 사고에 대한 과실비율은 3 : 7이며, 경운기 적재함에 승차한 丙의 과실도 10%로 인정되었다. 한편, 경운기는 甲과 丁이 동업약정에 따라 각각 지분을 출자하여 공동 경영하기로 하여 설립한 A조합의 소유인데, A조합의 실제 운영은 丁이 책임을 지고 甲은 丁의 지시에 따라 경운기 등을 사용하여 조합의 농업 일에 필요한 노무를 제공하는 관계에 있었다. (* 문제를 해결함에 있어서 「자동차손해배상 보장법」 관련 사항 및 지연이자 부분은 고려하지 않음)

(가) 丙은 甲, 乙, 丁에게 손해배상을 청구할 수 있는가? 그 가부와 판단의 근거 및 만약 손해배상청구가 가능한 경우라면 그 구체적 금액을 함께 서술하시오. (20점)

(나) 만약 乙이 丙에게 600만원을 지급하였다면 甲에게 얼마를 구상할 수 있는가? (10점)

(다) 乙이 자신이 입은 손해에 대하여 甲으로부터 200만원을 받고 더 이상의 손해배상을 일절 청구하지 않기로 甲과 합의하였다면 乙은 丁에게 손해배상청구를 할 수 있는가? 그 가부와 판단의 근거 및 만약 손해배상청구가 가능한 경우라면 그 구체적인 금액을 함께 서술하시오. (10점)

(라) 丙이 가입한 손해보험의 보험자인 B가 이미 丙의 손해액 전부를 지급해 주었는데, 이 사실에 대해 별다른 주의를 기울이지 않았던 甲도 丙에게 손해배상을 해 주었다. 그러자 B는 丙에게 甲으로부터 받은 손해배상액을 부당이득으로 반환하라는 청구를 하였다. B의 청구의 인용 여부를 판단하시오. (10점)(2015년 제2차 변호사시험 모의시험)

(4) 甲은 乙이 운전하는 A회사의 택시를 타고 가다가 丙이 운전하던 자동차와 충돌하는 바람에 병원에 입원하여 치료를 받고 있다. 이 사고에 대한 乙의 과실은 40%, 丙의 과실은 60%로 확정되었다. 甲은 불법행위를 이유로 치료비 1,500만원, 일실수익 3,000만원, 위자료 1,500만원, 합계 6,000만원의 손해배상청구소송을 제기하였다. (아래 각 지문은 독립적이다. 자동차손해배상 보장법은 고려하지 말 것)

(가) 甲이 A회사를 상대로 손해배상을 청구하자, A회사에서는 ① 乙은 무효인 고용계약에 기해 택시를 운전하고 있었으므로 자신의 피용자가 아니며, ② 甲은 乙의 택시에 호의동승한 것에 지나지 않으므로 책임이 없고, 설혹 책임이 있더라도 ③ 乙에게 과실 40%만 있으므로 사고 전액에 대하여 책임이 없다고 주장한다. 甲의 A회사에 대한 청구의 근거와 A회사의 주장이 정당한지를 검토하시오. (30점)

(나) 甲이 丙에게 손해배상을 청구하자, 丙은 ① A회사에서 이미 3,000만원을 甲에게 손해배상금으로 지급하였고, ② 甲이 3,000만원에 대해 乙의 손해배상책임을 면제하였으므로 자신은 책임이 없다고 주장한다. 甲의 丙에 대한 청구의 근거와 丙의 주장이 정당한지를 검토하시오. (10점)

(다) 甲이 상해보험을 가입한 보험회사 丁이 甲에게 6,000만원 전액을 보험금으로 지급하였다면, 丁이 丙에게 구상할 수 있는 금액은? (10점)(2016년 제1차 변호사시험 모의시험)

(5) (가) 甲관광 주식회사(이하 '甲'이라 한다) 소속 버스 운전사 A는 편도 1차로의 도로를 야간주행하던 중 B가 도로의 절반 가량을 무단으로 점유한 채 이삿짐을 쌓아둔 것을 미처 발견하지 못하여 이를 피하려다가 근처 가로수와 충돌하였고, 그 충격으로 버스에 탑승하고 있던 승객 C로 하여금 골절상을 입게 하였다. 사고 현장 도로의 제한속도는 60㎞/h였지만, 당시 A는 90㎞/h로 주행했던 것으로 드러났다. C는 누구를 상대로 손해배상을 청구할 수 있는지 그 논거와 함께 서술하시오(단, 이 사건에서 보험관계와 도로관리상의 하자는 고려하지 말 것). (15점)

(나) C가 위 사고로 입은 손해액은 총 1,000만원이고, C가 입은 손해에 대해 A에게 70%, B에게 30%의 과실이 있음이 판명되었다. C는 B의 딱한 사정을 고려하여 B에게 손해배상채무를 전액 면제해 주었다. 甲이 C에게 위 손해액 1,000만원 전액을 배상한 경우, 甲이 A와 B에게 각각 행사할 수 있는 구상권에 대해 서술하시오. (15점)(2017년 제6회 변호사시험)

해설 p. 759

제760조〔공동불법행위자의 책임〕 ① 수인이 공동의 불법행위로 타인에게 손해를 입힌 경우에는 연대하여 그 손해를 배상할 책임이 있다. ② 공동 아닌 수인의 행위 중에서 누구의 행위가 손해를 입힌 것인지 알 수 없는 경우에도 전항과 같다. ③ 교사자나 방조자는 공동 행위자로 본다.

1. 서 설

(1) 공동불법행위의 유형과 그 의의

a) 수인이 관여한 행위로 인해 하나의 손해가 발생하는 불법행위를 '공동불법행위'라고 하는데, 본조는 그 관여의 정도에 따라 '공동불법행위자'를 셋으로 나눈다. 즉, ① 수인이 공동으로 불법행위를 한 경우(1항)(이를 '협의의 공동불법행위'라고 한다), ② 공동 아닌 수인의 행위로서 손해를 입힌 자를 알 수 없는 경우(2항)(이를 '가해자 불명의 공동불법행위'라고 한다), ③ 교사자나 방조자(3항)가 그것이다.

b) 위 공동불법행위자는 그 정도의 차이는 있지만 손해 발생에 관여한 점에서 공통점이 있기 때문에, 본조는 이들을 같은 공동불법행위자의 범주에 속하게 한 것이다. 그리고 공동불법행위로 타인이 입은 손해에 대해 그들이 '연대'하여 배상책임을 지도록 한 데 본조의 특별한 의의가 있다. 불법행위로 인한 손해배상의 방법은 금전배상이 원칙이고, 채무자가 수인인 때에는 원칙적으로 분할채무(408조)가 되는 것에 대해 예외를 정한 것이기 때문이다. 이것은 피해자를 두텁게 보호하자는 취지에서 마련된 것이다.

(2) 제760조 「제1항」과 「제2항」의 차이

공동불법행위에는 세 유형이 있지만, 그중 '협의의 공동불법행위'(760조 1항)와 '가해자 불명의 공동불법행위'(760조 2항) 간에는 중요한 차이가 있다. 전자에 해당하는 때에는 그 수인은 연대하여 배상책임을 지고 면책이 인정되지 않는다. 그러나 후자에 해당하는 경우에는 그 수인 중의 어느 누구는 자기의 행위가 손해 발생과는 무관하다는 사실을 입증하면 면책될 수 있는 점에서 그러하다(통설). 다시 말해 제760조 1항과 2항은 같은 공동불법행위로 되어 있지만, 제1항은 수인이 공동의 위법행위에 관여하였다는 점에서 가해자에게 연대책임을 지운 데 반해, 제2항은 피해자가 인과관계를 입증하는 곤란을 덜어주기 위해 수인의 행위와 손해 사이에 인과관계를 추정하여 그들에게 연대책임을 인정한 점에서 차이가 있다.

2. 공동불법행위의 유형별 요건

(1) 협의의 공동불법행위

수인이 공동으로 불법행위를 한 경우가 이에 해당하는데(760조 1항), 구체적으로는 다음의 요건을 갖추어야 한다.

a) 각자의 행위에 관한 요건 (ㄱ) 가해자 각자가 독립하여 불법행위의 요건을 갖추어야 한다는 것이 통설이다. 즉 가해자 각자에게 고의나 과실과 책임능력이 있어야 하며, 손해와의 사이에 인과관계가 있어야 하는 것으로 해석한다. 판례도 기본적으로는 이러한 입장에 있지만, 손해와의 인과관계에 관해서는 학설보다는 완화된 입장, 즉 공동의 행위와 손해 사이의 인과관계로 파악하는 듯하다. (ㄴ) 그러나 통설의 '인과관계'에 관한 위와 같은 해석에는 의문이 있다. 즉 통설대로 인과관계를 요구하게 되면, 각 가해자는 제750조의 요건을 충족하여 그에 따른 일반 불법행위책임을 개별적으로 지게 되므로(소위 병존적 불법행위의 성립), 굳이 제760조 1항 소정의 협의의 공동불법행위에 의할 필요가 없게 된다. 제760조 1항은 가해자 간의 행위의 '공동성'을 중심으로 하여 그 책임을 인정하자는 데 그 취지가 있는 것이므로, (판례에서와 같이) 가해자들의 공동행위와 손해 발생과의 인과관계로 구성하여야 할 것으로 본다.[1)2)]

b) 행위의 공동성 (ㄱ) 수인이 공동으로 불법행위를 하여야 하는데, '공동'의 의미에 관해서는 다음과 같이 학설이 나뉘어 있다. ① 주관적 공동설: 수인 사이에 불법행위에 관한 공모의 합의 내지 의사의 공통이 있는 경우에 제760조 1항을 적용하고, 그 외의 경우는 동조 제2항을 적용하는 견해이다. 따라서 과실 있는 불법행위가 경합한 때에는 제2항이 적용되지만, 각자가 손해 발생과 직결되어 있는 경우에는 배상책임을 진다고 한다(김증한·김학동, 863면; 이은영, 614면; 지원림, 1777면). 이 설은 그 논거로서, 제760조 2항에서 '공동 아닌 수인의 행위'로 규정한 것과 비교하여 볼 때 제760조 1항의 '공동'의 의미는 주관적 공동으로 이해하는 것이 문리해석에 맞고, 협의의 공동불법행위에 대해 책임을 가중하는 취지는 수인 간에 의사의 공통이 있는 것, 즉 그들 간에 비난

---

1) 이상정, "수질오염으로 인한 피해와 공동불법행위", 고시계(1998. 2.), 164면 이하.

2) 유의할 것은, 피용자의 불법행위에 대해 사용자에게 선임 및 감독상의 과실이 있는 경우에 사용자는 피용자와 더불어 배상책임을 부담하지만(756조), 이 양자가 제760조 1항에 의한 협의의 공동불법행위를 구성하는 것은 아니다(대판 1988. 4. 27, 87다카1012). 양자는 손해 발생에 대해 그 책임의 요건을 달리하기 때문이다. 그러나 피용자의 문제의 불법행위 자체에 대해 사용자의 과실이 그 원인을 제공한 경우, 다시 말해 손해 발생에 대해 이들이 공동의 원인을 제공한 때에는, 양자에게 협의의 공동불법행위가 성립할 수 있다.

가능성이 높다는 점에서 구하여야 하며, 제760조 3항과의 균형을 고려하여야 한다고 한다. ② 객관적 공동설: 가해자들 사이에 공모 내지 의사의 공통이나 공동의 인식은 필요 없으며, 객관적으로 보아 피해자에 대한 권리침해가 공동으로 행하여졌고, 그 행위가 손해 발생에 대하여 공통의 원인이 되었다고 인정되는 경우이면 충분하다는 것으로서, 통설적 견해이고 판례(이를테면 대판 2012. 8. 17, 2010다28390)도 일관되게 이 견해를 취한다.

(ㄴ) 위 양설을 비교해 보면, 제760조 1항이 적용되는 경우는 주관적 공동설에 비해 객관적 공동설을 취할 때 상대적으로 많아지게 된다. 행위자 사이에 공모, 즉 고의가 있었던 때에는 어느 견해나 동조 제1항을 적용하는 점에서 차이가 없다. 문제는 과실이 경합하여 손해가 발생한 경우이다. 객관적 공동설에서는 제760조 1항을 적용하는 데 반해, 주관적 공동설은 일단 동조 제2항을 적용하고 다만 각자가 손해 발생과 인과관계가 있는 때에는 그 책임을 지는 것으로 구성하는 점에서 차이가 있다. 그러나 결과에서는 양설은 차이가 없다고 할 것이다. 예컨대 A공장의 폐수와 B공장의 폐수가 합쳐져서 비로소 유독성을 띠게 되어 C의 농작물을 전멸시켰다고 하자. 객관적 공동설에서는 C의 손해에 대해 A와 B에게 제760조 1항에 의한 협의의 공동불법행위가 성립하고, 따라서 연대하여 배상책임을 지되 각자의 과실비율에 따라 구상하게 된다. 이에 대해 주관적 공동설에서는 제760조 2항을 적용하겠지만, A 또는 B의 각 가해행위는 C의 손해와 인과관계가 인정되므로(필요적 경합: A의 가해가 없었다고 하면 C의 손해는 발생하지 않는다), 결국 각자 전부의 배상책임을 지게 되는 점에서 그러하다. 그런데 피해자의 입장에서 보면, 주관적 공동설에서는 가해자의 공모 내지 공동의 인식 또는 각자의 가해행위와 손해와의 인과관계 등을 입증하여야 하는 부담이 있는 반면, 객관적 공동설에서는 객관적으로 관련된 공동의 행위와 손해 간의 인과관계만을 입증하면 족하다. 그런데 공동불법행위의 경우에 피해자가 일반 불법행위에 비해 입증책임에서 더 불리해질 이유가 없다는 점에서, 객관적 공동설이 타당하다고 본다.

〈판 례〉 (ㄱ) 다음의 경우에는 공동불법행위가 성립하는 것으로 본다. ① 초등학교 입구에 있는 횡단보도 지점에서 3세의 아이가 제한속도를 지키지 않고 달리던 택시에 치여 땅에 쓰러진 순간, 그 차와 일정한 거리를 유지하지 않고 과속으로 뒤따라오던 버스에 연이어 치여 사망한 사안에서, 위 두 운전사의 과실행위는 피해자의 사망에 대한 공동원인이 된다(대판 1968. 3. 26, 68다91). ② 피고들이 모두 공작물의 설치 · 보존에 하자 있음을 이유로 민법 제758조에 의하여 손해배상책임이 있다면, 그들의 각 불법행위는 그들 간에 주관적 공동관계가 없어도 객관적 공동관계가 있으므로 민법 제760조 소정 공동불법행위자로서 손해를 배상할 책임이 있다(대판 1968. 2. 27, 67다1975). ③ 관광버스가 국도상에 생긴 웅덩이를 피하기 위하여 중앙선을 침범 운행한 과실로 마주 오던 트럭과 충돌하여 교통사고가 발생한 사안에서, 도로의 관리책임자로서의 국가는 관광버스회사와 공동불법행위자로서 손해배상책임을 진다(대판 1993. 6. 25, 93다14424). ④ 교통사고로 인하여 상해를 입은 피해자가 치료를 받던 중 치료를 하던 의사의 과실로 인한 의료사고로 증상이 악화되거나 새로운 증상이 생겨 손해가 확대된 경우, 의사에게 '중대한 과실'이 있다는 등의 특별한 사정이 없는 한, 확대된 손해와 교통사고 사이에도 상당인과관계가 있고, 이 경우 교통사고와 의료사고가 각기 독립하여 불법행위의 요건을 갖추고 있으면서 객관적으로 관련되고 공동하여 위법하게 피해자에게 손해를 가한 것으로 인정되면 공동불법행위가 성립한다(대판 1998. 11. 24, 98다32045). ⑤ 동시에 또는 거의 같은 시기에 건축된 가해 건물들이 피해 건물에 대하여 전체적으로 수인한도를 초과하는 일조 침해의 결과를 야기한 경우, 각 가해 건물들이 함께 피해 건물의 소유자 등이 향유하던 일조를 침해하게 된다는 점을 예견할 수 있었다면, 특별한 사정이 없는 한 각 가해 건물의 건축자 등은 일조 침해로 피해 건물의 소유자 등이 입은 손해 전부에 대하여 공동불법행위자로서의 책임을 진다(대판 2006. 1. 26, 2005다47014, 47021, 47038). ⑥ 초등학교 내에서 발생한 폭행 등 괴롭힘이 상당 기간 지속되어 그 고통과 그에 따른 정신장애로 피해 학생이 자살에 이른 경우, 가해학생들의 부모와 (공무원인 교사·교장 등의 과실에 따른) 지방자치단체는 공동불법행위책임을 진다(대판 2007. 4. 26, 2005다24318). ⑦ 의사 甲이 乙을 수술하는 과정에서 乙의 호흡이 정지되어 丙 병원으로 이송하였으나 乙이 저산소성 뇌손상으로 사망한 사안에서, 甲에게는 마취수술 과정에서 마취제를 과다하게 투여하고 호흡관리를 제대로 하지 못한 과실이 있고, 丙에게도 수액 과다투여 등의 과실이 있어, 이 양자가 乙의 뇌손상 및 사망의 원인이 된 경우, 甲의 행위와 丙의 행위는 공동불법행위에 해당한다(대판 2012. 1. 27, 2009다82275, 82282). ⑧ 공동불법행위에서 공동의 행위는 불법행위 자체를 공동으로 하거나 교사·방조하는 경우는 물론, 횡령행위로 인한 장물을 취득하는 등 피해의 발생에 공동으로 관련되어 있어도 인정될 수 있다(대판 2013. 4. 11, 2012다44969). ⑨ 책임능력 있는 미성년자의 불법행위(폭력행위)에 대해 친권자인 부모의 감독의무 위반의 과실이 있는 경우, 그 부모는 미성년자와 공동불법행위책임을 진다(대판 1991. 4. 9, 90다18500). ⑩ 외주제작사가 무단 촬영한 장면을 방송사업자가 그대로 방송한 경우, 피촬영자의 초상권 침해에 대해 외주제작사와 방송사업자가 공동불법행위책임을 진다(대판 2008. 1. 17, 2007다59912).

(ㄴ) 다음의 경우에는 공동불법행위의 성립을 부정한다. ① 피해자가 교통사고로 상해를 입고, 한 달 후 병원에 입원하여 치료하던 중 병원시설의 하자로 인해 비상계단에서 떨어져 사망한 사안에서, 양 행위가 시간과 장소에 괴리가 있고 결과 발생에 있어서도 양 행위가 경합하여 단일한 결과를 발생시킨 것이 아니고 각 행위의 결과 발생을 구별할 수 있으므로, 이러한 경우에는 공동불법행위가 성립하지 않는다. 이때에는 각각의 손해에 대해 따로 배상액을 산정하여야 한다(대판 1989. 5. 23, 87다카2723). ② 에이즈 바이러스에 감염된 혈액을 A로부터 공급받아 수술 중 수혈을 통해 환자가 에이즈에 감염된 경우, A의 과실 및 위법행위는 신체상해 자체에 대한 것인 데 비해, 의사의 과실 및 위법행위는 수술 외에 수혈에 대한 감염 위험 등에 대해 설명을 하지 않아 환자의 자기결정권이라는 인격권의 침해에 대한 것이므로, 양 행위가 경합하여 단일한 결과를 발생시킨 것이 아니고 각 행위의 결과 발생을 구별할 수 있으니, 이와 같은 경우에는 공동불법행위가 성립한다고 할 수 없다(대판 1998. 2. 13, 96다7854).

(2) 가해자 불명의 공동불법행위

(ㄱ) 공동 아닌 수인의 행위 중에서 누구의 행위가 손해를 입힌 것인지 알 수 없는 경우가 이에 해당한다(760조 2항). 예컨대 여러 사람이 우연히 같이 돌을 던졌는데 그중 어느 한 사람의 돌에 맞아 상해를 입은 경우가 그러하다. 이때에는 상해에 관해 행위자 간에 객관적 공동성이 없는 점에서 협의의 공동불법행위와는 다르다. (ㄴ) 위 경우 피해자가 누구의 행위로 손해를 입은 것인지를 입증하지 못한다고 해서 피해자의 손해배상을 부정하는 것은 지나치게 가혹하

다. 잠재적 가해자들과 피해자를 비교해 보더라도 그러한 입증의 부담은 원인을 제공한 가해자들에게 지우는 것이 타당하다(양창수·권영준, 권리의 변동과 구제, 689면). 제760조 2항은 이러한 이유에서 행위자 모두에게 연대책임을 지운 것이다. 따라서 개별 행위자는 자기의 행위와 손해 발생 사이에 인과관계가 없음을 증명하면 면책될 수 있다(통설).

〈판 례〉 (ㄱ) 甲이 음주상태에서 오토바이를 운전하고 가다가 중앙선을 침범한 과실로 반대 차로에서 마주오던 A의 차량과 충돌하여, 그 충격으로 자신이 진행하던 차로로 떨어졌고, 이어서 다른 B의 차량에 2차로 충돌한 후 도로상에 쓰러져 있던 상태에서, 약 5분 후에 C의 차량과 3차로 충돌하는 교통사고로 결국 甲은 사망하였는데, 이 세 차례에 걸친 충돌사고 중 어느 충돌사고로 인해 甲이 사망하게 된 것인지는 명확하지 않은 사안에서, 대법원은 다음과 같이 판결하였다. 「민법 제760조 2항은 여러 사람의 행위가 경합하여 손해가 생긴 경우 중 같은 조 제1항에서 말하는 공동의 불법행위로 보기에 부족할 때, 입증책임을 덜어줌으로써 피해자를 보호하려는 입법정책상의 고려에 따라 각각의 행위와 손해 발생 사이의 인과관계를 법률상 추정한 것이므로, 이러한 경우 개별 행위자가 자기의 행위와 손해 발생 사이에 인과관계가 존재하지 아니함을 증명하면 면책되고, 손해의 일부가 자신의 행위에서 비롯된 것이 아님을 증명하면 배상책임이 그 범위로 감축된다」(대판 2008. 4. 10, 2007다76306). (ㄴ) 「다수의 의사가 의료행위에 관여한 경우, 그중 누구의 과실에 의하여 의료사고가 발생한 것인지 분명하게 특정할 수 없는 때에는, 일련의 의료행위에 관여한 의사들 모두에 대하여 민법 제760조 2항에 따라 공동불법행위책임을 물을 수 있다고 봄이 상당하다」(대판 2005. 9. 30, 2004다52576).

(3) 교사 또는 방조

(ㄱ) 교사教唆는 타인으로 하여금 불법행위에 대한 의사결정을 하도록 만드는 것이다. 방조幇助는 불법행위를 용이하게 하는 직접, 간접의 모든 행위를 가리키는 것으로서, 작위에 의한 경우뿐만 아니라 작위의무 있는 자가 그것을 방지하여야 할 제반 조치를 취하지 아니하는 부작위로 인하여 불법행위자의 실행행위를 용이하게 하는 경우도 포함한다. 이러한 불법행위의 방조는 형법과 달리 손해의 전보를 목적으로 하여 과실을 원칙적으로 고의와 동일시하는 민법의 해석상 과실에 의한 방조도 가능하며, 이 경우의 과실의 내용은 불법행위에 도움을 주지 않아야 할 주의의무가 있음을 전제로 하여 이 의무에 위반하는 것을 말하고, 방조자에게 공동불법행위자로서의 책임을 지우기 위해서는 방조행위와 피방조자의 불법행위 사이에 상당인과관계가 있어야 한다(대판 1998. 12. 23, 98다31264; 대판 2016. 5. 12, 2015다234985[1]). (ㄴ) 교사자나 방조자는 직접 불법행위를 한 자와 같

1) (ㄱ) ① 공무원 A는 B에게 지방자치단체 소유 토지를 불하받게 해주겠다고 속여 입찰에 필요한 서류라고 하여 B로부터 주민등록증과 인감도장을 받은 후, 농협에서 예금통장을 개설하였는데, 농협의 과장 C는 본인 확인절차를 거치지 않고 B 명의의 예금통장을 개설해 주었다. A는 예금통장의 사본을 B에게 주면서 이 계좌로 5억원을 입금토록 한 후, 미리 B의 인감도장을 찍어 놓았던 출금전표를 이용하여 이를 편취한 사안이다. 이에 대해 위 판결은 C에게 과실에 의한 방조로 인한 공동불법행위가 성립하지 않는 것으로 보았다(그리고 농협에 대해서도 사용자 배상책임을 부정하였다). 첫째, 위 통장이 사기의 수단으로 이용될 것이라는 점을 C가 예견할 수 없었고, B는 통장사본에 찍힌 거래도장이 자신의 인감이 아닌 점에서 의심을 충분히 가질 수 있어 해당 지방자치단체에 확인해 보면 손해를 입는 것을 쉽게 방지할 수 있었던 점 등을 고려하여, C의 과실과 A의 사기행위로 B가 입은 손해 사이에 상당인과관계가 인정되기 어렵다고 보았다. ② 다음의 판례도 같은 취지의 것이다. 甲이 인감도장에 乙은행 예금계좌의 비밀번호를 표시하여 놓았고 丙에게 비밀번호를 알려주면서 예금인출 심부름을 시킨 적이 있는데, 丁이 丙 등과 공모하여 甲의

은 공동행위자로 본다(760조 3항).

〈판 례〉 (ㄱ) 증권회사 지점장이 고객에 불과한 사람에게 사무실을 제공하면서 '실장' 직함으로 호칭되도록 방치한 행위와 그가 고객들에게 위 지점의 직원이라고 기망하여 투자금을 편취한 불법행위 사이에 상당인과관계가 있어, 증권회사에 과실에 의한 방조로 인한 공동불법행위책임이 있다(대판 2007. 5. 10, 2005다55299). (ㄴ) 종전의 판례는, 회사 직원의 공금횡령행위에 대하여 구체적인 공모를 하지는 않았지만 그가 정상적이 아닌 부정한 방법으로 금원을 마련하여 송금하는 사정을 미필적으로나마 인식하고 있으면서도 이를 계속하여 묵인한 채 송금을 받은 사안에서, 횡령행위에 대한 방조 또는 장물취득행위에 해당한다고 보았었는데(대판 2001. 5. 8, 2001다2181), 다음의 판례는 횡령행위로 인한 장물을 취득하는 것에 대해 (방조의 관점에서가 아닌) 피해 발생에 공동으로 관련되어 있다는 관점에서 공동불법행위의 성립을 긍정하고 있다. 「공동불법행위에서 공동의 행위는 불법행위 자체를 공동으로 하거나 교사·방조하는 경우는 물론, 횡령행위로 인한 장물을 취득하는 등 피해의 발생에 공동으로 관련되어 있어도 인정될 수 있다. 그리고 이러한 법리는 범죄수익은닉의 규제 및 처벌 등에 관한 법률에서 정하는 특정범죄로 취득한 재산인 것을 인식하면서 은닉·보존 등에 협력하는 등으로 특정범죄로 인한 피해 회복을 곤란 또는 불가능하게 함으로써 손해가 지속되도록 한 경우에도 마찬가지로 적용된다」(대판 2016. 4. 12, 2013다31137). (ㄷ) 「실질은 광고이지만 기사의 형식을 빌린 '기사형 광고'는 일반 독자로 하여금 광고가 아닌 보도기사로 오인하게 하여 이를 사실로 받아들일 가능성이 크다. 따라서 신문사 등이 기사형 광고를 게재하는 경우에는 그것이 광고임을 명확히 표시하여야 하고, 보도기사로 오인할 수 있는 표시나 표현을 사용해서는 안 된다. 그러므로 신문사 등이 광고주로부터 전달받은 허위 또는 과장 광고에 해당하는 내용을 보도기사로 게재함으로써 이를 광고가 아닌 보도기사로 신뢰한 독자가 광고주와 상거래를 하는 등으로 피해를 입었다면, 상당인과관계가 인정되는 범위 내에서는 신문사 등도 방조에 의한 공동불법행위책임을 질 수 있다」(대판 2018. 1. 25, 2015다210231).

주민등록증 등을 위조하고 戊로 하여금 甲을 사칭하도록 하여 甲 명의의 예금통장을 재발급받아 인감을 변경한 후 예금을 인출하였고, 여기서 甲의 행위가 丁 등의 사기행위와 객관적으로 관련 공동되어 乙은행에 대하여 (과실에 의한 방조로 인한) 공동불법행위가 성립하는지가 다투어진 사안이다. 이에 대해 대법원은 다음과 같은 이유로 부정하였다: 「甲이 다른 사람에게 예금인출 심부름을 시킨 일이 있다거나 인감도장에 비밀번호를 표시해 두는 등의 행위를 하였더라도 이러한 행위로 인하여 자신이 알지도 못하는 丁 등이 사기행위를 저지를 것으로 구체적으로 예견할 수 있었다고 인정하기 어렵고, 오히려 위 사기행위는 乙은행이 거래상대방의 본인 확인 의무를 다하지 못한 과실로 인하여 초래되었다고 보일 뿐이므로, 乙은행이 입은 손해와 甲의 행위 사이에 상당인과관계가 있다고 보기도 어려워, 丁 등의 사기행위에 대해 甲에게 공동불법행위가 성립하지는 않는다」(대판 2015. 6. 24, 2014다231224).

(ㄴ) 반면 다음의 사례에서는 방조에 의한 공동불법행위가 성립하는 것으로 보았다. 1) 甲이 乙을 대리하여 丙 신용협동조합에 乙 명의의 예탁금계좌 개설계약을 체결하고 자기앞수표를 입금한 뒤 통장을 발급받았고, 그 후 통장을 분실하였다고 신고하여 통장을 다시 발급받은 다음, 乙 명의의 예탁금 지급청구서를 작성하여 乙 명의 계좌에서 돈을 무단 인출하였다. 한편 丙 조합의 전무는 위와 같은 사정을 알면서도 직원들에게 통장을 재발급해주고 본인 확인 절차 없이 예탁금을 인출해 甲에게 지급하도록 지시하였다. 2) 위 사안에서, 丙 조합 직원들의 (사기)방조에 의한 공동불법행위가 성립하는 것으로 보고, 나아가 이것과 乙이 권리를 행사하지 않아 예금채권에 대한 소멸시효가 완성되어 손해를 입은 것과 사이에 상당인과관계가 있는 것으로 보았다. 그리고 丙 조합은 그 직원들의 불법행위에 대해 사용자책임을 지는 것으로 보았다(대판 2022. 4. 28, 2020다268265).

3. 공동불법행위자의 책임

(1) 연대책임

민법 제760조에서 정하는, 세 가지 유형에 속하는 공동불법행위자는 타인이 입은 손해에 대해 연대하여 배상할 책임을 진다. (ㄱ) 그 손해에 대하여는 가해자 각자가 그 금액 전부에 대한 책임을 지는 것이며,[1] 가해자 1인이 다른 가해자에 비해 불법행위에 가공한 정도가 경미하더라도 그 가해자의 책임 범위를 손해배상액의 일부로 제한하여 인정할 수는 없다(대판 1998. 10. 20, 98다31691). (ㄴ) '연대'의 의미에 관해 통설과 판례는 부진정연대채무로 해석한다(대판 1969. 8. 26, 69다962; 대판 1983. 5. 24, 83다카208).[2] 통설은 다음 두 가지를 그 이유로 든다. 첫째, 연대채무는 부진정연대채무에 비해 절대적 효력이 미치는 범위가 상당히 넓으므로(416조~422조), 피해자를 두텁게 보호하려는 제760조의 입법 취지에 부합하기 위해서는 이를 후자로 해석하여야 하고, 둘째 다른 특수 불법행위에서는 그 책임관계를 부진정연대채무로 보는 것과도 균형이 맞는다는 것이다(예: 책임무능력자의 감독자와 대리감독자의 책임, 사용자와 피용자의 책임 등). (ㄷ) 손해배상의 범위에 관해서는 공동불법행위와 상당인과관계에 있는 모든 손해를 배상하여야 한다. 그러나 특별사정에 의한 손해에 대하여는 예견가능성을 가진 불법행위자만이 배상책임을 지는 것으로 해석된다(곽윤직, 430면; 김증한·김학동, 880면).

(2) 구상관계

부진정연대채무에서는 채무자 간에 주관적 공동관계가 없기 때문에 부담부분이 없고, 따라서 원칙적으로 구상관계가 발생하지 않는다. 그런데 공동불법행위에서는 그 책임의 성질을 부진정연대채무로 보면서도, 판례는 일관되게 공평한 손해 분담의 차원에서 공동불법행위자 상호간에 그 과실의 비율에 따라 부담부분이 있다고 하면서, 다음과 같이 판시하고 있다(대판 1996. 3. 26, 96다3791; 대판 1997. 12. 12, 96다50896) (ㄱ) 공동불법행위자 중 1인이 자기의 부담부분 이상을 변제하여 공동면책이 되게 한 경우에는, 이를 주장·입증하는 것을 전제로, 다른 공동불법행위자에게 그 부담부

---

1) 헌법 제29조 2항에 의하면, 군인·군무원·경찰공무원 등이 전투·훈련 등 직무집행과 관련하여 입은 손해에 대하여는 법률이 정하는 보상 외에 따로 국가 등에 국가배상책임을 물을 수 없는 것으로 정하고 있다. 이들 경우에는 그의 과실 유무나 그 정도에 관계없이 무자력의 위험부담이 없는 확실한 국가보상의 혜택을 법률에서 부여하고 있으므로, 따로 국가배상책임을 물을 수 없는 것으로 정한 것이다. 여기에서 민간인 甲 차와 공무원 乙 차가 충돌하여(공동불법행위) 乙의 차에 타고 있던 공무수행 중인 군인 丙이 다친 경우, 甲이 부담할 손해배상의 범위가 문제된다. 판례는, 위 헌법규정의 취지를 관철하기 위해(국가는 국가배상책임을 지지 않으므로 구상의무도 부담하지 않는다), 그렇다고 甲만이 그 전부를 배상하여야 한다는 것은 문제가 있다는 점에서, 甲은 (공동불법행위자로서) 그 손해 전부가 아니라 자신의 과실비율에 따라 분담할 부분에 대해서만 배상책임을 지는 것이 타당하다고 보았다(대판(전원합의체) 2001. 2. 15, 96다42420).

2) (ㄱ) 甲이 운전하던 차량과 乙이 운전하던 차량이 두 운전자의 공동과실로 서로 충돌하였고, 그로 인해 乙이 운전하던 차량에 타고 있던 丙이 사망하였다. 乙과 丙은 연인 사이였고 두 사람은 벚꽃 구경을 가던 길이었다. 丙의 사망에 대해 乙에게는 호의동승으로 인한 책임 제한을 인정할 수 있겠는데, 이러한 책임 제한이 다른 공동불법행위자인 甲에게도 미치는지가 쟁점이 된 사안이다. (ㄴ) 원심은 상대적 효력만을 인정하여 부정하였는데(광주지법 2012. 9. 7. 2012나4141 판결), 대법원은 다음과 같은 법리로써 이를 긍정하였다. 「2인 이상의 공동불법행위로 인하여 호의동승한 사람이 피해를 입은 경우, 공동불법행위자 상호간의 내부관계에서는 일정한 부담부분이 있으나 피해자에 대해서는 부진정연대책임을 지므로, 동승자가 입은 손해에 대한 배상액을 산정함에 있어서는 먼저 호의동승으로 인한 감액 비율을 참작하여 공동불법행위자들이 동승자에 대하여 배상하여야 할 수액을 정하여야 한다. 그리고 그 당연한 귀결로서 위와 같은 책임 제한은 동승 차량 운전자인 乙뿐만 아니라 상대방 차량 운전자인 甲과 그 보험자에게도 적용된다」(대판 2014. 3. 27, 2012다87263).

분의 비율에 따라 구상권을 행사할 수 있다. ① 그 구상권에는 공동면책일 이후의 법정이자 및 피할 수 없는 비용 기타 손해배상(소송비용과 변호사비용 등)이 포함된다(대판 1996. 11. 29, 95다2951). ② 구상의무를 부담하는 다른 공동불법행위자가 수인인 경우에는 각자 부담부분별로 분할채무를 부담한다(대판 2002. 9. 27, 2002다15917). 다만, 구상권자에게 과실이 없는 경우에는 다른 구상의무자 간의 관계는 부진정연대채무로 본다(대판 2005. 10. 13, 2003다24147). ③ 피용자와 제3자가 공동불법행위로 피해자에게 손해를 입힌 경우, 양자는 공동불법행위자로서 서로 부진정연대관계에 있고, 한편 사용자의 손해배상책임은 피용자의 배상책임에 대한 대체적 책임이어서 사용자도 제3자와 부진정연대관계에 있으므로, 사용자가 피용자의 부담부분을 초과하여 피해자에게 손해를 배상한 경우에는 사용자는 제3자의 부담부분을 한도로 하여 제3자에게 구상할 수 있다(대판(전원합의체) 1992. 6. 23, 91다33070; 대판 2006. 2. 9, 2005다28426). ④ 구상권의 발생시점은 구상권자가 현실로 피해자에게 손해배상금을 지급한 때이고, 그 소멸시효기간은 일반채권과 같이 10년이다. ⑤ 위 구상권과 피해자의 다른 공동불법행위자에 대한 손해배상청구권과는 별개의 권리이고, (연대채무(421조)와는 달리 부진정연대채무에서는) 피해자의 다른 공동불법행위자에 대한 손해배상청구권이 시효로 소멸된 경우에도 다른 채무자에게는 효력이 없으므로, 그 후에 다른 공동불법행위자 1인이 피해자에게 자기의 부담부분을 넘는 손해를 배상하였을 경우에는 (손해배상채무가 시효로 소멸된) 다른 공동불법행위자에게 구상권을 행사할 수 있다(대판 1997. 12. 23, 97다42830). (ㄴ) 공동불법행위책임은 가해자들이 공동으로 한 불법행위에 대해 책임을 추궁하는 것으로, 법원이 피해자의 과실을 들어 과실상계를 하는 때에는, 공동불법행위자 각인별로 개별적으로 평가할 것이 아니라 그들 전원에 대한 과실로 전체적으로 평가하여야 한다(대판 1998. 6. 12, 96다55631). 다만, 공동불법행위자 각인을 상대로 별개의 소를 제기하여 소송을 진행하는 경우에는 각 소송에서 제출된 증거가 다름에 따라 과실상계 비율과 손해액이 달리 인정될 수 있다(대판 2001. 2. 9, 2000다60227). 한편, 공동불법행위자 중의 일부가 피해자의 부주의를 이용하여 고의로 불법행위를 저지른 경우, 그가 피해자의 부주의를 이유로 과실상계를 주장하는 것은 허용될 수 없으나, 그러한 사유가 없는 다른 불법행위자는 과실상계를 주장할 수 있다(대판 2007. 6. 14, 2005다32999).

사례의 해설 (1) A는 광업권자의 지위에서 광산보안법에 의해 갱내의 안전사고에 대한 방지의무를 지고, B는 A와의 도급계약에 따라 광물의 채굴을 위해 피용자를 고용한 때에는 고용계약상의 부수적 의무로서 안전배려의무를 부담한다는 점에서, B의 피용자 C가 갱내에서 안전사고를 당한 경우, A와 B는 그에 관해 객관적으로 공동의 원인을 준 것이 되어 민법 제760조 1항에 의한 협의의 공동불법행위가 성립한다고 볼 수 있다(대판 1969. 8. 26, 69다962). 한편 공동불법행위자의 책임은 부진정연대채무이므로, 변제와 같은 채권의 만족을 주는 사유 이외에는 상대적 효력이 있을 뿐이다. 따라서 C가 B에게 그 채무를 면제하더라도 그것은 A에게 효력이 없으며(417조 참조), A는 C에게 그 손해 전부를 배상하여야 한다. 다만 A와 B 사이에 일체의 책임을 B가 부담하기로 특약을 맺었으므로, A는 이 특약에 따라 B에게 구상할 수는 있다.

(2) (가) 丙은 甲, 乙, A회사와 계약관계가 없어 손해배상의 청구원인으로는 불법행위를 생각할 수 있다. (ㄱ) 甲과 乙에 대한 청구에서, 이들은 민법 제760조 1항 소정의 협의의 공동불법행위가 성

립한다. 그리고 손해배상은 2억원이 되고, 투자수익금은 丙이 이를 얻을 수 있는 사정이 없어 특별손해로 보기도 어렵다. 한편 고의의 영득행위자는 과실상계를 주장하지 못하므로, 丙은 甲과 乙에게 각자 2억원의 손해배상을 하라고 청구할 수 있고, 甲과 乙은 부진정연대채무의 관계에 있다. (ㄴ) A회사에 대한 청구에서, A회사는 피용자 乙의 불법행위에 대해 민법 제756조에 따른 손해배상책임을 지고, 丙의 과실에 대해서는 과실상계를 주장할 수 있다. 그러므로 A회사에 대해서는 1억 2천만원의 손해배상이 인용될 것이고, 이 부분에 한해서는 甲과 부진정연대채무의 관계에 있다. 한편 사용자책임은 피용자의 책임에 대한 대체적 책임인 점에서, 甲의 책임에 대해 대체적 관계에 있는 A회사의 손해배상채무는 乙과도 부진정연대채무의 관계에 있다(대판(전원합의체) 1992. 6. 23, 91다33070 참조).

(나) 민법 제496조에 따라 乙은 丙에게 채권을 가지고 있는 경우에도 불법행위로 인한 손해배상채무와 상계하지 못하는데, A회사의 채무는 乙의 채무에 대체적인 것이므로, A회사가 丙에게 채권을 가지고 있는 경우에도 동조가 적용되어 상계하지 못한다(대판 2006. 10. 26, 2004다63019 참조).

(다) 상계로 인한 1억원의 출재에 대해 A회사는 민법 제756조 3항에 따라 피용자 甲에게 이를 구상할 수 있다. 한편 丙이 갖는 2억원의 손해배상채권에 대해 甲과 乙은 내부적으로 각자 1억원의 부담부분을 가지므로, 甲은 1억원을 초과하여 공동면책을 가져온 부분에 대해서만 乙에게 구상할 수 있는데, A회사는 甲의 책임을 대체하는 것인 점에서, 甲도 1억원을 초과하여 공동면책을 얻게 한 경우에만 乙에게 구상할 수 있다(대판(전원합의체) 1992. 6. 23, 91다33070 참조). 그런데 A회사는 1억원 범위에서 상계를 한 것이므로 乙에게는 구상권을 행사할 수 없다.

(3) (가) (ㄱ) 甲과 乙의 공동의 불법행위로 인해 丙이 손해를 입게 된 것이므로, 丙은 甲과 乙에게 공동불법행위책임을 물을 수 있다(760조 1항). 丙이 입은 손해는 1,000만원인데, 丙의 과실 10%를 참작하면, 丙은 甲과 乙에게 각각 900만원의 손해배상을 청구할 수 있다. 甲과 乙은 부진정연대채무의 관계에 있다. (ㄴ) 丙이 丁에게 책임을 묻는다면, 丁이 甲의 사용자로서 민법 제756조에 의한 사용자책임이 성립하는지가 문제된다. 그런데 丙은 경운기의 운행이 조합의 농업 일과는 무관하다는 사실을 알 수 있었던 경우이므로, 사용자책임의 요건인 직무집행 관련성을 충족하지 못해, 丙은 丁에게 사용자책임을 물을 수 없다.

(나) 공동불법행위자 사이에는 과실의 비율에 따라 부담부분이 있고, 그중 어느 1인이 그 부담부분 이상을 변제하여 공동의 면책을 얻게 하였을 때에는 그 초과부분에 대해서는 다른 공동불법행위자에게 구상할 수 있다. 설문에서 甲과 乙은 丙에게 각각 900만원의 손해배상책임이 있는데, 甲은 30%, 乙은 70%의 과실이 있어, 그 부담부분은 甲은 270만원, 乙은 630만원이 된다. 그러므로 乙이 丙에게 600만원을 지급하였다면 그것은 乙의 부담부분을 넘어 변제한 것이 아니어서 甲에게 구상할 것은 없다.

(다) (丙과는 달리) 乙이 입은 손해에 대해서는 丁은 甲의 사용자로서 배상책임을 질 수 있다(756조). 乙은 800만원의 손해를 입었는데, 甲은 그의 과실비율 30%인 240만원에 대해 배상책임을 지고, 이에 대해서는 丁도 사용자로서 배상책임을 진다. 이 경우 甲과 丁은 부진정연대채무 관계에 있다. 그런데 乙이 甲으로부터 200만원을 받고 더 이상 손해배상을 청구하지 않기로 합의를 하였다고 하더라도 이것은 甲과 乙 두 사람 사이에서만 상대적 효력이 있는 것에 그치므로, 乙은 (다른 부진정연대채무자인) 丁에게 (240만원 중 일부 변제된 200만원 범위 내에서는 절대적 효력이 있으므로) 40만원을 청구할 수 있다.

(라) 보험자 B가 丙에게 보험금을 지급하면 丙이 甲이나 乙에게 가진 손해배상채권은 보험자대

위(상법 682조)에 의해 B에게 이전된다. 이러한 상태에서 甲이 丙에게 손해배상금을 지급하는 것은 채권의 준점유자에 대한 변제(470조)에 해당한다. 따라서 甲이 선의·무과실로 변제하면 그 변제는 유효한 것이 된다. 그 결과 B는 보험자대위를 할 것이 없어 손해를 입게 되므로, 丙을 상대로 부당이득의 반환을 구할 수 있다(741조). 그러나 설문에서처럼 甲에게 과실이 인정되어 그 변제가 무효로 되면, B는 보험자대위를 할 수 있어 손해를 입은 것이 없게 되므로 B에게 부당이득의 반환을 구할 수는 없다(대판 1999. 4. 27, 98다61593 참조).

(4) (가) (ㄱ) A회사는 乙의 사용자로서 乙의 甲에 대한 불법행위에 관해 민법 제756조에 따른 사용자책임을 진다. (ㄴ) A회사의 주장에 대해: ① 고용계약이 무효이더라도 실질적으로 사용관계가 있고 객관적으로 사무집행 관련성이 있으므로, A회사는 피용자 乙의 불법행위에 대해 민법 제756조에 따른 사용자책임을 진다. ② 호의동승을 한 경우 여러 사정에 비추어 가해자에게 일반 교통사고와 같은 책임을 지우는 것이 신의칙이나 형평의 원칙상 매우 불합리한 경우에는 그 배상액을 경감할 수는 있으나, 사고 차량에 단순히 호의로 동승하였다는 사실만 가지고 바로 이를 배상액 경감사유로 삼을 수는 없다(대판 1999. 2. 9, 98다53141). ③ 乙과 丙은 甲에게 민법 제760조 1항에 따른 공동불법행위책임을 지고, 이 경우 양자는 부진정연대채무를 부담하므로 각자 전액을 변제할 의무가 있다(413조).

(나) (ㄱ) 甲의 피해에 대해 乙과 丙은 민법 제760조 1항에 따른 공동불법행위책임을 진다. (ㄴ) 丙의 주장에 대해: 부진정연대무에 있어 어느 채무자의 변제는 절대적 효력이 있지만 면제는 상대적 효력이 있을 뿐이므로, 丙은 3,000만원에 대해서는 손해배상책임을 진다.

(다) 보험회사 丁이 보험금을 지급한 때에는 상법 제682조에 따라 보험계약자 또는 피보험자인 甲이 가졌던 권리를 취득하므로(보험대위), 그리고 甲은 乙과 丙에게 각각 손해배상금 6,000만원을 청구할 수 있었으므로, 丁은 丙에게 6,000만원을 청구할 수 있다.

(5) (가) C가 입은 손해는 A와 B의 공동의 불법행위에 기인한 것이므로, C는 A와 B에게 공동불법행위를 이유로 손해배상을 청구할 수 있고(760조 1항), 양자는 부진정연대채무의 관계에 있다. 한편, C는 甲을 상대로 A의 사용자로서의 배상책임을 물을 수 있고(756조), 또는 자동차의 운행자로서의 배상책임을 물을 수 있다(자동차손해배상 보장법 3조).

(나) 공동불법행위자가 민법 제760조 1항에 따라 연대하여 부담하는 손해배상책임은 부진정연대채무의 관계에 있으므로, C가 공동불법행위자 중 한 사람인 B의 손해배상채무를 면제해 주었다 하더라도 이것은 C와 B 두 사람 간에만 효력이 있을 뿐 다른 공동불법행위자인 A에게는 영향이 없다. 한편 甲이 사용자로서 또는 자동차의 운행자로서 배상책임을 지는 경우, 甲의 배상책임은 A의 배상책임에 대한 대체적 책임이어서 甲도 B와 부진정연대채무 관계에 있다(대판(전원합의체) 1992. 6. 23, 91다33070). 따라서 甲이 C에게 1,000만원을 배상한 경우, 甲은 B에게 B의 부담부분으로 볼 수 있는 30%의 과실비율에 상응하는 300만원을 구상할 수 있다. 한편 피용자 A에게는 민법 제756조 3항을 근거로 70%의 과실비율에 상응하는 700만원을 구상할 수 있다. 사례 p. 750

제3항 특별법상의 특수 불법행위

Ⅰ. 자동차 운행자의 책임

사례 A회사 소속 운전자 甲이 차량관리 책임자의 허락을 얻어 A 소유의 화물트럭을 몰고 고향으로 가던 중, 같은 마을 사람 B로부터 태워달라는 요구를 받고 그를 화물 적재함에 태워 가다가, 甲의 운전 과실로 사고가 발생하여 B가 중상을 입게 되었다. B는 누구를 상대로 무엇을 청구원인으로 하여 어떤 책임을 물을 수 있는가? 해설 p.768

1. 서 설

자동차의 운행으로 사람이 사망하거나 부상한 경우의 손해배상에 관해서는 「자동차손해배상 보장법」(1999년 법 5793호)이 특별법으로서 민법에 우선하여 적용된다. 피해자가 동법에 의한 손해배상을 주장하지 않더라도 법원은 민법에 우선하여 동법을 적용하여야 한다(대판 1997. 11. 28, 95다29390). 동법은 '자기를 위하여 자동차를 운행하는 자', 즉 자동차 운행자가 배상책임을 지는 것으로 정한다(동법 3조).

2. 자동차손해배상 보장법의 적용범위와 특색

(1) 동법 제3조는 자동차 손해배상책임의 주체와 요건에 대해 규정한다. 즉, (ㄱ) 자기를 위하여 자동차를 운행하는 자가 그 책임을 진다. 대개는 자동차의 보유자가 이에 해당하지만, 위험책임과 보상책임의 이념을 고려하여 그 운행에 따른 지배(운행지배)와 이익(운행이익)을 갖는 자, 즉 「운행자」가 배상책임을 지는 것으로 한다. 누가 운행자가 되는지는 (후술하는 대로) 사안에 따라 다양하다. (ㄴ) 자동차의 운행으로 다른 사람이 사망하거나 부상을 입은 경우, 즉 「인적 손해」에 한해 운행자는 동법에 따른 배상책임을 지는데, 면책요건이 상당히 엄격한 점에서 사실상 무과실책임에 가까운 것이 그 특색이다(동법 3조 단서). (ㄷ) 인적 손해에 따른 손해배상의 범위는 일반 불법행위의 경우와 다를 것이 없다. 따라서 적극적 손해 · 소극적 손해(일실이익) · 정신적 손해를 배상하여야 한다. 그런데 동법(5조)은 피해자 보호를 위해 책임보험 제도를 도입하여 자동차 보유자로 하여금 보험 가입을 강제하고 있다. 그리고 보험 가입자 등에게 동법 제3조에 따른 손해배상책임이 발생하면 그 피해자는 보험회사 등에게 「보험금」을 자기에게 직접 지급할 것을 청구할 수 있도록 하고 있다(동법 10조). 따라서 손해 중 보험금의 한도에서는 피해자가 배상을 받는 것이 보장되는 데 또한 특색이 있다.

(2) (ㄱ) 자기를 위하여 자동차를 운행하는 자의 손해배상책임에 관하여는 자동차손해배상 보장법(3조)에 의하는 것 외에는 민법의 규정에 의한다(동법 4조). 그런데 동법에 의한 배상의 대상은 인적 손해에 한하고 물적 손해에는 미치지 못하며, 그 손해는 자동차의 운행에 의해 발생한 것에 한정되고 배상액은 법정되어 있으며, 책임의 주체는 자동차 운행자이고 운전자는 동법에 의해 책임을 부담하지 않는다. 따라서 동법이 적용되지 않는 부분은 민법의 불법행위에 관한 규정에 의해 처리된다. (ㄴ) 공무원이 직무를 집행하면서 자동차손해배상 보장법에 따라 손해배상의 책

임이 있을 때에는 국가 또는 지방자치단체는 국가배상법에 따라 그 손해를 배상할 책임을 진다(국가배상법 2조 1항 본문). 한편, 국가배상법 제2조 2항의 해석상 공무원에게 경과실만 있는 때에는 공무원 개인은 손해배상책임을 부담하지 않는다(대판(전원합의체) 1996. 2. 15, 95다38677). 그런데 자동차손해배상 보장법의 입법취지상 동법 제3조는 민법이나 국가배상법에 우선하여 적용된다. 따라서 공무원이 직무상 자동차를 운전하다가 사고를 일으켜 다른 사람에게 손해를 입힌 경우에는 공무원의 경과실 여부를 묻지 아니하고, 그 공무원이 동법상의 '자기를 위하여 자동차를 운행하는 사람'에 해당하면 동법에 따른 손해배상책임을 부담한다(다시 말해 경과실인 경우에도 공무원은 자동차손해배상 보장법에 따라 배상책임을 지고, 국가는 국가배상법에 따라 배상책임을 지며, 양자는 부진정연대채무 관계를 이룬다)(대판 1996. 3. 8, 94다23876).

3. 자동차운행자책임의 요건

자동차손해배상 보장법 제3조 본문은 "자기를 위하여 자동차를 운행하는 자는 그 운행으로 다른 사람을 사망하게 하거나 부상하게 한 경우에는 그 손해를 배상할 책임을 진다"고 규정한다. 이를 설명하면 다음과 같다.

(1) 자기를 위하여 자동차를 운행하는 자일 것

(ㄱ) 동법에 의해 배상책임을 지는 자는 「자기를 위하여 자동차를 운행하는 자」이다. 동법 제3조는 위험책임과 보상책임의 원리를 바탕으로 하여 자동차에 대한 '운행지배'와 '운행이익'을 갖는 자에게 그 운행으로 인한 손해에 대해 배상책임을 지우자는 데 그 취지가 있어, 위 의미는 자동차에 대한 운행을 지배하여 그 이익을 얻는 책임주체로서의 지위에 있는 자를 말한다(대판 1987. 7. 21, 87다카51). (ㄴ) 운행자는 자동차 보유자나 운전자와는 구별되는 개념이다. ① '자동차 보유자'는 자동차의 소유자 또는 자동차를 사용할 권리가 있는 자(예: 임차인 등)로서 자기를 위하여 자동차를 운행하는 자이다(동법 2조 3호). 자동차 보유자는 보통은 운행자에 해당하지만, 항상 그런 것은 아니고, 예컨대 절도운전의 경우에는 보유자는 운행지배와 운행이익을 잃어 운행자가 되지 않는다. 반면 보유자가 아니더라도 운행지배와 운행이익을 가지면 운행자가 된다(예: 매수인·임차인·수치인 등. 아래 판례 참조). ② '운전자'는 다른 사람을 위하여 자동차의 운전이나 운전의 보조에 종사하는 자이다(동법 2조 4호). 운전자는 운행지배와 운행이익이 없기 때문에 운행자가 아니다(대판 1997. 11. 14, 95다37391). 이 경우 동법에 의해 손해를 배상한 사용자는 민법에 의해 피용자인 운전자에게 구상권을 행사할 수 있고, 이때에는 운전자의 고의나 과실을 입증하여야 한다(756조 3항).

판 례 운행자로 인정하거나 부정한 사례

(ㄱ) 무단운전: 자동차 보유자와 고용관계 또는 가족관계가 있거나 지인관계가 있는 등 일정한 인적 관계가 있는 사람이, 자동차를 사용한 후 자동차 보유자에게 되돌려 줄 생각으로 자동차 보유자의 승낙을 받지 않고 무단으로 운전하는 경우를 '협의의 무단운전'이라고 한다(대판 1998. 6. 23, 98다10380). 이 경우 소유자의 운행지배와 운행이익의 상실 여부는 평소 자동차나 열쇠의 보관 및

관리상태, 소유자의 의사와 관계없이 운행이 가능하게 된 경위, 소유자와 운전자의 인적 관계, 운전자의 차량 반환의사의 유무, 무단운행 후 소유자의 사후승낙 가능성, 무단운전에 대한 피해자의 인식 유무 등 객관적이고 외형적인 여러 사정을 사회통념에 따라 종합적으로 평가하여 판단하여야 한다. 그런데 ① 무면허인 미성년자가 父가 출타한 사이에 바지 호주머니에 넣어둔 열쇠를 꺼내어 그 무단운행 사실을 알고 있는 친구를 태우고 운전하다가 사고를 낸 사안에서, 父의 자동차 운행자로서의 책임을 인정하였으나(대판 1998. 7. 10, 98다1072), ② 자동차 소유자인 회사의 피용자가 회사의 승낙을 받지 않고 제3자와 함께 같이 음주상태에서 회사에서 멀리 떨어진 곳에서 술을 마실 목적으로 그 자동차를 운전해 가다가 무상동승자인 제3자가 사고로 부상을 입은 사안에서, 위 자동차의 운행경위에 비추어 볼 때 그 운행은 자동차 소유자인 회사의 운행지배와 운행이익의 범위를 완전히 벗어난 것으로 보았다(대판 1994. 9. 23, 94다9085). (ㄴ) 절도운전: 이 경우에는 소유자의 운행지배와 운행이익이 상실된다고 보는 것이 통설 및 판례이다(대판 1998. 6. 23, 98다10380). 다만 차량의 키를 뽑지 않고 출입문도 잠그지 않은 채 노상에 주차시킨 과실로 제3자가 그 차량을 절취하여 운전하던 중 사고를 일으킨 경우, 소유자의 위 과실과 손해 사이에는 상당인과관계가 있어 민법 제750조에 의한 일반 불법행위책임을 질 수는 있다(대판 1988. 3. 22, 86다카2747; 대판 2001. 6. 29, 2001다23201, 23218). (ㄷ) 사용대차와 임대차: ① 자동차 소유자가 친구 등 밀접한 인적 관계에 있는 자에게 자동차를 무상으로 대여한 사안에서(사용대차), 그 자동차에 대한 운행지배나 운행이익은 여전히 자동차 소유자에게 있고, 자동차를 빌린 자는 이를 이용했다는 사정만으로 운행자로 볼 수는 없다고 하였다(대판 1991. 5. 10, 91다3918). ② 자동차 대여업자가 자동차를 일정 기간 임대한 경우, 대여업자의 운행지배가 직접적으로 존재한다고 하여 운행자로 인정한다(대판 1991. 7. 12, 91다8418)(이 경우에는 임차인도 운행자가 된다고 할 것이다). 이에 비해 대여업자가 아닌 보유자로부터 자동차를 임차한 보통의 임대차의 경우에는 임차인이 운행자가 된다(대판 1993. 6. 8, 92다27782). (ㄹ) 매 매: ① 자동차를 매수하고 이전등록을 하지 않은 상태에서 매수인이 운행하다가 사고가 난 경우에는 매수인이 운행자가 된다(대판 1994. 2. 22, 93다37052). 즉 등록명의가 매도인에게 남아 있더라도 운행지배권은 이미 그에게서 이탈한 것이므로 그는 운행자가 아니다(대판 1985. 4. 23, 84다카1484). ② 매수인에게 차량을 인도하였으나 매매대금이 결제되지 아니한 채 매도인 명의로 차량 소유권등록이 되어 있는 경우, 매도인이 운행자가 된다(대판 1991. 3. 12, 91다605). ③ 중고자동차 위탁매매의 경우 위탁자의 운행지배 유무는 그 당사자 사이의 실질적 관계를 살펴서 사회통념상 위탁자가 차량 운행에 간섭을 하거나 지배·관리할 책무가 있는 것으로 평가할 수 있는지에 따라 결정하여야 하지만, 위탁매매의 실정에 비추어 보면 일반적으로는 그러한 책무가 있다고 보기 어렵다(대판 2002. 11. 26, 2002다47181). (ㅁ) 대리운전: 음주 등의 사유로 타인에게 대리운전을 시킨 경우에는 자동차 보유자가 운행자가 된다(대판 1994. 4. 15, 94다5502). (ㅂ) 임 치: ① 자동차 수리를 위해 정비업자에게 자동차를 맡긴 동안에는 정비업자만이 운행자가 되고, 그의 피용자가 그 자동차를 무단운전하다가 일으킨 사고에 대하여는 정비업자가 운행자로서 배상책임을 진다(대판 1995. 2. 17, 94다21856). ② 여관이나 음식점 등의 공중접객업소에서 주차대행 및 관리를 위한 주차요원을 일상적으로 배치하여 이용객으로 하여금 주차요원에게 자동차와 시동열쇠를 맡기도록 한 경우, 자동차는 공중접객업자가 보관하는 것으로 보아야 하고 위 자동차에 대한 자동차 보유자의 운행지배는 떠난 것으로 볼 수 있다(대판 1988. 10. 25, 86다카2516; 대판 2009. 10. 15, 2009다42703, 42710). (ㅅ) 양도담보: 채권담보의 목적으로 자동차등록원부에 소유자로 등록되어 있는 자는 자동차에 관한 운행지배나 운행이익을 가지고 있다고 볼 수 없어 운행자가 아니다(대판 1980. 4. 8, 79다302). (ㅇ) 명의대여: 타인이 매수한 자동차에 대해 타인의 간청으로 자기의 명의로 등록한 자는 그 차량에 자기의 상호를 표시하였을 뿐만 아니라 그가 경영하는 광물의 운반에 사용하였다면 운행자가 된다(대판 1982. 10. 12, 81다583). 그러나 지입회사 명의로 등록을 하였을 뿐 차량의 운행을 차량 소유자가 자기의 이익을 위해 처리하는 지입차량의 경우 지입회사는 운행자가 아니다(대판 1977. 7. 12, 77다91).

(2) 자동차의 운행으로 피해가 발생할 것

(ㄱ) 「자동차」는 자동차관리법이 적용되는 자동차와 건설기계관리법이 적용되는 건설기계 중 대통령령으로 정하는 것을 말한다(동법 2조 1호). (ㄴ) 자동차의 「운행」은 사람 또는 물건의 운송 여부와 관계없이 자동차를 그 용법에 따라 사용하거나 관리하는 것을 말한다(동법 2조 2호). ① 화물 하차 작업 중 화물고정용 밧줄에 오토바이가 걸려 넘어져 사고가 발생한 경우(대판 1996. 5. 31, 95다19232), 자동차에서 시동과 히터를 켜 놓은 상태에서 잠을 자다가 질식사한 경우(대판 2000. 1. 21, 99다41824) 등은, 자동차의 운송수단으로서의 본질이나 위험과는 무관하게 사용된 경우로서 운행에 포함되지 않는다. ② 그러나 다음의 경우에는 운행에 포함된다. 자동차가 주행상태에 있지 않더라도 주행의 전후 단계로서 주·정차 상태에서 문을 열고 닫는 등 각종 부수적인 장치를 사용하는 것(동승자가 주차한 자동차에서 내리다가 차량 밖의 터널 바닥으로 떨어져 다친 경우)(대판 1998. 9. 4, 98다22604, 22611), 자동차를 정차함에 있어 지형과 도로 상태에 맞추어 변속기나 브레이크를 조작하지 않아 자동차가 추락하여 사람이 사망하거나 부상을 입은 경우(대판 2004. 3. 12, 2004다445, 452), 당해 자동차의 사용에 밀접하게 관련된 것이면 그 장치를 자동차에서 분리하여 사용하는 것(구급차에 비치된 들것으로 환자를 하차시키던 중 들것을 잘못 조작하여 환자가 땅에 떨어져 부상을 입은 경우)(대판 2004. 7. 9, 2004다20340, 20357), 승객이 강간을 피하기 위해 달리는 차량에서 뛰어내리다 사망한 경우(대판 1989. 10. 27, 89다카432) 등은 운행에 포함된다.

(3) 다른 사람이 사망하거나 부상을 입었을 것

a) 다른 사람 (ㄱ) (피해자에 해당하는) 자동차손해배상 보장법 제3조 소정의 '다른 사람'이란, '자기를 위하여 자동차를 운행하는 자, 해당 자동차를 운전하거나 그 운전의 보조에 종사한 자를 제외한 (승객을 포함한) 그 이외의 자'를 말한다(대판 2000. 3. 28, 99다53827). (ㄴ) 구체적인 내용은 다음과 같다. ① 사고 당시 현실적으로 운전을 하지 않았더라도 해당 자동차를 운전하여야 할 지위에 있는 자가 법령상 또는 직무상 임무를 위배하여 타인에게 운전을 위탁하였고 그 타인이 운전 무자격자이거나 운전 미숙자인 경우에는, 그와 같이 운전을 위탁한 자는 여전히 운전자에 해당한다(예: 이삿짐센타 화물차의 운전과 이에 부착된 고가사다리의 작동을 담당하던 종업원이 자신은 깔판을 타고 올라 탄 다음 이삿짐센타에서 짐을 나르는 종업원으로서 운전면허도 없는 자에게 고가사다리를 조작하도록 지시하여 그의 작동 미숙으로 땅에 떨어져 사망한 경우, 망인은 운전자로서 위 법조 소정의 다른 사람에 해당하지 않는다)(대판 2000. 3. 28, 99다53827). ② 운전의 보조에 종사한 자에 해당하는지는 여러 사정을 종합해서 판단하여야 하는데, 자신의 업무와 관계없이 별도의 대가를 받지 않고 운전행위를 도운 것에 불과한 자는 그에 해당하지 않는다(예: 전기배선공으로서 자신의 업무와 관계없이 별도의 대가도 받지 않고 전선드럼 하역업무를 돕는 과정에서 사망한 경우, 운전의 보조에 종사한 자에 해당하지 않는다)」(대판 2016. 4. 28, 2014다236830, 236847). 이에 대해 버스 안내원은 운전을 보조한 자

에 해당한다(버스운전사의 과실로 그 차의 안내원이 부상을 입은 경우, 안내원은 위 법조 소정의 '다른 사람'에 해당하지 않으므로 회사는 자동차손해배상 보장법에 따른 책임은 지지 않고 민법 제756조에 의해 사용자로서 배상책임을 질 뿐이다)(대판 1979. 2. 13, 78다1536).

판 례 호의동승자와 공동운행자의 지위

(α) '타인'과 관련하여 자동차 운행자의 호의로 무상으로 그의 자동차에 동승한 「호의동승자」의 지위가 문제되는데, 이에 관한 판례의 내용은 다음과 같다. (ㄱ) 호의동승자는 운행자는 아니며(따라서 이를 근거로 그의 피해에 대해 이를 감수할 것을 요구할 수는 없다), 승객으로서 위 타인에 포함된다(대판 1987. 12. 22, 86다카2994). (ㄴ) ① 호의동승자는 그 자신의 편의와 이익을 위하여 자동차의 운행이라는 위험에 스스로 몸을 맡기고 또 무상으로 이용하였기 때문에, 여러 사정에 비추어 가해자에게 그대로 책임을 지우는 것이 신의칙이나 형평의 원칙에 비추어 매우 불합리하다고 인정될 때에는 그 배상액을 경감할 수 있다(대판 1996. 3. 22, 95다24302). ② 호의동승자에게도 과실이 있는 때에는 과실상계의 사유로 삼을 수 있다(운전자의 무면허 내지는 음주의 사실을 알고 타는 경우 등). ③ 호의동승 차량 운전자의 과실과 또 다른 차량 운전자의 과실이 경합하여 동승자가 사고를 입었고, 호의동승 차량의 운행자나 운전자와 신분상 내지 생활관계상 일체를 이루는 관계에 있는 호의동승자가 상대방 차량의 운행자를 상대로 손해배상을 청구하는 경우, 그 운전자의 과실은 피해자 측의 과실로 포함된다. 그러나 오로지 호의동승 차량 운전자의 과실만으로 호의동승자가 사고를 입은 경우에는 피해자 측의 과실로 참작할 것이 아니다(대판 1997. 11. 14, 97다35344; 대판 2021. 3. 25, 2019다208687).

(β) 하나의 자동차에 대해 운행자가 둘 이상 있는 공동운행자도 있을 수 있다. (ㄱ) 공동운행자는 자동차손해배상 보장법에 따라 각자 운행자로서 책임을 지고, 이들은 피해자에 대해 부진정 연대책임을 부담한다. 따라서 부진정연대채무의 법리가 통용된다. (ㄴ) 문제는 피해자가 공동운행자인 경우이다. 공동운행자도 운행자이므로 원칙적으로 자동차손해배상 보장법 제3조 소정의 '타인'에 해당하지 않는다. 다만, 예외적으로 타인으로 볼 수 있는 경우가 있다. 즉, 사고를 당한 운행자의 운행지배 및 운행이익에 비해 다른 운행자의 그것이 보다 주도적이거나 직접적이고 구체적으로 나타나 있어 다른 운행자가 쉽게 사고의 발생을 방지할 수 있는 경우에는 자신이 타인임을 주장할 수 있다. 구체적으로는 다음과 같다. ① A는 자신이 소유하는 과수원의 진입로 확장공사를 위해 B로부터 굴삭기를 임차하면서 차량에 딸린 운전사를 사용하기로 하였는데, 운전사가 작업 중 굴삭기 뒤에 있는 A를 미처 발견하지 못하고 그를 쳐 사망에 이르게 한 사안에서, A와 B가 굴삭기의 공동운행자이지만, B는 운전사를 통해 굴삭기 운행관계에 대한 지식이 없는 A에 비해 굴삭기 운행에 보다 주도적으로 또는 직접적 · 구체적으로 관여하여 쉽게 사고의 발생을 방지할 수 있다는 것을 이유로, A가 B를 상대로 자동차손해배상 보장법에 따른 손해배상을 청구할 수 있는 것으로 보았다(대판 1997. 7. 25, 96다46613). ② A는 B렌트카 회사로부터 승용차를 대금 173,700원에 임차하여 직접 운전하다가 운전 부주의로 다른 차량과 충돌하여 사망한 사안에서, A와 B가 승용차의 공동운행자이지만, 위와 같은 사정이 B에 비해 A에게 있다는 이유로, A는 B에 대해 위 법률 소정의 타인임을 주장할 수 없는 것으로 (다시 말해 자동차손해배상 보장법에 따른 손해배상을 청구할 수 없는 것으로) 보았다(대판 2000. 10. 6, 2000다32840).

b) 인적 손해 동법이 적용되는 것은 타인이 사망하거나 부상을 입은 '인적 손해'에 한한

다. 운행 중의 사고로 타인의 물건을 훼손한 경우처럼 '물적 손해'에 대해서는 동법은 적용되지 않는다.

(4) 자동차 운행자에게 면책사유가 없을 것

동법은 자동차의 운행이라는 위험성에 근거하여 이를 지배하고 이용하는 운행자에게 사실상 무과실책임에 가까운 무거운 책임을 인정한다. 운행자가 그 책임을 면하기 위해서는 피해자가 승객이 아닌 자와 승객인 경우에 따라 다음의 사유를 입증하여야 한다.

a) 승객이 아닌 자가 사상한 경우 다음 세 가지, 즉 ① 자기와 운전자가 자동차의 운행에 주의를 게을리하지 않았고, ② 피해자 또는 자기 및 운전자 외의 제3자에게 고의나 과실이 있으며, ③ 자동차의 구조상 결함이나 기능상 장해가 없었다는 것을 모두 증명하여야 한다(동법 3조 1호).

b) 승객이 사상한 경우 승객이 고의나 자살행위로 사망하거나 부상한 것임을 증명하여야 한다(동법 3조 2호). (ㄱ) 승객은 자동차에 동승함으로써 자동차의 위험과 일체화되어 승객 아닌 자에 비해 그 위험이 더 크다고 할 수 있으므로, 승객 아닌 자가 사상한 때와 달리 면책요건을 더욱 까다롭게 하여 차별한 것은 합리적 이유가 있다. 운전상의 과실 유무는 묻지 않는다(대판 1998. 7. 10, 97다52653; 대판 2021. 11. 11, 2021다257705). (ㄴ) 여기서 '승객'은 반드시 자동차에 탑승하여 있는 자만으로 국한하는 것은 아니고, 자동차의 직접적인 위험 범위에 있는 자도 승객에 해당한다(고속도로에서 1차 사고로 정차한 관광버스의 승객 일부가 버스에서 하차하여 갓길에 서서 사고 상황을 살피다가 2차 사고를 당해 사망한 사안)(대판 2008. 2. 28, 2006다18303). (ㄷ) 운전자의 범죄행위로부터 벗어나기 위해 승객이 달리는 택시에서 뛰어내려 사고를 입은 경우(대판 1997. 11. 11, 95다22115; 대판 2017. 7. 18, 2016다216953), 시내버스가 승객을 승하차시키기 위해 정류장에 정차하는 과정에서 승객이 일어나 가방을 메다가 정차 반동으로 넘어져 부상을 입은 경우(대판 2021. 11. 11, 2021다257705), 위 면책요건에 해당하지 않는다고 보았다.

4. 자동차운행자책임의 효과

책임보험을 든 자동차 운행자에게 자동차손해배상 보장법 제3조에 따른 손해배상책임이 발생하면 그 피해자는 보험회사에 상법 제724조 2항에 따라 보험금을 자기에게 직접 지급할 것을 청구할 수 있다(자동차손해배상 보장법 10조 1항). 구체적인 내용은 다음과 같다. (ㄱ) 상법 제724조 2항에 따라 피해자가 보험자에게 갖는 직접청구권은 보험자가 피보험자의 피해자에 대한 손해배상채무를 병존적으로 인수한 것에 해당한다. 그리고 중첩적 채무인수에서 인수인이 채무자의 부탁으로 인수한 경우 채무자와 인수인은 주관적 공동관계가 있는 연대채무관계에 있는데, 보험자의 채무인수는 피보험자의 부탁(보험계약)에 따라 이루어지는 것이므로 보험자의 손해배상채무와 피보험자의 손해배상채무는 연대채무관계에 있다(대판 2010. 10. 28, 2010다53754). (ㄴ) 피해자가 보험자에게 갖는 직접청구권은 피보험자의 피해자에 대한 손해배상채무를 보험자가 병존적으로 인수한 것이므로, 민법 제766조 1항에 따라 피해자 또는 그의 법정대리인이 그 손해 및 가해자를 안 날부터 3년간 이를 행사하지 않으면 시효로 소멸된다(대판 2005. 10. 7, 2003다6774).

사례의 해설 (ㄱ) 자동차의 운행으로 사람이 부상을 입은 것이므로 민법에 우선하여 자동차손해배상 보장법이 적용된다. 동법에 의해 배상책임을 지는 자는 운행자인데(동법 3조), A회사가 이에 해당함은 의문이 없다. 문제는 운전자 甲의 지위이다. 甲을 단순히 운전자로 보면 운행자가 아니지만, 자동차를 사용할 권리가 있는 경우로 보면 운행자로 볼 여지가 없지 않다. 그러나 사례에서처럼 차량관리 책임자의 허락을 얻어 일시적으로 고향에 갔다오는 정도로는 그에게 운행지배와 운행이익이 있다고 보기는 어렵지 않은가 생각된다. 따라서 피해자 B는 A를 상대로 자동차손해배상 보장법에 따른 책임을 물을 수 있고, 그 적용범위를 벗어난 부분에 대해서는 피용자 甲의 불법행위에 대해 민법상 사용자로서의 책임(756조)을 물을 수 있다. 그리고 운전자 甲에 대해서는 민법상의 일반 불법행위책임을 물을 수 있다(750조). (ㄴ) B의 위 손해배상청구에 대해, B가 호의동승을 하였다는 사유를 들어 배상액의 감경을 항변할 수 있을지 모르지만, B는 甲의 호의로 단순히 편승한 데 불과하므로, 이것만 가지고는 배상액의 감경사유로 삼을 수는 없다(대판 1987. 12. 22, 86다카2994). 다만 법령에 의하여 탑승이 금지되어 있는 화물 적재함에 타고 간 B의 과실은 인정되므로, 이 점을 들어 과실상계를 할 수는 있다.

사례 p. 762

Ⅱ. 환경오염책임環境汚染責任

사 례 (1) A공장은 폐수를 바다에 배출하였고, 부근에 있는 B공장도 폐수를 바다에 배출하였는데, 이들 폐수가 조류를 타고 C 소유의 김 양식장에 도달하여, 그것이 김의 광합성능을 저해하여 피해를 입히게 되었다. C는 A와 B에게 무엇을 청구원인으로 하여 어떤 책임을 물을 수 있는가?

(2) A도로공사는 강원도 원주군에서 횡성군을 잇는 기존의 2차선 도로를 4차선으로 확장하였는데, 이 공사 과정에서 B가 운영하는 양돈장(돼지 1,600마리 사육) 옆으로 도로가 확장되면서 자동차의 소음과 진동이 종전보다 훨씬 심해져 정상적인 양돈업이 불가능해졌고, 그래서 B는 폐업하게 되었다. B는 A에게 불법행위로 인한 손해배상을 청구하였다. B의 청구는 인용될 수 있는가?

해설 p. 771

1. 환경오염의 정의와 특색

(ㄱ) 종전에는 실무상 '공해公害'라는 용어를 사용하였지만, 「환경정책기본법」(2011년 법 10893호)에서는 '환경오염'이라는 용어를 사용하면서, 이를 "사업활동 및 그 밖의 사람의 활동에 의하여 발생하는 대기오염 · 수질오염 · 토양오염 · 해양오염 · 방사능오염 · 소음 및 진동 · 악취 · 일조방해 · 인공조명에 의한 빛공해 등으로서 사람의 건강이나 환경에 피해를 주는 상태"로 정의한다(동법 3조 4호). (ㄴ) 환경오염에는 다음과 같은 특색이 있다. 즉 대기나 수질 등을 매개로 하여 간접적으로 피해가 발생하고, 그 피해가 계속적으로 또 광범위하게 발생하며, 그러한 침해가 가해자의 적법한 활동의 결과로서 부수적으로 야기된 것이라는 점이다. 환경오염은 대량적 · 필연적으로 생기는 사고라는 점에서, 민법상 일반 불법행위가 개별적 · 우발적이고 주로 개인의 위법행위를 예상하고 있는 것과는 차이가 있다.

2. 환경오염에 대한 법적 규제

헌법은 환경권을 기본권의 하나로 규정하면서, 제35조 1항에서 "모든 국민은 건강하고 쾌적한 환경에서 생활할 권리를 가지며, 국가와 국민은 환경보전을 위하여 노력하여야 한다"고 정하고, 제35조 2항에서 "환경권의 내용과 행사에 관하여는 법률로 정한다"고 규정한다. 이를 기초로 환경오염을 규제하는 여러 법률들이 마련되어 있는데, 이것은 크게 「공법적 규제」[1]와 환경오염으로 인한 피해에 대한 「사법적 구제」 두 가지로 나누어 볼 수 있다. 이 중 전자는 공법학의 영역에 속하는 것이므로, 아래에서는 후자를 중심으로 그 법적 근거와 그에 따른 구제를 설명하기로 한다.

3. 환경오염의 피해에 대한 사법적 구제私法的 救濟

환경오염의 피해에 대한 구제로서 대표적인 것은 '손해배상청구'와 장래에 대해 환경오염의 금지를 구하는 '부작위청구' 두 가지가 있다. 이 두 가지 구제에 관한 법적 근거와 그 한계 내지 적용범위에 관해 설명한다.

(1) 손해배상청구

a) 환경정책기본법 제44조〔환경오염의 피해에 대한 무과실책임〕 「① 환경오염 또는 환경훼손으로 피해가 발생한 경우에는 해당 환경오염 또는 환경훼손의 원인자가 그 피해를 배상하여야 한다. ② 환경오염 또는 환경훼손의 원인자가 둘 이상인 경우에 어느 원인자에 의하여 제1항에 따른 피해가 발생한 것인지를 알 수 없을 때에는 각 원인자가 연대하여 배상하여야 한다.」 (ㄱ) 자기의 행위 또는 사업 활동으로 환경오염 또는 환경훼손의 원인을 주고 그로 인해 피해가 발생한 경우에는, 행위자 또는 사업자에게 그의 과실을 묻지 않고 배상책임을 지우는 무과실책임을 도입하였다(동법 44조 1항). 그러나 그 원인 제공과 피해 발생 간에 인과관계가 있다는 점과, 손해의 발생 및 그 금액은 피해자가 입증하여야 한다. 그리고 그 배상범위에 대해서는 따로 규정이 없으므로 민법상 손해배상의 법리가 적용된다. (ㄴ) 동법 제44조 2항은 민법 제760조 2항 소정의 가해자 불명의 공동불법행위와 그 취지가 같다. 따라서 자신의 행위가 피해 발생과 인과관계가 없다는 점을 입증하면 그는 면책될 수 있다. 피해자로 하여금 인과관계 입증의 부담을 덜어주자는 데 그 취지가 있다.

〈판 례〉 (ㄱ) A는 1996년부터 한우를 사육하는 농장을 운영하여 왔는데, 2010년에 한국철도시설공단(B)이 부근에 철도를 건설하고, 한국철도공사(C)가 열차를 운행하기 시작하면서 생긴 소음 등으로 한우들에 유·사산 등 피해가 발생한 사안에서, 대법원은 B와 C는 환경정책기본법 제44조에 따라 오염 원인자로서 귀책사유가 없더라도 연대하여 손해배상책임을 지는 것으로 판결하

1) 환경오염의 발생가능성을 사전에 규제하는 여러 법률이 있다. 우선 기본적인 법률로서 「환경정책기본법」(2011년 법 10893호)이 있고, 이를 구체화하기 위한 여러 개별 법률들이 있다. 즉 환경영향평가법, 소음·진동규제법, 대기환경보전법, 수질환경보전법, 해양오염방지법, 오수·분뇨 및 축산폐수의 처리에 관한 법률 등이 그것이다. 이들 일련의 법률을 통해 환경기준과 오염의 배출기준을 정하여 감시·검사 등을 실시하고, 환경오염 발생의 염려가 있는 시설을 설치하는 경우에는 신고 또는 허가를 얻도록 하며, 경우에 따라서는 시설개선 또는 조업정지 등을 명령하고, 또 일정한 위반행위에 대해서는 벌칙을 부과하는 방식으로 규제한다.

였다(대판 2017. 2. 15, 2015다23321). (ㄴ) 「방사능에 오염된 고철은 원자력안전법 등의 법령에 따라 처리되어야 하고 유통되어서는 안 된다. 사업활동 등을 하던 중 고철을 방사능에 오염시킨 자는 원인자로서 관련 법령에 따라 고철을 처리함으로써 오염된 환경을 회복·복원할 책임을 진다. 이러한 조치를 취하지 않고 방사능에 오염된 고철을 타인에게 매도하는 등으로 유통시킴으로써 거래 상대방이나 전전 취득한 자가 방사능오염으로 피해를 입게 되면, 그 원인자는 방사능오염 사실을 모르고 유통시켰더라도 환경정책기본법 제44조 1항에 따라 피해자에게 피해를 배상할 의무가 있다」(대판 2018. 9. 13, 2016다35802). (ㄷ) 경마공원 인근에서 화훼농원을 운영하는 甲이, 한국마사회가 경마공원을 운영하면서 경주로 모래의 결빙을 방지하기 위해 살포한 소금이 지하수를 통해 농원으로 유입되어 甲이 재배하던 분재와 화훼 등이 고사하였다고 주장하며, 한국마사회를 상대로 손해배상을 구한 사안에서, 환경정책기본법 제44조 1항에 따라 한국마사회의 손해배상책임이 인정된다고 보았다(대판 2020. 6. 25, 2019다292026, 292033, 292040).

b) 민법 제750조　환경오염으로 인한 피해가 불법행위의 요건을 충족하는 때에는 민법 제750조에 의한 손해배상책임이 발생한다. 환경정책기본법이 적용되는 경우에도 민법 제750조의 적용이 배제되지는 않는다. 이 경우 피해자는 과실에 의한 위법행위로 인해 손해가 발생한 사실을 입증하여야 하는데, 특히 환경오염으로 인한 피해와 관련하여 다음 두 가지 이론이 있다. (ㄱ) 수인한도론受忍限度論: 불법행위의 성립요건의 하나인 위법성 여부에 관하여는 '침해되는 이익'과 '침해행위'의 양자를 상관적으로 고려하여 판단하여야 한다는 것이 통설이다. 그런데 특히 공해 내지 환경오염에 관하여는, 위법성의 판단기준으로서 그 침해의 정도가 사회공동생활을 영위함에 있어서 일반적으로 용인할 수 있는 정도, 즉 「수인한도」를 기준으로 하여, 이를 넘으면 위법성을 인정하는 것이 판례의 일반적인 법리이고 태도이다(참고로 민법 제217조 2항은 상린관계의 차원에서 생활방해의 요건으로 수인한도를 정하고 있기도 하다). 이것은 위법성의 판단기준에 관해 위 상관관계설을 기본으로 하면서 여기에 공해의 특성을 감안하여 수정을 가한 것으로 볼 것이다. 한편 수인한도의 기준에 관해 중요한 요소는 무엇보다도 피해자가 입은 피해의 성질과 그 정도이고, 그 밖에 가해기업의 공익성, 지역성, 토지이용의 선후관계, 피해자의 특수한 사정, 가해의 계속성, 가해행위에 대한 공법적 규제의 준수 여부, 손해의 회피가능성과 가해자의 손해방지조치 등을 고려하여 이를 결정하여야 한다는 것이 학설과 판례의 일반적인 견해이다.[1] 요컨대 환경오염으로 인한 피해에 있어서 그것이 수인한도를 넘은 경우에는 위법성을 인정하고, 이 경우에는 과실도 추정하는 것이, 그래서 불법행위의 성립을 긍정하는 것이 판례의 경향이다(대판 2001. 2. 9, 99다55434). (ㄴ) 개연성이론蓋然性理論: 피해자는 환경오염과 피해 발생 간의 인과관계를 입증하여야 하는데, 환경오염의 특색, 즉 피해의 간접성, 누적적 피해 발생, 가해행위와 피해 간의 시간적 격차, 가해자 특정의 어려움 등의 사정으로 피해자가 이를 정확히 입증하기가 어렵다. 그래서 종래의 판례는 그 입증을 완화하려는 시도를 하여 왔는데, 즉 가해행위와 손해 사이에 인과관계가 존재한다는 상당한 정도의 가능성(개연성)만을 피해자가 입증하면 된다는 '개연성이론'이 그것이다. '개연성 입증의 정도'에 관해 명백한 기준을 제시한 것으로

1) 오현규, "위법성 판단기준으로서의 수인한도", 민사판례연구 제25권, 281면.

각주의 판례[1]가 있다.

(2) 부작위청구

a) 민법 제214조 (ㄱ) 소유자는 소유권을 방해하는 자에 대하여 방해의 제거를, 소유권을 방해할 염려 있는 행위를 하는 자에 대하여 그 예방이나 손해배상의 담보를 청구할 수 있다(214조). 따라서 환경오염으로 방해를 받는 때에는 오염시설의 제거를, 장래 방해할 염려가 있는 때에는 그 예방으로서 피해 방지의 시설 또는 부작위를 청구하거나 손해배상의 담보를 청구할 수 있다. (ㄴ) 제214조 소정의 '방해'에 관해, 판례는 사회통념상 일반적으로 수인할 정도를 넘어선 것을 기준으로 한다(대판 1995. 9. 15, 95다23378). 다만 동조는 '소유권'이 방해받는 경우에만 적용된다는 한계가 있다.

b) 민법 제217조 민법 제217조는, 토지 소유자는 매연·열기체·액체·음향·진동 기타 이와 유사한 것으로 이웃 토지의 사용을 방해하거나 이웃 거주자의 생활에 고통을 주지 않도록 적당한 조처를 할 의무를 지고, 다만 그것이 토지의 통상의 용도에 적당한 것인 때에는 이웃 거주자는 이를 인용하여야 하는 것으로 정한다. 동조는 인접 토지 소유자 간의 생활방해를 상린관계의 차원에서 규율하는 것이다. 그리고 그 규율도 수인한도를 넘는 경우에 피해자에게 방해금지를 청구할 권리를 부여하는 데 그친다. 따라서 인접 토지 간에만 발생하는 것이 아닌 환경오염으로 인한 피해에 대해서는, 또 발생된 피해에 대해 (금전) 손해배상을 청구하는 데 있어서는, 동조가 제대로 기능하지 못한다는 한계가 있다.

사례의 해설 (1) A공장의 폐수와 B공장의 폐수가 합해져 C에게 손해를 입힌 것이므로, A와 B가 폐수를 각각 버린 행위는 C의 손해에 대해 객관적으로 공동의 원인을 준 것이 되고, 따라서 민법 제760조 1항에 의한 협의의 공동불법행위가 성립한다고 볼 수 있다. 한편 위 경우는 가해자가 사업자이고, 그 피해가 수질오염이라는 환경오염에 기인한 점에서 환경정책기본법이 적용되고, 따라서 A와 B는 무과실책임을 진다(동법 31조 1항). C는 판례가 취하는 개연성이론에 의해, A와 B가 오염물질을 배출하였다는 사실, 그 오염물질이 김 양식장에 도달한 사실, 손해가 발생한 사실만을 입증하면 족하다. C는 협의의 공동불법행위의 성립을 이유로 A와 B를 상대로 손해 전부의 배상을 청구할 수 있고(760조 1항), 이들은 부진정연대채무의 관계에 있다.

(2) 사례는 판례의 사안이다(대판 2001. 2. 9, 99다55434). 이 판례는, 불법행위의 요건으로서 '위법성'과 '유책성'이 각각 필요하다는 전제에서, 이 두 가지 점에 대해 다음과 같이 판단하였다. (ㄱ) B가 입은 손해가 A

---

1) 판례: (ㄱ) 1) A지방자치단체는 바다에 김 양식시설을 하여 그 사업을 하여 왔는데, 어느 날 김에 병해가 발생하여 큰 피해를 보게 되었다. 한편 B화학은 비료를 제조하고 남은 폐수를 바다에 배출하여 왔다. A는 위 폐수가 조류를 타고 김 양식장에 도달하고 그것이 김의 광합성능을 저해하여 피해를 입혔다는 이유로 B를 상대로 불법행위로 인한 손해배상을 청구하였는데, A가 어디까지 입증하여야 하는지를 놓고 다투어졌다. 2) 「① B공장에서 김의 생육에 악영향을 줄 수 있는 폐수가 배출되고, ② 그 폐수 중의 일부가 해류를 통하여 A의 어장에 도달되었으며, ③ 그 후 김에 피해가 있었다는 사실을 입증하면, B의 위 폐수의 배출과 A가 입은 손해 사이에 일단 인과관계가 증명된 것으로 보아야 한다」고 판결하였다(대판 1984. 6. 12, 81다558). (ㄴ) 그동안 하급심에서는 피해자가 위 세 가지 사유 외에 '피해 과정 및 오염물질 분량의 존재'까지 입증할 것을 요구하였는데, 위 판결은 이를 입증의 대상에서 제외함으로써 피해자의 입증곤란에서 오는 어려움을 덜어준 것이다. 따라서 B가 면책을 주장하기 위해서는, 첫째 B공장 폐수 중에는 김의 생육에 악영향을 끼칠 수 있는 원인물질이 들어 있지 않으며, 둘째 원인물질이 들어 있다고 하더라도 그 혼합률이 안전농도 범위 내에 속한다는 사실을 입증하여야 한다.

도로공사가 고속도로를 확장하여 차량 통행에 제공하는 것, 즉 공익적 목적에서 생긴 것이라고 하더라도, 그로 인해 입은 B의 손해의 내용과 정도가 상대적으로 훨씬 크고, 또 A가 소음 · 진동의 감소를 위해 별다른 조치를 취하지도 않은 점 등을 종합하여, 그것은 수인한도를 넘은 것이라고 하여 위법성을 긍정하였다. (ㄴ) 그리고 본 사안에는 사업자의 무과실책임을 인정한 환경정책기본법 제31조 1항이 적용된다고 보면서, 따라서 A공사의 유책성(과실), 즉 귀책사유는 따로 문제되지 않고, 그 환경오염(소음 · 진동)과 손해 발생 간에 인과관계가 인정되는 이상 배상책임을 진다고 보았다. 특히 환경정책기본법 제44조 1항을 (적극적으로) 적용하여 그 결론을 도출한 점에서 의미가 있다고 할 수 있다. 사례 p. 768

Ⅲ. 제조물책임製造物責任

제조물책임에 관해서는 현대의 대량생산 · 대량소비에 따른 소비자의 피해를 구제하기 위해, 종전부터 제조물에 객관적으로 결함이 있기만 하면 제조업자의 과실 여부를 묻지 않고 배상책임을 지우는 무과실책임의 도입과, 이를 통해 제품의 안전성을 제고하자는 내용의 입법 논의가 있어 왔다. 그 일환으로 2000년 1월 12일에 8개 조문으로 구성된 「제조물책임법」(法律 6109號)이 제정되었는데, 동법은 2002년 7월 1일부터 시행되고 있으며, 동법 시행 후 제조업자가 최초로 공급한 제조물부터 이를 적용한다(동법 부칙 1조 · 2조). 동법은 1994년에 제정된 일본의 '제조물책임법'을 모범으로 하여 제정되었는데, 그 주요 내용은 다음과 같다.[1]

1. 제조물책임의 요건

제조업자는 제조물의 결함으로 생명 · 신체 또는 재산에 손해를 입은 자에게 그 손해를 배상할 책임을 진다(동법 3조 1항).

(1) 제조물의 결함

가) 제조물

동법이 적용되는 제조물은 「다른 동산이나 부동산의 일부를 구성하는 경우를 포함한 제조되거나 가공된 동산」을 말한다(동법 2조 1호). (ㄱ) 제조물책임은 연혁적으로 대량생산된 공업제품의 안전성과 관련하여 발전된 법리인 점에서 '동산'을 그 대상으로 하고, 부동산(예: 분양 건축물)은 적용대상에서 제외된다. (ㄴ) 동산에는 완성품으로서의 동산뿐만 아니라, 다른 동산이나 부동산의 일부를 구성하는 '부품'으로서의 동산도 포함한다. (ㄷ) 이러한 동산 중에서도 그것이 '제조나 가공'된 것이어야 한다. 제조란 재료에 손을 가하여 새로운 물품을 만드는 것이고, 가공은 재료에 공작을 가하여 새로운 속성을 부가하거나 가치를 더하는 것을 말한다. 예컨대 식품의

---

1) 판례(제조물책임법의 성격): 「제조물책임법은 불법행위에 관한 민법의 특별법이라 할 것이므로, 제조물의 결함으로 손해를 입은 자가 제조물책임법에 의하여 손해배상을 주장하지 않고 민법상 불법행위책임을 주장하였더라도 법원은 민법에 우선하여 제조물책임법을 적용하여야 한다. 그리고 제조물책임법의 요건이 갖추어지지 않았지만 민법상 불법행위책임 요건을 갖추었다면 민법상 불법행위책임을 인정할 수도 있다」(대판 2023. 5. 18, 2022다230677).

조미 · 냉동 · 건조 등이 가공에 해당한다. 따라서 천연적인 산물, 즉 미가공 농수축산물은 제조물에 포함되지 않는다.[1] (ㄹ) 제조물은 여러 단계의 상업적 유통을 거쳐 불특정 다수 소비자에게 공급되는 것뿐만 아니라 특정 소비자와의 공급계약에 따라 그 소비자에게 직접 납품되어 사용되는 것도 포함된다(대판 2013. 7. 12, 2006다17539).

〈참 고〉 제조물에 포함되는지가 문제되는 것들이 있다.[2] ① '전기'는 에너지로서 동산인데, 에너지도 품질을 가지고 있으므로, 에너지 자체의 결함이 에너지를 사용하는 전기제품 등을 통해 소비자에게 손해를 입힐 수 있다. 가령 고압전류를 가정에 공급하였기 때문에 화재가 발생한 경우가 그러하다. '가스'도 같은 범주에 속하는 것이다. ② '소프트웨어'와 같은 지적 산물이다. 가령 자동차를 제어하는 소프트웨어의 결함으로 사고가 생기는 경우이다. 전기를 제조물로 본다면, 소프트웨어도 전기의 흐름이라는 관점에서 제조물로 볼 수가 있다. ③ 사람의 '혈액' 자체는 제조나 가공된 것이 아니므로 제조물이 아니지만, 혈액에 인공적인 가공 처리를 한 경우에는 의약품으로서 제조물에 포함된다.

나) 결 함

a) 정의와 성질 (ㄱ) 「결함」이란 해당 제조물에 통상적으로 기대할 수 있는 '안전성'이 결여되어 있는 것을 말한다(동법 2조 2호). 제조물책임은 제조물의 결함으로 (그 제조물에 대하여만 발생한 손해를 제외한) 생명 · 신체 · 재산 등에 확대손해가 발생한 경우를 문제삼는 것으로서, 그 결함의 존부는 그 제품의 안전성 여부에 따라 결정된다. 즉 제품의 성능이나 품질이 표준 이하인 것을 의미하는 「하자」와는 그 개념이 다르며, 이 경우는 그 계약의 성질에 따라 그에 따른 손해는 민법상 담보책임의 법리에 의해 규율되며 동법은 적용되지 않는다(동법 3조 1항). (ㄴ) 제조물에 결함이 있는지 여부는 그 제품을 제조할 당시의 기술 수준과 경제성을 감안하여 기대 가능한 범위 내의 안전성과 내구성을 갖춘 것인지가 기준이 되고, 제조업자의 과실을 묻지 않는 점에서 「무과실책임」이다.

b) 유 형 결함 여부는 종국적으로는 사회통념에 의해 결정하여야 할 것이지만, 동법은 제조물 결함의 유형으로 다음 세 가지를 예시하고 있다. 즉 결함이 다음의 세 가지 경우에만 국한되는 것은 아니고, 그 밖에 통상적으로 기대할 수 있는 안전성이 결여되어 있는 것이면 결함이 있는 것으로 된다(동법 2조 2호). (ㄱ) 제조상의 결함: 제조업자의 제조물에 대한 제조나 가공상의 주의의무의 이행 여부에 불구하고, 제조물이 원래 의도한 설계와 다르게 제조 · 가공됨으로써 안전하지 못하게 된 경우를 말한다(동법 2조 2호 가목). 당초의 설계는 안전한 것이지만, 제조과정에서 설계대로 제조되지 못한 경우이다. (ㄴ) 설계상의 결함: 제조업자가 합리적인 대체설계를 채용하였더라면 피해나 위험을 줄이거나 피할 수 있었음에도 대체설계를 채용하지 않아 해당 제조물이 안전하지 못하게 된 경우를 말한다(동법 2조 2호 나목). 이것은 제조물의 설계단계에서부터 안전성에 구조적인 문제가 있는 경우이다. (ㄷ) 표시상의 결함: 제조업자가 합리적인 설

1) 사법연수원, 특수불법행위법연구(2010), 174면.
2) 사법연수원, 위의 책, 175면~177면.

명 · 지시 · 경고 또는 그 밖의 표시를 하였더라면 해당 제조물에 의하여 발생할 수 있는 피해나 위험을 줄이거나 피할 수 있었음에도 이를 하지 않은 경우를 말한다(동법 2조 2호 다목). 의약품에 일정한 부작용을 수반한다는 것을 누락하거나, 최근의 전기제품처럼 기능이 복잡한 경우에 그 사용방법 등을 누락하거나 알아보기 어렵게 쓴 경우에 표시상의 결함이 있는 제조물로 인정된다.

〈판 례〉 (α) 다음의 사안에서는 제조물의 결함을 부정하였다. (ㄱ) 지하주차장에 주차해 둔 차량의 운전석에서 원인불명의 화재가 발생하여 차량이 전소한 경우, 차량의 결함 부위 및 내용이 특정되지 아니하였고 차량의 외부에서 발화하여 그 내부로 인화되었을 가능성도 배제할 수 없는 점 등에 비추어, 차량의 제조상의 결함을 추정하기는 어렵다고 하였다(대판 2000. 7. 28, 98다35525). (ㄴ) 1997. 2. A가 D자동차회사에서 1996년에 제조된 자동변속기가 장착된 승용차에 탑승하여 시동을 켜고 자동변속기의 선택 레버를 주차에서 전진으로 이동하자, 자동차가 갑자기 앞으로 진행하면서 다른 자동차 등을 충격한 후 정지하였다. 이 자동차는 위 사고 이전에 급발진 사고를 일으킨 적이 없으며, 사고 후 점검 결과 차량부품에 이상이 발견되지는 않았다. A는 D를 상대로 위 자동차에 '제조 · 설계 · 표시상의 결함'이 있음을 이유로 손해배상을 청구하였다. 이에 대해 대법원은 다음과 같은 이유로써 제조물인 자동차의 '결함'을 부정하였다(자동차 제조업자의 불법행위책임(제조물책임)을 부정하였다). 즉, ① 자동차공학상 급발진 사고는 액셀러레이터 페달을 밟은 상태에서 운전조작을 하는 경우에 발생할 가능성이 크다. ② 급발진 사고가 위와 같이 '비정상적인' 운전조작에서 비롯된 것인 이상, 그 사고가 자동차 제조업자의 배타적인 영역에서 발생한 것, 즉 자동차에 결함이 있는 것으로 추인하기는 어렵다. ③ 액셀러레이터 페달을 밟지 않고 운전조작을 하여야 하는 것은, 법령에 의해 운전면허를 취득한 자만이 자동차를 운전할 수 있는 점에 비추어 숙지하여야 할 기본사항이고 또 자동차의 취급설명서에도 그러한 지시문구가 있어, 이로써 급발진 사고를 일반적으로 피할 수 있는 점에서, 경제성 등을 고려하지 않고 모든 자동차에 완벽한 안전장치 등을 장치하지 않은 것에 대해 그 결함이 있다고 보기는 어렵다(대판 2004. 3. 12, 2003다16771).[1] (ㄷ) 의사의 처방이 필요하지 않은 일반의약품인 '콘택600'을 복용한 사람이 출혈성 뇌졸중을 일으켜 사망하여, 제조물책임법에 의해 제조회사가 배상책임을 질 만한 결함이 있는지 문제된 사안에서, 동법은 의약품의 경우에도 적용되지만, 의약품은 통상 합성화학물질로서 인간의 신체 내에서 화학반응을 일으켜 질병을 치유하는 작용을 하는 한편 정상적인 제조과정을 거쳐 제조된 것이라 하더라도 본질적으로 신체에 유해한 부작용이 있다는 점, 위 약품에 함유된 PPA는 세계 여러 나라에서 쓰이는 감기약에도 사용되고 있고 또 다른 대체성분 역시 출혈성 뇌졸중의 위험성이 전혀 없는 것은 아닌 점에서 이것이 설계상의 결함을 지니고 있다고 보기는 어렵고, 위 약품의 사용설명서에 출혈성 뇌졸중 등의 부작용이 있을 수 있어 그러한 병력이 있는 환자는 투여하지 말라는 주의사항이 기재되어 있는 점에서 표시상의 결함이 있다고 보기도 어렵다고 하였다(대판 2008. 2. 28, 2007다52287). (ㄹ) 「① 국가 등이 제조한 담배에 설계상의 결함이 있는지 여부: 담뱃잎을 태워 연기를 흡입하는 것이 담배의 본질적 특성인 점, 니코틴과 타르의 양에 따라 담배의 맛이 달라지고 담배소비자는 자신이 좋아하는 맛이나 향을 가진 담배를 선택하여 흡연하는 점, 담배소비자는 안정감 등 니코틴의 약리효과를 의도하여 흡연을 하는 점 등에 비추

1) 이 판결을 평석한 것으로, 민유숙, "자동차 급발진사고와 제조물책임", 대법원판례해설 제49호, 224면 이하.

어, 국가 등이 니코틴이나 타르를 완전히 제거할 수 있는 방법이 있다 하더라도 이를 채용하지 않은 것 자체를 설계상 결함이라고 볼 수 없다. ② 국가 등이 제조·판매한 담배에 표시상의 결함이 있는지 여부: 언론보도와 법적 규제 등을 통하여 흡연이 폐를 포함한 호흡기에 암을 비롯한 각종 질환의 원인이 될 수 있다는 것이 담배소비자들을 포함한 사회 전반에 널리 인식되게 되었다고 보이는 점, 흡연을 시작하는 것이나 흡연을 계속할 것인지는 자유의지에 따른 선택의 문제로 보일 뿐만 아니라 흡연을 시작하는 경우 이를 쉽게 끊기 어려울 수도 있다는 점 역시 담배소비자들 사이에 널리 인식되어 있었던 것으로 보이는 점 등에 비추어, 담배제조자인 국가 등이 법률의 규정에 따라 담뱃갑에 경고 문구를 표시하는 외에 추가적인 설명이나 경고 기타의 표시를 하지 않았다고 하여 담배에 표시상의 결함이 있다고 보기 어렵다. ③ 흡연과 폐암과의 인과관계 여부: 폐암은 흡연으로만 생기는 특이성 질환이 아니라 물리적, 생물학적, 화학적 인자 등 외적 환경인자와 생체 내적 인자의 복합적 작용에 의하여 발병할 수 있는 비특이성 질환인 점, 비소세포암에는 흡연과 관련성이 전혀 없거나 현저하게 낮은 폐암의 유형도 포함되어 있는 점, 세기관지 폐포세포암은 선암의 일종인데 편평세포암이나 소세포암에 비해 흡연과 관련성이 현저하게 낮고 비흡연자 중에도 발병률이 높게 나타나 흡연보다는 환경오염물질과 같은 다른 요인에 의한 것일 가능성이 높은 점 등에 비추어, 흡연과 비특이성 질환인 비소세포암, 세기관지 폐포세포암의 발병 사이에 역학적 인과관계가 인정될 수 있다고 하더라도, 어느 개인이 흡연을 하였다는 사실과 비특이성 질환에 걸렸다는 사실이 증명되었다고 하여 그 자체로 양자 사이의 인과관계를 인정할 만한 개연성이 증명되었다고 단정하기는 어렵다」(대판 2014. 4. 10, 2011다22092).

(β) 제조물책임법을 적용한 것이 있다. 인체에 유해한 독성물질이 혼합된 화학제품을 설계·제조하는 제조업자는 고도의 위험방지의무를 부담하는데, 이 의무를 위반한 채 생명·신체에 위해를 발생시킬 위험이 있는 화학제품을 설계하여 그대로 제조·판매한 경우에는, 그 화학제품에는 사회통념상 통상적으로 기대되는 안전성이 결여된 설계상의 결함이 존재한다. 한편, 제조물의 결함을 이유로 손해배상을 청구하려면, 결함과 손해(질환) 사이에 인과관계가 있어야 하는데, 판례는 이를 다음과 같이 나눈다. ① 그 질환이 제조물의 결함 때문에 생기는 '특이성 질환'인 경우에는 인과관계를 긍정한다. 그래서 베트남전 참전 군인들이 외국법인에 의해 제조되어 베트남전에서 살포된 고엽제 때문에 염소성 여드름 질병이 발생한 것에 대해, 그것은 고엽제에 함유된 TCDD에 노출되어 생긴 특이성 질환으로 보아 배상책임을 긍정하였다. ② 그 질환이 제조물의 결함만으로 생기는 것이 아닌 '비특이성 질환'인 경우에는, 그것이 비록 역학적으로는 상관관계가 있다고 하더라도, 위험인자에 의해 비특이성 질환이 유발되었을 개연성이 있다는 것을 증명하여야 한다고 한다(가령 위험인자에 노출된 집단에서 그렇지 않은 집단에 비해 비특이성 질환에 걸린 비율이 상당히 높다는 점에 대한 증명). 그래서 베트남전 참전 군인들이 고엽제 때문에 당뇨병에 걸렸다며 손해배상을 구한 것에 대해, 다른 증명이 없는 이상 고엽제와 당뇨병 발생과의 개연성을 부정하였다. ③ 불법행위로 인한 손해배상청구 소송에서 가해행위와 손해 발생 사이의 인과관계는 존재하거나 부존재하는지를 판단하는 것이고, 이를 비율적으로 인정할 수는 없으므로, 이른바 비율적 인과관계론은 수용할 수 없다(대판 2013. 7. 12, 2006다17539; 대판 2013. 7. 12, 2006다17553).

(2) 확대손해의 발생

(ㄱ) 제조물의 결함으로 생명·신체 또는 재산에 (확대)손해가 발생하여야 한다(동법 3조 1항). 즉 제

조물책임은 제조물의 결함으로 제조물 그 자체 외의 다른 확대손해가 발생한 경우, 피해자가 그 제조물을 구입하였는지 여부를 묻지 않고 제조업자 등에게 손해배상을 청구할 수 있는 것을 특색으로 한다. (ㄴ) 해당 제조물에 대해서만 발생한 손해에 대해서는 동법은 적용되지 않고(동법 3조 1항), 이에 관하여는 매매 등에 기초한 담보책임 등 민법의 규정에 의해 처리된다. 종래의 판례도 같은 취지였다(대판 1999. 2. 5, 97다26593). '제조물에 대해서만 발생한 재산상 손해'에는 제조물 자체에 발생한 재산상 손해뿐만 아니라 제조물의 결함 때문에 발생한 영업 손실로 인한 손해도 포함된다(즉 이러한 손해는 동법의 적용대상이 아니다)(대판 2015. 3. 26, 2012다4824).

2. 배상책임자

(1) 제조업자 등

제조업자가 배상책임을 부담하는 것이 원칙이지만, 대량생산 및 대량판매되는 현대사회에서는 제조업자를 확정하는 것이 쉽지 않고, 또 수입상품의 경우에는 외국의 제조업자를 상대로 손해배상을 청구하는 것이 쉽지 않다는 점에서, 피해자의 구제를 위해 동법은 다음과 같이 제조업자 외에도 배상책임의 주체를 확대하고 있다.

(ㄱ) 제조업자: 제조물의 제조·가공 또는 수입을 업으로 하는 자를 제조업자라고 한다(동법 2조 3호 가목). 제조업자는 위험을 창출한 점에서, 또 그에 따라 이익을 얻는 점에서, 동법이 예정하는 전형적인 배상책임자이다. 제조물에 성명 등을 사용하여 자신을 제조자로 표시하였는지는 묻지 않는다. ① 제조물의 제조·가공을 업으로, 즉 계속적으로 하여야 하므로, 주부가 계절과일을 이용하여 집에서 직접 만든 잼을 이웃에게 나누어 준 경우처럼, 제조물의 제조·가공이 1회로 그친 때에는 이에 해당하지 않는다.[1] ② 제조업자에는 완성품의 제조업자뿐만 아니라, 그 완성품의 일부인 원재료나 부품의 제조업자도 포함한다(동법 2조 1호·4조 1항 4호 참조). (ㄴ) 수입업자: 외국에서 생산된 제품을 국내에 수입한 자도 제조업자와 같은 배상책임을 진다(동법 2조 3호 가목). 피해자가 외국의 제조업자를 상대로 손해배상을 청구하는 어려움이 있고, 또 국내시장의 제품 유통과정에서는 수입업자가 실질적으로 제조업자와 다르지 않다는 점에 기초한 것이다. (ㄷ) 표시상 제조업자: 제조물에 성명·상호·상표 또는 그 밖에 식별 가능한 기호 등을 사용하여 자신을 제조업자나 수입업자로 표시한 자 또는 제조업자나 수입업자로 오인시킬 수 있는 표시를 한 자도 제조업자와 같은 배상책임을 진다(동법 2조 3호 나목). 제조업자가 주문자로부터 주문을 받아 물품을 제작하되 주문자의 상표를 그 물품에 부착하여 주문자에게 납품·판매하고, 주문자는 이를 다시 소비자에게 판매하는 '주문자 상표에 의한 생산'방식이 그 대표적인 것이다. 실제의 제조업자는 아니더라도 제조물에 부착된 상표 등을 통해 제조업자로서의 신뢰를 준 데 기초한 것이다. (ㄹ) 공급한 자: 제조물을 공급하는 자는 제조물의 유통과정에 관여하고 있지만 제조업자와는 달리 제조물의 결함을 통제·관리하기가 어렵다는 점에서, 동법은 피해자가 제조업자를 알 수 없는 경우에만 공급한 자가 일정한 요건하에 보충적인 책임을 지는

1) 권오승, 제조물책임법, 179면.

것으로 정하였다. 즉 피해자가 제조물의 제조업자를 알 수 없는 경우, 그 제조물을 영리 목적으로 판매 · 대여 등의 방법으로 공급한 자는 제조물책임에 따른 배상책임을 진다. 다만, 피해자 또는 법정대리인의 요청을 받고 상당한 기간 내에 그 제조업자 또는 공급한 자를 피해자 또는 그 법정대리인에게 고지한 경우에는 그렇지 않다(동법 3조 3항). '공급한 자'에는 영리 목적으로 제조물을 판매 · 대여한 자로서, 제조물의 도 · 소매업자, 임대업자 등이 해당된다.

(2) 배상책임자의 면책

a) **면책사유** 제조물의 결함으로 손해가 발생한 경우에도, 배상책임자가 다음의 네 가지 중 어느 하나를 입증한 경우에는 손해배상책임을 면한다(동법 4조 1항). (ㄱ) 제조업자가 해당 제조물을 공급하지 않은 사실(1호): 제조업자가 제조물책임을 지는 데에는 그 제품을 제조하여 이를 유통시킨 것을 전제로 한다. 그런데 제조업자는 제조물을 유통시킨 것으로 추정되므로, 제조업자는 그 제품이 자신의 의사에 의하지 않고서 유통, 즉 '공급'되었다는 사실을 주장 · 입증함으로써 그 책임을 면할 수 있다. (ㄴ) 제조업자가 해당 제조물을 공급한 당시의 과학 · 기술 수준으로는 결함의 존재를 발견할 수 없었다는 사실(2호): 이것은 「개발위험의 항변」으로 논해지는 문제로서, 제조물이 (제조된 때가 아니라 매도 등으로) 유통된 시점에 있어서의 과학 · 기술지식의 수준에 의해서는 제조물에 있는 결함을 발견하는 것이 불가능하다는 것을 입증함으로써 책임을 면하는 방어방법인데, 이를 면책사유로 인정한 것이다. 만일 제품의 개발에 따른 모든 위험을 제조업자가 진다면 기술개발의 정체에 따른 불이익을 소비자가 입게 되고, 경우에 따라서는 제조업자에게 과중한 배상의무를 과함으로써 보험의 가입이 어려워져 피해자가 확실한 구제를 받지 못하게 될 가능성이 있으며, 또 제품 가격의 상승으로 오히려 소비자에게 불이익으로 돌아간다는 것이 그 이유이다.[1] (ㄷ) 제조물의 결함이 제조업자가 해당 제조물을 공급한 당시의 법령에서 정하는 기준을 준수함으로써 발생한 사실(3호): 강제력 있는 공적 기준의 준수를 면책사유로 인정한 것이다. (ㄹ) 원재료나 부품의 경우에는 그 원재료나 부품을 사용한 제조물 제조업자의 설계 또는 제작에 관한 지시로 인하여 결함이 발생하였다는 사실(4호): 제조물의 결함이 원재료나 부품의 결함에 기인하는 경우에는, 원재료나 부품의 제조업자는 완제품의 제조업자와 연대하여 제조물책임을 부담한다. 그런데 제조업자의 '원재료나 부품의 설계 또는 제작에 관한 지시'에 따라 이를 제조하게 된 원재료나 부품 제조업자의 경우, 단순히 기계적인 역할을 담당한 점에서 또 중소기업에 대한 정책적 배려 차원에서, 그 결함에 대해 책임을 면하는 것으로 정한 것이다.

b) **면책의 제한** 배상책임자가 제조물을 공급한 후에 그 제조물에 결함이 존재한다는 사실을 알거나 알 수 있었음에도 그 결함으로 인한 손해의 발생을 방지하기 위한 적절한 조치를 하지 않은 경우에는, 위 (ㄴ) 내지 (ㄹ)의 사유에 의한 면책을 주장할 수 없다(동법 4조 2항). 제조업자에게 위에서 정한 면책사유가 인정되는 경우에도, 제조물을 공급한 후에 결함이 있음을 안 때에는 사후에라도 손해방지조치를 하여야 하고(예: 자동차의 리콜), 이를 하지 않은 경우에는

---

1) 권오승, 앞의 책, 206면 이하.

면책사유에 의한 면책을 주장할 수 없도록 정한 것이다. 이 규정은 다른 외국의 입법례에서는 찾아볼 수 없는 우리 제조물책임법에 특유한 것이다.

3. 제조물책임의 내용

a) 확대손해의 배상 / 징벌적 손해배상 (ㄱ) 제조업자를 비롯하여 배상책임자는 제조물의 결함으로 생명 · 신체 · 재산에 확대손해를 입은 피해자에게 그 손해를 배상하여야 한다(동법 3조 1항). (ㄴ) 한편 2017년 개정을 통해 일정한 경우에는 '징벌적 손해배상' 책임을 지는 것으로 정하였다. 즉 배상책임자(제조업자 등)가 제조물의 결함을 알면서도 그 결함에 대하여 필요한 조치를 취하지 않았고 그 결과 생명이나 신체에 중대한 손해를 입은 자가 있는 경우, 피해자에게 발생한 손해의 3배를 넘지 않는 범위에서 배상책임을 지는 것으로 정하였다. 이 경우 법원은 배상액을 정할 때 일정한 사항(고의성의 정도, 해당 제조물의 결함으로 생긴 손해의 정도, 해당 제조물의 공급으로 제조업자 등이 얻은 경제적 이익, 해당 제조물의 결함으로 제조업자 등이 형사처벌 또는 행정처분을 받은 경우 그 정도, 해당 제조물의 공급이 지속된 기간 및 공급 규모, 제조업자 등의 재산상태, 제조업자 등이 피해 구제를 위해 노력한 정도 등)을 고려해야 한다(동법 3조 2항).

b) 증명책임 (ㄱ) 피해자가 제조업자 등을 상대로 제조물책임을 물으려면 무엇을 증명하여야 하는지에 관해 제조물책임법은 따로 정하고 있지 않다. 이것은 불법행위 일반의 원칙에 따를 수밖에 없는데, 따라서 피해자가 결함의 존재, 손해의 발생, 결함과 손해 사이의 인과관계 등 요건사실 모두를 입증하여야 한다. (ㄴ) 다만, 피해자가 ① 해당 제조물이 정상적으로 사용되는 상태에서 피해자의 손해가 발생하고, ② 그 손해가 제조업자의 실질적인 지배영역에 속한 원인으로부터 초래되었으며, ③ 그 손해가 해당 제조물의 결함 없이는 통상적으로 발생하지 않는다는 사실을 증명한 경우에는, 제조물을 공급할 당시 해당 제조물에 결함이 있었고 그 제조물의 결함으로 인하여 손해가 발생한 것으로 추정한다. 이 경우에는 제조업자가 제조물의 결함이 아닌 다른 원인에 의해 그 손해가 발생한 사실을 증명하여야만 책임을 면할 수 있다(동법 3조의2). 제조물책임법이 시행되기 전 인과관계의 증명책임을 완화한 판례(대판 2000. 2. 25, 98다15934)[1]를 반영하여 2017년 개정에서 신설된 내용이다.

c) 연대책임 동법에 의해 제조물책임을 지는 자가 2인 이상인 경우, 그들은 연대하여 그 손해를 배상할 책임을 진다(동법 5조).

d) 면책특약의 제한 (ㄱ) 동법은 강행규정으로서, 동법에 따른 손해배상책임을 배제하거나 제한하는 특약은 무효로 한다(동법 6조 본문). (ㄴ) 다만 예외적으로, 자신의 영업에 이용하기 위하여 제조물을 공급받은 자가 자신의 영업용 재산에 발생한 손해에 관하여 위와 같은 면책특약을

1) A가 그의 집에서 C회사가 제조한 TV를 시청하던 중, TV 뒤편에서 검은 연기가 피어올라 스위치를 끄고 전원 플러그를 뽑았으나 곧이어 TV에서 '펑' 하는 폭발음과 함께 불이 솟아오르면서 건물 2층이 전소된 사안이다. 이 판례는 C의 손해배상책임을 인정하면서, 소비자 측에서 그 사고가 제조업자의 배타적 지배하에 있는 영역에서 발생한 것이고, 그러한 사고가 어떤 자의 과실 없이는 통상 발생하지 않는다는 사실을 증명하면, 제조업자 측에서 그 사고가 제품의 결함이 아닌 다른 원인으로 말미암아 발생한 것임을 증명하지 못하는 이상, 위와 같은 제품은 안전성을 갖추지 못한 결함이 있었고, 그 결함으로 말미암아 사고가 발생한 것으로 추정하여 손해배상책임을 지울 수 있도록 증명책임을 완화할 필요가 있다고 하였다.

맺은 때에는 그 효력을 인정한다(동법 6조 단서). 이때에는 피해자인 사업자가 제조업자와 대등한 지위를 가지며 또 손해의 규모가 너무 커질 수 있다는 점에서 예외를 인정한 것이다.

e) 소멸시효와 제척기간 　동법에 의한 손해배상청구권은 다음의 소멸시효와 제척기간에 걸리는 것으로 한다. (ㄱ) 피해자 또는 그 법정대리인이 손해와 제조물책임을 지는 자를 알게 된 날부터 3년간 행사하지 않으면 시효의 완성으로 소멸된다(동법 7조 1항). (ㄴ) 제조업자가 손해를 발생시킨 제조물을 '공급한 날'부터 10년 내에 행사하여야 한다(동법 7조 2항 본문). 다만, 신체에 누적되어 사람의 건강을 해치는 물질에 의하여 발생한 손해 또는 일정한 잠복기간이 지난 후에 증상이 나타나는 손해에 대하여는, '그 손해가 발생한 날'부터 기산한다(동법 7조 2항 단서).

f) 민법의 적용 　제조물의 결함으로 인한 손해배상책임에 관하여 동법에 규정된 것을 제외하고는 「민법」에 따른다(동법 8조). 따라서 손해배상의 범위와 방법, 과실상계 등에 관하여는 민법이 적용된다.

Ⅳ. 의료과오책임醫療過誤責任

사 례 A는 심장병을 앓고 있어 B의료원 흉부외과 과장 甲으로부터 심장수술을 받았는데, 이 수술을 받지 않으면 병이 악화되어 3년 내지 5년 내에 사망할 위험이 높았다. 그런데 위 심장수술에는 그 발생 빈도가 높지는 않으나 그 후유증으로 뇌전색이 나타날 수 있는데, A는 위 수술의 결과 우측상하지 불완전마비, 실어증, 지능 저하 등의 개선 불가능한 장해를 입게 되었다. 그런데 이러한 후유증의 가능성에 대해 甲은 A에게 수술 전에 충분한 설명을 하지는 않았으나, 위 심장수술 자체에 甲의 과실은 없었다. A는 甲의 사용자인 B의료원을 상대로 정신상 고통에 대한 위자료 청구와 아울러 일실수입 및 향후 치료비와 개호비 등의 재산상 손해의 배상을 청구하였다. A의 청구는 인용될 수 있는가? 해설 p. 783

1. 의료과오책임의 법적 성질

(1) 환자 측은 의사 또는 병원 등의 의료기관과 질병의 검사 및 치료에 관한 의료계약을 맺고, 이것은 위임에 유사한 성질을 가진다. 의료계약에 따라 의사 측은 그 당시의 의료수준에 따른 진료를 하여야 할 채무를 부담한다. 그 채무의 위반이 있는 때에는 채무불이행(특히 불완전이행)이 되어 손해배상책임이 발생하며(390조), 한편 의료상의 과실로 환자에게 손해를 입혔다는 점에서 불법행위에 의한 손해배상책임(750조)도 경합하게 된다.

(2) 의사 측의 과실로 인한 의료과오에 대해 환자 측은 '채무불이행'과 '불법행위'를 각각 청구원인으로 하여 손해배상을 청구할 수 있지만, 실제로는 주로 후자를 청구원인으로 삼는다. 그 이유는 다음 두 가지에 있다. 첫째, 채무불이행으로 인한 손해배상에는 정신적 손해도 포함되지만(390조 참조), 이것은 특별한 사정에 의한 손해(393조 2항)로 보는 것이 판례의 태도이다. 이에 대해 불법행위에서는 정신적 고통에 대한 위자료청구권을 명문으로 정하고 있는 점(751조·752조)에서 상대적으로 위자료 청구가 쉽게 인용될 수 있다. 둘째, 과실의 입증책임에서, 채무불이행의

경우에는 채무자(의사 측)가 자신에게 과실이 없다는 것을 입증하여야 하는 데 반해(390조 단서 참조), 불법행위에서는 피해자(환자 측)가 의사 측에 과실이 있었다는 것을 입증하여야 한다(750조 참조). 그러나 전자의 경우에도 환자 측이 의사의 채무불이행의 사실, 즉 진료채무를 제대로 이행하지 못하였다는 사실은 입증하여야 하고(390조 본문 참조), 이를 위해서는 그 전제로 완전한 진료채무의 내용을 밝혀야만 한다. 그런데 의사가 환자에게 부담하는 진료채무는 질병의 치유와 같은 결과를 반드시 달성해야 할 결과채무가 아니라, 환자의 치유를 위하여 선량한 관리자의 주의의무를 가지고 현재의 의학수준에 비추어 필요하고 적절한 진료조치를 다해야 할 채무, 이른바 수단채무라는 점에서(대판 1988. 12. 13, 85다카1491), 진료채무의 내용을 입증하는 것과 의사의 과실을 입증하는 것 양자 간에 실질적으로 차이가 없다는 점이다. 그 밖에 의사에 관한 채권은 3년의 단기소멸시효에 걸리는 점에서(163조 2호) 불법행위의 경우(766조)에 비해 유리할 것도 없다.

2. 의료과오책임의 요건

의료과오에 대해 환자 측이 불법행위를 이유로 손해배상을 청구하려면 민법 제750조의 요건, 즉 의사의 과실로 인해 손해가 발생하여야 한다. 구체적으로 문제되는 것은 다음과 같다.

(1) 과실의 기준

(ㄱ) 과실이란 일반적으로 사회통념상 요구되는 주의의무를 다하지 아니한 것을 말하는데, 사람의 생명 등을 취급하는 의료행위에서는 보다 높은 주의의무가 요구된다. 그런데 진료상의 주의의무의 정도는 구체적인 사안에 따라 매우 다양하며, 이에 관한 판례도 무수히 많다. 또 의료행위는 의학의 발전과 더불어 진보하는 것이므로 주의의무의 기준도 변하게 된다. 그러나 일반적으로는 의료행위 당시의 평균적인 의료수준이 의사의 과실의 기준이 될 것이다.[1]
(ㄴ) 다만, 다음과 같은 특수한 경우에는 주의의무를 완화하여야 한다. 환자의 용태가 긴급한 치료를 필요로 하는 경우, 인적 · 물적 설비가 불충분한 상태에서 의료행위를 하여야 할 사정이 있는 때, 비전문 분야의 의료담당자가 의료행위를 하여야 할 사정이 있는 경우, 환자가 특이체질인 때가 그러하다.

(2) 의사의 설명의무

a) 의의와 근거　의사와 환자가 의료계약을 맺는 경우, 그 내용 중에는 의사가 수술을 하거나 약품을 투여하는 등 환자의 몸에 침습을 가하는 것이 포함될 수 있다. 그런데 그러한 침습이 정당한 진료행위로 인정되기 위해서는 환자의 승낙이 있어야만 하고, 이것은 의사의 충분한 설명을 전제로 하여 그 승낙이 유효한 것이 된다. 의사의 설명의무는 의사의 진료계약상의 의무에서 비롯되는 것이고, 판례도 같은 취지이다(대판 1995. 1. 20, 94다3421; 대판 1995. 4. 25, 94다27151).

---

1) 판례: ①「무면허로 의료행위를 한 경우라도 그 자체가 의료상의 주의의무 위반행위는 아니라고 할 것이므로, 당해 의료행위에 있어 구체적인 의료상의 주의의무 위반이 인정되지 아니한다면 그것만으로 불법행위책임을 부담하지는 않는다」(대판 2002. 1. 11, 2001다27449). ②「관계 법령에 따라 감독관청의 승인이 요구됨에도 이를 위반하여 승인 없이 임상시험에 해당하는 의료행위를 하였더라도 그 자체가 의료상의 주의의무 위반행위는 아니므로, 당해 의료행위에 있어 구체적인 의료상의 주의의무 위반이 인정되지 않는다면 그것만으로 불법행위책임을 지지는 않는다」(대판 2010. 10. 14, 2007다3162).

b) 인정범위 (ㄱ) 의사의 설명의무는 모든 경우에 인정되는 것이 아니고, 수술 등 침습을 가하는 과정 및 그 후에 나쁜 결과 발생의 개연성이 있는 의료행위를 하는 때 또는 사망 등의 중대한 결과 발생이 예측되는 의료행위를 하는 경우 등과 같이, 환자에게 자기결정에 의한 선택이 필요한 때에만 인정된다.[1)2)] 그 후유증이나 부작용이 당해 치료행위에 전형적으로 발생하는 위험이거나 회복할 수 없는 중대한 것인 경우에는 그 발생 가능성이 희소하다는 사정만으로 설명의무가 면제되지는 않는다(대판 1996. 4. 12, 95다56095). 한편 판례는, 환자가 의사로부터 올바른 설명을 들었더라도 수술에 동의하였을 것이라는 가정적 승낙에 의한 의사의 면책은 의사 측의 항변사항으로서 환자의 승낙이 명백히 예상되는 경우에는 허용된다고 하면서도, 구체적인 사안에서는 이를 인정하는 것에 소극적인 태도를 보인다(대판 1995. 1. 20, 94다3421; 대판 2002. 1. 11, 2001다27449; 대판 2005. 12. 9, 2003다9742). 그러나 응급환자의 경우처럼 특별한 사정이 있거나, 당해 의료행위로 인하여 예상되는 위험이 아니거나, 당시의 의료수준에 비추어 예견할 수 없는 위험에 대해서는 설명의무가 면제된다(위 a)의 판례 및 대판 1999. 9. 3, 99다10479). (ㄴ) 설명의무의 상대방은 원칙적으로 당해 환자 또는 그의 법정대리인이다. 1) 수술청약서에 당해 환자와 더불어 그 배우자도 서명하였다는 사정만으로 의사가 당해 환자 외에 그 배우자에 대해서도 설명의무를 부담하는 것은 아니다(대판 2014. 12. 24, 2013다28629). 2) 환자가 미성년자인 경우에는 의사가 환자의 친권자나 법정대리인에게 설명하는 것으로 족하다. 다만, 그러한 설명이 환자 본인에게 전달되지 않아 미성년자의 의사가 배제될 것이 명백한 경우나 환자가 의료행위에 대해 적극적으로 거부 의사를 보이는 경우처럼 특별한 사정이 있는 때에는, 의사는 미성년 환자에게 직접 의료행위를 설명하여야 한다(대판 2023. 3. 9, 2020다218925).

c) 설명의무의 입증책임 의사는 설명의무를 이행한 것을 증명할 책임이 있다. 그 의무의 중대성에 비추어 설명한 내용을 문서화하여 보존할 직무수행상의 필요가 있을 뿐 아니라, 응급의료에 관한 법률에서도 설명하고 이를 문서화한 서면에 동의를 받도록 정하고 있고, 의사는 환자에 비해 설명의무의 이행을 입증하기가 매우 쉽다는 점 때문이다(대판 2007. 5. 31, 2005다5867).

d) 설명의무 위반의 효과 의사의 설명이 필요한 경우에 이를 위반한 때에는, 그것은 헌법 제10조에서 규정한 개인(환자)의 인격권과 행복추구권에 의하여 보호되는 자기결정권(승낙이나 동의)을 침해한 것으로서 위법한 행위가 된다(대판 1994. 4. 15, 92다25885; 대판(전원합의체) 2009. 5. 21, 2009다17417). 따라서 그로 인한 손해에 대해서는 의사가 배상책임을 져야 하는데(750조), 그 범위에 관해 판례는 둘로 나누어

1) 판례: 「미용성형술은 질병 치료 목적의 다른 의료행위에 비하여 긴급성이나 불가피성이 매우 약한 특성이 있으므로, 의뢰인이 원하는 구체적 결과를 실현시킬 수 있는 시술법 등을 신중히 선택하여 상세한 설명을 함으로써 의뢰인이 필요성이나 위험성을 충분히 비교해 보고 시술을 받을 것인지를 선택할 수 있도록 할 의무가 있고, 특히 미용성형 수술이 의뢰인이 원하는 구체적 결과를 모두 구현할 수 있는 것이 아니고 일부만을 구현할 수 있는 것이라면 그와 같은 내용 등을 상세히 설명하여 의뢰인에게 성형수술을 받을 것인지를 선택할 수 있도록 할 의무가 있다」(대판 2013. 6. 13, 2012다94865).

2) 판례: 「의사의 설명의무는 의료행위가 행해질 때까지 적절한 시간적 여유를 두고 이행되어야 한다. 환자가 의료행위에 응할 것인지를 합리적으로 결정할 수 있기 위해서는 그 의료행위의 필요성과 위험성 등을 환자 스스로 숙고하고 필요하다면 가족 등 주변 사람과 상의하고 결정할 시간적 여유가 환자에게 주어져야 되기 때문이다. 이러한 시간을 주지 않고 의사가 의료행위에 관한 설명을 한 다음 곧바로 의료행위로 나아간다면, 이는 환자가 의료행위에 응할 것인지 선택할 기회를 침해한 것으로서 의사의 설명의무가 이행되었다고 볼 수 없다」(대판 2022. 1. 27, 2021다265010).

달리 구성한다. 즉 (ㄱ) 의사가 설명의무를 위반한 때에는, 그 자체만으로 환자의 자기결정권을 침해하여 그에게 정신적 고통을 준 것으로 평가되어 위자료를 청구할 수 있다(750조 · 751조 참조). 이 위자료에는 중대한 결과의 발생 자체에 따른 정신적 고통을 위자하는 금액은 포함되지 않는다. 그리고 의료행위로 인하여 환자에게 나쁜 결과가 발생하였는데 의사의 진료상 과실은 인정되지 않고 설명의무 위반만 인정되는 경우, 설명의무 위반에 대한 위자료의 명목 아래 사실상 재산적 손해의 전보를 꾀해서는 안 된다(대판 2013. 4. 26, 2011다29666). (ㄴ) 발생한 모든 손해에 대해 설명의무 위반을 이유로 그 배상을 청구하는 경우에는, 그때의 의사의 설명의무 위반은 환자의 생명 · 신체에 대한 구체적 치료과정에서 요구되는 의사의 주의의무 위반과 동일시할 정도의 것이어야 한다. 즉 양자 간에 인과관계가 있어야 한다. 다시 말해 의사가 수술 등에 따른 위험에 관해 충분한 설명을 하였더라도 환자가 그 수술 등을 받았을 것으로 인정되는 때에는, 그러한 인과관계는 성립하지 않는다(대판 1995. 1. 20, 94다3421; 대판 1995. 2. 10, 93다52402). (ㄷ) 투약에 있어서 요구되는 의사의 설명의무는 약사가 의약품을 조제하여 판매함으로써 환자로 하여금 복용하도록 하는 경우에도 적용된다(대판 2002. 1. 11, 2001다27449). 한약재를 판매하는 한약업사의 경우에도 같다(대판 2002. 12. 10, 2001다56904).

(3) 입증책임

의료행위의 특수성, 즉 의료의 전문성 · 밀실성 · 재량성 · 폐쇄성 등으로 환자 측에서 의사의 과실과 손해와의 인과관계를 엄밀히 입증한다는 것은 쉽지 않다. 여기서 입증의 정도를 완화 내지 경감시킬 필요가 있는데, 아래의 판례는 의료과실의 입증책임을 완화한 것, 즉 일정한 경우에는 의사의 과실과 손해와의 인과관계를 추정한 점에서 주목된다.

〈판 례〉 (ㄱ) 「일반적으로 의료행위는 고도의 전문적 지식을 필요로 하는 분야로서, 그 의료의 과정은 대개의 경우 환자 본인이 그 일부를 알 수 있는 외에 의사만이 알 수 있을 뿐이고 치료의 결과를 달성하기 위한 의료기법은 의사의 재량에 달려 있기 때문에, 손해 발생의 직접적인 원인이 의료상의 과실로 말미암은 것인지 여부는 전문가인 의사가 아닌 보통인으로서는 도저히 밝혀낼 수 없는 특수성이 있어서, 환자 측이 의사의 의료행위상의 주의의무 위반과 손해의 발생 사이의 인과관계를 의학적으로 완벽하게 입증한다는 것은 극히 어려우므로, 환자가 치료 도중에 사망한 경우에 있어서는 피해자 측에서 일련의 의료행위 과정에 있어서 저질러진 일반인의 상식에 바탕을 둔 의료상의 과실 있는 행위를 입증하고, 그 결과와 사이에 일련의 의료행위 외에 다른 원인이 개재될 수 없다는 점을 증명한 경우에 있어서는, 의료행위를 한 측이 그 결과가 의료상의 과실로 말미암은 것이 아니라 전혀 다른 원인으로 말미암은 것이라는 입증을 하지 아니하는 이상, 의료상 과실과 결과 사이의 인과관계를 추정하여 손해배상책임을 지울 수 있도록 입증책임을 완화하는 것이 손해의 공평 · 타당한 부담을 그 지도원리로 하는 손해배상제도의 이상에 맞는다」(대판 1995. 12. 5, 94다57701). (ㄴ) 유의할 것은, 「위 경우에도 의사의 과실로 인한 결과 발생을 추정할 수 있을 정도의 개연성이 담보되지 않는 사정들을 가지고, 막연하게 중한 결과에서 의사의 과실과 인과관계를 추정함으로써 결과적으로 의사에게 무과실의 입증책임을 지우는 것까지 허용되는 것은 아니다」(대판 2004. 10. 28, 2002다45185). (ㄷ) 「의료진의 주의의무 위반으로 인한 불법행위의 책임을 묻기 위해서는 의료행위상 주의의무의 위반, 손해의 발생 및 그 양자 사이에 인과관계가 존재한다는 점이 각 입증되어야 할 것인바, 의료행위의 속성상 환자의 구체적인 증상이나 상황에 따라 위험을 방지하기 위하여 요구되는 최선의 조치를 취하여야 할 주의의무를 부담하는 의료진이 환자의 기대에 반하여 환자의 치료에 전력을 다하지 아니한 경우에는 그 업무상 주의의무를 위반한 것이라고 보아야 할 것이지만, 그러한 주의의무 위반과 환자에게 발생한 악결과 사이에 상당인과관계가 인정되지 않는 경우에는 그에 관한 손해배상을 구할 수 없다. 다만, 그 주의의무 위반의 정도가 일반인의 처지에서 보아 수인한도를 넘어설 만큼 현저하게 불성실한 진료를 행한 것이라고 평가될 정도에 이른 경우라면 그 자체로서 불법행위를 구성하여 그로 말미암아 환자나 그 가족이 입은 정신적 고통에 대한 위자료의 배상을 명할 수 있으나, 이때 그 수인한도를 넘어서는 정도로 현저하게 불성실한 진료가 있었다는 점은 불법행위의 성립을 주장하는 피해자들이 이를 입증하여야 한다」(환자(아기)가 병원에서 전신마취 수술을 받은 후 혼미의 의식상태에 놓여 있다가 사망한 사건에서, 아기의 사망은 특이체질에 기한 것으로서 의료진에게 아기의 사망과 상당인과관계가 있는 과실이 있다고 인정할 수 없지만, 의료진이 전신마취 수술 후 아기가 혼미의 의식상태에 놓였음에도 환기 및 산소공급 조치를 제대로 취하지 아니하는 등 사후관리에 문제가 있었던 사안임)(대판 2006. 9. 28, 2004다61402).

3. 의료과오책임의 주체

의료과실이 있는 의사가 불법행위로 인한 손해배상책임을 지는 것은 물론이다. 한편 그 의사가 의료기관에 근무하는 경우 의료기관의 장은 사용자로서 배상책임을 질 수 있다(756조). 그 밖에 간호사 등의 과실에 대해서는 그의 책임 외에, 담당의사는 대리감독자로서, 의료기관은 사용자로서 각각 배상책임을 질 수 있다.

사례의 해설 의사 甲이 심장수술의 후유증에 대해 환자 A에게 충분한 설명을 하지 않은 점은 인정되지만, 충분한 설명을 다하였다면 그러한 후유증을 피할 수 있었는지는 의문이다. 심장수술을 받지 않으면 3년 내지 5년 내에 사망한다는 점, 후유증의 발생 빈도가 높지 않다는 점, 수술 자체에 과실은 없었다는 점, A도 수술을 받을 생각으로 입원한 것이라는 점 등을 종합해 보면, 甲이 A에게 위 후유증에 관한 설명의무를 다하였더라도 A가 그 수술을 거부하였을 것으로 보기는 어렵다. 다시 말해 의사의 설명의무 위반과 재산상 손해 사이에 상당인과관계는 없다고 할 것이다. A는 甲의 설명의무 위반을 이유로 자기결정권의 침해로 인한 정신상 고통에 대한 위자료만을 청구할 수 있을 뿐이다(대판 1995. 1. 20, 94다3421).

사례 p. 779

제 4 관 불법행위의 효과

Ⅰ. 개 요

1. 손해배상채권의 발생

(ㄱ) 불법행위가 성립하면 가해자는 피해자에게 그 손해를 배상할 책임을 진다(750조). 바꿔 말

하면 불법행위의 효과로서 피해자는 가해자에 대해 당연히 「손해배상채권」을 취득하고, 이 점에서 사무관리 및 부당이득과 더불어 법정채권에 속한다. (ㄴ) 불법행위의 효과로서 민법이 인정하는 것은 불법행위로 생긴 손해를 전보하는 것, 즉 손해배상이고(750조), 불법행위의 정지나 예방을 청구할 수 있는 권리는 인정되지 않는다.

2. 민법의 규정

(ㄱ) 불법행위 외에, 손해배상청구권이 발생하는 원인으로서 민법이 정하는 대표적인 것으로 채무불이행이 있다(390조). 그런데 양자는 그 지향점인 손해의 개념이 다르다. 채무불이행에서는 채무가 이행되었다면 채권자가 누릴 장래의 이익을 실현시켜 주는 데 있는 반면, 불법행위에서는 피해자가 가졌던 기존의 권리나 법익을 피해 이전의 상태로 회복시켜 주는 데 있기 때문이다. 그러나 양자는 법률이 허용치 않는 위법행위라는 점에서 공통되고, 그래서 채무불이행으로 인한 손해배상에 관한 규정 중 ① 손해배상의 범위(393조), ② 손해배상의 방법(394조), ③ 과실상계(396조), ④ 손해배상자의 대위(399조)의 규정은 불법행위로 인한 손해배상에도 준용된다(763조). (ㄴ) 한편, 민법이 불법행위로 인한 손해배상에만 따로 정하는 내용이 있다. 즉 ① 재산적 손해 외에 정신적 손해에 대한 배상(위자료)을 인정하는 명문의 규정을 두고 있다(751조·752조). ② 태아는 손해배상청구권에 관하여는 이미 출생한 것으로 본다(762조). ③ 명예훼손의 경우에는 금전배상의 원칙에 대한 예외로서 원상회복적 구제를 인정하는 특칙을 규정한다(764조). ④ 배상의무자는 그 손해가 고의나 중대한 과실에 의한 것이 아니고 그 배상으로 생계에 중대한 영향을 받을 경우에는 법원에 배상액의 경감을 청구할 수 있다(765조). ⑤ 손해배상청구권의 소멸시효에 관해 일반채권의 소멸시효와는 다른 특칙을 규정한다(766조).

Ⅱ. 손해배상청구권

사례 1) 사단의 실질은 갖추었으나 법인등기를 하지 아니한 A종중은 2016. 9. 1. 종중회관 신축을 위해 B와 건물 공사에 관한 도급계약(이하 '건물공사계약')을 체결하였다. 이후 B는 2016. 10. 1. 건물 신축을 위해 필요한 토목공사를 목적으로 하는 도급계약(이하 '토목공사계약')을 C와 체결하였다. 2) 甲은 2016. 9. 1. A종중을 대표하여 B와 건물공사계약을 체결하면서 B로부터 뒷돈을 받고 B가 제시하는 공사대금이 부풀려진 금액임을 알면서도 계약을 체결하여, A종중에 3억원의 피해가 발생하였다. 이러한 사실을 A종중의 종전 임원이나 내부 직원은 알지 못하였으며, 새로 취임한 A종중의 신임 대표 乙이 2019. 10. 1. 종중 사무에 대한 전반적인 감사를 실시하는 과정에서 甲의 비위사실을 적발하게 되었다. 3) A종중은 2021. 10. 1. 甲을 상대로 법원에 불법행위로 인한 손해배상을 구하는 소를 제기하였다. 이에 대해 甲은 위 비위사실은 5년 전에 발생한 것이어서 자신에 대한 손해배상청구권은 이미 시효로 소멸되었다고 항변하였다. 4) 이에 관해 법원은 어떠한 판단을 하여야 하는지, 결론과 논거를 기술하시오. (15점)(2022년 제11회 변호사시험) 해설 p. 789

1. 손해배상 청구권자

(1) 피해자

불법행위에 의해 (재산적 · 정신적) 손해를 입은 피해자는 가해자에게 그 배상을 청구할 수 있다(750조). 피해자와 관련하여 문제되는 것이 몇 가지 있다. (ㄱ) 법인의 사회적 명성, 신용을 훼손하여 법인의 사회적 평가가 침해된 경우에 그 법인에 대하여 명예훼손이 성립하며(대판 1996. 6. 28, 96다12696), 권리능력 없는 법인에 대해서도 같다(대판 1997. 10. 24, 96다17851). (ㄴ) 태아는 손해배상청구권에 관하여는 이미 출생한 것으로 보는데(762조), 그 자세한 내용은 민법총칙(p.49) '태아의 권리능력' 부분에서 설명하였다. (ㄷ) 피해자가 즉사한 경우에도 사망하기 직전의 치명상을 입은 순간에 손해배상청구권을 취득하고, 상속인이 이를 승계한다는 것이 판례의 태도이다.

(2) 피해자 외의 청구권자

a) 정신적 손해의 배상　피해자가 상해를 입거나 사망한 경우, 일정한 근친자는 정신적 손해의 배상, 즉 위자료를 청구할 수 있다(자세한 내용은 p.800 '(3) 정신적 손해의 산정' 부분 참조(751조 · 752조)).

b) 재산적 손해의 배상　이것은 다음 둘로 나눌 수 있다. (ㄱ) 피해자가 「사망」한 경우, 피해자에 대해 부양청구권을 갖는 자는 피해자의 사망으로 그 청구권을 잃는 손해를 입게 되므로 가해자에게 그 배상을 청구할 수 있다. (ㄴ) 피해자가 「상해」를 입은 경우, 피해자에 대한 부양의무자가 치료비 · 개호비 등을 지출한 때에는, 그것은 가해행위가 없었다면 지출하지 않았을 것을 부양의무로 인해 지출한 것이 되므로 가해자에게 그 배상을 청구할 수 있다. 한편 이러한 청구는 피해자도 할 수 있다(대판 1982. 4. 13, 81다카737). 두 채권은 부진정연대채권 관계에 있다고 볼 것이다(곽윤직, 454면).

2. 손해배상청구권의 성질

(1) 양도성과 상속성

불법행위에 의한 손해배상청구권은 원칙적으로 양도할 수 있다(449조)(이에 대한 예외로 국가배상법 4조 참조). 따라서 상속도 할 수 있다. 특히 위자료청구권도 상속된다는 것이 통설과 판례임은 전술한 바 있다. 한편 피해자가 '즉사'한 경우에도, 피해자가 치명상을 입은 때와 사망과의 사이에는 이론상 시간적 간격이 인정될 수 있어, 피해자 본인에게 손해배상청구권이 발생하고, 이것은 상속된다는 것이 통설과 판례이다.

(2) 상계의 금지

채무가 고의의 불법행위로 생긴 경우에는 그 채무자는 상계로써 채권자에게 대항하지 못한다(496조). 불법행위의 피해자로 하여금 현실의 변제를 받게 하고, 채권자가 변제를 하지 않는 채무자에게 고의로 가해행위를 하는 등의 보복적 불법행위의 유발을 방지하려는 취지에서 둔 규정이다(그 밖의 내용은 p.104를 볼 것).

3. 손해배상자의 대위代位

불법행위에 의해 훼손된 물건 등에 관해 피해자가 그 가액 전부를 손해배상으로 받은 때에는, 배상자는 그 물건에 관하여 당연히 피해자를 대위한다(763조·399조).

4. 손해배상청구권의 소멸시효

> 第766조〔손해배상청구권의 소멸시효〕 ① 불법행위로 인한 손해배상청구권은 피해자나 그의 법정대리인이 그 손해와 가해자를 안 날부터 3년간 이를 행사하지 아니하면 시효로 인하여 소멸된다. ② 불법행위를 한 날부터 10년이 경과한 때에도 전항과 같다. ③ 미성년자가 성폭력, 성희롱, 그 밖의 성적 침해를 당한 경우에 이로 인한 손해배상청구권의 소멸시효는 그가 성년이 될 때까지는 진행되지 아니한다.

(1) 서 설

a) 채권의 소멸시효에 대한 특칙 (ㄱ) 불법행위로 인한 손해배상청구권이 시효로 소멸되는 경우로서 본조 제1항은 '단기시효'를, 본조 제2항은 '장기시효'를 구분하여 각각 그 요건을 규정한다. 이 두 시효 중 어느 하나가 먼저 완성되면 그 손해배상청구권은 소멸된다. (ㄴ) 일반적으로 채권의 소멸시효는 권리를 행사할 수 있는 때부터 진행하고(166조 1항), 그 시효기간은 10년이 원칙이다(162조 1항). 이 점에서 특히 제766조 1항에서 불법행위로 인한 손해배상청구권의 소멸시효를 피해자나 그의 법정대리인이 그 손해와 가해자를 안 때부터, 그리고 그 시효기간을 3년으로 정한 것은 일반채권의 소멸시효에 대한 특칙이 된다.[1)]

b) 적용범위 본조는 특별히 다른 규정이 없는 한 불법행위로 인한 손해배상청구권 모두에 적용된다. 따라서 국가배상법에 의한 손해배상청구권이나(동법 8조 참조), 자동차손해배상 보장법에 의한 손해배상청구권에도 적용된다(동법 4조 참조).

(2) 3년의 단기소멸시효

a) 기산점 피해자나 그의 법정대리인이 그 손해와 가해자를 안 날부터 진행된다(766조 1항).

aa) 피해자나 그의 법정대리인 : (ㄱ) '피해자'는 직접 피해자만이 아니라 손해배상청구권을 가지는 자를 포함한다. 예컨대 자식이 사고로 상해를 입은 경우, 그의 손해배상청구권과 그 부모의 위자료청구권은 피해자가 다른 독립된 별개의 청구권으로서 따로 시효가 진행된다(대판 1966. 12. 20, 66다1667). (ㄴ) 피해자가 그 손해와 가해자를 모른 때에도 그의 법정대리인이 안 때에는 그 때부터 시효는 진행된다. (ㄷ) 불법행위의 피해자가 미성년자인 경우, 미성년자가 성년자가 된

---

1) 3년의 단기소멸시효는 피해자 측이 그 손해와 가해자를 안 날부터 진행하는 것, 즉 피해자 측의 주관적 인식에 기초하고 있다. 학설은 단기시효를 정한 취지에 대해, 손해와 가해자를 안 피해자가 그만한 세월이 지나면 감정도 가라앉게 마련이므로 나중에 새삼스럽게 분규를 일으키는 것은 타당하지 않아, 요컨대 법적 보호를 줄 필요가 없다는 것으로 설명한다(곽윤직, 472면). 참고로 일본의 판례는 이 점에 대해, "불법행위에 의한 법률관계가 보통 미지의 당사자 사이에 우연의 사고에 기해 발생하는 것으로서, 가해자는 손해배상 청구를 받을 것인가, 어떠한 범위에서 배상의무를 부담하는가 등이 불분명한 까닭에 매우 불안한 처지에 놓이며, 따라서 피해자가 손해와 가해자를 알면서 상당한 기간 내에 권리행사를 하지 않을 때에는 손해배상청구권을 시효에 걸리는 것으로 하여 가해자의 정당한 신뢰를 보호하자는 데 그 취지가 있다"고 한다(日最判 1974. 12. 17. 참조).

때부터 진행되거나, 그의 법정대리인이 그 손해와 가해자를 안 때부터 진행된다(대판 2010. 2. 11, 2009다79897).

bb) 손해와 가해자를 안 날 : (ㄱ) '가해자'란 직접의 가해자만이 아니라 손해배상청구의 상대방이 되는 자를 포함한다(대판 1977. 6. 7, 76다2008). 예컨대 피용자의 불법행위에 대해 사용자가 배상책임을 지는 경우가 그러하다. 이때는 피용자와 사용자가 각각 가해자가 되고, 피해자 측이 이들 가해자를 안 때부터 따로 시효가 진행된다. (ㄴ) '손해와 가해자를 안 날'이란, 손해의 발생 사실과 그 손해가 가해자의 불법행위로 인해 발생한 것임을 피해자 측이 현실적이고도 구체적으로 인식한 것을 뜻한다(대판 1995. 2. 10, 94다30263). 따라서 과실의 존재, 위법한 가해행위의 존재, 가해행위와 손해 발생 사이에 인과관계가 있는 것까지도 알아야 한다(대판 1995. 11. 10, 95다32228). 다만, 손해의 정도나 액수까지 구체적으로 알아야 하는 것은 아니다(대판 1992. 4. 14, 92다2011).

〈판 례〉 상술한 '손해와 가해자를 안 날'의 법리를 토대로 대법원은 구체적으로 다음과 같이 판단한다. ① 피해자 측이 손해와 가해자를 인식할 만한 지능이 없는 경우에는 소멸시효는 진행되지 않는다(대판 1995. 2. 10, 94다30263). ② (만 2세의 유아가 사고로 성장판을 다쳐 장차 어떻게 변형될지 모르는 사안에서) 가해행위와 이로 인한 현실적인 손해 발생 사이에 시간적 간격이 있는 경우에는 그 손해가 현실화된 것을 안 날을 의미한다(대판 2001. 1. 19, 2000다11836). 불법행위 당시에는 전혀 알 수 없었던 후유증이 발생한 경우도 같다(대판 1995. 2. 3, 94다16359). ③ 환자의 부모가 의사를 업무상 과실치상죄로 고소한 것은, 의사를 처벌하여 달라는 취지에 불과하고, 의사의 과실로 손해가 발생한 것까지 알았다고 볼 수 없다(대판 1994. 4. 26, 93다59304). ④ 가해행위가 불법행위에 의한 것임을 알았어야 하므로, 가처분명령의 집행으로 손해를 입었다고 보기 위해서는 상대방의 청구권이 가처분명령 당시 없었다는 것이 재판상 확정되어야 하고, 그때부터 시효가 진행된다(대판 1963. 11. 7, 63다626). / 무권리자가 위법한 방법으로 그의 명의로 부동산에 관한 소유권보존등기나 소유권이전등기를 마친 다음 제3자에게 이를 매도하여 제3자 명의로 소유권이전등기를 마쳐주었는데, 소유자의 등기말소 청구소송에 대해 제3자가 등기부 취득시효를 주장하는 경우, 그 소송에서 패소 확정되었을 때 손해의 발생이 현실화되는 것이며, 등기부 취득시효 완성 당시에 손해가 현실화된 것은 아니다(소유자가 무권리자를 상대로 불법행위를 이유로 손해배상을 청구할 경우, 위 소송에서 패소 확정된 때부터 시효가 진행된다)(대판 2008. 6. 12, 2007다36445). ⑤ 불법점유와 같이 계속적인 불법행위의 경우에는, 나날이 발생한 새로운 각 손해를 안 날부터 따로 소멸시효가 진행된다(대판 1966. 6. 9, 66다615). ⑥ 법인의 대표자가 가해자나 법인의 임원과 공동으로 법인에 불법행위를 한 경우에는, 법인의 대표자가 손해배상청구권을 행사할 것을 기대하기 어려우므로, 법인의 이익을 정당하게 보전할 권한을 가진 임원 또는 사원이나 직원 등이 손해배상청구권을 행사할 수 있을 정도로 대표자의 불법행위를 안 때부터 시효가 진행된다(대판 1998. 11. 10, 98다34126; 대판 2002. 6. 14, 2002다11441; 대판 2012. 7. 12, 2012다20475).

b) 증명책임 피해자 측이 손해와 가해자를 안 시기에 관한 증명책임은 시효의 이익을 주장하는 자, 즉 가해자 측에게 있다(대판 1995. 6. 30, 94다13435).

c) 민법 제166조 1항의 적용 민법 제766조 1항 소정의 단기시효가 적용되는 경우에도, 그것은 소멸시효의 기산점에 관한 일반규정인 민법 제166조 1항에 따라 권리를 행사할 수 있는

것을 전제로 한다(대판 1998. 7. 10, 98다7001; 대판 2012. 4. 13, 2009다33754).[1] 다시 말해 3년의 단기시효기간은 '손해와 가해자를 안 날'에 더하여 '권리를 행사할 수 있는 때'가 도래하여야 비로소 시효가 진행된다.

(3) 10년의 장기소멸시효

a) 기간의 성질 3년의 단기시효에 걸리지 않더라도, 불법행위를 한 날부터 10년이 지나면 그 손해배상청구권은 소멸된다. 이 기간의 성질에 관해서는 학설이 나뉜다. 통설은 제766조 1항이 (단기)소멸시효기간을 정한 점을 감안하여 이를 제척기간으로 본다. 이에 대해 소수설은, 제766조 1항은 피해자가 손해의 발생과 가해자까지 알면서 침묵한 경우에 법률관계의 안정을 위해 단기시효를 인정한 것이므로, 그 외의 경우에는 일반원칙에 따라 시효기간을 인정할 수 있는 것이고 또 이 경우에도 시효의 중단을 인정할 필요가 있다는 점에서 시효기간으로 해석한다(김증한 · 김학동, 940면). 제766조의 표제와 법문의 표현상으로도 제척기간으로 보아야 할 이유가 없으므로, 소수설이 타당하다고 본다. 따라서 (제척기간에서는 인정되지 않는) '소멸시효의 중단'과 '시효이익의 포기'도 인정된다. 판례도 소멸시효기간으로 본다(대판(전원합의체) 1996. 12. 19, 94다22927).

b) 기산점 불법행위를 한 날부터 10년이 지나면 시효로 소멸된다(766조 2항). (ㄱ) '불법행위를 한 날'은 가해행위가 있었던 날이 아니라 현실적으로 손해의 결과가 발생한 날을 의미한다. 예컨대, ① 국가의 위법한 부동산의 매각 조치로 인한 손해배상청구권에 대한 소멸시효는 매수인 명의의 등기가 현실적으로 말소될 것이 확실하게 된 때(대판(전원합의체) 1979. 12. 26, 77다1894, 1895), 공무원의 직무상 과실에 의해 근저당권설정등기를 말소당한 피해자가 담보권 상실로 인한 손해배상을 구하는 경우에는 근저당권 설정등기말소 판결이 확정된 때가 불법행위를 한 날에 해당한다(대판 1990. 1. 12, 88다카25168). ② 가해행위와 손해 발생 사이에 시간적 간격이 있는 경우, 판례는 다음과 같다. 1) (혈우병 환자인 甲이 乙 회사가 제조 · 공급한 혈액제제로 인하여 HIV에 감염되었는지가 문제된 사안에서) 감염의 잠복기가 길거나, 감염 당시에는 장차 병이 어느 단계까지 진행될 것인지 예측하기 어려운 경우, 손해가 현실화된 시점을 일률적으로 감염일로 보게 되면, 피해자는 감염일 당시에는 장래의 손해 발생 여부가 불확실하여 청구하지 못하고 장래 손해가 발생한 시점에서는 소멸시효가 완성되어 청구하지 못하게 되는 부당한 결과가 초래될 수 있다. 따라서 위와 같은 경우에는 감염 자체로 인한 손해 외에 증상의 발현 또는 병의 진행으로 인한 손해가 있을 수 있고, 그러한 손해는 증상이 발현되거나 병이 진행된 시점에 현실적으로 발생한다고 볼 수 있다(대판 2011. 9. 29, 2008다16776). 2) (甲이 초등학교 재학 중 테니스 코치 乙로부터 성폭행을 당하였는데, 약 15년 후 甲과 乙이 우연히 마주쳤고 성폭력 피해 기억이 떠오르는 충격을 받아 '외상 후 스트레스 장애' 진단을 받게 되어, 乙을 상대로 손해배상을 구한 사안에서) 甲이 성인이 되어 乙을 우연히 만나기 전까지는 잠재적 · 부동적인 상태에 있었던 손해가 乙을 만나 정신적 고통이 심화되어 외상 후 스트

1) 위 2012년 판례는, 국가배상법에 의한 손해배상청구에 대해서는 동법 제8조에 의해 민법 제766조 1항이 적용되는데, 공무원의 직무수행 중 불법행위에 의하여 납북된 것을 원인으로 하는 국가배상청구권 행사의 경우, 남북교류의 현실과 거주 · 이전 및 통신의 자유가 제한된 북한 사회의 비민주성이나 폐쇄성 등을 고려하여 볼 때, 다른 특별한 사정이 없는 한 북한에 납북된 사람이 국가를 상대로 대한민국 법원에 소장을 제출하는 등으로 권리를 행사하는 것은 객관적으로도 불가능하므로, 납북상태가 지속되는 동안은 소멸시효가 진행되지 않는다고 보았다(다만 납북자에 대한 실종선고 심판이 확정되게 되면 상속인들에 의한 상속채권의 행사가 가능해질 뿐이라고 보았다).

레스 장애 진단을 받게 되면서 현실적인 것이 되었고, 민법 제766조 2항에 의한 소멸시효는 이때부터 진행된다고 봄이 타당하다(대판 2021. 8. 19, 2019다297137). (ㄴ) 손해의 결과 발생이 현실적인 것으로 되었다면, 피해자가 손해의 결과 발생을 알았거나 예상할 수 있는가 여부에 관계없이, 가해행위로 인한 손해가 현실적인 것으로 되었다고 볼 수 있는 때부터 소멸시효는 진행된다(대판 2005. 5. 13, 2004다71881).

c) 증명책임 가해행위로 손해가 현실적으로 발생한 시기에 대한 증명책임은 소멸시효의 이익을 주장하는 자(가해자 측)에게 있다(대판 2013. 7. 12, 2006다17539; 대판 2021. 8. 19, 2019다297137).

(4) 미성년자가 성적 침해를 당한 경우의 특칙

(ㄱ) 미성년자가 성폭력, 성희롱, 그 밖의 성적 침해를 당한 경우에 이로 인한 손해배상청구권의 소멸시효는 그가 성년이 될 때까지는 진행되지 않는다(766조 3항). 2020. 10. 20. 민법 개정에서 신설된 내용이다. 미성년자를 대상으로 하는 성폭력 범죄 등은 주변인들이 가해자인 경우가 많아 법정대리인을 통한 권한 행사가 어려운 상황이다. 이를 고려하여 미성년자가 성적 침해를 당한 경우에는 해당 미성년자가 성년이 될 때까지 그 소멸시효가 진행되지 않도록 하여 미성년자인 피해자가 성년이 된 후 스스로 가해자에게 손해배상을 청구할 수 있도록 하자는 것이 그 취지이다. (ㄴ) 위 규정은 민법 개정 전에 생긴 성적 침해로 인한 손해배상청구권이 위 민법 개정 당시 소멸시효가 완성되지 않은 것에 대해서도 적용된다(개정 민법 부칙 2조).

사례의 해설 불법행위로 인한 손해배상청구권은 피해자가 그 손해 및 가해자를 안 날부터 3년, 불법행위를 한 날부터 10년이 경과하면 시효로 소멸된다(766조). 그런데 법인의 대표자의 불법행위로 법인이 손해를 입은 경우, 법인과 그 대표자는 이익이 상반하게 되므로 현실로 그로 인한 손해배상청구권을 행사할 것을 기대하기 어려우므로, 이때는 법인의 이익을 정당하게 보전할 권한을 가진 임원 등이 그 손해 및 가해자를 안 날부터 단기시효가 진행된다(대판 1998. 11. 10, 98다34126; 대판 2002. 6. 14, 2002다11441). 설문에서는 신임 대표 乙이 甲의 비위사실을 적발하게 된 2019. 10. 1.부터 단기시효가 진행될 것인데, A 종중이 2021. 10. 1. 소를 제기한 당시에는 3년의 단기시효는 완성되지 않았다. 그리고 불법행위를 한 2016. 9. 1.부터 10년이 지나지도 않았다. 법인에 대한 이러한 내용은 비법인사단인 종중에도 유추적용될 것이다. 법원은 A종중의 청구를 전부 인용하여야 한다. 사례 p. 784

Ⅲ. 손해배상의 방법

1. 민법 제394조의 준용

채무불이행에서 「손해배상의 방법」을 규정한 민법 제394조는 불법행위에도 준용된다(763조).

a) 금전배상의 원칙 손해배상의 방법으로는 「금전배상」과 「원상회복」 두 가지가 있는데, 원상회복은 채무자에게 지나치게 불리하거나 그 실현이 불가능한 경우가 있다는 문제가 있어, 민법은 손해를 금전으로 계산하여 배상하는 금전배상을 원칙으로 정한다.

〈금전배상의 지급방법〉 (ㄱ) 금전배상의 지급방법으로는 「일시금배상」과 「정기금배상」 두 가지가 있다. 정확한 손해의 배상이라는 측면에서는 후자가 타당한 것이지만, 이 방식에 의하면 피해자가 오랜 기간에 걸쳐 배상청구를 하여야 하는 번거로움 때문에 대부분 일시금배상을 청구한다(이 경우 중간이자를 공제한다). (ㄴ) 그런데 민법은, 타인의 신체, 자유 또는 명예를 해치거나 그 밖에 정신적 고통을 준 경우에 법원은 정기금배상을 명할 수 있고, 그 이행을 확보하기 위해 상당한 담보를 제공할 것을 명할 수 있는 것으로 규정한다(751조 2항). 그러나 이러한 정신적 손해에 대해서만 정기금배상이 인정되는 것은 아니다. 가령, 식물인간이 된 경우에 그 치료비에 대해서는, 그가 언제 사망할지 모르는 점에서 피해자가 치료비의 일시금배상을 청구하더라도 생존을 조건으로 정기적으로 치료비용을 배상할 것을 명할 수 있다(대판 1995. 6. 9, 94다30515). 그리고 전문 감정인의 감정결과에 의하더라도 피해자의 기대여명의 예측이 불확실한 경우에는, 법원은 일실수입의 손해와 향후 치료비 손해 등을 산정함에 있어서 피해자가 확실히 생존하고 있으리라고 인정되는 기간 동안의 손해는 일시금 지급을 명하고, 그 이후의 기간은 피해자의 생존을 조건으로 정기금 지급을 명할 수 있다(대판 2002. 11. 26, 2001다72678).

b) 원상회복이 인정되는 경우 (ㄱ) 당사자가 다른 의사표시를 한 때이다(394조). 따라서 원상회복의 방법으로 배상할 것을 합의한 때에는 그 방법에 따라야 한다. (ㄴ) 법률에서 달리 정하고 있는 경우이다. 민법 제764조는 명예훼손의 경우에 특칙을 정하고 있고, 광업법 제77조는 광업으로 인해 타인에게 손해를 입힌 경우 배상금액에 비해 너무 많은 비용을 들이지 않고 원상으로 회복할 수 있는 경우에는 피해자는 원상회복을 청구할 수 있는 것으로 규정한다. (ㄷ) 이처럼 원상회복을 할 수 있는 경우가 아니면 금전배상을 하여야 하고, 원상회복을 청구할 수 없다(가령 불법행위로 건물이 훼손된 경우 그 손해는 금전으로 배상하여야 하고, 당사자가 다른 의사표시를 하는 등의 특별한 사정이 없는 이상 원상회복을 청구할 수 없다)(대판 1994. 3. 22, 92다52726; 대판 1997. 3. 28, 96다10638).

2. 명예훼손의 경우의 특칙

불법행위로 인한 손해배상은 금전배상이 원칙이다(394조·763조). 그런데 민법은 명예훼손의 경우 「법원은 피해자의 청구에 의하여 손해배상에 갈음하거나 손해배상과 함께 명예회복에 적당한 처분을 명할 수 있다」고 하여, 위 원칙에 대한 특칙을 규정한다(764조).

a) 요 건 피해자의 청구가 있어야 한다. 명예회복 처분을 통해 명예훼손의 사실이 세상에 알려지는 것을 피할 수 없고, 그 과정에서 오히려 피해자에게 정신적 고통을 줄 소지가 있다는 점에서, 법원이 직권으로 위 처분을 내릴 수는 없고, 피해자가 원한 때에만, 즉 그 청구가 있을 때에만 위 처분을 명할 수 있다.

b) 금전배상과의 관계 법원은 피해자의 청구를 전제로 금전배상만을 명하거나, 금전배상에 갈음하여 명예회복 처분만을 내리거나, 또는 금전배상과 함께 명예회복 처분을 선택하여 결정할 수 있다(대판 1988. 6. 14, 87다카1450).

c) 명예회복 처분의 방법 '명예회복에 적당한 처분'의 대표적인 예로서 종전에는 「사죄광고」의 방법이 활용되었었다. 그런데 이 방법은 억지로 사죄를 강요하는 점에서, 즉 양심의 강

요를 받는다는 점에서 헌법 제19조의 양심의 자유에 저촉된다는 점이 지적되었고, 그래서 위 규정을 사죄광고의 의미로 확대하여 해석하는 한도에서는 위헌이라는 결정이 있었다(헌재결 1991. 4. 1, 89헌마160). 동 결정은 "명예회복에 적당한 처분"의 방법으로서, 가해자의 비용으로 그가 패소한 민사 손해배상 판결의 신문 · 잡지 등에의 게재, 형사 명예훼손 유죄판결의 신문 · 잡지 등에의 게재, 명예훼손 기사의 취소 광고 등을 예시하고 있다.

판 례 **인격권의 침해에 대한 사전 구제수단으로서 금지청구권**

(α) 사 실: A유업은 B유업이 비식용 분유를 만드는 기계로 조제분유를 제조하고 또 사용이 금지된 원료 등을 첨가하여 조제분유를 제조하고 있다는 취지의 비방광고를 계속하였다. B는 A를 상대로, ① A의 비방광고로 인한 피해를 최소한으로 줄이기 위해 게재한 대응광고비에 대한 손해배상, ② 장래의 비방광고의 금지 및 그 위반에 대한 손해배상, ③ 명예 · 신용 등의 훼손에 대한 무형의 손해배상을 청구하였다.

(β) 판결요지: 대법원은 원고의 청구를 모두 인용한 원심의 판단이 옳다고 하면서 피고의 상고를 기각하였다. 대법원은 판결이유에서, 대응광고비도 불법행위로 인한 손해배상의 범위에 포함된다고 하고, 나아가 ① 인격권의 침해에 대한 사전 구제수단으로서 금지청구권을 인정하고, ② 부작위채무에 관한 판결절차에서도 일정한 요건하에 강제집행(간접강제)을 명할 수 있다고 하였는데, 이 두 가지 점은 최초로 판단한 것인 점에서 중요한 의미를 가진다(대판 1996. 4. 12, 93다40614, 40621). ②에 관해서는 p.153에서 기술한 내용을 참조하도록 하고, 이하에서는 ①에 대해 설명한다.

(γ) 검토 – 인격권의 침해에 대한 사전 구제수단으로서 「금지청구권」: (ㄱ) 위 판결은, 인격권은 그 성질상 침해된 후의 구제수단(금전배상이나 명예회복 처분)만으로는 그 피해의 완전한 회복이 어렵고 손해전보의 실효성을 기대하기 어려우므로, 인격권의 침해에 대하여는 사전(예방적) 구제수단으로 침해행위의 정지 · 방지 등의 '금지청구권'이 인정된다고 하였다. 그러면서도 그 '법적 근거'에 관해서는 따로 밝히지 않았다. 그런데 불법행위의 효과로서 민법이 인정하는 것은 불법행위로 인해 생긴 손해를 사후에 전보하는 것, 즉 손해배상이고(750조), 불법행위의 정지나 예방을 청구할 수 있는 권리는 인정되지 않는다. 인격권의 침해에 대한 사전 구제수단으로서의 금지청구권(본 사안에서는 장래의 비방행위의 금지청구)은 불법행위의 효과로서가 아니라, 인격권이 물권과 같은 지배권 내지 절대권의 성질을 가지는 데서 이에 기초하여 물권적 청구권에 준하는 효과를 부여한 것으로 볼 것이다.[1] 이후의 판례도 그 취지를 같이하고 있다. 즉, 명예는 생명, 신체와 함께 매우 중대한 보호법익이고 인격권으로서의 명예권은 물권의 경우와 마찬가지로 배타성을 가지는 권리라고 할 것이므로, 명예를 위법하게 침해당한 자는, 손해배상(751조) 또는 명예회복을 위한 처분(764조)을 구할 수 있는 이외에, 인격권으로서 명예권에 기초하여 가해자에 대하여 현재 이루어지고 있는 침해행위를 배제하거나 장래에 생길 침해를 예방하기 위하여 침해행위의 금지를 구할 수 있다고 한다(대판 2013. 3. 28, 2010다60950). (ㄴ) 소유권의 방해가 있거나 있을 우려가 있는 경우에 방해제거 및 방해예방을 청구할 수 있듯이, 인격권(명예)이 침해되고 있거나 침해될 우려가 있으면 방해제거나 방해예방을 구할 수 있는 것이고, 가해자에게 귀책사유가 있는지, 위법성이 있는지는 고려 요소가 아니라고 할 것이다. 그런데 명예의 침해는 표현의 자

1) 같은 취지로서, 강용현, "비방광고를 한 자에 대하여 사전에 광고금지를 명하는 판결 및 그 판결절차에서 명하는 간접강제", 대법원판례해설 제25호, 74면.

유와 맞물려 있는 점에서, 그리고 사전에 금지를 구하는 것(방해예방청구)과 사후에 금지를 구하는 것(방해제거청구)이 표현의 자유에 대한 제한의 정도에서 같지가 않은 점에서, 어느 경우에 인격권에 기해 방해예방과 방해제거를 구할 수 있는지에 대해 대법원은 다음과 같이 요건을 정하고 있다. ① 방해예방청구권에 기해 사전 금지를 구하는 것은 헌법(21조 2항)에서 금지하고 있는 사전 검열에 해당할 수 있는 점에서, 대법원은 엄격하고 명확한 요건을 갖춘 경우에만 허용되는 것으로 본다. 즉 '그 표현 내용이 진실이 아니거나 그것이 공공의 이해에 관한 사항으로서 그 목적이 오로지 공공의 이익을 위한 것이 아니며, 또한 피해자에게 중대하고 현저하게 회복하기 어려운 손해를 입힐 우려가 있는 경우'에는, 그와 같은 표현행위는 그 가치가 피해자의 명예에 우월하지 않은 것이 명백하고, 또 그에 대한 유효적절한 구제수단으로서의 금지의 필요성도 인정되므로, 이러한 실체적인 요건을 갖춘 때에만 예외로서 사전 금지가 허용된다고 한다(대결 2005. 1. 17, 2003마1477). ② 이에 대해 방해제거청구의 경우에는 표현의 자유에 대한 제한의 정도가 위 사전 금지의 경우보다는 약하다고 할 것인데, 그 요건으로, '그 표현 내용이 진실이 아니거나 공공의 이해에 관한 사항이 아닌 기사로 인해 현재 원고의 명예가 중대하고 현저하게 침해받고 있는 상태'를 들었고, 이 경우에만 인격권 침해를 이유로 한 방해배제청구권으로서 '기사 삭제'를 청구할 수 있다고 한다(대판 2013. 3. 28, 2010다60950). 이 요건은 방해예방청구의 경우와 크게 다르지 않은데, 아무튼 불법행위를 이유로 손해배상을 청구할 때의 요건으로서 위법성의 문제, 가령 기사가 진실이라고 믿었고 또 그렇게 믿을 만한 상당한 이유가 있으면 위법성이 없어 불법행위가 성립하지 않는다는 것은 인격권에 기해 방해제거를 구하는 경우에는 고려 요소가 되지 않는다.

Ⅳ. 손해배상의 범위

사 례 (1) A는 B조합의 냉동기사로 취직할 당시에 이미 좌안이 실명된 바 있었는데, 그 후 채용되어 근무를 하던 중, 가축 인공수정에 쓰이는 액체질소를 제조하는 과정을 투시경을 통해 지켜보다가 고무호스의 낡은 부분이 파열하면서 양잿물이 A의 눈으로 들어가 우안마저 실명하게 되었다. A는 B조합을 상대로 양안 실명으로 인한 손해배상을 청구할 수 있는가?

(2) 국가 소유의 토지를 공무원인 A가 B와 공모하여 A와 B 명의로 소유권이전등기를 한 후, 이를 C에게 148,300,000원에 매도하고 소유권이전등기를 해 주었다. 이 사실을 알게 된 국가는 A · B · C를 상대로 각 소유권이전등기의 말소를 청구하는 소를 제기하여 원고 승소 판결이 확정되었는데, 이 당시 토지의 가격은 215,802,720원이었다. C는 공무원의 불법행위로 손해를 입은 것을 이유로 국가를 상대로 국가배상법(2조)에 따라 손해배상을 청구하려고 한다. 얼마를 손해배상금으로 청구할 수 있는가?

(3) A의 피용자인 甲이 1987. 5.경 A 소유의 토지를 대금 35,386,000원에 B에게 매각하고, A의 직인을 도용하여 등기서류를 임의로 작성한 다음 이러한 사정을 모르는 B에게 주어, B 명의로 소유권이전등기가 경료되었다. B는 1995. 1. 28. C에게 위 토지를 2,504,903,729원에 매도하여, C 명의로 소유권이전등기가 경료되었다. 그 후 A가 B와 C를 상대로 각 소유권이전등기의 말소를 청구하여 A의 승소 판결이 2000. 9. 8. 확정되었고, 그에 따라 B와 C 명의의 등기는 모두 말소되었는데, 그 당시 토지의 시가는 4,938,666,000원이었다. 이에 C는 B에게 매도인의 담보책임을 묻는 소를 제기하여, 그 판결에 따라 B는 C에게 2000. 9. 8. 당시 위 토지의 시가에 해당하는 4,938,666,000

원을 손해배상금으로 지급하였다. B는 A에게 사용자책임을 물어 손해배상을 청구하고자 한다. 얼마를 청구할 수 있는가? 해설 p. 795

1. 불법행위에서 손해의 개념

손해는 불법행위 외에 채무불이행에 의해서도 발생하지만, 그 개념은 다르다. 채무불이행의 경우는 채무가 이행되었다고 한다면 채권자가 장래 얻을 이익이 손해가 되는 데 반해, 불법행위의 경우는 기존의 권리나 법익이 침해된 것이 손해가 된다. 따라서 전자는 (실현되지 않은) 장래의 이익을 실현시켜 주는 것을 목표로 하지만, 후자는 (침해된) 기존의 권리(법익)를 회복시켜 주는 것을 목표로 삼는다. 가령 A 소유 토지를 B가 매수하기로 계약을 맺었는데 A가 그 토지를 C에게 양도한 경우, B의 토지소유권의 취득을 전제로 하는 토지의 시가에서 매매대금을 뺀 것이 채무불이행으로 인한 손해가 된다. 반면, 본래는 甲 소유의 토지인데 국가공무원의 과실로 A 앞으로 원인무효의 등기가 이루어지고 이를 B가 매수하기로 계약을 맺었다고 하자. B가 국가를 상대로 손해배상을 구할 경우, B는 토지의 소유권을 취득하지 못하므로 (다시 말해 토지소유권을 갖고 있지 않았으므로) 토지의 시가가 손해가 될 수는 없고, (B가 A에게 지급한) 토지의 구입대금이 불법행위로 인한 손해가 된다.

불법행위에서의 손해에 대해서도 기본적으로는 차액설이 적용된다. 즉 불법행위가 없었다면 있었을 재산상태에서 불법행위가 있은 현재의 재산상태를 뺀 것이 손해가 된다(대판(전원합의체) 1992. 6. 23, 91다33070). 그리고 여기에는 재산적 손해로서 적극적 손해와 소극적 손해(일실이익), 그리고 정신적 손해의 세 가지가 포함된다.

2. 손해배상의 범위

(1) (채무불이행으로 인한 손해배상의 범위를 정한) 민법 제393조는 불법행위로 인한 손해배상에도 준용된다(763조). 따라서 통상손해와 특별손해의 기준에 의해 그 배상범위가 결정된다.[1)]

(2) 채무불이행에서는 어떤 채권자라도 장래 누렸을 이익이라고 한다면 그것은 통상손해가 되고, 특정의 채권자만이 특별한 사정에 기해 누렸을 이익이라고 한다면 그것은 특별손해가

---

1) 영미법에서는 「징벌적 손해배상」(punitive damages)이 인정된다. 이것은 고의의 불법행위의 경우에 가해자를 처벌하고 장래에 그와 유사한 행위를 하지 못하게 억제하기 위하여 손해배상 외에 따로 부과되는 손해배상이다(김증한 · 김학동, 911면 이하). 영국과 미국은 그 운영에서 적지 않은 차이가 있는데, 대개는 법률로 그 내용을 정하는 것이 보통이다. 가해자가 손해를 배상하더라도 이익이 남는다는 계산하에 의도적으로 불법행위를 실행하는 경우가 그러하다. 이에 관한 대표적인 사례로, 자동차 회사가 차량의 출시 직전 검사에서 저속 주행의 추돌에서도 연료탱크에서 연료가 새어나와 불이 붙는 사실을 알았음에도 불구하고 그대로 출시를 강행한 결과, 그 자동차의 추돌사고로 인한 화재로 승객이 전신 화상을 입은 사안에서, 미국법원은 손해배상으로 250만달러, 징벌적 손해배상으로 350만달러를 명하였다(김태선, "징벌적 손해배상제도에 대한 고찰", 민사법학 제50호(2010. 9.), 235면~236면).

우리 민법은 이러한 징벌적 손해배상을 인정하고 있지 않다. 한편 징벌적 손해배상을 도입할지, 도입한다면 불법행위 일반에 인정할 것인지 아니면 특정 분야에만 인정할 것인지 또 배상액의 상한을 둘 것인지를 놓고, 각각 찬반 논의가 있다. 그런데 제조물책임법(3조 2항)에서는 2017년 개정을 통해 일종의 징벌적 손해배상 제도를 신설하였다. 즉 제조업자가 제조물의 결함을 알면서도 그 결함에 대하여 필요한 조치를 취하지 아니한 결과로 생명 또는 신체에 중대한 손해를 입은 자가 있는 경우에는 그에게 발생한 손해의 3배를 넘지 않는 범위에서 배상책임을 지는 것으로 정하였다.

되어, 전자는 그 전부를 배상하여야 하지만, 후자는 채무자가 그러한 특별사정을 알 수 있었을 경우에만 배상하는 것으로 제한한다.

채무불이행에서 통상손해와 특별손해의 기준에 따른 배상범위의 결정은 불법행위에도 준용되는데, 그 내용은 다음과 같다. (ㄱ) 불법행위로 피해자가 가진 어떤 권리나 법익이 침해된 경우, 그에 따른 손해가 어떤 피해자에게도 생길 수 있는 것인 때에는, 그 손해는 '통상손해'로서 가해자는 피해자에게 그 손해 전부를 배상하여야 한다. (ㄴ) 이에 대해 그 손해가 피해자에게 발생하기는 하였지만, 그것이 불법행위가 있으면 일반적으로 발생하는 손해가 아니라 특정의 피해자에게만 있는 특별한 사정에 기해 생긴 것인 경우에는, 그 손해는 '특별손해'가 되고, 피해자에게 그러한 특별사정이 있다는 사실을 가해자가 알 수 있었던 경우에만 배상책임을 지는 것으로 제한된다. (ㄷ) 불법행위에서 무엇을 통상손해로 또는 특별손해로 볼지에 대해 민법은 정하고 있지 않다(이 점은 채무불이행에서도 마찬가지이다). 이것은 궁극적으로는 사회통념에 따라 결정된다.

〈판 례〉 (ㄱ) 「통상손해」: ① 국가공무원의 과실로 발생한 원인무효의 등기에 기해 토지를 매수한 자가 그 토지 위에 건물을 지은 후, 소유자가 매수인을 상대로 소유권이전등기의 말소와 건물 철거를 청구한 경우, 매수인이 입는 손해는 (매수인은 토지의 소유권을 취득할 수 없으므로 토지의 시가가 아닌) 토지 매수대금과 철거되는 건물의 시가(대판 1998. 7. 10, 96다38971). / 무효인 채무자 명의의 소유권이전등기를 믿고 그 부동산에 근저당권설정등기를 하고 돈을 빌려주었다가 근저당권등기가 말소되어 근저당권자가 입는 손해는, 위 부동산의 가액 범위 내에서 채권최고액을 한도로 하여 채무자에게 빌려준 금액(대판 1999. 4. 9, 98다27623, 27630). / 위조 수표를 할인하여 취득한 사람이 입게 되는 손해는 그 액면금이 아닌 실제 출연한 할인금(대판(전원합의체) 1992. 6. 23, 91다43848). ② 타인의 토지에 무단으로 건물을 지어 토지 소유자가 그 건물을 임의로 철거한 경우에 건물 소유자가 입는 손해는, 건물은 철거될 처지에 있었으므로 그 시가가 손해가 될 수는 없고, 건물이 철거될 때까지 당분간 부지를 불법점유한 채 건물을 사실상 사용할 수 있는 이익과 철거 후 건물의 폐자재를 회수할 수 있는 이익이 된다(이것은 국유지에 있는 철거예정 건물을 절차상 위법하게 철거한 경우에도 같다)(대판 1993. 3. 26, 91다14116; 대판 1973. 9. 25, 73다725; 대판 1980. 8. 19, 80다460). ③ 물건의 수리비가 그 물건의 시가를 초과하는 경우에는 그 시가를 한도로 한다(대판 1990. 8. 14, 90다카7569). ④ 영업용 물건에 대해 불법행위가 있는 경우, 그것이 멸실된 때에는 이를 대체할 다른 물건을 마련하기까지의 휴업손해를, 일부 손괴된 때에는 수리에 필요한 기간 동안의 휴업손해를, 각각 교환가격 또는 수리비와는 별도로 통상손해로서 배상하여야 한다(대판(전원합의체) 2004. 3. 18, 2001다82507). ⑤ 계약 교섭의 부당한 중도파기가 불법행위가 되는 경우, 계약 체결을 신뢰한 상대방이 입은 손해를 배상하여야 한다(그러나 계약체결에 관한 신뢰가 형성되기 전에 지출된 비용, 가령 입찰제안서, 견적서 작성비용 등은 포함되지 않는다)(대판 2003. 4. 11, 2001다53059). ⑥ 근저당권등기가 원인 없이 말소된 경우, 등기를 회복하는 데 드는 비용은 통상손해가 되지만, 등기가 물권의 효력 존속요건은 아니므로 근저당권의 채권최고액이 손해로 되지는 않는다(대판 2010. 2. 11, 2009다68408).

(ㄴ) 「특별손해」: ① 증권회사가 고객 소유의 주식을 위법하게 처분함에 따른 손해액은 처분 당시의 주식의 시가를 기준으로 하여야 하고, 그 후 주식의 가격이 올랐다고 하더라도 그로 인한 손해는 특별한 사정으로 인한 것이다(대판 1995. 10. 12, 94다16786). ② 차량이 전신주를 들이받아 전선이 절단됨

으로써 그 전선으로부터 전력을 공급받아 비닐하우스를 가동하던 피해자가 입은 손해는 특별한 사정으로 인한 손해이다(대판 1995. 12. 12, 95다11344).

사례의 해설 (1) 고용관계는 노무자의 인적 노무제공에 의해 실현되는 점에서 고용계약상의 부수적 의무로서 사용자의 노무자에 대한 안전배려의무가 주어진다. 따라서 사용자는 작업장의 시설 등을 안전하게 설치하고 유지 보수하여야 하며 적절한 안전교육을 실시해야 한다. 이 의무를 위반하여 노무자가 피해를 입은 경우 사용자는 고용계약상의 채무불이행책임 내지는 불법행위책임을 지게 된다. 사례에서 A는 고용관계에 따라 위험한 업무에 종사하는 과정에서 그 시설의 노후로 인해 피해를 입은 것이고, 여기에는 사용자인 B의 안전배려의무의 위반이 있다고 할 것이므로, A는 이에 대한 B의 과실을 문제삼아 불법행위책임(또는 채무불이행책임)을 물을 수 있다. 문제는 손해배상의 범위이다. 판례는 A가 이미 좌안 실명의 상태이더라도 본건 사고로 인해 발생한 피해는 우안의 실명만이므로 이 부분에 대해서만 배상책임을 지는 것으로 보았다(대판 1983. 4. 12, 82다카1702). 그러나 원고가 이미 좌안 실명임을 B가 알았거나 알 수 있었고, 따라서 위험한 업무에 종사케 하면 양안 실명의 결과가 생길 수도 있다는 특별한 사정을 인식할 수 있었다면, 양안 실명으로 인한 손해가 배상되어야 할 것으로 생각된다(763조·393조 2항)(B조합에 취직하는 과정에서 A의 신체 상태를 B가 알 수 있었다고 볼 가능성이 있다).

(2) C는 그 토지에 대한 원인무효의 위조등기에 기해 소유권이전등기를 한 것이어서 토지의 소유권을 취득할 수는 없었으므로, 그 소유권이 있다는 것을 전제로 하는 그 토지의 가격(215,802,720원)이 불법행위로 인한 손해배상액이 될 수는 없다. C가 입은 손해는 그 위조등기를 유효한 등기로 믿고 그 토지를 매수하기 위해 A와 B에게 매매대금으로 지출한 금전 148,300,000원이 된다(대판(전원합의체) 1992. 6. 23, 91다33070).

(3) 사례는 판례의 사안이다(대판 2007. 11. 16, 2005다55312). 이 판례는, 불법행위로 인한 재산상 손해는 위법한 가해행위로 인하여 발생한 재산상 불이익, 즉 그 위법행위가 없었더라면 존재하였을 재산상태와 그 위법행위가 가해진 현재의 재산상태의 차이라고 하는, 차액설에 근거하여 다음과 같이 판단하였다. 즉 원인무효의 소유권이전등기를 마친 다음 유효하게 부동산을 취득한 것으로 믿고 다른 사람에게 양도한 중간 매도인(B)이 A의 불법행위로 인하여 입은 통상의 손해는, 그가 부동산을 유효하게 취득하기 위하여 출연한 매매대금과 매도인의 담보책임의 이행으로 지급한 손해배상금에서 매수인으로부터 받은 매매대금을 공제한 나머지 금액을 합한 것이 된다고 보았다. 즉 지급한 매매대금(35,386,000원)+담보책임 이행금액(4,938,666,000원)−지급받은 매매대금(2,504,903,729원)의 합계액을 불법행위로 인한 손해배상금으로 청구할 수 있는 것으로 보았다.

원인무효의 등기에 기초한 것은 위 (2)의 사례와 같지만, 위 (2)는 최종 매수인이 입은 손해에 관한 것이고, (3)은 중간 매도인이 입은 손해라는 점에서 차이가 있음을 유의할 것이다.

사례 p. 792

V. 손해배상액의 산정

사 례 甲은 불타 없어진 건물을 재축하여 2018. 7.부터 펜션으로 직접 운영하여 왔다. 丙은 스키를 타기 위해 甲이 운영하는 펜션 201호를 계약하고 2018. 12. 17. 투숙하였다. 甲은 펜션 재축시 가스보일러 신제품을 직접 구입하여 시공을 하였으나, 201호 보일러 배관과 배기가스 연통이 음새의 내연실리콘마감을 하지 않은 등 마감처리를 잘못하였다. 이로 인해 마감이 불량한 연통이 이탈되어 보일러 배관과 연통의 이음새가 벌어짐으로써 가스가 누출되었고 잠자던 丙이 일산화탄소가스에 중독되어 사망하였다.

(가) 丙의 유족은 甲을 상대로 망인 丙의 손해배상청구권을 행사하려고 한다. 甲의 丙에 대한 손해배상책임의 성립 여부에 관해 근거를 들어 설명하시오. (15점)

(나) 丙의 유족으로는 친모인 丁과 사실혼 배우자 戊가 있다. 丁, 戊가 甲을 상대로 채무불이행 또는 불법행위를 이유로 위자료를 청구하고자 할 경우 인용될 수 있는지, 丙의 甲에 대한 위자료 청구권이 丁, 戊에게 상속되는지 각각 근거를 들어 설명하시오. (15점)(2019년 제2차 변호사시험 모의시험)

해설 p. 805

1. 배상액 산정의 의미

불법행위로 인해 발생한 손해 중에서 전술한 배상 기준에 의해 배상 범위가 정해진다. 그런데 손해배상은 금전으로 배상하는 것이 원칙이므로(394조·763조), 배상되어야 할 손해를 금전으로 평가하는 일이 남게 되는데, 이것이 '손해배상액의 산정'이다.

2. 배상액 산정의 기준시기

판례는 「불법행위로 인한 손해배상채권은 불법행위시에 발생하고 그 이행기가 도래하는 것이므로, 장래 발생할 소극적 · 적극적 손해의 경우에도 불법행위시가 배상액 산정의 기준시기가 되고, 이때부터 장래의 손해 발생 시점까지의 중간이자를 공제한 금액에 대하여 다시 불법행위시부터의 지연손해금[1]을 부가하여 지급을 명하는 것이 원칙」이라고 하여(대판 1994. 2. 25, 93다38444), 손해배상액의 산정은 불법행위 당시를 기준으로 한다.[2)3)]

---

1) 불법행위에 의한 손해배상채무는 금전채무이므로, 그 이행이 지체된 때인 불법행위 시부터 연 5푼의 지연이자를 붙여야 한다(397조 1항 · 379조).

2) 판례는, 매수인이 매도인의 기망행위로 인하여 부동산을 고가에 매수하게 됨으로써 입게 된 손해는 부동산의 매수 당시 시가와 매수 가격과의 차액이고(대판 1980. 2. 26, 79다1746), 그 후 매수인이 위 부동산 중 일부에 대하여 보상금을 수령하였다거나 부동산 시가가 상승하여 매수 가격을 상회하게 되었다고 하여 매수인에게 손해가 발생하지 않았다고 할 수 없다고 한다(대판 2010. 4. 29, 2009다91828).

3) 상술한 판례의 확고한 입장에 대해서는 특히 '위자료'의 부분에서 예외가 없지 않다. 즉 공무원들에 의하여 불법구금되어 유죄의 확정판결까지 받았다가 오랜 시일이 지난 후에 재심을 통하여 무죄가 확정된 피해자가 국가에 불법행위로 인한 손해배상으로 위자료를 청구하였고, 불법행위일부터 장기간이 경과한 뒤에 제소됨으로써 이미 소멸시효가 완성되었다는 국가의 항변이 신의칙 위반 또는 권리남용에 해당한다는 이유로 배척된 사안에서, 다음과 같이 판결하였다. 「불법행위로 인한 손해배상에서 재산상 손해에 대한 배상액은 손해가 발생한 불법행위 당시를 기준으로 하여 액수를 산정하여야 하고, 공평의 관념상 별도의 이행 최고가 없더라도 불법행위 당시부터 지연손해금이 발생하는 것이 원칙이다. 이에 비하여 정신상 손해에 대한 배상인 위자료는 불법행위 자체로 인하여 피해자가 입은 고통의 정도, 가해자가 보인 태도, 가해자와 피해자의 연령, 사회적 지위, 재산상태는 물론 국민소득수준 및 통화가치 등 여러 사정을 종합적으로 고려하여 사실심 변론종결시를 기준으로 수액이 결정되어야 한다. 그 결과, 불법행위시와 사실심 변론종결시가 통화가치 등의 변동을 무시해도 좋을 정도로 근접해 있는 경우에는 위자료에 대하여도 재산상 손해에 대한 배상액과 마찬가지로 불법행위 당시부터 지연손해금의 지급을 명하더라도 특별히 문제될 것은 없고, 그렇게 하는 것이 원칙이다. 그러나 불법행위시부터 사실심 변론종결시까지 장기간이 경과하고(사안에서는 40년 이상이 경과) 통화가치 등에 상당한 변동이 생긴 경우에는, 그와 같이 변동된 사정까지 참작하여 사실심 변론종결시를 기준으로 한 위자료의 수액이 결정되어야 하는 것이므로, 그 위자료에 대하여는 원칙적인 경우와는 달리,

3. 배상액의 산정방법

(1) 손해 3분설

불법행위로 인한 손해는 재산에 피해를 준「재산적 손해」와 정신적 고통을 준「정신적 손해」 둘로 나눌 수 있고, 다시 전자는 재산에 대해 기존 이익의 멸실 또는 감소를 가져오는 '적극적 손해'와 장래 이익의 획득이 방해됨으로써 입는 손실인 '소극적 손해' 둘로 나누어진다. 따라서 불법행위로 인한 손해에는「적극적 손해, 소극적 손해, 정신적 손해」 세 가지가 있다. 판례도 불법행위로 인한 손해배상에서 소송물인 손해에는 위 세 가지가 있다는「손해 3분설」을 취하고 있다(대판 1976. 10. 12, 76다1313). 따라서 피해자는 각각의 손해를 입증하여야 하고, 세 가지 손해 간에 전용은 인정되지 않는다.

(2) 재산적 손해의 산정 – 특히 생명 침해와 신체 상해의 경우

재산적 손해, 즉 적극적 손해와 소극적 손해는 불법행위에 의해 침해된 권리 내지 법익을 대상으로 하여 통상손해와 특별손해의 기준에 따라 개별적으로 산정할 수밖에 없다. 그런데 재산권에 대한 침해에 관하여는 '손해배상의 범위' 부분에서 중요한 것들을 소개한 바 있으므로, 여기서는 인격권의 구체적인 내용을 이루는 것 중「생명 침해」와「신체 상해」의 경우에 생기는 재산적 손해에 대해 설명하기로 한다.

가) 적극적 손해

(ㄱ) 치료비: 치료하는 데 필요한 각종의 비용(입원비 · 약대 · 진료비)이 포함된다. 부상으로 인한 후유증으로 사망할 때까지 개호인介護人을 필요로 하는 때에는 그 비용도 포함된다. 그 밖에 장차 사용하여야 할 의수 · 의족 등의 구매를 위한 비용도 현재의 가격을 기준으로 산정해서 배상하여야 한다. (ㄴ) 장례비 등: 고의나 과실로 타인의 생명을 해친 사람은 그 장례비용을 손해로서 배상할 의무가 있고, 누구든지 사망은 피할 수 없는 것이고 그 비용은 사망자의 친족이 당연히 부담할 것이라는 이유로 배상의무를 면할 수 없다(대판 1966. 10. 11, 66다1456). 한편 장례에서 조객으로부터 받는 부의금은 손실을 전보하는 성질의 것이 아니므로 배상액에서 뺄 것이 아니다(대판 1976. 2. 24, 75다1088).

나) 소극적 손해 (일실이익)

이하에서는 다음 계산 요소에 해당하는 '수입액, 수입가능기간, 노동능력 상실률, 생활비 공제, 중간이자 공제'에 관해 차례로 설명한다.

사실심 변론종결일 이후의 기간에 대하여 지연손해금을 지급하도록 하여야 하고, 불법행위시로 소급하여 그때부터 지연손해금을 지급할 아무런 합리적인 이유나 근거가 없다」(대판(전원합의체) 2011. 7. 21, 2011재다199)(동지: 대판 2011. 1. 13, 2009다103950; 대판 2011. 1. 27, 2010다6680). 그리고,「불법행위로 인한 위자료 배상채무의 지연손해금이 사실심 변론종결일부터 기산된다고 보아야 하는 예외적인 경우에는, 그 채무가 성립한 불법행위 당시를 기준으로 즉시 지급함이 적절하다고 보이는 액수의 위자료에 대한 배상이 변론종결시까지 장기간 지연된 사정을 참작하여 변론종결시의 위자료 원금을 적절히 증액 산정할 필요가 있다」고 한다(대판 2012. 3. 29, 2011다38325).

생명 침해와 신체 상해에 따라 일실이익 계산의 요소가 다르다.
(ㄱ) 생명 침해: [(사망 당시 수입액)×(수입가능기간)]−생활비−중간이자 =일실이익
(ㄴ) 신체 상해: [(부상 당시 수입액)×(노동능력 상실률)×(수입가능기간)]−중간이자 =일실이익

a) 수입액 봉급생활자의 경우에는 그 임금을 기준으로 산정하는데, 봉급이 증가될 것을 예측할 수 있는 객관적인 자료가 있는 때에는 이를 통상손해로 보아 가해자의 예견 여부를 묻지 않고 일실수입에 포함시킨다(대판(전원합의체) 1989. 12. 26, 88다카6761). 한편 사고 당시 수입이 없는 무직자·미성년자·학생·부녀자·가정주부의 경우에는 일용노임을 기준으로 산정한다. 봉급생활자의 임금이 일용노임보다 적은 때에도 일용노임에 의한 청구를 인정한다(대판(전원합의체) 1980. 2. 26, 79다1899).

〈판 례〉 (ㄱ) 일실이익을 산정하는데 임금에 대해 부과될 소득세를 공제할 것인가에 대해, 종전의 판례는 이를 긍정하였으나(대판(전원합의체) 1969. 2. 4, 68다2178), 그 후 이 판례를 폐기하고, 일실이익은 피해자가 불법행위로 인하여 상실하게 된 가동능력에 대한 총 평가액으로서 소득세 등 제세 금액을 공제하지 아니한 금액이라고 견해를 바꾸었다(대판(전원합의체) 1979. 2. 13, 78다1491). (ㄴ) 선박기능사 자격을 취득한 피해자가 군 복무를 위하여 소집 대기 중에 일시적으로 노래방 종업원으로 일하다가 사고를 입은 사안에서, 「그 노동능력 상실 당시의 수익을 기준으로 함이 상당하나, 장차 그 수익이 증가될 고도의 개연성이 있는 경우에는 장차 증가될 수익도 마땅히 고려하여야 한다」(대판 1996. 9. 24, 96다11501). 대법원은 이러한 법리를 기초로 하여 개별적으로 다음과 같이 판단하고 있다. ① 사고 당시 간호학과 2학년에 재학 중인 피해자는 사고가 없었더라면 특별한 사정이 없는 한 대학을 졸업하고 간호사 면허를 취득하여 그 직종에 종사할 수 있다고 봄이 경험칙에 합치된다(대판 1989. 5. 23, 88다카15970). ② 사고 당시 의과대학 본과 1학년에 재학 중이던 피해자는 만 3년이 더 남은 의과대학을 졸업하고 의사 국가고시에 합격하여 의사로서 종사할 수 있다는 것이 상당한 정도로 확실시 된다고는 할 수 없으므로, 그 일실수익을 일반도시 일용노임을 기초로 산정한 것은 정당하다(대판 1991. 7. 23, 91다16129). 반면, 사고 당시 의과대학 본과 3학년에 재학 중이던 피해자에 대해서는, 피해자의 연령·재학기간·학업성과·전공학과·졸업 후 진로 및 취업률 등을 고려할 때, 피해자가 장차 의과대학을 졸업하고 의사 국가고시에 합격하여 의사로서 종사할 상당한 개연성이 있다고 보았다(대판 2021. 7. 15, 2016다260097). (ㄷ) 「불법행위의 피해자가 사고 당시 두 가지 이상의 수입원에 해당하는 업무에 동시에 종사하고 있는 경우, 각 업무의 성격이나 근무 형태 등에 비추어 그들 업무가 서로 독립적이어서 양립 가능한 것이고, 또 실제로 피해자가 어느 한쪽의 업무에만 전념하고 있는 것이 아닌 경우에는, 각 업종의 수입상실액을 모두 개별적으로 평가하여 합산하는 방법으로 피해자의 일실수입을 산정할 수 있다」(대판 1999. 11. 26, 99다18008). (ㄹ) 「불법행위로 인하여 신체장애를 일으켜 노동능력을 상실한 피해자가 입은 일실수입 손해는 원칙적으로 손해가 발생한 불법행위 당시의 소득을 기준으로 삼아 산정하여야 할 것이지만, 그 후 사실심의 변론종결시까지 사이에 일실이익의 기초가 되는 소득이 인상되었을 때에는 그 이후의 일실이익 손해는 사실심의 변론종결시에 가장 가까운 소득을 기준으로 삼아 산정하여야 하고, 이와 같은 손해는 불법행위로 인한 통상의 손해에 해당한다」(대판 2002. 9. 24, 2002다30275). (ㅁ) 위법한 행위로 인한 소득, 가령 오물청소법 소정의 허

가 없이 오물처리를 하고, 중기면허 없이 운전해 오며, 사립학교 교사가 겸직을 통해 급료를 받거나, 매춘행위를 한 경우, 일실수익 산정의 기초로 삼을 수 없다(대판 1980. 12. 9, 80다1892; 대판 1978. 2. 14, 77다1650; 대판 1992. 10. 27, 92다34582; 대판 1966. 10. 18, 66다1635, 1636).

b) 수입가능기간 (ㄱ) 통계에 의한 생명표로부터 사자死者의 장래의 생존을 추정하는 연수, 이른바 평균(기대)여명을 알 수 있다. 이를 기초로 하여 사자의 직업·건강 상태 등을 고려하여 수입 내지 소득이 가능한 기간이 산출된다. (ㄴ) 노동 시기는 원칙적으로 만 20세부터라는 것이 판례의 견해이다. 다만 남자로서 군 복무 중인 때에는 제대하여 노동에 실제로 종사할 수 있는 때를 기준으로 한다(대판 1966. 7. 26, 66다1077). (ㄷ) 수입이 가능한 최종 시기는 피해자의 직업이나 건강 상태에 따라 다르다. 그 직업에 정년이 정하여져 있는 때에는 그것이 기준이 될 수 있다. 그 외에 육체노동자의 가동연한은 만 65세로 본다(대판(전원합의체) 2019. 2. 21, 2018다248909).

c) 노동능력 상실률 대법원은, 일실이익의 산정방법에서, 일실이익의 본질을 불법행위가 없었더라면 피해자가 얻을 수 있는 소득의 상실로 보아 불법행위 당시의 소득과 불법행위 후의 향후 소득과의 차액을 산출하는 방법(소득상실설 또는 차액설)과, 일실이익의 본질을 소득창출의 근거가 되는 노동능력의 상실 자체로 보고 상실된 노동능력의 가치를 사고 당시의 소득이나 추정소득에 의하여 평가하는 방법(가동능력 상실설 또는 평가설)의 대립이 있는데, 당해 사건에 현출된 구체적 사정을 기초로 하여 합리적이고 객관성 있는 기대수익액을 산정할 수 있으면 족한 것이고 반드시 어느 하나의 산정방법만을 정당한 것이라고 고집해서는 안 된다고 하여, 구체적 사정에 따라 양자 중 어느 하나를 취할 수 있다고 한다(대판 1990. 11. 23, 90다카21022; 대판 1994. 4. 14, 93다52372). 특히 피해자의 노동능력 상실이 인정되는 경우, 당해 직장이 피해자의 잔존 가동능력의 정상적 한계에 알맞은 것이었다는 사정까지 나타나지 않는 한, 피해자가 아무런 손해를 입지 않았다고 단정할 수 없다고 한다(대판 1989. 7. 11, 88다카16874; 대판 2002. 9. 4, 2001다80778). 이것은 대법원이 손해에 대해 사실적 손해와 규범적 손해를 모두 고려한 것으로 이해되고 있다.[1] 대법원은, 노동능력 상실률은 단순한 의학적 신체기능장애율이 아니라 피해자의 연령, 종전 직업의 성질과 직업경력 및 기능숙련 정도, 신체기능장애 정도 및 유사 직종이나 타 직종에 전업 가능성과 확률, 기타 사회적·경제적 조건 등을 모두 참작하여 경험칙에 따라 정해야 한다고 한다(대판 2012. 4. 13, 2009다77198, 77204).

d) 생활비 공제 피해자가 사망한 경우에는, 그가 생존하였더라면 장래 지출하였을 생활비를 면하게 된 것이므로 배상액에서 생활비를 빼야 한다. 피해자가 부상을 입은 때에는 생활비를 면하는 것이 아니므로 이를 빼서는 안 된다. 한편 미성년자가 성년이 되어 수입이 가능할 때까지의 생활비는 그 친권자나 부양의무자의 부담에 속하는 것이므로, 불법행위로 사망한 미성년자의 일실이익을 산정함에 있어서는 그가 성년에 이르기까지의 생활비는 일실이익에서 뺄 것이 아니다(대판 1970. 2. 24, 69다1388).

e) 중간이자 공제 장래 일정 기간 정기적으로 지급될 재산적 이익의 상실분에 대하여 현재 일괄배상을 하기 위해서는 중간이자를 빼야 한다.[2] 우리 법원은 종래 호프만식을 주로 사

1) 신동현, 민법상 손해의 개념 -불법행위를 중심으로-, 경인문화사(2014), 47면·65면.

2) 향후 계속적인 치료가 필요한 경우, 종전의 판례는 불법행위가 발생한 때에 이행기가 도달한 것이어서 중간이자 공

용하였는데, 그 후에는 법원이 자유로운 판단에 따라 호프만식이나 라이프니츠식 중 어느 방식에 의하여도 무방하다고 한다(대판 1983. 6. 28, 83다191). 전자는 공제되는 중간이자가 단리 방식인 데 비해, 후자는 복리 방식인 점에서, 손해배상액은 공제되는 중간이자의 액수가 상대적으로 적은 전자가 후자에 비해 많게 된다.

(3) 정신적 손해의 산정

가) 의의와 특색

민법은 사람의 정신적 이익을 불법행위로부터 보호되어야 할 법익으로 인정하고, 그래서 그 침해로 인해 정신적 고통을 준 때에는 이를 배상할 책임이 있다고 정한다(751조 1항 참조). 민법은 이러한 정신적 손해를 '재산 외의 손해'라고 칭하며(751조 1항), 이에 대한 금전배상을 '위자료慰藉料'라고 부른다(752조 참조). 정신적 손해의 배상에서는 그 손해의 내용인 정신적 고통에 대해 이를 객관적으로 인정하고 또 금전으로 평가하는 것이 어렵다는 점에서 재산적 손해의 배상과는 다른 특색이 있다.

나) 위자료청구권

a) 민법 제750조와 제751조 · 제752조의 관계 불법행위를 이유로 위자료를 청구할 수 있는 경우로서 민법이 정하는 것으로 제751조와 제752조 두 조문이 있는데, 이것이 불법행위의 일반규정인 제750조와 어떤 관계에 있는지가 문제된다. 통설적 견해(및 판례)는 위 세 개 조문의 관계에 대해 다음과 같이 설명한다. (ㄱ) 제750조 소정의 '손해'에는 재산적 손해와 정신적 손해가 포함된다. (ㄴ) 제751조는 불법행위로 타인에게 정신적 고통을 준 때에는 재산적 손해 외에 정신적 손해도 배상하여야 한다는 것으로서, 동조는 제750조 소정의 '손해'에는 정신적 손해도 포함된다는 것을 주의적으로, 또는 보충적으로 규정한 것이다. (ㄷ) 제752조는 불법행위로 타인의 생명을 침해한 경우에 피해자의 직계존속 · 직계비속 및 배우자에 대하여 위자료 지급의무가 있음을 정하는데, 이것은 예시적 열거규정에 불과하다(대판 1999. 4. 23, 98다41377). 다시 말해 위에 열거되지 않은 자도 제750조와 제751조에 의해 정신적 고통을 입은 것이 입증되면 위자료를 청구할 수 있고, 또 생명침해 외의 경우에도 그로 인해 정신적 고통을 입은 자는 제750조와 제751조에 의해 위자료를 청구할 수 있다.

b) 위자료청구권이 발생하는 경우 민법 제751조 1항은 「타인의 신체, 자유 또는 명예를 해치거나 그 밖에 정신적 고통을 준 자는 재산 이외의 손해에 대해서도 배상할 책임이 있다」고 규정한다. 그리고 민법 제752조는 「타인의 생명을 침해」한 경우에는 직접 피해자가 아닌 일정한 친족도 위자료청구권을 가짐을 정하고 있다. '생명 · 신체 · 자유 · 명예'는 인격권의 내용을 이루는 대표적인 것들이다. 그런데 그 밖에도 인격권의 내용을 이루는 것들이 있다. 그러므로 인격권의 침해가 있는 경우에는, 재산적 손해가 있는지와는 별도로, 그로 인해 타인에게

제 없이 그 전액을 지급하여야 한다고 하였는데(대판 1976. 9. 14, 76다1782), 그 후 이 판례를 폐기하고 사고 당시와 치료비 지출 예상시까지의 중간이자를 공제하여야 하는 것으로 입장을 바꾸었다(대판(전원합의체) 1979. 4. 24, 77다703).

정신적 고통을 준 경우에는 위자료청구권이 발생할 수 있다. 한편 그 밖에도 위자료청구권이 발생할 수 있는 경우가 있는데, '재산권의 침해'로 타인에게 정신적 고통을 주는 경우이다.

aa) 인격권의 침해: 인격권은 사람의 존엄성 내지 인격 가치의 보호를 목적으로 하는 권리이다. 다시 말해 권리의 주체인 사람이 그 자신과 분리할 수 없는 인격적 이익을 누리는 것을 내용으로 하는 권리이다. (ㄱ) 사람의 생명은 인격적 이익 중 최고의 가치가 있는 것이다. (ㄴ) 신체의 침해란 신체의 상해뿐 아니라 신체에 대한 폭행, 건강을 침해하는 행위를 포함한다. (ㄷ) 자유의 침해는 체포 · 감금 · 폭행 등과 같은 신체적 자유와 공동절교와 같은 정신적 자유를 포함한다. (ㄹ) 명예의 침해에 대해서는 민법은 이를 '명예훼손'이라 부르고, 민법 제764조에서 금전배상의 원칙에 대해 특칙을 정하고 있기도 하다. (ㅁ) 정조나 혼인관계를 침해하는 것이다. 사실상 혼인관계에 있는 A의 처 B가 C와 수차례 통정을 한 경우, 사실혼 당사자는 서로 정조를 지켜야 할 의무가 있고 이를 위반한 때에는 혼인생활의 이익을 침해하는 것으로서 정신적 손해를 배상할 의무가 있으며, 이에 가담한 C의 행위는 공동불법행위를 구성한다(대판 1959. 2. 19, 4290민상749). (ㅂ) 사생활의 비밀, 초상권, 성명권을 침해하는 경우이다. (ㅅ) 그 밖에 인격권을 침해하는 경우로서, 성희롱(대판 1998. 2. 10, 95다39533), 부당해고(대판 1993. 10. 12, 92다43586; 대판 1994. 2. 8, 92다893), 생활방해(대판 1997. 10. 28, 95다15599), 의사의 설명의무 위반에 따른 환자의 자기결정권 침해(대판 1994. 4. 15, 92다25885; 대판 2013. 4. 26, 2011다29666), 공직선거법을 위반하여 한 낙선운동(대판 2004. 11. 12, 2003다52227), 계약 교섭단계에서 부당한 중도파기(대판 2003. 4. 11, 2001다53059), 사실과 다르게 신용불량거래자로 등록한 경우(대판 2001. 3. 23, 2000다57511) 등이 있다.

bb) 재산권의 침해: 타인의 불법행위에 의해 재산권이 침해된 경우에는, 인격권이 침해된 경우와는 달리, 애초 정신상 고통이 존재하지 않는 수도 있고, 정신상 고통이 다소 존재한다고 하더라도 침해된 재산권이 금전배상을 통해 회복됨으로써 그 고통도 위로받을 수 있다는 특수성이 있다(민법주해 채권(11), 414면(이동명)). 그래서 재산권의 침해에 대해 금전배상을 통해서도 회복될 수 없는 정신상 손해가 발생하였다면 이는 특별한 사정으로 인한 손해로서, 가해자가 그러한 사정을 알았거나 알 수 있었을 경우에만 그 손해에 대한 위자료를 인정할 수 있다는 것이 판례의 기본태도이다(대판 1991. 12. 10, 91다25628).[1]

c) 위자료청구권자 (ㄱ) 피해자 본인: 불법행위로 정신적 고통을 받은 피해자 본인은 위자료를 청구할 수 있다. 태아도 불법행위에 관해서는 이미 출생한 것으로 보므로(762조), 위자료를 청구할 수 있다(대판 1962. 3. 15, 4294민상903). (ㄴ) 법인, 비법인 사단 · 재단: 법인의 명예나 신용 등이 훼손된 경우, 판례는 이를 '무형의 손해'로 부르면서, 그 배상을 위자료로 보는 점에서, 법인도 위자료를 청구할 수 있다(대판 1996. 4. 12, 93다40614; 대판 2008. 10. 9, 2006다53146; 대판 2020. 12. 24, 2017다51603). 비법인 사단 · 재단의 경우도 다르지 않다. (ㄷ) 직접 피해자 외의 위자료청구권자: 민법 제752조는 '생명 침해로 인한 위자료'라는 제목으로, 「타인의 생명을 해친 자는 피해자의 직계존속, 직계비속 및 배우자에 대해서는 재산상 손해가 없는 경우에도 손해배상의 책임이 있다」고 규정한다. 그런데 동조는 예시적 열거규정이라는 것이 통설과 판례이다. ① 먼저 생명 침해의 경우 동조에 열거된 친족은 정신

1) 참고로 특별한 사정을 인정한 경우로서, 대판 1992. 12. 8, 92다34162; 대판 1990. 1. 12, 88다카28518; 대판 1982. 9. 14, 81다447 등 참조.

적 고통에 대한 증명 없이도 동조에 따라 위자료를 청구할 수 있다(대판 1967. 9. 5, 67다1307). 여기에서 친족은 입적되지 않아도 사실상 그와 같은 관계에 있는 경우를 포함한다(대판 1966. 6. 28, 66다493). ② 생명 침해의 경우, 동조에 열거되지 않은 자도 정신적 고통을 입은 것을 증명하면 민법 제750조와 제751조에 따라 위자료를 청구할 수 있는데, 피해자의 며느리 · 시어머니 · 누나도 위자료를 청구할 수 있다(대판 1978. 1. 17, 77다1942; 대판 1967. 12. 18, 67다2047; 대판 1967. 9. 5, 67다1307). ③ 생명 침해가 아닌 그 밖의 경우에도, 가령 교통사고의 경우, 피해자 본인과는 별도로 그의 부모도 민법 제750조와 제751조에 따라 독자적으로 위자료를 청구할 수 있다(그러므로 피해자 본인이 가해자와 합의하여 손해배상을 받지 않기로 합의하였다고 하더라도 그 약정의 효력은 고유의 위자료청구권을 가지는 그의 부모에게는 미치지 않는다)(대판 1999. 6. 22, 99다7046). 판례는 신체상해의 경우, 상해의 정도에 따라서는 피해자의 부모 외에도 배우자(사실혼 포함), 자녀, 동일 호적에 있으며 함께 생활하고 있는 외조부에게도 위자료청구권을 인정한다(대판 1967. 9. 29, 67다1656; 대판 1969. 7. 22, 69다684; 대판 1967. 12. 26, 67다2460). 부당한 구금으로 신체의 자유가 침해된 경우에는, 피해자의 부모도 위자료를 청구할 수 있다(대판 1999. 4. 23, 98다41377).

다) 위자료청구권의 상속성

(ㄱ) 위자료청구권이 상속될 수 있는지에 관해서는 몇 가지 관점에서 문제가 제기될 수 있다. 첫째 피상속인의 일신에 전속한 것은 상속되지 않는데(1005조 단서), 정신적 고통이란 것이 사람에 따라 다른 주관적인 것이므로 그 권리를 행사하기까지는 일신전속적인 권리로 보아야 하지 않는가, 둘째 생명 침해의 경우에는 피해자가 사망함으로써 피해자 자신이 위자료청구권을 가진다고 보기 어렵고, 그래서 제752조에서 사자에게는 위자료청구권이 없다는 전제에서 일정한 친족에게 위자료청구권을 부여한 것이 아닌가, 다시 말해 생명 침해의 경우에는 처음부터 위자료청구권이 상속될 여지가 없는 것이 아닌가 하는 점이다.[1] (ㄴ) 위 문제에 대해 판례는 다음과 같은 논거로써 위자료청구권의 상속성을 긍정한다. ① 위자료청구권을 재산상의 손해배상청구권과 구별하여 취급할 근거가 없으므로 일신전속권이라 할 수 없어, 피해자가 이를 포기하거나 면제했다고 볼 수 있는 특별한 사정이 없는 한, 피해자의 사망으로 인해, 즉 생전에 청구의 의사를 표시하지 않았더라도 상속된다. ② 위자료청구권은 감각적인 고통뿐만 아니라 상실한 장래의 정신적 이익을 내용으로 하는 것이며, 피해자가 즉사한 경우라 하여도 피해자가 치명상을 입은 때와 사망과의 사이에는 이론상 시간적 간격이 인정될 수 있어, 생명 침해의 경우에도 피해자 본인에게 위자료청구권이 발생하고 이것은 상속된다. 따라서 피해자의 유족은 제752조에 의한 자신의 위자료청구권과 피해자로부터 상속받은 위자료청구권을 함께 행사할 수 있다(대판 1969. 4. 15, 69다268; 대판 1969. 10. 23, 69다1380).[2]

---

1) 이러한 문제를 제기하는 견해로 김주수 · 김상용, 친족상속법(제8판), 569면 이하 참조.

2) 학설은 세부적으로 견해가 나뉘지만, 사견은 구체적 타당성이라는 관점에서 판례의 견해가 타당하다고 생각한다. 중상을 입은 후 사망한 경우와 즉사한 경우를 차별할 실제적인 이유가 없고, 또 위자료청구권을 행사하겠다는 의사를 표시할 수 없는 상황인 즉사의 경우에 이를 일률적으로 그 권리를 행사하지 않는 것으로 보아야 할 이유도 없을 뿐더러, 오히려 그 권리를 행사하려는 것이 당사자의 의사에도 부합한다고 볼 것이기 때문이다.

라) 위자료의 산정

위자료의 액수에 관하여는 재산적 손해액과 같이 증거에 의해 입증할 수 있는 성질의 것이 아니다(대판 1959. 8. 27, 4292민상29). 그 액수는 피해자의 청구 범위에서 사실심 법원이 제반 사정을 참작하여 그 직권에 속하는 재량에 의하여 확정할 수 있다(대판 1999. 4. 23, 98다41377).[1]

(4) 배상액 산정에서 고려되는 사항(손해배상액의 조정)

가) 손익상계

불법행위로 인하여 피해자가 불이익을 입는 동시에 이익을 얻는 때에는 그 이익을 공제하고 남은 불이익이 손해가 된다. 이러한 이득 공제를 「손익상계」라고 하는데, 민법에는 규정이 없지만 제750조 소정의 손해는 이러한 손익상계를 한 후의 손해를 말한다. 다음의 것들이 해석상 문제가 된다. (ㄱ) 생명 침해의 경우에는 지출을 면한 생활비를 배상액에서 공제하여야 한다. 그러나 상해의 경우에는 생활비를 지출하여야 하므로 공제할 것이 아니다(대판 1966. 5. 31, 66다590). (ㄴ) 손해배상 외에 다른 곳에서 받는 것이 손해전보의 성질을 갖는 때에는 피해자가 이중의 이익을 얻는 것이 되므로 이를 공제하여야 하는데, 구체적으로 문제되는 것은 다음과 같다. ① 손해보험은 손해를 전보하는 것이므로(665조), 보험회사가 보험금을 지급한 때에는 피해자가 가해자로부터 또 손해배상을 받을 수 없을 뿐만 아니라, 이때에는 피해자가 가해자에 대해 가지는 손해배상청구권을 보험회사가 취득한다(보험대위(상법 682조)). 이에 반해, 생명보험·상해보험은 손해를 전보하는 것이 아니므로(상법 727조) 피해자가 가해자로부터 받을 손해배상액에서 이를 공제할 것이 아니고 또 보험회사가 대위하지도 못한다(상법 729조). ② 다른 공무원의 불법행위로 사망한 공무원에 대한 국가 또는 지방자치단체의 손해배상액에서 공무원연금법에 의해 지급된 유족보상금은 이를 공제하여야 한다(대판(전원합의체) 1998. 11. 19, 97다36873). ③ 장례 때 조객으로부터 받는 부의금은 손실을 전보하는 성질의 것이 아니므로 배상액에서 공제할 것이 아니다(대판 1976. 2. 24, 75다1088). ④ 가해자가 피해자의 유족에게 지급한 조위금은 위자료의 일부라고 볼 수 없으므로 가해자가 지급하여야 할 위자료에서 공제할 것은 아니고, 다만 위 사실은 위자료를 산정함에 있어 참작할 사정에 지나지 않는다(대판 1971. 7. 27, 71다1158). (ㄷ) 미성년 자식에 대한 생명 침해로 인한 손해배상청구권을 상속한 부모들이 그 손해배상을 청구한 경우, 피해자의 예상수입에서 부양의무자인 부모가 지출할 부양비용을 공제할 수는 없다(대판 1966. 2. 28, 65다2523). 그것은 피해자 자신이 불법행위로 인해 얻는 이익은 아니기 때문이다. (ㄹ) 교통사고의 피해자가 사고로 상해를 입은 후에도 계속 종전과 같이 직장

---

1) 판례(위자료의 보완적 기능과 그 한계): 「법원은 위자료액을 산정함에 있어서 피해자 측과 가해자 측의 제반 사정을 참작하여 그 금액을 정하여야 하므로, 피해자가 가해자로부터 당해 사고로 입은 재산상 손해에 대하여 배상을 받을 수 있는지의 여부 및 그 배상액의 다과 등과 같은 사유도 위자료액 산정의 참작사유가 되는 것은 물론이며, 특히 재산상 손해의 발생이 인정되는데도 입증곤란 등의 이유로 그 손해액의 확정이 불가능하여 그 배상을 받을 수 없는 경우에 이러한 사정을 위자료의 증액사유로 참작할 수 있다고 할 것이나, 이러한 위자료의 보완적 기능은 재산상 손해의 발생이 인정되는데도 손해액의 확정이 불가능하여 그 손해전보를 받을 수 없게 됨으로써 피해 회복이 충분히 이루어지지 않는 경우에 이를 참작하여 위자료액을 증액함으로써 손해전보의 불균형을 어느 정도 보완하고자 하는 것이므로, 함부로 그 보완적 기능을 확장하여 그 재산상 손해액의 확정이 가능함에도 불구하고 편의한 방법으로 위자료의 명목 아래 사실상 손해의 전보를 꾀하는 것과 같은 일은 허용되지 않는다」(대판 1984. 11. 13, 84다카722. 동지: 대판 2004. 11. 12, 2002다53865).

에 근무하여 종전과 같은 보수를 받고 있다 하더라도, 그와 같은 보수가 사고와 상당인과관계가 있는 이익이라고 볼 수 없으므로, 이를 손해배상액에서 공제할 수 없다(대판 1992. 12. 22, 92다31361).

나) 과실상계

채무불이행에서 과실상계에 관한 규정(396조)은 불법행위에도 준용된다(763조). '과실상계의 취지, 적용범위, 피해자와 신분상 내지 사회생활상 일체를 이루는 관계에 있는 자의 과실을 피해자의 과실로 보는 피해자 측의 과실, 과실상계의 효과' 등은 제4장 '과실상계' 부분(p.176)에서 설명한 바와 같다.

다) 배상액의 경감 청구

불법행위에 의한 손해배상의무자는 손해가 고의나 중대한 과실에 의한 것이 아니고 그 배상으로 생계에 중대한 영향을 받을 경우에는 법원에 배상액의 경감을 청구할 수 있다(765조 1항). (ㄱ) 손해가 가해자의 경과실로 인해 발생하고 또 그 손해액이 거액에 달해 이를 배상함으로써 가해자의 경제 상태가 극히 곤란하게 되는 때에는, 일순간의 사소한 잘못으로 가해자가 생활의 기반을 잃게 되는 문제가 있어, 이를 해결하기 위해 마련된 규정이다. (ㄴ) 그 요건은, 불법행위에 의한 손해가 경과실로 인해 발생한 것이어야 하고, 그 배상으로 생계에 중대한 영향을 받아야 하며, 배상의무자가 이 두 가지 사실을 증명하여 법원에 배상액의 경감을 청구하여야 한다. (ㄷ) 위 청구가 있으면, 법원은 채권자 및 채무자의 경제 상태와 손해의 원인 등을 참작하여 배상액을 경감할 수 있다(765조 2항). 경감할 것인지 또 어느 만큼 경감할 것인지는 법원이 판단하여 결정할 사항이다.

라) 손해배상액의 합의

a) 손해배상에 관한 민법의 규정은 당사자 간에 손해배상에 관한 합의가 없는 경우에 적용되는 것이다. 그 합의가 있는 때에는 그에 따른다. 특히 교통사고와 같은 불법행위가 발생한 경우에 가해자와 피해자 간에 일정 금액을 손해배상액으로 정하는, 「배상액의 합의」를 하는 수가 적지 않다. 그 법적 성질은, 당사자가 손해배상액에 관해 다툼이 있고 이를 서로 양보하고 있는지의 유무에 따라, 민법상의 화해계약이거나 그것에 비슷한 무명계약이라고 할 수 있다.[1)]

b) 문제는, 배상액 합의를 한 후에 예상 밖의 중대한 '후발손해'가 발생한 경우이다. 통설과 판례는 당사자의 의사에 기초하여 이러한 후발손해에 대해서는 계약의 효력이 미치지 않는 것으로 보아 따로 손해배상을 청구할 수 있는 것으로 해석한다.

---

1) 판례: ①「교통사고의 경우, 피해자 본인과는 별도로 그의 부모들도 그 사고로 말미암아 그들이 입은 정신적 손해에 대하여 고유의 위자료청구권을 가진다 할 것이므로, 피해자 본인이 합의금을 수령하고 가해자 측과 나머지 손해배상청구권을 포기하기로 하는 등의 약정을 맺었다 하더라도, 그의 부모들이 합의 당사자인 피해자 본인과 가해자 사이에 합의가 성립되면 그들 자신은 별도로 손해배상을 청구하지 아니하고 손해배상청구권을 포기하겠다는 뜻을 나타낸 바 있다는 등의 특별한 사정이 없는 한, 위 포기 등의 약정의 효력이 당연히 고유의 손해배상청구권을 가지는 그의 부모들에게까지 미친다고 할 수 없다」(대판 1999. 6. 22, 99다7046). ② 반면, 「친권자 본인이 부상을 입어 손해배상에 관하여 가해자 측과 합의를 하는 경우, 특별한 사정이 없는 한 미성년자인 자녀들의 고유의 위자료에 관하여도 그 친권자가 법정대리인으로서의 합의도 함께 하였다고 보는 것이 경험칙에 합당하다」(대판 1975. 6. 24, 74다1929).

《손해배상액 산정 예》

타인의 운전과실로 甲이 사망하였다. 甲은 사고 당시 46세였고 평균여명은 25년이며, 1종 대형운전면허를 소지하고 화물운전사로 종사하였으며, 사고 당시인 1992년의 화물차운전사의 일용노임은 1일 25,900원이고, 이 사건 변론종결일(1993. 1. 18.)인 1993년에는 1일 30,900원이다. 甲에게는 처 A, 자녀 B와 C가 있다. 이 경우 A · B · C가 받을 손해배상액은 다음과 같다(서울민사지방법원 1993. 2. 26. 선고 92가합44249 판결 참조.).

(1) 손해배상의 범위와 배상액의 계산

(a) **甲의 일실수입:** 화물차운전사는 60세가 될 때까지 매월 25일씩 가동할 수 있고(경험칙), 甲의 월 소득 중 1/3이 생계비로 소요된다. 甲의 위 사고 이후 가동연한인 2005. 11. 26.까지 약 165개월 동안 위 월 소득액 중 생계비를 공제한 일실수입의 손해를 월 5/12 푼의 비용에 의한 중간이자를 공제하는 호프만식 계산법에 의한다. ① 위 사고시부터 1993. 1. 18.(변론종결일)까지 11개월 동안: 25,900원×25(일)×2/3(생계비 공제)×10.7334(11개월의 호프만지수)=4,633,250원 / ② 그 후 위 가동연한까지 약 154개월 동안: 30,900원×25×2/3×(125.3760−10.7334)(125.3760은 165개월의 호프만지수)=59,040,339원 / ③ 위 합계금 63,674,189원

(b) **장례비:** B가 甲의 장례비로 1,400,000원 지출

(c) **공 제:** A · B · C가 보험회사로부터 3,000,000을 지급받음(따라서 가해자가 배상할 손해액은 63,674,189원−3,000,000원=60,674,189원임)

(d) **위자료:** 甲은 12,000,000원, A는 8,000,000원, B와 C는 각 5,000,000원

(e) **상속관계:** 甲의 손해액은 60,674,189원(일실수입)+12,000,000원(위자료)=72,674,189원임. 이를 A · B · C가 공동상속하는 결과, 그 상속분은 A는 31,146,081원(=72,674,189원×3/7)(피상속인의 배우자의 상속분은 직계비속의 상속분의 5할을 가산한다(1009조 2항)), B와 C는 각각 20,764,054원(=72,674,189원×2/7)

(2) 결 론

위 항목에 따라 배상받을 손해액은 A는 39,146,081원(=상속분 31,146,081원+위자료 8,000,000원), B는 27,164,054원(=상속분 20,764,054원+장례비 1,400,000원+위자료 5,000,000원), C는 25,764,054원(=상속분 20,764,054원+위자료 5,000,000원)이 된다.

사례의 해설 (가) 甲은 丙에게 다음의 세 가지를 원인으로 하여 손해배상책임을 질 수 있다. 첫째, 채무불이행이다(390조). 펜션의 숙박은 일시사용을 위한 임대차의 성질을 갖는데, 여기서 임대인 甲은 펜션의 인도 외에 투숙객의 안전을 배려할 주의의무도 부담한다. 그런데 甲은 보일러가 제대로 작동되는지에 관해 적절한 조치를 하지 않은 잘못이 있으므로 계약상 채무불이행이 인정될 수 있다. 둘째, 공작물책임이다(758조). 펜션의 설치상의 하자로 丙에게 손해를 준 것으로서, 甲은 공작물인 펜션의 점유자 및 소유자로서 배상책임을 진다. 셋째, 불법행위이다(750조). 甲의 시공상의 과실로 丙에게 손해를 준 것이므로 불법행위가 인정될 수 있다.

(나) (ㄱ) 丁과 戊는 계약 당사자가 아니므로 채무불이행을 이유로 위자료를 청구할 수는 없다. 그러나 丁은 제752조에 따라, 戊는 제750조에 따라 불법행위를 이유로 위자료를 청구할 수는 있다. (ㄴ) 생명 침해로 인한 위자료청구권은 상속될 수 있다는 것이 판례의 견해이다. 丁은 상속인이 될 수 있으나(1000조 1항), (법률상 배우자가 아닌) 사실상 배우자인 戊는 상속권이 없다(1003조). 사례 p. 795

부록

1. 부동산강제경매신청서
2. 금전 공탁서
3. 부동산매매계약서

1 부동산강제경매신청서

부동산강제경매신청서

수입인지 5000원

채 권 자 (이름) (주민등록번호 –)
(주소)
(연락처)

채 무 자 (이름) (주민등록번호 또는 사업자등록번호 –)
(주소)

청구금액 금 원 및 이에 대한 20 . . .부터 20 . . .까지 연 %의 비율에 의한 지연손해금

집행권원의 표시 채권자의 채무자에 대한 지방법원 20 . . . 선고 20 가단(합) 대여금 청구사건의 집행력 있는 판결정본

신 청 취 지

별지 목록 기재 부동산에 대하여 경매절차를 개시하고 채권자를 위하여 이를 압류한다
라는 재판을 구합니다.

신 청 이 유

채무자는 채권자에게 위 집행권원에 따라 위 청구금액을 변제하여야 하는데, 이를 이행하지 아니하므로 채무자 소유의 위 부동산에 대하여 강제경매를 신청합니다.

첨 부 서 류

1. 집행력 있는 정본 1통
2. 집행권원의 송달증명원 1통
3. 부동산등기사항전부증명서 1통

4. 부동산 목록 10통

20 . . .

채권자 (날인 또는 서명)

○○지방법원 귀중

◇ 유 의 사 항 ◇

1. 채권자는 연락처란에 언제든지 연락 가능한 전화번호나 휴대전화번호(팩스번호, 이메일 주소 등도 포함)를 기재하기 바랍니다.
2. 채무자가 개인이면 주민등록번호를, 법인이면 사업자등록번호를 기재하시기 바랍니다.
3. 이 신청서를 접수할 때에는 (신청서상의 이해관계인의 수+3)×10회분의 송달료와 집행비용(구체적인 액수는 접수담당자에게 확인바람)을 현금으로 예납하여야 합니다.
4. 경매신청인은 채권금액의 1000분의2에 해당하는 등록세와 그 등록세의 100분의20에 해당하는 지방교육세를 납부하여야 하고, 부동산 1필지당 2,000원 상당의 등기수입증지를 제출하여야 합니다.

〈예시〉 **부동산의 표시**

1. 서울 종로구 ○○동 100
   대 20m²
2. 위 지상
   시멘트블럭조 기와지붕 단층 주택
   50m² 끝.

2 금전 공탁서

* 출처: 대법원홈페이지 참조

[제1-1호 양식]

금전 공탁서 (변제 등)

<table>
<tr><td colspan="2">공탁번호</td><td colspan="2">년 금 제 호</td><td colspan="2">년 월 일 신청</td><td>법령조항</td><td></td></tr>
<tr><td rowspan="4">공탁자</td><td>성명
(상호, 명칭)</td><td colspan="2"></td><td rowspan="4">피공탁자</td><td>성명
(상호, 명칭)</td><td colspan="2"></td></tr>
<tr><td>주민등록번호
(법인등록번호)</td><td colspan="2"></td><td>주민등록번호
(법인등록번호)</td><td colspan="2"></td></tr>
<tr><td>주소
(본점, 주사무소)</td><td colspan="2"></td><td>주소
(본점, 주사무소)</td><td colspan="2"></td></tr>
<tr><td>전화번호</td><td colspan="2"></td><td>전화번호</td><td colspan="2"></td></tr>
<tr><td colspan="2" rowspan="2">공탁금액</td><td>한글</td><td></td><td colspan="2" rowspan="2">보관은행</td><td colspan="2" rowspan="2">은행 지점</td></tr>
<tr><td>숫자</td><td></td></tr>
<tr><td colspan="2">공탁원인사실</td><td colspan="6"></td></tr>
<tr><td colspan="2">비고(첨부서류 등)</td><td colspan="6"></td></tr>
<tr><td colspan="3">1. 공탁으로 인하여 소멸하는 질권, 전세권 또는 저당권
2. 반대급부 내용</td><td colspan="5"></td></tr>
<tr><td colspan="8">위와 같이 신청합니다. 대리인 주소
전화번호
공탁자 성명 인(서명) 성명 인(서명)</td></tr>
<tr><td colspan="8">위 공탁을 수리합니다.
공탁금을 년 월 일까지 위 보관은행의 공탁관 계좌에 납입하시기 바랍니다.
위 납입기일까지 공탁금을 납입하지 않을 때는 이 공탁 수리결정의 효력이 상실됩니다.
년 월 일
법원 지원 공탁관 (인)</td></tr>
<tr><td colspan="8">(영수증) 위 공탁금이 납입되었음을 증명합니다.
년 월 일
공탁금 보관은행(공탁관) (인)</td></tr>
</table>

※ 1. 도장을 날인하거나 서명을 하되, 대리인이 공탁할 때에는 대리인의 주소, 성명을 기재하고 대리인의 도장을 날인(서명)하여야 합니다.

2. 공탁당사자가 국가 또는 지방자치단체인 경우에는 법인등록번호란에 '사업자등록번호'를 기재하시기 바랍니다.

3. 공탁금 회수청구권은 소멸시효완성으로 국고에 귀속될 수 있으며, 공탁서는 재발급 되지 않으므로 잘 보관하시기 바랍니다.

3 부동산매매계약서

부동산매매계약서

매도인과 매수인 쌍방은 아래 표시 부동산에 관하여 다음 계약 내용과 같이 매매계약을 체결한다.

1. 부동산의 표시

소 재 지				
토　지	지　목		면 적	m²(　　　평)
건　물	구조·용도		면 적	m²(　　　평)

2. 계약내용

제 1 조 (목적) 위 부동산의 매매에 대하여 매도인과 매수인은 합의에 의하여 매매대금을 아래와 같이 지불하기로 한다.

매매대금	금　　　　원정 (₩　　　　) 단가(m²당) 단가(평당)	㊞
계 약 금	금　　　　원정은 계약시에 지불하고 영수함.　영수자 (　　　　)	
융 자 금	금　　　　원정(　　　　은행)을 승계키로 한다.	
중 도 금	금　　　　원정은　　년　　월　　일에 지불하며	
	금　　　　원정은　　년　　월　　일에 지불한다.	
잔　금	금　　　　원정은　　년　　월　　일에 지불한다.	

제 2 조 (소유권 이전 등) 매도인은 매매대금의 잔금 수령과 동시에 매수인에게 소유권이전등기에 필요한 모든 서류를 교부하고 등기절차에 협력하며, 위 부동산의 인도일은 　　　　년　　　월　　　일로 한다.

제 3 조 (제한물권 등의 소멸) 매도인은 위 부동산에 설정된 저당권, 지상권, 임차권 등 소유권의 행사를 제한하는 사유가 있거나, 조세공과 기타 부담금의 미납금 등이 있을 때에는 잔금 수수일까지 그 권리의 하자 및 부담 등을 제거하여 완전한 소유권을 매수인에게 이전한다. 다만, 승계하기로 합의하는 권리 및 금액은 그러하지 아니하다.

제 4 조 (지방세 등) 위 부동산에 관하여 발생한 수익의 귀속과 제세공과금 등의 부담은 위 부동산의 인도일을 기준으로 하되, 지방세의 납부의무 및 납부책임은 지방세법의 규정에 의한다.

제 5 조 (계약의 해제) 매수인이 매도인에게 중도금(중도금이 없을 때에는 잔금)을 지불하기 전까지 매도인은 계약금의 배액을 상환하고, 매수인은 계약금을 포기하고 본 계약을 해제할 수 있다.

제 6 조 (채무불이행과 손해배상) 매도자 또는 매수자가 본 계약상의 내용에 대하여 불이행이 있을 경우 그 상대방은 불이행한 자에 대하여 서면으로 최고하고 계약을 해제할 수 있다. 그리고 계약당사자는 계약해제에 따른 손해보상을 각각 상대방에게 청구할 수 있으며, 손해배상에 대하여 별도의 약정이 없는 한 계약금을 손해배상의 기준으로 본다.

제 7 조 (중개수수료) 부동산중개업자는 매도인 또는 매수인의 본 계약 불이행에 대하여 책임을 지지 않는다. 또한, 중개수수료는 본 계약체결과 동시에 계약 당사자 쌍방이 각각 지불하며, 중개업자의 고의나 과실없이 본 계약이 무효·취소 또는 해약되어도 중개수수료는 지급한다. 공동 중개인 경우에 매도인과 매수인은 자신이 중개 의뢰한 중개업자에게 각각 중개수수료를 지급한다.(중개수수료는 거래가액의 　　　%로 한다.)

제 8 조 (중개수수료 외) 매도인 또는 매수인이 본 계약 이외의 업무를 의뢰한 경우 이에 관한 보수는 중개수수료와는 별도로 지급하며 그 금액은 합의에 의한다.

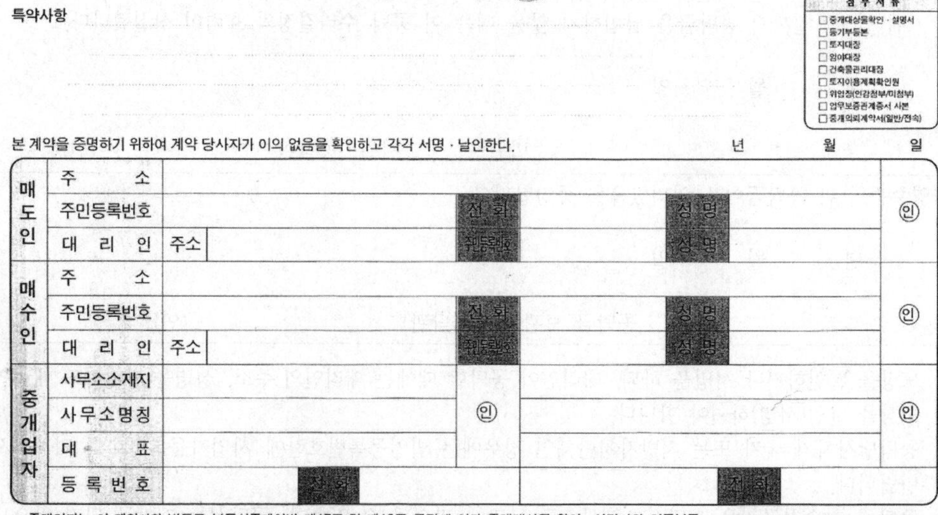

특약사항

첨 부 서 류
- ☐ 중개대상물확인·설명서
- ☐ 등기부등본
- ☐ 토지대장
- ☐ 임야대장
- ☐ 건축물관리대장
- ☐ 토지이용계획확인원
- ☐ 위임장(인감첨부/미첨부)
- ☐ 업무보증관계증서 사본
- ☐ 중개의뢰계약서(일반/전속)

본 계약을 증명하기 위하여 계약 당사자가 이의 없음을 확인하고 각각 서명·날인한다.　　　　년　　　월　　　일

매도인	주　　소						㊞
	주민등록번호			전 화		성 명	
	대 리 인	주소		주민등록번호		성 명	
매수인	주　　소						㊞
	주민등록번호			전 화		성 명	
	대 리 인	주소		주민등록번호		성 명	
중개업자	사무소소재지			㊞			㊞
	사무소명칭						
	대　　표						
	등록번호		전 화			전 화	

※ 중개업자는 이 계약서와 별도로 부동산중개업법 제17조 및 제19조 규정에 의거 중개대상물 확인·설명서와 업무보증관계증서(공제증서 등) 사본을 첨부하여 거래당사자 쌍방에게 교부합니다.

※ 매도인, 매수인 및 중개업자는 매장마다 간인하여야 하며, 각 1통씩 보관합니다.

판례색인

= 대법원 판결 =

= 대법원 결정 =

= 헌법재판소 결정 =

= 하급심 판결 =

= 일본 판례 =

= 조선 고등법원 판결 =

사항색인

ㅈ

ㅊ

〔저자 약력〕
연세대학교 법과대학 법학과 졸업
연세대학교 대학원 법학 석사 · 박사 과정 졸업
법학박사 (연세대학교 대학원)
독일 Bonn대학 방문연구교수
사법시험 · 군법무관 · 입법고시 · 행정고시 · 외무고시 · 변리사 시험위원
연세대학교 법학전문대학원 교수
연세대학교 법학전문대학원 명예교수

〔저 서〕
민법강의〔제31판〕(법문사, 2025)
민법총칙〔제19판〕(법문사, 2025)
물권법〔제18판〕(법문사, 2025)
계약법(법문사, 2011)
신탁행위연구〔신판〕(법문사, 2007)
민법의 기초〔제7판〕(집현재, 2025)
민법판례 270선(집현재, 2017)
민법개론〔제2판〕(자운, 2024)

채권법 — 이론 · 사례 · 판례 — 〔제16판〕

2010년 2월 25일 초판 발행
2011년 2월 25일 제2판 발행
2012년 1월 15일 제3판 발행
2013년 1월 25일 제4판 발행
2014년 1월 3일 제5판 발행
2015년 1월 3일 제6판 발행
2016년 1월 3일 제7판 발행
2017년 1월 3일 제8판 발행
2018년 1월 3일 제9판 발행
2019년 1월 3일 제10판 발행
2020년 1월 3일 제11판 발행
2021년 1월 3일 제12판 발행
2022년 1월 3일 제13판 발행
2023년 1월 3일 제14판 발행
2024년 1월 3일 제15판 발행
2025년 1월 3일 제16판 1쇄 발행

저 자 김 준 호
발행인 배 효 선
발행처 도서출판 法 文 社
주 소 10881 경기도 파주시 회동길 37-29
등 록 1957년 12월 12일 제2-76호(윤)
TEL (031)955-6500~6 FAX (031)955-6525
e-mail (영업) bms@bobmunsa.co.kr
(편집) edit66@bobmunsa.co.kr
홈페이지 http://www.bobmunsa.co.kr
조 판 (주) 성 지 이 디 피

정가 49,000원 ISBN 978-89-18-91556-2